POLAND
SLOVAKIA
PARDUBICE
OSTRAVA
OLOMOUC
BRNO
ZLÍN
TRUTNOV
NÁCHOD
JESENÍK
ŠUMPERK
BRUNTÁL
OPAVA
KARVINÁ
PROSTĚJOV
PŘEROV
KROMĚŘÍŽ
VYŠKOV
BLANSKO
TŘEBÍČ
ZNOJMO
BŘECLAV
HODONÍN
VSETÍN
SVITAVY

체코어-한국어사전

ČESKO-KOREJSKÝ SLOVNÍK

권재일(KWON, JAEIL)
김규진(KIM, KYUCHIN)
김인천(KIM, INCHON)

한국외국어대학교 출판부

이 책은 한국학술진흥재단의 지원에 의하여 제작되었습니다.

머리말

1990년 체코와 우리나라 사이에 정식 외교관계가 체결된 이후 두 나라간에는 정치, 경제, 문화, 체육, 예술, 교육, 과학 등 다방면에 걸친 상호교류가 확대되고 있으며, 양국 간의 교류가 늘어날수록 체코어-한국어사전에 대한 요구도 그만큼 커지고 있는 것이 사실이다. 그도 그럴 것이 한 나라에 대한 폭넓은 이해는 그 나라의 언어에 대한 이해를 바탕으로 하고 있고, 그 나라의 언어에 대한 이해는 그 나라의 사전을 필요로 하기 때문이다. 여기에 바로 본 사전 편찬의 당위성이 있다.

유럽의 십자로요 유럽의 심장이라는 말을 들을 정도로 유럽의 한 중앙에 위치한 체코는, 옛날부터 보헤미아, 즉 체코 땅을 지배하는 자가 유럽을 지배한다는 말이 회자될 정도로 지정학적인 요충지였다. 또한 체코는 20세기에 들어와서 소련의 공산주의 블록에 편입된 기간을 제외한다면 줄곧 서유럽 문화와 서유럽 문명권에 속해왔고, 영토와 인구 면에서의 작은 규모에도 불구하고 전통적으로 학문과 예술을 숭상해온 상대적인 문화강국이다. 종교개혁의 선구자 얀 후스, 근대교육의 아버지 얀 아모스 꼬멘스끼, 교향시 「나의 조국」의 작곡가 베드르지흐 스메따나, 교향곡 「신세계로부터」의 작곡가 안또닌 드보르작, 현대 음악의 개척자 레오시 야나첵, 노벨 화학상의 야로슬라프 헤이로프스끼, 노벨 문학상의 야로슬라프 사이페르뜨, 세계적인 소설가 밀란 꾼데라, 극작가 출신 대통령 바츨라프 하벨 등 수많은 문화적 인물들의 존재가 이를 뒷받침하고 있다.

체코어-한국어사전은 현재 체코에서 사용되고 있는 표준어 층위의 일반 어휘들을 중심 표제어로 하면서 학술어, 전문어, 외래어, 신조어, 컴퓨터용 어휘를 포함한 전문 기술어 등을 포괄하며, 구어체, 문어체, 문학어, 고어, 속어 등을 망라한다. 특히 본 체코어-한국어사전의 표제어에 대한 문법정보는 체코어-영어 대사전이나 표준체코어 대사전과 같은 대형급 사전에 필적할 정도로 상세하고 풍부하다. 무엇보다도 명사 표제어의 성, 수, 격에 따른 문법정보, 동사 표제어의 완료상과 불완료상에 대한 정보 및 활용 등에 대한 정보는 본 사전이 갖는 가장 큰 장점 중의 하나이다. 따라서 본 사전의 이용자들은 표제어에 첨부된 문법정보와 더불어 본 사전의 부록에 수록되어 있는 명사, 대명사, 형용사, 수사, 동사의 변화 등, 체코 문법 전반에 걸친 문법정보를 활용함으로써 체코어의 올바른 구사에 많은 도움을 받을 수 있을 것이다.

체코어-한국어사전의 편찬은 책임연구자 권재일 한국외국어대학교 체코·슬로바키아어과 교수와 공동연구자 김규진, 김인천 동 대학교 교수의 공동연구로 이루어졌다. 그러나 오랜 기간 동안 방대한 규모의 작업량과 정교함을 요하는 사전의 편찬 작업은 한 두 사람의 힘으로는 절대로 불가능한 것이었다. 이 자리를 빌어 사전 편찬에 도움을 주신 여러분께 진심으로 감사의 뜻을 전한다. 먼저 체코어의 교정과 감수에 도움을 아끼지 않으신 프라하 까렐 대학교(Univerzita Karlova)의 마르따 부슈꼬바(Marta Bušková) 교수, 이뜨까 끄라마르조바(Jitka Kramářová) 교수, 미리암 뢰벤슈타이노바(Miriam Löwensteinová) 교수, 이르지 뻬쉬츠까(Jiří Pešička) 교수와 브르노 마사리크 대학교(Masarykova univerzita)의 미하엘라 하쉐미(Michaela Hashemi) 교수께 심심한 사의를 표하며, 까렐 대학교 대학원 박사과정에 재학 중인 유선비 양과 윤종석 군의 도움에 대해서도 심심한 사의를 표한다. 또한 문서작업과 타이핑작업 등에 수고를 아끼지 않은 한국외국어대학교 체코·슬로바키아어과의 박민우, 전성덕, 남경태 군, 정연우, 강현진, 장은경, 한보미, 장은영, 유혜신 양 외 많은 졸업생들과 재학생들에게도 고마운 마음을 전한다. 아울러 본 사전의 발간을 지원해준 교육인적자원부 산하 한국학술진흥재단과 한국외국어대학교 출판부에도 감사의 마음을 전한다.

본 사전의 편찬에 있어서 Ivan Poldauf의 *Česko-anglický slovník*를 일차 참고자료로 삼고 Josef Fronek의 *Velký česko-anglický slovník*와 Academia의 *Slovník spisovné češtiny pro školu a veřejnost*를 주요 이차자료로 사용하였다. 기타 참고자료들에 대해서는 일러두기 편을 참고하기 바란다.

체코어는 러시아어 등과 더불어 슬라브어에 속하면서 폴란드어 등과는 서슬라브어를 형성하고 슬로바키아어와는 양국의 원어민들이 의사소통에 거의 지장을 느끼지 않을 정도로 아주 가까운 친족어 관계에 있다. 우리나라에서는 처음으로 만들어지는 본 체코어-한국어사전이 체코어를 전문적으로 학습하는 체코어학도들뿐만 아니라 기타 슬라브어들을 공부하는 슬라브어학도들에게도 미력이나마 보탬이 되고 도움이 될 수 있기를 기원한다.

편저자 씀

일러두기

I. 어휘의 수록 범위와 그 성격

1. 이 사전에 수록된 표제어의 수는 약 4만 5천여 개에 이른다.
2. 이 사전은 현재 체코 언어사회에 폭넓게 사용되고 있는 표준어 층위의 일반 어휘들을 중심 표제어로 삼았으며, 그 외에도 학술어, 전문어, 외래어, 신조어 그리고 구어체, 문어체, 속어 등을 망라하여 어휘목록과 문체의 다양화에 충실을 기하였다.
3. 이 사전에는 대표적인 체코의 인명(人名)과 세계의 지명(地名), 즉 세계 주요 나라와 그 수도 그리고 그로부터 파생된 형용사형이 제한적으로 수록되어 있다.

II. 표제어의 형식

1. 배열(配列)
   표제어의 배열은 ABC순을 따랐다. 단 몇몇 알파벳은 아래와 같이 체코어 사전의 전통적 배열 원칙을 그대로 따랐다.

a) 장모음으로 시작하는 표제어는 상응하는 각 단모음 알파벳에 포함시켜 독립된 알파벳으로 설정하지 않았다.

보기 **ač** = *ačkoli*
áčko, *n-2, 3*
ačkoli(v)
...
ukoj|it < -ovat, ukájet
úkol, *mi-2*
úkolový

b) 알파벳 Ď로 시작하는 표제어는 알파벳 D에 포함시켜 독립된 알파벳으로 설정하지 않았다.

보기 **dobít** *(dobí-)* **< dobíjet** *(-její)*
ďob|nout < -at
doboj|ovat < -ovávat

c) 알파벳 Ň로 시작하는 표제어는 알파벳 N에 포함시켜 독립된 알파벳으로 설정하지 않았다.

보기 **nadpřirozený**
ňadra, *n-pl*
nadranc

d) 알파벳 Ť로 시작하는 표제어는 알파벳 T에 포함시켜 독립된 알파벳으로 설정하지 않았다.

보기 **tuk,** *mi-2, 3*
ťuk
ťuk|at > -nout, za-
tulácký

2. 자체(字體)

표제어를 포함하여 이 사전에 사용된 모든 라틴문자는 Times New Roman으로 쓰였다.

3. 일어(一語) 일표제어(一標題語)

하나의 표제어 어근에 접사를 첨가하여 파생된 어휘들이나 두 개 이상의 서로 다른 어근으로 구성된 합성어(合成語)도 독립된 표제어로 설정함을 원칙으로 하였다. 일표제어(一標題語) 배열 원칙의 예외는 아래 동사 표제어의 경우를 참조할 것.

4. 상당어(相當語)

어원상 친족 관계에 있는 상당어는 표제어의 알파벳순 배열 원칙을 어기지 않는 한 하나의 어휘항목으로 취급하였다.

a) 남성생물 명사에 파생접사만을 덧붙여 생성된 새로운 여성명사는 그 어미만을 표기하여 하나의 표제어로 간주하였다.

보기 **učitel,** *ma-1, 4* **-ka,** *f*
přítel, *ma-1, 4* **-kyně,** *f*
koleg|a, *ma* **-yně,** *f*
tlumočn|ík, *ma-3* **-ice,** *f*

b) 어간이나 어미부에 미미한 차이만 있을 뿐 완전 동일한 어휘적 의미를 지니는 표제어는 하나의 표제어로 간주하였다.

보기 **apartmá,** *n-in* **apartmán,** *m*
sinalý, sinavý
smaženice, *f* **smaženina,** *f*

c) 문어체와 구어체라는 문체상의 차이만을 보이는 어휘는 하나의 표제어로 간주하였다.

보기 문어체 구어체
obléci, **obléct**
moci, **moct**
říci, **říct**

5. 동음이의어
같은 철자의 말이라도 어원이 다른 경우에는 표제어의 오른쪽 어깨에 숫자를 윗첨자로 붙여 각각 별개의 표제어로 구분하였다.

보기 **nácek^1,** *ma* 1 hlupák 바보, 멍청이, 얼간이 2 nacista 나치, 나치 당원; 나치주의 신봉자
nácek^2, *mi-2* břicho 배, 위; (속어) 밥통

III. 표제어의 문법정보

1. 명사 표제어

a) 성(性) 표기
체코어 명사의 문법 범주 중의 하나인 성은 표제어 바로 다음에 남성, 여성, 중성으로 구분하였으며 이는 각각 *ma*(남성생물), *mi*(남성무생물)와 *f* (여성) 그리고 *n*(중성)처럼 Times New Roman 이탤릭체로 표기하였다. 성표지 뒤에 따라오는 숫자는 해당 표제어가 보이는 불규칙 격변화의 유형을 가리킨다. 이 사전의 부록편의 "체코어문법/1. 명사/" 참조.

보기 **Maďar,** *ma-2*; **žák,** *ma-3*; **venkov,** *mi*; **žaludek,** *mi-2, 3*; **řeka,** *f*; **nenávist,** *f-1*; **velkoměsto,** *n*; **kuře,** *n-1*

b) 수(數) 표기
표제어가 단수형태로 사용될 때와는 다른 의미적 차이를 보일 경우에는 동일한 표제어 내에 복수 표기를 하거나 또는 아예 독립된 표제어로 배열하였다.

보기 **kalhot|a,** *f* 바지의 한쪽 가랑이; **-y,** *f-pl* 바지, pohodlné (편안하고) 헐렁한 바지, silné bavlněné (질긴 면직물로 만든) 청바지, 진류의 바지 ◆ *jezdecké -y* 승마용 바지; *punčochové -y* 팬티 스타킹
novina, *f* **1** zpráva 소식, 기사; 정보, jednotlivá (신문에 실린) 개별 기사 **2** pole 미개간지, 처녀지
noviny, *f-pl* 신문

c) 격(格) 표기

명사 표제어의 격에 대한 정보는 따로 지정하지 않았다. 다만 다른 품사에 의해 격지배를 받는 경우는 해당 표제어 이하에 일정한 격형태를 보였다. (전치사와 동사 표제어가 요구하는 격형태를 참조할 것)

2. 동사 표제어

a) 완료체와 불완료체라는 상(相)적 이항대립을 보이는 체코어 동사는 둘 중의 하나를 제 1표제어로 삼고 그 다음에 제 2표제어를 표기하는 일어(一語) 이표제어(二標題語)의 원칙을 따랐다.

	제 1표제어		제 2표제어
보기	**nabít**	<	**nabíjet**
	brát	>	**vzít**

b) 동일한 어휘정보의 반복을 피하기 위해, 위의 제 2표제어는 그것이 속한 알파벳 내의 순서에 따라 배열은 하되 다음과 같이 처리함을 원칙으로 하였다.

보기 **nabíjet** v. *nabít*
vzít v. *brát*

c) 제 2표제어의 형태는, 어형변화를 동반하지 않는 동일한 형태소부는 하이픈(-)으로 대체하여 생략하고 나머지 차이를 보이는 부분(접두어, 접미어, 어간, 어미 등)은 표기하는 것을 원칙으로 하였다.

보기 **vy|pnout < -pínat**
ří|ci, říct < -kat
sáknout (se) > na-, za-, v-

d) 동사 표제어가 재귀사 se를 동반하여도 어휘가 지닌 기본적 의미에 근본적인 변화를 수반하지 않는 경우는 독립 표제어로 설정하지 않았다.

보기 **mýt > u-** nádobí, ruce (그릇 · 손 등을) 씻다, 헹구다, koho (누구를) 씻기다 ~ **se > u- se** (몸을) 씻다, 목욕하다 ◆ *ruka ruku myje (=za úsluhu úsluha)* 오는 정이 있으면 가는 정이 있다.

e) 동사 표제어(부정사형)가 다양한 문법범주(현재 활용형태, 과거분사형, 수동분사형, 명령형)를 표현하기 위해 어형변화를 할 때 어근 내 모음이나 자음에 변화를 일으키거나 또는 그 변화 자체가 불규칙적일 때에는 관련 계열체를 다음과 같이 괄호 안에 예시하였다.

보기 **moci, moct** (*moh-u, můžeš ... mohou, moh-l*)
oblé|ci, obléct (*obleč-, oblékl, oblečen*)

f) 동사 표제어에 의해 결정되는 논항의 격형태는 의문 대명사 *kdo/co*의 격 계열체를 통해 나타냈다.

보기 **nabádat** koho k čemu…
ptát se > zeptat se 1 … **2** koho co…; koho na co…**3** po kom…

3. 형용사 표제어: 형용사는 경변화를 따르는 남성형 어미 -ý와 연변화를 따르는 어미 -í를 대표형으로 삼아 사전에 실었다.

보기 **mladý**
jarní

4. 전치사 표제어: 전치사의 일차적 문법 기능을 나타내기 위해 개별 전치사가 지배하는 구체적인 격을 보기와 같이 표기함을 원칙으로 하였다.

보기 **o² I.** (+대격)… **II.** (+전치격)…
za 1 (+생격)… **2** (+전치격)… **3** (+대격)…

IV. 뜻풀이

1. 표제어의 뜻풀이는, 의미상 차이가 클 경우 아라비아 숫자, 그 차이가 크지 않을 경우는 세미콜론(;)을 그리고 동일 의미범주 안에 있을 경우는 쉼표(,)를 사용하여 구분하였으며, 그 배열은 해당 어휘의 사용상 고빈도(高頻度) 순에 따랐다.

보기 **neprospěch,** *mi-2* **1** nevýhoda 불이익 **2** újma 손상, škoda 손해, 해 **3** ve škole 나쁜 점수[성적] ◆ *dokončit třídu s -em* 나쁜 성적으로 한 학년을 마치다
odvod, *mi-2* **1** vývod 방출, 유출; plynu (가스) 배출 **2** 고갈, 소모 **3** odvádění 제거, 철거, 철수; se ztrátou nároku 권리나 주장의 상실, 해임, 파면 **4** 《軍》 징병, 모병 ◆ *-y vojsk* 군(軍) 징집; *dostavit se k -u* 징병에 참여하다[응하다]

2. 이 사전은 대부분의 뜻풀이에 상응하는 체코어 유의어나 동의어를 제공하여 이 사전의 사용자가 한 표제어의 의미를 알고자 할 때 더 많은 체코어 어휘 정보를 동시에 얻을 수 있도록 하였다.(위의 1번 보기의 예시 참조)

3. 표제어가 사용되는 주요 분야(의학, 군, 스포츠, 컴퓨터, 화학 등)나, 문체(문어체, 구어체) 그리고 그 표준성(방언, 속어, 경멸어 등)에 따라 그 어휘 범주를 다양하게 지정하였다.

보기 **nadmutí,** *n* **1** (바람에 의해 커튼이나 돛이) 부풀어 오름 **2** 《醫》 고창(鼓脹), 헛 배부름

major, *ma* 《軍》 (육군이나 공군의) 소령; 장교, 지휘관

kvalifikace, *f* **1** 자격, 능력 **2** 자격 부여 **3** **(스포츠)** 예선 통과, 결승 경기[플레이오프] 진출권

sanitka, *f* **(구어체)** (상병자를 나르는) 병원차, 구급차, 앰블런스

tele, *n-1* **1** 송아지 **2** nadávka **(경멸어)** 돼지 같은 사람; **(구어체)** 바보, 천치 **3** 《軍》 배낭, 여행용 가방

4. 이 사전에는 약 3백여 개의 신조어를 표제어로 수록하였다. 이 사전은 신조어의 개념을 '새로이 생성된 단어형태나 또는 의미'로 제한하여 기존에 존재하던 표제어라 하더라도 새로운 의미가 첨가되었으면 이 또한 신조어에 포함시킴을 원칙으로 하였다. 신조어들은 특히 1989년 민주화 이후 다양한 영역에 걸쳐 일어난 사회적 변화나 컴퓨터를 비롯한 새로운 외국문화의 유입을 잘 반영할 수 있는 어휘들로 선택하였다.

보기 **au pair, au-pair,** *neskl. f, ma* (드물게) [opér] 외국에서 숙식을 제공받는 대신 그 나라 말을 배우기 위해 가사를 돕거나 아이를 돌봐주는 사람(주로 여자) ◆ *strávit jako au-pair rok v cizině* 해외에서 *au-pair*로서 일년을 보내다

polistopadový 1989년 11월 이후의, 11월 이후의 ◆ ~ *vývoj* 11월 이후의 성장

privatizace, *f* **1** (공기업, 국영기업 등의) 사기업화, 민영화 **2** 민영화 과정

sametový 1 벨벳[우단, 비단]의 **2** 벨벳 같은, (촉감이) 부드러운 **3** 평화스러운, 비폭력적인 ◆ *hebký jako* ~ = sametově hebký 매우 부드러운; *sametová revoluce* 벨벳 혁명

naformátovt (컴퓨터) 디스켓을 포맷하다

5. ◆ 표시 이하에는 표제어가 쓰이는 다양한 종류의 상용어구나 관용구, 속담, 격언 등의 예문을 제시하였다.

보기 **mrt|vý I** **(**형용사**)** **1... 2... 3... II (**명사**)...** ◆ *je pro mě -ev* 내게 그건 없는거나 다름없다; ~ *jazyk* 사어(死語); *o -vých (se má mluvit) jen dobře* 죽은 사람에 대해서는 좋은 말만 해야한다; *vzbudil by -vého (z hrobu)* (무덤에서 죽은 사람을 깨울 만큼) 매우 시끄럽다

p, P [pé] *n-in* **1... 2... 3...** ◆ *mít všech pět P (o dívce, o ženě)* (소녀, 여성이) 다섯 가지 좋은 조건을 모두 갖추다: poctivá 순수한, 정직한, 솔직한 poslušná 예의바른, 순종하는, 유순한 pracovitá 근면한

pěkná 예쁜, mít peníze 돈이 있는

V. 표제어의 발음

몇몇 외래어의 경우 표제어의 성(性) 표시 바로 뒤에 [ ] 괄호를 두어 그 발음을 표기하였다. 체코어의 발음에 대한 체계적인 지식은 다음에 계속되는 <체코어의 자모와 발음체계> 부분을 참조하기 바란다.

보기 **aerolinie,** *f* [-ny-]
á jour [ažúr]
antiestablishment, *mi* [-ty-establiš-]
mail, *mi* [meil]

VI. 참고자료

<일차 참고자료>

1. Ivan Poldauf, 1986. Česko-anglický slovník (체코어-영어사전, 제2판). Praha: SPN.
2. Ivan Poldauf and Jan Caha et al., 1994. Anglicko-český česko-anglický slovník (영어-체코어 체코어-영어사전, 제9판). Praha: SPN.
3. Josef Fronek, 2000. Velký česko-anglický slovník (체코어-영어대사전, 초판). Praha: Leda.

<이차 참고자료>

1. František Trávníček, 1952. Slovník jazyka českého. Praha: Slovánské nakladatelství.
2. Akademie věd České republiky, Ústav pro jazyk český, 1989. Slovník spisovného jazyka českého I, II, III, IV, V, VI (표준체코어사전, 체코어해설사전, 제 1권 ~ 6권, 제2판). Praha: Academia.
3. Akademie věd České republiky, Ústav pro jazyk český, 1998. Slovník spisovné češtiny pro školu a veřejnost (학교와 일반대중을 위한 표준체코어사전, 제2판 증보판). Praha: Academia.
4. Akademie věd České republiky, Ústav pro jazyk český, 1998. Nová slova v češtině. Praha: Academia.
5. Jiří Rejzek, 2001. Český etymologický slovník (체코어어원사전). Praha: Leda.
6. Věra Petráčková and Jiří Kraus et. al., 1998. Akademický slovník cizích slov (외래어학술사전). Praha: Academia.
7. Josef Čermák and Karolina Adamová et. al., 2002. Universum, všeobecná

encyklopedie (세계일반백과사전). Praha: Odeon.
8. Josef Fronek, 2005. Anglicko-český česko-anglický slovník (영어-체코어 체코어-영어사전, 초판). Praha: Leda.

VIII. 부호와 약어

부호

| 예문에 있는 표제어의 생략된 형태소부를 알리기 위해 표제어에 표시; 생략된 형태소부는 – (하이픈)으로 표시

~ 표제어의 완전한 반복 표시

[ ] 체코어 발음 표시 또는 뜻풀이에서 동의어 표시

> 동사의 상(완료체와 불완료체) 표시; 왼쪽으로 열린 것은 완료체

< 동사의 상(완료체와 불완료체) 표시; 오른쪽으로 열린 것은 불완료체

>< 상(相)에 대하여 무표적 관계에 있는 동사 표시(완료체와 불완료체의 구분 없이 사용됨)

◆ 표제어가 사용된 예문 표시; 표제어를 이용한 상투어귀, 상용어구, 관용구, 속담, 격언 등이 포함됨

/ 연결 표시

● 품사 구별 표시

↔ 반의어

= 동의어

《 》 표제어가 사용되는 주요 분야(의학, 군, 스포츠, 컴퓨터, 화학 등) 표시

( ) 표제어의 문법적, 문체적 어휘범주 표시

( ) 한국어 뜻풀이 부가설명 표시(본뜻풀이부의 앞에 위치)

(( )) 표제어가 전문용어로 사용될 때 보조 뜻풀이 표시(본뜻풀이부의 뒤에 위치)

약어표

abstr. abstraktum 추상 명사
acc accusative (akuzativ) 대격
adj adjektivum (přídavné jméno) 형용사
adv adverbium (příslovce) 부사
aj. a jiné 기타 등등
anat. anatomie 해부학
angl. anglický 영어
anton. antonymum 반의어
antr. antropologie 인류학
apod. a podobně 등등
archeol. archeologie 고고학
astr. astronomie 천문학
atd. a tak dále 기타
atrib. atribut (přívlastek) 수식어
bás. básnický výraz 시어
bibl. biblický výraz 성서어
biol. biologie 생물학
bot. botanika 식물학
Brit. Británie 영국(본토)
bud.č. budoucí čas (future tense) 미래 시제
církv. církevní výraz 교회어
citosl. citoslovce (interjection) 감탄사
coll. colloquialism (hovorový výraz) 구어적 표현
comp komparativ (2. stupeň) 비교급(제2급)
condit conditional (kodicionál) 조건법, 가정법
conj spojka 접속사
cykl. cyklistika 사이클링
čast. častěji (more frequently) 빈번하게
čín. čínský výraz 중국어 표현
čs. československý (Czechoslovak) 체코슬로바키아의
dat dative (dativ) 여격
dět. dětský výraz 유아어
dial. dialect expression (nářeční výraz) 방언
dim. diminutive (zdrobnělina, -lý, -le) 지소형
dipl. diplomatický výraz 외교어
div. divadelnictví 연극
dopr. dopravnictví 교통어
dram. dramatický (dramatic) 드라마
důraz. důrazný 강조
ekol. ekologie 생태학
ekon. ekonomie 경제
elektr. elektrotechnika, elektronika 전자공학
euf. eufemismus 완곡어법
evan. evangelický (Protestant) 신교(도)
expr. expresívní, citový výraz 감정어
f 여성명사
f-in 여성 불변화 명사
f-pl 여성 복수 명사
fam. familiární, důvěrný výraz 친밀어
filat. filatelie 우표수집
film. filmařství 영화
filoz. filozofie 철학
fin. finančnictví 재정
folkl. folklór (folklore) 민속학
fon. fonetika, fonologie 음성학, 음운론
fot. fotografování 사진
fr. francouzský (French) 프랑스어
fut future tense (budoucí čas) 미래시제
fyz. fyzika 물리학

fyziol.	fyziologie 생리학
gen	genitive (genitiv) 소유격
geod.	geodézie 측지학
geol.	geologie 지질학
geom.	geometrie 기하학
hanl.	hanlivý výraz 경멸어
hant.	hantýrka, odborný slang 전문(직업) 속어
hist.	historický výraz 역사어
hl.	hlavní, hlavně 주로
horn.	hornictví (mining) 광
horol.	horolezectví (mountaineering, rock-climbing) 등산
hovor.	hovorový výraz 구어체
hromad.	hromadný 집합
hud.	hudební věda 음악
hut.	hutnictní (iron industry) 철강업
hvězd.	hvězdářství 천문학
chem.	chemie 화학
imp	imperative 명령형
in	indeclinable (nesklonné) 불변화사
ind.	indikativ 직설법
indeterm.	indeterminate (nedeterminovaný) 부정태동사
inf	infinitiv 부정사
infl	inflection(al), inflected (skloňování, -vaný) 변화[활용]형
ins, inst	instrumentál (instrumental) 조격
interj	interjekce (citoslovce) 감탄사
interr.	interrogative (tázací) 의문사
iron.	ironický výraz 반어법
ital.	italský (Italian) 이탈리아어
iter.	iterative (opakovací význam) 반복상
jaz.	jazykověda 언어학
jm.	jméno 이름/명사
karet.	karetní výraz 카드게임
kelt.	keltský (Celtic) 켈트어
keram.	keramika (ceramics) 도예
kniž.	knižní výraz 문어체
kolekt.	hromadný výraz 집합어
komp.	komparativ (comparative) 비교급
konkr.	konkrétum, -tně (concrete[ly]) 구체적으로
kosm.	kosmonautika 우주 비행학
krejč.	krejčovství (tailoring) 재단
kuch.	kuchařství 요리
kyb.	kybernetika 인공 두뇌학
lat.	latinský 라틴어
les.	lesnictví (forestry) 임업
let.	letectví 항공학
lid.	lidový výraz 통속어
lit.	literární výraz 문학어
liter.	literární věda 문학
loc	(locál) locative 전치격
log.	logika 논리학
lov.	lovectví 사냥어
ma	남성 생물 명사
ma-in	남성 생물 불변화 명사
ma-pl	남성 생물 복수 명사
mi	남성 무생물 명사
mi-in	남성 무생물 불변화 명사
mi-pl	남성 무생물 복수 명사
mat.	matematika 수학
med.	medicína, lékařsství 의학
mech.	mechanika (mechanics) 역학, 기계학
meteor.	meteorologie 기상학
mil.	military (vojenský) 군사어
miner.	mineralogie 광물학
motor.	motorismus 자동차
muž. jm.	mužské jméno 남성 명사
mysl.	myslivectví (hunting) 사냥
mytol.	mytologie (mythology) 신화
n	중성 명사
n-in.	중성 불변 명사

n-pl. 중성 복수 명사
n. nebo 혹은
náb. náboženství 종교
námoř. námořnictví 항해술
např. například (for example, for instance) 예컨대
nář. nářeční výraz 방언
neg. negative (záporný) 부정(否定)
nejč. nejčastěji (most frequently) 다빈도(多頻度)
nespr. nesprávně (incorrectly) 부정확하게
nom nominative (nominativ) 주격
num číslovka 수사
ob. obecný 공통의
obch. obchodní výraz 상업
obsol. obsolete expression (zastaralý výraz) 폐어(廢語)
obyč. obyčejně 보통
odb. odborný výraz 전문어
opt. optika 광학
ot. otázka 의문문
pas. pasívní (passive) 수동태
ped. pedagogika (pedagogy) 교육학
pejor. pejorativní (pejorative) 경멸어
peněž. peněžnictví 재정
piv. pivovarnictví (brewery) 맥주 양조
pl plurál, množné číslo 복수
pod. podobně 유사하게
podmiň. podmiňovací (conditional) 조건법
podst. podstatný (substantive) 명사
poet. poeticism (básnický výraz) 시어
pojišť. pojišťovnictví 보험
polic. policejní (police) 경찰
polit. politický, politika 정치학
polygr. polygrafie 복사
pomn. pomnožný výraz (noun in plural form only) 절대복수
popř. popřípadě 경우에 따라
poss possessive (přivlastňovací) 소유격
pošt. poštovnictví 우편
pozit. pozitiv (positive degree) 원급
pp past participle 과거 분사
práv. právnikcý výraz 법률
pred predikativ, přísudek 서술어
prep prepozice, předložka 전치사
préz. prézens, přítomný čas 현재 시제
pron zájmeno 대명사
protest. protestantský (Protestant) 개신교
přen. přeneseně, obrazně 비유어
příd. přídavný (adjective, -val) 형용사
psych. psychologie 심리학
pt préteritum 과거 시제
rad. radiotechnika, radiotelegrafie 라디오 공학
raket. raketová technika 로켓 공학
rostl. rostlina (plant) 식물
rozhl. rozhlas (sound radio) 방송
ryb. rybářství a rybníkářství 어업
řečn. řečnický výraz (rhetorical expression) 수사학
řidč. řidčeji 드물게
ř.-kat. římsko-katolický (Roman Catholic) 로마 카톨릭
s substantivum, podstatné jméno 명사
samohl. samohláska 모음
sg singular (jednotné číslo) 단수
siln. silniční stavitelství (highway engineering) 도로 건설
slang. slangový výraz 속어
slož. složenina (compound) 합성어

souhl. souhláska 자음
specif. specifický (specific, in narrower use) 특수어
sport. sportovní výraz 스포츠
spr. správně (correctly) 정확하게
srov. srovnej 비교
stav. stavebnictví a stavitelství 건축
stol. století 세기
stroj. strojírenství 기계 공학
stud.slang. studentský slangový výraz 학생 속어
styl. stylistický 문체
sup superlativ, 3. stupeň 최상급
šach. hra v šachy 체스
šerm. šermířství (fencing) 펜싱
škol. školství (school, educarional system) 교육
táz. tázací 의문사
tech. technika 기술
těl. tělovýchova 체육
telev. televize (television) 텔레비전
textil. textilnictví 섬유
tj. to jest (that is, i.e.) 즉
tkal. tkalcovství (spinning and weaving) 방직
tur. turistika (tourism) 관광; 도보여행
týk. týkající (se) (concerning) …에 관하여
tzv. takzvaný (so-called) 소위
účet. účetnictví (accountancy and book keeping) 회계
ukaz. ukazovací (demonstrative) 지시사
uměl. umělecký výraz 예술적 표현
urč. určitý 한정사

úř. úřední výraz 관용(官用)
v. viz 참조
v verbum, sloveso 동사
věd. vědecký termín 학문
vedl. vedlejší 종속절
veř. veřejný (public) 공공
vl. vlastní (proper) 고유
voc vocative (vokativ) 호격
voj. vojenství 군사
všeob. všeobecně 보편적으로
vulg. vulgární výraz 비속어
výj. výjimka (exception) 예외
výpoč. tech. výpočetní technika 컴퓨터
výtv. výtvarnictví 회화와 조각
význ. význam (meaning) 의미
vztaž. vztažný (relative) 관계대명사
zahrad. zahradnictví (gardening) 원예
záp. zápor, záporný 부정(否定)
zast. zastaralý výraz, archaismus 고어(古語)
zdrob. zdrobnělina 지소형
zejm. zejména (especially) 특히
zeměd. zemědělství, agronomie 농업
zeměp. zeměpis 지리
zkr. zkratka, zkrácený, zkráceně 약어
zool. zoologie 동물학
zprav. zpravidla 대개
zř. zřídka 드물게
zvl. zvláště 특별히
zvrat. zvratně 재귀사
žel. železnice 철도
žen. jm. ženské jméno 여성 명사
žert. žertovný výraz 익살
žurn. žurnalistický výraz 저널리즘

*주: 위의 체코어 약어의 목록은 이 사전이 사용하고 있는 약어뿐 아니라 체코어 화자 사이에 일반적으로 통용되고 있는 약성어(略成語)도 포함하고 있다.

체코어의 자모와 발음체계

1. 체코어 알파벳

체코어 알파벳은 영어 알파벳과 마찬가지로 로마자를 사용하지만 필요한 경우에는 (ˇ), (ˊ), (°)와 같은 특수한 발음구별 부호를 사용한다. 체코어 알파벳은 대문자와 소문자, 인쇄체와 필기체를 가지며 몇몇 필기체는 영어와는 다소 다른 형태를 취한다. 체코어 자모는 영어의 그것과는 달리 일문자(一文字) 일발음(一發音) 원칙을 따른다. 체코어 알파벳의 자모는 다음과 같다.

a/á	(A/Á)	[아/아-]	j	(J)	[예]	š	(Š)	[에쉬]
b	(B)	[베]	k	(K)	[까]	t	(T)	[떼]
c	(C)	[쩨]	l	(L)	[엘]	ť	(Ť)	[뗴]
č	(Č)	[췌]	m	(M)	[엠]	u/ú/ů	(U/Ú)	[우/우-]
d	(D)	[데]	n	(N)	[엔]	v	(V)	[베]
ď	(Ď)	[뎨]	ň	(Ň)	[엔녀]	w	(W)	[드보이 떼 베]
e/é	(E/É)	[에/에-]	o/ó	(O/Ó)	[오/오-]			
f	(F)	[에프]	p	(P)	[뻬]	x	(X)	[이끄스]
g	(G)	[게]	q	(Q)	[끄베]	y/ý	(Y/Ý)	[입실론]
h	(H)	[하]	r	(R)	[에르]	z	(Z)	[제뜨]
ch	(CH)	[(크)하]	ř	(Ř)	[에르쉬]	ž	(Ž)	[줴뜨]
i/í	(I/Í)	[이/이-]	s	(S)	[에스]			

1. 자음 x , w, q는 외래어의 표기에만 사용된다.
2. 자음 d/ď, t/ť, n/ň는 사전에서 분리하지 않고 병기한다.
3. 자음 ě와 관련한 정자법과 그 발음은 다음과 같다: ① ď+e = dě [뎨]; ť+e = tě [뗴]; ň+e = ně [녜]; ② 양순음 m+ě = mě [mňe 므녜]; ③ 양순음 b+ě = bě [bje 볘]; p+ě = pě [pje 뼤]; v+ě [vje볘]; f+ě [fje 폐]
4. 연모음 i/í는 경모음 y/ý과는 달리 연자음 [ď], [ť], [ň] 뒤에 온다: di [뒤], ti [뛰], ni [뉘]
5. 문장과 고유명사의 첫 글자는 대문자를 사용한다: Kil-su [길수], Čang-mi [장미]; Kwangdžu [광주]. 영어와는 달리 요일과 달의 첫 글자는 대문자를 사용하지 않는다: úterý-Tuesday 화요일, únor-February 2월

2. 체코어 발음

■ 모음

체코어 모음은 단모음과 장모음이 있다. 장모음은 단모음보다 약 두 배 정도 길다. 장모음은 단모음 위에 부호 (ʹ)를 부가하여 만든다. 단 u의 장모음은 ú외에도 부호(°)를 붙여서 만든 ů가 있다.

1.	a	[아]	tam [땀] 거기
2.	á	[아아/아]	káva [까바] 커피
3.	e	[에]	les [레스] 숲
4.	é	[에에/에]	mléko [믈레꼬] 우유
5.	i/y	[이]	dopis [도삐스] 편지; tady [따디] 여기[1]
6.	í/ý	[이이/이]	papír [빠삐르] 종이; dobrý [도브리] 좋은[1]
7.	o	[오]	ano [아노] 예
8.	ó	[오오/오]	móda [모다] 패션, 유행
9.	u	[우]	ruka [루까] 손
10.	ú/ů	[우우/우]	úkol [우꼴] 숙제, 작업, 과업; stůl [스뚤] 책상; domů [도무] 집으로[2]
11.	ou	[오우]	dlouho [들로우호] 길게, 오랫동안, 오래[3]
12.	au	[아우]	auto [아우또] (자동)차[3]

1. 음성 [i]와 [i:]는 두 개의 모음 문자 i, y와 í, ý를 갖는다.
2. 음성 [u:]도 역시 두 개의 모음 문자를 갖는데, 단어의 첫머리에는 ú, 단어의 중앙이나 끝에는 ů가 사용된다.
3. 체코어 이중 모음은 위와 같이 두 가지가 있다.

■ 자음

1.	p	[ㅃ]	mapa [마빠] 지도
2.	b	[ㅂ]	ryba [리바] 물고기, 생선
3.	m	[ㅁ]	matka [마뜨까] 어머니
4.	t	[ㄸ]	to [또] 그것
5.	d	[ㄷ]	voda [보다] 물
6.	n	[ㄴ]	ne [네] 아니오
		[ㅇ]	banka [방까] 은행
7.	ť	[뛰; 땨, 뗴, 뚀, 뜌, 띠]	Baťa [바땨] (체코 인명)
8.	ď	[뒤; 댜, 뎨, 됴, 듀, 디]	Maďar [마댜르] 헝가리인

9.	ň	[뉘; 냐, 녜, 뇨, 뉴, 니]	koňak [꼬냐끄] 코냑
10.	k	[ㄲ]	koruna [꼬루나] 꼬루나(체코 화폐 단위)
11.	g	[ㄱ]	gram [그람] 그램
12.	f	[ㅍ]	profesor [쁘로페소르] 교수
13.	v	[ㅂ]	pivo [삐보] 맥주
14.	s	[ㅅ]	syn [신] 아들
15.	z	[ㅈ]	zima [지마] 겨울
16.	š	[쉬; 샤, 셰, 쇼, 슈, 시]	škola [슈꼴라] 학교
17.	ž	[쥐; 쟈, 졔, 죠, 쥬, 지]	žena [졔나] 여자
18.	j	[이; 야, 예, 요, 유]	jeden [예덴] 하나
19.	ch	[ㅎ-]	chyba [히바] 실수, 잘못
20.	h	[ㅎ+]	noha [노하] 다리, 발; hora [호라] 산
21.	l	[-ㄹ/ㄹ-ㄹ]	jablko [야블꼬] 사과; židle [쥐들레] 의자
22.	r	[ㄹ-/르]	rýže [리졔] 쌀, 밥; bratr [브라뜨르] 형제
23.	ř	[르쥐; 르쟈, 르졔, 르죠, 르쥬, 르지]	moře [모르졔] 바다
		[르쉬; 르샤, 르셰, 르쇼, 르슈, 르시]	přítel [쁘르시뗄] 친구
24.	c	[ㅉ]	co [쪼] 무엇; Korejec [꼬레예쯔] 한국인
25.	č	[ㅊ]	Čech [체흐] 체코인

- banka에서 처럼 n이 k/g음 앞에 위치할 때의 발음은 [ŋ]이다.
- b와 v는 체코어에서는 서로 독립적인 두 음소인데, 자음 b는 양순음이고 자음 v는 순치음이다.
- [z]의 발음은 단어 '치즈'에서의 [ㅈ] 발음과 단어 '냄새'에서의 [ㅅ] 발음에 가깝다.
- s와 š는 두 개의 서로 다른 음소이다. 자음 s는 한국어 '손'에서의 [ㅅ]과 비슷한 발음이고, 자음 š는 한국어 '시장'의 [ㅅ] 발음과 비슷하다: stůl [스뚤] 책상; dopis [도삐스] 편지; sešit [세쉬뜨] 공책
- h와 ch는 체코어에서는 서로 상이한 두 음소이다. 자음 h는 후두음으로서 유성 자음이고 발음은 한국어 '한라산'에서의 [ㅎ]과 비슷하다. 그리고 자음 ch는 연구개음으로서 무성 자음이고 한국어 '힘'에서의 [ㅎ]과 비슷하다.
- l과 r은 두 개의 서로 다른 음소인데, 자음 l은 한국어에서의 '살다'와 '오늘'에서의 [ㄹ] 발음과 매우 유사하고, 자음 r는 한국어에서의 '살아요'와 '오늘은'에서

의 [ㄹ] 발음과 매우 유사하다.

◆ ř은 moře에서는 유성음 [르쥐]이지만 přítel에서는 무성음 [르쉬]이다.

3. 자음의 분류

(1) 경자음과 연자음

표준 체코어 자음은 모두 25개이다. 먼저 자음을 경(硬) · 연(이라는 음운자질에 따라 경자음(tvrdé, hard), 연자음(měkké, soft), 중립자음(neutrální, neutral)으로 분류하면 다음과 같이 나뉜다.

[표 1] 체코어의 경자음과 연자음의 구분

경자음		d		g, h	ch		k			n		r		t	
연자음		ď		z, ž	š	j	c, č			ň		ř		ť	
중립자음	b		f					l	m		p		s		v

(2) 유성음과 무성음

자음은 조음위치와 조음방식(성대 발성의 유무)에 따라 유성음(znělé, voiced)과 무성음(neznělé, voiceless)으로 분류할 수 있다.

[표 2] 체코어의 자음체계

순음 (labials)				치경음 (alveolars)				구개음 (palatals)				후두음 (laryngals)	
양순음		순치음		전(前)		후(後)		경구개 (hard p.)		연구개 (velars)			
유	무	유	무	유	무	유	무	유	무	유	무	유	무
m		v	f	n				ň		/ŋ/			
b	p							ď	ť	g	k		
				d	t	/dž/	č	j					
				/dz/	c	ž	š				ch	h	
				z	s								
				ř	/ř̥/								
				r									
				l									

[표 3] 유성음과 무성음 대조표

유성음	b	v	d	ď	z	ž	g	h	r	l	m	n	ň	j	ř	(dz)	(dž)
무성음	p	f	t	ť	s	š	k	ch	-	-	-	-	-	-	(ř̥)	c	č

- 유성음뿐인 m, n, ň, j, r를 제외한 나머지 모든 유성음은 쌍을 이룬다. ř는 유성음 [르쥐]도 되고 무성음 [르쉬]도 된다.

(3) 자음동화 현상

- 어말에서는 유성음이 무성음으로 발음된다: chléb [흘레쁘] 빵; led [레뜨] 얼음; mráz [므라스] 추위
- 두 개 이 상의 자음 군에서 마지막 자음이 유성음이면 그 앞의 자음들은 유성음으로, 마지막 자음이 무성음이면 그 앞의 자음들은 무성음으로 발음한다: obchod [오쁘호뜨] 상점; odpověď [오뜨뽀볘뛰] 대답; hezký [헤스끼] 근사한; kdo [그도] 누구; leckdo [레즈그도] 누구라도; sbor [즈보르] 합창단
- 유성음 v는 이러한 동화현상을 유발하지 않는다. svatba [스바드바] 결혼, svatý [스바띠] (형)성스러운, 성인의; (명) 성인

A

a[1], **A** [á] *n-in* **1** [아] 체코어 알파벳의 모음 글자 **2** 《樂》 a dur 가장조, a moll 가단조 ◆ *od ~ (až) do z(et, žet)* 처음부터 끝까지, 전부, (책의) 첫 장부터 끝 장까지; *znát co od ~ až do z* 무엇을 처음부터 끝까지 알다, 완전히 이해하다

a[2], **á (감탄사)** 아아, 오오 (곤혹) 어, (놀람) 어이구, 아이구, (만족) 음

a[3] **(접속사)** 그리고, …과(와), 및, 또한; 그러나, a sice …지만, a nebo …으나; a tak 그래서, 따라서, a když 그러자, a proto …때문에, a jestli …하면, a tak 그리하여 ◆ *deset hodin ~ tři minuty* 10시 3분; *~ tak dál(e)* …따위, 등등, 기타; *~ to* 즉, (*a to je, bylo, bude*) 더욱이, 그것도, 게다가; *dva ~ dva = po dvou* 둘[두 사람]씩; *~ i* …와 마찬가지로, …와 동시에, …뿐만 아니라, …도; *buďte tak laskav ~ řekněte mu* 부디 그에게 말씀해 주십시오; (주로 동사원형 앞에서는 번역하지 않는다) *Karel ~ zradit!* 카렐이 우리를 저버리다! 카렐 배신자! *já ~ věřit mu!* 내가 그를 믿어?

abatyše, *f* 여자 대수녀원장, 수녀원장

abatyšský 여자 대수녀원장의, 수녀원장의

abatyšství, *n* 여자 대수녀원장의 직(권)·관구·임기

abbé, *ma-in* **(불어 차용어)** (교구를 맡지 않은) 신부, 성직자; kněz-vychovatel (특히 귀족 가문의) 지도 교사 성직자 (주로 성앞에서 *abbé Dobrovský*)

abdikace, *f* [-dy-] (정부, 왕국, 권력, 기관, 기능 등의) 포기, 기권, 사직, 퇴임

abdikační 포기의, 기권의 ◆ *~ listina* 포기각서, 사직서

abdikovat >< (권리, 직위, 자리 등을) 포기하다, 버리다; 퇴직[퇴임]하다, 사직[사임]하다

abeced|a, *f* 알파벳, 자모; základy 기본, 기초, 초보, 입문, ABC ◆ *Morseova ~* 모스 부호; *podle -y = abecedně* 알파벳순으로

abecedn|í 알파벳의, 알파벳순의 ◆ *srovnat co -ě* 무엇을 알파벳순으로 하다, 알파벳순으로 배열하다

abilympiáda, *f* 장애인 기능 올림픽, = *paralympiáda*

abiturient, *ma* **-ka,** *f* 고등학교 졸업생, 고등학교 졸업 후보생[예정자]

abiturientský 졸업생의 ◆ *~ večírek* 졸업 송별[연]회

abnormalita, *f = abnormálnost,* 이상, 변칙; 이형, 기형

abnormální 이상의, 변칙의;

výjimečný 보통과 다른, 정상이 아닌, 상도를 벗어난; 불규칙한; 변태의, 병적인

abnormálnost, *f-1* = *abnormalita,* 이상, 변칙, 변태; 이형, 기형

abolicionismus, *mi-2* (노예제도) 폐지론

abolicionista, *ma(-4)* (노예제도) 폐지론자

abolicionistický [-tyc-] (노예제도) 폐지론(자)의

abonent, *ma* **-ka,** *f* **(불어 차용어)** = *předplatitel,* (신문의) 정기 구독 신청자, (공연, 음악회의 정기 입장권) 예약자

abonentní (정기 구독 또는 입장권을) 예약한, 미리 계산한

Abrahám, *ma-2* **1** (성서의) 아브라함((유태인의 선조)) **2** věk (나이) 50살 ◆ *vidět, spatřit -a* 50살까지 살다; *už je u -a* 그는 수를[수명을] 다하였다

abrahámoviny, *f-pl* 50세 생일

absces, *mi-2* 종기, 농양

absenc|e, *f* 부재, 결석, 결근; celková v podniku (회사에서의) 장기 결석[결근] ◆ *zjistit -i* 출석을 부르다, 점호하다

absentér, *ma* **-ka,** *f* 부재자, 결석자, 불참자

absolutismus, *mi-2* [-tyz-] 독재, 전제, 전제정치, polit. teorie 절대주의, 전제주의, 전제정치론

absolutista, *ma-(4)* 전제주의자, 전제론자, 절대론자

absolutistický [-tyc-] 전제주의(자)의, 절대주의(자)의

absolutní 절대의, 전제적인; nezávislý 독립의, 자주의; suverénní 최상의, 최고의

absolutno, *n-2* 절대적인 것[현상]

absolutorium, *n-2* [-tó-] **1** 승인, 허가, 인가 **2** listina 수료증, 졸업장, 면죄부 ◆ *dát* (*udělit*) ~ 승인하다, 허가[인가]하다

absolvent, *ma* **-ka,** *f* 졸업생

absolventský 졸업의 ◆ ~ *sjezd* 졸업생 동창회

absolvovat >< rozhřešením (책임, 의무를) 해제[면제]하다; projít čím (무엇을) 해내다, 완수하다, 끝내다; vystudovat (공부를) 마치다, 졸업하다

absorbovat >< 흡수하다, 빨아들이다, 열중케하다 ◆ ~ *čí pozornost* 누구의 주의를 빼앗다

absorpce, *f* 흡수, 열중

absťák, *mi* **(속어)** (마약 등의) 중독성[습관성] 약물 복용의 중단으로 인해 나타나는 신체적, 정신적 증후[징후]; 《醫》 약물 금단 증상, 금단 증후군

abstence, *f* (조심하여) 삼감, 절제, 자제

abstenovat >< od (…을) 삼가다, 그만두다

abstinence, *f* [-ty-] 절제, 극기, 삼감, 절주, 금주, 금욕, 절대 금주

abstinent, *ma* **-ka,** *f* 절대 금주(주의)자 ◆ *stát se -em* 금주의 맹세를 하다

abstinentismus, *mi-2* [-tyz-] 금주 운동

abstinentní 금주의, 술을 팔지 않는 ◆ ~ *sdružení* 금주 운동 단체[모

임]

abstinentský 절대 금주(자)의

abstrahovat >< od čeho (무엇을) 무시하다; z čeho (무엇에서) 연역하다, 추론하다

abstrakce, *f* 추상, 추상 개념; vyvození 연역, 추론 추상주의

abstrakcionismus, *mi-2* 추상주의

abstraktivismus, *mi-2* [-ty-] = *abstrakcionismus*

abstraktní 추상적인, 관념적인; neskutečný 비현실적인, 실재하지 않는 ◆ ~ *umění* 추상 미술; ~ *umělec* 추상파 화가

abstraktno, *n-2* 추상세계

abstraktnost, *f-1* 추상성, 비현실성

abstraktum, *n-2* 추상개념[관념]

absurdní 불합리한, 부조리한, 우스꽝스런

absurdnost, *f-1* 불합리, 부조리, 어리석음

aby za tím účelem, aby (목적) …하기 위해, …하도록; *aby ne-* (*tj. z obavy, aby*) …하지 않도록, …하면 안 되므로; možné nebo žádoucí (가능 혹은 필요) …하도록; příkaz (명령) …하기를; obava (염려) *aby ne-* …하지나 않을까 하여; účinek (결과) *ne takový, aby* …만큼 …하지 않다; *příliš* … (*než*) *aby* … 하기에는 너무 …하다; *dost, natolik, aby* 충분히 …하다; citově (감탄) *aby tak přišel!* 그가 온다니!; *aby tě čert vzal!* 빌어먹을 것 같으니!; *aby ne!* 아무렴!; *abych nevěděl!* 내가 모를리 없지[물론 나는 알지]; *ne abys*… …하지 않기를, přání (기원, 소원) …해 주도록, …하라고

abych(om), abys(te) v. *aby*

aceton, *mi-2* [-ón] 《化》 아세톤((휘발성의 무색(無色) 액체; 시약(試藥)·용제))

acetylén, *mi-2* 《化》 아세틸렌(가스)

acetylenový 아세틸렌(가스)의

ač = *ačkoli,* …이긴 하지만, …이지만, …이나; na počátku věty (문두(文頭)에서) 비록 …일지라도, 비록 …(한다) 하더라도[할지라도], …이긴 하지만 ◆ *ač (jest)li* = *ačli; ač by* …까지 않으면, …하지 않는 한, …한 경우 외에는

áčko, *n-2, 3* 《音》 으뜸음, 바탕음; (co je označeno A) 지하철 등의 A선(線); (속어) 결석

ačkoli(v) = *ač,* 적어도 …한다면, …한다[있다] 하여도; (고어체) = *ačli*

ad acta [ak-] uložit co ad acta 미결로 두다, (뒤로) 미루나, 보류하다

Adam, *ma-2* 아담((성서의 인물, 인류의 조상, 최초의 인간)); o náhači 벌거벗은 사람, 누드 ◆ *nahý jako* ~ 알몸으로; *od -a* 처음부터; *-ovo jablko* = *ohryzek* 결후(結喉), 울대뼈; *v rouše -ově* (태어날 때처럼) 벌거벗은

adaptace, *f* 적응, 적합, 순응; 개작(물), 번안(물), 각색(물)

adaptér, *ma/mi-2* 적합케 하는 사람[것], 각색자, 번안자

adaptovat >< k (…에) 적합[적응]시키다; 개작[개수]하다; 번안[각색, 편곡]하다

adept, *ma* **-ka,** *f* 신참자, 초심자, 풋내기

ad hoc [hók] 특별히[한] (위원회 등)

adjektivum, *n-2* [-tý-] 형용사

A

adjustace, *f* 조정(調整), 정리; 조절; 적합

adjustovat >< (꼭) 맞추다; 조정[조절]하다; vybavit 갖추다, 장비[채비]하다

adjutant, *ma* 《軍》 부관(副官); 조수, 보조자

administrace, *f* [-ny-] spravování 관리, 행정; vedení 경영, 지배; časopisu (잡지의) 배급[보급](소)

administrační 관리[경영]의; 행정[지배]의

administrativa, *f* [-tý-] státní (국가의)행정부, 행정 기관, 관헌, 당국, 관청

administrativní [-tý-] 행정[통치]의, 관리[경영]의

administrovat 행정[관리]하다; jen úřadovat 사무처리하다, 사무를 보다

admirál, *ma-2* 해군 대장; (함대)사령관, 제독

admiralita, *f* 해군 대장[(함대)사령관, 제독]의 직 [지위]; 해군본부

admirálský 해군 대장의; (함대)사령관의, 제독의 (기, 기함 등)

admirálství, *n* 해군 대장[(함대)사령관, 제독]의 직[지위]

adopce, *f* 채용, 채택; 입양(入養)

adoptant, *ma* 채용[채택]자; 입양자

adoptivní [-tyv-] 채용의; 입양의

adoptovat >< 채용[채택]하다, 입양하다

adres|a, *f* **1** 받는 이의 주소 · 성명, 주소, 번지 **2** bydliště 주거(지), 주재(지), 거주(지) **3** podniku 영업소, 사업소, 사무소 **4** projev (청중에의) 인사말, 연설; písemný 치사, 축사 ◆ *na -u (přechodné bydliště)* …씨 댁[방(方)], 전교(轉交), *na čí -u* 누구의 앞으로 하다; *obrátit se na nepravou, špatnou -u, být na špatné -e, zmýlit se v - e* 잘못된 수취인[주소지]로 하다, 계획이 어긋나다, 예상이[기대가] 빗나가다; *zpáteční ~* 반송 주소; *změnit -u (dopisu)* (편지의) 주소를 고쳐[바꿔] 쓰다; *přesídlit na -u, změnit -u* 주소를 변경하다, 이사하다

adresant, *ma* **-ka,** *f* 발신인, 발송인[자]

adresář, *mi* 주소 성명록, 인명부

adresát, *ma* **-ka,** *f* 수신인, 받는이; příjemce 수령인, 수납자, zásilky 수탁자, 하수인(荷受人), směnky 어음 수신인

adreska, *f* 주소 설명 꼬리표

adresný 정곡을 찌르는, 단도직입적인

adresovací 주소 성명 자동인쇄의 ◆ *~ stroj* 주소 성명 자동인쇄기

adresovat >< **1** (편지 등을) 보내다, (편지에) 받는이의 주소 성명을 쓰다, (편지를) …앞으로 내다 **2** …에게 연설[인사]하다, …에게 이야기를[말을] 걸다

adresový 주소의

advent, *mi(-2)* 예수의 강림[재림]; 강림절(성탄절 전 약 4주일간)

adventní 예수 강림의

adverbium, *n-2* 《文》 부사

advokaci|e, *f* 변호사업, 변호, 옹호 ◆ *věnovat se -i* 변호사업에 종사하다

advokát, *ma* **-ka,** *f* 변호사, 법무사 ◆ *být komu -em, dělat komu -ta* 누구를 변호[변론]하다; *vzít si -a* 변호사를 선

임(選任)하다, 변호사에게 소송을 의뢰하다; *být -em* 변호사업을 하다, *být jmenován -em* 변호사로 선임되다

advokátní 변호사의

advokátství, *n = advokacie*

aero, *n-2 = aeroplán*

aerodynamický 공기 역학(상)의, vhodného tvaru 유선형의

aerodynamika, *f* 공기[항공] 역학

aerolinie, *f* [-ny-] (정기) 항공로; 항공회사

aeroplán, *mi(-2)* 비행기, 항공기

aerotaxi, *n-in* (단거리) 전세 비행기

afekt, *mi-2* hnutí mysli 감동, 감격, 감정; prudké 동요, 진동, 흥분 = *afektace*

afektace, *f* …체함, …연함; 짐짓 꾸밈[꾸미는 태도]

afektivní [-týv-] 감정의, 감정적인

afektovanost, *f-1 = afektace*

afektovaný 영향을 받은, 감동된

afektovat stavět se 짐짓 …인 체하다; …(을) 가장하다

aféra, *f* 추문, 스캔들, 센세이션, 물의, 대사건

Afghánistán, *m* 아프가니스탄

aforismus, *mi-2* 금언(金言), 격언, 경구(警句)

aforistický [-ty-] 격언(조)의, 경구적인

Afrika, *f* 아프리카

Afrodita, *f* (그리스 신화) 아프로디테(미[사랑]의 여신, 로마신화의 비너스)

agenda, *f* (복수에서는 agend) **1** 일, 과업, 과제; každodenní 판에 박힌 일, 일상의 과정[일], 일과 **2** schůze 예정표, 안건, 의사 일정, 의제

agent, *ma* **-ka,** *f* **1** 대행자, 대리인, 취급인 **2** cestující 외판[외무]원, 출장[방문] 판매원 **3** politický 사자(使者), 밀사 **4** policejní 정보원, 첩보원, 간첩, 스파이 ◆ *~ provokatér* **(**불어 차용어**)** 공작원(노조, 정당 등에 잠입하여 불법 행위를 선동하는), (권력층의) 밀정

agentura, *f* [-tú-] 대리(권), 매개, 주선, 대리 행위; 대리점, 취급점; 기관, 청(廳), 국(局)

agilní 기민[민활]한; 부지런한, 활동적인; podnikavý (매우) 진취적인, 모험적인

agilnost, *f-1* 능률, 능력, 유능; podnikavost 진취적인 정신, 기업심[열], 모험심

agitace, *f* 캠페인, (조직적인) 운동, 선전(활동), 프로파간다; veřejný rozruch 선동, 운동, 아지테이션; obcházením 선거운동, 유세; 권유; reklama 광고, 선전 ◆ *názorná ~* 시각적인 선전, 광고

agitační 선동[선전]의, 운동의, 광고의

agitátor, *ma* **-ka,** *f* 선전자, 선동원, 정치운동가, 여론 환기자

agitka, *f* 선동 구호, 선동 노래, 선전 가요

agitovat 선전[선동]하다, při volbách 선거 운동을 하다, 유세하다, obcházením 권유하다

agitprop, *mi-2* (공산주의를 위한) 선동과 선전, 아지프로

agnosticismus, *mi-2* [-ty-] 불가지론

A

agnostik, *ma-3* 불가지론자
agónie, *f* 고통, 고뇌, 죽음의 고통
agrární 농지의, 토지의, 농업[농민]의
agrárnictví, *n* 토지 균분[재분배]론자
agrárník, *ma-3* straník 농민당 당원
agregát, *mi-2* 집합, 집성, 집합체; stroje 기계(장치)
agrese, *f* 공격, 침략
agresivita, *f* 공격성, 호전성
agresivní 침략적인, 공격적인, 호전적인
agresor, *ma* 침략[공격]자
agronom, *ma-2* 농업자, 농업 종사자, 농경가[학자]
agronomie, *f* 농업, 농경; 농학, 농업 경제학, 농업 경영학
ah = *a*[2]
aha[1] **(**놀람, 주목, 경탄 등을 표현**)** 야, 어이구, 아차, 저런; už rozumím 그렇지; triumfálně 아하
aha[2] *n-in* **(**구어체**)** 변소, 화장실
ahoj [ahoj] kamarádské (주로 가까운 사이의 만날 때의 인사) 여보, 이 봐, 안녕, 안녕하시오, 여보세요; sbohem (헤어질때 인사) 잘 있게, 잘 가게, 또 봄세, 안녕; námořnické (해상에서 배 따위를 부를 때) 어어이!
ach(**ach**) = *ah* [*á*]
achát, *mi-2* 마노(瑪瑙)
achátový 마노의
Achillova *pata, f* 아킬레스 건(腱); 약점, 급소
aj **(**놀람, 경악 등을 표현**)** 저런, 어머, 어유; 보라, 자
aj. **(***a jiné*의 약어**)** 그리고 다른 것들, 등등
a jour [ažúr] 최근의, 최신의; připravený 준비가 된, (언제든지 …할) 채비를 갖춘, 끝낸, 끝마친, 완성된
akademick|ý 학원(學園)의, 학원(學院)의, 대학의, 고등교육의; učený 학문적인; střízlivý 침착한, 냉정한 ◆ ~ *malíř* 예술 아카데미를 졸업한 화가; *dosáhnout -é hodnosti* 학위(學位)를 취득하다; *udělit komu -ou hodnost* (*honoris causa*) …에게 학위(명예 학위)를 수여하다; *-y vzdělaný člověk* 대학 교육을 이수한 사람, 학사, 석사
akademie, *f* **1** 아카데미, 학술원 **2** 《軍》 군사아카데미; škola jiná než voj. nebo uměl. (예술 혹은 군사 아카데미 이외의) 고등교육 기관, 대학 **3** hudební večírek 음악회 ◆ *Akademie věd* 과학 아카데미, 학술원
akademik, *ma-3* 아카데미[학술원] 회원; vysokoškolák 대학생
akát, *mi* [보통 agát로 발음] 《植》 아카시아, 아카시아의 일종
akce, *f* **1** 활동, 행동; 작용, 작동; agitace apod. 캠페인, 선동, 운동; dobročinná 자선[행위], 자선 사업 **2** letecká (항공기의) 출격[돌격]
akcelerace, *f* 가속, 촉진
akcent, *mi-2* 악센트, 강세; 강조, 역설
akcentovat …에 악센트를 두다, 강하게 발음하다; zdůrazňovat 강조[역설]하다, 두드러지게 하다
akcept, *mi-2* směnka 어음의 인수, 인수된 어음; = *akceptace*
akceptace, *f* 받아들임, 수리, 수락,

승인, 인수

akceptant, *ma* 수락자; 《商》 어음 인수인

akceptovat >< 받아들이다, 수리[수락]하다, 승인하다, 채용[채택]하다

akceschopnost, *f-1* 행동을[행위를] 취할 수 있는 능력, 《軍》 대응력

akceschopný 행동을[행위를] 취할 준비가 된, (방심 않고) 경계하는

akcie, *f* 주(株), 주식, 증권 ◆ ~ *klesly/ stouply* 증권의 시세가 하락/상승하였다, (비유적으로) (사람의) 평가[평판, 지위]가 하락/상승하였다

akcionář, *ma* **-ka,** *f* 주주(株主), 공채[국채] 소유자

akciov|ý 주식의, 증권의 ◆ ~ *kapitál* 《경》 공동자본; *-á banka/ společnost/ pivovar/ podnik* 공동자본 은행/ 회사[합자회사, 주식회사]/ 양조장/ 기업

akční 활동의, 행동의 ◆ ~ *rádius* 행동 범위; ~ *výbor* 행동[활동] 위원회

Akkra, *f* 아크라((가나의 수도))

aklamac|e, *f* 갈채, 환호; (회의에서 일제히) 찬성을 외침 ◆ *hlasovat/ volit koho -í* …를 갈채로서[거수로], 누구를 투표/선출하다

aklimatizace, *f* [-ty-] 새 환경 순응[적응]

aklimatizovat [-tyz-] >< (사람 · 동식물 등을) 새 풍토[환경]에 익숙하게 하다[순응시키다] ~ **se** 순응하다

akorát (구어체) přesně, právě 정확하게, 정말로, 바로; to je v pořádku 좋아, 됐어, 틀림없어; to víš, ani mě nenapadne 천만에, 당치도

akord, *mi-2* **1** 《音》 화음, 화현(化弦); soulad 조화, 일치 **2** úkolová práce 일한 분량대로 지급받는 일, 청부일, 삯일 ◆ *pracovat na* ~ 삯일로 일하다

akordní 청부[삯]일의

akordový 1 화음의 **2** = *akordní*

akreditiv, *mi-2* [-dytýv] **1** 신용장 **2** (외교상의) 신임장

akreditovat >< 신용하다, 신임하다

akrobacie, *f* 곡예[술], 줄타기, 재주넘기

akrobat, *ma(-4)* **-ka,** *f* 곡예사

akrobatický [-ty-] 곡예의, 줄타기의

akropole, *f* (옛 그리스 도시의 언덕 위의) 성채(城砦)

akt, *mi-2* **1** čin 행위, 소행, 행동 **2** 《劇》 막 **3** 《美》 나체화[상] **4** pohlavní 교접(交接), 성교(性交) **5** (복수에서는 성이 중성으로 바뀌며 중성변화를 따른다: 주격 *akta,* 생격 *akt*) úřední spisy (행정) 서류, 문서; (서명 날인한) 증서, 권리증

aktiv, *mi-2* [-týv-] 회의, 회합; (비공식) 모임, 친목회

aktivismus, *mi-2* [-ty-] 행동[실천]주의; 순응주의, 협력, 제휴

aktivist|a, *ma(-4)* **-ka,** *f* 행동주의자, (정당의) 급진주의자

aktivita, *f* [-ty-] 《극》 활동, 활약, 행동; na rozdíl od penze 퇴직[은퇴]에 대한 반대 개념으로서의) 봉직, 근무, 활동; *agilnost*

aktivizovat > **z-** 활동[작동]시키다, 활성화하다

aktivn|í [-týv-] **1** 활동적인, 활동하는, 활동 중인; účetně (계좌가) 사용

중인; ve službě 활동[활약] 중인, 봉직[근무]중인 **2** = *agilní* ◆ ~ *důstojník* (임관된) 사관, 장교; *-ě se podílet na čem* 무엇에 적극적으로 참여하다; ~ *volební právo* 참정권, 선거권

aktivum, *n-2* [-tý-] **1** 자산, 재산 **2** 《言》 능동태

aktovka, *f* **1** 서류 가방, 손가방; úzká (종이집게식) 화집, 화첩 **2 (**구어체**)** (연극, 오페라 등) 단막물, 단막극

aktualita, *f* 시사적인[최신의] 일/소식/사건/작품

aktualizace, *f* **1** 현대화, 최신화 **2** 《文, 言》 전경화(前景化)

aktualizovat > z- 1 현대화[최신화]하다 **2** 전경화하다

aktuální 화제의, 논제의, 시사 문제의; moderní, současný 최신의, 현대의, 현금의

akumulace, *f* 집적, 축적, 누적, 저장, 보관; 매상고, 소득, 수입[수령]액

akumulační 집적[축적]의, 저장[보관]의; 축전(蓄電)의 ◆ ~ *kamna* 축열(蓄熱) 히터

akumulátor, *mi-2* 축전지

akumulovat zisky (이익을) 축적하다[모으다]

akustický [-ty-] 청각의, 청신경의, 음파의

akustika, *f* 음향학; (극장 따위의) 음향 효과[상태]

akutní 날카로운, 뾰족한; 민감한; 심각한, 격심한

akuzativ, *mi-2* [-týv-] 《文》 대격(對格), 직접 목적격

akvamarin, *mi-2* 《鑛》 남옥(藍玉)((녹주석(綠柱石)의 일종)); 청록색

akvarel, *mi-2* 수채화(법); tušový 수묵화

akvarelista, *ma-4* 수채화가

akvárium, *n-2* 수족관; 양어지(池); (물고기·수초 용의) 유리 수조[유리 탱크]

akvizice, *f* 취득, 습득[물]; 권유, 유도, 주문받기; 증가물

akvizitér, *ma* 권유자, 권유원; 《商》 주문 받는 사람

alabastr, *mi-2* 설화(雪花) 석고(石膏), 줄마노

alarmovat > z- 경보를 발하다. 경계시키다. 경적[경종, 비상벨]을 울리다

Albánie, *f* 알바니아

albatros, *ma*(-2) 《鳥》 신천옹(信天翁)

album, *n-2* 앨범((사진첩, 우표첩 따위))

ale I (접속사) 그러나, 그런데, 그렇지만, 그래도 ◆ *nejen* …, ~ *i* ……뿐만 아니라 …도 **II** (감탄사)((놀람, 감탄, 불만, 불쾌, 불찬성 등을 표현)) 그래, 자, 하지만, 저런, *ty* ~ *umíš plavat* 그래, 넌 헤엄칠 수 있지; ~ ~ (격려나[위안이] 되게) 자아, 자자, 그래 그래, *nepovídej* 허튼소리 하지마라, 객적은 소리 그만두어; ~ *jděte,* 그런 소리 마시지, 계속해 보시지, 어리석은 소릴 좀 작작 하시오, 꺼지시오; ~ *ne!* 말도 안되는 소리, 천만의 말씀

alegorický 우의(寓意)의, 우화(寓

話)적(인), 풍유(諷喻)의, 비유적인

alegorie, *f* 우의(寓意), 풍유(諷喻), 비유, 비유담, 우화

alegorizovat 풍유[비유]로 말하다, 우화적으로 해석하다

alej, *f* u domu 가로수길((특히 대저택의 대문에서 현관까지의)); pěstovaná, špalír apod. 소로(小路), 샛길, 오솔길; venkovská, s živými ploty (산울타리, 벽 따위 사이의) 좁은 길, 작은 길, 좁은 시골길

aleluja, *n-in* 할렐루야(('하느님을 찬송하라'의 뜻)); 주를 찬미하는 노래

alespoň = *aspoň*

alfa, *n-in/f* 그리스 알파벳의 첫 글자; 제1의 것, 제일, 처음 ◆ *~ i omega* 처음과 끝, 가장 중요한 부분, 중심이 되는 것

alfabetický [-ty-] = *abecední*

algebra, *f* 대수학(代數學)

algebrický 대수학의

algoritmus, *mi-2* 연산(演算) (방식)

alchymie, *f* 연금술, 연단술

alchymista, *ma(-4)* 연금술사

alchymistický [-ty-] 연금술적인

aliance, *f* 동맹, 맹약

alias 별명으로, 일명

alibi, *n-in* 《法》 현장 부재 증명; 알리바이

aligátor, *ma* 악어의 일종((미국 산)), (널리) 악어

alimenty, *mi-pl* 《法》 franc. (보통 남편이 아내에게 주는) 별거수당; 이혼수당; 생활비, 부양비

aliterace, *f* 《韻》 두운(頭韻), 두운법(頭韻法)((시문에서 일련의 몇 단어를 같은 음 또는 같은 자로 시작하는 일종의 압운법(押韻法)))

aliterační (시 따위) 두운(법, 체)의

aliterovat 두운을 달다. 두운을 사용하다

alkalický 알칼리(성)의

alkálie, *f* 《化》 알칼리

alko, *n* 일정량의 알코올을 함유하고 있는 음료 ◆ *pít ~ i nealko* 알코올 음료뿐 아니라 무 알코올 음료도 마시다

alkohol, *mi-2* 알코올, 주정(酒精); nápoje (음료)화주(火酒), 독한 술, 주류(酒類), 술; 《化》 알코올류(類)

alkoholický 알코올(성)의; 알코올 중독의

alkohol|ička, *f* **-ik,** *ma-3* 술꾼, 호주(豪酒), 대주가, 알코올 중독자

alkoholismus, *mi-2* 알코올 중독, nadměrné požívání (무절제한) 과음

alkovna, *f* (침대· 시기 용의) 방안이 후미져 구석진 곳, 주실에 이어진 골방

almanach, *mi-2, 3* ročenka 연감(年鑑), 달력; sborník (한 권에 수록된) 문집, 잡록, 기념 문집[논문집]

almara, *f* **(통속어)** 찬장, 벽장, 괴상하게 생긴 물건[사람]

almuženka, *f* 구호 쿠폰, 자선 수표

almužna, *f* 보시(施), 적선; nepatrná odměna 기부, 시여, 의연금

aloe, *f/ n-in* 《植》 알로에, 용설란

alotria, *n-pl* 장난, 짓궂음

alou 앞으로; táhni! 가, (썩) 꺼져 ◆ *děti, ~ domů!* 애들아 집으로가; *~ za ním!* 그의 뒤를 따르라.

alpaka, *f* pakfon 《鑛》 양은(洋銀)((니

켈 · 아연 · 구리의 합금))
alpakový 독일산 은의[으로 된], 양은의
alpari 액면 가격으로; 평가로
alpinismus, *mi-2* [-nyz-] = *alpinistika*
alpinist|a, *ma(-4)* **-ka,** *f* [-nys-] 등산가, 알프스 등산가
alpinistika, *f* [-nysty-] 등산
alpínka, *f* 암생(岩生) 식물; 고산 식물
alpinium, *n-2* skalka 암석 정원; 석가산(石假山)이 있는 정원
Alpy, *f-pl* 알프스 산맥
Alsasko, *n* 알사스 지방((프랑스 북동부의 독일에 접한 지역))
alt, *mi-2* 《音》 알토, 중고음(中高音)((여성 저음(부))
altán, *mi* **-ek,** *mi-2, 3* (나뭇가지 · 덩굴 등을 얹은) 정자, (정원·공원 따위의) 정자, 나무 그늘
alternativa, *f* [-tý-] 대안, 양자 중의 선택
alternativní [-týv-] 양자 [삼자] 택일의, 대안[대신]의, 달리 택할
altový 알토의
altruismus, *mi-2* = *nesobectví* 애타주의, 이타주의
altruist|a, *ma(-4)* **-ka,** *f* 이타[애타] 주의자
aluminiový, [-ny-] 《化》 알루미늄의
aluminium, *n-2* 《化》 알루미늄
Alžír, *mi* 알제리아((북아프리카의 한 공화국))
Alžírsko, *n* 알제리
Alžběta, *f* 엘리자벳((여자이름))
amalgám, *mi-2* 《化》 아말감((수은에 다른 금속을 섞은 것)); 혼합물, 합성물
amatér, *ma* 아마추어, 직업적이[프로가] 아닌 사람, 애호가, 호사가; pro zábavu 딜레탕트, 아마추어 애호가
amatérismus, *mi-2* 아마추어 솜씨; 도락; 아마추어의 자격[입장]
amatérský 아마추어의, 직업적이 아닌, charakteristický pro práci amatéra 아마추어 같은[다운]; 서투른
amatérství, *n* = *amatérismus*
Amazonka, *f* 아마존 강
amazonka, *f* (호전적이고 용맹한) 여장부, 여걸, (종종) 사나운 계집
ambice, *f* 대망, 야망, 야심; 열망, 포부, 큰 뜻 ◆ *nemít žádné* ~ 열망이 없다
ambit, *mi-2* 수도원; 은둔처; 회랑(廻廊), 옥내 유보장(遊步場)
ambulance, *f* **1** 야전 병원; v nemocnici (병원의) 외래 환자 병동, 외래 환자 진료부, 구급 의료실[병동] **2** vůz (상병자를 나르는) 병원차, 구급차; uzavřený vůz (사방이 닫힌) 유개차
ambulanční 구급 병동의; 구급차의
ambulantní 《醫》 외래 환자의, 걸을 수 있는 (환자 따위); 《商》 이동하는 순회하는, 행상의; pojízdný 움직이는, 기동(성)의 ◆ ~ *pacient* 외래 환자
ambulatorium, *n-2* [-tó-] 외래 환자 병동, ordinace (외래 환자를 위한) 외과(수술)실, 회복기(환자) 보양소(保養所)
améba, *f* 《動》 아메바

amen [á-] 아멘((히브리말로 '그렇게 되어지이다'의 뜻; 기독교도가 기도 등의 끝에 부름)); 찬동, 동의; 끝, 종료 ◆ *je všemu ~* 만사가 끝이다[끝났다]; *je s ním ~* 그 사람 이젠 볼장 다 보았다, 그는 이제 틀렸어[글렀어]

Američan, *ma* **-ka,** *f* 미국 사람

Amerika, *f* 아메리카(대륙)

ametyst, *mi-2* 자수정, 자석영(紫石英); 진보라

ametystový 자수정의

amfiteátr, *mi-2* (옛 로마의) 원형 경기장, (현대의) 원형 경기장[극장], 계단식 좌석의 대강당이나 극장

amfora, *f* [-fó-] (고대 그리스·로마의) 두 족자리[양손잡이]가 달린 항아리; 암포라 모양의 그릇

amnestie, *f* [-ty-] 은사, 대사(大赦), 특사, 일반 사면

amnestovat >< 사면[대사, 특사]하다

amok, *mi-2, 3* (말레이인의) 맹렬한 살상욕을 수반하는 정신 착란 ◆ *být stižen -em* 죽이려고 날뛰다, 미친듯이 설치며 행패 부리다

amoniak, *mi-2* [-ny-] 《化》 암모니아(기체), 암모니아수(水)

amonium, *n-2* [-mó-] 암모니아

Amor, *ma* (로마 신화의) 큐피드((연애의 신))

amorální 도덕에 관계 없는, 초(超)도덕의

amorfnost, *f-1* 무정형(無定形), 비결정(非結晶), 무조직

amortizace, *f* [-ty-] (빚, 부채 등의) 상환

amortizovat >< 상환하다

ampér, *mi-2* 《電》 암페어((프랑스의 물리학자 A. M. Ampère의이름에서))

ampérmetr, *mi-2* 전류계, 암페어계

amplión, *mi-2* 확성기

ampule, -ka, *f* 유리병, 물약병; na sérum 앰플((1회분 들이의 작은 주사액병))

amputace, *f* 절단(수술); 잘라내기

amputovat >< (손이나 발을) (수술로) 자르다, 절단하다

amrhel|e, -ka, *f* (매우 신) 버찌의 일종

Amsterdam, *m* 암스테르담((네덜란드의 헌법상의 수도, 실질적으로는 헤이그))

amulet, *mi-2* 호부(護符), 부적

anabaptista, *ma(-4)* [-ty-] 재침례[재세례]론자[교도]

anabáze, *f* 진군, 침입, 원정; 페르시아 침입기((그리스의 Xenophon 작))

anachronismus, *mi-2* 시대 착오; 시대에 뒤떨어진 사람[사물]

analfabet, *ma* 무식자, 문맹자

analfabetismus, *mi-2* [-tyz-] 문맹, 무학, 무식

analogický 비슷한, 닮은; čemu, s čím (…에, …과) 유사한, 닮은, 상사(相似)한

analogie, *f* 유사, 닮음, 상사; 유추(類推), 유비(類比)

analogon, *mi* 유사물, 유사체, 상사체

anály, *mi-pl* 연대기, 연대표, 역사, 연보

analytický [-ty-] 분해[분석]의, 분석[해석]적인

A

analytik, *ma* [-tyk] 분석[분해]자; = *analyzátor*
analytička, *f* [-ty-] 분석학, 해석학
analýza, *f* 분석, 분해
analyzátor, *ma* 분석자, 분해자, 해석자
analyzovat > roz- 분석[분해]하다, 해석하다
ananas, *mi-2* 《植》 파인애플
anarchický 무정부(주의)의, 무정부 상태의
anarchie, *f* 무정부, 무정부 상태, 무질서 상태
anarchismus, *mi-2* 무정부주의, 무정부(상태)
anarchist|a, *ma(-4)* **-ka,** *f* 무정부주의자; 폭력 혁명가
anarchistický [-tyc-] 무정부주의자의; = *anarchický*
anatéma, *n-2* 교회의 저주[파문]; 저주, 증오 ◆ *pronést ~ nad kým* 누구를 저주[파문]하다
anatom, *ma-2* 해부학자
anatomický 해부의, 해부(학)상의
anatomie, *f* 해부학, 해부술[론]; 해부학적 구조[조직]
ančovička, *f* 《魚》 안초비((멸치류; 지중해산))
anděl, *ma-4* **(**호격 *-i***)** 천사, 수호신; 천사상(像) ◆ *~ strážce/strážný* 수호천사
andělíček, *ma-3* 작은 천사, 귀여운 천사, 천동(天童); 천사 같은 사람 ◆ *polykat -y* 물속에서 허우적거리다[버둥거리다]; *slyšet zpívat/vidět -y* 눈에서 불꽃이 번쩍 튀다, 눈앞이 아찔하다; *už slyší -y (zpívat)* 그는 이미 저승 사자의 부름을 받고 있다
andělíčkář, *ma* **-ka,** *f* **(**구어체**)** 낙태 시술자
andělskost, *f-1* 천사적 성질[기질], 천사성
andělsk|ý 천사의 ◆ *-á nemoc* 《醫》 구루병(股弩, 羔弩病), 곱사등
andílek, *ma-3* = *andělíček*
andulka, *f* 《鳥》 잉꼬
aneb(o) 혹은, 또는, …이나[거나]; jinak 그렇지 않으면 ◆ *buď(to)*… ~ …거나[든가] 또는 …거나[든가]
anekdota, *f* 익살, 농담; historka o někom 일화, 기담(奇談)
anekdotický [-tyc-] 익살맞은, 우스운, 농담의; v původním významu 일화의, 일화 같은
anektovat >< 합병하다, 병합하다, 부가[추가]하다
anemický 빈혈(증)의
anémie, *f* 《醫》 빈혈증; 생기[활력]의 결핍
anemón(k)a, *f* 《植》 아네모네
anenský 성(聖) 안나의
aneroid, *mi-2* 아네로이드 기압계
anestetický 마취의, 마취제
anestetikum, *n-2* [-ty-] 마취제
anestézie, *f* 《醫》 마취, 마비
anexe, *f* 합병, 부가
angažmá, *n-in* franc. (예술 단체, 극장 등의) 고용[출연] 계약
angažovat >< 고용하다; 끌어 들이다 ◆ *-ovaná literatura* 참여문학 ~ **se** >< v čem (무엇에) 참여[참가]하다, 가담하다
angína, *f* 《醫》 편도선염, 후두염; 협

심증

anglick|ý 영국의; 영국사람의; 영어의; 잉글랜드의 ◆ *-á náplast* 반창고; *vytratit se/ zmizet po -u* **(구어체)** 살짝 자리를 뜨다, 자취도 없이 사라지다

Angličan, *ma(-4)* **-ka,** *f* 영국 사람, 영국인

angličtina, *f* 영어

angličtinář, *ma* **-ka,** *f* anglista 영어학도; 영어학자, 영국통; učitel 영어 선생

Anglie, *f* 잉글랜드, 영국(본토)

anglikánský 영국 국교의, 성공회의

anglikánství, *n* 영국 국교회주의; 영국풍 숭상

anglist|a, *ma(-4)* **-ka,** *f* 영국학 학자, odborník 영어[영문]학자, 영국통

anglistika, *f* [-ty-] 영국학, 영어[영문]학

angloamerický 영미(간)의; 영국계 미국인의

angloegyptský 영이집트(간)의

anglofil, *ma-2* 친영(親英)파의 사람

Anglosas, *ma-2* 앵글로 색슨 사람

anglosaský, *f* 앵글로 색슨 사람[어]의

anglosaština, *f* 앵글로 색슨어(語)

Angora, *f* 앙고라((터키의 수도 앙카라의 구칭)); 앙고라 고양이[염소, 토끼]; 앙고라 모직물

angorský 앙고라의; 앙고라 고양이[염소, 토끼] 모직물의

angrešt, *mi-2* 《植》 구즈베리, 구즈베리의 열매

angreštový 구즈베리(열매)의

ani I (접속사) a také ne (부정문에서의 연결) …도 또한 …않다, ani-ani-ani……도 …도 …도 …않다 **II (조사)** zesiluje zápor (부정문에서의 강조) …조차도 …않다, …조차 않다[못하다] ◆ ~ *jednou* 한 번도[결코] …안하다; ~ *dost málo* 조금도 …하지 않다[아니다]; ~ *trochu* 조금도 …하지 않다, 아무리 해도 …않다, 전혀 …않다; ~ *jsem se ho nedotkl* 나는 전혀[절대로] 그에게 손을 대지 아니하였다; *nemohu ho ~ vidět* 나는 그의 그림자 조차도 볼 수가 없다, 나는 전혀 그를 볼 수가 없다; ~ *jedno ~ druhé* 이도 저도 아닌; 중간으로; ~ *mě nenapadne* 내가 그런 짓을 할까보냐; ~ *ryba ~ rak* 전혀 정체를 모를 물건; *nestojím ~ za mák o co* 무엇을 조금도 마음에 안 두다

anilín, *mi 2* [any-] 《化》 아닐린((무색 유상(油狀)의 액체))

anilínový 아닐린의

animální [-ny-] 동물의, 짐승의; smyslový 육욕적인, 육감적인

animo, *n-2* fam. [-ny-] 취미, 기호; 기쁨, 즐거움; 넘치는 활기[생기]

animovaný 힘찬, 활기찬

animozita, *f* 악의, 원한, 증오, 적의

aniž …지도 않고, …지 않은 채; a také [by] ne …도 또한 …않다 ◆ *šel tam, ~ byl pozván* 그는 초대도 받지 않고 거기로 갔다

anketa, *f* 앙케이트, 조사, 질문, 조회, 문의; literární (같은 문제에 대한 여러 사람의) 평론집

ano 1 네, 예, 그래, 그렇(습니)다, 맞(습니)다 **2** opakováním slovesa (동사 대용으로) nepřišla, on ano 그녀는 오

A

지 않았지만, 그는 왔다 **3** zesiluje (강조) 아주, 정말로, 꼭, ba dokonce 조차도, 까지도; ("v tom plně souhlasím", zvl. nu ano, ano, ovšem) 그렇다, To jsem nemohl. Ano. = 나는 그것을 할 수 없었다, 그랬다; To jsem mohl. Ano. = 나는 그것을 할 수 있었다, 그랬다 ◆ *ale ~ ; Chcete ještě? Ale ~* 더 하시겠습니까? 네, 그러겠습니다.

anoda, *f* 《電》(전자관·전해조의) 양극(陽極)

anodový 《電》(전자관 · 전해조의) 양극(陽極)의

anomálie, *f* 변칙, 이례, 이상; 변칙적[예외적]인 것[일]

anomální 변칙의, 파격의, 이례의

anonym[1], *ma-2* 익명의 작가[저자], 익명자

anonym[2], *mi-2* 익명의 편지[투서]; pomluva (익명으로 된) 중상의 편지

anonymita, *f* 익명, 무명; 필자[작자] 불명

anonymní 익명의, (악의에 찬) 익명 집필의, 정체 불명의

anorganick|ý [-ny-] 유기적 조직이 [체계가] 없는; 《化》 무기(無機)의, 무기물의 ◆ *-á chemie* 무기화학

ansámbl, *mi-2* 배역, 앙상블((연주자, 가수, 무용수의 일단; 그 연주 · 연기의 통일성)), 공연단

antagonismus, *mi-2* 적대(관계), 대립; 반감, 적의

Antarktida, *f* 남극

antedatovat >< (시기적으로) …에 앞서다; (수표 · 증서 등의 날짜를) 실제보다 이르게 하다

anténa, *f* **1** 안테나, 공중선 **2** 《動》 촉각, 더듬이

anténový 1 안테나의 **2** 촉각[더듬이]의

antibiotikum, *n-2* [-ty-] 항생 물질

antický [-ty-] 고대의, 고대풍의, 고대 양식의, 고대의, 옛날의; 고전적인; 고대 그리스 · 라틴 문화[문학, 예술]의

antiestablishment, *mi-2* [-ty-establiš-] protivládní 정치[통치, 지배] 체제[권력]나 그 세력에 반대하는 사람들의 집단, 반체제 집단 ◆ *stát na pozicích antiestablishmentu* 반체제 집단 입장에 서다; *patřit k antiestablishmentu* 반체제 집단에 속하다

antifašista, *ma(-4)* 반 파쇼 주의자, 반 나치주의자

antifašistický [-ty-] 반 파쇼 주의자의, 반 나치주의자의

antika, *f* 오래 됨, 고색, 고대, 고대 문화의 유산; 고대 그리스 · 로마의 문화의 소산; starožitnost 고가구, 고미술품, 골동품

antikva, *f* [-ty-] 로마자체[활자]

antikvariát, *mi* 헌책방, 고서점

antikvární 중고(품)의, 고물[고서]의

antikvář, *ma* 고서상(古書商); = *starožitník*

antilopa, *f* [-ty-] 《動》 영양

antimilitarismus, *mi-2* [-ty-] 반(反) 군국주의

antimilitarista, *ma-4* 반 군국주의자

antimilitaristický [-tyc-] 반 군국

주의(자)의

antimon, *mi-2* [-tymón-], 《化》 안티몬((금속 원소; 기호 sb; 번호 51))(의)

antimonový 안티몬의

antinomie, *f* [-ty-] 모순, 당착, 이율배반; rozpor 적대(관계), 대립, 반대, 적의

antipasát, *mi-2* [-ty-] 반대 무역풍

antipatie, *f* [-ty-, -tyje-] 반감, odpor k/vůci čemu (무엇에 대한) 혐오, 몹시 싫음

antipropaganda, *f* [-ty-] 역(逆) 선전; 반대 운동

antisemita, *ma(-4)* [-ty-] 반 유태주의자

antisemitismus, *mi-2* [-tyz-] 반 유대주의, 유태인 배척론(운동)

antisemitský 반 유태주의의, 유태인 배척의

antiseptický 방부제의, 살균[소독]제의

antiseptikum, *n-2, 3* [-ty-ty-] 방부제, 살균[소독]제

antitetický [-ty- -tyc-] 정반대의, 대조적인; 대구(對句)를 이루는

antitéza, -eze, *f* 정반대, 대조; 《修》 대조법, 대구(對句); 《論, 哲》 (Hegel의 변증법에서) 반(反), 반정립(反定立), 안티테제

antitoxin, *mi-2* [-ty- -ksín] 항독소; 면역소; 항독소 혈청, 항독약

antologie, *f* 명시 선집, 명문집; (한 작가의) 선집

anton, *mi-2* (생격 *-a*) pop. 죄수 호송차

Antonín, *mi* 안토닌((남자 이름))

antoušek, *ma-3* (구어체) 폐마(廢馬) 도살업자; 폐품업자, 넝마주의

antracit, *mi-2* 무연탄, 휘탄(煇炭)

antropolog, *ma-2, 3* 인류학자

antropologie, *f* 인류학; 《神, 哲》 인간학

anuita, *f* 연금(年金); 연간 배당금

anulovat >< (의결 · 계약 등을) 무효로 하다, 취소하다; (법령 등을) 폐지[폐기, 파기]하다

anýz, *mi-2* 《植》 아니스; koření 아니스의 열매((향미료))

anýz(ov)ka, *f* 아니스 술[강심제]

aorta, *f* 《解》 대동맥

Apač, *m* 아파치(인디언)

apanáž, *f* franc. (정기적으로 지급하는) 수당, 급여, …비; (가족에게 주는) 보조금

aparát, *mi* **1** přístroj, vědecká výzbroj 기기, 기구; přístroj usnadňující práci 장치, 설비; zařízení 고안물, 설비 **2** spletitý systém 기계류, 기계장치 **3** (당, 국가, 경제 등의) 기관, 기구, 조직 **4** *fotografický ~* 카메라, 사진기; *telefonní ~* 전화기 ◆ *kdo je u -u?* 전화하시는 분은 누구세요?; *zůstaňte u -u* 끊지 말고 기다리세요

aparatura, *f* [-tú-] (소리, 음성, 방송, 계산, 실험 등의) 장치, 기구

apartmá, *n-in* **-n,** *mi-2* **1** 아파트(공동 주택 내의 한 가구분의 구획) **2** (주로 숙박업이나 부동산 광고에서) 아파트의 한 가구와 같은 구조를 가진 호텔 방[호실] ◆ *hotel s 20 apartmány* 20개의 아파트 식 호실을 갖춘 호텔

apartní 사람 눈을 끄는, 눈에 띄

는; 현저한; 스마트한, 우아한

apatický [-ty-] 냉담한, 무관심한

apatie, *f* 냉담, 무관심, 무감동, 무감각

apatit, *mi-2* [-tyt-] 인회석(燐灰石)

apel, *mi-2* (여론 따위에의) 호소; 간청, 간원; 《法》 상소, 상고; 《軍》 táborový 점호, 나팔[북]

apelační 호소의; 상소의; 점호의

apelovat na koho (누구에게) 호소[간원]하다; 항의하다; 상소하다

aperitiv, *mi-2* [-týv-] 아페리티프((식욕 증진을 위해 식전에 마시는 술))

apetýt, *mi-2* **(구어체)** na (…에 대한) 식욕, 성욕; (일반적) 욕구, 욕망

aplaus, *mi-2* [-z] 박수 갈채; 칭찬

aplikace, *f* na, k (…에) 적용, 응용; ozdoba (꿰매 붙이거나 박아 넣는) 장식

aplikovat >< co na/k (무엇을 …에) 적용[응용]하다,

aplikovat > **při-** ozdobu (꿰매 붙인 장식/박아 넣은 장식을) 장식

apodiktický [-dy- -ty-] 《論》 필연적인; 명백한

apokalyp|sa, *f* 천계(天啓), 계시, 묵시; 요한 묵시록

apokalyptický [-ty-] 천계[묵시]의; 무시무시한, 종말론적인

apolitický [-ty-] 정치에 관계하지 않는, 정치에 무관심한, 비정치적인

apologie, *f* 변호, 옹호; 변명, 해명; 방어

aportovat 회수[만회]하다, (사냥개가 잡은 짐승을) 찾아가지고 오다, služebníčkovat 심부름하다; donášet …에게 알리다[고하다]

apostrof, *mi-2* 어포스트로피((생략 부호))

apostrofa, *f* 《修》 돈호(頓呼), 호칭((시행(詩行) · 연설 따위 도중에 사람 · 사물을 부르기))

apostrofovat 어포스트로피를 붙이다, 돈호하다

apoštol, *ma-2* (obsol., *ma-4*) **1** 사도((예수의 12제자의 한 사람)) **2** (주의, 정책 따위의) 주창자, 선구자, 개척자

apoštolský 사도의, 사자의

apoštolství, *n* 사도의 신분[지위], 사도[주창자]의 지위

apoteóza, *f* 신으로 받듦, 신격화, 신성시, 숭배

apretace, *f* 마무리, 끝손질, 완성

apretér, *ma* 마무리공(工), 완성자

apretovat 마무리하다, 다듬다, 완성하다

apretura, *f* [-tú-] 마무리, 끝손질; 마무리에 사용하는 재료

apríl, *mi-2* **(**생격 *-a, -e***)** **(구어체)** **1** 4월 **2** 에이프릴 풀((만우절에 감쪽같이 속아 넘어가는 사람)), 그 장난 **3** 만우절 ◆ *prvního -a* 4월 1일, 만우절; *vyvést koho -em* 누구를 만우절 장난으로 속이다; *poslat koho -em, udělat si z koho ~* 누구를 거짓 심부름 보내다

aprílový 4월의; vrtkavý 변덕스러운, 변하기 쉬운

a priori [á -órí] lat. 연역적으로; 선천적으로, 선험적으로

apriorní [-ór-] 연역[선천, 선험]적인, 미리 준비된 대로의; 틀에 박힌

aprobace, *f* **1** 승인, 허가 **2** učitelská

(교사) 자격 증명서

aprobovat >< 승인하다, 인가하다, 받아들이다; (자격을) 증명하다

a propos [-pó] franc. 그런데, 때마침, 적당[적절]히

apropriace, *f* 전유(專有), 사물화, 사유화

aprovizace, *f* 식량 공급; potraviny 식량, 양식

apsida, *f* v kostele《建》교회당 동쪽 끝에 쑥 내민 반원[다각]형의 부분

ar, *mi-2* 아르((100평방미터, 약 30.25평))

Arab, *ma-2* **-ka,** *f* 아라비아[아랍] 사람; též kůň 아라비아종의 말

arabeska, *f* 당초(唐草) 무늬;《文》아라베스크((삶의 미세한 부분을 그려내는 단편소설의 한 장르))

Arábie, *f* 아라비아

arabsk|ý 아라비아[아랍]의; 아라비아 사람의; 아라비아어[글자, 문화, 숫자]의; 아라비아 풍의 ◆ *-á guma* 아라비아 고무

arabština, *f* 아라비아어(語)

arak, *mi-2* 아라크 술((야자 열매 · 당밀 따위의 즙으로 만드는, 중근동 지방의 독한 술))

Aramejec, *ma* 고대 시리아, 메소포타미아 사람

aranžér, *ma* **-ka,** *f* výkladů 점두(店頭) 장식업자; 쇼윈도의 상품 진열가; kdo věc vymyslel 공안자, 안출자

aranžérství, *n* výkladů 점두 진열(법)

aranžovat > **z-** 진열[배열]하다; vymyslet 고안[안출]하다; výklady 장식하다, 꾸미다

arašíd, *mi-2* 땅콩

arašídový 땅콩의

araukárie, *f*《植》칠레삼목(衫木)

arbitr, *ma* 중재인, 조정자; (스포츠 등의) 심판(자)

arbitrace, *f* 중재, 조정; 심판

arbitrární 임의의, 멋대로의

arbitráž, *f* obch. 상(商) 거래의 중개, 재정

arbitrovat 중재[조정]하다; 재정(裁定)하다

arci **(문어체)** 물론, 아무렴, 확실히; = *sice*

arcibiskup, *ma-2* (카톨릭, 그리스 정교의) 대주교; (신교의) 대감독

arcibiskupství, *n* stolice **1** 대주교의 직[관할권]; 대주교의 관구[관할 지역] **2** budova 대주교 공관[관저], 대주교 궁(전)

arcit' **(문어체)** 물론, 당연히

arcivévod|a, *ma* **-kyně,** *f* 대공(大公); (옛 오스트리아의) 왕자

arcivévodský 대공(령(領))의

arcivévodství, *n* 대공의 지위; 대공국((대공의 영지))

arciže(t') = *arcit'*

areál, *mi-2* 경내, 구내; (대학의) 교정, 그 토지, 부지

aréna, *f* **1** 경기장; pro býčí zápasy 투우장, 투우 경기장; divadlo 야외[옥외]극장 **2** 투쟁, 활동의 장소, 활동무대, …계(界) ◆ *politická ~* 정치계

areopag, *mi-2, 3* [-pág] 아레오파구스((아테네의 언덕)); 고대 아테네의 최고 재판소; (일반적) 최고 법원

arest, *mi(-2)* **(통속어)** 교도소, 감옥, 유치장

A

aretovat >< 저지하다, 억제하다, 억류하다

Argentina, *f* 아르헨티나

argot, *mi-2* 암호말, 은어, 곁말, (도둑 등의) 변말

argument, *mi-2* 논의, 논증; 논거; 논법

argumentace, *f* 입론(立論), 변론; 논쟁, 토의

argumentovat 논하다, 논의하다; 주장하다; 설득하다; 입증하다

Argus, *ma-2* 《神》 **1** 아르고스((100개의 눈을 가진 거인)) **2** fig. 엄중한 감시인 ◆ *-ovým okem/zrakem* 감시가 엄중한, 경계하는, 눈이 날카로운

arch, *mi-2, 3* …장[매], 한 장의 종이; listina 명부, 기록부, 목록, 리스트 ◆ *dostat modrý ~* 고령[병약] 때문에 퇴직을 요구당하다; *výplatní ~* 임금대장

archa, *f* (arch) (노아의) 방주(方舟), 계약의 상자((모세의 십계명을 새긴 두개의 석판을 넣어 둔 상자))

archaický 고풍의, 고체의, 낡은

archaičnost, *f-1* 고풍스러운 특성

archaismus, *mi-2* 고어, 옛말, 고문체, 의고체; 고풍, 옛투

archaizace, *f* 고풍화, 고문체화, 고어화

archaizovat 고풍으로 하다, 고문체를 쓰다

archanděl, *ma-4* **(**호격 *-i***)**; 대천사(大天使)

archandělský 대천사의, 천사장의

archeolog, *ma-2, 3* 고고학자

archeologický 고고학의

archeologie, *f* 고고학

architekt, *ma* 건축가, 건축기사; stavitel 건축업자, 건설자

architektonický [-ny-] 건축학(술)의, 건축상의, 구성상의

architekt|onika, [-ny-] **-ura,** *f* [-túra] 건축술(학); 건축양식; velkolepá stavba (큰)건축물, 건조물; (예술 작품의) 구조, 구성

architekturní [-túr] 건축학(술)의, 건축상의

archiv, *mi-2* 고(古) 문서, 공문서; úřad 기록[공문서] 보관소

archiválie, *f-pl* 공문서

archivář, *ma* 기록 보관인

archivářství, *n* 기록 보관소

archivní 기록의, 기록 보관소의

archivnictví, *n* 공문서 보관

archový (종이) 한 장의, 명부의 ◆ *~ honorář* 특허[저작]권 사용료

árie, *f* 영창(詠唱), 아리아, 가곡, 가락

aristokracie, *f* 귀족 정치, 귀족 사회; šlechta 귀족, 귀족 계급; vyšší nepracující třída 향사(鄕士); vzhledem k statkům, jež vlastní 신사 계급

aristokrat, *ma(-4)* **-ka,** *f* 귀족, 귀족적인 사람, 귀족 정치론자

aristokratický [-ty-] 귀족 정치의, 귀족의, 귀족적인

aristokratičnost, *f-1* 고귀함, 귀족 정신

aritmetický [-tyc-] 산수의

aritmetik, *ma-3* 산술가

aritmetika, *f* 산수

arkáda, *f* 아케이드, 현관, 주주식(周柱式), 열주랑(列柱廊), 기둥으로 둘러싸인 안마당

arktický [-ty-] 북극의, 북극 지방의;

극한의

Arktida, *f* 북극

arkýř, *mi* 기둥과 기둥사이, 내받이 창

arkýřov|ý 퇴창의 ◆ *-é okno* 퇴창, 내민창, *obloukové v půdorysu* 활 모양으로 내민 창

armáda, *f* 군대, 군, 육군 ◆ *španělská ~* 스페인의 무적 함대

armádní 군대의, 육군의

armatura, *f* [-tú-] 정착물, 설비물, 용구; 보강재

Arnošt, *ma* 아르노슈트((남자이름; 영어의 어니스트))

arogance, *f* 오만, 거만, 건방짐

arogantní 오만한, 건방진

arogantnost, *f-1 = arogance*

aroma, *n-in* 방향, 향기

aromatický [-ty-] 향기높은, 향기로운

aromatizovat >< [-ty-] 향기롭게 하다

aršík, *mi-2, 3* 한장의 작은 종이, 한 장; filatelistický (우표 수집의) 종이철

artérie, *f* (인체의) 동맥

arterioskleróza, *f* 동맥 경화(증)

artésk|ý 피압(被壓) 지하수의 ◆ *~ pramen* (수맥까지) 파내려 간 샘[광천]; *-á studna* 분수 우물

artikl, *mi-2* [-ty-] 한 품목, 물품, 물건

artikul, *mi-2* (arch. *mi-1*) [-ty-] (문서의) 조항, 조목

artikulace, *f* 유절 발음, 뚜렷한 발음

artikulační 유성음의; 관절(접합)의

artikulovat 한 음절 한 음절을 똑똑히 발음하다

artilerie, *f* [-ty-] = *dělostřelectvo,* **1** (집합적) 포, 대포; 미사일 발사기 **2** 포병과, 포병(대) **3** 포술

artilerista, *ma(-4) = dělostřelec*

artismus, *mi-2* [-tyz-] 예술지상주의((예술을 위한 예술을 추구))

artist|a, *ma(-4)* **-ka,** *f* 곡예가, 명인, 달인, 예능인

artistický [-ty-] 예술의, 미술의, 예술적인

artyčok, *mi-2, 3* 아티초크((국화과))

arzenál, *mi-2* 병기고, 조병창, 병기[군수] 공장

arzén, *mi-2* 비소((양성 금속; 기호 As; 번호 33))

arzénový 비소의

as[1]**,** *mi-2* 무게의 단위((12온스))

as[2]**,** *n-in* hud. 내림 가음

as poet. = *asi*

asanace, *f* (공중) 위생, 위생 시설(의 개선); v plynové válce (개스 전에서) 격리, 분리

asanovat >< 위생 시설을 개선하다

asfalt, *mi-2* 아스팔트 ◆ *(válcovaný) ~ se štěrkem* (타르와 자갈 혼합물인) 타르머캐텀 포장 도로

asfaltový 아스팔트의

asfodel, *mi-2* 아스포텔((백합과의 식물))

Asiat, *ma* **-ka,** *f* 아시아 인

Asie, *f* 아시아(대륙)

asi 1 snad 아마, 형편에 따라서는, 혹시, 어쩌면 **2** přibližně 거의, 대체로, 대략, 약 ◆ *nepřijde asi* 아마도 그는 오지 않을 것이다; *asi ne* 아마도 …

A

아닐 것이다

asijský, 아시아(인/어)의 ◆ ~ *tygr* 특히 한국, 싱가포르, 태국, 말레이시아 등) 주로 소비재를 생산하면서 급격하게 빠른 속도의 경제적 성장을 이룩한 동남, 동북 아시아의 국가

asimilace, *f* 같게 함, 동화(작용)

asistence, *f* **1** 원조, 거듦, 조력; doprovod 돌봄, 시중, 간호 **2** 출석, 재중

asistent, *ma* **1** pomocník 보조자, 조수, 보좌역 **2** vysokoškolský (대학의) 조수, 조교, 강사 ◆ *odborný* ~ (대학의) 전임강사, 조교수

asistentka, *f* **1** asistent의 여성형, 여자 조수, 여자 조교, 여자 강사 **2** porodní ~ (여자) 조산원, 산파 **3** scénáristy 스크립트걸((감독, 연출자의 여자 조수[비서]))

asist|entství, *n* **-entura,** *f* [tú] 조수직(위), vysokoškolská (대학의) 강사의 직[직위]

asistovat komu při, v čem (누구를 무슨일에 있어서) 돕다, 거들다, 원조하다, 조력하다; být přítomen 시중들다, 대기하다; být svědkem 증언하다, 입증하다

asketa, *ma* 금욕주의자, 고행자, 수도자

asketický [ty] 금욕주의의, 고행의

asketismus, *mi2* [ty] = **-ze,** *f* 금욕주의, 고행[수도] 생활

asociace, *f* 연합, 결합, 합동, 제휴; 협회, 조합; 연상

asociační 연합의, 협회의, 연상의

asociál, *ma-2* 비사회적인 사람

asociovat >< 연합시키다, 연상하다, 관련시키다, 결합하다

asonance, *f* 음의 유사, 유음, 유운, 모음 압운

aspekt, *mi-2* **1** 양상, 모습, 국면, 정세, 전망 **2** (동사의) 상(相)

aspik, *mi-2* (고기) 젤리((고기, 생선을 끓인 국물에 젤라틴을 넣어 만든 젤리))

aspirace, *f* **1** touha 열망, 포부, 대망 **2** přídech (음성의) 기(식)음, 대기음 **3** 흡입

aspirant, *ma* **-ka,** *f* **1** o, na (…에 대한) 후보자, 지원자, 지망자 **2** čekatel (보수가 없거나 적은) 견습공; 사관후보생 **3** vysokoškolský (대학의) 연구 조교, 연구원

aspirin, *mi-2* [rín] 아스피린

aspirovat 1 na (…을) 열망하다, 갈망하다 **2** vyslovovat s přídechem 기식음으로 발음하다

aspoň 적어도, 최소한 ◆ ~ *v tomto případě* 적어도 이번의 경우에는, 이번 만은

astenický [-ny-] 무력증의

astenie, *f* 무력증, 쇠약, 허약

astigmatický [-ty- -ty-] 난시(안)의

astigmatismus, *mi-2* 난시안, 난시

astma, *n-2* ((구어체) *n-in/f*) 천식

astmatický [-ty-] 천식의

astma|tik, *ma-3* [-tyk-] **-čka,** *f* 천식 환자

astra, *f* 애스터(식물), 과꽃, 성상체

astrol|og, *ma-2, 3* **-ožka,** *f* 점성가

astrologický 점성의, 점성학의

astrologie, *f* 점성학(술)

astronaut, *ma* 우주 비행사

astronautick|ý [-ty-] 우주 비행의, 우주 비행사의 ◆ *-é romány* (공상) 우주 소설

astronautika, *f* [-ty-] 우주 비행학, 우주 비행

astronom, *ma-2* 천문학자

astronomick|ý 천문학(상, 용)의 ◆ *-é číslo* 천문학적 숫자

astronomie, *f* 천문학

asymetrický 불균형의, 비대칭의

asymetrie, *f* 불균형, 비대칭

at' 1 prostředkovaný příkaz (간접명령) …하게 하다, …을 허락하다 *~ si dělá, co chce* 그가 원하는 바를 하게 하라 **2** v 2. os. silněji, zvl. s hrozbou **(**2인칭에서는 특히 위협을 동반한 보다 강한 명령의 표현**)** *~ mluvíš pravdu* 그대는 진실을 말할지어다 **3** hrozba (경고) …할 지니라, …을 시어나, …해야한다 *~ se to víckrát nestane* 그것은 더 이상 일어나서는 안 될 것이야 **4** naděje plné přání (바람, 기원) 바라건대 …하기를 *~ se vám daří* 당신에게 뭔가 좋은 일이 있기를; *~ se vám něco pěkného zdá* 뭔가 좋은꿈 꾸길바래 **5** naléhavě (긴급, 절박) *~ už jednou sprchne!* 바라건데 소나기가 한 차례 내렸으면! **6** možnost (가능성) *~ vás to stojí padesát* 그것은 (비용이) 50은 들 것이다 **7** (přípustka) = *třebas* **8** byt', i když (양보) 비록 …라(고) 하더라도 *~ …jakkoli* 아무리 …할지라도[해도]; *~ si říká kdo chce co chce* 누구든지 하고 싶은 말을 할 수 있을 것이다 **9** *ale ~ = ~ si*; *~ je tomu tak či onak* 어떤 운명이 되더라도, 좋든 싫든 간에 **10** *~ - ~* (*nebo*) …이든 …이든, s *významem i-i* …뿐만 아니라 …도 ◆ *~ mě d'as* **(**속어**)** 제기랄!

atak, *mi-2, 3* 공격, 습격

atakovat 공격하다, 습격하다

ataman, *ma* 코사크의 추장

atašé, *ma-in* 대[공]사 관원, (대[공]사의) 수행원, 외교관보 ◆ *obchodní ~* 상무관

atavismus, *mi-2* 격세유전

ateismus, *mi-2* 무신론

ateista, *ma*(*-4*) 무신론자

ateistický [-ty-] 무신론(자)의

ateliér, *mi-2* (드물게 -lié, *n-in*) 아틀리에, 스튜디오

atematický [-ty-] 테마가 없는

atentát, *mi-2* 살인 기도, 살인 미수, provedený 암살(행위) ◆ *spáchat na koho ~* 누구에 대해 살인을 기도하다, 누구를 암살하다

atentátník, *ma-3* 암살자

Atény, *f-pl* 아테네((그리스의 수도))

atest, *mi-2* **-ace,** *f* 입증, 확인; 수료[이수]증명서

atestovat >< 입증하다, 확인하다, 보증하다, 인증하다, (엄숙하게) 증언하다

Athéna, *f* (그리스 신화) 아테네((지혜. 예술의 여신))

Atlant, *ma* (그리스 신화) 아틀라스, 거인

atlas[1]**,** *mi* kniha 지도책, 도해서, 도감

atlas[2]**,** *mi-2* látka 수자직, 공단, 새틴

atlasový 수자로[공단으로]만든, 매끄럽고 광택이 나는

atlet, *ma* 운동선수, 경기자, 육상 경기자

atletický [-ty-] 운동선수의, 강건한,

A

운동경기의
atletičnost, *f-1* [-ty-] 운동(경기)열
atletika, *f* [-ty-] 운동경기, 육상경기 ◆ *lehká* ~ 육상경기((트랙 경기와 필드 경기)); *těžká* ~ 복싱, 레슬링과 역도
atletka, *f* 여자 운동선수, 여자 경기자
atmosféra, *f* 대기, 공기, 기압; 분위기, 기분
atmosférický 대기(속)의, 대기의 작용에 의한; 분위기의
atom, *mi-2* 원자((물질을 구성하는 가정상의 최소요소)), 미분자, 극소량
atomický 원자(력)의, 지극히 작은
atomismus, *mi-2* 원자론[설]
atomista, *ma(-4)* 원자론자
atomistický [-tyc-] 원자론의
atomizace, *f* 원자화, 세분화
atomizovat >< 원자화하다, 세분화하다
atomov|ý 원자의, 핵의 ◆ *-á fyzika* 핵물리학; *~ reaktor* 원자로
atrakce, *f* 끌어당기기, 매력, (마음, 흥미를) 끌어당기는 것
atraktivní [-tyv-] 사람의 마음을 끄는, 매력적인, 흥미있는
atrapa, *f* 속임수, 모형, 가짜, 모조품
atribut, *mi-2* **1** 속성, 특성 **2** (언어) 한정사
atributivní [-tyv-] 특성을 나타내는, 한정적인
at'si připustka = *at'* 허가; vzdorně 마찬가지야; uklidňující 신경쓰지마
au 아야((특히 심하거나 갑작스러운 아픔을 나타낼 때))
audience, *f* [-dy-] (의견 등의) 청취(기회), 알현, 접견
audiovizuální 시청각의
audit, *mi* [-dy-] **1** 《經》 감사 **2** (건축, 설비상태의) 감사, 정사, 검사 **3** 감사 보고서, (감사인의) 결산 보고서 ◆ *účetní* ~ 회계 감사; *ekologický* ~ 환경 감사; *-y technického stavu elektrárny* 발전소의 기계상태 점검[검사]
auditor, *ma* 회계사, 회계 감사관
auditorium, *n* [-tó-] 청중석, 관객석, 방청석, 강당
Augiášův 아우게아스의 ◆ ~ chlév (그 神) 아우게아스 왕의 외양간((3천 마리의 소를 치면서도 30년동안 청소를 하지 않았다고 함)); čistit ~ chlév 오래동안 쌓인 부패를 일소하다
augur, *ma-2* 예언자, 점장이
august, *ma-2* (서커스 등의) 어릿광대, 익살꾼
augustinián, *ma* [-tyny-] 성 아우구스티누스 수도회의 수도사
aukc|e, *f* 경매, 공매 ◆ *koupit/prodat v -i* …을 경매하다, …을 경매로 사다/팔다
aukcionář, *ma* 경매인
aula, *f* 대강당
au pair, au-pair, [opér] *f-in,* 드물게 *m-in,* 외국에서 숙식을 제공받는 대신 그 나라 말을 배우기 위해 가사를 돕거나 아이를 돌봐주는 사람, 주로 여자 ◆ *strávit jako ~ rok v cizině* 해외에서 오페어로서 일년을 보내다
au pair, au-pair, [opér] (불변화 형

용사) (방과 식사 제공을 받는 대신 가사를 돕는 등의) 교환 조건의[교환 조건에 의한] ◆ ~ *program pro dívky* 여자들을 위한 오페어 프로그램; ~ *agentura* 오페어 중개사무소

aureola, *f* (성상의) 원광, 광륜, = *svatozář*

Australan, *ma* **-ka,** *f* 오스트레일리아 사람

Austrálie, *f* 오스트레일리아

aušus, *mi-2* **(속어)** 재생 털실, 재생 모직물, 불합격품

aut, *mi-2* **(스포츠)** 아웃

autarkie, *f* (한나라의 경제적) 자급자족 상태, 경제자립 정책, 경제자립 국가

autentický [-ty-] 믿을 만한, 진짜의

autíčko, *n-2, 3* 장난감차, 소형 자동차

auto, *n* 자동차, 차

auto- 자동차의, 자동의

autobazar, *mi-2* 중고차 시장

autobiografický 자서전적인, 자서전체의

autobiografie, *f* 자서전

autobotičk|a, *f* (바퀴 멈춤쇠[죔세]((주차 위반차의 바퀴에 채워서 차를 움직이지 못하게 하는 기구)) ◆ *nasadit -u* 자동차 바퀴 멈춤쇠를 채우다; *~ nesmí být řidičem pod pokutou poškozena* 벌금을 물어야 할 상황에서 자동차 바퀴족쇄는 절대 손상되어서는 안 된다

autobus, *mi* 버스; úředně 승합[합승] 자동차; dálkový, meziměstský 대형, 장거리버스

autobusák, *ma-3* **(구어체)** 버스운전사

autobusový 버스의

autodidakt, *ma* [-dy-] 독학(독습)자

autodrom, *mi-2* 자동차 경주의 코스

autodrožka, *f* 택시

autogen, *mi-2* 산소 아세틸렌 용접기

autogyro, *n-2* 《空》 오토자이로

autogram, *mi-2* 자서(自署), 자필로 쓴 것

autokar, *mi-2* 관광버스, 대형 유람버스

autokempink, *mi-2, 3* 자동차 캠프; místo 자동차 캠프장

autokolona, *f* 자동차 퍼레이드[행렬]

autokracie, *f* 독재[전제]정치, 전제군주국

autokrat, *ma(-4)* 전제군주, 독재자

autokratický [-ty-] 전제(정치)의, 독재적인

autokritický [-ty-] sebekritický 자기 비판의, 자기 비판[비평]적인

autokriti|čnost, *f-1* **-ka,** *f* 자기 비판[비평]

automat, *mi-2* **1** o člověku nebo napodobenině člověka 기계적으로 행동하는 사람[동물], 자동 인형 **2** stroj 자동 기계장치 **3** zbraň 자동(소)총, 소형 기관총 **4** prodejní 자동 판매기, 자동 도박기; hudební 자동전축 **5** jídelna 셀프서비스 식당; s pultem 간이식당

automatický [-ty-] 자동(적, 식)인, 기계적인, 반사적인

automatizace, *f* [-ty-] 오토메이션,

자동 조작[제어], 자동화

automatizovat [-ty-] > **z-** 기계적으로 하다, 기계화하다, 자동화하다

automechanik, *ma-3* [-nyk] 자동차 정비사[수리공]

automobil, *mi* 자동차, 승용차

automobil|ista, *ma(-4)* **-ka,** *f* 자동차 운전자

automobilov|ý 자동차의 ◆ ~ *průmysl* 자동차 공업, *-á nehoda* 자동차 사고, 교통 사고

autonomie, *f* 자율[자주]성, 자치(제, 권), 자립

autonomní 자치권(제)의 [이 있는], 자율적인

autoportrét, *mi-2* 자화상

autor, *ma* **-ka,** *f* 저자, 창시자, spisovatel též 작가, 저술가

autoreferát, *mi* (작가 자신의) 요약[개요]

autorita, *f* u koho/ v čem (누구/무엇에 대한) 권위, 권능

autoritář, *ma* 권위[독재]주의자; 규율에 엄격한 사람, 규율가

autoritářský 권위[독재]주의(자)의

autoritářství, *n* 권위주의, 독재주의

autoritativní [-tyv-] **1** 권위있는; 독재적인 **2** 최종의, 완성된

autorizace, *f* (…에 대한) 권한 부여, 인가, 공인

autorizovat >< 정식으로 인가하다, 권한을 부여하다

autorsk|ý 저자의, 저작자의 ◆ ~ *honorář* 저작료, ~ *stále plynoucí* 특허권 사용료, 저작권 사용료; *-é právo* 저작권, 판권; ~ *výtisk* 증정본, 기증본

autorství, *n* 저작자임, 원작자임

autosalón, *mi-2* 자동차 전시회[박람회]; 자동차 진열실[전시실]

auto|servis, *mi-2, zř.* **-služba,** *f* 자동차 정비소

autostop, *mi-2* 히치하이크 ◆ *jet -em* 히치하이크를 하다

autostráda, *f* 자동차 전용도로, 고속도로, evropská (유럽의) 자동차 전용 고속도로((아우토반 따위))

autoškola, *f* 자동차 운전 교습소

autotaxi, *n-in* = *autodrožka*

avantgarda, *f* (*-gard*) 전위(부대), 선봉; umělecká (예술상의) 전위파, 아방가르드, 선구

avantýra, *f* 연애사건, 정사

ave, *n-in* [á-] (카톨릭 식의) 환영 인사, 작별 인사((안녕(히)! 따위))

averze, *f* proti, k (…에 대한) 혐오, 반감, 몹시 싫어함, 지겨움

aviatik, *ma-3* [-tyk] 비행사, 항공사

aviatika, *f* 비행[항공](술), 항공기

avízo, *n-2* **1** 알림, 보고; o příchodu (도착의) 통지, 통고 **2** (속어) varování 비밀 정보, 내보, 조언

avizovat >< 알리다, 통지[통고]하다

avšak 그러나, 하지만, 그렇지만

axiom, *mi-2* 자명한 이치, 원리, 격언

azalka, *f* 진달래

azbest, *mi-2* 아스베토스, 석면

azbuka, *f* 키릴 자모(字母)((그리스 정교를 믿는 슬라브 민족의 자모; 현 러시아어 자모의 모체))

azoický 《地》 무생물 시대의

Azték, *mi* 아즈텍(문명)

azur, *mi-2* 하늘색, 담청색

azurový 하늘색의, 담청의; 푸른 하늘의

azyl, *mi-2* zvl. politický (특히 정치적인) 망명, 피난; i před policí (교회 등의) 성역, 피난처, 은신처 ◆ *vyhledat ~* 성역으로 도망하다

azylant, *ma* (특히 정치적) 망명자, 피난민, 난민

až I (부사**) 1** (공간적 경계) …까지, …에 까지, …로 까지 ◆ *~ do Prahy* …프라하까지; *promoklý ~ na kůži* 피부[살갗]속까지 젖다; *po krk* …목(구멍)까지 **2** (시간적 경계) …까지, …때까지 ◆ *~ dosud* 지금까지; *do pátku* 금요일까지; *do smrtí* 죽을때까지 **3** …에 이르러(서) 비로소, …가[이] 되이시야 비로소 ◆ *vrátí se ~ v pondělí* 그[그녀]는 월요일이 되어서야 비로소 돌아올 것이다; **4** (제외) …를 제외하고(는), …외에는 ◆ *utekli všichni ~ na něho* 그를 제외하고는 모두 도망쳤다; *na to, že...* …라는 것[사실]을 제외하고는 **II (**접속사; 미래시제와 더불어**) 1** (시간) …후에, …(때)까지; …하자마자 ◆ *dočkáme, přijdou ostatní* 다른 사람들이 올 때까지 우리는 기다릴 것이다 **2** (작용) …할[될] 때까지 ◆ *křičel, ~ ochraptěl* 그는 목이 쉴 때까지 외쳤다 ◆ *~ běda* 너무 나빠서 말로 표현할 수 없다, 이걸 어쩌나!; *~ dosud* 이제까지는, 지금까지(는); *~ na další* 추후 통지가 있을때까지; *~ do skončení čeho* 아무것을 마칠 때까지; *~ příliš* 지나치게 …한

ažaž/až až 남아 돌만큼의, 너무 많은; spousta 풍부하게, 푸짐하게; až příliš 그저 …할[일] 따름, 매우; téměř 거의, 거반, 대체로 ◆ *nasmáli se ~* 그들은 너무나 많이 웃었다

ážio, *n-2* 프리미엄; 상(금); 수수료

ažúr franc. **(**구어체**)** 최신의[으로]; 준비가 된, 끝낸, 완성된

ažura, *f* [-žú-] (조각 등의) 도림질 세공

ažurovat [-žú-] (조각 등의) 도림질 세공하다

B

b, B [bé] *n-in* **1** [베] 체코어 알파벳의 자음 글자 **2** 《樂》 나음, 나조; (음표) 내림표, 반음 내림음 ◆ *vitamín B* 비타민 B

ba dokonce 오히려, …조차도; sám... 바로 그…, 정말…인; lid. potvrzení (표결을 할때의 일반적인 표현) 찬성, 예 ◆ *~ ano* (*n. arci, ovšem, právě, pravda, věru, že, žeť*) 물론, 과연, 알겠어, 그렇군; *~ ne* 전혀 그렇지 않아, 당치도 않아

bab|a, *f* **1** 할멈, 노파 = bába **2** (경멸어) o mužích 여자 같은 사내, 겁쟁이, 뱅충이 ◆ *~ sudička* 험담꾼, 추문을 퍼뜨리는 사람; *~ jedu* 마녀; *-o, rad'!* 소동이군! 난장판이군!; *dostat -u* (*ve hře*) (술래놀이에서) 붙잡히다, *dát komu -u* 누구를 붙잡다

bába, *f* (bab) **1** (경멸어) 할멈, 노파; nepříjemná 마귀할멈, 마녀 **2** zast. babička 할머니 **3** porodní 산파 **4** kořenářka (약초 등으로) 치료하는 여자 **5** starší/vdaná žena vůbec (총체적으로 나이가 들었거나 결혼한) 부인, 여사; zaměstnavatelka 마님, 아씨 **6** klevetivý člověk 수다쟁이 **7** žena z lidu 세탁부 **8** ve hře na slepou bábu (놀이에서) 장님, 까막잡기하는 사람 ◆ *slepá ~* 까막잡기; *sedavá ~* (*hra*) 집뺏기 술래잡기; *žemlová ~* 푸딩((사과를 넣은))

Bábel, *mi-2* bibl. 바벨탑((바빌론에서 하늘까지 치닿게 쌓으려다 실패한 탑)); 고층건물, 마천루, 가공의 계획 ◆ *~ nad Temží* 런던 시의 별명; 《比》 이상 비대해진 도시

babi, *f-in* (구어체) 할머니; 할멈, 노파

babí babský 노파같은, 수다스런; ženský 노파의, 여자의; 여자다운; 여자 같은 ◆ *~ léto* pavučina (여름의 끝무렵에 공중에 걸려 있는) 잔 거미줄, pozdní léto (화창한 날씨를 보이는) 늦은 여름의 짧은 기간; *~ hněv* 《植》 우엉[뿌리], 오노리스 속의 일종(관목 모야의 콩과 식물)

babice, *f* = *bába, babizna*

babický 산파의

babictví, *n* 조산술

babička, *f* **1** v příbuzenském poměru 할머니 **2** (구어체) stařenka 나이든 여자 **3** porodní 산파

babizna, *f* vychrtlá 여자 건달, 닳아빠진 계집; staropanensky oděná 추레하고 심술궂은 여자

babk|a, *f* **1** 작은 나이든 여자 **2** chroust 풍뎅이의 일종 **3** šátek 목도리 ◆ *~ kořenářka* (약초 등으로) 치료하는 여자; *koupit/prodat za -u* 어떤 것을 터무니없이 싸게 사거나 혹은

팔다

babočka, *f* 화려한 색깔의 나비 ◆ *~ admirál* 큰 멋쟁이나비; *~ paví oko* 공작 나비((화려한 색의 나비))

bábovička, *f* (어린이들이 놀이에서 만드는) 진흙 만두

bábovka[1]**,** *f* **1** (건포도 등을 넣은) 부채꼴 모양의 가장자리가 있는 케이크 **2** forma (바보프카를 굽는) 베이킹 팬

bábovk|a[2]**,** *ma* 여자 같은 사내아이, 무기력한 남자 ◆ 냄비 *ty -o stará!* 너 늙은 약골이구나!

babrat se 1 v čem (무엇에) 힘든 작업이나 수고를 통해 장기간 전념하다; *~ v knihách, ve sbírkách* 책을, 수집물을 주의 깊게 살피며 연구하다 **2** s čím (무엇을) 만지작 거리다, 일시적 기분으로 해보다; *~ s šitím* 바느질[뜨개질]을 만지작 거리다; líně 꾸무럭거리며 일하다

babsk|ý 1 stařecký 노파의; 노파 같은; ženský 여자 같은, 여자다운, 여성의 **2** slabošský, zbabělý 겁많은, 비겁한 **3** lidově lékařský 민간요법의 ◆ *-é pověry* 민간 미신; *-é huby, jazyky, klepy* 잡담, 풍문들[소문들]

babyka, *f* 단풍나무의 일종

Babylon, *mi* 바빌론((고대 바빌로니아의 수도)); obraz. 화려한 악의 도시

babylonsk|ý 바빌론의, 바빌로니아의 ◆ *-á věž* 바벨탑((바빌론에서 하늘까지 치닿게 쌓으려다 실패한 탑)); *-é zajetí* 바빌론의 포로((기원전 6세기의 유태인의))

babysitter [bejbisitr, -ter]**,** *ma* **-ka,** *f* **(**영어 차용어**)** 부모의 부재 시 집에서 아이를 돌보는 사람 ◆ *odjet do Anglie dělat -a* 그녀는 베이비시터를 하기 위해 영국으로 떠나다

bác 철썩! 쿵! 땅! 덜컹!((충돌이나 추락시에 나는 소리))

bacil, *mi-2* **(**생격, 대격 또한 *-a***)** 바칠루스, 간균, neodborně 세균, 병균

bácnout 부딪치다, 충돌하다

baculatý 풍만한, 통통한, v tváři (얼굴이) 통통한

bača, *ma* reg. 양치기

bačkor|a[1]**,** *f* 슬리퍼 ◆ *natáhnout -y, zaklepat -ama* = **(**구어체**)** 거꾸러 지다, 죽다; *čekat, až natáhne -y* 남의 유산을 [지위를] 노리다

bačkora[2]**,** *ma* pejor. 겁쟁이, 소심한 사람 = *zbabělec* ◆ *je to ~* 그는 거위에게 악 소리도 못 지를 만큼 소심한 사람이나

bádání, *n* 연구, 조사, 탐구

bádat 연구[탐구]하다, 조사하다; uvažovat 깊이 생각하다, 사색하다

badatel, *ma-1,4* **-ka,** *f* 연구하는 사람, 학자; 조사자 ◆ *polární ~* 극 탐험자, 극 탐사자

baf|at > (za) -nout 1 (개가) 멍멍 짖다, (사냥개가) 길고 낮은 소리로 짖다 **2** dýmat (담배를) 뻐금 뻐금 피우다

bagatelizovat 최소화 하다, 최소한도로 하다; 최소로 평가하다, 경시하다

Bagdád, *mi* 바그다드((이라크 수도))

bagr, *mi-2* (토목 공사용) 굴착기, 증기 굴착기; na lodi 준설선

bagrovat > vy- (구멍을)파다, 굴착하다; z lodi (배로부터) 준설하다

B

bahenní 늪의, 습지의, věd. 늪에서 발생하는; žijící nebo prováděný v bahně 진흙의

bahnice, *f* 암양(羊)

bahnisko, *n-2, 3* **1** 소택지, 늪 **2** obraz. 빠져나갈수 없는 장소[상황]; (타락, 절망 따위의) 수렁, 구렁텅이

bahnitý 소택지의, 늪에 있는; plný bahna 진흙의, bahnu podobný 진흙 같은

bahno, *n* **1** 친창, 습지, v řece 침니(沈泥)((모래보다 곱고 진흙보다 거친 침적토)) **2** obraz. 곤경; 곤란케 하는 것 **3** hmota 진흙 ◆ *~ velkoměsta* 거리의 쓰레기; 《比》 거리의 불량배

bach, **(구어체)** *dá(va)t si -a* 방심 않고 경계하다

bachař, *ma* **(속어)** (교도소의) 간수

báchorka, *f* **1** 이야기, (특히) 터무니 없는 이야기 **2** 동화

bachovský 바흐의((19세기 중반의 오스트리아 절대주의 정치가 바흐의))

bachratý 배가 나온, 올챙이배의; velký 부피가 커진, 턱없이 큰

baiss|a, *f* [bésa] 푹 떨어짐; (시세의) 폭락 ◆ *spekulovat na -u* 시세를 떨어뜨리다, 팔아치우다

baissista, *ma(-4)* [bés-] 《증권》 파는 쪽, 시세하락을 내다 보는 사람

báj(e), *f* **1** pohanská (이교도의, 야만의) 신화, 전설 **2** lidové vyprávění (민간) 설화, 전해오는 이야기 **3** = *bajka* ◆ *-e a pověsti;* 민간전승, 민속; *říše -í* 요정(동화)의 나라, 더 없이 아름다운 곳

bajadéra, *f* (힌두교의) 무희

báje = *báj*

báječn|ý **1** 전설적인, 신화에 나오는, 황당무계한; smyšlený 우화의[에 나오는], 가공의 **2** krásný 멋진, 굉장한, 엄청난; ohromný 막대한, 광대한, 거대한; skvělý 훌륭한 ◆ *-á věc* 큰 기쁨, 특별한 즐거움; 멋진 사람

bájesloví, *n* ((집합적))신화, 신화집

bájit *(báj!)* > **vy-** vymýšlet **1** 우화를 만들다[이야기를 하다], 꾸며낸 이야기를 하다 **2** blouznit 열심히 이야기하다, 열광하다 **3** vyprávět báj 신화를 이야기하다

bajka, *f* 우화; smyšlenka (과장된, 날조된) 이야기

bájný poet. = *báječný, tajemný,* 신비한, 불가사의한

bajonet, *mi-2* 총검

bakalář, *ma* 학사 학위 소지자

bakalářství, *n* 학사의 자격

Bakchus, *ma* **1** (그리스 신화의) 바커스 **2** 카니발, 축제 베이클라이트((일종의 합성수지; 상표명))

bakelit, *mi-2* 학사의 학위

bakelitový 베이클라이트의

bakšiš, *mi* (터키 · 이집트 등에서의) 행하, 팁

bakterie, *f* 박테리아, 세균, 병원균

bakteriol|og, *ma-2, 3* **-ožka,** *f* 세균학자

bakteriologický 세균학의

bakteriologie, *f* 세균학; 세균의 생태

bakteriov|ý 박테리아[세균]의 ◆ *-á válka* 세균전

bál, *mi* **(구어체)** ples 무도회 ◆ *ustrojený jako do -u* 무도회에 가는 것

처럼 옷을 잘 차려 입은

balada, *f* **1** 발라드((민간 전설, 민화 따위의 설화시, 또는 이에 가락을 붙인 가요)), 민요, 속요 **2** ((운율)) 발라드((7[8] 행씩의 3절과 4행의 결구로 되어, 각 절 및 결구의 끝행이 같은 형의 시형)) **3** ((음악)) 발라드, 담시곡

baladický [-dy-] 발라드의, 비극적인

baladika, *f* [-dy-] 발라드집, 발라드 모음

balamutit (*-cení*) > **o-** 속이다, 미혹시키다

balancovat > **vy-** 균형을 잡다, 균형을 유지하다

balast, *mi-2* **1** 《海》 밸러스트, (배의) 바닥짐 **2** obraz. 무거운 짐[빚 따위]

baldachýn, *mi-2* 닫집; 닫집 모양의 덮개[차양]

balení, *n* **1** 포장용품[재료] **2** 짐꾸리기, 포장

balerína, *f* 발레리나, (주연) 무희 ((발레의))

balet, *mi-2* 발레, 무용극; umělecký tanec jednotlivce 댄스

baletka, *f* 발레 무용수, 오페라 무용수

baletní 발레의, 춤의 ◆ ~ *mistr* 발레의 대가[명수]; ~ *škola* 발레 학교

balicí 포장의, 싸는 ◆ ~ *papír* 포장지

balič, *ma* **-ka,** *f* 짐 꾸리는 사람, 포장업자

balíček, *mi-2, 3* (작은) 꾸러미, 소포, 다발, 묶음; bankovek 지폐 묶음[다발]; cigaret (담배의) 한 갑; *poštovní* ~ 등기 소포

balík[1]**,** *mi-2, 3* 소포, 꾸러미, 소화물

balík[2]**,** *ma-3* 촌놈, 시골뜨기

balíkový pošt. 소포의, 소화물의

balírna, *f* 포장을 위한 방[장소]

balit > **s- 1** 말다, 묶다, 다발을 만들다, 포장하다, složením (깔끔하게) 개키다, 싸다; své věci (자신의 짐을) 꾸리다 **2** (구어체) koho (누구를) 설득하여 끌어들이다; ~ > **za- 1** 짐을 꾸리다, obalením 포장하다, 감다, 싸다 **2** 열중시키다, …의 마음을 빼앗다

Balkán, *mi-2* 발칸 반도[산맥, 제국]

balkón, *mi* 발코니; (극장의) 2층 좌석

balón, *mi* 기구, 풍선; míč 고무공; nádoba 플라스크

balónek, *mi-2, 3* 작은 고무공, 고무풍선

balónovitý 풍선 모양을 한

balónov|ý 기구의[에 의한]; 기구[풍선]꼴의 ◆ *-á pneumatika* (공기가 든) 고무 타이어; *-é hedvábí* 명주 유포(有布)

Balt, *mi-2* 발트해

balvan, *mi-2* 둥근 돌, 옥석 ◆ *bludný* ~ 《지질》 표석(漂石)

balzám, *mi-2* 발삼, 방향성 수지; 향유; 방향

balzamovat > **na-** (시체를) 방부처리하다; …에 향기를 채우다

bambitka, *f* (옛날) 권총

bambula, *ma* 바보, 숙맥

bambule, *f* 원형의 것; 손잡이; 큰 단추; třapec (모자, 구두 등의) 방울술

bambus, *mi-2* 대(나무)

bambus(ov)ka, *f* 대지팡이; 대막대

B

bambusový 대(나무)의
báň, báně, *f* **1** 둥근 지붕; 돔 **2** nádoba 유리로 만든 공모양의 물건((램프의 등피, 어항, 전구등)); poklop 유리뚜껑 **3** nebes 창공, 푸른하늘 **4** dýmky (파이프의) 대통 **5** lázeň (동양풍의) 목욕탕 **6** pop., zastavárna 전당포((세 개의 금 빛 공의 간판이 있는)) ◆ *točit se jako holub na báni* 어깨를 으쓱거리며 걷다
banální 평범[진부]한, 상투적인
banán, *mi-2* 바나나
banánek, *mi-2, 3* zástrčka 바나나 플러그((끝이 스프링으로 되어 있는 바나나 모양의 단극 플러그))
banánovník, *mi-2, 3* 바나나 나무
baňatý 공모양을 한; věž (탑이) 양파 모양을 한
banda, *f* (band) 그룹, 떼, 무리; lupičů 갱, 일단; kapela 악대, 악단, 밴드
bandáž, *f* 붕대; 다발; 탈장대(脫腸帶)
bandita, *ma* [-dy-] 약탈자, 노상강도, 산적; velkoměstský (대도시의) 갱, 악한
bandursk|á, *f dělat, (při)jít s, spustit -ou* 소동을 일으키다; 반대하여 떠들다, 항의하다
Bangladéš, *m* 방글라데시
banjo, *n-2 = bendžo* 《樂》 밴조((5현의 현악기))
bank, *mi-2, 3* 노름판의 판돈, 내기에 건 돈
banka, *f* **1** 은행 **2** (자료, 혈액, 정자) 은행
baňka, *f* 플라스크; destilační 증류기, 정화기; k pouštění žilou (채혈용) 컵
bankéř, *ma* 은행가, 은행원
bankéřský 은행(업)의
bankéřství, *n* 은행업(무)
banket, *mi-2* **1** hostina 연회, 향연, 축연 **2** silnice 길가, 노변; opevnění (참호 따위의 속에 있는) 사격용 발판
bankomat, *mi-2* 현금 자동 지급기 ◆ *vybrat si z bankomatu 500 Kč* 현금 자동 지급기에서 500 Kč를 인출하다
bankovka, *f* 은행권, 지폐; 어음, 증권
bankovní 은행(업)의
bankovnictví, *n* 은행업(무)
bankrot, *mi-2* 파산; (명성 등의) 실추; neúspěch 몰락, 붕괴
bankrotář, *ma* **-ka,** *f* 파산자
bankrotářský 파산한, 파산자의
báňov(it)ý 돔 모양을 한
báňský 채광의, 광산의
bar, *mi-2* **1** 나이트클럽 **2** fyz. jednotka 《物》 바((압력의 단위)) **3** (술집 따위의) 카운터
barabizna, *f* 헛간; 누추한 집, (초라한)오두막, 판잣집
baráček, *mi-2, 3* 작은집, 오두막
baráčník, *ma-2, 3* 시골집에 사는 사람, 가난한 농군
barák, *mi-2, 3* **1** (작고 초라한) 오두막 집 **2** činžák (도시 하층민의) 아파트, 공동 주택, 셋방 **3** (군의) 막사, 병영, 바라크
barbar, *ma* 야만인, 미개인
barbarskost, *f-1 = barbarství*
barbarský neřecký, neřímský (그리스인, 로마인이 아닌) 이방의, 이교도의; nevzdělaný, nevkusný, nevytříbený

미개한, 야만인 같은, 교양없는, 잔인한, 야만스런, 조잡한, 상스러운

barbarství, *n* nízký nekulturní projev 야만(성), 미개; surovost 잔인, 야비

bard, *ma(-2)* 옛 켈트족의 음영[방랑] 시인; (중세의) 음유시인

baret, *mi-2* 북, 드럼

baret, *mi(-2)* 베레모, (학생의) 제모

barevn|ý 1 zbarvený 착색한, 색칠한, 채색된, namáčením 염색한 **2** nebělošský 유색의, 색깔있는 **3** výrazně zbarvený, pestrý, živý 색채가 풍부한; ostře zbarvený 화려한 **4** (영화 등의) 컬러의 ◆ *-é kovy* 유색금속, 비철금속; *-é sklo* (착)색 유리; *-á televize* 컬러 TV; *-á tužka* 색연필, 크레용

barchet, *mi* 퍼스티언 천((중세의 복지로 능직 무명의 일종; 지금의 코르덴, 벨벳 종류))

bariéra, *f* 울타리, 방벽, 장벽, 장애(물)

barikáda, *f* 바리케이드, 장애물

barikádn|ík, *ma-3* **-ice,** *f* 바리케이드에서 싸우는 사람

barikádovat > za- 바리케이드를 쌓다[치다] ~ **se** 가두다, 에워싸다, 가로막다

bárka, *f* 보트, 작은 배; zábavní, zvl. na řece 유람선, 거룻배

bárkař, *ma* 보트 젓는 사람; 사공

Barma, *f* 버마((미얀마의 구칭))

barok, *mi-2* (**생격** *-a*) 바로크식; 바로크 작품

barokní 바로크식[풍]의; (문체가) 지나치게 수식적인; 기이한

baroko *n-2 = barok*

barokový *= barokní*

barometr, *mi-2* 기압계; 청우계

barometrický 기압(계)의, 기압상의

baron, *ma* **1** 남작 (최하위의 귀족) **2** obraz. 실력자; 거물, …왕 ◆ platit, žít jako ~ 왕후처럼 지불하다, 살다

baron|esa, -ka, *f* 남작부인, 여남작

baronství, *n* 남작 계급, 남작의 지위; panství 남작령(領)

bartolomějsk|ý 성 바르톨로메오의◆ *-á noc* 성 바르톨로메오 축일((8월 24일)); 대량학살

barv|a, *f* **1** 색, 색깔; zbarvení 색조 **2** v kartách (카드놀이) 짝패 한 벌 **3** krev zvěře (사냥감의) 피 **4** barvivo 염료, biol. 색소; natěračská 그림물감; 페인트; tisk. 잉크; šminka 화장품 **5** tváře (얼굴에서) 안색, 피부색, 혈색, ◆ *zdravá ~* 불그스름한 얼굴색; *-y prapor* 국기, 군기; *nauka o -ách* 색채론, 색채학; *hlavní, základní ~* 원색(原色); *smíšená ~* 중간색; *stálá, trvalá ~* 불변색, 오래가는 색; *pestrá, živá ~* 화려한 색, 밝은 색; *soulad barev* 색들의 조화; *hra barev* 무지개 빛깔, 유백광(乳白光); *malovat si co růžovými -ami* 무엇이든 낙관하다[낙관적으로 보다], *~ černými -ami* 비관하다[비관적으로 보다]; *nanášet -y* 허풍을 떨다, (특히) 지나칠 정도로 칭찬을 늘어 놓다; *hrát všemi -ami* 무지개 빛깔이다, (재기 따위가) 번뜩이다; *měnit -u* **1** blednout 색깔을 변화시키다 **2** rudnout (얼굴을) 붉히다, 빨개지다; *ctít, přiznat -u* 카드놀이에서 남이 내놓은 패와 같은 패를 내다, 남이 하는 대로 하다; *(vy) jít s -ou ven* …을 몽

땅 털어 놓(고 이야기 하)다; *držet/ pouštět -u* 색을 유지하다/ 색이 바래다

barvář, *ma* **1** = *barvíř*; výrobce barev 염료 제조업자 **2** pes 블러드하운터 ((후각이 예민한 영국산의 경찰견))
barvicí 염색의; 잉크의
barvič, *ma* = *barvíř*
barvička, *f* **1** (사람의 마음을 끄는) 색, 색깔 **2** tužka 크레용; líčidlo (루주, 연지, 분 따위) 화장품
barvínek, *mi-2, 3*《植》유럽 원산의 협죽도과(科) 식물; 등나무(류)
barvírna, *f* 염색집, 염색공장
barvíř, *ma* 염색하는 사람, 염색공
barvířský 염색의
barvířství, *n* 염색업
barvit[1] pouštět barvu 색깔이 바래다; dělat skvrny 얼룩이 지다, 더러워지다; o zvěři (짐승에게서) 피가 빠지다
barvit[2] **> na-** 페인트를 칠하다, 색칠하다, 도색하다; barvířsky 염색하다 ~ **> o-** napustit/poskvrnit 얼룩이지게 [더러워지게]하다 ~ **> z(a)- 1** 옮게 물들이다, 색을 바꾸다, silně (강하게) 채색하다; nevhodně 변색하다, 더러워지다 **2** poskvrnit (피로) 더러워지게 [얼룩지게]하다 ~ **se** 색이 변하다, 바래지다
barvitý 색채가 풍부한, 그림과 같은
barvitě 풍부한 색깔로, 색채가 풍부하게
barvitost, *f-1* 색깔의 풍부(함)
barvivo, *n-2* 염료, 물감; přírodní (자연적인) 색소
barvoslepost, *f-1* 색맹
barvoslepý 색맹의
barvotisk, *mi-2* 컬러인화; 원색판화, 착색 석판쇄
baryton, *mi-2*《音》바리톤((테너와 베이스의 중간음))
barytonista, *ma(-4)* [-nys-] 바리톤 가수
baryum, *n-2* [bá-]《化》바륨((금속 원소; 기호 Ba; 번호 56))
bas, *mi-2*《音》베이스 ◆ *první b.* 베이스 바리톤; *druhý* ~ 콘트라베이스
Bask, *ma* 바스크 사람((스페인 서부 피레네 산지에 삶))
baštit > z- (비속어**)** 게걸스럽게 먹다
baštýř, *ma* 물고기 주인, 양어장 주인
bát se (*bojím se* ···, *oni se bojí, neboj se!, bál se, bál se, bání*) **1** 무서워[두려워]하다, 겁내다 **2** do budoucna (장래를) 염려[우려]하다, 걱정하다 **3** mít hrůzu 공포심을 갖다, 마음을 조이다 ◆ *bojí se ho jako čerta* 그는 그 사람이 놀라서 까무러질 정도이다; *nemáš se čeho bát* 두려워할 아무것도 없다
bat' (비록) 그렇다(고) 하더라도
baterie, *f*《軍》**1** 포대, 포병 중대 **2**《電》전지((셀을 몇 개 연결한 방식의)) **3** (유리잔 등의) 세트
baterka, *f* 손전등, 회중전등
batist, *mi-2* [-tys-] 얇은 평직의 삼베 [무명 등]
batistový 얇은 평직의 삼베로 만든
batoh, *mi-2, 3* **(**구어체 *bat'och***)** (군인, 여행자의) 냅색, 배낭, přes rameno, voj. (어깨에 메는 군인용) 잡낭
batol|átko, *n-2, 3* **-e,** *n-1* 아장아장

걷는 유아, 어린애
batolit se 아장아장 걷다, jako kachna (오리처럼) 뒤뚱거리며 걷다
batolivý 아장아장 걷는
batůžkář, baťůžkář, *ma* **1** 작은 배낭을 메고 다니는 사람 **2** (구어체) turista 여행자, 배낭 여행자
bát'uška, *ma* (러시아어에서 친근한 명칭으로) 아버지 혹은 존경하는 사람, 황제, 목사
bavič, *m* **-ka** *f* **1** 사람을 즐겁게 할 줄 아는 사람 **2** (TV의 코미디 프로그램과 같은) 오락 프로그램에 출연하는 사람
bav|it > po- 1 svou zajímavostí 마음을 끌다, 흥미롭게 하다; zaměstnávat něčí mysl ve volné chvíli 재미나게 하다; pořádat pro něho za tím účelem něco 즐겁게 하다, 위로하다, 환대하다; rozptylovat ho 기분을 풀다, 기분을 전환시키다 **2** koho o čem (누구에게 무엇에 대해) 이야기하다 ~ **se > po- 1** 즐기다, 잘 놀다, 재미 있는 시간을 보내다; mezi sebou 번갈아 즐기다, 서로 즐기다; s kým (누구와) 재미있게 이야기하다 **2** o čem (무엇에 대해) 이야기하다 **3** s čím (무엇과 함께) 기분을 풀다, 즐기다 **4** zabývat se čím (무엇에) 열중하다 **5** být pobaven 재미있어 하다 ◆ *není mi do -ení* 나는 농담할 기분이 아니다; *jak se -íte?* 너는 얼마나 즐겁니? ; *dobře se -ili* 그들은 서로 좋은 시간을 가졌다
bavlna, *f* 면, 무명; 솜, 면화; chmýří 솜털 ◆ *střelná ~* 면(綿) 화약, 솜 화약
bavlnářský 목화 재배자의, 목화 재배의
bavlnářství, *n* 목화 산업; pěstování 목화 재배
bavlněn|ý 무명의 ◆ *-é zboží* 면제품
bavlník, *mi-2, 3* 목화 나무;
bavlníkový 목화의, 면화의
bavln|ka, *f* 무명실, 목면사 ◆ *jako z -ky* 산뜻하고 정연한; *jednat s kým, chovat* (n. *mít*) *koho jako v -ce* 누구의 응석을 받아주다
bavlnový 목화의, 무명의
bazální 기초의, 근본의
bazar, *mi-2* 바자; 시장, 저잣거리
báze, *f* 기초, 기본, 기저, 토대; nehmotná (비물질적인) 토대, 근거
bazén, *mi-2* nádrž 저수지, 급수소; koupaliště 수영장, 풀장
bázeň, *f* **1** 염려, 불안, s předtuchou (불길한) 예감, 육감 **2** uctivá 경외, 두려움 ◆ *z bázně před čím* 무엇을 두려워하여; *z bázně* 두려움 때문에; *mít ~ před čím* 무엇을 두려워하다; *kde není bázně, tam není kázně* 귀한 자식 매로 키워라
bazilika, *f* (옛 로마의) 바실리카((법정, 교회 따위로 사용된 장방형의 회당)); 바실리카 양식의 교회당
bazilišek, *ma-3* 바실리스크((전설상의 괴사(怪蛇); 한 번 노려보거나 입김을 쐬면 사람이 죽었다 함))
bazírovat na čem (무엇을) 믿다[확신하다], (무엇에) 의지하다; = *vyžadovat, požadovat*
bázlivost, *f-1* 겁, 소심, 수줍음
bázlivý 겁많은, 소심한, 마음이 약한, 무기력한
bažant, *ma* 꿩

bažantí 꿩의
bažantnice, *f* 꿩 사육장
baže (민간 통속어) 알겠어, 과연, 그렇군, 확실히
bažina, *f* 광야, 황야 = *bahnisko*
bažinatý 늪이 많은, 소택지의
bažinný 늪의, 습지의
bažit po čem (무엇을) 동경하다, usilovat 열망하다, 얻으려고 애쓰다; po zakázaném (금지된 것을) 몹시 탐내다
bdělost, *f-1* 조심, 경계, 신중함
bdělý 1 조심스러운, 방심하지 않는, 빈틈없는, 신중한, 경계하는 **2** bdící 깨어나 있는 ◆ *být* ~ (방심 않고) 경계하다
bdění, *n* 깨어 있음, 경야; (교회) 철야기도; *bdělost*
bdít (*bdět, oni bdí*) **1** (정신적으로) 눈뜨게하다; 깨닫게 하다; 깨어 있다, 눈을 뜨고 있다 **2** ostražitě (주의 깊게) 지켜보다, 경계하다, 조심하다 **3** nejít spát 자지않고 일어나 있다, 철야하다 **4** dávat pozor (방심 않고) 경계하다; nad čím (무엇을) 지키다, 망을 보다
bečet (*oni bečí*) **> za-** (양, 염소, 송아지가) 매애 울다; vulg. = *brečet*
bečka, *f* (포도주 등을 저장하는) 큰 나무통, (양조 용의) 큰 통
béčkař, *m* 바보, 멍청이, 열등생
béčko, *n-2, 3* **1** 《樂》 반음 내린음, 내림표 **2** (반, 그룹의) B반 **3** (스포츠의) 예비 선수 **4** (상품의) B급 **5** (구어체) 실수를 하는 사람, 서투른 직공, 솜씨가 나쁜 사람 ◆ *chtěla dokázat, že není žádné* ~ 그녀는 서투른 직공이 없다는 것을 증명하고 싶었다
bejvalka, *f* (속어) 전처, 전부인
běda, *f* **1** 비애, 슬픔, 괴로움 **2** (감탄사) citoslovce 아아 슬프도다! ◆ ~ *mi* 나는 슬프도다!, 이걸 어쩌나!, 저런!, 이런 변이라고야!; *až* ~ 말로 표현할 수 없이 지독하게
bedlivost, *f-1* 주의, 조심, 신중; 걱정
bedlivý 주의 깊은; 걱정스러운, 염려되는; dbalý 마음에 두는, 잊지 않는
bedna, *f* 상자, 박스, 궤
bednář, *ma* 통메장이, 통제조업자
bednářství, *n* 통메장이의 일, 통제조업
bednění, *n* 널판장대기, z prken 판자깔기; v dolech (광산에서) 가로장 지르기; ze všech stran 포장
bednička, *f* 작은 상자, 박스
bednit > za- 널을 대다[두르다], 판자로 깔다; srov. *bednění*
bědný 1 ubohý 불쌍한, 가련한, 비참한 **2** žalostný 슬퍼할, 가엾은
bědovat > za- nad (…에 대해서) 슬퍼하다; 애도하다 ◆ *nad ztraceným* 잃어버린 것에 대해서 슬퍼하다
bedra, *n-pl* (주격, 대격 *-a*) 허리, 요부; záda vůbec 어깨부분, 견부 ◆ *vzít co na svá* ~ 무엇을 떠맡다, 책임을 지다
Bedřich, *ma* 베드르지흐((남자이름))
bedýnka, *f* = *bednička*
běh, *mi-2, 3* **1** 달림, 뛰기, 뜀박질 **2** průběh apod. 진행, 경과, 과정 **3** závod v běhu 경주, 도보 경주,

překážkový 장애물(허들) 경주, na dlouhé tratě 장거리 경주, na krátké 단거리 경주 **4** sem tam (여기 저기) 달리기, 조깅 **5** oběh 순환, 유통 **6** v dopravě 여행, 여정 **7** života apod. 습관, 방식 **8** pololetí apod. 기간, 학기 **9** v hudbě 《樂》 빠른 연주 **10** noha (식용동물의) 다리, 발 ◆ *v -u čeho* 무엇의 경과중에

běhat (*běžet* 의 부정태, 반복상) **1**달리다, 뛰다, 조깅하다, 경주하다 **2** toulat se (이리저리) 뛰어다니다; 헤매다, 방랑하다 **3** za děvčaty (여자들의 꽁무니를) 쫓아다니다; z koho (누구에게) 성가시게 조르다 **4** (아기가) 걷다 ◆ *~ jako čamrda* 매우 빨리 달리다; *~ uličkou hanby* 태형((예전에, 두 줄로 늘어선 사람들 사이를 죄인에게 달려가게 하고 여럿이 양쪽에서 매질하는 형벌))을 당하다

běhavka, *f* (구어체) 설사(함)

během (+생격) **1** …하는 동안에, 사이에 **2** … 안에 ◆ ~ představení 공연 동안에; ~ měsice 한달 안에

běhna, *f* (경멸어) 매춘부, 음탕한 여자, 행실 나쁜 여자

běhoun[1], *ma* **1**주자, 통보자, 고지자, 전령 **2** kůň 경주말, 속보의 말

běhoun[2], *mi-2* 테이블 보; koberec 기다란 융단

běhutý poet. 달리는, 흐르는

bekot, *mi-2* **1** (염소, 송아지의) 울음소리 **2** (구어체) = *brek(ot)*

běl, *f-1* 백(白), 백색

bělásek, *ma-3* 배추 흰나비

bělat > z- 하얗게 되다 ~ **se > za-** 하얗게 보이다, 빛나다

bělav|ý 희끄무레한, 크림색의; bělající se 희게 되는, 희끔한 ◆ *-ě modrý* 희끄무레한 파란색

Bělehrad, *mi* 베오그라드((세르비아 수도))

bělet (*-lejí*) **> z-** = *bělat* ~ **se > za-** = *bělat se*

beletrie, *f* (집합적) 소설; 미(美) 문학, 순수문학

beletrista, *ma(-4)* 소설가, 순수 문학자

Belgie, *f* 벨기에

belhat (se) 절뚝거리다; 서투르다, 매끄럽지못하다, 고르지 않다

belhavý 절뚝거리는, 불구의, 절름발이의; 무능력한; 불완전한, 어설픈, 서투른, 아무것도 모르는; 시대에 뒤지는; (농담 등이) 재미없는

bělice, *f* 《魚》 송어의 일종; 은백색의 물고기((황어 따위))

bělidlo, *n* 표백하는 곳

bělit > z- 희게 만들다, 희게 하다; mandle, rostliny (아몬드, 약초를) 연화하다; chemicky 표백하다; *bílit*

bělmo, *n-2* (bělm) **1** 눈의 흰자위 **2** choroba 《醫》 백내장

běloba, *f* 흰 페인트, 흰 물감

bělohlavý 백발의, 흰머리의

bělohorský 빌라호라((프라하에 있는 지명 이름))의, 빌라호라 전투의

běloch, *ma-3* 백인 ◆ *běloši* 백인종

béloručka, *f/ma* 부드러운 손을 가진 사람; duševní pracovník 정신노동자; 샐러리맨, 봉급 생활자

běloskvoucí 눈부시게 흰 = *bělostný*

bělost, *f-1* 흰색, 흼

B

bělostný 눈부시게 흰, 희고 선명한, 맑은

běloška, *f* 백인 여자

běloučký 예쁘고 좋은 흰색의

bělouš, *ma* 백마(白馬)

bělovlasý 백발의, 흰머리의

bělovousý 흰(턱)수염이 난

Belzebub, *ma-2* 《聖》 마왕, 악마 ◆ *dívat se na koho jako ~* 누구를 노려보다; *vyhánět* (n. *vymítat*) *ďábla -em* 작은 난을 피하여 큰 난에 빠지다, 갈수록 태산이다

Benátky, *f-pl* 베니스((베네치아의 영어명; 이탈리아 동북부의 항구도시))

benefice, *f* 자선 공연[흥행, 경기대회]

benefiční představení 자선 공연의 ◆ *~ zápas/koncert/představení* 자선 경기/콘서트/공연

benevolence, *f* 호의, 친절, 자비심; shovívavost 관대

benevolentní 친절한, 자비심 많은; shovívavý 관대한

benevolentnost, *f-1* = *benevolence*

bengál, *mi-2* 소동, 싸움

Bengálsko, *n* 벵골 지방((북부 인도의 한 주, 현재 일부는 방글라데시에 속함))

bengle, *f* 팔찌; 발목 장식

benjamín, *ma* **-ek,** *ma-3* 최연소자, (특히)가장 나이 어린 가족, 막내아이

benzen, *mi-2* [-én] 《化》 벤젠((콜타르에서 채취한 용제(溶劑); 물감의 원료))

benzín, *mi-2* 가솔린, čisticí 《化》 벤진((석유에서 채취하는 무색의 액체))

benzínov|ý 가솔린의 (srov. *benzín*) ◆ *-á pumpa* 주유소

benzol, *mi-2* = *benzen*

benzový 안식향의

ber- v. *brát*

beran[1]**,** *ma* **1** 숫양; kastrovaný 불깐 숫양 **2** **(속어)** paličák 고집이 센 사람, 성질이 비뚤어진 사람

beran[2]**,** *mi-2* válečný 공성(攻城) 망치((성벽 파괴용의 옛 무기)); beranidlo 말뚝 박는 메, 말뚝 박는 드롭 해머

beránci, *mi-3-pl* 양털 같은 구름

beránč|í 어린양의 ◆ *má ~ povahu* 그는 양 같이 온순한 사람이다; *vlk v rouchu -ím* 《聖》 양의 가죽을 쓴 이리, 착한 사람의 가면을 쓴 악인((마태복음 7장 15절))

beránčina, *f* (새끼)양 가죽

beránek, *ma-3* 새끼양, 온순하고 참을성 있는 사람 ◆ *obětní ~* 《聖》 속죄의 염소((사람의 죄를 대신 지고 광야에 버려진 염소)), 남의 죄를 대신 지는 사람; *tichý jako ~* 양처럼 순한; *je učiněný ~* 그는 갓난아기처럼 순진하다, 그는 성자다

beraní 양의, 숫양의

beranice, *f* 양가죽 모자, 모피 모자

beranidlo, *n* 말뚝 박는 메, 말뚝 박는 드롭 해머; na piloty 말뚝 박는 기계

beranit > za- 공성(攻城) 망치로 공격하다, 부딪치게 하다

bérce, *n* 정강이; 정강이 뼈

berl|a, *f* (카톨릭의) 목장, 주교장; chromého 목다리, 협장(脇杖) ◆ *o -*

ách (= *-ích*) 목발을 짚고

Bermudy, *f-pl* 버뮤다제도

bernardýn, *ma* 성(聖) 베르나르 수사(修士)

Bern, *m* 베른((스위스의 수도))

berně, *f* = *daň*

berní 세금의, 세제의, 과세의 ◆ ~ *úřad* 세무서, 세관; ~ *šroub* 세금의 부담; ~ *systém* 과세제도, 세제

bernictví, *n* 과세, 징세

bern|ý 통용하고 있는, 현행의 ◆ ~ *peníz,* *-á mince* 양화(良貨); *brát, přijímat co za -ou minci* 무엇을 선의로 받아들이다

berunka, *f* lid. brouček 무당벌레, = *beruška*

beruška, *f* **1** = *berunka* **2** světluška 《蟲》 개똥벌레 **3** o ženě 귀여운 여자

běs[1]**,** *ma(-2)* 악마, 귀신

běs[2]**,** *mi-2* běsnění 분노, 격노

beseda, *f* **1** (우호적인) 환담, 세상 이야기 **2** (환담을 위한) 모임, 회중; společnost (사교상의) 모임, 회

besedník, *ma-3* **1** 지지자, 후원자; 방문자 **2** 환담[모임] 참가자

besedovat > po- (우호적인) 환담을 나누다

besídka, *f* **1** = *beseda* **1** zahradní (정원의) 정자; přístřešek 포치, 현관, 입구 **3** oddíl v časopise (잡지의) 칼럼, 난, 특별 기고란

běsnit 몹시 분노하다, 노호하다

běsnění, *n* 분노, 격노, 노호

běsný 악마의, 악마와 같은

bestiální [-ty-] 짐승의, 짐승과 같은; ohavný 잔인한

bestiálnost, *f-1* 수성; 짐승 같은 행위

bestie, *f* [-ty-] 짐승, 금수

beta, *f* **1** 그리스어 알파벳의 둘째 글자((**B, ß**)) **2** 제2위(의 것) **3** 《天》 베타성 **4** 《化》 베타 ((화합물 치환기(置換基)의 하나))

Betlém, *mi* (생격 *-a*) **1** 베들레헴((팔레스타인의 옛 도시; 그리스도의 탄생지)) **2** *b.* 예수 강탄(의 그림); 크리스마스; 성모마리아 탄생축일((9월 8일)); 세례자 요한 탄생 축일((6월 24일))

betlémský 베들레헴의; skromný 수수한, 간소한

beton, *mi-2* 콘크리트 ◆ *na* ~ 확실히; *je to na* ~ 이것은 확실하다[의심의 여지가 없다]; *armovaný* (*železo*) ~ 철근 콘크리트

betonář, *ma* **-ka,** *f* 콘크리트 혼합하는 사람, 콘크리트 작업부

betonářský 콘크리트 혼합(의)

betonářství, *n* 콘크리트 혼합

betonka, *f* 콘크리트 도로

betonovat > vy- 콘크리트를 바르다, 응고시키다

betonový 콘크리트(제)의

bez[1] (+생격) **1** …없이, …이 없는, …없이는 **2** *nemaje* …이 결여된, …을 갖지 않고 ◆ *bez dechu* 숨이차서, 헐떡이며; *bez ducha* 생명이 없는, 활기가 없는; *bez důvodu* 아무런 이유없이; *bez hlesu* 이의없이; *bez hnutí* 움직이지 않고; *bez konce* 끝없이, 무한히; *bez ladu a skladu* 엉망진창으로; *bez meškání* 신속히, 순조로이; *bez milosti* 무자비하게; *bez míry* 측정할 수 없이,

B

광대하게; *bez obalu* 솔직히, 숨김없이; *bez ohledu na* …에 대해 개의[개념]치 않고, …에 관계없이; *bez okolků* = *bez meškání; bez počtu* 셀수없이; *bez pohnutí* 확고하게; *bez pomoci* 도움없이; *bez prodlení* 지체없이; *bez překážky* 방해없이; *bez přestání* 끊임없이, 부단히; *bez příčiny* = *bez důvodu; bez přípravy* 즉석에서; *bez rozdílu* 차별없이; *bez ohledu; bez rozvahy* 분별없이; *být bez sebe* (노여움에) 이성을 잃다, (화가 나서) 어쩔줄 모르다; *beze slova* 말 한마디 없이; *beze smyslů* 의미없이; *beze sporu* 의심없이, 명백하게; *bez starosti* 근심없이; *bez ustání* = *bez přestání; bez váhání* = *bez meškání; bez vědomí* = *bez sebe*

bez², *mi-2* **1** černý 양딱총나무 **2** modrý, vlašský 라일락, 자정향

bez³, (부사) (구어체) 나체로, 드러내놓고 ◆ *koupání* ~ 나체 수영, 벌거벗고 헤엄치기; *nahoře* ~ (수영복이) 흉부를 드러낸

bezatomov|ý 비핵의 ◆ *-é pásmo* 비핵(무장) 지대

bezbarvý 퇴색한, 흐릿한, 무색의

bezbolestný 아프지 않은, 무통의

bezbožný projevující odpor k náboženství 무종교의, 반종교의 = *bohaprázdný, bohapustý*

bezbranný 무방비의

bezcelný 면세의, 무관세의

bezcenný 쓸모없는, 가치없는

bezcitný 감정이 없는, 생명이 없는, 무감동의; krutý 잔인한; vůči (…에 대하여) 무감각한

bezčas(ov)ý 시간에 영향을 받지 않는, 무(無) 시간의

bezděčně = *bezděky,* 모르는 사이에; 본의 아니게

bezděčn|ý 무심결의, 무의식적인

bezdětný 아이가 없는; bez dědice 상속인이 없는

bezdomovec, *ma* **1** 노숙자, 집없는 사람 **2** 유민, 망명자, 피난자 **3** 문외한 ◆ *~ přespával na nádraží* 노숙자는 역에서 밤을 보냈다

bezdrátový 무선의, 선이 없는

bezduchý **1** 생명없는, 죽은 **2** nevtipný 멍청한, 정신이 나간; 분별없는, 독창성없는 **3** 재미없는, 지루한 **4** zbavený všeho 공허한, 텅 빈

bezdůvodný 근거없는, 이유[원인]없는

beze = *bez¹*

bezectný 불명예스러운, 수치스러운

bezedný 밑바닥없는; hluboký 심연의, 나락의; nenasytný 만족을 모르는, 탐욕스러운

bezejmenný 이름없는, 익명의

bezelstný 꾸밈없는, 악의없는, 솔직한

bezesný 잠 못 자는, 잠들 수 없는 ◆ *~ spánek* 꿈이 없는 잠

bezesporu = *nesporně*

bezešvý 솔기[이음매] 없는

bezhlavost, *f-1* 미련함, 어리석음

bezhlavý **1** 머리가 없는 **2** nepromyšlený 생각이 없는, 머리가 둔한 ◆ *~ úprk, útěk* 곤두박이 도주, 앞뒤를 가리지 않는 도주[탈출]

bezhlučný **1** 소리없는, 고요한; chráněný proti zvuku 방음의 **2** neokázalý 주제넘지 않은

bezhvězdný 별(빛)이 없는

bezcharakterní nečestný 줏대가 없는, 결단력 없는

bezcharakternost, *f-1* 성격의 약함, 기골(氣骨)의 부족

bezideový 주의(主義)가 없는, 원칙이 없는

bezinka, *f* 양닥총나무의 열매

bezkonkurenční o ceně (가격이) 최저의, 맨 밑바닥의, 맞겨룰 수 없는; (질이) 탁월한, 경쟁의 상대가 없는

bezkouřov|ý 무연의, 연기없는 ◆ *-á oblast* 무연지역

bezkrevný 핏기없는, 생기없는, 창백한

bezmála 거의; jen tak tak 가까스로

bezmasý 살이 없는, 살이 빠진; strava, stravování (식사가) 고기 없는

bezmezný 무한한, 끝없는

bezmocný 무력한, 연약한

bezmotorov|ý 모터 없는, 엔진 없는 ◆ *-é letadlo* 《空》 글라이더; *-é létání* 활공, 글라이더 경기

bezmračný 구름 없는, 청명한

bezmyšlenkovitý 생각없는, 무의식적인

beznadějn|ý 자포자기의, 필사적인; bez vyhlídek 희망없는; ◆ *v -ém stavu* 희망이 없는[절망적인] 상태에서

beznehodovost, *f-1* 사고 부재, 무사고

beznehodový 사고 부재의, 무사고의

bezoblačný 구름 없는, 맑게 갠, 쾌청한

bezoblačno 맑은 하늘, 쾌청

bezobratlý 등 뼈[척추]가 없는

bezobsažný 빈, 공허한, 비어 있는

bezodkladný 긴급한, 절박한, 재촉하는

bezodkladně 지체없이, 급히, 즉각

bezohlednost, *f-1* **1** 무정함, 잔인성 **2** nevychovanost 버릇없음, 무례함

bezohledný **1** 무정한, 무자비한 **2** opak k ohleduplný 분별이 없는, 경솔한; nevychovaný 버릇없는, 무례한

bezolovnatý, 무연의, (가솔린에) 납이 첨가되지 않은 ◆ *~ benzín* 무연 가솔린

bezový **1** 양딱총나무의 **2** šeříkový 라일락의, 자정향의

bezpartijní [-ty-] 무당파의, 무소속의, 비정치적인

bezpáteřný 척추가 없는; 줏대가 없는

bezpečí, *n* místo (장소) 안전한 곳, 안전지대; = *bezpečnost* ◆ *být v ~* 안전지대에 있다; *mít co v ~* 무엇을 안전한 곳에 간수[유지]하다

bezpečit se na (…에) 의지하다, = *spoléhat se*

bezpečnost, *f-1* **1** 안전, 무사, 무난; pocit bezpečí 안심감, 안심 **2** (*tajná*) 비밀경찰 **3** (구어체) 경찰 ◆ *Rada -i* (유엔) 안전 보장 이사회

bezpečnostní 안전의, 보안의 ◆ *~ úředník* 안전 담당 공무원[사무원]; *~ pás* 안전벨트

bezpečn|ý **1** neohrožený, mimo nebezpečí 안전한, 위험(성)이 없는 **2** neohrožený konkurencí 확고한, 흔들리지 않는 **3** nevzbuzující obavy z nebezpečí, z možnosti ztráty apod. 안전을 보장하는; spolehlivý 안심할 수 있는; jdoucí najisto 틀림없는, 확실한; bez starostí **4** bez obav 걱정없는, 확신하는 **5** nesporný 논쟁의 여지가 없는, 명백한; s jistou nadějí, vyhlídkou 확신하고 있는, 자신이 있는 **6** neklamný 신뢰할 수 있는, 믿을 수 있는 ◆ ~ *průvod* (특히 전시의) 안전 통행권[증]; *vědět co -ě* 무엇을 확실히 알다

bezplánovitý 무계획한, 계획적이 아닌, 목표[목적] 없는; nahodilý 우연의, 예기치 않은, 뜻밖의

bezplatný 무료[무상]의, 공짜의; práce, místo 무보수의, 무급의

bezpočtukrát(e) 몇 번이고, 여러 번

bezpodmínečný 조건없는, 무조건의, 무제한의

bezpodstatný 1 실체가 없는, 비물질적인, 허물만의 **2** bezvýznamný 중요하지않은, 무시해도 좋은 **3** neopodstatněný 근거[기초, 토대]가 없는, 사실 무근의

bezpohlavní 성별이 없는, 무성(無性)의, 무성생식의, 중성의

bezpochyby 의심할 바없이, 확실[명백]히, 아마, 십중 팔구

bezpracný 노력하지 않고 얻은, 저절로 굴러 들어온((수입 따위))

bezprašný 먼지가 없는

bezpráví, *n* **1** 나쁜 짓을 함, 비행, 해, 해악, 부정, 불법, 죄악 **2** 법이 없음, 무법의 상태, 무정부, 무정부 상태 ◆ *činit, působit komu, páchat/dopustit se na kom* ~ 누구에게 해를 끼치다, 누구를 해치다

bezprávně 권위[권한]없이, = *bez oprávnění* ◆ *přisvojit si co* ~ 무엇을 불법적으로 빼앗다; ~ *kam vstoupit* 어디로 불법적으로 침입해 들어가다

bezprávn|ý 권리[권위, 허가]가 없는; vůbec bez práv 전혀 권리가 없는, 아무런 권리도 가지지 않은; protiprávní 불법의, 위법의, 비합법적인, 법에 어긋나는

bezproblémový 문제없는, 풀어야 할 문제가 전혀 없는

bezprostřední 1 즉각의, 당장의, 즉시의 **2** nezprostředkovaný 직접의, 똑바른, 직행의 **3** právě nastávající 촉박한, 박두한, 곧 닥쳐올 것 같은

bezprůkazný 입증하지 않는, 아무런 증명도 못하는

bezpředmětný = *bezdůvodný*

bezpříkladný 전례가 없는, 견줄 나위 없는, 비할 바 없는

bezpřízvučný 강세[악센트]가 없는, 강조하지 않는

bezradný 어떻게도 할 수 없는, 도움이 없는; 당황한, 좌절된, 당혹한, 어찌할 바를 모르는 ◆ *být* ~ 난처해하다, 어찌할 바를 몰라하다, 진퇴양난에 빠져있다

bezradostný 우울한, 쓸쓸한, 재미없는

bezstarostný 근심[걱정]이 없는, 태평한, nedbale bezstarostný, bezohledný 개의치 않는, 염두에 두지 않는, 마음편한, 낙천적인 ◆ *být* ~ 서두르지 않다, 태평하게[여유있게] 마음먹다

beztak 아무리 해도, 여하튼, 어쨌든, 어떠한 경우에도

beztíže, *f* stav 무중력의 상태, (거의) 중량이 없는 상태

beztížný 무중력 상태의

beztoho = *beztak*

beztrestně 벌을[해를]받지 않고, 무사히 ◆ *vyváznout ~* 벌을 면하다, 벌 받지 않다

beztrestný 벌받지 않은, 형벌을 면한; nezasluhující trest 벌 줄 수 없는, 벌 줄만하지 않은, 처벌 못할

beztřídní 계급[차별]이 없는

beztvárný 형태가[모양이]없는, 무정형(無定形)의

bezúčelný 쓸모[소용]없는, 무익한

bezúčinný 효과없는, 헛된; právě nepůsobící 무효의, 무력한, 무능한

bezúhonnost, *f-1* 성실, 정직; 결함[흠, 나무랄 데]가 없음

bezúhonný 결점이 없는, 비난할 수 없는, pověst 평판이 좋은, 나무랄 데 없는, 결백한

bezúročný 이자 없는, 무이자의

bezúspěšný 성공하지 못한, 쓸 데 없는, 무익한

bezútěšný 쓸쓸한, 우울한, 슬픈, 재미없는; místo (장소가) 황폐한, 황량한

bezuzdný 구속이 없는, 억제할 수 없는, 방종[방자]한, 고삐를 매지 않은, 재갈을 물리지 않은

bezvadný 결점[과실]없는, 나무랄 데 없는, 흠 잡을데 없는, 반대할 수 없는, 완전한; správný 옳은, 정확한; v jádře 확고한

bezvědomí, *n* 무의식의 상태, 무의식, 의식 불명, 인사 불성 ◆ *být v ~* 의식이 없다, 깨닫지 못하다; *upadnout do ~* (모르는 사이에) 무의식에 빠지다; *probrat se z ~* 제 정신이 들다, 의식을 회복하다

bezvědomý 무의식의, 의식을 잃은, 무감각의

bezvěrec, *ma* 무종교[반종교]주의자, 불가지론자

bezvěrecký 불가지론(자)의

bezvěrectví, *n* 불가지론

bezvětří, *n* 고요함, 평온; úplné ~ (죽은 듯한) 고요; v bouři (폭풍의)진정, 잠잠함, 뜸함

bezvládí, *n* 무정부, 무정부 상태, (사회적, 정치적인) 무질서 상태

bezvládnost, *f-1* 무정부 상태, 마비, 활동 불능(의 상태)

bezvládný 마비된, 움직이지 못하는

bezvlasý (머리가) 벗겨진, 대머리의 털이 없는

bezvodý 물이 없는, chem. 무수(無水)의

bezvousý (턱)수염이 없는, 수염을 깎은, oholený 수염을 깨끗이 민

bezvýhlednost, *f-1* 희망없는 상태, 어찌할 도리가 없는 형세

bezvýhledný 아무런 가망이 없는, 절망적인

bezvýhradný 무제한의, 무조건의, 절대적인

bezvýchodn|ý 불확실한, 믿을 수 없는, 불안정한 ◆ *-á situace* 막다름, 막다른 골목, 난국, 곤경

bezvýrazný 무표정한, 표정이 없는 ◆ *~pohled* 멍한 눈

bezvýznamný 중요하지 않은, 하찮은, 무의미한; nezávažný 부적절한,

B

무관계한; malicherný 시시한, 사소한, 대단치 않은; nepatrný 전혀 대수롭지 않은, 적은, 무시해도 좋은

B

bezzásadový 주의(主義)가 없는, 절조가 없는; 정직하지 않은 부도덕한

bezzemek, *ma-3* 토지가 없는[땅을 소유하지 않은] 사람

bezzubý 이가 없는, 치아가 없는

bezživotí, *n* 죽음 ◆ *hrát, snažit se, stát, usilovat o čí -tí* 누구의 생명을 노리다, 누구에게 대해 살의를 품다

běžec[1], *ma* **1** 달리는 사람, 조깅하는 사람, (단거리) 육상선수 **2** pták, kůň 제비물떼새류(類)의 발이 빠른 새; 준마(駿馬)

běžec[2], *mi* (스케이트, 썰매 따위의) 활주부(滑走部); (기계의) 롤러, 동활차

běžecký 달리는, 경주(용)의; (기계 부분이) 가동(可動)의

běženec, *ma* 피난자, 망명자, 도피자

běžet (*oni běží, poběžím*) 달리다, 뛰다; rychle 서두르다, 서둘러 가다, 휙 달리다; cupitavě 종종걸음으로[허둥지둥] 달리다; před nebezpečím (위험 앞에서) 허둥지둥 도망가다; do útočiště (피난처로) 재빨리 달리다[달려 들어가다], 도망치다; jako střela (총알처럼) 내닫다, 뛰다, 달아나다, 도망하다, 돌진하다; klouzavě 미끄러지다; hladce 휙 달리다, 휙 날다; o překot 돌진하다, 달려들다; pelášit 전속력으로 달리다, bujně 질주하다, 쾌주하다, 무턱대고 달리다; klikatě 지그재그로 나아가다; cvalem (말을 타고) 전속력으로 달리다; klusem 빨리 걷다, 총총걸음치다 **2** téci 흐르다, 흘러가다 **3** stroj (기계가) 돌아가다, 가동하다, 작동하다 **4** určitou rychlostí (일정한 속도로) 나아가다, 이동하다 **5** obíhat 돌다, 회전하다, 순환하다 **6** čas, lhůta (시간, 기간이) 흐르다, (때가) 지나다, (만기가) 지나다 **7** postupovat vpřed (앞으로) 나아가다, (사건 따위가) 진행되다, svým tempem (스스로의 여정에 따라), 경과되다 **8** dít se 일어나다, 생기다 **9** být promítán 투영되다, 보여지다 **10** táhnout se až kam (어디까지) 이르다[미치다]; 확장되다, 확대되다; rozkládat se 뻗다, 펴지다, (특정한 방향으로) 향하다, 방향을 잡다 **11** svažovat se 기울다, 경사지다 ◆ *běžel, co mu nohy stačily/jako by mu hlava hořela* 그는 전속력으로 달렸다; ~ *naprázdno* 헛돌다; ~ *svou cestou* 자기 길을 가다, (*normálním tempem*) 정상적인 과정을 가다; ~ *horempádem* (*o překot*) 당황하여 어찔 줄 모르고 달리다, 허둥 지둥 뛰다; *běžel mi mráz po zádech* 나는 추위가 등골을 오싹하게 했다; ~ *o závod* 경주하다; ~ *za kým* 누구를 뒤쫓다, 누구를 쫓아다니다; ~ *komu na pomoc* 누구를 원조하러 급히[달려]가다; *oč běží?* 어찌된 일인가? 무엇이 문제인가? 질문의 요지가 뭔가?; *běží jen o to* 단지 그것이 요점[문제]이다; *o to neběží* 그것은 (질문이나 논쟁의) 요지가 아니다; *nechat co* ~ 무엇을 그대로 두다; *nechat to* ~ 그것을 상관하지 않고 두다, 간섭하지 않다, 그대로 두다, 방치하다; *běžící pás* 콘베이어 벨트, 일관 작업(의 열(列))

běžky, *f-pl* lyže 크로스컨트리(경주)용 스키

běžn|ý 1 obvyklý, obyčejný 보통의, 통상의, 일상의; 습관적인, 판에 박힌; 공통의, 평범한 **2** známý 친한, 친밀한, 잘 알고 있는; obecně uznávaný 일반에게 인정[인식]된 **3** plynulý, plynný 유창한, 거침없는 **4** současný 지금의, 현행의, 통용하고 있는 ◆ *-á cena* 시장 가격, 시가; *-é číslo* 연속[일련]번호; *-é(denní) práce* 판에 박힌 일, 일상의 과정[일]; *-ý účet* 당좌 예금, 당좌 계정, (국제 수지에서) 경상수지 계정; *-é zprávy* 시사적인 보도, 시사 뉴스; *-ý měsíc* 이 달, 금월; *-ý rok* 금년, 올해

béžový 베이지 색의

bianco [bjanko] (수표 따위를) 백지식으로, 공백인 재로

bible, *f* 성서, 성경

biblický 성경의, 성경에서 인용한, 성경에 관한

bibliofil, *ma-2* 책을[독서를] 좋아하는 사람, 애서가, 서적 수집가

bibliograf, *ma-2* 서적 해제자, 서지학자

bibliografický 서지, 도서 목록의

bibliografie, *f* 서지학, 서적 해제, 저서 목록, 참고서[문헌] 목록

bicí 치는, 두드리는 ◆ *~ nástroje* 타악기

bicykl, *mi-2* 자전거

bič, *mi* 채찍, k mrskání (zvl. obraz.) 매 ◆ *práskat -em* 채찍을 휘두르다; *odříkávat, umět, jako když -em mrská* 술술 이야기하다, 유창하게 말하다, 그것에 정통해 있다, 그 일에 환하다; *pleteš na sebe ~* 너는 사서[자청해서] 고생을 한다

bičík, *mi-2, 3* jezdecký 말채찍

bičiště, *n* 채찍의 손잡이, 자루

bičovat > z- 채찍질하다, 때리다, 매질하다

bíd|a, *f* **1** chudoba (strádání) 가난, 빈곤; nedostatek 결핍, 부족; nutnost odpírat si 곤궁, 궁핍; **2** tíseň 심통(心痛), 비탄, 고민, 고난; nesnáze 궁상, 곤란; přechodná 압박, 고통; velké 급박, 절박 **3** bědnost 가엾은[불쌍한, 비참한] 상태; 가엾음, 불쌍함, 비참함 **4** těžce doléhající 불행, 육체적[정신적] 고통 ◆ *lidé žijící v -ě* 도움을 필요로 하는 사람들, 빈곤한 사람들; *je to ~ s tebou, mám já to -u s tebou* 당신과 있는 것은 힘든 일이다, 당신은 나를 곤란하게 한다; *třít nouzi s -ou* 그날 벌어 그날 살다, 간신히 지내다; *~ plodí zločin* 가난의 범죄의 온상이다

bídácký 1 ničemný 비열한, 야비한, 천한; ohavný 흉악한, 아주 지독한, 지긋지긋한 **2** opovrženíhodný 멸시[경멸]할 만한, 혐오 할 만한, 수치스러운 **3** ubohý 불쌍한, 비참한, 가련한 ◆ *~ kousek* 비열한 속임수, 부정한 책략

bídáctví, *n* 비열함, 천함 (srov. *bídácký*); = *bídácký kousek*

bídák, *ma-3* **1** 악인, 악한, 무뢰한, 불한당 **2** ubožák 가엾은[비참한] 사람

bidlo, *n* **1** 막대기, 장대, 기둥, 지주 **2** o osobě 키다리

bídník, *ma-3* = *bídák*

B

B

bídný 1 불쌍한, 비참한, 가난한, 궁핍한 **2** nešťastný 영락한, 버려진, 버림받은; politováníhodný 가련한, 비루한; obecně litovaný 가엾은, 처량한, 애처로운 **3** opovrženíhodný 천시할 만한, 경멸할 만한, 야비한, 비열한, až hnusný 상스러운, 천한 **4** ubohoučký, pošetile malicherný 하찮은, 지질한, 무가치한, hanebný, hnusně malicherný 초라한, hanebně nepatrný 보잘 것 없는, bezcenný 쓸모없는, bezvýznamný 무시해도 좋은 **5** neupravený 추레한, 꾀죄죄한

bídně 1 v bídě 부족하게, 곤궁하게 **2** s nesnázemi 간신히, 겨우 **3** cítit se, vypadat 가난하게, 불충분하게 ◆ ~ *skončit* 초라하게 끝나다

bidýlko, *n-2, 3* **1** (닭의) 횃대, hřad (새가 앉는) 나무, 홰 **2** k věšení (걸기 위한) 장대, (가늘고 긴) 막대 **3** galerie 발코니 좌석

biftek, *mi-2, 3* 두껍게 저민 쇠고깃점, 비프스테이크

bigamie, *f* 중혼(죄), 이중 결혼

bigotní 완미(頑迷)한, 편협한, 고집불통의

bigotnost, *f-1* 완미한 신앙, 편협

bikiny, *f-pl* 투피스의 여자 수영복, 비키니

bilance, *f* 평균, 균형, 균형을 잡는 것

bilancovat 결산하다, 균형을 잡다

bilanční 균형의, 대차 대조의

bílek, *mi-2* **1** (달걀의) 흰자위; 내유, 내배유 **2** lepidlo apod. 흰자위 같은 점액; (흰 자위로 만든) 질 그릇의 겉칠약

biletář, *ma* **-ka,** *f* 시중드는 사람, 안내원

bilion, *mi-2* 10억

bílit (*bíli!, bil!*) > **o-** 희게 하다 = **na-** 흰색으로 칠하다; ~ **it** > **vy- 1** sluncem/chem. 표백하다; vápnem 흰 도료[석회]를 칠하다; odstraněním povrchu/barviva 바래다 **2** fam., zabavit v tisku 검은 잉크로 지우다, 말살하다, 검열하여 삭제하다 **3** (비속어) rabovat 약탈하다

bíl|ý (비교급 *bělejší*) **1** 흰, 백색의 **2** čistý 깨끗한; nový 새로운, 신선한 **3** nevinný 순수한; jasný 분명한, 명백한 ◆ *-é ráno,* ~ *den* 백주(白晝), 대낮; *je to nabíledni* 그것은 대낮같이 분명하다, 극히 명료하다; *černé na -lém* 흑백((사진, 영화, TV의)); *-á vrána* 희한한[드문] 인물[물건], 진품; *-á pleť* ((집합적)) 여성; ~ *týden* 재고 정리[세일], 주간; *Bílá sobota* 성토요일((부활절 전주의 토요일)); *-á tvář* běloch 백인; *-á káva* 밀크 커피; ~ *chléb* 흰 빵((정백분으로 만든)); *-á magie* 무해한 마술((악마의 힘을 빌리지 않은)); *-á polévka* 걸쭉한 수프; *-é víno* 백포도주; ~ *jako křída/ lilie/ mléko/ (padlý) sníh* 백묵/백합/우유/백설처럼 흰

bim bam (종소리 따위의) 땡댕, 쨍그렁, 땡그렁

bio 자연 재료[원료] 이용과 관련된, 천연 산물을 선호하는 ◆ ~ *produkt* 바이오 제품

biograf[1]**,** *mi-2* kino 영화, 영화관

biograf[2]**,** *ma-2* životopisec 전기(傳記) 작가

biografický 전기의, 전기적인

B

biol|og, *ma-2, 3* **-ožka,** *f* 생물학자
biologický 생물학(상)의
biologie, *f* 생물학, 생태학
bireta, *f* 모관(毛冠)((카톨릭 성직자의 사각모)), (양태 없는) 작은 모자의 일종
biřic, *ma* 치안관, 순경; soudní 집달리, (법정의) 정리(廷吏); bezohledný vykonavatel rozkazu (명령을 충실히 수행하는) 부하, 수하, 앞잡이
biřmovat >< (敎會) …에게 견진 성사를 베풀다, …에게 안수(按手)를 행하다
biřmování, *n* 견진(성사), 안수례(按手禮)
biskup[1], *ma(-2)* (카톨릭의) 주교; (신교의) 감독; (그리스 정교의) 주교
biskup[2], *mi-2* u drůbeže 요리한 오리[거위]의 엉덩이
biskupský 주교[감독] (제도)의
biskupství, *n* 주교[감독]의 직[관구]; biskupské sídlo 주교[감독]의 공관, 관저
bít *(bi-)* > **1** o jednotlivém úderu/úderech 때리다, 치다, 두드리다 do, na, oč, v co, po čem (…를); koho (누구에게) 일격을 가하다; tupým předmětem (무딘[둔한] 물건으로) 타격을 가하다; 주먹으로 때리다, 배트로 강타하다; kopytem (발굽으로) 밟다, 짓밟다, = kopnout; kniž. s důrazem na živelnou / ničivost 쳐부수다; o soustavném tlučení 세게 때리다[치다], **2** na co (무엇을) 겨냥하다 **3** koho do čeho, přes co (누구의 무엇을) 치다, 때리다 ~ > **z-** koho; **na-** komu (ranami, které prší) **1** (누구를) (연달아 주먹 따위로) 치다 [때리다]; šlehat, sekat (곡식을) 도리깨질하다, 타작[탈곡]하다; důkladně (방망이 따위로) 치다, 때리다; dlaní, plácat (손바닥이나 주먹으로) 치다, (얼굴 따위를) 찰싹 때리다; dlouho a důkladně 세게 차다, 때리다; zasáhnout koho kam (누구의 어디를) 치다, 부딪다; *a v. pře-, při-, roz-, za-bít* **2** někam mířit na, k (…에) (총, 타격을) 겨냥하다 **3** kriticky tepat 비난[공격]을 가하다[퍼 붓다], 탄핵하다, 매도하다 ◆ *srdce bije* 심장이 뛰다; *zvon bije* 종이 울리다; *~ na jakou strunu* 어떠한 키를[건(腱)을] 치다[두드리다]; *~ na poplach* 경적[경종, 비상벨]을 울리다; *vědět, kolik bije/uhodilo* 무슨 일이 일어났는지 알다, 어떻게 된건지 알다; *~ do očí* (눈에) 띄다, (주의를) 끌다; *hrom bije* 천둥이 친다, *zasahuje* 번개가 친다; *být bit jako žito* 호되게 두들겨 맞다; *~ křídly* 날개를 퍼덕[퍼드덕] 거리다; ~ **se** 싸우다, 다투다, 전투하다 za (…를 위해, s kým …와[과]); za nějaký cíl (어떤 목적을 위해) 노력[분투]하다, 애쓰다 za (…를 위해); 얻으려고 애쓰다, 고투하다 za (…를 위해); s kým (…와) v souboji 결투하다
bitevní 전투의, 전쟁의, 싸움의
bití, *n* trest apod. 때리기, 매질, 후려갈기기; *jinak,* v. *bít*
bitka, *f* (작은) 싸움, 승강이; 충돌, 논쟁
bitva, *f* 전투, 싸움, 전쟁
bizardní 기괴한, 기묘한, 이상한, 야릇한, 색다른
bizon, *ma* 아메리카 들소, zubr 유럽

들소

bižuterie, *f* **1** 인조[모조] 보석, 인조[모조] 장신구 **2** 인조 장신구[액세서리] 가게

blábolení, *n* 떠듬거리기, 지껄이기, 재잘거림, 수다, 헛소리

blábolit > za- (어린이처럼) 떠듬거리며 말하다, jako blázen, v horečce/opilosti (미친사람이나 유령처럼, 열병이나 만취상태에서) 알아들을 수 없는 말을 지껄이다, 헛소리하다; chvástavě 재잘재잘 지껄이다, 수다떨다

blaf, *mi-2* **-y,** *pl* (공문서 따위의) 딱딱한 표현[말투]

blafat 딱딱한 말투로 말하다

blaho, *n-2* **1** blaženost 행복, 행운, vznosněji 더 없는 행복; vrcholné 지복(至福) **2** pocit blaženství 축복[은총] 받음, vrcholně uspokojující 천국의 기쁨, 희열 **3** zdar 번영, 번창, 융성, 성공; 복지, 안녕, 복리

blahobyt, *mi-2* 부유, 유복, 번영; dostatek 풍부함, 풍요, 풍족

blahobytně 풍부하게, 풍족하게 ◆ *žít* (*si*) ~ 풍족하게 살다

blahobyt|ný 부유한, 풍부한, 풍족한, 유복한, 넉넉한

blahodárn|ý 유익한, 이익을 가져오는, 유리한; zdravý 건강한; přímo určený k tomu, aby prospíval 건전한, 유익한, 건강에 유익한, o podnebí určitého místa (특정 지역의 기후가) 건강에 좋은, 상쾌한; nápravný 치료하는, 교정하는 ◆ *působit -ě na co* 무엇에 대해 유리한 결과를 가져오다, 무엇에 유익하다

blahopřání, *n* 행복을 비는 마음, 호의, pronesené 축하, 경하; plné obdivu 축사, 축하

blahopřát (*-přej-i* …, *-přál, -přání*) >< 행복[성공]을 빌다; formálně k (…을, …에 대해) 축하하다, s projevy obdivu k (…을, …에 대해) (감탄의 말로) 경하[축하]하다 ◆ ~ *komu k narozeninám* 누구의 생일을 축하하다; ~ *komu k Novému roku* 누구에게 새해 인사를 하다; *blahopřeji* 축하합니다 ~ **si** k čemu (자신의 무엇을) 축하하다, 자축하다

blahopřejný 축하의, 경하의

blahořečit komu (누구를) 칭찬[찬미]하다, 칭송[찬양]하다; vděčně žehnat 축복하다; prohlásit za svatého, círk (카톨릭) …에게 시복(諡福)하다

blahosklonný 겸손한, 짐짓 겸손하게 구는, 생색을 부리는; shovívavý 관대한, 눈감아주는, 멋대로 하게 하는

blahoslavený 은총 입은 행복한, 축복 받은

blahoslavit = *blahořečit*

blahovolný 자비로운, 친절[다정]한, 온화한

bláhovost, *f-1* 어리석음, 바보같음, 터무니 없는 짓

bláhový 어리석은, 바보 같은; počínání (행동이) 터무니없는, 상식을 벗어난, 미련한, 얼빠진; neobezřetný 경솔한, 무분별한

blah|ý (blažší) blažený 더없이 행복한, 기쁨에 찬; radostný 즐거운, 기쁜; uspokojující 만족시키는, 유쾌한, příjemný 기분 좋은, 마음에 드는, 쾌

적한 = *blahodárný* ◆ *-é paměti* 기쁜 추억; *-ý pocit, -é vědomí* 만족감, *příjemný pocit* 즐거운 기분; *je mi blaze* 나는 기분이 좋아요

blamáž, *f* **1** pocit 좌절, 차질 **2** veřejná 추문, 스캔들, 수치, 물의

blamovat koho (누구를) 웃음 거리로 만들다 ~ **se** >< 자신을 웃음거리로 만들다, 웃음거리가 되다, 창피를 당하다

blána, *f* (해부) 얇은 막, 막피, 막

blanket, *mi-2* (공간에 써 넣는) 기입 용지

blankvers, *mi-2* 무운시((약강 5보격의 각운이 없는 시))

blankyt, *mi-2* 하늘색, 담청색, 남색

blankytný 하늘색의, 담청색의

blata, *n-pl* 늪지, 소택지, 황야, 황무지

blátivý 진흙의, 진창의

blatník, *mi-2, 3* (자동차 따위의) 흙받기

bláto, *n* 진흙, 진창

blatouch, *mi-2, 3* 눈동이 나물류의 식물

blaze v. *blahý* ◆ *je mi* ~ 나는 행복하다

bláz|en, *ma* **1** 미친 사람, 광인, 미치광이 **2** šašek 바보, 광대 ◆ *být (celý) ~ do čeho* 무엇에 (완전히) 미치다[광적이다]; *jsem z toho ~* 그것은 나를 미치게 한다, *nerozumím tomu* 나는 그것에 손들었다; *dělat si -na, -ny z koho ~* 누구를 바보로 만들다; *dělat ze sebe -na* 바보 노릇을 하다; *máš mě za -na?* 나를 바보로 생각하니?

blázinec, *mi* 정신병원

blázínek, *ma-3* (가련한) 어린 바보 [작은 바보]

bláznit **1** 미치다 정신나가다, 광적이다 **2** jednat výstředně 야단 법석을 떨다 **3** po čem, za čím (무엇에) 미치다, 열광하다; po kom, za kým (누구에게) 홀딱빠지다 ~ > **po-, z-** koho (누구를) 미치게 만들다, 열광시키다, poplést komu hlavu (누구의 머리를) 혼란에 빠뜨리다, 얼빠지게 만들다 ~**se** po kom, za kým = ~ *za kým*

bláznivý 바보 같은, 미친, 얼빠진

bláznovství, *n* **1** 바보같음, 정신이상[착란], 광기, 발광 **2** 어리석음, 우둔 **3** šaškovství 우스꽝스러움, 익살, 해악

blaženost, *f-1* = *blaho*

blažený **1** 축복받은, 은총입은, 즐거운, 유쾌한 **2** přinášející blaho 기쁨에 찬

blažit > **o-** 기쁘게 하다, 만족시키다

blb(ec), *ma* 천치, 바보, 백치

blbeček, *ma-3* 숙맥, 바보

blbnout hloupě mluvit 바보 같은 소리를 하다, 바보 같은 짓을 하다 ~ > **z-** 바보같이되다, 미치다, 노망하다, 망령들다

blbost, *f-1* **1** 바보짓, 백치적 행위 **2** nesmysl 허튼 소리, 터무니 없는 말 **3** (속어) 불알

blbý **1** 백치의, 숙맥의 **2** nepříjemný 바보의, 어리석은, 양식없는

blednout > **vy-** 흐릿해지다, 희미[아련]해지다, (색이) 바래다 ~ > **z-** 창백해지다

bledule, *f* **1** 스노드롭, 아네모네 **2**

B

(구어체) 창백한 얼굴의 소녀[여자]

bledost, *f-1* 창백함, 핼쑥함

bledý (비교급 *bledší*) **1** (빛이) 어슴푸레한, 희미한 **2** (얼굴이) 핼쑥한, 창백한 **3** chabý 초라한, 빈약한 ◆ *k smrti -ý* 죽음처럼 창백한, 사색의

blech|a, *f* 벼룩 ◆ *hledat -y* nepatrné závady 작은 실수[오류]를 찾다

blekotat > za- 중얼거리다, 투덜거리다

blesk, *mi-2, 3* **1** 번개, 천둥번개, 벼락 **2** 섬광, 번득임, 플래시, 광휘, 광택 ◆ *-y hněvu* 진노의 벼락; *jako ~* 번개처럼; *zasažený -em* 벼락맞은; *~ z čista jasna* 청천벽력

blesknout 번쩍이다, 빛나다, 번개처럼 스치다

bleskov|ý 번개의 ◆ *-á rychlost* 번개처럼 빠른 속도; *-é světlo* 섬광, 마그네슘광((야간 촬영, 불꽃, 신호용 따위에 쓰임)) = *světlo blesku*; *~ telegram* 급송 전신; *-á válka* 전격(작)전, 기습(전법)

bleskurychlý 번개처럼 신속한[빠른]

bleší 벼룩의; 극히 작은, 극미의 ◆ *~ cirkus* 벼룩 서커스; *~ štípnutí* 벼룩에 물린 자리, 약간의 고통[상처], 사소한 일; *~ trh* 벼룩 시장, 도떼기[고물] 시장

blikač, *mi* 자동 점멸 장치

blikat > zabliknout 1 반짝 반짝 빛나다, 반짝이다 **2** 깜박이다, 깜박거리다

blít (*bli-*) **> vy- se** (속어) 토하다, 구토하다

blíz|ce v.*-ký* 가깝게, 밀접하여,

blízko[1] (*blíž/blíže*) 가까이에, 인접하여 ◆ *do…je ~* …까지는 가깝다 *je to už ~* časově (시간적으로) 그것은 이미 급박하다[임박하다]; *nechoď ~* 가까이 가지마라; *má k němu ~* 그는[그녀는] 그에게 가까이 산다, podobou (모습에서) 그는[그녀는] 그와 매우 가깝다[닮았다], možnosti styku (관계에서) 그는[그녀는] 그와 매우 친밀하다[가깝다]; *je to ~ pravdě* 그것은 진실에 가깝다; *blíže se seznámit* 가깝게[친밀하게] 알게되다

blízk|o[2], *n-2* 가까움, 인근 ◆ *z -a i z daleka* 가까이서 멀리서; *pohled z -a* 근접에서 본 광경; *pohled z -a* 근접에서 관찰하다

blízko[3], (전치사+생격) 가까이에, 인근에, 근처에 ◆ *~ prahy* 프라하 인근에[의]

blízkost, *f-1* **1** 가까움, 근접(성), 인접 **2** 가까운 관계, 인척 관계

blízk|ý 1 k čemu, u čeho (무엇에) 근접한, 인접한, 밀접한 **2** (시간적으로) 임하여, 다음의 **3** důvěrně 급박한, 절박한 임박한 **4** 친밀한, 긴밀한, 가까운 ◆ *být -á, -ý čeho, čemu* 무엇을 하려는 순간에 있다; *v nejbližší době* 가장 가까운 시기에; *v nejbližším okolí* 가장 가까운 주변에(서), 지근에(서); *bližší pozorování* 밀착 조사[검사]; *-y příbuzný* 밀접하게, 관련된, 가까운 친척의; *nejbližší příbuzný* 가까운, 가장 가까운 친척; *nejbližší příležitost* 가장 가까운 기회; *B-ý východ* 근동; *bližší vysvětlení* 그 이상의 설명; *bližší zprávy* 그 이상의 정보[소식]

blizna, *f* (식물의) 암술머리

blizou|čký, -nký 아주 가까운
blíž(e) v. *blízko*
blížit poet. = *přibližovat*
blížit se > při- 가까워지다, 접근하다; přibližností 비슷해지다; podobou (모양이) 닮다, 같아지다 ◆ *~ se ke konci* 끝에 가까워지다, 끝이 임박하다
bližní, *ma* 이웃(사람), 같은 인간[동물], 동류
blok, *mi-2, 3* **1** (건물의) 한 구획, 가; (철도의) 폐색 구간 **2** trhací (떼어 쓰는) 잡기장, 메모장 **3** útržek 쿠폰식 승차권 [표, 수표]
blokáda, *f* 봉쇄(선)
blokování, *n* **1** 봉쇄, 폐쇄, 차단, 방해; 동결 **2** výpoč. tech. (컴퓨터) 잠금, 블록, 구역
blokovat > za- 봉쇄하다, 폐쇄하다, 가로막다
blokov|ý z bloku **1** 봉쇄의, 폐쇄의 **2** 떼어 쓰는 방식의 ◆ *-á pokuta* 즉석[현장] 벌금[과태료]; *~ kalendář* 한 장씩 떼어내게 된 달력
blond 금발의, (머리털이) 아마 빛의
blondýn, *ma* **-(k)a,** *f* (살결이 흰) 금발의 사람[남자, 여자]
bloudit (*neblud'!*) **1** 헤매다, 돌아다니다, 방랑[유랑]하다, 이리저리 거닐다 **2** sejít z cesty 길을 잃다, 길을 잘못 들다 **3** v nejistotě (불확실성 속에서) 헤매다 **4** tápat 더듬어 찾다, 암중모색하다
bloumat (구어체) 돌아다니다, 배회하다
blouznění, *n* **1** 망상, 헛소리 **2** 황홀, 광희; 백일몽
blouznit 1 mluvit z cesty 헛소리하다 **2** nadšením 열광하다, 도취하다, 황홀해지다
blouznivý 헛소리하는, (일시적) 정신착란의; 헤매는, 광적인
blud, *mi-2* 실수, 오류; (교회의) 이단, 이교
bludař, *ma* **-ka,** *f* 이단자, 이교도
bludička, *f* 도깨비불, 사람을 홀리는 것, 환영
bludiště, *n* 미로, 미궁
bludn|ý 헤매는, 잘못된, 정도를 벗어난 ◆ *~ balvan* 표석; *B ~ Holand'an* 희망봉 부근에 출몰한다는 유령선의 선장; *-á ledvina* (외항의) 유주신; *-á ovce* (성서의) 길 잃은 양, 정도를 벗어난 사람; *~ rytíř* 협객, 돈키호테 같은 인물; *-é učení* 거짓 가르침
bluf, *mi-2* 허세, 허풍, 으름장
blůza, *f* 블라우스, 작업복, 덧옷, 튜닉
blýskat (se) > za-nout (se) 1 *blesk* 비추다, 빛나다, 번쩍이다 **2** čím (무엇을) 발화시키다 **3** 자랑해 보이다, 과시하다, 뽐내며 걷다 **4** *-nout se kde, ukázat se* (어디에) 얼굴을 내밀다
blýskavý 빛나는, 번쩍이는, 허식부리는
blyštět (se) (*ony se blyští*) **> za-** 빛나다, 번쩍이다, 환하게 비치다, 번쩍번쩍하다
blyštivý 번쩍이는, 빛나는
bob[1], *mi-2* saně 봅슬레이((앞 뒤에 두 쌍의 활주부와 조타 장치를 갖춘 경기용 썰매))

B

bob[2], *mi-2* luštěnina 콩 (강낭콩류)
bob|ek[1], *mi-2, 3* **1** obv. **-ky,** *pl* trus (새, 짐승의) 똥 **2** 월계수 ◆ *sedět na -ku* 웅크리고 앉아 있다; *sednout si na ~* 웅크리고 앉다, 쭈그리다
bobek[2], *ma-3 = bobeček*
bobeček, *ma-3* **(**구어체**)** 꼬마, 귀여운 사람, 사랑하는 사람
bobkový 월계수의 ◆ *~ list* 월계수의 잎
bobr, *ma* 비버, 해리
bobtnat > na- (콩 등이) 불다, 늘다, (물에 젖어서) 부피가 커지다
bobule, *f* 씨없는 식용 소과실((주로 딸기류))
boční 옆구리, 옆의, 측면의 ◆ *~ lod'* (교회당의) 측랑
bod, *mi* **1** 점, 지점, 접촉점 **2** 시점, 순간, 기점 **3** 득점, 스코어; 학점, 점수; (온도계의) 눈금 **4** bodnutí 찌른점, 찔러서 낸 구멍, 천자 **5** skvrnka 작은 점, 반점, 얼룩 **6** 구두점, 종지부, 소수점 **7** 항목, 조항; 요점 ◆ *~ mrazu* 빙점, 영점; *mrtvý ~* (크랭크의) 사점, (선반의) 부동 중심, 막다름, 막힘; *nejvyšší ~* 꼭지점, 정점; *výpoč. tech. ~ návratu* 재돌입점; *~ obratu* 전환점; *rosný ~* (습도의) 이슬점; *sporný ~* 논쟁점, 논쟁거리; *styčný ~* 접점; *~ tání* 융점, 융해점; *~ tuhnutí* 응고점; *~ varu* 비등점; *~ výchozí* 출발점
bodák, *mi-2, 3* 총검
bod|at > -nout 1 koho do čeho (누구의 어디를) 찌르다, 꿰뚫다, 관통하다; s výpadem po kom (누구를) (공격적으로) 찌르다, **2** hmyz (곤충이) 찌르다, 쏘다 **3** 초조하게 하다, 안달나게 하다; 헐뜯다, 우롱하다 **4** ostrou věcí zranit (날카로운 물건으로) 자상을 입히다, 찌르다 ◆ *-á mě* kde 나는 어디가 쑤시는[찌르는] 듯 아프다
bodavý 1 hmyz (곤충의) 쏘는, 찌르는; (가시 등이) 찌르는; 살을 에이는 듯한 **2** 통렬한, 날카로운
bodej(t'|ž) 1 틀림없어, 정말이야 **2** 결코 …하지 않아
bodláčí, *n* 엉겅퀴[덤불]
bodlák, *mi-2, 3* 엉겅퀴, 가시
bodlo, *n = bodák*
bodnout v. *bodat ~* **se (**속어**)** zmýlit se 실수하다, 틀리다
bodnutí, *n* 찌르기, 쏘기, 찔린[쏘인] 상처; 헐뜯기, 중상, 우롱, 조롱; srov. *bodat*
bodování, *n* **(**스포츠**)** 득점
bodovat > o- 점수를 매기다, 점수를 얻다
bodov|ý 점의, 지점의, 시점의 ◆ *-é sváření* 스폿 용접
bodrost, *f-1* 명랑한 [즐거운] 기분, 좋은 기분, 쾌활, 명랑
bodrý 기분 좋은, 명랑한, 쾌활한, 즐거운
boháč, *ma* **-ka,** *f* 부자, 갑부; obraz. 크리서스((기원전 6세기의 큰 부자로 유명한 리디아 최후의 왕)), pejor. 졸부; polit. 부호정치가, 금권주의자 ◆ *-i* (*všichni v daném případě*) 부자들, polit. 부호 계급, 재벌
bohaprázdný 신을 믿지않는, 신이 없는, 불경한, 사악한
bohapustý hanebný 파렴치한, 흉악한; 평판이 안좋은, 불명예스러운; hříšně, neřestně 악덕한, 악랄한, 사악

한; pouhopouhý 단순한, 순진한, 솔직한, 노골적인

bohat *bohatý*의 어미형((서술용법에 사용))

bohatec, *ma = boháč* 부자

bohatnout > z- 부자가 되다, 부유해지다; z koho, na čí vrub (누군가를 희생시켜) 누군가를 부유하게 하다

bohatost, *f-1* **1** 부유, 풍부, 풍족, 풍요 **2** 부(富), 재산 **3** 많음, 다량 **4** 번성, 무성, 충일 **5** 관대, 관후; 손이 큼, 광대(廣大) **6** (토지가) 기름짐, 비옥, 다산(多産); srov. *bohatý*

bohatství, *n* **1** 부, majetek 재산, 재물 značný **2** velké množství 풍부, 많음, 다량, 풍족 **3** prostředí, rodina 부유한 환경, 부유한 가정 **4** cenná věc 보배, 재보, 금은 보화, 보물

bohat|ý (비교급 *bohat(čj)ší*) **1** čím, na co (무엇으로, 무엇에 있어) 풍부한, 많은 **2** zámožný, materiálně zajištěný a tím ovládající jiné 부유한, 부자의; a stále zvětšující své zajištění 윤택한, 유복한; a okázale ze svého bohatství vydávající 풍족한 **3** velmi hojný čím, na co (…로, …에 있어) 매우 풍부한[많은]; jevící se početnými jednotkami (농작물, 수확 따위가) 많은, 풍년의 **4** neomezeně plynoucí a rostoucí (눈물, 따위가) 헤픈, (땀, 머리숱 따위가) 많은 **5** štědře, až nerozumně dávaný/plynoucí (선물, 잔치, 사용 따위에 있어서) 아낌없는, 남아 도는; a to plně a dokonale (성장, 상상력 따위가) 왕성한, 풍요한, prozrazující plnou životnost a plodivost, kypivou bujnost (식사 따위가) 풍성한, (풀 따위가) 무성한; (원기 따위가) 왕성한, 넘치는 **6** okázale nákladný a nádherný (제스처, 상상력, 지성, 따위가) 풍부한, 화려한, velmi nápadně 풍족한, 푸짐한 **7** prozrazující štědrost 대범함, 인색하지 않은, velkomyslnost 관대한, 아량 있는, trvalou a neomezenou 인정 많은; a tím ukazující neomezené možnosti, královský 아낌없이 주는, 너그러운 **8** uspokojivě velký (보상, 강우, 식사, 공급 따위가) 충분한, 넉넉한 **9** úrodný (땅이) 비옥한 **10** událostmi (인생, 과거, 기간 따위가) 사건이 많은, 파란 많은 ◆ *-ě se oženit* 돈많은 여자와 결혼하다, (유산 상속 따위로) 재산을 손에 넣다

bohatýr, *ma* (전설적인) 영웅, 위인

bohatýrský 영웅적인; statečný 용감한, 씨씨한, příkladně odvážný 용맹한

bohdá (*dá-li bůh*) 신의 뜻이 그렇다면, 사정이 허락한다면; doufejme 희망컨대; pravděpodobně 아마도, 십중팔구, 틀림없이

bohém, *ma-2* 자유 분방한 사람((특히 예술가)), 방랑인

bohemist|a, *ma-4* **-ka,** *f* 체코학자, (특히, 체코어와 체코 문학을 공부, 연구, 교수하는) 학생, 강사, 교수

bohemistika, *f* [-ty-] 체코학((특히, 체코어와 체코 문학에 대한 연구))

bohémský 자유분방한, 인습에 얽매이지 않는

bohorovný **1** 로마 교황의, 고위성직자의 **2** pyšně 건방진, 교만한, pohrdlivě 오만한

bohoslovec, *ma* 신학생; teolog 신학자

B

B

bohoslovecký 신학의

bohosloví, *n* 신학

bohoslužb|a, *f* (= **-y,** *pl*) 종교적 예배, (řím. -kat. mše, pravoslavná) (카톨릭의) 미사[성찬식], (그리스 정교의) 성체 예의, 전례; způsob bohoslužby 예배식, 의식, 제 ◆ *konat -y* 의식을 집행[집전]하다

bohudík(y) [-dí-] 고마워라, 황송하군; naštěstí 다행하게도, 고맙게도

bohužel 불행히도, 유감스럽게도

bohyně, *f* (복수 생격 또한 *bohyň*); 여신

bochník, *mi-2, 3* (생격 또한 *-a*) (빵의) 한 덩어리, 한 덩어리의 빵; (베이컨의) 한 조각

boj, *mi* **1** úporné úsilí za, o (…를 위한) 버둥질, 고투, 싸움; svár 알력, spor 다툼; rozpor, neshoda 불화, 분쟁, nesmiřitelný rozpor 적대; zápolení 경쟁, znesvářených stran, protichůdných sil 충돌, 마찰, proti (…에 대항하는) **2** jednotlivců (개인들 간의) 싸움, 투쟁; zápas 경연, 콘테스트; utkání, zvl. nečekané 조우전(遭遇戰), 회전, 대결, připravené, ozbrojené 전투, 격투, souboj 결투, déle trvající 전쟁; bitka 전투, půtka 작은 충돌; pouliční apod. (거리에서의) 싸움, 난투; soutěž 경쟁, 겨루기, 경합 **3** vnitropolitický, uvnitř podniku apod. 분쟁, 내분, ozbrojená srážka (무력적인) 충돌, 교전 ◆ *jít do -e* 전투를 개시하다, 전투를 시작하다; ~ *muže proti muži* 백병전; *neschopný -e* 상이군인, (*lod'*) 퇴역선; *podniknout, podstoupit ~ s kým* 누구와 전투를 시작하다; *přerušit* ~ 전투를 멈추다, 휴전하다; *rozhodný* ~ 결정적인 전투, 결전; *smrtelný* ~ 죽음의 전투, 사투; *tuhý* ~ 어려운 싸움, 고투; ~ *na život a na smrt* 사느냐 죽느냐의 싸움, 사투

bojácnost, *f-1* 겁, 소심, 수줍음

bojácný přehnaně obezřetný 겁많은, 두려워하는, 소심한; ulekaný 마음이 약한; plachý 부끄럼 타는, 수줍어하는

bóje, *f* 부이, 부표

bojiště, *n* (복수 생격 *bojišť*) 전장, 싸움터 ◆ *opanovat* ~ 전장을 제압하다; *zůstat na -ti* 싸움터에서 죽다

bojler, *mi-2* 보일러, 자동[순간] 온수장치

boj|ovat bít se 싸우다; v utkání 전투하다; usilovně se vzpírat 투쟁하다; svádět bitvy, také obraz. 전쟁하다; zápasit 다투다, 경쟁하다, usilovně 분투하다, 항쟁하다; být v rozporu 충돌하다 ◆ ~ *do posledního dechu* 마지막 숨을 거둘 때까지 싸우다, 최후의 일각까지 싸우다; ~ *s nesnázemi* 어려움을 무릅쓰고 싸우다; ~ *se smrtí* 죽음과 싸우다; ~ *na svou pěst* 스스로의 힘으로 싸우다

bojovník, *ma-3* 싸우는 사람, 투사; válčící 전사; účastník utkání 전투원

bojovnost, *f-1* 호전성, bojechtivost 전투적 기질, 싸움을 즐김, okamžitá 전투욕

bojovný 호전적인, 도전적인; bojechtivý 전투적인; povahově 싸움하기 좋아하는; útočný 공격적인, 도발적인

bojový 전쟁의, 투쟁의 ◆ ~ *svazek*

군사 동맹[국]

bojující 투쟁하는; 호전적인

bojůvka, *f*(특히 나치스의) 돌격대

bok, *mi-2,3* **1** část těla 옆구리; jeho vyčnívající 히프, 궁둥이; pas 허리, zvířete (쇠고기 따위의) 옆구리 살 **2** (부대·함대의) 측면, 익(翼) **3** lodi, vozidla, svahu, nářeč. = strana《海》뱃전, 현측(舷側) **4** strana těla/tělesa (몸의) 끝, 가장자리 ◆ *po něčím -u* 무엇의 가까이에, 무엇의 곁에; *mít píchání/bodání v -u* 옆구리에 통증을 갖다, 옆구리가 쑤시다; (*ležet, lehnout si apod.*) *na ~(-u)* 옆구리로[모로](눕다); *podepřít si -y, založit ruce v ~, stát s rukama v bocích, opřít si ruce o ~* 손은 허리에 대고 팔꿈치는 옆으로 벌리다; *obracet se z -u na ~* 몸을 한쪽에서 다른쪽으로 돌리다, 굴리다; *~ po -u* 나란히, 병행하여; *popadat se/brát se za -y* 배를 쥐고 웃다; *stát komu po -u* (*v nesnázi*) 누구를 지원[원조, 지지]하다; *stavět, postavit po ~* (*srovnáním*) 비교하다, 비유하다; *vlevo/vpravo v ~* 우[좌]회전; *levý ~*《海》(이물을 향하여) 좌현(左舷); *pravý ~* 《海》(이물을 향하여) 우현(右舷); *odkrytý ~* 노출된 측면; *napadnout koho, udeřit na koho z -u*《軍》누구의 측면을 공격하다; *zaskočit koho z -u*《軍》누구의 측면을 포위하다, 누구의 허를 찌르다

bokovka, *f* **1** 거들((코르셋의 일종; 고무가 든 짧은 것)) **2** **(속어)** u ženatého (유부남의) 애인

bol, *mi-2* žal 슬픔, 비탄, bolest 비애, 상심

bolák, *mi-2, 3* 헌데, 상처, 종기

bolav|ý 아픈, 쑤시는; zjitřený 피부가 까진, 짓무른; cítící bolest 고통스러운; srov. *bolestný* ◆ *-é místo, -á stránka* 아픈 곳, 약점; *sáhnout na něco -ého, zavadit o něco -ého* 누구의 아픈 데를 건드리다, 누구의 감정에 거슬리다

bolení, *n* 아픔, 동통; břicha 복통 ◆ *mít ~ hlavy* 머리가 아프다, 두통이 있다; *mít ~ v krku* 목이 아프다; *mít ~ zubů* 이가 아프다, 치통이 있다; *mít ~ na prsou* 가슴이 아프다; *mít ~ v zádech* 등이 아프다, 요통이 있다

bolest, *f-1* **1** v. *bolení* **2** 아픔, 고통; nepolevující, tupá 동통, 통증; náhlá, prudká, ostrá, zvl. opakující se 격통; podobná křečím 진통, 산고; hryzavě svíravá 쑤시듯한 아픔, 자통(刺痛); bodavá 쑤심, 통증; otevřená rána 상처; utrpení, rána 고통, 괴로움 **3** žalost 비탄, 비통; smutek 슬픔, 비애, strast 고뇌, žal 괴로움; lítost 후회; zármutek 마음의 아픔, 번민; tíseň 심통(心痛); úzkost (심신의) 고통, 번민; co sužuje 근심, 걱정 ◆ *bodavá ~* 찌르는 듯한 고통; *cukavá ~* 쑤시는 듯한 고통; *hlodavá ~* 쏘는 듯한 고통; *chvilková ~* 간헐적인 고통; *mít ~* 고통이 있다, 아프다; *mučivá ~* 몹시 괴로운 고통, 참기 어려운 고통; *náhlá ~* 돌연한 고통; *ostrá ~* 신랄한 아픔; *palčivá ~* 욱신욱신 쑤시는 듯한 고통; *porodní ~* 산고(産苦); *prudká ~* 모진 고통, 통렬한 아픔; *působit/dělat ~* 아프게 하다, 고통을 주다, *působit tíseň* 괴롭히다, *žal* 슬프게 하다; *slabá ~* 가벼운 아픔; *stálá ~* 부단한 고통;

tupá ~ (격렬하지 않은) 무지근한 아픔

bolestín, *ma-2* 울보, 겁쟁이, 우는 소리를 늘어놓은 사람; 《聖》 예레미야((히브리의 비관적 예언자)); (종종) 비관론자, 불길한 예언을 하는 사람

B

bolestivý 아픈, 괴로운; srov. *bolestný*

bolestné, *n* 상해 배상금, 부상 수당

bolestný 1 아픈, 고통스러운; jitřivě 욱신 욱신 쑤시는, palčivě 쓰라린 **2** žalostný 슬픈, 비통한; projevující bolest 괴로움을 당한, 상처입은; melancholicky smutný 슬픈듯한, 애처로운; bolestně pocit'ovaný 비참한; naplněný strastmi 비탄에 찬, 고민이 많은 ◆ ~ *úsměv* 고통스러운 웃음

bol|et (*-l[ej]í*) > **za-** …을 괴롭히다, 고통주다, 아프게 하다, 비탄에 잠기게 하다; o způsobené/způsobované bolestí …에 아픔을 느끼게 하다[주다]; palčivě (zvl. oči 특히 눈등을) 쓰리게 하다 ◆ *-í mě* **1** (*lituji*) 나는 후회한다, 나는 아쉬워한다 **2** (*trápí*) 나는 괴롭다 **3** *něco někde mě bolí* 나는 몸의 어딘가가 아프다; *-í mě z toho hlava* 그것은 나에게 두통을 유발한다, 그것 때문에 나는 머리가 아프다; *srdce mě nad tím -í* 그것은 나의 가슴을 슬프게 한다, 나는 그것 때문에 가슴이 아프다

bolševický 볼셰비키의

bolševik, *ma-3* 볼셰비키((옛 러시아 사회 민주 노동당의 다수파))의 일원; 옛 소련 공산당원; (때로) 극단적인 과격론자

bolševismus, *mi-2* 볼셰비키의 정책[사상]; 옛 소련 공산주의; (때로) 과격론

boltec, *mi* 《解》 외이(外耳), 귓바퀴

bomba, *f* **1** 폭탄, 수류탄, 핵폭탄 **2** nádoba na plyny 《機》 실린더, 기통 **3** zmrzlinová 멜론 모양의 용기에 수종의 아이스크림을 층으로 넣은 얼음과자; **4** **(구어체)** 강렬한 인상[영향, 효과]를 주는 것, 대성공; 재앙 ◆ *atomová* ~ 원자 폭탄; *časovaná* ~ 시한 폭탄; *kyslíková* ~ 산소 폭탄; *vodíková* ~ 수소폭탄; *výbušná* ~ 폭파용 폭탄; ~ *vybuchla* 폭탄이 폭발하였다; *zajištěný proti -ám* (지하 따위의) 방 탄 구축(물); *zápalná* ~ 소이탄

bombardér[1]**,** *ma* 폭탄 따위를 던지는[투척하는] 사람

bombardér[2]**,** *mi-2* 폭격기

bombardovací 폭격하는 ◆ ~ *základna* 폭격기 기지

bombardování, *n* 폭격, 포격

bombardovat >< 폭탄을 투하하다, 폭격[폭파]하다; ostřelovat 포격[폭격]하다

bombastický [-tyc-] 과대한, 과장된, 부푼

Bombaj, 봄베이((인도의 항구도시))

bonbón, *mi-2* [bombón] 단 것, 사탕, 캔디; karamel 태피((버터 따위로 만든 과자)), 카라멜, v plochých tvarech geometrických 일종의 마름모 꼴 과자

bor[1]**,** *mi-2* 솔밭; (bás.) *les* 작은 숲

bór[2]**,** *mi-2* 붕소(硼素)((금속 원소; 기호 **B**; 번호 5))

bordel, *mi-2* **(저속어) 1** 갈봇집, 사창굴 **2** 난장판, 무질서 상태

borec, *ma* 운동가, 경기자; pěstní

zápasník 레슬링 선수; 씨름꾼; 싸우는 사람, 투사

borovice, *f* 소나무

borovička, *f* 작은 소나무 진((두송실로 향기를 들은 증류주))

borový 솔의, 소나무의

borov|ý 《化》 붕소의, 붕소를 함유한 ◆ *-á voda* 붕산

bortit (*borti!, borcen*) > **z-** 휘게 하다, 뒤틀다, 꼬다 ~ **se** > **z-** 뒤틀리다, 휘다, 비뚤어지다, vydout se (가운데가) 위로 휘다[불룩해지다]; zdivo 무너지다, 붕괴하다

borůvka, *f* 《植》 월귤나무의 일종; 그 열매

bořit > **z-** stavbu/nějakou soustavu v její působivosti 파괴하다; ničit 부수다, 분쇄하다; stavbu (건물을) 허물어뜨리다, 폭파[분쇄]하다; zřízení (제세를) 뒤집어 엎다, 헐다, 전복하다; na kusy 산산이 부수다; katastrofálně 파멸시키다 ◆ ~ *za sebou mosty* 배수의 진을 치다; ~ > **za-** co kam (무엇을 어디에) 가라 앉히다[묻다] ~ **se** > **z-** 무너지다, 가라앉다, 멸망하다; drobením 부서지다, 가루가 되다; hroutit se 붕괴하다; rozpadat se 황폐케하다[황폐해지다]; lámat se 깨어지다, 쪼개지다, 부서지다 ~ **se** > **za-** zapadávat 가라앉다, 침몰하다; hluboko (깊이) 묻히다; pronikat …에 스며들다, …에 침투하다 ◆ *led se* ~ 얼음이 가라앉는다

bořivý 1 파괴적인 **2** (토대가) 흔들리는, 비틀비틀 하는

bos[1], *ma-2* 우두머리, 보스

bos[2], **(**술어 용법**)** v. *bosý*

bosák, *ma-3* **1** 맨발을 한 사람 **2** tulák 부랑자, 방랑자, 떠돌이, 파락호

bosky (통속어**)** na boso 맨발로, 신발을 신지 않고 ◆ *chodit na* ~ 맨발로 다니다

bosý 맨발의, 신발을 신지 않은 ◆ ~ *kůň* (말이) 편자를 박지 않은

Bosna, *f* 보스니아

bot|a, *f* **1** 신, 구두, 장화, 부츠; **(**구어체**)** chyba 큰 실수, 대실패 ◆ *prásknout do bot* 급히 달아나다, 도망치다, 도주하다; *jezdecké -y* 승마 구두((무릎까지 오며 위쪽에는 보통 밝은 빛깔의 가죽을 씀)); *cítí, ví, kde ho ~ tlačí* 그는 자신의 곤란한 점을 알고 있다; *vysoké -y* 무릎까지 오는 장화

botanický [-ny-] 식물(학)의; 야생(종)의 ◆ *-á zahrada* 식물원

botan|ik, *ma-3* [-nyk] **-ička,** *f* 식물학자

botanika, *f* [-ny-] 식물학; 식물 생태

botička, *f* **1** 작은 신[구두] **2** (불법주차 차량을 움직이지 못하게 하는) 바퀴[차륜] 족쇄

botka, *f* 작은 신, 작은 구두

botnat > **na-** = *bobtnat*

bouda, *f* **(**복수 생격 *bud***) 1** 매점, 노점, 부스 **2** ubohé stavení (초라한) 오두막, 판잣집 **3** kůlna 헛간, 까대기, 가축 우리; psí 개집 **4** kočáru (마차 따위의) 포장, 덮개 **5** 누추한 집[숙소, 장소] **6** horská ~ (프랑스어) 샬레((스위스의 양치기들의 오두막집)), 산장, 방갈로

bouch (감탄사**)** (무엇이 떨어질 때 나는 소리) 텅, 탕, 쿵, 쾅

bouch|at > **-nout** …을 세게 치다[두드리다]; bouchat nepřetržitě pěstí (연

달아 주먹으로) 치다; střílet (총을) 탕 쏘다, 발포하다 = *bušit* ◆ *-at dveřmi* 문을 탕탕 치다

B

bouchnutí, *n* 강타하는 소리((딱, 탕, 쾅, 쿵)); 강타, 타격, 탕((총소리)); 발포

boul|e, *f* 충돌, 부딪치기; vyboulení 부풀어 오른 것, 부풂, 혹 ◆ *udělat si -i* 부딪치다, 충돌하다

boulit > vy- oči (눈이) 튀어 나오게 하다, 통방울 눈을 하다

bouračka, *f* (건물의) 해체, 파괴, 폭파; (자동 차의) 충돌

bourák, *mi-2, 3* **(**비속어**)** 대형 호화 자동차

bourat > z- 허물어뜨리다, 파괴하다, 부수다

bouře, *f* **1** 폭풍(우), divoká 사나운 비바람, s blesky a hromobitím (천둥을 수반하는) 일시적 폭풍우, 심한 뇌우 **2** obraz. výbuch 폭발, 파열; pobouření 소란, 소동; rozhořčení 분개, 분노, 노함 **3** vzbouření 혼란, 큰 소동, 폭동, 소요 ◆ *sněhová ~* 눈보라; *dlouhá ~* 폭풍설; *domácí ~* 가정(家庭)에서의 소동

bouř|it > za- 1 (날씨가) 사나워지다, 폭풍우가 치다 **2** (웃음들이) 폭발[파열]하다((*-í* 폭풍우가 인다, 폭소를 터뜨리다, 비난 등이 쏟아져 내리다)) **3** horlit 호통치다, (비난 따위를) 맹렬히 퍼붓다, 열변을 토하다 **4** kypět (혈압이나 감정이) 끓다, 비등하다 ~ **> po-, vz-** (*burcovat*) 분기(奮起)시키다; k odporu 분발케 하다, 선동하다, 일으키다, 자극[격려]하다, 성[화]나게 하다 ~ **se > vz- 1** 항의하다, 불끈하다, 욱하다; vzpírat se …에 분개하다, …에 골내다, 원망하다 **2** proti moci 반란을 일으키다, 반항하다, 모반하다, 이반하다, 폭동을 일으키다 **3** probudit se 잠깨다, vz- 갑자기 잠에서 깨어나다 **4** kypět (혈압 따위가) 오르다, 비등하다

bouřka, *f* **1** = *bouře,* 번개 **2** fam. klobouk 중산모(帽), 중산 모자

bouřliv|ý 1 폭풍우의, 격렬한 **2** plavba, cesta (항해, 여행이) 거친, 험한 **3** rozbouřený 험악한, 난폭한 **4** hlučný 시끄러운, 떠들썩한, silně (비·바람·물결 따위가) 몹시 사나운, nezkrotně 날뛰는, 제어할 수 없는 **5** ohnivý 불붙은, 불타는, 열 띤, 열렬한, 달아오는, hněvem 분노한, 격분한; povahově 열정적인, 격렬한, citově 매우 열심인, 열렬한, 백열적인 **6** nezkrocený 사나운, 길들지 않은; neklidný 들떠 있는, 안면할 수 없는 **7** prudký 맹렬한, 광포한 ◆ *-á pochvala* 우뢰와 같은 박수 갈채, 울려퍼지는 환호

box, *mi-2* **1** 복싱, 권투 **2** kůže 박스카프((제화(製靴)용의 무두질한 송아지 가죽))

boxer, *ma* 복서, 권투선수

boxerský 복서의, 권투선수의

boxing, *mi-2* 권투, 복싱

boxovat 권투하다, 복싱하다

bože ((놀라움을 나타내는 감탄사)) 아아! 오오!, 저런, 어렵소

boží 1 신의, 하느님의; 조물주의, 천주(天主)의 ◆ *~ dar* 하늘[하느님]의 선물, 하늘이 주신 것; *celý ~ den* 하루 종일; *~ hněv* 신의 분노; *B- hod* (*vánoční*) 성탄절((12월 25일)), *velikonoční* 부활주일, *svatodušní* 성신 강림축일((부활절후의 제7일요일)); *~ pole* 묘지; *s pomocí ~* 신의 도움이 있다면, 신의 뜻이 그렇다면, 사정이 허락한다면; *je na pravdě ~* 그는 자신의 영혼을 하느님께 맡겼다, 그는 임종하였다; *od -ho rána* 새벽부터; *celý ~ rok* 일년 내내; *~ služby* 예배식; *~ soud* 호된 시련, 고된 체험, 최후심판의 날 **2** 환상적인, 뛰어난, 우수한 ◆ *ten film je ~* 이 영화는 환상적이다

božíčku **(**구어체**)** 아이고, 저런, 이것 참; = *bože*

božsk|ý **1** 신의, 신성(神性)의; jako bůh 신과 같은, 거룩한, 존엄한; velebný 장엄한, 숭고한 **2** opravdový 진짜의, 순수한 **3** nádherný 신묘한, 비범한 ◆ *-á pravda* 복음서에 있는 진리, 절대적인 진리; *kápnout, přiznat -ou* 비밀[계획]을 누설하다

božství, *n* 신성, 신격, 신임, 신위, (다신교의) 신

božstvo, *n-2* (일신교의) 신, 조물주, 천제

brada, *f* **1** 턱, 턱끝 **2** vousy = *bradka*

bradatý 턱수염이 난

bradavice, *f* 사마귀; (나무 줄기의) 혹

bradavka, *f* 젖꼭지, 유두, 유두 모양의 것

bradka, *f* (사람의 턱에 난) 염소 수염

bradla, *n-pl* (체조의) 평행봉

brach, *ma-3* **(**구어체**)** 형제, 동료, 친구, 좋은 친구

brak, *mi-2, 3* **1** 불량품, 폐물, 허접쓰레기; lidé 인간쓰레기, 하층민, 불량배 **2** 저속하고 엽기적인 작품[소설]

brakovat > vy- 샅샅이 뒤지다[수색하다]

brambor, *mi-2* 감자

bramborový 감자의

brambůrky, *mi-3-pl* = *čipsy*

brán|a, *f* **1** bran 문 (출입구·개찰구·성문 따위); slavnostní 아치문; 우람한 문, 입구, 정문; v plotě (울타리의) 쪽문, 작은 문 **2** *polní -y* 써레, 쇄토기 **3** ((컴퓨터)) 단자, 포터

branec, *ma* 보충병, 신병

bránice, *f* 《解》 횡격막, 격막

brán|it (*braň!*) **1** koho, co se (누구를, 무엇을, 자신을) před, proti (…에 대해서) 막다, 지키다, 방어[방위]하다; bojem (투쟁으로써) …을 위해 싸우다, 분투하다; postavením překážky (장애물의 축조로써) 막다, 보호하다, 수호하다 **2** držet 유지하다, 옹호하다; zpátky 제지하다, 억제하다; překážet 방해하다; odolávat 저항하다, 항거하다; komu v čem (누구를 무엇으로부터) 막다, 못하게 하다; předejít (비평 등을) 앞질러 방해하다, 저지하다 **3** odstraněním (제거로써) 없애다, 제거하다; vyloučením možnosti (가능성의 배제로써) 제외하다, 배제하다 **4** účinným opatřením (효과적인 배려로써) 막다, 피하다; se zápasem s myšlenkou, s citem (생각, 감정과) 싸우다, 분투하다 ◆ *až bůh -í* 남아돌 만큼의(것)

branka, *f* **1** 작은 문; (크리켓) 삼주

B

문(三柱門) **2** (축구 등의) 골, 결승점[선] **3** (스포츠) 골, 득점, 스코어

brankář, *ma* 골키퍼, 문지기 srov. *branka*

brann|ý 무장한, 싸우는, válečný 전투의, 전쟁의 ◆ *-á povinnost* 병역의무

brašna, *f* (학생) 가방; (군인) 잡낭

brašnář, *ma* 가방 만드는 사람

brát (*ber-u, ber!, bral, braní; nebrat*) > **vzít** (*vezm-u, -i!, vzal, vzetí;* (구어체) *vem-u, vem!*) **1** 쥐다, 잡다 **2** lék (약을) 먹다 **3** do ruky (손에) 넣다, 그러쥐다; odnímat 가져가다 **4** komu co (누구에게서 무엇을) 빼앗다, 박탈하다; *zvl. vzít* násilně (억지로) 잡아채다, 강탈하다 komu (누구로부터) **5** za co (무엇을) 꽉 쥐다, 꼭 잡다; za kliku (핸들을) 꼭 잡다; chopit, chápat se v. *popadnout* **6** přijímat 받아들이다, 수용하다; plat (임금을) 벌다 **7** zvolit 고르다, 선택하다, 정하다 **8** koho (누구를) za (…로) 임명하다 **9** zaměstnat 고용하다, 채용하다 **10** časopis apod. (신문, 잡지 등을) 받아보다, 구독하다 **11** přejímat 차용하다; co odněkud, opatřit si to (무엇을 어딘가로부터) 손에 넣다 **12** chápat se (손에) 가지다, 붙들다, 안다 **13** napálit 기만하다, 속이다, 바가지 씌우다 **14** koho po čem, přes co = *udeřit* …을 따라 잡다 **15** koho za co (누구의 무엇을) 잡다, popadnout 붙잡다, 움켜쥐다 **16** za příklad (예로) 삼다, (본을) 따르다 **17** do ruky (손을) 대다 **18** co kam (무엇을 어디에) 놓다, 두다 **19** na sebe (자신이) 떠맡다 ◆ *celkem vzato* 대체로, 대개; *~ si (co, koho) domů* (무엇을, 누구를) 들여놓다, 데려오다; *~ si dovolenou* 휴가를 갖다; *~ faleš* 빗나가다, 벗어나다; *~ si co do hlavy* 무엇에 마음을 쏟다, 주의를 돌리다; *~ koho u huby* 누구를 구속[속박]하다; *vzal bych na to jed* 나는 그것을 장담한다; čert to vem 귀신이 잡아가라, 제기랄, 빌어먹을; *vezměte p. X!* x씨의 본을 따르세요!; *~ co do kleští* 무엇을 집게로 집다; *~ konec* = *~ za své* (*hynout*) 사라지다, 멸망하다, 죽다; *~ komu krev* (누구에게서) 피를 뽑다, 방혈하다; *~ komu míru* 누구의 치수를 재다 *na* (…에 대해); *~ koho na mušku* 누구를 겨냥하다, (*obraz. též*) 누구에서 눈을 떼지 않다, 누구를 감시하다; *~ si (po)naučení* 교훈을 얻다, 배우다 *z* (…에서); *~ do náruči* …을 팔에[품에] 안다; *~ nohy na ramena* 꽁무니를 빼다, 달아나다; *~ z oběhu* = *stáhnout z oběhu; ~ obrat* 전환하다, 바꾸다; *~ komu odvahu* 누구의 용기를 잃게하다; *~ ohled na co/koho* 무엇에/누구에 대해 고려하다[생각하다]; *~ koho pod (svou) ochranu* 누구를 (자신의) 보호 아래에 두다; *~ komu otisky* 누구의 지문을 채취하다; *~ koho na paškál* 누구를 꾸짖다, 비난하다; *~ koho pod paží* 누구의 팔을 잡다; *~ kde počátek* 어디에서 시작하다; *~ co v počet* 무엇을 계산에 넣다[참작하다]; *~ podporu (v nezaměstnanosti)* (실업 상태에서) 실업수당을 받다; *~ v pochybnost* …인지 어떤지 미심쩍게 여기다; *~ si na pomoc* 도움을 요청하다; *~ koho na procházku/projížďku* 누구

를 산책에/드라이브에 데리고 가다; ~ *koho do přísahy/pod přísahu* 누구에게 선서하게 하다, a uvést v úřad (증인·배심원·공무원 등에) 선서하고 취임시키다[하다]; ~ *si příklad z*······을 본보기로 하다, ···의 예에 따르다; ~ *původ* = ~ *počátek;* ~ *koho na radu* 누구의 의견을 듣다; ~ *co na ramena* 무엇을 어깨에 메다; ~ *roha* 도망가다, 꺼지다; ~ *na rohy* (뿔로) 찌르다, 박다; ~ *rozum do hrsti* 빈틈이 없다, 방심 않고 두루 정신쓰다; ~ *co* (*správně*) *do ruky* (무엇에) 달려들다, 달라붙다; *úlohu, povinnost* (책임을, 의무를) ~ *na sebe* 자신이 떠맡다; ~ *s sebou* ···을 같이 데리고 가다, 휴대하다; ~ *koho na skřipec* 누구를 고문하다, 따끔한 맛을 보이다; ~ *koho za slovo* 누구의 말을 곧이듣다, 말하는 대로 믿다; ~ *koho do služeb* 누구를 고용[채용]하다; ~ *si co k srdci* 무엇을 마음에 새기다; ~ *si co na starost* 무엇에 대해 책임을 지다[떠맡다]; ~ *koho pod střechu* 누구를 숙박시키다; ~ *koho za svědka* 누구를 증인으로 내세우다; ~ *děvče k tanci* 소녀를 무도실로 안내하다; ~ *koho do učení* 누구를 도제(徒弟)로 삼다[만들다]; ~ *do úst* 입에 넣다, 맛을 보다; ~ *komu co z úst* 무엇을 누구의 입에서 꺼내다, 누구의 고안[방법]을 도용하다[가로채다]; ~ *co útokem* 무엇을 강습하여 빼앗다; ~ *co v úvahu* 무엇을 고려에 넣다; ~ *na lehkou, malou váhu* 무엇을 가볍게 보다[경시하다]; ~ *koho do vazby* 누구를 구금하다[체포하다]; ~ *co vážně* 무엇을 심각하게 받아들이다; ~ *co na vědomí* 무엇을 인정하다, 깨닫다; ~ *co do vleku* 무엇을 밧줄로 끌다, 예인하다; ~ *vodu* (*o lodi*) (배가) 급수하다; ~ *na vojnu* (군대에) 입대시키다, 징집하다, *houfně* (대량으로) 징발하다; ~ *se vpřed* 앞으로 나아가다, 전진하다; ~ *si za vzor/vzor z čeho* 무엇을 자신의 모델로 취하다; ~ *na záda* = ~ *na ramena;* ~ *do zaječích* = ~ *roha, nohy na ramena;* ~ *si za záminku* ···의 구실을 만들다, ···할 구실을 찾다; ~ *zavděk* (*s*) *čím* 무엇을 참다; ~ *co zkrátka* 무엇을 후닥닥 해치우다; ~ *zpět* 취소하다, 철회하다, 철수시키다, 물러나다; ~ *co, ve zlém* 무엇을 나쁘게 생각[해석]하다; ~ *zřetel na*··· = ~ *ohled;* ~ *si koho za ženu* 누구를 아내로 맞다; ~ *co v žertu, žertem* 무엇을 농담으로 받아들이다; ~ *si život* 자살하다 ~ pod. > **zabrat** (jako *brát*); **1** 취하다, 따르다 **2** na co (무엇을) (미끼를) 조금씩 물어뜯다[갉아먹다] **3** na koho (누구에 대해) 호감을 갖다 ◆ *ryba bere* 물고기가 입질한다[문다] ~ **se** pod. kam (어딘가로) 나아가다, 전진하다 (srov. *ubírat se*) ~ **se** pod. > **vzít se** (pod.) **1** sňatkem 결혼하다 **2** kde (어디에) 모습을 드러내다 (*kde se tu bereš/ses tu vzal?* 너는 어떻게 여기에 왔니?, *kde se vzal, tu se vzal* 갑자기 여기에 왔다) **3** o co, za co (누구를, 무엇을) 옹호하다, 지지하다 **4** usilovat o co (무엇에 대해) 열망하다, 갈망하다

~ **si** > **vzít si 1** zvl. k jídlu (특히 음식을) 취하다, 들다 **2** za muže, za ženu (남편으로, 부인으로) 택하다, 결혼하다 **3** pojímat, chápat, pokládat co jak* (무엇을 어떻게) 받아들이다, 이해하다, 간주하다

bratr, *ma* **(**문어체에서 복수가 형용사형을 취할 수도 있지만 이 경우에도 복수 생격은 *bratří***)** 형제, 형 또는 아우, 오빠 또는 동생 ◆ *Český ~* 체코[보헤미아] 형제 교단원; *nevlastní ~* 배다른 형제, 이복 형제; *rodný ~* 같은 부모의 형제; *vlastní ~* 부모가 같은 형제

bratranec, *ma* 사촌형, 사촌 동생, 사촌 오빠

bratrsk|ý 1 형제의, 형제 같은, 우애의 **2** círk. (종교상의) 보헤미아 형제 교단의 ◆ *~ se dělit* 절반씩 나누다; *Jednota -á* (체코) 형제 교단

bratrství, *n* **1** 형제의 관계, láska 형제의 사랑, 우애 **2** spolek též 협회, 단체 ◆ *pít, připíjet na ~* 권커니 작커니 술을 마시다, 친하게 사귀다

bratrstvo, *n-2* **1** 형제의 관계, 형제애 **2** 우애[종교] 단체, 협회

bratřit se 형제로서의 교제를 하다, 친하게 사귀다; přátelit se s kým (누구와) 친구가 되다

brav, *mi-2* 작은 가축 ((양, 염소, 돼지 따위의))

bravo 잘한다! 좋아!

bravura, *f* [-vú-] **1** 훌륭함, (특히 음악의) 화려한 연주, 연주 기교를 요하는 곡 **2** strojená odvaha 허세; 분별이 없음, 무모(함)

bravurní 훌륭한; 무모한

brázda, *f* **(**복수 생격 *brázd***) 1** 이랑, 밭고랑; její vyvýšenina 두둑, prohlubeň 고랑 **2** vráska (피부, 천 따위의) 주름[구김](살) **3** za lodí, povětroněm (배나 글라이더가 지나간) 자국, 항적; dráha, stopa vůbec 흔적, 자취

brázdička, *f* důlní stroj (광산 기계) 석탄 커트

brázdit (밭에) 이랑[고랑]을 만들다; moře (어디에) 물결을 가르며 나아가다 ◆ *~ si cestu* 자기의 길을 헤치고 나아가다 ~ **> roz-** (배가 파도를) 헤치고 나아가다

Brazílie, *f* 브라질

brblat > za- 중얼거리다, 떠들어대다

brebentit > za- drmolit 재잘대다, jako blázen (미친 사람처럼) 알아들을 수 없는 말을 지껄이다, jako malé dítě (어린 아이처럼) 떠듬거리며 말하다

brečet (*oni brečí*) **> za- (**구어체**)** (소리내어) 울다; potlačovaně 흐느껴 울다, 낑낑거리다; kňučivě 잦아들듯 울다, 훌쩍이다, 울꺽이다; protivně 엉엉 울다, 느껴 울다

brejle, *f-pl* 안경; ochranné 보안경; bez obrouček (테가 없는) 안경 ◆ *nasadit si ~* 안경을 쓰다[착용하다]; *dívat se růžovými -mi* 핑크빛 안경을 쓰고 사물을 보다, 사물을 낙관하다; *motoristické ~* 자동차 운전용 보안경; *~ proti slunci* 썬글라스

brek(ot), *mi-2* 울음 ◆ *dát se do -u* 울기 시작하다

breptat > za- 재잘거리다; zajíkat se 말을 더듬다; ~ **> vy-** nediskrétně (지각없이) 지껄여대다, 비밀을 누설하다

Bretaň, *f* 프랑스 서부의 반도인 브레타뉴

brífink, briefing, *mi-2* (기자들을

모아 놓고 하는) 간단한 보고[발표], 기자 회견 ◆ *uspořádat* ~ 기자 회견을 열다

brigáda, *f* 《軍》 **1** 여단 **2** pracovní 작업단[조] **3** způsob práce 팀워크, 협동작업, 자원봉사 작업; 임시 고용, 임시 취업

brigádnický 자원봉사(단)의; 임시 고용의

brigádnicky 지원봉사[임시고용]으로 ◆ ~ *vypomáhat* 자원 봉사단원으로 도움을 제공하다

brigádník, *ma-3* **1** 자원봉사단원, 임시고용원 **2** 《軍》 준장, 여단장

briketa, *f* (분탄 등으로 만든) 연탄

briliant, *mi-2* 브릴리언트형으로 다듬은 다이아몬드[보석]

Brit, *ma* 브리튼 사람

Británie, *f* 대영제국((잉글랜드, 웨일스, 스코틀랜드를 합친 명칭)); (북아일랜드를 합치면 *the United Kingdom*이 됨)

brk, *mi-2, 3* **-o,** *n-2, 3* 깃촉

brloh, *mi-2, 3* **1** 굴, 소굴; jen u zvířat (단지 야수들의) 잠자리[굴] **2** krčma (지하실의) 비정상의 술집, 무허가 술집, 은신처, 사창굴

brnění, *n* 갑옷과 투구, 갑주

brn|ět (*ony brní*) > **za-** 따끔 따끔 아프다, 얼얼하다, 쑤시다, 어찔하다 ◆ *-í mě noha* 나는 발이 저려 따끔 따끔하다

brnkat > **za-** (하프 따위를) 퉁기다, 뜯다, 타다

Brno, *n* 브르노((모라비아 지방의 중심도시))

brodit > **vy-** koně 말들에게 물을 먹이다

brod, *mi(-2)* **1** 얕은 여울 **2** napajedlo (동물의) 물 마시는 곳

brodit se (진창 따위를) 힘들여 건다, 간신히 지나다; obraz. 버둥거리다, 몸부림치다, 푹 빠지다 ~ **(se)** > **pře-** přes co (무엇을) 걸어서 건너다

brojit proti čemu/komu (무엇에/누구에) 반대하다, 대립하다, v odporu …에 저항하다, 대항하다; chovat se nepřátelsky vůči …에게 적대하다, 반목하다

brok, *mi-2, 3* 작은 총알, 탄알, 산탄 ◆ *lít -y* 탄알을 발사하다[쏘다]

brokát, *mi(-2)* 봉도직, 아름다운 무늬를 넣어 짠 직물

bróm, *mi-2* 버롬((비금속 원소; 기호 Br; 번호 35))

bronz, *mi-2* 청동, 브론즈, 청동색

bronzový 청동제의, 청동색의

broskev, *f* 복숭아, 복숭아 나무

brouček, *ma-3* **1** 작은 곤충[벌레]; *brouk*의 지소격 **2** 작은 아이 꼬마, 귀여운 사람, 가장 사랑하는 사람

brouk, *ma-3* 투구벌레(류), 딱정벌레; rozmar 고정[강박]관념

broukat > **za-** 작은 소리로 노래하다[중얼대다], 읊조리다

brouknout < (비둘기 따위가) 꾸꾸꾸 울다, (아이가) 목을 울리며 좋아하다

brousit (*brus!, broušen*) > **na-** **1** 날카롭게 하다, o kámen apod. (돌 등에) 갈다, břitvu apod. obtahováním (면도날 등을) 갈다; otírat 문지르다, 비비다, 마찰하다, peří (깃을) 다듬다 **2** pomlouvat koho (누구를) 뒤에서 험담

B

하다, 증상하다; ~ > **vy- 1** sklo (유리를) 자르다, 절단하다, 깍다, 다듬다; tříbit 정련하다, 닦다, 단장하다, 마무르다 **2** těkat 거닐다, 돌아다니다, 배회하다 **3** se špatnými úmysly (나쁜 의도를 가지고) 동정을 살피다; po (…을) zpytavě (호기심을 가지고) 조사하다, 살피다 ◆ ~ *si (svůj) rozum/vtip* 자신의 지혜[위트]를 날카롭게 하다; ~ *si zuby na co* 무엇을 몹시 탐내다

brouzdaliště, *n* 어린이 물놀이터

brouzdat se 1 첨벙첨벙[철벅철벅] 소리를 내며 나아가다 **2** toulat se 방랑하다, 배회하다

brožova|t > s- 바느질하다, 꿰매어 꾸미다, 꿰매다 ◆ *-ná kniha, -né vydání* 종이 표지의 (염가판)책

brožura, *f* [-žú-] 제본하지 않은 책; 팜플렛

bručet (*oni bručí*) **> za- 1** 중얼[웅얼]거리다, 입속으로 말하다, 콧노래를 부르다 **2** jako medvěd (곰처럼) 으르렁거리다; čmelák (벌 등이) 윙윙거리다 **3** mrzutě (불만스럽게) 투덜거리다**4 (속어)** ve vězení (교도소에) 수감되다

brukev, *f* 구경(球莖) 양배추 ((샐러드용))

brumlat > za- 중얼[웅얼]거리다

brůna, *f* poet. 백마, 말((특히 승마용의))

brunátn|ět (*-nějí*) **> z-** 자줏빛으로 되다

brunátný 진홍색의, 적갈색의

brunet, *ma* **-(k)a,** *f* (살 갗, 눈 등이) 가무잡잡한 사람; 검은 머리의 사람

brus, *mi-2* **1** 숫돌, 회전 숫돌, 연마기 **2** 절단, 자르기 **3** (행동의) 우아, 고상, 세련, 품위 있음

Brusel, *m* 브뤼셀

brusič[1], *mi* (칼, 가위 등을 가는) 숫돌, (유리, 다이아몬드 등의) 절단기, (렌즈, 거울 등의) 연마기

brusič[2], *ma* **1** 가는 사람, 연마공 **2** purista (언어의) 순수주의자

brusinka, *f* 덩굴월귤; 그 열매

brusírna, *f* (유리, 다이아몬드 등의) 절단 공장

bruska, *f* 절단기

brusl|ař, *ma* **-ařka,** *f* 스케이트를 타는 사람

brusle, *f* 스케이트 ◆ *jedny ~* 스케이트 한 켤레; *kolečková ~* 롤러스케이트

bruslit 스케이트를 지치다[타다]; obraz. 미끄러지듯 나아가다

brutální 잔인한, 사나운, 무자비한

brutálnost, *f-1* 잔인, 무자비

brva, *f* (복수 생격 *brv*) 속눈썹

bryčka, *f* krytá 유개마차, dvoukolá 말 한필이 끄는 2륜 마차, čtyřkolá, (한[두]필의 말이 끄는) 4륜마차, prostorová, středoevropská 4륜 포장 마차

brýle = *brejle*

brynd|a, *f* **1** 멀건[밍밍한] 음료, 값싼 음료, pivo 싱거운 싸구려 맥주 **2** situace 곤경, 궁지 ◆ *nechat koho v -ě* 누구를 궁지에 버려두다

bryndat > vy- 엎지르다, (액체를) 튀기다, 흘리다

brzda, *f* (복수 생격 *brzd*) 브레이크, 제동기 ◆ *záchranná ~* 비상 브레이크

brzdicí 제동의, 속도 줄이게 하는

brzdn|ý 제동기의, 브레이크의 ◆ *-á dráha* 제동거리

brzdit > za- 브레이크를 걸다, 제동하다; zpomalit 속력을 늦추다; koho (누구를) 억제하다, 구속하다

brzký 이른, 빠른; předčasný 조숙한, 시기상조의

brzlík, *mi-2, 3* 《解》 흉선(胸腺); k jídlu 식용의 송아지 체장 흉선

brz|o, -y (dříve, 구어체 dřív/spíš) **1** 곧, 이내, 즉시, 멀지 않아 **2** časně 일찍이, 일찍부터, 일찌감치 ◆ *jít, přijít příliš -o* 너무 일찍이 오다

břečťan, *mi-2* 담쟁이 덩굴

břeh, *mi-2, 3* **1** větší vodní plochy, většího toku (바다, 호수, 강의) 기슭; kraj vodní plochy 물가, 강가, 수변; mořský jako hranice pevniny 해안, 연안; písčitý nebo s drobným kamením (모래 혹은 작은 자갈로 덮힌) 해변, 강변, 호변 **2** řeky, násep, stráň 둑, 제방 ◆ *na -u* 해변에, 물가에; *na ~* 해변으로, 물가로; *tichá voda -y mele* 잔잔한 물이 강뚝을 무너뜨린다; *přirazit, přistát ke -u* 상륙하다, 도착하다; *uváznout na -u* (배가) 바닷가에 얹히다; *vysadit (za trest) na ~* (처벌로써) 귀양 보내다; *vystoupit na ~* 상륙하다, 뭍에 오르다; *vylít se ze -ů* 뚝으로부터 넘쳐흐르다[범람하다]

břemen|o, *n-2* (생격 *-e,* 여격-전치격 *-i*) **1** 무거운 짐, 짐 **2** (obraz.) 부담, 과중한 짐 **3** náklad 적하(積荷), 하중 **4** uložené ze zákona (법에 의해 부과된) 부과금, 세금 ◆ *být komu -em* 누구에게 부담이 되다[폐를 끼치다]; *daňové ~* 과세부담; *důkazní ~* 증명의 부담; *uvalit ~* (세금, 의무 등을) 지우다

břevno, *n* (대)들보, 도리; závora 빗장, 가로장, 차단봉

břez|en, *mi-2* (생격 *-na*) 3월

březí (동물이) 새끼를 밴

březnový 3월의

březový 자작나무의

břídil, *ma-2* 서투른 직공, 손재주 없는 사람

břídit (*nezbřiď!*) **> z-** 서투른 방식으로 하다, 모양새 없이 만들다

břidlice, *f* 슬레이트

břidlicový 슬레이트의

břichatý 큰 배의, 올챙이 배의

břicho, *n-3* 배, 복부; uvnitř 위; 배 모양의 것

břímě, *n* (생격 *břemene,* 여격-전치격 *-ni,* 조격 *-nem;* 복수 *v. břemeno*) = *břemeno*

břink 철꺽, 탁, 철커덩(하는 소리)

břinkat > za- 1 철꺽하고 울리다, 쨍[짤랑] 소리내다 **2** na hud. nástroj (악기를) 서투르게 치다[타다, 켜다]

bříško, *m-2, 3* **1** (유아어), (구어체) 배 **2** vypouklina (손가락이나 발가락의) 둥근 곳[끝쪽]

břišní 배의, 복부의

břitký 날카로운, 예리한; řezavý (날이) 잘드는; pronikavě 꿰뚫는, bodavý 매서운, 신랄한, příjemně 통쾌한, 통렬한; šžíravý 냉혹한, 가차없는

břitva, *f* 면도칼

bříza, *f* 자작나무(류의 총칭)

bubák[1]**,** *ma-3* **1** 도깨비((못된 어린이를 잡아 간다는)), 악귀 **2** 불평가, 꾀까다로운 사람

B

bubák², *mi-2, 3* **1** 무서운 것, 공포의대상; 걱정거리 **2** (검은) 먹구름 **3** (사과의) 응어리, 속

buben, *mi-2* 북, 드럼 ◆ *dát co na ~* 외국으로 어떤 것을 발표하다[출판하다], do dražby 공매[경매]에 부치다; *přijít na ~* 경매에 부쳐지다, být na mizině 몰락되다, 파산되다, vypít si to 비용[책임]을 부담하다; *tlouci na ~* 북을 두드리다; *turecký ~* 더블 드럼; *vířit na ~* 북을 울리다

bubínek, *mi-2, 3* **1** (피리를 불면서 한 손으로 차는) 작은 북, 테어버, s rolničkami 탬버린((가장자리에 방울 달린 작은 북)) **2** vyšívací (둥근) 수틀 **3** ušní 중이(中耳), 고막, 귀청 **4** revolveru (회전식 권총의) 탄창

bublání, *n* 끓어오름, 끓어오르는 소리; 중얼거림

bublat > za- 부글부글 소리를 내다; mumlat 중얼[웅얼]거리다

bublina, *f* 거품, 기조

bubnovat > za- 북을 치다; rachotit 덜걱덜걱[우르르] 소리나다[내다]; prstem (손가락으로) 가볍게 두드리다 [치다]

bubnov|ý 북의, 드럼의 ◆ *-á palba* 《軍》 연속 집중 포화; (질문·비판 따위의) 집중 공세

buclatý 토실토실 살이 찐, 오동통한, boubelatý 똥똥한

bůček, *mi-2, 3* (*bok*의 지소격) 옆구리, 허리; (소나 돼지의) 옆구리[허리] 살, 가슴 살

bučet (*oni bučí*) **> za-** (소가) 음매하고 울다; mocně (소가) 큰소리로 울다; brečet 고함치다, 외치다

bučina, *f* 너도밤나무 목재

bud' 1 v. *budit, být* **2** *bud' - bud'* (*nebo, anebo*) …거나[든가] 또는 …거나[든지]; *bud'jak bud'*어떤 희생을 치르더라도, 꼭

Budapešt', *f* 부다페스트((헝가리의 수도)) = *Budín*

budík, *mi-2, 3* 자명종

budit (*buzen*) **> pro-, vz- 1** (잠에서) 깨우다, 일으키다 **2** k činnosti …의 의식을 회복시키다 **3** (감정을) 돋우다, 분기시키다; rozhýbat, podnítit 흥분시키다, 자극하다 **4** oživovat 소생하게 하다, 부흥시키다, 부활시키다 **5** hosta apod. (손님 등을) 전화를 걸어 깨우다 **6** vyvolat (용기 따위를) 불러 일으키다, 환기하다, 자아내다 **7** elektricky (전류를) 일으키다 ◆ *buzení* 깨우기, 자극, 흥분; *~ dojem* 감명을 일으키다, 인상을 주다; *~ důvěru* 신뢰를 불어넣다; *~ hrůzu* 두려움을 일으키다; *~ lásku* 사랑을 일깨우다; *~ obavy* 두려움을 자아내다; *~ v kom nelibost* 누구를 불쾌하게 하다; *~ nepřátelství odpor* 반대압력을 일으키다; *~ obdiv* 감탄을 불러 일으키다; *~ odvahu v kom* 누구에게 용기를 돋우다; *~ podezření* 의심을 불러 일으키다; *~ pochybnost* 의심을 하게 만들다; *~ pozornost* 주의를 끌다; *~ rozruch* 센세이션을 일으키다; *~ soustrast* 연민을 불러 일으키다 *~ v kom starost* 누구를 걱정시키다; *~ strach* 공포를 불러 일으키다 *~ touhu* 욕구를 자극하다; *~ vzpomínky* 기억을 되살리다; *~ zájem* 흥미를 자아내다; *~ zvědavost* 호기심을 불러 일으키

다 ~ **se > pro-, vz- 1** (잠에서) 깨다, 일어나다, 깨어나다; 각성[자각]하다 **2** oživnout, dát se do pohybu 움직이다, 꿈틀거리다; ožívat 소생하다, 재생하다, 부활하다, 부흥하다

buditel, *ma-1, 4* **-ka,** *f* 소생자, 각성자, 부흥자

budiž 1 좋다, 더할 나위 없이, 확실히 **2** pro mne za mne 아무래도 상관없다 **3** staň se 그러할 지어다 **4** nu dobrá 좋긴 한데, 그렇긴 한데

budižkničemu, *ma-in* 변변치 못한 인간, 쓸모 없는 사람

budka, *f* **1** 임시로 지은 오두막, 초사, 초소, 파수막 **2** 공중 전화 박스 **3** 새집, 통, 박스 ◆ *holubí* ~ 비둘기집, *hlemýždí* ~ 달팽이 집[껍데기]; ~ *nápovědy* 프롬프터 박스; *ptačí* ~새의 둥우리; *telefonní* ~ 전화 박스

budoucí 미래의, 장래의, 앞으로의

budoucně 장래, 미래에, napříště 금후에(는); příště 다음번에는

budoucnost, *f-1* 미래, 장래, 앞날

budova, *f* 건물, 건축물, 빌딩; stavba 구조물, 건조물, (추상적인) 구성물; 구조물

budovat > vy-, z- 건축하다, 건조[건설]하다, 세우다, 부설하다; vztyčit 짓다, 조립하다, 구축하다, 올리다

budovatel, *ma-1, 4* 건축(업)자, 건설자; tvůrce 창조자, 창설자

budovatelský 창조적인, 건설적인

bud'si 상관없다, 아무래도 좋다[좋지만]; = *budiž*; = *at'si*

bud'to = *bud'*

bůh, Bůh, *ma-3* (*boh-, bože!,* 여격-전치격 *bohu,* 야만적인 신의 경우 또한 여격-전치격 *bohovi*) (일신교, 특히 기독교의) 신, 하느님, 조물주, 천주; (다신교의) 신, 남신

bůhví(co) 하느님만이 아는 (무엇)

buchta[1], *f* 작은 케이크((달고 속이 들어 있음))

buchta[2], *ma, f* pomalý tvor (동작이 굼뜬) 호인, 느림보 호인

bujarý 기운찬, 활기찬, kypivý 쾌활한, 쇄락한; bujný 명랑한, 즐거운; svěží 생기에 넘친, 팔팔한

bujet 1 (*-j[ej]í*) 무성하다, 울창하다 **2** zarůstat 만연하다, 마구 자라다, 지나치게 퍼지다 **3** rozmáhat se 퍼지다, 멀리 미치다

bujnost, *f-1* **1** 무성하게 자람, 마구 자람 **2** nevázanost 활기[기운]참, 진취의 기상 **3** zdravá 번성, 다산, a dokonalá 풍부 **4** že je co bujné 무성, 만연, 마구 퍼짐

bujný 1 kypivě rostoucí 무성한, 울창한; do šíře, též obraz. 마구 퍼지는, 만연하는 **2** životný 넘치는, 원기 왕성한; zdravě 번성한, 다산의, a plně 풍부한 **3** nevázaný 기운찬, 기개있는 **4** neukázněný 사나운, 감당할 수 없는, 제어하기 어려운

buk, *mi-2, 3* 너도밤나무

bukva, *ma* (속어) homosexuál 동성애자, 호모

bukvice, *f* 너도밤나무의 열매

Bukurešt', *f* 부쿠레쉬티((루마니아의 수도))

buldozer, *mi-2* 불도저

Bulhar, *ma* **-ka**, *f* 불가리아 사람, 불가리아인

Bulharsko, *n* 불가리아

bulimička, *f* 다식증 환자

bulvár, *mi-2* **1** 불바르, 넓은 가로수 길[산책 길], 큰 길, 대로 **2 (**속어**)** 선정적[저속적] 신문[잡지]

bulvární 저속적인, 신문[잡지]의 ◆ ~ *tisk* 선정적인[저속한] 신문, 타블로이드판 신 문

buly, *n-in* (하키의) 불리, 경기 개시 ◆*vhazovat* ~ 경기를 개시하다

bum 세차게 부딪치는 소리; v. *buch*

bumerang, *mi-2, 3* 부메랑; 자업자득이 되는 것, 긁어 부스럼 ◆ *vracet se jako* ~ 자업자득이 되다

bunda, *f* **(**복수 생격 *bund***)** 스포츠용[작업용] 웃옷, 스포츠 재킷, 방온 재킷

buněčný 세포로 된, 세포질[모양]의

buničina, *f* 셀룰로오스, 섬유소

buňka, *f* **1** 세포; 배종; (생물의) 공동부, 낭, 강 **2** (공산당 따위의) 세포, 말단 조직 **3** 날카로운 안식, 재주

bunkr, *mi-2* 벙커, 지하 엄폐호

Bur, *ma* 보어 사람((남 아프리카의 네덜란드 계 백인))

burácet (*-cejí*) **> za-** (천둥이) 우르르하다[울리다], (북이) 등등 울리다; dunivě 시끄럽게하다, (귀를) 멍멍하게 하다; řvavě (큰 소리로) 으르렁거리다, 포효하다, 노호하다; bouřit (날씨가) 사나워지다, 폭풍우가 일다

burák, *mi-2, 3* **(**구어체**)** 땅콩

burcovat > vy-, z- 1 깨우다, 일으키다; budit (잠에서) 깨어나게 하다; otřesy 흔들어 일으키다 **2** způsobit uvědomění 각성시키다, 자각시키다, 분발시키다, 환기하다

burčák, *mi-2* 반쯤 숙성된 포도주

burský *oříšek* = *arašíd, burák* (가공된) 땅콩

burza, *f* **(**복수 생격 *burz***)** (화폐 등의) 교환소, 거래소, na evropském kontinentu (유럽 대륙의) 증권 거래소

burzovní 거래소[교환소]의

buržoa, *ma* 부르주아, 중산계급의 시민, 유산자; šosák 속물, 교양없는 사람

buržoazie, *f* 부르주아 [유산]계급, 중산[시민] 계급, 상공 계급 ◆ *drobná* ~ 프티 부르주아 계급, 소시민 계급

buržoazní 중산[유산] 계급의, 부르주아 근성의

buřič, *ma* **-ka,** *f* 반역자, 모반자, 선동자, 말썽꾸러기

buřičský 반역하는, 반항적인, 선동적인

buřičství, *n* 반역성, 반역 행위, 모반, 반란

buřin(k)a, *f* 중산모

busta, *f* = *bysta*

bušit > za- 1 탕탕치다, 사정 없이 두드리다[치다]; klepat silně (강하게) 두드리다, 툭툭 두드리다; jako kladivem 망치로 치다; srdce, tep (심장, 맥박이) 고동치다, 두근거리다 **2** do koho (누구를) 호되게 꾸짖다

buvol, *ma* 물소, 아메리카 들소

bůžek, *ma-3* 신으로 떠받들리는 사람, 경배의 대상, 우상; ~ *lásky* 큐피드((연애의 신))

by (*bych, bys, bychom, byste*) **1 (**체코어 문법에서**)** 조건법 조동사 **2** book. = *aby*(*ch...*)

býček, *ma-3* (네살 이하의) 수소

B

býčí 수소의, 황소의; jako býk 수소와 같은, 완고한

bydlení, *n* 거주, 거처; *bydliště, byt*

bydl|et (*-ejí*) = *-it*

bydliště, *n* 주소지; v domě (법적인) 주소, 주거, 거주지 ◆ *trvalé* ~ 본적

bydlit 살다, 주거하다, 거주하다, trvale (영속적으로) 주재하다, 체류하다; v podnájmu, v hotelu apod (셋 방, 호텔 등에) 머물다, 투숙하다, 묵다

bydlo, *n* **1** = *bydliště* **2** živobytí 생계, 살림 ◆ *dobré* ~ 좋은 일자리, 좋은 생활환경

bych[1] v. *by*

bych[2] ◆ *pozdě bycha honit* '만일에' 라는 말을 해도 쓸데없다, 소 잃고 외양간 고치는 일은 너무 늦다

bychom v. *by*

býk, *ma-3* 수소, 황소; (천문학의) 황소 자리, 금우궁

býkovec, *mi* 쇠가죽 채찍

býlí, *n* 잡초, 해초

bylina, *f* 풀, 초본, 식용[약용, 향료] 식물

býložravý 초식성의

byro, *n-2* 사무소, (관청의) 국, 사무국

byrokracie, *f* 관료정치[제도], 관료주의, 관료적 형식주의

byrokrat, *ma*(*-4*) 관료, 관료[독선]주의자, 형식주의자

byrokratický [-ty-] 관료 정치의, 관료적인, 형식주의의

byrokratičnost, *f-1* [-tyz-] 관료주의, 형식주의

bys(te) v. *by*

bysta, *f* (복수 생격 *byst*) 흉상, 반신상, 상반신; (여성의) 앞가슴, 바스트, 흉위

bystrost, *f-1* **1** 날램, 빠름, 신속(함) **2** 날카로움, 예리함, 명민함; srov. *bystrý*

bystrý **1** rychlý 날랜, 빠른, 신속한, 순식간의, 즉각적인 **2** smysly 날카로운, 예리한, 예민한, 명민한; rozumem 영리한, 민첩한, 기지가 있는; vrozeně chytrý, moudrý 빈틈 없는, 약빠른, 기민한

bystřina, *f* 급류, 여울

bystřit > **z- 1** 날카롭게 하다, 예리하게 하다 **2** zrychlovat 빠르게 하다 가속하다, 빨리하다 ◆ ~ *sluch* (말, 개 따위가) 귀를 쫑긋 세우다, (사람이) 주의해서 듣다, 귀를 기울이다

byt, **1** *mi* 플랫식 주택((각 층에 1가구가 살게 만든 아파트)), 아파트((공통 주택내의 1가구 분의 구획)), 공동 주택, 복식 아파트((상하층을 한 가구로 쓰게 된)); podle kvality 숙소, 거처; v podnájmu 셋 방, 하숙방 **2** *mi-2* book. bytí 존재, 실재, 현존, 실존; prostředí atd. 상황, 환경 ◆ *být na - ě, -em u koho* 누구의 집에 묵다[숙박하다]; ~ *a strava* 식사를 제공하는 하숙; ~ *v suterénu* 지하실[층]; (*dát*) *výpověď z -u* 퇴거 명령(을 주다); *vzít koho na* ~ 누구에게 숙박을 제공하다

byť (*~i/třeba*[*s*]) …이기는 하지만, …이지만, 비록 …(한다) 하더라도

být (*jsem, jsi ..., bud-; byl*) **1** …(이)다 **2** …(에) 있다, …가 있다; existovat 존재하다, 실재하다, 현존하다 **3** zůstat 머무르다, 체재하다 **4** udát se 일어나다, 실현되다: *to nemůže* ~ 그것은 일

B

어날 수 없다 **5** představovat 이루다, 행하다 **6** jaké vlastnosti (어떤 특성이) 되다 **7** možnost (가능성) *je ho vidět* 그를 볼 수 있다, *je tam vidět* 거기에서는 보인다, *není slyšet vlastního slova* 자신의 말도 들리지 않는다, *je co dělat* 거기에는 할 무엇이 있다, *není vidět ani na krok* 한 발자국 앞도 볼 수가 없다, *není mu co věřit* 그에게는 믿을만한 것이 없다 **8** přirozená nutnost (필연성) *je nám souzeno umřít* 우리는 죽게 되어 있다, (*knižně o jiné povinnosti*) *bylo nám vstávat* 우리들은 일어나야만 하였다 **9** čeho kolik (정도) …이다, …에 이르다 *bylo jich na stovky* 그들은 수백명이었다, *bylo, byly toho dva metry* 그것은 2미터였다; *není čeho*……이 아니다[없다] (*kdyby ho nebylo, nebýt jeho* 그가 아니라고 한다면) **10** - o pocitu, dojmu (느낌, 인상) *je mi* (*jak*) 나는 …이다[하다], *nevíš, jak mi je* 내가 어떤지 너는 몰라; *je mi jako bych ho byl viděl,* 나는 내가 그를 본 것 같은 생각이 든다, *je mi to* (*jaké*) 내가 생각하기로는 그것은 …이다; *co je ti?* 너는 무슨일이니? *není jí nic* 그녀는 아무렇지도 않다, *je jí něco?* 그녀에게 무슨일이 있니? **11** *o počasí* (날씨가)…이다 **12** čas (시간) *je* (*kolik*) (시간이) (얼마)이다, *kolik je hodin?* 몇시입니까? **13** věk (나이) *je mi* (*kolik*) 나는 (나이가) (얼마)이다, *kolik je mu* (*let*)? 그는 몇 살입니까?; znamenat (의미) …을 뜻하다, …을 의미하다; *bylo to* (*kdy*) 그것은 …을 뜻하였다 ◆ *je* (*nejvyšší*) *čas,* (*abychom*…) (우리들이 …하기에) (가장 좋은) 시간이다; *byl čas, byla doba, kdy*……하던 때가[기간이] 있었다; *co bude dále?* 다음은 무엇인가?; *není divu* 이상할 것이 없다; *být zadobře s kým v. být s; být doma* 집과 같다, 편안하다; *je mi hanba* 나는 부끄럽다; *být jako*……와 같다; *je mi líto* (*čeho, koho*) 나는 (무엇이, 누구가) 안됐다[유감이다]; *kdyby bylo nejhůř* 최악의 사태가 되면, 만일의 경우에는; *co je nového?* 새로운 것이 뭐지?; *je něco nového?* 뭔가 새로운 것이 있는가?; *není proč* …할 아무런 이유도 없다; *být pryč* 가버리다, 멀리 가 있다, 없어지다, 사라지다; *je radost*……하는 것은 기쁨이다; *není mu rady ani pomoci* 그는 구제할 길이 없다; *je tam* (*jak daleko*) 거기는 (얼마나 멀리) 있다; *být ten tam* (흔적도 없이) 사라졌다[떠났다]; *je tomu* (*jak dávno*) 그것은 (얼마나 오래) 되었다, *napřesrok tomu bude deset let, co tu bydlím* 내년이면 내가 여기에 산지가 10년이 될 것이다; *je tomu tak* 그것은 그렇다; *je třeba* 그것은 필수적이다; *být venku* 밖에 있다; *je mi zima* 나는 춥다; *je zima* (날씨가) 춥다, (*roční období*) 겨울이다; *budu hned zpátky* 나는 곧 [즉시] 돌아올 것이다; *buď kdo…koli* 누가 …일[할]지라도; *buď jak buď*어떠한 일이 일어날지라도, rozhodně 하여튼, 하여간, za každou cenu 어떤 희생을 치르더라도, 꼭

být bez …이 부족하다[결여되어 있다], *na sobě* (자신에게) …를 갖지 않다(착용[휴대]하지 않다); *obejít se* … 없이 지내다 ◆ *být bez sebe* 제 정신

이 아니다, (기쁨에) 취하다; *byl strachem bez sebe* 그는 공포 때문에 제 정신이 아니었다

být čistý (마약을) 몰래 지니고 있지 않다 ◆ *zadržený narkoman byl čistý* 감금된 마약 상용자는 마약을 몰래 지니고 있지 않았다

být do (*určen*) …으로 예정되다 [운명 지어지다] ◆ *být celý blázen* …에 홀딱

빠지다[전적으로 열중하다]; *co je mi do…* …에 내가 왜 신경을 쓰겠는가, *není mi nic do*……는 내가 상관할 바가 아니다; *je mi do pláče* 나는 울고 싶다; *to je slovo do pranice* 그 말은 싸움을 유발하기에 충분하다; *je mi do smíchu* 나는 웃지 않을 수 없다; *není mi do smíchu* 나는 전혀 웃고 싶지 않다; *není mi do řeči* 나는 말하고 싶지 않다

být k 1 = *být do* **2** (*vhodný*) …에 맞다 [적합하다, 유효하다, 합당하다], …을 위해서다 ◆ *být komu ke cti* 누구의 명예가[공이] 되다; *k čemu to je?* 그것은 무엇을 위한 것인가?; *je to k něčemu?* 그것은 뭔가 쓸모가 있는가?; *je to k dostání* 그것은 얻을 수 있다[달성할 수 있다]; *být k dovolání* 연락이 되는 곳에 있다; *není k nalezení* 그[그녀]는 아무데서도 찾을 수 없다; *je to k pláči* 그것은 슬퍼할 일이다; *být k prospěchu* 우세하다; *není ani k přirovnání s*…그[그녀]는 …와 비교할 수 없다; *to je k smíchu* 그것은 우스꽝스럽다; *to není k vidění* 그것은 아무데도 보이지 않는다; *to je k zlosti* 그것은 화나게 하기에 충분하다

být na (*co*) **1** = *být k; tj. zařízen* (설비가) …의 용도이다, lék apod. (약 등이) …의 용이다, …을 위해서다 **2** *tj. zaměřen, upjat* …로 예정되다, …를 향하다 **3** *vynikat v tom*…에 좋다[맞다] ◆ *je na dosah* 그는 …에 미칠 수 있다[손이 닿을 수 있다]; *je na dostřel* 그는 …의 사정거리 안에 있다; *je na doslech* 그는 들릴 수 있는 거리에 있다; *je to na déšť* 비가 올 것 같다; *být na prodej* 판매중이다; *být na prospěch* 우세하다; *to nebude na škodu* 그것은 아무런 해가 되지 않을 것이다

být na čem (무엇에) 있다[처하다] ◆ *ví, na čem je* 그는 자신의 위치를 안다; *je na vás* 그것은 당신에 달려 있다, (*řada*) 당신 차례이다; *být na cestách* 여행 중에 있다; *být na cestě* 노중에 있다, *je na čase* – *je čas; být na dně* 바닥에 닿다[이르다], 한계에 이르다, 궁지에 빠지다; *být na holičkách* 꼼짝 못하다, 궁지에 빠지다, = *být v kaši; jsme na místě* 우리는 제 자리에 있다, dojeli jsme 우리는 도착하였다, a usadili se 우리는 자리를 잡았다; (*ne*) *být na svém místě* 자신의 위치에 있다(없다); *být na mizině* 곤궁에 빠지다, 파멸하다; *být na odchodu* 떠나려는 참이다; *být na omylu* 잘못되다; *je na onom světě/na pravdě boží* 그는 저세상 사람이다, 그는 세상을 하직하였다; *být na procházce* 산책중이다; *být na rozpacích* 쩔쩔매다, 어쩔 줄 모르다; *jsem na tvé straně* 나는 너의 편이다; *být na studiích* 공부[연구] 중이다; *být na suchu* (배가) 좌초하다, též finančně (재정적으로) 파산하다; *být*

B

na štíru s kým 누구와 다투다[대립하다]; *být (jako) na trní* 조바심하다, 불안에 떨다; *být na vojně* 군복무 중이다; *být na živu* 살아 있다, *(doposud)* (지금까지) 생존해 있다

být na kom (누구에게) 달리다[의존하다] ◆ *je na vás, aby*… …하는 것은 당신에게 달려 있다; *je řada na vás* 당신의 차례이다

být nad *co* (무엇의) 이상이다, vynikat (무엇을) 능가하다[초월하다], (무엇보다) 탁월하다 ◆ *to je nad mé síly* 그것은 나의 한계[능력] 밖이다

být moje (tvoje,…) krevní skupina, 나는 (너의) 의견[신념, 스타일]과 같다 ◆ *ten tvůj přítel není moje~* 네 친구는 내 스타일 아니니다

být o (co) (무엇이) 문제다[관건이다] ◆ *o tom to je* 그것이 문제다[관건이다]; *o to by nebylo* 그것은 문제가 되지 않을 것이다; *je jen o*…단지 …가 문제다 *není o*…, *ale o*……가 문제가 아니라 …가 문제다; *je (není) mi o*… 나는 …가 걱정스럽다(걱정스럽지 않다); *o peníze není (by nebylo)* 돈이 문제가 아니다[아닐 것이다]

být o čem (무엇이) 걸려 있다 ◆ *být o berlách* 목다리를 짚고 걷다; *být o hladu* 굶주리다, 배고프다; *být o chlebu a vodě* 빵과 물로 지탱하다

být od …로 부터다, …때문이다 ◆ *jsem od toho abych...* 나는 …하기 위해서 여기에 있다; *od toho tu jsi* 그것 때문에 너는 여기에 있구나; *jsem od toho, aby*…(nemám nic proti tomu) 나는 …하는 것에 반대하지 않는다; *být od rány* 언제나 싸울 태세다

být odejit 해고당하다; *trenér mužstva~* 팀 코치는 해고당했다

být ořezávátko, 시시한 사람이다, 미숙하다

být (až) po co (무엇에) 이르다[달하다]

být po čem **1** (무엇에) 따르다 **2** (무엇이) 끝나다 ◆ *není po něm nic* 그는 아무런 쓸모가 없다; *bude po mém* 나는 나의 길을 갈 것이다; *je po*…*(tj. skončeno/zmařeno)*……는 끝났다; *být po škole* (벌로서 학생을) 방과 후에 남아있게 하다; *být komu po chuti* 누구의 취향에 맞추다; *být komu po vůli* 누구의 의지[뜻]에 응하다[따르다], poddat se 누구에게 복종하다

být po kom **1** (누구를) 따르다[좇다] **2** (누구는) 끝나다 ◆ *být po otci* 아버지를 닮다; *je po něm* 그는 끝났다, 그는 죽었다

být pod …의 아래에 있다, podroben …에 종속[복종]하다 ◆ *být pod drnem* 지하에 있다, 땅속에 묻혀 있다; *to je pod mou důstojnost* 그것은 나의 품위를 떨어뜨린다

být pro 1 = *být k* **2** *pro co* (무엇을) 가져오려 [사오려]고 가다, pro koho (누구를) 데리러 가다 ◆ *jsem pro to* 나는 그것에 대해 찬성이다; *to pro tebe není* 그것은 너에게는 아무것도 아니다 (= *do toho ti nic není*); *to je pro zlost = to je k zlosti*

být proti …에 대해 반대하다 ◆ *nejsem proti tomu, aby*…나는 …하는 것에 대해 반대하지 않는다

být přes 1 = *být nad* **2** mít kontrolu

nad …을 돌보다, 관리하다 ◆ *je mi přes dvacet* 나는 20(살)이 넘었다

být při …에[가까이에] 있다, …와 함께 하다; přítomen 출석하다, 참석하다 ◆ *být při kom* 누구의 편에 서다 (그를 지지하다); *není při něm co/čeho* 그에게는 아무런 …도 없다; *být při chuti* 식욕이 좋다; *být při penězích* 자금을 보유하다; *být při síle* 힘이 충만하다; *být při smyslech/při sobě/při vědomí* 제 정신이다

být seč, s to *seč jsem* 내가 할 수 있는 한에서는; seč jsou mé síly 나의 힘[능력]이 닿는 한; *jsem s to* 나는 그것을 할 위치에 있다; *budu-li s to* 내가 그것을 할 위치에 있다고 한다면

být s čím|kým: *kde = při kom, u koho;* stranit někomu = *při kom;* v čí společnosti 무엇/누구와 함께 하다, s ženou v intimním styku (여인과의) 잠자리를 함께 하다 ◆ *co je s ...?* …는 어떤가? 어떤 문제가 있는가?; *jak jsi (na tom) s prací* **1** 당신의 일은 어떻게 되어가는가? **2** zvládneš ji 당신은 그것을 잘 할 수 있는가?; *být s podive(ní)m* 놀랍다, 이상하다; *být s útěžkem* 아이를 배다, 임신 중이다; *být s užitkem = být na prospěch*

být u 1 návštěvou (방문차 누구의 집에) 머물다, 들르다 **2** přítomen = být při čem tj. členem (어디에) 출석하다 ◆*jsem/budu hned u tebe* 곧 너에게 가겠다; *to je u boha* 그것은 하느님만이 안다, 아무도 모른다; *být u konce* 끝이다, 끝났다; *být u vesla kormidla* 키를 잡다, 실권을 쥐다; *být (jako) u vidění/vytržení* 망연자실 하다, 넋을 잃다; *být u moci* **1** 정권을 잡다 **2** 지배하다, 마음대로 하다

být v 1 členem …에 속하다; zaměstnán v oboru (어떤 분야에) 종사하다 **2** v kolika kolikrát (얼마가/몇번이) 되다, 이르다 **3** *v do(sahu, slechu, střelu apod.)* …의 안에 있다 **4** *spočívat v tom* …에 있다, 내재하다 ◆ *být v base* 교도소에 있다, 형기를 치르다; *být v cestě čemu* 무엇으로 가는 도중이다; *být v čele* 선두에 서다, 선도하다; *být v činnosti* 활동 중이다, 가동 중이다; *být v dobré/špatné náladě/míře* 좋은/나쁜 기분이다; *být v důvěrném styku s kým* 누구와 친근한 관계이다; *být v hajzlu, vulg. = být v prachu; být v chodu = být v činnosti; být v jiném stavu* 임신 중이다; *být v kaši* 곤경에 빠지다; být v klidu **1** 휴식 중이다 **2** nepostupovat 정지상태이다; *být v koutě, pop.,* (žena 여자가) 해산 중이다; *být v čí kůži* 누구의 입장에 서다; *být v/na léčení* 치료중이다; *být v letech* 점점 늙어가다; *být v milosti u koho* 누구의 총애를 받다; *být v naději* **1** (구어체) = *v jiném stavu* **2** 드물게 = mít naději; *být v nájmu u koho* 누구의 집에 세를 살다; *být v nemilosti u koho* 누구의 미움을 사다; *být v nepořádku* 건강이[상태가] 나쁘다, místo, věci (장소, 물건 등이) 무질서[어수선] 하다; *být v nesnázích* 어려움에 처하다, zvl. finančních (특히 재정적으로) 쪼들리다, 궁핍하다; *být v nevýhodě* 불리하다; *být v opatrování u koho* 누구의 보호를 받다; *být v Pánu* 세상을 떠나다, 죽다; *být v čí péči* 누구의 보호 아래

B

에 있다; *být v penzi* 은퇴[퇴직]한 상태에 있다; *být v platnosti* 유효하다; *být v podezření* 협의를 받다; *být v (nejlepším) pořádku* (가장) 좋은 상태이다, 상태가 좋다, 그것은 좋다[훌륭하다]; *to je v pořádku, nemusíte vracet drobné* 괜찮습니다, 거스름돈은 돌려주지 않아도 됩니다; *být v prachu* **1** pryč. 죽다, 끝나다 **2** zmařen 파멸하다, 끝장나다; *být v prdeli*, vulg. 엉망이 되다; *být v (plném) proudu* (잘) 진행되다, připravovat se 준비되다; *být u koho v přízni = v milosti; být ve psí* 파멸[타락]하다; *být v rodině* 혈통[피]를 물려 받다; *být v rozpacích = na rozpacích; být v rozporu s čím* 무엇과 모순되다; *být v sázce* (돈, 목숨, 운명이) 걸려있다; *co/pokud je v mých silách* 나의 힘이 닿는 한; *to je/není v mých silách* 그것은 나의 권한[능력] 안/밖이다; *být v souladu s čím* 무엇과 어울리다, 조화를 이루다; *být v(e vzájemné) souvislosti* (상호) 연관 되다; *být ve spojení s čím /s kým* 무엇과/누구와 연결되다[접촉하다, 교류하다]; *být ve spolku s kým* 누구와 연합하다; *být ve stadiu čeho* 무엇의 단계에 있다; *být ve střehu* 경계하다, 망보다; *být ve styku s kým* 누구와 관계를 유지하다; *být v suchu* **1** 건조한 장소에 보관되다 **2** (비유) 안전하다; *být zase ve své kůži* 다시 편안함을 느끼다; *nebýt ve své kůži* 불편하다, 기분이 언짢다; *být v tahu,* slang. = v prachu; *být v trapu* = v *prachu; být v troubě = v kaši; být v úzkých* 곤궁에 처하다, když jiní napadají 궁지에 빠져 있다; *být ve válce, válečném stavu (s kým)* (누구와) 교전 중이다; *být ve vzduchu* **1** nejistý 불확실하다 **2** připravený spustit 임박하다 **3** voj. let. 비행 중이다; *být v záběru* 원활하다, 순조롭다; *být ve znamení čeho* 무엇의 징조[징후] 이다

být z **1** venku …의 밖[외]에 있다 **2** vyroben …의 제(製)이다 **3** původem …에서 오다, …출신이다, zvl. rodem …의 가문이다 **4** o původu …로 부터 유래[기원]하다; jedním z …중의 하나이다 **5** o důsledku (결과가) …이 되다 ◆ *z něho/z toho moc/nic nebude* 그는/그것은 많은/아무런 쓸모가 없을 것이다; *co z ní bude?* 그녀는 무엇이 될 것인가?; *je z ní váš obdivovatel* 그녀는 당신의 숭배자가 되었다; *co z toho bude* 그것은 무엇이 될 것인가?; *nic z toho nebude* 그것은 아무것도 되지 않을 것이다; *být z bohatého kraje* 돈을 헤프게 쓴다; *být z cesty/ruky* (누구의) 길/ 손을 벗어나다, 아주 멀리 있다; *být z divokých vajec* 성마르다, 불끈 거리다; *být z (čího) dosahu* (누구의) 한도[범위]를 벗어나다; *být z laciného kraje* **1** 거의 무가치에 가까운것을 기대하다 **2** 값을 터무니 없이 낮게 책정하다; *být z očí / dohledu (komu z očí, z čího dohledu)* 누구의 눈/시야로부터 벗어나다; *být ze starého vydání* 구식이다; *být z vody venku* 위기를 모면하다, 곤란을 벗어나다

být za co (무엇이) **1** stát kolik (값이) 얼마이다, nákladněji pořizovaná 얼마의 값이 나가다 **2** vystupovat jako 무엇으로 등장하다, tak fungovat 무엇의 역할을 하다 **3** = *být pro co* ◆ *není zač*

= *rádo se stalo; být za všechny prachy,* (구어체) 일생에 한번밖에 없는 기회이다

být za *čím / kým* **1** pozadu/skrytý 무엇/누구의 뒤에 있다, 손이 미치지 않는 곳에 있다 **2** (무엇을/누구를) 방문 중이다 ◆ *je to za mnou* 나는 그것을 끝냈다; *být za (devíti) horami* 멀리 떠나(가) 버리다; *být za školou* 무단결석 하다, 농땡이 부리다

bytelný 단단한, 견고한

bytí, *n* 존재, 삶, 생존 ◆ *jde o ~ a nebytí* 사느냐 죽느냐의 문제이다

bytný, *ma* **-á,** *f* 집주인, (하숙) 주인

bytost, *f-1* **1** 존재자, 생물, 인간, 피조물 **2** 본성, 본질

bytostný 본질적인, 근본적인

bytový 집의, 주택의

bývalý 과거의, 이전의; 전직의, 전임의; 전 … ◆ *jeho -á žena* 그의 전 부인

bývat … 이곤[있곤] 하다

byznys 비즈니스, 사업, 실업

byznysmen, *ma* 비즈니스맨, 사업가, 실업가

bzučák, *mi-2, 3* 버즈, 인터폰, 인터콤

bzučet (*ony bzučí*) > **za-, buziknout** (곤충, 기계 따위가) 윙윙거리다

bzukot, *mi-2* 윙윙거림, 윙윙거리는 소리

C

C

c, C1 [cé] *n-in* **1** [쩨] 체코어 알파벳의 자음글자 **2** 《樂》 다음, 다조; 《藥》 비타민 C **3** = *Celsius* (온도) 섭씨

cajk, *mi-2, 3* **1** 면직물 **2 (**속어**)** nástroj(e) 기구, 도구, 공구 = *vercajk*

cák|at > -nout na co (무엇에) 튀기다, 흙탕물을 튀기다, 철벅철벅 튀기다

capart, *ma* **(**구어체**)** dítě 꼬마

capat (*cap-u/-ám|capej!, capal*) **1** 아장아장 걷다 **2** 또닥또닥[후두두] 소리를 내다

car, *ma-2* 황제, 차르((제정 시대의 러시아 황제))

cár, *mi-2* 넝마 조각, 찢겨진 조각, 걸레 ◆ *~papíru* 종이 조각

carevič, *ma* 황태자

carevna, *f* 황후, 황태자비

carismus, *mi-2* 전제정치(러시아의)

carský 제국의, 황제의

carství, *n* 차르의 지위[권력]; říše 제국

Cařihrad, *mi* (이전의) 콘스탄티노플, (현재의) 이스탄불

cash[1], *f* [keš] **(**불변화 명사**)** hotovost 현금; platba v hotovosky 현금지급[지불] ◆ *~ and carry* [keš end keri] 현금 점두 판매((현금 지불 · 무배달 확인점))

cash[2] 현금의 ◆ *~platba, platba ~* (= *hotově, v hotovosky*) 현금 지급

cavyky, *mi-3-pl* 부질없는 짓(일), 법석, 공연한 소란

cec|ek, *mi-2* **-ík,** *mi-2, 3* 젖꼭지; **(**저속어**)** prs 젖통, 유방

cédéčko, 콤팩트 디스크(CD), 음악 CD

cedit (*cezen*) **> pro-, pře- 1** 거르다, 여과하다 **2 > vy-** krev, slzy (피를, 눈물을) 흘리다

ced|ítko, *n-2, 3* **-ník,** *mi-2, 3* 여과기, 체, 깔때기

cedr, *mi-2* 삼목

cedul|e, -ka, *f* 알림표, nálepka 표 ◆ *přívěsná ~* 꼬리표, *oznámení ~* 알림판, 포스터

cech, *mi-2, 3* 길드, 조합

cejch, *mi-2, 3* úřední značka 관공서의 검인, 소인(消印), 인장, 검증(서), 증명(서), 상표

cejchovat (어떤 물건의 크기나 무게 등을) 소인[인장]을 통해 그 정확도를 확인하다, …에 상표를[낙인, 표식을] 붙이다

cejn, *ma* 잉어과의 담수어, 도미류

ceknout (아주) 짧게 말하다 ◆ (보통 부정의 뜻으로) *ani ne-* 한마디도 하지 않다

cela, *f* (감옥·형무소의) 감방, 독방, (수도원의) 독방

celebrovat (교회의식 또는 미사를) 거행하다

celek, *mi-2, 3* 전체, úhrn 전부, jednotka (전체로서의) 한 단위◆ *v -u* 전체로, = *celkem*

celer, *mi-2* pěstovaný pro list 셀러리; hlíznatý (결절이 있는) 뿌리를 식용으로 하는 셀러리의 일종

celibát, *mi(-2)* 독신(생활)

celina, *f* 처녀지

celistvost, *f-1* 전체, 총체; nedotčenost 완전 무결(한 상태), 보전

celistvý 전체의, 총체의

celkem 전부, 모두 합쳐, 통틀어, 대체로 ◆ *~ vzato* 대체로, 통틀어 볼 때

celkový povšechný 대체적인, 총괄적인, úhrnný 전체적인, 총체적인 paušální 전반적인, 전부의

cello, *n* 첼로

celní 관세의, 조세의, 세금의

celnice, *f* 세관

celník, *ma-3* 세관원

celodenní 하루 종일의, 전일의, 전일제의 ◆ *~ zaměstnání* 정규직

celofán, *mi-2* 셀로판

celonárodní 민족 전체의, 전국적인, 나라 전체의

celoplátěn|ý 클로스 제본[장정]의 ◆ *-á vazba* 클로스 제본[장정], 헝겊 표지 제본

celoplošný **1** 전체 지역을 커버하는, 전국적인 **2** 전반적인, 종합적인, 총괄적인

celoroční 일년 내내의

celostátní 전국적인, 나라 전체의

celosvětový 전세계적인

celovečerní 전체 저녁의 ◆ *~ film* 장편영화

celuloid, *mi-2* 셀룰로이드

celuloidový 셀룰로이드의

celulóza, *f* 섬유소

cel|ý **1** 전체의, 모두의 **2** časově (시간적으로) 줄곧 … **3** dokonale podobný (완벽하게) 유사한, 닮은 ◆ *ona je -á matka* 그녀는 자신의 어머니를 꼭 빼닮았다; *-é číslo* 정수; *(po) ~ rok* 일년 내내; *-ým tělem* 뼛속까지, 철저히

cembalo, *n* 하프시코드

cement, *mi-2* 시멘트

cementárna, *f* 시멘트 공장

cen|a, *f* **1** požadovaná, placená 가격, 값, hodnota nepopiratelná (부정할 수 없는) 가치, uznávaná (인정된) 가치, co se vynaložilo 원가 **2** soutěžní (경쟁이나 대회에서) 상 ◆ *dostal -u* 그는 상을 받았다; *~ za hotové* 현금상: *za každou -u* 어떤 가격을[대가를] 치르더라도, 꼭, **(비유적)** 어떻든; *mít jakou -u* 어떤 가치를 지니다; *pevná ~* 정가; *soutěž o -y* 상이 걸린 대회; *udělit -u* 상을 수여하다; …*za žádnou -u* 절대로 …않다

ceník, *mi-2, 3* 가격표, 정가표, 운임표

ceni|t > o- **1** odhadem 값을 매기다[정하다], 평가하다 **2** *~* **(si)** 가치를 인정하다, uvážlivě 존경하다, vysoce 높이 평가하다.

cenit > vy- zuby 이를 드러내다, vrčet 으르렁거리다

cenný 가치가 있는, 귀중한, 귀한

cenovka, *f* označení ceny 가격 표시; visačka 가격표, 정가표

C

cenov|ý 가격의 ◆ *-á spirála,* 《經》 악성 인플레이션

census, *mi-2* 센서스, 인구조사

cent, *mi-2* **1** váha 첸트너((중량 단위: 100kg)) **2** (비유적) 무게 **3** mince 센트((화폐 단위))

centimetr, *mi-2* 센티미터

centrála, *f* 본부, podniku (회사의) 본사, organizace (기구의) 본부,

centralizace, *f* 중앙 집중화 중앙 집권, 집중

centralizovat 집중화하다, 중앙 집중화하다

centrální 중앙의, 센터의, 중심의, 중앙 통제의

centrum, *n-2* 중앙, 중심, 센터

cenzor, *ma* 검열관

cenzura, *f* 검열, 검열 제도

cenzurovat 검열하다

cep, *mi-2* 도리깨

cepín, *mi- 2* (등산 용) 피켈, (얼음 깨는) 도끼

ceremoniál, *mi-2* 경축 행사

cesmína, *f* 호랑가시나무

cest|a, *f* **1** kudy třeba jít 길 **2** pro vozy i pěší 도로, vyježděná 궤도, vyšlapaná 보도 행로, příjezdová 차도 **3** prostředkující 통로, 경로; prostředek 수단, 방법; (화학) 과정, 절차 **4** podniknutá 여행, okružní 관광여행, 일순, 소풍, po vodě/vzduchem 여정, krátká/zábavní 유람 여행, 반유, pěší 산보 ◆ *brát se -ou* 자기 길을 가다; *na -ě* 도중에; *být na dobré -ě* 잘 되어 가다; *po -ě* 길을 따라; *(po) celou -u* 끝까지, 내내; *přímou -ou* 똑바로; *jít svou -ou* 자신의 길을 가다; *na poloviční -ě* 절반에; *připravit -u* 길을 열다, …의 출현을 용이하게 하다; *razit si -u* 방법을 강구하다; *sejít z -y* 길을 잃다; *stát v -ě* 방해하다, (비유적) 훼방하다; *šťastnou -u* 여행길 무사하길!, 안녕히 다녀오십시오!; *u -y* 길가에; *ukázat komu -u* 누구에게 길을 가리키다, 길을 바로 안내하다; *vyšlapaná ~* 상도, 관례; *zpáteční ~* 왕복 여행

cestář, *ma* 도로공사 인부, 도로 수리공

cestička, *f* 소로, 오솔길

cestmistr, *ma* 도로 수리 책임자

cestopis, *mi* 여행기, 기행문

cestovat (미래형 *pocestuji*) 여행하다, 소풍 가다, okružně 주유[만유, 관광] 여행을 하다, s něčím (무슨 일로) 출장 가다

cestovatel, *ma-1, 4* **-ka,** *f* 여행가

cestovné, *n* 여행 경비, 여행비,

cestovní 여행의 ◆ *~ horečka* 여행 전의 흥분[조바심]; *~ kancelář* 여행사; *~ mapa* 여행 지도; *~ pas* 여권; *~ příkaz* 여행 주의 사항 *~ ruch* 관광 진흥[발전], 여행업

cestující, *ma* 여행자, 여행객; z hlediska dopravy 여객, 승객 ◆ *obchodní ~* 순회[지방 담당] 외판원

cetka, *f* 자질구레한 장신구

cév(k)a, *f* (혈액, 임파액 등의) 관(管)

cibule, *f* **1** 구근, 구근 식물 **2** kuchyňská 양파

cibulka, *f* 골파류의 파, rostlin vůbec a vlasu 구근

cibulovitý 구근의; tvarem 양파 모양의; o kupuli (건축에서) 돔 모양의

cídič, *ma* 닦는 사람 ◆ ~ *oken/bot* 창문/구두닦이

cídit (*ciď!*) > **vy-** 닦다, 문지르다; do lesku 빛나게 하다; kovy (금속을) 닦다, 갈다

ciferník, *mi-2, 3* **1** 다이얼, 문자판 **2** (속어) 얼굴

ciferný 숫자의

cifra, *f* 숫자, 자리 수

cigareta, *f* 담배, 궐련

cigaretový 담배의, 궐련의

cihelna, *f* 벽돌 공장

cihla, *f* **1** 벽돌 **2** sýra (치즈의) 덩어리

cihl|ář, *ma* 벽돌공

cihlov|ý 벽돌의, 타일의 ◆ *-á podlaha* 타일 바닥

cícha, *f* 새털 이불

cikán, *ma* 집시 **-ka,** *f* 여자 집시

cikánský 집시의

cikcak, cik cak 지그재그; sem tam 여기저기

cikorka, *f* 치커리((유럽산; 잎은 샐러드 용, 뿌리는 커피의 대용))

cíl, *mi-1* **1** 목적, v soutěži/zápase 목표 **2** terče 과녁, 표적 **3** určení 목표물; 목적지, 행선지

cílevědomý 의도적인, 목적이 있는, 과단성 있는

cílov|ý 목적의, 목표의; 결승점의 ◆ *-á páska* 결승선에 친 테이프; *vběhnout do -ové pásky* 가슴으로 테이프를 끊다

cimbál, *mi* (악기) 둘시머, 금속현을 때려 소리내는 악기의 일종((피아노의 원형))

cimbuří, *n* 총안이 있는 성곽

cín, *mi-2* 주석, 백랍

cink|at > -nout, za- 딸랑딸랑 울리다, kov (금속이) 쨍그랑 울리다, skla (유리가) 쨍하다; harmonicky (조화롭게) 울리다

cinkot, *mi-2* 쨍그랑 울리는 소리, 짤랑짤랑 소리

cíp(-ek), *mi-2* (천, 직물의) 모서리, 끝, výběžek 첨단

cípatý 들쭉날쭉한

circa, cirka cca. 대략, 약, 정도, …쯤

církev, *f* 교회(당), 성당, 교단, 종단

církevní 교회의, týkající se duchovních 성직의 ◆ ~ *sňatek* 교회 결혼

cirkulace, *f* 순환, 유통

cirkulační 순환의, 유통의

cirkulárka, *f* 둥근 톱

cirkulovat 순환하다, 돌다 ◆ *nechat/dát co* ~ (무엇을) 순환시키다

cirkus, *mi(-2)* 서커스

cirkusový 서커스의

cirkus|ák, *ma-3* **-ačka,** *f* 서커스 출연자[배우]

císař, *ma* 황제, 제황

císařovna, *f* 황후

císařský 황제의, 제왕의

císařství, *n* 제국, 황제의 직위

cisterna, *f* **1** 탱크, 저장소 **2** 탱크차, 유조차

cisternov|ý 저장 탱크의 ◆ *-á loď* 유조선; ~ *vůz* 탱커

cit, *mi-2* **1** smyslový 느낌, reagující 감각 **2** hodnotící 감정, duševní pohnutí 기분, mocný 열정

citace, *f* **1** 언급, 인용 **2** 인용문, 인

용어구
citadela, *f* 성채, 보루
citát, *m(-2)i* = *-ace*
citelný 1 bolestně 모진, 호된, 날카로운 **2** patrný 감지할 수 있는, 느낄 수 있는; 두드러질 정도의, 현저한, 매우 뚜렷한
cítit *(cit'!)* **> po-, u- 1** 느끼다, 감지하다; zakoušet 경험하다, 겪다; chápat 지각하다, 파악하다, 이해하다 **2 > u-** hmatem 만지다, 만져보다, 더듬다; čichem 냄새맡다; chutí 맛보다 ~ **se** jak (어떻게) 느끼다 ◆ *cítí se (ne)vinen* 그는 스스로가 유죄(무죄)임을 느낀다; ~ *se opuštěný* 외롭다; *už se ne -tí* 그는 더 이상 자신의 소변을 조절하지 못한다
citlivka[1]**,** *f* 《植》 함수초[미모사],
citlivka[2]**,** *ma/f* 민감한 사람, 소심한 사람; 뱅충이, 여자 같은 사내
citlivost, *f-1* **1** 민감성, 감수성, 과민성, 신경 과민 **2** 감도, 민감도
citlivý 1 민감한, 느끼기 쉬운; reagující (빨리) 반응하는, přirozeně neodolný …에 약한 **2** film (사진) 고감도의
citoslovce, *n* 감탄사
citovat > o- 인용하다
citový 감정의, 감성의, citově bohatý 감성이 풍부한
citrón, *mi-2* 레몬
citronáda, *f* 레모네이드
citrónový 레몬의; barvou 레몬색의
citrus, *mi-2* 감귤류
civilista, *ma(-4)* 시민
civilizace, *f* 문명, 개화
civilizovat > z- 문명화시키다
civiln|í 1 úřední, necírkevní 시민의, 공민의, občanský 민간의; 민사의 **2** neuniformovaný 일반인의, 문관의 ◆ ~ *obrana* 민간 방공, 민방위; *-ě oddat* (교회 결혼이 아닌) 민간 결혼을 하다; ~ *proces* 민사 소송
cívka, *f* **1** 릴, 감개; ve stroji 얼레, 보빈 **2** 《電》 코일, 선
cizácký 이방인의
cizák, *ma-3* 이방인, vetřelec 침입자
cizí 1 다른 사람의, 다른 민족의, 외국의 **2** jiného druhu, sem nepatřící 이방의, 낯선, 눈[귀]에 익숙하지 않은, 생소한, 이상한; neorganický, nesourodý 관계가 없는, 이질의 ◆ *pod -m jménem* 가명 하에
cizin|a, *f* 외국, 타국, 다른 나라 ◆ *do -y,* 외국으로, 해외로; *v -ě* 외국에서, *z -y* 외국으로부터
cizin|ec, *ma* **-ka,** *f* **1** jiného jazyka, mravů 외국인, 타국인; neznalý poměrů a neznámý 이방인 **2** 국외자
cizinecký 외국(인)의, 이방(인)의
cizojazyčný 외국어의
cizokrajný 외지의, 외래의; exotický 이국의, 이국취미의, 이국풍의
cizoložn|ík, *ma-3* **-ice,** *f* 간통한 남자[여자]
cizoložn(ick)ý 간통의
cizoložství, *n* 간통
cizopasit na čem (무엇에) 기생[기식]하다
cizopasník, *ma-3* 기생충, 기생 동물
cizopasný 기생적인, 기생충의, 기생동물의

cizovláda, *f* 식민 통치
cizozemec, *ma* 외국인, 타국인
cizozemský 외국의, 타국의
cl|o, *n(-2)* **1** poplatek 조세, 세금, (관)세 **2** procedura 관세 ◆ *bez -a* 세금 면제, 면세, *podléhající -u* 세금이 붙는
clona, *f* **1** (렌즈) 조리개 **2** 스크린, 막, 보호막
clonit > za- 막을 치다; a tak chránit 보호하다, zahalením 장막을 치다
cloumat > za- 흔들다, škubavě 뒤흔들다; po délce (길게) 잡아당기다, kymácet 좌우로 흔들다
co (의문, 관계, 상관 대명사, 변화는 부록의 문법 참조) **1** 무엇 **2** kolik 얼마 **3** něco, nic (부정문이나 의문문 그리고 조건문에서) 무엇이든지 **4** vztažné to, co 것 **5** = *zatímco, pokud, tolik, kolik, od té doby co* ◆ *~ nej-* 가능한 한; *den ~ den* 나날이; *čím... tím...* …할수록 더욱…하다; *~ do* …에 관해서는; *mám/nemám ~ dělat* 나는 해야 할 무엇이 있다/없다; *~ na tom?* 그것이 어때서?; *~ se týče* …에 관해서는
cokoli(v) 무엇이든, 어떤[어느]것이든; uvádí vedl. větu (종속문을 인도) 무엇을[무엇이] …하든지[이든지]
cop, *mi-2* 땋은 머리, 변발
copak 1 (경의, 호기심, 책망을 나타냄) 무엇 때문에 **2** (감탄, 거절 등을 표현) 왜, 도대체 왜
cos = *cosi* (co-, 변화는 부록의 문법 참조)
cosi 어떤 물건, 어떤 것, 그 무엇 ◆ *kdesi ~* 뭐든지
coul, *mi-2* (구어체) 인치((12부의 1피트, 2.54cm))
coura, *f* (속어) 몸가짐이 단정치 못한 여자, 매춘부, 창녀, špatné pověsti (나쁜 소문들의) 채신머리 없는 여자
courat se 1 (매우)천천히 가다, 어슬렁거리다 **2** lhostejně (무관심하게, 태연히) 빈둥거리다, 빈들빈들 지내다 **3** pozadu 처지다, 뒤떨어지다, 꾸물거리다 **4** mimo povinnosti 아무런 목적 없이 돌아다니다, schlíple (풀이 죽어서, 낙심하여) 구부정한 걸음걸이로 걷다, 축 늘어진 걸음걸이로 걷다**5** vléci se 발을 질질 끌며 걷다, 시간을 질질 끌다
couv|at > -nout, za- 1 후진하다, 물러나다, 퇴각하다 **2** ze závazku apod. (굴레, 의무 등으로부터) 빠져나오다 **3** z místa (장소, 자리에서) 물러나다, 탈퇴하다, 철수하다 **4** s odporem (거부감을 가지고) 뒷걸음치다, 물러서다 před (…에서, …로부터) **5** vzpínat se (말, 차 따위가) 앞으로 나아가려 하지 않다, 주저하다 (před …(앞)에서); uhýbavě (회피적으로) 주춤[움찔]하다, 꽁무니 빼다 **6** 되튀다, 뒤로 물러나다, 되돌아 오다, 반동하다 **7** poddat se 굴복하다, 항복하다, 싸움을[논의를] 그만두다 **8** ustoupit z cesty 길을 비키다, 양보하다 ◆ *~ ze slibu* 약속을 철회[취소]하다
což[1] **1** ovšem 의심할 바 없이, 확실히, 물론 **2** = *buďsi*
což[2] (전체 문장을 선행사로 하는 관계 대명사) …하는 그것
cože 1 = *co* **2** jakže 뭐라고((놀라움과 노여움을 나타냄)); nerozumím 뭐라고((이해할 수 없음을 나타냄))

C

C

cožpak = *copak, co*
cpát (*cp-u, cpal; necpat*) > **na-, vecpat 1** co kam (무엇을 어디에) 채우다[채워 넣다], 밀다, 밀어 넣다, 쑤시다, 쑤셔 넣다 **2** 죄다, 압착하다, 비집고 들어가다 **3** vnucovat …를, …에게 강요[강제]하다 **4** plnit co čím (무엇을 무엇으로) 채우다[가득하게 하다]; cigaretu (담배를) 말다 ~ > **vy- 1** co čím (무엇을 무엇으로) 채우다[채워 넣다] **2** židle (의자에) 앉을 자리를 내다 ~ **se** > *nacpat se(pod).* čím (무엇으로) 채워지다[차다] ~ **se** > **1** *vecpat se* kam (어디로) 밀어 젖히고[헤치고] 나아가다[들어가다, 나오다]; tlačit se 밀려[모여]들다 **2** vnucovat se komu (누구에게) 억지로 떠맡기다, 강요하다
crčet (*ony crčí*) téci (물, 피, 땀 따위가) 흐르다, 흘러 내리다, po kapkách 물방울이 똑똑 떨어지다, bublavě 졸졸 소리를 내며 흐르다
ct- v. *čest*
ctěný v dopisech (편지에서) 친애하는; v. *ctít*
ctihodnost, *f-1* (나이, 인격, 지위로 보아) 존경할만함, 훌륭함, 덕망 있음
ctihodný 1 존경할만한, 훌륭한, 덕망 있는 **2** círk. titul ~님((성직자에 대한 경칭)), titul brit. poslance (지위가 높은) 사람의 이름에 붙이는 경칭((영국에서는 양원 의원이나 고등법원의 판사, 하원의장; 식민지 행정권, 궁녀, 백작 이하의 귀족의 자제에 대한 경칭))
ctít (마치 *ctít*처럼 변화) **1** vážit si 존경하다, 숭배하다 **2** tradici, zákony, zvyky (전통, 법률, 관습을) 숭상하다 **3** jako svaté (성스러운 것으로) 공경하다, 받들어 모시다 **4** uctívat 숭배[존경]하다, 존중하다, …에게 경의를 표하다, = *respektovat* ◆ ~ *barvu* (카드) 남이 내놓은 패와 같은 패를 내다, **(비유적)** 남의 흉내를 내다, 선례를 따르다 ~ > **po-** (pod.) 존경하다, 경의를 표하다. na důkaz přízně (호감[배려]의 증거로) 존중하다 ~ > **u-** (pod) koho čím (누구를 무엇으로써) 대접하다
ctitel, *ma-1, 4* **-ka,** *f* 찬미자, 팬; 구애자, 구혼자, 애인, silněji (더 강하게) 우상숭배자, 맹목적 심취자; *-é, ma-1,4 pl* 종자(從者), 부하, 제자; 신봉자
ctižádost, *f-1* 야심, 열망; 공명심, 권력욕; ušlechtilá (아주 높은, 웅대한) 열망, 포부, 대망
ctižádostivý 대망을 품은, 야심 있는; ušlechtile (웅대하게) 향학심에 불타는, 포부가 있는
ctnost, *f-1* [cn-]미덕, 장점, 가치 ◆ *dělat z nouze ~* 불가피한 일을 불평없이 행하다,
ctnostný 덕이 높은, 덕행이 있는, 고결한
ctný = *ctnostný, ctihodný*
cucat 1 (젖, 액체를) 빨다, 핥다, 빨아먹다 **2 (비유어)** (이성을) 애무하다, 페팅하다 ~ > **vy- 1** srkat (술 따위를 음미하며) 홀짝이다 **2** (지식을) 흡수하다 **3** vydírat …에 기식하다, 돈을 뜯어내다
cudnost, *f-1* 정숙, 순결, 고상, 순정;

수줍음, 스스로움, 삼감, 소심

cudný 정숙한, 공손한, 순정한, 조촐한; 수줍은, 삼가는

cuchanina, *f* 엉킴, 얽힘, 혼란, 혼잡, 난잡, 뒤범벅, 주어 모은 것

cuchat > po-, z(a)- 1 엉클어지게 하다, 뒤얽히게 하다, 혼란 시키다 **2** mírně (조금, 약간) 주름살지게하다, 물결을 일으키다, 어지럽히다, 뒤흔들다 **3** žmolit 뒤죽박죽 주워 모으다 [쌓아 올리다], 되는대로 쑤셔 넣다

cuk|at > -nout, iter. **za-** 획 움직이게 하다, 급히 흔들다[당기다, 밀다, 던지다]; 뜯다, 잡아 뽑다; 홱 잡아당기다, 잡아채다◆ *-nout sebou* 갑자기[격하게] 움직이다, 움찔하다

cukr, *mi-2* 설탕 ◆ *jako ~* 설탕 같은, 달콤한, *být jako z -u* 완전히 옷을 잘 차려 입고 있다, 아주 새롭다, 참신하다, 말쑥하다

cukrárna, *f* 과자 가게, 제과점

cukrář, *ma* **-ka,** *f* 과자 제조인, 과자장수

cukrářský 과자의, 당과의, 과자 제조(판매)의

cukrovar, *mi* 제당소, 제조과 공장, rafináda 정련소, 정제소

cukrovat > za- (비둘기 따위가) 꾸르륵 울다, 정답게 말을 주고 받다 ~ **> po-** …에 설탕을 넣다[뿌리다, 입히다], 달게 하다, 설탕이 되다, 당화하다

cukroví, *n* 단 것, 사탕, 과자, 캔디, ◆ *různé druhy ~* (각종) 캔디류

cukrovka, *f* **1** řepa 사탕무 **2** nemoc 당뇨병

cukrový 달콤한, 단; jako cukr 설탕 같은, 달콤하고 감상적인; bílý 유백색의; sypaný cukrem 설탕이 뿌려진, 당화된, 설탕을 입힌, polévaný (알약 따위에) 당의를 입힌; …의 체재를 좋게 한, …의 겉을 잘 꾸민

cukřenka, *f* 설탕 그릇, 설탕 통

culit se > za- 능글맞게 웃다, 부자연스럽게 웃다

cupanina, *f* 린트천((붕대 용의 부드러운 베의 일종)), 조면

cupat (*cup-u*도 가능**)** (주로 아이의 걸음걸이가) 짧고 가볍게 쿵쿵거리며 걷다, 또박또박 잦은 걸음으로 걷다 ◆ *~ rychlým kroky* 총총 걸음 하다

cůpek, *mi-2, 3* 가는 주름, 변발, 땋은 끈

Curych, *m* 취리히

cvak|at > -nout, za- 쨍하나, 쨍[찔랑] 소리를 내다 ◆ *-al zuby* 그는 이빨을 딱딱 부딪쳐 소리나게 했다.

cval, *mi-2* 갤럽((말 따위의 최고 속도의 구보)), 최고 속도, 전속력 ◆ *přivést koně do -u* 말을 타고 갤럽[전속력]으로 달리다

cválat (말을 타고) 갤럽[전속력]으로 달리다, 질주하다; 느린 구보로 나아가(게 하)다

cvičení, *n* **1** 훈련, 트레이닝, 교련, 연습; s překonáváním obtíží (어려움[곤경]의 극복) 훈련, 교육; opakováním (반복에 의한) 실습, 연습; fyzické/jakoby voj. (육체적인 혹은 군사적인) 운동, 연습, 훈련; tvrdé (엄격한) 훈련; trenéra (경기 지도원의) 코치, domácího učitele (가정교사의) 수험지도 **2** školní úloha 연습문제, 숙제

cvičiště, *n* 훈련장, 야외 경기장
cvičit > vy- (누구를) 훈련시키다, 단련시키다; překonáváním obtíží 교육하다, 가르치다, 익히다, 단련시키다; opakováním (반복적으로) 연습시키다, 실행하다; tělo, v brannosti, také círk. 활동시키다, 길들이다; tvrdě (엄격하게) 훈련시키다, (철저히) 연습시키다; jako trenér/domácí učitel (경기 지도원 또는 가정 교사가) 코치하다, 수험지도하다; těl. 체조하다, 체육(운동)하다, 신체를 훈련하다; zvíře (동물 따위를) 길들이다, 단련시키다, 훈육하다 ~ **se > vy-** 연습하다, 실습하다, stálým opakováním (계속되는[지속적인] 반복으로) 훈련하다, 단련하다
cvičitel, *ma-1, 4* **-ka,** *f* zvl. těl. (특히 신체적인) 훈련자, 지도자; trenér/domácí učitel 교사, 선생, 교관, 코치, 지도원, 가정교사
cvičky, *f-pl* 운동화, 훈련화
cvik, *mi-2* 운동, 체조, 훈련; = *cvičení* ◆ *mít ~ v čem* 무엇에 연습을 쌓다[숙련되다], 무엇에 대한 취급법[사용법]을 알다, 요령을 터득하다; *nabýt -u v čem* 무엇에 훈련[익숙]되다; *vyjít ze -u* (연습 부족으로) 서투르다[서투르게 되다], (잊어버려서) 더 이상 잘 못하다
cvok[1]**,** *mi-2, 3* (대가리가 큰) 징, 못
cvok[2]**,** *ma-3* **(속어)** 괴짜, 바보, 미치광이 ◆ *být ~* (머리가) 돌았다
cvokárna, *f* **(속어) 1** 정신 병원 **2** 난장판
cvrček, *ma-3* **1** 귀뚜라미 **2** = *mrně*
cvrlikat > za- (새가) 지저귀다, 짹짹 울다, 재잘재잘 지껄이다
cyklický 주기의, 순환의, 순환하는
cyklist|a, *ma(-4)* **-ka,** *f* 자전거 타는 사람[선수]
cyklistický [-ty-] 자전거타기의, 사이클링의, 자전거 여행의
cyklón, *mi-2* (인도양 방면의) 폭풍우, 싸이클론
cyklotron, *mi-2* 사이클로트론((원자핵 파괴 장치))
cyklus, *mi-2* 순환, 한 바퀴, 주기; 연속 강좌[강의]
cylindr, *mi-2* **1** válec 원기둥, 주면체; 실린더, 기통; lampy (남포의) 등피 **2** klobouk (모자) 실크 해트
cynický [-ny-] 냉소적인, 비꼬는, 인생을 백안시하는
cynik, *ma-3* 냉소하는 사람, 비꼬는 사람, 냉소가
cynismus, *mi-2* 냉소, 비꼬는 버릇, 꼬집는 말[생각, 행위]
cypřiš, *mi, f* 삼(衫) 나무의 일종, 그 가지((애도의 상징)), 그 재목
cyrilice, *f* 키릴 자모((그리스 정교를 믿는 슬라브 민족의 자모; 현 러시아어 자모의 모체))

Č

č, Č [čé] *n-in* [체] 체코어 알파벳의 자음 글자

č. *číslo*의 약어

čabajka, *f* 훈제한 헝가리 살라미 소시지

čacký 강한, 용감한, 씩씩한, 힘센, 건장한, 굳세고 용맹스러운, 영웅스러운

čahoun, *ma* **(**비유어**)** 홀쭉[호리호리]한 사내, 키다리, 꺽다리

čachr, *mi-2* **1** 불공정 거래를 하는 상점[가게] **2** 은밀한[부정직한] 거래[흥정] ◆ *politické -y* 정치적인 흥정; *dělat -y s čím* 무엇을 부정한 거래를 하다

čaj, *mi-2* **1** 차 **2** společenský (사회의) 차모임, 티파티, 다과회, 다화회

čajov|ý 차의 ◆ *-á konvice* 찻 병, 찻주전자, konvice na čaj 차탕관, 차 끓이는 솥

čáka, *f* **(**고어**)** = *naděje*

čaloun, *mi-2* **čalounění,** *n* 태피스트리((색색의 실로 수놓은 벽걸이나 실내 장식용 비단))

čalouník, *ma-3* **1** 가구에 천을 대는 직공 **2** (방을 커튼, 양탄자, 가구 따위로 꾸미거나 가구를 비치하는) 실내 장식업자

čáp, *ma* 황새 ◆ *děti nosí ~* 아기는 황새가 물고 왔다((아이는 어디서 났느냐고 아이들이 물을 때의 대답))

čapí 황새의

čapka, *f* (양태없는) 모자

čapnout < **(**구어체**)** (범인을) 잡다, 체포하다

čára, *f* (*čar, čár-*) **1** 선, 줄, 라인 **2** 한 획, 한 번 새김 **3** 슬래시, 사선 ◆ *čárkovaná ~* 밑 줄; *čerchovaná ~* 모르스식 부호; *tečkovaná ~* 점선; *bitevní ~* 전열, 전선; *hraniční ~* 경계선; *palební ~* 사선(射線), (진두 띠위의) 최전선; *~ ponoru* 만재 흘수선(워터라인); *na stejné čáře s čím* …와 같은 수준으로, …와 대등하여; *udělat komu -u přes rozpočet* (누구의 계획을) 훼방놓다, 방해하다, 좌절시키다, 꺾다; *vést -u* 한도를 정하다, 한도로 하다, 구별짓다; *vzdušná ~* 직선, 최단 코스[거리]; *vzdušnou -ou* 일직선으로

čárk|a, *f* **1** interpunkční 쉼표, 콤마 **2** 한 획, 횡선 ◆ *udělat -u* (*v textu*) 쉼표를 넣다, 콤마를 찍다

čaroděj, *ma* (남자) 마법사; pracující s kouzly, čarami 마술사 **-ka,** *f* 여자 마법사, 매력있는 여자, 요부

čarodějnice, *f* babizna 간악한 노파, 마녀

čarodějnictví, *n* 마법, 마술, 묘기

čarodějný 마력이 있는, 호리는, 황홀하게 하는; = *kouzelný*

Č

čaromoc, *f-1* 마력, 불가사의 한 힘
čarovat 마법을 걸다, 마술을 부리다
čarovný 매혹시키는, 황홀케 하는; kouzelný 마법의
čáry, *f-pl* (종종 *mi-pl*) 마법, 마술, 묘기, 요력, 마력, 매력
čas, *mi(-2)* **1** 시간, 때, 시일; 세월, 시간의 경과 **2** 기간 **3** 여가, 틈 **4** počasí 날씨 **5** (문법) 시제, 시상, 시점 ◆ ~ *běží, letí, míjí, plyne, ubíhá* 세월이 흐르다, 시간이 가다; *blýská se na -y* 막전광((구름에 반사된 장막 모양의 번개))이 치다; *celý* ~ 그간 줄곧, 언제든지, 어느때라도, (부정) 결코, 절대로; *dát komu na* ~ (누구에게) 시간을 주다; *dát si na* ~ 천천히 하다, 연기하다, 지연하다; *duch -u* 시대 정신, *jít s duchem -u* 시세에 뒤지지 않고 따라가다; *je ~/na -e* …할 때다; *je nevyšší* ~ *na co, k čemu* …하기 위한 적기[가장 좋은 때]이다; *není* ~ *na co/k čemu* …할 시간이 없다; *je na to dost -u* 시간이 충분하다, 서두를 필요 없다; *není -u nazbyt* 조금도 …할 여유가 없다, 시간이 촉박하다, 급하다, 바쁘다, 잠시도 틈이 없다; *krátit si* ~ 시간[세월]을 보내다; *krátký* ~ 단시간; ~ *kvapí* 시간이 절박하다; *letní* ~ 써머타임, 일광 절약시간; *mít* ~ 선약이 없다, 한가하다; *na -e* …할 시간이 있다; *to má* ~ 그것 때문에 서두를 필요 없다; *mít pěkné -y* 즐겁게 보내다, 재미난 시간을 갖다; *všechno má svůj* ~ 모든 것은 시기[때]가 있다; *mařit* ~ 시간을 낭비하다; *na* ~ 일시, 잠시, *přesně* 정각에, 정시에, *na nějaký* ~ 잠시동안; *na věčné/všechny -y* 언제까지나, 영원히; *nedostatek -u* 시간의 절박함, 화급함; *od toho -u, od těch -ů* 그 때 이래로, 그 다음부터; ~ *od -u* 때때로; *po* ~ *čeho* …중, …의 사이 (…할) 때까지는; *po celý(ten)* ~ 그간 줄곧, 언제든지, 어느 때라도; *po (nějakém) -e* 잠시후에; *poslední* ~ 최근[요즘음]에는; *po všechny -y* 언제까지나, 영원히; *první* ~ 처음(에는); *psí* ~ *(počasí)* 고약한 날씨; *před (nějakým) -em (dávno)* = *před dávným -em (-nými -y)* 오래 전에, 옛날 옛날에, (시적 표현) 옛날 옛적에; *přes* ~ 규정 시간 외에; *přišel její* ~ 그녀는 산욕에 있게 되었다; *(dát komu)* ~ *na rozmyšlenou* (누구에게) 다시 생각 할 시간을 주다; *svého -u* 한 번은 *(kdysi)* 언젠가; *svým -em* 당연한 추세로, 멀지 않아; *v* ~ *čeho* 무엇의 때를 맞춰; *v ten ~, v ty -y* 한꺼번에, 동시에; *v pravý* ~ 마침 좋은 때에, 시기가 오면, 바로, 곧; *v nepravý* ~ 시기가 아닌, 제철이 아닌, 늦어서; *volný* ~ 여가 시간; *kde mám na to vzít ~?* 나는 그것을 할 시간이 없다, 한가한 시간이 없다; *za* ~ 얼마 후에; *jednou za* ~ 가끔, 때때로, *za našich -ů* 우리가 살아 있을 동안에, 우리 때에는; *za -u(-ů)*… …의 날들에, …의 시기에; *získat* ~ 시간을 절약하다; *ztrácet* ~ 시간을 낭비하다
časem **1** 가끔, 이따금 **2** postupem doby 때가 경과함에 따라, 마침내
časně 일찍이, 이르게
časný 이른, 빠른, 조속한
časoměřič, *ma* (작업) 시간 계원, (경

기의) 시간 기록원
časopis, *mi* 정기 간행물, 잡지, 저널
časopisecký 잡지(업)의, 잡지 특유의, 정기 간행물의
časoprostor, *mi-2* 시공((4차원 세계: 3차원 공간에 4차원 시간을 더한 상대 이론 개념))
časovat > na- …의 시기를 정하다, 시간을 재다, (시계 등을) 맞추다 ~ **> od-/vy-**; (동사를) 활용[변화]시키다, (동사가) 활용하다
časovost, *f-1* **1** 화제, 시사 문제 **2** vhodnost 적시, 적당한 때
časov|ý aktuální **1** 화제의, 논제의, 시사문제의 **2** týkající se času 시간의, 시각의, 기간의 **3** sledu 연대순의, 연대학의 ◆ *-á mzda* 시간급, 한 시간당 급료; *-á tíseň* 시간 부족; *být v -vé tísni* 시간에 쪼들리다); *-ý signál* (라디오, 텔레비전의) 시보
část, *f-1* **1** 일부, 부분, 조각, 단편; 부; 조항 **2** něčeho ne nutně uceleného, nahromaděného (군이 전체나 집합이 아닌 무엇의) 한 조각, 일부, 몫 **3** 《軍》 주요부, 본체, 본대 ◆ *náhradní ~* (대체의) 여분, 예비분; *po -ech* 나누어, 일부분씩, 분책으로, postupně 점차로; *z valné* (n. *velké*) *-i* 중요한 부분, 많은 부분; *z větší -i* 대부분, 다수; *z největší -i* 대개, 대체로, 대부분
částečka, *f* 미립자, 극소(량), 극히 작은 조각; (서류의) 조항
částečný 부분적인, 일부분의, 국부적인
částečně 부분적으로, 일부, 얼마간, 어느정도
částice, *f* **1** 작은 량[부분] **2 (**문법용어**)** 불변화사, 첨사
částka, *f* 총계, 총액
často 자주, 종종, v malých odstupech (짧은 거리나 간격에서) 빈번히; obecně 상례로, 일반적으로
častokrát(e) 여러 번, 수차례, 자주, 몇 번이고 자주
častovat > po- koho čím (누구를 무엇으로) 대접하다, 접대하다, 향응하다, 융숭하게 대접하다
častý 자주 일어나는, 빈번한, 회수를 거듭하는, opakovaný 반복되는; těsně za sebou (바로 근접해서) 빽빽한
čedič, *mi* 현무암
čedičový 현무암의
čeho v. *co*
Čech, *ma-3* 체코사람[인]
Čechoslov|ák, *ma* **-ačka,** *f* 체코슬로바키아 인[사람]
Čechy, *f-pl* 보헤미아((체코의 중부 서부 및 지방))
čechrat > roz- 주름이 지게하다, 바람이 (머리칼 따위를) 가볍게 흔들다, 물결을 일으키다, 어지럽히다
čekající, *ma* 기다리는 사람, 대기자
čekan|á, *f* 사냥꾼이 사냥감을 기다리는 사냥법; 사냥감을 기다리는 은신처[은폐소] ◆ *být na -ané* 숨어서 기다리다
čekání, *n* 기다리기, 대기
čekárna, *f* 대기실 ◆ *~ pro matky s dětmi* 아이 방, 육아실, 탁아소
ček|at 1 기다리다, 대기하다; domnívat se, že přijde (그가[그것이]) 올거라고 여기다, 기대[예기]하다 **2** hledět do budoucna (미래를) 기대하다,

Č

즐거움으로 기다리다 ~ > **počkat/sečkat/vyčkat** **1** neodcházet (떠나지 않고) 끝까지 …를 기다리다; na koho s čím (누구를 위해 무엇을 준비하고서) 기다리다 **2** s čím (무엇을) 미루다, 연기하다, 늦추다 **3** komu tj. na dluh (누구를) 신용하다, (누구에게) 신용 대부하다 ◆ *jak se dá (dalo) ~* 추측대로, 기대했던대로; *počkej s tím do zítřka* 그것은 내일까지 연기해라[미루어라, 기다려라]; *nechat na sebe ~* 시간이 걸리다[늦다]; *nechat koho ~* 누구를 기다리게 하다, 바람맞히다; *co na nás -á* 우리를 위해 준비되어 있는 것[우리를 기다리는 것] **~ se** **1** než vyjde apod. 일시 중지로 되어 있다, 정지 중이다 **2** o ženě (산모가) 해산이 가까워지다

čekatel, *ma-1, 4* **-ka,** *f* 대기자, 후보자, 지원자; uchazeč (보수가 없거나 적은) 견습공

čeládka, *f* **1** 하인(들), 일꾼(들), 시종(들) **2** cháska (집합적 의미) 한 떼[무리], 한 집단

čeleď, *f-1* **1** 하인(들), 일꾼(들) **2** 부족, 종족, 세대 **3** 종((동, 식물 등의))

čeledín, *ma* (급료, 음식, 주거 등을 받고 일하는) 농부, 농장 노동자, 머슴; 마부

čeledník, *mi-2, 3* 머슴을 위한 주거지, 행낭

čelenka, *f* k ochraně 헤어밴드, (보호용) 머리띠; k ozdobě 왕관, (옛날 동방 제국의 왕이 쓴) 머리띠; (보석 따위를 박은) 관

čelist, *f-1* **1** 턱(뼈) **2** kleští (집게 따위의) 집는 부분

čelit čemu, komu (무엇에, 누구에) 면하다, 향하다; odolávat 저항하다, 격퇴하다, 방해하다

čelní 앞(쪽)의, 정면의; 이마의

čelný 지도적인, 일류의, 탁월한

čel|o, *n-2* **1** 앞, 정면, 앞면; něčeho, přední plocha (무언가 앞쪽의) 면, 표면 **2** hlavy (머리의) 이마 ◆ *být v -e čeho* 무엇을 안내하다, 선도하다, 이끌다, 거느리다, 지휘하다; *drzé -o* 뻔뻔스러움, 철면피; *v -e čeho* 무엇의 선두에 서서; *mít koho v -e* 누구를 전면에 세우다; *-em vzad* 방향을 바꾸기, 뒤로 돌기, (주위 따위의) 전향

čem(u) v. *co*

čenich, *mi-2, 3* 주둥이, 삐죽한 코

čenichat 코를 킁킁거리다, 냄새를 맡다

čep, *mi-2* kolik 나무못, 쐐기, ucpávající (밀어서 막은) 마개, sudu (통 따위의) 마개; výpustní (통에 달린) 주둥이, 꼭지 ◆ *pivo od -u* 생맥주

čepec, *mi* 보닛((턱밑에서 끈을 매게 돼있는 챙없는 여자, 어린이용 모자)); 두건, 머리 씌우개 ◆ *přijít pod ~* 결혼하다

čepice, *f* (양태없는) 모자

čepel, *f-1* **1** (칼, 도끼 따위의)날; (은유) 날카로운 무기 **2** 잎, (잎꼭지에 대하여) 잎몸

čepelka *f* **1** *čepel*의 지소격 **2** 면도칼

čepobití, *n* 귀영 나팔(복), 폐문 신호소리

čepovat > **na-** (통 따위의) 마개를 뽑고 따라내다, (맥주 등을) 따르다

čepýřit se > **na-/roz-** (새가 성을

내고 깃털을) 곤두세우다; rudnout 화가 나서 얼굴이 붉어지다

čerň, *f-1* 흑(색), 검은색 ◆ *tiskařská ~* 인쇄용 잉크

černat > z- 검게하다, 더럽히다; **~ se** 검어지다, 어두워지다

Černá Hora, *f* 몬테네그로

Černé moře, *n* 흑해

černo, *n-2* 흑, 검은 색

černobílý 펜 그림의, 단색의, 흑백 얼룩의, 흑백의((영화, 사진, TV 따위의))

černo|ch, *ma-3* **-ška,** *f* 니그로, 흑인, 검둥이

černokněžník, *ma-3* 마술사, 요술장이, 점장이

černooký 눈이 까만, 검은 눈의

černovlasý 머리가 검은, 검은 머리의, 흑발의

černožlutý 검고 노란 얼룩의, 흑황색의

čern|ý 1 검은, 검은 색의, 흑색의 **2** 암흑의, 어두운, 암울한 **3** 불법의, 부정의, 불의의 ◆ *~ chléb* 흑빵; *~ den* 어두운 말, 음울한 날, 불길한 날; *-á hodinka* 해거름, 황혼; *~ kašel* 백일해; *-á káva* 블랙커피; *~ pasažér* 밀항자; *-é pivo* 스타우트, 흑맥주; *-á tabule* 흑판, 칠판; *~ trh* 암시장; *-é uhlí* 석탄, 유연탄; *-á zvěř* 멧돼지; *-é na bílém* 인쇄로, 필사로, 문서로

čerpací stanice: v. *pumpa*

čerpadlo, *n* 펌프, 급수[급유] 펌프

čerpat > na- 1 뜨다, 퍼내다, 퍼담다 **2** (지식, 정보 등을) 입수하다, 수집하다, 모으다 ◆ *~ naději* 희망을 갖다, 용기를 내다; *~ pohonné látky* 가솔린을 채우다, 정유 또는 경유를 넣다

čerstvost, *f-1*새로움, 신선함, 발랄, 상쾌, 생생함

čerstv|ý 1 새로운, 갓 만들어진, 신선한 **2** rychlý 날랜, 빠른 신속한 **3** svěže chladivý 시원한, 상쾌한 ◆ *-é maso (nekonzervované)* 선육((통조림 고기가 아닌)); *-é mléko* 신선한 우유; *-é vejce* 보통 달걀((건조, 분말로 하지 않은))

čert, *ma* **1** (종교적 형상이나 동화에서) 악마, 악귀 **2** v kletbách (저주나 악담에서) 제기랄 ◆ *k -u* 도대체, 제기랄; *od -a k ďáblu* (재난 따위) 꼬리를 물고, 연달아, 잇따라; *-ovo kopýtko* (소, 악마 등의) 우제(偶蹄), 악의[적의]

čertovina, *f* 짓궂은 장난; divoká 익마의 짓, 마법, 극악무도한 행위; 지독한 장난, 대담무쌍한 행위

čertovský 악마 같은, 무서운, 극악무도한, 굉장한, 심한, 대단한

červ, *ma* **1** 벌레, 지렁이 모양의 것; larva (애벌레) 유충, 굼벵이, 구더기, v hnilobné látce (부패한 물질 속의) 구더기 **2 (경멸어)** 불쌍한[가련한] 존재 **3 (은유)** 기분이 나쁜[고통스런] 감정 **4** 양심의 가책

červánky, *mi-3* 붉은 아침[저녁] 하늘[노을], 여명, 황혼

červ|en, *mi-2* **(**생격 *-na***)** 6월

červeň, *f-1* 붉은 빛, 붉은색, 적색

červenat > z- 붉게 만들다 = **~ se > za-** 붉그스름해지다, 빨개지다; o člověku (사람이) 얼굴을 붉히다

červenavý 불그스레한, 불그레한

Č

갈색을 띤
červenec, *mi* 7월
červenobílý 붉고 하얀, 적백색의
červen|ý 빨간, 적색의; zdravě (건강하게) 붉은, 불그스름한, 혈색이 좋은, 건장한 ◆ *-é víno* 적 포도주
červí(če)k, *ma-3* **1** 작은 벌레, 유충 **2** dítě 가엾은 아이
červivět (*-vějí*) > **z-** (과일 따위에) 벌레가 먹다[붙다]
červivý 벌레 먹은, 낡아 빠진, 퀘퀘묵은, 시대에 뒤진
červotoč, *ma* 나무좀
červotočivý 벌레먹은, 낡아빠진, 썩은, 부패한
čeřit (se) > roz-/z- …에 잔물결[파문]을 일으키다, 잔물결이 일다
česáč, *ma* **-ka**[1], *f* ovoce (과일을) 채집하는 사람, 따는 사람, vína (포도) 수확자; vlny (털을) 빗는 사람, 보풀 일구는 직공
česáčka[2], 홉 열매 수확기
čes|at (*češ-u, češ!*) > **pro-/u-** 빗질하다, 빗다 ~ > **vy-** vlnu (털의) 보풀을 일으키다, látku (모직물 등의) 보풀을 세우다, koně (말 따위를) 빗질하다, 다듬다 ◆ *-aná příze* 소모사 모직물 ~ > **na-, s-** sbírat (모으다) 따다, 뜯다, 채집하다; ovoce (과일 등을) 주워 모으다, 수집하다, 수확하다 ~ **se > u-** (자신의) 머리를 빗다
Česká republika 체코 공화국
Česko, *n* 체코, 체코 공화국
česko-anglický 체코어-영어의
českobratrský 체코 형제교단의
českomoravský 보헤미아와 모라비아의
Československo, *n* 체코슬로바키아
československý 체코슬로바키아의
českost, *f-1* 체코의 특성[특질, 성질], 체코적인 것
česky 체코어로 ◆ *mluvit ~* 체코어를 하다, 체코어로 말하다
česk|ý *-ého národa* 체코의, 체코 민족의; 체코인의, 체코 사람의; *-ého jazyka* 체코어의
česnek, *mi-2, 3* 마늘, (조미료로서의) 마늘
česnekový 마늘의
čest, *f-1* (*ct-*; 대격 *čest*) **1** 명예, 영예 **2** o chování a panenství (행위와 순결[정절]에 대해) 미덕, 덕, 정조 **3** sláva 영광, dobrá pověst 좋은 평판[세평], 명성 **4** 면목, 체면, 신용 ◆ *chránit čí ~* 누구의 명예를 지키다, 체면을 지키다; *k jeho cti* 그를 절찬하여; *mám tu ~* 나는 (…하는) 영광을 얻다, 삼가 …합니다; *na mou ~* 맹세코, 나의 명예를 걸고, 확실히; *nemá kouska cti v těle* 그는 매우 비열한 녀석이다; *pokládat si za ~* 영광으로 생각하다; *pro ~* …의 신용상, 맹세코, 확실히; *prokázat komu ~* 누구에게 경의를 표하다; *připravit koho o ~* 누구를 유혹하다, 매혹시키다, 반하게 하다; *sloužit/být komu ke cti, dělat komu ~* 누구의 명예가[공이]되다; *sáhnout komu na ~* 누구의 명성을 공격하다; *se ctí* 존경받도록, 훌륭히, 올바르게, 정당하게; *stavovská ~* 귀족 계급의 명예; *ubližovat/utrhat komu na cti* 누구를 비방하다, 중상하다; *někoho na cti*

utrhat 누구를 중상[비방]하다; *nactiutrhání* 중상, 명예훼손, 비방[중상]하는 글, 모욕[불명예]가 되는 것; *žaloba pro urážku na cti* 명예 훼손 소송; *žalovat koho pro urážku na cti* 명예 훼손 죄로 고소하다; *věc cti* 명예에 관한 일, 체면에 관한 일; *vzdát* ~ … 에게 경의를 표하다, 신하의 예를 다하다, 인사하다, (특히 깍듯이) 경례하다

čestnost, *f-1* 성실 정직, 고결, 완전 무결

čestn|ý 1 명예 있는, 명예로운, 존경할 만한, 훌륭한 **2** obřadně (의식[예식]에서) …에 경의를 표하는, …을 축하하는 **3** udělený jako projev uznání (인정[평가]의 표현으로써 시행되는 사람의 이름에 붙이는 경칭으로서의) 존경하는 **4** neplacený 명예직의, 무급의 ◆ ~ *člověk* 신의를 존중하는 사람; ~ *dar* 증여, 수여, 증정, (공식적인) 선물; (*na*) *-é slovo* 맹세(코); *propuštěn na -é slovo* (선서를 하고) 가석방[가출소] 되다; *-á vstupenka* 우대권, 초대권

Češka, *f* 체코 여자, 체코 소녀

češství, *n* 체코의 민족 의식[특성], 체코적인 특성

čeština, *f* 체코말, 체코어

četa, *f* 대(隊), 떼, 무리, 종대, 종렬; na pochodu (보병, 공병, 경관대의) 소대, 일조, 일단; pracovní (어떤 일을 함께하는) 한 무리[떼], 한 부대; malá skupina zvl. se speciálním úkolem (특히 특수[별]한 임무[역할]을 지닌 소규모 집단으로서의) 분대, 반, 조

četař, *ma* **-ka,** *f* 부사관, 병장

četba, *f* **1** 읽기, 독서, 강독 **2** 읽을 거리, 문선

četník, *ma* (프랑스 등의) 헌병

četný, 다수의, 수많은, 많은 사람의; 많은, 풍부한

čí 누구의, 누구의 것

čiči, čičí volání na kočku 치치((고양이를 부를 때 내는 소리))

čidlo, *n-2* 감각 기관

číhan|á, *f* na zvěř (짐승의 뒤를 쫓아) 살그머니 다가감, 추적, zákeřně (덤불 뒤에서의)잠복, 매복 ◆ *být na -é* 매복[잠복] 하다

číhat > po- (si) na koho (누구에 대해) 스파이 노릇을 하다; plíživě (은밀하게, 남모르게) 숨다, 잠복하다; a vyčkávat 숨어 기다리다; sledovat 감시하다, 지켜보다, 주시하다

čich, *mi-2* **1** 후각, 냄새; zvířat (농물의) 후각, 직각력 **2** odbornický 날카로운 안식, 센스 ◆ *poznat co po -u* 냄새로 무엇을 알아채다

čich|at > -nout k čemu (무엇의) 냄새를 맡다, pro ocenění (평가[판단]을 위해) 냄새를 구별하다; tušit (비밀 등을) 냄새맡다, 눈치채다, 알아채다; slyšitelně (들릴 정도로) 코로 들이쉬다, 흥흥거리며 냄새를 맡다, zvídavě (미심쩍은 듯이) 코로 냄새를 맡다

čili 혹은, 또는, …이거나

čilost, *f-1* 민첩, 경쾌, 날램, 기민함; 활동, 활약, 다망, 분주함; **(참조)** *čilý*

čilý 1 dovedně užívající těla nebo mozku (능숙하게 몸이나 두뇌를 이용하는) 민첩한, 경쾌한, 기민[민활]한, 날랜 **2** čiperný (재빠른) 영리한, 이해가 빠른, 재치있는 **3** prudký, silný 팔팔한,

활발한, 기운찬; činorodý 활동적인, 활동하는, (창조적으로) 일하는; rušný (토론등이) 활발한, 왕성한; živý 활기찬, 생기에 넘치는, 기운찬, 쾌활한

čím v. *co* ◆ *čím ... tím ...* …하면 할수록 …하다

čin, *mí-2* **1** 행동, 소행, 행위, 짓; skutek, odpovědné jednání, vynikající čin (책임감 있는) 행위, (훌륭한) 행위, 소위(所爲), 실행 사실 **2** pozoruhodný výkon (두드러진 결과로서의) 위업, 공(적), 공훈 ◆ *při -u* …의 현행중에, …을 하는 현장에서

Čína, *f* 중국

činit > u- 하다, 행하다, 수행하다, 실행하다 ◆ *~ komu dobře* 누구에게 도움이 되다, 이롭다, 누구의 건강에 좋다; *máme co ~ s* …우리는 …에 직면하여[부딪혀] 있다; *to nemá co ~ s...* 그것은 …와 관계가 없다 ~ kolik (총계, 금액이 얼마가) 되다, (얼마에)달하다 ~ **se** (힘, 지력 따위를) 발휘하다, 쓰다, 최선을 다하다

činitel[1], *ma-1, 4* uplatňující 대행자, 대리인, 대리업자; zodpovědný apod. 직원, 공무원, 관리

činitel[2], *mi-1* 요인, 요소, 인자

Číňan, *m* **-ka,** *f* 중국 사람, 중국인

činka, *f* 아령; vzpěračská 바벨

činnost, *f-1* **1** 활동, 활약, 행동 **2** fungování 작동, 작용; stálé provádění (계속되는 실행) 가동, 운전, 작업 ◆ *v -ti* 운전 중, 작업 중, 활동 중

činný 활동적인, 활동하는, 일하는

činoherní 연극의; 드라마의

činohra, *f* **1** 연극 **2** 극, 드라마 **3** 극단

činorodý 적극적인; 창조적인; 원기 왕성한

činovn|ík, *ma-2, 3* **-ice,** *f* 직원, 공무원, 관리; 활동가

čínsk|ý 중국의, 중국인의, 중국어의 ◆ *-é zelí* 배추

čínština, *f* 중국어

činžák, *mi-2, 3 = činžovní dům*

činže, *f* 임대(주택)

činžovní 임대[임차]의, 지대[집세]의 ◆ *~ dům* 셋방이 있는 주택; 플래트식 주택((각 층에 1가구가 살게 만든 아파트)), 아파트

čípek, *mi-2, 3* **1** 《解剖》 v ústech (입안에) 현옹수, 목젖 **2** 좌약(座藥), 좌제(座劑)

čipera, *ma* 말쑥한 사내, 멋진 젊은이

čiperný 스마트한, 맵시있는, 말쑥한; tělesně (육체적으로) 날렵한, 활발한, 재빠른

čirý 투명한, 맑은, 명료한; pouhopouhý 섞이지 않은, 물타지 않은, 순수한

číselník, *mi-2, 3* 다이얼, 문자판

číseln|ý číslem 숫자의, 수를 나타내는; číslicemi 수의, 숫자상의, 수로 나타내는 ◆ *-á převaha* 수에 있어서 우월함

čísi 누군가의

číslice, *f* jednotlivá i k vyjádření čísla (각각의) 수, 액수, 계수; jednotlivá značka 수, 숫자, 수사

číslo, *n* **1** 수, 총수; číslice 수사, 숫자 **2** velikost 크기, 사이즈 **3** výtisk (발행물의) 1부[1매], …호 **4** programu (프로그램의) 종목, 순 번, 차례

číslovat > o- 세다, 열거하다, …에 번호[숫자]를 매기다

číslovka, *f* 수, 숫자; **(문법)** 수사

číst (*čt-u čti! čet-l, čtení*) **1** 읽다 **2** 읽어서 알아채다, 점치다; ~ pod. **< pře-** 낭독하다, přednášet 강의[강연]하다 ◆ ~ *komu levity* 누구에게 잔소리하다; ~ *mezi řádky* 말[글]속에 숨은 뜻을 알아내다 ~ pod. **se** …라고 씌어(져) 있다, …로 해석되다

čisticí 청소의, 세탁의, 깨끗이 하는; med. 정화의, 하제의 ◆ ~ *prostředek* 청정제, 세제, 합성세제

čistič, *ma* **-ka[1],** *f* 청소부, 깨끗이 하는 사람, 세탁 기술자

čistička[2], 정화시설

čistírna, *f* 세탁소

čistit (*čistěn*) **> o-, vy- 1** 청소하다, 몸을 깨끗이하다, 정화하다 **2** zbavovat čeho 무엇을 없애다, 일소하다 **3** aby se stalo jasným, průhledným apod. (분명하게, 선명하게 하도록) 맑게하다, 깨끗이 하다, 더러움을 제거하다; (화학적으로) 정화하다, 정제하다 **4** čistkou 숙청하다, 추방하다; knihu (책의 불온한 대목을) 삭제하다; *vypuzením posledních zbytků* (마지막 잔재를 제거함으로써) 마무리하다, 끝내다 **5** kartáčem (솔로) 씻어[닦아] 내다, 솔질을 하다, 털다 **6** med., střeva apod. 《醫》 (장(腸) 등을) 깨끗이 하다, 비우다 **7** obuv 신발을 닦다, 윤을 내다

čistka, *f* **1** 추방, 숙청, 내쫓기 **2** 대청소, 정화

čist|o, *n* 깨끗함, 선명함 ◆ *z -a jasna* 갑자기, 급작스럽게

čistokrevný 순종의, 위세가 좋은, 기품[교양]있는

čistopis, *mi-2* 정서(淨書)

čistota, *f* **1** 청결(함), 깨끗(함) **2** ryzost 청정, 순도 **3** jasnost 맑음, 분명함, 결백

čistotný 깔끔한, 청결한, 깨끗한, 순수한

čist|ý 1 청결한, 깨끗한, 말쑥한 **2** ryzí 순수한, 순진한 **3** beze srážek 순익의, 정량의, 정미의 **4** jasný průzračný 맑은, 투명한; úhledný 깨끗한, 더럼이 없는 **5** nezadlužený 빚을 걸머지지 않은 **6** nepopsaný 공백의, 백지의 **7** mravně nedotčený (도덕적으로 원상 그대로인) 정숙한, 순결한 **8** nezkažený přimíšením 섞인 것이 없는, 진짜의; jiného druhu (다른 종이) 뒤섞이지 않은, 혼합되지 않은, 순종의 **9** naprostý 순전한, 전적인; lid. = *pěkný* ◆ *opsat co na -o* 정서(淨書)하다; ~ *jako sklo, jako ze škatulky* 아주 새로운, 참신한; *je ~ vzduch* 아무도 방해하는 자가 없다, 지금이야 말로 좋은 기회다

číše, *f* 잔, 컵; otevřenější (더 열려 있는, 깊이보다 넓이가 큰) 사발, 공기; 술잔

čišet (바람이) 들어오다, 바람이 불다

číška, *f* **1** maláčíše 작은컵 **2** kolenní (무릎의) 슬개골, 종지뼈, = *češka* **3** (식물의) 배상부

číšnice, *f* 여 종업원, 웨이트레스

číšník, *ma-3* 급사, 웨이터, 종업원

čítanka, *f* 독본, 리더

čítárna, *f* 독서실, 열람실; časopisů (잡지 등 정기간행물) 열람실

čítat 1 (*číst*의 반복상) občas číst 읽곤 하다 **2** v. *sčítat* 세다, 계산하다; představovat částku, množství (수량이나 분량을 나타내다) 총계 …에 달하다, …이 되다 **3** zahrnovat 포함하다, 포함해서 세다[계산하다]

čitatel[1], *mi-1* 《數》 분수, 분자

čitatel[2], *ma-1, 4* 계산하는 사람, 계산원

čitelnost, *f -1* 읽기 쉬움, 명료함, 명백함

čitelný (필적, 인쇄가) 읽기 쉬운, 명료한, 명백한

článeček, *mi-2, 3* 보고서, 요약서

článek, *mi-2, 3* **1** 기사, 논설, 논문 **2** řetězu (사슬의) 고리, 고리 모양의 것, 연결부 **3** 손마디

článkovat > roz- 분명하게 말하다, 또렷이 발음하다

člen[1], *mi-2* **1** 구성 요소, 구성 분자; 《數》 항(項) **2** 《言》 (문장의) 성분, 구성 요소; 관사

člen[2], *ma-2* **-ka,** *f* 일원, 회원, 단원, 의원; vědecké společnosti (학술 단체의) 특별 회원 ◆ ~ *korespondent* (학회 등의) 통신 회원, 객원

členit > roz- 똑똑히 발음하다, 분명하게 말하다; rozložit 분석하다, 분해하다, 해체하다

-členný …원[명, 인조]의

členský 일원의, 회원의, 회원 자격의

členství, *n* 회원 자격, 회원[구성원]임

členstvo, *n-2* 회원, 일원

člověčenstvo, *n-2* 인류, 인간, = *lidstvo*

člověčí 인간의, 사람의

člověk, *ma* (여격-전치격 *-u*, 호격 *člověče!*, 복수 주격 *lidé*) **1** 인간, 사람 **2** lidský tvor 인류 **3** v citovém zaujetí 놈, 녀석 **4** mluv. míněn kdokoli 사람, 세상사람, 누구든 **5** člověče! 여보게; 이봐, 어이

človíček, *ma-3* 아이, 녀석; drobný 애송이, 꼬맹이, 꼬마

člun, *mi-2* 보트, 배

člunek, *mi-2, 3* **1** 작은 배 **2** (직조기의) 북

čmáral, *ma-2* 휘갈겨 쓰는 사람

čmárat > na- 갈겨 쓰다, 낙서하다

čmelák, *ma-3* 《蟲》 뒝벌

čmoud, *mi-2* (악취와 검댕을 동반한) 짙은 연기

čmoudit > za- 짙은 연기를 내다[뿜다]; čmoudem pošpinit 탁한 연기로 더럽히다, 더러워 지다, 배다

čnít (*ční/čnějí čně-l*) **1** 밀어내다, 내밀다, 불쑥 나오다; trčet 발사[사출]하다, 내던지다 **2** strmě do výše 높이[우뚝] 솟다

čočka, *f* **1** 렌즈콩, 편두 **2** optická (눈의, 시각의) 렌즈; (눈알의) 수정체

čokoláda, *f* 초컬릿

čokoládový 초컬릿의

čoud = *čmoud*

čoudit = *čmoudit*

čouhat 튀어나오다, 내밀다; = *vyčnívat*

čpavek, *mi-2* 암모니아((기체 또는 액체))

čpavkový 암모니아의

čpavý 연기가 나는, 그을은 냄새가 고약한, 자극성의, 얼얼한

čpět/čpít *(oni čpí, čpě-l)* > **za-** …의 냄새가 나다, …의 낌새가 있다
črta, *f* (복수 생격 *črt*) 스케치, 사생화, 밑그림
čtenář, *ma* **-ka,** *f* 독자, 독서가
čtenářský 독서하는, 독서의, 읽기 위한 ◆ *~klub* 독서회, 독서 모임
čtenářstvo, *n-2* 독서계, 독자층
čtení, *n* **1** četba, dovednost číst 강독, 읽기, 독서 **2** přednáška 강의 **3** 읽을거리
čtrnáct (기수) 14 ◆ *~dní* 2주일
čtrnáctiletý 14세의, 열 네 살의
čtrnáctý 열 네 (번) 째의, 제 14의
čtverácký 익살맞은, 장난치는, 짓궂은
čtverák, *ma-3* 익살꾸러기, 까불이, 장난꾸러기
čtverec, *mi* 정사각형, 사각의 것
čtverečný 사각의, 정사각형의
čtvernožec, *ma* 네발 짐승
čtvero, (한 범위안에서의) 네 종류[4가지 타입]; = *čtyři*
čtverý (참조) *čtvero/čtyřnásobný*
čtveřice, *f* 네 그룹, 네 조
čtvrt, *f(-1)* 넷 한 벌의 하나, 4분의 1 = *-ina* ◆ *tři -ě na*… 시 15분전, 45분; *~roku* 3개월; *tři -ě roku* 9개월; *pět -í* 1과 4분의 1
čtvrť *f* 지구, 구역, 지역
čtvrt|á, *f* **1** 4시 **2** 4차 방정식 ◆ *půl -é* 3시 30분[반]
čtvrteční 목요일의
čtvrtek, *mi-2, 3* 목요일
čtvrthodin(k)a, *f* 15분
čtvrtina, -ka, *f* 4분의 1; nota 4분음표
čtvrtletí *n* (한 해의) 4분기, 3개월
čtvrtletní 연(年) 4회의(에), 철마다(의)
čtvrt|ý 네(번) 째, 제4의 ◆ *za -é* 네(번)째로
čtyřčlenný 4인조의, 네 사람의
čtyřhra, *f* 복식(경기)
čtyřhranný 4각형의, 정방정계의
čtyř|i, (*f-1 pl*처럼 변화, 생격 *čtyř*) 넷, 4, 네 개[사람], 네 살, 네 시◆ *mezi -ma očima* 정면으로 마주보는, 마주 앉아서; *po všech -ech* 네발로 기어서
čtyřicátník, *ma-3* 40대의 남자
čtyřicát|ý 제40의, 40번째(의), 40분의 1의 ◆ *-á léta* (연령, 세기의) 40(년)대
čtyřicet, 40, 40개[명]
čtyřicetiletý 40세의, 40년의, 40년간의
čtyřicítka, *f* 40호, 40번, 40살
čtyřikrát(e) 네 번, 4인분, 네 배
čtyřka, *f* 《數》 4, (전화, 전차 등의) 4번, (방 등의) 4호, (자동차의) 4단 기어
čtyřletý 네 살의, 4년의, trvající (계속되는) 4년간의, opakující se (반복하는) 4년 마다의
čtyřlístek, *mi-2, 3* 사판화, (클로버 따위의) 네 잎
čtyřmocenský 4개 권한[권력]의
čtyřnásobný 4배의, 네 겹의
čtyřproudový o dopravě (교통에서) 4차선 도로의
čtyřrychlostní 4단 기어를 넣은 속도로
čtyřstěnný 4면이 있는, 4면체의

Č

čtyřúhelný 4각형의, 정방정계의
čtyřválcový 4기통의, 4개 원통의
čtyřverší, *n* 4행시
čtyřveslice, *f* 노가 네개 달린 보트, 4인승 보트레이스
čubrnět 목을 (길게) 빼고 유심히 보다[살피다], 응시하다
čučet 빈둥거리다, 어슬렁거리다, 방황하다; 입을 벌리고 멍하니 바라보다
čumák, *mi-2, 3* (동물의) 주둥이, 코
čumět **1** 멍청히 입을 벌리고 바라보다, 흡족한듯이 바라보다, 구경하다, 목을 길게 빼고 유심히 보다 **2** 지향 없이 어슬렁 거리다, 돌아다니다
čumil, *ma-2* 엿보기 좋아하는 사람, 호기심 많은 구경꾼
čuňák, *ma-3* = *čuně*
čuňátko, *n-2, 3* 돼지 새끼, 새끼 돼지
čuně, *n-1* **1** 돼지, 어린돼지 **2** nadávka **(**욕설**)** 돼지 같은 사람, 불결한 사람
čuník, *ma-2* 돼지((특히 거세한 수돼지 또는 다 자란 식용 돼지))
čurák, *mi* **(**비속어**) 1** 음경(陰莖), 남자의 성기 **2** 지겨운[비열한] 놈
čurat > vy- se 소변을 보다, 오줌누다
čurves, *mi-2* 법석, 소동, 난장판, 엉망진창
čvachtanice, *f* 녹은 눈, 진창(길)
čvachtat 철퍼덕 거리다, 철썩철썩 소리를 내다; 물을 튀기다

Č

D

d, D [dé] *n-in* **1** [데] 체코어 알파벳의 자음 글자 **2** 《樂》 라음 (고정 도 창법의 '레'), 라조(調), 라(장조, 단조)

ď, Ď *n-in* [ďé], [뎨] 체코어 알파벳의 자음 글자

ďábel, *ma(-2)* 악마, 마귀, 악령; v. *čert*

ďábelský 악마 같은, 귀신 같은, 악마의, 악마적인, 잔인한, 극악무도한, 지독한

dabovat (필름)에 새로이 녹음하다, (필름·테이프에 음향 효과를) 넣다, 재취입 하다

dál v. *dále*

dál(ava) (시적 표현) **-e,** *f* 거리, 간격; 원거리, 먼데; v. *dálka*

dál(e) (*daleko*의 비교급) **1** 더욱 멀리 [앞으로] **2** (동사와 더불어 동작의 계속을 나타냄) 계속해서, 끊이지 않고 **3** 그 위에, 게다가, 더욱이 ◆ (*Jen*) *dál!* (= *vstupte*) 들어오세요; *co dál* 다음은 무엇입니까; *a tak dál* … 따위 [등등], po výčtu (열거 후) 기타 등등, 그 밖의 것; *čím dál tím více* 더욱더, 점점 더; *to dál nejde* 이것이 한계점이야, 더 이상 되지 않아; *dál se neptat/o to se nestarat* (비평·행위 등에 대해) 그쯤 해둬; *učí* ~ 그는 계속해서 가르친다

dalek predic. být čeho ~ 조금도 …하지 않다, (누구는) …와는 거리가 멀다; o nedosahování (차이, 간격 따위가) 동떨어진, 아주 먼

daleko (비교급 dál[e]) **1** (장소·거리) 멀리(에), 먼 **2** (시간) 멀리, 아득히, 아득한 **3** od cíle (목표로부터) 멀리 떨어진… **4** značně (정도) 훨씬, 매우, 크게, 단연; ~ *ne*… 조금도 …하지 않다, …와는 거리가 멀다 ◆ *je to* ~ 그것은 거리가 멀다, 그것은 목표와 동떨어져 있다; *není* ~ *do*… …까지는 멀지 않다; *je hezky* ~ *do*… …까지는 아득히 [매우] 멀다; *jít/zacházet příliš* ~ 너무 멀리 가다, (과녁 따위를) 넘게 쏘다; *mít* ~ *do, k* 전혀 …하지 않다, …와는 거리가 멀다; *nemít* ~ *do* … (나이 등이) …에 가까운; ~ *od sebe* 서로의 사이가 매우 먼, 서로의 차이가 매우 큰, 극히 드물게 [적은]; *široko* ~ 널리, 두루; *široko* ~ *známý* 널리 알려진; *jablko* ~ *od stromu nepadne* 사과는 사과나무로부터 멀리 떨어지지 않는다, (외모나 기질 등이) 부모를 꼭 닮았다

dalekohled, *mi-2* 망원경

dalekonosný 장거리에 달하는; 장기에 걸친, 원대한

dalekosáhlý (영향 등이) 멀리까지 미치는, 광범위한; (계획 등이) 원대한, 널리 퍼진

dalekozraký 선견지명이 있는, 먼 데를 볼 수 있는; 먼눈이 밝은, 원시의

dalek|ý vzdálenější **1** 먼, 더 멀리 떨어진 ((항해, 여정, 시야, 인척관계, 유사성 등)) **2** zvl. v čase (특히 시간적으로) 먼, 아득한 **3** v ustálených spojeních (관용적 연결에서) 먼, 멀리 떨어진((극동 등)) ◆ *-á cesta* 먼 길, 먼 여행; *mít ~ dosah* 멀리까지 영향 등을 미치다; *skok ~* 멀리뛰기; *tak dalece žádný* … 대단한 …은 아니다; *D- východ* 극동

dálk|a, *f* 원거리, 먼 거리; k projití 장거리; dosah apod. 범위, 한도 ◆ *na -u* 얼마간 떨어져서; *z -y* 멀리서; *řízení na -u* 원격 조정 (장치)

dálkař, *ma* **-ka,** *f* 통신강의 대학생, 파트타임 대학생, 취업과 공부를 병행하는 대학생

dálkov|ý 먼, 먼 곳의; spojující vzdálené (원거리를 연결하는) 장거리의 ◆ *~ bombardér* 장거리 폭격기, *~ plynovod* 장거리 가스관; *-ě řízený* 원격 조정된; *-é studium* 통신강의 공부, 파트타임 공부; *-é topení* 지역 난방

dálnice, *f* 고속 도로, (자동차 전용의) 고속 도로, použ. za poplatek (요금을 내고 사용하는) 유료 고속 도로; viadukt (도시 안의 고가) 고속화 도로

dálnopis, *mi-2* 전신 인쇄기, 텔레타이프라이터 ◆ *sdělit -em* 텔레 타이프로 송신하다

dálný (시적 표현) = *daleký*

další **1** 그 위의, 그 이상의 **2** v řadě (순번에서) 다음의 **3** navíc 부가의, 추가의 ◆ *až na ~* 추후 통지가 있을 때까지

dáma, *f* **1** 귀부인, 숙녀; (정중한 표현으로서의) 여자분, 여성 (hrát si na -u 숙녀 역을 하다); obstarožní (나이 지긋한 점잖은) 부인, 여사 **2** hra 서양장기((체스판에 12개의 말을 씀)), 체커 **3** v šachu a v kartách (체스와 카드놀이의) 여왕, 퀸 ◆ *čestná ~* 공주[여왕]의 시녀; *dvorní ~* 궁중의 시녀; *módní ~* 멋쟁이 부인, 상류사회 부인, 사교계 부인

dámsk|ý **1** 귀부인의, 숙녀의, 여성의; *jako dáma* 귀부인다운, 품위있는, 고상한 **2** (카드놀이) 퀸의 ◆ *-á kabelka* 여성용 (손) 가방, 백, 핸드백

Dán, *ma* **-ka,** *f* 덴마크 사람, 덴마크인

daň, *f* **1** 세금, 과세, zvl. mimořádná 특히 별도의[임시의] 징세, [부과, 할당(액)]; z čeho (무엇에 대한) 사정, 평가(액); na výrobky (술, 담배 따위의 생산, 판매, 소비에 대한) 물품세, (국내) 소비세, (관세, 소득세, 상속세 따위의) 조세; v uznání nadvlády (백성이 궁중이나 나라에, 속국이 종주국에게 바치는) 공물 **2** obrazně (비유적으로) (세금처럼 뜯기는 무거운) 대가, 희생, 희생자 (특히 교통사고의) ◆ *~ z hlavy* 인두세; *daň z přidané hodnoty (DPH)* 부가 가치세

dandy, *ma* [den-] 멋쟁이, 맵시꾼

daněk, *ma-3* 담황갈색에 흰 반점이 있는 사슴((유럽산))

danost, *f-1* 주어진 사실

daňový 세금의, 조세의, 과세의, 무거운 짐의, 부담의

Dánsko, *n* 덴마크

daný 주어진, v. *dát* ◆ *dáno v* …의 날짜가 있는[붙은], …날짜의

dar, *mi-2* **1** 선물, 선사품, hmotný projev náklonnosti (애정의 물질적인 표시로서의) 선물, oficiální (공식적인) 선물 **2** nadání (타고난) 재능, 적성 **3** darování 증여, 기증, 기부(금) ◆ *čestný ~* 명예스러운 선물; *dát komu co -em* 누구에게 무엇을 선물로 주다, 누구에게 무엇을 선물하다; *dostat co -em* 무엇을 선물로 받다; *svatební ~* 결혼 선물; *vánoční ~* 크리스마스 선물

dárce, *ma* 주는 사람, 증여[기증]자; oficiální (공식적인) 기증자, [醫] (혈액·장기 등의) 제공자 ◆ *~ krve* 헌혈자[인]

dareba[1]**,** *ma* 악한, 불량배, 악당, 깡패, 폭한, 무뢰한, 건달; nezbeda 개구쟁이, 장난꾸러기, 말썽꾸러기

dareba[2]**,** *f* děvče 말괄량이, 왈가닥 처녀

darebácký 악한의, 악당의, 깡패의, 무뢰한의, 불량배[건달]의; nezbedný 장난의, 장난꾸러기의, 장난치는, 짓궂은

darebáctví, *n* 장난, 짓궂음, 속임수, 무뢰한의 행위, 나쁜 짓, 악행

darebák, *ma-3* = *dareba*[1]

darebný 나쁜, 불량한; = *darebácký*, *daremný*

dárek, *mi-2, 3* (작은) 선물 ◆ *deska jako ~* 레코드[음반] 선물; *knižní ~* 서적[책] 선물; *vánoční ~* 크리스마스 선물

daremný 건방진, 뻔뻔스런, 방자한

dárkový 선물의

darmo 헛되이, (동사 원형과 함께 쓰일 때) …해봐야 소용없다

darovat >< **1** 주다, 제공하다; oficiálně (공식적으로) 기증하다; věnovat (시간 · 노력 따위를) 바치다[할애하다]; obšťastnit (호의를) 베풀다 **2** prominout 용서하다, 묵과하다

dařit se > po-, vy-, z- (3격과 함께 쓰여서) 성공하다, 번창하다, 잘 되어나가다 ◆ *někomu se co daří* 누구는 무엇이 잘되고[성공하고] 있다; *…nedaří se* …실패하고 있다

ďas, *ma(-2)* 악마, 사탄; = *ďábel*, *satan*

dáseň, *f* 잇몸

d|át (*nedat*) < **dávat 1** 주다, za co (보상으로서) 주다; vyměnit 주고 받나, 바꾸다; **2** co kam, do nějakého stavu apod. (무엇을 어디로, 어떤 상태로 등으로) 놓다, 두다, na hlavu (머리에) 놓다 ((목적어 없이 머리에 모자를 쓰다라는 표현으로 사용하기도 함)), *dát ptáka do klece* 새를 새장에 넣다, *dát komu večeři* 저녁식사를 누구에게 대접하다, *dát psovi náhubek* 개에게 재갈을 물리다 **3** vydat 인도하다, 건네다; vzdát se 넘겨주다 **4** poskytnout 제공하다, 허가하다; udělit 수여하다, 허가하다; (원하는 것을) 주다 (*dej Bůh* 이루어 주시길) **5** předepsat 처방하다, 지시하다, 규정하다 **6** říci pozdrav 인사를 하다 **7** sem (여기로) 두다, odsud (여기로부터) 거두다 **8** poslat 보내다 **9** vystavit působení 드러내다, 노출시키다 **10** způsobit 야기하다, 초래하다 **11** určit 결정하다 **12** připustit 허락하다 ◆ *dejme tomu* 예를

들어보면, 말하자면, *dejme tomu, že...* …라고 가정해보자, …라 생각해 보자; ~ *co (u)dělat* 무엇을 하도록 하다; ~ *komu co (u) dělat* 누구로 하여금 무엇을 하도록 하다; *to dá rozum* 그것은 이치에 맞다; *-alo mi to práci* 그것이 나를 무척 신경 쓰이게 하였다, *to -alo vysvětlování* 그것은 얼마간의 설명을 필요로 했다

dát co: ~ *pozor* 주의를 기울이다, 주의하다, 대비하다; ~ *pozor na co* 무엇에 대해 주의를 기울이다; ~ *svolení* 동의하다; ~ *užitek* 이익을 내다; ~ *život za co* 무엇을 위해 삶을 희생하다

D

dát si co: ~ *si jídlo/nápoj* 음식/음료를 주문하다; ~ *si na čas* 시간을 가지다, 천천히 하다; ~ *si pozor* 주의하다; ~ *si práci s čím* (무엇을 하는데 애쓰다 [수고하다, 수고를 아끼지 않다]

dát kam: ~ *na místo* 제 위치[장소, 자리]에 놓다[두다]; ~ *na stůl* 식탁 준비를 하다, 밥상을 차리다

dát co/koho kam: *nevím, kam vás dát* 나는 당신을 어디로 보내야 할지 모르겠다; ~ *co do dražby* 무엇을 경매에 붙이다; ~ *co na hromadu* 무엇을 쌓다; ~ *koho do klatby* 누구를 금지하다; ~ *co najevo* 무엇을 드러내다[보여주다]; ~ *co do novin* 무엇을 신문에 공표하다; ~ *koho na odpočinek* 누구에게 연금을 주어 퇴역[해고]시키다; ~ *co do pořádku* 무엇을 정리[정돈]하다; ~ *co do prodeje* 무엇을 팔려고 내놓다; ~ *co pryč* 무엇을 제거하다; ~ *koho na řemeslo/do učení (ke komu)* 누구를 (누구의) 견습공으로[도제로] 삼다; ~ *co na poštu* 무엇을 우편물으로 보내다; ~ *co z rukou, z ruky* 무엇을 손에서 놓다[풀어주다]; ~ *co v sázku* 무엇을 내기에 걸다; ~ *koho na studia* 누구를 학교로 보내다; 공부 시키다; ~ *co na stůl* 무엇을 상에 차려 놓다; ~ *co všanc* 무엇을 위태롭게 하다, ~ *co do tisku* 무엇을 인쇄하다; ~ *koho do vazby* 누구를 수감하다; ~ *knihu do vazby* 책을 제본하다; ~ *koho kam na vychování* 누구를 양육을 위해 어디로 보내다; ~ *co na/pod zámek* 무엇을 자물쇠로 잠그다; ~ *co do zastavárny* 무엇을 전당 잡히다; ~ *co do zástavy* 무엇을 전당 잡히다[담보로 넣다]; ~ *co pod závoru* 무엇을 빗장을 질러 잠그다; ~ *co do závorky* 무엇을 괄호 속에 넣다

dát komu: *tys mi dal [prohnal jsi mě, zklamal jsi]* 너는 나를 실망시켰다; *já ti dám* 나는 너를 가만 두지 않겠다

dát komu/čemu co: ~ *komu co proto* 누구에게 무엇을 기탄 없이 말해주다, 나무라다, 직언하다; ~ *komu čas* (na rozmyšlenou) 누구에게 (생각할) 시간을 주다; ~ *si na čas* 서두르지 않다; ~ *komu dovolení* 누구를 허가하다; ~ *komu důkazy* 누구에게 증거를 제시하다; ~ *komu hádanku* 누구에게 수수께끼를 내다; ~ *čemu imprimatur* 무엇의 출판 허가를 내주다; ~ *komu košem* 누구를 거절하다; ~ *komu milost* 누구를 용서해주다; ~ *komu naději* 누구에게 희망을 주다; ~ *komu náhradu* 누구에게 보상해주다; ~ *komu najíst* 누구에게 먹을 것을 주다 (*nedat*… 굶기다); ~ *komu napomenutí* 누구를

징계하다; ~ *komu nocleh* 누구에게 숙박지를 제공하다; ~ *komu občanství* 누구에게 시민권을 부여하다; ~ *komu odškodnění* 누구를 보호하다; ~ *komu na pamětnou* 누구를 스마트 하게 만들다; ~ *komu pokoj* 누구를 귀찮게 하지 않다; ~ *komu políček* 누구의 뺨[귀싸대기를] 후려갈기다[가격하다]; ~ *čemu přednost před čím* 무엇보다 무엇을 선호하다; ~ *komu práci* 누구에게 일을 주다, 누구를 고용하다; ~ *komu za pravdu* 누구의 말이 사실임을 인정하다, 누구에게 동의하다; ~ *komu rozum(y)* 누구를 현명하게 하다; ~ *komu ruku na co* 누구와 악수하다; ~ *komu slovo* 누구에게 발언권을 주다, 누구에게 언질을 주다, 맹세하다; ~ *komu spropitné* 누구에게 팁을 주다; ~ *komu na srozuměnou* 누구를 이해시키다; ~ *komu svobodu* 누구를 풀어주다; ~ *šach* [*mat*] (체스에서) 외통수로 몰다; *tys tomu dal* 너는 그것을 망쳤다; ~ *komu na vědomí* 누구에게 알리다, 통지하다, (*písemně* 서면으로); ~ *komu vinu za co* 무엇에 대한 책임을 누구에게 돌리다[지우다]; ~ *komu vůli* 누구에게 재량권을 주다, ~ *komu výpověď* 누구에게 해고를 통지하다; ~ *komu výprask* 누구를 호되게 때리다; ~ *komu výstrahu před čím* 누구에게 무엇에 대해 경고하다; ~ *komu za vyučenou* 누구에게 교훈을 주다; ~ *komu znamení* 누구에게 신호를 보내다; ~ *komu zprávu* 누구에게 소식을 전하다

dát komu co/koho (jak): ~ *komu co do nájmu* 누구에게 무엇을 세주다; *nerad komu co dávat* 누구에게 무엇을 주기를 싫어하다; ~ *komu co do opatrování* 무엇을 누구의 보호하에 두다; ~ *komu co k použití* 누구에게 무엇의 처분권을 주다; ~ *jí koho za muže* 그녀를 누구에게 시집보내다; ~ *komu co věnem* 누구에게 무엇을 결혼지참금으로 주다; *dávat komu koho za vzor* 누구를 누구에게 모범으로 내세우다

dát si (+ 동사원형)**:** *to si dal líbit* 그는 그것을 참았다[받아 들였다]; *to si nedal líbit* 그는 그것을 참지 않았다[참을 수 없었다]; *nedat si vymluvit* 설득하는 것이 불가능하다; *ne- si říci* 인정하지 않다; ~ *si říci* (*dej si říci*) 납득하다, 인정하다 (인정해라)

dát (+ 동사원형)**:** *dává* (*si*) *u mne dělat* 그는 나의 고객이다; ~ *se komu poroučet* = ~ *koho pozdravovat* 누구에게 안부를 전하다; *nedat komu ublížit* 누구에게 해를 끼치지 않다; ~ *se vidět* [*ukázat se*] 모습을 나타내다[드러내다]; ~ (*si*) *koho zavolat* 누구를 불러내다; ~ *to na sobě znát* 정체를 드러내다; ~ *se komu poznat* 누구에게 자신의 정체를 밝히다

dát na koho: 누구의 충고[조언] 따위를 중요히 여기다

dát se[1] ><**:** *dá se* [*je možno*] …이 가능하다; *nedal se udržet* 그는 더 지탱[유지]할 수 없었다; *to se od něho dalo čekat* 그것은 그로부터 기대 되어질 수 있는 것이다; *o tom by se dalo hovořit* 그것은 고려해 볼 만한 가치가 있다; *o tom se dá přemýšlet* 그것은 생각해 볼 수 있다; *to se dá vytušit* 그것은 예상[예감]할 수 있다; *to se nedá* *omluvit* 그것은 변명의 여지가 없다; *proti tomu se nedá nic říci* 그것에 대해서는 전혀 부정할 수 없다

dát se² < dávat se 1 nebránit se 반대하지 않다, (nedat se 입장이 확고하다) **2** (kam 어디로) zamířit 향하다 **3** *vydat se* 출발[시작]하다 **4** do čeho 무엇에 힘을 다해 애쓰다[노력하다], (무엇에) 착수하다

data, *n-pl* 데이터, 자료 ◆ *databanka* 데이터 뱅크((전자 계산기용으로 대량으로 축적된 데이터, 그것을 이용자에게 제공하는 기관)); *zápis [vstup] dat* 데이터 등록, 기입; *zpracování dat* 데이터 처리

datel, *ma(-2)* 딱따구리

datle, *f* 대추야자

datlovník, *mi-2, 3* 대추야자 나무

datovat (se) >< …에 날짜를 적다, …의 연대를 정[추정]하다; 날짜가 (적혀) 있다, (…부터) 시작하다, 기산하다

datový 데이터의, 자료의 ◆ ~ *soubor* 자료 파일

datum, *n-2* 날짜, 연월일

datumovka, *f* 일부인, 날짜를 찍는 스탬프

dav, *mi-2* 군중, 무리, 떼, 집단, neuspořádaný (조직되지 않은)인파

dáva|t 1 v. *dát* **2** pořádat 기획하다, 개최하다 ((무도회, 음악회, 만찬회등을)) **3** poskytovat (강의, 수업을) 하다, příklad (예, 본보기를) 보이다, nabízet 제공하다

dávit (*dav!*) 토하다, 게우다, srov. *zvracet*

dávka, *f* **1** příděl 정량, 일정한 양; část 부분, 몫; jídla (음식의) 한번 담는 분량, 한그릇 **2** várka apod. (빵·도자기를 굽는 가마 등의) 일회분, 한 가마; (컴퓨터의) 일괄, 배치 **3** lék. apod. (약 등의) 1회의 분량, 복용량

dávkovač, *mi* 양[몫]을 적량으로 나누는 기계

dávno 오래전에, 훨씬 이전에, 먼 옛날에

dávnověk, *mi-2* 지나간 과거, 유사 이전의 역사, 먼 옛날

dávnověký 먼 옛날의, 유사 이전의

dávný 오래전에 지나간, 과거의, 옛날의 ◆ *před -ými časy* 옛날 옛적에; ~ *přítel* 어릴적 친구[동무], 소꿉 친구

davový 군중의, 무리의, masový 대중의

dbalý 주의 깊은, 조심성 있는, 사려깊은

dbát (*nedbat*) **1** na co (무엇을) 유의하다, 마음에 두다, 명심하다; udržovat 유지하다 지키다, 따르다; dohledem (보살핌[관심]으로써) 염두에 두다, 유념하다 **2** o co, o koho (무엇에 대해, 누구에 대해) 걱정하다, 마음쓰다 (na nic nedbám 나는 전혀 관심없다); pečovat 돌보다, 소중히 하다

dcera, *f* 딸, 여식, 여자 자손, 며느리

debakl, *mi-2* 와해, 몰락, 붕괴, 실패(작)

debata, *f* 토의, formální 토론, 논의, bouřlivá 논쟁

debatovat 토론하다, o čem formálně (무엇에 관해 공식적으로) 논의하다, bouřlivě (열렬히) 논쟁하다

debetní 차변(借邊)의((장부의 좌

측)) ◆ ~ *karta* (은행 예금을 직접 인출, 예입할 수 있는) 크레디트 카드, 캐시[현금 자동 인출]카드

debil, *ma-2* **(구어)** 저능아, 바보, 얼간이

debilní 저능의, 정신박약의; 속기 쉬운, 어리석은

debut, *mi-2* [-bit] 데뷔, 초연, 첫 출연

debutovat 데뷔하다, 첫 출연하다

decentní 조심성 있는, 겸손한, 단정한, 품위 있는

decentralizace, *f* 분권, 지방 분권, 분산

decentralizovat (행정권, 인구 등을) 분산시키다, 분권시키다

děcko, *n-2, 3* 아이, 어린 아이

decimetr, *mi-2* 데시미터((미터법의 길이 단위 =1/10 미터))

děda, *ma-2* **1** 할아버지 **2** stařec 노인 **3** předek 조상

dědeček, *ma-2, 3* 할아버지

dědi|c, *ma* **-čka,** *f* čeho (무엇의) 상속인, ideový (이데올로기의, 생각의) 후계자, 계승자

dědick|ý 상속의, 계승의, 유산의 ◆ *-á daň* 재산 유증세, 증여세; *~ podíl* 상속 재산, 유산; *-é právo* 계승권, 상속권

dědictví, *n* **1** 상속 **2** generační 유산; rodové 유전

dědička, *f* 상속녀

dědičnost, *f-1* 상속, 세습

dědičný 유전적인; 상속의

dedikace, *f* **1** 바치기, 봉헌, 헌신 **2** (책의) 헌사 = *věnování*

dedikovat 바치다, 헌납하다, …에 전념[헌신]하다; 헌정하다

dědin(k)a, *f* 작은 마을, 촌락, = *vesnice*

dědit > po-, z- 상속하다; 이어받다 유전하다; movitost, úřad (부동산, 사무실을) 계승하다, 물려받다 **~ se** 세대를 걸쳐 전해오다, 내려오다

dědkovatět (*-tějí*) **> z- (구어체)** 노쇠하다, 늙다

dedukce, *f* 연역, 추론

dedukovat 연역하다, 추론하다

deduktivní 연역적인, 추론적인

de facto 사실상, 실제로

defekt, *mi-2* **1** 결점, 약점; menší (더 작은) 결함, 흠 **2** motor. (모터의) 파손, 고장 ◆ *mít ~* (모터가) 고장나다

defektní 결점[결함]이 있는; 고장난

defenzíva, *f* 방위, 방어, 수비

defenzívní 방어적인, 방어의, 수세의, 수비의

defétismus, *mi-2* 패배주의

deficit, *mi-2* 부족(액), 결손, 적자 ◆ *mít ~* 적자를 내고 있다, 빚을 지고 있다

deficitní 적자가 나는, 손실이 있는, 결손의

defilé, *n-in* 기념 행진[행군], 분열 비행

defilovat 행진하다, 행군하다

definice, *f* 정의, 설명, 규정, 한정

definitivní 결정적인, 최종적인, 한정적인, 명확한

definovat >< (vy-)정의하다, 한정하다, 규정짓다

deformace, *f* 모양의 망가짐, 변형

deformovat > z- 형태를 변형시키다, 비뚤어지게 하다

D

defraudace, *f* 도용, 유용; veřejných peněz (공금의) 횡령, 착복; zneužití úřadu (공직을 이용하여) 독직, 배임

defraudant, *ma* 횡령자, 착복자

defraudovat 도용하다, 횡령[착복]하다

degenerovat >< **(z-)**퇴보하다, 나빠지다, 퇴화하다, 타락하다

degradace, *f* 좌천, 타락, 하락

degradovat >< …의 지위를 낮추다, 격하하다, 좌천 시키다, 품위를 떨어뜨리다, 타락시키다, důstojníka (장교를) 강등시키다

dehet, *mi-2* 타르, 콜타르, 피치

dehtovat > **na-** 타르를 칠하다, 타르로 더럽히다

dehtový 타르의, dehtovaný 타르를 칠한

dech, *mi-2, 3* 숨, 호흡 ◆ *bez -u* 숨을 헐떡이며, 숨을 죽이고 (경청하다); *zatajit ~* 숨을 멈추다[죽이다]

dechnout = *dýchnout*

dechovka, *f* 취주악, 관악

dech|ový 호흡의, 호흡하는 ◆ *-ová hudba* kapela 취주악, 취주악단; *~ nástroj* 관악기, 취주악기

děj, *mi* **1** 행동, 행위, 사건, zápletka 플롯, 줄거리; 이야기의 전개 **2** chem. (화학적인) 작용 **3** **-e,** *pl* obsol. = dějiny

dějepis, *mi* 역사

dějepisec, *ma* 역사가

dějepisný 사료 편찬의, 역사의, 역사적인

dějinný **1** týk. se dějin (역사와 관계있는) 역사의, 역사적인, 역사상의, 사학적인 **2** historicky závažný 역사적으로 유명한[중요한], 유서가 깊은

dějiny, *f-pl* 역사, (역)사학 ◆ *~ umění* 예술사; *~ literatury* 문학사

dějiště, *n* **1** (연극의) 무대 장면, 장경; (영화의) 세트; (사건·소설 따위의) 무대, 현장, 배경; (연극의) 장(場) **2** (전쟁의) 현장, 무대

dějství, *n* (연극의) 막; 행위, 사건

deka, *f* = *pokrývka*

dekagram, *mi-2* 10그램

děkan, *ma* **1** církⁿ. (교회의) 참사 회장, 지구장, 수석 사제 **2** (대학의) 학장, 처장

děkanát, *mi* 학장[처장]실; 지구장실

deklamovat 낭독하다, 암송하다, 낭송하다

deklarace, *f* **1** 선언(서), 포고(문), 공표, 발표 **2** (세관에서의) 신고(서)

deklarovat 선언하다, 신고하다

deklinace, *f* **1** fyz. (자침의) 편차 **2** jaz. 명사류의 어형변화, 곡용((명사·대명사·형용사의 성·수·격에 따른 변화))

dekódovat (암호문을) 해독[번역]하다, 디코드 하다

dekolonizace, *f* 비식민지화

dekolt, *mi-2* 데콜트, (드레스의 가슴을 크게 벌린) 목선[네크라인], místo odhalující prsa hluboký (앞목 부분이 깊은 드레스에서 드러나 보이는) 두 가슴 사이의 골짜기

dekorace, *f* 꾸밈, 장식(품), 장식물; div. 무대장치

dekorační 장식의, 장식용의, 장식적인, div. 무대장치의

dekorativní 장식의, 장식적인, = *dekorační*

dekorovat **1** 꾸미다, 장식하다 **2** 훈장을[메달을] 수여하다

děkovat > **po-** **1** 감사하다 **2** za přání, na pozdrav (기원이나 인사에 대해) 사의를 표하다 **3** být vděčen zač (무엇의) 덕택이다[덕분]이다 **4** s odmítnutím 괜찮습니다((거절, 사양 시)) ~ **se** > **po-** **1** …에게 사의를 표하다, 답사를 하다; odmítavě 사양하다 **2** odstoupit 사직하다, o panovníku 퇴위하다

děkovný formálně 감사하는, 감사를 표하는

dekret, *mi-2* …장, …증; formální (형식적인, 형식을 갖춘) 명령, 법령, 포고, 칙령, 칙서

dělaný strojený 꾸민, …인체하는, 일부러 꾸민, 부자연스러운

dělat **1** 하다, pracovat 일을 하다 (*mít co* ~ 바쁘다, *nemít co* ~ 한가하다) **2** konat, jednat apod. 행하다 **3** předstírat 행동하다, 꾸미다, 짐짓 …인 체하다 **4** s kým jak (누구를 어떻게) 다루다, 대우하다 **5** do čeho (무엇에) 잠깐 손을 대다 **6** dohromady kolik (총액이 얼마가) …이 되다, (합하여 얼마에) 달하다 **7** komu co (누구에게 무엇을) 주다 **8** co ~ ? (직업으로써) 무엇을 하나? ◆ ~ *darebnosti* 해를 끼치다; ~ *dílo, divy, tanec* 야단 법석을 떨다, 소동을 일으키다; ~ *dobrotu* 예의 바르게 행동하다, neselhávat 정돈되어 있다; ~ *kouzla* 마술[요술]을 부리다; ~ *milosti* 주저하다, 망설이다; *to nic nedělá* 걱정하지 말아라, 괜찮다; ~ *obličeje* 얼굴을 찌푸리다; ~ *vtipy* 조크를 던지다, 농담을 하다 ~ > **u-** **1** 하다, 행하다 **2** 가져오다, 초래하다 **3** 만들다, 손질하다, 개조하다 **4** co z čeho (무엇을 무엇에서) 만들다, 변화시키다; něco menšího/horšího (더 작거나 나쁜 것으로) 줄이다 ◆ *dělej(te)* [*pospěš si*] 서둘러라, 빨리한다; ~ *špatný dojem* 나쁜 인상을 주다, 좋지 않게 보이다; ~ *obrázek* 찰칵하고 찍다, 스냅사진을 찍다; *u- zkoušku* 시험에 합격하다; ~ *zkoušku* 시험치다 ~ **se** **1** stavět se důležitým (중요한 사람처럼) …인체하다, 가장하다 **2** počasí dělá se (날씨가) …로 되다[변하다] ~ **si** co z čeho/z koho; blázna 무엇을/누구를 바보로 만들다, legraci (놀림감으로) 삼다, svědomí (양심의 가책을) 받다, 주저하다, má z toho (무엇을 하찮게) 여기다, 경시하다

dělba, *f* 분배, 분할 ◆ ~ *práce* 노동 분업

déle (dlouho의 비교급) 보다 길게, 보다 오랫동안

delegace, *f* 대표단, 파견단, 파견 의원단, 사절단

delegát, *ma* **-ka,** *f* 대표, 사절 단원

delegovat 특파하다, 파견하다

dělenec, *mi;* (수학의) 피제수, 분자, 나뉨수

dělení, *n* 나눔, 분리, 분할, 구분

delfín, *ma* 돌고래

dělicí 나누는, 분할하는, 쪼개는

dělit **1** stát apod. mezi 나누다, 분할하다 **2** ~ > **roz-** 쪼개다 **3** ~ > **od-** 분리하다, 떼어놓다, 갈라놓다; násilně (강압적으로) 가르다, 끊다; souvztažně (상관적으로) 절연 시키다, 절연하다 **4** podělit 나누다, 분배하다

D

~ **se > od-** 분리되다, 떨어지다 ~ **se > po-** s kým oč (누구와 함께 무엇을) 나누다, 분배하다 ~ **se > roz-** větvit se 쪼개지다, 갈라지다, 나눠지다

dělitel[1], *ma-1, 4* (부동산의) 유증자

dělitel[2], *mi-1* (수학의) 제수, 분모

delikt, *mi-2* (피해자에게 배상 청구권이 생기게 되는) 불법 행위, 범죄 ◆ *soukromoprávní ~* 사적 권리의 침해

D

dělítko, *n-2, 3* k rozlišení (판단, 비판의) 기준, 표준; viz také rozdělovací znaménko

dél|ka, *f* **1** 길이 **2** zeměp. 경도 **3** v čase též (시간적) 시간, 기간, 지속 시간; 긴 시간 ◆ *po -ce* 세로로, 길이로

dělnice, *f* **1** 여자 노동자, 여공 **2** včela 일벌

dělnický 노동의, 노동자의

dělnictvo, *n-2* 노동자 계급; 노동력

dělník, *ma-3* **1** (육체) 노동자, 근로자, 노무자, 공장 노동자, 공원; zemědělský 농업 노동자, 농장 노동자, 일꾼 **2** 일개미

dělný 1 kolektiv 작용하는, 활동하는, 작동하는 **2** 작업의, 노동의, 작업에 종사하는 **3** výkonný 효과적인, 능률적인 **4** 부지런한, 근면한, 원기 왕성한

dělo, *n* 카논포, 기관포, obecně (일반적으로) 포

dělostřelba, *f* 대포 사격, 발포, 포화

dělostřelec, *ma* 포병, 포사수

dělostřelectvo, *n-2* (집합적) 포병, 포병대

delší (dlouhý의 비교급) 더 긴

demagog, *ma-2, 3* 선동가, 선동 정치가

demagogický 선동적인, 선동 정치의

demagogie, *f* (민중)선동(책)

demaskovat …의 가면을 벗기다, přen. 정체를 나타내다, 폭로하다

dementi, *n-in* [ty] (외교상의 풍설에 대한 당국의) 공식 부인

dementovat 부정하다, 정정하다

demilitarizovat 비무장화하다

demise, *f* 사직, 사임

demižón, *mi-2* 데미존 병((채롱으로 싼, 목이가는 큰 유리병))

demobilizovat 동원을 해제하다, 전시편제를 해체하다

demokracie, *f* 민주주의, 민주 정치[정체] ◆ *sociální ~* 사회 민주주의

demokrat, *ma(-4)* **-ka,** *f* 민주주의자, 민주 정체론자 ◆ *sociální ~* 사회 민주주의자

demokratický 민주주의의, 민주 정치의

demokratičnost, *f-1* 민주주의적 특성

demokratizace, *f* 민주화

demolice, *f* 파괴, 해체, 분쇄, 타파

demolovat 파괴하다, 타파하다; přen. (> **z-**) …를 혼란시키다, 엉망으로 만들다

démon, *ma* 악귀, 악마

demonstrace, *f* **1** 시위 운동, 데모 **2** 실물 설명, 시범, 실연

demonstrant, *ma* **-ka,** *f* **1** 시위 운동자, 데모 참가자 **2** 시범 교수자[조수]

demonstrovat 1 시위하다, 데모하다 **2** (모형·실험에 의해) 설명하다, 증명하다
demontáž, *f* (기계 등의) 분해, 해체
demontovat (장비 등을) 떼어내다, 분해하다, 해체하다
demoralizovat 1 풍기를 문란하게 하다, 도덕을 퇴폐시키다 **2** 사기를 저하시키다
demystifikovat …의 신비성을 제거하다[벗겨내다]
den, *mi(-1)* **1** 하루, 날, 일 **2** doba světla (일출에서 일몰까지의 기간) 낮 ◆ *~ co ~* 날이면 날마다, 자나깨나; *v těchto dnech* 최근에, 근래; *ve dne v noci* 밤낮, 밤이나 낮이나; *všední ~* 평일
deník, *mi-2, 3* **1** 일기 **2** úřední, účetní 일지, 의회 일지, 항해 일지 **3** noviny 일간 신문
denně 매일, za den 하루[날]마다
denní 1 하루의, každo- 매일의, všední 일상의 **2** 낮의 ◆ *~ pořádek* 일과, *schůze ~* 하루 일정, 의사 일정
denunciace, *f* 밀고, 고발
denunciant, *ma* **-ka,** *f* 밀고자, 고발인
depeše, *f* (신문의) 급보, 특전; 급송, (공문서) 속달편
deportace, *f* 추방, 유배
deportovat 추방하다, 유배하다
deponovat (귀중품, 돈 등을) 맡기다, 위탁하다
depozitář, *mi* 보관소, 금고
depozitum, *n-2* 예금, 공탁금
deprese, *f* 의기 소침, 우울
deprimovat 풀이 죽게 하다, 우울하게 하다
deputace, *f* 대표(단), 대리 파견
deputátn|ík, *ma-3* **-ice,** *f* 수당 노동자, 농장 노동자[일꾼]
děravý 1 구멍투성이의 **2** nádoba (용기가) 새는 구멍이 있는, 새는 **3** zub (이빨) 속이 빈
děrný štítek (전자 계산기용) 천공 카드, 펀치 카드
děrovatelný 키펀치로 (데이터 등을) 펀치할 수 있는
děs, *mi-2* 깜짝 놀람, 대경실색
desatero, *n-2* 10개, 10조, 10종 ◆ *D- božích přikázání* 십계명
desateronásobný 10배의
desát|ník, *ma-3* **-nice,** *f* (군대의) 병장
desátý 10번째의, 열 번째의, 제 10의
deset 10, 열 ◆ *od -i k pěti* 점점 악화하다[되다]; *držet se všemi -i* 갖은 수단을 다하다, 필사적이다
desetiboj, *mi* 10종 경기
desetihaléř, *mi* 10할레쉬 동전
desetikoruna, *f* 10 코루나 (짜리) 동전[지폐]
desetiletí, *n* 10년간
desetina, *f* 10분의 1
desetinný 십진법의, 소수의
designovat 지정하다, 임명하다
děsit (*děšen*) > **po-, vy-** 소름 끼치게 하다, 무서워 떨게 하다, vyplašit 겁먹게 하다 **~ se > po-, vy-, z-** čím (무엇을) 무서워하다, 진저리 치다, 전율하다
desítka, *f* **1** 숫자 10; (차, 방 등의) 10번, 10호 **2 (구어체)** 10코루나 짜리

D

동전 **3** 10도 짜리 맥주((알코올 도수는 그 절반 정도)) **4** (축구의) 페널티킥

děsiv|ý 무서운, 두려운, 가공할, 악몽 같은 ◆ *-á představa* 악몽, 가위눌림

deska, *f* **1** 판자, fošna 널빤지, 두꺼운 판자, z velkovýroby (큰 규모생산에서의) 판, (금속, 유리 등의) 얇은 판; hlazená (광택을 낸) 대 탁자; pamětní (기념의) 판; masivní (육중한) 석판; náhrobní 묘석, 묘비 **2** knihy (책) 커버 **3** gramofonová 음반, 디스크 **4** rozvodná 배전반; v autě (차의) 계기반[판]

D

deskriptivní 기술[서술]적인, 설명적인

děsný **1** 무시무시한, 소름 끼치는 **2** 굉장한, 대단한

despekt, *mi-2* 경멸, 깔봄, 무시, 멸시, 모욕

despota, *ma-2* 전제군주, 폭군

despotický 독재적인, 전제적인

destalinizace, *f* 스탈린 격하운동

destitace, *f* 증류, 정제

destilátor, *mi-2* 증류기

destilovat 증류하다

destrukce, *f* 파괴, 파멸

dešifrovat 해독하다, 판독하다, 분별하다

dešť, déšť, *mi* 비, 빗물, 강우 ◆ ekol. *kyselý* ~ 산성비

deštivý 비가 오는, 우천의, 젖은

deštník, *mi-2, 3* 우산

dešťovka, *f* 지렁이

detail, *mi-2* **1** 세부(사항), 세부 항목 사소한 일; 상세, 명세 **2** 클로즈업, 근접 촬영 **3** (상업의) 소매

detailní **1** 상세한, 세세한 **2** 근접 촬영의 **3** (상업의) 소매의

detašovat 떨어지게 하다, 분리하다, 제거하다

děťátko, *n-2, 3* 갓난아이, 아기

detektiv, *ma-2* 탐정, 형사

detektivka, *f* 탐정소설, 추리소설

detektor, *mi-2* 탐지기 ◆ ~ *lži* 거짓말 탐지기

detoxikovat 중독증상을 벗어나게 하다

dětičky, *f-pl* 아이들((*děti* 지소형))

dětina, *ma/f* 어린이 같은 사람, 유치한 사람

dětinský 어린이 같은, 유치한

dětinství, *n* 어린이다움, 유치함

dětinštět (*-ějí*) > **z-** 망령들다, 노망나다, 어린이처럼 되다

dětsk|ý **1** 어린이의, 아동의 **2** očekávaný u dítěte 어린애다운; jako dítě 어린애 같은, 순진한 ◆ ~ *kočárek* 유모차; ~ *lékař* 소아과 의사; ~ *pokoj* 육아실, 아이방; *-á postýlka* 소아용 침대, *s mřížkami* (격자로 막은) 아기 침대; *-á sestra* 유모, *-á výživa* 유아식

dětství, *n* 어린시절, 유년기, 유년

devadesát 90, 아흔

devadesátý 90의, 아흔의

devalvace, *f* 평가 절하, 가치 하락

devatenáct 19, 열아홉

devatenáctý 19의, 열아홉의

devátý 9의, 아홉의, 제 9의

děvče, *n-1* **1** 소녀, 계집애, 여자아이 **2** služebné 하녀, 가정부 **3** milá 여자친구, 애인 ◆ ~ *pro všechno* 잡일하는

하녀
děvečka, *f* **1** 소녀, 여자아이, 계집애 **2** 하녀, 시녀, 가정부
devět 9, 아홉
devítina, *f* 9분의 1
devítka, *f* 번호 9, 9번, 9호
deviza, *f* 외국환, cizí měna 외환
devíza, *f* 모토, 좌우명, 원칙
děvka, *f* 단정치 못한 여자, 매춘부
děvkař, *ma* 바람둥이, 오입쟁이
devótní 헌신한, 맹종적인, 굴종적인
dezerce, *f* **1** (군대로부터의) 도망, 탈주, 탈영 **2** odchod (자신의 팀, 당으로부터의) 이탈, 이반, 탈당, 탈회
dezert, *mi-2* 후식, 디저트
dezertér, *ma* 유기자; 탈영병; 탈당자
dezertovat z (어디로부터) 탈탕하다, 이탈하다; 탈주하다, 탈영하다
deziluze, *f* 환멸(감); 미몽을 깨우치기; 각성
dezinfekce, *f* 소독, 살균
dezinfekční 소독의, 살균의
dezinfikovat 살균[소독]하다
dezolátní 가련한, 비참한; 황폐한, 황량한,
dezorganizovat 질서를 파괴하다, 문란케하다, 혼란 시키다
dezorientace, *f* 방향감각 상실, 혼란
dezorientovat 그릇된 방향으로 돌리다, 오도하다
dialog, *mi-2, 3* [dy-] 문답, 대화; 대화체; 대화체의 작품
diamant, *mi-2* [dy-] **1** 다아아몬드, 금강석 **2** 마름모꼴((다이아몬드를 연상시키는 모양)) **3** 다이아몬드 칼((유리 등의 절단용))
diapozitiv, *mi-2* (영사용) 슬라이드
didaktický 가르치기 위한, 교훈적인, 설교적인
didaktika, *f* **1** 교수법, 교수학 **2** 교훈[계몽]주의, 교훈적 경향
diecéze, *f* 주교 관구
diesel, *mi-2* 디젤 엔진; 디젤유
dieselový 디젤 엔진의, 디젤유의 ◆ *~ motor* 디젤 기관[모터]
dieta, *f* zdravotní (일상의) 식품, 음식물; (치료, 체중조절을 위한) 규정식, 식이 요법, 음식 조절
diety, *f-pl* cestovní 여행경비, 출장비용[수당]
dietní 식사의, 음식의, 규정식의
diference, *f* 다름, 차; 차이점
diferenciace, *f* 차별, 구분, 차별대우; 특수화, 《生》 분화, 변이; 《數》 미분
diferenciální 차별의, 구분의, 구별[차별]하는; 특이한; 미분의
diferencovaný 달라진, 구별이 생긴; 분화된; (기관, 언어 따위가) 특수화된
diferencovat 차별을 두다, 구별하다, 구분하다
dík, *mi-2, 3* 감사의 말, zprav. 감사, 사의, 치사, 사례 ◆ *~, -y!* 고마워! 고맙소; *-y bohu* 고맙게도; *být komu zavázán -em* 누구에게 은혜를 받은 것을 고맙게 여기다, 감사하다
díky (+여격) …의 덕택에, …의 결과, …때문에 ◆ *~ jeho úsilí* 그의 노력 덕분에; *~ lékům horečka klesá* 약 덕택에 열이 내린다

D

dikce, *f* 말함, 발언, 발성; 말하는 능력, 발표력; 말씨, 어조, 발언; 《言》 발화, 말씨; 말, 용어; 화법, 발성법

dikobraz, *ma* 호저(豪猪)

dikt|át, *mi-2* **1** 구술; (구술에 의한) 받아쓰기 **2** polit. **(정치적)** 명령, 지령, 지시 **-ovat > na- 1** 구술하다, (말하여) 받아쓰게 하다 **2** 명령하다, 지시하다

diktátor, *ma* **-ka,** *f* **1** 명령자; 독재자; (옛 로마의) 독재 집정관 **2** 구술자, 받아쓰게 하는 사람

diktatura, *f* 독재(권), 독재 정권[정치], 집정관의 지위[임기]

díkůvzdání, *n* **1** 감사하기, (특히 하나님에 대한) 감사; 감사의 기도 **2** 추수 감사(절)

díl, *mi(-2)* **1** při záměrném dělení 한조각, 단편, 몫; součástka 일부, 부분 (jinak v. část) **2** knihy (책의) 부, 편, svazek 권 **3** pevnina 대륙, 육지, 본토 **4** podíl 몫, 배당몫, 할당, 분담, 부담, 출자(비율) ◆ *dostal svůj ~* 자신의 몫을 얻다[받다]; *stejným -em se rozdělit* 등분하다, 각자 부담으로 하다; *větším -em* 대개(는), 대개의 경우, 대부분은, 보통은, 주로

dílčí 1 단 하나의, 단 한 개의, 단지 홀로의 **2** neúplný 부분적인, 일부분의, 국부적인

dílec, *mi* **1** 단편, 조각; 부분, 구획, 절단, 분할, 절개 **2** (úsek) 영역, 구역

dílem I (부사) 부분적으로, 일부(는) **II** (접속사) ~..., ~... 일부는 …, 일부는 … ◆ *~ stáli, ~ seděli* 일부는 서 있고 일부는 앉아 있었다

dílensk|ý 직장의, 일터의 ◆ *-á rada* 직장위원회

diletant, *ma* **-ka,** *f* 딜레탕트, (문학·예술·학술의) 아마추어, 애호가; 어설픈 지식의 사람, 장난삼아 하는 사람; troufalý začátečník 초학자, 초심자, 신참자

dílna, *f* 일터, 작업장, 직장; (참가자가 실습을 행하는) 연수회, 공동 연구회; (제작자, 작가, 설계자 등의) 모임, 행사 ◆ *autorská ~* 작가 모임

díl|o, *n* **(복수 생격** *děl***) 1** (예술) 작품, 저작 **2** čeho se dosáhlo přes překážky (장애물을 넘어 무엇에 도달한) 성취, 달성, 업적, 위업, 공적, 공로 **3** něčí skutek 함, 행함, 실행, 소행 **4** způsob provedení (실행방법) 제조, 제작, 구성, 만들기, 솜씨, 기량, 기술 **5** 완성품, 세공품, 제작품, …제 **6** zaměstnání 직업, 고용, 일 **7** hudební (음악의) 작품, 작(作), 저작; jiné umělecké (다른 예술의) 예술 작품, 소설 작품 ◆ *vzít co do -a* 무엇에 대해 일을 (시작)하다; *to je tvoje ~* 그것은 너의 짓이다

dílovedoucí, *ma/f* (노동자의) 십장, 현장 주임, 직장, 공장장, 감독

diplom, *mi-2* 졸업 증서, 학위 증명서; 면허증, 자격 증명서

diplomacie, *f* 외교; 외교술

diplomand, *ma* **-ka**[1], *f* 졸업[학위 취득] 예정자

diplomat, *ma* **-ka,** *f* 외교관, 외교가

diplomatický 외교의

diplomatka[2], *f* aktovka 서류가방

diplomka, *f* **(구어체)** 졸업 논문, 학위 논문

diplomovaný 등록된, 공인된

D

dír|a, *f* **(**복수 생격 *děr***) 1** 구멍, mezera 틈, 틈새; v nádobě apod. (그릇 등의) 새는 곳[구멍] **2** prázdná prostora uvnitř (내부 빈 공간) 갱, 구덩이 **3** králičí (토끼의) 굴 **4** vězení 교도소 **5** v silnici (도로의) 깊게 패인 구멍, 둥근 웅덩이; kulečníku (당구대의) 구멍 **6** 공백 ◆ *udělat -u do světa* 남 다른 일을 하다, 대단한 일을 해서 세상을 깜짝 놀라게 하다

direktiva, *f* 지시, 지령, 명령; 사용법[취급법]

direktor, *ma = ředitel*

dirig|ent, *ma* **-ka,** *f* 지휘자, 악장; 지도자

dirigovat 지휘하다; kam (방향을) 가리키다

dírka, *f* **1** (작은) 구멍 **2** nosní 콧구멍 **3** k nahlížení 엿보는 구멍 ◆ *klíčová ~* 열쇠 구멍, *knoflíková ~* 단추 구멍,

dírkovaný 구멍난, 관통된

disciplína, *f* **1** *kázeň* 규율, 훈육 **2** (지식의) 분야; **(**스포츠**)** 종목

disertace, *f* 논문, 논설

disident, *m* 반체제자, 반대자, 불순 종주의자

disk, *mi-2, 3* (경기용) 원반; 레코드판, 디스크 ◆ *hod -em* 원반 던지기

diskař, *ma* **-ka,** *f* 원반던지기 선수

disketa, *f* **(**컴퓨터**)** 디스켓 ◆ *nahrát něco na disketu* 디스켓에 무언가를 기록하다; *naformátovat disketu* 디스켓을 포맷하다

disko, *n* [dy-] 디스코, 디스코 음악[춤]

diskont, *mi-2* [dys-] 할인 ◆ *obchodní ~*(동)업자 간의 할인

diskotéka, *f* **1** 레코드판 수집실 **2** 디스코텍

diskreditovat > 불신하다; 평판을 나쁘게 하다

diskrétní 1 uvážlivý 신중한, 분별있는 **2** taktní 재치있는, 꾀바른 **3** mlčenlivý 과묵한, 삼가는 **4** udržující vzdálenost (거리를 유지하는) 내성적인, 수줍어하는

diskrétnost, *f-1* 신중함, 재치, 과묵, 자제

diskriminace, *f* 차별, 구별; oddělováním 분리, 격리; v Africe (아프리카에서) 인종차별

diskuse, *f* 토론, 토의, 논의; 논쟁, srov. *debata*

diskutér, *ma* 토론자, 토의자

diskutovat o čem, co (무엇에 관해서, 무엇을) 토론하다, 토의하다, 논의하다, srov. *debatovat*

diskvalifikace, *f* 자격 박탈, 실격

diskvalifikovat >< …할 자격을 박탈하다, 실격시키다

dispečink, *mi-2, 3* 교통[항공] 통제[관제]; 인터폰, 인터콤

disponovat čím **1** 가지다, 소유하다; 마음대로 사용하다, 처분하다, 처리하다 **2** rozvrhnout 배치하다, 배열하다

dispozic|e, *f* **1** možnost použití 처분, 처분의 자유, 처분권 **2** rozvržení 배열, 배치 **3** náchylnost 경향, 성향, 기질 **4** instrukce 지시, 명령; opatření 조처, 방책 ◆ *dát k -i tisku* (언론에 출판으로) 발표[공개]하다; *mít ~* …하는 경향[성향] 이다; *mít ~ k podléhání*

D

čemu 무엇에 영향 받기[걸리기] 쉽다

distance, *f* **1** 거리, 간격 **2** (스포츠의) 출장 정지, 자격 정지

distribuce, *f* 분배, 배급, 유통

distribuční 분배의, 유통의

distributovat 분배[배분]하다, 유통하다

dít se (*děje se, dějí se, dělo* | *dálo se, dění*) > **udát se** (*udat*처럼 변화) **1** přiházet se 일어나다; o urč. události (특정 사건 따위가) 발생하다 **2** něco uspořádaného (계획된 일이) 거행되다, 실행되다 ◆ *co se děje?* 무슨 일이 일어난 거죠?; *něco co děje* 뭔가 일어나고 있다, 뭔가 문제가 된다; *nic se neděje* 아무일도 없다, 무엇도 문제가 되지 않는다; *děj se co děj* 어떤 일이 일어나든; *zatím/co se toto dálo* 그러는 동안, 그 사이에

dítě, *n-1* (복수 주격 *děti, f-1*) 아이, 아기, 어린이, 유아, 아동 ◆ *mrtvě narozené* ~ 사산아; *nemanželské* ~ 사생아; *nevlastní* ~ 의붓자식; *zázračné* ~ 비범한 아이

dítk|o, *n-2* (복수 주격 *-y, f*) 아이 ((*dítě*의 문어적 표현))

div, *mi-2* 경이, 경탄, 기적; zarážející 놀랄만한 일, 불가사의; na podiv 경이로운 광경[일] ◆ *dělat -y* 기적을 창출해내다[만들다]; *není -u, že* …하는 것은[인것은] 놀라울 것 없다, 당연하다

divadelní **1** 극의, 연극의; jevištní 무대의; herecký 연기의 **2** okázalý 거만한; 연극조의, 과장된; patetický 신파극 같은 ◆ ~ *budova* 극장; ~ *kukátko* 오페라 글래스; ~ *kus* 희곡; *autor -ch her* 극작가; ~ *lóže* (극장의) 칸 막은 관람석, 특등석; ~ *obecenstvo* 연극 관람자, 청중; ~ *personál*; 연극 스텝; ~ *plakát* 연극의 광고물; ~ *program* 연극 프로그램; ~ *představení* 연극 공연; ~ *rekvizity* 무대장치, ~ *rubrika* 연극 난[컬럼]

divadelník, *ma-3* odborník 연극 전문가

divadl|o, *n* **1** 극장 **2** o jevišti 무대 **3** o umění 연극, 극 **4** o představení 공연 **5** podívaná 광경, 장면; nevídaná 구경거리, 쇼; exhibice 야외극 ◆ *dát se, jít k -u* 배우가 되다, 연극을 하다, 연기하다, 가장하다, 속임수를 쓰다, …인 체하다; *lístek do -a* 극장표; *loutkové* ~ 인형극 극장((특히 마리오네트 연극을 주로 함)); *návštěvník -a* 연극 관람자, 연극 구경을 자주 가는 사람; *ochotnické -o* 아마추어 연극

divák, *ma-3* **1** (연극의) 관람자, 관람객, 청중 **2** kdo má možnost vnímat a obdivovat (인식[이해]하고 흠모할 가능성을 갖는) 보는 사람, kdo jen neúčastněně sleduje (그저 방관적으로 바라다 보는) 구경꾼; díky náhodné přítomnosti (우연히 목격하는) 방관자 ◆ *pouhý* ~ 국외자, 부외자

dívat se > **po- 1** na co (무엇을) 바라보다; po kom (누구에게) 시선을 돌리다, 눈으로 좇다 **2** spatřovat *v někom* (누군가를 …로) 여기다, 간주하다 **3** s úvahami (심사숙고로써) 찬찬히 보다, 정관하다, 관찰하다; po něčem skrytém, ztraceném (감춰지고 잃어버린 무엇인가를) 찾다 **4** do čeho (무엇을) 들여다 보다 (do zrcadla 거울을 들여다 보다); čím (무엇을) 통해서 보다 (oknem 창밖을 내다 보다); dovnitř (창 안을) 들여다 보다; za čím/kým (무엇의/누구의 뒤를) 보다 **5** spěšně (서둘러, 급히) 대충 훑어 보다; pronikavě (꿰뚫어서, 날카롭게) 자세히 살피다; přihlížet, být divákem (구경꾼으로) 구경하다 **6** mít zřetel 고찰하다, 주의를 기울이다; mít péči 돌보다, 유의하다; sledovat 주시하다, 좇다 **7** tvářit se …한 모습을 하다[보이다] (kysele 찡그린 얼굴을 하다) ◆ *~ se dobře* …을 경계하다; *nemohu se na to ani ~* 나는 그 광경을 쳐다볼 수 조차 없다; *~ se na koho opovržlivě* 누구를 경멸하나; *~ se na koho shůry, z kopce, spatra, skrz prsty, přes rameno, zvysoka* 누구를 내려다 보다, 얕보다, 깔보다; *~ se na koho úkosem* 누구를 곁눈질 하다, 누구를 곁눈으로 힐끗 보다; *podívej (se)* 여기 좀 봐!

dívčí 소녀의, 처녀의, 아가씨의

dívčina, *f* pop. expr. 소녀, 처녀, 계집애

dívenka, *f* 작은 소녀, 여자 아이, 작은 아가씨

diverzant, *ma* 사보타주 하는 사람

dividenda, *f* 이익 배당금

divit se > po- čemu (무엇을) 경탄하다, 놀라다, 깜짝 놀라다 ◆ *není se tomu co ~* 그것은 놀랄 일이 아니다

divize, *f* 분할, 구획, 나눔

dívka, *f* **1** 소녀, 여자아이, 처녀, 아가씨 **2** 여자 친구, 애인

divný 1 특유한, 이상한; podivně cizí 이국적인, 이국풍의, 이상스러운 **2** bizarní, pitoreskní, legrační 기이한, 진기한, 괴상한, 별난, 기묘한, 우스꽝스런, 별난; v. též zvláštní ◆ *ty jsi ale ~ (brouk, pavouk)* 너는 참 괴짜[별난 사람, 심술궂은 사람]이다

divočák, *ma-3* 산돼지, 멧돼지

divo|čet (*-čejí*) **> z- 1** 사나와지다 **2** plašit se 깜짝 놀라서 물러서다, 뒷걸음치다

divočina, *f* 황무지, 황야

divočit > z- 미치게 하다, 난폭[광폭] 하게 만들다

divoch, *ma-3* **1** 야만인; divoký člověk vůbec 사나운 사람 **2** chlapec (소년, 사내아이) 개구장이, děvče (소녀, 계집애) 말괄량이 **3** necivilizovaný tvor 미개인, 이방인, 이교도

divoká, *f* zvěř 사냥감

divokost, *f-1* 미개한 상태, 야만(성)

divok|ý 1 야생의, 자생의, společensky neorganizovaný (사회적으로 구성[조직]되지 않은) 미개의; nespořádaný 무질서한, 혼란스러운 **2** nápadný 눈에 띄는, 야한((색깔 등)); výstřední 별난 **3** plný životního elánu; 삶의 열정이 가득한; 생기가 넘치는, 열정적인; vášnivý 격정적인 **4** prudký 과격한, 격렬한; nahánějící strach (두려움을 가져다 주는) 사나운, 광포한; drsný 맹렬한, 격심한; zuřivý 지독한; krutý 모진, 냉혹한; brutální 가차없는, 잔인한 **5** nevázaný 얽매이지 않는, 억제할 수 없는; vyvádějící 떠들썩한, 소란스러운, neposlušný 순종치 않는, 다룰 수 없는 **6** ukvapený 분별없는, 성급한 **7** krajina 지세가 험한 **8** život (삶이) 무절제한 ◆ *jako ~ do, na, po*

…에 열광한; *-é kousky* 못된 장난; *~ úprk[útěk]* 황급한 도망
divošský 야만의, 미개한
divošství, *n* 미개한 상태, 야만 상태
divous, *ma-2* = *divoch*, podivín; 괴상한 자, 별난 사람, 괴짜
div|ý = *divoký*, šílený; 미친, 실성한 ◆ *~ muž* 숲에 사는 사람, 야만인, *jako -á zvěř* 야생짐승 같이
dlaha, dláha, *f* **1** dlah (접골용) 부목 **2** (건물의) 장선, 들보
dlaň, *f* 손바닥; obraz. 손
dláto, *n-2* 끌, 정
dlažb|a, *f* 포장 도로, 보도, 포도; obraz. 거리 ◆ *vyhodit koho na -u* 누구를 쫓아내다, 해고하다
dláždění, *n* = *dlažba* a v. *dláždit*; 포장, 포장 공사
dlaždice, *f* pálená (구운, 구워서 굳힌) 타일; kámen (포장용) 포석
dlaždič, *ma* 포장공
dláždit > vy- (도로를) 포장하다, 자갈을 깔다; 타일을 붙이다
dle = *podle*
dlít (*dlet, oni dl[ej]í, dli!*) **> pro-** 머물다, 떠나지 못하다; spočívat (근거를 두며) 거주하다, 체재하다
dloubat (*dloub-u|-ám, dloubej!, dloubal*) **> za-, -nout 1** 팔꿈치를 슬쩍 대다, 살짝 밀다[찌르다], div neporazit (거의 쓰러질 뻔하게) 부딪치다, (서로) 떠밀다; ostře rýpat (날카롭게) 쿡 찌르다 **2** = *dopalovat*, 화나게 하다, 자극하다 **~ se 1** v čem (무엇에) 찌르다, 쑤시다 **2** s čím (무엇으로) 헛되이 시간을 보내다, 빈둥거리다
dlouhán, *ma* 키가 큰 사람, 키다리, 꺽다리
dlouho (비교급 *déle*) 오랫동안(에), 장기간(에), 오래 ◆ *nebudu tam ~* 나는 그곳에 오래 있지 않을 것이다; *~ do noci* 밤 늦게 까지; *nebude to ~ (trvat)* 그것은 오래 걸리지 않을 것입니다
dlouhodobý 오랜 기간의, 장기간의
dlouhohrající 오랫동안 연주[재생]하는 ◆ *~ deska* LP음반[장시간 레코드판]
dlouholetý 오래된, 오랫동안의, 장기간의
dlouh|ý (비교급 *delší*) **1** 긴, 길쭉한 **2** stavbou, vzrůstem (건물 구조로, 형상으로) 키가 큰 **3** časově (시간적으로) 오래 지속되는, 오랜, 장시간 걸리는 **4** rozvláčný 길게 늘인, 오래끈, 연장된 **5** nudný 지루한, 싫증나는 ◆ *~ čas* 오랜 기간; *delší*, poměrně dlouhý 비교적 긴, 더 긴: *po delší době* 상당 기간이 지난 후에; *-á chvíle* 지루함, 권태; *je mi -á chvíle, mám -ou chvíli* 나는 싫증난다; *krátit si, zahánět -ou chvíli* 시간을 보내다; *je to na -é lokte* 무엇에 시간을 헛되이 쓰다; *jak je rok ~* 일년 내내; *mít -é ruce* 영향력을 행사하다; *do nejdelší smrti* 살아있는 한
dloužit se (*dluž se!*) **> pro-** (더) 길어지다, 늘어나다
dluh, *mi-2,3* 빚, = *zadluženost*, 채무, 부채, 은혜 ◆ *dělat -y* 빚 내다; *mít -y* 빚이 있다, 빚지다; *na ~* 외상으로, 신용 대부로
dluhopis, *mi* 채권, 증권, 채무 관계

D

dlužit 빚을 지다; (obraz.) 은혜를 입다

dlužní 빚이 있는, debetní (부채의) 차변의

dlužnický 채무자의

dlužn|ík, *ma-3* **-ice,** *f* 채무자, 차주; obraz. 은혜를 입고 있는 사람 ◆ *zůstávám vaším -em* 저는 당신의 은혜를 크게 지고 있습니다

dluž|ný (*-en*) 빚이 있는, částka (총계, 량, 액이) 미불의 ◆ *zůstal -en odpověď* 그는 아무 대답도 하지 않았다; *nezůstal -en odpověď* 그는 대답했다; *dlužno říci-poznamenat* 말하는 것이/언급하는 것이 필요하다[필수적이다], … 하는 것이 필요하다(동사 원형과 함께)

dna, *f* 통풍((팔·다리 따위에 염증을 일으켜 아픔))

dnes, -ka 1 오늘, 금일 **2** v přítomné době 현재에는, 현대에는, 오늘 날에는

dneš|ek, *mi-2, 3* (생격 *-ka*) **1** 오늘, 금일 **2** přítomná doba 오늘날, 현재, 현대, 작금 ◆ *do -ka* 오늘날까지, 현재까지; *na -ek, pro -ek* 현재로서는; *v noci na -ek* 어젯밤; *ode -ka* 오늘부터, *nadále* 이제부터는

dnešní 오늘의, 우리 시대의, 현대의, 현재의 ◆ *~ den* 오늘, 당일

dnít se > roze- 날이 새다, svítá (날이) 밝아지다, 동이 트다

dn|o, *n* 밑바닥, 바닥, 최하부, 해저, 수저, 물밑 ◆ *být na -ě* 맨 밑바닥에 있다[닿다]; *narazit na ~* 밑바닥에 부딪치다; *uváznout na -ě* 좌초되다; *vypít až do -a* (잔을) 비우다, 바닥까지 마시다

do (+ 생격) **1** pohyb dovnitř, podstatné zasažení/změna, překlad (안쪽으로의 이동, 개입, 전환, 번역 등의 행위) …안[속]으로, … (으)로; s jednoduchými slovesy významu 'dát co kam' (무엇을 어느곳에 두는 행위동사와 더불어) …에, zařídit, aby bylo zahrnuto/obsaženo v čem (무엇에 덮히거나 포함되도록 하는 행위) …(속)에, … (안)에 **2** pohyb k dosažení cíle (목표의 달성 행위) …에, …까지 **3** časově (시간적으로) …까지, …에 이르기까지, je-li dáno bodem (정해진 시점) …까지 **4** výsledná míra, stupeň (정도) …까지 ◆ *co ~* …에 관한한; *-krát ~ (týdně)* (일주일)에 …번; *od … ~ …* …에서 …까지; *od rána ~ večera* 아침부터 저녁까지; *~ ciziny* 해외로, 외국으로

dob|a, *f* **1** údobí, éra 기원, 연대; (특히 지질학적인) 시대; období 계절 **2** časový úsek 기간, 시간, 한 동안의 계속, 잠시동안 **3** (구어체) (dlouhý, dlouhá ~) 오랜 기간 **4** údobí s osobitými rysy 기일 **5** vhodná situace (příhodná, příznivá, vhodná ~) 기회 **6** pomíjivá příležitost (특정한 일이 일어나는) 경우; (어떤 정해진) 때 ◆ *denní ~* 낮, 낮 기간; *jednou za dlouhou -u* 이따금, 가끔; *s duchem -y* 시대 정신으로; *v každé -ě* 언제나; *odložit na jinou -u* 다른 때로 미루다, 연기하다; *noční ~* 밤시간, 밤; *od té -y, co … …*한 이후로; *po celou tu -u* (그 동안) 내내; *polední ~* 정오, 한낮; *poslední -ou, v poslední -ě* 최근에; *pozdní ~* 늦은 시

간; *ranní* ~ 이른 시간; *své -y* 당대에; *zkušební* ~ (*člověka*) 수습 기간

ďobat (*ďob-u|-ám, ďobej!, ďobal*) v. *ďobnout*

doběh, *mi-2, 3* **1** (스포츠의) 마지막 전력 질주 **2** (기계의) 소모, 다 돌아감

doběˇ|hnout < **dobíhat** **1** o stroji, dojít (기계가) 다 돌아가다; po vypnutí 멈추다 **2** čas (기간이) 끝나다, 종료되다; = *dostihnout* ◆ *lhůta -hla* 만기가 되었다 **doběhnout** < (구어체) napálit 속이다, 기만하다, 현혹시키다

dobírat < **1** 마치다, 다 써버리다 **2** plat apod. (봉급 등을) 인출하다 **3** platit dobírkou 대금 상환인도를 하다 ~ **si** koho (누구를) 놀리다, 희롱하다; halasně (시끄럽게) 조롱하다; průhledně (뻔히 들여다보이게) 속이다; otázkami (질문들로써) 장난하다, 놀리다; karikováním (흉내로써) 놀리다, 괴롭히다

dobírk|a, *f* 대금 상환인도, 화물 상환불 ◆ *poslat na -u* 대금 상환으로 인도하다

dobít (*dobi-*) < **dobíjet** (*-její*) **1** (시계가) 다치다; (심장이) 다 뛰다 **2** dorazit 끝내다, 해치우다, 죽이다, 마지막 일격을 가하다; skoncovat s … (누구와) 절교하다[끝장내다] **3** akumulátor (충전지를) 다시 충전하다, 재장전하다, ~ **se** čeho (무엇에) 이르다, 도달하다

ďob|nout < **-at** = *klovnout*, 쪼다, 쪼아먹다

doboj|ovat < **-ovávat** 다 싸우다, 싸움을 멈추다, 싸움[전쟁]을 끝내다

dobový 같은 시대의, 그 당시의, 당대의

dobrá[1] **(부사)** 좋아, 이제됐어, 그래; platí 알았어, 동의해

dobrá[2]**,** *f* (시험 성적 등의) 제 3 등[급], B- ◆ *velmi* ~ (시험 성적 등의) 2 등의 위, B+

dobrácký (마음씨가) 좋은[착한, 고운], 인정 있는

dobr|ák, *ma-3* **-ačka,** *f* 마음씨가 좋은 사람, 착한 사람, 호인

dobrat (*dober-, dobral*) < **dobírat** 다 써버리다, (자원 따위를) 고갈시키다 ~ **se** *čeho, kam* (무엇을 어디에서) 찾아내다, 발견하다, 얻다

dobré, *n* = *dobro, blaho* ◆ *co neseš -ho?* 무슨 좋은 소식 있어; *po -m* **1** přátelsky 우호적으로 **2** bez domluv 기꺼이, 자진하여, z vlastní vůle 자발적으로; *rozešli se v -m* 그들은 좋은 관계로 헤어졌다; *uznat za* ~ …을 좋은[적합한 것]으로 인정하다[생각하다]

dobr|o, *n-2* 선, 미덕; 좋은 일[것]; blaho 행복, 복리, 복지; prospěch 이점, 장점 ◆ *obecné* ~ 공공의 복지; *připsat komu co k -u* 무엇을 누구의 공적으로 돌리다

dobročinnost, *f-1* 자비, 자애, 자선(행위)

dobročinný 자비로운, 관대한

dobrodinec, *ma* 은인, 후원자

dobrodiní, *n* 친절한 행위, 자선, 은혜

dobrodru|h, *ma-3* **-žka,** *f* **1** 모험가 **2** (이익 · 모범이라면 어디건 가는) 용병

dobrodružný 모험적인, 대담한,

위험한; romaticky 로맨틱한, 영웅적인, 의협적인

dobrodružství, *n* 모험; (중세의) 기사[모험] 이야기; hazardní 투기, 위험 ◆ *milostné* ~ 연애 사건

dobromyslnost, *f-1* 착함, 선함; 명랑함, 사근사근함; 온정, 온화

dobromyslný 선한, 착한, 친절한, 선의의

dobrosrdečnost, *f-1* 온화, 다정, 친절, 인정

dobrosrdečný 다정한, 동정심이 많은, 자상한, 마음씨 고운

dobrot|a, *f* **1** 친절, 자상; 친절한 행위, 선행 **2** lahůdka 맛있는 것[음식], 좋은 맛, 진미 ◆ *dělat -u* (아이들이) 착한 행동을 하다, 규칙에 따르다, 의무를 다하다; *to nebude dělat -u* 그것은 잘 될리 없다, 그것은 문제를 일으킬 거다

dobrotivý 친절한, 자비로운

dobrovoln|ík, *ma-3* **-ice,** *f* 자원 봉사자

dobrovolný 자발적인; bez vyzvání 초대받지 않은, 지시받지 않은, 지원자의

dobrozdání, *n* 증명서; 전문가의 견해

dob|rý 1 좋은 **(**비교급 *lepší* 더 나은, 최상급 *nejlepší* 가장 좋은**)** na, pro, k (…에 대해), 우량한 **2** 선량한, 친절한, 상냥한, 착한, 다정한 **3** 양질의, 질이 좋은 **4** 적합한, 적임의 **5** 편안한, 기분 좋은 **6** 순조로운, 순탄한 **7** 예절바른, 얌전한, 단정한 **8** (음식이) 맛이 좋은, 맛있는 ◆ *buď(te) tak ~ á(ý)* …친절하게도 …해주시겠습니까?; *dát co k -rému (lepšímu)* 무엇을 대접[향응] 하다; *příliš mnoho -rého* 좋은 것이 너무나 많은; *obrat k -rému* 좋은 방향으로의 전환; *po -rém* 우호적으로, dobrovolně 자발적으로; *v nejlepším případě* 최선의 상태로는, 아무리 잘 봐주어도, 기껏해야, 고작; *rozejít se v -rém* 좋게[친구로] 헤어지다; *to je -ré* (*stačí*) 그것으로 족해; *uznat za -ré* 좋다고 인정[생각] 하다; *-ré vůli* 선의; *při nejlepší vůli* 최고의 선의로써; *mít -ré* 예절 바르게 행동하다; *-ré zdání* 신중, 분별, 사려; *-ré znamení* 좋은 징후[징표], 길조

dobře (lépe**)** 잘, 좋게, 기분 좋게, 훌륭하게, 성공적으로 ◆ *daří se jí ~* 그녀는 잘 지내고 있다; *dělat komu ~* 누구에게 잘하다; *krátce a ~* 요컨대, 결국; *je to ~slyšet/vidět* 그것은 잘 들린다/보인다; *mít se ~* 잘지내다 *všechno to ~ dopadne* 그것은 모두 잘 될 것이다

dobýt (*dobud-u, dobyl-, dobytí*) < **dobývat 1** 획득하다, dík vrozeným kvalitám/náhodě (타고난 역량[질]이나 우연의 덕에) 얻다, postupně si vytvořit 습득하다 **2** zmocnit se 손에 넣다, 정복하다; útokem (공격으로써) 강탈하다, 점령하다 **3** z hloubi (중심[속]으로부터) 채취하다, 빼어내다 **4** páčením (억지로, 강압적으로) 빼앗다 **5** nesplacené (미불[미납]된 것을) 되받다, 되찾다 **6** tajené (감춰진 비밀을) 끌어내다, 알아내다 ◆ *~ úspěch* 성공하다 **~ se < dobývat se** kam (어디로) 밀고 들어가다, odkud… (어

D

디로부터) 밀고 나오다
dobytče, *n-1* **(구어체)** 짐승, 동물; 머[마]리의 수
dobytek, *mi-2* **1** 가축 **2** nádavka **(욕설)** 짐승, 짐승 같은 사람
dobytkářství, *n* 목축(업)
dobývat (se) v. *dobýt* (*se*)
dobyvatel, *ma-1, 4* **-ka,** *f* 정복자, 침략자
docela 1 zcela, úplně … 아주, 전적으로, 전혀 **2** dokonce 확실히, 바로, 꼭 **3** poměrně hodně 상당히, 꽤 **4** 실제로, 정말로 **5** plně 완전히, 충분히 **6** naprosto 철저히, 절대적으로
docent, *ma* **-ka,** *f* (대학의) 부교수
docentura, *f* 부교수 자리[직위]
docílit (*docil!*) < **docilovat** = *dosáhnout*
dočasný 1 일시의, 잠깐 동안의, 순간의 **2** přechodný 순간적인, 일시적인, 변하기 쉬운; pomíjivý 덧없는, 무상한
doči|st (*dočt-u, dočetl*) < **-tat** 다 읽다, 통독하다, 완독하다 **~ se** < **-tat** 읽고 알게 되다
dočista docela 아주, 완전히, 극히
dočítat (se) v. *dočíst* (*se*)
dočkat se čeho/koho (무엇을/누구를) 끝까지 기다리다, v životě (삶[인생]에서) (무엇을/누구를) 볼 정도로 오래 살다; věku (…의 나이가) 될 정도로 오래 살다; v. *dožít se* ◆ *nemoci*[*nemoct*] *se* ~ čeho 무엇까지 기다릴 수가 없다
dodací 공급의, 배달의, 공급하는 ◆ ~ *list* (상품 배달) 수령증, pošt. (우편) 영수증

dodat < **dodávat 1** přidat 더하다, 가산하다, 추가하다; připojit něco vedlejšího 덧붙이다, 부록으로 넣다 **2** poslat jako dodávku 공급하다, 배달하다, 조달하다 **3** odevzdat 넘겨주다, 건네주다, 양도하다 ◆ ~ *si odvahy* 용기를 내다, 분발하다; ~ *komu síly* 누구에게 힘을 북돋우다
dodatečný 1 부가의, 추가의; navíc 보충의, 부록의, 증보의, 여분의 **2** pozdější 나중의, 다음의, 차후의
dodatek, *mi-2* 추가, 보충; zákona (법률의) 수정(안), smlouvy (계약, 조약의) 조항; knihy (책의) 부록
dodavatel, *ma-1, 4* **-ka,** *f* 공급자, 보급자, jídel (음식의) 공급자[조달자]
dodavatelský 공급자의, 조달자의 ◆ ~ *závod* 조달 공장
dodávka, *f* zboží apod. (물건[물품] 등의) 공급; odeslaná/samo odeslání apod. 운송, 선적, 출하 ◆ ~ *do bytu* 택배(운송) 서비스
dodávkový 공급의, 조달의 ◆ ~ *vůz* 밴((운송차)), 봉고차
dodě|at < **-ávat 1** 끝내다, 마무리하다, 완성하다 **2** přestat být 존재를 멈추다, 죽다
dodnes 지금까지, 오늘까지, 현재까지
dodrž|et (*oni dodrží*) < **-ovat** 고수하다, 집착하다, 지키다, 준수하다
dodýchat 마지막 숨을 거두다, 죽다
dogma, *n-2* 도그마, 교의, 주의
dogmatický 교리의; 독단적인
dogma|tik, *ma* **-tička,** *f* 독단가, 교조주의자

dogmatismus, *mi-2* 독단(주의), 교조주의

dohad, *mi-2* 추측, 추정, 짐작, 가정

dohadovat se 1 추측하다, 짐작하다, 추정하다 **2** o co (무엇에 대해) 옥신각신 하다, 입씨름하다, 논쟁하다

dohánět v. *dohnat, dohonit*

dohasnout < **dohasínat** (불 따위가) 죽어 없어지다, 꺼지다; (별이) 지다; (소리가) 사라져가다, 희미해지다

dohazovač, *ma* **-ka,** *f* 중개인, 중매인

dohled, *mi-2* **1** 시야, 시계, 안계, 눈길이 닿는 범위 **2** dozor 감독, 관리, 단속, 보호

dohlédnout >< **1** až kam (어디까지) 눈길이 닿다, 바라보다 **2** na koho (누구를) 감독하다, 뒤를 돌보다

dohledn|ý 시계[시야] 내의, 눈길이 닿는 ◆ *v -é době* 오래지 않아, 조만간

dohlížet (*-žejí*) = *dozírat*

dohnat (*dožen-u, dohnal*) < **dohánět** (*-nějí*) **1** (어디까지) 쫓다, 몰다 **2** = *dohonit* **3** (억지로 몰아서) …시키다

dohoda, *f* **1** 동의, 합의; 협정 **2** 교섭, 담판, 협의

doh|odit (*dohozen*) < **-azovat 1** (*dohozen*) až kam (어디까지) 던지다, 투척하다 **2** (가격 등을) 협상하다 **3** 공급[조달]하다, 마련하다 ◆ *co by kamenem dohodil* 가까운 거리에, 지척에

dohodnout < co (무엇을) 용인[승낙]하다; 의뢰하다 ~ **se** o čem (무엇에 대해) 동의하다, 찬성하다, 합의를 보다

dohola (머리를) 상고머리로, (면도를) 깨끗이

dohonit < **dohánět** (*-nějí*) 끝까지 쫓다, 따라잡다; (잃은 것, 뒤진 것을) 벌충하다, 만회하다

do|hořet (*oni dohoří*) < **-hořívat** 꺼지다, 다타다, 소진하다

dohotov|it < **-ovat** 끝내다, 완성하다, 마무리 짓다

dohovoř|it se < **-ovat se** = *dohodnout se*; jazykově 자신을 이해시키다

dohra, *f* (극 뒤에서 하는) 익살 맞은 촌극; 에필로그, 종극

dohrát (*dohra-, dohraj!|dohrej!, dohrál, dohraju ...*) > **dohrávat** (연기를) 끝내다; až do konce 끝까지 연기하다,

dohromady 함께, 전부, 하나로, 종합하여, oba společně 서로 함께, všichni společně 모두들 함께, 다 함께

docház|et (*-zejí*) **1** kam pravidelně (어딘가 규칙적으로) 방문하다, 참여하다, 참가하다, vytrvale (지속적으로) 자주 들르다 **2** v. *dojít*

docházka, *f* 출석, 출근, 참석

dochov|at (*-vám, -val*) < **-ávat 1** 존속하다, 보존하다, 지키다; tradicí (전통을) 전승하다, 전래하다, 계승하다 **2** (성인이) 될 때까지 양육하다 **3** (죽을 때까지) 돌보다

dochvilnost, *f-1* 시간엄수, 정확함

dochvilný 어김없는, 시간을 엄수하는

dojačka, *f* 착유용 버킷[통]

D

doják, *mi-2, 3* **(구어체)** 눈물을 짜게 하는 이야기[작품], 예술성 없는 작품, 눈물거리((신세타령, 슬픈 소설 · 영화 · 장면 등))

dojatý 감동받은, 감동된

dojedn|at < -ávat = *dohodnout*

dojem, *mi-2* **1** 인상, 감동, 감명 **2** 느낌, 기분, 생각 ◆ *dělat ~ na koho* 누구를 감동 시키다; *mám ~, že...* 나는 …라는 느낌[생각]이다

D

dojemný 감동시키는, 심금을 울리는, 고무하는, 감동적인

dojení, *n* 착유(搾乳), 젖짜기,

dojet (*dojed-, dojel, dojetí*) < **dojíždět** (*-dějí*) **1** (차 등을 타고) 도착하다, 당도하다, 이르다 **2** 따라잡다

dojetí[1], *n* 감동, 감격, 흥분; 감정, 정

dojetí[2], *n* 도착, 도달

dojezd, *mi-2* **1** 도착, 도달 **2** (비행기의) 활주로

dojič, *ma* **-ka,** *f* 젖짜는 사람, 낙농장에서 일하는 사람

dojička, *f* 착유기

dojídat v. *dojíst*

dojímat v. *dojmout*

dojímavý = *dojemný*

dojíst (*dojí-m, -š ... dojedí, dojez!, dojedl, dojedení*) < **dojídat** (음식을) 다 먹다, 먹어 치우다

dojit > po- 1 (소 등의) 젖을 짜다 **2** (소의) 젖이 나오다

dojít (*dojd-, dojdi!, došel, dojití*) < **docházet** (*-zejí*) **1** kam (어디에) 도착하다, 도달하다, 닿다 **2** pro co (무엇을) 가지러 가다, 사러가다; pro koho (누구를) 데리러 가다 **3** ke komu (누구를) 방문하다, 찾다 **4** zastavit se (활동, 기능이) 멈추다, 다되다; spotřebovat 소진하다, 고갈되다, 다 떨어지다 **5** k čemu (무엇이) 일어나다, 발생하다 **6** na koho (누구의) 차례가 오다 ◆ *něco mi došlo* (= *nemám to*) 나는 뭔가가 다 떨어지다; *s tím daleko nedojdeš* 거의 아무 소용없다; *došel mu dech* 그는 숨이 찼다; *~ k poznání* (*omylu*) 실수를 알다; *~ sluchu* 들리다; *~ souhlasu* 동의를 얻다; *~ víry* 신뢰받다, 신용을 얻다

dojíždět (*-dějí*) **1** do zaměstnání (직장으로) 출퇴근하다 **2** jako docházet

dojmout (*dojm-, dojal; dojetí* v. *toto*) < **dojímat** 감동시키다, 마음을 움직이다

dojnice, *f* 젖소, = *dojná kráva*

dok, *mi-2, 3* 부두, 선착장

dokavad = *dokud*

dokazatelný 논증할 수 있는, 증명할 수 있는

do|kázat (*dokáž-u, dokaž!, dokázal*) < **-kazovat 1** 증명하다, 보여주다; nevratně (반박할 수 없이, 두말할 것 없이) 논증하다, 설명하다 **2** doklady, svědky (증거들, 증언들을) 명시하다, 입증하다, 증언하다

dokdy 언제까지, 얼마동안, 얼마나 오랫동안

doklad, *mi-2* **1** 문서, 서류; opravňující 증서, 영수증 **2** důkaz 증거; 입증 **3** citát 인용, 인용절

dokládat v. *doložit*

dokola 원형을 이루어, …의 주위에; pohyb (움직임) 돌아서, 빙돌아; kde 사방에, 여기저기에

dokonalost, *f-1* 완벽성, 완전성, 철두철미

dokonalý 완벽한, 완전한, 철두철미한

dokon|at < -ávat 1 죽다, 최후를 맞다[보다] **2** = *dokončit*

dokonce 심지어는, …조차도

dokonč|it < -ovat 완성하다, 끝내다, 마무리 짓다, 완결하다

dokořán 확, 활짝, 완전히 ◆ *otevřít ústa ~* 입을 완전히 열다

doktor, *ma* **-ka,** *f* **1** 의사 **2** 박사 ◆ *~filozofie* 철학 박사

doktorát 박사 학위

doktorsk|ý 1 lékařský 의사의 **2** 박사의 ◆ *-á práce* 박사 학위 논문

doktrína, *f* 독트린, 교의, 주의

doktrinář, *ma* **-ka,** *f* 교조주의자, 공론가

dokud 1 …하는 한, …할 때까지 **2** ~ ne …하기 전에, …까지, dříve než (주절이 부정문인 문장에서) …하기 이전에

dokument, *mi-2* doklad 증서, 법률 문서

dokumentace, *f* 문서, 증거 서류, 문헌; 고증

dokumentarista, *ma(-4)* 기록[영화] 작가[프로듀서]

dokumentární 기록[영화]의

dokumentovat 기록하다; 기록으로 입증하다

dolar, *mi-2* 달러((미국, 캐나다 등지의 화폐 단위))

dolarový 달러의

dole 1 아래에, vespod 밑에, v budově (건물의) 아래층에 **2** nižší než ostatní (다른 것보다 낮은) 아래에, pod čarou (줄) 밑에(서)

dolehnout < doléhat 1 내려앉다, 착륙하다 **2** 무겁게 누르다, 압박하다 **3** 꼭 맞다[끼다] **4** (소리가) 들려오다

dolejšek, *mi-2, 3 = spodek*

dolejší 밑(쪽)의, 최하단의, 밑바닥의, 아래의

dolet, *mi* 비행[항속]거리

doletět (*oni doletí*)**, dolétnout < dolétávat** (날아서 어디까지) 도달하다, 이르다, 미치다; 날아가다, 비행하다

doleva 왼쪽으로, 좌측으로, 왼편으로

dolézat 넙죽 엎드리다, (설설) 기다; 아양부리다, 아첨하다; ke komu, za kým (누구의) 비위를 맞추다, (누구에게) 빌붙다

doliček, *mi-2, 3* **1** (땅의) 구덩이, 구멍, 갱; 계곡, 도랑 **2** (얼굴의) 보조개

dolík, *mi-2,3* **1** (땅의) 우묵한 곳, 계곡, 도랑, 갱, 구덩이; (지반의) 함몰 **2** ve tváři (얼굴의) 보조개

dolina, *f = nížina*

dolít (*doli-|dolé-, dolil, dolití*) **< dolévat 1** (액체 등을) 더하다, 보태다, 채워 넣다, 채워 붓다 **2** nádobu (용기를) 가득 채우다, 가득 따르다

dolní = *dolejší*

dolovat 파다, 채굴하다 **> vy-** 캐내다, 추출하다

doložit < dokládat 1 přidat 더하다, 보태다, 첨부하다 **2** na důkaz (증

D

거로써) 입증하다, 실증하다 ~ **se** < **dokládat se** svým slovem, ctí (스스로의 말·명예로써) 주장하다, 내세우다

doložka, *f* **1** (부가) 조항, 조목 **2** (책의) 부록, 후기 ◆ ~ *nejvyšších výhod* 최혜국 조항

dolů 1 아래로, dospodu 밑바닥으로, v budově (건물의) 아래층으로 **2** pryč (이탈) 떨어져, 분리하여, 빗어져 **3** na nižší úroveň (더 낮은 수준으로) 밑으로, 하위로 ◆ *narohu a* ~ 위로 아래로; *dát si* ~ *kabát* 외투를 벗다

dóm, *mi-2* **1** 성당 **2** 반구형의 것, 돔

doma 집에(서); 국내에(서) ◆ *jsem tu jako* ~ 나는 여기가 내집같이 편안하다; *jsem tu* ~ 나는 이곳이 낯익다; *je všude* ~ 그는 어디가든지 편안하다

domácí[1] **1** 가정의, 가사의, 집안의; 가정용의 **2** 사적인, 가정에서 만든; 국산의 **3** narozený v místě 토산의, 원산의, 토착의 **4** tuzemský 지방의, 지역의, 국내의 ◆ ~ *lékárnička* 구급함, 약상자; ~ *pán* 지주, 집주인, hostitel 주인, 호스트; ~ *paní* 여자 집주인, 안주인, 여주인, hostitelka 여주인, 호스티스; ~ *rozhlas* 지역 라디오방송; ~ *střevíc* 실내화, 슬리퍼; ~ *učitel* 가정교사; ~ *válka* 내전; ~ *vězení* 가택 구금

domácí[2]**,** *f* 여주인, 안주인

domácký 1 가정의, 가내의 **2** 가정적인, 친밀한 **3** 자유로운, 구속받지 않은 **4** útulný 아늑한, 편안한

domácnost, *f-1* 집안일, její vedení 가사

domáhat se čeho (무엇을) 요청하다, 요구하다; vznášením nároku (권리·요구의 제기로써) 청구하다

dom(eč)ek, *mi-2, 3* **1** dům (집의 지소형) 작은 집, 오두막; hlídače 수위실, 산막 **2** ulita 껍질

doména, *f* **1** 영토, 영역, 세력 범위 **2** 소유지, 영지 **3** 도메인, 웹사이트 주소지

domkář, *ma* **-ka,** *f* 별장에 사는 사람, 별장 주인; 농가 주인, 시골 농부

domluva, *f* **1** důtklivá rada 비난, 책망 **2** = *jednání, porada*

domluvit < **domlouvat 1** 말을 마치다, 종결짓다 **2** komu (누구를) 타이르다, 설득하다, 훈계하다, 야단치다, 질책하다 **3** = *sjednat, smluvit* ~ **se** < **domlouvat se** = *dohodnout se, dohovořit se*

domnělý 추측의, 가상의, 상상의, 가정의

domněn|í, *n* **-ka,** *f* 추측, 상상, 가정

domnívat se 추측하다, 생각하다, 믿다

domoci se (*domoh-u|-ou, domůže-, domůž-u, -ou; domoz!, domohl*) < čeho (무엇을) 얻어내다, 쟁취하다, 획득하다

domorod|ec, *ma* 원주민, 토착민, 토박이; -ci [původní obyvatelé] 원주민들, 토착민들, 토박이들

domorodý 토착의, 타고난, 원주민의

domov, *mi* (생격 *-a*) **1** 집, 보금자리, 안식처 **2** 고향, 조국 **3** sociální též 보호 시설, 수용소 ◆ ~ *důchodců* 연금생활자들의 집; *stesk po -ě* 향수

domovina, *f* 조국, 모국, 고향
domovní 집의, 가정의, 고향의; od domu k domu 집집 마다의, 호별의 ◆ ~ *dveře* 앞문; ~ *klíč* 빗장, 걸쇠
domovn|ík, *ma-3* **-ice,** *f* 수위, 관리인
domovsk|ý 주소의, 가정의, 주택의 ◆ *-á obec* 본적지; ~ *přístav* 선적항(구); *-é právo* 주거의 권리, 거주권
domů 집으로, 가정으로
domyslit (*domyšlen*) < **domýšlet** (*-lejí*) důsledně 끝까지 생각해내다, 세세한 사항까지 고려에 놓다, 숙고하다 ~ **se** < **domýšlet se** čeho (무엇을) 추론하다, 추단하다
domýšlivost, *f-1* 도도함, 건방짐; 자부심, 자만; útočná (공격적인) 오만, 거민
domýšlivý 건방진, 거만한, 도도한
donašeč, donášeč *ma* udavač 밀고자, 밀정, 앞잡이
donášet (*-šejí*) **1** v. *donést* **2** (편지, 우유 등을) 배달하다, 송달하다 **3** (총 따위의) 사정 거리가 …이다, (탄알이) 도달하다 **4** 밀고하다, 고발하다
donést (*dones-*) < **donášet** (*-ejí*) **1** …까지 운반하다, 가져오다[가다], 데려오다[가다] **2** (소리 등이) 미치다, 도달하다, 이르다 **3** (정보 등을) 보고하다, 통지하다, 알리다 ◆ ~ *dopis na poštu* 편지를 부치다; *kam ho nohy donesou* 그의 발길이 이끄는 대로
donucení, *n* 강요, 강제, 압박
donucovací 고압적인, 강제적인
donu|covat = *nutit* **-tit** v. *nutit*
doopravdy 1 vážně 진지하게, 진심으로 **2** = *opravdu*
dopad, *mi-2* **1** 낙하, 강하, 하강 **2** účinek 충격, 쇼크; 영향(력), 반격 **3** fyz. 투사[입사](각)
dopad|at 1 na nohu (다리를) 절뚝거리다 **2 -nout** < **-(áv)at 1** 떨어지다, 낙하하다 **2** dosednout 내려앉다, 땅에 내리다 **3** koho při čem (무엇을 하고있는 중의 누구를) 붙잡다, 생포하다 **4** 습격하다, 급습하다, 덮치다 **5** (어떻게) 드러나다, 판명되다, 귀착하다
dopal, *mi-2* 악의, 적의, 노기
dopálený 화가난, 격노한, 화가 치민
dopálit (*dopal!*) < **dopalovat** 성가시게 하다, 화나게 하다, 자극하다
dopíjet v. *dopít*
dopis, *mi* 편지, 서한; krátký (짧은) 쪽지, 노트 ◆ *doporučený* ~ 등기 우편; *schránka na -y* 우체통
dopisní 편지의, 서한의 ◆ ~ *papír* 편지지
dopisnice, *f* 우편 엽서, 관제 엽서
dopisovat (si) 편지를 교환하다, 서신 왕래를 하다 ◆ ~ *si s někým* 누구와 서신 왕래를[펜팔을] 하다
dopisovatel, *ma-1,4* **-ka,** *f* 통신원, 특파원
dopít (*dopi-*) < **dopíjet** (*-její*) 다 마시다, 마저 마시다
doplatek, *mi-2, 3* 추가 요금, 추징금
doplatit (*doplacen*) < **-ácet** (*-cejí*) **1** 추가로 지불하다, 더 지불하다 **2** 다 지불하다, 완전히 청산하다 **3** 댓가를 치루다
doplněk, *mi-2,3* **1** 보충(물), 추가(물) **2** knihy (책의) 부록, 증보 **3** mat. (수

D

학의) 여수 **4** jaz. (언어의) 보어
dopl|nit < **-ňovat 1** 보충[보완]하다 **2** naplnit 채우다 **3** dodat 더 보태다, 추가하다
doplňovací 보충하는, 보족의 ◆ ~ *volby* 중간 선거, 보궐 선거
dop|nout (*dopjal, dopnutí* 드물게 *dopětí*) < **-ínat** (단추) 자크를 다 잠그다
dopodrobna 자세히, 상세히, 세세히

D

dopoledne[1], *n* 아침, 오전
dopoledne[2] (부사) 아침에, 오전에
dopo|moci (*dopomoh-u|-ou, dopomůže-, dopomůž-u, -žou; dopomoz! dopomohl*) < **-máhat** komu k čemu (누구로 하여금 뭔가를 얻는데) 도와주다, 돕다, 힘이 되어주다
doporučení, *n* **1** 추천, 권고 **2** dopis 추천서, 추천장, 증명서, 의견서
doporuč|it < **-ovat 1** 추천하다, 권고하다 **2** pochvalně se vyjádřit 좋게 말하다, 칭찬하다, 천거하다 **3** dopis (편지를) 등기 우편으로 하다
doposavad = *dosud*
dopouštět (se) v. *dopustit (se)*
dopo|vědět (*dopoví- … -vědí, dopověz! dopověděl*) < **-vídat 1** 말하기를 끝내다, 완결짓다, 결론을 내리다; 모두 말하다 **2** připojit 보태다, 더하다
dopracov|at < **-ávat** 일을 마치다[끝내다] ~ **se** < **-ávat se** čeho (무엇을) 벌다, 얻다
doprava[1] 오른쪽으로, 우측으로
doprav|a[2], *f* **1** 교통, 수송; na urč. úseku (특정 구역[지역] 이외의) 운항, 운행, 교통편; účetnicky (회계·정산상의) 운임 **2** využití dopr. prostředku (교통 수단의 이용[사용]으로서의) 운반, 수송; jakékoli přemístění 전달, 배달; vypravení 급파, 속달 **3** dopravní ruch 교통(량), 왕래; těžký 견인, 끌기; 화물 운송 ◆ *jednosměrná* ~ 일방 통행; *kyvadlová* ~ 왕복 운행; *obstarávat -u mezi* …사이를 (정기적으로) 왕복하다
dopravce, *ma* 운수업자, 수송업자, 견인업자
doprav|it < **-ovat** 운반하다, 수송하다, 운반하다; 급송하다, 급파하다
dopravné, *n* 운송료, 운임, 운반료
dopravní 운송의, 교통의, v. *doprava* ◆ ~ *klec* 컨테이너, 크레이트; ~ *nehoda* 교통사고; ~ *pás* = 콘베이어 벨트; ~ *pojištění* 운송(업)[수송] 보험; ~ *proud* 교통 흐름; ~ *předpisy* 교통 법규, 고속도로 규정; ~ *strážník* 교통 경찰; ~ *špička* 러시아워, 교통 혼잡(시간); ~ *tepna* 간선 도로, 주요 고속도로
dopravník, *mi-2, 3* 콘베이이어 벨트, 운반 장치
doprostřed 가운데로, 중앙으로
doprošovat se koho (누구에게) 탄원하다, 애원하다
doprovod, *mi-2* **1** 동반, 동행; družina 수행원 **2** vedení 안내; ochranné 호위, 보호, 경호 3 hud. (음악의) 반주(부)
doprovodit (*doprovozen*) < **doprovázet** (*-zejí*) **1** 동행하다; dělat komu společníka (누구를) 동반하다, 함께 가다; úslužně 수행하다 **2**

vést 이끌다, 인도하다, 안내하다; a chránit 보호하다, 호위하다, 에스코트하다; někoho někam 누군가를 어딘가로 인도하다

doprovodný 동반하는, 첨부한, 동봉한

dopřá|t (*dopře-, dopřál*) < **-vat 1** 기꺼이 제공하다, 부여하다, 주다, 승인하다, (ne- 아까워하다, 인색하게 굴다) **2** jen málo čeho 바싹 줄이다, 절약하다 **~ si** < **-vat si** čeho (무엇을) 즐기다; 탐닉하다 ◆ *nemohu si nadměrně ~* 나는 한 없이 감당할 수는 없다, 나는 더 이상 …할 여유가 없다

dopředu 앞으로, 전방으로

dopsat (*dopíš-, dopiš!, dopsal*) < **dopisovat 1** 다 쓰다, 쓰기를 마치다 **2** = *napsat* **3** 첨가하다, 첨부하다

dopt|at se < **-ávat se** 질문하다, 물어보다

dopu|stit (*dopuštěn*) < **dopouštět** (*-tějí*) …하게 하다, 허용하다, 승인하다, 허락하다 **~ se** < **dopouštět se** čeho (무엇을) 범하다, 저지르다

dopuštění (boží), *n* **(**구어체**)** 재난, 재해, 고난

do|razit (*doražen*) < **-rážet** (*-žejí*) **1** úderem (타격[강타] 따위로써) 처넣다, 처박다, 밀어넣다 **2** dokončit 끝내다, 해치우다, 마치다 **3** kam (어디로) 도착하다, 이르다, 도달하다

dorážet 1 na koho (누구를)공격하다, 공박하다, 몰아세우다 **2** prosbami (요청으로써) 끈질기게 조르다, 청하다, 괴롭히다; (질문으로써) 공세를 펴다

dorost, *mi-2* 자라나는 세대, 젊은 세대, 젊은이들; (스포츠에서) 청년팀

dorozumění, *n* 이해, 양해

dorozum|ět se (*-mějí*) < **-ívat se 1**이해하다, 양해하다; 양해[이해]가 이루어지다, 합의하다 **2** jazykem (언어로써) 이해시키다

dort, *mi-2* 케이크, 과자

doruč|it < **-ovat** 전달하다, 넘겨주다, 건네주다, 전해주다, 송달하다

doručitel (편지·전갈 따위를) 전하는 사람, 사자, 배달자

doručovatel, *ma-1, 4* **-ka,** *f* 우체부, 집배원

dorůst (*dorost-*) < **-at 1** na, v 성장하여 (…이) 되다, (…으로) 성장하다 **2** koho (누구의 키로) 성장하다 **3** dosáhnout čeho (무엇에) 도달하다, 이르다

dořešit 완전히 풀다, 해결하다

dosa|dit (*dosazen*) < **-zovat 1** v úřad (직무에) 취임시키다, 임명하다, 앉히다 **2** zavést 집어[끼워]넣다, 안으로 들이다; náhradou (대체물로) 대체하다, 벌충하다, 보충하다; co za co (수학에서 무엇을 무엇에 대해) 치환하다 **3** rozdíl v penězích (금액의 차이를) 채우다, 메우다 ◆ *~ na trůn* 왕위[왕좌]에 앉히다, 즉위 시키다

do|sah, *mi-2* **1** 손 발이 닿은 범위, 가까운 거리, 지척; 미치는 범위[한도] **2** význam 의미, 취지, 중요성 **3** radius 한계, 시계, 음역 **-sáhnout** < **-sahovat 1** čeho, na co (무엇에) 도달하다, 이르다, 미치다; rozkládat se 뻗치다 **2** domoci se 얻다, získat 획득하다 **3** uskutečnit 실현하다 달성하

D

다, 성취하다
dosavad = *dosud*
dosavadní 지금까지의, 현재까지의
dosazovat v. *dosadit*
dosažitelný 얻을 수 있는, 달할 수 있는, 닿을 수 있는, 달성 가능한
dosed|nout, -(áv)at 1 자리에 앉다, 착석하다, 착지하다, 착륙하다 **2** přilehnout 맞추다, 딱 맞게 하다 **3** do úřadu (직위에) 오르다, 취임하다, 즉위하다
dosk|očit 1 점프하다, 도약하다 **2** (뛰어) 내리다 **3** (재빨리) …를 가지러 (뛰어) 가다 **-ákat < -akovat** (뛰어, 점프하여) 도달하다
doskok, *mi-2, 3* 뛰어 내리기, 착륙, 착지
doslech, *mi-2* **1** 소리가 들리는 거리 **2** zvědění 소문, 풍문
doslechnout se < doslýchat se, dovědět se 들어 알다, 소문을 듣다
doslov, *mi-2* 에필로그, 후기
doslov|a, -ně 말 그대로, 문자 그대로, 한마디 한마디로, 축어적으로; jak míněno 정말로, 실제로
doslovný 축어적인, 말대로의
doslýchat se v. *doslechnout se*
dospat se (*dospí-m ... oni dospí, dospi|-spěte se!, dospal se, dospání*) 실컷 자다
dospělost, *f-1* **1** 성인의 나이, 성숙함; práv. (법률적인) 성년 **2** (어음 따위의) 지불 만기
dospělý[1] **1** 성인이 된, 다 자란; vyspělý 원숙한, 성숙된 **2** (구어체) pokročilý 고급의, 상급의
dospělý[2]**,** *ma* 성인, 어른, 성년
dospět (*dospě-*) < **dospívat 1** 다 자라다, 성숙하다, 성인이 되다 **2** kam = *dosáhnout* čeho ◆ ~ *k dohodě* 합의에 도달하다; ~ *k přesvědčení* 결론에 도달하다; *dospívající mládež* 청년기[사춘기]의 젊은이
dost 충분히, 충분한, 많이, 많은; poměrně hodně a náhodně 상당히 많은; téměř příliš 상당히, 꽤, 매우; snesitelně 꽤 좋은, 원만한 ◆ *mít čeho* ~ 무엇에 싫증나다, 물리다, *dostatek* 충분하다; *už* ~ 충분해, 고만해
dostač|it < -ovat 1 충분하다, 족하다 **2** dosáhnout až kam (어디까지) 도달하다, 이르다
dost|at (*dostan-, dostal, dostání*) < **-ávat 1** nabýt, utržit 받다, 얻다, 수령하다 **2** dobýt, obdržet 손에 넣다, 획득하다, zajistit si 확보하다 **3** zakusit 경험하다, 맛보다, 겪다 **4** 기만하다, 속이다 ◆ ~ *hlad* 배가 고파지다; ~ *jméno od*… …로부터 이름을 얻다; ~ *milost* 용서를 받다; ~ *místo* 일자리를 얻다, v hledišti apod. (청중석, 강당등의) 자리를 얻다; ~ *náladu* 분위기에 젖다; ~ *nápad* 영감이 떠오르다; ~ *odvahu* 용기를 내다; ~ *roupy* 조바심하다; ~ *strach* 두려워하다; ~ *co pod střechu* 집에 가져오다; ~ *vyznamenání* 명예를 얻다; ~ *žízeň* 목 마르다; *je k - ání* 얻을 수 있는 **~ se < -ávat se 1** *kam* (어디에) 도달하다, 이르다 **2** na co v řeči (무엇에 대해) 말하게 되다 **3** na koho, vyzrát (누구를) 앞지르다, 추월하다 **4** někomu se dostalo čeho = *někdo dostal co* (누군가가 무엇을)

손에 넣다[받다], *kladné/záporné vyjádření* (긍정적 혹은 부정적 표현에서) 경험하다, 겪다 **5** dostalo se na něho, přišla na něj řada (그의) 차례가 오다 ◆ *~ se do dluhů* 빚지다; *~ se do sebe* 서로 싸우다; *~ se v čí držení* 누구의 소유가 되다; *~ se mezi lidi zpráva* 소식이[정보가] 사람들 사이에 퍼지다; *~ se k moci* 권력을 잡다; *~ se do toho, do tempa* 계속 나아가다

dost|át (*dostojí-, dostůj!, dostál*) < **-ávat** v čem, čemu (무엇에) 부응하다, 필적하다; slovu (말·약속을) 지키다; svým závazkům (자신의 서약[약속]을) 존중하다

dostávat v. *dostat a dostát* **~ se** v. *dostat se*

dostatečně 충분히, 많이, 족히

dostatečný 충분한, 많은, 만족 할 만한

dostatek, *mi-2* 충분한 량[숫자]; 풍부, 풍요(함)

dostavba, *f* (건축의) 완성, 완공

dostaveníčko, *n-2, 3* **1** 데이트, 약속, 밀회; místo schůzky 미팅의 장소, 회합 장소, 집합지 **2** 세레나데 음악

dostav|it se (*dostaví se, dostav se!*) < **-ovat se 1** 나타나다, 나오다, 출현하다; (문제 등이) 발생하다, 일어나다 **2** hlásit se 출석을 보고하다, 출석하다, 출두하다

dosti = *dost*

dostih|nout (*dostižen*) < **-ovat 1** 따라잡다 **2** (범인 따위를) 잡다; = *dohonit*

dostihy, *mi-3 pl* 경마, 경마 시합

do|stoupit (*dostup!*) < **-stupovat** 올라가다, 오르다; …까지 이르다, 미치다

dostřel, *mi-2* 사정거리, 사거리, 착탄거리

dostudovat ukončit studia 공부를 마치다, 졸업하다

dostupný 1 들어갈수 있는, 손에 넣을 수 있는 **2** cena (가격이) 합리적인 **3** srozumitelný 이해할 만한

dostupovat v. *dostoupit*

dosud 지금까지, 아직, 여태

dosvědč|it (*dosvědč!*) < **-ovat** 증명하다, pravost (확실성, 진정임을) 입증하다, 증언하다

došetření, *n* 재시험[검토, 검사]

doškolování, *n* 보충 교육, 재교육(과정), 성인 교육

dosyta 마음껏, 만족할 때까지, 실컷

dotace, *f* 보조금, 장려금, 지원금

dotáhnout (*dotažen*) < **dotahovat 1** 끌어 당기다, 잡아 당기다, 끌어내리다 **2** (나사를) 죄다, (뚜껑, 마개를) 돌려 죄다 **3** k dokonalosti (완성을 위해) 마무리 작업을 하다 ◆ *~ to až kam* 어디까지 길을 헤치고 나아가다, 출세하다; *~ to daleko* 정상에 도달하다, 성공하다

dotaz, *mi-2* **1** 질문, 질의, 심문 **2** počít ((컴퓨터)) 질의, 조회

dot|ázat se (*dotáž- se, dotaž se!, dotázal se*) < **-azovat se** 물어보다, 질문하다, 질의하다, 조회하다

dotazník, *mi-2, 3* (질문, 조회) 서식, 양식; 질문표, 질의서, 앙케트

dotazovat se 1 vyšetřovat (조사하다) 질문하다, 심문하다 **2** v. *dotázat*

D

se

dotek, *mi-2, 3* 접촉, 감촉; vzájemný (상호의) 접속

dotěrnost, *f-1* 성가시게[집요하게] 의뢰 [청구]하기, 집요함, 성가심

dotěrný 주제넘게 나서는, 훼방하는; 성가신, 귀찮은

dotírat na koho (누구를) 압박하다, 다그치다, 강요하다, 성가시게 조르다; obtěžovat koho (누구를) 괴롭히다

D

dotisk, *mi-2,3* přetisk 재판, 증쇄

do|tknout se (*dotknut, dotčen*) < **-týkat se 1** čeho (무엇에) 닿다, 손을 대다, 만지다 **2** 넌지시 비추다, 암시하다; 언급하다 **3** způsobit nač 영향을 끼치다, 감동 시키다 **4** koho urážkou (누구를 무례로써) 불쾌하게 하다, 감정을 상하게 하다

dotovat 보조금을 주다; vybavit 기금을 제공하다, 기부하다

dotud 그때까지, 그 당시까지

dotvr|dit (*dotvrzen*) < **-zovat** 확실히 하다, 확증하다, 확인하다; 승인하다, 재가하다

dotvrzení, *n* 확정, 확인; 인가, 재가

dotyčný 언급된, 거론된; příslušný 문제의, 당해의

dotýkat se hraničit 인접하다, 접근하다; jinak v. *dotknout se*

douč|it < **-ovat 1** 다 가르치다 **2** 보충 수업을 하다, 과외하다, 개별 수업을 하다

doučovací 개별 지도의, 과외의 ◆ ~ *kroužek* 개별 지도 그룹

doufat 1 v, na (…에 대하여) 바라다, 기대하다 **2** očekávat 고대하다; spoléhat se 의지하다

doupě, *n-1* (들, 짐승의) 굴, 우리, 잠자리

doušek, *mi-2, 3* 한 모금, 한번 마심

douška, *f* 단서, 후기, 추신

dout (*du-*) < **za-** (바람이) 불다; 악기를 불다 ◆ ~ *na trubku* 트럼펫을 불다

doutnat 연기내다[나다]

doutník, *mi-2, 3* 시가, 여송연, 엽궐련

dovádění, *n* 장난(침), 야단법석; 익살맞은 행동, 기괴한 짓

dovádět (*-dějí*) 떠들며 놀다, 장난치다, 시끄럽게 굴다; 익살 떨다

dovážet v. *dovézt*

do|vědět se (*doví-m se ... dovědí se, dověděl se*) < **dovídat se** 알게 되다, 인식하다, 이해하다; z různých stran (여러 방면으로부터) 들어알다

dovednost, *f-1* 솜씨, 기량, 기술, 재주, 재능

dovedný v čem (무엇에) 능숙[능란]한; 솜씨 있는, 숙련된

dovést (*doved-*) **1** umět 할 줄 알다, 할 수 있다; 능숙하다 **2** ~ < **dovádět 1** *koho sem* (누구를 이리로) 데려오다, tam (제자리로) 데려가다 **2** jít napřed (앞에서) 이끌다, 인도하다; chránit cestou (길을) 안내하다

dovézt (*dovez-*) < **dovážet** (*-žejí*) *kam* **1** (차 등으로써 어디로) 운반하다, 수송하다, 운송하다, 싣고가다[오다] **2** 수입하다, 들여오다

dovídat se v. *dovědět se*

dovnitř 안(쪽)으로, 속으로

dovodit (*dovozen*) < **dovozovat 1**

끌어내다, 이끌어 내다; 추론하다, 연역하다, z předpokladů, náznaků (전제, 징조로부터) 추리하다, 추단하다; učinit závěr 결론[결과]을 짓다 **2** = *vyvodit*

dovol|at se < -ávat se 1 들리게 하다; (전화로) 통화하다, 통하다 **2** uváděním nároku (권리·요구의 제기로써) na, k (…에) 호소하다, 어필하다

dovolen|á, *f* 휴가; volno 긴 휴가, 휴가 여행 ◆ *zdravotní* ~ 병가 휴가; *jít na -ou* 휴가가다

dovolení, *n* 허가, 허용, 허락, 용납

dovolenka, *f* **1** (군인의) 휴가; 휴가증, 휴가서 **2** v. *dovolená*

dovolenost, *f-1* = *drzost*

dovolený 허가된, 허락된, 합법적인, 정당한

dovol|it < -ovat nezakázat 허용하다, 용납하다; 허락하다, výslovně (분명히) 허가하다; nechat, strpět 하게 하다, komu aby odešel (누구로 하여금 떠나도록) 허락하다 ◆ *dovolte* 허락해 주세요, 실례합니다; *-te, abych…* 제가 …하도록 허락해 주세요 ~ **se < -ovat se** 승낙을 요청하다 ~ **si < -ovat si 1** dopřát si …할 여유가 있다 …할 수 있다 **2** 과감히 …하다, 감히 …하다 **3** oddávat se čemu (무엇에) 탐닉하다, 골몰하다; domýšlivě 추정하다, 상상하다 **-ovat 1** nechávat možnost 여지를 남기다, 허락하다; opravňovat 보증하다; nechávat přílišnou volnost 멋대로 하게 놔두다, 지나치게 방임하다 **2** v. *dovolit* **-ovat si 1** s někým (누구와) 무람없이 굴다, (누구에게) 무리한 짓을 하다 **2** v. *dovolit si*

dovoz, *mi-2* **1** 공급; 배달 **2** 운송, 수송 **3** 수입

dovoz|ce, *ma* **-kyně,** *f* **1** 수입업자, 수입상 **2** 공급자, 조달자

dovozné, *n* 운임, 송료; = *dopravné*

dovozovat v. *dovodit*

dovrš|it < -ovat 성취하다; 절정에 달하다, 극에 달하다; úplně 완성하다

dovtípit se (*dovtip se!*) 적중하다, zjistit ze situace (상황으로부터) 알아차리다, 알아내다, 알아 맞히다

dovzdělání, *n* 성인 교육

doyen, *ma-2* 고참자, 장로, 수석, 일인자

dóza, *f* (뚜껑이 있는) 통, 상자; soudkovitá (통모양을 한) 단지, 병

dozadu 뒤로, 뒤쪽으로, 후미로

doze, *f* = *dávka*

dozírat nač (무엇을) 감시하다, 감독하다; na koho (누구를) 보살피다; s právem zakročit (법적으로) 돌보다, 관리[감독]하다, 지휘[지도]하다

dozn|ání, *n* 인정, 승인; 고백, 자백, = *přiznání*

dozn|át < -ávat = *přiznat*

dozn|ít (*ony dozn[ěj]í, dozni!, dozněl*) **< -ívat** (소리 등이) 사라지다, 없어지다; (열정이) 식다, 잦아들다

dozor, *mi-2* 감독, 감시, 감찰; 보호

dozor|ce, *ma* **-kyně,** *f* 감독관; hlídač 감시자, 간수

dozorčí[1]**,** *ma* 감독(자), 관리자, 감독관; 세관원

dozorčí[2] 감독(자)의, 관리(인)의

dozovat 투약하다, 복약하다

dozrálý 익은, 성숙한; 익어 달콤한,

D

감미로운

dozrá|t (*dozra-*, *dozrál*) < **-vat** 익다, 숙성하다, 성숙하다

do|zvědět se (*dozví-m se ... dozvědí se, dozvěď se!, dozvěděl se*) < **-zvídat se** = *dovědět se*

dozvuk, *mi-2* **1** 반향, 에코 **2** -y 후유증, 부작용

dožadovat se čeho (무엇을) 탄원하다, 간청하다, 부탁하다; = *domáhat se*

D

dožínky, *f-pl* 수확의 완료, 수확 축제(의 노래), 추수 감사제

dožít (*doži-*) < **-ívat** 다 살다, 삶을 마치다

do|žít se < **-žívat se** **1** čeho …때까지 살다, (věku 고령이 될 때까지, 오래) **2** žádoucího konce 살아서 보다; zakusit 경험하다, 겪다

doživotní 평생의, 일생의 ◆ ~ *renta* 연금

dračk|a, *f* **1** 깃털 뽑는 여자 **2** 서로 빼앗으려고[얻으려고] 다투는 사람 ◆ jít na -u 날개 돋친 듯이 팔리다

dráha, *f* **1** 코스, 과정; vyjetá/vyšlapaná 지나간 흔적, 밟은 자국, 발자국; stopa 자취, 흔적, 자국 **2** spojnice (연결) 선, 줄; trať 선로 **3** cestovní (여행의) 길, 도정; žel. 철길, 철로 **4** opisovaná (둘레를 에두른) 선; nebeského tělesa (천체의) 궤도 **5** životní (인생의) 여정, 행로, 경로, 진로 **6** závodní (경기의) 트랙, 경주로 ◆ *automobilová* ~ 자동차 경주 트랙; *lanová* ~ 밧줄, 케이블; *podzemní* ~ 지하철; *závodní* ~ 경주로

draho 비싸게, 값비싸게; 소중하게 ◆ *to ti přijde* ~ 그것은 네게 비싸게 칠 것이다; *zde se žije* ~ 여기는 살기가 비싸다

drahocenný 비싼, 귀중한; nedozírné ceny 값을 매길 수 없는, 대단히 귀중한

drahokam, *mi-2* 보석, 보석용 원석, 귀금속, opracovaný (가공한) 보석, 보옥

drahot|a, *f* 비싼 값, 고가 ◆ *dělat -y* 안달(복달) 하다, 주저하다, 망설이다, (아가씨가) 짐짓 부끄러워하다

drahoušek, *ma-3* 애인, 사랑하는 사람, 여보, 당신

drahý **1** 친애하는, 사랑하는, 소중한, 귀중한 **2** těžce získaný 비용이 많이 드는, 희생이 큰 **3** vysoko ceněný 값비싼, 비싼 **4** přemrštěný 과대한, 터무니없는 **5** vzácný 드문, 진기한 ◆ ~ *kov* 귀금속

drak, *ma-3* **1** 용 **2** hračka (장난감) 연 **3** let. 활공기, letadla (비행기의) 기체

drama, *n-2* 드라마, 연극

dramatický (연)극적인, 드라마틱한

dramatičnost, *f-1* 연극성, 극적임, 극적인 특징

dramatik, *ma-3* 희곡 작가, 극작가

dramaturg, *ma-2, 3* 드라마 작가, v div., rozhl. 연출가, film. 시나리오 작가

drancovat > **vy-** 약탈하다, 빼앗다, válečně (전쟁에 의해) 강탈하다

dranžírovat (**구어체**) 나누다, 분배하다

dráp, *mi-2* **1** (짐승의) 발톱, 손[마수], ptačí (새의) 발톱 **2** (**비유어**) -y 손아귀, 마수

dráp|at (*dráp-u|-ám, drápej!, drápal*) > **na-** 휘갈겨 쓰다 > **-nout, -at se** > **vy- 1** 할퀴다, 긁다 **2** kam (어디로) 기어오르다

drásat > **roz- 1** (옷을) 잡아 뜯다 **2** (자신의 가슴을) 쥐어 뜯다, (마음을) 상하게 하다, 괴롭히다

draselný 칼륨의

draslík, *mi-2* 칼륨(K), 포타슘((금속 원소; 기호 K; 번호 19))

draslo, *n* 잿물, 가성 칼리

drastický 격렬한, 급격한, 강렬한

drasťák, *mi-2, 3* (극, 영화, 소설의) 스릴러, 공포물; 오싹한 경험

drát[1], *mi* 전선, 전깃줄, 통신선; 철사, 철망; pletací 뜨개바늘

drát[2] (*der-, dral; nedrat*) > **(ro)zedrat 1** 뜯다, 긁다, 찢다 **2** okraj (끝을) 문지르다, 비비다 **3** peří (새털 따위를) 뽑다 ~ > **sedrat** kůži z koho (누구로부터) 돈[물건]을 뜯어내다, 갈취하다, 사취하다 ~ **se** > **prodrat se** 비집고 나아가다

drátek, *mi-2, 3* 작은 전선[철사]((*drát*의 지소격)) ◆ *jít jako na -ku* 순조롭게 나아가다

drátěnka, *f* **1** postelová (침대의) 용수철 메트리스 **2** na drhnutí (연마용) 강모

drátěný 철사로 만든, 철제의

drátkovat 강모로 문지르다 ~ > **s-** (와이어를 사용하여) 수선하다, 고치다

dravčí 강탈하는, 수탈하는

dravec, *ma* **1** 맹수, 맹금 **2** 탐욕스러운 사람, 욕심쟁이

dravost, *f-1* 강탈, 탈취

dravý = *divoký, dravčí*; hltavý 탐욕스러운; prudký 격렬한, 맹렬한

dražba, *f* 경매, 공매

Drážďany, *m-pl* 드레스덴((독일의 도시))

dráždit (*drážđi!*) > **po-, roz- 1** 안달나게 하다, 속타게 하다 **2** škádlit 지분[집적] 거리다, 치근대다 **3** podněcovat 자극하다, 부추기다 **4** štvát 꾀다, 유인하다

dráždivý 1 자극하는, 자극적인 **2** 자극에 민감한, 예민한 **3** 성적인 매력이 있는, 섹시한

dražé, *n-in* 당과, 당의정

dražební 경매의, 공매의

dražit > **vy-** 경매에 부치다; 경매에서 사다[팔다]

drážka, *f* **1** 골, 홈, 바퀴 자국 **2** *dráha*의 지소격

drbat (*drb-u|-ám, drbej!, drbal*) > **po- 1** 긁다, 할퀴다 **2** 뒷공론하다, 흉보다 ~ > **vy-** 문지르다; = *vydrhnout* ~ > **z-** koho pomlouvat (누구를) 험담하다, 욕하다 ~ **se** > **po-, za-** 자신의 머리를 긁다

drčet (*oni drčí*) > **za- 1** 시끄러운 (종)소리처럼 소리가 나다 **2** 빨리 이해할 수 없이 말하다, 재잘거리다

drdol, *mi* (뒷머리의) 땋아 붙인 쪽[매듭]

dres, *mi-2* 운동복, 간이복

drezírovat (말 등을) 길들이다, 조련하다

drezúra, *f* 조련, 조마

drhnout 1 o co (무엇에) 걸다, 매다 **2** blokovat 삐걱거리다, 스치다 ~ > **vy-** *co* (무엇을) 박박 문지르다, 비비

다; pro očištění 비벼 빨다

drkotat 1 ~ zuby (이를) 덜덜 떨다 **2 ~ (se) > za-** 덜컹거리다, 덜덜 떨리다

drn, *mi-2* 잔디, též skrojený (잘라낸) 잔디(밭)

drncat (se) = *drkotat se*

drnčet > za- (쇠·종 따위가) 날카롭게 소리를 내다, (전화 등이) 따르릉 울리다, (전차가) 덜컹거리다

D

drob|ek, -et, *mi-2* **1** (빵) 부스러기 **2** trocha 조금, 소량 **3 -ty** vědomostí 천박한 지식, 수박 겉핥기로 알고 있는 지식

drobit > roz- 산산이 부수다, 짓눌러 찌부러뜨리다, 으스러뜨리다, 가루를 내다[만들다] **~ se > roz-** 무너[부서]지다, 썩어 문드러지다, 분해[붕괴]하다

drobné, *mi-pl* 잔돈, 푼돈, 거스름돈, 우수리

drobnohled, *mi-2* 현미경

drobnohledný 현미경의; 극히 미세한

drobnost, *f-1* **1** 미소성, 지소성 **2** malá věc 작은 것[일], 하찮은[시시한] 일, 싸고 허울만좋은 물건

drobn|ý 1 자잘한, 자질구레한, 세세한, 상세한 **2** nedůležitý 보잘것없는, 하찮은 **3** malicherný 사소한, 미소한 ◆ *-á buržoazie* 소시민 계급; *obchod v -ém* 소매상; *-é peníze* 거스름돈, 잔돈, nazpět 거스름돈, 우수리; *-é prádlo* 자잘한 빨래

drobotina, *f* **1** 자질 구레한 것, 하찮은 것[일] **2** 어린애, 꼬마 녀석들

drobounký 조그마한, 아주 작은, 쪼그만

droby, *mi-pl* 내장, (돼지의) 소장[곱창]

droga, *f* **1** 마약 **2** 약초, 약재

drogerie, *f* **1** (세제, 비누, 샴푸, 화장품, 필름 등을 판매하는) 잡화점 **2** 약방

drogist|a, *ma(-4)* **-ka,** *f* 약제사, 약종상

drolit > roz- 잘게 쪼개다; 짓눌러 찌부러 뜨리다, 가루로 만들다, 분쇄하다 **~ se** = *drobit se*

drozd, *ma* 개똥지빠귀

droždí, *n* 효모, kuch. 이스트

drožka, *f* (한 마리 말이 끄는 승객용) 임대 마차; 세낸 자동차, 택시

drožkář, *ma* (마차의) 주인, 마부

drsnost, *f-1* 거침, 울퉁불퉁함

drsný 거친, 거칠거칠한; (성격이) 우악스러운, 난폭한; zvrásněný apod. 울퉁불퉁한, 껄껄한

dršťka, *f* vulg. ústa (동물의) 입, 주둥이

dršťková 내장의, 창자의 ◆ *~ polévka* 내장 수프

dršťky, *f-pl* 내장, 창자

drť, *f(-1)* (돌의) 깨진 조각, 자갈, 왕모래; rostlinná 펄프((제지 원료))

drtič, *mi* 쇄석기, 분쇄기, 파쇄기

drtit (*drcen*) **> (ro)z-** 짓눌러 찌부러뜨리다, 잘게 부수다, 분쇄하다

drtivý 잘 부서지는, 조각의

drůbež, *f* 가금((닭, 칠면조, 오리 따위))

drůbežárna, *f* 가금 농장

drůbežář, *ma* **-ka,** *f* 가금 농장업자

drůbežářství, *n* 가금 농장업[경영]

drůbky, *mi-3 pl* (닭, 거위 등의) 내장; 찌거기

druh[1]**,** *mi-2, 3* 종류, 부류; …류, …종, …속◆ *všeho -u* 모든 종류

druh[2]**,** *ma-3* 동료, 상대, 친구, 반려, práv. (여성의) 동거남 ◆ *~ -a* 서로서로, 상호

druhořadý 열등한, 하위의, 2류의

druhotný 2류의, 2등의, 부차적인; odvozený 유래된, 파생된

druhový 속의, 종의

druh|ý 1 제 2의, 두 번째의 **2** 다른 편의, 반대 쪽의 **3** příští 다음의 **4** ten ~ (둘 중의) 다른 하나의, 다른 나머지의, 그 밖의, 나머지의 **5** stejný jako (원본에 대한) 모사의, 복제의◆ *jeden -ého* 서로; *jeden po -ém, za -ým* 연속적으로, 잇따라서; *-á mocnina* 제곱, 평방; *~ možný* 둘(이상) 중 하나를 택해야 할, 다른 가능성의, 대안의, 다른 양도의; *-é pohlaví* 이성; *po -é* 두 번째로, příště 다음에; *z -é ruky* 간접적으로, 전해들어서; *za -é* 둘째(로)

družba, *f* **1** 우정, 우애, 친선 **2** dopisující si (편지로 사귀는) 친구 **3** svatební (결혼의) 신랑 들러리

družice, *f* země 위성; 인공 위성

družička, *f* 신부 들러리

družina, *f* **1** 일행, 일단, 수행원; dvořanstvo (궁정의) 종자 **2** pro děti 청소년 센터

družit se > při- 가담하다, 가맹하다, 한패거리가 되다 **~ se > s-** 연합하다, 교제하다, 친교하다

družka, *f* 여자 동료; práv. 동거녀; (왕·왕녀의) 시녀

družnost, *f-1* 사교성, 친교성

družný 친하기 쉬운, 사교적인

družstevní 협동 조합의

družstevnictví, *n* 협동 조합 체제[시스템]; 협동 조합 운동

družstevn|ík, *ma-3* **-ice,** *f* 협동 조합원

družstvo, *n(-2)* **1** 협동 조합 zemědělské ~ 농업 협동 조합 **2** sport. (스포츠) 팀; (군대의) 분대, 반 ◆ *stavební ~* 건설협회; *spotřební ~* 소비 조합

drvoštěp, *ma-2* 나무꾼, 벌목공, 벌목꾼

drzost, *f-1* 뻔뻔스러움, 건방짐, 오만, 무례 ◆ *mít tu ~* 낯가죽이 두껍다, 무례하다

drzý 무례한, 건방진, 뻔뻔스러운, 오만한, 대담한

držadlo, *n* 손잡이, 핸들, 자루; samostatné (독립적으로) 떠 받치는 것[물건]

držák, *mi-2, 3* na ručníky (수건 등의) 걸이

držátko, *n-2, 3* násadka 펜대, 펜꽂이

država, *f* polit. 영지, 속령; přen. 영토, 영역

držba, *f* 소유, práv. (재산, 지위 등의) 보유(권)

držet (*oni drží*) **1** (손에) 갖고 있다, 쥐고 있다 **2** 간직하다, 보존하다, 지키다, 계속해서 …하다 **3** celistvý 한데 모이다, 단결하다 **4** nehybně (움직이지 않고) 견지하다, 고수하다 **5** s kým (누구의) 편을 들다 **6** na koho (누구를) 크게 존중하다, 중시하다 **7**

chovat, vydržovat (동물을) 기르다, 사육하다 **8** (상점, 여관을) 경영하다 ◆ ~ *hubu* 입을 다물다, 말하지 않다, 침묵하다; ~ *komu kázání* 누구에게 설교하다; ~ *komu palce* 누구에게 건투를 빌다; ~ *koho v šachu* 누구를 접근시키지 않다, 저지[견제] 하다 ~ > **do- 1** slovo apod. (말 따위를) 지키다, (입장을) 고수하다 **2** slavit (의식, 제전을) 거행하다 **3** zachovávat 준수하다, (nedodržet slovo 약속을 어기다) ~ > **po- 1** komu co (누구에게 무엇을) 들어주다 **2** koho za co (누구의 무엇을) 붙잡다 ~ **se 1** 견지하다, 고수하다, 자기의 위치를[입장을] 지키다, stále (계속해서) 유지하다, 지키다, pevně (굳건히) 지키다[유지하다] **2** čeho, být věren (무엇을) 고수하다, 신봉하다 ~ **se** > **po-** aby neupadl (그가[그것이] 넘어지지 않도록) 단단히 붙잡고[붙들고] 있다 ~ **(se)** > **u-** houževnatě trvat 지속하다, 존속하다; ovládat se 통제[억제]하다, 절제하다

držgrešle, *ma-2* 구두쇠, 수전노

držitel, *ma-1, 4* **-ka,** *f* 보유자, 소유자

dřeň, *f(-1)* (나무의) 수(髓); kosti (뼈의) 골수; zubu (치아의) 치수

dřep, *mi-2* 무릎을 구부린 자세, 웅크린 자세, 웅크리기 ◆ *v -u* 무릎을 구부리고

dřepět (*oni dřepí*) 웅크리다, 쭈그리다

dřevák, *mi-2, 3* 나무창 신, 농민의 나막신[목화]

dřevěný 나무로 된, 나무로 만든, ze stavebního dřeva 목재의 ◆ *-né uhlí* 목탄, 숯

dřevitý 나무가 무성한, 나무의

dřevník, *mi-2, 3* 장작 쌓는 헛간

dřevo, *n* 나무, 재목; stavební (건축용의) 재목, 목재 ◆ *spát jako ~* 세상 모르고 자다

dřevoobráběcí 목공(술)의

dřevoprůmysl, *mi-2* 목재 산업

dřevorubec, *ma* 나무꾼, 벌목꾼, 재목상

dřez, *mi-2* 싱크대, 설거지 통

dříč, *ma* 고되고 단조로운 일을 꾸준히[열심히] 하는 사람, student 억척스럽게 공부를 하는 학생, 공부 벌레

dřímat 졸다, 선잠자다

dřina, *f* 수고, 힘드는 일, 고된 일

dřít (*dř-, dřel, dření*) **1** 문지르다, 비비다, 마찰하다 **2** 힘들게[뼈빠지게] 일하다, 씨름하다 ~ > **na-** (기계적으로) 지독하게 공부하다 **3** ~ > **o-** 문지르다, 스치다, (손을) 비벼서 녹이다 **4** vykořisťovat 혹사하다 ~ > **se-** 지나치게 공부에 파고들다

dřív|(e) 1 kdysi 예전에, 이전에, 한번은 **2** ~ než …보다 이르게, …보다 먼저[이전에] **3** napřed 먼저, 우선 ◆ *nej-* 가장 먼저, *co nej-* 가능한한 빨리

dřívější 이전의, 초기의, 과거의

dříví, *n* **1** stavební (건축용) 재목 **2** na topení (난방용) 땔감, 화목, 장작 ◆ *nosit ~ do lesa* 헛수고하다, 쓸데없는 일을 하다

dub, *mi* 참나무, 오크

duben, *mi-2* 4월

dubnový 4월의

dubový 떡갈나무의, 참나무의, 오크

의

dublovat **1** 대역을 하다 **2** (필름 따위를) 복사하다, 복제하다

dud|ák, *ma-3* **-ačka,** *f* 백파이프 연주자

dudek, *ma-3* 후투티(새)

dudlík, *mi-2, 3* 고무 젖꼭지((유아용))

dudy, *f-pl* 백파이프 ◆ *jako nebe a -y* 서로 완전히 다른

duh ((합성어로만 사용됨)) jít/sloužit komu k -u 누구에게 맞다, 부합하다; jde mu to k -u 그것은 그에게 맞다[좋다]

duha, *f* 무지개 ◆ *pít jako ~* 술을 벌떡벌떡 들이키다, 술고래처럼 술을 (많이) 마시다

duhový barevně (다채롭게) 무지개 빛(깔)의

duch[1]**,** *mi-2* **1** adj. duchovní 혼, 영혼, 영, 정신 **2** 지성, 이지, 이성 ◆ *bez -a* 생기 없는; *jít s -em doby* (시대)에 뒤지지 않고 따라가다; *-em nepřítomný* 방심 상태의, 멍(청)한; *-em přítomný* 정신 있는, 침착한

duch[2]**,** *ma-2, 3* **1** osobnost 사람, 인물, 인재, 귀재, 천재 **2** strašidlo 유령, 망령, 악마, 요정

duchaplnost, *f-1* 훌륭함, 재기, 광휘, 광채

duchaplný 재기에 넘치는, 솔직한, 순진한

duchapřítomnost, *f-1* 침착(함), 이지

duchapřítomný 침착[냉정]한, 이지적인

důchod, *mi-2* **1** 수입; 국가 세입 **2** renta 연금, 퇴직금 ◆ *starobní ~* 양로연금

důchod|ce, *ma* **-kyně,** *f* 연금 수령자, 퇴직자, 은퇴자

důchodový 연금의 ◆ *-é zabezpečení* 연금 제도, 연금 보장

duchovenstvo, *n-2* 목사(들), 성직자(들)

duchovní[1] **1** 정신적인, 영적인 **2** kněžský 성직자의 **3** círk. 신성한 ◆ *~ vědy* 인문 사회과학

duchovní[2]**,** *ma* 교역자, v kněžském řádu 성직자, 목사

dukát, *mi-2* 두캇((금화 또는 은화로 옛날 유럽 여러나라에서 유통))

důkaz, *mi-2* 증거; nezvratný (번복할 수 없는) 증명, 입증; výpověď a materiál 물증; v diskusi 논증; 수령증 ◆ *podat ~* 증거를 제시하다

důkladnost, *f-1* **1** 철저함, 주도 면밀함 **2** 심원함, 심오함 **3** 튼튼함, 견고함

důkladný **1** 철저한, 철두철미한, 면밀한, 빈틈없는 **2** 단단한, 견고한, 튼튼한; 견실한, 확실한 **3** 심원함, 심오한

důl, *mi* pit, též přen. 광산, 갱 광산 ◆ *uhelný ~* 석탄광

důlek, *mi-2, 3* **1** 우묵 팬 곳 **2** v tváři 보조개 **3** žaludeční ~ 명치; oční ~ 눈구멍, 안와

důležitost, *f-1* **1** 중요성, 중대성; 의미, 의의 **2** 적절(성), 적당 **3** 중요한 인물

důležitý **1** 중요한, 중대한; 의미심장한, 뜻 깊은 **2** 적절한 **3** 중요한

důlní 광산의

D

dům, *mi* **1** 건물, 가옥 **2** obytný (주거용) 집, 주택 **3** domov (조국·고향으로서의) 집; domácnost 가정 ◆ *obchodní ~* 백화점; *~ k pronajmutí* 세놓을 집; *rodinný ~* 일반 가정집

dumat 숙고하다, 곰곰히 생각하다, 몰두하다, 명상하다, 명상에 잠기다

důmysl, *mi-2* 재간, 재주; 교묘, 정교

důmyslný 재주가 있는, 교묘한, 정교한

D

Dunaj, *mi* 다뉴브(강)

dunět (*oni duní*) > **za-** (천둥, 엔진 등이) 우르르 소리가 나다, 둥둥 울리다,(맹수가) 포효하다, 진동하다

dup|at (*dup-u|-ám, dupej!, dupal*) > **-nout, za-** (무겁고 시끄럽게) 발을 구르다, 쿵쿵 밟다 ~ > **u-** 짓밟다, 유린하다 **-nout si** 단호한 자세를 취하다

dupot, *mi-2* 발구르기, 밟아 뭉개기

dur, *mi* (음악의) 장조

durový 장음계의

důraz, *mi-2* 강조, 역점; 액센트, 강세

důrazný 강조하는, 역점을 두는; 액센트가 있는[주어진], 강세가 있는

dusičnan, *mi-2* 질산염

dusičný 질산염의

dusík, *mi-2* 질소

dusíkatý 질소의

dusit (*dušen*) **1** ~ > **u-, za-** 질식시키다, 숨을 막다 **2** tlumit **(z-)** 질식시키다 **3** ~ > **po-,** kuch. 뭉근 불로 끓이다, 찌다, 김을 쐬다 ~ **se** > **u-** 질식하다, 숨이 막히다

dusivý 질식시키는, 숨막히게 하는

důsled|ek, *mi-2, 3* 결과, 성과, 소산 ◆ *v -ku čeho* 무엇의 결과로

důslednost, *f-1* soustavnost 일치하는 행동, 시종 일관된 행동, 일관성

důsledný soustavný 시종일관의, 한결같은; 지속하는, 인내성 있는

dusno[1]**,** *n-2* 숨막힘, 답답함, 답답한 기운, 답답한 공기

dusno[2] **(부사)** 무덥게, 후덥지근하게 ◆ *dnes je ~* 오늘은 무덥다[후덥지근하다]

dusný 숨막히는, 답답한, 통풍이 안 되는, 무더운, 찌는 듯이 더운

dusot, *mi-2* (무겁게) 구르는 소리, (기차나 기계의) 털커덕[털컥]거리는 소리, drobný (작은) 딸그닥거리는 소리

důstojnost, *f-1* 위엄, 존엄

důstojný 위엄[품위, 관록]있는; vážný 장중한, 대단히 높은[중요한]

duš|e, *f* **1** 영혼, 넋, 정신, 마음 **2** (사람, 인간) 생명체 **3** větve (나뭇가지의) 수, 골수 **4** měchýř (물고기의) 부낭, 부레; (공 따위의) 공기 주머니; pneumatiky (타이어 내부의) 튜브 ◆ *na mou -i* 맹세코, 확실히, 솔직히, 진심으로; *z té ~* 마음으로부터 *ani živá ~* 어떤 살아있는 생명도

duševní 믿음의, 정신의, 심적인, 정신적인, odbor. 심리학상의, 심령현상의 ◆ *~ práce* 정신 노동; *~ pracovník* 정신 노동자

dušička, *f* **1** *duše*의 지소형 **2** 가련한 어린 영혼 ◆ *D-ky* ((카톨릭)) 위령의 날, ((성공회)) 제령일((죽은 독사자의 영혼제; 11월 1-2일))

dušnost, *f-1* 헐떡임, 숨참; 천식

dušný 숨막히는, 숨쉬기 어려운, 숨이 찬, 천식의

dušovat se > za- 엄숙하게 맹세하다

dutat ani ne- 찍소리도 내지 않다

dutina, *f* (체)강, 구멍 ◆ *břišní* ~ 복강; *ústní* ~ 구강

důtka, *f* 권고, 경고, 훈계; 징계, 질책

důtklivý 급박한, 긴급한; 강조하는, 단호한

důtky, *f-pl* 회초리, (매듭있고 손잡이를 단) 채찍

dut|ý 1 속이 빈, 우묵 들어간, 옴폭한, 오목한 **2** slang. bez peněz 무일푼의 ◆ *-á míra* 용적, 적재량

důvěr|a, *f* 신용, 신뢰, 믿음; 희망, 확신 ◆ *hodný -y [důvěryhodný]* 신뢰할 만한, 신용할 만한, 믿을만한

důvěrn|ice, *f* **-ík,** *ma-3* **1** (속을 털어놓을 수 있는) 친구, 심복 **2** zmocněnec 피신탁인 **3** odborářský (노조의) 직장 대표

důvěrnost, *f-1* 친밀함, 친교, 절친함

důvěrný 1 친밀한, (사이가) 가까운, 믿음이 가는 **2** 은밀한, 내밀한; 비공개의

důvěryhodnost, *f-1* 신뢰성, 신뢰도

důvěryhodný 신뢰가 가는, 믿을 수 잇는

důvěřivost, *f-1* 신용[신뢰]함, 쉽게 믿음

důvěřivý 믿는, 신뢰하는; (쉽게) 신용[신뢰]하는

důvěřovat komu, v koho (누구를) 신뢰[신용]하다; 의지하다, 의존하다

důvod, *mi-2* 이유, 근거, 까닭; podnět 동기, 사정, 연고, 연유

důvodný 근거[이유]있는, 사실에 입각한

důvtip, *mi-2* 교묘함, 약삭빠름; 예민, 총명; 기지, 재치

důvtipný 교묘한, 약삭빠른; 예민한, 영리한; 재치있는

dュž(n)ina, *f* (과일의) 과육, 속

dva, *ma/mi* **dvě,** *f/n* 이, 둘 ◆ ~ *kroky odtud* 아주 가까이; *zabít dvě mouchy jednou ranou* 한번에 두 마리의 파리를 잡다, 일거양득; *sloužit dvěma pánům* 두가지 일을 동시에 하다; *sedět na dvou židlích* 형세를 관망하다, 정하지 못하고 있다

dvacátý 스무 번째(의), 제 20의

dvacet 스물, 이십

dvacetkrát 스무번, 이십갑절

dvakrát 두번, 두갑절, 2회

dvanáct 열둘, 십이

dvanáctý 열두 번째(의), 12번째의, 제 12의

dveř|e, *f-pl* 문, 문짝, 도어 ◆ *ve -ích* 문간에; *hlavní* ~ 본관문; *otočné* ~ 회전문; *posuvné* ~ (미닫이) 문, 양쪽으로 열리는 문

dvířka, *f-pl* (작은) 문, vrátka 쪽문, 개찰구

dvoj = *dvou-*

dvojaký 표리있는, 이중성의, 사기의

dvojče, *n-1* 쌍둥이

dvojdomek, *mi-2, 3* 반분리식의 두 주택

dvojhláska, 이중 모음

D

dvojní 두 종류의, 두 형태의
dvojice, *f* 쌍, 커플, 짝
dvojitý 갑절의, 두배의; složený 이중의, 두겹의
dvojka, *f* **1** 이(숫자), 둘; 2번, 2호; 2번째 학점, B학점 **2** 2단 기어
dvojmo **1** 복제로, 복사로 **2** 둘씩 **3** 두 겹으로
dvojnásob(ek), *mi-2, 3* (두)배, 갑절
dvojnásobný 두배의, 갑절이, 이중의, 두겹의
dvojn|ík, *ma-3* **-ice,** *f* 꼭 닮은[빼논] 사람, přízrak (사람의 죽음 전후에 나타난다는) 생령; 유령; 대역; 제 2의 자아
dvojsmyslný 모호한, 두가지를 뜻하는, 양의의
dvojstranný 양측[양면]이 있는; 양자간의
dvojveslice, *f* 더블 스컬러((두 사람이 두개의 노를 각기 하나씩 젓는 보트))
dvorana, *f* (집회) 장, 홀, 로비, 대합실
dvorec, *mi* **1** zeměd. (건물을 포함한) 농장 **2** sport. *tenisový* ~ 정구장
dvorek, *mi-2, 3* (작은) 안마당, 안뜰, 뒤뜰, 구내
dvorní **1** 뒤뜰의, 공터의, 안뜰의 **2** 궁정의, 궁전의, 법정의 ◆ ~ *dáma* 궁녀; ~ *dodavatel* 궁중 납품업자; ~ *ples* 궁중 무도회
dvornost, *f-1* 예의, 정중함
dvorný 궁정의, 예의바른, 정중한
dvořan, *ma-4* 정신((궁중에 출사하는 사람)), 조신
dvořanka, *f* 시녀, 궁녀
dvořit se …의 환심을 사다, 구혼하다, 구애하다
dvoudobý tech. (내연 기관이) 2사이클인
dvou- 둘, 이중, 더블 등의 의미를 나타내는 접두사
dvouhra, *f* (테니스의) 단식 시합
dvoukol(ov)ý 이륜의, 두개의 바퀴가 있는, 바퀴가 두개 있는
dvouletka, *f* 이[2]개년 계획
dvouletý 이년의; tak starý 두살된; opakovaný 2년에 한번의
dvoulůžkový pokoj 2인용 침대의, 더블 베드의 ◆ ~ *pokoj* 더블베드가 있는 2인용 방
dvoumotorový 두개의 엔진이 있는
dvouposchoďový **1** 2층의 (우리나라식 3층의) **2** 이중 갑판의, 이층 버스
dvouproudový 2차선의[두개 차선의]
dvouřadový (상의가) 더블인((단추가 두줄 있는))
dvousedadlový 좌석이 두개 있는, 2인승의
dvoustopý 복선의((자동차의 바퀴 자국이 복선으로 나는))
dvoutaktní (내연 기관이) 2 사이클인
dvůr, *mi* **1** 뜰, 안뜰 menší (더 작은) 마당 **2** panovnický 궁정, soudní 법정
dýha, *f* 베니어(합판), 판자
dýhovat 겉꾸밈널을 대다
dýchací 숨쉬는, 호흡하는 ◆ ~ *přístroj* 잠수용 호흡기
dýchatelný 숨쉴 수 있는, 숨통이

D

트이는

dých|at > -nout 숨쉬다, 호흡하다; co nebo čím, (무엇을) 뿜어내다, 방출하다

dýchavičnost, *f-1* 숨가쁨, 헐떡임

dýchavičný 숨가빠하는, 헐떡이는; kůň (말이) 폐기종에 걸린, 천식에 걸린

dychtit > za- po čem (무엇을) 열망하다, 갈구하다, 간절히 바라다, 동경하다

dychtivý 1 열망하는, 갈구하는, 간절히 바라는 **2** 탐하는, 탐욕스러운

dýka, *f* 단검, 단도, 비수

dým, *mi-2* 연기; výparů 증기, 김, 연무, 훈연; čpavý (자극성 있는) 연기, 악취

dýmat > za- 연기를 내다, 연기를 훅 뿜다

dýmka, *f* (담배) 파이프, 담뱃대

dýmovnice, *f* 연막탄, 발연탄

dýmový 연기의, 증기의

dynamický 동력의; 동적인, 역동적인

dynamika, *f* **1** 역학 **2** 동력, 원동력

dynamismus, *mi-2* **1** 동력설, 역본설 **2** 활력, 패기

dynamit, *mi-2* 다이나마이트

dynamo, *n-2* 발전기

dynastický 왕조의, 왕가의

dynastie, *f* 왕조, 왕가

dýně, *f* (서양) 호박; 호리병박, 조랑박

dýza, *f* **1** (수도관·주전자 따위의) 주둥이 **2 (속어)** 디스코

džbán, *mi* (손잡이가 있는) 주전자, 항아리, 단지, 호리병, (주둥이가 넓은) 주전자

džbán|ek, *mi-2, 3* 작은 주전자, 머그, 단지, 항아리 ◆ *politika při -ku* 선술집 정치담((비전문적이고 사적인 정치 대화))

džber, *mi-2* 통, (양)동이, v. *kbelík*

džem, *mi-2* 잼

džempr, *m-2* 점퍼, 작업용 상의

džez, *mi-2* 재즈

džíp, *mi-2* 지프(차)

džudist|a, *ma(-4)* **-ka,** *f* 유도 선수

džudo, *n-2* **(스포츠)** 유도

džungle, *f* **1** 정글, 밀림 **2** 뒤얽힌 것, 혼잡[복잡]

džus, *mi-2* 주스 ◆ *ovocný ~* 과일주스

D

E

e, E [é] *n-in* **1** [에] 체코어 알파벳의 모음 글자 **2** (음성·음운) e/é otevřené, zavřené, pohyblivé 개방/폐쇄/이동음 [에] **3** 《樂》 마음, 마조

e, é (감탄사) 에!((관심이 없음을 표현할 때))

eben, *mi-2* 흑단, 흑단재(材)

ebenový 흑단의, (흑단처럼) 새까만

edice, *f* **1** 판, 간행(본); (제본 양식의) 판 **2** 시리즈, 총서

ediční 편집의; 편집자의

editor, *ma* **-ka,** *f* 편집자[장]

efekt, *mi-2* **1** 효과, 영향; 효력 **2** dojem 인상, 감명

efektivní 1 효과적인, 효율적인; 유효한, 효과가 있는 **2** skutečný 사실적인, 실제적인

efektivnost, *f-1* 효과성, 유효성, 효율성

efektní 인상적인, 당당한; okázalý 눈에 반짝 띄는, 장관의, 현란한; neodpovídající skutečnosti 허세의, 뽐내는

efemérní 하루 밖에 못 사는, 단명하는, 덧없는 ◆ ~ *senzace* 곧 잊혀지는 사람[사물, 사건]

egejské 에게의 ◆ *E-é moře* 에게해

egocentrický 자기 중심적인, 이기적인

egocentrismus, *mi-2* 자기 중심, 자기 중심성

egoismus, *mi-2* 이기주의, 자기 본위[중심], 이기적인 성향; 자만, 자부심; 자아 의식; (논리학) 이기설(利己說)

egoist|a, *ma(-4)* **-ka,** *f* 이기주의자, 자기 본위의 사람

egoistický 이기주의의, 자기 본위의, 제멋대로의, 아욕(我慾)이 강한, 이가주의적인

Egypt, *mi* 이집트

egyptský 이집트의, 이집트인, 이집트 말의

echo, *n-2, 3* **1** = *ozvěna* **2** slang. zpráva 정보, 신호

ekocida, *f* 환경 파괴, 생태 파괴

ekofyziologie, *f* 환경 생리학

ekologie, *f* 환경학, 생태학

ekonom, *ma-2* **-ka,** *f* 경제학자

ekonomický 1 hospodářský 경제학상의, 경제상의 **2** hospodárný 절약하는, 실용[경제]적인

ekonomie, *f* 경제, 경제학

ekonomika, *f* 경제

ekosféra, *f* 생물권((생물을 포함하는 지구·행성들의 지대[범위]))

ekumenický 전반[보편]적인; 전기독교[카톨릭]의

Ekvádor, *mi* 에콰도르

ekvilibrist|a, *ma(-4)* **-ka,** *f* (줄타기

등의) 곡예사
ekvilibristika, *f* 곡예술; 아슬아슬한 재주
ekvipáž, *f* 마차; 마차와 거기에 딸린 말구종 일체
ekvivalence, *f* 같음, 등가, 등치, 등량
ekvivalentní 동등의, …에 상당하는, 같은, 대등한
ekzém, *mi-2* 습진
elaborát, *mi* 논문, 리포트
elán, *mi-2* 열정, 열의; 기력, 힘, 기운, 원기
elastický 탄력 있는, 탄성의
elegán, *ma* 멋진 사람, 멋쟁이, (옷차림에 있어서) 맵씨꾼
elegance, *f* 우아함, 고상함, 기품, 품위
elegantní 우아한, 멋진, 고상한, 기품있는
elegie, *f* 만가, 애가, 비가
elektrárna, *f* 발전소
elektrický 전기의, 전기로 움직이는, 전기 작용의; zařízený na ~ pohon 전력의, 발전용의
elektrifikace, *f* 전기화, 전화
elektrifikovat > z- 1 전기를 통하다, 전기를 띠게 하다 **2** 전력을 공급하다
elektrika, *f* **1** fyz. 전기 **2 (**구어체**)** = *elektřina, elektrické světlo, tramvaj*
elektrikář, *ma* **-ka,** *f* 전기 기술자
elektrofonický 전자음의
elektromagnet, *mi-2* 전자석
elektromechanik, *ma-3* 전기 기술자, 전기 기사
elektromotor, *mi-2* 전기 모터, 전동기
elektron, *mi-2* 전자, 일렉트론
elektronick|ý 전자의, 전기로 소리 내는 ◆ *-é varhany* 전자 오르간
elektronika, *f* 전자 공학, 열전자학
elektronka, *f* 전자관, (전자)진공관
elektronkový 전자의
elektřina, *f* 전기, 전류; 전력
elementární 1 기초의, 초급의, 초보의, 초등의 **2** 자연(력)의, 원리의, 원소의
elév, *ma-2* (급여를 받지 않는) 수습 사원, 견습생
elipsa, *f* **1** geom. 타원, 장원 **2 (**언어학**)** 생략
eliptický 타원의; 생략의
elita, *f* 엘리트, 뽑힌 사람
elitní 선발된, 뽑힌, 엘리트의
elixír, *mi-2* 영약, 묘약, (이전에 그 존재가 믿어졌던 불사의, 혹은 만병통치의) 신비로운 음료[약액]
elpé, *n-2, 3 = deska*
elpíčko, elpéčko, *n-2, 3* **(**구어체**)** LP 디스크
email, *mi-2* 에나멜, 범랑유약
e-mail, *mi-2* 전자우편, 전자메일
e-mailovat 전자 메일을 보내다
emailový 에나멜의
e-mailový 전자 메일의
emancipace, *f* 해방
emancipovat 해방시키다
embargo, *n-2, 3* (선박의) 항내 출입 금지; 통상 금지, 수출 금지
embryo, *n-2* 배(아), 태아
ementál, *mi-2* (스위스산의) 그뤼에르 치즈, 에멘탈 치즈
emigrace, *f* 이민, 이주

E

emigrant, *ma* **-ka,** *f* 이민자, 이주자
emigrovat 이민하다, 이주하다
eminentní 두드러진, 뛰어난, 특출한
emis|e, *f* **1** 발행 **2** 방사, 발산 ◆ ~ *bankovek* 지폐 발행; *-ní banka* 발권 은행; *snížení -í* 방사[발산] 감소
emoce, *f* 감정, 정서
emo|cionální, -tivní 감정의, 감정적인, 감정을 유발하는
empír, *mi-2* 나폴레옹 시대의 조형 예술 양식, 제정 시대의 복식
encyklopedie, *f* 백과 사전
endomorfismus, *mi* 《地》 혼성 작용((화성암의 관입으로 야기되는 구조의 변화))
energetický 힘있는, 에너지의
energetik, *ma-3* 에너지 기술자
energetika, *f* **1** 에너지, 공업 **2** 에너지 역학
energický 정력적인, 원기 왕성한, 정력적인, 활기찬 ◆ ~ *člověk* 단호한 사람, (사업 따위의) 수완가, 활동가
energie, *f* **1** 에너지 **2** člověka (사람의) 추진력, 박력 **3** průmyslově vyráběná (공업적으로 생산된) 동력, 전력
enzym, *mi-2* 효소
epický 서사시의, 서사적인
epidemie, *f* 전염병
epidiaskop, *mi-2* 에피디아스코프((투명체·불투명체를 비추는 환등 장치))
epigon, *ma* **-ka,** *f* 수행자, 추적자, 신봉자; (대예술가 등의) 모방자
epigram, *mi-2* 경구
epik, *ma-3* 서사시인
epika, *f* 서사시
epilog, *mi-2, 3* (책의) 발문, 끝 맺음말, 에필로그
epištola, *f* **1** 서간((격식을 차린 의례적 또는 교훈적인 것)), 서한, 편지 **2** 사도 서간, 서간경((미사 등을 위한 사도 서간의 발췌))
epizoda, *f* 에피소드, 삽화
epocha, *f* **1** 시대, 신기원, 새시대((특히 역사에서 의미있는 시기)) **2** (영화 등 예술 작품의) 부, 파트
epochální 획기적인, 신기원을 이루는 ◆ ~ *vynález* 획기적인 발명
epos, *mi-2* 서사시, 영웅시
éra, *f* 기원, 연대, 시대, 시기
erár, *mi-2* **1** 국고(國庫) **2** stát 국가, 행정부
erb, *mi-2* (가문, 국가 등의) 문장(紋章)
ergonomika, *f* 인간 공학((인간의 환경적응의 문제나 작업 환경에 대한 인간의 적응 따위를 연구))
erotický 에로틱한, 성애의, 야한, 호색적인, 관능적인
erotik, *ma-3* **1** 호색가 **2** 호색적인 경향의 작가나 시인
erotoman, *ma* **-ka,** *f* 색광, 색정광
eroze, *f* 부식, 침식; (조직·피부등의) 파괴
erupce, *f* **1** (화산 등의) 폭발, 분출 **2** 물집, 수포
esej, *mi* 에세이, 수필
esejista, *ma* (*-4*) 에세이 작가, 수필가
eseróčko, eseró, *n* 주식회사, 합자회사
eskalace, *f* (가격, 임금, 운임 등의)

단계적 증대[확대], 점증
eskalátor, *mi-2* 에스컬레이터
eskamotáž, *f* 요술, 사기
eskamotér, *ma* **-ka,** *f* 요술쟁이, 사기꾼
eskontovat (값 등을) 할인하다
eskymo, *n-2* 에스키모
eso, *n(-2)* **1** (카드, 주사위의) 1, 에이스, 으뜸패 **2** (어느 분야에서) 제 1 인자, 명수, 명인 **3** (테니스의) 에이스
esperanto, *n-2* 에스페란토
espreso, *n-2* 에스프레소 커피((커피의 종류이나 에스프레소를 만드는 기계를 말하기도 한다))
estébáctví, *n* 비밀 경찰의 행동, 활동, 특징
estéb|ák, *ma-3* **-ačka,** *f* (1918년 이전의 체코슬로바키아의) 비밀 경찰(관)
estébé, StB, *n/f-in* (1918년 이전의 체코슬로바키아의) 비밀 경찰, 국가안전부
estetický 미의, 미학의; 미학적인, 심미적인
estetika, *f* 미학
Eston|ec, *ma* **-ka,** *f* 에스토니아 사람[인]
Estonsko, *n* 에스토니아
estráda, *f* **1** 쇼, 버라어티 쇼, 보드빌 **2** (연주나 연설을 위해 높게 만든) 단, 연단
estrádní 쇼의 ◆ ~ *podnikání* 쇼 비즈니스
etablovat 세우다, 설립하다
etablovat se (어떤 부문의) 전문가가 되다, 입사하다
etamín, *mi-2* (면·모·견 등의) 얇고 비치는 직물
etapa, *f* 단계, 계제, 기, 시기; 국면, 형세
etáž, *f* (건물의) 층
etážov|ý 층의 ◆ *-é topení* 층의 (중앙) 난방
etažér, *mi-2* 선반, 칸막이 선반이 있는 대
éter, *mi-2* 《化·物》 에테르
etický 도덕(상)의, 윤리적인
etik, *ma* 윤리학자
etika, *f* **1** 윤리학, 도덕론 **2** 윤리, 도덕
Etiopie, *f* 에디오피아
etymolog, *ma* 어원학자
etymologie, *f* 어원(학)
euthanasie, *f* 안락사, 안락술
evakuovat 비우다, 피난시키다, 철수시키다
evangelický **1** 복음 전도의, 복음(서)의 **2** (루터파 등 종교 개혁의) 복음주의의, 신교의
evangelium, *n* **1** (예수의) 복음, 복음서 **2** 절대의 원칙, 진리
eventualita, *f* 우연(성), 우발성; 가능성; 위급성
eventuální 뜻하지 않은, 불의의, 우연의; v budoucnu 예기되는, 가망이 없는, možný 가능한, 잠재적인
eventuálně 아마, 경우[사정]에 따라; 필요하다면; 가능적으로, 잠재적으로, 혹시
evidence, *f* 기록, 기록한 것, 문서, 목록
evidovat 기록하다, 명부를 기입하다, 등록하다

E

evoluce, *f* 진화, 발전, 전개
Evropa, *f* 유럽
Evropan, *ma* **-ka,** *f* 유럽 사람
evropsk|ý 유럽의, 유럽 사람의 ◆ *E-á unie* 유럽 연합
exaktní 정확한; 꼼꼼한, 정밀한; 엄격한, 엄정한
excelence, *f* 각하((대사·총독 혹은 이전의 귀족, 장관, 고위 관리에 대한 존칭 호격)) ◆ *Vaše E-e* **(**직접 호칭**)**/*jeho E-e* **(**간접 호칭**)** 각하
exekuce, *f* **1** 시행, 실행 **2** (법원에 의한) 경매, 공매; obstavení 압류 **3** 법의 실행[집행], 사형(집행)
exekuovat (동산을) 압류하다
exemplář, *mi* výtisk (책·신문 따위의) (한)부, kus 견본, 표본
exhibice, *f* 전람, 전시, 진열, 공개; 전람회, 전시회, 박람회
exil, *mi-2* 망명, 국외 추방, 유형; 망명 생활 ◆ *jít do -u* 망명을 떠나다
existence, *f* **1** 존재, 실재, 실존, 생존 **2** 사람, 인물
existovat 존재하다, 실존하다, 살아가다
exkurze, *f* (교육적인 목적의) 방문, 시찰, 견학, 단체 여행
exlibris, *n-in* 장서표((책의 임자를 표시하기 위해 예술적으로 나타냄))
exot, *m* **1** 외래종, 외래식물 **2** 괴벽스러운 사람, 기인
exotický 이국적인, 이국풍의; 외래의, 외국산의
expanze, *f* 확장, 팽창
expapaláš, *m* (정부, 당, 기관, 지하 조직의) 이전의 기관원
expedice, *f* **1** 원정(대), 탐험(대) **2** odeslání 발송, 급송 **3** výprava (문서, 서한 등의) 발송소[국]
expedovat 발송[급송]하다
experiment, *mi-2* 시도, 실험, 시험
experimentovat 실험하다, 시도하다
expert, *ma* 전문가, 숙달자, 숙련자
expertíza, *f* 전문가의 보고(서); 전문적 지식[기술]
exploze, *f* 폭발, 폭파, 파열
exponát, *mi-2* 출품물, 진열물((특히 전시회나 박물관에 전시된 것))
exponovat >< **1** vystavit nebezpečí 위태롭게 하다, 위험에 빠뜨리다 **2** co čemu (무엇을 무엇에) 노출시키다, 드러내다 **3** 전시하다, 진열하다 ~ **se** přimluvit se za, pro koho, v čem (누구를, 무엇을 위해) 전력하다, 노력하다
export, *mi-2* 수출
exportér, *ma* 수출업자
expozice, *f* **1** liter., hud. (음악, 문학에서의) 제시부, (소나타, 푸가 등의) 해설적 악장 **2** fot. (사진의) 노출 **3** = *výstava*
expozimetr, *mi-2* 노출계
expres[1], *mi-2* **1** vlak 급행 열차, 특급 열차 **2** dopis 속달, 지급, 특전
expres[2] 속달로, 지급으로 ◆ *poslat dopis/balík ~* 편지/소포를 속달로 부치다
expresionismus, *mi-2* 표현주의
extáze, *f* 무아경, 황홀, 환희
extempore, *n-in* 즉석에서 만듦, 즉흥작, 즉흥 연주
extemporovat 즉석에서[즉흥으로] 만들다 [노래하다, 연주하다, 연설하

다], (대본에 없는 대사를) 즉흥적으로 주워대다[연기하다]

extenze, *f* 연장, 신장, 뻗음, 뻗침

exteriér, *mi-2* 외부, 외면, 외관

externí 외부의, 외관의; 외부[외래] 근무의; 파트타임의, 비상근의, 정시제의; 비정규 학업의

extrakt, *mi-2* 추출(물), 정제, 엑기스[에센스]

extrém, *mi-2* 극단, 극도

extrémista, *ma(-4)* 극단주의자

extrémní 극단의, 극도의, 과격한

exulant, *ma* 망명객, 유랑자

F

f, F [ef] *n-in* **1** [에프] 체코어 알파벳의 자음 글자) **2** 《樂》 바음, 바조 (고정도 창법의) 파음; forte 강음 **3** (온도) 화씨(Fahrenheit) **4** 《電》 패러드((정전용량(靜電容量)의 단위))

fabrika, *f* **(**구어체**)** 공장, 제조소 ◆ *kouřit jako ~* 골초이다((담배를 많이 피우다))

fabule, *f* 줄거리, 플롯

facka, *f* **(**구어체**)** 따귀, 찰싹(때리는) 소리

fackovací 때리는 ◆ *~ panák* 마을 축제[장날]에 등장했던 모형((주먹[강타]의 세기를 측정함))

fackovat > na- 따귀를 때리다, 뺨을 때리다

fádní 단조로운, 시시한, 지루한, 재미없는

fagot, *mi-2* 바순, 파곳((저음 목관 악기)) ◆ *krucinál ~* 제기랄!, 아차!, 아뿔사!

fachman, *ma* 전문가, 숙련가

fajn 1 (부**)** 멋있게, 기분 좋게, 훌륭하게 **2 (**형**)** 좋은, 유쾌한

fakan, *ma* 꼬마녀석, 선머슴

faksimile, *n-in* **1** (정확한) 복사, 묘사 **2** 팩시밀리

fakt, *mi-2* **1** 사실 **2 (**부사로 의문·강조를 표현하는 구어체로 사용**)** 정말로!, 사실로!, 진짜로?

faktický 사실상의, 사실에 입각한, 실제의, 실제적인

fakticky 사실상, 실제로

faktor[1], *mi-2* 인자, 요소, 요인

faktor[2], *ma* (특히 인쇄소의) 감독, 관리인; 대리인, 중개인

faktura, *f* 송장, 명세서, 청구서, 계산서

fakturovat (…의) 송장을 작성하다, 청구하다

fakulta, *f* 학부, 단과 대학교, 대학교

falc[1], *mi-2* **1** 접어 넣는 한 단 또는 한 겹; 주름(살), 접은 금 **2** 《목공》 은 촉 붙임, 사개 맞춤

falc[2], *mi-2* hist **1** 궁전, 궁궐, 왕궁 **2** 팔라틴의 직위, 팔라틴령

faleš, *f* **1** 꾸밈, 치레, 가장; lež 거짓, 허위 **2** (스포츠의) 스핀, 회전

falešný 1 nepravý 거짓의, 허위의, 모조의, 가짜의 **2** nevěrný 믿을 수 없는 **3** nesprávný 틀린, 거짓의 **4** 《樂》 (음정이 너무 높거나 너무 낮거나 하여) 음정이 맞지 않는, 비정상적인, 변칙의 ◆ *~ hráč karet* (카드놀이에서) 협잡 도박사, 사기꾼

falšovat > z- 1 속이다, 위조하다, 왜곡하다, 변조하다; (포도주 따위를 제조할 때) 섞음질하여 질을 떨어뜨리다 **2** (공을) 회전시키다

falický 음경의, 남근(숭배)의
falos, falus, *mi* 남성의 성기, 음경, 옥경, 옥근
falzum, *n-2* (책, 미술, 예술 등의) 허위, 위조, 변조
fanatický 열광적인, 광신적인
fanatismus, *mi-2* 열광주의, 광신주의
fanda, *ma* **(**구어체**)** 팬, filmový (영화의) 열애자, 광
fandit (구어체**)** komu (누구를) 응원하다, 성원하다
fanfára, *f* (나팔의) 화려한 취주, 팡파르
fanouš|ek, *ma-3* **-ka,** *f = fanda*
fantastický 환상적인, 공상적인; 특출한, 발굴의, 훌륭한
fantazie, *f* **1** 환상, 환각, 공상, 망상; obrazotvornost 상상 **2** 《樂》 환상곡 **3** psychická schopnost 공상력, 상상력
fantóm, *mi-2* (사람의 모습을 한 경우 에는 *ma-2*로도 사용) 유령, 환영; 환각, 망상
fara, *f* **1** 교구 **2** 사제관(司祭館), 목사관(牧師館)
farář, *ma* 교구 목사[신부, 사제]
farářka, *f* **1** 교구 목사 부인 **2** 여교구 목사[사제]
fárat > s- 1 (광산을) 파 내려가다, 채광[채굴]하다 **2** (광산의) 갱도에서 일하다
farma, *f* 농장, 축산장, 사육장
farmář, *ma* **-ka,** *f* (농지를 가진) 농부, 농장주
farní 교구의; 사제관의
farnost, *f-1* 교구(教區)((제일 작은 교회의 행정 단위)); 지역 교회
fasáda, *f* (건물의) 정면, 외벽, 외관
fasádnictví, *n* (건물의) 정면 개축[개조]업
fascinovat 매혹시키다, 홀리게 하다, 강하게 마음을 사로잡다
fašismus, *mi-2* 파시즘
fašist|a, *ma* **-ka,** *f* **(**복수 명사 *-é***)** 파시즘 신봉자
fašistický 파시스트(의)
fatální 치명[파멸]적인, 숙명적인
favorit, *ma,* **-ka,** *f* 마음에 드는 사람, 총아; (경기의) 우승 후보
favorizovat 호의를 보이다; 호감으로 우대하다
fax, *mi-2* 팩스, 모사 복사
faxovat 팩스를 보내다, 전송하다
fáze, *f* 단계, 상태, 형세, 국면 ◆ *záběrovú ~* 최종 단계
fazol, *mi-2* **-e,** *f* **1** 콩((강낭콩, 잠두류)) **2** 콩이 열리는 식물 **3** 콩의 씨
fazolový 콩의 ◆ *~ lusk* 콩의 꼬투리, 콩깍지
federace, *f* 연방, 연합, 동맹
federální 연방의, 연합의 ◆ *~ politika* 연방 정책
fejeton, *mi-2* (신문의) 문예란, 문예란의 기사, 문예 소론, 페예톤; 신문 칼럼, 스케치
fén, *mi-2* 헤어드라이어, 모발 건조기
fen(k)a, *f* 암캐, (동물의) 암컷
fenomén, *mi-2* **1** 현상, 사상 **2** 경이, 불가사의, 비범; 천재
fenomenální 경이적인, 비범한
fenykl, *mi-2* 회향풀(또는 열매)
fermež, *f* 니스; 니스를 칠한 표면
festival, *mi-2* 페스티발, 축제
festivalový 페스티발의, 축제의

fešný 멋진, 맵시 있는
feťá|k, *ma* **-čka,** *f* 마약 중독자
fetovat 마약을 복용하다, 마약을 상용하다
feudál, *ma-2* (봉건) 영주
feudalismus, *mi-2* 봉건 제도, 봉건주의
feudální 봉건적인, 봉건 시대의 ◆ *~pán* 봉건 영주
fiala, *f* 향꽃장대, 자라 난화 따위의 통칭
fialka, *f* 제비꽃, 오랑캐꽃
fialový 제비꽃의, 보라빛의
fiask|o, *n-2, 3* 실패, 대실패 ◆ *něco skončilo -em* 뭔가 실패로 끝이 났다
F
fičet (*oni fičí*) **> za- 1** 윙윙[핑핑]하다, 윙[핑]소리를 내며 날다 **2** 강하게 (바람이) 불다
fidlat (구어체**)** 바이올린을 켜다
fidlovačka, *f* (옛날의) 봄축제
figura, *f* **1** 모양, 형태, 형상; 상, 표상 **2** postava (특히 사람의) 키, 신장; 외관, 골격 **3** postava hry (등장)인물 **4** v šachu (체스등에서의) 말 **5** 작은 상, 소상; 인형
figurální 모양의, 인물의, 소상의
figurka, *f* 소상, 작은 모형, 작은 인형
fík, *mi-2, 3* 무화과(나무, 열매)
fikce, *f* 소설, 꾸며낸 이야기, 픽션
fíkový 무화과(나무, 열매)의
Filadelfie, *f* 필라델피아((미국의 도시))
filatelie, *f* 우표 수집; 우표 상점
filatelista, *ma-4* 우표 수집가, 우표 전문가
filharmonie, *f* 필하모닉, 교향악단
filiálka, *f* 지사, 지점, 분점
Filipíny, *m-pl* 필리핀
film, *mi-2* **1** pásek, jeho obsah (영화, 사진 등의) 필름 **2** představení 영화 **3** 얇은 층[막]
filmař, *ma* **-ka,** *f* 영화 제작자
filmovat > na-, z- (무엇을) 영화화하다, 영화로 만들다, 영화를 찍다, 촬영하다
filmový 영화의, 영사의, 필름의 ◆ *~fanoušek* 영화팬
filologie, *f* **1** 문헌학 **2** 어문학; 언어학
filozof, *ma-2* **-ka,** *f* 철학자; 철인, 현인
filozofick|ý 철학적인 ◆ *-é aspekty* 철학적인 관점; *-á fakulta* (종합대학교의) 철학부[인문과학대학]
filozofie, *f* **1** (학문 한 분야 로서의) 철학 **2** 인생관, 인생철학 **3** 철학부 [인문과학대학]
filtr, *mi-2* 필터, 여과기, cigarety (담배의) 필터
filtrovat > pro-, pře- 여과하다, 거르다
Fin, *ma* **-ka,** *f* 핀란드인, 핀란드 사람
finále, *n-in* **1** (음악·오페라 등의) 종막[곡], 피날레 **2** sport. (스포츠의) 결승전; 최종[최후]의 컷
finalist|a, *ma(-4)* **-ka,** *f* 결승전 진출자
finance, *f-pl* 재정, 재무; 자금 상태, 자금
financovat 자금을 공급하다, 융자하다, 재정을 관리하다
finanční 재정의, 재무의 ◆ ~ *úřad*

국세청, 세무서
fingovat 날조하다, …인 체하다, 조작하다
finiš, *mi* 끝, 종료; (스포츠의) 마지막 역주, 막판의 피치
finišovat 마지막 역주를 하다
Finsko, *n* 핀란드
finský 핀란드의, 핀란드 사람의, 핀란드 어의
fintit se > vy- 몸단장[몸치장]하다, 옷을 차려 입다
firma, *f* **1** označení 회사, 기업, 상회, 상사 **2** štít 간판; zapsané jméno 상호
firn, *mi-2* 싸라기 같은 얼음 물질, 싸리기 눈
fix, *mi-2* **(**구어체**) -ka,** *f* 펠트펜; (흰 칠판 필기용) 마커
fixní 고정된, 고착된, 정착된
fixovat 1 (눈을 어디에) 고정하다, 고착시키다 **2** psych. (병적으로) 집착하다 **3** (사진 영상을) 정착시키다 **4** (깁스, 부목 따위로) 고정시키다
flák, *mi-2, 3* **(**구어체**) 1** (치즈 등의) 큰 덩어리[조각] **2** úder na dlaň (손바닥을) 찰싹 때림, 강타
flákač, *ma* **(**구어체**)** 게으름뱅이, 빈둥거리는 사람
flákačský 게으름뱅이의, 빈둥거리는
flákačství, *n* 게으름, 빈둥거림
flákat se 빈둥거리다, 노닥거리다
flám, *mi-2* **(**구어체**)** 법석댐, 흥청거림, 주연, 방탕
flámovat (구어체**)** 흥청대며 마시다, 방탕한 생활을 하다
flanel, *mi-2* 플란넬; 플란넬 제품((붕대, 속옷, 특히 경기용 바지 등))
flanelový 플란넬의
flašinet, *mi-2* 손으로 돌려 연주하는 풍금, 배럴 오르간
flétna, *f* 플룻, 피리
flint|a, *f* 총 ◆ *hodit -u do žita* 수건을 던지다[패배를 인정하다]
flór, *mi-2* **1** látka 매우 부드럽고 비치는 천; (애도를 표시하는) 베일 **2** 전성, 한창; 유행, 성함
floutek, *ma-3* **(**구어체**)** 멋쟁이, 맵시꾼
Florencie, *f* 플로렌스((이탈리아의 도시))
fluktuace, *f* **1** zaměstnanců (피고용인의) 교체; 업무 교대; 직업 변동 **2** 동요, 변동
fluktuovat 1 변동하다, 파동하다 **2** v zaměstnání 업무[직무]를 자주 바꾸다
fluór, *mi-2* 《化》 플루오르((비금속 원소; 기호 F; 번호 9))
fňukat > za- 훌쩍훌쩍 울다, 징징짜다; 불평하다, 투덜거리다
fofr, *mi-2* **(**구어체**)** 돌진, 돌격, 몰려듦; poprask 법석, 소동, 북적거림
fólie, *f* (금속의) 박, (요리용) 알루미늄 박, (얇은) 비닐 막
folklor, *mi-2* 민속, 민간 전승; 민속학, 민속 연구
fond, *mi-2* **1** 기금, 펀드, 적립금, 재원 **2** solidní základy (튼튼한) 기반, 기초, 토대
fonetika, *f* 음성학, 발음학
fonotéka, *f* 음성 기록 보관소
fontána, *f* 분수, 분수지, 분수탑
forma, *f* **1** 형태, 모양 **2** tvořítko 금형 **3** 표현 방식[양식], 형식 **4** 방식, 방

법, 투, 태도, 하는 식

formace, *f* **1** 형성, 편성 **2** (군사의) 편대, 대형

formalismus, *mi-2* 형식주의

formalizovat 형식화 하다

formalizovaný 형식화 된 ◆ ~ *jazyk* (수학, 논리학 등의) 형식 언어

formalit|a, *f* 형식, 절차, 격식 ◆ *vyřídit celní -y* 세관 절차를 마치다[거치다]

formální 1 모양[형태]의, 외관의 **2** 정식의, 격식에 따른 **3** 형식적인, 형식뿐인, 표면적인

formát, *mi-2* **1** (종이, 책 등의) 크기, 사이즈, 형태, 양식, 포맷, 용지 크기 **2** (인물의) 기량, 도량

formovat 형성하다, 형태를 만들다

formulace, *f* **1** 공식(화), 양식(화) **2** 간명하게 말함, 발언, (언어적) 표현

formulář, *mi* (서류)양식지, 기입 용지

formule, *f* **1** 일정한 양식[방식] **2** (화학, 수학의) 식, 공식

formulovat 공식으로 나타내다, 조직적으로 나타내다; (언어로) 표현하다 ◆ ~ *jinak* 바꾸어 말하다; *lépe* ~ 더 잘 말하다

fortel, *mi(-1)* **1** 숙련된 기술, 노하우 **2** 기민, 영리함

fórum, *n-2* **1** (고대 로마의 공회용의 광장, 포럼 **2** 공개 토론회(의 회장), (신문 등의) 토론란 **3** 공중, 대중; 여론

fosfát, *mi-2* 인산염, 인산, 인산 비료

fosfor, *mi-2* 인의, 인을 함유한

fošna, *f* 널, 판자; 작은 각목

fotbal, *mi* 축구

fotbalist|a, *ma(-4)* **-ka,** *f* 축구 선수

fotbalový 축구의 ◆ ~ *míč* 축구공; ~ *hráč* 축구 선수

fotit (구어체) 사진 찍다

fotka, *f* **foto,** *n* (구어체) 사진, 스냅 사진

fotoamatér, *ma* 아마추어 사진사

fotobuňka, *f* 광전지

fotograf, *ma-2* **-ka,** *f* 사진사, 촬영자, 카메라 맨

fotografický 사진의

fotografie, *f* **1** obraz 사진 **2** zhotovování snímků 사진술

fotografovat > vy- 사진 찍다

fotokopie, *f* (서류 등의)복사

fotomontáž, *f* 사진 몽타주

fotosyntéza, *f* 광합성

foukací 불어서 소리를 내는, 불어서 사용하는, (바람이) 부는 ◆ ~ *harmonika* 하모니카

fouk|at > -nout, za- 1 바람이 불다 **2** 불어서 소리내다 **3** (유리를) 불다

foukat si (구어체) 우쭐대다, 잘난 척하다

foyer, *mi-2* (극장, 콘서트 홀 따위의) 로비, 휴게실

frajer, *ma* **-ka,** f **1** (구어체) 애인 **2** 멋쟁이 **3** 난봉꾼, 플레이보이

frak, *mi-2, 3* 야회복, 연미복, 턱시도

frakce, *f* 파벌, 분파, 당파

frakční 파벌의, 분파의, 당파의

Francie, *f* 프랑스

Francouz, *ma* **-ka,** *f* 프랑스 사람

francouzský 프랑스의, 프랑스 사람의, 프랑스 어의

francouzština, *f* 프랑스어

F

frank, *mi-2, 3* 프랑((화폐 단위))

Frankfurt, *m* 프랑크푸르트((독일의 도시))

frankofonní 프랑스어를 쓰는(사람의)

frankotyp, *mi-2* 우편 소인기, 압인기

franština, *f* 프랑스어

Františ|ek, *ma* 프랭시스((남자이름)) **-ka,** *f* 여자이름

františkán, *ma* 프란체스크 수도사

fraška, *f* 소극, 희극, 광대극

fraškovitý 익살 맞는, 웃기는; 익살 극의

fráze, *f* **1** (어)구, 문구; 성구, 숙어 **2** otřepaná 진부한 표현, 빈말, 상투적인 문구

frazérství, *n* (공문서 따위의) 딱딱한 표현[말투]

frázovitý 피상적인, 공허한, (말이) 과장된

frekvence, *f* **1** 빈번, 빈도(수); 주파수 **2** = *doprava, ruch*

frekvenční 빈번한, 자주 일어나는, 빈도수가 높은; 주파수의 ◆ ~ (*kmitočtová*) *modulace* FM방송; ~ *modulace* 주파수 변조; ~ *odezva* 주파수 (응답) 곡선

frenetický 광란의, 광적인, 필사적인

freska, *f* 프레스코 벽화

fréza, *f* 금속 절삭 기계

frivolní 경솔한, 들뜬; 경박한, 까부는, 건방진

frkat > za-, frknout 콧김을 뿜다; motor apod. (엔진 등이) 펑펑 소리나다

front|a, *f* **1** průčelí (집, 건물의) 전면, 정면 **2** (군대, 정치의) 전선 **3** řada domů 늘어선 집들의 줄, (양 쪽에 집이 늘어선) 거리 **4** (차례를 기다리는) 열, 줄 **5** (기상) 전선 ◆ *postavit se do -y* 줄[열]에서 기다리다

frontální 1 정면[앞면]의 **2** 전선의

fuj! 체! 흥! 치!((곤혹·혐오·경멸 등 부정적 감정을 나타내는 의성어))

fuk (구어체) *je mi to* ~ (= *je mi to jedno*) 그것은 나와는 상관없어, 마찬가지야

fundovat 1 기금을 제공하다 **2** 후원하다, 지원하다, 뒷받침하다

funět (*oni funí*) **> za-** (말 등이) 코를 불며 거칠게 숨을 쉬다, 코를 킁킁거리다; opovržlivě (경멸적으로) 콧방귀 뀌다

fungovat 기능을 하다, 작용하다, 일하다, 작동하다, 움직이다

fungování, *n* 기능[작동]하기, 작동

funkce, *f* **1** 기능, 작용; 임무, 역할; 직능, 직무, 직위, 직급 **2** 과제, 역할

funkcionář, *ma* **-ka,** *f* 요원, 임원, 관원, 간부, 관리

fůra, *f* **1** 대형 짐마차[왜건] **2** množství na fůru 왜건 가득한 짐; mnoho 다량, 대량

furiant[1]**,** *ma* 뽐내는 사람, 허풍선이, 허세 부리는 사람; 건장한 사나이

furiant[2]**,** *mi-2* 푸리안트 춤(곡)((열정적인 보헤미아의 춤(곡)))

furiantský 뻐기는, 거만한, 뽐내는

fúrie, *f* **1** 분노, 격렬 **2** 악녀, 못된 계집

fyzický 1 육체의, 몸의, 신체의, 육체적인 **2** 물질의, 물질적인 ◆ ~

zeměpis 지문학, 자연지리학

fyzik, *ma-3* 물리학자 ◆ ~ *elementárních částic* 소립자 물리학

fyzika, *f* 물리학

fyzikální 물리적인, 물리학의

fyziolog, *ma-2, 3* **-žka,** *f* 생리 학자

fyziologie, *f* 생리학

fyziologický 생리학적인, 생리학(상)의

F

G

g, G [gé] *n-in* **1** [게] 체코어 알파벳의 자음 글자 **2** 《樂》 사음, 사조 **3** 《物》 가우스; (무게의 단위) 그램

galanterie, *f* **1** obchod 방물점, 잡화 상점((끈, 실, 바늘, 단추, 레이스 등을 파는 곳)) **2** galanterní zboží 잡화류, 방물, 장신구

galanterní 방물의, 잡화의 ◆ ~ *zboží* 방물, 잡화, 장신구

galantní 1 = *dvorný*, 정중한, 친절한 **2** milostný 연모하는, 연애의, 정사의

galerie, *f* 갤러리, 화랑

galerka, *f* **1** 화장대 **2 (**구어체**)** 맨 위층의 관람석((극장의 가장 싼 자리))

galoše, *f* (주로 고무로 된) 덧신, 오버슈즈

garáž, *f* (자동차) 차고

garda, *f* 근위병, 경호원, 문지기, 파수꾼; společnost 한 동아리, 일단 ◆ *Národní* ~ (미국 각주의) 방위군, 주군

gardový 경계의, 근위대[병]의

garsoniéra, *f* 침실 겸 거실, 원룸; 원룸 아파트, 스튜디오 아파트

gastronom, *mi-2* 조제 식품점, 식품 백화점

gauč, *mi* 침대 소파, (앉거나 눕거나 하는) 긴 의자

gáza, *f* 거즈, 천

gáže, *f* **(**속어**)** 봉급, 임금, 급료

gážist|a, *ma(-4)* **-ka,** *f* **(**속어**)** 임금 노동자

generace, *f* 세대, 1대(代)

generační 세대의, 대의

generál, *-2* (군의) 장성, 장군

generalizovat 일반화하다, 보편화하다

generálka, *f* **1** zkouška (극장의) 총연습 **2** generální oprava 철저한 검사, 정밀 검사; 분해 검사

generální 전반적인, 총체적인

generátor, *mi-2* 발전기

genetický 유전의, 유전적인

geneti|k, *ma-3* **-čka,** *f* 유전학자

genetika, *f* 유전학

genialita, *f* 타고난 재주, 천부적인 재능

geniální 천재의, 천재적인; 눈부신, 탁월한

genitálie, *f-pl* 생식기, 외음부

génius, *ma* 천재, 귀재

geofyzika, *f* 지구 물리학

geologie, *f* 지질학(地質學)

geometrie, *f* 기하학(幾何學)

Germán, *ma* **1** (역사적으로) 튜턴 사람((게르만 민족의 하나; 오늘날의 독일 · 네덜란드 · 스칸디나비아 등 북유럽의 민족)) **2** 독일인

germánsk|ý 게르만족(族)의, 게르

만어(語)의; 독일의 ◆ *-é jazyky* 게르만어들
gesto, *n(-2)* **1** 제스처, 손짓, 몸짓, 거동, 의사 표시
gestor, *ma* 관리자, 행정관, 감독
Ghana, *f* 가나 공화국
gigant, *ma* 거인, 거한
gigantický 거대한, 엄청나게 큰, 거인 같은
glóbus, *mi-2* 지구의, 천구의, 지구본
goblén, *mi-2* (고블랭식의) 벽걸이 양탄자, 태피스트리
gól, *mi* v. *branka*
golf[1]**,** *mi-2* 골프
golf[2]**,** *mi-2* 만((바다의 일부가 육지로 휘어 들어가 있는 부분))
Golfský proud 멕시코만류
gondola, *f* 곤돌라((이탈리아의 작은 배)); vzducholoď 비행기의 승무원실, 나셀
gordický 고르디우스의 ◆ *~ uzel* 프리기아왕 고르디우스의 매듭((복잡하고 어려운 상황을 비유적으로 표현할 때 사용))
gotický 고딕의, 고딕체의, 고딕파의 ◆ *~oblouk* 고딕 아치
gotika, *f* 고딕 건축, 고딕 양식
graf, *mi-2* 그래프, 도표
grafický 그림의, 생생한, 묘사적인
grafika, *f* 인쇄 미술, 필사 예술((회화, 사진)), 그래픽 디자인
gram, *mi-2* 그램((무게 단위))
gramatický 문법의, 문법적인
gramatika, *f* 문법
gramofon, *mi-2* 축음기, 전축
granát, *mi-2* **1** kámen 석류석, 가넷 **2** 《軍》 수류탄, 척탄
gratulace, *f* 축하, 경하, 축사
gratulovat > po- 축하하다, 경축하다
grázl, *ma-2* **(**비속어**)** 놈, 악당, 불한당, 깡패((19c초 범인의 이름에서 연유))
gril, *mi-2* (석쇠에 구운) 불고기, 생선구이; 그릴, 고기 굽는 곳
grilovací 불고기의; 그릴의; ◆ *~ mřížka* 번철, 석쇠, 적철
grilovat 석쇠로 굽다
grimasa, *f* (경악, 불쾌, 비웃음 등으로) 얼굴을 찡그림; 찡그린 상[얼굴]
grobián, *ma* **(**구어체**)** 시골뜨기, 얼간이, 수수한 사람
Grónsko, *n* 그린랜드
groš, *mi* **1** 그로센((독일의 10 페니히 백동화, 옛 체코 왕국의 돈)) **2** 잔돈, 푼돈
groteska, *f* **1** 그로테스크한 것[풍] **2** 그로테스크 무늬((사람이나 동물, 꽃, 풀을 기이하게 배합한 고대 로마의 장식 무늬))
groteskní 괴기한, 기이한, 우스꽝스러운
grunt, *mi-2* **1** hist. 농지, 농장 **2** základ 기초, 기본 **3** 핵, 핵심 **4 (**구어체**)** 청소((특히 봄맞이용의))◆ *z -u* 완전히, 철저히
gruntovat (봄을 맞아) 대 청소하다, 깨끗하게 하다
grupa, *f* mat. (수학의) 군(群); chem. (화학의) 기(基), 원자단, (주기율 표의) 족
Gruzie, *f* 그루지아
Gruzín|ec, *ma* **-ka,** *f* 그루지아 사람

gruzínský 그루지아의, 그루지아 사람[어]의

gruzínština, *f* 그루지아어

guláš, *mi* 굴라쉬((스튜 요리의 일종))

guma, *f* **1** 고무; žvýkací 껌 **2** pneumatika 타이어 **3** k mazání 지우개

gumárenský 고무(산업)의 ◆ ~ *průmysl* 고무 산업

gumovat > na-, po- 고무를 바르다, 고무로 붙이다[굳히다] ~ **> vy-** 지우다, 삭제하다

gumový 고무의; 탄력성 있는 ◆ ~ *prst* (*chránítko*) (상처 보호, 수공예용) 고무 손가락 싸개

gusto, *n-2* **1** 맛, 기호, 좋아함, 취미, 성향 **2** 열정, 열광, 열의

guvern|ér, *ma* **-antka,** *f* 지사, 통치자; 총독, 요새 사령관; (은행 등의) 총재

gymnast|a, *ma-4* **-ka,** *f* 체육가, 체조 선수, 체육교사

gymnastika, *f* 체조, 체육

gymnazist|a, *ma* **-ka,** *f* 고등학생

gymnázium, *n-2* (인문) 고등학교

gynekolo|g, *ma-3* **-žka,** *f* 산부인과 의사

gynekologie, *f* 부인과 의학, 산부인과 (병동)

H

h, H [há] *n-in* **1** [하] 체코어 알파벳의 자음 글자 **2** 《樂》 하 장조[단조], 나음[조] (B) ◆ *Schubertova Symfonie ~ moll* 슈베르트 교향곡 하단조 **3** 《化》 수소 **4** 할레르스 haléř ((체코의 화폐 단위)) **5** 시(時)

Haag, *mi* 헤이그((네델란드 서부의 행정상의 수도))

habaděj čeho **(구어체)** (보통 단어 뒤에 사용되어) (무엇이) 매우 풍부한, 굉장히 많은 ◆ *mít peněz ~* 돈을 아주 많이 가지다; *času máme ~* 우리는 시간이 굉장히 많아요

habilitace, *f* (독일이나 체코의 대학에서) 부교수[docent] 또는 정교수 [profesor]의 자격 취득

habilitov|at se 부교수[정교수]의 자격을 취득하다 ◆ *byl -án v oboru etnologie na Filozofické fakultě* 그는 철학대학에서 민속학으로 부교수를 취득했다

hábit, *mi-2* (주교 · 수도승 · 왕 등의) 법복, 법의, 관복; (의식이나 의례의) 예복, 제복(祭服)

habitus, *mi-2* 《醫》 체형, (특히 어떤 병에 걸리기 쉬운) 체질

Habsburk, *m* 합스부르크(왕가)

habr, *mi-2* 《植》 rod Carpinus 서나무속(屬)((뚜렷한 엽맥(葉脈)의 잎을 가진 자작나무과(科)의 낙엽수)); 그 목재

háby, *mi-pl* **(속어)** 옷, 누더기 옷, 누더기

hacienda, *f* **1** (남미에서 가옥이 딸린) 대농장, 그 가옥 **2 (비유)** 호화로운 저택

hač|at (유아어) 앉다 ◆ *hezky -ej!* 예쁘게 앉아요!

háček[1], *mi-2, 3* **1** 갈고리; rybářský 낚시 바늘, háčkovací 코바늘 **2** závora 걸쇠, 잠그는 고리[쇠] **3** 《言》 발음 구별 부호 **4** potíž 장애, 문제, 어려움 ◆ *v tom je nějaký ~* 그것에 뭔가 문제가 있다; *v tom je ten ~* 여기에 바로 그 문제가 있다

háček[2], *ma-3* 이물[뱃머리]의 노를 젓는 사람

háčkování, *n* 뜨개질, 크로셰

háčkovat > u- 코바늘(로) 뜨개질하다; (익은 보리나 벼가) 구부러지다, 휘다 **~ > vy-** (가금류의) 창자를 빼내다, 속을 제거하다

had[1], *ma* 뱀 ◆ *jedovatý ~* 독사; *hřát/chovat (si) -a na prsou* 은혜를 원수로 갚을 인간에게 친절을 베풀다

had[2], *mi-2* 코일, 웜((웜 기어와 맞물리는 전동축의 나선)) = *hadice*

hadač, *ma-2* **-ka,** *f* 점쟁이

hádání, *n* **1** 분쟁, 논쟁 **2** 점치기

hádanka, *f* 수수께끼; 미스터리

hádankovitý 수수께끼의, 알기 어려운; (인물이) 정체 모를, 불가사의한

hádankový (의미가) 애매한, 알기 어려운

hádat > uhádnout, uhodnout **1** domnívat se 추측하다, 짐작하다, 추정하다 **2** věštit 운명을 점치다 ◆ ~ *hádanku* 수수께끼를 풀다; ~ *komu z ruky* 손금을 읽어주다

hádat se > po- 논쟁하다, 다투다

hádavý **1** 논쟁하기 좋아하는, 걸핏하면 싸우려는 **2** 심술궂은; 잘 싸우는; 다루기 힘든

hádě, *n-1* **1** 작은 뱀 **2** 어린 뱀

hadec, *mi* 뱀 모양의 것, 꾸불꾸불한 것

hadí 뱀의 ◆ ~ *jed* 뱀의 독; ~ *muž/žena* (몸을 마음대로 구부리는) 곡예사

hadice, *f* (소방용, 정원의) 호스

hádka, *f* 논쟁, 분쟁, = *hádání*

hadr, *mi-2* **1** 걸레, 넝마 **2** 헝겊조각, 천, 행주 **3** -y 걸레 같은 옷, 너덜거리는 옷, 누더기 ◆ ~ *na nádobí* (접시 닦이용) 행주; ~ *na prach* 먼지떨이 걸레; *běhat jako ~ na holi* 변덕이 심하다

had|rář, *ma* **-řka,** *f* **-rník,** *ma-3* **-nice**, *f* **1** 넝마주이, 헌옷 장수 **2** 누더기 옷을 입은 사람

had|rářský, -rnický **1** 빈약한 **2** 사소한, 인색한

hadrovitý **1** (옷 등이) 해진; 누더기를 두른 **2** (근육 등이) 흐느적흐느적한, 축 늘어진

hadži, *ma* 메카(Mecca) 순례를 마친 남자 회교도

háj, *mi* lesík 작은 숲 ◆ *jdi do -e* 그만해, 귀찮아, 저리가, 꺼져

hájení, *n* 수호, 방어, 옹호

hájit (*haj!*) **> ob-, u-** 방어하다, střežit 지키다, chránit 보호하다, hájit zvěř (짐승을) 보호하다

hajná, *f* 사냥터지기의 아내

hajný, *ma* 사냥터지기, 산림 감시원

hajzl[1]**,** *mi-2* **(**비속어**)** **1** 변소, 뒷간 **2** 쓰레기, 폐물 ◆ *jdi do -u!* 뒈져라!

hajzl[2]**,** *ma-2* **(**비속어**)** 똥 쌀 놈, 더러운 놈, 나쁜 놈, 개새끼

hák, *mi-2, 3* **1** 갈고리, 훅 **2** na tyči 걸쇠; závěsný (양복 등) 걸이부분 **3** v boxu (권투에서) 훅

hala, *f* **1** 현관, 복도 **2** 홀, 강당; nádražní (역의) 휴게실, 홀; hotelová (호텔의) 로비, 현관; v parlamentu a jinde (국회 등의) 로비 **3** 작업실

halas, *mi-2* 소란, 소음

halda, *f* 더미, 많음, 다수

halena, *f* 작업복, dělnická (노동자들의) 덧옷, 저고리; 여성복((상하가 붙은 원피스)), 오버 블라우스, 튜닉

halenka, *f* 블라우스, 윗도리

haléř, halíř, *mi* 할레르스((체코의 코루나보다 작은 화폐 단위, 코루나의 100분의 1))

halit > za- 덮다, 감다 ~ **se > za-** 싸다, 포장하다

haló[1]**, halo** (감탄사) **1** 이봐, 어이, 이봐요 **2** (전화에서) 여보세요

haló[2] *n-in* 활기찬 웃음, 환희, 유쾌

halucinace, *f* 환각, 환상, 망상

halucinovat 환각을 일으키다, 환각에 빠뜨리다

haluz, *f* 나뭇가지

H

hana, *f* 비난, 나무람, 꾸중
hanb|a, *f* 부끄러움, 수치, 망신, 창피 ◆ *dělat komu -u* 누구에게 창피를 주다
hanbit se 부끄럽게 여기다
hanebnost, *f-1* 불명예, 오명; 악평
hanebný 불명예스러운, 수치스러운
han|ět (*hanějí*), **-it > po-, z-** 비난하다, 흠잡다
hanlivý 헐뜯는, 비방하는
hangár, *mi-2* 격납고
hanobit koho (누구를) 비난하다, 중상하다 ~ **> z-** co (무엇을) 망신시키다, 면목을 잃게 되다
Hanoj, *f* 하노이((베트남의 수도))
hantýrka, *f* 허튼 소리; 사투리; (동일 집단내의) 특수 용어; zlodějská (도둑, 죄인 따위의) 은어, 비어
haraburdí, *n* 쓰레기, 잡동사니; = *harampádí*
harant, *ma* 선머슴, 개구쟁이, = *fakan*
harašit > za- (나뭇잎이나 종이 등이) 와삭[바스락]거리다, 살랑거리다
harašení 성적 희롱
harfa, *f* 하프 ◆ *hrát na -* 하프를 연주하다
harf|eník, *ma-3* **-enista,** *ma(-4)* **-ista,** *ma* **-enistka,** *f* 하프 연주자
harmonický 조화로운, sladěný 잘 어울리는
harmonie, *f* 하모니, 조화
harmonika, *f* foukací 하모니카, tahací 콘서티나((아코디언 비슷한 6각형 악기)), chromatická 아코디언
harmonizovat > z- 조화롭게 하다, 화합시키다
harpuna, *f* 작살
hartusit > za- 극성스럽게 요구하다; hubovat na koho (누구에게) 야단치다, 꾸짖다
hasák, *mi-2, 3* (악어입처럼 생긴) 렌치((볼트, 너트 따위를 돌리는 공구))
hasicí 소화의 ◆ *~přístroj* 소화기
hasič, *ma* 소방수, 소방대원
hasičstvo, *n-2* (= *hasiči*) 소방대
hasit (*hašen*) **> u- 1** oheň (불을) 끄다, 소화하다 **2** žízeň (갈증을) 풀다 **3** vápno (석회를) 소화[비화]하다
hasnout > u-, z- 1 끄다 **2 > vy-** 다 타버리다, 꺼지다
hastrman, *ma* 물의 요정 = *vodník*
hastroš, *ma* 허수아비
hašteřit se > po- 논쟁하다, 말다툼하다
hatit > z- 방해하다, 저지하다, 훼방하다; naděje (희망을) 좌절시키다
háv, *mi-2* 의상, 의복, 길고 품이 넓은 겉옷, 가운
Havaj, *f* 하와이
Havajec, *ma* **-ka,** *f* 하와이 사람
havárie, *f* (배, 비행기, 자동차) 사고, 충돌; (화학 물질, 방사능 물질 등의) 유출; 대형 사고
havarijní 사고의 ◆ *~ jeřáb* 구조[철거] 크레인; *~ pojištění* 사고 보험; *~ škoda* 사용 중 파손[손상]
havarovaný 고장난, 사고가 난 ◆ *~vůz* 고장난 차
havarovat 고장나다, 충돌하다
havěť, *f-1* **1** hmyz a zvěř 해로운 동물[곤충] **2** drůbež 조류, 가금(家禽) **3** (구어체) děti 아이들

H

havíř, *ma* 광부, uhlokop 석탄광부
havířství, *n* 광산업
havran, *ma* 까마귀
hazard, *mi* 놀음, 도박
hazardní 위험한, 무모한 ◆ ~ *hra* 도박, 놀음
hazardovat 놀음하다, 도박하다
házená, *f* 핸드볼
házení, *n* 던지기, 스로잉
házenkář, *ma* **-ka,** *f* 핸드볼 선수
há|zet (*házejí*) **1** pohazovat 던지다, (공을) 토스하다 **2** v. *hodit* **3** lomcovat 흔들다, kolem sebe čím (무엇으로써 주변에) 뿌리다 **4** sport. (원반, 창, 해머 등을) 던지다, 투척하다 **5** **(속어)** o kole (자전거 바퀴가 휘어서) 흔들리다 ◆ ~ *komu klacky pod nohy* 누군가를 괴롭히다; ~ *se*(*bou*) (자신의 몸을) 뒤척이다, 뒤치락거리다, 흔들리다, 덜컹거리다 ◆ *-zí to* (자동차 등이) 몹시 흔들리다; ~ *komu písek do očí* 누구의 눈을 속이다, 속이다
hbitost, *f-1* 재빠름, 민첩
hbitý 재빠른, 민첩한, 기민한
hebký 부드러운, 양털 같은
hebrejský 히브리(어)의, 유태의
hedvábí, *n* 비단, 견, 명주, 견사, 실크; umělé 레이온, 인조 견사
hedvábný 비단으로 만든, 비단의; 비단 같은, 부드러운, 보드라운 ◆ ~ *papír* 티슈(종이)
hejl, *ma*(*-2*) **1** 피리새 **2** na nose 빨간 코 **3** nezkušený 풋내기, 초심자
hejno, *n* 떼, 무리; hus (거위) 떼, koroptví (자고류) 무리, ryb (물고기) 떼; 다수, 다량
hejsek, *ma-3* 멋쟁이, 맵시꾼; 야바위꾼, 난봉꾼
hek|at > za- (고통으로) 끙끙거리다, 신음하다 **> (vy)-, -nout, za-** 신음하다, 끙끙대다; při těžkém oddychování (숨이 차서) 헐떡거리다
hektar, *mi-2* 헥타르
hele, heleď(te) **(**감탄사**)** 봐라, 여보세요, 이것 보세요, 이봐, 야; (인사나 주의 환기의 발성) 어이; *heleďme* (*se*) (놀람) 어머나! 아이구!
helm|a, *f* **-ice,** *f* 헬멧
Helsinky, *pl* 헬싱키((핀란드의 수도))
hemžit se > za- 1 rojivě 우글거리다, 떼를 짓다, 들끓다; o lidech (사람들이) 붐비다, 북적거리다 **2** čím (무엇으로) 가득차다, 충만하다
hemžení, *n* 큰 소동, 혼잡
herda, *f* 탁(치기), 쿵(소리)
here|c, *ma* 배우 **-čka,** *f* 여배우
herecký 배우의
herectví, *n* 연극 예술; povolání 연극(업); 연기
hergot **(**구어체**)** **(**경멸을 표현**)** 쳇, 제기랄, 빌어먹을, 우라질
herka, *f* **(**구어체, 경멸어**)** **1** 쇠약한 말; 낡고 초라한 것[사람]; 늙은 여자 **2** (소음이 나는) 고물차
heroin, *mi-2* 헤로인((모르핀으로 만든 마약))
heřmánek, *mi-2* 카밀레((국화과의 한해살이 풀))
heřmánkový 카밀레의
heslo, *n* **1** strážní 암호 **2** bojové 표어, 슬로건, 구호 vůdčí myšlenka 모토, 좌우명 **3** (사전의) 표제어
hez|ký **(**hezcí**)** **1** 멋진, 예쁜, 귀여운,

H

아름다운, laskavý 사랑스러운 **2** počasí (날씨가) 좋은, 쾌청한 ◆ ~ *pár ...* 꽤 많은 …; *-ká řádka* 많은 수; *dělat se ~ na všechny strany* 모두를 즐겁게 하려하다; *je to čím dál tím -zčí* 갈수록 나빠지다, 악화하다

historický 1 památný 역사적인, 역사상의 **2** dávný 고대의, 과거에 속하는

historie, *f* **1** 역사 **2** 이야기; příběh 사건

histori|k, *ma-2* **-čka,** *f* 역사가, 사학자

historismus, *mi-2* 역사주의

hlad, *mi-2* 굶주림, 배고픔, stálý (지속적인) 굶주림, hladomor 기아 ◆ *mít ~* 배고프다; *týrat/zmírat -em* 굶어죽다

hladina, *f* 표면, 수면; úroveň 수평, 수준

hladit (*hlazen*) **1 > po-** 쓰다듬다, 어루만지다; 애무하다, 어르다, domácí zvíře (애완동물을) 귀여워하다 **2 > u-, vy-, za-** (물체의 평면을) 매끄럽게 하다, 평탄하게 하다, 고르다; (주름, 천 따위를) 펴다; (돌을) 다듬다 **3 > vy-** (사람이나 민족을) 말살시키다, 멸하다; (곤충 따위를) 박멸하다 **4 > za-** 안보이게 하다, 숨기다, 지우다, 없애다 ◆ *~ stopy* 흔적을 없애다

hladkost, *f-1* 매끄러움, 부드러움, 평탄함

hladk|ý (hladší; hladce, hladčeji) **1** 매끄러운, 매끈매끈[반질반질]한, 평탄한, 반반한, 부드러운; mužská tvář 면도한; kluzký 미끄러운, 반들반들한 **2** bez vzoru 무지(無地)의, 장식[무늬, 빛깔]이 없는, 평직의 ◆ *-é vítězství* 독주, 낙승

hladomor, *mi-2* 기아, 기근

hladomorna, *f* 토굴 감옥, 지하 감옥

hladovět (*hladovějí*) **1** 굶주리다, 허기지다 **2** po čem (무엇을) 갈망하다; 갈구하다

hladovka, *f* 단식 투쟁, 절식 투쟁

hladov|ý 1 허기진, 굶주린, 배고픈 **2** po čem (무엇을) 갈망하는 ◆ *-é mzdy* 기아 임금; *~ rok* 흉년; *~ žaludek* 텅 빈 위장[속]

hlahol, *mi-2* **1** zvonů (종의) 울림, 울리는 소리 **2** (사람들의) 떠들썩한 소리, 소란

hlaholit > za- 1 울리다, 울려퍼지다 **2** 왁자지껄 떠들다, 우렁찬 소리를 내다

hlas, *mi* **1** 목소리, 음성, 말소리 **2** volání, požadavky 부르는 소리 **3** hud. 음부, 성부 **4** volební 투표, …표, 지지 ◆ *odevzdat ~* (누구에게) 표를 주다, 투표하다; *všemi -y* 한목소리로, 만장일치로

hlásat 선포하다, 공포하다, 선언하다, 주창하다

hlasatel, *ma-1, 4* **-ka,** *f* **1** rozhlasový (방송의) 아나운서, zpráv 뉴스 방송[해설]자, sport. 해설자 **2** 고지자, 보도자, 통보자

hlásit (*hlas!, hlášen*) **1 > o-** 알리다, 선언하다; zprávou (뉴스로써) 보도하다, 보고하다, 전하다 2 komu co (누구에게 무엇을) 통지하다 **2 ~ > při-** 등록하다, 등기하다; záznamem 기입하다 **~ se > při- 1** 보고하다,

H

복명하다, 신고하다 **2** dostavit se pro co (무엇에) 응모하다, 지원하다 **3** žádat co (무엇을) 요구하다, 청구하다, 주장하다 **4** na úřadě (사무소에) 등록하다 **5** zdvižením ruky (학생 등이) 손을 들다

hlasitost, *f-1* **1** 큰소리, 시끄러움 **2** reproduktoru (확성기의)음량, 소리의 크기

hlasitý 시끄러운, 소란스러운

hláska, *f* **1 (**언어**)** 음(성), 소리, (모음, 자음 등의) 단음 **2** hist. věž 감시탑; žel., voj 초소, 감시소

hlasovací 투표의, 투표용의 ◆ ~ *právo* 투표권; ~ *lístek* 투표 용지; ~ *místnost* 투표장; ~ *zařízení* 투표기

hlasovat 투표하다, 표를 던지다 ◆ *dát o čem* ~ 무엇을 표결에 부치다; ~ *tajně* 비밀 투표하다; ~ *zvednutím ruky* 거수하다; *mít právo* ~ 투표권을 가지다; ~ *aklamací* 만장일치로 통과시키다

hlasování 투표, 표결 ◆ *tajné* ~ 비밀 투표

hlav|a, *f* **1** 머리, 고개 **2** (물건의) 앞쪽, 앞머리 **3** 우두머리, 장(長), 지배자, 수뇌 **4** (사물의) 시작, 앞부분 **5** kapitola (책, 논문 따위의) 장(章) **6** důvtip 지능, 두뇌 ◆ *bolí mě* ~ 내 머리가 아프다; *nevím, kde mi* ~ *stojí* 나는 어디로 가야 할지 모른다; ~ *mi jde kolem* 나는 어지러움을 느끼다; *lámat si -u* 머리를 짜내다, 생각해 내려고 애쓰다; *mít v -ě* 영리하다; *otevřená* ~ 너그러운 마음; *od -y k patě* 철두철미하게, 완전히; *nemá to -u ani patu* 그건 말이 안 된다; *po -ě* 곤두박이로, 거꾸로; *přerůst komu přes -u* (사람, 일이) 누구에게 힘겹다[벅차다]; *pustit co z -y* 무엇을 깨끗이 잊어버리다; *vzít si co do -y* 무엇을 염두에 두다; *z -y* 외워서, 암기해서

hlaváč, *ma* **1** 머리가 큰 사람 **2** 고집이 센 사람, 고집쟁이 **3 (**속어**)** 중요인물, 보스, 거물

hlaveň, *f* 총열, 포신(砲身)

hlavice, *f* sloupu **1** 대접받침((기둥머리에 치레로 끼우는 넓적하게 네모진 나무)) **2** rakety (로켓의) 탄두 **3** (대통, 호스 등의) 주둥이

hlav|ička, *f* **1 (-inka,** *f***)** 작은 머리 **2** 두뇌, 지능, 뇌 **3** v kopané (축구의) 헤딩패스(슛) **4** záhlaví 표제, 머리기사

hlávka, *f* (배추 등의) 머리, 통 ◆ ~ *zelí* 양배추의 결구(結球)

hlávkov|ý (한) 통의, 포기의 ◆ ~ *salát* 양상치; *-é zelí* 양배추

hlavně 주로, 대개, 대체로; 본질적으로, 근원적으로

hlavní 1 주요한, 주된, 중심의, 중요한 **2** 첫째의, 본질적인, 기본적인 **3** 우두머리의, 장의, 지도적인 ◆ ~ *body* (*zpráv*) (뉴스의) 표제, 주요 제목; ~ *účetní kniha* 원부(原簿), 원장(元帳); ~ *město* 수도; ~ *studijní obor* 전공과목; ~ *pošta* 중앙 우체국; ~ *silnice* 주요 도로, 간선 도로; ~ *správa* 본사; ~ *trať* (철로의) 간선로; ~ *třída* 중심로; ~ *úloha* 주역

hlavoun, *ma* **(**구어체**)** 거물, 우두머리, 보스

hle (감탄사**)** (주의를 끌기 위해) 이봐! 저봐! 야! 자!

H

hledač[1], *ma* 탐색자, 수색자

hledač[2], *mi* (누전) 감지기, (전화) 검파기

hledáček, *mi-2, 3* 거리 측정기, 거리계; 탐색등, 서치라이트

hledat > vy- = *najít* 찾다; 탐색하다; zvl. v knize (특히 책에서) 찾다, 조사하다; usilovně (집중적으로) 수색하다, 뒤지다

hledaný 1 strojený 일부러 꾸민, 인위적인, 부자연스러운 **2** 특상의, 최고의; 드문, 진기한 **3** 많은 사람이 찾는, 수요가 많은 **4** 지명수배된 **5** (광고) …구함, …모집, …채용

hledět (*oni hledí*) **1** na co/koho jak (무엇을/누구를) 보다, 주시하다 **2** (+동사원형) snažit se 노력하다, …하도록 배려하다 **3** brát/mít zřetel na (…에 대하여)고려하다; dbát na co (무엇에) 관심을 갖다 **4** (방향이) …으로 면하다, 향하다, 바라보다 ◆ ~ *komu do tváře* (누구에게) 맞서다; ~ *na někoho spatra* 깔보다 ~ **si** čeho (무엇에) 정성들이다, 마음을 쓰다, 돌보다 ◆ *hleď si svého* 너의 일에나 신경써라[남의 일에 간섭하지마]

hledí, *n* **1** (투구의) 면갑(面甲), 복면, (모자의) 챙 **2** 《軍》 (총의) 가늠쇠

hledisko, *n-2, 3* 견해, 관점, 입장, 논거, 견지

hlediště, *n* 청중석, 관객석, 방청석

hlemýžď, *ma* **1** 달팽이 **2** ucha (내이(內耳)의) 와우각

hlemýždí 1 달팽이의 **2** 와우각의 ◆ *-m tempem* 느리게

hlesnout 작은 소리로 말하다, 말로 나타내다

hlídací 감시하는, 지키는 ◆ ~ *pes* 감시견

hlídač, *ma* **-ka,** *f* **1** 간수, 파수꾼, 파수병, 보초; závor/brány 문지기 **2** dětí doma 유모, 아기 돌보는 사람

hlídat > o-, po- 1 지키다, 파수하다, 감시하다, 망보다 **2** dohlížet 보살피다, 돌보다

hlídka, *f* **1** 망보기, 감시; vstupu (출입에 대한)파수, 감시; obcházející 순찰; stávková (노동쟁의 등의) 피켓, 감시((노동쟁의 때 방해자를 감시)) **2** v novinách (신문의) 칼럼, 기고란

hlína, *f* 흙, k zpracování (작업을 위한) 진흙, 찰흙, 점토

hliněn|ý 흙의, uhnětený 진흙의 ◆ *-é zboží* 질그릇, 토기

hliník, *mi-2* 알루미늄

hliníkový 알루미늄(의)

hlinka, *f* **1** 흙, 진흙 **2** k nátěru 흰도료, 회반죽((벽 따위의 겉에 바르는))

hlíza, *f* 구근, 괴경, 돌기

hlodat > za- 1 na čem (무엇을) 갉아먹다, 쏠다; kousat 물어뜯다, 깨물다 **2** sžírat 부식하다, 좀 먹다

hlodavec, *ma* 쥐, 설취류

hlodavý 갉아먹는; **(**구어체**)** (말 따위가) 신랄한; (정신적으로) 좀 먹는

hloh, *mi-2, 3* 산사나무, 서양 산사나무

hlomoz, *mi-2, 3* 소음, 떠듦, 시끄러운 소리

hloub, *f-1* **(**시어, 문어**)** 깊은 곳, 상처 ◆ *v -i (srdce/ duše)* (마음의/ 영혼의) 깊은 곳[심처]에

hloubat o čem (무엇에 대하여) 숙고하다, 깊이 생각하다

hloubavý 명상적인, 숙고하는
hloubit (*hlub!|hloubi!*) > **vy-** 속을 파내다, …에 구멍[굴]을 파다[뚫다], 굴착하다, 발굴하다
hloubka, *f* **1** 깊음, 깊이, 심도 **2** 깊은 곳 **3** (사고 등의) 심원함, 심오
hlouček, *mi-2, 3* 무리, 집단, 일단
hloupnout > **z- 1** 어리석게 되다 **2** 바보짓을 하다
hloupost, *f-1* **1** 우둔, 어리석음 **2** 어리석은 행위, 우행, 바보짓 **3** malichernost 하찮은 것, bezcennost 시시한 것; -! 어리석음, 바보짓 **4** 허튼 말[짓], 터무니없는 생각, 넌센스
hloup|ý 우둔한, 멍청한, 바보 같은, 무식한, 어리석은 ◆ *to je -é* **1** tj. nepříjemné 이런 바보 같으니라구; **2** s lítostí 안됐다, 유감이다
hlt, *mi-2* **1** 한 입, 한 모금, 한 번 마시기 **2** čeho (무엇을) lok 꿀꺽 삼킴
hltan, *mi-2* 목, 식도, 인후
hltat 게걸스레 먹다, požírat 마구 삼키다
hltavost, *f-1* 탐욕; 폭식, 대식
hltavý 탐욕스러운; 폭식하는
hlubina, *f* 깊은 곳, 심연, 심해
hlubinn|ý 깊은, 심연의, 심해의 ◆ *-é uhlí* 깊은 갱 속에서 파낸 석탄; *~ důl* 깊은 광산(굴)
hlubok|ý 1 깊은, 깊은데[깊숙이] 있는 **2** úklon n. tón (톤이) 낮은, 저음의 **3** důkladný (사상 등이) 심원한 **4** (정도가) 강한, 심한 ◆ *~ odpor* 질색, 반감; *~ spánek* 깊은 잠; *-é ticho* 깊은 침묵; *-á tma* 칠흑 같은 어둠; *-á úcta* 높은 존경; *~ výstřih* 목쪽이 깊이 패인 (여성 옷)
hlučet (*hlučí*) > **za-** 소란을 피우다, 왁자지껄하다
hlučný 시끄러운, 소란스러운, 왁자지껄한
hluchoněmý 귀먹고 벙어리가 된, 농아의
hluchý 귀먹은, 귀머거리의
hluk, *mi-2* **1** 소음, 고함 **2** mocný 소동, 소란, 왁자지껄하는 소리
hlup|ák, *ma-3* **-ačka,** *f* 멍청이, 바보, 등신, 얼간이
hlušina, *f* (광산의) 맥석, 탄을 캐고 난 찌꺼기 돌더미
hm (감탄사) 흠, 음!, 으흠!, 에헴!((주의 환기, 의심ㆍ경고를 나타낼 때, 말이 막혔을 때에 내는 소리))
hmat, *mi-2* 촉각, 감촉, 터치
hmatat 1 co (무엇을) 손으로 만지다, 느끼다 **2** tápat po čem (무엇을) 더듬다
hmatatelný 1 (손으로) 느낄 수 있는, 만져서 알 수 있는, 확실한 **2** hmotný 실체적인, 구체적인
hmátnout > **hmatat** po čem (무엇을 잡으려) 손을 뻗치다; (무엇을) 움켜잡다
hmota, *f* **1** 물질, 《物》 질량, látka vůbec, 물체 **2** 재료, 요소
hmotn|ý 실체의, 물질의 ◆ *-á částice* 질량 입자; *-é statky* 필수품; *-á výroba* 상품 생산; *-é záření* 입자 방사(열); *-á zainteresovanost* 물질적인 인센티브[유인, 동기]
hmoždíř, *mi* **1** 절구 **2** 박격포, 구포
hmoždit se 수고하다, 애써[힘써] 일하다

H

hmyz, *mi-2* 곤충
hmyzožravec, *ma* 식충 동물[식물]
hmyzožravý 식충(성)의
hnací 1 쫓는, 모는 **2** 움직이게 하는, 추진하는 ◆ ~ *hřídel* 구동축; ~ *řemen* 구동 벨트; ~ *síla* 원동력 추진력; ~ *skříň* 변속기
hnát[1]**,** *mi-2* 대퇴골, noha (다리의) 정강이(뼈)
hnát[2] (*žen-u, hnal,* 미래형 *poženu, nehnat*) iter. **honit 1** 쫓다, 몰다 **2** 뒤쫓다, pronásledovat 추적하다, 추격하다 **3** pohybem vpřed 앞으로 나아가게 하다, 추진하다 **4** fungováním (동력원이 기계를) 움직이다, 작동[발동]시키다 **5** 강제하다, 억지로 …시키다 ◆ ~ *koho k odpovědnosti* 누구에게 대답을 강요하다; ~ *útokem* 돌격하다, 돌진하다 **~ se** 쇄도하다, 돌진하다; *nač, proti čemu* 무엇에 덤벼들다; *za čím* (무엇을) 추구하다
hned 1 즉각 **2** ve chvilce 곧, 이내 **3** bezprostředně nato 즉시, 바로 **4** skoro současně 당장에 **5** bezodkladně (지체하지 않고) 즉시에 **6** těsně, rovnou 곧장 ◆ *hned!* 즉시!; *přijdu* ~ 곧바로 갈[올] 것입니다
hněď, *f(-1)* 갈색
hnědouhelný 갈탄의
hněd|ý 갈색의; oči (눈이) 갈색의, 갈색 눈의 ◆ *-á polévka* 연한[투명한] 수프[국]; *-é uhlí* 갈탄
hněv, *mi-2* 분노, 울화, 격노
hněvat > po- 화나게 하다, 격노하게 하다 **~ se 1** 화나다, 격노하다 **2 > po-** 싸우다, 다투다
hněvivý 화난, 분개한, 성난; rozmrzele 격노한, 격양된
hnid|a, *f* **1** (이, 기타 기생충의) 알 **2** (구어체) člověk 보잘것없는 사람; 하찮은 것 ◆ *hledat -y* (이 잡듯이) 수색하다, 꼬치 꼬치 캐다
hnidopišský 쓸데없이 따지는, 현학적인
hniloba, *f* 부패, 썩음, 부식
hnilobný 타락한, 부패한, 썩은
hnis, *mi-2* 고름, 화농
hnisat > z- 곪다, 화농하다
hníst (*hnět-*) **> u-** 반죽하다, 개다, 주무르다
hníst se 걱정하다, 염려하다
hnít (*hni-*) **> s-** 부패하다, 썩다, 부식하다
hnízd|it (*hnízdi!*) (새가) 둥지를 만들다, 보금자리를 마련하다
hnízdo, *n* (*hnízd*) **1** 둥지, 보금자리 **2** 소굴, 온상
hnojiště, *n* 똥더미, 퇴비 더미
hnojit > po- 비료를 주다, 《化》 기름지게 하다
hnojivo, *n-2* 거름, 퇴비, 두엄, 비료
hnojůvka, *f* 똥물
hnout iter. **zahýbat < hýbat 1** čím (무엇을) 움직이게 하다, 움직이다; trochu (약간) 흔들리게 하다, 흔들다 **2** kým (누구를) 자극하다, 부추기다 ◆ *ani ~!* 꼼짝하지 마! *ani nehne* 나는 절대로 그것을 하지 않을 것이다; *ne- ani prstem pro koho* 누구를 위해 손가락 하나 까딱 하지 않을 것이다[노력하지 않을 것이다]; *nemohu s tím ~* 나는 곤경에 빠졌다 **~ se > hýbat se** 움직이다; trochu (약간) 흔들리다; pospíšit si 밀

H

고 나아가다, 전진하다

hnůj, *mi* 똥, 거름, neřád 오물, 퇴비; *= hnojiště*

hnus, *mi-2* 싫증, 혐오, 욕지기, 넌더리

hnusit se komu (누구에게) 구역질나게 하다, 넌더리나게 하다

hnusný 싫은, 진저리 나는, 구역질 나는

hnutí, *n* **1** 움직임, 운동, 활동; nepatrné (미세한) 움직임; jednotlivé (개별적인) 동작, 몸짓, 거동 **2** ideové (사상적인) 운동, duševní (정서적인) 감동, 감격, 흥분 ◆ *~ nezúčastněných zemí* 비동맹 국가의 운동; *nebylo tam k hnutí* 거기는 너무 비좁았다

hoblík, *mi-2, 3* 대패, 평삭기

hoblina, *f* 깎아낸 부스러기, 대팻밥

hoblovat > o- 대패질하다

hoboj, *mi* 오보에

hod[1], *mi-2* vrh 던지기, 투척, 투창

hod[2], *mi(-2)* svátek 축제, 전야제

hodin|a, *f* **1** 한 시간, 60분 **2** vyučovací 수업 시간, 강의 시간 **3** …시 ◆ *~ cesty* 한시간 거리; *chodit na -y* 수업을 받으러 다니다; *kolik je hodin?* 몇 시냐?, *kolik máte hodin?* 당신의 시계는 몇 시입니까?, *-y návalu* (출퇴근) 혼잡 시간; *policejní ~* 폐점 시간; *pracovní, prodejní, úřední -y* 근무시간; *rozvrh hodin* 시간표; *za -u* 한 시간 내에

hodinář, *ma* **-ářka,** *f* 시계공, 시계 제작자, 시계상

hodinářství, *n* **1** 시계 산업, 시계업 **2** 시계점

hodinka, *f* **1** 한 시간 **2** 시간, 때 ◆ *to je ~ cesty* 그것은 한 시간 거리이다; *černá ~* 해거름, 황혼; *~ smrti* 사망시간

hodinky, *f-pl* 손목 시계

hodinov|ý 1 시간(제)의 **2** stroj apod. 시계의 ◆ *~ hotel* 싸구려 호텔, 사창굴; *-á mzda* 시간당 수당; *-á rychlost* 시속

hodiny, *f -pl* 시계, 벽시계 ◆ *jako ~* 시계처럼; *kontrolní ~* 계기, 게이지; *píchací ~* 타임레코더, 스톱와치; *sluneční ~* 해시계

hodit (*hozen*) **> házet** (*házejí*) 던지다, 던져주다; 던져넣다; prudce (급격하게) 내던지다, 팽개치다; rozhazovat 내던지다, 내다버리다; ledabyle (무심코) 흔들다, 까불다; mrštit 내팽개치다, 내동댕이치다 ◆ *~ dopis do schránky* 편지를 우체통에 던져넣다; *~ korunou, losovat* (누구와) 동전 던지기를 하여 결정짓다; *házet očkem po kom* 누구에게 눈짓을 하다; *~ do starého železa* 처박아두다, 내팽개치다 **~ se(bou) > házet se(bou)** (몸을) 던지다; 의지하다; přičinit se 노력하다, 애쓰다; ~ sebou (재빠르게) 움직이다, 이동하다 ~ se k čemu, nač (무엇에) 적합하다, 어울리다, 들어맞다 ◆ *~ se do krámu* 아주 들어맞다, 자신만만하다; *nehodící se škrtněte* 적합하지 않은 것은 지워버리세요; *to se mi zrovna hodí* 그것은 내게 꼭[딱] 맞는다; *to se mi zrovna moc nehodí* 그것은 내게 소용이 없다; *to by se ti tak hodilo* 내가 그런 짓을 할까보냐

hodlat 마음먹다, 의도하다, …할 작

정이다

hodně 1 많이, 다량으로 **2** velice 아주, 매우, 굉장히, 족히 ◆ ~ *peněz* 많은 돈; *je jí ~ přes štyřicet* 그녀는 족히 40세가 넘었다

hodnost, *f-1* 1 지위, 계급, 직급 2 akademická (대학) 학위 ◆ *mít doktorskou ~* 박사 학위를 받다

hodnostář, *ma* 고관, 고위 인사, 매우 중요한 사람

hodnota, *f* 가치; 중요성; přednost 장점, 값진 재산 ◆ *užitná ~* 유용, 효용

hodnotit (*hodnocen*) > **z-** 평가하다; uznale …의 진가를 인정하다; ocenit …의 가치[의의]에 대해 판단하다; na zákl. srovnání (비교를 토대로) 등급을 매기다

hodnotný 가치 있는, 귀중한, 값비싼

hodnověrný 믿을 수 있는

hodný[1] (서술 형용사: hoden, -dna...) čeho (무엇에) 어울리는, (무엇을) 할 만한 ◆ *uznat koho za -na* čeho 누구를 무엇에 어울리는 것으로 인정하다

hodný[2] 선량한, 착한, 인자한

hodo|kvas, *mi-2* **-vání,** *n* 연회, 향연; 대주연, 홍청거림

hodovat 연회를 베풀다; 통음(痛飮)하다, 마시고 떠들다

hoch, *ma-3* **1** 사내아이, 소년 **2** 젊은이, 청년; důvěrně 사나이, 남자, 녀석 **3** 남자 친구

hoji|t (se) > **z(a)-** 치료하다, 상처를 아물게 하다; 치료 되다, 낫다

hojit se na kom (누구에게) 보상하다, 배상하다

hojivý 치료하는, 회복시키는

hojnost, *f-1* 충분함, 풍부, 무성

hojný 많은, 충분한, 무성한

hokej, *mi* 하키 ◆ *pozemní ~* (필드)하키

hokejist|a, *ma(-4)* **-ka,** *f* 하키선수

hokejka, *f* 하키 채[스틱]

hokynář, *ma* **-ka,** *f* 식품가게 주인, 식료품 상인, 식료 잡화상

hokynářství, *n* 식품가게, 식품점

Holan|ďan, *ma* **-ka,** *f* 네덜란드인; -ďané 네덜란드 국민 ◆ *Bludný ~* 희망봉 부근에 출몰한다는 유령선(의 선장)

Holandsko, *n-2, 3* 네덜란드

holandský 네덜란드의, 네덜란드인의, 네덜란드어의

holandština, *f* 네덜란드어

hold, *mi-2* 존경, 경의, 찬사

holdovat komu (누구에게) 경의를 표하다; čemu (무엇에) 빠지다

holeň, *f* 정강이(뼈), 종아리

holicí 면도의, 면도용의

holič, *ma* **-ka,** *f* 이발사 ◆ *nechat koho na -kách* 누구를 궁지에 버려두다

holičství, *n* 이발소, 이발업

holínky, *f–pl* 장화, 승마 구두

holírna, *f* 이발소

holit > **o-** (수염을) 깍다, 면도하다; 이발하다 ◆ *dát se o-* 면도를 받다, 면도하다, 수염 깍다

holka, *f* (호격 *holko!*) **(구어체) 1** 아가씨, 처녀, 소녀; 계집아이 **2** 딸, 여자 아이 **3** 귀여운 여자, 여자 친구 **4** hanl. lehká ~ 창녀, 매춘부

holohlavý 대머리의, 머리카락이 없는

holomek, *ma-3* 악당, 깡패, 악한

holoub|ek, *ma-3* **1** (작은, 어린) 비둘기 **2** miláček 연인, 애인 ◆ *ty můj -ku!* 여보, 당신!

holub, *ma* 비둘기 ◆ *postovní ~* 우편 비둘기

holubice, *f* 암비둘기 ◆ *~ míru* 평화의 (상징으로서의) 비둘기

holubičí 비둘기 같은, 유순한

holubník, *mi-2, 3* 비둘기집

hol|ý **1** 벌거벗은, 홀랑 벗은; nezakrytý, nechráněný 알몸의, 나체의 **2** 순전한, 완전한 **3** lysý (머리가) 벗어진, 털 없는, 대머리의 ◆ *s -ou hlavou* 맨머리로; *~ nesmysl* 순전한 넌센스; *-ýma rukama* 맨손의, 맨손으로, 빈손으로; *-á výmluva* 순전한 변명; *-é živobytí* 겨우 먹고 살아갈 정도의 생활, 간신히 사는 삶; *zachránit si ~ život* 겨우 목숨만 건지다

homole, *f* 원추(형)의 물건, cukru (설탕의) 원뿔꼴의 한덩이

homosexuál, *ma-2* 동성연애자

homosexualita, *f* 동성애, 동성연애

hon, *mi-2* **1** běh 돌진, 쇄도; 분망, 몹시 바쁨 **2** lov 사냥, 추격, 몰이 **3** pozemek 좁고 긴 땅((125 발자국의 땅)) ◆ *vyhnout se komu na -y* 누구를 피하다[경원하다], 누구로부터 떨어져 있으려 하다; *na -y vzdálen* (생각 따위로) 멍청하여

honba, honitba *f = hon* 추격, 추적, 추구

honební 추격하는, 추적하는

honec, *ma* 몰이꾼, 추격자

honem 빨리, 어서 ◆ *~!* 서둘러!

honěn|á, *f* 술래잡기 ◆ *hrát si na -ou* 술래잡기 하다

Hongkong, *m* 홍콩

honicí 쫓는, 추적하는 ◆ *~ pes* 사냥개

honička, *f* **1** 추적, 추격, 쫓기 **2** (술래)잡기 **3** razie 소탕, 일시 검거 **4** 큰 소동, 혼잡

honit **1** 쫓다, 추격[추적]하다 **2** bez pronásledování 사냥하다 **3** shánět … 을 추구[갈구]하다, 찾아 헤매다 **4** 몰아세우다, 독촉하다 **5** v. *Hnát* **~ se** **1** 뛰어다니다; za kým (누구를) 뒤쫓다, 꽁무니를 쫓아다니다; za čím (무엇을) 찾다, 추적[추구]하다 **2 (**비속어**)** chvástat se 거드럭거리며 걷다, 으스대다

honorace, *f* (사회적) 명사, 저명 인사

honorární 명예상의, 명예직의

honorář, *mi* **1** 보수, 사례금, 수고료 **2** 특허권[저작권], 사용료

honorovat **1** 사례금을 주다, 보상[보답]하다 **2** směnku (어음을) 인수하고 지불하다

honosit se čím (무엇을) 자랑하다, 뽐내다

honosný 뽐내는, 폼내는

hop **(**감탄사**)** 팔짝, 깡총, 껑충 ◆ *nekřič ~, dokud nepřeskočíš* 위기를 벗어날 때까지는 안심하지 말아라

hopsat 깡충 뛰다, 팔짝 뛰다

hor|a, *f* **1** 산 **2** 산맥 **3** 산더미; 다수, 다량 ◆ *chlap jako ~* 장대한 기골의 청년; *křičet jako na -y/-ách* 크게 고함[소리]지르다; *přes -y a doly* 산 넘고 골짜기를 넘어; *slibovat komu -y doly*

H

모든 것을 약속하다, 모든 것을 해주겠다고 약속하다

hor|ák, *ma-3* **-ačka,** *f* 산지 사람, 산악인, 고지인

horal, *ma-4* **-ka,** *f* 산지 사람, 산악인, 등산가

horda, *f* 유목민의 무리; 군중, 대집단; 떼

horečka, *f* **1** 열, 고열 **2** 열광, 열기; 광기

horečnatý 열이 있는, 열기의, 열병의; 열망적인

horečný 1 열이 있는, 소모열(의), (열이) 소모성인, 얼굴에 홍조를 띤 **2** 열광적인, 흥분한

horem 위쪽을[상부를] 따라; shora 위로부터 ◆ *~pádem* 곤두박질쳐

horizontální 수평의, 지평선의

horko[1], *n-2* 열; počasí 더위, 무더운 날씨

horko[2] **(부사)** 덥다 ◆ *je mi ~* 나는 덥다; *dnes je ~* 오늘은 덥다

horkokrevný 다혈질의

hork|ý 1 뜨거운, 더운 **2** palčivý 타들어가는, 타는 듯한 **3** vroucí 끓는 **4** (감정이) 격렬한 ◆ *šitý -ou jehlou* 급속의, 즉석의, 성급한

horlit > za- 1 na koho (누구에 대해) 악담하다, 신랄히 비난하다 **2 roz-(se)** pro co (무엇을) 열렬히 지지[옹호]하다 **3** proti čemu (무엇에 반대해) 비난하다, 꾸짖다

horlivost, *f-1* 열심, 열중, 열성

horlivý 열심인, 열성의

hormon, *mi-2* 호르몬

hormonální 호르몬의

hornatina, *f* 산[언덕]이 많은 나라, 산악 국가

hornatý 산[언덕]이 많은, 산지의

horní 1 위쪽의, 상부의 **2** navrchu 정상의, 꼭대기의 **3** důlní 광산의

hornický 광산의, 광부의

hornictví, *n* 채광, 광업

horník, *ma-3* 광부, 탄갱부

hornina, *f* 바위; nerost 광물, 광석

horolez|ec, *ma* **-kyně,** *f* 등산가, 등반가

horolezecký, 등산의, 등반의

horolezectví, *n* 등산, 등반

horor, *mi-2* 공포영화

horoucí 1 불타는, 타오르는 **2** cit (감정이) 열렬한, 뜨거운

horovat pro co (무엇에) 열광[열망]하다

horský 산(악)의

horstvo, *n-2* 산악, 산맥

horší (špatný, zlý의 비교급**)** 더 나쁜, 더 악한 ◆ *v nejhorším* 최악의 경우; *změna k -mu* 더 나쁜 쪽[방향]으로의 변화

horšit > z- 악화하다, 악화시키다 **~ se 1 > z-** 악화되다, 나빠지다, přitížit si 부담스러워 지다 **2 ~ se** na koho (누구에 대해) 화를 내다

hořák, *mi-2, 3* 버너, plynového vařiče 가스를 사용하는 조리기구, 가스버너

hořčice, *f* 겨자

hořčicový, hořčičný 겨자의

hořčík, *mi-2* 마그네슘

hoře, *n* 슬픔, 비탄

hořec, *mi* 용담 속의 식물

hořejšek, *mi-2, 3* 꼭대기, 정상, 위쪽 끝부분

hořejší = *horní*
hořet (*oni hoří*) **1** (불)타다, (불)타오르다 **2** už hořet 불이 붙다 **3** 열이 펄펄 나다 **4** (비유적) 위급[급박]하다 ◆ *Hoří!* 불이야!
hořknout > z- 씁쓸해지다
hořkost, *f-1* 씁쓸함, 씀
hořký **1** 씁쓸한, 쓴 **2** 쓰라린, 괴로운
hořlavina, *f* 가연성 물질
hořlavinový 타기 쉬운, 가연성의
hospitace, *f* **1** (초청에 의한) 참석, 출석, (심사관으로서) 참관 **2** dozorčí návštěva 수업 참관
hospitalizace, *f*(환자의) 입원
hospitant, *ma* **-ka,** *f* (대학의) 청강생
hospoda, *f* **1** 선술집, 맥주집 **2** 식당, 음식점 **3** zájezdní 술집 주막, 여인숙, 여관
hospodárnost, *f-1* 검약, 절약, 알뜰함
hospodárný 알뜰한, 절약하는, 검약한
hospodář, *ma* **-ka,** *f* **1** 주인, 지주 **2** rolník 농장주 ◆ *dobrý ~* 좋은 경영(자)
hospodařit **1** 경영[운영]하다, 꾸려가다 **2** jako rolník 농장을 경영하다 **3** plánováním (계획에 의해) 절약[검약]하다
hospodářsk|ý **1** 경제[재정]적인 **2** selský 농장(운영)의 **3** zemědělský 농업의 ◆ *-é budovy* (본채의) 부속건축물, 딴채, 별채
hospodářství, *n* **1** 경제 **2** domácnosti 가사, 살림 **3** selské (건물을 포함한) 농장, 농가
Hospodin, *ma* 신, 하느님
hospodyně, *f*(가정)주부
host, *ma*(*-4*) **1** 손(님), 객, 내빈, 빈객 **2** zákazník 고객 **3** krátkodobý (짧은기간의) 방문자 ◆ *stálý ~* 고정 고객; *to jsou k nám -i* 환영한다
hostec, *ma* 류머티즘
hosteska, *f* (여객기의) 여자 승무원, 스튜어디스
hostina, *f* 피로연; 연회, 축연, 향연, 잔치
hostinec, *mi* **1** 여관, 숙소 **2** = *restaurace* **3** = *hospoda*
hostinný 대접이 좋은, 환대하는; = *pohostinný*
hostinsk|ý[1] **1** 음식점의, 여관의 **2** 손님(용)의 ◆ *~ pokoj* 손님방; *-á živnost* 음식(식사) 제공 서비스
hostinsk|ý[2], *ma* **-á,** *f* 여관[음식점] 지배인[주인]
hostit (*hoštěn*) > **po- 1** 손님을 접대하다, 대접하다, 환대하다 **2** čím (무엇으로써) 손님을 모시다
hostitel, *ma-1, 4* **-ka,** *f* 초대한 사람, 주인
host|ovat (배우나 운동 선수가) 특별 손님으로 출연하다[나타나다]; v roli 주역을 맡다, 주연하다; 게스트로 경기하다 ◆ *-ující umělec* 특별 출연자, 게스트
hošík, *ma-3* 어린 소년, 어린 남자아이((hoch의 지소격))
hotel, *mi-2* 호텔, 여관 ◆ *~ na letišti* 공항 호텔
hoteliér, *ma* **-ka,** *f* 호텔 경영자
hotelový 호텔의, 여관의 ◆ *~ dům*

H

호텔처럼 가구가 갖추어진 아파트형 숙소

hotelnictví, *f* 호텔 비즈니스, 호텔업

hotovit > vy-, z- 만들다, 준비하다 ~ **se > při-** 준비[완료]되다

hotovost, *f-1* **1** 준비 **2** ochota 자발, 자진 **3** peníze 현금

hotov|ý 1 끝낸, 끝마친, 다 된, 완료된 **2** připravený na něco (무엇을 할) 준비가 된, 준비가 끝난 **3** (옷따위가) 기성품의 **4** kvalifikovaný 자질이 있는, 자질이 충분한, 어엿한 **5** dokonalý 완벽한, 완전한 **6** vyložený 명백한, 명확한 ◆ *být* ~ **1** ochoten 준비가 되다, 기꺼이 …할 태세가 되다 **2** na mizině 빈털터리가 되다 **3** zničen 녹초가 되다, 결단나다 **4** s něčím (뭔가를) 끝내다; *-é peníze* 현금; *platit -ě, -ými* 현금으로 지불하다; *-é šaty* 기성복; *-o!* O.K.! 준비 완료!

houb|a, *f* **1** 버섯 **2** mycí (설거지용) 수세미, 스펀지 **3** na dřevě (목재의) 건식, 건조 부패 ◆ *-y!* 맙소사, 말도 안돼!

houbař, *ma* **-ka,** *f* 버섯을 채취하는 [따는] 사람

houf, *mi-2* **1** 떼, 무리 **2** hejno 집단 **3** děvčat, křepelek, laní (소녀, 메추라기, 암사슴들의) 무리, 떼 **4** dobytka, lidí (몰려가는) 가축 떼, (움직이는) 인파 **5** nahodilý shluk (포도 따위의) 송이, 다발

houk|at > za-, -nout 1 (기적, 나팔, 사이렌 따위가) 울리다 **2** střelba (총 소리가) 쾅하다 **3** neurvale (심하게) 고함지르다, 호통치다

houně, *f* 깔개, přikrývka 덮개

houpací 흔들거리는 ◆ ~ *židle* 흔들의자, 안락 의자

houpačka, *f* zavěšená 그네; podepřená 시소

houpat (*houp-u|-ám, houpej!, houpal*) **> po-, za- > -nout 1** 흔들다 **2** v houpačce 그네타다 **3** na kolenou (무릎 위에 놓고) 어르다 ~ **se > po-, za-** 흔들리다; kinklavě 매달리다; loď (배가) 앞뒤로 흔들리다

house, *n-1* 거위 새끼

housenka, *f* 모충, 풀쐐기, 애벌레

houser, *ma* **1** 거위, 기러기의 수컷 **2** v zádech 요통

houska, *f* **1** 둥글고 납짝한 빵 **2** železa (금속의) 주괴 ◆ *strouhaná* ~ 빵가루, 빵 부스러기

houslař, *ma* 바이올린 제작자

housle, *f -pl* 바이올린 ◆ *hrát na* ~ 바이올린을 연주하다

houslist|a, *ma(-4)* **-ka,** *f* 바이올리니스트, 바이올린 연주자

houstnout > z- 두꺼워지다, 촘촘해지다, 짙어지다, 진해지다

houšt|í, *n* **-ina,** *f* 덤불, 잡목숲; po drost (큰 나무 밑의) 관목, 총림(叢林)

houžev, *f* 버들가지

houževnatost, *f-1* 고집, 완강, 끈질김

houževnatý 고집스런, 완강한, 끈질긴

hovadina, *f* **(**저속어**)** 허튼 소리, 허풍, 바보 같은 짓

hovado, *n-2* **1** 가축, 짐승 **2** nadávka **(**욕설**)**짐승 같은 놈

H

hovět (*hov[ěj]í, hověj!, hov!*) **1** čemu (무엇에) 빠지다, 탐닉하다 **2** nízkému (저급한 취미, 욕망에) 영합하다, 맞추다

hovět si > po- 빈둥거리다, 빈들빈들 지내다; 편히 쉬다, 마음을 풀다

hovězí[1] 소의; maso 쇠고기(요리)의 ◆ ~ *dobytek* 소, 축우; ~ *maso* 쇠고기; ~ *pečeně* 구운 쇠고기, 쇠고기 구이

hovězí[2], *n* 쇠고기

hovínko, *n-2, 3* **(**구어체**)** (též -ka) (새의, 짐승의) 똥 ◆ *psí* ~ 개똥

hovno[1], *n* **(**저속어**) 1** 똥, 배설물, 변 **2** 시시한 것, 개똥 같은 것((강한 부정의 표현))

hovno[2] **(**감탄사적 표현**)** **(**저속어**)** 허튼 소리, 허튼 짓, 제기랄!

hovor, *mi-2* **1** 이야기, 대화, 담화, 인터뷰 **2** telefonní (전화) 통화

hovorna, *f* **1** 휴게실, 담화실 **2** telefonní 전화 부스

hovornost, *f-1* 말 많음, 수다스러움

hovorný 말 많은, 수다스러운

hovorový 구어(체)의

hovořit > po- 1 대화하다, 이야기하다, 담화하다, 인터뷰하다 **2** o čem (무엇에 대해) 논의하다

hra, *f* **1** hraní 연극, předvedení dovednosti 공연, herce (배우의) 연기 **2** soustava pravidel 게임, 놀이 **3** rekreace a rozptýlení 오락, 심심풀이, 기분 전환 **4** riziko 도박, na burze 투기 **5** 희곡, 연극, 드라마 **6** (악기의) 연주 **7** (운동) 경기, 시합 ◆ *být ve hře* (돈, 목숨, 운명이) 걸리어, 위태로워져서; *vysoká* ~ 큰 도박; *zvonková* ~ 차임벨(종)을 이용하는 연주

hrabat (*hrab-u, hrab!|hrabej!, hrabal*) **1** 갈퀴로 긁다, 헤집다; 샅샅이 찾다 **2** mamonit (자금 등을) 애써서 긁어모으다, 마련하다 ~ **> na-, s-** 들추어 내다; 긁어 모으다 ~ **se** těžce **1** 끈기 있게 일[공부]하다 **2** lézt 기(어가)듯 움직이다 **3** v čem (무엇을) 샅샅이 뒤지다[찾다], tápavě 더듬어 찾다, zkoumavě 애써서 찾아내다

hrabě, *ma* **-nka,** *f* 백작

hrábě, *f-pl* 갈퀴, 쇠고랑; 써레

hrabivost, *f-1* 탐욕(스러움), 욕심

hrabivý 탐욕스러운, 욕심많은

hrábnout 1 po čem (무엇을) 움켜잡다, 움켜쥐다 **2** do čeho (무엇으로) 던져 넣다, 찌르다

hrací 놀이의, 게임의; hud. 연주의

hráč, *ma* **-ka,** *f* **1** 경기자, 운동 선수 **2** hazardní 도박꾼, 투기꾼 **3** 《音》 연주자, 음악가

hračka, *f* 장난감, 노리개, 놀이감

hračkářství, *n* **1** 장난감 가게 **2** 완구업

hrad, *mi* (요새화 된) 성, 성채, 요새

hradba, *f* **1** 방벽, 성벽, 장벽 **2** zděná 벽, 돌담 **3** opevnění 누벽

hradební 축성의, 요새의, 방비의, 성벽의 ◆ ~ *příkop* (성 둘레의) 해자

hradiště, *n* **1** (옛) 성터 **2** 작은 성

hradit (*hrazen*) **1** = *ohradit* **2** ~ **> u-** 지불하다, 변상[배상]하다 ◆ ~ *škody* 손해를 배상하다 **3** ~ **> (vy)na-** 보상[변상]하다 **4** ~ **> pře-, za-** 둑으로 막다, 저지하다 **5** ~ **> za-** (통행 등을) 가로막다, 방해하다, (진로를) 방해하다

hrách, *mi-2* **1** 완두콩 **2** zrnko 완두

콩(알), 완두콩씨

hrana[1]**,** *f* 가장자리, 모서리

hran|a[2]**,** *f* **(**종종 복수**)** 조종(弔鐘) ◆ *zvonit -u* 조종을 울리다

hranatost, *f-1* **1** 모남, 모짐 **2 (**구어체**)** 서투름, 어색함

hranatý 1 모(가) 난, 각이 진 **2 (**구어체**)** 서투른, 어색한

hranice, *f* **1** 국경 지방; čára 경계(선), pohraničí 국경 **2** mez 한계; vymezení 범위, 한도 **3** zápalná 화형주, pohřební 화장용의 장작더미 ◆ *za -mi* 해외에

hraničář, *ma* **-ka,** *f* 변경의 주민

hraničit s čím (무엇에) 접하다, jako soused ~ …와 이웃하고 있다, stykem 인접하다, 서로 이웃하다

hraniční 1 국경의, 변경의, 경계의 **2** krajní 극도의, 극단의, 맨 끝의

hranol, *mi-2* 프리즘, 분광기

hrát (*hra-, hraj!|hraj!, hrál, hraní*) **1** co, v co, na co (무엇을) 놀다, 경기[게임]하다 **2** hazardně 도박[모험]하다, o co (돈 등을 따기 위해) 도박[게임]하다; **3** 가장하다, …인 체 하다, …같이 꾸미다 ◆ ~ *falešnou/poctivou hru* …인 척하다, 속임수를 쓰다, 야바위를 치다/공정한 경기를 하다; ~ *o čas* 형세에 따르다, 기회주의적 태도를 취하다, (시간을 벌기 위해) 꾸물거리다; ~ *s odkrytými kartami* 솔직하게 (터놓고) (사람을) 대하다 **~ > za- 1** (피아노, 악기 등을) 연주하다, (공 등을) 가지고 놀다 **2 (**구어체**)** komu vyhubovat (결점을 들어서 누구를) 몹시 나무라다 ◆ ~ *falešně* 엉터리로[엉망으로] 연주하다; ~ *z listu* 악보 등을 보고 (연습없이) 즉석에서 연주하다 **~ > se-, za-** úlohu 역(할)을 하다, 임무를 해내다 **~ se 1** na jevišti (무대에서) 상연되다, 공연되다, 진행되다, za sebou 연속 공연하다 **2** odehrávat se 발생하다, (사건, 일 등이) 일어나다 **~ si > po- 1** s něčím (무엇을) 가지고 놀다, povrchně 장난삼아 하다, 잠깐 손을 대다 **2** neodborně 참견[간섭]하다 **3** nervózně (불안하게) 만지작 거리다 **4** neodpovědně (무책임하게) 가벼이 다루다, 소홀히 다루다 **5** k ukrácení chvíle (순간적인 시간을 보내기 위해) 농땡이치다, 장난하다, 희롱하다, 시시덕거리다 **~ si > za- 1** na co (무엇의) 게임을 하다, (무엇을) 하고 놀다; na nástroj (악기를) 가지고 연주하다 **2** na koho (누구의) 역을 하다; na jakého (무엇인 양) 시늉을 하다

hravý 1 놀기 좋아하는, 즐기는, 장난하며 노는, 까부는 **2** 쉬운, 손쉬운

hravě 1 놀며, 즐기며 **2** snadno (일, 처리)하기 쉽게, 손쉽게, 간단하게

hráz, *f* **1** 댐, 둑 **2** přístavní (항구의) 방파제, 둑 **3** kamenná (석조) 방파제, 도제 **4** přistávací 부두, 선창

hrazda, *f* (체조용) 철봉 ◆ *visutá ~* (체조, 곡예용의) 대형그네

hrazení, *n* **1** 울타리, 벽 **2** (하키링의) 판자울, 보드

hrb, *mi-2* (낙타 등의) 혹, 육봉

hrbatý 곱사등(이)의, 등이 굽은

hrbol, *mi-2* **-ek,** *mi-2, 3* 돌출, 융기, 혹

hrbolatý 울퉁불퉁한, 껄껄한

hrčet > za- 왈각달각[덜걱덜걱] 거

H

리다, 덜걱덜걱[우르르] 소리나다[내다]

hrdelní 목구멍의, 인후의, hlas 후음의 ◆ *~ trest* 사형, 극형

hrdin|a, *ma* **-ka** *f* 영웅; 주인공, 히로인

hrdinský 영웅의, 영웅적인; 주인공의

hrdinství, *n* 영웅적 자질, 영웅적 행위

hrdličk|a, *f* 호도애((암수가 사이 좋기로 유명한 새)) ◆ *milovat se jako dvě -y* (두마리의 호도애처럼) 서로 애무하며 사랑을 속삭이다, 서로를 열광적으로 사랑하다

hrdl|o, *n* **1** 목구멍, 인후 **2** láhve apod. (병 등의) 목 **3** (비유적) 목숨, 인생, 삶 ◆ *křičet z plna a* 큰소리를 내지르다, 비명지르다; *pod ztrátou -a* 죽음의 고통 하에서, 죽는다는 조건 하에서

hrdlořez, *ma-2* (*pl -ích*) 살해자, 자객

hrdost, *f-1* 자랑, 뽐냄; 긍지, 자긍심

hrdý na co (무엇에 대해) 자랑스러워하는, 의기양양한; 거만한; 자존심이 있는

hrkat 덜걱덜걱[우르르] 소리나다[내다]

hrnčíř, *ma* **-ka,** *f* 도공, 옹기장이

hrnčířství, *n* 도기 제조소; 도기 제조

hrnec, *mi* 원통형 그릇, 단지, 항아리, 독; 냄비, 솥

hrneček, hrníček, *mi-2, 3* (작은) 항아리, 단지; v. hrnek

hrnek, *mi-2, 3* 원통형 찻잔, 조끼, 머그잔, 컵; 화병

hrnout **1** 밀치다, 밀어넣다 **2** lopatkou 삽질하다, 삽으로 치우다 ◆ *~ se jako příval* 몰려들다, 밀어닥치다

hrob, *mi* 무덤, úpravený 봉분, 묘소 ◆ *až do -u* 죽을때까지, 죽음이 우리를 갈라놓을 때까지; *u -u* 무덤가에; *uložit koho do -u* 누구를 매장하다

hrobař, *ma* **1** 불목하니, 무덤 파는 사람 **2** (구어체) 난파선 약탈자

hrobařka, *f* 불목하니의 아내

hrobka, *f* 지하(저장)실, pod budovou (교회의) 지하실((옛적에는 납골소))

hrobn|ík, *ma-3* **-ice,** *f* = *hrobař* (종을 치고 무덤을 파는) 교회의 머슴, 교회지기

hrobov|ý 무덤의, 묘의; 무덤 같은 ◆ *-é ticho* 죽음과도 같은 정적

hroch, *ma-3* 하마

hrom, *m-2* **1** 천둥, 번개, 우레 **2** 벼락, 낙뢰 ◆ *~ do toho!* 이런 벼락맞을!, 빌어먹을!; *jako ~ (do police)* 남에게 방해가 되는 난폭자처럼; *jako by do něho ~ (byl) uhodil* 벼락맞은 것처럼; *kdyby ~ bil* 어떠한 일이 일어날지라도; *~ do tebe* 지옥에나 떨어져라

hromad|a, *f* **1** (산)더미, 쌓아올린 것, 무더기 **2** 다량, 많음 ◆ *být na -ě* (병의) 말기이다, 중병이다; *valná ~* 총회

hromadit > na- 모으다, 쌓다; vršit 쌓아올리다, 축적하다; pro strategické účely (전략적 목적 등으로) 비축하다; pro sebe (자신을 위해) 사 모으다, 저장하다 **~ se > na-** 축적되다, 쌓여지다

hromadný **1** 집합적인, 집단[전체]적인 **2** ve velkém 대량[도매]의 **3** masový 집단의, 군중의, 대중의 **4** v

H

cestovním ruchu (관광 산업의) 패키지 투어의 **5** bez třídění (분류되지 않은) 더미의 **6** společný 공동 사회의; 공중의, 공공의

Hromnice, *mi-pl* (카톨릭) 성촉절((2월 2일))

hromobití, *n* **1** 천둥의 울림, 천둥소리 **2** 천둥치는 폭풍우 **3** nadávek (욕설 등을) 퍼부음, 빗발침

hromosvod, *mi-2* 피뢰침

hromovat > za- 1 천둥치다, 벼락치다 **2** 호되게 야단치다

hromov|ý 천둥치는, 벼락치는 ◆ *-á rána* 우뢰 소리; 청천벽력

hroší 하마의 ◆ *mít ~ kůži* 낯가죽이 두껍다, 후안무치하다, 뻔뻔스럽다

hrot, *mi-2* **1** (혀, 허파 따위의) 끝, 첨단 **2** ostří (날카로운) 끝 **3** geom. (지리학적) 정상, 꼭대기, 정점

hrotitý 뾰족한, 날카로운

hrotovník, *mi* 뾰족한 드릴, 송곳

hrouda, *f* **1** (흙 등의) 덩어리, velký kus (커다란) 땅덩어리 **2** 뭉치 ◆ *~ sněhu* 눈뭉치

hroudovitý 덩어리(투성이)의, 뭉치의

hroutit se (*nezhroutí se!, hroucení*) > **z-** 파괴되다, 으스러지다, 부서지다, 무너지다, kácet se 굴러 떨어지다

hrozba, *f* 위협, 협박

hroz|en, *mi-2* (포도) 송이; 한 덩어리; včel (꿀벌의) 떼 ◆ *-ny hněvu* 분노의 포도((하느님의 진노; 요한 계시록 14:10))

hrozinka, *f* 건포도, korintka (씨 없는) 건포도

hrozinkový 건포도의

hrozit (*hrožení*) > **po- 1** 위협[협박]하다 **2** být brzy k očekávání 절박[급박]하다, 닥쳐오다 **3 > za-** …에게 위협하는 제스쳐를 취하다; prstem apod. (손가락 등으로) ~에게 손가락질하다, 주먹을 흔들다 **4 ~ se > z-** čeho (무엇에) 위협당하다, 공포에 떨다, a couvat před tím (그것으로부터) 물러서다, 움츠리다

hroziv|ý 1 위협[협박]적인 **2** -ého vzezření 공격[호전]적인, 험악한, 모질고 사나운 **3** 불길한, 나쁜 징조의

hroznový 포도(송이)의

hrozný 끔찍한, hrůzný 무서운, 가공(可恐)할

hroznýš, *ma* (남미의) 아나콘다 뱀, 보아뱀(구렁이)

hrst, *f-1* 한 움큼, 한줌 ◆ *vzít rozum do -i* 빈틈이 없다; *rozhazovat plnými -mi* 돈을 물쓰듯하다

hrstka, *f* 소량, 소수

hrtan, *mi-2* 후두 ◆ *zánět -u* 후두염

hrubec, hrubián, *ma* 난폭자, 사나운 사람

hrubnout > z- 거칠어지다, 난폭해지다

hrubost, *f-1* **1** (표면이) 꺼칠꺼칠함, 껄껄함, 조야함 **2** jednotlivý projev 무례함, 예절없음, 야만성 **3** 상스러움, 야비, 비속성

hrubozrný 결이 거친, 조야한

hrub|ý 1 nevypracovaný 거친, 올이 성긴, 꺼칠꺼칠한 **2** nezpracovaný 투박한, 조악한 **3** neobrobený 껄껄[울퉁불퉁]한 **4** nezušlechtěný a z nezušlechtění plynoucí 버릇없는, 무례한, 야만의, 조야한 **5** bez odpočtu 총

체의, 총계의 **6** přibližný 대략의, 대강의, 대략적인 ◆ *-á bilance* 개략의 수지[발란스], 시산표; *-á chyba* 큰 실수; *-á lež* 노골적인 거짓말; *-á mouka* 통밀가루; *~ náčrtek* 애벌[대충]그림, 초안; *-á nedbalost* 중과실; *-á odpověď* 무례한 답변; *-á (domácí) práce* 고된 (집안)일; *-á urážka* 난폭, 불법; *~ žert* 외설스러운 농담, 품위 없는 재담

hruď, *f-1* 가슴, 흉부

hrudník, *mi-2, 3* 흉곽

hrušeň, *f* 배나무

hruška, *f* **1** 배 **2** strom 배나무 **3** hruškovitý konec 안장의 앞머리; (칼의) 자루끝 **4** (복싱의) 펀치볼

hrůz|a, *f* **1** 공포, 경악, 소름 **2** 무서운 것, 공포의 대상 **3** posvátná 경외, 두려움 ◆ *až ~* 무섭게, 섭에 질려; *jatý -ou* 공포에 사로잡힌; *pouštět -u* 공포를 확산시키다, na koho (누구를) 협박하다

hrůzný 무서운, 공포스러운, 무시무시한; 지독한

hrůzostrašný 소름끼치는, 섬뜩한

hrůzovláda, *f* 공포 정치

hryzat(*hry-žu|-zám, hryzal*), **hrýzt**(*hryz-u, hryzl*) > **(za-) hryznout 1** obecně (깨)물다 **2** hlučně (소리내어) 씹다 **3** ukusovat 조금씩 물어뜯다, 갉아먹다; v. *hlodat*

hryzení, *n* **1** (배의) 복통 **2** svědomí (양심의) 가책, (마음의) 거리낌

hřát (*hře-, hřál, hřání| hřátí*) > **o-, za- 1** (스토브 등이) 열기[온기]를 발하다 **2** 데우다 **3** koho (누구를) 만족시키다 **~ se > o-, za-** 따뜻하게 하다; na slunci 햇볕을 쬐다

hřbet, *mi* **1** 등; páteř 등뼈, 척추 **2** cokoli se zvedá 산마루, 등(마루)

hřbitov, *mi* (생격 *-a*) 묘지, 공동묘지

hřeb, *mi-2* **1** bodec 긴 못, 대못; 스파이크, 핀, **2** ozdobný (장식적인) 못, 징 **3** = *-ík* ◆ *zlatý ~* 주요 사건[장면], 하이라이트

hřebec, *ma* 수말, 종마, 씨말

hřeben, *mi* **1** 빗 **2** kohoutí (장닭의) 벼슬 **3** vln (파도의) 물마루 **4** střechy (지붕의) 용마루 **5** hory apod. (산 등의) 꼭대기, 산마루

hřebíček, *mi-2, 3* **1** 작은 못, 소못; 압정 **2** koření (백합 뿌리 등의) 주아, 살눈 ◆ *uhodit ~ na hlavičku* 명중시키다, 요점을 찌르다; *pověsit na ~* 단념하다; *zatlouct ~* 못을 박다

hřebík, *mi-2, 3* 못, srov. hřeb, hřebíček

hřejivý 따뜻한; 온정적인; 즐거운, 유쾌한

hřešit > z- 1 죄를 범하다, (종교, 도덕상의) 죄를 짓다 **2** na co (무엇을) 악용하다

hřib, *mi-2* 버섯, 그물버섯

hříbě, *n-1* 새끼, do čtyř let (4살까지의 수컷) 망아지

hříčka, *f* **1** 놀이, 장난 **2** výstřednost 변덕, 기행

hřídel, *mi-1* 샤프트, 굴대, 축 ◆ *vačkový ~* 캠축; *zalomený ~* 크랭크(축)

hřích, *mi-2, 3* 죄, 죄악

hřímat > za- 우렁찬 소리로 울리다, 으르렁거리다, 포효하다; = *hřmít*

hříšek, *mi-2, 3* 가벼운 죄, 조그마한 과오

hříš|nice, *f* **-ník,** *ma-3* 죄인

H

hříšný 죄가 있는, 죄스러운
hřiště, *n* 운동장, (야구, 축구, 골프) 장
hříva, *f* (동물의) 갈기; (갈기 같은) 머리털
hřm|ít (*oni hřmí, hřměl*) > **za-** 천둥치다, 우르르 울리다; (마차 등이) 덜커덕거리다
hřmot, *mi-2* (쾅쾅·쟁쟁하는) 시끄러운 소리, 우르르 울리는 소리
hřmotný 1 천둥칠듯한, 우레 같은, 우렁찬, 시끄러운 **2** postavou (인물이) 크고 힘센, 강건한
hub|a, *f* **1** zvířat (동물의) 주둥이, 아가리 **2 (**비속어, 저속어**)** o ústech (사람의) 입, 주둥이 **3 (**속어**)** 건방짐, 뻔뻔스러움 **4** 다변가 **5** -y 험담 ◆ *držet -u* 입닥치다; *drž -u!* 입닥쳐!; ~ *mu jede* 쉴새없이 기껄여대다; *mít mlsnou -u* 달콤한 것을 좋아하다
hubenost, *f-1* 여윔, 마름, 빼빼함, 호리호리함; 수척함,
hubený 1 엷은, 가늘은, 마른, 호리호리한, 수척한 **2** nevydatný 부족한, 옹색한, 빈약한
hubertus, *mi-2* 얼스터 외투((띠가 달린 품 넓은 긴 외투)), 방수(포) 코트
hubička, *f* **1** polibek 입맞춤, 키스 **2** cukroví 머랭(과자)((설탕과 달걀 흰자위로 만든)) **3** hrnku (단지, 항아리의) 주둥이
hubit > vy-, z(a)- 소멸시키다, 박멸하다
hubnout > z- 엷어지다, 가늘어지다; 야위다, 수척해지다
hubovat 1 불평하다, 투덜대다 **2** koho (누구를) 꾸짖다, 나무라다, 질책하다, 욕하다
hučet > za- (*oni hučí*) (바람 따위가) 씽씽 소리를 내다, (물 등이) 졸졸 소리내다; 속삭이다, 졸졸 소리를 내며 흐르다; (기계가) 윙윙거리다; živly (짐승들이) 으르렁거리다; potlačeně (낮은 소리로) 중얼대다, 중얼[웅얼]거리다
hudba, *f* **1** 음악 **2** 오케스트다, 밴드
hudební 음악의, 음악적인 ◆ ~ *automat* 자동 전축((요금을 넣어 희망하는 곡을 들을 수 있는)); ~ *sluch* 음악에 예민한 귀, 음악을 이해하는 귀; ~ *komedie* 뮤지컬, 음악극; ~ *věda* 음악학
hudeb|ník, *ma-3* **-nice,** *f* 음악가; 연주자
hudebnin|a, *f* 음악 작품; -y 음악악보
hudlař, *ma* **1** 아마추어 음악가[연주자] **2** 서투른 직공
huhlat 중얼거리다, 웅얼거리다
hukot, *mi-2* (바람·엔진 등의) 윙윙하는 소리, (기계의) 진동 소리, (바다의) 파도 소리, (귓속의) 윙윙 울리는 소리
hůl, *f* (*hol-*) **1** 막대기, 몽둥이 **2** 지팡이 **3** 목장, 주교장 **4** (스키의) 스틱, (야구의) 배트
hůlka, *f* 막대기, 지팡이; = *hůl*
hulákat > za- 1 고함치다, 소리지르다 **2** (취객·군중 등이) 외치다, 악쓰다
hulvát, *ma* 시골뜨기, 촌놈; pouliční (거리의) 무뢰한, 깡패, 불량배
hulvátství, *n* 난폭, 깡패기질

H

humanismus, *mi-2* 인본주의, 인도주의, 인문주의 휴머니즘
humanita, *f* **1** 인간애, 박애, 자애 **2** 인류
humanitní 인도주의의, 인문주의의
humánní 자비로운, 친절한, 인정이 깊은
humbuk, *mi-2, 3* 협잡, 속임수, 사기
humn|a, *n-pl* 촌락의 뒤뜰 ◆ *my o vlku a vlk za -y* 호랑이도 제말하면 온다; *je to hned za -y* 아주 가까운 거리에 있다
humno, *n* **1** (헛간, 광, 외양간 등의) 타작[탈곡] 마루[마당] **2** (맥주 공장의) 맥아 제조소[저장소]
humor, *mi-2* 유머, 익살, 해학
humorist|a, *ma* **-ka,** *f* 해학가, 익살꾼, 유머 작가
humoristický 익살스러운, 유머러스한, 코믹한, 웃기는
huňatý 털복숭이의, 털이 더부룩한
hurá (감탄사) 만세! ◆ *vítězi třikrát ~* 승리자를 위한 만세 삼창
husa, *f* **1** 거위 **2** (여성에 대해) 멍청한 여자, 바보
husar, *ma* 경기병
husita, *ma(-4)* 후스주의자, 후스파
husitství, *n* 후스주의
huspenina, *f* 삶아서 소금에 절인 돼지 고기
hustota, *f* 밀도, 농도
hustý **1** 빽빽한, 촘촘한, 밀집한, 무성한 **2** (수프가) 걸쭉한
huť, *f* **1** 제철소, 제련소 **2** sklářská 유리 공장
hutnictví, *n* 야금학, 야금술
hutník, *ma-3* 제철공, 제련공
hutnost, *f-1* 농도, 밀도
hutný **1** 견고한, 단단한, 탄탄한 **2** (문장이) 치밀한, 간결한, 힘찬
hvězd|a, *f* **1** 별 **2** 스타 ◆ *filmová ~* 영화 스타; *stát se -ou* 스타덤에 오르다
hvězdárna, *f* 천문 관측소, 전망대
hvězdář, *ma* 천문학자
hvězdářský 천문(학)의
hvězdice, *f* 불가사리; 별 모양을 닮은 것
hvězdicovitý 별모양의, 별 같은
hvězdička, *f* **1** 작은 별 **2** (영화의) 신진 여배우 **3** polygr. (인쇄의) 별표
hvězdnatý 별의, 별빛의, 별이 빛나는, 별이 많은
hvězdný ozářený svitem hvězd 별빛의
hvízd|at > za-, -nout **1** 휘파람을 불다, 휘파람 소리를 내다 **2** (호각, 피리 등을) 불다
hvozd, *mi* **1** 빽빽한 숲 **2** sladovny 맥아[엿기름] 말리는 가마
hyacint, *mi-2* 하이신스
hýbat (se) v. *hnout (se)*
hybný **1** působící pohyb 움직이게 하는, 움직이는 **2** schopný pohybu 이동성[가동성]이 있는, 유동하는 **3** živý 생생한, 살아있는
hýčkat > z- (아이를) 응석받이로 키우다, 귀여워하다, 응석받이로 기르다, 소중히 하다, 지나치게 귀여워하다, 나약하게 기르다, 익애하다
hydrant, *mi-2* 급수전, 소화전
hydraulický 수력[수압]의, 유체의
hydrocentrála, *f* 수력 발전소

hydroplán, *mi-2* 수상 비행기
hyena, *f* 하이에나
hygiena, *f* 위생(법), 위생학
hygienický 위생적인, 위생학의
hygien|ik, *ma-3* **-ička,** *f* 위생학자, 위생 검사관
hymna, *f* **1** 국가 **2** 찬미가, 찬송가 ◆ *státní* ~ (애)국가
hymn|us, *mi-2* 찬송가 ◆ *pět na koho -y* 누구를 칭송하다
hynout > **z(a)-** 멸망하다, 사라져 없어지다, 시들어 죽다, postupně (점차) 쇠미하다, 썩다
hyperbola, *f* 과장, 과장법
hypnotický 최면(술)의
hypnotizér, *ma* **-ka,** *f* 최면사, 최면술사
hypnotizovat 최면술을 걸다, 매혹하다
hypn|óza, *f* **-otismus,** *mi-2* 최면(술), 최면 상태
hypochondr, *ma* 우울증 환자
hypochondrie, *f* 히포콘드리아, 우울[심기]증
hypotéční 담보의, 저당의
hypotéka, *f* 저당, 저당 잡히기, 담보
hypotenze, *f* 저혈압(증)
hypotetický 가설[가정]의
hypotéza, *f* 가설, 가정
hýřil, *ma-2* 방탕자, 난봉꾼
hýřit **1** 방탕한 생활에 빠지다; v pitkách 술을 마시며 떠들다, 흥청망청 하다 **2** ~ barvami 여러색으로[다양한 색으로] 빛을 발하다[번쩍이다]
hysterie, *f* 히스테리, 병적 흥분
hysterka, *f* **(**구어체**)** 신경질적인 여자
hyzdit (*hyžděn*) > **z(o)- 1** 표면[외관]을 손상[마멸]시키다 **2** **(**비유적**)** …의 눈에 거슬리다, 미관을 해치다

H

CH

ch, CH [chá] *n-in* [하] (체코어 알파벳의 자음 글자로서 '크하'의 발음에 가까운 무성음) cha (감탄사) **1** 하, 하하((웃음 소리)) **2** 피, 체 ((경멸, 혐오를 나타냄

chabost, -i, *f-1* 약함, 허약(함)

chabý **1** 연약한, 약한, 미약한, 힘없는 **2** vědomostmi (정신이) 희미한

chalan, *m-1* (방언) 젊은이, **10**대의 소년 소녀

chaloupka, *f* 오막살이, 별장, 오두막집

chalupa, *f* **1** (농촌의) 시골 집, 농가, 별채 **2** (주말용) 별장

chal|upář, *ma* **-upník,** *ma-3* **chalupářka,** *f* 별장 거주자, 농가 주인

chamraď, *f-1***1** = *havěť*, 해수(害獸), 해충, 기생충 **2** 사회의 해충, 악당

chamtivec, *ma* 욕심쟁이

chamtivost, *f-1* 욕심 많음, 탐욕

chamtivý 욕심 많은, 탐욕스러운

chaos, *mi-2* 혼돈, 무질서, 혼란, 카오스

chaotický 혼란스러운, 혼돈스러운, 무질서한

chapad|lo, *n* 《動》《植》 촉수, 더듬이 ◆ *dostat se do čích -el* 누구의 수중에 빠지다

chápat (*cháp-u, -ej, -al*) **1** > **pochopit** 이해하다, 알아채다, 파악하다, 깨닫다 **2** ~> **uchopit** 붙잡다, 움켜쥐다, 움켜잡다; sevřít 꽉 쥐다, 꼭 잡다; popadnout 단단히 쥐다, 부여잡다, (꽉)붙들다 **3** ~ **se** > **chopit se** čeho (무엇을) 잡다[쥐다], 붙들다, 장악하다

chápavý **1** 붙들 수 있는, 잡을 수 있는, 잡기 쉬운 **2** 이해가 빠른, 영리한, 기지에 찬 ◆ *těžko* ~ 아둔한, 어리석은

charakter, *mi-2* **1** povaha 특성, 특질, 특색 **2** 성격, 기질, 개성, 인격 **3** osoba 원칙주의자, 절조있는 사람

charakteristický 특징 있는, 고유한, 독특한, 특징적인

charakteristika, *f* **1** (인물, 사물의) 성격 묘사, 인물 단평 **2** 특징, 특색, 특성

charakterní 신념이 투철한, 절조있는, 정직한

charakternost, *f-1* 주의의 고수, 고상(함), 정직(함)

chasa, *f* **1** 종, 머슴, 하인 **2** = *cháska* 한패, 떼, 일당

chasník, *ma-3* **1** 시골의 젊은이, 시골의 멋쟁이 **2** 풋내기, 애송이 **3** na statku (농장의) 머슴, 일꾼

chata, *f* **1** 오두막, 오막살이 집 **2** turistická (관광용의) 산장, 산막 **3** 주

말 별장
chátra, *f* 하층민, 천민; 대중, 서민
chátrat > z- 1 (건강이) 쇠약해지다, 허약해지다, 낡아지다, 쇠퇴하다 **2** o nějakém zařízení, stavbě (설비나 건물 등이) 상하다, 파손되다 **3** (도덕적으로) 영락(零落)하다, 타락하다
chatrč, *f* 오두막, 판자집
chatrný 1 허물어져가는, 쇠퇴한; 초라한, 빈약한 **2** zdraví apod. (건강 등이) 약한, 무른, 병약한
chcát (*chči-, chcal; nechcat*) **> vychcat se** (비속어) 오줌누다[싸다]
chcíp|at > -nout (저속어) (동물, 사람의 힘이) 다하다, 죽다
chechtat se > za- 깔깔거리다, 크게 웃다; 비웃다
chechtot, *mi* 너털웃음, 큰 웃음
chemick|ý 화학적인 ◆ *-é čištění* 드라이클리닝; *-á čistírna* 세탁소; *~ ochranný prostředek* 살충제
chemie, *f* 화학(작용)
chemi|k, *ma-3* **-čka,** *f* 화학자, 약제사
chemikálie, *f-pl* 화학 약품[제품]
chemonukleární 핵방사[융합]에 의한 화학반응의
chichtat se > za- 킬킬거리다, 키득거리다, = *chechtat se*
Chilan, *ma* **-ka,** *f* 칠레인
Chile, *f* 칠레
chiméra, *f* 키메라((사자의 머리, 염소의 몸, 뱀의 꼬리를 한 불을 뿜는 괴물)), 괴물
chinin, *mi-2* 키니네
chirurg, *ma-2, 3* 외과 의사
chirurgický 외과의, 외과적인; 외과의사의; 외과용의
chirurgie, *f* 수술; 외과(의술)
chlad, *mi-2* **1** 추위, 차가움, 한기, 냉기 **2** 냉정함, 쌀쌀함 ◆ *uchovávat v -u* 차게 유지하다, 찬 곳에 보관하다
chládek, *mi-2* **1** 그늘, 적당히 시원한 곳 **2** (구어체) vězení 감옥, 감방
chladicí 냉각하는, 냉각의
chladič, *mi* 냉장고, motoru (자동차의) 냉각기
chladírna, *f* 냉동 창고, místnost 냉동 보관소
chladit (*chlazen*) **> o-, z-** 차게하다, 서늘하게하다, 식히다; ledem (얼음으로) 냉각시키다, 얼리다; pří strojem (냉장고로) 냉동시키다 **~ se > o-** 얼다, 냉동되다; = *chladnout*
chladivý 냉각하는, 차게하는 ◆ *~ nápoj* 청량 음료
chladnička, *f* 냉장고, přenosná (간이, 휴대용) 아이스박스, 냉각기
chladno[1]**,** *n-2* = *chlad*
chladno[2] (부사) je ~ 춥다; je mi ~ 나는 춥다; dnes je ~ 오늘은 춥다
chladnokrevně 냉혹하게, s rozmyslem 냉정하게
chladnokrevnost, *f-1* 냉혈; 냉정, = nebojácnost
chladnokrevný 냉혈적인, 냉혹한
chladnout > o-, vy-, z- 냉각시키다, 얼리다; 얼다, 냉각되다
chladný (날씨, 태도 등이) 찬, 쌀쌀한, 냉정한; roztřásá 싸늘한, 냉혹한
chlácholit > u- 위로하다, 달래다; 가라앉히다, 진정시키다

CH

chlap, *ma* **1** 남자, 사내 **2** 강건한 남자, 호한, 사나이

chlapec, *ma* 소년, 사내아이, 남아

chlapecký **1** 소년의, 사내아이의 **2** 소년다운; 순진한, 천진난만한

chlapeček, *ma-3* 어린 소년, 남자아이

chlapík, *ma-3* 남자다운 남자, 쾌남아, 호한, 사나이

chlapský 남성의, 남자다운

chlastat (저속어) (술을) 벌컥벌컥 마시다, 많이 마시다, 들이키다

chléb, *mi* **1** bochník 호밀빵, 빵 **2** 양식; 생계, 생계 수단, 직업 ◆ *černý ~* 흑빵; *~ s máslem* 버터 바른 빵; *péci ~* 빵을 굽다; *vydělávat si na (svůj) ~* 생활비를 벌다

chlebárna, *f* (비속어) ústa 입

chlebíček, *mi-2, 3* **1** 빵(조각) **2** obložený 샌드위치, 카나페((작은 정어리, 치즈 따위를 얹은 크래커 또는 빵))

chlebodár|ce, *ma* **-kyně,** *f* 고용주; 주인

chlév, *mi* 외양간, 소 우리, 우사

chlípník, *ma-3* 호색가, 음탕한 남자

chlípnost, *f-1* 음란, 호색

chlípný 음란한, 호색적인, 색욕을 자극하는

chlívek, *mi-2, 3* (돼지, 염소, 거위 등의) 우리

chlopeň, *f* **1** (봉투의) 접어 젖힌 부분 **2** klopa 옷깃 **3** anat. (피부의) 조직판

chlór, *mi-2* 염소, 클로르

chlouba, *f* **1** 자랑, 긍지 **2** (사람, 사물 등의) 자랑거리

chloupek, *mi-2, 3* 가는 (머리)털 ◆ *o ~* 근소한 차로, 하마터면

chlubit se > po- 자랑하다, 뽐내다, 과시하다

chlup, *mi-2* **1** 털, 머리카락 **2** koberce (카펫의) 보풀, látky (나사의) 보풀 **3** 솜털, 깃털 **4** (식물의 외피에 생기는) 모상체 **5** vada 흠, 흠결 ◆ *vidět v čem -y* 무엇의 흠을 찾다; *na ~* 정확히

chlupáč, *ma* 털보, 털복숭이

chlupatý 머리털이 많은, 털투성이의, 텁수룩한, 털복숭이의 ◆ *mít ~ jazyk* 단것을 좋아하다

chmel, *mi(-1, 2)* 홉((맥주의 원료)), jeho šištice 홉 열매 ◆ *sbírat ~* 홉(열매)을 따다

chmelnice, *f* 홉 재배농원, 홉 밭

chmurný 어둑어둑한, 우울한, 음울한, 음침한

chmuřit se > za- 어둑어둑해지다; 우울해지다

chmýří, *n* 부드러운 털, 솜털; 새 깃털, 관모

chňap|at (*chňap-u|-ám, chňap!|chňapej!, chňapal*) **> -nout** co, po čem (무엇을) 잡아채다, 홱잡다, 물어채다

chobot, *mi* **1** savců (포유 동물의) 코; hmyzu (곤충의) 주둥이 **2** výběžek (암벽, 바위 등이) 쑥 나온 곳; (산의) 지맥; (하천 등의) 지류

chobotnice, *f* 낙지; 팔각복의 동물

chod, *mi-2* **1** chůze 걸음(걸이) **2** (기계의) 작동, 운행, 운전 **3** pohyb 진행, 과정, 노정 **4** jídla (음식의) 코스, (일품) 요리 ◆ *být v -u* 진행중이다

chodba, *f* 복도, spojovací (연결) 통로, 홀

chodbička, *f* vagónu (기차에서의) 통로

chod|ec, *ma* **-kyně,** *f* 보행자, 도보자

chodidlo, *n* 발바닥; 신발 바닥

chodit (*chození*) **1** sem tam (이리저리) 걷다; 다니다 **2** s kým (누구와) 사귀다, 친구가 되다; za kým (누구의 뒤를) 밟다; o zamilovaných 구애하다 **3** v čem (무엇을) 입다, 신다 **4** pravidelně se účastnit (규칙적으로 … 에) 참석하다, 출석하다

chodník, *mi-2, 3* 보도, 인도

chochol, *mi-2* **1** (모자, 투구 등의 앞에 꽂은) 깃털, 깃털 장식 **2** ptačí (새의) 볏, 관모

cholera, *f* 콜레라

chomout, *mi-2* **1** 목에 대는 마구 **2** (비유) 멍에, 구속

chopit se v. *chápat se*

chór, *mi-2* 합창단, 성가대

choroba, *f* 병, 질병, 질환, 장애

chorobný **1** 병에 걸린, 병든 **2** vzhled (얼굴이) 창백한, 핼쑥한 **3** souvisíci s chorobou 병의, 병에 관한

choroboplodný 병을 일으키는; 전염성의, 전염병의

choromysný 제정신이 아닌, 미친, 정신질환에 걸린

Chorvat, *ma* **-ka,** *f* 크로아티아 사람

Chorvatsko, *n* 크로아티아

chorvatský 크로아티아의, 크로아티아인의, 크로아티아어의

chorý chorobný 병든, 아픈, 병약한, 허약한; duševně (정신적으로) 병든, 제정신이 아닌

choť, *ma,f-1* 남편/부인, 배우자

choulit se (*chouli, chul se!*) > **se-** 몸을 구부리다, 웅크리다; k sobě (서로 서로에게 함께) 몸을 움츠리다

choulostivost, *f-1* 섬세함, 정밀함, 미묘함, 교묘함

choulostivý **1** (사람이) 섬세한, 민감한 **2** (유리 등이) 망가지기 쉬운 **3** (질문 등이) 다루기 힘든, 교묘한

choutka, *f* **1** 취향, 기호 **2** 편애; 변덕 **3** nezřízená (제어할 수 없는) 욕정; (강렬한) 욕망

chov, *mi-2* 양육, 사육

chov|anec, *ma* **-anka,** *f* 피후견인, 피보호자, 원생

chovat **1** v úkrytu (은신처에) 보호하다, 숨기다, 감추다 **2** s náklonností (기호로써) 마음에 품다, 소중히 하다; s láskou (사랑으로써) 귀여워하다; s neláskou (악의 따위를) 품다, 지니다 **3** pečovat o co (무엇을) 돌보다, 보살피다; zvířata (동물을) 기르다, 양육하다 dobytek (가축을) 사육하다 **4** obsahovat (속에) 담고있다, (안에) 지니다 ◆ *úctu* 존중하다, 존경하다 ~ > **po-** v náručí (품에 안고) 젖을 먹이다◆ bude ~ 임신중이다 ~ **se** > **za-** jak (어떻게) 행동하다; charakterově (특징적으로) 행동하다, 처신하다

chování, *n* 태도, 행실, 품행 ◆ *kamarádské* ~ 우호적인 행동; *špatné* ~ 나쁜 행실

chovatel, *ma-1, 4* **-ka,** *f* 애호가, 사육자, 사육가; 재배자, 애호가

chrám, *mi* 신전, 사원, 예배당;

křesťanský (그리스도교의) 대성당, 대교회당, středověký u kláštera (주로 영국의 중세) 수도원 성당

chráněn|ec, *ma* **-ka,** *f* 피보호자, 피후견인

chránit (*chraň!*) **1** co, koho … před/proti/od (무엇/누구를 …로 부터) 지키다, 보호하다, 수호하다, 방어하다 **2** předem zajišťovat (사전에) 예방하다, 막다 **3** útočištěm 숨겨주다 **4** snažit se uchovat (i zvěř) (동물 등을) 지키다, 보존하다 ~ **se** před čím (무엇으로부터) 자신을 지키다, 보호하다, 호위하다 **2** čeho (무엇을) 삼가다, 참다, 억제하다

chrápat (*chráp-u, chrápej!, chrápal*) > **za-** 고를 골다

chraplavý 목쉰, 쉰 목소리의

chrapot, *mi-2* 쉰 목소리

chraptět (*chraptí*) 쉰 목소리로 내다

chraptivý 쉰 목소리의

chrastí, *n* 화목용 마른가지, 꺾어낸 가지, z lesa (숲에서) 베어낸 작은 나뭇 가지

chrastit > **za-** (입, 종이, 가지가) 바스락거리다, 바삭바삭 소리나다; kovově (금속성으로) 덜컥덜컥 소리나다, 딸그락 딸그락 소리나다

chrčet (*oni chrčí*) > **za-** (숨쉴 때) 목을 글그렁거리다, (천식 따위로) 씨근거리다

chrchel, *mi(-1)* 가래, 가래침

chrchlat 1 기침을 하다; vyplivovat 기침하여 가래를 내뱉다 **2** 에헴하다, 헛기침하다

chrlič, *mi* 주둥이, 관, 홈통; stav. (건축의) (고딕건축에서) 괴물꼴 홈통주둥이, 이무기돌, 괴물상

chrli|t > **vy-** (불, 연기, 재 등을) 내뿜다, 분출하다; soptit 내뱉다, 토하다

chrobák, *ma-3* 쇠똥구리, 말똥 풍뎅이

chrochtat > **za-** 꿀꿀거리다, 투덜대다

chróm, *mi-2* **-ový** 크롬, 크로뮴((금속원소; 기호 Cr; 번호 **24**))

chromovat > **po-** 크롬 도금을 하다

chromý 절뚝거리는, 절름발이의, bezvládný 불구의

chronický 만성의, 장기간에 걸친, 고질적인

chroptět (*oni chroptí*) > **za-** 씨근거리다, 헐떡이다; (임종하는 사람이) 가르랑 소리를 내다

chroust, *ma* 풍뎅이의 일종

chroustat 오독오독 깨물다, 아삭아삭 씹다

chrout se > **za-** do čeho (무엇 속으로) 파고들다, 기어들다; 굴을 파다

chrpa, *f* 수레국화; 선옹초

chrt, *ma* 그레이하운드((잘 달리는 사냥개))

chrup, *mi-2* 이, 치아 ◆ *umělý ~* 틀니, 의치

chrupavka, *f* 연골, 물렁뼈

chryzantéma, *f* 국화; 국화속

chřadnout > **z-** 시들다, trápením (고통으로) 수척해지다, 파리해지다

chřest, *mi-2* 아스파라거스

chřestit > **za-** 덜컥덜컥 소리나다, kovově (금속성으로) 찰가닥찰가닥

CH

[딸그락 딸그락] 소리나다
chřestýš, *ma* 방울뱀
chřipka, *f* 인플루엔자, 유행성 감기
chřtán, *mi(-2)* 목구멍, 인후 ◆ *do -u* 목구멍 속으로
chtěný 의도된, 의도적인, 인위적인, 부자연스러운
chtít (*chc-i, -eš ... chtějí|chtí, chtěj!, chtěl*) **1** 원하다, 바라다 ◆ *chtěl bych* 나는 …하기를 원한다 **2** co (무엇을) 갖고 싶어하다 **3** co od koho, na kom, po kom (누구로부터 무엇을) 청하다, 부탁하다 **4** mít v úmyslu, být ochoten (동사의 부정사를 동반하여) …을 하려고 하다, 하고 싶어하다 ◆ *chtě(j) nechtě(j)* 싫든 좋든, 막무가내로; *co čert nechtěl* 운수좋게도; *~ mermomocí* …을 고집하다, 주장하다 **~ se** někomu *se chce* > *zachce* (누가) …하고 싶다 ◆ *chce se mi zpívat* 나는 노래 부르고 싶다; *chce se mi spát* 나는 자고싶다, 나는 졸음이 온다
chtivost, *f-1* 갈망, 열망, 탐욕; (성적인) 육욕, 색욕
chtivý 1 욕심 많은, 탐욕스러운 **2** chtějící dosáhnout 열망하는, 갈망하는
chudáč|ek, *ma-3* **1** 가난한 사람, 가난뱅이, 거지, 빈민 **2** 불쌍한 사람, 불행자
chud|ák, *ma-3* **-ačka,** *f* **1** 가난뱅이, 거지 **2** 불쌍한 사람, 불행자
chudičký (거지처럼) 가난한, 빈곤한, 곤궁한
chudina, *f* (집합적) 가난한 자, 빈민(들), 빈곤층
chudinka, *ma, f = chudáček*
chudnout > z- 1 가난해지다, 곤궁해지다 **2** 홀쭉해지다, 체중이 줄다
chudoba, *f* 가난, 빈곤, 궁핍
chudokrevný 빈혈의
chudý 1 가난한, 빈곤한; 초라한, 빈약한, 메마른 **2** na co (무엇에 있어서) nemající 부족한, 불충분한, nepřiměřený 모자라는
chuchvalec, *mi* 덩어리, 뭉치; (머리카락의) 엉킨 것, 다발; (피의) 엉긴 덩어리; 자욱한 연기[먼지 따위], 연무
chuligán, *ma* 무뢰한(無賴漢), 불량소년, 건달, 난동자
chumáč, *mi* **1** = *chuchvalec* **2** dýmu, vlny apod. (연기, 파도 따위의) 무리, 떼; vlasů, travin (머리칼, 풀 따위의) 술, 타래; slámy apod. (볏짚 따위의) 작은 단, 다발; houští apod. (덤불 등의) 뭉치
chumelenice, *f* **1** 눈보라 **2** lidí (사람들의) 인파
chumel|it se > za- 눈보라 치다 ◆ *-í se* 눈보라가 치고 있다
chundelatý 털이 많은, 덥수룩한
churavět (*-vějí*) 병들다, 아프다; na co, čím (무엇을) 앓다, 고통 겪다
churavost, *f-1* 병약, 허약; (두통, 감기 따위) 가벼운 병
churavý 병약한, 허약한
chu|ť, *f-1* **1** něčeho (어떤 것의) 맛, charakteristická (독특한) 맛, ostrá (강한) 풍미, 향미 **2** záliba 기호, 취미 **3** silné chtění 비상한 흥미, 강한 욕구; až živočišné 충동 **4** chuť k jídlu 식욕 ◆ *být komu po -ti* 누구의 취향이다, 취향에 맞다; *být při -ti* 식욕[의욕]을 갖다; *dělat komu -tě* 누구로 하여금 군

CH

침을 흘리게하다, 욕심을 일으키게 하다

chutnat 1 jak (어떤) 맛이 나다, 향내가 나다, 맛이 있다 **2 > o-** 맛보다, 시식하다; zálibně 맛있게 먹다, 상미(上味)하다 **3 > za-** 입[취미]에 맞다, 풍미가 나다 ~ **si > po-** 맛을 즐기다, 맛있게 먹다

chutný 맛있는, 맛좋은, 입에 맞는; pikantní 풍미 있는, 맵싸한

chuťový 미각의, 맛의

chůva, *f* 유모, 아이 보는 여자

chůze, *f* **1** 걸음, 걷기 **2** 걷는 모양, 걸음걸이

chvál|a, *f* 칭찬, okázalá 칭송, 찬사 ◆ ~ *bohu* 아 고마워라!; *vzdát komu -u* 누구를 칭찬[칭송]하다

chválit (*chval!*) **> po-** 칭찬하다, uvážlivě 칭송하다; oslavovat 찬미하다, 찬송하다; vynášet 찬양하다 ◆ *nechval dne před večerem* 안심할 수 있을 때까지는 기뻐 날뛰지 마라 ~ **si** (누구를) 칭찬하다, 치켜세우다; …에 만족하다

chvalitebný = *chvályhodný*, 명성이 있는, 유명한

chvalný 칭찬[상찬]할 만한, 장한, 기특한

chvalořeč, *f-1* 찬사, 칭찬, 송덕문(頌德文)

chvalozpěv, *mi-2* **1** 찬사, 칭송 **2** 찬미가, 송가

chvályhodný 칭찬할 만한, 기특한, 갸륵한

chvástat se čím (무엇을) 자랑하다, 과시하다, 허풍떨다, 뽐내다

chvat, *mi-2* 서두름, 허둥댐, 허둥대기

chvátat 1 서두르다, 허둥대다 **2** na co (무엇을) 쫴치다, 재촉하다, 촉구하다 **3** s čím (무엇을) 신속히 처리하다, 급송하다

chvatný 1 서두르는, 허둥대는 **2** zběžný 마구잡이의, 조잡한

chvět se (*chvě-*) **> za- 1** houpavě (흔들흔들) 움직이다, 흔들리다 **2** o něčem zavěšeném (뭔가 매달린 것이) 진동하다, 요동하다; v otřesech (지진 따위로) 흔들리다, 떨리다 **3** třást (공포, 추위로) 떨다, 흔들다 **4** nedostatkem stability (불안정하게) 흔들리다, 동요하다 **5** silným citem (흥분으로) 전율하다; hrůzou, odporem (공포, 역겨움으로) 몸서리[진저리] 치다 ~ **se** o koho (누구를) 몹시 걱정하다[염려하다]

chvíl|e, *f* **1** (짧은) 시간, 잠깐 동안, 일정 기간 **2** 틈, 여가, 짬 ◆ *dlouhá* ~ 지루함; *mám dlouhou -i* (나는) 지루하다, 따분하다; *každou -i* 언제라도, 당장에라도; *na -i* 잠시 동안; *za -i* 잠시 후에

chvilka, *f* (아주) 짧은 시간, 순간, 찰나

chvilkový 1 통과하는, 일시적인, 임시적인; 순간적인; vracející se 간헐적인 **2** vrtošivý 변덕스러운, 변하기 쉬운 **3** vrtkavý 잘 변하는, 일정치 않은

chvost, *mi* 꼬리 ◆ *lišči* ~ 여우 꼬리; ~ *komety* 혜성의 꼬리; *vrtět -em* 꼬리를 흔들다

chyb|a, *f* **1** 실수, závažná (대)실책, zaviněná 과실, omyl 잘못, 과오, 오류

CH

2 závada 결함, kaz 흠 **3** sport. (스포츠의) 파울, 반칙 **4** výpoč. tech. (컴퓨터의) 버그((프로그램 작성시에 뜻하지 않는 잘못)) ◆ ~ *lávky* 당치도 않아! 그건 안돼!; ~ *tisku* 정오(正誤)표; *vychytat -y* 잘못[결함]을 찾아 고치다

chyb|ět (*chybějí*) **1** 모자라다, 부족하다, 없다, 빠지다 **2** 결석하다, 부재하다 **3** …가 없어서 허전하다 ◆ *co ti -í?* 무슨 일 있니?; *někomu něco -i* 누구에게 뭔가가 부족하다[모자라다]; *to nám (ještě) -ělo!* 그것이 한계야!, 그것으로 전부야!

chybička, *f* **1** 가벼운 실수 **2** slabost 흠, 약점

chyb|it < **-ovat 1** 실수[과오]를 범하다, 실수하다; závažně (크게) 잘못하다 **2** sejít z cesty 길을 잃다, 헤매다 ~ **se** čeho (무엇을) 놓치다, 빗 맞히다

chybný 잘못된, 틀린, mylný 오류의; nedokonalý 불완전한, 결함이 있는

chýlit (se) (*chyl!*) > **s-** 기울이다, 기울다; shrbeně 숙이다, 굽히다; nechat viset 늘어뜨리다; **(-se)** 막바지에 이르다

chystat (se) > na-, při-, s-, u- 준비하다, 채비하다; ~ **se** zamýšlet …하려 하다, …할 태세[각오]를 갖추다; někam (어딘가로) 향하다, 출발하다, 나아가다; ~ **se** = *být připravován,* …의 준비를 갖추다

chýše, *f* 오두막집, 판잣집

chyt|it (*chycen*) **(po-/s-,chytat)** < **-at 1** 잡다, 붙잡다; násilím (강제로) 꽉 쥐다, 붙들다; 체포하다 **2** kořist (사냥감을) 포획하다, (물고기를) 낚다, 잡다; do tenat (덫, 함정에) 걸리게 하다, 빠뜨리다; do pasti (올가미, 함정에) 빠뜨리다; do sítě 그물로 잡다 **3** popadnout …을 장악하다, 붙들다 **4** postihnout 침범하다, 공격하다, (병이) 덮치다 **5** stihnout 따라잡다, 만회하다 **6** přijímačem (수화기를) 집어들다 **7** uchvátit koho (누구의) 마음을 사로잡다; (폭풍이) 갑자기 덮쳐오다 **8** vznítit se 불이 붙다[댕기다]; (열정으로) 불타오르다 ◆ ~ *dech* (놀라움 따위로) 숨을 죽이다, 숨을 내쉬다; ~ *koho za ruku* 누구의 손을 잡다[붙들다], ~ *koho za slovo* (누구의) 말을 그대로 믿다 ~ **se** < **-at se 1** uváznout 잡히다, 붙들리다; přilnutím 기대다, 매달리다 **2** čeho, za co (무엇을) 붙들다, 붙잡다 **3** ujmout se 뿌리를 내리다, 정착하다 **4** nechat se zlákat 덫에 걸리다, 붙잡히다 **5** mezi sebou, pohádat se s kým (누구와) 다투다, 불화하다 ◆ *-it se za hlavu* 머리를 꽉 잡다; *-it se za nos* (냄새 때문에) 코를 쥐다[막다], 재고해서 그만두다, 다시 생각하다; *-it se toho* (*využít to*) 그것을 시작하다, 착수하다; 그것을 십분 활용하다

chytrácký 교활한, 간사한, 약은

chytráctví, *n* 속임수, 농간

chytr|ák, *ma-3* **-ačka,** *f* 교활한 사람, 여우 같은 사람

chytrost, *f-1* **1** 영리(함), 명석(함), 총명(함) **2** 교활(함), 약삭빠름

chytr|ý 1 영리한, 명석한, 똑똑한; dovede se prosadit 재빠른, 민첩한; plný vědomostí 기민한, 빈틈없는 **2** důmyslný 약삭빠른, 교활한, 약은 **3**

vynalézavý 재간 있는, 교묘한 ◆ *z toho nejsem ~* 나는 그것을 전혀 이해할 수 없다; *hrát si na -ého* 모든 것을 아는 것처럼 행세하다

chytře 영리하게, 민첩하게, 기민하게

I

i[1], **I** [í] *n-in* **1** [이] 체코어 알파벳의 모음 글자

i[2] **(접속사) 1** …와, 그리고 **2** *i... i...* …도 …도 **3** také 또한, 역시; dokonce, třebas …조차 **4** *i když/kdyby...* 비록 …할지라도 ◆ *ano/ba i* …조차도; *i hleďme!* 아니, 저런, 어머, však 저, 글쎄!; *i toto, i kdepak* 조금도 …하지 않는, 전혀 …이지 않은; *nejen…, ale/nýbrž i* …뿐만 아니라 …도 또한

Iber, *ma* **-ka,** *f* 이베리아 사람

iberština, *f* 이베리아어

ibišek, *mi-2* 무궁화과의 식물; 접시꽃; 양아욱

IČO, *n* (회사 또는 조직의) 등록 번호

idea, *f* 생각, 관념, 개념, 사상, 이데아

ideál, *mi-2* **1** 이상 **2** 꿈, 희망

idealismus, *mi-2* 이상주의, 관념론

idealist|a, *ma-4* **-ka,** *f* 이상가, 이상주의자, 관념론자, 관념주의자

idealistický 이상주의(적)인, 관념론(적)인

ideální 1 dokonalý 이상적인, 최상의; 완벽한, 완전한 **2** pomyslný, založený na fantazii, utopický 상상의, 가공의, 유토피아의 **3** nadšený 이상주의에 도취된; 사욕이 없는, 자기 헌신적인 ◆ *~ manželka* 이상적인 부인, 현모양처(賢母良妻); *~ spravedlnost* 시적 정의(詩的正義)((시나 소설 속의 권선징악, 인과 응보의 사상))

identický 동일한, 일치하는, 똑같은, 동등한

identifikace, *f* **1** 동일함, 동일함의 증명[확인, 감정] **2** 신분 증명, 신원 확인; (동일함을) 증명하는 것, 신분증 ◆ *genetická ~* (유전상의) 지문감식; *~ pomocí DNA* 유전자의 감식; *~ mrtvých* 시체의 확인

identifikační 동일함을 증명하는; 신원 확인의 ◆ *~ průkaz* 신분 증명서, 신원 확인서

identifikovat 확인하다; se s čím (= *ztotožnit*) (무엇과) 동일시하다 ◆ *~ mrtvolu* 시체를 확인하다; *~ se s čím názorem* 누구의 견해와 일치하다

identit|a, *f* 동일성, 일치, 동일함 ◆ *prokázat svou -u* 스스로를 증명하다

ideolog, *ma-2, 3* **1** 특정 이데올로기 창도자[옹호자] **2** 이론가, 공론가

ideologický 1 이데올로기의, 이념적인 **2** 관념 형태의, 관념학의

ideologie, *f* **1** 이데올로기, 이념 **2** 관념학

idiom, [-dy-] *mi-2* 관용어, 관용적 표현

idiomatický, [-dy-ty-] 관용적인

idiot, *ma* **1** 천치, 바보, 얼간이 **2** (지

능 지수 25이하의) 백치
idiotský 백치의, 바보 같은
idyla, *f* **1** 전원 생활, 전원 풍경 **2** 전원시, 목가
idylik, *ma* 전원 시인, 목가 작가
idylizovat 목가풍으로 하다
igelit, *mi-2* 비닐(PVC), 플라스틱
igelitka, *f* 비닐 봉지
igelitový 비닐의, 플라스틱의 ◆ *~ sáček* 비닐 봉지
iglú, *n-in* 이글루((에스키모의 집; 주로 눈덩이로 만듦)); (바다표범의) 공기 구멍; 《軍》 탄약 저장소; (음식, 전시물을 덮는) 플라스틱제의 윗부분이 둥근 덮개; 《항공》 이글루((항공 수송 용의 반타원형 컨테이너))
ignorance, *f* 무지, 무식; 모름
ignorant, *ma* **-ka,** *f* 무지한 사람, 무식한 사람, 무식자
ignorovat koho (누구를) 무시하다, 모르는 체하다, 묵살하다, 얕보다, 깔보다
ihned = *hned*
ikona, *f* **1** (회화, 조각의) 상, 초상; (그리스 정교의 예수, 성인 등의) 성화상, 성상(聖像); 우상; 유사(적) 기호 **2** 《컴퓨터》 아이콘
ikstý 몇 번째인지 모를 만큼의 ◆ *po-é* 몇 번째인지 모를 만큼(으로)
ilegální 불법[위법]의, 비합법적인, 법으로 금지된 ◆ *provozovat ~ obchod* 불법 상행위를 하다
ilegitimnost, *f* 불법, 위법; 사생(私生), 서출(庶出); 부조리, 불합리; 파격(어법)
iluminace, *f* **1** 조명 **2** 색 장식
iluminovat **1** 조명하다, 밝게하다, 밝히다 **2** 계발(啓發)하다, 계몽하다 **3** 영광[명성]을 주다, 광채를 더하다
ilustrace, *f* **1** 삽화, 도해; 실례, 예증 **2** 설명, 해설 ◆ *knižní ~* 책의 삽화
ilustrovat **1** 삽화를 넣다 **2** uvést příklad 예증하다
iluze, *f* 환상, 환각, 환영, 망상 ◆ *ztratit ~* 환상이 깨지다
iluzorní 가공의, 실체가 없는, 상상의
imaginace, *f* **1** 상상, 창작력, 구상력 **2** 임기 응변의 지혜, 기략, 기지(機智) **3** 상상[공상]의 산물, 심상; 공상, 망상
imago, *n* **1** (곤충의) 성충(成蟲) **2** 《정신의학》 심상((어릴 적의 사랑의 대상이 이상화된 것))
imatrikulace, *f* 입학, 입학식, 대학 입학 허가 ◆ *slavnostní ~* 입학식
imatrikulovat (se) >< = *registrovat, zapsat* 등록하다, 입학하다
imbecil, *ma-2* 저능자; 《심리학》 치우(痴愚)((idiot와 moron의 중간 지능 정도; IQ 25-50)); 바보, 천치; 멍텅구리, 얼간이
imerze, *f* **1** 잠금, 몰입, 침수; 《교회》 침례 **2** 《천문학》 잠입(潛入) **3** 열중, 몰두
imigrace, *f* 이주, 이입, 입국; (공항 항구 등에서의) (출)입국 관리, 입국 심사
immigrant, *ma* **-ka,** *f* 이민(자), 이주자
imise, *f* (공기)오염, 환경 파괴, 공해; 오염 물질

I

imitace, *f* **1** 모방, 모사, 모조 **2** 모조품, 가짜, 위조품

imitovat **1** 모방하다, 묘사하다, …와 비슷하게 하다 **2** koho(누구를) napodobovat 흉내내다 **3** zesměšňovat 희화화하다, 우습게 하다

impedance, *f* 임피던스((교류 회로에서의 전압과 전류의 비(比)))

imperativ, *mi-2* **1** (언어학의) 명령(법) **2** (도덕적, 정언적) 명령

imperfektum, *n* **(문법)** 불완료상 동사

imperialismus, *mi-2* 제국주의

imperialista, *ma(-4)* 제국주의자

imperialistický 제국주의(자)의

impérium, *n* **1** 제국(帝國) **2** (제왕의) 통치(권), 제정(帝政); 절대 지배권

implikace, *f* **1** (뜻의) 내포, 함축, 암시 **2** 연루, 연좌, 관계, 관련 **3** 얽힘, 엉킴

imploze, *f* 안쪽으로의 파열; 《음성》 (폐쇄음의) 내파(內破); 《정신의학 내적 파쇄 요법((공포증 치료법))

I

import, *mi-2* **1** 수입 **2** 수입품 **3** 《컴퓨터》 가져오기

impotence, *f* **1** 무능, 무기력 **2** 성적 무능력, 발기 부전

impresário, *ma-2* (가극.음악회 등의) 흥행주(主), (가극단.악단 등의) 감독; 지휘자

impulz, *mi-2* **1** 추진(력); 충격; 자극 **2** (마음의) 충동, 일시적 충격 **3** (전기) 충격 전파, 임펄스; 《역학》 격력(擊力); 충격량 (힘과 시간의 곱); 《생리》 충동

Ind, *ma* 인도인 **-ka,** *f* 인도 사람

Indián, *ma* **-ka,** *f* (아메리카) 인디언

Indický [-dy] 인도의

Indie, *f* [-dy] 인도

indigo, *n-2* [-dy] 쪽(물감); 남색; 《化》 인디고; 《식물》 쪽

indikovat [-dy] **1** 가리키다, 지적하다, 보이다 **2** 표시하다, 지시하다 **3** (몸짓 따위로) 암시하다; 간단히 말[진술]하다 **4** 《醫》 (징후 따위가) 어떤 가료의 필요를 보이다

Indočína, *f* 인도 차이나

Indonesie, *f* 인도네시아

inertní, **1** (육체적, 정신적으로) 활발하지 못한, 생기가 없는, 둔한, 완만한; 활동력이 없는, 자력으로는 움직이지 못하는; 반발력이 없는 **2** (화학) 비활성의

infekce, *f* **1** 전염, 감염((특히 공기, 물에 의한 것을 말함)); (상처로의) 병원균의 침입 **2** 전염병, 감염증 **3** 나쁜 감화[영향] **4** 《국제법》 적성(敵性) 감염

infekční **1** (접촉) 전염성의; 만연하는, 전파하는 **2** (사람이) 전염병을 가지고 있는, 보균자인 **3** 옮기 쉬운

infikovat 병균이 침투하다, 감염시키다, 전염시키다

inflace *f* **1** 부풀림; 부풂, 팽창 **2** 통화 팽창, 인플레(이션); (물가.주가 등의) 폭등; 물가 상승률 **3** 자만심; 과장.

inflační 인플레(이션)의, 물가 팽창의

informace, *f* **1** 정보, 보고, 지식 **2** 안내소, 상담소

informační 정보를 제공하는, 정보

의; 안내의 ◆ ~ *služba* (약어) 정보 서비스; *Bezpečnostní informační služba*((약어 *BIS*)) 안전 정보 국

informatika, *f* 정보 과학, 정보학

informativní 정보를 주는; 유익한, 교육적인

informátor, *ma* **-ka,** *f* **1** 정보 제공자, 통지자; 밀고자 **2** zaměstnanec 공보관 **3** (호텔 등의) 안내원, 접수계

informování, *n* 통보, 보도, 보고, 통지

informovanost, *f* 의식, 자각; 알아채고 있음, 앎; 주의, 경계

informovaný 잘 아는, 정통한, 환한, 사정에 밝은

informovat >< koho o co (누구에게 무엇을) veřejnou formou (공공의 형식을 통해) 알리다, 통지하다, 정보를 제공하다; instruovat 안내하다 **~ se** 정보를 얻다; (진상, 사실을) 알다, 확인하다

infračerven|ý 적외선의, 적외부의 ◆ *-é záření* 적외선 방사[복사]

infrazvuk, *mi-2, 3* 《物》 (가청이하의) 초저주파

infúze, *f* 《醫》 주입(제), 점적(제)

ing. = *inženýr* 엔지니어

ingot, *mi-2* (야금) 잉곳, (금속의) 주괴(鑄塊); (특히) 금은괴

ingredience, *f* **1** (혼합물의) 성분, 합성분; 원료; (요리의) 재료 **2** 구성 요소, 요인

inhalace, *f* 흡입; 흡입제

inhalátor, *mi-2* 흡입기

inhalovat 1 (공기 따위를) 빨아들이다, 흡입하다 **2** (담배 연기를) 빨다, 허파까지 들이마시다

inhibice, *f* 금지, 금제(禁制); 《심리학》 금지, 억제

iniciativa, *f* **1** 시작, 주도, 기선; 창의; 발의 **2** 주도권, 솔선권

iniciativní 1 처음의, 발단의 **2** 주도적인, 진취적인 **3** podnětný 고무하는, 격려하는

iniciativnost, *f-1* 선도[주도]성, 진취적인 정신; 기업심, 모험심

iniciátor, *ma* **-ka,** *f* 개시자, 창시자, 발기인, 기폭제

injekce, *f* 주입, 주사(액); 《宇宙》 투입; 《機 · 空》 분사

injekční 주사의, 주사용의 ◆ ~ *stříkačka* 주사기, 주입기; ~ *jehla* 주사바늘

inkaso, *n-2* 수금, 징세, 모금; 고지서

inkasovat >< **(> vy-, z-)** 수금하다, …의 대금을 징수하다

inklinace, *f* **1** 기울기, 기욺; (고개를) 숙임, 끄떡임, 인사 **2** 구배, 경사, 물매; 사면(斜面) **3** 경향, 성향, 성벽, 체질 **4** 좋아함, 기호, 의향, 기분 **5** 《數》 경각(傾角), 경사도, 내려본 각

inklinovat k čemu (무엇으로) 기울어지다, 마음이 쏠리다, 경향이 있다

inkoust, *mi-2* 잉크, 먹물

inkubace, *f* **1** 알을 품음, 부화(孵化) **2** 숙려, 심사 숙고; 계획, 의도 **3** 《醫》 (병균의) 잠복; 잠복기

inkubovat 1 (알을) 품다, 까다, 부화하다 **2** (세균 따위를) 배양하다 **3** 꾀하다, (계획 따위를) 숙고하다, 생각해 내다 **4** (조산아 등을) 보육기에 넣어 기르다

inkubátor, *mi* 인큐베이터

I

inkvizice, *f* (엄격한) 조사; 심문, 심리

inovace, *f* 혁신, 쇄신

inovační 혁신적인, 쇄신[혁신]의

inscenace, *f* 각색, 상연; nastudování 제작, 연출

inscenovat 상연하다, 연출하다, 각색하다, 극화하다

inseminace, *f* 《生》 (인공)수정(受精)

inspekce, *f* 정밀 검사, 검열, 시찰, 감찰

inspektor, *ma* **-ka,** *f* 검사관, 검열관, 감찰관

inspektorát, *mi* 감찰소, 감호소, 감독 기관

inspicient, *ma* **-ka,** *f* 무대 감독

inspirace, *f* 영감(靈感), 영감(靈感)에 의한 착상(着想)

inspirativní 영감을 주는

inspirátor, *ma* **-ka,** *f* 고무자(鼓舞者), 격려자

inspirovat **1** (사상, 감정 등을) 일어나게 하다, 불러 일으키다, 느끼게 하다, 고취하다 **2** 고무(鼓舞)[격려]하다

instalace, *f* **1** 설치, 설비, 시설 **2** instalatérská 조립

instalatér, *ma* (수도, 가스등의) 배관공, 연관공; plynovodu 가스공; 가스 기구 설비업자

instalovat >< 장치하다, 설비하다, 설립하다, elektřinu (전기를) 설치하다, zavést 시설; zařídit podnik (회사를) 설립하다, 확립하다

instance, *f*(소관, 해당) 관청

instinkt, *mi-2* 본능, 직관, 육감, 직감

instinktivní 본능적인, 직관적인; 무의식적인, 반사적인

instituce, *f* (학술, 사회적)회, 학회; 연구소; (공공)기관

institut, *mi-2* 연구소; (대학교의) 학부, 학과; (학술, 미술 등의) 협회

instrukce, *f* **1** 지도, 가르침 **2** 지침, 사용법, 사용 설명서 **3** 지시, 명령

instruktáž, *f* **1** 요약 보고, 상황 설명, 브리핑 **2** politická (정치적인) 연수 교육

instruktivní 교육적인, 교훈적인, 계몽적인

instruktor, *ma* **-ka,** *f* 교사, 강사; 《스포츠 · 軍》 코치, 교관; domácí 가정 교사

instruovat >< 가르치다, 지도하다

Inšpruk, *m* 인스부르크((오스트리아의 도시))

integrální **1** 완전한, 전체의, 총체의 **2** 《수학》 정수의, 적분의

integrita, *f* 완전, 무결, 보전

integrovaný 통합된, 완전한

integrovat 합치다, 통합하다, 통폐합하다

intelekt, *mi-2* 이성, 지성, 사유력, 지력, 지능

intelektuál, *ma-2* 지식인, 식자

intelektuální **1** 지적인, 지력의, 지능적인, 총명한 **2** 학자 티를 내는, 지식인 체 하는

intelektuálský v. *intelektuální*

inteligence, *f* **1** 지능, 지성; 이해력, 사고력; 지혜, 총명 **2** skupina lidí 지식 계급, 인테리겐치아 ◆ *umělá* ~ 인

I

공지능; *zkouška* ~ 지능 검사; *podrobit koho zkoušce* ~ 누구의 지능 검사를 하다

inteligentní 이해력 있는, 지적인, 지성을 갖춘, 지능적인, 총명한

inteligentský 1 지식인의, 교육받은 **2** 지식인용(상대)의, 학자 티를 내는

intence, *f* 의도, 목적, 계획

intenzita, *f* 강도, 세기, 크기

intenzívní 강한, 강렬한, 철저한, 집중적인

interakce, *f* 상호 작용

interaktivní 상호 작용하는

interes, *mi-2* 관심, 흥미, 재미

interesantní 흥미 있는, 재미있는

interiér, *mi-2* 내부, 안쪽, 내면, 안

interkontinentální 국제적인, 내륙간의

internace, *f* 유치, 억류, 수용; 억류 기간

Internacionála, *f* 국제 노동자 연맹, 인터내셔널, 국제 노동운동 기관

internacionální 국제(상)의, 국제적인, 국제간의

internacionalismus, *mi* **1** 국제주의 **2** 외래어

internacionalist|a, *ma-4* **-ka,** *f* 국제주의자

internační 유치의, 억류의, 수용의 ◆ ~*tábor* 수용소, 억류소

internát, *mi* 기숙사, 호스텔

internet, *mi* 인터넷

interní, 내부의

internist|a, *ma-4* **-ka,** *f* 내과 의사, 내과 질병 전문의

internovat >< 구금하다, 감금하다, 억류하다

internovaný 피수용자, 피억류자

interpelace, *f* (의회에서의 장관에 대한) 질문, 설명 요구

interpelovat (국회에서) 인터뷰하다, 비공식 인터뷰하다

interpret, *ma* **-ka,** *f* 해석자, 번역자

interpretace, *f* 해석, 뜻, 의미

interpretovat 해석하다

interpunkce, *f* 구두점(句讀點), 구두법(句讀 法)

interrupce, *f* **1** 유산; 임신 중절, 낙태 **2** 유산아 **3** (계획 등의) 실패 **4** (기관의) 발육 부전(不全)

interval, *mi-2* 간격, 막간, 틈, 격차

intervence, *f* 조정, 중재, 개입, 간섭, 간여

intervenovat > za- 사이에 끼이들다, 중재하다; 변론하다; 간섭하다; 탄원하다, 간청하다

interview, *mi-2/n-in* [-ujú] 인터뷰, 취재

intimní 1 친밀한, 친한 **2** 개인적인, 사적인 ◆ ~ *přítel* 흉중의 친구, 소중한 친구

intonace, *f* 억양, 인토네이션

intráda, *f* 팡파르; (행진곡, 무도곡의) 전주곡, 서곡

intrika, *f* **1** (연극 등의) 복잡한 줄거리, 구성, 플롯 **2** 음모, 술책, 계략

intrikán, *ma* **-ka,** *f* 음모자, 책략가, 계략자

intrikovat 음모를 꾸미다, 계략을 꾸미다

intuice, *f* 직각(直覺), 직관(력); 직관적 통찰; 직관적 지식

inu **(감탄사)** **1** 글쎄; 이것 참[원] **2** 간단히 말해(서)
invalida, *ma-4* 지체 부자유자, 불구자; 상이 군인, 노동 장애자
invalidita, *f* 근무 불능, 병약, 불구, 지체 부자유
invalidní 근무 불능의, 병약한, 불구의, 지체 부자유의 ◆ ~ *voják* 상이 군인; ~ *důchod, zabezpečení* 산재 연금
invariant, *mi* 상수(常數), 불변
invaze, *f* 침입, 침략, 침해
invence, *f* 발명, 창안, 고안
inventář, *mi* (재고) 목록, 재고
inventarizace, *f* 실태 조사, 재고 조사
inventarizovat > za- 목록을 만들다, 재고 조사를 하다
inventur|a, *f* 재고 조사, 재고 정리; 재고 목록 ◆ *provádět -u* 재고 조사를 하다
inverze, *f* 전도, 전환, 도치, 전치
investi|ce, *f* 투자, 출자 ◆ *-ční výstavba* 자본 구조
investor, *ma* 투자가, 출자가
investiční 투자의, 출자의
investovat 투자하다, 출자하다; (시간, 노력 따위를) 내다, 바치다, 들이다
inzerát, *mi-2* 광고, 선전
inzerce, *f* **1** 광고 **2** (신문 등의) 광고란
inzerovat 광고하다, 선전하다
inzertní, 광고의
inzulin, *mi* 인슐린
inženýr, *ma* **-ka,** *f* 공학자((공업, 기술, 상업 등 분야의 대학 졸업 학위자)), 엔지니어, 기사 ◆ ~ *chemie* 화학 기사; *stavební* ~ 건축 기사; *strojní* ~ 공학자, 공학 기사; *zemědělský* ~ 농학자, 농학 기사
inženýrství, *n* 공학(工學); 기술
ion, *mi-2* 《化》 이온
ionizovat > z- 이온화하다, 전리하다
iracionální, 1 비합리적인, 불합리한; 이성[분별]이 없는 **2** 《수학》 무리(수)의
Ir, *ma* **-ka,** *f* 아일랜드 사람
Iráčan, *ma* **-ka,** *f* 이라크 사람
Irák, *m* 이라크
Írán, *m* 이란
Írán|ec, *ma* **-ka,** *f* 이란 사람
ireálný 비현실적인, 가공의, 실재하지 않는
irelevantní, 엉뚱한, 부적절한, 관련성이 없는
irigace, *f* 관개
irigátor, *mi-2* 관개용 차, 관개용 주수기
ironický 반어의, 반어적인, 비꼬는, 냉소적인
ironie, *f* 빈정댐, 비꼼, 풍자 ◆ ~ *osudu* 운명의 장난
ironizovat > za-, z- 비꼬아 말하다, 반어적으로 말하다, 풍자하다
Irsko, *n* 아일랜드, 에이레
irský 아일랜드의
ischias, *mi-2* [ischi-] 《醫》 좌골 신경통
islám, *mi* 이슬람교
islamista, *ma* 이슬람교도
Island, *mi* 아이슬란드
Ital, *ma* **-ka,** *f* 이탈리아인
Itálie, *f* 이탈리아

italský 이탈리아의, 이탈리아어[인]의

izolace, *f* **1** 고립, 격리, 분리, 차단 **2** 《物 · 電》 절연; 단열, 방음 **3** 격리소, (감옥의) 독방, 격리실

izolační 고립의, 격리의, 유리의

izolátor, *mi-2* 절연체; 단열, 방음재

izolepa, *f* 절연 테이프, 스카치테이프

izolovat >< 고립시키다, 격리시키다, odloučit 분리하다; 절연[단열]하다 **~ se** >< 세상으로부터 떨어져 살다, 고립[격리]되다

izomér, *mi-2* (동질) 이성체(異性體); 이성핵(異性核)

izotop, *mi-2* 《物 · 化 · 醫》 동위 원소

izotropní 《物,生》 등방성(等方性)의, 균등성의

Izrael, *mi* 이스라엘

Izrael|ec, *ma* **-ka,** *f* 이스라엘 인

izraelský 이스라엘[사람]의, 이스라엘어의

J

j, J [jé] *n-in* **1** [예] 체코어 알파벳의 자음 글자

já[1], 나 **(**인칭대명사 1인칭 단수; 변화는 부록 참조**)** ◆ *pro mě za mě* 난 상관없다

já[2], *n-in* 자기, 자신; 자아; 절대[순수]아(我) ◆ *vlastní/své* ~ 자아; *své druhé* ~ 제 2의 자아, 또 하나의 자기, 분신

jablíčko, *n-2* **1** 작은 사과 **2** *rajské* ~ 토마토

jablk|o, *n-2, 3* 사과 ◆ *rajské* ~ = *rajské jablíčko* 토마토; ~ *sváru* 불화[분쟁]의 원인((트로이 전쟁의 원인이 된 황금의 사과에서 유래)); *kousnout do kyselého -a* 싫은 일을 하지 않을 수 없다; *adamovo* ~ 결후, 울대뼈, 후골

jabloň, *f* 사과 나무

jadern|ý 《生 · 物》 핵의, 원자의 ◆ ~ *program* 핵 프로그램; *-á zbraž* 핵무기

Jadran, *mi* 아드리아해

jadersk|ý 아드리아의 ◆ *-é moře* 아드리아해

jadrnost, *f-1* 활력, 생기, 박력

jadrný 힘찬, 기운찬, 생기있는, 박력있는

jádro, *n* **1** jadérko (사과, 귤 따위의) 씨, 핵 **2** 《工業技術 · 軍 · 建築》 핵심, 중심(부) **3** (사물의) 핵심, 요점, 골자; 대의, 대강, 요지 **4** 《生 · 物 · 地 · 占星》 세포핵, 원자핵

jahoda, *f* 딸기

jahodový 딸기의, 딸기로 만든

jachta, *f* 요트

jak[1], *ma* 야크((티베트, 중앙 아시아의 털이 긴 소))

jak[2] **I (**대명사**) 1 (**의문**)** 어떻게, 얼마나 ◆ ~ *se máte?* 어떻게 지내세요? ~ *se jmenujete?* 어떻게 부르세요[이름이 무엇이에요]? **2 (**관계**)** …대로 ◆ ~ *řekli, tak udělali* 그들은 말하였던 대로, 그렇게 행하였다 **3 (**관계**) (**구어체**)** …한 ◆ *ten člověk,* ~ *jsem ti o něm říkal* 내가 그에 관해 너에게 말하였던 그사람 **4 (**부정(不定)**)** …한[인] 대로 ◆ ~ *si kdo ustele, tak si lehne* 누구든 자신이 뿌린대로, 그대로 거둘 것이다; ~ *ty mně, tak já tobě* 네가 나한테 행한대로, 그대로 나는 너에게 행하리 **II [**접속사**] 1 (**연결**)** …도 ◆ ~ *mladí, tak* (*i*) *staří* 젊은 사람들도, 늙은 사람들도 **2 (**내용**)** …하는 바를((모습을)) ◆ *viděl,* ~ *upadla* 그는 그녀가 넘어지는 바를 **(**모습을**)** 보았다 **3 (**시간**)** …하는 대로, …하자마자 ◆ *přijdu,* ~ *budu hotov* 나는 준비가 되는대로[되자마자] 오겠다 **4 (**조건**)** …라고 한다면 ◆ ~ *budeš* *zlobit, bude zle* 만일 네가 얌전하게 행동 하지 않으면 너는 문제에 봉착할 것이다 **5** **(**비교**)** …처럼[같이] ◆ *rychlý ~ vítr* 바람처럼 날쌘; *buď ~ buď* 어떻든지 간에; *~ kde* 장소에 따라; *~ kdy* (그때의) 사정[경우]에 따라; *~ ty mně tak já tobě* 눈에는 눈으로

jakkoli(v) I (부사**)** 아무리 … 할[일]지라도, 무엇[어느 것]이라도 ◆ *ať se snažím ~* 내가 아무리 노력할지라도 **II (**접속사**)** 비록 … 할[일]지라도 ◆ *~ se mi to nelíbilo* 그것이 내 마음에 들지 않는다하더라도

jakmile (접속사**)** …하자 마자, …하자 곧 ◆ *~ se nasnídám* 나는 아침 식사가 끝나자마자

jako (접속사**) 1 (**비교, 유사**)** …처럼 ◆ *vypadá ~ slušný člověk* 그는 예의 바른 사람처럼 보인다 **2** jakožto …로서 **3** …와 같은 ◆ *~ se stává* 마치 말하자면, 즉; *~ tvůj přítel bych tě chtěl varovat;* 너의 친구로서 너에게 경고하고 싶다; *pracuji ~ průvodce* 나는 가이드로서 일하고 있어요; *~ by* (= *jako kdyby*) 마치 …인 것처럼; *dělal, ~ by se nic nestalo* 그는 아무 일도 없었던 것처럼 행동했다; *podobný ~* …와 비슷한; *mladí ~ staří* 젊은 사람들도, 늙은 사람들도

jakoby (접속사**)** 마치 …인 것처럼 ◆ *dělal, ~ nic* 그는 아무 일도 없었던 것처럼 행동했다

jakost, *f-1* 질, 품질, 등급

jakostní 1 질적인, 질상의 **2** výborné kvality 양질의 ◆ *~ zboží* 양질의 상품

jakož i (접속사**)** …와 마찬가지로 …도

jakožto (고어체, 문어체**)** …로서, …의 자격으로

jaksi (부사**)** 아무래도, 어쩐지, 다소; tak nějak 그럭저럭, 말하자면; do jisté míry 어느 정도까지 ◆ *~ taksi* 다소, 얼마간

jaktěživ = *jakživ*

Jakub, *ma* **1** 야쿱((체코 남자 이름)) **2** 야곱((이스라엘 사람의 조상))

jak|ý (대명사**) 1 (**의문**)** 어떤, 어떠한, 어떤 종류의 ◆ *-é má oči?* 그[그녀]는 어떤 (종류의) 눈을 가지는가? *~ byl koncert?* 콘서트는 어떠하였는가? **2 (**의문**)** 어느, 무슨 ◆ *~ máme měsíc?* 어느[무슨] 달이지? **3** [관계] 그러한 ◆ *přítel, -ých je málo* 그러한 친구는 많지 않다; *-á otázka, taková odpověď* 그러한 질문에 그러한 대답 **4** [부정(不定)] (전적으로) 어떤, 어떤 것이든 ◆ *vezmi si kožich, máš-li ~* 모피가[옷이]가 있으면 어떤 것이든 착용하거라

jakýkoli(v) (대명사**)** 어떤 것이든, …는[은] 모두, při výběru 어느 것[쪽]이든 ◆ *ať je ~* 그가 어떻든지간에

jakýsi 1 어떤 **2** 하나의, 일종의

jakživ 1 (부정문에서**)** 이제까지 (한 번도 …않다), 결코 (…않다) **2 (**긍정문에서**)** 언제나, 늘

jakž takž 그저그런, 그런대로, 그럭저럭

jalovec, *mi* 《植》 노간주나무 종류

jalovice, *f* 어린 암소

jalový 1 사용되지 않는, 쓸데없는, 헛된 **2** 새끼를 못 낳는, 불임의, 생산력이 없는

J

jám|a, *f* 우묵한 곳; (탄)갱, 구멍, 굴 ◆ *~ lvová* 사자굴 ◆ *kdo jinému -u kopá, sám do ní padá* 스스로 무덤을 파다

jamka, *f* 작은 구멍; 작은 굴 ◆ *golfová ~* 골프 홀

Jamajka, *f* 자메이카

Jan, *ma* **1** 얀((체코 남자 이름)) **2** 사도 요한 ◆ *svatý ~ Křtitel* 세례 요한

Jana, *f* 야나((체코 여자 이름)) ◆ *~ z Arku* 잔다르크

Janov, *mi* 제노바((이탈리아 북서부에 있는 무역항))

jantar, *mi-2* 호박

jantarový 호박(색)의

Japon|ec, *ma* **-ka,** *f* 일본 사람[인]

Japonsko, *n* 일본

Japonština, *f* 일본어

japonský 일본의, 일본인의, 일본어의

jarmark, *m-2, 3* 시장

jarní 봄의, 춘계의 ◆ *~ úklid* 봄 대청소

jaro, *n-2* 봄 ◆ *na jaře* 봄에; *jedna vlašťovka jara nedělá* 제비 한 마리 왔다고 해서 봄이 온 것은 아니다, 사물의 일면만 보고 전체를 단정하지 마라

jařmo, *n-2* 멍에

jas, *mi-2* 빛남, 밝음, 광채; 선명함

jasan, *mi-2* 《植》 서양 물푸레나무

jásat > za- 환호하다, 기뻐하다, 좋아하다, vnitřně 의기 양양하다 ◆ *~ radostí* 기쁨으로 소리치다; *ještě moc nejásej!* 김치국부터 마시지 마라!, 아직은 기뻐할 때가 아니야!

jásavý 1 radostný 크게 기뻐하는, 환희하는 ◆ *~ výkřik* 환호성 **2** jasný (빛이) 밝은, (색깔이) 선명한

jasmín, *mi-2* **1** 《植》 재스민 **2** 재스민 차

jasně 분명히, 확실히, 명쾌하게

jasnět (*-nějí*) **> z-** (하늘이) 밝아지다, 맑아지다

jasnit se > vy-, z- (날씨가) 개다, (하늘이) 맑아지다

jasn|o[1], *n-2* **1** (날씨 등이) 밝음, 맑음 **2** 명확함, 분명함 ◆ *je mezi námi ~* 우리는 그것에 대해 분명하다; *zjednat ~* (vyjasnit) 분명히 하다; *z čista -a* 갑자기, 돌연, 난데 없이

jasno[2] (서술 부사) 밝다, 맑다 ◆ *je ~* 하늘이 맑다, 모든것이 명쾌하다; *mít o čem/v čem ~* 무엇을 깨끗이 잊다

jasn|ý 1 (빛, 색깔, 날씨, 목소리 등이) 밝은, 맑은, 투명한, 청명한, 산뜻한 **2** zřejmý 명백한, 명료한, 분명한, 확실한, 뚜렷한 **3** (설명, 문제가) 명확한, 명쾌한, 알기 쉬운 ◆ *-é počasí* 화창한 날씨; *to je -é!* 그것은 분명하다!

jásot, *mi-2* 환성, 환호 ◆ *všude bylo slyšet ~* 어디에서든지 환성이 들렸다.

jatk|y, *f-pl* **1** 도살장, 도축장 **2 -a** 살육, 학살

jateční 도살장의, 학살의

játra, *n-pl* 《解》 간(肝), 간장(肝臟)

játrov|ý 간의, 간장의 ◆ *-é knedlíčky* 간으로 만든 덤플링

Jáva, *f* 자바

javor, *mi-2* 《植》 단풍나무

javorový 단풍나무의

jazyk, *mi* **1** sídlo chuti 혀((맛을 구별

J

하는 곳)) **2** řeč 언어, 말; osobitý (고유의) 언어, 고유어; mluvená podoba jazyka 말씨, 말투 ◆ *držet ~ za zuby* 잠자코 있다; *mít co na -u* 무슨 말이 혀 끝에서 뱅뱅 돌다; *co na srdci to na -u* 생각을 감추지 않고 숨김없이 말하다; *na -u med a v srdci jed* 표리부동; *zlí -ové* 말이 건 사람, 험담가, 악담가

jazykověda, *f* 언어학, 어학

jazykovědný 언어학의, 어학의

jazykový 1 《醫》 혀의 **2** o řeči 언어(과정)의

jé 오오, 아, 아아, 앗((경탄, 환희, 안도, 놀람을 나타내는 감탄사))

ječet (*ječí*) > **za-** 큰소리로 날카롭게 소리치다, 고함치다, 비명을 지르다

ječmen, *mi-(1)* 보리, 대맥

ječn|ý 보리의, 대맥의 ◆ *-é zrno* 보리알, na oku (눈의) 다래끼

jed, *mi-2* 독(毒), 독약(毒藥), 독극물; živočišný (뱀 등이 분비하는) 독(毒) ◆ *vzít na co ~* 무엇을 단호히 맹세하다

jed|en, -na, -no 1 (수사; 변화는 부록 참조) 1, 하나, 일 **2** jediný 유일한, 단 하나의 **3** dosud neznámý 어떤, 어느 **4** celý, nepřetržitý 전부, 전체 **5** týž, stejný 매한가지, 같은 것 ◆ *-ny šaty* 옷 한벌; *-ny kalhoty* 바지 한 벌; *být -no* 하나가 되다; *do -noho* 마지막 한 사람까지, 만장일치로; *~ za všechny, všichni za -noho* 하나는 모두를 위해, 모두는 하나를 위해; *-no po druhém* 하나씩; *-na dvě* 순식간에, 곧; *ještě ~* 하나 더; *v -nom kuse* 단숨에, 중단없이; *po -nom* 하나씩, 단독으로; *dávat do -noho pytle* 구별을 짓지 않다; *-na radost* 참 즐거움[기쁨]이다; *táhnout za ~ provaz* 의좋게 해나가다, 협력하여 일하다; *zabít dvě mouchy -nou ranou* 일석이조; *být -na ruka s kým* 누구와 절친하다, 누구와 공모하다; *-ním dechem* 단숨에; *-ním slovem* 한마디로 (말하면); *-ním vrzem* 갑자기, 모두 동시에; *na -né straně ... , na druhé straně...* 한편으로 … 다른 한편으로 …; *~ jako druhý* 똑같은; *~ za druhým* 하나씩

jedenáct 11, 열 하나

jedenáctina, *f* 11분의 1

jedenáctka, *f* 11, 11호, 11번, 11개 한 조[벌]

jedináček, *ma-3* 외아들[딸], 외동아들[딸], 독자

jedině 단지, 오직, 유일하게, 특히

jedinec, *ma* 개인, 개체

jedinečnost, *f-1* 특성, 독특함, 개성

jedinečný 1 유일한, 독특한, 유례없는 **2** 훌륭한, 뛰어난

jedinkrát 1 한번, 한 차례 **2** 한번은, 언젠가

jediný 유일한, 오직 하나의, 단 하나의, 하나밖에 없는 ◆ *ani ~* 하나조차도 없다

jedle, *f* 《植》 (서양) 전나무

jedlík, *ma-3* **1** 대식가 **2** 식구, 하숙생 ◆ *velký ~* 대식가

jedlý 먹을 수 있는, 식용의

jednací 절차상의, 의사 일정의, 의사 진행의, 회의[상담]의 ◆ *~ číslo* 서류 번호; *~ pořádek* 의사 일정; *~ řád* 진행 규정; *~ řeč* 공식 언어; *~ sál* 회의실

jednak 한편으로는 ◆ ~ *píše,* ~ *přednáší* 그(녀)는 한편으로는 집필하고, 한편으로는 강의한다

jednání, *n* **1** činnost 행동, 행위, 활동 **2** chování (대하는) 방식; 행실; 처신 **3** s kým, čím zacházení (누구, 무엇에 대한) 대우, 대처, 취급, 다루기 **4** postupování 대응, 처리 **5** schůze (회의의) 의사 일정, 의사; 협상, 상담 **6** dějství (연극의) 막

jedn|at 1 za koho (누구를 위해) jak (어떻게) konat, chovat se, počínat si 행동하다, 행하다 **2** s kým/ s čím (누구를/무엇을) zacházet 다루다, 대우하다, 취급하다 **3** = *vyjednávat, zasedat, radit se* ◆ *-á se o co = jde o co* 이것은 무엇에 관한 문제이다, 무엇이 문제이다; *o co se -á?* 무엇에 관한 것인가?, 무엇이 문제인가? ~ > **po-** o čem (무엇에 대하여) 논하다, 다루다 ◆ *ta kniha pojednává o čem* 그 책은 무엇에 관한 것이다, 무엇을 다루고 있다 ~ > **s-, vy-** …을 협상하다, 조정하다, napevno 해결하다 ~ > **z-** koho k práci (누구를) 고용[채용]하다

jednatel, *ma-1, 4*, **-ka,** *f* **1** 대리인, makléř 중개인 **2** (단체의) 서기, 비서

jedničk|a, *f* **1** 숫자 1, 1호, 1번 **2** (자동차의) 1단 기어 **3** (성적의) 수, A ◆ *samé -y* 만점, 전부 수[A]

jednoaktovka, *f* 단막극

jednobuněčný 《生》 단세포의

jednoduchost, *f-1* 간단, 단순, 단순성

jednoduchý 1 단순한, 간단한, 간결한 **2** pouze pro jedno 싱글의, 1인용의((침대나, 표 등))

jednolitý 1 하나로된, 하나의 단위를 이룬 **2** (빛깔에) 농담이 없는, 한결 같은, 단색의 **3** (단체, 조직이) 집합적인, 공동의, 통일의

jednolůžkový 침대가 하나인, 1인용의 ◆ ~ *pokoj* 싱글룸, 1인용 방

jednomyslný 이구동성의, 동의하는, 같은 의견의, 합의의

jednopatrový 1층의((한국식 기준으로는 2층의))

jednosměrný 한 방향의, 일방통행의

jednostranný 한 쪽만의, 일방적인; o názoru (견해가) 편견적인; 《政治》 일당의

jednota, *f* **1** 단일(성), 통일(성) **2** 개체, 단일[통일]체 **3** sdružení 결합, 합일, 합동 **4** dobrovolná (자발적인) 협회, 제휴

jednotit (*jednocen*) > **s-** 하나로 하다, 합병하다, 결합하다, 통일하다

jednotk|a, *f* **1** (숫자) 1 **2** (학점에서) A, 수 **3** (수학의) 1의 수, 단위 **4** peněžní, měnová 화폐 단위 **5** (어학에서) 어휘의 단위, 어휘수 **6** (군사의) 부대 ◆ *výsadkové -y* 낙하산 부대 **7** oddělení, organizace 부, 실 ◆ ~ *intenzívní péče* 중환자실 **8** (기계의) 구성 부분 **9** (특정한 기능을 가진) 장치[기구, 설비]일습 ◆ *vstupní/výstupní* ~ 입력/출력 장치

jednotlivec, *ma* 개인, 개체

jednotlivost, *f-1* **1** 개별 사항, 별개 사항 **2** 세부, 세목, 조목, 사항 ◆ *zabíhat do -í* 세부에 걸쳐 조사하다

jednotlivý 개개의, 개별적인, 각각

J

의; v sledu 연속하는, 잇따른; oddělený 따로따로의, 하나하나의; odlišný 별개의, 별도의

jednotnost, *f-1* 단일, 통일, 획일(성), 동질(성), 균일성

jednotn|ý 1 celek (전체가) 동종[동질, 균질]의; 하나가 된, 통합된, 단일한 **2** 동일 표준의, 획일적인; 전체적인, 총체의; 만장 일치의, 모순이 없는 **3** názor (견해가) 같은, 동일한 **4** cena ujednocený (가격이) 균일한, 단일화 된 **5** (언어학의) 단수의 ◆ *-é ceny* 균일 가격; *-é číslo* 단수

jednotřídka, *f* 한 학급 학교

jednotvárnost, *f-1* 단조(로움), 한결 같음; 지루함

jednotvárný 단조로운, 한결 같은; 지루한

jednou I (수사) 한 번, 한 차례, 일회 ◆ *~ pět je pět* 1을 다섯 번 더하면 5이다; *~ za den* 하루에 한번; *ještě ~* 한번 더; *~ provždy* 딱 잘라서, 최종적으로, 단호하게; *~ za čas* 이따금, 때때로 **II (부사) 1** 이전에, 일찍이, 한 때; 한 번은 **2** v budoucnu (미래의) 언젠가 한 번

jednoveslice, *f* 싱글 스컬((경주용 보트))

jednoznačný 분명한, 명확한, 명백한, 모호하지 않은

jednoženství, *n* 일부일처제

jedovatý 1 유독한, 독이 있는 **2** (지적이) 가차없는, 냉혹한, 통렬한

jehl|a, *f* **1** 바늘, u gramofonu (축음기의) 바늘, bodec 핀 ◆ *ozdobná ~* 장식 바늘; podpatek 스파이크 힐; *suchá ~* (미술의) 드라이 포인트; *být jako na -ách* 조바심하다, 안달하다; *ucho -y* 바늘귀

jehlan, *mi-2* 피라미드

jehlanovitý 피라미드(모양)의

jehlice, *f* **1** 장식 바늘, 핀 **2** pletací drát 뜨개질[코] 바늘 **3** 바늘 모양의 잎

jehličí, *n* (침엽수의) 잎; (소나무) 가지

jehlička, *f* **1** 작은핀, 작은 바늘 **2** (침엽수의) 잎

jehličkov|ý 작은 핀[바늘]의 ◆ *-á tiskárna* (컴퓨터) 도트 프린터((문자나 도형을 점의 집합으로 인쇄하는 프린터))

jehličnatý 구과를 맺는, 침엽수의 ◆ *~ strom* 《植》 침엽수

jehlový 바늘의, 핀의

jehňátko, *n-2, 3* 새끼양

jehně, *n-1* 어린 양, 새끼 양

jehněčí[1] 새끼 양의

jehněčí[2]**,** *n* 새끼 양의 고기

jehněda, *f* (버드나무, 밤나무 등의) 유제 화서

jeho I (소유 대명사; 불변화) 1 그의 **2** 그의 것 **3** (호칭에 있어서의) 그의 ◆ *J. Veličenstvo/Jasnost* 폐하/전하 **II (구어체)** *ta ~* 그의 여자[부인, 여자 친구]

jehož (관계대명사) (그 사람[물건]의 …이) …하는[…인] ◆ *to je člověk, ~ mínění si vážím* 이분은 내가 그의 의견을 존중하는 사람이다

její (소유대명사) 1 그녀의 **2** 그녀의 것 **3** (호칭에 있어서) 그녀의 ◆ *J. Veličensto/ Jasnost* 폐하/전하

jejich (소유대명사; 불변화) 그들의;

J

그들의 것

jejichž (관계대명사) (그 사람[물건]의 …이) …하는[…인] ◆ *změny, o ~ nutnosti víme* 그 필요성을 우리가 알고있는 변화들

jejíž(to) **1** (관계대명사) (그 사람[물건]의 …이) …하는[…인] ◆ *kniha, s jejímž obsahem vás seznámím* 그 내용을 내가 당신에게 알려주는 책 **2** = *již*

jelen, *ma* 사슴 ◆ *jsem z toho ~* 나는 그것이 얼떨떨하다 [어리둥절하다, 혼란스럽다]

jelikož (접속사) …이므로, …때문에

jelito, *n* **1** 블러드 소시지((돼지 선지를 넣은 소시지)) **2** podlitina 채찍 자국(의 부르튼 곳)

Jemen, *mi* 예멘(공화국)

jemnocitný **1** 섬세한, 예민한 **2** taktní 감각이 세련된, 재치있는

jemnost, *f-1* **1** 섬세, 민감 **2** (맛의) 부드러움

jemnozrnný 고운 낟알의, 미립자의

jemný **1** 정교한, 미세한, 섬세한, 부드러운, 연한 **2** (행동이) 세련된, 우아한 **3** (감각, 청각, 지력이) 예민한, 예리한, 민감한, 명민한, 교묘한

jen[1] pouze 단지, 그저, 오직; v otázce se zájmenem/táz. příslovcem (의문문에서) 도대체, 대관절 ◆ *~ už* …하자마자; *~ aby ne-* …그렇게 안 되길 바랍니다; *~ co/jak, jak(mile)* …하자 마자, …하는 대로 바로; *~ to dořekl, už se začalo blýskat* 말이 끝나자 마자 번개가 쳤다; *přece ~* 결국,어쨌든, 아무튼; *~ tak* 그냥, 무심코, 아무 생각없이; *~ tak (tak)že...* 겨우 …했다

jen[2], *mi-2* 엔((일본의 화폐 단위))

jenom 단지, 오직 = *jen*

jenž (관계대명사) = *který*

jenže 그러나, 하지만

jeptiška, *f* 수녀

jeřáb[1], *ma* pták 학, 두루미

jeřáb[2], *mi-2* **1** stroj 기중기, 데릭((수직 기둥의 밑둥에 장치된 까치발로써 물건을 오르내리는 기중기의 일종)) **2** strom 《植》 마가목(류)

jeřabina, *f* 《植》 마가목(류)의 열매

jeřábn|ík, *ma-3* **-ice,** *f* 기중기 운전자

jeseň, *f* (시어) 가을

jeskyňář, *ma* 동굴 탐험가

jeskyně, *f* 동굴

jeskynní 동굴의 ◆ *~ člověk* 동굴 주거인

jesle, *f-pl* **1** 구유, 여물통 **2** dětské (어린이) 보육원, 탁아소

jesličky, *f-pl* (예수 탄생에 관한) 베들레헴 풍경

jestli (관계대명사) **1** jestliže 만약 …이면[하면], (만일) …라고 하면 **2** …인지 어떤지 ◆ *nevím, ~ přijde* 그[그녀]가 올지 안올지 모른다

jestliže = *jestli 1* ◆ *~ máš čas, přijď* 만일 시간이 있다고 한다면 오너라 [와라]

jestřáb, *ma* **1** 매, 솔개 **2** 강경론자, 매파

jestřábí 매파적인, 강경론자의

ješitnost, *f-1* 자만심, 허영심

ješitný 자만심이 강한, 허영적인, 뽐내는

J

ještě **1** (**+비교급**) 한층 더, 더욱 더 **2** i nadále 아직(도), 여전히, 지금도; 또, 더욱 **3** zdůraznění (강조) 바로 **4** aby to bylo úplné 여전히, 또한 ◆ *~ než* …이전에; *~ teď* 이제도, 아직도; *~že* 다행히도

ještěr, *ma* pravěký (원시 시대의) 도마뱀류, drak 용

ještěrka, *f* **1** 작은 도마뱀 **2** vozík (유원지 등에 있는) 충돌 놀이 소형 자동차

jet (*jed-u, jeď!, jel,* 미래형 *pojedu*) (**부정태 및 반복상은** *jezdit*) **1** (자동차 등을) 타다, 타고가다 **2** dopravním prostředkem (교통수단을) 타고 다니다, 타고가다 **3** o vozidle (차가) 가다 **4** vsedě obkročmo (말, 탈 것 따위에) 타다 **5** řídit/udávat cestu 운선하다, 몰다 **6** rychle/hladce se pohybovat, klouzat (빠르게 혹은 유창하게) 움직이다; 말이 술술 나오다 **7** (**구어체**) pronásledovat, ~ po kom (누구에게) 원한을 품다, 악의를 품다 **8** komu co chutnat (누구에게 무엇이) 맛이 있다 ◆ *~ na bruslích* 스케이트를 타다; *~ na lyžích* 스키를 타다; *~ na sáňkách* 썰매를 타다, *~ o závod* 경주하다; *rajská polévka mu nejede* 그는 토마토 수프가 맛이 없다; *huba/pusa/ústa mu jen jela* 그는 말이 술술 나왔다

jetel, *mi-1* 클로버, 토끼풀

jev, *mi-2* 현상, 사상; 사건

jeviště, *n* **1** 현장, 장 **2** 무대, 스테이지

jevit > pro- 1 ukazovat (se) 나타내다, 보이다, 제시하다, 드러내 보이다; odhalit 폭로하다 **2** vyjádřit (감정을) 표현하다; demonstrovat 입증하다; zřetelně (명백하게) 명시하다 **~ se > pro- 1** (…임이) 입증되다 **2** 나타나다, 보이다, 드러나다

jez, *mi-2* (물레방아용, 관개용으로 수위를 올리기 위한) 댐, 봇둑, (유량 측정용) 둑

jezdec, *ma* **1** (말, 낙타) 타는 사람, 기수 **2** 자전거[오토바이]를 타는 사람[선수] **3** 《軍》 기병 **4** (체스) 나이트; = *kůň*

jezdeck|ý 승마용의, 승마의; 《軍》 기병의 ◆ *-á socha* 기마상, 승마상

jezdectvo, *n-2* 《軍》 기병대

jezd|it (*ježdění*) (**jet의 부정태 및 반복상 -it**) **> za-** pravidelně (차, 배 등 탈 것을 타고) 다니다, 몰고 다니다, 타고 다니다; o dopravním prostředku (차, 배 등이 일정한 코스를) 정기적으로 왕복하다, 운행하다

jezdkyně, *f* 여류 기수, 여자 승마자

jezerní 호수의, 못의, 저수지의

jezero, *n* 호수, 연못, 못, 저수지

jezevčík, *ma-3* 닥스훈트((몸통이 길고 네다리가 짧은 개))

jezevec, *ma* 오소리

Jezulátko, *n-2, 3* 아기 예수; soška 아기 예수상

Jezule, *n-1* = *Jezulátko*

jezus, jézus, jezuskote, jezusmankote, jezusmarjá (**감탄사**) 이키나, 어이구, 저런, 이런

ježatý 털이 억센, 가시투성이의

ježek, *ma-3* **1** 고슴도치 **2** účes 상고머리; 끝이 쭈빗쭈빗한 머리

ježibaba, *f* 마녀, 마귀 할멈

Ježíš, *ma* 예수(그리스도)
ježíš(marjá) (구어체) 이크, 이런, 야단났군, 이럴 수가
Ježíšek, *ma* **1** = *Jezulátko* 어린 예수 **2** Štědrý večer 크리스마스 이브; dávající nadílku (선물을 나누어 주는) 산타 클로스 **3** ježíšek 크리스마스 선물
ježit se > z(a)- (머리칼 등이) 곤두서다
ježto (접속사) …이므로, …한 까닭에
jho, *n-2, 3* **1** jařmo 멍에 **2** útlak 족쇄
jícen, *mi-2* **1** 식도, 목구멍 **2** ústí sopky 분화구; (골짜기, 해협, 심연, 무덤, 갱 등의) 좁은 입구
Jidáš, *ma* **1** 유다 **2** jidáš 배반자
jídelna, *f* (집, 호텔 따위의) 식당, 레스토랑, studentská 학생 식당, 카페테리아
jídelní 식사의, 먹기 위한; restaurační 식당의 ◆ ~ *vůz* 식당 칸; ~ *lístek* 식단표, 메뉴
jídl|o, *n* **1** 음식, 음식물; pravidelné 식사, 끼니; 요리 **2** předepsané 규정식, 식이 요법 ◆ *chuť k -u* 식욕; ~ *a pití* 먹을 것과 마실 것; ~ *v konzervě* 통조림 식품; *vstát od -a* (식사가 끝나) 자리에서 일어나다
jih, *mi-2* 남(쪽) ◆ *na ~ /k -u* 남쪽으로; *na -u* 남쪽에(서); *na ~ od čeho* 무엇으로부터 남쪽에; *od -u/z -u* 남쪽으로부터
jihovýchod, *mi* 남동쪽
jihozápad, *mi* 남서쪽
jikra, *f* (생선) 알, 어란
jíl, *mi-2* 점토, 진흙, 찰흙
jilm, *mi-2* 느릅나무
jímka, *f* **1** nádrž 저장소, na pitnou vodu (마실 물을 위한) 급수소[탱크] **2** odpadová, žumpa 정화조, 오수 구덩이 **3** dopravní 콘테이너((화물 수송용의 큰 금속 상자))
jinak **1** 다르게, 다른 방법으로 **2** 그렇지 않으면 ◆ *nemohu ~ (než)* … 하지 않을 수 없다, …할 수 밖에 없다
jinam 다른 곳으로, 다른데로◆ *nikam ~* 다른 어느 곳으로
jinde 다른 곳에(서), 다른데에(서) ◆ *někde ~* 어디 다른 곳에서
Jindřich, *ma* 인드르지흐((체코 남자 이름))
jindy **1** 다른 때에, po druhé 다른 시간에 **2** příště 다음에, 다음 번에 **3** dříve 이전에, 전에 ◆ *kdykoli ~* 언제라도 다른 때에, 이전에 언제; *než kdy(koli) ~* 이전의 어느 때 보다도
jíní, *n* = *jinovatka*
jinoch, *ma-2* 청년, 젊은이
jinošský 청년기의, 청춘의, 미숙한
jinovatka, *f* (흰) 서리
jinudy 다른 길로, 다른 방향으로
jin|ý **1** také změněný 딴, 다른, 상이한, než (…보다) lepší 더 나은 **2** (의문, 부정(不定), 부정(不正) 대명사 뒤에서) (뭔가, 누군가) 다른, 상이한 **3** další 그 밖의, 기타의, 여타의 **4** (여인의 몸이) 다른 상태인, 임신한 ◆ *mezi -ým* 많은 가운데, 그 중에서도 특히; *něco -ého když/kdyby...* 설마 …인[한] 것은 아니겠지; *být v -ém stavu* 임신중이다; ~ *svět* 다른 세상, 저승, 내세

J

Jiří, *ma* 이르지((체코 남자 이름))
jiřička, *f* 흰털발제비((유럽산))
jiskra, *f* 불꽃, 섬광, 번쩍임 ◆ *~ naděje* 희망의 빛
jiskrný 불꽃을 튀기는, 번쩍하는, 번쩍이는
jiskřička, *f* 작은 불꽃[섬광]
jiskřit se > za- 불꽃을 튀기다, 번쩍이다, proudem (불꽃, 섬광을) 내다, výbušně 번쩍이다, vydávat jiskry 스파크하다
jiskřivý 반짝반짝 빛나는, 번쩍이는
jíst (*jím-, -š ... jedí, jez!, jedl*) **> najíst se 1** 먹다, 식사하다, o pravidelném jídle (규정식으로) 식사를 하다 **2 > sníst** 먹어버리다, 먹어 치우다, 다 먹다
jistě 1 확실히, 틀림없이 **2** bezpečně 안전하게, 무사히 **3** jasně 분명하게, 분명히, 명확하게, 명확히 **4** přesně 정확히, 정확하게, 확고하게 ◆ *pomalu, ale ~* 천천히 그러나 틀림없이
jistěže samozřejmě 의심할 여지없이, 확실히, 틀림없이, 물론
jistota, *f* **1** 확실(함), přesvědčení 확신 **2** pevnost názoru (견해의) 확고 부동 **3** nerozpačitost sebedůvěra 자신, sebevědomá (자의식적인) 자신감 **4** klid 안정, bezpečnost 안전; subjektivní pocit bezpečí 안심감, 안도감
jist|ý 1 zřejmý vzhl. k objektivním faktům 확실한, přesvědčený 확신하는, neselhávající 틀림없는 **2** evidentní 명백한, 분명한, 명확한 **3** nerozpačitý 자신하는, 자신이 있는, 자신만만한 **4** bezpečný 안전한, subjektivně 안정된 **5** zaručený, pravidelný 보장된, 정규적인, 규칙적인 **6** spoléhající se, jistý 믿을 수 있는 ◆ *buďte si jist(ý)* 확신을 가지세요; *být si jist(ý) svou věcí* 확신을 갖고 말하다; *po jisté době* 시간이 흐른 뒤; *do -é míry* 어느 정도까지; *mířit -ě* 확실하게 겨냥하다; *nebýt si jist(ý) životem* 생명이 위독하다[위험하다]
jíška, *f* 구운 밀가루; 베사멜((진한 흰 소스의 일종))
jít (*jdu, jdi!, šel, šla...*, 미래시제 *půjdu*) **(**부정태 및 반복상은 chodit**) 1** kam (어딘가로, 어딘가에) 가다; sem k nám (이리로 우리에게로) 오다; zvolenou cestou (선택된 길을) 가다, 지나다, 통과하다 **2** kráčet 걷다, 걸어가다[오다] **3** operovat, fungovat, být v provozu 작동하다, 움직이다, 일하다 **4** prodávat se 팔리다 **5** sahat, dosahovat až kam (어디까지) 이르다, 미치다, 뻗다, 도달하다 **6** vést někam (어딘가로) 통하다, 향하다, okno do ulice (창문이 거리로) 면하다[향하다] **7** slušet 어울리다, 적합하다; padnout komu co (누구에게 무엇이) 맞다, 합치하다; jít k čemu (무엇과) 조화하다, 어울리다, být v souladu 부합하다 **8** být v něčem úspěšný (무엇에) 성공적이다, 유능하다, 잘하다 **9** vyjít, vyrazit 떠나다 **10** za čím, kým (무엇, 누구 뒤를) 쫓다, 따르다 **11** za koho (누구를 위해) 대역을 하다 **12** pokračovat 이어가다, 계속하다 ◆ *~ pro co* 무엇을 가지러 가다; *o co jde?* 무엇에 관한 문제인가?; *~ do civilu* (군복무기간이 끝나서) 민간 생활로

J

가다; ~ *do ciziny* 해외로 가다; *jdi do háje!* 꺼져!; *učení mu nejde do hlavy* 그는 공부가 잘 되지 않는다, 그는 공부를 잘 못한다; ~ *do hloubky* 깊이 들어가다; ~ *do kláštera* (*ženského*) 수녀원에 들어가다, 수녀가 되다, (*mužského*) 수도원에 들어가다, 성직자가 되다; ~ *do penze* 퇴직하다, 은퇴하다; ~ *do podrobností* 상술하다, 자세히 진술하다; ~ *k divadlu* 배우가 되다; ~ *komu k duhu* 누구와 동의하다; *hlava mi jde kolem* 나는 현기증이 난다, 아찔하다; ~ *komu do krámu* 누구의 계획에 일치하다; ~ *k soudu* 재판으로 해결하다; ~ *k srdci* 마음을 움직이다; ~ *k věci* 본론으로 들어가다, 사실[요점]을 말하다; ~ *ke zkoušce* 시험을 치다; ~ *na dračku* 날개 돋친 듯이 팔리다; ~ *jako na drátku,* ~ *jako po másle* 잘 되어가고 있다; *při- čemu na kloub* 철저하게 파헤치다; ~ *na kořen čeho* 무엇의 근본을 규명하다; *jde mu to na mozek* 그것은 그를 어이없게 만든다, 귀찮게 한다; ~ *na námluvy* 구애하러 가다; ~ *napřed* 앞장서다; ~ *první* 제일 먼저 가다; ~ *komu na ruku* 누구에게 길을 열어[닦아] 주다; ~ *na stranu* 비켜서다, 양보하다, 탈선하다, 뒷간으로[화장실로] 가다; *ale jdi!* 저리 가, 어리석은 짓 그만둬; *jdi pryč* 가버려, 꺼져; ~ *stranou* 옆으로 비키다; ~ *na pivo* 맥주를 마시러 가다; ~ *pro pivo* 맥주를 사러 가다; ~ *na záchod* 화장실에 가다; ~ *na tloušťku* 체중이 늘다; ~ *na vojnu* 군에 입대하다; ~ *komu naproti* 누구를 마중하다; ~ *komu na nervy* 누구의 신경을 건드리다; ~ *na odbyt* 잘 팔리다, 팔림새가 좋다; ~ *komu na pomoc* 누구의 도움을 청하러 서두르다[가다]; ~ *na procházku* 산책하다, 산보하다; *to mi nejde na rozum* 나는 그것이 이해가 되지 않는다, 나는 그것이 무엇인지 전혀 알 수 없다; ~ *z ruky do ruky* 소유주가 바뀌다; *jdi si po svých* 자기할 일을 해라, 남의 일에 간섭하지 말아라; ~ *po špičkách* 발끝으로 걷다; ~ *do toho* 맹목적으로 덤벼들다; *musím už* ~ 나는 그만 가야겠다; *jde mi o něco jiného* 내 주장과 벗어나다, 내가 의도한 바를 벗어나다; *jde o to, že* …에 관한 것이다, 요점[관건]은 …이다; *jde mi o život* 나의 생명이 걸린 문제이다; *jde mu to od ruky* 그는 그것이 손에 익다, 그는 그것에 숙련되어 있다; ~ *po dobrém* 쉬운[평탄한]길을 가다; *po hlase* 소리를 따라 가다; ~ *po stopě* 추적하다, 발자국을 따르다; ~ *nedaleko pro odpověď* 언제나 대답 할 준비가 되어 있다; ~ *s dobou /duchem doby/ duchem časů* 시대 정신[유행]에 따르다; ~ *s módou* 유행에 따르다; ~ (*rovnou*) *za nosem* 본능[직감]에 따라 행동하다, 곧바로 앞으로 나아가다

Jitka, *f* 이트카((체코 여자 이름))

jitrnice, *f* 돼지 피로 만든 소시지, 순대

jitro, *n-2* 아침, 여명 ◆ *dobré* ~ *!* 좋은 아침, 안녕하세요((아침 인사)); ~ *moudřejší včera* 하룻밤 자고 생각하는 것이 좋다, 즉답하지 않는 것이 좋다

jitřenka, *f* 샛별, 금성

J

jitřit > (ro)z- 노하게 하다, 화나게 하다

jitřní[1] (이른) 아침의 ◆ ~ *mše* 아침 미사

jitřní[2]**,** *f* 아침 미사

jizba, *f* (시골 농가의) 방 ◆ *kulturní ~* (농촌마을의) 독서실

jízda, *f* **1** ježdění 타고[태우고] 감, 운전, 운행, 주행, 드라이브 **2** na kole/na lyžích/na bruslích/na koni/na skateboardu 자전거/스키/스케이트/말/ 스케이트보드 타기 **3** cesta (자동차 등에 의한) 여행 **4** jezdectvo 기마대, 기병대 **5** party 파티 ◆ *dámská ~* 여자들끼리의 모임[파티]; *pánská ~* 남자끼리의 모임(파티), 결혼 전 친구들이 신랑을 위해 여는 파티; *~ po pravé straně* 우측 통행

jízdárna, *f* 조련장, 승마 학교

jízdenka, *f* (기차, 전차, 버스) 차표, 승차권

jízdné, *n* 운임, (승차)요금, 승차료, 차비; cestovní výdaje 여행 경비

jízdní 운행의, 주행의; 승차의, 승마의 ◆ *~ řád* (기차, 버스, 배) 시간표; *~ pruh dálnice* 고속도로의 차선; *~ dráha* 도로, 차도; *~ kolo* 자전거; *~ policie* 기마 경찰

jízlivost, *f-1* 나쁜 마음, 악의, 해할 마음, 앙심, 비꼼

jízlivý 짓궂은, 심술궂은, 악의에 찬

jizva, *f* 흉, 상처 자국, 아문 상처

již **1** už, teď 벌써, 이미 **2** již kdy …에는 이미 **3** v záporu (부정문에서) 더 이상 …않다 **4** nadto 그 외에, 그 밖에 ◆ *~ teď* 바로 지금; *~ zase* 다시 한 번, 또 한 번

jižan, *ma-4* 남부(쪽) 사람, 남부인

jižní 남쪽의, 남쪽으로부터의, 남부의, směřující k jihu 남쪽으로의 ◆ *~ ovoce* 열대 과일; *~ vítr* 남풍; *~ pól* 남극; *~ polokoule* 남반구; *~ Amerika* 남미; *~ Afrika* 남아프리카; *~ Korea* 남한

jmelí, *n* 겨우살이((크리스마스 장식에 씀))

jmění, *n* 재산, 부; kapitál 자산, 자본금 ◆ *movité ~* 동산; *nemovité ~* 부동산

jmeniny, *f-pl* 본명 축일, 명명일

jmenný 이름의, 기명의, 명칭상의 ◆ *~ seznam* 인명표, 인명록

jméno, *n* **1** 이름, 성명 **2** 평판, 명성 **3** (문법의) 명사 ◆ *podstatné ~* 명사; *přídavné ~* 형용사; *obecné ~* 보통 명사; *vlastní ~* 고유 명사; *jaké je ~?* 이름이 무엇인가?

jmenov|at >< 1 이름을 부르다, 호명하다 **2** 지명하다 **~ se** …라고 불리다, 명명되다, 이름은 …이다 ◆ *jak se jmenujete?* 이름이 무엇입니까? **~** koho čím (누구를 무엇으로) 지명[임명]하다◆ *~ koho předsedou* 누구를 의장[위원장]으로 임명하다; *~ koho na místo profesora* 누구를 교수로 임명하다 **~ > po-** koho po kom (누구를 누구의 이름을 따서) 이름을 붙이다[짓다], 명명하다 **~ > vy-** …의 이름을 대다, 열거하다

jmenovatel, *ma-1, 4, mi-1* 《數》 분모 ◆ *společný ~* 공통 분모

jmenovec, *ma* 이름이 같은 사람, (특히) 딴 사람의 이름을 받은 사람

jmenovitý **1** 명시적인, 명기한, 열거한, 지정한 **2** 명목상의, 이름만의

jmenovka, *f* (대문, 문의) 명패, (가방 등의) 명찰

jmout *(jm-u..., jal)* < **jímat** (**문어체**) **1** = *chopit* < *chápat* **2** 갑자기 덮쳐오다, 압도하다 **3** 사로잡다, 체포하다 **4** být jat čím (무엇에) 사로잡히다 ~ **se** (**문어체**) = *začít/ chopit se*

jo, jó (**감탄사**) **1** ano, jasně 예, 응 **2** ..., že jo? 그렇잖아! **3** ach jo (한숨 섞인) 휴

jód, *mi-2* 요오드, 옥소

jódový 요오드의, 옥소의

jóga, *f* 요가

jogging, *m* 조깅

jogurt, *mi-2* 요구르트

Josef, *ma* 요세프((체코 남자 이름))

jsoucnost, *f-1* 존재, 실재, 실존

jubilejní 기념일의

jubileum, *n-2* 기념일, …년제

judo, *n* 유도

Jugoslháv|ec, *ma* **-ka,** *f* 유고슬라비아 사람

Jugoslávie, *f* 유고슬라비아

junácký 1 건장한, 튼튼한, 팔팔한; statný 굳센 **2** 영웅적인, 용감한 **3** 보이스카웃의

junák, *ma-3* **1** 젊은이, 청년 **2** 영웅 **3** 보이스카웃

jund|a, *f* (**구어체**) 익살, 농담, 장난, 놀이, 재미; 즐거움; 낙 ◆ *mít -u z čeho* 무엇을 놀려대다

junior, *ma* [-nyjór] **-ka,** *f* **1** …의 아들, 2세 **2** (스포츠의) 연소자 ◆ *Novák* ~ 노바크 2세

juniorský …아들의[2세의]; 연소자의

jura, *f* 쥬라기

jurský 쥬라기의

jurista, *ma(-4)* 법률가((판사, 변호사 등)), 법률 학자

justiční 법의, 법에 관련된 ◆ ~ *omyl* 오심

JZD, *n-in* 농업 협동 조합((jednotné zemědělské družstvo의 약자))

K

k[1], **K** *n-in* [ká] *n-in* **1** [까] 체코어 알파벳의 자음 글자 **2** 《化》 칼륨

k[2]**(ke, ku)** **(**전치사**)** **(**+여격**)** **1** směr, směřování **(**방향**)** …쪽으로, …로, …으로, …에, …을 향해 **2** čas, přibližnost **(**시간, 계기**)** …쯤에,…무렵(에), …경(에), … (때)쯤 **3** mez, míra **(**경계, 척도**)** …까지 **4** účel **(**목적**)** …을 위하여 **5** poměrnost **(**비율**)** …대… **6** sounáležitost **(**부속**)** …에 관하여, …에, …와, …에다 **7** zřetel **(**관계**)** …를 향한, …에 대한, …에게 **8** pro vyjádření citových vztahů **(**감성 관계**)** …를 향한, …에 대한 **9** ve vsuvkách **(**추가**)** 그위에, 게다가 ◆ *nechoď ~ ohni!* 불 근처에 가지마라! *jít ~ doktorovi* 의사에게 가다; *až ~ domu* 집까지; *je to s ní ~ nevydržení* 그것은 그녀가 버틸 수 없을 정도이다; *~ obědu* 점심에; *dárek ~ narozeninám* 생일 선물; *být ~ ničemu* 아무 것에도 쓸모가 없다; *hodit se ~ čemu* 무엇과 어울리다; *máte kravatu ~ mému obleku?* 내 정장과 어울리는 타이가 있습니까?; *být krutý ke komu* 누구에게 매정하다; *láska ke komu/čemu* 누구/무엇에 관한 애정[사랑] (*měl jen jednu košili*) *a ještě ~ tomu špinavou* (그는 셔츠가 하나밖에 없었는데) 게다가 더러운 것이었다; *~ čemu* (*je to*)? (그것은) 무슨 목적으로?, 무엇 때문에?; *není to ku ničemu* 그것은 아무런 쓸모가[소용이] 없다; *~ příkladu* 예를 들어; *jsem vám ~ službám* 무엇이든 분부만 하십시오

kabala, *f* (중세 유대교 학자들의) 신비철학, 카발라; 신비적 교리, 밀교

kabalistický 신비철학의, 카발라의, 신비적 교리의, 밀교의

kabaret, *mi-2* 카바레

kabát, *mi-2* **1** 상의, 재킷, 코트, 오버(코트), 외투 **2** 의복 ◆ *bez -u* 상의를 입지 않은, *převlékač -ů* 변절자, 배반자, *převlékat ~* 변절자가 되다, 배반자가 되다

kabátek, *mi-2, 3* 짧은 상의, 블레이저 코트((화려한 스포츠용 상의)), pletený 카디건

kabel, *mi-2* 전선, 케이블

kabela, *f* 가방, 백, 쇼핑백

kabelka, *f* 핸드백, 작은 가방

kabelov|ý 케이블의 ◆ *-á televize* 케이블 TV; *-á přípojka* 케이블 연결

kabina, *f* **1** letadla (비행기의) 기내; vozidla 선실; kosmické lodi (우주선의) 캐빈[캡슐]; nákladního auta, jeřábu (화물차, 기중기의) 운전석; výtahu (승강기의) 칸 **2** na lodi (배의) 침실칸 **3** na koupališti (수영장의) 칸막이한 작은 방, telefonní (전화) 부스, převlékací 탈의실

kabinet, *mi(-2)* 캐비닛

kabonit se > za-, z- 1 얼굴을 찌푸리다 **2** počasí (날씨가) 험악해지다, 나빠지다

kabrňácký (구어체**)** 일류의, 최고의

kabrňák, *ma-3* **(**구어체**)** 쾌남아, 멋있는 남자, 일류, 최고; ve výkonu 명인, 명수

kácet (*-cejí*) **1 > s-** (나무를) 베어 넘어뜨리다, 쳐서 넘어뜨리다 **2 > vy-** (산림을) 벌목하다, 개간하다 **~ se > s-** 넘어지다, 쓰러지다, 무너지다; stát nepevně 비트적 거리다, 비틀거리다

kacíř, *ma* **-ka,** *f* 이교도, 이단자

kacířský 이교의, 이단의

kacířství, *n* 이교, 이단

káča, *f* **1** 팽이 **2** (낚시의) 찌 **3 (**구어체**)** 오리; 바보 같은 여자, 여자 얼간이

kačátko, *n-2,3* **káče,** *n-1* 새끼 오리, 오리새끼

kačenka, *f* **1** 작은오리 **2 (**구어체**)** 새끼 오리

kačer, *ma* 수오리

káď, *f* 통, 물통, 욕조

kadeř, *f* (머리의) 타래, 머리단; kudrna 곱슬머리, 고수머리

kadeřavý 곱슬곱슬한

kadeřit > na-, z- 곱슬곱슬하게 하다, 꼬다

kadeřn|ice, *f* **-ík,** *ma-3* 미용사, 조발사, 이발사

kadeřnictví, *n* 미용실, 이발소

kadet, *ma* 사관학교 생도, 사관 후보생

kadidlo, *n* (종교적 행사에 쓰이는) 향, 유향((동아프리카, 아라비아산 감람의 일종; 이스라엘 민족이 제례에 쓰던 고급 향초))

kádinka, *f* (화학 실험용) 비커

kádr, *mi-2* **1** 《軍》 기간 요원((편성, 훈련을 받은 장교, 부사관들)), 간부단 **2** 간부, 스텝, 주요인물 **3** v komunistickém režimu (공산주의 정권의) 충실한 당원, 핵심 분자 ◆ ~ *politické strany* 정당 지지 당원

kádrovat > pro- 가려내다, (지원자 등을) 심사[선발]하다

kádrový 인사의, 기간 요원의, 핵심 당원의 ◆ ~ *posudek* 일건 서류, 사건 기록, 인물 증명서; ~ *materiál* 인사 파일

kafař, *ma* **-ka,** *f* **(**구어체**)** 커피 중독자, 커피 애호가

kafe, *n* **(**구어체**) 1** 커피 **2** 커피 한 잔 ◆ *jít na ~* 커피 마시러 가다

kahan(ec), *mi* **1** (탄갱용) 안전등, 램프등 **2** 배너, 연소기

Káhira, *f* 카이로

kachel, *mi-1* 기와, 타일

kachna, *f* **1** 오리 **2** zpráva 와전, 헛소문, 유언비어

kajak, *mi-2, 3* 카누형 보트((노의 양 끝으로 젓는)), 카약

kající 회개하는, 후회하고 있는, 뉘우치는

kajícn|ice, *f* **-ík,** *ma-3* 고해자, 통회자, 회개자

kajícnost, *f-1* 회개, 참회, 후회

kajuta, *f* 선실, 객실, s lůžkem (침대가 딸린) 고급 선원실

kakao, *n-2* 코코아

kakaový 코코아의

kaktus, *mi-2* 선인장

kal, *mi-2* 진흙, usazený (바다 밑·강바닥 따위의) 연한 개흙; sedlina 침전물, 앙금, 오물

kalafuna, *f* 정제한 송진, 정제 수지

kalamář, *mi* 잉크병, s podstavcem 잉크 스탠드, zapuštěný (탁상 구멍에 꽂는) 잉크병

kalamita, *f* 큰 재난, 불행; 참사, 참화 ◆ *sněhová* ~ 대설, 폭설

kalendář, *mi* **1** 달력, 캘린더 **2** s články 책력, 책서; 연감 **3** zápisník (일정을 메모할 수 있는) 수첩

kalendářní 달력의, 캘린더의 ◆ ~ *rok* 역년, 일년

kalhot|a, *f* 바지의 한쪽 가랑이, 바지 가랑이 **-y,** *f-pl* 바지, pohodlné 헐렁한 바지((운동용)), silné bavlněné 진, 청바지 ◆ *jezdecké* ~ 승마용 바지; *punčochové* ~ 팬티스타킹

kalhotky, *f-pl* **1** (유아용) 바지, 팬츠 **2** (여성용) 속옷, 팬티

kalibr, *mi-2* (총포의) 구경, 직경

kalibrovat 사정거리를 측정하다; (총포의) 구경을 측정하다

kaligraf, *ma* 서예가; 달필가

kaligrafický 서예의; 달필의, 명필의

kaligrafie, *f* 붓글씨, 서도, 서예

kalich, *mi-2, 3* 받침달린 잔; 성찬배, 성배, 성작

kališnický 성배주의(자)의

kališník, *ma-3* 성배주의자

kališnictví, *n* 성배주의

kaliko, *n-2* 옥양목, 캘리코, 사라사

kaliště, *n* 진흙 웅덩이

kalit > z(a)- 1 물(따위를) 흐리다, 오염시키다, vzduch, pohled, zrak (공기, 전경, 시야를) 뿌옇게 하다, 어둡게 하다 **2** kovy (강철 따위를) 불리다, 단련하다 **3** jet rychle **(**구어체**)** 빠르게 가다, 질주하다, 돌진하다 ◆ ~ (*si*) *to po silnici* 쏜살같이[전속으로] 도로를 질주하다

kalkulace, *f* 계산, 견적; 평가, 예상

kalkulačka, *f* 계산기

kalkulovat 계산하다, 세다, 예측하다

kalný 진창의, 흐린, 맑지 않은, 어두운

kalorie, *f* 칼로리((열량의 단위))

kaloun, *mi-2* 납작한 끈, 노끈, 좁다란 레이스

kalup, *mi-2* **(**구어체**)** 서두름, 급함 ◆ *-em* 허둥지둥, 급히; *být v -u* 서두르다, 허둥대다

kalúž(ina), *f* 웅덩이, 못

kam 1 (의문**)** 어디로 **2** (관계) … 하는[인] 거기로 ◆ *nevědět kudy* ~ 궁지에 몰려 어쩔 줄을 몰라하다; *chodím si,* ~ *chci* 내가 (가기를) 원하는 거기로 나는 다닌다

Kambodža, *f* 캄보디아

kamarád, *ma* **-ka,** *f* 친구, 동료, 동반자, 짝 ◆ *-e!* 친구야! 동무야!

kamarádit se s kým (누구와) 친하게 지내다, 친구사이가 되다; 교제하다, 접촉하다

kamarádský 친목의, 친밀한, 친숙한, 친근한, 친한

kamarádství, *n* 우정, 우애, 동지애, 교우

kamaše, *f-pl* 각반, 정강이받이,

K

kotníkově 스패츠((발등과 발목을 덮는 짧은 각반))

Kambodža, *f* 캄보디아

kamelot, *ma* **-ka,** *f* 신문을 파는 사람, 가두 신문 판매인

kámen, *mi(-1)* **1** 돌, 돌멩이; 《地》 바위, 암석, 암반 **2** na šachovnici (서양장기의) 말, 졸 **3** med. 결석, 치석 ◆ *spadl mi ~ ze srdce* (나는) 한시름 놓았다, 안심이다; *~ úrazu* 방해물, 장애물; *~ by se ustrnul* 그것은 아무리 무정한 사람의 마음이라도 녹일 수 있을 것이다[누그러뜨릴 것이다]; *vřídelní ~* 천화((온천에서 생기는 석회나 규산질 따위의 앙금)), 탕화((온천 밑바닥에 가라앉아 생긴, 황의 김이 식어서 엉긴 가루)); *základní ~* 초석, 주춧돌; *žlučový ~* 담석; *zubní ~* 치석; *močový ~* 요(결)석

kamenec, *mi* 《化》 명반; 황산 알루미늄

kamenět *(-nějí)* > **z-** 돌이 되게 하다, 석화하다, pohled, srdce 냉랭해 지다

kamení, *n* 돌, 암석, 바윗돌(덩어리), 석재; drobné 자갈, 조약돌

kamenický, *n* 석공의, 채석의

kamenictví, *n* 석공술, 석공일, 채석업

kameník, *ma-3* 석수, 석공, 벽돌공

kamenina, *f* **1** 자기, tvrdá 석기, pálená hlína 도자기, hrubá 도기 **2** 오지 그릇, 사기 그릇

kamenit|ý 돌이 많은, 돌의 ◆ *-á cesta* 돌이 많은 길

kamenn|ý **1** 돌의 **2** tvrdý 돌처럼 단단한 ◆ *-á doba* 석기 시대; *~ lom* 채석장; *-á sůl* 암염; *-é uhlí* 무연탄

kamenouhelný 석탄의

kamenovat > **u-, z-** …에 돌을 던지다, 돌팔매질 하다 > **u-** 돌로 쳐 죽이다

kamera, *f* 카메라, 촬영기((영화, 텔레비전, 비디오 따위를 촬영하는 기계))

kameraman, *ma* **-ka,** *f* 카메라 맨, 촬영 기사, 촬영 감독

Kamerun, *m* 카메룬

kamión, *mi-2* 화물 자동차, 트럭, 운반차

kamkoli(v) 어디(로)든지

kamna, *n-pl* (가스, 전기) 스토브, 난로, 화덕 ◆ *elektrická ~* 전기 난로; *zapálit v -nech* 난로에 불을 붙이다

kamnář, *ma* 난로 놓는 사람

kampak 도대체 어디로

kampaň, *f* **1** 운동, 선전, 캠페인 **2** cukrovarská, řepná (사탕무) 수확기, 시즌, 시기, 활동기 **3** 군사 행동, 출정

kamsi 어딘가로

kamufláž, *f* **1** 변장, 가장, 분장; 《軍》 카무플라즈, 위장 **2** 숨기, 은닉, 은폐

kamzík, *ma-3* 샤무아((유럽, 서남아시아산의 영양))

Kanaán, *m* 가나안((팔레스타인 서쪽지역의 명칭))

Kanada, *f* 캐나다

Kanaďan, *ma* **-ka,** *f* 캐나다 사람

kanadský, *f-pl* 캐나다(사람)의

kanál, *mi* **1** stoka 하수(구), povrchová stoka 배수로, odtok do ní 배수구 **2** 도관, 송수관 **3** zeměp. 운하, 수로,

K

도랑; umělý, zavlažovací 인공 수로 **4** (텔레비전) 채널

kanalizace, *f* 하수 설비, 배수 설비

kanalizovat 도랑을 파다, 운하를 파다

kanár(ek), *ma* 《鳥》 카나리아

kancelář, *f* 관청, 사무실, 사무소, 영업소, 판매소, 회사 ◆ *informační* ~ 안내소; *tisková* ~ 통신사

kancelářský 관청의, 사무실의

kancléř, *ma* (독일 등의) 수상, 총리

kancléřství, *n* 수상[총리]의 직[관청]

kandelábr, *mi-2* 가로등(의) 기둥, 가등주

kandidát, *ma* **-ka,** *f* **1** čeho (무엇에 대한) 지원자, 후보자; v soutěži (경기의) 경쟁자, 경쟁 상대, 경기 참가자; žadatel 응모자, 지원자 **2** volební (선거) 후보자, 지명된 사람 **3** zkoušenec (시험의) 수험자

kandidátní 지원자의, 후보자의 ◆ ~ *listina* 지원자(의) 명부

kandidatura, *f* 입후보, 입후보 자격

kandidovat 입후보자로 출마하다; koho (누구를) 후보자로 추천하다[내세우다]

kanec, *ma* 수퇘지, 멧돼지

kaňhat > z- 얼룩지게 하다, 더럽히다; 실수하다, 망치다

kaňka, *f* (잉크 등의) 얼룩; 오점, 흠

kánoe, *f* 카누

kánoist|a, *ma-4* **-ka,** *f* 카누 선수

kanón, *mi-2* 캐논포, 기관포, 대포

kanonáda, *f* 포격, 폭격, 집중 포화

kanout > s- (문어체) 듣다, (액체가) 똑똑 떨어지다, 졸졸 흐르다, (눈물이 뚝뚝) 방울져 떨어지다

kanovník, *ma-3* (대성당의) 참사 회원, 수사 신부

kantor, *ma* **-ka,** *f* **1** 교사, 선생 **2** (성가대의) 합창, 지위자, 선창자; (유대 교회의) 독창자, 주창자

kantýna, *f* (군대의) 식당, 매점[PX]

kantýnsk|á, *f* **-ý,** *ma* (식당의) 관리인, 간이 식당 주인

kanýr, *mi* (17세기경 여성복의) 옷자락 장식

kaolín, *mi-2* 고령토

kapacita, *f* **1** 수용 능력; objem 용적, 용량 **2** člověk 권위자, 대가

kapalina, *f* 액체, 유동체

kapalnět (*-nější*) **> z-** 액체로 변하다[바뀌다]

kapat (*kap-u|-ám, kapej!, kapal*) 똑똑 떨어뜨리다, soustavně 방울져 떨어지다, 듣다 **~ > skápnout 1** 똑똑 떨어지다 **2** zemřít **(**속어**)** 죽다 **3** svíčka (촛농이) 흐르다

kapátko, *n-2, 3* (소량의 액체를 옮기는데 쓰는) 작은관, 피펫

kapela, *f* (취주) 악단, 밴드, 그룹

kapelník, *ma-3* 악장, 밴드마스터

kapesné, *n* 용돈

kapesní 호주머니(용)의; malý 소형의, přenosný 휴대용의 ◆ ~ *hodinky* 회중 시계, ~ *slovník* 소사전

kapesník, *mi-2, 3* 손수건

kapilára, *f* 모세관

kapitál, *mi-2* 자본(금), 기금, 기본재산, finanční prostředky 자원

kapitalismus, *mi-2* 자본주의, 자본

주의 제도
kapitalist|a, *ma(-4)* **-ka,** *f* 자본가, 자본주의자
kapitalistický 자본가의, 자본주의의
kapitálový 자본의, 기금의
kapitán, *ma* **-ka,** *f* **1** 선장, 함장, 기장 **2** 대위 **3** 팀장, 주장; 선장, 기장
kapitola, *f* (책, 논문의) 장, 절
kapitulace, *f* 항복, 투항, 굴복
kapitulant, *ma* **-ka,** *f* 패배(주의)자
kapitulantský 패배(주의)자의
kapitulovat >< 항복하다, 굴복하다, 선거에서 패배를 인정하다
kapk|a, *f* **1** (액체의) 방울 **2** 소량, 미량 ◆ *poslední ~* 참을 수 없게 되는 마지막[한도]; *do poslední -y* 마지막 한방울까지
kaplan, *ma* (궁정·대학·병원 등의) 목사, 지도 신부, 성직자
kaple, *f* 예배당, 교회당, katolická (카톨릭) 성당
kaplička, *f* 작은 예배당, katolická (카톨릭) 소성당
kápnout v. *kapat*
kapota, *f* (자동차의) 보닛, 엔진 뚜껑
kapr, *ma* 잉어
kapra|ď, *f* **-dina,** *f* 양치류
kaprál, *ma-2* **1** (군대에서) 병장 **2** rázný člověk 규율에 엄격한 사람((특히 군인)), 몹시 까다로운 사람
kapsa, *f* 호주머니, 주머니, 포켓 ◆ *~ s patkou* 뚜껑이 있는 주머니; *strčit do -y* 상대하기가 힘에 겨운 상대이다
kapsář, *ma* 소매치기, 날치기
kapsk|ý 케이프의 ◆ *-é Město* 케이프 타운(남아프리카 공화국의 도시, 수도는 프리토리아)
kapsle, *f* **1** (화약) 뇌관 **2** (약 등의) 캡슐
kapuce, *f* 두건, (외투에 붙은) 후드
kapucín, *ma* **-ka,** *f* 카푸친회 수사, 수녀((프란체스코회의 한분파))
kapusta, *f* 양배추, 캐비지 ◆ *růžičková ~* 평지과의 다년생 초본((양배추의 일종))
kára, *f* **1** 미는 손수레 **2** **(속어)** auto 낡은 차, 고물차
Karáčí, *n* 카라치((파키스탄 최대 도시))
karafa, *f* (바닥이 넓으며 주둥이는 좁은) 유리병, na víno (와인용) 유리병
karafiát, *mi-2* 카네이션
karamela, *f* 캐러멜
karanténa, *f* **1** 검역, 격리 **2** 검역소, 격리소
kárat > po- koho za co (누구를 무엇에 대해) 비난하다, 질책하다, 야단치다, 잔소리하다, 나무라다, 탓하다, ostře (호되게) 꾸짖다, vyčítavě 책망하다, důtkou 훈계하다
karavana, *f* **1** (사막의) 대상, 캐라반 **2** (차 등의) 일렬, 일대
káravý 비난하는, 책망하는, 질책하는, 야단치는, 잔소리하는, 나무라는, 탓하는
karbanátek, *mi-2, 3* 고기, 야채 등을 다져 구운 햄버거[완자]
karban|ík, *ma-3* **-ice,** *f* 도박꾼, 노름꾼
karbon, *mi-2* **1** 《지질》 석탄기(紀) **2**

《化》 탄소((비금속 원소; 기호 c; 번호 6)) **3** 카본지, 복사지, 묵지

karbonový 카본지의, 묵지의

karburátor, *mi-2* 기화기, 카부레터, 탄화 장치

kardinál, *ma-2* 추기경

Karel, *ma* 카렐((체코 남자 이름)) ◆ *~ čtvrtý* 카렐 4세; *~ Veliký* 샤를마뉴 대제

karfiól, *mi-2* 콜리플라워, 꽃양배추

karfiólový 콜리플라워의, 꽃양배추의

Karibik, *m* 카리브해

kariér|a, *f* 경력, 이력, 출세, 성공, 지위 ◆ *dělat -u* 출세하다

kariérist|a, *ma(-4)* **-ka,** *f* 출세 제일주의자, 야심가

karikatura, *f* **1** (문학의) 희삭, 익살극 **2** přehnaná 풍자[만화]예술, 캐리커쳐 **3** kresba (풍자)만화, 시사 만화, 만화 영화

karikaturist|a, *ma(-4)* **-ka,** *f* 풍자[만화] 예술가; kreslíř (풍자)만화가, 시사 만화가

karikovat > z- 풍자하다, kresbou 풍자 만화를 그리다

karkulka, *f* (어린이용) 작은 모자 ◆ *Červená K-* 카르쿨카((동화속의 붉은 승마용 모자를 쓴 어린 여주인공 이름))

kárný 벌의, 처벌의, 징벌의, 징계의

karnýr, *mi-2* (여성복 스커트의) 주름장식

karosérie, *f*(자동차의) 차체

kar|ta, *f* 카드, 카드놀이; rozdané (손에 쥔) 패, 카드패 ◆ *hádat z -et* 카드로 운세를 점치다; *vsadit vše na jedinou -tu* 한 사업에 모든것을 걸다

kartáč, *mi* 솔, 브러쉬

kartáček, *mi-2, 3* 작은 솔, 칫솔

kartáčovat > o-, vy- (솔로) 털어내다, 솔질하다

kartel, *mi-2* 기업 합동, 카르텔

kartón, *mi-2* **1** 마분지, 보드지 **2** krabice 종이팩[상자]

kartotéka, *f* 카드식 목록[색인]; 서류철, 파일

kasárna, *f-pl* 막사, 병영

kasař, *ma* 금고털이

kasat > pod- 끌어올리다, 걷어올리다; **vy-** 말아올리다, 단을 접다

kasička, *f* 저금통, 현금통

kaspick|ý 카스피의 ◆ *-é moře* 카스피해

kasta, *f* 카스트(제도)

kaše, *f* **1** pokrm, 죽, 미음, 과육, 걸쭉한 것 **2** 묽은 죽, 오트밀; propasírovaná 퓌레((야채, 고기를 삶아서 거른 진한 스프)); 짓이긴 것 **3** zlá situace 뒤죽박죽, 엉망진창 ◆ *bramborová ~* (삶아) 으깬 감자, 감자퓌레

kašel, *mi-1* 기침 ◆ *černý ~* (백일해로) 그르렁거리는 기침

kašlat (*kašlu, kašli!, kašlal*) **> za- 1** (헛)기침을 하다 **2 vy- se** na co/koho (무엇/누구를) 조금도 상관치 않는다, 경멸하다; opustit koho (누구를) 버리다

kašna, *f* 샘, 분수, 분수대

Kašpárek, *ma-3* 카슈파레크((인형극 주인공))

kaštan, *mi-2* **1** 밤 **2** 밤나무

K

kaštanový 1 밤색의 **2** 밤의 **3** 밤나무의
kat, *ma* 사형 집행자, věšící 교수형 집행인, stínající 목베는 사형 집행인
kát se (*ka-, kál se; nekát se*) 후회하다, 유감으로 생각하다, 속죄하다
katalog, *mi-2, 3* 카탈로그, 목록, kartotéka 색인목록 카드, třídní 출석부
katalogizovat 목록을 만들다
katalyzátor, *mi-2* 촉매
katapult, *mi-2* **1** 투석기, 노포 **2** 캐터펄트((항공 모함의 비행기 사출 장치))
katar, *mi-2* **(**병리학**)** 카타르; 코[인후] 카타르
katastrofa, *f* 재앙, 재난, 재해, 사고, 참사; přírodní, lidská (자연적, 인위적) 파국, 파멸, 대변동
katastrofální 재난의, 재해의, 참혹한, 파국의
katedr|a, *f* **1** (학교의) 교사용 책상 **2** univerzitní oddělení (대학의) 학과; sbor učitelů -y 교수진 **3** 교수의 직
katedrála, *f* 대성당, 주교좌 성당
kategorický 엄연한, 강제적인, 독단적인, 조건없는, bezvýjimečný 절대적인
kategorie, *f* **1** 카테고리, 범주, 영역 **2** v úřadě 지위, 계급
katolický 카톨릭의
katol|ík, *ma-3* **-ička,** *f* 카톨릭 신자[신도]
kauce, *f* 보석(금)
kaučuk, *mi-2* 탄성 고무
kaučukový 탄성 고무의
kauz|a, (법적인) 사건, 문제 ◆ *noviny denně informují o nějaké -e* 일간신문은 어떤 사건에 대해 정보를 제공한다
káv|a, *f* **1** (원두로서의) 커피 **2** (음료로서의) 커피 ◆ *zrnková* ~ 커피콩; *černá* ~ 블랙커피; *dát si -u* 커피를 마시다
kavalír, *ma* **1** 기사, 기마병 **2** (예의바른) 신사, dvorný 멋쟁이
kavárna, *f* 커피숍, 다방, 카페테리아
kaviár, *mi-2* 캐비아, 상어알(요리)
Kavkaz, *mi* 카프카스
kavkazský 카프카스 산맥[지방]의
kávovar, *mi-2* **1** 에스프레소 커피기계 **2** 커피 끓이는 기계, 여과기
kávovina, *f* 커피 대용(품), 대용 커피
kávov|ý 커피의 ◆ *-á lžička* 찻숟가락; ~ *šálek* 찻잔, 커피잔
kaz, *mi-2* 흠, 결점; 썩음, 부패 ◆ *zubní* ~ 충치
kaza|ch, *ma* **-ška,** *f* 카자흐스탄인
kazajka, *f* 재킷 ◆ *svěrací* ~ 구속복((정신병자, 죄수 등의 난동을 막기 위한 재킷))
kázání, *n* **1** 설교, 설법, 연설 **2** 꾸지람, 질책 **3** napomenutí (도덕적인) 강의, 장광설 ◆ *dělat komu* ~ 누구에게 잔소리하다
Kazašsko, *n* 카자흐스탄
kázat (*káz-u, kaž!, kázal*) 설교하다, 전도하다
kazatel, *ma-1, 4* **-ka,** *f* 설교자, 목사, 신부
kazatelna, *f* 설교단
kazatelský 설교자의, 설교하는

K

ká|zeň, *f* 규율, 훈련 ◆ *porušení -zně* 불순종, 반항

kázeňský 훈련의, 규율의

kazeta, *f* **1** 카세트 **2** (보물 등을 위한) 작은 상자, 케이스, 용기 **3** filmu 필름통 **4** 휴대용 화장품 백[케이스]

kazit (*kažen*) **1 > po-** (물건 등을) 망치다, 못쓰게 만들다; (기분, 분위기를) 망치다, 깨다 **2 > z- 1** 망쳐놓다, 손상하다, 훼손하다 **2** 더럽히다, 오염시키다 **3** 훼방놓다, 방해하다 좌절시키다 **4** mravně (도덕적으로) 타락[악화]시키다, 부패시키다 **~ se 1 > po-** 고장나다, 못쓰게 되다, 망가지다, 훼손하다 **2 > z-** 손상하다, 나빠지다, 오염되다; jakostně (질, 가치가) 떨어지다, 악화하다

káznice, *f* 교정원, 감화원, 교노소

každodenní 1 나날의, 매일의, 일상의 **2** 보통의, 평범한

každopádně 반드시, 꼭

každoroční 매년의, 해마다의

každ|ý 1 각자의, 각각의, 매(每); ~ člověk 각자, 각각 **2** libovolně vybraný 어떤, 무엇이든, 누구든; *~ člověk* 누구든지 **3** 모든; 모두 ◆ *jeden ~* 한 사람 한 사람(의), 하나하나(의); *po-é, když* …할 때에는 언제든지; *v -ém případě* 어쨌든, 어느 경우든지

kbelík, *mi-2, 3* 통, velký (큰)물통, malý (작은) 양동이

kdák|at > za-, -nout 꼬꼬댁[꽥꽥] 울다

kde 1 (의문**)** 어디, 어디에 **2 (**관계**)** …인 거기, 거기에서 …인[한] **3 (**부정**)** 어딘가(에서) **4** *ale ~!/ale ~ pak!* rozhodně ne 어딜, 천만에, 어렵쇼, 닥치도 않지! ◆ *~ se tu bereš* 네가 도대체 여기 웬일이야; *~ se vzal tu se vzal* 갑자기, 돌연; *ber ~ ber, vem ~ vem* 꼭, 어떤 희생을 치루더라도; *zůstaň, ~ jsi!* 너가 있는 거기에 머물러라!

kdejaký 어디에 있는 무엇이든(지), 어떤 것이든(지), 모든 종류의, 무엇이든

kdekdo 누구든(지), 어디에 누구든(지)

kdekoli(v) 어디든지, 어디에나, na začátku vedl. věty **(**종속문의 문두에서**)** …한[인] 어디서나

kdekterý 어떤 것이든지, mnohý 많은

kdepak 1 대체 어디로, 어딜 **2** = *kde*

kdesi 어딘가에(서)

kdežto …임에 반하여, …인[한]데; …하는 동안[사이](에), …인 까닭에 ◆ *ty nevíš co s penězi, ~ já nemám nic* 나는 돈이 한푼도 없는데 반하여 너는 돈을 주체하지 못한다

kdo 1 (의문**)** 누구 **2 (**관계**)** …인[하는] 그 사람 사람 **3 (**부정(不定)**)** 누군가, 아무도 ◆ *~ tam* 거기 누구냐, stráž (보초의 수하) 거기 누구야?; *každý, ~ chce* 원하는 사람은 누구나; *~ mlčí, souhlasí* 침묵하는 자는 동의한다; *máš si s kým popovídat* 너는 이야기를 나눈 누군가가 있다; *nemá si s kým popovídat* 그[그녀]는 이야기를 나눌 아무도 없다

kdokoli(v) 누구든지, 누구나, 아무나

kdopak 도대체 누가

kdosi 누군가

K

kdoví(co)... 나도 모르는 (뭔가), 하느님 만이 아는 (뭔가)

kdy 1 (의문) 언제 **2** (관계) …인[하는] 그 때 **3** (부정(不定)) v podmiň., zápor. a táz. větě (조건, 부정, 의문문에서) 언젠가, 이제까지, 일찍이 (없을 만큼), 언제나, 늘, 결코 (…않다) ◆ *není* ~ 여유가 없다, 시간이 없다; *nemám* ~ 나는 시간이 없다[너무 바쁘다]; v den, ~ … …하는 그날에; *jaký* ~ *existoval* 이제까지 존재하였던 그러한

kdyby (**-ch, -s, -chom, -ste**) **1** (조건) …이면[라면], (만일) …라고 하면 **2** (양보) 비록 …할 지라도, 비록 …라(고) 하더라도 **3** (소망) (그저) …하기만 하면 (좋으련만) **4** (가벼운 명령) …하면 좋겠는데 ◆ *kdybys raději mlčel* 입을 다물면 좋겠는데, 입을 다물지 않겠니?; *kdyby nebylo pršelo, byli bychom šli* 비가 오지 않았다고 한다면 우리는 갔을 텐데; *bylo by lépe, kdyby nepřišel* 그가 오지 않는다고 한다면 더 좋을 텐데[좋겠는데]; *kdyby nebylo mě* 내가 아니었다고[없었다고] 한다면

kdykoli(v) … 할 때는 언제든지, … 할 때 마다

kdypak 도대체 언제, důrazně 언제라도

kdysi 한 때에, 언젠가, 이전에

když 1 (시간) …할 때에, …하니[하자] **2** (조건) s bud. časem (미래 시제와 함께) …이면, …라고 하면[한다면]; *jen* ~ 오직 …할 때에 **3** (양보) i ~ 비록 …라 할지라도 ◆ ~ *to řekl, cítil se lépe* 그는 그것을 말하고 나자 기분이 더 좋았다; ~ *přijde* 그[그녀]가 오면; *i* ~ *ji mám rád* 내가 비록 그녀를 좋아한다고 할지라도

ke v. *k*

kec, *mi-2* (구어체) 헛소리, 객담, 엉터리, 허풍, 난센스

kecat (구어체) žvanit 쓸데없는 말을 하다, 헛소리하다; nudně (싫증나게) 수다떨다; povídat si 잡담하다, 이야기하다, 환담하다

kedluben, *mi-2* **-a,** *f* 구경 양배추 ((샐러드용))

kejhat > za- 꽥꽥 울다, 지껄이다

kejklíř, *ma* **-ka,** *f* 돌팔이, 사기꾼

keks, *mi-2* 과자, 비스켓

kel, *mi-2* **1** (코끼리, 멧돼지 등의) 엄니, 어금니, 뻐드렁이 **2** (식물의) 싹, 눈, 움

kelímek, *mi-2, 3* **1** 단지, 용기 **2** (일회용) 컵, 종이컵 ◆ *lékárenský* ~ 약단지

Keňa, *f* 케냐

keramický 도기의, 도자기의, 요업의

keramika, *f* 요업, 도자기류

keř, *mi* 숲, 관목, 덤불

kéž (그저, 오직) …하기만 하면 (좋으련마는) ◆ ~ *by tu byl* 그가 여기에 있기만 한다면 좋으련만; ~ *bych měl trochu víc času* 조금만 더 많은 시간을 가진다면 (좋으련만)

kiks, *mi-2* (구어체) 잘못, 큰 실수

kilo(gram), *n* 킬로(그램)

kilometr, *mi-2* 킬로 미터

kinematografie, *f* 영화 촬영술; 영화 산업; 영화 제작

kino, *n* 영화, 시네마; 영화관

kinofilm, *mi-2* 영화 필름
kinohere|c, *ma* **-čka,** *f* 영화 배우
kiosk, kioskec *mi-2, 3* 신문 매점, 부스, 매점, 노점, 가판대
klacek[1], *mi-2, 3* 곤봉, 타봉(클럽), 작대기
klacek[2], *ma-3* **(**비속어**)** 시골뜨기, 무지렁이; nezvedenec 비열한 사람, 졸부; nevzdělanec (교육 받지 못한) 상스러운 사람, 건달, 악당
klad, *mi-2* **1** opak záporu (반명제의 반으로서의) 명제, 테제, 정립 **2** jaz., tvrzení (언어학에서의) 긍정, 확인 **3** světlá stránka 장점, 미덕
kláda, *f* **1** 들보, 도리, 통나무 **2** mučidlo 고문대
kladina, *f* 평균대
kladiv|o, *n* 망치, 해머 ◆ *hod* *-em* 해머 던지기
kladka, *f* 도르래, 활차; trolejová 손수레, 광차
kladkostroj, *mi* 감아 올리는 기계, 도르래 장치
kladn|ý **1** 확실한, 긍정적인 **2** 좋은, 우수한 ◆ *-á postava* 긍정적인 성격; *v -ém případě* 긍정[승낙, 동의]하여; *-á stránka* 장점
klam, *mi-2* **1** 잘못된 생각, 착각, 궤변 **2** faleš 사기, 속임수
klamat (*-mu, -m(ej)!, -mal*) > **o-** 속이다, 기만하다, 현혹시키다
klamný **1** 그릇된, 틀린, 잘못된; 거짓의, 허위의 **2** logicky nesprávný 불합리한, 오류의 **3** vzbuzující falešnou představu 사기의, 속이는 **4** předstíraný 가장된, 꾸민
klanět se (*-nějí se, klaň|klaněj se!*) > **po-, u-klonit se** **1** 절하다, 숙이다, 머리를 조아리다 **2** jako světci 존경하다, 공경하다, 받들어 모시다; pokorně (겸손하게) 경의를 표하다
klap|at (*-pu/ -pám, klap!|klapej!, -pal*) > **-nout** **1** (손뼉)치다; dunivě 딱딱치다, 탁탁 소리내다 **2** **(**구어체**)** být v pořádku (일이) 잘 되어가다
klapka, *f* **1** víčko 마개, 뚜껑, 덮개, koní (말의) 곁눈 가리개 **2** uzavírací 밸브 **3** telef. odbočka (전화) 내선 **4** (클라리넷 등의) 키
klapot, *mi-2* 탁탁 치기, 덜커덕거리는 소리
klarinet, *mi-2* 클라리넷
klas, *mi* (곡물의) 이삭, (식물의) 수상꽃차례 ◆ *sbírat -y* 이삭을 줍다
klasický **1** 옛날의, 고대의 **2** 고전적인, 그리스·로마 문예의 **3** 전형적인, 표본적인 **4** dokonalý 일류의, 걸작의, 최고 수준의
klasifikace, *f* 분류, 순위, 등급, 서열
klasifikovat > **roz-** 분류하다, 순위를 매기다, 등급을 매기다, 서열을 매기다
klást (*klad-*) > **položit** **1** 놓다, 내려 놓다; dávat někam (어딘가에) 두다, 붙이다, 얹다, 대다; umístit …의 위치를 정하다, 위치시키다, 정좌하다 **2** rozprostírat 펴다, 펼치다, 전개하다 **3** (문제, 계획을) 제기하다, 제의 하다 **4** (돈을) 걸다, 내기하다 **5** (알을) 놓다 ◆ *~ si za cíl* 목표를 정하다; *~ vysoké nároky na koho* 누구에게 너무 많은 요구를 부과하다; *~ meze čemu* 무엇을 제한하다; *~ naděje v co, do*

K

čeho 무엇에 희망을 걸다; ~ *odpor* …에 저항하다; ~ *otázku* 질문하다; ~ *podmínky* 조건을 부여하다; ~ *čemu překážky* 무엇을 방해하다; ~ *přítrž čemu* 무엇을 저지하다; ~ *život za co* 무엇에 목숨을 걸다[바치다]

klást se > položit se 1 눕다, i na bok (옆으로) 기대다 **2** 덮다 **3** ukládat se postupně (점차) 내리다, 내려가다, 하락하다

klášter, *mi* 수도원

klášterní 수도원의

klatba, *f* (종교적) 파문, 아나테마, prokletí 저주

klátit ~ (se) (*klať, klácení*) 흔들다, 흔들리다, 비틀거리다, 비척대다

klátivý 흔들거리는, 비틀거리는

klauzule, *f* 조목, 조항

klauzura, *f* 격리; 은퇴, 은둔, 한거

klávesa, *f* (피아노, 타자기, 컴퓨터의) 키

klávesnice, *f* 건반, 자판, 키보드

klavír, *mi-2* 피아노 ◆ *koncert pro ~* 피아노 콘서트; *hrát/ cvičit na ~* 피아노를 연주/연습하다

klavírist|a, *ma(-4)* **-ka,** *f* 피아니스트

klavírní 피아노의

klec, *f* **1** 우리, 새장 **2** dopravní (운송용 바구니, 상자 등) 크레이트, (승강기의) 칸

klečet (*oni klečí*) 무릎꿇다, 굴복하다

kle|kat si > -knout si 무릎꿇다, 굴복하다

klempíř, *ma* 양철공, 주석장이

klenba, *f* 둥근 천장, 아치형 천장

klenot, *mi-2* 보석, 보옥, 주옥; k osobní ozdobě 보석 박은 장신구

klenotnictví, *n* 보석 상점, 보석 가게

klenotník, *ma-3* 보석상, 세공인

klenout (se) > vy- 둥근 천장형으로 만들다, do oblouku 아치형으로 만들다, dovnitř 활 모양으로 굽혀 올리다

klep, *mi-2* **1** 이야기, 험담, 소문 **2** 문을 톡톡 두드림, 노크

klepy, *mi-pl* 중상, 모략, 스캔들

klep|at (*kle-pu|-pám,klep!|klepej!, klepal*) **1** pomlouvat 험담하다, 중상하다 **~ > po-** 똑똑 두드리다, 가볍게 치다, 찰싹 때리다 **~ > za-** 치다, 털다, na stroji (기계 등을) 두드리다 **2** (문을) 두드리다, opakovaně (반복해서) 톡톡 두드리다, jemně (가볍게) 치다; bušit 가슴이 고동치다, 두근거리다 **~ > nout** (벌로) 아이의 손마디를 때리다, 꾸짖다 **~ se > za-** 떨다, 전율하다; 비틀[비슬]거리다; zimou (추위로) 와들와들[후들후들] 떨다

klepeto, *n* **1** (게, 새우 등의) 집게발 **2** 집게 모양의 것 **3** žert. (사람의) 손

klepna, *f* 험담꾼; 수다쟁이, 남의 말하기 좋아하는 사람

klerikální 목사의, 성직(자)의

klérus, *mi-2* **(집합적)** 목사, 성직자들

kles|at > -nout 1 가라앉다, 내려앉다, 주저앉다, 함몰하다 **2** v intenzitě, hodnotě (강도나 가치등이) 떨어지다, 하락하다, 내리다; prudce (급격히) 내려가다, 떨어지다, 낙하하다 **3** hroutit se 무너지다, 붕괴하다 **4**

poklesávat 휘다, 처지다, 축 늘어지다, 굽다 **5** zmenšením objemu 침강하다, 침전하다, 꺼지다 **6** svážet se 기울다, 기울어지다, 쏠리다 ◆ ~ *na mysli* 기운을 잃다, 낙담하다; *jeho obliba -á* 그의 인기가 작아진다; ~ *na významu* 중요성이 줄어든다

klesavý 가라앉는, 떨어지는

klestit (*kleštěn*) > **pro-** 잘라내다, vršek (나무 따위의 꼭대기 끝을) 자르다, větve (가지를) 치다, les (숲을) 성기게 하다 ◆ ~ *komu cestu* 누구를 위해 길을 닦다; ~ *si cestu* 자신의 길을 뚫고[개척해]나가다

klešt|ě, *f-pl* 펜치, 못뽑이, 족집게; uchopovací 집게, 부젓가락; tvarovací 휘는 것, 플라이어 ◆ *vzít koho do -í* 누구를 꽉 잡다

klešťový 《軍》 협공의 ◆ ~ *pohyb* 협공작전

kletba, *f* 저주; 독설, 악담

klíč, *mi* **1** 열쇠, od domu/bytu (집, 아파트 등의) 열쇠 **2** k řešení (해결의) 실마리 **3** tech., na šrouby 렌치(볼트, 너트 따위를 돌리는 공구) **4** hud. (피아노, 오르간 등의) 키, 음자리표

klíček, *mi-2, 3* 《植》 싹, 눈

klíčit (*klič!*) > **vy-, vz-** 싹트다, 발아하다

klička, *f* **1** 작은 크랭크 **2** smyčka 매듭, 고; očko 고리, 고리 장식 **3** úskok 둘러댐, 핑계; 속임수, 함정, slovní 둔사, 강변, 구차스런 변명; 책략, 계교

kličkovat 1 살짝 비키다[피하다]; s míčem (공으로) 드리블하다, 굴려 넣다 **2** slovy (말로써) 얼버무리다, 핑계대다

klíční 열쇠의, 죄는 ◆ ~ *kost* 쇄골

klíčov|ý 1 열쇠의 **2** 중요한, 기본적인, 본질적인, 관건의 ◆ ~ *průmysl* 기간 산업; *-é slovo* 실마리[열쇠]가 되는 말, 중요[주요]어, 키워드

klid, *mi-2* **1** 고요함, 평화, dočasný 진정; málo vzruchu a pohybu 조용함 **2** odpočinek 휴식 **3** sebeovládání 침착, 냉정 **4** 평정 ◆ *duševní* ~ 마음의 평화; *veřejný* ~ 공공의 평화; ~ *zbraní* 정전, 휴전

klidit se (*klizen*) (급히) 떠나다, 도망치다, 사라지다

klidn|ý 1 조용한, 평화로운, nehybný, tichý 고요한, poklidný 편안한; hluboce klidný 아주 고요한, 적막한; nádherně pokojný 평온한 **2** ovládající se (마음이) 가라앉은, 태연한 ◆ *-á mysl* 침착한 기질; *-á smrt* 안락사; *-é svědomí* 떳떳한 마음

klidov|ý 조용한 ◆ *-á zóna* 어떠한 공사도 없는 지역, 소동이나 소란따위가 없는 구역

klientela, *f* 단골 고객, 손님

klih, *mi-2* 풀, 접착제

klik, *mi-2, 3* **1** (엎드려) 팔굽혀펴기 **2** 마우스 버튼을 누르는 행동. 컴퓨터에서 커서를 아이콘에 옮겨 누르는 것

klika[1], *f* **1** (문의) 손잡이, 핸들, 쥐는 곳 **2** k otáčení dokola (좌 · 우 회전의) 크랭크

klika[2], *f* **(**비속어**)** společnost 도당, 파벌, 무리

klika[3], *f*(구어체**)** 큰 요행, 요행수

klikatý 꾸불꾸불한, 지그재그의

K

kliknout 마우스 버튼을 누르다. 아이콘을 눌러 원하는 것을 불러내다
kliknutí 마우스 버튼 누르기
klima, *n-2* **1** 기후, 기상 **2** (사회적, 문화적) 풍토, 환경, 풍조
klímat 졸다; vsedě 끄떡이다
klimatick|ý 기후상의, 기후의 ◆ *-á zóna* 기후대
klín, *mi* **1** člověka 무릎 **2** lůno 자궁 **3** nástroj 쐐기, 쐐기 모양의 것, V자형; látky 삼각형의 헝겊, (옷의) 깃, 섶; zpevňující 바대, 삼각천 ◆ *spadlo mu to do -a* 그것은 그에게 뜻밖의 선물[행운]이었다; *neskládej ruce do -a* 빈둥거리지 말라; *vyrážet ~ -em* 빚으로 빚을 갚다
klinický 진료소의, 임상의, 병상의
klinika, *f* 진료소, 병원, 클리닉
klínopis, *mi-2* (바빌로니아의) 쐐기문자
klínopisný 쐐기모양의
klíno|v(it)ý 쐐기모양의 ◆ *-vá podrážka* (코르크·가죽제의) 두꺼운 창
klisna, *f* 암말
klíště, *n-1* **1** 진드기 **2** o člověku 거머리 같은 사람, 고리 대금업자
klít (*kle-*) > **za-** 저주하다, nadávat 욕설하다, 악담하다, 모독하다
klí|žit (*kliž!*) > **při-, s-** 아교[접착제]로 붙이다, 고착[접착]시키다 ◆ *oči se mi -ží* 나는 눈꺼풀이 무겁다, 나는 졸립다
kližka, *f* 연골, 물렁뼈
klobása, *f* 소시지
klobouček, *mi-2, 3* (작은, 귀여운) 모자
kloboučnice, *f* 여성용 모자 제조인[판매인]
kloboučník, *ma-3* 모자 제조인(상)
klobouk, *mi-2, 3* 중절모, 테[챙] 있는 모자
klokan, *ma* 캥거루
klokotat > **za- 1** varem 펄펄 끓다, 끓어오르다 **2** slavík (나이팅게일이) 지저귀다, 짹짹거리다
kloktat 1 > **vy- (se, si)** 양치질하다, 목을 헹구다 **2** > **za-** čím (무엇을) 휘젓다, 뒤섞다
klonit > **s-** 기울이다, ohnutím 굽히다, svěšením 수그리다, 숙이다; úklonem 구부리다 **~ se** > **s- 1** (머리를) 숙이다, (허리를) 굽히다, 절하다; hrbivě 구부리다 **2** sestupovat 내려가다 **3** blížit se 가까워지다 **4** svažovat se 경사지다, 비탈지다
klopit > **s-** (물건, 목, 눈, 시선 등을) 수그리다, 기울이다; spustit 떨어뜨리다
klopit > **vy-** (구어체) peníze (돈을) 내주다, 지불하다
klopa, *f*(양복의) 접은 옷깃
klopýt|at > **za-, -nout 1** o, přes (…에) 고꾸라지다, 넘어지다 **2** 실수하다, 실책을 범하다, 틀리다
kloub, *mi-2* **1** 관절, prstu (손가락, 발가락의) 마디 **2** 이음매, 접합 부분; 돌쩌귀; 경첩 ◆ *přijít čemu na ~* 무엇의 진상을 규명하다, 근본을 캐내다
kloubit > **s-** (*skloubí!*) 접합하다, 이어 맞추다
kloudný (음식, 옷, 보수 등이) 버젓한, 알맞은
klouzačka, *f* **1** 미끄럼틀[판]; 활송

K

장치 **2** (길의) 결빙, 빙판

klouzat (*kloužu|-zám,klouzej!, klouzal*) **1** 미끄러지(듯 나아가)다, 활주하다, 활공하다, 미끄럼타다; sjíždět (썰매로) 활강하다 **2** (자동차, 자전거가) 브레이크를 건 채 헛미끄러지다, 옆으로 미끄러지다 **3** být kluzký 미끄럽다, 미끌미끌하다

klouzat se 활주하다; 미끄러지다, 슬라이딩하다

klouzavý 활강[활공]하는, 미끄러지는; = *kluzký*

klouznout < v. *klouzat1*

klov|at (*klov-u|-ám, klovej!, kloval*) > **-nout** (부리로) 쪼다, 쪼아 먹다 ~ **se** 부리로 쪼아내다, 부화하다, 헤쳐나가다

klozet, *mi(-2)* 화장실, 변소

klub, *mi-2* 동호회, 클럽

klubko, *n-2, 3* **1** 실꾸리 **2** lidí (사람들의) 떼, 집단, schoulené 군중, 무리

klubovka, *f* (키가 낮고 폭신한) 안락의자

klubovna, *f* 클럽 회원용 방, 클럽의 집회실; 클럽 회관

kluk, *ma-3* **1** = *hoch* **2** 남자 친구, 연인 **3** (카드 놀이의) 잭

klukovina, *f* **1** 속임수 **2** 무뢰한의 짓, 악행

klukovský **1** 소년다운 **2** darebácký 무뢰한의, 악한의

klus, *mi-2* (말 등의) 속보

klusák, *ma-3* 속보로 걷는 말, 속보의 말

klusat (*klu-šu|-sám, klusej!, klusal*) 말이 속보로 가다, 총총 걸음으로 가다

kluzák, *mi-2, 3* 헹글라이더, 활공기(滑空機)

kluziště, *n* 스케이트장, 아이스링크

kluzký **1** 미끄러운, 미끌미끌한, 반들반들한 **2** 추잡한, 외설적인

kmen, *mi(-1)* **1** (나무의) 줄기, 대; stromu též 몸통, 동체; kláda 통나무 **2** lidí 부족, 종족, rod 인종 **3** (단어의) 어간

kmenový **1** 인종의 **2** základní 기본적인, 근본의 **3** 《言》 어간의

kmín, *mi* 캐러웨이((회향풀의 일종)), koření 캐러웨이 씨; římský 커민(미나리과의 식물); 그 열매

kmínka, *f* kořalka 퀴멜주[술]

kmit, *mi-2* **1** (전파의) 진동, 발진, 진폭 **2** (불빛의) 반짝거림

kmit|at (se) > **-nout (se)** **1** 흔들거리다, 진동하다; v letu 훨훨날다, světlo (불이) 깜빡이다; plamen (불꽃이) 깜빡거리다, 반짝거리다 ◆ *-alo mi hlavou* 문뜩 머리속을 스치다

kmotr, *ma* **1** 대부 **2** 시골 영감

kmotra, *f* **1** 대모 **2** 시골 노파

knedlík, *mi-2, 3* 끄네들릭(가루 반죽 빵); ovocný (과일) 덤플링

kněz, *ma-1* 성직자, 신부, 사제; brit. anglikánský (영국 국교회의) 목사, jiných protest. církví (다른 개신교의) 목사

kněžský 성직(자)의, 사제의, 목사의

kněžstvo, *n-2* 성직(제도)

kničet (*oni kničí*) > **za-** 끽끽 울다, 비명을 지르다

kniha, *f* **1** 책, 서적 **2** soupis 기록부, 등록부, 장부 **3** účetní (부기의) 원부,

원장, 대장

knihařství, *f* 제본소; 제본술, 제본업

knihař, *ma* **-ka,** *f* 묶는 사람, 제본업자, 제본공

knihařský 제본의, 제본업자의, 제본공의

knihkupec, *ma* 서점상, 책장수

knihkupectví, *n* 서점, 책방

knihomil, *ma-2* 애서가, 장서 도락가(道樂家), 진서(珍書) 수집가

knihomol, *ma-2* 책벌레, 독서광

knihovna, *f* **1** sbírka 도서관, 도서실 **2** skříň 책꽂이, 책장

knihovní 책의; zápis 등록(부)의, 기록부의

knihovník, *ma-3* 사서, 도서관원

knihtisk, *mi-2* 활판 인쇄, 활판술, 타이프그라피, 인쇄술[법]

knihtiskárna, *f* 인쇄소

knír, *mi-2* 콧수염, (고양이 등의) 수염

knírek, *mi-2, 3* 작은 (콧)수염

kníže, *ma* **1** (제왕에 예속된 소국의) 군주, 제후 **2** 공작, 공

knížecí 공작(직)의, 군주의

knížectví, *n* 공국, 제후국

knížka, *f* **1** 소책자, 팜플렛 **2** zápisník 공책, 노트, 필기장, 수첩, 비망록 **3** spořitelní, vkladní 은행 통장 ◆ *mít co na -ce* 무엇을 은행에 저축 중이다; *~ do kapsy* 수첩

knižní **1** 책의, 서적의 **2** učený, spisovný 문학의, 문필의, 문학적인 ◆ *~ učenost* 책상물림의[책으로만 배운] 학문

knoflík, *mi-2, 3* **1** 단추, 버튼 ozdobný 장식 단추 **2** ovládací 손잡이

knoflíkov|ý 단추의, 손잡이의 ◆ *-á dírka* 단추 구멍; *manžetový ~* 커프스단추

knokaut, *mi-2* 녹아웃, 대타격

knokautovat 녹아웃시키다

knot, *mi-2* 심지, ohořelý 초 심지의 탄 부분

kňourat > za- 훌쩍훌쩍 울다, 훌쩍이다, 칭얼대다

kňučet (*oni kňučí*) **> za-** 흐느껴 울다, 낑낑거리다

kobalt, *mi-2* 코발트

kobaltový 코발트의, 코발트색의

koberec, *mi* 양탄자, 융단, 카펫, 깔개

kobereček, *mi-2, 3* 작은 양탄자, 작은 양탄자 깔개 ◆ *zavolat někoho na ~* 누구를 불러서 꾸짖다, 야단치다

kobka, *f* 작은방, 독방 ◆ *žalářní ~* 감방

kobliha, klbližka, *f* 도넛

kobyla, *f* **1** *klisna* 암말; 망아지 **2** 말; 늙은 말, 못쓸 말 **3** (구어체, 속어) 말 같이 강건한 여자

kobylk|a, *f* **1** 망아지 **2** hmyz 메뚜기, luční 여치 **3** 《音》(현악기의) 기러기발 ◆ *sáhnout komu na -u* 누구의 목을 조르다[잡다]

kocour, *ma* **1** 수코양이 **2** čmouha 얼룩, 오점 **3** (구어체) 호색가, 색한, 레이디 킬러

kocovina, *f* **1** 숙취, 취기 **2** 우울(증), 울적한 기분

kočár, *mi* 대형의 4륜 마차, 역마차; přepychový (화려한) 공식용 마차;

K

cestovní (여행용) 마차

kočárek, *mi-2, 3* **1** 가벼운 2륜 마차 **2** dětský (어린이용) 유모차

kočí, *ma* 마부, 마차군

kočičí 고양이의; 고양이 같은, 교활한 ◆ *~hlavy* 조약돌, 자갈

kočičina, *f* **1** 암내난 고양이의 울음소리, 서로 으르렁대는 소리 **2** 고양이 똥

kočička, *f* **1** 고양이 **2** (구어체) 매력있는 젊은 여자, 귀여운 여자 **3** vrby 땅버들의 큰 종

kočk|a, *f* **1** 고양이 **2** 귀여운 여자, 아가씨; 여자 친구, 연인 ◆ *být pro -u* 쓸모없는 것이다

kočovník, *ma-3* 유목민, 방랑자

kočovný **1** 유목민의 **2** obchodník (장사가) 순회하는, 행상을 하는

kód, *mi-2* 코드, 암호, 약호

Kodaň, *f* 코펜하겐((덴마크의 도시))

kódovat 암호화하다, 부호화하다

koedukace, *f* 남녀 공학

koedukační 남녀 공학의

koflík, *mi-2, 3* 잔, 컵

kohout, *ma* **1** 수탉 **2** výpustní (배수)꼭지, 주둥이

kohoutek[1], *ma-3* **1** 수평아리

kohoutek[2], *mi-2, 3* pušky (총의) 방아쇠, 공이치기, 격철 ◆ *natáhnout ~* 공이치기를 당기다 **2** výpusť = *kohout* [2]

kohoutit se kohoutění 화가 나서 안달복달하다, 분개하다

kochat se > po- čím (무엇을) 한껏 즐기다, 매우 기뻐하다

kóje, *f* 칸 막은 좌석[방], 부스, vrátného 수위실, spací 칸막이 한 작은 침실[방]

kojenec, *ma* 젖먹이, 유아

kojit > na- 젖을 먹이다, 수유하다 ◆ *~se nadějí* 희망을 간직하다[품다]

kojná, *f* 유모

kokain, *mi-2* 코카인

koketa, *f* 요부, 교태 부리는 여자; 바람둥이 여자

koketovat 교태부리다, 아양을 떨다; 희롱하다, 농락하다

kokos, *mi-2* **1** 코코넛 **2** (비속어) hlava 대가리

kokosový 코코넛의

kokrhat > za- (수탉이) 울다, 홰를 쳐 때를 알리다

koks, *mi-2* **1** 코크스 **2** kokain 코카인; 헤로인

koktat > za- 말을 더듬다

kolaborace, *f* 협력, 합작, 공동 연구; (점령국·적국에의) 협력

kolaborant 합작자, 협력자; (매국적인) 협력자

koláč, *mi* 케이크, 콜라치; nadívaný 파이; něco rozplácléno (평평한) 케이크 ◆ *ovocný ~* 과일 파이; *tvarohový ~* 치즈 케이크; *bez práce nejsou -e* 일하지 않으면 먹지도 말라

koláček, *mi-2* 작은 케이크

kolaps, *m* 붕괴, 와해 ◆ *podnik stojí před finančním -em* 사업이 재정적 붕괴에 직면했다

kolář, *ma* 수레바퀴 제조인

koláž, *f* 콜라쥬((인쇄물 오려낸 것, 눌러 말린 꽃, 헝겊 등을 화면에 붙이는 추상 미술의 수법))

kolébat > za- (요람에 태워) 흔들다, na klíně (무릎에 안고) 어르다 **~ se > za-** 흔들리다, 흔들거리다, 진

K

동하다; v chůzi (걸음걸이가) 비틀거리다, 동요하다; jako kachna (오리처럼) 뒤뚱거리다

kolébk|a, *f* 요람 ◆ *od -y do hrobu* 요람에서 무덤까지

kolečko, *n-2, 3* **1** 작은 바퀴, ozubené 톱니 바퀴, valivé 롤러 **2** k dopravování (운반용) 손수레

kolečkov|ý 작은 바퀴의 ◆ *-é brusle* 롤러스케이트

koleda, *f* **1** 크리스마스 캐럴[찬가], 부활절 캐럴[찬가] **2** 캐럴 선물 ((캐럴을 부르는 사람들에게 주는)) **3** 크리스마스 주간

koled|ník, *ma-3* **-nice,** *f* 크리스마스[부활절] 캐럴 가수

koledovat 가가호호 다니면서 캐럴을 부르다 ◆ *~ si o něco* 사서 고생을 하다

koleg|a, *ma* **-yně,** *f* 동료, 교우, 학우

kolegium, *n-2* 위원회, 회

kolej, *f* **1** 궤도, 자국, hluboká (깊은) 바퀴 자국 **2** = *kolejnice* **3** vysokoškolská (대학) 기숙사, 호스텔 ◆ *vedlejší ~* 측선, 곁길, 대피선; *odsunout na vedlejší ~* 대피선에 넣다, 곁길로 빠지게 하다

kolejnice, *f* 철도, 레일; ozubená 래크((아프트식 레일))

kolek, *mi-2, 3* 수입 인지

kolekce, *f* sbírka 소장품, 컬렉션; souprava 구색 갖춘 물건, 세트

kolektiv, *mi-2* 집단, 단체, 팀, 조(組)

kolektivní 집단의, 단체의, 팀의, 조(組)의

kolem I (부사) 1 v okolí …의 주위에, v kruhu …의 둘레에 2 mimo (공간적으로) …을 지나서 ◆ *~ dokola* 한 바퀴 빙 둘러; *až půjdu ~* 내가 주위를 지나갈 때에 **II (+생격) 1** …의 주위에, 둘레에 **2** …을 지나(서) **3** (정도) 약, …경(에) ◆ *~ stolu* 테이블 주위에; *jít ~ koho/čeho* 누구/무엇의 주위를 지나가다; *~ deváté hodiny* 9시 경에; *bude to stát ~ padesáti korun* 그것은 약 50 코루나 값이 나갈 것이다

kolemjedoucí, *ma* (타고) 지나가는 사람

kolemjdoucí[1]**,** *ma* (도보로) 지나가는 사람, 통행인

kolemjdoucí[2] 지나가는, 통과하는

kolenní 무릎의

kolen|o, *n* **1** 무릎 **2** 무릎 마디 **3** 무릎 도가니 ◆ *na -ou* 무릎을 꿇고, 저자세로; *až po -a* 무릎 길이의, 무릎까지 빠지는; *po -ou* 네 발로 기어서; *lámat přes ~* 결정[결론]을 강요하다

kolíček, *mi-2, 3* 나무못, 걸이 못, 쐐기, k vložení 마개 ◆ *~ na prádlo* 빨래 집게[무집게]

kolidovat 충돌하다, 부딪치다; 겹치다, 저촉되다

kolik (수량 대명사) 얼마, 몇 ◆ *~ to dělá /stojí?* 얼마이냐?[얼마나 값이 나가느냐?]; *~ měříte?* 키가 얼마입니까?; *~ vážíte?* 몸무게가 얼마입니까? *~ je hodin?* 몇시 입니까?; *~ je mu let?* 그는 몇 살 입니까? **(관계 대명사)** …만큼 ◆ *vezmi si (tolik), ~ chceš* 너가 원하는 (그)만큼 가져라; *~ hlav, tolik rozumů* 각인각색(各人各色)

kolík, *mi-2, 3* **1** 핀, 쐐기, 걸이못, 가

K

뤼, 쇠스랑 **2** štafetový (계주의) 바통

kolikát|ý 무슨, 어떤, 얼마나 많은 ◆ *-ého je dnes?* 오늘은 며칠이냐?; *-ou kávu pijete?* 커피를 몇 잔 마십니까?

kolíkovat 활동 범위(한계)를 정하다

kolikrát 몇 번, 얼마나 자주; několikrát 수차례; mnohokrát 여러 번, 여러 차례 ◆ *~ ročně?* 일년에 몇 번?

Kolín, *mi* 쾰른 ◆ *~ nad Rýnem* 라인 강변의 도시 쾰른

kolísat > za- 1 (물가·열 등이) 오르내리다, 변동[동요]하다 **2** (결정이) 흔들리다, 동요하다 **3** 망설이다, 주저하다

kolize, *f* 충돌, 격돌; 불일치, 겹침

kolkolem = *kolem dokola*

kolmo 똑바로, 직립으로, 곧추

kolmý 수직의, 직립의, 곧추선

kol|o, *n* **1** 바퀴 **2** kotouč 디스크, svinutý 코일 **3** kruh 원, 원주; 환(環), 고리, 순환 **4** oběhnutí (경기의) 랩, (주로의) 한 바퀴, řecko-římský zápas 한 판 승부 **5** oběžná dráha 궤도 **6** velocipéd 자전거 ◆ *jet na -e* 자전거를 타다, 자전거로 가다; *být v jednom -e* 항상 바쁘다; *na celé ~* 철저하게, 완전히, 솔직히, 터놓고; *jdi na ~* 뒈져라, 꺼져라

koloběh, *mi-2* 순환, 유통; střídání 규칙적인 교대, 윤번

koloběžka, *f* (어린이 용) 스쿠터

kolona, *f* 줄, 열, 행렬; (군대의) 종대

kolonáda, *f* 열주((줄지어 늘어선 기둥)), 주랑

koloniální 식민지의

kolonie, *f* 식민지

kolonista, *ma(-4)* 식민지 사람, 해외 이주민, 입식자, 식민지 개척자

kolonizace, *f* 식민지화

kolonizátor, *ma* 식민지 개척자; 이민

kolonizovat 식민지로 만들다, 식민지화 하다

kolos, *ma, mi-2* 거상(巨像); 거인, 거대한 물건

kolosální 거대한, 엄청난, 어마어마한

kolotoč, *mi* **1** 회전 목마 **2** (공항의) 회전식 수화물 수취대 **3** (사건 등의) 연속, 소용돌이

kolouch, *ma-3* 새끼 사슴

kolovadla, *n-pl* (유원지 따위의) 회전탑

kolovat 돌아가다, 순환하다

kolovrat, *mi-2* 물레

kolovrátek, *mi-2, 3* **1** (작은) 물레 **2** 손으로 핸들을 돌려 타는 풍금; = *flašinet*

kolov|ý **1** 바퀴의 **2** 회전의 **3** 말뚝의 ◆ *~ parník* 외륜선; *~ tanec* 원무(곡); *-á ohrada* 방책, 말뚝으로 둘러친 장소

kolportáž, *f* (신문, 잡지의) 분배, 배포, 배급

kolportér, *ma* **-ka,** *f* 배달자, 배급업자

komando, *n-2* **1** popravčí/útočné 특수 부대, 특공대 **2** = *rozkaz*

komandovat koho (누구에게) 명령하다

komár, *ma* 모기 ◆ *dělat z -a*

velblouda 허풍떨다

kombajn, *mi-2* 콤바인

kombi, *mi-in* 스테이션 왜건((뒤에 접는 식 좌석이 있음))

kombík, *mi-2, 3* **(**구어체**)** = *kombi*

kombinace, *f* **1** 결합, 연합, 배합 **2** úvaha 숙고, 심사, 사색; vymezená 추론, 유추

kombinovaný 1 zařízení, nástroj 결합된, 배합된 **2** složitý 정교한, 정치한

kombinovat > z- 1 결합시키다, 배합하다 **2** 유츄[우론]하다

kombiné, *n-in* sukňové 슬립((여성용 속옷)); 페티코트((스커트 속에 입는)); kalhotové 콤비네이션((아래 위가 붙은 속옷))

kombinéza, *f* 작업 바지, plátěná 올이 굵은 무명 노동복(바지), lyžařská 스키바지

komediant, *ma* **-ka,** *f* **1** 코메디언, šprýmař 익살꾼 **2** pokrytec 위선자, 가면 쓴 사람

komediantský 익살꾼의, 코메디언의 ◆ ~ *vůz* 서커스[곡마단] 트럭[마차]

komedi|e, *f* 코미디, 희극; legrace 익살 ◆ *hrát -i* 가장하다

Komenský 코멘스키((체코의 남자 성, 17세기 학자))

komentář, *mi* **1** k čemu, o čem (무엇에 대한) 논평, 해설 **2** 각주, 주석 ◆ *bez -e!* 노 코멘트, (아무것도) 할말이 없음!

komentátor, *ma* **-ka,** *f* 주석자, 해설자

komentovat 1 논평하다, 해설하다 **2** opatřit poznámkami 주를 달다

komerční 상업의; = *obchodní* ◆ ~ *banka* 상업 은행; ~ *rozhlas a televize* 상업 방송과 텔레비전

kometa, *f* 혜성, 살별

komfort, *mi-2* **1** 최신 시설[설비] **2** 편함, 안락

komfortní 호화스러운; 안락한, 편안한

komický 희극적인, směšný 우수꽝스러운

komik, *ma* 희극 배우, 코미디언

komika, *f* **1** 익살스러움, 우스움, 풍자(적 해학) **2** 코미디

komiks(y) *mi-pl/in* 만화책[잡지], 연재만화

komín, *mi* **(**생격 *-a***) 1** na střeše/tovární (지붕 위의 혹은 공장의) 굴뚝; lodní (배의) 굴뚝 **2** skalní (바위) 협곡, 통로

kominík, *ma-3* (굴뚝) 청소부

komisař, *ma* **1** (정부가 임명한) 위원, 이사, 국장, 관무관; 감독관, 지방 행정관; 경찰 서장, 총경 **2** (공산당의) 통제 위원, (옛 소련의 등의) 인민 위원((다른 나라의 장관에 상당))

komisařství, *n* **1** 위원회, (옛 소련 등의) 인민 위원회 **2** 경찰서

komis|e, *f* **1** pomocný výbor 위원회 **2** pověřená/pověření 위임, 위탁 ◆ *zboží v -i* 위탁 받은 물건

komisionář, *ma* 중계상, 중계인, 브로커

komité, *n-in* **komitét,** *mi-2* 위원회; (집합적) 위원

komolit > z- 1 절단하다, 병신을 만들다 **2** znetvořením 일그러뜨리다,

왜곡하다; vzhled (얼굴을) 손상시키다 **3** jazyk (언어를) 망가뜨리다, 곱새기다

komolý 절단된; (긴 인용구 등이) 잘린

komora, *f* **1** 방, 실; vedlejší místnost 작은방, 사실; na nářadí 광, 헛간 **2** 회의장, 회의 실 **3** 원(院) ◆ *obchodní* ~ 상공 회의소; *srdeční* ~ (심장의) 심실; *umrlčí* ~ 영안실; *horní* ~ (의회의) 상원; *dolní* ~ (의회의) 하원

komorná, *f* 하녀, 시녀, 몸종

komorní 실내의 ◆ ~ *hudba* 실내악; ~ *orchestr* 실내 악단; ~ *těsnopis* 의회 속기(술)

komorník, *ma-3* 안내원, 시종, 하인

kompas, *mi-2* 콤파스, 나침반

kompenzovat 보상하다, 보충하다; nahradit 상쇄하다, 메우다, 보완하다

kompetence, *f* **1** 재판권; 관할권 **2** oprávněnost 권한, 권능, 직권

kompetentní 자격있는; schopný 유능한, 적임의, 적당한

komplet, *mi-2* 한 벌, 한 조, 세트; oblek (옷의) 한 벌

kompletní 완벽한, 다 갖춘

komplex, *mi-2* **1** 복합체, 복합물 **2** 복합 감정 콤플렉스 ◆ ~ *méněcennosti* 열등감; ~ *viny* 죄책감

komplexní 복합적인, 포괄적인; 복잡한

komplic, *ma-2* **(속어)** 공범자, 연루자, 종범자

komplikace, *f* 복잡, 얽힘; 문제, 난관

komplikovaný 알기 어려운, 복잡한, 얽히고 설킨

komplikovat > **z-** 까다롭게 하다, 복잡하게 하다

komplot, *mi-2* (비밀)계획, 음모, 책략

komponent, *mi-2* 성분, 구성요소

komponovat (시·글을) 만들다, 작문하다; (음악을) 작곡하다; (그림을) 구도하다

kompost, *mi-2* 혼합물; 회반죽; 배합토

kompot, *mi-2* 과일 병조림[통조림]

kompozice, *f* 작성, 작곡, 구성

kompresor, *mi-2* 압축기, 컴프레서

kompromis, *mi-2* 타협, 화해, 양보

kompromitovat **1** 타협하다, 화해하다 **2** odhalit pravé úmysly (진정한 의도를) 폭로하다, 까발리다

komputer, *mi* **1** 개인용 컴퓨터 **2** 자동차를 위한 시설

komuna, *f* 공동 생활체, 공동 부락; 코뮌

komunální 시의, 도시의

komunikace, *f* **1** 통신, 전달 **2** cesta 길, 도로, 통로, 가도, 주요 도로 **3** 의사 소통, 교신; 왕래, 연락, 교제

komunikační 통신의, 왕래의, 친밀한 관계의

komunismus, *mi-2* 공산주의

komunist|a, *ma(-4)* **-ka,** *f* 공산주의자

komunistický 공산주의의, 공산주의자의

koňak, *mi-3* 코냑

konat > **vy-** **1** 하다, 행하다; 주다,

제공하다 **2** 실행하다, 실시하다; 수행[달성, 완수]하다 **3** povinnost (의무를) 다하다 **4** podnikat 기도하다, 착수하다 **5** pro veřejnost (공중을 위하여) 열다, 개최하다 ◆ ~ *návštěvu* 방문하다; ~ *zkoušku* 시험을 치르다[보다] **~ se** 일어나다, 실행되다, 개최되다

koncentrace, *f* **1** 집중 **2** (노력 등의) 집중, 전념 **3** 《化》 농축(한 것)

koncentrační 집중의, 농축의 ◆ ~ *tábor* (강제) 수용소

koncentrovat > z- 집중하다, 집결시키다

koncepce, *f* 개념, 관념, 생각

koncept, *mi-2* 초안, 초벌, 스케치, 소묘 ◆ *vyvést koho z -u* 누구를 당황하게 하다

konceptní papír 거칠거칠한 종이

koncern, *mi-2* 기업 연합, 회사

koncert[1], *mi* 콘서트, 음악회

koncert[2], *mi-2* skladba 협주곡, 콘체르토

koncese, *f* **1** 특허, 특권 **2** slavnostní listina 헌장, 선언서 **3** 거류지, 조계, 조차지; = *ústupek*

koncesionář, *ma* 특허권[영업권] 소유자

koncipient, *ma* 사무보, 주사

koncipovat > na-, z- …의 밑그림을 그리다, …을 기초하다, 초안[법안]하다

koncovka, *f* **1** (단어의) 어미, 접미사 **2** (체스 따위의) 종반(전) **3** (전기의) 전극, 단자; 소켓

koncový 마지막의, 최종의, 끝의

končetina, *f* 수족, 손 발; 사지의 하나, 팔, 다리

končina, *f* 끝 지방, 변방, 변두리; 지역, 장소, 방면

končit > s-, u- 1 끝내다, 마치다 **2** skoncováním 종결짓다, 종결시키다; o právní platnosti (법적 효력을) 종료하다 **3** obvyklým závěrem 결론짓다 **4** k úplnosti 완성하다, 머무르다, 완결하다 ◆ ~ *dobře* 잘 끝내다; *tímto* (*se*) *příběh -í* 이것이 이야기의 끝이다

končit se > s-, u- 끝나다, 완료되다

kondenzátor, *mi-2* 응결기, 냉각기, 콘덴서

kondenzovaný 응축한, 요약한, 농축된

kondenzovat 응축하다, 농축하다

kondic|e, *f* **1** lekce 가정 학습, 개인교습 **2** tělesná (육체적) 컨디션, 건강상태 ◆ *být v -i* 좋은 컨디션이다; *nebýt v -i* 컨디션이 좋지 않다

kondolenc|e, *f* 애도, 조상, 조위; 연민, 동정 ◆ *vyjadřit n. projevit komu -i* 누구에게 애도[조의]를 표하다

kondoleční 애도의, 조상[조위]의 ◆ ~ *návštěva/dopis* 문상/조사

kondolovat komu (누구에게) 애도의 뜻을 표하다, 조위를 표하다

konduktér, *ma* **-ka**, *f* vlaku 차장, 안내자, 안내원; v. *průvodčí*

kon|ec, *mi* **1** 끝, ukončení 종료, 종국, 종말, 최후, 죽음 **2** zakončení 종결, závěr 결론, 결말 **3** lhůty apod. (효력 등의) 소멸, 종결 **4** špička 끝단, 말단, cíp (손, 혀) 끝 **5** přední konec stavby apod. (건물 등의) 상단, 끝 부분 **6** vzdálený konec 막다른 곳 ◆ *-cem*

K

čeho 무엇의 끝에; *na ~* 드디어, 마침내; *je tomu ~* 그것이 완전히 끝났다; *je s ním ~* 그는 이제 끝장이다; *je v -cích* 끝나다, 다하다; *druhý od -ce* 끝에서 두번째; *~ -ců* 결국; *nemá to -ce* 그것은 끝이 없다; *až do samého -ce* 최후까지; *udělat čemu ~* 무엇을 끝내다; *od začátku do -ce* 처음부터 끝까지

koneček, *mi-2, 3* 말단, 끝, v. *špička* ◆ *~prstu* 손가락 끝

konečně 1 드디어, 마침내 **2** nakonec 마지막으로, 결국, 끝으로

konečn|ý 1 끝의, 마지막의, 최후의 **2** rozhodný 결정적인 přesvědčivý 단호한, 확실한 **3** v to ústící 종국의, poslední v řadě (vývoje) 최종적인, 궁극적인 ◆ *-á stanice* 종점, 종착역; *~ výrobek* 최종 생산품

konejšit > u- 위로하다, 달래다, 위무하다

kon|ev, *f* 양철통, 그릇, 용기 ◆ *lilo jako z -ve* 비가 억수처럼 내렸다

konfekce, *f* **1** 의류 산업 **2** 의류 가게, 옷가게 **3** 기성복

konfekční 기성복의

konference, *f* **1** 회담, 회의 **2** 토론회, 좌담회; 심포지엄, 세미나, 연찬회

konferenční 회담의, 회의의, 세미나의

konferenciér, *ma* **-ka,** *f* 사회자, 엠시(M.C.); natočeného programu 디스크자키, 디제이(D.J.)

konferovat 1 협의하다 **2** jako konferenciér 사회하다

konfident, *ma* **-ka,** *f* 밀고자; 경찰정보원

konfigurace, *f* **1** 배치, (전체의) 형태, 윤곽 **2** 천체의 배치, 성위

konfiskace, *f* 압수, zabrání 몰수, jako trest (형벌로서의) 몰수

konfiskovat > z- 몰수하다, zabrat 압수하다; zabránit šíření 억압하다, 진압하다

konflikt, *mi-2* 알력, 갈등, 충돌, 분쟁

konfrontace, *f* 직면, 조우; 대면, 대결; 대항, 대치

konfrontovat 대면시키다, 직면시키다, 마주 대하게 하다

Kongo, *n* 콩고

kongres, *mi(-2)* 의회, 국회

koníček, *ma-3* **1** 조랑말, 작은 말 **2** hra (회전 목마의) 흔들 목마 **3** záliba 취미, 애호, 장기, 특기

koník, *ma-3* **1** = *koníček*[1,2] **2** kobylka 메뚜기 **3** v šachu (체스의) 기사

konipásek, *ma* 할미새

konírna, *f* 마구간, 외양간

konjunktura, *f* 번영(기), 붐

konkrétní 1 구체적인, 상세한, 실제적인 **2** 고유의, 개별적인, 특유의

konkurence, *f* **1** 경쟁, 겨루기 **2** [집합적] 경쟁자, 라이벌

konkurenceschopnost, *f* 경쟁력

konkurenceschopný 경쟁력이 있는

konkurenční 1 경쟁적인 **2** s čím lze soutěžit 경쟁의, 라이벌의

konkurent, *ma* **-ka,** *f* 경쟁자, 경쟁상대, 라이벌

konkurovat komu v čem (누구와 무엇에 있어) 경쟁하다, 겨루다

K

konkurz, *mi-2* **1** 공개 경쟁, 공모, 응모; 입찰 **2** úpadek 부도, 파산
koňmo 말 타고, 승마로
konopí, *n* **1** 삼, 대마 **2** 삼의 섬유 **3 (속어)** 대마로 만든 마약, 마리화나(담배)
konopiště, *n* 삼 밭
konopný 삼의, 대마의
koňsk|ý 말의, jako kůň 말 같은 ◆ ~ *handlíř* 말장수; *-á nátura* 강건한 체질, 강체질; *-á noha* 기형발, 굽은발; ~ *ohon* 포니테일((뒤에서 묶어 아래로 드리운 머리))
konsolidace, *f* **1** 강화 **2** 합동, 합병
konsolidační 1 강화의 **2** 합동의, 합병의
konsolidovat > z- 1 강화하다 **2** 합병하다, 결합하다
konspekt, *mi-2* 요약, 적요
konspektovat 요약하다, 적요를 만들다
konstanta, *f* **1** 불변, 일정함, 지속적임 **2** 불변수, 항수, 상수
konstantní 1 지속적인, 불변의, 일정한 **2** 항수의, 상수의
konstatování, *f* **1** 단언, 확언; 공언 **2** 진술
konstatovat 1 진술하다, 말하다 **2** tvrdit 공언하다
konstelace, *f* **1** 별자리, 성좌 **2** 형세, 형국, 상황
konstituce, *f* **1** = *ústava* **2** tělesná (몸의) 체격
konstrukce, *f* **1** 구상, 설계, 계획 **2** 건설, 건조, 건축, 구성 **3** stavba 구조물, 건축물 **4** pomocná (보조적인) 뼈대, 틀, 틀형
konstruktér, *ma* **-ka,** *f* 디자이너, 설계사
konstruktivní 건설적인; 구조상의, 조립의
konstruovat > z- 1 건설하다, 세우다 2 계획하다, 설계하다 **3** 짜맞추다, 고안하다
konsumerismus, *mi* 소비자 보호(운동)
kontakt, *mi-2* 접촉, 연락, 교섭
kontaktní 접촉의, 연락의, 교섭의
kontinent, *mi* 대륙, 육지
kontinentální 대륙의, 대륙성의
kontingent, *mi-2* 우연; 몫
konto, *n* 계좌, 구좌, 예금
kontrabas, *mi* 콘트라베이스
kontrakce, *f* 수축, 제한
kontrakt, *mi-2* 계약(서), 청부
kontrapunkt, *mi-2* 대위법, 다성음악
kontrarevoluce, *f* 반혁명
kontrarevoluční 반혁명의
kontrast, *mi-2* **1** 대조, 대비 **2** na pozadí 돋보이게 그리기, 윤곽의 선명 **3** televizní (TV의) 선명도
kontrastovat 대조하다, 대비하다
kontrašpionáž, *f* 대적 정보 활동, 방첩 활동
kontrola, *f* **1** čeho (무엇의) 조사, 대조, 검토; účtů (회계) 감사 **2** prohlídka 점검, 검사, 심사; 단속, 검문 **3** (건강) 검진, 진단, 진찰 **4** řízení 통제, 관리, 억제
kontrolní 1 감시하는, 감시의, 단속의, 조사의, 검사의 **2** řídící 통제하는, 통제의, 억제의 ◆ ~ *bod* 검문소; ~

K

deska 계기반[판]; ~ *stanoviště* 검문소; ~ *útržek* 부본; ~ *žárovka* 표시등

kontrolovat > pře-, z- 1 조사하다, 대조하다; účty (회계를) 감사하다 **2** prohlídkou 검사하다, 점검하다, 검진하다, 진찰하다 **3** řídit, ovládat 억제하다, 통제하다, 관리하다

kontroverze, *f* 논쟁, 논의, 논박, 논전

konvalinka, *f* 은방울 꽃

konvence, *f* **1** 대회, 회의 **2** 협정, 약정, 협약 **3** 풍습, 관례, 인습

konvenční 1 전통적인, 보수적인 **2** 관습의

konverzace, *f* **1** 대화, 담화, 좌담 **2** (학교의) 회화(시간, 과목) **3** 회화책

konverze, *f* 변환, 전환; 개종

konverzovat 담화하다, 교류하다; 대화하다, 회화하다

konvice, *f* 주전자, 원통형의 그릇

konzerva, *f* 보존 식품; v plechu 통조림, i ve skle 병조림

konzervace, *f* 보존, 유지, 존속; aby se nezkazilo 보존, 관리

konzervační 보존의, 보호의 ◆ ~ *prostředek* 예방책, 방부제

konzervárenský 통조림의 ◆ ~ *průmysl* 통조림 산업

konzervativní 보수적인, 보존력 있는

konzervatoř, *f* 국립 음악 [미술, 연극]학교

konzervovat 보존하다, aby se nezkazilo 보호하다; v plechu 통조림으로 보존하다, i ve skle 병조림으로 보존하다

konzola, *f* **1** opřená 까치발, 선반받이; 《建》 ve zdi (벽의) 소용돌이꼴 까치발((선반 또는 탁자류의 널빤지를 받치기 위해 수직면에 대는 삼각형 모양의 나무나 금속조각)) **2** tyčková 장대, 지팡이

konzul, *ma-2* **1** 영사 **2** [로마史] 집정관 **3** [프랑스史] 총독 ◆ *generální* ~ 총영사

konzulát, *mi* 영사직, 영사관

konzultace, *f* 상담, 의논; na vysoké škole (대학의) 개인 지도, 상담

konzultační 상담의 ◆ ~ *hodiny* 상담 시간

konzultant, *ma* **-ka,** *f* 개인지도 교사, 상담자

konzultovat co s kým (무엇에 대해 누구와) 상담[협의]하다; koho (누구에게) 개인 지도를 하다

konzum, *mi-2* **1** spotřeba 소비 **2** prodejna 소비조합매점, 생활협동조합매점

konzument, *ma* **-ka,** *f* 소비자, 수요자

konzumní 소비의 ◆ ~ *zboží* 소비재

konzumovat > z- 다 써버리다, 소비하다; 섭취하다

konžský 콩고의, 콩고말의, 콩고사람의

kooperace, *f* 협력, 협동, 협작, 제휴

koordinovat 대등하게 하다, 조정하다

kop, *mi-2* 차기, 킥 ◆ *pokutový/trestný* ~ 페널티킥; *rohový/volný* ~ 코너/프리킥

kopa, *f* **1** 60, 60개[세] **2** (구어체) 많

음, 다량, 다수 **3** 더미, 퇴적

kopáč, *ma* **1** 토공, 인부 **2** 축구선수

kopač, *mi* (자루가 긴) 괭이

kopačky, *f-pl* 축구화

kopaná, *f* fotbal 축구 ◆ *hrát -ou* 축구를 하다

kopat (*kop-u|-ám, kopej!, kopal*) > **-nout** **1** nástrojem (기계로) 파다; motyčkou 괭이질하다 **2** 캐다, 닦다 **3** do čeho (무엇을) nohou (발로) 차다 ◆ *~ brambory* 감자를 캐다; *~ studnu* 우물을 파다; *~ základy* 기초를 닦다, 토대를 세우다

kopcovitý 구릉성의, 산이 많은; 험한

kopec, *mi* **1** 언덕, 오르막길, 구릉 **2** hromada 더미, 쌓아올린 것, 퇴적

kopí, *n* 창 ◆ *lámat ~* (*s kým*) *oč, za koho* (누구와) 무엇, 누구에 대하여 논쟁[시합]하다

kopie, *f* 복사, fot. 인쇄; uměleckého díla (예술 작품의) 복제, 모사

kopírka, *f* (구어체) 복사기

kopírovat > **o-** 복사하다, fot. 인쇄하다; napodobit 모조[위조]하다; předvést herecky (연극적으로) 모방하다, karikovat 흉내내다

kopnout v. *kopat*

K

kopr, *mi-2* 시라(의 열매·잎)((향미료))

kopretina, *f* 프랑스 국화, 주변화가 있는 국화과 식물의 총칭, 마거리트 ((데이지의 일종))

kopřiva, *f* 쐐기풀

kopřivka, *f* 두드러기

kopule, *f* 돔, 둥근 지붕

kopýtk|o, *n-2, 3 = kopyto* ◆ *ukázat čertovo ~* 본색을 드러내다; *vyhodit si z -a* 법석을 떨며 쏘다니다, 즐기다

kopyto, *n* **1** 발굽 **2** obuvnické (제화용의) 골, napínák 구두의 골 ◆ *všechno na jedno ~* 모두 똑같다

korál, *mi-2* 산호, 산호빛

korálek, *mi-2, 3* 산호 구슬; 산호 목걸이

korálový 산호(빛)의

kord, *mi-2* **1** 칼, 검 **2** text. 부호, 코드 ◆ *být s kým na -y* 누구와 견원지간이다[다투다]

kordón, *mi-2* 초병선; 비상선; 방역선

Korea, *f* 한국 ◆ *jižní ~* 남한; *severní ~* 북한

korec, *mi* **1** plošná míra (면적 단위) 약 0.7 에이커 **2** dutá míra (부피 단위) 부셸((약 36리터))

koreček, *mi* 양동이, 두레박, 버킷

korečkov|ý 양동이의, 두레박의 ◆ *-é rypadlo* 버킷 굴착기

Korej|ec, *ma* **-ka,** *f* 한국인, 한국 사람

korejský 한국(인, 어)의

korejština, *f* 한국어, 한국말

korek, *mi-2, 3* 코르크

korekce, *f* 교정, 수정, 정정

korektiv, *mi-2* 개선[조정]책, 교정물

korektní **1** 정확한, 옳은; 적당한, 알맞은, 올바른 **2** taktní 재치있는, 적절한

korektnost, *f-1* 적절함, 적정, 타당; 재치

korektor, *ma* **-ka,** *f* polygr. 교정자

korektura, *f* **1** tisk. činnost 교정, 수정 **2** obtah 교정쇄

korespondence, *f* **1** 편지 교환, 통신, 연락, 왕래 **2** 서한문, 편지, 통신문

korespondenční 교환의, 교신의, 통보의 ◆ *~lístek* 우편 엽서

korespondent, *ma* 통신자, (신문·방송 등의) 특파원, 통신원, 투고자

korespondovat **1** s kým (누구와) 교신하다, 서신 왕래를 하다 **2** 대응하다, 부합[일치]하다

korigovat 교정[수정]하다, polygr. 고치다

kormidelník, *ma-3* 조타수, veslice (보트의) 키잡이, hodnost 조수, 항해사

kormidlo, *n* 조타 장치, část ponořená (배의) 키

kormidlovat …의 키를 잡다, 조종하다

kormoutit se > z- 슬퍼하다, 비탄에 잠기다

kornout, *mi-2* **-ek,** *mi-2, 3* (아이스크림을 넣는) 콘, 원뿔꼴 종이 봉지

koroptev, *f* 목도리뇌조, 메추라기의 일종

korouhev, *f* 기, 국기, 군기; 표지

korpulentní 뚱뚱한, 살찐

korumpovat (뇌물로써) 매수하다, 부패시키다

koruna, *f* **1** (왕의) 왕관, (교황의) 삼중관; 화관, 영관 **2** 왕권 **3** 꼬루나[크라운] (체코 등의 화폐 단위) **4** 절정, 극치 **5** stromu (나무의) 우듬지, 수관, 화관, 꽃부리

korunka, *f* **1** 작은 왕관, šlechtická (귀족의) 보관, 소관 **2** (이빨의) 치관 **3** (맥주병 따위의) 뚜껑, 마개 **4** (새의) 벼슬 **5** (작은 식물의) 화관, 꽃부리

korunní **1** 코루나[크라운]의, **2** 왕관의 **3** panovnický 왕권의, 제왕의 **4** 화관의 ◆ *~ svědek* 공범자에 대한 공소의 증인, 공범 증언

korunovace, *f* 대관식, 즉위식; 대관, 즉위

korunovační 대관식의, 대관의

korunovat **1** koho na/za krále (누구를 왕으로) 즉위시키다 **2** zakončit …에 씌우고 마무르다

korunov|ý 코루나의 ◆ *-é konto* 코루나 예금 계좌

korupce, *f* 부패, 타락

korupční 부패이, 타락의

Korutany, *f-pl* 쾨른텐(Kärnten) ((오스트리아의 도시명))

korýš, *ma* 갑각류

koryto, *n* **1** 구유, 여물통 **2** řeky apod. (강 등의) 바닥, 하상

korzet, *mi-2* 코르셋, 여자 속옷

korzo, *n* 산책, 유보; 행진

kořalka, *f* (브랜디, 진 따위의) 독한 술, 화주, 증류주

kořen, *mi* **1** 뿌리, 지하경, 근경; (이·손톱·손가락 따위의) 밑뿌리, 밑둥 **2** (단어의) 어근 **3** (일, 사건 등의) 근원, 기원, 원인, 근거 ◆ *mít -y v čem* 무엇에 근거를 두다; *mít zdravý ~* 강건한 체질이다; *vyvrátit z -e* 뿌리째 뽑다

kořenáč, *mi* květináč화분, 꽃분

kořenář, *ma* **-ka,** *f* 약초 재배자[채집자], 약재상

K

kořeněný 조미한, okořeněný 맛을 낸, 양념원

koření, *n* 양념, 향료, všechno použité 조미료; léčivé 향료[약용]식물

kořenit kde, odkud (어디에, 어디로부터) 나오다, 유래하다, 발원하다, 근거를 두다 ~ > **o-** 맛을 내다, 간을 치다; určitým kořením (특정한 양념으로서) 곁들이다, 조미하다, aby bylo chutné 맛있게하다, 양념하다

kořenový **1** 뿌리의, 근본적인; základní 기본의, 기본적인 **2** jako koření 향(신)료를 넣은, 향긋한

kořist, *f-1* **1** 먹이, 밥, 희생물, lovce 사냥감, výsledek honu 포획물, rybáře 어획물; **2** 전리품, 노획물

kořistit z čeho (무엇을) 약탈하다, 착취하다, 이용하다

kořistnický 약탈의, 착취의

kořistnictví, *n* 약탈, 착취

kořistník, *ma-3* plenitel 약탈자, vykořisťovatel 착취자

kořistný 약탈하는, 약탈을 목적으로[일로] 삼는

kořit se **1** komu (누구에게) 머리를 숙이다, 숭배하다, 숭상하다 **2** podlézavě 굽실거리다, 아첨하다

kos, *ma* 지빠귀, 찌르레기

kosa, *f* **1** (자루가 긴) 큰 낫 **2** [地理] 곶, 갑(岬)

kosatec, *mi* 붓꽃

kosit > po-, s- **1** 자르다, obilí (곡식을) 수확하다, trávu (풀을)베다 **2** střelbou (포화로) 쓰러뜨리다, 소탕하다

kosmetický 화장(품)의 ◆ ~ *přípravek* 화장하기, 분장; ~ *salón* 미용실

kosmetik|a, *f* **1** 화장, 화장술 **2** 화장품 **3** tváře (얼굴의) 성형 수술 ◆ *provést/udělat komu -u* 누구를 성형수술하다

kosmick|ý **1** 우주의 **2** v astronautice (우주 비행학에서의) 우주 공간의 ◆ *-á laboratoř* 궤도 실험실; *-á loď* 우주선; *~ prostor* 외계

kosmodrom, *mi-2* sovětský (소련의) 우주선 기지

kosmonaut, *ma* **-ka,** *f* 우주인, 우주비행사

kosmonautika, *f* 우주 비행학

kosmopolita, *ma(-4)* 세계인, 국제인

kosmopolitismus, *mi-2* 세계주의, 사해동포주의

kosmopolitní 세계주의의, 전세계적인

kosmos, *mi-2* **1** 우주 **2** v astronautice 외계, (대기권 밖의) 우주

kosočtverec, *mi* 마름모, 사방형

kosodélník, *mi-2, 3* 장사방형

kost, *f-1* **1** 뼈, 잔뼈, 가시 **2** rohovina 뿔 **3** (구어체) hezká divka 귀여운 여자, 예쁜 여자, 미인 ◆ *z masa a -í* 골육의, 혈육의, 피붙이의; *být ~ a kůže* 껍질[가죽]과 뼈 뿐이다; *zkřehlý na ~* 뼈에 사무치도록 오싹한

Kostarika, *f* 코스타리카

kostel, *mi(-3)* **1** 교회, 성당, 예배당 **2** bohoslužba 예배, 미사

kostelní 교회의, 성당의, 예배당의

kosteln|ík, *mi-2, 3* **-ice,** *f* 교회의 서무 계원[관리인], 성당지기; hrobník 볼목하니,

K

kostěný **1** 뼈의, 뼈로 된 **2** z rohoviny 뿔의, 뿔로 만든 ◆ *brýle s -nou obroučkou* 뿔로 테두리한 안경)

kostice, *f* 고래 뼈

kost|ka, *f* **1** 입방체, 정 6면체 **2** hrací 주사위 **3** dlažební 포석, 포장용 돌, 포장용 자갈[조약돌] **4** (장난감의) 집짓기 **5** vzorek 바둑판 무늬 세공, 바둑판 무늬 쌓기◆ *~ mýdla* 비누 한 개; *v -ce* 아주 간결하게; *krájet na -ky* 주사위 모양으로 베다

kostkovaný 바둑 무늬의

kostkov|ý 입방체의, 포석의 ◆ *~ cukr* 각설탕; *-á dlažba* 포석[자갈] 포장도로

kostlivec, *ma* **1** 뼈만 앙상한 사람, 해골 **2** 사신(死神)((낫을 든 해골로 상징됨))

kostnatět (*-ějí*) > **z-** **1** 뼈만 남게 되다, 골화되다 **2** nejít s dobou 보수적으로 되다, 형식에 얽매이다

kostnatý 뼈 뿐인, 뼈만 앙상한

kostní 뼈의, 골의 ◆ *~moučka* 골분

kostnice, *f* 납골당

kostra, *f* **1** (해부학적인) 골격, 뼈대 **2** (건물·선박·비행기 따위의) 뼈대, 구조, 골조 **3** (소설·이야기 따위의) 뼈대, 얼거리, 구조

kostrbatý **1** 마디가 많은; hrbolatý 울퉁불퉁한, 우툴두툴한 **2** písmo (글씨가) 알아보기 어려운, 읽기 어려운

kostým, *mi-2* **1** 복장, 의상 **2** dámský (여성용) 의상, 여성복, 슈트, 세퍼레이츠 **3** 무대 의상

kostýmový **1** 복장의, 의상의 **2** dámský 여성복의 **3** 무대 의상의

kosý 비스듬한, 기울어진, 사선의 ◆ *~pohled* 곁눈질

koš, *mi* 광주리, 바구니, 소쿠리, 바스켓, s víkem (뚜껑 달린) 바구니 ◆ *hrudní ~* 궤; *lodní ~* 돛대 머리; *~ na odpadky* 쓰레기통; *~ na papír* 폐지통, 휴지통; *prádelní ~* 빨래통

košatý (나무의 가지 등이) 퍼져있는, 산개한; 무성한

koší(če)k, *ma-2, 3* 손바구니, proutěný 작은 광주리, na jahody též (딸기 등을 위한) 작은 바구니, psí (개의) 입마개

košíkář, *ma* **-ka,** *f* **1** 바구니 제조업자 **2 (스포츠)** 농구 선수

košíkářsk|ý **1** 바구니 제조의 **2** 농구의 ◆ *~ průmysl* 바구니 제조[세공]공업; *-é mužstvo* 농구팀

košíkářství, *n* 바구니 제조(업), 바구니 세공

košíková, *f* 농구

košile, *f* (남성용) 와이셔츠, 셔츠; (여성용) 속옷의 일종, 슈미즈 ◆ *noční ~* 잠옷

košilka, *f* dámská/dětská (여성, 어린이용) 슈미즈, 시프트 드레스, 잠옷; 작은 셔츠, 어린이용 셔츠

košťál, *mi-2* (양배추) 줄기, 대

koště, *n-1* 비, 빗자루, dlouhé z proutí 마당비

kotě, *n-1* 새끼 고양이

kotel, *mi(-1)* **1** 솥, 주전자, velký 큰 솥[냄비]; k výrobě páry, zásobník horké vody 보일러 **2** 《음》 케틀드럼[큰북] **3** horský (산의) 계곡, 분지

kotelna, *f* 보일러실

kotleta, *f* **1** (돼지고기 등의) 잘라낸 한 조각, 커틀릿 **2** vlasy 구레나룻

K

kotlík, *mi-2, 3* 작은 주전자, 작은 솥
kotlina, *f* 우묵한 곳, 계곡, 분지
kotník, *mi-2, 3* na noze 발목, 복사뼈; na ruce 손가락 관절(마디)
kotouč, *mi* **1** 평원반, 디스크, 레코드 **2** prstencově svinutý (밧줄, 철사 등의) 감은것, 그 한 사리, 코일; filmu (필름의) 스풀, 릴; (종이의) 두루마리, 권축, 돌 **3** věnčitý (연기의) 소용돌이 ◆ *~prachu* 먼지의 소용돌이
kotrmelec, *mi* 재주넘기, 공중제비
kotva, *f* **1** 닻 ◆ *spustit/zdvihnout -u* 닻을 내리다/올리다 **2** elektr. 전기자((발전기·전동기 등의 회전자))
kotvit 닻을 내리다, 배를 정박하다
koudel, *f* **1** 삼[아마]부스러기 **2** 뱃밥((낡은 밧줄을 푼 것))
kouk|at (se) > -nout (se) (구어체) 엿보다, 살짝 들여다 보다 **-at** vyčnívat **1** 눈에 띄다, 두드러지다 **2** …에 놀라다 **3** …처럼 보이다 ◆ *z očí mu -á vražda* 그의 눈은 살기가 역력하다; *-ej, -ni* 여기를 봐; *-něme* (*se, na něho*) 그를 쳐다 봅시다
koukol, *mi(-1)* **1** 선옹초(잡초) **2** (성서어) 가라지, 독(毒) 보리((마태복음 XIII: 25,26)); 해독
koulař, *ma* **-ka,** *f* 포환 던지기 선수
koule, *f* **1** 공, 구, 공 같은 것 **2** 《幾何》 구, 구체, 구형 **3** 《物, 地理》 지구, 천체; **4** v kartách (카드 놀이에서) 다이아몬드; **5** dělová (대포의) 포탄, 탄알 (a. v. kulka); **6** (스포츠) nářadí (포환 던지기의) 포환
koulet (se) (통, 눈 알을) 굴리다, 돌리다
koulovat (se) 눈뭉치를 던지다, 눈싸움을 하다
koupací 수영의, 목욕의 ◆ *~ plášť* 목욕 가운, 수영 가운; *~vana* 욕조
koupaliště, *n* 수영장, 수영 풀
koupat (*koup-u|-ám, koupej!, koupal*) **> vy-** 목욕시키다, 멱 감기다 **~ se > vy-** 수영하다, 멱 감다, ve vaně apod. (욕조 등에서) 목욕하다 **~ > z-** koho (구어체) (누구를) 시험에서 낙제시키다
koupání, *n* 목욕, 멱 감기, 헤엄, 수영
koupě, *f* 매입, 구매, výhodná (유리한) 매입, 매득, 할인 구매
koupěchtivý 사고 싶어하는, 살 준비가 되어 있는
koupel, *f* **1** 욕조, 욕탕 **2** koupání vůbec 목욕; *= lázně*
koupelna, *f* 욕실, 욕탕, 목욕탕
koupit (*kup!*) **< kupovat 1** 사다, 구입하다, 구매하다; vůbec opatřit 손에 넣다, 취득하다; lístky do (…에 대한 표를) 구입하다 **2** 매수하다, 뇌물로 꾀다 ◆ *~ draho/lacino* 비싸게/싸게 사다; *~ za hotové* 현금으로 사다; *~ zajíce v pytli* 잘 보지도 않고 물건을 사다
kouř, *mi* 연기; z výparů 증기, 연무, 가스, 훈연; pára 수증기
kouření, *n* 흡연, 담배[연기] 피우기
kouřit (*kuř!*) 연기를 피우다, 연기를 내다[발사하다]; 담배를 피우다, 흡연하다; vykuřovat 그을리다, 증기에 쬐다; páru (수증기를) 증발시키다
kouřit se 연기[증기]가 나다, 증발하다
kouřov|ý 1 연기의 **2** 연기나는,

K

연기가 많은 ◆ *-á bomba* 연막탄; *-á clona* 연막

kous|at (*kou-šu|-sám, kousej!, kousal*) > **-nout 1** co, do čeho (무엇을) 물다, 물어뜯다, 깨물다; 씹다; 쏘다, 물다 **2** (스웨터 등이) 긁다, 할퀴다 ~ **se** > **-nout se** do čeho (무엇을) 깨물다, vzájemně 서로 물어 뜯다

kousavost, *f-1* 빈정댐, 신랄(함), 얼얼함

kousavý 1 쏘는 듯한, 얼얼한 **2** chlad (추위가) 살을 에는 듯한 **3** sžíravý 빈정대는; 신랄한, 통렬한

kous|ek, *mi-2, 3* **1** 작은 조각, 단면, 작은 부분, 토막 **2 (**음악, 문학**)** 한 작품 **3** 소량, 조금, 약간; 파편, 부스러기 **4** 일정 거리, 짧은거리 **5** podvodný čin 책략, 계교, 속임수 **6** vynikající skutek 공적, 행적 ◆ *~ po - ku* 조금씩; *husarský ~* 절묘한 기술, 묘기, 대걸작; *~ papíru* 종이 쪽지, 종이 조각

kousíček, *mi-2, 3* 아주 조금, 미량, 극소량

kout[1] (*ku-*) > **u- 1** (쇠를) 불리다, 단조하다; kladivy (망치로) 치다, 탕탕 두들기다, 두들겨 만들다 **2** osnovat 고안하다, 꾸미다; tajně (몰래) 꾀하다, 음모하다

kout[2], *mi* **1** 구석, zákoutí též 모퉁이 **2** 쑥 들어간 곳, 외진 곳, 벽지

koutek, *mi-2, 3* **1** = *kout* **2** v časopise (잡지의) 칼럼, 기고란

kouzelnice, *f* 마녀, čarodějka 여자 마법사

kouzelnický 마술적인, 마술의

kouzelnictví, *n* 마술, 마법, žonglérství 요술

kouzelník, *ma-3* 마술사, obratný 마법사, žonglér 요술쟁이

kouzelný 마술의, okouzlující 마력적인, žonglérský 요술의 ◆ *~ proutek* 마법 지팡이

kouzlit > vy- 마술로 불러내다, 마법[요술]을 쓰다

kouzlo, *n* 마술, osobní 주문, 주술, zaříkávání 요술; půvab 마력, senzační 매혹, 매력; kouzelnický kousek 마법

kov, *mi-2* 금속; mince 동전

kovadlina, *f* 모루

kovák, *ma-3* **(**구어체**)** 금속 세공업자

kování, *n* **1** 쇠 불리기, 단조 **2** ochranné 입힘, 씌움

kovaný 1 정련한, 단현한 **2** 금속으로 장식한[입힌] **3** rodem (출생이) 적출의 **4** zběhlý 잘 아는, v čem (무엇에) 정통한

kovárna, *f* 대장간

kovář, *ma* 대장장이, 금속 세공장[인]

kovářský 대장장이의, 금속 세공장의

kovat (*kov-u|-ám, kovej!, koval*) **1** = *kout* **2** ~ > **pod-** koně (말에) 편자를 박다

kovoděln|ík, *ma-3* **-ice,** *f* 금속 세공인

kovový 금속의; jako kov 금속성의

kovral, *mi-2* 마루 전체를 덮는 카펫

koza, *f* **1** 염소; samice 암염소 **2** podstavec 버팀 다리; krovu 트러스, 형구; mostu (다리의) 말뚝 재료로 만든 구조물, proti ledu (얼음을 막기 위

한); k řezání dřeva (나무를 자르기 위한) 톱질 모탕 **3** han. žena 말괄량이, 왈패 **4** **(**비속어**)** (여자의) 젖통 ◆ *chodí jako ~ na ledě* 그는 비틀거린다; *je mlsný jako ~* 그는 단 것을 좋아한다; *rozumí tomu jako ~ petrželi* 그는 그것을 전혀 짐작하지 못한다

kozácký, (러시아) 코사크 사람의

kozačky, *f-pl* 목이 긴 여성용 부츠

kozák[1]**,** *ma* (러시아) 코사크 사람; 코사크 기병 **2** starý ~ 노병, 노련가, 베테랑

kozák[2]**,** *mi-2, 3* 털[숱]이 많은 버섯의 일종

koz|el[1]**,** *ma* 숫염소 ◆ *starý ~* 호색가; *udělat -la zahradníkem* 고양이에게 생선 맡기다

kozel[2] *mi* **(**생격, 대격 *-a***)** pivo 독한 흑맥주

kozel|ec, *mi = kotrmelec* ◆ *svázat do -ce* (벌로써) 손과 발을 함께 묶다

kozí 염소의 ◆ *~ bradka* (사람의 턱에 난) 염소 수염

kozina, *f* **1** 염소 가죽 **2** **(**구어체**)** 염소고기

kozinka, *f* 어린[새끼] 염소 가죽

kozlík[1]**,** *ma-3* 새끼 숫염소

kozlík[2]**,** *mi-2, 3* **1** vozu (차의) 운전석 **2** 《植》 쥐오줌풀(의 뿌리에서 만든 진정제)

Kozoroh, *ma-2, 3* (하늘의) 염소 자리

koželužný 무두질의; 가죽 가공의

koželuh, *ma-3* 무두장이, 제혁업자

koženk|a, *f* **1** 모조 가죽 **2** **-y** 가죽 바지

kožený 가죽의; jako kůže 가죽 비슷한, 피질의

kožešina, *f* 모피; surová 생가죽

kožešník, *ma-3* 모피상[공]

kožich, *mi-3* 모피코트

kožka, *f* (작은 포유류의) 가죽, 피혁 ◆ *králičí ~* 토끼 가죽

kožní 피부의, 피부에 관한 ◆ *~ lékař* 피부과 (전문)의사

kra, *f* 부빙, 얼음벌

krab, *ma* 게

krabatý 혹이 난; 주름진, 쭈글쭈글한

krabí 게의 ◆ *~ maso* 게살

krabice, *f* 상자, 케이스, 용기, 통

kráčet (*-čejí*) 행진하다, 나아가다; dlouhými kroky (큰 걸음걸이로) 성큼성큼 걷다, 활보하다; po čem (무엇을) 밟다; vážnými pravidelnými kroky (고른 보조로) 천천히 걷다; = *jít* ◆ *~ za kým* 누구의 뒤를 따르다

krádež, *f* 절도, 도적질, 훔치기, vloupáním 강도, drobná 좀도둑질, v obchodě (가게에서의) 물건 들치기[슬쩍하기]

kradmo 몰래, 은밀하게

kradmý 은밀한, záludně 남몰래 하는, skrytý 내밀한

krach, *mi-2* **1** (경제적, 재정적) 파산, 파탄, 도산 **2** 실패, 영락, 몰락

krachovat > z- **(**구어체**)** 실패하다, 파멸하다; podnikatel (기업가가) 파산하다; 큰 실수를 하다

kraj, *mi* **1** vnější ohraničení 경계, 끝, 한계; čára obvodu, oblast při ní (지방, 지역의) 주변, 주위, 변방; (도시의) 변두리, 교외 **2** průsečík ploch 가장자리, pokraj 모서리, okraj 끝머리, 테두

리 **3** hranice 국경 **4** vnitřku nádoby (식기의) 가장자리 **5** určitá oblast 지역, 지방 ◆ *od/z -e* 처음[시작]부터; *jiný ~ jiný mrav* 로마에서는 로마의 법을 따르라, 각 지방은 고유의 풍습이있다

krajáč, *mi* 우유 항아리

krajan, *ma(-4)* 고향 사람, 동향인; 동포, 교포

krajanka, *f* 고향 여자; 시골 여자

krájet *(-její)* > **na-** 자르다, 썰다, nadrobno 조각내다, 저미다, u stolu, (식탁에서 고기 등을) 베다, ~ > **ukrojit** 잘라내다, 베어내다

krajíc, *mi* (빵) 한 조각, 한 토막

krají|ček, *mi-2, 3* **1** = *krajíc* **2** *mít slzy na -čku* 바야흐로 눈물이 나려하다, 눈물이 나기 직전이다

krajina, *f* **1** kus venkova 지대, 지구, 지역 **2** 풍경, 경치, 조망, 전망

krajinář, *ma* **-ka,** *f* **1** 풍경 화가 **2** 조경 설계사, 정원 설계사

krajinný 풍경의, 경치의; 지대의, 지역의

krajinomalba, *f* 풍경화

krajka, *f* 레이스, 끈, 술

krajkový 끈의, 레이스의, 술의

krajní **1** 끝의, 가장자리의, 변방의, 경계의, 국경의 **2** 맨끝의, 말단의 최후의 **3** 극도의, 극단의; 극단적인; 최대의 ◆ *v -m případě* 결국, 최후의 수단으로

krajnice, *f* (도로의) 대피선, (고속도로의) 갓길

krajnost, *f-1* 극단, 극도; 끝, 말단 ◆ *hnát něco až do -i* 무엇을 극단으로 몰고가다

krajský 지역의, 지방의

krákat > **za-** **1** havran (까마귀가) 울다, 까악까악 울다 **2** koho (누구의) 머리카락을 당기다

Krakonoš, *ma* 크르크노쉐 (Krkonoše), 산의 주인[지배자]((체코 동화 상의 인물))

Krakov, *mi* 크라쿠프((폴란드의 도시명))

kraksna, *f* **(**구어체**)** 고물(자동차, 비행기), 낡은 차(또는 배)

král, *ma-1,2* **1** 왕, 국왕, 임금, 군주 **2** (장기, 카드 놀이의) 왕, 킹 **3** …왕 ◆ *pro pána -e* 하나님 맙소사, 제발, 부디; *Tři králové* 세 사람의 동방 박사; *ocelový ~* 강철 왕; *~ zvířat* 동물왕

kralevic, královic, *ma* 왕자

králičí 집토끼의

králičina, *f* 집토끼(모피); 집토끼 고기

králík, *ma-3* 집토끼 ◆ *pokusný, zkušební ~* 실험 재료[대상]

králíkárna, *f* 토끼장

kralovat (왕으로서) 통치하다, 다스리다

královna, *f* 여왕, 왕비, 왕후; včela 여왕벌

kralovrah, *ma-3* 국왕 시해자, 대역자

královražda, *f* 국왕 시해, 대역

kralovsk|ý **1** hodný krále 왕의 **2** pompa 제왕의, 당당한 **3** nádherný 군주다운, 위엄있는, 장엄한 **4** štědrý 아낌없이 베푸는 ◆ *-á rodina* 왕가, 왕족; *~plat* 관대한 지불

království, *n* **1** 왕국, 국토, 영토 **2**

K

hodnost 제왕의 위엄 **3** 영역, 범위, 권, 계

krám[1], *mi* obchod 가게, 상점, 매점, 점포

krám[2], *mi-2* bezcenná věc 쓰레기, 폐물, 고물차, 고철 ◆ *to je -ů* 신경쓰지 마

kramář, *ma* **-ka,** *f* **1** 가게[상점] 주인 **2** 소상인, 도붓장수, 행상인 **3** **(**경멸어**)** s čím (무엇을 취급하는) 불법[악덕]상인, 상인

kramářství, *n* **1** 편협함, 쩨쩨함 **2** 행상 **3 (**경멸어**)** 불법 거래

krámek, *mi-2, 3* 작은 상점, 노점, 매점

krápník, *mi-2, 3* 종유석

krápníkový 종유석의

krása, *f* **1** 아름다움, 미(美), 미모 **2** 미인; 아름다운 것

krasavec, *ma* 미남

krasavice, *f* 미녀, 미인; (어떤 자리에서의) 가장 아름다운 여성[소녀]

kráska, *f* 미인, 미녀 ◆ *Kráska a zvíře* 미녀와 야수

kraslice, *f* 채색 달걀, 부활절 달걀

krásno, *n-2* 아름다운 것

krásn|ý **1** 아름다운, 고운, 예쁜 **2** 산뜻한, 훌륭한, 뛰어난, 좋은, 멋진 **3** (날씨가) 화창한, 쾌청한, 맑은; pro smysly 사랑스러운; spanilý, příhodný a o počasí 좋은 ◆ *-á literatura* 순(수)문학, 미문학

krasobruslení, *n* 피겨스케이팅

krasojízda, *f* 말 곡예, 자전거 곡예

krasopis, *mi* 붓글씨, 서예; 달필

krást (*krad-*) **> u-** 훔치다, 도둑질하다, v drobném 좀도둑질하다 ◆ *kdo lže, ten krade* 거짓말쟁이가 도둑질한다; *~ jako straka* 상습범이다; *~ se někam* 어딘가로 가만히[몰래] 들어가다[잠입하다]

krášlit > o-, vy-, z- 아름답게 하다, zdobit 장식하다, přikrášlovat 윤색하다, nápadně (화려하게) 꾸미다

krát 배, 곱 ◆ *pět ~ čtyři* 5 곱하기 4, 5x4

-krát 번, 회 ◆ *tentokrát* 이번; *dvakrát* 2회; *několikrát* 몇 번[회], 여러 번

Krátce (kratčeji) 짧게, 간단하게

kráter, *mi-2* 분화구

kratičký 매우 짧은

krátit (*krať!, krácen*) **> z- 1** 짧게하다, 덜다, 삭감하다, 축소하다, ke škodě 줄이다, ponechat jen závažné 단축[생략]하다; slova, věty (어, 구를) 약(略)해서 쓰다 **2** práva, svobodu (권리, 자유를) 손상하다, 훼손하다 **3** oděv (옷의) 기장을 줄이다 **~ se** 짧아지다, 줄다, 작아지다; (기억이) 감퇴하다, 희미해지다

krátit si čas (시간을) 보내다, 소일하다

krátkodobý 짧은 기간의, 단기간의, 단기의

krátkozrakost, *f* 근시, 근시안; 단견, 짧은 안목

krátkozraký 근시(안)의; **(**비유**)** 근시안의, 단견의, 근시안적인

krát|ký (kratší) 1 짧은((길이 · 거리 · 시간 등이)) **2** 간결한, 간단한 **3** (키 등이) 작은; 닿지 않는 ◆ *~ dech* 숨이 참, (문장·이야기 따위가) 간결함; *udělat s čím ~ konec* 무엇을 재빨리

K

해치우다; *-ce řečeno* 간단히 말해서, 요컨데, 결국

kratochvíle, *f* 기분 전환, 오락, 유희, 소일거리

kratochvilný 즐거운, 재미있는, 기분 풀이가 되는

kráva, *f* **1** 암소, 젖소 **2** mořská 해우, 해마 **3 (**욕설**)** 바보 같은 여자, 살찌고 주책없는 여자, 불쾌한 여자

kravál, *mi-2* 소음, 고함, 소란

kravata, *f* 넥타이

kravín, *mi* 헛간, 소마구

kravský 1 소의, 암소의, 젖소의 **2 (**비속어**)** 어리석은, 바보 같은

krb, *mi-2* 화덕, ohniště 난로

krčit > po- 1 kolena (무릎을) 굽히다 **2** nos …을 경멸[멸시]하다 **3** rameny (어깨를) 으쓱하다 **~ > s-** 구부리다; 숙이다, svěsit 수그리다, 내리다 ◆ *~ čelo* 이마에 주름을 짓다, 얼굴을 찌푸리다 **~ se > s- 1** 떼지어 몰리다, 붐비다 **2** na bobku 웅크리다, 쭈그리다 **3** servilně, nemohoucně 곱송그리다 **4** hlavu a ramena, strachem, zimou, poklonkovat (공포, 추위 때문에 고개와 어깨를) 움츠리다 **5** ve vráskách 주름(살)이 지다

krčma, *f* 맥주집, 선술집

kredenc, *f* 찬장, kuchyňská 식기대

krédo, *n-2* **(**문어체**)** 신념, 신조

krejčí, *ma* (남자) 재봉사, dámský 양재사

krejčová, *f* 여자 양재사

krejčovský, krejčovství, *n* 양재사의

krejčovství, *n* **1** 재봉[양장]업 **2** 재봉점, 양복점, 양장점

krém, *mi-2* **1** 화장용[약용] 크림 **2** na boty též (구두 등의) 광택제 **3** 크림, 우유의 빽빽한 더껑이

krémový 크림 같은, 크림색의, 매끄러운

kremace, *f* (시신의) 소각, 화장

krematorium, *n-2* 화장장, 영생사업소

Kreml, *mi* 크레믈린

kremrole, *f* **(**구어체**)** 크림혼(원뿔 모양의 크림 과자)

kresba, *f* **1** 그림, 도화; 선화, 스케치, 데생 **2** (소설에서의) 인물 묘사

kreslení, *n* **1** 그림 그리기 **2** 그림, 회화

kreslicí 그림의; 스케치의

kreslič, *ma* **-ka,** *f* 기초자, 입안자

kresl|it > na- načrtnout **1** 설계하다, 그리다, 스케치하다, 윤곽을 그리나 **2** s vnitřní kompozicí 디자인하다, **3** (인물을) 그리다, 묘사하다 ◆ *-ený film* 만화 영화

Kréta, *f* 크레타((지중해의 섬; 그리스령))

kr|ev, *f* 피, 혈액 ◆ *dárce -ve* 헌혈자; *otrava -ve* 패혈증; *tlak -ve* 혈압; *zbít koho do -ve* 누구를 피가 터지도록 때리다

kreveta, *f* 작은 새우

krevní 피의, 혈액의

kriminál, *mi* 교도소, 감옥, 구치소

kriminalista, *ma(-4)* **-ka,** *f* **1** 범죄학자 **2** 수사관, 형사

kriminální 범죄의; 죄 있는

krimináln|ík, *ma-3* **-ice,** *f* 죄수, 전과자, 상습범

krinolína, *f* 크리놀린; 버팀 테를

넣은 스커트

kristiánky, *f-pl* 크리스차니어 회전 ((스키))

Krist|us, *ma* 그리스도 ◆ *Ježíš K-* 예수 그리스도; *-ovo učení* 그리스도의 가르침; *Ježíš -e!, pro krista pána!, prokristapána!* 제발, 아무쪼록, 부디 ((감정의 강한 동요를 표현)), 쳇, 제기랄, 우라질((비속어적 표현))

kritérium, *n-2* 표준, 기준, 척도

kritický 1 비판적인 **2** 위기의, 위급한; 결정적인 중대한

kritičnost, *f-1* **1** 비판 정신 **2** 위급한 단계[상태]

kritik, *ma-3* 비평가, 평론가

kritika, *f* 비평, 평론, recenze 논평

kritizovat > z- 비평하다, 비판하다; 비난하다, 책망하다

kriz|e, *f* 위기, 고비, 갈림길, 중대 국면, 난국; (경제적) hospodářská 침체, 불경기 ◆ *postižený -í* 침체된, 불경기의

krk, *mi-2, 3* **1** 목, 목구멍, 인후 **2** strávník 기숙인, 식솔, 식구 **3** 목숨, 생명◆ *jde o ~* 그것은 생사가 달린 문제다; *bolení v -u* 아픈 목; *dal by za to ~* 그는 그것에 목숨을 걸을지도 모른다; *dát komu nůž na ~* 누구의 목에 칼을 들이대다; *leze mi to z -u* 나는 그것이 신물이[넌더리가] 난다 *mít co na -u* 무엇을 짊어지다, 떠맡다; *mít co z -u* 무엇인가를 떨쳐버리다; *mít čeho až po ~* 무엇에 진절머리나다; *šátek na ~* 스카프, 목도리

krkavec, *ma* 갈까마귀

Krkonoše, *f-pl/mi-pl* 크르크노쉐 산맥

krkolomný (목이 부러질 정도로) 위험하기 짝이 없는

krkovička, *f* 목덜미살

krmení, *n* **1** 먹이기, 급식 **2** = *krmivo*

krmič, *ma* **-ka,** *f* 가축 따위를 치는 사람, 사육자

krmit (*krm!*) **> na-** 음식을(먹이를) 주다, 먹이다; (가축에게) 사료를(풀을) 주다; (가축을) 기르다; 사육하다 násilně 살찌우다 **~ se > na-** (스스로) 음식을[젖, 사료를] 먹다

krmivo, *n* píce 먹이, 마초, 꼴, 사료

krmník, *mi-2, 3* (비육용) 돼지 우리

krmník, *ma-3* vepř 비육 가축; 식용 돼지, 살찐 새끼 돼지

krmný 급식의, 사육의, 비육의

krocan, *ma* 칠면조

kroj, *mi* (민족 고유의) 전통 의상, 민속 의상

krok, *mi-3* **1** 걸음, 보행 **2** 걸음걸이, 보조; (댄스의) 스텝 **3** 발소리, 발자국 **4** 한걸음, 일보, 보폭 **5** 발전, 진보 **6** 조치, 수단, 방법 ◆ *držet ~ s kým* 누구와 보조를 유지하다; *~ za -em* 한걸음, 한걸음; *podniknout -y* 조치를 취하다; *přidat do -u* 스텝을[걸음걸이를] 빨리하다

krokodýl, *ma* 악어

krokodýlí 악어의

krom(ě) I (+생격) 1 …을 제외하고는, …말고는, …외에는 ◆ *~ neděle* 일요일을 제외하고는; *~ toho, že...* …하는 것을 제외하고는 **2** …외에(또), …에다가 또 ◆ *~ platu má ještě...* 그는 월급에다가 또 …를 갖는다; *~ toho, že...* …하는 것 외에도 **II** (부

K

사) vždy ~ v pondělí 언제나 월요일에 만은 제외하고
kronika, *f* 연대기, 연사(年史)
kronikář, *ma* 연대기 작가
kropenatý 흠이 있는, 얼룩의, 때 묻은
kropicí 물주기, 급수, 관수(灌水), 살수(撒水)
kropit > po- 물뿌리다, postřikem (분무기로) 분무하다, vodou 물주다
krotit (*krocen*) **> u-, z-** 길들이다, koně (말을) 단련시키다, 조련하다, držet na uzdě 제어하다 **~ se** 자신을 제어[통제, 억제] 하다
krotitel, *ma-1, 4* **-ka,** *f* 조련사, 조련자
krotký 길들인; mírný 온순한, 유순한
krotnout > z- 온순[유순]해지다
krouhat > na- 베어[잘라]내다, 조각내다
kroup|a, *f* **1** 빻은 보리, 껍질벗긴 보리 **2** 《氣象》 우박 ◆ *padají k -y* 우박이 내리다
kroutit (*kruť, kroucen*) **> za-** čím **z-** co (무엇을) 빙빙 돌리다, 회전하다; páčivě 비틀다; válením 말다 ◆ *~ očima* 두 눈을 굴리다 **~ > na-** vlasy (머리털을) 곱슬곱슬하게 하다 **~ se > za-** 빙빙 돌다, 회전하다; jako červ (벌레처럼) 꿈틀거리다; vířivě (소용돌이 모양으로) 돌다, 뱅뱅 돌다
kroužek, *mi-2, 3* **1** 작은 원, 작은 고리; 원, 원주 **2** 원형의 것 고리, 서클, společnost 동아리, 집단 ◆ *~ na klíče* 열쇠 고리; *zájmový ~* 동호회; *Pražský lingvistický ~* 프라하 언어학 서클
kroužit > vy- 돌리다, 구부리다, 만곡시키다 **-it > za-** 선회하다, 회전하다, 빙빙 돌다, 원을 그리다, ladně vířit 발끝으로 맴돌다, 급선회하다
kroužkovat (소의 코, 비둘기 다리 따위에) 고리를 끼우다
krov, *mi-2* **1** 트러스, břevna krovu 서까래 **2** střecha 지붕; domov 집, 가정
krovka, *f* (곤충의) 시초, 겉날개
krtčí 두더지의
krtek, *ma-3* 두더지
krtina, *f* 두더지가 파놓은 흙두둑
kruci, krucifix, krucinál ((분노, 분개, 놀람을 표현)) 빌어먹을, 젠장, 제기랄, 이런!
kruč|et (*žaludky -čí*) **> za-** (배가) 꾸르륵 소리내다 ◆ *-í mi v břiše* 내 배가 꾸르륵거린다
kruh, *mi-2, 3* **1** 원, 고리, 환; okruh 원형, 원형의 것 **2** oblast 구, 천체 **3** prstencový 반지, 귀걸이, 코고리, 팔찌; kolem měsíce (해·달의) 무리 **4** těl. (체조용) 링, 조환 **5** dráha oběhu 궤도 **6** 집단, 사회, …계(界), 패, 동아리, 서클 ◆ *bludný ~* 악순환; *polární ~* 극권
kruhov|ý 원(의), 원형의 ◆ *~ objezd* 로타리, 환상(원형) 교차로; *-é náměstí* 원형 광장; *-á pila* 둥근 톱
krumpáč, *mi* 곡괭이
krunýř, *mi* **1** 갑옷 **2** zvířat (동물의) 등딱지
krůpěj, *f* 방울 ◆ *~ rosy* 이슬 방울; *~ potu* 땀방울

krupice, *f* 거친 밀가루
krupobití, *n* 우박 폭풍
krušný 어려운, 힘든, 곤란한
krůta, *f* 암칠면조
krutost, *f-1* 잔인(함), 잔혹(함), 가혹(함)
krutovládce, *ma* 폭군, 전제 군주
krutý 잔인한, 냉혹한; těžce doléhající 지독한, 호된; zima též (추위가) 모진, 살을 에는듯한
kruž|idlo, *n* **-ítko,** *n-2, 3* 콤파스
kružnice, *f* 원, 동그라미
krvácení, *n* 출혈
krvácet 피흘리다, 피가 나다
krvavý 1 피의, 피로 물든, krvácející 피를 흘리는; **2** 잔인한, 냉혹한, 냉혈의 **3** rudý 핏빛의
krvelačný 잔인한, 피에 굶주린
krvinka, *f* 혈구
krycí 1 덮는, 은폐하는 **2** 비열의, 은밀한 ◆ *~ jméno* 코드명, 암호명, *~ heslo* 암호(말)
krychle, *f* 입방체, 정 6면체
krychlový 입방의, 세제곱의
Krym, *mi* 크림((흑해 북안의 반도; 우크라이나 공화국의 한 주))
kryobiologie, *f* 저온 생물학
krypta, *f* 토굴, (교회당 등의) 지하실; 지하 무덤, 납골소
kryptický 숨은, 비밀의, 신비의
krys|a, *f* 쥐 ◆ *hubení krys* 쥐잡기; *jed na -y* 쥐약
krysař, *ma* 쥐잡이
krystal, *mi-2* **1** 수정 **2** 그래뉴당(糖)
krystalov|ý 수정의 ◆ *-ě jasný* 수정 같이 맑은; ◆ *~ cukr* 작은 알갱이로 이루어진 설탕
krystalický 수정의; 투명한
krystal(iz)ovat > vy- 결정시키다, 구체화시키다
kryt, *mi-2* **1** 덮개, 커버, obal 싸개, 케이스, plášť 싸는 것, 막, 뚜껑 letadla (비행기의) 유선형 덮개, motoru, čočky (자동차, 렌즈의)후드, 엔진 뚜껑, 렌즈 집 **2** úkryt 피난처, 대피소, 은신처 ◆ *jít do -u* 지형(지물)을 이용하여 숨다[피신하다]; *protiletecký ~* 공습 피난소[대피소], 방공소
krýt (*kry-*) **1** 덮다, 씌우다, 싸다; proti nebezpečí, nevýhodě před (…로 부터) (위험, 불리에 대하여) 숨기다, 감추다 엄호하다 **2** zajišťovat 안전하게 하다; chránit 보호하다, 방어하다, 비호하다 **3** hradit (손실을) 메우다, (경비를) 부담하다; podle závazku (의무에 따라) 상환하다, 갚다, zaplatit 지불하다, požadavky (요구에) 응하다 **4** skrývat, ukrývat 비밀로 하다, 숨기다, 감추다 **~ se 1** čím (무엇의 뒤에) 몸을 숨기다, 숨다; protí prohře (손해를 막기 위해) 양쪽에 걸다, 해지 거래를 하다 **2** s čím (무엇과) 일치하다, 부합하다 **~ > při-, za-** (완전히)덮다, 싸다, 가리다, 덮어 숨기다, v. *skrývat, ukrývat*
krytina, *f* 지붕이기; 지붕이는 재료, 깔개, 덮개; střešní, tašková 지붕 기와[타일]
křeč, *f* bolestivá 갑작스런 복통, zachvacující 경련, 쥐; i křivící (소아 등의) 경기
křeček, *ma-3* **1** 햄스터 **2** o člověku

욕심 많은 사람, 사재기 하는 사람

křečkovat **1** 저장하다, 간직하다 **2** 탐욕하다

křečovitý 발작적인, 경련의

křečov|ý 경련의, 발작의 ◆ *-é žíly* 정맥노장((팽창))

křehkost, *f-1* 부숴지기[망가지기] 쉬움, 무름, 허약

křehký **1** 호리호리한, 가냘픈, 연약한 **2** rozbitný 부서지기 쉬운, 망가지기 쉬운, lámavý 무른, 바삭바삭한; tvrdý a nepružný 깨지기 쉬운; **3** choulostivý 과민한 **4** něžný/chutný (고기 등이) 부드러운, 연한, 씹기 쉬운

křehnout > **z-** (추위로) 경직되다, 굳어지다; 바삭바삭해지다, 딱딱해지다

křehotinka, *f* 허약한 여자[아이]

křemen, *mi(-1)* **1** 부싯돌 **2** miner. 석영 **3** oblázek 수정, 마노

křemenn|ý 석영의, 수정의 ◆ *-é hodiny* 수정 시계((정밀 전자 시계의 일종))

křemík, *mi-2* 규소((비금속 원소; 기호 Si; 번호14))

křen, *mi-2* 양고추냉이

křepčit 뛰다, 깡충 뛰다; 가볍게 뛰다, 깡충 깡충 뛰(놀)다, 까불다

křepelka, *f* 메추라기

křepký 생기에 넘친, 발랄한; 활발한, 기운찬

křesat (*kře-šu|-sám, křeš!|křesej!, křesal*) > **roz-** (돌 등으로) 무엇을 내리 치다; (부싯돌을 쳐서) 불붙이다, 점화하다

křeslo, *n* **1** 안락 의자; v divadle (극장 등의) 1등석 **2** (국회의) 의석

křest, *mi-2* 세례, s pojmenováním 명명식[세례식]

křesťan, *ma-4* **-ka,** *f* 기독교도

křesťanský 기독교(도)의

křesťanství, *n* 기독교신앙[정신], 기독교

křesťanstvo, *n* 기독교계[국]

křestní 세례의 ◆ *~ jméno* 세례명, 이름; *~ list* 세례 증명서

kři|čet (*oni křičí*) > **-knout, za-** **1** 큰소리치다, 외치다, 소리치다, 비명을 지르다 bolestí (아파서) 큰소리로 울다 **2** vyvolávat 소리쳐 알리다, 불러내다 **3** zvyšovat hlas 목소리를 높이다; řvát, 고함치다, 호통치다 **4** upozorňovat na sebe 큰소리로 외치다; halasně volat (주위를 끌기위해) 큰소리로 부르다

křída, *f* 분필, 백묵

křidélko, *n-2, 3* (비행기의) 보조 날개

křídlo, *n* **1** 날개 **2** okna, dveří (문, 창문의) 한짝 **3** klavír 그랜드 피아노 **4** hráč (축구 등의) 날개, 윙 **5** 《軍》(분대의 좌. 우의)익 **6** (정치적인 좌익. 우익의) 익, 당파, 진영

křídlovka, *f* (사냥꾼의) 뿔나팔

křídový 분필의, jako křída 분필 같은 ◆ *~ papír* (코트지, 아트지 따위의) 도피지

křik, *mi-2, 3* **1** 외침, 큰소리, 비명, 울부짖음, v. *křičet* **2** naléhání 왁자지껄 떠듦, 소란, mnohohlasný 아우성 소리 **3** hádka 논쟁, 말싸움 **4** výskot 야우[우아]하는 외침, (올빼미 등의) 추우 추우 우는 소리

křiklavý 1 소란스러운, 크게 외치는; 귀에 거슬리는; 심히 눈에 띄는, 빤한(거짓말 따위) **2** nápadný, barevně 화려한, 야단스러운, 야한; okázale 번지르한, 현란한, 번쩍이는

křikloun, *ma* 큰소리로 지껄이는 사람, 잘난 체 큰 소리 치는 사람

křiknout v. *křičet*

křísit (*křis!*, *křišen*) > **vz-** 소생시키다, 의식을[원기를] 회복시키다, z mrtvých (죽음으로부터) 부활시키다; obnovit 재생하다, 갱생시키다, 다시 살리다

křišťál, *mi-2* **1** krystal 수정 **2** 크리스털 유리 ◆ *český* ~ 체코[보헤미아] 크리스털(유리)

křišťálový 크리스털의, 수정의, 투명한

křivák[1], *mi-2, 3* **(**속어**)** 대형 접칼, 잭나이프

křivák[2], *ma* **(**속어**)** 악질, 악한, 사기꾼

křivda, *f* 부정, 불의, 불공평; 권리 침해, 부당한 처리

křivdit > **u-** komu (누구에게) 부당한 짓을 하다, 해를 끼치다; 학대하다

křivice, *f* 곱사등, 구루병

křivit > **z-** 왜곡하다, (사실을) 곱새기다; bolestně (고통스럽게) 찡그리다; zahnout 구부리다, 만곡시키다; revmaticky 비틀다

křivka, *f* 곡선, 그래프

křivolaký 구불구불한, 꾸불꾸불한, 굽이진

křiv|ý 1 꼬부라진, 비뚤어진, 굽은; v důsledku něčeho skrytého 찡그린 **2** nesprávný 잘못된, klamný 거짓의 ◆ *-á přísaha* 거짓 맹세, 위증; *-é slovo* 부당한 말; *-é svědectví* 위증

kříž, *mi* **1** 십자형, 열십자 기호**,** 십자가, 예수 수난의 십자가, 십자가 위의 예수 상 **2** záda 등(뼈) **3** -že (카드 놀이의) 클럽의 패 ◆ *s tím je* ~ 그것은 쉬운 일이 아니다; *-em krážem* 열십자(+)((글씨 못쓰는 사람의 서명 대신)), 십자형(교차); *udělat nad čím* ~ 모든 희망을 포기하다

křižáck|ý 십자군의 ◆ *-á výprava* 십자군

křižák, *ma-3* **1** 십자군 전사 **2** pavouk 왕거미

kříž|ek, *mi-2, 3* **1** = *kříž* **2** polygr. 칼표(시) **3** hud. 샤프((#)), 올림표 ◆ *přijít s -kem po funuse* 소 잃고 외양간 고치다

křížem 옆으로, 열십자로, 교차하여; napříč 가로 질러서, 횡단하여

kříženec, *ma* 잡종, 혼혈; biol. (생물학적) 튀기, 혼성물

křížit (*křiž*) > **z- 1** 교차시키다, 엇갈아; ruce (양손을) 접다; protínat 교차하다 **2** mařit 방해하다; 좌절시키다 ~ **se** > **z- 1** 교차하다**,** 가로지르다, 건너다 **2** v nesouladu (불일치로) 충돌하다, 겹치다, 상충하다 **3** sem tam 지그재그로 나아가다

křižník, *mi-2, 3* 순양함

křižovat moře (바다를) 순항하다, proti větru (바람을 맞아) 갈짓자형으로 가다

křiž|ovat se v dopravě (교통에서) 교차하다, 가로지르다 ~ **se** > **po-** 십자를 긋다, 성호를 긋다 ~ > **u-** 십

K

자가에 박다, 책형에 처하다

křižovatka, *f* 십자로, kolejová 교차로; styku tratí 접합(점) ◆ *mimoúrovňová ~* 입체교차로

křížovka, *f* 단어 알아맞추기, 크로스워드 퍼즐

křížovkář, *ma* **-ka,** *f* 십자말 풀이광

křížov|ý 1 십자형의, 교차되는 **2** karet. (카드 놀이의) 클럽의 ((클로버 모양)) ◆ *-á klenba* 궁륭[교차] 천장; *~ výslech* 힐문, 반문, 반대신문; *podrobit koho -ému výslechu* 누구를 반대신문하다

křoupat 우두둑[어찍] 깨물다, 우지끈[우지직] 부수다

křov|í, *n* **-isko,** *n-2, 3* 숲, 덤불; = *houština*

křtiny, *f-pl* 명명식, 세례식; 명명일 파티

křtít (*křtil*) > **(p)o- 1** 세례를 베풀다; a pojmenovat 세례를 주고 이름을 붙여주다 2 (새로운 제품, 음반, 책 등을) 세상에 내보내다 **3** víno (포도주의) 품질을 떨어뜨리다((물 등을 타서))

křtitel, *mi-1, 4* 세례자, 세례 시행자 ◆ *svatý Jan K.* 세례 요한

křup|at > -nout 딱딱[우두둑] 부수다; = *křoupat*

kšeft, *mi-2* 거래, 담합; obchodování 비즈니스, 장사, 사업

kštice, *f* 머리의 타래

kterak = *jak* ◆ *jak ~* 때로는, 이따금

kter|ý 1 (의문 대명사**)** 어느, 어떤, 무슨, 어느쪽의, 어느 것, 어느 쪽 ◆ *-á hračka se ti líbí víc?* 어느 장난감이 너에게 더 마음에 드냐?; *~ den?* 어느[무슨]날? **2 (**관계 대명사**)** …한[일] 누구 ◆ *muž, o -ém jsem ti říkal* 내가 너에게 그에 관하여 말하였던 그 남자; *dívka, -á mě milovala* 나를 사랑하였던 그 소녀

kterýkoli(v) 어느 것이나, 어떤 것이나, 누구나

kterýpak 무엇이든지, 누구든지

kterýsi 누군가, 어떤 것인가

kterýžto (관계 대명사**)** …인[한] 어떤 것[누구]

ku v. *k*

Kuba, *f* 쿠바

Kubán|ec, *ma* **-ka,** *f* 쿠바인[사람]

kubánský 쿠바인의, 쿠바의

kuckat > za- (se) 1 가볍게 기침하다 **2** (웃음, 하품 등으로) 숨이 막히다

kučeravý = *kudrnatý*

kudla, *f* **(**구어체**)** 잭나이프, 접칼 ◆ *~ do zad* (비열하게) 뒤에서 찌르기[험담, 중상하기]

kudrlinka, *f* **1** 고수머리 **2** v písmu (글씨체를) 멋부려 쓰기, 갈겨쓰기 **3** příkrasy 장식, 수식

kudrna, *f* 곱슬머리, 컬; 곱슬머리의 상태

kudrnáč, *ma* 곱슬머리(의 사람)

kudrnatý 곱슬머리를 한, 곱슬 머리의

kudy 1 (의문부사**)** 어디로, 어느 길로, 어떻게 ◆ *~ půjdeme?* 우리는 어느 길로 갈 것인가? **2 (**관계부사**)** …를 통해, …를 따라 ◆ *okno, ~ se vloupal* 그가 깨뜨리고 통과한 창문;

pěšina, ~ šel 그가 따라서 갔던 길; *vědět ~ na to, aby ...* …할 수 있는 요령을 알다

kufr, *mi-2* **1** 여행 가방, 슈트 케이스, 트렁크 **2** (자동차의) 짐 넣는 곳[트렁크]

kufřík, *mi-2, 3* 여행용 손가방, 휴대용 가방; nepravoúhlých tvarů 가방

kuchař, *ma* hotelový (호텔의) 요리사, 조리사

kuchařk|a[1], *f* 여자 요리사, v. *kuchař*

kuchařk|a[2], *f* **1** kniha 요리책 **2** (구어체) 지침서, 사용 설명서 ◆ *při instalaci programu do počítače postupovat podle -y* 컴퓨터에 프로그램 설치 시 사용 설명서를 따르다

kuchařský 요리의, 조리의

kuchat > vy- (죽은 짐승에서) 내장을 빼내다[끄집어내다]

kuchyně, kuchyň *f* **1** 부엌, 주방, 조리장 **2** k mytí nádobí 싱크대 **3** vaření 요리(법) ◆ *studená ~* 차가운 요리; *teplá ~* 따뜻한 요리; *česká ~* 체코 요리

kuchyňka, *f* 작은 부엌[주방]; 배[항공기] 안의 주방

kuchyňsk|ý 부엌의, 주방의, 조리장의 ◆ *-á linka* 부엌일체[세트], 싱크대; *~ robot* 믹서; *~ kout = kuchyňka*

kujný 펴 늘일 수 있는, 전성이 있는, 순응성이 있는

kukačk|a, *f* **1** 뻐꾸기 **2 -y** 뻐꾸기 시계 **3** [植] 황새냉이

kukadla, *n-pl* 눈; (구어체) 안경, (말의) 곁눈가리개

kukaň, *f* **1** 새장, 닭보금자리 **2** 수위실, 문지기 집

kukat > za- 뻐꾸기가 울다

kukátko, *n-2, 3* **1** 오페라용 망원경[쌍안경] **2** ve dveřích (문에서) 들여다 보는 구멍

kukla, *f* **1** hmyzu 번데기, 유충 **2** oděv 고깔달린 수사의 겉옷 3 maska (펜싱) 마스크, (방어용) 헬멧; včelařská (양봉용) 덮개, 망

kukuřice, *f* 옥수수

kukuřičn|ý 옥수수의 ◆ *-é vločky* 콘플레이크

kůl, *mi-2* 기둥, 막뚝, zahrocený 막대기, pilota 파일, 말뚝

kulaťoučký 동글동글한, 포동포동한

kulatý **1** 둥근; 동그란, 원형의 **2** 포동포동한, 오동통한 **3** macatý, 땅딸막한, 뚱뚱한 **4** (대답이) 애매한, 어물쩍거리는

kule, *f* **1** (카드의) 다이아 **2** = *koule*

kulečník, *mi-2, 3* 당구

kulhat chromý 절뚝거리다, nepravidelnou chůzí 절뚝거리며 걷다

kulhavý 절뚝거리는, chromý 절름발이의; (시가의) 운율이 고르지 않은

kulička, *f* **1** střelná 총알, 탄알 **2** pilulka 환약 **3**작은 공[구체] **4** korálek 구슬, 염주 **5** na hraní (놀이용) 공깃돌

kuličkov|ý 공 모양의, 구체의◆ *-é ložisko* 볼베어링, *-é pero* 볼펜

kulis|a, *f* **1** 플랫((밀어들이거나 내는 무대장치)); 무대의 양 옆, (비유) 옆 배경 **2** 배경 음악

kulisák, *ma-3* (연극의) 무대 장치 담당자

K

kulit > vy- 1 na/nad (…에 대해) oči (두 눈알을) 굴리다[희번득거리다]; 흡족한 듯이 바라보다 **2** (통을) 굴리다, 회전시키다,

kulka, *f = kulička1*

kůlna, *f* 헛간, 우리; 창고

kuloár, *mi-2* (의회의) 로비; 복도, 통로, 회랑

kulomet, *mi-2* 기관총[포], 기총

kulometník, *ma-3* 기관총 사수

kulovitý (작은) 공 모양의

kulový 1 공의, 둥근; geom. 구의, 구면의, 천체의 **2** karet. (카드의) 다이아의

kult, *mi-2* 숭배; 숭상, 찬미

kultivace, *f* **1** 재배, 양식, 배양 **2** 개발, 개간

kultivovaný 문명화된, 세련된, 교양있는, 닦아진, 품위있는

kultivovat 1 (땅을) 갈다, 경작하다; 개간[개척]하다 **2** 세련되게하다; 개발[연마]하다

kultura, *f* 문화; oproštění od primitivního 문명화, 교화, 개화

kulturní 문화의; neprimitivní 개화된, 교화된, osvětový 교육받은

kůň, *ma* (*kon-*, 복수는 *mi*처럼 혹은 여성 *koně*처럼 변화, 복수 조격 *koňmi*)**1** 말 **2** na délku, na šíř 뜀틀, 안마 **3** šach. (체스의) 나이트 ◆ *dřít jako* ~ 부지런히 일하다; *houpací* ~ 회전 목마; *jet na koni* 말을 타고 가다; *na koni* 말을 타고

kuna, *f* 담비

kuňka[1], *f* (구어체) 오렌지 색 반점이 있는 두꺼비

kuňka[2], *ma,f* 훌쩍거리는 울보

kuňkat > za- 개골개골 울다

kupa, *f* **1** 더미, hromada 쌓아올린 것, naskládaná 퇴적, 무더기 **2** 다량, 다수

kupčit pejor. (특히 부정한) 매매[거래]를 하다, s čím (무엇을) 사재기하다

kupé, *n-in* (열차 · 객선 내의) 칸막이 방

kupec, *ma* **1** kdo kupuje 구매자 **2** majitel krámu 가게 주인, obchodník 상인 **3** obchodník potravinami 식료품 가게 주인

kupecký 식료품, 상인의, 식료 잡화상의, 가게 주인의

kupit > na- 쌓다, 쌓아올리다, 퇴적하다

kuplíř, *ma* **-ka,** *f* 획득자, 조달자; 포주, 뚜쟁이

kupní 구매의, 구입의 ◆ ~ *cena* 구입가; ~ *síla* 구매력

kupole, *f* 돔, 둥근 지붕[천장]; = *kopule*

kupovat v. *koupit*

kupředu 1 앞으로, 전방으로 **2** 미리, 앞 당겨

kupující, *ma = kupec*[1]

kůr, *mi-2* (교회의) 계랑, 특별석; 성가대석; 오르간을 비치한 2층

kúra, *f* 치료, sledovaná 보살핌

kůra, *f* (물건의) 딱딱한 외피[표면]; ovoce, sýra/stromu (과일, 치즈 혹은 나무의) 껍질, 겉껍질, 외피; slupka 표피

kuráž, *f* 용기, 기개, 담력; vzdorná 배짱, 끈기

kurážný 단호한, 용기있는

kurevník, *ma-3* **(저속어)** 난봉꾼, pasák 호색가, 색골, 색기

kuriozita, *f* **1** 아주 드묾, 진기, 희박 **2** památka 골동품, 진품

kuriózní 진기한, 기이한, 기묘한, 별난

kůrka, *f* 빵 껍질

kurník, *mi-2, 3* **1** 닭장; hřad (닭이) 앉는 나무, 홰 **2** 협소한 방[장소]

kurva, *f* **(비속어) 1** 갈보, 창녀, 매춘부 **2** o muži (개)자식, 새끼

kurýr, *ma* 급사, 밀사

kurz, *mi* **1** směr 진로, 행로, 코스, 항(공)로; 방향, 방침 **2** vyučovací 교과과정, 과목 **3** směnárenský 비율, 환율, na burze 시세

kurzíva, *f* 이탤릭체

kurzor, *mi* **(컴퓨터)** 커서, 컴퓨터상에서 캐릭터 등으로 표시의 역할을 하는 것

kuřácký 담배 피우는, 흡연의

kuř|ák, *ma-3* **-ačka,** *f* 흡연자, 끽연가

kuřátko, *n-2, 3* 병아리

kuře, *n-1* **1** 병아리, 영계, 어린 닭 **2** 애송이, 어린이; 계집애, 아가씨

kuřecí 닭고기의 ◆ *~ maso* 닭고기

kuří 가금류의, 새의 ◆ *~ oko* 티눈, 물집; *šlapat komu na ~ oka* 남의 아픈 데를 찌르다

kuřivo, *n-2* 담배용품

kus, *mi-2* **1** 조각, 단편 **2** 일부, 부분 **3** (문학, 예술상의) 작품 **4** (옷감 등의) 한 필, 한 통 **5** (땅의) 한 구획, 덩이 **6** 조금, 약간 **7 (속어)** 성적 매력이 있는 여자, 귀여운 여자 ◆ *v jednom -e* 하나로 일관하여; *bez přestávky* 시종일관하여; *~ po -e* 하나씩 하나씩, 조금씩

kusový 덩어리의; 단편적인, 단편의

kusý 부분의, 파편의, 부스러기의; nedokončený 끝나지 않은, 미완의

kutálet (se) (*-lejí*) 굴리다, 구르다

kutat 땅을 파다; 채굴하다

kutil, *ma-2* 손수 일을 하는 사람, 자작 취미가 있는 사람

kutilský 손수 하는, 스스로 하는

kutit co 사소한 일을 하다, neodborně 어설프게 손을 대다, (취미 삼아) 수선[제조]하다

kutna, *f* 성직자의 옷

kůže, *f* **1** 살갗, 피부 **2** vydělaná (짐승의) 가죽; se srstí 수피, 모피; koželužský výrobek 가죽 제품 **3** (과일의) 껍질, 과피 ◆ *hroší ~* 두꺼운 가죽, *husí ~* 소름 돋은 피부, 소름 *promoknout na kůži* 피부까지[완전히, 온통] 젖다 *vyletět z ~* 인내를 잃다

kužel, *mi(-l)* **1** 원뿔(체) **2** na předení 실톳대 **3** těl. 병 모양의 체조용 곤봉 ◆ *cvičit s -i* 곤봉을 휘두르다

kuželka, *f* 영국식 구주희용의 핀, 볼링핀

kuželník, *mi-2, 3* 구주희장(소), 볼링장

kuželov(it)ý 원뿔꼴의

kuželový 원뿔의

kůžička, *f* **1** (손톱 뿌리 쪽의) 연한 살갗 **2** (토끼의) 가죽, 모피 **3** na vepřovém (구운 돼지고기의) 바삭바삭한 살가죽

kvádr, *mi-2* **1** kámen (건축용의) 떼내어 다듬은 돌, 모나게 깎은 돌 **2** těleso 직각 평형 육면체

K

kvákat > za- (오리 등이) 꽥꽥울다, (개구리 등이) 개굴개굴 울다, žvanit 지껄이다, 수다떨다

kvalifikace, *f* **1** 자격, 능력 **2** 자격 부여 **3** (스포츠의) 예선 통과, 결승 경기[플레이오프] 진출권

kvalifikační 1 자격있는 **2** 적격자 선발을 위한, 예선의

kvalifikovat (se) …에게 자격을 주다[부여하다]; 자격을 갖추다

kvalifikovaný 자격있는, 자격을 갖춘 ◆ ~ *dělník/pracovník* 자격있는 [숙련된] 노동자

kvalita, *f* **1** 질, 성질 **2** 성질, 특성, 속성

kvalitativní 성질의, 성질 상의; 질적인

kvalitní 일류의, 품질이 뛰어난, 고품질의

kvantita, *f* **1** 양(量), 분량, 수량 **2** 다량, 다수, 많음

kvantitativní 양의, 양적인, 양에 관한

kvantový 획기적인, 비약적인

kvantum, *n-2* **1** (물리학의) 양자 **2** 양, 액, 수량

kvap, *mi-2* 서두름, 급함, 신속

kvapem 급히, 서둘러, 바삐, 허둥지둥

kvapit 서두르다, 재촉하다, 조급하게 굴다

kvapný 급한, 재촉받은, 허둥대는

kvart, *mi-2* 4절판((9½ x 12½ 인치 크기))

kvarta, *f* **1** 쿼트, ¼ **2** 4도(음정) **3** (8학년 김나지움의) 4학년

kvartál, *mi* 석달[3개월], den (날의) 4계[4분기] 지급일

kvartet, *mi-2* **-o,** *n-2* 4중주, 4중창

kvartýr, *mi,* **(**구어체**)** 하숙; 주거, 거처

kvas, *mi-2* **1** kvásek 효모, kvasidlo **(**비유**)** 발효소 **2** činnost 들끓는 소란, 소동, 혼란 **3** hostina 잔치, 축연 **4** (러시아의) 크바스((음료))

kvas|ící, -idlo, *n* 발효의, 발효성의

kvasinka, *f* 이스트, 누룩

kvasit (*kvašení*) **> z-** 발효시키다 **~ > za-** kvasnicemi 발효하다

kvasnice, *f-pl* 효모, 이스트

kvašení, *n* 발효(작용)

kvedlačka, *f* (달걀, 크림 등의) 거품기(器)

kvedlat > za- čím, **roz-** co (달걀, 크림 등을) 휘젓다, 거품내다

kverulant, *ma* **-ka,** *f* 불평꾼, 불평가, 불만가

kvést (*kvet-, pokvet-e*) **1** ovocný strom (과수가) 꽃피다, 개화하다, obecně 활짝 피다, 만발하다 **2** prospívat 번성하다, 번창하다; zdravím 건강을 꽃피우다

kvestor, *ma* (대학교의) 경리과, 등록처

květ, *mi-2* 꽃, vína 부케, 꽃다발 ◆ *v plném -u* 만발하여, 만개하여

květák, *mi-2* 꽃양배추, 콜리플라워

květen, *mi-2* 오월 ◆ *první* ~ 5월 1일 ((노동절))

květena, *f* (한 지방이나 한 시대 특유의) 식물(군), 식물상, 식물구계

květenství, *n* [집합적] 꽃; [植] 화서, 꽃차례

květina, *f* 꽃, 화초, 관상 식물

květináč, *mi* 화분((화초를 가꾸는 그릇)), 꽃분

květinář, *ma* **-ka,** *f* 꽃 재배자, 꽃 가꾸는 사람, 화초 연구가; 꽃장수

květinářství, *n* 꽃집, 꽃가게, 화원

květinka, *f* 작은 꽃[화초]

květinov|ý 꽃의, 꽃 같은; 꽃 무늬의 ◆ *-á výzdoba* 꽃무늬 장식; *~ záhon* 화단

květnatý 1 꽃이 만발한 **2** (말, 문체가) 화려한, 현란한

květní 꽃의, 꽃같은 ◆ *~ pupen* 꽃봉오리

květn|ý 오월의 ◆ *K-á neděle* 종려주일((부활절 직전의 일요일; 예수 예루살렘 입성일))

květovaný 꽃으로 뒤덮인

květový = *květní*

kvi|čet (*oni -čí*) > **-knout, za-** (돼지가) 깩깩[끽끽]울다, 비명을 지르다, (쥐가) 찍찍[끽끽] 울다, dlouze (길게) 비명을 지르다

kvílet (*-l[ej]í, kvil*) > **za-** 울부짖다, 소리내어 울다, 통곡하다

kvinta, *f* 5도 음정; (8년짜리 김나지움의) 5학년

kvintet, *mi-2* **-teto,** *n-2* 5중주곡[단]

kvítek, *mi-2, 3* **1** 작은 꽃 **2** = *kvítko*

kvítí, *n* 꽃, 화초

kvítko, *n-2, 3* nezvedenec 장난꾸러기, 버릇없는 아이

kvitovat 1 příjem 영수증을 끊다[발부하다], 수령을 통지하다 **2** vděčně (감사하는 마음으로) 사의를 표하다, 답례하다 **3** vzít na vědomí 인지[인식]하다

kvíz, *mi-2* 퀴즈; 퀴즈 프로그램[게임] ◆ *pořadatel -u* 퀴즈 프로그램의 사회자; *účastník -u* 퀴즈 프로의 해답자[참가자]

kvočna, *f* **1** 알을 품은 닭, 씨암탉 **2** elektrická 병아리 부화 상자

kvokat > -knout, za- 1 (암닭이) 꼬꼬울다 **2** 알을 품다

kvóta, *f* 할당; 몫; 지분

kvůli (행위의 원인과 목적을 표현하는 전치사; +여격) …때문에, …이므로, …의 이유로; v důsledku …의 결과; ve prospěch …을 위해, …을 봐서 ◆ *~ tomu/čemu/komu* 그것/무엇/누구 때문에; *šel tam ~ dětem* 그는 아이들 때문에 거기로 갔다; *~ přátelství* 우정을 위해

kybernetika, *f* 인공 두뇌학(제어와 전달의 이론 및 기술을 비교 연구하는 학문)

kýč, *mi* 저속한 작품[공예품]; (그런 작품에서 볼 수 있는) 저속한 허식성, 키치

kýč|ařský, -ový, -ovitý 저속한, 허식적인

kyčel, *mi-1* 허리, 궁둥이, 둔부

kydat 1 (마구간 등의) 오물을 청소하다 **2** na koho co hanu/špínu 누구를, 무엇을 비난하다[중상모략하다]

kých|at > -nout 재채기하다

kyj, *mi* 곤봉, 몽둥이

kykyryký (닭의 울음 소리) 꼬끼오

Kyjev, *m* 키예프((우크라이나의 수도))

kýl, *mi-2* (배나 비행선의) 용골(龍骨)

kýla, *f* 《醫》 탈장, 헤르니아

kymác|et (se) (*-cejí*) > **za- 1** 흔들다, 요동치다 **2** 흔들리다, 요동하다

K

3 주저하다 ◆ *vítr -í větvemi* 바람이 나뭇가지들을 흔들고 있다; *letadlo se strašně -elo* 비행기가 심하게 흔들렸다

kyn|out 1 komu, být v očekávání 누구를 기다리다, 대기하다; 꾀다, 유혹하다 **2 po-** (손가락, 손 등으로) 신호를 보내다, 손을 흔들다, 흔들어 인사하다 **3 > na-, vy-** těsto (가루 반죽이) 부풀어 오르다; tloustnout 살찌다, 뚱뚱해지다 ◆ *-e mu skvělá budoucnost* 그에게는 찬란한 미래가 기다린다; *~ na pozdrav* (손, 손수건 등을) 흔들어 인사하다

kypět (*oni kypí*) **> na-, vz-, za-** 끓다, 부글부글 거품이 일다; (피가) 끓어 오르다

kypivý 부푼, 퍼지는; šumivě 비등하는, 비등의

Kypr, *m* 사이프러스 공화국

kyprý 1 푸석푸석한, 물렁물렁한 **2** příjemně oblý (가슴이) 풍만한, 살이 잘 찐, 포동포동한

kypřit > na-/z- 부드럽게 하다; těsto (밀가루 반죽을) 부풀게 하다

kysat > z- 시어지다, 시게하다

kyselina, *f* 신 맛

kyselka, *f* 탄산수

kyselost, *f-1* 신 맛, 시큼한 맛

kysel|ý 신, 시큼한, od přírody 산성의, tvář (얼굴을) 찡그린◆ *-á okurka* (초에 담근) 작은 오이; *-é zelí* 소금에 절인 양배추

kysličník, *mi-2, 3* 산화물

kyslík, *mi-2* 산소

kyslíkatý 산소의

kyt, *mi-2* **(**구어체**)** 퍼티((접합제의 일종))

kýta, *f* (네 발 달린 짐승의) 허벅지 부분(살), zvěře 엉덩이, 둔부

kytara, *f* 기타 ◆ *hrát na -u* 기타를 연주하다

kytice, *f* (꽃) 다발, 부케, 화환(花環)

kyt(ič)ka, *f* (옷에 다는) 작은 꽃

kytovec, *ma* 고래류의 동물

kyvadlo, *n* (시계 등의) 진자

kyvadlov|ý 1 흔들리는 ◆ *-á doprava* 셔틀(버스) **2** 외교적 추세, 동향 ◆ *~ diplomacie* 왕복 외교((분쟁 중의 두 나라 사이를 제3국의 중재자가 오가며 해결하는 등))

kýval, *ma-2* 예스맨

kývat > -nout/za- 1 흔들리다 **2** mávat 흔들다 **3** hlavou (머리를) 끄덕이다 (na pozdrav 인사로써) **4** k čemu, na co (무엇에 대해) 동의[찬성]하다

kyz, *mi-2* 황동광, 황철광

kýžený 열망한, 고대한; žádoucí 바람직한

l, L [el] *n-in* **1** [엘] 체코어 알파벳의 자음 글자 **2** (단위) 리터

labilita, *f* (정권, 상황, 마음의) 불안정(성), 불안정 상태

labilní 안정되지 못한

labor|atorní, -atoř, *f* 실험실, 실습실

laborovat **1** (실험실, 실습실 등에서) 일하다 **2** 괴로워하다, 고생하다

labuť, *f* **1** 백조 **2** 《天》 백조자리

labutěnka, *f* **1** na šatech 백조 가죽(깃털 직물) **2** pudrovátko 퍼프, 분첩

labutí 백조의

labužnický 미식가의

labužník, *ma-3* 식도락가, 향락주의자

labyrint, *mi-2* 미궁

láce, *f* 싸구려

lacin|ý 싼, nenákladný 비싸지 않은; na levném papíře (종이 등이) 싸구려의, 조잡한 ◆ *-á literatura* 저질문학

lačnět (*-nějí*) po (…에 대해) dychtit 동경하다, 그리워하다

lačnost, *f-1* 굶주림, chtivost 탐욕

lačný žaludek 텅 빈; **(**비유어**)** čeho, po čem (무엇을) 탐하는

lad, *mi-2* 조화; 조율 ◆ *bez -u a skladu* 난잡하게; *ležet -em* 한가하다

ladicí 조율

ladič, *ma* 조율사

ladička, *f* 소리굽쇠

ladit 조율하다 ~ > **na-** 조율하다, 조정하다 ~ > **s-** 조화하다 ~ > **vy-** stanici (방송국에) 파장을 맞추다, 다이얼[채널]을 맞추다

ladný (특히 여성이) 맵시있는, 균형 잡힌; 잘 조율된, 우아한

láh|ev, *f* 병, 플라스크; válcovitá 단지, 항아리 ◆ *dávat do -ví* 병에 넣다; *dětská* ~ 아기 우유병

lahoda, *f* = *dobrota*

lahodit > **po-, za-** komu (누구를) 즐겁게 해주다 ~ **si** > **po-** co (무엇을) 즐기다

lahodný 기쁜, 즐거운; 맛 좋은, 감미로운

lahůdk|a, *f* 1 맛있는 먹거리[음식], 과자류 **2** -y 조제 식품((요리한 고기, 샐러드, 훈제 생선, 소시지 제품)), 조제 식품점

lahůdkář, *ma* 조제 식품 상인

lahůdkářství, *n* 조제 식품, 조제 식품점

lahvička, *f* 작은 병, voňavky (향수 따위의) 작은 병

lahvový 병에 넣은, tvarem 병 모양의

laický 속인의, 평신도의, 풋내기의

laik, *ma-3* 속인, 평신도, 아마추어

lajdácký 단정치 못한, 초라한, 꾀

죄한, 너저분한, 게으른

lajdáctví, *n* 단정치 못함, 꾀죄죄함, 너저분함, 어수선함; 게으름

lajdák, *ma-3* 물불을 가리지 않는 자, 게으름뱅이; 꾀죄죄한 사람, 갱충 맞은 사람

lak, *mi-2, 3* 페인트, jemný 옻, 래커 ◆ *~ na nehty* 매니큐어 액, 손톱 액; *~ na vlasy* 헤어스프레이

lákadlo, *n* 유혹, 유인

lákat > na-, při-, z- vábit 유혹하다, zvl. zhoubně 꾀다, nástrahou 미끼로 꾀다; přitahovat …의 마음을 끌다

lákavý 유혹하는, 사람의 마음을 끄는

lakmusový papír 리트머스 시험지

lakomec, *ma* 구두쇠, 수전노

lakomo|st, *f-1* **-ství,** *n* 인색함, 탐욕

lakomý 욕심 많은, neštědrý 인색한

lakonický 간결한, 간명한

lakota, *f = lakomost*

lakotit 욕심이 많다 v. *lakomý*

lakovat > na- 페인트칠하다 ◆ *jemným lakem ~* 래커를 칠하다

lakový 페인트칠하는, 채색한

lakýrka, *f* 에나멜 가죽 신발

lakýrník, *ma-3* 페인트 공, 칠장이, 도장공

lalok, *mi-2, 3* 돌출된 부분, pod bradou 주름

lalůček, *mi-2, 3* 귓불

láman|ý 1 깨어진, 조각난 **2** 엉터리의 ◆ *mluvit -ou češtinou* 엉터리 체코어를 말한다

lámat (*lám-u, lámej!|lam!, lámal*) **1** …을 부수다, 쪼개다 **2** světlo (광선을) 굴절시키다 **3** jazyk (말이) 서투르다 **4** mučit 고통을 주다, 괴롭히다 ◆ *~ si nad n. s čím hlavu* 무엇에 대하여 머리를 짜서 생각하다, 골머리 앓다

lámat > ulomit 꺾어[찢어]내다, 끊다 **~ > z-, zlomit 1** …을 깨부수다 med. (뼈 따위를) 부러뜨리다, drtit 분쇄하다; 부과하다 **2** 강요하다, 무리하게 요구하다 **3** 통제하다, 제압하다 ◆ *~ nad kým hůl* 누가 죽은[구조할 수 없는] 것으로 단념하다; *~ sazbu* 난을[페이지를] 짜다 **~ se > z-, po-** 부서지다, 깨지다; povolit 굴복하다, 항복하다

lamentovat nad čím (무엇에 대하여) 항의하다, 질책하다; 한탄하다, 탄식하다

lampa, *f* 램프, (전기)밸브, 튜브 ◆ *svdřecí ~* 용접용 화염 램프

lampión, *mi-2* 중국 랜턴, (장식용의) 종이 초롱

lamželezo, *ma* 근골이 늠름한[억센, 튼튼한] 사람

lán, *mi-2* (땅의) 넓은 공간, 영지, 토지

laň, *f* 암 사슴

lanařit (…을) 얻으려고 애쓰다, (누구를) 조르다

lanko, *n-2, 3* 줄

lano, *n* 로프, 케이블

lanoví, *n* 밧줄, 삭구, 장비, 용구 일습

lanovka, *f* 공중 케이블카

lanový 밧줄의, 케이블의 ◆ *~ most* 현수교, 출렁 다리

lapálie, *f* 사소한 일

lap|at, -it, -nout 낚아채다, 움켜

L

쥐다 ◆ ~*po dechu* (숨을) 헐떡이다

lapsus, *mi-2* 잘못, 과실; (못보고) 빠뜨림

larva, *f* 유충, 애벌레

lasička, *f* 족제비

lás|ka, *f* **1** 사랑, 애정 **2** 좋아함, 애호, 애착 ◆ *být u koho v -ce* 누구에게 호의를 갖다; *mít v -ce co* 무엇을 좋아하다; *první* ~ 첫사랑

laskat > po- 사랑스럽게 다루다, 어르다

laskavost, *f-1* 호의, 친절 ◆ *udělat komu* ~ 누구에게 호의[친절]을 베풀다

laskavý 친절한, 좋은 다정한 ◆ *buďte tak laskav/laskava a přineste mi to* 친절하게도 그것을 저에게 가져다 주시겠습니까

laskat > po- koho (누구를) 애무하다, 어루만지다

laso, *n* 올가미 밧줄

lastura, *f* 바닷조개, 조가비(껍질)

laškovat > po-, za- (남녀가) 희롱거리다, 시시덕거리다

laškovný 빈둥거리는; 장난의, 희롱하는

lát (*la-, laj!, lál*) komu (누구를) 꾸중하다

lať, *f* 외, 욋가지; širší 작은 널빤지, 오리 목

látat > za- 꿰매다, 감치다

laterna, *f* magica (매직) 랜턴

láteřit > za- (…에) 비난하다, 악담을 퍼붓다

latina, *f* **1** 라틴어 **2** nadsázky 과장된 이야기

latinka, *f* 로마 문자

latinský 라틴어의

laťka, *f* **1** (뛰어넘을 때의) 바, 막대기 **2** lať 말뚝

látka, *f* **1** 재료, 물질 **2** hovoru (대화의) 테마, 주제 내용 **3** textilie 천, 직물

látkový 소재의, 주제의, 천의

laureát, *ma* **-ka,** *f* 수상자, 계관 시인

láva, *f* 용암, 화산암

lavice, *f* **1** 벤치, dlouhá školní 긴 걸상 **2** obžalovaného (형사법정의) 피고석, porotců 배심원석

lavička, *f* (작은) 벤치, (공원) 벤치

lavina, *f* 눈사태 쇄도

lavinov(it)|ý 쇄도하는 ◆ *šířit se -ě* 눈덩이처럼 커지다

lávka, *f* **1** 인도교(주로 물을 가르는) **2** přístupová 배에서 부두에 걸쳐 놓는 이동식 다리, 트랩

laxní 게으른; (정신 등이) 해이된

lazar, *ma* 병든 사람, 가엾은 사람

lazaret, *mi* 군 병원, 야전 병원

láze|ň, *f* **1** 목욕, 입욕 **2** 욕장, 욕조 **3** -ně léčivé, rekreační lázně, s prameny 온천(장), 스파

lázeňský 온천의 ◆ ~ *host* 온천 손님[방문자, 고객]

lebeční 두개골의, 해골의

lebka, *f* 해골, 두개골

lecco(s) 여러 가지 것들, 이것 저것

lecjak 어떻든, 여하튼, 다양한 방법으로

lecjaký 다양한, 여러 종류의

leckde 여러 곳에서, 여기 저기(에)

leckdo 다양한 사람들, 여러 사람들

leckdy 때때로, 종종

lecktery 꽤 많은 수의, 상당한 수의

leč[1] **1 (접속사)** 그러나, 하지만 **2** kromě …이외에도

leč[1]**,** *f* **1** (사냥용) 덫, 올가미 **2** 사냥

léčba, *f* 치료, 처치, 처방

léčebna, *f* 의료기관, 병원

léčebný 치료의, 처방의

léčit (*leč!*) **> vy- 1** koho na (…에 대해 누구를) 치료하다; aby se zacelilo (병, 상처 등을) 고치다 **2** odstranilo 제거하다, 잘라내다 **3** být lékařem (의사로서) 종사하다 **~ se > vy-** 치료되다, léčit se, též 치료 받다, v lázních (온천에서) 온천 욕을 받다, vyléčit se 회복되다

léčivo, *n-2* 약물, 의약

léčivý 치료의, 처방의

léčka, *f* 덫, 올가미

led, *mi-2* 얼음, 아이스 ◆ *studený jako ~* 얼음처럼 차가운

leda …하지 않는다면; vyjma 예외적으로, při nejlepším 최대한으로, 기껏해야 ◆ *~to* 차이가 있다

ledabylost, *f-1* 무관심함 ◆ *~ co... ~že* …하지 않는다면

ledek, *mi-2* 질산칼륨, 초석

led|en, *mi-2* (생격 *-na*) 1월, 정월

ledňáček, *ma-3* 물총새과의 총칭

lední 얼음의, 아이스의

lednička, *f* 냉장고, 아이스 박스 srov. *chladnička*

lednový 1월의, 정원의

ledoborec, *ma* 쇄빙선, 쇄빙기

ledovcový 얼음의[같은]; 빙하의, 빙하 시대의

ledovec, *mi* horský 빙산, 빙하

ledov|ý 1 얼음의, 차가운, 빙하의 **2** 얼음 같이 찬 ◆ *Severní ~ oceán* 북극해; *-á tříšť* 유빙

ledvina, *f* 신장(腎臟), 콩팥

ledvinový 신장의, 신장부의

legální 1 합법적인, 적법의 **2** 법률(상)의

legenda, *f* 전설, křížovky 단서, 실마리

legendární 전설의

legie, *f* 군대, 군단

legislativa, *f* 입법부

legislativní 입법상의, 입법부의

legitimace, *f* **1** 주민증, 신분 증명서, opravňující 허가증, 통행증; k jízdě na urč. období 정기 승차권 **2** oprávnění k, na (…에 대한) (권리, 자격) 타이틀 ◆ *členská ~* 멤버쉽 카드

legitimovat se 신분을 입증하다

legrac|e, *f* 재미, 장난, 우스움 ◆ *dělat si -i z koho* (누구를) 웃음 거리로 만들다, 놀려대다

legrační 재미있는, 익살맞은, 우스운

lehat (si) v. *ležet* (*si*), 눕다

lehátko, *n-2, 3* 기대는 의자, 안락의자; ve vlaku (기차의) 침대

lehkoatletický 가벼운 운동의, (트랙과 필드의) 육상 경기의

lehkomyslný 경솔한, vrtkavý 변덕스러운, nedbající rizika 무모한

lehko|myslnost, *f* 부주의함, 경솔함, 무모함

lehkost, *f-1* 가벼움, 쉬움

lehkověrnost, *f-1* 잘 속음

lehkověrný 잘 속는

lehk|ý (*lehčí*) **1** 가벼운, příjemně

L

mírný 부드러운, 약한 **2** pohyb (동작) 유연한, 부드러운, půvabný 우아한 **3** snadný, klidný, tichý, bezstarostný 쉬운, 간단한, skoro bezpracný 간편한, 용이한 ◆ *-á atletika* 트랙과 필드 육상경기; *brát na -ou váhu* …을 가볍게 여기다; *~ oblek* 신사복; *~ průmysl* 경공업; *-á váha* 경량의, 라이트급의

lehnout (si) < -at (si) 1 눕다, onemocnět 몸져 눕다 **2** jít si lehnout 잠자러 가다 ◆ *nelehnout si* zůstat vzhůru 자지 않고 일어나 있다; *jak si kdo ustele, tak si lehne* **(**속담**)** 자기가 뿌린 씨는 자기가 거둬야 한다

lehounký 매우 가벼운

lechtat > po-, za- 간지럼 피우다

lechtivý 간지럼타는

lejstro, *n-2* 공문서

lék, *mi-2, 3* vnitřně užívaný na, pro, proti (…용) 약, (특히) 내복약

lékárenský 제약(학)의, 조제의

lékárn|a, *f* **1** 약국 **2** = *-árnička* 약상자, 구급 상자

lékárnice, *f* **1** 여약사 **2** 약사의 부인[아내]

lékárnický 약국의

lékárník, *ma-3* 약사

lékař, *ma* **-ka,** *f* 의사, úředně 내·외과 의사; kdokoli ve zdravotní službě 의료 관련 종사자 ◆ *odborný ~* 전문의 *praktický ~* 일반 개업의사; *zubní ~* 치과 의사

lékařsk|ý 의사의, 의학의; týkající se léčiv/léčivosti 치료의, 처방의 ◆ *-á péče* 치료; *~ teploměr* 체온계; *-é vysvědčení* 진단서, 건강 증명서

lékařství, *n* 의술, 의학 ◆ *soudní ~* 법의학

lekat (se) v. *leknout (se)* 겁을 먹다, …에 놀라다

lekc|e, *f* 레슨, 수업, 과 ◆ *uštědřit někomu -i* 누구를 꾸짖다

leknín, *mi* 《植》 수련(睡蓮)

lek|nout < -at 1 ryba (물고기가) 죽다 **2** polekat 겁먹게 하다 **~ se < -at se** 겁먹다, o otřesu 쇼크를 받다, a zanechat záměru (몸이) 움츠러들다

lektor, *ma* **-ka,** *f* **1** nakladatelství 출판고문, 출판사의 원고 검토인 **2** na evropské univerzitě (유럽 대학의) 강사

lem, *mi-2* 여백, 가장자리, 테두리

lemování, *n* (의복 등의) 가장자리 장식

lemovat > o- (가장자리를) 손질하다, 다듬다, 테두리를 두르다

len, *mi-2* 아마, 린네르

lenoch[1]**,** *ma-3* 게으른[나태한] 사람

lenoch[2]**,** *mi-2, 3* **1** opěradlo (의자의) 등받이 **2** psací podložka (공책의) 줄, 선

lenochod, *ma* **1** 나무늘보 **2** lenoch 게으른[나태한] 사람

lenost, *f* 게으름, 나태

lenošit 게으름을 피우다, 시간을 헛되이 보내다

lenoška, *f* 안락 의자

lep, *mi-2* **1** 풀, 아교 **2** na ptáky (새를 잡는) 끈끈이 ◆ *dostat koho na ~* (누구를) 잡다

lépe (*dobře*의 비교급**)** 더 좋게

lepenk|a, *f* **-ový** (표지용 등의) 두꺼운 판지, 박스보드, dehtová 타르종이

L

lepicí 붙이는, 접착의 ◆ ~ *páska* 접착 테이프
lepič, *ma* 스티커
lepidlo, *n* 풀, 접착제
lepit být lepkavý 붙다, 접착하다 ~ > **na-, při-** 붙이다, klihem (~위에) 풀로 붙이다, připevnit (우표 등을) 붙이다, po kraji 달라붙게 하다, lepidlem natřít 접착 시키다 ◆ ~ *plakáty* 전단[벽보]을 붙이다 ~ **se** stávat se lepkavým 붙다 ~ **se** > **na-, při-** (…에) 붙다, pevně utkvít (강하게) 달라붙다
lepi|vý, -kavý 붙는, 달라붙는
leporelo, *n-2* 접는 그림책
lepší (*dobrý*의 비교급) 더 나은, 더 좋은
lepšit se > **z-** 증진되다, (너) 좋게 되다, (더) 좋아지다, 개선[개량]되다
lept, *mi-2* 에칭, 에칭화
leptat > **roz-** 부식 시키다 ~ > **vy-** med. 소작(燒灼)하다, 뜸을 뜨다
leptavý 부식하는, 부식성의
les, *mi-3* 숲, 산림, 삼림 ◆ *nosí dřív í do -a* 물건을 남아 돌아 가는 곳으로 가져가다, 헛수고하다
lesb(ičk)a, *f* 레즈비언
lesí(če)k, *mi-2, 3* 잡목림, 작은 숲
lesk, *mi-2, 3* **1** 광택, blýskavý 후광, vyleštění 윤 **2** nádhera 빛남, zářivý 눈부심, třpytivý 번쩍임
lesklý [빛]광택이 있는; 눈 부시는, prudce 번쩍이는
lesknout se > **za-** 빛나다, žhnout 백열하다, blýskavě 번쩍이다, 후광이 비치다
lesmistr, *ma* 산림 관리인[감시인]
lesnatý 숲이 많은
lesní 숲의, 산림의 ◆ ~ *roh* 프렌치 호른
lesnictví, *n* 임학, 조림학
lesník, *ma-3* 산림 관리인, 임정관; 산림에 사는 사람
lest, *f-1* 핑계, 구실; 속임수
lešení, *n* 무대; (건축장의) 비계, 발판
leštič, *ma/mi* 닦는 사람, 닦는 기구
leštidlo, *n* 광택제
leštit > **na-, vy-** 광내다, 윤을 내다
let, *mi-2* **1** 날기, 비행 **2** 서두름, 신속
létací 나는, 비행하는
letáček, *mi-2, 3* 전단, 팜플렛
letadlo, *n* 항공기 (전문어 = *letoun*), 비행기
letadl|ový 항공(기)의, 비행(기)의
letadlák, *mi-2, 3* 전단, 팸플릿
léta|t v. *letět*
létavý 비행하는, 비행의 ◆ *-é ryby* 날치
letec, *ma* 비행기 조종사
letecký 항공의, 공중 수송의
letectví, *n* 항공학, 항공술
letectvo, *n-2* 공군
letenka, *f* 비행기표, 항공권
letět (*oni letí,* 미래형 *poletím*), **létat** **1** 날다, 비행하다 **2** 휙 날아가다, 돌진하다, 솟구치다 **3** 달리다
letiště, *n* 공항, 비행장
letka, *f* **1** 날개 **2** 비행대대
letmý 잠깐 동안의, 급한; 지나가는, 통과의
letní 여름의, 하계의 ◆ ~ *prázdniny* 여름[하계]방학
léto, *n* **1** 여름 **2** = *rok* **3** ve dřevě 나

L

이테

letohrádek 여름 별장, 여름 궁전, 하궁

letokruh, *mi-2, 3* 나이테

letopis, *mi = kronika*

letopočet, *mi-2* 연대, 시대

letos 금년에, 올해 ◆ *~ v létě* 이번 여름에

letošní 올해의, 금년의

letoun[1]**,** *ma* 《어류》 날치

letoun[2]**,** *mi-2* 비행기, dopravní linkový 항공(기), 여객기 ◆ *-adlem* 항공편으로

letovat > s-, za- 납땜하다

letovisko, *n-2, 3* 여름 휴양지

letuška, *f* 스튜어디스, 비행기 여종업원

lev, *ma* **1** 사자 **2** 《天》 사자자리, 사자궁

levandule, *f* 라벤더((향수))

levice, *f* **1** 왼손잡이 **2** polit. (정치적) 좌파, 좌익

levicový 좌측의, 왼쪽의

levičák, *ma-3* polit. 좌파, 좌익

levita, *f* ◆ *číst komu -y* 누구에게 설교하다, 잔소리하다

levnit > z- (값이) 싸지다

levný = *laciný*

levoboček, *ma-3* 서자, 사생아

levý 1 왼손잡이의 **2** polit. 좌파의, 좌익의 **3** (솜씨가) 서투른, 굼뜬

lézt (*lez-*, 미래형 *polezu*) **1** na, po (…을 따라) 기어가다, plazit se 기다, vzhůru 오르다, vůbec stoupat 상승하다; na něco, co vyčnívá 올라가다 **2** zvolna, těžce 엉금엉금 기어가다 **3** na koho s čím (무엇에 대해 누구를) 걱정하다, 염려하다 ◆ *~ ke křížku* 털어놓고[깨끗이] 자백하다; *lezou mu zuby* 이가 나다

lež, *f-1* 거짓말, lhaní 허위 ◆ *nevinná ~, ~ z nouze* 악의 없는 거짓말; *usvědčit koho ze lži* (누구를) 거짓말쟁이라고 나무라다; *~ má krátké nohy* 거짓말은 발이 짧다[곧 탄로가 난다]

ležák, *mi-2, 3* **1** pivo 저장 맥주((저온에서 6주 내지 6개월 저장한 것)) **2** zboží 재고품 pl., 재고, 체화

ležat|ý 지평선의, 수평의 ◆ *~ límec* 접은 깃; *-é písmo rukopisu* 흘림체, 초서

ležení, *n* 캠프, tábor 캠프장

ležet (*oni leží*) **léhat 1** 누워있다, 눕다, 드러눕다, 뉘다 **2** nemocen (아파서) 누워있다, 병들다 **3** 놓여 있다, 위치하다 **4** (곡식이) 떨어져 있다 ◆ *leží mi to v hlavě* 내 마음에 아주 걸리다; *jak to stojí a leží* 모조리, 전부; *~ ladem* (발 따위가) 묵고 있다; *leží mi to v žaludku* **(**비유**)** (음식이) 얹히다, 체하다

lhář, *ma* **-ka,** *f* 거짓말쟁이

lhát (*lž-u, lži!, lhal; nelhat*) **> zalhat 1** 거짓말하다; klamat 속이다 **2** předstírat 가장하다 ◆ *lže, jako když tiskne* 그는 새빨간 거짓말을 한다

lhavý 허위의, 거짓의

lhostejnost, *f-1* nezájem 무관심

lhostejný 관심 없는, 무관심한

lhůta, *f* (제한된) 시간, 기간; konečný bod lhůty 기한, 시한 ◆ *~ na rozmyšlenou* 생각할 시간

-li = *jestli*

líbánky, *f-pl* 신혼 여행, 허니문

L

Libanon, *mi* 레바논
libanonský 레바논(사람, 말)의
Libanon|ec, *ma* **-ka,** *f* 레바논인(사람)
líbat > políbit 입 맞추다, 키스하다 **~ se** 서로 입맞추다
liberál, *ma-2* 자유주의자
liberální 자유로운
líbeznost, *f-1* 달콤함, 맛있음
líbezný 달콤한, 맛있는, 우아한, 사랑스러운
líbit se (*líbí,* **(구어체)** = *líbí se ti to?*) 마음에 들다, ~ 이 좋다 ◆ *něco se mi líbí* 나는 뭔가가 마음에 든다[좋다]; *líbí se mi tu* 나는 여기가 마음에 든다 [좋다]; *líbí se mi* (*to*) 나는 그것이 마음에 든다[좋다]; *dát/nechat si co ~* 무엇을 참다[견디다]
líbivý 매력적인, 마음에 드는
libo **(부사)** **1** jak je ~! 좋을 대로, 바라는대로 **2** co je ~? 무엇을 원합니까?
libovat si 기쁨을 표하다, oddávat se tomu (그것에) 몰두하다, 탐닉하다
libovolný 자발적인, 임의의
libovůle, *f* 자의, 임의
libový **1** 기름기가 적은(고기), 살코기의 **2** 노력하지 않는, 힘들지 않는
libra, *f* 파운드
libreto, *n-2* 리브레토, (가극 따위의) 가사, 대본
libůstka, *f* 변덕, 일시적인 열광, 편애
líc, *mi* 앞면, mince (화폐의) 표면[앞면, 전면]
líc(e), *f* = *tvář*
licence, *f* 자격증; pro veřejné služby 특권, 특허
lícit > za- na (…를) 겨누다
lícní 얼굴의, 볼의
licoměrník, *ma-3* 위선, 위선적 행위 v. *pokrytec*
líčení, *n* **1** popis 묘사 **2** soudní 공판, 심리
líčený …체 하는, 인위적인
líčidlo, *n* 화장 분장, 메이크업,
líčit > na- 화장하다, 분장하다 **~ > vy-** v hlavních rysech 특징지우다; popsat 묘사하다 **~ > po-** na (…용) past 올가미를 놓다
lid, *mi-2* 인민, 대중, 백성, 민중; etnologicky 민족, 국민; soudce z -u 배심원
lidé, *ma-pl* **1** 사람들 **2** 이웃들 **3** 일꾼들, 일손들 ◆ *před lidmi* 공개적으로
lidičky, *ma-pl* **(구어체)** 사람들
lidnatý 인구가 조밀한
lidojed, *ma* 식인종
lidovka, *f* **(구어체)** 전통 음악, 민속음악; 민요
lidový 인민의, 대중의, 민중의; veřejný 공중의, vzniklý v lidu a v něm rozšířený 전국민적인, 민족적인
lidovýchova, *f* 성인 교육
lidskost, *f-1* 인간성, 인도
lidský **1** 인간의, 인류의 **2** jak se na člověka sluší 인정있는, 인도적인; přiměřený 합리적인, 참을 수 없는
lidství, *n* = *lidskost*
lidstvo, *n-2* **1** 인류, 인간 **2** 사람들, 군중
lidumil, *ma-2* 박애자
lidumilný 인류애의

L

liduprázdný 사람이 살지 않는, 불모의
liga, *f* **1** (조직체로서의) 연맹 **2** (스포츠의) 리그
líh, *mi-2* 알코올, 독주
líheň, *f* 병아리 보육상자
líhnout > vy- 낳다, sezením 까다 **-nout se** 태어나다, 부화되다
lihovar, *mi-2* 증류주 제조장
lihovin|a, *f* **1** 알코올, 주정 **2** -y 알코올 음료
lihov|ý 알코올의, 주정의 ◆ *-é nápoje* 알코올 음료
lichoběžník, *mi-2, 3* 사다리꼴
lichot|it (*-cení*) **> po-, za-** podlézavě 아양을 부리다 **~ se > v-, za-** komu (누구의) 비위를 맞추다, ke komu (누구에게) 아첨하다
lichotivý 환심사는, 아부하는
lichotka, *f* 환심사기, 아부하기
lichotn|ík, *ma-3* **-ice,** *f* 아첨꾼, 아부자
lichotný = *lichotivý*
lichva, *f* 고리대금
lichvář, *ma* **-ka,** *f* 대금업자
lichvařit 돈놀이하다
lichvářský 대금업의
lichý 1 홀수의 **2** bezdůvodný 근거 없는, 거짓의, klamný 서투른
liják, *mi-2, 3* **lijavec,** *mi* 폭우, 소나기, 호우, 억수
likér, *mi-2* 알코올, 리큐어((덜고 향기 있는 독한 술))
likérový 알코올의, 리큐어의
liknavost, *f-1* 꾸물거림, 지연
liknavý 꾸물거리는
likvidace, *f* 청산, 재고 정리; zrušení 제거, 정리, 종료; 살해, 근절
likvidovat > z- 청산하다, proplatit 다 갚다; zrušit 제거하다, 없애다
lilie, *f* 백합(꽃)
límec, *mi* 옷깃, 깃
limonáda, *f* **1** 리모네이드, 탄산 사이다 **2** (비유) 눈물을 나게 하는 영화[연극] 멜로 드라마
lineární 선의, 줄의, 직선의
liniální 수직의
lingvista, *ma(-4)* 언어학자
lingvistika, *f* 언어학
lini|e, *f* **1** 선, 줄 **2** polit. (정치적인) 당노선 **3** obrys 윤곽, 외곽선; rys 형 ◆ *být v -i* 출발선에 서다
linka, *f* **1** 선로, 길 **2** (운행) 노선, 항로 **3** (전화 등의) 내선, 구내번호 ◆ *čárkovaná ~* 파선, 절선, (도로의) 점선; *čerchovaná ~* 모스식 부호선; *kuchyňská ~* 부엌 세트, 싱크대; *montážní ~* 조립대; *letecká/tramvajová/mezinárodní ~* 항공/전차/국제 노선
linkovat > na- 줄을 긋다, 정렬시키다
linoleum, *n-2* 리놀륨((마루 깔개))
linoryt, linořez, *mi-2, 3* 리놀륨 인각(화)
linout se 쏟아 붓다
líný 게으른, pomalý 느린, 굼뜬 ◆ *~ na psaní* 쓰기 싫어하는; *~ na slovo* 말하기 조차 게으른
líp (*dobře*의 비교급) 더 좋게 ◆ *čím víc, tím ~* 많으면 많을수록 더 좋다
lípa, *f* 보리수
lipový 보리수의 ◆ *-á alej* 보리수 거리; *-ý čaj* 보리수 차
Lipsko, *n* 라이프찌히

L

lis, *mi-2* 압착(기)

Lisabon, *mi* 리스본

líska, *f* **1** keř 개암(나무) **2** pletivo 욋가지로 엮은 울타리 **3** k nošení 고리버들 세공쟁반

lískovka, *f* 개암나무(회초리)

lískov|ý 개암나무의 ◆ *-é dřevo* 개암나무 목재; *~ ořech* 개암

lisovat > s-, vy- 1 (과일 등을) 압착하다, 쥐어 짜다 **2** (유리 등을) 주조하다

list, *mi* **1** 잎, 엽편 **2** papíru (종이) 장, úřední knihy 서류 **3** dopis 편지, apoštolský 서한 **4** periodikum 정기간행물 **5** listina 종이, oznamující 메모지 **6** potvrzující 자격증, 증명서 ◆ *hrát z -u* 즉석에서 연주하다; *vůdčí ~* 운전 면허증

lístek, *mi-2, 3* **1** 표, kontrolní 점검표, ústřižek 쿠폰 **2** papírek 종이(장), 용지 **3** místo dopisu 메모지 ◆ *hlasovací ~* 투표 용지; *koupit si ~ na cestu do* …로 가는 티켓을 사다; *zpáteční ~* 왕복표

listí, *n* 잎, 나뭇잎

listina, *f* **1** 서류; uzavřená a odevzdaná (서명 날인한) 증서, 권리증 **2** seznam 명부

listinný 서류의, 증서의, 명부의

lístkový 표의 ◆ *~ katalog* 색인, 목록

listnatý 잎이 달린, kniž 잎 장식의

listonoš, *ma* **-ka,** *f* 우체부, 배달부, 집배원

listopad, *mi-2* **1** 11월 **2** Listopad 11월 혁명[벨벳 혁명] ◆ *před Listopadem* 벨벳 혁명 이전의

listopadov|ý 11월의 ◆ *-á revoluce* 벨벳 혁명

listovat > za- v čem (무엇을) 뒤집다, letmo 대강 훑어 읽다, prohlížet 숙독하다, 음미하다

listoví, *n* (집합적) 잎, 군엽

listovní 편지의 ◆ *~ tajemství* 편지의 비밀

lišácký 간교한, 교활한

lišák, *ma-3* **1** 여우 **2** 여우 같은 사람, 교활한 사람

liščí 여우의, 여우 같은

lišej, *mi* 발진, 포진

lišejník, *mi-2, 3* 이끼

lišit > roz- 구별하다; pečlivě a záměrně 차별하다, 식별하다 **~ se** 다르다, 구별하다

liška, *f* **1** 여우 **2** houba 식용 버섯의 일종

lišta, *f* **1** ozdobná 주형, 금형; přečnívající nahoře 선반 **2** spodní část 주초 **3** obruba 테두리 **4** na spoji ploch 두둑, 철조

lít (*li-*; *lej-u*) 붓다 **~ > na-** (잔을) 따르다, 와인을 따르다, stáčením 가만히 따르다 **~ > pro-** (피, 눈물 등을) 흘리다 **~ > u-** (금속을) 주조하다, kov, sklo (금속을) 녹여 붓다, do formy 형상 짓다 **~ se** 넘쳐 흐르다

litera, *f* 글자, 문자

literární 문학의

literát, *ma* **-ka,** *f* 문필가, 작가

literatura, *f* **1** 문학 **2** 참고 문헌

literní **(**고어**)** 문자(상)의, 글자대로의

Litev|ec, *ma* **-ka,** *f* 리투아니아 사람

L

litina, *f* 주철, 무쇠, v ingotech 주철
litinový 주철의
líto (부사) ◆ *je mi ~ koho* 나는 누구에 대해 유감이다; *je ~ čeho* 무엇에 대해 후회하다; *je ~ něčeho ztraceného, o vyslechnuté zprávě* 잃어버린 뭔가에 대해, 들은 소식에 대해 정말 안됐습니다
litografie, *f* 석판 인쇄, obraz 석판화
lítost, *f-1* **1** 후회, 회한, 회개 **2** 유감, 애도, 애통 **3** 슬픔, 비애, 심통 **4** 동정, 공감, 연민
lítostivý **1** (감정이) 민감한 **2** bezútěšně 슬픈, 불쌍한, 애통한
litovat (*-tuji = je mi líto*, v. *líto*) **1** koho (누구를) 불쌍히 여기다, 애석하게 생각하다, 애통하게 생각하다, 동정하다 **2** čeho (무엇을) 후회하다, 뉘우치다; 한탄하다 **3** nelitovat čeho, nešetřit (무엇을) 아끼지 않다
litr, *mi-2* 리터
Litva, *f* 리투아니아
lítý 사나운, 잔인한
lívanec, *mi* (번철로 양면을 구운) 핫케이크, 팬케이크
livrej, *f* 제복, 정복
líz|at (*líž-u|lízám, liž!|lízej! lízal*) > **-nout** si čeho (무엇을) 핥다, 빨다; 맛보다
lněn|ý 리넨의, 아마사의 ◆ *-é semeno* 아마씨
lnout 달라붙다, 집착하다
loď, *f* **1** 배, odb. velká, zámořská a obchodní 상선, 범선, obecně plavidlo 선박 **2** chrámová (교회당의) 본당 회중석, postranní (교회당의) 측랑, příčná 트랜셉트, (십자형) 교회당 좌우 익부 ◆ *na ~/lodi* 배를 타고; *válečná ~* 전함
loďař, *ma* 선주, stavitel 조선가
loďařství, *n* stavba 조선, 조선술, podnikání 조선업
loděnice, *f(-pl)* válečná 조선소, 군함 건조소; k úschově člunů 보트 창고
lodice, *f* 보트, (함선에 싣는) 대형보트, větší 대형 함대, odrážená tyčí (삿대로 젓는) 너벅선, k veslování i pro plachtu 범선; k vykládání z velké lodi 거룻배; k dopravě po řece 바지((바닥이 평평한 짐배))
lodička, *f* **1** v. *loďka* **2** 《軍》 čepice (보병의) 작업모
lodičky, *f-pl* 펌프스((뒤축이 낮고 멈치 쇠가 없는 여성화))
lodivod, *ma-2* 수로 안내인, 도선사
loďka, *f* 보트, 작은 배
lodní 배의, 선박의 ◆ *~ důstojník*, titul 고급 선원, 항해사; *~ kuchyně* (배의) 요리실; *~ makléř* 선박 중개인; *~ náklad* 배 1 척 분의 적재량; *~ prostor* (선박의) 용적량, 선적량
lodník, *ma-3* 뱃사람, 선원
loďstvo, *n-2* 선박, 선대, 《軍》 함대, 해군(력)
lodyha, *f* (초목의) 줄기, 대
logaritmický 대수의
logaritmus, *mi-2* 대수, 로그
logický 논리학(상)의, 논리적인
logi|k, *ma-3* **-čka,** *f* 논리학자
logika, *f* 논리학, 논리
lojový 수지(모양)의, 짐승 기름의
lok, *mi-2, 3* 꿀꺽꿀꺽 마심, 그 소리; 한 입에 마시는 양
lokaj, *ma* servilní 종복, 하인, 마부

L

lokajský 하인의, 종복의

lokál, *mi* 1 술집, 바, místní hostinec 근처의 술집(바) 2 《言》 전치격

lokalizovat 1 umístit/vymezit 한 지방에 제한하다 **2** zjistit místo …의 위치[장소]를 알아내다

lokálka, *f* **1** vlak (정거장마다 서는) 보통 열차 **2** zpráva 지방 통신, 지방 기사

lokální 장소의, 지방의

lok|at > -nout 꿀꺽꿀꺽 마시다

lok|et, *mi(-1)* **1** 팔꿈치 **2** míra 엘((척도의 단위)) ◆ *dvojí ~* 다른 기준; *mít dobré -ty* 추진력이 있다, 진취적이다; *strkat/šťouchat -tem* 팔꿈치로 밀다; *táhnout na dlouhé -ty* 지연하다[시키다]; *zač je toho ~* 무엇이 무엇인지

lokomotiva, *f* 기관차

lom, *mi-2* **1** 부숨, 분쇄, světla 굴절 **2** kamenný 채석장

lomenice, *f* 박공((지붕의 사면을 두 변으로 하는 삼각형 모양의 외벽))

lomen|ý 구부러진, 굴절된 ◆ *-á čara* 절선, 파선, (도로의) 점선; *~ oblouk* 뾰쪽한 아치 *-á střecha* 이중 물매지붕

lomit ohýbat 구부리다; světlo (빛을) 굴절시키다; mat. (수를) 나누다 ~ > **za-** rukama (비통한 나머지) 양손을 쥐어 틀다

Londýn, *m* 런던

loni 지난해에, 작년에

loňský 지난해의, 작년의

lopa|ta, *f* 삽, 노, rypadla 구멍[굴] 파는 기구 ◆ *po -tě* 쉽게 말하여

lopatk|a, *f* **1** = *lopata,* vodního kola 노, **2** sázecí 흙손, ventilátoru 날개((프로펠러 등의)) vesla, vrtule, šroubu 노깃; (스크루의) 날개 **3** kost 어깨뼈 ◆ *položit na -y* (누구를) 넉아웃시키다[때려눕히다]

lopota, *f* 노고, 고생

lopotit se 힘써 일하다, 고생하다

lopotný 힘드는, 고생하는

lopuch, *mi-3* 우엉 ◆ *bodlák -u* 우엉의 열매

lord, *ma* 임금, 군주; -i duchovní, světský 주, 하느님

lord(ov)ský 군주의, 군주같은

lordstv|í, *n* **-o,** *n-2* 군주임, 통치권

los, *mi-2* **1** 제비, 추첨 **2** loterní 복권 **3** zvíře 큰 사슴

losovat > vy- 제비를 뽑다

loterie, *f* 제비 뽑기, 추첨

lotos, *mi-2* 수련, 연꽃

lotr, *ma* 악한, 불량배, 악당

lotrovský 악한 같은, 악당의

louč, *f* 불쏘시개; 횃불

loučit se (*luč se!*) > **roz-** s kým/čím (누구와/무엇과) formálně (공식적으로) 헤어지다, 갈라지다, 이별하다

loud|a(l), *ma-2* **-alka,** *f* 게으름뱅이, 건달

loudat se 거닐다, 산보하다, 꾸물거리다, s prací 빈둥거리다

loudavý 빈둥거리는, 어슬렁거리는

loudit (*nelud' = neloudi!*) > **vy-** 감언이설로 꾀다[빼앗다] (누구에게서 무엇을) ~ > **od-** …로부터 꾀어내다

louh, *mi-2, 3* 잿물, (세탁용) 알칼리액

louhovat > vy- 잿물에 담그다[적시다]

louka, *f* 초원, 풀밭, neohrazená zavlažovaná 목초지

loupá(če)k, *mi-2, 3* 버터 빵
loupat (*loup-u|-ám, -ej!, -al*) > **-nout 1** očima 두 눈을 굴리다, 노려보다, 날카롭게 쳐다보다 **2** bolest 쑤시는, 아프게 하다 ~ > **o-** (과일 따위의) 껍질을 벗기다, z tenké slupky …의 껍질을 벗기다, vejce (달걀의) 껍질을 벗기다 ~ **se** > **o-** (껍질을) 벗다, strom apod. (나무 등의 껍질이) 벗겨지다
loupež, *f* 빼앗기, 강도
loupežnictví, *n* 강도질, 약탈 행위
loupežník, *ma-3* 강도, 도둑
loupežn|ý 약탈하는, 강도질의 ◆ *-é přepadení* 폭행 강도
loupit (*lup!*) 강도질을 하다, rabovat 약탈하다, 도둑질하다
loup|it, -nout v. *loupat*
louskáček, *mi-2, 3* 호두 까는 연장
lousk|at > **roz-nout** (호두를) 깨다; hádanku (수수께끼를) 풀다 ~ > **-nout** prsty (손가락으로) 딱 소리를 내다; očima = *loupat* ~ číst 열심히 공부하다
loutka, *f* **1** (극장에서 손가락 등에 끼우는) panenka 작은 인형, maňásek 꼭두각시; něčí nástroj 앞잡이 **2** (**비유**) 백치미인
loutkář, *ma* **-ka,** *f* (인형극의) 꼭두각시 부리는 사람, 꼭두각시 조종사
loutkářství, *n* 인형극 하기, 꼭두각시 놀음
loutkový (연극, 영화 등) 꼭두각시의; (**비유**) (정부, 정권 등의) 꼭두각시의
loutna, *f* 류트((기타 비슷한 악기))
louže, *f* **1** (물이) 괸 곳, kaluž 웅덩이, 풀 **2** 뒤범벅, nastříkaná 엎질러짐; 곤경, 고난
lov, *mi-2* 사냥, hon 수렵, střílení 총사냥, ryb 낚시질; pro zábavu (오락) 잡기; úlovek 잡은 것, 포획(고) ◆ *jít na ~* 사냥하러 가다
lovec, *ma* 사냥꾼, 낚시꾼; pro zábavu (오락을위해) 사냥·낚시질 따위를 즐기는 사람
lovecký 사냥의, 포획의
loviště, *n* 사냥터, 낚시터
lovit 사냥하다, být na lovu 사냥하다, (사냥 감을) 몰다; ryby 고기를 잡다, do sítě 그물로 잡다, na udici (낚시로) 낚다 ~ > **u-** 사냥 감을 쏘다, 잡다, zákazníka (손님을) 끌다 ~ > **vy-** rybník (연못, 양어장의) 고기를 모조리 잡다, vytahovat 고기를 모조리 끌어 올리다
lože, *n* (**문어체**) postel 침대 ◆ *úmrtní ~* 임종의 자리; *svatební ~* 신혼 침대; *upoutat na ~* 침대에 가두다
lóže, *f* **1** (극장 등의) 박스, 칸 막은 관람석 **2** zednářská 문간방, 수위실
ložisko, *n-2, 3* **1** stroj. 베어링 **2** úložiště 매장소, 광상; vrstva 지층, 층 ◆ *úhelné ~* 탄층; *rudné ~* 철광상
ložní 침대의
ložnice, *f* **1** 침실 **2** nábytek 침실용 가구 세트
lpět 달라붙다, houževnatě 집착하다
lstivost, *f-1* 교활, 간사
lstivý 교활한, 교묘한, 속이는, mazaný 비열한
lub, *mi-2* 길고 가는 나무 조각, (나무) 토막 ◆ *mít co za -em* [어떤]무슨 목적이 있다

Lucembursko, *n* 룩셈부르크
lucerna, *f* 랜턴, pouliční 가로등
lucifer, *ma-2* 마왕, 악마
lučištník, *ma-3* 궁수, 활 쏘는 사람
luční 초원의, 풀밭의
Ludvík, *ma* 루드빅, 루이스
lůj, *mi* vyškvařený 쇠[양] 기름
luk, *mi-2, 3* (긴) 활
lukostřelba, *f* 궁술
lukostřelec, *ma* 활쏘는 사람, 궁수
lulka, *f* 짧은 파이프
lumen[1], *mi* 루멘((광속의 단위))
lumen[2], *n-in* 천재 ◆ *on není žádné ~* 그는 아무런 천재도 아니다
lump, *ma(-2)* 불량배, 악한
lumpárna, *f* 협잡, 속임수
luna, *f* 달 ◆ *za svitu -y* 달 빛 아래에서
lunapark, *mi-2, 3* 유원지
lunární 달이, 태음의 ◆ *~ měsíc* 태음월
lunochod, *mi-2* 월면차
lůno, *n 1* 자궁 2 (비유) 품 (속), 내부 ◆ *v -ě rodiny/přírody* 가족/자연의 품(속)에서
lup, *mi-2* **1** loupení 빼앗기, 약탈 **2** uloupené 전리품, 약탈품 **3** ve vlasech (머리의) 비듬
lupa, *f* 확대경, 돋보기
lupen, *mi-2* 잎
lupení, *n* (집합적) 잎, 잎들
lupenka, *f* **1** 실톱 **2** překližka 베니어판, 합판
lupič, *ma* 강도, 도둑, noční 밤 도둑, námořní 해적, potulný 약탈자
lupičství, *n* 약탈, 강탈, 도적질
lusk, *mi-2, 3* (완두콩 등의) 꼬투리
lustr, *mi-2* křišťálový (크리스탈) 샹들리에
luštěnina, *f* 콩류, 콩과 식물
luštit > roz- 깍지를 벗기다; (문제를) 해결하다
luxus, *mi-2* 사치, 호화
luxusní 사치의; 호화스러운, 사치스러운 ◆ *~ vlak* (일등차만의) 특별급행열차; *~ vydání* (책의) 호화판
lůza, *f* 어중이떠중이, 오합지졸; 하층민
Lužice, *f* 루사티아
lůžko, *n-2, 3* 침대, ve vlaku/na lodi (배나 기차의) 침대
lví 사자의 ◆ *podíl ~* 최대의 (분배) 몫
lvice, *f* 암사자
lvíče, *n-1* 새끼 사자
lýko, *n-2* (돗자리, 바구니 등의 재료가 되는) 인피섬유
lynčovat > z- 린치를 가하다
Lyon, *mi* 리용((프랑스 남동부의 도시))
lyr|a, *f* 수금 ◆ *hrát na -u* 수금을 연주하다
lyrický 서정시의, 서정적인
lyričnost, *f-1* 서정시체, 서정성, 서정주의
lyrik, *ma-3* 서정 시인
lyrika, *f* 서정시
lysina, *f* **1** 벗겨진 부분[점], pleš 털이 없는 부분[곳]; 대머리 **2** zvířete (말·소의 낯에 있는) 흰 점 또는 줄
lysý 털이 없는, 벌거벗은, 대머리의
lýtko, *n-2, 3* 장딴지, 종아리
lyžař, *ma* **-ka,** *f* 스키어, 스키 타는 사람
lyžařit = *lyžovat*

lyžařský 스키의, 스키용의
lyžařství, *n* 스키타기, 스키경기
lyže, *f* 스키(판) ◆ *vodní* ~ 수상스키
lyžovat 스키를 타다, 스키로 활주하다
lze (부사) 가능하다, 할 수 있다 ◆ *je/bylo/bude* ~ 가능하다/가능하였다/가능할 것이다; ~ *nelze to udělat* 그것을 할 수 있다; 할 수 없다
lžíce, *f* **1** 숟가락, 스푼; množství 숟가락 하나 가득 **2** naběračka 국자, lopatka (설탕, 밀가루 따위를 퍼내는) 삽; obouvací 구둣주걱 ◆ *polévková* ~ 국자
lžička, *f* 티스푼, 티스푼 하나 가득
lživost, *f-1* 거짓말하기, 허위
lživý 거짓의, 허위의

L

M

m, M [em] *n-in* **1** [엠] 체코어 알파벳의 자음 글자 **2 (단위)** metr 미터 **3** M (로마숫자) 1000 **4** 《言》 maskulinum (명사의 성에서) 남성 **5** M. mistr (중세의 학위를 표기하기 위한 약어)

macatý (구어체) 포동포동한, 토실토실한, 오동통한, 둥그스름한

macecha, *f* 계모, 의붓 어머니

macek, *ma-3* **1** 수코양이 **2 (구어체)** tlusťoch 뚱보

maceška, *f* 《植》 팬지

macešský 계모 같은, 무정한, 무자비한, (매우) 불친절한

máčet (*máčejí*) > **namočit 1** (액체 속에 일정 시간 동안) 담그어 두다, (어떤 반응이 일어날 때 까지) 적시어 두다 ◆ *~ fazole (konopí, ječmen) ve vodě* 강낭콩(대마, 보리)을 물 속에 담궈 두다; *~ špinavé prádlo* 더러운 빨래감을 적시다 **2 ~ > smočit** činit mokrým, vlhkým (물체의 표면이) 함빡 젖게하다, 축축하게 하다 ◆ *voda ~ břeh* 물이 강둑을 적시다; *pot ~ košili* 땀이 셔츠를 적시다; *slza ~ líce* 눈물이 뺨을 적시다 **3 ~ > rozmočit** chléb, sušenky do čaje (빵이나 비스켓 등을 커피나 차에) 적시다, 담그다 **4** obalovat (표면을) 입히다, 씌우다, 칠하다 ◆ *~ sušenky v čokoládě* 비스켓에 초콜릿을 입히다

mačk|at > (z)máčknout 1 (co) stlačovat, tisknout (무엇을) 누르다, 내리누르다; svírat (손에 …을) 꽉 쥐다 ◆ *~ tlačítko zvonku* 벨[종]의 단추를 누르다; *~ komu ruku* 누구의 손을 꽉 쥐다, 굳게 악수하다 **2** (압박·압착을 통해) tlačit 통증을 주다 ◆ *boty koho -ají* 누구의 신발이 죄다 **3 ~ > z-, roz-** (완전히) 다른 형태로 변형시키나, (눌러서) 분쇄하다, 찌뿌러뜨리다 ◆ *~ brambory* 감자를 으깨다 [분쇄하다] **4 ~ > na-** vtěsnat co kam (무엇을 어디에) 밀어넣다, 쑤셔넣다 **5 ~ > vy-** (포즙을) lisováním vyprázdnit 짜내다 ◆ *~ šťávu z citrónu*; 레몬에서 즙을 짜내다 **6 ~ > vymáčknout** vymáhat 강요하다, 강제하다, 억지로 하게 하다 **7 ~ > po-, z-** zmuchláním (옷 등을) 구기다, 주름잡히게 하다, 찌부러뜨리다 **~ se > na-, z- 1** (빽빽이) 들어차다, 붐비다 **2** látka (옷 등이) snadno (쉽게) 구겨지다, 주름지다 ◆ *-ali se v autobuse* 버스가 (승객들로) 꽉 들어찼다; *nemačkejte se* 밀지 마세요!

Maďar, *ma-2* **-ka,** *f* 헝가리 사람 ((피노우그리아 어족에 속하는 민족))

maďarism|us, *mi-2* hungarismus 다

른 언어에 유입된 헝가리어의 요소 ◆ *-y v slovenštině* 슬로바키아어에 나타난 헝가리어적 요소들

Maďarsko, *n-2* 헝가리(나라)

maďarský 헝가리(사람, 말)의

Madona, *f* 성모 마리아

madona, *f* obraz, socha 성모 마리아의 성화 또는 성상

mafie, *f* 마피아 ◆ *sicilská ~* 시칠리아 마피아

mafián, *ma* **-ka,** *f* 마피아(단)의 한 사람

mafiánský 마피아 조직의

magazín, *mi* **1** velký obchodní dům (큰) 백화점 **2** časopis 정기간행물, 잡지

magick|ý 마술의, 신비한 ◆ *-é oko* (라디오 수신기의) 동조(同調) 지시용 진공관 (상표명)

magie, *f* 마법, 마력, 요술; 마술 ◆ *černá* (*bílá*) ~ 악마(천사)의 힘을 빌린 마술

magistr, *ma* **-a,** *f* **1** farmacie 제약사, 약(제)사, 약제학자 **2** univerzitní hodnost (대학의 학위) 석사 ◆ 인문과학(문학, 언어, 사회과학 등) 석사((약어로 M.A. 또는 MA)); 자연과학 석사((약어로 M.Sc. 또는, MSc))

magistrála, *f* (철로나 차도의) 간선도로(幹線道路)

magistrát, *mi* 지방(시) 자치체; 시당국, 관청

magistrátní 자치 도시의, 시(市)의; 시영의, 시제(市制)의, 시립의, 지방 자치의 ◆ *~úředník* 시청 공무원

magma, *n-2* 마그마, 암장(岩漿)

magn|át, *ma* **1** polský, maďarský šlechtic (역사적으로) 폴란드와 헝가리의 귀족을 일컫는 말; 귀족, 고관, 부호, 거물 **2** boháč 부자

magnet, *mi-2* **1** 자석 **2** **(**비유**)** 사람의 마음을 끌어 당기는 사람(물건) ◆ *Praha je -em pro mladé Američany* 프라하는 미국 젊은이들을 유혹하는 자석과도 같다.

magnetismus, *mi-2* [-ty] **1** 자력, 자기, 자기작용; 매력 **2** **(**비유**)** (특정한 개인 또는 지위가 지닌) 카리스마적 권위; (대중을 신복시키는) 그 매력 [지도력] ◆ *sexuální ~* 성적 매력

magnetizace, *f* 자화(磁化), 자성(磁性)을 띠게 되는 것

magnetizovat > z- 1 자기화하다, 자기를 띠게 하다, (자기를 띠어) 끌리다 **2** koho (누구에게) 최면술을 걸다; (자기를 통해) 치료하다 **3** **(**비유**)** (사람을) 끌다, 매혹하다, (마음을) 움직이게 하다, 매료시키다

magnetka, *f* (나침반의) 자침(磁針)

magnetofon, *mi-2* 녹음기 ◆ *kazetový ~* 카세트 테이프 녹음기

magnetofonov|ý 녹음(기)의 ◆ *-á páska* 녹음 테이프, *~ záznam* 테이프 녹음

magnézium, *n-2* [-ne-, -né-] 《化》 hořčík 마그네슘((약어 Mg))

magnólie, *f* 《植》 목련속(屬)의 나무

magor, *ma* **(**속어**)** 미치광이, 바보, 얼간이

magorka, *f* (병원의) 정신과; **(**속어**)** 정신 병원

magořit bláznit **(**속어**)** 바보짓을 하다, 미친짓을 하다

mahagon, *mi-2* 《植》 마호가니((단향과에 속하는 상록 교목)); dřevo 마호가니 재(材)

mahagonov|ý 마호가니(재)의 ◆ *-é dřevo* 마호가니 목재, *~ nábytek* 마호가니재 가구

mách|at > vy- (이리저리) 흔들다, (물 속에서) 헹구다, 가시다 **~ se > z-** (물을) 튀기다, 철벅이며 헤엄치다 ◆ *~ prádlo* 빨래를 헹구다; *~ se ve vodě (děti)* 철벅철벅이며 헤엄치다

machinace, *f* pikle 음모, 책략, 책동, 모사; 사기, 부정, 야바위

máchnout (창 · 칼 등을) 흔들다, 휘두르다 ◆ *~ rukou* 손으로 제스처를 취하다

machorka, *f* (구어체) 독한 담배; 질이 낮은 담배

mail, *mi* [meil] 《컴퓨터》 전자 우편, 이메일((컴퓨터의 네트워크를 이용하여 주고 받는 메시지나 그 시스템))

mailovat 전자 우편을 주고 받다 ◆ *~ zprávu* 전자 우편을 보내다

máj[1]**,** *mi* 5월 ◆ *První ~* 노동절[메이데이]

máj[2]**,** *mi* 5월제 기둥((시골 젊은이들이 5월 1일 축제를 기념하기 위해 꽃이나 리본으로 장식하여 세운 큰 나무기둥)) ◆ *tanec kolem -e* 5월제 기둥 춤

maják, *mi-2, 3* 등대, (일반적으로 어떤 신호를 보내기 위한) 불빛, (비행장이나 항공로를 알리는) 표지

majáles, *mi-2* (봄에 하는 전통적인) 학생 축제; (영국에서 학생들의) 자선 목적으로 하는 가장 행렬의 날

majestát, *mi-2* **1** 왕권, 지상권; 위대함, 위엄, 장엄 **2** 폐하, 국왕·왕비의 존칭 **3** (국왕·국가가 자치도시·조합·식민단 등의 창설·특전 등을 보장·허가하는) 칙허장(勅許狀), 특허장, 면허장

majestátní 위엄있는, 장엄한

majet|ek, *mi-2, 3* vlastnění 소유, 재산, 자산, 소유물; 부동산, 소유지, 토지 ◆ *Fond národního -ku* 자산 관리기금[공사]((1991년 체코의 사유화를 성공적으로 수행하기 위해 설립함)) ◆ *velký ~* 부(富) 부유, (많은) 재산; *movitý/nemovitý ~* 동산/부동산; *veřejný ~* 공공물[재산]; *ztratit/promrhat veškerý svůj ~* 가산을 탕진하다

majetkov|ý 소유의, 재산의 ◆ *-á daň* 재산세(財産稅); *-é poměry* 재정 사정[상태], 재정 형편, 경제 환경

majetnick|ý 1 hrabivý 획득하려고 하는, 소유욕의 **2** 소유주의, 소유권의 ◆ *~ instinkt* 소유 본능; *-é právo* 소유권

majetnictví, *n* pocit vlastnictví 소유권

majetn|ík, *ma-3* **-ice,** *f* vlastník 소유자[주], 주인

majetnost, *f-1* 부유함, 풍요로움

majetný 부유한, 풍부한, 돈이 많은

majitel, *ma* **-ka,** *f* majetník, majetnice 임자, 주인, 소유자, 소유권자 ◆ *~ domu* 집주인; *společní -é* 공동 소유자

majonéza, *f* 마요네즈

major, *ma* 《軍》 (육군이나 공군의) 소령; 장교, 지휘관

majorit|a, *f* většina 다수(↔ minorita) ◆ *získat -u* 다수를 차지하다

majoritní 대부분의, 다수의; 과반

수의 ◆ ~ *usnesení* 다수결; ~ *princip* 다수결 원칙

majorizovat koho (다수의 의견으로) 누구를 강요하다

májový 오월의 ◆ ~ *větřík* 5월의 산들바람, 부드러운 봄바람; ~ *průvod* 노동절 행진

mák, *mi-2, 3* 《植》 양귀비; zrno, zrnka 양귀비 씨 ◆ *koláč s -em* 양귀비 씨를 얹은 콜라치((주로 과일 파이)); *nerozumí tomu ani za* ~ 그는 앞뒤를 정할 수 없다[오리무중(五里霧中) 이다]

makačka, *f* 고역(苦役), 힘든 일

makarón, *mi* [-on/ón] 《食》 마카로니

makarónský 《言》 (두가지 이상의) 언어가 섞인, 그것을 이용하여 표현하는; 어떤 한 언어의 단어에 다른 언어의 어미를 사용하여 표현하는

makarónština, *f* směs jazyků (언어들의 혼합) 혼성어

makat 1 hmatat 손으로 더듬다, 손으로 더듬어 찾다; sahat 손대다, 만지다 **2 (속어)** pracovat pilně 부지런히 일하다, 힘써[애써] 일하다 ◆ *nemakej na to!* 손대지마!; ~ *ve tmě* 암중(暗中) 모색(摸索)하다; ~ *jako šroub* 아주 부지런히 일하다; ~ *od rána do večera* 아침부터 저녁까지 일하다

Makedonie, *f* 마케도니아

makedonský 마케도니아[어(語), 인(人)]의

makedonština, *f* 마케도니아어((남(南) 슬라브어 중의 한 언어))

maketa, *f* skica (조각이나 건축 작업에서 사용되는 축소판) 모형, 또는 실물크기의 모형

make-up, *mi* v. *mejkap* 메이크업

makovec, *mi* 양귀비 씨를 넣은 케이크

makovice, *f* **1** 양귀비의 삭과(장식) **2 (속어)** hlava 머리, 대가리 **3** 《建》 (특히 탑의 작고 둥근) 천장, 지붕

makov|ý 양귀비(씨)의 ◆ *ani takové, ani -é* 정체를 알 수 없는, 특징이 없는, 알쏭달쏭한, 덤덤한; ~ *koláč/olej* 양귀비 씨 콜라치/기름

makulatura, *f* (이미 인쇄된) 소모지(消耗 紙)

Malajsie, *f* 말레이지아

Malajsko, *n* 말레이 반도

malári|e, *f* 말라리아 ◆ *nemocný -í* 말라리아 환자

malátně 피곤하게, 기진맥진하여, 무시력하게

malátn|ět (*-nějí*) > **z-** 피로해지다, 무기력해지다, 음울해지다

malátnost, *f-1* 무기력, 무감각, 노곤함

malátný 무기력한, 지친, 음울한, sklesly 풀이죽은, 의기 소침한, apatický 무관심한

malba, *f* **1** malování, nátěr 칠하기, 그리기; líčení, popis 표현, 묘사 **2** obraz 회화, 그림

malebný 그림 같은, 회화의; 아름다운, 예쁜, 귀여운

málem skoro, téměř, bezmála 거의, 하마터면 …할 뻔하다 ◆ ~ *jsme praskli smíchy* 하마터면 우리는 웃음을 터뜨릴 뻔했다

M

malér, *mi-2* **1** smůla 불운, 곤경, (가벼운) 사고, 재난, 불상사, 불쾌한 일 **2** scéna 헛소동

malíč|ek, *mi-2, 3* na ruce 새끼 손가락, na noze 새끼 발가락 ◆ *mít co v -ku* …에 정통하다, …을 훤히 알고 있다

malič|o[1], **malinko** (부사) **1** 아주 적게, 조금 **2** chvíli 잠깐, 잠시 ◆ *cítim se ~ lépe* 조금 나아진 것 같다; *počkejte ~!* 조금만 기다려!

maličk|o[2], *n-2* 어린 시절, 유년(幼年) ◆ *od -a* 어렸을 적부터

maličkost, *f-1* drobnost 하찮은 것, 사소한 일; dárek 작은 선물 ◆ *a to není žádná ~* 그것은 사소한 일이 아니다

maličký 조그마한, nepatrný 작은, 조그마한, drobný 미소한, ubohoučký 하찮은

malichernost, *f-1* **1** 편협함, 인색함, 마음이 좁음 **2** 사소한 일, 하찮은 생각

malicherný 편협한, 마음이 좁은, 하찮은

malík, *mi-2, 3* v. *malíček*

malin|a, *f* 《植》 나무딸기; 그 열매 ◆ *děvče jako ~* 어여쁜 소녀; *mít rty jako -y* 앵두 같은 입술을 갖다

malinový 나무딸기의, 나무딸기처럼 빨간, 짙은 자주빛의

malink|o v. *maličko*

malinký 아주 작은, 미약한; = *maliček*

malíř, *ma* **-ka,** *f* 페인트 공, 칠장이, umělecký též 화가 ◆ *~ akvarelů* 수채화가; *~ drobnokreseb* 세밀 화가; *~ fresek* 프레스코 화가; *~ krajinář* 풍경화가; *~ naivista* 나체 화가; *~ portrétů* 인물 화가

malířský 화가의; natěračský 페인트공의

malířství, *n* 미술, 회화 ◆ *~ pokojů* (집의) 실내 페인트칠과 실내 장식

málo, I (부사; 비교급 *méně*) **1** 적게, 작게, 소수로, 근소하게 **2** (시간) 짧게 **3** (정도) 조금 **II** *n-2* 조금, 소량, 적음 ◆ více méně 다소, 얼마간; *ani dost ~* 조금도 …아니다; *něčeho je ~* 무엇이 부족하다; *spokojit se s málem* 거의 만족하지 못하다; *záleží na tom ~* 그것과는 거의 상관없다

málo|co, 거의 어느 것도 (…아닌) ◆ *s -čím je spokojen* 그는 거의 어느 것으로도 만족하기 힘들다

málokde 거의 어느 곳도 ◆ *~ mají tak pěkné náměstí* 이처럼 예쁜 광장은 찾아보기 힘들다

málo|kdo, 거의 어느 누구도 ◆ *-komu se to podaří* 그 일은 아무한테나 잘 되는 것은 아니다[성공하기 어려운 일이다]

málokdy 좀처럼 …하지 않다 ◆ *to se stane ~* 그건 정말 아주 드물게 일어난다[거의 일어나지 않는다]

málokterý 소수; 소수의 ◆ *~ se vrátil z války zdráv* 전쟁에서 극소수만이 건강한 몸으로 돌아왔다

maloměsto, *n* 소도시, 시골, 지방도시

maloměstský 소도시의, 지방의, 촌스러운

maloměšt'áctví, *n-2* 소시민계급, 지방 기질, 시골 근성, 편협

M

maloměšťácký 소시민의, 시골풍의; 세련되지 않은; 편협한, 옹졸한

maloměšť|ák, *ma-3* **-ačka,** *f* 소시민계급; 시대에 뒤진 사람, 완고한 구식 사람

maloměšťan, *ma-4* 소도시민, 작은 도시에 사는 사람

málomluvnost, *f* 말없음, 과묵

málomluvný 말없는, 말이 적은, 과묵한, 무뚝뚝한

malomocenství, *n* 나병, 문둥병

malomocný 나병의, 문둥병의

malomyslně 낙담하여, 무기력하게, 나약하게, 기가 죽어, 의기소침하게

malomyslnět (*-nějí*) **> z-** 낙담하다, 기가 꺽이다, 용기를 잃다

malomyslnost, *f-1* 낙담, 절망, 무기력, 위기소침

malomyslný 낙담한, 기가 꺽인, 나약한, 무기력한, 의기소침한

maloobchod, *mi* 소매상(小賣商)

maloobchodní 소매(상)의

maloobchodník, *ma-3* 소매상인

malorolník, *ma-3* 소농, 소작인

malost, *f-1* 소형, 소량, 소수

malovánka, *f* (보통 평범한) 그림, 그리기; **(**경멸어**)** 예술성이 없는 그림

malovat > na- 페인트칠하다, 그리다 **~ > vy-** (그림을) 그려내다, stěnu (벽에) 수성 도료를 칠하다, (방 · 벽에) 벽지/페인트칠을 하다, 장식하다; **(**비유적**)** líčit (특징을) 묘사하다, 기술하다, 말로 설명하다 **~ > z-** bít, mlátit koho (누구를) 때리다 **~ se > na-** …에 그리다 ◆ *~ straky na vrbě* 버드나무 위에 앉은 까치를 그리다 [감쪽같이 속이다, nalhávat, balamutit 교묘한 말로 꾀다, 골탕먹이다]; *nemaluj čerta na zeď* 비관적으로 생각하지마라[재수없는 생각을 하지마라], 재앙을 초래하지마라

malověrnost, *f-1* 불신, 의혹, 의심

malověrný 신의(信義)가 없는, 불성실한 ◆ *~ člověk* **(**신약성경**)** 의심많은 도마

malovýroba, *f* 소량 생산

malovýrobce, *ma* 소규모 생산업체, 소기업

malta, *f* 모르타르((회나 시멘트에 모래를 섞어서 물에 갠 것)); 회반죽, 벽토, 가루석고

Malta, *f* 몰타 (공화국); 몰타 섬((지중해에 있는 섬)

mal|ý[1] (menší) **1** rozměrem (규모가) 작은, 조그마한 **2** citově 비좁은, 갑갑한, 사소한 **3** na výšku/dálku 짧은, 키가 작은 **4** společensky, mravně 마음이 좁은, 인색한 **5** bezmocný 미약한; nepatrný 대단치 않은; bezvýznamný 시시한, 하찮은, 중요하지 않는 **6** těsný 꽉 끼는 **7** nevelký 작은편의; minimální 최소한의 **8** pivo 300cc 맥주 ◆ *~ oznamovatel* 3행 광고; *za ~ peníz* 값 싼: *-é pivo* 작은 맥주, 300cc의 맥주, **(**비유적**)** o člověku 몸집이 작은 사람; *Malá Strana* (프라하에 있는) 소지구; *přinejmenším* 적어도; *v -ém měřítku* 소규모로; *ani v nejmenším* 조금도 …않다

mal|ý[2]**,** *ma* dítě 어린아이(= *malé*), nemluvně 아기;

máma, maminka, *f* 엄마

M

mámi|t > vy- 1 koho (누구를) 꾀다, 유혹하다, 부추기다 **2** co na kom/z koho (누구에게서 무엇을) 감언이설(甘言利說)로 peníze, přiznání, tajemství (돈, 자백, 비밀을) 얻어[우려]내다, 끌어내다 ◆ *~ děvče falešnými sliby* 거짓 약속으로 여자를 유혹하다[꾀다]; *~ peníze na rodičích/z rodičů* 부모님으로부터 돈을 뜯어내다

mámivost, *f-1* 현혹; 환각, 착각; 환상

mámivý 1 (알코올이나 향기가) 취하게 하는 **2** (사람을) 현혹시키는, 속이는

mamograf, *mi* 《醫》 유방 X선 사진

mamon, *mi-2* **1** bohatství, majetek (악덕으로써의) 부, 재물 **2** 지나친 재산욕, 물욕

mamonář, *ma* **-ka,** *f* 욕심많은[탐욕스런] 사람, 축재가(蓄財家), 수전노

mamonit (지나치게) 돈을 추종하다, 돈을 축적하다, 돈을 (악착같이) 긁어 모으다

mamut, *ma* 매머드((신생대의 큰 코끼리))

mamutí 1 매머드의 **2** obrovský 거대한, 점보 사이즈의

maňásek[1], *ma-3* (손을 집어 넣어서 놀리는) 꼭두각시, 손가락 인형

maňásek[2], *ma-3* loďka (1인 또는 2인용의 좁고 가볍운) 작은 배

manažer, *ma,* **-ka,** *f* 지배인, 부장, 감독, (회사의) 매니저

manažerovat (사업 등을) 처리하다, 경영[관리]하다; 매니저로 일하다

manažersk|ý 지배인의, 감독의, 부장의; 경영상의, 관리[지배]의 ◆ *-é studium* 경영 학습; *~ konzultant* 경영 상담자

mančaft, *mi(-2)* v. *manšaft*

mandarín, *ma* **1** (중국 청조 시대의) 관리, 봉건 영주 **2** 요인(要人); 반동적인 거물

mandarinka, *f* 《植》 귤

mandát, *mi-2* **1** pověření, plná moc 권한의 위양, 임명, 위임; příkaz 명령, 지시 **2** funkce (특히 국회의) 의원직, 의원권, 의석 **3** listina ◆ *dostat ~* 위임(권)을 받다; *získat/ztratit poslanecký ~* (국회) 의석을 얻다/잃다

mandel, *mi-1* 옛날에 물건을 세는 단위로서 15개를 한 세트로 함; snopů (보통 15단을 묶은) 보릿단 가리, 볏가리 ◆ *~ vajec* 계란 15개

mandelinka, *f* bramborová (초식성의) 작은 감자 딱정벌레

mandl, *mi-2* (시트, 천 따위의) 주름 펴는 기계, 압착롤러

mandle, *f* **1** 아몬드 씨 **2** 《醫》 krční 편도선

mandloň, *f* 아몬드 나무

mandlovat > vy- (피륙이나 빨래감을) 압착 롤러에 걸다, 주름을 펴다

manekýn, *ma* **-ka,** *f* **1** 마네킹, 패션 모델 **2** (화가나 양장점 등이 사용하는) 모델인형

manévr, *mi-2* **1** 작전, 전략 **2** 속임수, 트릭 **3** (대규모의) 군사훈련

manévrovat 1 작전을 수행하다, 전략을 펴다, 군사훈련하다 **2** 속임수를 쓰다, 계산적으로 행동하다, 융

통성을 발휘하다

mangan, *mi-2* 《化》 망간((기호 Mn의 금속 원소의 한가지))

mango, *ni-2, 3* (과일) 망고((옻나무과의 상록교목))

manifest, *mi-2* 선언(서), 성명(서), 정책 ◆ Komunistický ~ 공산당 선언

manifestace, *f* 시위(운동), 데모, 집단적 의사표시

manifestovat 1 projevovat 보여주다, 나타내다, (견해를) 표명하다 **2** 시위 (운동)를 하다 ◆ ~ *potleskem svůj souhlas* 박수로서 자신의 동의를 표하다; ~ *proti válce* 반전 시위(反戰示威)를 하다; ~ *za mír* 평화 운동을 하다

manikúr|a, manikýr|a, *f* **1** 매니큐어, 미조술(美爪術) **2** náčiní (용품, 세트) 매니큐어 세트 ◆ *pouzdro s -ou* 매니큐어 통

manikúrovat, manikýrovat 매니큐어를 칠하다, 미조술을 하다, 손을 손질하다

manipulace, *f* **1** (기술적) 조작, 교묘한 처리; 조종 **2** podvodná 조작, 속임

manipulovat 1 pracovat s čím (기술적으로 잘) 다루다, 조종하다 **2** podvodně (교묘하게) 조작하다, 속이다, (일을) 꾸미다 **3** 영향을 미치다 사람을 조종하다 ◆ ~ *s dynamitem* 다이나마이트를 다룰 줄 알다; ~ *s fakty/čísly* 사실/숫자를 조작하다; ~ *se statistikami* 통계를 조작하다; ~ *volby* 투표결과를 조작하다; ~ *veřejné mínění* 여론을 조작하다; ~ *s kým* 누구를 조종하다

manko, *n-2, 3* 《商》 결손, v dodávce 부족분, peněžní 부족액; na váze 중량 부족; **(**비유**)** 부족, 결핍

mansarda, *f* 다락, 다락방((프랑스 건축가 Fr. Mansarda의 이름을 따라))

manšaft, *mi(-2)* **(**스포츠**)** 팀

manžestr, *mi-2* (무명실로 골이 지게 첨모직(添毛織)으로 짠 직물, 코르덴) 코듀로이((영국의 Manchester 라는 도시 이름에서 비롯함))

mantinel, *mi-2* (아이스하키장을 둘러싼) 목재 울타리 장벽; kulečníku (당구대의) 쿠션; = *hranice* **(**추상적**)** 장벽

manýra, *f* **1** umělecká (예술적) 기법, 스타일, **2** 정형(定型), 전형; **(**비유**)** šablona 상투 수단, 고정관념 **3** (사회적) 관습, 행동양식

manýrismus, *mi-2* (특히 예술작품에서) 매너리즘, 틀에박힌 작품

manýrovaný, manýrovitý, *f-1* 판에 박힌, 타성적인, 신선미가 없는

manžel, *ma* **1** 남편 **2** člen manželské dvojice, muž nebo žena (부부의 쌍을 이루는 한 구성원) 배우자 **3** (복수 manželé) 부부((혼인을 한 남녀)) ◆ *bývalý* ~ 전(前) 남편; *Manželé Novákovi* 노박부부; *vzít si někoho za -a* 누구를 남편으로 삼다[여자가 누구와 결혼하다]

manželka, *f* 아내, 처

manželsk|ý 결혼의, 부부의; spojený se sňatkem 혼인을 통해 이루어진, opak nemanželský 합법적 혼인을 통하지 않은, nemanželské dítě 사생아(私生兒)) ◆ *být z -ého lože* 합법적인 부부 생활을 하다; *-á hádka* 부부싸

M

움; *-á nevěra* 부부 불륜; *-á polovice* (= *žena*) 아내; *-á poradna* 결혼 상담소; *~ slib* 혼인서약; *-á smlouva* 혼인 계약; *-é soužití* 결혼 생활; *~ svazek* 혼인(관계); *~ vztah* 부부 관계

manželství, *n* 결혼, 혼인, 부부 관계, 결혼 생활, 결혼 생활 ◆ *uzavřít ~* 부부관계를 이루다, 결혼하다; *z prvního/druhého ~* 초혼(初婚), 재혼(再婚); *žít ve šťastném ~* 행복한 결혼 생활을 하다

manžeta, *f* u košile, u halenky (와이셔츠나 블라우스의) 소매(자락), 커프스; (양복 바지의) 접단

mapa, *f* **1** navigační 지도 **2** složka 서류첩, 폴더, 서류철(파일) **3** obálky, desky, psací podložka (편지 등을 쓰기 위한) 받침대 ◆ *námořní/hvězdná ~* 항해/천문 지도 *meteorologická ~* 기상 지도; *automobilová ~* 도로(교통) 지도

mapovat > z- 1 …의 지도를 만들다 **2 (**비유**)** 기록하다, 묘사하다

maratón, *mi* 마라톤(경기); **(**비유**)** 장시간 지속되는 그래서 힘든 일

margarín, *mi-2* 마가린((인조 버터))

Maria, *f* v. *Marie* ◆ *Panna ~* 동정녀(성모) 마리아

mariánský 성모 마리아의

mariáš, *mi* (일종의) 카드놀이((킹과 퀸의 짝 맞추기)); 같은 패의 킹과 퀸의 짝

Marie, *f* (여자 이름) 마리아, 메리

marihuana, *f* 마리화나, 대마초

maringotka, *f* (서커스단의) 대형 유개 운반차, 캐러번, 트레일러

marionetka, *f* (줄이나 실에 매단) 꼭두각시 인형

markantní nápadný, výrazný, význačný 현저한, 눈에 띄는, 뚜렷한 ◆ *mezi nimi je ~ rozdíl* 그들 사이에는 뚜렷한 차이가 있다

markýz, *ma(-1)* 후작(侯爵), …후(侯)

marmeláda, *f* 잼, pomerančová 마멀레이드((오렌지의 잼))

márnic|e, *f* 묘지에서 매장 전에 관이 실려있는 관가(棺架)를 두는 곳 ◆ *je tu zima jako v -i* 여기는 시체 안치소처럼 으시시하다; (병원의) 영안실, 시체 안치소

marnit > pro- (돈 · 시간 · 정력을) 허비하다, 소비하다

marnivost, *f-1* 허영심, 자만심

marnivý 허영심이 강한, 자만심이 강한

marnost, *f-1* **1** 무용(無用), 헛됨, 무가치, 무익 **2** 불필요한 물건

marnotratn|ík, *ma-3* **-ice,** *f* 돈을 헤프게 쓰는 사람, 낭비자

marnotratnost, *f* 방탕, 난봉, 낭비, 사치

marnotratn|ý 낭비하는, 사치스런, 방탕한 ◆ *návrat -ého syna* (성서) 돌아온[회개한] 탕자((누가복음 15: 11-32))

marn|ý 1 (어떤 일의 성공이나 실현에 대한) 희망이 없는, (수고와 노력이) 헛된 **2** 가치나 의미가 없는, bez účinku 쓸데없는, 불필요한 ◆ *-á snaha* 헛된 노력

marod, *ma* **(**구어체**)** 병자; **(**형용사**)** 아픈, (상태가) 좋지 않은

marodér, *ma* **1 (**고어체**)** 부상병(負傷兵) **2 (**구어체**)** 꾀병쟁이

Maroko, *n-2* 모로코
maršál, *ma-2* (육군) 원수
marxis|mus, *mi-2* 마르크스주의
marxista, *ma(-4)* 마르크스주의자
marxistický 마르크스주의(자)의
már|y, *f-pl* 관가(棺架) ((장례식장에서 관을 옮기는 운반대(臺) 또는 들것)), 영구차 ◆ *být na -ách* 죽다((죽은 상태이다))
mařit > z- 좌절시키다, promyšlenou věc (생각한 일을) 훼방놓다, 방해하다; znechucením 뒤엎다 zklamáním 어긋나게하다; 《法》 굴복시키다, klást překážky 훼방놓다, 제한하다
masa, *f* **1** hmota 덩어리 **2** dav 집단, 다수, 군중
masakr, *mi-2* 대량학살
masakrovat > z- (대량) 학살하다
masáž, *f* 마사지, 안마 ◆ *dát komu ~* 누구에게 마사지를 해주다; *erotická ~* 에로틱 마사지; *lázeňský ~* 온천 마사지; *sportovní ~* 스포츠 마사지
masér, *ma* **-ka,** *f* 안마사, 마사지사
masírovat > na- 마사지하다 ◆ *~ tělo/obličej/ záda* 몸/얼굴/등을 마사지하다
masitý 1 살의, 살찐, 육질의; 포동포동한 **2** jídlo 고기의, 고기가 많은 **3** 과육질의, 즙이 많은
masiv, *mi-2* 중앙 산괴(山塊) ((산맥의 중심이 되는 봉우리))
masivní 큼직한, 굳센, velký 크고 무거운 (단단한)
mask|a, *f* (얼굴을 가리는) 마스크, 가면, 복면, 탈
maskovat předstírat 가장하다, 꾸미다 **~ > na-** 가면을 씌우다, 가리다 **~ > za-** 변장시키다, 위장하다 **~ se** …으로 변장하다, 가면 무도회에 참가하다
másl|o, *n* 버터 ◆ *chléb s -em* 버터빵; *jít (jako) po -e* 순조롭게 진행되다; *mít ~ na hlavě* (도덕상) 비양심적인 일을 저지르다, 양심의 가책을 느끼다
máslov|ý 버터의, 버터제의 ◆ *-é pečivo* 버터 과자
masný 살의, 고기의 ◆ *~ trh* 육고기 시장
maso, *n* 살, 고기((생선과 가금을 제외한)), (동물의) 육고기 ◆ *kuřecí/hovězí/vepřové/rybí/skopové/telecí ~* 닭고기/쇠고기/돼지고기/생선 살코기/양고기/송아지 고기; *mleté ~* 잘게 썬[저민] 고기, *grilované/pečené/vařené ~* 석쇠로 구운/구운/삶은 고기
masopust, *mi* 재의 수요일 전(前) 3일간((고기를 삼가한다는 의미에서 유래)); 카니발, 축제
masovka, *f* (고기 조림/절임을 저장하는) 병
masov|ý[1] 고기의, 살의 ◆ *-á polévka* 고기 수프
masov|ý[2] hromadný 다량의, 대량의; 집단의 ◆ *-á výroba* 대량 생산
masožravec, *ma* 육식동물; pl. (집합적) 육식동물
masožravý 육식성의, 육식동물의
mast, *f* 연고, 바르는 약
mást *(mat-)* **> po-, z- 1** co s čím (무엇을 무엇으로) 잘못 생각하다; působit zmatení 혼동하다 **2** co (무엇을) působit nepořádek 뒤죽박죽으로 만들다, 혼란스럽게 하다, vyvolat nesoulad 뒤범벅을 만들다, 엉클어놓

다, proplést 뒤얽히게 하다, 복잡하게 하다 **3** koho vyvést z konceptu (누구를) 어쩔 줄 모르게 하다, 당황하게 하다; mařit snahy 좌절시키다 **~ se > po-** 혼동하다

mastičkář, *ma* 엉털이[돌팔이] 의사; **(**비유**)** 사기꾼

mastit (*maštěn*) **> na- 1** (음식에 기름이나 라드[돼지기름], 버터 등을) 바르다, 기름을 치다 **2** (기계에) 광택제나 윤활유를 바르다

mastnota, *f* 기름, 그리스

mastn|ý 1 기름을 함유한, 기름진, 기름기가 많은 **2** chem. 지방질의 **3** notný, silný, velký 터무니 없이 많은 ◆ *-á kyselina* 지방산; *-é vtipy* 심한 농담; *-é nadávky* 심한 욕설; *~ účet* 터무니 없는 계산서; *je to -é!* 이거 너무 비싸군!

mašina, *f* **1** stroj, přístroj 기계, 도구 **2** lokomotiva 기관차

mašinérie, *f* 기계, 기계 장치; literární (특별한 문학적) 장치

mašinka, *f* **1 (**유아어**)** vláček 칙칙폭폭(기차) **2** strojek, spotřebič 새 기계 · 전자제품

maškara, *f* **1** masopust (축제일에 쓰는) 복면, 탈 **2** (어울리지 않는 옷을 입은) 우스꽝스러운 사람 ◆ *to je ale ~!* (그녀는) 정말 말도 안되는 옷을 입었어!

maškaráda, *f* **1** 가장[가면]무도회; 그 행렬 **2** 가장

maškarní 가면을 쓴, 가장한 ◆ *~ ples* 가면 무도회

mašle, *f* do vlasů (머리에 하는 리본의) 나비 매듭, 나비 매듭 리본

mat, *mi-2* (체스) 장군!; (게임의 종료를 알리는) 외통 장군

máta, *f* 박하 ◆ *peprná ~* 페퍼민트

matematický 수학(상)의

matemati|k, *ma-3* **-čka,** *f* 수학자

matematika, *f* 수학

materiál, *mi-2* 재료, 원료; 자료; o látce, hmotě 옷감, 천

materialimus, *ma* 물질주의

materialist|a, *ma* **-ka,** *f* **1** 물질주의자 **2 (**고어체**)** drogista 약종상, 약제사

materialistický 물질주의의

materiální 1 물질의, 물질적인 **2** finanční 재정적, 경제적, peněžní 금전상의

mateřídouška, *f* 백리향(百里香)

mateřsk|ý 어머니의; týkající se mateřství 모성의; 본원의, 모국의 ◆ *~ jazyk* 모국어; *~ láska* 모성애; *-á škola* 초등학교; *-é znaménko* (날때부터 몸에 있는) 점, 모반(母斑)

mateřství, *n* **1** 어머니임, 모성 **2** 임신기간

mateřština, *f* 모국어

matice, *f* **1** (기계의) 너트 **2** 《數》 매트릭스, 행렬 **3** (국민들의 문화) 조직, 단체, 협회

matk|a, *f* **1** 어머니 **2** (수녀원의) 장 **3** (포유동물의) 어미 **4** včelí 여왕벌 **5** 너트 ◆ *bude -ou* 그녀는 임신중이다; *nevlastní ~* 계모; *poradna pro matky s dětmi* 산후 클리닉; *~ představená* 수녀원장; *stát se -ou* 어머니가 되다

matný 무딘, 분명치 않은; chabý 희미한, 의지가 약한

mátoh|a, *f* **1** 환영, 망상, 유령;

zesláblý člověk 지쳐 약해진 사람 **2** -y **(복수)** 무기력(증), 최면 상태, 멍한 상태, 혼수상태 ◆ *noční -y* 야간에 보이는 환영; *je jako v -ách* 그는 무기력해 보인다; *být (slabý) jako ~* 혼수상태에 있는 것처럼 약해보이다

mátož|ivý, -ný 허약한, 희미한

matrace, *f* 매트리스 ◆ *nafukovací ~* 공기를 불어 부풀리는 매트리스

matrice, *f* 주형, 모형; výpoč. tech. 행렬

matriční 등록의, 기록 장부의, 호적 장부의

matrika, *f* (출생, 혼인, 사망) 기록부, 호적

matrikář, *ma* (호적을 기록하는) 공무원, 호적 담당 사무원

matrikový v. *matriční*

matrona, *f* (나이든) 귀부인, 여사

maturant, *ma* **-ka,** *f* 고등학교의 졸업반 학생

maturita, *f* 고등학교 졸업시험, slavnost 고등학교 졸업

maturitní 고등학교 졸업의 ◆ *~ vysvědčení* 고등학교 졸업장; *~ zkouška* 고등학교 졸업시험(= *maturita*); *~ večírek* 고등학교 졸업파티

maturovat 고등학교 졸업시험을 치르다; 그 시험을 통과하다; 학교를 졸업하다

máv|at > za-, -nout čím (무엇을) 흔들다; na pozdrav (손을 흔들어) 인사하다; okázale (자랑스럽게) 흔들다, stopař (자동차 편승 여행자가) 신호하다, na vůz 차를 신호로 정지시키다 ◆ *~ kapesníkem/praporem* 손수건/깃발을 흔들다; *~ komu na rozloučenou/na pozdrav* 누구에게 손을 흔들어 헤어질 때/만났을 때 인사를 하다

maximální 최대의, 최고의

maz, *mi-2* **1** 끈적끈적한 물질 **2** lepidlo (책이나 신발에 사용되는) 풀, 아교 ◆ *ušní ~* 귀지; *kožní ~* 피지(皮脂) ((피지선(皮脂腺)에서 나오는 지방 따위의 액상 분비물))

mazací 바르는, 매끄럽게 하는

mazadlo, *n* 윤활유, 그리스, 유지(油脂)

mazák, *ma-3* 노련한 사람, 숙련공

mazal, *ma-2* **-ka,** *f* 엉터리 문인; malíř 엉터리 화가

mazanec, *mi* (밀가루로 만든) 부활절 기념 과자 ◆ *malý velikonoční ~* 부활절 케이크[양과자]

mazánek, *ma-3* **1** miláček, mazlíček 귀염둥이; 애완동물 **2** rozmazlený člověk 버릇없는 사람 ((주로 아이))

mazání, *n* (액체 혹은 반액체) 바르는 약, 연고

mazanice, *f* 회반죽, 도료, 칠

mazanina, *f* (성의없이) 갈겨 쓴 글씨, malba 서투른 그림; 수준이 낮은 문학작품

mazanost, *f-1* 노련함, 교활함, 기민함

mazaný 노련한, 교활한; diplomatický (외교적으로) 노련한, 기민한; opatrnický 조심스러운, 빈틈없는; intrikářský 기교를 부리는

mazat (*maž-u, maž!, mazal*) > **na- 1** (기름을) 칠하다, 바르다, 매끄럽게 하다, mastí (연고를) 바르다 **2** co čím (무엇에 무엇으로) 펴바르다 **3 (**경멸

어) malovat 서투른 그림을 그리다 **4** (저속한 표현) opít (사람이) 인사불성이 되게 하다 ◆ *-at komu med kolem huby* 아첨하다, 알랑거리다 ~ > **po-** 칠하다, 입히다; obřadně (카톨릭의 예배나 의식에서 사용하는 성유(聖油)를) 바르다; neuspořádaně 더덕더덕 칠하다 ~ > **s-** 닦아내다, 훔치다; 지우다 ~ > **u-** špinit 더럽히다, 얼룩을 묻히다; mazlavým (기름 등으로) 온통 칠하다 ~ > **vy- 1** uvnitř něčím mastným 기름을 바르다, 칠하다 **2** odstranit třením 문질러 없애다, 지우다; zcela (완전히) 삭제하다, 말살하다 ~ > **za-** zakrýt (…위에) 칠하여 덮다, 가리다 ~ **se 1** být mazlavý (접촉시 촉감이) 미끄럽다; 달라붙다, 끈적거리다 ◆ *knedlíky byly nedovařené a mazaly se* 끄네들리끼 빵이 요리가 제대로 안되어 달라붙는다 **2** s kým, s čím (누구를, 무엇을) 하고 싶은 대로 하게하다, 지나칠 정도로 돌보다

mázdra, *f* 《生》 blána 얇은 막(膜); tenký povlak (고기나 신체의) 얇은 피지

mazlavý 기름을 바른, 미끄러운; lepkavý 끈적거리는; kašovitě 어질러진, 깔끔하지 못한

mazlíček, *ma-3* **1** 애완동물, 귀염둥이; 마마보이/걸 **2** (학교에서) 선생님의 총아(寵兒)

mazlit se (부드러운[사랑스런] 말이나 쓰다듬, 포옹 등을 통해) 사랑[애정]을 표현하다, s kým (누구를) 귀여워하다, 애지중지하다; laskáním (애무, 껴안음 등으로) 애정을 보이다, 시시덕거리다; hýčkat 애무하다, 응석받다; cukrovat 키스나 애무를 하며 정답게 소곤거리다; sexuálně …와 성교하다

mazliv|ý 귀여워하는 애정깊은, 상냥한, 다정한 ◆ *-á slova* 다정한 말, 달콤한 말; *-é jméno* 애칭

mdl|oba, *f* 어지럼(증), 현기증; 피로, 쇠약 ◆ *upadnout do -ob* 혼수상태에 빠지다, 기절하다, 약해지다

mdlý 1 (의식이) 희미한, 몽롱한, 어지러운; slabý 나약한; chuťově 맛없는 **2** (빛 등이) 희미한, 어슴프레한

mecenáš, *ma* **-ka,** *f* 보호자, podporovatel 스폰서, 후원자

mecenášství, *n* 보호, 후원

meč, *mi* **1** 검, 칼 **2** (비유) 전쟁, 전투, 무력

mečet (*oni mečí*) > **za-, meknout 1** (염소 등이) 매애하고 울다 **2** 노래하다, (큰소리로) 울다

mečík, *mi-2, 3* **1** (지소형) 작은 칼 **2** 《植》 rostlina 글라디올러스((붓꽃 속(屬)))

mečový 검모양의, 칼의 ◆ *~ tanec* 칼춤, 검무(劍舞)

med, *mi-2* 벌꿀 ◆ *lesní ~* 야생 꿀; *to není žádný ~* 그건 즐거운[기분 좋은] 일만은 아니다

měď, *f-1* 구리, 동

medaile, *f* 메달, 훈장

medailon, *mi-2* **1** přívěsek 기념품 케이스((작은 사진 또는 기념물을 넣어 목걸이에 다는 곽)) **2** životopisný (이력서의) 프로필, 인물소개; 작가소개 **3** 느와제트((고기요리의 일종))

měďák, *mi-2, 3* 동전

měd'árna, *f* 구리공장
měděnka, *f* 녹청
měděný 구리로 만든; jako měď 구리 같은; barvou 구리빛의; 《化》 구리의
mediace, *f* 조정, 중재, 중개, 화해 (공작)
medicína, *f* **1** (구어체) lék 약 **2** lékařství 의학
medicinální 약으로 쓰이는, 의약의, 약효있는 ◆ ~ *víno* 약효가 있는 와인
medi|k, *ma-3* **-čka,** *f* 의학생((의학을 전공으로 공부하는 학생)); (구어체) 의사
meditace, *f* 명상, 묵상; hloubání 심사숙고,
meditovat 명상하다, 묵상하다; hloubat 숙고하다
médium, *n-2* 매개물, 매체, 매질
medník, *mi-2, 3* 《植》 꿀샘, 밀선(蜜腺)
medomet, *mi-2* 벌꿀을 추출하는 기구
medovina, *f* 벌꿀술
medovka, *f* 꿀배
medov|ý 꿀의; o chutí 꿀처럼 단; barvou 꿀색의; (비유) 감미로운, 달콤한 ◆ ~ *hlas* 감미로운 목소리; *-á chuť* 달콤한 맛; *-á slova* 달콤한 말; ~ *úsměv* 감미로운 웃음
medúza, *f* 해파리
medvěd, *ma* **1** 곰 **2** 곰자리 **3** 덩치가 큰 사람 **4** (구어체) 불평만 하는 사람, 꽤 까다로운 사람 **5** 보헤미아 지방 민속춤 중의 하나 ◆ *lední* ~ 흰 북극곰; *Malý/Velký* ~ 작은/큰곰자리
medvědí 곰의 ◆ ~ *kůže* 곰가죽; *prokázat komu ~ službu* 누구에게 폐[피해]를 끼치다
medvědice, *f* **1** samice 암곰 **2** 곰가죽; 곰가죽으로 만든 모자 **3** 월귤나무의 일종
medvídě, *n-1* 새끼곰, 어린 곰
medvídek, *ma-3* **1** 새끼 곰; 곰에 대한 애칭 **2** 미국 너구리 **3** hračka (봉제) 장난감 곰
megafon, *mi-2* 메가폰, 확성기
megahertz, *mi-2* 메가헤르츠((주파수 단위; 100만 헤르츠 MHz))
megatuna, *f* 100만 톤, 메가톤
mech, *mi-2, 3* 이끼 ◆ *je to měkké jako ~* 솜털처럼 부드럽다
měch, *mi-2, 3* 풀무((불을 피울 때 바람을 일으키는 기구)), 야로(冶爐), 풍구; (피아노의 바람을 불어 넣는) 페달
mechanický 기계상의, 기계에 의한, 기계장치의; 물리적 힘에 의한
mechaničnost, *f* 기계 상의 특징
mechani|k, *ma-3* **-čka,** *f* 기계공, 수리공, 정비공; 기계 전문가 ◆ ~ *letadla* 비행기 정비공
mechanika, *f* **1** 역학, 기계학 **2** mechanismus 메커니즘
mechanismus, *mi-2* **1** 연동장치(聯動裝置) **2** 기계(류), 메커니즘; 기구, 기계장치, 기계작용 **3** 기계론, 기계주의
mechanizace, *f* 기계화(機械化)
mechanizační 기계화의 ◆ ~ *prostředek* 기계화의 수단[방법]
mechanizovat 기계화하다, 자동화하다

mechanizovaný 기계화된, 자동화된

mechovka, *f* **1** 《植》 모스로즈((장미의 일종)) **2** 폴립((히드라충류)) **3** 기포 고무, 스펀지 고무

mechový 이끼 낀, 이끼가 자란, 이끼가 덮힌

měchýř, *mi* 방광, 낭(囊) ◆ *močový/žlučový ~* 방광/쓸개, 담낭(膽囊); *zánět močového -e* 방광염, *kamínek v močovém -i* 요석(尿石)

mejdan, *mi-2* 파티; 떠들썩한 파티[연회] ◆ *dělat ~* 파티를 열다

mejkap, make-up *mi-2* 화장, 분장, 메이크업

měkčit > z- 1 부드럽게 하다, 연하게 하다; obměkčit 누그러뜨리다, 완화시키다, zženštit 나약하게 하다 **2** 《言》 연음화

měkkost, *f-1* **1** 부드러움, 유연함 **2** 《言》 연음성

měkkosrdcatý 마음씨 고운, 인정 많은, 자애로운

měkk|ý (비교급 *měkčí* 부사 *měkce, měkko*) **1** (고기 등이) 부드러운, 촉감이 좋은 **2** 휘기 쉬운, poddajný 유연한; 연한 **3** svaly (경사 등이) 완만한 **4** povahou (마음이) 고운, 다정한, 인정많은 ◆ *naladit koho na -o* 감상적인 기분이 들게 하다; *-á stupnice* 단조; *vajíčko na -ko* 반숙한 달걀

měkkýš, *ma* 연체동물

meknout v. *mečet*

měknout > z- 부드러워지다, 연해지다; 약해지다

mekot, *mi-2* (염소 등이) 음매하고 울기

měkoučký 매우 부드러운, 깃털처럼 부드러운; 부드러운 느낌이 좋은

mela, *f* **1** zmatek, shon 큰 소동, 혼잡 **2** rvačka 격투, 난투

melancholický 우울한, 침울한, 풀이 죽은, 우울하게 하는; 우울증의

melancholie, *f* 우울, 우울증, 울병

melancholi|k, *ma-3* **-čka,** *f* (성격상) 우울한 사람; 우울증 환자

melanin, *mi-2* 멜라닌, 흑색소

melanon, *mi-2* 《醫》 흑색종(黑色腫)

melanž, *f* 혼합, 혼색; 혼합물((2종 이상의 커피나 담배 등의))

melanžer, *mi-2* 혼합기구/기계, 믹서기

melasa, *f* 당밀, 당즙

mělčin|a, *f* 여울, písčina (강어귀 등의) 모래톱, 모래언덕; pobřežní 사주(砂洲), 편편한 모래밭 ◆ *najet na -u* 좌초하다

meliorace, *f* 개량, 개선, půdy (농토나 토지의) 개간, 간척 ◆ *lesní ~* 산림 개간

mělkost, *f-1* (강의) 얕음; 천박, 피상

mělký (비교급 *mělčí* 부사 *mělce*) **1** (물이) 얕은 **2** (접시가) 얕은; otřepaný 흔한, 케케묵은; banální 평범한, 진부한; povrchní 피상적인, 천박한

melodický 선율적인, 곡조가 아름다운

melodie, *f* **1** 멜로디, 선율, nápěv, popěvek 곡, 곡조, 가락 **2** 《言》 억양, 어조

melodika, *f* **1** 선율학[법] **2** libozvučnost 아름다운 곡조, 멜로디적 특성

melodrama, *mi-2* 멜로드라마((감상

적인 통속극))

melouch, *mi-2, 3* **(구어체)** 부업, 불법 노동

melouchář, *ma* **(구어체)** (퇴근 후, 특히 밤에) 부업을 하는 사람; 불법 노동자

meloun, *mi-2* 멜론, 참외, vodní 수박 ◆ *ananasový ~* 멜론의 일종((로마부근의 원산으로 미국에 많음))

membrána, *f* (얇은) 막(膜), 피막, 막조직, 세포막

memento, *n-2* 추억, 추억거리; 기념품, 유품; 경고(하는 것)

memoáry *ni-pl* paměti, vzpomínky, zápisky 회고록, 회상록; 자서전

memorandum, *n-2* 비망록, 메모, (정치적 또는 외교상의) 기록, 각서

memoriál, *mi-2* (스포츠의) 우승 기념품; 기념경기((훌륭한 선수를 기념하기 위해 치르는 경기))

memorovat > na- 암기하다, 기억하다, 외우다

měna, *f* 통화, 화폐, (화폐의) 통용, 유통 ◆ *konvertibilní ~* 교환성이 있는; *stabilizovat -u* 통화를 안정시키다; *zahraniční ~* 외환

měňavý 색[빛]이 바뀌는, duhově 무지개 빛깔의

menáž, *f* (교도소나 군대에서 제공되는) 공동 음식

menažérie, *f* (서커스 등의) 이동 동물원

méně **(***málo***의 비교급)** 더 적게 ◆ *~ významný autor* 덜 유명한 작가; *je mu ~ než padesát* 그의/그녀의 나이는 50 고개를 넘지 않았다; *víceméně ~* 다소간, 얼마간

méněcenný 하위의, 열등한, 이류의

měnit > pro-, roz- 바꾸다 **~ > pro-, pře-** …을 …로 변경하다, v něco skvělého (뭔가 대단한 것으로) 변모시키다; k jiné funkci (다른 기능으로) …로 전환하다 **~ > vy-** 바꾸다, za co (무엇으로) 교환하다 **~ > z-** (상태 등을) …로 바꾸다, v něco nižšího (뭔가의 낮은 것으로) 낮추다; vnějškově pozměnit 변경하다, uzpůsobením 수정하다; postihnout 변화시키다 ◆ *~ majitele* 소유주를 바꾸다 **~ se > pro-, pře-, z-** …로 변하다, podstatně (근본적으로) 바뀌다; postupně (차츰) …이 되다 **~ se** střídavě se proměňovat 교대로 변화하다

měnitelný 변하기 쉬운, 변화시키기 용이한; střídavě (서로) 변경할 수 있는, 가변성의

měnivý 변하는, snadno (쉽게) 변경할 수 있는, nestálý 변하기 쉬운; barevně (색깔이) měňavý 바뀌는

měnov|ý 통화의, peněžní 화폐의; 금전상의, 금융의, 재정상의 ◆ *-á krize* 통화 위기; *-á jednotka* 화폐 단위; *-á reforma* 화폐 개혁; *Mezinárodní ~ fond* 국제 통화 기금((IMF))

menstruac|e, *f* 월경 ◆ *mít -i* 월경하다

menstruační 월경의 ◆ *~ vložka* 생리대

menstruovat 월경하다

menší **(***malý***의 비교급)** 더 작은

menšina, *f* 소수, 소수의 사람, 소수집단

menšit se > z- 1 줄다, postupně (점차) 감소하다; ubývat 고갈하다, 축소하다 **2** postupně mizet 점차 사라지다, 떨어지다; klesat 가라앉다 **3** polevovat 느슨해지다, 활기가 떨어지다 **4** ustupovat ve vlnách (조수가) 빠지다

mentalita, *f* 사고방식, 성향, 성격; 심성; 심적 상태, 심리

mentální 마음의, 정신적인

mentol, *mi-2* 멘톨, 박하향

mentor, *ma* **-ka,** *f* 훈계하는 사람; 설교자

mentorovat 설교하다, 잔소리하다

mentorský 학자티를 내는, 아는체하는, 현학적인; 훈계하는, 학교 선생다운

menu, *n* 식단표, 메뉴; jídla souhrnně 요리

menuet, *mi-2* 미뉴에트((3박자의 느리고 우아한 춤)), 그 음악

menza, *f* (대학교의) 학생 식당, v koleji (기숙사의) 학생 휴게실

Merkur, *m* **1** 머큐리신((사자신(使者神), 웅변가 · 장인 · 상인 · 도둑의 수호신; 그리스 신화의 헤르메스)) **2** 수성(水星)

mermomocí chtít 무슨 짓을 해서라도[어떻게 해서라도, 어떠한 희생을 치르더라도] (원하다)

meruňka, *f* 살구, 살구나무

meruňkov|ý 살구의, 살구색[황적]의 ◆ *-á marmeláda* 살구 잼

měřice, *f* **1** 옛날 되의 용량 단위((61리터)) **2** plocha (토지 등) 면적 단위((0.19헥타르))

měřicí 계량하는, 계량용의 ◆ *~ metoda* 측량 방법; *~ přístroj* 측량 기구

měřický 기하학의; 측량의

měřictví, *n* 기하학; 측량사의 직[지위, 신분]

měřič[1]**,** *ma* 측량사, 재는 사람

měřič[2]**,** *mi* přístroj 계량기

měřidlo, *n* 계량기, 계기

měřit kolik …을 재다 ~ > **od-** 치수를 재다 ~ > **vy-** (선을 그려서) 구획하다 ~ > **z- 1** 재어서 끊다, všestranným proměřením 치수를 재다, přístroji (계기로) 정확히 측정하다, hloubku 수심을 재다; z přístrojů (계기로) 나타내다 **2** koho pohledem (누구를) 위로 아래로 훑어보다, 눈으로 짐작하다 **3** kroky (걸음걸이로써) 측보하다 **4** posuzovat 판단하다; srovnávat 비교하다, 견주다 ◆ *dvakrát měř, jednou řež* 두 번 재고난 후 한번 자르라((행동으로 옮기기전에 잘 생각하라)); *~ své síly s kým* …와 힘을 겨루다 **~ se** s kým (누구에) 필적하다

měřítko, *n-2, 3* **1** 자, 척도; 표준, 기준 **2** poměrové, stupnice 눈금, 저울눈 ◆ *podle -ka* 기준에 따라

Mesiáš, *ma* 메시아

měsíc, *mi* **1** luna 달 **2** kalendářní (달력의) 달, 월, 개월 ◆ *jednou za uherský ~* 아주 드물게, 좀처럼 …않는; *~ v úplňku* 만월; *je v pátém -i* 그녀는 임신 5개월이다

měsíč|ek, *mi-2, 3* **1** **(지소형)** 작은 달, 달의 애칭표현 **2** -ky pl. 월경 **3** (초승달 모양의) 속 손톱 **4** 《植》 금잔화, 천수국, 만수국

měsíční 1 달의, 달빛의 **2** 매달의 **3**

M

한달 걸리는 ◆ ~ *svit* 달빛; ~ *jízdenka* 한달 정기 승차권; *štěně* ~ 한 달된 강아지; ~ *dovolená* 한달 휴가

měsíčník, *mi-2, 3* 월간 간행물, 월간지

měsíčn|ý ozářený 달빛에 비친, 달빛을 받은 ◆ *-á noc* 달 밝은 밤에, 달밤에

mést (*met-*) > **za- 1** …을 쓸다, 털다; 청소하다 **2** ~ **si** 빠르게 달리다, 질주하다 ◆ *nové koště dobře mete* 새 빗자루가 잘 쓸린다

městečko, *n-2, 3* (지소형) 소도시

město, *n* 시, 읍, velké a důležité 대도시/중심도시; městská obec 지방 자치제 시, 읍 ◆ *hlavní* ~ 수도; *krajské* ~ 도청소재지; *okresní* 군이나 읍 소재지; *rodné* ~ 고향 도시

městsk|ý 도시의, 시의, 시정의 ◆ ~ *člověk* 도회지 사람; *-á čtvrť* 도심가, 번화가; *-á doprava* 도시 교통; *-á obec* 읍구, 군구; *-á rada* 시의회; ~ *úřad* 시정기관, 시당국

městys, *mi-1* 장이 서는 읍, 읍의 마을

měšec, *mi* 돈주머니, 지갑

mešita, *f* 모스크((이슬람교 사원))

mešk|at 1 otálet 늦추다, 머뭇거리다; váhat, zdráhat se 주저하다, 망설이다; 결단을 못 내리다 **2** kde (어디에) 거주하다, setrvávat kde 머물다 ◆ *bez -ání* 지체없이; *nemeškej a vydej se na cestu!* 망설이지말고 길을 떠나라!

měšťáckost, *f-1* 중산계급의 시민성, 중산층 근성; 속물 근성, 실리주의; 편협성

měšťácký 중산계급의; 상공업자의; 실리주의의; 마음이 좁은, 편협한

měšťáctví, *n* = *měšťáckost*

měšťáctvo, *n-2* 중산계급, 부르주아계급

měšť|ák, *ma-3* **-ačka,** *f* **1** 부르주아, 중산계급의 시민 **2** obyvatel města 시민, 읍민

měšťan, *ma-4* **-ka,** *f* 시민, 도시민; svobodný (자치도시의) 시민

měšťanský 시민의, 도시민의; 도시의

měšťanství, *n* 시민권

měšťanstvo, *n-2* (집합적) 시민(전체), 시민계급

met, *mi-2* (스포츠) 휘두름, 스윙; (원반) 던지기

meta, *f* cíl 목표, 목적

metabolický 신진대사의

metabolismus, *mi-2* 대사(작용), 신진대사

metadon, *mi-2* 메타돈((합성 마약·진통제))

metafora, *f* 은유, 암유(暗喩) ◆ *smíšená* ~ 혼유(混喩)

metaforický 은유의, 은유[비유]적인

metafyzický 형이상학의, 철학의; 극히 추상적인, 난해한

metafyzik, *ma* 형이상학자, 순정철학자

metafyzika, *f* 형이상학(形而上學), 순정철학(純正哲學); 추상론, 추상적 논의

metal, *mi-2* 중금속

metál, *mi-2* (구어체) 메달, 훈장

metalurgie, *f* 야금학[술]

metař, *ma* **-ka,** *f* 거리 미화원, 도로

청소부

metat > …을 던지다, mrštit 내던지다 ◆ ~ *nenávistné/zamilované pohledy* 악의[증오]의/사랑의 눈빛을 던지다[응시하다, 뚫어지게 쳐다보다]

metateze, *f* 《言》 음위(音位)의 전환

metelice, *f* 눈보라

meteor, *mi-2* 유성, 별똥별; 운석

meteorolog, *ma-2, 3* 기상학자

meteorologick|ý 기상의, 기상학상의 ◆ *-á stanice* 기상대; *-á mapa* 기상지도 *-á předpověď* 기상 예보

meteorologie, *f* 기상학

metla, *f* **1** 막대기, 가지; **(**비유**)** 채찍, 매 **2** šlehač (달걀 등을) 휘젓는 기구

metoda, *f* **1** 방법, 방식 **2** 단계, 기술, 체계, 정책

metodický 질서 정연한, 조직적인, 일정한 방식에 따른, 체계적인

metodika, *f* 방법론, 접근법

metodologie, *f* 방법론, 교수법, 연구방법(론)

metr, *mi-2* **1** 미터, měřítko 운율, pásmo 줄자 **2** člověk 엄격한 사람, 공사 감독

metrák, *mi-2, 3* (미터법의) 100킬로그램

metrický 미터(법)의, 운율의

metrika, *f* 운율학, 작시법

metr|o, *n-2* 지하철 ◆ *stanice -a* 지하철 역, *jet -em* 지하철을 타고 가다

metronom, *mi-2* 메트로놈, 박절기(拍節器)

metropole, *f* 대도시, 수도; 중심지

metropolita, *f* 수도 대주교[대감독]

metrový 1미터 길이의

metrum, *n-2* 운율, 격조, (음악) 박자

Metuzalém, *ma* **(**성서**)** 므두셀라 ((노아의 홍수 이전의 족장으로서 969세까지 장수))

mez, *f* **1** polní (밭의) 이랑 **2** hranice, kraj 경계(선), 범위, 영역; vymezení 한도, dané možností 한계; dosahem 시야 ◆ *držet se v -ích čeho* 한도를 넘지 않다; *neznat -í* 무한하다; *klást, dát čemu -ze* 무엇을 제한하다

mezanin **1** 지층[영층]과 1층 사이의 공간 **2** mezipatro 층과 층사이

mezek, *ma-3* **1** 노새 **2** **(**비유**)** 열등생, 저능아 ◆ *pracovat/dřít jako ~* 힘차게 일하다, 충실히[열심히] 일하다

mezera, *f* **1** 갈라진 틈; mezi řádky (줄 간의) 간격; otvor 틈새, 구멍 **2** prázdné místo 공백 **3** nedostatek 결핍, 부족

mezi **(**kam? +대격, kde? +조격**)** **1** …의 사이에, …간에 **2** v sourodém prostředí … 중에, v nesourodém prostředí … 가운데에 **3** v průběhu … 동안에 ◆ *~ dvěma* 둘 사이에; *~ čtyřma očima* 은밀히, 사적으로, 극비로; *chodit ~ lidmi* 사람들을 교제하다, 사교적이다; *~ námi* 우리끼리; *~ sebou navzájem* 서로, 상호간에; *tančit ~ vejci* 어려운 자리 · 중요한 순간에 아주 조심스럽게 행동하다; *~ nám řečeno* 우리끼리 이야기 하자면; *~ dnem* 낮 동안에

mezibuněčný 세포와 세포사이의

mezičas, *mi-2* (스포츠에서 경기 진행 중) 중간 타임

mezičlánek, *mi-2, 3* (다른 기사(紀事)들 사이에 있는) 삽입 기사, 중간

M

기사
mezidobí, *n* (시간) 간격, 휴식 시간
mezihra, *f* (짧은) 막간(극), 막간의 여흥
mezikontinentální 대륙간의
mezilidský 대인관계의
meziměstský 도시간의, doprava a spoje 간선의, 장거리의(시외의)
meziministerský (정부의) 각 부(국)간의
mezinárodní 국제적인, 국제(상)의, 나라간의 ◆ ~ *obchod* 국제 무역; ~ *vztahy* 국제 관계
mezipalubí, *n* (배의) 갑판과 갑판 사이의 공간, kde jsou pomocné stroje 최저 요금의 객실, 3등 선실
mezipatro, *n* 중이층(中二層) ((보통 아래층과 위층 사이))
meziplanetární, *mi-2* 행성(과 태양) 간의, 태양계 내의
meziplyn, *mi-2* (자동차의) 더블 디 클러치
meziprodukt, *mi-2* 반제품
mezipřistání, *n* 중간 착륙; místo 부대 집결지 ((새로운 작전, 임무에 앞서 체제를 정비하기 위한))
mezistátní 국제적인, (미국의 경우) 각 주 사이의
mezistěna, *f* 간막이벽, 격벽
mezistupeň, *mi* 중간 단계[층]
mezitím 그동안에, 그 사이에
mezivládí 공위기간((제왕의 서거, 폐위 따위에 의한)), (내각 경질 등에 의한) 정치 공백기
mezivrstva, *f* (두 개의 층위 사이의) 중간층
mezní 1 (식물 등이) 경계 지역에서 자라는, 경계의 **2** 국경선의 가장자리의, nejzazší možný 가장자리, 끝의, 최후의
mezník, *mi-2, 3* **1** 경계선, 마일 표석 **2** **(**비유**)** 전환점, pozoruhodná věc 획기적인 사건
mezzosoprán, *mi-2* 메조소프라노, 차고음(次高音)
mhouřit > při-, za- oči 눈을 깜박이다; mrkavě 보고도 못본체 하다, 눈을 가늘게 뜨다; ospale (졸음으로) 눈을 간신히 뜨다, unaveně 피로한 채 뭔가를 보다 ◆ *ani oka neza-il* 한잠도 안잤다, 눈을 깜박이며 (졸음을) 쫓다
míca, micka, micinka, *f* **(**친밀한 표현**)** 야옹, 고양이, 새끼고양이
míč, *mi* 공, 볼
míč(ek), *mi-2, 3* (작은) 공, 테니스 공
míčovna, *f* (실내의) 구기종목 경기장
míčový 구기의, 공놀이 ◆ ~ *hra* 구기종목 경기
migrace, *f* 이주, 이동, 이사 ◆ ~ *ptáků* 철새들의 이주
migréna, *f* 《醫》 편두통
míhat se > mihnout se 1 (여기저기로) 빠르게 움직이다 **2** (갑자기) 나타나다 **3** 깜빡이다, 번쩍이다, mžikavě 반짝반짝 빛나다 **4** nejasně (희미하게) 눈앞에 아른거리다; blikat 깜박이다
míhavý 번쩍이는, 깜빡이는
mihotat se 1 깜박거리다, 깜빡이다 **2** třpytivě 희미하게 빛나다, 가물거리다
mícha, *f* 척추

M

míchačka, *f* 믹서기 ◆ *~ na beton/na maltu* 콘크리트/모르타르, 회반죽 믹서[혼합기]

míchanice, *f* míchanina 혼합(물), 뒤섞임, 뒤범벅

míchat > s- 1 (색감이나 음료를) 섞다, aby směs měla nové vlastnosti (새로운 성질의 물질을 얻기 위해) 혼합하다 **2 ~ > za-** co (무엇을) 휘젓다, 섞다; karty (카드를) 뒤섞다; čím (무엇을) 휘두르다, 빙빙 돌리다, 배배 꼬다 **3** koho do čeho (누구를 무엇에) 연루시키다, 끌고 들어가다; zaplést 얽히게 하다 **~ se > v-, za-** do čeho (무엇에) 간섭하다, 참견하다 ◆ *mě do toho nemíchej!* 날 그 문제에 연루시키지마!(날 좀 그냥 놔둬!); *do toho se nemíchej!* 그것에 너좀 끼어들시마!

míjet v. *minout*

míjiv|ý 일시적인, 덧없는, 무상한, 순간의 ◆ *-á krása* 일시적인 아름다움; *~život* 인생무상(人生無常)

mikádo[1]**,** *ma-2* 일본 천황의 칭호

mikádo[2]**,** *n-2* (여자의 뒷머리의) 싱글 컷((밑을 짧게 치는 단발))

mikrob, *mi-2* 미생물, 세균, 병원균

mikrobus, *mi-2* 소형버스

mikroekonomika, *f* 미시경제학(微視經濟學)

mikroelektronika, *f* 마이크로 전자공학

mikrofilm, *mi-2* 마이크로필름

mikrofon, *mi-2* 마이크로폰, 확성기 ◆ *mluvit do -u* 확성기에 대고 말하다

mikroorganismus, *mi-2* 미생물((박테리아 등))

mikropočítač, *mi* 초소형 컴퓨터

mikroprocesor, *mi-2* (컴퓨터) 소형 프로세서((소형 전산기의 중앙 처리 장치))

mikroskop, *mi-2* 현미경

mikroskopický 1 현미경의 **2** 극히 작은

mikrotečka, 마이크로 도트((점 크기만하게 축소한 사진))

mikrovlnný 극초단파의

Mikuláš[1]**,** *ma* 성(聖) 니콜라스((러시아에서 수호신))

mikuláš[2]**,** *mi* **(**보통명사**)** 성 니콜라스 축일 전야나 축일(12월 6일)에 받는 선물

milá, *f* 여자 친구, (여자) 애인, 사랑하는 여자

miláček, *ma-3* **1** 가장 사랑하는 사람 (부부, 연인끼리 또 자식에 대한 애칭) **2** oblíbenec 마음에 드는 사람, (선생님의) 총아 ◆ *-u!* v oslovení (호칭으로) 자기(야)!, 여보!

míle, *f* 마일((약 1,6km))

milen|ec, *ma* **-ka,** *f* 애인, 사랑하는 사람

milenecký 연인의, 애인의, 사랑하고 있는 ◆ *~ pár* 서로 사랑하는 한 쌍, 연인

milénium, *n* 천년, 천년간

milerád 진심으로, 기꺼이, 자진해서

miliarda, *f* 10억

milice, *f* 의용군대, 시민군대, 민병대

milicionář, *ma* 민병대원, 시민군

milimetr, *mi-2* 밀리미터

milión, *mi-2* 백만

milionář, *ma* **-ka,** *f* 백만 장자

miliskovat se s kým (누구와 함께) 껴안고 키스하다, koho (누구를) 귀여워하다, (사랑의 표현으로 머리나 신체 일부를) 어루만지다

militarismus, *mi-2* 군국주의, 군사 중심 정책; 군인정신

militarista, *ma(-4)* 군국주의자; 군사 전문가

militaristický 군국주의(자)의

militarizace, *f* 군국화, 군대화; 군국주의 고취

milkovat se **(**비속어**)** 남녀가 희롱하다, 장난하다, 농락하다, 갖고 놀다

milník, *mi-2, 3* **1** 이정표 **2 (**비유어**)** (인생 · 역사 등의) 획기적인[중대한] 사건 ◆ *životní -y* 인생에 있어 중대한 시점들

milodar, *mi-2* **1** 희사품 **2** almužna 구호금, 구호품, 자선 기부금, 의연금 ◆ *žít z -ů* 구호품/자선 기부금으로 살다

milosrdenství, *n* 자비, 연민

milosrdný 가엾게 여기는, 인정많은 dobročinný 자비로운, 자선의

milost, *f* **1** 친절, 호의, 은총 **2** přízeň 호의, 위함, 이익, výsada 특권 **3** prominutí trestu 용서, 사면, hrdelního 특사 ◆ *být komu vydán na ~ a nemilos t* 누구의 마음[처분]에 좌우되어있다; *být u koho v -i* 누구의 호의를 사다, 누구의 총애를 받다; *cestou -i* 은사로, 은전으로; *dělat komu ~* 누구에게 은혜[호의]를 베풀다; *dostat ~* 용서받다, 사면받다; *vzít na ~* …의 총애를 받다; *udělit odsouzenému ~* 피고를 사면해주다; *vzdát se na komu na ~ a nemilost* 누구에게 무조건 항복[굴복]하다

milostivý 자비로운, 관대한, 은혜로운, 은총이 많은

milostnice, *f* (기혼자의) 정부(情婦/情夫), 애인

milostn|ý **1** (연인 사이의) 사랑의, 사랑 표현의 **2** půvabný 매력적인, 애교있는 ◆ *-á báseň* 연애시/사랑의 시; *~ dopis* 연애 편지; *-á píseň* 연가; *-á pletka(= aféra)* 정사, 연애(사건), 스캔들; *~ poměr* 불륜의 연애(관계)

milostpán, *ma* 주인, 나리, 선생, 귀족

milostpaní, *f* 여사, 마나님

milovaný 가장 사랑하는, 사랑스러운, 소중한

milovat koho/co (누구를/무엇을) 사랑하다, mít v oblibě 좋아하다; vysoce si vážit 사모하다, 소중히 하다 ~ > **-po** se s kým (누구와 함께) 연애하다

milovnice, *f* **1** (동물 · 음악 · 책 · 꽃 · 스포츠) 애호자, 열렬한 팬[광] **2** (에로역을 주로 맡은) 여자 배우 **3** 호색녀, 정욕[육욕]이 강한 여성

milovník, *ma-3* **1** 애호자 **2** 호색남, 정욕[육욕]이 강한 남성, 연애 유희자

mílov|ý 마일 단위로 거리를 나타내는 ◆ *-ým krokem* 큰 걸음으로, 성큼성큼[빠르게]

milý[1] **1** 좋아하는, milovaný 사랑하는 **2** příjemný 유쾌한, 기분좋은, roztomilý 귀여운, uspokojující 마음에 드는 **3** ochotný 친절한, 친애하는

milý[2]**,** *ma* milenec (남자) 연인[애인]

mimický 흉내내는, 모방의

mimika, *f* 흉내, 모방, 거짓, 가짜,

모조

miminko, *n* 갓난아이; 아기, 유아

mimo **I** (부사) **1** stranou 옆으로, 한 쪽으로, 빗나가게 **2** kolem 곁으로, 지나서 ◆ *jít* ~ 지나쳐 가다, 빗나가다; *být* ~ 공상에 잠기다, 딴 생각을 하고 있다, 멍하니 있다 **II** (+대격) **1** venku …의 밖으로, ne v dosahu …의 손이 닿지 않는, 힘이 미치지 않는 ◆ ~ *cíl* 목표로부터 벗어나; *postavení ~ hru* (경기에서) ofsajd 오프사이드; *je ~ Prahu/republiku* 그[그녀]는 프라하/체코(공화국)의 밖에 있다; ~ *pracovní dobu* 업무시간을 벗어나; ~ *provoz* 고장난; ~ *službu* 비번의, 근무시간 외의 **2** (+대격) kromě, vyjma …을 제외하고, …외에는 ◆ *jsem stále doma ~ pondělí* 저는 월요일을 제외하고는 항상 집에 있습니다; *byli tam všichni ~ sestru* 우리는 누이를 제외하곤 그곳에 모두 다 있었다 **3** vedle …뿐만 아니라, …말고도, …을 포함하여; navíc …외에도, 더욱이 ◆ *nejvýznamnější autor ~ Kunderu* 꾼데라 외에[뿐만 아니라] 가장 유명한 작가; ~ *jiné* 그 중에서도 특히, 많은 가운데; ~ *to* 그밖에, 따로 **5** …과는 반대로, …과는 달리 ◆ ~ *očekávání* 예상과는 달리

mimoděk 모르는 사이에, 본의 아니게; nevědomky 뜻밖의, 불의에, 무심코

mimochodem …하는 김에, 부수적으로, 덧붙여서

mimojdoucí[1] 지나가는, 통과하는, 통행의

mimojdoucí[2], *ma* 지나가는 사람, 통행인

mimořádn|ý **1** 비상한, 보통이 아닌, 비범한, 놀라운 **2** pozoruhodný 주목할 만한, 탁월한 **3** výjimečný 예외적인, pro nečekaný případ 비상사태의, mimo program 비정규적인 **4** 임시의, 특별한; posluchač, žák (학생이) 비정규과정에 다니는, 외부의 ◆ ~ *člen* 임시 회원, 비정규 회원; ~ *profesor* 전임 강사; *v -ém případě* 비상사태의 경우에; *vyhlásit ~ stav* 비상상황을 포고하다

mimoškolní 과외의, 학교의 정규과정[과목] 이외의 ◆ ~ *činnost* 방과후 활동, 과외 활동

mimo to, mimoto 이외에, 게다가

mimovolný 고의가 아닌, 무의식적인

mimóza, *f* citlivka 함수초, 미모사속(屬)의 식물

mina *f* 지뢰

mince, *f* pl. drobné 동전

mincovna, *f* 조폐국, (동전) 주조소

mincovnictví 화폐 주조

mínění, *n* názor 의견, 견해 ◆ *mít vysoké* ~ …를 존경(존중)하다, …를 소중히 여기다; *říci komu své* ~ 누구에게 자신의 생각을 말하다; *výzkum veřejného* ~ 여론 조사

minerál, *mi-2* 광물, 광석, 미네랄

minerálka, *f* 광천수; 탄산수

minerální 광물의, 광물성의, 광물을 함유한

mineralogie, *f* 광물학

miniatura, *f* **1** 세밀화(細密畵) **2** 축소형, 소형

M

miniaturista, *ma* 세밀화가
miniaturní 세밀화의; 축소형태의, 소규모의, 소형의
minigolf, *mi* 미니골프
minikalkulačka, *f* 소형 계산기
minimalizace, *f* 최소화, 최저화
minimalizovat 최소화하다, 극소화하다
minimalista, *ma* 최소주의자
miniponorka (해저탐사용) 소형 잠수형
minisukně, 미니스커트
minimální 최소의, 극미의, 극소의
minimum, *n-2* 극소, 최소, 최소 한도 ◆ *existenční ~* 최저 생계수준
minimax, *mi-2* 소화기(消火器) ((Minimax라는 상표에서 유래))
ministerský 장관의, 내각의, 부문의 ◆ *~předseda* 수상, 총리
ministerstvo, *n-2* 내각, (정부의) 부서; 성직자의 직 ◆ *~ dopravy* 교통부; *~ financí* 재무부; *~ informatiky* 정보기술부; *~ kultury* 문화부; *~ národní obrany* 국방부; *~ práce a sociálních věcí* 노동 사회부; *~ pro místní rozvoj* 지역개발부; *~ průmyslu a obchodu* 상공부; *~ spravedlnosti* 법무부; *~ školství, mládeže a tělovýchovy* 교육, 청년 체육부; *~ vnitra* 내무부; *~ zahraničních věcí* 외무부; *~ zdravotnictví* 보건부; *~ zemědělství* 농업부; *~ životního prostředí* 생활 환경부
ministr, *ma* **-yně,** *f* 장관, 각료; 성직자
ministrant, *ma* 시종직, 봉사자, 보좌역
ministrovat 1 (장관이) 직무를 행하다 **2** (성직자가) 집례하다
mínit 1 domnívat se 믿다, 생각하다, 여기다 **2** chtít říci 의도하다; 의미하다; vyslovit se 제의[제안]하다
minomet, *mi-2* 《軍》 박격포, 구포(臼砲)
minout < míjet (*-její*) **1** co (무엇을) 통과하다, 지나가다, projít těsně mimo 빠져나가다 **2** doba (시간이) 경과하다, 지나다 **3** co, koho (무엇을, 누구를) nepovšimnout si 간과하다, 빠뜨리다, 못보다 **4** přejít, přestat 소멸하다, 없어지다, zmizet 사라지다 **~ se < míjet se 1** nesetkávat se 엇갈리다 **2** s čím (무엇을) 놓치다, 빗나가다 ◆ *~ se povoláním* (직업선택에 있어) 실수를 하다, (그 직업이) 잘 맞지 않는다; *~ se rozumem* 제 정신이 아니다; *~ se účinkem* 조금도 효과가 없다, 아무 소용이 없다
minuciózní popis (묘사가) 자세한, 상세한, podrobný 세심한, 꼼꼼한
minule 지난번에, nedávno 최근에
minulost, *f-1* **1** (시간으로서) 과거, 지난 세월 **2** (한 사람의) 과거, 지난 인생, 경력 **3** 《言》 과거시제
minulý 지나간, 과거의; uplynulý 흘러간, 지난 날의; předešlý 지난 ◆ *~ čas* 《言》 과거시제; *~ týden/měsíc* 지난 주/달
mínus[1]**, 1** (부사) 적게, 덜, 이하로; (온도) 마이너스 ◆ *~5 stupňů* -5도
mínus[2]**,** *n-in, mi-2* **1** 마이너스 부호 **2** nedostatek 부족, 결핍, 단점, 약점 ◆ *být v -u* 적자를 내고 있다, 빚을 지고 있다
minut|a, *f* **1** 분 **2** chvilka 순간, 잠시,

잠깐 ◆ *každá -a byla drahá* 서둘러야만 했다; *za -u* 잠시 후에

minutka, *f* **1** **(**지소형**)** 순간, 찰나 **2** jídlo 즉석 요리

minutov|ý 1분의, 1분 동안의 ◆ *-á ručička* (시계의) 분침, *-á přestávka* 1분간 휴식

mír, *mi-2* **1** 평화, 평시 **2** mírová dohoda 평화 협상[조약] **3** klid 평온, 평정, 고요함 ◆ *Nobelova cena za mír* 노벨 평화상

mí|ra, *f* **1** zjištěná 치수, 측량; poměrná 정도 **2** velikost 크기 **3** (詩) 보격, 운율 **4** měřidlo pásové 줄자, jakékoli měřidlo 계기, 자 **5** duševní stav 기분, 변덕; soulad 조화, 화합 **6** = *měřice* ◆ *brát/vzít komu míru na šaty* 누구의 옷 치수를 재다; *být v dobré -ře* 기분이 좋다; *do jisté -ry* 어느 정도, 일정 정도; *do velké -ry* 대체로, 대부분; *v hojné -ře* 고도로; *oblek na -ru* 몸에 꼭 맞는 옷, 치수를 재어 맞춘 옷; *nejvyšší měrou* 최고로; *rovnou měrou* 동등하게; *tou měrou, že* …할 정도로; *přivést na pravou -ru* 교정하다; *všeho s -rou* 모든것은 한도가 있다; *z -ry* 과도하게; *z největší -ry* 대부분, 대개

mírn|it > u-, z- 편안하게 하다; tišit 가라 앉히다; bližším určením 수정하다; odstaněním části břemene (부담을) 해소하다; uvolněním napětí (긴장을) 완화시키다, 이완시키다 **~ se > z-** (속도를) 줄이다; polevovat 누그러뜨리다; bolest (통증 · 고통을) 경감하다, 덜다; hněv (화를) 자제하다, 통제하다; v jídle (식욕을) 억제하다

mírnost, *f-1* (정도에) 알맞음, 중용(中庸); 온건, 온화, 유순, 온유; 절제, 완화, 경감

mírn|ý 온화한; nevýbojný 평화스러운, pokorný 조용한, pokojný 평화로운, vyrovnaný 잔잔한; shovívavý 관대한, umírněný 적당한, zdrženlivý 온화한; umírněný, mírumilovný 평화애호의; nepřehnaný 합리적인; příjemný 상쾌한 ◆ *-ě řečeno* 삼가서 말하면

mírov|ý **1** 부드러운 **2** (jako) v míru 평온기의, pokojný 평화스러운, naplněný mírem 평화로운, směřující k dosažení míru 평화 지향적인 ◆ *-á demonstrace* 평화적 시위; *-é prapory OSN* 유엔 평화군

mírumilovnost, *f-1* 태평무사, 평화애호

mírumilovný 평화로운, 태평한, 평화를 위한, nevýbojný 평화애호의

mířit (*miř!*) **1** při střílení (사격하기 위해 방향과 거리를) 재다, (목표물을) 겨누다, 겨냥하다 **2** náznaky 가리키다; směřovat (방향을) 향하다; 지향하다 **~ > na-, za-** 겨누다 ◆ *~ vysoko* 큰 뜻을 품다, 야망[포부]을 가지다; *~ příliš vysoko* 도를 지나치다, 무리하여 실패하다, 술책을 부리다가 제 꾀에 넘어가다

mísa, *f* 접시, velká a hlubší (pracovní) 대접, 대야, 물동이 ◆ *záchodová ~* 변기

misantrop, *ma-2* (병적으로) 인간을 혐오하는 사람, 염세가

mise, *f* **1** poslání 사명, úkol 특별 임무 **2** 사절(단)

misie, *f* 선교, 전도, 포교, (이교도들에 대한) 복음 전파

misionář, *ma* **-ka,** *f* 선교사, 전도사; 포교자, 선포자

mísit (*mis!, mísen*) > **pro-** směšovat, míchat 섞다, 혼합하다; 결합하다 ~ **se** > **v-** do čeho (무엇에) 끼어들다, 간섭하다 ◆ ~ *se do rozhovoru* (*skákat do řeči*) 남의 대화에 끼어들다

miska, *f* (지소형) 작은 접시, 받침접시; 《軍》(군대의) 반합, 휴대용 식기

misogyn, *ma-1* 여자를 싫어하는 사람, 여성혐오자

místenka, *f* 좌석표, 좌석 예약티켓 ◆ *koupit si -u* 좌석 예약표를 구입하다

mistička, *f* **1** *miska*의 지소형 **2** 《植》(도토리의) 깍정이

místní 1 지역의, 지방의; tamější 그곳의, 거기의 **2** 《言》 장소의 ◆ ~ *doprava* 지방 교통; ~ *organizace* 지방조직; ~ *rozhlas* (강당, 극장의) 확성장치; ~ *správa* 지방 자치; ~ *jména* 장소를 나타내는 명사

místnost, *f-1* 방, 실, 장소, prostora 공간; (학교의) 교실

míst|o, *n* **1** 장소, 곳; prostor 공간, 여지; pozice 위치, umístění 처지, 입장 **2** (지리상의) lokalita 위치, 소재(지); 거점, 지반 **3** podle hodnosti 지위, pro zaměstnance (일)자리; obsazované jmenováním 임용; odpovědné, závažné (책임이 따르는) 자리; učitelské 선생자리 **4** (신체의) 일부 **5** v textu (텍스트에서) 단락 **6** k sezení/k stání (앉을/설) 좌석/자리, k ležení 누울 자리 ◆ *bolestivé/bolavé* ~ 아픈 곳, 약점; *být na -ě* (*v pořádku*) 정상이다; *udělat* ~ 장소를 마련하다; *ustoupit z -a* 양보하다, 물러나다; *z -a na* ~ 이곳에서 저곳으로; ~ *narození* 태어난 곳, 고향; ~ *pobytu* 거주지; ~ *trvalého bydliště* 사는 곳, 현주소지; *prázdné* ~ 빈 공간; ~ *k státní* 입석; ~ *určení* 지정한 곳, 목적지; *volné* ~ *v úřadě* 직원의 결원, 각료의 공석; ~ *vraždy* 살인 현장; *vyšší* ~ 당국, 관헌; *zjistit* ~ *čeho* 무엇의 위치를 포착하다

místo I (**부사**) (그) 대신에, 대신에 ◆ ~, *aby studoval, hrál šachy* 그는 공부는 커녕 장기두고 있었다 **II** (**+생격**) …대신에 ◆ ~ *toho* 그 대신에; *použít med* ~ *cukru* 설탕 대신에 꿀을 사용하다

místodrž|ící, *ma* **-itel,** *ma-1, 4* 통치자, 지배자

místokrál, *ma-1, 2* (왕의 대리로 타국을 통치하는) 부왕(副王), 총독, 태수

místopis, *mi* 지형(학), 지형도

místopředsed|a, *ma* **-kyně,** *f* 부의장, 부회장 ◆ ~ *vlády* 부총리

mistr, *ma* **1** dílenský (작업장의) 소장, 십장, 현장주임 **2** řemeslník 장인, 대가 **3** (스포츠) vítěz 챔피언, 승자; 사범님 **4** znalec 전문가 **5** umělec, malíř (예술가나 화가로서) 명수, 명인, 대가; oslovení 대음악가, 대작곡가, 명지휘자, 거장 **6** (중세 및 오늘날의) 석사 ◆ *předčit svého –a* 스승을 능가하다, 청출어람(青出於藍); *upálení M-a Jana Husa* 석사 얀 후스의 화형; ~ *svobodných umění/přírodních věd* 문학/이학 석사

mistrný 대가다운, 명인 솜씨의, 완

M

벽한

mistrovat 1 poučovat, napomínat 훈계[설교]하다, 권고하다, 깨닫게하다 **2** 대가가 되다, 명인으로 일하다

mistrovský 대가의, jako mistr 대가다운, hodný mistra 명인[거장]다운 ◆ *~ zápas/titul* 챔피언컵 경기/챔피언 타이틀; *~ kus/-é dílo* 명작

mistrovství, *n* **1** kvalifikace 장인이나 대가의 등급 **2 (**스포츠**)** soutěž 선수권 대회, 결승전 ◆ *~ světa/Evropy* 세계/유럽 선수권 대회

mistryně, *f* (보통 스포츠 종목의) 여자 챔피언

místy 여기 저기, 곳에따라 ◆ *~ přeháňky* (일기예보에서) 곳에 따라 소나기

míšen|ec, *ma* **-ka,** *f* 잡종, (여러가지 종류를) 혼합한 개체; 혼혈아 ◆ *~ bělocha a černocha* 백인과 흑인의 혼혈

mišmaš, *mi* **(**구어체**)** 뒤범벅, 난잡, 잡탕

mít (*m-ám, měj!, měl*) **1** vlastnit 갖다, 소유하다, 가지다, 지니다, 소지하다, (stále někde) chovat, udržovat (계속 어딘가에) 보유하다, 유지하다, 지키다 ◆ *nemá ani vindru* 땡전 한푼 없다, 몹시 가난하다 **2** ovládat, mít v moci 관리하다, 제어하다 ◆ *~ co k dispozici* 무엇을 자유롭게 사용할 수 있다 **3** držet, mít v držení 손에 들다, 갖고있다, 잡다, 쥐다 ◆ *~ dítě v náručí* 아이를 품에 안다; *~ co v malíčku* 무엇에 정통하다, 무엇을 훤히 알고 있다 **4** za nějakým účelem (어떤 목적을 위해) 갖다 ◆ *~ co na prodej* 팔 무엇을 가지고 있다; *ty boty mám na výlety* 이 신발은 피크닉용이다; *~ psa pro potěšení* 개를 애완동물로 기르다 **5** dostávat 받다, 벌다, 얻다 ◆ *odkud to máš?* 너 그거 어디서 났니?; *kolik máš měsíčně?* 한달 월급이 얼마니? **6** vyjadřuje vztah (관계를 표현) …로 삼다 ◆ *~ koho za muže/ženu* 누구를 남편/부인으로 삼다, 누구와 결혼하다; *~ koho pod sebou* (*služebně*) (직장에서) 누구를 부하직원으로 데리고 있다 **7** stýkat se s kým (누구와) 교류하다 ◆ *něco s ním má* (*o ženě*) (여자에 관하여) 그녀는 그와 무슨 관계이다, 그와 바람피우고 있다 **8** mít čeho dostatek /nedostatek 무엇이 충분하다/부족하다 ◆ *~ co říc*, 할 말이 있다, 할 말이 많다; *~ co číst* 읽을 것이 있다[많다]; *nemít co dělat* 할 일이 없다, 한가하다 **9** pokládat koho za co (누구를 무엇이라고) 여기다[생각하다/간주하다] ◆ *~ za to, že ...* (…라고) 생각 [추정/예상]하다; *~ koho za blázna* 누구를 바보로 여기다*; za koho mě máte?* 당신은 나를 누구로 생각 하십니까? **10** (감정, 상태, 속성을 표현) …을 갖다 ◆ *~ hlad/žízeň/horečku/bolest/trápení/strach/radost/zájem/dobrou náladu/pravdu/smůlu/vliv/trpělivost/úspěch/na starosti/někoho* 배고픔/갈증/열/고통/아픔/공포/기쁨/흥미/좋은기분/진실/불운/영향력/참을성/성공/누구에 대한 걱정을 갖다 **11 (**조동사**) a)** vyjadřuje naléhavost (긴급상황을 표현) … 해야한다, … 하기로 되어 있다 ◆ *máš jít domů* 넌 (지금 당장)

M

집으로 가기로 되어 있다, 집으로 가야한다; *měl bys jít k lékaři* 너는 의사에게[병원으로] 가서 진찰을 받아야만 하는데[상태이다] **b)** předpoklad (예상, 예측, 가정) 전해진 바에 따르면[들은 바에 따르면] ◆ *mají jet do Anglie* 그들이 영국에 간다고들 하던데 ◆ ~ *bolení hlavy/zubů* 두통/치통이 있다; ~ *co na očích* 무엇을 주시하다; ~ *co na paměti* 무엇을 염두에 두다, 무엇을 마음에 간직하다, 기억하고 있다; ~ *co za následek* 무엇을 결과로 얻다; ~ *čich/nos na/pro co* 무엇에 대한에 예민한 후각을 가지다; *každá hůl má dva konce* 모든 막대기는 끝이 두개이다[모든 것은 두가지 측면에서 접근이 가능하다]; ~ *koho na bytě* 누구에게 잠자리를 주다; *komu máme děkovat za...* 우리는 …에 대하여 누구에게 신세지고 있다; *nemít ani jedno ani druhé* (망설이다가) 모두 실패하다, (두 마리를 좇다가) 한 마리도 못잡다; ~ *dlouhé vedení* 머리가 둔하다, 이해가 느리다; ~ *dluhy* 빚을 지다; ~ *čeho až po krk* = ~ *čeho dost* 무엇에 진절머리가 나다; ~ *čí důvěru* 누구의 신뢰를 받다; ~ *hlad* 배고프다; ~ *trochu v hlavě* 얼큰히 취해있다, ~ *hodinu* 수업이 있다; ~ *horečku* 열이 있다; ~ *hryzání* (*v břiše*) (배)에 통증이 있다, (= *kručet v břiše*) 배속에서 꼬르륵 소리나다; ~ *výčitky svědomí* 양심의 가책을 받다; ~ *hubu na koho* 누구에게 실례가 되다, …을 모욕하다; ~ *něco na krku* 무슨 걱정거리가 있다, 뭔가를 걱정하다, 염려하다; ~ *koho/co z krku* 누구를/뭔가(특히 불쾌한 것)를 없애다[제거하다]; ~ *koho v lásce* 귀여워하다; ~ *co za lubem* 결정적인 무엇[비법, 계획]을 몰래 가지고 있다; ~ *máslo na hlavě* 어떤 일이 마음에 거리끼다[양심에 걸리다]; ~ *mladé* (동물이) 새끼를 배다; ~ *na vůli* 자유스럽다; ~ *na vybranou* 선택하다; *nemá do toho co mluvit* (그것에 대해) 아무 할 말이 없다; ~ *oči všude* 온 정신을 집중하여 보다; ~ *parohy* (아내가 남편에게) 부정한 짓을 하다, …의 아내와 사통하다; ~ *patent na rozum* 그 방면에 대가이다, 영리하다; ~ *po všem* 끝장나다; ~ *pojem/ponětí o čem* 무엇에 대해 알고 있다; ~ *poruchu* 고장이 나다; ~ *potěšení, že...* …하는 기쁨을 가지다; ~ *práci s čím* 무엇으로 바쁘다; ~ *co na práci* 무엇에 몰두하다; ~ *pravdu* 옳다; ~ *proč* …하는데 이유가 있다; ~ *přednášku* 강의를 하다, 강의가 있다; ~ *předpoklady pro co* (*aby...*) 무엇을 할 자격이 있다, 무엇에 적임[적격]이다; ~ *radost* 기쁘다; ~ *řeč* 연설하다, ~ *řečí* 말이 많다; ~ *slovo* 말할 권리가 있다, 말할 차례이다; ~ *službu* 근무중이다; *z toho budu* ~ *smrt* 나는 그것 때문에 죽을 것이다; ~ *smutek* 슬픔에 젖어 있다; ~ *smysl pro co* 무엇에 재간[천성]이 있다; ~ (*na*) *spěch* 바쁘다; *ne* ~ *stání* 조바심하다, 안달하다, (무엇을 하고 싶어) 좀이 쑤시다; ~ *svoje léta* 전성기가 지나다; ~ *svou* (*hlavu*) 자신의 견해를 가지고 있다; ~ *široká záda* 박력이 있다, 적극적이다, 진취적이다; ~ *škodu z čeho* 무엇으로 손해를 보다, 피해를 입다; ~ *štěstí*

행운이 있다; ~ *telefon* 통화 중이다; *máš tu/tam telefon* 네게 전화 왔다; ~ *úctu k čemu* 무엇을 존경하다; ~ *účast na čem* 어디에 참여하다; ~ *úspěch* 성공하다; ~ *velké oči* 착각을 일으키다, 허깨비를 보다; ~ *vojnu/zkoušku za sebou* 군복무/시험을 마치다; ~ *volno* 자유롭다, 한가하다, (군인이) 휴가를 갖다 **~ > přimět** (**사역동사**) …하게 하다; *aby* …하도록 하게하다; povzbuzovat 격려하여 …하게 하다 **~ se 1** 어떤 관계나 상태에 있다/지내다, ◆ *měj se dobře!* 잘 지내라!, 몸조리 잘해라!; *jak se máš?* 어떻게 지내니?; ~ *se pod psa* 비참한 생활을 하다; ~ *se prima* 아주 잘 지내다, 전싱기를 갖다; *ten se má* 안락하게 살다 **2** (k čemu) chystat se, hotovit se (막) 무엇을 하려고 하다, 무엇을 할 준비가 되어 있다, 무엇을 할 태세이다 ◆ ~ *se k odchodu* 떠나려고 하다, 떠날 준비를 하다; ~ *se k práci* 막 일을 하려고 하다; ~ *se k světu* 생기가 팔팔하다

mítink, *mi-2, 3* **1** shromáždění 미팅, 모임, 회합, 데모, 시위 **2** (스포츠) 대회, 경기

mix, *mi-2* **1** lyžařský vosk 영하의 날씨에 스키에 사용하는 왁스의 일종 **2** (**스포츠**) 혼합복식 **3** mixáž (라디오나 TV 방송국에서) 믹싱 녹음/녹화

mixáž, *f* (녹음 재생에 있어서 음성과 음악의) 혼성(混成), 믹싱; 믹싱 녹음한 레코드

mixdouble, mixdebl, *mi-2* v tenise (테니스에서) 혼성복식

mixér, *ma* **1** v baru (술집의) 바텐더, 칵테일 만드는 사람 **2** ~ zvuku (방송·녹음의) 음향 조정기사

mixér, *mi-2* (부엌용 · 요리용) 믹서

mixovat míchat, smíchat (특히 음료를) 혼합하다, 섞다

míza, *f* **1** ve stromech (나무의) 수액(樹液), (식물의) 액즙; 《解 · 植》 임파(액), 림프(액) **2** (**비유**) 활력, 활기, 생기, 원기

mizera, *ma* bídák, darebák 성질이 나쁜 사람, 철면피, 비열한 사람, 파렴치; 악한, 악당, 불량배, 건달

mizérie, *f* bída 불행, 비참, 곤궁; 그 상태

mizern|ý 1 비참한, 보잘것없는, 초라한, 궁핍한, 극빈의, 빈궁한 **2** 형편없는, 저질의, 볼품없는 **3** nálada (기분이) 우울한, 울적한 **4** ubohý 가련한, 불행한, 불쌍한 ◆ *-á úroda* 흉작, ~ *plat* 너무 적은 수입[월급]; *v -ém stavu* 곤란한 상태, 궁핍한 상태; *mít -ou náladu* 기분이 우울하다

mizet (*miz[ej]í*) **> z- 1** zanikat 사라지다, 없어지다, 보이지 않다 **2** postupně (일정한 장소를 떠나 처음) 멀어져가다 **3** zásoby (비축, 저장물이) 점차 감소하다, 줄어들다

mizin|a, *f* nouze, bída, zkáza 비상, 궁핍, 빈곤, 결핍, 불량상태 ◆ *být na -ě* (돈이) 궁하다, 파멸하다, 무일푼 상태이다; *přijít na -u* 파산하다; *přivést koho na -u* 누구를 파멸시키다, 타락에 빠뜨리다

mizivý 1 사라져가는, 멀어져가는 **2** 아주 작은, nepatrný 눈에 띄지않는; 무의미한

mládě, *n-1* **1** (동물의) 새끼, 어린 짐

승 **2** 젊은이, nezkušený člověk (경험이 없는) 초보, 애숭이

mláden|ec, *ma* **1** 청소년, 젊은이 **2** družba 신랑의 들러리((특히 어린이)) **3** neženatý (노)총각 ◆ *starý* ~ (노)총각; *-če!* 어이 젊은이!

mládenecký 총각의, 노총각의 ◆ ~ *byt* 독신자 아파트; ~ *život* 독신자 생활

mládenectví, *n* jinošství 청소년기, 청춘, 사춘기

mládež, *f* 젊은이, 청소년, 십대, 미성년 ◆ *-i nepřístupno* 미성년자 출입 금지

mládí 1 유년기; 젊음, 청소년기 **2** 젊은이, 신세대 ◆ *v* ~ 어린시절에; *od* ~ 어렸을 때부터; *za mého* ~ 내 어린 시절에

mladick|ý 젊은이의, 청년다운 2 젊은, 혈기 왕성한, 팔팔한, 기운찬 ◆ ~ *nadšení* 청년다운 열정; *-á láska/ambice* 혈기왕성한 야망[패기]

mladík, *ma-3* **1** jinoch 젊은 사람, 청년; hoch, chlapec 소년 **2** mladý zajíc 토끼 새끼 ◆ *vyčouhlý* ~ 마르고 키큰, 호리호리한; *není to už žádný* ~ 그는/그녀는 더 이상 젊지 않다, 이미 늙었다

mladistv|ý 1 velmi mladý 아주 젊은, svěží 젊고 청순한, obvyklý u nedospělých 청소년의 **2** (18세이하의 법적으로 특별한 보호를 받는 나이) nezletilý 미성년의 ◆ *-á energie* 젊은 혈기, 왕성함; ~ *delikvent* 비행 청소년; *soud pro -é* 소년 재판소[법원]

mládnout > o- 젊어지다, 더 젊어져 가다, 청순해지다 ◆ ~ *ten člověk nestárne, ale mládne* 그 사람은 늙지 않고 오히려 더 젊어진다

mlaďoch, *ma* **1** mladý člověk 젊은이 (반의어 staroch) **2** (사냥에서) mladý zajíc

mladost, *f-1* **1** mladý věk, mládí 젊은 나이, 청춘 **2** svěžest, čerstvost, novost 젊음, 청순함, 싱싱함, 신선함

mlad|ý[1] **1** 젊은, bujný, svěží 청년의; mladší (než kdo) (누구보다도) 연소한, 후배의; 미숙한, 경험이 부족한 **2** 젊은 시절의, 청춘의, 청소년기의, 미성년의 **3** 역사가 짧은, 신흥의; (시일 등이) 아직 이른, 초기의, 새로운 **4** (포도주 등이) 숙성되지 않은 과일 **5 (명사)** 젊은이 ◆ *-á husa* (여자에게 하는 욕설) 바보 같은 여자; ~ *zajíc* 경험이 없는 젊은 사람; *vypadat -ě na svůj věk* 자신의 나이에 비해 젊어 보이다; *za -a* 젊은 시절에; *M-á fronta Dnes* 체코의 유명 일간지

mlad|ý[2]**,** *ma* **1** 젊은 사람 **2** -í 신혼부부 ◆ *-í staří* 젊은 사람도 늙은 사람도

mlask|at > -nout 1 (식사할 때나 키스 시에 입술이나 혀로부터) 소리를 내다, (음식을) 소리내어 (시끄럽게) 먹다 **2** o obuvi, blátě a vodě (신발·진흙·물에서) 딸각딸각, 질컥 질컥[철벅철벅] 소리를 내다, 그 소리가 나다

mlat, *mi* **1** k mlácení (곳간에서 곡식을 타작하기 위한 평평한) 탈곡장 **2** 곡식 타작 ◆ *silnice je rovná jako* ~ 도로가 아주 평평하다

mlatec, *ma* 타작하는 사람

mlátička, *f* 탈곡기, 타작하는 기계

M

[기구]

mlátit (*mlať!, mlácen*) **1** (곡식을) 타작하다, 도리깨질하다 **2** bít, tlouct, bouchat (힘차게) 때리다, 두드리다, opakovaně (반복하여) 치다, bičem (회초리로) 때리다 **3** 폭력을 가하다, 패다 ~ > **roz-** 때려 부수다, 깨뜨리다, 분쇄하다; koho 누구의 (어디를) 때리다 ◆ ~ *komu hubu/ držku* 누구의 얼굴을 가격하다 ~ > **z-** koho, **na-** komu 누구를 폭행하다 ◆ ~ *koho do bezvědomí* 누구를 때려서 기절시키다; *koho čím* (누구를 무엇으로) 때리다 ~ > **vy-** 타작하다

mláto, *n* 찌꺼기, pivovarské (특히 맥주의) 지게미

mlází, *n* 작은 관목, 덤불, 잡목림(雜木林); (나무의) 새로 난 가지

mlazina, *f* 관목 숲, 덤불숲

mlčenlivost, *f* **1** 고요, 한적, 정적 **2** 말없음, 과묵, 침묵

mlčenlivý 1 tichý 조용한, zamklý 고요한; 침묵을 지키는, nemluvný 말없는, 묵묵한 **2** 비밀을 지키는, 과묵한, (언어 · 행동 등이) 신중한, 조심스러운

mlčet (*oni mlčí*) **1** 소리를 내지 않다, 침묵하다, 말을 하지 않다 **2** 자신의 의견을 말하지 않다((특히 부정적인 태도를 취하지 않다)), 이의를 제기하지 않다, 항의하지 않다 **3** 비밀을 지키다 ◆ *mluvit stříbro, ~ zlato* 때론 말하는 것보다 침묵하는 것이 더 낫다, 웅변은 은이고 침묵은 금이다; ~ *jako hrob* 무덤처럼 침묵하다, 절대 말하지 않다

mlčky 조용히, 말없이 ◆ ~ *souhlasit* 소리없이 동의하다

mléčnatý 1 우유를 함유하고 있는, 우유[젖]이 풍부한 **2** 젖[젖과 같은 액]을 내는

mléčn|ý 1 우유의, 젖의, mlékárenský 우유제품의 **2** jako mléko 우유같은, 우유를 연상시키는 ◆ *-á čokoláda* 우유 초콜렛; *M-á dráha* 은하(수) (= *galaxie*); *-é výrobky* 유제품; ~ *zuby* 젖니, 유치(乳齒)

mlékárenský 낙농의, 유제품의 ◆ ~ *průmysl* 낙농업

mlékárenství, *n* 낙농업, 유제품 제조업

mlékárna, *f* **1** 유제품 공장, 낙농장 **2** 우유 판매점

mlékař, *ma* **-ka,** *f* 낙농업자, 우유제조업자; 우유 장수, roznášeč/roznášečka 우유 배달원

mlékařsk|ý ◆ ~ *obchod* 우유 판매점; ~ *vůz* 우유 배달차량; *-á konev* 우유통((운반용))

mlékařství, *n* 낙농업, 유제품 제조업

mlék|o 1 (음료로서의) 젖, 우유 **2** 식물유(植物油), 유액; (약용(藥用)의) 유제(乳劑) **3** cementové ~ (쪼개진 바위틈 등에 개어 넣는) 그라우트, 시멘트 풀, 모르타르 풀; vápenné ~ 석회 풀 ◆ *mít ~ na bradě* …하기에 아직 어리다[경험이 없다], …에 미숙하다, 풋내기이다; *mateřské* ~ 모유(母乳); *odstředěné* ~ 탈지 우유((크림을 제거한 우유)); *odtučněné* ~ 탈지유; *pasterované* ~ 저온 살균 우유; *plakat nad rozlitým -em* 엎지른 우유에 대해 울다, 이미 때가 늦었다, 울어도 소

용없다; *plnotučné* ~ 생크림 우유; *polotučné* ~ 반탈지[반지방] 우유

mletí, *n* mouky, kávy (밀가루나 커피의) 제분, 갈기, 분쇄

mlet|ý 1 káva 빻은 커피((커피 열매를 볶아서 빻은 가루)) **2** -é maso 잘게 썬 고기, 다진[저민] 고기

mlh|a, *f* 안개; opar 아지랑이 ◆ *je* ~ 안개가 끼었다; *hustá* ~ 짙은 안개; ~ *s kouřem* 스모그, 연무(煙霧); *mít vlčí -u* (…을 찾는데) 눈이 어둡다, 잘 보이지 않다

mlhavost, *f-1* **1** 안개가 자욱함 **2** (생각이나 사람이) 멍한, 몽롱함; 모호함

mlhavo, 안개낀 날씨 ◆ *dnes je* ~ *mlhavo* 오늘은 안개낀 날씨입니다

mlhav|ý 1 안개가 자욱한 **2** matný, nejasný 불확실한, 불투명한 ◆ *-é počasí* 안개 자욱한 날씨; *-é naděje* 확신이 없는 희망

mlhovina, *f* **1** 안개와 유사한 것, 스팀, 수증기, 아지랑이 **2** 성운(星雲), 성무(星霧)

mlhovitý = *mlhavý*

mlhovka, *f* **1** reflektor (자동차의) 안개등 **2** stříkačka (정원의) 물뿌리개, 물분무기

mlhový 1 안개의, 안개가 낀 **2** neurčitý, nejasný 불확실한, 불투명한

mlíčí, *n* (물고기 수컷의) 이리((물고기 수컷의 생식소인 정소(精巢))), 어백(魚白), 백자(白子); **(비교)** jikra 물고기 암컷의 알, 어란(魚卵)

mlít (*mel-, mlel, mletí*) **1** 갈다, ve mlýně (방앗간에서) 빻다 **2 (비유)** hubou, pantem 재잘재잘 지껄이다, (특히 입·혀·턱을) 쉴새없이 움직이다, mluvit rychle (수다 등으로) 빠르게 말하다, 재잘거리다; nesrozumitelně (이해하기 힘든 말로) 지껄이다 더듬거리다 ◆ ~ *páté přes deváté* 혼란스럽게 (쉴 새 없이) 지껄이다; ~ *z posledního* (돈이나 소유물이) 바닥나다, 파산 직전에 있다, 마지막 힘을 다 쓰다, 죽어가다; *kdo dřív přijde, ten dřív mele* 선착순(先着順); *tichá voda břehy mele* 잔잔한 물이 깊다((누군가의 평소답지 않은 예상외의 놀라운 행동에 대해)); ~ *sebou/se* 안절부절 못하다, 조바심하다

mlok, *ma-3* 도마뱀, 도롱뇽

mls, *mi-2* pochoutka 맛있는 것, 맛있는 가벼운 음식, 진미; sladkost 단맛 나는 것

mlsal, *ma-2* **-ka,** *f* 음식에 밝은 사람, 식도락가, 미식가; 단 것을 좋아하는 사람; 입이 짧은 사람

mlsat 1 단 것을 매우 좋아하다 **2** pojídat 맛을 보다, 맛을 음미하다

mlsavý 단 것을 좋아하는

mlsek, *mi-2, 3* sladkost 단맛나는 것; 진미

mlsnost, *f-1* 입맛이 까다로움' 단 것을 좋아함

mlsný 음식에 까다로운; 단 것을 좋아하는

mlsoun, mlsout, *ma* mlsal 단것을 좋아하는 사람; 입맛이 까다로운 사람

mluva, *f* **1** schopnost 말하는 능력, 말하기 **2** jazyk, řeč 말, 언어 연설; způsob mluvení/vyjadřování 말하는 방법, 말투, 어투, 말씨

mluvčí, *ma* **1** řečník 말하는 사람, 화자, 연설자 **2** zástupce 대변인 ◆ *tiskový ~* 언론 대변인; *rodilý ~* 토박이[모국어] 화자, 원어민(原語民)

mluvidla, *n pl* 발성기관

mluv|it > pro- 1 s kým o čem (누구에게 무엇에 관해) 말하다, (생각을) 표현하다, (언어를 통해) 의사소통하다 **2** hovořit, povídat, rozprávět o kom/čem, s kým, ke komu (누구/무엇에 대해, 누구와 함께, 누구에게) 이야기하다, 담화하다, o čem (무엇에 대해) 토론하다 **3** mít projev 연설하다 **4** svědčit 밝히다, 나타내다, 증명하다 **5** přátelsky se stýkat 친하게 지내다, 다정스레 이야기하다 ◆ *-í se o tom, že...* …라는 소문이 있다; *~ o něčem jiném* 주제를 바꾸다, 다른 말을 하다; *~ jako kniha* 조리있게 말을 잘 하다; *~ otevřeně* 솔직히 말하다; *~ do vzduchu/větru* 실없이 지껄이다, 말을 낭비하다, 쓸모없는 말을 하다

mluvka, *f* 수다쟁이, 다변가, 가납사니, 허풍선이, 떠벌이

mluvnice, *f* **1** 문법, 문법 체계 **2** 문법서 ◆ *historická/srovnávací ~* 역사/비교 문법

mluvnick|ý 문법의, 문법적인, 문법 규칙의 ◆ *-é pravidlo* 문법 규칙

mlýn, *mi* **1** 방앗간, 제분소 **2** drtič 분쇄기 **3** dětská hračka (장난감) 팔랑개비, 바람개비 **4** při ragby (럭비경기에서) 스크럼 ◆ *bojovat s větrnými -y* (돈키호테처럼) 가상의 적과 싸우다, 헛된 수고를 하다; *to je voda na jeho ~* 그것이 쓸모가 있다, 유익하다, 이익이 되다; *větrný ~* 풍차; *větrné -y* (비유) 가상, 공상; *vodní ~* 물방앗간

mlynář, *ma* **1** 제분업자, 방앗간 주인, 가루빻는 사람 **2** (럭비의) 후커

mlynářka, *f* 방앗간 주인의 아내

mlynářský 방앗간의, 제분업의

mlynářství, *n* 제분업

mlýnek, *mi-2, 3* **1** (커피 등의) 분쇄[연마]기, (고기 등을) 써는/가는 기계; 연삭기, 숫돌 **2** dětská hra 어린이 놀이의 일종

mlýnic|e, *f* 제분실((방앗간의 기계들이 있는 곳)) ◆ *v žaludku mi vrčí jako v -i* 나는 배가 고프다

mlýnsk|ý 방앗간의 ◆ *-é kolo* 물방아 바퀴

mlž, *ma* (집합적으로) 패류, 대합조개, 판새류(瓣鰓類) ((굴 · 홍합 등))

mlžit 1 (안개로) 덮다, 안개끼다 **2** 앞뒤가 안 맞는 말을 하다 **~ se** 안개가 자욱하다

mlžný = *mlhavý*

mňau 야옹((고양이 울음소리))

mnemotechnický 기억(술)의, 기억을 돕는, 기억을 쉽게 할 수 있는 ◆ *~ pomůcka* 기억을 돕는 기구

mnemotechnika, *f* 기억술, 기억력 증진법

mnich, *ma-3* 수도승, (원래 탁발수도회의) 수도사

Mnichov, *mi* (생격 *-a*) (독일의) 뮌헨

Mnichovan, *ma* **-ka,** *f* 뮌헨 사람, 뮌헨 시민

mnichovský, 뮌헨(도시/시민)의

mniška, *f* **1** (고어체) 수녀(= *jeptiška*) **2** (곤충) 나방의 일종

mnišsk|ý 수도원의, jako mnich 수도

승의 ◆ *-á kutna* 수도복((수도사의 고깔 달린 겉옷))

mnohaletý smlouva, dohoda ◆ ~ *výzkum* 다년 연구과제, 여러 해에 걸친 조사

mnohde 여러 곳에서, 곳곳에

mnohdy 여러 번, 자주, 빈번하게

mnohem 많이, 아주; (비교급과 함께) 훨씬 더 ◆ ~ *lepší* 훨씬 더 나은[좋은]

mnoho 1 (부사) (비교급 *více*, 최상급 *nejvíce*) velmi, hodně 매우, 많이; **(부정)** příliš 너무, 지나치게 ◆ *na tom ~ záleží* 그것에 많이 의존한다; *příliš ~* 지나치게 많이 **2 (불한정 수사 +생격)** ve spojení s počitatelnými substantivy (가산명사(可算名詞)와 결합하여) 많은, 상당수의, 많은 양의, 수많은 ◆ *~ hluku, málo zvuku* 소문만 무성했지 내용은 형편없다; *~ majetku* 많은 재산; *~ peněz* 많은 돈; *~ povolaných, málo vyvolených* 부름받은 자[지원자]는 많았지만 뽑힌 사람은 소수였다(재능있는 자는 많았으나 쓸모있는 자는 적었다)

mnohobarevný 여러가지 색상의, 다색(多色)의

mnohodenní 수 일의, 여러 날이 걸리는

mnohohlas, *mi-2* 다음(多音), 다성부음악(多聲部音樂) (= *vícehlas*)

mnohohlavý 머리가 많은, 다두(多頭)의, 여러 개체로 이루어진 ◆ ~ *drak* 여러 개의 머리를 가진 용(龍)

mnohojazyčnost, *f-1* 여러 나라의 언어 사용(주의), 다언어 사용

mnohojazyčný 다언어의, 여러 나라의 언어를 사용하는, 여러 나라 말로 쓰인

mnohokrát(e) 여러 번, 자주, 반복해서; 많이, 매우 ◆ *děkuji ~* 대단히 감사합니다

mnohokvětý 《植》 다화(多花)의, 꽃이 많은, 꽃이 많이 피는

mnoholetý v. *mnohaletý* 다년간의, 여러 해 동안 지속되어 온, 다년간에 걸쳐 쌓아온 ◆ ~ *přátelství* 오랜 친구사이; ~ *zkušenost* 다년간의 경험[노하우]

mnoholistý 《植》 잎[잎사귀]가 많은

mnohomístný 1 자리가 많은 **2** 《數》 십진수의 한 숫자의 ◆ ~ *vůz* 자리가 많은 차량

mnohomluvný povídavý 말이 많은, 수다스러운, 이야기하기를 좋아하는

mnohomužství, *n* bigamic 일처다부(一妻多夫)

mnohonárodní 다민족의, 다민족 국가의

mnohonásobek, *mi-2* 복식, 복합, 다수, 다중, 집합성; 《數》 배수(倍數)

mnohonásobný 배수의, 복합적인, rozmanitý 다양한, 잡다한

mnohonohý 다리가 많은; 《動》 다족(多足)의, 다지(多肢)동물의

mnohonožka, *f* 《動》 다족(多足), 다지(多肢)

mnohoobročník, *ma-3* (중세의 교회에서) 여러 교회의 직위를 겸한 성직자; 몇 개의 요직을 겸직하는 사람

mnohoobsažný 내용이 풍부한, 다양한 내용을 담고 있는

M

mnohookenný 유리 창문이 많은
mnohooký 다안(多眼)의, 여러 개의 눈을 가진
mnohoosý 여러 개의 굴대로 이루어진, 축이 많은, 다축(多軸)의
mnohopatrový 다층(多層)의
mnohoplochý 《數》 다면체(多面體)의
mnohoposchoďový 계단이 많은
mnohoramenný svícen (촛대 등의) 여러 개의 가지를 가진,
mnohorasový 다인종의, 다민족의
mnohoruký 여러 개의 팔을 가진
mnohořadý 여러 계급[계층]으로 이루어진, 여러 서열의
mnohosetkrát 수 백번
mnohoslabičný 다음절(多音節)의
mnohoslibný 매우 희망적인, 미래가 밝은, 전도유망한 ◆ ~ *úsměv* 희망의 미소
mnohoslovný 장황한, 장황하게 이야기하는 말 수가 많은, 다변의
mnohosmyslný 여러 의미를 지닌, 다의성(多義性)의, 애매모호한
mnohost, *f-1* 다량, 풍족, 풍부; 다양
mnohostrann|ý 1 rozsáhlý 다방면의, 여러 측면의 **2** co do zájmů 재주가 많은, 다재다능(多才多能)한 **3** dohoda (협상 등) 다각적인 ◆ *-é obchodní jednání* 다각[다국]적인 무역 협정
mnohotvárnost, *f-1* 다양성, 다형, 다형성
mnoh|otvárný, -otvarý 여러 가지 형태를 가진, 여러 모양의, 다양한
mnohoúhelník, *mi-2, 3* 다각형(多角形)
mnohoúčelový 다목적의
mnohoznačnost, *f-1* 다의성(多義性), 중의성
mnohoženství 일부다처(一夫多妻)(주의)
mnohý (수나 양이) 많은, 많은 수/양의, 여러 개의
mňouk|at > za-, nout 1 (고양이가) 야옹하고 울다 **2** bolestně (고통스럽게) 신음하다 **3** pronikavě 큰 소리로 말하다
mnout > za- (신체를) 문지르다, 비비다 **~ > roze-** 문질러 부수다 ◆ ~ *si oči/ruce* 눈/손을 비비다; ~ *si spokojeně ruce* 만족의 표시로 손을 비비다
množina, *f* 《數 · 論》 집합
množ|it > roz- 늘리다, 증가시키다, rostliny 번식시키다, zvířata (동물을) 번식시키다 **~ se > roz-** 증가하다, 배가하다; 번식하다; kopírovat 복사하다 ◆ ~ *se jako králíci* (토끼처럼) 빠르게 번식하다
množný 많은, 다수의 ◆ *–é číslo* 복수
množství, *n* **1** počet, kvantum 수, 양 **2** velký počet, mnoho, řada 다수, 다량; hojnost 풍부 **3** spousta, dav (사람) 대중, 군중 ◆ *ve velkém* ~ 상당수/량에 달하는, 대부분
mobil, *mi-1* 휴대용 전화, 핸드폰
mobilizace, *f* **1** 동원((전시(戰時)에 국가가 나라 안의 모든 인적 · 물적 자원을 통제 · 운용하는 일))
mobilizační 동원의 ◆ ~ *plán* 동원

계획

mobilizovat > z- 1 동원하다; (산업 · 자원 등을) 전시 체제로 하다 **2** (일정한 목적을 달성하기 위해 힘 · 지지 등을) 결집시키다 **3** (재화(財貨) 등을) 유통시키다

mobilní 1 움직이는, 이동성의 **2** přenosný 휴대가능한, 휴대하기 편리한 ◆ *~telefon* 휴대 전화기

moc[1], *f-1* **1** přirozená (자연적인) 힘 **2** síla (육체적인) 힘, 체력; násilí (강제적인) 힘, 강제, 완력; platnost 효력 **3** vláda 관할, 통제, 세력, 4 pravomoc 권위; nadlidská 권력, její rozsah 재판권, 실력 ◆ *branná ~* 군대; *být u -ci* 권력에 있다; *čarovná ~ hudby* 음악의 마술적인 힘[마법]; *kdo má ~, má pravdu* 힘이 곧 정의이다, 힘있는 놈이 왕이다; *léčivá ~* 의술의 힘; *mít co v čí -i* 무엇을 누구의 통제하에 두다; *nadpřirozená ~* 초자연적 힘; *neomezená ~* 절대 권력; *právní ~* 법의 힘, (정당한/합법적인) 권력; *z -i úřední* 공권력으로; *udělám co je v mé -i* 나의 힘이 닿는 데까지 할 것이다

moc[2] **1 (부사)** velmi 매우, velmi mnoho 아주 많이, příliš 너무, 지나치게 **2 (불한정 수사 +생격)** 많은 수/양의 ◆ *je mi ~ líto* 참으로 안됐습니다, 대단히 유감스럽다; *~ peněz* 많은 돈; *za ~ to nestojí* 중요치 않다, 별것 아니다

mocenský 힘/권력에 의존하는

moci, moct (*moct*) (*moh-u, můžeš ... mohou, moh-l*) **(양태동사) 1 (가능성)** být možné …을 할 수 있다, …이 가능하다 **2 (능력)** být s to …을 할 수 있다 **3 (허가)** smět 해도 되다 **4 (예상 · 추측)** odhad (아마) …쯤 될 것이다 ◆ *čím mohu sloužit?* 무엇을 도와드릴까요; *může mě čert vzít* 나 화났다; *na to bych mohl vzít jed* 아주 분명하다; *ne- sloužit* (*informací*) 모르다, 알지 못하다; *nemohu to ani vidět, ani cítit* …을 하고 싶은 마음이 안 들다

mockrát(e) = *mnohokrát*

mocnář, *ma* **-ka,** *f* 군주, monarcha 전제[절대] 군주, 제왕, 통치자

mocnářství, *n* 군주제 · 군주 정치에 의해 통치되는 국가, říše 제국 ◆ *bývalé ~ rakousko-uherské* 구(舊)오스트리아-헝가리제국((이중왕국))

mocněnec, *mi* 《數》 기수(基數), 밑변

mocnina, *f* 《數》 거듭제곱, 멱(冪) ◆ *druhá ~* 제곱

mocnitel, *mi-2* x^n에 대한 누승(累乘) 지수, 멱(冪)지수

mocnost, *f* **1** politická (정치적) 권력, vlivný 영향력 **2** mocný, vlivný stát, velmoc 강대국 **3** (지질) vrstvy (두 지층간의) 경계층, sloje 광층

mocn|ý 권력있는, 강력한, útočně 강제적인; prudký 폭력적인 ◆ *~ panovník* 강력한 군주; *-á říše* 강대한 제국

moč, *f* 오줌, 소변 ◆ *retence -i* 폐뇨(閉尿)

močál, *mi* 습지, 늪, 소택(지)(沼澤地)

močáliště, *n* 늪지대, 소택지, 습지대

močálový 늪지의 소택의, 습지의

močit1 > po- (se), vy- (se) 소변을 배설하다, 오줌 누다

M

močit2 > na- (se), po- (se), vy- (se) 1 prádlo, hrách (빨래감이나 콩 등을 물 속에) 담그다, 적시다 **2** 축축하게 하다, 습하게 하다

močovina, *f* karbamid《化》요소

močovod, *mi-2* 수뇨관(輸尿管) ◆ *zánět -u* 요도염(尿道炎)

močov|ý 오줌의, 방광의, 비뇨기(泌尿器)의 ◆ *~ měchýř/-é kamínky* 방광; *-á trubice* 요도; *zánět -ého měchýře* 방광염

mód|a, *f* **1** 유행, velká 대유행, 유행의 양식[형식], vrcholná 최신 유행; (특히 의복의) 패션; 풍조, 시류; (특히, 상류 사회나 신세대의) 풍습, 관습 **2** (시대적으로) 인기있는 사람(또는 물건) **3** -ní časopis 패션잡지 ◆ *být v -ě* 유행하다; *dnesní ~* 요즘 유행; *nejnovější ~* 최신 유행; *nebýt v -ě* 유행에 뒤떨어지다; *po -ě, podle -y* 유행을 따라; *vyjít z -y* 한물가다; *to je teď velká ~* 그것은 지금 대유행이다; *paní M- diktuje* 유행이 말한다

model, *mi-2* **1** návrh 제안; 모형, 모델 **2** vzor 모범, 귀감, 전형 **3** (화가 · 조각가의) 모델, (의상) 모델 **4** typ 유형, …판 ◆ *stát/sedět komu -em* 모델로서 포즈를 취하다

modelk|a, *f* 모델 ◆ *být ~ -ou* 모델 일을 하다

modelovat > vy- 1 utvářet plasticky (특히 조각 작품의) 모형을 만들다 **2** formovat (본에 맞춰) 형태를 만들다 **3** napodobovat 흉내내다, 가장하다

modem, *mi-2* (컴퓨터의) 모뎀

moderace, *f* 감속, 지연, 지체; (핵물리학) 중성자 감속

moderátor[1], *ma* **-ka,** *f* (토론 등의) 사회자 퀴즈 프로 사회자

moderátor[2], *mi-2* (원자로의) 중성자 감속제

modernismus, *mi-2* **1** 현대사상, 근대적인 태도[주장], 근대주의 **2** 현대적인 표현[말], 현대적 습관 **3** (미술 · 문학 등의 한 경향으로서) 모더니즘

modern|ista, *ma(-4)* 현대풍의 사람, 근대주의자, 모더니스트, 진보주의자

moderní 1 근대의; současný 현대적인 **2** módní 유행의 ◆ *~ galerie* 모던 아트, 근대예술; *~ generace* 신세대

modernizovat 현대화하다, 근대화하다

modernost, *f-1* 근대성, 현대성, 유행성

modifikace, *f* obměna, úprava 수정, 변경, 변형

modifikovat obměňovat, pozměňovat 수정하다, 변경시키다, 바꾸다

modistka, *f* 여성모자 상인((판매상))

modistství, *n* 여성모자 판매업

modla, *f* **1** 우상, 신상(神像); 우상숭배를 받는 사람이나 물건 **2** 미신의 대상, 맹목적 숭배물

modlář, *ma* **-ka,** *f* **1** 우상 숭배자, 미신 숭배자 **2** 광신자

modlářský 1 우상 숭배적인 **2** (맹목적으로) 숭배하는, 광신적인

modlářství, *n* **1** 우상 숭배 **2** (비유) 고집불통, 편협

modlit se > po- (신에게) 빌다, 기도하다; 기원하다, 간절히 바라다 ◆

M

~ *za koho* 누구를 위해 기도하다; *modleme se!* 자, 기도합시다; ~ *k Bohu za co* 하나님께 무엇을 빌다; *-i se, ať se to dobře dopadne* 일이 잘 되기를 기도해라

modlitba, *f* 빌기, 기도, 기원

modlitebna, *f* 예배당; židovská 유대교회당, 시나고그

modlitební 기도의 ◆ ~ *knížka* 기도서

módní týkající se módy 유행과 관계가 있는, 유행의, 패션의 ◆ ~ *časopis* 패션 잡지; ~ *slova* 유행어

modr|á, *f* 푸른 색, 파란색 ◆ *ráda nosí -ou* 그녀는 파란색 옷 입는 것을 좋아한다

modráček[1], *ma-3* **1** modrásek (수컷이 아름다운 청색 날개를 가진) 나비의 일종 **2** (가슴이 파란) 푸른 유럽산 지빠귀과(科)의 작은 새

modráček[2], *mi-2, 3* 수레국화; (일반적으로) 파랗게 피는 꽃

modrák[1], *ma-3* **1** 파란색 옷을 입은 사람 **2** (눈에 띄게 푸른) 잉어

modrák[2], *mi-2, 3* **1** modrotisk 청사진 **2** houba 버섯의 일종

modráky, *mi-pl* (보통 푸른 색의) 작업복

modrat > z- 파랗게 되다, 파란색으로 변하다, 푸른빛을 띠다, 멍이 들다 **~ se** 파랗게 보이다, 파란색으로 색칠되다

modravý 푸르스름한, 푸른[남] 빛을 띤

modrchat (se) (실 등을) 엉키게하다, 얽히게하다; 얽히다

modro 푸른색, 하늘빛, 담청색

modrofialový 청보라색의, 남보라빛의

modrojas, *mi-2* 담청빛[색]

modrojasný 담청빛의

modrooký 눈알이 푸른, 푸른 눈을 가진

modrotisk, *mi* 청사진

modr|ý 푸른, 하늘빛의, 남색의 ◆ *-á krev* 귀족의 혈통, 귀족[명문] 출신의 사람, 귀족 계급; *-á knížka* (특히 병역의 의무로부터) 면제; *s -ýma očima* 푸른 눈을 가진

modř, *f* 푸른색 ◆ *královská* ~ 감청색; *saská* ~ 색슨 파랑((밝은 담청색 염료)); *indigová* ~ 남색, 《化》 인디고틴; *berlínská* ~ (안료(顔料)로 사용되는) 감청(紺靑)

modřidlo, *n* (세탁용) 청분(靑粉)

modřín, *mi-2* 낙엽송

modřina, *f* 타박상, kolem oka (얻어맞아 생긴) 눈 언저리의 검은 멍 ◆ *je samá* ~ 그는 멍투성이다

modřit > na- 1 prádlo (청분(靑粉)을 뿌린 물 속에 빨래감을) 담그다 **2** 푸른빛[색]으로 물들이다

modul, *mi-2* 모듈, 기준 치수

modulace, *f* 조절, 조정, 조음(調音); 《樂》 전조

modulovat (척도에따라) 맞추다, 조절[조정]하다; (음색이나 음조를) 전조(轉調)하다

modus, *mi-2* **1** 방법, 방식, 양식, 형태 **2** 《言》 동사의 법(法)

mohamedán, *ma* **-ka** *f* 마호메트교도, 이슬람 교도, 회교도

mohamedánský 이슬람 교도의

mohamedánství, *n* 이슬람교, 회

교

mohutn|ět (*-nějí*) > **z-** 강해지다, 커지다, sílit 강렬하게 하다; (바람이) 거세지다, (강물이) 부풀다

mohutnost, *f* **1** 크고 무거움, 육중함 **2** 장엄함, 웅장함 **3** 힘, 강력함, 크기, 부피

mohutný 1 obrovský 커다란, 대규모의, 거인의 **2** grandiózní 웅장한, 장엄한 **3** silný 강력한, 힘이 센

mohyla, *f* 《고고학(考古學)》 무덤, 봉분; 고분(古墳), 분묘

Mojžíš (구약성경) 모세 ◆ *patero knih -ových* 모세 오경

mok, *mi-2* **1** (임파) 액 **2** 음료

moka, *n-in* 모카(커피)

mok|nout 비에 젖다, 비맞다 ~ > **pro-, z-** 젖다, na kůži (피부끼지) 함빡 젖다 ◆ ~ *jako myš* 생쥐처럼 젖다 ((흠뻑젖다))

mokro *n-2* **1** 젖음, 축축함 **2** (날씨가) 비가 오는 날씨 ◆ *je* ~ 축축하다, 비오는 날씨이다

mokr|ý 젖은, 축축한, 습기찬, 눅눅한 ◆ *kamarád z -é čtvrti* 술꾼 친구들; *-é počasí* 습기가 많은 날씨

mokřina, *f* 습지, 늪지 = *močál*

mokřit 축축하게 하다, 젖게하다, 적시다

mokvat (액체를) 내보내다, čím (무엇으로) 젖다, prosakovat 스며나오다

mol[1], *ma* 나방

mol[2], *mi-2* chemický symbol (화학단위) 몰, 그램분자

mol[3], *in* ◆ *opilý na* ~ 몹시 취하여

moldánky, *f-pl* 팬파이프((길고 짧은 파이프를 길이순으로 늘어놓은 원시적인 악기)) ◆ *natahovat* ~ (= *dávat se do pláče*) 막 울음을 터뜨릴 지경이다; *spustit* ~ 울다

Moldavan, *ma* **-ka,** *f* 몰다비아인

Moldavsko, *n* 몰다비아 공화국

molekula, *f* 분자, 그램 분자, 미분자, 미립자

molekul|ární, -ový 분자의, 분자로된

moll, *n-in* 《樂》 단조

molo, *n-2* 방파제; (방파제로 둘러싼) 항구

moment, *mi* **1** chvíle, okamžik 순간 **2** 요소, 요인; hledisko 국면, 관점 **3** 《物》 모멘트, 능률

momentální 즉시의, 순간의, 순식간의, 일시적인; 현행의, 통용하는, 현재 유행하는

momentka, *f* 스냅(순간 촬영한 사진), 속사

Monako, *n* 모나코((지중해 북안의 공국; 그 수도))

monarcha, *f* 군주, 전제[절대]군주, 제왕

monarchický 제왕[군주]의, 군주제의, 군주국의

monarchie, *f* 군주제, 군주 정치

monitor, *mi-2* 모니터, 스크린, 감시장치

monitorování 조정하기, 관리/감시하기

monitorovat 감시하다, 관리하다; zahraniční stanici (외국 방송을) 청취하다

monogamie, *f* 일부일처제(一夫一妻制)

monografie, *f* (한정된 단일 분야를

주제로 삼는) 전공 논문, 모노그래프, 특수 연구서

monogram *mi-2* 머릿글자, 짜맞춘 글자

monokl, *mi-2* **1** 외알 안경 **2** rána pod okem (눈가의) 멍

monolit, *mi-2* 하나의 암석으로된 기둥[비석], 모놀리스((건축용의 큰 돌덩어리))

monolog, *mi-2, 3* 독백극, 일인극; 독백

monopol, *mi-2* 독점(권), 전매(권) ◆ *absolutní/státní ~* 절대/국가독점

monopolizace, *f* 독점화, 전매화

monopolizovat > z- 독(상품, 사업 등의) 독점[전매]권을 얻다, (시장 등을) 독점하다

monopolní 독점의, 독점[전매]권의

monoskop, *mi* 테스트 패턴((TV 수신기를 설치하기 위해 송신한 시험 화면, 수상 조정(受傷調整)용 도형))

monoteismus, *mi-2* 일신교, 일신론

monoteista, *ma(-4)* 일신교 신자, 일신론자

monotonie, *f* **1** 《樂》 단음 **2** 단조로움, 한결같음, 지루함

monotónní 단조로운, 변화가 없는, 지루한, 판에 박힌

monotyp, *mi-2* **(**인쇄**)** 모노타이프((자동 주조 식자기)); 모노타이프에 의한 인쇄

monstrance, *f* **(**가톨릭**)** 성체 현시대

monstrum, *n-2* zrůda 괴물, 거대한 기형

montáž, *f* **1** stroje 조립, 설치 **2** provozovna 조립공장 **3** obrazová 표구한 그림 **4** (영화, 음악, 문학) 몽타주 작품; 구성 사진, 합성화

montážní 조립의, 설치의

montér, *ma* instalatér 설비공; 조립자, 조립공, mechanik 기계공, opravář 수리공

montérky, *f-pl* 노동복, 작업복

montovat > na-, při-, za- 조립하다, 설치하다, 설비하다 ~ **> s-** (부품을 결합하여) 조립하다

monument, *mi-2* pomník (대체로 규모가 큰) 기념비[탑], 기념 건조물; 기념물, 유물, 유적

monumentalita, *f* 장대, 웅대, 장려

monumentální 거대한, 장엄한, 웅장한

monzun, *mi-2* 몬순, 계절풍((특히 인도양에서 5월에서 9월까지는 남쪽에서, 10월에서 4월까지는 북쪽에서 불어오는)); 우기(雨期)

monzunový 계절풍의, 몬순 기후의; 우기의 ◆ *~ deště* 장마

moonista, *ma* 통일교 신자, 원리운동 지지자

mop, *mi-2* stírač podlahy 자루걸레, 몹

moped, *mi-2* 모터[발동기 달린] 자전거

mor, *mi-2* katastrofální epidemie 역병, 전염병, 페스트; **(**비유**)** zkáza 재해

moralista, *ma(-4)* **-ka,** *f* 도덕가, 윤리주의자

moralizovat 도덕[도의]을 가르치다, 교화하다, 설교하다

morálka, *f* vůbec mravy 도덕, 도의, mravní naučení 윤리; 도덕심, etika 도

덕성; (개인의) 덕행, 덕성, (남녀간의) 품행, 행실

morální 도덕(상)의, 도덕에 관한, 윤리상의

Morav|a, *f* 모라비아 ◆ *na -ě* 모라비아에서

Morav|ák, *ma* **-ačka,** *f* 모라비아 사람

Moravan, *ma* **-ka,** *f* 모라비아 사람

moravský 모라비아(지방)의

morče, *n-1* (남아메리카의) 돼지쥐, 천축쥐, (속칭) 모르모트((체코에서는 주로 실험용으로 기르는))

mor|ek, *mi-2, 3* 골, 골수, 중심부 ◆ *až do -ku kostí* 철저히, 완전히, 철두철미하게; *byl to Čech až do -ku kostí* 그는 완전히 체코인이었다

moréna, *f* 빙퇴석(氷堆石)

móresy, *mi-pl* 풍습, 습관; 예의 범절, 예절

morfém, *mi-2* 《言》 형태소

morfin, *mi-2* 《化》 모르핀((마취, 진통제))

morfium, *n-2* 《化》 모르핀

morfologie, *f* 《言》 형태론

morous, *ma-2* **(**구어체**)** 성미 까다로운 사람, 잘 토라지는 여자[아이], 불평하는 사람

Morseovka, *f* 모르스 부호

moruše, *f* 뽕나무, 오디나무; 그 열매

moře, *n* **1** 바다, 대양 **2** (구어체) **(**부사의 기능을 담당 +생격**)** velmi mnoho 아주 많은 ◆ *nad -m* 해발; *u ~* 해변가에; *za -m* 해외에; *širé ~* 공해(公海), 외양(外洋); *~ lidí/peněz/času* 아주 많은 사람들/돈/시간

mořeplavba, *f* 항해, 항행, 선원생활

mořeplavec, *ma* 항해자, 뱃사람, 선원; 해상 여행자

mořidlo, *n* (목재 등의) 착색료, 매염제

mořit[1] **> z-, na-** trápit (육체적, 정신적으로) 괴롭히다, 고통을 주다; obtěžovat 성가시게 하다, protivně 못살게 굴다; mučit 고문하다, 학대하다, stálými útoky 계속적인 공격을 가하다; rozrušovat 간섭하다, 방해하다 ◆ *~ koho hladem* 누구를 굶주리게 하다; *~ se s čím* 고생하다, 수고하다, 분투[고투]하다 (= *namáhat se*)

mořit[2] **> na-** máčením 적시다; dřevo (목재를 담그어) 물들이다, (착색료로) 가공처리하다

mořsk|ý 바다의, 대양의; o pobřeží 해변의; námořní 《軍》 해군의; mořeplavecký 항해의; z hlediska správy 해상의, 해운의 ◆ *-á houba* 스폰지; *-á nemoc* 해상병, 뱃멀미; *-á panna* 인어; *-é pobřeží* 해변

mosaz, *f-1* 놋쇠, 황동

mosazný 놋쇠의, 황동의[으로 만든]

moskevský 모스크바의

Moskva, *f* 모스크바((러시아의 수도))

Moskvan, *ma* **-ka,** *f* 모스크바 시민

moskyt, *ma* 모기

most, *mi* 다리, 교량; 접속, 교류 ◆ *spálit za sebou všechny -y* 되돌아 갈 수 없게 만들다, 배수의 진을 치다

mosteck|ý 다리의, 교량의 ◆ *-á věž* 교탑(橋塔)

mostní 다리의 ◆ *~ váha* 다리의 무게

mošna, *f* (작은) 가방; 부대, 자루 ◆ *žebrácká ~* 거지[동냥] 가방

mošt, *mi-2* (신선한 과일에서 짜낸) 액, 과일즙 ◆ *jablečný ~* (비알코올 음료로서) 사과즙; *hruškový ~* 페리주((배를 발효시킨 술))

moták[1]**,** *mi-2, 3* **1** navíjedlo 얼래, 감개, 실패 **2** tajně poslaná zpráva z vězení (감옥에서 검열 받지 않는, 몰래보낸) 편지 혹은 서한 **3** 보헤미아 지방의 한 민속춤

moták[2]**,** *ma* **1** neobratný člověk 얼간이, 멍청이 **2** dravý pták 개구리매

motanice, *f* 엉킴, 얽힘; 헝클어진[뒤섞인] 것; zmatek 혼동, 엉망진창

motat > na- navíjet (실·선 등을) 감다, na cívku (실로) 감다 **~ > s-** koberec (카페트 등을) 감다 **~ > z(a)-** 엉키다; splést 섞이다 **~ se > za-** 감다 ◆ *~ komu hlavu* 누구의 머리를 돌게 만들다, 멍하게 하다; *hlava se mi ~* 나는 어지럽다

motel, *mi-2* 모텔((자동차 여행자 숙박소))

motiv, *mi-2* **1** pohnutka 동기 **2** uměl. díla 예술적 모티브, 자극, 충동

motivace, *f* 동기유발, 동기부여

motivovat koho, čím …에게 동기를 주다, 자극하다; 흥미[의욕]를 유발하다

motocykl, *mi-2* 모터 사이클

motocyklismus, *mi-2* 모터 사이클 경기

motocyklist|a, *ma(-4)* **-ka,** *f* 모터 사이클을 타고 다니는 사람; 그 선수

motokára, *f* **1** 손수레; 경장 마차; 소형 자동차 **2 (**유아용**)** 보행기

motokros, *mi* 모터크로스((오토바이의 야외 횡단 경주))

motor, *mi-2* 모터, 발동기, výbušný 전동기, 내부연소 발동기

motorest, *mi-2* (간변도로의 운전자들을 위한) 커피숍, 레스토랑

motorick|ý **1** 움직이게 하는, 발동의, 원동력의 **2** 발동기의 자동차(용)의, 운동의 ◆ *-é dovednosti* 모터 기술; 자동차 기술

motorismus, *mi-2* 자동차 이용; **(**스포츠**)** 자동차 경주

motorist|a, *ma(-4)* **-ka,** *f* 운전자

motorizace, *f* 자동화, tratě 디젤화

motorizovat 자동화하다, trať 디젤화하다, …에 디젤엔진을 달다

motorka, *f* 모터달린 자전거, 모터바이크

motorov|ý 모터를 단, 모터[발동기]에 의한 ◆ *-é kolo* 모터 자전거; *-á nafta* 디젤 오일; *-á pila* 전기(기계)톱; *-é vozidlo* 자동차

motouz, *mi-2* (여러 겹으로 짠 가늘고 강한) 실, 노끈

motyka, *f* s jedním koncem sekyrovitým 곡괭이, 제초 기구

motýl, *ma* **1** 나비 **2** 나방 ◆ *noční ~* 밤나방

motýl|ek, *ma-3* **1 (**지소형**)** 나방 **2** vázanka 나비 넥타이 **3** (수영) 버터플라이, 접영 ◆ *plavat -ka* 접영을 하다

M

moučka, *f* prášek (빠나 곡식 · 설탕의) 가루, 거친 가루

moučnatý (감자나 과일이) 가루가 많은, 가루의, 가루투성의; 녹말질의

moučník, *mi-2, 3* (디저트, 후식으로서의) 과자, 푸딩, pečivo 케이크

moučný 1 가루(분)의, 가루로 만든 **2** moučnatý 녹말질의

moudrost, *f-1* 지혜, 슬기로움; rozvážnost, sebeovládání 신중, 사려, vědění 지식 ◆ *zub -i* 사랑니; *životní ~* 삶의 지혜

moud|rý 지혜로운, 현명한, hluboce 신중한, ◆ *nejsem z toho ~* 나는 여전히 이해하지 못한다[모른다]; *ráno je -řejší večera* 다음날 아침으로 미루자 ((수면부족으로 인해 피로할 때는 다음날 아침에 일을 결정하는 것이 더 낫다))

moudřet (*-řejí*) > **z-** 현명해지다, 지혜로워지다

mouch|a, *f* 파리, 날파리 ◆ *být slabý jako ~* 매우 연약하다; *mít (divné) -y v hlavě* 변덕스럽다; *zabít dvě -y jednou ranou* 일석이조 (일거 양득)하다

mouka, *f* (밀) 가루 소맥분 ◆ *hladká ~* 박력분; *hrubá ~* 강력분; *jemná ~* 중력분; *polohrubá ~* 준강력분; *pšeničná ~* 밀가루 (= *moučka*)

moula, *ma* **(**구어체**)** hlupák 멍청이, 얼간이, 바보, nemotorný 재치없는 바보

moulat (힘들게) 씹다

mour, *mi-2* **1** uhelný 석탄가루, 분탄, 가루탄 **2** 그을음, 매연

mourek, *ma* kocourek 얼룩[범무늬] 고양이

mourovatý (어두운) 회색의, 쥐색의 ◆ *~ kocourek* 얼룩[범무늬] 고양이

mouřenín, *ma-2* 검은 사람, 흑인 (= *černoch*) ◆ *být černý jako ~* 새까맣다

movitost, *f-1* 《法》 동산(動産), 인적 재산

movitý 《法》 동산(動産)의

mozaika, *f* 모자이크

mozaikovat (방바닥 · 포장도로 등을) 바둑판 모양[모자이크식]으로 만들다[꾸미다]

mozaikov|ý 바둑판 모양의, 모자이크식의 ◆ *-á dlažba/podlaha* 모자이크 포장(도로)/바닥

mozeček, *mi-2, 3* **1 (**지소형**)** malý mozek 작은 뇌, 작은 골 **2** jídlo (음식으로서) telecí ~ 송아지 뇌

moz|ek, *mi-2, 3* **1** 뇌, 골 **2 (**구어체**)** mozková hmota, důvtip 두뇌, 지력 **3** rozum 이성, 지성, 마음 ◆ *otřes -ku* 뇌진탕

mozkový 뇌의, 대뇌의

mozol, *mi-2* (손바닥 등에 있는) 피부 경결(硬結), 못, 굳은 살

mozolit se 힘들게 고생하다, 고되게 일하다

mozoln(at)ý 1 못[굳은 살]이 많은 **2** klopotný 힘든, 고된

moždíř, *mi = hmoždíř* **1** 막자사발, 약연, 약절구 **2** 《軍》 박격포, 구포(臼砲)

možná 아마도, 어쩌면 ◆ *co ~ nejrychleji* 가능한 빨리; *dost ~, že* 그것은 충분히 가능하다

možnost, *f-1* **1** 가능성, příležitost 기회; rozsah uplatnění (효력이 미치는)

M

범위, 영역 **2** alternativa 양자택일, 선택권, 선택의 자유 **3** eventualita 만일의 경우, 우연성 ◆ *podle -i* 만일 가능하다면; *nechávat ~ čeho* 여지가 있다

možný 1 가능한, nejspíše 있음직한 **2** přijatelný 받아들일 수 있는, 수용가능한 **3** potenciální 잠재적인

mráč|ek, *mi-2, 3* **1 (지소형)** 작은 구름, 구름 조각 **2** starosti 근심, 걱정 ◆ *štěstí bez -ku* 근심없는 행복

mračit čelo, tvář (이마나 얼굴을) 찌뿌리다, 인상을 쓰다 **~ se > za- 1** obloha 구름끼다 **2** člověk (사람이) 인상을 찌뿌리다

mrač|no, *n-2* **1** 먹구름 **2** 떼, 무리 ◆ *průtrž -en* 억수, 호우

mračný 1 nebe (하늘이) 구름낀 **2** ponurý 찌푸린, chmurný 우울한

mrak, *mi-2, 3* **1** 구름, 먹구름; **(비유)** 우울 **2** množství 무리, 떼, 집단 ◆ *-y lidí* 사람의 무리

mrakodrap, *mi-2* 마천루

mrákota, *f* **1** -y **(복수)** mdloba, bezvědomí 기절, 졸도 **2** temnota, tma 어둠, 암흑

mrákot|ný 1 현기증나는, 어지러운, 아찔한, 기절하는 **2** = *temný* 어두운, 암흑의, 깜깜한

mramor, *mi-2* 대리석

mramorov|ý 대리석의, 대리석재의, 대리석으로 만든 ◆ *-á socha* 대리석 동상

mrav, *mi-2* **1** obyčej 관습, 습관, 풍습, 관례 **2** chování 예절, 예의, způsoby 행동, 품행 **3** morálka 도덕, 윤리 ◆ *úpadek -ů* 도덕적 타락

mravenčení, *n* brnění v těle (손이나 발 등에서 느끼는) 따끔따끔 아픔, 쑤심; 오싹한 느낌 ◆ *~ nohou/v prstech* 발/손에 난 쥐

mravenčí 1 개미의 **2**《化》포름산의

mravenčit se o lidech (사람들이) 떼를 짓다, 들끓다, 많이 모여들다, 떼지어 모여들다 ◆ *ulice se mravenčila lidmi* 거리는 사람들로 들끓었다

mravenec, *ma* 개미 ◆ *být pilný jako ~* 개미처럼 부지런하다

mraveneční k, *ma-3* (동물의 일종) 개미핥기, 개미귀신

mraveniště, *n* 개미집, 개밋둑, 개미탑

mravní 도덕의, též mravnostní 윤리적인; ne materiální 정신적인 ◆ *~ hodnota* 도덕적 가치; *~ zákon* 도덕률

mravnost, *f-1* 도덕성, 윤리성

mravnostní ◆ *~ policie* (매음 · 마약 · 도박 등을 단속하는 경찰의) 풍기 사범 단속반; *~ přestupek* 풍기 문란

mravný 도덕의, 윤리적인

mravokárce, *ma* 도덕가, 도학자, 도덕주의자

mravokárný 선악에 대해 엄격한, 융통성이 없는, 도덕주의의

mravopočestnost, *f-1* 예절 바름, 몸가짐의 단정함; 품위, 체면; 관대, 친절

mravopočestný 예절 바른; 관대한, 점잖은

mráz, *f* **1** 얼어붙는 추위, 추운 날씨, 얼음, 결빙, 혹한, jinovatka 흰서리 **2** 오한, 전율, 몸서리 ◆ *bod -u* 빙점; *je*

~ 매우 춥다; *běžet komu ~ (z toho) po zádech* 누가 (그것으로부터) 몸서리 치다, 소름끼치다

mrazák, *mi-2* 냉동고, (냉장고의) 냉동실

mrazicí 얼은, 몹시 추운; 결빙의, 냉동용의 ◆ *~ skříň* 냉동 박스

mrazík, *mi-2, 3* 서리가 내리는 추위, 얼어 붙는 추위, 매서운 추위, 혹한

mrazírna, *f* **1** 냉각실 **2** 냉동 식품 공장

mraz|it > z- 얼리다, silně ochladit 냉각시키다, 싸늘하게 하다 **~ > za-** ◆ **-í** *mě* 나는 오한이 난다

mrazivý 서리가 내리는, 추위가 매서운, 얼어붙은; ledově 얼음 같은; bez citu 감각이 없을 정도의; 냉정한

mrazovky, *f-pl* (겨울철에 신는 따뜻한) 털신발

mrazový 서리의; 혹한의

mrazuvzdorný 서리에도 얼지 않는, 방한(防寒)의

mražen|ý 언, 결빙한, 냉동한 ◆ *-é potraviny* 냉동식품

mrhat čím (무엇을) 낭비하다, penězi (돈을) 소비하다; silami (힘을) 소진하다

mrholení, *n* 이슬비, 가랑비, 보슬비

mrholit 이슬비가 내리다

mrcha, *f* **(**구어체**) 1** zvířecí mrtvola 썩은 고기, 죽은 짐승 고기; 싫은 것, 오물 **2** ubohý kůň (늙은) 폐마 **3 (**속어**)** žena 계집, 음탕한 계집; 심술궂은 여자, 까불거리는 여자

mrk|at > za-, -nout 1 očima (눈을) 깜박거리다, 윙크하다 **2** hvězdy (별이) 반짝이다

mrkev, *f* 당근 ◆ *škrabat/strouhat ~* 당근 껍질을 벗기다

mrknout v. *mrkat* 눈을 깜빡거리다

mrňavý 아주 작은, 자그마한; 귀여운

mrně, *n-1* **(**구어체**)** malé dítě, prcek 꼬마; 아주 작은 물체

mrňous, *ma = mrně*

mrož, *ma* 해마(海馬)

mrsk|at > -nout 1 koho, co (누구를, 무엇을) tlouct, bít 때리다, bičem (매로) 채찍질하다, metlou, prutem (작대기, 막대기로) 매질하다; (매질하는) 체형을 가하다, 학대하다, houpavě 흔들다, šlehavě 휘두르다, škubavě 급히 흔들어대다 **2** (čím, kým) prudce pohybovat sem a tam (무엇을, 누구를) 격렬하게 이리저리로 움직이다; ocasem ryby (물고기가 꼬리를) 퍼덕거리다; přednášet apod. (강의 등에서) 재빠르게 (빨리) 말하다 ◆ *znát co, jako když bičem -á* 무엇을 빠르고 완벽하게 알다[습득하다] **3** pole (경작을 너무 많이 하여 토지를) 불모지(不毛地)화하다 **~ se/sebou > -nout se/sebou (**구어체**) 1** házet sebou 빠르게 이리저리 움직이다, ryby ve vaně (물고기가 물통 안에서) 퍼덕거리다 **2** pospíšit si 바쁘게 서두르다

mršina, *f* zvířecí mrtvola v. *mrcha* 죽은 동물의 고기, 썩은 고기, 오물

mrška, *f* **1 (**지소형**)** v. *mrcha* **2** potvůrka, šelma 육식 동물

mrštit 1 (čím, kým) prudce hodit, vrhnout 세게 내던지다, 휙 던지다 **2** uhodit koho, co (누구의 …에, 무엇을)

M

맞히다, 치다, 충돌하다

mrštnost, *f-1* 민첩함, 명민함

mrštný 활발한; 민첩한, 재빠른

mrtvět 감각을 잃다, 마비되다, (다리 등이) 저리다; 죽은 것처럼 움직이지 않다

mrtvice, *f* 신체의 갑작스런 마비, 무운동, 졸중(卒中) ◆ *srdeční ~* 심장마비; *mozková ~* 뇌졸중(腦卒中)

mrtvina, *f* 농작물이 자라지 않는 땅, 불모의 토양, 메마른 땅, 황야

mrtvola, *f* **1** 시체, 송장, 주검 **2** 한창때가 지난 사람, 시대에 뒤떨어진 사람 ◆ *kopat do -y* 헛수고를 하다

mrtvolný 시체의, 시체 같은, 오싹한

mrt|vý[1] (형용사 단어미형: *mrtev, -tva, -tvo, -tví*) **1** 죽은, 죽어있는, 죽음의 **2** ulice, dům (거리, 집이) 사람이 살지 않는, 황폐한, 사라진 **3** *-á schránka* (스파이의) 연락용 정보 거래 장소 ◆ *je pro mě -ev* 내게 그건 없는거나 다름없다

mrt|vý[2], *ma* 죽은 사람, 사자(死者) ◆*~ jazyk* 사어(死語); *o -vých (se má mluvit) jen dobře* 죽은 사람에 대해서는 좋은 말만 해야한다; *ten rámus by vzbudil -vého (z hrobu)* (무덤에서 죽은 사람을 깨울 만큼) 매우 시끄럽다

mručet (*oni mručí*) > **za-** medvěd (곰이) 으르렁거리다; (비유) reptavě 투덜거리다

mrva, *f* hnůj 비료, 거름 ◆ *chlévská ~* 퇴비

mrzácký (신체) 불구의; ubohý 가련한, 불쌍한

mrzáček, *ma-3* (지소형) 신체 장애아동

mrzačit > **z-** koho, co (누구를, 무엇을) 불구로 만들다, 쓸모없게 만들다

mrz|ák, *ma-3* **-ačka,** *f* 지체 부자유자, 절름발이; ubožák 가련한 사람

mrzet (*oni mrzí*) > **za- 1** působit rozrušení mysli koho (누구에게) 불쾌함을 주다, 기분 나쁘게 하다 **2** …하고 싶지 않다, …할 기분이 아니다 **~ se** na koho, co (누구, 무엇에 대해) 화를 내다

mrzkost, *f-1* 불명예, 악명, 오명, 악평; 천함, 비천함, 가치가 없음

mrzký 비천한, 열등한, (정도나 질이) 낮은; 불명예스런

mrznout > **z- 1** voda (물이) 얼다 **2** umírat chladem 얼어 죽다 **3** trpět zimou 추위에 떨다 ◆ *v žilách mu -e krev* 공포를 느끼다, 두려워하다

mrzout, *ma* 불평꾼, 잔소리꾼

mrzutost, *f-1* **1** nevrlost 시무룩함, 뚱함, 침울함 **2** nepříjemnost 불쾌함; 불쾌한 일, 기분이 언짢은 일

mrzut|ý 1 nevrlý 기분이 언짢은 **2** nepříjemný 불쾌한 ◆ *~ člověk* 시무룩한 사람; *~ den* 언짢은 하루; *-á nálada* 불쾌한 기분

mřenka, *f* 미꾸라지; (민물의) 작은 물고기

mříž, *f* 빗장, 가로장, 격자창; vězení (교도소의) 창살

mřížka, *f* **1** (지소형) 쇠창살, 창살문 **2** (현미경 · 망원경의 계수판 위의) 계수선 (計數線), (방안지의) 격자선; (지도 · 해도의) 경위선망(經緯線網)

mřížoví, *n* 창살, 망(網), 격자

msta, *f = pomsta* 복수, odveta 보복 ◆

M

krevní ~ 피의 복수

mstít (*oni mstí*) > **po-** koho 누구에게 복수를 하다, 앙갚음하다, odplatit (개인적 증오, 악의에 의해) 원수를 갚다; vykonat spravedlnost (정의를 실현하기위해 부정행위에 대한 정당한) 대가를 치르게 하다

mstít se > **vy-** komu za co 복수하다, 원한을 풀다

mstitel, *ma-1, 4* **-ka,** *f* 복수자, 보복자, 원한을 품은 자

mstivost, *f-1* 복수심, 앙심

mstivý 앙심깊은, 복수심있는

mš|e, *f* (가톨릭의) 미사, (개신교의) 예배 ◆ *smuteční* ~ 장례식 미사(예배); *jít na -i* 미사(예배) 드리러 가다; *sloužit -i* 미사(예배)를 드리다; *zádušní* ~ 망자(亡子)를 위한 미사

mšice, *f* 진딧물, 녹색 애매미충 ◆ *zelná* ~ 배추 진딧물

mučednický 순교자의, 수난자의, 희생자의

mučednictví, *n* 순교, 수난, 고통, 희생

mučedník, *ma-3* 순교자, 열사, 의사, 희생자

mučidlo, *n* 고문 장비[도구], 고문대

mučírna, *f* 고문실

mučit 1 koho (누구를) 고문하다; týrat 학대하다 **2** 몹시 괴롭히다, trápit (육체적, 정신적) 고통을 주다 **~ se** čím (무엇으로) 괴로워하다, 고통받다; 고문당하다

mučitel, *ma-1, 4* **-ka,** *f* 고문하는 사람, 괴롭히는 사람

muč|itelský, -ivý 고문자의

MUDr. 의과대학 박사학위

mudrc, *ma* 현명한 사람, 현인; filozof 철학자 ◆ *není to žádný* ~ 그는 전혀 똑똑하지 않다

mudrlant, *ma* **-ka,** *f* 아는체하는 사람, 잘난체하는 사람, 약은 사람

mudrlantství, *n* 궤변(법), 억지(이론), 잘난체

mudrovat 철학적으로 설명하다, 사색하다, 철학하다

muchlat > **po-, z-** mačkat 구기다, 구김살투성이로 만들다, 눌러부수다, šaty (옷에) 주름살을 만들다; vlasy (머리카락을) 헝클어뜨리다; 마구 다루다

mucholapka, *f* (파리를 잡는) 끈끈이 종이, 파리잡이 풀

muchomůrka, *f* 광대버섯, 독버섯의 일종

můj I (소유대명사 1인칭 단수; 변화는 부록 참조) **1** 나의 **2** 나의 것 ◆ *moje kniha* 나의 책; *to není moje* 그것은 내것이 아니다 **II** 나의 남편, 나의 아내

muk (감탄사) ani ~ 조용 ◆ *o tom ani* ~ 그것에 대해 말한마디도 하지마

muka, *f* **1** mučení, týrání 고문, 학대 **2** bolest, trápení (정신 · 육체의) 심한 고통, 고뇌; 고문; (고통의) 몸부림 **3** boží ~ 노변의 십자가, 예수 수난상 ((예수의 고난이나 다른 성인의 그림이 새겨진 길가의 십자가상))

mukat > **-nout** 무언가를 말하다 ◆ *ani ne-* 말 한마디 없다

mukl, *ma-2* (구어체) 죄수, 상습범, 전과자; politický vězeň 정치범

multivitaminový 여러 비타민을 함유한

mumie, *f* 미라 ◆ *jako ~* 미라같은, 바짝 마른

mumlat > za- 중얼거리다, 웅얼거리다 ◆ *~ něco pod vousy* 소곤소곤 중얼거리다, 불평하다

mumraj, *mi* 가면[가장] 무도회; masopustní 사육제 무도회

munice, *f* 탄약, 총탄, 폭파 장치

muniční 탄약의 ◆ *~ továrna* 탄약 공장

můra, *f* **1** 나방 **2** (**비유적**) tíživá představa 악몽, *noční ~* 가위눌림 **3** (**경멸어**) (특히 여자) 나쁜 여자

muří ◆ *~ nohy* 갈겨[날려] 쓴 글씨

můří ◆ *~ křídla* 나방 날개

mus|et, -it (**양태동사**) **1** povinnost (**명령 · 의무**) …해야만하다; závazek (**책임**) …할 의무가 있다 ◆ *~ se podrobit rozkazu* 명령에 복종해야만 하다 **2** nutnost (**강요**) ◆ *toho si - í i slepý všimnout* 그것은 장님도 주목해야만 하는 것이다 **3** potřebnost (**필요**) (반드시) …할 필요가 있다 ◆ *ne-í o tom vědět* 그것에 대해 반드시 알아야만 하는 것은 아니다 **4** nevyhnutelnost (**필수불가결**) ◆ *to se muselo stát* 그건 일어날 수 밖에 없었다; *-ím si odskočit* 나는 화장실에 가야만 한다 **5** pravděpobodnost (당연한 추정) …임[함]에 틀림없다, 틀림없이 …일 것이다 ◆ *to -í být hezké děvče, když má tolik nápadníků* 구혼남들이 저렇게 많은 걸 보면 그 애는 틀림없이 예쁜 계집일 거야

můstek, *mi-2, 3* **1** (**지소형**) 다리 **2** tělocvičný (수영·체조의) 스프링보드, 도약판 **3** 치교 (齒橋) **4** 디딤돌, 징검다리 **5** (**비유**) 교두보 (승진 · 개선의) 발판, 수단

mušák, *ma-3* 회색 반점의 말

mušelín, *mi-2* 모슬린, 메린스((평직의 부드러운 면직물))

muší 1 파리의 **2** (**스포츠**) ~ váha 플라이급((체중 112파운드 이하))

mušina, *f* **-ec,** *mi* 파리 똥; 그 얼룩, 작은 점

muška, *f* **1** (*moucha*의 지소형) (작은) 파리 **2** pušky (총의) 가늠쇠, 겨냥 ◆ *mít dobrou/špatnou -u* (사격에서) 적중률이 좋다/나쁘다

muškát, *mi-2* **1** réva, víno 백포도주((무스카트 포도로 만든)) **2** 육두구(肉豆寇)((열대산 상록수))

muškátový 무스카트의, 육두구의 ◆ *~ ořech* 육두구(肉豆寇)의 씨

mušketa, *f* 머스켓총((구식 보병총))

mušketýr, *ma* 총병, 옛 머스켓 총사

mušle, *f* **1** 조가비, velká 소라류, 조가비 **2** sluchátková (청진기의) 귀에 대는 부분 **3** záchodová 소변기

mutace, *f* **1** 《生》 돌연변이 **2** hlasu (음성의) 변성(變聲) **3** (**구어체**) přemýšlení 골똘히 생각하기

Múza, múza, *f* (학예 · 시가 · 음악 · 무용을 관장하는 아홉 여신의 하나) 뮤즈

muze|ální, -jní, -um, *n* 박물관의

muzeum, *n* 박물관

múzick|ý 뮤즈의, 예술 애호의 ◆ *-á umění* 창작예술, 공연[무대] 예술((연극, 음악, 무용 따위의)) *Akademie -ých umění (v Praze)* (프라하의) 공연예술 아카데미

M

muzi|ka, *f* **1** 음악, lid. hudba 대중음악, 노래 **2** kapela 악단, 악대, 밴드 **3** zábava 댄스 파티, 무도회 **4 (**속어**)** 성병 ◆ *jít k -ce* 댄스 파티에 가다, 춤추러 가다; *česká* ~ 체코 음악

muzikant, *ma* **1** (대중) 음악가 **2** člen kapely 악단의 멤버 ◆ *já nic, já* ~ ! 난 그 일과 아무 상관이 없어!, 나는 아무 일도 안했어!

muž, *ma* **1** 남자 **2** manžel 남편 ◆ *jako jeden* ~ 사나이로서; *opravdový* ~ 진짜 사나이; *slovo dělá -e* 말이 남자를 만든다, 남자라면 자신의 말에 책임진다; *žabí* ~ 잠수부, 잠수 공작원

mužatka, *f* 남자의 성격[성질]을 지닌 여자, 여장부, 여걸; Amazonka 용맹한 여전사; 말괄량이

mužíček[1]**,** *ma-3* **1** *mužík*의 지소형, 작은 남자, 난쟁이 **2** manžel 남편 **3** 요정, 도깨비

mužíček[2]**,** *mi-2, 3* 흰독막풀; 포도필룸 속의 식물

mužíček[3]**,** *ma-3* 작은 사람, 난쟁이, 꼬마둥이

mužnost, *f-1* 성년, 남자다움, 사내다움; 용감함, 용기

mužný 남자의, 남자 성질의; 용감한

mužský 1 남자의, 남성의; **(**문법**)** 남성의 **2** 성인의

mužství, *n* 남자다움, 성년

mužstvo, *n* **1** celek **(**집합적**)** 남자 **2** 공동의 목적을 가진 남자들의 그룹; hráči **(**스포츠**)** 팀

MVDr. 수의학 박사학위

my (인칭대명사; 변화는 부록 참조**)** 우리 ◆ ~ *o vlku a vlk za humny* 호랑이도 제말하면 온다

mycí 세척하는, 세척의 ◆ ~ *prostředek* 세정제, 세제, 합성[중성] 세제

myčka, *f* **1** stroj 식기 세척기 **2** nádobí 접시 닦는 여자

mydlář, *ma* **-ka,** *f* 비누 제조자

mydlářství, *n* 비누 제조업

mydlina, *f* pěna 비누 방울, 비누 거품

mydlit > na- 1 …에 비누로 문지르다; prádlo (빨래에) 비누질을 하다 **2** bít koho (누구를) 때리다, 매질하다

mýdl|o, *n* 비누 ◆ *toaletní* ~ 화장실 비누; *kostka -a* 비누 한 조각; *je to jako* ~ 일이 규칙적으로[정확히] 진행되다

mýdlovitý 비누를 연상시키는, 비누와 같은; 매끄러운

mýdlový 1 비누의, 비누로 만들어진 **2** -á opera 연속 홈[멜로] 드라마 ((본래 비누 회사가 제공한 가정 주부를 위한 주간 연속 라디오 · 텔레비전 방송극))

mýlit (*myl!*) **> z-** 오해시키다, 실수하게 하다; klamat …을 속이다, 기만하다; šálit …을 혼란시키다 **~ se > z-** 잘못하다, 실수하다, provést něco nevhodného 틀린 것을 행하다, 틀리다

mýlka, *f* omyl 잘못, 틀림, 오해; poklesek 일탈, 도덕적 과실

mylný 바르지 않는, 틀린, 잘못된, 정도에서 벗어난; klamný 그릇된, 불합리한; scestný 적선로에서 벗어난, 마음이 비뚤어진

myrta, *f* 도금양((남유럽산의 상록

관목))

mys, *mi-2* 곶, 갑, 해각 ◆ *M. Dobré naděje* 희망봉((남아프리카 최남단의 곶))

mysl, *f-1* **1** intelekt 지력, 지성, 이해력, 지각력 **2** mínění 견해, 생각, 의견 **3** odvaha 용기, 마음, 정신 **4** nálada 기분, 마음 상태 ◆ *dodat si -i* 힘을 내다; *klesat na -i* 마음을 잃다; *mít co na -i* (무엇을) 마음 속에 품다, 생각하다; *pomatení -i* 정신적 혼란

mysl|et (*oni myslí*), **-it** (*myšlení*) **1** uvažovat 생각하다, 고려하다, 숙고하다 **2** domnívat se 추측하다, 가늠하다, mít na mysli 마음속으로 떠올리다 **3** zamýšlet …에 대한 가능성에 대해 심사숙고하다 **4** plánovat dopředu 계획[기도]하다 **5** mínit 의도하다, 의미하다 **6** předpokládat 예상하다, 예측하다 **7** mít názor 의견을 가지다 ◆ *co si o něm -íš?* 너는 그것[그]에 대해 어떻게 생각하니?; *co tím -íš?* 그것으로 넌 무엇을 의도하느냐?; *to si -ím* 나는 당연히 그렇게 생각한다; *-ím, že ano* 나는 그렇다고 생각한다; *že ne-* 나는 그렇게 생각하지 않는다; *~ to vážně* 진지하게 생각하다

myslitel, *ma-1, 4* **-ka,** *f* 생각하는 사람, 사상가

myslivec, *ma* **1** 사냥꾼, 수렵가 **2** sportovní 사냥애호가 **3** (옛 독일, 오스트리아의) 저격병; 소총병

mysliveck|ý 사냥의, 사냥하는, 사냥꾼의 ◆ *-á latina* 사냥꾼의 모험담

myslivectví, *n* = *myslivost*

myslivost, *f* 사냥, 수렵

myslivna, *f* 사냥터지기 집

myslivý 사고를 즐기는, 생각할 줄 아는

mystérium, *n-2* 신비, 불가사의, 수수께끼

mystický 신비주의 신앙의, 초자연적인; tajuplný 비밀의, 은밀한, 불가사의한

mystifikace, *f* (사람의 마음을) 혼미하게 하기, 사람을 속이기

mystifikovat (의도적으로) …의 마음을 혼미하게 하다, 당혹시키다, 속이다; 골탕먹이다

mystik, *ma* 신비론자, 신비주의[신비설]를 믿는 사람

mystika, *f* 신비주의적 신앙[체험, 사고], 신비설, 신비주의

myš, *f* **1** 새앙쥐 **2** (컴퓨터의) 마우스 ◆ *chudý jak kostelní ~* 아주 가난한; *kocour není doma, -i mají pré/posvícení* 고양이가 집에 없으면 쥐가 왕노릇 한다[제멋대로 한다, 하고 싶은대로 한다]

myší 새앙쥐의, jako myš 생쥐같은, 생쥐를 떠올리는

myšina, *f* **1** pach 쥐 냄새 **2** 쥐의 배설물

myšlenka, *f* **1** 생각, -ky zamyšlení 사고, myšlení 사상 **2** idea, námět 개념, 관념 **3** představa, nápad 착상, 고안, 아이디어

myšlenkov|ý 사고의, 관념적인, 사상의, 지적인 ◆ *-á hloubka* 사고의 깊이; *-á náplň* 내용, 주제

mýt (*my-*) > **u-** nádobí, ruce (그릇 · 손 등을) 씻다, 헹구다, koho (누구를) 씻기다 **~ se > u- se** (몸을) 씻다, 목욕하다 ◆ *ruka ruku myje* (= *za úsluhu* *úsluha*) 오는 정이 있으면 가는 정이 있다

mytický 신비로운, 상상의, 가상적인, 전설적인, 신화적인, 원시적인

mytologie, *f* 신화학, 신화 연구

mýtina, *f* (벌목하고 난 후의) 숲 속의 빈터

mýtit (*myť!, mýcen*) (숲 속의) 나무를 베어내다, 벌목하다; 개간하다

mýtus, *mi-2* 신화, 전설, 꾸민 이야기

mýto, *n* **1** 통행세, 운송료, 하역료 **2** 통행료 징수소, 톨게이트

mýval, *ma* 너구리

mzda, *f* 임금, 급료, 보수; odměna 보상

mzdový 급료의, 보수의 ◆ ~ *fond* 임금 기금; ~ *spor* 임금을 둘러싼 갈등; ~ *strop* 임금 최고 한도, 임금 동결

mžik, *mi-2, 3* **1** 눈의 깜빡거림 **2** okamžik 순간, 잠시, 순식간

mžik|at > za-, -nout 1 (눈을) 깜빡이다 **2** koho (누구를) 주목하다 **3** (불빛이) 깜빡거리다 **4** 빠르게 움직이다

mžiknutí 1 (눈의) 깜빡거림, 윙크 **2** (불빛의) 깜빡거림, (별빛의) 반짝임

mžít (*mžilo*) mrholit 이슬비가 내리다

mžitka, *f* skvrna (눈 앞에 아른거리는 작은) 흐릿한 점 ◆ *-y před očima* 눈 앞에 흐릿한 점

mžoura|t > za- 깜박거리다 ◆ ~ *rozespale očima* 졸림으로 눈을 (천천히) 깜빡거리다

mžouravý oči (눈이) 깜박이는; světlo, hvězdy (불빛, 별빛이) 반짝이다

mžurka, *f* (동물의) 순막(瞬膜)((새 · 악어 등의 눈꺼풀 안쪽에 있는 제 3의 눈꺼풀))

N

n, N [en] *n-in* [엔] **1** 체코어 알파벳의 자음 글자 **2** 《化》 N 질소((기체 원소, 번호 7))

ň, Ň [eň] *n-in* [엔녀] 체코어 알파벳의 자음 글자 ◆ *neříci ani ň* 말 한마디 않다

na I **(**+전치격**)** **1** místo **(**장소**)** …의 (표면) 위에, …에(서) ◆ *bydlet ~ koleji* 기숙사에서 살다; *~ dovolené* 휴가(지)에서; *~ moři* 바다에서; *~ obloze*; *~ stole* 책상 위에; *~ ulici* 거리에서; *~ schůzi* 미팅[회의]에서; *~ venkově* 시골에서 **2** časový údaj **(**시간**)** …에 ◆ *~ jaře* 봄에; *~ začátku/~ konci* …의 초기에/…의 끝에 **3** nástroj, prostředek **(**도구, 수단, 방법**)** ◆ *vařit ~ plynu* 가스로 요리하다; *vařit ~ másle* 버터에 요리하다 **4** okolnosti, způsob činnosti, děje **(**환경, 행위의 방법, 상황**)** ◆ *být ~ svobodě* 자유 상태에 있다; *být ~ rozpacích* 당혹해하다, 어리둥절하다, 난처해하다; *pít ~ lačno* 공복[빈속]에 마시다 **5** vztah, zřetel **(**관계**)** *šetřit ~ jídle* 식료품 지출 비용을 줄이다; *ztrácet ~ váze* 무게를 줄이다; *být závislý ~ kom* 누구에게 달려있다; *být ~ tom dobře/zle* 일이 잘 진행되어 가다 **II** **(**+대격**)** **1** směrování na povrch **(**방향표현**)** …의 (표면) 위로 ◆ *sednout si/lehnout si ~ co* …위에 앉다/눕다; *vyskočit ~ koně* 말에 올라타다 **2** směr pohybu **(**동작이 향하는 방향**)** …을 향하여 ◆ *jít ~ nádraží/náměstí* 역에/광장으로 가다; *jet ~ Moravu/Slovensko* 모라비아/슬로바키아에 가다 **3** časový údaj **(**시간**)** …에 ◆ *~ podzim* 가을에; *~ Vánoce/Velikonoce* 성탄절에/부활절에; *~ poslední chvíli* 최후의 순간에 **4** nástroj, prostředek **(**도구, 수단, 방법**)** ◆ *hrát ~ housle/~ klavír* 바이올린/피아노를 연주하다 **5** způsob činnosti **(**활동 방법**)** ◆ *běžet ~ plné obrátky* 전 속력으로 달리다; *pracovat ~ dvě směny* 2교대로 일하다 **6** cíl, účel **(**목표, 목적**)** ◆ *krabice ~ jedno použití* 일회용 상자; *mlýnek ~ kávu* 원두커피 분쇄기; *jít ~ procházku* 산보[산책]가다; *jít ~ lov/~ houby* 사냥가다/버섯따러 가다; *jít ~ koncert* 콘서트에 가다; *připít ~ zdraví* 건강을 위해 건배하다; *továrna ~ automobily* 자동차 공장 **7** vztah, zřetel **(**관계**)** ◆ *hluchý ~ jedno ucho* 한 쪽 귀가 멀다; *čilý ~ svůj věk* 자신의 나이에 맞게 원기왕성한[기운찬, 명랑한] **8** hranice, míra **(**한계, 정도**)** ◆ *práce ~ dva dny* 이틀 걸리는 일 **9** příčina, popud **(**원인, 이유**)** ◆ *zemřít ~ rakovinu* 암(癌)으로 사망하다

nabádat koho k čemu (누구를 무엇

에) 자극하다, 유발하다, 이끌다; povzbuzovat …의 용기[기운]을 북돋우다, 장려하다 ◆ ~ *koho ke studiu jazyků* 언어 공부를 장려하다

nabarvit v. *barvit* (페인트) 칠하다

nabažit se koho/čeho …을 싫증내다, 싫증나게하다, 지치게하다

náběh, *mi-2, 3* **1** 착수, 개시; počátek 출발; sklon 경향 **2** odstín …티, 기미, 낌새 ◆ ~ *k chřipce* 독감의 시작

naběhat mnoho kilometrů 장거리를 달리다

naběhnout < nabíhat 1 v běhu narazit (달리는 중에) …에 부딪히다 **2** otéci 부풀다 ◆ ~ *na co* (달리다가) 무엇에 들이 박다

naběračka, *f* **1** 국자, 큰 스푼 **2** na maltu (미장이가 사용하는) 흙손 ◆ ~ *na polévku* 수프 국자

nabídka, *f* **1** nabídnutí 제공, 제시; formální (공식적인) 제안; protislužby, protihodnoty 대가 **2** návrh 제의, 신청 **3** (경매에서의) 입찰, 시도 **4** opak poptávky na trhu《經》(수요의 반대) 공급

nabídnout < nabízet (*-zejí*) komu co (누구에게 무엇을) 제공하다, 제안하다; navrhnout 제의하다 **~ se < nabízet se** dobrovolně 자발적으로 나서다 ◆ ~ *cenu* 입찰하다; ~ *ruku* (*o nabídce k sňatku*) (청혼의 뜻으로) 손을 내밀다

nabíhat v. *naběhnout*

nabíjet v. *nabít*

nabíledni 아주 분명한

nabílit v. *bílit*

nabírat k pláči (울음으로) 얼굴을 찌푸리다, 눈물 흘리기 직전이다

nabít 1 komu v. *bít* **2 < nabíjet** (zbraň) nábojem, 탄알을 재다, fotoaparát 필름을 넣다; baterie (배터리를) 충전하다

nabízet v. *nabídnout*

nablízku 가까이에, 근처에 ◆ *bydlí tu někde ~* 그는 여기 어딘가 가까운 곳에 산다

nablýskat příbory, stříbro (수저, 은을) 광내다, 윤내다

nabod|nout < -ávat na co (무엇으로) 찌르다, 쑤시다, na špendlík (핀으로) 꽂다, 꿰뚫다, 찍다 ◆ ~ *na rožeň* (그릴용) 쇠꼬챙이로 찌르다; ~ *na vidle/na vidličku* (음식용) 포크/(건초용) 쇠스랑이로 찌르다

náboj, *mi* **1** náplň střeliva 탄약; broky 탄약의 장전 **2** část kola, kotouče (차륜의) 바퀴통((차바퀴 등의 축을 끼우는 중심부)) **3**《電》충전, 전하(電荷) ◆ *brokový ~* 장전된 탄약; *slepý/ostrý ~* 공포, 공탄/군용 실탄; *kulový ~* 실탄, 실포; *cvičné ~* 시험용 탄약

nábojnice, *f* obal 탄창, 탄약통; 약포(藥包), (폭파용) 화약통

nábor, *mi-2* **1** (사회적) 운동, (선거전) 유세 **2** (회사의) 사원 채용, 모집 **3**《軍》징병, 징모, 징집 **4** počet přibraných 모집[차출] 인원(수) ◆ ~ *zákazníků/nových kupců/zájemců* 고객/새로운 구매자/관심이 있는 자들의 광고에 의한 모집; ~ *dobrovolníků* 자원자 모집; ~ *pracovních sil* 노동자 채용[모집]

nabouchat 1 nabít komu (누구를) 때리다, 두드리다 **2** (구어체) nacpat, přeplnit 두둑이[많이] 채우다 ~ **se 1** hodně a dlouho bouchat (장시간 많이) 두드리다 **2** (구어체) mnoho se najíst 많이 먹다; nacpat se 꽉꽉 채워 넣다 ◆ *nabouchal se na dveře, ale marně* 오랫동안 문을 두드렸으나 소용이 없었다

nabour|at < **-ávat 1** bouráním poškodit (충돌, 부딪힘, 때리기 등에 의해) 손해를 입히다; auto (자동차가) 사고나다 **2** komu plány (누구의 계획을) 엉망으로 만들다 ~ **se** s autem (자동차와) 세게 충돌하다, 자동차 사고가 나다 ◆ ~ *do čeho* 무엇에 부딪히다

nabourat se 1 허가없이 빈 집을 강제로 침입하다[무단가택침입하다], 침입하여 가택을 이용하다 **2** 컴퓨터 시스템(또는 프로그램, 데이터)에 불법으로 침투하다 ◆ ~ *do domu* 무단으로 집에 침입하다; ~ *do programu počítače* 컴퓨터 프로그램에 침입하다

nabourávání, *n* **1** 무단 가택침입 **2** 컴퓨터 시스템에 침투, 해킹 ((hacking: 남의 컴퓨터에 무단 침입하여 정보를 빼내거나 파괴하는 일))

náboženský|ý 종교(상)의, 종교적인 ◆ *-á výchova* 종교[신앙] 교육

náboženství, *n* víra 종교, 종파, vyznání 신앙, 신념 ◆ *státní* ~ 국교; *vyznávat své* ~ 신앙고백을 하다, 신앙생활을 하다

nábožnost, *f-1* 독실한 신앙심, 경건함

nábožný 경건한, 신앙심이 깊은, 독실한

nabrat (*naber-u, nabral, nabrání*) < **nabírat 1** pro sebe (자신에게) 받아들이다, 취하다; na sebe (자신에) 지니다, 떠맡다 **2** tekutinu (액체를) 떠내다, 퍼내다; na vidle (포크로) 찍다, na rohy (뿔로) 찌르다 **3** benzín (휘발유/가솔린 등을 차에) 주유하다, načerpat 흡입하다; dech (숨을) 들이 쉬다, 빨아들이다; naplnit 채우다 **4** (구어체) sehnat 찾다, 손에 넣다, nabýt 얻다 **5** do záhybů (주름을) 접다 **6** na váze (체중이) 늘다 ◆ ~ *rychlost* 속도를 내다; ~ *odvahu* 용기를 내다; ~ *sukni* 스커트 주름을 잡다

nabrečet se 엉엉 울다, 흐느껴 울다, 통곡하다; 자주 울다

nabrousit v. *brousit* ◆ ~ *se za děvčaty* 계집애 꽁무니 따라다는 데 시간을 허비하다

nabroušený 1 nůž 날카롭게 날을 세운 **2** nazlobený 화가 많이 난

nabručený 성미가 까다로운, 심술난, 투덜거리는, 불평을 늘어 놓는

nábřeží, *n* řeky (강의) 호반, 강변; moře (바다의) 해변; 방파제, 선차, 부두, 둑, 제방

nabubřelý 1 부픈, 팽창한 **2** 과장한, 허풍떠는, 점잔빼는

nabubřet 부피가 늘다, 부풀다 ◆ *zrní vlhkem nabubřelo* 곡식이 습기에 의해 불었다; *utopenec celý nabubří vodou* 소시지가 물에 의해 완전 퉁퉁 불었다; *klobouk deštěm nabubřel* 모자가 비에 맞아 불었다; *hladem dítěti nabubřelo břicho* 아이들이 배고픔으로 인해 배가 불어 올랐다

nabý|t (*nabud-u, nabyl, nabytí*) < **-vat**

N

1 čeho/co (무엇을) 얻다, získat 획득하다; úměrně k úsilí (노력해서) 취하다, přijít k čemu (무엇을) 손에 넣다; v boji nebo v soutěži (싸움이나 경쟁에서) 쟁취하다, a tak dojít cíle (목적을) 성취하다, 달성하다; (학위를) 취득하다; vzít na sebe (자신에게) 나타내다, 띠다 2 커지다, 확대하다, 부풀다, 팽창하다 ◆ ~ *formy* 틀을 잡다, 형태를 갖추다; ~ *jistoty o čem* (무엇에) 대하여 확신을 갖다[얻다]; ~ *moci/platnosti* 힘을 얻다/효력을 발휘하다, 실시되다; ~ *práv* 권리를 획득하다; ~ *přesvědčení* 확신을 얻다; ~ *půdy* 확실한 지반을 얻다, 우세해 지다; ~ *vědomí* 소생하다, 원기를 회복하다, ~ *vrchu* 이기다, 우세하다; *zase* ~ 회복하다, 되찾다

nábyt|ek, *mi-2* 가구, 비품 ◆ *obchodník s -kem* 가구상(家具商); *pokoj s -kem* 가구가 갖추어진 방

nábytkárna, *f* 가구 공장

nábytkář, *ma* 가구 제작자, 소목장이

nábytkový 가구의, 비품의, 세간의 ◆ ~ *vůz* 가구 운반차, 이사짐 운반차

nabývací 획득의, 습득의

nabývat v. *nabýt*

nabyvatel, *ma-1, 4* 《法》 양수인, 수탁자(受託者)

nácek[1], *ma* 1 hlupák 바보, 멍청이, 얼간이 2 nacista 나치, 나치 당원; 나치주의 신봉자

nácek[2], *mi-2* břicho 배, 위; (속어) 밥통

nacestovat se 여행을 많이 하다; 여러 곳을 돌아 다니다

nacionále, *n-in* (개인의) 신상 카드, 신상 자료

nacionalismus, *mi-2* 민족주의, 국가주의, 국수주의

nacionalista, *ma(-4)* 국가(민족, 국수) 주의자, 민족자결주의자

nacionalistický 민족주의의, 국가주의(자)의, 민족자결주의(자)의

nacismus, *mi-2* 나치주의, 극우 민족주의자

nacista, *ma(-4)* 나치주의자, 나치, 나치 당원; 나치주의 신봉자

nacistický 나치주의(자)의

nacpaný 꽉 채워진; (군중으로) 꽉 들어찬

nacpat v. *cpát*

nactiutrhač, *ma* 비방자; 중상 모략을 일삼는 자

nactiutrhání, *n* 중상, 비방, 욕설; písmem (문서에 의한) 명예 훼손, 허위 선전

nacucaný opilý 만취한

nacucat se dítě (아이가 계속해서) 빨다; nasáknout vodou 물로 흠뻑 젖다

nacvičit v. *cvičit*

nácvik, *mi-2, 3* 엄격한 훈련[연습], 반복 연습, 리허설

načase 적절한 시기에, 적당한 때에

načasovaný nálož 일정 시간 후 작동하도록 장치한, 시한의, 정기의; událost, reforma (사건이나 개혁이) 때에 알맞은

načasovat v. *časovat* (기계 · 기구 등을) 조절[조정]하다, (시계를) 맞추다

načatý láhev (병을) 이미 연, bochník (빵을) 이미 떼기 시작한, sud (맥주나

포도주의 통의 뚜껑을) 이미 딴, 뚫은

načechr|at se > -ávat zkypřit 풀다, 느슨하게하다, 풀어 헤치다; natřesením (베개 따위를) 흔들어 모양을 바로잡다, vlasy (머리털 등을) 헝클어뜨리다; pták (새 등이) 푸드득거리며 몸을 부풀리다

načekat se > 오랫동안 기다리다, 시간을 허비하다 ◆ *to se načekáš* 너는 기다려봤자 소용없다

náčelnictví, *n* 지도자의 지위, 지도(권), 지휘(권); vedení 리더쉽, 지도력

náčelník, *ma-3* **1** 지도자, 선도자, 지휘관 **2** kmene (부족의) 족장, 추장, méně civilizované skupiny (비문명사회의) 두목 **3** stanice 철도 역장

načepovat v. *čepovat*

načepýřený (새나 닭의 털, 깃이) 부푼, 부풀린; rozdurděný 안달하는, rozzlobený 화가 난

načepýřit (se) 보풀리다, 푸하게 부풀리다; peří (새 등이) 푸드득거리며 몸[털]을 부불리다

načernalý 거무스름한, co do pleti (피부가) 까무잡잡한

načernit < -ňovat 검게 하다, 어둡게 하다

načervenalý 불그스름한, 불그레한

načerve|nit < -ňovat 붉게 하다, (입술을) 붉게 칠하다

načesat 1 ovoce v. *česat* (과일을) 따다 **2** komu vlasy (머리카락을) 손보다, 다듬다

načež a potom 그 후에, 그 다음에

načich|nout < -ávat 냄새를 맡다, 냄새를 알다, 냄새를 맡아 내다, čím (무엇으로) 낌새를 알아 차리다; nakazit se 오염되다 감염되다, ideologií (이념으로) 물들다

načínat v. *načít*

náčiní, *n* 용구, 비품, 기구, 도구; 공구, 연장, 장비, vybavení 설비 ◆ *kuchyňské* ~ 주방 용품; *rybářské* ~ 낚시 도구; *řemeslnické* ~ 수공예 도구

načíst < načítat 1 (컴퓨터의 운영 기억장치에 프로그램이나 데이터를) 설치하다 **2 ~ si** dopředu (povinnou četbu) (필수 도서를) 미리 읽다 **3 ~ se** 오랫동안 읽다, 충분히 읽다 ◆ ~ *databázový soubor* 데이터베이스 파일을 설치하다

načisto naprosto 절대적으로, úplně 완전히

nač|ít (*načn-u, -i!, načal, načetí*) **< -nat** 시작하다, 개시하다; tekutinu/láhev/sud (액체 용기/병/술통의 뚜껑을/꼭지를 따다[열다]; rozhovor 대화를 시작하다; (새로운 주제에 대해 이야기하기) 시작하다

načítání, *n* (프로그램이나 데이터의) 설치

načmárat v. *čmárat*

náčrt, *mi-2* **-ek,** *mi-2, 3* **1** skica 스케치, 초안, 초벌그림, 습작 **2** 도해, 도식, diagram 도표; 청사진 **3** plánek 약도, 겨냥도 **4** přednášky (강의) 개요, 윤곽, 틀

načrt|at, -nout < -ávat 스케치하다, 사생하다, 윤곽을 그리다

náčrtek, *mi-2, 3* **(지소형)** 밑그림; 상세한 계획; rozvržení 배치, 지명 배정, 레이아웃

náčrtkový **1** 스케치의, 사생의, 소묘의 **2** 개략적인, 대충의, 피상적인 **3** 미완성의, 불완전한, 거친

náčrtník, *mi-2, 3* **1** 스케치북, 사생첩 **2** 소품[수필]집

načrtnout v. *načrtat*

nad, nade 1 (+조격) (사물이 위치한 장소를 표현) …위에(서); (+대격) (행위나 동작이 향하는 방향을 표현) …위로, …위에(다) ◆ *viset ~ stolem* 책상 위에 걸려 있다; *pověsit ~ stůl* 책상 위에 걸다 **2** čas (시간) …에 ◆ *~ ránem* 새벽녘에; *být ~ hrobem* 빈사 상태에 있다; (…하면서, …에 종사하여) *~ šálkem kávy* 커피를 마시면서; *usnul ~ prací* 작업 중 잠이 들었다 **3** nadřazenost (지배, 우위) ◆ *vládnout ~ kým* 누구를 지배하다, 통치하다; *plukovník je ~ majorem* 대령은 소령보다 높다 **4** větší míra čeho (범위 · 한계) ◆ *5° ~ nulou* 영상 5도; *děti ~ 10let* 10세 이상의 어린이; *to je ~ mé chápání* 나로서는 알 수 없는 일이다; *-e vši pochybnost* 의심할 바 전혀 없이; *-průměr* 평균이상으로; *žít ~ poměry* 수입이상의 생활을 하다; *není ~ co (dobré zdraví, spokojený život)* 무엇(건강함, 만족하는 삶)보다 더 한 것[더 좋은 것]은 없다 **5** příčina (이유, 원인) ◆ *zaradovat se ~ čím* 무엇을 아주 기뻐하다; *zoufat (si) ~ čím* 무엇으로 실망하다, 낙망하다

nadace, *f* **1** 기증, 기부, 기부금, (기부된) 기본 재산 **2** (기부) 재단

nadále 앞으로, 이제부터는, 차후

nadání[1]**,** *n* talent, vlohy (특수한) 재능, schopnosti 능력; 천재

nadání[2]**,** *n* očekávání 예상, 기대, 가능성 ◆ *mimo ~* 뜻밖에, 예상외로

nadaný 재능이 있는, 유능한

nadarmo marně 헛되이, 공연히; zbytečně 불필요하게 ◆ *mluvit ~* 쓸데없는 소리를 하다

nad|at[1] koho čím (누구에게 무엇을) 부여하다, 주다 ◆ *být -án čím* 무엇으로 타고 나다

nad|at[2] **< -ávat** 욕설을 하다, 불경한 말을 하다; 불평하다, 화를 내다

nadát se = *nadít se*

nadávka, *f* 불경스러운 말, 악담, 욕설, 욕지거리, 폭언

nádavkem …의 위에, …과 더불어, 게다가, 덤으로 ◆ *dát co ~* 무엇을 끼워서 주다, *přídavek* 더 주다

nad|běhnout < -bíhat komu (누구를) 달려서 이기다, dohonit 따라잡다, 뒤따라 앞지르다, 추월하다

nadbíhat komu (비유) (누구에게) 교묘하게 환심을 사다, 비위를 맞추다; 유혹하다, 꾀다

nadbytečný 여분의, 남아도는, 과잉의, 잔여의

nadbyt|ek, *mi-2* **1** 나머지, 잔여, 과잉 **2** hojnost 풍부, 다수, 다량 ◆ *žít v -ku* 풍족하게[부유하게, 호화롭게] 살다

nadcenění, *n* majetku (재산 등을) 과대평가, 지나치게 어림잡음

nadcenit 과대평가하다

nadčlověk, *ma* 초인, 슈퍼맨, 초인적인 사람

naddodávka, *f* 과잉 공급

nad|ehnat (*nad(e)žen-u, nadehnal, -hnán*) **< -hánět** (*-nějí*) **1** 몰아서 접

N

근시키다, (동물 등을 잡기 위해) 몰아가다 **2** získat 얻다, 획득하다 ◆ ~ *někomu voliče* 누구에게서 투표자를 획득하다; ~*práci* 직업을 얻다

nadehtovat v. *dehtovat*

nádech, *mi-2* **1** barevný odstín 엷은 색조 **2** náznak 기미, 낌새; 특질, 특색

na|dechnout < **-dýchávat** 숨을 들이 마시다, 불어 넣다 ~ **se** < 숨쉬다, 호흡하다

naděj|e, *f* **1** na co (무엇에 대한) 희망, nadějeplná víra 믿음, 확신, 신뢰 **2** očekávání 기대 **3** vyhlídka 전망, 조망, 예상, na co (무엇에 대한) 예측; pravděpodobnost 가능성, 가망, 확률 ◆ *budit -i* 희망을 불러 일으키다; *dělat komu -e* (누구에게) 희망을 품게 하다; *dělat si -i nač* 무엇에 대해 희망을 가지다; *kojit se -í* 희망[소망]을 품다; *skládat -i v koho/v čeho/do koho/do čeho* 누구에게/무엇에 희망을[기대를] 갖다

nad|ejít (*nadejdu, nadešel, nadejití*) < **-cházet** (*-zejí*) **1** komu (누구를) 따라 잡다, 능가하다; dohonit jako nadběhnout 뒤따라 앞질러 가다 **2** čas, událost (시간, 사건이) 일어나다, 오다, 도래하다

nadějný 희망에 차 있는, 기대에 부푼

nadělaný 1 tlustý, silný 포동포동한, 토실토실한, vykrmený 잘 먹인, 오동통한; o ženě (여자가) 통통하고 귀여운, 가슴이 풍만한 건강하고 쾌활한 **2** vlasy 곱슬머리의

nadělat 1 udělat, chyby (실수를) 많이 하다, jmění (재산을) 많이 만들다, dluhy (빚을) 많이 지다; …을 과도하게하다 **2** 일으키다, 초래하다; s čím (무엇으로) 야단법석을 떨다, 혼란을 일으키다 **3** ze sebe (자신을) 과대평가하다, 허세를 부리다 ◆ *ten moc řečí nenadělá* 그는 말수가 적다

nadělení, *n* **1** nadílka (성탄절 선물과 같이 주로 아이들을 위한) 선물 **2** 불쾌한 사건 ◆ *to je pěkné ~!* 거참 난처한[골치 아픈] 일이군!

naděl|it < **-ovat** komu co (누구에게 무엇을) 선물하다, udělit (누구에게 무엇을) 주다, 수여하다, 선사하다 ◆ ~ *k Vánocům* 성탄절 선물을 주다; *co ti -il Ježíšek?* 산타할아버지가 무슨 선물을 네게 갖다 주셨니?

nádenick|ý 일용직의, 날품팔이의; 육체 노동자의, 노예의 ◆ *-á práce* 지루하고 힘든 일

nádenictví, *n* 날품(팔이), 일용직; 낮 근무

nádeničina, *f* 지루하고 힘든 일, (단조로운) 천역(賤役), 고역(苦役)

nádeničit 1 날품팔이를 하다, 일용직 일을하다 **2** dřít (천한 일을) 힘들여 하다, (고된 일에) 꾸준히 정진하다 **3** jako literát 누구를 대신해서 무명으로 (책 등을) 쓰다, 대필(代筆)[대작(代作)]하다

nádeník, *ma-3* 일용직 노동자; 인부, 일꾼, 노동자

nad|epsat (*nadepíš-u, nadepiš!, nadepsal, -psaný*) < **-pisovat 1** opatřit záhlavím …에 표제[제목]을 달다; (이름 등을) …위에 쓰다[새기다]

nadhánět v. *nadehnat*

N

nadhazovat v. *nadhodit*
nádhera, *f* 장대함, 탁월한·아름다움, 뛰어남, 훌륭함, 장관
nádherný 화려한, 찬란한, 탁월한, 뛰어난; bohatě 호화로운, 사치스러운, okázale 눈부신; vznešeně 장려한, 장엄한
nadhled, *mi-2* **1** (높은 데서 바라보는) 전경(全景), 조감도 **2** **(**비유**)** 공평한[냉정한] 견해
nad|hodit (*-hozen*) < **-hazovat 1** (위로) 던져 넣다, 던지다, (자루를 등에) 올려 놓다 **2** jako téma v diskusi (주제로) 내놓다; otázku 문제를 제기하다, 문제 삼다, naznačit 암시하다, 제의하다
nadhodnocení, *n* 과대평가
nadhodnota, *f* 《經》 잉여가치
nadhodnotit 과대평가하다, 너무 높게 예상하다
nadcházet v. *nadejít*
nadchnout 1 영감을 주다, 열광시키다, 감동시키다 **2** povzbudit 용기를 북돋우다, 격려하다, 고무하다 ◆ *~ se čím/pro co* 무엇에 열중하다, 열광하다
nadiktovat v. *diktovat*
nadíl|et (*-ejí*) = *nadělovat*
nadílka, *f* **1** dárky 선물 **2** 불쾌한 일 ◆ *vánoční ~* 크리스마스 선물; *to je pěkná ~!* 이거 참 난처하구먼!
nadí|t (*nadi-*) < **-vat** co čím (무엇을 무엇으로) (가득) 채우다, 채워넣다 ◆ *~ si kapsy bonbony* 호주머니를 사탕으로 채우다 **~ se**[1] do čeho (옷을 따뜻하게) 입다 ◆ *~ se do uniformy* 유니폼을 입다
nadít se[2] čeho (무엇을) očekávat 기대하다, doufat 바라다 ◆ *~ úspěchu/pomoci* 성공/도움을 기대하다
nádivka, *f* 채움, 채우는 물건; (음식물의) 속
nad|jet (*nad(e)jed-u, -jel, -jetí*) < **-jíždět** jako *nadejít*
nadjezd, *mi-2* 고가교, 고가도로; nad ulicemi (도로 위의) 육교
nadjížďka, *f* 지름길, 최단로[노선]
nadledvinka, *f* 부신(副腎)((좌우 신장 위에 한 쌍 있는 내 분비 기관))
nadlehč|it < **-ovat** 가볍게 하다, 완화하다; 쉽게하다, 용이하게하다
nadlepš|it < **-ovat** 개선하다, 개량하다 ◆ *~ komu mzdu* 누구의 임금을 올려주다
nadlesní, *ma* vedoucí lesník 산림 감독관; 사냥터지기
nadlidský 초인적인, 신의
nadlouho na dlouhou dobu 오랫동안, 장기간에 걸쳐
nadměrn|ý 과도의, 지나친, 과대한; nad standard 특대의, 표준 이상의, 너무 큰; nemírný 무절제한, 엄청난 ◆ *~ byt* 거주인 수에 비해 크기가 너무 큰 집; *-á rychlost jízdy* 고속 주행, 속도 위반
nadmíra, *f* 과다, 과잉, 과도, 초과
nadmíru 매우, 대단히, 굉장히, 엄청나게
nadmořsk|ý 해발의 ◆ *-á výška* 해발 (높이)
na|dmout (*nadm-u, -ul, -utí*) < **-dýmat 1** 공기를 불어 넣다, 부풀

N

게 하다, 팽창시키다 **2** 누구에게 바람을 불어 넣다, 허세를 부리게 하다 ~ **se** 허세를 부리다, 허풍을 떨다 ◆ *vítr -ul plachty* (바람이 돛을) 팽팽하게하다, (돛에 바람을) 가득 받게 하다; ~ *se pýchou* 우쭐대다, 득의 양양하다

nadmutí, *n* **1** (바람에 의해 커튼이나 돛이) 부풀어 오름 **2** 《醫》 헛 배 부름, 고창(鼓脹)

nadmut|ý břicho 헛 배가 불러 오른, 부푼 ◆ *honit koho jako -ou kozu* 잠시 쉴 틈도 안주다

nadnárodní 초국가적인, 초민족적인, 다민족적인 ◆ ~ *společnosti* 다국적 기업

nadnášet (*-šejí*) **1** 위로 올리다 o vodě/o větru (물위에/공중에) 띄우다, 부유하게하다; vlnivě 물결[파도]치게 하다 **2** vypínavě (거만하게) 우쭐대다

nadnesený (위로) 들어 올린; 과장한, 뽐내는

nad|nést (*nadnes-*) < **-nášet** (*-šejí*) **1** zvednout 들어올리다; 향상시키다 **2** sebevědomím (자신감을 가지고) 의기양양하다, nadsadit 과장하다

nadnormální 평균을 초월한, 보통이 아닌, 비범한

nadnormativní 나머지의, 잔여의, 과분의, 잉여의

nádoba, *f* nádržka 용기, 그릇, 항아리, 병 ◆ *květinová* ~ 꽃병; ~ *na odpadky* 쓰레기통

nádobí, *n* (식탁용) 접시류, 식기, náčiní 주방용구, 부엌세간; kamenina 도기류, 오지그릇 ◆ *myčka na* ~ 식기 세척기; *utěrka na* ~ (씻은 접시를 닦는) 행주

nádobka, *f* **(지소형)** 사발, 공기, 주발

nadobro 1 úplně 완전히, 아주, 전적으로 **2** navždy 영원히

nadobyčej(-ně) 드물게, 비범하게

nadobyčejný 드문, 보기 드문, 진귀한

nadojen|ý 젖을 짠 ◆ *čerstvě -é mléko* (젖소에서) 막 짠 우유

nadojit 젖을 짜다, 우유를 짜다

nádor, *mi-2* 종양, 궤양

nadosmrti 일생동안, 죽을 때까지, 영원히

nadpis, *mi-2* 비명(碑銘), 명각; v novinách 표제, titul dokumentu, článku (문서, 기사 등의) 제목

nadpisovat v. *nadepsat*

nadplán, *mi-2* 계획 초과((정해진 계획보다 초과한 역할 · 임무)), 초과 달성

nadpočet, *mi-2* 나머지, 잔여, 과잉, 잉여

nadpočetný 여분의, 가외의, navíc 남아도는; nepotřebný 불필요한

nadpoloviční 절반 이상의, 과반수 이상의 ◆ ~ *většina* 절대 다수, 과반수 다수

nadporučík, *ma-3* (육군, 공군, 해병대의) 중위

nadpozemsk|ý 초자연적인, 신비스런, 성스런 ◆ *-á krása* 성스러운 아름다움[순결]

nadprodukce, *f* 과잉 생산, 초과 생산

nadprůměrný 평균 이상의, 이상한, 비상한, 비범한; 눈에 띄는

N

nadpřirozený 초자연의, 불가사의한, 신비적인
ňadra, *n-pl* 가슴, ženská prsa (여자의) 유방
nadranc 산산이, 조각 조각으로
nadrápat v. *drápat*
nádraží, *n* (철도의) 역, 정거장, (버스) 터미널 ◆ *hlavní* ~ 중앙역; *nákladové* 화물 터미널; *autobusové* ~ 버스 터미널; *vlakové* ~ 철도역
nádražní 역의, 정거장의
nadrobit 잘게 부수다, 조각조각 내다 ◆ ~ *chléb do mléka* 빵을 부수어 우유에 넣다
nádrž, *f* 저수지, 저장소, 저수지; (차량, 비행기 등의) 연료 탱크, 보일러
nadrž|et (*oni nadrží*) < **-ovat** (많은 양으로) 모으다, 지장하다, 가두어 두다; přehrazením (둑으로 막아 물을) 저수하다
nádržka, *f nádrž*의 지소형
nadržovat 1 v. *nadržet* **2** komu (누구를) 후원하다, 보호하다; 우선권을 제공하다; 편애하다
nadržování, *n* 후원, 보호; 편애
nadřa|dit (*-děn|-zen*) < **-d'ovat, -zovat** co čemu (무엇을 무엇의) 앞에 두다, 우위에 두다[놓다]
nadřazenost, *f-1* nadvláda 우월, 탁월, 우세, nadřazenost 우위
nadřít (구어체) 기를 쓰고[악착스럽게] 공부하다 ◆ ~ *se ke zkoušce/k maturitě* 시험/고등학교 졸업시험을 기를 쓰고 열심히 준비하다
nadřízenost, *f-1* 우월, 탁월, 우세, 우위
nadřízený 1 služebně (직장이나 군대에서) 상관의, 뛰어난, 보다 나은, 우수한 **2 (명사)** 상관, 보스
nad|sadit (*-zen*) < **-sazovat** zveličit 확장하다; přehnat 과장하다, 지나치게 강조하다
nadsamec, *m* 특히 성적(性的)-신체적[육체적] 능력을 가진 남자, 정력가((프랑스 작가 *Alfred Jarry*의 소설로부터 유래))
nadsázka, *f* 과장, 과대시, 과장된 표현; (문학이나 수사학에서) 과장어법
nad|skočit < **-skakovat 1** 가볍게 뛰다, 약간 뛰어 오르다; míč (공을) 튀기다 **2** komu (누구를) 앞지르다
nadsmyslno, *n-2* 초월, 초경험, 선험
nadsmyslný 선험적인, 초월적인
nadstátní 초국가적인
nadstavba, *f* **1** (마르크스 사상에서) 상부 구조((하부 구조인 경제 구조 위에 형성되는 정치 · 법률 · 문화 등을 일컫는 말)) **2 (컴퓨터)** 확장설치
nadstavbový (컴퓨터) 확장된, 상위의 ◆ ~ *program* 상위(확장) 프로그램
nadstranický 초당적인, 당파심이 없는
nadstrážník, *ma-3* (중세 시대의) 교관, 성주; 경찰관
nadšenec, *ma* 열성적인 사람, 팬
nadšení, *n* 감격, 열중, 열광, 행복감; horlivost 충성, vášeň 열정, 열심, snaživost 열성, 열의
nadšený 열렬한, 열광적인, horlivý 불타는, 타오르는 듯한, 열심인

N

nadto 게다가, 더욱이 ◆ *je bohatý a ~ chytrý* 그는 부자에다 똑똑하기까지 하다

nadupaný velmi výkonný, kvalitní 성능이 우수한

naduřelý opuchlý 부푼, 팽창한, 과장된

naduřet 부풀다; 거만스럽게 행동하다

nadutec, *ma* 자만하는 사람, 겉치레꾼

nadutý 자만하는, 거만스러운, 젠체하는; 자부심이 강한

nadužlít (*naduži-*) < **-ívat** zneužít 남용하다, 오용/악용하다; 지나치게 많이 사용하다

nadváha, *f* (짐 따위 무게의) 초과량(액), 비만

nadvlád|a, *f* 지배, 통치, 지배력, 지배권, 헤게모니 ◆ *stoupenec -y bílých* (미국에서) 백인 우월주의자

nádvoří, *n* 안마당, 안뜰; školní (학교의) 작은 운동장

nadvýdělek, *mi-2* 상여금, 보너스

nadvýroba, *f* 과잉생산

nadýchaný 부풀어 오른; kyprý 가볍고 부드러운, 푹신한, 보풀의, 솜털의

nadých|at, -nout, -ávat v. *nadechnout* (숨이나 공기를) 들이 마시다 ◆ *~ se čerstvého vzduchu* 맑은 공기를 마시다; *~ se zhluboka* 숨을 깊이 들이 마시다

nadýmání, *n* 헛배부름, 고창(鼓脹); 복통(腹痛), u kojenců (젖먹이 아이의) 발작적 복통 ◆ *trpět -m* 복통으로 고생하다

nadýmat v. *nadmout*

nadzdvih|nout < **-ovat** 들어올리다, trochu zdvihnout (약간, 조금) 위로 올리다 ◆ *~ víko* (상자나 그릇 등의) 뚜껑을 열다; *~ pokličku/víčko* 작은 물건의 뚜껑을 따다; *~ klobouk* 모자를 들어 올리다; *~ hlavu/nohu* 머리/다리를 들다; *~ židli* 의자를 들어 올리다; *trochu se na posteli nazdvihl* 그는 침대에서 몸을 약간 일으켰다

nadzved|nout < **-at** = *nadzdvih|nout* < *-at*

nadzvih|nout (*-hnut|-žen*) < **-ovat** (들어) 올리다, 세우다; 향상시키다

nadzemský 신성한, 천상의, 하늘의

nadzved- = *nadzvih-*

nadzvukov|ý 초음속의, 초음파의 ◆ *-é letadlo* 초음속기

nadživotní 실물 크기 이상의

nafackovat komu (손바닥으로 누구의 얼굴을) 때리다

nafilmovat 촬영하다, 영화를 찍다

nafintit se 예쁘게[화려하게] 차려입다, 옷을 잘 차려 입다

naformátovan|ý (컴퓨터) 포맷을 지정한 ◆ *-á disketa* 포맷을 지정한 디스켓

naformátovat (컴퓨터) 디스켓을 포맷하다

nafoukanost, *f-1* 자만, 자부심, 자기 과대 평가

nafoukaný 자부심이 강한, 젠체하는, 우쭐한

nafoukat kam (어디로) 바람을 불어넣다

nafouklý 1 míč (공이) 바람이 가득

찬, břicho (배가) 부푼 **2** pyšný 거만한, 뽐내는

nafouk|nout (se) < **nafukovat (se)** **1** pneumatiku (바퀴에) 바람을 채워 넣다 **2** zveličit 과장하다, 부풀리다 ◆ *noviny to strašně -ly* 신문이 그것을 엄청나게 부풀려 놨다

nafta, *f* ropa 원유, 석유, 디젤유

nafukovací (공기 등으로) 부풀릴 수 있는 ◆ ~ *matrace* 공기 침대; ~ *člun* (소형) 고무보트

nafukovat (se) v. *nafouknout (se)*

naháč, *ma* **1** 벌거벗은 사람, nudista 나체인, dítě 벌거벗은 아이 **2** kapr 잉어의 일종 **3** 《植》 카프란, (가을에 피는) 크로커스

naháněč, *ma* 몰이꾼, 사냥개 지휘자 ◆ ~*zákazníků* 고객의 유객꾼

nahán|ět (*-ějí*) **1** v. *nahnat* **2** co (무엇을) působit pohyb, chod čeho 움직이게 하다, 작동시키다 ◆ ~ *lidi do práce (na robotu)* 사람들에게 (강제로 일(노역)을 시키다; ~ *vodu na čí mlýn* 더욱 건투[성공]을 돕다; ~ *zákazníky* 고객을 끌다, 강매하다; ~ *ve zvěře* 사냥감을 몰아가다; ~ *přední kola* 앞바퀴를 굴리다; ~ *větrník* 풍차(송풍기, 통풍기)를 돌리다

nahatý 홀랑 벗은, 외설스러운

naház|et (*-ejí*) co kam (무엇을 어디로 던져서) 쌓아 올리다, 모으다

nahazovat v. *nahodit*

nahlas 소리내어, hlasitě 큰 소리로 ◆ *mluv* ~ 큰 소리로 말해라

náhle 갑자기, 별안간, 돌연히

náhled, *mi-2* názor 견해, 의견 ◆ *podle mého -u* 내 견해에 의하면

nahlédnout < **nahlíž|et** (*-ejí*) **1** do čeho (무엇의 속을) 들여다보다, prozkoumat 조사하다, 검사하다, 점검하다; 상담하다 **2** připustit 인정하다, 시인하다

nahlod|at < **-ávat** 조금씩 뜯어 먹다, 갉아먹다, 좀먹다; **(**비유**)** 부식하다, 침식하다 ◆ *-ané zdraví* 모르는 사이에 손상된 건강

nahluchlý 약간 귀머거리의, 잘 들을 수 없는

náhlý 돌연한, 갑작스러운, neočekávaný 예기치 않은; ukvapený (기질, 행동 등이) 성급한, 충동적인

nahm|atat < **-ávat** 더듬어 찾다, 감지해내다

nahnat (*nažen-u, -žeň!, -hnal, -hnání*) < **nahán|ět** (*-ějí*) **1** koho/co kam (누구를, 무엇을 어디로) 몰아 넣다, 뒤늘쫓다; komu (누구에게 어떤 느낌이나 감정을) 일으키다, postrašit 겁나게 하다, 두려움을 느끼게 하다 **2 (**고어체**)** získat, opatřit, zjednat 얻다, 벌다 ◆ ~ *komu hrůzu(strach)* 누구에게 겁주다(두려움을 느끼게하다); ~ *komu (starosti)* = *nadělat starosti* 누구가 걱정하게 만들다; ~ *ovce do ohrady* 양들을 울타리 안으로 몰다; *rozčilení mu nahnalo krev do hlavy* 화가 머리끝까지 났다 **~ se 1** (떼, 무리 등이 내부로) 몰려들다 **2** mít nahnáno 겁내다, 놀라다 ◆ *dav se nahnal na stadion* 군중들은 경기장에 몰려들었다; *nahnala se mu krev do obličeje* 피가 그의 얼굴에 몰렸다((화가 잔뜩 났다))

nahned 예고 없이, 곧바로

nahněvat koho (누구를) 화나게 만

들다 ~ **se** na koho (누구에게) 화내다, 성내다

nahnil|ý 반쯤[부분적으로] 썩은, 부패한 ◆ *-é ovoce* 반쯤은 썩은 과일들; *-é poměry* nezdravé, špatné 건강하지 못한[나쁜] 관계

nahn|ít < -ívat ovoce, zelenina (과일이나 채소가) 점점 상해가다, (다소) 썩다 ◆ *jablko -ilo na stromě* 사과는 나무에서 다소 썩었다

na|hnout (se) < -hýbat (se) ohnout, naklonit (몸을) 구부리다, 굽히다; sklonit 기울이다, až na bok (측면으로) 기울다 ◆ *být nahnutý* 기울어지다; *~ se ke komu* 누구에게 상체를 구부리다; *~ se z okna* 창밖으로 몸을 기울이다; *rád si občas nahne* 그는 종종 술을 많이 마시기를 좋아한다; *~ si kořalky* 독주를 마시다

náhod|a, *f* 우연, 우연성, neočekávaná událost 우연한 사태, 우연한 기회; 돌발사건 ◆ *-ou* 우연히; *šťastná ~* 운좋음, 행운의 기회; *nešťastná ~* 불행한 운

nahodilost, *f-1* 우연성, 임의성, 우발성

nahodil|ý 우연한, 우발적인, 돌발의; nepromyšlený 되는 대로의, namátkový 임의의, 무작위의; jen příležitostný 기회의; eventuální 우발적인, 부수적인 ◆ *-é setkání* 우연한 만남, 해후(상봉); *-é zisky* 우연의 흑자, (계획하지 않고 얻은) 부수익; *~ výběr* 무작위의 선택

nahodit (*nahozen*) **< nahazovat 1** řemen na kolo stroje (기계의 바퀴에 벨트를) 얻다; motor (기계를) 작동시키다 **2** omítnout (stěnu) (벽을) 초벌칠하다, štukem (치장 벽토를) 바르다; dát novou fasádu 겉을 개장(改裝)하다 **3** = *načrtnout, naskicovat* 대충 만들다, 개요를 구성하다 ~ **se** 우발적으로 나타나다, 우연히 일어나다 ◆ *nahodila se mu vhodná příležitost* 딱 좋은 기회가 그에게 (우연히) 일어났다

náhodn|ý 우연한, 임의의, = *nahodilý* ◆ *-á shoda okolností* 상황의 우연의 일치

náhon, *mi(-2)* **1** mlýnský 물방아를 돌리는 물(을 끄는) 도랑 **2** auto (자동차의) 구동 장치, 전동

náhončí, *ma* **1** (사냥의) 몰이꾼 **2** (비유) 추종자, 후원자

nahonem 갑자기, 충돌적으로

nahonit 1 intenzivní činností, sháněním získat (신속, 기민하게 움직여 뭔가를) 획득하다, 구하다 **2** doplnit, nahradit 보충하다, 충당하다, 채워넣다 ~ **se** (많이, 자주 그리고 집중적으로) 찾아 (뛰어) 다니다, (직장이나 일 등을) 구하러 다니다 ◆ *~ ztracený čas* 잃어버린 시간을 보충하다, 따라잡다; *~ se za prací* 일[직장]을 구하러 여기저기 뛰어다니다

náhorní 고지의 ◆ *~ rovina* (해발 200m 이상의 높이의) 고원

nahoru 위로, 위쪽으로, v domě (집에서) do schodů 위층으로; o relativní poloze 머리 위로; vzhledem k svahu (경사와 관련하여) 언덕 위로; k proudu toku 물결의 흐름을 거슬러 위로; k okraji města (도시 주변의) 변두리로 ◆ *~ a dolů* 위 아래로; *mluvit ~ dolů, všechno je marné* 이말저말 많

N

이 하지만 소용이 없다; *nosí nos ~* (= *je pyšný*) 잘난체하다, 거만하다

nahoře 위에(서), 위쪽에, 위층에서, 머리 위에; úředně o výše zařazeném (직장에서 업무상 직급관계를 나타낼 때) ◆ *to se vyřeší ~* 이것은 위에서 (상사들이) 결정한다; *být ~* (*ve vedení*) 상사[상관, 상급기관]이다; *být ~ bez* (*o ženě*) (특히 여자가) 상의를 입지 않은, 유방을 드러낸

nahospodařit < 절약하다, 재산을 축적하다 ◆ *~ si velké jmění* 큰 재산을 벌다, 부자가 되다

nahota, *f* 가리지 않음, 발가벗음, 노출, 노골

nahotina, *f* 나체, 나체화[상]

nahrabat (*nahrab-u, -b(ej)!, -bal*) < **-ávat 1** (갈퀴 등으로) 긁어 모으다; 긁어 모아 (뭔가를) 만들다 **2 ~ si** majetek (재산을) 모아서 벌다, 큰 돈을 모으다 ◆ *~ si peněz* 돈을 긁다[벌다]

náhrad|a, *f* **1** 보충, 보상; odškodnění (불행, 재난의) 보상, 보답, za vlastní přečin 배상, 배상금, protihodnotou 대가 **2** co může fungovat místo něčeho 대체, 대용, 대리; náhražka 대역, 대체물, 대리인, prozatímní (일시적인) 대용품, 임시변통물 ◆ *~ škody* 배상금; *-ou za...* …에 대한 보상으로; …을 대신하여, …와 교환으로; *bez -y* 보상없이; *dodatečná ~ škody* 추가 손해배상

nahra|dit (*nahrazen*) < **-zovat** komu co (누구에게 무엇을) kompenzovat 보상하다, 배상하다, 변상하다, 벌충하다; odškodněním (배상금으로) 갚다, 보상하다; svůj přečin (자신의 비행을) 배상하다, 교정하다; aby místo toho fungovalo 대체하다, 대신하다, 대용하다; zaplněním mezery/potřeby (필요한 것을 채우는 것으로서) 보충하다; vstoupením na místo (자리에) 바꾸어놓다, (경기에서 선수를) 교체하다

nahraditelný 대체할 수 있는, 바꿀 수 있는

náhradní jsoucí v záloze, rezervní 예비의, 준비의, 비상용의; navíc 여분의; vynahrazující 보상의, 보충의, na místě jiného (다른 사람의 자리를) 대체하는, 대신하는 ◆ *~ díly* (기계 등의) 예비 부품; *~ palivo* 비상 연료; *~ pilot* 대기 조종사; *~ pneumatika* 스페어 타이어; *~ součástky* 예비품

náhradn|ík, *ma-3* **-ice,** *f* 대체사, 대리인, záskok (극장에서의) herec 대기자, 대체자; nouzový (긴급한 경우) 준비된 사람, 대체자

nahrá|t (*nahra-, nahrál,* **(구어체)** *nahrám ...*) < **-vat 1** na desku (음반에) 녹음하다, 기록하다 na pásek, kazetu (테이프에) 녹음하다 **2** míč (공을) 패스하다 **~ se** mnoho a často si hrát (= *být nahraný*) 충분히[맘껏] 놀다

nahrávač[1], *ma* v míčových hrách (구기 스포츠에서 공을) 패스하는 사람

nahrávač[2], *mi* telefonní záznamník (부재시의) 전화 자동 응답기

nahrávka, *f* **1** 녹음, 녹음한 것; 그 테이프 **2** přihrávka (운동 경기에서) 패스, (볼을) 전달하기

náhražka, *f* 대체물, 대용품;

imitující (모방의) 가짜, 위조품

náhražkový 대용품의; 모방하는, 위조의

nahrbený (허리가) 굽은, 구부러진

nahrbit < **-ovat** záda (허리를) 굽히다, (상체를) 웅크리다 ~ **se** o kočce (고양이가 몸을) 활모양으로 굽히다 ◆ *~ se věkem* 나이 먹어 허리가 굽다

náhrdelník, *mi-2, 3* 목걸이 ◆ *korálkový ~* 산호 목걸이; *perlový ~* 진주 목걸이

nahrn|out < **-ovat** shromáždit na hromadu 모아서 쌓다, 쌓아 올리다; 모으다, 축적하다 ~ **se** kam (어디로) 모이다, 밀집하다, 밀고 들어가다; krev (혈액 등이 한 곳으로) 몰리다, 쏠리다 ◆ *~ se do vlaku* 기차 안으로 밀고 들어오다; *krev se mu nahrnula do hlavy* 피가 머리로 몰렸다

náhrobek, *mi-2, 3* 비석, 묘석, 묘비

náhrobní 무덤의, 묘의 ◆ *~ deska* 무덤의 대리석판; *~ nápis* 묘비명

nahromadě (서술 용법에 사용) vyčerpán 다 사용하다; nemocný 아프다; finančně (재정이) 고갈되다, 파산하다 ◆ *být ~* 소진하다

nahromadit v. *hromadit*

nahř|át (*nahře-, nahřál, -hřání*) < **-ívat** předehřát 미리 따뜻하게 데우다, 예열하다; zahřát znovu 다시 데우다; motor (엔진을) 데우다, 작동준비를 하다

náhubek, *mi-2, 3* (동물의) 부리망, psí (개의) 입마개, 재갈 ◆ *nasadit psovi ~* 개에게 부리망을 씌우다; *dát komu ~* (누구의) 입에 재갈을 물리다

nahu|stit (*-štěn*) < **-šťovat 1** hustilkou (공기 주입기로) 불어 넣다, 팽창시키다 **2** nacpat 짜 넣다; (속어) nadřít 억지로 채워넣다, 잔뜩 집어넣다, (많은 양의 정보를) 주입시키다

nahý 벗은, 나체의, holý 벌거벗은, 아무것도 걸치지 않은; vystavený pohledu (시선에) 노출된; jako *akt* 누드의

nahýbat (se) v. *nahnout (se)*

nach, *mi-2* 보라색; v tváři (얼굴의) 홍조

nacház|et v. *najít* ~ **se** 위치하다, stát 서있다, nalézat se 발견되다; vyskytat se 일어나다, ocitat se 발생하다, 눈에 띄다 ◆ *tyto rostliny se -ejí v Alpách* 이 식물은 알프스에서 발견된다

nachlad|it se (*-zení*) < nastudit se 감기에 걸리다 ◆ *dítě se -ilo na výletě* 아이가 피크닉에서 감기에 걸렸다

nachlazení, *n* nastuzení 감기

nachlazený 감기에 걸린 ◆ *být (silně/trochu) ~* 감기가 (심하게/약하게) 걸리다

nachlup, *mi-2* přesně, úplně, docela 완전히, 정말로 ◆ *to je ~ stejná látka* 이건 완전히 똑 같은 물질[재료]이다.

nachmelit se opít se 얼근히 취하다 ◆ *pili, až se nachmelili* 그들은 얼근히 취할 정도로 마셨다

nachod|it 많이 걷다 ◆ *hodně toho -ilo* 많이걸어 다녔다 ~ **se** 걸어서 다리가 피곤하다

nachomýtnout se < **nachomýtat se 1** k čemu (무엇에) 끼어들다, překážet 방해가 되다 **2** 갑자기 나타나다

na|chýlit (*nachyl!*) < **-chylovat**

hlavu (머리를) 숙이다, hřbet (등을) 굽히다; zrušit stabilitu (균형을 잃고) 기울이다, na bok (옆으로) 기울이다 - **chýlit se < -chylovat se** 기울어지다

náchylnost, *f-1* 경향, 성향, snadné podléhání …하기[…에 빠지기] 쉬움, k něčemu …하는 경향이 있음 ◆ *~ k šílenství* 미친 기색; *~ ke korozi* 부식될 기미

náchylný …하기 쉬운, …에 빠지기 쉬운, …하는 경향이 있는; 병에 감염되기[걸리기] 쉬운 ◆ *~ ke korozi* 부식되기 쉬운

nachylovat v. *nachýlit*

nachystat …할 준비를 하다, jídlo (음식 등을) 준비하다 ◆ *~ si co* 누구에게 무엇을 준비하다; *~ se na co* 무엇을 위해 준비하다, 대비하다

nachytat < 1 co/čeho (많은 양의 무엇을) 모으다, 수집하다 **2** koho (누구가를) 잡다, 붙 잡다, (물고기를) 잡다 **3** získat (무엇을) 얻다; naučit se 배우다 **4** přistihnout, dopadnout (도둑 등을) 잡다, (거짓말 등을) 눈치채다 **5** nalákat …의 주의를 끌다, (마음 · 눈길을) 끌다, (시선을) 잡다, 받다 **~ se 1** nahromadit se 모아지다, 모이다 **2** přilnout …에 잡히다; …에 끌리다, 유혹받다 **3** naletět 미끼를 삼키다, 붙잡히다 ◆ *~ vody do sudu* 물을 통에 받다; *~ spoustu ryb* 물고기를 많이 잡다; *ve škole příliš nenachytal* 학교에 별로 많이 공부하지 못했다; *~ koho při krádeži/lži* 절도 중에 있는 누구를 붙잡다/누가 거짓말하는 것을 눈치채다

Nairobi, *n-in* 나이로비((케냐의 수도))

naivita, *f* naivnost 순진함, 소박함, 천진난만; 단순함, 세상물정에 어두움, nezkušenost 경험부족

naivk|a[1]**,** *f* **1** mladá naivní divka 천진난만한 소녀, 경험이 없어 순진한 여자 **2** herečka pro takové role 천진난만한 역을 맡은 여배우 ◆ *Dnešní ženy nejsou hloupoučké -y* 오늘날의 여성들은 순진한 바보가 아니다; *hrát na -u* 천진난만한 여배우 역을 맡다

naivka[2]**,** *m* naivní člověk 순진한 사람, 소박한 사람; 경험이 부족한 사람, 세상을 모르는 사람, 고지식한 사람; 잘 속는 사람; 어리석은 사람 ◆ *jsi ~, že tomu věříš* 그걸 믿다니 너 참 순진하다

naivní 순수한, 순진한, 소박한; 단순한; 경험이 부족한, 어린애 같은 ◆ *~ umění* 원초주의((선사시대나 미개한 민족의 원시예술이나 문에 부흥기의 소박함을 존중하는 입장))

naivnost, *f-1* **1** = *naivita* **2** naivní představa 순진한 상상, 엉뚱한 생각, 바보스런 생각

najatý 1 (ubytování, nemovitost) pronajatý (집, 부동산을) 임대한, 임차한, 세낸, 빌린 **2** zjednaný 고용된 ◆ *~ vrah* 청부살인자

najedený 충만한, 충분히 공급된; 포만한, 포식한 ◆ *už jsem ~* 나는 이미 배가 부르다

najednou 1 = *náhle* 갑자기 **2** naráz 한번에, 단번에

nájem, *mi-2* **1** domu, nemovitosti (집, 부동산의) 차용, 임차, 임대;

dopravního prostředku (교통 수단의) 대절, 대여, 렌트; smluvně zajištěný (계약을 통해 보장된) 차용 **2** nájemné 임대료

nájem|ce, *ma* **-kyně,** *f* 임차인, nemovitosti (부동산의) 차지인; půdy, pozemku (토지, 사유지의) 소작인, 차용인

nájemné, *n* 임차료, 사용료, nemovitosti (부동산의) 임대료

nájemní 고용하는, 임대의 ◆ ~ *smlouva lhůta* 임대계약; ~ *byt* 임대아파트; *prodloužit* (*si*) ~ *smlouvu* 임대계약을 연장하다

nájemn|ík, *ma-3* **-ice,** *f* bytu (아파트의) 차지인, 차가인, nájemce 임차인, 사용자, 세들어 사는 사람

najet (*najed-u, najel, najet-í*) < **najížd|ět** (*-dějí*) **1** narazit …과 충돌하다, na stojící (서 있는 것을) 부딪치다, …을 향해 달려가다 **2** (카메라 등 줌 렌즈로) 화상을 서서히 확대하다 **3** 주행하다 ◆ ~ *na obrubník* (인도와 차도 사이의) 연석(緣石)에 부딪히다; ~ *na chodník* 인도에 부딪히다; ~ *do stromu* 나무에 충돌하다; *auto má najeto 5000 km* 자동차의 주행거리는 5천킬로미터이다

najevo dát co 무엇을 드러내 보이다, 보여주다; hlasem 말로 나타내다[표현하다] ◆ *vyjít* ~ 분명해지다, 밝혀지다

nájezd, *mi-2* **1** vojenský vpád (군대의) 습격, 급습, 내습; útok do cizího území (타국의 영토에) 침범, 침입, 침략 **2** na dálnici (고속도로에서) 진입로

najezdi|t < (자동차로) 주행하다, 주행거리가 …되다 ◆ *-l stovky kilometrů* 수백 킬로를 주행했다; *já jsem se už -l dost* 나는 이미 많이 주행하였다

nájezdník, *ma-3* 침입자, 침략자, 급습자

najež|it < **-ovat** srst (동물이) 털을 곤두세우다 ~ **se 1** vlasy (머리칼이) 곤두서다 **2** rozčílit se 화를 내다, 격분하다 ◆ *vlasy se mu -ily hrůzou* 소름이 끼쳐 그의 머리칼이 곤두섰다

najímat v. *najmout*

najindy 다른 때를 위해, 다른 시기까지

najíst se < čeho dosyta 충분히[많이] 먹다; skončit jedení 식사를 마치다 ◆ *dobře* (*hodně*) *se* ~ 잘(충분히) 먹다; *jít se někam* ~ 뭔가를 먹기 위해 어딘가로 가다; *slibů se nikdo nenají* 단지 약속만으론 아무런 도움이 되지 않는다

najisto 확실하게, 분명히

najít (*najd-u, našel, nalezen, nalezení,* 드물게 *najití*) < **nacházet** po hledání (찾아다니다가) …을 찾다, 발견하다, a tak zjistit potřebné (필요한 것을) 찾아내다, sehnat 구하다 ◆ ~ *stopu* 흔적을 발견하다; ~ *si ženu* 결혼할 여자를 발견하다; ~ *si milence* 애인이 생기다; ~ *si na co čas* 무엇을 할 여유가 있다, 무엇까지 손이 미치다; *kdo si našel, ten má* 발견한 사람이 임자다

najížďět v. *najet*

najmout (*najm-u, najal, najmutí,* ~ *si*) < **najímat 1** byt, pokoj, nemovitost (집이나 방, 부동산을) 임대하다, halu, tenisový kurt (홀이나 테니스 코트를) 빌리다, smluvně (계약으로서) 대여하다, auto (자동차를) 대절하다 **2** pracovníky (일꾼, 직원을) 고용하다, 종사시키다

nakadeřit vlasy (머리카락을) 곱슬곱슬하게하다

nakapat 1 (물방울이) 똑똑 떨어지다, 흐르다 **2** lék (약을 방울로) 따르다 ◆ *~ komu jed do duše/srdce* 누구에게 편견을 품게 하다

nakašl|at 1 na co (무엇을) 경멸하며[멸시하며] 거절하다 **2** komu (누구를) odpřít 무시하다 ◆ *já mu -u* 나는 그를 아예 거들떠보지도 않는다; *ať si -e* (*= mně je to jedno*) 난 신경안써

nákaz|a, *f* přímým stykem (직접적인 접촉으로) 전염, 감염, znečištění 더러워짐, (물질의) 오염 ◆ *virová ~* 바이러스 오염; *ložisko -y* 병소(病巢), 환부의 중심

nakázat (*nakáž-u, nakaž!, nakázal*) < **nakazovat 1** komu co (누구에게 무엇을) 하라고 지시[명령]하다, 맡기다, 책임을 지우다 **2** (설교를 통해) 많은 이야기[말]를 하다

nakazit (*nakažen*) < **nakazovat** 전염시키다, 감염시키다; znečistit 더럽히다, 오염시키다; **(비유)** 영향을 미치다 ◆ *~ koho rýmou* 감기를 전염시키다; *~ se chřipkou* 독감에 전염되다

nakažlivost, *f-1* 전염성, 감염성; 오염성

nakažlivý 전염의; přímým stykem (직접적인 접촉으로) 전염되는, 감염되는

nakdy 언제를 위해, 언제에 필요한 ◆ *~ to chcete* 그것 언제 원하세요?

nakecat **(구어체)** namluvit 수다를 떨다, 잡담하다

náklad, *mi-2* **1** břemeno 짐, 화물, v dopravě (운송상의) 화물, 적재물 **2** finanční (재정상의) 비용, 부담금, **3** knihy (책의) 인쇄 부수, …쇄 판 ◆ *letecký ~* 항공 화물; *seznam lodního -u* 선박 화물 목록[송장]; *celkové -y* 총비용; *distribuční -y* 유통비용; *manipulační -y* 수수료; *-y na údržbu* 유지비; *na vlastní -y* 저자 자비 출판; *úřední -y* 사무 비용; *výrobní -y* 생산비용

nakl|adač, -ádač *ma* **-ačka, -ádačka**[1], *f* **1** posunující náklad (짐을 내리는) 짐꾼, do lodi (배로) 짐을 싣는 인부, 하역 인부 **2** *mi* stroj 적하기(積荷機)

nakládačka[2], *f* naložená okurka (식초 절임용의) 작은 오이

náklaďák, *mi-2, 3* **(구어체)** 트럭, 이사짐차, vagon 짐차; vlak 화물 수송열차

nakládat 1 짐을 싣다 **2** jídlo na talíř (음식을 접시에) 놓다 **3** ovoce, okurky (과일이나 오이를) 저장하다, 소금(설탕)에 절이다; 통[병]조림하다, 썩지 않게 저장하다; vejce 달걀을 조림하다 **4** 다루다, 취급하다; zacházet s kým 누구와 지내다 ◆ *~ seno vidlemi* 건초를 쇠스랑이로 내 던져 쌓다; *~ s kým špatně* 누구와 나쁘게 지내다

nakladatel, *ma-1, 4* **-ka,** *f* 출판가, 출판인, 발행인

nakladatelský 출판사의, 출판가

의 발행의

nakladatelství, *n* 출판사

nakládat v. *naložit*

nákladní 운송의, 화물의, kryté (덮개있는) 밴, malé 소형트럭, 픽업 ◆ ~ *auto* 트럭, 화물 자동차; ~ *letadlo* 화물 운송기; ~ *list* 선하증권, 화물 인환증; ~ *loď* 화물선박; ~ *nádraží* 화물 터미널

nákladný 비싼, 값비싼, 비용이 많이 드는

naklánět (se) v. *naklonit (se)*

naklást < **1** umístit, položit (많은 양의 땔감 등을 벽난로에) 갖다 놓다 **2** vajíčka (알을) 부화하다, 낳다

naklepat 1 kosu 낫 등의 칼날을 날카롭게 만들다 **2** maso (고기를) 부드럽게 하다[치다], 다지다 **3** na stroji 타자를 치다

naklon|it (se, si) < **naklánět (se)** (*-ějí*) **1** (몸을) 굽히다, (머리를) 숙이다, určitým směrem (일정한 방향으로) 기울이다, 구부리다, 기대다, svažitě 경사지게하다, kose 비탈지다 **2** získat koho (누구를) 설복시키다[설득하다], ◆ *být komu -ěn* (누구에게) 호의를 보이다, 누구와 친한 사이에 있다

náklonnost, *f-1* **1** (누구를 향한) 호의, 호감, láska 애정, 사랑 **2** = *sklon*

nakojit v. *kojit*

nakoncipovat v. *koncipovat*

nakonec 마침내, 결국, 끝내

nakoukat se na co (무엇을 보는데) 많은 시간을 소요하다

nakouknout < **nakukovat** 들여다보다, 슬쩍보다, 잠깐 보다, 일별하다; 몰래 훔쳐보다, 흘끗 훔쳐보다 ◆ ~ *do novin* 신문을 들여다 보다; ~ *do okna* 창문을 슬쩍 들여다 보다

nakoupit (*nakup!*) < **nakupovat 1** (상품을) 보고 돌아다니다, (물건을) 사러 가다, jít nakupovat 장보러 가다 **2** 구입하다, 사다, do zásoby (비축용으로) 사들이다; skoupit 매점하다

nakousnout < **nakousat** jablko (사과 등을) 한 입 깨물다, 물어 뜯다; **(비유)** 이야기를 끄집어 내다, 발의하다

nakrájet < rozdělit na kousky, části nožem (주로 칼로 잘라) 조각을 내다, 자르다, maso u stolu (식탁에서 고기를) 썰다

nakrásně 기껏해야, 고작; konec konců 결국

nakrátko 1 vlasy (머리카락을) 짧게 자른 **2** na krátký čas 짧은 시간동안, 잠시동안

nakrčit látku (천 등에) 주름을 잡다, 구김살을 짓다 ◆ ~ *čelo* 이마에 주름을 잡다, 얼굴을 찡그리다; ~ *se v zádech* (등을) 움츠리다

nákres, *mi-2* 스케치, 데생 (기술적) 투사, 복사; přesný (정확한) 청사진; v náčrtku uvědoměle rozvržený 디자인; v obrysu 윤곽

nakreslit v. *kreslit*

nakrmit (se) v. *krmit (se)*

nakropit 물을 뿌리다, 물을 뿌려 축축하게하다, navlhčit prádlo před žehlením (다리미질을 하기전에 빨래감에) 물을 뿌리다

nakroutit < **nakrucovat** knír (콧수염 등을 나선 모양으로) 꼬다, 말

N

다; šikmo stočit 끄다

nakřápnout vejce, hrnec (달걀이나 항아리 등을) 날카로운 소리를 내며 깨뜨리다

nakřiv|it < **-ovat** ohnout 비틀다, 일그러 뜨리다; ohnutím (동작으로) 굽히다 ◆ ~ *před kým hřbet* 굽실거리다, 비굴하게 아부하다

nakřivo 한쪽으로 기운, 치우친, 비뚤어진, 비스듬히 ◆ *obraz visí* ~ 그림이 비뚤어지게 걸려있다; *máte* ~ *kravatu* 당신 넥타이가 비뚤어져 있습니다

nakuk|at < **-ávat** komu co (누구에게 무엇을) 속이다, 기만하다; vemluvit 누구에게 (사상, 특히 어리석은 생각을) 주입시키다 ◆ *to mi nenakukáš* 그 얘기말고 다른 말 좀 봐라

nakukovat v. *nakouknout*

nákup, *mi-2* 구입, 구매, v obchodě (상점에서) 구입한 물건, 장거리; nakupování v malém 쇼핑, 장보기 ◆ *jít na* ~ 쇼핑가다; *nesl v tašce -y* 쇼핑한 물건을 장바구니에 가져 왔다

nakupit v. *kupit*

nákupní 구입하는, 사는, v malém 쇼핑의 쇼핑용의 ◆ ~ *cena* 구매가격; ~ *taška* 쇼핑용 가방, 장바구니; ~ *horečka* 구매열풍; ~ *středisko* 쇼핑센타

nakupčí, *ma* 쇼핑하는 사람, 구매자

nakupovat v. *nakoupit*

nakvap 서둘러서, 급히

nakvasit okurky (오이 등을) 소금물 · 식초에 절이다

nakvašeně 흥분해서, 발끈하여

nakvašený 격분한, 화가 난, 싸울 준비가 된

nakydat < 오물 등으로 더럽히다, na koho (누구에게) 수치를 주다, 명예를 더럽히다[손상시키다, 훼손시키다], 모욕하다, 창피를 주다 ◆ ~ *hnůj na vůz* 차량을 오물로 더럽히다; ~ *hanbu na koho* 누구에게 창피[불명예]를 주다

nakynout v. *kynout*

nákyp, *mi-2* 수플레((달걀의 흰자 위에 우유를 섞어 거품을 내어 구운 요리)), v páře vařený 푸딩

nakyslý 조금 신, 시큼한, 새콤한, 신맛이 나는

nalačno pít, kouřit 빈 속에, 공복(空腹)에 (마시다, 흡연하다)

nálad|a, *f* 기분, 기질, 분위기; nápadně projevovaná (뚜렷하게 표현되는) 성질, 기질 ◆ *podle -y* 기분에 따라; *mít dobrou/špatnou -u* 기분이 좋다/나쁘다; *dostat se do -y* 일에 착수하다; *pokazit komu -u* 누구의 기분을 상하다; *nemít -u na práci/zpěv* 일할/노래할 기분이 아니다; *vánoční* ~ 성탄절 분위기

naladěný (악기 등이) 조율된, 분위기가 좋은

naladit v. *ladit*

náladov|ý **1** 분위기에 좌우되는; počasí (날씨가) 변덕스러운, 변하기 쉬운 **2** vzbuzující náladu (분위기를) 북돋우는, 촉진[조장]하는 ◆ ~ *člověk* 변덕스런 사람; *-á hudba* 분위기는 띄우는 음악

nalákat v. *lákat*

nalakovat v. *lakovat*

náledí, *n* 땅 위의 미끄러운 얼음, 빙판, na cestě 빙판길 ◆ *dnes je na cestách* ~ 오늘은 길이 얼어 붙는다

naléhat 억압하다, 누르다; povzbudivě 촉구하다; na koho, aby (무엇을 하도록 누구를) 재촉하다; na co (무엇을) 주장하다

naléhavost, *f-1* 비상, 긴급, 다급, 촉박, 절박

naléhav|ý 촉박한, 절박한, 긴급한, 비상의 ◆ *nej-ější otázka* 가장 시급한 문제

nalepit v. *lepit*

nálepka, *f* na láhvi (병 등에 붙이는) 라벨, štítek 스티커, 꼬리표

naleštit v. *leštit*

nálet *mi-2, 3* **1** prudký (전격적) 공격, 급습, 맹공, 돌격 **2** napadení lesa škodlivým hmyzem (해충으로 인한) 숲의 피해 ◆ *letecký* ~ 공습; *kobercový* ~ 집중 공격

nalétávat **1** letem mířit, letem se přibližovat (비행하여 목표지점을) 향하다, 근접하다 **2** kolik kilometrů (몇 킬로를) 날아가다, 여행하다

naletě|t (*oni naletí*) < **1** mouchy do pokoje (파리 등이 방으로) 날아 들어오다 **2** letem narazit 비행하여 부딪치다, 충돌하다 ◆ *větroň -l na skálu* 글라이더(활공기)가 날아서 바위벽에 박았다; ~ *hlavou na zeď* 머리를 벽에 (매우 세게) 박다

nalévat v. *nalít*

nálevka, *f* 깔때기, jáma po granátu/bombě (폭탄, 포탄으로 인해 생긴) 구멍

nálevna (호텔 등의) 바, 술집

nálevník, *ma-3* 적충류(滴蟲類)((원생동물))

nalevo kde 왼쪽에, 좌측에

nález, *mi-2* **1** 발견, cennosti (특히 가치가 있는 것의) 발견, 찾음 **2** nalezená věc 발견된 물건, 발견물, 습득물 **3** zjištění 조사결과, 소견; soudní (법원의) 판결, 판정 ◆ *lékařský* ~ 의학 보고서; *vynést o čem soudní* ~ (법관·법정이 소송에 대해) 판결을 내리다, 재판하다

nalézat se v. *nalézt*; = *nacházet se* v. *najít*

nálezce, *ma* 발견자

nalez|enec, *ma* 주운 아이, 버려진 아이, 기아(棄兒)

nalezinec, *mi* 기아 양육원

naleziště, *n* 발견된 장소

nálezné, *n* (발견자에 대한) 사례금, 보상

nalézt|t (동사형태 *nalezen*을 제외하고 모든 형태가 *naleznout*와 같다) < **-at** = *najít*

nálež|et (*-žejí*) = *patřit*

náležitost, *f-1* relevantnost 적합성, 타당성, vhodnost 적당성; nezbytná věc 필요물, 필수품; požadavek 요구, 요청

náležitý vhodný 적합한, řádný 적절한, 합당한; patřičný 적당한, 상응하는; právem 정당한, 올바른; důkladný 철저한, 완전한

nalhat (*nalž-u, nalhal*) < **-ávat** 거짓말하다; komu co(že...) (누구에게 무엇을) 믿도록 말하다, 현혹시키다

nalíčit (*nalič!*) v. *líčit*

nalinkovat v. *linkovat*

nalít (*nali- nale-,* 오직 *nalil, nalit-í*) < **nalévat** (액체를) 붓다, 쏟다, 채워 넣다; čaj (차 등을) 따르다

nalitý (부피 등이) 팽팽한, 꽉들어찬; 뚱뚱한

nalíznutý 1 머리를 깔끔하게 빗은 **2** (구어체) opilý (술이) 만취한

nalo|dit < **-ďovat** (짐을) 싣다, cestující (여행객을) 태우다, 탑승하게 하다; zboží (물건을) 배에 싣다, 적재하다 ~ **se** < **-ďovat se** (배에) 탑승하다, 배를 타다

naloďovací 탑승하는, 적재하는 ◆ ~ *práce* 적재 작업; ~ *přístav* 탑선 선착장

nalokat se čeho (무엇을) 꿀꺽 삼키다, 숨을 들이 마쉬다 ◆ ~ *čerstvého vzduchu* 신선한 공기를 들이 마시다; ~ *vody* 물을 꿀꺽꿀꺽 마시다

nalomit větev (나뭇가지 등을 소리나게) 꺾다, 쪼개다, 깨뜨리다, 부수다

naloupat jablka (사과의 껍질을) 벗기다

naloupit mnoho peněz (거금을) 훔치다

nálož, *f* **1** 탄약, 폭발 장전물 **2** (짐의) 적재

naložit < **nakládat 1** zboží (물건을) 싣다, 적재하다, dopravní prostředek čím (운송 수단에 무엇을) 싣다, zatížit 짐을 지우다, 부담시키다 **2** ke konzervování (과일 등을) 저장하다, 소금(설탕)에 절이다; 통[병]조림하다; maso (고기를) 소금에 절여 보존하다 **3** jak s kým (누구를 어떻게) 대우하다, 다루다, s čím (무엇을) 처분하다, 처리하다 **4** jídlo na talíř (음식을 접시에) 놓다

namáčet (*-čejí*) v. *máčet*

namačkat v. *mačkat*

námah|a, *f* úsilí 노력, 노고, 수고: 고심, 고통 ◆ *zvítězit bez -y* 손쉽게 이기다; *s -ou* 어렵게, 힘들게; *marná* ~ 시간허비

namáhat se 노력하다, 수고하다, 고생하다, 분투하다

namáhavý 어려운, 힘든; stresující 긴장되는, 팽팽한; únavný 힘이 많이 드는, 고단한

namále 1 málo 적게, 조금 **2** něčeho je (무엇이) 거의 없다[드물다], mizí 점차 사라져가다, blíží se to ke konci 거의 끝나가다 ◆ *času má* ~ 그에게는 시간이 얼마 남지 않았다; *našeho času je* ~ 우리의 시간은 조금밖에 없다

namalovat v. *malovat*

naman|out se komu (누구에게) 무엇이 일어나다, náhodou se objevit (우연히) 나타나다 ◆ *ukradne, co se -e* 손이 닿는 것이면 무엇이든지 훔친다

namarodit se hodně 자주 아프다, 지병을 앓다

namasírovat v. *masírovat*

namaskovat v. *maskovat*

namastit v. *mastit*

namátkou 무작위로, 우연히, 닥치는 대로, 되는 대로 ◆ *zkusit co* ~ (충분한 지식 없이) 닥치는 대로 해보다

namazat v. *mazat* **1** olejem (기름을) 치다. 바르다, 광택제를 바르다;

máslem (버터를) 바르다 **2** 갈겨쓰다, 되는 대로 마구 쓰다, 낙서하다 **~ se (**비속어**)** opít se 얼근히 취하다

naměřit < **1** (치수를) 재어 나누다, 구획하다, 할당하다; 재어 확인하다 **2** dát se na cestu 길을 떠나다; do pohybu jistým směrem 일정한 방향으로 움직이다

náměsíčn|ictví, *n* **-ost,** *f-1* 몽유병

náměsíčn|ík, *ma-3* **-ice,** *f* 몽유병자

náměsíčný 몽유병의

náměst|ek, *ma-3* **-kyně,** *f* 대리인, 대리역, 부의장, 부총리, 부수상, 차관

náměstí, *n* (거리의) 광장 ◆ *Václavské* ~ 바츨라프 광장; *Staroměstské* ~ 구시가 광장

námět, *mi-2* 제안, 제의; téma 주제, 테마

námezdní 급여[임금]의

námezdný 보수를 바라고[목적으로] 하는, 돈을 위한, 임금의 ◆ ~ *dělník* 임금 노동자; ~ *vojsko* (일정한 돈으로 외국 군대에) 고용된, 용병대

namích|at 1 připravit (다른 일을 위해) 섞다; smíchat 다른 것과 섞다; přimíchat 섞어넣다, 타다; lék, čaje, alkohol, tabák (섞어서 약·차·술·담배 등을) 조제하다, 블렌드하다; karty (카드를) 섞다; barvy (색들을) 혼합하다 **2** koho (누구를) rozzlobit 화나게 하다, 격분시키다, 흥분시키다 ◆ ~ *vodu do vína* 물을 와인에 타넣다; ~ *komu jed do nápoje* 누구에게 독을 음료에 타넣다 **~ se** 화를 내다, 성내다 ◆ ~ *se pro každou maličkost* 사소한 일마다 화를 내다 **-nout** koho **(**구어체**)** (누구를) 화나게 하다, 성가시게 굴다, 약오르게 하다

namířit v. *mířit*

namísto = *místo* …대신에

namítat v. *namítnout*

námitka, *f* proti (…에 대한) 반대, 반론, spíše lehkomyslná 이의, 이론; argumentující 항변 ◆ *mít -y proti čemu* 무엇에 대한 반대 견해를 갖다

namít|nout < **-at** proti (…에 대해) 반대하다, 항의하다; tvrdit, že 논쟁하다, 싸우다, 주장하다; sebevědomě (확신을 가지고) 이의를 제기하다; skočit do řeči (이야기 도중에) 이의 등을 제기하다, 간섭[개입]하다

namlátit v. *mlátit*

namlouvač, *ma* **1** sukničkář 여자를 잘 홀리는 사나이, 레이디 킬러 **2** dohazovač 결혼 중매인

namlouvat v. *namluvit* **~ si** představu (생각을) 납득시키다, 설득하다; děvče (여자를) 얻으려고 애쓰다, 꾀다

namlsat chuť (입맛이나 의욕을) 돋구다, koho (누구를) 유혹하다 (좋지 않는) 습관이 들게 하다, 하고 싶은 대로 하게하다 **~ se** na co (무엇에 대한) 욕구를 갖다 ◆ *dítě namlsaly tak, že si začalo vybírat* 아이는 고르기 시작하는 나쁜 버릇이 생겼다

namluvit < **namlouvat 1** co komu (무엇을 누구에게) 믿게 만들다, 설득하다 **2** koho komu (누구를 누구에게) 교제할 수 있도록 만들다, 중개하다 **3** co na desku (무엇을 데스크 등에) nahrát 녹음하다 **~ si** koho (누구를) 성공적으로 설득하다

N

námluvy, *f-pl* 구애, 아첨
namnoze 종종, 자주, 번번하게
namoci (*namoh-u, -ou, namůže-, namohl, namožení*; **(구어체)** *namoct*) (신체의 일부를) 힘껏 작용시키다; co, koho (무엇을, 누구를)너무 써서 무리를 하다, 상하게하다 ~ **se** 혹사하다; 많은 노력을 하다, 전력을 다하다; 문제를 일으키다 ◆ ~ *si sval/záda* 근육을/허리를 혹사 시키다
namočit v. *máčet*
namodřit v. *modřit*
namok|nout < **-at** deštěm (비에) 젖다, prosáknout (물에) 흠뻑젖다
namontovat v. *montovat*
námořní 바다의, 해양의, lodní 해군의 ◆ ~ *bitva* 해전(海戰); ~ *doprava* 해싱 순송; ~ *lupič* 해적
námořnick|ý oblek, klobouk (옷이나 모자를 일컫을 때) 선원의, 해군의 ◆ *-á modř* (영국 해군의 제복색에서) 짙은 남색, 네이비 블루
námořnictví, *n* 항해술, 선박 조정술
námořnictvo, *n-2* 해군
námořník, *ma-3* 선원, 뱃사람, 해군, 병사, 수병
namotat v. *motat*
námraza, *f* (물체 표면이나 땅 위의) 결빙, 착빙, 빙판
namrskat v. *mrskat*
namrz|nout < **-at** pupeny, ovoce (꽃봉오리나 과일에) 서리가 생기다, 살짝 얼다, 얼어 붙다
namydlit v. *mydlit*
namyšlený pyšný 자만심으로 부푼, 거만한
nanášet v. *nanést*
nandat 1 lžící 숟가락으로 뜨다, naběračkou 국자로 뜨다, 퍼내다 **2** **(속어)** porazit (스포츠경기에서) 상대방을 격파하다, 이기다
nanebevstoupení, *n* 그리스도의 승천
nanejdéle, nanejdýl 아무리 늦어도
nanejvíce, nanejvíc 최대한, 많아야; 고작
nanejvýš(e) 최대한으로, 많아도, 기껏해야, časově (시간상) 최고로 길어야, 길어봤자
nanést (*nanes-*) < **nanášet** (*-šejí*) **1** 많은 양을 가져오다; nahromadit 쌓다, 쌓아 올리다 **2** otázku, problem, návrh (문제, 제안 등을) položit, vyslovit 제기하다, 내놓다, 말하다
neneštěstí 불행히도
nanic ◆ *je mi* ~ 그건 나에게 아무런 쓸모가 없다, 소용이 없다; *dělá se mi* ~ 나는 신물이[넌더리가] 난다
nanicovatý 쓸모없는, 소용없는, 불필요한
nános, *mi* 《地》 퇴적, 퇴적물
nanovo 다시, 새롭게 ◆ *začít* ~ 모든 것을 새롭게 시작하다
naobědvat se v. *obědvat*
naočkovat v. *očkovat*
naoko 체면상 ◆ *dělat co* ~ 무엇을 하는 척만 하다; *souhlasit jen* ~ 동의하는 척하다
naondulovat v. *ondulovat*
naopak 반하여, 도리어; obráceně 반대로
naostřit v. *ostřit*

nápad, *mi-2* **1** myšlenka 생각, 의견, 착상, náhlá inspirace 기발한 아이디어; vrtošivý (변덕스러운) 일시적 기분, 변덕, promyšlený (생각해낸) 고안 **2** dědický 상속인에게 이전 ◆ *ani ~!* 결코[확실히] 아니다; *geniální ~* 천재적인 발상; *to je ale ~!* 그거 참 기발한 생각이야!; *to je dobrý ~* 그거 좋은 생각이야!; *to není špatný ~* 나쁜 생각이 아니다

napadat[1] **1** kulhat 절름거리다, 절뚝거리다 **2** = *napadávat*

nápadník, *ma-3* **1** 구혼자, 청원자 **2** uchazeč (왕위) 요구자 ◆ *~ trůnu* 왕좌를 노리는 자

nápadnost, *f-1* 괴상함, 괴이한 버릇, 기행, 편심

napadnout < -(áv)at[2] **1** o sněhu (특히 눈에 대해) 많이 내리다 **2** 누구를 공격하다, 폭행하다; v jízdě nebo letu (운전 혹은 비행시) 공격하다, 습격하다; opakovanými výpady 공격을 퍼붓다, přepadnout 강습하다, celou oblast (전 지역을) 침략하다, nájezdem nebo vpádem 급습하다 **3** cestou práva (합법적인 방법으로) 공격하다, 논쟁하다 **4** přijít do hlavy komu / koho (누구에게) 갑자기 생각이 떠오르다 ◆ *napadlo mnoho sněhu* 눈이 많이 내렸다; *~ konzulát* 영사관을 떼를 지어 습격하다; *napadlo mě, že...* …생각이 떠올랐다

nápadn|ý zřejmý 명백한, 뚜렷한; 특이한, 괴짜의 ◆ *~ rozdíl* 명백한 차이; *-é šaty* 화려한[야한] 옷

napáječ, *mi* 급송(給送)장치, 급수(給水)/급전(給電) 장치

napáječka, *f* parního kotle (보일러의) 급수 펌프

napajedlo, *n* dobytka (가축의) 물 마시는 곳, 물통

napájet v. *napojit*

napálit (*napal!*) < **napalovat 1** udeřit 강타하다, 세게 때리다, ostrou ranou (날카로운 것으로) 세게 치다 **2** vlasy (머리카락을) 곱슬곱슬하게하다 **3** ošidit 속이다; 사기치다

napalm, *mi-2* 네이팜탄((가솔린을 젤리화한 것으로, 소이탄 따위에 사용))

napalmov|ý 네이팜탄의 ◆ *-á bomba* 네이팜탄 폭판

napalovat v. *napálit*

naparádit v. *parádit* koho (누구에게) 옷을 입히다, 차려 입히다, 단장하다 **~ se** (예쁘게) 차려 입다

naparovat se 중요한 척하다 chvástavě (거만하게) 뽐내며 거다, 으시대다, v chůzi (보행시) 뽐내며 걷다 ◆ *~ jako krocan* 거위처럼 점잔을 빼다, 그렇게 걸어다니다

napař|it < -ovat 1 증기를 방출하다, polít vařícím (끓는 물을 부어서) 김을 내게 하다 **2** (구어체) trest 벌을 주다 **~ se** = *opít se* 만취하다

napařovací 증기/김을 내뿜는 ◆ *~ žehlička* 증기 다리미

napást v. *pást*

napěchovat v. *pěchovat*

napětí, *n* **1** (정치적) 긴장, 팽팽함 **2** nervové 정신적 긴장, vypětí 중압; nervové vzrušení 오싹함, 스릴, 전율 **3** očekávání 기대, 기다림 《電》 전압, 볼트수 ◆ *vnitřní ~* 내부 긴장; *čekat s*

-m na výsledek zkoušky 긴장 속에서 시험결과를 기다리다
nápěv, *mi-2* 멜로디, 곡조, 선율
napíchnout < napichovat = *nabodnout*
napínáček, *mi-2, 3* 제도용 압핀
napínat v. *napnout*
napínavý kniha, film (책이나 영화가) 오싹[짜릿짜릿, 두근두근]하게 하는, 떨리게 하는, 소름이 끼치는; 장렬한, 스릴 만점의
nápis, *mi* upozorňující (주의를 끄는) 표지, 표시; pevně zanesený 명, 비명, 비문, 명각; firma (회사) 간판
napít se v. *pít*
napitý = *opilý* 취한
napjatý 1 lano, struny (밧줄이나 끈, 실 등이) 단단히 맨, 바짝 죈, 팽팽한 **2** situace (상황이) 긴장된, 긴박한 **3** pozornost (주의나 집중에 있어) 용의주도한, 면밀한, 집중력이 강한; 열렬한, 격앙된, 강렬한
naplakat se 많이 울다, 엉엉 울다, 서글피 울다
naplano 헛되게, 무익하게, 쓸모없이
naplánovaný 계획된, 설계된, 준비된, 짜여진
naplánovat v. *plánovat*
náplast, *f-1* na rány 반창고((상처 보호나 붕대 고착용))
naplat nic 할 수 있는 것이 아무것도 없다, 아무 소용이 없다
naplavenina, *f* 《地》 충적층, 미사(微砂), 침니(沈泥)((모래보다 잘지만 진흙보다 굵은 침적토))
naplav|it, -ovat bahno, písek (진흙이나 모래를 해안으로, 강둑으로) 떠내려 보내다, 쓸어가다; 퇴적[침전]시키다
naplivat < na co (무엇에) 침을 뱉다 ◆ *~ komu do tváře* 누구의 얼굴에 침을 뱉다
náplň, *f* **1** koláče (음식물의) 속 **2** (1발분의) 장약, 장탄 **3** (치아의) 충전물; náhradní 보충물, 다시 채운 것 **4** **(비유)** myšlenkový obsah (생각등의) 내용, 테마, 주제
napl|nit < -ňovat 채우다, 가득하게하다, 완성하다 v. *plnit*
naplno bez obalu 솔직하게, 완전히, 전부; rychlost 최고 속력으로 ◆ *říct ~* 솔직히 말하다; *pracovat ~* (공장 등을) 풀 가동시키다; *běžet ~* 질주하다
napnout (*napn-, napjal, -pjat, -pnutí*) < **napínat 1** 잡아당기다, 꽉 죄다, utažením (당겨서) 팽팽하게하다 **2** napřáhnout 펴다, 늘리다; vytyčit 세우다, 올리다, uši (귀를) 쫑긋이 세우다 **3** vzrušit 겁먹게 하다, 오싹하게하다 ◆ *~ nervy* 신경을 오싹하게하다; *~ plachty* 돛을 올리다, vyplout 출범하다; *~ všechny síly* 모든 근육[신경]을 긴장시키다; *~ čí zvědavost* 누구의 호기심을 유발시키다[불러일으키다]
napočítat v. *počítat*
napodob|enina, *f* 모방(작), 모방품, zřejmá 모조품; padělek 가짜, bezcenná (가치없는) 위조물, 위조품
napodobit = *napodobovat*
napodobitel, *ma-1, 4* **-ka,** *f* 흉내내는 사람, 모방자
napodobivý 모방[모조]가 가능한, 모방 본능을 지닌

nápodobně (당신에게도) 똑같이, 동일하게, 마찬가지로

napodobovat 흉내내다, 닮다, 모방하다, 모조하다; vytvořit obdobu (유사품을) 만들다

napodruhé 다음으로, 다른 기회에, 나중에 언젠가

napohlavkovat v. *pohlavkovat*

napohled 겉으로는, 표면상, 보기에

nápoj, *mi* **1** 음료수, 음료, 마시는 것 **2** lásky 미약(媚藥)((성욕을 돋우는 약)), 음약(淫藥)((연정을 일으키는 약)) ◆ *alkoholické -e* 알코올 음료

napojit (*-její*) < **napájet 1** 물을 마시게 하다; dobytek (동물에게) 물을 먹이다 **2** co čím (무엇을 다른 무엇으로) 공급하다; elektr. proudem (특히 전류를) 보내다, 전기를 공급하다 **3** připojit na (…에) 접속시키다, 부착하다 ~ **se** < **napájet se** 마시다, 빨아들이다, 흡수하다 ~ **se** < **napojovat se** na co (무엇에) 참여하다[합류하다]

napolovic 절반으로, 50대 50 ◆ *rozdělit* ~ 반(半) 반(半)으로 나누다

napomáhat komu (누구를) 돕다; podporovat 원조하다, 호의를 보이다

napo|menout < **-mínat** domluvami (설득으로써) 훈계하다, 타이르다; výtkou (질책으로써) 꾸짖다, 나무라다, 경고하다; radit 충고하다 ◆ ~ *koho za rychlou jízdou* 과속에 대해 누구에게 경고하다

napomínavý slova 타이르는 (말), 경고하는

nápomocný 도움이 되는, 유용한; prostředkující uskutečnění (실현을 위해) 도구가 되는, 수단의

naponejprv, -e zprvu 처음에, 처음으로, 최초의 시도로; 가장 먼저

nápor, *mi-2* 맹공격, 맹습, 공격; 맹렬한 돌진, vody 급류; větru, deště (바람, 비의) 돌발적 발생, 돌풍

napořád 항상, 계속해서, 줄곧, 지속적으로, vesměs 예외 없이, 전부

naposled(y) 마지막으로, 끝으로; v řadě (줄, 열에서) 맨 뒤에, 끝에

napouštět v. *napustit*

nápověď, *f-1* **1** 힌트, 암시, náznakem (암시에 의한) 넌지시 비춤, 시사; pro herce (배우들을 위한) 큐, 단서되는 말

nápověd|a[1], *ma* **-ka,** *f* **1** (배우에게) 대사를 일러주는 사람, 프롬프터 **2** (컴퓨터) 도움말 ◆ *-ova budka* (무대의) 프롬프터가 있는 곳

nápověda[2], *f* (수수께끼나 크로스워즈 퍼즐을 푸는) 실마리

napo|vědět (*-ví-m..., -vědí, -věz!, -věděl*) < **-vídat** ve škole (학습자에게) 옆에서 일러주다; (말이 막힌 사람에게) 한마디 거들어주다; naznačit 암시하다, 비추다, 시사하다; v divadle 대사를 일러주다; poukazem …에 둘러[빗대어] 말하다, nepřímo (간접적으로) 넌지시 암시하다; nedokončit 하지 않고 남겨두다

napráskat komu (누구를) 몽둥이로 때리다, 채찍질하다, 마구 때리다, 누구를 호되게 때리다

naprasklý (유리가) 금이 간, 깨진

naprášit (*napraš!*) **1** do, po, na (…을) 먼지투성이로 만들다 **2** komu 누구를 (먼지나게) 때리다

N

náprava[1], *f* **1** 교정, 수정, 정정; 구제, 치유 **2** škod nebo křivd (손해 혹은 상해의) 배상, 보상, morální (도덕적인) 속죄

náprava[2], *f* kola (차륜의) 굴대, 차축

naprav|it < **-ovat 1** chyby, škody, nepořádky (실수, 손해, 무질서를) 바로잡다, 바르게 하다, uvést do pořádku 정상으로 만들다, 수정하다, morálně (도덕적으로) 배상[보상]하다, 수선[수리]하다 **2** zlepšit 향상시키다 **-it se** < **-ovat se** 향상[개선, 개량]하다; o člověku (사람의 행실을) 고치다

napravitelný 향상시킬 수 있는, 수리[배상] 할 수 있는

nápravn|ý 바로잡는, 개혁하는, 수성하는, 개선하는; k pracovní schopnosti 복직[복권, 복위] 시키는 ◆ *-é zařízení* 감화원

napravo 오른쪽에, 오른쪽으로

napravovat v. *napravit*

naprázdno 한가하게; 태만하게, 빈둥빈둥

naprosto 완전히, 전적으로

naprostý 절대적인, 전적인; dokonalý 철저한, 완전한, 완벽한

naproti 1 na protější straně 반대편에, 마주대하여 **2** čemu (무엇을) 마주하여 **3** k vlaku (역에) 마중나가는 ◆ *být/stát ~ čemu* (무엇을) 직면하다, 대항하다; *~ tomu* 반면에; *zařídím, aby vám někdo šel ~* 누군가 당신을 마중나가도록 조치를 취하겠습니다

náprsenka, *f* 와이셔츠의 앞가슴판 ((떼었다 붙였다 할 수 있음))

náprsní taška (여행용으로 앞에 거는) 지갑

náprstek, *mi-2, 3* (재봉용) 골무; jako množství 극소량

naprš|et 많은 비가 내리다 ◆ *-elo mi na prádlo* 내 빨래가 비에 흠뻑 젖었다; *až -í a uschne* 오랫동안 기다려야 한다, 그럴 일은 거의 없다

napřáhnout (*napřažen*) < **napřahovat** 손을 내밀다, podat 손을 내밀다 ~ **se** < **napřahovat se** po (잡으려고) 손을 뻗다

napřed 이전에, vpředu …앞에, v čele 선두에, ve vzdálenosti před ostatními 다른 것들 보다 앞쪽에; první 맨 먼저, s předstihem 미리, pro budoucno 앞서서, 장래를 위해 ◆ *moje hodinky jdou o pět minut ~* 내 시계가 5분 더 빠르게 간다

napřesrok 내년에

napříč …을 가로질러, příčně 횡단하는 ◆ *strom spadl ~ přes cestu* 나무가 길을 가로 질러 쓰러졌다

například 예를 들어 ◆ *jako ~* 마치 예를 드는 것처럼

napřímit (*napřim!*) < **napřimovat** 똑바르게 하다, 곧게 하다; vzpřímit 일으키다 ~ **se** < **napřimovat se** (어깨나 허리를 펴서 몸을) 바른 자세로 하다; vstát 일어나다, vsedě 똑바로 앉다

napříště 앞으로, 지금부터, příště 다음에

napřít se[1] (*např-u, -el, -ení*) < 기대다, 의지하다

napřít se[2] < 서로 다투다

napsat napsat (*napíš-u, napiš!, napsal, -ání*) v. *psát*

napudrovat v. *pudrovat*

N

napuchlý 부푼, oči (눈이) 부은, 팽창된

napůl = *napolo*

napumpovat v. *pumpovat*

napustit (*napusť!, napuštěn*) < **napouštět** (*-štějí*) **1** co kam (무엇을 어디로) 들이다, nádrž (기름이나 물 탱크를) 채우다 **2** co čím (무엇을 무엇으로) 스며들게 하다, 가득 차게 하다

náramek, *mi-2, 3* **1** 팔찌 **2** (장식용의) 소매 끝동; (와이셔츠의) 커프스

náramenník, *mi-2, 3* (장교 정복의) 견장(肩章); (여성복의) 어깨 장식

náramenní 어깨의

náramný velký 거대한; skvělý 환상적인, 대단한

naráz v. *najednou*

náraz, *mi-2* úder 타격, otřesný 충격; 진동; při srážce 충돌, 부딪힘; silný 강한 충돌, 격돌; větru 돌풍; (심적) 쇼크

narazit (*naražen*) < **narážet** (*-žejí*) **1** …에 충돌하다, udeřit do, na …에 부딪치다, …을 치다[때리다], pohmoždit 쾅하고 부딪치다; při pohybu 타박상을 주다, …와 충돌하다 **2** nasadit (모자나 옷을) 씌우다/입히다 **3** náhodou se střetnout …와 우연히 맞부딪치다, setkat se 우연히 만나다; u koho (누군가의) 반대의견에 부딪치다 **4** narážkou …을 암시하다

nárazník, *mi-2, 3* 완충기, auta (자동차의) 범퍼, (오토바이의) 펜더

nárazov|ý 발작적인, 단속적인, nepravidelný 불규칙적인; vítr 바람이 심한, 돌풍이 많은, pohyb 갑자기 움직이는 ◆ *-á vrtačka* 진동 천공기(穿孔機)

narážet (*-žejí*) v. *narazit* (*naražen*)

narážka, *f* zmínka 넌지시 말함, 암시; herecká (연극의) 큐

narcis, *mi-2* 나르시스; kadeřavý 노랑수선화, žlutý 노랑수선화

narko|man, -tik, *ma* **(속어)** 마약 중독자

narkotick|ý 마취의, 마취약의, 무감각한, 잠이 오는 ◆ *být v -ém opojení* (마취에 의해) 나른한 상태에 있다, 도취되어 있다

narkotikum, *n-2, 3* 최면약, 마(취)약

narkotizovat …을 마취시키다, 마취제를 투여하다

narkóza, *f* (마취약에 의한) 혼수; *pl* 혼수 상태

náročný 1 učitel (선생님이) 엄격한, 정확한; zákazník (고객이) 까다로운, při výběru (선택에 있어) 까다로운; **(구어체)** (성질이) 괴팍스러운; činnost 요구가 많은, 가혹한 **2** 어려운, 난해한, (일 등이) 힘든, 고된

národ, *mi* 국민, 민족 ◆ *Spojené -y* UN 유엔, 국제 연합

narodit se (*narozen*) 태어나다 ◆ *narodil se jí chlapec* 그녀는 아들을 낳았다; *umět se* ~ 부유한 집에서 태어나다; *podruhé* ~ (고질병에서 완쾌되어) 수명이 늘다, (사태가 호전되어) 보다 행복한 생활을 하다; (물건이 수리 등으로 인해) 더 오래 견디게 되다

národně ◆ ~ *osvobozenecký* 민족해방의; ~ *socialistický* 민족사회주의의

národní 국가의, 민족의; lidový 국민의 ◆ ~ *stát* 민족국가; ~ *svátek* 공휴일; ~ *škola* 국민[초등]학교

národnost, *f-1* 국민성, 국적; 국민의 소속감, 민족성; národnostní skupina 한 집단으로서의 민족 구성단체

národnostní 국민성의, 국적의; 민족 구성의

národopis, *mi* 인종학, 민족학

nárok, *mi-2, 3* **1** oprávnění (주장할 수 있는) 자격, právo 권리; na uznání 요구, nezaručený (보장 받지 않는) 주장 **2** pl -y požadavky 요구사항, nezřízené 암묵의 요구 ◆ ~ *na dovolenou* 휴가에 대한 권리; *zřeknout se -u na co* 무엇에 대한 권리를 포기하다

naroubovat v. *roubovat*

naroveň 똑같이, 동등하게, 평등하게, 차별없이

narovnat (se) < -ávat (se) = *napřímit (se)*

narození, *n* 출생, 태어남, 탄생 ◆ *datum* ~ 생년월일; ~ *mrtvého dítěte* 사산아

narozeniny, *f-pl* 생일 ◆ *oslava narozenin* 생일 파티; *dort k narozeninám* 생일파티 케이크; *vše nejlepší k narozeninám* 생일축하합니다, 생일을 맞아 만사형통하시길

nároží, *n* 모퉁이 ◆ *obchod na* ~ 모퉁이에 있는 상점; *na* ~ 모퉁이에, 모서리에

nárt, *mi-2* **1** hřbet chodidla 발등 **2** svršek obuvi (구두의) 앞쪽 등가죽

naruby obráceně 거꾸로; zmateně 뒤범벅이 되어, 뒤죽박죽, 혼란스럽게 ◆ *obléct si/mít co oblečeno* ~ 옷을 거꾸로 뒤집어 입다; *znát někoho nalíc i* ~ 누군가를 모든 면에서 알다

náruč, *f* **náručí,** *n* 팔, 사지; množství (양) 한 아름

narůst, *mi-2* 부가, 부가 이자; růst 증강, 성장

nárůst (*narost-*) < **-at** 자라다, 성장하다 ◆ *měsíc -á* 달이 (점점) 차다

naruš|it < -ovat 1 klid (평화 · 질서를) 어지럽히다, 교란하다 **2** plány (계획 등을) 간섭하다, 방해하다; dovolenou (휴가 등을) 망치다 **3** 위배[위반]하다, 범하다, 어기다 **4** hranice, vzdušný prostor (국경, 영공 등을) 침범하다, 넘나들다

náruživost, *f* nadšení 정열, 열광, …광[열], 마니아 ◆ *sběratelská* ~ 수집광(蒐集狂)

náruživý 격렬적인, 열렬한, vášnivý 정열적인

narychlo 황급히, 다급하게, 서둘러서

nárys, *mi-2* = *náčrt* 윤곽, 약도, 청사진; 개요

narýsovat v. *rýsovat*

nářadí, *n* pracovní (일의, 작업의) 연장, 도구, 용구 ◆ *tělocvičné* ~ 운동기구

nařčení, *n* 고소, 고발; 죄상, 죄과 ◆ *falešné* ~ 무고

nářeč|í, *n* místní řeč (지방) 방언, 사투리, 어풍 ◆ *mluvit -ím* 사투리로 말하다

nářeční 방언의, 사투리의

nářek, *mi-2, 3* 비탄, 한탄, 슬픔

nářez, *mi-2* **1** naříznutí 베기, 째기; 벤

N

자국 **2** uzenářský 냉육((고기 등의 얇은 조각)) **3** výprask 채찍질, 마구 때림

nařez|at (*na-řež-u ..., -řezal, řezání*) < **1** chléb (빵을) 자르다, 썰다, 베다 **2** komu (누구를) zbít 마구 때리다 **-at** < **- ávat** do čeho (무엇을) 새기다

nařídit (*nařiď!, -řízen*) < **nařizovat** **1** přikázat 명령하다; uložit (…에게 의무, 책임 등을) 지우다 **2** dát pokyn, směr 지시하다, 겨냥하다 **3** nastavit (시계나 라디오를) 맞추다 ◆ ~ *budík na osm* 자명종을 8시에 맞추다

naříka|t < **za- 1** při velkých bolestech (통증이 심해) 신음하다, sténat 끙끙대다; 비탄하다, 원망하다, 한탄하다 **2** stěžovat 불평을 말하다, 투덜투덜대다

naříkavý hlas (목소리가) 구슬픈, 애처로운; 푸념하는

nařízení[1], *n* 명령, 규정; 소환; zákon 법령, 조례 ◆ *sbírka zákonů a* ~ 법령집

nařízení[2], *n* (시계나 라디오의) 조정, 조율

naříznout < jako *nařezat*

nařizovací 규정하는, 지시하는

nařizovat v. *nařídit*

nařknout …로 고소하다 ◆ ~ *koho z čeho* 누구를 무엇으로 고소하다

násada, *f* **1** držadlo 자루, sekery, kladiva (도끼나 망치의) 손잡이 **2** hadice 노즐, dýmky (파이프 담배의) 관 **3** rybí 주둥이물고기 새끼, 잔 물고기, 치어

nasadit (*nasazen*) < **nasazovat 1** do žádoucí polohy (있어야 할 자리에) 놓다, 얹다; obléci 씌우다, 쓰다; pevně (단단히) 고정시키다; vztyčením 세우다, 설치하다; přiděláním (상, 대포 등을) 앉히다, 설치하다 **2** tvář (얼굴을) 취하다, 띠다 **3** vynaložit, dát v sázku (돈을) 걸다 **4** zapojit, aby se využilo 고용하다, příkazem pracoviště 지시하다 **5** (기계를) 조정하다, 맞추다 ◆ ~ *komu brouka do hlavy* (누구에게) 꺼림직한 이야기를 하다; ~ *čemu korunu* (누구에게) 왕관을 씌우다; ~ *komu nůž na hrdlo/krk* (누구를) 협박하다 ~ (*všechny*) *páky* 전력을 쏟다; ~ *komu parohy* (처가 간통하여 남편에게) 부정한 짓을 하다, 누구의 아내와 사통하다; ~ *komu pouta* (누구를) 속박[구속]하다; ~ *tón* 곡조를 붙이다 **~ se** < **nasazovat se** někam 정착하다, nezákonně 무단으로 정착하다

násadka, *f* na pero 펜대, 펜걸이

nasáknout v. *sáknout*

nasá(va)t (*nasa-, nasál*) v. *sát*

na|sázet (*-zejí*) v. *sázet* **-sazovat** v. *nasadit*

nasbírat v. *sbírat*

nased|nout < **-at** do vlaku/autobusu (기차나 버스에) 올라 타다, 승차하다; na loď, do letadla (배나 비행기에) 승선하다 ◆ ~ *prosím!* 자, 빨리탑시다!

nasekat < 자르다

násep, *mi* podél moře 둑, 제방; opevnění 성벽, hráz 방벽

naservírovat jídlo, nápoj (음식이나 음료로) 시중들다, 접대하다

nashle 안녕, 잘가

nashledanou 안녕(히가세요), 잘

가(세요)

nashromáždit = *shromáždit*

naschvál 의도적으로, úmyslně 고의로; zlomyslně 앙갚음으로

násil|í, *n* 강제, 폭력, vrcholně nespravedlivé 침범, 위반 ◆ *nečinit si ~* 폭력을 가하지 않다; *veřejné ~* 집단 폭력; *-ím se zmocnit* 폭력으로 취하다; *spáchat ~* 폭력을 행사하다

násilnický 냉혹한, 잔인한, 압제적인, 포학한, 무도한,

násilník, *ma-3* 흉악[잔인]한 사람; 폭군, 전제군주, 압제자

násilnost, *f-1* 폭력, 잔인함, 흉악, 압제

násilný 1 강제의; nepřirozený 비자연적인, nucený 억압의 **2** 무자비한, 폭력적인

nasít v. *sít*

naskákat < do vody (점프하여 물 속으로) 뛰다, 다이빙하다

naskakovat v. *naskočit*

naskicovat v. *skicovat*

naskládat < **1** 쌓다, našetřit 축적하다 **2** mnoho písní 많은 곡을 짓다, 여러 노래를 작곡하다

naskočit < **naskakovat 1** 뛰어들다 **2** rozběhnout se 갑자기 출발하다, motor (자동차 등이 출발하며) 튀어나가다 **3** vyvstat 뛰어 오르다

náskok, *mi-2* **1** 앞장섬, 리드 **2** výhoda 우세, 유리

naskrz(e) = *veskrze*

na|skytnout se < **-skýtat se, -skytovat se** příležitost (기회 등이) 생기다; vyskytnout se 나타나다, vzniknout 일어나다

nasládlý, 달콤한, 꿀맛의; **(**비유**)** 감미로운

násled|ek, *mi-2, 3* 결과, 귀결, 결론; účinek 효과 ◆ *mít co za ~* 어떤 결과물을 가지다; *nést -ky* 결과를 감수하다[에 책임을 지다]

následkem 결과로 인해, 탓으로, 때문에 ◆ *~ toho* 그 결과; *~ nehody* 사고의 결과로 인해

následnictví, *n* 연속성; trůnu (왕위의) 계승, 물려 내려감

následník, *ma-3* 계승자 ◆ *~ trůnu* 왕위 계승자

následný 1 jako následek 결과의, 결과로서의 **2** jdoucí za tím 후속의, v časovém sledu 연속적인 ◆ *~ výzkum* 연속(연구) 과제

násled|ovat 뒤따르다, v pořadí 계승하다, být následkem 결과로서 일어나다, následující za sebou 연속적인 ◆ *po čtvrtku -uje pátek* 목요일 다음엔 금요일이 뒤따른다; *~ čího příkladu* 누구의 본보기를 거울삼아 따르다

následovník, *ma-3* 추종자 = *následovatel*

nasleplý (조금) 시력이 약한

naslepo 맹목적으로, 눈을 가리고, 무작정하게, 경솔하게 ◆ *schůzka ~* (제 3자의 소개에 의한) 안면이 없는 남녀의 데이트; *hrát ~ šachy* 눈을 가리고 체스를 두다

nasli|nit < **-ňovat** 침을 적시다; 핥다

naslouchací 청각의, 탐지하고 있는, 감시[추적]의 ◆ *~ přístroj* 보청기; *~ služba* 감시 서비스

naslouchat komu/čemu (누구에게/무

N

엇에) 귀를 귀울이다, koho (누구의 말을) vyslechnout 들어주다; tajně (몰래) 엿듣다

naslouchátko, *n-2, 3* 보청기

nasnadě *být* ~ 자명해지다, 분명하다; (문제가) 생기다 ◆ *je ~ otázka, zda...* …할까 하는 의문이 생기다

nasnídat se v. *snídat*

násobek, *mi-2, 3* 배수(倍數), 복합

násobení, *n* 증가, 증식, 번식; 《數》 승법, 곱셈

násobilka, *f* 승법(乘法)표, 곱셈표 [구구표]

násobit > vy-, z- 늘리다, 증가시키다, 곱하다 ◆ *dvě násobeno čtyřmi se rovná osmi* 2 x 4는 8이다

násosk|a, *f* **1** 피펫((극소량의 액체 등을 재거나 옮기는 데 쓰는 작은 관)), 사이펀, 빨아 올리는관, 흡입관 **2** (구어체) = *opilec* 술취한 사람 ◆ *přečerpat -ou* 사이펀으로 빨아 들이다

nasouk|at < -ávat 1 감아 올리다, 돌리다 **2** (잡아 당겨 옷 등을) 착용하다 **3** sníst s nechutí 억지로 먹다, 마지못해 먹다 ◆ *-ala se do úzkých kalhot* 꽉 죄인 바지를 입다; *~ co do sebe* 억지로 먹다

naspěch = *nakvap* 서둘러, 촉박한 시간 속에◆ *mít ~* 서두르다

naspodu 밑바닥에 = *vespod*; v domě 아랫 층에 ◆ *~ v zásuvce* 서랍바닥에

naspořit v. *spořit*

nasrat (*naser-, nasral, nasrání*) **1 (**비속어**)** 배설물을 방출하다, 배설하다 **2** koho (누구를) 질리게 하다, 괴롭히다, 성가시게 하다 **3 (**비속어**)** komu (심한 반감이나 거부감을 표현할 때 사용) ◆ *nasrat!* 아무런 가치가 없다!; *naser mu!* 그는 상관마라!, 그에게 신경쓰지마라!

nastálo 영원히, 계속해서

nastartov|at < -ávat 시동을 걸다; 새로 시작하다

nast|at (*nastan-, nastal*) **< -ávat** (계절 등이) 시작하다, 개시하다, 개척하다; příliv (밀물이) 들어오다 ◆ *nastaly deště* 우기(雨期)가 시작되었다; *-alo jaro* 봄이 도래하였다; *-ala nová éra* 새 시대가 시작되었다

nastávající 1 volby, změny (선거나 변화가) 곧 닥쳐올, 다가오는, 이번의; 준비된 **2** budoucí 미래의, 도래하는; podle plánu 계획에 따른 ◆ *jeho/její nastávající* 약혼자; *~ matka* 예비산모, 임산부

nástavba, *f* **1** domu (건물의) 상부구조; 옥상 가옥, 빌딩의 탑옥 **2** studijní 추가 코스, 보충학습

nástavec, *mi* = *nástavek* 확장부, 연장된 부분, 추가부분

nastavení, *n* 조정, 조절; 설치

na|stavět (*-stavějí, -stav!*) < 건설하다, 세우다

nastav|it < -ovat 1 (뭔가를 잡기위한) 자세를 취하다, (뭔가를 하기위한) 적절한 포즈를 취하다 **2** prodloužit, doplnit 보충하다, 길게하다; pracovní dobu (작업 시간을) 연장하다 **3** překážku 견디어 내다 **4** napřáhnout 내밀다 **5** stroj, přístroj (기계 등을) 조정하다, 조절하다 ◆ *nastav ruku, nasypu ti třešně* 손을 받쳐라[받을 준비해라] 체리(cherry)를 뿌

린다[던진다]; ~ *rty k políbení* 키스할 포즈를 취하다; *-ovat noci* 밤 늦게까지 공부하다; ~ *komu nohu* (누구를) 걸려서 넘어지게 하다; ~ *uši* 귀를 기울이다; ~ *život* 목숨을 걸다

nastehov|at < **-ávat** oděv (옷을) 시침질하다, 가봉하다

nastěhov|at (se) < **-ávat (se)** 이사가다 ◆ ~ *se do nového bytu/domu* 새 집으로 이사가다

nástěnka, *f* 게시판; propagační 선전, 벽보, 포스터

nástěnn|ý 벽의, 벽걸이의; v umění 벽화의 ◆ *-é hodiny* 벽시계; ~ *kalendář* 벽걸이 달력; *-á mapa* 벽걸이 지도

nástin, *mi-2* 윤곽, 틀, 개요; 스케치, 요약; 발췌문

na|stínit (*nastiň!*) < **-stiňovat** 윤곽을 잡다, 스케치하다, 요약하다

na|stlat (*nastel-, nastlal*) < **-stýlat** 쌓다; 번지다, 퍼지다, naházením 흩트리다; (외양간, 마루 등에) 짚을 깔다, 깃을 깔아주다

nastol|it < **-ovat 1** na trůn 왕좌에 앉히다, 임명하다 **2** pořádek (질서를) 세우다; 수립하다, 확립하다 ◆ ~ *přátelské vztahy* 우호관계를 촉진[증진]시키다

nastotisíckrát(e) nesčetněkrát 셀 수 없을 만큼, mnohokrát 많이, 매우 ◆ ~ *děkuji*; 대단히 감사합니다; ~ *vás pozdravuji* 진심으로 안부인사드립니다

na|stoupit (*nastup!*) < **-stupovat 1** dostat se chůzí, krokem (걸어서) 이르다; vstoupit 들어서다; do vlaku, na loď, do letadla (기차·배·비행기에) 타다, 탑승하다 **2** zahájit, začít 착수하다, 시작하다 **3** do zaměstnání (직업[직장]에, 일, 직능·직무, 역할 등에) 들어가다, 맡다 **4** k moci (권력을) 쥐다; na čí místo (누구의 자리에/어떤 위치에) 오르다, 계승하다 **5** do útvaru 줄서다 **6** po čem (무엇 뒤에) 오다, 따라오다, dostavit se 나타나다, nastat 도래하다 ◆ ~ *dovolenou* 휴가를 시작하다, 휴가가다; ~ *do podniku* 직장에 나가다; ~ *do práce* (일을) 시작하다; ~ *do řady* 줄에 들어서다, 줄을 서다; ~ *na trůn* 왕위에 즉위하다; ~ *vládu* (= *do úřadu*) 정권을 잡다, 세력을 얻다; ~ *do vozu* 차량에 올라타다; ~ *dráhu* 방침을 정하다; ~ *vojenskou službu* (의무적으로) 군복무를 시작하다, 입대하다; *po prázdninách -il (na) studia* 방학 후 학업을 시작했다; *po suchém létě -il pěkný podzim* 절망 후엔 희망이 찾아온다; *starý svět byl překonán, -il nový* 구시대가 지나면 새 시대가 도래한다 ~ *novou kariéru* 새 경력을 쌓다

nástrah|a, *f* **1** vnadidlo, návnada 물고기가 좋아하는 먹이, 미끼 **2** léčka 덫; (비유) 함정 ◆ *lovecká* ~ 사냥 미끼; ~ *živá* 진짜[산] 미끼, ~ *umělá* 가짜[죽은/인조] 미끼; *klást, strojit -y* 덫을 놓다, 함정을 파놓다, *položili -u na myši*; 쥐덫을 놓다

nastraž|it < **-ovat 1** nalíčit, nastrojit 올가미[함정]를 놓다 **2** nastavit, nastrčit 설치하다; 묻어 놓다, 은닉하다 **3** o psovi (개 등이) uši 귀를 쫑긋 세우다, napnout (사람이) 열심히 듣다 ◆ ~ *někomu léčku* 누구에게 함정을

N

파놓다; ~ *překážky* 장애(물)을 만들어 놓다; ~ *uši;* 귀를 쫑긋 세우다; ~ *oči* 눈을 번뜩이다

nastr|čit < **-kovat 1** co kam/komu/čemu (무엇을 어디로/누구에게/무엇에) shora připevnit 위로부터 아래로 고정시키다 = *nasadit, nastavit, navléci* **2** postavit proti někomu do cesty 누구의 가는 길을 방해하다; 상대방에게 무엇을 내밀다 **3** podvodně, chytře (속임수를 써서, 교묘하게) 누구를/무엇을 다른 누군가로/무엇으로 대체하다, 바꾸다; koho (누구를) 이용하다, 꼭두각시 노릇으로 활용하다 ◆ ~ *svíčku na svícen* 초를 촛대에 꽂다; ~ *brýle na nos* 안경을 코 위에 고정시키다; ~ *zátku do láhve* 병 마개를 닫다; ~ *klíč do zámku* 자물쇠에 열쇠를 쑤셔[밀어, 집어] 넣다; ~ *prsten na prst* 반지를 손가락에 끼워넣다; ~ *psovi náhubek* 개에게 부리망을 씌우다; *byl jsem v té věci jen -čenou figurou* 나는 그 일에 그저 꼭두각시였을 뿐이다; *-čený člověk* 꼭두각시

nástrčka, *f* 어떤 물건을 끼우는[꽂는] 구멍이 있는 통, 기구; (전구 등을 꽂는) 소켓; (촛대의) 초꽂이 ◆ ~ *na tužku* 연필꽂이

nástroj, *mi* **1** pracovní (작업용) 도구, rukodělný 장비, 기구, 공구 **-e,** *pl* = *nářadí* (한벌의) 연장 **2** 앞잡이, 끄나풀, 꼭두각시 **3** prostředek (목적을 달성하기 위한) 수단, 방법, 방편 **4** 음악소리를 내는 기구 ◆ *hudební* ~ 악기; *dechové* ~ 목관악기; *strunné* ~ 현악기, *smyčcové* ~ 현악기; *bicí* ~ 타악기; *žesťové* ~ 금관악기; *jazyk, ~ myšlení a dorozumívání* 언어는 생각과 의사소통의 수단이다; *přesný* ~ 정밀기계

nastroj|it < **-ovat 1** koho (누구에게) 옷을 예쁘게 입히다, pěkně obléct, vystrojit (화려하게) 차려 입히다; co upravit (무엇을) 조정하다 **2** léčku (덫, 올가미) nastrčit 설치하다, 놓다 **3** (výraz tváře) naladit (얼굴표정을) 짓다; 분위기에 맞추다 **~ se** 차려입다 ◆ ~ *dceru jako princeznu* 딸을 마치 공주처럼 차려입히다; ~ *se do svátečních šatů* 파티복장[나들이복]을 하다; *ty ses dnes nastrojila* 너 오늘 옷 참 잘입었다; ~ *smutnou tvář* 슬픈 얼굴을 하다

nástropní 천장의 ◆ ~ *lampa* 천장에 달린 램프; ~ *malba* 천장벽화

nastřádat v. *střádat*

nastříhat co (무엇을) nařezat 칼로 잘라내다; 일부를 잘라내다; 조금만 자르다 ◆ ~ *co na kousky* 무엇의 조각으로 잘라내다; ~ *papír na proužky* 종이를 작은 조각으로 잘라내다

nastříkat < kde (어디에) 튀기다, pokropit 뿌리다 ◆ ~ *vodu na obličej* 얼굴에 물을 뿌리다; ~ *vodu na podlahu* 바닥에 물을 뿌리다; ~ *vodu na omdlelou dívku* 기절한 소녀에게 물을 뿌리다

nastřílet (*-lejí*) < **1** 총을 쏘아 많은 사냥감을 잡다, (탄알을 많이) 쏘아대다 **2** branky (골을) 넣다, 득점하다 ◆ ~ *5 branek* 5골을 넣었다; ~ *do aut 20 nábojů* 자동자에 20발을 쏘아대다

nastudit se (*nastuzení*) = *nachladit se* 감기에 걸리다, 오싹해지다

nástup, *mi-2* **1** do vlaku (기차에) 승

차 **2** zahájení 시작, 개시 **3** ujmutí se nějaké činnosti (어떤 활동에) 착수, (일정한 직무) 수행 **4** po někom 계승, 즉위

nástup|ce, *ma* **-kyně** *f* 계승자, 후임자

nástupiště, *n* 승강장, (역의) 플랫폼 ◆*příjezdové/odjezdové* ~ 발차/도착 플랫폼

nástupní **1** odjezdový 출발의 **2** slavnostně uvádějící 취임(식)의 ◆ ~ *ostrůvek* (도로상의) 교통 안전지대; ~ *stanice* 출발역; ~ *řeč* 취임 연설; *v parlamentu* (의회에서의) 처녀 연설

nástupnick|ý 계승의, 상속의 ◆ *-é právo* 상속권

nástupnictví, *n* 계승, 상속; právo 상속권

nastupovat v. *nastoupit*

nastydnout = *nachladit se*

nastýlat v. *nastlat*

nastylizovat v. *stylizovat* dopis, projev (편지나 연설문의) 초안을 잡다, 틀을 잡다

nasucho, na sucho 습기없이, 물기없이

nasuchu, na suchu 마른 자리에, 물기 없는땅 위에

nasun|out < -ovat = *navléci* co kam (무엇을 어디에) 밀어 붙이다, 채워 넣다, 끼우다

nasvačit se v. *svačit* 간식을 먹다, 스낵을 들다

nasvěd|čit < -ovat čemu (무엇을) 증명하다, 입증하다; 증거가 되다, 증언하다, 알려주다 ◆ *vše nasvěčuje tomu, že je vinen* 모든 것이 그가 유죄임을 입증하고 있다

nasycení, *n* **nasycenost,** *f-1* 포만, 포만감; 《化》 포화(상태)

nasycený **1** *jídlem* (음식으로) 배가 부른; 충만한 **2** 《化》 포화상태의

nasycovat v. *nasytit*

násyp, *mi* **1** 길게 뿌려진[쏟아 부은] 흙이나 모래 자갈 더미; 그 재료 **2** násep 제방, 둑 **3** do kamen ((벽)난로 · 화덕에 넣을) 연료, 땔감; do pece (노 · 난방로 · 용광로에 넣을) 연료

nasyp|at < -ávat v. *sypat* **1** obilí, písek (곡식이나 모래를) 붓다, 쏟아 붓다, 따르다;뿌리다 **2** komu, čemu (가축에게 먹이를) 주다 **3** **(비유)** komu čeho (누구에게 무엇을) 많은 양을 주다 **4** co čím (무엇을 무엇으로) 부어[쏟아] 채우넣다 ◆ ~ *písek na cestu* 모래를 길에 쏟아붓나, 뿌리다; ~ *pilin na podlahu* 톱밥을 바닥에 뿌리다; ~ *sůl do slánky* 소금그릇에 소금을 붓다; ~ *obilí do pytle* 자루에 곡식을 붓다; ~ *někomu písek do očí* (누구의 눈에 모래를 뿌리다) = *obalamutit ho* 남의 눈을 속이다, 농락하다, 속이다; ~ *kuřatům* 닭에게 (모이를) 주다; ~ *koním ovsa* (= *obroku*) 말에게 귀리(오트밀)를 사료로 주다; ~ *učitel nasypal žákům trojek* 선생님이 학생들에게 C학점((체코에서 가장 낮은 학점))을 많이 주셨다; ~ *koš obilím* 곡식으로 바구니(통)를 채우다; ~ *si kapsu zrním* 곡식 알갱이로 주머니를 채우다

násypka, *f* (사료를 주는) 용기나 도구

násypník, *mi* 깔때기 모양의 그릇;

(가공재료나 연료 등을 넣는) 깔때기 모양의 장치

násypn|ý 붓는, 부어 넣는, 뿌리는 ◆ *-á nádoba* 붓는/뿌리는 그릇; *~ otvor* (사료를) 붓는 구멍; 채워넣는 구멍; *~ kamna* (장시간용) 연료를 붓는 난로의 한 종류

nasy|tit (*nasycen*) < **-covat 1** jídlem (음식으로) 배를 충분히 채우다; 배고픈 사람에게 음식을 먹이다 **2** zvědavost, potřeby, tužby (호기심, 필요, 욕구에) 응하다, uspokojit 충분히 만족시키다 **3** 《化》 포화시키다 ◆ *řečmi hladového nenasytíš* 말로는 배고픈 사람을 못채운다(배가 고프면 바른 말도 들리지 않는다, 수염이 석자라도 먹어야 양반) **-tit se** < čím (무엇을) 잔뜩 먹다 ◆ *~ čeho/koho* (무엇을/누구를) 실증내다, 아주 진저리나다(물리다)

náš (소유대명사) 1 우리의 **2** naši 우리 가족, 우리 부모님; mužstvo 우리 팀 **3** samostatně 우리 것의

našept|at < **-ávat 1** = (*po-*)*šeptat* komu co (누구에게 무엇을) 속삭이다 **2** 옆에서 일러주다, (말이 막힌 사람에게) 한마디 거들어 주다; (연극에서) 대사를 일러주다 **3** vnuknout 어떤 일을 생각나게하다; 시사하다; 영감을 주다

našeptávač, *ma* **-ka,** *f* 음모가, 나쁜 조언자

našinec, *ma* 우리들 중 한 사람, 너(당신)와 나; krajan 동향사람

naší|t (*naši-*) < **-vat 1** 꿰메다, 바느질하다; (바느질하여) 무엇을 고정시키다 **2** 바느질을 (많이하여) 무엇을 만들다 ◆ *~ knoflíky na kabát/ke kabátu* 코트(자켓)에 단추를 꿰메어 달다

naškrabat, naškrábat < **1** brambory (감자의 껍질을) 벗기다 **2** v. *škrábat* 급히 갈겨쓰다, 날려쓰다; 낙서하다

naškrobený 1 빳빳한, 굳은 **2** upjatý 딱딱한 위엄을 부리는 ◆ *~ límec* 빳빳한 칼라[깃]; *~ pán* 목이 뻣뻣한 남자, 젠체하는 신사, 거만한 남자

našlap|at < **1** kde, co (어디에서, 무엇을) (밟고 다녀서) 더럽히다 **2** co, do čeho (무엇을 무엇에) 밟아 누르다[압착하다]; 꽉 채우다 ◆ *v sále bylo -áno* 홀은 (터져 나갈듯이) 만원이다

našlápnout < **-šlapávat, -šlapovat 1** 밟다, 발다닥으로 땅을 접촉하다 **2** přišlápnout, sešlápnout (페달 등을) 밟다, 밟아 누르다 ◆ *našlápnout varhany* 오르간의 페달을 밟다; *našlapovat na špičky* 발 끝으로 걷다

našlehat v. *šlehat* **1** komu (누구를) 채찍질하다, 매질하다 **2** bílky, šlehačku (계란의 흰자나 크림을) 휘젓다 ◆ *~ děvčatům pomlázkou* 소녀[계집]에게 (박달나무) 회초리를 들다; *~ dětem zadečky* 아이의 엉덩이를 채찍질하다

našňořit (se) nastrojit, naparádit 한껏 차려입히다 ◆ *~ dcerku do bílých šatů* 딸을 흰 옷으로 (예쁘게) 차려입히다; *~ se jako nevěsta* 신부처럼 차려입다

našňupnout (구어체) koho (누구를) rozzlobit 초조하게하다, 화나게 하다

našpul|it < **-ovat** ústa, rty (입이나

N

입술을) 삐쭉 내밀다; 토라지다, 뾰로통하다

naštěstí na štěstí 다행히(도), šťastnou náladou 기쁘게도 ◆ ~ *se nikomu nic nestalo* 다행스럽게도 누구에게도 아무일도 일어나지 않았다

naštípat v. *štípat* (많은 양을) 쪼개다 ◆ *naštípali se za prázdniny dříví dost* 방학동안 장작을 충분히 팼다

naštvat v. *štvát se* v. *dopálit se* koho (누구를) 화나게 하다, 성나게 하다

našup (구어체) rázem, hned 당장, 곧장, 매우 급하게

nášup, *mi* **(속어)** (단체식사에서) 추가 음식, 더 청해서 먹는 음식; 두 번째로 나오는 요리 ◆ *požádat o ~* 음식을 더 달라고 요청하다(추가요리를 달라고 요청하다)

nať, *f* (무우, 당근 등의) 땅 위에 내민 부분

natáčet v. *natočit*

natáčka, *f* (머리의) 컬 클립, 컬용 핀

natahat < taháním nanosit 끌어 당기다, taháním dopravit, navozit 끌어 나르다, 운반하다, (많은 양의 채소 등을 밭에서) 끌어 나르다, 끌어 내다, nashromáždit 끌어 모으다 ◆ ~ *uhlí ze sklepa* 지하실에서 석탄을 질질 끌어 나르다; ~ *ze záhonu cibuli a mrkev* 텃밭에서 양파와 당근을 끌어 나르다

na|táhnout (*natažen*) < **-tahovat 1** co (무엇을) napnout 한쪽끝에서 다른 쪽 끝으로 (평평하게 하기 위하여) 팽팽히 잡아당기다 **2** rozprostřít (어떤 물건의) 전 평면을 잡아펴다 **3** 부피나 길이를 늘리다, 확장하다 **4** prodloužit 연장하다; o čase 시간을 늘리다 **5** napřáhnout, nastavit co (무엇을) 앞으로 빼내다, 쭉 밀어내다 **6** navléct, obléct 입다, 신다 **7** pružina (용수철 등) 어떤 탄력성 물체의 부분을 잡아당겨 작동하게 만들다 **8** kam (어디로) vniknout 스며들다, 침투해 들어오다; 이르다, 도달하다 ◆ ~ *od dveří k oknu provaz/lano/drát* 줄, 새끼, 밧줄, 로프/굵은 밧줄, 케이블/철사, 전선을 문에 매어 창문쪽으로 잡아 당기다; ~ *koberec na podlahu* 카페트를 바닥에 펴다[깔다]; ~ *krk* 목을 빼다; ~ *nohy* 다리를 쭉 펴다; ~ *boty* 신발을 신다; ~ *kalhoty* 바지를 입다; ~ *rukavice* 장갑을 끼다; ~ *punčochy* 스타킹을 신다; ~ *péro* 스프링을 감다; ~ *hodiny* 괘종·탁상시계의 태엽을 감다; ~ *kouř natáhl dveřmi do pokoje* 연기가 문을 통해 방으로 스며들었다; *zima se sem natáhla* 추위가 여기에 이르렀다; ~ *moldánky* (*dát se do pláče*) 울음을 (막) 터트리다

natáhnout se < natahovat se 1 펼치다, 펼쳐지다; a sahat po 그 결과 어디에 이르다, 도달하다 도달하다 **2 (구어체)** upadnout (다리를) 쭉 펴고 눕다, 대자로 눕다

natéci, natéct (*nateč-*; 드물게 *natek -u, ou, natec!*; *natekl*) < **natékat 1** kam (어디로) (액체가) 흘러 들다[들어가다], vniknout 스며들다 **2** čím (무엇으로) naplnit (어떤 액체로) 채우다 ◆ *voda ~ do loďky* 물이 보트에 스며들다; *rybník natekl vodou* 물로 못[저수지]을 채우다

nátělník, *mi-2, 3* 조끼, 내의, 셔츠

N

nátěr, *mi-2* natírání 페인트칠; vrchní povlak (건물이나 물건의) 겉에 입히는 것, 표면칠, 겉칠, 코팅; tekutá látka 페인트

natěrač, *ma* **-ka,** *f* 페인트공

natírat v. *natřít*

natisknout (*natištěn*) (다량으로) vytisknout 인쇄하다 ◆ ~ *500 exemplářů* 견본 500장을 인쇄하다

natlačit nacpat (압착하여, 눌러, 밀어서) 채워넣다

nátlak, *mi-2, 3* 압력, 압박; 강제 ◆ *psychologický ~* 심리적 압박; *politický ~* 정치적 압력; *činit na koho ~* 누구에게 압력을 넣다[가하다]; *vykonávat na koho morální ~* 누구에게 도덕적 압력을 가하다[행사하다]

nátlakov|ý 압력을 가하는, 압박의, 강요의, 강제적인 ◆ *-á skupina* 압력단체; radikálové uvnitř strany 당내 급진주의자

natlou|ci, natlou|ct (*natluč-*; 드물게 *natluk -u, ou, natluc!*; *natloukl*) < **-kat 1** co kam (무엇을 어디에) 두드려 박다, 망치질하다, 망치로 두드리다[때리다]; 못을 탕탕 치다; maso (고기를) 다지다; 다져 연하게하다 **2** nacpat, nabít 쑤셔 넣다, 밀어 넣다 **3** 꽉 채우다, těsně, hustě nacpat 빽빽하게 채워넣다 **4** roztlouct 부수다 **-ci se,-ct se** (구어체) …에 쳐 박다, …에 (몸을) 내던지다; 타박상을 입히다, 상처를 입다 ◆ ~ *kůly do země* 말뚝[막대기, 장대]을 내리박다; ~ *hřebíky do prkna* 판자에 못을 박다; ~ *komu něco do hlavy* 둔한 사람에게 억지로 무엇을 가르치다, 누구의 머리 속에 무엇을 주입시키다;

nato potom 뒤에, 다음에 ◆ *krátce ~ stihla ho druhá nehoda* 그 후 바로[얼마 안있다 곧장] 그는 두번째 사고를 당했다; *hned, brzy ~* 곧바로 뒤에

NATO, Nato, *n* 나토, 북대서양조약기구

natočit < **natáčet 1** lano (줄, 끈을) 감다, navinout, nakroutit 꼬다, vlasy (머리카락을) 비틀다, 감아 꼬다 **2** obrátit, pootočit hlavu **3** upravit 조정하다 **4** motor (엔진, 기계를) 작동시키다, spustit 출발시키다, klikou (크랭크를) 돌리다 **5** tekutinu (액체가 담긴 통이나 병의) 꼭지를 돌리다; pivo (생맥주를 통에서) 따르다 **6** film 촬영하다, (카메라로) 영화를 만들다[찍다] ◆ ~ *si vlasy na natáčky* 머리카락을 컬로 감다[꼬다], 컬하다; ~ *hlavu na stranu* 머리를 옆으로 돌리다; ~ *se k světlu* 불빛[등불]쪽으로 몸을 돌리다; ~ *víno do sklenice* 와인을 잔에 따르다

natolik …할 만큼 충분히, 그런대로, 꽤 ◆ *byl ~ moudrý* 그는 상당히 지혜롭다; *byl ~ hloupý, že tam šel* 그는 그곳에 갔을 정도로 충분히 미련했다; *uzdravil se ~, že mohl zas pracovat* 그는 다시 일을 할 수 있을 만큼 충분히 건강이 회복되었다

natož(pak) neřkuli (…을 하려고) 하기는커녕, …이기는커녕, tím méně, tím spíše …은 말할 것도 없이[없거니와], což teprve …은 고사하고 ◆ *nerostla tam ani travička, ~ květiny* 꽃이 피기는커녕 풀 한포기도 자라지 않았다; *ani ho neviděl, ~ aby s ním mluvil*

N

그와 그와 말하기는커녕 그를 보지도 못했다

natrefit < (구어체) koho (누구를) 만나다, zastihnout 붙잡다 ◆ *nikdy se mi nepodaří ~ tě doma* 집에서 널 만나는데 한번도 성공하지 못했다

natrh|at v. *trhat* **-nout** < **-ávat** ovoce, květ (과일이나 꽃을) 따다, 꺾다; trávu (풀 등을) 뜯다, 뽑다; trháním rozdělit 뜯어 잘게 나누다, 찢다

natrousit (*-trus!, natroušen*) < **1** 엎지르다, 흐트리다 **2** 말을 퍼뜨리다; 소문내다; (비밀 등) 누설하다 ◆ *lidé o něm natrousili, že je nepoctivý* 사람들은 그가 부정한 사람이라고 험담을 퍼뜨렸다

natrvalo, na trvalo nastálo 영원히, 계속해서, 영구히

natřás|at < **-t** 흔들다, 흔들어 젓다; peřinu (깃털이불을) 흔들어 고르다, 모양을 바로 잡다 **2** setřást 흔들어 움직이게하다, načechrat, aby spadlo 흔들어 떨어지게하다 **-at se** 뽐내며 걷다, 오만한 태도로 활보하다, 으시대다 ◆ *natřásala se sebevědomě před ním* 그녀는 그 앞에서 자신만만하게 뽐내며 걸었다

natřít (*natř-u, -i!, -el*) < **natírat 1** barvou (색을) 칠하다, 덧칠하다; vrstvou (겉면을) 칠하다 **2** (구어체) koho (누구를) uhodit, udeřit 세게 때리다, 호되게 치다 ◆ *že tě natřu!* 너 맞는다!; *~ ho přes záda* 그의 등을 세게 치다; *~ to komu* porazit nekoho v zápase 경기에서 누군가를 무너뜨리다[이기다]; *zítra jim to natřeme!* 내일 우리가 그들을 (경기에서) 깨줄 것이다[이길 것이다]

naturalismus, *mi-2* (문예·윤리·철학·신학 등 다양한 분야에서) 자연주의

naturalista, *ma* 자연주의자

naturalistický 자연주의(자)의, 자연주의적; 자연을 따르는; 사실적인

naturalizovat (외국인을) 귀화시키다, cizince (외국인에게) 시민권을 주다 **~ se** kde (어디에) 순화되다, zdomácnět, zdomácňovat 풍토에 익숙해지다

naturální 자연의, 천연의, 자연그대로의, 가공하지 않은 ◆ *~ medicína* 자연 요법((자연식·햇빛·공기 등 자연의 방법으로 하는 치유)); *~ hospodářství* 자급 농업, 영세 농업

natvrdo, na tvrdo 1 결정적인 효력을 가지고, 성냥싱 있게, 완전히 **2** (컴퓨터) provždy (프로그램을 코드화 할 때) 영구히 ◆ *říct něco ~* 무언가를 단호하게[확실하게, 확정적으로] 말하다; *uvařit vejce ~* 계란을 완숙으로 삶다; *vejce uvařené ~* 완숙으로 삶은 계란; *zakódovat něco do programu ~* 무언가를 프로그램에 영구 코드화[부호화]하다

naučení, *n* poučení 교훈, 충고, (경험으로 얻는) 지혜, 분별 ◆ *mravní ~* 도덕적 교훈; *dát někomu dobrá ~* 누군가에게 좋은 교훈을 주다[남기다]; *vzít si z čeho ~* 무엇으로부터 교훈을 얻다

naučený učením získaný 교훈[지혜, 경험]을 통해 얻은

naučit (se) v. *učit (se)* 가르치다; **~ se** 배우다; 공부하다, 학습하다 ◆ ~

koho číst 누구에게 읽는 법을 가르치다; ~ *koho angličtinu* 누구에게 영어를 가르치다; ~ *se pravopis* 철자법[정자법]을 배우다[공부하다]; ~ *se trpělivosti* 인내하는 법을 배우다; ~ *se vařit* 요리를 배우다; ~ *se hrát na piano* 피아노 치는 법을 배우다; ~ *se co nazpaměť* 무엇을 외우는[암기하는] 법을 배우다

naučný 교훈을 주는[제공하는], 교육(상)의, 교육적인 ◆ ~ *báseň* 교훈시; ~ *slovník* = *encyklopedický slovník* 백과사전

nauka, *f* vědní obor, odvětví, disciplina 과학(의 한 분야); 학문 ◆ *Královská česká společnost nauk* 보헤미아 왕립 과학 협회

naukov|ý vědecký 과학의, 학문의 ◆ *-á literatura* 학술문헌(자료)

náušnice, *f* 귀에 다는 장식용 물건, 귀걸이 ◆ *zlaté* ~ 금 귀걸이

náustník, *mi* chránítko na uši proti mrazu 방한용 귀마개

navádět v. *navést* koho k čemu (누구를 무엇에) 충동하다, 부추기다, 선동하여 …을 하게하다, 자극하다, 고무하다 ◆ ~ *ke zlému* 나쁜 짓을 하도록 충동하다; ~ *ke krádeži* 훔치도록 자극하다; ~ *ho, aby šel za školu* 그가 학교에 가지 말도록[수업에 빠지도록, 학교 땡땡이 치도록]부추기다

nával, *mi-2* **1** (많은 인파의) 군집, 붐빔, 쇄도; 혼잡, 떼밀기; kámen (돌등이 많은 양으로) 굴러옴, 돌진, 몰려옴 **2** spousta 많은 양, 폭발적인 양 **3** tlak 압박, 압력; záchvat 발작 ◆ *masový* ~ 대중, 쇄도, 우 몰려옴; ~ *u pokladny* 매표소에 몰려든 인파[군중]; ~ *bolesti* 심한 통증; ~ *energie* 폭발적인 에너지; ~ *práce* 일로부터 오는 압박

naval|it < **-ovat 1** co kam (무엇을 어디로) 굴리다, valením (něco těžkého/ve velkém množství) dopravit (어떤 무거운 것이나 많은 양의 무엇을) 굴려서 옮기다, 끌고가다 **2** co na koho, komu (누구에 대해, 누구에게 무엇을) 가중시키다 **3** (**구어체**) peníze (돈을) 마지 못해 내주다[지불하다] ◆ ~ *kámen* 돌을 굴리다; ~ *velké daně* 높은 세금을 물리다; ~ *na někoho břemeno* 누구에게 짐을 지우다, 부담시키다; ~ *na někoho zodpovědnost za co* 누구에게 무엇에 대한 책임을 떠맡기다; ~ *moc práce* 많은 일을 떠 맡기다

navař|it < **1** mnoho jídla (많은 양의 음식을) 준비하다, 요리하다 **2** < **-ovat** svářet 용접하다 **~ se 1** (요리 과정에 부피가) 늘어나다 **2** mnoho a často (많이 그리고 자주) 요리하다 ◆ ~ *knedlíků na dva dny* 이틀분의 끄네들리끼[덤플링, 밀가루 만두]를 요리하다; ~ *sis navařil, (to si) sněz!* 자기가 뿌린 씨는 자기가 거두어야한다[자업자득]; *rýže se -í* 쌀[밥]이 불다

navát (*navě-, navál*) sníh, listí (바람이 눈이나 낙엽을) 휘몰아 쌓이게 하다, 몰아 한 데 모으다; 표류시키다 ◆ *vítr navál sněhu* 바람이 휘몰아쳐 눈을 쌓이게 하다; *vítr navál závěje* 바람이 휘몰려 눈더미를 쌓다; *naváté listí* 바람에 휘몰려 쌓인 나뭇잎

na|vázat (*na-váž-, -važ!, -vázal*) < **-vazovat 1** připevnit 묶다, provázek

(끈을) 매다, 붙들어 매다 **2** co na co (무엇을 무엇에) spojit 연결하다 **3** pokračovat 계속하다, 이어가다, tradici (전통을) 계승하다, 지속시키다; připojit jako pokračování ve styku (교류를 계속 이어가기 위해) 결합하다, 접속하다 ◆ ~ *hadry na nohy* 헝겊으로 다리[발]을 묶다; ~ *dva žebříky* 두 개의 사리를 묶어 연결하다; ~ *na předcházející hovor* 진행되어온 대화에 접속하다[계속하다]; ~ *na husitské tradice* 후스주의 전통을 이어가다; ~ *diplomatické styky* 외교관계를 열다; ~ *přátelství* 우호관계를 맺다; ~ *spojení* 관계를 맺다; ~ *spolupráci* 협력관계를 시작하다; ~ *s kým známost* seznámit se 누구와 아는 사이[교제]를 시작하다

navážet v. *navozit* 가져오다, 들여오다; 운반하다 ◆ ~ *se do koho* kritizovat 누구를 몹시 꾸짖다

na|vážit (*navaž*) < **-važovat 1** (일정한 양을) 저울에 달아 무게를 재다; …의 무게를 달다 **2** vážením načerpat, nabrat (무게를 재어 퍼내다, (액체 등을) 따라내다; ze studny (우물에서 물을) 긷다 ◆ ~ *kilo cukru* 설탕 1킬로그램의 무게를 저울에 달다; ~ *vodu ze studny* 물을 우물에서 퍼내다

navečer, *mi* podvečer 석양, 해질녘; **(부사)** kvečeru, vpodvečer 석양에, 해질녘에

navečeřet se v. *večeřet* sníst večeři ◆ ~ *už jsem se navečeřel* 이미 저녁식사를 했습니다

navěky, na věky v. *navždy* 영원히, 영구히; 항상 ◆ ~ *usnout* 영원히 잠들다 = *umřít*

navenek 밖으로, 외부로; 외관상, 겉으로 ◆ ~ *vypadat klidný* 겉으론 침착해[평온해] 보이다

naverbovat v. *verbovat* vojáky (군인, 병사를) 징집하다, 징병하다; pracovníky (인력을) 모집하다; ~ *koho na nějakou práci* 누구를 어떤 일에 채용하다

náves, *f-1* (보통 동네[마을]의 한 가운데 있는) 넓은 공터; travnatá (마을 중심부에 있는 행사를 위한) 잔디밭

navě|sit (*navěšen*) < **-šovat** co, čeho kde, kam (많은 양의 무엇을 어디에, 어디로) 걸다; ozdobit 장식하다 **2** připojit 부착하다, přidat 추가하다, 첨가하다 ◆ ~ *ozdoby na vánoční stromeček* 크리스마스 트리에 장식물들을 달다[걸다]; ~ *na sebe nevkusné šperky* 멋없는[품위없는, 부미선소한] 보석들을 달다

návěst, *f-1 v návěští*

navést (*naved-*) < **navádět** (*-dějí*) **1** koho k čemu (누가 무엇을 하도록) 유인하다, nalákat 유혹하다, přilákat 부추기다, 충동하다 **2** přemluvit 설득하다, 설득하여 …을 하게하다 **3** na oběžnou dráhu 궤도에 진입시키다 ◆ ~ *letadlo na přistávací plochu* 착륙을 유도하다; ~ *ke zlému/krádeži* 나쁜 짓[도둑질]을 하도록 부추기다

navěšovat v. *navěsit*

návěští, *n* **1** zvukové/optické znamení (청각적 또는 시각적) 알림, 통지, 통고, 고지 **2** signál 신호 **3** avízo (송하(送荷) 또는 어음 발행 등의) 통지서 **4** plakát 포스터

návěstní, návěštní 신호의, 신호

N

에 관한, 통지의, 알리는 ◆ ~ *řád* 신호에 관한 규칙; ~ *zvonek* 신호의 종소리; ~ *tabule* 광고[게시]판

na|vézt (*navez-*) < **-vážet** (*-dějí*) **1** (일정한 양을) přivést 가져오다, 들여오다 **2** se do koho 강하게 비판하다, prudce kritizovat 혹평하다, 비난하다 ◆ ~ *mnoho cihel* 많은 벽돌을 가져오다; ~ *se na schůzi do předsedy/do výboru* 위원장[회장]/위원회[이사회]를 맹렬히 공격하다

navíc 게다가, 그 밖에도, k dovršení 심지어, …위에, …에 더하여

navigace, *f* **1** vedení lodi/letadel 항해, 항공; 항행 **2** upravený břeh, upravená hráz řeky 강둑, 제방 ◆ *námořní* ~ 항해; ~ *chodit po -i* 강둑을 따라 걸어다니다

navigační 항해의, 항공의 ◆ ~ *přístroje* 항해(공) 장비; ~ *plán* 항행지도; ~ *umění* 항해(공)술, 항법

navigátor, *ma* **-ka,** *f* 항공사(航空士), 항법사, 항해장; (차에 동승하여) 진로를 안내하는 사람 ◆ *letecký* ~ 항공사

naviják, *mi-2, 3* 감개, 릴, 얼래, (실 감는) 실패; L자형 손잡이, rumpál 자아틀, 윈치 ◆ ~ *u šicího stroje* 실짜는 기계의 얼래; *rybářský* ~ 낚시 릴

navíjecí 감는 ◆ ~ *cívka* 감는 얼래[실패]; ~ *přístroj* 감는 기계[도구]

navíječka, *f* stroj 감는 기계

navíjení, *n* 감음, 감아올림, 감아들임

na|vinout < **-víjet, -vinovat** lano (줄을) 감다; 감개[얼레, 실패]를 돌리다 ◆ ~ *lano do kotouče* 실패[릴, 스풀]에 줄을 감다; ~ *drát kolem kůlu* 말뚝[기둥, 장대]에 철사[전선]을 감다; ~ *nitě* 실을 감다; ~ *přízi na cívku* 방적사[뜨개실]을 얼레[실패]에 감다

navlas 털끝만큼도, docela 빈틈없이, přesně 정확히, 틀림없이, úplně 완전히

navlé|ci, -ct, -knout < **-kat 1** rukavice, punčochy (장갑, 스타킹을) 착용하다, 끼다, 입다, 신다 **2** nit do jehly (실을 바늘에) 꿰다; klouzavě 끼우다, a tak zavěsit (그렇게하여) 매달다 **3** co komu (무엇을 누구에게) obléct 입히다 **4** zvl. teple/nevkusně (특히 따뜻하게 또는 멋없게[품위없게]) 입히다 **-ci se** < **-kat se** do čeho (무엇을) 입다; teple 따뜻하게 입다 ◆ ~ *si kalhoty/kabát* 바지/코트를 입다; ~ *na ruce rukavice* 손에 장갑을 끼다; ~ *dítě, jako by mrzlo* 혹시나 얼을까봐 아이를 따뜻하게 입히다; *no ty ses navlékl!* 너 참 볼품없이도 입었군!

navlh|čit < **-čovat** 축축하게하다, 젖게하다, 습기를 공급하다, 습기차게하다, 물기를 적시다 ◆ ~ *si rty jazykem* 혀로 입술을 적게[침을 바르다]; ~ *si tvář* 얼굴을 촉촉하게하다; *kapesník navlhčený ve studené vodě* 찬물에 적신 손수건

navlhl|ý poněkud vlhký 약간 젖은 ◆ ~ *tráva -á deštěm* 비에 젖은 풀잎; *oči -é slzami* 눈물에 젖은 두 눈

navlhnout < (약간) 젖다, 축축해지다, 습기차다

návnada, *f* **1** 미끼, (낚시의) 미끼; 유혹(물), 후리는 것 **2** 덫, 올가미, 함정 ◆ *živá* ~ (낚시의) 산 미끼

N

navna|dit < **-ďovat 1** koho, co čím (누구를, 무엇을 무엇으로) nalákat 유혹하다; 미끼를 놓다 **2** nastražit (덫, 함정을) 설치하다; 묻어 놓다, 은닉하다

návod, *mi-2* **1** pokyn 지시(사항), instrukce 사용법, 설명서 **2** podnět, popud 동기, 자극, 요인 ◆ ~ *k použití* 사용설명서; *podle něčího -u* 누구로부터 자극을 받아; 누구의 부추김으로

navo|dit (*navozen*) < **-zovat 1** vyvolat, způsobit, vzbudit …하게 만들다, 유발하다 **2** koho/co k čemu 누구를/무엇을 무엇에 유도하다, pobídnout 불러일으키다, 자극하여 …시키다 ◆ ~ *dobrou atmosféru/náladu* 좋은 분위기를 조성하다[만들도록 유도하다]; ~ *dojem* 느낌[인상]을 유발하다; ~ *spánek* 잠이오게 만들다, 졸리게하다; ~ *čtenáře k úvahám o životě* 독자로 하여금 삶에 대하여 음미[숙고]해 보도록 하다

navolit 제안 또는 안건 중에서 일정한 가능성을 택하다, 채택하다

navo|nět < **-ňovat** koho/co (누구에게/무엇에) postříkat voňavkou 향수를 뿌리다 ◆ ~ *prádlo, šaty* 빨래에/옷에 향수를 뿌리다; ~ *se* 향수를 바르다

navoskovat v. *voskovat*

na|vozit < **-vážet** v. *navézt* (가져 나르며) 모으다; do zásoby 저장하다, na hromadu 쌓다

navozovat v. *navodit*

navracet (se) = *vracet (se)*

navrácení, *n* 반환, 상환, 환불 ◆ ~ *daně* 세금 환불; ~ *majetku* 재산 반환

návrat, *mi-2* **1** 되돌아옴, 귀환; do hnízdiště (서식지로의) 귀소[회귀] **2** opětně uvedení/přijití do původního stavu 원래의 상태로 다시 되돌아감, znovu nabytí 회복 ◆ ~ *domů* 귀가; ~ *do vlasti* 귀국; ~ *do předešlého stavu* 반환; *čí ~ na scénu* 누구의 무대에 복귀, 컴백

navrátilec, *ma* 귀환[국]자 ◆ ~ *z ciziny* 외국으로부터 귀환[귀국]한 자; ~ *z emigrace* 이민으로부터 본국으로 귀환한 사람; 본국 송환자[귀국자]

na|vrátit (se) (*navrať!, navrácen*) < **-vracet** (*-cejí*) vrátit (se) 원래의 장소로 되돌려 놓다, 최초의 주인에게 넘겨주다, 되돌려주다, 반환하다

návrh, *mi-2, 3* **1** 안, 제의; doporučení 제안, 추천, 권고 **2** nabídka 제공, 신청 **3** plán 계획, 플랜, 안(案) **4** náčrt 밑그림, 초안; 설계도, 도안 **5** k odhlasování 발의, 건의, 동의(動議) **6** v parlamentu (의회에서) 법안, 의안 ◆ ~ *zákona* 법안; *zlepšovací* ~ 개선안; *dělat někomu -y* nabídnout 누군가에게 제안하다 제공하다

návrhář, *ma* **-ka,** *f* 디자이너, 설계자 ◆ ~ *interiéru* 인테리어[실내]디자이너; *oděvní* ~ 의상 디자이너; *módní* ~ 유행 디자이너

navrh|nout (*navržen*) < **-ovat 1** 안을 내다, 제안하다, 제의하다 **2** 제공하다, 신청하다 **3** (계획[플랜] 등을) velkoryse nastínit 고안하다 **4** (설계, 제도 등에서) 밑그림을 그리다, 초안을 잡다; vzor (견본[시료]를) 설계하다 **5** 건의하다, 동의(動議)하다 **6** 법안[의안]을 제출하다 ◆ ~ *koho na* *co* 누구를 무엇에 (선거 · 임명의 후보자로) 지명하다, 지명 천거하다, 추천하다; ~ *kandidáta do parlamentu* 국회의원 선거의 후보를 추천하다 [공천하다]

navrhovatel, *ma-1, 4* **-ka,** *f* **1** 《法》 žalobce 원고, 고소인 **2** na schůzi (회의에서) 발의자, 제안자

navrch I **(부사)** **1** nahoru 위(쪽)로, 위층으로; nahoře 위(층)에 **2** **(구어체)** navíc, ještě k tomu 게다가, 더욱이 **II** **(전치사, +대격)** …의 위로(에) ◆ *co si dáte* ~ 또 뭘 더 드시겠습니까?; *mít oči ~ hlavy* (놀램, 경이, 감탄 등으로) 눈알이 머리위로 튀어나오다[눈이 휘둥그러지다]

navrchu 위쪽에, 위층에

navrstv|it (se), -ovat (se) 쌓다, 층을 이루며 올리다, 쌓아 올리다, 축적하다; 쌓아 층을 이루다

návrší, *n* vršek, pahorek, kopeček 작은 [낮은] 언덕 ◆ *vesnice leží na* ~ 마을은 작은 언덕 위에 위치해 있다

navrt|at < **-ávat** **1** 구멍을 내다, (작은) 홈을 만들다, (땅을) 파다 **2** koho k čemu (누구로 하여금 무엇을 하도록) 강요하다 ◆ ~ *jámu* 구덩이를 파다; ~ *díru do země* 땅에 구멍을 내다; ~ *koho do čeho/k čemu* 누구가를 무엇에 (어떤 행동을 하도록/어디에 참석하도록) 내몰다

návštěv|a, *f* **1** 방문, formální (공식) 방문, 명회, 입회; 여행, 구경 **2** pravidelná docházka (규칙적인) 출석 **3** návštěvník 방문자 ◆ *jít/přijít k někomu na -u* 누군가를 만나러 가다 [방문하다]; *mít -u* 방문객이 오다[있다]; *přijímat -y* 방문(객)을 맞이하다

návštěvní 방문의; 여행[구경]의 ◆ ~ *hodiny* 방문시간

návštěvn|ík, *ma-3* **-ice,** *f* 방문자; zákazník 손님, 고객; účastník schůze (회의) 참석자

navštívenka, *f* 명함

navšt|ívit (*navštiv!*) < **-ěvovat** **1** 방문하다, 찾아오(가)다; 참관하다, město (도시를) 구경하다, 여행하다 **2** **(구어체)** 만나다; za účelem porady 면담하다, 의견을 들으러 가다

návyk, *mi-2, 3* **1** 버릇, 습관, 관습 **2** chorobný (병적) 탐닉, 중독 ◆ *zbavit se špatných -ů* 악습을 끊다; *chodit z -u nahrbeně* ~ 허리를 굽힌 상태로[꼽추처럼] 걸어다니다; ~ *na co* 무엇에 대한 습관[관습]

navyklý komu/čemu (누구에게/무엇에), na koho/na co (누구에 대하여/무엇에 대해) 익숙해진, 길들여진

navyk|nout (si) < **-at (si)** koho čemu (누구를 무엇에) 습관이 되게 하다, tak, že to pravidelně dělá (규칙적으로 하도록) 버릇 들게 하다; na co, na koho (누구에게, 무엇에) 익숙케하다, 길들게 하다 ~ **se** komu/čemu, na koho/na co (누구에게/무엇에, 누구에 대해/무엇에 대해) 익숙해지다, 버릇이 들다, 길들여지다 ◆ ~ *ji pohodlnému životu/na pohodlný život* 그녀를 편한 생활에 길들이다; ~ (*si*) *na kouření* 흡연에 길들다; *člověk si -ne na všecko* 사람은 모든 것에 기들여진다

navýsost, na výsost 많이, 매우 대단히, 최대한도로, 극도로

navýšení, *n* 《經》 가격인상 ◆ ~ *kapitálu* 증자(增資)하다[자본금을 늘리다]

navzájem 서로, vzájemně 상호간에; 공동으로 ◆ *pomáhat si* ~ 상호 협조하다

navzdor(y) **1** (부사) naschvál 의도적으로, 고의로; 악의로 **2** (전치사) vzdor čemu (무엇) 에도 불구하고, přes …을 무릅쓰고, …을 개의치 않고, …와는 상관없이, 여하튼 ◆ ~ *tomu, že...* (že 이하의) 사실에도 무릅쓰고; ~ *své chudobě žil se svou rodinou spokojeně* 자신의 궁핍[빈곤] 속에서도 자신의 가족과 자족하며 살았다

navždy, navždycky 영원히, navěky 영구히, 끝없이 ◆ *odešel* ~ 영원히 떠났다[= *zemřel* 그는 죽었다]

nazbyt více než dost 충분 그 이상으로, zbytečně mnoho 불필요하게 많이 ◆ *mít čeho* ~ 남아 돌만큼 충분히 가지다, *nemám peněz a času* ~ 남을 돈과 시간이 내겐 없다

nazdar (감탄사) **1** přátelsky (특히 친근한 사이에 만나고 헤어질 때 하는 인사말) 안녕! **2** (불만족스런[불쾌한] 놀람의 감정을 표현할 때) 이런, 제기랄 ◆ ~, *jak se máš?* 안녕, 어떻게 지내니?; *takhle jsi to udělal? No ~!* 네가 그걸 이렇게 해놨단 말야? 아뿔사!

nazdárek, nazdáreček (감탄사) = *nazdar* [1]

nazdařbůh 닥치는 대로, 되는 대로; 무턱대고, 함부로 ◆ *test provedený* ~ 분명한 목적이나 계획이 없이 이루어지는 시험[실험]; *šel* ~, *kam ho oči nesly* 눈이 그를 이끄는 대로 그저 갔다

název, *mi-2* 호칭, 이름, 제목; termín 명칭, 용어 ◆ ~ *knihy* 서명(書名); ~ *filmu* 영화 제목; *odborný* ~ 전문용어

nazírací 직관[지각]에 의한, 직관력이 있는; 직관적으로 지각[이해] 가능한 ◆ ~ *schopnost* 직관력

nazírání, *n* **1** 직관(直觀), 직감(直感) **2** názor 견해, 의견

nazírat **1** hledět, pohlížet 쳐다보다, 바라보다, 눈여겨 보다, 응시하다 **2** sledovat 유의[주목, 주시]하다 **3** na co jak (무엇을 어떻게) 고려하다, vnímat 지각하다, 인지하다, pozorovat …에 주의하다 **4** chápat, uznávat 이해하다, 인정하다 **5** mít názor na co (무엇에 대한) 견해를 갖다 ◆ ~ *někomu do tváře* 누구의 얼굴을 쳐다보다

nazítří 내일, 차일, 다음 날

nazmar ve zkázu, vniveč 무(無)상태로, 아무 것도 없는[영(零), 제로] 상태에 ◆ *přijít* ~ 허비되다, 폐물이 되다; *upadnout* ~ být zničen 훼손당하다, 손상을 입다; 지다, 패하다

naznač|it < -ovat **1** vyjádřit, vystihnout znamením, značkou (부호나 기호 등을 통해) 나타내다, 표현하다, vyznačit, označit 표시하다 **2** komu co (누구에게 무엇을) napovědět 엿보이다, 넌지시 비추다, nepřímo zahrnovat 함축하다, jemně 암시하다; nastínit …의 징조를 보이다 ◆ ~ *tužkou vzdálenost* 연필로 거리를 표시하다; ~ *na plánku cestu* 지도 위에 길을 표시하다; *gestem ~ svůj odpor* 자신의 반대의사를 몸짓[손짓]으로 표현하다

naznak, na znak 뒤로, 등위에 ◆ *spadnout* ~ 등으로 떨어지다[넘어지다]; *ležet* ~ 등으로 눕다; *plavat* ~ 배영하다

názna|k, *mi-2, 3* 표시, 표현; 기색[기미], 힌트, 암시, 자취, 흔적 ◆ *neprojevit ani* ~ *zájmu* 조금의 관심도 보이지 않았다; *ani* ~ *zlomyslnosti* 아무런 악의[적의]의 기색도 보이지 않다; *podle všech -ků* 모든 힌트에 따라서; *mluvit v -cích* 암시를 주다, 변죽을 울리다, 수수께끼 같은 말을 하다

náznakov|ý 암시적인, 수수께끼 같은, 에둘러 말하는 ◆ *-é vyjadřování* 암시적 표현; *mluvit -ě* 암시적으로 말하다

názor, *mi-2* **1** vnímání vlastními smysly (자신의 감각을 통한) 지각, 감지, 인지; nazírání, pozorování 관찰, 주의, 주목 **2** 견해, 의견; okamžitý (순간의) 생각; přesvědčení 확신[신념] **3** pojetí 개념, 관념 ◆ *podle mého -u* 내 견해로는; *světový* ~ 세계관; *marxistický* ~ 마르크스주의적 신념; *kacířské -y* (종교상) 이단적 신념; *dojít k -u* (어떤) 견해에 이르다; *říci svůj* ~ 자신의 견해를 말하다[밝히다]; *jsem toho -u, že...* 저는 …와 같은 그런 견해입니다

názorn|ý jasný 명확한, 분명한, 선명한; živý 생생한, 여실한, 눈 앞에 보이는 것 같은; konkrétní 구체적인, 사실적인; 도해의, 도표의; pochopitelný 이해할 수 있는 구체적인 ◆ *-é pomůcky* (영화, 슬라이더와 같은) 시각교구[교재]; *-é vyučování* 시각 수업, 실물[직관] 교육

názorov|ý 견해의, 의견상의 ◆ *-é rozdíly* 견해상의 차이, *-é neshody* 의견의 불일치

nazpaměť 암기하여, 외워서; mechanicky 자동으로, 기계적으로 ◆ *naučit se co* ~ 무엇을 암기로 익히다

nazp|átek, -ět 뒤로, zpětným pohybem 뒤쪽으로; 과거로; 원래의 상태로 ◆ *dát komu* ~ 누구에게 거스름 돈을 내주다; *ještě není* ~ 그는 아직 되돌아 오지 않았다; *zde máte* ~ 여기 잔돈 있습니다; *vzít* ~ *žalobu* 고소를 철회하다

na|zvat[1] **< -zývat 1** koho čím (누구를 무엇으로) pojmenovat 명명하다, 일컫다, 칭하다, 이름을 부르다[붙이다] **2** označit 가리키다 지명하다, 지목하다; 공표하다 ◆ ~ *koho podvodníkem* 사기꾼으로 지명하다, 공표하다

nazvat2 pozvat ve větším počtu (많은 수의 손님을) 초대하다

názvosloví, *n* **1** 용어론[법], 술어학, 명명법 **2** 전문용어, 술어 ◆ *odborné* ~ 전문용어

nazýv|at v. *nazvat1* ~ **se** 불리다 ◆ *lid -al Karla IV. „otcem vlasti"* 백성은 까렐 4세를 "조국의 아버지"라고 불렀다; *jak se -á tato řeka* 이 강은 어떻게 불립니까?[이 강의 이름은 뭡니까?]

naživo živě, přímo 생방송으로, 실황으로, live 라이브로 ◆ *zpívat* ~ *bez aparatury* 기계장치없이 라이브로 노래하다

naživu, na živu 살아있는, 생존한 ◆ *zůstat* ~ 생존한 상태이다; *je ještě* ~ 그는 아직 살아있다

N

nažrat se v. *žrát*

ne 1 odpověď (대답으로서) 아니오 **2** (술어의 기능으로서) zápor 아니다 **3** vyjadřuje přívěsné otázky **(**부가 의문문**)** 아닙니까? **4** hrozba 위협, 강요, 협박 ◆ *Že ~ ?* 그렇지 않니?; *~ abys...* …하지 않도록; *No ~ !* 아니, 절대로

nealk|o, *n* 무(無) 알코올 음료 ◆ *pít ~* 무 알코올 음료를 마시다; *velkoobchod s -em* 무 알코올 음료 도매상(점); **(**불변화형용사**)** = *nealkoholický*

neandertálec, *ma* 네안데르탈인 ((독일의 네안데르탈에서 발굴된 구석기 시대의 유럽 원인(原人)))

neangažovanost, *f-1* v politických blocích (정치 블럭에서) (한 국가의) 비동맹

neangažovaný 비동맹의; 어느 편도 아닌, 중립(국)의; stranicky 초당파의; 객관적인, 공평한, 공정한; 무소속의

Neapol, *f* 나폴리((이탈리아 남부의 항구 도시))

Neapolitán, *m* **-ka** *f* 나폴리 사람

neapolský 나폴리의, 나폴리풍의

nebe, *n* **1** 하늘, obloha 창공, nebeské prostory 천계 **2** sídlo boha 천국, 천당, 극락 **3** nebesa **(**복수형**)** 천개(天蓋), baldachýn 닫집; látková střecha (zvl. nad postelí) (특히, 침대위의) 천으로 만든 지붕, nad oltářem 제단의 닫집, 성합 ◆ *být jako ~ a dudy* 전혀 다르다, 아주 딴판이다, 외관은 비슷하나 본질적으로 다르다; *~, peklo, ráj* 돌차기 놀이((땅바닥에 그어진 사각형 사이를 뛰어 넘어다니는 어린이 놀이)); *pane na -bi* 맙소사!; *pod širým nebem* 야외에서; *do ~ volající křivda* 매우 창피한 일, 명백한(빤히 들여다 보이는) 부정[불법]

nebeský jako obloha 하늘의, 천상의; ráj 천국의

nebetyčn|ý 1 하늘 높이의, 매우 높은 **2** 거대한, 웅대한; 엄청난 ◆ *~ rozdíl* 엄청난 차이[천양지차(天壤之差)]; *jejich -á hloupost* 그들의 엄청난 바보짓

nebezpečí, *n* 위험, 위태; ohrožení 위협, riziko 위기; nesnáze 어려움, 곤란, 고통 ◆ *být v ~* 위험에 처하다; *být mimo ~* 위험으로부터 벗어나 있다[안전하다]; *chránit koho před -m* 위험으로부터 누구를 보호하다; *uniknout (= vyhnout se) ~* 위험을 피하다

nebezpečn|ý 위험한, 불안전한, 위태로운 ◆ *~ člověk* 위험 인물; *-é místo* 위험한 장소; *hrát -ou hru* 아슬 아슬한 짓을 하다, 미묘한[어려운] 문제를 다루다

neblah|ý nešťastný 불행한, 불운한, neradostný 불쾌한, 맘에 안드는; osudný 불길한, 비참한, 운명적인; fatální 치명적인, škodlivý 해로운 ◆ *-á událost* 불행한 사건[사고], *~ den* 불운한 날; *-é následky* 비참한 결과; *-é tušení* 불길한 예감

neblaze proslulý 악명 높은, 수치스러운, 불명예스런, 부끄러워할 만한

nebo 또는, 혹은 ◆ *~ jinak* 그렇지 않으면, 또는 달리, 아니면…; *~ spíše* 아니면 차라리[오히려]; *buď dnes ~ zítra* 오늘 아니면 내일

nebohý **1** ubohý, nešťastný, trpící 가련한, 불쌍한 비참한, 가엾은 **2** zemřelý 고인이 된, 망(亡)

nebojácný nepodléhající strachu 겁 없는, nebojící se 무서워하지 않는, statečný 용감한

nebojovný **1** 싸움을 좋아하지 않는, 평화를 사랑하는 **2** pasívní 소극적인, krotký 온순한, mírný 유순한 ◆ ~ *národ* 전쟁을 싫어하는 민족, ~ *typ člověka* 소극적인[유순한] 유형[타입]의 사람

neboli **(**접속사**)** nebo, anebo 또는, 달리, čili 즉 ◆ *lingvistika* ~ *věda o jazyce* 언어학 또는 언어에 관한 학문; *klima* ~ *podnebí* 기후 달리 말하여 기상

neboť 왜냐하면 …때문에 ◆ *přijel pozdě,* ~ *zmeškal vlak* 열차를 놓쳤기 때문에 그는 늦게 도착했다

nebozez, *mi-2* šroubovitý vrták do dřeva (나무에 구멍을 뚫는) 나사 송곳, 도래송곳

nebož|ák, *ma-3* **-ačka,** *f* 불쌍한 자, 가엾은 사람 ◆ *těžce zraněný* ~ 중상을 입은 가엾은 자

nebož|tík, *ma-3* **-ka,** *f* zemřelý(-á), mrtvý(-á) 사자, 고인, 사망인, 고(故)... ◆ ~ *otec* 선친(先親); *můj* ~ 고인이 된 제 남편; *moje nebožka* 고인이 된 제 부인

nebývalý 보통이 아닌, 비범한, (보기, 듣기) 드문; 특별한, 별난

necel|ý neúplný 불완전한, neplný 불충분한, kusý 미비의 ◆ *za* ~ *rok* 일년이 좀 덜 된 뒤에; *-ých 100 korun* 100 꼬룬이 좀 모자란

necesér, *mi-2* 화장품 통[상자]; 여행용 수트케이스

necita, *ma* člověk bez citu, bezcitný 무정한[박정한] 사람, 냉담한[냉혹한] 사람

necitelnost, *f-1* 무정함, 냉담함, 무자비함

necitelný 무정[박정]한, 냉혹한, 무감각한, 냉담한; nemilosrdný 무자비한, krutý 잔인한

necitlivost, *f-1* 무감각성, 둔감함; 무반응

necitlivý 예민하지 못한, 무감각한, 둔감한; 무신경한, 반응이 없는

neck|y, *f-pl* k ručnímu praní prádla (나무로 만든 손빨래용) 빨래통, 세탁용 대야 ◆ *prát v -ách* 빨래통에서 손빨래를 하다

něco **(**대명사**)** **1** **(**불확정 의문대명사**)** cosi 무언가, nejde-li o určité (확정적이 아닌 것을 지시하고자 할 때) 어떤 것 ◆ *to je* ~ *jiného* 이건 뭔가 다른 것이다; *ještě* ~ 여전히 다른 어떤 것, 그 밖에 뭔가; ~ *za* ~ 상당하는 물건 **2** velké množství (많은 양의 무엇을 가리킬 때) mnoho 많은 것, 상당한 것 ◆ *takový traktor* ~ *utáhne* 이 정도 트랙터면 뭔가를 끌 수 있다; *to musí* ~ *stát* 이건 분명 상당한 값이 나간다 **3** něco podstatného, hodnotného (가치있는 어떤 것을 가리킬 때) 상당히 중요한 것 ◆ *to je* ~ 이건 무언가(중요한 것) 이다; *to* ~ *znamená* 그건 뭔가(중요한 것)를 의미한다 **4** trocha 작은 양을 나타낼 때 ◆ *o* ~ *hlasitěji* 조금만 더 큰 소리로; *o* ~ *později* 약간 늦게; *o* ~ *větší* 약간 더

큰; ~ *přes hodinu* 한시간 약간 넘어; *kdo nic nemá, přeje si ~, kdo ~ má, přeje si všecko* 아무 것도 없는 이는 뭔가라도 조금을 원하고, 뭔가 조금 가진 자는 모든 걸 바란다; *lepší ~ než nic* 아무 것도 없는 없는 것 보다는 낫다 **5** aféra 추문, 스캔들 ◆ ~ *s ním má* 그녀는 그와 무슨 일을 벌리고 있다(바람을 피우고 있다); *mají spolu ~* 둘 간에 무언가 벌리는 일이 있다; **(부사)** trochu 약간, 조금 ◆ *je tu ještě ~ kávy* 여기에 여전히 약간의 커피가 있다

nectnost, *f-1* 나쁜 것, 악덕, 부도덕; povahová vada 성격상의 결함, slabost 약점; zlozvyk 나쁜 버릇 ◆ *pýcha a jiné -i* 자만과 다른 나쁜 성격; *lidské -i* 인간의 부도덕[부패]

necuda, *ma* nestyda 수치를 모르는 사람, 파렴치한, 뻔뻔스러운 사람; nemrava 부도덕한 사람, 외설적인 사람, 타락한 사람

necudnost, *f-1* 몰염치, 뻔뻔스러움, 파렴치; v řeči 음담(패설), 외설(행위), 음란, 부도덕

necudný 뻔뻔스러운, 파렴치한; 외설적인 v řeči 음란한, 추잡한, 저질의; smyslný 음탕한, 호색의

nečas, *mi* 나쁜 날씨, 악천후 ◆ *venku je pěkný ~* 밖에 날씨가 악천후이다

nečasov|ý 제 철[때]이 아닌, 유행에 뒤진; neaktuální 화제거리가 아닌; zastaralý 오래된, nemoderní 구식의 ◆ *-á píseň* 구식 노래; *-á otázka* 케케묵은 문제; *~ zájem* 시대에 뒤진 관심

nečekaně 돌연, 뜻밖에, 예상외로, 갑자기

nečekan|ý 예상[예기]치 않은, 뜻밖의, 갑작스런 ◆ ~ *zisk* 뜻밖의 수입, 의외의 이윤, 불로소득; *bylo to naprosto -é* 그건 완전 의외였다[뜻밖이었다]

nečestn|ý hanebný 불명예의, 수치스러운, 창피한, 비열한; 부도덕한, 부정직한, 불성실한 ◆ *-é jednání* 불명예스런 행동

nečetn|ý 많지 않은, řídký 드문, 희박한, 적은 ◆ *-é ukázky* 아주 드문 예; *-é diváctvo* 아주 적은 관중

něčí 누군가의

nečinnost, *f-1* 무활동, 휴지(상태); 소극성

nečinný 활동하지 않는, 정지하고 있는; 소극적인; 한가한 ◆ ~ *sopka* 휴화산(休火山); *stroj ~* 작동이 정지된 기계; ~ *víkend* 한가한 주말; ~ *život* 한가한 인생

nečistot|a, *f* 더러움, špína 오물, 쓰레기, 때, 불순물; špinavost 불결함 ◆ *žít v -ě* 지저분하게 살다, 불결하게 살다; *nepořádek a ~* 무질서와 불결함; *zbavit -y* 오물[불순물]을 치우다[제거하다]

nečistý 1 청결하지 않는, špinavý 더러운 **2** prohnilý 추악한, 부패한, 타락한 **3** nečestný 음흉한, 의심스러운, 수상한; nepoctivý 떳떳하지 못한, hra (게임 등에서) 공명정대하지 못한, 부정한; nikoli ušlechtilý 사악한 **4** kalný 흐린, 탁한

nečitelnost, *f-1* 문자미해독성, 판독불가능

nečitelný 1 písmo (문자가) 읽기 어

려운, 읽을 수 없는 **2** málo srozumitelný 이해하기 어려운, 불투명한

nedaleko 근처에, 멀지 않게, 가까이에 ◆ ~ *odsud* 여기로부터 멀지 않는 곳에

nedalek|ý 가까운, 멀지 않은 ◆ *v -é vesnici* 가까운 마을에; *v -é budoucnosti* 가까운 장래에

nedávn|o 1 (부사) 최근에, 근래 ◆ ~ *vyšlá kniha* 최근에 출판된 책; ~ *jsem s ním mluvil* 나는 그와 최근에 말했다 **2** (명사) *do -a* 최근까지, 얼마전까지; *před -em* 불과 얼마전에

nedávn|ý 최근의, 얼마전의 ◆ *až do -é doby* 최근까지

nedbale 부주의하게, 조심성없이, 경솔하게; 아무 생각없이, 무심코; 날림으로, 대충 ◆ *oblékat se* ~ 아무 생각없이[경솔하게] 옷을 입다

nedbalk|y, *f-pl* negližé 실내복, 화장복, 평상복 ◆ *v -ách* 실내복 차림으로

nedbalost, *f-1* **1** opominutí 부주의, 경솔; 태만, 무사태평, 무심함 **2** 《法》 과실, 배임, 비행 ◆ *chyba z -i* 부주의에서 발생한 실수; *hrubá* ~ 중대한 과실[중(重)과실]; *trestuhodná* ~ 배임행위, 비행; *zabití/usmrcení z -i* 과실치사죄(過失致死罪), 고살죄(故殺罪)

nedbalý 소홀한, nepozorný 부주의한, 조심성없는, opomíjející povinnosti 책임감이 없는, 방만한, 경솔한; nedbající 무관심한

nedděl|e, *f* **1** 한 주의 일곱번째 날, 일요일, 휴일 ◆ *Květná* ~ (기독교) 종려 주일((부활절 직전의 일요일; 예수가 수난을 앞두고 예루살렘에 들어간 날의 기념)); *v -i ráno* 일요일 아침; *tuto/minulou/příští -i* 금주/지난 주/다음 주 일요일 **2** *pl* týdny 한 주일 ◆ *dvě* ~ 14일[2주일]; *před dvěma -emi* 2주일 전에

nedělitelný nedílný 분리[분할]할 수 없는, 불가분(不可分)의; 나눌 수 없는

nedemokratický 비민주적인, 민주주의에 반하는

nedíln|ý nedělitelný 나눌 수 없는, 뗄 수 없는; 전체를 이루는 데 없어서는 안 될, 절대 필요한; 완전한, 완전체의 ◆ ~ *celek* 분리 불가능한 하나의 전체; *být -ou součástí* …의 일부가 되다

nediskrétní bezohledný, netaktní 지각[분별]없는, indiskrétní 경솔한, 부주의한

nediskrétnost, *f-1* 경솔, 부주의, 무분별, 지각없음; 근신하지 않는 행위

nedlouho 잠시동안 ◆ ~ *před* 바로 직전에; ~ *nato* 바로 직후에; *na* ~ 오래지 않아, 잠시동안

nedobrovolný 마음내키지 않는; 마지못해 하는

nedobrý zlý 부도덕한, 악한, špatný 나쁜, 별로 좋지 않는

nedobytn|ý 1 견고한, 튼튼한, 무너지지 않는, 난공불락(難攻不落)의, 철벽의, bezpečný 안전한 **2** 접근이 불가능한, 도달할 수 없는, 이룰 수 없는 **3** 《經》 dluh (빚, 채무) 회복할 수 없는, 돌이킬 수 없는, 회수하기 어

N

려운 ◆ *-á pevnost* 견고함; *-á pokladna* 안전한 금고; *-á pohledávka* 회수 불(가)능의 부채[빚]; *~ dluh* 악성 부채

nedočkavec, *ma* 성급한[조급한] 사람, 인내심이 부족한 사람

nedočkavost, *f-1* 성급함, netrpělivost 조급, 불안, 초조, 조바심 ◆ *hořel -í, aby mi to řekl* 그것을 내게 말하고 싶어서 안달이 났다

nedočkav|ý 불안한, 조급한, 성급한, netrpělivý 참을성없는 ◆ *-é dítě* 조급한[성급한] 아이 *krotit svou ~* 자신의 성급함을 길들이다

nedodělávk|a, *f* nedodělek 지체된 일, nedodělaná práce 밀린 일, 적체된 업무 ◆ *odstranit -y ve stavebnictví* 건축[건실]에서 밀린 일을 해치우다

nedohledn|ý 눈으로 보이지 않는, 광대한, 막대한; bez mezí 한없는, 끝이 보이지 않는, 무제한의 ◆ *-á dálka* 아주 먼 거리; *-á plocha mořské hladiny* 광활한 바다의 수면; *-é škody* 엄청난 피해

nedochůdče, *n-1* 보잘것없는 물건[사람], 시시한 것; 연약하고 작은 것

nedokazatelný 입증할 수 없는, 증명[실증]하기 어려운

nedokonalost, *f-1* 불완전, 불충분, kvality (질적인) 결점, vada 결함, 열등, 부족

nedokonalý 불완전한, 불충분한, vadný 결함이 있는

nedokonavost, *f-1* **1** 불완료, 미완료 **2 (언어)** slovesný vid (동사의 상(相)) 불완료체[상]

nedokonavý 1 불완료의, 미완료의 **2 (동사의)** 불완료 상[체]의

nedokončen|ý 아직 끝마치지 않은, 미완성의, 마무리가 덜된 ◆ *nechat co -é* 마무리하지 않은 채 두다

nedoložený nedokázaný, neprokázaný doklady, důkazy (문서나, 증거자료를 통해) 증명이 안된, 정당한[합법적인] 것으로 인정되지 않은

nedomyšlen|ý 충분히 생각하지 않은, neuvážený 심사숙고하지 않은, 고려하지 않은, 조급한, 준비 부족의; (생각 등이) 미숙한, 풋내기의 ◆ *-é řešení* 심사숙고하지 않은 해결책[대안]; *-á odpověď* 조급한[미숙한] 대답

nedopalek, *mi-2, 3* 타다 남은 부분; **(구어체)** vajgl 담배 꽁초 ◆ *~ cigarety* 담배 꽁초; *~ svíčky* 타고 남은 초

nedopatření, *n* drobná chyba 작은 실수; přehlédnutí 빠뜨리고 못봄, opominutí 간과, 태만, 소홀, 부주의; omyl 착오, 과오, 실수

nedopečený 1 maso (고기를) 덜 구운, 설익은, 설구운 **2 (구어체)** nedomyšlený 충분히 생각하지 않은, 모든 것을 고려하지 않은, 준비가 덜 된; (생각 등이) 미숙한, 무르익지 않은 **3 (구어체)** rychle vyškolený 일찍 교육을 마친

nedoplatek, *mi-2, 3* (아직 완전히 지불되지 않고 남아 있는) 미불금, 미불 잔금, 체납금 ◆ *~ mzdy* 체납 임금; *daňový ~* 체납 세금; *-y nájemného* 임대료 체납금

nedorozumění, *n* 오해, nepochopení 이해 부족; rozdílné názory 의견 차이

nedosažiteln|ý 도달하기 어려운, 획득하기 힘든 ◆ *-á výška hory* 오르기 힘든 산의 높이[정상]

nedoslýchavý 귀가 먼, 잘 듣지 못하는, 난청의, 잘 들리지 않는 ◆ *~ stařec* 귀가 먼 노인

nedospalý nedostatečně vyspalý 충분한 수면을 못한, 잠이 부족한

nedospělý nevyspělý 미성년의, 어린, 청소년의, mladý 젊은; nezralý 미숙한

nedostatečn|ý 불충분한, 부족한; nepřiměřený 부적합한; počtem (숫적으로) 부족한, 적은, mezerovitý 모자라는; pracovní výkon (작업 성취/실적이) 열악한, 빈약한; školní známka (학교 성적이) 불만족스런 ◆ *-á populace* 인구부족[과소]

nedostat|ek, *mi-2, 3* **1** není-li něco 부족, bída 결핍 **2** strádání, nouze (필요한 것, 원하는 것이) 없음, je-li něčeho málo 불충분, 결손, 결여 **3** v zásobě (보유 또는 저장의) 부족, 모자람 **4** chudoba 가난, 빈곤; 빈약, 열등 **5** vada 결점, 흠, 결함 ◆ *~ důkazů* 증거 부족; *~ kyslíku* 산소 부족; ~ odvahy 용기 부족; *~ pracovních sil* 노동력[종업원] 부족; *~ informací* 정보 부족; *~ sebevědomí* 자신감 부족; *~ vitaminů* 비타민 결핍; *něčeho je ~* 무엇이 모자라다; *nemít v ničem ~* 모자란 것 아무것도 없다; *z -ku čeho* 무엇의 부족으로 인해; *žít v -ku* 가난[빈곤]하게 살다

nedostáv|at se 1 něčeho se -á (무엇이) 부족하다, 불충분하다 **2** někomu se něčeho -á (누구에게 무엇이) 부족하다 ◆ *-á se nám peněz* 우리에겐 돈이 부족하다; *-alo se mu slov* 그는 말문이 막혔다; *-alo se zkušených pracovníků* 경험있는[숙련된] 직원[종업원]이 부족했다[없었다]

nedostižiteln|ý, nedostižn|ý 1 nedosažitelný 도달할 수 없는, 얻기[이루기] 어려운, 따라잡을 수 없는 **2** jedinečný 비길 데 없는, 무쌍의, 경쟁자가 없는 ◆ *~ cíl* 이룰 수 없는 먼 목표; *~ umělec* 독보적인 예술가

nedostupn|ý 1 가까이 하기[도달하기] 어려운, 접근할 수 없는 **2** 얻기[취득하기] 어려운 **3** nesrozumitelný 이해하기 힘든, nepochopitelný 매우 어려운 ◆ *-á kniha/přednáška* 이해하기 어려운 책/강의; *je cenově ~* 생각하고 있는 가격 범위를 벗어난 것이다

nedošlý 도달하지 않은, dopis (편지가) 배달되지 않은

nedotažený šroubek (나사 등이) 꽉 죄지 않은, 느슨한, 풀린, 헐거운; nepropracovaný 피상적인, 대충의, 간략한, 개략만의

nedotčený 손대지 않은, 본래대로의, 손길이 닿지 않은; neporušený 손상되지 않은, 상하지 않은; jídlo (음식 등을) 맛보지 않은; celistvý (고스란히) 완전한

nedotknutelnost, *f* 불가침(성), 신성, 존엄, 거룩함

nedotknutelný 침범할 수 없는, 신성한, 불가침의

nedovařený 음식이 아직 덜 된, 덜 익은, 덜 삶은, 설익은

nedovolen|ý 무허가의, 불법의; 권한이 없는, 독단적인, 인정받지 않은

N

◆ *~ obchod* 무허가 상(商); *~ vstup* 불법 입장; *jede -ou rychlostí* 그는 속도 위반[고속 주행]으로 달린다

nedozírný následky (어떤 결과가) 헤아릴 수 없는, 무수한, 예상할 수 없는; ohromný 막대한, obrovský 엄청난; škody, ztráty (피해, 손실이) 어마어마한, 막대한

neduh, *mi-2, 3* vleklá, trvalejší nemoc 오래 끄는 질병, 긴병, 지병(持病), 병마(病魔) ◆ *-y měšťácké společnosti* 도시 사회의 만성적 폐해; *sociální -y* 사회적 병폐

nedůležitý 중요하지 않는, 보잘것 없는, 관계없는; bezvýznamný 별 의미가 없는; banální 사소한, 작은, 하찮은, 시시한; podružný 주위의, 주변적인, 말초직인, 피상적인

nedůrazný 강조하지 않는, 힘주지 않은; 《語》 강세[악센트]가 없는, 어세(語勢)가 강하지 않은

nedůsledný (채택된) 원칙을 어기는, 일관성[통일성]이 없는, 근시안(近視眼)적인; nesoustavný 주제를 벗어난, 산만한; logicky 불합리한

nedůstojný chování (행동 따위가) 위엄이 없는, 품위없는; ponižující 품위[품격]를 떨어뜨리는, hanebný 체면이 없는

nedůtklivost, *f-1* **1** 과민성, 민감함 **2** 성마름, 성미 까다로움

nedůtklivý 1 자극성의, 민감한, 과민한; 다루기 까다로운 **2** člověk (사람이) 성 잘내는[성마른], netýkavý 성질 급한, 쉽게 화를 잘 내는 ◆ *být ~ k otázkám/ke kritice* 질문에/비판에 신경질 적이다; *být ~ na své umění* 자신의 예술에 대해 까다롭다[타인의 어떤 의구심도 하락하지 않는다]; *v některých věcech je ~, zlobí se pro maličkost* 어떤 사안들에 있어 그는 성마르다[신경질적이다]. 그는 사소한 것에 화를 낸다; *pacient je ~* 환자는 과민하다[다루기 까다롭다]

nedůvěr|a, *f* ke komu/ čemu (누구에/무엇에 대한) 불신; podezření 의혹, 의심, 혐의, nejistota 불확신; vládě (정부에 대한) 불신임 ◆ *přijímat něco s -ou* 불신을 가지고 뭔가를 받아들이다; *~ dětí k cizímu člověku* 낯선 사람에 대한 아이들의 불신; *chovat -u ke komu* 누구에게 불신을 품다, 누구를 신뢰하지 않다; *pojmout/mít -u v úspěch* 성공에 대한 불확신을 가지다; *vyslovit někomu -u* 누군가에게 불신을 표하다; *vyslovení -y* 불신임 투표

nedůvěřivý 불신의, skeptický 회의적인, 의심 많은; 신뢰[신용] 하지 않는, 쉽게 믿지 않는, podezíravý 의심스러운

neduživ|ý churavý 병약한, 병난, 자주 앓는, chorobný 병이 많은 ◆ *-é děcko* 병약한 아이

nedýchatelný 숨쉬기 어려운, 숨막히는; vzduch (공기 등이) 탁한, 통풍이 잘 안 되는

neekonomický 비경제적인, 비절약적인, 낭비하는

neexponovaný film (필름 등이) 노출되지 않은

neexponovat se 삼가는 태도를 취하다, 눈에 띄지 않게 있다; (비유어) 죽어 살다, 호기를 엿보다

nefalšovan|ý pravý 진짜의, 진정한;

N

bez příměsí 잡물이 섞이지 않은, 순수한; nezkažený 상하지 않은, 완전한, 순전한 ◆ ~ *popis* 진짜[본인]의 서명; *-é peníze* 위조되 않은 돈; ~ *rukopis* 진품의 필사본; ~ *radost* 가장되지 않은 기쁨, 참 기쁨; ~ *smutek* 거짓없는 [진심어린] 슬픔

nefér 1 (부사) neférově 불공평하게, 부정하게, 부당하게 **2** (형용사) neférový 불공평한, 공명정대하지 못한, 부정한 ◆ *hrát* ~ 정당하지 않게 경기하다; *jednat s kým* ~ 불공평하게 [부당하게] 누구와 거래하다

neforemn|ý 1 beztvarý 무형의, beztvárný 일정한 형태가 없는 **2** 못생긴, 보기 흉한, 꼴사나운, 모양없는 **3** velký 부피가 큰, 거대한; nástroje (기구나 도구가) 다루기 힘든, 불편한 ◆ *-á hlava* 못생긴 머리; *-á postava* 보기 흉한 신장; ~ *klobouk* 모양없는[보기 흉한] 모자; *-ě tlustý člověk* 아주 뚱뚱한 사람; *sešlapané -é boty* 짓밟아 꼴사나운 신발

neformální 비공식의; 격식이 없는; 형식[격식]을 따지지 않는; řeč (말 등이) 평이한; šaty (의복 등이) 평상복의, 약식의 ◆ ~ *odpověď* 비공식적 답변; ~ *projev* 비공식 연설; ~ *pozvání* 비공식적[격식없는] 초대; ~ *styky* 비형식적인[편안한] 교제

negace, *f* **1** negování 부정, popření 부인, odmítání něčeho 거절[부인] **2** zápor, vada, chyba 부정적인 면, 결점, 실수 **3** 《言》 부정 ◆ *klady a ~ konference* 회의의 긍정적인 면과 부정적인 면

negativ, *mi-2* 《사진》 원판, 음화 ◆ *obrázek z -u* 인화 사진

negativní 1 부정적인, 거부의; 반대의 **2** 《數》 음의, 마이너스의 **3** 《사진》 음화의, 원판의 ◆ ~ *výběr* 나쁜 선택; ~ *peněžní tok* 악화(惡貨)의 유통; *mít ~ poměr* 부정적인 입장을 가지다; ~ *postoj* 부정적 태도; ~ *vlivy na mládež* 젊은이 들에 대한 부정적인 영향; ~ *stránka věci* 사물의 부정적인 측면; ~ (= *záporné*) *číslo* 영보다 작은 숫자, 음수

negersk|ý 흑인(종)의, 니그로의; 검은 인종의 ◆ *silné -é rty* 새까만 검은 입술; *-é tance* 흑인종 춤; *-á rasa* 흑인종

negr, *ma* **negerka,** *f* černoch 흑인(종), 니그로; (경멸어) 깜둥이

negramotný 1 analfabet 읽기와 쓰기를 못하는, 글자를 모르는, 문맹의 **2** (경멸어) nevzdělaný 무지한, 무식한, 무학[무교육]의, 교양없는 ◆ ~ *člověk* 문맹인; *politicky* ~ 정치적으로 무지한[무식한]

něha, *f* 유연함, 부드러움, 우아함; 친절, 다정 다감함, 인자함, 자애로움; 가미로움 ◆ *mateřská* ~ 모성의 자애[인자]

nehasnoucí 꺼지지 않는, 사라지지 않는, 소멸할 수 없는; 계속해서 비치는; (비유어) 영원한, 잊혀지지 않는 ◆ ~ *láska* 끊임없는 사랑; ~ *touha po umění* 꺼지지 않는 예술에 대한 열정

neh|et, *mi* **1** na rokou 손톱; na nohou 발톱 **2** 못, 징 ◆ *ani co by se za ~ vešlo* (= *ani za* ~) 전혀, vůbec, zcela nic 아무것도, pravdy nebo naděje (사실이나 희망 등이) 티끌만큼도 아니다

또는 없다; *kousat si -ty* 손톱을 물어뜯다; *stříhat -ty* 손톱을 깎다; *pěstovat si -ty* 손톱을 다듬다, 미조술(美爪術)을 하다; *pilovat -ty* 손톱을 줄로 다듬다, 줄질하다; *nalakované -ty* 색칠한 손톱; *ostříhané -ty* 깎은 손톱; *pilníček na -ty* 손톱 다듬는 줄; *klíšťky/kleštičky na -ty* 손톱깎이; *lakovat si -ty* 손톱을 색칠하다; *mít špinavé -ty* 더러운 손톱을 하고 다니다; *mít špínu za -ty* 손톱이 지저분하다; *bojovat zuby -ty* 사력을 다해 싸우다; *držet se čeho zuby -ty* 온힘을 다하여 무엇을 버텨내다; *bránit zuby -ty* 전심전력으로 막다, 방어하다; *jen za ~* 조금, 적게

nehezký nevzhledný 꼴사나운, 못생긴, škaredý 추한, 보기 흉한; morálně (도덕적으로) 나쁜, chování (행농이) 불량한

nehlava, (부사**)** hlava와 함께 관용구를 형성함 ◆ *bít koho hlava ~ všude, i po hlavě* (머리뿐 아니라) 여기저기를 때리다; *rány padaly hlava ~* 곳곳을 타격하다; *běží hlava ~* bez rozmyslu (생각없이), velmi rychle (매우 빨리) 달리다; *jet hlava ~* (탈 것으로) 신속하게 가다, 무모하게 몰고가다

nehledaný nestrojený 치장하지 않은, nelíčený 꾸밈없는, 있는 그대로의, 거짓없는, prostý 평범한, přirozený 자연스러운, bezprostřední 직접적인

nehlídan|ý 지키지 않는; 수비 없는; 안전 장치[경비]가 없는 ◆ *~ majetek* 돌보지 않는 재산; *~ vězeň* 경비가 딸리지 않은 죄수; *-é zavazadlo* 지키는 사람이 없는 수하물

nehlučný 소음[잡음]이 없는, 조용한

nehmatatelný 만져서 알 수 없는; 쉽게 이해하기 어려운, 미묘한, 인지하기 어려운 ◆ *~ puls* 인지 할 수 없는 전파/진동[파동]

nehmotn|ý 무형의; 실체가 없는, 감지할 수 없는 ◆ *-á aktiva* 무형 자산; *~ dovoz a vývoz* 무역 외 수지; *~ obchod* 무역 외 거래

nehnutě 움직임이 없이; 꼼짝 않고 ◆ *stál ~* 움직이지 않고 서있었다

nehod|a, *f* nemilá, nepříjemná, nešťastná příhoda 불행한 일, 불쾌한 사건, 사고 재난, smůla 불운, 고난, 역경; havárie (교통) 사고 ◆ *dopravní -y* 교통사고; *dojet bez -y* 사고 없이 도착하다; *~ auta/lodi/letadla* 자동차/선박/비행기 사고

nehodnot|a, *f* bezcenná věc, tretka 무가치한 것 ◆ *umělecké -y* 예술적 무가치

nehodnotný bezcenný 적절한 가치가 없는, chatrný 값어치가 낮은, 질이 낮은

nehorázn|ý nadmíru velký 터무니없이 큰, 거대한, značný 굉장한, 무지막지한, náramný 엄청난; hrubý 거친; bezohledný 무모한 ◆ *-á lež* 새빨간 거짓말; *-á ostuda* 엄청난 창피[불명예]; *dostat ~ účet* 황당한 계산서를 받다; *~ nesmysl* 완전 넌센스

nehospodárný 1 neekonomický 경제 원칙에 맞지 않는, 비경제적인, neúsporný 비효율적인, 효율성이 떨어지는 **2** nešetrný, rozmařilý 낭비하는, 비절약적인, 허비의, 소모성의 ◆ *~ systém pracovní* 비합리적 인[비효율

적인] 업무 체계; ~ *stroj* 효율성이 떨어지는 기계

nehostinn|ý 불친절한, 손님을 냉대하는, 야박한; 붙임성이 없는, 험한 ◆ *-á krajina* 비우호적인 지방; *-á rodina* 손님을 냉대하는 가정

nehotov|ý 1 nedokončený 미완성의, 불완전한, 준비되지 않는 **2** nevyspělý, nevyzrálý 미성숙한, 원숙하지 않은, 완전히 발달하지 않은 ◆ *-á stavba* 아직 끝나지 않은 공사; ~ *plán* 미완성 계획; *-á povaha* 미성숙한 성격; ~ *umělec* 원숙미가 떨어지는 예술가

nehumánní 비인간적인; 몰인정한, 냉혹한

nehumánnost, *f-1* 몰인정, 잔인성, 무자비; 또는 그 행위

nehybnost, *f-1* **1** 부동성, 부동(상태); 고정, 정지; 정체 **2 (**비유어**)** politického systému (정치 체계의) 경직성, 완고함 ◆ ~ *těla* 몸의 무운동[운동마비]

nehybný 1 bez hnutí 부동의, co se nemůže pohybovat 움직일 수 없는 **2** 활발하지 못한; 늦게 반응하는 **3** 경직된, 고정적인 **4** 불변의, 계속 같은 상태의

nehygienický 비위생적인,

nehynoucí nehasnoucí 빛이 바래지 않는, 쉽사리 시들지 않는; 쇠퇴하지 않는, 불멸의

nechápavý 잘 이해되지 않는; 이해력이 부족한, 우둔한, 이해 못하는

nech|at (명령형 *nech!* 또는 *nechej!, nechte/nechejte!*) < **-ávat 1** nerušit koho, nebránit, nepřekážet komu …을 하는 데 방해하지 않다, připustit 그냥 내버려 두다, co komu (누구에게 무엇을) 하게 해주다, dovolit …할 것을 허용하다, ◆ ~ *koho uprchnout* 누구를 도망하게 해주다; ~ *si všechno líbit* 좋을 대로[제 멋대로, 맘대로] 하도록 놔두다; *to si -ám líbit* 그것은 내 기호에 맞다; *-te to tak!* 그것으로 이제 그만 둡시다[그 이상 문제 삼지 맙시다/그쯤 해 둡시다]; *nech to být!* 그냥 내버려 둬라; ~ *to komu na vůli* (누구의) 의지대로 하게하다 **2** nevzít s sebou 가져가지 않다, …한 채로 내버려 두다, 두고 가다 ◆ ~ *koho doma* 누구를 집에 남겨 두다 **3** opustit (여자가 남자를) 차버리다, 떠나다[절교하다], 떼어 놓다 ◆ ~ *dívku* 여자를 차다; ~ *koho o samotě* 홀로 남겨두고 떠나다 **4** přestat s čím (무엇을) 삼가다, 멀리하다, čeho (무엇을) 그만 두다, vzdát se 포기하다; odejít 은퇴하다 ◆ ~ *kouření* 담배를 끊다; ~ *studií* 학업을 포기하다; *nech toho!* 그만 둬; *nech si ty kecy!* 그 놈의 잡담 좀 집어 치워!; *nech mě na pokoji!* 나 좀 혼자 내버려 둬!, 날 좀 귀찮게 하지마! **5** zanechat po sobě 남기다, dědictvím (유산으로) 남기고 떠나다, 물려 주다 ◆ *nechal po sobě nepořádek* 어지른 채로 두고 떠났다[그가 떠난 자리는 난장판이다]; *nechal dětem velký majetek* 자식들에게 큰 재산을 남겼다 **6** zapomenout 둔 채로 잊다, opominout (깜빡) 두고 가다[오다] ◆ ~ *doma brýle* 집에 안경을 두고 오다 **7** neměnit (변화시키지 않고) 그대로 두다, (원래 대로) 그냥

N

놔두다 ◆ ~ *všechno tak* 모든 것을 그대로 두다; ~ *větu bez překladu* 문장을 번역하지 않고 원문(原文) 대로 두다 **8** dát si něco udělat (사동사) …을 하게 하다, …을 하도록 시키다 ◆ ~ *si chutnat* 맛을 보다; ~ *si ušít šaty* 옷을 맞추다; ~ *ho sledovat* 그를 감시[미행]하게 하다; ~ *si narůst vousy* 수염을 기르다; ~ *koho čekat* 누구를 기다리게 하다; ~ *běžet stroj* 엔진이 돌아가게 하다; ~ *věci/všechno běžet* 모든 것이 되는대로 가게 하다; ~ *koho vědět = dát komu vědět* (누구로 하여금) 알게 하다 **9** ponechat 한 채로 두다, 방치하다 ◆ ~ *dveře otevřené* 문을 열어두다; ~ *hrát rádio* 라디오를 켜 두다 **10** uložit 보관하다, pro budoucnost (미래를 위해) 보존하다, 보유하다, 산직해 두다 ◆ ~ *si kabát v šatně* 코트를 보관하다; ~ *si nějaké peníze na zítra* 내일을 위해 약간의 돈을 보유하다; ~ *si otevřená zadní vrátka* 뒷문을 열어 놓다[만약의 사태를 대비하다] **11** 맡기다, 위임하다 ◆ *nech to na mě!* 나한테 맡겨! to je má starost 이건 내 소관이야; *-ám to na vás* 나는 그것을 당신에 맡긴다

nechtě ◆ *chtě ~ /chtěj, nechtěj/chtíc nechtíc/* 싫든 좋든, 원하든 원하지 않든 간에, 막무가내로

nechtěně 고의가 아닌, 무심코, 부지불식간에

nechtěný bezděčný 의도적이 아닌, 고의가 아닌, 계획하지 않은

nechu|ť, *f-1* **1** nelibost 불쾌, 불만; 마지못해 함, 꺼림, 마음 내키지 않음, antipatie 싫음, averze 반감, 혐오, odpor 강한 반감, 질색, 넌더리, 증오; nevole 분개, 화; 원한, 악의, 유감 **2** nechutenství 식욕상실, odpor k jídlu 입맛이 없음 ◆ *s -tí* 마음 내키지 않은 상태로, 마지 못해, 달갑지 않게; *mít ~ k čemu* 몹시 싫어하다, 지겨워하다, 질색하다

nechutenstv|í, *n* 식욕 감퇴, 식욕부진증, 거식증(拒食症)] ◆ *trpím -ím* 거식증(拒食症)으로 고생하다

nechutný **1** jídlo (음식이) 맛없는, mdlý 먹음직스럽지 않은, 식욕을 돋우지 않는 lék (약이) 역겨운; 시시한 **2** odporný 불쾌한, 혐오스러운 **3** vtip (농담 등이) 조잡한, 미숙한, 노골적인, 세련되지 못한

nechvalný 칭찬 받을만 하지 않은; nepěkný, nehezký, 좋지 않은, 아름답지 못한; ošklivý 보기 흉한, 나쁜 ◆ ~ *zvyk* 좋지 않은 습관; ~ *konec* 아름답지 못한 끝(終)

nej- (형용사와 부사의 최상급 접두어) 가장-

nejá 《哲》 (내부 세계에 존재하는) 비아(非我), (주관에 대한) 객관

nějak **1** 일정 정도, (정해져 있지 않는) 어떤 식으로; (적합한 단어를 찾기 위한 대체 표현으로서) jaksi 어떻든지, 아무튼, tak či onak 그러나 저러나 **2** poněkud 다소, 어느 정도, 약간, 좀; velmi 상당히, 꽤 ◆ *připadalo mu to ~ nezvyklé* 그에게 그건 어느 정도[약간] 관례에서 벗어난 듯 보였다; ~ *jí to sluší* 그녀에게 꽤 어울린다; *bylo mu to (tak) ~ divné* 그에게 그것은 아무튼 이상했다; *muselo to být ~ v létě* 그건 언젠가 여름에 있었어야 했다

N

nějak|ý 1 jakýsi, jakýkoli 무슨, 어떤, 누군가의, 무언가의 **2** jistý 일정한, 어떤 하나의, 누구 한 사람의 **3** o množství (일반적 양에 대해) několik 얼마간의, 다소의, 어느 정도의 **4** 거의, …쯤, …정도 **5** trochu, jaksi 얼마간, 약간, 조금 **6** zesilující (강조용법) velký, znamenitý 상당한, 꽤 많은 ◆ *to musí být -é nedorozumění* 그건 분명 오해[이해부족]임에 틀림이 없습니다; *Rudolf Hruši byl ~ herec* 루돌프 흐루쉰스키는 유명한 배우였다

nejapnost, *f-1* 부적절함, 어색함, 서투름

nejapn|ý chování (행동 등이) 어색한, 서투른, silně nevhodný 부적절한, nerozumný 이해할 수 없는; 재치없는, 어리석은, 생각없는 ◆ *-é otázky* 부적절한 질문, *-á výmluva* 서투른 변명; *~ žert* 재치없는 농담

nejasnost, *f-1* (빛 등이) 희미함, 밝지 않음, 약함; 불명료함; 애매 모호(성)

nejasný 1 světlo (빛이) 희미한, 약한, 엷은 **2** nezřetelný 불분명한, 명백하지 않은, 이해하기 힘든, 막연한, 모호한 **3** vzpomínky (기억 등이) 뚜렷하지 않은, 희미한, 흐릿한 **4** nesrozumitelný 불명료한, 애매 모호한, 이해하기 어려운

nejdřív(e) 제일 먼저, 무엇 보다도 먼저, 맨 처음에

nejeden (하나가 아닌) 여러 개의, 많은 ◆ *~ student* 많은 학생; *~ problém* 여러 가지 문제

nejedlý 먹을 수 없는, 식용에 적합지 않은

nejednotnost, *f-1* 불일치, 통일성의 결여, 비일관성; 불화

nejednotný neucelený 전체적이지 않은, 일치하지 않은, 통일성이 없는; neshodný 불일치의, 일관성이 없는; neharmonický 불화의 ◆ *~ názor* 일관되지 않은 주장

nejednou 반복적으로, 몇 번이고, 되풀이하여, 여러 번

nejedovatý 독이 없이, 무독성의

nejen(om), nejenže, nejenomže, nejen že, nejenom že …뿐만 아니라, …도 역시(마찬가지로)

nejinak nejináč (앞의 것과) 같게[동일하게], 마찬가지로 ◆ *~ je tomu v Praze* 프라하에서도 다를 바가 없다

nejistota, *f* 불확실성, 애매함, 모호함; 불안정(성)

nejistý 불확실한, budící pochybnost 미심쩍은, výsledek (결과 등이) 아직 결정되지 않은, 미정의; 모호한, 분명하지 않은, 확신이 없는, 단정할 수 없는; 확정되지 않은, 일정치 않은

nejprv(e) především 무엇보다도, zprvu 먼저, 맨 처음에 ◆ *~ dopiš domácí úkol!* 제일 먼저 숙제부터 마쳐라!; *~ tomu nerozuměl, ale pak pochopil* 그는 처음엔 그것을 이해하지 못했으나 나중에 알아차렸다

nejspíš(e) 아마 분명, 십중팔구, asi 거의 (확실히)

nejzazší 가장 먼, 최장의, 최대(한)의; 최후의, 최종의, 최고(도)의; 극도의 ◆ *~ termín* 최종기한 *na ~ míru* 극도로, 최대한으로

nekal|ý 부정직한, 부정한, 불공정한; 타락한, 퇴폐한, 부도덕한 ◆ *-á konkurence/soutěž* 불공정한 경쟁, *-é jednání* 부정직한 행동; *používat -é prostředky* 부정한 방법을 동원하다[사용하다]

někam 어딘가로, 어디론가

nekatolí|k, *m* **-čka** *f* 비카톨릭 인(人), 반카톨릭 신자

nekázeň, *f* 규율 부족, 훈련(자제심)의 결여, 무질서, 무질서한 행동, 풍기 문란(風紀 紊亂) ◆ *pracovní ~* 직업상의 무질서[규율뷰족]; *~ mládeže* 청소년들의 풍기 문란

někde 어딘가에 ◆ *~ jinde* 어딘가 다른 곳에; *~ tady* 여기 어딘가;

někdejší o osobách (사람에 대하여) 전임의, 이전의; dřívější 과거의, 시나간 ◆ *~ prezident* 전임 대통령; *v -ch časech* 과거에, 이전의 시기에는

někdo 누군가, 어떤 사람

někdy 언젠가; 가끔, 이따금, 간혹

neklamn|ý nepochybný 의심할 여지 없는; 진짜의, 확실한; 틀리지 않는, 잘못이 없는 ◆ *~ důkaz pravdivosti* 확실한 정당한 증거; *-é svědectví* 의심할 여지가 없는 증언; *-é znamení čeho* 무엇의 명백한 신호

neklid, *mi-2* **1** pocit (감정이) 심란, úzkostný 불안, nepokoj 걱정, otřesný 당황 **2** rozruch 혼란, stálý pohyb 소란, společenský (사회적) 소요

neklidn|ý 1 불안한, 걱정되는, 염려스러운 rozrušený 혼란스러운, 흥분한, 동요한 **2** dítě (아이가) 조바심하는, 안절부절못하는, 안달하는 ◆ *-á cesta* 험난한 여행(길)

několik (+생격) 몇 몇의, 몇 개의, málo 조금, 약간 ◆ *jen ~ lidí* 단지 몇 사람; *-a slovy* 몇 마디 말로; *před -a dny* 며칠 전에

několikanásobný 몇 배의, 수 배의; 복합의, 복식의, 다중의, 다수(량)의 ◆ *~ mistr* 수 차례의 우승자; *~ milionář* 억만장자

několikátý 몇 번째, 처음이 아닌

několiker|ý 1 druh (종류가) 다양한, 여러 가지[종류]의, 몇 가지[종류]의 **2** šaty/kalhoty (옷이나 바지 등의) 몇 벌 ◆ *-é víno* 여러 종류의 와인

několikrát(e) 여러 번, 반복적으로 ◆ *~ trestaný* 전과수범자; *být ~ trestaný* 전과가 있다

nekompetence, *f* 무능력, 부적합, 부적격 무자격, 금치산

nekompetentní …할 능력이 없는, …에 부적격한, …할 자격이 없는 ◆ *prohlásil se za -ho v té věci* 그는 그 일에 부적격한 사람으로 판명되다

nekompromisní naprosto zásadový 원칙을 고수하는, 단호한, 완고한, 강경한; nesmlouvavý 타협하지 않는, 양보하지 않는 ◆ *~ jednání* 양보하지 않는 행동[태도]; *~ stanovisko* 완고한[강경한] 입장

nekonečn|o, *n-2* 무한; 《數·物》 무한대,무한 거리(기호 ∞) ◆ *do -a* 무한히

nekonečnost, *f-1* vesmíru (우주의) 무한성, 광대함

nekonečn|ý 1 prostor (공간상) 끝이 없는, 무궁한, 무한의, věčný 영원한, 시간을 초월한; schopný stále trvat 계속 지속할 수 있는, 끊임없는; bez hranic 무경계의, 한계가 없는[무한한] **2** velmi dlouhý 아주 긴, velmi rozsáhlý 원대한, velmi velký 막대한 ◆ *-á cesta* 끝이 없을 정도로 먼 길; *-á plocha moře* 바다의 광활함; *-á hloupost* 바보 천치; *-á smyčka* 《컴퓨터》 무한 루프((결코 종료시킬 수 없는 처리))

nekonkrétní 막연한, 모호한; 구체적이지 않은

nekontrolovatelný 통제 밖의, 억제되지 않은, 무제한의, 방치된, 자유로운

nekonvenční 비전통적인, 관습을 좇지 않는, 인습에 사로 잡히지 않는; 판에 박히지 않은, 자유분방한, 참신한; 비공식

nekov, *mi-2* 《化》 비금속(卑金屬)((공기 중에서 쉽게 산화하는 금속)); 비철금속(非鐵金屬)

nekritický 무비판적인, 무차별한; 분간(차별) 못하는, 분별력없는

nekrolog, *mi-2, 3* (신문 지상의) 사망기사 또는 사망자의 약력, 부고(訃告)

nekrvav|ý 피를 흘리지 않는, 무혈(無血)의, 유혈의 참사가 없는 ◆ *-á revoluce* 무혈 혁명

nekryt|ý **1** nezastřešený 맨 지붕의, 덮개가 없는, 덮지 않는 **2** hráč ve fotbalu/hokeji (축구나 아이스하키 경기에서) 마크하지 않는[방해받지 않는] (선수) **3** nezaplacený 미 해결의, 미결제의 ◆ *~ šek* 위조 수표; *-á hala* 덮개가 없는 넓은 홀((경기장이나 강당 등))

nekřesťansk|ý **1** 비기독교적의, 반기독교적인 **2** ceny (값이) 엄청난, 터무니 없는, 과대한 **3** nelidský, 비인간적인, 잔인한, surový 야만의 ◆ *stálo to -é peníze* 엄청나게 비싸다

některý 어떤, 어느 것의, 몇몇의, 얼마의, 어떤 것(사람)의

někudy 어떤 길로, 어딘가를 통해; 어떻게든지 ◆ *~ jinudy* 어떤 다른 길로; *~ se tam dostaneme* 우리는 그곳에 도달하는 어떤 길을 찾을 겁니다

nekultivovaný 무교육의, 교육을 받지 못한, 무식한; 교양이 없는, 세련되지 못한, 상스러운, 저속한

nekulturní 문명화 되지 않는, 미개한, 야만의; 진보가[발달이] 늦은, se špatným vkusem 교양이 낮은

nekuř|ák, *ma-3* **-ačka** 비 흡연가

nekvalitní 질 낮은, 품질이 나쁜, 자질이 나쁜; práce (일 등이) 조잡한, 천한

nekvašený 발효되지 않은

nelad, *m* 혼란, 무질서, 난잡

neladný 단정치 못한, 말끔하지 못한; 어수선한, 흐트러진, 혼란스러운, 난잡한

nelákavý 마음이 끌리지 않는, 마음 내키지 않는, 매력이 없는

nelaskavý 불친절한, 무정한, 몰인정한, 비우호적인

nelegální 비합법적인, 불법의, 위법의; 반칙의, 규칙에서 어긋난; 무허가의 ◆ *~ stávka* 불법 파업

nelegitimní 법으로 용인되지 않는, 불법적인, 규칙 위반의, 변칙의

nelenit **1** nezahálet 게으르지 않다, 거드름 피우지 않다; 노력하다 **2** neváhat, nemeškat 주저하지 않다 ◆

komu se -í, tomu se zelení 수고가 없으면 이득도 없다[구슬이 서 말이라도 꿰어야 보배다, 고생 끝에 낙이 온다, 부뚜막의 소금도 집어 넣어야 짜다]

ne-li 만일 …하지 않는다면 ◆ ~ *víc* 더 많지 않다면

nelibost, *f* 불쾌, 불만; 골, 화 ◆ *vzbudit čí* ~ 누구의 불쾌함[화]를 사다[초래하다]; *dívat se na co s -í* 불만을 가지고 쳐다보다

nelibozvučný 귀에 거스리는, 조화되지않은, 불협화음의

nelibozvuk, *mi-2, 3* 귀에 거슬리는 소리, 불협화음, 잡음, 불쾌한 음조[소리]

nelibý 유쾌하지 못한, nelibozvučný 불쾌한, 듣기 싫은 ◆ ~ *zvuk* 잡음, ~ *zápach* 악취

nelíčen|ý 꾸밈없는, 있는 그대로의, 진실한, 거짓없는, ryzí 순수한, nestrojený 치장하지 않은, prostý 평범한, přirozený 자연스러운 ◆ *s -ou radostí* 진정한 기쁨으로; *s -ým podivem* 놀라움 그대로

nelida, *ma* **1** nelidský člověk 몰인정한 사람, 무자비한 사람, 잔인한 사람 **2** samotář 세상을 버린[속세를 떠난] 사람, 은둔자

nelidskost, *f-1* 비인간성, 야만성; 무자비한 행동, 잔인한 행위

nelidský necitelný 몰인정한, 무정한, 냉혹한, ukrutný 잔인한, 무자비한, 야만스러운, hrubý 미개한; 비인간적인, 초인간적인

nelítostný bezcitný, necitelný 무자비한, 매정한, 가차없는, 냉혹한; nemilosrdný 무정한, 용서하지 않는; krutý 야만의, 잔인한, surový, 조잡한, 미개의; drsný 교양없는, 버릇없는, 천한, 무식한; tvrdý (행동 등이) 거친, 세련되지 못한

nelogický 비논리적인, 불합리한, 조리에 안 맞는

nelze (부사) 불가능하게 ◆ ~ *to změnit* 그것을 바꾸는 것은 불가능하다; ~ *popřít, že...* … 을 부인할 이유가 없다

nemačkav|ý (옷감이) 구겨지지 않는, 주름[구김] 방지의 ◆ *-á úprava* (바지 주름의) 영구 가공

nemajetnost, *f* 재산[부, 수입]의 부족[결핍], 극빈, 빈곤, 궁핍 ◆ *osvědčení o -i* 극빈자[생활보호대상자] 가계 수입[자산] 조사

nemajetný 궁핍한, 가난한, 부족한, 극빈한

nemálo 작지(적지) 않게, 대단히, 많이

nemal|ý 작지(적지) 않은, značný 상당한, 중대한 ◆ ~ *zájem* 적잖은 관심; *-é dědictví* 상당한 유산

nemanželsk|ý (합법적인) 부부관계에서 벗어난, 혼외의, 사생아의 ◆ *-é dítě* 사생아

němčina, *f* 독일어

němčinář, *ma* **-ka,** *f* **1** 대학의 독일어과 선생님 또는 학생 **2** germanista 독일어 전문가

němčit **1** 독일어로 말하다 **2** koho/co (누구를/무엇을) poněmčovat, germanizovat 독일화 시키다 ◆ *v pohraničí se poněmčilo* 국경부근에서는 독일어로 말했다

N

Němec, *ma* **-ka,** *f* 독일인[사람], 독일 여자

Německo, *n* 독일

německý 독일(어/인)의 ◆ *~ ovčák* 독일종 셰퍼드((경찰견이나 맹도견(盲導犬)으로 사용됨))

neméně 보다 적지 않은, než 보다 많은

neměnn|ý stálý 불변의, 일정한; 동일한, 일관된, 모순이 없는; nestřídavý 변화하지 않은 ◆ *-é přírodní zákony* 불변의 자연 법칙

neměřitelný 잴 수 없는, 측량할 수 없는, 헤아릴 수 없는; 극도의, 과도의

nemilosrdný 무자비한; 무정한, 용서하지 않는

nemilost, *f-1* nepřízeň 불쾌, 냉대, 싫어함, 눈 밖에 남; 창피, 불명예, 망신 ◆ *být u koho v -i* 누구의 미움을 사다, 누구의 눈 밖에 나다; *vzdát se na milost a ~, bezpodmínečně* 무조건 항복하다

nemil|ý nepříznivý 불쾌한, 싫은, nežádoucí 바람직하지 않은; 재미없는, 달갑지 않은 ◆ *být v -é situaci* 좋지 않은 상황에 있다; *-á návštěva* 달갑지 않은 방문

nemírn|ý 무절제한, 과도한, 지나친 ◆ *být ~ v požitcích* 이권[혜택, 특권, 부수입]이 넘쳐나다; *být ~v kouření* 흡연에 있어 무절제하다; *-é požadavky* 지나친 요구

nemístný 적절하지 않는, 부적합한, 부적당한, 어울리지 않는

nemít ◆ *~ na co náladu* 무엇을 할 기분이 아니다; *ani ponětí/zdání* 전혀 이해 못하다, 능력[수완]이 없다; *to nemá chybu* 결함이 없다; *~ štěstí* 운이 없다; *~ na výběr* 선택의 여지가 없다

nemluvně, *n-1* 유아, 갓난 아기, 소아

nemluvnost, *f-1* 과묵, 말없음; 말 수 적음

nemluvný 말 없는, 과묵한, rezervovaný 말을 삼가는[억제하는]

nemnoh|o 많지 않은 **-a,** *pl* 많지 않은 (수)

nemoc, *f-1* **1** porucha zdraví 나쁜 건강 상태, choroba 질병, 질환 **2** špatná vlastnost 나쁜 성격; chyba 잘못, zlozvyk 악습, vada 오점, 결함, slabost 약한 부분, 약점 **3** vášeň 열정, 애착, 정열, 열광 ◆ *dětské -i* 소아병; *duševní ~* 정신병; *mořská ~* 뱃멀미; *lehká ~* 가벼운 병; *těžká ~* 중병(重病); *pohlavní -i* 성병; *-i z povolání* 직업 병; *studentská ~ lenost* 학생의 게으름, 나태; *cestování je ~* 여행은 병이다; *toulavá ~* 방랑병

nemocenská, *n* (건강보험상의 또는 병가 중의) 질병 수당

nemocensk|ý 병과 관계된 ◆ *-é pojištění* 건강 보험; *-é dávky* 질병 수당

nemocnice, *f* 병원 ◆ *fakultní ~* 대학병원; *soukromá ~* 개인병원; *zavést koho rychle do ~* 누구를 급히 병원으로 보내다;

nemocniční 병원의 ◆ *~ péče/poplatky* 병원(입원) 치료/병원비; *~ pobyt* 입원

nemocnost, *f-1* 환자의 질병상태((정도, 성격)); 발병자의 수, 발병 빈

N

도 또는 그 기간

nemocn|ý 병에 걸린, 질병으로 앓고 있는, 병든, čím (무엇이) 아픈, 병약한 ◆ ~ *postižený chorobou* 병에 걸린 환자; *pokoj pro -é* 병실

nemoderní 낡은, staromódní 구식의, 옛날식의

nemohoucí 무기력한, 무력한; starý 노쇠한, 허약한; bezmocný 힘이없는, 어찌할 수 없는, 속수무책의

nemohoucnost, *f-1* 무력, 무기력; 허약, 노쇠함; 속수무책

němohra, *f* 무언극, 판토마임

němot|a, *f* 무언, 침묵, málomluvnost 말 수가 적음; 벙어리 ◆ *být opilý(= zpitý) až do -y* 곤드레 만드레 취하다

nemotora, *ma* (말과 행동이 거칠고 미련한) 데퉁바리, 서투른 사람, 미련둥이, 바보

nemotorný nešikovný 우둔한, 멍청한, 서투른, 미련한, 바보스런

nemoudrý 현명치 못한, 지혜[지각] 없는, 무분별한, 어리석은

nemovitost, *f-1* **-i,** *pl* 부동산, 전답(田畓), 재산; 부동산 ◆ *obchodník s -mi* 부동산 상인; *trh s -mi* 부동산 시장; *vlastník -i* 부동산 소유자; *daň z -i* 부동산세

nemovitý 부동의, 부동산의 ◆ ~ *majetek* 부동산

nemožnost, *f-1* 불가능(성), 불가능한 일 ◆ *holá* ~ 완전 불가능

nemožný **1** 불가능한, 무리한, neproveditelný 실행 불가능한 **2** účes, oblek (헤어스타일이나 옷차림이) 웃기는, 우스꽝스러운, 터무니 없는 **3** osoba 희망이 없는, 절망적인, 가망 없는, 어찌할 도리가 없는

nemrav, *mi-2* 사악, zlozvyk 악습, 부도덕

nemravnost, *f-1* 부도덕, 패덕, 품행이 사악한; 음란, 외설

nemravný nemorální 부도덕한, 퇴폐적인, neslušný 패덕의, 외설의, 음란한

něm|ý 벙어리의, neschopný promluvit 똑똑히 말을 못하는; nevyslovený 말을 하지 않는, nevyjádřený 말로 표현되지 않은[발화되지 않은]; nedoprovázený slovy 침묵의, 조용한, 말이 없는 ◆ *v -ém úžasu* 망연 자실하여; *-á tvář* 말 못하는 짐승; *copak jsi ~ = proč nemluvíš* 왜 말을 않느냐?; *mlčet jako ~* 벙어리처럼 말을 않다; *být ~ jako ryba* 물고기처럼 (절대로) 말을 하지 않다

nemyslitelný 생각할 수 없는, 상상도 할 수 없는, 도저히 있을 법하지 않는

nenadál|ý 예기치 않은, 뜻밖의, náhlý 갑작스러운, náhle přerušující 돌연 ◆ *mít -ou návštěvu* 뜻밖의 방문을 받다

nenáhl|ý 점진적인 mírný 부드러운 ◆ *-á změna* 점진적인 변화

nenahraditeln|ý 대체할 수 없는, co nelze získat zpět 회복할 수 없는, co nelze odčinit 불치의, 만회할 수 없는 ◆ *-á ztráta* 회복 불가능한 상실; *-á škoda* 보상될 수 없는 손해

nenákladný 비용이 적게 드는, 비싸지 않는

nenáležitost, *f-1* 부적당, 부적합, 어울리지 않음; 도리에 어긋남, 보기

N

흉함

nenáležitý 부적당한, 부적격한, 어울리지 않는; 보기흉한, 도리에 맞지 않는

nenápadný 1 člověk (사람 등이) 주의를 끌지 못하는, 두드러지지 않는, 눈에 띄지 않는 **2** neznámý 세상에 잘 알려지지 않은, 미천한 **3** barva, šaty (색채나 복장 등이) 수수한, 점잖은 **4** pohled (표정이나 모습이) 남의 눈을 피하는, 내밀한, 은밀한, 수상쩍은

nenapodobitelný 모방할 수 없는, 흉내낼 수 없는, 타의 추종을 부러워하는, 독특한

nenapraviteln|ý 1 co nelze opravit 교정 할 수 없는; návyk (나쁜 습관 등이) 고쳐지지 않는, 뿌리깊은 **2** co nelze odčinit 치유할 수 없는, 구제[선도]할 수 없는; nenahraditelný 대체불가능한, 고치기 어려운 ◆ ~ *hříšník* 구제불능의 범죄자; ~ *pijan* 만성 술고래; ~ *lhář* 상습적 거짓말쟁이; *-á ztráta* 만회할 가망이 없는 분실[손실]; *-á škoda* 회복불능의 손해

nenáročnost, *f-1* 겸손함, 신중함; 정숙, 얌전함; 수수함, 소박함

nenáročný skromný 겸손한, 허세부리지 않는, 삼가는, 조심성있는; prostý 수수한; 정숙한, 기품이 있는

nenásilný 비폭력의, mírný 평화적인, samovolný 자발적인

nenasytný hladový (여전히) 배고픈, lačný 굶주린, 게걸들린, 탐식하는; chtivý 탐욕스런, 욕심많은, 만족을 모르는; hltavý 많이 먹는 ◆ ~ *čtenář* 책벌레, 독서광

nenávid|ět (*oni -í*) 미워하다, 싫어하다, 증오하다, 혐오하다; mít zlobu 원한을 가지다, 반감을 품다, 저주하다 ◆ ~ *koho k smrti* 누구를 지독하게 미워하다; ~ *z celé duše* 몹시 혐오하다

nenávist, *f-1* 증오, 미움, 혐오, 저주; k/vůči …에 대한 원한[반감]; zášť 악의 ◆ *rasová* ~ 인종적 증오[반감]; ~ *až za hrob* 운명적 증오, 불구대천(不俱戴天)의 원한

nenávistný 저주하는, 악의에 찬, 원한을 품은, 해로운

nenavratitelný nenávratný 회복할 수 없는, 만회할 가망이 없는

nenávratný nenavratitelný 돌이킬 수 없는, 회복할 수 없는

nenechavec, *ma* **(**구어체**)** zloděj 좀도둑, 절도광, 도벽이 있는 사람

nenechavý **(**구어체**)** 도벽이 있는, 좀도둑의, 절도의

nenormální 비정상의, podivný 이상한; 보기 드문, 진귀한, 예외적인; 보통이 아닌, 비범한

nenucenost, *f-1* 자유스러움, 소박함, 평범함

nenucen|ý přirozený 자연스러운, 있는 그대로의, nelíčený 꾸밈이 없는, nestrojený 가장하지 않은, prostý 소박한, 평범한, 솔직한; bez etikety 비공식적인 ◆ *-é chování* 부담없는 행동; ~ *úsměv* 소박한 미소; *bavit se/chovat se -ě* 자연스럽게 즐기다/행동하다

neobezřetný 경솔한, 무모한 부주의한, 무분별한; nepromyšlený 선견지명이 없는, neuvážený 사려가 없는, 경망스러운, 성급한

neobhajitelný teorie (이론 따위를)

옹호할 수 없는, názor (의견 등이) 변호하기 어려운, 막기어려운

neoblíbený 호감가지 않는, 인기가 없는, 평판이 좋지 않은

neoblomn|ý 1 구부러지지 않는, 경직된 **2** náročný 완고한, 유연성이 없는, tvrdohlavý 고집센; neústupný 확고부동한 ◆ *být ~ v zásadách* 원칙에 있어 완고하다; *-é rozhodnutí* 확고 부동한 결정; *-ě na čem trvat* 무엇에 있어 단호[확고]하다

neobměkčitelný 달래기 어려운, 용서 없는; 준엄한, 완고한, 단호한

neobratnost, *f-1* 서투름, 기술이 없음, 재치없음, 솜씨없음

neobratný 기술이 없는, 아둔한, 둔팍한, nemotorný 서투른, 솜씨없는

neobsáhl|ý 1 malý 규모가 작은, 넓지 않는, nevelký 크지 않는 **2** velmi velký, nesmírný, 엄청나게 큰, nekonečný 끝이 없는 ◆ *-á obloha* 어마어마한 창공; *-á láska mateřská* 측량할 길 없는 모성애(母性愛)

neobsažný kniha/přednážka (책이나 강의 등이) 내용이 없는, mnohomluvný 실속이 없는, 무미건조한, prázdný 속빈 ◆ *~ referát* 실속이 없는 발표

neobutý 신발을 신지 않은, 맨발의

neobvyklost, *f-1* 이상함, 비상함, 비범함

neobvykl|ý 1 divný 이상한, 기묘한 **2** nezvyklý 상식밖의, 보통이 아닌, 별난 **3** zvláštní 특별한, mimořádný 보기 드문, 진귀한 ◆ *mít -é štěstí* 흔하지 않은 행운을 갖다; *-á podívaná* 보기 드문 광경, 진풍경, 진귀한 구경거리[볼거리]

neobyčejn|ý 1 = *neobvyklý* **2** mimořádný 비상한, 놀랄만한, 훌륭한, 멋진 **3** pozoruhodný 현저한, 뚜렷한 ◆ *dívka -é krásy* 별나게 아름다운 여자; *~ zájem o knihu* 책에 대한 비상한 [대단한] 관심; *je -ě hloupý* 그는 보기 드문 바보다

neobydlený 사람이 살지 않는, 주민이 없는, 무인의; 점유되지 않은, 소유주가 없는; 텅빈, 빈자리의 ◆ *~ ostrov/byt/dům* 무인도(無人島)/사람이 살지 않는 아파트/집

neobyvatelný 사람이 살[거주할] 수 없는

neocenitelný velmi cenný, vzácný 아주 귀중한, 값을 매길 수 없는, drahý 비싼

neočekávaný 기대치 않던, netušený 뜻밖의, nečekaný 예기치 않은, náhlý 갑작스런, překvapivý 놀랄만한

neodborník, *ma-3* laik 비전문가, 아마추어, 문외한, 보통 사람

neodborný 직업적이 아닌, 비전문적인, 아마추어의; 보통의, špatný 무능한

neodbytn|ý 1 člověk (사람이) 완강한, 고집스런; neodkladný 끈덕진, 악착 같은, 물러서지 않는; v prosbách (부탁[간청]에서) 끈질긴 **2** obchodní agent (사업체가) 적극적인, 진취적인 **3** melodie (멜로디 등이) 재미가 있어 외기쉬운 ◆ *~ žadatel* 고집스런[끈질긴] 요청가; *-í komáři* 끈질기게 따라붙는 모기들; *-á touha* 식지않는 열망

neodčinitelný nenahraditelný 만회

할 수 없는, 대체불가능한, 회복할 수 없는, 보상할 수 없는; nenapravitelný 교정 할 수 없는, 치유할 수 없는, 고치기 어려운

neoddělitelný = *neodlučný* 분리할 수 없는, 나눌 수 없는, 떨어질 수 없는

neodmyslitelný 무시[경시]할 수 없는, 소홀히 다루어서는 안되는, 본질적인, 필수적인, 중요한

neodolatelnost, *f-1* 저항할 수 없음, 무저항(력)

neodolatelný 저항력이 없는, 견딜 수 없는, 불가항력의; touha (열망이) 압도적인, mocná 강렬한; kouzlo (마력[마법]이) 끌어당기는, 매력있는

neodpovědnost, *f-1* 책임이 없음, 무책임; 신뢰[의지]할 수 없음

neodpovědný 무책임한; nespolehlivý 믿을 수 없는, 신뢰할 수 없는

neodpustitelný 용서할 수 없는; společensky (사회적으로) 용납이 안되는, 허용할 수 없는; 변명할 수 없는; co si chceme pamatovat 잊어버릴 수 없는

neodstranitelný 제거할 수 없는 ◆ *~zápach* 제거불능의 악취

neodůvodněn|ý neopodstatněný 근거 없는, 사실 무근의, bezdůvodný 이유 없는, bez motivu 동기가 없는 ◆ *-é podezření* 이유 없는 의심[혐의]; *-á kritika* 근거 없는 비판; *-é zameškání práce* 이유 없는 결근

neodvolateln|ý nezrušitelný 취소할 수 없는, nezměnitelný 변경할 수 없는; slib (약속 등을) 되돌이킬 수 없는; trvalý 영구히, 영원히, 완전히 ◆ *-é rozhodnutí* 최종 결정; *~ rozsudek* 최종 판결; *-á lhůta končí -ě 21. března* 3월 21일이면 최종 기한이 끝난다

neodvratn|ý 역행할 수 없는; ani bojem 어쩔 수 없는; nevyhnutelný 피할 수 없는, 면하기 어려운, nutný 부득이한 ◆ *~ osud* 피할 수 없는 운명[숙명]; *~ konec* 역행할 수 없는 종말; *-á nutnost* 부득이한 의무

neohebn|ý 1 prut (막대기나 장대 등이) 굽혀지지 않는, pevný 딱딱한, tuhý 굳은; nepružný 탄력이 없는, 유연성이 없는 **2** nepoddajný 양보하지 않는, 완고한 **3** 《言》 어형 변화하지 않는 ◆ *-é pohyby* 탄력이 없는 움직임; *-á povaha* 완고한 성격

neohrabaný nemotorný 서투른, chování (행동 등이) 어색한, nepůvabný 꼴사나운; nešikovný 재치없는, 솜씨없는, mladý a nezkušený 젊어서 경험이 부족한, 요령이 없는

neohrožený nebojácný 겁없는, 불굴의, 무서움을 모르는, odvážný 용감한, 용맹한, cestovatel (여행자 등이) 대담한

neochota, *f* 싫음, 마지못해 함, 마음 내키지 않음, 꺼림, 비자발 ◆ *~ (k) pomoci* 도울 마음이 생기지 않음

neochotn|ý 비자발적인 váhavý 마지 못해 하는 ◆ *~ pomoci* 도움을 주기가 싫은; *-ě co dělat/chválit* 마지못해 무엇을 하다/칭찬하다

neochvějn|ý vytrvalý 변함이 없는, víra (믿음이)동요치 않는; pevný 확고한, 신념이 굳은, 충실한; neústupný 물러섬이 없는, 완고한 ◆ *~ bojovník*

N

충실한 전사; ~ *charakter* 신념이 굳은 성격; *-á autorita* 흔들림없는 권위; *-á věrnost* 변함없는 충성[신의, 지조, 절조, 정조]; *-á důvěra* 확고한 신뢰; *-á vůle* 요동치 않는 의지

neokolonialismus, *m* 신식민지주의((경제적 지배를 의미))

neomalenost, *f-1* 건방짐, společenská (사회적)무례함; 상스러움; 조잡함; 무뚝뚝함

neomalený 1 společensky drsný (사회적으로) 버릇없는, 무례한, 뻔뻔스러운, 건방진 **2** hrubý 조잡한, 세련되지 않은 **3** sprostý 불경스런, 비속한, 상스러운, netaktní 재치[요령]없는, 무뚝뚝한

neomezenost, *f-1* 무제한, 경계가 없음; 무한정; 완전한 사유

neomezen|ý 1 bezmezný 제한[구속]이 없는, 무한한, nekonečný 끝이 없는 **2** ničím nespoutaný 무엇으로도 묶여있지[결속되지] 않은, 자유로운 **3** absolutní 절대적인, 무소불위(無所不爲)의 **4** velmi velký 대규모의, 아주 큰, obrovský 거대한, 어마어마한; nesmírný 측량할 수 없는 ◆ *-á moc* 무소불위의 권력; *-é možnosti* 무한한 가능성; *-á rychlost* 무제한의 속도; ~ *vládce* 절대군주; *-á radost* 무한한 기쁨; *-á pýcha* 대단한 자존심[자긍심, 긍지; 자만심, 교만]

neomluvený absence (불참, 결석 등이) 인정받지 않은, 허가받지 않은; 자기식의

neomluviteln|ý neodpustitelný 용서할 수 없는; společensky (사회적으로) 용납이 안되는, 허용할 수 없는; 변명할 수 없는 ◆ *to je -é* 변명의 여지가 없다, 구실이 통하지 않는다; *takové chování je -é* 그런 행동은 용서받을 수 없다[용납이 안된다]

neomylnost, *f-1* 무과실성, 절대적 확실성

neomyln|ý 과오가 없는, 절대 오류가 없는, 명백한; 실패하지 않는; bezpečný 안전한, 절대 확실한; spolehlivý 믿을 만한, 확신하는, 의심할 바 없는 ◆ ~ *jako papež* 무류(無謬)의 교황처럼; *-é znamení* 틀림없는[명백한] 신호; ~ *úspěch* 확실한 성공

neón, *mi-2* **1** 《化》 네온((기체 원소)) **2** 네온 사인, 네온 등[램프] ◆ *osvětlený -em* 네온에 의해 불이 들어오는

neónový 네온의, 네온사인의, 네온 램프[등]의

neopatrnost, *f-1* 부주의, 경솔, 안일함, 무사태평

neopatrný 1 부주의한, 조심성이 없는, 경솔한, 안일한 **2** unáhlený 성급한, 조급한, 무분별한, 지각없는 ◆ ~ *člověk* 경솔한 사람

neopeřen|ý 1 bez peří 깃털이 없는, ptačí mládě (어린 새가) 아직 깃털이 다 나지 않은 **2** nezkušený 미숙한, 경험이 없는, 젖내나는, 풋내기의 ◆ *-é ptáčátko* 깃털이 갓 난 어린 새, 젖먹이 새; *děti malé, -é* 미숙한 어린 아이들; ~ *kluk* 애송이, 경험이 부족한 소년

neopodstatněn|ý neodůvodněný 근거 없는, 사실 무근의, bezdůvodný 이유 없는, 부당한 ◆ *-é tvrzení* 근거없는 주장; ~ *žádnými důkazy* 증거 무근

N

의

neoprávněn|ý **1** nemající právo 권한이 없는, 자격이 없는, 공인되지 않은, 부당한; 불법적인, 비합적인 **2** zisky (이익, 재산이) 부정한, 부정한 수단으로 얻은 **3** kritika (비판 등이) 정당하지 않은, 근거가 없는, 보증되지 않은 ◆ *-é zatčení* 불법 체포; *-é propuštění* 불법 해고

neorganický 비유기적인, 유기 조직이 없는; 무생물의; 인위적인

neosobní **1** 비인간적인, 비인격적인 **2** objektivní 객관적인, 개인에 관계가 없는, 비개인적인; všeobecně(ý) 일반적인 **3** 《言》 비인칭의

neostýchavý 뻔뻔스러운, 부끄러워하지 않는, 수치를 모르는, 방자한, 주제 넘은

neotesanec, *ma* společensky nevybroušený člověk 사회적으로 성숙하지 못한 사람, 예절을 모르는 사람, 버릇 없는 사람, neomalený člověk 무례한 사람; nemotora (말과 행동이 거칠고 미련한) 데퉁바리, hrubec 서투른 사람; nevychovanec 교양없는 사람; křupan 시골뜨기, 촌놈; hulvát 미련둥이, 어수룩한 사람 ◆ *chovat se jako ~* 촌뜨기처럼 교양없이[무례하게] 행동하다; *horalský ~* 산골 촌놈

neotesaný 교양없는, 무례한, 버릇없는, 예의를 모르는; 시골뜨기의, 촌스러운; těžkopádný 천박한, 어수룩한, 서투른, 미련한

neotřesiteln|ý, neotřesn|ý neochvějný 흔들리지 않는, nezvratný 움직이지 않는, pevný 고정된, 변함없는, 확고한, 부동의, 단호한 ◆ *~ zákon* 불변의 법칙; *-á vůle* 확고한 의지

neovládatelný 제어할 수 없는, 통제 불능의, 억제하기 힘든 ◆ *~ kůň* 말을 안듣는 말

Nepál, *mi* 네팔

nepálec, *ma* **-ka** *f* 네팔 사람

nepálský 네팔의, 네팔 사람(언어)의

nepálština, *f* 네팔어

nepaměť, *f-1* zapomenutí 망각, 사람의 기억에 없음; 먼 옛날, 태고(太古) ◆ *od -ti odedávna* 옛적부터, 고래로

nepamětn|ý 기억에서 사라진, pradávný 옛날의오래 전의, 고대의 ◆ *od -ých dob* odedávna 옛적부터, 고래로

nepatrn|ý **1** velmi malý rozměry, množstvím, počtem (규모나 양 수가) 매우 작은, drobný 미미한, pramalý 미세한, malicherný 사소한 **2** sotva znatelný 감지 할 수 없는, 느끼기 힘들 정도의 **3** bezvýznamný 무의미한, nedůležitý 중대하지 않는, všední 평범한, 진부한 ◆ *-é množství čeho* 미세한 양; *-ou měrou* 상당한 소규모로; *-á změna k lepšímu* (při nemoci) (병에서) 미미한 호전

nepatřičn|ý nenáležitý 부적절한, nevhodný 맞지 않는, 어울리지 않는 ◆ *-é chování/řeči* 부적절한 행동/말; *-ě se chovat* 부적절하게 행동하다; *provést něco -ého* 뭔가 부적합한 일을 하다; *-á doba k návštěvě* 방문에 부적절한 시기

nepěkný = *nehezký*

nepevný provaz (줄, 끈 등이) 고정

N

되지 않은; nejistý 불안정한, 위태로운, 불안한; 불확실한, nespolehlivý 믿을 수 없는; člověk, charakter (사람이나 성격 등이) 일관되지않는, nestálý 변하기 쉬운, 동요하는

neplatnost, *f-1* 무가치, 무효(력) ◆ *~ smlouvy* 계약의 무효력

neplatn|ý 1 효력이 없는, právnicky (법적으로) 무효의, 실효성이 없는 **2** 무의미한, 무가치한 ◆ *učinit -ém* 무효로 하다

neplech|a, *f* **1** neslušné chování 못된 짓, 나쁜 짓; 장난, nešvar 폐, darebáctví 불량한 짓, 해악 **2** zlobivé dítě 말썽꾸러기, 개구장이, 장난꾸러기; dareba 건달, 망나니, 문제아, 불량배, 악한 ◆ *tropit -u* 말썽을 부리다, 문제[불량한 일]를 지지르다

neplodnost, *f-1* sterilita 불임(증), 불모(不毛)

neplodn|ý 1 sterilní 불임의; co nenese plody 열매를 맺지 못하는 **2** 불모의, 메마른, 황량한 **3** neúspěšný 헛된, 효과없는, 무익한 ◆ *-á žena* 불임여성; *-é manželství* 불임부부; *-é stromy* 열매를 맺지 못하는 나무; *-á půda* 불모지; *-á poušť* 황량한 사막; *~ rozhovor/-á debata* 무익한[헛된] 토론/논쟁

nepoctivec, *ma* 부정직한 사람, 부정한 사람, 불공평한 사람; 사기꾼

nepoctivost, *f-1* 부정직성, 부정, 부당함, 불공평; 그 행위, 사기

nepoctiv|ý 1 nečestný 부정직한, 부정한, 부당한, podvodný 사기의, jednání/hra (행동이나 게임이) nesportovní 공정하지 못한, 불공평한, 공명정대하지 못한 **2** o ženě (특히 여자에 대해) 처녀성[순결]을 잃은, 순결하지 못한 ◆ *~ úředník* 부정한 관리; *~ prodavač* 속이는 장사꾼; *-é děvče* 순결하지 않은 소녀

nepočestný 1 nečestný 불명예의, 수치스러운, 창피한 **2** 순수하지 않는; 비윤리적인, 부도덕한, 비열한, žena (여자가) 방탕한

nepočetn|ý nečetný 적은, 많지 않은, řídký 드문, 희박한 ◆ *-á rodina* 소가족(小家族)

nepočítaje (*v to*) …을 배제하고, …은 염두에 두지 않고 ◆ *~ v to poštovné* 우편요금은 제외하고[빼고]; *~ v to děti* 아이들은 세지 않고

nepočítan|ý velmi četný 매우 많은, 상당수의 ◆ *sporů bylo -ě* 많은 다툼이 있었다; *dostat -ch* 많이 두들겨 맞다

nepodařený 1 성공하지 못하는, nepovedený 이루지 못한 **2** nezvedený 버릇없이 자란, 말을 잘 안 듣는 ◆ *~ pokus* 성공하지 못한 시도; *~ syn* 말을 안 듣는 아들; *~ život* 실패의 인생

nepoddajnost, *f-1* 고집셈, 완고함, 타협[양보]하지 않음; 비타협적 태도

nepoddajn|ý neposlušný 순종[복종]하지 않는, vzdorný 고집센, 반항하는, neústupný 융통성이 없는, 양보하지 않는, 완고한; materiál (물질이) 단단한, 딱딱한, 뻣뻣한 ◆ *-é vlasy* 뻣뻣한 머리카락; *být ~ v zásadách* 원칙을 고수하다; *-á povaha* 완고한 성격

nepodobn|ý 닮지 않은, 비슷하지 않은; 같지 않는, odlišný 다른, cizí 이

상한 ◆ *to je mu -é* 그답지 않다; ~ *pravdě* 가망 없는, 정말 같지 않는; ~ *víře* 믿을 수가 없는

nepodplatitelný mravně (도덕적으로) 타락[부패]하지 않는, 청렴결백(淸廉潔白)한, 뇌물이 듣지 않는

nepodřízenost, *f-1* 불순종, 불복종

nepodstatn|ý nedůležitý 중요하지 않은, 없어도 무방한, 불필요한; vedlejší 부수적인 ◆ *-é podrobnosti/detaily* 불필요한 세부사항

nepohod|a, *f* **1** nečas 악천후 **2** nepříjemnost, trampota 고통, 환란, 난관 ◆ *podzimní ~ s deštěm a vichřicí* 비와 폭풍을 동반한 가을의 악천후; *válečné -y* 전쟁의 고통; *žít v -ě* 고난[어려움] 속에서 살다

nepohodlí, *n* 불편, 곤란; 불안, 고민, 귀찮은 일

nepohodln|ý křeslo, postel (소파나 침대가) 불편한, 부자유스런; jsoucí nevhod (목적이나 필요에) 맞지 않은, 방해하는; 불쾌한 ◆ *~ rozhovor* 부자유스런 대화; *vyhýbat se někomu jako -ému* 불편한 상대로서 누구를 피하다

nepohodnout se < s někým 누구와 불편한 관계에 놓이다; pohádat se 누구와 다투다 ◆ *~ s přítelem* 친구와 다투어 사이가 안좋다

nepochopení, *n* neporozumění 이해의 부족; špatné pochopení 오해, 잘못 생각함 ◆ *narazil na ~* 이해부족에 직면하다; *mluvit o něčem s naprostým -m* 완전 이해부족 상태에서 뭔가에 대해 말하다

nepochopiteln|ý 이해할 수 없는, 이해가 되지 않는, 복잡한, 걷잡을 수 없는 ◆ *to je naprosto -é* 그건 도무지 이해할 수가 없다[납득이 안간다]

nepochybn|ý 의심의 여지가 없는, uznávaný 틀림없는, jistý 분명한, nesporný 논의의 여지가 없는, 이의 없는 ◆ *~ pokrok* 확실한 발전; *-ě má pravdu* 의심할 바 없이[분명히] 그가 옳다

nepokoj, *mi* 불안, 근심; neklid 시끄러움, 동요, 소란; 무질서, 혼란 ◆ *politické -e* 정치적 불안

nepokojný 불안한; neklidný 시끄러운, 소란스러운, 요동하는; 무질서한, 혼란스런

nepokryt|ý nekrytý 덮지 않은, 덮개가 없는; netajený 숨기지 않는, 노출된, 벌거벗은 ◆ *s -ou hlavou* 모자를 쓰지 않은; *~ koberci* 카펫을 깔지 않은

nepolepšitelný 더 좋아지기 힘든; 교정할 수 없는, 고쳐지지 않는, 구제할 수 없는

nepoměr, *mi-2* 불일치, 불균형 ◆ *věkový ~* 연령의 불균형; *~ mezi příjmy a výdaji* 수입과 지출간의 불균형

nepoměrn|ý 불균형의, 어울리지 않는; příliš velký 지나치게 큰 ◆ *-ě velký rozdíl* 불균형적으로[너무 많이] 큰 차이

nepopiratelný 부정[부인]할 수 없는, nepochybný 의심할 여지 없는, zřejmý, jistý 명백한

nepopsan|ý papír 백지의 공백의 ◆ *-á deska* 오점이 없는 깨끗한 경력

nepopsateln|ý krása (아름다움 등을) 묘사[표현]할 수 없는, 형언할 수

N

없는 ◆ *je to -é* 이루 형용할 수 없다; *-á ničemnost* 입에 담기도 싫은 흉악[악랄한 짓]

neporazitelný 무너뜨릴 수 없는, 정복할 수 없는, 무적의, 완강한

neporovnatelný 견줄 데 없는, 비교할 수 없는, 비길 데 없는

neporušený nepoškozený 상하지 않은, 부서지지 않은, 고장나지 않은; 잘 보존된, 원래대로 유지된; celý 완전한, žádnou příměsí 섞인 것이 없는, ryzí 순수한

nepořád|ek, *mi-2, 3* chaos 혼돈, 무질서, zmatek 혼란; (구어체) 난잡, 엉망진창, 뒤죽박죽 ◆ *pokoj byl v -ku* 방이 어지러져있다; *být v -ku* auto, stroj (자동차나 기계 등이) 고장나다

nepořádnost, *f-1* 혼동/무질서 상태, 소란스러움, 단정치 못함, 아무렇게나 함

nepořádný 단정치 못한, 말끔하지 못한, 지저분한; 어수선한, 흐트러진, 난잡한, 혼란스러운; (윤리적으로) 무질서한, 품위 없는 ◆ *~ účes* 단정치 못한 헤어스타일; *vést ~ život* 무질서한 삶을 영위하다

nepořízen|á s -ou 빈손으로, s neúspěchem 실패하여, s nezdarem 아무런 수확도 없이 ◆ *odejít s -ou* 빈손으로 떠나다; *vrátit se s -ou* 실패하여 돌아오다

neposeda, *f* **1** 안절부절 못함, 안달부리기 **2** *ma* 침착하지 못한 사람

neposedn|ý nepokojný 불안한, neklidný 안절부절 못하는, těkavý 조바심하는, 안달하는, 성미 까다로운 ◆ *-á krev* 무모한 사람, dobrodružný člověk 모험심이 강한 사람

neposkvrněn|ý 1 naprosto čistý 때 묻지 않은, 청순한, bezvadný 오점 없는 **2** 흠집이 없는, 결백한 ◆ *-á pověst* 결점이 없는[흠이 없는] 명성[덕망]; *mít ~ štít* 도덕적으로 흠이 없다[청렴결백하다]

neposlední 마지막이 아닌; 의미심장한, 중요한; ◆ *v ~ řadě* 마지막에 말하기는 하지만 아주 중요한; *na -m místě* 매우 중요한 자리에

neposlušnost, *f-1* 불순종, 불복종, 반항 ◆ *občanská ~* 시민적 불복종 ((납세 거부 등))

neposlušný 불복종의, 불순종의, 말을 안듣는

nepostižitelný nepozorovatelný 감지하기 어려운, 눈에 보이지 않는, smysly (감각으로) 지각할 수 없는, slovy (말로) 표현할 수 없는

nepostradateln|ý potřebný 필요불가결의, 없어서는 안되는, nutný 필수적인, 극히 중대한 ◆ *-á důvěra pacienta k lékaři* 의사에 대한 환자의 필수적인 신뢰

nepotřeb|a *f* 불필요 ◆ *věc k -ě* 불필요한 물건[일]; *být k -ě* 아무 소용이 없다, 쓸모가 없다, 무익하다

nepotřebný 불필요한, 쓸모없는, 소용없는, 무익한

nepoužitelný 사용할 수 없는, 쓸모가 없는; nevhodný 부적합한, pro daný účel (목적에) 적용할 수 없는

nepovedený nepodařený 이루지 못한, 성공하지 못한, 실패한 ◆ *-é dítě* 개구쟁이, 장난이 심한[버릇없는] 아이; *~ plán* 성공하지 못한 계획; ~

pokus 실패로 끝난 시도

nepovinný 의무적이 아닌, 필수가 아닌, volitelný 선택할 수 있는, dobrovolný 자발적인 ◆ *~ předmět* 선택과목

nepovolan|ý 허가받지 않는, 인정받지 않은; 권한이 없는; **-ého** 권한이 없는 자, 관계자외 ◆ *N-ým vstup zakázán!* 관계자 외 입장 불가

nepovolen|ý 불법의, 비합법적인 ◆ *-á stávka* 불법 파업; *-é vypoštění* 비합법적 해직[면직]

nepoznání, *n* ◆ *k ~* 알아볼 수 없을 만큼, 알아볼 수 없을 만큼; *byl změněn k ~* 알아볼 수 없을 만큼 변했다; *k ~ omládly* 그들은 알아볼 수 없을 만큼 젊어졌다

nepozornost, *f-1* 부주의, 태만, 등한시 ◆ *chyba z -i* 부주의에서 오는 실수

nepozorný 부주의한, 태만한, 생각이 없는, 경솔한 ◆ *~ řidič* 부주의한 운전자; *~ žák* 태만한 학생

nepoživatelný 먹지 못할, 마실 수 없는; špatné chuti 맛없는, 입에 맞지 않은

nepraktický 현실에 어두운; 비현실적인, 비실용적인; 불편한; 부적합한; 서투른; plán (계획 등이) 실행할 수 없는 ◆ *~ filozof* 실전 경험이 없는[관념적인] 철학가

nepravd|a, *f* 거짓, 허위, 참되지 않음 ◆ *tvrdit -y* 거짓말하다

nepravděpodobnost, *f-1* 사실 같지 않음, 있음[일어남]직 하지 않음; 그런 일이나 사건

nepravděpodobný 사실 같지 않은, 일어날 듯[있음직]하지 않은

nepravdivost, *f-1* 허위, 거짓

nepravdivý 진실이 아닌, 거짓의, 허위의, 그릇된, 가장된, 가짜의

neprávem 불공평하게, 부당하게, 부정하게, 그르게

nepravidelnost, *f-1* 불규칙, 변칙, 고르지 못함

nepravidelný 불규칙적인, 변칙적인, 한결같지 않은, 고르지 않은

nepravost, *f-1* 부정, 불법, nectnost 사악, zkaženost 비행

neprav|ý imitující 가짜의, padělaný 위조의, umělý 인공적인, 모조의; nenáležitý; klamný 속이는, 거짓의, 나쁜 ◆ *-é perly* 모조 진주; *být na -é stopě* 틀린 길에 들어서다((생각이나 의도 등이 그릇되다))

neprodejný **1** 팔 수 없는, na trhu (시장에서) 판매할 수 없는 **2** člověk (사람이) 부패하지 않는

neprodleně 지체 없이, okamžitě 서둘러, hned 곧장

neprodyšn|ý (공기, 가스 액체 등이) vzduchotěsný 통하지 않는, hermetický 밀폐된[밀봉한], 기밀의 ◆ *~ obal* 밀봉 포장[표지]; *-á komora* 밀폐된 저장실[골방, 밀폐된 광, 암실]; *~ uzávěr* 밀봉 마개[뚜껑]; *-é těsnění* 봉함[봉], 밀봉

neprokazatelný 입증할 수 없는, nedokazatelný 증명하기 어려운; 자명한

neproměnlivý neměnný 변화하지 않는, 불변의, 안정된

nepromokav|ý materiál (물질 등이) 물이나 공기가 통하지 않는, 방수의,

침투하지 못하는, 스며들지 않는; oblečení (옷 등이) 방수[내수]의 ◆ ~ *plášť* 방수외투, 비옷, 레인코트; *-á plachta* (타르 칠을 한) 방수천[돛베], 방수모; *-á plachtovina* 방수 외투

nepromyšlený nedomyšlený 깊이 생각하지 않은, 분별없는, 지각없는

neproniknutelný 뚫고 들어갈 수 없는, 침투할 수 없는, 지나갈 수 없는, 통과[횡단]할 수 없는

nepropustný (물, 공기 등이) 스며들지 않는, vůči vodě 방수의, nádoba (용기 등이) 새지 않는 ◆ ~ *nátěr* 방수 페인트

neprospěch, *mi-2* **1** nevýhoda 불이익 **2** újma 손상, škoda 손해, 해 **3** ve škole 나쁜 점수[성적] ◆ *dokončit třídu s -em* 나쁜 성적으로 한 학년을 마치다

neprospěšný 이익 없는, 해로운, 불리한, škodlivý 손해를 입히는

neproveditelný 실행 불가능한, 비실용적인, 실시하기 어려운 ◆ ~ *plán* 실행 불가능한 계획

neprozíravost, *f-1* 선견지명이 없음, 사려깊지 못함, 경솔함

neprozíravý 경솔한, 부주의한, 선견지명이 없는; 장래를 대비하지 않는, 준비성이 없는

neprozřetelnost, *f-1* 무분별, 무모함, 경솔함, 지각없음, 성급함[조급함]

neprozřeteln|ý 조심하지 않는, nerozvážný 무분별한, 무모한, 경솔한, ukvapený 성급한 ◆ *-é chování* 무분별한[사려깊지 못한] 행동; *-é rozhodnutí* 성급한 결정

neprůbojný 비단정[단언]적인, 비독단적인, 우기지 않는

neprůhlednost, *f-1* 불투명, 불분명; (뜻의) 애매성

neprůhledn|ý neprůzračný 불투명한, 분명하지 않은, 불명료한; 애매한; nevyzpytatelný 정체 모를, 수수께끼 같은, 알기 어려운, 불가사의한 ◆ ~ *úsměv* záhadný 불가해한[이상한] 웃음 ~ *člověk* 정체모를[수상한] 사람; *-é slovo* 명료하지 않는 말

neprůchodnost, *f-1* **1** 《醫》 장폐색(腸閉塞) **2** návrhu/zákona (제안이나 법의) 실행 불가능성 ◆ ~ *střev* 장폐색

neprůjezdný 통과할 수 없는, 지나갈 수 없는, 통행불능의

neprůkazn|ý 결정적[확정적]이지 않는 (증거나 토론 등이), 결론에 이르지 못하는, 믿을 수 없는 ◆ *-é svědectví* 실체가 없는[내용이 없는, 박약한] 증언

nepružný 탄력성이 없는, 구부러지지 않는, 경직된; 유연성이 없는; 요령이 없는, 완고한; 확고한, 부동의

nepřátelsk|ý **1** jednající jako nepřítel 적(敵)의, země 적국의, vojska 적군의; k/vůči (…에 대해) 적의있는, 적대하는, 적개심[악의]를 품은, 호전적인 **2** reakce, postoj 비우호적인, 반대의, 적의를 가진; 친절하지 않는 ◆ ~ *čin* 적대적인 행동; *-á nálada* 비우호적[적대적] 분위기

nepřátelství, *n* 적의(敵意), 적개심(敵愾心), 악의, 원한, 대립관계; 호전성; odpor 반대 ◆ *otevřené (aktivní)* ~ 공공연한[노골적인] 적대; *skryté* ~ 은

N

밀한 적대; *projevovat ~ vůči komu* 누구에게 적대[반목]를 보이다

nepřebern|ý nepřebraný 다함이 없는, velice hojný 무진장한, nevyčerpatelný 고갈시킬 수 없는 ◆ *-é množství* 무진장한 양; *-é bohatství* 다함이 없는 풍요로움; *-é zkušenosti* 어마어마한[풍부한] 경험

nepředložený nepromyšlený, nerozvážný 사려깊지 못한, 무모한, ukvapený 속단하는, 경솔한

nepředstavitelný 상상할 수도 없는, 상상을[인지를] 초월한; 터무니없는, 믿을 수 없는

nepředstižitelný 능가할 수 없는, 최고의; nepřekonatelný 극복할 수 없는, 따라잡을 수 없는

nepředvídan|ý netušený, nečekaný 예기치 않던, 생각치 않은; 예측하기 어려운, 우연의, náhlý 갑작스런, 뜻밖의, 이외의 ◆ *-á návštěva* 예기치 않던 방문; *-á událost* 우발사건, 뜻밖의 사고

nepředvídatelný 예측[예지]할 수 없는, 예언할 수 없는

nepřehledn|ý 1 눈에[앞이] 보이지 않는, 출구가[창문이] 없는, 막다른; terén (지형이) 울퉁불퉁한, 고르지 못한, 기복이 있는; situace (상황이) 막막한, komplikovaný 복잡한 **2** 한량없는, 측량할 수 없는, bezmezný 끝이 보이지 않는, rozsáhlý 엄청난, velmi velký 거대한 ◆ *-á zatáčka* 앞이 안보이는 굽이[커브]; *-á křižovatka* 막다른 사거리; *-á výstava* 대규모의 전시회; *~ terén* 표면이 고르지 못한 지형; *-é množství* 어마어마한 양; *~ dav* 헤아릴 수 없이 많은 군중; *-é moře* 광활한 대양

nepřechodný 《言》 intranzitivní 자동사(自動詞)의, (동사가) 목적어를 논항으로 요구하지 않는

nepřející, nepřejícný závistivý 질투심의, 질투심이 많은; 심술궂은, 욕심장이 ◆ *~ lakomec* 질투하는[욕심 많은] 구두쇠; *~ jednání* 심술궂은 행동

nepřejícník, *ma* 질투하는 사람, 심술쟁이

nepřejícnost, *f-1* 질투, 심술, 욕심부림

nepřekonateln|ý, nepředstižitelný 능가할 수 없는, 정복할[이길] 수 없는, 따라잡을 수 없는, nepřemožitelný 무적의; (장애 등을) 극복할 수 없는, 최고의 ◆ *-á pevnost* 난공불락의[철벽의] 튼튼함; *-é rozpory* 이겨내기 어려운 갈등[대립]; *~ odpor* 이기기 힘든 반대; *-á překážka* 극복이 불가능한 장애물; *-á zbraň* 최고의 무기; *~ lhář* 최고의 거짓말쟁이

nepřemožitelný 무적의, nepřekonatelný 정복할 수 없는, 완강한

nepřenosný nemoci (질병이) nakažlivý 전염성의, 접촉에 의한; akcie/šek (주식이나 수표 등이) 양도할 수 없는; (대리인에게) 위임이 가능한

nepřesnost, *f-1* 부정확, 정밀하지 않음; 잘못, 오류

nepřesný 부정확한, 정밀하지 않은, 틀린; nedochvilný 시간(약속, 기일)을 잘 지키지 않는, 꼼꼼하지 않은;

N

nepříliš ohraničený 느슨한, 비규율적인

nepřetržitý nepřerušený 중단되지 않은, 부단의, 끊임 없는, souvislý, stálý 연달은, trvalý, plynulý 지속적인, neustálý 쉬지 않는, 불철주야의 ◆ ~ *dozor* 지속적인 감시; ~ *provoz* 24시간 연속제, 무휴 업무[서비스]

nepříčetnost, *f-1* 정신이상; **(**구어체**)** 미친짓, 어리석은 짓; 히스테리, 병적 흥분, 광란; 무책임 ◆ *rozzuřit koho do -i* 미치게[화나게] 만들다; *být rozzuřený do -i* 화가나 펄펄뛰다[미치다]

nepříčetn|ý šílený 미친, 제정신이 아닌; zuřivý 광란하는, 미쳐 날뛰는; hysterický 히스테리성의 ◆ *být v -ém stavu* 미치다, 정신이 돌다

nepříhodný 부적절한, 알맞지 않은, 적합하지 않는, 어울리지 않는, 적임이 아닌; 불편한; časově (시간상) 때가 좋지 않은

nepřijatelný 받아들일 수 없는, 수용할 수 없는, 용납할 수 없는; 승인할 없는, 인정할 수 없는

nepříjemnost, *f-1* 불쾌, 불편, 곤란함 ◆ *způsobit komu -i* 폐를 끼치다

nepříjemn|ý 불쾌한, 기분 나쁜; 곤란한, 불편한, 신경 쓰이는; protivný 난처한, 거북한, trapný 귀찮은 ◆ *mám ~ pocit* 나는 기분이 좋지 않다; *vyvolat ~ pocit* 불편하게 하다; *být v -é situaci* 궁지에 빠져 있다

nepřijetí, *n* 불승락; 《經》 směnky (어음) 인수 거절; do kolektivu (집단속으로) 가입불가

nepříliš 많지 않는, 적절하게 ◆ ~ *daleko* 그렇게 멀지 않은

nepřiměřený nevhodný 부적절한, nenáležitý 적합하지 않는; příliš velký 지나친, 과도한, 과대한, 엄청난

nepřímo 간접적으로

nepřím|ý 1 간접적인; z druhé ruky 이차적인, 전해들은 **2** trasa (노선이) 직진이 아닌, 우회하는, 빙도는 **3** 대신하여 받는, 대리의 **4** obrácený 거꾸로 **5** 《言》 otázka 간접 의문법, řeč 간접화법, předmět 간접목적어 ◆ *-á příčina smrti* 간접적인 사인(死因); *-á radost* 대리 기쁨[만족]

nepřípustn|ý nedovolený 용인될 수 없는, 허용될 수 없는; 인정할 수 없는; 부적절한, 들어맞지 않는 ◆ *-é ovlivňování* 부적당한 영향; *-é svědectví* 증거로 채택할 수 없는; *prohlásit co za -é na schůzi* (회의에서) 무엇을 위반이라고 판정하다[선언/공포하다]

nepřirovnateln|ý 비교할 수 없는, 비교의 대상의 될 수 없는, 타의 추종을 불허하는 ◆ *-á čistota* 비교할 수 없을 정도의 청결; *-á krása* 타의 추종을 불허하는 아름다움

nepřirozený 자연의 법칙에 반하는, 자연스럽지 않는, strojený 가장된, 조작된; 인공적인

nepřístojn|ý 외설적인, 음탕한, 음란한; 불쾌한, 거슬리는, 보기 흉한, 어울리지 않는, 꼴사나운, 부적당한 ◆ *-é žerty* 음탕한 농담; *-é chování* 보기 흉한 행동; *-é oblečení* 어울리지 않는 옷차림; ~ *jazyk* 거슬리는[불쾌한] 언어

nepřístupn|ý 접근할 수 없는;

člověk (사람이) 가까이하기 어려운, 쌀쌀한 ◆ *-é přesvědčování* 바꿀 수 없는 확신; ~ *argumentaci* 논쟁을 허용하지 않는; *mládeži -o* 미성년자 관람/출입 불가

nepřítel, *ma-1, 4* **-kyně,** *f* 적, 원수, 적군, 적국; odpůrce 적대자, protivník 반대자; sok 적수 호적수, 라이벌, soupeř 경쟁자 ◆ *udělat si z koho -e* 누구를 적으로 만들다[삼다]; *úhlavní ~* 철천지원수, 대적(大敵)

nepřítomnost, *f-1* 결석, 부재(不在), 자리에 없음; 결여 ◆ *během mé -i* 내가 부재시에; *za mé -i* 내가 없는 동안

nepřítomný 1 결석의, 부재의, 없는, 결여된; duchem 정신이 나간, 얼빠진 **2 (명사)** *ma* 결석자, 불참자 ◆ *být duchem ~* 정신이 나가다; *být ~ pro nemoc* 병으로 결석하다

nepřívětivý nelaskavý 불친절한, 불공손한, 퉁명스런; 무례한, 버릇없는

nepřízeň, *f* neláska 싫어함, 냉대, nemilost 혐오 ◆ ~ *počasí* 날씨/기후의 험악[궂음]; ~ *osudu* 불운[불행]; *být u koho v -ni* 누구의 미움을 받다

nepříznivý 비호의적인, 마음에 안 드는; nenakloněný 비협조적인, 비판적인; zlý 악의를 품은; jako zlé znamení 불길한, 상서롭지 못한

nepřizpůsobivost, *f-1* 엄격, 엄숙, 엄밀; 불요 불굴, 확고 부동; 강직함; 부적응, 부조화, 불균형, 비적합성 ◆ *společenská ~* 사회적 불균형

nepřizpůsobivý 경직된, 유연성이 없는; 확고한, 부동의 ◆ ~ *člověk* 환경에 적응하지 못하는 사람

nerad se slovesem **(**동사와 함께 술부를 구성하여**)** s nechutí 싫어하는, neochotně 마지 못해서; váhavě 주저하는; **(**가정법 용법으로**)** nerad bych 나는 …하는 것을 좋아하지 않는다 ◆ ~ *brzy vstávám* 나는 아침에 일찍 일어나는 것이 싫다; ~ *to říkám, ale...* 이런 말 하는 건 싫지만 그러나 …; ~ *to dělám* 나는 그런 것 하는 것을 별로 기뻐하지 않는다

neradostný 기쁨이 없는, 기분 나쁜; 침울한, 우울한,

nereálný 비사실적인, 비현실적인, 실재하지 않는, 상상[가공]의; plán (계획 등이) 현실과 동떨어진, 실현되기 어려운

nerez, *mi-2* **1 (**명사**)** 스테인레스 (강철) **2 (**형용사**)** 녹슬지 않은; 깨끗한, 결백한

nerovnoměrný 불규칙한, 변칙적인; 부조화의, 고르지 못한, 같지 않은; 평탄하지 않는 ◆ ~ *chod* motoru (기계의) 원활하지 못한 작동

nerovnoprávnost, *f-1* 불평등, 불공평, 불균형; 차별, 편파

nerovnoprávný 불평등의, 불공평한, 불균형의; 편파적인, 차별하는

nerovnost, *f-1* hrbolatost 평탄치 않음, drsnost 울퉁불퉁함, 거칠음; nestejnost 같지 않음, 불평등 ◆ *společenská ~* 사회적 불평등[불균형]

nerovný terén (지형, 지면 등이) 울퉁불퉁한, 고르지 못한, čára (선이) 반듯하지 않은; 불균형적인

nerozbitný 깨지지[부서지지] 않는, 단단한

nerozbitý 깨지지않은, 손상[파손]되지 않은, 온전한

N

nerozborn|ý **1** nezničitelný 파괴할 수 없는, 불멸의 **2** pevná 확고한, 굳은; 강한, 단단한 ◆ *-á tvrz* 무너뜨릴 수 없는 [견고한] 요새; *-é přátelství* 확고한[강한] 우호관계

nerozdělitelný 나눌 수 없는, 분리할 수 없는

nerozdílný neodlišující se 차이가 없는, stejný (똑)같은; obecný 일반적인, 보편적인

nerozeznání, *n* 식별할 수 없는 것 [식별할 수 없음] ◆ *být k ~ podobný otci* 식별(구별) 할 수 없을 정도로 아버지를 닮다

nerozeznatelný 식별할 수 없는, 구별할 수 없는

nerozhodnost, *f-1* 우유부단함, 주저 망설임, 우물쭈물함

nerozhodný **1** váhavý 우유부단한, 결단력이 없는, 주저하는, 망설이는 **2** nezávažný 결정에 영향을 못미치는, 무의미한, 중요치 않은 **3** hra (경기가) 비긴, 무승부의 ◆ *být ~* 결정을 내리지 못하다[갈피를 못 잡다, 망설이다]; *~ člověk* 우유부단한 사람

nerozlučný 분리할 수 없는, 나눌 수 없는, 떨어질 수 없는

nerozluštitelný hádanka, záhada (수수께끼 퍼즐, 퀴즈 등을) 풀 수 없는, 해결할 수 없는; 판독할 수 없는

nerozpustný 《化》 녹지 않는, 용해되지 않는[불용해성의]

nerozum, *mi-2* **1** hloupost 어리석음, 바보 같은 짓 **2** **(강조표현)** skutek 미친 짓

nerozumný postrádající rozum 이성[지성]이 부족한, 비이성적인, 어리석은 바보 같은, 우둔한

nerozvážnost, *f-1* 지각 없음, 경솔함, 무분별, 성급함; 또는 그 행위

nerozvážný 경솔한, 무분별한, 사려깊지 않은, 성급한, 생각없이 행동하는; riskantní, dobrodružný 모험적인, 위험한

nerušen|ý 방해 받지 않는, 괴로힘을 안 당하는; 조용한, 고요한; 평화로운, 평안한 ◆ *~ spánek* 방해받지 않은 수면; *-é studium* (휴학없이) 지속된 학업

nerv, *mi-2* **1** 《解》 신경 **2** 용기, 담력, 기력 **3** 자제력, 통제력 ◆ *sluchový ~* 청각 신경; *zrakový ~* 시신경(視神經); *mít slabé/silné -y* být odolný(neodolný) 그는 신경이 약하다/강하다[면역성이 약하다/강하다]; *mít -y ze železa* 대담하다[담력이 좋다]; *ztratit -y* 자제력[통제력]을 잃다; *jde mi to na -y* 그것은 내 신경을 거스른다(거스르게 하다)

nervák[1] **(구어체)** vztekloun 성마른 사람, 성급한 사람, 물불을 가리지 않는 사람

nervák[2] sportovní utkání (운동경기에서) 서스펜스가 연속되는 경기[경기 종료까지 결과를 알 수 없는 경쟁[시합]], 박빙의 경기; 몹시 신경을 건드리는 상황

nervov|ý 신경의, 신경성의, 신경과 관련이 있는 ◆ *-á buňka* 신경세포; *-á soustava* 신경조직; *~ plyn* 신경가스

nervóza, *f* 신경과민, znepokojení 초조함; 노이로제, 동요

nervóza, *ma, f* 침작하지 못한 사람

nervozit|a, *f* znepokojení 신경 쓰는

N

것, 신경질, 과민, 초조함 ◆ *maskovat svou -u* 자신의 초조함(또는 신경질)을 숨기다

nervózní neklidný 신경질적인, 신경과민의, 흥분하기 쉬운

nervstvo, *n-2* soustava 신경조직 ◆ *ústřední[centrální] ~* 중추신경

neřád[1]**,** *mi-2* špína 오물, odpadky 쓰레기, nečistota 더러움, smetí 지저분한 것; 혼란, 무질서, nemrav, zlořád (도덕적) 타락

neřád[2]**,** *ma* (비유어) osoba/zvíře (사람이나 짐승을 일컬어) muž (남자) 건달, 불량배, 악한, 골치아픈 놈, dítě 속을 썩이는 아이; žena (여자) 음탕한 계집, 까불거리는 여자

neřádný 타락한, 더러운, 천한, 험악한

neřádstvo, *n-2* v. *neřád1* odpadky 쓰레기, nečistota 더러움, 불결, smetí 지저분한 것; nemrav, zlořád (도덕적) 타락, 혼란

neřest, *f-1* 악, 사악, 타락; 부패, 악습; 그 행위 ◆ *~ lakoty* 탐욕의 부덕; *bahno -i* 타락의 구덩이; *oddávat se -i* 타락에 빠지다; *jeho hlavní -í je kouření* 그의 가장 큰 악습[악벽]은 흡연이다; *žít v -i* 불의(不義)의 생화을 하다

neřestný 사악한, 타락한, 비행을 저지르는, 부패한 ◆ *vést ~ život* 타락한 삶을 살다

neřešitelný problém (문제 등을) 풀 수 없는, 해결할 수 없는

ne|říkající *nic ~* 아무 것도 말하지 않는, 아무 말도 하지 않는 ◆ *-řku-li* …라고는 말할 수 없을지라도; (…을 하려고) 하기는커녕, …이기는커녕, *tím méně, tím spíše* …은 말할 것도 없이[없거니와], *což teprve* …은 고사하고

nesčetně(krát) nesčíslně(krát) 셀 수 없이, 수 차례, tolikrát, velmi často 아주 자주, mnohokrát 여러 번, 수없이 많이 ◆ *~ něco opakovat* 뭔가를 수없이 많이 반복하다

nesčetn|ý 셀 수 없는, 수없이 많은 ◆ *-é problémy* 엄청나게 많은 문제들

nesdílný 말없는, 과묵한, 말이 적은, 무뚝뚝한, 말하기 싫어하는, 붙임성이 없는

neshod|a, *f* 불일치, 차이, 이견 ◆ *~ v názorech* 의견상의 차이; *být v -ě s čím* 무엇에 반대하다[무엇와 일치하지 않다]

neschopnost, *f-1* nekompetentnost 무능(력), 부적격, nedostatky 능력의 부족; 무자격, 무력, 할 수 없음 ◆ *mít pracovní ~/být v pracovní -i* 병가(病暇) 중이다; *platební ~* 지불 불능, 채무초과, 파산(상태)

neschopný 1 nekvalifikovaný 무능력한, 자질 이 없는; 무자격의, 적임이 아닌, 부적당한 **2** …을 할 수 없는, 불가능한

ne|schůdný, -sjízdný silnice (도로가) 통행할 수 없는, 횡단할 수 없는

neskladn|ý 저장할 수 없는, 부피가 큰; (부피가 커서) 방해가 되는, 귀찮은, 성가신 ◆ *-é zboží* 부피가 큰 물건; *~ nábytek* (부피가 커) 다루기 힘든 가구

neskonal|ý 무한한, 무궁한, 끝없는, 막대한 ◆ *-á moudrost* 한없는 지혜; *-á trpělivost* 무한한 인내

neskromnost, *f-1* 조심성 없음, 천박함, 무례, 거리낌 없음, 뻔뻔스러움; 교만함, 건방짐

neskromný 조심성 없는, 뻔뻔스러운, 주제넘은; nestřídmý 무례한, 버릇없는, 건방진, 안하무인격(眼下無人格)의, 교만한

neskrývaný 감춰지지 않은, 숨겨지지 않은, 개방된, 노출된

neskutečn|ý 1 실재하지 않는, 비현실적인, 상상의, 가공의; 믿기지 않는, 이해할 수 없는; bizarní 초현실의, 기상천외의 **2** hrozný 엉뚱한, 괴이한, 엄청난 ◆ ~ *svět* 상상의[비현실적] 세계; *-á postava* literární (문학 작품 속에 등장하는) 상상의 인물

neslaný jídlo (음식물이) 짜지 않은, 소금기가 없는; jídlo (음식이) nemastný 맛없는, 무미건조한, 풍미가 없는; čaj, polévka (차, 스프 등이) 멀건, 간이 안된

neslavn|ý 1 영광스럽지 않은, 불명예스러운 hanebný 창피한, 수치스러운 **2** ubohý 초라한, 보잘것 없는, bídný 빈약한; špatný 좋지 못한, 나쁜 ◆ *slavná a -á minulost národa* 한 민족의 영광스런 그리고 수치스런 과거; *-é vystoupení* 초라한 퇴장[퇴출]; *~ výsledek zkoušky* 나쁜 시험 결과

neslučiteln|ý s 일치하지 않는, 조화되지 않는; 서로 양립할 수 없는, 모순된 ◆ *tyto dva názory jsou -é* 이 두 견해는 양립할 수 없다; *jeho slova jsou -á s jeho činy* 그의 말은 행동과 일치하지 않는다

neslušnost, *f-1* 무례한[버릇없는] 행동, 꼴사나움, 불손함; nepřístojnost 외설적[음란한, 음탕한] 행동

neslušn|ý 1 chování (행동 등이) hrubý 무례한, 버릇없는, 불손한, 정중치 못한, 온당치 못한; řeči (말씨 등이) 교양없는, 무교육의, 추잡한 **2** vtip (농담 등이) nepřístojný 음란한, 외설적인 **3** šaty (옷 등이) 어울리지 않은 ◆ *dělat komu -é návrhy* 누구에게 점잖치 못한[꼴불견의] 제안을 하다; *-é odhalení* 공개적 음란죄/국부 노출

neslýchaný (지금까지) 들어보지 못한, 금시초문(今時初聞)의, nebývalý 전대미문(前代未聞)의, 미증유(未曾有)의; velmi zvláštní 아주 특이한, ojedinělý 독특한, 비범한; 전례가 없는

nesmazateln|ý 지울 수 없는, 잊혀지지 않는, 지워지지 않는 ◆ ~ *dojem* 지워지지 않는 감동; *-á urážka* 지울 수 없는 상처

nesmělost, *f-1* 자신 없음, 망설임, 수줍음; 겁많음

nesmělý 수줍어하는, 주저하는, 망설이는; bojácný 겁이 많은; uctivý 공손한 경의를 표하는; slabý 약한, nepatrný 뚜렷하지 않는, 자신이 없는 ◆ *~pokus* 자신이 없는 시도

nesměnitelný 바꿀 수 없는; 《經》(지폐 등이) 불(태)환의

nesmiřitelnost, *f-1* 달래기 어려움, (노여움 등을) 풀기 어려움, 앙심 깊음, 무자비함

nesmiřiteln|ý 조화하지 않는, 양립할 수 없는, 모순되는, 타협할 수 없는, 융화하기 어려운 ◆ *-é protiklady* 양립할 수 없는 모순[대조]

nesmlouvavost, *f-1* 비타협적 태도,

N

양보하지 않음, 화해할 수 없음

nesmlouvavý 비타협적인, 양보[타협]하지 않는, neústupný 완고한, 강경한

nesmrtelnost, *f-1*불멸, 불사, 영속성, 불후성

nesmrteln|ý 불멸의, 영원한, 영구히 계속되는, 불변의; 불후의, 영원히 기억되는 ◆ *učinit -ým* 영원하게 하다, 불후의 명성을 주다; *-á ostuda* 큰 실수[대 실패]

nesmysl, *mi-2* 난센스, 무의미, 시시한 생각, 어리석은 말(생각, 짓), 부조리 ◆ *sladké -y* 사랑의 속삭임, 밀어; *~!* 말도 안되는 소리[헛소리], 쓸데 없는 소리

nesmyslnost, *f-1* 무의미성, 부조리성

nesmyslný 난센스의, 의미가 없는, 부조리의; 소용없는, zbytečný 쓸모없는, 말도 안되는, ceny (가격이) 터무니 없는, 엄청난

nesnadnost, *f-1* 어려움, 곤란, 난관

nesnadný 쉽지 않은, 어려운, 힘드는

nesnášenlivost, *f-1* 견딜 수 없음, 관용[아량] 없음, 편협함, 옹졸 ◆ *náboženská ~* 종교적 편협함

nesnášenlivý netolerantní 견딜 수 (참을 수) 없는; 옹졸한, 도량이 좁은, 인색한; hádavý 걸핏하면 싸우려는, 신경질적인, 불평을 늘어 놓는

nesnáz, *f* 어려움, 난관, 문제, 거북한 일; *pl. -e* 궁지, 곤경; rozpaky 당황, 당혹 ◆ *bez -í* 어려움 없이[거침없이, 술술, 무사히]; *dostat se do -í* 곤경에 처하다[빠지다]

nesnesiteln|ý 참을 수 없는, 견딜 수 없는; odporný, protivný 반감이 가는; pro nesnáz (문제, 어려움으로) 인내하기 어려운; strašný, hrozný 엄청난 ◆ *-é počasí* 난폭한[불쾌한, 개 같은] 날씨; *-á náfuka*(= *snob*) 비위에 거슬리는[밉살 스러운] 자만하는[뽐내는] 사람

nesobecký 이기적이지 않은, 이타적인

nesouhlas, *mi(-2)* 불찬성, 비동의, 비승인, 반대, 불일치

nesouhlasný 불찬성의, 동의하지 않는, 반대의, 불일치의

nesoulad, *mi-2* 부조화, 불화, 불협화음

nesouměrnost, *f-1* 비대칭, 불균형

nesouměrný 비대칭의, 불균형적인, 균형이 잡히지 않은, 어울리지 않는

nesouměřitelný 같은 표준으로 잴 수 없는, 비교할 수 없는, 현격한 차이가 나는

nesourodost, *f-1* 이종, 이질, 이질성, 불균질

nesourod|ý 이질적인, 이종의, 잡다한, 불균질의, 혼성의 ◆ *-é mužstvo* (narychlo sestavené 갑자기 짜여진[구성된]) 그러모은 팀[임시변통의]

nesoustavn|ý 조직적이지 않은, 비체계적인, 비계획적인; 질서 정연하지 않은, 조화되지 않은 ◆ *-á četba* 산만한 독서[난독(亂讀)]

nesoustředěnost, *f-1* 산만함, 집중력 부족, 침작성이 부족함; 멍한 상태, 얼빠짐

nesoustředěný 산만한, 집중하지

못하는, neklidný 침착하지 못한; 멍청한, 얼빠진, 생각이 지리멸렬(支離滅裂)한

nesouvislost, *f-1* 조리가 없음, 논리가 맞지 않음, 지리멸렬(支離滅裂); 비연관성, 비연계성, 무관성; 모순된 생각이나 말

nesouvislý 조리가 맞지 않는, 논리성이 떨어지는, trhaný 지리멸렬한; 연관[관련]이 없는, 산만한

nespavost, *f-1* 잠못이룸, 불면(증) ◆ *člověk trpící -í* 불면증으로 고생하는 사람; *lék proti -i* 불면증 약

nespavý noci (밤) 잠을 못 이루는, 잠이 안오는, 불면(증)의

nespisovn|ý 비문어의 ◆ *-á výslovnost* 구어체[비표준] 발음; *mluvit -ě* 비문어[구어]를 구사하다

nesplnitelný 이루어질 수 없는, 실현될 수 없는 ◆ *~ plán* 이루어질 수 없는 계획; *~ program* 실현성이 없는 플랜

nespočet, *mi-2* nespočetné množství 무한(대), 무수함, 셀 수 없이 많은 양

nespojitý nespojený 끊어진, oddělený 단절된, 비연속적인

nespokojenec, *ma* kverulant 불만이 있는 사람, bručoun 불평가, 불평 분자

nespokojenost, *f-1* 불만, 불평

nespokojený 불만족스런, 불만이 있는, 불평하는 ◆ *být s čím ~* 무엇에 만족하지 못하다; *být ~ kvůli čemu* 무엇으로 인해 불만족스럽다

nespolečensk|ý 1 samotářský 사회를 싫어하는, 사회를 회피하는, 비사교적인 **2** 공동체의 규칙에 반하는, 반사회적인 ◆ *~ člověk* 사회성이 없는[비사교적인] 사람; *-é chování* 반사회적인 행위; *~ tón* 비사교적인 어조

nespolehlivost, *f-1* 믿을 수 없음, 불신; 비진실성

nespolehlivý 믿을 수 없는, 신뢰할 수 없는; 진실하지 않은 ◆ *~ přítel* 신뢰가 안가는 친구

nesporn|ý 논의의 여지가 없는, 의심할 나위가 없는, 확실한, 명백한 ◆ *-á skutečnost* 명백한 사실; *~ úspěch* 확실한 성공

nesportovní 운동정신에 어긋나는, 불공정한, 비신사적인 ◆ *~ chování* 스포츠맨답지 않은 품행

nespořádanost, *f-1* 무질서, 혼돈, 혼란스러움

nespořádaný 무질서한, 정돈되지 않은, 난잡한, 어질러진, 산란한, 지저분한 ◆ *~ život* 무질서한 삶

nespoutan|ý nevázaný 속박[구속]받지 않는, 방해받지 않는, 억제되지 않은, neomezený 제한되지 않은, svobodný 자유로운; 거리낌이 없는 ◆ *~ smích* 거리낌없는 웃음; *-á radost* 억제되지 않은 기쁨

nespravedlivost, *f-1* 불법, 부정, 불공정[불공평]; 그 행위 ◆ *křiklavá ~* 새빨간[뻔한, 명백한] 불공정[불법]

nespravedliv|ý 정의롭지 않은, 부정의, 불법의; 불공평[불공정]한, 부조리한 ◆ *-é propuštění* 부당 해고; *být ke komu ~* 누구에게 모질게 굴다[무지비하게 대하다]

nespravedlnost, *f-1* = *nespravedlivost* 불법, 부정, 불공정

nesprávnost, *f-1* 부정확함, 옳지 않음, 그름, 정도에서 벗어남; chyba 실수, omyl 잘못

nesprávný **1** 옳지 않은; 그른, 틀린, 잘못된 **2** 부정확한, (규칙에서) 벗어난 ◆ ~ *názor* 옳지 않은 견해; ~ (*soudní*) *výrok* 잘못된 (법원의) 판결[판정]; ~ *odhad* 틀린 예측[계산, 판단, 오판, 허방, 오산]

nesrovnalost, *f-1* 어긋남, 불일치, 모순

nesrovnalý …에 어긋나는, nepřiměřený …과 불일치의, oddlišný …와 다른

nesrovnateln|ý …와는 비교할 수 없는[비교가 안되는]; vynikající 월등히 나은, 훌륭한 ◆ *-á jakost piva* 뛰어난 맥주의 질; *-ě* 비교할 수 없을 만큼, 월등히, mnohem 훨씬; *-ě větší* 엄청나게 거대한

nesrozumitelnost, *f-1* 이해할 수 없음, 불가해(不可解)성; nejasnost 불명료성, 불투명성, 애매함

nesrozumiteln|ý 이해할 수 없는, 불가해한; 불명료한, 애매(모호)한 ◆ *-á řeč* 잘 이해가 되지 않는 말; ~ *žargon* 불가해한 변말[은어]

nést (*nes-*, 미래형 *ponesu*) **1** 나르다, 운반하다, 들고(갖고, 업고, 지고) 오다[가다]; 휴대하다, 지니다, 가지고 가다[오다] **2** podpírat 지탱하다, 견뎌내다, 들어(안아) 올리다 **3** dávat, poskytovat 주다, zisk, výnos (이익을) 제공하다, přinášet užitek (유익을) 가져다주다, (열매를) 맺다; (알을) 낳다 **4** mít (jméno, nápis, datum) (이름이나 날짜 등을) 가지다 **5** být nositelem (původcem, subjektem) 수반자가 되다, …의 주체가 되다; 수반하다, 지다 **6** vyhazovat (kartu) (카드를) 던지다, (카드) 놀이를 하다 ◆ ~ *něco v ruce* 뭔가를 손에 들고 오다[가다]; ~ *něco na zádech* 등에 지고[업고] 오다[가다]; ~ *dítě v náručí* 아이를 팔에 안고 오다[가다]; ~ *trpělivě svůj kříž* 인내심을 갖고 자신의 십자가를 지고[메고]가다, snášet utrpení 인내하며 고생[고통, 고난]을 견뎌내다[참아내다]; *kam si to neseš* (구어체) *kam jdeš* 어디 가니?; *strom nese ovoce* 나무에는 과일들이 열려있다; *slepice nese vejce snáší* 암탉이 알을 낳는다; *obchod nenesl* 사업은 성공하지 못했다; *to nese zisk* 이것은 이익이 된다; *sloupy nesou váhu střechy* 기둥들은 지붕의 무게를 지탱하고 있다[받들고 있다]; *nohy ho sotva nesou* 그의 다리는 자신의 몸을 힘겹게 지탱하고 있다; *ulice nese jeho jméno* 거리에는 이름이 있다; *groš nesl na líci královskou korunu* 그로쉬(화폐단위)의 한쪽 면에 왕관이 있다; *píseň nese nadpis* 노래는 타이틀[제목]을 가지고 있다; *listina nese jeho podpis* 문서[서류]에는 서명이 있다; ~ *odpovědnost za co* 무엇에 대한 책임을 지다; ~ *za co vinu* 무엇에 대한 책망[질책]을 듣다; ~ *škodu* 피해를 입다[받다, 경험하다]; ~ *s sebou* (*těžký trest*) (무거운 벌을) 받다[당하다]; ~ *srdcové eso* 하트 에이스를 던지다 **~ se** **1** pohybovat se zvolna a zvl. ve výši (자유롭게 특히 공중에서) 움직이다 **2** mít držení těla (몸을 어떤 자세로) 유지하다, (자세를) 취하다; pyšně si vykračovat (점잔빼며) 걷다, 활보하다 **3** strojit se (옷을) 입다, 옷차림을 하다 **4** s námahou držet něco a pohybovat se s tím 뭔가를 힘들게[어렵게] 잡고 [들고, 지탱하고] 움직이다 ◆ *kam se neseš?* kam jdeš 어디 가니?; *po silnici se nesl oblak prachu* 먼지구름이 거리에 날아 왔다; *zpěv se nesl daleko do noci* 노래소리는 멀리 적막 속으로 날아갔다[울려퍼졌다]; *nese se jako voják* 그는 군인의 자세를 취하다; *pyšně se nesla po ulici* 거만하게 거리를 활보했다; *dvojčata se nesla stejně* 쌍둥이는 똑 같은 옷차림을 했다; *nechtěl se s tím ~* 그것을 힘들게 들고 가기싫다[그것으로 고생하기 싫다]

nestálost, *f-1* 비지속성, 비연구성, proměnlivost 가변성; nestabilnost 불안정(상태)

nestálý 1 člověk (사람이) 일관성이 없는, 불안정한, 동요하는, 확고하지 않은 **2** počasí, názory (날씨나 견해 등이) 변하기 쉬운, 가변적인; 비지속적인, 비영구적, 일정하지 않은 ◆ *~ v názorech* 견해에 있어 일관성이 없는

nestatečnost, *f-1* 용기 없음, 용기 부족, 겁 많음, 수줍음

nestatečný 용기가 없는, 겁이 많은, 수줍어하는

nestejnoměrný 고르지않은, 평탄하지 않은, 한결같지 않은; 변덕스러운 ◆ *~dech/pulz* 불규칙한 호흡/맥박

nestejnost, *f-1* 이질성, 같지 않음, 차이; 불평등

nestejný 같지 않은, 동등하지 않은, 다른, 차이가 나는

nestoudnost, *f-1* 무례함, 뻔뻔스럼, 건방짐, 후안무치

nestoudn|ý neslušný 무례한, 뻔뻔스러운, 건방진; 엄뚱한, 괴이한, 엄청난 ◆ *-á lež* 뻔뻔스러운 거짓말; *-á cena* 터무니없는 가격

nestrannost, *f-1* (한쪽으로) 치우치지 않음, 공평, 불편부당(不偏不黨), 공평무사(公平無私), 공명정대(公明正大)

nestranný 공평한, 치우치지 않은, 동등한, 객관적인

nestravitelný 소화 안 되는, 삭이기 힘든; 받아들이기 힘든[수용하기 어려운], 이해하기 힘든

nestrojený 가장하지 않은, 인위적이지 않은, 자연스러운, 꾸밈없는, 그대로의

nestřežen|ý nehlídaný 지키지 않는, 안전장치[경비원]가 없는 ◆ *v -ém okamžiku* 부지 불식간에

nestřídmost, *f-1* 무절제, 제멋대로 굶, 방종

nestřídmý 무절제한, 중용(中庸)을 잃은, 자제력을 상실한; 지나친, 극단적인 ◆ *být ~ v jidle* 탐식하다

nestvůra, *f* 괴물, 기형 동물

nestvůrný 괴물의, 괴물 같은, 기괴한, 기형의; 극악무도한, 끔찍한

nestyda, *ma, f* 파렴치한(破廉恥漢),

nestydatý 1 nestoudný 부끄러워하지 않는, 수치를 모르는, 파렴치한, 뻔뻔스러운, 염치없는 **2** drzý 무례한, 경솔한, 건방진 **3** přemrštěný 어처구니 없는, 터무니없는, 엄청난

nesvár, *mi-2* 불일치, 불화, 부조화, 불협화음; 알력, 의견충돌

N

nesvědomitost, *f-1* 양심불량, 양심 없음, 예사로 나쁜 짓을 함
nesvědomitý 양심 없는, 비양심적인, 양심에 가책을 느끼지 못하는, (마음에) 거리낌이 없는; 사악한, 파렴치한, 괴씸한
nesvéprávný (법적으로) 자격이 없는, 부적격한; 무능력한; nezletilý 미성년의; 정신이 온전치 못한
nesvoboda, *f* 부자유(不自由)
nesvobodný 자유가 없는, 자유롭지 못한
nesvornost, *f-1* 불일치, 불통일; 불화, 부조화; 불찬성
nesvorný 불일치의, 통일성이 없는, 불화의, 부조화의
nesvůj (대명사) (여성형 *nesvá,* 복수형 *nesví*) 자신의 것이 아닌, (컨디션, 기분 등이) 좋지 않다 ◆ *být/cítit se* ~ 제 컨디션이 아니다[거북하다, 어색하다; 건강상태가 안좋다]
nesympatický 거부감이 느껴지는, 호감이 가지 않는, protivný 반감이 느껴지는, 불쾌한; 매력이 없는 ◆ *je mi* ~ 나는 그가[그녀가] 맘에 안든다
nešetrnost, *f-1* **1** 사치, 낭비; 무절제, 태만, 방종, 소홀 **2** bez ohledů 경솔, 부주의, 사려깊지 못함
nešetrný 1 rozhazovačný 낭비하는, 헤픈, 사치스러운; 무절제한, 소홀한 **2** neohleduplný 경솔한, 부주의한, 지각[분별, 사려]없는
neškodný 해가 없는, 해가 안 되는; hmyz (벌레 등이) 독이 없는; 악의 없는, 불쾌감을 주지 않는; 《病》 양성의, 해롭지 않은 ◆ ~ *nádor* benigní 양성 종양; *škodlivý* ~ *nádor* maligní 악성 종양
nešlechetný 1 málo velkorysý 도량이 좁은, 비열한, 좀스러운, 인색한 **2** mrzký 저열한, 야비한, 멸시할 만한
nešťastn|ice, *f* **-ík,** *ma-3* 운이 없는 사람, 불행한 사람 ◆ *já ~!* 가련한[불쌍한] 내 신세!
nešťastn|ý 1 불행한, 운이 없는 **2** ze zlé náhody 불운한, nevydařený 불행한 결과를 가져오는, 불의의 **3** katastrofální 불길한, 재앙의, 천재지변의 **4** žalostný 불쌍한, 애처로운, 비참한 ◆ *-á náhoda* 불운[불운한 사건], 재난; *-á láska* 보답이 없는[불행한] 사랑, 짝사랑
neštěstí, *n* **1** pocit 불행, 불운 **2** katastrofa 재앙, pohroma 사태 **3** dopravní (교통) 사고 ◆ *mít* ~ 불행[불운]하다, 운이 없다; *přivést koho do* ~ 누구를 재난[불행] 속으로 이끌다
neštovic|e, *f* 《炳》 천연두; 마마자국 천연두를 앓은(패인) 자국 ◆ *očkování proti -ím* 천연두 예방접종; *plané* ~ varicela 수두(水痘), 작은 마마
nešvar, *mi-2* zlozvyk 악습, 폐단 악폐, 폐해
netajen|ý 숨겨지지 않은, 개방된, 솔직한 ◆ ~ *obdiv* 숨겨지지 않은 놀라움; *-á radost* 가장하지 않은 기쁨
netaktní, 재치[요령] 없는, 서투른, 어색한, 무뚝뚝한; necitlivý 지각[분별] 없는, 경솔한
netaktnost, *f-1* 재치[요령] 없음, 서투름 ◆ *dopustit se -i* 실수[잘못]하다, 실례[무례]를 저지르다

netečnost, *f-1* 무감각; 무관심, 냉담(함), 개의치 않음

netečný 무감각한; 무관심한, 냉담한, 무정한

neteř, *f* 조카딸, 질녀, 여조카

netoliko nejen …뿐 아니라 ◆ *to je muž ~ vzdělaný, ale učený* 그는 교양있는 사람일 뿐더러 또한 박학하다

netopýr, *ma* 박쥐

netrpělivost, *f-1* 비인내(성), 참을성 없음

netrpělivý 참을성 없는, 인내하지 못하는

netřeba **(**부사**)** 필요 없는 ◆ *~ se bát* 두려워할 필요가 없다; *~ o tom pochybovat* 그것에 대해선 의심할 필요가 없다

netto **(**불변화 형용사**)** 에누리 없는, 순(純)… ◆ *váha ~* 순(純) 무게; *~ cena* 에누리 없는 가격

netušený 생각도 못한, 뜻밖의, 꿈에도 생각지 않은, 전혀 예상 외의; 의심되지 않은

netvor, *ma* 괴물, 도깨비, 기이한 동물

netýkavka, *f* 《植》 (봉선화 屬) 물봉숭화

netýkav|ý nedotknutelný 만지기[손대기] 어려운, 성미 급한, 까다로운; nedůtklivý 접촉이 금지된, 금제(禁制)의 ◆ *-á dívka* 다루기가 까다로운[신경질적인] 소녀; *-á hrdost* 거만한 자존심

neúcta, *f* neuctivost 무례, 실례, 경시, 경멸

neuctivý 무례한, 실례되는, 경멸하는, 경시한

neúčast, *f-1* 불참, 결석

neúčastný **1** 결석한, 불참한 **2** 무관심한, 냉담한, 개의치 않는

neučený 배우지 못한, 교육 받지 못한; prostý 천박한

neúčinnost, *f-1* 효능[효과] 없음, 쓸모없음, 비능률, 낭비

neúčinný lék (약 등이) 효과가[효능이] 없는; 도움이 안 되는, 유용하지 못한, 쓸모가 없는, 비능률적인, 낭비가 많은

neudržitelný tvrzení, teorie (주장, 이론 등이) 지지[주장]할 수 없는, 성립할 수 없는, 변호의 여지가 없는, 옹호할 수 없는; stav (상황을) 지킬 수 없는, 유지할 수 없는, 막기 어려운

neuhasitelný oheň (불을) 끌 수 없는, žízeň (목마름을) 막을 수 없는, 억제할 수 없는

neuhlazený 정제[정련]되지 않은; chování (행동이) 품위없는, 위엄없는

neúhledný 어질러진, 정리가 안된, 흐트러진, 산란한; 지저분한

neukázněný 규율없는, 훈련받지 않은; neposlušný 순종하지 않는, 반항하는; chování (행동이) 무질서한, 혼란한, 난폭한

neukojitelný touha (열망, 갈망 등이) 채워지지 않는, 만족할 줄 모르는, 탐욕스러운

neumdlévající 지치지 않는, 끈질긴, 불굴의

neumělý osoba (사람 등이) 서투른, 재기[기교] 없는; obraz (그림 등이) 아마추어 같은, 미숙한; pokus (시도 등이) 세련되지 못한, 조잡한; 비인

위적인, 자연스러운

neúměrný 불균형의, 어울리지 않는

neúmorný 지칠 줄 모르는, 끈기 있는

neúmysln|ý 의도가 없는, 고의가 아닌; bezděčný 자발적이지 않은 ◆ -*é zabití* 과실치사(죄)

neúnavn|ý 지칠 줄 모르는, 끈질긴 ◆ -*é nadšení* 쇠하지 않는 열정; ~ *pracant* 일중독자, 일벌레

neúnosn|ý **1** 감당할 수 없는, 견뎌내기 힘든 **2** neobhajitelný 막아낼[방어할] 수 없는, 이겨낼 수 없는 **3** 과도한, 지나친, 엄청난 ◆ *být společensky* ~ 사회적으로 한계를 벗어나다; -*á břemena* 과도한 짐[부담]; ~ *dluh* 감당할 수 없는 부채

neúplatný morálně (도덕적으로) 타락하지 않은, 부패하지 않은, 썩지 않는, 뇌물이 통하지 않는

neúplnost, *f-1* 불완전성, 불충분성; 미완성

neúplný 불완전한, 부족한, 불충분한

neuposlechnutí, *n* 불복종, 불순종, 반항; 그 행위

neupotřebitelný 사용 불가능한, 쓸 수 없는; neužitečný 쓸모없는, 무용한, 무익한

neúprosný **1** nepřítel (적이) 화해할 수 없는; 달래기 어려운, 앙심깊은, 무자비한, 냉혹한 **2** logika, fakta, osud (논리, 사실, 운명 등이) 굽힐 수 없는, 엄연한, 불변의

neupřímnost, *f-1* 솔직하지 않음, 위선

neupřímn|ý pokrytecký 솔직하지 않은, 진실하지 않은 ◆ -*é sliby* 위선적인 약속

neuralgie, *f* 신경통

neurčitelný 정할 수 없는, 규정[정의]할 수 없는

neurčitost, *f-1* 불명료성, 애매 모호성

neurčit|ý 불명료한, 불확정의, 막연한; 《言》 부정(否定)의 ◆ ~ *člen* 부정관사; -*é zájmeno* 불확정대명사

neúroda, *f* 흉작

neúrodnost, *f-1* 불모, 비옥하지 않음

neúrodný 불모의, 열매를 맺지 못하는, 비옥하지 않은; 헛된, 공연한, 보답없는

neurolog, *ma* 신경학자, 신경과 의사

neurologie, *f* 신경학

neurologický 신경의, 신경학상의, 신경과의

neurochirurg, *ma* 신경외과 의사

neurochirurgie, *f* 신경외과(학)

neuróza, *f* 신경증, 노이로제((불안감, 강박관념 등이 인격을 지배하는 기능적 이상))

neurovnan|ý 어지러운, 혼란스러운, 불규칙적인; člověk (사람이) 침착하지 못한, (마음이) 동요하는 ◆ *pocházet z -ých poměrů* 불안정한 가정환경 출생이다

neurozený 태생이 비천한, 천하게 태어난

neurvalost, *f-1* 난폭함, 미숙함, 조잡함,

neurvalý surový 조잡한, 미숙한,

hrubý 거친; 난폭한, 교양없는, 무교육의, brutální 미개의, 야만의; bezohledný 분별[사려] 없는, 경솔한, 무모한, 경망스러운

neuskutečnitelný plán (계획 등이) 실현시킬 수 없는

neúspěch, *mi-2, 3* 실패, 실수, dočasný nezdar 좌절

neúspěšný 실패한, 성과가 없는, 효과없는, 무익한

neuspokojivý 만족스럽지 못한, 실망스러운, 표준 이하의; argument (논증, 논거가) 불충분한, 서투른

neuspořádaný 무질서한, 혼란스러운; špatně organizovaný 엉성하게 조직된, 체계가 잡히지 않은; myšlení (생각 등이) 정리가 잘 안된, 정신이 없는, 혼동된, nelogický 비 논리적인

neustálený 변하기 쉬운, 일정치 않은, 불안정한, 동요하는, 혼란한

neustál|ý 끊임 없는, 계속적인 ◆ *-e* 계속, 지속적으로

neústavní 헌법에 위배되는, 위헌의

neústrojný 생활기능이 없는, 무생물의, 무기물의; 유기 조직이 없는, 비유기적인, 인위적인; 《化》 무기(無機)의, 무기성의

neústupnost, *f-1* 비양보, 물러서지 않음, 완고함, 확고부동

neústupný 유연성이 없는; 완고한, 양보하지 않는, 물러서지 않는, 확고한, 부동의

neutěšený 황량한, 삭막한; perspektivy a situace (전망, 상황 등이) 쓸쓸한, 음침한, 적막한, 어두운

neutralita, *f* 중립(성); politická (정치적) neangažovanost 비동맹

neutrální nestranný 치우치지 않는, 중립적인

neutuchající 쇠하지 않는, 시들지 않는, 지치지 않는, 지칠 줄 모르는, 지속적인; 불사[불멸]의, 불후의, 영원한 ◆ ~ *zájem* 지속적인 관심; ~ *nadšení* 시들지 않는 열망; ~ *potlesk* 열광적인 박수(갈채)[칭찬]

neuvážený 성급한, 무모한, 경솔한, 분별[사려] 없는

neuvědomělost, *f-1* 알지 못함, 불인식, 무의식

neuvědomělý 모르는, 인식하지 못하는, 의식하지 못하는, 잠재의; 무지한, 무식한

neuvěřitelný 믿을 수 없는, 믿어지지 않는; 놀랄만한, 엄청난, 대단한

neuznal|ý 은혜를 모르는, 배은방덕한; 일한 보람이 없는, 헛수고의 ◆ *-é děti* 배은망덕한 아이들

neužitečný 도움이 안되는, 쓸모없는, 유용하지 않은, 무익한; diskuse (토론 등이) 헛된[무익한, 결실이 없는]

nevábný 매력 없는, 멋 없는, 시시한, 마음이 끌리지 않는, 마음 내키지 않는, 싫은

nevadnoucí květiny (꽃 등이) 시들지 않는, barvy (색) 바래지 않는, sláva (영광이) 영원한

nevalný výsledky, znalosti (결과, 지식 등이) 보통의, 평범한, 별것이 아닌; 초라한

nevázanost, *f-1* prostopášnost 방탕, 방종, 멋대로 함

nevázaný 1 prostopášný 방탕한, 음

탕한; 방자한, 방종의, 멋대로 하는 **2** (책이) 제본되지 않은 **3** 조건 없는, 무조건적인

nevážnost, *f-1* 무례, 실례, 경시, 무시, 경멸

nevážný 1 veselý 쾌활한, 유쾌한, žertovný 유머스러운 **2** neuctivý 무시하는, 경시하는, 경멸[멸시]하는

nevčas (부사) časově nevhod 부적절한 시기에, 불편한 때에, 공교롭게도

nevčasný 때가 좋지[알맞지] 않은, 시기가 나쁜

nevděčn|ice, *f* **-ík,** *ma-3* 감사할 줄 (고마워할 줄) 모르는 사람, 은혜를 모르는 사람, 배은망덕한 사람

nevděčnost, *f-1* 배은망덕(背恩忘德), 은혜를 모름

nevděčný 감사하지 않는, 감사할 줄 모르는, 배은망덕한

nevděk, *mi-2* 배은망덕, 망은(忘恩) ◆ *holý ~* 터무니 없는 배은망덕

nevědecký 비과학적인, 비학문적인, 비학술적인; 비학자적인

nevědomky 무의식적으로, 알지 못하는 사이에, 무심결에

nevědomost, *f-1* 무지, 무식, 모르고 있음; 무의식 ◆ *dělat něco z -i* 무지로부터 뭔가를 하다; *~ hříchu nečiní* 모르는 것이 약이다

nevědomý 1 bezděčný 본의 아닌, 무의식 중에, 부지불식간의, 무심결의 **2** neznalý 무지 몽매한, 무식한 **3** nevzdělaný 교육받지 않은, 모르는

nevelice 지나치지 않게, 많지 않게

nevel(i)ký 크지 않은, 작은; 많지 않은, 적은

nevěr|a, *f* 불신, 배신, 부정(不貞), 불의(不義), 간통; 배신 행위 ◆ *dopustit se -y* 부정[불의]를 저지르다; *manželská ~* 부부간의 배신행위

nevěrnost, *f-1* nevěra 신앙심이 없음, 불신임; (부부간의) 부정, 불의; překladu (번역의) 부정확성

nevěrný 성실[충실]하지 않은, 부정한, 배신적인 ◆ *být ~ své ženě* 자신의 아내와의 부부간의 믿음을 저버리다 [부정을 저지르다]

nevěrohodn|ý 믿기 어려운, 그럴듯한, 수상쩍은, 의심가는 ◆ *-á výmluva* 의심이 가는 핑계

neveřejn|ý 폐쇄된, 공개되지 않는, 내부의, 사적인 ◆ *-é zasedání* 비밀 모임

nevěřící 1 (형용사) 신앙이 없는, 믿지 않는, ~ Tomáš 의심 많은 사람((성경에 나오는 의심많은 도마)) **2** (명사) ateista 무신론자, 무신앙자

nevěsta, *f* **1** 신부 **2** snacha 며느리 **3** snoubenka 약혼녀

nevěstinec, *mi* 창녀촌, 매음굴

nevěstka, *f* prostitutka 매춘부, 창녀

nevhod 부적절한 시기(시간, 때)에, 공교롭게도

nevhodnost, *f-1* 부적절함, 부적당함

nevhodný 부적절한, 적합하지 않은, 불편한

nevídáno (냉담, 무관심의 표현으로) 그런데?, 그래서, 상관 없어! ◆ *On se hněvá? – Nevídáno!* 그가 화났어? - 그래서 어쨌단 말이야[무슨 상관이야]?

nevídaný 선례가 없는, 본적이 없는

neviditelnost, *f-1* 눈에 보이지 않음, 나타나 있지 않음
neviditelný 보이지 않는, 눈에 띄지 않는, 육안으로 식별되지 않는
nevidomý 1 (형용사**)** 볼 수 없는, 눈 먼, 안보이는, 시각장애의 **2 (**명사**)** 장님, 맹인, 시각장애인
nevin|a, *f* 무죄, 결백; 천진난만 ◆ *dokázat svou -u* 자신의 무죄를 증명하다; *trvat na své -ě* 자신의 결백을 주장하다
neviňátko, *n-2, 3* 천진 난만한 아이
nevinnost, *f-1* **1** 죄가 없음, 결백(성) **2** 순결, 순수, pohlavní (성적) 처녀성, 동정
nevinn|ý 1 결백한, 죄가 없는 **2** čistý 순수한, 순결한 ◆ *uznat -ým* 무죄[결백]를 인정하다; *je ještě -á* 그녀는 아직 처녀이다; *-á lež* 악의 없는 거짓말
neviňoučký (양처럼) 순한, 천진한
neví|ra, *f* **1** 불신, 의혹 **2** 불신, 부정 ◆ *je to k -ře* 그것은 믿을 수 없다[신뢰가 안간다]
nevítaný 환영 받지 못하는, 달갑지 않은, 반갑지 않은
nevkus, *mi-2* 악취미(惡趣味), 기호에 맞지 않음, 안좋은 인상
nevkusný 무미건조한, 멋없는, 살풍경한, 몰취미의
nevlastní nepokrevně příbuzný 배다른, 혈연관계에 의해 맺어진 것이 아닌, 의붓…, 계(繼)… ◆ *~ bratr/otec* 배다른 형/의붓 아버지
nevlídnost, *f-1* 불친절, 비우호적임, 박정함, 몰인정, 적대[적의], 무정함, 냉혹함; počasí (날씨가) 험악, 혹독함, 궂음
nevlídný 불친절한, 몰인정한, 비우호적인, 무정한, 냉혹한; (날씨, 기후가) 사나운, 궂은, 험악한
nevměšování, *n* 방해 하지 않음, 불간섭
nevodič, *mi* 《物》 비전도체
nevodivý 비전도체의, 비전도성의
nevojácký 군인답지 못한, 용감하지 않은
nevojenský 비군사적인, 비무장의
nevol|e, *f* 반감, 불쾌, 불만; 분개, 화; 원한, 악의, 유감 ◆ *dělat co s -í* 마지못해서[내키지 않는 마음으로, 겸연쩍게] 무엇을 하다
nevolnictví, *n* 농노의 신분; 농노제; 혹사(당함)
nevolník, *ma-3* 농노(農奴); 노예
nevolno (부사**)** (서술용법으로 사용) nepříjemně 불쾌하게, špatně 나쁘게, nedobře 안좋게 ◆ *je mi ~* (나는) 몸이 불편하다[아프다, (속이) 거북하다]
nevolnost, *f-1* (몸이) 불편함, (속이) 거북함, 아픔
nevražit na koho (누구에 관하여) 원한을 품다, 싫어하다, 앙심 품다
nevraživost, *f-1* proti komu (누구에 대한) 원한, 악의, 앙심
nevraživý 원한을 품은, 악의가 있는
nevrlost, *f-1* 성미가 까다로움, 언짢음, 과민성
nevrlý 성미가 까다로운, 과민한, 기분이 언짢은
nevšední 비상한, 비범한, 흔하지 않은, 비일상적인; pozoruhodný 눈에

N

띄는, 현저한

nevšímavost, *f-1* lhostejnost 무관심, 주목하지 않음, 냉담

nevšímavý k čemu (무엇에) 무관심한, 냉담한, 주목[주시]하지 않는

nevtipný bezduchý 둔한, 무딘, 둔감한; 유머가 없는, nerozumící žertu 농담을 이해 못하는

nevtíravý 겸손한, 주제넘지 않은, 조심성 있는, 삼가는

nevůl|e, *f* **1** neochota 꺼림, 싫음, 마음내키지 않음, 마지못해 함 **2** rozhořčení 악의 **3** svár 불일치, 불화, 부조화, 의견충돌, 알력 ◆ *jeho chování budilo -i učitelů* 그의 행동은 선생님들의 분노를 샀다; *žít v -i* 불화 속에 살다

nevybíravý 가리지 않는, 까다롭지 않는, 차별하지 않는

nevýbojný 공격적이지 않은, 평온한, 온화한

nevybran|ý daň (세금 등을) 모으지 않은, 징수하지 않은 ◆ *-á dovolená* 사용하지 않은 휴가

nevybroušený 정제되지 않은, 세련되지 못한, 거친; 점잖지 못한, 세련되지 못한

nevyčerpatelný 지치지 않는, 다함이 없는, 무진장의, 다 쓸 수 없는, 소모시킬 수 없는

nevýdělečný 비영리적인, 이익이 없는, 무익한

nevyhnutelný 피할 수 없는, 면하기 어려운, 부득이한, 도망할 수 없는, 필연적인, 당연한

nevýhod|a, *f* 단점, 불리함; 또는 그런 상황이나 입장 ◆ *být v -ě* 불리한 입장에 놓여있다

nevyhovující 불만족스런, nedostačující 불충분한, 적합하지 않는, 맞지 않는

nevychovanost, *f-1* 버릇없음, 가정 교육이 나쁨; 몸가짐이 바르지 않음, 예의 바르지 않음

nevychovaný 예의가 바르지 못한, 몸가짐이 나쁜, drzý 버릇없는, 교양없는, 가정교육이 나쁜; neotesaný 야비한, 천박한

nevyjádřitelný 표현할 수 없는

nevyjasněný 모호한, 명료하지 않은, 흐릿한

nevýkonný 비능률적인, 비효율적인, 효과가 없는; 결실이 없는

nevykořenitelný předsudky (편견, 선입관 등이) 근절 할 수 없는, 뿌리 깊은 ◆ *~ zvyk* 뿌리 깊은[고쳐지지 않는] 습관[관습]

nevyléčitelný 치유할 수 없는, 불치의

nevylíčiteln|ý 묘사할 수 없는, 형언할 수 없는, 말로 표현할 수 없는 ◆ *-á krása* 말로 다 표현할 수 없는 아름다움

nevymezitelný 한정할 수 없는, 제한할 수 없는, 규정할 수 없는

nevýnosný 이익[보상, 보수]이 없는, 벌이가 되지 않는, 수지가 안 맞는; 무익한, 보람[보답]이 없는

nevyplacený **1** 지불되지 않은, 부도난 **2** dopis (편지 등이) 도장(소인)이 찍히지 않은, 우표[인지]가 붙지 않은 지불되지 않은 우편요금 ◆ *~ plat* 체불임금(滯拂賃金); *~ šek* 부도수표

nevypočitatelný škody, následky (피해나 결과가) 헤아릴 수 없는, 무수[무량]의, 막대한; 예측할 수 없는, 상상할 수 없는; člověk, charakter (사람이나 성격이) 믿을[기대할] 수 없는, 변덕스러운

nevýrazný 1 barva (색채가) 분명[똑똑]치 않은, 선명하지않는 **2** člověk (사람이) 흥미없는, 시시한, 지리한 **3** tvář (얼굴이) 평범한, 두드러지지 않는 **4** pohled (모습이) 멍한, 얼빠진 무표정한 **5** herecký výkon (배우의 연기가) 인상적이지 않은, 감동을 주지 않는

nevyrovnaný 1 평형을 잃은, 균형이 이루어 지지 않은; povaha (성격 등이) 정신[정서]가 불안정한, 착란한 **2** pohledávka, problémy (부채나 문제 등이) 미결제[미청산]의

nevyrovnatelný 견줄[비할] 데 없는, 전대미문(前代未聞)의

nevysloven|ý 언급 되지 않은, 소리로 [입밖에] 내지 않은, 말하지 않은; 암묵의, 묵시의, 무언의, 잠잠한 ◆ *-á hrozba* 무언의 위협

nevyslovitelný 1 발음 할 수 없는, 발음하기어려운 **2** nevýslovný 말로 표현할 수 없는

nevýslovn|ý radost, bolest, krása (기쁨, 통증, 아름다움 등을) 형언할 수 없는, 이루 말로 다 할 수 없는, 언어 도단의 ◆ *-ě krásná* 절세미인(絕世美人)

nevysoký málo vysoký (그리) 높지 않은, 다소 낮은; cena (가격이) 적당한; úředník (관료 등의 직위, 급, 서열이) 낮은

nevyspal|ý 잠을 충분히 못잔, (수면이 부족해) 피곤한; 졸린 ◆ *-é oči* 수면이 부족한 눈

nevyspělost, *f-1* 미숙(함), 미완성

nevyspělý pohlavně, rozumově (성적[육체적]으로, 이성적으로) 미숙한, 미완성의, 미발달의, 발육 중인

nevystižitelný, *f-1* nevýslovný 이루 말로 다 표현할 수 없는, 형언할 수 없는; (인간의 이성과 감각을 통해서는) 이해할 수 없는, 감지할 수 없는

nevysvětlitelný 설명할 수 없는, 불가해[불가사의]한

nevytříbený 정교하지 않은, 세련되지 못한, 천한, 야비한; 정제되지 않은

nevyvinut|ý nevyspělý 충분히 발달하지 못한, 미개발의, 개발이 덜된, 후진의; 미성숙한 ◆ *-é dítě* 미성숙한 아이; *hospodářsky -á země* 경제적 미개발국[후진국]

nevyvratiteln|ý 반증[논박]할 수 없는, 논쟁의[다툴] 여지가 없는; 난공불락의, 무너지지 않는, 철벽의, 흔들리지 않는, 확고한; 절대적인, 의심의 여지가 없는 ◆ *~ důkaz* 확실한[논쟁의 여지가 없는, 의심할 여지가 없는] 증거; *-é přesvědčení* 확고한 확신

nevyzkoumatelný nevyzpytatelný, nezbádatelný 조사할 수 없는, 헤아릴 수 없는, 불가해한

nevýznačný 두드러지지 않은, 눈에 띄지 않는, 드러나지 않은

nevýznamný 중요하지 않은, 본질적이 아닌, 긴요하지 않는, 없어도 되는

nevyzpytateln|ý 헤아릴 수 없는, 불가해한; 정체 모를, 수수께끼 같은, 알기 어려운, 불가사의한 ◆ *-é jednání* 불가해한 행동, *~ úsměv* 수수께끼 같은[묘한] 미소; *~ osud* 불안한 운명

nevyžádaný 요구받지 않은, 탄원[청원] 받지 않은; 불필요한, 쓸모없는 ◆ *~ reklamní materiál (zasílaný poštou)* 쓰레기 취급을 받는 선전·광고 우편물

nevzdělanec, *ma* 교육을 받지 못한 사람; nekulturní člověk 교양[지성]이 낮은 사람

nevzdělanost, *f-1* 문맹, 무식, 교양이 없음

nevzdělaný 교육 받지 못한, 문맹의, 무식한; 교양이 없는; 비천한, 야비한, 야만의

nevzhlednost, *f-1* 평범함, 아름답지 못함, 추함, 보기 흉함

nevzhledný 평범한, 사람의 눈을 끌지 않는, 예쁘지 않은, 보기 흉한, 몰골이 험한

nezábavný 재미없는, 지루한, 따분한, 단조로운

nezadaný 예약되지 않은; 속하지 않는[무소속의], 부속되지 않은; 구애받지 않는, 자유 분방한

nezadatelný právo (권리 등이) 양도할 수 없는, 빼앗을[탈취할] 수 없는; 귀속된(귀속이 정해진)

nezadržitelný 막을 수 없는, 방해할 수 없는; 제어[통제]할 수 없는, 억제하기 어려운 ◆ *~ vývoj* 막을 수 없는 발전[오름세, 상승]; *~ úpadek* 막을 수 없는 몰락[패망]; *~ pláč* 참을 수 없는 울음; *~ smích* 억제하기 어려운 웃음

nezachytitelný 빨리 지나가 버리는, 잡을 수 없는, 포착할 수 없는

nezainteresovaný politika (정치에서) 불간섭의, 불개입의, 무간섭(주의)의; 무관심의, 냉담한

nezájem, *mi-2* 무관심, 냉담

nezajímavý 재미없는, 흥미없는, 일상적인, 무미건조한

nezákonnost, *f-1* 불법(성), 위법(성)

nezákonný protiprávní 불법의, 위법의; 입법화되지 않은

nezakryt|ý nepokrytý 덮여 지지 않은, 지붕이 없는, nezastřený 가려지지 않은, otevřený 개방된, 열린; přímý 직접적인 ◆ *-á skládka* 가려지지 않은 쓰레기 처리장

nezaměstnanec, *ma* nezaměstnaný člověk 실업자

nezaměstnanost, *f-1* 실직, 실업 상태; 실업률, 실업자수 ◆ *částečná ~* 불완전 고용[취업]; *podpora v -i* 실업 수당[급여]; *růst/pokles -i* 실업률 증가/감소

nezaměstnan|ý 1 (형용사) 실직한, 직업이 없는, 무직의 **2** (명사) nezaměstnanec 실직자, 실업자, 백수; 관계가 없는 사람 ◆ *být ~* 실직하다; *N-ým vstup zakázan!* 관계자[직원] 외 출입금지

nezamýšlený 고의가 아닌, 무의식중의, 뜻밖의

nezapomenuteln|ý zážitek (경험한 일을) 잊을 수 없는, 언제까지나 기억에 남는 ◆ *~ dojem* 지울 수 없는

N

인상[감명]; *-á zkušenost* 잊을 수 없는 경험

nezaručený 보증[보장]되지 않은; zpráva (소문, 소식, 보도 등이) 확인되지 않은[미확인], 확증이 없는

nezasloužený (받을) 가치가[자격이] 없는, 과분한, 분수에 벗어난, 부당한, 당찮은

nezastřený 가려지지 않은, 숨겨지지 않은, 개방된, 노출된, 열린

nezasvěcený 충분한 경험[지식]이 부족한, 풋내기의 ◆ *být ~ do čeho* 무엇에 충분한 정보[지식]이 없는

nezaujatost, *f-1* 편견 없음, 불편부당(不偏不黨), 공평무사, 공명정대

nezaujatý 편견 없는, 공평한, 솔직한; objektivní 객관적인, 공정한 ◆ *~ předsudky* 선입견(편견)이 없는

nezávazný nabídka (제안 등이) 구속하지 않는, 구속력이 없는, 의무성이 없는; 임시의, 시험적인, 불확실한; cena (가격이) 유동적인, 가변적인; odpověď (대답 등이) 애매한, 모호한, 어정쩡한

nezávažný 무관한, 중요하지 않은; 유효하지 않은

nezávislost, *f-1* 독립(성), 자주(성), 독자(성)

nezávisl|ý **1** na čem (무엇에) 독립[자주, 독자]적인, 의존적이지 않은 **2** **(컴퓨터)** (다른 장치가 필요없이) 그 자체만으로 작동하는, 독립형의 **3** 《政》 kandidát (선거의 후보 등이) 무소속의; organizace (기구, 조직, 단체가) 독자적인, 중립적인 ◆ *-é finanční zdroje* 자립적 재정[경제] 수단

nezáživn|ý 지루한, 따분한, 무미건조한, 무딘, 둔한 ◆ *-á přednáška* 재미없는[지루한] 강의; *-é téma* 무미건조한 주제; *-á diskuse* 따분한 토론

nezbeda, *ma* nezbedník 장난꾸러기(특히 소년), 말썽꾸러기, 문제아, 골치거리(특히 사람); 악한, 불량배, 건달 ◆ *počínat si jako ~* 행동하다; *syn je tulák a ~* 아들은 뜨내기[방랑자]요 건달이라

nezbedn|ice, *f* **-ík** *ma* nevychovanec 버릇없는 사람, 교양 없는 사람; rozpustilec 장난꾸러기, 개구쟁이, uličník 건달, ničema 불량배, darebák 문제아, 말썽구러기

nezbednost, *f-1* (짓궂은) 장난(기), 개구장이짓, 못된 짓, 까불; 농담, 희롱 ◆ *klukovské -i* 사내아이들의 장난; *páchat/dělat -i* (짓궂은) 장난을 치다; 말썽[문제]을 일으키다[건달 짓을 하다]

nezbedn|ý rozpustilý 장난이 심한, 장난기가 있는, 개구쟁이의, neposlušný 버릇없는, 못된; nevychovaný 교육받지 않은, 교양없는; nevázaný 방종의, 멋대로 하는, 방탕한; uličnický 건달기가 있는, darebácký 불량스런 ◆ *~ kluk* 개구쟁이[말썽꾸러기] 사내; *-é počínání* 장난이 심한 행동; *-é nápady* 짓궂은[못된, 장난기 어린] 생각

nezbytnost, *f-1* 필요[필수]성, 긴요함, 불가피성; 필수품, 불가결한 일 ◆ *považovat něco za ~* 뭔가를 없어선 안될 일로 간주하다; *káva se stala -í při výživě* 커피는 음식에 있어 필수적인 것이 되었다

N

nezbytn|ý naprosto nutný 필수적인, potřebný 긴요한, nepostradatelný 없어서는 안되는, 불가결한, nevyhnutelný 피할 수 없는 ◆ *-á složka potravy* 필수적인 영양 요소; *její přítomnost je -á* 그녀의 참석[참여]은 반드시 필요하다; *v -ch případech* 불가결한[꼭 필요한] 경우에; *-ě potřebovat* 절대적으로 필요하다

nezdanitelný tax-free 세금을 면제하는, 세금이 부과되지 않는

nezdar, *ma-2* neúspěch 실패, 좌절, 패배, 차질, 낙담 ◆ *skončit -em* 실패로 끝나다; *utrpět ~* 좌절[실패]를 맛보다

nezdárný nezbedný 장난이 심한, ničemný 버릇 없는, nehodný 무례한, 얌전하지 않은

nezdařený, nezdařilý 성과적이지 않은, 실패한, 발전하지 않은

nezdoba, *f* **1** nezbeda 장난꾸러기, 말썽꾸러기, 건달 **2** nezbednost (짓궂은) 장난, 개구장이 짓, 망난이 짓

nezdolný nepřekonatelný 극복하기 힘든, 이겨내기 힘든; nezlomný 굴하지 않는, 악착 같은, pevný 강한, houževnatý 완강한, 버티는, 끈질긴

nezdravý 건강하지 않은, 허약한; 불건전한, 타락한; 해로운, 건강을 해치는

nezdvořák, *ma-3* nezdvořilý člověk 무례한 사람, 예의를 모르는 사람; hrubec 건방진[오만한] 사람, 품행이 단정치 못한 사람

nezdvořilost, *f-1* 무례, 뻔뻔스러움, 불손함, 예의가 없음

nezdvořilý 버릇 없는, 무례한, 불손한, 거친, 정중하지 못한

nezemský nadzemský 비세속적인, 이 세상의 것이 아닌

nezhoubný nemoc, nádor (병, 종기 따위가) 양성의

neziskov|ý 비영리적인 ◆ *-á organizace* 비영리 단체

nezištnost, *f-1* 사심 없음, 이기적이지 않음, 무욕(無慾), 무사(無私); 공평

nezištný neusilující o zisk 사심 없는, nesobecký 비이기적인, 무욕의, 이해관계 없는, 공평한, 제 3자의; 희생적인

nezjistitelný 확인 할 수 없는, 증명할 수 없는, 찾아 낼 수 없는, 탐지할 수 없는

nezkalen|ý čistý 깨끗한, nepokažený 더럽혀지지 않은; 순수한, 진정한, 진실한, 꾸밈없는, 가장하지 않은, 천진난만한 ◆ *-é dětství* 순순한 어린 시절; *-á radost* 진실된 기쁨; *-á voda* 깨끗한 물

nezkažený mravně 도덕적으로 타락하지 않은, 순수한, 순박한, 청순한, 자연그대로의, potraviny (식품이) 신선한 손상되지 않은

nezkrocený 길들지 않은, divoký 야생의, 야만적인, 미개한; hněv (화나 성이) 억제[훈련]되지 않은

nezkrotný 굴복하지 않는, 불굴의, 지지않으려는; 거친, 제어[통제]할 수 없는, hněv (화나 성이) 억제할 수 없는

nezkušenost, *f-1* 무경험, 서투름, 미숙; 미성숙, 생경함

nezkušený 서투른, 무경험의, 미숙

N

한; 미성숙한, 풋내기의, 순진한
nezletilec, *ma* 미성년자, 청소년
nezletilost, *f-1* 미성년(未成年)
nezletilý 미성년의; 유치한, 미숙한
nezlom(itel)ný 부러뜨릴[꺾을] 수 없는, nezdolný 굴하지 않는, 악착 같은, 불굴의, pevný 강한, 끈질긴; povaha (성격 등이) 완고한, 완강한
nezmar, *ma* **1** 《動物》 láčkovec 히드라 **2** vytrvalec 끝까지 저항하는 사람, 끈질긴 사람 ◆ *to je hotový ~* 그는 지칠 줄 모르는 사람; *~ v práci* 일 중독자, 일벌레
nezmarn|ý 파괴할 수 없는, 불멸의, 다함이 없는, 끝이 없는, 지질 줄 모르는, 마르지 않는 ◆ *-á víra* 지칠 줄 모르는 신앙심; *-á vůle* 끝이 없는 의지; *chuť do života* 삶[생명]에 대한 열정[욕망]
nezměnitelný 바꿀 수 없는, 변경할 수 없는
nezměrn|ý nesmírně velký 측정할 수 없는, nesmírný 잴 수 없는, obrovký 엄청난, 거대한, 광대한; 심각한 ◆ *-é spousty hmyzu* 수없이 많은 벌레; *~ prostor* 거대한 공간; *-é bohatství* 엄청난 부[풍요로움]; *-á bída* 심각한 가난[궁핍] 상태
neznaboh, *ma-3* **neznabožka,** *f* (주요 종교를 믿지 않는) bezbožník 이교도, ateista 무신론자; 비기독교인
neznalost, *f-1* 무지, 무식, 무학, 부지(不知); 잘 모름, 익숙치 않음
neznalý čeho (무엇에) 무지한, 알지 못하는 ◆ *být ~ němčiny* 독일어를 모르다
neznám|o, *n-2* 미지, 신비 ◆ *cesta do -a* 미지의 세계로의 여행[신비로운 여행]; *zmizet do -a* 자취를 감추다
neznám|ý 알지 못하는, 익숙치 않은; (세상에) 알려지지 않은, 미지의 ◆ *dosud -á fakta* 지금까지 알려지지 않은 사실; *-é končiny* 세상에 알려지지 않은 끝; *~ vojín* 무명용사(無名勇士); *hrob -ého vojína* 무명전사의 묘
neznatelný 알 수 없는, 인식[인지]할 수 없는, 감지[지각]할 수 없는; 미세한, 경미한
nezničitelný 파괴 할 수 없는, 망가뜨릴 수 없는
nezodpovědnost, *f-1* 무책임, 책임 없음
nezodpovědný 무책임한, 신뢰할 수 없는, 자유분방한, 제멋대로의; lajdácký 태만한, nedbalý 무관심한, 등한한, 부주의한
nezpěvný nemelodický 음조가 맞지 않는, 선율이 곱지 않은, 장단이 맞지 않는, 귀에 거슬리는
nezpůsob, *mi-2* zlozvyk 나쁜 버릇, nemrav, zlořád 악습; **-y,** *pl* špatné chování 버릇 없음, 무례, 실례
nezpůsobilost, *f-1* 무능력, 부적격; 《法》 행위 능력 상실, 자격 박탈, 실격
nezpůsobilý 부적당한, 적임이 아닌, 맞지 않는, 어울리지 않는; neschopný 무능한, …의 자격[능력]이 없는 ◆ *být ~ k práci* 일할 능력이 없다; *voda k pití* 마시기에 부적합한 물; *vůz ~ k jízdě* 주행할 수 없는 차량; *~ terén* 부적합한 지형; *žák ~ postoupit do vyššího ročníku* 상급학년으로 진학할 자격이 없는 학생

nezpůsobnost, *f-1* 무례함, 버릇없음

nezpůsobný nevychovaný 교육 받지 못한, 교양없는, 본데없이 자란, nezdvořilý 무례한, 버릇없는; dívka, žena 숙녀[귀부인]답지 않은, 상스러운

nezralost, *f-1* 익지 않음, 미숙함; 미성숙, 생경함; 시기상조(時機尙早)

nezralý ovoce (과일이) 익지 않은, 영 글지 않은; člověk (사람이) 미성숙한, 미숙한, 미발달의, 유치한; myšlenka (생각 등이) 신중하지 못한, plán (계획 등이) 미완성의

nezranitelnost, *f-1* 상처를 입힐 수 없음, 꺾이지 않음; 불사신(不死身)

nezranitelný 상처를 입힐 수 없는, 꺾이지 않는, 상하지 않는, 죽지 않는; 공격할 수 없는, 이겨낼 수 없는; 반박할 수 없는

nezřetelný silueta (윤곽이) 선명하지 않은, 흐릿한; řeč (말 따위가) 불명확한, 뚜렷하지 않은, 희미한

nezřídka 드물지 않게, 종종, 빈번하게 = *často*

nezřízený nemravný 규율 없는, 타락한, 방탕한, 부패한; bujný 억제되지 않는, 방자한, 난폭한; bezmezný 상궤를 벗어난, 제한[구속]이 없는, 무한한

neztenčený 얇아지지 않은, 감소되지 않은; síla (힘 등이) 줄지 않는, 쇠약[저하]하지 않는, 약해지지 않는

nezúčastněnost, *f-1* 불참; 무관심, 흥미없음, 냉담함; v paktech (조약, 협정에서) 비동맹 상태

nezúčastněn|ý 불참한; lhostejný 무관심한, 흥미 없어하는, 냉담한 ◆ ~ *divák* 무관심한 관람자; *osoba -á na sporu/řízení/smlouvě* 분쟁/운영, 처리/계약과 무관한 사람

nezúročitelný 관심이 없는, 무관심한

nezvaný 초대 받지 않은, 입장권이 없는 ◆ ~ *host* 불청객

nezvažitelný 무게를 달 수 없는, 아주 가벼운, 미량의; 평가할 수 없는, 헤아릴 수 없는; nesmírný 엄청난, 많은

nezvedený 개구장이의, 장난이 심한, 버릇 없는, 무례한, 도리에 어긋난; 짜증나게 하는

nezvěstn|ý 1 (형용사) 보이지 않는, 분실한, 실종된, 행방불명(行方不明)된 **2** *ma* (명사) 실종자 ◆ *-é dítě* 미아(迷兒); ~ *rukopis* 분실한 필사본;

nezvládnutelný situace, problémy (상황이나 문제가) 힘에 겨운, 버거운; 제어[억제, 통제]할 수 없는, 다룰 수 없는

nezvratn|ý, nezvratiteln|ý 거꾸로 할 수 없는, 되돌릴 수 없는, nepochybný 의심할 바 없는, 결정적인, pevný 확고한 ◆ ~ *důkaz* 결정적인 증거; *-é alibi* 결정적인 알리바이[현장부재증명]; *-é rozhodnutí* 되돌릴 수 없는 결정; *-á jistota* 의심할 바 없는 확실함; *-é přesvědčení* 확고한 확신

nezvyk, *mi-2* 새로움, 익숙치 않음, 색다른 일[것] ◆ *je to pro mne* ~ 그건 내게 전혀 새로운 것이다

nezvyklost, *f-1* 색다름, 흔하지 않

은 일[것], 잘모름, 익숙치 않음

nezvykl|ý 익숙하지 않은, neobvyklý 일상적이지 않은, 흔하지 않은, 예사롭지 않은, 여느 것이 아닌, 기묘한 ◆ *-á ranní hodina* 흔하지 않은[익숙치 않은] 아침 수업; *-é prostředí* 생소한[낯선] 환경; *žaludek ~ na syrové maso* 날고기[익히지 않은]에 익숙치 않은 위장

než, nežli 1 s komparativem **(**비교급에서**)** …보다; jiný …와는 다른 **2** v záporu **(**부정문에서**)** …을 제외하고, …하지 않다 **3** čas **(**시간 표현**)** …전에, …보다 먼저[이전에]; až do …이전 까지는; …할 때까지 **4** než aby **(**목적을 나타내는 접속사 aby를 동반하여**)** …보다는 차라리[오히려] …이다[…하다] **5** příliš, moc …이기에는 […하기에는] …이다, …와[…보다] 다르지 않다, …하기[…이기] 보다는 …하는[…인] 것이 더 낫다 ◆ *bylo víc ~ jasné, že...* …이 분명하기에 충분하다; *její plat je vyšší ~ můj* 그녀의 급여는 나보다 더 높다; *víc ~ dost* 충분하고도 남게, 주체못하게, 여유작작, 남아도는; *poptávka je vyšší ~ nabídka* 수요가 공급보다 높다; *neviděl to nikdo jiný ~ já* 나 외엔 아무도 그걸 보지 못했다; *dříve ~ se setmí* 날이 저물기 전에; *dříve ~ odjedete* 떠나시기 이전에; *zůstal na nástupišti, ~ odjel vlak* 기차가 떠나기 전까지[떠날 때까지] 그는 플렛폼[승강장]에 머물러 있었다; *trvalo to hodinu, ~ jsme se tam dostali* 우리가 거기에 도착하기까지 한 시간이 걸렸다; *je příliš pozdě, ~ abychom čekali* 우리가 기다리기에는 너무 늦었다; *raději odejdu, ~ abych to poslouchal* 내가 그것을 경청하기 보다는 차라리 떠나겠다; *než bys řekl švec* 곧장, 신호가 떨어지자마자, 즉시; *lépe pozdě ~ nikdy* 늦어도 안하느니보다는 낫다

nežádoucí 바람직스럽지 못한, 달갑지 않은, 탐탁지 않은 ◆ *~ cizinec* 불쾌한, 반갑지 않은 외국인; *~ osoba* 마음에 안드는 사람

neženatý (남자가) 미혼의, 결혼하지 않은

nežit, *mi-2* vřed, vřídek 종기, 부스럼

neživotný 《言》 무생물의

neživý 생명 없는, 죽은

nežli …보다; (참조) *než*

něžnost, *f-1* 부드러움, 섬세함, 연약함

něžn|ý jemný 부드러운, 섬세한, 연약한, milý 감미로운, 좋은 ◆ *-é pohlaví* 여성; *-á revoluce* 부드러운 혁명((1989년 체코슬로바키아에서 일어난 벨벳혁명)

nic (대명사**)** 아무 것[일]도, …아님; *o ~ -ější* 아무 (것)도 (조금도) 더 …않다[아니다]; *není ti ~?* 아무 일 없니?; *~ nedbám* 난 상관 안 해; *to ~ nedělá* nevadí 상관없다[관계없다]; *nedá se ~ dělat* 어쩔 수 없다[달리 도리가 없다]; *být k ničemu* 아무짝에도 쓸모가 없다[능력이 없다, 아무 것도 할 줄 모른다]; *~ nenamítat* 아무 것도 반대[불복] 하지 않다; *ničehož ~* (전혀, 완전히) 아무 것도 …아니다; *na tom ~ nesejde* 상관없다, 문제가 되지 않는다[문제가 안 된다], 관계없다, 괜찮다; *o to ~* 걱정하시지 마세요; ~

naplat = *nedá se nic dělat*; 어쩔 수[도리]가 없다; *pro* ~ *za* ~ (아무) 이유없이; *skoro/téměř* ~ 거의 아무 것도 … 아니다; *to* ~ 아무 것도 아니야[걱정마]; ~ *ve srovnání s* 아무 것도 견줄 수 없다[비교할 수 없다]; ~ *více a* ~ *méně* 그 이상도 그 이하도 아니다; *za* ~ *na světě* 세상의 그 어느 것과도; *z ničehož* ~ 갑자기, 이유없이

nicméně 그럼에도 불구하고, 여전히[아직]

nicota, *f* **1** bezvýznamnost 무의미, bezcennost 무가치 **2** nic 무, 공, 존재하지 않음

nicotnost, *f-1* 하찮은 것[일], 무가치한 일, 평범한 일

nicotný 가치 없는, 무의미한, 하찮은, 사소한

ničema, *ma, f* 악당, 무뢰한, 깡패, 건달; 말썽꾸러기, 문제아

ničemnost, *f-1* 천함, 비열함; 나쁜 술수, 경박함

ničemný nízký 천한, 하등의, 미천한, 비열한, 타락한, hanebný 창피한, 수치스러운, 상스러운

ničí **(**소유대명사**)** 그 누구의 것도 아닌

ničit > z- poškodit 망치다, 못쓰게 만들다, 훼손하다; 파괴하다, devastovat 파멸시키다, 황폐화시키다; plundrovat 약탈하다, 강탈하다, 노략질하다

ničitel, *ma-1, 4* **-ka,** *f* 파괴자, 약탈자

ničivost, *f-1* 파괴성, 파괴력,

ničivý 망치는, 파괴적인, 해를 끼치는; 파괴주의적인

Nigérie, *f* (아프리카) 나이지리아

Nigerijec, -ka, *f* 나이지리아 사람

nigerijský 나이지리아(인)의

nijak 결코[조금도] …않다

nijaký 어떠한 …이 아닌

nikam 아무 곳으로도 아닌

nikde 아무 곳에도 아닌

Nikaragua, *f* 니카라구아

nikdo 어느 누구도 아닌 ◆ *do toho nikomu nic není* 그것은 어느 누구의 일도 아니다

nikdy po záporu **(**부정문**)** 일찍이[한번도] …(한 적이) 없다; *člověk* ~ *neví* 아무도 결코 알 수 없다; *už* ~ *(znovu)* 두 번 다시 하지 않는다, od té doby (그 때 이후로는) 이젠 …아니다

nikl, *mi-2* 니켈

nikoli(v) 전혀[결코, 절대] …않다 ◆ *Vadí vám to? Nikoli.* 신경 쓰이세요? 전혀요.

nikotin, *mi-2* 니코틴

nikterak 결코 …않다

nimrat se 빈둥거리다, 빈둥빈둥 시간을 보내다, (시간을) 낭비하다 ◆ ~ *s prací* 일하지 않고 빈둥대다; ~ *v jídle* 음식을 깨지락거리다[집적거리다]

nimravý 장난 삼아 하는, 게으름 피우는, 나태한; 기능이 둔한, 활발하지 못하는

nit, *f* **1** 실, 바느질 실, 무명실, 면사 **2** 《醫》 봉합선 **3** **(**비유어**)** 줄거리, 맥락, 실마리 ◆ *viset na -i* 매우 위태롭다; *ztratit* ~ 줄거리를 알지 못하다, 갈피를 못잡다

niterný 안쪽의, 가장 깊은 부분의 ◆ ~ *život* 내면[정신, 영적] 생활

nitro, *n* vnitro 내부, 핵심 부분; 정신

세계; (비유어) 본질적인 성질 ◆ ~ *Země* 땅 속; ~ *Afriky* 아프리카의 심장부; *v -u duše* 마음 속으로

nivelizace, *f* 평준화, 무차별화

nivelizovat > z- 평평하게하다; rovnostářsky (차이, 차별을) 없애다, 평준화하다

nízkotučn|ý 저지방의, 저지방유[식]의 ◆ *-é mléko* 저지방 우유

nízký 1 낮은, nízko položený 낮게 위치한 **2** mrzký 천한, 하등의 **3** nenáročný 겸손한, sprostý 천박한; *nižší* (비교급) = *horší* 열등한

Nizozemsko, *n* 네덜란드, 화란 v. *Holandsko*

nizozemský v. *holandský* 네덜란드(어(語), 인(人))의, 화란의

níže[1] nízko의 비교급 더 낮은; 아래에 ◆ ~ *uvedený* 이하에[아래에] 언급된

níže[2], *f* tlaková (기압의) 저기압

nížina, *f* 저지대(低地帶), 평지; pl. -y 저지대 국가

nížinný 저지대의; 평지의, 평야의

níž|it (*niž!*) > **s-** 낮게하다, 낮추다 **-it se > s-** stávat se nižším 낮아지다, 감소하다, 줄어들다

nižší nízký의 비교급

no 1 ba 정말로, 물론 **2** na zavolání, též povzbuzení, rozpaky, odpor 글쎄, 그런데 **3** konejšivě 자, 이제는 ◆ ~ *ne!* 아니, 절대로!

noblesa, *f* 우아함, 고상함, 세련됨

noblesní elegantní 우아함, 고상한, 세련된; velkorysý 관대한, 아량 있는

noc, *f-1* 밤 ◆ *po celou* ~ 밤 내내; *pozdě do -i* 밤 늦게까지; *přes* ~ 밤새껏; *svatební* ~ 결혼밤; *v -i ne ve dne* 낮이 아닌 밤에; *v určitou noc* 밤중에; *za* ~ 밤에는, 밤을 틈타; *ve dne v -i* 밤낮으로; *hlídat v -i* 야간경비를 서다; *pozdě v -i* 밤 늦게; *zůstat přes* ~ 밤새 머물다

nocleh, *mi-2, 3* (야간) 숙박, poskytovaný 침대, 숙박 시설 ◆ *poskytnout/dát komu* ~ (누구에게) 숙박을 제공하다

noclehárna, *f* 숙박소, levné turistické ubytování (여행객을 위한 값이 저렴한) 잠자리, 여관; pro mladé (젊은이들을 위한) 유스호스텔; pro bezdomovce (집없는 사람들을 위한) 간이 숙박소

noclehovat nocovat (하룻밤을) 숙박하다, 잠자다

nocležné, *n* poplatek 숙박료

nocležn|ice, *f* **-ík,** *ma-3* 일박 손님

nocovat (하룻밤을) 밤을 보내다, 숙박하다, 하룻 밤을 묵다 ◆ ~ *u koho* 누구의 집에서 하룻 밤을 묵다

noční 야간의, pravidelně za noci (특히 규칙적으로) 밤의, 밤근무의; po celou noc 밤새도록 하는 ◆ ~ *košile mužská* 남자 잠옷; ~ *košile ženská* 여성 잠옷, 파자마; ~ *můra* tíživý sen 악몽, 가위눌림; ~ *provoz* 야간 개장; ~ *stolek* 침대맡[머리맡] 테이블; ~ *život* 야간 생활

Noe, *ma* 노아((성경의 창세기에 나오는 인물)) ◆ *Noemova archa* 노아의 방주

noh|a, *f* 다리, od kotníku dolů 발 ◆ *dát si -y křížem* 책상다리하다; *být na dobré noze* 친하게[서로 왕래하는 사이로] 지내다; *plochá* ~ 평발, 편평족;

půda pod -ama 발판, 기지; *vzít -y na ramena* 줄행랑 치다; *co mu -y stačily* 전속력으로 달리다; *jak rychle* 곤두박질로; *tahat koho za -u* (누구를) 속이다, 노리다; *žít na velké noze* 호화롭게 살다; *vzhůru -ama* 거꾸로

nohat|ý 긴 다리의, 다리가 날씬한 ◆ *hezké -é děvče* 늘씬한 다리의 여자

nohavice, *f* 다리자락

nohsled, *ma-2* 식객, 붙어다니는 측근자, 매달려 사는 부하

nomenklatura, *f* 노멘클라투라((체계로서의 명명, 이름 등의 총체[집합]; seznam 목록, 명단; soustava 체제, 제도; 계급

nominovat (참조) *jmenovat*

nonšalance, *f* **(**구어체**)** 아랑곳하지 않음, 냉담, 태연

nonšalantní **(**구어체**)** 아랑곳하지 않음, 무심한, 태연한

Nor, *ma* **-ka,** *f* 노르웨이인[사람], 노르웨이 여자

nora, *f* (동물의) 굴 ◆ *jezevčí ~* 오소리굴; *králičí~* 토끼굴; *liščí ~* 여우굴

norma, *f* předpis 규정, 규범; 표준

normál, *mi-2* 평균, 정상 ◆ *být pod/nad -em* 평균이하/이상이다

normalizace, *f* 정상화((1968년 8월 "프라하의 봄„이라는 자유화 운동이 무산된 후 체코슬로바키아에서 공산 전체주의 정부체제의 재도입)); standardizace 평준화

normalizovat 정상화하다; 평준화하다

normální běžný 보통의, 정규적인, 규칙적인; 정상의

normativní 규범적인, 규정에 따르는, 표준의

normovat 규범화하다, 규정을 정하다

Norsko, *n* 노르웨이

norský 노르웨이 사람(말)의

nos, *mi* **1** 코 **2** tušení 예감, 기미, 육감 **3** důtka 질책, 나무람 **4** lodi 뱃머리 ◆ *nejít komu pod ~* 누구의 마음에 들지 않다; *ohrnovat ~ nad čím* 비웃다; *přímo před -em* 누구의 코 앞에서; *strkat ~ do čeho* (아무 것에) 간섭을 하다; *vodit koho za ~* (누구를) 마음대로 다루다; *jít rovnou za -em* 본능에 따라 행동하다; *~ lodi* 뱃머리

nosatý 코가 큰

nosič[1], *mi* na motocyklu/kole (오토바이나 자전거의) 짐받이; na střeše auta (자동차 지붕의) 그물선반 ◆ *~ lyží* 스키선반[스키랙]

nosič[2], *ma* zavazadel 짐꾼, 인부, (호텔의) 벨보이, 사환; (카세트, CD, 레코드 판 같은) 매개, 매개물 ◆ *~ holí* (골프) 캐디; *~ rakve* (시체가 든) 관 운반자; *~ reklam* (앞뒤 두 장의 광고판을 달고 다니는) 샌드위치맨

nosit (*nošen*) 운반하다; při sobě 갖고 다니다; na sobě 입다 ◆ *~ dříví do lesa* 헛수고하다; *~ smutek* 슬픔에 잠기다; *~ na stůl* 시중들다, 접대하다

nositel, *ma-1, 4* **-ka,** *f* 소지인, 보유자, 소유주, 지참인 ◆ *~ zlaté olympijské medaile* 올림픽 금메달 보유자; *~ Novelový ceny* 노벨상 수상자

nosítka, *n-2, 3 pl* nosidlo 가마; lehátková 들것, nemocniční (병원의) 들것; máry 운반용구, 운반대

nosní 코의, 콧소리의 ◆ *~ dírka* 콧

N

구멍

nosník, *mi-2, 3* (건축) 도리, 대들보, 가로대, trám 서까래

nosnost, *f-1* 운반, dopravního prostředku (차량의) 운반가능한 용량 [최대 운반량]; v prostorových jednotkách (공간의 부피 단위로서) lodi (배의) 총톤수

nosn|ý 운반의, podpěrný 견디는; 떠받치는 ◆ *-á raketa* 운반로켓; *~ sloup* 지주대, 받치는 기둥 *-á vlna* 반송파; *-á síla* 상승력, 양력(揚力); *-á slepice* 산란용 닭

nosorožec, *ma* 코뿔소

nota, *f* 《音》 음표, nápěv 곡조, 음조; tón 선율

noty pl. tiskovina 음표, 음색 ◆ *hrát komu do ~* (누구의) 마음에 들다

nót|a, *f* 기록, 수기, 문서 ◆ *předat diplomatickou -u* 외교문서를 전달하다

notabene 주의[주목]하라

notář, *ma* **-ka** *f* **1** 서기, 공증인, 공증사무소 **2** univerzitní (대학의)사무주임

notářský 공증의, 법적으로 인증된 ◆ *~ověřený* 공증을 받은

notářství, *n* 공증인 사무실

notes, *mi-2* zápisník 필기장, 메모장, 수첩 ◆ *kapesní ~* 휴대용 수첩; zapsat si do -u 메모장에 기록하다

notný hmotně rozsáhlý, velký 부피가 큰; trvající dlouho (시간상) 오래 걸리는; jadrný 핵심을 찌르는, značný 중요한; důkladný 견고한, 완벽한, 철저한

notorick|ý (나쁘게) 이름난, 소문난, 악명 높은; (병, 습관 등이) nenapravitelný 만성의, 고칠 수 없는; 고정된 ◆ *~ pijan (piják)* 만성 술고래; *~ alkoholik* 고치기 힘든 (습관성) 대주가; *~ zloděj* 대도(大盜), 절도광; *je -y známo* 그[그녀]는 악명이 높기로 유명하다

not|ovat > za- 1 zpívat (si) písničku (노래를) 부르다, 콧노래를 부르다, 감미로운 노래를 부르다; 노래 등에 가락을 맞추다 **2** …와 조화를 이루다, komu (누구의 의견에) shodovat se, souhlasit 동의하다 ◆ *~ si píseň* 노래를 부르다; *~ (si) do kroku* 보조에 가락을 맞추다; *vzájemně si -ovali* 그들은 서로 조화[협력]를 이루었다, 동의하였다

notov|ý 음표의, 곡조[음조]의, 선율의 ◆ *-é písmo/~ zápis* 악보표기; *~ papír* 악보 용지, 오선지; *~ klíč* 음자리표

notýsek, *mi-2, 3* v. *notes* (작은) 메모수첩

nouz|e, *f* **1** tíseň 고통, 고생, 곤궁, 재난, 어려움; (구어체) 압박 **2** mimořádný stav 긴급, 급박; naléhavá potřeba 위급한 상황, 비상 **3** velký nedostatek 가난, bída 빈곤, 빈궁, 궁핍 ◆ *je/není ~ o peníze* 돈이 궁핍하다 /돈이 궁핍한 상태는 아니다; *být v -i* 곤궁에 처하다; *bída s -í* 지독한 가난; *východ z ~* 비상출구; *není u něho o vtip ~, je vtipný* 그[그녀]는 농담[재담]을 잘 한다, 익살스럽다

nouzov|ý 비상의, dočasný 일시적인; volající o pomoc (도움을 요하는) 긴박한, 긴급의 ◆ *-é přistání* 비상착륙; ~

signál 비상신호; *-á situace* 비상상황; *~východ* 비상구

nováček, *mi-2, 3* 새내기; zelenáč 풋내기 《軍》 신병; **(구어체)** 초보자, 신참

novátor, *ma* 창조자, 창안자; průkopník, pionýr 선구자, 처음으로 시작하는 사람

nově 새로이, 최근에; znovu 다시

novela, *f* **1** 노벨라, 중단편 소설 **2** zákona (법의) 개정(판)

novelizovat 《法》 zákon (법을) 개정하다 smlouvu (계약을) 수정하다

novin|a, *f* **1** zpráva 소식, 기사; 정보, jednotlivá (신문에 실린 개별) 기사 **2** pole 미개간지, 처녀지 ◆ *mám pro vás -u* 당신[여러분]을 위한 소식이 있습니다

novinář, *ma* **-ka,** *f* (신문 보도) 기자

novinářský (신문, 잡지) 기자의

novinářství, *n* (신문, 잡지의) 기자의 직업; 신문, 잡지 상(商)

novink|a, *f* **1** něco nebývalého (기존에 없었던) 새로운 것[일] **2** zpráva, novina 소식[기사], 정보 ◆ *módní -y* 새로운 유행; *to je pro mě ~* 나는 그것을 처음 듣는다

novin|y, *f-pl* 신문, všechny v zemi 언론 ◆ *ranní/večerní ~* 조간/석간 신문; *nástěnné ~* 벽신문, 대자보; *televizní ~* TV 뉴스; *úřední -iny* 가제트; *výstřižek z -in* 기사 오리기

novodobý 근대의, 현대의; 최신의, 최신 유행의

novomanžel, *ma-2* 새신랑 **-ka,** *f* 새신부; **-lé,** *ma-1, 4-pl* 신혼부부

novomódní (최신) 유행의, 유행을 따르는

novopečený nově, právě, nedávno zvolený, určený, jmenovaný, učiněný (새롭게, 이제 막, 얼마전에 뽑힌, 정해진, 임명된, 실시된[효력을 지닌] ◆ *~ voják* 신병; *~ doktor* 신참 의사; *~ manžel* 새신랑

novoroční 새해의 ◆ *~ blahopřání/lístek* 신년인사/신년카드; *~ předsevzetí* 신년결심

novorozeně, *n-1* novorozenec 갓난아기, 신생아

novorozený 새로이 태어난, 갓[방금] 태어난, 신생의

novost, *f-1* 신선함, 신기함; myšlenek (생각이) 신선함, 신선한[기발한] 아이디어

novostavba, *f* 새 건물, rozestavěná 공사중인 건물

novota, *f* **1** novost 신선함, 신기함 **2** novinka (기존에 없었던) 새로운 것[일]

novotář, *ma* 창안자, 도입자, 혁신자

novotařit 혁신하다, 쇄신하다; (새로운 것을) 처음으로 받아들이다, 도입하다, 시작하다

novotářský 색다른 것을 추구하는; 개혁[개선] 성향을 가진

novotvar, *mi-2* **1** 《言》 새로운 어형, 신조어; **2** 《炳》 (체내의) 신생물; 종양

novověk, *mi-2* 현대(시대); 근대(시대)

novověký 현대(시대)의; 근대(시대)의

Novozélanďan, *ma* **-ka,** *f* 뉴질랜

드인

nov|ý **1** 새로운, čerstvý 신선한; z nedávné doby 근래의 **2** zcela nový 최근의; moderní 최신의 **3** novodobý 현대의 **4** opětný, obnovený 다시 행한[일어난], 재개된, 갱신한; lepší než dosavadní 현행보다 더 나은, 개선된 **5** dosud neznámý 지금까지 알려지지 않은 **6** nově přijatý 새롭게 채택된 ◆ *zbrusu ~* 신품의; *co je -ého?* 새 소식이 뭐지?; *-é koření* 올스라이스 향신료, 피멘토; *Nový rok* 설날; *začít -ou stránku* 인생의 새장을 열다[v životě (인생에서) 새롭게 시작하다]; *-é stříbro* 양은; *Nový svět* 신세계; *jevilo se mu vše v -ém světle* 그는 모든 것을 새로운 견해를 갖게 되었다; *dívat se(=koukat) jako tele na nová vrata* (깜짝놀라거나 하여) 멍(청)하니 쳐다보다

Nový Zéland, *mi* 뉴질랜드

nozdra, *f* 《解》 콧구멍; velryby (고래의) 물품는 구멍

nožík, *mi-2, 3* **(***nůž*의 지소형**)** 작은 칼; 연필 칼, 포켓 나이프 ◆ *kapesní ~* 주머니칼; *pitevní ~* 외과용 메스

nožíř, *ma* **-ka,** *f* 칼 장수, 칼 만드는 사람

nožířský 칼 장수의, 칼제조업의 ◆ *~ obchod* 칼상(商); *~ průmysl* 칼제조업

nožířství, *n* 칼 제조업

nožka, *f* **(***noha*의 지소형**)** 작은 발, 귀여운 발

nožní mechanismus (기계 장치가) 발의, 발에 의해 조작된 ◆ *~ brzda* 페달 브레이크; *~ opěra* 발판, 발걸이

nu (감탄사 또는 문장부사**)** 글쎄; no 그렇다면, 그럼

nucení, *n* nutkání 강제, 강압, 압력; sklon 경향, 기울어짐

nucen|ý **1** nedobrovolný 의무적인, 강제적인 **2** vynucený nezbytností 강요된, daný závazkem 책임[의무]을 통해 주어진 **3** strojený 억지로 하는, …체하는, 짐짓 꾸민; škrobený 경직된 ◆ *-é přistání* 강제 착륙; *~ úsměv* 억지웃음; *-é práce* 부역노동; *trest -ých prací* 강제 노역

nud|a, *f* **1** z nezájmu (관심과 흥미의 부재에서 오는) 지루함, otrávenost 권태 **2** nudnost 따분함, 무료함 ◆ *být trápen -ou* 지루해서 몸부림치다[힘들어하다, 발버둥치다] *dělat z -y* 심심해서 하다; *zívat -ou* 지루해서 하품이 나다

nudit 지루하게 만들다; a tak unavovat (그로 인해) 피로하게 하다 **-it se** 지루함을 느끼다

nudl|e, *f* 국수; **(**비유**)** 실 ◆ *máš -i u nosu* 너 콧물나온다

nudnost, *f-1* 지루함, 권태, 따분함

nudn|ý 권태로운, unavující 피곤한; hloupý a všední 우둔한; jednotvárný 단조로운; cesta (여행길이) 평범한, 재미없는, 비모험적인 ◆ *~ člověk* 따분한 사람; *-á pasáž* (텍스트의) 지루한 문단

nukleární 핵의 ◆ *~ fyzika* 핵물리학

nul|a, *f* **1** číslovka (숫자) 영, 제로; číslice (기호나 암호로서의) 영; nic, sport. (스포츠에서) 아무 점수가 없음, 무 **2** na teploměru (온도계에서) 어는

점, 빙점(氷點), 영도 **3** o člověku (사람에 대해) 정체를 알 수 없는 사람, nicka 하찮은 사람 ◆ *nad/pod -ou* (온도의) 영상/영하

nulov|ý 영의, 제로의, 무(無)의 ◆ *-á šance* 희박한 가망[전망]; *-á varianta* 제로 옵션, 0의 구상

numerologie, *f* 수비학(數秘學), 수점(數占)

nůše, *f* 웅구, 등 광주리; 한 바구니 가득, 한 바구니(의 분량) ◆ *~ jablek* 사과 한 바구니

nut|it (*mucen*) > **do-, při-** násilím (힘, 폭력으로) 강제하다, silně z pravomoci (권력에 의해) 강요하다; hrozbou (협박과 위협을 통해) 억압하다; omezováním 제한하다; pobízením 재촉하다; naléháním 억압하다; přimět koho k čemu **(**동사의 부정사**)** (누구로 하여금 무엇을) 하도록 시키다 ◆ **-it** > **v-** komu co (누구에게 무엇을) 강요하다, 시키다 **-it** > **vy-** co a koho (무엇을 그리고 누구를), na kom (누구에 대하여) 강요하다, 강제로 시키다

nutkat 강요하다, 자극하다, 내몰다

nutkavý 강제적인, 강요하는, 긴급한; 강박관념을 일으키는

nutnost, *f-1* 필요성, potřeba 필요, naléhavost 긴급, 급박(한 상황), 비상; závaznost 의무, 책임 ◆ *v případě -i* 필요할 경우; *z -i* 필요에 의해

nutn|ý potřebný 필요한; naléhavý 긴급한, 급박한 ◆ *-á potřeba* 긴급한 필요

nutně 필요해서, 반드시, 꼭; 긴급하게, 급히

nuzný 가난한, 궁핍한; 필요한

nuzota, *f* 결핍, chudina 궁핍, 가난

nůž, *mi* 칼; ozubený 톱 칼; rybí 생선 칼, operační 수술 칼, 메스

nuž(e) **(**문장부사**)** vybízecí (제안이나 청유의 뜻으로) 자, 그러면, navazovací (연결의 의미로) 좋아 그럼, 자 이제 ◆ *~ pojďme* 그럼 갑시다; *~ do toho* 자[어서] 그럼 시작해볼까; *~ dobrá* 좋아, 알았어

nůžky, *f-pl* 가위; 절단기, zahradnické 큰 가위((나뭇가지 치는)) 원예용 가위; střihačské 전단기

nýbrž 그러나 ◆ *nejen..., ~ i...* …뿐만 아니라 …도 또한

nylon, *mi-2* 나일론; 나일론 제품

nylonky, *f-pl* 나일론 양말, 나일론 스타킹

nymfa, *f* 《神話》 요정, 정령; **(**곤충**)** 애벌레

nynějš|ek, *mi-2* 현재 ◆ *do -ka* 지금까지; *od -ka též* 지금부터; *pro ~* 당분간, 우선은

nynější 현재의, 지금의, 현 순간의; skutečný 실제의 ◆ *~ vláda* 현정부; *jeho ~ adresa* 그의 현 주소; *v ~ době* 오늘날, 요즈음

nyní 지금의, 현재의; v současné době 오늘날

nýt[1]**,** *mi-2* 대갈못, 리벳

nýt[2] (*nyji/nyju*) 못내 그리워하다, 동경하다; 우울하게 하다, 침울한 감정이 들게 하다 ◆ *~ po kom* 연모하다, 애타게 그리워하다

nýtovačka, *f* 리벳 기계

nýtovat > na-, při- 리벳을 박다 (박아 붙이다)

nyvý 우울한, 침울한; 나른한, 노곤한, 기운[맥]이 없는, 활기가 없는

N

O

o¹, O [ó] *n-in* 체코어의 알파벳 모음 글자 ◆ *mít nohy do O* křivé nohy 굽은 다리[내반슬(內反膝), 안짱다리, 오다리]를 갖다

o² I (+대격) **1** těsný dotyk **(**밀접한 접촉**)** …에, …에 기대어 ◆ *opřít se ~ co* 무엇에 기대다, 의지하다; *popálit se ~ co* (불이 달아 오른 물체와 같은) 무엇에 (손 등을) 데다; *uhodit se hlavou ~ strop* 천장에 머리를 박다; *zakopnout ~ co* 발부리가 무엇에 걸리다, 무엇에 걸려 비틀거리다 **2** rozdíl **(**차이**)** …만큼 ◆ *zkrátit co ~ 6 cm* 6센티미터만큼 무엇을 줄이다; *~ hlavu vyšší* 머리만큼 더 높은; *~ tři roky mladší* 3살 더 젊은; *~ mnoho lepší* 훨씬 더 좋은 **3 (**동작, 행위, 활동을 나타내는 동사와 그 동작의 대상이 되는 목적어 와의 다양한 관계를 표현**)** …에 대해, …를[을] ◆ *bát se ~ místo* 자리를 빼앗기지[놓치지] 않을까 두려워[염려]하다; *starat se ~ rodinu* 가족을 돌보다[부양하다]; *pečovat ~ dítě* 아이를 양육하다; *pečovat ~ dobrou životosprávu* (식사나 운동에 의한) 좋은 섭생/양생법을 유지하다; *usilovat ~ mír* 평화를 위해 노력을 기울이다; *žádat ~ pomoc* 도움을 청하다; *plakat ~ zemřelou matku* 돌아가신 어머니를 생각하며 울다; *zajímat se ~ film/hudbu* 영화/음악에 관심이 있다; *pokusit se ~ sebevraždu* 자살을 시도하다[기도하다] **II (**+전치격**) 1** velikost, rozsah **(**넓이, 크기 등 범위나 정도를 나타냄**)** ◆ *hra ~ třech jednáních* 3명이 하는 경기; *dům ~ dvou poschodích* 2층 건물; (*předmět*) *~ váze 10kg* 10킬로그램의 무게가 나가는 (물건); *~ délce 10m* 길이가 10미터 되는; *~ průměru 1m* 직경(지름)이 1미터 되는 **2** prostředek, nástroj **(**도구나 기구**)** …(으)로 (버티어) ◆ *chodit ~ berlích/~ holi* 목다리/지팡이로 다니다; *skok ~ tyči* 장대높이뛰기 **3** časový údaj **(**시간 표현**)** …에, …때에, …동안에 ◆ *~ Vánocích* 성탄절 휴일 동안; *~ Velikonocích* 부활절 휴일 동안; *~ půlnoci* 자정에; *~ prázdninách* 방학 동안에 **4 (**동사와 함께**)** …에 대[관]하여 ◆ *mluvit ~ čem* 무엇에 대하여 말하다; *přemýšlet ~ čem* 무엇에 대해 곰곰히 생각하다; *psát/číst ~ čem* 무엇에 대해 쓰다/읽다; *jednat ~ čem* 무엇에 대해 토의하다, 협상하다; *vypravovat ~ čem* 무엇에 대해 이야기하다; *rozhodovat ~ čem* 무엇에 대해 결정하다; *vědět ~ čem* 무엇에 관해 알다; *přednášet ~ čem* 무엇에 대해 강의하다; *hovořit ~ čem* 무엇에 대해 이야기[대화]하다; *slyšet ~ čem* 무엇에

대해 듣다; *svědčit ~ čem* 무엇에 대해 입증[증명]하다, 증언하다

ó, o! (**감탄사**) (놀람, 경탄; 기쁨; 아픔, 고통; 유감; 두려움, 공포; 반감 등 다양한 인간의 감정을 표현하는 소리) 오!, 아!, 어!, 이런, 저런 ◆ *ó ano!* 오 그래!, 그래 사실이야!

oáza, *f* 오아시스 ◆ *~ klidu* 안식처, 위안처, 휴식처, 은둔지

ob (**+대격**) …간격으로, …걸러 ◆ *~ den* 격일로; *psát ~ řádek* 한 칸 걸러 쓰다

oba, obě (**수사**) 양쪽, 양자, 쌍방, 둘 다 ◆ *má obě ruce levé* 그는 양손 모두 왼손잡이다[무디다, 손재주가 전혀 없다]

obal, *mi-2* **1** balení 포장(지), zakryto 덮개; přebal knihy (책 등의) 커버, 씌우개; gramodesky (레코드의) 커버, 재킷 **2** obalový materiál 포장 재료, 포장용품 **3** střívko na uzeniny (햄이나 소시지의) 껍질 **4** 《藥》 kapsle na léčiva 캡슐, 교갑(膠匣) ◆ *igelitový ~* 비닐 포장(지); *mluvit/říct bez -u* přímo, upřímně, otevřeně 단도직입(單刀直入)적으로[솔직하게, 숨김없이] 말하다

obalamutit koho čím (누구를 무엇으로) podvést, oklamat, ošidit 속이다, (남의) 눈을 속이다; 농락하다; 교묘한 말로 꾀다

obalení, *n* 쌈, 포장함, 패킹; 싸개, 포장용품, 포장재료

obalen|ý (짐이나 물건이) 포장된, 덮개를 씌운 ◆ *stromy -é jíním* 흰서리에 싸인 나무; *stromy -é květy* 꽃으로 뒤덮인 나무

obal|it < -ovat 1 포장하다, 싸다 **2** hojně, hustě něčím pokrýt (무엇으로 많이, 두껍게) 뒤덮다; (더덕더덕) 칠하다, 바르다 **3** říct nepřímo, zaobalit 돌려서 이야기하다, 숨김없이 이야기하지 않다 ◆ *~ knihu papírem* 책을 포장지로 싸다; *~ lívance cukrem* 팬케이크에 설탕을 (두껍게) 바르다

obálk|a, *f* **1** dopisní (편지) 봉투; ochranná (보호용) 봉지 **2** (책, 잡지의) 커버 ◆ *vložit dopis do -y* 편지를 봉투에 넣다; *zalepit -u* 봉투를 봉하다; *otevřít -u* 봉투를 열다[뜯다]

obálkář, *ma* knižní obálky (주로 책의) 표지를 만드는 사람; 포장지 도안가[디자이너]

obálkov|ý 봉투의, 봉지의 ◆ *~ stroj* 포장재료 생산 기계; *-á metoda* 봉투 입찰 방식((벨벳혁명 이후 국유재산의 민영화 시 제공된 여러 가지 오퍼가 들어 있는 봉인된 봉투로부터 뽑는 선발 및 입찰 방식)) ◆ *privatizovat -ou metodou zdravotnická zařízení v Praze 6* 프라하 6 구역의 병원 시설을 봉인봉투 선발 방법으로 민영화하다

obalov|ý 포장(용)의, 포장하는 데 쓰이는; 포장재료를 생산하는 ◆ *~ materiál* 포장 재료; *~ papír* 포장지[종이]; *-á technika* 포장 기술

obapolnost, *f* 상호성, 상호작용, 상관관계

obapolný 상호간의, 서로의, 상호관계를 나타내는, 호혜적(互惠的)인

obarvit 1 látku/vlasy (피륙·직물·천·옷/머리를) 물들이다, 염색[착색]하다 **2** 채색하다, 색칠하다 **3** 더럽히다, 얼룩지게 하다 ◆ *~ bílé šaty na červeno*

흰 옷에 빨간색을 물들이다

obarvení, *n* 염색, 물들임

obarvený 물들인, 염색한, 염색된

obav|a, *f* **1** před, z, o (…에 대한) strach 무서움, 두려움, 공포 **2** starost 근심, 걱정, 불안, 우려, 염려, 걱정거리 **3** pochyba 의심, 의구심, 의혹 ◆ *bezdůvodné -y* 이유 없는 걱정, 기우(杞憂); *-y, že...* (…라는 걱정); *mít -y, že...* …이라는 의심을 갖다; *mít -y z koho/čeho* 누구를/무엇을 무서워하다

obáv|at se 1 koho/čeho (누구를/무엇을) 두려워하다, 무서워하다 **2** o co (무엇에 대해) 걱정하다, 염려하다 **3** předpokládat 예상하다, 미리 짐작하다, 추측하다, …아닌가 하고 생각하다 ◆ *~ o čí bezpečnost* 누구의 안전을 걱정하다[염려하다]; *-ám se, že ano/ne* (유감스럽지만) 나는 …이라고/아니라고 생각한다.

obcování, *n* **1** vztahy 관계, 교류, 교제, 교섭, (사회, 거래) 관계 **2** souložení 성관계, 성교

obcovat 1 stýkat se s kým (누구와) 교류하다, 교섭하다 **2** tělesně (육체적으로) 성교하다

občan, *ma(-4)* **-ka,** *f* 시민, 주민, 공민; 국민, 백성

občansk|ý 시민의, 공민의, 백성의 ◆ *-é právo* 민법, 민사법; *~ průkaz* 시민증, 신분증

občanství, *n* 시민권, 공민권, 국적

občanstvo, *n-2* **(집합적)** 시민[공민], 주민

občas 이따금, 가끔, 왕왕

občasník, *mi-2, 3* 불규칙한 시간 간격의 방송 프로

občasný 이따금씩의, 때때로의, 가끔의

občerstvení, *n* **1** (가벼운) 음식물, 다과, 스낵 **2** 간이 음식점, 편의점, 매점, 노점, 스낵바

občerstv|it < -ovat (심신을) 상쾌하게 하다, 기운나게 하다

občerstvovna, *f* 음식을 파는 곳

obdarovat koho co (누구에게 무엇을) 선물하다, 선사하다

obdělat (땅을) 갈다, 경작하다

obdélník, *mi-2, 3* 직사각형

obdélníkový 직사각형의

obden (부사) 격일마다, 격일제로

obdiv, *mi-2* 감탄, 경탄, 탄복, 경외, 칭찬

obdivný 찬미하는, 감복[감탄]의

obdivovat co/koho (무엇을/누구를) 감탄[탄복]하다, 경애하다, 공경하다, 칭찬하다 **~ se** komu/čemu 감복[찬탄]하다, 경애하다, 칭찬하다

obdivovatel, *ma-1, 4* **-ka,** *f* 찬미자, 숭배자, 팬, 구애자, 구혼자, 애인

obdoba, *f* 유사, 비슷함, 닮음

období, *n* **1** 기간, 기; 시대, 단계, 시기 **2** 철, 계절

obdobně 비슷하게, 유사하게

obdobný 비슷한, 유사한, 닮은

obdržet (*oni obdrží*) **1** 받다, 수령하다, 압수하다 **2** 획득하다, 손에 넣다

obduk|ce, *f* 검시, 시체해부, 부검

obdukovat 검시하다, 부검하다

obě (수사) = *oba*

obec, *f* **1** (행정 단위) 읍, 군 **2** (교회의) 교구 **3** …계, …단, …사회, 공동체 ◆ *akademická ~* 학계

O

obecenstvo, *n-2* 공중, 청중, 관객

obecná, *f* **(**구어체**)** škola (이전의) 초등학교

obecně 보편적으로, 일반적으로, 대체로

obecní 읍의, 군의; 교구의; 공중의

obecnost, *f-1* 일반성, 보편성

obecn|ý 1 일반의, 보편의, 일반[보편]적인 **2** 공중의, 공공의 ◆ *-á škola* 초등학교

oběd, *mi* 점심, 오찬

obědvat 점심먹다

obednit 벽에 널을 대다[두르다]

oběh, *mi-2, 3* 순환, 회전, 유통, 유포

obehnat (*obežen-, obehnal*) (울타리로)두르다, 둘러싸다 ◆ ~ *co ploteml, zdí* 무엇을 울타리벽으로 둘러싸다

oběhnout < **-at 1** (집 등을) 빙돌다 **2 (**천문학**)** 궤도를 그리며 돌다, 순환하다

oběhový 순환의, 회전의, krevní systém 혈액 순환의 ◆ ~ *systém* 혈액순환계

obehr|át (*obehra-, obehraj!|obehrej, obehrál*) **1** (디스크, 카드 등을) 써서 낡게 하다, 닳게 하다 **2** koho v kartách (카드놀이에서 누구의) 돈을 (몽땅) 따다

obejda, *ma* 빈들거리는 사람, 게으름뱅이

obejdovat 빈들거리다, 게으름을 부리다

obejít (*obejd-, obešel, obejití*) < **obcház|et** (*-ejí*) **1** 돌아가다, 우회하다 **2**《軍》측면을 우회[공격]하다 **3** (특히 축구에서) 옆으로 비키다 **4** (교묘하게) 회피하다

obejití, *n* **1** 회피, 기피 **2** (스포츠의) 측면공격

obejmout (*obejm-, objal, objetí*) < **objímat 1** koho (누구를) 껴안다, 포옹하다, 얼싸안다 ~ **se** 서로 껴안다

obelhání, *n* 속이기, 기만, 사기

obelhat (*obelž-, obelhal*) koho (누구를) 속이다, 기만하다, 현혹하다

obelisk, *mi-2, 3* 오벨리스크, (이집트 등지의) 방첨탑

obelstít (*-lstím, -lstil*) 선수치다, …의 의표[허]를 찌르다, 속이다

obemknout (*-nut*) 꽉 쥐다[껴안다], 단단히 잡다[쥐다]; 둘러싸다

obeplout (*obeplu-, obepluti*) 배로 일주하다, (세계를) 주항하다

obepnout (*obepn-, obepjal, obepnutí*) = *obemknout, obejmout*

oběsit v. *věset*

obe|slat < **-sílat 1** (법정으로) 소환하다, 호출하다 **2** (회의 등에) 대표를[사전단을] 파견하다

oběšenec, *ma* 교수된 자, 교수형으로 처형된 자, 교살 당한 자

oběť, *f-1* **(**복수 여격에 *-tem/-tím*, 복수 전치격에 *-tech/-tích* 이중형태 허용**) 1** 희생, 제물 **2** čeho (무엇의) 희생자, 피해자, 조난자; 봉

obětavost, *f-1* 헌신, 전념, 전신, 희생정신, 무욕

obětavý 헌신적인, 희생적인, 사심이 없는

obětina, *f* 제물, 봉납물, 공물

obětiště, *n* (제물의) 봉헌소

obetk|at < **-ávat** (거미가) 빙 둘러 거미줄을 치다

obětní 제물의, 봉헌의, 봉납의
obětovat 희생하다, 제물로 바치다 **~ se** 자신을 희생하다
obezdít (*obezdit* 처럼 변화) 빙 둘러 담[벽]을 세우다, 담[벽]으로 에워싸다
obezdívka, *f* 벽돌쌓기[공사]
obezita, *f* 비만, 비대
obezličk|a, *f* 책임전가 ◆ *udělat -u* 책임을 전가하다
obeznalý s čím (무엇에) 정통한, 박식한, 학식이 깊은
obeznámenost, *f* s čím (무엇에) 정통함, 풍부한 지식, 깊은 학식
obe|známit (*obeznam!*) < **-znamovat** koho s čím (누구로 하여금 무엇에 대해) 정통하게 만들다, 익숙하게 하다, informovat 살 일세 하다 **-známit se** < **-znamovat se** s čím (무엇에) 정통하다, 익숙하다
obezře|lost, -tnost, *f-1* 용의주도함, 사려깊음, 꼼꼼함
obezře|lý, -tný 신중한, 꼼꼼한, 사려깊은
oběživo, *n-2* 통화, 통화 유통액; 유통중인 돈, 통화 공급량
oběžní 유통하는, 회전의
oběžnice, *f* 행성
oběžník, *mi-2, 3* **1** 회보, 회람장, 안내장; 비망록 **2** (광고용의) 전단, 삐라
oběžn|ý 1 (위성, 인공 위성의) týkající se oběhu 궤도의 **2** (자본, 자산, 자본금의) 유통의, rotační 순환의; 회전의 ◆ *-á dráha* 궤도; *-é kolo* 회전바퀴
obhájce, *ma* zastánce 방어자, 변호인; z povolání (직업적인) 변호사; pro vyšší soudy 법정 변호사
obhájit (*obhaj!*) v. *hájit*
obhajoba, *f* **1** (피고측에 대한) 변호, 방어 **2** (석·박사학위의 논문심사에서) 논문방어
obhajovací 변호의, 방어의
obhajovat = *hájit*
obhlédnout < **obhlíž|et** (*-ejí*) 조사하다, 검사[점검]하다 **~ se** po čem (무엇을) 살펴보다, 관람하다
obhlídka, *f* **1** 조사, 검사, 점검 **2** 관광, 유람; 관람
obhospodařovat (논, 밭을) 경작하다; (목장, 숲 등을) 관리[경영]하다
obhroublý 상스러운, 무례한, 거친
obcház|et (*-ejí*) v. *obejít*
obchod, *mi* **1** obchodování 비즈니스, 무역, 상거래, 교역 **2** transakce 거래, prodej 매매, 판매, nedovolený (불법) 거래 **3** prodejna 가게, 상점 ◆ *černý ~* 암시장; *~ s bílým masem* 백인 여성 매춘(업); *~ se dřevem* 목재업; *~ s knihami* 서점; *~ s potravinami* 식품점; *~ se smíšeným zbožím* 잡화점; *udělat dobrý/ špatný ~* 좋은/나쁜 거래를 하다
obchodní 1 상업의, 상거래의, 무역의 **2** 거래의, 매매의, 판매의 ◆ *Československá ~ banka* (= *ČSOB*) 체코슬로바키아 상업은행; *~ cestující* 외판원; *~ čtvrt* 상점가; *~ dohoda* 무역 협정; *~ dům* 백화점; *~ firma* 무역 거래소; *~ kniha* 회계 장부; *~ komora* 상공회의소; *~ oprávnění* 무역 허가증
obchodnický 상업에 관련된, 장사의, 상업의 ◆ *~ duch* 상업 정신

O

obchodn|ík, *ma-3* **-ice,** *f* 장사꾼, 무역업자, 상인, v drobném 소매업자, ve velkém 도매업자, majitel prodejny 상점[가게] 주인 ◆ ~ *v malém* 소매업자; ~ *s realitami* 부동산 중개업자

obchodování, *n* 거래, 장사, 매매, 무역

obchodovat 장사를 하다, s čím (무엇을) 거래하다, uvádět na trh (시장에서) 거래하다, 매매하다

obchůzka, *f* **1** 도보여행, 관광 **2** služební 순회 **3**《軍》순찰

obchvat, *mi-2* **1**《軍》(적에 대한) 측면포위 **2** (자동차용) 우회로, 보조도로

obchv|átit < -acovat (적의) 측면을 포위하다, 계책으로 누르다; 적의 허를 찌르다

obíhat 1 …의 주위를 돌다, 순환하다 **2** (상점, 가게를) 찾아 다니다 **3** v. *oběhnout*

obilí, *n* 곡식, 곡류; 낟알 ◆ *obchodník s -ím* 곡물상

obílit < bílit 1 (벽·담장 등을 석회·도료 등으로) 희게 회칠하다 **2** (일광으로) 희게하다, 표백하다 **3** (구어체) 빼앗다, 약탈하다, 강탈하다, 불법으로 점유하다, 횡령하다

obilní 곡식의 ◆ ~ *sýpka* 곡물 창고, 곡창 지대

obilnina, *f* (집합적으로) 수확된 곡물, 곡류

obírat v. *obrat*

objas|nit < -ňovat 분명하게 하다, 명백하게 하다; 계명시키다; vyložit 해설하다, 설명하다; (수수께끼를) 풀다

objednací 주문의 ◆ ~ *list* 주문서

objedn|at < -ávat 주문하다, přihláškou 예약하다, = *obeslat*

objednavatel, objednávatel *ma-1, 4* 구매자, 주문자, 구입자

objednávk|a, *f* na (…에 대한) 주문, přihláškou 예약 ◆ ~ *zboží poštou* 우편에 의한 물품[상품] 주문; *šít na -u* 주문복; *vyrobit na -u* 주문 생산하다

objekt, *mi-2* **1** 물체, 물건, 사물 **2** stavební 건물, nemovitý 부동산 **3** (행위의) 목표, 대상, 목적; (연구, 실험의) 대상, 객체

objektiv, *mi-2* 대상렌즈

objektivismus, *n-2* 객관주의, 객관론

objektivistický 객관주의의, 객관론의; nezaujatý též 초연한

objektivnost, *f-1* 객관성, 객관주의적 경향

objem, *mi-2* 용적, 부피; schopnost pojmout 용량, velikost 크기

objemný 용적이 큰; těžký 무거운

ob|jet (*objed-, objel, objetí*) **< -jíždět** (*-ějí*) **1** 타고 돌다; (자동차로) 드라이브하다 **2** (아는 사람을) 방문하다

objetí, *n* 포옹, 껴안기

objev, *mi-2* 발견; odhalení 현시; tajeného (비밀의) 폭로

objev|it < -ovat 발견하다; odhalit 드러나다, 폭로하다 ~ **se < -ovat se** 나타나다, 보이다, znenadání 드러나다; vyskytnout 출현하다, (갑자기) 발생하다; časem se objevit (서서히) 밝혀지다, 알려지다; vznikout 일어나다

objevitel, *ma-1, 4* **-ka,** *f* 발견자, 창안자; 탐험가, 탐구자

objevitelsk|ý 발견의, 창안의, 탐구의 ◆ ~ *čin* 발견, 창안; *-á cesta* 탐험, 원정

objevný 선구적인, 개척자의; 혁신적인; 발견의, 탐구의

ob|jezdit (*obježděn*) **-jíždět** (*-ějí*) **1** v. *objet* **2** koně (말을) 길들이다

objímat v. *obejmout* **~ se** držet se v objetí 서로 포옹하다[껴안다]

objímka, *f* (기계) 슬리브관, 수관 ((긴 축 등을 끼우는 관)); (전구의) 소켓, 케이스; (금·은 등의 보석을) 박아 넣음, 장식하기

objížd|ět (*-ějí*) v. *objet*

objížďka, *f* **1** (차량에 의한) 순환, 일주 **2** v dopravě 우회로, 보조도로; kruhová 에움길; mimo obec 순환로, oklika 노는 길

obklad, *mi-2* 압박붕대, 습포 **2** stav. (건축의) 마무리 치장한 면, 겉단장, 외장

obkládat v. *obložit*

ob|klíčit (*obklič!*) < **-kličovat** 에워싸다, 둘러싸다, 포위하다

obklop|it < **-ovat** koho/co (누구를/무엇을) 둘러싸다, úplným sevřením (완전히) 가두다, 포위하다

obkresl|it < **-ovat** 베끼다, 모방하다; na průsvitném papíře 투사하다, 그리다

obkročmo **1** na (…에) 걸터 앉아, vsedě (…에) 올라타고, 걸터타고 ◆ *sedět ~ na čem* 무엇에 걸터앉다

obláček, *mi-2* 작은 구름, 조각 구름

oblačno, *n-2* 구름 낀 날씨, 흐린 날씨 ◆ *je ~* 날씨가 흐리다

oblačný 구름 낀, 흐린

oblak, *mi-2, 3* **1** 구름; 적운, 뭉게구름 **2** 자욱한 먼지[연기] ◆ *-a* 하늘; *žije v -cích* 그는 비현실적이다[공상가이다]

oblamovat v. *oblomit*

oblast, *f-1* **1** 지역; vymezená 구역, rozsáhlá 지방, svěřená 지구, svírající 영내 **2** působnosti (활동)영역, (세력) 범위 **3** území, právem držená 영토, 영지, 속령, 보호령, 자치령; 관할구역, (행정) 구, 관구

oblastní 지역의, 지구의, 구역의; krajský 관구의

oblázek, *mi-2* 조약돌; křemínek 부싯돌

oblaž|it < **-ovat** 기쁨으로 충만하게 하다, 행복하게 하다, 기쁘게 하다

oblb|nout < **-ovat** koho 누구를 바보로 만들다

oblé|ci, -ct (*obleč-, oblékl, oblečen*) **-knout** < **-kat** **1** **~ si** (자신에게) 입히다, 걸치다, 입다 **2** koho do čeho/komu co (누구에게 무엇을) 입히다, 정장 시키다 **3** koho (누구에게) 옷을 입히다 ◆ *~ dítě teple* 아이를 따뜻하게 입히다; *co si -ečete?* 오늘 무슨 옷을 입으십니까? **-ci, -ct se** < **-kat se** 입다; do čeho = *obléci co*; do náležitého obleku 정장하다 ◆ *~ se pěkně/ do pěkných šatů* 근사하게[아름답게] 옷을 입다

oblečení, *n* oděvy 의복, 복장; 드레스, co se obecně nosí (일반적으로 착용하는) 옷, …복 ◆ *domácí ~* 실내복; *letní/zimní ~* 하복(夏服)/동복(冬服)

obléhání, *n* 포위공격, 공성(攻城)

oblehnout (*obležen*) < **obléhat** (도시·요새 등을) 포위공격하다, 에워싸다

oblek, *mi-2, 3* **1** 의상, 의복 **2** pánská (남성용) 정장, souprava 양복 ◆ *sportovní/ pracovní ~* 스포츠/작업복; *konfekční ~* 기성복(정장)

oblékárna, *f* 분장실, 옷 갈아 입는 방

oblékání 몸단장, 옷치장

oblet, *mi-2* 선회 비행

oblék|at(se), -nout(se) v. *obléci (se)*

ob|letět (*oni obletí*) < **-létávat** 돌면서 날다, 선회 비행하다, kroužit 빙빙 돌다

obletovat koho (누구에게) 구혼하다, 유혹하다

obleva, *f* 해빙, 해동

obležení, *n* 포위공격, 포위

oblib|a, *f* čeho (무엇에 대한) 애호; projevovaná 호의, 환심; potěšení 즐거움; módní 인기, 호평 ◆ *být v -ě u koho* 누구의 환심을 사다; *dosáhnout -y* 환심을 얻다; *všeobecná ~* 대중적인 인기; *získat u koho -u* 누구의 호감을 사다

oblíben|ec, *ma* **-ka, -kyně,** *f* kdo je oblíben 총아, 총사, 총신 ◆ *~ učitele* 선생님의 총아

oblíben|ý obecně 인기 있는, 가장 좋아하는 ◆ *jeho -é téma* 그의 가장 좋아하는 주제

obl|íbit si (*oblib si!*) < **-ibovat si** koho/co (누구를/무엇을) 좋아하다/애호하다

obličej, *mi* 얼굴, 용모, 모습

obloha, *f* **1** 하늘, 창공 = *nebe* **2** jídla (요리의) 고명, 곁들인 요리, 요리에 딸려 나오는 것

ob|lomit < **-lamovat 1** 굽히다, 구부리다; 누그러지게 하다, 완화하다 **2** cvikem (연습에 의해) 길들이다

ob|loudit (*obluď!*) < **-luzovat 1** 미혹시키다, kouzlem 매혹시키다, obelstít 현혹시키다 **2** 속이다

oblouk, *mi-2, 3* **1** o struktuře (건물의) 아치 **2** ohyb 만곡, 활 모양의 것 **3** mostní (다리의) 전장 **4** 《幾》 호, 원호, 호형, 아크

obloukovitý 활 모양의, 아치형의, 호형의

obloukov|ý 1 호의, 아크의; = *-itý* **2** klenutý 둥근 천장의, 아치형의 ◆ *-é sváření* 아크용접

ob|ložit < **-kládat 1** (주변에) 놓다 [두다, 쌓다] **2** 가장자리를 대다, přiložením k celému povrchu, zevnitř, dřevem (전체 표면, 내면에 목재를 대어) 붙이다 **3** kuch. přílohou, ozdobit (음식에) 고명을 얹다 ◆ *-ložený chlebíček* 위에 빵을 겹쳐놓지 않은 샌드위치, 카나페

obluda, *f* 괴물, 요괴

obludný 괴물의, 요괴의

obluzovat v. *obloudit*

oblý 둥근, 원형의; **(**구어체**)** 여성이 (풍만한)

oblýskaný (옷 등이 닳아서 손때로) 반질반질한, 윤이 나는

oblýsk|at < **-ávat** (옷 등이 닳아서 손때로) 반질반질하게 하다, 윤나게 하다

obměkč|it < **-ovat** 누그러지게 하

다, 달래다, 진정시키다, 부드럽게 하다

obměna, *f* 변화, 변동, 변경

obmě|nit < -ňovat pozměnit 수정하다, 변화시키다, 변경시키다 **-nit se < -ňovat se** 변화하다, 수정되다

obnášet (*-šejí*) v. *obnést* 총계가 …이 되다, 결국 …이 되다

obnaž|it < -ovat hruď (가슴, 흉부를) 발가벗기다, 벗기다; 노출하다, 폭로하다 ~ **se** neslušně 벗다, 노출하다

ob|nést (*obnes-*) < **-nášet** (*-šejí*) **1** (무엇을 들고) 주변을 돌다 **2** dosahovat …에 이르다[달하다], znamenat 의미하다, 뜻하다 ◆ *jeho dluhy -ejí 100000kč* 그의 부채가 십만 꼬룬에 이른다; *vím, co to -í (znamená)* 나는 그것을 뭘 의미하는지 안다

obnos, *mi-2* 합계, (돈의) 총액

obnosit (*obnošen*) < **obnášet** nošením opotřebovat (…을 입고 다니며) 닳아 해지게 하다, 써서 낡게 하다, 없어지게 하다

obnošený 입던, 낡은, 해져서 실이 드러난, 입어서 다 떨어진

obnova, *f* 복구, 개조, 혁신, 개혁

obnov|it < -ovat uvedením do původního stavu 복구하다; 혁신하다, 개혁하다

obnoviteln|ý, (생태학) 재생[갱신, 회복]할 수 있는, 재생 가능한 ◆ *biomasa a vodní energie patří mezi -é zdroje* 생물 자원과 물 에너지는 재생할 수 있는 자원에 속한다

obočí, *n-pl* 눈썹 ◆ *svraštit ~* 눈썹을 찡그리다; *tužka na ~* 눈썹 연필

oboha|tit (*obohacen*) < **-covat 1** 부유하게 하다, 풍부하게 하다, 비옥하게 하다 **2** (음식 맛을) 진하게 하다

obojaký 표리있는 언행의, 이중적인, 사기의

obojek, *mi-2, 3* (동물의 목을 감는) 고리모양의 물건, 개목걸이

obojetnost, *f-1* **1** 이중성, 모호성 dvojvýznamnost **2** přetvařování, opatrnictví 위선

obojetný 이중적인, 모호한, 위선의; opatrnický 어물쩍거리는, 애매한

obojí (수사) 1 둘 다, 양쪽 다 ◆ *~ se může stát* 양쪽 다 [둘 다] 발생 할 수 있다 **2** 두 쌍 ◆ *~ kalhoty* 두 벌의 바지 **3** 양쪽의 ◆ *návštěvníci -ho pohlaví* (남녀) 양성의 방문자들

obojživelník, *ma-3* 《動》 양서류

obojživelný 양서류의

obor, *mi-2* **1** 직업, 직종, 전문분야 **2** 분야, 영역 **3** 전공분야, 전공, 학과

obora, *f* 금렵지, 금렵지구

oboř|it se < -ovat se na koho (누구에게) 호통치다, 격노하다, 폭언을 퍼붓다

oboujazyčný 2개 언어 병용의, 두 나라 말을 하는

obousměrný 양방향의, 두 방향의

oboustranný 양측의, 쌍방의; vzájemný 상호적인; použitelný po obou stranách 상호 이용이 가능한

obou|t (*obu-*) < **-vat** koho (누구를) 신을 신기다 **-t se < -vat se** 신을 신다

obr, *ma* škaredý 거인, 장사, 골리앗

obráběcí 공작의, 금형의 ◆ *-stroj*

공작기계

obrábět (*-ějí*) 공작하다, 만들다, 형태를 만들다

obráceně 반대로, 역으로, 거꾸로, 뒤집어서

obrácený opačný, rubový 반대의, 역의, vzhůru nohama 뒤집어진, 거꾸로의

obracet (se) v. *obrátit* (*se*)

obrana, *f* 방어, 수비; soudní (법정에서의) 항변, 변호

obrán|ce, *ma* **-kyně,** *f* **1** 방어자, 수비자, 수호자 **2** sport (스포츠의) 후위, 수비

obrann|ý 방어의, 수비의 ◆ *-á válka* 방어 전쟁; *-á linie* 방어선

obranyschopnost, *f-1* 방어력, 수비력

obrat[1] (*ober-, obral, obrání*) < **obírat 1** co z čeho (무엇에서 무엇을) 걷어내다, 깨끗이 치우다 **2** kost (생선의 뼈를) 제거하다, maso z kosti (뼈에서 살점을) 발라내다; drůbež pocestného (새의) 털을 잡아 뽑다 **3** člověka o peníze (속여서 돈 등을) 빼앗다, 갈취하다

obrat[2]**,** *mi-2* **1** otočení 회전, 돌림; zvrat 역전 **2** (의견·선거에서 후보선호도의) 180도의 변화, 선회, 반전 **3** 전환, 전환점; (과학에서의) 큰 발전, 약진 **4** 《言》 úsloví, fráze 관용구, idiom 숙어 **5** obchodní 거래액, 총매상고, 총매출고[액] ◆ *bod -u* 전환점; *~ do protisměru* 유턴하다, 반전하다; *daň z -u* 총매출액에 대한 세금; *~ k lepšímu* 약진, 진전, 발전; *~ k horšímu* 역행, 퇴보, 후퇴, 역전

obratel, *mi-1* 《解剖》 척추, 척추골, 등뼈

obr|átit (*obrať!, obrácen*) < **-acet** (*-cejí*) **1** 회전하다, 돌리다 **2** 뒤집다, 거꾸로 세우다 **3** co v co (무엇을 무엇으로) 전환하다, 바꾸다 ◆ *~ do sebe sklenici* 잔을 단숨에 들이키다; *~ jinam* 다른 곳으로 돌리다; *~ kroky* 발걸음을 돌리다; *~ list* 대화의 주제를 바꾸다; *~ co vzhůru nohama* 무엇을 뒤집어 엎다, 엉망[난장판, 뒤죽박죽]으로 만들다; *~ čí pozornost* 누구의 주의를 돌리다; *~ naruby* 거꾸로 돌리다[전환하다] *~ na útěk* 도망치려고 돌아서다; *~ co v žert* 무엇을 농담으로 바꾸다 **-átit se** < **-acet se 1** (몸·머리 등을) 돌리다 **2** měnit se v co (무엇으로) k lepšímu/horšímu (좋은/나쁜 것으로) 변화되다 **3** změnit směr 경로를[방향을] 바꾸다 **4** na koho s odvoláním, oslovit ho (누구에게) 접근하다, 말을 걸다; na koho co (누구에게 무엇을) 청원하다, 호소하다 **5** (누구에 반대하여) 돌리다; *~* ke komu zády 누구에게 등을 돌리다 **6** na víru (신앙, 종교를) 개종하다 ◆ *karta se -tila* …의 운명의 카드가[운명이] 바뀌어졌다[변화되었다]; *~ oči v sloup* 기절[졸도]하다, 죽다; *~ se na špatnou adresu* 헛다리 짚다; *žaludek se mi z toho obrací* 그것 때문에 속이 울렁거린다[미식 거린다, 토할 것 같다]

obrát|ka, *f* **1** kola, stroje (바퀴, 기계의) 회전, 공전 **2** (선박, 비행기 등의) 선회, 방향 전환, 회항 ◆ *jít do -ek* 회전하다

obratlovec, *ma* 척추동물

obratník, *mi-2, 3* 회귀선

obratně 능란하게, 능숙하게, 기민하게

obratnost, *f-1* 기민함, 능란함, 능숙함

obratný schopný rychle reagovat 재빠른, 기민한, 민첩한; 솜씨가 좋은, 능숙한[능란한]

obratov|ý 1 회전의, 선회의, 반전[역전]의 **2** 총거래액의, 총매출고의 ◆ *-á daň* 판매세, 영업세

obraz, *mi* **1** 그림, 회화, 도화, 삽화, 초상화, 사진 **2** 상, 심상, 초상, 형상, 화상, 이미지 **3** 경치, 광경, 모습 **4** 장면, 장경; 무대 장면, 연극 장면 **5** (생생한) 묘사, 기술, 서술 ◆ *k -u svému* 자신의 형상[심상] 속에서; *skýtat smutný ~* 슬픈 장면을 보여주다; *~ zkázy* 파괴의 사진

obrazárna, *f* 갤러리, 화랑

obrazec, *mi* 모양, 인물, 모습, 도면, 도안

obrázek, *mi-2, 3* **1** (작은) 그림; ilustrace 삽화, 일러스트레이션 **2** (사진의) 양화, (영화의) 스틸, (텔레비전의) 프레임 **3** 장면, 화면, 모습, 상, 이미지 ◆ *byla jako ~* 그녀는 매우 아름다웠다, 그녀는 그림처럼 아름다웠다.

ob|razit (*obražen*) < **-rážet** (*-žejí*) **1** odrážet 반영하다, 반사하다 **z-** (그림, 글로) 묘사하다, 그리다

obrazivost, *f-1* obrazotvornost 상상력, 창작력

obrazivý 상상의, 상상력이 풍부한

obrázkov|ý 그림의, 삽화가 있는; 도형의, 상형의 ◆ *-á kniha* 그림책, 삽화가 곁들여진 책; *-é písmo* 상형문자로 된 문서

obrazotvornost, *f-1* 상상력, obraznost 환타지

obrazovka, *f* 화면, 스크린; 브라운관

obrazotvorný 그림의 v. *obrázný*

obrážet v. *obrazit* 반영[반사]되다

obrna, *f* 마비, 불수, 중풍 ◆ *dětská ~* 소아 마비; *mozková ~* 뇌성(소아) 마비

obrněnec, *ma* 갑옷으로 무장한 기사, 철갑 기사; *mi* 《軍》 철갑함, 장갑함, 장갑차

obrněný 1 장갑한, 갑옷으로 무장한 **2** 깨뜨릴 수 없는; 엄격한

obrnit < **obrňovat 1** 갑옷으로 무장 시키다, 강하게 하다, 견고하게 하다 **2** opevnit 요새화하다, 공고하게 하다 **-it se** 갑옷으로 무장하다

obroda, *f* 재생, 갱생, 부흥, 부활, 르네상스 ◆ *národní ~* 민족 부흥

obrodit (*obrozen*) < **obrozovat** 재생시키다, 갱생시키다, 부흥시키다, 부활시키다 **~ se** 부흥[부활] 하다, 재생하다

obrodný 재생의, 갱생의, 부흥희, 부활의

obrostlý 과도 성장한, 지나치게 자란, 너무 자란; 무성한 ◆ *~ plevelem* 잡초로 무성한

ob|roubit (*obrub!*) < **-rubovat** 가장자리를[가선을] 달다, 가를 두르다

obroučka, *f* brýlí 안경테

obrousit (*obrus!, obroušen*) < **obrušovat 1** 갈다, 갈아서 문지르다, 닳게 하다, 반드럽게 하다 **2** (써

O

서, 입어서) 낡게 하다 **3** 부식시키다 **4** společensky (사회적으로) 품위 있게 하다, 세련되게 하다

obrovitost, *f-1* 거대성, 거대한 규모

obrov|itý, -ský 거대한, 어마어마한, 엄청나게 큰

obrozenec, *ma* (신앙, 문예) 부흥 운동자[부흥 운동가]

obrozenectví, *n* 부흥기

obrození, *n* oživení 부흥

obrozeneck|ý 부흥 운동가의 ◆ *-á literatura* (체코) 민족 부흥 운동기의 문학

obrozovat v. *obrodit*

obrtlík, *mi-2, 3* otočná uzavírka 레버, otočný čep 전환, 회전고리

obruba, *f* **1** (천, 모자 등의) 가두리, 가선, (옷 등의) 선 장식; (안경 등의) 테두리 **2** (보도의) 연석 **3** (우물의) 둘레테((네모진))

obrubovat v. *obroubit*

obruč, *f* sudu (특히 주류를 담는 통[베럴]의) 테

obrůst (*obrost-*) < **-at** **1** co (무엇보다) 커지다, 자라서 (무엇을) 덮어버리다 **2** čím (무엇으로) 뒤덮히다 ◆ *~ sádlem* 뚱뚱해지다, 살찌다

obrušovat v. *obrousit*

obrys, *mi-2* **1** 윤곽, 외형, 윤관선, 실루엣, 스카이라인 **2** 대요, 개요, 개설, 요강 ◆ *~ české literatury* 체코 문학 개요

obrý|t (*obry-*) < **-vat** (주위를) 둥글게 파다

obřad, *mi-2* **1** slavnostní (축하·축제·파티의) 예식, 의례 **2** = *rituál* (관습화된) 의식, 제식, 제사 ◆ *svatební ~* 결혼식; *pohřební ~* 장례식; *čajový ~* (일본의) 차(茶)의식

obřadnost, *f-1* 격식성, 의식성; 식, 의식, 의례, 의전

obřadný 의식의, 예식의, 의례의, 의전의, 격식[의식]을 차린

obřez|at (*obřež-u, obřezal*) < **-ávat** **1** 주변을 깎아 버리다[깎아 다듬다] **2** 《醫》 표피를 자르다, 음핵 표피를 자르다; 할례를 행하다

ob|sadit (*obsazen*) < **-sazovat** **1** (지위·자리·영토 등을) 차지하다, 점유하다, 점거하다, 확보하다, 침해하다 **2** (인원을) 배치하다, 배속하다 **3** (자리를) 충원하다, 채우다 **4** (전화선을) 사용하다; 종사시키다 **5** (득점 따위를) 기록하다 **6** (배역을) 정하다, 배역하다 ◆ *plně ~* 완전히 점유[차지]하다; *~ koho do hlavní role* 누구에게 주역을 맡기다

obsah, *mi-2, 3* **1** co je uvnitř 내용; 차례, 목차, **2** plošný objem 부피, 용량 **3** co se tam vejde 내용물, 알맹이, 함량; o co jde, v povídce, téma 주제, 요지, 취지, 대요, 요약 ◆ *stručný ~* 요약된 내용; *forma a ~* 형식과 내용

obsáhlý rozsáhlý 광대한, 광범위한, 부피가 큰; (책의) 권수가 많은

obsáhnout[1] (*obsáhnut*) < **obsahat** prsty 손가락[뼘]으로 재다, 목측하다; 꽉 잡다[쥐다]

obsáhnout[2] (*obsažen*) < **obsahovat** zahrnout, složky, mít v sobě 포괄하다, 포함하다, 내포하다 ◆ *být obsažen v čem* 무엇 안에 포함되어 있다

obsahovat v. *obsáhnout2*

obsazení, obsazování, *n* **1** 점령, 점유, 점거 **2** (연극의) 배역

obsazený (기차 · 버스 등의) 자리가 찬; (전화가) 사용 중인, 통화 중인; (화장실에) 사람이 있는, 사용 중인

obsazovat v. *obsadit*

obsažný 포괄적인, má závažnou podstatu 풍부한; být stručný 간명한; = *hutný, objemný*

obscenita, *f* obscénnost 외설, 음란

obscénní 외설적인, 음란한, 음탕한

observatoř, *f* 관측소, 전망대; 기상대

obsílka, *f* 소환, 호출; pod trestem 소환장, 호출장

ob|skákat < **-skakovat 1** (주변을) 깡충깡충 뛰어다니다 **2** koho (누구의) 비위를 맞추다

ob|sloužit (*obsluž!*) < **-sluhovat** 봉사하다, 시중들다, 응대[접대]하다

obsluha, *f* **1** 봉사, 접대, 시중 **2** personál 부원, 참모, 수행원

obsluhovat stroj, zvíře (기계, 동물을) 관리하다, 돌보다; řídit přístroj (도구를) 작동하다; v. *obsloužit*

obstar|at < **-ávat 1** dohlédnout a zařídit 정성을 들이다 **2** provádět povinnou péči (의무적으로) 돌보다, 보살피다, 간호하다 **3** opatřit 관리하다, 돌보다

obstaravatel, *ma-1, 4* **-ka,** *f* 중개인, 대리인, 대행자

obstá|t (*obstojím, -stůj!, -stál*) < **-vat 1** 버티다, 지탱하다, 견디다; 견지하다; (시험, 검열을) 통과하다 **2** ve srovnání s kým (누구와 비교하여) 필적하다, 비교하다, vydržet 맞먹다, snést se 이겨내다 ◆ ~ *ve zkoušce* 시험에 합격하다

obstav|it (*oni obstaví*) < **-ovat 1** (건물들로) 에워싸다, 둘러싸다 **2** hlídkami 경계병[감시원]을 배치하다 **3** 압수[몰수]하다, 동결하다

obstojný 통과될 수 있는, 참을 수 있는; 합당한, 타당한, 적당한

ob|stoupit (*obstup!*) < **-stupovat** = *obklopit*

obstrukce, *f* 차단, 저지, 방해

obsyp|at < **-ávat** 흩뿌리다; pokrýt 뒤덮다; něčím drobným 살포하다, 뿌리다

obšírný 광대한, 넓고 넓은; 광범위하게 미치는, 다방면에 걸친, jdoucí do podrobností 상세한, 세세한

obší|t (*obši-*) < **-vat 1** pošít 꿰매다, 깁다; upevnit 가장자리를 실로 꿰매어 고정하다 **2** = *obroubit*

obšlápnout < si to u koho (구어체) (누구의) 마음에 들다, (누구를) 자기 편으로 끌어들이다, (누구의) 호의를 얻다

obšťast|nit < **-ňovat** koho (누구를) 행복하게 하다, = *obdařit*

obtáčet v. *obtočit*

obtah, *mi-2, 3* (인쇄의) 찍기; (인쇄의) 교정쇄, 시험쇄

ob|táhnout (*obtažen*) < **-tahovat 1** obrys (윤곽을) 그리다, (선을) 긋다 **2** nabrousit (숫돌에) 갈다 **3** polygr. (인쇄에서) 찍다, 베끼다

obtan|čit < **-covat** (돌면서) 춤추다, 춤추면서 돌다

obté|ci, -ct (*obteč-, obteč!*) < **-kat** 사방으로 흐르다, 돌아 흐르다 ◆

řeka -ká město 강이 도시 주변을 돌아 흐르다

obtěž|kat < **-kávat 1** způsobit těhotenství 임신시키다 **2** = *zatěžkat*

obtěžovat 성가시게 하다, 귀찮게 하다; nevhodnými návrhy (부적절한 제안으로써) 조르다; oslovit 괴롭히다 ~ **se** (남을 위해) 무리를 하다, 일부러 …하다

obtisk, *mi-2, 3* **1** 날인; 자국, 흔적 **2** 전사(화)

obtisk|nout (*obtištěn*) < **-ovat 1** 복사하다, 전사하다, 모사하다 **2** 날인하다; 자국을 남기다

obtíž, *f* **1** co je nevhod 불편, 어려움, 폐, 수고, 고생 **2** = *nesnáz*

obtížit = *zatížit*

obtížnost, *f-1* nesnadnost 어려움, 번거로움, 힘겨움

obtížný 어려운, 번거로운, 힘겨운; 성가신; 난해한; jsoucí nevhod 불편한, 부자유스러운

obtloustlý 뚱뚱한, 땅딸막한, 오동통한

ob|točit < **-táčet** (*-čejí*) 온 사방을 감다, 동여매다; co čím (무엇을 무엇으로) 휘감다; natočit 비틀다

obušek, *mi-2, 3* 곤봉, 몽둥이; policejní 경찰봉

obutí, *n* **1** auta (자동차의) 타이어, 바퀴 **2** (구어체) = *obuv*

obuv, *f-1* 신발, 제화

obuvnictví, *n* **1** 신발 산업, 제화(업); 신발 수선 **2** 신발점, 신발 가게

obuvník, *ma-3* 제화공, 신발 수선공

obvaz, *mi-2* **1** 붕대 **2** 붕대감기

ob|vázat (*obváž-u, obvaž!, obvázal*) < **-vazovat** 묶다; ránu (상처를) 붕대로 감다[묶다], 치료하다

obvazový 붕대의

obvesel|it < **-ovat** 북돋우다, bavit 즐겁게 하다, 유쾌하게 하다

obvinit v. *vinit*

obvod, *mi(-2)* **1** geom., kruhu, elipsy 원주, 원둘레 **2** okraj, část při vnějšku 주위의 지방, 변방, 지방 영역 **3** stromu (나무의) 몸통 둘레 **4** městský (도시의) 변두리, 교외 **5** (대도시의 행정구역으로서의) 구; 관할구역[지역]; 선거구

obvodní 관할구역[지역]의; 변두리의, 교회의, 구의 ◆ ~ *úřad* 구청; ~ *lékař* 일반 진료의

obvykle 보통, 통례적으로, 통상적으로, 일반적으로, 대체적으로, 대개, 십중팔구 ◆ *jako* ~ 여느 때처럼

obvyklý podle způsobů a tradice 관습적인, 습관적인, něčí návyk 습관의, 상습적인; nepřekvapující, již navyklý 습관의, 언제나의; 통상적인, 보통의, 일상의, 평소의

obyčej, *mi* 관습, 풍습, 관행; pravidelný způsob 버릇, 습관; obecně přijímaný 관례

obyčejný zcela všední 보통의, 일반적인, 통상의, 정규의; průměrný 범상한, 평범한, 흔히 있는

obydlí, *n* 주거, příbytek 거주; sídlo 주재지, 거주지

obydlit 거주하다, 정착하다, 점유하다

obydlitelný 거주할 수 있는, 정착이 가능한; 점유할 수 있는

obytn|ý 생활의, 거주의 ◆ *-á čtvrť* 주거 지역, *-á ložnice* 침실 겸용 거실, *-á plocha* 생활 공간

obývací 생활의, 거주의 ◆ *~ pokoj* 거실, 응접실; *~ ložnice* 침실 겸(용) 거실

obývat 거주하다, 살다

obyvatel, *ma-1, 4* **-ka,** *f* (집의) 거주자, 거주인; (도시, 나라의) 시민, 주민; 인구; vězení, blázince 죄수, 수감자, 수형자

obyvatelný 거주할 수 있는, 살기에 알맞는

obyvatelstvo, *n-2* 거주민, 주민, 백성, 인구

obzor, *mi-2* 지평선, 수평선, 스카이라인; duševní (정신적인) 시야, 시계, 전망

obzvláště 특별히, 특히, 각별히, 현저히

obzvláštní zvláštní 특별한, 각별한, individuální 특유의, 특수한

obžaloba, *f* 고소, 기소, 고발

obžalovací 기소의, 고발의 ◆ *~ spis* 기소[고발]장

obžalovan|ý, *ma* **-á,** *f* 피고, 피고소인

obžalovat v. *žalovat*

obžerství, *n* 대식, 폭음, 폭식

obžínky, *f-pl* 수확제, 추수 감사절

obživ|a, *f* 생계, 살림 ◆ *shánět si -u* 생계를 꾸려가다; *prostředek -y* 생존 수단

obživ|nout < **-ovat 1** 회복하다 **2** 기쁘게 하다, 쾌활[명랑]하게 하다

ocas, *mi* **1** (새, 짐승 등의) 꼬리 **2** (유성의) 꼬리; (비행기의) 미부, 꼬리부분 **3** (비속어) (남성의) 성기

oceán, *mi* 대양, 대체, 해양

ocejchovat v. *cejchovat*

ocel, *f(-1)* 강철, 쇠 ◆ *plávková litá ~* 주강; *tažená ~* 늘인 쇠; *ušlechtilá ~* 양질의 강철

ocelárenský 강철의, 강철제의 ◆ *~ průmysl* 제철 공업

ocelárna, *f* 제철소, 철강소

ocelář, *ma* 제철 노동자, 강철공, 제철공

ocelářský 제철의, 강철의 ◆ *~ závod* 제철 공장; *~ průmysl* 제철 공업

ocelářství, *n* 제철업, 제철 공업

ocelit > z- 강철을 입히다, 견고하게 하다

ocelolitina, *f* (야금) 주강

ocelový 강철의; 강철 같은; 강철색의

ocenit v. *cenit*

oceňovat 1 vážit si …의 진가를 인정하다, …의 좋음을 살펴 알다, 높게 평가하다 **2** = *cenit* 평가하다, 감정[판단]하다

ocet, *mi* 식초 ◆ *má u mne rozlitý ~* 나는 그에게 불만이 있다; *zůstat na ~* (팔리지 않아) 선반에 얹혀있다, 보류되다, (여성이) 혼기를 넘기다; *~ v tanci* 댄스 파티에서 춤 제의를 받지 못한 사람

ocitat se v. *octnout se*

octan, *mi-2* 초산염

octárna, *f* 식초 공장

octnout se, ocitnout se < **ocitat se** (갑자기, 부지불식간에 어떤 장소나 상황에) 나타나다, 출현하

다, 닥치다; 자신의 위치[상태]를 알게 되다; přijít do čeho (무엇에) 빠져들다 ◆ ~ *ve slepé uličce* 막다른 골목에 서다; ~ *v nebezpečí* 위험에 닥치다[처하다]

octový 식초의; 《化》 산의

ocukrov|at < **-ávat** 설탕을 뿌리다

ocún, *mi-2* 초원 샤프론

očalou|nit < **-ňovat** (집, 방 등을) 커튼, 양탄자, 가구 따위로 꾸미다, 벽지를 바르다

očarov|at < **-ávat** 마법을 걸다, 마법으로 홀리다

očekávání, *n* 기대, 예상, 고대

očeká|vat 1 기대하다, 예상하다, 예기하다; těšit se na to (무엇을) 고대하다 **2** co/koho nemine (무엇을, 누구를) 기다리다, 대기하다 **3** živě si představovat 마음 속에 그리다, 상상하다, 예견[구상]하다 ◆ *to se dalo* ~ 그것은 기대된 것이었다; *dlouho -vaný* 오래 기다린; *co k -vání* 무엇을 기대[고대]하다; *nad -vání* 기대 이상으로, 예상외로; *proti všemu -vání* 모든 기대에 반하여

očenich|at < **-ávat** (동물이) 코를 킁킁거리다, 냄새를 맡다

očern|it < **-ňovat 1** 검게 하다 **2** zlehčováním 더럽히다, 훼손하다, 손상시키다, 모독하다, 중상하다, 비방하다, 흑색 선전을 하다

očes|at (*očeš-; -sal*) < **-ávat 1** strom (과일 나무의) 과일을 다 따다 **2** ovoce (과일을) 따다, 수확하다

oči v. *oko*

očich|at < **-ávat** = *očenichat*

očíslovat v. *číslovat*

očista, *f* od (…의) 정화, 청소; v politické straně (정치적인) čistka 숙청

očistec, *mi* 《카톨릭》 연옥

očistění, *n* 정화, 정제; 숙청, 일소

očistit v. *čistit*

očistný 정화의, 정제의; 숙청의

očitý 눈으로 본[확인한], 목격한 ◆ ~ *svědek* 목격자, 실지 증인

očividně 분명히, 명백하게

očividný 분명한, 명백한, 명확한, 눈에 잘 띄는

očk|o, *n-2, 3* **1** pupen 눈, 싹 **2** ryba 안초비((멸치류)) **3** karet. hra 카드 놀이의 일종 **4** (*oko*의 지소형) 작은 눈 **5** (구어체) detektiv 탐정, soukromý (사설)탐정 ◆ *házet -em po kom* 누구에게 애교 있는 윙크를 하다[추파를 던지다]; *po -u* 몰래, 은밀히

očkovací 우두의, 종두의 ◆ ~ *průkaz* 예방 접종 카드

očkování, *n* **1** 종두, 백신 주다, 예방 접종 **2** (정원수 등의) 접붙이기, 접목

očkovat 1 접붙이다 **2** 예방 접종하다

oční 눈의; 시각의, 시력의 ◆ ~ *choroba* 눈병; ~ *lékař* 안과 의사

od, ode (전치사 + 생/2격) **1** (위치, 방향) …로부터, …에서 ◆ *50km* ~ *Prahy* 프라하로부터 50km; *na východ* ~ *Brna* 브르노에서 동쪽에 **2** (시간) …(으)로부터 ◆ ~ *pondělka do pátku* 월요일에서 금요일까지; ~ *rána do večera* 아침부터 저녁까지 **3** (비교) …와 ◆ *lišit se* ~ *čeho/koho* 무엇과/누구와 다르다 **4** (기원) …의 ◆

román ~ Karla Čapka 카렐 차페크의 소설 **5 (소속)** …의 ◆ *klíč ~ domu* 집열쇠; *lidé ~ novin* 신문인, 신문기자 **6 (방식)** …로 ◆ *~ oka* 눈 짐작으로, 얼추, 대강; *platit ~ hodiny* 시간당 지불하다 **7 (원인)** …로, …때문에 ◆ *nemůžu ~ smíchu mluvit* 웃음 때문에 말을 할 수가 없다; *je mi špatně ~ žaludku* 나는 속이 불편하다 **8 (목적)** …하기 위해 ◆ *nejsem tu ~ toho, abych...* 내가 …하기 위해 여기에 있는 것은 아니다; *třetí ~ konce* 끝에서 세번째; *~ té doby* 그때부터; *výpověď ~ hodiny* 한 시간의 예고; *~ desíti k pěti* 혼란하여, 일치되지 않아; *~ sebe oddělit* 떨어져서, 따로따로

óda, *f* 송가, 송시

odbarv|it < -ovat (머리, 전 등을) 표백하다 **~ se 1** 탈색되다, 색이 바래다 **2** 표백하다 ◆ *-ená blondýnka* 머리를 금발로 표백한 여자

odbarvovač, *mi* 탈색제, 표백제

odbavení, *n* (신속한) 처리, 진행; u pokladny (수납창구 등에서) 체크아웃하기, 계산마치기; na letišti (공항) 수속 ◆ *celní ~* 통관 절차, 세관 통과; *~ zavazadel* (공항에서) 수하물의 수속

odbav|it < -ovat 1 (통관이나 출항의) 절차를 밟다, 절차를 마치다; při odjezdu (숙박소에서) 체크아웃하다, 계산을 치르다 **2** (문서 등을) 발송하다; (일을) 신속히 처리하다; (화물 등을) 배송하다

odbavovací ◆ *~ plocha letiště* 격납고 앞광장

od|běhnout < -bíhat 1 (잠시) 도망가다, k sousedce (이웃을 보기 위해) 달아나다 **2** v hovoru (대화에서) 벗어나다, 이탈하다

odběr, *mi-2* **1** (물품의) 구입, 구매; 소비, 소모; předplacením 예약; dodávaného zboží (택배물의) 인수 **2** 수집, 채집 ◆ *~ plynu/elektřiny* 가스/전기 소비; *~ krve* 채혈

odběratel, *ma-1, 4* **-ka,** *f* 손님, 예약자, 구매자

odběrní 예약의, 배급의 ◆ *~ knížka* 배급 통장

odbíhat v. *odběhnout*

odbíjená, *f* 배구 ◆ *družstvo -é* 배구팀

odbíjenkář, *ma* **-ka,** *f* 배구선수

odbíjet v. *odbít*; hodiny, zvon = *bít*

odbírat 1 ze stroje (기계에서) 받아내다, 수집하다, 모으다 **2** jako předplatitel 예약하다 **3** v. *odebrat* **~ se** v. *odebrat se*

odbít (*odbi-*) v. *bít*

odboč|it < -ovat za roh (모퉁이를) 돌아가다, od přímého směru (직진 방향에서) 이탈하다, 비끼다, 쏠리다; z nastoupené dráhy 벗어나다

odbočka, *f* **1** 회전 **2** 내선, 구내 **3** = *pobočka*

odbočný 옆의, 측면의; pobočný 분파의, 지점의

odboj, *mi* 반항, 반역; ilegalita 저항(운동), 레지스탕스(운동)

odbojný 반항의, 반역의, 저항의, vzpurný 반항하는, 저항하는

odbor, *mi-2* **1** 과, 국, 부, 지부 **2** v odborářství 노동조합

odborář, *ma* **-ka,** *f* 노동조합원, 노조원

O

odborářský 노동조합의
odbornický 전문의, 전문적인, 전문가의
odbornictví, *n = odbornost*
odborník, *ma-3* 전문가, 숙달자
odbornost, *f-1* 전문성, 술달
odborn|ý 전문의, 전문적인; 특별한, 특수한 ◆ *~ časopis* 전문 잡지; *-á škola* 직업 학교; *~ asistent* 전임 강사
odborový 노동조합의
odbour|at < -ávat 1 (벽의 일부를) 허물어뜨리다 **2** odstranit 제거하다, 없애다 **3** ceny (가격을) 떨어뜨리다, 인하하다, 낮추다
odbý|t (*odbud-u, odbyl, odbytí*) **< -vat 1** (si) co (무엇을) 통과하다, 지나가다; (학교를) 마치다, 졸업하다; (형기를) 복무하다; konat 열다, 개최하다, provést, předvést 수행하다 **2** koho (누구를) 거절하다, 물리치다, 내보내다, 해고하다 ◆ *mám to odbyto* 나는 그것으로부터 끝났다[벗어났다] **~ se < -vat se 1** 일어나다, 발생하다, 생기다 **2** upírat (si) 거부하다
odbyt, *mi-2* 판촉, 마케팅; prodej 판매, 매매; spotřeba 소비 ◆ *zboží jde (dobře) na ~* 잘 팔리다, 불티나게 팔리다
odbytiště, *n* 시장, 판로; 대리점, 직판장, 특약점
odbytý 1 (더 이상) 필요가 없는, (이미) 끝난; 한창때가 지난, 시대에 뒤떨어진 **2** nedbalý 되는대로의, 부주의한, 소홀한, 수요한
odbývat (se) v. *odbýt (se)*
odcestovat v. *odjet*
odciz|it < -ovat 1 ukrást 몰래 훔치다, 절취하다; 착복하다, 빼앗다, myšlenku, dílo (생각, 작품을) 표절하다, 베끼다 **2** koho komu (누구를 누구로부터) 이간하다, 소원하게 하다, **~ se < -ovat se** 사이가 틀어지다[멀어지다], 소원해지다
odčerp|at < -ávat 퍼올리다, 퍼내다; stálým odváděním z (…로 부터) 배수하다, 빼내다
odči|nit < -ňovat 보상[벌충] 하다; po stížnosti 시정하다, 고치다, 교정하다
odčinitelný 보상[벌충]할 수 있는, 시정할 수 있는
oddací 결혼의, 혼인의 ◆ *~ list* 결혼 증명서
od|dálit (*oddal!*) **< -dalovat** 멀어지게 하다; 제거하다, 치우다; odloučit 분리하다; časově 연기하다, 미루다 **-dálit se < -dalovat se** 멀어지다; 떠나다, 이탈하다
oddanost, *f-1* čemu, komu (무엇, 누구에 대한) 애착, 집착, 사모; věrná 충성, 충정, 충심, vědomá závazků 충실, 헌신
oddaný 충실한, 헌신적인; 전념하는, 몰두하는
odd|at < -ávat (결혼식에서) koho s kým (누구를 누구와) 결혼시키다 **-at se < -ávat se** komu, čemu (누구, 무엇에) 헌신하다, 몰두하다; náruživosti 빠지다, 탐닉하다
oddech, *mi-2* 숨, 호흡; přestávka (잠깐의) 휴식, 여가; klid 평안 ◆ *bez -u* 잠시 쉴 틈도 없이
oddechn|out <-ovat zhluboka (깊게) 숨을 쉬다 **-nout si 1** 잠시 쉬

O

다, 휴식하다 **2** s úlevou 안도의 숨을 쉬다

odděl|at < **-ávat 1** sundat 떼어내다, 제거하다; uvolnit 풀다, 끄르다, 빼다, 떼다 **2** dluh 빚을 갚다 **3** (저속어) koho (누구를) odpracovat 혹사하다, vyčerpat 녹초가 되게 하다; zabít 죽이다

oddělení, *n* **1** činnost 분리, 격리, 이탈, 단절 **2** organizační (조직의) 과, 부, 부서, 실, 부문; v obchodě (상점의) 계산대, 카운터; v nemocnici, ve vězení (병원, 감옥의) 병동, 병실, 감방; (신문사의) 편집부, 데스크

oddělený 분리된, 격리된, 떨어진, 나누어진; 고립된, 외딴

odděl|it < **-ovat** 떼어놓다, 분리하다, mocí (též práva), násilně (권력에 의해, 강압적으로) 격리시키다, 차단하다, izolovat 고립시키다, 절연하다

oddělitelný 분리할 수 있는, 떼어놓을 수 있는

oddenek, *mi-2, 3* 뿌리줄기, 근경

oddíl, *mi(-2)* **1** 구분, 부분, 구, 부, 구획, 구역; část 한 조각, 일부; tisku, zákona (출판물, 법전의) 절, 단락, 조항 **2** 《軍》 분대, 지대, 파견대; policejní (정치적인) 조, 반

oddiskutov|at < **-ávat** 토론에 의해 해결[처리]하다

oddych, *mi = oddech*

ode v. *od*

ode|brat (*odeber-, odebral*) < **-bírat 1** co od čeho, čemu, komu (무엇을 무엇에서, 누구에게서) 가져오다, 뺏어오다 **2** odnést, odvést 회수하다, 거두다, 박탈하다; odstranit 제거하다, 치우다 **3** zmenšením 줄이다, 떨어뜨리다 **4** 채취하다, 수집하다, v. *odbírat* ~ **se** < **-bírat se** kam (어디로) 떠나다, 가다, 출발하다; do ústraní 철수하다, 퇴각하다, 물러나다

ode|číst (*odečt-u, četl, čtení*) < **-čítat 1** 빼다, 줄이다, 제하다; početně (수학에서) 빼다, 감하다; 공제하다, 깍다 **2** z měřidla (측증기에서 도수를) 나타내다, 표시하다 ◆ ~ *dvě od osmi* 8에서 2를 빼다

odedávna 오래 전부터, 옛날부터

od|ehnat (*od[e]žen-u, odehnal*) < **-hánět** (*-ějí*) 쫓아내다, 몰아내다, 쫓다

odehrá|t (*odehra-, odehraj!|odehrej!, odehrál*) < **-vat** 치르다, 행하다, 연주하다 **-se** < **-vat se** 일어나다, udát se 발생하다, 생기다

od|ejít (*odejd-u, odešel*) < **-cházet** (*-zejí*) od koho, kam (누구를, 어디를) 떠나가다, 떠나다; v souladu se zvyklostmi 물러나다, 탈퇴하다; natrvalo 은퇴하다; na protest (항의의 표시로) 퇴장하다; hlásit se (지불하고) 떠나다, 체크아웃하다 ◆ ~ *do soukromí/penze/do důchodu/ze služby/na výměnek* 은퇴[퇴직, 퇴역]하다; ~ *z politky* 정치에서 물러나다

od|ejmout (*odejm-u, odňa-l, -t, odnětí*) < **-nímat** 가져가다, práva, hodnost (권리, 가치를) 빼앗다, komu co (누구에게서 무엇을) 박탈하다

odemílat v. *odemlít*

od|emknout (*odemčen|odemknut*) < **-mykat** (문 따위의) 자물쇠를 열다, (닫힌 것을) 열다

O

odemykat v. *odemknout*
odění, *n* 옷, 의상, 의복
oděný 옷을 입은
odepírat v. *odepřít*
odepisovat v. *odepsat*
ode|pnout (*odepn-u, odepja-l, -t, odepnutí*) < **-pínat** 풀다, 끄르다, přezku 혁대를 풀다, zapnuté na knoflíky 단추를 풀다; uvolnit 느슨하게 하다; spojené (연결된 것을) 끊다 **-pnout se** < **-pínat se** 풀어지다, 느슨해지다
ode|přít (*odepř-u, -el, -ení*) < **-pírat** komu co (누구에게 무엇을) 거절하다, 거부하다; nedat 보류하다, a nechat si 주지않고 두다 **-přít si** < **-pírat si** 그만두다, 삼가다, 끊다
od|epsat (*odepíš-u, odepiš!, odepsal*) < **-(e)pisovat 1** komu (누구에게) v odpověď 답장을 쓰다 **2** srážkou (회수 불능 자금 등을) 장부에서 지우다, (자산을) 감가상각하다
oděr|ek, *mi-2, 3* **-ka,** *f* 스침, 찰과상, 생채기, 찰상
oderv|at (*oderv-u, oderval*) < **-ávat** 떼어내다, 잡아 떼다, 찢다
odesílatel, *ma-1, 4* **-ka,** *f* 발송인, 발신인, zboží (상표의) 위탁자, 송달인, poštou 발송자
ode|slat (*odešl-u, odeslal, -ání*) < **-sílat** 보내다 na různé strany (사방으로) 내보내다, 발신하다, 발송하다; někomu k rukám (누구의 손에) 전달하다, 건네주다; zboží (상품을) 부치다; svěřit poště 우송하다, 송부하다
ode|stlat (*odestel-u, odestl-al, -ání*) < **-stýlat** 잠자리를 준비하다, 침구를 펴다
oděv, *mi-2* 옷, 의복, 의상, 의류, 복장 ◆ *obchod s pánskými -y* 신사복 상점; *pánské/dámské/dětské -y* 신사/숙녀/아동복; *svrchní ~* 겉 옷
oděvní, oděvnický 옷의, 의류의, 의상의, 의복의
oděvnictví, *n* **1** konfekce 옷 가게 **2** průmysl 의류산업
odevšad 온 사방으로부터, 각 방면으로부터 모든 곳에서
odevzdací 인도의, 양도의
odevzdání, *n* **1** (학위 논문의) 제안, 제출 **2** 항복, 굴복
odevzdanost, *f-1* 체념, 포기 = *oddanost*
odevzdaný 체념한, 항복한, 굴복한; 불평을 말하지 않는
odevzd|at < **-ávat** 넘겨주다, 양도하다, předat osobně 건네주다, 전달하다; doručit 인도하다, 명도하다; a vzdát se dispozičních práv 항복하다, 굴복하다 **~ se** < **-ávat se** poddat se 포기하다, 항복하다, 단념하다, = *oddat se*
odezva, *f* 응답, v činech 반응, 반향
odfouk|nout < **-ávat 1** odfukovat 훅 불어서 날려버리다[끄다]; těžce dýchat 헐떡거리다, 숨차다, 코를 불며 거칠게 숨쉬다
odhad, *mi-2* 추정, 짐작, 가늠; ceny, významu (값, 중요성의) 평가; hodnoty (가치의) 판단
odhadce, *ma* 재산 평가인, 과세 평가인, 사정관
odhadní 추정의, 평가의, 감정의 ◆ *~ cena* 감정가

odhadn|out < **-ovat** 판가름하다, 심사하다, 판단하다; cenu, význam (값, 중요성을) 평가하다, 감정하다; zhodnotit 가치를 정하다, 값을 매기다; odborně (전문적으로) 값을 매기다, vypočítat 계산하다, 산정하다

odhalení, *n* 적발, 폭로, 발각, 탄로

odhalený 탄로된다, 발각된다, 적발된다

odhal|it < **-ovat** 발가 벗기다, 드러내다; výhodně ukázat 똑똑히 보여주다; co uniká a je skryto 폭로하다, 탄로시키다, 누설하다; vystavením 전시하다, 보이다; 베일을[덮개를] 벗기다, 제막식을 행하다

odhánět v. *odehnat*

od|házet < **-hazovat** v. *odhodit*

od|hlásit (*odhlas!, odhlášen*) < **-hlašovat** odvolat 되불러 들이다, 취소하다, zrušit 철회하다 ~ **se 1** (숙박 비를 내고) 떠나가다, 체크아웃하다 **2** (회원을) 탈퇴하다 **3** (컴퓨터) 로그아웃하다

odhlasovat (결의안을) 투표로 통과시키다, 가결하다

odhmyz|it < **-ovat** 해충을 구제[박멸] 하다

od|hodit (*odhozen*), **-házet** (*-zejí*) < **-hazovat** 던져버리다, 던지다, 버리다, 벗어던지다

odhodlání, *n* **odhodlanost,** *f-1* 결의, 결정, 결심, 결단, 확고한 의지

odhodlaný 결정된, 결심한; 확고한, 단호한

odhodl|at se < **-ávat se** 결단을 내리다, 결심하다, 결정하다, 결의하다, 각오하다

odhoukat (사이렌 등으로) 시간을 알리다

odhrab|at < **-ávat** 갈퀴로 긁어내다, 긁어서 치우다

odhrn|out < **-ovat** (삽으로) 파내다, hlínu apod. (흙 등을) 긁어내다; (커튼을) 걷다, (베일을) 벗기다

odcházet v. *odejít*

odchlíplý 이완된, 늘어진

odchod, *mi-2* **1** 떠남, 출발; 나감, 퇴장; protestní (항의적인) 철수, 퇴거; kontrolovaný 체크아웃, 퇴숙 **2** 은퇴, 퇴직, 퇴역 **3** 사망 ◆ *být na -u* 떠날 참이다; *je čas k -u* 떠날 시간이다

odchov|anec, *ma* **-anka,** *f* 수양아이; význačné osoby 제자, 추종자; (대학의) 졸업자

odch|ovat < **-ávat** = *vychovat*

od|chýlit (*odchyl!*) < **-chylovat** (얼굴을) 돌리다, 비키다; (광선을) 굴절시키다 ~ **se** < **-chylovat se 1** 이탈하다, 벗어나다, 탈선하다, 일탈하다 **2** (주제 등에서) 빗나가다

odchylka, *f* **1** 벗어남, 이탈, 일탈, od průměru 분기 **2** 편차, 차이 **3** (문법) 불규칙성 **4** (정신적) 일탈 행위

odchylný 1 구불구불한, 정도를 벗어난 **2** nestejný 다른, 상이한 **3** nesouhlasný 이의 있는, 의견을 달리하는

odchytávat 덫을[올가미를] 놓다, 덫으로 잡다[사냥하다] ◆ *~ chyby v textu* 원문에서 실수를 찾다

odchytit 1 잡다, 포획하다 **2** 발견하다, 획득하다 **3** 찾다, 구하다 ◆ *program ~ chybný zápis* 프로그램이 잘못된 표기를 찾다

odírat v. *odřít*

odiv, *mi-2* ◆ *na ~* 과시로; *stavět co/koho na ~* (무엇을, 누구를) 과시하다

odí|t (*odě-, oděn*) < **-vat** 옷을 입히다, 착용시키다 ~ < **-vat se** 옷을 입다, 착용하다

odívat v. *odít*

odjakživa **1** 까마득한 옛날부터 **2** 늘, 영원히, 언제나

od|jet (*odjed-u, odjel*) < **-jíždět** (*-ějí*) (차량을 타고) 떠나다, 출발하다

odjezd, *mi-2* (차량에 의한) 출발, 떠남, 발차, 출항 ◆ *příjezdy a -y* 도착과 출발; *být připraven k -u* 출발 준비가 되어있다

odjezdový 출발의, 출항의, 발차의

odjinud 어딘가로부터, 다른 곳으로부터

odjíždět v. *odjet*

odk|ápnout, -apat (*odkap-u|-ám, -ej!, -al, -ání*) < **-apávat** 물기를 빼다[없애다]

odkašl|at (*odkašl-u, -i|-ej!, -al, -ání*) < **-ávat** **1** (가래, 혈담 등을) 기침을 하여 뱉다, 뱉어 내다 **2** 헛기침을 하다

odkaz, *mi-2* **1** majetku (재산의) 유증, 유산 **2** odkázaný majetek 유물, 유품 **3** jinam (다른 곳으로의) 조회, 문의, 참고 **4** (컴퓨터) 번지((기억장치의 데이터가 적혀있는 자리; 그 번호))

od|kázat (*odkáž-u,odkaž!,odkázal*) < **-kazovat** **1** závětí 유언을 남기다, 상속하다 **2** na co, kam (무엇에 대해 어디에) 조회하다, 문의하다, 참고하다 **3** poslat pryč (멀리) 보내버리다, 내보내다, 추방하다 ◆ *být -kázán na co/koho* 뭐엇/누구에 맡겨지다, *~ koho do patřičných mezlí* 누구의 (활동) 범위를 한정[제한]하다

odkdy 언제부터

odklad, *mi-2* 연기, 유예, 지연; neprovedení 중지, 정지; výkonu trestu/práva 집행유예 ◆ *bez -u* 지체없이; *to nesnese -u* 지연을 견디지 못하다

odkládat v. *odložit*

odkládaný 더딘, 꾸물거리는, 지연하는

odkladný 더딘, 지연의, 중지의, 휴지하는

odklánět v. *odklonit*

odklápě|cí = *odklopný*

odklápět v. *odklopit*

odklep|at, -nout < **-ávat** **1** (담뱃재, 눈 등을) 툭툭 털어내다 **2** (경매에서) 낙찰시키다 **3** 박자를 맞추다

od|klidit (*odklizen*) < **-klízet** (*-zejí*) **1** co (무엇을) 깨끗이 치우다, 청소하다, 없애다 **2** koho (누구를) 제외시키다 제거하다 ~ **se** < **-klízet se** 치우다

odkliknout 컴퓨터의 마우스를 누르다, 클릭하다

odklízecí 청소의, 제거의

odklon, *mi-2* **1** (빛의) 굴절 **2** 우회로, 보조도로 **3** 일탈, 벗어남

odklonit (se) < **odklánět (se)** (원래의 진로에서) 비끼(게 하)다, (광선 등을[등이] 굴절시키다[하다]; ohnutím 구부리[러지]다; odvrátit 돌[리]다; od směru (방향으로부터) 전환하다

od|klopit < **-klápět** (뚜껑 등을)

들어 올리다, 얻다, sejmout 벗기다, 제치다

odklopný 돌쩌귀가 달린[있는]

odkojenec, *ma* **1** 젖뗀 아이 **2** = *odchovanec*

odkoj|it < -ovat 1 젖을 떼다, 이유시키다 **2** 젖을 먹이다, 양육하다

odkop|at, -nout < -ávat 1 nohou (발로써) 차내다 **2** nástrojem (기계로써) 파올리다, 파내다 **3** zapudit koho (누구를) 쫓아내다, 몰아내다, 해고[해임]하다

odkouk|at, -nout <-ávat 표절하다, 슬쩍 보다, 훔쳐보다

od|koupit (*odkup!*) **< -kupovat** co od koho (무엇을 누구로부터) 사들이다, (다)사버리다

od|krojit < -krajovat 자르다, 잘라내다, 다듬다

od|kroutit (*odkruť!, odkroucen*) **< -krucovat** 비틀어 떼다

odkrý|t (odkry-) < -vat 1 벗기다, odhalit 폭로하다 **2** zbavit pokrývky 덮개를 벗기다; 펴 보이다 **3** = *objevit* ◆ *hrát s odkrytými kartami* 계획을 공개하다

odkud 어디로부터, 어디서 ◆ *~ jsi?* 너 고향이 어디니?; *~ pocházíte?* (당신께서는) 고향이 어디세요?; *~ to víš* (넌) 어떻게 그것을 아냐?

odkudkoli 어떤 곳으로부터라도 ◆ *ať jsou ~* 그들이 어떤 곳으로부터라도

odkudpak 도대체 어디로부터

odkudsi 어딘가로부터 ◆ *~ z ciziny* 어딘가 외국으로부터

odkupovat v. *odkoupit*

od|kvést, -kvíst (*odkvet-*) **< -tat** (초목 등이) 시들다, 이울다

odkvetlý 이운, 시든, 싱싱함을 잃은 ◆ *~ člověk* 한물이 간 사람

odkyslič|it < -ovat 산소를 제거하다

odkýv|at < -ávat 고개를 끄덕이다; souhlasit 지지하다, 승인하다 ◆ *všechno -á* 그는 예스맨이다

odladění, *n* (컴퓨터의) 체크아웃((점검, 검사, 제거, 오류 고침)) ◆ *po ~ předat program zákazníkovi* 점검 후 프로그램을 고객에게 전달하다

odla|dit, -ďovat 여과하여 제거하다; (프로그램 등의) 오류를 고치다 ◆ *po několik dní ~ databázový program* 며칠 후에 데이터 프로그램을 제거하다

odlaďování, *n* 체크아웃((점검, 검사, 제거, 오류 고침)) ◆ *výhodný režim pro ~ programu* 프로그램 검사의 적합한 방식

odlakovač, *mi* **1** 니스[유약] 박리제, 칠 박리제 **2** (손톱 등을 위한) 매니큐어

odlamovat v. *odlomit*

odlehčení, *n* 경감, 완화

odlehč|it < -ovat 가볍게 하다, (마음을) 누그러뜨리다, 완화하다, 안도케하다, zvl. bolesti (특히 고통을) 경감시키다; sejmout břemeno 짐을 덜어주다

odlehčovací 경감시키는, 완화하는 ◆ *~ člun* 거룻배; *~ silnice* 다른 길[방도], 우회로; *~ ventil* 안전 밸브

odlehlost, *f-1* 동떨어짐, 고립

odlehlý 멀리 떨어진, 동 떨어진, 외

딴

odlep|it < **-ovat** 잡아떼다, 떼어내다, 떨어지게 하다, 분리하다 ~ **se** < **-ovat se 1** 떨어지다 **2** závodník (경주자, 레이서가) 서로 떨어지다 **3** letadlo apod. (비행기 등이) 이륙하다

odlesk, *mi-2* 반영, 반사

odlet, *mi-2* (비행기의) 출발, 이륙; ptáků (새들의) 이동, 옮겨가기 ◆ *přílety a -y* (비행기의) 이착륙, 도착과 출발

od|letět (*oni odletí*), **-létnout** < **-létávat** (비행기가) 출발하다, 이륙하다, (여행객이) 비행기를 타고 떠나다, 날아가다

odlévat v. *odlít*

odlé|zt (*odlez-*) < **-zat** 기어가다, 기어나가다

odležet (*oni odleží*) **1** 병에 걸려 자리에 눕다 **2** (포도, 치즈 등을) 숙성시키다, 익히다 ◆ ~ *dva týdny* 병 때문에 2주일 동안 자리에 눕다 ~ **se** < 익다, 원숙해지다

odl|íčit (*odlič!*) < **-ičovat** 씻어내다, 화장을 지우다

odlid|nit < **-ňovat** 주민을 없애다

odliš|it < **-ovat** co (od čeho) čím (무엇을(무엇과) 무엇으로써) 기표를 하다, 표시하다; 구분하다, 분별하다; obměnit 변화를 주다 ~ **se** < **-ovat se** 달라지다, 구별이 생기다 **-ovat se** = *lišit se*

odlišitelný 구별할 수 있는, 식별 가능한

odlišnost, *f-1* 차이, 구별, 다양성

odlišný odlišitelný 다른, 별개의, 다양한, 가지각색의, nepodobný 같지않은, 닮지 않은, 틀린, 상이한

od|lít (*odli-|odle-, odli-l, -tí*) < **-lévat 1** (물 등을) 따르다, 붓다; opatrně (용액의 웃물을) 가만히 따르다 **2** (거푸집에다) 뜨다, 주조하다

odlitek, *mi-2, 3* 거위집, 주형; polygr. 연판

odliv, *mi-2* **1** 썰물, 간조 **2** 유출, 빠져나감 ◆ ~ *mozků* 두뇌 유출; *zabránit -u mozků* 두뇌 유출을 금지하다

od|lomit < **-lamovat** 자르다, 끊다, 잘라내다

odlouč|it (*odluč!*) < **-ovat** 분리하다; trvale 절연하다; izolovat 떼어놓다, 격리시키다

odloučení, *n* 분리, 격리, 단절, 차단

odloučenost, *f-1* 분리, 격리, 고립

odloudit (*odluď!*) < **odluzovat** 꾀어내다

odloup|nout < **-ávat, odlupovat** (껍질을) 벗기다, 벗겨내다

odložit < **odkládat 1** 내려놓다 **2** (한쪽으로) 제쳐놓다, 팽개치다 **3** svléci 벗다 **4** nehlásit se k …를 포기하다, 철회하다 **5** časově 연기하다, 보류하다, 미루어놓다; odročit 휴정하다

odlučitelný 분리할 수 있는, 분리 가능한

odlučné, *n* 별거[가족] 수당((특히 정부가 출정 군인의 아내에게 지급하는))

odlučovat v. *odloučit*

odlupovat v. *odloupnout*

odluzovat v. *odloudit*

odměna, *f* **1** 보수, 보상, 포상 보답 **2** za splnění podmínek 상, 수상, 상장, 상금; honorář 사례금

odmě|nit < -ňovat koho za co (누구에게 무엇에 대해) 보상하다, 포상하다, 보답하다 ~ **se < -ňovat se** 보상받다

odměrka, *f* 미터글라스, 눈금잔

odměřený 1 재는, 측정하는; 등급[눈금]이 있는 **2** člověk (사람이) 삼가는, 차분한

odmě|řit < -řovat 재다

odmítavý 거부감을 나타내는; 부정적인; 적대적인; 비탄적인

odmít|nout < -at 거절하다, 사절하다, 사양하다, zavrhnout 거부하다; nevyhovět 묵살하다, 인정하지 않다, hrubě (가차없이) 물리치다, 퇴짜놓다, 각하하다

odmlčet se (*oni se odmlčí*) (말을 하다가) 잠시 멈추다, 침묵하다, 입을 다물다

odmlouvat 반박하다, 말대꾸하다

odmocnina, *f* 《數》 근(根) ◆ *druhá ~* 제곱근; *třetí ~ osmi jsou dvě* 8의 세제곱 근은 2이다

odmoc|nit < -ňovat 《數》 근을 구하다

odmo|čit < -čovat 액체에 적시다[담그다]; odstranit (액체에 적셔 얼룩 등을) 제거하다[빼다], ponořením (물이나 액체에 적셔) 빨아내다, 벗겨내다

odmontov|at < -ávat 내리다, 떼어내다, (틀에서) 떼다; 해체하다, 분해하다

odmot|at < -ávat (감긴 것을) 풀다, (엉긴 것을) 풀다

odmrš|tit < -ťovat 1 내여던지다, 내동댕이 치다 **2** nehodnotné (가치없는 것들을) 버리다, milence (애인을) 버리다, 관계를 끊다

odmykat v. *odemknout*

od|myslit si (*oni odmyslí, odmyšlen*) < **-mýšlet si** (*-šlejí*) 무시하다, 배제하다

odnárod|nit < -ňovat (산업을) 비국유화하다, 민영화하다, 사유화하다; (소수민족을) 동화시키다

odnášet v. *odnést*

odnauč|it < -ovat koho čemu (누구를 가르쳐서 무엇을) 잊게하다, 행하지 않게 하다 ~ **se** čemu (무엇을) 잊다, častěji 잊어버리다 ◆ *~ se kouřit* 담배를 끊다, 금연하다

odněkud 어딘가로부터, 어디에서인가

od|nést (*odnes-*) < **-nášet** (*-šejí*) **1** 가져가다, 들고가다; si/se sebou 가져오다, 들고오다 **2** (식탁에서 접시 등을) 치우다 **3** utržit(ránu) 견디다, 치르다 **4** (상을) 타다, 획득하다 **5** odpykat 공격의 표적이다

odnikud 아무데로부터도 아닌, po záporu (부정문에서) 어디에서도, 아무에서도 ◆ *~ nepřišla pomoc* 아무에서도 도움이 오지 않았다

odnímat v. *odejmout*

odnož, *f* **1** 분지, 곁가지, 분파 **2** (특히 귀족 등의) 자손, 아들, 상속인

odolat 버티다, 견디다

odol|at < -ávat 항거하다, 저항[대항]하다, 맞서다

O

odolnost, *f-1* proti (…에 대항하여) 저항, 항거; 스태미너, 끈기, 근성; 면역

odolný vůči čemu (무엇에 대항하여) 맞서는, 저항의, 항거의

odpad, *mi-2* **1** (산업) 쓰레기, souhrnně 폐품, 폐기물 **2** 잡동사니, 찌꺼기 **3** opuštění (단체 등으로부터의) 탈퇴, 탈당 **4** odtok 유출 **5** odtokové zařízení (부엌의) 수채, 물 버리는 곳; 하수구, 시궁창

odpad|ek, *mi-2, 3* **-ky,** *pl* 폐품, 폐물; (가정용) 쓰레기, (음식물) 쓰레기, 폐기물 ◆ *koš na -ky* 쓰레기 통; *skládka -ků* 쓰레기 버리는 곳, 쓰레기 하치장

odpadkový 폐물의, 쓰레기의

odpadlictví, *n* 배교, 탈당, 변절

odpadlík, *ma-3* (종교로부터의) 배교자; (정치적) 변절자, 탈당자, 배신자, 배반자

odpadlý 떨어진, 분리한; 변절한, 탈당한

odpadní **1** 폐물의, 쓸모없는, 내버려진 **2** = *odpadový* ◆ *~ vody* (*městské*) (도시의) 시궁창, 오물

odpad|nout < **-at** **1** 떨어져 내리다, 방울방울 떨어지다 **2** přívrženec (당원, 지지자, 신자가) 떨어져가다, 하나 둘 가버리다 **3** odpadnout z polit. důvodů (정치적 이유로) 탈퇴하다, 탈당하다, 변절하다 **4** nekonat se 취소되다

odpadový 쓰레기의, 폐물의, 폐기물의

od|pálit (*odpal!*) < **-palovat** **1** 발사하다, 쏘다; vypustit (로켓 등을) 분사하여 발진시키다 **2** míč (공을) 되받아치다, 날리다 **3** 도주하다, 내빼다

odpalovací 발사의 ◆ *~ zařízení* 발사기(통); *~ základna* 발사대

odpař|it (se) < **-ovat (se)** 증발시키다[하다], 기화시키다[하다]

odpařovač, *mi* 증발기, 증발 건조기

odpásat (se) 띠를 끄르다[풀다]

odpich, *mi-2* 똑똑치기, 가볍게 치기

od|píchnout < **-pichovat** **1** 가볍게 두드리다[치다] **2** **~ se** (스포츠에서) 점프하다, 달리다 **3** na hodinách (타임 리코더로) 출근시각을 기록하다

odpichovadlo, *n-2, 3* (한쌍의) 양각기, 디바이더, 콤파스

odpínat v. *odepnout*

odpírat v. *odepřít*

odpis, *mi-2* z daní (세금에서) 삭감, 감가 계정, amortizace 감가 상각

odpískat (휘파람으로) 신호를 보내다, 휘파람을 불다

odpisovat v. *odepsat*

odplácet (*-cejí*) v. *odplatit*

od|pláchnout < **-plachovat** 씻어내다, 씻어내리다

odplata, *f* trest 보복, 복수, 응징; 앙갚음

odplatit (*odplacen*) < **odplácet** (*-cejí*) **1** 갚다, 보답하다, 보상하다 **2** stejným 보복하다, 복수하다, 앙갚음하다

odplav|at (*odplav-u, odplav!|odplavej!, odplaval*) < **-ávat** 떠내려가다, 흘러가다; plavec 헤엄쳐가다

odplav|it < **-ovat** **1** 휩쓸어가다, tak dopravit 떠내려가다 **2** (흙 등을) 침식하다

odplevel|it < **-ovat** 잡초를 뽑다[제거하다]

odpliv|nout si < **-ovat si** 침을 내뱉다[뱉다]

odplomb|ovat < **-ovávat** 개봉하다, 열다

odplou|t (*odplu-*) < **-vat** loď (배가) 항해해가다, nesen vodou 떠내려가다; 주름이 흘러가다; = *odplavat*

odpočet, *mi-2* **1** podrobný (세세한) 내역, 명세서 **2** = *výpočet* **3** 공제, 뺌, 차감 **4** před startem rakety apod. (로케트 등의 발사 전의) 초읽기, 카운트다운

odpočinek, *mi-2* **1** 휴식, 안식 **2** penze 은퇴 **3** *poslední* ~ 영원한 휴식, 영면

odpoč|inout (si) < **-ívat (si)** 휴식을 취하다; 긴장을 풀다

odpočí|tat, -st (*odpočt-u, odpoč(e)tl*) < **-távat** **1** (하나 하나) 세어서 꺼내다, (세어서) 덜다 **2** až k nule (제로에 이르기까지) 초읽기를 시작하다, v boxu (권투에서 세어) 녹아웃을 선언하다 **3** při vyplácení 지불하다 **4** 공제하다, 차감하다

odpočívadlo, *n* **1** na schodech (계단의) 층계참 **2** při cestě (도로 옆의 차의) 대피소 **3** lehátko 침상, 소파

odpočívárna, *f* 휴게실

odpočívat 휴식을 취하다, v. *odpočinout*

odpočivné, *n* 연금

odpoj|it < **-ovat** 끊다, 밟다, 중단하다, odloučit 분리하다 **-it se** < **-ovat se** 떨어져 나가다, 분리되다

odpoledne[1] 오후에

odpoledne[2]**,** *n* (**복수조격** *-ny*) 오후 ◆ *během* ~ 오후 동안에

odpolední 오후의

odpomo|ci, -oct (*odpom-ohu/-ůžu, -ůž-e-,-oz! -ohl*) < **-áhat** **1** čemu (무엇을) 경감하다, 덜다 **2** čemu (무엇을) 도우다

odpor, *mi-2* **1** 저항, 반항; výslovný 반대, 거부; nepřátelský 적대, 반감, 불쾌감, 혐오감, 악감정 **2** 《電》 저항, magnetický 자기저항 ◆ *bez -u nesporně* 논쟁거리가 없는, 반대 없이; *hnutí -u* 저항운동; *klást* ~ 저항하다; *narazit na* ~ 저항에 부딪히다

odporný 혐오스러운, 역겨운, 불쾌한, 구역질 나는

odporoučet se 작별인사를 하다

odporovat **1** komu/čemu (누구에/무엇에) 저항하다, 반항하다, 반대하다 **2** nesrovnávat se s něčím 모순되다, 부합하지 않다

odporučit 추천하다, 권하다

odposlech, *mi* 엿듣기 위한 설치물, 도청 장치

odpo|slechnout, -slouchat < **-slouchávat** tajně (몰래) 엿듣다, skrytým mikrofonem 도청하다

odpouštět v. *odpustit*

odpout|at < **-ávat** (묶인 것을) 풀다, 끄르다; oddělit 떼어내다, 분리하다 **-at se** < **-ávat se** 풀리다; 떨어지다

odpověď, *f-1* 대답, 답변, 화답; úplná 응답; reakce 대응 ◆ *dát komu* ~

누구에게 대답하다, 회답하다; *v ~ na váš dopis* 당신의 편지에 답하여

odpo|vědět (*odpoví-m ... oni odpovědí, odpověz!, odpověděl*) < **-vídat 1** 대답하다, 답하다, 응답하다, 회답하다 **2** 응하다, 바응하다, 대응하다, 감응하다

odpovědnost, *f-1* 책임(감), 의무, 책무

odpovědný 책임이 있는, komu za co jinak žalovatelný 책임져야 할 ◆ *~ redaktor* 편집장; *~ za co komu* 무엇에 대하여 누구에게 책임이 있는

odpoví|dat něčemu (무엇에) 상당하다, 대응하다; 일치하다, 조화하다; 순응하다, 따르다 ◆ *~ svému účelu* 목적에 부응하다; *tomu -dající* 그것에 대응하는[부합하는]

odpozorov|at < **-ávat** 계략을 알아채다; co od koho (무엇을 누구로부터) 보아서 배우다, 귀동냥으로 익히다

odpracov|at < **-ávat 1** 일하다 **2** 일해서 (빚을) 갚다

odprásknout (속어**)** 골로 보내다, 죽이다, 제거하다

odprav|it < **-ovat (**속어**)** 파멸시키다, 죽이다, v. *odstranit*

odprod|at < **-ávat** (일부분을) 매각하다, (싸게) 팔아치우다, 처분하다

odprodej, *mi* (일부분의) 매각, 처분

odpro|sit (*odprošen*) < **-šovat** koho (누구에게) 용서를 구하다[빌다]

odprýsk|at < **-ávat** (칠, 색 등이) 벗겨져 떨어지다

od|přáhnout (*odpřažen*) < **-přahovat, -přahat** 굴레를 벗기다, voly (황소의) 멍에를 벗기다

odpředu 앞으로부터, 전방으로부터

od|přisáhnout < **-přísahat 1** co (무엇을) 맹세하다, potvrdit, přísahat 선서하다 **2 ~ se** čeho (무엇을) 포기하다, (습관 등을) 선서하고 그만두다[버리다], 단념하다 ◆ *~ si věrnost* 신의[신뢰, 충실]를 맹세하다

odpu|dit (*odpuzen*) < **-zovat** 거부하다, 물리치다, 몰아내다

odpudivý 1 불쾌한, 싫은, 역겨운 **2** 《物》 반발하는, 반향하는

odpůrce, *ma* 반대자, 적대자, 대립자, 대항자

od|pustit (*odpuštěn*) < **-pouštět** = *prominout*

odpuzovat v. *odpudit*

odpyk|at (si) < **-ávat (si)** trest (형기를) 채우다[치르다], 복역하다

odra|dit (*odrazen*) < **-zovat** 실망시키다, 낙담시키다, přemlouváním (설득으로써) 단념시키다

odranec, *ma* 누더기를 입은 사람, 부랑아

odraný 1 (옷, 신발 등이) 누더기의, 써서 낡은, 닳아 빠진 **2** (사람이) 초라한

odrat = *odřít*

odraz, *mi-2* **1** (둑으로부터 배 등을) 밀어내기 **2** odskokem 도약; (공의) 되튐, 바운드, 뛰어오름 **3** po srážce s něčím (무엇과의 충돌 후의) 반향, po napětí/stlačení (긴장이나 압박 이후) 반작용, 반동 **4** světelný 반사; 반영; opakovaný zvukový (반복되는 소리의) 반향, 여운, 메아리

odraziště, *n* **1** (마술, 육상 경기에서

의) 도약(지점); (수영의) 뜀판, (체조 등의) 도약판 **2** 새로운 출발점

odraz|it (*odražen*) < **odrážet** (*-žejí*) **1** (공을) 되치다, 받아 넘기다; útok, ránu (공격, 타격을) 물리치다, 격퇴하다 **2** od břehu (둑으로부터)밀치다, 밀어내다 **3** 반향하다 **4** vytvořit odraz, reflex 반사하다, 반영하다 **-it se** < **odrážet se 1** 반영되다 **2** na pozadí (배경으로) 비치다, 돋보이다 **3** odskokem 도약하다 **4** stejnou silou (동일한 힘으로써) 되튀다, 반동하다

odrazovat v. *odradit*

odrazov|ý 1 도약의 **2** 반사의, 반영의 **3** 반향의 ◆ *-á čára* 출발선; ~ *můstek* 뜀판; *-é sklo* 반사기; *-é sklo při silnici* 야간 반사경(장치)

odrážet se (*-žejí*) v. *odrazit (se)*

odrhnout (얼룩 등을) 문질러 없애다; (항아리 등을) 문질러 닦다 = *vydrhnout*

odrhovačka, *f* 케케묵은 노래

odroč|it < **-ovat** 휴회하다, 연기하다, 이원하다; rozejít se 휴정하다, 휴교하다; 유예하다

odrodilec, *ma* 배반자, 배교자; 할당자, 변절자

odrodilý 변절한, 배반의, 거역한, 져버린

odrodit se (*odrozen*) 국적을 져버리다, (당적을) 배반하다

odrostlý 1 다 큰, 다 자란; 성인이 된 **2** čemu (무엇을) 벗어버린, 더 이상 (무엇이) 아닌 ◆ *být ~ škole* 더 이상 학생이 아니다

odrůda, *f* (동물, 식물 등의) 변종, 이종

odrůst (*odrost-*) < **-at 1** dospět 성장하다, 다 자라다, 성인이 되다 **2** čemu (무엇을) 벗어버리다[탈피하다]

odřenina, *f* 긁은 자국, 할퀸 자국, 찰과상

odřezávat v. *odříznout*

odřezek, *mi-2, 3* (고기의) 토막; (나무의) 잘라진 가지

odří|ci, -ct (*odřekn-u, odřekl, odřeknut*) < **-k(áv)at 1** objednávku (주문 등을) 취소하다, příkaz (명령을) 철회하다 **2** 되무르다, 회수하다 **3** odmítnout 거부하다, 거절하다, 물리치다 **-ci se** < **-k(áv)at se 1** čeho (무엇을) 포기하다, 단념하다 **2** zříci se koho, nehlásit se k 부인하다

odřeknout = *odříci*

odříkání, *n* **1** 포기, 단념, 체념 **2** 거부, 거절 **3** sebezapírání 극기, 금욕

odří|kat < **-kávat** 암송하다, 낭송하다; monotónně (단조롭게) 반복하다, 복창하다

odříkavý 극기의, 금욕의; 고행의

odřít (*odř-u, odřel*) < **odírat 1** (살갗을) 스쳐 벗기다 **2** (색 등을) 문질러 없애다; jen povrchně (단지 표면을) 긁다, 할퀴다 **3** užíváním (사용으로써) 닳아 없어지게 하다; způsobit puchýře 몹시 문질러 벗기다 **4** všechno dopracovat (모든 일을) 다 끝마치다 **5** koho o peníze (누구의 돈을) 탈취하다

od|říznout < **-řezávat 1** 베어내다[버리다] **2** 가로채다

odsá|t (*odsa-, odsál*) < **-vat 1** 다 써버리다, 소진하다, odčerpat 고갈시키다 **2** (액체 등을) 빼내다

odsedět (*oni odsedí, odsezení*) **1** trest (형기를) 마치다, 복역하다 **2** (앉아서) 시간을 소모하다

odsek|nout < **-ávat 1** (나뭇가지 등을) 잘라내다, 잘라버리다 **2** slovy (말로) 날카롭게 되받아쏘다, 말대꾸하다, 받아넘기다

odshora 위로부터, 위쪽에서

od|skočit < **-skakovat 1** (옆으로, 뒤로) 뛰어오르다, 도약하다; s odrazem 튀다 **2** (si) kam, ke komu nakrátko (어디에, 누구에게) 잠깐 들르다, 불쑥 나타나다[나가다, 다녀오다]; ~ si (na záchod) 변소[화장실]에 가다

odsloužit se (*odsluž!*) = *odměnit se*

od|soudit (*odsuď!, odsouzen*) < **-suzovat 1** 저주하다, 힐난하다, 매도하다; příkře se vyslovit o něčem/někom 절교하다 **2** vyřčením rozsudku 선고하다, 선고를 내리다, 유죄판결을 내리다, 언도하다

odsouvat = *odsunovat*

odsouz|enec, -ený *ma* **-ená,** *f* 죄인, 죄수, 기결수

odsouzení, *n* 선고, 인도, (유죄)판결

odspodu 밑으로부터, 밑에서

odstartovat v. *startovat*

odst|át (*-stojím, -stůj!, -stál*) **-ávat**[1] 서서 버티다 **-át se** < **-ávat se** (음료수가) 미적지근해지다

odstávat[2] vyčnívat 튀어나오다, 쑥 내밀다

odstavec, *mi* 단락, 절, 문단

odsta|vit < **-vovat 1** 옆에 놓다[세우다]; jako méněcenné 처박아 두다; odklidit 치우다 **2** mládě (젖먹이를) 젖을 떼다 ◆ ~ *na vedlejší kolej* 회피하다, 돌리다

odstavn|ý 옆의, 측면의 ◆ *-á kolej* 측선, 대피선; *-á plocha* 철도의 대피선, (도로에서 딴 차의 통과를 기다리는) 대피소

odstěhovat (se) v. *stěhovat*

odstín, *mi-2* **1** (엷은) 색조, 기미, …티, 명암 낌새 **2** 음색, 소리맵시 **3** 미묘한 차이, 사소한 차이, 뉘앙스

odstínit (*odstiň*) < **odstiňovat** 그늘지게 하다, 착색하다, 색조를 띠게 하다

odstona|t (*odstůň-u, -stonej!, -stonal*) co (무엇을) 걸리다, 앓다, (무엇 때문에) 아프다 ◆ *tu cestu si -l* 그 여행이 그를 아프게 하였다

odstoupení, *n* **1** 옆으로 밀어두기 **2** 사퇴, 사직, 탈퇴 **3** od smlouvy (조약, 합의의) 취소, 말살

od|stoupit (*odstup!*) < **-stupovat 1** 옆으로 비키다, dozadu (뒤로) 물러나다 **2** z úřadu 사직하다, panovník 포기하다 **3** vzdát se 버리다, práv na co (무엇에 대한 권리를) 양도하다

odstra|nit < **-ňovat 1** 옆으로 치우다, 제거하다, 없애다 **2** 지우다, 훔쳐[씻어]내다; 버리다 **3** 취소하다, 폐기하다 **4** koho (누구를) 없애다, 죽이다 **5** (**컴퓨터**) (프로그램의) 오류를 수정하다

odstraš|it < **-ovat** (공포로) 단념시키다, 저지하다

odstrašovací 단념시키는, 저지하는, 낙담시키는

odstr|čit < **-kovat** (옆으로, 앞으로,

뒤로) 밀치다[치우다]; = *odrazit, odsunout*

odstroj|it < **-ovat 1** (옷을) 벗기다 **2** koně (말의) 마구를 풀다 ~ **se** 벗다; 풀다

odstře|dit < **-ďovat 1** (우유를) 탈지하다; (세탁물을) 돌려 탈수하다 **2** rozložit mimo střed 분산시키다, …에 원심작용을 받게 하다

odstředivka, *f* 원심 분리기; na prádlo (세탁물의) 원심 탈수기

odstředivost, *f-1* 원심력

odstředivý 1 원심(성)의, 원심력을 응용한 **2** (정치적) 분리주의의

odstřel|it < **-ovat 1** = *zastřelit;* postupně 하나씩 겨누어 쏘다 **2** skálu (바위를) 폭파하다

odstři|hnout (*odstřižen*) < **hávat** 잘라내다, 끊어내다 v. *odříznout*

odstřižek, *mi-2, 3* (종이) 조각, 오려낸 것; (천) 조각

odstup, *mi-2, 3* **1** 거리, 간격; pravidelný (규칙적인 시간) 간격 **2** v chování (행동에 있어서의) 거리두기, 초연(함), 태연(함)

odstupné, *n* 보상금, 배상금; 해직[퇴직]수당

odstupňo|vat < **-ňovávat** 등급을 매기다, 평점을 매기다, 유별하다

odstupovat 1 = *odstávat* **2** v. *odstoupit*

odsud 여기서부터, 여기에서

odsudek, *mi-2, 3* 비난; 죄의 선고, 유죄 판결; (책에 대한) 적대적인 비평

odsun, *mi-2* (강제적인) 이동, 지식인, s vyklizením (인구의) 소개, 피난; dobrovolný (자발적인) 이전

odsun|out < **-ovat 1** 옆으로 옮기다; = *odrazit, odstavit, odstrčit* **2** do jiného bydliště (다른 주거 단지로) 옮기다, 이사하다; do jiného oboru (působnosti) (다른 분야로) 바꾸다 **3** 연기하다, 미루다 **4** (인구를) 소개하다, 피난시키다; (부대를) 이동시키다

odsuzovat v. *odsoudit*

odškodné, *n* 손해액, (손해) 배상금

odškod|nit < **-ňovat** za (…에 대하여) 배상하다, 보상하다 **-nit se** < **-ňovat se** 배상[보상]받다

odškrt|nout < **-ávat** 점검하다, 체크하다, 대조하다

odšroubov|at < **-ávat** 나사를 빼다[느슨하게 하다], 뚜껑을 돌려서 빼다

odštěpek, *mi-2, 3* 토막, tříska 부서진[쪼개진] 조각, 지저깨비

odštěp|it < **-ovat** 부수다, 쪼개다 **-it se** < **-ovat se** 찢어지다, 쪼개지다, 부서지다

od|táhnout (*odtažen*) < **-tahovat 1** 끌고가다, 견인하다; (가구를 벽에서) 끌어내다 **2** odejít apod. 철수하다, 떠나다

odtamtud 거기서부터, 거기에서

odtažitý 1 추상적인; 심원한, 난해한 **2** (사람이) 초원한, 태연한

odtelefonovat 전화로 답하다

odtok, *mi-2, 3* **1** 방수, 방류, 폐수 **2** 배출구, 배수구; 배수관, 하수관

odtrh|nout (*odtržen*) < **-ávat** 떼어내다, 찢어내다, 잡아떼다, 떼어놓다, 분리시키다 **-nout se** < **-ávat se** 떨어져 나가다, 떨어지다

odtučnit 지방을 제거하다[빼다]
odtučňovací 체중 줄이기의, 다이어트의 ◆ ~ *kúra* 체중줄이기 요법, 다이어트 코스; ~ *dieta* 살빼기 다이어트
odtučňování, *n* 체중 줄이기; 다이어트
odtud 여기서부터, 여기에서
odulý 부어오른, 부푼; (볼이) 부풀어 오른
odumřelý 이운, 시든; zaniklý 사면한, (생명력이) 다한
odu|mřít (*odumř-*, **(문어체)** *odumru|-ou, odumřel, odumření*) < **-mírat** 시들다, 이울다; vyhynout 사멸하다, 죽어 없어지다
odusit (*odušen*) v. *dusit, podusit*
oduševnělý 활기에 찬, 정열적인, 고무된
odůvodnění, *n* 정당화, 옹호, 변명
odůvod|nit < **-ňovat** 정당화하다, 이유를 대다[달다]
odvádět v. *odvést*
odvah|a, *f* 대담, 용감, 용기, 담력, odvážný duch 기백, 활기 ◆ *dodat si -y* 용기를 불러일으키다
odvar, *mi-2* 달이기, 달인 즙[약]; 조제약; vývar 혼합수프[음료]; 고기 삶은 국물
od|vázat (*odváž-u, odvaž!, odvázal*) < **-vazovat** 풀다, 끄르다; 풀어주다, 놓아주다
odvážet (*-žejí*) v. *odvézt*
od|vážit se (*odvaž!*) < **-važovat se** troufnout si 감히 …하다, 대담하게[뻔뻔스럽게도] …하다, …할 용기가 없다; riskovat 위험을 무릅 쓰고 하다
odvážlivec, *ma* 용감한 사람, 대담한 사람, 겁 없는 사람; silněji 무모한 사람
odvážnost, *f-1* = *odvaha*
odvážný 용감한, 대담한; podnikavý 개척적인, 모험성이 왕성한; riskantní 모험적인
odvděč|it se < **-ovat se** komu (누구에게) 보답하다, navzájem (서로) 주고받다, 답례하다
odvedenec, *ma* 징병, vybraný 징집병
odvěký 오랜 세월의, 영원한
od|vést (*odved-*) < **-vádět** (*-ějí*) **1** 데리고가다, kdo jde napřed 인도해가다, 호위하다 **2** 꾀어내다, 유인하다 **3** jinam (딴 데로) 돌리다, 전환하다; tekutinu, plyn (액체, 가스를) 빼다, 빼내다 **4** odevzdat 인도하다, 넘겨주다; dodat 배달하다 **5** na vojnu (군으로) 징병하다, dobrovolníka 신병을 모집하다
odvet|a, *f* **1** pomsta 복수, odplata 보복, 앙갚음 **2** odpověď **(고어체)** 응답, 답[변], 화답(和答) **3** protireakce 역회전, 백래쉬 **4 (스포츠)** 리턴매치, 복수전, 설욕전; v šermu (펜싱에서) riposta 되찌르기 ◆ *v -u pronesl dlouhou řeč* 화답으로서 장시간에 걸친 연설을 했다
odvetn|ý 보복적인 ◆ ~ *úder/útok* 보복적 타격/공격; ~ *zápas* 설욕전[리턴매치]; *učinit -á opatření* 보복하다[앙갚음하다, 응수하다, 악으로 갚다]
odvětví, *n* průmyslu 산업 부문, ekonomie 경제분야, oboru 분야, 라인, 분과 ◆ *výrobní* ~ 생산라인(공정)

od|vézt *(odvez-)* < **-vážet** *(odvážen)* **1** koho (차로) 데려다 주다, 태워가다; 동반하다, 가져가다 **2** zboží (물건을) 운반[운송]하다, 옮기다, 싣고가다; odpadků (쓰레기 등을) 처치[처분]하다, 치우다

od|vinout < **-víjet** *(-její)* přízi, vlnu (직물짜는 실, 방사(紡絲), 뜨개질 실 등 감겨 있는 것을) 풀다; motouz, film (끈, 필름을 실패나 얼레에서) 풀다 ~ **se** (실이) 풀리다; příběh, událost (줄거리, 사건이) 전개되다, 펼쳐지다

odvirování, *n* **(컴퓨터)** 바이러스 퇴치[제거]

odvirovat (컴퓨터) odstranit vir z počítače 바이러스를 퇴치하다[제거하다]

odvlé|ci, -ct < **-kat 1** (무거운 것을 질질) 끌고가다, loď, auto (차, 배를) 끌어 당기다, 끌어가다, 견인하다 **2** unést (아이를) 유괴하다, (사람을) 납치하다 ◆ *~ opilého domů* 술취한 사람을 집으로 끌고가다; *za války odvlečené děti* 전쟁 중 끌려간 아이들

odvod, *mi-2* **1** vývod 방출, 유출; plynu (가스) 배출 **2** 고갈, 소모 **3** odvádění 제거, 철거, 철수; se ztrátou nároku (권리나 주장의) 상실, 해임, 파면 **4** 《軍》 징병, 모병 ◆ *-y vojsk* 군(軍) 징집; *dostavit se k -u* 징병에 참여하다[응하다]

od|vodit *(odvozen)* < **-vozovat 1** 끌어내다, 이끌어 내다 **2** logicky (논리적으로) 추론하다, 유추해내다 **3** etymologicky (어원상) 유래하다, 나오다, 파생하다 **4** původ (근원을) 추적하다, 거슬러 올라가다, 유래를 찾다

odvod|nit < **-ňovat** 배수하다, 탈수하다

odvodn|ý 배수의, 하수의, 탈수의 ◆ *-é potrubí* 배수관, 하수관

odvolací 호소[항소]하는 ◆ *~ právo* 항소권; *~ soud* 항소 법원

odvolání, *n* **1** úředníka (관리, 공무원의) 해고, 정리, 파면; velvyslance (대사의) 소환 **2** stížnosti, žádosti (불만호소나 요청의) 취소, 철회 **3** objednávky (예약, 주문의) 취소 **4** zákona (법의) 무효, 폐지[폐기, 철회, 취소]

odvol|at < **-ávat 1** k návratu 소환하다, 불러들이다 **2** vzít zpět 철수하다, 물러나다 **3** učinit neplatným 무효로 하다; přihlášením (공표를 통해) 폐지[폐기]하다 **4** zrušit 취소하다, 철회하다 **-at se** < **-ávat se 1** proti čemu (무엇에 대하여) 항소[항고, 상고]하다 **2** na koho/co (누구에 대해/무엇에 대해) poukázat, odkázat 언급[지시, 지적]하다 ◆ *~ se u soudu* 법원에 항소하다; *můžete se ve své žádosti ~ na mne* 당신의 신청(원)서에 나를 언급해도 좋습니다

odvolávka, *f* v knize (책의) 참고, 참조사항

odvolit v. *volit* vykonat volbu 투표하다 ◆ *odvolilo už devadesát procent voličů* 유권자 90%가 이미 투표를 마쳤다

odvoz, *mi-2* 수송, 이송; odstranění 제거, 수거 ◆ *~ na letiště* 공항에서의 수송; *~ odpadků* 쓰레기 수거; *zboží je připraveno k -u* 물건은 수송[운송] 준

O

비를 마친 상태다

odvozenina, *f* (…으로 부터) 유래된 것, 파생물, 이차적인 것, (근원에서) 이끌어낸 것; 《言》 파생어

odvozování, *n* (다른 근원에서) 이끌어냄, 유도함; 《言》 (말의) 파생

odvozovat v. *odvodit* 파생하다, 이끌어내다

od|vrátit (*odvrať!, odvrácen*) < **-vracet** (*-cejí*) **1** obrátit, otočit stranou co (무엇을) 돌리다, od určitého směru (어느 쪽으로) 방향을 바꾸다 **2** koho/co od koho/čeho (누구를/무엇을 누구로부터/무엇으로부터) 멀리하다, 피하다, obrátit něčí zájem 누구의 흥미를 돌리다; odvést 끌어내다 **3** zamezit 훼방놓다, 방해하다, odstranit 없애다, 제거하다; zmařit 무산시키다, 좌절시키다, útok (공격을) 저지하다 ◆ *odvrácená strana* 반대편[쪽]; ~ *oči* 눈을 돌리다; ~ *pohled* 모습을 비키다; ~ *srdce od koho* 누구로부터 마음을 돌리다; ~ *stávku* 파업을 무산시키다

odvrh|nout (*odvržen*) < **-ovat 1** odhodit co (무엇을) 던져버리다 **2** odmítnout 거절하다 ◆ ~ *těžká břemena* 무거운 짐을 벗어 던지다; ~ *zbraň* 무기를 내 던지다; ~ *návrh* 제안을 거절하다

odvyk|nout < **-at 1** (si) komu/čemu (누구에, 무엇에 대한) 습관[타성]에서 벗어나다, (버릇, 잘못을) 버리다 **2** koho čemu (누구를 무엇에서) odnaučit 벗어나게 하다, 고쳐 배우게 하다 ◆ ~ *si špatným návykům* 나쁜 습관[악습]을 버리다; ~ *koho alkoholu/kouření* 누구로 하여금 술을[담배를] 끊게 하다

odysea, *f* 장기간의 방랑[모험, 여행]

Odysseus (그리이스 신화의) 오디세우스, 율리시즈

odzadu zezadu 뒤로부터, 후방으로부터

odzátkov|at < **-ávat** zbavit zátky 마개를[뚜껑을] 따다[열다] ◆ ~ *láhev* 병뚜껑을 따라; ~ *pivo* 맥주를 따다; ~ *sud* (주류를 넣는) 큰 통을 열다

odzbrojení, *n* 무장해제 ◆ *atomové* ~ 핵무장 철폐, 핵무기 감축

odzbroj|it < **-ovat** 무기를 빼앗다, 무장을 해제하다; 군축하다

odzbrojovací 무장해제의, 군축의 ◆ ~ *konference* 군축 회의

odznak, *mi-2, 3* **1** 《軍》 hodnosti (계급 등을 표시하는) 계급장, úřadu (관공서의) 직급 표지, 표장 **2** k nošení na sobě (착용하고 다니는) 배지, organizace (기관의) 기장(記章)

od|zvonit < **-zvánět** (*-ějí*) **1** (종이나 벨을) 울리다; (종을 쳐서[울려서, 흔들어서]) 알리다; učinit konec 끝내다, 끝을 알리다 **2** 전화가 울리다 **3** přestat zvonit 울리는 소리가 그치다 ◆ *už jim odzvonilo* 게임은 끝났다

OECD organizace pro ekonomickou spolupráci a rozvoj 경제 협력 개발 기구

ofenzív|a, *f* 공격 ◆ *velká* ~ 대대적 공격; *zahájit -u* 공격을[공세를] 취하다

ofi|kat < **-kávat** **(구어체)** komu vlasy (누구의 머리카락을) 자르다, 깎아주다

ofina, *f* 드리운 앞머리, 단발의 앞머

O

리

ofouknout < ofukovat 1 trochu pofoukat (가볍게) 불다, foukáním, větrem ovanout (입김이나 바람이) 솔솔 불어주다 **2** sfouknout 불어서 날리다[쓸어내다] ◆ ~ *dítěti bolavý prstíček* 아이의 아픈 손가락에 입김을 불어주다; ~ *cigaretový popel/prach* 담뱃재/먼지를 불어 흩날리다

oháknout (se) (속어**)** obléci se, ošatit se dobře, pěkně, nápadně 옷을 예쁘게[화려하게, 눈에 띄게] 차려 입히다 ◆ *chodí si pěkně oháknutý* 예쁘게 차려입고 다니다; ~ *do svátečného* 나들이옷을 차려입다

ohanbí, *n* zevní pohlavní orgány s okolím 음부, (여자의) 외음부 ◆ *ochlupení na* ~ 음모(陰毛), 거웃; *zakrýval si* ~ 자신의 음부를 가리다

ohánět se (*-nějí se*) **1** rukama (손을) 흔들다, gestikulovat 손짓[몸짓]으로 나타내다[말하다] **2** obratně čím (도구, 기구와 같은 무엇을 솜씨 있게 도구, 기구를) 다루다 **3** pilně, hbitě pracovat 부지런히 그리고 민첩하게 일하다 ◆ ~ *pilně jehlou* 바느질을 부지런히 잘하다; *mít se co ohánět, aby...* … 하도록 열심히 무엇을 해야만 한다

ohavný šeredný 싫은, odporný 혐오감을 주는, zločin (죄, 위법행위가) hrozný 나쁜, 험한, 지독한

ohazovat v. *ohodit*

ohbí, *n* řeky, cesty (강이나 길의) 굽이, 굽음, 굴곡, 커브

ohebný 1 pružný 탄력있는, 유연한, 구부리기[휘기] 쉬운 **2** kov (금속이) 두들겨 펼 수 있는, 연성(延性)의 **3** 《言》 굴절을[활용을, 어미변화를] 하는

oh|eň, *mi* **1** 불; (큰) 횃불, táborový (캠프의) 모닥불, 캠프 파이어 **2** požár 화재; 불꽃, 화염 **3** palba 발사 ◆ *olympijský* ~ 올림픽 성화; *-něm a mečem* 전화(戰禍)[살육]에 의해; *křest -něm* (성령에 의한) 영적 세례; *dát ruku do -ně* 실패를 무릅쓰고 해보다[성공의 기회를 잡다]; *tahat za koho horké kaštany z -ně* 누구를 대신하여[위해] 불 속에서 밤을 꺼내다[누구를 대신해 위험을 무릎쓰다, 누구의 앞잡이로 이용되다]; *není kouře bez -ně* 아니 땐 굴뚝에 연기 날까; *být v dvojím -ni* 진퇴양난이다; *dát komu* ~ 누구에게 (불, 담뱃불)을 붙여주다; *máš* ~ 담뱃불 있니?; *hrát si s -něm* 불장난하다[위험한 짓을 하다]; *hned je* ~ *na střeše* 성미가 급하다; *pálit jako* ~ 매우 뜨겁다; *rozdělat* ~ 불을 지피다

ohlas, *mi(-2)* **1** ozvěna 반향(음), 메아리 **2** odezva 응답, 대답, 호응; reakce 반응 ◆ *-y písní českých* 체코 민요의 메아리

ohlásit (*-šen*) v. *hlásit*

ohlášky 1 (교회에서 결혼식을 올리기 전 알리는) 결혼예고 **2** písemné oznámení 서면 통보

ohlašovací 알리는, 통보[통지]의; 등록의, 기입의 ◆ ~ *lhůta* (최종) 등록시한; ~ *povinnost* 의무적[필수적] 등록

ohlašovna, *f* 등록소, 동사무소, příchodů a odchodů 신고소, hovorů 전화국

ohlávka, *f* (소나 말의 굴레 끝의) 고

뼤, 밧줄

ohled, *mi-2* **1** zřetel 고려, 관심, 염려, 주의, 배려 **2** hledisko, stránka, směr 관점, 관계, 관련◆ *společenské -y* 사회적 고려; *~ bez -u na co* 무엇에 대해 무관심하게; *brát ~ na* 고려하다; *s -em na co* (= *pokud je o*) 무엇에 관한한; *v tomto -u* 이런 점에서

ohled|at < -ávat 1 검사하다, 점검하다, 수색하다 **2** pohmatem (촉감으로) 느끼다, 만지다; 《醫》 촉진하다 [촉감으로 진료하다] ◆ *~ mrtvolu* 시체를 부검하다

ohledně (부사 +생격) čeho (무엇과) 관(련)하여, (무엇에) 대하여, (무엇을) 고려하여

ohl|édnout se < -ížet se (*-žejí se*) **1** podívat se 되돌아보다 **2** hledat 찾다, 구하다 ◆ *~ za kým/po kom* 누구의 뒤를/주위를 둘러 보다; *odešel, ani se neohlédl* 그는 뒤돌아 보지도 않고 떠나버렸다; *~ po nějakém zaměstnání* 직업을 구하러 여기저기 찾아다니다

ohledupln|ý 사려 깊은, 신중한; 배려해주는, 고려하는, 이해해주는 ◆ *~ člověk* 신중한 사람; *~ k životnímu prostředí* 환경 친화적; *byli k nám velmi -í* 그들은 우리를 배려해 주었다

ohlí|dat hlídáním ochránit, dát na někoho/něco pozor 지켜 보호하다, 돌보다, 소중히 하다, …에 주의하다 ◆ *~ si termín* (최종) 시한[기한] 지키는 것에 주의하다

ohl|oupit (*ohlup!*) **< -upovat** koho/co (누구를/무엇을) učinit hloupým 바보로 만들다, 놀리다, 웃음거리로 만들다 ◆ *úplně nás ohloupili* 우리를 완전히 바보로 만들었다

ohluch|nout 귀가멀다, 귀머거리가 되다 ◆ *~ na jedno ucho* 한쪽 귀가 멀다; *Smetana úplně -l* 스메따나는 완전히 귀가 멀었다

ohlu|šit < -šovat zbavit schopnosti vnímat sluchem 귀머거리로 만들다; 귀가 멀게하다; 귀가 먹먹하게 하다, 들리지 않게하다 ◆ *výbuchy nás -ly* 폭발(음)이 우리를 귀가 먹먹하게 했다; *psi štěkali k ohlušení* 개들이 귀가 멍하도록 짖어 댔다

ohlušiv|ý, ohlušn|ý ohlušující 귀청이 터질 것 같은[찢어질 듯한], 천지를 진동하는 ◆ *-á palba* 천지를 진동하는 총성 *~ ruch* 귀청이 터질 것 같은 소음; *~ štěkot* 귀청이 찢어질 듯한 개짖는 소리

ohmatan|ý ušpiněný 손때가 묻은, 많이 만져서 더럽혀진 ◆ *-á kniha* 손때 묻은 책; *~ papír* 손때 묻은 종이; *-é cukroví* (손때에) 지저분해진 사탕

ohmat|at < -ávat (손으로) 만지다, 만져서 느끼다, (촉감으로) 느끼다; 《醫》 촉감으로 진료하다; tápavě 더듬다 ◆ *~ někoho* (성적으로) 누군가의 몸을 더듬다, 애무하다

ohnisko, *n-2, 3* **1** (광학, 사진) 초점 **2** 《醫》 infekce (병의) 감염 부위, 주요 환부 **3** zájmu (활동, 흥미, 주의 등의) 중심 **4** zločinnosti (죄악의) 온상, 소굴 **5** zemětřesení (지진 등의) 중심부; (사건, 폭동 등의) 중심지

ohniště, *n* 화덕, 난로

ohniv|ý 1 žhavý 불타는, 작열하는, 불을 품는 **2** temperamentní 불 같은,

열렬한, 열정적인; 맹렬한 **3** červeň 시뻘건, 불같이 빨간 **4** víno (와인 등이) 독한, 강한 ◆ *-é jiskry* 작열하는 불꽃[불똥, 불티]; *-á koule* 불덩어리, (화산 폭발시에 생기는) 화구(火球); *-á voda* (*alkohol*) 화주(火酒), 독주; *-á povaha* 불 같은 성질[성미]

ohnivzdorn|ý 내화성(耐火性)의, 방화(防火)의, 불연성의 ◆ *~ porcelán/-é sklo* (오븐 요리용의) 내열(耐熱) 접시[식기]

ohňostroj, *mi* 불꽃놀이, 봉화 ◆ *vypálit/zapálit ~* 불꽃놀이를 하다

o|hnout (se) < -hýbat (se) 1 koho/co (누구를/무엇을) stočit do oblouku (둥글게) 구부리다, 접다, skloněním (몸을 구부려) 숙이다 **2** koho (누구를) obloudit, ošidit 속이다, 미혹하다 ◆ *~ drát* 철사를 휘다; *~ páže* 어깨를 구부리다; *~ plech* 판금[얇은 금속 판]을 구부리다[휘다]; *~ (svého) kluka přes koleno* (자신의) 사내아이를 무릎에 뉘어 놓고 엉덩이를 때리다; *ohne každého, kdo se dá* 그[그녀]는 할 수 있는 자면 누구든지 속일 것이다

ohoblovat v. *hoblovat* dřevo (목재를) (대패 등으로) 밀다, 깎아내다; vyhladit (표면 등을) 매끄럽게 하다

o|hodit (*ohozen*) **< -hazovat 1** házením po povrchu pokrýt (zvl. zeď) (특히 벽의) 표면에 (뭔가를) 뿌려 뒤덮다[바르다], 흩뿌리다; 애벌칠하다 **2 ~ se (구어체)** obléci se 입다, 차려입다 ◆ *~ zeď maltou* 벽에 회반죽을 바르다; *auto nás ~ blátem* 자동차는 우리에게 흙탕물을 날렸다; *svátečně se ~* 나들이 옷을 차려입다

oholit (se) v. *holit* (*se*) 털을 깎다; 면도하다, 수염을 깎다

ohon, *mi-2* **1** zvířat (동물의) 꼬리 **2** účes (머리모양, 헤어스타일) 포니테일((뒤로 묶어 드리우는)) **3** komety (혜성의) 꼬리 ◆ *nosit* (*koňský*) *~* 포니테일을 하고 다니다

ohrada, *f* **1** plot 울, 경내; pro dobytek (가축의) 우리; pracoviště, skladiště (작업장이나 창고의) 구내, 보호망 **2** ohrazení 울타리, zeď 벽

ohra|dit (*ohrazen*) **< -zovat** plotem (울타리로) 둘러싸다; zdí 담으로 에워싸다, 두르다, 감싸다 **~ se < -zovat se 1** …에 의해 에워[둘러]싸이다, 갇히다 **2** vznést námitky 이의를 제기하다, 항의하다, proti 반대하다

ohranič|it < -ovat 1 pozemek (토지 등 부동산의) 경계를 정하다, ohradit 경계선을 긋다; vymezit 규정하다 **2** omezit 제한하다, 한정하다

ohrn|out < -ovat kalhoty, rukávy (바지나 소매를) 접어 올리다, svinutím 말아올리다 ◆ *~ nad kým/čím nos* 누구에게/무엇에 대해 코방귀를 뀌다, 무시하다

ohrom|it < -ovat 당황하게 하다, překvapit 놀라게 하다

ohromný 1 obrovský 거대한, 엄청난 **2** udivující 놀라운, skvělý 환상적인, 굉장한, 멋진

ohro|zit (*ohrožen*) **< -žovat** 위협하다, být hrozbou 위험에 빠뜨리다 ◆ *cítit se ohrožen* 위협한 낌새가 들다; *stav -žení* 위협을 느끼는 상태

ohryz|at (*ohryžu|ohryzám, ohryž!|ohryzej!,*

O

ohryzal) < **-ávat** okousat 갉다, 물다; 갉아먹다, 물어뜯다, 뜯어내다 ◆ ~ *kost* 뼈에서 살을 뜯어내다; *ohryzané nehty* 물어 뜯은 손톱

ohryzek 1 jablka, hrušky (사과, 배의) 핵 **2** v krku (목의) 결후(= *Adamovo jablko*)

ohřát (*ohře-, ohřál, ohřátí*) v. *hřát*

ohřívač, *mi* 히터, 난방기, bojler 보일러 ◆ ~ *vody* 온수 탱크, 온수 보일러; *průtokový* ~ 자동 온수기; ~ *jídla* 음식 보온기

ohřívat = *hřát* ◆ ~ *staré spory* 과거의 일을 [옛 다툼거리를] 들추어내다; ~ *lavičku* 벤치만 지키다, 후보 선수가 되다

ohyb, *mi-2* cesty, řeky (길이나 강의) 굴곡(부), 만곡(부), 커브, 굽음; 《物》 paprsku (광선의, 방사선의) 회절

ohýbací 휜, 굴절의, 유연한; 《言》 굴절하는, 어형변화를 하는 ◆ ~ *kleště* 굴절 집게[펜치]; ~ *sval* 《解》 굴근(屈筋); ~ *koncovka* 굴절 어미

ohýbat 1 《言》굴절시키다, 어형변화시키다 **2** v. *ohnout* ◆ *stromek se musí ~, dokud je mladý* 귀한 자식 매 한 대 더 때린다[매질을 아끼면 자식을 망친다]; ~ *před kým hřbet* 누구에게 복종하다, 굴복하다, 굽실거리다

ohyzdný ošklivý, škaredý (모습이) 추한, 지저분한, 흉한; odporný 반감이 있는, 적대적인

ochablý chabý 힘이 없는, 연약한, 허약한; uvolněný 느슨한, 약한

ochab|nout < -ovat 허약해지다, 맥[기력이]없어지다, 기운이 없어지다; svaly (근육이) 축늘어지다; odvaha (용기가) 사라지다, 마음이 약해지다; 느슨해지다, 약해지다

ochechule, *f* **1** 바다코끼리, 해우(海牛) **2** **(구어체)** **(속어)** žena 노파, 할망구

ochladit v. *chladit* 서늘하게 하다, 차갑게하다; 식히다

ochladnout v. *chladnout* 싸늘해지다, 추워지다; jídlo, nápoj (음식이나 음료가) 식다; horlivost (열정이) 식다[줄다]

ochlazovat = *chladit*

ochoč|it < -ovat 1 zvíře (동물을) zkrotit 길들이다 **2** manžela (남편을) 가정적인 사람으로 만들다 **3** zvládnout 복종시키다

ochomýtnout se, ochomejtnout se (구어체) udělat krátkou návštěvu 잠깐 방문하다, 잠시 들르다, 얼굴을 보이다

ochot|a, *f* 기꺼이[자진하여] 하는 마음, 자발(성); úslužnost 친절하게 돌봐줌; ochota pomoci 기꺼이 도와줌; laskavost 자상함, 친절함 ◆ *s -ou* 자진해서, 기꺼이, 쾌히; *udělám to s největší -ou* 흔쾌히 그것을 제가 하겠습니다; *děkuji vám za -u* 기꺼이 도와주심에 감사드립니다

ochotně 기꺼이, 흔쾌히, 자진해서, 자발적으로

ochotnick|ý 아마추어의, 애호하는 ◆ *-é divadlo* 아마추어 극장; *-é divadelní představení* 아마추어 연극 상연

ochotnictví, *n* 아마추어 정신, 아마

추어 활동

ochot|ník, *ma-3* **-nice,** *f* 아마추어 배우, 비직업적 배우

ochot|ný 1 기꺼이 하는, 자발적인, 친절한 **2** uctivě povolný 유순한, 융통성이 있는 ◆ *být ~ něco udělat* 무엇을 기꺼이 할 준비가 되어 있다; *být -en ke všemu* 모든 것을 할 마음이 있다

ochoz, *mi* 발코니, 회랑, 주랑(柱廊), 노대(露臺); lokomotivy (기관차의) 발판; oštáře 교회의 제단 뒤의 선반((초나 꽃을 진설함)); stadionu 테라스; divadelní (극장의) 맨 위층 관람석 ((가장 싼 곳)) ◆ *~ na věži* 탑의 주랑; *~ sportovního stadionu* 스포츠 경기장의 테라스

ochrana, *f* 보호; pro případ napadení 방위; kvůli zachování 보존, 유지, 관리; sociální (사회적) 구원, 구조; péče, starost 보살핌 ◆ *~ památek* 기념비의 보호[관리]; *~ přírody* 자연보호

ochránce, *ma* patron 보호자, 지원자, 구원자 ◆ *~ přírody* 환경 보호론자; *~ životního prostředí* 환경(생태) 보호론자; *~ lidských práv* 인권 보호자, 옴부즈맨((국가 기관이나 공무원들에 대한 밀반 시민들의 민원, 고충을 처리해주는 행정 감찰관))

ochránit (*ochraň!*) uchovat 보존하다, 유지하다, 간직하다, 지키다; uhájit 지키다, 방위하다, 호위하다 ◆ *~ koho před čím* 무엇으로부터 누구를 보호하다

ochrank|a, *f* 구조대, 파수꾼, 감시원; 보디가드, 경비, 경비회사 파견 요원 ◆ *před vchodem do úřadu stáli muži z -y* 관청 입구에 감시원이 서있다

ochrann|ý 보호하는, (위험에서) 지키는, 방어하는 ◆ *~ oblek* 안전복; *-é pouzdro* 방패; *-á přilba* 안전모; *-á známka* 등록 상표

ochraňovat = *chránit*

ochraptět (*oni ochraptí*) 목이 쉬다; 쉰 목소리로 말하다, 목이 쉬도록 부르다

ochrnout 마비되다, 움직이지 못하다

ochrom|it < -ovat 1 provoz, výrobu (운행[작동], 생산을) 마비시키다, 무력하게 만들다; dopravu (교통운행을) 이동할 수 없게 만들다, 마비시키다 **2** intelektuální kapacitu (지적 능력을) 무감각하게 만들다, 멍하게 만들다 **3** zchromit 절름발이를 만들다, 불구가 되게 하다 ◆ *~ závodního koně* 경주마를 절름발이로 만들다

ochu|dit (*ochuzen*) **< -zovat 1** 곤궁하게 하다, 가난하게 하다, 피폐시키다; půdu (땅을) 황폐하게 하다, 불모로 만들다 **2** připravit o co 빼앗다 ◆ *~ koho o co* 누구로부터 무엇을 빼앗다

ochuravět (*-ějí*) 병들다, 질병에 걸리다

ochu|tit (*ochucen*) **< -covat** (음식에) 맛을 내다, 맛들이다, 양념하다; 풍미를 곁들다 ◆ *~ co čím* 무엇을 무엇으로 맛들이다; *~ si kávu rumem* 커피에 럼주 맛을 내다

ochutn|at < -ávat 1 맛보다 **2** 감상하다, 즐기다, 향락하다 ◆ *chcete ~* 맛을 좀 보시겠어요?; *~ svobodu* 자유를 맛보다

ochuzovat v. *ochudit*

oj, *f* vozu (차량의) 끌채, 채; 축, 굴대, 샤프트

ojedinělý **1** odlišný od jiných 다른 것과는 다른, unikátní 독특한, 유일한 **2** jednotlivý 개개의, 각각의, 단일의 **3** vyskytující se s mezerami 산발적인, 산재하는, 드문드문한 **4** osobitý 개인의, 사적인

oje|t (*ojed-, ojel*)**, -zdit** (*-ježděn*) (차량이 타고 다녀서) 닳다, 낡게하다 ◆ *-tý vůz* 중고차; *-té pneumatiky* 닳은 타이어

ojnice, *f* 《기계》 (내연기관의) 피스톤 간, 연접봉, 주연봉

okamžik, *mi-2, 3* naléhavý/krátký (갑작스럽고 짧은) 순간, 눈깜짝할 사이, 잠시 ◆ *~, prosím* (전화 등에서) 잠시만 기다리세요; *do posledního -u* 마지막 순간까지

okamžit|ý 즉시의, 즉각의; (짧은) 순간의, 순식간의 ◆ *-á smrt* 즉사(卽死); *-á pomoc* 즉각적인 도움; *-á reakce* 즉각적인 반응; *k -ému použití* 즉시 사용가능한

okamžitě 즉시, 곧장, 바로

okap, *mi-2* (건물의) 처마, 차양, 낙수홈통 ◆ *z deště pod ~* 작은 난(難)을 피하여 큰 난을 만나다

okapávat (물방울 등이) 똑똑 떨어지다

okapní, okapový 처마의, 차양의, 낙수통의

okatý 큰 눈을 가진, 큰 눈의, 눈 알이 큰

okázalý 장관의, 볼만한; falešně 허세부리는, 과장된

okenice, *f* 덧문, 셔터, 겉창

okénko, *n-2, 3* **1** 작은 창(문) **2** na přepážce 쪽문, 작은 문, s mřížkou 쇠창살, 격자 **3** v bance (은행의) 창구; v jídelně (주방에서 식당으로) 요리를 내놓는 창구 **4** ve škole volná hodina (학교에서) 자유시간((잠시 수업이 없는[수업니 비는] 시간)); v rozvrhu (시간표에서) 비는 시간 **5** v novinách (신문에서) 칼럼란 ◆ *dialogové ~* **(**컴퓨터**)** 대화 창

okénkov|ý 작은 창문의 ◆ *-á obálka* 창달린 봉투((받는 사람의 이름과 주소가와 투명하게 들여다 보이도록 파라핀 종이를 붙인 봉투))

okenní 창의 ◆ *~ rám* 창틀; *~ římsa* 창턱; *~ tabule* 창유리

oklamat v. *klamat*

oklep, *mi-2* (카본지에 의한) 복사본, **(**구어체**)** oklepek 묵지를 대고 쓴 사본

oklep|at < **-ávat** **1** klepáním zbavit něčeho (두드려서 뭔가를) 제거하다, 톡톡 치다, (쳐서 오물을) 털어내다 **2** **(**구어체**)** opsat na stroji 타이프 하다 **-at se** < **-ávat se** otřást se (몸을 흔들어) 털어내다; zbavit se pocitu viny, strachu 죄의식이나 두려움을 없애다 ◆ *~ boty* 신발을[신발에 묻은 흙덩이를] 털다; *doutník* 시가(의 재를)를 털다; *~ cigaretu* (*= popel z cigarety*) 담배(담에서 재를) 털어내다; *~ sníh s bot a s klobouku* 신발과 모자에서 눈을 털어내다; *vykoupaný pes se na břehu pořádně oklepal* 목욕을 한 개가 강변에서 단정하게 물기를 털어냈다

okle|stit (*okleštěn*) < **-šťovat** **1**

strom (나무를) 전지하다; zbavit větví (가지를) 베다, 치다 **2** omezit práva, svobodu (권리와 자유를) 제한하다, 억압하다, 박탈하다 **3** text (텍스트의) 불필요한 부분을 제거하다, 잘라내다

oklik|a, *f* (빙 둘러) 돌아가는 길, objížďka 우회, 우회로, 에움길 ◆ *jít/jet -ou* 둘러가다, 우회하다; *řekni to bez oklik!* 단도직입적으로 말해라[에둘러 말하지마]

okno, *n* **1** 창문; v boku lodi (배 측면의) 창구, 현창, 현문 **2** ztráta pamětí 기억상실, působením alkoholu (알코올로 인한) 일시적 의식[기억] 상실 ◆ *křídlové* ~ 여닫이 창; *mozaikové* ~ 모자이크 무늬를 한 창; *mřížové* ~ 격자창, 살창; *otočné* ~ 회전창; *spouštěcí* ~ 창, 내리는 창; *střešní* ~ (지붕, 천장 등의) 채광창(採光窓)

oko[1]**,** *n-2* lidské, zvířecí (인간이나 동물의) 눈; zrak 시력, 시각 ◆ *to bije do očí* (= *je to nápadné*) 그것은 인상적이다, 눈에 띈다; *říci někomu co do očí* 무엇을 누군가에게 면전에서 말하다; *mít dobré/špatné* ~ 시력이 좋다/나쁘다; *mít klepky na očích* 눈에 눈가리개를 하다[보지 않다, 못보다, 실제를 보고 싶지 않아 하다]; *vidět (přesvědčit se) na vlastní (své) oči* 자신의 눈으로[직접] 보다[보고 확신하다, 확인하다]; *mezi čtyřma očima* 얼굴을 맞대고[서로의 신뢰하에], 비밀로, 극비로, 사적으로; *jdi mi z očí* 내 눈에서 꺼져라!; *mít oči všude* 정신을 집중하고 보다[정신을 바짝차리다]; *mít koho na očích* 누구를 주시하다; *mít oči navrch hlavy* 놀라서 눈을 부릅뜨다, 눈을 휘번덕 거리다]; ~ *za* ~, *zub za zub* 눈에는 눈, 이에는 이(= *oplácej stejným*) 같은 방식으로 되갚다; *je to jako pěst na oko* 그것은 부적절하다((주위와 현저히 달라 어울리지 않다, 누가 무엇에 적임자가 아니다); *otevřít oči* 눈을 뜨다, 뭔가를 정확하게 알게되다; *zavřít oči* 눈을 감다, 잠들다(= *usnout*), 죽다(= *zemřít*); *pouhým okem* 육안으로; *sypat komu písek do očí* 누구의 눈에 모래를 뿌리다[남의 눈을 속이다, 남을 속이다]; *být komu trnem v oku* 누구의 눈에 가시가 되다[누구에게 늘 걱정이나 불안을 끼치다]; *jako by mu z oka vypadl* 그를 꼭 빼닮았다; *na očích veřejnosti* 세상의 주목속에서; *zmizet z očí* 눈에서 사라지다[없어지다, 떠나가다]

oko[2]**,** *n-2, 3* **1** při pletení (뜨개질이나 바느질에서) 한 바늘, 한 땀, 한 코, 한 뜸 **2** smyčky 총구멍(안) sítě, síta, na punčoše (그물, 망사, 스타킹에 난) 구멍 **3** léčka (사냥용) 덫, 올가미 **4** na kostce 주사위의 눈 **5** bramboru (감자 등의) 씨앗의 싹, 눈 **6** terče (과녁의) 중심 **7** karetní hra (카드놀이에서) 블랙잭, 21점 놀이 ◆ *kuří* ~ (손 · 발의) 티눈; *paví* ~ (공작이나 나비 날개의) 둥근 무늬; *volské* ~ 프라이 달걀

okol|ek, *mi* **1** 《기계》 (관(管)을 잇기 위해 덧붙인 날밑 모양의) 플랜지; kola (자전거 바퀴의) 불룩한 테두리 **2** 《천문학》 Slunce, Měsíce (해·달의) 무리 **3** pl. *okolky* váhání, rozpaky (목적·목표에) 곧장 향하지 않는 행동, 주

O

저, 당황, 안절부절못함 ◆ *bez ~ ků* 주저없이; *dělat ~* 주저하다, 당황해하다

okolí, *n* 주위, 변두리; *pl* sousedství 이웃, 교외

okolík, *mi-2, 3* 《植》 산형화서, 산형꽃차례, 산형화

okolkovat[1] váhat 주저하다; 늑장부리다, 꾸물대다, 자꾸 미루다, 연기하다

okolkovat[2] v. *kolkovat* žádost, listinu (신청서나 서류문서에) 수입인지를 붙이다

okolní 주위의, 주변의, 둘러싼, 포위된, 에워싼; sousedící 이웃하는; teplota (기온) 대기의, 주위 공기의

okolnost, *f-1* **1** 환경, 상황; **-i,** *pl* 조건 **2** (형벌 등의) 경감 사유, 정사참작

okolo I (+생격) **1** kolem …주위[주변]에, …둘레에 **2** mimo …을 지나서, …옆으로; podél …을 따라서 **3** přibližně 대략, 거의 ◆ *shromáždit se ~ koho* 누구의 주위로 모이다; *jít/jet ~ koho/čeho* 누구의/무엇의 옆으로 지나가다; *silnice vede ~ řeky* 도로는 강을 따라 나있다; *~ deváté hodiny* 대략 9시 정도에 **II** (부사) **1** mimo 지나서, 옆으로 **2** kolem 주위에, 주변에, 둘레에 ◆ *všude ~* 도처에; *pobíhat ~* 주위를 달려다니다

okolojdoucí, *ma* kolemjdoucí 통행인

okolostojící, *ma* 방관자, 구경꾼; 관계 없는 사람

okopanina, *f* 근채(根菜) 작물((뿌리를 먹는 무우나 감자 등의 식물))

okopírovat v. *kopírovat* 복사하다

okoralý (빵 따위가) 딱딱해진, 굳어진; rty (입술이) 튼, 갈라진

okor|at < -ávat chléb (빵 따위가) 딱딱해지다, 굳어지다; rty (입술이) 트다, 갈라지다

okořenit v. *kořenit* (음식에) 맛을 내다, 양념하다; projev (연설 시 말을) 꾸미다, 윤색하다

okostice, *f* 골막(骨膜) ◆ *zánět ~* 골막염

okouk|at, -nout < -ávat/okukovat (구어체) **1** důkladně (철저히) 들여다 보다, prohlédnout 자세히 살펴보다 **2** zvyknout si na …에 적응하다, …에 습관이 되다

okoun, *ma* říční (강[하전]에 사는) 농어무리의 민물고기

okouněč, *ma* 놈팡이, 백수, 건달, 게으름뱅이; 부랑자, 떠돌이

okouzl|it < -ovat 1 začarovat 마술을 부리다 **2** 매혹시키다; uchvátit 황홀하게 하다, 유혹하다

okov|at < -ávat 1 podkovat koně (말에) 편자를 박다 **2** dveře (문에) 쇠나철을 박다; boty (신발에) 장식 못을 박다, 징을 박다, zasadit 박아넣다

okr, *mi-2* 황토, 석간주(石間硃) ◆ *žlutý ~* 황토

okrádat v. *okrást*

okraj, *mi = kraj* 가장자리, 경계; 변방, (도시의) 외곽

okr|ájet (*-její*) **< -ajovat** ořezat 자르다, 잘라내다, 베다

okrajový 경계의, 가장자리의

okrasa, *f* 장식(품, 물), 장신구 ◆

květinová ~ 꽃장식

okrasný 장식(물, 품)의, 장식용의

okrá|st (*okrad-*) < **-dat** koho o co (누구로부터 무엇을) 빼앗다, 강탈하다; 훔치다, 도둑질하다

o|krášlit < **-krašlovat** 장식하다, 꾸미다, 장신물을 달다, 장신구를 걸치다, 아름답게 보이게 하다

okres, *mi* **1** 구역, městský (도시의) 구획, (행정구역의 단위상) 군(郡) **2** úřad (관공서로서) 구청, 군청

okresní 구역의, (행정 구역상의) 군(郡)의; venkovský 지방의, 지역의

okrouhl|ý 원의, 둥근 ◆ *-é závorky* 둥근 괄호 ( )

okrsek, *mi-2, 3* správní (행정상의) obvod 구(區); volební 선거구; policejní (경찰 등의) 담당구역, 소속구역

okruh, *mi-2, 3* **1** 원, oběhu 주위 **2** dosah (미치는) 범위 **3** soubor 집합체, 전체, 그룹 ◆ *čtenářský ~* 발행 부수; *integrovaný ~* (전기의) 쇠살대 회로; *uzavřený ~* (전기의) 폐회로

okružní 원의, 순환하는 ◆ *~ cesta* 일주 여행, 회유 여행(回遊旅行); *~ jízda/autobus* 관광 여행/버스, *~ jízdenka* 도중하차 티켓; *~ pila* 둥근 톱; *~ plavba* 유람선 여행; *~ silnice* 순환 도로

okřá|t (*okře-, okřál*) < **-vat** 재생하다, 기운을 내다, 원기를 회복하다, osvěžit se 생기를 되찾다, 상쾌해지다

okřídlen|ý 날개가 달린 ◆ *~ kůň* 날개 달린 말, 페가수스; *-é rčení* (화려한 수식 문구가 많은) 비유적 격언

okřik|nout < **-ovat** (큰 소리로) 부르다, 고함치다, pokárat (고함치며) 나무라다, (소리 질러) 조용하게 만들다

oktan, *mi* 《化》 옥탄 ◆ *-ové číslo* u benzínu (석유에서) 옥탄 가(價)

oktáva, *f* 《音》 **1** 옥타브, 8도 음정 **2** 8개의 한 벌, 8개가 연속으로 있는 것

okukovat zvědavě (호기심을 가지고) 살펴보다; (눈을 동그랗게 뜨고) 빤히 쳐다보다, 말똥말똥 쳐다보다, 노려보다; dívky (여자를) 위 아래로 훑어보다, (여자에게) 추파를 던지다

okupace, *f* **1** zábor 점령, 점거 **2** přivlastnění 점유, 소유, 보유

okupační 점령의, 점거의; 점유의, 보유의 ◆ *~ armáda* 점령군; *~ stávka* 연좌 파업, 농성 파업

okupant, *ma* 침입자, 점령자, armáda 점령군

okupovat 1 《軍》 zemi (영토를) 점령[점거]하다, 침략[침입]하다 **2** obsazovat, obsadit 차지하다; 독점하다 ◆ *~ nejlepší místo* 우등석을 차지하다; *~ výnosné funkce* 이익이 되는 역할을 차지하다

okurka, *f* **1** rostlina (식물로서의) 오이 **2** nakládaná 식초절임 오이, 오이 피클 **3** (구어체) nos 주먹코, 주부코 ◆ *kyselá ~* 오이 절임

okurkov|ý 오이의 ◆ *~ salát* 오이 샐러드; *-á sezóna* (7월, 8월 신문의 기사거리가 없는) 불황기, 여름의 침체기

okusit < **okoušet** (*-šejí*) = *ochutnat* 맛보다

okusovat v. *okousat*

okvětí, *n* 《植》 꽃덮개, 화피(花被)

O

okyslič|it < **-ovat** 산화시키다, 녹슬게 하다; prokysličit 산소로 처리하다

o|lámat (*olám-u, olam!|olámej!, olámal*) < **-lamovat** zbavit větví, listí (가지나 잎을) 잘라내다, 치다

olej, *mi* **1** 식용 기름 **2** 지방 **3** olejomalba 유화 ◆ *stolní* ~ 식용유; *salátový* ~ 샐러드용 기름; *olivový* ~ 올리브유; *podzemnicový* ~ 땅콩유; *slunečnicový* ~ 해바라기 기름; *řepkový* ~ 유채기름[평지씨유]; *motorový* ~ 엔진오일; *malovat -em* 유화 그림을 그리다

olejnatý 기름이 많은, 기름을 많이 함유한; 지방이 풍부한

olejnička, *f* 기름통, 주유기

olejný 기름의, 기름을 제공하는, 기름이 함유된

olejomalba, *f* 유화

olejovat < **na-** 기름을 치다[바르다], 그리스를 바르다

olejovitý 유질(油質)의, 유성(油性)의, 기름진, 기름기 많은; (피부가) 지성(脂性)의 ◆ ~ *odpad* 유성(油性) 폐기물[쓰레기]

olejovka, *f* 식용유에 절인 정어리

olejov|ý 기름의; olejnatý 기름을 많이 함유한; 자방이 풍부한 ◆ *-á barva* 유화 물감; *-á skvrna* (바다 등에 있는 석유의) 유막, (해상 위의) 유출된 기름

olemovat v. *lemovat* 가장자리를 감치다, 옷단을 대다 ◆ ~ *šaty krajkou* 드레스에 레이스를 달다

oliva, *f* 올리브; 올리브 나무; druh knoflíku 막대모양의 장식 단추

olízat (*olíž-u|olízá-m, olíž!|olízej!, olízal*), **olíznout** (*oližni!*) < **olizovat** 핥다, slízat 핥아 치우다; talíř (접시 등을) 핥아서 (깨끗이) 먹다, 말끔히 핥다

oloupat v. *loupat* (사과나 감자의) 껍질을 벗기다

oloupit (*olup!*) < **olupovat** koho o co (누구한테 무엇을) 강탈하다, 빼앗다

olověný 납의, 납빛의, 납으로 만든

olovnat|ý 납의, 납이 함유된 ◆ *-é sklo* (= *křišťálové sklo*) 납이 함유된 유리((크리스탈 유리))

olovnice, *f* (측량에 사용되는) 추선(錘線), 다림줄; na konci šňůry 다림추(줄)

olov|o, *n* 납 ◆ *mám nohy jako z -a* 다리가 (지쳐서) 휘주근하다

olše, *f* 오리나무

olší, *n* **olšina,** *f* 오리나무 숲

olšov|ý 오리나무의 ◆ *mít -é ruce* (솜씨가) 서투르다

oltář, *mi* (교회의) 제단, 제대(祭臺), 성찬대

olupovat 1 = *loupat* **2** v. *oloupit*

Olymp, *mi* 올림푸스(산)

olympiáda, *f* 국제 올림픽(경기)

omáčet (*-čejí*) v. *omočit*

omáčka, *f* 소스, 양념; z pečeně 고깃국물(소스); k dochucení 조미료, 맛

omáčník, *mi-2, 3* (배 모양의) 소스 그릇

omak|at -ávat = *ohmatávat*

omalovat v. *malovat*

omámit (*omam!*) < **omamovat 1** úderem (타격으로) 멍하게 만들다, 얼게하다; drogou (마약 복용으로) 마취

시키다; 기절시키다 **2** o alkoholu 술에 취하게 하다 **3** zmást 현혹시키다

omamný (마약, 술 등이) 취하게 하는, 마취성의 ◆ *~prostředek* 마취제

Omán, *m* 오만

omastek, *mi-2, 3* (육고기에서 뚝뚝 떨어지는) 기름, 그리스, 수지

omastit (*omaštěn*) < 기름을 치다, máslem 버터를 바르다

omaz|at (*omaž-u, omaž!, omazal*) < **-ávat** (표면을) 바르다, 발라서 덮다, 칠하다, 입히다; (발라서) 더럽히다 ◆ *~ kamna hlínou* 벽난로에 진흙을 바르다

omdl|ít (*omdlím, omdlel, -ení*) < **-évat** 의식을 잃다, 기절하다

omeleta, *f* 오믈렛

omeškat se s prací (일에 있어서) 꾸물대다, 꾸물거리다; zmeškat 서두르지 않다, 정시에 하지 않다

omést (*ometu*) < **ometat** koštětem (빗자루로) 쓸다; prachovkou (먼지떨이로) 털다 **~ se** kolem dívky (여자 주위를) 배회하다, 맴돌다; 어슬렁거리다, 빈둥거리다

omez|it < **-ovat** ohraničit 제한하다, všestranně 제약하다; snížit, zmenšit 줄이다, 축소시키다; vázat podmínkou 조건부로하다, 한정하다 **-it se** < **-ovat se** na co (스스로를) 제한하다, 한정시키다, …의 범위 안에 두다; odevzdaně 단념하다 ◆ *-ím se na několik poznámek* 몇 마디 참고사항만 말씀드립니다; *~ se na deset cigaret denně* 하루에 담배 10 개비로 정하다(또는 줄이다)

omezenec, *ma* 바보, 얼간이, 열등생, 저능아, 무식한 사람

omilost|nit < **-ňovat** koho (누구를) 용서하다; odsouzence k smrti (사형수의) 형집행을 유예하다

omítka, *f* 회반죽, 벽토, jemná (부드러운) 가루 석고

omít|nout < **-at** 회반죽을 바르다, 석고를 바르다

omla|dit (*omlazen*) < **-zovat** (다시) 젊어지게 하다, 원기를 회복시키다 ◆ *~ mužstvo* 젊은 팀을 구성하다; *cítit se -zen* 젊어짐을 느끼다

omládnout (더) 젊어지다; vzhledově 젊어보이다

omlátit (*omlácen*) 두들기다, zrna, obilí (알갱이, 곡식을) 두들겨 떨어뜨리다; 때리다, 난타하다 ◆ *~ komu co o hlavu* 누구를 나무라다[vyčíst 질책하다]

omlazovat v. *omladit*

omlouvat (se) v. *omluvit (se)*

omluv|a, *f* 사과, 사죄; 변명, 해명 ◆ *na -u čeho* 무엇의 변명으로서

omluvenka, *f* 사과문, 반성문

omluvit se > **omlouvat se** přednést něčí omluvu 사과하다, 사죄하다, 용서를 빌다

omluvitelný 용서할 수 있는, 변명이 서는

omluvný 사과의, 사죄의; 용서의 ◆ *~dopis* 사과 편지

omočit < **omáčet** 담그다, navlhčit 적시다

omot|at < **-ávat** co (무엇을) 둘둘 감다, 싸다, 감아서 덮다

omr|áčit (*omrač*) < **-ačovat** (타격으로) 기절시키다, 의식을 잃게하다,

어리벙벙하게 하다

omrzat v. *omrznout*

omrzelý čím (무엇에) 싫증난; patický 무관심한 ◆ ~ *životem* 삶에 지친, 염세적인, 세상이 싫어진

omrz|et (*oni omrzí*) co někoho (무엇이 누구로 하여금) 싫증나게 하다, 지치게 만들다, 의욕을 상실케하다 ◆ *opakovat do -ení* 지겹게 되풀이하다; *už mě to -elo* 이제 그건 지긋지긋하다

omrzlin|a, *f* 동상(凍傷) ◆ *-y nohou* 발에 든 동상; *utrpět -y* 동상에 걸리다[동상을 앓다]

omrzlý 동상에 걸린; (채소 등에) 서리가 든, 바람든

omrz|nout < -at 동상걸리다; (채소가) 서리가 들다, 얼어붙다

omšelý 1 skála (바위가) 이끼낀; obydlí (집 등의 거주지가) 황폐한 **2** šaty (옷 등이) 닳아 해진, 써서 낡은 **3** vtip, příběh (농담이나 이야기의 줄거리가) 케케묵은, 진부한; otřepaný 사소한, 일상의

omyl, *mi-2* z nepochopení (이해부족으로 오는) 실수, nevystižení 잘못, (부주의로 인한) 실수 ◆ *to je ~!* (전화 시) 잘못 걸린 전화[틀린 전화번호]입니다; *-em* 실수로

omylný 틀리기 쉬운, 오류에 빠지기 쉬운, 속기 쉬운 ◆ *každý člověk je ~* 모든 인간은 실수하기 마련이다

omý|t (*omy-*) **< -vat** mýt 씻다, 닦다; houbou (스펀지로[해면으로]) 씻다; stěnu (벽 등을) 닦다

omývač, *mi* 자동차 유리 닦기 장치; *ma* **-ka,** *f* 닦는 사람 ◆ *~ oken* 유리창 닦이(사람); *~ mrtvol* 시신을 닦는 사람

on, *ma* (인칭대명사 3인칭 단수형; 변화는 부록 참조) 그, 그 사람, 그 남자

ona, *f* (인칭대명사 3인칭 단수형 변화는 부록 참조) 그녀, 그 여자

onak 저렇게, 거꾸로, 다르게 ◆ *tak či ~* 이런 식으로 혹은 다른 방법으로

onanie, *f* 수음(手淫)

ondatra, *f* 사향 뒤쥐, 머스크랫; 또는 그 모피

ondulace, *f* kulmou (물결 모양의) 웨이브; 머리결, trvalá 파마

ondulovat < na- vlasy (머리결을) 물결모양으로 (웨이브)하다, 파마하다

on(eh)dy nedávno 얼마 전에, 며칠 전에, 오래지 않아

oněmět (*-ějí*) 벙어리가 되다; 목소리를 잃다, 말을 하지 않다

oněm|it < -ovat koho (누구를) 벙어리로 만들다, 말을 못하게 만들다; 목소리를 제거하다; v úžasu (놀라서) 말을 못하게 하다

onemocnět (*-ějí*) čím, na co (무엇으로, 어떤) 병에 걸리다, 아프다, 질병을 앓다 ◆ *~ nachlazením* 감기에 걸리다, 감기를 앓다

onemocnění, *n* 질병, nemoc 병

oněmovat v. *oněmět*

onen (인칭대명사 3인칭 단수형) 그, 그것 ◆ *~ svět* 저 세상, 저승; *za onoho času* 그때에, 오래 전에, kdysi 옛날에

oni -(y) (인칭대명사 3인칭 복수형; 변화는 부록 참조) 그들, 그것들

O

ono, *n* (인칭대명사 3인칭 단수형; 변화는 부록 참조) 그것
opáčit (안부나 인사말에 대해) 회답하다; odpovědět 대답하다, 답변하다
opačn|ý 반대의, 거꾸로의; vzájemně se vylučující 상호 배타적인 ◆ *-ě* 반대로, 거꾸로
opad|nout < -at 1 z povrchu 떨어지다 **2** listí 낙엽지다, omítka 벗기다 **3** klesnout 줄어들다, hladina (수위가) 내려가다, 가라앉다, povodeň (홍수가) 시들다
opájet v. *opojit*
opak, *mi-2* 반대; úplný, extrémní 정반대, 모순; rub 역(전)
opakovací 반복적인, 답습하는, 복습의
opakování, *n* 반복; jako zvěna 반향
opakovat > z- 1 souhrnně 개괄하다, znalosti 요약하다 **2** zkouškou 되풀이하다 **-t se** 반복되다; pravidelně se vracet (규칙적으로) 되돌아오다 ◆ *Opakovat!* 앙코르!
opálen|ý 태양에 그을린, 선텐한 ◆ *je krásně -á* 그녀는 아름답게 탔다
op|álit (*opal!*) < **opalovat** …의 표면을 태우다, ožehnout 그스리다, sluncem (태양에) 그을리다, (살을) 태우다 **~ se < opalovat se** 썬텐하다; slunit se 햇볕을 쬐다, 일광욕 하다
opalovačky, *f-1* (아이들이나, 여성들의) 일광욕 복, 비키니
opánek, *mi* **opánky,** *pl* 샌들, 얇은 단화, 슬리퍼
opanov|at < -ávat bojiště, situaci (싸움터[전장터나 상황을]) 지배하다, 장악하다, obsadit 점령하다; hněv (화를) 가라 앉히다, 억제하다 **-at se < -ávat se** 통제하다, 억제하다, 침작해지다 ◆ *~ své city* 자신의 감정을 억제하다[심리적 상태를 극복하다]
opar, *mi-2* **1** mlha 아지랑이, 안개 **2** kožní 포진(疱疹), 헤르페스
opa|řit (끓는 물, 증기등으로) (살, 피부를) 데게 하다 ◆ *jako -řený* 깜짝 놀란, 질린; *~ si ruku* 손가락을 데다; *~ vepře* 돼지 고기를 더운 물에 데치다
opás|at < -ávat řemenem (가죽끈, 혁대, 벨트로) 잡아 매다, …에 가죽끈을 달다; (허리에) 띠를 두르다[둘러싸다] ◆ *~ svá bedra* (전투에 대비하여) 마음을 긴장시키다, (마음을 긴상시키) 대비하다; *~ se čím* 무엇을 허리에 차다; *~ se mečem* 칼을 허리에 차다
opasek, *mi-2, 3* pás, řemen 띠, 벨트, 허리띠, kožený (가죽) 혁대 ◆ *utáhnout si ~* 벨트를 단단히 죄다[조이다], 팽팽하게 하다; 허리띠를 졸라메다, začít málo jíst, šetřit 검소하게 살다, 근검절약하다
opat, *ma* 대수도원장
opatrnický 지나치게 조심하는, 소심한, 중용의, v závazcích 애매한 ◆ *být ~* 형세를 살피다, 중립적인[애매한] 태도를 취하다
opatrník, *ma-3* 소심하게 또는 계산적으로 중립을 지키는 사람
opatrnost, *f-1* 조심, pečlivá 근면, 주의 ◆ *udělat co z -i* 무엇을 조심스럽게[안전하게] 처리하다; *-i nikdy nezbývá* 후회하는 것보다 안전하게

O

하는 것이 더 낫다[조심은 하면 할 수록 좋다]

opatrn|ý 조심스러운, pečlivý 주의 깊은; neukvapující se 삼가는; opatrnický 소심한; konzervativní 보수적인 ◆ ~ *řidič* 조심성 있는 운전수; *být ~ v řeči* 말에 있어 신중하다; *být ~ na penize* šetrný 돈에 검소하다, lakomý (인색하다); *-ě* 취급주의!, 조심!

opatrovat koho, co (누구를, 무엇을) 돌보다, pečovat 보살피다; 간호하다; 지키다 ◆ ~ *jako oko v hlavě* 소중히 다루다[여기다]

opatrovna, *f* **1** mateřská škola 유치원, 보육원 **2** ústav pro osoby potřebující opatrování 보호소

opatrovnice, *f* dětí 베이비시터, 보모; pečovatelka 돌보는 사람; pomocnice v domácnosti 가정부, 식모; nemocných 간병인

opatrovnictví, *n* 후견인역[직]; 감독, 관리; 신탁통치

opatrovník, *ma-3* **1** 보호자, správce 피신탁인, 수탁자, 보관인; 후견인 **2** poručník 수호자; pozůstalosti 관리자

opatření, *n* **1** zařízení 배열, 배치, 정돈, ustanovení 설정, 설치; postup v nějakém jednání 절차 **2** krok 조치, 단계 ◆ *učinit potřebná* ~ 필요한 조치를 취하다; *nápravná* ~ 시정 조치; *soudní* ~ 법원의 조치[절차]; *vládní* ~ 정부의 조치

opatřit < -ovat 1 komu co (누구에게 무엇을) pořídit 마련하다 조달하다; koho čím (누구에게 무엇을) **2** vybavit 공급하다, 준비하다, 챙기다; 갖추다, 설비하다 **3** zajistit 보장하다, 안전하게 하다 sehnat 구입하다 **4** dodat 추가하다, 첨부하다, kolkem (수입인지를) 붙이다, razítkem (도장을) 찍다, podpisem 서명하다 **5** zajistit natrvalo co (장기간 무엇에) 대비하다

opé|ci, -ct (*opeč-u, opeč!, opekl*) **< -kat** maso (고기 등을) 굽다, bez tuku (기름 없이) 석쇠에 굽다, 그릴하다; celé velké zvíře 통구이로 하다 ◆ ~ *na rožni* 쇠꼬챙이에 굽다, 바비큐하다

opečovat < opečovávat 돌보다, 보살피다 ◆ ~ *kojence* 젖먹이 아이를 돌보다

opelichat v. *pelichat*

opepř|it < -ovat 후추가루를 뿌리다, 양념을 하다; (이야기에) 흥취를 더하다

ope|ra, *f* **1** 오페라 **2** budova 오페라하우스 **3** soubor 오페라단[가극단] ◆ *jít k -ře* 오페라 가수가 되다

opěra, *f* **1** opěradlo 받침대 **2** podpěra 지루, opona 버팀대 ◆ *nožní* ~ (이발용 의자 등의) 발판, 발걸이; ~ *židle* 의자 등받이

operace, *f* **1** (외과적) 수술 **2** (군사적) 작전 **3** 《상업》 취급 **4** 《컴퓨터》 작동, 연산 ◆ ~ *srdce* 심장수술

operační 1 수술의 **2** 《컴퓨터》 운영(상)의, 작동의 **3** 조사의; (특수) 임무를 띤 ◆ ~ *sál* 수술실; ~ *systém* 운영체제; ~ *paměť* 컴퓨터 운영체제 메모리; *diskový* ~ *systém* DOS; ~ *skupina* 특별조사단, 대책본부

opěradl|o, *n* 받침대; vzadu 등받이; pro ruce 팔걸이 ◆ *židle s -y* 등받이 있는 의자; ~ *pro hlavu* 머리받침(대)

operatér, *ma* **-ka** *f* **1** chirurg 수술 담당 외과의사 **2** promítač 영사 기사

operativní 1 수술의 **2** 조작상의, 작전상의 **3** účinný 효과적인, 융통성이 있는 **4** promptní 신속한, 급속한, 즉석의

opereta, *f* 오페레타, 희가극, 뮤지컬 코메디; 희가극단

operní 오페라의

opěrný 지탱해주는, 지주의, 받쳐주는; zadržující (기반을) 유지하는; 발판의 ◆ *~ bod* 지주점; *~ pilíř* 지주대, 버팀대[기둥]

operovat 1 koho (누구를) 수술하다, 수술을 진행하다 **2** čím (무엇을) 조작하다, 작동시키다, 운전하다 **3** vojensky (군사적으로) 작전을 개시하다

opeřený 깃털이 난, 깃이 달린, 깃털 장식이 있는 ◆ *~ šíp* 깃이 달린 화살

opět 다시 = *zase*

opě(ov)ný 반복된, 되풀이 하는

opětovat 1 반복하다, znovu a znovu 되풀이하다 **2** oplátkou 되돌리다, oplácet 답례하다, 보답하다

opevnění, *n* 요새(화)

opevnit < -ňovat 요새화하다, 방어벽을 만들다; (조직이나 구조를) 강화하다, 튼튼히 하다

opěvovat koho 찬미하다, 영광을 찬양하다, 찬송하다, 칭찬하다, 격찬하다

opi|ce, *f* **1** 원숭이, samice 암컷 원숭이; bezocasá (꼬리 없는) 원숭이, 유인원(類人猿) **2 (비속어)** ošklivá žena 추한[못생긴] 여자 **3 (구어체)** opilost 만취(滿醉) 상태 ◆ *mít -ci* 곤드레 만드레 취하다

opičák, *ma-3* samec **1** 원숭이 수컷 **2** šereda 못생긴 남자, 바보

opičárn|a, *f* místo 원숭이 집, 바보짓, 장난, 실수 ◆ *dělat -y* 바보짓[멍청한일]을 하다, 실수하다

opičí 원숭이의, 원숭이 같은; 유인원의 ◆ *~ ocas* 원숭이 꼬리; *milovat někoho ~ láskou* 누군가를 비이성적으로[맹목적으로] 사랑하다

opičit se po kom (누구를) 흉내내다

opíjet (se) v. *opít (se)*

opilec, *ma* 술고래

opilost, *f-1* 취함, 취기 ◆ *rvačka v -i* 술김의 싸움질[주먹다짐]

opilov|at < -ávat 줄질하다, 줄로 쓸디[깎다, 갈다] 줄로 깎아내다

opilství, *n* 마시기; opilost 취한 상태

opilý 취한 ◆ *být ~* 취하다

opírat (se) v. *opřít (se)*

opis, *mi* **1** 복사, přepis 전사, 베껴씀 **2** jinými slovy 완곡(어법), 에두른 표현 ◆ *ověřený ~* 공인된 사본; *notářsky ověřený ~* 공증인에 의해 인증을 받은 사본; *pořídit ~* 복사하다

opisný 완곡한, 에두르는, 우언적인

opisovat v. *opsat*

opí|t (*opi-*) **< -jet** (*-její*) 취하게 하다 **-t se < -jet se** 취하다

opium, *n-2* droga (마약) 아편

oplácet v. *oplatit*

opláchnout < oplachovat omýt 헹구다; spláchnout 씻어버리다

oplak|at (*opláč-u, oplač!, oplakal*) **< -ávat** koho (누구를 위해) 슬퍼하다, 울다

oplatit (*oplacen*) < **oplácet** (*-cejí*) splatit 되갚다, 상환하다; 은혜를 갚다, 답례하다, 보답하다 ◆ ~ *dobro zlem* 선을 악으로 갚다; ~ *komu stejnou mincí* …에게 대갚음하다

oplatka, *f* 살짝 구운 얇은 과자; 와플

oplátk|a, *f* 보상, 상환; 보답, 답례 ◆ *půjčka za -u* 맞받아 서로 응수하기, 오는 말에 가는 말

opletačky, *f-pl* oplétání 문제, 분쟁, 말썽, 쟁의

oplétání, *n* opletačky 다툼, 분쟁, 말썽

oplétat v. *oplést*

oplocení, *n* 에워쌈, 둘러 막음, 방어; 울타리, 담

oplocovat v. *oplotit*

oplod|nit < **-ňovat 1** 거름을 주다, 비옥하게 하다 **2** samici (암컷을) 수태시키다, 수정시키다, ženu (여자를) 임신시키다; květy (꽃에) 수분[가루받이]시키다 **3** diskusi (토의, 논의를) 고무하다, 자극하다, 진작시키다 ◆ ~ *uměle krávu* 암소를 인공 수정시키다

oplo|tit (*oplocen*) < **-covat** 에워싸다, živým plotem (산울타리, 줄 늘어선 관목으로) 둘러싸다, 막다; mříží 가로장으로 막다

oplývat čím (무엇으로) 풍부하다, 충만하다 ◆ ~ *rybami* 물고기들로 꽉차다; ~ *zdravím* 강건하다

oplzlý vtip (농담이) 진한, 야한, jazyk (언어가) 외설적인, 추잡한; v myšlení (생각이) 음란한, 음탕한

opodál 1 **(부사)** 가까이, 약간의 거리를 두고 **2** **(+생격)** …의 가까이에, …로부터 짧은 거리에 ◆ ~ *domu* 집 인근에

opodstat|nit < **-ňovat** tvrzení (주장을) 실증하다, 입증하다, 정당하다고 주장하다; …의 이유를 말하다

opojení, *n* opilost 취함, 취한 상태; 도취, 열중; 황홀, 무아지경

opojit < **opájet** 황홀경에 빠지다, 취하다

opojný nápoj (음료가) 취하게 하는; 흥분성의; hudba, tanec (음악, 춤이) 기분을 돋우는, 흥분시키는

opo|menout < **-míjet** (*-její*) 생략하다, 빼다; z nedbalosti (부주의로) 빠뜨리다, …하는 것을 잊다, 게을리하다 등한히 하다 ◆ ~ *poslat dopis* 편지 붙이는 것을 망각하다

opona, *f* **1** 장막, 커튼, 가리개 **2** vyvolání potleskem 커튼 콜((공연이 끝난 후에 박수갈채로 관중이 배우를 막 앞으로 불러내기)), 다시 불러내기 ◆ ~ *jde nahoru/padá* 막이 오르다[내리다]; *poslední* ~ 마지막 장면; *železná* ~ 철의 장막; ~ *deště* 호우(豪雨)

oponovat komu/čemu (누구에/무엇에) 반대하다, 반대하여 말하다; názoru (의견에) 맞서다, 반박하다

opora, *f* **1** podpěra 받침대, pilíř 지주 **2** posila 지원군, 예비대 **3** = *opěra*

oportunismus, *mi-2* 기회주의, 편의주의; 또는 그 행위나 판단

oportunista, *ma(-4)* 기회주의자, 편의주의자

oportunistický 기회주의적인, 편의주의적인

opotřeb|it < -ovat šaty (옷이) 닳아 해지게 하다, 떨어지게하다; motor (기계가) 닳아지게하다, 마모시키다; 써서 낡게하다 **-it se < -ovat se** 닳아 해지다, 떨어지다, 마모되다, 다 써서 낡다

opouštět v. *opustit*

opo|vážit se (*opovaž se!*) **< -važovat se** 뻔뻔스럽게도 감히 …하다, 낯 두껍게도 감히 …하다; 대담하게 …하다 ◆ *opovážili jsme se ho požádat o pomoc* 우리는 뻔뻔스럽게도 그에게 도움을 요청했다

opovážlivec, *ma* 대담 무쌍한 사람, 물불을 가리지 않는 사람, 무모하게 덤비는 사람, 저돌적인 사람

opovážlivost, *f-1* 무모함, 대담 무쌍; drzost 건방짐, 뻔뻔스러움

opovážlivý 무분별한, 무모한, 경솔한, 성급한, 조급한, 지각없는; 건방진, 뻔뻔스런

opovr|hnout (*opovržen*) **< -hovat** pomocí (도움 등을) 거절하다, (제의 등을) 일축하다; 퇴짜놓다, 멸시하다; otevřeně (공개적으로) ignorovat 무시하다; pohrdat 상대하지 않다, 콧방귀 뀌다, 경멸하다

opovržlivý 경멸적인, 남을 얕잡아 보는, 오만한, 멸시하는 무시하는 ◆ ~ *úsměv* 남을 얕잡아보는[오만한] 웃음

opozdilec, *ma* 지각생; (일행에서) 뒤쳐진 사람, 낙오자, 패잔병

opozdilý 늦은, 지각한, 뒤쳐진

opo|zdit (*opožděn*) **< -žďovat** 늦추다, 늦어지게 하다, 연기하다 **-zdit se < -žďovat se** 늦다, proti předpisu 기한이 지나다; přijít pozdě 늦게오다, 지각하다

opozice, *f* nesouhlas 반대, 불찬성, 이의

opoziční 반대의, 반대편의 ◆ ~ *strany* 야당

opozičník, *ma-3* 반대자, kdo stále kritizuje 비판자

opracov|at < -ávat tvářet 작업[일]하여 무엇을 만들다, obrábět (기계로) …을 만들다[마무르다], kov (쇠를 다듬어) 연장으로 세공하다

oprášit (*opraš!*) **< oprašovat** 먼지를 털다 kartáčem (먼지떨이로) 털어내다, 솔질하다; sníh (눈을) 털어내다; zmodernizovat, obnovit 새롭게하다, 재생시키다

opra|ť, *f* 고삐, 구속 ◆ *držet koho na krátké -ti* 누구를 엄격히 통제하다[제어하다, 가르치다, 다루다]

oprátka, *f* 고삐, 밧줄; 올가미, 교수형

oprava, *f* 수정, 교정; 개혁

opravář, *ma* (고장난 물건을) 고쳐주는 사람, 수리공; 교정자; 분쟁 해결사

opravářsk|ý 수리의, 수정의 ◆ *-á práce* 수리 작업, 복구 작업

opravdov|ý 1 ryzí 진짜의, 진실의, nelíčený 꾸밈없는, myšlený opravdu 솔직한 **2** otevřený, 공개된, 명백한, upřímný 솔직한, pravdomluvný 정직한 ◆ ~ *drahokam* 진짜 보석; ~ *přítel* 진정한 친구; ~ *chlap* 진짜 사나이; ~ *křesťan* 진실된 기독인; *-á demokracie* 진정한 민주주의; *-á láska* 진짜[솔직한, 진정한] 사랑; *-á radost* 진정한 기

쁨; ~ *zájem* 진실된 관심

opravdu 진실로, 실제로, 정말로

oprav|it < -ovat 1 바르게 하다, formálně 개정하다 **2** spravit 고치다, 교정하다, vyspravit 수정하다

opravna, *f* 수리점, 정비업소

opravrna, *f* 수리소[수리장소], 수리작업장

oprávnění, *n* **1** právo 권리, 권한 부여, 위임, 공인, 공증, 인증 **2** povolení, koncese 면허, 인가; 면허장 ◆ *dát k čemu ~* 무엇을 할 수 있는 권한을 부여하다; *k tomu nemám ~* 나는 그에 대한 권한이 없다; *~ k prodeji* 판매[영업] 허가

opr|ávnit < -avňovat koho k čemu (누구에게 무엇을 할) 자격을 주다; plnou mocí (전권을) 위임하다 위임장[위임권]을 주다

oprávněný 1 k čemu (무엇에) mající oprávnění 권한을 보유한, 권한이 부여된 **2** mající povolení, koncesi 허가[면허]를 받은 **3** 정당한

opravn|ý 교정[수정]과 관련이 있는; 개혁[혁신]을 지원해주는[강화하는] ◆ *-á zkouška* 재시험

opravovat v. *opravit*

opro|stit (*oproštěn*) **< -šťovat** osvobodit 자유롭게 하다, od povinností (의무 등에서) 벗어나게 하다 **~ se** 벗어버리다, 벗어나다 ◆ *~ koho od čeho* 누구를 무엇에서 자유롭게 해주다[해방시키다]; *~ se od poplatků/od vojenské služby* 경제적 비용/군복무 의무에서 벗어나게 하다; *~ se od starostí* 근심·걱정에서 벗어나다; *~ se od úzkostí* 불안·염려에서 자유롭게 하다

oproti (+여격) …의 반대편에; …와 비교하여 ◆ *~ včerejšku je tepleji* 어제와 비교해서 더 따듯하다

oprýskat barva (페인트 등이) 엷은 조각으로 벗겨지다, 조각조각 떨어지다

opříst (*opřed-*) **< opřádat** (실이나 끈 등을) 돌리다, 감다; tak zahalit (감아) 싸다, 감추다

opřít (*opř-u, opřel, opření*) **< opírat** co o co (무엇을 무엇에) 기대다, 놓다; podepřít 지지하다; teorii, tvrzení (이론이나 주장을) 무엇에 근거하다 **~ se < opírat se 1** 기대다, čím o co (무엇으로 무엇에) 의존하다; zakládat se na čem (무엇에) 근거하다 **2** čemu (무엇에) oponovat 맞서다

opsat (*opiš-u, opiš!, opsal*) **< opisovat 1** 베끼다, 모사하다; ozdobným písmem (꾸미기 위하여 장식체로) 정서하다 **2** kružnici (원의) 둘레에 선을 긋다 **3** nedovoleně (허가 없이) 표절하다 **4** vyjádřit opisem 에둘러서 표현하다

opt|at se v. *ptát se* 묻다, 질문하다; 알아보다, 조사하다 ◆ *děkuji za -tání* 질문해줘서 고맙다

optický nerv (신경으로서의) 눈의, 눈에 대한; zrakový 시력[시각]의 ◆ *~ klam* 착시, 착각

optik, *ma-3* 안경상(인); 광학 기계상

optika, *f* **1** 광학 **2** zorný úhel 시각 **3** obchod s brýlemi 안경상(점), 안경점

optimální 1 최적의, 최적 조건의, 가장 알맞은 **2** (컴퓨터) pro uživatele

(시스템이) 사용하기 쉬운 ◆ ~ *výnos* 최적의 산출[이익]; ~ *výsledek* 최적의 결과

optimismus, *mi-2* 낙천주의

optimista, *ma(-4)* 낙천주의자

opuchlý tváře (얼굴이) 부풀은, 부어 오른, 팽창한

opuchnout 팽창하다, 부풀다, 부어 오르다

opulentní 풍족한, 풍부한, 충분한, 넉넉한; 남아도는, 너무 많은, 무절제한, 사치스런

opustit (*opuštěn*) < **opouštět** (*-ějí*) koho (누구를) 떠나다; 버리다, nechat osudu 포기하다, zavrhnout 단념하다

opuštěnost, *f-1* 황폐; 쓸쓸함, 외로움; bez prostředků 빈곤, 궁핍

opuštěný 떠난, 쓸쓸한, (홀로) 버려진, 황폐한; zbavený prostředků 빈곤한

opyl|it < **-ovat** květy (꽃을) 수분시키다, 가루받이 하다

oráč, *ma* 쟁기질하는 농부

orámovat obraz (그림에 맞는) 틀을 [액자를] 맞추다, (그림을) 액자에 끼우다 v. *rámovat*

oranžáda, *f* 오렌지에이드((오렌즈 즙에 탄산수과 단 맛을 탄 음료수))

oranžový 오렌지색의, 적황색의

orat (*oř-u* 혹은 *orám, orej!, oral*) < **z-** **1** půdu (땅을) 갈다, 쟁기질하다 **2** **(구어체)** s kým (누구와) špatně zacházet 마음대로 부려먹다, …을 맹종시키다, 괴롭히다 **3** **(구어체)** špatně dělat, provádět, kazit 망치다, 엉망을 만들어 놓다, 실패하다 ◆ *moc toho při zkoušce nevěděl, první dvě otázky oral* 시험에서 그것을 많이 알지 못했다. 첫 두 문제는 망쳤다.

orazítkovat v. *razítkovat* 도장을 찍다, dopis (편지에) 소인을 찍다

orba, *f* orání 갈기, 경작 ◆ *zimní ~* 겨울 경작

orbis, *mi* (라틴어) svět 세계, 세상 ◆ *~ pictus* 그림으로 보는 세상((*J. A. Komenský*의 작품))

ordinace, *f* **1** místnost (장소로서) 외과; 외과 진료실 **2** vyšetření 외과 진료/진찰, léčení 외과 치료 **3** ordinační hodiny 외과 진찰시간 **4** vysvěcení (기독교의) 성직 수임식, 목사 안수식

ordinační 외과의, 외과진료의 ◆ *~ hodiny* 진료시간

ordinovat **1** 진찰하다, 진료하다; 수술하나 **2** předepisovat léky (약 등을) 처방하다, 치료법을 쓰다 **3** světit kněze (신부, 목사를) 성직에 임명하다, 안수하다

orel, *ma* **1** 독수리 **2** rub mince (던진 동전의) 뒷면 **3** jako znak (표지로서의) 독수리표의 문장(紋章)[문양]

orgán, *mi-2* **1** 《生》 《醫》 기관; 장기, 조직 **2** úřad 당국, instituce (정치적) 기관 **3** policejní úředník (경찰) 수사관 **4** hlasový 음성, 음량, 음질 **5** noviny 기관지, (언론) 기관

organický 유기체의; systémový 조직적인

organismus, *mi-2* 《生》 유기체, 생물, 유기적 조직체

organizace, *f* **1** organizování 조직화, 구성, 편성, 편제 **2** instituce 기구, 단체, 조직체

organizační 조직의; 구성[편제]상

의; 기구의, 단체의

organizátor, *ma* **-ka,** *f* 조직자; 창시자, 창립위원, 발기인; 지도자, 선도자, 리더

organizovat > z- 조직[편제]하다, 체계화하다, 구성하다

orgasmus, *mi-2* 《생리》 극도의 흥분, 오르가즘((성적흥분의 최고조))

orgie, *f* 마구 마시고 법석대는 주연; 도락, 방탕(생활), 유흥, 환락; 법석대기, 흥청거리기 ◆ *pořádat* ~ 주연[술파티]을 열다; ~ *barev* 다채로운 색깔

orchestr, *mi-2* 오케스트라[관현악단]

orchestrální 오케스트라[관현악단]의

orient, *mi* východ 동양, 동방, 아시아

orientac|e, *f* **1** stanovení polohy 위치 지정[확정], 방향을[방위를] 찾기 **2** umístění (무엇을 놓을) 자리 정하기 **3** koncepce, zaměření 경향, 동향, 추세, 지향, 노선; politický program 정책 **4** přesvědčení 신념, 성향, 기호, 성벽(性癖) **5** informace 이해력, 이해의 범위, 포괄력, 파악하는 힘[가능성], 미치는 거리, 지식, 정보 ◆ *mít smysl pro -i* 방향 감각[공간인지력]이 좋다; *ztratit -i* 방향을 잃다; ~ *mapy* 지도를 실제의 방위에 맞추어 놓다; *změnit -i* 노선[신념, 성향]을 바꾸다; *pro vaši -i* 당신의 이해를 돕기 위해

orientační 위치의, 방향의; 위치[방향] 찾기의 ◆ ~ *smysl* 방향 감각; ~ *bod* 기점(基點), 기준점, ~ *viditelný* 경계표; ~ *závod* 오리엔티어링((설정된 목표물을 지도와 컴퍼스를 사용하여 단시간에 찾아가는 스포츠))

orientálec, *ma* 동양인

orientalist|a, *ma(-4)* **-ka,** *f* 동양학자, 동양에 관해 연구하는 학자

orientalistika, *f* 동양학, 동양에 관해 연구하는 학문

orientální 동양의; jazyk, civilizace, umění (언어, 문명, 예술에서) 동양과 관련된

orientovat 1 anténu (안테나를) 조절[조정]하다, (방향을) 맞추다, 바로잡다 **2** zaměřit 향하게 하다, 지향하게 하다, (관심, 주의 등을) …으로 돌리게 하다 **~ se 1** určit polohu 위치를 잡다, 방향을 정하다 **2** mít rozhled 의도[의향, 계획, 목적]을 가지다 **3** (주의 노력, 방침을) …에 돌리다, 향하다, …에 집중하다; opatrně 신중히 나아가다 ◆ ~ *dům* 집의 방향을 정하다; *špatně se v čem* ~ 무엇에 이해력이 부족하다, 방향을 잘못잡다; *umět se* ~ …에 대한 요령을 잘 알다; ~ *se na mladé diváky* 젊은 관람객에 초점을 맞추다

originál, *mi-2* 원형, 원문, 원작, 원어, 원서 ◆ *číst knihu v -e* 원본을 읽다

originalita, *f* 독창성, 독창력, 창조력; 원형임, 진짜임

originální původní 최초의, 원래의, 본래의; inovační 참신한, 기발한, 신기한, 신개발의, 최초로 공개하는; 독창적인, 독자적인, 독특한, 창의력이 풍부한; pravý 진짜의

orkán, *mi-2* 헤리케인, 태풍; nadšení 폭풍우

orlí 독수리의; podobou 독수리 모양의 ◆ *mít* ~ *nos* 매부리코를 지니다; *mít* ~ *zrak* 독수리와 같은 날카로운,

시력이 뛰어난, 형안(炯眼)의

orloj, *mi* 천문시계, středověký (중세 시대의) 시계

ornát, *mi* církevní oděv (천주교 미사의) 제의(祭 衣), 예복, 의복

ornice, *f* **1** orná půda 경작지 **2** vrchní vrstva půdy 표토(表土)

orný 경작할 수 있는, 경작에 알맞은

orodovat 1 za koho (누구를 위해) (신에게) 간구하다, 기원하다, 빌다, prosit 부탁하다, 간청하다 **2** u koho za koho (누구에게 누구를) apelováním 변호[변론]하다

ortel, *mi* 평결, 판단 ◆ ~ *smrti* 사형 선고; *vyřknout* ~ 평결(결정)을 알려주다

oř, *ma* **(시적 표현)** kůň 말, 군마 ◆ *bitevní* ~ 군마(軍馬); *železný(= ocelový)* ~ 기관차; 전차

ořech, *mi-2, 3* **1** plod 견과 **2** vlašský 호두, lískový 개암; dřevo 호두나무 **3** maso 송아지 고기의 일부분 **4** uhlí (석탄의) 작은덩이 ◆ *lískový* ~ 개암; *vlašský* ~ 호두; *telecí* ~ 송아지 고기의 연한 다리 살

ořechov|ý 호두(나무)의; 그 나무로 만든 ◆ ~ *jádro* 호두의 핵[씨]; ~ *koláč* 호두 케이크; *to je to pravé -é* 당연한 조치다, 그래야 마땅하다, 맞다, 좋다!

ořešák, *mi-2, 3* 《植》 호두(나무)

ořez|at (*ořež-u, ořež!, ořezal*) < **-ávat 1** větve (나무 가지를) 잘라내다, (쓸데 없는) 가지를 치다; po okraji 끝을 자르다; strom (나무를) 전지하다 **2** ostřit 날카롭게 하다

ořezávátko, *n-2, 3* 연필깎기

oříšek, *mi-2, 3* **1** (개암 · 땅콩 등) 작은 견과 **2** těžká otázka 난문(難問)[난제], 알쏭달쏭한 문제 ◆ *burský* ~ 땅콩

oříškov|ý 견과의, 개암의; barva 엷은 갈색의, 담갈색의 ◆ ~ *dort* 개암 케이크; *-á čokoláda* 개암 초콜렛

ořízka, *f* knihy (책의) 가장자리; horní 끝머리

osa, *f* kola (바퀴의) 굴대, 축, 차축; stroje (기계의) 축

osada, *f* 정착(지); zámořská 이민, kolonie 식민; rekreační 여름 캠프

osadit (*osazen*) < **osazovat 1** uložit, umístit 배치하다, 두다, 놓다; úřad 배속하다, 임무를 맡기다 **2** osídlenci 정착시키다, 이주시키다; obsadit 자리를 점하다 **3** záhon (화단에) …심다, 양식하다 **4** rybník, řeku rybami (연못[호수]이나 강에 물고기를) 방류하다 ◆ ~ *záhon květinami* 화단에 꽃들을 심다

osádka, *f* **1** osazenstvo (관청이나 회사의) 전 직원, 총 인원; závodu (공장의) 전 종업원, (총) 노동력 **2** lodi, letadla, kosmické lodi (선박, 비행기, 우주선) 승무원

osadnický 정착[식민](지)의

osadn|ík, *ma-3* **-ice** 정착자, kolonista 식민가

osamělost, *f-1* 홀로됨, 외로움, 쓸쓸함, osamocený 고독(함), po odchodu (은퇴 이후) 독거

osamět (*-ějí*) **1** 홀로남다, 혼자 머물다 **2** 홀로 되다; dům (집이) 텅비다, 사람이 살지 않다 **3** ulice (거리가) 인

O

적이 끊기다

osamocenost, *f-1* 고독, 외로움, 친구가 없음; 격리, 떨어져 있음, 고립

osamo|statnit < -statňovat koho/co (누구를/무엇을) 독립시키다 **~ se 1** země (나라가) 독립을 얻다, 독립하다, 자립하다 **2** začít podnikat 세간나다, 자신의 사업을 시작하다; odštěpit se (한 집단에서 나뉘어져) 갈라지다, 분기하다

osamo|tit (*osamocen*) **< -covat** koho/co (누구를/무엇을) 격리시키다, oddělit, 분리하다, odloučit 떼어 놓다, izolovat 고립시키다

osazenstvo, *n-2* zaměstnanectvo 종업원, 직원, 노동자

o|sázet (*-zejí*) **< -sazovat** co čím (무엇을 무엇으로) 심다, (식물을) 이식하다 ◆ *~ zahradu keři* 정원에 관목을 심다

osazovat v. *osadit, osázet*

osedl|at < -ávat 1 opatřit sedlem …에 안장을 얹다 **2** si koho (누구를) ovládnout, opanovat 장악하다, 손아귀에 쥐다 ◆ *~ koně* 말에 안장을 얹다; *žena ho zcela osedlala* 여자는[부인은] 그를 완전히 손아귀에 쥐고 뒤흔들었다

osek|at < -ávat větve (나무 가지를) 자르다; kámen (돌을) 대충 자르다[깎다]

osel, *ma* **1** 노새, 당나귀 **2** hlupák 바보, 멍청이

osení, *n* povyrostlé mladé zelené obilí 설 여문 농작물 ◆ *jarní ~* 봄 농사

osévat v. *osít*

osev, *mi-2* **osévání, osívání** setí 씨(앗) 뿌리기; období 파종기(播種期) ◆ *zimní ~* 겨울 파종; *obilí na ~* 종자용 곡식

osevní, osevný 씨 뿌리기의 ◆ *~ pole* 씨 뿌리는 땅; *~ plocha* 씨 뿌리는 면적, *~ postup* 윤작(輪作)

oschnout < osychat (바싹) 마르다, 물기가 빠지다, chléb (빵 등이) 딱딱해지다

osídlení, *n* 정착, 정주, 안주; 이민, 식민, 이주; sídla, sídliště 정착지, 촌락, 부락; městské 주택지구 ◆ *hustota ~* 인구 밀도

osídl|it < -ovat území (영토, 땅을) 식민하다, (사람을) 정착[정주]하다

osidlo, *n* **-a,** *pl* 덫, 올가미; 함정, 유혹, 속임수

osídlovat v. *osídlit*

osika, *f* topol osika (사시나무속(屬) 흑양나무절(節)에 속하는) 포플러, 미루나무 ◆ *třást[chvět] se jako ~* 사시나무 떨 듯 떨다

osiřelost, *f-1* 고아의 신분[처지], 고아신세

osiřel|ý 고아의, 고아가 된; hrad, trůn 통치자를 잃은[상실한], 버림받은 ◆ *-é dítě* 고아가 된 아이

osiřet (*-řejí*) 부모를 잃다, 고아가 되다; 통치자[다스리는 자]를 잃다, 버림받다

osít (*ose-, osel|osil, osetí*) **< osévat** 씨앗을 뿌리다 ◆ *~ pole ječmenem* 밭에 보리씨를 뿌리다; *osívat střídavě* 윤작하다

osivo, *n-2* 파종용 씨앗

oslab|it < -ovat 1 tělo (몸을) 허약하게 하다, 약하게 하다; 힘을 약하

게 하다 **2** konflikt (갈등을) 약화시키다, 진정시키다; napětí, náraz (긴장을) 완화시키다 **3** nepřítele, nepřátelské pozice (적, 적의 위상을) 꺾다, 파괴시키다,

oslábnout v. *slábnout*

oslav|a, *f* **1** oslovení 축하, na paměť 기념 **2** slavnost 축하연, 파티 ◆ *~ narozenin* 생일 파티; *~ nového bytu* 새집 입주 축하 파티; *pořádat pro koho -u na rozloučenou* 누구를 위한 송별 파티를 열다

oslavenec, *ma* **oslavenkyně,** *f* 축하를 받는 사람, 축하(파티)의 주인공; 영예로운 인물

oslavit v. *slavit*

oslavn|ý 기념의, 축하의; slavnostní 축제의 ◆ *-á řeč* 찬양[기념] 연실; *-á báseň* 찬사[격찬] 시(詩)

oslavovat = *slavit*

oslep|it < -ovat 1 zbavit zraku 눈을 멀게 하다, 장님으로 만들다 **2** oslnit 눈부시게 하다, (빛이 세어) 바로 보지 못하게 하다 ◆ *její krása ho -la* 그녀의 아름다움은 그의 눈을 멀게 했다; *dát se čím ~* 무엇에 의해 현혹되다

oslepnout v. *slepnout*

osl|nit (*oslň!*) **< -ňovat 1** oslepit 눈이 안보이게 만들다, 눈이 부시게 하다 **2** uchvátit 매혹하다, 반하게 하다, 현혹시키다

oslnivý světlo (빛이) 눈부신

oslov|it < -ovat 1 (정식 이름이나 호칭을 붙여 누구를) …라고 부르다, 호칭하다; (누구에게) 말을 걸다 **2** působit (생각, 감정에) 영향을 주다 [끼치다], 호감을 주다; knížka na čtenáře (누군가의) 흥미를 끌다, (누군가의 주의를 끌고) 반응을 얻다 ◆ *když skupina zpívala anglicky, oslovila daleko více lidí* 그룹이 영어로 노래를 불렀을 때 멀리 있는 더 많은 사람들이 반응했다; *silnější vysílač umožní, že televize bude oslovovat diváky na celém území republiky* 강한 송신기는 텔레비전이 모든 국가의 TV 시청자들의 흥미를 끌도록 했다

oslovení, *n* 이름 부르기, 호칭(하기)

oslyšet odmítnout (듣기를) 거부하다, žádost (요구를) 거절하다, prosebníka (부탁하는 자를) 외면하다; 마이동풍이다

osm 숫자 8[팔], 여덟

osmaž|it < -ovat (프라이팬에) 튀기다, 볶다; prudce na malém množství tuku 소테로 하다, 기름에 살짝 튀기다

osmdesát 팔십, 80

osmdesátý (서수) 팔십번째의

osměl|it < -ovat 용기를 북돋우다, 대담하게 하다, 격려하다 **-it se 1** troufnout si 위험을 무릅쓰고 감히 … 하다, 모험하다, 감행해보다; k čemu 무엇을 할 용기를 내다 **2** ztratit ostych 수줍음[숫기 없음, 겁많음]을 잃다, 거리낌이 없다, prolomit ledy 긴장을 풀다

osmina, *f* 팔분의 일; 여덟개 중의 …, 팔분의 …

osmiveslice, *f* 8명의 노젓는 사람

osmnáct 십팔, 18

osmnáctý 십팔번째의

O

osminásobný 8배의, 8겹의
osmý 8번째의
osnova, *f* **1** tkalcovská 《방직》 날, 실, 직물 **2** notová 《音》 오선, 보표(譜表) **3** románu, hry (소설이나 극의) 대강의 줄거리 **4** základní plán 기본 계획안; uspořádání 배열 ◆ *učební* ~ 교과 과정, 커리큘럼; ~ *zákona* 법안, 의안
osnovat > z- 1 몰래 꾸미다, 계획하다, 음모하다, 꾀하다 **2** …의 윤곽을 그리다, …의 초벌 그림을 그리다; děj románu, příběh (소설의) 줄거리의 윤곽을 그리다
osob|a, *f* **1** jedinec 개인, 개체, 인격; 사람 **2** nositel funkce (일정한 업무의) 관계자 **3** 《言》 인칭 ◆ *úřední* ~ 당국자, 권위자; *já za svou -u* 나로서는, 개인적으로는; *fyzická* ~ 개인, 개별; *na -u* 일인당
osobitý 각각의
osob|ní 개인의; pro cestující 여행객; **-ně** 몸소, 본인 자신이 ◆ ~ *doklady* 인적 서류 ~ *prádlo* 내의, ~ *průkaz* 신분증; ~ *vlak* 완행 열차; ~ *vůz* 자가용 = *auto*; ~ *výtah* 승객용 승강기
osobnost, *f-1* **1** 개체로서의 성격, 개성 **2** význačný člověk 명사, 인물
osobovat si co (무엇을) 제 것으로 삼다, 횡령하다, (무엇을) 빼앗다; právo …할 권리를 (독)차지하다 ◆ ~ *moc* 권력을 독차지하다
osoč|it < -ovat 비난하다, 헐뜯다, 중상(모략)하다; (명예, 명성을) 더럽히다, 해치다, 손상시키다
osolit v. *solit*
osop|it se < -ovat se na koho (누구를) 호통치다, drsně někoho okřiknout 몹시 꾸짖다, 족치다, 나무라다, 질책하다
ospalost, *f-1* 졸림, 비몽사몽
ospalý 졸린, 졸음이 오는, 잠결의; těsně po probuzení (아침에 막 일어나서) 졸린 눈을 한; (피로, 졸림으로) oči 눈이 흐린
ospravedl|nit < -ňovat 1 정당화하다, vahou důvodů …의 정당한 이유가 되다 **2** zprostit viny 무죄로 하다, 의롭다고 하다
osprchovat v. *sprchovat*
ostat|ek, *mi-2, 3* **1** = *zbytek, zůstatek* 나머지, 잔여 **2 -ky,** *pl* člověka (사람의) 유품; památné 잔존물 **3** poslední dny masopustu 사육제의 마지막 날 ◆ ~ *tělesné -ky* 유해, 시체; *-ky svatých* 성인의 유골, 유품
ostat|ní[1] **(**형용사**)** zbylý 나머지의; 다른 것들의 ◆ *-ně* 달리 말해, koneckonců 말하자면, 결국
ostat|ní[2], *ma-pl* **(**명사**)** lidé 다른 사람들, 관계가 없는 사람들
ostat|ní[3], *n* **1** 기타, 다른 일들 **2** zbytek 나머지
osten, *mi* **1** 날카로움, 찌름; 뾰족한 끝, 가시, 바늘 **2** výčitky 가시돋힌 말, 날카로운 비판
ostentativní 자랑하는, 과시하는; 눈부신, 하려한
ostnatý drát (철사나 전선이) 뾰족한, 끝이 날카로운, ježek (고슴도치 등이) 가시가[미늘이] 있는 ◆ ~ *drát* 끝이 뾰족한 철사
ostouzet *(-zejí)* **> zostudit** 비방[중상] 하다
ostrah|a, *f* **1** 《軍》 hlídání, střežení 보

초, 경계, 지키기 **2** (건물, 집, 회사, 관청의) 보안을 위한 전기 관리 장치 ◆ *vypnout -u* 보안 장치를 끄다

ostražitost, *f-1* 조심, 경계, 불침번

ostražitý (자지 않고) 지키는, 정신을 바짝 차린, 빈틈없는; bdělý 조심하는, 주의깊은

ostrost, *f-1* **1** 신랄함, 통렬함 **2** jídla (음식의) 매운 맛 **3** boje, konkurence (전투나 경쟁 등이) 격렬함, 뜨거움 **4** zápachu 악취가 진동하는, 냄새가 지독한 **5** přísnost (정확성이) 엄격한, 까다로운, 매우 정확한, 꼼꼼한

ostrouh|at < -ávat 1 očistit 문질러 깨끗이 하다, 문지르다, 닦다 **2** oškrabat 문질러 제거하다, 껍질을 벗겨내다 ◆ *~ kolečka/mrkvičku* 헛고생하다, 아무런 수확도 못얻다, 빈손으로 떠나다

ostrov, *mi* (생격 *-a*) 섬

ostrovan, *ma-4* **-ka,** *f* 섬 사람

ostrovní 섬의 ◆ *~ charater* 섬나라 근성, 편협

ostruha, *f* **1** jezdecká (말에 가하는) 박차 **2** 자극, 격려, 고무, 충동 **3** 비행기 꼬리의 활주부((기체를 안정시키는 착륙장치))

ostrůvek, *mi-2, 3* **1** 작은 섬, v řece (강이나 호수의) 작은 섬 **2** ve vozovce (가로 상의) 안전지대

ostružina, *f* plod 블랙베리, 검은 딸기

ostrý hrana/ostří (날이) 날카로운; příjemně pronikavý 예리한, sbíhavý, přesně určující (sluch) 민감한; útočný 공격적인; palba (총성이) 귀를 찢는 듯한, zvuk (소리가) 째는 듯한, 드높은

ostřelovat dělostřelecky 포격[폭격]하다, 퍼붓다; z kulometu (기관총으로) 쏘아대다

ostří, *n* 테두리, 가장자리, 끝; (날붙이의) 날

ostříhat v. *stříhat*

ostřílený 경험이 많은, 길든; 노련한, 숙련된 ◆ *být v čem ~* 무엇에 경험이 많아 노련하다

ostřit > na- nůž (칼을) 날카롭게 하다, vytvořit ostří 예리하게 하다, špici (끝을) 뾰족하게 하다 **z- 1** 강화하다, 강하게 하다 **2** zpřísnit 정확하게 하다, 까다롭게 하다

ostuda, *f* 창피함, 부끄러움, 수치, 불명예

ostudný 창피한, 부끄러운, 수치스러운, 불명예스런

ostych, *mi-2* 부끄러워함, 수치심, 수줍음, 숫기 없음, 겁많음

ostýchat se 수줍어하다; váhat 주저하다, 거리낌을 가지다

ostýchavý upejpavý 수줍은, stydlivý 부끄러워하는, plachý 겁많은

osud, *mi-2* životní 운명, předurčeni, 숙명, úděl 운수; náhodnost 우연성; co je souzeno 불운

osudí, *n* loterie 운, 재수, 제비뽑기; 복권; volební urna 투표함

osudnost, *f-1* 불행, 재난; 불길함

osudn|ý 숙명적인, 운명의, ničivě 치명적인 ◆ *~ den* 운명의 날; *-á chyba* 치명적 실수

osudový 1 rozhodující 결정적인 운명의, 행운의 **2** řízený osudem 운명에 의해 결정된, 피할 수 없는

osuš|it < -ovat 말리다, setřením (문질러) 물기를 닦다[말리다]; vysáním (스폰지 등으로) 빨아들이다

osuška, *f* 목욕 수건

osvěcovat v. *osvítit*

osvědčení, *n* listina 자격증, potvrzení 증명서, 확인증

osvědčený 많은 시련을 겪은, 오랜 사용으로 보증이 된, 유효성이 증명된; 노련한, 숙련된; znalý věci 유능한, 적당한

osvědč|it < -ovat dokázat 증명하다, 입증하다; prokázat (능력 등을) 보여주다, 과시하다 **-it se < -ovat se** 판명되다, 증명되다, (자신의 능력이나 자격 등이) 인정받다

osvěta, *f* (교육수준을 높이기 위한) 교육[훈련] 과정, vzdělávání dospělých 성인 교육((중등학교 수료 후의 교육)), 직장인들의 연수, 직업훈련 등))

osvětář, *ma* **-ka,** *f* 성인 교육가

osvětlení, *n* **1** 점화, 점등 **2** 조명, 조명장치 **3** objasnění 설명, 해명

osvětl|it < -ovat 1 점등하다, 빛을 빛추다, 조명하다 **2** objasnit 설명하다, 밝히다

osvětlovací 조명의 ◆ ~ *těleso* 조명장치

osvětlovadlo, *n* 조명기기

osvětový 성인 교육과 관련된, (교육수준을 높이기 위한) 교육[훈련]의 ◆ ~ *dům* 시민 문화 센터 ~ *kurs* 성인 교육(과정)

osvěž|it < -ovat (공기를) 신선하게 하다, (기분을) 상쾌하게 하다 **-it se < -ovat se** 신선하다, (기분이) 상쾌하다

osvěžovna, *f* 청량 음료점

osvěžující 상쾌한, 후련한 ◆ ~ *nápoj* 청량음료

osvícenec, *ma* 계몽주의 철학자; vzdělanec 계몽자, 교육 받은 자, 교양인

osvícení, *n* 점등, 조명

osvícenství, *n* 계몽(주의)시대, 이성의 시대

osvit, *mi-2* fot. (사진의) 노출

osvítit (*osviť!, osvícen*) < **osvěcovat 1** film (사진을) 노출하다 **2** koho (누구를) 계몽시키다 duchovně 교화하다, 가르티다, 깨우치다

osvobo|dit (*osvobozen*) < **-zovat** 자유롭게 하다, z nesvobody 자유를 주다; otroka/ze zotročujícího stavu (노예를 혹은 노예상태로부터) 해방시키다

osvoboditel, *ma-1, 4* **-ka,** *f* 해방자; 구조대(원)

osvobozen|ecký, -ský 해방의, 자유로운

osvoj|it si < -ovat si 1 (불법적으로) 소유하다, 전유하다, 착복하다, 횡령하다, 가로채다 **2** nabýt 얻다, 획득하다, 습득하다 ◆ ~ *špatné návyky* 나쁜 습관이 붙다

osychat v. *oschnout*

osypky, *f-pl* 홍역, 풍진

ošálit v. *šálit*

ošatit (*ošacen*) 옷을 입히다; 옷을 사다 ~ **se** (옷을) 차려 입다

ošatka, *f* (고리버들이나 짚으로 짠) 광주리, 바구니

ošemetný choulostivý 교활한, 속이는, 음흉한, 괴이한, 기묘한

ošetření, *n* **1** 《醫》 치료 **2** zabezpečení, zajištění, vyřešení bezchybného provozu, fungování něčeho 정상적인 운영[작동]의 보장, 보호 ◆ *nezbytnost ~ zákonné normy* 합법적인 규정의 운영에 필요한 보장[보호]

ošetřen|ý 1 v. *ošetřit* **2** zabezpečený, zajištěný, vyřešený 보장하는, 보호의, 해결의 ◆ *výborně -á funkce programu* 훌륭한 프로그램 보호 기능[작용]

ošetř|it (*ošetř[i]!*) < **-ovat 1** zranění (상처를) 치료하다, 처치하다 **2** kojence, nemocné (젖먹이, 환자를) 보살피다, 돌보다, 간호하다 **3** zpracovat 다루다, 처리하다, 취급하다 **4** 보장하다, 안전하게 하다, 보호하다 ◆ *v počítačovém programu je potřeba ~ ještě několik funkci* 컴퓨디 프로그램에서 몇몇 기능을 더 보호할 필요가 있다

ošetřovat 1 v. *ošetřit* **2** 간호하다, 돌보다 **3** ulice, auto (거리, 자동차를) 관리하다, 유지하다

ošetřovatel, *ma-1, 4* **-ka,** *f* **1** nemocných 간호원 **2** zvířat (동물의) 사육자

ošetřovna, *f* (병원의) 외래환자 치료실; závodní (공장의) 응급실, 의무실

ošidit v. *šidit*

ošidný klamný 속이는, 거짓의, 사기의; riskantní 믿을 수 없는, 위험한; zrádný 배신[배반]하는

ošívat se 안절부절 못하다, 안달하다, 조바심하다

ošklíb|nout se < **-at se** 인상을 쓰다, 얼굴을 찌푸리다

ošklivit si co (무엇을) 몹시 싫어하다, 혐오하다, 질색하다, 증오하다 ◆ *on si něco -í* 그는 뭔가를 혐오한다

ošklivý 1 nehezký 추한, 못생긴; 불쾌한, 추잡한 **2** odporný 구역질나는, 지겨운 **3** chuť (맛이) 역겨운 **4** nelaskavý 불친절한; 비열한 **5** počasí (날씨가) 험악한, 심술궂은 **6** zlý 간악한, 사악한 ◆ *být ~ jako noc* 참으로 [형편없이] 추하다; *bylo to od vás -é* 당신의 그러한 행동은 치사하였다

oškrab|at, oškráb|at (*-bu|-bám, -b!|-bej!, -bal*) < **-ávat 1** seštrábat 문질러 벗기다, dveře před natíráním (페인트 칠 전에 나무를) 깎아 내다, loupat brambory/mrkev (감자나 당근의) 껍질을 벗기다, starý nátěr (오래된) 페인트 칠을 벗겨내다 **2** bláto z bot (신발에서 흙을) 털어내다 **3** rybu od šupin (물고기의) 비늘을 벗기다

oškubat v. *škubat*

ošlap|at (*-pu|-pám, -p!|-pej!, -pal*) < **-ávat** boty, koberec, schody (신발, 양탄자, 계단 등이) 밟고 다녀서 닳다, 마모되다, 해지다, 낡다 ◆ *-aný koberec* 닳은 카페트; *~ podpatek* 발뒤꿈치가[뒷축이] 다 닳은 신발

ošleh|at < **-ávat** koho/co (누구를/무엇을) 몰아대다 휩쓸다; 심하게 움직이다; vítr/dešť (바람이나 비 등이) 세차게 몰아치다 ◆ *vítr a dešť ošlehaly starou věž* 낡은 탑을 세차게 휘몰아쳤다; *-aný počasím, větrem* 비바람에 시달린, 비바람을 맞아온[견디어 낸]

ošoup|at (*-u|-ám, -ej!, -al*) < **-ávat** (문질러 표면이) 해지게 하다, 닳아지게 하다 **~ se** 해지다, 닳아지s다

O

oštěp, *mi-2* 창, 투창; (스포츠) 창 던지기, 투창 ◆ *hod -em* 창 던지기

oštěpař, *ma* **-ka** *f* 창던지기 선수

oštipovat okusovat (짐승이나 물고기가) 조금씩 물어뜯다, 뜯어먹다, 갉아먹다

ošumělý ošuntělý 초라한, 누추한, šaty 헙수룩한 차림의, 누더기를 걸친

otáčecí 돌아가는, 회전의 ◆ *~ dveře* 회전문; *~ židle* 회전 의자; *~ jeviště* 회전 무대

otáčet (*-ejí*) v. *otočit* **~ se** = *točit se*

otáčivý = *otáčecí*

otáč|ka, *f* otočení, obrat 회전, 선회, 1 회전, 전향 ◆ *~ motoru* 모터의 회전; *~ vrtule* 프로펠러의 회전; *-ky silnice* (= *zatáčky*) 도로의 커브; *počet -ek za minutu* 일분 당 회전 수

otál|et (*-ejí*) s čím (무엇을) 꾸물거리다, 우물쭈물하다, 시간을 벌다, 주저하다; odkládat 지연시키다

otáp|ět (*-ějí*) vytápět 열을 가하다, 불을 지피다, 가열시키다, 난방을 가동시키다 ◆ *-ěné místnosti* (난로, 난방장치를 켜서) 가열된 장소

otava, *f* 그루갈이, (목초의) 두벌베기, 두번째 베는 풀

otázat se v. *tázat se*

otázka, *f* **1** dotaz 질문 **2** problém 의문(사항); sporný bod 논쟁(거리) **3** 《言》 의문문 ◆ *nepřímá ~* 간접의문문; *je to o života a smrti* 그것은 삶과 죽음의 문제다

otcovsk|ý vzhledem k otci 아버지의, 아버지다운; 어버이의, 어버이다운 ◆ *-á láska* 아버지 사랑[어버이 사랑]; *-á autorita* 친권; *vrátit se pod -ou střechu* 부모의 슬하에 돌아오다

otcovství, *n* **1** 아버지임, 부성 **2** stav, otcovský vztah 아버지의 자격, 부권 **3** literárního díla 저작자임, 원작자 ◆ *určení ~* (유전자 감식에 의한) 친자[친부] 확인 검사

otčenáš, otčenášek, *mi-2, 3* (특히 라틴어의) 주기도문

otčina, *f* 조국, 집 ◆ *druhá ~* 제 2의 조국

otec, *ma-2* **1** rodič 아버지 **2** (동물) 수컷부모, 아비 **3** autor 저자, 원저자; vynálec 발명자, 창안자; zakladatel 창립자, 창시자, 설립자 **4** **otcové,** *pl* předkové 조상 **5** Bůh 신, 하나님[하느님] **6** kněz 신부 ◆ *Svatý ~* (= *papež*) 교황

oté|ci < **-kat** 부풀다, 부어오르다

otěhotn|ět (*-ějí*) (아이를) 배다, 임신하다

otékat v. *otéci*

oteklina, *f* otok 팽창, 부어오름, boule 혹, 부어오른 멍

otep, *f-1* (slám; sena; roští; dříví) svazek (짚, 밀짚; 건초; 잘라낸 가지[덤불]; 장작 등의) 묶음, 다발, 단

otepl|it < **-ovat** 따뜻하게 하다, 데우다, 달구다 **-it se** < **-ovat se** 따뜻해지다, 더워지다

otevřenost, *f-1* terénu (지대, 지형의) 개방(상태); upřímnost 개방성, 솔직함 ◆ *brutální ~* 신랄한 솔직함; *mluvit s kým s naprostou -í* 솔직하게 누구와 대화하다

otevřen|ý **1** dveře, okno (문, 창문이) 열린 **2** bez střechy 지붕이 없는 **3**

veřejně vyznávaný 공공연한 **4** upřímný 터놓고 대하는, 솔직한 **5** neskrývaný 명백한 ◆ *-á hlava* 허심탄회; *s -ým hledím* 도전적으로, 반항적인 태도로, 시비조로; *mluvit -ě* 터놓고 [거리낌없이] 말하다; *na -é scéně* 공연중에; *-á hra* 공정한 경기; *hrát -ou hru* 속생각을 털어놓다, 계획을 공개하다

otev|řít (*-řu, ři!,* **(구어체)** *ř!, řel*) < **otvírat 1** dveře, okno (문, 창문을) 열다 **2** zahájit 시작하다 **3** obchod (상점을) 개업하다, 열다, 영업하다 **4** zip (지퍼를) 풀다, 열다 **5** rozevřít knihu (책을) 펴다, 펼치다 **6** založit 창설하다 ◆ *~ dokořán* 확 열어 젖히다; *~ komu srdce* 누구에게 마음을 터놓다 **-ít se** < **otevírat se** dveře, okno (문, 창문이) 열리다; světu (세상에) (자신을) 개방하다

otěž, *f* (타고 다니거나 수레를 끄는 동물의) 고삐; 통제 수단, 제어; 견제, 지배

otírat v. *otřít*

otisk, *mi-2, 3* kopie 복사, 인쇄, 프린트; přetisk 증쇄 ◆ *zvláštní ~* (= *separát*) 별쇄본, 발췌 인쇄; *~ prstů* 지문

otiskn|out (*otisknut*) < **-ovat** 인쇄하다; tiskem rozmnožit 복사하다; uveřejnit 출판하다; 지장을 찍다; 지문을 남기다

otlač|it < **-ovat 1** ovoce (과일에) 흠을 내다 **2** 상처나게 하다; 타박상을 입히다, 멍들게 하다 **3** patu (뒤꿈치를) 쓸려 벗겨지게 만들다, 까지게 하다

otlou|ci, -ct < **-kat** oklepat omítku (회반죽, 벽토를) (쳐서, 두들겨서) 반죽하다, 치다, 연타하다; ořechy (호두 열매를) 내리치다, 때려부수다, 빻다, 후려치다; nábytek (가구를) 쳐[때려] 부수다; talíře, šálky (접시, 잔을) 깨뜨리다, 박살내다

otočit < **otáč|et** (*-ejí*) **1** = *obtočit* **2** v. *točit*

otočný = *otáčecí*

otok, *mi-2, 3* oteklina 팽창, 부어오름, boule 혹, 부어오른 멍

otop, *mi-2* **1** topení 난방(장치), 가열 **2** palivo, topivo 연료

otopný 난방(장치)의, 가열의

otrava[1], *f* **1** 독살, 중독 **2** nuda 지루(함), 따분함, 싫증, 진절머리 **3** protivná věc 난처함[성가신, 골치 아픈] 것, 귀찮은 행위; 지루한[싫은] 일

otrava[2], *f* nudný člověk 따분한 사람, 지루한 사람, 귀찮은 사람

otrávený 1 독약먹은 **2** čím (무엇으로) unuděný 귀찮은, 진절머리가 나는, 싫증이 나는; znechucený 욕구불만의, 좌절감을 느낀, 좌절한; špatně naladěný 기분이 상한, 기분이 언짢은

otr|ávit (*otrav!*) < **-avovat 1** usmrtit 독살하다, plynem (가스로) 질식사시키다; životní prostředí (생활 환경을) 오염시키다; mravně (도덕적으로) 타락시키다, 부패시키다 **2** nudit 지루하게 하다 **3** koho (누구를) 성가시게 하다, obtěžovat 귀찮게 하다, 못살게 굴다 **-ávit se** < **-avovat se 1** usmrtit se 독약을 먹고 죽다;

neúmyslně 중독되다; plynem 질식사하다 **2** nudou 지루해지다

otravný 1 독약의, plyn (가스 등이) 질식시키는 **2** protivný 역겨운, 성가신

otrhaný (옷 등이) 해진, 누더기의, 초라한, 허름한

otrh|at < -ávat 1 ovoce, květy (과일이나 꽃을) 따다, 꺾다 **2** listy kalendáře (달력 한 장을) 뜯어내다, 찢다 **3** poškodit 망치다, na cáry 해뜨리다

otrlost, *f-1* 무감각, 냉담[무정]함, 냉소

otrlý 무감각한, 냉담한, 무정한, cynický 냉소적인

otrn|out 1 přestat bolet 고통[통증]이 멈추다 **2** stát se neschopným reagovat na podněty 무력해지다, otupět 무감각해지다 ◆ *už mu -ulo, cítí se lépe* (상태가) 호전되다, 좋아지다

otrocký 노예의, 노예적인, užívající otroků 노예제의; poslušný 노예근성의, 노예같은; podlézající 굴종하는, 비열한, 비굴한

otroctví, *n* 노예제(도), 노예관계, 노예의 신분, 속박

otročí 노예의, 노예와 관련이 있는; 부역의 ◆ *~ trh* 노예 시장

otročina, *f* **1** otroctví **2** 고된 일[고역], 단조로운 일

otročit < z- komu (누구의) 노예 노릇을 하다, 노예로 하다; koho (누구를) 노예화하다, 노예로 삼다 **~ se** (노예처럼) 빠빠지게 일하다, 혹사하다; 열심히 일하다

otrok, *ma-3* **1** nevolník 노예; 남자 노예 **2** dříč (단조롭고 판에 박힌 고된 일을) 꾸준히[열심히]하는 사람

otrokář, *ma* **1** obchodník 노예 상인 **2** 노예 감독자; přísný šéf/učitel 엄격한 사장/선생님

otrokářský 노예 사업의

otrokyně, *f* 여자 노예

otruby, *f-pl* 밀기울, 겨, 왕겨

otřás|t (*otřes-u, otřásl, otřesen*) **< -at 1** 흔들다, 진동시키다 **2** sníh, ovoce (눈, 과일을) 흔들어 떨어뜨리다 **3** nárazem 충격을 주다, šokovat 정신을 못차리게 하다 **-t se < -at se** 흔들리다, 진동하다, 떨리다; (벌벌) 떨다 ◆ *~ zimou* (추위로) 떨다; *~ hnusem* 넌더리가 나다

otřelý 1 odřený 닳아빠진 **2** vtip (농담 등이) 한물간, 진부한, 신선미가 떨어진

otřepaný 1 kalhoty (바지가) 해진, 떨어진; používáním 낡아빠진 **2** vtip (농담 등이) 케케묵은, 한물간; fráze (표현 등이) 진부한, 흔한, 평범한, 시시한 **3** prodiskutovaný 철저히 검토한, 논의한

otřep|at < -ávat sníh (눈을) 털어내다 **-at se < -ávat se 1** otřást se (몸을) 털다, 흔들다 **2** zimou (추위로) 후들후들[와들와들] 떨다

otřes, *mi-2* při zemětřesení (지진 시) 떨림, 진동; duševní (정신적) 쇼크, 충격; rána 강타, 구타

otřesený 충격을 입은; 놀란

otřesný zpráva (소식 등이) 충격적인, 소름끼치는

otřít (*otř-u, otřel*) **< otírat 1** talíř (접시를) 닦다, vodu 물기를 닦다; tahem přes něco 걸레질하다, 문지르다, očistit 청소하다 **2** třením lehce odstranit s povrchu něčeho (문질러 표면으로부터 뭔가를) 가볍게 제거하다, 닦아내다; 비비다, 마찰하다 **-se** < **otírat se 1** k osušení (몸의 물기를 수건 등으로) 닦아내다 **2** o co (무엇에 대고 몸을) 비비다, 문지르다; ztratit povrch 문질러 표면을 없애다 **3** o koho nešetrně (누구를 부주의하게) 스치고 지나가다

oťuk|at < **-ávat 1** stěnu (벽을) 톡톡치다, oklepat 두드리다 **2** ryba (물고기가) 입질하다 **3** soupeře (경쟁자의) 의견을 타진하다, 저울질하다; seznamovat se s kým/ čím (누구와/무엇과) 사귀다; 익숙해지다

otupělý 둔감한, 활발치 못한, 무기력한,

otup|ět (*oni otupí*) < **-ovat** 무감각해지다, 둔해지다, 무기력해지다; 민감성[민감도]이 떨어지다

otup|it < **-ovat 1** nůž/břitvu (칼이나 칼날을) 무디게 하다, 둔감하게 하다 **2** svědomí, city (의식, 감각을) 둔하게[무감각하게] 하다 **-it se** 무디어지다, 둔해지다; 무감각해지다

otužilý 대담한, 강건한, 굳어진; 비바람에 시달린, 비바람을 견뎌낸

otuž|it < **-ovat** tělo (몸을) 굳히다, 딱딱하게 하다; proti nepřízni počasí (악천후를) 익히다, 단련하다, 익숙하게 하다 **~ se** 굳어지다, 딱딱해지다; proti čemu (무엇에 대해) 익숙해지다, 단련되다

otvírací 개시의, 여는 ◆ ~ *doba* 개업[개관, 개장] 시간; ~ *střecha* (*auta*) 선루프((차 지붕의 개폐식 채광창))

otvírač, otvírák *mi* (병) 따개 ◆ ~ *lahví* 병따개; ~ *konzerv* 깡통(통조림) 따개

otvírat (se) v. *otevřít* (*se*)

otvor, *mi-2* 구멍, mezera 틈, 구경; vyústění 후미, 입구; štěrbina 홈, 가늘고 긴 구멍, (자동판매기의) 동전 넣는 구멍

otylost, *f-1* 《醫》 비만(증), 비대

otylý (병적으로) 비만의, 살찐, 뚱뚱한

ouvertura, *f* 《音》 서곡, 전주곡

ovace, *f-pl* 열렬한 환영, 만장의 박수 갈채, 대인기 ◆ *uvítat někoho -mi* 우레와 같은 박수로 누군가를 맞이하다

ovál, *mi-2* 달걀모양, 타원형

oválný 달걀모양의, 타원형의 ◆ ~ *tvar* 타원형

ovanout (*ovát*도 사용, *ovanul/ovál*) < **ovívat** = *ofouknout*, vůně (향기가) 향기가 풍겨오다; vítr (바람이) 불어오다

ov|ázat (*ováž-u,* **(문어체)** *-ži*와 *-ží*; *ovaž!, ovázal*) < **-azovat** čím (무엇으로) 두르다, 둘러매다ů obalem 둘러싸다, 포장하다

ovce, *f* 양 ◆ *chodit jako bludná* ~ 정신이 없이[정처없이] 돌아 다니다

ovčáck|ý 양치기의, 목동의 ◆ *-á hůl* 목자의 지팡이; ~ *pes* 양치기 개[목양견]

ovčák, *ma-3* **1** 목자, 양치기 **2** 셰퍼드, 목양견

ovčí 양의 ◆ ~ *kůže* 양, ~ *pastvina* 목양장

O

ovčín, *mi* chlév 양외양간, ohrada 양우리

ovčina, *f* **1** kůže 양가죽, 양피; kožešina 양모피, 양가죽 외투 **2** zápach 양의 냄새

ovdovělý 미망인이[과부가] 된, 배우자를 잃은

ovdovět (*-ějí*) 배우자를 잃다, 미망인이[과부가] 되다

ovečk|a, *f* jehně 양(새끼), svěřenec (어린) 양; věřící 성도, 믿음을 가진 자 ◆ *být jako ~* 지극히 온순하다; *kněz a jeho -y* 성직자[목자]와 그의 양들; *ztracená ~* 잃어버린 한 마리 양

ověnčit v. *věnčit*

ověř|it < -ovat 입증하다, listinu 증명하다, 인증하다; učinit právoplatným (법적으로) 정당하게 하다

oves, *mi* obilí 귀리

ově|sit (*ověšen*) **< -šovat** čalouny (실내 장식을) 걸다, 장식하다 **~ se** čím (무엇으로) 장식하다, 꾸미다

ovesn|ý 귀리의 ◆ *-á kaše* 귀리 죽; *-á mouka* 귀리 가루

ověšovat v. *ověsit*

ovin|out < -ovat, ovíjet (실을) 감다, (둘레에) 두르다, 감싸다; 장식하다; obemknout 잠그다, 걸다; obejmout 포옹하다

ovívat 부채질하다; (바람이) …에 솔솔 불다

ovládat 1 území (영토를) 지배하다, spravovat 다스리다; trh (시장을) 장악하다 **2** vládnout 통치하다 **3** řídit 관리하다, 경영하다 **4** cizí jazyk (외국어를) 자유자재로 구사하다, 능숙하게 하다 **5** nástroj (도구를) 잘 다루다

ovládnout < 1 území (영토를) 지배하다; trh (시장을) 장악하다, 통제하다 **2** převládnout 지배[위압]하다, 우위를 차지하다, 좌지우지하다; v zápase (경기에서) 이기다 **3** naučit se 다배우다, 터득하다, 완수하다 **4** zkrotit 길들이다, 제어하다

ovliv|nit < -ňovat mít vliv na co (무엇에 대한) 영향력을 갖다, 영향을 끼치다[미치다], postihnout 효력을 발생시키다

ovoce, *n* 과일, 과실, 열매; výsledek 결과(물), 성과

ovocnář, *ma* **1** pěstitel 과수원 주인, 과수 재배자; 과수 원예학자 **2** prodavač 과일을 파는 사람; 그 가게 주인

ovocnářství, *n* **1** pěstění 과수 재배, 과수원업(業) **2** prodejna 과일상(점)

ovocný 과일의 ◆ *~ sad* 과수원; *~ koláč* 과일 케이크; *~ salát* 과일 샐러드

ovroubit = *obroubit*

ovšem 1 물론, 당연히, 진정코 **2** na konci věty (문미(文末)에서) sice …은 사실이지만 **3** určitě 틀림없이, 분명히

ovzduší, *n* 공기, 대기

oxidace, *f* 산화(작용)

oxidovat 산화시키다, 산화작용을 하다

ozářit (*ozař!*) **< ozařovat** osvětlit 빛을 비추다, 밝히다, 빛을 쏘다; 복사 에너지를 발하다; 《醫》 엑스레이를 찍다

ozbrojenec, *ma* 무장한 사람

ozbrojit < -ovat 무장시키다, (무기

등에 …을) 장비하다 ~ **se** 무장하다

ozdoba, *f* zdobení 꾸밈, 장식; předmět 장식품, 장신구; jídla (음식의) 채소 양념

ozdobný 장식한, 꾸미는; 화사한

ozdrav|ět (*-ějí*) < **ovat 1** tělesně (건강상) 회복하다 **2** hospodářství (경제가) 개선[개량]되다 향상[진보]하다

ozdrav|it < **-ovat** 건강하게 만들다, 회복시키다, 안정시키다; 강화하다

ozdravný 건강 유지에 도움이 되는, 치유력이 있는, 병에 잘 듣는, 치료의

ozdravovna, *f* (환자) 보양소, 요양소, 휴양소 ◆ *lázeňská* ~ 온천 요양소

ozla|tit (*ozlacen*) < **-covat** 금[금박]을 입히나, 금도금하다, 금으로 치장하다[꾸미다]

ozn|ačit < **-čovat 1** …에 표시를 하다, 나타내다; podle druhu (종류별로) 특징지우다, z výběru 지정하다 **2** ukázat na 가리키다, 지적하다 **3** pojmenovat 이름을 붙이다, 명명하다

označkov|at < **-ávat** cestu (도로에) 표지를 세우다, …에 방향을 표시하다

označovat 1 v. *označit* **2** znamenat 표현하다, 의미하다, 뜻하다

oznámení, *n* **1** ohlášení 공표, 공고, 고지(告知) **2** prohlášení 진술, 신고, 성명 **3** dopis, lístek (행사를 알리는) 편지, 통지서, 알림장 ◆ *svatební* ~ 청첩장; *úmrtní* ~ 사망 통고, 부고장

ozn|ámit (*oznam!*) < **-amovat** komu, co (누구에 무엇을) 알리다, 공표하다, formálně (공식적으로) 통고하다, zveřejnit 포고하다

oznámkovat v. *známkovat*

oznamovatel, *ma-1, 4* ohlašovatel 리포터, 아나운서, 고지자

ozob|at < **-ávat** (조류가 부리로) 쪼다, 쪼아먹다; 쪼아서 구멍을 뚫다

ozon, ozón, *mi-2* 오존

ozřejm|it < **-ovat** co komu (무엇을 누구에게) 명료[명백]하게 하다, 확실하게 하다; 설명하다, 밝히다

ozuben|ý 이가 있는, 이를 가진; 톱니 모양의 ◆ *-á dráha* 톱니 궤도 철도, 아프트식 철도; *-é kolo* 톱니 바퀴

ozv|at se (*ozv-u, ozval*) < **ozývat se** zvučně 울려퍼지다, znít 울리다, 들리다, ozvěnou 반향하다 ◆ *-i se, až budeš v Praze* 프라하에 있으면 전화해라

ozvěn|a, *f* odraz zvuku 반향, 메아리, 산울림 mnohonásobná (여러 번의) 반향 ◆ *vracet se -ou* 메아리쳐 되돌아오다, 울려 퍼지다

ozvuč|it < **-ovat** film (영화가) 사운드 트랙을 제공하다, 음향효과를 내다

ozývat se v. *ozvat se* (소리가) 울리다

ożebrač|it < **-ovat** koho (누구를) 가난들게 만들다, 빈곤하게 하다; 빈약하게 하다

ożehavý 1 (모습이나 모양이) 어색한, 거북한, 꼴사나운 **2** problém (문제 등이) 다루기 힘든, 귀찮은, 곤란한 **3** otázka (문제 등이) 머리를 아프게 하는, 말썽 많은, 복잡한

ożeh|nout < **-ovat 1** …의 표면을 태우다, vlasy (머리카락을) 그슬리다 **2** opálit (햇볕에) 태우다, 선텐하다

ożelet (*ożel!, ożel(ej)í*) oplakat 슬퍼하

O

다, 한탄하다, 애도하다

oženit (se) v. *ženit (se)* s kým (누구에게) 장가들다

ožírat v. *ožrat*

o|žít[1] (*ožij-*) < **-žívat** 다시 살아나다, 부활하다; 정신을 차리다, 생기를 회복하다; 활기를[생동감을] 되찾다

ožít[2] (*ožnu*) ožnout (풀, 보리 등을) 깎다, 베다, 풀베기하다

oživ|**it** < **-ovat 1** koho (누구를) 되살리다, z bezvědomí (의식 상실에서) 소생시키다, koho, aby bylo živější 활기를 띠게 하다 **2** staré zvyky (옛 관습[풍습]을) 되살리다, 부활시키다 **3** hospodářství (경제를) 활성화하다

ožrala, *ma* (구어체) 술고래, 모주꾼

ožralství, *n* (구어체) 음주광, 알코올 중독

ožrat (*ožer-, ožral*) < **ožírat 1** listí (소, 사슴 따위가) 어린 잎을 따먹다, ohryzávat 입질하다, kost (뼈를) 핥아먹다 **2** (구어체) opít 취하게 하다 ~ **se** 취하다 ◆ *žirafa ožrala ze stromu všechno listí* 기린은 나무에 있는 모든 잎을 다 따먹었다

ožvýk|at < **-ávat** 씹어서 상하게 하다, 갉아 먹다, 물어 뜯어내다 ◆ ~ *doutník* 시가를 씹어 뜯다; ~ *tužku* 연필을 물어 뜯다

P

p, P [pé] *n-in* **1** [뻬] 체코어 알파벳의 자음 글자 **2** p. (사람의 성 앞에 사용하여) *pan*의 약자 **3** 《樂》 piano (약하고 부드럽게)의 약자 ◆ *mít všech pět P (o dívce, o ženě)* (소녀, 여성이) 다섯 가지 좋은 조건((poctivá 순수한, 정직한, 솔직한; poslušná 예의바른, 순종하는, 유순한; pracovitá 근면한; pěkná 예쁜; mít peníze 돈이 있는))을 모두 갖추다, 최적의 신혼 상대이다

pa, pá, papa, pápá (유아어, 구어체**)** 안녕히, 안녕

paběrek, *mi-2, 3* **1** 이삭, 주워 모은 이삭; 수확하고 남은 열매((주로 가치없는 것들)) **2** (문학 따위에서의) 소(小) 발췌물, 수집물

paběrkovat (이삭을) 줍다, 모으다; (남은 것을) 쓸어 모으다

paci (감탄사**)** 손뼉치는 소리, 손바닥을 마주쳐 내는 소리 ◆ ~, ~ *pacičky* 짝짜꿍

pacient, *ma* **-ka,** *f* 환자, 병자

pacifikace, *f* 화해, 평정, 조정, 진압

packa, *f* **1** (발톱이 있는 동물의) 발 **2** (사람의) 손 혹은 발, dětská (어린아이의) 작은 손

packal, *ma-2* **-ka,** *f* 서투른 직공, 실수를 하는 사람, 솜씨가 나쁜 사람

packat > z- 망치다, 잡치다, 서투른 짓을 하다

páčit *(pač!)* **> vy-** 비집어 열다; něco svíraného (뭔가 잠긴[닫힌] 것을) 비틀어 빼다, 힘으로 꺼내다, 열다 ◆ ~ *hřebík ze dřeva* (힘으로) 나무에서 못을 빼다

páčka, *f* (작은) 지레, (기계를 조작하는) 레버

pád, *mi-2* **1** 떨어짐, 추락, 낙하, 하강; překocení 넘어짐, 전도 **2** 몰락, 멸망, 쇠망, 괴멸 **3** 《言》 (명사의) 격(格)

padací 떨어지는, 내리는, 처지는 ◆ ~ *dveře* 뚜껑문, 들창; ~ *most* 도개교, 한쪽이 들리게 만든 가동교, 적교((해자가 있는 옛 성에 많이 사용))

padák, *mi-2, 3* **1** 낙하산 **2 (**속어**)** vyhazov 해고, 해임, 면직; 탈락 ◆ *dostat -a* 해고당하다, 해임되다, 면직되다

pad|at **1** 떨어지다, 낙하하다, 내리다; být svislý (수직으로) 늘어 뜨리다; únavou (피곤해서) 축 처지다; (지쳐서) 쓰러지다; prohýbat se 휘다, 처지다 **2** proud (강물이) 급하게[세차게] 흘러 내리다 ~ **> na-** napadnout (비, 눈 서리가) 내리다 ~ **> -nout** **1** 떨어지다; zhroucením, kácením (와해[붕괴], 벌채에 의해) 쓰러지다, 무너지다, 넘어지다 **2** od čeho se upustilo (무

P

엇으로부터) 떨어져 나오다 **3** vrhnout se 돌진다; doléhat tísnivě na 무겁게 짓누르다, 중압적으로 엄습하다; postihnout koho (누구에게) 영향을 끼치다, 닥치다 **4** spadat pod 아래로 떨어지다 **5** náhodou přijít na (생각 따위가) 우연히 …에 다다르다[떠오르다] **6** hodina (시계가) 치다 **7** mravně (윤리적으로) 타락하다 **8** zemřít v boji (전투에서) 죽다 ◆ *horko k -nutí* 녹초가 될 정도로 무더움; *-nout komu do klína* 누구에게 뜻밖의 횡재가 되다, (무엇인가 좋은 것에 대해) 누구는 생각지도 않게 …을 얻었다; *-nout za kořist* 먹이가 [희생물이] 되다; *-nout do mdlob* 기절[졸도]하다; *-nout čemu za oběť* 무엇의 희생물이 되다; *-nout komu do oka* **(비유어)** 누구의 눈[마음]에 들다; *rána -la* 총알이 발사되었다; *-la ostrá slova* 심한 말다툼이 있었다; *-nout pod stůl* 고려[관심, 중시]에서 벗어나다, (계획 등이) 포기되다; *to -ne na můj účet* 그것은 나의 책임이다; ~ *v úvahu* 영향력이 있다, 중요하다 ~ > **s-nout 1** na zem (땅에) 떨어지다, 넘어지다; (말이나 탈 것으로부터) 굴러 떨어지다 **2** zřídit se (건물 등이) 무너지다, 붕괴하다; sestoupit letadlo (비행기가) 추락하다; klesnout (커튼 · 휘장 · 막 등이) 내려가[오]다 **3** vyčerpáním (소모함으로써 양 등이) 줄어들다 **4** ceny (가격, 가치 등이) 떨어지다, 내려가다, 하락하다 **5 (구어체)** mužstvo do nižší soutěže (축구팀이 하위리그로) 내려가다, 좌천되다 ◆ *-ající hvězda* 별똥별, 유성; *kámen mi s-l ze srdce* 내 마음의 무거운 짐을 벗었다, 근심[걱정]이 사라졌다, 안심[안도]했다 ~ > **u-nout 1** chátrat (힘, 의미, 가치 등이) 줄다, 떨어지다 **2** přijít do nějakého nepříznivého stavu (어떤 좋지 않은 상태로) 떨어지다, 들어가다 ◆ *u-nout do dluhů* 빚더미에 올라앉다; *u-nout do hlubokého spánku* 깊은 잠에 빠지다

padavka[1], *f* ovoce 바람에 떨어진 과실

padavka[2], *ma* **(구어체)** 나약한 사람, 무기력한 사람, 맹충이, 졸장부

padělat 위조하다, 모조하다, (꾸며서) 흉내내다, 날조하다; příměsí (섞음질하여) 품질을 떨어뜨리다

padělatel, *ma-1, 4* **-ka,** *f* (화폐 따위의) 위조자, 모조자, 날조자

padělatelství, *n* 위조, 모조, 변조

padělek, *mi-2, 3* 위조물[품], 위작, 모조품; 위조 지폐

padesát 50, 오십, 쉰

padesátihaléř, padesátihalíř, *mi* 50 할레르쉬 동전

padesátikoruna, *f* 50 코루나 동전, 50 코루나 지폐

padesátiletý 50세의, 50(주)년의

padesátina, *f* 50분의 1

padesátiny, *f-pl* 50세 생일

padesátk|a, *f* **1** (숫자) 50; (버스 따위) 50번; (장소) 50호(실); (속도) 시속 50km **2** (나이) 50세 ◆ *poslali ho* 그들은 그를 50호(실)로 보냈다; *překročil -u* 그는 50(세) 고개를 넘었다

padesátník[1], *ma* 50세의 사람, 50대의 사람

padesátník[2], *mi-2, 3* **(구어체)** 50할

레르쉬 동전

padesátý 50의, 오십의, 50번째(의)

pádit 빨리 뛰다, 질주하다, 돌진하다 ◆ *~ulicí* 길을 질주하다

pádlo, *n* 노((*veslo*와는 달리 노받이에 걸지 않고 물을 젓는 짧고 넓적한 카누나 카약용))

pádlovat (카약 따위를) 노로 젓다

padlý[1] **1** 죽은, 사망한 **2** mravně (도덕적으로) 타락한 **3** sníh (눈이) 막 떨어진, 새롭게 내린 ◆ *~ na hlavu* 머리가 큰, 미치광이의, 덜 떨어진, 미덥지 못한, 얼뜬, 아둔한, 이해 못하는, 멍청한

padlý[2]**,** *ma* 전사자 ◆ *Den památky -ých* 전몰 장병 기념일, 현충일

padnout 1 neúspěšně 실패하다 **2** oblek (옷이) 맞다, komu (누구에게) 옷이 몸에 맞다 **3** v. *padat*

pádn|ý 1 (칼, 망치 따위가) 급속하고 무겁게 떨어지는; 무거운, 강력한, **2** 설득력 있는, 그럴싸한; 유력한, 힘있는; 결정적인 ◆ *-á odpověď* 결정적 대답, 유력한 대답

padoucnice, *f* 간질 ◆ *záchvat ~* 간질의 발작

padouch, *ma-3* 악한, 악당, 나쁜 놈

padoušský 악한의, 악당의; 나쁜, 비열한, 야비한

padrť, *f-1* 파편, 단편, 조각

paginovat (책에) 페이지를 매기다, 번호를 매기다

pahorek, *mi-2, 3* 언덕, 낮은 산; 높은 곳, 고지

pahorkatina, *f* 구릉지대((낮은 산이나 언덕으로 이루어진 지역)), 고지, 산지

pahorkovitý, pahorkatý 낮은 산으로 이루어진, 언덕이 많은; 기복이 심한, 울퉁불퉁한

pahýl, *mi-2* (나무의) 그루터기, (베고 남은) 밑동; zbytek použitého 쓰고 남은 것

pach, *mi-2, 3* 냄새; (특히) 악취; zejména v podpaždí (특히 겨드랑이) 암내 ◆ *~ doutníku* 시가 냄새; *silný ~* 강한 악취; *tělesný ~* 몸 냄새, 체취

páchat > s- 저지르다, 나쁜짓을 행하다, (중죄 등을) 범하다 ◆ *~ na něm křivdu* 그에게 부당한 일을 저지르다.

pachatel, *ma-1,4* **-ka,** *f* 범죄자, 위반자, 범인, 죄인

páchnout čím 냄새가 나다, 냄새를 풍기다; 나쁜 냄새가 나다, 악취를 풍기다

páchnoucí (불쾌한) 냄새가 나는, 악취가 나는, 악취를 풍기는

pachol|ek, *ma-3* **1** 마구간 지기 소년[소녀] **2** (전문 직업이나 일의) 조수, 보조자 **3 (경멸어)** 졸개, nadávka (욕설) 천한놈, 질이 낮은 놈

pacht, *mi-2* **1** (땅, 집 따위의) 임차, dlouhodobý (장기의) 임대 **2** 임대료, 임차료; 지대, 소작료

pachtit se 노동하다, 수고하다, 애쓰다; 어렵게 움직이다, 힘겹게 나아가다

pachtovat > pro- co (무엇을) 임차하다, 빌리다; co komu (무엇을 누구에게) 임대하다, 빌려주다

pachtýř, *ma* 차지인, 차가인, 임차인

pajdat (구어체) 다리를 절다, 절름절름 걷다; 비틀거리며 [넘어질 듯하며]걷다

P

páječka, *f* 납땜 인두
pá|jet (*-její*) 납땜하다, 납땜으로 연결하다
pájka, *f* **1** 땜납, 백랍 **2** (속어) 납땜 인두
pak 1 다음에, poté 그 후에, 이 후에 **2** s tázacím slovem (의문사를 강조하기 위해) 도대체; …든지, 게다가 ◆ *kdopak* 도대체 누가; 누구든지
páka, *f* **1** 지레, 지렛대 레버 **2** (조종) 스틱[봉, 대] ◆ *zvedací* ~ 지렛대; *rychlostní* ~ 변속 레버, 기어 변환 장치
pakárna, *f* **1** 바보 같은 생각, 기발, 엉뚱함, 지묘함 **2** (속어) 감방, 교도소
pakatel, *mi* (구어체) 소량의 돈, 사소한 돈, 소액, 푼돈 ◆ *koupit za* ~ 싸게 사다
pakáž, *f* (경멸어) 일당, 패거리, 불한당
Pákistán, *mi-2* 파키스탄
Pákistán|ec, *ma* **-ka,** *f* 파키스탄인
paklíč, *mi* (여러 자물쇠에 맞는) 열쇠, 마스터키, 곁쇠; 자물쇠를 여는 도구
pakli, pakliže 그러나 만일, 그렇지만 만약 ◆ ~ *je jasno, záhy vstávej,* ~ *mračno, déle spávej* 만일 (날씨가) 맑으면 일찍 일어나고 그렇지 않고 만일 흐리면 더 자
pako, *ma* (경멸어) 바보, 백치, 미친 사람, 미치광이
pakostnice, *f* 《病》 통풍(痛風)
pakovat > vy- 1 balit 싸다, (짐을) 꾸리다 **2** koho (누구를) 떠나게 하다, 쫓아 내다 **3** 《컴퓨터》 압축하다 ~ **se** (구어체) 떠나다, 사라지다
pakt, *mi-2* 협정, 조약, 계약; 《法》 계약 조항, 계약 증서
paktovat se (구어체) s kým (누구와) 공모하다, 결탁하다, 통모하다
palác, *mi* 궁전, 궁(궐), 고궁; 전당 ◆ *královský* ~ 왕궁; *P- kultury* 문화의 전당
palácov|ý 궁전의, 궁궐의, 고궁의 ◆ *-á revoluce* (보통 측근자에 의한) 무혈 쿠데타
palačinka, *f* 팬케이크, 크레이프 ((과일, 잼, 아이스크림 등을 넣어 디저트로 먹거나 시금치, 치즈 등을 넣어 말아서 식사대용으로 먹기도 함))
palba, *f* 발포, (대대적인) 사격, 포화
palcát, *mi* 철퇴((중세의 무기))
palcov|ý 1 엄지(손가락)의 **2** 인치의 (길이·넓이 모두) ◆ *-é rukavice* 벙어리 장갑
palčák, *mi-2, 3* 벙어리 장갑
palčivý 1 타는듯한, 작열하는, 찌는; (매우)뜨거운 **2** 통렬한, 쓰라린; (맛이 맵거나 독하여) 얼얼한
palebný 발포의, (대)사격의, 포화의
pal|ec, *mi* 엄지(손가락) ◆ *držet komu -ce* 누구에게 성공[행운]을 기원하다[바라다]
pálenka, *f* 브랜디, 진; 화주((과일·곡식 따위의 증류주))
Palestina, *f* 팔레스타인
Palestin|ec, *ma* **-ka,** *f* 팔레스타인인
paleta[1]**,** *f* **1** 팔레트, 조색판 **2** 범위, 폭, 영역 ◆ *široká* ~ *názorů* 견해의 넓은 폭
paleta[2]**,** *f* 이동식 화물 깔판, 팔레트

paleto, *n-2* 헐렁한 외투의 일종; 여성용 짧은 외투

palice, *f* **1** 곤봉, 망치; 나무매; 채 ((특히 머리부분이 둥근형의 무거운 물건)) **2** (무기) 철퇴 **3 (속어)** 머리, 두뇌 **4 (비유어)** 고집쟁이, 고집불통

palič, *ma* **-ka,** *f* 방화범

paličák, *ma-3* 고집쟁이, 고집이 센 사람, 고집불통

paličatý 고집이 센, 완고한, 외곬의

palička, *f* 작은 곤봉, 작은 채; 북채, 드럼 스틱,(실로폰 따위를 치는) 채

paličkovat (바늘 대신 보빈(*bobbin*)을 사용하여 짜는) 수직(手織) 레이스를 만들다

paličský 1 방화(범)의 **2** 선동적인; 격앙[열광] 시키는

paličství, *n* 방화(죄)

pál|it 1 뜨겁게 타다, 이글거리다; 매우 뜨겁다 **2** 타는듯 고통스럽다, 따끔거리다, 화끈거리다, 쑤시다; (추위로) 에이다 **3 ~ > s-, u-** 태우다, 태워 없애다; 화장하다, 화형시키다 (pálení čarodějnic 마녀 화형) **4** 태우다, svíčky (초를) 켜다, dříví (장작을) 때다 **5** (불을 이용해) 굽다, cihly (벽돌을) 굽다 **6** 총쏘다, 사격하다 **7 ~ > u-** 뛰어가다, 달려가다 ◆ pal! 발사[발포]!; (구기 운동에서) 쳐!, 쏴!; *dej pozor, -í to!* 조심해, 그거 뜨거워!; *co tě ne-í, nehas!* 너와 상관없는 일에 참견[간섭]하지마!; *oči mě -í* 내 눈이 따끔따끔 하다

palivo, *n-2* 연료, 동력 에너지원 ◆ *jaderné ~* 핵연료; *náhradní ~* 대체 에너지

palivov|ý 연료의 ◆ *-é dříví* 땔나무, 장작

pálivý 1 (불) 타는, 타오르는; (양념 등이) 매운, 얼얼한

pálka, *f* 배트, 타봉, (야구)방망이; 라켓

palma, *f* **1** 종려나무, 야자수 **2** 종려가지[잎] ((승리·영광의 상징))

palmáre, *n-in* 변호(사) 수임료

palouk, *mi-2, 3* (고원 · 삼림 따위에 둘러 싸인) 초원, 초지; lesní 숲속의 빈터; 목초지

palub|a, *f* 갑판; (비행기 따위의) 기내 ◆ *na -ě lodi* 배의 갑판에; *všichni muži na -u!* 모든 선원 갑판으로!; *hodit něco přes -u* 무엇을 버리다, 포기하다; *hodit někoho přes -u* 누군가를 희생시키다, 저버리다

palubní 갑판의; 기내의 ◆ *~ deska* 대시보드, 계기반; *~ lístek* (비행기의) 탑승권,(선박의) 승선권

památk|a, *f* **1** 기억, 기념, 추억 **2** předmět 기념품, 기념물, 유품, 추억거리 **3** pozůstatek (역사적) 유물, 유적 ◆ *na -u* …을 기념하여, …을 위해서; *kulturní -y* 문화 유산, *umělecké -y* 예술적 유물; *dárek na -u* 기념 선물; *slavit čí -u* 누구를 기리다; 기념하다, 축하하다; *držet čí -u* 누구의 기억을 잊지 않다, 누구를 늘 기억하다, 늘 기리다, 늘 기념하다

památkář, *ma* 문화재 보호[관리]자, 유적[유물]관리원

památkov|ý na památku 기념(물)의, 기념적인; (유적·유물) 보존의 ◆ *-á péče* (역사) 유적[유물]관리, 문화재 관리[보존]; *~ předmět* 기념품, 유물

památník, *mi-2,3* **1** sborník 비망록;

P

잡록[기] **2** pomník 기념물[상, 비, 관] **3** …집, …록((시·문장·그림 따위를 모은 것)) ◆ *P- národního písemnictví* 국립 문학 기념관

památný 잊지 못할, 기억할만한, 현저한; 유명한; 중요한, 의미있는

pamat|ovat 1 (si) co, **(se)** na co (무엇을, 무엇에 대해) živě si vzpomínat (생생하게) 기억하다, 회상하다; podržet co v paměti (무엇을) 기억 속에 간직하다 **2** co (무엇을) sahat až do minulosti (과거로 거슬러 올라가) 회상하다, (과거의 사실을) 기억하다 **3** na koho (누구에 대해) 생각하다, 염두에 두다; (누군가를) 돌보다 **4** na co (무엇에 대해) 고려하다, 기억하다, 마음에 새기다 ~ **se > u-** 회상하다, 기억하다 ◆ *-uj, že musíš zavolat* 전화해야 한다는 것을 기억해라

paměl|ť, *f-1* **1** 기억, 기억력 **2** počítače (컴퓨터의) 기억 용량, 메모리 **3** vzpomínka 추억, 회상, tradovaná zvěst (전해 내려오는) 명성[평판] **4** 회고록 ◆ *na ~ čeho* 무엇을 기념하여, 무엇을 추모하여, 무엇의 영전에 바치어; *mít co na -ti* 무엇을 마음에 간직하다, 기억하다; *pokud má ~ sahá* 내가 기억하고 있는 한, 내 기억[추억] 속에 있는 한

pamětihodnost, *f-1* 기억할 만한 것, 잊혀지지 않는 일[것], 인상적인 [감명을 주는] 일[것]; turistická (관광의) 명소, 유적

pamětihodný 기억할 만한, 잊혀지지 않는; 주목할 만한, 중요한, 의미있는

pamětlivý 유념하는, 고려하는, 염두에 두는, 잊지 않는, 기억하는

pamětní 기념의, 추도의, …을 기념하는 ◆ *~ deska* 기념[추도] 액자; *~ mince* 기념 주화

pamětn|ík, *ma-3* **-ice,** *f* **1** (주로 역사적으로 의미있는 일[사건]따위의) 증인, 목격자 **2** současník 같은 시대[시기]의 사람, 동시대인

pamflet, *mi-2* 풍자문, 풍자시; 중상적인 글[팸플릿]

pamfletist|a, *ma* **-ka,** *f* 풍자 작가, 풍자문[시] 작자; 팸플릿의 저자, 격문의 필자

pamlsek, *mi-2, 3* 진미, 맛있는 것

pampeliška, *f* 민들레

pan, *ma* (남자의 성이나 직업의 직위 앞에) 씨, 님, 귀하, 선생님 ((영어의 Mr.에 해당)) ◆ *~ vrchní* 급사장, 수석 웨이터; *pane Nováku!* 노박씨, 노박선생님!; *pane profesore!* 교수님; *pan a paní Novákovi* 노박부부

pán, *ma* **1** feudální šlechta (중세의) 귀족; nadřízený, svrchovaný 군주, 영주, 지배자 **2** 주인, 소유자, 소유주 **3** (특수 기예의) 명수, 명인, 대가, 거장 **4** manžel 남편 **5** 하나님, 주 (Pán Bůh 주 하나님, Kristus Pán 주님, 예수 그리스도) **6** označení muže bez jména (이름없이 남자를 지칭) 남성, 신사 **7** nápis toalety *m-pl. páni* **(**복수형 태로 화장실 표시**)** 신사용 **8** *m-pl. páni!* **(**구어체**)** 야!, 우아!, 어머나!, 대단해! ◆ *pro -a krále!* **(**놀람의 표현**)** 어머나, 아뿔싸!, 이런; *pro Krista Pána* 제발, 부디, 이크, 제기랄; *být svým vlastním -em* 남의 속박을 받지 않다, 독립하다; *dělat -a* 행세 부리다;

빼기다, 큰소리치다; *jaký ~ takový krám* 그 주인의 그 가게[주인을 보면 상점을 알 수 있다]; *Dámy a pánové!* 신사 숙녀 여러분!

paňáca, *ma* panák 익살 광대, 익살꾼, 어릿광대

panáček, *ma-3* **1** 젊은 신사 **2** figurka (작은) 인물, 상; 인형

panáčkovat (개·토끼 등이) 앞다리는 세우고 뒷다리로 앉다; (동물이) 앞발을 들고 재롱부리다

panák[1], *ma-3* **1** figura 작은 인물, 상, 초상, 조상; (남성 모양의) 인형; 허수아비; **(경멸어)** 얼간이 **2** elegán 멋쟁이(남자), 맵시꾼 **3** karta (카드의) 그림패

panák[2], *mi-2, 3* **1** na poli (옥수수, 밀 따위의) 쉼가리 **2** **(구어체)** kořalky 술 한모금, (독한 술) 한 잔

Panama[1], *f* 파나마((중앙아메리카에 있음))

Panama[2], *f,n-in* 파나마 모자

pánbůh, Pánbůh *ma-3* 신, 하나님, 조물주 ◆ *dívat se [hledět] pánubohu do oken* 쓸데 없는 게으름 피우다, 허송세월(虛送歲月) 하다; *s pánembohem* (오랫동안 헤어지는 경우, 또는 상대방의 안녕을 기원할 때) 안녕, 신이 함께하길, 신의 가호가 함께 하길; *zaplať ~* 다행이다!, 고마워라!; *jak ho ~ stvořil* 알몸으로, 벌거숭이로; *pozdrav tě ~* 안녕

pancéř, *mi* **1** 갑옷, 철갑 **2** 장갑(裝甲), 장갑용 강철판 **3** 탱크

pancéřovat **1** 갑옷을 입히다 **2** 장갑하다, (적탄으로부터 보호하기 위해) 강철판으로 둘러싸다

pancéřov|ý 장갑한, 무장한, 갑옷을 입은; 장갑된 ◆ *-á pěst* 바주카포((휴대용 전차 로켓포)); *-á skříň/pokladna* (견고하게) 장갑된 장/금고

pandán, *mi-2* 한쌍의 한쪽, 짝, (예술 작품의) 상대

Páně, *in* 신의, 구세주의; 하나님의, 그리스도의 ◆ *léta ~* 그리스도 기원 ···, 서력 ···, A.D. ...

panebože **(감탄사)** 어머나, 저런, 어렵쇼

pane(čku) **(감탄사)** **~!** 어머!, 이런!((놀람 혹은 강조를 표현))

panel, *mi-2* **1** 패널; 판벽널, 머름 **2** 계기반, (컴퓨터 따위의) 조작[제어] 테이블 **3** 게시판 **4** (토론의) 패널

panelák, *mi-2, 3* 조립식 가옥, 아파트; 고층건물

panelákový 아파트의, 고층 건물의

panelov|ý **1** 패널로 만들어진; 조립식의 **2** 패널의 ◆ *-á diskuse* 공개 토론회, 패널 토론회; *~ dům* 조립식 주택

panenk|a, *f* **1** dívka 소녀, 처녀, 아가씨 **2** hračka 인형 **3** oka 눈동자, 동공 **4** 동정녀(마리아) ◆ *hrát si s -ami* 인형을 가지고 놀다; *rozšířené -y* 확장된[넓어진] 눈동자[동공]; *P- Maria* 동정녀 마리아

panenský **1** 처녀의, nezkušený 동정의; 순결한; 깨끗한 **2** 미개척[개발, 개간]의, 전인미답의

panenství, *n* 처녀성, 동정 ◆ *ztratit ~* 처녀성을 잃다; *připravit dívku o ~* 소녀의 처녀성을 빼앗다

P

pánev, *f* **1** 프라이팬; s držadlem (자루 달린) 납작한 냄비 **2** kotlina 분지, 반층 **3** 《醫》 골반

paní, *f* **1** nadřízená (존칭) 부인, 여사 **2** majitelka 여자 주인 **3** manželka 부인[아내] **4** před jménem (여자의 성이나 직업의 직위 앞에) 부인, 여사, 선생님((영어의 Mrs.에 해당)); *paní!* (호칭할 때) …부인! ◆ ~ *domácí* 여자 (집)주인; 여지주, 지주 부인; ~ *domu* 여주인, (연회 등의) 여주인(역)

panic, *ma* 숫총각, 동정남

panický1 순결한, 동정의 ◆ ~ *stav* 처녀임, 처녀성

panický2 놀란, 겁먹은, 공포에 질린 ◆ ~ *strach* 돌연한 공포

panik|a, *f* 공포, 당황, 놀라움, 겁(먹은) ◆ *jen žádnou -u* 당황하지 마세요, 놀라지 마세요

panikář, *ma* **-ka,** *f* 세상을 소란케 하는 사람

pankáč, *ma* **-ka,** *f* **1** 펑크족 **2** 펑크 스타일의 작곡가, 연주가

panna, *f* **1** panenka 처녀, 소녀, 아가씨 **2** 동정녀[숫처녀] **3** 미혼녀[여성] **4** (전설·동화 따위의) 요정 **5** (장난감) 인형 ◆ *krejčovská* ~ (양복점의) 인체모형, (옷을 입힌) 장식용 인형: *stará* ~ 노처녀: *mořská* ~ 인어 공주

panoptikum, *n-2* 밀납 세공품의 진열(실, 관); 골동품 수집(품) 혹은 그 전시; 밀랍 인형[세공품] 진열란

panorama, panoráma *n-2* **1** 파노라마, 전경, 광대한 조망 **2** 디오라마, (입체 모형에 의한) 실경; 요지경, 들여다 보는 구경거리

panoramatický 파노라마의 ◆ ~ *film* 시네마 스코프, 와이드 스크린 방식의 영화

panoš, *ma* (중세의) 시동(侍童)

panovačný 권력을 휘두르는, 통치하는, 지배하는; 거만한, 군림하려 하는

pan|ovat 1 o vladaři 통치하다, 지배하다, 군림하다 **2** převládat 압도하다, 우세하다 **3** tyčit se 우위를 차지하다, (위치가) 우뚝 솟다 **4** (광범위하게) 있다, 존재하다 ◆ *v místnosti -uje ticho* 방 안이 고요로 차 있다[조용하다]

panování, *n* 통치, 지배, 군림

pánovitý 지배하는, 통치하는; 군림하려 하는, 거만한

panovnice, *f* v. *panovník*

panovnick|ý 왕실의, 국왕[여왕]의, 황실의 ◆ ~ *rod* 왕조; *-á rodina* 왕실, 황실; 황족

panovn|ík, *ma-3* **-ice,** *f* vládce 통치자, 군주, 국왕

panská, *f* 하녀, 시녀

pansk|ý 군주의, 통치자의, 영주의; 주인의 ◆ *-é sídlo* 영주의 저택; *-á sněmovna* (의회의) 상원

pánsk|ý 신사의, 젠틀맨의; 남성용의, 남자의 ◆ *-á jízda* 남자끼리의 모임[파티]

panství, *n* panovníka 통치, 지배, 권력 **2** území 영지, 영토; v držení majitele 장원

panstvo, *n-2* **1** 고귀한 태생[신분], 귀족(계급) **2** vrchnost 신분이 높은 사람들((아랫 신분의 사람들이 상위층을 명명할 때)) **3** 거만한 사람들, 고위층

pant, *mi-2* 경첩, (문따위의) 돌쩌귀

pantofel, *mi-1* 슬리퍼, 뒤축이 없는 실내화

pantomima, *f* 팬터마임, 무언극

panující 지배하는, 군림하는; 우세한, 주된, 지배적인

papat (유아어) 맘마 먹다; 먹다

papež, *ma* 교황; (권위·지위가) 교황 같은 존재 ◆ *římský* ~ 로마 교황; *ať jsem* ~ (강한 부정·거절의 표현으로) 천부당 만부당 하다, 절대 …하지 않다

papežský 교황의; (카톨릭) 로마 교황의

papežství, *n* 교황의 지위[권력, 임기]; 교황 제도[정치]

papíeka, *f* = *papírna*

papír, *mi 2* **1** 종이 **2** *-y* **(구어체)** (신분) 증명서, (운전) 면허증; 서류, 문서, 증서 ◆ *balicí* ~ 포장지; *dopisní* ~ 편지지; *hedvábný* ~ 티슈; *kancelářský* ~ 사무용지, 타자용지; *konceptní* ~ 도면지, 초고[초안]; *koš na -y* 종이 버리는 휴지통; *křídový* ~ 희고 매끄러운 종이; *novinový* ~ 신문지; *pijavý n. savý* ~ 압지; *starý* ~ 폐지, 폐용지; *toaletní* ~ 화장지, 휴지; *cenné -y* (유가)증권; *burza cenných -ů* 증권 시장, 증권 거래소

papírna, *f* papírka 제지 공장

papírnický 문구점의, 문방구의

papírnictví, *n* 문구점, 문방구, 학용품 가게

papírník, *ma-3* 문구업자, 문방구상

papírování, *n* 탁상 사무, 서류를 다루는 일, 문서 업무; 관청식[관료적] 형식주의, 번문욕례

papírov|ý **1** 종이의, 종이로 만든 **2** k použití a zahození 사용하고 버릴 수 있는, 일회 용의 **3** 종이 같은, 종이 모양의 **4** 명목상의, 헛된 ◆ *-á tvář* 백지장 같은 얼굴, 새하얀 얼굴; *-á demokracie* 명목상의 민주주의

papoušek, *ma-3* **1** 앵무새 **2 (**비유어**)** 뜻도 모르고 흉내내는 사람

papouškovat (…을 뜻도 모르고) 흉내내다, 반복하다, (건성으로) 되풀이 하다

paprika[1]**,** *f* **1** 피망, 고추, 고추류의 식물 **2** koření (양념으로써의) 고추, 파프리카 ◆ *plněná* ~ 속을 채운 피망 (요리)

paprika[2]**,** *ma* **(**구어체**)** 괴짜(노인); 구식 사내

paprsek, *mi-2, 3* **1** v pruhu 광선, 햇빛, 햇실; záblesk 섬광, 광채 **2** tekutiny (액체의) 분출, 분사, 사출 **3 (**비유어**)** (희망 따위의) 빛, 광명, 서광

paprskovitý 광선의, 광선 모양의; 방사상의

papuč(e), *f* 슬리퍼; 방한용 신

pár[1]**,** *mi-2* 커플, 쌍, 짝; co je vždy ve dvou (항상 2개를 이루는) 한 쌍; spřežení (멍에에 메운) 한 쌍, kočár s dvojspřežím (말 두필이 끄는 마차) 쌍두

pár[2]**,** *in* **(**부정수**)** 몇몇; 두 셋, 한둘, 다소, 소량 ◆ *napiš jen* ~ *řádek* 단지 몇 줄만 써.

pár|a, *f* 수증기, vodní, výpar, plynu, kouře (물의, 연무의, 가스의, 연기의) 증기, 스팀, 김, 안개; (동력이 되는) 증기 ◆ *jako* ~ *nad hrncem* 다 죽어가, 기진하여, 더 이상 쓸 수 없는 상태

에; *pod parou* 증기의 힘으로[의], (기선이) 항해 중에[의], 술이 (약간) 취해서; *plnou -ou vpřed!* 전속력 앞으로!; *pracovat plnou -ou* 집중적으로[열심히]일하다

parabola, *f* 우화, 비유(담)

páračka, *f* **(**구어체**)** 성가시고 고된 일

parád|a, *f* **1** oblékání 화려한 옷[장식, 장신구], 의식[예식], 경축; ozdoby 장식품, bezcenná (값싼) 번지르르한 옷 **2** okázalost 치장, 장식 **3** slavnost 행렬, 시위 행렬; přehlídka《軍》퍼레이드, 열병 **4** slavnostní úbor《軍》군의 예복 ◆ *být jen pro -u* 단지 형식적이다, 장식용이다; *dělat -u* 우쭐거리다, 빼기다, 과시하다; *to je ~!* 정말 멋지다!, 굉장하다!

paradigma, *n-2* **1** 어형 변화 계열(표), 계열체, 활용례 **2** 예, 범례

parádit (se) > na -, vy- 성장하다, 한껏 차려입다, vyzdobit 몸 치장하다

parádivý (옷이) 맵시 있는, 멋진; 모양을 낸, 멋을 부린

parádní 1 경축의, 축제의; 장엄한, 장관의 **2** ozdobný 장식적인, 화려한; slavnostní 의식의, 예식(용)의 **3** fešný 멋진, 멋들어진((사람을 나타낼 때)) ◆ *~ kousek,* 훌륭한 견본[표본, 전형], 놀라운 재주, *~ výkon* 연주 따위의 멋진 묘기; *~ pokoj* 살롱, 응접실

parádnice, *f* 옷차림이 멋진 여성[아가씨], 멋을 부린 여성, v. *parádnik*

parádn|ík, *ma-3* **-ice,** *f* 멋쟁이, 맵시꾼; 멋을 부린 사람

parádovat 1 퍼레이드 하다, 화려하게 행진하다 **2** 과시하다, 빼기다

paradox, *mi-2* 파라독스, 역설, 모순

paradoxní 파라독스의, 역설의, 모순의 ◆ *~ situace* 모순되고 이해 어려운 상황

parafa, *f* (이름의) 머리 글자, 이니셜; 약자[약필] 서명

parafín, *mi-2* 파라핀

parafovat 머리 글자[이니셜]로 서명하다; 약자[약필]로 가조인 하다; (문서 따위에) 서명하다

parafráze, *f* 풀이, 석의, 패러프레이즈, 의역((의미는 그대로 두고 다른 방식으로 혹은 쉽게 풀이한 것))

paragon, *mi-2* 영수증; 간이 세금 계산서, 매상[판매] 전표

paragraf, *mi-2* **1** odstavec 단락, 조항; oddíl 절, 항 **2** značka 절의 표시 **3** zákona (법의) 조항

Paraguay, *f* 파라과이

paralela, *f* **1** 평행선[면], 평행하는 것; 유사(물), 필적하는 것 **2** 위도권; 위선

paralelní 평행(선)의; 병행하는; 유사한, 비슷한

paralýza, *f* 마비, 신체 불수

paralyzovat 마비시키다, 무력하게 하다, 약화시키다

parametr, *mi-2* 매개 변수, 파라미터

parapet, *mi-2* (창가의) 좁은 선반, 창턱

parašutista, *ma* 낙하선병, 스카이다이버

párat > roz- 1 (끈이나 뜬 것을) 풀다; (바늘 끝 따위로) 실밥을 뜯다 **2** trhnutím, řezem útroby (찢거나 베어 갈라서) 내장 따위를 꺼내다 **~ se >**

roz- **1** (끈 등이) 풀어지다, (실밥 등이) 뜯어지다 **2** (구어체) (음식 등을) 쑤시다[조금만 먹다], (이빨 등을) 쑤시다 **3** (구어체) (무엇을) 만지작 거리다, 일시적으로 해보다 ◆ *~ v jídle* 음식을 맛없이 먹다, 깔짝거리다; *~ v zubech* 이를 쑤시다

párátko, *n-2, 3* 이쑤시게

parátní 즉석의, 재빠른, 즉각적인

paraván, *mi-2* 칸막이, 병풍, 막, 발

parazit, *ma* **1** 기생동물[식물], 기생충 **2** člověk 기식자, 식객

parazitní 1 기생의, 기생적인; 기식하는 **2** 기생충[균, 동물]의

parcela, *f* 작은 터, 작은 구획지; přidělená 배분지; stavební 건축 부지, 대지 ◆ *zahradní ~* 정원지

parcelovat > roz- (대지 따위를) 분배하다, 구획을 나누다, přidělit (작은 구획으로) 분할하다

pardál, *ma-2* 퓨마, 표범

pardon I (감탄사**) (**구어체**)** 미안[죄송]합니다!; před činem (행위 전에) 실례합니다! **II** *mi-2* 용서, 허용, 관대 ◆ *bez -u* 용서 없이, 가차없이; *udělit komu ~* 누구에게 용서[관대]를 베풀다

párek, *mi-2* **1** *= pár* **2** uzenka (프랑크푸르트, 비엔나) 소시지 ◆ *~ v rohlíku* 핫도그

parfém, *mi-2* 향수, 향(료); 향기, 향내

parfémovat 향수를 뿌리다[바르다]; 향기를 내다, 향기롭게 하다

parfumerie, *f* 향수 파는 가게, 화장품 매장

parchant, panchart, *ma* **1 (**구어체**)** 부랑아, (꼬마) 녀석 **2 (**고어체, 경멸어**)** 사생아, 서자 **3** nadávka (욕설) 상종못할 놈, 빌어먹을 놈

parírovat 1 (공격 따위를) 받아넘기다, 슬쩍 피하다 **2** 반박하다, 논박하다, (토론, 논란 따위를) 받아넘기다, 회피하다

parita, *f* 동량, 동등, 동격, 동위

park, *mi-2, 3* **1** 공원 **2** vozidel (교통수단 따위의) 집합체, 전차량, (탱크, 전차 따위의) 차대

párkař, *ma* **-ka,** *f* 소시지를 파는 사람

parket, *mi-2* **1** 조각 나무 마루 (바닥), 쪽모이 세공한 마루 (바닥) **2** (극장의) 1층, 아래층

parket|a, *f* **1** 조각 나무; -y 쪽모이 마루 **2** (정치적, 경제적) 능력 범위, 방면, 분야 ◆ *to není moje ~* 이것은 나와 맞지 않다; *jeho -ou je sport* 스포츠는 그의 취미이다; *zákaz prodeje závadných výrobků -ou hygienika* 위험한 제품 판매 금지는 위생사의 권한이다

parketový (쪽모이 세공한) 마루의, 조각 나무 (마루)의

parkovací 주차의, 주차에 관한 ◆ *~ automat* 주차 요금 징수기; *~ prostor* 주차공간

parkovat > za- 주차하다

parkoměr, *mi-2* 주차시간 자동 표시기, 주차 요금 징수기

parkoviště, *n* 주차장; při silnici (고속도로의) 일시 대피소[주차장]; taxíků 택시 대기소 ◆ *hlídač ~* 주차장 감시원

párkrát 몇번 ((적은 수[량]을 표

P

현)), 두 세번, 한 두번 ◆ *to se stalo jen ~* 그것은 단지 몇 번 있었다[발생했었다]

P

parlament, *mi* 의회, 국회 ◆ *člen n. poslanec -u* 국회 의원; *~ zasedá* 국회는 회기 중이다

parlamentář, *ma* 평화 사절, 밀사, 특사

parlamentní 의회의, 국회의 ◆ *~ řízení* 의회 운영 절차; *~ volby* 국회 의원 선거

parma, *f* ryba (물고기의) 수염, 돌잉어 무리

parmazán, parmezán, *mi-2* 파르마 치즈((이탈리아산의 딱딱한 치즈로 주로 갈아서 파스타에 뿌려 먹는다))

parmice, *f* 숭어

parní (수)증기의 ◆ *~ lokomotiva* 증기 기관(차)

parník, *mi-2, 3* 증기선, 기선

parno[1] **(서술부사)** ◆ *dnes je ~* 오늘은 찌는 듯이 덥다

parno[2]**,** *n-2* 찌는 듯한 더위, 무더위

parný 1 무더운, 숨막히게 더운, 찌는 듯이 더운; slunce (태양이) 뜨거운 **2** namáhavý 힘겨운, 고달픈

parodie, *f* 패러디, karikující 풍자적 시문, 경쾌한 풍자; 벌레스크, 희작

parodovat 패러디 하다, 풍자적으로 모방하다

paroh, *mi-2, 3* (사슴 따위의) 가지 뿔 ◆ *nasadit komu -y* 누구를 부정하여 기만하다, 오쟁이 지워 속이다

parohảč, *ma* **1** (성장한) 수사슴 ((가지진 뿔을 가진 사슴과의 동물 지칭)) **2 (비유어)** 부정한 여자의 남편

paroplavba, *f* 증기로 움직이는 항해

parovod, *mi-2* 증기 파이프라인

párový 한 쌍[벌]의; 커플의

part, *mi-2* **1** (음의) 성부, (악보의) 음부 **2** (연주의) 역, 역할

parta, *f* **1** (직업의) 한 팀[조]; 일단 **2** 그룹, 패거리, 갱

partaj, *f* **1 (구어체)** 당(파), 모임; 일단, 단체 **2 (고어체)** nájemník 차용자, 차가인

partajní (구어체) 일단의, 당파의, 정당의

partajn|ík, *ma-3* **-ice,** *f* **(구어체)** 당원, 당인; (자주 결명적으로) 도당의 한 사람,

parte, *n-in* 부고, 부음

parter, *mi-2.* **1** (극장의) 아래쪽, 아래층, 뒤쪽 좌석; 아래층, 1층 **2** (집주변의) 화단의 장식 배치

participium, *n-2* 《言》 분사

partie, *f* **1** část, oblast 부분, 일부; 지구(地區) **2** textu (텍스트의) 한 절; úsek (책, 법령 따위의) 한 항, 절 **3** krajinná (한 지역의) 풍경, 광경, stromů (삼림 들의) 경치 **4** aukce, burza (경매·거래소 따위의) 한 세트[묶음, 다발], drobná (자잘한 물건의) 한 무더기; nabízené zboží (제공된 상품 따위의) 한 벌[세트, 무더기] **5** hra (카드, 체스 따위의) 한 경기[게임] **6** sňatek (결혼에서의) 잘 맞는 한 쌍 **7** vyjížďka 짧은 (관람) 여행, 소풍 **8** (연극 따위의) 역할, 역 ◆ *horské ~* 산지; *šachová ~* 체스 한 판[경기]

partiový 2등급의, 표준 이하의; (한 무더기에 얼마로 파는) 싸구려의; 잡

동사니의

partitura, *f* 악보, 총보

partner, *ma* **-ka,** *f* 파트너, 상대; 동반자, 배우자 (일·행동을) 함께하는 사람, 동료 ◆ *obchodní ~* 무역 상대, 비즈니스 파트너, 사업[경영] 동료

partyzán, *ma* **-ka,** *f* 게릴라, 저항군, 빨치산, 레지스탕스

partnerský 상대의, 파트너의, 동료의

partnerství, *n* 공동 협력, 제휴; 공동 경영

partyzánština, *f* **(구어체)** 게릴라의 행위[전술]

paruka, *f* 가발, 덧머리

parukář, *ma* **-ka,** *f* **1** 가발 생산[판매] 업자 **2** (드물게) 가발 쓴 사람

pařák, *mi-2, 3* **1** 씨는 그릇, 찜통, 시루 **2** 기화기, 증발기

pařát, *mi* **1** (맹금의) 발톱, 맹금류의 발톱 같은 손가락 **2** -y 손아귀, 마수

pařeniště, *n* **1** (정원의) 온상, 묘상, 모판 **2 (비유어)** (범죄, 병 따위의) 온상, 소굴 ◆ *~ bacilů a nemocí* 세균과 병의 온상; *~ zločinu* 범죄의 소굴

pařez[1], *mi* (나무의) 그루터기 ◆ *hluchý jako ~* 귀가 절벽인; *stát jako ~* 꼼짝도 안하다

pařez[2], *ma* **(구어체)** 멍텅구리, 얼간이, 바보, 멍청이, 시골뜨기, 촌놈

pařit > s- 1 (닭, 야채 등을) 데치다, 찌다 **2** (컴퓨터) 게임에 중독되다 **3** 술을 많이 마시다 **~ se > s-**더위로 몸이 나른해 지다 더위로 땀투성이가 되다, (욕탕에서) 땀을 내다

pářit > s- 짝을 지우다; 교미시키다 **~ se** 짝을 짓다, 교미하다

pářit (se) (*pař se!*) vydávat páru (수)증기를 내뿜다, 김[안개]을 발산하다

Paříž, *f* 파리((프랑스 수도))

pařížsk|ý 파리의, 파리식의 ◆ *-á móda* 파리의 패션[유행]

pas[1], *mi* propustka 허가증, 면허증; cestovní 여권 ◆ *zbrojní ~* 무기소지 허가증

pas[2], *mi* přihrávka (스포츠에서) 패스

pas[3], **(부사)** (카드놀이) 패스

pas[4], *mi = pás*

pás[1], *mi* **1** opasek 허리띠, 장식띠; dopravní (자동차·비행기의) 좌석[안전] 벨트 **2** pruh 긴 형태의 땅; pásmo 지역, 구역, opásávající (지)대; obkličující (도시 중심 주변의) 환상선[지] **3** tech. (기계의) 벨트, 띠; 궤도, 선로 ◆ *bezpečnostní ~* 안전 벨트; *běžící ~* (계속 움직이는 생산의) 조립 라인; *dopravní ~* 컨베이어 벨트; *podvazkový ~* 가터 벨트((여성용 스타킹을 매는 벨트)); *záchranný ~* 구명대, 안전 벨트

pás[2], *mi* 허리; 허리 둘레, 허리선; (의복의) 허리 부분

pasák, *ma-3* **1** 목자, 목동, ovcí 목양자, dobytka 카우보이 **2** nevěstek (창녀의) 기둥 서방, 포주 **3** 거칠고 무식한 놈

pasát, *mi-2* 무역풍, 열대 동풍

pasáž, *f* **1** 통로, 통행로 **2** průchod s obchody (양쪽에 가게가 있는) 유개 도로, 아케이드 **3** textu (글이나 곡의) 한 절, 악절

pasažér, *ma* **-ka,** *f* 통행자, 여객, 승객

pásek[1], *mi-2, 3* **1** opasek 벨트, 허리띠

P

2 proužek 테이프, 끈, stužka 리본; oddělený (구분된) 띠, 선 ◆ *magnetofonový* ~ 카세트 테이프; *utáhnout si* ~ 허리띠를 졸라매다, 아끼고 절약하다

pásek[2], *ma* **(**경멸어**)** 건달; **(**고어체**)** 테디보이, 반항적 젊은이

paseka, *f* **1** 숲속의 개간지, 공터 **2** 혼란, 무질서, 엉망진창; 피폐, 황폐

pasivní, pasívní 수동적인, 소극적인

pasiv|um, *n-2* **1** 빚, 부채 **2** 부족함, 결점 **3** 《言》 수동태, 수동형 ◆ *aktiva a -a* 자산과 부채

páska, *f* převázání (묶는, 붙이는) 띠, proužek 테이프, 끈 ◆ *cílová* ~ 결승 테이프; *lepicí* ~ 스카치 테이프, 접착 테이프; ~ *do psacího stroje* 타자기의 잉크 리본

páskovský **(**경멸어**)** 건달의; 반항적인

paskvil, *mi-2* **1** 풍자문[시, 곡], 비꼬는 글 **2** 비웃음, 조롱, 모욕 **3** 서투른 모방, 덜된 캐리커쳐

pásmo, *n-2* **1** 지대, 지역, 벨트 **2** přadena (실 따위의) 타래 **3** vlnové délky (라디오의) 주파스 대[밴드] **4** řetěz 체인, 망, 연쇄, 일련 **5** míra 줄자 **6** myšlenek (사고의) 연대, 연속, 흐름 ◆ *dějové* ~ 행위의 흐름, 사건[이야기]의 연쇄; ~ *lesů* 삼림 지대; *demilitarizované* ~ 비무장 지대; *tarifní* ~(공공 교통의) 동일 요금 구간

pásmový 지대[지역]의; 구역의, 구간의; 띠의, 띠 형태의

pasový[1] 허리의

pasov|ý[2] 여권의, 패스포드의 ◆ *-á kontrola* 여권 심사[검사], 패스포트 검사대

pásov|ý 벨트의, 밴드의 ◆ *-é vozidlo* 무한 궤도식 차량((케터필러 따위))

past, *f-1* 덫, 올가미, jáma 함정, 허방다리 ◆ ~ *na myši* 쥐덫

pást (*pas-, pásl*) **1** 방목하다, (가축에게) 목초를 먹이다 **2** po kom (누구를) 감시하다, 지키다 > **na-** 풀을 먹이다, (가축을) 돌보다 **~ se > na-1** 풀을 먹다, (목초 따위를) 뜯어먹다 **2** s potěšením (즐겁게) 바라보다 ((경우에 따라 악의를 가지고 남이 안되는 것을 즐기는 경우에도 쓰임)) ◆ ~ *na čem očima* 무엇을 보고 눈요기 하다

pasta, *f* **1** 풀 모양의 것; 연고 **2** 파스타; 파스타 요리 ◆ *zubní* ~ 치약

pastel, *mi-2* **1** 파스텔 **2** 파스텔 화(법) **3** 파스텔 풍의 색조

pastelka, *f* 색연필, 크레파스, 크레용

paster(iz)ovan|ý 멸균된, 저온 살균한 ◆ *-é mléko* 저온 살균한 우유

pasterizace, *f* 파스퇴르 멸균법, 저온 살균

pastev|ec, *ma* **-kyně,** *f* 목동, 가축을 돌보는 사람

pastilka, *f* 정제, 향정; 약용 드롭스

pastiňák, *mi-2, 3* 양방풍 나물; 그 뿌리((식용))

pastor, *ma* **-ka,** *f* (주임) 목사, (프로테스탄트의) 교구 목사

pastor|ek[1], *ma-3* **-ka,** *f* 양아들, 양딸

pastorek[2], *mi-2* kolečko (큰 톱니 바퀴에 맞물리는) 작은 톱니 바퀴, 피

니언

pastv|a, *f* **1** 목장, 목초지; 방목, 목축 **2** potrava 목초 **3** (비유어) 향연, 연회; pohoštění 피접, 접대 **4** 즐거움, 환희 ◆ *na -ě* 방목되고 있는

pastvina, *f* v. *pastva1*

pastvinářství, *n* 목축(업)

pastýř, *ma* **-ka,** *f* **1** pasák 목동, 목자, 목양자 **2** (정신적) 목자, 지도자

pasus, *mi-2* (구분 따위의) 한 절[부분]

paša, *ma* 파샤((터키의 문무 고관의 존칭))

pašák, *ma-3* **(**구어체**)** 훌륭한 사람, 뛰어난 사람

pašeráck|ý 밀수의, 밀무역의 ◆ *-é zboží* 밀수품

pašeráctví, *n* 밀수, 밀무역

pašer|ák, *ma-3* **-ačka,** *f* 밀수자, 밀무역자

pašije, *f-pl* 수난((예수의 수난)); 수난기[극]

paškál, *mi-2* 커다란 부활절용 교회의 초 ◆ *vzít koho na ~* 누구를 책망하다, 비난하다

pašování, *n* 밀수, 밀무역; zbraní (총포 따위의) 무기 밀수입

pašovat > pro-, v- 밀수하다, 밀입하다, 밀반출하다

paštika, *f* v těstě 페이스트((고기·간 따위를 양념과 함께 갈아 만든 음식으로 주로 빵에 발라 먹는다)); (밀가루 반죽 속에) 채워 넣은 고기 파이

pat, *mi-2* (체스에서 쌍방이 더이상 움직일 수 없는) 막다른 수, 수의 막힘; 막다름; 꽉 막힌 상태

pat|a, *f* **1** 발뒤꿈치, (신·양말의) 뒤축 **2** úpatí 사물의 밑부분, 끝부분 ◆ *jít komu v -ách* 누구의 뒤에 바싹 따라; *od hlavy k -ě* 머리에서 발끝까지; *nemá to hlavu ani -u* 그것은 이치에 닿지 않는다, 그것은 이해 할 수 없다

pátá, *f* 5시, 다섯시 ◆ *o -é* 다섯 시에

patáli|e, *f* **1** s čím (무엇에 대한) 문제, 말썽 **2** 격투, 투쟁, 논쟁, 난투 ◆ *mám s tím velkou -i* 그것은 나에게 큰 문제[골칫거리]다

páteční 금요일의

pátek, *mi-2, 3* 금요일 ◆ *Velký ~* 성금요일 ((부활절 전의 금요일, 예수 수난을 기념함))

patent, *mi-2* 특허, 특허권, 특허장

patentka, *f* (벨 따위의) 누름 단추; 스냅, 똑딱단추

patentovat (전매) 특허를 주다[얻다], 특허권을 주다

páter, *ma* před jménem (이름 앞에) 신부(님), kněz 사제, 성직자, 목사

páteř, *f* **1** 척추, 등뼈 **2** 중추, 중요 요소 ◆ *mít silnou, pevnou ~* 신조가 굳다, 품성이 있다; *nemá žádnou ~* 그는 아무런 기개가 없다

patetický 감격한, 열렬한, 열성적인, 격정적인

patina, *f* **1** 녹, měděnka 녹청(綠靑) **2** (연륜을 느끼게 하는) 품격, 품위

patisk, *mi-2, 3* **1** 인가 받지 않은 복사물[재판물] **2** 모조[복제](품)

patka, *f* **1** (*pata*의 지소형) 작은 발꿈치 **2** 끄트머리; spodek 하부; chleba (빵의) 끝부분 **3** (주머니 따위의) 뚜껑, 덮는 부분 **4** (앞 이마에 늘어 붙인 주로 남성의) 고수 머리

P

patlat > u-, za- 1 엉터리로[서투르게] 일하다, 망치다 ~ **> z-** 서투르게[어설프게]하다 **2** 횡설수설하다 **3** 혀 짧은 소리를 하다, 나쁘게 반응하다

patnáct 열다섯, 십오

patnáctiletý 15세의, 열다섯살의

patnáctka[1], *f* **1** (숫자) 15; 15번째의 것 **2** (전차 따위의) 15번

patnáctka[2], *f* 15세의 소녀

patnáctý 열다섯의, 제 15의, 15번째의

patník, *mi-2, 3* (길에 서 있는) 경계석, 보호기둥; na rohu (건물 따위의 모퉁이의) 주춧돌, 모퉁이돌

patolízal, *ma-2* **-ka,** *f* 아첨꾼, 아첨쟁이

patolízalský 아첨하는, 비천한, 노예근성의

patolízalství, *n* 아첨, 아부

patologie, *f* 병리학

patos, *mi-2* **1** 비애, 비감, 페이소스 **2** 열정, 격정

pátrací 수색[수사]하는, 찾는, 탐색의 ◆ *~pes* 수색견

pátrač, *ma* 탐사자, 검사관; 수색자; (군대의) 정찰병, 수색병

pátračka, *f* (구어체) 수색, 정찰, 탐색

pátrat 수색하다 탐색하다, zkoumat 조사하다; sondou (탐침(探針)으로) 찾다, 탐사하다 ◆ *~ po pachateli* 범인을 추적[조사]하다, 범인을 찾기위해 탐색하다

pátravý 수색하는, 살피는, 탐색적인

patricij, *ma* **-ka,** *f* **1** (로마시대의) 귀족 **2** (중세의) 부유한 도시의 시민, 지배 계급

patricijský 귀족의, 고위의; 귀족적인

patriot, *ma* **-ka,** *f* 애국자, 우국 지사

patrně 1 필경, 분명하게, 눈에 띄게 **2** 아마도, 대체로, 십중팔구는

patrnost, *f* 분명함, 확실성 ◆ *vést v -i* 마음에 새기다

patrný 지각할 수 있는, 분명한, 명확한; i hmatem (촉각으로도) 감지할 수 있는; neklamný, zjistitelný 의심할 수 없는, 확인할 수 있는, 틀릴 여지가 없는

patro, *n* **1** 층 **2** stodoly (저장고 따위의) 맨위층, 건초 다락; v dolech (광·굴 속의) 수평 갱도 **3** v ústech (구강 내의) 구개

patrola, *f* 순회[순찰], 정찰; 순찰차, 초계정

patrolovat co (무엇을) 순회[순찰]하다, 정찰하다

patron, *ma* **1** 수호신, 수호 성인 **2** ochránce, ručitel 옹호자, 지지자; 보증인; 후원자, 스폰서 **3** podivín 기인, 선불리 손댈 수 없는 상대

patrona, *f* **1** náboj 탄약, 탄환, 포탄; 탄약통, 발파용 화약통, 카트리지 **2** šablona 스텐실, 원판, 형판

patrona(n)ce, *f* 후원, 지원, 보호

patronát, *mi* 후원, 찬조; 보호 ◆ *vzít si ~ nad čím* 무엇을 후원하다

patronátní 후원된, 수호된; 보증인의, 후원자의, 스폰서의

patřičn|ý 적절한, 타당한, 상응하는, 알맞은 ◆ *-ým způsobem* 적절한 방법

으로

patř|it 1 náležet komu (누구에게) 속하다 **2** kam, k čemu (어디에, 무엇에) 속하다, být s tím v souladu 부속되다, 딸리다, být jedním z... ···중의 하나이다; být kde pravidelně 자리잡다, 위치하다 ◆ *to mu -í* 그것은 그의 몫이다, (벌 따위가) 마땅하다 **~ > po-** hledět ···을 보다, 주시하다, 들여다 보다 **~ se** 적합하다, 어울리다 ◆ *jak se -í* 적합하게, 어울리게, 합당하게

pát|ý 다섯번째의, 제5의 ◆ *-é přes deváté* 정신없이, 뒤범벅인, 횡설수설한, 알아듣지 못하게

paušál, *mi-2* (일괄해서 한번에 지급하는) 총액, 일시불; 일괄[정액] 금리; 균일 요금 정액 급여; (투어·여행의) 모든 것을 포함한 가격

paušální 총액의, 총괄의, 일시불의; 균일 요금의; 모든 것을 포함한

pauza, *f* **1** 정지, 휴지, 휴식, přerušením 휴게; předem připravená (미리 예정된) 휴지 기간 **2** (극 따위의) 막간, 휴식 시간 ◆ *polední ~* 점심[휴게] 시간

pauzovat 1 정지하다, 휴식하다, odpočívat 쉬다, 휴식시간을 갖다 **2** kopírovat (트레이싱 페이퍼로) 복사하다, 투사하다

páv, *ma* **-ice,** *f* 공작 ◆ *chodit jako ~* 뽐내며[허세부리며] 걷다

Pavel, *ma* 빠벨, 폴((영어식이름))

páví, paví 공작의 ◆ *~ oko* **1** 공작의 눈 **2** babočka ~ oko 공작 나비

pavián, *ma* 비비(원숭이)

pavilon, *mi* 큰 천막; 파빌론; 가설[특설] 건축물; 야외 음악당

pavlač, *f* (마당 · 안뜰 등 바깥에 설치한) 갤러리, 화랑; (마당·뜰을 둘러싸고 있는) 건물

pavouk, *ma-3* **1** 거미 **2** člověk 괴짜 **3** (회사의) 조직[기구]도

pavučin|a, *f* 거미줄[집] ◆ *byt jako moucha v -ě* 거미줄에 (걸린) 파리같다((힘이 없는 사람[상황]을 일컬을 때))

pazneht, *mi-2* **1** (발)굽 **2** 사람의 손 혹은 발

pazour, pazoura *mi-2* **1** (새, 짐승의) 발톱, (특히 맹금류의) 발톱 **2** (속어) (사람의) 손(가락) **3** (악인 따위의) 마수

pazourek, *mi-2,3* **1** (새, 짐승의) 작은 발톱 **2** kámen 부싯돌

pažba, *f* (총의) 개머리판, (창의) 손잡이 끝((쇠와 연결된 나무 부분을 지칭))

paždí, *n* paže 상발, 상완, 위팔 ◆ *pod -m* ···의 손 아래에; *dát si co pod ~* 무엇을 자신의 손 아래에 두다

paž|e, *n-1* 팔 ◆ *vedli se pod -í* 그들은 팔짱을 끼고 걸었다

páže, *n-1* 시동 (侍童)

pažit, *mi* 잔디, 잔디밭

pažitka, *f* 골파(의 일종)

pec, *f* kuchyňská (부엌의) 오븐, při výrobě (생산에 사용되는) 화덕, 화로; vysoká 고로, 용광로; k sušení (건조용) 가마, 노 ◆ *chléb z -e* 막 구워낸 빵; *vedro jako v -i* 화덕 속 같은 무더위((매우 무더움))

pecička, *f* (사과, 귤 따위의) 씨

pecka, *f* **1** (과일 따위의 굳은) 씨, 핵 **2** 씨·핵을 연상시키는 것 **3** (구어체)

(영국 육군 견장의) 별 ◆ *sedět jako* ~ 움직이지 않다

peckovina, *f* 핵과, 석과

P

péct, péci (*peč-, pek-u, -ou; pekl*) **> u- 1** (빵을) 굽다, (고기를 화덕에) 굽다, 그릴하다, **2** o slunci (태양 따위가) 뜨겁다 **3 (구어체)** 토대를 마련하다 **4 (구어체)** s kým (누구와) 친한 관계를 유지하다, (남·녀가) 사귀다, (여자가 남자와) 관계를 갖다; (은밀하게) 공모하다[모의하다]

péče, *f* 돌봄; starostlivá 걱정, 근심; pozornost 주의; stálá přítomnost 시중, 모심, 간호; (사회적인) 구원, 구제, 원조, 구호 ◆ *děti vyžadující zvláštní* ~ 특별한 시중[간호, 봉사]를 필요로 하는 아이들 *chudinská* ~ 빈민 구호[구제]; *povinná* ~ 의무적인[응분의, 상응하는] 보호[돌봄]; *domácí* ~ 자택 치료, 자택 요양; *zdravotní* ~ 보건 의료(서비스), 건강 관리; *památková* ~ 유적[문화재] 관리

pečeně, *f* vepřová (돼지고기의) 구운 고기

peče|ť, *f* ((단수 생격 -ti, 복수 주격/대격 -ti 도 가능)) (봉)인, 인봉, 인장 **2** 흔적, 형적 **3** 도장, 인감, 옥새 **4** 특징, 표적, 상징

pečetidlo, *n* (밀납에 찍는) 봉(인); 도장, 옥새

pečeti|t > za-, z- 1 날인[조인]하다, …에 도장을 찍다 **2** …을 봉하다, 밀봉하다, 봉인하다 **3** 결정하다 ◆ ~ *červeným voskem* 붉은 밀납으로 봉인하다; *-l se můj osud* 내 운명은 결정되었다

pečet|ítko, *in-2, 3 = pečetidlo*

pečetní 봉인의, 날인의

pečiv|o, *n-2* neslazené (단 것을 첨가하지 않은) 빵; cukrářské 제과, 구은 과자(류) ◆ *prášek do -a* 베이킹 파우더; *domácí* ~ 집에서 구운 빵

pečlivý 1 조심스러운, 주의깊은 **2** starostlivě 걱정하는, 염려하는 **3** úzkostlivě 애쓰는, 열심인 **4** pedantsky 깐깐한, 까다로운 **5** 솜씨가 좋은, 깔끔한; 꼼꼼한

pečovat o koho, o co (누구를, 무엇을) 보살피다, 돌보다, 간호하다 ◆ ~ *o rodinu* 가족을 돌보다; ~ *o květiny* 꽃을 가꾸다

pečovatel, *ma-1, 4* **-ka,** *f* 간병인; 보건원 k dítěti 보모; (환자·노인의 가정을 방문하는) 순회 보건원, 방문 간호사

pedago|g, *ma-2, 3* **-žka,** *f* 교육자, 교사; 교육학자

pedagogick|ý 교육자의, 교사의; 교육학의, 교수법의 ◆ *-á fakulta* 교원[교육] 대학

pedagogika 교육; věda 교육학

pedál, *mi-2* **1** (자전거·재봉틀 따위의) 페달, 발판; (악기의) 페달 **2 (구어체) -y** 다리, 발

pedant, *ma* 현학자, 사소한 내용을 꼬치꼬치 따지는 사람, 깐깐한 사람

pedantský 아는체 하는, 현학적인; 깐깐한, 좀스러운, 세심한; 격식에 치우친

pedantství, *n* 현학, 학자연함; 용의주도함, 편협하게 꼼꼼함; 격식에 치우치기

pedel, *ma-2* (대학의) 의전 담당관; (대학의) 학교 (건물) 관리인 ◆ *-ové*

v historických krojích 역사적 전통의상을 입은 의전관들

pediatr, *ma* 소아과 의사

pediatrie, *f* 소아과(학)

pedikúra, pedikýra, *f* **1** 발 치료 **2** 발톱 가꾸기, 페디큐어

pech, *mi-2* **(구어체)** 불운, 액운, 곤경, 불행 ◆ *to je ~!* 운이 나쁘군! , 안됐군!

pěch, *mi-2, 3* 다지는[쳐박는] 도구, 달구, 메, 큰 망치

pěchota, *f* 보병, (연)대, námořní 해병(대)

pěchovat > na- 채워넣다, 쳐박아 넣다 **~ > u-** (달구 따위로) 다지다, 짓누르다 ◆ *~hlínu* 흙을 다지다

pekáč, *mi* (고기를 굽는) 냄비; 빵틀

pekárna, *f* 빵집[가게, 공장], 제과점

pekař, *ma* **-ka,** *f* 빵집 주인; 빵 굽는 사람

pekařství, *n* 제과점, 빵집; 제과, 제빵(업)

pekeln|ý 1 지옥의, 지옥 같은 **2** 악마의, 악마적인 **3** 무시무시한, 끔찍한, 지독한 ◆ *-né vedro/horko* 지독한 무더위/더위; *-á moc* 악마적인 힘

Peking, *m* 북경, 베이징

pekl|o, *n* **1** 지옥 **2** 생지옥, 고통과 공포의 장소[것] ◆ *být v -e* 못쓰게 되다, 실패하다, 피로해 지다; *mít z -a štěstí* 지독히 좋은 행운을 갖다; *dostat se do -a, přijít do -a* 지옥에 떨어지다

pěkně 1 예쁘게, 근사하게 **2** 잘; 공손하게, 예의 바르게 **3** 상당히, 꽤 **4** (인사·감사) 매우, 대단히 ◆ *~ děkuji* 대단히 고맙습니다; *~ pozdravovat* 예쁘게, 단정하게 인사하다; *~ vítám* 열열히 환영합니다; *~ se vyspěte* 잘 주무세요

pěkn|ý 1 예쁜, 아름다운, 멋진 **2** slušně vypadající n. velký 근사한, 대단한 **3** úpravný 단정한, čistý 깨끗한; kulaťoučký 원만한 **4** počasí (날씨가) 좋은, 멋진 ◆ *-é děvče* 예쁜 소녀; *-é místo* 멋진 곳[장소]

pel, *mi-2* **1** 꽃가루, 화분; 과분 **2** 활짝 핌, 만발, 한창 때, 최성기(最盛期)

pelargónie, *f* 제라늄, 양아욱(속의 식물)

pelášit (*peláši!*) **(구어체)** 달려가다, 돌진하다

pelech, *mi-2, 3* **1** 굴, 우리 **2 (**비유어**)** krčma 소굴, 은신처; 누추한 집; chudiny 슬럼 ◆ *zaječí ~* 토끼굴

pelerína, *f* 케이프, 어깨 망토, 소매 없는 외투

pelest, *f-1* 침대 곁판[측면판], (침대의) 머리쪽 판[발쪽의 판]

pelichat > o- 털갈이하다; (새 따위가) 깃털을 벗다

pelikán, *ma* 펠리칸, 사다새

peloton, *m* (사이클 경기에서) 한 무리, 일단

pelyněk, *mi-2, 3* 다북쑥 속의 식물, (특히) 쓴쑥

peň, *mi* (나무의) 줄기, 수간

pěna, *f* 거품, bubliny 기포; bezcenná k ničemu (어떤 것에도 무가치한) 시시한 것; na pivě (맥주의) 거품, na moři (바다의) 물거품, 포말; na kvasícím (발효시 생기는) 거품; na pokožce 비지땀; u úst (입가의) 게거품

penál, *mi* 필통
penále, *n-in* 벌금, 위약금
penalta, *f* (축구 따위의) 페널티 킥
pence, *f* peněžní jednotka (화폐 단위) 페니
pendant, *mi-2* (예술 작품의) 상대(자); 상응하는 것, 대상물; 한쌍의 한쪽
pendl|ovat (두 장소를) 왕복하다, 왔다 갔다하다 ◆ *na trati -ují vozíky* 차량들이 노선을 왕복한다
penězokaz, *ma(-1, 3)* 위조 지폐 제작자, 화폐 위조자
penězokazectví, *n* 지폐[화폐] 위조
peněženka, *f* 지갑
peněžitý 현금의, 금액으로 표현된, 돈으로 환산된; 재정의 ◆ *~ příspěvek* 재정, 기여; *~ dar* 현금
peněžní peněžitý 재정상의, 금융(상)의; 화폐의, 통화의, v běžné praxi (일반적인 상황에서) 금전(상)의 ◆ *~ poukázka* (송금)환, 우편환; *~ ústav* 금융기관((은행, 보험사 따위)); *~ automat* 현금 자동 지급기
peněžnictví, *n* 통화[화폐]제도; 재정[금융] 사정
peněžník, *ma-3* (은행가 따위의) 금융인, 금융업자; 자본가; 재정가, 재무관
penicilin, penicilín, *mi-2* 페니실린
penis, *mi* [-ny-] 남성의 성기, 음경
pěn|it (se) > z- 거품이 일다 ~ **> (ro)z-, za-** 거품이 일게 하다; (비유어) 격양시키다, (화가 나서) 끓어오르게 하다 ◆ *vichřice -ila moře* 강풍이 바다를 거품일게 했다; *ta slova mu -í krev* 그 말이 그의 피를 끓어오르게 했다((화가 나게 함))
pěniv|ý 거품이 이는 ◆ *-é víno* 발포(포도)주
peníz, *mi-1* (복수 생격 드물게 *peněz*) **1** 동전, 주화 **2** částka 총액 **3** žeton (전화, 자판 따위의) 모조 화폐, 토큰 ◆ *pamětní ~* 기념 주화
pen|íze, *mi-1-pl* (*peněz-*, 생격 *peněz*) 돈, 금전; 화폐 ◆ *být bez peněz* 곤경에 빠지다; *hotové ~* 현금; *drobné ~* 잔돈; *má -ěz jako železz* 돈이 매우 많다; *špinavé ~* 부정한 돈, 불법적인 돈
pěnkava, *f* 피리새류, 참새과의 작은 명금(류)
penny, *mi-in = pence*
pěnovka, *f* 해포석 담배 파이프
pěnov|ý **1** 거품의 **2** z mořské pěny 해포석의 ◆ *-á guma* 기포 고무 ((고무 스폰지)); *-á koupel* 거품 목욕; *-á dýmka* 해포석 담배 파이프
pentle, *f* 끈, 리본, 색 테이프
pentlit > o- 1 리본을 달다, 리본으로 장식하다 **2** (비유어) přikrašlovat 꾸미다, 아름답게 하다; 윤색하다 **3** koho (누구를) 속이다
penz|e, *f* **1** odpočivné 연금, 퇴직금, výslužné 부양금 **2** odpočinek 퇴직(상태), 은퇴 **3** stravné (일일) 숙식비(용) ◆ *invalidní ~* 장애인 연금, *sirotčí ~* 고아 연금; *být na -i* 은퇴하다; *dát do ~* 연금을 주어 퇴직 시키다; *odejít do ~* 은퇴하다; *letní byt s levnou denní -í* 일일 숙식비가 저렴한 여름 별장
penzijní 은퇴의, (정년) 퇴직의; 연금의,

penzión, *mi-2* 여관, na pevnině 하숙식 호텔, rodinný 하숙집

penzionát (주로 여성의) 기숙사제 학교

penzionov|at 퇴직하다; předčasně (조기에) 연금을 주어 퇴직시키다 ◆ *věk pro -ání* 은퇴할 나이

penzist|a, *ma(-4)* **-ka,** *f* 연금 생활자

Pepa, Pepan, Pepek, Pepík, *ma Josef*의 애칭 ◆ *Pepek námořník* 뽀빠이((만화 주인공))

peprný 1 매운, 얼얼한; 후추 같은 **2** (말 따위가) 신랄한, 통렬한

pepř, *mi-1* 후추 ◆ *bílý ~* 흰후추; *černý ~* (검은) 후추; *mletý ~* 간 후추

pepřenka, *f* 후추통

pepřit 후추를 뿌리다, 후추로 맛을 내다

perfektivum, *n* dokonavé slovo 완료(상)

perfektivně 1 환벽하게, 더할 나위 없이, 흠잡을 데 없이, 정확하게 **2** 멋지게, 훌륭하게

perfektní 1 완벽한, 완전한, 결점이 없는; 우수한, 뛰어난 **2** 멋진, 훌륭한 ◆ *~ dovolená* 멋진 휴가

perifierie, *f* **1** (도시의) 변두리, 외변부, 교외; 주변(층) **2** (컴퓨터) 주변장치[기기]

perioda, *f* **1** 주기; (어떤 일이나 현상이 계속되는) 기간, 동안 **2** menstruace 월경

periodikum, *n-2* [-dy] 정기 간행물

periodizace, *f* [-dy] 시기[시대] 구분 ◆ *~ české literatury* 체코 문학의 시기 구분

peripetie, *f* **1** (문학 작품에서) 사건[줄거리]의 급변, 반전 **2** 예기치 않은 사태[운명]의 급변[역전]

perla, *f* **1** 진주; 유리알; 진주를 연상 시키는 것 **2** 매우 특별한 사람, (보석같이) 귀중하거나 아름다운 사람; 보석처럼 아름답고 소중한 것, 주옥

perleť, *f-1* 진주층

pernatý 깃을 단, 날개가 있는

perník, *mi-2, 3* 생강빵, (당밀로 맛을 들인) 생강이 든 케이크[쿠키]

perný těžký (일 따위가) 힘든, 고된, 어려운

per|o, pér|o, *n-2* **1** ptačí (새의) 깃털; ozdoba 깃털 장식 **2** ke psaní 펜; násadka 펜꽂이, 펜걸이 **3** pružina 용수철, zapadající do drážky (음반의 홈 따위로 맞게 만든) 핀 **4** (비속어) 음경, 남근 ◆ *plnicí ~* 만년필; *škrtem -a* 한획으로, 일필로

perokresba, *f* 펜화

perón, peron *mi = nástupiště*

perónka, *f* 입장권

peroutka, *f* 깃털 브러시, 먼지 떨이, 총채

pérov|at 1 탄력이 있다 **2** (속어) koho (누구를) 심하게 꾸짖다, 나무라다 ◆ *dobře -aný* 탄력이 좋은

perov|ý, pérov|ý 1 깃털의, 깃털 장식의, jako pero/péro (깃털처럼) 털이 있는, 털이 많은 **2** s pružinou 용수철의; 탄력이 있는 **3** 펜의 ◆ *-á váha* (권투 타위의) 패더급; *-á kresba* 펜화

Persie, *f* 페르시아

personál, *mi-2* 직원, 사원, 부원, 관원

P

P

personálie, *f-pl* 신상 기록, 신상 명세

personalist|a, *ma(-4)* **-ka,** *f* 인사과[인사부] 직원

personální 1 개인의 **2** 인사(과)의, 인사부의 ◆ ~ *počítač* 개인 컴퓨터; ~ *oddělení* 인사과[부]

personifikace, *f* 의인화, 인격화; 의인법

personifikovat 인격화하다, 의인화하다

perspektiva, *f* **1** 전망, 조망; vyhlídka 경관, 풍경, 광경 **2** 전망, 예상, 기대 **3** 관점 ◆ *ptačí* ~ 조감도

perspektivní 전망의, 예상의, 기대의

Peru, *n-1* 페루

peruť, *f* (새의) 날개; letadla (비행기의) 날개

perverze, *f* 곡해, 전도, 도착

perverzní 1 이상의, 정도를 벗어난 **2** 변태의; 도착된, 도착의, 전도의

perzián, *mi-2* **1** 아스트라한((*Astrachan* 지방산 새끼양의 털이 곱슬곱슬한 검은 모피)) **2** 아스트라한 직물

peřej, *f* 급류, 여울

peří, *n* 깃털, parádní 깃 ◆ *prachové* ~ 솜털, (새끼새의) 배내털, 부드러운 털; *chlubit se cizím -m* 남의 것[공로]으로 잘난 체 하다, 주워 들은 것으로 아는 체 하다

peřin|a, *f* 새털[깃털] 이불 ◆ *lůžko s -ou i péřovou spodnicí* 깃털 침대, (비유어) 안락한 환경

peřinka, *f* (지소격) 아기용 깃털 이불; 강보, 포대기

péřový 솜털의, 솜털 같은; 솜털로 만든

pes, *ma* **1** 개, lovecký 사냥개 **2** člověk 엄격한 사람[군인], 냉정한 사람 **3** (비속어) 똥개, 잡놈 **4** (연극의) 단역, 뜨내기 역 ◆ *pod psa* 지독히 나쁜; *žít jako ~ a kočka*앙숙처럼 지내다[살다]; ~ *by po něm neštěkl* 아무도 그를 그리워하지[기억하지] 않을 것이다; *ani psa by ven nevyhnal* 날씨가 매우 사납다[나쁘다]((개조차 밖으로 쫓지 않을 만큼))

pesimismus, *mi-2* 비관, 염세; 비관주의[론], 염세관[주의]

pesimist|a, *ma(-4)* **-ka,** *f* 비관주의자, 염세주의자

pěst, *f-1* 주먹 ◆ ~ *na oko* 눈에 거슬리는 것[사람]; *na vlastní* ~ 자기 노력으로, 자발적으로

pěstěný 깔끔한, 말쑥한; (손톱)정리가 잘된, 메니큐어가 잘 발라진; (머리 따위가) 청결한, 깔끔한

pestík, *mi-2, 3* 《식물》 암술

pěstit 돌보다, 계속 보살피다; (손톱에) 메니큐어를 하다, 다듬다 **~ se** 외관[외모]를 가꾸다

pěstitel, *ma-1, 4* **-ka,** *f* **1** 생산자, 재배자 **2** 양육[사육]자 **3** 추구자, 애호가

pěstní 주먹의 ◆ ~ *právo* 폭력(주의); ~ *zápas* 권투 시합

pěstoun, *ma* **-ka,** *f* **1** (수)양 아버지/어머니; pěstouni (수)양부모 **2** 보모, (유치원) 교사

pěstovat 1 ošetřovat 돌보다 **2** aktivně (능동적으로) 추구하다 **3** rostliny (식물을) 자라게 하다, 재배하다; zvířata

(동물을) 키우다; děti (아이들을) 양육하다; vyrábět 생산하다 **4** podporovat něco u jiných 육성[촉진, 조장]하다; udržovat v chodu 유지하다

pestrobarevný 다색의, 여러가지 색깔의, 색채가 풍부한, 화려한 색채의

pestrost, *f-1* 다색성, 색채의 풍부함; 다양성, 다양화, nějak dosažená 변화(가 많음)

pestrý **1** 화려한, 화려한 색채의 **2** rozmanitý 다양한, vzorovaný (무늬[도안]가 있어) 화려한, 색색으로 물들인

pěšák, *ma-3* **1** 《軍》 보병 **2** šach. pěšec (장기에서) 졸

pěší[1] 걷는, 보행하는, 도보의 ◆ *~ zóna* 보행자 전용 구역

pěš|í[2]**,** *ma* 보행자; 도보 여행자 ◆ *cesta pro -ího* (보행자용의) 작은 길, 보도

pěšina, *f* 소로, (도보용) 좁은 길; 오솔길; 인도, 보도

pěšinka, *f* **1** *pěšina*의 지소격 **2** ve vlasech (머리의) 가르마

pěšky 걸어서, 도보로 ◆ *jít ~* 걸어(서) 가다

pět 다섯, 오(五) ◆ *hospodařit od desíti k pěti* (살림살이, 경영 등이) 악화되다; *než bys napočítal ~* 재빨리, 순식간에, 눈깜짝 할 사이에; *vypadá, jako by neuměl do -i počítat* 시치미를 떼고 있다**,** 얌전빼고 있다

pětadvacet 스물 다섯

pětiboj, *mi* 5종 경기

petice, *f* 진정서, 탄원[청원]서

pěticíp|ý 다섯개의 뾰족한 끝이 있는 ◆ *-á hvězda* 5첨단의 별

pětihranný 다섯개의 각이 있는, 5각형의

pětihvězdičkový 다섯개의 별이 있는; hotel (호텔이) 오성급(五星級)의

pětikoruna, *f* 5코루나 동전

pětiletka, *f* 5개년 계획

pětina, *f* 5분의 1

petit, *mi-2* písmo 브레비어 활자 ((8 포인트)); 작은 활자

pětka, *f* **1** 다섯; (전차 등 대중교통 수단 따위의) 5번 **2** (신발 크기) 5 사이즈 **3** (자동차의) 5단 기어 **4** (성적 중의) 다섯 번째[꼴찌, 낙제]점수 **5** (속어) 10코루나

Petr, *ma* **1** (성경의) 베드로 **2** (체코남자 이름) 페트르((영어의 피터)) ◆ *~ nebo Pavel* 누구나

petrklíč, *mi* 앵초(꽃)

petrolej, *mi* 기름, 석유, 파라핀유; k pálení 케로신, 등유

petrolejka, petrolejovka, *f* 파라핀유[등유] 램프

petržel, *f* 《식물》 파슬리

pěv|ec[1]**,** *ma* **-kyně,** *f* **1** 성악가, zpěvák 가수, 노래하는 사람 **2** 음유시인, 시인

pěvec[2]**,** *ma* 우는 새, 명금

pěvecký 노래하는, 성악의; 합창의 ◆ *~ sbor* 합창단

pevnin|a, *f* 육지, ne ostrov (섬이 아닌) 대륙; 본토 ◆ *evropská ~* 유럽 대륙; *spatřit -u* 육지[뭍]을 발견하다

pevninský 대륙의, 대륙적인; 뭍의, 육지의

pevnost, *f-1* **1** vlastnost (성격이) 굳셈, 굳건함, 완강; 견고 **2** zásadovost 강

P

한 의지력[정신력] **3** 《軍》 성채, velká 요새; **(**비유어**)** 보루, 아성 ◆ *~ v tahu* 장력

P

pevnostní 요새의, 성채의; 견고한, 확고한

pevn|ý **1** 굳은, 단단한, 튼튼한, 견고한, 확고한; statný 건장한, silný v odporu (저항에 강한) 내구력이 있는, 강인한, 강건한, 강한; v jádru zdravý 옹골찬, 늠름한 **2** odhodlaný 확고부동한, 결연한, 결의에 찬, neoblomný 굽히지 않는 **3** netekutý 고형의, 고체의; neplynný 지속적인 **4** neschopný volně se pohybovat 고정된 **5** ustálený 안정된, 정착한; prosperující 확실한, 확립된; nepřetržitý 한결 같은, v náklonnosti (성향[경향]에서) 계속적인 **6** bez výchylek, kolísání, pauz (편차[굴곡], 변동, 중단 등이 없이) 쉬임 없는; stale platný, do odvolání (계속 유효한, 폐지할 때까지) 존속의, 지속의 **7 (**비유어**)** jistý si cílem 목적이 분명한[확실한]; houževnatý 집요한, 악착 같은, 끈덕진, 불굴의 **8** 《軍》 opevněný 요새화된, 견고한 ◆ *-ě hledět na co* 무엇에 시선을 고정 시키다, 무엇에 시선을 집중하다; *-ě přesvědčen* 확고히 믿는; *-ě se rozhodnout* 확고하게 결의[결심]하다; *~ úmysl* 강한[단호한] 의도; *-ě věřit* 확실한 신념을 갖다, 확실히 믿는다; *-á víra* 흔들리지 않는 믿음, *-á vůle* 강한 의지; *~ disk* (컴퓨터) 하드 디스크

pianino, *n* 수형 피아노, 직립형 피아노

pianist|a, *ma(-4)* **-ka,** *f* 피아노 연주자, 피아니스트

piano[1]**,** *n-2* 피아노 ◆ *hrát na ~* 피아노를 치다[연주하다]

piano[2] **(**부사**)** **1** **(**음악**)** 약하게, 조용하게 **2** 천천히, 서서히

píce, *f* 마초; na pastvě (방목의) 사료, 꼴

pícnina, *f* 사료, 꼴용 식물

píď, *f* **(**고어체**)** 한 뼘; **(**비유어**)** 얼마 안되는 길이[수치]

pidi- **(**접두사**)** 작은, 소형의((단어의 어두에 붙어 *píď*의 의미나 속성을 나타냄))

pidikuchyňka, *f* 작은 부엌, 축소형 부엌

pidimužík, *ma-3* **1** 난쟁이, 소인, 꼬마 요정 **2** 작은 사람 **3** **(**경멸어**)** 왜소한 작은 사람, 소인배

pídit se **1** po čem (무엇을) 찾다, 탐색하다 **2** 추구하다, 열망하다

pieta, *f* **1** 공경, 외경, 숭배; 존경 **2** **(**미술**)** 피에타((그리스도의 주검을 무릎에 안고 비탄하는 성모마리아상[화]))

pietní **1** 경건한 **2** 숭배하는, 공경하는, jak se sluší 의무[본분]에 충실한, 순종하는

piha, *f* 주근깨, 점, 기미

pihatý 주근깨[기미, 반점]가 있는, 주근깨가 많은, 점투성이의

píchací 찌르는 ◆ *~ hodiny* 타임 레코더, 시간 기록계

píchat v. *píchnout*

pichlavý **1** 뾰족한, 가시돋친 **2** 따끔따끔한, bodavý 찌르는(듯한); (통증 등이) 심한, 강렬한 **3** jízlivý 냉소적인, 신랄한; 날카로운

pích|nout < **-at** **1** 찌르다, koho do

… (누구의 …를) (벌레 등이) 물다, čím do čeho (무엇을 무엇으로) 찌르다, 박다; hmyz (곤충이) 찌르다, komár, moucha (모기, 파리가) 물다 **2** popichovat 부추기다, 자극하다, 조장하다 **3** zabít 죽이다, vepře 돼지를 잡다 **4 (**구어체**)** pomoci komu (누구에게) 도움을 주다, 일손을 주다 **5 (**속어**)** co na koho (누구에 대해 무엇을) 밝히다, 이르다, 고자질 하다, **(**구어체**)** na píchačkách (příchod/odchod) (출근/퇴근을 시간 기록계에) 찍다 ◆ *nemá do čeho ~* 그는 빈둥거리다, 그는 할 일이 없다; *~ do vosího hnízda* 사방으로부터 맹공격[비난]을 초래하다, 말썽을 일으키다, 큰 소동을 일으키다

pijáctví, *n* 과음, 폭음; 알코올 중독

pij|ák[1]**,** *ma-3* **-ačka,** *f* 술고래, 술을 많이 마시는 사람, 술꾼

piják[2]**,** *mi-2, 3* 압지

pijan, *ma* **-ka,** *f* 술고래, 술꾼; 음주광

pijavka, *f* **pijavice,** *f* 거머리

pík|a, *f* 미늘창, 창 ◆ *začít od -y* 처음[제로]부터 시작하다; (일 따위를) 밑바닥부터 시작하다

pikantní 1 얼얼한, (맛 따위가)톡 쏘는; 입맛을 돋우는, svérázný 독특한 풍미가 있는 **2** (이야기, 농담 등이) 흥미진진한, 흥미를 유발하는; 아슬아슬한, 노골적인, 도발적인, 육감적인, 외설적인

pikle, *mi-pl* 간계, 음모, 모략; 비밀결사

pikola, *f* 피콜로((높은 음의 작은 피리, 소형 플룻))

pikolík, *ma-3* **pikolo,** *ma* 견습 웨이터, 사동, 급사; hotelový (호텔의) 현관 보이

pil|a, *f* **1** 톱 **2** závod 제재소[공장] **3** hud. nástroj (악기로 사용하는) 서양식 톱 ◆ *chrápat, jako když řeže -ou* 심하게 코를 골다

Pilát, *ma* 빌라도((예수의 처형을 허가한 유다의 총독))

píle, *f* 열심, 열성, 근면

piliny, *f-pl* **1** od pily (톱에서 나온) 톱밥 **2** od pilování (줄질에서 나온) 줄밥

pilíř, *mi* **1** 기둥, 기둥모양의 것; mezi okny, mostu (창문, 다리 등의 사이) 벽; 각주; 교각, 교대; opěrný (떠받치는, 지지하는) 버팀벽 **2 (**비유어**)** 지지(물), 기둥; 중추 ◆ *~ světového míru* 세계 평화의 기둥[중추]

pilník[1]**,** *mi-2, 3* 줄 ◆ *~ na nehty* 손톱용 줄

pilník[2]**,** *ma-3* (몹시) 부지런한 사람[학생], 기를 쓰고 공부[일]하는 사람, 공부[일] 벌레

pilný 1 부지런히 일하는, 열심히 공부하는, 근면한, vrozeně (천부적으로) 열심인, svědomitý 바지런한, pracovitý 학구적인; vyplněný prací 부지런한 **2** bezodkladný 긴급한, 긴박한, 지급한

pilot[1]**,** *ma* **-ka,** *f* 파일럿, (비행기) 조종사

pilot[2]**,** *mi* **-a,** *f* (건조물의) 지주, (수상가옥 등의) 각주

pilotní 1 안내의, 선도의, 시험적인 **2** 주요한, 가장 중요한 **3** 시작의, 입문의 **4** 조종사의, 파일럿의

pilotovat 비행기를 조종하다, 비행

P

하다

pilovat > o- 줄질하다, 줄로 자르다 **~ > vy-** (말이나 문장 따위를) 다듬다, 세련되게 하다

pilulka, *f* 알약, 환약, 정제

pingl, *mi-2* **(구어체)** 꾸러미, 배낭, 룩색, 등짐

ping-pong, *mi-2* 탁구, 핑퐁

pinzeta, *f* 핀셋, 족집게

pionýr, *ma* **-ka,** *f* 개척자; 선구자, 선봉

pionýrský 길을 새로 내는, (신분야를) 개척하는, 개척의; 선구의

píp|a, *f* (통따위의) 마개, 주둥이, 꼭지 ◆ *narazit -u* (통 따위의) 꼭지를 따다, 마개를 뽑다, 주둥이에서 (술을) 따르다

pípání 1 삐익하는 소리를 내는 것 **2** (새 따위의) 지저귐

pípat > pípnout 1 삑삑거리다 **2** (새 따위가) 지저귀다, 짹짹거리다

pípátko, *n-2, 3* 휴대용 소형 무선 호출기

piplavý 1 지나치게 까다로운, 너무 꼼꼼한 **2** 세심한 주의가 필요한

piraňa, *f* 피라니아((남아메리카산 물고기))

pirát, *ma* **1** 해적 **2** 약탈자, 강탈자 **3** 저작권 침해자, 표절자, 도적자 ◆ *nakladatelský ~* 저작권 침해자

pirátský (편집, 복사, 방송 따위의) 해적의, 저작권 침해의; 남의 눈을 피해하는, 부정한

pirátství, *n* **1** 해적 행위 **2** 저작권 침해, (남의 저작물 따위의) 표절

písanka, *f* 습자본, 습자책

písárna, *f* veřejná 타이핑실, 타이프과((타자 전담 부서))

písař, *ma* **-ka,** *f* **1** 쓰는 사람, 필자 **2** 타이피스트 **3** 필사자, 서기, 대서인

písařsk|ý 필사의, 서기의 ◆ *-á chyba* 오기(誤記), *-é práce* 서기의 일, 필사

pisatel, *ma-1, 4* **-ka,** *f* 필자, 작가, 저자

písčina, *f* 모래톱, 사주, 모래 언덕

písčitý 모래의, 사질의, 모래로 된; 모래로 덮힌 ◆ *~jíl* 모래 점토

písečn|ý 모래의 ◆ *-á bouře* (사막의) 모래 폭풍

písek, *mi-2, 3* **1** 모래 **2** hrubý 자갈 **3** cukr 정제당(精製糖), 가루 백설탕 ◆ *jako -u v moři* 마치 해안의 모래 같은; *sypat komu ~ do očí* 누구의 눈을 속이다

písemka, *f* 필답 고사, 필기 시험; 리포트

písemnictví, *n* 문학, 문헌 ◆ *Památník národního ~* 국립 문학 기념관

písemn|ý 1 문자로 쓴[된], 필기의 **2** 서면으로 된, 성문의 ◆ *~ styk* 서신 왕래; *-á zkouška* 필기 시험; *-á žádost* 지원서

píseň, *f* **1** 노래, popěvek 곡조, 선율 **2** kniž. 시((이전에 자주 시집의 제목에 사용되었다)); 발라드 ◆ *lidová/milostná/pijacká/pochodová* 민속/연애/음주/행진 노래[요, 가]

písk|at > za- 1 휘파람[휘슬]을 불다, 빽빽 울리다; (jako) na píšťalu 피리(같은) 소리를 내다; jako myš (쥐처럼) 찍찍 우는 소리를 내다; v divadle

(극장에서) 야유나 경멸의 소리[쉿소리]를 내다 **2** zápas (경기에서) 심판을 보다

pískot, *mi-2* 휘파람 불기, 삑하고 울리기

pískovec, *mi* 《地》 사암

pískoviště, *n* 모래 벌판, 백사장; pro děti (아이들을 위한) 모래밭

pískovna, *f* 모래 채취장; (어린이들이 노는) 모래밭

pískový 모래의, 가루 설탕의 ◆ *~ cukr* 분말 백설탕, 정제한 흰설탕

písmenko, *n-2, 3* 작은 글자[문자, 활자]

písmeno, *n-2* **1** 글자, 문자, 활자, polygr. 자체(自體), druh písma 서체 **2** 글자 위의 삭은 점, 뭔가 티끌만한 것, 아주 작은 것 ◆ *hůlkové ~* 블록체((모든 같은 굵기의 문자로 보통 대문자면 동일한 대문자 만을 일컬음 예: ANO)); *malé ~* 소문자; *velké ~* 대문자

písmo, *n-2* **1** 필적, 서체, 육필; polygr. 자체, podle kresby 자면; rukopis 필적, 손으로 씀; umění psát 습자, 서법 **2** 알파벳, 자모 **3** notové ~ 악보 **4** 암호(문), 부호 **5** P- svaté 성서, 성경 ◆ *ležaté ~* 이탤릭체; *gotické ~* 고딕체

písnička, *f* píseň 노래 ◆ *lidová ~* 민속 노래, 민요

písňový 노래의

píst, *mi(-2)* 피스톤; 플런저

pistácie, *f* 피스타치오; 그 열매

pistole, *f* 권총, 피스톨 ◆ *stříkací ~* 분무기

piškot, *mi-2* **1** 스펀지 케익, 카스텔라의 일종 **2** 계란 과자

píšťala, *f* 호루라기, 피리; hud. 관악기; dlouhá 플루트, 저(笛)

pištět > za- 찍찍[삐악삐악] 울다; (아이가) 높은 소리로 울다

pít *(pi-)* **> na- se 1** 마시다, 들이키다 **2** 술을 많이 마시다, 술[알코올]에 빠지다[중독되다] ◆ *dát komu napít* 누구를 마시게 하다, 아이에게 젖[우유]를 빨리다; *rád ~* 마시기를 좋아하다, 애주하다; *~ dokola* 잔을 돌리다; *chce se mi ~* 나는 마시고 싶다; *pije jako duha* 술을 벌컥벌컥 들이키다; *pije mi krev* 그는 나를 돌게 한다 ~ **> při-** na čí zdraví (누구의 건강을 위해) 마시다, 건배를 하다 **~ > vy- 1** 다 마시다, 잔[그릇]을 비우다 **2** vypíjet 빨아들이다, 흡수하다

pití, *n* **1** 음료, 마실것 **2** 마시기

pitka, *f* 주연; 통음, 진탕 마시기

pitn|ý 마실 수 있는, 마시기에 적합한 ◆ *-á voda* 마실 수 있는 물

pitomec, *ma* 바보, 멍청이, 백치, hlupák 얼간이

pitomost, *f-1* **1** 어리석음, 둔함, 멍청함 **2** 넌센스, 실없는 소리, 바보스러운 일[짓]

pitomý 어리석은, 멍청한, 우둔난, 바보스러운

pitva, *f* 시체 해부, 시체 부검, 검시

pitvat > roz- 시체를 해부[부검]하다, 검시하다

pitvorný 색다르고 재미있는, 기이한, 그로테스크한

pivní 1 맥주의 **2** 맥주 같은, 맥주질의 ◆ *~ láhev* 맥주병; *~ břich, ~ mozol* 맥주 배; *~ humor* 맥주집 유머

pivnice, *f* 맥주집, 선술집

P

piv|o, *n* **1** 맥주, ležák 라거 맥주 **2** 맥주 한잔, 한잔의 맥주 **3 (속어)** 키가 반쯤 자라다 만 사람, 왜소한 사람, 난쟁이, 꼬마 ◆ *světlé ~ od čepu* 밝은색 생맥주, *tmavé ~ od čepu* 흑색 생맥주; *malé ~* (0.3 ℓ의) 작은 맥주; *dejte nám tři -a* 우리 맥주 세잔 주세요; *jít na ~* 맥주 마시러 가다; *plechovka -a* 맥주 한 캔

pivoňka, *f* 작약, 모란, 함박꽃 ◆ *zčervenat jako ~* 얼굴이 새빨게 지다

pivot, *mi-2, 3* **1** 선회축, 피벗 **2** (농구) 한쪽 발을 축으로 돌리기

pivotman, *ma* **-ka,** *f* (농구) 피벗 포지션의 축이 되는 선수

pivovar, *mi* 맥주 양조장, 맥주 공장

pivovarnictní, *n* 맥주 양조

pižmo, *n-2* 사향(의 냄새)

plácačka, *f* 채 ◆ *~ na mouchy* 파리채, *~ na koberce* 양탄자를 터는 도구

plác|at > -nout 1 koho, nač, po čem (누구를, 무엇을) 손바닥으로 치다[때리다], 가볍게 토닥거리다; o tekutém, řídkém (액체를, 묽은 것을) 철퍽철퍽 튀기다; křídly (날개를) 펄럭 거리다; mlasknutím (입맛 다시기로) 쩝쩝 거리다; dlaní o dlaň (손바닥끼리) 치다, 박수치다; z hlíny (흙 따위로) 철썩 바르다[치다] **2** žvanit 수다떨다, 재잘거리다 **-nout se(bou)** < 털썩 떨어지다, 털썩[툭] 몸을 던지다, 푹 주저 앉다 ◆ *-nout se přes kapsu* 한턱내다, 돈을 풀다 **-nout si** < 매매 계약을 맺다, 거래에 합의를 보다

placatý 편평한, 납작한, 평평한

plácnout (se, sebou, si) v. *plácat*

pláč, *mi* 울음 ◆ *to je k -i* 정말 슬프다, 눈물이 날 정도다((창피할 경우))

plačtivý 눈물 어린, 눈물 젖은; 잘 우는, 울음이 많은; bolestiplný (고통에 가득찬) 슬픈, 비통한

plagiát, *mi-2* 표절(물), 도용(물)

plagiátor, *ma* **-ka,** *f* 표절자, 도용자

plagovat (남의 고안, 문장, 사상 따위를) 표절하다, 도용하다

plahočit se 1 무겁게 터벅터벅 걷다 **2** 애쓰다, 힘들게 일하다, 혹사하다

plachetní 돛배의, 범포의

plachetnice, *f* 요트, 범선, velká (대형) 범선, 선박

pláchnout 도망가다, 도주하다, spolu s někým (누구와 함께) 도망치다, 탈주하다

plachost, *f-1* 수줍음, 부끄러워함; 소심

placht|a, *f* **1** 캔버스, 넓고 빳빳한 천, 범포; proti počasí (날씨에 대비한) 차일, 차양; na voze (차량의) 방수 범포 **2 (비유어)** mraků (구름의) 가득 퍼짐 **3** lodní (배의) 돛 ◆ *vzít komu vítr z plachet* 누구를 앞지르다, 누구의 선수를 치다; *s plnými -ami* 모든 돛을 올리고

plachtění 1 요트 조종(술), 요트놀이[경기] **2** 글라이더 경기, 활공

plachtit (se) 1 항해하다 **2** na větroni (글라이더로) 활공하다

plachtoví, *n* 넓고 딱딱한 천[막]; (전체 개념으로의) 캔버스

plachý 1 수줍어하는, 부끄러움을 타는, 소심한, ve společnosti (사회에서) 남의 이목을 의식하는 **2** (동물

이) 잘 놀라는

plakat (*pláč-u, plač!, plakal*) > **za-** 울다, usedavě (몹시 비통하게) 울다, 목메어 울다 ◆ ~ *radostí* 기뻐서 울다, 기쁨의 눈물을 흘리다

plakát, *mi* 플래카드; 포스터, 간판, 벽보 ◆ *velkoplošný* ~ 빌보드; *volební* ~ 선거 포스터

plakátovat 포스터로 알리다[광고하다]; 포스터를[방문을] 붙이다

plamen, *mi(-1)* 화염, 불꽃; prudký zážeh (세차게) 타오르는 불(꽃) ◆ *v -ech* 화염속에서; *být v jednom -i* 활활 타오르다, 화염에 휩싸이다

plameňák, *ma-3* 홍학, 플라밍고

plamenný **1** 불타오르는, 화염의, planoucí 확 타오르는; žhnoucí (빨갛게) 달아오른 **2** (색채, 빛 따위가) 불꽃 같은, 타는 듯한 **3** (말 따위가) 격렬한, 열정적인, 격정적인

plamenomet, *mi-2* 화염 방사기

plán, *mi-2* **1** 계획, 설계, 기획, 안; rozsáhlý (광범위한) 프로젝트 **2** 의도, 목적 **3** náčrt 도면, 설계도 ◆ ~ *města* 도시 계획; ~ *pracovních sil* 인력[인적자원, 노동력] 계획; ~ *ulic* 거리 지도, 시가도; *výrobní* ~ 생산 스케줄, 생산 계획; *mít co v -u* 무엇을 계획하다

pláň, *f* 평지, 넓고 평평한 지역

pláně, *n-1* 야생 사과나무; 그 열매

planet|a, *f* **1** 행성, 혹성 **2** (사람의 운명을 좌우하는) 운성 ◆ *velká* ~ 대행성; *narodit se na šťastné/nešťastné -ě* 행운/불운의 별을 타고 나다; 행운이 있다(없다)

planetárium, *n-2* **1** 플라네타늄, 행성의 **2** (행성의를 설치한) 천문관, 천문대

planetární 행성의, 혹성의, 행성 작용에 의한 ◆ ~ *soustava* 태양계

planetologie, *f* 행성학

planina, *f* 고원, 대지; 평원, 평지

plaňka, *f* 나무 막대기, 좁은[작은] 오리목; 좁은[잘게 켠] 널빤지, 얇은 널판지

planout > **za-** **1** 불타다, 빛나다, plápolavě (흔들거리며) 불길을 뿜다, prudce (세차게) 타오르다, jiskřivě (번쩍거리게) 불꽃을 튀기다 **2** (비유어) o citu (감정적으로) 달아오르다; 격정적으로 불타다, neušlechtile (čím) (고상하지 못하게, 관대하지 못하게) 격분해 있다

plánovací 계획하는, 계획의

plánovač, *ma* **-ka,** *f* 계획자, 설계자; 기획자

plánovat > **na-** 계획하다, 계획을 세우다; 도안하다, 설계하다, časově (시간적으로) 짜다, 예정하다

plánovatel, *ma-1, 2* **-ka,** *f* 계획자; 도안자, 설계자, specialista (전문적인) 디자이너

plánovitý 계획된, 계획적인; 조직적인, 체계적인

plantáž, *f* 대농원, 재배장[지], 대농장

plantážník, *ma-3* **1** 심는[씨뿌리는] 사람, 재배자 **2** 농장 주인; 개척 농업가

plan|ý **1** jalový 쓸데없는, 가치없는, 성과없는 **2** neplodný (식물 등이) 열매를 맺지 않는, marný 불임의 **3** rostoucí divoce 야생의 **4** bezdůvodný 이유없는, 근거없는; nepodložený 헛

된, 공허한, 빈 ◆ *-é naděje* 헛된 희망; *-é sliby* 말뿐인 맹세[약속]

plápolat > za- 1 (빛이) 가물거리다, (흔들리며) 훨훨타다 **2** (별빛 따위가) 반짝거리다 **3 (구어체)** (깃발 따위가) 나부끼다, 펄럭이다

plastelína, *f* **1** (세공용) 점토 **2** 소상용 점토

plástev, *f* 꿀벌의 집

plastick|ý 1 플라스틱의, 조소의, 소조의; 입체의, 삼차원적인 **2** 《醫》 (외과) 성형의 **3** 《재정》 신용카드의 **4 (비유어)** (묘사 따위가) 생생한, 생동감 있는 ◆ *-á karta* 신용 카드; *-á chirurgie* 성형 외과

plastičnost, *f-1* **1** 가소성, 형성력; 유연성 **2** 입체감 **3** 생동감

plastik, *mi-2* 플라스틱, 합성 수지

plastika, *f* **1** 조형 미술; dílo 조상, 조각(상), 소상 **2 (구어체)** 성형 수술

plašit > po-, s-, vy- 깜짝 놀라게 하다; ptáky (새들을) 놀라 날아 오르게 하다 ~ **> za-** 몰아[쫓아] 내다; hlasem 쉬, 쉬이 하고 쫓다; **(비유어)** (공포, 불안 따위를) 떨쳐버리다 ~ **se > po-, s-, vy-** 놀라다, 겁내다 pro (…에); vzpírat se 쩔쩔매다, 주저하다; vylekat se 깜짝 놀라다

pláš|ť, *mi* **1** 가운, 외투, 코트, 망토; svrchník 오버코트; soudce (판사 등이 걸치는) 가운; 레인코트, 비옷 **2** stroje, zařízení (기계, 설비 따위의) 덮개, 싸개; pneumatiky (타이어의) 고무 ◆ *~ do deště* 레인코트, 비옷; *balonový ~* 실크[레이온] 비옷; *koupací ~* 목욕가운; *pracovní ~* 작업 가운 ◆ *být kam vítr tam ~* 간에 붙었다 쓸개에 붙었다 한다

pláštěnka, *f* 덮개, (소매없는) 외투, 《軍》 어깨에 걸치는 망토; 레인코트, 비옷

pláštík, *mi-2, 3* **(비유어)** 은폐하는 수단[물건], 가장, 가면; 구실; 장막 ◆ *pod -em čeho* 무엇의 가장[장막] 아래; *pod -em přátelství* 우정을 가장하여

plat, *mi-2* **1** 급여, 지급, úřednický 보수, 급료, 임금 **2** platba 지불 ◆ *~ za práci přesčas* 초과(시간) 근무 수당

plát, *mi-2* **1** 판금, (쇠·유리의) 얇은 판, (드물게) 얇은 나무판 **2** 얇은 판을 연상시키는 것[장, 층, 면] ◆ *ocelové -y tanku* 탱크의 철판; *rozválet těsto na -y* 반죽을 넓게 펴다; *velké -y slaniny* 크고 넓은 베이컨 조각

platan, *mi-2* 《식물》 플라타너스

platba, *f* 지급, 납부

plátce, *ma* 지불자, 지급자, 지불하는 사람; 납부인

platební 지급[지불]의

plát|ek, *mi-2, 3* **1** (얇고) 가느다란 조각, 슬라이스; odříznutý 저며낸 조각, slaniny n. šunky (베이컨이나 햄의) 편(片) **2** 《植》 korunní ~ 꽃잎 **3** hud. (관악기의) 혀, 리드 **4 (경멸어)** časopis 저급한 잡지, 타블로이드판 신문

plátěnka, *f* **1 -y,** *pl* kalhoty 리넨바지, 즈크바지 **2** 테니스화, střevíce 스니커즈

plátěný 리넨의, 리넨천으로 된 ◆ *~ papír* 리넨 종이

platič, *ma* 지급[지불]자

platidlo, *n* 지불 수단; 화폐, 통화

platina, *f* 플래티넘, 백금

plat|it 1 být platný 유효하다 **2** jako správný 효력이 있다 **3** mít jakou hodnotu …의 가치가 있다 **4** na, o, pro koho (týkat se) (누구도) 포함 된다, 관련이 있다 **5** být určen komu (누구에게) 해당되다 **6** být považován za …로 여겨지다, …로 간주되다 ◆ *platí?* 좋아?, 확실해?, 동의해? 오케이?, *platí.* 좋아, 확실해, 동의해, 오케이 ~ > **za-** komu za co (누구에게 무엇에 대해) 지불하다; zboží, námahu, své činy (물건, 노역, 자신의 행동에 대해) úplatou (보수로써) 보상[보답]하다, 지불하다; zaměstnávat ho 고용하다, 일꾼을 사다, (요금, 값을) 지불하다; vyrovnat 값을 치르다 ◆ *platit!, platím!* (식당에서) 계산!, 계산 합시다!; ~ *draho/draze* 비싼 값을[대가를]를 치르다; ~ *hotově* 현금으로 지급하다; ~ *od kusu* 품삯을 정하여 지불하다; ~ *v naturáliích* 곡물[농작물]로 지불하다; ~ *na splátky* 월부[할부]로 지불하다; *ta poznámka vám neplatí* 그 평[언급]은 당신(들)에겐 해당되지 않습니다; *dobře, platí!* 좋아, 동의해[그렇게 하지]!

plátno, *n* 린넨, 켄버스; (영화) 스크린, obalové 덮개[커버]용 천, hrubé, režné, malířské (거친, 표백하지 않은 화포용) 천[캔버스]; promítací 영사막 ◆ *voskované* ~ 기름을 먹인 천, 초먹인 천; *široké* ~ 와이드 스크린; *stříbrné* ~ 은막

platnost, *f-1* 유효성, (법률, 협정 등의) 실시, 시행; obecná (일반적인) 효력, 유효 ◆ *nabýt -ti* 유효성을 갖다[지니다], 효력을 발하다

platn|ý 법적으로 유효한, 합법적인; 유효한, 효력이 있는; přijímaný (일반적으로) 받아 들여지는, ustálený 상용의 ◆ *být co* ~ 소용이 되다, 쓸모가 있다; *být* ~ *mít platnost* 시행중인, 유효한, *být použitelný, po ruce* 이용할 수 있는, 이용 가능한; *-á smlouva* 합법적인 계약서

platonický 1 플라토닉한, 정신적인 **2** 형식적인, 이론적인

platový 임금의, 급여의

platýz, *ma* 넙치류

plav|at (*plav-u, plav(ej)!, -val*) **1** vlastní silou (자기 힘으로) 수영하다 헤엄치다 **2** být nesen 떠다니다, 부유(浮遊)하다, unášen proudem (흐름에) 떠돌다, 밀려가다, 표류하다 ◆ *nechat co* ~ 무엇을 상관하지 않다[관심두지 않다, 그냥 내버려두다]; ~ *proti proudu* 흐름을 거슬러 헤엄치다, 시대의 흐름에 역행하다; *umět v tom* ~ 비결[요령]을 알다; ~ *kraula/motýla/prsa/znak* 크롤/접영/평영/배영을 하다

plavba, *f* **1** 항해(술), mezi dvěma místy (두 장소 사이의) 항해, přes určité místo (일정 지역을 거니는) 도항; zábavní 유람 항해 **2** 해운, 선박 운송

plavčík, *ma-3* **1** na lodi (배의) 캐빈 보이((고급 선원, 선객의 당번 사환)) **2** na plovárně (수영장의) 수영 강사; 수상 안전 요원, 인명 구조원

plavební 1 항해(술)의 **2** 해운의, 해상 운송의 ◆ ~ *cesta* 대양 항로

plav|ec, *ma* **-kyně,** *f* **1** 수영하는 사람, 헤엄치는 사람; 수영 선수 **2**

podnikající plavbu po moři 뱃사람, 선원

plavky, *f-pl* 수영복

plavovláska, *f* 금발(머리)의 여자

plavý 금발의; 밝은 금색, 갈색의

plaz[1]**,** *ma* 파충류의 동물, 양서류의 동물

plaz[2]**,** *mi-2* (목재 운반용) 미끄럼 길, 비탈길, 미끄럼틀

plaz|it > vypláznout jazyk (혀를) 내밀다 **~ se 1** 네 발로 기다, 포복하다; (식물의 넝쿨 등이) 기다 **2** ke komu, před kým (누구에게, 누구 앞에서) 굽신거리다, ležet poníženě (굴욕스럽게) …의 발 밑에 엎드리다, 굴복하다 **3** čas (시간 따위를) 질질 끌다, 천천히 가다, 구물구물 움직이다

plazivý 1 기는, 기어 다니는, 포복의; 질질 끄는 **2** rostlina (식물이) 덩굴의 ◆ *-á rostlina* 덩굴 식물

plazma, *f* **(**드물게 *n-2***)** 혈장, 플라스마

pláž, *f* 모래사장, 물가, 바닷가, 해변; 해수욕장, 해안 휴양지 ◆ *písečná/kamenitá ~* 모래/자갈 해변

plážový 모래사장이 있는, 해변의, 바닷가의 ◆ *~ volejbal* 비치발리볼

plebej|ec, *ma* **-ka,** *f* **1** (고대 로마의) 평민 **2** (봉건, 부르주아 사회의) 서민, 대중

plebejský 평민의, 서민의, 하층계급의, 보통의

plebiscit, *mi-2* 국민 투표; 일반[주민] 투표

plec, *f* 견부, 윗등((어깨 부분을 주로 한 등의 윗부분)) ◆ *muž širokých -í* 어깨[견부]가 넓은 남자; *vepřová ~* 돼지고기 어깨살

plecko, *n-2, 3* 등의 상부, hovězí, vepřové (쇠고기, 돼지 고기의) 목덜미 살((주로 고기 부위를 이를 때 사용))

plečka, *f* **1** 제초하는 여인 **2** 제초기

pléd, *mi-2* 체크무늬 모직물[천]; 큰 모직물 외투, 모직물 어깨걸이

plech, *mi-2, 3* **1** 금속판, 양철판, 평판 **2** pečící (구울 때 사용하는) 금속 틀 **3** 《音》 **-y** *m-pl* 금관 악기

plechovka, *f* **1** 깡통, 캔; (금속제의) 통, 용기, 상자 **2** (통조림의) 깡통, 양철통 ◆ *~ piva* 맥주 한 캔[깡통]; *pivo v -ce* 캔[깡통] 맥주

plechový 1 양철의, 주석의 **2** 금속성의; 양철통 두드리는 것 같은 소리의

plemenný 1 rasový 종(족)의 **2** k plemenění 새끼를 치기 위한, 번식[부화]의

plemeno, *n-2* **1** 인종, 종족; 민족 **2** (동물) 종류, 속[종]

plen, *mi-2* 약탈, 강탈; 약탈품 ◆ *dát/vydat v ~* 남김없이 빼앗기다[약탈당하다]; *vzít co v ~* 무엇을 남김없이 빼앗다[약탈하다]

plena, *f* **1** 큰 천조각[옷감 조각] **2** plenka 기저귀천 3 anat. 《해부학》 얇은 막, 피막; (뇌)수막

plenárka, *f* 본회의, 총회

plenární 전원 출석의, 전권을 가진 ◆ *~ schůze n. zasedání* 전체 회의, 총회, 본회의

plenit > po-, vy- 약탈하다, 수탈하다; válečně (전시에) 강탈하다, tlupami (갱단이) 약탈하다; rabováním 전리품

으로 빼앗아가다, 부정 이득을 취하다, nájezdy 습격하여 약탈하고 다니다, 유린하다; pustošit 황폐케 하다

plenk|a, *f* 기저귀, 강보, 포대기; -ky **(비유어)** 요람기; 미발달기 ◆ *dítě v -ách* 강보에 싸인 아이

plenta, *f* 병풍, 가리개, (움직일 수 있는) 칸막이

plénum, *n-2* 총회, 전원 출석 회의, 전체 회의

ples, *mi* 무도회, domácí (집안의) 댄스파티 ◆ *jít na ~* 무도회에 가다; *maškarní ~* 가장 무도회; *pořádat ~* 무도회[댄스파티]를 열다

plesat > za- 기뻐하다, 즐거워하다, v davech (군중 속에서) 환호하다, vítězně (의기 양양 하게) 기뻐 날뛰다

plesk|nout < -at (가볍게) 두드리다; dlaní (손바닥으로) 찰싹 때리다; (물 따위를) 철벅철벅 튀기다

plesnivět > z- 1 곰팡이가 피다 **2** **(구어체)** 늙다, (머리가) 세다

plesnivina, *f* 곰팡이, pach 곰팡내

plesnivý 곰팡이가 난[슨], zatuchlý 곰팡내가 나는

pleso, *n* 산속의 호수, 산중 호수

plesov|ý 무도회의 ◆ *-é šaty* 야회복, 무도회복

plést (*plet-*) **1** co zmateně mluvit (무엇을) 떠듬거리며 말하다 **2** nohama (다리가) 서로 얽히다, 힘들게 움직이다 **3** 서투르게 수선[땜질]하다 **po- 1** 섞다, 혼합하다 **2** co s čím (무엇을 무엇으로) 혼동하다 ◆ *~ komu hlavu/rozum* 누구의 머리/이성을 혼란[혼돈] 시키다 **~ > s-, ~ > u- 1** …을 엮다, 땋다 **2** ženská ruční práce (여성의 수작업으로) 짜다, 뜨다 **~ > v-** co kam (무엇을 어디에) 짜 넣다, 서로 얽히게 하다 **~ se** do čeho (무엇에) 말려들다, 연루되다; neodborně (비전문적으로) 참견하다, 간섭하다 **~ se > s-** 실수하다, 틀리다, 빗나가다

pleš, *f* 대머리

plešatý 대머리의, 머리가 벗겨진

pleť, *f-1* 얼굴빛, 얼굴 살갗; 피부 빛깔, 살결 ◆ *citlivá ~* 민감성 피부; *mastná ~* 지성피부; *smíšená ~* 복합(성) 피부; *suchá ~* 건성 피부

pletárna, *f* 니트웨어[편물 의류] 제조 공장[사]

pletařský 뜨개질의, 편물의

pletenec, *mi* z vlasů **1** 땋아 늘어뜨린 머리 **2** (양파, 마늘 따위의) 묶음, 다발

pletení, *n* 뜨개질; (바구니 따위의) 짜기[엮기]

pleten|ý vyplétaný 엮어 만든, 땋아 만든, (잔가지 따위로) 엮어 짠 ◆ *-á vesta* 떠서 만든 [니트]조끼; *-é zboží* 니트웨어

pleticha, *f* 음모, 책략, 계략, 모사, 획책

pletichář, *ma* **-ka,** *f* 음모자, 책략가, 모사자

pletichařit 음모를 꾸미다; 구상하여 계획을 꾸미다

pletivo, *n* 그물 세공; drátěné (철사, 철망 따위의) 편물; 잔가지 세공

pletk|a, *f* **1** -y ((보통 복수형으로 사용)) 불륜의 연애[관계], 정사, 염문 **2** 책략, 음모, 계략 ◆ *-y s vdanou* *ženou* 기혼 부인과의 불륜 관계

pleťový 얼굴빛의, 살색의; barvou 베이지색[담갈색]의; 피부의, 살결의

P

pleva, *f* 껍질, 깍지, 외피; 왕겨

plevel, *mi(-1)/f* 잡초 ◆ *zarostlý -em* 잡초가 무성한

plexisklo, *n* 플렉시 글라스((특수 아크릴 수지로 상표명에서 나옴))

plíce, *f-pl* 허파, 폐 ◆ *od plic* 마음으로부터, 솔직히, 터놓고; *zápal plic* 폐렴

plicní 폐의; 폐에 의한

plichtit > z- (구어체) 서투르게 수선하다, 어설프게 만지다; mařit 뒤죽박죽으로 만들다, 엉망으로 만들다

plisé, *n* **plizé,** *n-in* 주름, 플리트

plíseň, *f* **1** 곰팡이, páchnoucí 곰팡내 **2** 균류

plískanice, *f* 진눈깨비

plít[1] (*pleji, plej!, plel*) plevel (잡초를) 뽑다, 제초하다

plít[2] (*pliji, plij!, plil*) **1** 침을 뱉다 **2** (입에서 무엇을) 뱉어내다

plivátko, *n-2, 3* 타구(唾具)

plivnout < -at (침을) 뱉다; **(**비유어**)** 내뿜다, 분출하다

plíži|t se (*plíž se!*) **1** 살금살금 걷다, nepozorován (들키지 않게) 살금살금 들어오다[나가다], pokradmu (남의 눈을 피해서, 은밀하게) 몰래 빠져나오다; jako dravec za kým (사냥감 따위에 맹금처럼) 살금살금 다가가다 **2** (사람이나 뱀 따위가) 기어가다, 포복하다

plíživý 1 살금살금하는, 슬그머니 움직이는, lstivě (남모르게) 슬쩍 움직이는 **2** 근질근진한

plně **(**부사**)** 가득하게, 만발하게, 충분히, 완전히

plnění, *n* 채움, 리필, výměnné 보충

plnicí 채워넣는, pro náhradní náplň 리필하는 ◆ *~pero* 만년필

plničký 넘치는, 넘칠것 같은, 꽉 들어찬, 메운

plnit smluvně 완수하다, 수행[이행]하다; platit 청산하다 ~ **> na-** 채워넣다, 채우다, cpaním 메워넣다; do nádob (그릇 따위에) 채워 넣다 ~ **> s-, vy-** 수행하다, 이행하다; přání (소원을) 성취하다; milostivě (자비롭게) 들어주다, 승낙하다; plně vykonat a tak vyhovět 충족시키다; účel (목적을) 달성하다~ **se > na-** 채워지다, 가득하게 되다, 충만하다 ~ **se > s-, vy-** 실현되다, 이루어지다

plno **(**서술부사**)** 꽉 채워진, 가득(찬); 매우 많은 ◆ *v sále je ~* 홀에는 (사람들로) 가득 차 있다; *má ~ práce* 그는 매우 바쁘다, 그는 일이 많다

plnokrevný 1 순종의, 순혈종의 **2** **(**비유어**)**진짜의, 진정한

plnoletost, *f-1* 성인, 성년 ◆ *dosáhnout -ti* 성인[성년]이 되다

plnomocník, *ma-3* (외교상의) 전권대사[의원, 사절]; 권한을 부여 받은 대표; 대리인

plnoprávný 법적 자격[능력]이 있는; 합법적인; 자격을 갖춘

plnost, *f-1* **1** 가득함, 충만함, 충족 **2** (모습이) 통통함, 풍만함 **3** (목소리가) 풍부함, 낭랑함

plnoštíhlý (체형이) 적당히 통통한, 균형이 잘 잡힌, 잘 발달한

plnotučný 고지방의; mléko (탈지하

지 않은) 우유의, 전유제의 ◆ ~ *sýr* 전유 치즈

plnovous, *mi-2* (턱)수염((턱, 코밑, 볼 전체에 자란 수염))

pln|ý 1 가득한, 가득찬; lidí (사람으로) 복잡한; na ploše (표면이) …로 덮힌; hlas (목소리가) 풍부한, 성량이 풍부한 **2** ne dutý 속이 비지 않은, 꽉 찬 **3** naprostý 전적인; moc (권력이) 절대적인; bezvýhradný (절대적인) 무조건의, 제한없는 **4** s číslovkou (수사와 함께 사용되어) 온전한, 완전한 ◆ *někde je -no* (어느곳이, 어느 장소가) 사람들로 복잡하다[사람들로 가득하다]; *z -a hrdla* (될 수 있는 한) 목청을 크게[한껏] 높혀; *-á moc* 전권, zplnomocnění (법적인) 강제력[권]; *-á pravda* 명백한 진실[진리]; *-ýma rukama* 아낌 없이; *mít čeho -é zuby* 무엇이 진저리[넌더리]가 나다[지긋지긋하다]; *mít -é ruce práce* 일이 많이 쌓여[밀려]있다

plod, *mi-2* **1** 과실, 열매 **2** 생산물 **3** **(**비유어**)**결실, 결과

plodin|a, *f* 농작물, 곡물; -y (농업의) 생산물, 수확물, 농작물 ◆ *hlavní -y* (조생이나 만생과 구분하여) 한창 출회 될 시기에 수확되는 작물

plodit (*plozen*) **> z-** 생산하다; početím (착상,고안 따위로서) 야기[발생]하다; o muži (아버지가) 자식을 보다, vůbec přivést na svět 낳다, 번식하다, (물고기 따위가) 알을 낳다, 생식[번식]하다; **(**비유어**)** 낳다, 산출하다

plodnost, *f-1* **1** 비옥; 다산, 풍요 **2** (땅의) 생산력, 비옥도

plodný 1 비옥한, 기름진; 풍요한 **2** 열매가 잘 여는, 결실이 많은 **3** (작가 따위가) 다작의

plocha, *f* **1** 표면, 평면 **2** obsáhnutelný kus 퍼진[질펀한]면, 광활한 공간, 넓디 넓은 장소[구역] **3** (건물) 용지, 집터, 부지 **4** 구역, 영역 **5** plochá strana (손바닥 등의) 평평한 부분 **6** 면적 ◆ *na šikmé ploše* 내리막에, 내려가는 면에, 경사면에; *třecí ~* 마찰점, 불화의 근거; *hrací ~* 축구장; *celková ~* 전체 면적

ploch|ý 1 평평한, 평면의, 표면의 **2** **(**비유어**)** 진부한, 평범한; povrchní 피상적인 ◆ *-á dráha* 고속 도로; 오토바이 경주장; *-é kleště* 납작한 플라이어[펜치]; *-á noha* 평발

plomba, *f* **1** (납) 땜 **2** uzavírající průchod 틀어막음, 마개; zubu (치아의) 충전물[재]

plombovat > za- 납땜하다, 충전물을 채워넣다

plošina, *f* **1** 단, 연단 **2** zeměp. 고원, 평지

ploška, *f* (보석의) 자른 면, (사물의) 면, v. *plocha*

plošně 평면적으로, 표면적으로

plošn|ý 1 dvourozměrný 평면의, 2차원의 **2** vymezená plocha (제한된) 지역의, 구역의; 범위의 **3** (면적이) 전체에 걸친, 전반적인 ◆ *-á míra* 제곱 측도; *-á redukce pracovníků* 전반적인 근로자 감원; *-é bombardování* 지역 폭격, 융단 폭격

plot, *mi* 울타리, 담장; železný (철로 된) 가드 레일, 난간; ohrada 울, 낮은 담; živý 생(生)울타리((나무를 촘촘히 심어 만든 울타리)); ohrazení 장벽

P

ploténka, *f* **1** 얇은 판금, 금속판, 얇은 판자, 얇은 층 **2** v páteři (척추 안의) 디스크

plotna, *f* **1** k vaření (요리용) 가스[전기] 레인지; 불판 **2** = *deska*

plouhat 질질 끌다[끌어 당기다] ~ **se** 끌리다, 끌려가다; 천천히 나아가다, v mokru 무겁게 터벅터벅 걷다, 느릿느릿 나아가다

plout (*plu-*) **1** o plavidle (선박[배] 등이) 떠다니다, 항해하다, o zboží (물건 따위가) 떠다니다 **2** bezmocně unášen 표류하다 **3** plavný pohyb 수영하다

ploutev, *f* **1** (물고기의) 지느러미 **2** (수영, 잠수용) 오리발, 물갈퀴

ploužit (옷자락을 땅에) 질질끌다, nohy 다리를 질질 끌다 ~ **se** plouhat (se) 질질 끌다, 느릿느릿 나아가다; o čase (시간에 대해) 천천히 지나가다, 서서히 경과하다; 질질 끌다

plovací 수영하는, 헤엄치는, 수영의 ◆ ~ *blána* (오리, 개구리 등의손, 발 사이의) 피막, 물갈퀴

plovák, *mi-2,3* 부낭, 부표; (수량 자동 조절용) 부구

plovárna, *f* 스위밍풀, 수영장, 풀장

plovat = *plavat*

plst, plsť, *f-1* 펠트 ◆ *klobouk z -ti* 펠트 모자

pluh, *mi-2* 쟁기, 쟁기 모양의 연장[도구] ◆ *sněhový* ~ (눈 치우는) 넉가래, 제설기

pluk, *mi-2, 3* **1** 연대 **2** (고어체) 다수, 많은 무리, 대군

plukovní 연대의

plukovn|ík, *ma-3* **-ice,** *f* 연대장

plundrovat v. *plenit* 약탈하다, 강탈하다;(숲 따위를) 심하게 개척하다

plus, *n-in* **1** 플러스(기호) **2** 부가물; 이익; (온도) 영상 ◆ *být v -u* 흑자이다; *tři ~ čtyři je sedm* 3 더하기 4는 7이다

plutokrat, *ma* 부호[재벌] 정치가

plyn, *mi-2* **1** 가스 **2** (자동차의) 엑셀러레이터, 가속 장치 ◆ *nervový* ~ 신경가스; *šlápnout na* ~ 엑셀러레이터를 밟다; *zemní* ~ 천연 가스

plynárna, *ma* 가스 제조[공급]소

plynnost, *f-1* (말 따위가) 유창함, 거침없음

plynný **1** (말 따위가) 유창한, 흐르는 (듯한), 능변의 **2** v plynném stavu 가스의, 가스질의

plynojem, *mi-2* 가스 탱크, 가스 저장기

plynoměr, *mi-2* 가스 계량기, 가스 측정기

plynovod, *mi-2* 가스 (공급용) 본관; v domácnosti (가정의) 가스 기구; 가스 파이프(라인)

plynový 가스의 ◆ ~ *kotel* 가스 보일러; ~ *topení* 가스 난방(장치)

plynout **1** téci 흐르다 **2** = *plout* **3** 효력을 발생하다, 유효하게 쓰이다 ~ > **u-** 지나가다, 통과하다; (기간이) 만료되다 ~ > **vy-** z čeho (무엇으로부터) 발생하다, vznikat 야기되다, 뒤따르다 ◆ *z toho vyplynulo* …그것으로부터 …이 발생 하였다

plynulost, *f-1* 유창함, 원활함; 지속적임, 지속성

plynulý 유창한, 원활한; při těsném sledu 지속적인

plyš, *mi* 견면 벨벳, 플러시천
plytký 1 표면적인, 피상적인, 겉만의 **2** 천박한, 상투적인, 공허한
plýtvat (s) čím (무엇을) 낭비[허비]하다 **~ > pro-, vy-** co (무엇을) 낭비하다; neznat míru (양을 모르고) 아낌없이 주다, 물쓰듯 하다
plzeň, *f* 플젠[필젠]((체코 서부의 도시))
plzeňské, *n* 플젠[필젠] 맥주((홉의 풍미를 살린 약한 맥주))
plzeňský 플젠의 ◆ *-é pivo* 플젠[필젠] 맥주
plž, *ma* 괄태충, 민달팽이; (느린) 잎벌레
pneumatický 공기 역학의; 공기 작용에 의한
pneumatika, *f* 타이어, 바퀴 ◆ *náhradní ~* 예비 타이어
pnout se (*pjal*) = *ovíjet se, tyčit se, klenout se*
po I (+대격) 1 (až) po co (무엇의) 위[아래]까지, …까지 **2** jak dlouho …동안 (내내, 줄곧) ◆ *~ kolena* 무릎까지; *být až ~ pás ve vodě* 허리까지 물이 차다; *mít čeho ~ krk* 무엇이 식상하다; *zamilován ~ uši* 사랑에 깊이 빠지다 **II (+ 전치격) 1** s řadovou číslovkou (서수와 결합하여) …번째로 **2** po způsobu …식으로, …방식으로, …로 **3** po čem podélném …을 따라((길, 복도 등이)) **4** na různých místech …을 두루 **5** cíl pohybu (행위의 목적) …쪽으로, za účelem získání …을 향하여, …에 대하여 **6** následnost (연속성) …후에, … 다음에, hned po události …(직)후에 **7** podle …의 쪽에, …의 편에 **8** šlapání, doléhání (밟기, 누르기) …의 위에 **9** zprostředkování (중개) …을 통해, 에 의해 ◆ *po domech* 집집마다, 가가호호로, *po kouskách* 조금씩; *po otýpkách* 다발로; *po dvou* 두개씩; *~ boku* 옆에, 나란히; *~ cestě* 도중에; *~ čtyřech* 네발로 기어; *~ délce* 길이로, 세로로; *~ dobrém* 우호적으로; *~ hlavě* 곤두박질[거꾸]로, 무모하게; *~ každé* 매번; *~ Kristu* 기원후; *~ levici* 왼편에; *~ lopatě* 분명히[쉽게], 말하자면; *~ paměti* 기억으로, 암기로; *~ proudu* 흐름을 따라; *~ případě* 경우에 따라; *~ ruce* 바로 가까이에, 곧, 즉시 쓸 수 있도록 준비하여; *mít ~ ruce* 즉시 대비하다[갖추다]; *~ různu/porůznu* 여기 저기에; *~ slepu/poslepu* 현물을 보지 않고; *~ sobě* 계속하여, 연속하여, 연달아; *~ svém* 자기 방식으로; *~ větru* 바람을 타고, 순풍에; *vyvést se ~ kom* 누구를 닮다; *~ zlém* 강제적으로, 강압적으로; *jít ~ žebrotě* 구걸하러 가다; *~ živnostensku* 전문적으로; *jde to jako ~ másle* 문제없이[잘] 되다; *oči má ~ otcovi* 그의 눈이 아버지와 닮았다; *touha ~ lásce* 사랑에 대한 그리움[동경] **III (+여격)** …의 방식[방법]으로 ◆ *~ našemu* 우리 식으로; *~ svém* 자기 식으로; *~ klukovsku* 소년의 방식으로
pobádat = *pobízet, povzbuzovat*
pobavit (se) v. *bavit (se)*
pobesedovat (si) v. *besedovat*
pobídka, *f* 권장, 권유, 자극, 장려; 인센티브
pobíd|nout < pobízet (*-zejí*) 권장하다, 권유하다; 자극[격려]하다, 부

P

추기다; 재촉하다 ◆ *-li hocha, aby vypravoval dál* 그들은 소년이 계속 이야기 하도록 부추겼다[재촉했다]

pobíhat 뛰어다니다, (바쁘게) 이리저리 뛰어다니다 ◆ *~ po místnosti* 빠른 걸음으로 방을 이리저리 배회하다

pobíjet v. *pobít*

pobírat 1 (급료 등을) 받다, 얻다 **2** v. *pobrat*

pobí|t (*pobi-*) < **-jet** (*-její*) **1** hřeby (못을) 박다; (금속 따위를) 표면에 고정시키다 **2** 장식용 못을 박다, 장식 단추를 달다 **3** krvavě 도살하다, (대량) 학살하다 **4** (경기에서) 상대를 패배 시키다

pobízet (*-zejí*) **1** press **2** v. *pobídnout*

poblázněný 미친, 정신나간

pobláznit v. *bláznit*

pobledlý 창백한, 파리한; 수척한

poblednout 창백해지다, 수척해지다; (명성, 기억 따위가) 약화되다, 희미해 지다

poblíž 1 (**부사**) 가까이, 바로 옆에, 근처에 **2** (**+생격**) …가까이에[근처에] ◆ *~nádraží* 역 근처의[에]

poblouznit < 얼빠지게 만들다; (어리석은 일, 여자 등에) 열중케 하다, 혹하게 하다

pobočka, *f* **1** 지점, 지사 **2** telefonní (전화의) 내선

pobočn|ík, *ma-3* **-ice,** *f* **1** (부관, 장성에 딸린) 참모 **2** 보좌, 조수

pobočný 1 지점의, 브랜치 오피스의 **2** pomocný 보조의; 부차적인, 부수적인

pobod|at < 찌르다, 여러 번 찌르다 **-nout** < **-ávat** koně (말에) 박차를 가하다; 격려[장려]하다

pobouřit (*pobuř!*) < **pobuřovat 1** 몹시 뒤흔들다, 흥분시키다; otřesně 충격받게 하다, rozrušit 당황[불안]하게 하다; 격노하게 하다 **2** 부추기다, 선동하다

pobožnost, *f-1* **1** vlastnost 신앙심이 깊음, 경건함 **2** výkon 예배, 경배, 참배

pobožnůstkář, *ma* **-ka,** *f* 신앙(심)이 깊은 체 하는 사람, 경건한 체 하는 사람; 고집통이

pobožnůstkářství, *n* 신앙심이 깊은[경건한] 체 함, 종교를 빙자함; 고집불통

pobožný 1 신앙이 깊은, 독실한, 경건한 **2** 종교적인 **3** 신앙(심)이 깊은 체 하는, 경건한 체 하는

po|brat (*pober-u, pobral*) < **-bírat 1** 가져가다; 앗아가다 **2** (순차적으로) 가져가다; 장악하다 **3** (담아) 나르다

pobřeží, *n* 해변, 해안, viděné z moře (해안의) 둔치, 해안거리, celého moře 연해지, 연안, kraj při něm 해변가

pobřežní 해변[해안]의, týkající se mořského 바닷가의, 해변의, 바닷가에 사는

pobřišnice, *f* 복막 ◆ *zánět ~* 복막염

pobuda, *ma* 부랑자, 유랑자, 정처없이 떠도는 사람

pobuřovat v. *pobouřit*

pobyt, *mi-2* 체류, 거주; přechodný 체제, trvalý (영구적인) 거주, 주재 ◆ *místo -u* 소재, 있는곳, 행방

pobýt < **-pobývat** 체류하다, 머물

다, 거주하다

pocestný[1] 여행하는, 길가는

pocestn|ý[2], *ma* -ho 여행자, 길손, (특히 도보의) 나그네

pocit, *mi-2* 감각, 느낌, 인지; 감정, 기분, 심정, 감 ◆ ~ *hladu* 공복감, 시장기; *nepříjemný* ~ 불쾌한 느낌; ~ *zodpovědnosti* 책임감, 의무감

pocítit v. *cítit*

pocta, *f* 존경, 경의, 공경; 명예, 영예

poc|tít (*potit*처럼 변화) < **-ívat 1** 존경[공경] 하다 v. *ctít* **2** koho čím (누구를 무엇으로써) 경의를 표하다, 공경을 표하다, 명예를 나타내다 **3** milostivě (칭호 등을) 수여하다, (영예 등을) 증여하다, (은혜 등을) 베풀다 **4** pohostit 대접하다 한턱내다

poctivec, *ma* 정직한[성실한] 사람; 신의를 존중하는 사람

poctivost, *f-1* **1** 정직, 성실, 진실; zásadovost 고결 청렴, 정당, 공평 **2** zast. 처녀성, 순결 ◆ *přijít o* ~ 처녀성[순결]을 잃다

poctivý 정직[성실]한; ve službě (임무에 있는) 신뢰가 가는, 충직한; dbalý zásad, pravidel (원칙이나 법칙을 지키는) 정당한, 공평한; nic neskrývající (전혀 숨기는 것 없이) 있는 그대로의, 공명한

pocuchat v. *cuchat* (머리 따위를) 헝클어 뜨리다; 어지르다

pocukrovat v. *cukrovat*

počasí, *n* 날씨, 일기, 기상; 기후 ◆ *předpověď* ~ 일기 예보; *za každého* ~ 날씨가 좋건 나쁘건, 어떤 조건에서도

počastovat v. *častovat*

počáteční 처음의, 초기의

počát|ek, *mi-2, 3* **1** 시초, 처음, 초기, 시작 **2** -ky 기원, 출발, 생성 ◆ (*hned*) *na -ku* (바로) 초기에; *pro* ~ 시작을 위해서는, 시작하기 위해서는; *z -ku* 처음에는

počest, *f-1* 경의; 명예 ◆ *na čí* ~ 누구에게 경의를 표하여, 누구를 축하하여

počestný 1 진실한, 성실한; 존경할 만한 **2** pohlavně čistý (성적으로) 정숙[순결]한

poč|et, *mi-2* **1** 수, 숫자; počítání 계산, 셈, 청산 **2** -ty, předmět (학교 과목으로서의) 산수, 산술 ◆ *v plném -tu* 총력으로, 대거로; ~ *pravděpodobnosti* 확률 계산

početní 계산의, 수치의; 산수의, 산술[계산]상의

početnice, *f* 산수책

početný 다수의, 많은

počíhat (si) v. *číhat*

počínat si jak = *chovat se jednat* -v. *počít*

počí|t (*počn-u, počal, počat, početí*) < **-nat 1** 시작하다, 착수하다, 개시하다; udělat 수행하다, 이행하다 **2** žena (여자가) 임신하다 **3** = *začít*

počítací 계산의, 전산의 ◆ ~ *stroj* 계산기, 컴퓨터

počítač[1], *mi* 컴퓨터, velkokapacitní ~ 대규모[대용량]의 컴퓨터 ◆ *osobní* ~ 개인용 컴퓨터; ~ *do dlaně* 팜탑 컴퓨터((손바닥 크기의 휴대용 퍼스널 컴퓨터))

počítač[2], *ma* 계산 하는 사람, 계산

원

počítačov|ý 컴퓨터의 ◆ *-á hra* 컴퓨터 게임, *~ pirát* 컴퓨터 해커; *-á sít* 컴퓨터 네트워크[망]

P

počítadlo, *n* **1** 주판, 수판 **2** měřič 계량기, 미터

počítat 1 셈하다, 계산하다, 세다 **2** s čím (무엇을) 고려하다, 고려에 넣다, jako s možností (가능성을) 고려하다; spoléhat se na …을 믿다, 기대하다 **3** soudit 평가하다, 단정하다, 생각하다, 추측하다 **4** řadit mezi …에 번호를 달다, …의 수를 정하다 ~ > **na-** 세다, 계산하다; k placení (지불의) 책임을 지우다, (대금을) 청구하다 ~ > **s-** 세다, 계산하다, 합계하다 ~ > **vy-** 측정하다, 산정하다, 평가하다; propočty (문제를) 풀다, 해결하다 ~ **se** 산정되다, 포함되다, mezi …에 계산되다

počitek, *mi-2, 3* 감각, 감각적 인상; 느낌, 기분

počitkový 감각의, 감각에 의한

počkat v. *čekat* ◆ *počkej* 잠시만, 이봐, 저어, hrozivě (위협적으로) 두고봐(라); *počkejte chvílku* 잠시만 기다려 주세요; *počkejte u telefonu* 전화 끊지 마세요

počmárat 1 곳곳에 갈겨쓰다, 흘겨쓰다; 낙서하다 **2** 표면[외관]을 손상시키다, 더럽히다

počtář, *ma* **-ka,** *f* 산술가, 계산을 잘하는 사람

počty, *mi-pl* v. *počet*

pod(e) I (+대격**) 1** (방향) …아래, …밑에, …아래로, …밑으로 ◆ *sednout si ~ strom* 나무 밑에 앉다; *udeřit ~ pás* 허리 아래를 공격하다 **2** (하단) …이하로 ◆ *~ 100 korun to neprodá* 그는 그것을 100코루나 이하로 팔지 않는다 **3** (숙어와 더불어) ◆ *být (opilý) ~ obraz* (그는) 억병으로 취하다 **II (**+ 전치격**)** (위치) …아래에, … 밑에 ◆ *stala ~ oknem* 그녀는 창문 아래에 서 있었다; *~ pultem* 계산대 아래에; *~ schody* 계단 아래에 **2** (종속) …밑[아래]에서 ◆ *~ jeho vedením* 그의 지도 아래서; *držet co ~ kontrolou* 무엇을 감시 아래에 잡아두다 **3** (하향) …밑의 ◆ *~ nulou* 영하의 **4** (환경) …하에서, …아래에서 ◆ *~ podmínkou, že...* …라는 조건 하에서

podací 우송하는, 건네주는 ◆ *~ lístek* 우편 수령[영수]증; *~ lhůta* 최종 기한, 데드라인

podání, *f* **1** (편지, 전보, 수화물, 소식 등의) 발송, 전송 **2** 청원, 청구, 요청 **3** v dražbě 입찰, 부른 값 **4** (예술적인) 표현, 발표; 묘사 **5** (민족 예술의) 구전, 전승 **6** (스포츠의) 서비스

podarov|at < -ávat = *darovat, koho = obdarovat*

podařený 1 성공적인, 훌륭한, 잘된 **2** 장난기가 있는; 익살 맞은

podařit se v. *dařit se*

pod|at < -ávat 1 주다, nápomocně (도움되게, 유익하게) 제공하다; dvorně (정중하게) 제안[제의]하다, napřáhnout 뻗어 내밀다, ruku (손을) 내밀다; u pozdravu, smíru (인사, 화해로 손을) 건네다, 악수하다 **2** předat 전달하다, 건네주다; k pošt. přepážky (우체국 접수 창구에) 제출하다, u přepážky (접수처에서) 제출하다, 건네다, zavazadlo (짐 따위를) 등기로 보내다 **3** předložit, předvést 표현하다, 발표하다, 공연하다; k jídlu, pití (음식, 음료수 따위를) 대접하다 **4** v dražbě (경매 따위에) 입찰하다 **5** návrh k hlasování (표결 제안에) 동의를 제출하다, 발의하다 ◆ ~ *důkaz* 증거를 제출[제시]하다, ~ *vyúčtování* …의 결산 보고를 하다, ~ *žalobu* 기소[고소]하다

podatelna, *f* (우편물) 접수 처리실, 접수처, 등록실[소]

podbarv|it < -ovat 1 엷게 착색하다[물들이다]; (감정 따위에) 기미[티]를 띠게 하다 **2** ruměncem (홍조를) 띠게 하다

podběrák, *mi-2, 3* (낚시용) 사내끼, 뜰채

podbírat se v. *podebrat se*

podbízet (*-zejí*) 보다 싼 값을 붙이다, 싸게 입찰하다

podbradek, *mi-2, 3* **1** zvířat (닭, 칠면조 따위 동물의 목 아래의) 늘어진 살; člověka (사람의) 이중턱 **2** (중세의 옷이나 갑옷의) 턱받침, 턱가리개 **3** hud. (바이올린 따위의) 턱받침

podce|nit < -ňovat 과소평가하다 경시하다

podcenivý 가치 하락의, 경시하는

poddajný 1 나긋나긋한, 유연한, přístupný 용이한, 쉬운; vedení, radám (상부나 위원회에) 수정[개정, 정정]할 수 있는 **2** tlaku (압력에) 휘기 쉬운, 유연한

poddaná, *f* **1** 여자 하인[종] **2** (봉건 군주국의) 여자 신민[피지배자]

poddanství, *n* (봉건제 하의) 농노의 신분, 노예의 처지; 종속 되어짐, 속박, 예속

poddaný[1] komu (누구에게) 종속된, 지배를 받는; dříve (옛날의) 노예[농노]의

poddaný[2], *ma* **1** 농노, 노예 **2** (봉건 군주구의) 신민[피지배자]

podd|at se < -ávat se 종속[복종]하다; vzdát se 포기하다, 단념하다, 그만두다

poddůstojník 하사관

pod|ebrat se (*podeber-, -bral*) **< -bírat se** (부스럼이) 곪다, s otokem (부기 등이) 점점 더해지다; hnisat (종기가) 곪다

podědit v. *dědit*

poděkovat (se) 감사하다, 사의를 표하다 v. *děkovat (se)*

podél (+생격) …를 따라, na délku …와 나란히, …에 가로대어 ◆ ~ *pobřeží/řeky/silnice* 해안/강/도로를 따라

poděl|it < -ovat koho čím (누구에게 무엇을) 나누어 주다, 분배하다; uštědřit (자신의 몫을) 나누어 주다 ~ **se** v. *dělit se*

podéln|ý 세로의, 길이의 ◆ *-é pruhy na látce* 천에 세로로 난 줄(무늬)

podélně 세로로, 길게, 길이로

podělovat v. *podělit*

podem|lít (*podemel-u, podemlel*) **< -ílat** …의 밑을 파다; (명성 등을) 은밀히 손상시키다

podepírat v. *podepřít*

podepisovat v. *podepsat*

pod|epřít < -pírat 1 지원[지지]하다, podložením 버티다, 버팀목을 대

다; aby spočinulo (쉴 수 있도록) 기대게 하다 **2** důvody v. *podložit*

pod|epsat (*pod[e]píš-u, -piš!, podepsal*) < **-pisovat** 서명하다, 사인하다; souhlasit (기부금 등에) 서명하여 동의하다

poděsit (se) 겁먹게 하다, 깜짝 놀라게하다 v. *děsit (se)*

podestlat v. *stlát*

podešev, *f* 신바닥(가죽), 구두창

podezdí|t (*podezdil*) < **-vat** (건축 등의) 약한 토대를 갈다[보강하다], …의 밑에 버팀을 대다

podezdívka, *f* 건축물의 토대, 버팀; proti počasí, vlnám (악천후나 파고에 대비하는)(제방의) 흉벽

podezírat 의심하다, 의혹하다, 수상쩍게 생각하다

podezíravost, *f-1* 의심, 의혹; 불신

podezíravý 의심하는, 의심많은; 신용하지 않는

podezřelý 1 의심받는, 의심스러운, podezíraný 수상쩍은; 혐의 받는 **2** 용의자의, 혐의자의

podezření, *n* 의심(하는 것), 의혹, 불신; 혐의

podfuk, *mi-2,3* **(**구어체**)** 사기, 협잡, 속임수, 허위

podhlavník, *mi-2,3* (시트 밑의) 긴 베개; 머리 받침

podhoubí, *n* (버섯 따위의) 균사; **(**비유어**)** 온상 ◆ *~ zločinu* 범죄의 온상

podhrab|at < **-ávat** …의 밑을 파다, 파 헤치다; 《軍》 (성내의 적군을) 대호를 파 공격하다

podchlazení, *n* **1** tech. (액체의) 과냉각 **2** 저체온(증); 체온 저하

podchod, *mi-2* 지하도; 아래 통로

podchy|tit (*podchycen*) < **-covat 1** (붙)잡다; 체포하다 **2** zajistit 확보하다, 손에 넣다 **3** 통제 하에 두다

podíl, *mi-2* **1** 몫, účast 부분; příděl 할당, 배당; poměrný (비례의) 할당량; (수학의) 몫; 비율, 지수 **2** 참여, 역할, 공헌 **3 (**고어체**)** 운명

podílet se (*-lejí*) **1** s kým na čem (누구와 무엇을) 공유하다, 함께하다 **2** mít účast 참여하다, 참가하다 (na čem 무엇에)

podílník, *ma-3* 주주, (공동) 참가자; společník 파트너; 공동 경영자

podít se (*podě-*) 사라지다, 모습을 감추다 ◆ *kam se poděl?* 그는 어디로 사라진거야?

pódium, *n-2* (콘서트의) 단, 연단, 무대; (지휘자의) 단; 강단

podiv, *n-2* 놀람, 경악 ◆ *ku -u/ kupodiv* 놀랍게도, 이상하게도

podívan|á, *f* 봄, 구경, 광경; 구경거리, 볼거리 ◆ *stát za-ou* 구경할 가치가 있다

podívat se 1 kam (어디를) 보다, 쳐다보다, 살펴보다; 구경하다 **2** v. *dívat se*

podivení, *n* 놀라움, 경이, 이상함

podivín, *ma* **-ka,** *f* 괴짜, 별난사람, 기인

podivínský 괴짜의, 별난, 묘한, 야릇한, 이상한

podivínství, *n* 이상함, 요상함, (유)별남

podivit se v. *divit se*

podivný 1 기묘한, 별난; 이상한; 독

특한 **2** 수상쩍은, 수상한
podivovat se = *divit se*
podivuhodný 감탄 할 만한, 평범하지 않은, 독특한, 진기한; pozoruhodný 주목할 만한
podjatost, *f* 불공평, 편파적임; 편견; 선입관
pod|jet (*podjed-, podjel*) < **-jíždět** (*-dějí*) …의 밑을 지나가다, 아래쪽으로 통과해가다
podjezd, *mi-2* (철도, 도로의 밑을 통하는) 지하도
podklad, *mi* **1** 기본, 기초 **2** 바탕, 받침, 토대 **3** pro úvahu danost (숙고[고려]를 위해) (주어진) 자료, 데이터, 논거 **4** pro budování (건축 따위의) 기초, 토대; ložisko 광상, silniční (도로[철도]등에 까는) 자갈, 노반, 노싱, (조각 등의) 대좌
podkládat v. *podložit*
podkolenka, *f* 무릎까지 오는 양말
podkop, *mi-2* **1** 지하[땅 밑] 통로; 참호 **2** 대호, 참호, 지하 갱도
podkopat < **-ávat** **1** 대호를 파다, 참호를 파다, 파내려가다, 밑을 파다 **2** **(비유어)** (심하게) 망가뜨리다, 해치다, 악화 시키다
podkova, *f* (말의) 편자
podk|ovat < **-ávat** 편자를 박다, boty (구둣바닥의) 징
podkožní 피하의 ◆ ~ *tuk* 피하 지방
podkroví, *n* 다락(방), 고미다락, 더그매
podkrovní 다락의, 고미다락의, 더그매의
podkuřovat 연기를 쐬게하다, (벌 따위를) 훈증제로 소독하다; komu lichotit (누구에게) 아첨[아부]하다, 알랑거리다
podlaha, *f* 마루, 바닥
podlahová 바닥의, 마루의 ◆ ~ *krytina* 바닥 장판(재)
podlamovat v. *podlomit*
podlaž|í, *n* 층 ◆ *dům o třech -ích* 3층 건물
podle **1** podél …을 따라 **2** …에 따르면, ve shodě s …에 일치하여 ◆ ~ *mne, mého názoru* 내 생각으로는, 내 개인적인 견해로는; ~ *potřeby* 필요에 따라[의해]; ~ *předpisu* 규정에 따라[의하면]; ~ *toho* 그(것)에 따라[의하면]; ~ *všeho* 아무리[어느모로] 보아도; ~ *zvyku* 관습에 따라[의하면]
podlec, *ma* 악한, 무뢰한; 비열한[비루한] 사람
pod|léhat **1** dani, poplatkům (세금, 요금을) 지불해야 한다, 지불 할 책임을 지다 **2** komu (누구에게) 복속되다, 종속되다, 지배되다; služebně (업무상으로) 하위에 놓이다, 복종하다 **-lehnout** < **-léhat** **1** 굴복하다, 항복하다, 지다, ustoupit 양보하다, 물러서다 **2** (감정 따위에) 굴복되다, 빠지다
podlep|it < **-ovat** (밑을 대서) 붙이다
podléz|at **1** komu (누구에게) 아부[아첨]하다, 슬슬 환심을 사다, 알랑거리다 **2** …의 밑으로 기(어가)다 ◆ ~ *pod plotem* 울타리 밑으로 기어가다
podlézavý 아첨[아부]하는, 알랑거리는

P

P

podlitina, *f* **1** 타박상, 멍 **2** (과일 따위의) 흠, 상처

podl|omit < -amovat 1 komu nohy (누구의 발을) 부러뜨리다 **2** 압도하다, 기를 꺾다 **3 (**비유어**)** = *podkopat*

podloubí, *n* 아케이드, 아치 길, 아치 밑의 통로

podloudnictví, *n* **1** 밀수 **2** 금지된 것, 비밀스런 것

podloudn|ík, *ma-3* **-ice,** *f* 밀수꾼, 밀수업자

podloudný 1 밀수의 **2** 금지된, 비밀의, 부정한, 뒤가 구린; 은밀한, 비밀의, 내밀한

podlouhlý 장방형의, 직사각형의, 옆으로 긴

pod|ložit < -kládat 1 co čím (무엇을 무엇 아래에) 두다[놓다]; měkkým (부드러운 것으로) …에 덧대다, 채워넣다 **2** postavit na základ 기초[기본]을 세우다 **3** podstrčit (가짜 따위를) 몰래 밀어[끼워] 넣다, 속여서 안기다, 억지로 떠 맡기다 ◆ *~ komu hlavu polštářem* 누구의 머리를 아래에 베개를 두다[놓다]; *~ si hlavu polštářem* 자신의 머리 아래에 베게를 놓다[베다]

podložka, *f* **1** 토대, 대, 지주 **2** měkká (부드러운) 덧대는 것, 채워넣는 것, 안장밑[받침]; 깔개

podlý 저속한, 저급한; 무용지물의, 가치없는; 비천한

podmalov|at < -ávat 1 oči (눈에) 화장을 하다, 마스카라를 칠하다 **2** hudbou (음악을) 곁들이다, (음악을) 깔다

podma|nit < -ňovat 1 (민족을) 정복하다, 예속[복종]시키다; (감정을) 억제하다, 가라 앉히다 **2** (관중을) 사로잡다, 마음을 빼앗다; 황홀하게 하다, 매혹하다

podmanivý 황홀하게 하는, 매료하는, 매혹하는

podmáslí, *n* 버터 밀크((우유에서 버터를 분리한 뒤의 신맛나는 음료))

podmaz|at (*podmaž-, podmazal*) **< -ávat** koho (누구에게) 뇌물을 안기다[주다], 매수하다

podmět, *mi-2* 《言》 주어

podmětný 주어의 ◆ *-á věta* 주절

podmílat v. *podemlít*

podmínečný 조건부의, 가정(하)의

podmíněn|ý …을 조건으로 하는; něčím podmíněný (…에 의해) 조건 지어진 ◆ *-é odsouzení* 집행유예

podmín|it < podmiňovat 조건짓다, 제한하다 ◆ *být -ěn čím* 무엇에 의해 제한 받다

podmínk|a, *f* **1** 조건, výslovně omezující (명백하게 제한하는) 조건, 자격; -y dohody (계약, 약정의) 조건; v listině (헌장의) 약정, 규정, 조건 **2** 상황, 환경 **3 (**구어체**)** 집행유예 ◆ *pod -ou, za -y* …한 조건에서, …한 조건 하에서; *obchodní -y* 통상[무역] 조건; *dostat -u* 집행유예를 받다

podmiňovat v. *podmínit*

podmořsk|ý 해저의, 바다 속의; 바다 속[해저]에서 사용하는 ◆ *~ kabel* 해저 전선[케이블]; *-á válka* (잠수함을 이용한) 해저 전쟁

podmračený 1 기분이 좋지 않은, 잔뜩 찌푸린 **2** (날씨가) 험악한; 흐린, 구름이 많이 낀

podnáj|em, *mi-2* **1** 임차, 차용 **2** 셋방, 하숙집, 셋집, 하숙(방) **3** 임대료 ◆ *bydlet v -mu* 셋방 살다, 하숙하다, 세들어 살다

podnájemn|ík, *ma-3* **-ice,** *f* 세입자, 하숙자

podnapil|ý 약간 취한 ◆ *řízení (motorového vodidla) v -ém stavu* 음주 운전

podnebí, *n* 기후, 날씨, 일기, 풍토 ◆ *tropické ~* 열대(성) 기후

podnebný 기후의, 날씨의

podněcovat v. *podnítit*

podnes 오늘(날)까지, 지금까지, 지금까지(로서)는

podnět, *mi-2* **1** 선동, 자극, 고무, 격려 **2** 개시, 착수, 창시, 발기 **3** nadhozený 제안, 제의 **4** co vyvolává reakci (반응을 부르는 것) 자극(물), 흥분(제); 계기, 동기 ◆ *na čí ~, z čího* 누구의 제의[발기]로

podnětný 선동하는, 자극하는, 장려하는; náznakově (넌지시) 암시하는, 암시적인

podnik, *mi-2, 3* **1** co se dělá 기업, 사업, (모험적) 사업 **2** obchodní organizace 법인, 회사, práv. 합자회사, 상사, v. *závod* **3** (계획의) 실행; 행위 **4** (스포츠, 문화의) 행사

podnikání 사업(하기), 기업 경영

podnikatel, *ma-1, 4* **-ka,** *f* 기업가, 사업가[자], 비즈니스맨; smluvní (계약에 의한) 청부업자, filmový (영화의)제작자, 생산자

podnikatelský 기업인의, 사업가의

podnikavost, *f-1* 기업[모험]정신, 사업에 대한 의지[용기, 에너지]

podnikavý 기업심이 왕성한, 모험심이 강한; průbojně 진취적인

podnik|nout < **-at** **1** (생각, 계획 따위를) 실천에 옮기다, 현실화하다, 시행하다, 착수하다 **2** 사업하다, 기업을 경영하다; 회사를 세우다 ◆ *~ průzkum* 조사를 실시하다

podnikov|ý 회사의, 기업의 ◆ *-á kultura* 기업 문화; *~ ředitel* 총 지배인

podnítit (*podnícen*) < **podněcovat** **1** 자극하다, 격려하다; zvl. k špatnému (특히 나쁜 쪽으로) 선동하다, 부추기다; rozohnit 불을 붙이다, 노하게 하다; vyvolat 불러 일으키다, 흥분[분발]시키다 **2** pobídnout 재치다, 재촉하다, k aktivitě 활발하게 하다

podnos, *mi* 쟁반, 받침 ◆ *nosit jídlo na -e* 음식을 쟁반에 받쳐 나르다

podnožka, *f* 발판, 발받침; 발 올려 놓는 대

podob|a, *f* **1** 형태, tvar 형상, 모양; vzhled 모습, 외관; vypodobnění 유사(성) **2** = *podobnost* ◆ *ďábel v lidské -ě* 인간의 모습을 한 악마

podobat se komu, čemu (누구를, 무엇을) …와 닮다, 유사[흡사]하다

podobenství, *n* 비유담, 우화

podobizna, *f* 초상화; 초상; (비유어) 비슷한 얼굴[외모]

podobnost, *f-1* 유사성, 흡사함, 닮음

podobn|ý 유사한, 비슷한, 흡사한, vnějškově komu (외견상 누구를 닮은) ◆ *něco -ého* 뭔가 비슷한 것, 뭔가 유사한 것; *to je ti -é* 너와 비슷하다; *navlas -í* 그들이 꼭[빼] 닮은

P

P

podobojí, *ma* (후스주의의) 양종주의자, 우트라퀴스트, 성배주의자

podojit v. *dojit*

podom|ek, *ma-3* 문지기, 시종; v ubytovacím podniku (숙박 업소의) 시중드는 보이, 포터

podomní 집집마다, 호별의; 호별 방문의 ◆ ~ *obchodník* 행상인, 외판원

podo|tknout (*-tknutí* = *-tčení*) < **-týkat** 지적[지시]하다; 소견을 말하다, 진술하다, 언급하다; 비평하다

pod|pálit (*podpal!*) < **-palovat 1** 불을 붙이다, 점화하다 **2** 불을 놓다, 방화하다

podpalubí, *n* (배의) 하갑판

podpat|ek, *mi-2, 3* 구두의 뒤축[굽] ◆ *taneční střevíčky s vysokými -ky* 높은 굽[하이힐]의 댄싱 구두

podpaždí, *n* 겨드랑이 ◆ *v* ~ 겨드랑이 밑에

podpěr|a, *f* 버팀벽, 부벽; zezadu (배후로부터의) 뒷받침; 후원, 지지; vzpružující (받치고 있는) 지주, 버팀대

podpěrný 지지하는, 버팀목이 되는; 후원하는

pod|píchnout < **-pichovat** (가축을 몰기 위해 막대기로) 찌르다; (바늘 따위로) 찌르다; 자극을 주다, 고무시키다 ◆ ~ *pokožku injekční jehlou* 주사 바늘로 피부를 찌르다; ~ *zlými slovy* 나쁜 말로 자극하다

podpírat v. *podepřít*

podpis, *mi-2* 서명, 날인, 싸인 (na …에), zvl. závazný 기명 동의, 승낙 ◆ *vlastoruční* ~ 자필 서명

podpisovat v. *podepsat*

pod|platit (*podplacen*) < **-plácet** (*-cejí*) 뇌물을 쓰다, 매수하다, 돈을 주고 …하다[얻다], 뒷돈 주다

podplukovn|ík, *ma-3* **-ice,** *f* 중(소)령, let. 공군 중령

podpora, *f* **1** 지지, 지원, 후원, 원조, sympatizující 격려; na cestě vpřed 조장, 촉진, k vznešenému cíli (고양된 목적으로의) 진흥, 증진 **2** k zmírnění 경감; institucí (기관에 의한) 보조, 장려 **3** finanční (재정적) 교부금, 보조금, (원조를 위한) 하사금, 기부금, 지원금 **4** v. *podpěra*

podporovat 1 지원[지지]하다; 후원하다; (암암리에) 장려하다; 승인[묵인]하다; 나아가게 하다, 조장하다; 경감하다; 구제[구출]하다 **2** návrh (제안에) 찬성하다; posilovat 강화하다; proti útokům (공격에 맞서) 지지[후원] 하다 **3** 보조금을 주다, 지원금을 대다 **4** podpírat 밑에서 (떠)받치다

podporovatel, *ma-1, 4* **-ka,** *f* 지지자, 후원자, 옹호자

podporuč|ík, -ice, *f ma-3* (군대의) 소위

podpořit v. *podprovat*

podpovrchový 표면 밑의, 표면 아래의; 지면 아래의; 지하의

podprsenk|a, *f* 브래지어; plavek (수영복의) 상의 ◆ *bez -y* 노브라의

podprůměrný 평균 이하의, 표준 이하의; 보통보다 작은, 보통보다 못한

podpůrný 1 지지하는, (떠)받치는 **2** 촉진[조장]하는; 보조의, 보충적인

podraz, *mi-2* (더러운, 비열한) 술수, 간계

podrazák, *ma* **(**구어체**)** 변변찮은 녀석, 보기싫은 녀석, = *podrazník*

pod|razit (*podražen*) < **-rážet** (*-žejí*) **1** …의 하부를 부수다[망가뜨리다]; komu nohy (누구의 다리를) 걸려 넘어지게 하다, 딴죽을 걸다[치다] **2 (**비유어**)** koho (누구를) 속여 넘기다, 사기치다; …를 악하게 (배반적으로) 상처를 주다, …를 항복시키다; (고의적으로) 고통을 주다 **3** obuv (구두[신발]의) 밑창을 대다

podrážděnost, *f-1* 성남, 화남; 신경질 냄, 짜증 냄

podráždit 1 자극하다, 불러 일으키다 **2** (불쾌하게) 자극하다, 화나게 하다, v. *dráždit*

podrbat v. *drbat*

podražit 값이 오르다[인상되다], 비싸지다

podrážka, *f* 신바닥, 밑창, 깔창((고무나 가죽으로 된 신발 밑창))

podrob|it < **-ovat 1** (자신의 의지 따위를) 통제하다, 억제하다 **2** (어떤 상태로) 떨어 뜨리다, (강요하여) …시키다, = *podmanit* ◆ ~ *koho zkoušce* 누구를 시험보게 하다[테스트하다] ~ **se** < **-ovat se** 복종하다, 묵종[묵인]하다; vyhovět 응하다, 따르다, 승낙하다 ◆ ~ *se zkoušce* 시험치르다

podrobnost, *f-1* 세부(사항), 자세한 사항[항목]

podrobný 자세한, 상세한, 세부적인

podrobně 자세[상세]하게, 세부적으로

podrobovat v. *podrobit*

podrost, *mi-2* (큰나무 밑의) 관목, 덤불; 잡목숲

područí, *n* 종속, 복종; 속박, 예속, 의존

podruh, *ma-3* **-yně,** *f* 농장 인부, (거주하는) 농장 노동자

podruhé 두 번째에[두 번째로], 다음 번에

podružnost, *f-1* 보조의[보충적인, 부수적] 특성

podružný 부수적 특성의, 부수적인; 이차적인

podrž|et (*oni podrží*) < (잠시) 잡고있다, 붙들다; (잠시 어떤 상태로) 머물다 ~ < **-ovat** ponechat si 유지하다, 지키다, 보존하다, 붙잡아두다

podřa|dit < **-ďovat** 하위에 두다, 종속[복속시키다

podřadnost, *f-1* **1** 하위, 하급, 열등 **2** 사소한 것, 시시한 것 **3** 《言》 종속 (구문)

podřadný 1 하위의, 열등한, 이류의; 부차적인; 의미없는 **2** 완벽하지 않은, 가치없는, 질이 떨어지는 **3** 《言》 종속의

podř|eknout se (*podříci se*) < **-íkávat se 1** (생각없이) 흘러나오게 하다, (실수로) 누설하다 **2** (무엇인가를) 실수로 말하다, 틀리게 발음하다[말하다]

podřez|at < **-ávat 1** (밑에서부터) 자르다, 잘라내다 **2** komu krk (누구의 목을) 자르다

pod|řídit (*podřiď!, podřízen*) < **-řizovat 1** koho (누구를) 종속[예속] 시키다 **2** = *podřadit*

P

podříkávat se v. *podřeknout se*
podřimovat 겉잠들다, 선잠자다; 깜빡 졸다
podřízený[1] **1** 종속된, 예속된, 하위의, 부하의 **2** 부차적인 **3** 열등한
podřízený[2], *ma* 부하, 속관, 하위의 사람
podřizovat v. *podřídit*
podsa|dit (*podsazen*) < **-zovat** …에 헝겊을 대고 깁다, , 덧감을 대고 꿰매다, 조각[쇳조각]을 대어 수선하다
podsadit|ý 1 땅딸막한, (키가) 작지만 튼튼한[바라진] **2** (물건, 건물 따위가) 낮고 단단[튼튼]한 ◆ *člověk -é postavy* 땅딸막한 체구의 사람; *~ sloup* 낮고 튼튼[육중]한 기둥
podskupina, *f* 하위 그룹, 하위계열
podstat|a, *f* **1** 본질, 실체, 본체; hlavní složka 진수, 정수; 핵심, 요체 **2** 토대, 근간, 근본, 근거 **3** smysl 취지, 대의 ◆ *v -ě* 본질적으로, 실질적으로, 근본적으로
podstatn|ý 1 본질적인, 필수적인; závažný 실질적인 **2** 중요한; životně 대단히 필요[중요]한; dobře patrný 현저한, 눈에 띄는 **3** 이유가 있는, 근거가 있는 ◆ *-é jméno* 명사; *neřekl ni -ého* 그는 중요한 말을 전혀 하지 않았다; *to není -é* 그건 중요하지 않아
podstavec, *mi* 받침돌, 대좌, 주춧돌
podstav|it < **-ovat 1** …을 아래에[밑에] 놓아두다 **2** …으로 (떠)받치다, 지탱 시키다
pod|stoupit (*podstup!*) < **-stupovat 1** …에 임하다, 감수하고 행하다, 무릎쓰다 **2** 치르다, 겪다 ◆ *~ zkoušku* 시험을 치르다[보다]
podstr|čit < **-kovat 1** = *podložit* **2** pokradmu (남의 눈을 피해) …을 슬그머니 들이밀다[안기다] (komu 누구에게)
podstrojovat komu (누구에게) (음식 따위로) 만족시키다, 특별 요리를 만들어 포식시키다
podstupovat v. *podstoupit*
podsvětí, *n* **1** 하층 사회, 사회의 밑바닥; 악[지하]의 세계, 암흑가 **2** 저승, 지옥, 명부(冥府), 황천
podsvinče, *n-1* 아기 돼지, 새끼 돼지
podší|t (*podši-*) < **-vat** (의복 등에) 안감을 대다, 밑단을 대다
podšívka, *f* **1** 안, 안감 **2** 교활한 사람, 여우 같은 사람
podškrt|nout < **-ávat 1** 밑줄치다, 언더라인을 긋다 **2** (비유어) …을 강조하다; …을 명시하다
podtext, *mi-2* **1** (사진, 삽화 등의) 부연 설명(문) **2** 숨은 뜻, 암시
podtitul, *mi-2* 부제, 부표제
podtlak, *mi-2,3* **1** 하부 기압; 저기압 **2** 저혈압
podtrh|nout (*podtržen*) < **-ávat 1** = *podškrtnout* **2** (아랫 부분을) 부수다, 무너뜨리다; **(**비유어**)** (희망 따위를) 파괴하다
podupat (*-pu|-pám, -pej!, -pal*) **1** 짓밟다, 짓밟아 망가 뜨리다 **2 (**비유어**)** 유린하다, 무시하다 ◆ *~ trávník* 잔디를 짓밟다; *~ smlouvu* 약정을 어기다
poduška, *f* 쿠션, 방석; 베개; **(**비유어**)** (부드러운) 방석 따위를 연상

시키는 것; 받침 ◆ *mechová* ~ 이끼 방석

podvádět (*-dějí*) v. *podvést*

pod|vázat (*podváž-u, podvaž!, podvázal*) < **-vazovat 1** 밑을 묶다, 동여매다 **2 (비유어)** 방해하다, 못하게 하다; zaražením (억제, 제지, 억압 따위로) 못하게 하다; vnitřními zábranami (내부적인 절제로써) 금하다, 삼가다

podvazek, *mi-2, 3* 양말 대님, 스타킹 밴드((흘러내림 방지용))

podvečer, *mi-2* 초저녁; = *předvečer*

podvědomí, *n* 잠재의식; psych. (심리학에서의) 무의식

podvědomý 무의식의, 무의식적인, 잠재의식의, 잠재적인 ◆ ~ *strach* 무의식적인 공포

pod|vést (*podved-*) < **-vádět** (*-dějí*) **1** 속이다, 사기치다, 기만하다 **2** (부부, 연인이) 부정(不貞)을 저지르다

podvlékačky, podvlíkačky, *f-pl* 속바지, 드로어즈

podvod, *mi-2* **1** co je něčím jiným 사기, 속임수, klam 사기, 허위 **2** nepoctivé získání 사취 **3** napálení 감쪽같이 속이기, 날조, 계교

podvodn|ík, *ma-3* **-ice,** *f* 사기꾼, 협잡꾼, vyděrač 공갈범

podvodný 사기의, 속임수의; klamný 허위의, 거짓의, 가짜의, 엉터리의, 부정한

podvojný 1 이중의, 둘의; (뜻 따위가) 이중으로 해석 되는 **2** 이원적인, 이성분(二成分)의 ◆ ~ *účetnictví* 복식기(장)법, 복식 부기

podvol|it se < **-ovat se 1** čemu (무엇에) 종속되다, 복종하다, 굴복하다, 항복하다 **2** (누구의 희망 등에) 동의[합의]하다, 따르다, 응하다, 부응하다

podvozek, *mi-2, 3* (차량의) 차대; (비행기의) 착륙장치(바퀴와 다리)

podvratn|ý 전복시키는, 파괴하는, 파괴적인 ◆ *-á činnost* 파괴적인 행위; ~ *živel* 파괴 분자, 파괴적인 요소

podvrh, *mi-2,3* (문서나 예술품 따위의) 모조품, 위조물

podvrhnout (*podvržen*) < **-ovat 1** 위조하다, 모조품을 만들다 **2** podstrčit 몰래[슬그머니] 끼워넣다, 바꿔치기 하다 ◆ ~ *testament* 유서[유언장]을 위조하다; ~ *kartu* 카드를 (몰래) 바꿔치기하다

podvrtnout (발목을) 삐다

podvýživa, *f* 영양 부족, 영양 실조

podzemí, *n* **1** 지하(공간) **2** 지하실 **3** 지하조직, 지하운동

podzemní 1 지하의 **2** 불법의; 비밀의, 은밀한, 숨은 ◆ ~ *dráha* 지하철; ~ *církev* 비밀 교회; ~ *literatura* 지하문학, 언더그라운드 문학; ~ *parkoviště* 지하 주차장

podzim, *mi-2* 가을; **(비유어)** 초로기, 만년, 말 ◆ *na* ~ 가을에; ~ *života* 인생의 가을[만년]

podzimní 가을의 ◆ ~ *rovnodennost* 추분

poéma, *f* 장시, 서정적 서사시

poeta, *ma* 시인, 음유 시인

poetický 1 시의 **2** 시적인, 목가풍의; (성격 따위가) 낭만 적인

poetika, *f* 시학, 시론, 시

poetismus, *mi-2* [-tyz-] 포에티즘

P

((1920년대 체코에서 발생한 문예 운동[사조]))
poezie, *f* 시, 운문
pogratulovat v. *gratulovat*
pogrom, *mi-2* (조직적인) 대학살; (특히) 유대인 학살
pohádat se 싸우다, 다투다, 말다툼하다, v. *hádat se*
pohádka, *f* **1** 동화, 옛날 이야기; bajka 우화 **2** 비현실적일 정도로 아름다운 것, 동화 같은 것 **3** 꾸며낸 이야기, 허구 ◆ *to je ~* 그것은 단지 동화[허구]야, 그것은 동화처럼 아름답다[환상적이다, 굉장하다]
pohádkář, *ma* **-ka,** *f* 동화 작가
pohádkov|ý 1 동화의, 동화적인 **2** 매우 멋진((무척 아름답거나 거대한 것을 말할 때)) ◆ *-á příroda* 아름다운 자연; *-é zisky* 막대한 이윤
pohan, *ma* **-ka,** *f* 이교도
pohana, *f* 불명예, 망신, 모욕, 창피
poháněč, *ma* (짐승 따위의) 몰이꾼
pohanět (*-nějí*) v. *hanět*
pohánět = *hnát, honit*
pohanit v. *hanit*
pohanka, *f* 메밀; 메밀 가루
pohanský 1 이교도의 **2** 먼 옛날의, 고대의
pohanství, *n* 이교 신앙[풍습]; 우상 숭배
pohanstvo, *n-2* 이교도(들)[집단]; 이교 민족(들)
pohár, *mi-2* **1** 잔((받침과 굽이 있는)); 사발 모양의 술잔 **2** 우승컵[배]
pohárek, *mi-2, 3* 작은컵[잔]
pohárov|ý 우승배의, 우승컵의 ◆ *probojovat se do -é Evropy* 유럽 컵에 진출하다
pohas|nout < -ínat (불이) 꺼지다, postupně (점차) 불이 꺼져가다
pohašteřit se v. *hašteřit se*
poházet co čím (무엇을 무엇으로) 흩뜨리다, 어지르다, 어질러 놓다, 깔다, 뿌리다, 뿌려 덮다 ◆ *~ papíry po zemi* 바닥을 종이들로 어질러 놓다; *~ cestu pískem* 길을 모래로 뿌려 덮다
pohazovat v. *pohodit*
pohladit v. *hladit*
pohlavár, *ma* 추장, 족장; iron. (구어체) 지도자, 두목, polit. (정치적인) 보스, 우두머리
pohlavek, *mi-2, 3* (머리, 특히 뒷통수를) 손바닥으로 때리기[치기], (손에 의한) 가격, 강타 ◆ *dát komu ~* 누구의 머리[뒷통수]를 손바닥으로 때리다[치다, 가격하다]
pohlaví, *n* 성(性), (남녀, 자웅의) 성별 ◆ *něžné ~* 여성
pohlavkovat > z- koho, **na-** komu (누구의) 뒷통수[머리]를 때리다[치다] = *dát pohlavek*
pohlavně 성적으로 ◆ *~ zralý/ nezralý* 성적으로 성숙한/ 미성숙한
pohlavní 성의 ◆ *~ akt* 성행위; *~ choroba* 성병; *~ orgány* 성기; *~ pud* 성적 본능; *~ styk* 성교, 성관계; *~ zneužití* 성폭행
pohlcovat v. *pohltit*
pohled, *mi-2* **1** 모습, 외관 **2** 일견, 보기; co se obsáhne pohledem nebo zrakem 시선 **3** přesně zaměřený 전망, 관경, 풍경 **4** 관점, 견지 **5** (구어체) = *pohlednice* (우편엽서, 그림엽서) ◆ *zběžný ~* 피상적인 모습; *na první ~* 첫

눈에

pohledávka, *f* 지불 청구권, 채권; (미불의) 부채, 빚 등의 받을 돈

pohledět v. *hledět*

pohlednice, *f* 그림엽서, pro pozdravy (안부를 위한) 인사장, (축하) 카드 ◆ *umělecké* ~ 예술적인 (그림)엽서; *vánoční* ~ 크리스마스 카드

pohlédnout = *pohledět*

pohledný 보기 좋은, 전망[경치]이 좋은, 산뜻한, 모양 좋은

pohlížet (-*žejí*) = *hledět*

pohlídat v. *hlídat*

pohltit (*pohlcen*) < **pohlcovat** 삼키다, 빨아드리다; hltavě 게걸스럽게 먹다[먹어치우다]

pohmožděnina, *f* **pohmoždění,** *n* 타박상

pohmoždit 타박상을 입히다; 상하게 하다

po|hnat (*požen-u, pohnal*) < **-hánět** (-*nějí*) před soud (법정으로) 소환하다; (사무적으로) 호출하다

pohněvat (se) v. *hněvat (se)*

pohněvaný (약간) 화가난, 성난

pohnojit v. *hnojit*

pohn|out (se) 조금[약간] 움직이다 ~ **1** koho k čemu (누구를) 움직여[설득하여] (무엇을) 시키다 **2** dojmout 감동[감명]을 주다

pohnutí, *n* **1** 움직임, 동작 **2** dojetí 감정, 느낌

pohnutka, *f* (유발) 동기, 모티브; 자극, 유인(誘因)

pohnutlivý (마음을) 움직이는, 감동적인, 인상적인

pohnutý 흥분된, 격앙된, dojatý 감동받은

pohod|a, *f* **1** počasí 좋은[화창한] 날씨 **2** (비유어) o útulném prostředí (장소가) 아늑함, 안락함, 편안함 **3** nálada 좋은 기분 ◆ *být v -ě* 괜찮다, 좋다, 편안하다

pohodář, *ma* 편안한 사람, 안정적인 사람

pohodit (*pohozen*) < **pohazovat 1** co čím (무엇에 무엇을) 여기저기 흩어 놓다; 던져 놓다; odpadky (쓰레기 따위를) 내버리다; (아무렇게나) 내던지다, 내버리다 **2** odvrhnout 물리치다, 거절하다 **3** pohazovat sebou 급하게 (몸의 일부분을) 움직이다

pohodlí, *n* 편안함, 안락함

pohodlnět (-*nějí*) > **z-** 나태해지다, 편안해지다, 게을러지다

pohodlnický 게으른, 나태한

pohodlnictví, *n* 게으름, 나태

pohodlnost, *f-1* **1** 편안함, 안락성 **2** 게으름, 나태함

pohodlný 1 편안한, 안락한 **2** člověk (사람이)게으른, 느긋한 **3** (삶 따위가) 쉬운, 편한, 문제없는

pohodn|ý, *ma* (생격 -*ého*) **-á,** *f* 죽은 짐승이나 병든 동물을 처리하는 사람, 폐마 도살업자

pohodově 고요히, 침착히, 온화하게, 신중하게

pohodový 1 즐거운, 기분 좋은, 유쾌한, 상냥한 **2** (사람에 대해) 차분한, 침착한

pohon, *mi-2* **1** 추진, 추진력 **2** (기계의) 전동 장치[방식]; (자동차의) 구동 방식 ◆ *elektrický* ~ 전동; ~ *na čtyři kola* 4륜 구동

P

P

pohonn|ý 추진의, 추진하는; 구동의, 동력을 전달하는 ◆ *-á hmota/látka* 연료

pohoršení, *n* **1** 악화, 가치 저하 **2** 무례, 비례; 비행 **3** 물의, 반감, 분개

pohorš|it < -ovat 악화시키다, 나빠지게 하다 **~ se < -ovat se 1** zhoršit se 악화되다, 나빠지다 **2** být dotčen 노여워하다, 화내다 **3** v. *horšit se* **~ si** 악화되다

pohoršlivý 악화하는, 나빠지는; 무례한, 무엄한

pohořet (*oni pohoří*) (화재 피해로) 고통 받다; (화재로) 재산을[거처를] 잃다

pohoří, *n* 산맥, 연산

pohostinnost, *f-1* 친절한 대접, 환대, 후대

pohostinný 1 극진한, 따뜻하게 대접하는, 환대하는 **2** (주거 환경이) 쾌적한, 유쾌한

pohostinsk|ý 1 = *pohostinný* **2** 초청 손님[단체]의, 게스트의 ◆ *-á hra* 외부의 다른 단체를 초청해서 하는 연주, 손님을 모셔놓고 하는 연주

pohlstinství, *n* **1** 대접, 환대, 후대 **2** (시골 마을) 술집, 대폿집, (값싼) 레스토랑

pohostit (*pohoštěn*) v. *hostit*

pohotovost, *f-1* **1** vlastnost 준비, 채비, 준비성; 용이, 신속, 기민함, 민첩성; (경제) 자본 유동력; (상업) 제품 보급력 **2** zvláštní stav 비상 사태, 《軍》 경계[경보] 사태 **3** polic. 기동 경찰대; požární (화재) 긴급 구조대 **4** (의사의) 비상 대기, 응급 처치(반)

pohotovostní 비상의, 예비의, 긴급의

pohotový 준비된, 신속한; k použití 사용[이용]가능한, zboží 효과가 있는, 효과적인, 당장의

pohotově 즉시, 신속하게; 기민하게, 민첩하게

pohoupat (se) v. *houpat (se)*

pohov, *mi-2* **1** 쉬어 자세, 열중 쉬어 **2** 휴식, 잠시 쉼

pohov, *mi-2* **1** (구령) 쉬엇 **2** (구어체) 휴식 ◆ *P-!* 쉬엇!; *dát si ~* 쉬다, 휴식을 취하다

pohova, *f* 휴식, duševní 안정, 위안; úleva (고통, 걱정 따위의) 제거, 경감

pohovět si v. *hovět si*

pohovka, *f* 소파

pohovor, *mi-2* 대화, 이야기; 인터뷰

pohrabáč, *m* **1** (금속) 부지깽이 **2** = *pohrabák, pohrabovač,* 갈퀴, 써레

pohrabovat = *hrabat*

pohraničí, *n* 국경(지방); 접경[경계] 지역

pohraniční 경계의, 국경의, 접경의

pohraničník, *ma-3* 국경 경비병[수비병]

pohrá|t si v. *hrát si* **-vat si** = *hrát si*

pohrdání, *n* 경멸, 모욕, 멸시

pohrdat kým/čím (누구를/무엇을) 경멸하다, 깔보다, 무시하다 ◆ *~ svými nadřízenými* 자신의 상사들을 무시하다[경멸하다]; *~ předpisy* 규정들을 무시하다[얕보다]

pohrdavý, -livý 경멸하는, 깔보는, 업신 여기는, 무시하는, = *opovržlivý*

pohrdnout < čím/kým (무엇을/누구를) 물리치다, 일축하다 거절하다

pohrom|a, *f* 재난, 천재, 재해, 재앙 ◆ *bez -y* 안전하게, 사고없이; *živelní ~* 자연 재해, 천재

pohromadě 함께, 더불어 ◆ *mít všech pět ~* 빈틈이 없다, 조금도 방심 않다

pohroužit = *ponořit*

pohrozit (*-žení*) v. *hrozit*

pohrudnice, *f* 늑막, 흉막 ◆ *zánět ~* 늑막염

pohrůžka, *f* 위협, 협박

pohř|bít (*-hřbit*) < **-bívat 1** 매장하다 묻다, 파묻다 **2 (**비유어**)** vzdát se 단념하다, 버리다, 포기하다 ◆ *~ do hrobu* 무덤에 묻다; *~ někoho zaživa* 누구를 생매장하다; *~ své naděje* 자신의 희망을 접다[포기하다]

pohřeb, *mí-2* 장례식, 영결식, 매장식; 장례 행렬; 매장, 장사 ◆ *~ žehem/ohněm* 화장

pohřebiště, *n* 매장지, 묘지

pohřební 매장의, 장례의 ◆ *~ obřad* 장례, 장의; *~ ústav* 장의사; *majitel -ho ústavu* 장의사업자; *~ vůz* 장의차

pohřeš|it 잃어버린 것을 확인하다, …이 없는 것을 깨닫다 **-ovat** 잃어버리다, 분실하다

pohřešovaný 상실된, 사라진, 행방불명된

pohublý 여윈, (조금) 마른

pohyb, *ni-2* **1** 움직임, 동작, 행동 **2** postup vpřed 전진, 돌진 **3** záměrný přesun 작동, 운전, 운행 **4** rozruch 큰 법석, 큰소동((대규모로 사람들이 행동할 경우)) ◆ *bez -u* 움직임 없는; *uvést co do -u* 무엇을 움직이게 [이동하게] 하다

pohyblivost, *f-1* 가동성, 기동성, 이동성

pohybliv|ý 1 움직일 수 있는, 이동이 가능한, 가동성의; snadno se pohybující 쉽게 움질일 수 [이동할 수]있는; pravidelně se pohybující (에스칼레이터 등이) 규칙적으로[정기적으로] 움직이는, 운행하는 **2** 민첩한; 생기가 도는, 활기찬 **3** 변화하는, 유동적인 ◆ *-é písky* 흐르는 모래; *-é svátky* 해에 따라 날짜가 바뀌는 명절

pohybovat = *hýbat* **-ovat se 1** vpřed (앞으로) 나아가다, 움직이다 **2** stroj též (피스톤, 기계 등이) 움직이다, 운행하다 **3** chodit, jít 걷다, 가다; cvičně n. ze zdrav. důvodů (운동삼아 혹은 건강상의 이유로) 움직이다, 운동하다; do společnosti (단체에) 드나들다, 활동하다 **4** pohyb na místě n. vzniklý pohonem = *hýbat se* ◆ *~ v uměleckých kruzích* 예술계에서 활동하다, 예술인들과 교제하다

pohybový 1 이동의, 움직임의 **2** (물리학) 운동의 **3 (**해부**)** 운동 근육[신경]의

pohýčkat v. *hýčkat*

pocházející odkud (어디로부터) 온, (어디) 출신의

pocházet (*-zejí*) **1** 기원[유래]하다 (*z*) **2** být rodákem …태생이다; (누구가) …출신이다, mít za předka …가(문) 출신이다 **3** být následkem čeho (무엇의 결과로서) 생기다, 일어나다

pochlebovat komu (누구에게) 아첨

P

하다, 입에 발린 말을 하다

pochlubit se v. *chlubit se*

pochmurný **1** (날씨 따위가) 흐린, 구름낀 **2**암흑의 **3** 우울한, zasmušilý 뚱한, 음침한, 침울한, 울적한; (전망 따위가) 암담한, 음울한

pochod, *mi-2* **1** 행진, 행군, 진군 **2** (음악) 마치, 행진곡 **3** (사고 따위의) 맥락, 흐름 ◆ *dát se na ~* 행진을 시작하다; *svatební ~* 웨딩[결혼] 마치[행진]; *myšlenkový ~* 사고의 흐름[맥락]

pochodeň, *f* 횃불, 성화

pochodit (*pochozen*) **1** jak ~ 결과가 되다 이루어지다, 좋은 결과를 얻다 **2** celou obec (전 마을 등을) 걸어다니다, 산책하다

pochodovat, *n* 행진하다, 퍼레이드하다

pochopení, *n* **1** 이해, 양해 **2** citové 동정, 연민

pochopit v. *chápat*

pochopitelný 이해할만한, 이해가 가는

pochoutka, *f* 진미, 맛있는 것

pochovat **1** = *pohřbít* **2** v. *chovat*

pochutina, *f* (식용, 약용) 향초, 향(신)료, 양념류; (커피, 담배 따위의) 기호 식품, 기호품

pochutnat si v. *chutnat si* **-návat si** na čem (무엇을) 음미[감상]하다, 맛보다, = *chutnat si*

pochůzka, *f* **1** 심부름, 볼일 **2** obchůzka 순회, 순시, 순찰; (주기적으로) 되풀이하는 일

pochv|a, *f* **1** 칼집 **2** 《해부학》 질 ◆ *zastrčit meč do -y*/*vytasit meč z -y* 칼을 칼집에 집어 넣다/칼 집에서 빼다; *zánět -y* 질염

pochvala, *f* chvála 허가, 시인; 칭찬

pochválit v. *chválit*

pochvalný 칭찬의, 찬사의; 찬양하는, 찬미하는

pochvalovat si = *libovat si*

pochyb|a, *f* 의심, 의혹, 의구심; -y 걱정, 불안 ◆ *bez -y* = *nepochybně* 의심의 여지없이; *být na -ách* 의심되다; *nechat na -ách* …을 불확실하게 [불안 속에] 내버려두다

pochybený 실수의, 틀린, 잘못된, 그른, 옳지 않은; 부적당한, 타당하지 않은

pochybit = *chybit*

pochybnost, *f-1* = *pochyba* ◆ *brát co v* 무엇을 궁금[의아]해 하다, 무엇에 대해 의문[의심]을 갖다; *nade vši ~* 의심할 여지없이, 의심할 나위 없이

pochybn|ý **1** 의심스런, 의문이 남는; 수상한, 미심쩍은 **2** 불확실한, 모호한, (의미 따위가) 불분명한, 애매한 ◆ *věci -é, sporné* 애매하고 논쟁거리의 일[것]들; *~ podnik* 의심스런 [수상한, 부정한] 회사; *je -é, zda...* …인[한]지가 의심스럽다; *-á žena* 몸가짐이 헤픈 여자

pochybovačný 의심하는, 회의적인; 분명치 않은, 모호한

pochybovat > **za-** 의심하다, 의심스러워 하다

pochytit (*pochycen*) < **1** smysly (의미들을) 이해하다, 습득하다, 파악하다 **2** (지식, 외국어 따위를) 귀동냥으로 익히다, 몸에 배게 하다 **3** 귓결에 [어쩌다] 듣다, (몰래) 엿듣다

P

point|a, *f* **1** 요점, 논점 **2** (이야기나, 문장의) 급소, 급소를 찌르는 문구, 기지와 경악을 동반하는 결말 ◆ *vyprávění s duchaplnou -ou* 기지가 넘치는 결말의 이야기

pojednání 소논문, 논고; 학술 논문

pojednat v. *jednat* **-ávat** *o čem* = *jednat*

pojednou = *náhle*

pojem, *mi-2* **1** 개념, 관념, 생각 **2** v. též představa 견해, 의견 **3** slovem vyjádřený (말로써 표현된) 용어, 술어, 전문어

pojetí, *n* 개념; přístup k věci (학문, 연구, 기능 따위의) 실마리, 입문, 연구법; postižení v celém rozsahu (전범위에 걸친) 이해, 해석; (자기 해석을 바탕으로 하는 예술 행위 따위의) 의미 ◆ *zakladní ~ života* 인생[삶]의 기본 개념; *~ uměleckého díla* 예술 작품의 의미[개념]

pojídat = *jíst*

pojímat v. *pojmout*

pojíst (*pojí-m, -š ... pojedí, pojez!, pojedl*) < **1** co = *najíst se čeho, sníst co* **2** v. *jíst* **3** reg. = *najíst se* **4** 식사를 조금하다, 간단한 식사를 하다

poji|stit (*pojištěn*) < **-šťovat** **1** 안전하게 하다, 굳게하다, zajistit 확고히 하다 **2** v pojišťovnictví 보험에 넣다, 보험들다, 보험으로 보장하다 ◆ *dát se ~* 보험에 들다; *~ dům proti požáru* 집을 화재 보험에 넣다, 집에 대한 화재 보험을 들다

pojistka, *f* **1** 보험 **2** elektr. 퓨즈; 안전 정지기; 신관, 도화선

pojistné, *n* 보험료

pojistník, *ma-3* 보험 계약자

pojistn|ý **1** v pojišťovnictví 보험의, 보장의 **2** 안전한, 안전의 ◆ *-á částka* 보험(계약)액

pojištění, *n* 보험 ◆ *nemocenské ~* 질병 보험

pojišťovna, *f* 보험(회)사

pojit = *spojovat*

pojít (*pojd-u, pošel*) < **1** (동물 따위가) 죽다 **2** z čeho (무엇으로부터) 기인[유래]하다, 생기다

pojítko, *n-2, 3* 연결부, 연결 고리; 유대, 연줄

pojízdn|ý 움직이는, 이동하는 ◆ *-á prodejna* 이동 샵[판매소]

pojíždět (*-ději*) **1** (차 바퀴 등이) 술술[미끄러지듯이] 나아가다 **2** 이리저리 방향을 바꾸어 움직이다, (카메라 등을) 여기 저기로 움직이다 **3** (자동차가) 조금 가다가 서다((교통 정체 등으로))

pojmenovat v. *jmenovat*

po|jmout (*pojm-u, pojal, pojetí*) < **-jímat** **1** 붙들다, 붙잡다 **2** do sebe (자신의 것으로) 받아들이다, 수용하다; zahrnout 포함시키다, 담다 (do) …에 **3** smysly (의미를) 이해하다, rozumem (이성으로써) 이해[납득]하다 **4** utvořit si pojem 개념을 형성[착상]하다, 견해를 가지다 ◆ *~ za muže* …와 결혼하다[…에게 시집가다]; *~ za ženu* …와 결혼하다[…에게 장가가다]

pojmový 개념의, 견해의

pokálet (*-lejí*) v. *kálet*

pokání, *n* 후회, 회개; odčinění 보상, 속죄

pokárat v. *kárat*

pokazit (*pokažen*) v. *kazit*

pokaždé 매번, … (할)때마다, 항상 [늘]

pokdy (부사) mít ~ 할애할 시간을 갖다, 여유[자유] 시간이 있다((*mít* ~, *dát* ~ 처럼 관용적으로 사용))

poklad, *mi-2* 보물, 보고 ◆ *vzácný* ~ 귀중한 보물; *hledání -u* 보물 찾기

pokládat **1** = *klást* v. *položit* **2** považovat 생각[고려]하다, 간주하다; shledávat jakým 찾아내다, 알아채다; omylem (실수로) …을 …로 잘못 생각하다, koho za a podle toho s ním jednat …을 …로 잘못 간주하다 ◆ ~ *si za čest* …를 영광으로 여기다, 영예로 생각하다; ~ *co za samozřejmé* 무엇을 당연한 것으로 여기다; ~ *koho za přítele* 누구를 친구로 잘못 생각하다

pokladna, *f* **1** schránka 금고, 계산대 **2** pro tržbu automatická 금전 등록기 **3** k zajišťování míst (k zábavě) 매표소, (k dopravě) 출찰소[매표소]

pokladní[1], *ma/f* = *pokladník*

pokladní[2] adj. 현금의 ◆ ~ *hotovost* 현금 잔고

pokladník, *ma-3* **1** 출납[회계] 계원 **2** výdejce lístků 매표소 직원 **3** společnosti, organizace (회사, 조직의) 회계원, 출납관[원]

poklápět (*-pějí*) v. *poklopit*

pokleknout v. *kleknout*

poklep, *mi-2* **1** 가볍게 두드림[치기] **2** (의료) 타진 ◆ *upozornila ho -em na rameno* 그녀는 어깨를 가볍게 두드려서 그를 주의 시켰다

poklepat v. *klepat*

pokles, *mi-2* **1** 떨어짐, 하락; 감소 **2** 침하, 침강, 감퇴 ◆ ~ *úmrtnosti* 사망률 감소

poklesek, *mi-2,3* 과오, 실수, 잘못; 과실, 위반

pokleslý **1** 쳐진, 내려앉은, 내려간 **2** (비유어) sklíčený 침울한, 낙담한, 기운없는

poklesnout = *klesnout*

poklice, *f* (냄비 따위의) 뚜껑, 덮개

poklička, *f* (작은) 뚜껑[덮개] ◆ *pod pokličkou* 비밀의, 기밀의, 숨기는

poklid, *mi-2* = *klid, odpočinek*

pokl|idit (*poklizen*) < **-ízet** (*-zejí*) **1** 정리[청소]하다 **2** (동물 따위를) 돌보다

poklidný 평화로운, 고요한, 평안한; 잔잔한; 차분한, 침착한

poklona, *f* **1** (고개나 몸을 숙이는) 인사, 공경[경의] 표시 **2** 정중[친절]한 말[행위] **3** pochvalná 찬사, 발림말, 아첨

poklonit se v. *klanět se*

poklonkovat 고두하다, 머리[고개] 숙여 인사하다 ~ > **vy-** koho (누구에게) 지나치게 굽신굽신하다, 아첨하다

poklop, *mi-2* **1** 뚜껑, 마래, 덮개 **2** (지붕, 마루 따위의) 뚜껑문 ◆ *skleněný* ~ *na sýr* 유리로 된 치즈 덮개

poklopec, *mi* (바지 앞의) 지퍼가 있는 부분, 바지의 앞섶

pokl|opit < **-ápět** **1** 뒤엎다, 뒤집어 엎다 **2** (뚜껑 따위를) 덮다

poklus, *mi-2* (사람의) 총총걸음; (말

따위의) 속보

pokochat se v. *kochat se*

pokoj, *mi* **1** klid 평화, 안정, 평안; 평온 **2** 휴식 **3** místnost 방, 실(室) **4** nábytek 한벌의 가구 ◆ *dát komu ~* 누구를 가만히[내버려] 두다; *dej ~!* 그만해!; *dětský ~* 아이방, 육아실; *hostinský ~* 손님방; *jednolůžkový, dvoulůžkový ~* 1인(용)실, 2인(용)실; *nechat koho na -i* 누구를 (혼자) 내버려 두다; *obývací ~* 거실

pokojný 평화로운, 고요한, 조용한; nerušený n. nevzrušený 방해받지 않는

pokojská, *f* (호텔 등의) 객실 담당 메이드[여자 종업원]; 가정부, 식모, 하녀

pokolení, *n* **1** 세대 **2** 후손, 자손; (어떠한 가계의) 일족 ◆ *lidské ~*인류

pokora, *f* 초라(함), 누추(함); 겸손, 겸허, 겸양; 복종, 순종

pokorný 초라[누추]한; 겸허한, 겸손한; 복종하는, 순종하는, 유순한

pokoř|it < -ovat 1 욕보이다, 굴욕을[창피를]주다 **2** = *podrobit, podmanit*

pokosit v. *kosit*

pokou|sat (*-šu* | *-sám, -sej!, -sal*) **1** (개, 곤충 등이) (깨)물다 **2** (음식 따위를 약간) 씹다 ◆ *-sal ho pes* 개가 그를 물었다; *je -sán od komárů* 그는 모기(들)에게 물렸다; *~ hořkou mandli* 씁쓸한 아몬드를 씹다

pokou|šet (*-šejí*) **1** 시도하다 **2** dopalovat 약올리다, 놀리다, 농담하다, 장난치다; 집적 거리다, 괴롭히다, 희롱하다 **3** 꾀다, 유혹하다, 충동질하다 **~ se** v. *pokusit se*

pokoutní 1 비밀의; 허가되지 않은 **2** 가치없는, 의미없는 **3** (술집 따위가) 뒷골목의; 허름한

pokovování, *n* 판금으로 덮기, 금속 코팅

pokožka, *f* 살갗, 피부, (몸의)표피

pokračovat 1 계속하다 **2** v přerušeném (중단된 것에서) 다시 시작하다, 다시 잡다, v. *pokročit* **3** 나아가다, 진척하다

pokračovatel, *ma-1,4* **-ka,** *f* 뒤를 잇는 사람. 후임[후계]자, 계승자

pokradmo, pokradmu 남의 눈을 피해, 은밀히, 남몰래

pokraj, *mi* **1** 가장 자리; 변두리, 주변 **2** (…하기) 직전, (아슬아슬한) 고비

pokrčit v. *krčit*

pokrevní, pokrevný 혈육의, 혈연의, 혈통의; 혈족의, 동족의

pokrm, *mi-2* 음식, 음식물; 식사

pokročilý 1 진보[발달]된, 나아간 **2** 고등의, 상급의, (단계가) 높은

pokroč|it < -ovat 1 (시간, 일 따위가) 나아가다, 되어가다, 진전[진척]되다 **2** 진보[발전]하다, 발달[향상]하다

pokrok, *mi-2,3* **1** zlepšení 진보, 발전, 향상 **2** postoupení vpřed 진전, 진척

pokrokový 진보[발전]적인; (생각 따위가) 진취적인, 전향적인

pokropit v. *kropit*

pokroutit (*pokruť!, pokroucen*) **< 1** (얼굴을) 일그러지게 하다, 찡그리다; (철사 따위를) 꼬다, 비틀다 **2** (사실 따위를) 왜곡하다, 곡해하다

pokrýt (*pokry-*) v. *krýt*

pokryt|ec, *ma* 위선자, 거짓 태도를

P

취하는 사람

pokrytecký 위선적인, 위선의, 솔직하지 않는

pokrytectví, *n* 위선 ◆ *nádech* ~ 위선의 징조

pokrývač, *ma* **-ka,** *f* 기와장이, 지붕 이는(혹은 고치는) 직공

pokrývat = *krýt*

pokrývka, *f* 덧이불, 덮개; na posteli 침대 커버; ložní (침실용의) 장식 덮개; cestovní (여행용의) 모포 ◆ ~ *na stůl* 책상[탁상] 커버; *háčkovaná* ~ 뜨개[편물]로 만든 덮개

pokřik, *mi-2* **1** 비명, 소리지름; hromadný (다수의) 외치는 소리, 왁짜지껄 떠듬 **2** (주로 집단적인 찬성이나 반대의) 함성

pokřikovat = *křičet*

pokřižovat v. *křižovat*

pokřtít v. *křtít*

pokud 1 časově (시간적으로) = *dokud* **2** omezení (제한) …하는 한 **3** jestliže …할 조건으로, 만약 …이라면◆ ~ *ne-* …하지 않으면, …하지 않는 한, …한 경우 외에는; ~ *možná* 가능한 한; ~ *se týče* …에 관계되는 한; ~ *si vzpomínám* 내가 기억하는[생각해 내는] 한

pokulhávat 1 다리를 (약간) 절다; 느릿느릿 가다 **2** 뒤지다, 뒤떨어지다, 낙후되다

pokus, *mi-2* **1** o (…에 대한) 시도 **2** k ověření (공인을 위한) 테스트; k zjištění (확인을 위한) 실험 **3** na zkoušku 시도, 시험

pokusit se < **pokoušet se** (*-šejí se*) **1** 시도하다, 꾀하다 **2** 공격하다, (누구의) 생명을 노리다 **3** 시험해 보다, 시도해 보다 **4** 노력하다, 애쓰다

pokusn|ý 1 실험의, 시험하는 **2** zkusmý 시험적인, 시험삼아 하는 ◆ ~ *balónek* 사람들의 기분, 태도 따위를 알아보기 위한 수단[매체]; ~ *králík* (새로운 것에 대한) 실험 재료[대상]; *-á stanice* 실험소, 연구소

pokušení, *n* 유혹, 유인; 유혹 하는 것

pokušitel, *ma-1, 4* **-ka,** *f* 1 유혹자 2 못살게 구는 아이, 골칫거리

pokut|a, *f* 벌금, 과태료; propadnutím (실효, 상실 따위를 수반하는) 위약금, 과료 ◆ *zaplatit -u* 벌금을 내다

pokutovat 벌금을 부과하다, 과료에 처하다

pokutov|ý 벌칙의 ◆ ~ *kop* 패널티킥; *-é území* 페널티 에어리어; ~ *lístek* (불법 주차에 대한) 주차 위반 소환장

pokyn, *mi-2* **1** 제시, 암시, 힌트 **2** včasný (시기 적절한) 충고, 지침 **3** návodný (사용) 용법, 지시, 지침 ◆ *dát komu -y* 누구에게 지침을 주다; *řídit se -y* 운행 지침을 따르다

pól, *mi-2* **1** (천체의) 극, 극지 **2** (전기, 자석의) 극 ◆ *jižní[severní]* ~ 남[북]극; *kladný[záporný]* ~ 양[음]극

polahodit v. *lahodit*

Pol|ák, *mi-2, 3* **-ka,** *f* 폴란드인

polámat (se) (*-mu, polam!* = *polámej!, -mal*) = *zlámat* (*se*), (*z*)*kazit* (*se*) v. *lámat, kazit*

polapit = *lapit*

Polárka, *f* 북극성

polárka, *f* 아이스크림, (가는 막대기에 얼린) 아이스캔디

polárkový 아이스크림의 ◆ ~ *dort* 아이스크림 케이크

polární (남, 북)극의 ◆ ~ *medvěd* 북극 곰

polárník, *ma-3* (남, 북극) 탐험가, 극 조사[탐구]자

polaskat v. *laskat*

polaškovat v. *laškovat*

polda, *ma* **(**속어**)** 경찰관, 순경

pole, *n* **1** 들(판), 벌(판), 논, 밭 **2** 싸움터, 전장, 경기장, 필더 **3** (활동의) 영역, 범위, 구역, 범위, 구역, 권역 **4** 산지, 채굴지, 매장지대 **5** šach. (체스의) 방진

poledne, *n* 정오, 한낮 ◆ *v* ~ 정오에

polední 정오의, 한낮의 ◆ ~ *přestávka* 점심 시간

polednice, *f* 정오의 마녀 ◆ *Erbenova P-* 에르벤의 폴레드니체 ((발라드))

poledník, *mi-2, 3* 자오선

polehávat 1 (한동안 또는 잠시) 누워있다 **2** 앓고 있다, 건강이 좋지 않다

polehč|it < -ovat (죄 따위를) 경감하다, (일 따위를) 가볍게 하다 ◆ *-ující okolnost* 죄의 경감을 고려하는 주변 상황[현실], 경감 사유, 정상 참작

polehoučku, polehouku 가볍게, 부드럽게

polechtat v. *lechtat*

polekat (se) = *leknout (se)*

polemický 논쟁의, 논란의, 논쟁[논란]의, 논쟁 적인

polemik, *ma-3* 논쟁가

polemik|a, *f* 논쟁, 논란, 논박 ◆ *vést -u* 논쟁을 벌이다

polemizovat 논쟁하다, 논쟁을 벌이다

poleno, *n* 통나무 ◆ *hluchý jako ~* 아주 귀가 어두운, 귀가 먹은

polep|it < -ovat (풀로) 붙이다, tapetou (도배지[벽지] 따위를) 바르다

polepš|it < -ovat …를 향상하다, 개선[개량]하다 **~ se < -ovat se** (성격 따위가) 좋아지다, 개선되다

polepšovna, *f* 감화원, 소년원, 교화원

poletovat 1 (새, 곤충 따위가) 훌쩍 날다, 이리저리 날아다니다 **2** (치마 따위가) 휘날리다

poleva, *f* **1** 유약, 광택제 **2** na cukroví (과자에 입히는) 당의

polévat v. *polít*

polev|it < -ovat 1 (죄, 세금을) 면제[경감]하다; ochabnout 약하게 하다, 완화시키다 **2** usadit se 가라앉다, 떨어지다, 내려가다, 줄다, 약해지다; v přísnosti (엄함, 엄격함 등이) 누그러지다, 상냥해지다 **3** v pozornosti, píli (주의, 열중에 있어서) 느슨해지다, 마음[긴장]을 풀다

polévka, *f* 수프, 국, 맑은 장국 ◆ *hustá ~* 진국, 국물이 진한[걸죽한] 수프; *cibulová/ dršťková/ houbová ~* 양파/내장/버섯 수프

polévkov|ý 수프의, 국물의 ◆ *-á lžíce* 수프용 스푼; *-é koření* 조미료, 양념, 가미(물); *-á kostka* (수프의 삶아낸 국물을) 응고시켜 결정 조각으로 만든 것, 고형 수프 원료

P

P

polevovat v. *polevit*

polibek, *mi-2, 3* 키스, 입맞춤 ◆ *francouzský* ~ 프랜치 키스; *dát komu* ~ 누구에게 입맞추다

políbit (*polib!*) v. *líbat*

policajt, *ma* **(구어체)** 경찰, 경관

police, *f* 선반, pultová (데스크의) 시렁; (트인)진열장, (책)꽂이

policejní 경찰[경관]의 ◆ ~ *akademie* 경찰 대학; ~ *inspektor* 경감

policie, *f* 경찰; 경찰 조직[대] ◆ *dopravní/tajná/vojenská* ~ 교통/비밀/군사 경찰

policista, *ma(-4)* **-ka,** *f* 경찰관, 순경 ◆ *neuniformovaný* ~ 사복 경찰

políček, *mi-2, 3* (얼굴에) 손바닥으로 때림, 빰 때림

políčit v. *líčit past*

políčkovat < **z-** …의 얼굴[따귀]를 때리다

polidštit 인간답게 되다[하다], 교화하다

polidštění, 교화; 인간화

polichotit (*-cen*) v. *lichotit*

poliklinika, *f* 종합 진료소, 의료 센터

polistopadový 11월 이후의, 1989년 11월 이후의◆ ~ *vývoj* 11월 이후의 발전[전개]

po|lít (*poli-* | *pole-, polil, polití* only) **<-lévat 1** co čím (무엇에 무엇을) 엎지르다, 쏟다 **2** zalít 물을 주다 **3** polevou (유약 등을) 바르다; cukrovou (당의를) 바르다[입히다]

politický 1 정치적인 **2** **(구어체)** chytrý 교활한, 영리한

politik, *ma-3* 정치가

politika, *f* **1** 정치; 정치 활동, 정무; 정계 **2** promyšlený postup 정책, 정략, 방침

politolog, *ma* 정치학자

politologie, *f* 정치학

politování 후회, 유감, 회한; 애도, 애석

politováníhodný 후회스러운, 유감스러운, 애석한

politovat koho (누구를) 애처롭게 생각하다, …을 불쌍히 여기다

politura, *f* 광택제, 윤내는 도료, 바시니, 니스

Polka, 폴란드 여자

polk|a, *f* 폴카 (2박자의 춤); 그 곡 [음악] ◆ *tančit -u* 폴카를 추다

po|lknout < **-lykat, (s)po|lknout** > **-lykat 1** …을 삼키다, bez žvýkání (씹지 않고) 삼키다 **2** 집어 삼키다 ◆ *nemoc spolkla mnoho peněz* 병을 많은 돈을 집어 삼켰다

polní 1 들판[벌판]의, 논[밭]의 **2** 전장의, 야전의 ◆ ~ *květiny* 들꽃, 야생화초; ~ *kuchyně* 야전 반합, 야전[야외] 취사장

polnic|e, *f* (군대용) 나팔 ◆ *troubit na -i* 나팔을 불다

polnosti, *f-pl* 전답, 경작지, 목초지, 농지

polo- 반…, 절반… ◆ *-hedvábný* (절)반 실크함유의, 반실크의

pólo, *n-2* 폴로 ◆ *vodní* ~ 수중 폴로

polobotka, *f* 복숭아뼈 아래까지 오는 구두

poločas, *mi* **1** (경기 따위의) 전[후]반; (시합 따위의) 중간 **2** fyz. (방사선

물질의) 반감기(半減期)

polodenní 반나절의 ◆ ~ *zaměstnání* 반나절의 직업

poloha, *f* **1** 자세; *umístění* 위치, 지점, 장소, 부지; 소재지 **2** 높이, 고도; (해발)표고(標高) **3** (현악기 연주시) 운지법; 음역의 부분 ◆ ~ *jazyka při artikulaci* 조음시 혀의 위치

polohlas, *mi* 낮은 목소리, 저음, 작은 목소리 ◆ *mluvit -em* 낮은 목소리로 말하다

polohov|ý 위치적인, 위치의; 자세의 ◆ *-á štafeta* (수영의) 혼계영

polokoule, *f* 반구(半球); (지구 전체의) 반구 ◆ *severní/jižní* ~ 북/남반구

pololetí, *n* 반년, 육개월; vyuč. (수업) 한학기

poloměr, *mi-2* 반지름, 반경

poloostrov, *mi* 반도

pološero 어스름, 어둑함, 박명

polotovar, *mi-2* 반제품; pro hospodyně (가정주부를 위한) 반조리된 음식, 곧 만들어 먹을 수 있는 음식

polovi|ce, *f* **1** v. *polovina,* (절) 반 **2** 중반, 중간, 가운데 ◆ *rozdělit co na* ~ 무엇을 (절) 반으로 나누다; *jít na -c* 반반으로 하다, 절반씩 나누다

polovičatý 마음이 내키지 않는; práce (일이) 반 완성된, 완벽하지 않은

polovička, *f* = *polovice*

poloviční **1** (절)반의 **2** 완벽하지 않은; 부분의

polovina, *f* **1** *polovice* (절)반 **2** střed 중간, v urč. spojeních 중반 ◆ *rozdělit co na -u* 무엇을 (절)반으로 나누다

polovodič, *mi* 반도체

polož|it **1** (물건 따위를) 내려 놓다, 두다 **2** koho na lopatky (누구를) 쓰러뜨리다, 녹아웃시키다 **3** co (무엇을) 손에 놓다, 그만두다; rezignovat 사임하다 **4** (글, 인용 따위를) 위치 시키다, být -en …에 위치하고 있다 **5** (토대, 마루 따위를) 놓다, 깔다, 세우다 **6** (질문 따위를) 던지다 **7** 내놓다, (목숨 따위를) 내놓다, 바치다 ◆ ~ *knihu na stůl* 책을 책상에 놓다; ~ *moto do čela knihy* 서두에 표어[명구]를 두다; ~ *otázku* 질문을 하다[던지다]; ~ *život za mír* 평화를 위해 목숨을 바치다

položka, *f* **1** 품목, 목록, 세목 **2** 금액, 액수; 합계, 총량, 총액

Polsko, *n* 폴란드

polský 폴란드의, 폴란드말의, 폴란드인의

polštář, *mi* 베개, 방석, 쿠션 ◆ *vzduchový* ~ 에어 쿠션[백], 공기 방석; 공기 완충기

polštářování, *n* na ochranu při nárazu (충돌시에 보호를 위한) 충격 방지 쿠션[완충물]; 패딩, 메워 넣기

polštářovat > vy- (가구, 의자 따위에) 패드[속, 쿠션]을 대다, 속을 넣고 천으로 씌우다

polština, *f* 폴란드어

polyfonie, *f* hud. 다성 음악; 대위법

polyglot, *ma* 수개 국어에 능통한 사람

polykat v. *polknout*

polyvinyl(chlorid), *mi-2* 폴리염화비닐[PVC]

pomačkat **1** (옷을) 주름지게하다,

(종이를) 구기다, 쭈글쭈글하게 하다 **2** (살짝) 누르다

pomahač, *ma* **-ka,** *f* 구조자, 조력자

pomáhat v. *pomoci*

pomalost, *f-1* 느림, 둔함

pomaličku, pomalinku 1 매우 느리게[천천히] **2** v. *pomalu*

pomalu 1 천천히, 느리게; 부드럽게; 조심스럽게 **2** 거의, 실제로 **3** 쉽게, 용이하게 ◆ *mluvit ~* 천천히 말하다; *zná ho ~ deset let* 그(녀)는 그를 거의 10년 동안 안다

pomalý 느린, 둔한; 나태한; (경사가) 완만한

pomást (*pomat-, pomátl*) v. *mást*

pomatený 어지럽혀진, 혼돈된, 정신나간, 어지러운, 미친듯한

pomazánka, *f* hmota (빵에) 바르는 것 ◆ *arašidová ~* 땅콩 버터

pomazat 1 (빵에) …을 바르다 **2** (표면에)더러움[얼룩, 오점]을 묻히다

poměr, *mi-2* **1** 비율 **2** vztah 관계 **3** styky 친밀한 관계, 연애 관계 **4** poměry 조건, 상황, 상태 **5** 태도, 입장

pomeranč, *mi* 오렌지

poměrně 상대적으로, 비교적으로

poměrný 1 úměrný 균형잡힌, 비례한 **2** (어떤 조건에 대한 관련속에서) 상대적인, 비교적인

pomezí, *n* 경계, 한계, pohraničí 국경[중간]지대

pomezní 한계의, 경계의; 접경의; 분계의

pomíjet 1 = *opomíjet* **2** = *míjet*

pomíjiv|ý 지나가는, 스쳐가는; (기간이) 한정된, 일정 기간의, 일시적인, 순간적인 ◆ *-é okamžiky štěstí* 일시적인 행복의 순간들; *-á móda* 잠시 동안의[일시적인] 유행

pomilovat v. *milovat*

pomlátit (*-cen*) v. *mlátit*

pomláz|ka, *f* **1** 부활절 회초리[막대, 채]((부활절에 사용되는 색색의 긴 리본이 달려 있는 회초리[막대, 채])) **2** dárek 부활절 선물((부활절에 장식 막대로 때리고 받는 선물로서 주로 색칠하고 장식한 계란을 일컬음)) **3** 부활절 회초리 때리기((부활절 월요일에 채로 여자들을 때리는 풍습)) ◆ *~ z vrbových prutů* 버들 가지로 만든 부활절 회초리[장식 막대, 채]; *o -ce* 부활절 월요일에

pomlčka, *f* (부호로서의) 대시(-), krátká 하이픈

pomlka, *f* 휴지, 중지, 중단

pomlouvačný 중상하는, 헐뜯는, 모략하는, písemně (글로써) 비방하는

poml|ouvat > -uvit 중상하다, 헐뜯다, 모략하다, 비방하다

pomluva, *f* 중상, 모략, 헐뜯음, 험담, 흉; 뜬 소문; písemná 중상문, 비방문

pomněnka, *f* 물망초

pomník, *mi-2, 3* 기념비, 기념상(像), 기념 건조물

pomoc, *f-1* **1** 도움, 원조, 구조 **2** podpora, odlehčení 구제, 구원; 보조물, 보조금 **3** 구제책[방법] ◆ *první ~* 응급 치료[처치]; *požádat o ~* 도움을 요청하다; *není -i* 구제책[방법]이 없다; *pomoc!* 도와주세요

po|moci, pomoct (*pomoh-u, -ou, pomůž-eš ..., pomoz!, pomohl*) < -

máhat 1 돕다, 도움을 주다, 원조하다, 조력하다; v druhotné roli (보조역으로) 돕다, 보조하다 (při …에게서) **2** podporou (고통, 걱정 등을) 경감하다, 덜다; 구제하다 ~ **si** < -**máhat si 1** 임시변통하다 **2** vzájemně (서로[상호] 간에) 돕다 ◆ *umět si ~* 자력으로 …할 수 있다, 스스로 다룰 수 있다, 헤쳐 나갈줄 안다; *nemohu si ~ a musím*… 나는 어쩔 수가[도리]가 없이 …해야 한다

pomocí (+생격) …의 도움으로, …에 의해 ◆ *zjistit zdravotní stav ~ odběru krve* 피[혈액]검사에 의해 건강 상태를 확인 하다; *výroba ~ počítače* 컴퓨터 이용 생산((CAM))

pomocnice, *f* v domácnosti (가사일에) 거들어 주는 여자, 가정부, (여자) 도우미, 보조

pomocn|ík, *ma-3* **-ice,** *f* 도우미, 보조, 조수

pomocn|ý 돕는, 보조의, 부(副) 적인 ◆ *-é sloveso* 조동사; *-á škola* 장애인 학교

pomoč|it (se) < **-ovat (se)** 적시다, 젖게 하다; (애기나 환자가) 이불[침대]에 오줌싸다

pomodlit se v. *modlit se*

pomoří, *n* 해안(선), 해안 지방, 연안 (지방)

pomp|a, *f* 장관, 화려, 호화; 허식, 겉치장 ◆ *s velkou -ou* 매우 화려하게

pompézní 호화로운, 웅대[장대]한, 장엄한; 사치스러운, 겉치레하는; (말 따위가) 과장된

pomsta, *f* 복수, 설욕, 앙갚음; 복수심, 보복감

pomstit (se) (*pomstít, pomsti*) v. *mstít (se)*

pomstychtivý 복수의, 앙심 깊은, 복수심에 불타는, 앙심을 품은, 보복적인

pomůcka, *f* **1** 도움, 참고(서), 원조 **2** 보조물, 보조 기구, 참고물

pomuchlat v. *muchlat*

pomýlený 1 잘못된, 그릇된, 잘못 인도된 **2** 뒤섞인, 혼동된

pomýlit (*pomyl!*) < 헷갈리게 하다, 혼동하게 하다 ~ **si** (자신이) 혼동하다, 착각하다 ◆ *~ si tváře* 얼굴을 착각하다; *každý z nás se může ~* 우리들 중 누구나 실수할 수 있다

pomysl|it (*oni -í*) < **pomyslet** na co/koho (무엇을/누구를) 생각하다 ~ **si** 상상[생각]하다

pomyslný 상상의, 생각의, 추상적인

pomyšlení, *n* 생각, 사고; 기억; 상상 ◆ *ani ~!* 생각지도 마!

pomýšlet na co (무엇을) 고려[계획]하다; v. *pomyslit*

ponaučení, *n* 경고, 훈계; rada 충고, životní zkušenost (인생의 경험 등의) 교훈

pondělí, *n* 월요일 ◆ *P- velikonoční* 부활절 월요일; *nejpozději v ~* 늦어도 일요일에는

ponechat = *nechat, přenechat* ~ **si** = *podržet*

ponejprv(e) 처음으로, 처음에 ◆ *říkám ti to ~ a naposledy* 나는 네게 그것을 처음이자 마지막으로 말한다

ponejvíc(e) 대부분, 대체로

poněkud 1 조금은, 약간은 (형용사

와 함께 사용되어), 다소, 얼마간(은) **2** 차라리, 오히려

ponenáhlu = *pozvolna*

ponenáhlý = *pozvolný*

ponětí, *n* **1** 착상, 고안, 아이디어; 느낌, 인상 **2** 개념, 견해 **3** 관념, 생각 ◆ *nemá o tom ani ~* 그는 그것에 대해 전혀 모른다, 전혀 이해 못한다, 약간의 감도 못 잡는다

poněvadž 왜냐하면, v. *protože* ◆ *~ je nemocen, nemůže vycházet* 왜냐하면 그는 아프기 때문에 밖에 나갈 수 없다

ponížený **1** 비참[누추]한; 저하[비하]하는, 비천한; 굴욕적인 **2** 예속된, 종속된

po|nížit (*poniž!*) < **-nižovat 1** 낮추다 **2** (품위, 지위 따위를) 천하게[떨어지게] 하다, 강등시키다, 비하시키다, 저하시키다

ponk, *mi-2, 3* 작업대

ponocný 밤의, 야간의

ponocovat 1 자지 않고 있다, 늦게까지 깨어 있다 **2** 밤새 즐기다

ponor, *mi-2* 흘수((수면으로부터 배[함선] 바닥의 거리))

ponorka, *f* 잠수함

ponorn|ý 잠수 할 수 있는, 수중에 가라앉을 수 있는; 깊은, 깊게 가라앉은 ◆ *~ ohřívač* 침수식 물 끓이개, 수중 히터((코드 끝의 발열체를 속에 넣어 우유, 홍차 등을 데움)); *-á řeka* 지하로 숨어드는 강; *propastně -é mlčení* 끝없이 깊게 가라앉은 침묵; *vodotěsná -á kamera* 방수 수중 카메라

ponoř|it (se) < **-ovat (se)** (물속에) 뛰어들다, 다이빙하다, 물속에 잠그다[가라앉다]; zcela a nadlouho (완전히 그리고 오랫동안) 잠그다, 담그다, hluboko (깊이) 가라앉다; částečně n. na čas (부분적으로 혹은 일정 기간 동안) 담그다 **~ se** zahloubat se …에 잠수[침수]되다[하다], …에 빠져들다, 몰두하다,열중하다

ponouk|nout < **-at** 부추기다, 유인하다, 선동하다, 자극하다, v. *nabádat*

ponožk|a, *f* 양말 ◆ *(jedny) -ky, pár -ek* 양말 한 켤레

ponrava, *f* 구더기, (갑충류의) 애벌레

ponton, *mí-2* (배다리용의) 납작한 배, 평저 보트, 거룻배

ponur|ý 1 어두운, 침침한, 희미한 **2** zádumčivý 우울한, 음울한, 침울한 ◆ *-á chodba* 어두컴컴한 복도; *~ pohled* 생기없이 침울한 모습

pony, poník, *ma* 포니, 조랑말

poobědvat v. *obědvat*

poo|hlédnout se < **-hlížet se** (*-žejí se*) **1** za čem/za kom (무엇을/누구를) 뒤돌아[돌아다] 보다 **2** za kým (누구를) (잠시) 쳐다보다, 바라보다, 주시하다 **3** po čem-po kom (무엇을/누구를) 찾다

pootevřít (se)(*-vřu, -vřel*) < **-vírat (se)** 살며시 열다[열리다]

pop[1]**,** *mi-2* 구두 수선용 접착제

pop[2]**,** *mi-2* 팝음악

popad|nout 재빨리 잡다 붙들다 ~ < **-at 1** sotva dech 헐떡거리다, 숨차다 **2** 엄습하다, 사로잡다

popálit se, si (*popal!*) prsty (손가락

을) 데다, 화상을 입다; 욱신욱신[얼얼]하다, 통증을 느끼다 ◆ *~ se od kopřiv[kopřivami]* 쐐기풀로 인해 욱신욱신하다

popaměti 기억만으로, 보지 않고

popel, *mi-2* **1** 재, z uhlí (석탄의) 타다 남은 찌꺼기, i s odpadky 타고 남은 먼지[재] **2** (시체가 타고 남은) 재, 유골; 유해

popelář, *ma* **-ka,** *f* 쓰레기 치우는[청소하는] 사람, 청소부

popelavý 재의, 재투성이의; 잿빛의, 회색의

Popelec, *mi* 성회일; 그 제식((사순절의 첫날에 신자의 이마에 재로 십자를 그리는 풍습))

popeleční 성회일의 ◆ *P- středa* 재의 수요일, 봉재수일((사순절의 첫날; 옛날 이 날에 참회자 머리 위에 재를 뿌린 습관에서))

popelit se 먼지[더러움, 재]를 뒤집어 쓰다; (비유어) 불결해지다

popelka[1], *f* **1** 회색 다람쥐 **2** 회색 다람쥐 모피

Popelka[2], *f* 신데렐라

popelnice, *f* **1** pohřební 납골 단지 **2** na smetí 쓰레기통

popelník, *mí-2, 3* 재떨이

popěvek, *mi-2, 3* 곡조; 소가곡, 소곡, 소시

popichovat 1 격려하다, 자극하다; 선동하다 **2** dopalovat 화나게 하다, 역정나게 하다, 노하게 하다

popílek, *mi-2* 공기 중에 날아 다니는[떠 다니는] 불연성의 재, 비산회(飛散 灰); (담배 따위의) 타다남은 재

popínav|ý 기는, 기어 다니는, 휘감겨 붙는 ◆ *-á rostlina* 담쟁이

popírat 부인하다, 부정하다, v. *popřít*

popis, *mi-2* **1** 묘사, 서술, 기술 **2** 상기, 상술; 기록, 목록

popisn|ý 기술[묘사]하는, 기술[설명]적인 ◆ *-á mluvnice* 기술(記述)문법

popisovat v. *popsat*

poplácat 1 가볍게 두드리다, 가볍게 치다 **2** 보기 흉하게 칠하다, 보기 싫게 바르다

poplach, *mi-2, 3* **1** 알람, 경보 **2** 당황, 혼란, 패닉

poplašit (se) v. *plašit (se)*

poplašný 1 알람(장치)의, 경보의 **2** 깜짝 놀라게 하는, 위급을 알리는 ◆ *~ titulek* 세상을 소란케[놀라게] 하는 표제[제목]; *~ zvon* 알람벨

poplat|ek, *mi-2, 3* 세(금), 요금, 대금, 비용, 수수료; předepsaná dávka (이미 규정되어진) 세금, 관세 **2** (옛날의) 공물, 조공 ◆ *celní ~* 관세; *daňové -ky* (지방세, 국세 따위의) 세금

poplatn|ík, *ma-3* **-ice,** *f* 납세자 ◆ *daňový ~* 과세 대상자, 납세자

poplatný 1 공물을 바치는, 조세를 바치는 **2** 납세의 의무가 있는

poplenit v. *plenit*

poplést *(poplet-)* < *= zmást, v. mást*

popo|hnat *(popožen-, popohnal)* < **-hánět** *(-nějí)* koho (누구를) 빨리 움직이도록 종용[재촉]하다, 속도를 내도록 부추기다

poposedávat (초조 등으로) 앉았다 일어섰다하다, 안절부절 하다

popouzet v. *popudit*

popovídat si v. *povídat si*

poprask, *mi-2, 3* **1** 혼란, 소동, vřava 떠들썩함, 동요, 동란, 격동 **2** 파산, 붕괴

popraskat < **-ávat** (차츰) 깨지다, 빠개지다, 갈라지다

poprašek, *mi-2* (눈이나 먼지 등의) 얇은[얇게 쌓인] 층

poprášit (*-praš!*) < **-ašovat** 가루 따위로 얇게 덮다, 가루를 뿌리다 ◆ *~ moučník cukrem* (디저트용의) 반죽 과자[빵]에 설탕을 뿌리다

poprat se (*poper-, popral*) v. *prát se*

poprava, *f* 처형, 처단 ◆ *~ na elektrickém křesle* 전기의자에 의한 사형[처형]

popraviště, *n* 처형장, lešení 교수대

popravit < **-ovat** 처형[처단]하다 ◆ *~ na el. křesle* 전기 의자로 사형에 처하다

poprchávat 비가 한방울씩 떨어지다, 부슬부슬 내리다, 안개비가 내리다

poprosit (*poprošen*) v. *prosit*

poprsí, *n* **1** 흉상 **2** (여자의) 가슴, 흉부; 상반신 ◆ *bujné ~* 몹시 풍만한 가슴

popruh, *mi-2, 3* (총의) 멜빵, (가죽) 끈; 혁대; 허리띠

popřát si v. *přát si*

popředí, *n* 전경, 앞쪽, 전면 ◆ *v ~ sálu je stůl* 홀 앞쪽에 책상이 있다; *být v ~ zájmu* 각광을 받다, 주목의 대상이 되다

po|přít (*popř-u, i!, el*) < **-pírat** 부인[부정] 하다

po|psat (*popíš-u, popiš!, popsal*) < **-pisovat 1** 묘사[서술, 기술]하다 **2** koho (누구의) 특징[특성]을 나타내다 **3** opatřit textem 명기[기입]하다 ◆ *k nepopsání* 묘사[기술, 서술]할 수 없는, 이루 말할 수 없는; *nelze ~, jak mi bylo* 내가 어땠는지 말로 표현할 수 없다

popt|at se < **-ávat se** 문의하다; 안부를 묻다 na, po (…에 대하여)

poptávk|a, *f* **1** na trhu (시장에서의) 수요(량), 요구, 주문 po čem (무엇에 대한) **2** po kom (누구에 대한) 문의, 질문 ◆ *zákon nabídky a -y* 수요와 공급의 법칙; *~ po matce* 어머니에 대한 문의

popud, *mi-2* 충동, 자극, 유인, 동기; 격려, 고무

popudit (*popuzen*) < **-zovat, popouzet 1** koho (누구를) 화나게 하다, 짜증나게 하다 **2** 부추기다, 선동하다 **-dit se** < 화내다, 성내다, 격노하다

popudlivý 성[화] 잘내는, 성마른; 성난, 화가 난

popuk|at < **-ávat** (바위 등이) 깨지다, 금이가다; (입술, 피부가) 트다, 갈라지다 ◆ *ledy -aly* 얼음들이 금이 가며 깨졌다; *rty byly -ány horečkou* 입술이 열로 갈라졌다; *~ se smíchy* 배를 움켜쥐고 웃다, 포복절도하다

populace, *f* **1** 인구; 주민(수) **2** **(**생물**)** 개체군 출생률

popularizace, *f* 대중[통속]화, 일반화

popularizovat < (일반에게) 보급하다, 일반화하다

popularita, *f* 인기(도), 평판

populární 인기있는; 대중적인, 널리 알려진

populist|a, *ma* **-ka,** *f* 인민당원, 인민주의자 ◆ *francouzští -é* 프랑스의 인민주의자들

populisticky 인민주의로

populistický 인민당[주의]의, 인민주의자의

po|pustit (*popuštěn*) < **-pouštět 1** 약간 느슨하게 하다, povolit tlak (압력 등을) 완화[느슨하게] 하다 **2** šaty (옷을) 약간 늘리다, (띠 따위를) 조금 풀다

popuzovat v. *popudit*

pór[1]**,** *mi-2* rostlina(zelenina) (채소) 대파 종류

pór[2]**,** *mi-2* **1** 털구멍 **2** průduch (피부의) 털구멍

porada, *f* **1** 조언, 상담 **2** sezení 협의, 논의, 토의, 토론

porad|ce, *ma* **-kyně,** *f* 상담자, 고문, 자문 ◆ *~ pro volbu povolání* 직업 상담자

poradenství, *n* 컨설턴트(상담) 업무; 상담, 자문; 직업 상담

poradit (se) 1 조언해 주다, 일러주다, 충고하다 **2** 추천해 주다, v. *radit (se)* **~ si** s čím (무엇을) 헤쳐나가다, 대처하다

poradna, *n* 상담소 ◆ *~ pro matky a děti/kojence* 산모와 유아 상담소; *~ pro těhotné* 임산부 상담소

poradní 상담[고문]의, 컨설턴트의

poranění, *n* 상처, 부상 ◆ *lehké ~* 경상; *těžké ~* 중상; *~ kolena* 무릎 부상

poranit < 상처입히다, 해치다, 다치게 하다 **~ se** 상처입다, 다치다

po|razit < **-rážet 1** 쓰러뜨리다, 전복시키다 **2** dobytče (가축을) 도살하다 **3** zvítězit 패배시키다, 무찌르다, 승리하다

poraženec, *ma* **1** 패배주의자 2 poražený 패배자, 패전자

poraženectví, *n* 패배주의

poražený[1] 패배한, 패전한

poražený[2]**,** *ma* 패배자, 패전자

porážka, *f* **1** dobytčete (가축의) 도살; 도살장 **2** 실패, 좌절 **3** vítězstvím (승리에 의한 상대방의) 패배, 패전, 물리침, 패퇴

porce, *f* **1** 정량, 몫, 한접시(의 음식) **2** přidělená 할당[분배]된 몫, 부분 ◆ *denní ~ chleba* 빵의 하루분[일용량]; *značná ~ trpělivosti* 상당한 참을성

porcelán, *mi-2* 도자기, 자기; 도자기 제품 ◆ *z -u* (도)자기로 만든

porcovat (음식을) 정량[일정부분]으로 나누다 ◆ *~ kachnu* 오리를 일정량으로 나누다

porno I *n* **(**구어체**)** 포르노, 포르노 영화[잡지] **II (**불변 형용사**)** 포르노의, 외설의

pornografický 춘화의, 외설의 ◆ *~ film* 포르노 영화

pornografie, *f* 춘화, 호색 문화

poroba, *f* 노예의 신분[처지]; 복종, 종속

porobit < **-ovat** 예속하다, 정복하다; …을 복종시키다

porod, *mi-2* **1** 분만, 출산, slehnutí 해산 **2 (**비유어**)** 탄생, 출현 ◆ *bezbolestný ~* 무통 분만; *~ nových idejí*

P

새로운 사고의 출현
porodit (*porozen*) < 분만하다, v. *rodit*
porodní 분만의, 출산의 ◆ ~ *asistentka* 조산원, 산파; ~ *bolest* 산통
porodnice, *f* 산부인과[병원], 산원
porodnictví, *n* 산과학, 조산술
porodnost, *f-1* 출산율, 출생률 ◆ *stoupání -i* 출산률 증가
porosen|ý orosený 이슬에 젖은; (물기에) 젖은 ◆ ~ *trávník* 이슬에 젖은 잔디; *-é oči* (촉촉히) 젖은 두눈
porosit orosit 이슬로 적시다, 이슬에 덮다; 촉촉히 적시다
porost, *mi-2* 삼림(지역), 관목(숲)
porostlý (식물, 머리, 수염 따위가) 자라 덮은, (마구 자라) 뒤덮인
porota, *f* 배심, 배심원, 심사 위원회[단]
porot|ce, *ma* **-kyně,** *f* 배심원, 심사 위원
poroučet (si) (*-čejí*) v. *poručit (si)* ~ **se 1** (특히 작별시에) 정중하게 인사하다 **2** = *odporoučet se* **3** padat 떨어지다; do bezvědomí 실신하다
porouch|at < **-ávat 1** 손상시키다, 훼손하다; otřesy 부수다, 파괴하다 **2** 상처를 입히다, 헤치다 ~ **se** < **-ávat se 1** 부서지다, 망가지다, 훼손되다 **2** 상처입다, 다치다 ◆ ~ *zámek* 성을 파괴하다; *kolo se na cestě -alo* 자전거가 도중에 망가졌다
porovnání, *n* 비교, 대조
porovn|at < **-ávat** = *při-, s-, u-rovnat*
porozumění, *n* 이해, 납득; 공감, 공명
porozumět 1 이해하다, 납득하다 **2** 공감하다, 공명하다
portál, *mi* 입구, 현관, 정문 ◆ *počítačový* ~ 컴퓨터의 포털(사이트)
portfej, *mi* 장관의 직[직위] ◆ *ministr bez* ~ 정무장관
portmonka, *f* 지갑
porto, *n-2* 우편 요금
Portoriko, *n* 푸르에토리코
portrét, *mi-2* **1** 초상화; 인물 사진; 비슷한 얼굴 **2** (언어로 한) 인물 묘사, 인물 소개 **3** (자신의) 프로필
Portugal|ec, *ma* **-ka,** *f* 포르투갈인
portrétovat 초상화를 그리다; 묘사하다
Portugalsko, *n* 포르투갈
portugalský 포르투갈(어)의, 포르투갈인의
poručenský 후견의, 보호하는
poručík, *ma-3* 중위
por|učit < **-oučet** (*-čejí*) **1** 명령하다, 지시하다; velitelsky 명령을 내리다, komu co (누구에게 무엇을) 부과하다 **2** svěřit 맡기다, 위임하다 ~ **si** < **-oučet si** (식당에서 혹은 가게에서) 주문하다 ◆ *-učil mu, aby vše zařídil* 모든것을 갖추도록 그에게 명령했다; *lékař mu -učil klid* 의사는 그에게 안정을 지시했다; *-učila si kilo masa* 그녀는 고기 1kg을 주문했다
poručnictví, *n* 보호, 후견(역)
poručn|ík, *ma-3* **-ice,** *f* 보호자, 보호 관찰인, 수호자; 후견인; (법정) 대리인
porucha, *f* **1** provozní tech. (운영상 기술적인) 고장, 파손; 결함, 하자 **2** med. (의학상의) 이상, (기능) 장애 **3**

(기상에서) 갑작스런 날씨 변화 **4** (컴퓨터) 버그, 프로그램의 결함, 작동의 오류

poruš|it < -ovat 1 손상시키다, 악화시키다 **2** 어기다, 따르지 않다; zákon, závazek (법, 책임을) 위반하다; překročení mezí (경계선을 넘어) 침입하다; silou (힘으로써) 침해하다, 침범하다

porůznu 이따금, 산발적으로, 산재해서; 여기저기에, 도처에

porvat se v. *rvát se*

porybný, *ma* 어장 감독관, 양어장 대표

Porýní, *n* 라인 지방

pořad, *mi-2* **1** 프로그램; (단계적 수순을 담은) 계획, 일정 **2** 순서 ◆ *~ jednání* 의사 일정, 회의 프로그램

pořád = *stále*

pořadač, *mi* 파일, 서류철, 폴더, 서류 끼우개

pořádat < s- jídlo (음식을) 게걸스럽게 먹어치우다 **2** koho (누구의) 책임을 묻다, 해명을 요구하다 **~ > us- 1** srovnáním 정리하다, 배열하다, roztříděním 가지런히 하다 **2** napravit 정돈하다 **3** zařídit uskutečnění 거행하다, 준비하다, 조직하다, 주최하다 **4** (근사하게) 차려 입다, 성장하다 **5** (일을) 처리하다; (문서를) 철하다 **~ se > vy-** s kým (누구와) 청산하다

pořadatel, *ma-1, 4* **-ka,** *f* 조직자, 개최자, 주최자 ◆ *~ zájezdů* 패키지 여행 전문 여행업자

pořád|ek 1 정돈된 상태, 정리된 상태; 정열, 배열 **2** klidný běh věcí 일상의 과정[일], 정상적인 상태, 제대로 된 상태, 정상(正常), 정례적 (定例的)인 일 **3** 질서, 규율 **4** 순서, 서열, 순차, 절차, 차례 **5** 프로그램, 일정 **6** 체제, 구조, 조직; 계급 ◆ *po -ku* 차례대로; *dát do -ku* 정리[정돈]하다; *být na denním -ku* 다반사이다((부수적인 것이 자주 일어날 때)); *hlasování podle -ku* 점호; *všechno je v -ku* 모든것이 다 괜찮다[정상 적이다]; *veřejný ~* 공공 질서; *taneční ~* 댄스 프로그램[일정(표)]; *obnovení právního -u* 법체계의 복원

pořadí, *n* **1** 차례, 순서, 순위, 서열 **2** (극장 따위의) 열

pořádkový 질서[규율]을 바로 잡는; 정례적인

pořadník, *mi-2, 3* 대기자[후보자] 명단, 신청자 리스트[명부]

pořádný 1 정돈된, 깔끔한, 단정한, 정연한; 예의 바른 **2** důkladný 적당한, 충분한, 알맞은 **3** 매우 큰, 심한, 지나친

pořadový 연속의, 계속되는, 일년의

pořekadlo, *n* 격언, 속담, 금언, 옛말

pořezat (*pořež-u|pořezá-m, pořež|pořezej!, -zal*) 베다, 쪼개다, 자르다, v. *řezat*

pořídit (*pořiď!, pořízen*) **< -řizovat 1** (결과가) …이 되다, 결과를 얻다 **2** udělat 작성하다, 만들다 **3** opatřit 마련하다, 장만하다

pořízení, *n* **1** 완수, 수행 **2** poslední vůle 최후의 의지, 유언

pořizovací 수행하는, 해결하는, 조처하는; 마련하는, 구하는 ◆ *~ cena*

구매가, 구입 비용

po|sadit (*posazen*) < **-sazovat** 앉히다; kam účelně (어딘가로 목적을 두고) 두다, 놓다; 배치하다, 고정시키다 **~ se** < 앉다; jakkoli někde (어디에) 자리잡다 ◆ *~ dítě na klín* 아이를 무릎에 앉히다; *~ si klobouk na hlavu* 머리에 모자를 쓰다; *~ někoho do vězení* 누구를 감옥에 넣다; *~ koho na židli* 누구를 의자에 앉히다

posádka, *f* **1** 수비대, 주둔군 **2** 승무원 ◆ *~ lodi, letadla* (배, 비행기의) 탑승원, 승무원

posádkov|ý 수비대의, 주둔군의 ◆ *-é město* 주둔 도시, (수비대가 지키는) 요새

po|sázet (*-zejí*) < (나무, 식물을) 심다; (보석 등을) 박다[심다] **-sazovat** v. *posadit*

posbírat v. *sbírat*

posedlost, *f-1* 강박 관념, 망상; 신들린 상태; 열광; (악마, 마귀 따위에) 홀리기

posedlý **1** 망상에 젖은, 사로잡힌; poblázněný 미친, 정신나간 **2** 열광하는, 광적인

posed|nout < **-ávat** koho (누구를) 사로잡다, (악마, 귀신이) 들리게 하다

posel, *ma-2* **1** 전달자, 사자; posluha 심부름꾼, 배달원; 사동, 메신저 **2** 특사, 급사; 사절; 밀사 **3 (비유어)** 전령, 선구자, 예고자 ◆ *boží ~* 번개; *vlaštovka je ~ jara* 제비는 봄의 전령이다

poselství, *n* 전갈, 통신(문), 메세지; 공포, 통고

poselstvo, *n* 대표단, 사절

posévat v. *posít*

poschodí, *n* 1 층(v. *patro*); 층을 연상시키는 것 ◆ *první ~* 1층((우리나라의 2층)); *jeho břicho má dvě ~* 그의 배는 2층[겹] 이다

posil|a, *f* **1** 강화, 보강, 증원 **2** 지원, 원조, 보조; 부양 **3** 증원 부대[함대], 증원군 ◆ *hledat u někoho -u v těžkých chvílích* 어려울 때 누군가에게서 원조를 구하다; *dcera byla matce velkou -ou v domácnosti* 딸은 엄마에게 집안일에 큰 힘이었다; *vojenské -y* 증원 부대, 원군

posílat v. *poslat*

po|sílit (*posil!*) < **-silovat** **1** 강화하다, 보강하다 **2** zintenzívnit 집중시키다; 증강하다 **3** dodat životnosti 북원기[활기]를 돋구다, 북돋다

posílka, *f* 심부름, 용건, 볼일, 목적

posil|nit < **-ňovat** **1** 원기를 북돋우다, (체력 따위를) 강하게 하다, 보강하다 **2** (정신적으로) 강화하다; 북돋우다 **3** 증원하다, (수를) 늘리다

po|sít (*pose-, posel|posil, poset*) < **-sévat** 흩뿌려 덮다, jako tečkami (점들처럼) 뒤덮다

poskakovat 뛰놀다, 팔딱 뛰다

poskočit 뛰어 오르다, (기뻐) 날뛰다

poskrovnu 드물게, 적게, 거의 없이 ◆ *něčeho je ~* 뭔가 부족하다; *peněz mám ~* 나는 돈이 거의 없다

poskvrn|a, *f* **1** 오점, 흠; 결함 **2** 얼룩 ◆ *bez -y* 청순한, 오점없는, 나무랄 데 없는, 흠이 없는

poskvr|nit < **-ňovat** **1** 더럽히다,

먹칠하다 **2** (옷 따위를) 얼룩지게 하다

poskyt|nout < -ovat 주다, 제공하다, 공급하다, pomoc, službu (도움, 서비스를) 제공하다, 공여하다, 부여하다

poslan|ec, *ma* **-kyně,** *f* **1** 대리인, 대표자 **2** ~ sněmovny (국회) 의원 **3** 사절, 특사

poslaneck|ý 국회 의원의, 의원의; 사절[특사]의 ◆ *-á sněmovna* 국회; *-á imunita* 국회 위원의 면책특권

poslání, *n* **1** 사명, 특별 임무 **2** 전갈, 통지; 우송 **3** (이야기 따위의) 메시지, 취지

poslat (*pošl-u, i!, poslal*) < **posílat 1** (사람을)보내다 **2** vypravit a předat (발송[급송]하여) 전하다, 전달하다, zboží v nákladní dopravě (운송 교통 수단에 물건을) 발송하다; opatřit, dodat 제공급하다, 제공하다 ◆ *koho komu naproti* 누구를 마중하러 누구를 보내다; ~ *koho k čertu/k šípku/do háje* 누구를 쫓아버리다[내보내다, 퇴출시키다]; ~ *koho domů/spát/na nákup/pro pivo/do školy pro pomoc* 누구를 집으로/잠자러/시장 보러/맥주 사러/학교로/ 도움을 구하러 보내다; ~ *koho na smrt* 누구를 죽음으로 보내다; ~ *koho na onen svět* 누구를 저 세상으로 보내다[죽이다]; ~ *někomu peníze* 누구에게 돈을 보내다

posled|ek, *mi-2* (생격 *-ka*) 마지막[최후의] 것 ◆ *do -ka* 끝까지, 마지막 하나[한 자리]까지

posledně 1 v řadě (열에서) 마지막으로, 끝으로 **2** minule 지난 번에, 요전에 **3** 최근에, 최후에

poslední 1 마지막의, 끝의, 최후의 **2** nejnovější 최근의 **3** čas. úsek 지난 (번의), 요전의 ◆ ~ *dobou* 최근에; *v -ních letech* 근년에, 최근 몇 년 동안에; ~ *chvíle* 마지막 순간

poslech, *mi-2* **1** 귀기울임, 경청; příjem 수신, 청취 **2** (의학) 청진(법)

poslechnout < poslouchat 1 듣다, 경청하다; ~ *(si) rádio* 라디오를 듣다, 청취하다 **2** koho/čeho (누구/무엇의) uposlechnout 말을 듣다, 복종하다 ◆ ~ *radu rady* 충고를 듣다; *posloucháš?* 들리니?

poslíček, *ma-3* **1** 메신저, 전달자 (*posel*의 지소형) **2** 심부름꾼(소년), 사동; 사환, 급사 ◆ *hotelový* ~ 벨보이

poslouchat v. *poslechnout*

posloupnost, *f-1* 연속, 계승; 경과, 순서, 순차

posloužit (*posluž!*) v. *sloužit* **~ si** 마음대로[먹을만큼] 음식을 들다

posluha[1], *f* 시중, 봉사; 가사[집안일] 보조

posluha[2], *ma-3* **1** (직업으로써) 돕는 사람, 보조자; 운반자; 배달원 **2** 하인, 종

posluhovač, *ma* 조수, 부하, 측근, 심복; 시동, 근시

posluhovačka, *f* 파출부, 식모; 날품팔이 잡역부, 청소부

posluhovat *komu = obsluhovat koho*

posluchač, *ma* **-ka,** *f* **1** 청취자 **2** = *student,* 수강생

posluchačstvo, *n-2* 청중, 방청객

posluchárna, *f* 강의실, 강당

P

poslušnost, *f-1* 순종, 순응 ◆ *poddanská ~* 복종

poslušný 복종하는, 순종하는

posměch, *mi-2* 조롱, 비웃음, opovržení 경멸

posměšek, *mi-2, 3* 조소, 비웃음; šklebivý 야유, 비아냥거림

posměšný 조소하는, 비웃는, 비아냥거리는

posměváč|ek, *ma-3* **-ka,** *f* 조롱하는 사람, 야유자

posmívat se komu (누구를) 비웃다, 조소하다, 조롱하다, 이죽거리다, v. *vysmívat se*

posmrtný 사후의, 죽음 이후의, 내세의 ◆ *~ život* 사후 세계, 내세(來世), 저승; *-á maska* 데스 마스크, 사면(死面)

posnídat v. *snídat*

posolit v. *solit*

po|soudit (*posuď!, posouzen*) < **-suzovat 1** 판단하다, 판정하다; 판결하다 **2** uvážit (가치 따위를) 검토하다, 평가하다, 감정하다

posouvat = *posunovat, sunout* v. *postrčit*

pospas (부사) ◆ *vydat na ~* 내맡기다, 넘겨주다; *nechat koho na ~ komu* 누구를 누구의 처분[뜻]에 맡기다

pospěch, *mi-2* 서둠, 재촉, = *spěch*

pospí|chat 1 서두르다 **2** na co s čím (무엇을) 성급하게 하다 **3** na koho (누구를) 죄어치다, 재촉하다 **-šit (si)** < **-chat** 서두르다, 재촉하다 ◆ *pospíchej!* 서둘러!; *pospíchá to* 그것은 급하다; *to ne-chá* 서두를 필요가 없다

pospolitost, *f-1* 공중, 일반사회; 공동사회, 공동체

pospolitý 1 공동의, 공유의, 공공의 **2** 사회의, 공동체의

posraný (비속어) **1** 똥으로 덮인, 똥 싼 **2** 더러운, 썩은, 부패한, 지독한, 지겨운

posrat (*poser-, posral*) (비속어) (똥으로) 더럽히다; zkazit 망치다, 잡쳐놓다 **~ se** (비속어) (똥으로) 더렵혀지다; (비유어) 실패하다

post, *m* **1** (고위) 관직, 지위 **2** (스포츠의) 포지션, 위치

postačit v. *stačit*

postarat se v. *starat se*

postava, *f* **1** 체형, 외형, 체격, 몸집 **2** 모습, (동)상; 형상, 형태, 형체 **3** 사람, 인물 ◆ *~ slovesného díla* 문학 작품의 인물[캐릭터]; *velké -y dějin* 역사의 위대한 인물들

postavení, *n* **1** 세우기 **2** 위치, 장소 **3** společenské 사회적 지위, 신분, 자리 **4** (군대의) 배치, 배열, 대형, 대열 **5** 상황, 처지 ◆ *vysoké ~ ve společnosti* 사회에서의 높은 신분[지위]; *~ mimo hru* (축구, 하키의) 오프사이드

postavit (se) v. *stavět (se)*

postel, *f* nábytek 침대 ◆ *manželská ~* 부부 침대; *patrová ~* 2층 침대

poste restante 유치 우편으로

postesknout si v. *stýskat si*

postěžovat si v. *stěžovat si*

postgraduální 대학원의, 대학 졸업 후의 ◆ *~ studium* 대학원 공부

postih, *mi-2, 3* 《法》 상환 청구, 소구권

postih|nout (*postižen*) < **-ovat 1** 덮치다, 엄습하다, 타격을 주다, 피해를 입히다, neštěstí (불행이) 닥치다 **2** 파악하다, 인지하다, 이해하다, smysl slov (말의 의미를) 파악하다 **3** 표현하다, 묘사하다

postit se 단식[절식] 하다, 삼가다

posti|žený (병, 화제등의) 덮친, 엄습한; 피해를 입은; 다친 ◆ *být -žen čím* 무엇의 타격을 받다; *tělesně ~ člověk* 신체 장애인[자]

postižitelný 1 이해할 수 있는; 감지[인식]할 수 있는 **2** 표현할 수 있는 v. *patrný*

postmodern|a, *f* **-ismus,** *mi-2* [-nyzm-] **1** 포스터 모더니즘((20세기의 모더니즘을 부인하고 고전적, 역사적 양식이나 수법을 채택하려는 예술운동)) **2** 포스트모더니즘 작품

postmoderní 포스트모더니즘의 ◆ *~ doba* 포스트모더니즘 시대

postmodernistický 포스트모더니즘 양식의, (예술의) 후기 근대파적인 ◆ *~ byt* 포스트모더니즘 양식의 집

postoj, *mi* **1** těla (몸의) 자세, 태도 **2** 입장, 논점, 관점, 견지, 견해; 마음가짐

po|stoupit (*postup!*) < **-stupovat 1** 앞으로 나아가다, 전진하다 **2** 진보하다, 향상하다, 진척하다 **3** předat 넘겨주다, 양도하다, 인도하다 **4** 진급하다, 승진하다; (스포츠) do finále (결승에) 진출하다

postrádat 1 결여되다, 결핍되다 **2** …이 없는 것을 섭섭하게[슬프게] 생각하다 **3** (*moci*와 함께 사용 하여) …없이 하다 ◆ *~ fantazii* 상상력이 부족하다; *necháme doma vše, co můžeme ~* (우리가) 없어도 되는 모든 것을 집에 둔다; *tu knihu nemohu ~* 나는 그 책이 없이는 될 수 없다[그 책이 필요하다]

postrach, *mi-2* 공포; 공포의 대상

postranní 1 옆의, 곁의 **2** tajný 비밀의, 은밀한, 속을 알 수 없는 ◆ *~ vchod* 측면[옆문] 입구; *~ ulice* 옆골목, 지선 도로; *~ účinek* 부작용; *~ komunikace* 비밀 대화; *~ úmysl* 불순한 의도

postr|čit < **-kovat 1** 밀(치)다, 밀어 붙이다, 밀어 옮기다 **2** 자극하다, 격려하다, 북돋우다 ◆ *-kovat sem tam* 거칠게 다루다; *~ žáky, aby měli zájem o učení* 학생들이 공부에 흥미를 갖도록 격려하다

postroj, *mi* (말의) 마구

postřeh, *mi-2* 인식, 지각; pozorování 주목, 관찰

postřeh|nout < **-ovat** smysly vůbec 인식하다, zahlédnout 알아보다, 지각하다; (군중 속에서) 찾아내다; zpozorovat 주목하다

postřelit 총상을 입히다 **~ se** 총상을 입다

postřik, *mi-2, 3* **1** 분무, z letadla (농약 따위를 비행기로부터) 살포 **2** (머리용) 스프레이

postříkat 뿌리다, 살포하다, 분무하다

postřikovač, *mi* **1** 분무기, 살포 기구 **2** *ma* 분무하는 사람, 뿌리는 사람

postřikování 뿌리기, 분무하기

postřílet (*-lejí*) 모두 쏘아 죽이다;

P

학살하다; 차례로 쏘아 죽이다

postup, *mi-2* **1** 진행, 진척, 경과, 추이, 단계; vítězný (승리의) 전진; v kariéře (경력에서의) 진급 **2** 과정, 방법, způsob práce (일의) 절차, 수단, 방책 ◆ *-em času* 시간의 경과에 따라; *konkrétní* ~ 구체적인 방법[절차]

postupně 점진적으로, 점차적으로, 단계적으로; 잇달아, 연속적으로

postupný 점진적인, 단계적인, 점차적인; jdoucí za sebou 연속적인

postupovat **1** jak (어떻게) 전진하다 **2** v. *postoupit*

postýlka, *f* 간이 침대, 어린이용 침대, 작은 침대

posud 지금까지, 이제까지

posudek, *mi-2, 3* (전문가의) 견해, 감정, 평가; recenzní 평, 평론, 논평 ◆ *lékařský* ~ 의사의 견해[평가]; ~ *knihy* 서평

posun, *mi-2* 환치, 이동; 움직임; 변동, 변화

posunek, *mi-2, 3* 제스처, 손짓, 몸짓

posun|out (se) (*posuň*) < **-ovat (se)** 이동하다, 옮기다 ◆ ~ *vagóny* 열차를 다른 선로에 바꿔놓다

posunovač, *ma* **1** 철도 조차원, 전철수(轉轍手) **2** *mi* 전철기

posupný 음울한; 적의를 풍기는; 시무룩한, 골난, 뚱한

posuvka, *f* **1** hud. (음악) 임시음, 임시 기호 **2** tech. 계산자, 활척

posuvn|ý (밀어) 움직이는, 이동하는, 이동할 수 있는 ◆ *-é dveře* 슬라이딩 도어[문]

posuzovat v. *posoudit*

posuzovatel, *ma-1, 4* **-ka,** *f* 비평가, 평론가, 평가자, 감정가

posvačit v. *svačit*

posvátný 신성한, 성스러운; 경건한, 고결한

posvě|tit (*posvěcen*) < **-covat** 축성하다, 봉납하다, 신성하게 하다; 성직에 임명하다, …에게 성직을 주다

posvícení, *n* 교회[성당] 헌당 기념일 축제; 마을 축제[장]

posvítit (*posviť, posvícení*) 밝히다; (불빛 따위를) 비추다 ◆ ~ *baterkou na cestu* 손전등으로 길을 비추다; ~ *si na někoho* 누구에 대하여 면밀히 조사하다[폭로하다]

posyp|at (*posyp-u|-ám, posyp!|-ej!, -al*) < **-ávat** 뿌리다, 흩뿌리다; 끼얹다, 뿌려 덮다 ◆ ~ *chodník pískem* 계단을 모래로 뿌려 덮다

pošeptat v. *šeptat*

pošetilý 바보 같은, 어리석은, 멍청한

pošimrat v. *šimrat*

poškádlit v. *škádlit*

poškleb|ek, *mi-2, 3* **1** 찡그린 얼굴, 우거지상 **2** 조롱, 비웃음 ◆ *dělat na koho -ky* 누구에게 인상을 쓰다

pošklebovat se 경멸하다; komu (누구를) 비웃다, 조소하다

poško|dit (*poškozen*) < **-zovat** **1** 상처를 입히다, 해치다 **2** 훼손하다, 파손하다, 손상시키다

poškolá|k, -ček, *ma-3* 벌로 방과후에 남아있는 학생

poškozovat v. *poškodit*

poškrabat (se) v. *škrabat (se)*

pošlap|at < **-ávat** **1** 밟다, 짓밟다; 유린하다 **2** 밟아서 더럽히다 ◆ ~

trávník 잔디를 짓밟다; ~ *podlahu* 바닥을 (밟아) 더럽히다

pošmourný **1** 흐린, 먹구름이 낀 **2** 어두운, 우울한 **3** 어두운, 어두컴컴한, 침침한

pošpatnělý 하등의, 하위의; (건강이) 좋지 않은, 몸이 찌부드드한

pošpinit v. *špinit*, **1** 더럽히다 **2** (비유어) 헐뜯다, 비방하다; (명예 따위를) 훼손하다, 손상시키다

pošramo|tit (*-cen*) 해를 입히다, 손상 시키다, 파손하다 ◆ ~ *si reputaci* 명성[평판]에 해를 입히다

pošt|a, *f* **1** 우편 **2** úřad 우체국 **3** dopisy 우편물, 편지 ◆ *zámořská* ~ 해외 우편물; *dát na -u* 우편으로 부치다; *letecká* ~ 항공우편; *obratem -y* 받는 즉시로, 회신으로; *poslat co -ou* 무엇을 우편으로 부치다[우송하다]

pošťák = *listonoš*

poštěs|tit se > **-ťovat se** komu (누구에게) 잘되다, 성공하다

poštípat 찌르다, 쏘다, v. *pokousat*

poštmistr, *ma* (고어체) 우체국장

poštmistrová, *f* **1** 여자 우편국장 **2** 우체국장의 부인

poštovné, *n* 우편 요금, 우송료

poštovní 우체국의; 우편의 ◆ ~ *holub* 우편 비둘기; ~ *poplatky* 우편 요금; ~ *poukázka* 우편환; ~ *razítko* 우체국 소인; ~ *schránka* 우체통; ~ *vak* 우편 행랑[가방]; ~ *známka* 우표

pošťuchovat 지근거리다, 들볶다, 지분거리다, 귀찮게 조르다, 괴롭히다

poštvat v. *štvát*

pot, *mi-2* 땀 ◆ *utřít si ~ z čela* 이마의 땀을 닦다

potácet se (*-cejí se*) > **za-** **1** 비틀거리다, 휘청거리다, 갈지자로 걷다 **2** (배 따위가) 이러저리 흔들리다, 요동치다

potah, *mi-2, 3* **1** 수레에 맨 마소[짐승] **2** 덮개, 커버

po|táhnout (*potažen*) < **-tahovat** **1** (za) co (무엇을) 당기다, 끌어 당기다, 끌어 옮기다 **2** povléci 덮다, 씌우다, 피복하다, 막을 씌우다

potají tajně 비밀리에; lstivě 몰래, 은밀히

potápěč, *ma* **-ka,** *f* 잠수부; sport. 스킨 다이버, 스쿠버 다이버; v batyskafu (심해 잠수정의) 잠항원, 심해정 승무원

potápět (se) v. *potopit (se)*

potápka[1], *ma* výstředník 젠체하는 자, 멋쟁이; 부수수한 사람, 시골뜨기

potápka[2], *f* 논병아리((물가에 떼지어 사는 겨울새))

potápník, *ma-3* 물방개

potáza|t se (*potáž-u, potaž!, potázal*) < **1** 질문하다, 묻다 **2** 협의하다, 논의하다 **3** s jakou (어떻게) …가 되다, 결과가 나다 ◆ *-l se Marty* 그는 마르타에게 물었다; ~ *se se zlou* 싫은 소리를 듣고 쫓겨나다, 실패하다

potěcha, *f* **1** 기쁨, 즐거움, 낙 **2** 위로, 위안, 안도

potenciální 가능성의, 잠재적인

potentát, *ma* **1** (구어체, 고어체) 통치자, 지배자; 군주; 권력가, 유력자 **2** (구어체, 경멸어) 지체 높은 사람, 거물

potěr, *mi-2* 치어, (막 알에서 깬) 물

고기 새끼들; (비유어) 어린이들, 청소년; (일반적으로) 새끼들

potěšení, *n* 즐거움, 기쁨; 기쁨을 가져다 주는 것[사람] ◆ *je mi -m* 나는 기쁘다

potěšit (se) v. *těšit (se)*

potěšitelný 유쾌하게 하는, 기쁨을 주는, 흐뭇하게 만드는

potěžkat 손으로 측정하다, (무게 따위를 들어서) 어림잡다

potichu 조용히, 소리없이, 조용조용, 잔잔하게

potírat v. *potřít*

potit (*pocen*) > **z(a)** ~ 땀 흘리다; (비유어) 고심해서 만들어 내다, 힘들여서 하다 ~ **se 1** 땀을 흘리다 **2** 물기가 맺히다 **3** (땀처럼) 흘리다 ◆ *nakrájené okurky se -í* 썰어놓은 오이에 물기가 맺히다

potítko (겨드랑이의) 땀받이

potíž, *f* **1** 어려움, 고됨; 괴로움, 고뇌 **2** 불편, 폐, 성가심, 노고 **3** 난관, 장애 **4** zdravotní (건강상의) 문제, 장애, 병, 진통

potkan, *ma* 시궁쥐

potk|at < **-ávat** koho, co (누구를, 무엇을) 만나다, náhodou (우연히) 마주치다 ~ **se** < **-ávat se 1** s kým, s čím (누구와, 무엇과) 만나다, nečekaně n. nepřátelsky (예기치 않게 혹은 적대적으로) 맞서다, …에 대항하다 **2** (비유어) zažít 경험하다, …을 겪다

potlač|it < **-ovat 1** (감정을) 억누르다, 억제하다 **2** (반란을) 억압하다, 진압하다

potlesk, *mi-2, 3* 박수 갈채, 성원, (박수에 의한) 승인; (비유어) 찬성, 승인, 칭찬 ◆ *odměnit koho bouřlivým -em* 누구를 우뢰와 같은 박수로 답하다

potlou|ci, -ct (*potluč-u, potluč! potlukl/ potluk-u, -tluc!*) < **-kat** 치다, 두드리다, rozbít 부수다, 깨다; pohmoždit 타박상을 입히다, 멍들게 하다, 상하게 하다 **-kat se** 어슬렁거리다, 떠돌아 다니다

potmě 어둠속에서; 어둡게; (비유어) 몰래, 비밀리에; 익명으로

potměšilý 교활한, 비열한, 간교한; 악의가 있는, 심술궂은

potok, *mi-3* 개울, 강, 샛강, 도랑 ◆ *-y slzy* 눈물의 홍수; *-y krve* 피의 강

potom = *pak* ◆ *brzy* ~ 이내, 곧; ~ *teprve* 그때(야) 비로소

potom|ek, *ma-3* 자손, 후예; 계승자 ◆ *-ci* = *potomstvo*

potomstvo, *n-2* (집합적인 의미의) 자손, 후손

potopa, *f* 대홍수, 범람, záplava 홍수

po|topit < **-tápět 1** 물속에 가라앉히다, 잠기게 하다, 침하시키다 **2** (배 따위를) 가라앉게 하다 **3** (구어체) 파괴하다, 망쳐놓다, 실패하게 만들다 ~ **se 1** (물에) 빠지다, 잠기다, 잠수하다 **2** (배 따위가) 가라앉다, 침하하다, 함몰하다

poťouchlý 교활한, 음험한; 심술궂은, 악의에 찬

potrat, *mi-2* 유산, 낙태, 조산

potrava, *f* **1** 음식(물) **2** krmivo 먹이, 사료, píce 마초, 꼴 **3** živina 영양소, 영양물

potravina, *f* 음식, 식품; -y 식료품

◆ *obchod s -mi* 식료품 가게, 식료 잡화점

potravinářství, *n* **1** 식품 가게 **2** 식품 생산; 식품 가공[처리]업

potrhlý 제정신이 아닌, 미친; 무모한, 터무니 없는; 당황한, 어리둥절한, 경솔한

potrkat v. *trknout*

potrpět si (*oni si potrpí*) **1** na co (무엇을) 고수[고집]하다; (선택에 있어서) 까다롭게 굴다 **2** na co (무엇을) 주장[강조]하다

potrubí, *n* 관, 파이프 라인

potrubní 관의, 관 모양의, 파이프식의

potrvat v. *trvat*

potřás(a)t (*potřes-, potřásl, potřesení*) v. *třást*

potřeb|a[1], *f* **1** 필요(성), požadavek 요선, 필수사항 **2** upotřebení 이용, 사용; 용도, 유용 **3** potřebná věc 필수품 **4** -y 도구, 기구; 장비, 용품 ◆ *být k -ě* 소용이 되다; *kuchyňské -y* 부엌 용품, 그릇, *psací -y* 필기 도구

potřeba[2], **potřebí** (서술부사) 필요하다, 필수적이다 ◆ *je mi ~ čeho* 나는 무엇이 필요하다; *není ~ čeho* 무엇이 소용없다; *je ~* 그것은 필수적이다[필요하다]; *je ~, abys tam šel* 네가 거기고 가는 것이 필요하다[필수적이다]

potřebný **1** nutný 필요한, 필수의 **2** užitečný 유용한, 쓸모있는; 사용할 수 있는, 적합한 **3** 가난한, 궁핍한

potřebovat 필요하다, …할 필요가 있다

potřeštěný 미친, 제정신이 아닌; 무모한, 무분별한; 바보 같은

potřísnit v. *třísnit*

potř|ít (*potř-u, -el*) < **potírat** **1** co čím (무엇을 무엇으로) 문지르다; nanést (듬뿍) 묻히다, 바르다 **2** potlačit 복종시키다, 없애다; rozprášit 참패시키다, 무찌르다, 물리치다 ◆ *-el si šátkem oči* 그는 목도리[스카프]로 눈을 문질렀다; *~ obličej krémem* 얼굴에 크림을 바르다; *~ nepřítele* 적을 물리치다

potud **1** 여기까지(는) **2** 지금까지, 이제까지

potuch|a, *f* (예)감, 생각, 느낌 ◆ *ani -y po čem* 무엇에 대한 아무런 흔적도 없이; *nemám -y, co chce* 그가 무엇을 원하는지 감을 못잡겠다

potulka, *f* 방랑, 유랑; 정처없이 걷기, 어슬렁 어슬렁 걷기, 산책; 빈둥거리기, 늑장부리기

potulný 방랑하는, 유랑의, 떠도는; 전전하는

potulovat se 방황하다, těkat 떠돌아 다니다; nečinně (빈둥빈둥) 어슬렁거리다

potupa, *f* 불명예, 모욕, 치욕, 수치; 격하, 강등

potupit v. *tupit*

potupný 불명예스러운, hanebný 수치스러운, 비열한, 품위를 떨어뜨리는

potutelný 교활한, 간교한; 은밀한, 남몰래 하는

potvora, *f* **1** 괴수, 괴물 **2** (구어체, 경멸어) 악한, 악당, 잡종, 싫은[지겨운]것[놈]

potvorný 흉측한, 끔찍한, 소름끼치

P

P

는; 불쾌한; 지독한, 사악한

potvr|dit (*potvrzen*) < **-zovat** 인정하다, 승인하다, 입증하다, 확증하다, 확실하게 하다

potvrzení, *n* **1** 확정, 확증, 확인 **2** 증명서

potvrzenka, *f* 영수증, 인수증

potyčk|a, *f* (소규모) 접전, 충돌; hádka 싸움, 언쟁 ◆ *-y s divokými kmeny* 야만족과의 접전; *slovní ~* 입씨름

potýkat se s čím/s kým (무엇과/누구와) 싸우다, 다투다; s problémem (문제와) 맞붙어 싸우다, 씨름하다

poučit < **-ovat** 계몽시키다, 가르치다; 설명 해주다; 정보를 주다 **~ se 1** 교훈을 얻다; 정보를 얻다 **2** (일정 기간) 배우다

poučka, *f* (도덕적인) 가르침, 교훈; 훈계, 지침; (수학 따위의) 공리(公理), 정리(定理)

poučný 계몽의, 교훈적인, 교육적인, 교화적인

pouhopouh|ý 단지 …만, 전적인, 절대적인, 순전한, 완전한 ◆ *říct -ou pravdu* 순전한 사실을 말하다

pouh|ý 1 단지 …에 불과한 **2** ryzí 순수한; čirý 순전한, 전적인 ◆ *stojí to -ých pět korun* 그것은 단지 5코룬 한다; *to je -á formalita* 그것은 순전한 형식성이다

poukaz, *mi-2* **1** na odkaz (…에 대한) 언급, 논급; na náznak (…에 대한) 힌트, 암시 **2** k výplatě 지불증, 지급 증서; k vydání zboží (상품 발급에 대한) 쿠폰, 경품 교환권

poukázat (*poukáž-u, poukaž!, poukázal*) < **-kazovat 1** na co (무엇에 대해) 언급하다, 지적하다, 주목[유의]시키다 **2** k výplatě (지불증으로) 지불하다; převodem 송금하다

poukázka, *f* 영수증, (거래)증빙(서); (현금대용) 상환권, 상품권, 할인권 ◆ *platební ~* 환어음, 수표, 우편환

pouliční 거리의, 길가의 ◆ *~ dráha* 시가 전차의 노선, 전차 선로[궤도]; *~ holka* 매춘부, 거리의 창녀; *~ prodavač* 행상인; *~ basketbal* 길거리 농구; *~ divadlo* 가두 연극

poulit oči (눈을) 부릅뜨다, (놀람 따위로) 눈을 크게 뜨고 보다; 응시하다

poupát(eč)ko, *n-2, 3* **poupě,** *n-1* (꽃) 봉오리; 묘령의 예쁜 소녀, 사교계에 처음 나가는 소녀

poustevna, *f* 암자, 은신자의 집, 외딴 집

poustevn|ík, *ma-3* **-ice,** *f* 은자, 수행자

poušť, *f* 사막; 황무지; 불모지 ◆ *~ sahara* 사하라 사막

pouštět (se) (*-tějí*) v. *pustit* (*se*) **1** 놓다, 놓아주다; 떠나가게 하다, 풀어주다 **2** chlupy, vlasy (털, 머리카락 등이) 빠지다, 갈다 **3** barvu (색깔을) 잃다[바래다] **4** 틀다, 움직이게 하다, 가동시키다

pouť, *f* (단수 생격, 복수 주격/대격 *-i*) **1** 방랑, 순례(여행) **2** slavnost 축제, 카니발, v den světce (종교상의) 철야제 **3** 성지 순례, 성지 참배 여행

poutač, *mi* 눈을 끄는 광고판[게시판]

poutat 1 묶다, 매다 **2** (관심을) 끌다,

흥미를 유발시키다 ~ > **při-** 묶다; omezit 구속하다; k upevnit (…에) 죄다 ~ > **s-** 구속하다, 족쇄[수갑]을 채우다; dohromady (다함께) 묶다, vzájemně (서로) 연결시키다 ~ > **u-** **1** 감금하다 **2** koho = čí pozornost (누구를 = 누구의 주의를) 끌어들이다, 끌다

poutavý 매력적인, 마음을 끄는, 주의[흥미]를 끄는, 이목을 끄는

poutko, *m-2, 3* **1** 끈, 매듭, smyčka 고리, (옷, 모자 등의) 드림, boty (구두의) 가죽끈 **2** (*pouto*의 지소형) 수갑, 쇠고랑

poutní, *n* 순례의 ◆ *~místo* 순례지

poutn|ík, *ma-3* **-ice,** *f* **1** 순례자, 성지 참배자 **2** 도보 여행자; 방랑자; 나그네

pouto, *n-2* **1** 끈, 띠 **2** 족쇄, 수갑 **3** (비유어) 유대, 결속

pouťový **1** 축제의, 장(터)의 **2** laciný 야한, 값싸고 번지르르한, 값싼, 시시한, 가치없는

pouzdro, *n(-2)* **1** 상자, 케이스, 용기; 주머니 **2** (총 따위의) 집, 덮개, 통 **3** (식물의) 삭, 씨주머니 **4** (해부) 막낭, 피막

pouze = *jen*

použ|ít (*použi-*) < **-ívat** **1** 사용하다; dopravního prostředku (교통 수단을) 이용하다; kde hledáme radu (사전 등을) 참고하다[찾다]; vhodně vybrat (적합하게) 채택하다, 적용하다, 응용하다 **2** 틈타다, 기회로 삼다, 이용하다 ◆ *~ příležitosti* 기회를 잡다, 기회로 사용하다

použitelný 적절한; 사용할 수 있는, 이용 가능한

použití, *n* 사용, 이용; 적용, 응용

povaha, *f* **1** 특성, 특질, 특징, 본질 **2** osoby (사람의) 성질, 기질, 체질, 성향, 성격; 인격, 품성

povaleč, *ma* **-ka,** *f* 게으름뱅이, 건달, 백수건달

oválet (태풍이 농작물을) 쓰러뜨리다; (침대를) 쭈글쭈글하게 하다

poval|it < **-ovat** (누구를) 때려 눕히다, (자동차 따위가) 쳐 넘어뜨리다; (울타리 등을) 쓰러뜨리다 **-ovat se** **1** 빈둥거리다, 뒹굴거리다; zahálet 한가하게 지내다 **2** být naházen po zemi (물건 등이) 온 사방에 널려져 있다, 어지러져 뒹굴다

povařit 살짝 삶다[데치다], 살짝[잠시] 끓이다

povážen|á, *f* **-í,** *n* 고려, 참작 ◆ *být na -ou/í* (상황이) 불확실하다[불안정하다], (건강이) 위중하다

povážliv|ý **1** 위험한, 걱정스러운; 심각한, 중요한 **2** 신중한, 분별력 있는, 조심성 있는 ◆ *jeho stav je velmi ~* 그의 상태는 매우 위험하다; *mládí (prý) není -é* 젊은 사람은 신중하지 않다고 한다

považovat = *pokládat* **~ si** = *vážit si*

povděčný = *vděčný*

povděk, *mi-2* 감사, 고마움 ◆ *s -em* = *vděčně*

povečeřet v. *večeřet*

povedený = *podařený*

po|vědět (*poví-m … povědí, pověz!, pověděl*) < **-vídat** = *říci*

povědomí, *n* **1** 의식, 자각 **2** 앎, 지식, 이해, 인식 ◆ *národní ~* 민족 의

식; *nemít ~ o skutečném životě* 실제 삶에 대해 인식 하지 못하다

povědomý 친밀한, známý 알고 있는, 눈[귀]에 익은, 낯익은

povel, *mi-2* 명령, 구령 ◆ *~ k útoku* 공격 명령

pověr|a, *f* 미신, 미신적 행위[관습] ◆ *bojovat proti -ám* 미신적 행위(들)에 맞서 싸우다

pověrčivý 미신의, 미신에 관한; 미신에 사로잡힌, 미신을 믿는

pověřen|ec, *ma* **-ka[-kyně],** *f* 대리인, 전권 위원, 대위원; 사절, 사자

pověřit < -ovat 1 맡기다, 위임하다, 위촉하다 **2** (신임장을 주어) 파견하다; zmocnit 권한을 부여하다

pověřovací 위임의, 직권의, 신임(장)의 ◆ *~ listiny* 신임장

pověsit (*pověšen*) v. *věšet*

pověst, *f-1* **1** 전설, 설화, 구전 **2** cokoli se povídá (이야기 되어지는 모든 것으로서의) 소문, 풍문 **3** 명성; 평판, 세평

povést se (*poved-*) v. *vést se*

pověstný 유명한, 이름난, 잘 알려진; 악명 높은 ◆ *~ řečník* 유명한 연설가; *~ rváč* 악명 높은 싸움꾼

povětrnost, *f-1* 날씨, 기후; 기상

povětroň, *mi* 유성, 별똥별

povětří, *n* 대기, 공중

povídačka, *f* **1** (흥미로 지어낸) 이야기; 민담 **2** 왜곡된 사실, 꾸며낸 이야기

povídání, *n* 이야기, 한담, 담화

povídat 1 (이야기 따위를) 말하다 **2** 이야기하다, 담화하다, 한담하다

povídavý 말이 많은, 수다스러운

povíd|ka, *f* 이야기, 단편(소설) ◆ *kniha -ek* 이야기 책

povídkář, *ma* **-ka,** *f* 이야기꾼, 단편(소설) 작가

povidla, *ma* (자두 따위의) 설탕절임

povijan, *mi-2* 강보[포대기]를 묶는 끈[띠]

povinnost, *f-1* 의무, 책무, závazek 공약(함), 서약(함)

povinn|ý 의무적인, 책임의; dlužný 빚지고 있는; zavázán 빚진, 묶여진 ◆ *jsem -en komu čím* 나는 누구에게 무엇으로써 빚을 지고 있다; *-á péče* 합당한 보살핌; 보호 책임; *-á školní docházka* 의무 교육; *~ předmět* 필수 과목; *-é ručení* (자동차 보험 따위의) 제 3자 보증; *-á vojenská služba* 의무 군복무

povlak, *mi-2, 3* **1** 얇게 덮고 있는 층 **2** 보호막, 덮개; 피복 **3** (침대) 시트; na polštář (베갯)잇; 이불 커버

povl|éci se < -ékat se = *potáhnout se*

povlovný 완만한, 순한, postupný 점진적인

povodeň, *f* 홍수, 큰물; 범람

povodí, *n* 강변; 하천 유역 ◆ *~ Vltavy* 블타바강 유역

povolání, *n* **1** 직업, 일; 업무 **2** předvolání (소환) 징집, 소집 ◆ *nemoci z ~* 직업병

povolaný 적임의, 유능한, 역량이 있는

povol|at < -ávat 1 ke komu (누구에게로) 호출하다, 부르다, k sobě 호명하다 **2** 임명[지명] 하다

povolení, *n* **1** 느슨하게 하기, 헐겁

게 하기; 완화; 늘림 **2** 허가, 관허(官許), 인가; 허가증, 인가증

povolenka, *f* 허가증, 인가서

povol|it < -ovat 1 허가하다 **2** uvolnit 늦추다, 느슨하게 하다 **3** tlaku, síle (압력, 힘에) 굴복하다, 순응하다 **4** ochabnout 누그러지다, 긴장을 늦추다 **5** (옷을) 늘리다

povolnost, *f-1* 양보(심); 응낙, 수락; 유순, 고분고분함

povolný 1 양보하는, 관대한, 유순한 **2** 굴복하는; (물리적인 힘에) 유연한, 구부러지는 **3** 느슨한, 완만한

povolovat komu příliš (누구에게 너무 많이) 양보하다, v. *povolit*

povoz, *mi* 수레; 마차 ◆ *vozit -em* 마차로 운송하다

povozník, *ma-3* 마부, 짐마차꾼

povrch, *mi-2* 표면, 바깥면, 외면

povrchní 1 겉면의, 표면(상)의; 얕은 **2** 피상적인, 겉만의, 표면적인; 겉핥기식의 ◆ *~ rána* 얕은 상처, 경상; *~ znalost* 어설픈[겉핥기식의] 지식

povrchnost, *f-1* 피상성

povrchov|ý 1 표면의; 외부의, 바깥쪽의 **2** 피상적인 ◆ *~ důl* 노천 채굴, 노천 광산; *-é uhlí* 노천 채굴 석탄; *-á úprava* 표면[끝], 마무리; *-á struktura* (생성 문법에서) 표면 구조

povstal|ec, *ma* **-kyně,** *f* 폭도, 반란자, 반항자, 저항자

povstání, *n* **1** 일어나기, 기립 **2** 반란, 봉기, 폭동 ◆ *Pražské ~ v květnu 1945* 1945년 5월의 프라하 봉기

povst|at (*povstan-u, povstal*) **< -ávat 1** přestat sedět 일어서다, 일어나다, 몸을 일으키다 **2** vzbouřit se 반란하다, 봉기하다 **3** vzniknout 발생하다, 일어나다, 나오다

povšechně 일반적으로, 대체로, 대개

povšechný 1 일반적인; 전체적인, 전반적인 **2** 막연한, 대강의

povšimnout si = *všimnout si*

povyk, *mi-2* 소동, 소음, 소란, 야단법석, 난리 ◆ *Mnoho -u pro nic* 헛소동((세익스피어 희극의 제목이기도 함))

povykovat 소란을 일으키다, 야단법석을 피우다

povýšenecký 거만한, 오만한, 건방진

povýšení, *n* 승진, 승격

povýšený 1 (주위 보다) 높은, 솟은 **2** (목소리 따위가) 높은, 고조된 **3** 거만한, 오만한, 도도한; 건방진; 우쭐대는, 뽐내는 ◆ *mluvil -m hlasem* 그는 고조된 목소리로 말했다; *~ člověk* 오만한 사람

povýš|it (*povyš!*) **< povyšovat 1** 끌어 올리다 **2** (들어) 올리다 **3** 승진시키다, 진급시키다 **4** (수학) 제곱하다 ◆ *je -en* 그는 승진 되었다; *~ číslo na druhou* 수를 제곱하다

povzbu|dit (*povzbuzen*) **< -zovat 1** 자극하다, 고무하다; 장려하다, 조장하다; k činnosti 활기띠게 하다, k náladě 명랑하게 하다 **2** 용기를 북돋우다, 격려하다, 자신을 갖게 하다

povzbudivý 북돋우는, 격려하는, 기운나게 하는

povzdech, *mu-2, 3* 한숨, 탄식

povzdechnout 한숨을 쉬다, 탄식

P

하다

povznesený, povznešený 1 고양된, (감정적으로) 격정에 찬, 열띤 **2** (사회적으로) 고상한, 고결한 **3** 우쭐대는, 거만한

povzn|ést (*povznes-*) > **-ášet** (*-šejí*) **1** (들어) 올리다 **2** 고양시키다, (지적, 도덕적으로) 향상 시키다 **~ se** < **-ášet se 1** 일어나다, 위로 (솟아) 오르다 **2** (지위, 평가 따위가) 올라가다, 높아지다

póza, *f* **1** 자세, 태도; 몸가짐; (사진 따위에서의) 포즈 **2** …인 체하는 태도, 꾸민 태도

pozadí, *n* **1** 배경, 원경; 바탕 **2** 배경, 원인; 막후, 배후

pozadu 뒤에, 뒤쪽에; s povinností (의무가) 지체되어, 지연되어 ◆ *zůstávat ~* 뒤에 처지다; *být s ~ práci* 공부가[일이] 지체[지연] 되다

pozastav|it < **-ovat 1** 일시 정지시키다 **2** 막다, 거부하다, jako pochybené (부적당한 것으로) 정지시키다 **~ se** < **-ovat se 1** u čeho 잠깐 멈추다[머무르다] **2** nad čím (무엇에 대해) 이의를 말하다[반대하다], (무엇에 대해) 의아해 하다, 이상하게 여기다, 주저하다, 당황하다

pozastavení, *n* (활동, 급여의) 일시 중지, 유예

pozastávka, *f* **1** (활동의) 정지, 중지, 방해, 반대, 거부 **2** 요구, 청구, 클레임

pozbý|t (*pozbud-u, pozbyl, pozbytí*) < **-vat** 잃다, 상실하다 ◆ *~ ceny* 가치를 잃다; *~ platnosti* 효력을 상실하다; *~ působnosti/účinku* 효력이 없어지다, (법 따위의) 유효기간이 만료되다; *~ rozumu* 머리가 돌다, 이성을 잃다

pozdě 늦게; 후에, 다음에, 나중에 ◆ *~ do noci* 밤 늦게까지; *~ k ránu* (늦게) 새벽녘까지

později 1 후에, 나중에 **2** (더) 늦게 ◆ *dříve či ~ se objeví* 그(녀)는 조만간 올 것이다; *o půl hodiny ~* 반 시간 늦게

pozdější 나중의, následující 다음의, v řadě 뒤에 오는, 후의; 최근의 ◆ *~ datum* 최근 자료; *v-ch letech* 최근 수년 동안에

pozdní 1 opozdivší se 늦은; 지체된 **2** 후기의, 말기의 ◆ *~ příchod* 지각; *~ gotika* 후기 고딕

pozdrav, *mi-2* **1** jeho forma 인사, 안부, 경례 2 인사의 말, 축하 표현; 인사(장) ◆ *zdvořilý ~* 공손한 인사; *novoroční ~* 연하(장), 신년 인사(장); *vyřiďte Petrovi mé srdečné -y* 페트르에게 나의 진심 어린 인사를 전해주세요; *se srdečným -em* 불비, 경구((편지의 끝맺음 말))

pozdravit v. *zdravit*

pozdravný 안부의, 인사의, 경례의; 축하의, 경축의

pozdravovat 1 = *zdravit* **2** koho od koho (누구로부터 누구에게) 안부를 전하다 ◆ *pozdravujte ode mne Karla* 까렐에게 안부 전해주세요

pozdvih|nout (*pozdvižen*) < **-ovat 1** 들어올리다; (뚜껑 따위를) 집어올리다 **2** (손, 머리 따위를) (쳐) 들다, 올리다 **3** (더 낮게) 향상시키다, 높이다, 고양하다 **~ se 1** (막 따위가) 올라가다 **2** 일어서다, 일으키다 **3**

나아지다, (수준이) 높아지다

pozdvižení, *n* odboj 소동, 소란, 혼란, 동요; 반란, 봉기

pozemek, *mi-2, 3* (작은) 땅, 소구획지; parcela 부지, 대지(垈地); (건물 주변의) 마당, 정원

pozemkov|ý 토지[땅]의; 부동산의, 소유지의; 부지의, 대지의 ◆ ~ *katastr* 토지대장; *-á reforma* 토지 개혁, 농지 개혁

pozemní 대지(大地)의, 땅의, 지표의; 육지의, 육상의 ◆ ~ *doprava* 육상 교통

pozemsk|ý 1 지구의, 지상의 **2** 속세의, 현세의, 세속적인 ◆ *ptactvo -é i nebeské* 지상과 하늘[공중]의 조류; *-á radost* 세속적인 기쁨

pozér, *ma* **-ka,** *f* 잘난체 하는 사람, 허식가 (虛飾家)

pozice, *f* **1** 위치, 장소, 곳 **2** 자세, 포즈 **3** 적소, 소정의 위치; 《스포츠》 위치, 포지션 **4** 지위, 신분; 순위

poziční 지위의; 위치의; 포즈의; 포지션의 ◆ ~ *světla* (자동차의) 주차등, (비행기의) 항해등, 항공등

pozitiv, *mi-2* **1** 《言》 원급 **2** (사진) 양화

pozitivní 1 긍정적인, 호의적인 **2** 원급의 **3** 양화의 **4** (수학) 양의, 플러스의 **5** (병리) 반응 결과가 양성인 **6** (전기) 양(성)의 ◆ ~ *ohlas* 긍정적인 반응; ~ *tvar adjektiva* 형용사의 원급 형태; ~ *číslo* 양수

pozítří 모레, 재명일(再明日)

pozlacený 금을 입힌, 금도금한

pozl|atit (*pozlacen*) < **-acovat** 금도금하다, 금[금박]을 입히다

pozlátko, *n-2* 금박

pozmě|nit < -ňovat (다소) 바꾸다, 고치다; uzpůsobit 맞추다, 적합시키다; 수정하다

poznač|it < -ovat 표시하다, 적어놓다, 필기하다 ◆ ~ *si co* 무엇을 필기하다

poznamen|at < -ávat 1 mimochodem (말이 난김에) 언급하다; jako výsledek pozorování (관찰의 결과처럼) 진술하다, 소견으로(써) 말하다 **2** (si) co někam (무엇을 어디에) 적어놓다, 메모하다 **3** 표시내다, 자국을 내다; co/koho (무엇/누구에게) 낙인을 찍다, 오명을 씌우다

poznámk|a, *f* **1** mimochodem 언급; jako výsledek pozorování 소견, 의견; kritická, objasňující (비평적인, 밝히는) 논평, 비평 **2** 노트, 메모; 기록 **3** 주해, 주석; 보충 설명 ◆ *dělat si -y* 필기[메모]하다

poznámkový 1 메모의, 노트의 **2** opatřený 주석을 단

poznámkami 주석을 단 ◆ ~ *blok* 메모장; ~ *sešit* 메모용 노트

poznání, *n* **1** 앎, 지식, chápající 인식 **2** 이해, 분별, 지각 ◆ *teorie* ~ 인식론

pozn|at < -ávat 1 인식하다, 인지하다; co do totožnosti 분간하다, 식별하다, 알아보다, zjistit 알아내다 **2** seznámit se s osobou (서로) 알게되다 **3** dovědět se (겪어서) 알다, 체득하다 **~ se** 서로 알다

poznatek, *mi-2, 3* 정보, 지식

poznávací 인식하는, 식별하는 ◆ ~

P

P

značka auta 자동차 번호판

pozor, *mi-2* **1** pozornost 주의, soustředěná 집중 **2** dbání 보살핌, 조심 **3** postoj 차려 (*stát v -u* 차렷 자세를 취하다) ◆ *dávat ~* 주의를 기울이다, 경청하다; *dávat si ~* 주의하다, 조심하다, dohlížet 살피다, všímat si 신경을 쓰다; *mít se na -u před kým/čím* 누구/무엇에 대하여 주의[경계] 하다; *~!* 조심해!, 주의해; P-! 주의! 위험!((표지판)); *~ na...!* …에 대해 조심해!, opatrně 주의!; *připravit (se), ~, teď!* 준비! 시작!; *~, schod* 계단 조심; *~ na vlak* 열차 조심; *~, zlý pes* 맹견조심

pozornost, *f* **1** na co (무엇에 대한) 주의, 경계 **2** dbání, dbalost 보살핌, vůči, k péče (…에 대한) 주의, 배려 **3** laskavá ~ 유의, 관심, 주목 ◆ *obrátit čí ~ na co* 무엇에 대해 누구의 주의를 돌리다; *věnovat čemu ~* 무엇에 대해 주의를 기울이다

pozorný **1** 집중하는, 주의하는 **2** dbalý 신중한; 유의깊은

pozorovací 관찰하는, 주시하는; 감시하는 ◆ *~ letoun* 정찰 비행기

pozorovat **1** 관찰하다, 관측하다; 지켜보다 **2** 보살피다 **~ > z-** 알아채다, 확인하다, zapamatovat si 상기해내다; uvědomit si 인식하다

pozorovatel, *ma-1,* **4** 관찰자, 관측자, 주시자; 감시인

pozorovatelna, *f* 관측소, 감시소

pozorovatelný 인식할 수 있는, 관찰할 수 있는; patrný 지각할 수 있는

pozoruhodný 주목할 가치가 있는; 이목을 끄는, 돋보이는; 인상적인, 흥미있는; 의미있는, 중대한

pozoun, *mi-2* 트롬본 ◆ *hrát na ~* 트롬본을 연주하다[불다]

pozpátku 뒤(로), 후방으로; 거꾸로

pozřít (*pozřu, pozřel*) = *polknout*

pozůstalost, *f-1* 유산, 상속 재산; 계승물, 유물

pozůstalý[1] **1** 남은, 나머지의; 살아남은 **2** 유물의

pozůstal|ý[2]**,** *ma* **-á,** *f* 생존자; 유족, 유가족

pozůstat|ek, *mi-2, 3* **1** 나머지, 잔재, 잔여; 잔존물 **2** (tělesné) -ky 시체, 송장

pozůstávat **1** z čeho (무엇으로) 이루어져 있다 **2** v čem (무엇에) 달려있다, (무엇이) 중요하다

pozvání, *n* 초대, 초청 ◆ *přijmout ~* 초대를 받아들이다; *odmítnout ~* 초대를 거부하다

pozvánka, *f* 초대장 초청장

pozvat v. *zvát*

pozved = *pozdvih-*

pozvolna **1** 천천히, 서서히 **2** postupně 단계적으로, 점점 더

pozvolný 느린, 완만한; postupný 점진적인

požádat v. *žádat*

požadavek, *mi-2, 3* **1** čeho se někdo domáhá 요구, 요청; 요구물; po čem se volá 청원, 청구, 간청; na co si někdo činí nárok (권리의) 주장[요구] **2** 필요품, 필수품

požadovat = *žádat*

požár, *mi-2* 불, velký (대형) 화재 ◆ *lesní ~* 산불, 산림 화재

požárn|ík, *ma-3* **-ice,** *f* 소방 대원,

소방관

požehnání, *n* **1** 축복; 축도 **2** 신의 은총; (신의 선물과 같은) 뜻밖의 행운 **3** 저녁 기도, 만과(晩課)

požehnaný **1** 축복받은 **2** hojný 풍부한, 풍성한

požehnat v. *žehnat*

požírat = *žrát*

požít[1] = *požnout*

požít[2] (*požij-i, požil*) (다)먹다[마시다] ◆ *~jed* 독을 마시다

požit|ek, *mi-2, 3* **1** 즐김, 유쾌, 즐거움, smyslový (감각의) 흥취, 환희 **2** -ky výtěžek 급료, 봉급; 수입, 수당, 보수 ◆ *mít z čeho ~* (무엇을) 즐기다; *-ky z nadace* 재단으로부터의 수입

požitkář, *ma* **-ka,** *f* 쾌락 추구자, 방탕아; 미식가

požitkářský 향락을 추구하는, 쾌락에 빠진

požitkářství, *n* 쾌락주의, 향락주의

poživačný = *požitkářský*

požívat **1** 먹다, (술, 음식 따위를) 들다 **2** 즐기다; (지니고) 누리다

poživatel, *ma* **-ka,** *f* (연금) 혜택자

poživatina, *f* 식용할 수 있는 물질[것]; -y 식(료)품, 식용품

požnout (*požn-u, požal/požnul*) 베어[거두어] 들이다; (풀, 곡물 따위를) 베다

pra- **1** příbuzenský 증…((조상, 자손 등 친척 관계를 나타낼 때)) **2** původní 원…, 원조…((근원, 발생, 출현 따위를 나타낼 때)) **3** arci- 대…, 원…((정도가 높음을 표시)) ◆ *-děd* 증조부; *-vnuk* 증손(자); *-obyvatel* 원주민, 토착민; *-dávný* 아주 먼 옛날의, 태고의

prác|e, *f* **1** 일, 노동, 작업; 공부, 학업; plně zaměstnávající (전념하여 관여하는) 노고, 수고; co zaneprázdňuje 업무, 사무, 비즈니스 **2** jednotlivé zaměstnání se (직업으로서의) 일, 직업 **3** výtvor 생산품, 제작품, 창작물, zvl. umělecká (특히 예술의) 작품 **4** (연구) 논문; (학위) 논문 **5** (기관, 기계 따위의) 활동, 작용 ◆ *být bez ~* 실직[실업] 상태이다; *dát si s čím -i* 무엇에 노고를 아끼지 않고 …하다; *do ~!* 작업 시작, *domácí ~* 내직, 가정에서 하는일; *diplomová ~* 학위 논문, 석사 학위 논문; *dotorská ~* 박사 학위 논문; *duševní/kancelářská/manuální ~* 두뇌[정신]/사무실/육체 노동; *nucená ~* 부역, trest 강제 노역, (중노동의) 징역; *~ přes čas* 초과 노동; *vzít (si) co do ~* 어떤 일을 맡다

prací **1** 세탁의, 세탁용의 **2** co lze prát 세탁할 수 있는 ◆ *~ prášek* 분말세제, 가루 비누; *~ prostředek* 세제; *~ látka* 세탁할 수 있는 천[직물]

pracka, *f* **1** (짐승의) 발 **2** (사람의) 손

pracně 힘들여서, 공들여서, 어렵게

pracnost, *f-1* **1** 노동량 **2** 고된 노동

pracný 힘이드는, 공들인, těžkopádný 성가신, 다루기 힘든; 애쓴, namáhavý 고통스러운, 고생스러운, 번거로운

pracovat **1** 일하다, 작업하다, 노동하다; 근무하다; 공부하다 **2** fungovat 기능하다, 작동하다, 움직이다

pracoviště, *n* 직장, 근무처, 작업장,

일터; (컴퓨터의) 워크 스테이션

pracovitost, *f-1* 근면, 부지런함

pracovitý 부지런한, pečlivý 근면한, 열심인, 성실한

pracovna, *f* 작업장[실], 연구실

pracovní 작업의, 일의, 노동의; 근무의 ◆ ~ *den* 일하는 날, 작업일, 평일; ~ *neschopnost* 작업 불능, 병가; ~ *síla* 노동력, 노동 인력; *zkrácená* ~ *doba* 단축 노동[근무] 시간

pracovník, *ma-3* 노동자, 근로자, 직원, 사원, 종업원

pracující, **1** 노동하는, 일하는 ◆ ~ *ženy* 근로 여성; ~ *třída* 노동 계급 **2** *ma* 노동자, 근로자

práč, *ma* 난폭자, 싸움쟁이

pračlověk, *ma* 원시인

pračka, *f* **1** stroj 세탁기(계) **2** ~ vzduchu 공기 청정기; ~ na špinavé peníze 더러운[검은] 돈의 세탁; rvačka 격투, 싸움(질)

praděd, *ma* **1** 증조부 **2** 조상, 선조

prádelna, *f* **1** podnik 세탁소 **2** místnost 세탁장 **3** pradlenka 빨래방, 셀프 서비스식 세탁소

prádelní 세탁의, 세탁용의; na prádlo 속옷의

prádelník, *mi-2, 3* 속옷장, 옷장

pradlena, *f* 빨래하는 여인, (직업적) 여자 세탁부

pradlenka, *f* **1** (셀프 서비스식) 세탁소 **2** *pradlena*의 지소격

prádlo, *n* **1** tkaniny (직물로 된) 세탁물, 빨랫감, osobní, stolní i ložní (개인의, 탁상의, 침상의) 보(褓), 침구류 **2** spodní oděv 속옷, 내복, jemné dámské (부드러운 여성용의) 란제리[속옷] **3** praní 세탁물, 빨래감

pragmatický **1** 실용적인, 실제적인, 실리의; 편의주의적인; 융통성 있는 **2** 원인 관계에 유념하는, 내부적 연관성을 고려하는 **3** filoz. 실용주의의, 프래그머티즘의

pragmatik, *ma* 실용주의자, 실익주의자 ◆ *cynický* ~ 냉소적인[무정한] 실용주의자

pragmatika, *f* 《言》 화용론

pragmatismus, *mi-2* 《철학》 실용주의; 실용성, 실제성

pragmatista, *ma(-4)* 《철학》 실용주의자

práh, *mi-2, 3* **1** dřevěný (나무로 된) 문지방, 문턱 **2** 경계, 한계; 시작, 출발점; (심리) 역(閾)((자극에 대한 반응이 일어나기 시작하는 점)) **3** v řece (강의) 급류(인 곳), 여울(목) ◆ *být na prahu smrti* 죽음의 문턱에 있다

Praha, *f* 프라하((체코의 수도)) ◆ *město* ~ 프라하 시; *noční* ~ 밤의 프라하; ~ *leží v srdci Evropy* 프라하는 유럽의 심장(부)에 위치한다

prahmota, *f* 원질, 원재료, 기본 물질

prahnout **1** (가뭄 따위로 땅이) 마르다, 말라붙다 **2** (목 따위가) 타다, 마르다 **3** po čem (무엇에 대해) 갈망하다, 동경하다

prach, *mi-2* **1** 먼지; drsný, krupičkový (결정이 거친) 가루, 분말 **2** peří 솜털, (깃 이불에 넣는) 부등깃털 **3** 《軍》 화약 **4** -y **(구어체)** 돈, 금전 ◆ *být v -u* 사라지다; *střelný* ~ 화약; *utírat* ~ kde (어디에) 먼지를 닦다[털

다]

prachatý **(구어체)** zámožný 굉장히 돈이 많은, 돈이 듬뿍 있는

práchni|vět (*-vějí*) > **z-** 썩다, 부패하다

prachovka, *f* 먼지떨이(기구); 걸레

prachovnice, *f* 화약을 넣고 다니는 통[주머니]

prachový 가루의; peří 솜털의, 부등 깃털의 ◆ *~ sníh* 가루눈

prachy, *mi-3-pl* **(구어체)** 현금, 돈, 금전 ◆ *má spoustu -ů* 그(녀)는 다량의 돈을 가지고 있다

prajazyk, *mi-(2), 3* 조어(祖語), 공통기어(基語)

prak, *mi-2, 3* 투석기; 새총

praktický **1** 실질적인, 현실적인; 실천적인, 실행상의 **2** obratný 능숙한, 교묘한 **3** konající dobré služby 쓸모있는, 편리한, 유용한; oblečení (의복) 적격의, 어울리는; 적당한; 기능적인 ◆ *~ lékař* 일반 진료 의사

praktik, *ma-3* **1** 실무자, 실천가; 숙련가, ve svém oboru (자신의 분야에서) 베테랑, 노련한 사람 **2** 현실적인 사람 **3** 일반 진료 의사

praktika, *f* **1** 실행 방법, 관행, 관례 **2** 술책, 간계, 속임수

praktikant, *ma* **-ka,** *f* 수습[견습]생, 훈련생, 견습공; 수습[인턴] 사원; (병원의) 인턴, 간호 실습생

praktikovat **1** (이론, 방법 따위를) 적용하다, 응용하다, 사용하다 **2** 훈련[교육]을 받다, 일에 경험을 얻다 **3** (의사가) 개업하다

prales, *mi* **(**단수 생격 *-a***)** 원시림, 삼림

pralinka, *f* (호두, 크림, 브랜디 따위를 넣은) 초콜릿 봉봉

prám, *mi-2* 뗏목; 나룻배

pramen, *mi(-1)* **1** tryskající (분출하는) 샘, 우물; **(**비유어**)** 원천 **2** vlasů, příze (머리카락의, 연사의) 꼰 것; 가닥; 타래 **3** 출처, 출전, 정보원(源) **4** 근원, 근본, 원인 ◆ *z dobrých -ů* 확실한 소식통으로부터

pramenit (물이) 솟다, prudce (급하게) 솟아오르다, 분출 하다; pocházet 근원이 되다, 기원하다

pramének, *mi-2, 3 = pramínek*

pramenitý 솟아나는, 샘솟는

pramice, *f* 나룻배, 삿대배, vyloďovací 거룻배

pramínek, *mi-2, 3* 작은 원천, 약한 수원; (빛의) 서, 광선; (파도, 밧줄 등의) 겹[가닥]; (머리털의) 숱

praní, *n* prádlo 세탁, 빨래 ◆ *prášek na ~* 가루 세제[비누]; *prostředek na ~* 세제; *~ špinavých peněz* 더러운 돈[자금] 세탁

pranic 전혀[결코]…않다

pranice, *f* 드잡이, 난투, 격투, 혼전

pranýř, *mi* 태형용 기둥, 형벌 말뚝; 형틀, 칼((죄인의 몸과 양손은 끼워 사람 앞에 보이게 한 판자의 옛 형구)) ◆ *postavit někoho na ~* 누구를 형틀에 세우다, **(**비유어**)** 누구를 우습게 만들다[누구를 공개적으로 비난하다]

pranýřovat 칼[형구]를 씌워 사람들 앞에 보이다; **(**비유어**)** 웃음거리로 만들다, 공개적으로 비난하다

praobyvatel, *ma* 원주민, 토착민

praotec, *ma-2* 조상, 선조

P

prapodivný 기괴한, 색다른, 기이한

prapor, *mi-2* **1** 기, 깃발; mobilizující (특정한 목적으로 사람들을 결집 시키는) 국기, 군기 **2** 《軍》 oddíl 대대, 부대

praporečn|ík, *ma* **-ice,** *f* 기수; **(**비유어**)** (주의, 사회 운동 따위의) 지도자, 선도자

prapříčina, *f* 근본 원인, 근원

prarodiče, *ma-pl* 조부모; 조상; 최초의 조상((아담과 이브))

prasátko, *n* **1** 새끼 돼지 **2** 돼지 저금통 **3** 칠칠치 못한 사람 ◆ *uvidět zlaté ~* 크리스마스 이브에 아이들이 금식에 대한 포상을 받다

prase, *n-1* **1** 돼지 **2 (**욕설**)** 돼지 같은 사람; 야비한 녀석, 탐욕자

prasečí 돼지의, 돼지 같은 ◆ *~ chlívek* 돼지 우리; *~ očka* 구슬같이 반짝이는 동그란 눈; *~ hody* 돼지 잡이 축제

prásk 쾅! 쿵! ((큰 음향, 굉음 따위를 표현하는 의성어))

práskač, *ma* 밀고자, 끄나풀

práskačka, *f* 총, 권총

práskaný 기민한, 빈틈없는, 교활한, 간교한

práskat v. *prásknout*

prasklina, *f* 틈, 균열, 금, 흠, 쪼개진[벌어진] 틈

prask|nout < -at 1 갈라지다, 쩍[쾅] 부서지다, puknout 터지다, po délce (길이로) 쪼개지다 **2 (**비유어**)** dostat se na veřejnost 드러나다, 밝혀지다

prásk|nout < -at 1 (찰싹) 소리내다, drtivě 요란하게 소리내다 **2** udeřit 부딪치다 ◆ *~ do bot* 도망가다, 벗어나다; *~ sebou* 넘어지다

prastarý 대단히 오래된, 옛날 옛적의, 태고의

prašan, *mi-2* **(**구어체**)** 하얀 가루 같은 눈, = *prachový sníh*

prášek, *mi-2, 3* **1** 가루, 분말, moučka (밀)가루 **2** kousek prachu 먼지, 미진 **3** (알)약, 가루약 ◆ *~ do pečiva* 베이킹 파우더; *pudinkový ~* 푸딩 파우더; *~ na spání* 수면제

prášil, *ma-2* 허풍선이 ◆ *baron P-* 뮌하우젠 남작((허풍선이 남작의 모험의 모델 혹은 그 주인공))

práš|it (*praš!*) **1** 먼지를 내다 **2** přehánět 허풍떨다, 과장하다 **~ > vy-** 먼지를 떨다 **~ > za-** 먼지를 일으키다 **~ se > za-** 먼지가 나다, o místě, kde se -í 먼지가 일다

prašivka, *f* 독버섯

práškový 가루의, 분말의 ◆ *~ cukr* 가루 설탕

prašný 1 먼지투성이의, 먼지가 많은 **2** 가루의; 가루처럼 고운 **3** 화약의 ◆ *Prašná brána* 프라슈나 브라나[화약탑]((프라하 구시가에 있는 탑))

praštěný 고루한, 편협한, 우둔한, 얼빠진, 무모한, 정신나간

praštět (*oni praští*) **> za-** = *praskat*

praštit = *prásknout* ◆ *je to prašť jako uhoď* 결국 마찬가지다 **~ se** čím do čeho, oč (무엇을, 무엇에) 세게 부딪치다, 충돌하다

prát (*per-, pral; neprat*) do čeho (무엇을) 치다, 두드리다; šlehat 후려치다 **~ > vyprat 1** 빨래하다, 세탁하다;

opláchnutím 헹구다 ~ **se** > **poprat se** 싸우다, 치고 받으며 싸우다 ◆ ~ *špinavé peníze* 더러운 돈을 세탁하다

pravačka, *f* **1** = *pravák* **2** 오른손, 오른발

pravák, *ma-3* 오른손잡이

pravd|a[1], *f* **1** 진리, 참; 진실 **2** 진실성, (일의)진위(眞僞); 실재, 실체, 사실 ◆ *jen co je* ~ 단지 사실만을((진술을 확인할 때)); *dát komu za -u* 누구에게 동의하다; *dostat za -u* 옳게[진실로] 판명되다; *holá* ~ 명백한 사실[진실]; *mít -u* 옳다; *mluvit -u* 진실을 말하다; *na mou -u* 진실로; *není-liž* ~ 진실이 아닐까; *plná* ~ 완전한 사실; *po -ě řečeno* 진실을 말하자면, 실제로는; *to je svatá* ~ 그거 정말 맞는 말이다; *to snad není -!* 그거 정말 아니겠지! 어떻게 그럴 수가 있지!

pravd|a[2], **1** 정말로, (그래) 좋아, 알았어, 오케이 **2** ~? 그렇지 않아?, 안 그래? ◆ *může to přesvědčit, ~?* 그가 그걸 확신 시킬 수 있죠, 그렇죠?

pravdaže 1 물론, 틀림없이 **2** 명백히, 의심할바 없이, …하기는 하는데 ◆ *~, je to tak* 물론, 그게 그래요

pravděpodobně 1 아마, 필시, 대개는 **2** znít/neznít 진짜로/거짓으로 들린다

pravděpodobnost, *f-1* **1** 가능성, 개연성 **2** 《수학》 확률, 개연율

pravděpodobný 있을 법한, 그럴 듯한, 가능한; domnělý 추측할 수 있는

pravdivý 1 진실한, 참된 **2** historka (이야기 따위가) 믿을만한, 사실성이 있는, 사실과 일치하는

právě 1 바로 지금, 바로 그 때 **2** zdůrazňuje (강조하여) 꼭, 틀림없이 **3** (부정을 약화하여) 꼭 그렇지는 ◆ *nebylo to ~ snadné* 그게 꼭 그렇게 쉽지만은 않았다

pravěk, *mi-2* 원시시대, 선사시대, 태고

pravěký 원시시대의, 선사시대의, 태고의

právem 1 정당하게, 당연히 **2** 법적으로

pravice, *f* **1** 오른손 **2** polit. (정치적) 우파, 우익(정당)

pravicový 우익의, 우파의

pravičácký *pravicový*의 경멸어

pravičák, *ma-3* **1** pravák 오른손잡이 **2 (경멸어)** 우익, 우파, 우익분자

pravidelnost, *f-1* 규칙성, 균형, 일정 불변

pravidelný 규칙적인, 일정한; obvyklý 보통의, 통례의, v téže podobě (같은 형태의) 고른, 한결 같은

pravidlem 규칙으로; 보통, 대체로, 일상적으로

pravidlo, *n* **1** 규정, 규칙, 상례, 통례; 세칙, 준칙; 원칙 **2** 《言》 법칙, (문법 따위의) 규칙

pravit = *říci*

pravítko, *n-2, 3* 자, úhelník 삼각자 ◆ *rovný jako* ~ 자처럼 매우 곧다; *technické* ~ 제도기

právní 법의, 법적인; právnický 법률의, 법류에 관한; 법률상의 ◆ ~ *poradce* 법률 고문, 법률 상담자; ~ *řád* 법규범, 법전, 법질서; ~ *stav* 법실태; ~ *věda* 법학, 법률학, 법리학; ~

P

P

zástupce 변호사, 법률가; 법정 대리인

právnický 법률의, 법학의; 사법상의, 법률상의

právn|ík, *ma-3* **-ička,** *f* **1** 법률가, 변호사; vědecký 법률 학자, 법학자 **2** 법대생, 법을 공부하는 학생

práv|o, *n-2* **1** oprávnění 권리, 권한; 정당한 요구[자격]; 정당성 (na …에 대한), výsadní (특수한) …권 **2** právní stav, zásady 법, 법률; 국법; …법 **3** (전공으로써의) 법(률)학 ◆ *autorské ~* 저작권, 판권; *lidská -a* 인권; *nastolit řád -a* 법적 조치를 취하다, 고소하다; *~ silnějšího* 적자 생존 (법칙); *církevní ~* 교권; *občanské ~* 시민권; *stanné ~* 계엄령; *volební ~* 선거권; *výhradní ~* 독점권; *~ na stávku* 파업권; *~ veta* 거부권

pravomoc, *f-2* 권한, 권능, 전권, 직권 ◆ *udělit ~* 권리[전권]를 부여하다; *vykonávat ~* 전권를 행사하다

pravopis, *mi* 정자법, 철자법, 철자, 스펠링

pravopisný 정자법의, 철자법의

pravoplatnost, *f-1* 타당성, 유효성, 합법성

právoplatný (법률상) 유효한, 합법적인; oprávněný 정당한, 타당한

pravoslavný 그리스 정교(회)의, 동방 정교(회)의

pravý 1 nefalšovaný 진정한, 참된 **2** správný 올바른, 정당한 **3** na pravici 오른편의, 우익의 **4** skoro se rovnající čemu 알맞은, 틀림없는

praxe, *f* **1** (이론에 대한) 실행, 실천; 실습, 연습 **2** 관례, 관습, 관행 **3** svobodné povolání (의사, 변호사 등의) 업무; 영업 **4** 경험, 견문, 숙련

prázdnin|y, *f-pl* 휴가; 방학, 휴회 ◆ *o -ách* 방학 동안에; *pololetní ~* 겨울 방학; *hlavní ~* 여름 방학; *soudní ~* 휴정 기간; *školní ~* 방학; *zimní ~* 겨울 방학; *být na -ách* 방학 중이다; *parlamentní ~* 의회의 휴회

prázdno, *n-2* 공허(감), 적막함; 허공; 텅빔

prázdnota, *f* **1** = *prázdno* **2** 지루함, 재미없음 **3 (**비유어**)** 진부, 평범

prázdný 1 텅빈, uprázdněný 빈, 비어있는; 공허한; časově (시간적으로) 자유로운 **2** (약속, 엄포 따위가) 말뿐인, 공허한; nicotný 가치가 없는

prazdroj, *mi* **1** 근원, 원천 **2** 프라즈드로이((필젠 맥주의 한 종류)), 필젠 맥주

Pražan, Pražák, *ma* **-ka, -ačka,** *f* 프라하 시민, 프라하 (출신) 사람

pražec, *mi* (철도의) 침목

pražit > u- 굽다, (커피, 견과류 따위를) 볶다; mouku (가루를) 갈색으로 굽다; slunce (태양이) 태우다, 뜨겁게 달구다

prcek, *ma-2, 3* 꼬마, 작은 아이; 난쟁이, 작은 사람

prd, *mi-2* vulg. 방귀 ◆ *stojí to za ~* 그것은 아무짝에도 못쓴다; *po tom je ti ~* 그것은 너가 상관할 바 아니야

prdel, *f* **(**비속어**) 1** 궁둥이, 엉덩이 **2** 우스운 일[것], 웃기는 일[것] **3** (문화등의) 침체 지역, 벽지 ◆ *do -e!* 제기랄, 젠장; *jdi do -e!* 썩 나가[꺼져]!; *mít z -e štěstí* 지독한 행운을 갖다; *byla to ~* 그것은 정말 웃겼어; *dělat si*

z koho ~ 누구를 조롱하다[놀려대다]
prd|ět (*oni prdí*) > **-nout, u/vyprdnout se** 방귀뀌다
precedens, *mi-2* 선례, 전례
precizní 정밀한, 정확한; 꼼꼼한, 엄격한, 세심한
preclík, *mi- 2, 3* 프레첼((매듭 모양, 막대 모양의 비스킷))
predikát, *mi-2* **1** přídomek (귀족의 이름앞에 붙는) 수식어, 칭호 **2** přísudek 서술어, 술부
prefabrikovat 미리 만들어 내다
prehistorický 유사 이전의, 선사 시대의
prekérní 불안정한, 위태위태한; 민감한, 미묘한
preludium, *n-2* 전주(곡), 서곡; 시작 ◆ ~ *k lásce* 사랑으로의 서곡
preludovat 즉흥적으로 (전주곡을) 연주하다
prémie, *f* **1** 특별 수당, 보너스, k platu (임금에 대한) 상여금; podněcující 장려금, 보조금 **2** (증권) 주식 차용 수수료
premiér, *ma* **-ka,** *f* 수상, 국무 총리
premiéra, *f* 초연, 첫 공연; filmu (영화의) 개봉
preparát, *mi-2* **1** 조제품, 약제; (화학) 제품; (실험, 해부용의) 표본(물) **2** (현미경 따위의) 슬라이드
prérie, *f* 대초원, 초원 지대
prestiž, *f, mi* 명성, 신망; 위신, 위세; 호평
prestižní 명성이 있는, 이름난, 일류의, 유명한, 권위있는
prevence, *f* 예방(조치), 방지(책)
preventivní 예방하는, 방지하는; (약 따위가) 병을 예방하는
prezence, *f* 참석, 출석, 출근
prezenční 참석[출석]의 ◆ ~ *listina* 참석자 명단, 출석부; ~ *kniha* 레지스터 북((도서관에서 집으로 빌려주지 않는 책))
prezentovat **1** předložit, podat 내놓다, 제시하다, 제출하다; 증정하다, 선사하다 **2** 《軍》 신병을 군에 받아들이다
prezident, *ma* **-ka,** *f* 대통령; 회장, 의장, 소장, 청장, 사장, (대학 등의) 총장 ◆ ~ *obchodní komory* 상공 회의소 소장; ~ *společnosti* 회사 사장
prezidentsk|ý 대통령의 ◆ *-é volby* 대통령 선거
prchat **1** v. *prchnout* **2** > **vy-** 도망가다, 달아나다; (시간 따위가) 사라지다, 지나가 버리다
prchavý **1** 달아나고 있는, 덧없는 **2** 《化》 éterický 휘발성의
prchlivost, *f-1* 성마른[격렬한] 성질, 화를 잘내는 성깔
prchlivý 성마른, 성미급한, prudký 불끈거리는
prch|nout < **-at** kvůli přečinu (비행 때문에) 도피[도망]하다, dát se na útěk 도망치다; plynule, klouzavě (지속적으로, 미끄러지듯) 흘러가다[사라지다]
prim, *mi-2* 제1 바이올린, 수석 바이올린
prima[1]**,** *f* **1** (불변 형용사) 대단한, 굉장한; o jídle (음식에 대해) 일류의, 최고급의, 최고의; 멋진, 환상적인, 훌륭한 ◆ *je to* ~ *kluk/chlap* 그는 대단한[훌륭한] 사나이다 **2** (부사) 굉장하게, 환상적이게 ◆ *měli jsme se* ~ 우

P

리는 멋진[환상적인] 시간을 가졌어 **3** (**감탄사**) 멋져!, 좋아!, 훌륭해!, 최고야!

prima[2], *f* **1** (체코의) 중등학교의 첫 학년 **2** 《음악》 1도, 동음

primabalerína, *f* 프리마 발레리나 ((발레의 주역 무희))

primadona, *f* **1** 프리마돈나, 주역 여가수 **2** (**구어체**) o muži 우쭐거리는 사람, 허영심 강한 사람; o ženě (여성) 기분파

primární 1차적인; 근본적인, 기본적인; 초기의

primář, *ma* **-ka,** *f* 병원의 과장(의사)

primát[1], *mi-2* 제일, 탁월; (**비유어**) 걸출, 발군

primát[2], *ma* 영장류의 동물

primátor, *ma* **-ka,** *f* 시장 = *starosta*((특히 수도의 시장에 사용))

primitiv, *ma-2* 원시; 야만인

primitivní **1** 원시의, 원시적인 **2** 미개한, 미발달한 **3** 단순한, 소박한

princ, *ma-2* 왕자, 왕손; 군주, 제후

princezna, *f* 공주, 왕녀

princip, *ma-2* 원칙, 원리; 신조, 주의

privatizace, *f* (공기업, 국영기업 등의) 사기업화, 민영화, 사영화 ◆ *kuponová ~* 쿠폰을 이용한 민영화

privilegium, *n-2* 특권, 특전

privilegovaný 특권의, 특권을 누리는

privilej, *f* = *výsada*

prkénko, *n-2, 3* **1** 작고 얇은 판 **2** 도마

prkenný **1** 널[판자]의; 나무판으로 된 **2** 딱딱한, 굳은; 엄격한

prkn|o, *n* **1** 널판지, 판(자) **2** …판; rýsovací, vývěsní, žehlicí (제도, 알림, 다림질) 판 **3** (**스포츠**) 스노우 보드 **4** -a (**복수형**) 무대, 스테이지

pro **1** (**+대격**) (**목적**) …를 위하여, 위해서 **2** (**이유**) …때문에 **3** (**관계**) …에 대해 **4** (**시간적, 공간적 한계**) …로는, …에 대해서는 **5** (**지지**) …를 위해 ◆ *pracovat pro koho* 누구를 위하여 일하다; *~ špatné počasí* 나쁜 날씨 때문에; *smysl ~ hudbu* 음악에 대한 감각; *~ dnešek dost* 오늘로서는 충분해; *hlasovat ~* 찬성 투표하다; *~ mne za mne* 나는 아무래도 상관없다, 내 알바 아니다; *~ jistotu* 확실하게 하기 위해; *~ kočku* 아무 소용없다; *~ a proti* 긍정과 부정; *důvod ~ a proti* 찬부 양론; *smysl ~ humor* 유머(에 대한) 감각; *jsem ~* 나는 찬성이야[나를 믿어도 되]; *kdo je ~?* 찬성하는 사람?

probád|at < **-ávat** 탐구하다, 연구하다, 조사하다

pro|běhnout < **-bíhat** **1** 달려 통과하다, 달려 지나가다 **2** uplynout 경과하다, (시간이) 지나다 **3** uběhnout 완주하다 **4** (일이) 벌어지다, 진행되다, 전개되다 **~ se** < **-bíhat se** 달리다 ◆ *jít se ~* 조깅[달리기] 하다

probíjet (se) v. *probít* (*se*)

probírat (se) v. *probrat* (*se*); *~ se v čem* (무엇에 대해) 이것 저것 훑어보다, (무엇 안에서) 여기저기 헤집고 다니다

pro|bít (*probi-*) < **-bíjet** (*-její*) 찌르다, mnoha dírkami 구멍을 내다, 꿰뚫다 **~ se** < **-bíjet se** 길을 헤쳐나가

다 ◆ *-bíjet se (těžce) životem* 불편한 생활을 견뎌내다

problém, *mi-2* 문제; 어려움, 난관 ◆ *materiální ~* 물질적[경제적] 문제; *stát před -em* 문제[어려움]에 부딪히다

problematický 문제가 되는, 불확실한

problematika, *f* 제문제, 문제(점) ◆ *sociální ~* 사회 문제

problémov|ý 문제의, 문제있는 ◆ *-é manželství* 문제 있는 부부[결혼]

problesk|nout < -ovat 1 z temna (어둠 속에서) 번쩍이다, opětovně (계속) 반짝이다 **2** 퍼뜩 생각이 나다[떠오르다] **3** zprávy (소식이) 새어나가다 ◆ *~ hlavou* 머리에 생각이 퍼뜩 떠오르다;

probod|nout, -at < -ávat 찌르다, *= probít*

proboha (감탄사) údiv 하나님 맙소사, netrpělivě 이거 큰일 났군, 저런

probojov|at < -ávat 이겨내다 **~ se** 뚫고 나아가다, 극복하다

pro|bořit (se), -bourat (se) < -bořovat (se), -bourávat (se) 뚫고[헤치고] 나아가다

probouzet (se) = *budit (se)*

pro|brat *(prober-u, probral)* **< -bírat 1** 살펴보다, 훑어보다 **2** hodnotit 자세히 조사하다, 음미하다; oddělit nevhodné 가려내다, 선별하다; tak zředit 솎아내다 **3** pojednat o tom (무엇에 대해) 다루다, diskusí 토론하다 **~ se < -bírat se 1** 극복하다, 헤어나오다; ze spánku (잠에서) 깨어나다; z nemoci (병에서) 회복하다 **2** 헤집고 나가다, 뚫고 지나가다

probudit (se) v. *budit (se)*

probuzení (잠을) 깸; (비유어) 소생, 각성

procedit v. *cedit*

procedura, *f* 과정, 절차, 순서; 처분, (의학적인) 처치

procedurální 절차상의, 처분상의

procento, *n-2* **1** 퍼센트, 백분(율) **2** 비율, 율

proces, *mi(-2)* **1** 소송, přelíčení 법적 심리, 공판, 재판 **2** chem. (화학 작용 따위의) 작용, 과정, 공정

procítění, *n* 깊은 감정, 느낌

procítěný 깊은 감정의, 다감한, 마음 깊이 느낀

pro|citnout < -citat = *probudit se*

proclí|t *(proclen)* **< -vat** 관세를 물리다[매기다]

proč 1 (의문) 왜, 무엇 때문에 ◆ *~ pláčeš?* 왜 우니? **2** (부정적인 문맥) ◆ *~ ne?* 왜 아니겠어?; *~ nic neřekneš?* 왜 아무런 말이 없는거니? **3** (관계) *příčina, ~ to udělala* 그녀가 그것을 한 이유; *nemáte si ~ stěžovat* 당신이 불평할 이유가 아무것도 없다 **4** 이유 ◆ *všechna ta ~ a jak* 모든 그 왜와 어떻게의 문제

pročes|at *(pročeš-u|pročesám, pročeš!|pročesej!, pročesal)* **< -ávat** 꼼꼼하게 빗다; (비유어) 이잡듯이[샅샅이] 수색하다[뒤지다]

pročež 그래서, 그 때문에, 그런 까닭으로

pročí|st *(pročt-u, pročetl, pročtení)* **< -tat** 통독하다, 끝까지 다 읽다

prod|at < -ávat 1 팔다, 판매하다,

매각하다 **2** 팔아먹다, 팔다, 배신하다 ~ **se** < **-ávat se** 팔리다, 수요가 있다

prodavač, *ma* **-ka,** *f* 점원, 판매원

prodávající, *ma* 판매자[인]

prodej, *mi* 판매, 매각, 매도 ◆ *na* ~ 판매중; *nabízet na* ~ 팔려고 내놓다

prodejna, *f* 가게, 상점, 판매소, 매장

prodejní 판매하는, 판매의 ◆ ~ *automat* 자동 판매기; ~ *cena* 판매 가격

prodejný **1** 팔수 있는, 잘 팔리는; cenný papír (유가증권) 양도[환금]할 수 있는 **2** (정치인 등이) 돈으로 살 수 있는, 매수 되기 쉬운

proděl|at < **-ávat** **1** 이겨내다, 견디어 내다 **2** prožít 겪다, zakusit 경험하다, co se těžko snáší (견디기 어려운 것을) 치르다; absolvovat 통과하다, 졸업하다 **3** utrpět ztrátu 손실을 입다, 손해보다

proděl|ek, *mi-2, 3* 손해, 손실 ◆ *prodávat s -kem* 손해 보고 팔다

prodchnout < (내적으로) 품게하다, (감정 따위가) 일어나게 하다; 고취하다; (가득) 메우다

prodírat 꿰뚫다, (구멍을) 내다 ~ **se** 뚫고 나가다, 헤치고 나가다

prodlení, *n* 지체, 지연; 연기, 유예

prodl|évat > **-ít** *(-(ej)i, -i!, -el)* **1** 머무르다, 거주하다 **2** v nerozhodnosti (결정을 못하고) 머뭇거리다, 주저하다

prodlít, prodlet v. *prodlévat*

prodl|oužit < **-užovat** 길게하다, 늘리다; nechat běžet 지속하다; obnovit platnost 연장하다, 연기하다 ~ **se** *(prodluž!)* < **-užovat se** v. *dloužit se*

prodrat (se) v. *prodírat (se)*

prodraž|it se < **-ovat se** 비싸지다

prodřít se *(prodř-u, el)* < (사람들을) 헤치며 나아가다, 뚫고 나가다

producent, *ma* **-ka,** *f* 생산자, 제작자, 연출자

produkce, *f* **1** = *výroba* **2** předvádění 공연, 연출; (예술적) 산물, 작품

produkční[1] výrobní 생산의, 제작의

produkční[2]**,** *ma* (방송, 영화의) 제작[연출] 감독

produkovat = *vyrábět*

produkt, *mi-2* **1** 산물; 제작(물), 제품, 생산품; 결과, 성과(물) **2** (경제적) 생산(고), 생산량 **3** 《化》 생성물 **4** (예술적) 제작품, 창작품

produktivní 생산적인, 수확이 많은; 영리적인; (작가의) 다작의

profese, *f* 일, 직업; 생업, 가업

profesionál, *ma-2* **-ka,** *f* 전문가, 프로, (스포츠의) 프로 선수, 직업 선수

profesionální 직업(상)의, 직업적인; 전문직의; 전문가의, 프로의

profesor, *ma* **-ka,** *f* 교수, na střední škole (중, 고등학교) 교사

profesura, *f* 교수직, 교수의 지위[직무]

profil, *mi-2* **1** 옆얼굴, 옆모습; (물건의) 측면; 옆얼굴 상, 반면상; (건축에서) 측면(도) **2** 특징, 특성, 특색 **3** 인물 묘사, 인물 소개 ◆ *úzký* ~ 병의 목, 좁은 통로, 장애, 애로

P

profiltrovat v. *filtrovat*
profit, *mi-2* 이익, 수익, 이윤; 유리, 편의
profitovat čím 이익을 보다, 득을 보다; 교훈을 얻다
prognóza 1 예측, 예상 **2** (질병의) 예후 ◆ *~ trhu* 시장[경기] 예측
program, *mi-2* 계획표, 일정표, 프로그램; počítače (컴퓨터의) 전산 프로그램, jednotlivý film (연극, 영화 따위의) 프로그램; polit. strany, společnosti (정당들, 단체들) 강령, 기본 정책 ◆ *být na -u* 계획[예정] 되어 있다; *denní ~* 일정, 실행 순서, konference (회담 따위의) 예정표, 행사 계획서; *studijní ~* 강의 시간표
programátor, *ma* **-ka,** *f* 프로그램 작성자, (컴퓨터) 프로그래머
programovat 1 계획을 세우다, 예정하다, 계획하다 **2** (컴퓨터에) 프로그램을 작성하다, 프로그래밍하다 **3** (교재를) 프로그램 학습용으로 만들다
programov|ý 계획의, 프로그램의 ◆ *-é prohlášení* (정당의) 정책 선언; *~ zájezd* 패키지 투어[단체 여행]
prohánět v. *prohnat*
prohazovat v. *prohodit*
prohl|ásit (*prohlas!, prohlášen*) < **-ašovat 1** 선언[언명]하다, 발표[표고, 단언, 성명]하다; slavnostně 공언하다; 주장하다 **2** přes námitky a pochyby (이의와 의심에 대해) 의견[입장]을 표명하다; soudně (법률적으로) 선언하다[선고]하다 **3** (칭호, 자격을) 수여하다 ◆ *~ koho doktorem* (누구에게) 박사학위를 수여하다, 누구를 박사로 선언하다; *~ rozsudek* 판결을 내리다
prohled|at < **-ávat** (샅샅이) 찾다, 수색하다, 뒤지다, (엄중히) 조사하다
prohléd|nout < **-at 1** začít vidět 보기 시작하다, 눈을 뜨다 **2** 기운을[원기를] 내다 **3** 훑어보다, 살펴보다 **4** 꿰뚫어 보다 **~ (si)** < **prohlížet (si)** 검토하다; četbou 속독[정독]하다, si pro zábavu (흥미를 위해) 돌아보다, 감상하다; navštívit 가보다, 둘러보다; celkově (전체적으로) 보다
prohlíd|ka, *f* **1** 조사, 검사, 점검; lékařská (의사의) 검진, 진찰 **2** 구경, 관찰, 시찰 **3** prohledání 탐색, 수색 ◆ *~ pamětihodností* 명소[유적]의 관광; *podrobit koho osobní -ce* 누구의 몸을 수색[검사]하다
prohlížet v. *prohlédnout*
prohloubení 1 깊게 하기[만들기] **2** (지식 따위의) 개선, 향상, 심화
pro|hloubit (*prohlub!*) < **-hlubovat 1** 깊게 하다, 깊게 파다 **2** zesílit 강화하다, 집중하다, 심화하다
prohloupit (*neprohlup!*) < (어리석게) 실수하다, 실책하다
prohlubeň, prohlubenina, *f* 분지, 계곡; menší 우묵한 곳, 침하; jáma, dolík 구멍, 구덩이; 갈라진 틈, 균열
prohlubovat v. *prohloubit*
prohnaný 기민한, 교활한, 교묘한, 약삭빠른
prohnat (*prožen-u, prožeň!, prohnal*) < **-hánět** (*-nějí*) **1** 몰다, 재촉하다 **2** koho (누구를) 쫓다, 몰아내다 **3**

probodnutím (찔러서) 뚫다; 관통시키다, 통과시키다 ◆ ~ *komu kulku hlavou* 누구 머리를 총알로 관통시키다

prohnilý 썩은, 부패한; 악취가 나는; **(**비유어**)** 부패한, 타락한

pro|hnout se < -hýbat se 구부리다, 숙이다, uprostřed pod tíží (압력을 받아) 휘다, 굽다; vzhůru obloukem (위가 아치형으로) 구부러지다[굴곡을 이루다]

pro|hodit (*prohozen*)**, -házet (-***zejí*) **< -hazovat 1** co čím (무엇을) 던져 (무엇을) 통과 시키다 **2** zaměnit 맞바꾸다, (위치, 자리 따위를) 전환하다, 바꾸다 **3** (말 따위를) 불쑥 던지다

prohovořit < (신중히) 토론하다, 의견을 나누다

prohra, *f* 패배, 실패; co bylo prohrou ztraceno 상실한 것

prohr|ábnout < -abávat 1 oheň (불을) 쑤셔서 돋우다, 피우다 **2** hledáním 샅샅이 뒤지다, 찾아내다, 파헤치다

prohrá|t (*prohra-, prohrál*) **< -vat 1** 지다, 실패하다, 패배하다 **2** hazardně (노름으로) 잃어버리다

prohřešek, *mi-2, 3* 위반, 위배, 저촉; drobný 가벼운 죄, 비행, 과오

prohřeš|it se < -ovat se 범하다, před zákony n. předpisy (법이나 규정을) 위반하다, proti čemu (…에 대한) 죄를 짓다

prohýbat se v. *prohnout se*

procházet (se) v. *projít (se)*

procházk|a, *f* **1** 산보, 산책 **2 (**구어체**)** 수월한 일, (시험 따위가) 쉬운 것 ◆ *jít na -u* 산보하다; *byla to úplná ~ (růžovým sadem)* 그것은 식은 죽 먹기 였다((시험 등이))

procházkový 걷는, 산책하는; 산책(용)의

prochladnout (날씨 따위가) 추워지다, 차가워 지다; (사람이) 쌀쌀맞아지다, 냉담해지다

projedn|at < -ávat 1 다루다, 취급하다 **2** 논하다, 토론하다, 심의하다 **3** 검토하다, (면밀히) 조사하다

projekce, *f* 투사, 투영, 영사

projekt, *mi-2* 안, 계획, 설계, 기획, 프로젝트

projektovat 계획을 세우다; v nákresu (도화로) 설계하다

pro|jet (*projed-, projel*) **< -jíždět** (-*dějí*) **1** (자동차 따위를 타고) 통과하다, 지나가다 **2** 돌아 다니다, 주유하다, (지역을) 둘러 여행하다 **3** (거리, 구간을) 주파[주행]하다 **4** (생각이) 지나가다 **5** (말을) 운동[연습] 시키다 **~ se < -jíždět se** …을 타고 다니다, 드라이브하다

projev, *mi-2* **1** 표현, 표시, 표명, 명시; 보이기, 나타내기 **2** řečnický 연설, 발언; 발표, 성명 **3** umělecký (예술적인) 표현, 발상 ◆ ~ *citů* 감정의 표현; ~ *důvěry* 신임 투표; ~ *nedůvěry* 불신임 투표; *svoboda -u* 표현의 자유

projevit 1 v. *jevit* **2** vyjádřit 진술하다, (의견을) 말하다, 나타내다 **~ se < -ovat se 1** *vyjádřit se* **2** v. *jevit se*

projímadlo, *n* 완하제(緩下劑), 변비약

pro|jít (*projd-, prošel*) **< -cházet** (-*zejí*) **1** čím (무엇을) 통과하다, 가로지

르다 **2** uplynout 경과하다, 지나가다 **3** procestovat (여기저기) 여행하다, 유람하다 **4** prošlý (기한이 지나) 만료되다, 만기가 되다 **5** (다시, 자세히) 살펴보다 **6** 참여하다, (과정을) 거치다 **7** (법 따위가) 통과되다, 선택되다; (시험을) 통과하다, 합격하다 ◆ *to ti (jen tak) neprojde* 너는 그것을 (그렇게 간단히) 벗어날 수 없을 것이다 ~ **se** < **-cházet se** 산보하다, 어슬렁거리다, 산책하다

projíždět (se) v. *projet (se)*

projížďka, *f* 드라이브, (놀이 삼아) …을 타기

pro|kázat (*prokáž-u, prokaž!, prokázal*) < **-kazovat 1** co čím (무엇을 무엇으로) 증명하다, dokázat 입증하다 **2** názorně (명시적으로) 보여주다; doložit 내어 보이다, 제출하다 **3** co komu (무엇을 누구에게) 보이다, 나타내다, (경의 따위를) 표하다 ~ **se** < **-kazovat se 1** 신분을 증명하다, 증명서를 보여주다 **2** 입증해 보이다

prokazatelný 증명할 수 있는, 입증 가능한, 명백한

prokládat v. *proložit*

proklát = *probodnout*

proklatý 1 저주받은 **2** 지긋지긋한, 지독한((울분 및 분노를 표현))

proklep|at (*proklep-u|-ám, proklepej!, proklepal*) < **-pávat 1** (의사가) 타진하다, 손가락으로 두드리며 조사하다 **2** (문제 등을) 철저하게 논의[검토]하다, 논의 끝에 결론에 이르다

proklestit (*prokleštěn*) v. *klestit*

prokletí, *n* 저주, 악담, 주문(呪文)

prokletý = *proklatý*

proklí|t (*prokle-*) < **-nat 1** 저주하다, 악담하다 **2** (카톨릭) 공식적으로 저주하다, 파문하다

proklouznout < 미끄러져 지나가다, 빠져나가다, 통과하다; při zkoušce (시험에) 통과하다, 합격하다

prokouknout < **1** 들여다보다 **2** koho = *prohlédnout*

prokurátor, *ma* **-ka,** *f* 기소자, 검찰관, 검사

prokuratura, *f* 검찰(청), 검찰 기관

prokurist|a, *ma(-4)* **-ka,** *f* (업무)대리(인), 법정 대리인; (주식회사의) 총무 이사, 총무 부장

proláklina, *f* 땅이 우묵한 곳, 침하한 장소

prolamovat v. *prolomit*

proletariát, *mi-2* 프롤레타리아트, 무산계급 ◆ *diktatura -u* 프롤레타리아 독재

proletář, *ma* **-ka,** *f* 프롤레타리아, 무산자

proletářský 프롤레타리아의

pro|letět (*oni proletí*) < **-létávat 1** 날아서 지나가다 **2** 빨리 지나가다 v. *proběhnout, propadnout* **3** (구어체) (시험에) 떨어지다, 낙제하다

prolévat v. *prolít*

prolézačka, *f* (아이들을 위한) 정글짐((운동시설))

proléz|t (*prolez-*) < **-at 1** 기어서 지나가다 **2** 찾으려고 헤매다, 구하려고 돌아다니다 **3** 둘러보다, 돌아보다 **4** (구어체) u zkoušky (시험에) 힘들게 통과하다

P

proleženina, *f* (환자의) 욕창
prolhaný = *lživý*
pro|lít (*proli-|prole-, prolil, prolit-í*) < **-lévat 1** (체나 필터를 통해) 내리다, 거르다 **2** slzy (눈물을) 쏟다, krev (피를) 흘리다
pro|lnout (*prolnu*) < **-línat** co/do čeho (무엇을) 침투하다, 스며[베어] 들다 ~ **se** 섞이다, 혼합되다
prolog, *mi-2, 3* 서언, 머리말, 서시; 서막
pro|lomit < **-lamovat 1** 구멍을 뚫(어 만들)다, 부수다, 쪼개다 **2** (침묵, 원칙을) 깨다, 타파하다 **3** (테니스에서) 브레이크하다, (상대의 서브를) 깨다
pro|ložit < **-kládat 1** (사이에) 끼우다, 삽입하다 **2** (인쇄) 행간을 넓히다 ◆ ~ *maso zeleninou* 고기를 야채 사이에 끼워 넣다
proluka, *f* (건축물 사이의) 집짓지 않은 빈 땅, 공터
prolustrovat 1 (누구를) 심사하다, 검사[점검]하다((특히 과거 비밀 경찰과의 관계에 대해)) **2** (무엇을) 검사[점검]하다, 발견하다 ◆ ~ *ledničku* 냉장고를 점검하다
promáčet v. *promočit*
pro|mačkat < **-mačkávat 1 (**요리**)** (꽉눌러) 짜다, (눌러) 찧거나 섞다 **2** 《醫》 (배를 눌러) 검진하다
promáčknout 눌러 부수다, 깨뜨리다; 무리하게 밀어 붙이다 **~ se** 헤집고 나아가다, 비집고 나가다
promar|nit < **-ňovat 1** bez využití (유용하게 사용하지 않고) 낭비하다, hýřením 탕진하다, rozhazováním 아낌없이 쓰다 **2** čas (시간을) 허비하다, 허송세월을 보내다
promaz|at (*promaž-u, promazal*) < **-ávat 1** motor (엔진에) 윤활유를 바르다, 기름을 바르다 **2** (구어체) peníze (돈을) 써버리다, 탕진하다
proměna 변환, 변화; div. (연극에서의) 장면 바꾸기; (생물학적) 변형, 변태
promenáda, *f* **1** 산보, 산책; 유보 **2** 산책길, 유보장
promenádní 산보[유보]의 ◆ ~ *koncert* 야외 공연[음악회]
proměnit v. *měnit*
proměnlivý 변하는, 변할 수 있는; nestálý, vrtkavý 변덕스러운
proměňovat = *měnit*
promešk|at < **-ávat** 놓치다, 제때 이용하지 못하다, příležitost (기회를) 놓치다
promile, *n-in* 천(千)분율, 1000분의
prominent, *ma* 유명한 사람, VIP, 명사
pro|minout < **-míjet 1** 용서하다, 양해해주다, nepotrestat 관대히 봐주다 **2** trest, dluh (처벌, 빚을) 사하다, 면제하다 ◆ *-miňte* 용서를 하십시오, 죄송합니다, 실례합니다; *promiňte, že vás vyrušuji* 당신의 일을 방해 해서 죄송합니다; *promiňte, že vás přerušuji* 당신의 일을 방해해서 죄송합니다 *promiňte, že vás obtěžuji* 당신께 폐를 끼쳐 드려 죄송합니다[용서를 바랍니다]
prominutí, *n* 용서; (죄의) 사면 ◆ *prosím za* ~ 용서를 구합니다
promísit (*promis!, promíšení*) v. *mísit*

P

promítací 영사의, 방영[상연]의 ◆ *~plátno* 영사 스크린[막]

promítač[1], *ma* **-ka,** *f* 영사 기사

promítač[2], *mi* **-ka,** *f* 영사기, 프로젝터

promít|nout < **-at** 영사하다, na plátno (막[스크린]에) 투사하다; 방영하다, 상영하다

promlčení, *n* 《法》 (권리의) 소멸, 상실, 실효

promlč|et (*oni promlčí*) < **-ovat 1** podle zákona (법에 따라) 시효가 소멸하다, (권리 따위를) 상실하다, 무효로 되다 **2** 침묵으로 (시간을) 보내다

promlouvat = *mluvit*

promluva, *f* 언급, 연설; 이야기, 담화, 담론; 《言》 담화((발화의 연속체, 문장의 보다의 상위 개념))

promluvit v. *mluvit*

promoce, *f* 졸업식, (박사)학위 수여식

pro|močit < **-máčet** (*-čejí*) 흠뻑적시다, 담가 놓다

promok|mout < **-(áv)at** 완전히 젖다, 흠뻑 젖다 ◆ *~ na kůži* 속속들이 젖다

promovat 1 졸업하다, 학위를 취득하다 **2** koho (누구에게) 학위를 수여하다

promrh|at < **-ávat** 낭비하다, 허비하다, v. *promarnit*

pro|myslit (*promyšlen*) < **-myšlet** (*-lejí*) 곰곰히 생각하다, rozřešit 숙고하다; rozvážit (신중히) 고려하다

promyšlený 깊이 생각한, 고려한; 신중한, 공들인

promý|t (*promy-*) < **-vat** 헹구다, 씻어내다, 꼼꼼하게 씻다

pronájem, *mi-2* 차용, 임대, 임차; (항공기, 선박 따위의) 전세 ◆ *dát/vzít do -u* 임대하다[빌려주다, 세놓다]/임차하다[빌리다, 세들다]

pronaj|mout (*pronajm-u, pronajal, pronajmutí*) < **-ímat** komu (누구에게) 빌려주다, 임대하다, 세주다, 세놓다 **~ si** 빌리다, 임차하다, 세들다

pronásledovat 1 추적하다, 소추하다; 뒤쫒다, 뒤를 밟다 **2** 쫒아다니다 **3** 박해하다, 괴롭히다

pronásledování, *n* **1** 추적, 추격 **2** 괴롭히기, 학대, 스토킹

pronásledovatel, *na-1, 4* **-ka,** *f* **1** 추적자, 소추자 **2** 학대자, 박해자

pro|nést (*prones-*) < **-nášet** (*-šejí*) **1** přes co (무엇을 통해) 나르다; tajně (몰래) 가지고 들어오다, 불법으로 수입하다 **2** slovy 언급하다, 말하다, řeč 연설하다

pronikavý 1 침투하는, 관통하는 **2** 강하게 자극하는, 자극성의 **3** (눈, 시선이) 확고하게 향해진, 집중되어 있는 **4** 예리한, 날카로운; 명석한, 총명한; (비평 따위가) 통렬한, 신랄한

pronik|nout < **-at 1** 관통하다, 침투하다; všestranně (모든 방면에서) 스며들다 (co, do čeho 무엇을, 무엇으로); otvorem (틈으로) 꿰뚫고 나가다 **2** (추위 따위가) 파고 들다 **3** (소문이) 퍼져 나가다, (소식이) 닿다, 미치다, (누구의 귀까지) 들어가다 **4** postihnout význam (의미 등을) 파악하다, 간파하다, 이해하다 **5** 단언하다, 주장하다

propad, *m* **1** 폭락, 불황, 불경기; 부진; 함몰, 붕괴 **2** 실패 **3** (무대 등의) 뚜껑문, 함정문, 들창 ◆ ~ *zemědělství* 농업 불황, ~ *politické strany* 정당의 부진

propadliště, *n* **1** (무대 등의) 뚜껑문, 함정문, 들창 **2** 움푹 들어간 장소

propadlý **1** (눈, 뺨 따위가) 움푹들어간 **2** 기한이 지난, 실효된 **3** 낙방한, 낙제한

propad|nout < -(áv)at **1** 사이로 떨어지다, 빠지다 **2** (연극, 공연에) 실패하다 **3** 낙제하다, u zkoušky (시험에) 떨어지다 **4** zkáze (영락, 불행에) 빠지다 **5** 기한이 지나다 ◆ ~ *hrdlem* 생명을 빼앗다; ~ *se studem* 창피를 당하다; ~ *šílenství* 미치다; ~ *zkáze* 파멸[붕괴]하다, 몰락하다; ~ *zoufalství* 절망에 빠지다; *z dějepisu* 역사 시험에 떨어지다; *nechat někoho* ~ 누군가를 절망에 빠뜨리다

propagace, *f* 선전, 진흥, 장려; 판매 촉진, 권유; (특정 사상 따위의) 보급, 전파

propagační 광고의, 홍보의; politická i jiná (정치적인 또는 다른) 선전의, 프로파간다의

propaganda, *f* (특정 사상 따위의) 선전, 홍보, 프로파간다

propagátor, *ma* **-ka,** *f* 선전원; (스포츠의) 흥행업자; 유행을 선도하는[만드는] 사람; 제창자, 주동자

propagovat 선전하다, 널리 알리다; mezi voliči (투표자들 사이에서) 유세하다; (이론, 견해 따위를) 주창하다; (광고, 선전으로) 촉진하다, 장려하다

propast, *f-1* **1** 균열, 틈, 사이, 틈새, 간격; obrovská (거대한) 심연 **2** (감정, 견해 따위의) 차이, 간격 ◆ *překlenout* ~ 간격[틈]을 메우다, 사이를 연결하다

propást (*propas-, propásl*) <(사람, 사물, 버스 등을) 놓치다, 빠뜨리다, 지나치다 ◆ ~ *příležitost* 기회를 놓치다

propastný 심연의, 한없이 깊은, 끝없는

propašovat v. *pašovat*

propedeutický 준비 교육의, 예비 지식의; 입문의, 초보의; 예비의

pro|píchnout < -pichovat 찌르다, (금속, 차표 따위에) 구멍을 뚫다; jehlou (바늘로) 찌르다, bodnou ranou (날카로운 것으로) 찔러 관통시키다

propíjet v. *propít*

propisovat v. *propsat*

propí|t (*propi-*) < **-jet** (*-její*) 마시며 보내다; 술로 탕진하다, 술을 마시는 데 쓰다

proplácet v. *proplatit*

pro|pláchnout < -plachovat (충분히) 헹구다; (입을) 부시다; mocně průtokem (강하게 유량으로써) 씻어내다; (변기, 관 따위를) 씻어내리다

pro|platit (*proplacen*) < **-plácet** (*-cejí*) 지불해 버리다, uhradit 상환하다, 갚다; směnku (어음을) 현금으로 찾다, (어음을) 인수하여 지불하다

proplé|st (*proplet-*) < **-tat** 꼬다, (무엇을 넣어서) 엮다, 짜다, 뜨다 **~ se** < **-tat se** **1** kudy (어디로) 밀어 제치고[헤치고] 지나가다 **2** (서로) 꼬이다,

엉클어지다

proplýtvat v. *plýtvat*

propočíst, propočít|at < -ávat (철저히) 계산하다, 산출하다, 셈하다

propojení, *n* 상호 연락[연결]; (전화) 연결; (컴퓨터의) 링크 연계

propoj|it < -ovat 서로 연결하다; (전화를) 연결하다; (컴퓨터에서) 링크하다, 연계하다

proporce, *f* (치수, 수량 따위의) 비, 비율, 균형, 비례; tělesné (신체의) 체격, 골격((특히 남성의))

propouštět (*-tějí*) v. *propustit*

propracov|at < -ávat 1 정성들여 만들다, (계획 따위를) 짜다 **2** (이론, 방법 따위를) 명확하게[체계적으로] 나타내다; 세련되게 하다, (문장 따위를) 다듬다; (재능 따위를) 개발하다 **3** 충분히 반죽하다, těsto (반죽을) 이기다, 개다 **4** (근육을) 발달시키다

pro|psat (*propíš-u, propiš!, propsal*) < **-pisovat** obtahováním (교정쇄 따위를 밀어서) 베끼다, pomocí karbonu (카본지의 도움으로) 복사하다

propůjč|it (*propůjč[i]!*) < **-ovat 1** = *půjčit* **2** udělit 수여하다, poskytnout 제공하다 ~ **se < -ovat se 1** k čemu (무엇에) 힘을 쏟다, 저극적으로 나서다 **2** k nízkému (낮은[비천한] 것에) 내맡기다, 굽히고 …하다

propuk|nout < -(áv)at 갑자기 일어나다[발생하다]; 폭발하다, (웃음, 울음 따위가) 터지다 ◆ ~ *v pláč/v smích* 울음/웃음이 터지다

propust, *f-1* 수문, 보

pro|pustit (*propuštěn*) < **-pouštět** (*-tějí*) **1** 보내다, 통과시키다, koho, aby prošel (누구를) 지나가도록 하다 **2** dovolit odejít 떠나게 하다[자유롭게 하다] **3** vyjmout 빼내다, 면제시키다; 제대 시키다 **4** zbavit místa 해고하다, 해직하다, 해임하다 **5** 석방하다, 방면하다, 출감시키다

propustka, *f* 통행증, (입장) 증명서, povolení (입장, 출입 따위의) 허가증; (군의) 출입 허가증, 외출 허가증

prorada, *f* 불신[불성실], 배반(행위)

proradný 불신의, 불성실한, 배반의

pro|razit (*proražen*) < **-rážet** (*-žejí*) **1** 쳐서 조각내다[깨다] **2** 구멍을[통로를] 뚫다; cestu (길을) 뚫다 **3** uplatnit se 목적을 달성하다, 관철시키다 **4** (테니스에서 상대방의 서비스 게임에서) 이기다

prorektor, *ma* **-ka,** *f* 부총장

prorocký 예언적인, 예측의; 예언자의, 예언자적인

proroctví, *n* 예언(능력), 예측(력)

prorok, *ma-3* **-yně,** *f* 예언자, 예측자, 선각자, 선지자; 천리안

prorokovat 예언하다, 예견하다, 예측하다

prorostlý 1 (고기가) 지방질이 섞인 **2** (잡초 따위가) 무성하게 자란

prorůst (*prorost-*) < **-at 1** (갈라진 틈 사이에서, 울타리 따위를 통과하여) 자라다 **2** (잡초 따위가) 무성하게 자라다

pro|říznout, -řezat (*prořež, prořezal*) < **-řezávat 1** 완전히 자르다, 절단하다 **2** stromy (나무들을) 가지쳐서 손질하다, 전정[전지] 하다; (숲에서) 나무를 쳐내다 ◆

prořezávají se mu zuby 그는 이가 난다
prosa|dit (*prosazen*) < **-zovat 1** (정책 등을) 강행하다, 관철시키다 **2** (권리 등을) 주장[옹호]하다 **3** (계획 등을) 실현[실천]하다 ~ **se** < **-zovat se** (자기 의견을) 성취하다, 주장하다
pro|sáknout < **-sakovat 1** 흠뻑 적시다; 배어[스며]들다 **2** čím (무엇을 통해) 거르다, 여과하다 **3** 새나가다, 유출하다
prosazovat (se) *prosadit* (*se*)
prosb|a, *f* 부탁, 간청, vroucí (뜨거운, 열정적인) 기도, 소원, 애원 ◆ *měl bych k vám velkou -u* 제가 당신께 큰 [간절한] 부탁을 드리고 싶은 데요; *na čí -u* 누구의 부탁으로; *vyhovět -ě* 부탁[소원]을 들어주다
prosebn|ík, *ma-3* **-ice,** *f* 소원자, 의뢰인, 탄원자, 간청자
prosebný 의뢰의, 간원하는, 탄원하는, 애원하는
prosévat v. *prosít*
prosím (**불변화사**) **1** (동의 표시) 예, 물론이요 **2** (**정중한 물음**) 실례지만, 뭐라고 하셨죠? **3** (**감사 표시에 대한 대답**) 천만에요 **4** (**감탄사**) 이봐, 이보세요; 자! ◆ ~ *tě, víš, co se stalo?* 이봐, 무슨일이 일어났는지 알아?
prosincový 12월의
prosin|ec, *mi* 12월 ◆ *v -ci* 12월에
pros|it (*prošen*) > **po- 1** koho za/o co (누구에게 무엇을) 간청하다, 부탁하다, úzkostně (걱정스럽게) 청원하다; za koho (누구를 위하여) 소청하다 **2** *-ím, -íme* (간청, 요구를 나타낼 때) 부디, 제발 ~ **se** = *doprošovat se* ◆ *smím ~?* (춤출 때) 제가 요청해도 될까요?, 제가 …하는 기쁨을 누려도 될까요?; *dávejte -ím pozor* 주목해 주세요; *vstupte, -ím* 들어오세요; *-íme o brzkou odpově* 빠른 회답 부탁드립니다
pro|sít (*prose-, prosel, proset, prosetý/prosátý*) < **-sévat, -sívat 1** 가려내다, 체로 치다[가려내다] **2** 서로 섞다, 혼합 시키다
pro|skočit < **-skakovat 1** (무엇을 통해) 뛰어서 빠져나가다 **2** (갑자기) 나타나다; (소문 등이) 새어나오다, 누설되다
proslavený 축복받은, 유명한, 저명한
proslav|it < **-ovat** 유명하게 하다, 명성을 떨치게 하다 ~ **se** < **-ovat se** 유명해지다
pro|slechout se < **-slýchat se** (*-slechlo se*) …라고 소문이 나다, 널리 알려지다
proslov, *mi-2* (소개) 연설, 인사말; (의식, 행사 따위의) 연설, 식사(式辭) ◆ *zahajovací ~* 개회사
proslov|it < **-ovat** 연설하다, 설교하다, (강의 따위)를 하다
proslulý 유명한, 잘 알려진; čím (무엇으로) 이름난 ◆ *neblaze ~* 악명 높은
proslýchat se v. *proslechnout se*
prospat (*prospí-m, prospi!, prospal*) < **1** (일정 시간 내내) 자다, 자면서 보내다 **2** 잠을 자서 놓치다; (기회 따위를) 놓치다 ~ **se** krátce 잠깐 자다; 푹 자다
prospěch, *mi-2* **1** 이익, 장점; blaho

복리, 복지, 번영 **2** výsledek 결과; školní (학교의) 성적 ◆ *mít ~ z čeho* (무엇으로부터) 이익을 보다[얻다]; *mít dobrý/špatný* 좋은/나쁜 성적을 갖다[얻다]

prospekt, *mi-2* 안내서, 설명서, 카탈로그, 전단

prosperovat = *prospívat*

prospěšný 유용한, 쓸모있는; výhodný 유리한, 유익한

pro|spět (*prospě-*) < **-spívat 1** komu (누구에게) 혜택을 주다, 도움이 되다, 유익을 주다 **2** (과목 따위를) 통과하다 ◆ *~ v češtině výborně* 체코어 (과목) 에서 탁월한 성적을 얻다

prospívat 1 prospět komu (누구에게) 유익을 주다 **2** 번창하다, 잘되다, 성장하다

prostě 1 단순하게, 간단히게 **2** 겸손하게, 조심성 있게; 소박하게 **3** 단지, 그냥, 그저 **4** 진짜, 정말로, 한마디로 ◆ *mluv ~ a jasně* 간단 명료하게 말해; *přišla se ~ zeptat, jak se má* 그녀는 단지 그가 어떻게 지내는지 물어보러 왔다; *to je ~ ostuda* 그거 정말[한마디로] 망신이다

prostěradlo, *n* (침대 따위를 덮는) 시트, 욧잇

prosti|čký, -nký 아주 단순한, 매우 소박한

prostírat (상을) 펴다, 식탁을 차리다 **~ se** 펼쳐져 있다; (토지 따위가) 달하다, 퍼지다; v. *prostřít*

prostituce, *f* 매춘(제도)

prostitutka, *f* 매춘부, (거리의) 창녀

prostná, *n-pl* 맨손 체조; (체조의) 마루 운동

prostoduchý 단순한, 순진한, 천진난만한; 소박한

prostoj, *mi* 정지(상태), 휴지 기간, 대기 시간

prostopášný 타락한, 방탕한, 단정치 못한, 품행이 나쁜

prostor, *mi-2* **1** (물리적, 철학적) 공간; (대기권 밖의) 공간, 우주 **2** 장소, 구역 **3** (활동의) 여지, 기회 ◆ *meziplanetární ~* 행성간 공간; 태양계 밖의 공간, 우주

prostora, *f* (건물을 포함한) 토지, 대지

prostorný 공간이 넓은, 광활한, 널찍한

prostorový 입체의; 공간의, 공간적인

prostořeký 건방진, 주제 넘은, 제멋대로, 뻔뻔스런

prostota, *f* 단순성, 간결함; 소박함, 수수함

pro|stoupit (*prostup!*) < **-stupovat 1** co, čím (무엇을 무엇으로) 스며들게 하다, 침투시키다, 확산시키다; 다각화하다 **2** (액체 따위가) 배어들다, 젖다

prostovlasý 모자를 쓰지 않은, 맨머리의

prostranný = *prostorný*

prostranství, *n* 공한지, 대지, 빈터

prostr|čit < **-kávat, -kovat** co čím (무엇을 무엇으로) 찔러 꿰뚫다, 찌르다, 쑤석거리다

prostřed (+생격) = *uprostřed*

prostřed|ek 1 střed 중심, 중앙, 한

P

가운데 **2** 수단, 매체; zařízení 장치, 설비, 수단, …제, 도구; 방법, 방편 **3** -ky 재원, 재력, 자금, 물자 ◆ *masové sdělovací -ky* 대중 전달 매체

prostředí, *n* 환경, 배경; životní (생활) 조건; sociální (사회적) 환경; 분위기, 정황 ◆ *ochrana životního ~* 생활 환경 보호; *změna ~* 분위기 전환

prostředkovat > z- mezi (사이를) 중재하다; jednat 협상[협의]하다; zasahovat 조정하다, 개입하다, spojení 연결시켜 주다

prostředkovatel, *ma-1,4* **-ka,** *f* 중재자, 매개자

prostřední 1 = *střední* **2** kvalitou (질에 있어서) 중간의, 중등의, 평균의 **3** nijak ne zvláštní 평범한, 보통의

prostřednictví, *n* 중개, 조종

prostřednictvím 통해서, 경유해서, 매개로 ◆ *~ čeho* 무엇을 매개로; *~ přítele* 친구를 통해서

prostředn|ík[1], *ma-3* **-ice,** *f* 중개인, 브로커; ve sporu (분쟁에서의) 조정자, 중재인

prostředník[2], **prostředníček** *mi-2, 3* prst 중지, 가운데 손가락

prostřednost, *f-1* 평범, 보통, 평균

prostř|elit, -ílet (*-lejí*) **< -elovat** 쏘아 무엇을 관통시키다, (총으로) 쏘아 맞추다

pro|střít (*prostř-, prostřel*) **< -stírat** ubrus (식탁보를) 깔다, 펼치다; na stůl (테이블 위에) 식탁[밥상]을 차리다

prostupnost, *f-1* 침투성, 스며듦, 투과성

prostupovat v. *prostoupit*

prostý 1 단순한, 간단한, 쉬운 **2** 소박한, 검소한; 겸손한, 겸양의; 평범한 **3** 솔직한, 꾸밈없는, 거짓없는, 자연 그대로의; 순진한, 순수한 **4** čeho …로부터 벗어난, 자유로운 ◆ *~ způsob života* 소박한[검소한] 생활 방식; *~ pád* 단순격((전치사가 없는)); *viditelný -m okem* 육안으로 보이는; *prost cla* 면세의; *prost hříchu* 죄 없는; *prost starostí* 근심[걱정] 없는

prosvítat 무엇을 통해 비치다, 넌지시 나타나다

pro|svítit (*prosviť!, prosvícen*) **< -svěcovat 1** zrentgenovat 방사선 촬영하다; X레이로 찍다 **2** (계란을) 불을 비춰 선별하다 **3** (짐 따위를) 투영 검사하다

prošedivělý 희끗희끗한, 하얗게 센, 백발의

proší|t (*proši-*) **< -vat** 꿰매다, jako pokrývku (덧입불처럼) 누비다

prošoup|at (*prošoup-u*) **< -ávat** 닳아 없어지게 하다, 너무 입어서 헤지게 하다

prošpikov|at < -ávat 1 (고기, 베이컨 따위를) 끼워넣다 **2** (구어체, 비유어) 인용구 등을 끼워 윤색하다

pro|štípnout (*protažen*) **< -štipovat** 구멍을 뚫다, 찍어[찔러] 틈 따위를 만들다

prošťour|at < -ávat 들쑤시다, 쑤셔 후비다; 뒤지다, 샅샅이 찾다

prošustrovat < (구어체) (돈을) 낭비하다, 헛되이 쓰다 ◆ *~ prachy* 돈을 낭비하다

protagonist|a, *ma* **-ka,** *f* (연극의) 주역, (소설, 이야기 따위의) 주인공; (비유어) (사상, 운동 따위의) 주창자,

주도자

protáhlý 좁고 긴, 길쭉한; (시간, 기간 따위가) 긴, 길어진

pro|táhnout < **-tahovat** **1** čím (무엇으로) (당겨) 통과시키다, tahem 당기다, usilovným (세게) 잡아 당기다 **2** vyčistit 깨끗하게 하다; (수채, 수세식 변소 따위를) 물로 씻어 내리다 **3** prodloužit 길게하다, 늘이다 **4** údy (사지를) 쭉 펴다 **~ se** < **-tahovat se** **1** 헤쳐나가다 **2** v čase (시간상으로) 길어지다, 끌다, 연장되다 **3** údy (사지를) 뻗다, 기지개를 켜다

protějšek, *mi-2, 3* **1** 맞은 편, 상대(편); 적수, 맞수 **2** kdo jinde dělá totéž (다른 곳에서 같은 것을 하는 사람) 상응하는 사람

protější 반대(편)의, 맞은 편의

protekce, *f* 보호, 후원

protektor[1], *ma* **-ka,** *f* **1** 보호자, 옹호자, 후원자 **2** 섭정, 호민관

protektor[2], *mi-2* pneumatiky 타이어의 홈이 패인 바닥면((보호용 외부 표면))

protektorát, *mi* (약소국에 대한 강대국의) 보호, 후원; 보호령, 보호국

protest, *mi-2* 항의, 항변, 이의; 불복, 반대; (스포츠에서) 판정에 대한 항의

protestant, *ma* 프로테스탄트, 신교도

protestovat **1** 항의하다, 항변하다; nechtít přijmout 이의를 제기하다; při odmlouvání 반박하다 **2** směnku (어음의) 지불[인수]를 거절하다

proteti|k, *ma-3* **-čka,** *f* 보철 기공사

protetika, *f* 보철학, 의치(술)

protéza, *f* 보철; 인공기관((의수(義手), 의안, 의치 따위))

protěžovat 후원[장려]하다, 지지하다; 편들다, 역성들다, 두둔하다

proti (+전치격) **1** místně (위치) …의 맞은[건너]편에[의] **2** pohyb, odpor (행동, 적대) …에 대해, …에 반대[적대]하여 **3** poloha n. cesta proti proudu (역행) …에 거슬러, …역류의, 거꾸로 **4** ve srovnání s (비교) …와 비교[대비]하여 **5** ochrana (보호) = *před* …에 대비하여, …을 위해[위한]; lék (약이) …에 대항하여[하는] **6** poměr (관계) = (*k* …에) ◆ ~ *kostelu* 교회 맞은 편에; ~ *očekávání* 예상과는 반대로; *bojovat* ~ *čemu* 무엇에 대항하여 싸우다; ~ *proudu* 흐름을 거슬러; ~ *včerejšku je tepleji* 어제에 비해서 더 따듯하다; *lek* ~ *chřipce* 감기약; *brýle* ~ *slunci* 선글라스

proti- 반(反), 대(対), 반대의, 방지의

protiatomový 핵무기 반대의, 반핵의; 방사선 방지의 ◆ ~ *kryt* 원폭용 방공호

protihodnota, *f* 동치, 등가

protichůdný 반대의, 대립적인, 상충하는

protijed, *mi-2* 해독제

protiklad, *mi-2* 정반대, 반박; 대조, 대비, 대립; 모순; 견해[의견]차이

protikladný 정반대의, 모순되는

protilátka, *f* 항체, 항독소

protilehlý 반대의, 마주보는, 맞은 쪽의

protilék, *mi-2, 3* 해독제; 중화제, 반작용제

protiletecký 대공의, 방공의

P

protínat (se) v. *protnout (se)*
protinávrh, *mi-2, 3* 반대 제안, 다른 제의, 대안
protinož|ec, *ma* **(복수형)** -ci 대척자 ((지구의 정반대쪽에 사는 사람))
protiprávní 불법적인, 위법의
protislužb|a, *f* 보답, 서비스; 호혜 봉사 ◆ *prokázat -u* 보답하다, 호혜 봉사를 하다
protisměr, *mi-2* 반대 방향, 역방향
protistátní 반역의, 반국가적인
protišpionáž, *f* 방첩(활동), 대적 정보 활동; 역스파이 활동
protitankový 대전차 (부대)의
protiútok, *mi-2, 3* 반격, 역습; sport. (스포츠에서) 역습
protiváha, *f* 평형, 균형
protiválečný 반전의, 전쟁에 반대하는
protivirový 항 바이러스성의 ◆ *~ program* 항 바이러스 (소프트웨어) 프로그램
protiv|it se > z- 1 반항하다, 저항하다, neposlouchat 불복하다; nesouhlasit 반대하다 **2** 몹시 싫다, 역겹다, 혐오스럽다 ◆ *-í se mi to* 나는 그것이 지긋지긋하다[역겹다]
protivník, *ma-3* 반대자, 상대자, 맞수, 라이벌; odpůrce 적대자, 적수
protivný 1 반대의, 역의; 대립하는 **2** ve styku 불쾌한, 역겨운, 성가신; 반감이 느껴지는, 적의 있는; 적수의
protizákonný = *protiprávní*
protk|at < -ávat (직물에 대비되는 색이나 무늬를) 짜 넣다, 섞어 짜다
protlač|it < -ovat 1 눌러 뚫고 나가게 하다, (으깨서 체로) 거르다 **2** 사람들을 헤치며 나아가다 **3** (목적을) 달성하다[관철시키다]
protlak, *mi-2, 3* 퓨레, 케첩 ◆ *rajský ~* 토마토 퓨레[케첩]
protlou|ci, -ct (se) < -kat (se) = *probít (se)*
pro|tnout (se) (*proťal, protětí = protnutí*) **< -tínat (se) 1** (칼, 가위로) 자르다 **2** (기하학) 교차하다 **3** 가르며 뚫고 들어가다 **~ se** (서로) 만나다, 교차하다
proto 그 때문에, 그런 까닭에; 그래서, 그러므로, 따라서 ◆ *~ přece* 그럼에도 불구하고, = *nicméně*; *dostat co ~* 받을 몫을 받다, 호되게 야단받다[벌받다]; *~, že ...* 왜냐하면 …; *~, aby ...* …하도록; *každé proč má své ~* 모든 것은 이유[핑계]가 있다
protokol, *mi-2* **1** 기록, 의사록, schůze 회의록; 설명서, 진술서 **2** diplomatický 의정서, 외교 문서
protokolovat > za- 기록하다, 회의록을 작성하다
prototyp, *mi-2* 원형, 기본형; 전형
protože 왜냐하면, …때문에, …이므로, vzhledem k tomu, že …를 고려하면, …이니까 ◆ *~ nemám auto, nemůžu...* 나는 차가 없기 때문에 …할 수 없다
protrh|at < -ávat 1 쪼개지게 하다, 갈라지게 하다, proděravět (천, 종이의 가운데를) 찢어 구멍내다 **2** (야채 따위의 못 먹는 부분을) 뜯어내다, 솎아내다
protrh|nout, -at (se) < -ávat (se) 1 뜯다, prudce (세차게) 잡아 찢다[끊다] **2** 갑자기 방해하다

protřep|at < **-ávat** 흔들다, 뒤흔들다, 흔들어 섞다

proud, *mi-2* **1** splývavý 흐름; přírodní, tryskající n. valící se (자연의, 분출하는 혹은 쇄로하는) 수류, 분류, 조류 **2** tendence 풍조, 사조, 경향, 추세 **3** vozovky (차량의) 물결; 사람의 물결, 인파 **4** (전기) 전류 **5** 진행, 절차

proudit (*proudění*) **1** 흐르다, 흘러나오다 **2** sem a tam (여기저기로 사람들이) 밀려오다, 유동하다

proudnice, *f* 유선(형)

proudový 유선의, 유선형의

proutek, *mi-2, 3* **1** 가는 막대기; 회초리; kouzelný (마술) 지팡이; větvička 작은 가지 **2** (물을 찾는데 사용하는) 점지팡이

proutěn|ý (버들가지 따위의) 가는 가지로 만든, 고리 버들 세공의 ◆ ~ *košík/-é křeslo* 고리 버들 세공 바구니/의자

proutí, *n* 마른가지 다발, 채찍 묶음; vrbové (버드나무의) 가지

proužek, *mi-2, 3* **1** 좁은 줄, 선; 줄무늬 **2** 길고 가느다란 조각[천] **3** 길고 가느다란 땅; (구름, 연기) 열편, 오라기

proužkov(an)ý 줄무늬가 있는, 줄무늬의

prová|dět (*-dějí*) v. *provést*

proval|it (se) < **-ovat (se) 1** (둑 등이) 열리다, 터지다; (발진 따위가) 돋다 **2 (**비유어**)** 드러나다, (불쑥) 나타나다

provaz, *mi* **1** provázek (밧)줄, 노끈, 로프 **2** (교수형의) 목매는 줄, 올가미 ◆ *táhnout za jeden ~* 같은 목표를 추구하다

provázek, *mi-2, 3* 끈, 노끈, 가는 끈; (전기) 코드, 줄

provázet (*-zejí*) = *doprovázet*

provazn|ík, *ma-3* **-ice,** *f* 줄[로프] 만드는 사람

provazolez|ec, *ma* **-kyně,** *f* 줄타기 광대, 줄타기 곡예사

provazový 밧줄의, 로프의 ◆ ~ *žebřík* 줄[로프] 사닥다리

provážet v. *provézt*

provdat (se) = *vdát (se)*

proveditelný 실행할 수 있는, 실현 가능한; 실용적인, 실제적인

prověrka, *f* **1** 검사, 심사, 감사 **2** kontrola 진찰, 진단, 감찰 **3** (학교의) 시험, 테스트

prověř|it < **-ovat** 검사하다, 시험해보다; 조사하다, 검증하다

pro|vést (*proved-*) < **-vádět** (*-dějí*) **1** čím (누구를 무엇으로) 인도하다, 이끌다, jako průvodce (가이드로써) 안내하다, po čem (무엇을) 둘러보게 하다 **2** uskutečnit 실행하다, určitou technikou (일정한 기술로써) 시행하다; zdoláním obtíží (어려움을 극복하고) 달성하다, dosažením předsevzatého (결심을 이룸으로써) 실현하다; dohodu (합의를) 수행하다, předpis (규정을) 이행하다, v praxi (실전으로) 연습하다, soustavně, zvl. opakováním (체계적으로 특히 반복해서) 연습하다 **3** (댄스에서) 누구를 이끌다, 리드하다 **4** (일을) 저지르다, 일으키다 **5** (연주 따위를) 상연하다

provětr|at (se) v. *větrat (se)* **-ávat** = *větrat*

P

pro|vézt (*provez-*) < **-vážet** (*-žejí*) **1** koho autem (누구를 자동차를) 태우고 돌아다니다, co čím (무엇을 무엇으로) 통과시키다 **2** v. *pašovat*

provinciální 지방의, 시골의, 교외의; 소박한; 편협한, 한정된

provincie, *f* 지방, 지역; 시골, 변방

provinění, *n* 위법 행위, 위반, 저촉, 과실

provinil|ec, *ma* **-kyně,** *f* 죄있는 사람, 과실자, 유죄자, 《法》 비행자

provinilý 죄있는, 죄를 의식하는, 죄를 저지른

provinit se 죄를 범하다, 과실을 저지르다

provize, *f* (판매, 중재에 대한) 수수료, 커미션; 중개료, 알선료

provizorium, *n-2* 임시 모면, 임시 방편[수단], 미봉(책)

provizorní 일시적인, 임시방편의, 임시의, 잠정적인

provlé|ci, -ct (se) (*provleč/-provleku,-ou, provlec*) < **-kat (se)** = *protáhnout (se)*

provokace, *f* 자극, 도발, 선동

provokatér, *ma* **-ka,** *f* 선동자, 도발자, 교사자

provokativní 도발적인, 선동적인 ◆ ~ *vojenská opatření* 도발적인 군사 조치

provokovat > vy- 선동하다, 도발하다; 화나게 하다, 약올리다

provolání, *n* 선언, 공포; (정당 등의) 선언서, 성명서; 호소

provol|at < -ávat 알리다, 선언하다, 공포하다 ◆ ~ *slávu komu* 누구에게 만세를 외치다, 건배하다, 축하의 말을 보내다

provoz, *mi-2* **1** 작동, 운영, 운전, 가동 **2** 운행, 운영, 영업 **3** 교통, 통행, 왕래

provozní 작동의, 조작의; 운영의, 경영의 ◆ ~ *inženýr* 운영[운전] 엔지니어; ~ *linka* 제조 라인; ~ *praxe* 조작 연습, 작동 연습

provozovat 1 작동하게 하다, 움직이게 하다, 운영하다; 경영하다 **2** odpovědně (책임적으로) 이행하다, činnost (행위를) 수행하다; (취미를) 추구하다; praktikovat 실행하다, 실천하다

provozovatel, *mi-1, 4* 조작자, 기사, 운전사; (예술 행사의) 출연자; (가계, 기업 따위의) 소유자, 운영자

provrt|at v. *vrtat* **-ávat** = *vrtat*

provždy, provždycky 영원히, 영구히 ◆ *jednou* ~ 최종적으로, 이를 마지막으로, 딱 잘라서

próza, *f* 산문; 산문 작품

prozaický 1 산문의, 산문적인, 산문으로 쓰인 **2** 단조로운, 평범한

prozíravost, *f-1* 사려, 분별; 선견, 예지

prozíravý 사려있는, 분별력 있는; 선견지명이 있는

prozkoum|at v. *zkoumat* **-ávat** = *zkoumat*

prozpěvovat (si) (작은 소리로) 노래하다, 흥얼거리다; nábožně 영창하다

prozra|dit (*prozrazen*) < **-zovat 1** (비밀을) 폭로하다, 누설하다, 들추어 내다 **2** zradit 배반[배신]하다 ~ **se** < **-zovat se** 까딱 실수로 제 본성[본

심, 비밀]을 드러내다, svou přítomnost (자신의 존재를) 드러내다

prozřetelnost, *f-1* 선견지명; 조심, 신중

prozřetelný 선견지명이 있는; 신중한, 배려하는

prožírat v. *prožrat*

prožlít (*proži-*) < **-ívat 1** dobu (기간을) 살다, 보내다 **2** v mysli (생각 속에) 즐기다, 느끼다 **3** zakusit 경험하다, 겪다, 체험하다

prožitek, *mi-2, 3* 경험, 체험, 느낌

prolžrat (*prožer-, prožral*) < **-žírat** 먹어치우다, mol, rez (좀, 녹이) …에 먹어 들어가다, 부식하다, 《化》 (화학적으로) 부식[침식]하다

prs, *mi-2* 젖가슴, 유방 ◆ *amputace -u* 유방 절제(술); *dát dítěti ~* 아이에게 젖을 먹이다; *mít dítě u -u* 아이에게 모유를 먹이다

prsa, *n-pl* (복수 생격, 전치격 *prsou*) **1** hruď 가슴, 유방 **2** hrudník 흉부 **3** plavecký styl (수영 방식) 개구리 헤엄, 평영 ◆ *být slabý na ~* 흉부가[가슴이] 약하다; *má plochá ~* 그녀는 앞가슴이 편평하다

prskat 1 흥분하다, vzteky (화가 나서) 지껄이다[입에 거품을 물다] **2** = *prsknout*

prskavka, *f* 불꽃을 튀기는 것, 폭죽, 화포(花砲)

prsklnout < **-at 1** (날카로운 쇳소리를 내며) 침을 내뱉다; (음식물 따위를) 입 밖으로 튀기다 **2** 탁탁[지글지글] 소리를 내면서 튀다; (불꽃 따위가) 바지락 거리며 튀다, 탁탁 튀다

prsní 가슴의, 흉부의; 유방의

prst, *mi* na ruce (손의) 손가락, na noze (발의) 발가락 ◆ *dívat se na co skrz -y* 무엇을 불신하다, 경시하다; *mít dlouhé -y* 뒤에서 조종하다, (보이지 않는) 큰 영향력을 가지다, 발이 넓다; *dostat přes -y* 손마디를 가볍게 두드려 주의를 받다; *hledět komu na -y* 누구의 동태[움직임]를 주시하다; *nehnout pro někoho ani -em* 누군가를 위해 손가락 하나 움직이지 않다, 아무것도 (도움되는 일을) 하지 않는다; *mít v čem -y* 무엇에 관여[관계]하다, 무엇에 손을 대다; *otisk -u, -ů* 지문; *spálit si -y* (쓸데없이 관여하여) 혼나다, 욕보다; *-y pryč* 손을 떼다; *koneček -u* 손가락 끝

prsten, *mi 2* 반지 ◆ *diamantový ~* 다이아몬드 반지; *snubní ~* 결혼 반지; *zásnubní ~* 약혼 반지

prsteník, *mi-2, 3* 약손가락, 약지(藥指), 무명지(無名指)

pršlet (*3. pl prší*) > **za- 1** sprchnout 비가 오다, 비가 내리다 **2** hustě padat (비처럼) 쏟아지다, 좍좍[세차게] 내리다, dopadat na …에 세차게 떨어지다 ◆ *-í, jen se leje* 비가 억수처럼 내리다

prška, *f* **1** 소나기 **2** 비처럼 쏟아 지는 것

průběh, *mi-2* (사건, 사태 따위의) 과정, 경로, 진행; 행로, 진로; (시간의) 경과, 진행; 추이 ◆ *v -u, -em čeho* 무엇의 경과 중에, 무엇 동안에

průběžný 경과 중의, 진행 중의, bez zastávky, přerušení (멈춤, 중단 없이) 연속적인, 계속하는

P

průbojník, *mi-2, 3* 구멍 뚫는 기구, 펀치
průčelí, *n-ní* 전면, 앞면; 건물 정면
prudce **1** 재빠르게, 신속하게, 급하게 **2** 강하게, 세게; 고도로 **3** 격하게, 격렬하게, 심하게 **4** 열정적으로, 열광적으로 ◆ *~ stoupnout* (가격 따위가) 급히 상승하다; *~ koho udeřit* 누구를 세게 치다[때리다]
prudkost, *f-1* 격렬, 맹렬, 강렬함; 기민함, 신속함
prudký **1** (행동이) 재빠른, 급속한, 신속한; 급격한, 급한 **2** 가파른, 경사가 급한 **3** (기세, 힘 따위가) 격렬한, 맹렬한, projevující sílu 강력한, 세찬 **4** bez rozmýšlení (숙고 없이) 격한, (성격이) 불같이 격렬한, 난폭한, 앞뒤를 가리지 않는, nic/nikoho nešetřící (아무것도/아무도 봐주지 않는) 호된, 모진 **5** pronikavý 날카로운, bolestivý 쿡쿡 쑤시는, 욱신욱신 아픈; (빛 따위가) 강렬한
průduch, *mi-2* **1** 배기 구멍, 공기 구멍, 통풍구 **2** (식물의) 기공(氣孔); (코의) 비강
průduš|ka, *f* 기관지 ◆ *zánět -ek* 기관지염
průdušný (공기 등이) 통하는, 침투성 있는
pruh, *mi-2, 3* **1** pás 띠, 밴드; kontrastující s okolím (주변과 대조 되는) 줄, 선; nepravidelný, barevný (불규칙적인, 색깔있는) 줄무늬; světla 광선 **2** 좁고 긴 땅; 좁은 해협 **3** 차선, 차로
průhled, *mi-2* **1** 멀게 내다보이는 경치, 전망 **2** 틈, 사이, 간극((통해서 볼 수 있는 구멍이나 제한된 공간)
průhledný **1** 투명한, 비쳐보이는; o šatech (감, 직물 따위가) 비치는 **2** 알기 쉬운, 명료한, 명쾌한; (의도 따위가) 명백한
pruhovaný 줄무늬가 있는, 줄이 있는
průchod, *mi-2* **1** 통로, 낭하; 좁은길 **2** 통행, 통과 **3** dát čemu ~ 무엇을 터놓고 하다[표현하다, 표출하다]
průchodní 통과하는; 통로가 있는
průchodnost, *f* 통과 가능성, 실행 가능성 ◆ *~ zákona* 법률의 가결 가능성
průchodn|ý **1** 통과할 수 있는, 지나갈 수 있는 **2** (한 단계 에서 다음 다음 단계로) 변화[통과] 하는 **3** 실행 가능한, 받아들일 수 있는 ◆ *-á legislativa* 가결 가능성이 있는 법안
průjem, *mi-2* 《醫》 설사 ◆ *mít ~* 설사하다
průjezd, *mi-2* **1** průchod (특히 자동차의) 통과, 통행 **2** v domě (집의) 입구, 들어가는 길 ◆ *~ zakázán* 통행 금지
průjezdní 통과의, 통행의 ◆ *~ vízum* 통과 사증, 통과 비자
průkaz, *mi-2* **1** důkaz 증명, 입증 **2** dokument 증명서, 자격증, 면서증; členský 회원권, 회원증; oprávnění k vstupu 통행권, 패스 ◆ *čtenářský ~* 도서(관)증; *občanský ~* 주민 등록증; *řidičský ~* 운전 면허증
průkazka, *f = legitimace*
průkaznost, *f-1* 확증, 확정적임
průkazný 확실한, 확정적인
průklep, *mi-2* (복사지에 의한) 복사

본, 사본

průklepov|ý 복사본의 ◆ ~ *papír* (복사용) 카본지; *-á páska* 타이프라이터 리본

průkopnický 개척자의, 선구자의, 혁신자의

průkopn|ík, *ma-3* **-ice,** *f* 개척자, 선구자; 개혁자, 혁신자; 개시자, 발의자

průkopnictví, *n* 개척, 선구

průliv, *mi-2* 해협; 수로

průlom, *mi-2* **1** 《軍》 적진 돌파 **2** (문제 해결의) 돌파; (난관의) 타개

průměr, *mi-2* **1** 평균(치) **2** kružnice (원의) 직경, 지름; válce, otvoru (총포의) 구경, (탄알의) 직경

průměrn|ý 1 평균의, 연등(連等)의, 중간(정도)의 **2** 보통의, nijak zvláštní 평범한, obyčejný 범상한, 통상의;

průměrně 평균적으로, 보통으로

průmysl, *mi-2* 산업, 공업, 제조업 ◆ *filmový* ~ 영화 산업; *lehký* ~ 경공업; *letecký a kosmonatický* ~ 항공 우주 산업; *struktura -u* 산업 구조; *těžký* ~ 중공업; *textilní* ~ 섬유공업; *znárodnění klíčového -u* 기간 산업의 국유[국영]화

průmyslník, *ma-3* 공업가, 생산업자; 실업가, 경영자

průmyslov|ák, *ma-3* **-ačka,** *f* (구어체) 기술 대학교 졸업생

průmyslov|ý 공업의, 산업의 ◆ *-á revoluce* 산업 혁명

průnik, *m* **1** 관통, 침투 **2** 《수학》 교점(交點), 교선, 교면 **3** 《컴퓨터》 해킹

průplav, *mi-2* 운화, 수로 ◆ *Suezský* ~ 수에즈 운화

průpověd|ď, *f-1* (복수 여격 *-dím,* 전치격 *-dích*) 금언, 격언, 격담, 경구

průprava, *f* příprava 준비, 예비, 예비 연습

průpravný 예비가 되는, 준비가 되는, 예비의, 준비의

průřez, *mi-2* **1** 횡단(면), 단면(도) **2** (원, 구의) 직경, 지름

Prus, *ma* **-ka,** *f* 프러시아인

průsečík, *mi-2, 3* 교차점, 교점

průsek, *mi-2, 3* (산불 따위의 확산을 막기 위한) 방화대[선]

průser, *mi-2* **(속어)** 엉망인 것, 망침, 매우 불쾌함

Prusko, *n-2* 프러시아, 프로이센

pruský 프러시아의, 프로이센의

průstřel (총으로) 구멍을 냄, 관통; 구멍

průsvitný průhledný 투명한, 훤히 비치는

prut, *mi* (가늘고 긴) 막대; 작은 가지, proutek 애가지 ◆ *rybářský* ~ 낚싯대

průtah, *mi-2, 3* **1** 지연, 지체, 연기 **2** 이주, 이동; (새 따위의) 이동, 회유 **3** 《직물》 잡아늘리기, 끌어당겨 펴기 **4** 《음악》 계류음, 걸림음

průtok, *mi-2, 3* **1** (물의) 흐름, 흐르는 물; 유량, 유입량 **2** kanál 운하, 수로

průvan, *mi-2* 통풍, (일정 장소에) 강하게 통하는 바람

průvod, *mi-2* **1** 행진, 행렬, 퍼레이드 **2** něčí doprovod 수행원, 따르는 자들, 종자들 ◆ *karnevalový* ~ 카니발[축제] 행렬; *pochodňový* ~ 횃불 행진; *protestní* ~ 시위 행렬

P

průvod|ce[1], *ma* **-kyně,** *f* **1** 안내자, 가이드 **2** společník 벗, 동반자; pověřený péčí 보살피는 사람, 돌보는 사람

průvodce[2], *mi* po čem (무엇에 대한) 여행안내(서), 가이드 북

průvodčí, *ma, f* (전차·버스·열차 등의) 차장, 승무원

průvodka, *f* (국제 우편, 소화물 따위에 다는) 꼬리표, 화물 송장

průvodní 수행의, souběžně 동반하는; druhotný 부수하는, 부차적인, 따라오는, nutně provázející (필연적으로 동반하는) 부수하여 일어나는, 수반되는 ◆ ~ *list* 안전 통행증(권), *námořní* ~ 중립국 선박 증명서[통행 허가증]

průzkum, *mi-2* **1** čeho (무엇에 대한) 문의, 조회 조사, 심리 **2** vědecký (학문적인) 연구, 탐구; kraje n. všeho materiálu (지역의 또는 모든 자료의) 탐사, 천착 **3** 《軍》 정찰, 수색 ◆ ~ *veřejného mínění* 여론 조사

průzkumný 1 조사의, 연구의 **2** 《軍》 정찰의, 수색의

průzračný 1 맑은, 투명한, 청명한 **2** 이해가 쉬운, 명료한

pružina, *f* 스프링, 용수철

pružnost, *f-1* 탄력, 탄성, 유연성

pružný 1 탄력[탄성]이 있는, 되튀는; 유연한, 구부리기 쉬운 **2** 융통성이 있는, 적응력이 있는

prve = *dříve, předtím* ◆ *jako* ~ 처럼; *nejprve* 제일 먼저

prvek, *mi-2, 3* **1** 요소, 성분 **2** 《化》 원소(元素)

prvenství, *n* **1** 제일, 수위, 일등, 1위 **2** 앞서기, 우선 순위

prvňáček, *ma-3* **prvňák,** *ma-3* 1학년생

prvně 처음으로, 최초로; 제일 먼저, 맨 처음

první 1 처음의, 최초의 **2** dříve uvedený 이전의, 앞서는 **3** 맨 앞의, 첫 번째의, 일류의, 최상의, 최고의 **4** 최초의, 원시의; 본래의, 초기의 **5** 《음악》 수석의; 제 1의 ◆ ~ *housle* 제 1바이올린; ~ *houslista* 제 1바이올린 연주자, 오케스트라 리더; ~ *kolo voleb* 선거의 1차[첫 번째 라운드]; ~ *květen*[*máj*], *-ího května*[*máje*] 5월제((5월1일)), 노동절, 메이데이; ~ *místo div.* (극장의) 1층 앞쪽의 1등석; *na* ~ *pohled* 첫눈에 ~ *obsazení* 명배우 총출연; ~ *pomoc* 응급 처치, 구급 요법; *z* ~ *ruky* 직접(적으로), 직접 얻은; *v* ~ *řadě* 무엇보다, 제일 먼저; ~ *třída* (기차 따위의) 1등석, 1학년; *z* ~ *vody* 대충, 대략; ~ *vystoupení* 데뷔, 첫 무대[출연]

prvobytný 원시의, 원시적인; 미개한, 낙후한

prvorozený 처음 태어난, 장자의 ◆ ~ *syn* 장남

prvořadý 일류의, 최상의, 가장 중요한, 지상의; 탁월한, 훌륭한

prvotina, *f* **1** 첫 수확, 첫 산물((주로 복수형으로 사용)) **2** 처녀작

prvotní 1 근원적인, 본원의, 근본적인 **2** 첫째의, 제 1의 **3** pravěký 원시의, 태고의 **4** nevyvinutý 미개한, 낙후한

prvotřídní 제 1급의, 1등의, 일류의

prv|ý = *první* ◆ *po -é* 처음으로; *za -é*

맨 먼저, 첫째로

prý …라고(들)한다, 말하기를((다른 사람들의 말을 옮길 때)) ◆ *~ se žení* 그가 결혼한다고들 한다, 그가 결혼한다는 소문이 있다; *~ o tom nic neví* 말하기를 그는 그것에 대해 아무것도 모른다고 한다

pryč 1 떨어져서, 멀리 **2** o čase (시간이) 지나간, 과거의, o věku (세월이) 가버린, 사라진 **3** 정신[혼]을 빼앗긴, 얼빠진, 미친 ◆ *už je ~* 그(녀)는 이미 떠났다; *musel ~* 그는 떠나야 했다; *~ s ním!* 그를 데려가!; dej ty pracky ~! 너 그 손 떼!; *je pořád ~* 그는 언제나 집에 없다; *je mu dvacet ~* 그는 스무 살이 넘었다; *být celý ~ do koho/do čeho* 누구에게/무엇에 완전히 열중하다[미치다]

pryskyřice, *f* (나무의) 진, 수지, 송진

prýštit (se) > vy- 튀어(뛰어)오르다

pryž, *f* 탄성, 고무

prznit > z- 강탈[약탈]하다, 강간하다, 더럽히다, 타락시키다

přádelna, *f* 방적 공장

přadleno, přadénko *n-2* 실타래, 토리

přadlena 방적기

přání 소원, 욕구, 바라는 것; = *blahopřání*

přát (*pře-, přál*) **1** komu (누구의 건강·행복 등을) 빌다; (누구를) 두둔[지지]하다 **2** komu co (누구가 무엇을) 즐기기를 바라다; škodolibě (비꼬아) 누구가 …으로 고통받기를 바라다 ◆ *počasí jim přeje* 날씨가 그들의 편이다 **~ > po-** poskytnout 주다, 수여하다; vše možné (가능한 모든 것을) 만족시키다 ◆ *~ komu sluchu* 누구의 말을 듣다 **~ si** (자신에게) 바라다, silněji 기원하다 **~ si > do-** 즐기다, 맛보다 ◆ *co si přejete?* 무엇을 원하십니까?; *jak si přejete?* 원하시는대로[만큼] (드세요); *co si přeješ k narozeninám* 생일 선물로 무엇을 원하니?

přátelit se 교제하다, 사귀다; s kým (누구와) 친구가 되다 **~ se > s-** 친교하다

přátelský srdečný 친한, 우호적인, 친절한, 상냥한

přátelství, *n* 우호, 우정, 친목, 친선

pře, *f* 소송, 분쟁

přebal, *mi-2* knihy (책의) 커버, 표지

přebal|it < -ovat 싸다, 감다, 엮다, 포장하다

přebarv|it < -ovat 다시 칠하다, 다시 염색하다

pře|běhnout < -bíhat 1 무엇을 뛰어 넘다, 달려서 넘어가다 **2** ke komu (누구에게로) …를 버리고 합류하다, 도망[탈주] 하다 **3** (시선을) 지나가게 하다, 훑어보다

přebíjet v. *přebít*

přebírat v. *přebrat*

přebor, *mi-2* 선수권 (대회), 챔피언십

přeborn|ík, *ma-3* **-ice,** *f* 챔피언, 우승자

pře|brat < -bírat 1 과도하게 취하다[성취하다], v pití (음주로) 얼큰히 취하다, 과음하다 **2** prohlédnout 조사

[검사]하다; nechat to horší 자세히 점검하다((나쁜 것은 골라내고)); 선별하다, 고르다 **3** odloudit 꾀어내다, 유인하다; pracovníka (일꾼을) 스카우트하다 **4** 잘못 고르다

přebrodit (se) v. *brodit (se)*

přebudovat 다시 세우다, 재건하다

pře|být (*přebud-, přebyl*) < **-bývat 1** zbýt, zůstat 남다, 잔존하다 **2** někomu něco přebývá (누가 무엇을) 물려받다

přebytečný 1 남는, 여분의 **2** 불필요한

přebytek, *mi-2, 3* **1** 나머지, 잔여, 과잉, 잉여 **2** zůstatek 차감잔액, 차액

přebývat 1 kde (어디에) 거주하다 **2** v. *přebýt*

přece 1 그래도, 그럼에도 불구하고, 그렇다 치더라도 **2** 알다시피, 틀림없이, 물론 **3** konec konců 결국, 끝내는, 어떻든 ◆ *kdyby ~ přišel* 그가 그래도 온다면; *a ~ to udělal* 그럼에도 불구하고 그는 그것을 행하였다; *~ jen jsem šel* 결국[어떻든] 나는 갔다; *vy ~ přijdete, ne?* 당신은 물론 오시는 거죠, 안그래요?

přecedit v. *cedit*

přece|nit < **-ňovat 1** 가치를 지나치게 보다, 과대 평가하다 **2** dát zboží nové ceny 값을 다시 매기다; 값을 올리다, 인상하다

přecitlivělý 너무 민감한, 과민한, 신경 과민인

přecpaný 과적된, 가득찬

přecp|at (*přecp-u, přecpal*) < **-ávat** 너무 많이 싣다[넣다], 과적하다, 불룩하게 넣다; 물리게 하다; prostor (공간을) 지나치게 채워넣다 ~ **se** < **-ávat se** 과식하다

přečerp|at < **-ávat 1** přemístit (액체 따위를)옮기다, 빨아 올리다 **2** příliš vyčerpat (예금 따위를) 너무 많이 찾아내다

přečerpávací 옮기는, 빨아 올리는; 흡수하는 ◆ *~ stanice* 급유소

přečin, *mi-2* 악행, 비행, 범죄

přečíst v. *číst*

přeči|stit (*přečištěn*) < **-šťovat** 정련[정제]하다

přečk|at < **-ávat** (일이) 끝날 때까지 기다리다

přečnívat 돌출하다, 불룩 내밀다

před, přede (전치사) (kde? 어디에? 라는 질문에 대한 대답 +조격, kam? 어디로? 라는 질문에 대한 대답+대격) **1** (위치) …앞에, …전에, …정면에, …전방에; …밖에, 바깥쪽에 ◆ *stát ~ domem* 집 앞에 서 있다; *vyjít ~ dům* 집 앞으로 나가다; *~ městem* 도시 밖에[바깥쪽에]; *tři kilometry ~ Prahou* 프라하 전방 3km; *padnout ~ cílem* 목표 전방에 떨어지다; *~ svědky/Bohem/mýma očima* 증인들/하나님/내 두 눈 앞에서 **2** (복속) …앞에서, …앞으로 ◆ *svědčit ~ soudem* 법정에서 증언하다; *předvolat koho ~ soud* 누구를 법정으로 소환하다 **3** (시간) …전에, …앞에, …이전에 ◆ *~ Kristem* 기원전(에); *~ časem* 얼마 전에; *~ týdnem* 1주일 전에 **4** mít ~ sebou 자신의 앞에 (과제, 문제 등을) 갖다 **5** (우선) …에 대하여 ◆ *dávat přednost komu/čemu ~ kým/čím* 누구/ 무엇에 대하여 누구/ 무엇에 우

선(권)을 부여하다

předák, *ma-3* **1** 지도자, 선도자 **2** (일터의) 십장, 직장

před|at < -ávat 1 넘기다, 전달하다 **2** do vlastnictví 옮기다, 이관하다 **3** dodat 배달하다 **4** tak svěřit (법적으로) 양도하다; 위임하다 **5** sdělení 보내다, 발송하다; k vyřízení 조회하다 **~ se > -ávat se** 과다 지불하다, 너무 많이 주다

před|běhnout < -bíhat 1 앞지르다, 추월하다 **2** ve frontě (줄에서) 새치기 하다

předběžný 1 예비의, 준비의, 임시의, 사전의 **2** načrtnutý 초안의

předbíhat 1 예기하다, 내다보다 **2** v. *předběhnout* **~ se 1** 누구와 경주하다 **2** hodiny (시계가) 더 가다, 빨리 가다

předčasně 너무 이른 때에, 시기상조로

předčasný 조숙한, 너무 이른, 시기 상조의; nedozravší 조생의, 일찍 꽃이 핀

předčit 넘다, 초과하다; vynikat … 보다 낫다, …을 능가하다

předčítat komu co (누구에게 무엇을)(큰 소리로) 읽어 주다, 낭송하다

před|ehnat (*předežen-, předehnal*) **< -háně̌t** (*-nějí*) = *předběhnout*

předehra, *f* 서막, 서론, 전조; operní (오페라의) 전주곡, 서곡; (성적인) 전희

před|ejít (*předejd-, předešel, -šl-*) **< -cházet** (*-zejí*) **1** čemu/komu (무엇을/누구를) (걸어서) 선행하다, 앞서다 **2** (줄에서) 새치기하다 **3** zabránit 막다, 방어하다 **4** oslabit 앞질러 방해하다

před|ejmout (*předejm-, předjal*) **< -jímat** 앞지르다, 예측하다

předek[1], *ma-(2), 3* **1** osoba 선조, 조상 **2** předchůdce 선구자(先驅者)

předek[2], *mi-2, 3* přední část 전면, 정면, 앞면, 앞부분

předěl, *mi-2* 분할선, 분기점, 경계선

předěl|at < -ávat 다시하다, 다시 만들다, 고쳐 만들다; k jiné funkci (다른 기능으로) 전환[개조]하다

předem 미리, 사전에, 앞서

před|epsat (*před(e)píš-u, před(e)piš!, předepsal*) **< -pisovat 1** (조항 등이) …을 규정하다, 명기[명문화]하다; (과제 등을) 지정하다 **2** (약을) 처방하다

přede|slat (*předešl-u, předeslal*) **< -sílat** 미리 말하다, …에 서문을 쓰다

předešle 마지막으로; předtím 사전에

předešlý 이전의, 앞의, 사전의

předevčírem 그제, 그저께

především 무엇 보다도, 먼저, 제일 먼저, 우선

před|háně̌t (*-nějí*) v. *předehnat*

před|hodit (*předhozen*) **< -hazovat 1** (누구, 무엇의) 앞에 던지다 **2** vyčíst 깨닫다, 이해하다

předhonit = *předehnat*

předchá|zet (*-zejí*) v. *předejít*

předcházet si koho (누구의) 호의를 얻다

předchozí = *předešlý*

předchůd|ce, *ma* **-kyně,** *f* **1** 전임자, 선행자, 선배; 조상, 선조 **2** 선구

P

자
předimenzovat < 너무 크게 만들다
předjaří, *n* 이른 봄, 초 봄
před|jet (*předjed-, předjel*) < **-jíždět** (*-dějí*) **1** před dům /k domu (집 앞에/앞으로) 차를 대다 **2** (타고) 선행하다, 앞서다, 추월하다 = *předstihnout* ◆ ~ *před vchod* 입구에[입구 앞에] 차를 대다
předjezdec, *m* (연주회에서 주요한 그룹이나 가수 보다 먼저 나오는) 연주자, (스키 경기의) 시주자
předklon, *mi-2* 앞으로 굽음[굽힘]
předklonit (se) 앞으로 굽히다[기울다], 숙이다
předkožka, *f* (음경·음핵의) 포피(包皮)
předkrm, *mi-2* 전채, 오르되브르, 식욕을 돋우는 음식
předlažba, *f* (도로의) 재포장
předloha, *f* 본보기, 모델, 의제, 안건; zákona 기소장, 조서
předloktí, *n* 팔꿈치에서 손목에 이르는 부분, 하박, 전박, 팔뚝
předloni 재작년에
před|ložit < **-kládat 1** 전방[앞]에 두다[놓다] **2** (보고서, 논문, 소식, 청원 등을) 제출하다; (제안을) 내다, 내놓다 **3** něco sporného (논의[논쟁]거리를) 제기하다, k posouzení apod (판결을 받기 위하여) 맡기다, 제출하다 **4** ke kontrole a vydat (검사를 위해) 내어주다, 넘겨주다 **5** (음식을) 차려놓다
předložka, *f* **1** koberec (바닥의) 깔개, 융단, koupelnová 욕실용 매트; u kamen (벽로의) 불똥막이 울, 난로울 **2** 《言》 전치사
předložkov|ý 전치사의 ◆ *-á vazba* 전치사구
předměstí, *n* 교외, 근교, 시외
předměstský 도시 주변의, 시외[근교]의
předmět 1 물건, 물체, 사물; 예상, 객체, 목적 **2** článek široké skupiny (신문, 잡지 등의) 기사, 논설 **3** pozornosti 주제, 문제, 연제, 화제; v soustavě 요지, 포인트 **4** školský (학교의) 학과, 과목 **5** (문법의) 목적어
předmětn|ý 1 목적의 **2** = *dotyčný* ◆ *-á věta* 목적문
předmluva, *f* 서문, 서언, 머리말
předmostí, *n* 교두보, 전진 기지
přednašeč, přednášeč, *ma* **-ka,** *f* 강의자, 강연자; 낭송자
předná|šet (*-šejí*) **1** o čem (무엇에 관하여) 강의하다, 강연하다; recitovat 낭독[낭송]하다 **2** (대학에서) 강의하다, (강사/교수로) 근무하다 **3** v. *přednést*
přednáška, *f* 강의, 강연; populární (대중을 위한) 좌담, 대담; průběžně na vysoké škole (대학의) 강좌
předně = *především, za prvé*(v. *prvý*)
přednes, *mi-2* **1** 낭송, 낭독 **2** provedení 상연, 공연
před|nést (*přednes-*) < **-nášet** (*-šejí*) **1** 낭송[낭독]하다; řeč 연설하다; komu ústně předložit (누구에게) 인사하다 **2** obecenstvu (공중 앞에) 공연[상연]하다
přední 1 앞의, 전방의, 전위의; 앞선, 선구의 **2** vynikající 현저한, 두드

러진, 걸출한, 뛰어난

přednost, *f-1* **1** 우선권, 선취권, 선행권; v soustavě 앞서기, 선행; pro větší oblibu 더 좋아함, 우선 **2** v jízdě (교통의) 우선권 **3** vynikající stránka 장점, 이점, 가치 ◆ *dávat ~ čemu před čím* 무엇을 무엇보다 더 좋아하다

přednost|a, *ma* **-ka,** *f* 장, 우두머리, 상사 ◆ *~stanice* 역장

přednostní 우선(권)의, 선취의

předpis, *mi* **1** (요리의) 조리법, 비법; 약제 등의) 처방(전) **2** ustanovení 규정, 조항; 규칙, 조례, 내규; 지배, 조절; nařízení 통제, 명령 **3** výměr daně (과세의 범위에 대한) 사정, 평가액 **4** předloha 본보기, 모델

předpisovat v. *předepsat*

předpjatý (강철선을 넣어) 압축된 ◆ *~beton* 프리스드레스트 콘크리트

předplacení, *n* 구독, 예약, 좌석 예약

předpl|atit (*předplacen*) < **-ácet** (*-cejí*) co (무엇을) 구독[응모]하다, rezervovat (사전에) 예약하다

předplatitel, *ma-1, 4* **-ka,** *f* 예약자, (정기)구독자

předplatné, *n* na/za co 예약금, 구독금

předpojatý v. *zaujatý*

předpoklad, *mi-2* **1** 추정, 추측 **2** v usuzování (판단의) 전제 **3** pracovní domněnka 가정, 가설; tušené 예상, 예측 **4** nutná podmínka 전제[선결]조건; nezbytnost 필요[선행]조건 ◆ *za -u, že ...* …인[한] 조건[전제] 아래에; *mylný ~* 잘못된 추정[가정, 가설]

předpokládat **1** 추정[추측]하다, 가정하다 **2** 전제로 하다 **3** vyžadovat 필요로 하다

předpokoj, *mi* 곁방, (주실로 통하는) 작은 방, 대기실

předposlední 끝에서 두번째의

předpotopní **1** (노아의) 대홍수 이전의, 태고 때의 **2** staromódní 낡은, 오래된

předpověď, *f-1* 예언; 예보, 예측, 예지 ◆ *~počasí* 일기 예보

předpo|vědět (*předpoví-m ... -vědí, předpověz!, předpověděl*) < **-vídat** 예언하다; z dosažitelných údajů (주어진 자료들로부터) 예측하다, vědecky (과학적으로) 예단하다, 진단하다; a tak umožnit přípravu 예보하다

předpremiéra, *f* 시연, (영화 등의) 시사

předpremiérový 시연[시사]의 ◆ *~ představení* (공연 등의) 시연, (영화 등의) 시사

předprodej, *mi* **1** 사전 예약, 예매 **2** prodejna 예약소, 예약 대리점

předraž|it < **-ovat** …에 너무 비싼 값을 매기다[부과하다]; 너무 많이[과도하게] 부담시키다[물리다]

předřík|at < **-ávat** 먼저 낭송하다, 선창하다, (기도를) 인도하다; 뒤에서 대사를 일러주다

předsádka, *f* 책의 면지, 여백의 페이지

předsed|a, *ma* **-kyně,** *f* 장, 의장, 회장, 위원장, 사회자 ◆ *ministerský ~* 수상, 총리; *~sněmovny* 하원 의장

předsedat čemu 의장노릇하다, 사회하다, 관장하다

předsednický 의장의, 위원장의,

P

P

사회자의
předsednictví, *n* 의장[위원장]직
předsednictvo 간부회, 이사회, vlády (정부의) 내각
předsevzetí, *n* 결심, 결의, 결정
předsevzít si (*-vzal si*) 결의[결심]하다
předsíň, *n* 현관 홀, bytu 현관 방, 대기실
představa, *f* **1** 생각, 관념, 사상; 인식, 지각 **2** 견해, 의견 **3** 환상, 상상
představení, *n* **1** formalita (절차로서의) 소개 **2** před publikem (공중 앞에서의) 공연, 상연
představenstvo, *n-2* 이사[중역, 임원]회
představ|it < **-ovat 1** 앞에 두다[놓다], 전치시키다 **2** při seznamování 소개하다 **3** předvést 제안하다, 진술하다 ~ **si** < **-ovat si** (자신의) 마음속에 그리다, 상상하다, 상정하다, 구상화하다
představitel, *ma-1, 4* **-ka,** *f* **1** 대표자, 대행자, 대의원 **2** herec 배우, 대역 ◆ *~Hamleta* 햄릿 배우[대역]
představivost, *f-1* 상상(력), 구상(력)
představivý 상상의, 상상적인, 구상의
představovat 1 být ve svém souhrnu čím 구성하다, 형성하다 **2** hereckou úlohou 역을 하다, herec (배우가) …의 역을 맡아하다, (남의 음성 등을) 흉내내다 **3** v. *představit*
předstih, *mi-2, 3* **1** (스포츠 경기의) 리드, 앞섬, 우세 **2** (시간적) 앞섬, 전진, 선점 **3** (내연 기관의) 조기 점화
předstih|nout (*předstižen*) < **-ovat** 뒤쫓아 미치다, 따라잡다, 추월하다, 만회하다, 되찾다, v. *předběhnout*
předstírat 꾸미다, 속이다, 가장하다, 흉내내다, 시늉하다, určitý stav klidu …하는 체하다
předst|oupit (*předstup!*) < **-upovat 1** 앞으로 나아가다, 등장하다 **2** s čím (무엇을) 제기[제출]하다
předstupeň, *mi* 첫걸음, 첫단계, 시작 단계
předsud|ek, *mi-2, 3* 선입견, 편견 ◆ *mít -ky* 편견을 갖다; *rasové -ky* 인종적 편견
předsun|out < **-ovat** 앞으로 밀다, 밀어 나아가게 하다, 전진[진행]시키다
předsunut|ý 앞으로 나온[낸], 나아간, 전진한 ◆ *-á hlídka* 전초, 전위
předtím 미리, 사전에, 이전에
předtisk, *mi-2, 3* 인쇄 형태
předtucha, *f* 예고, 예감, 징후
předurč|it < **-ovat,** 미리 결정하다, osudově (운명적으로) 예정하다, 운명짓다
předvádět (*-dějí*) v, *předvést* ~ **se** s čím (무엇을) 뽐내다, 여봐란 듯한 태도를 취하다
předválečný 전쟁 이전의, 전전의
předvánoční 크리스마스 이전의
předvařen|ý 미리 요리된, 사전에 요리된[조리된] ◆ *-é potraviny* 인스턴트 식품
předevčírem 그제, 그저께
předvečer, *mi-2* 전야, 이브, 전날 밤 ◆ *v~* 전야에
před|vést (*předved-*) < **-vádět** (-

dějí) **1** koho silou (누구를 강제로) 데리고[끌고]오다, 잡아오다, (před koho/co 누구/무엇의 앞으로) **2** co názorně (상품 등을) 실물선전하다; před publikem (공중 앞에서) 공연[연기]하다; mimikou (koho 누구를) 흉내내다, 모방하다; v módní přehlídce … 의 모델을 하다 **3** uvést do společnosti 상연하다 **4** ukázat 내보이다, 과시하다, okázale 자랑해 보이다

předvídat 미리 알다, 예견하다, 예측[예상]하다

předvídavost 용의주도함, 사전의 고려; 선견, 예지, 선견지명

předvídavý 선견지명이 있는, 미리 내다 보는, 예지력이 있는; 용의주도한

předvolání, *n* 불러내기, 소환, 호출

předvol|at < -ávat 불러내다, 소환[호출]하다

předvolební 선거 전의, 예비선거의

předznamenání, *n* **1** (음악의) 조표, 조호 **2** 예고, 전조, 조짐

předznamen|at < -ávat 1 부호[기호]를 붙이다 **2** 예고하다, 전조가 되다, 점치다, 예언하다

předzpěv, *mi-2* 서곡, 전주곡

předzvěst, *f-1* 예감, 전조, 조짐, 선견, 예상

přefiltrovat v. *filtrovat*

přehánět (se) v. *přehnat* (*se*)

přeháňk|a, *f* 소나기 ◆ *místy -y, místní -y* 지역에 따라 소나기

pře|házet (*-zejí*) **< -hazovat 1** 뒤집다, 뒤섞다; lopatou (삽으로) 푸다, 퍼내다 **2** 뒤죽박죽으로 만들다

přehláska, *f* 《言》 움라우트, 모음변이, 곡음

pře|hazovat v. *–hodit/ -házet*

přehlasovat (제안, 후보 등을) 수로 이기다

přehled 1 개관, 관찰 **2** 이해, 납득, 파악 **3** souhrn 요약, 개요; výpis 명세서, 보고(서); vylíčení 대요, 개설, 요강; literární, zpráv 개관, 대의

přehl|édnout < -ížet (*-žejí*) **1** opominout 빠뜨리고 보다, 빼다, 빠뜨리다, 넘기다, 생략하다; vědomě (의식적으로) 무시하다; opovržlivě 얕보다, 경멸하다 **2** udělat si přehled 개관하다, 전망하다; prohlédnout, celé vidět 훑어보다, 세밀히 살피다 **3** revidovat 개성하다, 재검사하다 **4** nechat defilovat 분발시키다 ~ **se** (빠뜨리고) 보지[듣지] 못하다, 놓치다, 빼먹다

přehlédnutí, *n* 생략, 못봄, 빠뜨림, 누락, 간과

přehledný 1 (전망이) 확 트인, 전망이 좋은 **2** 분명한, 명백한; 잘 정돈된, 명료한 **3** 개관의, 대의의

přehlídka, *f* 진열, 전시, 과시, 퍼레이드; 《軍》 열병식, 단병식; 분열비행, 분열, 행진; módní 패션쇼; programů 프로그램 예비검사, 시연, 시사

přehlížení, *n* **1** přehlédnutí 부주의 **2** 경시, 무시, 등한(시)

přehluš|it < -ovat 귀머거리를[먹먹하게] 만들다; křikem (소리를 질러) 다른 소리가 들리지 않게 하다, 압도하다

přehmat, *mi-2* 과실, 잘못; 비행, 태만; 부당행위, 침해

přehmátnout se < (피아노 따위의) 키를[전을] 잘못치다[누르다]; 실수하다, 오류를 범하다

přehnaný 과장된, 떠벌린; přílišný 과도한, 넘친; 무리한; přemrštěný 터무니없는

pře|hnat (*přežen-, přehnal*) < **-hánět** (*-nějí*) **1** (양 떼를) 몰아가다 **2** 과장하다, 침소봉대하다, 도를 넘다; ve vyprávění 허풍떨다 ~ **se** < **-hánět se** přes co (무엇을 넘어) 돌진하다; (자동차, 비행기 등이) 신속하게 지나가다

pře|hnout < **-hýbat** 접다, 포개다, 걸치다

pře|hodit (*přehozen*) < **-hazovat 1** přes co (무엇 너머로) 던지다, 팽개치다; 위치를 바꾸어 놓다; seno (건초를) 던지다 **2** přesunout 이동하다, 옮기다 **3** výhybku, přepínač (스위치, 개폐기를) 돌리다, 전환하다 **4** přemístěním 위치[순서]를 바꾸어놓다; chybně 잘못두다 **5** rychle obléci (옷 등을) 후딱 입다, přes rameno (어깨 위에) 걸치다, 메다

přehodnocení, *n* 재평가, 재검토, 재고

přehodno|tit (*přehodnocen*) < **-covat** 재평가하다, 재고하다, 재검토하다

přehoupnout (se) přes (…위를) 훌쩍 뛰어넘다, (물, 도강 따위를) 뛰어넘다

přehoz, *mi-2* 덮개, 이불, postele 침대의 겉덮개, 숄, 어깨 걸치개

přehrab = *prohrab*

přehrab|at < **-ávat** 뒤지다, 뒤적이다, 갈퀴로 긁다, 파헤치다

přehrada, *f* **1** 장벽, 방벽; plot 울타리 **2** údolní 댐, 둑; 저수지, 인공 호수 **3** 벽, 단절 ◆ *věková* ~ 나이의 벽

přehra|dit (*přehrazen*) < **-zovat** 나누다, 가르다, 분리하다; 댐으로 막다; zatarasit 가로막다

přehrá|t (*přehra-, přehraj!* | *přehrej!, přehrál,* **(구어체)** *přehrám ...*) < **-vat 1** 끝까지 연주하다 **2** ze záznamu (녹음 · 녹화 테이프를) 재생하다 **3** (연극에서) 과장되게 연기하다

přehrávač[1]**,** *ma* 연주자

přehrávač[2]**,** *mi* **1** 자동 연주장치, 음반 플레이어 **2** kazetový 테이프 플레이어, 재생 장치 ◆ ~ *CD* 씨디 플레이어

přehrávka, *f* (녹음, 녹화의) 재생

přehrazovat v. *přehradit*

přehýbat v. *přehnout*

pře|cházet (*-zejí*) **1** sem a tam 이리(로) 저리(로) 걷다 **2** v. *přejít*

přechod 1 통로, 수로, 샛길 **2** hranic (국경의) 통과로, 교차로; ulice (거리의) 교차로, 건널목, 횡단로 **3** činnost 횡단, 도항 **4** ženy (여성의) 폐경(기), 갱년기 ◆ ~ *pro chodce* 횡단보도; *žena v -u* 갱년기 여성

přechodný 1 경과의, 통과의 **2** dočasný 일시적인, 임시의 **3** 변하는 시기의, 과도기적인 **4** 《言》 타동(사)의

přechovávač, *ma* **-ka,** *f* 장물 취득인[아비]

přechovávat kradené (장물을) 취득

하다; viníka (죄인의) 은신처(피난처)를 제공하다

přechytračit …보다 약다[수가 높다], 선수치다

přejat|ý 《言》 차용된, 빌린 ◆ *-é slovo* 차용어, 외래어

přejemnělý 너무 섬세한, 까다로운, 지나치게 정교한

pře|jet (*přejed-, přejel, přejet*) **1** koho (누구를) 차로 치다 **2** (정거장을) 지나치다, 놓치다, 통과하다 ~ < **-jiždět** **1** (광장을) 차로 횡단하다, 가로지르다 **2** 통과하다, 지나가다 **3** (정지선에서) 서지않고 지나쳐가다 ◆ ~ *po čem rukou* 무엇을 손으로 스치다; ~ *koho očima* 누구를 피상적으로 조사하다

přejezd **1** (차량을 이용한) 넘기, 기로지르기, 횡단; činnost též 통과 **2** nadjezd 구름 다리, 고가교, 육교; silniční 고가 도로, 오버패스; ulice nad úrovní 고가 횡단 도로

přející 아끼지 않는, 후한; 사심[이기심]이 없는, 무욕[무사]의

přejídat se v. *přejíst se*

přejímat v. *přejmout*

pře|jíst se (*přejí-m ..., přejedí se, přejez se!, přejedl se*) < **-jídat se** **1** 과식하다, 과도하게 먹다 **2** 식상하다, 물리다

pře|jít (*přejd-, přešel, přejití*) < **-cházet** (*-zejí*) **1** (도보로) 건너다, 넘다 **2** napříč 횡단하다, přes co (무엇을) 가로지르다, 통과하다 **3** omylem nezastavit (모르고) 지나치다, 놓치다 **4** (못보고) 빠뜨리다, (승진 따위에서) 누락시키다, 제외하다 **5** (옆을) 지나가다, (들르지 않고) 지나치다 **6** o změně 옮겨가다, 넘어가다; plynule 점차 …로 바뀌다, 합병하다; povinnost na koho 책임이 …에게로 넘어가다 **7** do opačného tábora (반대 진영으로) 넘어가다, 전향하다 **8** co čím rukou (무엇을 무엇으로서/손으로써) 어루만지다, 스치고 지나가다 ◆ ~ *ulici/náměstí* 거리/광장을 횡단하다; ~ *do čích rukou* 누구의 손으로 넘어가다; *to ho přejde* 그는 그것을 잃을 것이다; ~ *na jiné téma* 다른 테마[주제]로 넘어가다

přejíždět v. *přejet*

přejmenov|at < **-ávat** 이름을 다시붙이다, 개명하다

pře|jmout (*přejm-u, přejal, přejat, přejetí*) < **-jímat** 받아들이다, 인수하다

překabátit se 배반자[변절자]가 되다

překap|at (*překap-u, -ám, ej!, překapal*) < **-ávat** 증류하다; kávu (커피를) 여과하다, 듣게하다, 거르다

překazit (*překažen*) < 훼방놓다, 방해하다, 좌절시키다

překáž|et (*-žejí*) **1** 가로막다, 방해하다, 차단하다; jako přítěž 불편을 느끼게 하다, 폐를 끼치다, 어지럽히다; rušivě 간섭하다 **2** zabraňovat (못하게) 막다, 금지시키다

překážka, *f* **1** 방해, 장애(물), 걸리는 것 **2** (스포츠의) 장애물, 허들

překážkový 장애물의 ◆ ~ *běh* 장애물(허들) 경주

překlad, *mi* **1** 번역, 통역, 번역문[서], 역; …판 **2** 상인방((창, 입구 등

P

의 위에 댄 가로대))
překládat v. *přeložit*
překladatel, *ma-1, 4* **-ka,** *f* 번역가, 번역자, 역자
překladatelsk|ý 번역의 ◆ *-á práce* 번역 작업
překládka, *f* **1** 이동, 옮김, 옮겨싣기; 재장전 **2** 교체
překladov|ý 1 이동의, 옮겨싣기의 **2** 번역의 ◆ *-á literatura* 번역 문학
překlápět v. *překlopit*
překlenout < …에 아치를 만들다, …에 다리를 놓다
překlep, *mi-2* 타이핑 에러, 오타
překližka, *f* 합판, 베니어판
překl|opit < **-ápět** (*-pějí*) 뒤집어 엎다, 기울이다
překon|at < **-ávat 1** 이기다, 극복하다, 물리치다, 승리하다; zdolat 압도하다, 정복하다; 헤치고 나아가다, 이겨내다 **2** 능가하다, 앞서다 ◆ ~ *koho v čem* 누구를 무엇에서 능가하다
překonatelný 극복할 수 있는
překontrolov|at < **-ávat** 재확인하다
překot|it (se) (*překocen*) 비틀거리다, 뒤집히다
překotný 성급한, 무모한, 분별없는
překračovat v. *překročit*
překrásný 절묘한, 절미한, 극상의, 매우 아름다운
překročení, *n* **1** (경계의) 월경 **2** 월전, 위반, 침해
pře|kročit < **-kračovat 1** 넘다, 건너다 **2** meze 초과하다; normu, plán (할당량·계획을) 초과 달성하다 **3** neuposlechnutím 깨뜨리다, 위반하다, 침해하다, 어기다
pře|kroutit (*překruť!, překroucen*) < **-krucovat** 비틀다, 잡아떼다, 찡그리다; 왜곡하다
překrý|(va)t (*překry-*) **1** v. *pokrý(va)t* **2** 위에 놓다, 덧붙이다 ~ **se** časově (시간적으로) 일치하다; přesahovat 중복하다
překřičet (*oni překřičí*) koho (누구를 향해) 외치다, 소리치다
překupník, *ma-3* 중개인, 브로커; kradeného 장물 아비
překvapení, *n* **1** 놀람, 경악 **2** 놀라운 일[물건], 뜻밖의 일[것]
překvapený 깜짝 놀란, 경악한
překvap|it < **-ovat** (깜짝) 놀라게 하다, 경악시키다; zarazit 펄쩍 뛰게 하다
překvapivý 놀랄 말한, 놀라운, 인상적인, 현저한
překyp|ět (*oni překypí*) < **-ovat** 끓어오르다, 부글부글 끓다, přetéci 넘쳐흐르다, 충일하게하다; 용솟음치다, čím (무엇으로) 충만하다
pře|lámat < **-lamovat** v. *přelomit*
přelet, *mi-2* **1** 통과 비행, 도항, 횡단 **2** 저공 의례 비행, 공중 분열 비행
přelétavý 1 이주[이동]하는, 이동성의 **2** 변하기 쉬운, 변덕스러운, 마음이 잘 변하는
pře|letět (*oni přeletí*) < **-lét(áv)at 1** 상공을 날다; (비행에 의해) 횡단하다, 도항하다 **2** jen na povrchu (표면을) 스쳐 지나가다 **3** přes co prudce (무엇을) 번개처럼 스치다 **4** (텍스트를) 대강 훑어 보다[읽다]

přelévat (se) v. *přelít (se)*

přelhat obelhat koho (누구에게) 거짓말을 하다, (누구를) 속이다

přelíčení, *n = líčení*

přelistovat v. *přelistovat*

pře|lít (*přeli-|přele-, přelil, přelit*) < **-lévat 1** jinam (다른 곳에) 따르다, 붓다, 쏟다 **2** přeplnit 넘치도록 가득히 하다, a tak vylít 넘쳐 흐르게 하다 **~ se < -lévat se** 넘치다, 범람하다

přeliv, *mi-2* vlasů (머리의) 헹구기, 린스

přelom, *mi-2* **1** 갈라진 틈, 깨진 곳 **2** obrat 전환[변환](점), 고비, 전기

přelomit, přelámat < přelamovat (둘로) 쪼개다, 찢다, 부러뜨리다

přelouskat v *louskat*

pře|ložit < -kládat 1 (텍스트를 다른 언어로) 옮기다, 번역하다 **2** znovu položit 다시 짜다, 다시 갈다 **3** (기간을) 바꾸다, 재조정하다 **4** dát jinam 이동하다, 전환하다, náklad (짐을) 되싣다, z lodi na loď (배에서 다른 배로) 옮겨 싣다 **5** příliš naložit 너무 많이 싣다, 과적하다 **6** přehnout 겹치다, 포개다

přeložitelný 옮길 수 있는, 번역할 수 있는

přelstít = *obelstít*

přelud 1 환영, 환각, 환상, 망상, 덧없는 희망 **2** 유령, 망령

přemáhání 자제, 극기

přemáhat (se) v. *přemoci (se)*

přemalov|at < -ávat (페인트 따위로) 다시 칠하다; přes předešlé (이전의 것위에) 다시 칠하다, 덧칠하다

přeměna, *f* 변환, 전환, 변화, 변형, k menšímu n. horšímu (더 작은 것 혹은 더 나쁜 것으로의) 변형; úprava 수정, 변경

přeměnění, *n = přeměna*

přeměnit v. *měnit*

přemet, *mi-2* 재주 넘기, 공중 돌기, (비행의) 공중 곡예

přemílat 1 다시 갈다[빻다] **2** 계속해서 반복하다 **3** v mysli 곰곰히 생각하다, 숙고하다

přemíra, *f* 과다, 과잉, 초과, 잉여

pře|místit < -misťovat, -místovat (위치를) 옮기다, 바꾸어 놓다, 이동시키다

přemítat (생각을) 되새기다, 반추하다, 곰곰이 생각하다, 숙고하다, 명상하다

pře|mluvit < -mlouvat 1 koho k čemu (누구를 무엇을 하도록) 설득하다, 설복하다, 종용하다 **2** film (필름에) 새로이 녹음하다, 재취입하다, 더빙하다

pře|moci, přemoct (*přemoh-u, -ou, přemůže-š ..., přemoz!, přemohl, přemožen*) < **-máhat** 이기다, 극복하다; bojem (싸움으로써) 이기다, 승리하다; 압도하다, 누르다, 집압하다; a tak získat 정복하다 **~ se < -máhat se** 제어하다, 지배하다

přemos|tit < -ťovat řeku (강에) 다리를 놓다[가설하다]

přemožitel, *ma-1, 4* **-ka,** *f* 정복자; (스포츠의) 승리자

přemrštěnost, *f-1* 이상 야릇함, 엉뚱함, 기행, 편심

přemrštěný 1 상도를 벗어난, 괴

상한, 괴짜의 **2** nespoutaný, divoký 터무니없는, 낭비벽이 있는 **3** nadměrný 과대한, 엄청난, vyděračský 부당한

přemyšlení, *n* 숙고, 반추, 심사, 명상, 관조

přemýšl|et (*-lejí*) 곰곰이 생각하다, 숙고하다, v. *přemítat*

přemýšlivý 신중한, 사려깊은, 명상적인, 관조적인

přenášení, *n = přenos*

přenášet (*-šejí*) **1** rozhlasem (방송으로써) 중계하다; po drátě (파이프를 통해) 나르다, 수송하다 **2** v. *přenést*

přend|at < -ávat = *přemistit, přeložit*

přenech|at < -ávat 1 co (무엇을) 내놓다, 내주다; (법적으로) 포기하다 **2** komu co (누구에게 무엇을) 남기다, 넘기다, 양도하다

přenesený 전이된; 비유[은유]적인

pře|nést (*přenes-*) **< -nášet** (*-šejí*) **1** 옮기다, 넘기다, 옮겨가다[오다] **2** 이동[운반]하다, 양도[위탁]하다, 전가하다 **3** účet (통장에서) 다음 쪽으로 이월하다 **4** udělit 수여[증여]하다 **5** (유체, 유품을) 옮기다 **6** 《醫》 (장기 등을) 이식하다, 옮겨 심다 ~ **se < -nášet se** přes co (무엇으로) 넘어가다, pustit z hlavy (염두에서) 사라지다, 깨끗이 잊어버리다

přenocovat u koho (누구의 집에서) 하룻밤을 묵다

přenos, *mi-2* **1** 이동, 이전 **2** rozhlas, televize (방송, 텔레비전의) 전송, 송신, 전신, rozhlasový 방송, program z terénu 야외 방송 **3** (장기 등의) 이식

přenosný 1 운반할 수 있는; 휴대용의, 휴대할 수 있는, 무선의, 끈이 없는 **2** choroba (병이) 전염성의, 전파하는 ◆ *~počítač* 노트북 (컴퓨터)

přeočkovat 다시 종두하다, 백신을 재접종하다

přeor|at (*přeo-řu|-rám, -ř!|-rej!, přeoral*) **< -ávat 1** 다시 갈다[쟁기질하다] **2** 고쳐 만들다, 새로운 모습으로 하다

přepad, *mi-2* **1** 급습, 습격, 강습, 공격; 불시 단속; 폭행, 폭력, 강간 **2** (액체의) 유출, 범람

přepadat 1 위에 드리우다 **2** tekutina (액체가) 넘치다, 유출하다

přepadlý 병약한, 쇠약한, 야윈, 수척한

přepad|nout (*-nutí*) **< -(áv)at 1** 공격하다, 침범하다, 급습하다, 기습하다, 덮치다, 폭행하다 **2** přes co (무엇의 위로) 떨어지다, 부딪쳐서 구르다

přepadový 습격의, 급습의 ◆ *~ oddíl* 습격대, 암살단

přepás|at < -ávat …의 허리를 졸라매다, 허리띠로 조르다, 매다

přepaž|it < -ovat 분리하다, 가르다

přepážka, *f* **1** 울타리, 장벽, 분리대 **2** v úř. místnosti 계산대, 카운터 **3** s mřížkou (교도소의) 쇠창살문

přepažovat v. *přepažit*

přepínač, *mi* 스위치, 개폐기

přepínat v. *přepnout*

přepis, *mi-2* 다른 글자로 옮겨쓰기, 전사

přepisovat (se) v. *přepsat (se)*

přepjatý (행동 등이) 짐짓 꾸민, 유체스러운, 과장한, 과대한

přeplácaný 지나치게 꾸민; 화려한, 장식적인

přeplácat < …에 지나치게 채워넣다, 지나치게 꾸미다

pře|platit (*přeplacen*) < **-plácet** (*-cejí*) …에 더 많이 지불하다, (과분하게) 보수를 주다; koho v nabídce (누구에게 매매 제의에서) 보다 비싼 값을 부과하다

přeplav|at (*přeplav-u, přeplav[ej]!, přeplaval*) < **-ávat** 헤엄쳐 건너다

přeplavba (수영으로써) 건너기, 도강

přeplav|it < **-ovat** = *převézt* ~ **se** < **-ovat se** 강을 건너다, 도강하다 = *přepravit se*

přepl|nit < **-ňovat** 넘치도록 가득히 하다, 지나치게 쌓다[넣다]; zaplavit …에 사람을 너무 많이 들이다

přeplou|t (*přeplu-*) < **-vat** 노를 저어 건너다, 가로지르다

pře|pnout (*přepjal, přepětí|přepnutí*) < **-pínat 1** příliš napnout (지나치게) 꽉 죄다; úkolem (과제를) 지나치게 부과하다 **2** jinak zapnout …로 바꾸다[전환하다] **3** = *přehnat* **-pnout se** < **-pínat se** (자신을) 지나치게 죄다[긴장시키다], 과부과시키다

přepočí|st (*přepočt-, přepoč(e)tl*) **-tat** < **-távat 1** 하나하나 열거하다, 다시 세다; kontrolně 조사하다, 체크하다, 대조하다 **2** na jiný základ 전환하다, 바꾸다 **-tat se** < **-távat se 1** 계산을 잘못하다, 오산하다 **2** 너무 멀리 나아가다

přepoj|it < **-ovat se** na koho (누구에게) 전화로 연결하다

přepona, *f* 직각 삼각형의 빗변

přepouštět v. *přepustit*

přepracování, *n* **1** (논문 등의) 고쳐쓰기; (사전 등의) 개정; (문학 작품의) 각색 **2** 과로

přepracov|at < **-ávat** 다시 만들다; (원고, 논문 등을) 수정[교정하다; 개정하다; 각색하다 **-at se** < 자신을 과로시키다, 너무 일하다

přeprava, *f* doprava 운반, 수송, 운송

přeprav|it < **-ovat 1** přes vodu (강을) 가로지르다, 횡단[통과]하다 **2** dopravit 운반하다, 수송하다, 운송하다

pře|psat (*přepíš-, přepiš!, přepsal*) < **-pisovat 1** 다시 쓰다, na psacím stroji 다시 타이프하다, z rukopisu (원고를) 타이프하여 정서하다 **2** na jiného (다른 사람에게) 양도하다 **3** do jiné soustavy (다른 글자로) 옮겨쓰다, 전사하다 **4** 베끼다, 복사하다 ~ **se** < 얼떨결에 틀리다[실수하다]

pře|pustit (*přepuštěn*) < **-pouštět** (*-tějí*) **1** tuk (기름을) 정제하다 **2** = *přenechat, postoupit*

přepych, *mi* 호사, 사치 ◆ *daň z -u* 사치세; *žít v -u* 사치[호사]스럽게 살다

pře|razit (*přeražen*) < **-rážet** (*-žejí*) **1** 둘로 쪼개다, 박살내다 **2** (구어체) Já tě přerazím 나는 너를 박살내고 말거야

přerod, *mi-2* 재생, 갱생, 부활

přerovn|at < **-ávat** 재정리[재배열]하다

P

P

přerůst (*přerost-*) < **-at** 보다도 빨리 자라다[커지다], 너무 많이 자라다

přeruš|it < **-ovat 1** 가로막다, 저지하다 **2** něčí projev (누구의 말을) 중단시키다 **3** plynulou dodávku (가스 공급을) 차단하다, 끊다 **4** práci (일을) 중지시키다 **5** cestu (길을) 멈추다 **6** **(구어체)** (전화 통화를) 끊다

přerv|at (*přerv-u, přerval*) < **-ávat** (연결선 등을) 절단하다, 끊다

přerý|t (*přery-*) < **-vat** (삽 등으로) 파올리다, 파헤치다

přeřa|dit (*přeřazen*) < **-ďovat, -zovat 1** sled něčeho (무엇의) 순서를 바꾸다, 다시 분류하다 **2** zařadit jinam (다른 곳으로) 옮기다 **3** (일꾼을) 재배치하다

pře|řeknout se < **-řík(áv)at se** 말이 빗나가다

přeřez|at < **-ávat** v. *řezat*

přes **(전치사: +대격) 1** …위에, …를 넘어; napříč …을 가로질러, …을 건너서; cesta bokem …경유로, …을 거쳐 **2** na druhé straně …의 다른 편에 **3** přesah …을 초과하여 **4** nepřihlížeje k …에도 불구하고 ◆ *~ noc* 하룻밤 사이에; *~ palubu* 배 밖으로; *je mu ~ šedesát* 그는 60살이 넘었다; *prodej ~ ulici* (집으로) 갖고 가는 주류의 판매; *~ všechen* 모든 …에도 불구하고

přesa|dit (*přesazen*) < **-zovat 1** 옮기다, 이동하다 **2** rostlinu jinak (식물을) 옮겨심다, 이식하다

přesah, *mi-2, 3* **1** 부분적 중복[일치], 오버랩, 오버런 **2** (시에서) 뜻이 다음 행 또는 연구에 계속되는 일

pře|sáhnout (*přesažen* | *přesáhnut*) < **-sahovat 1** 능가하다, 상회하다 **2** na (…에) 뻗치다,미치다, 이르다 **3** 중복하다, 겹치다

přesazovat v. *přesadit*

přesčas, *mi* 초과 시간, 초과 근무

přesčasov|ý 초과 시간의, 초과 근무의 ◆ *-á hodina* 1시간의 초과 근무, 시간외 1시간

přesed|lat < **-lávat 1** 안장을 갈다 **2** 탈당하다, 옮겨가다 **-nout (si)** < **-at (si) 1** 자리를 옮기다 **2** v dopravě (교통 수단을) 갈아타다 (do …로), 환승하다

přesek|at, -nout < **-ávat** (둘로) 베다, 자르다, 쪼개다

přesídlen|ec, *ma* **-ka,** *f* 피난민, 소개자, 강제 추방자((특히 나치 정권 등에 의한))

přesídl|it < **-ovat 1** 옮기다, 이동시키다 **2** 다른 곳으로 이주시키다, 피난[소개]시키다 **3** 다시 배치하다, 재배치하다

přesila, *f* (수적) 우위, 우세

přesí(va)t = *prosí(va)t*

pře|skočit < **-skakovat 1** 뛰어넘다, 건너 뛰다 **2** (다른 주제 등으로) 옮기다, 이동하다 **3** 건너뛰며 읽다, 빠뜨리다

přeslabikovat v. *slabikovat*

přeslechnout < **1** neslyšet 듣지 못하다, 놓치다 **2 (고어체)** mimoděk zaslechnout 귓결에[어쩌다] 듣다 **~ se (구어체)** (대화의 내용을) 놓치다

přeslice, *f* 실톳대, 실감는 막대, (물래의) 가락

přeslička, *f* (식물의) 속새

přesmyk|nout < **-ovat** 옮기다,

바꾸어 놓다

přesnídávka, *f* 간식, 가벼운 식사, 새참, 브런치

přesnost, *f-1* 정확, 정밀(도), 꼼꼼함, 세심함; čas 시간[기간]엄수, 정확함

přesn|ý 1 정확한, 정밀한; vyhraněný, zřetelný 적확한, 엄밀한; pedantský (지나치게) 세심한 **2** včasný, dochvilný 시간을 엄수하는 **3** o přístrojích (기계가) 정밀한 **4** (규칙 등이) 엄격한 ◆ *-é hranice* 단단히 고정된 경계(선); *je ~ jako hodinky* 그는 시계처럼 정확하다

přesouvat = *přesunovat*

přesp|at (*přespí-m, přespal*) < **-ávat 1** kde (어디에서) 밤을 보내다 **2** (곰이) 동면하다, 겨울을 지내다

přespočetný 잉여의, 과잉이

přespolní 1 다른 고장 출신의 **2** 크로스컨트리의 ◆ *~ běh, závod* 크로스컨트리 경주

přespříliš 너무 많이

přestání, *n* 중단, 중지 ◆ *bez ~* 중단없이, 지속적으로

přestárlý 너무 오래된, 너무 나이가 많은

přest|at (*přestan-, přestal*) < **-ávat**[1] 멈추다, 그만두다, 중단하다; dál nepokračovat v činnosti 단념하다, 중도 포기하다 ◆ *to -ává všechno* 그것은 갈 데까지 갔다

přestá|t (*přestojí-m, přestůj!, přestál*) < **-vat**[2] co (무엇을) 참다, vestoje (서서) 견디다

přestavba, *f* 재건설, 재건, 복구

přestavovat[1] 다시 짓다, 재건하다, 재건축하다

přestavit < **-ovat**[2] (가구 등을) 자리 바꿈하다, 다른 곳으로 옮기다

přestávk|a, *f* **1** ustání v činnosti (활동의) 휴지, 중지, zastavení 중단, 연기, 유예 **2** na svačinu (새참의) 차마시는 시간 **3** 막간, 휴게 시간 **4** 쉬는 시간, 휴식 시간 ◆ *navrhuji -u* 나는 휴식 시간을 제안합니다

přestavovat v. *Přestavět, přestavit*

přestěhovat (se) v. *stěhovat (se)*

přesto (접속사) 그럼에도 불구하고, 그렇지만, = *nicméně*

pře|stoupit (*přestup!*) < **-stupovat 1** k jiným (다른 것으로) 옮기다 **2** = *porušit, překročit* **3** = *přesednout* **4** = *přesáhnout*

přestože …(임)에도 불구하고, …하는 데도 ◆ *výlet se mi líbil, ~ pršelo* 비가 왔음에도 불구하고 소풍은 나의 마음에 들었다

přestrojení, *n* 변장, 가장, 위장

přestroj|it < **-ovat 1** 옷을 갈아입다 **2** za co (무엇으로) 변장하다, 위장하다

přestřel|it < **-ovat** (과녁 따위를) 넘게 쏘다

přestřelka, *f* 사격의 주고 받기[교환]

přestup, *mi-2* **1** 통과, 통행 v dopravě (특히 교통에 있어서의) 환승, 갈아타기 **2** změna příslušnosti 전학, 전직, (경기자의) 이적; (믿음 등의) 전향

přestupek, *mi-2, 3* 위반, 파계, 과실; 침해, 간섭

přestupní 1 v dopravě (교통에서) 환승의, 갈아타기의 **2** 전학[전직]의,

P

P

전향의 ◆ ~ *lístek* 환승권
přestupný 건너 뛰는 ◆ ~ *rok* 윤년
přestupovat v. *přestoupit*
přesun, *mi-2* **1** (지층의) 변위, 단층, 이동 **2** (인구의) 이동 **3** (인력 등의) 재배치
přesun|out < **-ovat** 밀치다, 밀어내다, 이동하다
přesvědčení, *n* 신념, 확신, 설득
přesvědč|it < **-ovat** koho o čem (누구에게 무엇을) 납득시키다; přemluvit 설득시키다, 설득하다 **~ se** < **-ovat se** 확신하다; zjistit 납득하다, 깨닫다, 수긍하다
přesvědčivý 설득력 있는, 납득이 가게하는
přesyp, *mi-2* (해변의) 모래 언덕, 사구
přesy|tit (*přesycen*) < **-covat** 과식[과음]하게 하다, 물리게 하다
přeškol|it < **-ovat** na (…에 있어서) 재교육[재훈련]하다
přeškrtnout v. *škrtat*
pře|šlápnout < **-šlapovat** **1** přes co (무엇을) 밟고 넘다 **2** na místě 제자리 걸음하다, netrpělivě 발을 질질 끌며 걷다
pře|táhnout (*přetažen*) < **-tahovat** **1** přes (…위로) 끌다, 당기다 **2** obtáhnout (칼 따위를) 갈다, 연마하다, na řemeni (혁지에) 갈다, na brusu (기름 숫돌에) 갈다 **3** získat koho (누구를) 꾀어 들이다, 끌어들이다, 스카우트하다 **4** udeřit 차다, 공격하다 **5** účet (예금을) 너무 많이 찾아내다, 차월하다; lhůtu (기간을) 초과하다, 넘기다 **6** 줄다리기, 주도권 싸움을 하다
přetahování, *n* 《스포츠》 줄다리기
přeté|ci, přetéct (*přeteč-; přeteku, -ou; přetekl*) < **-kat** 범람하다, 넘쳐흐르다
přetechnizovat 과도히 기술화하다
přetěžovat v. *přetížit*
přetínat v. *přetnout*
přetírat v. *přetřít*
přetisk, *mi-2, 3* **1** (책, 우표 등의) 거듭 인쇄, 덧 인쇄 **2** další výtisk 증쇄, 재판
přetiskn|out (*přetištěn*) < **-ovat** **1** (책, 우표 등의) 거듭 인쇄 하다, 덧인쇄 하다 **2** další výtisk 증쇄, 재판하다
pře|tížit (*přetěž!|přetíži!*) < **-těžovat** **1** 짐을 너무 많이 싣다, 과적하다 **2** prací (일로써) 과로시키다, (과제로써) 지나친 부담을 주다
přetlak, *mi-2, 3* 과도한 압력, 가압[억압]; (의료) 고혈압(증)
přetlakov|ý 가압의; 고혈압의 ◆ *-á kabina* 가압 캐빈, 기밀실; ~ *oblek* 여압복, 우주복; ~ *ventil* 안전 밸브
přetlumočit v. *tlumočit*
pře|tnout, přetít (*přetn-u, přeťal, přetětí*) < **-tínat** (수동형으로) 베다, 자르다, 가르다, 절단하다
pře|točit < **-táčet** (*-čejí*) **1** při utahování 과도하게 조이다 **2** (마개를) 비틀(어 돌리)다 **3** film, pásku (필름, 테이프를) 되감다, 재생하다, záznam 다시 녹음하다, 재녹음하다
přetrh|nout (*přetržen*), **-at** < **-**

ávat, -ovat 1 자르다, 끊다, 두동강내다 **2** = *přeškrtnout* **-nout se** povolit, roztrhnout se 끊기다, 잘리다, 끊어지다

přetrpět (*oni přetrpí*) < 견디다, 인내하다, 참다, 참아[견뎌]내다

přetrv|at < -ávat 1 kdo/co (누구/무엇보다도) 오래 살다[견디다] **2** 살아남다, 헤어나다, 오래 가다[견디다]

přetřásat (문제 등을) 철저하게 논의[검토]하다

přetřes, *mi* 철저한 토론[논의] ◆ *vzít/dát co na ~* 무엇을 철저한 토론[논의]에 부치다

pře|třít (*přetř-, přetřel*) < **-tírat 1** (다시) 문지르다, 비비다, 닦다 **2** nátěrem 다시 칠하다 **3** (신발을) 닦다, 윤을 내다

přetvářka, *f* (감정을) 감춤, 시치미 뗌

přetvařovat se (감정, 의사 따위를) 숨기다, 시치미 떼다 v. *předstírat*

přetv|ořit < -ářet (*-řejí*) 고쳐 만들다, 개정[개량]하다, 개조[개선]하다; soustavně 재조직하다; samu podstatu 변형하다

převádění, *n* (재산, 노동력 등의) 이전, 운반, 이동, 전송

převádět v. *převést*

převaha, *f* 우월, 우세; nade všemi 탁월, 지배; závažností 압도, 다수; častým výskytem 널리 행해짐, 유행

preval|it (se) < -ovat (se) 비틀거리게 하다, 비틀거리다; 구르다, 자빠뜨리다; sem a tam (이리저리) 뒤흔들다, 뒤흔들리다

převař|it < -ovat znovu (다시) 끓이다, 비등시키다; příliš 너무 많이 끓이다

převaz, *mi-2* **1** 다시 붕대로 감기 **2** obvaz 붕대 **3** 타이, 밴드

pře|vázat (*převaž-, převaž!, převázal*) < **-vazovat 1** 감다, 묶다, 동여매다 **2** obvazem 붕대로 감다 **3** znovu 다시 감다[묶다]

převážet v. *převézt*

pře|vážit (*převaž!*) < **-važovat 1** znovu zvážit 다시 무게를 달다 **2** mít větší váhu …보다 무겁다[중요하다]; a porušit rovnováhu …을 능가하다 **3** 중심[균형]을 잃게 하다

převážně 뛰어나게, 탁월하게; 우세하게, 현저하게; 대부분, 주로

převážný převládající 우월한, 우세한, 유력한, 현저한, 결정적인

převažovat 우세하다, 탁월하다; častostí (널리) 보급되다, 유행하다

pře|vést (*převed-*) < **-vádět** (*-dějí*) **1** sem n. tam právě (여기로 혹은 거기로) (도보로) 데려오다[가다], 이끌어 오다[가다] **2** do jiné oblasti (다른 지방으로) 옮기다, 전출하다, (다른 직장으로) 전직하다 **3** do držení 양도하다, 넘겨주다, směnku (어음에) 배서하여 …에게 양도하다, pravomoc (권한을) 위임하다 **4** na menší n. horší (보다 작은 것으로 혹은 나쁜 것으로) 떨어뜨리다, 몰아넣다 **5** na jiné hodnoty (다른 가치로) 전환하다

pře|vézt (*převez-*) < **-vážet** (*-žejí*) **1** (차량으로)나르다, 운반하다, 이송하다, lodicí (거룻배로) 나르다, 수송하다 **2 (속어)** napálit 기만하다, 속이다

převislý 위로 쑥 내민, 돌출한

P

převládající 우세의, 지배의, 압도의, 지배[압도]적인
převlád|nout < **-at** 압도하다, 우세하다, 지배하다
převl|éci, převléct (*převleč-, převleku, -ou; převlekl*) **-éknout** < **-ékat** 갈아입히다, 변복[변장]시키다; 분장시키다 ~ **se** 옷을 갈아입다, 변장[분장]하다
převlečník, *mi-2* 오버코트, 외투
převlek, *mi-2* 변장, 변복, 분장
převlékárna, *f* 탈의실, 옷 갈아입는 방, 분장실
převod, *mi-2* **1** mechanický 변속기, 변속 장치, 트랜스미션 **2** přesun 이동, 운반, 전이
převor, *ma* **-ka,** *f* 수도원 부원장, 소수도원 원장
převoz, *mi-2* **1** doprav. 수송, 교통, 운반 **2** přívoz 나룻배 수송
převozn|ík, *ma-3* **-ice,** *f* 나룻배 사공, 도선업자
převrácení, *n* 전복, 역전
převrácený 거꾸로 된, 뒤집힌, 전복된
převracet[1] (*-cejí*) v mysli 되새기다, 반추하다, 곰곰이 생각하다
převrat, *mi-2* **1** 대변동, 격변 **2** státní 쿠데타, 무력 정변, 정권 탈취
převr|átit (*převrať!, převrácen*) < **-acet**[2] (*-cejí*) **1** 뒤집다, 전복하다 **2** pořádek apod (질서 등을) 뒤엎다; vztah (관계를) 거꾸로 하다, 역으로 하다, 역전시키다
převratný 전복의, 혁명의, 혁명적인
převrh|nout (se) (*převržen*) < **-ovat (se)** 쓰러뜨리다, 뒤집어 엎다, 전복시키다[하다], plavidlo (배를/가) 전복시키다[하다]
převtělení, převtělování, *n* 다시 육체를 부여함; 화신, 재생, 환생
převtěl|it (se) < **-ovat (se)** 변형하다, 재형성[재편성]하다, 변신하다, 화신[환생]하다
pře|výšit (*převyš!|převýši!*) < **-vyšovat** přesáhnout, předstihnout 넘다, 초과하다, 상회하다
převzetí, *n* **1** (회사의) 인수 **2** (권력의) 접수, 탈취 **3** (상품의) 수령 **4** (단어의) 차용
pře|vzít (*převezm-, převzal, převzetí*) < **1** = *přejmout* **2** úkol (과제 등을) 맡다, 담당하다, 수락하다
přezdívka, *f* 별명, 애칭
přezimovat 겨울을 나다, 동면하다
přezírat 무시하다, opovržlivě 얕보다, 깔보다, 경시하다; v řeči (말로) 헐뜯다, 나쁘게 말하다
přezka, *f* 버클, 구두의 죔쇠
přezkoum|at < **-ávat** 점검[검사]하다; 재검토하다; a napravit 수정[개정]하다; kontrolou 검사[검열]하다
pře|zkoušet (*-šejí*) < **-zkušovat 1** 시험하다, 테스트하다, 심사하다 **2** pravost (순도를) 시금[분석]하다
přezou|t (*přezu-*) < **-vat** 신발을 갈아신다
přezrálost, *f-1* 너무 익음
přezrálý 너무 익은, 무르익은; duševně (정신적으로) 일된, 조숙한, 조생의
přezůvka, *f* 오버슈즈, 방수용[방한용] 덧신

přeží|t (*přeži-*) < **-vat** 살아남다, 생존하다, …보다 오래 살다, koho (누구보다) 오래 살다

přež|ít se < **-ívat se** 구식이 되다, 시대에 뒤떨어지다

přežitek, *mi-2, 3* **1** 살아남음, 생존 **2** 잔재, 유품, 유물 **3** 시대 착오

přežvýkavec, *ma* 반추 동물

přežvýkavý 반추 동물의

přežvykovat 반추하다, 되새김질하다

při (전치사: +전치격) **1** …가까이에, …인근에, …곁에; ve funkčním styku …에; instituce …에 부가하여[부속으로] **2** podél …을 따라 **3** průvodní okolnosti …와, …으로(써); bodově chápaná příležitost …에 즈음하여; bezprostředně navazující okolnosti …와 동시에, …중에 ◆ *být ~ sobě* 의식[자각]하고 있는; ~ *cestě zpět* 되돌아오는 길에; ~ *činu* …의 행위 중에; ~ *jídle* 식사 중에; ~ *dobré paměti* 기억력이 좋을 때에; ~ *jednom* (그 동안) 죽, 내내, 처음부터; ~ *nejhorším* 최악의 경우에는, 아무리 바빠도, ~ *nejlepším* 기껏해야, 고작; ~ *nejmenším* 적어도, 최소한

přibal|it < **-ovat** 덧붙이다, 추가하다, 더하다, 동봉하다

příbalov|ý **1** 둘러싼, 두른, 동봉한 **2** 광고 전단에 담긴 ◆ ~ *leták* 동봉된 광고 전단, *-á informace* 광고 전단에 실린 정보

přibarv|it < **-ovat** 엷게 물들이다, 착색하다

příběh, *mi-2, 3* **1** příhoda, událost 사건, 에피소드 **2** 이야기

přibíjet v. *přibít*

přibírat v. *přibrat*

přibí|t (*přibi-*) < **-jet** (*-její*) 고정시키다, 못[징]을 박다 ◆ ~ *na pranýř* 칼을 씌워 여러 사람 앞에 보이다

při|blížit (*přibliž!*) < **-bližovat** 가깝게 하다, 접근하다 ~ **se** < **-bližovat se** v. *blížit se*

příboj, *mi* 밀려드는 파도, 큰 파도, 부서지는 파도, 파란

příbor, *mi-2* **1** 식탁용 나이프와 포크 **2** souprava nádobí (식기의) 한 세트, 일습 ◆ *čajový/kávový* ~ 티/커피 세트

příborník, *mi-2, 3* (식당 벽면의) 식기 살강[찬장]

při|brat (*přiber-u, přibral*) < **-bírat** **1** 조금 더 취하다, další 더 이상을 취하다 **2** na sebe 자기것으로 하다 **3** na pomoc, na poradu (도움, 충고를) 청하다, 부르다 **4** volbou (선거에 의해서) 신회원으로 선출[선임]하다 **5** přidat, zvětšit 추가하다, 증대하다; zvětšit se 커지다, 늘어나다; na váze (무게가) 증대하다, 불어나다

příbuzensk|ý 친척간의, 친족의 ◆ *být v -ém vztahu k...* …와 친척[친족, 동족] 관계에 있다

příbuzenství, *n* 친척 관계, 동족 관계, 연고 관계

příbuzenstvo, *n-2* 친척, 친족, 인척

příbuzná, *f* 여자 친척[친족]

příbuznost, *f-1* **1** vlastnostmi 친척 관계, 친척, 상관 관계 **2** 유사성, 친밀성

příbuzný[1] (형용사) rodem i duchem,

ze společného pramene (가계와 정신, 공통적인 조상에 의한) 친족의, 동족의, 혈연의, 같은 조상의

příbuzný², *ma* **příbuzná,** *f* 친척, 인척, 친족, 동족

přibý|t (*přibud-, přibyl*) < **-vat 1** k (…에) 가담하다, 참가[가맹]하다 **2** něčeho přibylo 증가[증대]하다 **3** ~ na váze 체중이 늘다[증가하다] **4** dojít, dojet kam (어디에) 이르다, 도달하다

příbytek, *mi-2, 3* 거주, 주거, 거처

přibývat v. *přibýt*

příčetný 제정신의, 분별있는, 건전한 정신의

přičichnout = *čichnout*

příčina, *f* 원인, 이유, 까닭, 근거, 동기

přičinění, *n* 노력, 시도

přiči|nit se < **-ňovat se** 노력하다, 애쓰다, 시도하다

přičinlivý 근면한, 부지런한, 열심히 일하는; 도움이 되는, 유용한

příčinnost, *f-1* 인과 관계, 인과율

přičísnout < (머리털을) 매끄럽게 하다, 매만지다

přičí|st (*přičt-u, přičetl*) < **-tat 1** 더하다, 덧붙이다 **2** v domněnce, že je jeho …의 탓으로 하다, …에 돌리다; a tak zařadit 배당하다, 부가하다 ◆ ~ *si následky* (자기 행동의) 결과를 감수하다[책임지다]

příčit se (*příči se!*) čemu (무엇에) 맞서다, 도전하다, 반대하다

přičítat v. *přičíst*

příčka, *f* **1** 빗장, 가로장, 가로대 **2** přepážka 접수처, 프론트

přičle|nit < **-ňovat** 가입시키다, 지부로하다

příčník, *mi-2, 3* (건물의) 대들보; 가로장

příčn|ý 가로의, 가로지르는, 횡단하는 ◆ *-á loď chrámová* (교회당의) 트랜셉트, 교회당 좌우 익부; *-á ulička* (큰 길과 교차되는) 골목, 교차 도로 *-é břevno* (골대의) 크로스바

příď, *f* 뱃머리, 이물, 선수

přid|at < **-ávat 1** 더하다, 추가하다, 덧붙이다 **2** za aplaus 앙코르[재청]에 답하다 **3** k platu (급여를) 인상하다 **~ se** < **-ávat se** k čemu (무엇에) 합류하다, jako stoupenec (지지자로써) …에 가세하다

přidavač, přidávač, *ma* (벽동공 등의) 조수, 보조

přídavek, *mi-2, 3* **1** 추가, 부가(물) **2** k platu 보너스, 상여금 **3** na koncertě (콘서트에서의) 앙코르, 재청

přídavn|ý 1 추가의, 보충의, 추가[보충]적인 **2** -é jméno (문법의) 형용사

příděl, *mi-2* **1** 분배, 할당, 배당; k určitému použití 전유(물) **2** při spravedlivé dělbě 몫, 분담(액), 할당(액); na jednotlivce 배급(량), 정량, 정액

přiděl|at < **-ávat 1** co k čemu (무엇을 무엇에)붙이다, 달다, 매다, 고정시키다, 부착하다

přidělení, *n* **1** 부당, 배당, 할당, 충당 **2** 《컴퓨터》 배정

přiděl|it < **-ovat 1** 충당하다, 배당하다, 할당하다 **2** na pracoviště (일터에서) 지도하다, 감독하다 **3** k úkolu (과제를) 지정하다, 맡기다

přídomek, *mi-2, 3* **1** (귀족 등에 부여하는) 칭호, 명칭 **2** 별명, 가명, 닉네임 **3** vedlejší pojmenování **(문법)** 한정사((속성, 성질을 나타내는 어구; 형용사 따위))

přidružení, *n* 연합, 제휴, 합동

přidruž|it < -ovat 연합시키다, 참가시키다

přidrž|et (*oni přidrží*) **< -ovat 1** 붙들다, 잡다; (흔들리지 않게) 고정시키다 **2** koho k čemu (누구로 하여금 무엇을 하도록) 붙들어 매다; 억류하다 **~ se < -ovat se** 매달리다, 달라붙다; jako vzoru (본보기로써) 따르다, 고수하다

přifař|it < -ovat (구어체**)** 같은 교구에 속하게 하다

přihánět v. *přihnat*

přiházet se v. *přihodit se*

přihazovat v. *přihodit*

přihlásit (se) v. *hlásit (se)*

přihláška, *f* o, k, do (…에) 응시, 지원; 《스포츠》 참가, 가입; rezervace 예약; k evidenci 기입, 등재, 등록

přihlašovat (se) = *hlásit (se)*

při|hlédnout < -hlížet 1 pohlédnout zblízka 엄밀히 지켜보다, 주시하다 **2** brát v úvahu 고려하다, 참작하다 ◆ *~ / ne- k čemu* 무엇을 고려하다/ 고려하지 않다 **-hlížet** (*-žejí*) jako divák (관람자로써) 구경하다, 관람하다

při|hnat (*přižen-u, přihnal*) **< -hánět** (*-nějí*) domů (집으로) (가축 등을) 몰다, 쫓다 **-hnat se** 돌진하다, 밀어닥치다

příhoda, *f* 사건, 생긴일; v. *událost*; něčí (누구의) 모험; 에피소드, 이야기

při|hodit (*přihozen*) **< -hazovat 1** 던져 넣다 **2** v dražbě (경매에서) 다투어 값을 올리다 **~ se < -házet se** 일어나다, 발생하다, 생기다 komu postihnout ho (누구에게) 닥치다 ◆ *co se mu -lo?* 그에게 무슨 일이 생겼니?

příhodný 1 때맞은, 적시의, 순조로운, 유리한 **2** k použití (이용에) 편리한 **3** k ruce (손에) 가까이 있는, 간편한 v. *vhodný, včasný*

přihrádka, *f* (설합, 트렁크 등의) 칸막이, 구획; (옷장, 찬장 등의) 선반, 시렁

přihrá|t (*přihra-, přihraj!|přihrej!, přihrál, přihrání*) **< -vat 1** (공 등을) 넘겨주다, 패스하다, volejbal (배구에서) 릴레이하다 **2** hrát do ruky …의 이익이 되되록 행동하다

přihrávka, *f* 《스포츠》 패스, 센터링 ze vzduchu (공중에서의) 발리

přihrn|out < -ovat v. *hrnout* k rostlinám (식물에) 흙을 모아주다 **~ se** = *přihnat se*

přihř|át (*přihře-, přihřál*) **< -ívat** 데우다, 따뜻하게 하다

přicházející 다가오는, 도래하는

přicházet (*-zejí*) v. *přijít*

příchod, *mi-2* **1** do, na (…에) 도착, 도래, 도달, 당도 **2** vstup 입장, 참가, 가입; kontrolovaný 기입, 체크인

příchozí, *ma, f* 오는 사람, 새로 온 사람, 도착자, 신입(생), 신가입자, 신입 회원 ◆ *nově ~* 신가입자; *pozdě ~* 후가입자

příchuť, *f* 맛, 풍미, 향미, 향기; 기미, …기[티]

P

P

přichycovat (se) v. *přichytit (se)*
při|chýlit *(přichyl!)* < **-chylovat** 기울다, 경도하다
příchylnost 애착, 연모, 사모, 집착; věrná (충성스러운) 고수, 지지
příchylný 애정 깊은, 다정한
přichylovat v. *přichýlit*
přichystat (se) v. *chystat (se)*
přichy|tit (se) *(přichycen)* <**-covat (se)** 붙들다, 붙잡다; 들러붙다, 집착하다; čeho (무엇에) 매달리다
přijatelný 1 받아들일 수 있는, 그럴듯한; v souladu se zálibou 같은 성질의 **2** 온당한, 적당한, 알맞은, 타당한 **3** při výběru 적격의, 적임의
příj|em, *mi-2* **1** 영수, 받음; věci (물건의) 수령; hostí, nemocných (손님, 환자의) 응접, 수용 **2** tržba 수령[수입]액, 매상고 **3** důchod (연금의) 수입, 소득 ♦ *daň z -mu* 소득세; *hrubý/ čistý ~* 총/순 소득
příjemce, *ma* 수령자, 수납자; tržby, výhry 수취인, 수령인; zásilky (탁송품의) 하수인, 수취인
příjemnost, *f-1* 즐거움, 유쾌함 životní (삶의) 쾌적함
příjemně 즐겁게, 유쾌하게, 쾌적하게; 아늑하게, 편안하게
příjemný 즐거운, 유쾌한, 쾌적한; uklidňující 편안한, 안락한; vystupováním 사람의 마음을 끄는, 매력적인
při|jet *(přijed-, přijel)* < **-jíždět** *(-dějí)* (타고) 도착하다, 오다, 이르다 v. *přijít*
přijetí, *n* 들어가는 것을 허용함, 입장(허가), 입학(허가), 입국(허가); (상품 등의) 수령, 수리; 응접, 접대 v. *přijmout*
příjezd, *mi-2* **1** v. *příchod* **2** cesta k domu (집으로의) 귀가
příjezdový 접근의, 진입의
přijímací 받아들이는, 접수의, 응접[접대]의 ♦ *~ pohovor/zkouška* 입학[입사]면접/시험
přijímač, *mi* 수신기, 수상기 ♦ *televizní ~* 텔레비전 수상기
přijímačka, *f* **1** 영화 촬영기 **2 (**구어체**)** přijímací zkouška 입학[입사] 시험
přijímat 받아들이다, 접수[응접]하다, 수령하다 v. *přijmout*
při|jít *(přijd-, přišel, -šl-)* < **-cházet** *(-zejí)* **1** (걸어서) 오다[가다], 도착하다 **2** do situace, tempa, zvl. mimovolně (상황, 페이스에) 처하다, 들어가다 **3** podle plánu (계획에 따른) 기간이 되다; kdy (언제에) **4** útočně (공격적으로) 엄습하다, 시작하다 **5** nečekaně (예기치 않게) 나타나다, náhodou 우연히 오다; objevit se 모습을 드러내다; **6** dostavit se 발생하다, 일어나다, poměrně připadnout …이 되다 **7** být dodán, zprávy (소식이) 오다 **8** stát 값이 나가다 **9** (na co 무엇을) 잃다; **10** trestem, prohrou (벌로써, 패배로써) 상실하다, 치르다 ♦ *~ (příliš) brzy* 너무 일찍이 오다; *přijde hned* 곧 올 것이다; *~ čemu na chuť...* 무엇을 좋아하게 되다; *jak to přijde* 어떻게 그렇게 되지; *nemůže mu přijít na jméno* 그는[그녀는] 그를 욕 할 수 없을 것이다; *~ s křížkem po funuse* 시기를 놓치다; *kdo dřív přijde, ten dřív mele* 오는 순서

대로 방아를 찧는다; ~ *do módy* 유행이 되다; *přišlo mi na mysl* 나에게 생각이 떠올랐다; ~ *komu naproti* 누구를 마중나오다; ~ *ke komu na návštěvu* 누구를 방문하러 오다[가다]; ~ *komu na pomoc* 누구를 도우러 오다[가다]; ~ *pozdě k/ na* …에 늦다; ~ *komu do cesty* 누구의 길을 막다[방해하다]; ~ *do dluhů* 빚에 빠지다; ~ *do dražby* 경매에 부쳐지다; ~ *do jiného stavu* 임신하다; ~ *do rozpaků* 당황하다, 어쩔줄 모르다; ~ *komu pod ruku* 누구의 수중에 떨어지다; *na řadu* (누구의) 차례가 오다[되다]; *přišla řeč na* …이 언급 되었다; ~ *k sobě* 의식을 회복하다; ~ *na své* 본전을 뽑다, 재미를 보다; ~ *do styku s kým* 누구와 교류[교제]하다; ~ *na svět* 세상에 나가다, 출생하다, 태어나다; *přijde na to* 그것은 때와 형편에 달렸다; ~ *v úvahu* 고려하다, *nepřicházet v úvahu* 고려에서 빠지다; ~ *do varu* 끓기 시작하다; ~ *včas* 제 시간에 오다; ~ *vhod* 쓸모있게 되다 - **jít si < -cházet si** nač (무엇을) 얻다, 벌다

přijíždět v. *přijet*

příjmení, *n* 성((이름에 대한))

při|jmout (*přijm-u, přijal, přijetí*) < **-jímat 1** 받아들이다, se souhlasem n. usmířeně 수락하다, 접수하다, 응하다 **2** za/ mezi připustit (…로/…사이로) 수용[인정]하다 **3** za vlastní (자신의 것으로) 삼다, 입양하다; přiznáním (자신의 것이라고) 인정하다 **4** na sebe úkol, podobu (자신의 과제로) 떠맡다 **5** do služeb 고용하다; 신병을 모집하다 ◆ ~ *mezi sebe* 받아들이다, 포용하다; ~ *nabídku čí/čeho* 누구/무엇의 요청에 응하다; ~ *na pořad (jednání)* 의사 일정에 포함시키다; ~ *návrh zákona* 법을 통과시키다; ~ *usnesení* 결정[결의]하다; ~ *koho za vlastního* 누구를 양자로 입양하다; ~ *výzvu* 도전을 수락하다

příkaz, *mi(-2)* 지시, povel 명령; svěřující úkol (과제의) 위임, 위탁; kategorický (범주별로) 부과, 부여; 《컴퓨터》 명령

přikázání, *n* (성서의) 율법, 계율, 계명 ◆ *desatero~* 십계명

přikázat (*přikáž-u, přikaž!, přikázal*) < **-kazovat 1** = *rozkázat* **2** *přidělit*

příklad, *mi* **1** 보기, 예, 실례 **2** reprezentativní 본보기, 모델; získaný výběrem 견본, 샘플 ◆ *jít -em* 본보기가 되다, 인도하다; *na ~* 예를 들면, 예컨대

přikládat 1 (…에) 돌리다, (…의) 탓으로 하다 = *připisovat* **2** cenu, hodnotu, důležitost (가격, 가치, 중요성을) 붙이다, 부가하다 **3** v. *přiložit*

příkladný 본보기의, 모범적인, 예시적인

přiklánět (se) v. *přiklonit (se)*

přiklep|nout < -ávat 1 (못을) 망치로 박아넣다 **2** (골프) 퍼트하다 **3** v dražbě (경매에서) 경락[낙찰]시키다

přiklížit v. *klížit*

příklon, *mi-2* 경향, 추세

při|klonit (se) < -klánět (se) = *přichýlit (se)*

přiklop|it < -ovat nač (…위에) (뚜껑 따위를) 덮다, 내려 놓다; pokrýt 덮다, 닫다

příkon, *mi* (전기의) 입력, 수수량,

P

P

와트수

příkop, *mi* 도랑; k odvodnění 배수구, 하수구; obranný (도시나 성곽 둘레의) 해자, 외호

příkoří, *n* 해, 위해. 부정, 불법, 부당[불법] 행위

při|kout (*přiku-*) < **-kovat** < **-kovávat** 족쇄를 채우다

přikračovat v. *přikročit*

příkrasa, *f* 장식, 수식, 윤색

při|krášlit < **-krašlovat** 장식[수식]하다, 꾸미다, 윤색하다

příkrm, *mi-2* 주요리에 곁들이는 것 ((감자, 밥, 야채 등)), 곁들인 음식

při|kročit < **-kračovat 1** k (…에) 다가[가까이]가다, 접근하다 **2** dát se do …로 발걸음을 옮기다, 나아가다

příkrost, *f-1* 거침, 껄껄함

příkrý 1 srázný 가파른, 급경사진, 깍아지른 듯한 **2** úsečný 갑작스러운; (문체 따위가) 급전하는, 비약적인 **3** drsně jednající 거친, 사나운, 부락부락한

přikrý|t (*přikry-*) < **-vat** 덮다, 싸다, 닫다, 가리다

přikrývka spací (수면용) 담요, 이불, v. *pokrývka*

při|kývnout < **-kyvovat** 고개를 끄덕이다, 동의하다

přilákat v. *lákat*

přilba, přílba, *f* 헬맷, 철모

přiléhat 1 k (…에) (옷이) 꼭 맞다, 꽉 끼다 **2** být hned vedle 인접하다, 붙어있다, 이웃하다

přiléhavý (옷이) 꼭 맞는, 맞춤옷의, 꽉 끼는; hodící se 맞는, 적절한 ◆ ~ *oblek* (무용. 댄스용의) 타이즈, (곡예사 용의) 몸에 착 붙는 옷

přilehlý 인근한, 이웃의

při|lehnout < **-léhat** ke komu (누구의 곁에) 눕다

přilepit v. *lepit*

přilepš|it < **-ovat** 개량하다, 개선시키다, 증대[증진]시키다 ◆ ~ *komu na platu* 누구의 급여를 인상시켜주다

přílet, *mi-2* (비행에 의한) 도착 ◆ *-y a odlety* 도착과 출발

při|letět (*oni přiletí*), **-létnout** < **-lét(áv)at, -letovat**[1] **1** (비행으로써) 도착하다, 날아오다[가다] **2** (빨리) 달려오다[가다]

přiletov|at[2] < **-ávat** 납으로 때우다

přilévat v. *přilít*

přiléz|t (*přilez-*) < **-at 1** 기어서 오다, 기어가다, 포복하다 **2** ke komu (누구에게) 굽실거리다, 아첨하다

příležitost, *f* **1** vhodná chvíle (적합한) 기회, 호기 **2** chvíle, kdy se něco děje (특정한) 경우, 때 **3** nadějná chvíle 우연한 기회, 가망(성); vhodný okamžik (형편이) 좋은 기회, 유리한 사정 **4** shoda okolností (일치하는) 때, 전기

příležitostný 부차적인, 부수하여 일어나는; náhodný 우연한, 뜻밖의, 임시의; speciální 특별한 때의, 특수한, 이례적인

příliš 너무(나), 무척, 매우, 지나치게 ◆ *až* ~ 그저 …할(일) 따름, 매우

přílišný 지나친, 과도한, 심한

při|lít (*přile-|přili-, přilil, přilit*) < **-lévat** 더하다, 부어넣다

příliv, *mi-2* **1** 밀물, 만조 **2** 유입, 주

입, 쇄도 ◆ ~ *a odliv* 밀물과 썰물, (사업, 인생의) 성쇠

přilnavý 들러붙는, 달라붙은, lepivě 접착성의

příloha, *f* **1** vlepená (부가된) 삽입물, přidaná (추가된) 보충, 추가(물); vkládaná volně 삽화 **2** k dopisu (편지)에 동봉한 것, spisu (책 등의) 부록 **3** 주 요리에 추가된 음식((밥, 감자, 크네들리키 등)) = *příkrm* ◆ *v příloze* 부록에서, 동봉함

při|ložit < -kládat 1 co k čemu (무엇을 무엇에) 놓다, 두다, 위치시키다, aby se něčeho dosáhlo (무엇이 되도록) 적용[사용]하다 **2** připojit 붙이다, 부속시키다, do obálky (봉투 속에) 첨부하다, na oheň (불에 연료 따위를) 따라 붓다 **3** dodat 추가하다, 더하다 ◆ ~ *ruce k dílu* 일에 착수하다, 분발하다, 일을 돕다, 한 몫 거들다

příměr, *mi-2* 비교, 대조; 비유

přiměřeně 적합하게, 합당하게, 알맞게

přiměřený 적합한, 합리적인; vhodný 합당한, 알맞은; náležitý 마땅한

příměří, *n* 싸움의 중지, 휴전, 정전(협정) ◆ *uzavřít/vyhlásit/porušit* ~ 휴전(협정)을 체결/선언/해지하다

příměs, *f-1* 혼합, kovu (금속의) 합금; kazící kvalitu (품질을 안좋게 하는) 혼합물

přimět (*přimě-*) koho k čemu/ koho, aby (누구를 무엇을) 하도록 시키다[만들다], 강제하다, 권유하다, 촉구하다, v. *mít* (koho k čemu)

přimhouřit v. *mhouřit*

přimích|at < -ávat 혼합하다, 섞다, 타다, 부가하다 ◆ ~ *vodu do vína* 포도주에 물을 섞다

přímka, *f* 직선 ◆ *dělící* ~ 분리[분할]선

při|mknout se (*-nut*) **< -mykat se** = *tisknout se, připojit se*

přimlouvat se v. *přimluvit se*

přímluva, *f* 중재, 조정, 알선; 변호, 변론, 탄원, 청원

při|mluvit se < -mlouvat se za koho/co (누구를/무엇을 위해) 변호[변론]하다, 말을 거들다; 중재[조정]하다

přímo 직접적으로, 똑바로, 정확히; bez obalu 솔직하게, 노골적으로; bez oklik (둘러가지 않고) 곧바루, 곧장; = *zpříma*

přímočarý 직선의, 일직선의; 타협하지 않는

přimontovat v. *montovat*

přímořský 해변[해안]의

přím|ý bez ohybu n. záhybu **1** 곧은, 직선의, 반듯한 **2** bez odbočky 직계의, 직진의, 직행의 **3** nezprostředkovaný 직접적인, 직접의 **4** bez oklik a vytáček 똑바른, s plnou vahou 곧바른; vzpřímený 곧추선, 수직의; (성향이) 직선적인, 솔직한 ◆ *-ou čarou* 일직선으로; *-á daň* 직접세; ~ *náraz, -á srážka* 정면 충돌; ~ *přenos* 생방송; ~ *úhel* 직각

přimykat se v. *přimknout s*

při|myslet, přimyslit si (*oni si přimyslí, přimyšlen*) **< -mýšlet si** (*-šlejí si*) 상상하다, 마음에 그리다

přináležet (*oni přináleží*) **1** (누구에)

P

속하다, (누구의) 재산[자산]이다 **2** náležet …에 부여[수여]되다
přináležitý náležitý 적당한, 적합한, 알맞는
při|nést < -nášet 들고 오다[가다], dojít pro 데려오다[가다], 가져오다[가다], 날라오다[가다]
přínos, *mi-2* 이바지, 공헌, 기여; 이익, 혜택, 은혜
přinutit (*přinucen*) v. *nutit*
přiostř|it < -ovat 날카롭게 하다, 날을 세우다, 뾰족하게 하다 **-it se < -ovat se** 날카롭게 되다, 강렬해지다
případ, *mi* **1** 경우, 사례 **2** 사정, 입장, 상황, 계기 **3** příběh 사건, 해프닝 **4** (조사를 요하는) 사건, 문제 **5** (환자의) 병증, 증상 ◆ *po -ě* 필요하다면, 일에 따라서; *od -u k -u* 때때로, 경우에 따라; *v -ě, že...* …알[할] 경우에는; *v každém -ě* 좌우간, 여하튼간에; *v nejlepším/nejhorším -ě* 최상의/최악의 경우에; *pro ~ čeho* 무엇의 경우에 대하여; *pro všechny -y* 모든 경우에; *v -ě nutnosti* 필요한 경우에; *nepředvídaný ~* 예상하지 못한 사태, 비상 사태, 위급; *pro každý ~* 만일에 대비하여, …한 경우에 대비하여, …의 경우에 한하여
připad|nout < -at 1 (…한 날/ 요일에) 떨어지다, 오다 **2** údělem (누구의) 운명이 되다, podle řádu …에 지우다, 맡기다 jako podíl …의 몫이 되다 **3** úměrně (대응하여) 맞추다, 적응하다 (na …에) **4** komu (na mysl) (누구에게) 생각이 떠오르다 **5** na co (무엇이) 마음에 짚이다, (무엇을) 발견해내다 **6** komu, jakým (누구에게 어떻게) 보이다 ◆ *na každého -la koruna* 각자에게 코루나가 배당되었다; *~ na myšlenku* 생각이 떠오르다; *~ na správnou odpověď* 정답이 떠오르다 **-at si** jakým (어떻게) 느끼다
případně 1 경우에 따라, 필요하다면 **2** 적절히
případný 1 vhodný 타당한, 적절한, 알맞은, 적합한; šťastně volený 다행한 **2** eventuální 우발적인, 부수적인, s čím se počítá 예기되는, 가망이 있는
při|pálit (*připal!*) **< -palovat 1** 불태우다; zbarvit 그슬리다 **2** kuřivo (담배를) 태우다
připamatovat = *připomenout*
připev|nit < -ňovat 붙이다, 닦다, 묶다, 붙들어매다, 고착하다, 고정하다, přilepit 부착하다, 첨부하다
při|píchnout < -pichovat 핀으로 꽂다, 꼭 누르다
připíjet v. *připít*
připínáček, *mi-2, 3* 압(押)핀
připínat v. *připnout*
přípis, *mi* (공식적인) 서환, 전언, 각서, 통지
připisovat 1 komu co (누구에게 무엇을) 돌리다, 탓으로 삼다 **2** v. *připsat*
připí|t (*připi-*) **< -jet** (*-její*) **1** k jídlu (음식에 곁들여) 마시다 **2** na počest komu (누구를 위하여) 축배하다, 건배하다
přípitek, *mi-2, 3* 건배, 축배, 토스트; proslov 축배의 말
připitomělý 멍청한, hloupý 얼빠진, 멍한

připlácet v. *připlatit*

příplatek, *mi-2, 3* **1** 추가 요금, 별도 요금 **2** odměna 포상금, 상여금, 보너스, rizikový 위험 수당

připlatit (*připlacen*) < **-plácet** (*-cejí*) 가산하다, k čemu (무엇에) 돈을 더 내다; příplatek 추가 요금을 지불하다

připlé|st (*připlet-*) < **-tat** **1** 짜 넣다[붙이다], 달다 **2** co do čeho, k čemu (무엇을 무엇에) 섞다, 혼합하다 **-st se** < **-tat se** **1** do čeho, k čemu (무엇에) 섞이다, 혼합되다 **2** kam, kde (어디로, 어디에) 모습을 드러내다

připlou|t (*připlu-*) < **-vat** přijet (배, 선박을 타고) 오다[도착하다]; (배, 선박이) 항해해오다[가다]

při|pnout (*připn-u, připjal*) < **-pínat** 부착[접착]하다, 고정하다; růz. prostředky (핀, 버클, 버튼 등 다양한 것들로써) 고정시키다, 붙이다

připočí|st (*připočt-, připočetl*), **-tat** < **-távat** **1**가산하다, 더하다; k zahrnout (…에) 포함하다, 포괄하다 **2** …에 돌리다, 탓으로 [소치로]하다

přípoj, *mi* 연결; linka (연결) 라인, 선

připojení, *n* **1** (전기의) 연결, 접속 **2** (국토, 영토 등의) 병합, 합병 **3** (증서의) 첨부

připoj|it < **-ovat** **1** 더하다, pomocně (도움을 주기 위해) 덧붙이다, jako podružné 추가[부가]하다 **2** organizačně přidružit 가입시키다, 지부로 삼다 **3** k řečenému, napsanému 증보하다, 보유를 붙이다; a tak učinit platným 도장을 찍다, 검인하다 **4** elektr. zástrčkou 플러그를 끼우다, 접속하다 **-it se** < **-ovat se** k čemu (무엇에) 결합하다; jednat podobně 따르다, 남이 하는 대로 하다, 적응하다; ke komu, k čemu (누구에게, 무엇에) 합류하다; k podniku (회사에) 가입하다

přípojka, *f* **1** 합류점, 교차점 **2** zvláštní linka 연결선, 지선 **3** (콘센트에 끼우는) 플러그

připojovat (se) v. *připojit (se)*

připo|menout (*-menul* | *-mněl*) < **-mínat** **1** komu co (누구에게 무엇을) 회상시키다; minulé (과거의 것을) 상기시키다, 회상하다; v podobě představy 생각나게 하다, 연상시키다 **2** zmínkou (암시로써) 언급하다 **-menout si** < **-mínat si** **1** 생각을 떠올리다, 회상하다; vzpomenout si 되부르다, 상기하다 **2** oslavně 기념하다

připomínka, *f* **1** 생각나게 하는 것 **2** důrazná 기념물, 추억거리; co vyvolává určitou představu 연상시키는 것 **3** zmínka 언급

připouštět (si) v. *připustit (si)*

připout|at < **-ávat** **1** koho k čemu (누구를 무엇에) 묶다, 동이다, 매다, 얽매다; 구속[속박]하다 **2** (주위 따위를) 끌어두다, 사로잡다 **3** = *poutat*

připozd|it se < **-ívat se** 날이 저물다, 땅거미가 지다, 어둑해지다

příprav|a, *f* **1** 준비, 예비 **2** úprava, nastavení 주선, 조정, 조절 **3** celková úprava pro účin 화장, 분장, 메이크업; podniknuté kroky 채비, 계획 **4** výroba 제작, 공급; jídla (음식의) 조리 **5** krejčovská (재단사의) 손보기 ◆ *bez -*

y 아무런 준비없이, 즉흥적으로

přípravek, *mi-2, 3* 화학적[생물학적] 변화를 주는 것, 약품, …제, 조합제, 조제품 ◆ *kosmetický ~* 화장품; *léčivý ~* 의약품

připravenost, *f-1* 준비됨, 준비 상태[태세]

připrav|it < **-ovat** **1** nač (무엇에 대해) 준비하다, 채비하다 **2** opatřeními 주선하다, 조정[조절]하다 **3** pamětliv budoucího (미래를) 대비하다 **4** koho co (누구로부터 무엇을) 빼앗다, 박탈하다 **5** nalíčit se 화장[분장]하다 **6** jídlo (음식을) 조리하다 **7** způsobit 일으키다 **-it se** < **-ovat se** **1** (na, pro …에 대해) 준비하다, 자신을 준비시키다, 채비하다 **2** oč (무엇을) 잃다, 상실하다 ◆ *P-it , pozor, teď!* 준비, 차려, 시작!

přípravka, *f* 예비 학교[반, 과정]

přípravna, *f* jídel 식기실, 찬방

přípravný 준비의, 예비의 ◆ *~ kurz* 준비 과정

připravovat (se) v. *připravit (se)*

při|psat (*připíšu, připiš!, připsal*) < **-pisovat** **1** (덧붙여) 적어 넣다, 더하다 **2** věnovat 바치다, 헌정하다 **3** přisoudit …에 돌리다, k dobru (공적으로) 돌리다, špatně …의 탓으로 돌리다 v. *přičíst* ◆ *~ co komu* 무엇을 누구에게 돌리다; *~ komu co k dobru* 무엇을 누구의 공적으로 돌리다

při|pustit (*připuštěn*) < **-pouštět** (*-tějí*) **1** k (…에) 들이다, 넣다, 수용하다, 허용하다, 받아들이다 **2** zdráhavě (마지못해) 용인하다, uznat 인정하다 **3** ~ páru 수증기를 일으키다

připuštění, *n* 입장[입학] 허가

přípustný 입장(참가) 할 수 있는, 받아들일 수 있는

při|razit (*přiražen*) < **-rážet** (*-žejí*) **1** ke břehu (해안으로) 밀어넣다, 정박시키다, 계류하다 **2** dveře (문 등을) 쾅 닫다, 밀어닫다 **3** k ceně (가격 등을) 올리다, 인상하다

přirážka, *f* 추가 요금(부담), zisková 할증금, 프리미엄

přírod|a, *f* **1** 자연, 대자연, 자연 현상, 자연계 **2** 야외, 정원 **3** divoká 야생(생물) **4** skutečnost 사생 ◆ *divadlo v -ě* 야외 극장

přírodní **1** 자연의, 자연적인 **2** 야생의 **3** konaný v přírodě 야외의, 집밖의 ◆ *~ léčba* 자연 치료; *~ park* 자연 공원; *~ plyn* 천연가스; *~ rezervace* 자연 보호구; *~ řízek* 스테이크앤 그레이비 ((그레이비를 곁들인 스테이크)); *~ vědy* 자연 과학

přírodnina, *f* 자연의 생산(물)

přírodopis, *mi* **1** 박물학, 박물지, 박물학책 **2** 자연에 관한 학문, 자연과학; kniha 자연 과학책

přírodopisec, *ma* **1** 박물학자 **2** 자연 과학자

přírodopisný **1** 박물학의 **2** 자연 과학의

přírodověda, *f* **1** 자연 과학 **2** 박물학, 박물지

přírodovědec, *ma* **1** 자연 과학자 **2** 박물학자

přírodovědný = *přírodopisný*

přirovnávání, *n* 비교, 대조; 비유

přirozeně **1** 자연적으로 **2** 자연스럽게, 꾸밈이 없이 **3** 물론, 당연히

přirození, *n* 생식기, 외음부

přirozený **1** 자연적인 **2** 자연스러운, 솔직한; 소박한

příručí, *ma* (상점의) 점원, 조수

příručka, *f* 교범, 입문서, 안내서, 소책자, 편람

příruční **1** 손의; vhodný do ruky 손에 맞는, 다루기 쉬운 **2** přenosný 휴대용의, 간편한 **3** jsoucí po ruce 손에 넣을 수 있는, 입수 가능한 **4** o knize (책이) 간결한, 간명한 ◆ ~ *knihovna* 참고 도서관; ~ *počítač* 탁상 컴퓨터; ~ *zavazadla* 수하물

přirůst (*přirost-*) < **-at** **1** k čemu (무엇으로)성장하다, 크다 **2** 늘어나다, 증가하다

přírůstek, *mi-2, 3* **1** 추가[부가]물; 취득(물), 증가물 **2** do rodiny (가족의) 출생, 신생아 **3** 증대, 증진, 증식 **4** = *vzrůst*

přiřa|dit (또한 *přiřazen*) < **-d'ovat, -zovat** = *připojit*

při|říznout < **-řezávat** 깍아 다듬다, 손질하다; (연필 등을) 깍다

přiřknout (*přiřčen|přiřknut*) < **1** 보상[배상]하다 **2** soudně (법적으로) …를 보호 아래에 두다

přísada, *f* (혼합물의) 성분, 재료; (음식에의) 첨가물, 양념

přísah|a, *f* 맹세, 서약, 선서 ◆ ~ *křivá* 거짓 맹세; *složit -u* 맹세하다, 선서하다; *vzít do -y* (누구를) 선서하고 취업시키다

přísahat > **odpřisáhnout** 맹세[선서]하다 ◆ ~ *křivě* 거짓 맹세[위증]하다

přisá|t se (*přisa-, přisál*) < **-vat se** (거머리처럼) 확 들러[달라]붙다, 고착[밀착]하다; 매달리다, 붙들고 늘어지다

přisedat **1** v. *přisednout* **2** svědecky (증인으로써) 앉다, 방청하다

přisedávat v. *přisednout*

přísedící, *ma* 배석 판사, 보좌역

přised|nout < **-at, -ávat** **1** k (…곁에) 착석하다 **2** navíc nasednout (기차 등을) 타다, 오르다

přísežn|ý 맹세한, 선서를 마친 ◆ *-á výpověď*, *-é prohlášení* 선서서, 선서 자술서

při|schnout < **-sychat** k, na (…에) 말라붙다

přiskočit 뛰어오르다, 달려가다

přískok, *mi-2, 3* 돌격, 돌진, 급습

přiskř|ipnout < **-ipovat** **1** 찌르다, 쑤시다 **2** koho (누구를) 흥분시키다, 압력을 가하다 v. *skřípnout*

příslib, *mi-2* 약속, 보장, 확약, 언약; 약속의 징표, 기념물

při|slíbit (*přislib!*) < **-slibovat** = *slíbit*

příslovce, *n* (문법의) 부사 ◆ ~ *času/místa/zpusobu* 시간/장소/방법 부사

příslovečný **1** k přísloví 격언(속담)의 **2** k příslovce (문법의) 부사의

přísloví 격언, 속담, 금언

přisluhovač, *ma* **-ka,** *f* 아첨꾼, 추종자

přisluhovat komu (누구에게) 아첨하다, 굽실거리다

příslušenství, *n* **1** 부속물, 부속품, 악세서리; vybavení 부속 시설, 부속 장비 **2** (컴퓨터의) 하드웨어((전자기

P

기의 총칭))

příslušet (*oni přísluší*) 관련되다, 속하다

příslušn|ík, *ma-3* **-ice,** *f* **1** 회원, 일원 **2** státu 시민, 국민, 공민 **3** strany (당의) 당원 **4** uniformovaný (제복을 입은) 공무원, 관리; policie 경찰관, 순경

příslušnost, *f-1* **1** 부속, 종속, 소속 **2** 적절, 적당, 관련(성) **3** kompetencí 권한 부여, 위임, 권위, 권능, 능력 **4** 주거, 거주(지) **5** státní (국가에의) 부속, 소속

příslušný **1** 부속의, 종속의; logicky (논리적으로) 관련된, 타당한 **2** kompetencí 권한을 부여 받은, 공인된; schopný 능력 있는 **3** přímo tomu odpovídající (직접적으로) 관련된 **4** kam (어디에) 거주[주거]하는

přísně 단호하게, 확고하게; 엄중하게, 엄격하게, 엄밀히 ◆ ~ *vzato* 엄밀히 말해서

přísnost, *f-1* 엄격, 엄중, 가혹(함); 확고, 완고함

přísný 엄격한, 엄정한, 엄중한; neoblomný 단호한, 준엄한, 확고한; nic (si) nedopřávající 가혹한, 금욕적인; přinášející n. snášející tvrdost 혹독한; nepřizpůsobitelný 굳은, 완고한

přisol|it < **-ovat** **1** 소금을 추가하다; 양념을 치다 **2** 악화시키다

při|soudit (*přisuď!, přisouzen*) < **-suzovat** **1** 재결하다, 판결하다 **2** jako odměnu, cenu 보상[포상]하다 **3** = *přičíst, připsat* ◆ ~ *komu vinu* 누구에게 죄를 씌우다

přispěch|at < **-ávat** komu na pomoc (누구를 도우기 위해) 서두르다, 급히가다[오다]

při|spět (*přispě-*) < **-spívat** **1** k čemu (무엇에) 이바지하다, 공헌하다 **2** (도움을) 제공하다◆ ~ *k úspěchu čeho* 무엇의 성공에 이바지하다; ~ *komu radou i pomocí* 누구에게 충고와 도움을 제공하다; ~ *komu penězi* 누구에게 돈을 기부하다

přispěvatel, *ma-1, 4* **-ka,** *f* **1** 기부[공헌]자, 기고자 **2** do novin (신문의) 특파원, 통신원

příspěvek, *mi-2, 3* **1** k, na (…에)기부, 기고, 공헌 **2** (보험, 사회 보장 제도의) 급부금, 연금, 원호; stálý peněžní (정기적으로 지급하는) 수당, 급여; spolkový (단체 등의) 지급금, 부과금 **3** (신문, 학회지 등의) 기고(문), 투고(문)

přispíšit si = *pospíšit si*

přispívat v. *přispět*

příst (*před-*) < **u-** (실을) 잦다, 방적하다

přistání, *n* (비행기의) 착륙, (우주선의) 착수 ◆ *donutit k -ní* 착륙시키다; ~ *hladce* 순조로운 착륙; *měkké* ~ 연착륙; *místo* ~ 착륙 장소; *nouzové* ~ 비상 착륙; ~ *bez podvozku* 동체 착륙

přistá|t (*přistan-u, -stál, -stal*) < **-vat** 착륙하다, 내려앉다, let. (비행기가) 착륙하다 ◆ ~ *s havárií* 불시착하다; ~ *měkce* 연착륙하다; ~ *tvrdě* 수평 낙화 착륙하다

přístav, *mi-2* **1** 항구, 배가 닿는 곳; přírodní (자연적인) 정박소, 대피처 **2** o lidech, pro lidi (비유어) 피난처; 안식처 **3** obch. (무역항의) 도조, 선착장

přistávací 착륙의 ◆ ~ *plocha vrtulníku* 헬리콥터 발착장
přistávat v. *přistát*
přístav|ba, *f* **-ek,** *mi-2, 3* **1** 증축, 증설, 확장; 부가물, budovy (건물의) 부속 가옥, hotelu (호텔의) 부속 건물, 별간 **2** (언어의) 동격 관계
přistav|ět (*-vějí*) < **-ovat** 부속시키다, 증축하다
přístaviště, *n* **1** 부두, 선착장 **2** můstek 부잔교
přistav|it < **-ovat** **1** k (…에) 가까이 끌어들이다 **2** (사다리 등을 벽에) 기대다, 세우다
přístavní 항구의, 부두의, 정박소의, 대피처의 ◆ ~ *můstek* 부잔교
přistav|ovat v *přistavět a -it*
přistěhoval|ec, *mu* **-kyně,** *f* 이주자, 이민자
přistěhovalecký 이주[이민]의
přistěhovalectví, *n* 이민, 이주
přistěhovat < 이민[이주]시키다 **-t se** < 이민[이주]하다, 정착하다, 이사오다
přístěnek, *mi-2, 3* 방안의 후미져 구석진 곳((침대 · 서가용)); 주실에 이어진 골방; 방 벽의 오목한 곳, 반침
při|stoupit (*přistup!*) < **-stupovat** **1** …쪽으로 오다[가다], …에 이르다; krokem (걸음으로써) 가까이 다가오다; k čemu/ke komu (무엇으로/누구에게로) 접근하다, 다가가다; dát se do toho 나아가다 **2** být svolný …와 조화하다, 적응하다 **3** za člena (회원으로) 가입하다, 참가하다; podpisem 서명하다 **4** 신봉[지지]하다; se souhlasem 동의하다 **5** na co (무엇을) 받아들이다, 수락하다 **6** do vozidla = *přisednout* ◆ ~ *na podmínky* 조건들을 받아들이다
přístroj, *mi* 기구, 공구, 용구, 장치, zapojovaný 설비; 사진기, 카메라
přistrojit < **-ovat** **1** = *ustrojit* **2** = *připravit*
přístřešek, *mi-2, 3* **1** 처마, 차양 **2** 포치[현관] 지붕, 닫집 모양의 덮개[차양]
přístřeší, *n* 피난처, 은신처
přistřih|nout (*přistřižen*) < **-ovat** **1** 가위질하다, 자르다, 베다, 깍다, 손질하다 **2** omezit 단축하다, 삭감하다
přístup, *mi-2* **1** 접근, 출입; 진입로, 통로, 입구 **2** možnost vstupu 입장, 입학, 입국 **3** způsob účinného přiblížení k (…에) 접근, 다가옴, 가까워짐 **4** k úmluvě (조약 등의) 수락 **5** 태도, 자세, 접근 방식 **6** 《컴퓨터》 접근, 접근 시간 ◆ *sekvenční* ~ 순차 접근
přístupný 접근하기 쉬운, 가기 쉬운; snadno zpracovatelný 다루기 쉬운; čím lze disponovat 손에 넣을 수 있는, 이용할 수 있는
přistupovat v. *přistoupit*
přísudek, *mi-2, 3* (문법의) 술부, 술어
přísun, *mi-2* 공급, k zpracování 공급재료
přisun|out < **-ovat** **1** 끌어 당기다[들이다], 접근시키다, 가까이 오게[가게]하다 **2** do stroje (기계속으로) 넣다, 공급하다 **3** dodat 조달[공급]하다, 보충[보완]하다
přisuzovat v. *přisoudit*

přisvědč|it < **-ovat** 보조를 맞추다, 동조하다
přisvoj|it si < **-ovat si 1** 채택[채용]하다; 충당하다; 양자[양녀]로 삼다, 입양하다 **2** majetek (재산을) 소유하다
přisychat v. *přischnout*
příšera, *f* 유령, 망령; 괴물, 요괴
příšerný 무시무시한; 모골이 송연한
přiší|t (*přiši-*) < **-vat** 꿰매어 붙이다[달다]
přiškvař|it < **-ovat 1** 태워서 달라붙게 하다 **2** = *připálit* ~ **-it se** < (음식 등이 냄비 바닥에) 타서 달라붙다
přišpendlit v. *špendlit*
přišroubov|at < **-ávat** 나사로 죄다
příště 다음에, 다음 번에, 바로 뒤에; 미래에, 장차
příští 다음의, 바로 뒤의; budoucí 미래의, 앞날의 ◆ ~ *generace* 다음 세대; ~ *rok* 다음 해, 내년, 명년
příštipkářství, *n* 쪽모이 세공
přít se (*přu se, přel se*) 다투다, 논쟁하다, 겨루다, 싸우다, 경쟁하다
přitáhnout (*přitažen*) < **-tahovat 1** 당기다, 끌다 **2** (나사 등을) 죄다 **3** (군대를) 전진시키다 **4** neviditelným působením (보이지 않는 방법으로써) 유인하다, 유혹하다 **5** zvýšit úsilí 기운을 내다, 분발하다
přita|kat < **-kávat** = *přisvědčit*
přitažlivost, *f-1* 끄는 힘, 매력, 흡입력, zemská (지구의) 중력
přitažení, *n* 끌어당기기; (나사 등의) 죄기
přitažlivý 매혹적인, 매력적인
přítel, *ma-1, 4* **-kyně,** *f* **1** 친구, 동무 **2** 숭배자, 애호가 **3** 남자, 여자 친구
přítěž, *f* **1** (배의) 바닥 짐 **2** 무거운 짐, 방해물, 장애물, 걸리는 것
přitěžovat v. *přitížit*
přitisk|nout (*přitištěn*) < **-ovat 1** k čemu v. *tisknout* **2** více výtisků 더 많이 인쇄하다
při|tížit (*přitiž!|přitíži!*) < **-těžovat** 더 어렵게 하다, 악화시키다 ◆ *nemocnému se -tížilo* 환자의 상태가 악화되었다
přitlačit v. *tlačit*
přitlouci, přitlouct (*přitluč/-ku, -čou/-kou; přitloukl*) < **-kat** 못으로 쳐 박다, v. *přibít*
přítmí, *n* 땅거미, 어스름, 황혼
přítok, *mi-2, 3* **1** děj 유입(량); 도래, 쇄도; 공급 **2** toku (강의) 지류
přitom 동시에, 그렇게 하여 ◆ *hraje a ~ zpívá* 그[그녀]는 연주하면서 노래부른다
přítomnost, *f* **1** koho/čeho/kde (누가/무엇의/어디에의) 출석, 참석, k úkonu (작용, 작동에의) 참가[참여] **2** 실존, 현존 **3** doba 현재
přítomný[1] **1** čemu, při (…에) 현재하는, 출석해 있는, 출석한, 참석한 **2** 현재의 ◆ ~ *čas* 현재 시제
přítomný[2], *ma* **-á,** *f* 출석자, 참석자
při|topit < **-tápět** (*-pějí*) 조금 더 가열하다, v ústředním topení 난방을 올리다
přítrž, *f* 중지, 휴지, 중단 ◆ *učinit*

čemu ~ 무엇을 중단[중지]하다; *učinit ~ kouření v práci* 작업 중에 흡연을 중단시키다

přituh|nout < **-ovat 1** o hmotě (물질이)더욱 더 단단해지다, 굳어지다 **2 (**비유어**)** 더욱 더 엄격해지다 **3** (날씨가) 얼어붙다, 몹시차지다

přiťuk|nout si < **-ávat si** s kým (누구와) 잔을 부딪치다, 건배하다

přitulit v. *tulit*

přítulný 1 (아이가) 껴안고 싶은, 달라붙는; (동물이) 아첨하는; milující 다정한, 인정많은 **2** (컴퓨터) uživatelský (시스템이) 사용하기 쉬운

přiuč|it (*oni přiučí*) < **-ovat 1** 지도하다, 코치하다 **2** = *naučit*

příušnice, *f* (유행성) 이하선염

přivábit v. *vábit*

přivádět v. *přivést*

příval, *mi-2* **1** 쇄도; bystřina 급류, 여울, 분출, 왈칵 흐름; deště 억수, 호우, 큰비 **2** (저주 등의) 공세, 연발, 소나기; (말, 질문 등의) 쇄도, 공세

přivázat (*přiváž-, přivaž!, přivázal*) v. *vázat*

přivazovat = *vázat*

přívaž|ek, *mi-2, 3* 평형추, 균형을 잡게 하는 것, 메우는 것 ◆ *-kem* **(**비유어**)** 게다가, 그 위에

přivážet v. *přivézt*

přívěs, *mi-2* 끄는 것, 트레일러

přívěsek, *mi-2, 3* 펜던트, 늘어뜨린 장식((목걸이, 귀고리 등)), 부속물

přivě|sit (*přivěšen*) < **-šovat** 매달다, 붙이다, 걸다, 추가하다

přívěska 태그, 표, 꼬리표

přívěsný 걸 수 있는, 걸리는, 매달린, 부착된 ◆ ~ *vůz* 트레일러, (자동차 따위의) 부속차; (집시 등의) 포장마차, 대형트럭, 이동 주택; ~ *vozík* (오토바이의) 사이드카

při|vést (*přived-*) < **-vádět** (*-dějí*) 가져오다, 데려오다; dojít pro 가서 가져오다; vedením (인도 등으로써) 이끌다, 인도하다; do tísně (어려운 상태로) 전락시키다, 빠뜨리다 ◆ ~ *koho do dluhů* 누구를 빚[부채]에 빠뜨리다; ~ *koho do hrobu* 누구를 죽음으로 몰고가다; ~ *koho do jiného stavu* 누구를 임신시키다; ~ *koho z míry* 누구를 어쩔 줄 모르게 하다, 당황시키다; ~ *koho do mizinu* 누구를 빈궁에 빠뜨리다; ~ *koho do neštěstí* 누구를 불행으로 몰고가다; ~ *co do pohybu* 무엇을 자동시키다, 움직이게 하다; ~ *koho na (po) kraj čeho* 누구를 무엇의 끝에 이르게 하다; ~ *koho do rozpaků* 누구를 안절부절하게 하다; ~ *koho k rozumu* 누구를 제 정신이 들게 하다; ~ *koho na svou stranu* 누구를 자기 편으로 만들다; ~ *koho do úzkých* 누구를 구석으로 몰고 가다; ~ *koho k zoufalství* 누구를 절망으로 몰고 가다; ~ *koho k životu* 누구를 소생시키다

přivěšovat v. *přivěsit*

přívětivý 1 (사람, 웃음이) 상냥한, 친절한, 쾌활한 **2** (방, 집이) 아늑한, 편안한 **3** (컴퓨터 시스템이) 사용하기 쉬운

při|vézt (*přivez-*) < **vážet** (*-žejí*) 싣고오다, 태워 오다; (비행으로써) 운반해 오다, lodí (배로써) 운송[수송]해 오다

přivin|out < **-ovat** 꼭 껴안다, 부

등키다
přivírat v. *přivřít*
přivítání, *n* 환영, 환대, 접견, 맞아들이기
přivítat v. *vítat*
přívlastek, *mi-2, 3* (문법의) 한정사, 한정어
přivlast|nit si < -ňovat si = *přisvojit si*
přivlé|ct, přivléci (*přivleč-, -vleku/-ou; přivlekl*) **< -knout, -kat** 잡아끌다, 끌어 당기다, (자동차 등을) 견인하다
přívod, *mi-2* **1** 공급, 배급 **2** příslušné zařízení 공급 파이프, 배급관; hlavní 급수[수도]본관; el. svod 전기 본관
přivo|dit (*přivoděn*) **< -zovat** 초래하다, 야기하다, = *způsobit*; komu co (누구에게 무엇을) 입히다, 가하다 ~ **si** co (무엇을) 자초하다
přivol|at < -ávat (택시 따위를) 부르다, 호출하다; (경찰을, 의사를) 부르다
přivol|it < -ovat = *svolit*
přivonět v. *vonět*
přívoz, *mi* 나루터, 선착장, 나룻배, 페리
přívozn|ík, *ma-3* **-ice,** *f* = *převoz(ník)* 나룻배 사공
přivozovat v. *přivodit*
přívržen|ec, *ma* **-kyně,** *f* 고수자, 추종자, 같은 편
při|vřít (*přivř-u, přivřel*) **< -vírat** (문 등을) 반쯤 닫다, 반쯤 열어두다
přivst|at si (*přivstan-u si, přivstal si*) **< -ávat si** 여느때보다 일찍 일어나다
přivyk|nout < -at = *zvyknout*
přizabít 거의 죽게하다 ~ **se** 거의 죽다
příze, *f* (짜는) 실, 방적사; 털실, 모사
přízemí, *n* 지층((지면에 닿아있는 층)), (한국에서의) 1층, (극장의) 지층석[1층석]
přízemní 1 u země 지면의 **2** v přízemí 지층의, o jednom podlaží 1층의 **3 (구어체)** (문학이) 영감을 받지 않은, 평범한; 둔감한, 굼뜬, 못된; 편협한; 세속적인; 저속한
přízeň, *f* **1** 호의, 선의 **2** (상점 등의) 고객, 단골 **3 (구어체)** 친척, 인척
příznačný 징후[증후]인, 전조가 되는, 특이한
příznak 징후, 증후, 징조
přiznání, *n* **1** 고백, 자백 **2** k dani 과세 보고(서), 소득 신고
přizn|at < -ávat 1 고백[자백]하다 prohlášením (선언으로써) 공언하다, 인정하다 **2** poskytnout 주다, 수여하다; odměn 보상하다 **3** = *připustit* ◆ ~ *barvu* 카드 놀이에서 남이 내놓은 패와 같은 패를 내다, 남이 하는대로 하다 ~ **se < -ávat se** 자인하다, 자백하다; že je původem 털어놓고 시인하다; před soudem (법정에서) 죄상을 인정하다 ~ **si < -ávat si** 인정하다, 시인하다
přízniv|ec, *ma* **-kyně,** *f* 지지자, 후원자, 옹호자, 찬성자, 원조자
příznivý 호의를 갖는, 호의적인, 길조의
přizpůsob|it < -ovat čemu (무엇

에) 적응[순응]시키다; 조절하다; vzoru, pravidlu (모델, 규칙에) 따르게 하다 **-it se** < **-ovat se** 따르다, 순응하다, 동화하다, 적응하다

přizpůsobivý 적응[순응]할 수 있는, 융통성이 있는

přízračný 환영의, 유령의, 허깨비의

přízrak, *mi-2, 3* 환영, 유령, 허깨비, 환각, 망령; 신기루, 공중 누각

přizv|at (*přizvu, přizval*) < **-ávat** 청하다, 부탁하다; na pomoc (도움을) 호소하다, 구하다

přízvučný 악센트 있는, 억양이 있는

přízvuk, *mi-2, 3* 악센트, 억양; 사투리

přizvukovat komu (누구에게) 맞장구 치다, 동의하다

přiživ|it se < **-ovat se 1** na při čem (무엇을) 이용하다, (무엇에) 편승하다 **-ovat se** na kom (누구의) 식객이 되다, 기식하다

příživnictví, *n* 기식, 기생

příživník 기식자, 식객, 기생자

přiživovat se v. *přiživit se*

psací 쓰기의, 필기의 ◆ ~ *potřeby* 필기 용품; ~ *stůl* 책상; ~ *stroj* 타자기

psanec, *ma* 불한당, 무법자

psaní, *n* **1** 쓰기, 필기 **2** 저작, 저술 **3** = *dopis*

psaníčko, *n-2, 3* 연애 편지

psaný 쓰여진, 기록된 ◆ ~ *jazyk* 문어

psát (*píš-u, piš!, psal; nepsat*) > **napsat 1** 쓰다, 필기하다 **2** 편지를 쓰다, 소식을 전하다 **3** na stroji (기계에) 타이프하다, 정서하다 **4** o skladateli 작곡하다, 창작하다, 집필하다, 필기하다 **5** zaznamenat 기록하다 **6** (시험을) 보다 **7** v kopané **(**속어**)** (축구에서) 슛을 날리다[쏘다] **8 (**속어**)** (맥주 등이) 진짜다, 정말 좋다 ◆ *napsat pár řádků* 몇 줄(자) 남기다; *piš!* (축구 등에서) 슛!; *to píše* 이것이 진짜야[진짜 맥주야] ~ **se** pravopisně 철자를 쓰다 ~ **si 1** s kým (누구와) 교신하다, 편지를 주고받다 **2** poznámky 기록해 두다, 필기하다 ~ > **sepsat** (줄을) 짓다; popsat 글로 나타내다, 묘사하다; popsat (문서를) 작성하다 ~ > **zapsat** 적어놓다[두다], do sešitu (공책에) 기입[기재]하다; zachytit 써 두다

pseudonym, *mi-2* 익명; spisovatele (작가의) 필명, 아호

psí 1 개의 **2** 참 것이 아닌 **3** bídný 비참한, 지독한 ◆ ~ *bouda* 개 우리[집]; ~ *dny* 복중, 삼복((무더운 때)); ~ *hovínko* 개똥; ~ *počasí* 악천후; *dělat ~ kusy* 소동을 일으키다, 항의하다; ~ *víno* 담쟁이의 일종; ~ *zima* 혹독한 추위

psina, *f* legrace 우스개, 농담, 개그, 익살

psinec, *mi* 개집, 오두막

psisko, *mi-2, 3* 똥개, 잡종개

psotník, *mi-2* 유아의 경련, 경기

pst! **(**감탄사**)** 조용!, 쉿!((조용히 하라는 소리))

pstruh, *ma-3* 송어 ◆ ~ *duhový* 무지개 송어; *chov -ů* 송어 양식

psychiatr, *ma* 정신병 의사, 정신과 전문의

P

psychický 정신적인
psychika, *f* 정신, 영혼, 프시케
psycholog, *ma-3* 심리학자
psychologický 심리학(상)의, 심리학적인, 정신적인
psychologie, *f* 심리학, 심리(상태)
pšenice, *f* 밀, 소맥
pšeničn|ý 밀의, 소맥의 ◆ *-á mouka* 밀가루; *-é pole* 밀 밭
pštros, *ma-2* 타조
pštrosí 타조의 ◆ *~ politika* 눈 가리고 아웅하기, 자기 기만의 얕은 지혜
ptactvo, *n-2* 새, 조류, 가금류
ptáče, *n-1* 새의 새끼, 햇병아리 ◆ *ranní ~* 일찍 일어나는 자; *ranní ~ dál doskáče* 일찍 일어난 새가 더 많은 벌레를 잡는다
ptáček, *ma-3* **1** 작은 새 **2** o člověku 교활한 사람, 어려운 상대, 괴짜
ptačí 1 새의 **2** 새와 같은 ◆ *~ hnízdo* 새둥지; *~ perspektiva* 조감도, 전경, 개관
pták, *ma-3* **1** 새 **2** 교활한 사람, 어려운 상대 **3 (속어)** 남자의 성기, 음경, 페니스
ptát se > o-/ze- ptat se 1 묻다, 질문하다 **2** koho co (누구에게 무엇을) 묻다, 물어보다; koho na co (누구에게 무엇에 대해) 묻다, 질문하다 **3** po kom (누구의) 안부[건강 상태]를 묻다, 문안하다
publikace, *f* **1** 간행물, 출판물 **2** 간행, 출판, 발간
publikovat 출판하다, 발행하다
publikum, *n-2* **1** …계(界), 공중 **2** 관객, 청중
puč, *mi* (정치적인) 반란, 정부 전복 기도, 쿠테타 ◆ *vojenský ~* 군사 쿠테타
pučista, *ma-4* 반란자, 정부 전복 기도자
pučet (*oni pučí*) **> vy-** (싹, 봉우리를) 돋게하다[틔우다]
pud[1]**,** *mi-2* 본능, 직관, 육감
pud[2]**,** *mi-2* 푸드((러시아의 무게 단위 = 16.38kg))
půd|a, *f* **1** prsť 흙, 토양, zemina 땅 **2** povrch země 지면, 지표 **3** území 지역, 지대; pozemky 토지, 대지 **4** pozadí 배경, 원경, 바탕 **5** pod střechou (지붕 아래의) 고미다락, 더그매, 다락 ◆ *rodná ~* 고향; *neutrální ~* 중립 지대; *ztrácet -u pod nohama* 발판을 입다
pudit (*puzen*) 재촉하다, vypudit 몰아대다, 충동질하다
pudl, *ma-2* 푸들((작고 영리한 복슬개))
půdorys, *mi-2* 1층 평면도; 기초안[계획]
pudový 1 본능적인 **2** 육욕적인
pudr, *mi-2* **1** 가루, 분말; 분, 콤팩트 **2** 가루 설탕
pudrovat > na- 가루를 뿌리다; 분을 바르다
pudrovátko, *n-2, 3* (파우더) 퍼프, 분첩
pudřenka, *f* 분갑, 콤팩트
puchřet (*-řejí*) **> z -** 부식하다, 가루로 변화다
puchýř, *mi* (피부의) 물집, 수포
půjčení, *n* 대부, 대여, 대부금
půjč|it (*půjč!*) **< -ovat** komu co (누구에게 무엇을) 빌려주다, 대여하다; zálohově 대부[대출]하다, 융자하다,

임차하다; za poplatek (세를 받고) 빌려주다, 세놓다, 임대하다 ~ **si** < -**ovat si** od koho/u koho/dokdy (누구로부터/ 누구에게서/언제까지) 빌리다, 차용하다

půjčka, *f* 대부, 대여, 융자 ◆ *bankovní* ~ 은행 대출; *krátkodobá* ~ 단기 대출; ~ *za oplátku* 막상막하, 되갚음, 되쏘아 붙이기

půjčovatel, *ma* **-ka,** *f* 대여자, 대출자

půjčovna, *f* 대여[대출]하는 곳, 대여소[점, 센터] ◆ ~ *průmyslového zboží* 공산품 대여소

půjčovní 대여[대출]의

puk, *mi-2, 3* **1** na kalhotách (바지의) 주름 **2** v hokeji (아이스하키용) 퍽

puklina, *f* prasklina 길라진 틈, 균열

puknout < **-at** 파열하다, 터지다, v. *prasknout*

půl (불변수사) 반, 절반, 2분의 1 ◆ ~ *a* ~ 반반의, 등분의, 얼치기의; ~ *třetí* 두시간 반; *do* ~ *roku* 반년 안에; *na* ~ *cesty* 도중의, 중간의; ~ *druhého roku* 1년 반, 18개월; *jít na* ~ 각추렴하다, 비용을 각자 부담하다; *s chutí do toho a* ~ *je hotovo* 좋은 출발은 절반의 성공이다

půle, *f* (경기의) 전반, 후반; = *polovina* ◆ *první* ~ *zápasu* 경기의 전반

pulec, *ma* 올챙이

půlhodin(k)a, *f* 반시간, 30분

půlit > **roz-** 반씩 나누다, 2등분하다

půlka, *f* = *polovina*

půlkruh, *mi-2, 3* 반원(형)

půllitr, *mi-2* 반리터, 2분의 1리터

půlměsíc, *mi* 반달

půlnoc, *f-1* 밤 12시, 자정, 한밤중

půlnoční 한밤중의, 자정의

pulovr, *mi-2* 풀오버((머리로부터 입는 스웨터 따위))

půlroční 반년의, 6개월의

půlrok, *mi-2, 3* 반년, 6개월

puls, *mi-2* 맥박, 고동, 동계

pult, *mi* **1** (상점의) 계산대, 카운터; výčepní (맥주집의) 카운터, 바 **2** pracovní (작업) 테이블, 작업대

polotučný polygr. (인쇄의) 볼드체의, (선, 글씨가) 굵은

puma, *f* **1** 폭탄 **2** zvíře (동물) 푸마 ◆ *atomová* ~ 원자탄

pumový 폭탄의 ◆ ~ *útok* 폭탄 공격

pumpa, *f* **1** 펌프, 흡수기, 양수기, 압출기 **2 (구어체)** 주유소 ◆ *benzínová* ~ 주유소

pumpky, *f-pl* (골프 용의) 짧은 바지

pumpnout koho o co (누구로부터 무엇을) 조르다, 얻어내다, 등쳐먹다

pumpovat > **na- 1** 펌프로 푸다; (공기, 액체 따위를) 주입하다 **2** do čeho peníze (무엇에 돈을) 쏟아 붓다, 투자하다 **3** = *pumpnout*

punc, *mi-2* **1** 검증, 각인, (품질)증명, 보증, 보장 **2** 표시, 우수성

puncovat > (금, 은의 순도를 나타내는) 검증 각인을 찍다[붙이다], 보증하다

punč, *mi* 펀치((레몬즙, 설탕, 포도주 등의 혼합 음료))

punčocha, *f* **1** 스타킹 **2** (공항의) 풍향 기드림 **3** 발라클라바 모자((눈만 가리고 귀까지 덮는))

P

punčochov|ý 스타킹의 ◆ *-é kalhot(k)y* (무용, 체조용의) 타이츠, 팬츠 스타킹

punkce, *f* lék. (찔려서 난) 구멍, 상처

punktovat = *organizovat* ~ **se** tajně domluvit 몰래 꾸미다, 계획하다, 음모하다

puntičkář, *ma* 사소한 일에 까다로운 사람, 잔소리가 심한 사람, 꾀까다로운 사람

puntičkářský 꼼꼼한, 소심한

puntík, *mi-2, 3* 점, 작은 것 ◆ *na ~* 정확히, 틀림없이, 꼭, 완전히

pupeční 배꼽의, 중앙[중심]의

pupek, *mi-2, 3* **1** 배꼽 **2** (구어체) břicho 배, 복부

pupen(ec), *mi* **1** (식물의) 싹, 눈 **2** 여드름, 뾰루지, =*pupínek*

pupínek, *mi-2, 3* **1** 뾰루지, 여드름, 구진 **2** 작은 싹[눈]

puritán, *ma* **-ka,** *f* **1** 퓨리턴, 청교도 **2** 엄격한[존엄한] 사람

puritánský 청교도의; 엄격한, 근엄한

purpur, *mi-2* 보라, 심홍색

purpurový 보라(색)의, 심홍색의

pus|a, *f* **1** ústa 입 **2** polibek 입맞춤, 키스 ◆ *dej mi -u* 나에게 키스해다오

pusinka, *f* **1** = *pusa* **2** žena 귀여운[사랑스런] 여자 **3** cukroví 머랭((설탕과 달걀 흰자위로 만든 과자))

působiště, *n* 작업장, 활동 영역

působit 움직이다, 조작[운전]하다, 작용하다 ~ > **z- 1** přivodit 만들다, 하게 하다; jako přímý podnět 야기시키다, 일으키다; nutně (필수적으로) …하도록 시키다; mít v zápětí (필연적 결과로서) 일으키다, 수반하다; vyvolat 발생시키다, 나게 하다 ~ > **za-** na co, na koho (무엇에, 누구에) 감명을 주다[끼치다], přitažlivě (누구의) 흥미를 끌다; ovlivnit 영향을 주다; dojmem 감동시키다

působivost, *f-1* 감동을 주는 힘, 매력, 호소력; pádnost 설득력, 효력

působivý 마음을 사로잡는; pádný 효력[반응]이 있는; působící dojmem 설득력이 있는; pro sílu, pronikavost 인상적인, 감명깊은; získávající si sympatie 매력적인

působnost, *f* **1** (세력, 능력 등의) 범위, 한계, 영역; 활동, 효력, 효능 **2** oblast (법적인) 권능, 권한, 관할권

půst, *mi* 단식((특히 종교상의)), 금식

pustina, *f* 황무지, 황야, 미개지

pustit (*puštěn*) < **pouštět** (*-ějí*) **1** 풀어놓다, 가게하다, 방면하다, upustit 떨어 뜨리다 **2** uvolnit 해방시키다, 놓아주다; aby vyšlo 나가게 하다; aby vešlo 들어가게 하다, 들이다; propustit 떠나게 하다, 해산시키다 **3** uvést v chod 진행시키다; otočením (돌려) 틀다, 켜다 **4** opustit 포기[단념]하다 **5** barvu 색깔을 잃다, 탈색하다 ◆ *~ draka* 연을 날리다; *~ co z hlavy* 무엇을 생각으로부터 지우다[쫓다]; *~ koho z očí* 누구를 시야에서 놓치다; *ne ~ k slovu* 대화를 독점하다; *~ na svobodu* 해방시키다, 자유롭게하다, 풀어주다; *~ čemu uzdu* 무엇을 구속에서 풀다, 해방시키다 ~ **se** < **pouštět se 1** čeho (무엇을) 단념하다, pustit něco 포기하다 **2** kam (어디

로) 출발하다 **3** do čeho (무엇을) 착수[시작]하다 **4** útočně 공격하다, 공략하다 ◆ ~ *se cestou necestou* 만난을 무릅쓰다, 물불을 가리지 않다; ~ *se do diskuse* 논쟁을 시작하다; ~ *se s kým do vyjednávání* 누구와 협상을 시작하다

pustnout > z- 황폐하게 되다, 황량해지다; (거리가) 사람의 왕래가 뚝 끊어지다

pustošit > z- 황폐시키다, 유린하다, 파괴하다

pustošivý 황폐시키는, 파괴적인

pustý 황폐한, 황무지의, 황량한, 버려진, 공허한, 쓸쓸한; neobdělávaný 쓸모없는, pro neúrodnost 사막의, 불모의; zanedbaný 잊혀진

puška, *f* 라이플총, 소총 ◆ *strojní* ~ 기관총

puškař, *ma* 총기 제작자

půtka, *f* 작은 싸움, 승강이; slovní 언쟁, 말싸움

putna, *f* (석탄, 물)통, (포도 수확용) 광주리, (등에 메는) 바구니

putovat 1 방랑[유랑]하다 **2** k svatému místu 순례 여행을 떠나다, 순례의 길에 오르다 **3** turisticky 주유[만유] 여행을 하다

putovní 1 순회하는, 이리저리 이동하는 **2** soutěžní 도전하는, 도전의 ◆ ~ *pohár* 도전[우승] 컵; ~ *cena* 우승 트로피

putyka, *f* (허름한) 선술집

půvab, *mi-2* 우미, 우아, 매력, 아름다운 용모[자태]

půvabný 우아한, 우의한, 매력적인

původ, *mi-2* **1** 기원, 원천, 유래 **2** 원산지, 생산지 **3** po předcích 가계, 혈통, 태생, 가문 ◆ *mít původ v čem* 무엇에 기원을 두다, 무엇에서 시작하다

původ|ce, *ma* **-kyně,** *f* 창시자, 발기인, 원조

původní 최초의, 원본의, 원점인, 원형의, 원래의

původnost, *f-1* 독창성, 독창력, 창조력; 확실성, 신빙성; 원형[원물]임, 진짜

pýcha, *f* 자존심, 긍지, 프라이드

pyj, *mi* (남성의) 음경, 페니스

pykat za něco (무엇으로) 고통을 받다, 죄 값을 치르다, 괴로워하다, 속죄하다; aby se odčinilo 보상[벌충]하다

pyl, *mi-2* (식물의) 꽃가루, 화분

pyramida, *f* **1** 피라미드; 금자탑 **2** 《軍》 걸어 총

Pyreneje, *f* 피레네 산맥((프랑스와 스페인 국경의 산맥))

Pyrenejský 피레네 산맥의 ◆ ~ *poloostrov* 이베리아 반도

pyrotechnický 꽃불[조명탄] 제조의; 《軍》 불발 폭탄 제거의

pyrotechnik, *ma* 꽃불 제조인, 조명탄 제조자; 폭탄 따위를 제거하는 사람[기술자]

pyrotechnika, *f* 불꽃 제조술, 불꽃 올리기

pýřit se > za- 얼굴을 붉히다 ◆ ~ *studem* 부끄러워 얼굴을 붉히다

pysk, *mi-2, 3* **1** (구어체) 입술 **2** –y (동물의) 주둥이

pyšnit se 자랑하다, 자랑으로 여기다, 긍지를 갖다

pyšný 1 na co (…을) 자랑으로 여기

는 **2** okázalý 뽐내는, 거만한

pyt|el, *mi-1* 가방, 봉지; podlouhlý a hrubý 자루, 마대, 부대 ◆ *tma jako v -li* 새까만, 깜깜한, 어두운; *kupovat zajíce v -li* 잘 보지도 않고[알지도 못하고] 물건을 사다

pytláctví, *n* 밀렵[밀어]하기, 밀렵(행위)

pytlák, *ma-3* 밀렵자, 밀어자, 침입자

pytlí(če)k[1], *mi-2, 3* **1** 작은 자루 **2** váček 주머니, 쌈지, 가죽 탄대

pytlík[2], *ma-3* 바보, 멍청이, 멍텅구리

pytlovina, *f* 부대[자루]용 거친 마포, 즈크

pyžama, *n-in = pyžamo*

pyžamo, *n-2* 파자마, 잠옷

pyžamový 파자마[잠옷]의

Q

q, Q [kvé] *n-in* [끄베] 체코어 알파벳의 자음 글자
quasi- [kvazi-] **(**접두어**)** 유사한, 준하는
quijotský [kichot-] 돈키호테식의, 기사연(然)하는, 비실행적인; 열광적인
quijotství, *n* 돈키호테적인 성격; 기사연(然) 하는 듯한 행동[생각]

R

r, R [er] *n-in* **1** [에르] 체코어 알파벳의 자음 글자 **2** 《數》 **r** poloměr 반경, 반지름 **3** 《物》 **R** (방사선 세기의 단위) 뢴트겐 **4** **r.** *rok*의 단축형태; **t. r.** tohoto roku 올해의

rab, *ma-2* (시어) 노예

rabat, *mi-2* 리베이트((공급자가 거래처에 제공하는 판매가에 대한 약정된 할인)), 동업자간 할인, 영업할인, 할인 ◆ *dát na co ~* …에 대해 할인해주다; *poskytnout 10% -u* 10퍼센트의 리베이트를 제공하다

rabiák, rabiát, *ma* (경멸어) 악당, 무법자, 불한당

rabín, *ma* 랍비((유대의 율법학자)), 유대교회의 목사; (유대인 목사 · 학자 · 교사에 대한 존칭으로) 선생

rabínský 랍비의

rabovat > vy- 1 plenit, loupit 약탈하다 **2** (숲, 과수원을) 불법 점유하다

rabulista, *ma* (경멸어) (논쟁을 일삼는) 궤변꾼, (권리나 진실을) 과장하거나 왜곡하는 사람

rabulistika, *f* (경멸어) 궤변적인 행동

racek, *ma-3* 갈매기

racionalismus, *mi-2* (신학 · 철학 등의) 합리주의, 이성주의

racionalist|a, *ma-4* **-ka,** *f* 합리론자, 이성론자, 순리론자

racionalistický 이성주의적인, 합리[순리]적인; 합리론자의, 이성론자의

racionalita, *f* racionálnost 합리성

racionalizace, *f* 합리화

racionalizovat > z- 합리화하다, 합리적으로 다루다[해석하다], (일, 계획, 조직 등을) 능률적으로 하다. 간소[합리]화하다

racionální 1 이성이 있는, 이성적인, 합리적인 **2** 《數》 유리(有理)의 **3** *~ výživa* 몸에 좋은 영양 음식물

račí 가재의 ◆ *~ polévka* 가재 수프

ráčit (*rač!, račte* 구어체에서 *ráčíte* 대신에 또한 *račte*) (*ve vedlejší větě s co ~, jak ~, kolik ~, jen ~*) (무엇을, 어떻게, 얼마만큼, 단지) 기꺼이[어서] 하십시오; *račte* ve výzvě (권고나 호소에서) 어서[부디] …하시겠습니까?; (*ne*)*račte*/(*ne*)*ráčíte* v otázce (질문에서) 마침 …(안)하시겠습니까; *ráčíte-li* 제발, 미안합니다만 ◆ *co ráčíte?* 제가 당신을 위해 무엇을 해드릴 수 있을까요?; *~ dát/poskytnout* 허용하다, 주다, 내리다, …해주시다; *napít se, najíst se co hrdlo ráčí* 마음대로[원하는 대로] 마시다, 먹다; *co srdce ráčí* 마음이 허락하는 대로 (마음껏, 한껏) 하다 **u- ~ se** 황송하게도 …을 해주다, 감히 …을 하려 들다 ◆ *neuráčil* *se mi ani poděkovat za pomoc* (그는) 아예 내 도움에 감사할 생각조차 안했다

rád(-a, -o, -i, -y) (비교급 *raději*, 구어체 *radši*; 최상급 *nejraději*) **1** (+동사) 좋아하는; ~ *čtu* 나는 읽기를 좋아한다; *radši čtu* 나는 읽기를 더 좋아한다; *nejraději čtu* 나는 읽기를 제일 좋아한다 **2** (조건법) …하고 싶다; ~ *bych četl* 나는 읽고 싶다; *nejraději bych se napil* 무엇보다도 나는 마시고 싶다; *raději abych četl* (고어체) = *měl bych raději číst* 나는 읽는 편이 낫다; *rád bych vás tu viděl* 나는 당신이 여기에 있으면 좋겠다 **3** ochotně 기꺼이, 쾌히, 기쁘게, 즐겁게; *Rád!* 기꺼이, 쾌히! **4** *raději* (+ 동사원형, 명령형) …하는 것이 낫다; *raději umřít!* 차라리 죽는 것이 낫다! **5** (주어 + rád + 목적어) *Já rád párek v rohlíku* 나는 롤빵 소시지를 좋아한다 **6** *být čemu rád* (문어체) *oženil jsem se a jsem tomu rád* 나는 결혼을 해서 기쁘다 **7** snadno (문어체) 쉽게 …하다, 곧 잘 …하곤 하다, *v létě se máslo rádo kazí* 여름에는 버터가 잘 부패하는 편이다 **8** často (문어체) 자주 빈번하게, *nejraději* (= *nejčastěji*) 가장 자주 **9** *být rád* 기쁘다, 즐겁다, 행복하다; *být rád, že*… …해서 기쁘다; *buď rád, že*… …에 대해 기뻐[감사]해라 **10** *mít rád* (+목적어) …를 좋아하다, …에 애착[호감]을 갖다; oddaně …몹시 좋아하다; silněji …를 사랑한다; *mám raději* …를 더 좋아하다, 차라리 …를 선호하다, *mám nejraději* …를 가장 좋아하다[사랑하다]; *měl bych raději*… 나는 차라리 …를 선호하겠다; *měl bych raději* (+동사원형) 나는 …하는 편이 낫다; ~ *jít* = *abych raději šel* 나는 차라리 가겠다, 나는 가는 편이 좋겠다; *nerad, nemít rád* (부정형) …를 좋아하지 않다, citově 싫어하다 ◆ *rád nerad* 싫든좋든간에, 좋아하든 말든; *rádo se stalo* (저의) 기쁨입니다, 천만에요, 천만의 말씀입니다; *to* ~ *slyším* 그거 반가운 소식이구나; *to bych* ~ *viděl* 그거 봤으면 한다

rad|a[1], *f* **1** 충고, 조언, 충언; návrh 제안, 제언 **2** poradní shromáždění 회의, 심의회, 평의회 ◆ *dobrá* ~ 좋은 충고, 재치있는 조언; *moudrá* ~ 현명한 조언, 좋은 충고; *dát/ poskytnout komu -u* 누구에게 충고[조언]을 제공하다; *na (čí) -u* 누구의 충고[조언]에 따라; *poslechnout čí -y, (vy)slyšet -u* 누구의 조언[충고]을 따르다 *teď je dobrá* ~ *drahá* 지금으로서는 충고하기가 어려울 정도로 곤란한 상태[궁지]이다; *jaká* ~ 충고할 일이 아니다, 충고해 본들 소용없다; *jít ke komu na -u, pro -u* 누구에게 충고[조언]을 구하러 가다; *komu není -y, tomu není pomoci* 조언을 구하지 않는 자에게는 도움이 없다; *R. bezpečnosti* (*OSN*) (UN) 안전보장이사회; *městská* ~ 시의회; *ministerská* ~ 각료 회의, 각의; *správní* ~ 이사회; *válečná* ~ 군사 회의; *závodní* ~ 공장 협의회

rada[2], *ma* (출판 협회 등의) 의원, 평의원, 고문관; (대사관의) 참사관; (obecní apod.) 시[읍, 군] 의회 의원; soudní 법률 고문; správní 행정 기관의 장, 행정관; (회사의) 중역, 이사

R

◆ *vrchní soudní* ~ (영국의) 칙선(勅選) 변호사

radar, *mi-2* 레이다, 전파 탐지기 ◆ *prozkoumat -em* (레이다로) 탐지하다

radarový 레이다의, 전파 탐지(기)의

rádce[1]**,** *ma* 충고자, 조언자

rádce[2]**,** *mi* 지침서, 안내서

R

raději *rád*의 비교급

radiátor, *mi-2* [-dy-] 라디에이터, 방열기, 난방기, 전기(가스) 히터

radikál, *ma-2* [-dy-] 급진당원, 과격론자, 극단론자

radikalismus, *mi-2* 급진주의, 극단주의

radikální 1 급진적인, 과격한, 급진파의 **2** pokročilý, progresivní 진보적인, 앞선

radikálnost, *f-1* = *radikalismus*

rádio, *n-2* [-dyjo] **1** 라디오(방송), 무선 전신 **2** 라디오(기계) **3** 라디오 방송국 ◆ *Rádio Praha* 라디오 프라하((라디오 방송국명)); *posloucháte Rádio Praha* 라디오 프라하를 듣고 계십니다

radioaktivita, *f* [-dy- -ty-] 방사능[성]

radioaktivní[-týv-] 방사능의, 방사성에 의해 생긴

radioamatér, *ma* 아마추어 라디오 조작자, 아마추어 무선 기사, 햄

radioaparát, *mi(-2)* 라디오 수신기

radiogramofon, *mi-2* 라디오 겸용 전축

radioizotop, *mi-2* 라디오 아이소토프, 방사성 동위 원소

radiolokace, *f* 전파 탐지법

rádiovka, *f* [-dy-] 베레모[帽]

rádiov|ý 1 라디오의, 무선 전신의 **2** 《化》 radium 라듐((방사성 원소))의 ◆ *-á lampa* 진공관, 전자관; ~ *maják* 무선[전파] 위치 발신기, (항공) 로컬라이저; *-á stanice* 라디오 방송국; ~ *vysílač* 라디오 송신기

radit > po- 1 komu co (누구에게 무엇을) 충고하다 **2** doporučovat (우호적으로, 권위 있게) 조언[충고]하다; vzhledem k riziku (위험과 관련하여) 경고하다 **3** ~, *aby ne...* …하지 못하도록 설득하다, 설득하여 …하는 것을 단념시키다 ◆ *dejte si poradit; udělejte, jak vám radím* 나의 충고를 따르세요; *to bych vám neradil* 그것을 하지 않는 것이 좋을 듯 싶네요 **~ se > po-** s kým (누구의) 의견을 듣다, (누구의) 충고를 구하다; dohromady (공동으로) 심의 하다[협의하다], na schůzi (회의에서) 의논하다[논의하다], o čem s kým (누구와 무엇에 대해) 의논하다

radium, rádium, *n-2* [rádyjum] 《化》 라듐((방사성 동위원소; 기호 Ra; 번호88))

rádius, *mi-2* **1**(원·구의) 반지름, 반경 **2** i jiný než kruhový (활동·능력·지식 등이 미치는) 범위, 한계; *akční* ~ 행동 반경

rádkyně, *f* v. *rádce*[1]

radlice, *f* (쟁기의) 보습

radní, *ma* vesnický (동·면의) 의회 의원; městský (시의) 의회 의원

radnice, *f* 시청, 읍사무소

radno *být* ~ 권할 만한, 적당[타당]한

rádoby (부사) …연(然)하게, 그럴듯

하게, 외관상, 흉내, 가짜, 모조 ◆ *mluvil ~ dobře* 상냥한 척 말했다; *~ kritik* 비평가 흉내쟁이, 혹평가; *~ umění* 가짜 예술

rádoby- **(**접두어**)** 가짜-, 위-, 가- ◆ *rádobyumělecký* 사이비 예술의

radost, *f-1* 기쁨, 환희, potěšení 즐거움; 기쁨을 주는 것, 즐거운 것; jakákoli příjemnost, zábava 즐거운 일, 유쾌한 일, 위안, 오락; ◆ *-í* (= *z -i*) 기뻐서, 기쁘게; *s -í* 기꺼이, 쾌히; *komu pro ~* 누구를 기쁘게 하기 위해; *světská ~* 세속적인 즐거움[기쁨]; *jedna ~* 가장 기쁜[즐거운]; *mít ~ z čeho* 무엇이 기쁘다[즐겁다]

radostn|ý spojený s radovámím 즐거운, 기쁜; plný radostné nálady, vyvolávající ji 즐거움에 찬, 기쁨을 불러 일으키는; v dobré náladě a takového založení 기분좋은, 기분이 상쾌한, 마음을 밝게 하는; mladistvě, bezstarostně 마음 편한, 아무 걱정 없는, 쾌활한 ◆ *-á událost* 경사((특히 아기의 출산, 탄생)); *v -ém očekávání* 행복한[즐거운] 기대 속에서

radovánky, *f-pl = veselí*

radovat se > za- 기뻐하다, 좋아하다; *= mít radost*

radši v. *rád*

rádža, *ma* **1** (인도의 옛) 왕, 왕자, 왕후(王候), 영주 **2** (말레이, 자바 등의) 통치자, 수장(首長), 귀족; 또는 그 경칭 **3** (인도의) 힌두교도에 대한 경칭

rafinace, *f* 정련, 정제, 순화

rafinérie, rafinerie *f* 정련[정제]소

rafinovaný **1** jednající nepřímo, užívající jemných úskoků 교묘한, 기교를 부린, podvodně 약삭빠른, 교활한; s velkou vynalézavostí 능란한 **2** 정련된, 정제된 **3** přivedený k jemné dokonalosti 정밀한, 교묘함을 극한 ◆ *~ cukr* 정제된 설탕

rafat **1** (개 등이) 덥석 물다 **2 (**비유어**)** 다투다 ◆ *~ komu po ruce* 누구의 손을 덥석 물다

rafnout >1 v. *rafat* **2** co (무엇을) 덥석 물다[움켜 쥐다] **~ se** pohádat se 심한 말다툼하다

raglán, *mi-2* (느슨한) 래글런[Raglan]형 외투((영국의 육군 원수 Lord Raglan(1788-1855)의 이름에서 유래))

ráhno, *n* **1** (돛의) 활대, velké [海] 게프 **2** 사형((종범(縱帆)의 위 끝에 댄 활대))

ráhnoví, *n* 삭구(索具), 장비, 용구 일습

rachot, *mi-2* (소리) 드르륵, 덜걱덜걱, 우르르; hromu (천둥의 소리) 우르르; (북의) 연타 소리; (전투에서) 서로 부딪치는 소리

rachota, *f* **(**구어체**)** **1** 털털이 마차[자동차], 고물차; 덜커덕거림, 심한 동요; **2** práce 단조롭고 힘든 일, 대단한 품이 드는 일

rachotina, *f* **(**구어체**)** staré auto 털털이 마차[자동차], 고물차; 심한 동요, 덜커덕거림

rachotit (*rachocení*) **> za-** 덜거덕거리다, 충돌하다; (천둥이) 우르르하다[울리다]; (북이) 둥둥 울리다

rachotivý 덜거덕거리는, 우르르 소리나는

ráj, *mi* 천국, 낙원, 극락
rajče, *n-1* **(구어체)** 토마토
rajčatový 토마토의
rajský 1 천국의, 낙원의 천국과 같은, 낙원 같은 **2** z rajčat 토마토의 ◆ *-ké jabl(ič)ko = rajče; -á omáčka/šťáva* 토마토 소스/주스
rajtky, *f-pl* **(구어체)** 승마용 바지
rajtovat (구어체) 1 = *prohánět (se)* **2** jezdit na koni 말을 타고가다 **3** po kom (누구의) 흠을 찾다, (누구를) 나무라다
rak, *ma-3* **1** 가재, mořský 바닷가재; 왕새우, 대하(大蝦); [動]게; **2** 《天》 거해궁(巨蟹宮) **3 (구어체)** = *rakovina* ◆ *ani ryba ani ~* 전혀 정체 모를 물건; *(červený) jako ~* 게처럼 붉은, 얼굴이 새빨간; *obratník Raka* 북회귀선 하지선
raketa, *f* **1** (테니스, 배드민턴, 탁구용) 라켓 **2** zápalná 로켓, 화전(火箭), 쏘아올리는 불꽃, 미사일 ◆ *kosmická ~* 우주선 발사 로켓; *osvětlovací ~* 조명탄; *~ vzduch -vzduch* 공대공 미사일; *~ země -vzduch* 지대공 미사일
raketov|ý 로켓의; *na ~ pohon* 로켓 추진식으로; *-á technika* 로켓 기술[공학], *-á střela* 미사일, 로켓
rakev, *f* 관(棺), 널
rákos, *mi* 《植》 갈대, (등, 대, 종려나무, 사탕수수 따위의 마디 있는) 줄기; (멍석·바구니 등을 만드는) 골풀, 등심초
rákosí, *n* (집합적) 갈대, 골풀줄기 ((세공품의 재료))
rákoska, *f* 가는 막대, 회초리
rákosník, *ma-3* pták (유럽 산) 개개비
rákosový 갈대의, (등 나무 등의) 줄기의, 고리버들 세공의
Rakousko, *n* 오스트리아
Rakousko-Uhersko, *n* 오스트리아-헝가리(제국)
rakouský 오스트리아의
rakovin|a, *f* 암, 암종 ◆ *~ krve* 백혈병; *~ kůže* 피부암; *~ plic* 폐암; *lidé trpící -ou* 암 환자들; *zemřít na -u* 암으로 죽다
rakovin|ný, -nový 암(성(性))의 ◆ *-nový nádor* 암의 종양
rakovinotvorný 발암(성)의
Rakuš|ák, *ma* **-ačka,** *f* **-an,** *ma* **-anka,** *f* 오스트리아 사람, 오스트리아인
RAM zkr. neskl. **(컴퓨터)** 램, 임의 접근 기억 장치
rám, *mi-2* **1** 틀, 틀형(型) **2** na boty 대다리((구두창에서 갑피를 대고 맞꿰매는 가죽데)); vozidla 차대, 섀시; vyšívací (둥근) 수틀 ◆ *~ na noviny* 신문 지지대; *~ obrazu* 그림 틀; *okenní ~* 창틀
rámař, *ma* **-ka,** *f* 액자 제작자
rambo, *ma* 겁 없는, 용감한, 두려움을 모르는, 근육 좋은 사내; 복수자
rámcový 대체적인, 총괄적인, 뼈대[얼개]의, 개략의
rámě, *n* **(문어체)** = *rameno* ◆ *nabídnout ~* (보통 여자가 남자에게) 팔짱을 끼다
rámec, *mi* **1** rám 틀 **2** rozsah, rozmezí možností (지력, 연구, 활동 따위의) 범위, 영역, 여지 **3** (구조물, 이론, 계

획, 이야기 따위의) 뼈대, 얼거리, 하부[기초] 구조, 골조(滑組), 구성, 체제 **4** prostředí (이야기 따위의) 배경, (연극 따위의) (무대) 장치 **5** jinak upravený, např. u inzerátu (인쇄물 등의) 난외 장식 ◆ *v -ci čeho* 무엇의 범위 내에서

rám(eč)ek, *mi-2, 3* 작은 틀[테] ◆ *dát si co za ~* 무엇에 테를 씌우다, 테를 두르다, 틀에 넣다

ramenář, *ma* 언행에 표리 있는 사람, 딴 마음을 가진 사람

ramenatý 어깨가 딱 벌어진, 옆으로 퍼진

raménko, *n-2, 3* 작은 어깨 [견부] v. *ramínko*

rame|no, *n* (생격 *-na/-ne*, 여격, 전치격 *-nu/-ni*; 대게 복수형은 *u|na -nou*) **1** 어깨, 견부(肩部), 어깨 부분 **2** paže 팔의 상단부, 상지(上肢) **3** stroje, vodní plochy 까치 발 **4** vodního toku (강이나 개울의) 지류(支流), 분류(分流) **5** jeřábu (기중기의) 지브((앞으로 내뻗친, 팔뚝 모양의 회전부)); cokoli vybíhá 팔 모양의 물건[부분], kružítka (컴퍼스의) 다리 **6** [數] (삼각형의) 변 ((밑변 제외)) ◆ *dívat se na koho přes ~* 누구에게 냉담[무정]하게 대하다; *pokrčit -y* 어깨를 으쓱하다((불쾌, 절망, 놀라움, 의심, 냉소 등의 표현)); *nabídnout komu/ženě rámě* 누구에게/여성에게 팔을 (끼도록) 내밀다; *~ spravedlnosti* 정의의 권능, 법의 힘

ramínko, *n-2, 3* **1** 작은 어깨 **2** maso (고기의) 어깨살 **3** tech. zařízení, páka 팔 모양의 물건[부분], 까치발 **4** svítidlo 까치발 붙은 전등 [가스등], 브래킷, 조명 기구 **5** na šaty 옷걸이 **6** prádla apod. (속옷 등의) 어깨 끈

ramenní 어깨의 ◆ *~ kost* [解] 상완[상막] 골, 상완[상박]부

rámovat > o-, za- 1 …의 뼈대를 만들다, 짜 맞추다 **2** …에 테를 씌우다, 테를 두르다, 틀에 넣다

rámov|ý 테[틀]의 ◆ *-á anténa* 프레임형 안테나 [공중선]

rampa, *f* **1** (승객이나 화물의 출입을 위한) 단(壇), 고대(高臺), 플랫폼 **2** div. (막이 오르기 전의 무대의) 전면부 **3** pobřežní 부두, 선창 **4** odpalovací (폭탄의) 발사대, (미사일, 로켓, 우주선 등의) 발사기지

rampouch, *mi-2, 3* 고드름, 빙주(氷柱) ◆ *mít ruce jako* 손이 몹시 시리다

rámus, *mi-2* (구어체) 떠드는 소리, 큰 소리, 소음; s hádkou (다툼을 동반한) 법석, 소동

rámusit (구어체) 소음이 발생하다, 큰 소동을 일으키다, 소란을 피우다, 화내어 날뛰다

rán|a, *f* (*-ran-*) **1** úder 일격, 치기, 타격; bolestivá 강타, 구타, 급습; prudká (급격한) 돌진, 돌격, 격렬한 일격; pěstí (주먹으로) 치기, 때리기, 펀치 **2** otřesná 충격, 쇼크; (정신적) 타격, 재난, (= *pohroma*) **3** také zásah míče 적중, 명중, (공의) 안타; šleh 채찍질 **4** zvuk dopadu 탁, 쿵(소리), (특히 주먹으로) 탁 치기; hromová (천둥의) 쾅[콰르릉](소리); výboj, výstřel 방출, 발사, výstřel (총, 대포 등의) 발포, pozdravná z děla (축하의) 축포, (답례의) 예포, její zvukový efekt 총성, 포성,

R

폭발음 **5** sečná 절단, 절단된 상처; nožem, řezná; (칼에 의한) 베인 상처, 획 벰; bodná, 찔린 상처, 찌르기; otevřené zranění (드러난) 상처, 부상; (정신적) 고통, 상처, jitřivá 건드리면 아픈 곳, 헌데, 상처; ◆ *v tu -u* 마침 그때, 바로 그 순간에, 바로 그때, 즉시[즉석]에; *být na -ě* 위해[공격]에 노출된; *jednou -ou* 한번의 공격[타격]으로, naráz 일격에, 일거에; *na -u* 연타하여, 연타로; *smrtelná ~* 치명타; *mít -u (vypadat)* 엉성하게 보이다; *nedá ani -u bez čeho* 그는 무엇없이 살 수 없다, 무엇 없이는 아무것도 할 수 없다; *začaly padat -y* 서로 치기 시작하였다, 싸우기 시작하였다; *pro pět ran!* 이크나!, 이런!, 큰일났군!((놀람, 노여움을 나타냄)); *přijít komu do -y* …의 수중에 떨어지다, 손에 들어오다, …에게 내리다[일어나다]; *rozdávat -y* 일격[공격]을 가하다; *~ vedle* (목표를) 못 맞히다, 빗맞히다, (겨눈 것을) 놓치다; *~ těsně vedle* (목표의) 근방에 맞다; *~ do vody* (칼로 물 베기와 같은) 헛된 일, 시간 낭비; *zasadit komu/čemu -u* 누구 혹은 무엇에게 공격[일격]을 가하다, (o duševním otřesu) 누구에게 (정신적인) 충격[쇼크를]을 주다, (způsobit zranění) 상처를[고통을]를 초래[야기]하다; *~ (výstřel) z dálky* 저격

ranč, *mi* 목장, 방목장, (특정 가축, 작물을 기르는) 농장, 사육장

randál, *mi(-2)* (소리) 소란, 시끄러움, 드르륵, 덜걱덜걱

rande, *n-in* (모임·만남의) 약속, 데이트((특히 이성과 만나는 약속)), = *schůzka*

ran|ec, *mi* 꾸러미, 보따리, 봇짐 ◆ *tma jako v -ci* 캄캄함, 칠흑 같은 어둠

raneček, *mi-2, 3* 작은 묶음, 묶은 것, 작은 꾸러미

raněný[1] 부상당한 ◆ *lehce ~* 경상외; *těžce~* 중상외

raněný[2]**,** *ma* 부상자, 부상병(負傷兵)

raníčko 매우 일찍이, 이른 아침(에)

raník, *mi-2, 3* 아침 신문, 조간

ranit < 《軍》 상처를 입히다, 상처내다; postihout 공격[타격]을 가하다, (타격, 상처, 고통 따위를) 주다, 입히다, 가하다; = *poranit*

ranka, *f* 가벼운 상처[부상]

ranní 아침의, jitřní 이른 아침의 ◆ *v časných -ch hodinách* 매우 이른 아침 나절에; *~ ptáče dál doskáče* 일찍 일어난 새가 더 멀리 난다((더 많은 벌레를 잡는다)); *~ špička* 출근 시간의 러시아워

rán|o[1] **I** *n-2* 아침, 아침나절; svítání 새벽녘, 동틀녘, též obraz. úsvit 여명 ◆ *po -u = časně ~* 이른 아침(에); *až do (bílého) -a* 새벽녘까지; *od božího -a* 새벽녘 [동틀녘]부터

rán|o[2] **(부사)** kdy 아침에, 아침나절에◆ *dnes ~* 오늘 아침(에); *včera ~* 어제 아침(에); *v pátek ~* 금요일 아침(에); *hned~* 아침에 바로;

ran|ý 1 이른, 빠른; předčasně zrající 숙성한, 조생의 **2** 초기의, 초반의 ◆ *-é dětství* 유년 시대, 유아기; *~ středověk* 중세 초기

rapidně 매우 빠르게, 신속하게

rapidní 신속한, 급속한

raport, *mi-2* 보고, 복명 ◆ *jít k*

někomu na ~ 누구에게 보고[복명]하다

rapsód, *ma* (옛 그리스) 음유(吟遊) 시인, 음송 서사시인, 광상곡 작곡가

rapsodie, *f* [-dyje] (옛 그리스의) 서사시, 음송 서사시의 한 절, 광상문[시(詩)], [樂] 광상곡

rarach, *ma-3* 도깨비, 악마

rarášek, *ma-3* **1** 꼬마 도깨비, 작은 악마 **2** o dítěti 장난꾸러기 (아이)

rarita, *f* 아주 드묾, 진기, 희박

raroh, *ma-3* 송골매의 일종

ras, *ma*(-2) **(구어체) 1** pohodný 폐마(廢馬) 도살업자 **2** bezohledný v požadavcích 남에게 심하게 땀 흘리기를 요구하는 사람, 노동 착취자, surovec 금수와 같은 사람, 인비인(人非人); = *ďas, čert*

rasa, *f* **1** lidská 인종, 종족, 민족 **2** o zvířatech 혈통, 씨족

rasismus, *mi-2* 인종주의, 인종적 편견, 인종 차별

rasist|a, *ma*(-4) **-ka,** *f* 인종주의자, 인종 차별주의자, 민족주의자

rasistický 인종 차별의

rasov|ý 인종(상)의, 종족의, 민족(간)의 ◆ *-á diskriminace* 인종 차별, v Jihoafrické republice (남아프리카의) (흑인에 대한) 인종차별 [격리] (정책)

rastr, *mi-2* telev. (TV) 래스터((브라운관에 나타나는 주사선의 화상(畵像))); jako palivo (연료용으로서의) 토탄 덩어리

rašeliniště, *n* 토탄 늪, 토탄지(地)

rašit > vy- 발아하다[시키다], 싹을 내다, 싹이 트다, 봉우리를 갖(게 하)다; **(비유)** 생기다, 나타나다 ◆ *vyrašily zde nějaké nové obchody* 여기에 몇몇 상점들이 생겨났다

rašple, *f* **1** 이가 거친 줄((쇠붙이 · 손톱 등을 써는)), 강판 **2 (경멸어)** o ženě 마귀 같은 할멈, 추레하고 심술궂은[보기 흉한] 여자

rašplovat 이가 거친 줄로 갖다, 강판으로 갈다, 박박 문지르다

ratejna, *f* **(고어체) 1** čeledník 하인 혹은 농장 노동자의 방 **2** o místnosti vůbec 커다랗고 우중충한 방

ratifikace, *f* [-ty-] 《法》 (조약 따위의) 비준(批准), 재가; 실증, 확증; 《法》 추인(追認)

ratifikovat >< 비준[재가]하다; 실증[확증]하다

ratolest, *f-1* **1** 작은 가지, 잔가지, 어린 가지; **2** dítě 아들, 자손; 후계자

raut, *m* **1** 연회, 식사 파티 **2** 연회[대접] 방법 ◆ *setkat se na -u se známými osobnostmi* 연회에서 명사를 만나다

ráz¹, *mi-2* **1** mechanický, 충격, 쇼크, proudu 서지((전류, 전압의 급증[급변])), 충격 전파, 임펄스; rytmický (심장의) 고동; [樂] 박자, 장단 **2** 성문 폐쇄음 (閉鎖音) **3** 한번, 단번, 일격, 일거 **4** povaha: díla apod. 성격, 성질, 특징, 특성 ◆ *jedním -em = na jeden ~* 단번에, 단숨에, 일격으로, 일거에; *stejného -u* 동질의; *krajina má zvláštní ~* 경치는 자신만의[나름대로의] 매력을 갖고 있다

ráz², **(불변화)** při počítání (점호에서, 훈련의 구령) 하나 ◆ *~, dva* 하나, 둘; (skončit co) *~ dva* 한 순간에, 빨리,

R

즉시

razanc|e, *f* **1** střely (탄알의) 관통; (즉시 출격 가능한) 타격부대 **2** 돌진적인 자세, 당당한 태도 ◆ *udělat co s -í* 무언가를 힘차게 하다

razantně 힘차게, 활기차게

razantní průbojný 집투적인, (공격이) 맹렬한, 격심한; (분석이) 날카로운, 예리한; opatření 단호한

rázem 곧장, 똑바로, 곧바로, 돌연; 단번에, 즉시, 곧, 당장

razidlo, *n* 찍어 내는 본, 형판(型板), 철인(鐵印); 고무도장

razie, *f* (경찰의) 불시단속; (불량배) 일제검거

razit (*ražen*) >< **1** z kovu (화폐를) 주조하다, 두들겨 만들다 **2** myšlenky (아이디어를) 고안해 내다; (생각, 사상을) 조장[조성]하다 **3** (터널을) 건설하다, 뚫다 **4** namáhavě 터벅터벅 걷다; ~ *si cestu* 길을 뚫고[밀고] 나가다, 만들어 가다

razí|tko, *n-2, 3* **1** 스템프, 인(印), 도장((고무 도장 따위)); **2** otisk 봉인, 증인(證印)((봉랍(封蠟), 봉연(封鉛), 봉인지 등에 찍인)); (봉인을 찍기 위한) 인장, 인발((주로 금속으로 됨)); 각인(刻印), 검인; pošt. (우편의) 소인(消印)) ◆ *výrobce -tek* 철인[주형] 조각공(사), 금형공(金型工)

razítkovat > o- …에 (고무) 도장을 찍다, …에 인장[스템프, 각인, 철인 등을] 찍다

ráznost, *f-1* 정력, 활기, 원기, 활력, 힘, 생기

rázný 정력적인, 원기 왕성한, 활동적인, 적극적인, 진취적인; odpověď, čin (대답, 행동이) 단호한; demonstrující sílu 정력 왕성한, 박력 있는, 강건한; chůze apod. (발걸음 등이) 민첩한, 날렵한, 재빠른

rázovat 활보하다, (당당하게) 걷다, 행진하다

rázovitý 특유의, 특징적(인), zemitý 독특한; (이야기, 문장 등이) 기운찬, 생기 있는

ráž, ráže, *f* **1** kalibr (원통꼴 물건의) 직경; (총포의) 구경; (탄알의) 직경 **2** (구어체) 풍미, 맛, 향미; 비상한 흥미, 열의 ◆ *být v -i* opilý 몹시 취하다, 고주망태가 되다, rozjařený 기분이 몹시 좋다; rozhněvaný 입에서 거품을 내다, 입에 거품을 물고 화내다

ražba, *f* **1** 주화의 주조 **2** = *ražení* v. *razit*

rčení, *n* 화법, 말씨, 말투; (어떤 민족의) 고유어, 통용어; (어떤 지역, 계급의) 방언, 어풍; 속담, 격언

rdít se > za- 얼굴을 붉히다, (얼굴이) …로 빨개지다, 부끄러워하다[지다] ◆ ~ *hanbou* 창피 [수치]로 얼굴이 빨개지다

rdousit (rdoušen) > za- …의 목을 조르다, 질식시키다, 교살하다; 누르다, 억압하다

reagencie, *f* **reagens,** *n-in* 《化》 시약(試藥), 시제(試劑)

reagovat 1 chem., techn., lék. na (…대해) 반응[감응]하다, 응(수)하다, 반작용하다, bouřlivě 되튀다 **2** odpovědět 응답하다 대답하다

reakce, *f* **1** 반응, 응답, 감응, 대응, 반작용 **2** (정치상의) 반동, 복고(운동)

reakcionář, *ma* **-ka,** *f* 반동주의자 [사상가]

reakcionářský 반동(주의자)의, 반동적인

reakční 1 názory 반동(주의자)의, 반동적인 **2** tech. 반동의, 반응이 있는, 반작용이 있는

reaktor, *mi-2* 《物》 반응로, atomový 원자로; pokusný 《物》 글리프((저(低)에너지의 실험용 원자로))

reálie, *f-pl* 실제 생활에 필요한 사실과 정보, 지역학, 지역연구; v evropském školství 실물 교재(教材)

realismus, *mi-2* 현실주의; 《文藝·美術》 사실주의, 리얼리즘; 《哲》 실재[실념(實念)]론

realist|a, *ma(-4)* **-ka,** *f* 현실주의자; 《文藝·美術》 사실주의 작가[화가], 리얼리스트; 《哲》 실재론자

realita, *f* **1** 현실(성), 사실; 실재, 실체; 진실, 진실성 **2** nemovitost 《法》 부동산

realitní 부동산의 ◆ ~ *kancelář* 부동산 중개업소, 복덕방, ~ *agent* 부동산 중개인(仲介人)

realizace, *f* **1** 현실화, 실현, 달성 **2** (이익의) 취득, ◆ ~*zisku* 이익 취득

realizovat >< z (소망, 계획 따위를) 실현하다, 현실화하다; 달성하다, 구현하다, (재산, 이익을) 얻다, 벌다 ~ **se** 실현[현실화]되다, 이루어지다

realizovatelný 실현 가능한

reálka, *f* 기술 [실업] 고등학교

reálný 1 현실의, 실제의, 실재하는, 진실의, 진짜의 **2** (정치 등에서) 현실주의의 **3** (계획 등이) 실현 가능한, 그럴 듯한 **4** 《數》 실수의

rebarbora, *f* 《植》 장군풀, 대황(大黃); 장군풀의 잎자루((식용)), 대황근(根)((하제용))

rebel, *ma-2* **-ka,** *f* 모반자, 반항자

rebelantský buřičský 모반하는, 반역하는

rebelie, *f* 모반, 반란, 폭동

rébus, *mi-2* (어구, 그림, 기호, 숫자 등으로 암시적으로 나타낸) 수수께끼그림, 조각 그림 맞추기 장난(감)

recenze, *f* **1** 논평, 비평, 서평, (짧은) 개관(概觀) **2** 교정, 교정본(판), 개정판

recenzent, *ma* **-ka,** *f* 비평[논평]가, 서평가

recenzovat >< (책·논문 등을) 평론[논평]하다, 서평하다

recepce, *f* **1** 받아들임, 응접, 접대 **2** 환영회, 리셉션 **3** (호텔·회사 따위의) 접수구

recept, *mi-2* **1** (요리의) 조리법 **2** 《醫》 (의사의) 처방, 처방전(箋) ◆ *tajný* ~ 비법, 비결

receptář, *mi* (요리의) 조리책

receptivní 받아들이는, 수용력이 있는; 이해력이 있는; 《生》 (언어 활동에 있어서) 수용적인

receptor, *mi* **(생리)** 수용기(관), 감각기관; 《生》 (감각) 수용체

receptura, *f* 《數·化》 공식, 식; (약품) 처방약, 처방(전)

recese, *f* **1** 경기 후퇴 **2** 못된 장난, 농담

recidiva, *f* [-dý-] (병의) 재발, 도짐; 거슬러 되돌아 감; 다시 나쁜길[버릇]에 빠짐; 타락, 퇴보

recitace, *f* 낭독, 음송, 암송

R

recitační 낭독의, 음송의, 암송의

recitál, *mi-2* 리사이틀, 독주회, 독창회 ◆ *klavírní* ~ 피아노 독주회

recitátor, *ma* **-ka,** *f* 암송자, 음창자, 낭독자

recitovat > za- 암송하다, 음창(吟唱)하다, (시) 낭송하다

R

recyklace, *f* 재생 이용, 재활용; 재순환[작용] ◆ ~ *odpadu* 폐품 재활용

recyklování, *n* 재생이용, 재활용; 재순환[작용]

recyklovaný 재활용된, 재생처리된 ◆ ~ *papír* 재활용 종이

recyklovat 재활용하다, 재생처리[가공]하다; 재순환시키다

redakce, *f* **1** vydání (초판, 재판의) 판(版), 간행 **2** literární úprava 편집, 교정, 개정 **3** redaktoři (책, 신문, 잡지 등의) 편집부, 논설 위원회, 편집 발행인 위원회 **4** místnost (장소로서의) 편집실, 편집부

redakční 편집의, 논설의 ◆ ~ *článek* 사설

redaktor, *ma* **-ka,** *f* 편집자, (신문의) 주필, 편집[논설]위원 (신문, 잡지의) 각부의 책임자, 부장 ◆ *hlavní* ~ 편집장, 편집 주간; *sportovní* ~ 스포츠 부장

redigovat [-dy-] připravit k vydání: knihu, časopis 편집하다, 교정하다, 편집 발행하다

redingot, *mi-2* [-dyn-] **(**고어체**)** 프록코트((19세기에유행한 남자용 예복, 무릎까지 오는 긴 윗옷과 줄무늬가 있는 바지가 한 벌임))

redukce, *f* **1** 감소, 절감, 축소 **2** 《化》 환원(법) **3** 《數》 축소, 약분, 한산 ◆ ~ *mezd* 임금 삭감; ~ *rozpočtu* 예산 절감

redukční 1 감소[절감, 축소]의 **2** 《化》 činidlo 환원(법)의 **3** 《數》 축소[약분, 한산] 의 **4** dieta 감량 식이요법[다이어트]의 **5** 《生》 감소의 ◆ ~ *dělení* 감수 분열

redukovat >< 1 줄이다, 축소하다, 한정하다, 떨어뜨리다, **2** 《化》 환원하다; 《數》 환산하다

referát, *mi* **1** zpráva 보고, 답변; 발표 **2** hlášení 보고서, 논문, 평가[비평]서, 평가[비평]의 글 **3** oddělení (공공 기관 등의) 부, 국(局), 과(課), 사무실

referent, *ma*, **-entka,** *f* **1** 보고자, 보도 기자; řečník 강연자, 연설자, 논문 발표자 **2** (라디오, TV의) 사회자, 뉴스 캐스터 **3** úředník (부, 국, 과의) 책임자[담당자], 직원

referování, *n* 보고, 보도; 비평, 논평

referovat 1 podat zprávu, číst referát, přednášet 보고하다, 복명하다, 보도하다 **2** představovat, prezentovat 설명하다, 강연하다 **3** o knize (책에 관해) 개관하다, 비평[논평]하다 **4** o urč. oblasti (어떠한 특정 분야를) 담당하다, 떠맡다

reflektor, *mi-2* **1** (군사용) 탐조등, 탐해등, 서치라이트, (극장의) 투광(投光) 조명(등), 하이라이트, (영화 촬영용의) 클리그등(燈), (자동차의) 헤드라이트 **2** 반사물[기(器)]

reflektovat 1 na místo (직업에 관해) 청구하다, 관심을 갖다, 신청하다, 지원하다 **2** odrážet: světlo, realitu (빛 현실을) [반사] 반영하다, 나타내다 **3**

~ o čem uvažovat (무엇에 관해) 숙고하다, 곰곰 생각하다

reflex, *mi-2* **1** 《生》 반사운동 **2** 반사, 반영 ◆ *podmíněný/nepodmíněný ~* 조건 반사/무조건 반사

reflexe, *f* 반성, 숙고, 회상

reflexivní 《生》 **1** 반사적인, 반사[반영]의 **2** 관조적인 **3** (文法) 재귀의 ◆ *~ zájmeno* 재귀 대명사; *~ poezie/lyrika* 관조적인 시, 서정시

reform|a, *f* 개혁, 개정, 개량, 개선 ◆ *ekonomická ~* 경제 개혁; *měnová ~* 통화 개혁; *pozemková ~* 토지 개혁; *~ školství* 교육 개혁; *provést -u* 개혁하다

reformace, *f* 《史》 (15, 16 세기의) 종교 개혁

reformační 종교 개혁의

reformátor, *ma* **-ka,** *f* 개혁자, (특히 15세기, 16세기의) 종교 개혁의 지도자, (제도 등의) 개혁론자

reformismus, *mi-2* 개혁[혁신, 개량]주의[운동, 정책]

reformista, *ma(-4)* 개혁[개량]주의자

reformistický [-tyc-] 개혁[개량]주의의

reformní 혁신적인, 개혁의

reformovat > **z-** 개혁하다, 개정[개량]하다

refrén, *mi-2* 후렴, (시가의) 반복(구), 첨구(添句)

refundovat >< 반환하다, 상환하다

refýž, *f* (가로의) 안전 지대

regál, *mi* 선반 = *police* ◆ *~ na knihy* 책꽂이, 서가

regenerace, *f* 재생, 갱생, 쇄신

regenerační 재생시키는, 갱생의, 쇄신의; 건강을[원기를] 회복시키는

regenerovat >< 갱생[재생]시키다, 개심시키다

regent, *ma* **-ka,** *f* 섭정, 통치자, 지배자

regiment, *mi-2* 《軍》 연대(聯隊)

region, *mi* 지방, 지역

regionalismus, *mi-2* 지방[분권]주의

regionalista, *ma(-4)* 지방[분권]주의자

regionální 지방[지역]의, 지역적인 ◆ *na ~ úrovni* 지역 수준에서

registr, *mi* **1** (음악) 음역, 성역; (오르간의) 스톱 **2** seznam 등록부, 기록부, 명부

registrace, *f* 기입, 등록, 등재 ◆ *~ v recepci* (호텔에서의) 투숙절차, 체크인

registrační 기록하는, 기록 담당의; 자동 기록 장치의; 기입[등록, 등재]의

registratura, *f* [-tú-] **1** 서류꽂이, 서류 보관 케이스 **2** oddělení 등기소, 등록소

registrování, *n* 기재, 등록 v. *registrace*

registrovaný 등록한, 등기를 필한, 기록된

registrovat > **za- 1** učinit záznam 기록하다, 등기[등록]하다 **2** přidat na seznam 색인을 붙이다, 색인에 넣다; (항목별로) 철(綴)하다, 명부에 올리다 **3** vzít v úvahu 유의[주의]하다, 고려[참작]하다

R

regrese, *f* 복귀, 회귀(回歸); 《天》 역행, 《生》 퇴보

regresní 복귀[회귀]의, 퇴보의 ◆ ~ *právo* 《法》 대위(代位), 대위 변제(辯濟)

regulace, *f* **1** 조절, 조정, 억제 **2** na přístroji (기계의) 조종[제어](장치) **3** toku (배관, 수로의) 통제, 조절, 운하 개설 ◆ ~ *cen* 가격 조절[조정]; *mzdová* ~ 임금 조정; ~ *nájemného* 임대료 조정

regulační 1 규정하는, 단속[통제]하는; 정리[조정]하는 **2** 조절하는, 조정하는 ◆ ~ *šroub* 조절 나사(못)

regulátor, *mi-2* 《機》 (가스, 증기, 물 등의) 조정기, 조절기

regulérně 적당히, 적절히, 올바르게, 정확히

regulérní 적당한, 절절한, 올바른

regulovat > vy-, z- 통제[단속]하다, 조정[조절]하다; tok (수로를) 조정[조절]하다

rehabilitace, *f* **1** 《醫》 물리 요법 **2** 사회 복귀, 리허빌리테이션, 복직[복권], 복위, 회복 **3** (비난 등에 대한) 변명, 해명

rehabilitační 1 물리 요법의 **2** 복귀[복권]의, 복직[복위]의 ◆ ~ *sestra* 물리 치료사, 물리치료, 간호사

rehabilitovat >< 원상태로 되돌리다, 복원하다; navrácením do funkce (직무에의 복귀에 의해) 복위[복직, 복권]시키다

rej, *mi* **1** 선회, 윤무(輪舞) **2** 혼잡; (정신의) 혼란 ◆ ~ *čarodějnic* (1년에 한 번 깊은 밤에 여는) 악마의 연회[주연]; ~ *víl* 요정의 춤

rejda, *f* 《海》 난바다의 정박지[소], 항구 밖의 투묘소

rejdař, *ma* 선박 소유자, 선주

rejdiště, *n* místo k hraní, dovádění (아이들의) 놀이터, zvířat (동물의) 서식지, 방목장, 사육장; (범인들의) 소굴

rejdit 어슬렁거리다, 돌아다니다, 뛰놀다; (물·흙탕 등을) 튀기다

rejdy, *mi-pl* **1** (아이들) 장난, 까불기, 시시덕 거리며 놀기 **2** pikle 음모, 간계, 술책, 권모술수

rejnok, *ma-3* 가오리

rejstřík, *mi-2, 3* **1** seznam 표, 일람표, 명부; v knize 색인, 찾아 보기 **2** úřední, jako trvalý záznam 기록부, 등록[등기]부 **3** varhan (오르간의) 음전(音栓), 스톱 ◆ *trestní* ~ 전력(前歷) 전과

rejže, *f* (속어) **1** v. *rýže* 쌀, 밥 **2** 곤경, 궁지 ◆ *být v -i* 당황하다; *nechat koho v -i* 누구를 당황스럽게하다

rek, *ma-2, 3* (고어체) bojovník 전사(戰士), 무인; hrdina 영웅, 주인공

rekapitulace, *f* 요점의 반복, 개괄, 요약

rekapitulovat > z- 요점을 되풀이하여 말하다, 개괄[요약]하다

reklam|a, *f* **1** 선전, 광고(문 · 수단) **2** kampaň (캠페인으로서의) 광고, 홍보, 판촉 운동 **3** název firmy (회사의 타이틀로서의) 간판, 네온 사인 **4** chvála (칭송으로서의) 사기 진작 ◆ *dělat čemu -u* 무엇의 판매를 촉진시키다, 선전하다; *dělat komu -u* 누구의 사기를 진작시키다, 누구를 칭찬[칭송]하다

reklamace, *f* 청구, 요구, 지급 요구, 클레임, 고소

R

reklamní 광고의, 선전의

reklamovat >< (하자 등에 대해) 불평하다; (당연한 권리로서) 요구[청구]하다, 클레임을 걸다

rekomando[1] doporučeně 등기우편으로 ◆ *podat/poslat co ~* 등기우편으로 발송하다[부치다]

rekomando[2], *n-2* zásilka 등기우편

rekonstrukce, *f* **1** do původního stavu 재건, 부흥 **2** přestavba 개축, 재개발, 일신, 개조, 보수, 수리 **3** (범죄의) 재현

rekonstruovaný 재건된, 복구된

rekonstruovat >< **1** 재건하다, 재구성하다, 개조[개축]하다; 부흥하다 **2** (범죄 행위를) 재현하다

rekonvalescen|ce, *f* 차도가 있음; 회복(기), 요양(기간) ◆ *být v -ci* 회복 상태[기]에 있다

rekonvalescent, *ma* **-ka**, *f* 회복기 환자, 갓 앓고 난 사람

rekord, *mi-2* 경기 기록; (특히) 최고 기록, 신기록

rekordman, *ma* **-ka**, *f* 기록 보유자

rekordní 경기 기록의, (특히) 최고 기록의, 신기록의; 기록을 깨는, 공전(空前)의

rekreac|e, *f* 휴양, 보양; 기분 전환, 오락, 리크레이션 ◆ *být na -i* (심신의 일신을 위한) 휴가 중에 있다; *jet na -i* 휴가 여행을 떠나다

rekreační 휴양의, 보양의; 기분 전환의, 오락의, 레크리에이션의

rekreant, *ma* **-ka**, *f* 휴가 중인 사람, 휴일을 즐기는 사람, 피서객, (휴가의) 행락객

rekreovat se > **z-** (건강 따위를) 회복하다; (손실 따위를) 만회하다

rekrut, *ma* **(고어체)** 《軍》 보충병, 신병; 신당원, 신입생, 신회원, 신참자

rektor, *ma* **-ka**, *f* (대학의) 총장

rektorát, *mi* 총장실, 대학본부

rekvalifikace, *f* 재교육[훈련]

rekviem, *n-in* **1** **(카톨릭)** 죽은 이를 위한 미사, 그 미사곡, 위령곡, 레퀴엠 **2** [일반적(一般的)] (죽은 이의 명복을 비는) 애가(哀歌), 만가(輓歌), 진혼가

rekvírovat > **z-** 요구하다; 강제 사용하다; 소집하다, (자동차, 배 등을) 징발하다

rekvizice, *f* **(속어)** (흔히 문서에 의한) 요구, 청구, 명령; 징발, 징용

rekvizita, *f* divadelní (극장의) 소품; 필요물, 필수품,

rekvizitář, *ma* **-ka**, *f* 소품 담당자, 의상 담당자

relac|e, *f* **1** 관계, 관련, 사이; (사람과의) 이해 관계; 친족[혈연] 관계 **2** vysílání 방송, 방영 **3** poměr 비, 비율 ◆ *A je v -i k B* A는 B와 관련이 있다; *večerní ~* 저녁 방송

relativní [-týv-] **1** ne absolutní 상대적인 **2** vzhledem k čemu 비교상의, 관계[관련]있는 **3** vztažná 관계를 나타내는 ◆ *~ zájmeno* 관계 대명사

relaxace, *f* 기분 전환; 편히 쉼

relaxační 긴장을 푸는, 이완 시키는

relaxovat 완화하다, 편하게 하다, 쉬게 하다 ~ **se** 긴장을 풀다, 편히 쉬다

R

reliéf, *mi-2* **1** 《彫》 부조(浮彫); 양각(陽刻) 세공; 《畵》 돋보이게 그리기, 윤곽의 선명 **2** 《地》 (토지의) 기복, 고저 ◆ *mělký ~* 얕은 돋을 새김

reliéfní (미술·건축) 돋을 새김[양각]의 ◆ *~ písmo* 점자; *~ mapa* 기복도, 지형 모형

religiózní (**문어체**) 신앙심이 깊은, 종교에 빠진

religióznost, *f* (**문어체**) 종교성; 마음이 깊음

relikt, *mi-2* (**문어체**) 유물, 유적

relikviář, *mi* 성해함, 성유물함

relikvie, *f* (**교회**) (성인, 순교자의) 성유골, 성유물

rely, *f, n-in* 대회, 경기 ◆ *automobilová ~* 자동차 경기

Remeš, *f* 랭스((프랑스 북동부의 도시; 제2차 세계 대전에서 독일이 항복한 곳))

remilitarizace, *f* 재군비, 재무장

remilitarizační 재군비의, 재무장의

remilitarizovat 재군비하다, 재무장 지대로 하다

remíz|a, *f* **1** při nerozhodné hře (승부의) 비김, 무승부 **2** vozová 차고, 격납고 ◆ *zápas skončil -ou* 경기가 동점으로 끝났다

remizovat skončit zápas remízou (경기를) 비기다, 무승부가 되다

remoska, *f* 쿠커팬, 전기 후라이팬

remunerace, *f* odměna 보상, 보수, 급료; jednorázová (일회적인) 상여금, 보너스, 특별수당, 장려금

renaissan- = *renesan-*

rendlík, *mi-2, 3* (**고어체**) 납작한 냄비, 프라이 팬, s pokličkou (뚜껑이 달린) 슈튜 냄비

renesance, *f* 《史》 문예 부흥, 르네상스((14~16세기 유럽의)), 르네상스의 미술[문예, 건축]양식; (문예, 종교 등의) 부흥, 부활; 신생, 재생 ◆ *~ našeho strojírenství* 기계 공학의 부흥; *~ skútrů* 스쿠터의 부흥

renesanční, renezanční 문예 부흥(기)의, 르네상스식의; (가구, 장식 따위가) 르네상스 풍인

renomé, *n-in* 명성, 평판

renomovaný 명성 있는, 평판 있는

renovace, *f* 개혁, 혁신, 갱신; 수리; 복원

renovovaný 개축된, 개장된

renovovat 1 혁신하다, 수리하다, 보호하다; 수리[개량, 개선]하다

renta, *f* **1** 집세, 방세 **2** (기계, 설비의) 임대료, 사용료 **3** (정기적으로 지급하는) 수당, 급여 **4** 연금(年金), 연간(年間) 배당금, 공채 증서; apanáž apod. 정착 기금

rentabilita, *f* 유익, 비용 효과; (회사) 생존 능력

rentabilní 유익한, 유리한, 수지 맞는; (광산) 경영[채굴]할 수 있는

rentgen, *mi-2* 엑스선[X선] 장비; 《物》 뢴트겐, 엑스레이 사진

rentgenovat > z- …의 X선 사진을 찍다; X선으로 검사[치료]하다

rentgenologie, *f* 방사선학, 방사선의학

rentgenový 엑스선의

rentovat se (**속어**) 이익을 보다[얻다]; vyplácet se 수지맞다 ◆

zemědělství se nerentuje 농사는 돈벌이가 안 된다
reorganizace, *f* [-ny-] 재편, 재조직, 개조
reorganizovat 재편성하다, 재조직하다, 고쳐 조직하다, 개조하다
reparace, *f* 보상, 배상, 배상금, 배상물(物)
reparační 보상[배상]의
repatriace, *f* 본국 송환[귀환]
repatriant, *ma* **-ka**, *f* 본국으로의 송환자
repatriovat 본국으로 송환하다
repelent, *mi* 방충제, 구충제
repertoár, *mi-2* 연주[상연]목록, 연주 곡목, 레퍼토리
repetice, *f* (프랑스어) 반복, 《樂》 반복(절), 반복기호
reportáž, *f* (프랑스어) 르포타주, 보고 문학[문체], rozhlasová (방송의) 현지 보고 ◆ *exkluzivní* ~ 특종, 스쿠프
reportér, *ma* **-ka,** *f* 보도 기자, 통신원, 탐방 기자; 뉴스 아나운서, (방송, TV) (시사) 해설자
represálie, *f-pl* 앙갚음, 보복((특히 국가간의)); 《史》 보복적 강탈, 배상금
represivní 억압하는, 억제하는, 진압하는; 가혹한 ◆ ~ *opatření* 억제 정책; ~ *zákony* 가혹한 법
reprezentace, *f* **1** (무엇의) 대표, 대리, 표시; okázalost 보이기, 나타내기, 과시 **2** prestižní 위광(威光), 명성, 신망, 품위, 고위, 고위층의 인물, 고관 **3** reprezentační tým 국가 대표팀
reprezentační 선발된, 썩 훌륭한; přepychový 대례[의식] 용의, 공식의, 격식을 차린; 위엄 있는, 장려한, 성대한
reprezentant, *ma* **-ka,** *f* 대표자, 대행자, 재회(在外)사절, 대의원
reprezentativní [-tývv-] **1** schopný reprezentace 대표적인, 대리[대표]하는, 표시하는, 상징하는; prestižní 명성이 있는, 이름난, 일류의 **2** typický 전형적인, 대표적인
reprezentovat 대표하다, 표시하다, 의미하다, 상징하다
rep|ríza, *f* 재공연, filmu (영화의) 재상영, v rozhlase (방송에 있어서의) 재방송, 재방영 ◆ *první* ~ 두번째 공연; *řada -ríz* 연속 흥행[공연]
reprodukce, *f* **1** proces 재생산, 재생, 재제작, 재현 **2** 《生》 번식, 생식 **3** kopie 인쇄 복제품, 모사품, 모조품 ◆ *dokonalá, věrná* ~ 완벽한 복제품[모조품]
reprodukční **1** 재생[재현]의, 재생산의 **2** 복제의, 모조의
reprodukovat **1** 재생[재현]하다; (책을) 재판하다 **2** pořídit otisk, kopii 모사하다, 복제하다 **3** říci svými slovy (구두에 의하여) 보고하다, 복명하다
reprodukovan|ý 재생된, 재현된; 복제된, 모사된 ◆ *-á hudba* 레코드 음악
reproduktor, *mi-2* 확성기, 스피커
reptat > **za-** 불평하다, 툴툴대다, 푸념하다, 투덜대다
republika, *f* 공화국, 공화정체 ◆ *Česká* ~ 체크 공화국; *Slovenská* ~ 슬로바키아 공화국; *Korejská* ~ 대한민국
republikán, *ma* **-ka,** *f* **1** 공화주의

R

자, 공화정체 지지자 **2** 공화당원
republikánský 공화국의, 공화정체의, 공화주의의, 공화당의
reputace, *f* 평판, 세평; 명성, 신망
réservé, reservé, *n-in* rezervovaný stůl, místo 예약석
reset, *mi* **(**컴퓨터**)** 리셋((장치, 레지스터, 2차 소자 등을 초기상태로 하는 것, 데이터처리의 기구 전체나 일부를 지정된 상태로 복귀시키는 것, 기억장치, 계수기, 리지스터 등을 0의 상태로 복귀시키는 것))
resetovat (컴퓨터**)** 리셋하다
resort, *mi-2* **1** (공공 기관 등의) 부, 부문 ministerský 부, 서 **2** kompetence 권한, 권능 ◆ *to nespadá do mého -u* 내 권한이 아니다, 내 책임이 아니다
respekt, *mi-2* 존경, 경의, 존중, 중시
respektive [-tý-] 보다 정확히 말해서, 사실상; 경우[사정]에 따라; 각기, 각각
respektovat 1 존경하다, 존중하다 **2** zákony (법을) 준수하다, 지키다
respirace, *f* (생리) 호흡, 호흡작용
respirační 호흡의, 호흡 작용의
respirátor, *mi-2* 인공 호흡 장치[기구]; (인공 호흡용의) 거즈 마스크; 방독면
respondent, *ma* **-ka,** *f* **1** 응답자 **2** 《法》 피고, 피항소[상소]인
rest, *mi-2* **-y,** *pl* **1** nedodělávky 잔무(殘務), 체화(滯貨) **2** 지불잔금, 연체금, 주문 잔액
restart, *mi* **(**컴퓨터**)** 재시작, 재시동
restaurace, *f* **1** hostinec 음식점, 레스토랑, 식당; jídelna (소규모의) 식당, 음식점; kavárna, čajovna 커피숍, 다방; zájezdní, školní (차에 탄 채로 들어가는) 식당 **2** obnovení, znovudosazení 회복, 복구, 복원 ◆ *~ habsburské monarchie* 합스부르크 제국의 복구; *~ památek* 유물 복원
restaurační 1 레스토랑의, 식당의 **2** 복구[복원]의 ◆ *~ vůz* [鐵] 식당차; *~ práce* 복구[복원] 작업
restaurant, *mi-2* = *restaurace*
restauratér, *ma* **-ka,** *f* 레스토랑 주인, 식당 경영자
restaurátor, *ma* **-ka,** *f* 원상 복구자; umělecký (예술 작품 등의) 복원자, 보호자, 관리인
restaurovat > z- 복원하다, 복구[재건]하다
restituce, *f* 손해배상, 변상; 상환, 반환, 되돌림; 회복, 복권 ◆ *~ majetku* 재산의 상환
restituční 상환의, 반환의 ◆ *~ zákon* 반환법
restituovat 손해배상하다, 변상하다; 상환하다, 반환하다
restovat maso, brambory (고기, 감자를) 불에 굽다, (석쇠에) 굽다
restrikce, *f* 제한, 한정; 감원, 감축
resumé, *n-in* [-zi-] 요약, 개요, 적요(서)
resumovat 요약하다, 개괄하다
resuscitace, *f* 소생, 의식 회복; 소생법[술]
resuscitační 소생의, 의식의 회복의; 소생법[술]의 ◆ *~ oddělení* (의학) 집중 치료실[병동], 중환자실
resuscitovat 소생시키다, 의식을

회복하다

ret, *mi-2* (*rt-*) 입술 ◆ *dolní/horní ~* 아래/ 윗입술; *ohrnovat -y* (냉소로) 입을 삐죽거리다, (입을) 삐쭉 내밀다; *viset komu na -ech* 누구가 하는 말을 경청하다

retardovaný 지능 발달이 늦은

retka, *f* **-ko,** *n-2, 3* (속어, 고어체) 싸구려 궐련

retný 입술(모양)의; [音聲] 순음(脣音)의

retnice, *f* 순음(脣音)

rétor, *ma* 연설자; 웅변가

rétorický 1 수사학의, 수사학에 맞는 **2** přehnaně patetický 수사적인 화려한, 과장적인

rétoričnost, *f* 수사적 효과를 노림, 수사적임

rétorika, *f* 수사학[법]

retozubnice, *f* 순치음

retozubní 순치음의 ◆ *~ souhláska* 순치음의 자음

retranslační 중계의 ◆ *stanice ~* [通信] 중계국(局)

retro (불변화 형용사) **1** (영화, 음악, 스타일 등이) 재유행하는, 리바이벌의, 재연의 **2** 지난, 과거의 ◆ *~ design* 재유행하는 디자인, *uvádět ~ filmy staré čtyřicet, padesát let* 40, 50 년 된 지난 영화를 재상영하다

retrospektiva, *f* [-tý-] 회고, 회상, 회구(懷舊); literární 플래시백((과거의 회상 장면으로의 전환))

retrospektivní [-týv-] 회고의, 회구의 ◆ *~film* 재 개봉[재 발매] 영화

retuš, *f* (사진, 그림, 문장 따위의) 손질[수정(부분)]

retušovat 다시 손대다, (사진, 그림, 문장 따위를) 손질[수정, 가필]하다, 결함[난점]을 감싸 숨기다, 호도하다

réva, *f* vinná 포도덩굴, 포도나무; hrozen 포도

revanš, *f* **1** oplátka 반환, 되돌림, 반송(返送) **2** odveta 앙갚음, 복수, 보복, 응수

revanšismus, *mi-2* 복수, 보복(주의), 실지(失地) 탈환 정책

revanšista, *m*(*-4*) 보복주의자, 실지 탈환주의[정책]자

revanšistický [-tyc-] 보복주의자(의), 실지 탈환주의[정책]자(의)

revanšovat se >< 돌려주다, 반환하다, 갚다, 보답하다, 답례하다; vzájemně (상호) 주고 받다, 교환하다, 갚다, 보복하다

reveň, *f* 《植》 rebarbora 대황, 장군풀

reveňový 대황의, 장군풀의 ◆ *~ koláč* 대황케익

revers, *mi-2* [-rz-] **1** 《法》 채무, 약정(서), 보증 **2** (화폐, 메달 등의) 이면(裏面), 안팎이 없는 천[옷] ◆ *propustit na ~* (누구를 (집행 유예[보호 관찰]로 석방하다

revidovat > z- 개정하다, 교정(校訂)[수정]하다, 교정(校正)[교열]하다; účty (회계를) 감사하다; kontrolovat 검사[대조]하다, 점검하다

revír, *mi-2* honební 사냥터; důlní, průmyslový (광산의, 공업의) 지역, 지구, 구역; policejní (경찰서의) 관할 구역

revize, *f* **1** 개정, 교정(校訂), 교열, 수정; 교정본, 개정판 **2** účetní 회계 감사(보고서), 청산(서), 결산(서) **3**

R

kontrola 대조, 점검 **4** změna rozhodnutí 재조사, 재검토, 재고(再考)

revizor, *ma* **-ka,** *f* 검사자[관], 조사자[관], 검열관 ◆ ~ *účtů* 회계 검열관, *dopravní* ~ 공공 교통 검열관

revma, *n-in* 《醫》 류머티즘

revmatický [-ty-] 《醫》 류머티즘의[에 의한], 류머티즘에 걸린[걸리기 쉬운]

revmatismus, *mi-2* [-tyz-] 《醫》 류머티즘

revolta, *f* 반란, 반역, 폭동

revoltovat 반란을 일으키다, 반항하다, 배반하다, 반역하다

revoluce, *f* 혁명, 변혁 ◆ *agrární* ~ 농업혁명; *průmyslová* ~ 산업혁명; *Říjnová* ~ (러시아의) 10월혁명; *sametová* ~ 벨벳혁명

revolucionář, *ma* **-ka,** *f* 혁명가, 혁명론자

revolucionářský 혁명의, 혁명적인, 대개혁의

revoluční 혁명의, 혁명적인, 대개혁을 일으키는

revolver, *mi-2* **1** (회전식의) 연발 권총 회전로; (회전식) 연발 권총, 리볼버 **2** 터릿 선반

révový 포도덩쿨의, 포도나무의, 포도의

revue, *f* [-vý] **1** časopis (평론) 잡지 **2** varietní 버라이어티쇼, 보드빌((노래, 춤, 만담, 곡예 등을 섞은 쇼, 노래와 춤을 섞은 경(輕) 희가극)); lední 아이스 쇼, 빙상연기; 팬터마임, 무언극; dobový divadelní kus 레뷔, 시사풍자의 익살극((노래, 춤, 시국 풍자 따위를 호환찬란하게 뒤섞은 것))

rez, *f-1*(조격 복수 *rzemi*), **rez,** *mi-2* **1** (금속의) 녹 **2** 《植》 녹병, 녹병균

rez|avět/ -ivět (*-ějí*) > **z-** 녹나다, 부식하다 ◆ *stará láska nerezaví* 오래된 사랑은 결코 죽지[식지, 잊혀지지] 않는다

rez|atý, -avý, -ivý 1 녹슨, 녹이난 **2** (머리카락이) 붉은, 적색의, 적갈색의, 다갈색의); v. *zrzavý*

rezeda, *f* 《植》 목서초(木犀草)((목서초과의 1년생 초목))

rezerva, *f* (*-rv*) **1** zásoba 비축, 예비; 예비[보존]품, 자원, 물자, 재원 **2** opatření 준비, 저장(품) **3** (재정적) 준비금, 비축금 **4** 예비 타이어

rezervace, *f* **1** rezervování 예약, 예약석[실], 지정석 **2** (미국의) 인디언 보호 거주지 **3** přírodní 특별 보류지, 국립 공원 ◆ *městská památková* ~ 도시 보호구역

rezervní 비축의, 준비의, 제한의; 여분의, 예비의 ◆ ~ *nádrž-(ka)* 저장 탱크

rezervoár, *mi-2* 탱크, 저장소, 급수소[탱크]

rezervovanost, *f-1* 과묵함, 서름서름함, 서먹서먹함, 멋적음

rezervovaný 1 (성격) 서름 서름한, 과묵한, 멋적은, 겸양하는, 말없는, 내성적인 **2** 보류된, 따로 치워둔, 예약의, 예약된, 저장[보존]되어 있는, 제한된

rezervovat (si) > **za-** (방, 좌석 따위를) 예약하다, 예약해두다, 예비하다, 지정하다

rezervování, *n* 예비, 예약

rezidence, *f* 공관, 관저, …관

rezident, **1** 지역 주민 **2** 임차인 **3** 거주자 ◆ *mluvit s -y o místních poměrech* 지역 환경에 대해 지역 주민과 대화하다; *parkování -ů* 거주민 주차

rezignac|e, *f* **1** 사임, 사직; 사표 **2** 단념, 포기 ◆ *podat -i* 사표를 제출하다

rezignovat **1** (지위, 관직 따위를) 사임하다, 그만두다 **2** (권리를) 포기하다, 단념하다 ◆ *~ z funkce prezidenta* 대통령 직을 사임하다; *~ na co* 무엇을 피할 수 없는 것이라고 체념하다

rezoluce, *f* 결의, 결심; 결의안, 결의문

rezolutně 단호하게, 확고하게, 결연하게 ◆ *~ odmítnout* 단호히 거절하다

rezolutní 단호한, 확고한, 결연한

rezolutnost, *f* 단호함, 확고함, 결연함

rezonance, *f* 반향, 울림; 여운; 《電》 (파장의) 공진(共振), 동조(同調); (물리, 화학, 음성의) 공명(共鳴), 공진; 《醫》 (타진시의 흉부의) 공명음

rezultát, *mi-2* **(문어체)** 결과, 결말

režie, *f* **1** divadelní, filmová (연극, 영화의) 제작, 감독, 연출 **2** (výrobní, provozní) náklady (생산의, 수송의) 간접비, 제경비 **3** uspořádání 배열, 배치

režijní **1** 비용의, 경비의 **2** (연극, 영화의) 제작[감독]의 ◆ *~ cena* 비용 가격, 원가; *~ náklady* 간접비, 공통경비

režim, *mi-2* **1** 정권, 정부, 사회조직, 제도, 통치[관리]양식, 정체 **2** 일과, 스케줄, 일정 **3** 《藥》 처방[투약] 계획 **4** (컴퓨터) 모드, 방식 **5** (기후) 일정한 형, 상황 ◆ *totalitní ~* 전체주의 제도; *~ odpůrce -u* 반체제 인사, 반대자

režírovat 제작하다, 감독[연출]하다

režisér, *ma* **-ka,** *f* 감독, 연출가, 제작자, 프로듀서

režn|ý žitný 호밀의, 호밀로 만든 ◆ *-á nit* 짐을 꾸리는 (노)끈; *-é plátno* 삼실로 짠 피륙, 마포, 삼베

rigol, *mi-2* 도랑, 개천, 배수구, 수로; silniční (도로의) 깊이 파인 구멍

rigorózní **1** 준엄한, 엄격한, 가혹한 **2** zkouška (박사 학위 통과) 구술 시험 = *rigorózum*

rigorózum, *n-2* 박사학위 통과 구술[구두] 시험

rikša, *f* **1** 인력거 **2** člověk 인력거 인

ring, *mi-2* (복싱의) 링

risk, *mi* **(구어체)** 위험 ◆ *~ je zisk* 호랑이 굴에 들어가야 호랑이를 잡는다

riskantní 위험한, 모험적인, 운에 맡기는

riskovat 위험에 내맡기다, 위험을 무릅쓰고 …하다, 감행하다, 운에 맡기고 해보다, 모험하다, **(참조)** *riziko* ◆ *(nic) neriskovat* (아무것도) 모험하지 않다, 위험을 무릅쓰지 않다

rituál, *mi-2* **1** (종교적) 의식, 의례, 전례 **2** (사회적 관습으로서의) 예의, 예절, 풍습

rituálně 의식[제식]에 따라

rituální (교회 따위의) 의식의, 제식

R

의
ritus, *mi-2* [rí-] 의례, 의식, 전례
rival, *ma-2* **-ka,** *f* 경쟁자, 라이벌, 적수
riziko, *n-2, 3* **1** 위험, 모험; (우발적인) 위험상태, 위난 **2** 우연(성), 우발(성), 우발 사건; 모험적 사업, 투기(사업)
rizikovost, *f-1* 위험률, 위험성, 위험 정도
rizikový 위험스러운, 모험적인
rmoutit (*rmuť!, rmoucen*) **za-** 슬프게 하다, 비탄에 젖게 하다, …의 마음을 슬프게 하다; sužovat 괴롭히다, 난처하게 하다, 걱정시키다 ~ **se** > **za-** 슬퍼하다; 걱정하다, 고민하다
rmut, *mi-2* 불순물, usazenina 침전물
róba, *f* 길고 품이 큰 겉옷, 관복, 예복, 법복
rob|átko, *n-2, 3* **-ě,** *n-1* 갓난 아이, 젖먹이
robinzonáda, *f* **1** (문학) 무인도 이야기 **2** (스포츠) 플라잉세이브
robit dělat, pracovat 일하다
robot[1], *ma* napodobení člověka 기계적으로 행동하는 사람[동물], 자동 인간, 자동 인형, 로봇
robot[2], *mi-2* výkonný stroj 공장 로봇, 자동장치 ♦ *kuchyňský ~* 식품 가공기 ((식품을 고속으로 썰고, 으깨고, 빻는 전동기구))
robota, *f* (봉건시대의) 부역, 강제 노역; = *poddanství* 고된 일, 고역
robotit (**구어체**) (부지런히) 일하다, 애써[힘써] 일하다, 고생하다, 노예처럼 [고되게]일하다
robotik, *ma-3* 농노((토지와 함께 매매된 봉건 시대의 최하위 계급의 농민)); pracovník (단조롭고 힘드는 일을) 꾸준히[열심히]하는 사람
robotika, *f* 로봇 공학
robotovat 부역하다, 강제 노역을 하다
robustní 튼튼한, 건장한, 활발한
ročenka, *f* 연감, 연보
roční 1 za celý rok 일년간의, 일년의, 일년에 걸친; trvající jen rok 일년마다의, 매년의; určitého roku 그 해(만)의 **2** 일년된 ♦ *~ platby* 연봉; *čtvero -ch období* 사계절
ročně 매년, 해마다; za rok 1년마다, 1년에 한 번
ročník *mi-2, 3* **1** školní (학교의) 학년, 동기생; 《軍》 군대의 동기병 **2** narození 연도, 해 **3** časopisu (잡지의 일년간의) 합본 **4** vína (포도의) (어떤 해의) 생산품, …형[산] ♦ *víno ~ 2003* 2003년형 포도주; *jsme stejný ~* 우리는 동갑이다
rod, *mi-2* **1** panovnický 왕조; rodina 가족, 가정, 일가; všichni předkové a potomci 씨족, 친족, 벌족; společensky vysoce postavená (보통 명문가의) 혈통, 계보, 가문, 집안 **2** lidstvo 종족, 인종 **3** jako druh 종류, 부류, 유, 속 (과와 종의 중간) **4** pohlaví 성, 성별, 남녀별 **5** původ 출신, 혈통, 태생; rodové rysy (혈통적인) 기질[기풍], 유전질 **6** jaz. (문법적) 성, 성칭, 성별; slovesný (동사의) 태 ♦ *-em* 태생의, 타고난, 선천적인; *pochází ze šlechtického rodu* 귀족 출신이다; *lidský ~* 인류; *mužský, ženský, střední ~* 남성, 여성, 중성; *v trpném, činném -ě*

수동태로, 능동태로

rod|ačka, *f* **-ák,** *ma-3* 원주민, 토착민, …태생의 사람; krajan-ka 동향인, 고향사람

rodeo, *n* 로데오((카우보이가 야생마 타기나 밧줄 던지기 솜씨를 겨루는 대회))

rodič, *ma* otec i matka 아버지와 어머니, 낳게하는 사람, 아비

rodiče, *ma-pl* (*-iči*) 양친, 부모, 어버이

rodička, *f* rodící žena 산기가 있는 여자, 임산부, matka 어머니

rodičovsk|ý 양친의, 부모의 ◆ *-é sdružení* 사친회

rodičovství, *n* 어버이임, 어버이로서의 신분

rodilý 출생의, 출생지의 ◆ *~ mluvčí* 모국인

rodin|a, *f* **1** 가족, 가정; 가문, 집안 **2** 식구 ◆ *přírůstek v -ě* 식구의 증가; *čekat -u* 임신하다; *čekají -u* 그들은 출산을 기다리고 있다; *čtyřčlenná ~* 4인 가족; *hlava -y* 가장, 가족의 우두머리; *černá ovce -y* 가정의 골칫거리; *být z dobré -y* 좋은 가문 출신이다

rodinn|ý 가족(용)의, 가정의; domácký 가사의; 가정적인 ◆ *~ domek* 가정(집); *~ dům* 가옥, 주택, *pronajímaný* 전세집; *-é jméno* 성; *-á kronika* 족보; *~ kruh* 친족; *-é svazky* 가족적(인) 유대; *-é zprávy v novinách* (신문의) 가족 동정((출생, 사망, 결혼 등에 관한)); *~ seriál* 가족 연속물; *~ film* 가족 관련 영화

rodiště, *n* 고향, 출생지, 발생지

rodit (*dítě*) *rození* (아이를) 낳다 **1 -it > po** ~ dítě (아이를) …을 낳다; …을 생겨 나게 하다; o zvířatech (동물이) 새끼를 낳다; komu koho 누구의 누구를 낳다 ◆ *porodila mu syna* 그녀는 그의 아들을 낳았다 **-it > u-** o rostlině, stromu (농작물이)나다, 되다; ovoce, plody (열매를) 맺다, o půdě (땅이) 농작물을 산출하다, něco užitkového (뭔가 유용한 것을) 생기게 하다, 산출하다, 생산하다 **-it > z-** …을 낳다, …을 생기게 하다, 일으키다, 창조하다, 생산하다; (*jinak*) = (*po*)*rodit* ◆ *zrozen z ~* …으로부터 태어난 *být zrozen* 발생하다, 태어나다, 생기다 **-it se > na- se** 태어나다, 탄생하다 ◆ *narodil se hudebníkem* 그는 음악가로 태어났다 **2** komu (누구에게) 아들이 나다 **-it se > u- se** 번성하다, 번창하다, 잘 자라다, 번식하다 **-it se > z-** 생기다, 일어나다, 창조되다

rodn|ý dům 생가의; země, jazyk 출생의, 출생지의, 본국의; vlastní 토산의, 토착의, 원주민; o rodičích 부모[조부모]가 같은 ◆ *-é jméno* (*ženy*) (여자의) 본명((결혼전 여자의 성)); *~ list* 출생증명서[기록]

rodokaps, *mi-2* 선정적인 저속 소설, 서푼짜리 범죄 소설

rodokmen, *mi*(*-1*) **1** 계도, zaznamenaný 가계도, 계보, 족보 **2** zool. (순종 가축의) 혈통표, (가축의) 종, 순종

rodový 가족의, 가계의; po předcích 조상(대대로)의

roh, *mi-2* **1** výrůstek (소, 양, 무소 등의) 뿔, 사슴 뿔, (달팽이 등의) 뿔,

R

촉각 **2** hud. nástroj 호른, (째즈의) 관악기 **3** kout i hrana 모퉁이, 구석; hrana, sbíhavé zakončení ploch 가장자리, 변두리, 모서리 **4** v kopané (축구의) 코너킥 ◆ *na -u* 모퉁이에 있는, 귀퉁이의; *plakát na -u* 귀퉁이의 포스터; *v -u* 구석에 있는, 구석의; *z -u do -u* 구석에서 구석으로; *za -em* 길 모퉁이를 돈 곳에, 바로 어귀에; *je to hned za -em* (어디에서) 아주 가깝다, 코 닿는 곳에 있다; *brát -a* **(속어)** 도망치다; *brát/ nabrat/ nabodnout na -y* (뿔로) 받다, 찌르다; *narostly mu -y, ukazuje -y* 그는 이를 드러냈다, 그는 성이 났다; *spadly mu -y* 그는 콧대가 꺾였다; *srazit komu -y* …의 콧대를 꺽다[체면을 잃게 하다]; *vystrkovat -y* 이를 드러내다, 성내다; *zabočit, zatočit za ~* 모퉁이를 돌다; *zahnout za-* 살짝

roháč, *ma* zool. brouk 사슴벌레

rohačky, *f-pl* **(구어체)** 썰매

rohák, *mi-2, 3* **(속어)** (길) 모퉁이의 집

rohatý 뿔있는, 뿔 모양의, 뿔의

rohlí(če)k, *mi-2, 3* **1** 반달 모양의 빵 **2** brambor 달걀 모양의 감자(품종)

rohovat (스포츠에서) 주먹[손]으로 때리다, 복싱하다

rohovina, *f* 각질, 각직 모양의 물질

rohovka, *f* 《醫》 각막

rohovnický 복싱의, 권투의

rohovník[1]**,** *ma-3* **1** 복서, 권투 선수

rohovník[2]**,** *m-2, 3* **1** i dřevina 쥐엄나무 비슷한 고목((지중해 연한 산)) **2** 거멀장, 앵글철

rohový **1** z rohoviny 뿔의, 뿔로 된, 뿔 모양의 **2** stojící na rohu, v rohu 구석의, 모퉁이의

rohož, -ka, *f* 매트, 멍석, 돗자리

roj, *mi* **1** hmyzu (곤충의) 떼, 무리, 대군, 다수, 많음 **2** dětí, skautů 애들 무리 **3** letadel (공군의) 전투기 편대 **4** meteorol. 유성우(流星雨) ◆ *~ včel* 벌떼

rojit se 떼(를) 짓다, 가득 차다, 많이 모여들다 ◆ *v zahradě se -í včely* 정원에 벌들이 떼지어 모여들었다

rok, *mi-2, 3* **1** 연, 해, 일년 **2** rok v počítání, též 12개월 **3** soudní stání (재판의) 공판일 **4** věku, života 살, 세 **5** (대학의) 학년 **6** (제조) 년도, (포도주, 자동차의) 연도 **7** *fiskální ~* 회계 연도; *lunární ~* 태음년 ◆ *po roce* 일년 후에((상당 기간의 지속적인 시간의 경과를 강조하고자 할 때에는 *léto*의 복수를 사용한다, *po létech* 수년 후에)), *~ co ~* 1년마다; *dnes před -em* 1년 전의 오늘; *v roce 1958* 1958년에, *počínajíc rokem 1948* 1948년부터; *každý ~ (pravidelně)* 매년, 해마다, 연년, *(postupně)* 년차적으로; *do -a* 1년 내에; *na(přes)- ~* 1년 지나, 내년(에), 다음해(에); *nový ~* 새해, 신년, *Nový ~ (den)* 설날, 정월 초하루; *~ od -u* 매년, 해마다, 연년; *od několika -ů* 몇 년 전부터; *přestupný ~* 윤년; *půl -u* 6개월, 반년; *čtvrt -u* 3개월; *tři čtvrti ~* 9개월; *než se ~ s -em sešel* 1년이 못되어; *služební ~* 근무년; *školní ~* 학년; *šlo mu na -tý* **(고어체)** 그는 …살이 되었다; *v tomto roce* 올해에, 금년에; *~ vydání* 출판 연도; *za ~* 1년 내에

rok|le, -ina, *f* 계곡, 골짜기

rokoko, *n-2* 로코코식((18세기경 유행된 화려한 건축, 장식 양식))

rokokový (미술의) 로코코 양식의, 로코코적인

rokovat > po- 1 s kým, o čem (누구와 무엇에 대해) 토론하다, 토의하다 **2** zasedat 개회[개정]중이다

role, *f* **1** herecká (배우의) 배역, 역할, 임무 **2** svitek 둘둘 만 종이, 두루마리, 롤

roleta, *f* **1** k stínění 차양, 발, 블라인더 **2** výkladní skříně 덧문, 셔터

rolička, *f* 작은 두루마리

rolka, *f* masová 돌돌 말아서 요리한 고기

rolní 들의, 논밭의

rolnický 농업(용)의, 농민[소작농]의; venkovský 농촌의, 전원의, 시골의

rolnictví, *n* 농업

rolnictvo, *n-2* 농민[소작농]의 지위[신분]; 농민, 소작농

rolnička, *f* 방울, 벨

rolník, *ma-3* **-ice,** *f* 농부, 농군, 농민, 농사군; nájemce půdy 소작농

rolo, *n-2* **roló,** *n-in* 덧문, 겉문, 셔터

rolovat 1 koberec, papír (양탄자, 종이를)말다 **2** o letadle (비행기가) 활주로를 따라 이동하다

Rom, *ma* **-ka,** *f* 집시, 집시족

ROM, *f-in* (컴퓨터) 롬, 읽기 전용의 기억 장치

román, *mi* **1** 장편 소설 **2** dobrodružný (중세의) 기사[모험]이야기, 가공적인 이야기

romance, *f* **1** 가공적인 이야기; (중세의) 기사[모험]이야기; 짧은 서정적 서사시 **2** 서정적 기악곡

románek, *mi-2, 3* **1** sentimentální 감상적인 짧은 소설 **2** 연예사건, 정사

romanet|o, *n-2* 추리[탐정] 소설

romanopisec, *ma* 소설가

románový 1 (장편) 소설의 **2** milostně, nebo dobrodružně 연애, 공상[모험] 소설적인; 로맨틱한

románský 로망스의, 로망스어의, 라틴계언어의; stav. styl 로마네스크 양식((중세초기 유럽에서 유행한 건축, 예술상의 양식))의

romantický [-tyc-] 로맨틱한, 낭만적인

romantičnost, *f-1* 낭만적인[로맨틱한] 특징[성격], 낭만성

romanti|k, *ma-3* [-tyk] **-čka,** *f* **1** 낭만주의자, 로맨티시스트 **2** snílek 공상가, 몽상가, 환상을 쫓는 사람

romantika, *f* [-ty-] **1** 공상적[소설적]인 것, 낭만적인 기분[경향, 생각], 로맨틱한 성격[특성] **2** 낭만주의시대

romantismus, *mi-2* [-tyz-] **1** v literatuře (문학의) 낭만주의, 로맨티시즘 **2** období 낭만주의 시대

romský 집시의 ◆ ~ *otázka* 집시 문제

romština, *f* 집시어

rondel, *mi-2* **1** 둥근 것, 작은 원반 **2** 론델체(시)((2개의 운을 밟으며 보통 14행으로 된 정형의 짧은 시; 론델체 시의 일종))

rondo, *n-2* **(**시어**)** 론도체(의) 시((10행[13행]시; 두개의 운을 가지며 시의 첫말 또는 구가 두번 후렴으로

쓰임)); 《音》 론도, 회선곡

ronit > u- **(문어체)** (눈물, 피 등을) 흘리다, (향기 따위를) 뿜다, 방산하다

ropa, *f* 기름, 석유, 원유

ropný 석유의, 원유의

ropucha, *f* 두꺼비

rosa, *f* 이슬 ◆ *padá~* 이슬이 내리다

rosit 이슬로 적시다, 이슬을 맺다 ◆ *~se čelo* 이마가 땀에 젖다

rosnička, *f* **1** 청개구리 **2** (비유) televizní hlasatelka počasí 여성 기상 캐스터

rosn(at)|ý 이슬의, 이슬에 젖은, 이슬을 머금은 ◆ *~ bod* (습도의) 이슬점; *-é kapky* 이슬방울

rosol, *mi-2* 젤리, 한천, 우무

rosolovatět *(-ějí)* **> z-** 젤리 모양이 되다, 젤라틴이 되다

rosolovitý 젤리[젤라틴]모양의

rostlin|a, *f* 식물, 초목, (수목에 대한) 풀, 화초, 농작물, 잡초, 허브 ◆ *alpské -y* 고산 식물; *léčivá ~* 약초; *stáklezelená ~* 상록수

rostlinka, *f* (작은) 식물[초목]

rostlinn|ý 식물의, 초목의 ◆ *-á výroba* 농작물 생산; *~ olej* 식물성 기름

rostlinopis, *mi* **(고어체)** 식물학

rostlinstvo, *n-2* 식물계, 식물군, 식물지(誌), 식물상(相)

rostl|ý **1** jak (어떻게) 성장한, 자라난, 성숙한; pro co (무엇에 대해) 맞는, 알맞은, 어울리는; **2** (신체) 체격이 좋은 ◆ *-é květiny* 생화

rošáda, *f* šach. [체스] 성장(城將)

rošovat (체스에서) 성장으로 (왕을) 지키다

rošt, *mi* topeniště (난로 따위의) 쇠살대; na pečení masa (고기를 굽기 위한) 적철, 석쇠

rošťácký **(구어체)** **1** 불한당의, 악당 같은, 무뢰한의 **2** 장난을 좋아하는, 개구쟁이의, 장난꾸러기의

rošťáctví, *n* **(구어체)** **1** 나쁜 짓, 사기, 악당

rošťák, *ma-3* **(구어체)** 개구쟁이, 장난꾸러기, 악당, 불한당, 무리한, 망나니 깡패; 불량배, 건달, **(경멸어)** 애새끼, 선머슴

roštěná, -těnka, *f* 스튜로 한 스테이크, 뭉근불로 끓인 스테이크, 스테이크용 갈비살

roští, *n = klestí, křoví*; 곁가지, 나뭇가지

rota, *f* 《軍》 **1** 분대, 반, 조, 팀, pochodující oddíl 종대 **2** obecně oddíl 대, 떼, 무리, 일단 **3** (약탈단의) 무리, (악한 등의) 일당, 갱단, 도적단

rotace, *f* 회전, 규칙적인 교대, 윤번, 순환

rotačka, *f* 윤전(인쇄)기

rotační **1** 회전[선회, 윤전]하는 **2** (농업) 윤작의

rotit se *(rocení)* **> s-** 폭동[소동]을 일으키다, 법석을 떨다

rotunda, *f* rotund (지붕이 둥근) 원형의 건물((특히 로마네스크 교회)), 둥근 천장의 홀

rotyk|a, *f* 소란, 소동, 노호, 아우성; 야단법석 ◆ *dělat -u* 소음으로 (귀를) 멍멍하게 하다, 큰 소리로 (되풀이해) 말하다

roub, *mi-2* 접가지, 접붙이기, 접순,

어린가지, 움돋이

roubení, *n* **1** (집합적) 건축 용재[목재] **2** (다리) 난간

roubík, *mi-2, 3* kolík 나무[대]못, 쐐기, 말 뚝; do úst (입의) 재갈 ◆ *prsty jako -y* 짧고 굵은 손가락

roubit (*roubi!*) > **s-, vy-** 재목으로 받치다, 버팀목을 대다, 널판지로 에워싸다[둘러막다] ; = *obrubovat*

roubovat > na- 접목하다, 접붙이다; **(**비유**)** 이식하다

rouhačství, rouhání, *n* 신에 대한 불경, 모독

rouhat se (신, 신성한 것에 대하여) 불경스런 말을 하다, 모독하다

rouhavý 불경한, 모독적인

roucho, *n-2, 3* **(**문어체**) 1** 의복, 의류 **2** 길고 헐거운 겉옷, 예복, 관복, 법의, 정복; **(**교회**)** (성직자, 성가대원 등이 예배 때 입는) 제복

rouno, *n-2* (양 따위의) 털

roup, *ma* 요충(蟯蟲)

roupy, *mi-pl* 싱숭생숭함, 마음을 졸임 ◆ *mít ~* 싱숭생숭하다, 마음을 졸이다, 안절부절 못하다, 안달부리다

rour|a, *f* 파이프, 관; válcovité těleso (금속, 유리, 고무 따위의) 관, 통, 튜브; potrubí 도관, 수송관, 관 ◆ *-y* 직선형으로 홀쭉한 바지; *močová ~* 요도(尿道)

rourovitý 관의, 관상의, 관 모양의

rousat (se) = *plouhat (se)*

roušk|a, *f* **1** 베일, 덮개, 씌우개 **2** (보호하는) 마스크 ◆ *pod -ou noci* 야음을 타고

rov, *mi(-2)* **(**시어**)** 무덤, 뫼, 묘

roveň, *f* 수준, 레벨 ◆ *být na ~* 동일한 레벨[수준, 단계]에 있다; *postavit koho na ~* 누구를 동일한 레벨에 놓다[두다]

rovin|a, *f* **1** zeměp. 평지, 평원, 평야; nížina 저지; náhorní 고지, 고원; rovná půda 편편한 땅 **2** geom. a fyz. rovná plocha 평면, 지평면; vodorovná/souběžná 수평, 수평선[면]; **3** celkový plán, celková oblast jevů 수준, 높이 ◆ *nakloněná ~* 사면(斜面), 빗면; *v -ě čeho* 무엇의 수준에서, 무엇과 같은 수준으로; *říci komu co na -u* 누구에게 무엇을 직접적으로 말하다; *abych to řekl na -u* 솔직히 말해서

rovinatý 판판한, 평평한

rovinn|ý (기하학**)** 평면의; **(**지리학**)** = *rovinatý*, nížinný 저지의, 평원이 ◆ *-á geometrie* 평면 기하학

rovnání, *n* 정렬, 배열, 전시, 전열

rovnat > na- 1 těsně k sobě 집어넣다, 실어 넣다, 틀어 넣다 **2** někam dát (어딘가에) 두다, 놓다, tak kupit 겹쳐 쌓다, 쌓아 올리다 **3** napřimovat 똑바르게 하다; napravovat 바로잡다, 고치다, 정정하다, 교정하다; do správné, zvl. svislé pozice …의 위치를 바르게 하다, 정돈하다 **-nat > s-** dát do pořádku 정돈하다, uspořádáním 정리하다, 배열하다, 조정하다; a to podle druhů ~ (종류에 따라) 분류하다, 구분하다; a zařadit (항목별로) 철하다, (철하여) 정리 보관하다; dát do roviny (지면에) 쓰러뜨리다; na sebe = *narovnat*; *aby bylo hladké, hladce probíhalo apod.* = **-nat > u-** upravit (꼭) 맞추다, 조정하다; spor apod. (분쟁 등을) 조정하다, 수습하다,

R

rozvaděné 진정시키다, 무마하다; zbavit hrbolků, výstupků apod. 가라앉히다, učinit plochým 평평[반반]하게 하다, 펴다; = (s) rovnat ◆ *-nat si to v hlavě* 자신의 생각을 머리 속에서 정리하다 **-nat > při-** = *přirovnávat* **-nat > vy-** do řady 일렬로[나란히] 세우다, 정렬시키다, okázale postavit 전시[전열]하다; aby bylo správně 수평하게 하다; správně kolmé na rovinu 평평하게 하다 = (*na*) *rovnat* **-nat se > na-** kupit se 쌓이다, 모이다; přímit se 똑바르게 되다, 정돈되다, 해결되다; stávat se rovinou 평평[반반]해지다 **-nat se > s-** časem se napravit 원상으로 돌아가다, 바로 서다; **-nat se > při-** s kým (누구와) 비교되다, 필적하다; **-nat se > vy-** do řad 본래대로 되다, 정돈되다; s kým se vypořádávat (누구와) 화해하다, (누구와) 해결을 보다; čemu, dostižením čeho (무엇에) 달하다[이르다]; stačit na …에 필적하다, …의 호적수가 되다; dosáhnout určité hranice …에 일치[부합]하다; snášet srovnání …와 비교되다; **-nat se** být roven čemu/komu (무엇과 혹은 누구와) 같다, 필적하다, hodnotou (가치에 있어서) 동등하다; jevit rovnováhu 균형이 잡히다, 평균을 이루다; být tolik jako …에 상당하다, v hodnosti (가치에 있어서) …와 어깨를 겨루다; dosahovat …에 이르다[도달하다]

rovně 1 곧장, 똑바로, 일직선으로 **2** 곧추 서서 **3** 지평으로, 수평으로, 가로로

rovněž 마찬가지로, …와 똑같이, 또한, 게다가 또 ◆ *je ~ bohatý* 그도 또한 부자다

rovnice, *f* 《數》 방정식, 방정식

rovník, *mi-2, 3* 적도, 주야 평분선

rovníkový 적도의, 적도 부근의

rovnítko, *n-2, 3* 상등 부호(=), 등호

rovnoběžka, *f* 평행선; 위선(緯線)

rovnoběžný 평행의

rovnocenný 동가의, 동등한, 대등한, 같은, 상당하는

rovnodennost, *f-1* 주야 평분시, 춘[추]분

rovnoměrně 균일하게, 동등하게 ◆ *~ rozdělit* 동등하게 나누다[분배하다]

rovnoměrnost, *f-1* 평범함; 한결같음, 고름; 균일성; 균등, 등질, 균일, 동등, 같음, 평등

rovnoměrný stejnoměrný 균일한, 한결 같은, 획일적인

rovnoprávnost, *f-1* 평등권, 동등권

rovnoprávný 평등권의

rovnoramenný 2등변의((3각형 등))

rovnost, *f-1* **1** povrchu (표면의) 균일, 고름; souběžnost s úrovní, 동위, 동률, 등가 **2** přímost 똑바름 **3** 평등, 동등, 동격 ◆ *~ hlasů* 동점, 동수 득표, 무승부, 비기기; *~ příležitostí* 기회의 평등, *~ před zákonem* 법 앞에서의 평등

rovnostář, *ma* **-ka,** *f* 평등주의자

rovnostářský 평등주의의, 인류 평등주의

rovnostářství, *n* 평등주의, 인류 평등주의

rovnostranný 등변의

rovnou 1 곧장, 똑바로, 일직선으로 **2** hned 즉시, 바로 ◆ ~ *na sever* 곧장 북쪽으로

rovnováh|a, *f* **1** 평행 상태, 균형, 평형, 평정 **2** duševní (마음의) 평정 ◆ *ztratit -u* 균형[평정]을 잃다

rovn|ý 1 nezahnutý 곧은, 일직선의; vzpřímený 직립한, 똑바로[곧추]선, 수직의 **2** tvořící rovinu 평평한, 반반한, vodorovný, souběžný 판판한, 평탄한, 트인, bez vyvýšenin 동일 평면의, 울퉁불퉁하지 않은, 가지런한 **3** stejný, r. čemu (무엇과) 같은, 동등한; *o jednání = přímý* **4** (수, 양이) 꼭 맞는, 완전한 ◆ *v -é čáře* 일직선으로; *člověk jemu -ý* 그의 맞수[호적수]; *-ým dílem* …와 같은 몫으로; *-ý jako svíčka* 곧추 서서, 똑바로; *-ý -ého si hledá = vrána k vráně sedá* 유유상종; *není mu -o* 그는 겨룰 자가 없다, 그는 무쌍하다

rozanalyzovat v. *analyzovat*

rozbahnět (*-nějí*) < 진흙투성이로 되다, 흐려지다, 침수되다

rozbahnit < -ňovat 진흙투성이로 만들다, 침수시키다

rozbal|it < -ovat 1 (선물, 포장을) 풀다 **2** (꾸러미 따위를) 끄르다, 열다 **3** (만[감은] 것을) 풀다, 펴다 **4** **(구어체)** ~ to (na plné pecky) 전력을 다해 놀다 **5** **(컴퓨터)** 언팩하다, 압축한 데이터를 원래대로 되돌리다

rozběh, *mi-2, 3* **1** 출발, 스타트; 달림, 뛰기 **2** (멀리 뛰기 등의) 도움닫기 **3** kvalifikační běh, sport. (예선의) 1회; (경기 등의) 1라운드 [이닝, 회] **4** 도망, 탈주 ◆ *skok s -em* 도움닫기 높이[넓이] 뛰기

rozběhnout se < rozběhat se 1 뛰기 시작하다, 출발하다, 스타트하다 **2** dát se pořádně do běhu 뛰어 올라가다 **3** uvolnit se 뿔뿔이 흩어지다; na všechny strany (사방으로) 퍼지다, 번지다 **4** pustit se do čeho (무엇에) 착수하다; za čím (무엇을) 뒤쫓다, 추적하다

rozbíhat se 1 o čárách apod. 갈리다, 분기하다, 사방으로 뻗다 **2** (자동차 등의) 속력을 빠르게 하다

rozbíjet v. *rozbít*

rozbírací, rozebírací nábytek 제거[철거]할 수 있는

rozbírat v. *rozebrat*

rozb|ít (*rozbi-*) **< -íjet** (*-její*) **1** 깨뜨리다, 쪼개다; otřesem (흔들어) 부수다, 파괴하다; prudkou ranou (급격한 타격으로) 분쇄하다, 박살내다, 내던지다; rozdrtit 눌러서 뭉개다, 으깨다; 《醫》(두개골을) 부수다, 부러뜨리다, 금가게 하다 **2** (노름판에서) 물주의 돈을 휩쓸다, 무일푼이 되게 하다 **3** zranit 상처를 입히다, 다치게 하다 **4** jednotu něčeho 쪼개다, (국토를) 분할하다, 분리시키다; roztrhnout 찢다, 째다, 잡아 뜯다 **5** (희망 등을) 좌절시키다; ~ **se** 깨어지다, 쪼개지다, 부서지다, 부러지다 ◆ ~ *na kousky* 갈기갈기 찢다, 산산이 부수다, 세분화하다; ~ *na třísky* 작은 파편들로 만들다, 파편화하다; ~ *ležení/tábor* 천막을 치다; ~ *stan* 텐트를 치다

rozbitný 망가뜨릴[부술, 깨뜨릴] 수 있는, 깨지기 쉬운

R

rozblesknout (se), -ovat (se) < = *rozbřesknout se*

rozbol|avělý, -avěný (문어체) (상처가) 아픈, 짓무른

rozbolestněný 아픈, 쑤시는

rozbor, *mi-2* **1** 《化·物》 분석, 분해 **2** (언어) 분석, 분해; (문장)분석 **3** 회계 감사, 심사; 사후 검토, 현장 검증 ◆ ~ *moči* 소변 검사; ~ *krve* 혈액 검사; *provést* ~ 분석하다, 분해하다; *udělat* ~ *věty* 문장을 분석[분해]하다

rozbořit se = *zbořit (se)*

rozbourat 산산이 부수다, 갈기갈기 찢다, 박살내다

rozbouřen|ý 1 (바다가) 몹시 거친, 맹위를 떨 치는, 격렬한, 사나운, 폭풍우의, 폭풍의 **2** (심리가) 불안한, 흥분한 ◆ *-é moře* 거친[난폭한] 바다

rozbouř|it (*rozbouři!*) < **-buřovat 1** 몹시 거칠어 지다, 맹위를 떨 치다, 격렬해지다 **2** duševně, rozrušit …의 마음을 어지럽게 하다, 불안하게 하다, silně 교란하다, 혼란하게 하다, tak působit 뒤집어 엎다, 전복시키다 **~ se** (pod.) < **-buřovat se** (날씨가) 사나워지다, 사납게 날뛰다; začít bouřit (폭풍이) 갑자기 시작되다

rozbrázdit v. *brázdit*

rozbroj, *mi* 의견 차이, 불화, 알력; hádka 투쟁, 다툼, 싸움 ◆ *dělat -e* 분쟁[분란]을 일으키다

rozbředlý 1 진창눈의, 질척거리는; 침수된 **2** 감상적인, 눈물 잘 흘리는 **3** (문장 등이) 맥빠진; sloh (문체가) 지루한, 장황한, 장광설의

rozbřednout (se) < **rozbřídat (se)** 질척거리다

rozbřesk, *mi-2, 3* **1** 새벽녘, 동틀녘, 여명 **2** 단서, 처음, 시작

rozbřesk|nout se < **-ovat se** 여명이 오다, 날이 새다, 밝아지다 ◆ *-lo se komu* 누구에게 돌연 생각이 떠올랐다

rozbřídat (se) v. *rozbřednout (se)*

rozbujet (se) (*-bujejí*) **1** (초목이) 증식[번식]하다, 급격한 성장을 보이다, **2** (널리) 확산되다, 확 번지다 **3** (부패, 불화 등이) 만연하다

rozbujnělý (고어체) rozbujelý 풍부한, 넘치는, 충일한

rozbuška, *f* 기폭 장치 (뇌관, 신관 등)

rozcestí, *n* (강, 길 따위의) 분기점, 갈림길, 분기점 ◆ *jsem jako Herkules na* ~ 나는 갈림길에 서있는 헤르쿨레스와 같다

rozcitlivělý 감상적인, 나약한, 감정적인, 감정에 의거한; přecitlivělý 과민한, 과민증의

rozcouraný (구어체) **1** (하루가, 시간이) 조금씩 허비된, 찔끔 찔끔 낭비된 **2** 다 써버린, (일이) 긴, 장황한, 지루한 **3** (마을, 집들이) 뿔뿔이 흩어진

rozcuch|at < **-ávat** (머리 따위를) 헝클어 뜨리다

rozcuchaný 흩어진, 헝클어진, 단정치 못한

rozcvička, *f* 준비 운동[워밍업]

rozcvič|it < **-ovat** 준비 운동[워밍업]하다

rozčarování, *n* 미몽을 깨우치기, 각성; 환멸, 실망; 억울함, 원통함

rozčarov|at < **-ávat** způsobit

zklamání 환멸을 느끼게 하다, 실망시키다; …을 환상에서 벗어나게 하다, 각성시키다 ◆ *být z čeho -ován* 무엇에 대해 실망하다

rozčechr|at v. *čechrat* **-ávat** = *čechrat*

rozčepýřit se v. *čepýřit se*

rozčeř|it se v. *čeřit se* **-ovat se** = *čeřit se*

rozčil|ení, *n* < **-ování,** *n* 격노, 울화, 흥분

roz|čilit (*rozčil!*) < **-čilovat** (마음을) 동요시키다, 쑤석거리다; rozrušit 당황케 하다, 혼란케 하다; = *vzrušit, rozrušit* **~ se** 벌컥 화를 내다, 흥분하다, 동요하다, (마음의) 평정을 잃다 ◆ *nerozčiluj se (zbytečně)* 안달[복달]하지 말아라, 진정하여라

roz|článkovat v. *článkovat*; *-členit* v. *členit*

rozčlenění, *n* 분열, 분할

rozčtvrtit (*-cen*) v. *čtvrtit*

roz|dat < **-dávat 1** rozdělit 나누어 주다, 분배하다, 배포하다 **2** 남에게 주다, 양보하다, 내주다 **~ se** 자신의 모든 것을 남에게 내주다 ◆ *~ si to s kým* (누구와) 승부가 날 때까지[끝까지] 싸우다, 자웅을 결하다, **(속어)** 누구와 성교하다

rozděl|at < **-ávat 1** (일에) 착수하다, 시작하다 **2** (꾸러미, 짐을) 풀다; (끈, 실을) 원상태로 돌리다, 풀다; (모터를) 분해하다 **3** rozmíchat 섞다, 혼합하다; připravit 준비하다, 만들다 **4** oheň (불을) 지피다 **5 (구어체)** 성적으로 흥분시키다, 성욕을 돋우다 **6** neskončit, zvl. -án, -aný 미완으로 남겨두다

rozdělení, *n* 분배, 배분; 배당; 분류

rozděl|it (se) v. *dělit (se)* **-ovat se** = dělit se **1** 나누어지다, 분리하다 **2** 분배되다 **3** (우편) 분류되다 **4** 이별하다, 헤어지다

rozdělovací 분리의, 분배의, 분할의 ◆ *~ znaménko* 구두점

rozdělovač, *ma* 분배[배포, 배달]자, 배급업자

rozdělovat (se) = *rozdělit (se)*

rozdělovna, *f* obch. 보급소, 분배센터 v. *třídírna*

rozdíl, *mi-2* **1** 다름, 차이, 상이, 격차 **2 (수학)** 나머지 **3** 구별, 분별, 식별 **4** co schází 결손, 결함 **5** přípustný (식품 중의) 잔류 허용량, 오차 허용도 **6** zisk 판매 수익, 이득, 이문 ◆ *činit, dělat ~* 구별하다, 분별[식별]하다; *na ~ od* …에 반하여, …와 정반대로, *nápadný rozdíl* …와 대비하여, …와는 현저히 다르게; *bez -u* 차별없이, 예외없이, 무차별하게, *~ čeho* (…에) 관계없이; *v tom je velký ~* 그것 속에는 커다란 차이가 있다, 그것은 크게 다르다

rozdílet (*-lejí*) = *rozdělovat*

rozdílnost, *f-1* **1** = *rozdíl* **2** = *rozdílný*

rozdíln|ý 1 čím (무엇에 있어서) 다른, 틀린, od čeho (무엇과) 상이한 **2** = *odlišný* ◆ *něco je -é* 무엇은 서로 다르다[상이하다]; *A a B jsou rozdílné* A와 B는 서로 다른 무엇이다[종류가 서로 다르다]; *být ~* 다르다, 틀리다; *-ě nakládat, zacházet s* …을 차별대우하다, 냉대하다; *velice ~* 매우[크

게] 다른[틀린]

rozdírat v. *rozedřít*

rozdmých|at < -ávat 1 oheň (불을) 불어 태우다, 부채로 부치다; až prudce vzplane (격렬하게) 타오르게 하다 **2** hádku, vzpouru (논쟁을, 저항을) 조장하다, 선동하다, 부풀리다

R

rozdovádět (*-dějí*) 들뜨게 하다, …에게 자극[활력]을 주다

rozdováděný 들뜬 기분의, 신바람 난

rozdrásat v. *drásat*

rozdráždit v. *dráždit*

rozdro|bit se v. *drobit se* **-bovat se** = *drobit (se)*

rozdro|lit (se) v. *drolit (se)* **-lovat (se)** = *drolit se*

rozdrtit (*rozdrcen!*) v. *drtit*

rozdup|at < -ávat 마구 짓밟다, 밟아 뭉개다

rozdurdit se v. *durdit se*

rozdvoj|it < -ovat 1 두 부분으로 분리[분열]시키다; odloučením 떼다, 가르다, 갈라놓다; odpojením …의 연락[접속]을 끊다, 분리하다 **2** znepřátelit …을 …와 적대시키다, 이간하다 **-it se** vidlicovitě 두 갈래지게 하다, 분기시키다 = *rozštěpit se*

rozdychtěný (문어체**)** 열망하는, 간절히 바라는

rozdým|at < -ávat (연기 따위를) 내뿜다, 부풀게 하다

rozebraný 1 (설비, 가구 등이) 제거된, 해체 된 **2** (책이) 절판된

roze|brat (*rozeber-u, rozebral*) **< -bírat 1** na součásti 산산 조각을 내다, 부수다; tak, že přestane být 헐다, 쓰러뜨리다, demontovat 해체[분해]하다 **2** po částech odejmout (하나씩) 제거하다[없애다], až přestane být 다 써버리다, 고갈시키다, 소진하다 **3** rozdělit si mezi sebou 나누다, 가르다, 쪼개다 **4** provést rozbor 분석하다, 분해하다; v diskusi 토론[논의]하다; koho, tj. promluvit mu do duše 감동시키다, …할 마음이 일어나게 하다

rozedma, *f* plic (폐의) 기종, 폐기종

rozední|t se (*rozednit se*) **< -vat se** 날이 새다, 새벽이 밝아오다, 여명이 트다, **(**참조**)** *rozbřesknout se*

rozedrat (*roz[e]der-u, rozedral*) v. *drát*

roz|edřít (*rozedř-u, rozedřel*) **< -dírat 1** 째다, 찢다, (잘게) 부수다, poškodit 잡아 뜯다 = *rozedrat* **2** 쓸려서 벗겨지게 하다

roz|ehnat (*rozežen-u, rozehnal*) **< -hánět** (*-nějí*) **1** 쫓아버리다, na všechny strany (사방으로) 흩뜨리다, 흩어지게 하다; částice čeho (무엇의 조각을) 흩어버리다, 여기저기 뿌리다, 산재시키다 zrušit celistvost 분쇄하다, 해체[해산]하다 **2** uvést do běhu (말, 개 따위를) 달리게[뛰게] 하다 **3** oddělit 끊다, 떼다, 가르다 **-ehnat se < -hánět se** 시작하다, 출발하다, 스타트하다

rozehraný (놀이, 게임 등이) 끝나지 않은, 미완성의

rozehrá|t (*rozehra-, rozehrál*) **< -vat** (놀이, 게임 등을) 시작하다, 미완성으로 남겨두다 **-át se < -vat se 1** 경기에 들어가다 **2** (공연 전) 연습하다, 리허설 하다

rozehř|át (*rozehřej-, rozehřál*) **< -**

ívat **1** 따뜻하게 하다, 데우다 **2** rozpustit 녹이다, 용해하다 ~ **se** roztavit se **1** 덮혀지다, 데워지다 **2** 녹다, 용해되다 **3** pro koho (누구에게) 호감을[호의를] 가지다

rozechv|ělý, -ěný 흥분한, 격앙된; 불안정한, 떠는

rozechvělost, *f-1* 흥분, 격앙, 불안정, 전율

rozechvění, *n* 흥분, 격앙, 동요, 전율

rozechv|ět, -it (*rozechvě-*) < **-ívat** 흔들리게 하다, 진동시키다, 떨게 하다 chvět vzrušit 흥분시키다, znervóznit (마음을) 동요시키다, 혼란스럽게 하다; dojmout 감동시키다, (마음을) 움직이다; roztřást 몸이 떨리게 하다, 오싹하세 하나

roz|ejít se (*rozejd-, rozešel*) < **-cházet se** (*-zejít*) **1** dát se do chůze 가기 시작하다; o stroji (기계가) 가기 시작하다, 작동하다; **2** odloučit se 갈라지다, 헤어지다; s kým (누구와) 갈라지다, 절교하다, 이별하다 **3** vzdálit se 이탈하다, 멀어지다; na všechny strany (사방으로) 흩어지다, 분산하다 **4** zrušit spolupráci (협력이) 깨지다, 와해되다, 분열하다; přestat se shodovat (의견이) 갈라지다, 다르다[맞지 않다], s kým v názorech (누구와 견해를) 달리하다, 불화하다, 다투다

rozeklaný jakoby rozťatý 쪼개진, 터진 갈라진; v obrysu 삐죽삐죽한, 들쭉날쭉하게 된

rozem|lít (*roz(e)mel-, rozemlel, rozemletý*) < **-ílat** 잘게 빻다, 분쇄하다; na prach (갈아서) 가루로 만들다; (죽을) 걸쭉하게 만들다; (고기를) 잘게 썰다, 저미다, 다지다

rozemnout mnout (손가락 사이에 놓고) 문지르다, 마찰하다, 뭉개다

rozený 1 rodem 구성은, 친정의 성은 **2** rodilý 타고난, 선천적인 ◆ *Barbora Malá, rozená Novotná* 바르보라 말라, 구성 노보트나

roz|epnout (*rozepn-, roz[e]pjal, rozepnutí*) < **- (e)pínat 1** co je na knoflíky (…의) 단추를 끄르다, na háčky 갈고리에서 벗기다, (옷 따위의) 훅을 끄르다, špendlík, brož (…의 핀, 브로치를) 뽑아 늦추다[벗기다, 열다] přezku (…의 접쇠를[버클을]) 끄르다, spínadlo (매듭 따위를) 풀다, 늦추다 **2** rozprostřít (돛, 날개, 양팔 따위를) 펴다, 벌리다; **3** zvětšit objem 뻗치다, 확장하다, 넓히다; **-epnout se** < **-(e)pínat se** co je na knoflík-y 단추가 풀어지다, o spínadle (매듭이) 끌러지다; objem (부피가) 넓어[커]지다

rozepře, *f* 논쟁, 다툼; soudní spor 소송, 기소; hádka (사소한) 말다툼, 싸움, 불화; 국경 분쟁

roz|epsat (*rozepíš-, rozepiš!, rozepsal*) < **-pisovat 1** podrobně 상술하다, 자세히[구체적으로] 쓰다; na položky (목록으로) 분류해서 쓰다 **2** pořídit přepisy 베끼다, 복사하다 **3** nedopsat 미완성으로 남겨두다 **-epsat se, -pisovat se** o čem (무엇에 관하여) 상세히 설명[부연]하다

rozervanec, *ma* 염세적인 불평가[분자]

rozervaný 1 (옷이) 찢긴 **2** (연안,

해안) 들쭉날쭉한, 지그재그의 **3** (바위가) 우툴두툴한, 울퉁불퉁한; (지역이) 험한; = *rozeklaný, rozháraný* **4** o člověku (사람이) 심리적으로 불안한, 심란한

rozervat (*rozerv-u, -al*) < **-ávat 1** 갈가리 찢다 **2** (인연, 관계) 끊다, 단절하다, = *drásat*

rozeschlý 새기 쉬운, 새는 구멍이 있는

roze|slat (*rozešl-, rozeslal*) < **-sílat 1** dopisy, pozvánky (서신, 초청장을) 내보내다, 보내다, 송달하다, 발송하다; posly (사자를) 파견하다 **2** rozdělit 분배하다, 배포[배급]하다

rozesmát (*rozesměj-, rozesmál*) < (누구를) 웃게[웃음을 터뜨리게] 하다 **~ se** 웃음을 터뜨리다

rozespalost, *f-1* 나른함, 졸음, 졸림

rozespalý 나른한, 졸음이 오는, 졸리는

rozestav|it (*oni rozestaví, rozestav!, rozestavil*) < **-ovat** (보초 등을) 배치하다; (가구를) 배열[배치]하다, 정돈하다; (마을의 집들을) 일정한 간격을 유지하게 하다 **-it se** < **-ovat se** 자리잡다, 위치하다

rozestírat v. *rozestřít*

rozest|lat (*rozestel-u, rozestlal*) < **-ýlat 1** lůžko 잠자리를 깔다 **2** slámu (마구간, 마루 등에) 짚을 깔다

rozest|oupit se (*rozestup se!*), **-oupnout se** < **-upovat se 1** 떨어져 서다, a udělat cestu 길을 비키다, 양보하다 **2** rozevřít se 열리다, 벌어지다, 틈이 나다 **3** rozštěpit se 갈리다, 나누어지다 **4** = *rozejít se, rozkročit se, rozestavit se*

rozest|řít (*rozestř-, rozestřel*) < **-írat** (카펫, 신문, 지도, 날개 등을) 펴다, 펼치다; prostřít 흩뿌리다, 온통 뒤덮다 **~ se** (파노라마 등이) 펼쳐지다, 열리다, 전개되다

rozestupovat se v. *rozestoupit se*

rozestýlat v. *rozestlat*

rozeštv|at (*rozeštv-u, rozeštval*) < **-ávat 1** …을 이간하다 **2** pobouřit 격분시키다, 분기시키다

roz|etřít (*rozetř-u, rozetřel*) < **-tírat 1** 가루로 만들다, 빻다 **2** co po čem (무엇을 무엇에) 문질러 바르다, co na co (무엇을 무엇에) 바르다 **3** (색을) 칠하다, 바르다 ◆ ~ *máslo na chléb* 빵에 버터를 바르다

rozevlátý 1 (바람에) 펄럭이는, 나부끼는 **2** (기질, 성질이) 열렬한, 성급한, 충동적인

rozev|řít (*rozevř-u, rozevřel*) < **-írat** otevřít (문 등을) 활짝 열다, (책, 우산 등을) 펴다, 펼치다, (눈을) 뜨다 **2** rozestřít (부채, 팔, 꼬리 등을) 펴다, 펼치다, 벌리다; **-řít se** < **-írat se** 열리다, 풀리다, 펴지다, 펼쳐지다

rozezlený 성난, 화난, 격양된

rozezn|at < **-ávat 1** rozlišit 분간하다, 분별[식별]하다, dobře vidět 인식하다, 알다 **2** (관측, 조사하여) 발견하다, 찾아내다; 보아[들어] 판별하다

rozeznatelný 식별[구별]할 수 있는

rozeznávací 분별의, 식별의; 특징적인, 특징 짓는, 독특한

roze|znít, -zvonit, -zvučet …을 울리다, 소리나게 하다 ◆ ~ *zvon* 종

을 울리다; ~ *kytaru* 기타를 연주하기 시작하다

rozežraný 벌레먹은; 부식된

roze|žrat (*rozežer-u, rozežral*) < **-žírat** o molech, červech (나방, 벌레, 구더기가) …에 파먹어 들어가다, 부식[침식]하다

roz|fouknout, -foukat < **-foukávat, -fukovat 1** (바람이) 뿔뿔이 흩어버리다, 흩뿌리다 **2** (불꽃이) 활활 타오르게 하다

rozhalenka, *f* 목이 파인 셔츠

rozhal|it < **-ovat 1** odhalit 벌거벗기다, 드러내다 **2** skasáním …의 주름[단]을 풀다

rozhánět v. *rozehnat*

rozháraný 뿔뿔이 흩어진, 흐트러진, 드문드문한; 헝클어진, 불안정한, 무질서한, 난잡한

rozházený neuspořádaný 어지럽혀진, 혼란한, 정돈되지 않은

rozházet (*-zejí*) v. *rozhodit*

rozhazovat 1 = *rozhodit, rozházet* **2** = *utrácet, hýřit* (*čím*)

rozhlas, *mi* 보도, 방송, 라디오 방송(국) ◆ *nádražní* ~ 스피커 장치; ~ *po drátě* 중계 방송; *slyšel jsem to v -e* 나는 그것을 방송에서 들었다

rozhl|ásit (*rozhlas!, rozhlášen*) < **-ašovat** 방송하다, 방영하다, 공포[선언]하다, 공표하다; 누설하다, 폭로하다

rozhlasový 보도의, 방송의, 라디오(방송)의 ◆ ~ *vůz* (선거 때 따위의) 선전 자동차

rozhled, *mi-2* **1** 전망, 조망 (무엇에 대한) 경치, 광경, 풍경; do šíře (넓은) 시계 **2** znalost a úsudek 예측, 전망, 전도, 식견

rozhledna, *f* 전망대, 망루

rozhlédnout se < **-ížet se** (*-žejí*) **1** 둘러보다; po čem hledat (무엇을) 여기저기 둘러보며 찾다 **2** prohlížet si 자세히 쳐다보다, 세밀히 살피다

rozhněv|at (se) < **-ávat (se)** v. *rozzlobit (se)*

rozhodce, *ma* = *rozhodčí*

rozhodčí[1] 중재[조정]의 ◆ ~ *soud* 중재 재판소

rozhodčí[2], *ma, f* rozhodce 중재인, 심판원; soudní, v pěstním zápase, košíkové, hokeji (재판, 권투, 농구, 하키의) 주심, 심판원, 레퍼리

rozhodit (*rozhozen*), **rozházet** < **rozhazovat 1** 뿔뿔이 흩어버리다, 흩 뿌리다; zrno, písek (곡식의 씨, 모래를) 뿌리다, 살포하다; při rozdílení, zvl. karty (특히 카드를) 돌리다; na všechny strany rozeslat, vydat, utratit (사방으로) 흩뜨리다, 퍼뜨리다 **2** uvést v nepořádek 헝클어 뜨리다, 어지럽히다 **3** (돈을) 낭비하다, 함부로 쓰다 **4** porušit celistvost, rozebrat 분쇄하다, 해체하다, na složky 산산 조각으로 만들다; rozestřít, např. peřiny (이를 테면 깃털을) 펴다, 펼치다 **5** vyvést z míry 당황하게 하다; 화나게 하다 ◆ ~ *ruce/rukama* 양팔을 벌리다[펴다], rozhazovat 손짓으로 이야기[표시]하다 **-it se** < **rozhazovat se** losem (제비를) 뽑다, 뽑아 맞히다; smíchem (웃음으로) 포복 절도하다; s kým, též rozházet si to (누구와) 사이가 틀어지다, 불화하다, 다투다

R

rozhodně bez pochyby 확실히, 틀림없이, 명확히; ano 꼭, 반드시, 정말, 단호히, 결연히 ◆ *~ne* 결코 … 않다

rozhodnost, *f-1* 결단력, 결정, 단호함, 확고함, odhodlání 결의, 각오, předsevzetí 결의, 결심

rozhodnout < -ovat 1 co, o čem (무엇을, 무엇에 관해) 결심[결정]하다; definitivně, přesně, do podrobností 결의하다; předem (미리) (결)정하다 **2** o čem (무엇에 대해) autoritativně (권위있게) 결정을 내리다; vynést rozhodnutí 판정하다; soudním přípisem (재판에 의해) 판결하다; úředně (사무적으로) 재정[결정]하다, stanovit 확정하다 **3** mezi spornými případy 중재[조정]하다 **-nout se < -ovat se** 마음을 정하다, 결심하다; pevně (확고하게) 결정하다; dojít k závěru 결정에 도달하다

rozhodnutí, *n* 결의, 결정, 결심, 중재, 재정, 판결, 선고

rozhodný 1 결정적인; rozhodující, kritický 결정하는 **2** rozhodnutý (단단히) 결심한, 결정된 **3** rázný, kategorický 결단력이 있는, 결정을 잘하는 **4** určitý 뚜렷한, 현저한, 명백한, 분명한; účinně působivý 효과적인 **5** konečný 최종적인

·rozhodovat (se) v. *rozhodnout (se)*

rozhodující 결정적인, 중대한; 중추의, 중요한 v. *rozhodný*

rozhojnit < -ňovat 늘리다, 증대시키다, několikanásobně (몇 배로) 증식하다, 증가시키다

rozhojnění, *n* 증가, 증대, 증식

rozhorl|it < -ovat (감정 따위를) 불지르다, 선동하다, 자극하다

rozhorlen|í, *n, rozhorlenost, f-1* 열정, 격정, 정열; = *rozhořčení*

rozhorlený 정열적인, 열렬한, 격정적인

rozhořčení, *n* 격분, 격앙, 격노, důvodné 분개, 분노, 의분

rozhořčený 분개한, 성난, 격분한

rozhořč|it < -ovat 노하게 하다, 격앙시키다, naplnit trpkostí 분격[실망]시키다; pobouřit (노여움을) 악화시키다, 격분시키다

rozhoř|et se (*oni se rozhoří*) **< -ívat se** 불타기 시작하다, 불붙다; = *vzplanout*

rozhostit se (*rozhoštěn*) **< -šťovat se** 자리잡다, 정착하다, nastat 일어나다, 시작되다, 도래하다

rozhoup|at se < -ávat se 1 přejít k činnosti 본격적으로 시작하다 **2** = *houpat (se)*

rozhovor, *mi-2* **1** 이야기, účelný 대담, 대화, 좌담; 담화, 의견의 교환 **2** jednání 회담, 회의 **3** interview 회견, 인터뷰 **4** dvou, dialog 문답, 회화, 토론; neformální (비공식적인) 한담

rozhr|ábnout, -abat (*rozhrabu, rozhrab(ej)!, rozhrabal*) **< -abávat, -abovat** 긁어 모으다, 후비어 파다 [헤집다]

rozhraní, *n* **1** 경계, 분계 **2** časové 바뀌는 때, 전환점, 분기점 ◆ *na ~* 전환기에

rozhrn|out < -ovat 밀어서 떨어지게 하다, 제치다, 밀치다; = *rozhalit, rozevřít, rozestřít*

rozhřešení, *n* (카톨릭) 사죄; (사제

가 고해자에게 행하는) 화해 선언(의 의식)

rozhřešit < -ovat (교회) (남)에게 죄를 사면해 주다

rozcházet se (*-zejí se*) **1** neshodovat se …와 다르다, 틀리다, v názoru (견해에서) …와 의견이 맞지 않다, 다투다 **2** = *rozejít se*

rozchod, *mi-2* **1** 분리, 이별, 별거 **2** přerušení styku apod. (관계 등의) 단절, 단교 **3** kol, kolejí (선로의) 게이지, 궤간 ◆ *Rozchod!* (구령) 해산!; *být na -u s kým/čím* 누구와/무엇과이제 막[바야흐로] 이별하려고 한다

rozchodit (*rozchozen*) < **1** (신발을) 신어서 헐렁하게 하다 **2** nemoc (병을) 물리치다, 쫓다, **(참조)** *přechodit*

rozchodn|á, *f* 이별, 작별 ◆ *políbit se na -ou* 이별의 키스를 하다, *dali si pivo na -ou* 그들은 이별주로 맥주를 마셨다; *večírek na (rozloučenou) -ou* 송별회

rozink|a, *f* v. *hrozinka*

rozinkový v. *hrozinkový*

rozjařený 1 기개가 있는, 혈기왕성한, 기운찬; 위세좋은 **2** 얼근히 취한

rozjař|it < -ovat …을 고무하다, 기쁘게 하다, 기운을 북돋우다, 활력을 불어넣다

rozjás|at < -ávat 환호성을 지르게 하다, 기쁘게 하다, 즐겁게 하다 **-at se < -ávat se** 환호성을 지르다, 기뻐하다

rozjas|nit (se) < -ňovat (se) 밝게 하다, 밝아지다; vesele 기운이 나게 하다, 고무하다, 기운이 나다, 고무되다

roz|jet, rozejet (*roz[e]jed-, rozjel, rozjetí*) < **-jíždět** (*-dějí*) **1** uvést do pohybu (차, 배 따위를) 달리게 하다, 출발시키다 **2** rozmačkat přejetím (차가) …를 짓뭉개다, 찌그러뜨리다, 치다 **3 (구어체)** ~ to na mejdanu 파티에서 즐거운 시간을 가지다

roz|jet se, -jíždět se 1 přijít do pohybu (차, 배 따위가) 출발하다, 가다 **2** na všechny strany (사방으로) 흩어지다

rozjezd, *mi-2* (차, 배 따위의) 출발, 스타트; letadla (비행기의) 이륙; plná jízda 전속력(으로의) 질주

rozjezdov|ý 출발의, 스타트의, 이륙의 ◆ *-á dráha, plocha* 활주로, na lodi (항공 모함의) 비행[발착] 갑판

rozježený 털 복숭이의, 털이 덥수룩한

rozjímání, *n* 숙고, 심사, 명상, 관조, **(참조)** *rozjímat*

rozjímat 깊이 생각하다, 심사숙고하다, rozvažovat 명상하다, 묵상하다

rozjímavý 숙고의, 묵상의, 명상적인, **(참조)** *rozjímat*

rozjitř|it v. *jitřit* **-ovat** = *jitřit*

rozjívený 제멋대로의, 무질서한, 난잡한

rozka|tit (*rozkacen*) < **-covat** 노하게 하다, 격분시키다; **-tit se < -covat se** 벌컥 성내다, 격노[격분]하다

rozkaz, *mi-2* **1** nařízení, příkaz 지시, povel 명령; nejvyšší příkaz 통치령 **2** úřední (관공서의) 공식 서환, 칙서; (법원의) 영장; formou napomenutí, připomenutí 훈령, 지령, 계고 ◆

R

armádní ~ (전부대에 하달되는) 일반 명령; *dát -(y)* 명령을 하달하다; *denní* ~ 일일 명령; *dostat* ~ 명령을 하달받다; *k čímu -u na čí* ~ 누구의 명령에 의해; *platební* ~ 지불 명령; *podle -u* 지시대로; *vydat* ~ 명령을 발하다; *zatýkací* ~ 구속 영장; *vydat zatýkací* ~ 구속 영장을 발부[발급]하다

rozkázat (*rozkáž-u, rozkaž!, rozkázal*) < **-kazovat** …에게 명령하다, …에게 지시하다; povelem 명하다, 지휘하다, 통솔하다; napomenutím, připomenutím (침묵, 순종 따위를) 요구하다, (행동 따위를) 강요하다

rozkazovací 명령적인, 강제적인

rozkazovačný 전제적인, 오만한

rozklad, *mi-2* **1** rozložení 분해, 분석 **2** **(**화학의**)** 해리, (수학의) 환산, (물리학의) 분산 **3** uvolnění složek 분해(작용), 용해, 해체 **4** hnilobný 부패(작용), 부식 **5** 붕괴, 몰락; 타락, 퇴폐, 부패(행위) **6** rozbor 분석, 설명, 진술

rozkládací 접는, 접을 수 있는 ◆ ~ *křeslo, židle* 접의자, 휴대용 의자, 갑판 의자; ~ *stůl* 접탁자, 접는 테이블

rozkládat **1** ruce, rukama v. *rozhazovat* **2** v. *rozložit* **-ádat se** **1** kde (어디에) 위치하다, 자리잡다 **2** do dálky (먼 곳으로) 뻗치다, 미치다, 다하다, dosahovat …에 이르다[미치다] **3** do šířky (넓게) 펼쳐지다, 전개하다 **4** koberec (카펫이) 펴지다 **5** hnilobně rozložit se 곪다, 썩다 **6** 부식하다, 부패하다

rozkladný 파괴적인, 파멸적인, 분열시키는; drobivý 붕괴시키는, 분해시키는

rozklasifikovat v. *klasifikovat*

rozklenout (se) < 둥근 천장처럼 만곡하다, obloukem …에 아치를 만들다

rozklep|at (*rozklep-u|-ám, rozklepej!, rozklepal*) < **-ávat** 두드려(서) 펴다[편편하게 하다]; v. *klepat a roz-* **-nout, -at** < **-ávat** **1** 쳐서 산산 조각이 나게하다, 때려 부수다 *-at se* 부들부들 떨다, 전율하다 **2** vejce (계란을) 깨뜨리다

rozkol, *mi-2* 파열, 파괴, 분리; názorový (견해의) 분열, 불일치; (교회의) 분립, 분파

rozkolís|at < **-ávat** 흔들다, 뒤흔들다, 동요시키다

rozkolísaný 흔들리는, 흔들흔들하는; 위태로운, 불안정한

rozkoš, *f* blaženost 기쁨, 즐거움; tělesná, smyslná (육체적, 감각적) 열망, 갈망, 열정, 육욕, 색욕

rozkošnice, *f* v. *rozkošník*

rozkošnický 육욕에 빠지는, 육감적인, 관능적인; smyslný 호색의, 음탕한, 유혹적인

rozkošník, *ma-3* 주색[쾌락]에 빠지는 사람, 방탕가

rozkošný 유쾌한, 즐거운 사랑스러운, 멋진, 귀여운; smyslově uspokojující 맛있는, 향기로운, 감미로운; 우미한, 고상한

rozkousat (*rozkou-šu|-sám, rozkousej!, rozkousal*) **1** (음식물)을 씹다, 저작하다, 분쇄하다 **2** 갉아먹다

rozkouskov|at < **-ávat** 많은 부분

으로 자르다; (국토를) 분할하다; 해체하다; 해부[절개]하다

rozkračovat se v. *rozkročit se*

rozkrádač, *ma* 도적, 도둑, 좀도둑, 절도범

rozkrást (*rozkrád-*) < **-dat** 훔치다, 도둑질하다

rozkr|očit se < **-ačovat se** 두 다리를 벌리고 서다

rozkročmo 두 다리를 쩍 벌리고

rozkrok, *mi-2, 3* (두 다리 사이의) 가랑이, 샅

rozkřesat (*rozkřešu|-sám, rozkřeš!|rozkřesej!, rozkřesal*) v. *křesat*

rozkřičený 시끄러운, 소란스러운

rozkři|čet (*oni rozkřičí*) < **-kovat 1** = *rozhlásit,* 큰 소리로 퍼트리다 **2** uvést ve známost …의 명예를 훼손하다, 비방하다, 중상하다 ~ **se** dítě (아이가) 큰소리로 울기 시작하다

rozkři|knout = *rozkřičet* **1 -knout se** < **-kovat se** 큰소리로 부르다, 소리치다, na koho (누구에 대해) 큰 소리로 외치다, 고함치다 ◆ *o někom se -klo* 누구에 대한 (나쁜) 소문이 돌았다

rozkuch|at < **-ávat** v. *kuchat*

rozkutálet se (*-lejí*) < o penězích, majetku (돈, 재산이) 돌다, 회전하다; v. *kutálet (se)*

rozkvedlat v. *kvedlat*

rozkv|ést (*rozkvet-*) < **-état** 꽃피다, 개화하다, o ovocných stromech (과일나무 등이) 꽃을 피우다 = *kvést*

rozkvět, *mi-2* **1** 꽃의 만발, 만개 **2** mládí 청춘, 한창때 **3** země, říše (국가, 제국의) 번성, 번영, 융성 ◆ *v -u* = *kvetoucí* 꽃이 만개한, 만발한

rozladění, *n* **1** špatná nálada 나쁜 기분, 기분이 언짢음, 시무룩함 **2** spor 불화, 다툼, 시비, 논쟁

rozladěn|ý 1 o nástroji (악기 등이) 가락이 안 맞는, 음률이 틀린, 조율이 안 된 **2** 기분이 언짢은, 시무룩한 ◆ *být -ěn* 기분이 언짢다, 음률이 안 맞다

rozladit < **rozlaďovat 1** o nástroji (악기 등이)음률이 틀리게 하다 **2** vyvést z nálady 기분을 언짢게 하다

rozlámat (*rozlám-u, rozlam!|rozlámej!, rozlámal*) < 부수다, 깨뜨리다, 분쇄하다

rozlamovat v. *rozlomit*

rozléhat se v. *rozlehnout se*

rozlehlý 광대한, 넓은; prostorný 광범한, 넓은 범위의

rozlehnout se < **-léhat se 1** (소리가) 울려 퍼지다; zvučet (종, 벨이) 울리다, 울다 **2** rozprostřít se 퍼지다, 펼쳐지다, 멀리 미치다

rozlep|it < **-ovat** dopis, obálku (편지, 봉투를) 열다, 열어 젖히다, 뜯다, 풀다 **-it se** < **-ovat se** 열리다, 풀어지다

rozlept|at v. *leptat* **-ávat** = *leptat*

rozlet, *mi-2* **1** 날기, 비상, 비행 **2** = *rozmach*

roz|letět se (*oni se rozletí*)**, -létnout se, -létat se** < **-lét(ávat) se, -letovat se 1** dát se v let, např. ptáci (새 등이) 날아가다 흩어지다, 분산하다, 사방으로 날아가다 **2** na kousky (조각들로) 부서지다, prasknutím 파열하다, 폭발하다 **3** prudce se rozevřít

R

(문 따위가 갑자기) 휙 열리다 **4** rozšířit se, např. zprávy 소식 등이 확산되다, 퍼지다

rozlévat (se) v. *rozlít*

rozl|ézt se < **-ézat se 1** (모충, 쐐기벌레 등이) 사방으로 기어나가다[퍼지다] **2** (잡초 등이) 사방으로 뻗어나가다 **3** 무너지다, 붕괴하다 ◆ *po městě se nám -ezli turisté* 관광객들로 우리 도시가 넘쳐났다

rozlež|et se (*oni se rozleží*) < **-ívat se 1** sýr (치즈가) 성숙하다, 잘 익다, = *uležet se* **2** zlenivět 빈둥빈둥 놀면서 지내다 ◆ ~ *v hlavě, v mysli* 머리 속에서, 생각 속에서 점차 분명해지다

rozličnost, *f-1* = *rozmanitost*

rozličný = *rozmanitý*

roz|lít (*rozli-, rozle-, rozlil, rozlit*) < **-lévat 1** (우유, 물 등을) 엎지르다, 흘뜨리다 **2** nalít 따르다, 쏟다, 붓다 **3** roztavit 녹이다, 용해하다 **4** (빛, 액체 따위를) 흩뿌리다, 살포하다, 발(산)하다 ◆ ~ *si ocet u koho, s kým* 누구의 미움을 사다; *má u mě rozlitý ocet* 그[그녀]는 나의 눈 밖에 났다 **-lít se** < **-lévat se** (사방으로) 번져[퍼져]나가다; z mezí daných toků 넘쳐 흐르다, 넘치다; zaplavit 범람하다, 침수하다; 확산되다, 널리 퍼지다

rozlítit (*rozlíti!, rozlícen*) < 성나게 하다, 분개하게 하다, 격분하게 하다, 발광시키다 **~ se** 성내다, 분개하다, 벌컥 화를 내다, 격노하다

rozloha, *f* rozsah 넓이, 길이, 크기, 정도, 범위; plocha 구역, 영역; rozpětí 지름, 전장, 지간; oblast (활동) 영역, (세력) 범위; (땅의) 면적

roz|lomit < **-lamovat** 깨뜨리다, 쪼개다, 부수다

rozloučen|á, *f* = *rozchodná* ◆ *dárek/večírek na -ou* 이별의 선물/파티; *políbek na -ou* 이별의 키스; *dát si jednu (skleničku) na -ou* 이별주를 한 잔하다

rozloučení, *n* 분해, 분리, 해리, 이별, 별거, **(**비유**)** (…와(의) 작별, 고별)

rozloučit (*rozluč!*) < **rozlučovat** 떼다, 분리시키다; úzce spjaté (밀접하게 결합된 것을) 떼놓다, 해리하다; oddělit 가르다, 갈라놓다, 별거시키다, manželství (부부 관계를) 해소시키다, 이혼시키다[하다]; **-it se** v. *loučit se*

rozloup|nout, iter. **-at** (*rozloup-u|-ám, rozloupej!, rozloupal*) < **-ávat,** rozlupovat 부수다, 깨다, (견과를) 까다

rozlousk|nout, iter. **-at, -ávat** = *louskat* **1** ořech (호두를) 까다 **2** ~ *problém* 문제를 말끔히 해결하다

rozložit < **rozkládat 1** 펼치다, 벌리다, 전개하다, do šířky (멀리까지) 펴다; rozprostřít 흩뿌리다, 퍼뜨리다 **2** na určité stanoviště (특정 장소에) 진열하다, 배열하다, 배치하다, 세워놓다; v pravidelných vzdálenostech (일정한 간격으로) 위치시키다, 군데군데에 두다, 정렬시키다; vystavit 전시[진열]하다; rozestavět, např. vojsko (이를 테면 수비대를) 주둔시키다 **3** prodloužit 늘이다, 연장하다, 확장하다 **4** zrušením spojů, uvolněním ve spojích 떼다, 분리시키다, 해체하다 **5** (휴가, 혼잡 시간을) 서로 교체적으로 하다, 시차제를 두다 **6** o rozkladu 분석[분해]하다, 분류하다, 분해시키다, 허물다, 분리시키다 **7** **(화학)** (성분, 요소로) 분해시키다, 분해하다, (분해하여) …로 변형시키다 **8** rozštěpením 쪼개다, 나누다 na co, v co (무엇으로); = *rozebrat* **9** komu co (누구에게 무엇을) 설명[진술]하다, 항의[질책]하다; 설득하다; 상술[해설]하다 **-se** < **rozkládat se 1** růst do šířky (멀리까지) 퍼지다, 뻗치다 **2** pohodlně (편안하게) 자리잡다, 정착하다; (소파에) 축 늘어져서 기대다[눕다]; 팔을[다리를] 펴다[뻗다]; 몸을 쭉 펴고 눕다[앉다]; **3** 화학 변화를 일으키다, 분해하다 **4** (국가 등이) 붕괴하다, 무너지다 **5** 산산이 흩어지다, 분해되다 **6** utábořit se 진을 치다, 야영하다 **7** o rozkladu 썩다, 부패[부식]하다, 곪다 **8** v hlavě, v mysli = *rozležet se*; **~ si** < **rozkládat si** něco v hlavě, v mysli (무엇을 머리 속에서, 마음 속에서) 잘 생각하다, 숙고하다

rozložitý 1 rozrostlý strom (나무의) 가지가 무성한 **2** v ramenou (어깨가) 떡벌어진, 튼튼한, 옆으로 퍼진; = *rozlehlý*

rozlučitelný 분리할[가를] 수 있는

rozlučovat v. *rozloučit*

rozluka, *f* 분리, 이별, 별거, manželská (부부의) 이혼

rozlupovat v. *rozloupnout*

rozluštit v. *luštit*

rozmáčet v. *rozmočit*

rozmačk|at, -nout v. *mačkat*

rozmáhat se v. *rozmoci se*

rozmach, *mi-2, 3* **1** prosperita 벼락경기, 붐, 급속한 반전 **2** rozkvět 솟구쳐 오름, 고조, 급증, 팽창, 신장, 확장 **3** paže, větve (손, 가지의) 흔들림, 동요

roz|máchnout (se) < **-machovat (se)** 휘두르다, 흔들어 움직이다, 흔들다; 흔들리다, 동요하다

rozmanitost, *f-1* 변화, 다양(성), 상이, 차이(점); 가지가지, 가지각색 ◆ *velká ~ barev* 수많은 색깔들

rozmanitý pestrý 여러 가지의, 다채로운; 다양한, 잡다한, 잡동사니의; všelijaký 갖가지의

rozmar, *mi-2* **1** 기분, 심기, 감정 **2** vrtoch 기행, 변덕, 기벽 ◆ *být v dobrém (špatném) -u* 기분이 좋(나쁘)다

rozmarnost, *f-1* **1** 변덕스러움; = *vrtošivost* **2** 쾌활함

rozmarný 1 언짢은 기분의, 뚱한 **2** 변덕스러운, (마음이) 변하기 쉬운, = *vrtošivý* **3** veselý 아무 걱정 없는, 쾌활한, 명랑한

rozmarýn, *mi-2* 로즈메리((상록 관목으로 충실, 정조, 기억의 상징))

rozmařilec, *ma* 방탕아, 난봉꾼, 낭비가; = *marnotratník*

rozmařilost, *f-1* 방탕, 품행이 나쁨, 낭비; = *marnotratnost*

rozmařilý 방탕한, 낭비가 심한; = *marnotratný*

rozmaz|at (*rozmaž-, rozmazal*) < **-ávat 1** (버터 등을) 바르다, 칠하다 **2** **(구어체)** (실패, 잘못 등을) 되풀이하여 말하다, 상기시키다 **3** (눈, 시계 등을) 희미하게[흐리게]하다 **4** 부수

다, 분쇄하다
rozmazlit < **-lovat** 망쳐놓다, (성격을) 버리다, 응석받다 v. *hýčkat*
rozměl|nit < **-ňovat** 눌러서 뭉개다, 으깨다, 압착하다; na prášek 가루로 만들다, 분쇄하다
rozměnit v. *měnit*
rozměňovat = *měnit*
rozměr, *mi-2* **1** 《修·物》 차원 **2** 크기, 넓이, 부피, 용적; určitá míra, 길이, 깊이; poměrný 정도, 규모 **3** **-y,** *pl = velikost* 치수, 사이즈 **4** rozsah 범위, 영역, 시야 **5** (시의) 보격, 격조, 운율◆ *přerůst -y* 정도를 벗어나다, 균형을 잃다
rozměrný prostorově 널찍한, 너른, vnitřním prostorem 넓은, 광범한, hmotně 부피가 커진, 턱없이 큰; (소설의) 권수[책수]가 많은, 여러권의, 방대한; = *rozlehlý, rozsáhlý*
rozmě|řit < **-řovat** (토지를) 재어서 나누다[배분하다], 할당하다
rozm|ést (rozmet-) < **-état** 사방으로 쓸어내다, 뿔뿔이 흩어버리다
rozmet|at < **-ávat** **1** 흩뿌리다, prudce 뿔뿔이 흩어버리다 **2** (성곽을) 파괴하다, 무너뜨리다 **3** 일소하다, 남김 없이 쓸어버리다; 갈가리 찢다
rozmezí, *n* **1** 경계 = *rozhraní* **2** časové rozpětí (시간적) 간격, 기간, 사이 ◆ *v~* …기간[경계] 안에
rozmílat v. *rozemlít*
rozmilý 붙임성 있는, 호감을 주는, 상냥한, 온후한; = *roztomilý*
rozmístění, *n* 배치, 배열, 배당, 배점
roz|místit < **-místʼovat** 여기저기에 위치시키다; ve vzdálenostech od sebe …에 일정한 간격을 두다, 구분하다, 배열하다; do plochy 배치[진열]하다, 펼치다; 배정하다
rozmíška, *f* 사소한 말다툼, 시비, 역정
rozmlouvat s kým (누구와) 대화하다, 문답하다
rozmluva, *f* rozhovor 대화, 문답
rozml|uvit < **-ouvat** komu co (누구에게 무엇을) 설득하여 단념시키다
rozmnož|it < **-ovat** **1** (수, 양 따위를) 늘리다, 불리다, 증대[확대]하다; 증식시키다, 번식시키다 **2** 복제하다, 복사하다, 등사판 인쇄하다
rozmnožovací 복사의, 복제의
rozmnožovač, *mi* 복사기
rozmoci se, rozmoct se (*rozmohu, -ou, rozmůže-, rozmoz se!, rozmohl se*) < **rozmáhat se** **1** (소문 등이) 만연하다, 성하다 **2** (상업, 산업이) 붐을 일으키다, 활기를 띠다 **3** (병, 범죄 등이) 증대[증가]하다, 창궐하다
rozmočit < **-máčet** 흠뻑 적시다[담그다], (액체에 담가서) 부드럽게 하다
rozmontovat (기계를) 분해하다, 해체하다, 뜯어내다; (엔진, 무기 등을) 분해하다; (가구 등을) 때려 부수다
rozmotat < **rozmotávat** (엉킨 것을) 풀다, 끄르다
rozmraz|it < **-ovat** **1** 결빙을 막다, 없애다; 서리 또는 얼음을 제거하다, 해동하다, 녹이다 **2** (손, 발을) 따뜻하게 하다, 녹이다

rozmrazovač, *mi* 제빙 장치, (자동차 등의) 서리 제거 장치

rozmrzelost, *f-1* 시무룩함, 뚱함; 불쾌감, 분개, 원한

rozmrzelý 부루퉁한, 실쭉한, 골난, 뚱한, 시무룩한, 심기가 좋지 않은, 화가 난

rozmrznout < **rozmrzat, rozmrzávat** 녹다, 해동하다

rozmysl, *mi-2* 사전의 고려, (장래에 대한) 심려, 원려, 심사숙고

rozmyslit (si), rozmyslet (si) < **rozmýšlet (si)** 곰곰이 생각하다, 심사숙고하다, 사려하다, 신중하게 생각하다, 반성하다 **2** 다시 생각하다, 재고하다, 생각[마음]을 바꾸다

rozmyšlen|á, *f* 숙고, 반성 ◆ *čas, lhůta na -ou* 반성[숙고]의 시간

roznašeč, *ma* **-ka,** *f* 배급자, 배달원, 공급원

roznáška, *f* 배달, 공급

rozněcovat v. *roznítit*

roznést (*roznes-*) < **roznášet** (*-šejí*) **1** 배달하다, 공급하다, 보급하다 **2** 전파시키다 **3** (소문 등을) 퍼트리다

roznětka, *f* 뇌관, 신관, 도화선

roz|nítit < **-něcovat** 에 불을 붙이다, 불태우다, 점화하다

roz|nožit < **-ovat** 가랑이를 벌리다, 다리를 벌리고 걷다[서다]

rozpačitě 당황하여, 어쩔 줄 모르고

rozpačitost, *f-1* 당황, 어리둥절함

rozpačitý 당황한, 어쩔 줄 모르는

rozpad, *mi-2* 붕괴, 와해, 분열, 쇠퇴, 파손, 황폐, 몰락

rozpad|nout se, iter. **-at se** < **-(áv)at se** 허물어지다, 무너지다, 부서지다, 붕괴되다, 몰락하다, 황폐해지다

rozpakovat se 1 당황하다, 황당해 하다, 어리둥절하다 **2** 주저하다, 망설이다, 머뭇거리다

rozpa|ky, *mi-3-pl* **1** 당황, 황당 **2** 주저, 망설임 ◆ *v|na -cích* 당황하여

rozpálený 달아오른, 뜨거워진, 달궈진, 화끈화끈한, 열이 나는, 뜨근뜨근한

rozpálit (*rozpal!*) < **rozpalovat 1** 달구다, 뜨겁게 하다, 가열하다 **2** 열나게 하다, 화를 돋구다; 흥분시키다

rozpé|ci, rozpéct (*rozpeč-, rozpek-u, -ou, rozpekl*) < **-kat** 부분적으로 굽다[태우다], 살짝 굽다

rozpětí, *n* **1** 한계, 범위 **2** 차별, 차(이), 간격, 폭, 계층 **3** 판매 수익, 이문

rozpínat = *rozepnout*

rozpis *mi* **1** 분석, 분류; (항목별) 명세, 내역 **2** 공표, 고시

rozpisovat v. *rozepsat*

rozplácnout 평평[반반]하게 하다 ~ **se** 납작해지다, 편편해지다, 반반해지다

rozplak|at (*rozpláč-u, rozplač!|rozplakej!, rozplakal*) < **-ávat** (청중을) 울게 하다, 울리다

rozplé|st (rozplet-) < **-tat 1** 꼬인 것을 풀다, 끄르다 **2** 뜨기[짜기] 시작하다

rozplynout se < **rozplývat se** (설탕, 눈 등이) 녹다; 사라지다, 보이지 않게 되다, 소실되다, 없어지다

rozplývat se (구어체) nad čím (무엇에) 열광하다

rozpočet, *mi-2* **1** 예산, 예산안 **2** 비용, 경비

rozpoč|íst (*rozpočt-, rozpočetl*)**, rozpoč|ítat** < **- -ítávat, 1** 나누다, 배분하다 **2** 계산하다

rozpoložení, *n* 기질, 경향, 심사; (마음[정신]) 상태

rozpoltit (또한 *rozpolcen*) < 두동강내다, 가르다, 쪼개다

rozpor, *mi-2* neshoda 불일치, 불화, 알력; srážka 충돌, 격돌; nesouhlas, nesoulad 상치, 배치, 모순, 어긋남, 상위; vnitřní 적대, 대립, 반대 ◆ *v -u s čím* 무엇과 불화하여, 일치하지 않는, 모순되어

rozpouštět v. *rozpustit*

rozpout|at < **-ávat 1** 풀다, 끄르다 **2** 느슨하게[헐렁하게] 하다, 이완시키다; jako zvěř (사냥감과 같은 것을) 사슬에서 풀어주다, 해방하다, …의 속박을 풀다; vyprostit 자유롭게 하다, 해방하다 **3** spustit, např. válku, hádku (이를 테면 전쟁을, 논란을) 시작[착수]하다, 분기시키다, 야기하다 **-at se** < **-ávat se** 풀리다, 느슨해지다, začít 시작하다

rozpozn|at < **-ávat** = *rozeznat*

rozprask|at v. *praskat* < **-ávat (se)** = praskat **-nout** (**se**) = *prasknout*

rozpr|ášit (*rozpraš!*) < **-ašovat 1** 흩뜨리다, 흩어지게 하다, v kapkách 물보라를 날리다, 물보라를 뿜다[뿌리다] **2** armádu (군대를) 참패[패주]시키다

rozprašovač, *mi* 물보라를 뿜는 장치, 분무기, 살포기

rozprava, *f* **1** 논쟁, 논의; 토의, 토론 **2** pojednání 논문, 연구 보고

rozprávět (*-vějí*) 토의[토론]하다, 논쟁[논의]하다

rozprávka, *f* 이야기, 좌담 ◆ *to je řeč jako ~* 그것은 이치에 맞지 않다, 이유도 까닭도 없다

rozprch|nout se < **-ávat se** = *rozběhnout se, rozptýlit se*

rozprod|at < **-ávat** 싸게 팔아치우다, 죄다 팔아 치우다, 매각하다

rozprodej, *mi* 재고정리[판매]

rozprost|írat (se) = *prostírat* (*se*); **-řít (se)** = *prostřít* (*se*)

rozprou|dit (*rozproudi!*) < **-ďovat** (물결, 액체를) 휘젓다, 쑤석거리다: oživit 환기하다, 분발케하다, 선동하다: vyvolat (일)깨우다, 자극하다, 분기시키다 ◆ *~ konverzaci* 대화를 활기차게 하다, *~ krev* 피를 순환시키다 **-dit se** < **-ďovat se** začít proudit 움직이기[흐르기] 시작하다

rozpřádat (se) v. *rozpříst* (*se*)

rozpř|áhnout (*rozpřažen*) < **-ahat, -ahovat** 뻗치다, 늘이다, 펴다, 벌리다 **-áhnout se** < **-ahat se, -ahovat se** = *rozmáchnout se*

roz|příst (*rozpřed-*) < **-přádat 1** rozplést (거미 따위가) 실을 내다, (얽힌 실 등을) 풀다 **2** dát se do, rozvinout …에 들어가다, …를 시작하다 **-příst se** < **-přádat se** rozvinout se 일어나다, 생기다; v důsledku čeho (무엇의 결과로서) 발생하다

rozptyl, *mi-2* **1** světla (빛의) 분산, 분

광; 살
포, 산란, 전파 **2** 《軍》 탄착의 흩어짐

roz|ptýlit *(-ptyl!)* < **-ptylovat 1** světlo (빛을) 분산시키다, 발산하다 **2** (군중, 무리를) 흩어지게하다, 분산하다, 해산하다 **3** obavy (걱정을) 가라앉히다, 떨쳐버리다; pochyby(의구심을) 없애다 **4** zábavou (오락으로) (기분을) 딴 데로 돌리다, 전환하다 **5** pozornost (주의를) 흩뜨리다, 분산시키다; = *rozehnat* < **-ptylovat se 1** 흩어지다, 분산되다, (군중이) 점점 적어지다; (희망이) 사라지다, 소멸되다, 모습을 감추다 **2** pobavit se (시간을) 느긋하게[한가하게, 즐겁게] 보내다

rozpuk, *mi-2* 발아, 싹틈 **(**비유**)** 만발, 만개, 한창(때), 전성기

rozpuknout (se), iter. **-at (se)** < **-(áv)at se** = *pukat*

roz|půlit *(rozpul!)* v. *půlit*; **-pulovat** = *půlit*

rozpouštědlo, *n* 용해제, 용제, 용매

rozpustilý darebný 장난을 좋아하는, 개구쟁이의; 까불며 뛰노는, 흥겨운, 놀기 좋아하는, 명랑한; frivolní 쾌활한, 활발한; šibalský 우스꽝스러운, 익살맞은; neukázněný 제멋대로 하는; bez ohledu na následky 물불을 가리지 않는, 무모한; děvče (소녀가) 말괄량이의

rozpustit *(rozpuštěn)* < **rozpouštět** *(-ějí)* **1** 녹이다, 용해시키다, 분해시키다; (버터를) 녹이다, (눈을) 녹이다 **2** (모임을) 끝내다 **3** společenství (단체, 단결을) 깨뜨리다, 부수다 **4** zrušit (회사 따위를) 해산하다, 가게를 닫다, armádu (군대를) 해산하다 **5** uvolnit 풀다, 느슨하게 하다, 완화하다

rozpustný 녹기 쉬운, 용해할 수 있는, 녹는; 인스턴트의

rozradost|nit < **-ňovat** = *rozjařit*

roz|razit *(rozražen)* < **-rážet** *(-žejí)* **1** *dveře* (문을) 획 열다; lebku (해골을) (내던져서[쳐서]) 두 조각[산산 조각]이 나게 하다 **2** 길을 헤치고 나아가다 **3 (**구어체**)** rozechvět ◆ *-razila ji zima* 그녀는 추위로 떨었다; **-razit se** < **-rážet se** (산산이) 깨어지다, 쪼개지다, 부서지다

rozrostlý, 1 (나무, 풀이) 무성한, 우거진 **2** (행정 기구가) 지나치게 비대해진, 직원들의 수가 너무 많은 **3** nádor (종양이) 널리 퍼진, 만연한

rozruch, *mi-2* zmatek 동요, 흥분; 흔들림, 들썩임; 감동, 자극, 센세이션; hnutí 소요, 소동; drobný 파문, 파상, 잔물결; pozdvižení 대혼란, 수라장

rozrůst se *(rozrost-)* < **-at se** 증가하다, 퍼지다, 멀리 미치다; podnik (사업이) 성장[발전]하다, 팽창하다; pohraniční srážky (국경 분쟁이) 확대되다; plevel (잡초가) 급격히 증가하다, 증식[번식]하다; nádor (종양이) 만연하다

rozruš|it < **-ovat 1** 어지럽히다, 동요시키다; silně 뒤집어 엎다, 전복시키다, 교란하다, ničivě 파괴하다, 부수다 **2** vyvést z klidu 동요시키다, 선동하다; do nepříčetnosti 혼란[교란]시키다, 어지럽히다 **3** ekonomiku (경제를) 혼란시키다; = *vzrušit*

rozrůz|nit < **-ňovat** = *odlišit*

roz|ředit v. *ředit*

roz|řešit v. *řešit*

roz|řezat (*rozře-žu|-zám, rozře-ž!|-zej!, rozřezal*) aby se uvolnilo, otevřelo v. *rozříznout*; na kousky v. *řezat*

rozříznout, iter. **-řezat** (*rozře-žu|-zám, rozře-ž!|-zej, rozřezal*) < **-řezávat** 베다, 절단하다, 자르다, 찢다

rozsah, *mi-2* **1** 넓이, 크기, 길이, 정도 **2** dosah působení 범위, 한도, 한계; v určitém obvodu 둘레, 주위, 범위 **3** meze, možnosti 영역, 여지; platnosti 범위, 권한; duševní obzor 시야, 시계, 전망; 폭, (허용) 범위, 정도 **4** objem 양, 분량, 용적, 크기

rozsáhlý **1** lesy, plocha, jezero prostorný 광대한, 넓은, 광범위하게 미치는 **2** o znalosti obsáhlý, obšírný 넓은, 포괄적인; opravy, škody 광범위한; bohatý 넉넉한, 풍부한

rozsáp|at (*rozsáp-u|-ám, rozsápej!, rozsápal*) < **-ávat** (짐승 등이) 할퀴어 상처내다, (상처가 나도록) 치다 [할퀴다]; 난도질하다, 난도질하여 죽게 하다

rozsedlina, *f* 터진 금, 갈라진 틈, 균열

rozsek|at, -nout na drobno, cibuli 찢어서 자르다, 조각조각으로 자르다; jako rozřezat, rozříznout

roz|sévat, -sít (*rozsel*) < **-sévat** **1** zasít (씨를) 뿌리다 **2** (죽음, 공포의) 씨를 뿌리다 **3** (사상 따위를) 유포[보급]하다; = *rozhodit, rozptýlit*

rozskřípaný dřevo (나무가) 삐걱삐걱하는, 삐걱거리는, nástroj, zvuk (기계 등이) 직직 소리나는, 긁히는; (펜, 바이올린 등이) 까치작거리는, 긁히는 소리가 나는

rozsoudit (*rozsuď!, rozsouzen*) v. *rozsuzovat*

rozstonat se < = *roznemoci se*

rozstříh|at, -nout jako *rozřezat* , *rozříznout*

rozstřík|nout, iter. **-at** < **-ávat, rozstřikovat** (물, 흙탕 따위를) 튀기다; rozptýlit 흩뜨리다, 흩뿌리다, 끼얹다; velmi jemně 물보라를 날리다, 뿌리다

rozsudek, *mi-2, 3* 재판, 심판, trestní 선고; výrok o vině (유죄에 대한) (배심원의) 평결; nález 심사, 판정, 재정 ◆ *~ smrti* 사형 선고

rozsuzovat 판결하다, 재판하다, 재결하다, 선고하다; jako rozhodčí (심판으로서의) 중재[조정]하다, 심판하다, 판정하다

roz|svítit (*rozsviť!, rozsvícen*) < **-svěcet, svěcovat** …에 불을 밝히다, 밝게 하다, 비추다, 조명하다; vypínačem (전등을) 켜다, 불을 켜다; učinit světlým 밝게 하다, 명랑하게 하다, 명쾌하게 하다 ◆ *bylo rozsvíceno* 불이 켜져 있었다; *~ komu v hlavě* 누구로 하여금 …에 대해 깨닫게 하다; **-svítit se** < **-svěcet se, -svěcovat se** 불이 켜지다, 밝아지다

rozsyp|at (*rozsyp-u|-ám, rozsyp!|rozsypej!, rozsypal*) < **-ávat** **1** sůl, mouku (소금, 밀가루를) 흩뿌리다, 산재시키다, 살포하다; zvl. omylem

(특히 잘못하여) 엎지르다, 흩뜨리다; nějaký obal, pytel, peřinu (꾸러미, 자루, 오리털 이불의 속을) 비우다, 끄집어 내다, 쏟다 **2** rozbořit 깨뜨리다, 부수다, 허물어뜨리다; **-at se** < **-ávat se** 흩어지다, 쏟아지다, 부서지다, 허물어지다

rozšafnost, *f-1* 세심한 주의, 신중, 세심, 분별; 친절, 온정, 상냥함

rozšafný 신중한, 조심성 있는, 분별 있는; 친절한, 온정 있는, 상냥한

rozšíření, *n* **1** 확장, 확대, 신장, 팽창, 증대, 증폭; 보충, 확충 **2** 산포, 전파, 보급, 분배; 순환, 유통

roz|šířit (*rozšiř!*) < **-šiřovat 1** zvětšit 확대하다, 확장하다; postupně (점차적으로) 증가시키다, 늘리다; doplněním a posílením (증원과 보강으로) 보충하다, 보강하다; co do náplně 부연하다, 증폭하다 **2** myšlenky (사상을) 보급[전파]하다 **3** do prostoru (지역으로) 넓히다, 확대하다, na všechny strany (사방으로) 펼치다, rozprostřením 펴다, aby se zvětšila vzdálenost mezi (영역의 범위가 늘어나도록) 넓게 하다, 확장하다, 팽창시키다 **4** (생산, 사업을) 확장하다; (전염병을) 만연시키다, 퍼뜨리다 **5** (빛을) 발산하다 **6** (소식, 소문을) 유포하다, 보급시키다, dosud utajené (비밀을) 누설하다, 폭로하다 **7** semena (씨를) 뿌리다 **8** rozdělit, rozdat 분배하다, 나누어주다; aby obíhalo 돌리다, 순환시키다 **-šířit se** < **-šiřovat se 1** 확장[확대]되다; vzdálením krajů (먼 곳으로) 뻗다, 퍼지다, 넓어지다 **2** (인플루엔자, 화재 등이) 퍼지다, 번지다; (냄새가) 배어[스며]들다, 꽉 들어차다 **3** zobecněním (공포되어) 널리 퍼지다, 전해지다; v. *také šířit se; být -řen* o nepříjemném 유행[유포]하다, (관습 등이) 퍼져나가다

rozškatulkovat v. *škatulkovat*

rozšklebený 씩[싱긋] 웃는, 찡그린[찌푸린]

rozškleb|it < **-ovat** co (무엇을) 찡그리게 하다, obličej (얼굴을) 찌푸리다 ~ **se** 얼굴을 찡그리다

rozškráb|at (*rozškráb-u|-ám, rozškrab!|rozškrabej!, rozškrabal* a pod. se *-škráb-*) …을 할퀴다, 긁다

rozškrt|nout < **-ávat** (*sirku|zápalku* 성냥을, 라이터를) 긋다

rozškubat (*rozškub-u|-ám, rozškubej!, rozškubal*) papír, knihu (종이를, 책을) 갈기갈기 찢다, 분쇄하다

rozšlap|at (*rozšlap-u|-ám, rozšlap!|rozšlapej!, rozšlapal*) …을 밟아 뭉개다, 짓밟다

rozšleh|at vejce (달걀을) 휘젓다, 거품을 내다

rozšmajd|at boty (신발을) 써서 낡게 하다, 닳게 하다

rozšoupnout se 법석을 떨며 놀다

rozšroubovat 1 matici (나사를) 풀다[빼다, 늦추다] **2** mlýnek (분쇄기를) 분해하다, 해체하다

rozštěp, *mi-2* **1** patra 구개(口蓋) 파열, 언청이 **2** sport. 두 다리를 180도로 벌리고 앉은 곡예의 한 가지

roz|štěpit, -štípat, -štípnout v. *štěpit, štípat*

roztáčet (se) v. *roztočit* (*se*)

R

roz|táhnout (*roztažen*) < **-tahovat** **1**이르게 하다, 늘이다; objemem (면적을) 넓히다, 확장시키다 **2** nafouknutím apod. (부풀림 등으로) 팽창시키다 **3** rozevřít 열다 **4** rozložit, rozprostřít 펴다, 펼치다, rozpřáhnout 뻗치다; = *rozšířit, rozložit;* = *napnout* **-táhnout se** < **-tahovat se 1** 넓어지다, 팽창하다; 펼쳐지다, 퍼지다; 번지다, 전개되다; 열리다 **2** chovat se rozpínavě 마음을 편하게 하다

roztančit < **~ se** (춤) 추기 시작하다

roztápět v. *roztopit*

roztá|t v. *tát*; **-vat** = *tát*

roztav|it v. *tavit*; **-ovat** = *tavit*

roztažený gauč 소파가 펴진, 열린; křídla (날개가) 펴진, 열린; písmo (문자가) 늘어지게 쓴; vesnice (마을이) 따따로 떨어진, 드문드문한

roztažitelný 넓힐[펼]수 있는, 확장할 수 있는, 탄력있는

rozté|ci se, roztéct se (*rozteč-; roztek-u, -ou, roztekl*) < **-kat se 1** (눈, 버터가) 차차 없어지다, 사라지다, 묽어지다 **2** barva, svíčka (색, 초가) 번지다, 녹아 흐르다, 흘러 나오다, 흩어지다 **3** 퍼지다, 확산되다, = *rozplynout se, roztát*

roztěkaný 멍한; 부주의한, 침착하지 못한

roztékat se v. *roztéci se*

roztírat v. *rozetřít*

roztí|t (*rozetn-u, rozťal/rozetnul*) = *rozetnout* < **-nat** = *rozseknout*

roztlou|ci (se) (*roztluk-, roztloukl, roztlučen*) < **-kat (se)** = *rozbít (se), rozmělnit*

roztoč, *ma* 진드기(무리)

roz|točit < **-táčet** (*-čejí*) **1** otočit, aby se spustilo (가스, 수도, 호스 등을) 틀다, 돌리다; klikou (핸들을) 돌리다 **2** uvést v pohyb 출발시키다, 시동하다, 작동시키다 **3 (속어, 비유)** ~ *kola výroby* 생산이 되고 있다 **4** rozvinout (접은 것을) 펼치다, 펴다, 벌리다; navinuté (감은 것을) 풀다, (엉긴 것을) 풀다 **5 (속어)** ~ to 즐거운 한 때를 보내다, 인생을 즐기다 **6** promarnit 헛되이 하다, 소모시키다 ◆ *jít to někam* ~ 실컷 마시다 **-točit se** < **-táčet se 1** 돌기[가기, 날기] 시작하다, 돌다, 가다 **2 (비유)** (생산이) 한창 진행중이다 **3** odvinout se 퍼지다, 벌어지다, 풀리다

roztodivný 기묘한, 이상한, 별난

roztok, *mi-2, 3* 용해, 분해, 해체 ◆ ~ *soli* 식염수

roztomilost, *f-1* 귀여움, 사랑스러움, 상냥함, 유쾌함, 온후(함)

roztomilý 사랑스러운, 귀여운, 예쁜, 멋진; milý, o člověku 호감을 주는, 상냥한, 친절한, 다정한

roz|topit < **-tápět** (*-pějí*) **1** (보일러, 난로를) 가열하다, 따뜻이 하다, oheň (불을) 때다 [사르다] **2 (고어체)** (초를) 녹이다, = *(roz)-tavit*

roztoužený 그리워하는, 상사병의, 사랑에 번민하는; 꿈 같은; 동경하는, = *toužící*

roztrh|at (se), -nout (se) v. *trhat*

roz|troubit (*roztrub!*) < **-trubovat** 알리며 돌아다니다, 떠벌리다; vybreptat (지절거려) 비밀을 누설하다

R

roztrousit (*roztrus!, roztroušen*) **1** v. *trousit* **2** po čem (무엇을 따라) 뿔뿔이 흩어버리다[산재하다]; (비방, 허위선전을) 퍼트리다

roztroušen|ý, 1 뿔뿔이 된, 따따로 떨어진, 산재된 **2** 《醫》 *-á skleróza* 다발성 경화증

roztrpčený 몹시 괴로운, 쓰라린; 호된, 신랄한

roztrpčení, *n* 괴로움, 곤혹, 쓰라림

roztrpč|it < -ovat 속태우다, 성가시게 하다; 괴롭히다, 안달나게 하다; 몹시 기분 나쁘게 하다, 한층 더 비참하게 하다; = *rozhořčit*

roztrubovat v. *roztroubit*

roztrušovat = *roztrousit*

roztržitost, *f-1* 방심(상태), 멍함, 정신 없음; zabývání se jiným 몰두, 열중

roztržitý 방심 상태의, 멍해 있는, 얼빠진; 몰두한; těkavý 얼빠진 듯한, 머리가 산만한

roztržka, *f* 분열, 불화; **(속어)** 이혼, 이별, 파경; 파열, 결렬, 단절

roztřepit se v. *třepit se*

roztřídit v. *třídit*

roztřískat v. *třískat*

roztřískávat v. *třískat*

roztříštit v. *tříštit*

roztřišťovat v. *tříštit*

rozum, *mi-2* **1** schopnost chápat 이성, 판단력, 추리력, 지력 **2** inteligence 지능, 지성 지혜; schopnost uvažovat 이해(력), 분별(력), 지식; u jednotlivce (개인의) 두뇌, 지력, 머리 **3** praktický (실제적인) 감각, 깨달음, 이해 **4** uvážlivost 신중, 사려 ◆ *(ne)být při -u* 제정신이다(아니다); *být s -em v koncích* 곤경에 빠지다, 어찌할 바를 모르다; *to dá ~* 그것은 사리에 맞는다 [당연하다]; *dostat ~* 사리를 알다, (*s věkem*) (나이와 더불어) 분별력을 획득하다[얻다]; *jde mi to na ~* 그것은 나를 당혹하게 한다; *není v tom kouska -u* 그 속에는 까닭도 이유도 없다; *můj ~ je na to krátký = nejde mi to na ~* 나는 그것을 이해할 수 없다, *měl by mít* (*lepší*) *~* 그는 (더 잘) 알아야 하는 건데; *mít ~* 분별력이 있다, 사리를 안다; *to je nad lidský ~* 그것은 인간이 이해할 수 있는 범위를 넘는다; *nejde mi na ~* 나는 이해할 수 가 없다; *pominout se s -em, pozbýt, ztratit ~* 이성을 잃다, 제정신을 잃다, 미치다; *člověku ~ zůstává stát* 능력 밖이다; *přivést koho k -u* 누구를 제정신이 들게 하다, *to je ale ~* **(반어적)** 얼마나 어리석은 생각이람!; *vzít ~ do hrsti* 머리를 짜내다; *zdravý ~* 건전한 이성, 명석한 두뇌, 상식; *nech si své -y* 참견마! 쓸데없는 짓 그만둬!

rozum(brad)a, *ma* 짐짓 아는 체하는 사람, 지자(智者)연하는 사람

rozumář, *ma* **-ka,** *f* 숙고[묵상]자, 깊이 생각 하는 사람; 합리주의자, 순리론자

rozum|ět (*rozumějí*) **1** chápat 이해하다, 알다, 깨닫다, 파악하다 **2** umět jazyk (언어를) 할 줄 알다 **3** pochopit ~ vtipu 재담을 알아듣다; ~ vtipu/legraci neurazit se 농담을 이해하다[웃음으로 받아들이다] **4** při radiokomunikaci -ím! (무선 통신에 있어서) 알았다! 알겠다! **5** oboru (분야를) 잘 알고[이해하고] 있다, 정

R

통하다 **6** mít smysl pro 감상[음미]할 줄 알다, 식견이 있다 **7** mít názor … 라고 생각하다, 판단하다; čemu jak (무엇을 어떻게) 생각하다[여기다]; čím co (무엇으로서 무엇을) 미루어 알다, 헤아리다 ◆ *dělej, jak -íš* 맞다고 생각하는 대로 해라; *česky -í výborně* 그는 체코어를 매우 잘 이해한다; *-í tomu jako koza petrželi* 그는 그것에 대해 아무것도[전혀] 알지 못한다; *~ hudbě* 음악을 감상할 줄 알다; *já tomu -ím jinak* 내 견해는 다르다 **-ět** (*rozumějí*) > **po- 1** chápat 이해하다, 알아듣다; 깨닫다, 알아 채다; znát, umět 알다, 할 줄 알다; pochopit, přijmout 파악하다, 포착하다, 알아듣다; 받아들이다 **-ět se** jak (어떻게) 이해되다, 함축되다 ◆ *-í se* (*samo sebou*) 그것은 말할 것도 없다[물론이다], *s tím nutno počítat* 그것은 당연하다; *to se -í* 당연히, 물론 **-ět si > po-** vzájemně 서로서로를 이해하다, 상호 이해하다; sám sobě 자신의 본질을 이해하다 [알다]; s kým (누구와) 사이좋게 지내다[잘 해나가다] ◆ *-íš?, -íte?* (문장 속에 삽입하여 사용) 알겠지, 알겠지요, 잘 들어둬, 잘 들어 두세요

rozumně 현명하게, 분별 있게, 이성적으로

rozumnost, *f-1* 분별 있음, 분벽력, 판단력, 이성적임, 합리적임, 합리성, 감각(력), 지각, 상식이 있음, 건전함

rozumný soudný 분별 있는, 사리를 아는; mající rozum 이성이 있는, 이성적인; jasně myslící 두뇌가 명석한, 머리가 좋은; intelektuální 지적인, 지성을 갖춘; realistický 실제적인, 실용적인; zjevně správný 그럴 듯한, 정말 같은; logický 논리적인; prozíravý 신중한, 총명한, 빈틈없는; o jednání a postupu (행동, 접근이) 조심성 있는, 세심한; příčetný 제정신의, 건전한; investice (투자가) 견실한, 안전한

rozumovat (구어체) nad čím (무엇에 대해) 철학적으로 사색하다[이론을 세우다]

rozumovost, *f-1* 합리성, 순리성

rozumový 이성적인, 합리적인, 지적인

roz|utéci se, rozutéct se (*rozuteč-se rozutek-u, -ou se; rozutekli se*), **-utíkat se < -utíkávat se** 달아나다, 도망치다, 뿔뿔이 흩어지다, 사라지다, pod tlakem (압력을 받아서) 쫓겨나다, 패주하다

rozuzlení, *n* (소설, 희곡의) 대단원, (사건의) 고비[클라이 막스]

rozvádět (se) v. *rozvést* (*se*)

rozvaha, *f* **1** 신중, 분별, 사려; přemítavá 숙고, 침착; předem promýšlející 미리 생각[계획] 하기 **2** prozíravá 세심, 빈틈없음 **3** účetní 균형, 안정, 평정 **4** 대차 대조표

roz|válet (*-lejí*) < **-valovat 1** naplocho 굴려서 납작하게 하다 **2** do stran (사방으로) 펼치다, 늘어놓다, 펴서 판판하게 하다 **3** 엉클어뜨리다, 뒤범벅을 만들다

rozvaliny, *f-pl* ruina 난파, 잔해, 폐허, 옛터

rozvalit < -valovat 1 stěnu (벽을) 부수다, 허물다 **< -lit se** rozbořit v ruiny 파멸 [황폐]화 되다, 못쓰게되다; = *rozložit*; **-valovat,** v. *rozválet/rozvalit;* **-valovat se** vleže 축 늘어져서 기대다[눕다], (침대에서) 뒹굴며 지내다

rozváš|nit < -ňovat 노하게 하다, 분격시키다; 흥분시키다, 부추기다

rozvázání, *n* 풀기, 끄르기, 열기, 끊기, 단절

roz|vázat (*rozváž-, rozvaž!, rozvázal*) < **-vazovat 1** svázané (묶음을) 풀다, přivázané (매듭을) 풀다, 끄르다; zrušit (고 따위를) 끄르다, 풀다; tkanice (끈을) 풀다 [늦추다] **2** uvolnit 풀어 주다, 놓아주다, 해방하다; z řetězu (사슬 [속박]을) 풀다 **3** úmluvu (계약을) 취소하다, dohodu (합의를) 깨뜨리다, (zrušit) 무효로 하다, 취소하다 **4** vztahy (관계를) 끊다, 절교하다 **5** jazyk, ústa (혀, 입을) 마음대로 놀리게 [지껄이게] 하다 **6** promluvit 마음대로 [자유스럽게] 말하다; rozpustile 제마음대로 행동하다, 모든 구속을 떨쳐버리다 **-vázat se < -vazovat se** 풀리다, 끌리다; 해방되다, 풀려나다

rozvážeč, *ma* **-ka,** *f* 배달부, 배달원

rozváž|ení, *n* **1** 숙고, 숙려, 신중, 세심 **2** = *rozvažování*

rozvážet (*-žejí*) v. *rozvést*

rozvážit (*rozvaž!*) < **rozvažovat 1** = *rozmyslit si, uvážit, přemítat*; zjišťovat závažnost (마음을) 저울질하다 **2** navážit po částech 무게를 달다, 달아서 나누다 **3** 잘 생각하다, 숙고하다, uvážit 두루 생각하다, 고찰하다; přemítáním 곰곰이 생각하여 보다, 회고하다, 명상하다, 숙려하다

rozvážka, *f* (식품의) 달아서 나누어 주기, 달아주기, 교부

rozvážnost, *f-1* 숙고, 신중, 세심; = *rozvaha, rozmysl*

rozvážný 숙고한 뒤의, 생각이 깊은, 사려분별이 있는, 신중한, 근실한, = *rozmyslný*

rozvažování, *n* **1** 묵상, 명상 **2** (식품의) 달아주기

rozvedený 이혼한 ◆ *~muž* 이혼남

rozverný 놀기 좋아하는, 쾌활한; 장난을 좋아하는, 장난기가 있는

rozvesel|it < -ovat = *rozjařit*

rozvě|sit (*rozvěšen*) < **-šovat 1** prádlo (빨래를) 걸다, 매달다, dokola (사방으로) 걸다 **2** vagony (철도 차량을) 분리하다, 분할하다

roz|vést (*rozved-*) < **-vádět 1** na různá místa (사방으로) 데려가다, podobně nějakým vedením 나르다, 전달하다, 전하다; rozmístit 배치하다 **2** odloučit 분리하다, 떼어놓다, manžele (부부를) 이혼시키다, (우정에) 금이 가게 하다, znepřátelit 적대시키다 **3** zpřesnit 구체화하다, 상술하다; do šířky (넓게) 확장하다, 확대하다 **-vést se < -vádět se s kým** (누구와) 이혼하다

rozvěšovat v. *rozvěsit*

rozvětv|it se v. *větvit se* **-ovat se** = *větvit se*

rozvézt (*rozvez-*) < **-vážet** (*-žejí*) 인도하다, 송달하다, 분배하다

roz|vinout < -víjet < -vinovat 1 plachtu, vlajku (접어 갠 것, 잎, 봉오리 따위를) 펼치다, 펴다; (만[감은]것

을) 풀다, 펴다, rozprostřít 펼치다 **2** plenky, dítě (감은 천을, 포대에 싸인 아기를) 벗기다 **3** linii (정책 노선을) 전개하다 **4** myšlenku (생각을) 펴다, 전개하다 **5** způsobit rozvoj 발전시키다, 발달시키다, 계발하다 **6** zahájit 시작하다, zvl. podnikání (특히 사업을) 시작[착수]하다 **-vinout se** < **-víjet se** < **-rozvinovat se 1** samo od sebe (저절로) 펴지다, 풀리다 **2** o rozvoji 발전[발달]하다, úspěšně (성공적으로) 진척하다, 전진하다, 진보하다 **3** povstat, též 발생하다, 일어나다, 시작되다 **4** květy, poupata (꽃, 봉우리가) 피기 시작하다

rozvírat (se) v. *rozevřít se*

roz|vířit (*rozviř!*) < **-viřovat 1** prach, sníh (먼지, 눈을) 소용돌이치게하다, 빙글빙글 돌게 하다, 선회시키다; (물결, 파문을) 일으키다 **2** 분발시키다, 자극하다, 선동하다; (잃어버린 것을 더듬어서) 들추어 내다

rozvít (se) (*rozvi-*) < = *rozvinout (se)*

rozvláčný 말이 많은, 다변의, 장황한, 지루한, 비비 꼬인; 뒤얽힌, 복잡한; 간접적인, 넌지시 말하는

rozvod, *mi-2* **1** manželství 이혼 **2** parním, el. a pod., vedením (가스, 전기, 수도 등의) 본관(本管), 간선 **3** 분리, 분열 ◆ *československý ~* 체코슬로바키아의 분리, *sametový ~* 벨벳 혁명

rozvodí, *n* 분수령, 분기점

rozvod|nit (se) < **-ňovat (se)** 넘치다, 넘쳐 흐르다; po čem (무엇을) 범람하다, 침수하다; zcela zatopit 물에 잠기다

rozvodnění, *n* 범람, 유출, 홍수, 큰 물

rozvodn|ý 분배[배분]의 ◆ *-á deska* (전기의) 배전반, (전화의) 교환대; *-á síť*; (전자관의) 그리드

rozvodový 《法》 이혼의; = *rozvodný*

rozvoj, *mi* **1** vývoj 발달, 발전; vpřed, k lepšímu 전진, 진전, 향상 **2** kvantitativní (양적인) 확장, 확대, 전개, 배치 **3** stav ve vývoji 발전 단계 ◆ *při dnešním -i techniky* 과학 기술의 현 발전 단계에서

rozvojov|ý 발달[발전]의, 진전[향상]의 ◆ *-é země* 개발 도상 국가들

rozvr|acet (*-cejí*) v. *rozvrátit*

rozvrat, *mi-2* 쪼개(지)기, 찢(어지)기, 분열, 붕괴, 와해, 혼란

rozvr|átit (*rozvrať!, rozvrácen*) < **-acet 1** 분열시키다, 붕괴[와해]시키다, 전복시키다; znemožnit řádné fungování 망쳐버리다, 혼란시키다 **2** obranu (방위를) 불안정하게 하다, 동요시키다

rozvratn|ík, *ma-3* **-ice,** *f* **1** pobuřující 난동 선동[교사]자, 치안 방해자, 파괴 활동 분자, (정부 등의) 전복 계획자 **2** rozkolník 분리[탈퇴]론자

rozvratný 선동적인, 치안 방해적인; 분열시키는, 파괴적인, 멸망시키는

rozvrh, *mi-2, 3* **1** časový 시간표, 예정(표), 스케줄, 일정 **2** 계획, 기획, 설계, 일람표, 도표 ◆ *~ výroby* 생산 계획 **3** díla (작품의) 개요, 대요, 요강, 아우트라인

rozvrhnout (*rozvržen*) < **-ovat 1** plánovitě 계획하다, 궁리하다, 설계하

다 **2** poměrně 할당하다, 나누다, 배분하다, 분배하다, 배포하다 **3** v náčrtu …의 밑그림을 그리다, 기초[초안]하다 **4** knihu (책의) 개요를 만들다 **5** stejnoměrně rozdělit (통근 시간에) 시차제를 두어 교통을 완화하다

rozvrstvení, *n* **1** rozrůznění 구별, 차별 **2** obyvatelstva (인구의) 계층화, 층별화

rozvrstv|it < -ovat 층을 이루게 하다, 계층별로[등급별로] 분류하다

rozvztekl|it < -ovat = *rozzuřit*

rozzlob|it < koho (누구를) 화나게[성나게]하다; **-it se <** 성[화]나다, (누구에 대해 무엇으로) 속 태우다

rozzuř|it < -ovat koho (누구를) 노발 대발하게 만들다, 격노[격분]시키다; **-it se <** 노발대발하다, 격노[격분]하다

rozžehn|at se < -ávat se s kým (누구와) 이별하다, 안녕을 고하다 ◆ *~ se světem* 세상을 뜨다, 죽다

roz|žehnout < -žíhat 1 lampu, svíci, oheň (램프, 초, 불을) 점화하다, 켜다, 빨갛게 타게 하다, 백열하게 하다 **2** udělat světlo 스위치를 넣다, 켜다

rozžhavený 백열[작열]하는, 불타는

rozžíhat v. *rozžehnout*

rozžvýkat v. *žvýkat*

rožeň, *mi* (고기 굽는) 쇠꼬챙이, 꼬치

rtěnka, *f* 입술 연지, 립스틱

rtí(če)k, *mi-2, 3* 작은 입

rtuť, *f-1* 《化》 수은((기호 Hg; 번호 80)); ◆ *jako ~* 민첩한, 잽싼, 쾌활한, 변덕스러운

rtuťov|ý 수은의 ◆ *-á lampa* 수은등

rtuťovitý (성격이) 쾌활[명랑]한, 변덕스러운

rub, *mi-2* **1** opak líce 뒷면, (화폐, 매달 등의) 이면, (옷 등의) 안 **2** nepříjemná stránka 불쾌한 [좋지 않은] 측면; (인생의) 이면, (사회의) 암흑면, ◆ *má to/všechno má svůj ~ a líc* 그것은/모든것은 나름대로의 안과 밖[장점과 단점]이 있다; *na -(y)* 뒤집어, 거꾸로, vzhůru nohama 거꾸로 뒤집혀, (비유) 뒤죽 박죽으로, 혼란되어; *obléci si něco na -y* 어떤 옷을 뒤집어 입다

rubáš, *mi* 수의(壽衣), (매장을 위하여) 시체를 싸는 천

rubáška, *f* (러시아 노동자의) 작업복, 덧옷, (군복의) 상의

rubat 1 uhlí (석탄을) 채굴하다, 파내다; **2** (도끼, 칼 따위로) 자르다, 베다, 절단하다

rubín, *mi-2* 루비, 홍옥(紅玉)

rubínový 루비[홍옥]의

rubl, *mi-2* 루블((러시아의 화폐 단위))

rubopis, *mi* 배서, 보증, 승인

rubrika, *f* v novinách (신문 등의) 난(欄), 특별 기고란 **1** 칼럼 **2** formuláře 표제, 제목, 제자

ruče, obsol. = *rychle*

ručej, *mi* 억수, 큰물, 홍수

ručení, *f* 책임이 있음, 책임, 의무; záruka 보증, 담보(물), zástavou 보증금, 차용증, 저당(물건), osobou ručitele 《法》 보증인의 지위 [책임], při propuštění 《法》 위탁, 보석 ◆

R

omezené ~ 유한 책임

ručička, *f* **1** přístroje (기계 등의) 손가락 모양의 돌기, 지침(指針), (계량기 따위의) 바늘, hodin (시계의) 바늘 **2** = *ručka* ◆ *hodinová* (*minutová* /*vteřinová*) ~ 시(분/초) 침

ručit 1 být odpovědný 책임을 지다, zahrnovat do odpovědnosti …을 떠맡다, 담당하다 **2** komu za co (누구의 무엇에 대해) 보장하다, 보증하다, 대변하다 **3** za tvrzení 증명하다, 단언하다

ručitel, *ma-1, 4* **-ka,** *f* 《法》 보증인, 담보인, při propuštění u soudu 보석 보증인

ručka, *f* **1** malá ruka 작은 손 **2** tisk. (인쇄의) 손가락표((표시☞))

ruční 1 ovládaný rukou 손의 **2** manuální (작동, 조작에 있어서) 손으로 하는[움직이는], 수동(식)의 **3** vyrobený rukou (기계로 만들지 않고) 손으로 만든, 수(세)공의 ◆ ~ *práce* 수작업, 수공예품, 바느[뜨개]질(기술, 작품), 자수; ~ *krajka* (*ručně vyšívaná*) 바늘로 뜬 레이스

ručně 손에 의해, 손으로, 수작업으로

ručnice, *f* 라이플총, 소총

ručník, *mi-2, 3* 타월, 세수 수건

ruda, *f* 광석 ◆ *železná* ~ 철광석

Rudé moře, *n* 홍해

rud|nout > z- 붉은 색으로 물들다, 얼굴을 붉히다 **-nout > vy-** 색깔이 바래다, 시들다

rudný 광석의 ◆ *-é ložisko* 광상

rudoarmějec, *ma* 붉은 군대의 군인

rudoarmějský 붉은 군대의 군인의

rudoch, *ma-3* **(**경멸어**)** 북아메리카 원주민, Indián 북아메리카 인디안

rudovous, *ma-2* **1** 붉은 턱 수염의 털보 **2** Rudovous 바르바로사 (신성로마 제국의 황제인 프리드리히 1세의 통칭)

rud|ý 1 진홍색의 **2** 붉은 **3** 머리털이 붉은 ◆ *Rudé moře* 홍해; *Rudá armáda* 붉은 군대

ruch, *mi-2* **1** pohyb 소동, 소요, 야단법석 **2** dopravní, směnný 교통(량), 통행(량) **3** 활동, 활발한 움직임; nával 돌진, 쇄도, 분망, 붐빔; spěch 화급, 맹렬한 속도

ruina, *f* 무너짐, 파멸, 황폐; **(**비유**)** troska 파산, 몰락

ruinovat < z- 무너지다, 몰락하다, 파산하다

ruk|a, *f* **(**복수에서 주격과 대격 ruce, 생격과 전치격 rukou, 조격 rukama**)** **1** celá končetina 팔, dolní část 손; v kopané (축구의) 핸들링(반칙); pomocný pracovník 일손, 고용인, 적공; ukazatel 손가락표((표시☞)) **2** rukopis 필적, 서명, 기명 ◆ *na -u* (*hotově*) 현금[현찰]로; *na -ou* (*v náruči*) 팔에 안겨; *od -y* (*ručně*) 손으로, 손으로 만든[만들어서], (kreslit, rýsovat) (스케치, 데생, 제도 등에 있어서) 즉석의, 준비없이 하는; *po levé, pravé, každé ruce* …의 왼[오른, 양] 쪽에[의] ; *po ruce* (k dispozici) 손가까이에, 바로 가까이에, v dosahu …의 손이 닿을 수 있는 곳에, 가까이에; *pod -ama* 손에 넣고, 지배[보호]하에; *pod -ou* 비밀스럽게, tajně 비밀의, 몰

래하는, 몰래, 은밀히; *při ruce = po ruce; s čím v ruce* 무엇을 손에 들고서; *v -ou* …의 손안에, …의 수중에, o majetku …의 소유로, o odpovědnosti …의 책임으로; *být v čích -ou* (držení) 누구의 손에 보관되어 있다; *být v božích rukou* 하늘의 뜻에 달려 있다; *být z -y* 멀다, 쉽게 얻지 못하다; *za -u* 손을 잡고; *dát ruce v bok* 손을 허리에 대고 팔꿈치는 옆으로 벌리다; *boží ~* 신의 손; *brát -ama nohama* 몹시 탐하다[욕심 내다]; *být jako bez -y (-ou)* 어찌할 바를 모르는; *jít komu na -u* 시키는대로 하다, 줏대없이 따라하다; *zobat komu z -y* (*žrát komu z -y*) (기르는 개처럼) 누구를 따르다, 잘 길들어 있다; *čisté ruce* 깨끗한 손, 결백; *být v dobrých -ou* 아무런 부족함이 없는[없이 사는]; *na dosah -y* 코 밑에 있는 거리; *dostat se komu do -ou* (*pod -u*) …의 수중에 들어가다; *z druhé -y* 간접으로, 남의 손을 거쳐서, (o zboží) 중고의; *držet nad kým* (*ochrannou*) *-u* 누구에게 (보호의) 손을 제공하다; *hádat komu z -y* …의 손금을 읽다[운명을 예언하다]; *ani -ou nehnout* 손을 까딱하지 [움직이지] 않고; *holé ruce* 빈손, 맨손, (bez rukavice) (장갑을 끼지 않은) 맨손; *hrát komu do -y* 남의 손아귀에 놀아나다, 상대방에게 유리하게 행동하다, …의 계략에 빠지다; *chytit koho za -u* 누구의 손을 잡다[쥐다], při činu …를 현행범으로 체포하다; *být jedna -a* 떨어질 수 없는 사이이다, 대단히 친밀한 사이이다spřáhnout se s kým …와 한통속이다; *-u v ruce* 서로 팔을 끼고, za ruce 손에 손 잡고; *jít -u v -ce s čím* 무엇과 손에 손을 잡고 걷다, **(비유)** (사업 등에서) 무엇과 함께 가다; *jít z -y do -y* 손을 바꾸어쥐다, 임자가 바뀌다; *kývat -ou* 손으로 신호를 보내다; *mít lehkou -u* 능숙[능란]하다; *dělat co levou -ou* 무엇을 쉽게 하다; *lomit -ama* (비통한 나머지) 양손을 쥐어 틀다; *mávnout -ou* 손을 흔들다; *mít v čem ruce* 무엇에 손을 대다, 무엇에 관여[관계]하다; mít co v -ou (ovládat to) 무엇을 지배[통제]하다; *mnout si ruce* 손을 문지르다[비비다]; *mrtvá ~* 《法》 현재[생존자]를 부당하게 구속하고 있다고 느껴지는 과거[죽은자]의 압박감, 현재를 지배하고 있는 과거의 힘; *mýt si ruce od čeho* 무엇…에서 손을 떼다, 무엇과 관계를 끊다; *nabídnout komu -u* 누구에게 팔을 끼도록 내밀다, 청혼하다, 제휴를 제의하다; *na -ou a nohou* (být svázaný) 손발이 묶여, 속박[구속]된; *s otevřenýma -ama* (náručí) 두팔[손]을 벌려, 충심으로 환영하여; *oběma -ama* 두손으로; *obratem -y* 손바닥 뒤집듯이, 금방; *pevná ~* 압제, 가혹함; *plné ruce* 양손 가득; *mít plné ruce práce* 매우 바쁘다; *plnýma -ama* 아낌없이, 풍부하게; *podat -u* (*k spolupráci*) (협력을 위해) 손을 내밀다, (na pozdrav) (인사를 위해) 악수하다, (*k smíru*) (화해를 위해) 손을 내밀다[제의하다]; *podat prst, chytí/chce celou -u* 봉당을 빌려주니 안방까지 달란다; *pohnout -ou* 손을 움직이다; *položit ruce na co* 무엇에 손을 대다[얹다]; *pozdvihnout, vztáhnout -u* 손을 들다 *pro/proti* 찬성/반대하여;

R

podat komu pomocnou -u 누구에게 도움의 손길을 제공하다; *požádat* (*koho*) *o čí* 누구에게 구혼하다; *čí pravá ~* **(**비유**)** …의 오른팔, 유력한 부하; *pracovat si do -y* 협력하여 일하다; *s prázdnýma -ama* 빈손[맨손]으로; *procházet čima -ama* …의 손을 거치다; *ruce pryč!* 손대지 마시오, 손을 떼라!; *přijít komu do -ou, pod -u v. dostat se komu do rukou; říci o -u v. požádat o -u; je samá ~ samá noha* 그는 키만 멀쑥하다; *sepnout ruce* (깍지끼듯) 두손을 움켜쥐다**(**절망, 애원 등의 깊은 감동을 표시**)**; *silná ~* 우격다짐, 폭력; *složit ruce do klína, strčit ruce do kapes* 일하지 않고 있다, 빈둥빈둥 놀고 지내다, 자포자기 하다; *správsknout ruce* 두손 들고, 기진 맥진하다, 단념하다; *~ spravedlnosti* 정의의 손; *-u na srdce* 솔직하게; *stisknout komu -u* 누구의 손을 꽉 쥐다, (*na pozdrav*) (인사로) 누구와 악수하다; *svázat komu ruce* 누구의 손을 묶다, 누구의 자유를[행동을] 구속하다; *mít šťastnou -u* …행운의 손을 갖다, 행운이다; *těžká ~* 서투른 솜씨; *ucházet se o čí -u* …에게 청혼하다; *vlastní -ou* 자신의 손으로; *k vlastním -ám, do vlastních -ou* 개인적으로, 내밀히; *z volné -y* (*kreslit*) (기구를 쓰지 않고) 손으로 그린, 자유 묘사의; *dát/mít volnou -u* 누구의 생각[고려]에 맡기다, 누구에게 일임하다; *vymknout se z -ou* …의 손아귀[수중]에서 벗어나다; *vypsaná ~* 경험있는 손, 숙련된 손; *vyrazit, vytrhnout komu co z -y* 누구의 손으로부터 무엇을 빼내다; *vzít do -ou ,-y* 떠맡다, 인수하다, *pod -u* 손아귀[수중]에 넣다, …를 보호해 주다, *za -u* …의 손을 잡다; *ruce vzhůru!* 손들어!; *získat čí -u* …의 지지를 얻다, (여자한테서) 약혼의 승낙을 얻다; *zobat komu z -y* (기르는 개처럼) 아무를 따르다, 잘 길들어 있다; *železná ~* 철권, 압제, 가혹함

rukáv, *mi* 소매, 소매자락 ◆ (*už je*) *ruka v -ě* 이미 결정된 것과 마찬가지이다; *bez -ů* 소매 없는

rukavice, *f* 장갑, boxovací (승마, 펜싱 등에 쓰는 쇠 혹은 가죽으로 만든) 긴 장갑, palčaky 벙어리 장갑 ◆ *hodit/přijmout* (*hozenou*) *-i* …에 도전장을 내다/ …의 도전장을 받아들이다

rukavičkář, *ma* **-ka,** *f* 장갑 만드는 사람

rukávník, *mi-2, 3* 머프((양손을 따뜻하게 하는 모피로 만든 외짝의 토시 같은 것))

ruko|dělný, -dílný 손으로 만든, 수세공의, v. *ruční*

rukojeť, *f-1* 손잡이, 핸들, 자루, = *rukověť*

rukojmí, *n* 볼모, 인질 ◆ *držet koho jako ~* 누구를 인질로 잡다

rukopis, *mi* 원고, 수서, 필사본; psaný autorovou rukou 자서, 서명

rukopisný 원고의, 필사본의, 손으로 쓴

rukověť, *f-1* kniha 편람, 안내(서), 입문서, 교범, 교과서

ruksak, *mi-2, 3* (군인, 여행자의) 룩색, 냅색, 배낭, 바랑

rula, *f* 편마암

rum, *mi-2* (사탕수수, 당밀로 만든) 럼주; stavební odpad 파편, 조각, 쓰레

기
rumělka, *f* 주홍, 진사, 주색((안료))
ruměnec, *mi* 얼굴을 붉힘, 홍조
ruměnost, *f-1* 주황색, 석류색, 주홍, 주색, 선홍색
ruměný **1** 주색의, 선홍색의 **2** zdravý 혈색이 좋은, 건장한 **3** červenající se 얼굴이 붉어진, 수줍어 하는
Rumun, *ma* **-ka,** *f* 루마니아인[사람], 루마니아 여자
Rumunsko, *n* 루마니아
rumunsky 루마니아어로
rumunský 루마니아의, 루마니아어[인]의
rumanština, *f* 루마니아어
rup **1** 강타하는 소리((딱, 탕, 쾅, 쿵)), 강타, 타격 **2** hej ~! 영차((닻줄을 감을 때의 소리)), 옜다((물건을 던질 때의 소리))
rupnout **1** (시험에서) 실패하다 **2** **(속어)** *-lo mu v bedně* 그는 머리가 좀 이상하다 **3** 쾅[쿵, 탕] 소리나다, 쾅[쿵]부딪치다
rus, *ma* **-ka,** *f* 러시아인[사람], 러시아 여자
rusalka, *f* 물의 요정
Rusko, *n* 러시아
ruský 러시아의, 러시아어[인]의
rusovláska, *f* (살결이 흰) 금발의 여성
rusovlasý = *rusý*
růst[1], *mi-2* **1** 성장, 발육 **2** souhrnně co narostlo, též 식물, 초목 **3** zvětšení 증가, 증대, 증진, 증식, 번식 **4** postava (특히 사람의) 키, 신장, (인물의) 크기
růst[2] (*rost-*) < **vy-, vz-** **1** 성장하다, 자라다, 나다, 싹트다, zvl. k dospělosti (특히 성인으로) 성장하다, 성인이 되다, 성장하여 (…이) 되다 **2** (정신적으로) 성숙하다 **3** zvětšovat se, zesilovat (크기, 수량,길이, 힘 따위가) 증대하다, 커지다, 늘어나다; objemově (부피가) 커지다, 넓어지다, 확대되다; dloužit se 길어지다, 확장되다; = *narůst(at), (na čem), (u)rodit se* ◆ *~ komu přes hlavu* 누구의 지배[통제]로부터 벗어나다; *nechat si ~ (vousy)* (수염이) 자라도록 내버려두다 [방치하다]; *slyší trávu ~* 그는 지나치게 민감하다 [신경 과민이다], o bojácném 그는 겁이 많다 [소심하다]; *roste na něm tráva* 그의 무덤 위에는 풀이 무성하다, 그는 흙으로 돌아갔다
rusý 불그스레한, 불그레한 갈색의, 불그레한 금발 머리의, rezavá 생강빛의, (머리가) 붉은, 황갈색의
rušel, *ma-1, 4* **-ka,** *f* 방해자, 침해자, 침입자, 위반자
rušení, *n* **1** (사업의) 정지, 폐기, 청산; (계약의) 취소, 폐지, 해제, 무효화, (주문의) 취소 **2** 방해, 전파 방해; 훼방, 간섭 **3** 소란, 소동 **4** 소멸, 철폐, 파기; 경질, 교체, 철회; 해산, 해체, 전복, 파괴; **(참조)** *rušit* ◆ *~ blokádu/obležení* 봉쇄 혹은 포위를 해제하다[풀다]; *~ znárodnění* 비국유[비국영]화, 국제화
rušit **1** (상점, 회사 등을) 문 닫다, 폐업하다; (규정을) 폐지하다, (계약을) 취소하다; (주문을) 취소하다, (법률을) 폐기하다, 무효로 하다; (출항 금지, 입항 금지 등을) 해제하다; (약

R

혼을) 깨다; (판결, 명령 등을) 파기하다, 무효로 하다 **2** (인상, 느낌 등을) 망치다, 깨다 **3** vyrušovat koho (누구를)방해하다, 훼방 놓다; (누구의 말에) 간섭하다, 말 참견하다; obtěžovat …를 괴롭히다, 난처하게 하다 **4** překážet ve výkonu (일의 진행, 행동을) 방해하다, koho v čem (누구의 무엇을) 해치다 [방해하다] ◆ ~ *vysílání* 방송을 방해하다 〉 **po- 1** zákon závazek (법규, 규정을) 어기다, 범하다; překročením mezí (한계를 넘어) 침해하다, 침입하다; troufale, otevřeně, zprav. vědomě (공개적으로) 무시하다; křiklavým způsobem, zvl. silou, násilím (힘, 강압으로) 방해[침해]하다; jednat proti smyslu čeho (생각 등을) 부정하다 **2** nepříznivě se dotýkat, oslabit 해치다, 손상하다; poškozovat 훼손하다, 손상시키다 **3** účinnost, ryzost (기능, 효과, 순수성을) 망치다, 타락시키다, příměsí (섞음질을 하여) 품질을 떨어뜨리다 ◆ *(po)-šení* 깨뜨림, 파괴, 간섭, 방해, 침해, 침입, 무시, 위반, 위배, 손상, 해침, 상해, 저하, 타락 ~ > **pře-** v. *přerušit* ~ > **vy-** v. *vyrušit*; ~ > **z- 1** prohlášením/označením za neplatné, také neutralizovat (선언 등에 의해) …를 무효로 하다, 취소하다 autoritativně činit neplatným, také neutralizovat účinek (효력을) 소멸시키다, 취소하다; prohlašovat za neplatné (법률, 습관 따위를) 폐지 [철폐, 파기]하다; činit neplatným, zbavovat platnosti pro nevyhovění podmínkám, protože neobstál při zkoumání (효력, 유효성을) 박탈하다, 무효로 하다; zaražením, zastavením něčeho, co dosud bylo 그만두다, 중지하다, a co bylo dosud břemenem, závazkem, povinností (의무, 금지 따위를) 해제하다 ; zastavovat řízení/úřední funkci, práv. (권한, 지위 등을) 빼앗다, 박탈하다; zvl. právo/povinnost, závazek (권리, 의무, 책임을) 소멸시키다; soudní rozhodnutí (법원의 결정을) 취소하다, činit neexistujícím, zvl. právní formu, zvyklost, zařízení, instituci, představy, životní způsoby (법령, 관습, 제도, 기구, 사상, 삶의 방식을) 폐지[철폐]하다, (odvolávat) 철회하다, 해약하다; působit tak, jako by druhé ani nebylo 수포로 돌리다 **2** skoncováním s věcí, zvl. obchod, podnik (회사 따위를) 해산하다, 가게를 닫다, rozpuštěním složek, zvl. svazků mezi nimi 해체하다, 청산하다 **3** zvrátit rozhodnutí (주의, 결정을) 뒤엎다, 전복하다 **4** ostudně porušovat, znamenat zkázu pro …의 가치를 떨어뜨리다, 망치다 **5** slovo, slib, smlouvu (말, 약속, 합의를) 깨다; ~**se** 〉 **z-** v počtech (계산에서) 상쇄되다

rušitel, *ma 1, 4* **-ka**, *f* 방해자, 침해자, 침입자, 위반자

ruš|ivý 교란시키는, 골치아픈, 귀찮은, 성가신 ◆ ~ *moment* 방해, 지장, 장애, 걸림, 난관

rušno ◆ *na ulici je* ~ 거리가 붐빈다

rušný 교통이 빈번한; 번화한; i o hovoru, ději 힘찬, 활기찬; o událostech (사건이) 골치아픈, 성가신

ruština, *f* 러시아어

rutina, *f* [-ty-] **1** (일상적인 작업에 의해 얻어진) 숙련, 노련, 솜씨 **2** hanl. (판에 박힌) 버릇, 상습, 상례

rutinér, *ma* **-ka,** *f* 숙련자, 숙련된 노동자[운전수, 화가]

rutinní 숙련된, 능숙한, 노련한

různice, *f* 서로 다름, 상이, 불일치, 불화, = *rozepře*

různit se = *lišit se*

různobarevný 잡색의, 얼룩덜룩한, 다채로운

různorodý 이종의, 이질의, 이(異) 성분으로 된; 다른 종류의, 다른

různost, *f-1* 다름, 차이, 상이; = *pestrost*

různý 1 nestejný 다른, 상이한, 딴; trvale se rozcházející 분기하는, 서로 다른, 규준에서 벗어난; v základním rysu, proto zprav. neslučitelný (본질적으로) 다른, 공통점이 없는 **2** několik 여러 가지의, 가지가지의; zřejmě odlišný a kontrastující 다양한, 가지각색의; se zvl důrazem na nestejnost a nepodobnost jednotlivých složek 잡다한, 갖가지의; všelijaký 가지가지 잡다한, 이종 혼합의, 잡동사니의; = *rozmanitý*

růž, *f* 입술연지, 연지, 루즈

růže, *f* **1** 장미; = *růžice* **2** nemoc 단독(丹毒) ◆ *planá* ~ 야생 장미, 들장미, trnitý keř 브라이어((석남과 에리카속의 식물; 남 유럽 산)); *mít na -žích ustláno* 걱정 없는 환경 속에 있다, 안락한 지위에 있다; *popínavá* ~ 덩굴장미

růženec, *mi* (카톨릭) 로자리오 묵주, jeho kuličky 염주알

růžice, *f* **1** 장미꽃 모양의 술[매듭], 장미꽃 장식 **2** (물 등을) 뿌리는 물건, 물뿌리개, 스프링클러 ◆ *větrná* ~ [氣] 풍배도, 바람 장미

růžička, *f* 작은 장미, 어여쁜 장미

růžov|ý 1 장미빛의, 불그레한, světle 연분홍색의, 핑크색의 **2** týkající se růže 장미의 **3** radostný apod. 유망한, 밝은, 낙관적인 ◆ *být v -é náladě* 대단히 기쁘다, 매우 들떠 있다

rváč, *ma* 호전가, 싸움을 좋아하는 사람, 투사; 흉악범; a štváč 약한 자를 못살게 구는 사람, 골목 대장; 악한, 불량배, 폭력배, 폭한, 자객

rvačka, rvanice, *f* 싸움, 말다툼, 소동, 옥신각신

rvát (*rv-u, rval, rvaní; nervat*) trhat 찢다, 째다, 잡아 뜯다; páčivým pohybem 비틀어 떼다, 잡아 떼다, 억지로 빼앗다; ~ **se > porvat se, servat se** 싸우다, 다투다; zápasit 맞붙어 싸우다, 씨름 하다; s hádkou 말다툼하다, 소동을 벌리다; postrkováním 드잡이하다, 난투하다

ryb|a, *f* **1** 물고기, 어류 **2** (요리) 생선 **3** Ryby《天》물고기자리 **4** (구어체) 변변치 않은 사람 **5** (인쇄) 활자 자체나 크기의 틀림 ◆ *ani ~ ani rak v. rak; čerstvý, zdravý jako ~* 매우 건강한[튼튼한]; *malé -y jsou také -y* 작은 고기도 고기다((작은 성공도 가치가 있다)); *být (němý) jako ~, mlčet jako ~* 잠자코 있다, 조용하다; *jako ~ na suchu* 뭍에 오른 물고기 같이((사정이 바뀌어 제 실력을 충분히 발휘 못함)); *chytat/lovit -y* v. *rybařit*

rybář, *ma* **-ka,** *f* 어부, 낚시꾼; chytající na udici, i ze sportu (스포츠로

R

하는) 낚시꾼

rybařit 낚시(질)하다; na udici, i jako sport (스포츠로) 낚시질 하다, 낚다

rybářsk|ý **1** 낚시(질)의 **2** 낚시꾼의, 어부의 ◆ *~ prut* 낚싯대; *-á výstroj* 낚시 도구

rybářství, *n* **1** 낚시(질) **2** 어업, 수산업 (celkové, *pl*)

R

rybí **1** 물고기의, 어류의; 생선의 **2** podobný rybě, jako má ryba 물고기 같은, 어류에 관한; 흐릿한, 생기없는 ◆ *měsíc jako ~ oko* 물고기 눈 같은 달((터무니 없는 일)); *~ tuk* 간유, 고래기름, 어유; *~ oči* 흐리멍덩한 눈

rybička, *f* 작은 물고기 ◆ *zlatá ~* 금붕어; *být zdravý jako ~* 매우 건강[튼튼]하다

rybin|a, *f* **1** 비린내, 생선냄새 **2** čep (건축의) 열장이음, 열장 장부촉 ◆ *páchnoucí -ou* 비린내 나다

rybíz, *mi-2* 까막 까치밥나무; 그 열매

rybízový 까막 까치밥나무의, 까막 까치밥 열매의

rybka, *f* v. *rybička*

rybníček, *mi-2, 3* 작은 못, 저수지

rybník, *mi-3* (생격 **-ka**) velký přírodní (커다란 자연) 호수; venkovský (농촌의) 못, 양어지; kaluž 물웅덩이, 늪, 저수지 ◆ *vypálit komu ~* 누구를 앞지르다, [제쳐놓다, 이기다], 누구의 생각[방법]을 가로채다, (앞질러 말해버림으로써) 선수를 쓰다, 기세를 꺾다

rybolov, *mi-2* 낚시질, 어업; = *rybářství*

rýč, *mi* 가래, 삽

ryčet (*oni ryčí*) > **za-** 와글와글 떠들다, 시끄럽게 굴다

ryčný 시끄러운, 소란스런

rýha, *f* **1** 홈((문지방, 레코드 판 따위의)) **2** škrábnutí 긁은[할퀸] 자국 **3** brázda (얼굴의) 깊은 주름 **4** puklina 갈라진 금, 틈

rychle 빠르게, 빨리, 급히, 속히, 빨리!, 급히!, 서둘러라! ◆ *nastupujte ~* 빨리 타세요

rychlík, *mi-2, 3* 급행 열차, (기차, 버스, 승강기 등의) 급행편, 직통편

rychlit > **z-** rostliny (식물을) 촉성 재배하다

rychlo- 고, 고속, 급행

rychlobruslení, *n* 스피드 스케이트 경기

rychloletadlo, *n* 《空》 (옛날의 프로펠러식의) 장거리 쾌속 비행정, 대형 여객기

rychlopaln|ý 속사의, 잇따라 퍼붓는; 자동의, 자동식의 ◆ *-é dělo* 보포르 곡사포((2 연발식 자동 곡사포))

rychlost, *f-1* **1** vzdálenost čas 빠르기, 속력, něčeho, co se musí pohybovat po určité dráze 《物》 속도 **2** tempo vůbec 속도, 진도, 정도((-tí …의 속도로)); (동작, 사건 추이의) 빠르기, rychlost hmota 운동량, neodborně (움직이고 있는 물체의) 힘, 추진력; v prodírání se prostředím na své cestě 진항 속도, 배의 속도; v postupu, práci apod. 진행 속도 **3** s účinností, přivádějící věc k dokončení, přivádějící věc k dokončení, závěru 급파, 특파, 신속한 조치, zvlášť snadno, hbitě, bez zvláštního přemáhání 급송; skutečnost, že je něco rychlé 신속, 기민, 민활, **(참조)** rychlý **4** auta (자동차의) 전동 장치, 기어 ◆ *v -i* (*nakvap*) 급하게, 신속하게, 빠르게; *jet -í 100 km za hodinu* 시속 100 km로 주행하다

rychlostní 속도[속력]의 ◆ *~ páka* 기어 변환 장치, 변속 레버; *~ skříň* 톱니바퀴 상자((전동 장치를 덮는))

rychlozboží, *n* (보통 열차를 통해 보내는) 속달 화물

rychlý ne pomalý 빠른, 신속한, a mající znaky pohybujícího se 재빠른, 급속한; čilý, obratný, pracující rychle 잽싼, 민첩한, 민활한; bezodkladný, rychle reagující 기민한, 즉석의; pohybující se bystře, bez obtíží 날랜; ne loudavý, ale spěšný, urychlený 재빠른, a tak účinný, náležitě pružný 날쌘, 급속한

rychlo- 급행의, 고속의

rychtář, *ma* (마을의) 이장, 촌장

ryk, *mi-2, 3* 고함소리, 노호, 포효, 아우성; 소란, 소동, 소음; jednotlivce 날카로운 소리

rým, *mi-2* 《韻》 운, 압운, 각운; zdánlivý 시각운(視覺韻)

rým|a, *f* 코감기, 고뿔 ◆ *mám -u* 나는 코감기가 있다

rýmovat 운을 맞추다, 압운 시키다 **~ se 1** 운을 밟다, 운이 맞다, 시를 짓다 **2** 일치[조화]하다

ryngle, *f* 서양자두의 일종

rypadlo, *n* 굴착하는 도구, 굴착기

rypák, *ma-2, 3* (돼지, 개, 악어 등의) 뼤죽한 코, 주둥이; = *chobot*

rýpal, *ma-2* **-ka,** *f* 까다로운 사람, 흠잡는[탓하는]사람, 트집쟁이

rýpání, *n* **1** 할퀴기, 긁기 **2** 땅파기, 굴착, 발굴 **3** (팔꿈치 등으로) 슬쩍 찌르기 **4** 흠[탈]잡기, 헐뜯음

rýp|nout, zarýpat < **-at 1** škrábnout 할퀴다, 긁다; po ploše 문지르다, 후리다 **2** kopáním, nabíráním 파다, 파헤치다, 파일구다; rypákem (주둥이로) 굴을 파다, 진로를 트다; a vyhrabovat 뿌리를 파내다[뽑다]; párátkem apod. (이쑤시개 등으로) 이빨을 후비다; rašelinu (토탄(土炭)을) 파내다 **3** loktem apod. (팔꿈치 등으로) 슬쩍 찌르다, loktem (팔꿈치로) 밀다, stále -at 계속 떠밀다; strkáním čeho kam (손, 막대기 따위의 끝으로) 찌르다, 콕콕 찌르다, 쑤시다 **4** do koho, proti komu, napadat slovy (누구의) 흠[탈]을 잡다, 비난[탓]하다; nenáležitě zasahovat do čeho (무엇에) 참견[간섭]하다 **-at se 1** v čem (무엇에) 쓸데없는 참견을 하다; 주제 넘게 간섭하다 **2** v hloupostech (하찮은 일에) 시간을 낭비하다[신경을 쓰다] **3** dělat pomalilíně 장난삼아 하다, 잠깐 손을 대다 ◆ *~ se v nose* 코를 후비다

rys[1]**,** *ma-2* 《動》 스라소니

rys[2]**,** *mi-2* **1** tah, škrt 윤곽; význačná čára, charakteristika (이목 구비 따위의) 얼굴의 생김새, 용모; 특징, 특색; 가락, 선율, 곡; **-y,** *pl* obrys 윤곽, 외형, 개요 **2** výrazné podbarvení, tón apod. 유전질, 기질, 기풍 **3** výkres 그림, 도화, 스케치, 데생 **4** míra papíru (종이의 수단위) 연(連)((500매)) **5 (구어체)** nárt (구두, 양말 따위의) 발등에 해당하는 부분, 발등모양

R

의 물건

rýsovací 그림의, 스케치의 ◆ ~ *prkno* 화판, 제도판

rýsování, *n* ve škole (학교에서의) 미술[그리기](시간); 그리기, 그림, 스케치, 데생

rýsovat > na- 1 그리다, 스케치하다 **2** v obrysech …의 윤곽을 그리다, …의 밑그림을 그리다; vyváženě s pozorností k významu detailu v celku 디자인하다, 도안을 만들다 **-at se** 윤곽이 드러나다[나타나다, 보이다]; nejasně, zvl. jako veliké 어렴풋이 보이다, 아련히 나타나다, 확대되어 보이다

ryšavý 빨강 머리의, 붉은 머리의

rýt (*ry-*) **1** rýčem (삽으로) 파다 **2** rydlem (조각칼로) 파넣다, 새기다, 조각하다 **3** = *rýpat* **~ > vy-** rýčem apod. (삽 등으로) 파내다, 캐다; povrchně, např. kořínky (뿌리 등을) 뽑다, 파내다, co v rovině (홈 따위를) 새기다, 도랑을 파다; zapustit (우물 따위를) 파내리다, 파다; [jako] dráhy (발톱으로) 긁다, 할퀴다; klenoty (보석을) 새겨 넣다[새겨 만들다], sklo (유리를) 깎다, 새기다 **~ > z-** (땅을) 파다, 파헤치다, 파엎다 **~ > za-** do čeho (무엇에) 구멍을 파다; 새겨 넣다, 파넣다; = *rýpat* **~ se 1** v čem (무엇을) 샅샅이 찾다; hrabat se 샅샅이 뒤지다[찾다], 찾아내다 **2** hloubavě …에 몰두하다, 잠기다[빠지다]

rytec, *ma* 조각사, 조판공

rytectví, *n* 조각, 조각술

rytina, *f* 목판(화), 삽화, 컷, kovo (금속에 의한) 판화

rytíř, *ma* (중세의) 기사, 무사, 나이트작(爵); dvorně se chovající 예절 바른 신사((기사도 정신을 가진)); ušlechtilý člověk 신사((명예와 남의 입장을 존중할 줄 아는 남성)) ◆ ~ *smutné postavy* 근심 어린 표정의 기사((돈키호테의 별명)); *pasovat na -e* …에 나이트 작위를 수여하다, ve středověku (중세에) 왕이 가볍게 어깨를 검으로 두드리고 나이트 작위를 주다

rytířský 기사의, 기사적인, 의협의

rytířství, *n* hodnost 기사[무사]의 신분, 기사도, 기사 기질; = *rytířskost*

rytířstvo, *n-2* 기사단(集合的)

rytmický 율동적인, 리드미컬한, 억양[운율]이있는

rytmika, 1 음률학, 음률론 **2** 율동, 리듬 **3** 유리드믹스((음악 리듬을 몸놀림으로 표현하는 리듬 교육법))

rytmus, *mi-2* 율동, 리듬, 주기적 반복[순환], 박자, 속도 조절, 시간적 조절

ryzí bez přimíšenin 순수한, 순전한; povahově 진짜의, 신뢰할 만한; pravý 진짜의, 정짜의, 순종의; o mincovním kovu (화폐가) 순도 높은

ryzka, *f* (밤색의) 구렁말

ryzlink, *mi-2, 3* 리즐링((라인산(産)의 백포도주, Riesling))

ryzost, *f-1* 청정, 순수, 깨끗함; stupeň přimíšeniny 순도, (금, 은의) 품위; pravost 진짜, 정품, 순종; mincovního kovu (화폐의) 품위

rýžák, *mi-2, 3* 세탁솔, 수세미

rýž|e, *f* 쌀, 밥, 벼 ◆ **(속어)** *zůstat v -i*

귀찮은 것[부담]을 떠맡다
rýžovat 1 zlato 세광(洗鑛)해서 금을 얻다 **2 (**구어체**)** 벼락부자가 되다
rýžoviště[1]**,** *n* 논
rýžoviště[2]**,** *n* 금광
rýžový 쌀[밥]의
rychlovarný, 고속도의, 고감도의
rzivý = *rezatý, rezivý*
ržát (*ržají* = *ržou, ržání*) > **za-** (*zaržál* = *zaržal*) (말이) 울다, jemně, radostně (부드럽게, 즐겁게) 말이 히잉 울다

Ř

Ř

ř, Ř [eř] *n-in* [에르쥐] 체코 알파벳의 자음 글자

řad, *mi-2* **1** 열, 행렬, 대열, (특히 군대의) 횡렬 **2** (술집에서 술값을 기록하는) 엄대, 셈, = *účet* **3** potrubí (수도, 가스 등의) 본관, 간선 ◆ *v ~ nastoupit!* **(**구령**)** 집합, 정렬!

řád, *mi-2* **1** pořádek 질서, 정열, 정돈 **2** třída 계급, 등급, 제도, 조직, 기구 **3** nábož. 교단, 수도회 **4** 훈위((나라나 군주를 위하여 드러나게 세운 공로와 벼슬의 등급)), 훈장 **5** stanovy 규칙, 규정, 법칙 ◆ *jízdní ~* (버스, 열차, 비행기 따위의) 시간표, kniha 철도 가이드[안내서]; *prvního -u* 일등급의, 제일급의, 일류의; *školní ~* 학칙; *zákonný ~* 법과 질서, 안녕질서((사회의 모든 질서가 바로잡히고 국민의 생명과 재산이 안정한 상태))

řad|a, *f* **1** sled 연속; 《數》 수열; 일련, 한 계열, 시리즈, **(**인과, 논리, 시간의 표현을 강조**)** 연속, 연쇄, 계속; 전후 관련, 순서 **2** 줄, 열, osob./věcí (사람 혹은 사물의) 줄, 횡렬, 《軍》 pochodující 종대 **3** různých, hodnot, pořadí; věcí/vojáků (가치, 사물, 군인의) 지위, 등급 **4** 《軍》 종렬, 오(伍), 열 **5** věci jednoho druhu, jakoby na šňůrce 끈으로[실로] 꿴 것, 연이어 꿴 것 **6** impozantní (당당한) 정렬, 배진, 행렬 **7** na svahu, tedy o něco výše/níže než ostatní (상하로 나란히 있는) 줄, 단, 층; 건반[키보드]의 한 줄 **8** něčeho 다수의…, 얼마간의…, 일군의… **9** souprava 한 벌, 한 조, 일습, 한 세트, 일련 **10** na někom (누구의) 차례[순번]; ◆ *-ou* (= *v -ě*) 열[줄]에 있는, 대기중인, *-ou* (= *po -ě*) 차례로, 윤번으로; *celá -a, celé -y* 많은 수의, 전체 범위의; *byla na něm -a, došla na něj -a* 그의 차례가 왔다; *v jedné -ě s kým/čím* 누구와/무엇과 나란히, 병행하여; *v první -ě* 첫째로, 최초로, 처음에는; *v -ě* 일렬로, 연속적으로, *~ za sebou* 일렬 종대로; *jít v -ě* 일렬 종대로 걸어가다

řádek, *mi-2, 3 = řádka*

řad|it (*řaděn|řazen*) **> se- 1** (일렬로) 늘어 세우다, 정렬시키다; ~ do chystané formace, např. vlakovou soupravu, průvod (대열로) 정렬시키다, 집합시키다 **2** (사실, 증거 따위를) 늘어 놓다, 열거하다 **3** ~ podle druhů (등급에 따라) 분류하다, 구분하다; třídit 등급으로 나누다, 유별하다; impozantně (위엄 있게) 정렬시키다, 배열하다; uspořádat 정돈하다, 정리하다, 가지런히 하다; **~ > při-** co k čemu (무엇을 무엇에) 나란히 세우다; k třídě (반[클래스]에) 넣다, 편성

하다 ~ > **za- 1** podle příslušnosti (관련성에 따라) 분류하다, mezi (…로) 귀속시키다 **2** (누구의 신분, 성격 따위를) 등급을[위치를] 정하다; označením příslušnosti, hodnoty, stupně (성질, 가치, 단계 등에 따라) 분류하다, 유별하다 **3** vložit do celku (전체에) 끼워 넣다, 끼우다, 삽입하다; v rozporu s původním stavem (특히 원래의 상태를 무시하고) 새로운 것을 삽입하다 **4** do kartotéky (서류철 등에) 항목별로 철하다; do seznamu (목록에) 기록[기입]하다, 등록[등기]하다 **5** (기어를) 바꾸다, 변속하다 ◆ *(za)řadění/-zení* 분류, 삽입, 써넣음, 개찬, 기입, 등기, 등록, **(참조)** *řadit*; *~ vyšší/ nižší rychlost* 기어를 고속/저속으로 바꿔 넣다; *~ rychlost* 변속하다; *nevím, kam vás za-* 나는 당신을 분간할 수 없다, 나는 당신이 누구인지 모르겠다 ~ *(pod.)* > **se-** 늘어서다, 정렬하다 ~ *(pod.)* > **při-** *k čemu* (무엇에) 평행하다, 어깨를 나란히 하다, jak vysoko 지위를 차지하다, 어깨를 겨루다

řádit 1 zuřit 격노하다, 몹시 성내다 **2** (폭풍, 바람, 감정이) 사납게 날뛰다, 사납게 몰아치다, 노호하다, 광란하다; (유행병 따위가) 창궐하다, 만연하다 **3** 야단법석을 떨다; (아이들이) 신나게 뛰어 놀다, 장난치며 놀다 **4** pustošit 엉망으로 만들다, v čem (무엇을) 혼란시키다; chovat se neukázněně 소동을 일으키다

řád|ka, *f* 선, 줄, 금; (글자의) 행, 줄; sadby (묘목의) 줄, (가로수의) 줄, 열, = *řada* ◆ *pošli mi pár -ek* 내게 몇 줄 적어 보내라; *číst mezi -ky* 행간을 읽다, 말[글]속의 숨은 뜻을 알아채다

řádnost, *f-1* 정직, 성실, 결실, 청렴; 규칙[질서] 예절 바름, 정중함, 체면; 정규, 정당, **(참조)** *řádný*

řádný 1 povahou a jednáním 정직한, 솔직한; spolehlivý, odpovědný a poctivý 성실한, 청렴한 **2** odpovídající předpisu, konvenci, řádu 규칙적인, 정연한; důkladný 견실한, 착실한 **3** jak se sluší 적당한, 정당한; v pořádku 순서 바른, 정돈된; jak náleží 마땅한, 합당한 **4** bez výjimečných odchylek/výkyvů 통상의, 정규의 (opak k, mimořádný) ◆ *~ profesor* (미국, 영국 등의) 정 교수

řadov|ý 1 연속의, 일련의, 순차의 **2** 부사관과 병의; 보통의, 정규의 ◆ *-á číslovka* 《數》 서수; *-í vojáci* 《軍》 부사관[하사관] 과 사병(兵)

řapík, *mi-2, 3* 《植》 잎꼭지, 엽병(葉柄)

řasa, *f* **1** 속눈썹 **2** mořská 《植》 해초, 바닷말, 조류 **3** (실의) 한 타래; (양재의) 주름

řasit > **z-** 접어 포개다; 가장 자리에 주름을 달다, (옷의) 주름을 잡다

Řecko, *n* 그리스

řeckokatolick|ý 그리스 정교의 ◆ *-á církev* 그리스 정교회

řeckořímský 그리스-로마(식)의 ◆ *~ zápas* (레슬링의) 그레코로만의 스타일

řecký 그리스의, 그리스어[인]의

řeč, *f-1* **1** schopnost mluvit 언어능력[표현력] **2** jazyk 언어, i nespisovný (구어를 포함한) 말, 언어 **3** proslov 연설,

Ř

인사, 강연 **4** vyjadřovací způsob 표현양식, co určitý jednotlivec říká (특정 개인의) 발화; hovor 이야기, 담화 **5** co se povídá mezi lidmi 소문, 풍문, 세평 ◆ *babské -i* (늙은 노파들의) 잡담, 수다; *bez -í* 한 마디의 말도 없이; *jsou -i* 소문이 나돌고 있다; *nebyl k -i* 그는 이야기를 꺼낼 수가 없다; *o němž je ~* …인 바로 그 사람, 당해 인물; *o ničem jiném nebyla ~* 아무런 다른 말도 없었다; *být od -i* 말 재주가 있다, 다변이다; *o tom nemůže být ani -i* 그것은 의심의 의지가 없다; *byla ~ o ...* …에 관한 이야기가 있었다; *o čem je ~?* 무슨 말이냐?; *dar -i* 말재주; *dát/pustit se do -i s kým* 누구와 이야기를 시작하다; *vést s kým dlouhé* 누구와 길게 이야기하다[재잘거리다]; *dostat, nabýt ~* 말을 제대로 할 수 있게 되다; *dostat se, přijít do -i* 이름이 입에 올려지다; *držet, mít ~* 연설하다; *hloupé -i* 쓸데없는 이야기, 엉터리 말; *jasná ~* (암호문에 대해) 평문; *šla (jedna) ~ že…* …라는 소문이 있었다; *přijít na kousek/kus -i* 몇 마디 한담을 나누기 위해 오다; *květinová ~ (mluva)* 꽃말; *mateřská ~* 모국어; *mít ~ v. držet*; *nabýt ~ v. dostat*; *není mi do ~* 나는 말할 기분이 아니다; *není s ním ~* 그는 매우 어렵다[까다롭다]; *obhajovací ~* 방어하기 위한 말; *podle -i (jak mluví)* (그의) 말로 판단해 보건대, (jak se mluví) 소문을 고려한다면; *poznat … ~ í* 소문[풍문]으로 …를 알다; *dát si pozor na ~* …의 말을 명심하다; *proskakují -i* 비밀이 샜다; *přešla ho ~* 그는 말을 잃었다, (zaražením) (충격으로) 그는 기가 막혔다; *přišla ~ na...* …의 말이 제기되었다; *přivést koho do -í* 누구를 이야기에 끌어 들이다; *rodná ~* 모국어; *rozproudit ~* 실마리를 찾다, 시장을 트다; *je s ní ~ jako rozprávka* 그녀는 말을 붙이기가 어렵다; *-i a řečičky* 지껄임, 수다; *být samá ~* 말이 많다; *skákat/vpadat (komu) do -i* (누구의) 이야기에 끼어들다[참견하다]; *aby ~ nestála* 이야기가 중단되지 않도록; *stání ~* 국어; *to nestojí za ~* 그것은 말할 가치가 없다; *světová ~* 세계어; *tajná ~* 비밀언어; *s ním je těžká ~* 그는 말을 붙이기가 어렵다; *to je má ~* 그것은 또한 내가 뜻하는 바다; *uvítací ~* 환영사; *vázaná ~* 시, 운문; *nevázaná ~* 산문; *jako voda* 헛소리; *vrátit komu ~* 누구에게 말을 되찾아주다; *vyučovací ~* 교수 언어; *závěrečná ~* 폐회사; *ztratit ~* 말을 잃다, 벙어리가 되다

řečen|ý zmíněný 전기(前記)한, 상술(上述)한; tak zvaný 통칭으로, 별명으로, 일명 ◆ *tak ~* 소위, 이른바; *mimochodem -o* 말이 난 김에, 그런데

řečiště, *n* 하상(河床), 강바닥

řečnick|ý 연설의, 웅변의; vědomě tvořený podle pravidel 수사학의, 수사적인, 화려한 ◆ *-é umění* 웅변술, 수사; *-á tribuna* 연단, 강단, 교단,

řečnictví, *n* 수사, 수사학; umění 웅변술; výmluvnost 웅변, 능변

řečník, *ma-3* 연사, 말하는 사람; provozující řečnictví 연설자, 강연자, 웅변가; na vědeckém podkladě 수사학자 ◆ *davový ~* 가두정치 연설자, 민중 선동자

Ř

řečnit 연설하다, 발언권을 가지다, 강연하다, 웅변하다; bombasticky (과장되게) 일장 연설을 하다, 공표하다; 장황하게 늘어놓다, 설교하다, 잔소리하다, 훈계하다

řečtina, *f* 그리스어

ředidlo, *n* (페인트 등의) 희석제, 용제

ředit > roz-, z- 물을 타다, 묽게 하다, 엷게 하다; 가늘게 하다, 가늘어지다, 여위다; *zředění* 묽게 하기, 희석, 희박

ředitel, *ma-1, 4* **-ka,** *f* **1** výkonný (회사의) 이사, 중역, 부장, 지배인, 관리자; člen správního tělesa (단체 등의) 이사 **2** (관청 등의) 장, 국장; spolku, klubu (관서, 협회 등의) 장관, 총재, 이사장, 원장; představený, popř. školy (학교의) 교장 ◆ *~ věznice* (교도소의) 소장; *divadelní ~ (umělecký)* 무대 감독, *(provozní, finanční)* 감독, 제작자

ředitelna, *f* 관리자[지배인, 중역, 이사장, 교장, 소장], 사무실[집무실]

ředitelský 관리자의, 경영자의, 경영[관리]의

ředitelství, *n* 이사회, 중역 회의, 이사[중역]의 직, 관리직; jeho sídlo 본부, 본사, 본국, 본서

ředkev, *f* 《植》 무

ředkvička, *f* 《植》 앞이 작은 빨간색 무

řehole, *f* **1** (종교적) 규칙, 규정, 종규 **2** 교단, 수도회

řeholník, *ma-3* 탁발 수사, 수사(修士)((수도회에 들어가 수도 생활을 하는 남자))

řehot, *mi-2* **1** chřestivý (나이프, 포크, 접시, 말굽 따위의) 덜거덕덜거덕[딸그락딸그락] 하는 소리 **2** smích 시끄러운 웃음소리, 폭소, 너털웃음, = *ržání* v. *ržát*

řehotat se = *řehtat se*

řehtačka[1]**,** *f* **1** (장난감의, 응원용의) 딸랑이; na ptáky (특히 새를 향해) 탁탁 소리 나게 하는 기구, 딱딱이; (부활절용) 딱딱이 **2** 깔쭉 톱니바퀴(장치)

řehtačka[2]**,** *f* 킥킥 웃음

řehtat > za- řehtačka (딱딱이가) 덜걱덜걱[우르르] 소리나다[내다], 탁탁[찰싹] 소리를 내다, = *ržát* **~ se > za-** 실없이 크게 웃다; 바보처럼 웃다, 헤헤[히히] 웃다

řeka, *f* 강, 하천 ◆ *román ~* 대하(大河) 소설

řemen, *mi(-1)* **1** pruh kůže 가죽 끈, 혁대; k obtahování 혁지(革砥), 가죽숫돌 **2** k opásávání, též kol 벨트 ◆ *hnací ~* 트랜스미션 벨트; *~ větráku* (자동차의) 팬 벨트

řemení, *n* 마구(馬具), 장비

řemesln|ík, *ma-3* **-ice,** *f* 장색(匠色), 솜씨 좋은 직공; 장인(匠人); 수공예가, 기예가, 공예가, 명공(名工); umělecký, rukodě, rukodělný 수세공(手細工)인

řemesln(ick)|ý 1 숙련공의, 장인의, v. *řemeslník* [-z-]; ruční 손으로 만든, 수세공의 **2** bezduchý 기계적인, 진동적인, 무의식의 ◆ *-á dovednost* (장인의) 솜씨, 기능, 숙련; *-é provedení* 기량, 솜씨, 기술; *-á zdatnost* = *dovednost/provedení*

řemesl|o, *n* 손으로 하는 일 [직업],

Ř

수세공(手細工), 수공예, 수공업, (참조) *řemeslník* ◆ *umělecké* ~ 공예, 수공예; *umělecká -a,* 미술 공예, 수공예; *~ má zlaté dno* 직업은 황금이다

řemínek, *mi-2,3* 혁대, 고리, uzdy, postroje 가죽끈[채찍]

řepa, *f* **1** krmná 《植》 순무(의 뿌리) **2** cukrová 사탕무 ◆ *červená* ~ 사탕무[비트]의 뿌리

řepařský 사탕무 재배의

řepařství, *n* 사탕무 재배

řepka, *f* 《植》 평지; semeno 평지의 씨

řepkový 평지 씨의, 평지의

řepný 사탕무의, 비트의

řeřav|ý 백열의, 작열하는, 새빨갛게 단 ◆ *-é uhlíky* 타다 남은 것, 깜부기불((깜부기 숯 따위에서, 불꽃 없이 붙어서 거의 꺼져 가는 불)), 여신(餘燼)

řeřicha, *f* 한련(旱蓮), jako zelenina 《植》 (샐러드 용) 양갓냉이

řešení, *n* **1** 해결, 해답, 해결책 **2** 구상, 창안, 고안

řeš|eto, *n* 수수께끼, 알아 맞히기

řešit > roz-, vy- 1 (문제 등을) 풀다, 다루다; úlohu (과제를) 풀다 = luštit **2** umělecky (예술적으로) 디자인하다, 설계하다, 구상하다

řetěz, *mi* 사슬, 체인; obraz. též 연쇄, 일련, 한줄; horský 산맥 ◆ *hlavní článek -u* 결정적 연결 고리

řetězec, *m* **1** 사슬, 체인, 끈 **2** (생각의) 연속, 연쇄, 계속; 산맥 **3** (컴퓨터) 문자열((단위로서 취급되는 기호 문자 버튼을 한 줄로 지은 것)) ◆ *potravinový* ~ 먹이 연쇄

řetězový 고리의, 연쇄적인 ◆ ~ *most* 출렁다리, 적교(吊橋)

řetízek, *mi-2,3* 작은 사슬; 목걸이 ◆ *~ u hodinek* 손목 시계줄

řev, *mi-2* (동물의) 으르렁거리는 소리, 고함 소리, 노호, 포효; 외침, 고함, 함성, 아우성; lomoz 소란, 소동, 소음

řevni|t = *žárlit, nevražit* **-vost,** *f-1* **-vý** *žárliv-, nevraživ*

řevnivost = *žárlivost*

řevnivý 질투하는, 부러워하는, 시기하는, = *žarlivý*

řez, *mi-2* **1** říznutí 절단, 자르기; dlouhé 획 벰, 내리침 **2** průřez 분할, 절개 **3** výprask 매질, 후려 갈기기 **4** písma (문자) 서체, 자체 **5** uříznutý díl (베어 낸) 한 조각, 단면

řezačka, *f* 절단기, 작두

řezák, *mi-2,3* zub (이빨의) 앞니

řezanka, *f* **1** (잘게 자른) 짚, 밀짚 **2** obraz 하찮은 것, 쓰레기

řezat (*ře-žu, -zám, řež!, řezej!, řezal, řezání*) jak (칼 등이) (어떻게) 베어지다, (날이) 들다; vydávat zvuk (바이올린 등이 톱질하듯이) 연주되다 **~ (se)**) v. *řínout* (*se*) ~ (pod.) **> na-** (꽃, 나무 등을) 베다, 자르다; na kousky (조각으로) 자르다, 빼개다; pilou (톱으로) 썰다; na co, v co (*a další v. řízout/* ~ **> roz-**) ~ (pod.) **> o-** 깍아 다듬다, 손질하다; vršky (언덕을) 깍아 내리다; větve (가지를) 치다, 자르다 ~ (pod.) **> pře-** (들판 따위를) 질러가다 = *pře-, pro-tínat* ~ (pod.) **> roz-** v. rozříznout 자르다, 베다; na kousky (조각으로) 잘게 자르다; štípáním 잘게

썰다, 쪼개다; na delší/nepravidelné kousky 듬성듬성 자르다, 조각조각으로 하다, 갈가리 찢다, pilou (톱으로) 썰다, na kusy, končetiny (큰 조각으로, 몸통만 남도록) 잘라내다[해체하다]; o amputaci (손이나 발을) 자르다, 절단하다; (수술로) pitvat 해부[절개]하다; sklo, drahokamy (유리, 보석을) 잘라서 갈다, 깎다 ~ (pod.) > **se-** *koho,* **na-** *komu =(z-, na-)bít* ~ (pod.) > **vy-** 잘라내다; vyrobit 잘라서 만들다, *= vyřezávat*

řezavý 1 (날이) 잘 드는, 예리한, 날카로운 **2** nepříjemně 쏘는 듯한, 얼얼한, 살을 에는, 호된, 신랄한

řezba, *f* 목판; práce 조각(술), 조각물 ◆ *~ ve dřevě* 목판조각, 목각(술)

řezbář, *ma* **-ka,** *f* 목각사

řeznice, *f* **1** v. *řezník* **2** 푸주한의 부인

řeznický 푸주한(飄廚漢)의, 고깃간 주인의

řeznictví, *n* řemeslo 정육점 업, 도살업; krám 고깃간, 푸줏간, 정육점

řezničina, *f* 도살장, 푸주

řezn|ík, *ma-3* **-ice,** *f* 푸주한(飄廚漢), 정육점 주인, 도살업자

řezn|ý 1 절단의, 재단의 **2** 벤, 베인 상처가 있는 ◆ *-á rána* 베인 상처

řež(ba), *f* 살육, 대량 학살; bitka 싸움(판), 소동, zmatená 말다툼, 소동, rvačka 난투, 혼전; zabíjení 도살

ří|ci, říct (*řekn-, řekl, řečen*) < **-kat 1** pronést, nenechat si pro sebe (자신에게 담아두지 않고) 말하다 **2** sdělit si s kým (누구와) 이야기하다 **3** oznámit, též 알리다, 전하다; udat co (무엇을) 알려주다, 말해주다 **4** pravit (신문, 게시, 편지, 책 따위가) …라고 씌어져 있다, 나있다 **5** komu, aby (누구에게 …하도록) 말하다, žádat (누구에게) …하도록 요청하다 **6** komu jak (누구를 …로) 부르다 **7** co nač/čemu. reagovat čím (무엇을 무엇으로) 응답하다, 응(수)하다; odpovědí 대답하다 **8** co na koho (누구에 대해 무엇을) 말하다, prozradit, též 입밖에 내다, 고자질하다, 비밀을 알리다; co o kom (누구에 관해 무엇을) 말하다 **9** *oč, zač* v. *říci si* **10** co proti čemu (무엇에 반대하여 무엇을) 말하다, 반대하다[반박하다] ◆ *říci/říkat to*의 경우 보통 '*to*'는 번역하지 않는다: *kdo to řekl* 누가 말했나, *kdo ti to řekl* 누가 너에게 말했나, *neříkej to nikomu* 아무에게도 말하지 마라; *na to se nedá nic říci* 그것에 대해서는 할말이 없다, *řekl bych* 나는 말하고 싶다; *řekněme* 우리 말하자, (*na příklad*) 이를 테면, …라고 한다면; *říká se, že* (*on*…) (그가 …라는) 소문이 있다, 사람들이 말하기를 (그는 …라고) 한다; *řekněme!* (*=no, budiž*) 그래, 좋아!; *neřekl á ani bé, bé ani cé, mé tvé* 그는 한마디도 말하지 않았다 (비밀따위를 지킴); *abych(om) tak řekl(i)* 말하자면; *ani bych neřekl* 나는 그렇게 생각하지 않는다; *aby se neřeklo* (*pro dobrou vůli*) 호의를 위해; *bez říkání* 아무런 반대없이; *co říká* (*např. hlava*)? 어떤가 (이를테면, 머리는)?; *to je co říci* 그것은 꽤 가치가 있다; *co tomu říkáš?* 너는 그것을 어떻게 생각하느냐?; *důvěrně řečeno* 절대 비밀로; *hned jsem to říkal* 나는 즉

Ř

시 그것을 이해하였다; *neříkej hop, dokud jsi nepřeskočil* 《俗談》 위기를 벗어날 때까지는 안심하지 마라; *řekni si, co chceš* 너의 소원을 말하라, (*v restauraci*) (레스토랑에서) 무엇이 좋은지 말하라 (음식 따위를 대접하려고 할 때); *chtít* (*tím*) *říci* (그것으로써) 말하고 싶다; *chceš říci ještě něco?* 너는 뭔가 더 할 말이 있니?; *jak bylo řečeno* 이미 말한 바대로; *jak říkáme* 속담에도 있듯이, 흔히들 말하듯이; *kdo by řekl, že* …라는 사실을 믿기 어렵다; *krátce řečeno* 간단히 말하면, 요컨대; *abych to řekl krátce* 한마디로 말하면; *to se* (*ti*) *lehko/snadno řekne* 그것은 말하기는 쉽다; *lépe řečeno* 좋게 말해서; *lidé si řekli, říkali, že*… 일반적인 생각은 …이었다; *lze říci, že*… …라고 말할 수 있다; *víc nelze říci* 더 이상 할 말이 없다; *mezi námi řečeno* 우리끼리만의 이야기이지만, 이것은 비밀인데; *minochodem řečeno* 말이 나왔으니 말인지, 그건 그렇다 치고, 그런데; *říci své mínění* 자신의 심중을 말한다; *musím říci* 사실, 참으로, 정말이지; *říci, co si myslím* 털어놓고 이야기하다; *říci ne* 아니라고 말하다, 거부하다; *neřku-li* …라고 할 정도는 아니다, …라고(까지는) 말 못하더라도; *ty bys o tom mohl něco říci* 너는 그 일이라면 죄다 알고 있다; *neříkat nic ničemu* (*nenamítat*) 무엇에 반대하지 않는다, *já nic neříkám* 나는 상관없다, *na to nic neříkám* 나는 이의가 없다 [동의한다]; *něco mi říkalo, abych*…/*že*… 뭔가가 나를 부추겨[자극하여] (내가) …하도록 하였다; *to mi nic neříká* 그것은 나에게 아무것도 말해주지 않는다; *o tom nám to nic neříká* 그것은 그것에 대해 아무런 언급도 없다; *říci komu co do očí* 누구의 정면에서 무엇을 이야기하다; *tomu se říká pane!* 그거 근사한데!; *to mi neříká pane* 그것은 나의 것이 아니다; *přesně řečeno* 엄밀하게 말해서; *řekni, co bys rád* (네가) 좋을대로 이야기하라; *říci komu sbohem* 누구에게 작별을 고하다; *to se snadno řekne* v. *zde lehce; sotva to řekl* 그렇게 말하자(마자), 일언지하에; *říci stručně* 간략하게 말하다, 짧게 말하다; *říci své* 하고 싶은 말을 하다; (*výše*) *svrchu řečený* 상술(上述)한, 위에서 말한, 전기(前記)의; *tak řečený* 이른바, 소위 말하는; *tak říkaje, -jíc* 소위 말해서; *je těžko říci* 그것은 말하기 어렵다; *to je* (*už ně*)*co říci* 그것은 꽤 가치가 있는 것이다; *to bych řekl* 나는 그렇게 생각한다; *to ti říkám* 내가 한 말이니 믿어도 좋다; *řečeno/řekněme si upřímně* 솔직히 말해서; *už jsem řekl* 나는 더 이상 할 말이 없다

ří|ci si, říct si *pod.* < **-kat si 1** pro sebe (자신에게) 말하다 **2** komu (누구에게) 청하다, 물어보다; komu o co (누구에게 무엇을) 청하다[요구하다], o něco, co chceme pak mít (갖기를 원하는 바를) 청(구)하다; o koho (누구에게) 청혼하다; o co (무엇을) 요구하다, potřebovat …을 필요로 하다; co/kolik zač (무엇에 대하여 무엇을/얼마를) 요구하다 **3** mezi sebou si povědět 서로 의견을 교환하다, smlouvat se 동의하다 ◆ *jen si řekni*

단지 말만하다, 달라고만 하면 (거저) 준다; *říkej si, co chceš* 원하는 바를 이야기 하라; *at' si říká kdo chce, co chce* 나는 사람들이 뭐라고 하든 상관하지 않는다; *dát si říci* 사리에 따르다; *dal jsem si říci* 나는 그것을 시인해야만 했다; *dej(te) si říci (též)* 사리를 알아라, 내 충고를 듣거라; *nedal si říci* 그는 내 충고를 듣지 않았다; *dal bych si říci kávu* 커피를 한 잔 했으면 한다; *dal by sis říci (kdyby)* … …하는 것을 어떻게 생각 하는가; *(nakonec) si dal říci* (마침내) 그는 … 하는데 동의 하였다

řičet (*oni řičí*) **<za- 1** = *ržát* **2** = *řvát*

říčka, *f* 시내, 개울, 작은 강[하천]

říční 1 시내[개울]의, 강의, 하천의 **2** sladkovodní 민물의, 민물산(産)의

řídce (비교급 *řidčeji***)** 드물게, 드문드문, 희박하게

řídící[1] **1** 동력 전달의, 구동의, 운전의 **2** pokud jde o určování směru 조종[조종타]의 **3** postupu apod. se týkající 지도[지휘]의, 운영[경영]의

řídící[2]**,** *ma, f* **(**고어**)1** učitel/učitelka (학교의) 교장/여교장 **2** 교장 부인

řidič, *ma* **-ka,** *f* 운전자, 기관사, 파일럿, 모는 사람; soukromého vozu (자가용 차의) 운전사; taxikář (택시) 운전사

řidičský 운전(사)의

řídit (*řid'!, řízen*) **1** aby fungovalo 작동하다, 운전하다, 경영하다, 운영하다 **2** aby šlo hladce, přímo k prospěchu, a vyhnulo se nebezpečí (성공과 안전을 확보하도록) 다스리다, 관리하다; vydáváním příkazů (명령을 발하여) 통치하다, 다스리다, 지배하다 **3** vést a odpovídat za provedení 인도하다, 안내하다 **4** jako ředitel (부서장으로서) 경영[관리]하다; ovládat 제어[통제]하다; vést tak, aby celkový směr vývoje byl žádoucí 지도하다; vhodným, správným zacházením 조종하다, 조작하다, spravovat 집행하다 **5** určovat směr (특정 방향으로) 몰다, 드라이브하다, obstaráváním příslušného mechanismu 조종[조타]하다, na dálku (먼 곳으로) 이끌다, 인도하다, loď/letadlo (배 혹은 비행기를) 조종[운전]하다 **6** projekt apod. (계획 등을) 실행하다 **7**《口》 = *při-, u-pravovat* **~** (*pod.*) **> na-** nastavit stroj (시계 등의 기계를) 맞추다 **~ se** (*pod.*) přidržovat se toho *čím* (무엇을) 따르다, 감수하다; zachovávat co 지키다, 준수하다; vyhovovat, splňovat 좇다, 응하다, jednat podle 신봉하다, 추종하다; přizpůsobovat své jednání 순응하다; vzít si k srdci 취하다, 수용하다, 받아들이다 **~** (*pod.*) **> po-**《口》 = *pořizovat* (v. *pořídit obstarat. opatřit*)

řiditelný 운전[조종]할 수 있는; 경영[관리]하기 쉬운; 지배[제어]할 수 있는; 항해할 수 있는

řídítka, *n-pl* 스티어링 핸들, 핸들(바)

řídkost, *f-l* 아주 드묾, 진기, 희박, 희유(稀有), **(**참조**)** *řídký*

řídký (비교급 *řidší*, 부사 *řídce*, 부사 비교급 *řidčeji***) 1** ne hustý 얇은, 엷은, 드문드문한 **2** vzácný 드물게 보는, 희박한; málo se vyskytující 진귀한; jen ojediněle 흔하지 않은, 보기 드문; v

Ř

daně chvíli zastoupený jen v malém množství 희귀한 **3** nestálého, nesoustavného výskytu 산발적인, 산재하는; rozptýlený 성긴, 부족한, 빈약한; tence po velké ploše 가는, 미약한

řídnout > z- 엷어지다, 가늘어지다; 성기어지다, 희박하게 되다, 약해지다; docházet 적어지다, 감소하다

říhat 트림을 하다

říj|e, *f* (사슴, 염소, 양 등의) 발정하는 계절 ◆ *jelen v -i* 발정기의 사슴

říj|en, *mi*-2 **(**생격 *-na***)** 10월 ◆ *v -nu* 10월에 ◆ *Říjnová revoluce* 10월 혁명

říjnový 10월의; (러시아의) 10월 혁명의

říjet (*oni říj[ej]í*) (사슴, 염소, 양 등이) 발정하다, 암내 내다; zvuk (교미기의 수사슴 등이) 울다

říka|čka, *f* **-nka,** *f* **-dlo,** *n* 동요, 자장가

řík|at 1 (*o čem*) = *mluvit* (*a v. říci*) **2** komu jak (누구를 어떻게) 부르다, (*jak -á, se -á!* 무엇이라고 부르느냐?) **3** *jinak v. říci* (-al 그는 말하곤 하였다) ~ **> od-** 음창[낭송]하다, nedbale 재잘거리다 ~ **si** (*v. čem. lid.*) = *číst*; *jak* 자신을 어떻게[라고] 칭하다[부르다], a být proto tak nazýván 어떻게[라고] 불려지다 (*-ká si umělec* 그는 자칭 예술가다); *o co* …를 (무엇을) 청구하다, (무엇이) 없느냐고 묻다 (*ty si o něco říkáš* 너는 사서 고생을 하는구나); (*pro sebe, v duchu*) 자신에게 말하다, 혼잣말을 하다

Řím, *m* 로마

Říman, *ma* **-ka,** *f* 로마인[사람]

římsa, *f* (říms) **1** 쑥내민 곳, 창턱, 창받침 **2** pod stropem, střechou 《建》 배내기((벽 윗부분에 장식으로 두른 돌출부)); nad krbem 벽로의 앞장식, 벽로 선반

řinčet (*oni řinčí*) **> za-** 덜걱덜걱[덜커덕, 덜커덕] 소리나다; jako zbraně (무기 등이) 소리를 내며 부딪치다; řetěz (체인이) 철컥[철커덩]하고 울리다; dunivě 쾅쾅 소리를 내다

řinčení, *n* 덜걱덜걱[덜커덕 덜커덕]하는 소리, 쨍그렁[땡그렁]소리, 철컥하는 소리

řinčivý 덜거덕 덜거덕 소리 나는

řinkot, *mi-2* = *řinčení*

řinout se (눈물, 땀 등이) 흐르다, 흘러내리다, 쏟아지다; o prolitém 스며들다, též 퍼지다, 확산되다, 나오다, 유출되다, = *linout se*

řípa, *f* = *řepa* ◆ *ten je jako ~* 그는 매우 건강하다

říše, *f* **1** 제국 **2** v úředních názvech 영토, 영역 **3** *Ř. německá* 독일 제국 ◆ *Římská ~* 로마 제국

říšský 1 제국의 **2** 독일 제국의

řiť, *f*(-*l*) (새, 짐승 따위의) 둔부, 궁둥이, (사람의) 엉덩이, 항문

řítit se (*řícení*) 돌진하다, 쇄도하다, 돌격하다, přímo/hladce 질주하다; jako šipka (화살처럼) 내닫다, 휙 날아가다 ~ **> z-** 부서지다, 무너지다, 붕괴하다; pádem (무너지면서) 내려앉다, 부서지다, 쪼개지다; skácením, s rozpadem 굴러떨어지다, 전락하다.

říz, *mi-2* 활기, 정력, 생기

říza, *f* 길고 품이 큰 겉옷; 예복, 관복; 가운

řízek[1], *mi-2, 3* **1** (베어낸 한 조각;

Ř

masa (소, 양, 돼지의)) 얇게 저민 고기, 커틀릿 **2** upravený (요리된) 스테이크, (특히) 비프 스테이크, 양의 갈비(에 붙은) 고기 **3** (비엔나) 커틀릿 ((보통 송아지 고기의)) ◆ *řepné -y* 사탕무의 베어낸 조각; *smažený/vídeňský ~* 비엔나 커틀릿

řízek[2], *ma-3* ryba《魚》모샘치((잉어과; 쉽게 잡히므로 낚시밥으로 쓰임)), 미끼

řízení, *n* **1** mechanismus 조타, 조종, 스티어링, 자동 조종[제어] 장치 **2** proces (진행, 처리의) 절차, 조치; vzhl. k jeho jednotlivým článkům 소송 절차, 의사록 **3** soudní (법정의) 공판, 재판, 심리 **4** zásadní postup 체제, 정체, 제도; 운영, 운용, 운전 **5** při ovládání 제어, 통제 **6** potřeba urovnat záležitosti 일, 볼일, 용무, 용건, = *postup* **7** (대학의) přijímací 입학허가, 입학시험 ◆ *~ boží* 신의 섭리; *~ cen* 가격 통제; *~ na dálku* 원격 제어[조작], 리모컨; *levé/pravé ~* 왼/오른 손 운전; *~ porodu* 산아 제한, 가족 계획

řízen|ý 통제된, 조종된 ◆ *~ na dálku* 원격 조정의; *-á střela* 유도한, 미사일, 탄도병기

řízn|out < **řezat** (*ře-žu|-zám, řež!|řezej!, řezal*) **1** do čeho, co/čím (무엇을/무엇으로) 베다, 자르다 **2** zasáhnout 치다, 때리다; 가격하다, udeřit 세게 치다[부딪뜨리다], holí (특히 지팡이로) 철썩 때리다, 세게 치다 **3** pustit se do čeho (무엇에) 덮치다, 덤벼들다 (rázně 맹렬히, 앞 뒤 생각없이 무모하게) **4** zkusit to …을 시도하다[하여보다] **5** způsobit prudký smyslový vjem (찬 바람 따위가) …의 살을 에다, 깊은 상처를 입히다 **6** dodat ostré rysy 두드러진 모습을 하다 **7** **(구어체)** kriticky, do čeho, též řezat co (무엇을) 매섭게 혹평하다, 호되게 꾸짖다, 깍아 내리다 **8** **(구어체)** nadejít si 지름길을 취하다 **9** **(구어체)** mísit nápoj (브랜디 따위를 커피 등에) 가미하다 ◆ *chrápe, jako když pilou řeže („řeže dříví")* 그는 톱질하듯 [심하게] 코를 곤다; *dvakrát měř, jednou řež* 두 번 재고 한번 자르라, 충분히 생각하고 행동에 옮겨라; *~ do živého* 쓰라린 고통을 주다, 골수에 사무치게 하다; *to je píchni jako -i* 그것은 구별할 수 없을 만큼 서로 닮았다 **~, pořezat** < **řezat** ublížit 상처를 입히다 ◆ *~ koho do prstu* 누구의 손가락을 베다 **~, seřezat/zřezat** *koho* = **nařezat** *komu* < **řezat** *koho:* (*jen 'říznout'*) 일격을 가하다; 심한 매질[무차별 타격, 태형, 채찍질]을 가하다 **~ se, pořezat se** < **řezat se** *do čeho* 자신의 무엇을[어디를] 베다 **~ se** **(**구어체: *chybit***)** 큰 실수[대실패]를 하다 **-sebou** **(구어체)** 넘어지다, 뒹굴다; 큰 실수를 하다

řízný 원기 왕성한, 활발한; odvážný a podnikavý 기운찬, 용기 있는; pronikavě působící 날렵한, 민첩한; a zasahující 신랄한, 예리한

řvát (*řv-u, -i!, -al, -aní; neřvat*) > **zařvat** **1** (짐승 따위가) 으르렁거리다, 포효하다 **2** o člověku (사람이) 고함치다, 소리지르다 **3** **(속어)** brečet (아이가) 앙앙울다, 엉엉[느껴]울다 **4**

(속어) (색깔이) 야하다, 번쩍번쩍하다, 화려하다

řvavost, *f-1* (색깔이) 화려함, 야함, 번쩍번쩍함

řvavý 1 (음악이) 요란한, 시끄러운 **2** (색깔이) 화려한, 야한

řvoun, *ma* **1** 고함치는 사람, 호통치는 사람, 큰소리 치는 사람 **2** 울보 (어린이)

s[1], **S** [es] *n-in* [에스] 체코어 알파벳의 자음 글자

s[2], **se I** (+생격) místně (장소) …에서, …로부터, pryč s plochy (표면으로부터의 분리·이탈) 분리하여, 떨어져, 벗어[벗겨]져 ◆ ~ *stolu* 테이블 위로부터 **II** (+대격) časově (시간) nelze vyloučit, že …하는 경향이 있다, …하기 쉽다 ◆ *být* ~ …할 수 있다, …할 능력이 있다; seč jsem 내가 할 수 있는 한 **III** (+조격) **1** společenství (수반·동반) …와(함께), …와 같이[더불어], …을 데리고 (*s sebou* 자신과 함께, 자신을 따라) **2** setkání, utkání, souhlas, dohoda, současnost (만남, 해후, 동의, 일치, 동시) …와 조우하여, …와 일치되어, …에 맞아, …와 동시에; rozloučení (이별) …와 이별하여 **3** v pojmenování jídel (음식 표현) …를 곁들여 **4** charakteristika, náplň (특징, 보충) …인, …한, …로 된, …를 하는 ◆ *kabát ~ dlouhými šosy* 뒷자락이 긴 코트, 연미복; *láhve ~ vínem* 포도주가 든 병들, 포도주병들; *bába ~ ovocem* 과일을 파는 노파 **5** při přesunu slovesa ve zvratné (동사를 재귀형태로 변환하여 동작·행위의 어려움, 난관 등을 표현) ◆ *dělat, nosit, psát... se s čím* 무엇으로 어떤(위의 동사) 어려움을 당하다, 무엇을 하는데 성가시다[애로사항이 있다] **6** ve věci …에 대해 ◆ *myslit to vážně ~* …에 대해 심각하게 생각하다; *poradit mu ~ úlohou* 그의 과제에 대해 조언을 주다; *byl u něho ~ zubem* 그는 이가 문제였다 **7** (종사) zabývat se čím 무엇에 종사하다 **8** v. *příslušná slovesa* (+조격)을 요구하는 동사와 함께 ◆ *co s ním/tím?* 그는, 그것은 어떤가?; *co je s* …는 어떻게 된 일인가?; *s dovolením* 허락하신다면; (*jen*) *s chutí do toho* (그것을) 한번 해 보다; *je s ním* (*jak*) 그는 (어떻게) 지낸다; *s odvahou!* 기운 내라! 힘내라!; *s podmínkou, že* …의 조건으로; *s radostí!* 기꺼이, 흔쾌히

s-, se- (동반·수반), (이탈·분리), (위에서 아래로의 움직임)을 나타내는 접두어 ◆ *sestrkat* (동반) 함께 밀어넣다, 합치다; *setřást* (위에서 아래로) (코트 등으로부터 먼지[눈] 따위를) 떨어내다, (나무를 흔들어서) ovoce (과일을) 떨어 뜨리다

sabotáž, *f* **1** 사보타주 ((쟁의 중의 노동자에 의한 공장 설비, 기계 따위의 파괴, 생산 방해)) **2** (피점령국 측의 공작원, 지하운동가에 의한) 파괴[방해] 활동

sabotér, *ma* 파괴[방해] 활동가

sabotovat 파괴[방해] 활동을 하다, 사보타주하다

sací 빨아들이는; vstřebávající, 흡수하는, 흡수력이 있는, 흡수성의, = *savý* ◆ *~ láhev* (유아용) 젖병

sáček, *mi-2, 3* 작은 자루[부대], 봉지, 봉투

sáčko, *n-2, 3* v. *sako*

sad, *mi* ovocný 과수원; -y, *pl* 공원, 정원

sada, *f* 한 벌, 한조, 일습(一襲), 한 세트, 한 쌍, (테니스 등의) 세트

sadař, *ma* 과수 재배자, 과수 원예가

sadařit 과일을 재배하다, 과수원예가가 되다

sádeln(at)ý 비만[비대]한, 살찐

sádelník, *mi-2, 3* 라드((돼지비계를 녹여 정제한 반고체의 기름))단지

sadismus, *mi-2* [-dyz-] 사디즘, 가학성 변태 성욕; 병적인 잔혹성

sadist|a, *ma(-4)* **-ka,** *f* 변태 성욕자

sadit (se) (*sazen*) < = *v-, zasadit* (*se*) (v. také *sázet se*)

sádk|a, *f* 물고기를 저장하는 탱크; -y, *pl* (물고기의) 부화장

sádlo, *n* 지방, 비계, 기름; vepřové vyškvařené 라드((돼지 비계를 정제한 반고체의 기름)), 돼지기름

sadový 1 과수원의 **2** 공원의

sádr|a, *f* **1** 회반죽, 분말석고, 구운석고((물을 섞으면 단 시간 내에 굳어짐)) **2** sádrovec 깁스, 석고 ◆ *dát nohu do -y* 다리에 깁스를 하다

sádrař, *ma* 석고세공인, 미장이

sádrokartón, *mi-2* 플라스터보드((석고를 속에 넣은 판지))

sádrovat > **za-** 회반죽을 바르다, 고약을 붙이다, 석고로 처리하다

sádrový 1 회반죽의, 분말 석고의 **2** 깁스의

safír, *mi-2* 사파이어, 청옥(靑玉)

safra v. *sakra*

sága, *f* (영웅·왕후 등을 다룬) 북유럽의 전설; 무용담, 모험담 ◆ *literárně ~* 계도[대하] 소설

sáh, *mi-2, 3* (옛날의 길이 단위) 6피트; hloubkový (깊이로서의) 길((1m 83cm, 6피트))

sahat 1 až kam (어디에까지) 도달하다, 이르다; rozkládat se 뻗다, 미치다 **2** v. *sáhnout*, rukou se dotýkat (손으로) 만지다, 닿다 ◆ *Nesahejte na vystavené zboží* 진열된 상품을 만지지 마세요; *ne ~ komu* (*ani*) *po kolena* 누구의 무릎에도 미치지 못하다[실력이 떨어지다]; *~ nad co* 무엇을 넘다[초과하다], 무엇보다 뛰어나다[능가하다]

sáhnout < **sahat 1** 도달[도착]하다 (do čeho, k čeho 무엇에), napřažením (두 손을) 뻗치다, 내밀다 po čem (무엇을 향해) **2** na co (무엇에) 닿다, 접촉하다, pohybem (동작으로) …에 이르다[닿다], prsty (손가락으로) 대다; pro co (무엇을 잡으려고) 손[발]을 뻗치다 **3** chápavě 붙잡다, 움켜쥐다, lapavě (움켜 잡으려) 달려[덤벼]들다 po (…에); použít …을 이용[활용]하다, jako řešení (해결책으로) …에 의지[호소]하다, a být připraven toto řešení hájit (조치 따위를) 채택하다, 골라잡다, v postupu práce (일의 과정에서) …에 착수하다, …하기 시작하다 **4** do čeho (무엇에) 손을 집어넣다; k čemu (무엇을) 잡다 **5** na koho, ohrozit ho (누구를 향해 때릴 것 같이) 손을 들어올리다, 공격[위협]하다 ◆ *~ na sebe|si na* *život* 자살하다; ~ *komu do svědomí* 누구의 양심을 자극하다; ~ *komu na zub* = *vzít koho na paškál*

sáhodlouhý 1 매우 긴[큰] **2** o vyprávění 장광설(長廣舌)의, 이야기가 긴

sacharín, *mi-2* 사카린((화학물질))

sáknout (se) > na-, za-, v- 젖다, 잠기다 do (…에), = *prosakovat*

sako, *n-2, 3* (양복 등의) 상의, 재킷((남녀 구별 없이 씀))

sakra(mente) (감탄사**)** 제기랄, 지긋지긋해, 염병할, 빌어먹을

sakramentsky 지독하게, 굉장히, 엄청나게

sakramentský 저주 받은, 지독한, 지긋지긋한, 말도 안 되는

sakristie, *f* [-ty-] (교회의) 성물실, 성물안치소; menšího kostela (작은 교회의) 제의방, 제구실

sakrovat > za- (하느님의 이름을 내대며) 욕설하다

sál, *mi* 홀, 집회장, 현관(의 넓은 공간) ◆ *nemocniční* ~ (병원의) 병실, 병동; *operační* ~ 수술실; *přednáškový* ~ (강연을 위한) 대강당; *amfiteátr* ~ 원형 극장, (극장의) 계단식 관람석

salám, *mi-2* (향료를 넣은) 대형 소시지의 일종, velký 볼로냐 소시지((대형 훈제 소시지)), 살라미 소시지((향미를 가한 이탈리아 소시지))

salaš, *f* 샬레((스위스 양치기들의 오두막 집))

salašník, *ma-3* (양)낙농업자

salát, *mi* **1** 《植》 zelenina (hlávkový ~) 상추 **2** připravený (먹을 수 있도록 준비된) 생채 요리, 샐러드

sálat > za- 1 (빛, 열을) 사출[발산, 방사]하다, obraz. 백열[작열]하다 **2** vydávat ze sebe (자신의 의견 따위를) 토로하다, 말하다

Salcburk, *m* 잘츠부르크((오스트리아의 도시))

saldo, *n-2* **(**복수 생격 *sald***)** 《商》 수지, 차액, 차감잔액

saldovat >< potvrdit (계산서에) 영수필이라고 쓰다; vyrovnat (대차, 수지 따위를) 차감하다

salón, *mi* 《商》 **1** soukromý 점(店); (원래는 객실처럼 설비한) 영업[촬영, 진찰]실; hotelu, lodi apod. (호텔, 여객선 따위의) 로비, 사교실, 휴게실 **2** soukromý 응접실, 객실, na pevnině, společnost, výstava (대저택의 객실이나 단체에서 갖는) 명사들의 모임; výstava 전시회, 전람회 **3** prvotřídní výčep (술집의) 특별실 **4** módní 미용실, 미장원◆ *lev -ů* 여자와의 교제를 즐기는 사내; *majitel -u* 미용사

salónní 1 축제 기분의, 화려한 **2** odtržený od skutečnosti, od lidu 이론뿐인, 실천이 따르지 않는, 말뿐인 ◆ ~ *socialista* 말뿐인 사회주의자; ~ *vůz* 특별객차, 전망차, 세단형 자동차

sálový 홀의 ◆ ~ *sport* 실내[옥내] 스포츠

salto, *n-2* **(**복수 생격 *salt***)** 재주넘기, 공중제비

salutovat > za- (군인, 경찰 등이) …에게 경례하다, …에게 인사하다 (특히 깍듯이), (귀인에 대한) 군대의 예를 하다

salva, *f* **(**복수 생격 *salv***) 1** letící střely 일제 사격 **2** hromadná, též na pozdrav

S

(의식에서의) 일제 축포 **3** jen na pozdrav 인사, 경례, 《軍》(총, 칼, 포, 기 따위를 사용한) 경례

Salvador, *m* 엘살바도르

sám, sama, samo (대명사; 변화에 대해서는 부록 참조) **1** o samotě 다만 홀로[혼자서], …만(으로); *zcela ~ = ~ a ~* 완전히 혼자[홀로]; v nepříjemně pociťované samotě 외로운, 고독한, 외톨이의 **2** bez zásahu apod. 혼자서, 혼자 힘으로; bez doprovodu, pomoci (동반이나 도움 없이) 단독으로 **3** (강조) dokonce 자신도, 자신조차도, 심지어 (on sám 그 자신) **4** toliko 단지, 오로지, …에 지나지 않는, již ~ 바로 그 **5** v plném smyslu 바로 그 자체, a nic menšího …못지 않게, …와 같이 [마찬가지로] **6** dobrovolně 자발적으로, 자유 의사로, od sebe 자진하여, 저절로 **7** sám se(be) 자신이, 스스로 ◆ *co sám nechceš, nečiň jinému* 자신이 원하지 않는 것을 남에게 행하지 말라; *být ~ sebou* 개성이 뚜렷하다; *samo o sobě* 자체로; *~ od sebe* 자진하여, 저절로 (*všechno jde samo = samo od sebe*); *samo sebou* 자연히, 당연히, 말할 나위도 없이

samčí (동물) 수컷의; (식물) 수술의

same|c, *ma* **-ček,** *ma-3* 수컷, 남자, 남성

sami|ce, -čka, *f* 암컷, 여자, 여성

samičí (동물) 암컷의; (식물) 암술의

samet, *mi-2* 벨벳

sametka, *f-1* stužka (리본) 밸벳 리본

sametový 1 벨벳[우단, 비단]의 **2** 벨벳 같은, (촉감이) 부드러운 **3** 평화스러운, 비폭력적인 ◆ *hebký jako ~* (= sametově hebký) 매우 부드러운; *-á revoluce* 벨벳 혁명

samo (구어체) 당연하지!

samočinně 자동적으로 ◆ *~ se čistící* 자동 청소하는

samočinný 자동의, 자동적인, 기계적인

samohláska, *f* 모음, 모음 글자, 모음자

samohláskový 모음(성)의, 모음을 포함하는

samolibost, *f-1* 자기 만족, 자기 도취

samolibý 자기 만족[도취]의, 독선의; drze 뽐내는, 거들먹거리는, 이기적인

samomluva, *f* 모놀로그, 독백, 혼자하는 대사

samonosný 자활하는, 자급하는 ((건물, 시스템 등이 스스로의 시스템을 갖는))

samoobsluh|a, *f* (식당, 매점 따위의) 셀프서비스((손님이 손수 갖다 먹는 식의)); 셀프서비스 상점[식당] ◆ *dopravní prostředek se -ou* 승차 때 승객이 스스로 요금을 내는 1인 운행의 교통수단; *velkoobchod se -ou* 셀프서비스 슈퍼마켓

samoobslužný 셀프서비스(상점, 식당)의

samopal, *mi-2* 자동 소총, 기관 단총

samorostlý 자력으로 만든[출세한]

samospoušť, *f* (사진기의) 자동 셔터, 자동 개폐기

S

samospráv|a, *f* 자치, 자주 관리; místně 지방자치, 지방자치체 ◆ *předseda, předsedkyně školní -y* 학생 자치회 의장/여의장

samosprávný 자치의, 자율의; o instituci 자발적인, 임의의

samostatně **1** každé zvlášť 각각, 따로따로 **2** nezávisle 자신이, 독력으로 **3** hospodařící 자가영업[자영, 자유업]으로 ◆ *~ hospodařící rolník* 자영 농민

samostatnost, *f-1* 독립, 자주, 자립

samostatný **1** 독립한, 자주의, 자력의 **2** oddělený 따로의, 독립된, 단독의; stojící zvlášť 격리된, 외딴 **3** i tak úplný 일체 완비된((기계 설비 따위))

samostudium, *n* 독학, 독습

samostříl, *mi-2* (중세의) 격발식 활

samot|a, *f* **1** 고독, 홀로 삶; pocit 외로움, 쓸쓸함 **2** opuštěné místo 인가에서 멀리 떨어진 곳; pustina 황야, 황무지, 황량한 장소 **3** stavení 외딴 집, 독립 가옥 ◆ *být/zůstat o -ě* 홀로 남다, 자력에 의존하게 되다

samotář, *ma* **-ka,** *f* 혼자 사는 사람, 혼자 살기를 좋아하는 사람, 사람을 싫어하는 사람, 염세가; žijící v ústraní 은둔자, 속세를 떠나서 사는 사람

samotářský 은둔자의, 은둔적인, život 은둔 생활의

samotinký 완전히 혼자[홀로]의, 누구 힘도 빌리지 않는, v přívlastku (관형사에서) 홀로의

samotný = *sám, samý*

samouk, *ma-3* 독학자, 독습자 ◆ *metoda pro -y* 독학[독습] 방법

samovar, *mi-2* 차탕관, 차 끓이는 솥, 사모바르((러시아의 차 끓이는 주전자))

samovazač, *mi* 자동식 묶음 기계, 자동 자정기, 바인더((베면서 단을 짓는 기계))

samovazb|a, *f* 독방 감금 ◆ *v -ě* 외부와 연락이 끊긴, 독방에 감금된

samovláda, *f* 독재[전제]정치, 독재권

samovládce, *ma* 독재 군주, 독재자

samovládný 독재자의, 독재적인, 전제 정치의

samovolný 자발적인, 임의의

samo|vznětlivý, -zápalný 자동 점화[발화]의

samoznak, *mi-2, 3* 어표(語標), 약호(略號)

samozřejmě 분명히, 실제로, 당연히 ◆ *~* 물론이다! 말할 것도 없다! 당연하다!; *je ~* 그것은 당연하다[합당하다]; *mít/pokládat co za ~* 무엇을 당연하게 여기다[간주하다]

samozřejmost, *f-1* **1** 자연성, 당연성 **2** zřejmost něčeho 자명성

samozřejm|ý **1** zcela zřejmý 자명한, 당연한, všední 일상의 **2** zjevný 또렷한, 명백한 **3** logicky 논리적인 **4** tvářící se -ě 무관심한, 태연한, 냉정한

samozvanec, *ma* **1** …인체 하는 사람, 자칭자, (왕위 등에 대한) 요구자 **2** vetřelec 침입자, 훼방꾼, 방해자, 불청객, uchvatitel 찬탈자

samozvaný **1** nevyzvaný 초대도 받지 않고 찾아간, 불청객의 **2** sám se ustanovivší 혼자 정한, 자칭의, 자칭

S

의 **3** osobující si postavení, uznání … 연(然)하는, 자칭[자임]하는 **4** nezákonný 불법의, 서출(庶出)의

samý 1 전부가 …뿐인, …로 충만한, 맨, toliko 단지 그 **2** blízkost 바로 그 **3** všude ~ 모두가 …인 ◆ *samou láskou* 순전한 사랑으로; *ten ~* **(**구어체**)** = *týž*

saň, *f* **1 (**신화**)** 용, 히드라 **2** o ženě **(**경멸어**)** 앙알거리는 여자[아내], v. *xantipa* 잔소리가 심한 여자

sanace, *f* 재건설, 재개발; 구제, 제도(濟度) ◆ ~ *města* 도시 재개발, 도시 재건; ~ *půdy* 토양 정화

sanatorium, *n-2* [-tó-] 새너토리엄, (특히 병 회복기 및 결핵 환자의) 요양소, 보양지, 요양지

sanatorní 치료하는, 구제하는

sandál, *mi-2* 샌들((가벼운 여름 신발))

saně, sáně, *f-pl* (*saní-m, -ch*) **1** 썰매((말, 개, 순록에게 끌게 하는 사람[짐] 운반용)), (놀이용) 소형썰매, stavěné jako bryčka/kočár, podvozek (사륜 포장마차 혹은 포장 마차로 제조된) 썰매 **2** kluznice (비탈길에 쓰는) 지륜 장치, 미끄럼막이 **3** = *sáňky*

sání, *n* 빨기, 발아들이기, 흡수력

sanice, *f* **1** čelist (동물, 물고기의) 아래턱 **2** 썰매 날 **3** jízda na saních 썰매로 달리기, 썰매 여행

sanita, *f* [-ny-] (군의) 야전 병원, 공공의료(시설)

saniťák *ma* [-ny-] 앰블런스 운전사, (군의) 들것 드는 사람

sanitář, *ma* **-ka,** *f* 앰블러스 운전자, 병원의 잡역부

sanitka, *f* **(**구어체**)** (상병자를 나르는) 병원차, 구급차, 앰블런스

sanitní (공중) 위생의, 보건상의 ◆ ~ *vůz* 병원차, 구급차

sáň|kař, *ma* **-ka,** *f* 썰매타는[로 끄는]사람; 썰매를 끄는 말[동물]

sankce, *f* **1** 재가, 인가, 찬성 **2** (보통 수개국 공동의 국제법 위반국에 대한) 제재, 처벌

sankcionovat 1 재가[인가]하다 **2** 제재를 가하다

sáňkovat 썰매로 나르다, 썰매를 타다, 터보건((바닥이 평평한 썰매의 일종))으로 미끄럼 타고 가다, s kopce (꼭대기에서) 썰매로 활강하다

sáňk|y, *f-pl* 썰매, 터보건 ◆ *jezdit na -ách* = *sáňkovat* 썰매타고 가다

sanovat >< (재정적으로) 구제하다; 재개발하다; (기능 등을) 회복시키다

sápat se (*sáp-u|-ám se, sápej se!, sápal se*) se na koho (누구를) 난처하게 하다, 괴롭히다; dorážet …를 공격하다, prudce se hnát 덤벼[달려]들다, 덮치다 po (…에/…를)

saponát, *mi-2* 청정제, 세제, (특히) 합성 세제

sardelka, *f* 《魚》 středomořská (지중해산의) 안초비((지중해나 유럽 근해에서 나는 멸치류의 작은 물고기)); jinak 소금에 절인 안초비

sardin|ka, *f* [-dyn-] 《魚》 정어리 ◆ *krabička od -ek* 정어리 통조림; *nacpaní jako -ky* 빽빽이[꽉] 채워진

sardonický [-nyc-] 조소적인, 냉소하는, 빈정대는

sarkasmus, *mi-2* 빈정거림, 비꼼, 풍자, 비꼬는 말

sarkastický [-tyc-] 빈정거리는, 비꼬는, 풍자적인, 신랄한

Sas, *ma* **1** 작센 사람 **2** -ové 작센 사람들

sasanka, *f* **1** 《植》 아네모네 **2** 《動》 말미잘

Sasko, *n* 작센((독일 남부지방의 옛 주))

saský 작센 사람의, 작센의

sát (*sa-, sál*) > **na-, v- 1** 빨다, 빨아들이다; vstřebávat 흡수하다, houbou 해면에 흡수시키다, vlhkou skvrnu apod. (젖은 얼룩 등을) 압지 따위로 빨아들이다 **2** vdechovat 숨을 들이시다 **3** vnímat 감지하다, 지각하다, přijímat dychtivě (열정적으로) 받아들이다

satan, *ma* **1** 사탄, 악마, 마왕 **2** 버섯의 일종

satanáš, *ma* satan 사탄, 악마, 마왕

satanismus, *mi* 악마주의, 악마적 행위

satanský 악마의, 마왕의

satanství, *n* = *satanismus*

satelit, *mi-2,* **1** 위성 안테나 **2** 행성 **3** 인공위성 **4** (인공위성의) 궤도

satelitní 위성[인공위성]의 ◆ *~ město* 위성도시

satira, *f* [-ty-] 풍자; 풍자문학, 풍자시(문); 빈정거림, 신랄한 비꼼

satirický 풍자적인, vysměvačný 풍자를 좋아하는, 잘 비꼬는

satirik, *ma-3* 풍자시(문) 작자, 풍자가, 빈정대는 사람

satirizovat 풍자화하다, 빈정대다, 비꼬다

satisfakce, *f* [-tys-] 만족(감), 충족

satyr, *ma* (그 神) 사티로스((반인 반수의 숲의 신; 말의 귀와 꼬리를 가졌고 술과 여자를 좋아함)); 호색가

satyrský 사티로스의[와 같은]

Saúdská Arábie, *f* 사우디 아라비아

sauna, *f* 사우나, 사우나 탕, (핀란드의) 증기욕[탕]

savec, *ma* 포유동물

sav|ý 흡수하는, 흡수력이 있는, 흡수성의 ◆ *-á síla* 흡수력; *~ papír* 압지[흡수지]

saxofon, *mi-2* [-fón-] 색소폰((대형 금관 악기))

sazárna, *f* 《印》 식자실(室)

sazba, *f* tisk. 《印》 **1** 활자, 자체, 식지, 조판**2** pro výpočty 율(率), 요율; 관세표[율], 요금표[율]

saz|e, *f* **1** 검댕에 의한 얼룩; *~, pl* 검댕, 매연 **2 (**속어**)** (귀여운) 여자, 계집

sazební 요율의, 시세의

sazebník, *mi-2, 3* 관세표(율), 요금표

sazeč, *ma* (印) **-ka,** *f* 식자공, 인쇄공, 타이프그래퍼((활자 서체짜기, 레이아웃 등의 전문가))

sazeni|ce, -čka, *f* 《植》 실생(實生)의 식물, 묘종, 묘목

sázet (*-zejí*) > **na-, po-, sadit** (*-sazen*) **1** 자리잡아 앉히다, (모종, 씨 등을) 심다 **2** dávat někam 두다, 설치하다, umístit 배치[배열]하다; položit 놓다, 위치시키다 **3** aby seděl-o 앉히다, 착석시키다 **4** obětovat v. *nasadit* ◆ *sázená vejce* 에그프라이; ~ > **(v)sadit 1** vsadit do vězení (감옥에) 수용[구류]하다, ránu (타격을) 가하다

2 na někoho, na koně (누구에, 말에) 내기 (돈을) 걸고 (…임을) 주장하다 ~ > **(vy)sadit** (*vysadit, o sazbě*) **1** (印) 식자[조판]하다 **2** peníze na stůl (돈을 테이블 위에) 내려 놓다 **3** o sadbě = ~ > **(za)sadit 1** (나무를) 심다, (식물을) 옮겨심다 **2** ránu v. (*v*)*sadit* (*výše*) ~ **se** > **(po-, u-)sadit se** (*zř.*) = *ukládat se, usazovat se* ~ **se** > **(v)sadit se** s kým oč (누구와 무엇에 대해) 내기하다; *sázet se* 내기 걸다 ◆ *vsaďte se* 정말이야, 틀림없어; *vsadil bych se* 나는 내기를 걸겠다, 확실하다; *vsadit vše na jednu kartu* 한 번의 내기에 모든 것을 걸다

saz|ka, *f* 풋볼 도박 ◆ *hrát v -ce* 풋볼 도박을 하다

sáz|ka, *f* 내기, 도박, za částku uchovanou stranou 내기에 건 돈[물건] ◆ *být v -ce* (돈, 목숨, 운명이) 걸리어 있다, 매우 위태롭다

sázkov|ý 내기의 ◆ *-á kancelář* 복권방, 마권 판매소

sbal|it, v. *balit*; **-ovat** = *balit*

sběh, *mi-2, 3* **1** (사람의) 집합, 군중; revoltujících 폭동, 소요 **2** poměrů, okolností (관계, 상황의) 일치, 부합

sběhnout < sbíhat 1 dolů (아래로) 달려 내려가다, (멀리) 달아나다, po čem (무엇을 따라) 내려가다 **2** z cesty 길을 잃다 ~ < **sbíhat se 1** 모이다, 집합하다; v davu 떼지어 모이다, 붐비다, 밀어 닥치다; v revoltě 폭동을 일으키다 **2** přímo k jednomu bodu (한 점으로) 모이다 **3** přihodit se 일어나다, 발생하다

sběr, *mi-2* **1** (과일 등의) 수집, 채집, 수확 **2** (자료 등의) 수집 **3** k uchránění před zkázou, např. odpadových hmot (파괴, 이를테면 폐기물로부터의) 구조[구제], 폐품수집

sběrač, *ma* **-ka,** *f* (골프 공, 테니스 공, 과일, 이삭 등의) 수집자 ◆ ~ *míčků* (골프) 캐디, 심부름꾼

sběračka, *f* 더껑이를 걷어내는 도구, 국자; = *naběračka* ◆ *sbírat -kou* 국자로 건더기를 떠내다

sběratel, *ma-1, 4* **-ka,** *f* (예술작품, 골동품, 우표, 민요 등의) 수집가, 채집가

sběratelský 수집가의

sběratelství, *n* 수집, 채집

sběrna, *f* 수집소, 채집장

sběrn|ý 수집의, 채집의; 집합의, 집단적인 ◆ *-á služba* 픽업 서비스, 집배 서비스; *-é suroviny* 폐품, 허접한 쓰레기; *-ý tábor* (피난민, 무주택자, 신병 등의) 수용센터; *-á třída* (자동차용) 우회로, 보조도로

sběř, *f* (악당 따위의) 일당, 한 패, lůza 오합지졸, 폭도, (인간) 쓰레기

sbíha|t (se) v. *sběhnout* (*se*); ~ *se* 한 점(선)에 모이다, 집중하다 ◆ *při tom se mi -jí sliny* 그것은 나로 하여금 군침을 흘리게 한다, 나의 욕심을 일으키게 한다

sbíhavost, *f* 수렴, 집중도

sbíhavý 한 점으로 향하는, 한데 모이는

sbíječka, *f* 공기 드릴[착암기], 굴착기

sbíjet v. *sbít*

sbírat (se) v. *sebrat* (*se*)

sbírka, *f* **1** 수집[채집]물, (표본, 미술

품 따위의) 소장품, (작품의) 선집 **2** pouhé sestavení 편집[편찬]물; zákonů apod. (법률 등의) 요람 **3** souprava 한 벌, 한조, 일습, 한 세트 **4** 모금, 헌금

sbí|t (*sbi-*) < **-jet** (*-její*) údery 망치로 쳐서 만들다, hřeby 못질하여 만들다

sblíž|it (*sbliž!*) < **-ovat** 가깝게 만들다, 화해시키다, 친하게 하다, 결합시키다 ~ **se** (*sbliž se!*) < **-ižovat se** 가까워지다, 화해하다, 친밀해지다

sblížení, *n* 화해, 화합, 친선

sbohem 안녕, 안녕히가[계]십시오) ◆ ~ *ideály!* 이상이여 안녕!; *dát komu* ~ …에게 작별을 고하다

sbor, *mi-2* **1** 집단, 일단, 떼, 무리, výbor 위원회, řídící 중역회, 이사회; voj., dipl., baletní (군대, 외교, 발레의) 군단, 외교단, 발레단 **2** učitelský 교수[교사]진 **3** zpěvácký 성가대 (v kostele, 교회의), (ob.) 합창단 **4** kniž., seskupení 그룹; **5** 교회, 교구 ◆ *-em* 제창[동음]으로, 일제히, 한 목소리로; *armádní* ~ 군악대; *divadelní/baletní* 연극/발레단; *poradní* ~ 자문단; *učitelský* ~ 교사진

sborist|a, *ma(-4)* **-ka,** *f* 합창단 가수, (가극 따위의) 코러스 보이[걸]

sbormistr, *ma* (합창단) 지휘자

sborník, *mi-2, 3* 기념문집[작품집], 논문집 ◆ *Dvořákův* ~ 드보르작 (추모)작품집

sborovna, *f* 교수[교사]실

sborový **1** 합창단의, 성가대의 **2** jednohlasný 동음의, 같은 높이의 **3** řídící kolektivně 위원회의

sbratř|it (se) < **-ovat (se)** 형제로서의 교제를 하다, 친하게 사귀다

scel|it (se) < **-ovat (se)** **1** 복원하다, 복구하다 **2** (토지, 회사 등을) 합병하다, 통합하다 ◆ ~ *pozemky* 토지를 통합하다[토지정리하다]

scéna, *f* **1** (연극의) 무대 장면, (영화의) 세트, (극의) 장, 장면 **2** obraz., jeviště 스테이지, 무대, 연단 **3** krajina (한 지방 전체의) 풍경, 경치 **4** příběh, hádka (한 바탕의) 소동

scenárista, *ma(-4)* (영화, 방송의) 각본가, 각색자, 시나리오 작가

scénář, *mi* (극, 영화, 방송국 등의) 각본, 대본, 스크립트, 시나리오, 콘티

scenérie, *f* (한 지방 전체의) 풍경, 경치; pozadí děje (연극 따위의) (무대) 장치, 배경 ◆ *mořská* ~ 바다 배경

scénický [-nyc-] 경치의, 무대의, 배경의

scestí, *n* ◆ *přijít, dostat se na* ~ 길을 잃다, 잘못하다; (*s*)*vést, přivést koho na* ~ 누구를 미혹시키다, 타락시키다

scestný 일탈한, 정도를 벗어난; chybný 그릇된, 잘못된, 틀린

scestovalý 여행을 많이 한

scestovat = *procestovat* (v. *pro-*) (나라, 대륙 등을) 여행하다, 돌아 다니다

scvrk|nout se < **-(áv)at se** **1** 오그라들다, 줄어들다; suchem (말라서) 줄어들다, do vrásek 주름(살)지다; s vadnutím 시들다 **2** zmizet 슬쩍 나가다, (방해가 안되게) 비키다, 가까이 않다 **3** ztenčit se 가늘어지다, 결핍하게 되다

scvrklý 오그라든, 수축된 (v.

S

scvrkmout se); výrazněji 시든

sčes|at (*sče-šu|-sám, sčeš!|sčesej!, sčesal*) < **-ávat 1** 빗질하다, 빗어내리다 **2** ovoce v. *česat*

sčetlý = *sečtělý*

sčítací 가산의, 계산의

sčítač, *ma* **-ka,** *f* 세는 사람, (투표 등의) 계표원, (직업적인) 여론 조사원(가)

sčítání, *n* 합계, 총계 ◆ ~ *obyvatelstva* 인구 조사

sčít|at < **-ávat** 합계하다, 총계하다 ◆ ~ *ovyvatelstvo* 인구 조사를 하다

S

sdělení, *n* 전달, 통지, 고지, 전략, 전언, 통신, 소식

sděl|it < **-ovat 1** 전달하다, 전하다; s vytčením procesu/způsobu sdělování 나누어주다, 주다 **2** dát na vědomí (전갈 등을) 전하다, 전달하다, 통고하다, uvědomit 통지하다, 공지하다, jemně, v náznaku 넌지시 알려주다 **3** informovat 알리다, 보고하다; povědět, uvést 말하다, 이야기하다; oznámit 알게 하다, 고지하다 **(참조)** sdělit

sdělovací 통신의, 전달의, 보도의 ◆ ~ *prostředky* 통신[정보]매체

sdělovat v. *sdělit*; *řidč.* = *sdílet*; **~ si** mezi sebou (서로간에) 교환하다, 서로 바꾸다, 주고받다

sdíle|t (*-lejí*) s kým co (누구와 무엇을) 서로 공유하다; citově (정서적으로) 서로 공감하다, zájem 서로 관심을 갖다

sdílnost, *f-1* 수다스러움; 터놓고 이야기 하기, 솔직함

sdílný 수다스러운; 터놓는, 숨김없는, 솔직한; vykládající zeširoka 개방적인, 거리낌 없는

sdírat v. *sedřít*

sdostatek (문어체**)** 충분히, 필요한 만큼, 족히

sdrátovat 끈으로 함께 묶다, 끈을 이용하여 고치다, v. *drátovat*

sdrh|nout < **-ovat 1** založit 걷어 올리다, 치켜 올리다, do záhybů 접다 **2** kůži apod. (가죽 등을) 벗기다; (피부를) 할퀴다, 긁다; (색을) 긁어 벗기다

sdružení, *n* 연합, 결합, 제휴, 교제 ◆ ~ *rodičů a přátel školy* 학부모 교사 협의회, 사친회

sdružený 결합된, 공동의, 합동의

sdruž|it (se) < **-ovat (se)** 연합시키다, 연합하다, 참가시키다, 참가하다, 동료로 가입시키다, 가입하다; ve skupinu (그룹으로) 한 떼를 만들다, 모으다, 모이다

se[1] = *s* ◆ zná se 그(녀)는 자신을 안다; nikdy nemluví o sobě 그(녀)는 언제고 자신에 관해 이야기 하지 않는다; milují se 그들은 서로를 사랑한다; dům se staví 집은 건설 중이다; koupit si auto 자신을 위해 자동차를 사다; chce se mi spát 나는 자고 싶다

se[2]**, si** 《言》 재귀대명사 **(**1격없음, 2격 sebe, 3격 si, 4격 se, 6격 sobě, 7격 sebou; 강조의 경우 장형(長型) 3격 sobě, 4격 sebe**) 1** zvratně 자기 자신을 **2** vzájemně 서로를, 서로가, 상호를, 상호가 **3** obecný podmět (일반 주어로서) 자신이, 스스로가

sebe 자기(자신); s komparativem **(**비교급과 더불어**)** 아무리 …하다 하더라도, 아무리 …일지라도 ◆ *ani sebe...*

가장 …일지라도 …않다; *i kdybych dostal sebevíc peněz, neudělám to* 돈을 가장 많이 준다 할 지라도 나는 그 일을 하지 않을 것이다

sebedůvěr|a, *f* 자신(自信), 자기 과신 ◆ *mít -u* 자신감을 가지다

sebejistota, *f* 자기 확신, 자신

sebejistý 자신 있는, 자기 만족의

sebekázeň, *f* 자기극복, 극기, zdrženlivá 자제; spartánství 스파르트 주의[정신]

sebeklam, *mi-2,* 자기기만, 착각, 망상

sebekritický [-tyc-] 자기 비판적인

sebekritika, *f* [-ty-] 자기 비판, 자아 비판

sebeobětování, *n* 자기 희생(적인), 헌신

sebeovládání, *n* 자제, 극기

sebepozorování, *n* 자기 성찰, 내성(内省), 자기 반성

sebeurčení, *n* 자기 결정, 자결(自決), 민족 자결(권)

sebevědomí, *n* **1** zdravé 자기 신뢰, 자신(自信) **2** nezdravé 자기 과신, 자부심, 허영심

sebevědomý **1** zdravě 자신있는, 자기를 믿는 **2** nezdravě 자신 과잉의, 자만심이 강한

sebevlá|da, *f* 자제, 극기, 침착, = *sebeovládání* ◆ *zbavit koho -dy* 자제력을 잃게 하다, 불균형 있게 하다

sebevrah, *ma-3* 자살자

sebevražda, *f* 자살, 자기파괴, 자멸

sebevražedný 자살의, 자멸의

sebevzdělání, *n* 자기 교육, 독학, 고학

sebezáchova, *f* 자기 보존

sebezáchovný 자기 보존의

sebezapření, *n* 자제, 극기, 금욕

sebranka, *f* 한 패(거리), 동아리, 사람들; = *sběř*

sebrat (*seber-, sebral*) < (구어체) = *vzít* 움켜잡다, 붙잡다; o policii (범인을) 잡다

sebra|t < **sbírat** **1** dohromady, záměrně, účelně, plánovitě, výběrově 모으다, 수집하다, jen nahromadit, shromáždit 그러모으다, jen shromáždit, látku apod. (자료 등을) 수집하다, 집계하다; myšlenky (생각을) 정리[집중]하다 **2** zvednout 줍다, 집다; cestou (차, 배 따위가 승객을) 도중에서 태우다 **3** posily/k posile 다시 모으다, 재편성하다, aby bylo k dispozici (용기 따위를) 불러 일으키다; vybrat a tak sehnat (기금 따위를) 마련[조달]하다 **4** smetanu, pěnu apod. (위에 뜬 찌끼나 거품 등을) 걷어내다; komu co (누구로부터 무엇을) odejmout 빼앗다[박탈하다] **5** zatknout 붙들다, 체포하다 **6** vysílit 힘을 빼다, 쇠약하게 하다; = *nabrat* ◆ *kdes to -l?* (*tj. slyšel*) 너 그거 어디서 들었니?; ~ *komu vítr z plachet* (누구를 선수를 쳐서 앞지르다[패배시키다, 당황하게 하다]; ~ *svých pět švestek* 자신의 가재도구를 꾸리다 ~ **se** < **sbírat se** **1** o spojení ve větší celek 모이다, 증대하다; zvl. lidé, spořádaně (특히 사람들이) 모여들다, 집결하다; vojensky (군사적으로) 다시 모이다, 재집결하다; dohromady, vytvořit 이루다, 형성하다 **2** do

S

záhybů 접히다, 포개지다 **3** vzpamatovat se 생각이 모이다; přijít k sobě 의식을 회복하다, 기운[기분]을 되찾다; zotavit se (건강을) 회복하다, 되찾다; postavit se (용기를) 되찾다 **4** přichystat se 준비[채비]를 갖추다; na cestu (길을) 떠나다, 출발하다 ◆ *musím se už* ~ 나는 이제 떠나야 해; *seber se!* 진정[침착]해!, 정신차려!; *seber se a jdi* 짐을 꾸려 떠나[출발해]!

secese, *f* **1** odštěpení se 탈퇴, 분리 **2** výtvarná《建 · 工藝》아르누보((19세기 말의 장식적인 스타일을 특징으로 하는 예술운동))

secesní 아르누보의

secí 파종의 ◆ ~ *stroj* 조파기(條播機)((골을 쳐서 씨를 뿌린 다음 흙을 덮는))

seč[1] *utíkal jsem,* ~ *jsem mohl* 나는 할 수 있는대로 도망쳤다

seč[2]**,** *f* **1** = *řež* 대량학살 **2** 목초지

seč[3] sekat의 2인칭 단수 명령형

sečí|st (*sečt-*) < **-tat** 총계하다, 합계하다 ◆ *sčítání lidu* 인구 조사; *jeho dny jsou sečteny* 그의 여생은 얼마 안 남았다

sečk|at v. *čekat* **-ávat** = *čekat*

sečn|ý 베는, 절단의 ◆ *-á rána* 베인 상처

sečtělý 많이 읽은, 박식[박학]한 ◆ *málo* ~ 많이 읽지 못한, 빈약한

sedací 앉는 ◆ ~ *koupel* 뒷물, 좌욕(座浴); ~ *lázeň/vana* 좌욕조[통]

sedačka, *f* (등 없는) 걸상, 의자; (자동차, 유아용) 의자

sedačkový výtah (스키어를 위한) 체어리프트

sedadlo, *n* 자리, 좌석, 의자

sedat 1 (*sedět*의 불한정동사) 앉아 있곤 하다 **2** v. *sednout* **~ (se)/si** v. *sednout (se)/si*

sedátko, *n-2, 3* **1** 간이 의자, (극장 따위의) 등받이를 세웠다 접었다 하는 의자, (자동차 등의) 잡게된 보조좌석 **2** (수세식) 변기

sedavý 앉은 채 있는, 앉아 하는 일의

sedění = *sezení*

sedět (*oni sedí*) **1** 앉아 있다, 앉다; [jako] pták (새가) 횃대에 앉다 **2** nechodit ven (밖으로 나다니지 않고) 집에 머물다; nad čím, do noci (무슨 일을 밤까지) 앉아서 하다 **3** zasedat 개회하다, 개원[개정]하다 **4** ve vězení (감옥에) 앉아 있다, 수감중이다 **5** na kom (누구를) 괴롭히다, 애먹이다 **6** na čem z lakoty (무엇을) 꼭 잡다, 단단히 쥐다, 부여잡다; na vejcích (알을) 품다 **7** být někde, pevně, umístěn (어딘가에, 특히 대단하게, 고착되어서) 자리를 차지하다; jak = *přiléhat* komu (누구에게) 맞다, 적합하다 **8** žít si, dobře 잘 살다; zastar., sídlit 정착하다 **9** hodit se komu (누구에게) 어울리다, pro soulad a předpoklady (누구에게) 동의하다, 의견을 같이 하다 **10** komu, tj. modelem (누구의) 모델이 되다 **11** = *zůstat sedět* ◆ ~ *na bobku* 웅크리다, 쭈그리다; ~ *dobře v sedle* 말을 잘 타다; ~ *na koni* 말을 타다; ~ *za pecí/pořád doma* 난롯가에만 앉아 있다, 집에 틀어박혀 있다, ~ *si na uších* 귀를 기울이지 않는다, 무관심하다;

zůstat ~ 줄곧 앉아 있다, ve škole (학교에서) 낙제하다, při tanci (댄스 경기에) 참가하지[축에 끼지]않다, 상대가 없다, nevdat se (처녀가) 인기가 없이 내팽개쳐지다

sediment, *mi* 침전물, 앙금, 찌꺼기

sedlačit 경작하다, 농업을 하다, 영농하다

sedlák, *ma-3* 농부, 농민, nájemce (특히) 소작농; = *pión*

sedlář, *ma* 마구 만드는[파는] 사람

sedlat > o- …에 안장을 놓다

sedlina, *f* 앙금, 침전물, uložená 퇴적물; v kvašeném (발효들의) 찌꺼기, 부스러기; vína (포도주 등의) 재강, 찌꺼기; kávy apod. (커피 따위의) 찌꺼기

sedl|o, *n* **1** 안장, 안장 같은 것 **2** mezi kopci (산봉우리 사이의) 안장 모양의 산등성이 ◆ *být pevně v -e* 확고한 자리를 차지하다; *pomoci komu do -a* 누구를 거두어 말[탈것]에 태우다, 누구를 지원하다; *vyhodit koho ze -a* 누구를 말 등에서 떨어뜨리다, 자리에서 쫓아내다, 퇴직시키다

sedlovitý 안장 모양의, 등이 움푹 들어간

sedlov|ý ◆ *-á brašna* (오토바이 등의) 짐바구니, 등광주리

sedlý pokleslý 가라앉은, 움푹 들어간; propadlý 내려앉은, 축 늘어진; = *sražený* (v. *srazit se*)

sedm [*usu.* -dum] **(**대격 sedm, 그 외의 격에서는 *sedmi***)** 일곱, 7; 일곱 개[사람]

sedma, *f* (전차 등의) 7번, (방 호수 따위의) 7호, (카드의) 7

sedmdesát **(**대격에서는 주격과 동일, 대격 외의 격에서는 *-i***)** 70, 일흔, 일흔 개[살]

sedmdesátý 제70의, 일흔 번째의

sedmdesátn|ík, *ma* **-ice,** *f* 70대의 사람

sedmer- v. *desater-*

sedmička, *f* = *sedma*

sedmikrás(k)a, *f* 데이지

sedmimílov|ý 7마일의 ◆ *-é boty* 옛이야기에 나오는 한 걸음에 7마일 갈 수 있다는 구두

sedmina, *f* (분수) 7분의 1

sedmnáct 열 일곱, 17, 열 일곱 개[사람, 살]

sedmnáctý 제 17의, 열일곱 (번)째의

sedmý 제 7의, 일곱 (번)째의

sednice, *f* = *světnice*

sed|nout si < -at si 1 앉다; na sedadlo (자리에) 앉다, 착석하다; do letadla, vlaku apod. (비행기, 열차 등을) 승선[승차]하다, 올라타다 **2** jako pták (새처럼) 횃대에 앉다; snést se (새가 나무 지면 등에) 내려앉다, 착륙하다 **3** jakoli se vsadit 꼿꼿이 서다, 지위를 차지하다 **4** postihnout 엄습하다, 붙들다 (na koho 누구를) **5** dobře zasáhnout (충고 따위가) 뼈에 사무치다 ~ **(si)** poklesávat do základu 가라앉다, 침잠하다; vůbec jít dolů 내려앉다, 주저앉다; a ukládat se 침전[퇴적]하다; = *srazit se*

sedrat (*sder-, sedral*) v. *drát*

sedřít (*sedř-u, sedřel*) **< sdírat 1** 문질러 없애다, 비벼서 벗기다; s povrchu (표면으로부터) 찌꺼기를 걷

S

어내다 **2** z kůže (껍질, 가죽을) 벗기다; = *odřít* a v. *dřít*

sehnat (*sežen-, sehnal*) < opatřit …을 손에 넣다, 얻다, 확보하다, po částech (생활비 등을) 얻다; najít 구하다, 찾다; přinést 가져오다, 데려[불러]오다 ~ < **shánět** (*-nějí*) **1** hnaním (양떼 등을) 몰아서 들여보내다; odkud (어디로부터) 몰아내다, 추방하다 **2** zaplašit jako ptáka apod. (새 따위를 쉬이 하며) 쫓다; zapudit 격퇴하다, 퇴짜놓다 **3** dohromady 모으다, 거두어들이다; stádo (짐승의 무리를) 이끌다; soustředit 집결시키다 k, na (…에), 집중시키다 **4** vybíráním (모금에 의해) 돈을 마련[조달]하다, 모금하다; pracně dohromady (애써) 긁어 모으다 ((돈 따위를)); 《軍》 posily (증원 부대로) 재편성하다; = *sebrat*

sehnout (se) < **shýbat (se)** 구부리다, 굽히다, v úklonu (인사를 위해) 머리를 숙이다, 절하다; v předklonu, pokorně, také obraz. (정중하게) 몸을 꾸부리다[굽히다]

sehraný (잘) 조화된, 손발이 맞는 ◆ *být,* ~ …와 짜다, 손을 맞잡다, 한통속이 되다

sehr|át (*sehra-, sehrál, sehrání*) v. *hrát* - **át** < **-ávat** dohromady 조화[화합]하다

sejf, *mi-2* 금고(실)

sejít (*sejd-, sešel*) < **scházet** (*-zejí*) **1** dolů (걸어서 아래로) 내려오다[가다], a to sem, a to tam, kam soustřeďujeme pozornost (주위를 기울이는 여기로, 거기로) 내려가다, (말 따위에서) 내리다; opustit 떠나다, 뒤로하다; obraz., jako pták ze vzduchu na zem (새 등이 공중에서 땅으로) 내려앉다 **2** z cesty (길에서) 이탈하다, bludně 길을 잃다; též obraz. 잘못하다, 타락하다 **3** z očí, mysli, paměti (눈, 생각, 기억으로부터) 멀어지다[사라지다] **4** z předsevzatého (결심에서) 포기하다, 단념하다 (z něčeho sešlo 아무것이 포기되었다) **5** zmizet s povrchu (표면으로부터) 사라지다, 없어지다; táním (해빙에 의해) 녹아서 없어지다, s čeho (어떤 것을) 그만두다 **6** zeslábnout 쇠약하게 하다, 떨어뜨리다; obnosit se, zchátrat 닳아 없어지게 하다, 다 써버리다; o člověku (사람이) 한창 때가 지나다, 초라해지다 **7** zajít smrtí 끝나다, nač, čím (무엇으로) 죽다, **8** projít 가로지르다, 횡단[통과, 관통]하다; obejít 돌아가서 가다, 돌다; *někomu na čem/kom sejde* = *záleží* (v. *záležet*) ◆ ~ *ze světa* 이 세상을 떠나다[하직하다]; *sešlo z toho* 그것은 무위로 돌아갔다[실패로 끝났다]; *sejde z očí, sejde z mysli* 눈에서 멀어지면 마음에서 멀어진다 ~ **se** < **scházet se** pod. **1** s kým (누구를) 만나다, 해후하다 **2** sbíhat se (의견이) 모이다, shodovat se v názoru (의견에 있어서) (누구와) 동의하다, 동감이다 **3** setkat se např. s úspěchem (찬성 따위를) 받다, 얻다 **4** smířit se (누구와) 화해하다 na půl cestě (도중에) **5** shromáždit se 모이다, 집결하다; zvl. k poradě (특히 회의에) 모이다, 회합하다 **6** nahromadit se 모이다, 쌓이다, 모금되다 **7** všeob. přijít dohromady (모두 함께) 모이다, 자리를 같이하다, spojit se 합류하다 ◆ *než se rok s rokem sešel* 한해가 가기[끝나기]전에; *sejdeme se v devět* 우리는 9시에 만나겠습니다; *~ se na půl cestě* 서로 양보[타협]하다

sejmout (*sejm-u, sňal, snětí*) < **snímat 1** pryč 떼어 내다[벗기다], co z čeho (무엇을 무엇에서) 떼어내다, tahem (당겨서) 끌어내다, klouzavým smykem 쑥 벗기다[빼다]; dolů (아래로) 벗겨내리다; všeob., odstranit 제거하다, 벗기다; lehce (가볍게) 걷어올리다 **2** co tíží (압박하는 것을) 들어올리다, 벗겨내다 (= *zrušit*) **3** otisk/jiný odraz skutečného (각인, 날인, 지문 등을) 찍다, 채취하다 **4** (TV나 영화의 영상을) 주사(走査)하다, 스캔하다 **5** karty (카드 놀이에서 패를) 떼다

sek, *mi-2, 3* **1** 깊이 베인 상처 **2** 큰 실수, 대 실패

sekáč, *ma* **1** 자르는[베는] 사람; obilí (곡식을) 베어들이는 사람; trávy (풀을) 베는 사람 **2 (구어체)** odborník 전문가, 명수, 명인 **3** pavouk (動) 장님거미 **4** frajer 멋 내는 사나이, 멋쟁이, kdo si hraje na pána (명사를 흉내내는) 맵시꾼

sekáček, *mi-2, 3* 자르는 물건, 절단기, 도끼

sekačka, *f* jako *sekáč* (*i o strojích*) ◆ *~ na trávu* 잔디깎기

sekaná, *f* (소스로 쓰이는) 양념하여 다진 고기

sekat jako *řezat* ~ > **na- 1** jako *řezat* **2** obilí (곡식을) 자르다, 베어들이다, 수확하다; trávu (풀을) 베다, 자르다 ~ > **o-** jako *řezat*; nechat jen základ, trup (원추, 줄기, 몸통은 남기고) 꼭대기를[끝을] 자르다 ~ > **pře-** jako *řezat* ~ > **roz-**, iter. **rozsek|nout** jako *řezat* ~ > **na-** jako *řezat* ~ > **vyseknout** poklonu 절하면서 오른발을 뒤로 빼다 ~ **(se)** se s kým, koho jazykem (아무와) 말다툼을 하다 ◆ *~ dobrotu* 착해지다, 되지 못한 짓을 그만두다

sekce, *f* 구분, 부분, 부서, 부

sekční 부서의, 부의 ◆ *~ šéf* 부서의 장, 부장

seke|ra, *f* **1** 도끼; rozšiřující se s kladivovým druhým koncem 자귀, (북아메리카 원주민의) 전부(戰斧) **2 (구어체)** dluh 빚, 부채 ◆ *vykopat/zakopat (válečnou) -ru* 싸움을 시작하다/화해하다

sekerník, *ma-3* **1** 전부병 **2 (구어체)** 달갑지 않은 일을 처리하는 부하, 살인 청부업자, 중상적 기자

sek|nout < **-at 1** jako *říznout* (도끼, 칼 따위로) 자르다, 마구 베다, 토막내다, 베어넘기다 **2** do čeho jako bičem, šlehnout 채찍질[매질]하다 **3** 내리치다; máchnutím 휘두르다, 흔들다 **4** koho, usadit (누구를) 호되게 꾸짖다, 콧대를 꺾다, 억누르다 **5** vrhnout (시선을) 던지다, 쏘다; koho, do čeho udeřit (누구를, 무엇을) 내리치다[가격하다] **6** expr. (s) čím rozmrzele (무슨 일을) 그만두다, 포기하다 ~ **(se),** iter. **posekat (se)** jako *říznout se* ~ **se(bou)** jako *říznout se(bou)* ~ < (*ukrást*) = *štípnout* ~ > **(비속어)** = *slušet*

sekretariát, *mi* 서기[서기관, 비서

관]의 직; 비서실 서기국, 사무국; ministra 장관실

sekretář[1], *ma* **-ka,** *f* 비서, 서기; 장관; vypracovávající projevy, články (연설, 논문 등의) 대작자

sekretář[2], *mi* nábytek 접는 책상, 서랍 등이 달린 책장

sekt, *mi-2* 거품이 이는 음료 (샴페인 등), 발포(포도)주

sekta, *f* (*sekt*) 구분, 구역, 부문

sektář, *ma* 종파에 속하는 사람; 파벌적인 사람; 분리파 교회 신도; 종파심[당파심]이 강한 사람.

S

sektářský 분파의, 종파의, 당파적인

sektářství, *n* 종파심, 교파심, 학벌, 파벌, 섹트주의

sektor, *mi-2* 구역, 영역, 분야

sektorový 짜맞추는[조립식] 가구의

sekulární 현세의, 세속의, 비종교적인

sekunda, *f* = *vteřina*

sekundární 제2위의, 2차의, 2류의, 부차적인

sekundovat komu (누구를) 후원하다, 보좌하다, 찬성하다

sekyra, *f* = *sekera*

sekýrovat **(**구어체**)** koho (누구를) 괴롭히다, 들볶다; 혹사하다

seladon, *ma* [-dón] 멋쟁이 남자, 여자에게 헌신적인 남자, 애인(남자)

selanka, *f* 전원시, 목가(牧歌)

selátko, *n-2,3,* **sele,** *n-1* 젖먹이 돼지, 새끼, 새끼 돼지, 아기 돼지

selekce, *f* 선발, 발탁

selhání, *n* 실패, 불이행, 불발

selh|at (*selžu, selhal*) < **-ávat 1** 실패하다, 실수하다, …을 하지 못하다; zhroucením, poškozením apod. (부딪침, 상해 등에 의해) 망가지다, 고장나다; o střelné zbrani (총 따위가) 불발하다 **2** (*zř.*) = *zalhat* (v. *lhát*)

selka, *f* 농부의 아내, 촌뜨기(여자)

selsk|ý 소작농[농민]의, 시골뜨기의 ◆ *-ý lid* (집합적) 영세 농민, 소작농; *je ze -ého pytle/je na něm vidět -á sláma* 그는 시골뜨기[촌뜨기]이다

selství, *n* 농민[소작농]의 지위[신분]

sem 여기로, 이리로, 이곳으로, 이쪽으로; *sem tam* v. *semtam;* ◆ *sem a/i tam* 왕복 모두, 양쪽에; …*sem* …*tam(to je jedno)* 매한가지다, (*to bylo pořád jen děti sem děti tam* 여기도 아이들 저기도 아이들이었다[아이들 뿐이었다])

semafor, *mi-2* (철도의) 까치발 신호기, 시그널; pouliční (거리의) 교통 신호등

semenář, *ma* 씨 뿌리는 사람, 씨앗 장수, 종묘상

semenec, *mi* 삼씨((새의 모이)) ◆ *ono se řekne ~* 그것은 콩깍지를 까는 것처럼 그렇게 쉽지 않다

semeniště, *n* (i obraz.) 아이 방, 육아실, 못자리; (죄악 따위의) 온상

semen|o, *n* **(**생격 또한 *-e*, 여격, 전치격 또한 *-i***)** 씨(앗), 종자; živočišné (동물의) 정액, 정충

semestr, *mi-2* (1년 2학기제 대학의) 한 학기 ◆ *během -u* 학기 중에

semhle 이쪽으로, 이쪽에 ◆ *~ tamhle* = *semtam*; *mám ho až ~* 나는 그것에 신물이 난다

semifinále, *n-in* 준결승, 세미파이널

seminář, *mi* **1** 학교, 학원, 양성소, 신학교 **2** vzdělávací kurs 강좌, 과목, vysokoškolský (대학의) 세미나((교수의 지도에 의한 학생 공동 연구 그룹)) **3** vysokoškolský ústav (대학의) 학부, 과; na evropské pevnině/vědecká schůzka (학회 모임으로서의) 연구 집회, 전문가 회의
semínko, *n-2, 3* (작은) 씨(앗)
semiš, *mi* 스웨이드((안쪽에 보풀이 있는, 부드럽게 무두질한 양가죽))
semišov|ý 스웨이드의 ◆ *-é rukavice* 스웨이드 장갑
semišky, *f-pl* 스웨이드 구두
Semit|a, *ma* **-ka,** *f* 셈족; 유대인
semitský 셈족의, 셈어의
semknout (se) < v jednotu (하나로) 결합하다, 합하다; = *sepnout, sevřít*
semknutý těsně vytvořený 촘촘한, 밀집한; bez mezer (간격이 없이) 밀착된; (군의) 빽빽히 늘어선 (대열의)
semlít (*semel-u, semlel, semletí*) v. *mlít* ~ **se** < udát se 일어나다, 발생하다
semtam časově (시간적으로) 이따금, 가끔, 왕왕, 때로는
sen, *mi-2* (생격 *ze sna,* 복수 전치격 *ve snách*) **1** 꿈; (문어체 spánek) 잠, 졸음, 수면 **2** 야망의 대상[목표], 대망, 야망 ◆ *ve snu, ve snách, ze sna* 꿈속에서 *mít ~* 꿈꾸다; *ani ve snu mě nenapadlo* 나는 꿈에도 생각하지 않았다
senát, *mi* (의회의) 상원, (옛 로마, 그리스의) 원로원
senátor, *ma* 상원 의원, 원로원 의원
senátorský 상원의, 원로원의
senátorství, *n* 상원[원로원]의 의원의 직[임기]
senior, *ma* [-ny-] 연장자, 어른, 장로, 상사, diplom. (외교 분야의) 일인자, 수석
senn|ý 건초의 ◆ *-á rýma* 《醫》 건초열((꽃가루로 인한 알레르기성 카다르))
sen|o, *n* 건초, 마초 ◆ *na -ě* 건초 속에서
senoseč, *f* 건초 만들기, 건초 수확; 건초 수확기
sentence, *f* 격언, 금언
senzace, *f* 센세이션, 물의, 평판, 대사건
senzacechtivý 센세이션[인기] 추구의
senzační 선풍적인 인기의, 대평판의, 놀라운, 선정적인
separace, *f* 분리, 떨어짐, 이별
separát, *mi* (잡지, 논문의) 발췌 인쇄(물); 증쇄(增刷)
separatismus, *mi-2* [-tyz-] (정치, 종교상의) 분리주의
separátní 갈라진, 분리된, 따로의
separovat >< 분리하다, 가르다, 떼어놓다
sepětí, *n* 결합, 합일, 병합 (v. *sepnout*)
sépie, *f* **1** 오징어, 뼈 오징어 **2** 뼈 오징어의 먹물(물감)
sepisovat v. *sepsat*
sepnout (*sepn-u, s(e)pjat, -tý|sepnutý, sepětí|sepnutí*) < **spínat** **1** hmotným nebo pomyslným způsobem 묶다, 매다, 잇다, hmotným 결합하다 **2** takže vzniká jednota 한데 동여매다, zvl. také se spojí nehmotnými 하나로 하다, 합

S

하다 **3** obraz., pojítky 연결하다 **4** komu ruce (누구의 손에) 수갑을 채우다 **5** sblížit 밀착시키다 ◆ ~ *ruce* 팔을 끼다, (*také vzájemně*) (깍지 끼듯) 두 손을 움켜쥐다

seprat se (*seper-*, *sepral*) v. *prát se*

sep|sat (*sepíš-u*, *sepiš!*, *sepsal*) < **-isovat 1** pořídit soupis 목록[표]에 넣다, 명부에 올리다; zř. 병적에 넣다, 징집하다 **2** a rozvrhnout 명세서를 만들다, 목록을 작성하다 **3** plně vypsat 자세히 쓰다, 모두 기입하다 **4** vystavit, vyhotovit 기초하다, 작성하다 **5** zkoncipovat …의 밑 그림을 그리다, 입안하다; sestavit, napsat v. *psát*

sepsout (*sepsu-*) < **(**감정어**) 1** 깎아내리다; nadávkami (욕설로써) 혹평하다 **2** pokazit 모양새 없이 만들다

serenáda, *f* 세레나데, 소야곡

seriál, *mi-2* (신문, 잡지 또는 영화의) 연속물, 시리즈

série, *f* 일련, 한 계열, 연속, 시리즈, 총서

sériový 계속되는, 연속[일련]의, 연속물의

seriózní 1 믿음직한, 신뢰 되는; slušný 훌륭한, 평판좋은 **2** 성실한, 진지한, 열심인

serióznost, *f-1* 신빙성, 확실성, 성실성, 존경할 만함

serpentina, *f* [-tý-] 험준함, 가파름 ◆ *silnice se -ami* 꾸불꾸불한 길

sérum, *n-2* (生理) 장액, 《醫》 혈청, 림프액

serv|at (*serv-u*, *serval*) < **-ávat** dolů 잡아 떼어 벗기다, 헐다; rozervat 잡아 빼다, 갈기갈기 찢다 **~ se** v. *rvát se*

servilní 노예의, 노예 근성의, 비굴한, 아첨 하는

servilnost, *f-1* 노예 근성, 비굴, 아첨

servírovací 봉사의, 접대의 ◆ ~ *stolek* (바퀴 달린) 채(茶) 도구 운반대

servírovat >< (신, 사람 등을) 섬기다, …에 봉사하다, 시중들다, 접대하다

servis, *mi-2* **1** 한 벌, 한 세트 **2** (식사) 시중; (스포츠 혹은 손님에 대한 봉사로서의) 서브[서비스] **3** (운동)서브 **4** 정비업(소), 용역

seržant, *ma* **-ka,** *f* 하사관, 상사

seřadiště, *n* průvodu 행렬, 행차; vlaků 철도의 조차장

seřadit (*seřaděn|seřazen*) v. *řadit*

seřa|ďovat , -zovat = *řadit*

seřaďovací 배열의, 정돈[정렬]의 ◆ ~ *nádraží* (철도의) 조차장

seřezat 1 (몽둥이 · 채찍 등으로) 마구 때리다, 채찍질하다 **2 (**구어체**)** (경기에서 상대방을) 격파하다, 이기다 **3** 잘라내다, 베어내다

seřezávat v. *seříznout*

seří|dit (*seřiď!*, *seřízen*) < **-zovat 1** 맞추다, 조정하다, 조절하다 **2** nastavit, např. na správný čas (이를테면 정확한 시간에) 맞추다 **3** motor (차의 엔진을) 조정[튠업]하다

seř|íznout, iter. **-ezat** < **-ezávat 1** 베어[잘라]내다, 떼어내다; zkrátit 삭감하다, 줄이다 **2** tužku (연필을) 깎다 **3** zešikma (비스듬하게) 기울게 하다, 경사지게 하다 **4** po kraji (끝을)

손질하다, 깎아 다듬다

seřizovat v. *seřídit*

sesa|dit (*sesazen*) < **-zovat 1** sundat 끌어 내리다; z vozu (차에서) 내리게 하다 **2** zbavit moci (힘을) 빼앗다, 제거하다, 박탈하다; z trůnu (왕위를) 박탈하다, (권좌에서) 물러나게 하다 **3** sestavit 짜맞추다, 조립하다

sesbírat v. *sebrat*

sesed|nout, iter. **-at** < **-(áv)at** (탈것에서) 내리다, 하차하다; s koně (말에서) 내리다; s kola apod. (자전거 등으로부터) 내리다; = *sednout*; ~ **se** < **-(áv)at se 1** (의자를 맞대고) 모이다; k poradě (협의를 위해) 서로 머리를 맞대다, 숙의하다 **2** (땅이) 꺼지다, 내려앉다

sesek|at, -ávat, -nout jako *seřez|at, -ávat, seříznout*

seshora [usu. zezh-] 위로부터; v domě (집에서) 위 층으로부터

ses|chnout se < **-ychat se** 말라붙다; = *scvrknout se, (z)bortit se*

sesílat v. *seslat*

sesk|očit, iter. **-ákat** < **-akovat** 뛰어내리다, 하강하다; s plochy čeho (무엇의 표면으로부터) 뛰어내리다; houpavým seskokem (흔들거리는 도약으로써) 몸을 돌려서 하강하다; z vlaku (기차에서) 뛰어내리다.

seskok, *mi-2, 3* (아래로) 점프; (s) padákem (낙하산과 더불어) 하강, 내리기, 낙하

seskupení, *n* **1** (사람들의) 집결, 집합; 무리, 군중 **2** (국가 간의) 블록, 연합 **3** (물건의) 집합, 수집

seskup|it (se) < **-ovat (se) 1** (사람)모으다[모이다]; zř. v **(**한정어**)** sestavu (어떤 형으로) 배열하다; soustředěně 집중하다, 집결하다 (kolem 주위로); hustě (조밀하게) 밀집하다[시키다] **2** (국가들을) 블록 안으로 조직하다, 연합하다

ses|lat (*sešl-u, seslal*) < **-ílat** (하늘로부터) 하락[하강]시키다, 내려보내다

sesmek|nout (se) < **-ovat (se)** 미끄러져 내려가다; lehce (가볍게) 벗겨져 내리다, 벗어지다

sesmolit v. *smolit*

sesoukat v. *soukat*

sesou|t (*sesu-*) < **-vat** = *(z)bořit, sesmeknout* ~ **se** < **-vat se** = *(z)řítit se, sesmeknout se, (z)hroutit se*

sestava, *f* 집단, 그룹; složení 구성, 조직; uspořádání 배열, 배치, 정돈; lidí k jednomu úkolu (하나의 목적을 향한 사람들의) 조, 팀; účelné spojení 결합, 배합

sestávat (*z čeho*) = *skládat se, (v čem)* = *záležet*

sestavení, *n* 조정, 배열, 조립, 합성, 편집, 구성, 짜맞추기

sesta|vit < **-avovat 1** 모으다 **2** v užitečný celek, zprav. bez většího tvůrčího zásahu 모아서 쌓다[만들다, 편집하다]; rámcově …의 뼈대[테]를 만들다[두르다]; seznam apod. (목록 등을) 만들다[짜다] **3** např. stroj (이를테면 기계를) 조립하다 **4** předpis, lék (처방, 약을) 조제[투약]하다 **5** v náčrtku, zkoncipovat (청사진에 있어서) 밑그림을 그리다, 입안하다; právnickou listinu (법률 기록을) 작성하다 **6** sloučit 합성하다, 혼합하다 **7**

S

uspořádat 조정하다, 배열하다 **8** vymyslit 고안하다, 궁리하다; = *sestrojit*

sestersk|ý 자매의; další takový 자매 관계와 같은; přidružený …에 가입하고 있는, 방계[계열]의 ◆ *-á firma* 자매 회사; *-á země* 자매[형제]국가

sest|oupit (*sestup!*) < **-upovat** 내리다, 내려가다[오다], 하강하다; ze sedla (자리에서) 내리다 ~ **se** < **-upovat se**

sestra, *f* **1** 자매, 언니, 누이(동생) **2** v nemocnici (병원의) 간호사, vrchní ~ 수간호사; k dětem (아이들을 위한) 유자격[정규] 간호사, k nemocnému (환자를 위한) 간호원 **3** 수녀

sestroj|it < **-ovat 1** 조립하다, 세우다, 구성하다; (수학에서) 해석[추론]하다 **2** postavit do výše 건초[축조]하다; vymyslit v celkovém rozložení 디자인하다, 설계하다, 계획하다

sestřenice, *f* 여자 사촌, 종자매

sestřička, *f* **1** 어린 여자 형제, 여동생 **2** (병원) 간호사

sestřih, *mi-2* **1** filmu (영화의) 편집 **2** (머리, 수염등의) 깎기; (가지 등의) 치기, 손질하기

sestřih|nout (*sestřižen*) < **-ovat 1** (머리, 수염 등을) 깎다, 절단하다, (나무 등의) 가지를 치다; film (영화를) 편집하다, 가위질하다

sestup, *mi-2* **1** 하강, 내리기, 하산 **2** pokles 낙하, 하락; úpadek 쇠퇴, 저하, 퇴보

sestupný 1 내려가는, 내리받이의; menšící se, upadávající 저하하는, 하락의 **2** v řadě, čísel (순서, 숫자에 있어서) 체감적인, 감소하는

sestupovat (se) v. *sestoupit (se)*

sesun, *mi-2* 낙하, 낙반, 사태 ◆ ~ *půdy* 사태, 산사태; ~ *skal* 낙석

sesun|out < **-ovat** = *sesout*

sesuv, *mi-2* = *sesun*

sesychat se v. *seschnout se*

sesyp|at (*sesyp-u|-ám, sesyp!|sesypej!, sesypal*) < **-ávat** dolů (아래로) 따르다, 쏟다, 붓다; dohromady (함께) 섞다, 혼합하다 ~ **se** < **-ávat se 1** 떨어지다, 내리다 **2** s rozpadem (붕괴와 더불어) 굴러 떨어지다, 전락하다; obraz. o zhroucení 붕괴하다, 무너지다 **3** na koho útočně (누구를 공격적으로) 달려들다[덤벼들다]; na koho, hromadně postihnout, příp. pohřbít (누구를) 압도하다, 위에서 덮치다

sešikovat (se) v. *šikovat (se)*

sešin|out < **-ovat** 밀치다 (dolů 아래로/dozadu 뒤로/na stranu 옆으로) ~ **se** = *sesmeknout se, sesout se*

sešit, *mi* **1** 노트, 공책; na cvičení 연습장; s předlohou, vzory 습자책, 습자본; na poznámky 필기장 **2** publikace (간행물의) 권, 편, 호

sešitek, *mi-2, 3* 소책자, 팜플릿

sešívačka, *f* 책자를 철하는 기구, 스탬플러

seškrtat v. *škrtnout*

sešlap|at (*sešlap-u|-ám, sešlap!|sešlapej!, sešlapal*) v. *šlapat*

sešlost, *f-1* **1** 초라함, 추레함 **2** zchátralost 노쇠, 노폐, 노후 **3** žert., schůze 간담, 담소, 허물없이 하는 의논

sešlý 1 sešedší dolů …로부터 내려온,

전래한 **2** sešedší se (회합에) 소집된, 모인 **3** ošumělý 초라한, 추레한 **4** zchátralý 닳아 해진, 노쇠한

sešněrovat v. *šněrovat*

sešpendlit v. *špendlit*

sešpulit (se) v. *špulit (se)*

set[1]**,** *mi-2* (스포츠의) 세트

set[2] sto의 복수 생격

set|ba, *f* **-í,** *n* 씨 뿌리기, 파종

setina, *f* 100분의 1

setk|at < -ávat (직물을) 짜다, 엮다

setk|at se < -ávat se = *potkat se*

setkání, *n* 만남, 마주침, 모임, 회합, 집회, 집합; 재결합, 재합동, 재회 ◆ *první ~* 초면, 첫만남; *náhodné ~* 유연한 만남, 조우

setmění 해질녘, 땅거미

setmě|t se (*setmí se*; *-tmí se*, *-tmělo se*) < **stmívat se** 어두워지다, 거뭇해지다; ◆ *když se -lo* 어두워졌을 때

setník, *ma-3* 대위

setnina, *f* 중대

setrvačník, *mi-2, 3* 플라이휠, 속도 조절 바퀴

setrvačnost, *f-1* 불활동, 《物》 관성, 타성; hmoty (물질의) 운동량, 타성, 여세

setrvačný 관성의, 타성의

setrv|at < -ávat 1 neodejít, nezmizet 남다, 머무르다 **2** být stále 멈춰서다, 움직이지 않다; a pevně, vytrvale (확고하게, 지속적으로) 집착하다, 고집하다 při čem (…를) **3** = *vytrvat, (pro)dlít* ◆ *~ doma* 집에 남아[붙어] 있다; *~ na své víře* 자신의 신념을 고수[고집]하다

setřás|t (*setřes-, setřásl*) < **-at 1** (먼지 따위를) 떨다 **2** (근심 따위를) 쫓아[없애]버리다 ◆ *~ jablko ze stromů* 사과나무에서 사과를 떨어뜨리다

setřít (*setř-u, setřel*) < **stírat 1** 닦다, 닦아 없애다 **2** (흔적을) 지우다, 문지르다

sever, *mi-2* 북, 북방, 북부 ◆ *na ~* 북쪽으로, = *severně*; *na -u* 북쪽에(서)

severák, *mi-2, 3* (차가운) 북풍, 찬바람

Severka, *f* 북극성

severně 북쪽으로, 북쪽에 ◆ *~ od Prahy* 프라하 북쪽에

severní 북쪽의, 북쪽에 있는, 북향한, 북의 (*rozdíly jako při jižní*) ◆ *S-ní moře ledové* 북극해, 북빙양(北氷洋), *~ pól* 북극; *~ polokoule* 북반구

severo- 북…

severovýchod, *mi* 북동(쪽), 북동부

severovýchodní 북동(부)의

severozápad, *mi* 북서(쪽)

severský 1 북부 지방의 **2** 스칸디나비아의, 북유럽의

Seveřan, *ma* **-ka,** *f* **1** 북쪽 사람 **2** 스칸디나비아인

sevřen|ý 꽉 쥔, 꽉 잡은 ◆ *-á pěst* 움켜 쥔 주먹

sevřít (*sevř-u, sevřel*) < **svírat 1** 압축하다, 압착하다 **2** v ruce (손에) 꽉 쥐다, 꼭 잡다; a tak spojit 걸쇠로 걸다[잠그다]; tak uzavřít 닫다, 접다, (눈을) 감다; popadnout 붙잡다, 움켜쥐다 **3** ruku v pěst (손을 주먹으로) 꽉 쥐다, zatnout (입술을) 꼭 다물다, bolestně, jako by s kroucením (특히 고통스럽게) 쥐어짜다, 비틀다; škrtivě 죄다, 수축시키다; k tělu (몸에) 꼭 껴

S

안다, 품다; obejmout 얼싸안다, 껴안다, 포옹하다 **4** a zúžit 좁게 하다, 좁히다; vtěsnat 밀어넣다, 틀어박다, 감금하다 **5** obklopením (울로써) 가두다; obepnout 에워[둘러]싸다, obklopit 에두르다, 포위하다 **~ se < svírat se** 모여들다, 오므라들다; (*při-, za-vřít*) 닫히다

sex, *mi-2* 성, 성욕, 성교, 섹스; 성생활 ◆ *bezpečný ~* 안전한 섹스; *skupinový ~* 그룹섹스

sexta, *f* 《樂》 6도 음정, (김나지움의) 6학년

sextán, *ma* **-ka,** *f* 김나지움의 6학년 학생, 사춘기 소년/소녀

sextet, *mi-2* 《樂》 6중창(단), 6중주(단)

sexualita, *f* 성별; 성적임; 성행위, 성욕

sexuálně 성적으로 ◆ *~ atraktivní* 성적으로 매력적인

sexuální 성의, 성적인 ◆ *~ akt* 성행위; *~ pud* 성본능; *~ styk* 성관계; *~ výchova* 성교육; *~ zločin* 성범죄; *~ zneužívání* 성폭행; *~ život* 성생활

sexus, *mi-2* (문어체) 성(性), 성별, 남녀별; 섹스

sezení, *n* (의회·회의 등의) 개회 중, 개회에 있음, 모임, 회중

sezam, *mi-2* 참깨(씨) ◆ *-e, otevři se* (Ali Baba의 이야기에서) '열려라 참깨'((문을 여는 주문, 원하는 결과를 가져오는 불가사의한 방법))

seznam, *mi-2* 목록, 표, 명세서, 리스트; připojený a udávající podrobnosti 예정(표), 스케줄, 일정; upravený k hledání 색인, 찾아보기; úřední listina 일람표; inventář 물품 명세서, (재고) 목록; rejstřík, úředně vedený seznam 기록부, 등록[등기]부, seznam oprávněných 명부, 출석부; 《軍》 근무[당번]표 ◆ *~ adres* 주소록; *telefonní ~* 전화부

seznámení, *n* 익히 앎, 면식, 친면

sezn|ámit (*seznam!*) **< -amovat 1** …에게 알리다, …에게 익히 알게 하다 s čím (무엇을); s nejnovějším (최신의 사실을) 게시하여 알리다 **2** představit 친분을 맺어주다, 소개하다 **~ se < -amovat se** …와 알게 되다, s kým (누구와) 친분을 맺다, náhodně (우연히) …와 친해지다; vtíravě (가까스로) …와 가까이하게 되다; náhodou blíže (우연히) …와 만나게 되다;

seznamka, *f* **1** 데이트 알선[소개]소, 결혼 상담소 **2** (신문의) 데이트 소개란

sezn|at < -ávat = *poznat*

sezob|nout, -at v. *zobat* **< -ávat** = v. *zobat*

sezóna, *f* 계절, 철, 한창 때, 한물, 시즌

sezónní 계절의, 계절에 의한, 주기적인; (*vhodný v dané sezóně*) 계절에 알맞은, 호기의

sezvat v. *zvát*

sežeh|nout < -ovat = *ožehnout*

sežraný 잡아 먹는, 물려 들어간, (기계속으로) 빨려 들어간

sežrat (*sežer-u, sežral*) v. *žrát*

sežvýkat v. *žvýkat*

sfárat v. *fárat*

sféra, *f* **1** 구체, 구, 천체, 천구 **2** (활

동) 영역; (세력) 범위, 지위 ◆ ~ *vlivu* 영향권

sférický 구의, 구면의, 천체의[에 관한]

sfinga, *f* **(**복수 생격 *sfing***)** (그 神) 스핑크스, (특히 고대 이집트의) 스핑크스 상(像)

sfouk|nout < -ávat 1 pryč (모자 따위를) 바람에 날리다, (먼지 따위를) 불어 날리다 **2** zhasit (불 따위를) 불어 끄다 **3 (**구어체**)** práci (일을) 용이하게 하다, 쉽게 하다

shánět (*-nějí*) **1** snažit se opatřit …을 찾다, …을 수색하다; obíháním 사냥하다, co/koho (무엇을/누구를) 추적하다 **2** po částech (부분을) 긁어 모으다, 마련하다; a hromadit 축적하다 **3** (*jinak*) v. *sehnat* **~ se** po čem/kom = *shánět* co, koho

sháňka, *f* **1** 요구, 수요 po (…의) **2** s obíháním 사냥, 추적 po (…의); po bytech 집 구하기

shán(č)livý 누적하는, 누적적인

sházet (*-zejí*)**, shazovat** v. *shodit*

shledan|á, *f* 다시 만나기 ◆ *na -ou* 그럼 다음에 또 뵙겠습니다, 또 만나뵙기를 바랍니다, kamarádsky (친밀하게) 잘 가, 잘 있어, spíše strojeně 안녕, 그럼 다시 또

shled|at < -ávat 1 dohromady (함께) 모으다, 축적하다 **2** najít, seznat 찾다, 구하다 co na kom (무엇을 누구에게서) **~ se < -ávat se** (*s čím*) = *shledat co*; (*s kým*) = *setkat se*, (누구와) 만나다

shléd|nout < shlížet (*-žejí*) **1** dolů, též opovržlivě (아래로, 얕잡아 보듯이) 내려다보다, 깔보다 na (…를) **2** přehlédnout z výše (위에서) 바라보다, 내려다보다, 전망하다

shluk, *mi-2,3* [zh-] **1** 한 덩어리, 떼, 집단 **2** nahromadění 집적, 축적(물), 누적(물)

shluk|nout se < -ovat se 송이를 이루다, 떼짓다, 밀집하다; nahromadit se 쌓이다, 모이다, 축적되다

shnilý 1 썩은, 부패한; páchnoucí 악취가 나는, 고약한, a odporný 더러운, 냄새 나는; a rozpadávající se 부식된 **2** líný 굼뜬, 게으른, 나태한

shnít v. *hnít*

shod|a, *f* **1** 동의, 승낙 **2** 일치, 부합, 조화, 화합 **3** 협정, 조약, **(**참조**)** *shodný, shodovat se* **4** odpovídá-li si něco navzájem 대응, 부합, je-li něco přiměřené celku 일관성, 모순이 없음, a spolu vytváří celek 통일, 시종 일관성 **5** = *soulad* **6** (테니스, 탁구) 듀스 ◆ *ve -ě s* …와 조화되어, …와 일치하여, …에 따라서; *v dobré -ě* 잘 일치[조화]하여; *-a názorů* 견해의 일치, (*obecná*) (의견·증언 따위의) 일치; *-a okolností* (상황의) 일치; *-ou okolností* 일치하며, 동시적으로, 우연히

shodit (*shozen*), iter. **sházet** (*-zejí*) **< shazovat 1** 내던지다, 벗어 던지다, 떨쳐버리다; prudce 메어치다, 내동댕이[내팽개]치다, něco těžkého, se srázu 집어 던지다, 세게 던지다; náklad na hromadu (짐을) 내리다, 부리다 **2** zbořit 허물어뜨리다, 넘어뜨리다; **(**비유어**)** zbavit moci (권력을) 타도하다, 무너뜨리다, 전복시키다 **3** expr. (몸무게를) 감량하다 **4 (**구어체**)** expr. (누구를) 헐뜯다, 비방하다

S

shodně 같게, 동일하게, 일치하여; 만장일치로 ◆ ~ *s čím* 무엇과 일치하여

shodnout se < **1** …와 동의[일치]하다, …에 응하다 **2** o názorech, soudech, přáních v úplně shodě (견해, 판단, 희망이) 일치하다, 맞다 s kým (누구와, na čem 무엇에서); dojít, dospět k jednotnému názoru (의견이) 하나가 되다; být, jednat ve shodě (견해, 판단, 희망이) 일치하다, 맞다 **3** být, jednat ve shodě 인가[승인]하다 ~ < = *shodovat se* (*vyjít spolu*)

shodovat se **1** nebýt v rozporu 동의하다, 찬성하다 s kým v čem (누구와 무엇에 있어서); naopak, přesně si odpovídat 맞다 s (…와); podobou, v tvaru, povaze/jiných základních rysech (모양, 형태, 성격 혹은 다른 특성에 있어서) 적합하다, 부응하다; být ve vhodném poměru, být v souladu …에 일치하다, 조화하다; odpovídat stanovenému měřítku …와 어울리다[부합하다] **2** vyjít spolu jak 사이 좋게 지내다 s kým (누구와)

shodný 일치하는, 순응하는, 일치된 s (…에), …에 조화하는, 화합하는, 부응하는, 어울리는, 적합한 **(참조)** *shodovat se, shodnout se*

shon, *mi-2* = *ruch*; = *sháňka*

shora [zh-] = **1** *seshora* **2** o zmínce 위에서 (언급된) ◆ ~ *jmenovaný* 위에서 언급된; *pokyn* ~ 상부로부터의 명령

shořet (*oni shoří*) < **1** (불)타다, 타버리다 **2** selhat 실패하다, 낙제하다

shov|ět (*-vějí*) < **-ívat** *počkat* (v. *čekat*); = *prominout*

shovívavost, *f-1* 삼감, 자제, 응석을 받음, 관대, 너그러움, 자비 **(참조)** *shovívavý*

shovívavý trpělivý i při napadení, ne tvrdý v posouzení a v trestu 참을성 있는, 삼가는; mírný k proviněním/výstřelkům 눈감아 주는, 관대한, až příliš měkký 인정 많은, 자비로운; povahou vrozeně mírný, ochotně odpouštějící 온화한, 온후한

shr|ábnout iter. **-abat** 긁어 모으다 ◆ ~ *listy* 낙엽을 모으다

shrbený 몸을 꾸부린, 꾸부정한

shrbit (se) = *sehnout* (*se*)

shrn|out < **-ovat** **1** tahem (당겨서) 끌다, 몰다; dolů (아래로) 끌어내다, 빼다 pryč; posunem 밀어내리다, 밀어떼내다 **2** na hromadu (한 덩어리로) 모으다, 밀치다 **3** v souhrn 합계하다, 총계 하다; stručný 요약하다, 개괄하다, 간추리다 ~ **se** < **-ovat se** 모이다, 모여들다, 집결하다

shrnutí, *n* 요약하기, 개괄하기; výsledný souhrn 적요, 개요, 요약

shromáždění, *n* lidí (사람들의) 모임, 집회, schůze 만남, 회합, stálého tělesa (상설 기구의) 회의, círk. (교회의) 회중, (종교적인) 집회; násilně sehnané (강제적인 몰이에 의한) 한데 모으기; také ústavodárné (특히 노동조합, 종교, 교육 단체 등의) 연차총회, (정당의) 전국(당)대회; manifestační (시위적인) 대회, 집회 ◆ *veřejné* ~ 대중집회; *valné* ~ 총회

shromaždiště, *n* 회장, 집회소, 합류점

shromáž|dit (se) (*-mažď!*|*-máždi!*) <

-ďovat (se) 1 모으다[모이다], ve velkém množství 축적[저장]하다 2 takže vzniká jednotný celek, zvl. o lidech 회합하다; jako stádo 집합시키다[집합하다]; nahromadit (se) 집결시키다[집결하다]

shůry [zh-] = *seshora*

shýbat (se) v. *sehnout* (*se*)

shýbnout (se) = *sehnout* (*se*)

scházet (*-zejí*) = *chybět*; ~ **(se)** = *sejít* (*se*)

schéma, *n-2* 그림, 도형, 도표, 도해; zapojovací 운행표; vůbec plán, rozvrh 계획, 기획, 설계

schematický [-ty-] 개요의, 도해의, 약도의, 도식적인; nepropracovaný 개략의, 대강의

schematičnost, *f-1* [-tyč-] 도식적 배치, 도식화

schematismus, *mi-2* [-tyz-] 도식화; kniha 연감, 연보

schlípl|ý (근육 따위가) 흐늘흐늘하는, skoro bezvládný 흐느적거리는; sklíčený 축 늘어진 ◆ *sedět -e* 기가 죽다, 위축되다

schnout > u-, vy-, za- 마르다, 말라붙다, 시들다; = *chřadnout*

schod, *mi* **1** 발판, 디딤판; jeden z řady schodů (계단의) 한 단 **2** *-y* 계단, 계단실, jako žebřík 발판 사닥다리, = *schodiště* ◆ *pohyblivé -y* 에스컬레이터; *být jako staré -y* 까다롭다, 심술궂다; *točité -y* 나선 층계

schodek, *mi-2, 3* 부족(액), 결손; jakékoli manko 결핍, 결여, 결함

schodiště, *n* (층계참(層階站) 사이의) 일련의 계단, 층층대; část vnitřku budovy (난간 등을 포함한) 계단, (건물의) 계단 부분, 계단실 ◆ *pohyblivé* ~ 에스컬레이터

schopnost, *f-1* **1** 능력, 할 수 있는 힘; díky tomu, že jsou dány předpoklady, nutné rysy apod. 할 수 있음, 가능성; potenciální síla pojmout něco; reagovat na něco, přivodit něco 역량, 수용능력, 지불능력, speciální, zřetelně se projevující, zvl. stálá (특수한, 지속적인) 능력, 재능, k provádění určité funkce (특정한 기능의 수행) 능력, 힘; psych. o základních duševních schopnostech (기본적인 정신의) 능력, 역량; k plnění svěřených odborných úkolů (특정한 과제의 수행) 능력, 적성, a to svěřená srovnáním s určitými měřítky 자격, 권한 **2** osvědčená a ověřená 능력, 효율 ◆ *duševní* ~ 정신능력, 지력; *platební* ~ 지불 능력; *pracovní* ~ 업무 능력; *výdělečná* ~ 이익산출 능력

schop|ný 1 vůbec takový, že může … 할 수 있는, …해낼 수 있는 **2** vynikající ve zvládání věci 능력 있는, 유능한, mající předpoklady 역량 있는, pro plnění přirozených úkolů (과제의 수행을 위해) 적임의, 적당한, jak bylo ověřeno 자격 있는, osvědčivší se 능력적인, 효과적인 **3** jsoucí ve vhodném stavu, vyzbrojen vhodnými vlastnostmi 알맞은, 어울리는; stačící na úkol (임무에) 적당한, 감당할 수 있는 ◆ *všeho* ~ 모든 것을 할 수 있는; ~ *čeho/-en čeho* 무엇을 할 수 있는; *ukaž, čeho jsi -en* 네가 할 수 있는 것을 보여라

schouleně 웅크린 자세로 ◆ *sedět*

S

~ 몸을 웅크려 앉다

schoulit se (*schouli se!|schul se!*) v. *choulit se*

schovan|ec, *ma* **-ka,** *f* 수양 아들[딸], 피보호자, 피후견인

schov|at (se) (*-ám*) < **-ávat (se) 1** 숨기다[숨다], 감추다 **2** -at, dát kam (어디에) 두다[놓다] (stranou 곁에[따로]) **3** -at se, pro ochranu (보호를 받으러) 피난[대피]하다 **4** pro jindy (다른 때를 위해서) 간직[간수]하다; = *ukrýt, uschovat* ◆ *máš to u mne -ané* 나는 너를 벌 주려고 벼르고 있다; *před ním se musí (jít)* ~ 그는 비교의 대상이 아니다, 그는 훨씬 앞선다; ~ *se pod postel* 침대 밑에 숨다

schovávačka, *f* 숨는 곳, 은신처

schovávan|á, *f* 숨바꼭질, '아옹, 까꿍' 놀이 ◆ *hrát si (s kým) na -ou* (누구와) 숨바꼭질 놀이를 하다

schovávat (se) v. *schovat (se)*

schr|ánit *schraň!*) < **-aňovat** = *shromáždit*; **(문어체)** = *(us)chovat*

schránka, *f* **1** (저장) 용기, …받이, 로커, (자물쇠가 달린) 장; hranatá (각이 진) 상자, 궤, na cenné věci (특히 귀중품을 넣는) 작은 상자, 손궤, v bance (은행의) 금고, na klenoty 보석상자, 보석함 **2** poštovní, na dopisy (편지를 넣는) 우체통, soukromá (개인용의) 우편함, vlastně jen otvor ve dveřích (문의) (무엇을 끼우는) 통, 작은 박스 ◆ *poštovní* ~ 우체통; ~ *na nástroje* 연장통; *tělesná* ~ 납골함

schrupnout si = *zdřímnout si*

schůdek, *mi-2, 3* 낮고 좁은 계단, (차량, 기차 등의) 출입구 발판

schůdný 통행할 수 있는, 통과될 수 있는

schůz|e, *f* 만남, 모임, 회합; poradní 협의, 논의, 의논, 회의; pravidelná, nějakého odpovědného tělesa (규칙적, 어떤 책임있는 기구의) 회기 ◆ *konat -i* 회의를 열다, 회의하다; *mluvit na -i* [화합]회의에서 말[발언]하다; *opustit -i (na znamení protestu)* 회의장을 떠나다, 퇴장하다(항의의 표시로써); *plenární* ~ 전체 회의, 총회, 본회의; *protestní* ~ 항의 집회; *svolat -i* 회의를 소집하다; *ukončit -i* 회의를 마치다, 폐회하다

schůzk|a, *f* **1** 약속 **2** (일시를 정한) 면회 약속, 데이트 **3** 랑데부, 궤도회합 ◆ ~ *absolventů* 동창회; ~ *na slepo* 서로 모르는 남녀간의 만남[데이트]; *dát si s kým -u* 누구와 만남을[데이트를] 갖다; *mít s kým -u* 누구와 약속[모임]을 갖다

schválení, *n* 승인, 찬성, 인가, 재가, 인증, 가결; přijetí 받아들임, 수락; souhlas 동의, 승낙; dekretem 인가, 허가

schválený 승인된, 찬성받은, 인가된; 확인된, 증명된; 가결된 ◆ *úředně* ~ 증명된, 공인한, 기준에 맞는

schv|álit (*schval!*) < **-alovat 1** 승인하다, 찬성하다; povolit, uznat, podporovat 재가[인가]하다 **2** připojit se k zastáncům 확인[시인]하다; úředním potvrzením (공적인 확인으로써) 증명[인증]하다 **3** zákon (법안을) 가결[승인]하다 (neschvalovat 불가하다고 하다, 인가하지 않다) ◆ ~

rozpočet 예산을 승인하다

schválně **1** 목적을 갖고, 고의로; uváženě 신중히; úmyslně 의도적으로 **2** jen pro tu příležitost 당면의 목적을 위해, 임시로; výslovně 명백히, 일부러 ◆ *~ něco udělat* 무엇을 강조[주장, 중요시]하다

schválnost, *f-1* 의도적인 것, 고의성; 악의, 심술 ◆ *zákon -i* 머피 법칙 ((경험에서 얻는 몇가지의 해학적인 지혜; '실패할 가능성이 있는 것은 실패한다' 따위))

sch|ýlit (se) (*schyl!*) v. *chýlit* (*se*) < -**ylovat (se)** = *chýlit* (*se*)

schytat v. *chytat*

si v. *se*

Sibiř, *f* 시베리아

Sibiřan, *ma* **-ka,** *f* 시베리아 사람[인]

sic(e) **1** jinak, v jiném případě 그렇지 않으면 **2** připustka 그래도, 그렇더라도, 아마, 다분히 ((*často však zůstává nepřeloženo* 그러나 보통 번역되지 않는다)); *a sice* v. *a*

Sicílie, *f* 시칠리아, 시칠리아섬

sídelní 정착의, 정주의; usazený 거주[주재]하는 ◆ *~ město* 국왕의 거주 도시, 왕도, 수도; *~ palác* 관저, 공관

sídliště, *n* všeobecně 주거구역, 주택지구; moderního města (현대 도시의) 주택 단지, 아파트 단지

sídlit 살다, 주재하다, 거주하다; kde (어디에) 정착하다, být usazen 자리잡다; někde se vyskytovat, trvale být …에 출몰하다, 떠나지 않다

sídlo, *n* bydliště《法》주거, 거주지, 주소, 가정, 집, obecně 숙소, 거처; osoby = *bydliště*; podniku (회사의) 영업소, 사무소; úřadů, významné, též obraz. (관공서의) 소재지, 있는 곳 ◆ *jsoucí sídlem někde* 어디에 주재[거류]하는

sifon, *mi-2* 트랩, 방취(防臭) U자관(管)((하수도의 상승 가스를 방지함)); sodovka 소다수, 탄산수

signál, *mi-2* 신호, 군호, 암호, 신호기; pro lodi (선박을 위한) 신호, 시그널 ◆ *dopravní ~* 교통 신호(등); *tísňový/nouzový* 조난 신호/위급 호출

signalizace, *f* 신호 보내기, 신호로 알리기

signalizovat 신호하다, 알리다

signál|ní, -ový 신호하는, 알리는

signatář, *mu* 서명인, 조인자, 서명자

signatura, *f* [-tú-] (도서관의 장서 등의) 소인, (예술 작품의) 낙관

signovat > **o-** 소인하다, 서명하다, 날인하다

síl|a, *f* **1** skrytá mohutnost, kapacita, moc (숨겨진 역량으로서의) 힘, 능력; jen skutečně projevovaná, také hrubá síla, násilí/voj. jednotky (겉으로 드러난 힘으로서의) 힘, 세력, 무력, 병력 **2** výkonnost, počet, odolnost, zdraví 세기, 체력, 지력, nahromaděná síla (축적된 힘으로서의) 정력, 원기, 에너지, 활력 **3** intenzita 강렬, 격렬, 강도; hlasu, zvuku (소리의) 크기, 음량, 볼륨 **4** skrytá a stěží pozorovatelná a měřitelná 잠재력, tkvící v podstatě věci 효력, 효능 **5** účinnost 효험, 유효 **6** statnost, průbojnost 정력, 생기, 기운; schopnost snášet nepřízeň, *~ ducha* 용기,

S

불굴의 정신 **7** pracovník, dělník, člen posádky 일손, 조력 **8** tloušťka 두께, hřebíku (못의) 굵기 **9** = *nadání*◆ *silou čeho* 무엇의 효력에 의해, 무엇의 힘으로, násilím 무엇의 강압에 의해; *být co/pokud je v mých silách* 내 힘이 미치는 한, 내가 할 수 있는 한; *není v mých silách* 그것은 내 능력 밖이다; *černé -y* 검은 세력; *duševní -y* 정신력; *hnací, hybná ~* 추진력; *koňská ~* 마력 ((1초에 75kg을 1m 높이로 올리는 공률의 단위)); *kupní ~* 구매력; *nemít -u* (*na co*) (무엇에 대해) 지배력이 없다; *měřit své -y* 상호 힘을 겨루다, (*s kým* 누구와) 경쟁하다; *silou moci* 전력을 다하여 (= *vší silou*); *mravní ~* 도덕적인 힘; *nabýt sil* 힘을 모으다, 세력을 축적하다; *nad své -y* 자신의 힘이 미치지 않는, 권한 밖의; *napnout -y* 모든 능력을 다하다; *v plné -e* 총력을 다하여; *plnou silou* 있는 힘을 다하여, 전력을 다하여 (= *vší silou*); *pracovní -y* 노동력; *politika -y* 노동 정책; *sebrat -y* v. *na být*; *setrvačná ~* = *setrvačnost*; *spojenými silami* 힘을 규합하여; *stejnou silou* 같은 강도로; *tajné -y* 비밀스러운 힘; *tvořivá ~* 창조력, 창작력; *velká ~ čeho* 무엇의 커다란 힘; *vlastní silou* 자신의 힘으로; *vodní ~* 수력; *vší* (*n. celou*) *silou, ze všech sil* 모든 힘을 다해, 전력을 다해; *snažit se/usilovat ze všech sil* 전력을 다하다, 최선을 다하다; *~ vůle* 의지력; *zásoba sil* (*tělesných*) 정력, 체력, 원기, 스태미너; *ztratit -y* 힘을 잃다; *životní ~* 생명력, 활력

silácký 운동의, 체육의; 운동가의 [와 같은], 강건한; předstírající sílu 뽐내는, 거드럭대는

sil|ák, *ma-3* **-ačka,** *f* 강한[힘센]사람, 운동가, 경기자

siláž, *f* 엔실리지((사일로에 생(生) 목초 등을 신선하게 보존하는 방법)), 사일로에 저장한 꼴

silážní 사일로의 *jáma* 구덩이[갱]

sílit (sil!) = *posilovat* **~ > ze-** stávat se silným 강하게 되다, 강해지다, 튼튼해지다

silnice, *f* 길, 도로, 가도, důležitá, hlavní 공도(公道), 간선도로, dálková, pro rychlou dopravu (장거리의, 특히 고속을 위한) 큰길, 고속도로, přes jinak nesjízdnou půdu, na náspu 둑[방죽]길(습지에 흙을 쌓아 돋운); jednotka v silniční síti (도로망의 하나로서의) 노선 ◆ *výpadová ~* 간선도로, 연결도로

silnička, *f* 옆길, 샛길

silniční 도로의, 길의 ◆ *~ doprava* 육상 수송 *~ mapa* 도로 지도; *~ morálka* 교통 규칙집((운전자용의 소책자))

siln|ý **1** schopný zapůsobit, zdravý, vzrostlý, z dobrého materiálu, četný 강한, 튼튼한, schopný obstát, vydržet 단단한, 억센, 굳센; *eufem.* = *tlustý*; prozrazující vnitřní sílu, dobré jádro 완강한, 불굴의 **2** impozantní svou působivostí/energií, působící dojmem síly 힘센, 힘찬, 설득력 있는, a to síly bojovné; útočné 힘있는, 강력한; prozrazující duševní sílu 힘찬, 강렬한 **3** statný, průbojný/prozrazující původce s takovými vlastnostmi 활발한, 강건한;

zdravě silný 튼튼한, 건장한; nadmíru průbojný/působivý 원기 왕성한, 강장한 **4** skrývající, tající v sobě velkou sílu 강력한; o skryté, stěží pozorovatelné a měřitelné síle 유력한 **5** znamenající velké zatížení 격렬한 **6** tlustý 두꺼운, 굵은, tukem 지방이 많은, 살찐, 비대한; v. také *mocný a prudký* ◆ *-á ruka* 힘, 고압수단, 폭력; *být ~ v čem* 무엇에 강하다; *to je jeho -á stránka* 그것은 그의 강점이다

silo, *n-2* 사일로((사료, 곡물 등을 넣어 저장하는 원탑 모양의 건조물))

silon, *mi-2* (일종의) 나일론

silonky, *f-pl* **(**구어체**)** 여자용 나일론 양말

silueta, *f* 실루엣, 그림자 그림, 윤곽, na obzoru (산, 건물 따위가 하늘을 배경으로 하는) 선, 윤곽

silvestr, *mi-2* 섣달 그믐날((한 해의 마지막 날)), 그날의 축제

sivestrovsk|ý 섣달 그믐날의 ◆ *-á noc* 섣달 그믐날 밤

simulant, *mi* **-ka,** *f* (특히 군인 등의) 꾀병자

simulovat 꾀병을 부리다

síň, *f* **1** 홀, 집회장; poradní, svatební v radnici (의식을 위한, 특히 시청에서의 결혼식을 위한) 연회실; jinak obchodní 영업실; velká přednášková (대형) 강당, 공회당; s údajem určení často …실[점, 장] **2** = *předsíň*

sina|lý, -vý 윤기[핏기]없는; namodrale 검푸른, 납빛의; mrtvolně 창백한, 핼쑥한

siný (문어체**)** 하늘색의, 담청의

sípat (*síp-u|-ám, sípej!, sípal*) > **za-** (천식 따위로) 씨근거리다, 헐떡이다

sípavý 씨근거리는, 헐떡이는

síra, *f* 《化》 유황, 유황색; "pekelná" (지옥의) 유황

síran, *mi-2* 《化》 황산염

siréna, *f* **(**그리스 신화**)** 사이렌((아름다운 노랫소리로 근처를 지나는 뱃사람을 유혹하여 파산시켰다는 바다의 요정))

siréna, *f* 사이렌, 호적, 경보기; lodi (선박의) 기적, 경적; v mlze (안개 속에서의) 무적(霧笛)

sirk|a, *f* **1** 성냥 **2** **-y** *f-pl* **(**비속어**)** nohy 다리 ◆ *krabička od -ek* 성냥통; *mít nohy jako -y* 꼬챙이처럼 가는 다리를 갖다; *škrtnout -ou* 성냥을 긋다

sirkárna, *f* 성냥 공장

sirn(at)ý 유황의

sirník, *mi-2, 3* 황화물

sirotčí 고아의, 어버이 없는

sirotčinec, *mi* 고아임; 고아원

sirotek, *ma-3* 고아, 양친이 없는 아이

sírov|ý 《化》 유황의 ◆ *kyselina -á* 《化》 황산

sirup, *mi-2* 시럽, 당밀

sirý 고아의; opuštěný 버려진, 버림받은

sít (*se-, sel|sil, setí*) > **na-, za, vy- 1** (씨를) 뿌리다; v řádcích, strojem (조파기로) 파종하다 **2** pěstovat …의 원인을 만들다((소문,해악 등의)) ◆ *~ vítr a sklízet bouři/kdo sije nenávist, sklízí bouři* 나쁜일의 몇 곱의 벌을 받다, 되로 주고 말로 받다; 유도하다; ~ **(**시어**)** = *rozsévat*

sí|ť, *f* **1** 그물; vlečná 예인망; (경찰의)

수사망 **2** systém 연락망, 정보망, 방송망, 네트워크, 시스템 **3** -tě, *pl* osidla 덫, 함정; rozprostřená na zemi (새 등을 잡는) 그물 **4** hlavní vedení (수도·가스 등의) 본관, 간선, (도로 철도 등의) 간선로; el. okruh (전기의) 회로, 회선, 배선 **5** zavěšená, visací k ležení 해먹, houpačka 그네 **6** pletivo 그물 세공(제품)

sítina, *f* 등심초 속의 식물, 골풀, 골풀 줄기((세공품의 재료))

síťka, *f* **1** 그물, 망사 **2** reprodukční (사진 재판용의) 그물판 유리, 그물 스크린 **3** jemná tkanina 성기고 얇은 천, 거즈

sítnice, *f* (눈의) 망막

síto, *n* (고운) 체, 조리; řešeto, prohazovačka (흙, 모래 등을 거르는) 어레미 ◆ *děravý jako* ~ 구멍투성이가 된

síťovina, *f* 그물눈, 망사; 석쇠

síťovka, *f* taška 그물 바구니[주머니]

situ|ace, *f* **1** 위치, 입장, 처지, 경우; obch. často 상태, 형세 **2** celkový stav 정세, 사정, 현상 **3** zachycená nákresem 배치, 설계(도) **4** výsledek souhry okolností, tísnivá (특히 어려운) 형국, 상황; kladoucí na člověka vysoké požadavky 급박, 위급, 긴급한 상태 **5** náhle se vynořivší 비상[돌발]사태; rozhodná 위기, 난국; = *okolnosti, podmínky* ◆ *nepříjemná, prekérní -ace* 곤경, 궁지; *na výši* ~ 일을 당하여 흔들리지 않는; *být u tvé -aci* 내가 너의 입장이라고 한다면

situační 상황[정세, 형세]의

situovaný **1** 위치하고 있는, 처해 있는; na jakou stranu 놓인, 당면한 **2** dobře, slušně hmotně zabezpečený 유복한, 넉넉한 살림의

sivák, *ma-3* 회색의 동물((특히 회색 말))

sivý 회백색의, 잿빛의, 창백한

sjedn|at **1** v. *jednat* **2** = *ujednat* **-ávat** = *ujednávat*

sjednocení, *n* 강화, 공고화; 통합, 통일, **(참조)** sjednotit

sjednocovat (se) v. *sjednotit (se)*

sjedno|tit (*sjednocen*) < **-covat** **1** utvořit jednotu 결합하다, 하나로 하다, 합하다; dosáhnout jednotnosti 굳게 하다, 공고[견고]히 하다; zpravidelněním 질서있게 하다, 조직화하다 **2** spojit, aby každá ze složek řádně fungovala 단일화하다, 통일하다; úplně, takže vzniká dokonalý, jednolitý celek, jaký má být (하나의 전체가 되도록) 통합하다 ~ **se** < **-covat se** 하나[일체]가 되다, 합체하다, 결속하다

sjet (*sjed-, sjel, sjetí*) < **sjíždět** (*-dějí*) **1** jako *sejít* **2** = *sklouznout* **3** expr. kam = *zajet* **4** koho, vyplísnit (누구를) 나무라다, 꾸짖다 **5** co, ježděním opotřebovat (무엇을 운행함으로써) 닳아 해지게 하다, 마멸시키다 ~ **se** < **sjíždět se** v. *sejít se*

sjezd, *mi-2* **1** (대표자, 사절, 위원 따위의) 회의, 회합; sjezd strany (정당의) 전국[당]대회; manifestační "sešikování" jako projev síly 집회, 대회 **2** lyžařský (스키의) 활강 **3** svah 경사면, 비탈

sjezdit (*sježděn*) < 가로지르다, 횡단하다; = *sjet (koho)*

sjezdov|ý 대회의, 회의의 (v. *sjezd*)

S

◆ *-á dráha* (*lyž.*) (스키의) 피스트((다져진 활강 코스)); *-á hala, síň* 대회장

sjízdný 통행할 수 있는, (산, 길 따위가) 다닐[넘을]수 있는

sjíždět v. *sjet*

skácet (se) (*-cejí se*) v. *kácet* (*se*)

skákací 도약의, 되튀기의 ◆ ~ *můstek* 뜀판, 도약판; ~ *prkno* 다이빙대

skákadlo, *n* = *švihadlo*

skákat = *poskakovat*; *jinak* v. *skočit*

skákavý 튀어 오르는, 도약하는

skál|a, *f* (복수 생격 *skal*) **1** 바위, 암석, 암벽; nad mořem (해안의) 낭떠러지, 벼랑, 절벽 **2** lom 채석장 ◆ *mohl by -y lámat* (바위를 깨뜨릴 수 있을 정도로) 그는 근골이 늠름하나; *tvrdý jako* ~ 바위처럼 단단한

skalice, *f* 《化》 황산(염) ◆ *modrá* ~ 황산동; (건축용의) 청회색 사암

skalisko, *m-2, 3* 암반; v moři v dlouhém pruhu (바다의 길게 뻗은) 암초; přečnívající (돌출한) 바위 턱

skalka, *f* 작은 암석, 암석 정원

skalnatý 암석이 많은, 바위로 된, 바위 같은

skalní 1 바위의 **2** 암석의; **(**감정어**)** fanatický 완강한, 인이 박인, 철저한

skálopevný 철석같이 굳은

skamarádit se < (구어체) = *spřátelit se*, 친구가 되다

skampolo, *n-2* T셔츠

skandál, *mi-2* **1** veřejné pohoršení 추문, 스캔들 **2** ostuda 불명예, 창피, 수치 **3** výstup 소동, 법석 ◆ *ztropit* ~ 물의를 일으키다

skandální 소문[평판]이 나쁜, 명예롭지 못한, 수치스러운

Skandinávie, *f* 스칸디나비아(반도)

Skandináv|ec, *ma* **-ka,** *f* 스칸디나비아인[사람]

skandovat 운율을 고르다, (시를) 운율을 붙여 읽다

skanout v. *kanout*

skápnout v. *kapat*

skartovat (문서를) 파기하다

skaut, *ma* **-ka,** *f* 스카우트 단원

skautovat 스카우트 단원이 되다

skautský 스카우트의

skeč, *mi-2* 스케치

skelet, *mi-2* 해골

skeln|(at)ý ze skla, týkající se přímo skla 유리제의, 유리로 덮인; jako sklo 유리 모양의, 거울처럼 반박한, 생기없는 ◆ *-á vlna* 유리 섬유, 유리 솜, 글라스 울

skepse, *f* 회의(론), 무신론

skeptický [-tyc-] 의심 많은, 회의적인

skeptik, *ma-3* [-tyk] 회의론자, 무신론자

sketa, *f* 비겁한 사람, 겁쟁이

skica, *f* 스케치, 사생화, 밑그림, 약도, 개요

skicovat > na- 스케치[사생]하다, …의 약도를 그리다

skif, *mi-2* 소형(모터)보트, 소형 경장범선

sklad, *mi-2* **1** složení 구조, 조직, celku (전체의) 구성 **2** soulad 조화, 화합 **3** zásoba pro budoucnost 저축, 저장, k okamžitému čerpání apod. (일시적인 수요를 위한) 비축(물자), 재고(품); pro válku (전쟁을 위한) 비축(물

S

자); knih (책을 위한) 서가 **4** skladování 보관 **5** místo, kde se skladuje 저장실, 창고, 저장소 **6** 주름, 접은 자리 ◆ *bez ladu a -u* 엉망진창의, 뒤범벅의; *být na -ě* (창고에) 쌓아 놓고 있다, 재고로 있다; *mít, vést na -ě* (가게에 물건을) 갖추다[비축하다]

skládací **1** 접는, 접을 수 있는 **2** určený k rozkládání 조립식의 ◆ *~ člun* 조립식 보트; *~ mapa* 접이식 지도 (= *skládačka*)

skládačka, *f* 접는 지도, 접는 책

skládan|ý 접힌, 주름진 ◆ *-á sukně* 주름 치마

skládat **1** (시험을 치르다) **2** v. *složit* ~ > **na-** **1** 쌓다, 축적하다, do účelného tvaru 특정한 (모양으로) 쌓아 올리다; uložit na místo (배에) 짐을 가득 채우다 **2** plisovat 주름을[플리트를] 잡다 **~ se 1** z čeho (무엇으로) 구성되다, 이루어지다 **2** na co v. *složit se*

skladatel, *mi-1, 4* **-ka,** *f* 작곡가; jiný než hudební (음악이 아닌 다른 분야의) 작자, 저자

skladba, *f* **1** 구성, 조립, 조직 **2** charakter, složení 형(型), 양식, 구조 **3** v mluvnici (문법의) 통어법(론), 구문(론) **4** 곡(曲) ◆ *pochodová ~* 행진곡, *klavírní ~* 피아노곡;

skladebný **1** 구성의, 구조의 **2** mluv. (문법의) 통어법의, 구문론의 **3** syntetický 합성의, 인조의

skladiště, *n* 저장실, 광, 보관소; podnikatele/velkoobchodu (회사 혹은 도매점의) 저장소, 창고; maloobchodu (소매점의) 상품 전시실; knih (책을 위한) 서고 ◆ *~ celní* 보세 창고

skládka, *f* složení/místo skládky 쓰레기 버리기[버리는 곳], odpadků, vůbec hromadná 쓰레기 더미 ◆ *~ odpadků* 쓰레기 하치장; *S- zakázána!* 쓰레기 투척 금지!

skladné, *n* 보관료, 창고료

skladní = *skladovací*

skladník, *ma-3* 창고 관리인, 재고품 관리자; lodní (배의) (기관실) 화부(火夫), 하역인부

skladný **1** (가구 등이) 소형인, 스페이스를 차지하지 않는 **2** (방, 가방 등이) objemný 용적이 큰, 부피[넓이]가 큰

skladovací 보관의, 저장의 ◆ *~ prostor* 보관소, 저장소

skladovat 창고에 넣다[보관하다], 저장하다

skladový = *skladní*

sklánějící 내려가는, 내리받이의, 하락하는, 내림세의

sklánět (se) v. *sklonit (se)* **~ se** (*-nějí se*) **1** mít svah 기울어지다, 경사지다, 구부러지다, 경사지다, (v. mít sklon pod sklon); pozvolna (완만하게) 경사지다, 비탈지다 **2** (비유어) *~ se před kým* (알아보겠다는 표시로써) (누구에게) 모자를 벗어보이다

sklápěcí (극장 따위의) 등받이를 세웠다 접었다 하는, (비행기의 의자가) 등받이와 발판이 조절되는 ◆ *~ deska stolu* 테이블의 접을 수 있는 날개판; *~ postel* 접는 침대

sklápět v. *sklopit*

sklap|nout < **-ovat** **1** 쾅[찰싹] 부

닟치다[닫다]; podpatky (뒤꿈치를) 딱 하고 맞붙이다; o zvuku 짤까닥[째깍] 소리나다 **2** (트렁크, 뚜껑 등이) 짤깍하고 닫히다 ◆ *-lo mu* 그는 실패하였다; *(něco) mu -lo* (무엇이) 그를 실망시켰다[저버렸다]; *spadl mu hřebínek* 그는 콧대가 꺾였다[체면을 잃었다]

sklárna, *f* 유리 공장, 유리 제조점, 유리 상점

sklář, *ma* 유리 제조[세공]인, 유리 부는 직종

sklářský 유리의, 유리제의 ◆ *~ průmysl* 유리 공업; *~ závod* 유리 공장

sklářství, *n* 유리 제조업, 유리 공업

sklenář, *ma* 유리 장수, (유리, 도자기의) 세공인

sklenářství, *n* **1** 유리 제조업, 유리 끼우는 작업 **2** 유리 상점, 유리 공장

skleněn|ý 1 유리의, 유리로 된 **2**jako sklo 유리 모양의, 유리 같은 ◆ *-é zboží* 유리 제품

skleni|ce, *f* 유리잔, válcovitá odlivka (굽, 손잡이가 없는) 유리컵, 텀블러; kompotová (통조림용의) 유리병, 항아리, marmelády apod. (잼등을 위한) 유리병 ◆ *dávat do -c* 병에 넣다; *~ na víno vinná ~* 포도주잔; *~ vína* 포도주 한 잔; *~ na vodu* 물병; *~ piva, pivní* 맥주잔; *~ piva* 맥주 한 잔; *bouře ve -ci vody* 헛소동, 내분, 집안 싸움

skleničk|a, *f* **1** odlivka (굽, 손잡이가 없는) 작은 컵; s nožkou (받침 달린) 작은 잔 **2** 마실것, 음료, 술; 한 잔, 한 모금 ◆ *dolít komu -u* 누구의 술잔을 다시 채우다; *~ před spaním* 자기 전에 마시는 술; *dáš si -u?* 한 잔 하겠니?; *ještě -u, prosím* 한 잔만 더; *pozvat koho na -u* 누구를 술자리에 초대하다; *ještě -u na rozloučenou* 우리의 이별을 위하여 한 잔 더

skleník, *mi-2, 3* **1** skříň (유리로 된) 장식장[진열장]; **2** zahradní (정원의) 유리 온실

skleníkový 1 온실의 **2** jako z jiného světa 에테르 같은, 영묘한 ◆ *~ efekt* 온실효과

sklenka, *f = sklenička*

sklen|out < -ovat 둥근 천장 모양으로 덮다; v oblouk 활 모양으로 하다[굽히다]

sklep, *mi* **(**생격 *-a***)** 지하실, 땅광, 움 ◆ *vinný ~* (아치형 천장의) 포도주(지하) 저장실, 포도주집

sklepení, *n* (지하의) 아치형 모양, 저장실

sklepní 지하(저장)실의, 지하의

sklep|nice, *f* (포도주 집의) 웨이트리스, 여급; **-ník,** *ma-3* (포도주 집의) 남자 사환, 웨이터, 보이; v soukromém domě (가정집의) 집사, 피용자 우두머리((식기류, 술창고를 관리))

skleróza, *f* 《醫》 경화증, 경화; 《植》 세포벽의 경화 ◆ *~ multiplex/roztroušená ~* 다발성 경화증

skleslost, *f-1* 의기소침, 침울; jako nálada 울적한 기분, 우울

skleslý 1 가라앉은, 움푹 들어간 **2** duševně 의기소침한, 우울한 **3** apatický 마비된, 무감각한; *= sklíčený*

sklesnout < = *klesnout (zvl. o zhroucení, o pádu)*

S

sklíčenost, *f-1* 낙담, 실의
sklíčený 낙담한, 풀 죽은, 우울한
sklíčit (*sklič!*) < **skličovat** **1** zachvátit 괴롭히다 **2** způsobit tíseň 압박하다, 억압하다 **3** duševní (정신적으로) smutek 우울하게 하다, 슬프게 하다, 울적하게 하다
sklíčko, *n-2, 3* **1** 손목[회중] 시계의 유리 **2** mikroskopu (현미경의) 슬라이드 **3** počítací (컴퓨터의) 계수기(器) **4** v oponě (무대 커튼의) 들여다보는 구멍
S
skličující 압제적인, 압박하는
skličovat v. *sklíčit*
sklidit (*sklizen*) < **sklízet** (*-zejí*) **1** 깨끗이 하다, 깨끗하게 치우다 **2** odstranit 제거하다, 없애다 **3** obilí (곡식을) 베어들이다, 거둬들이다; plody (열매를) 따다, 수확하다 **4** dojít 받다[얻다] co (무엇을) ◆ *~ potlesk* 갈채를 받다
sklize|ň, *f* práce **1** 거둬들이기, 수집, 수확 **2** objem úrody 수확(고), 포도 수확량 ◆ *čas -ně* 수확 기간
sklízet v. *sklidit*
sklížit (*skliž!*) v. *klížit*
skližovat = *klížit*
skl|o, *n* **1** 유리, broušené 컷글라스, 세공유리, lité/zrcadlové (고급의) 두꺼운 판유리, tabulové 판유리 **2** skleněné zboží 유리제품, 글라스웨어 **3** (구어체) **-a** *pl* 안경 ◆ *čistý jako ~* 유리처럼 깨끗한[맑은]; *hodinkové ~* v. *sklíčko*; *ochranné ~* (*auta*) (자동차의) 바람막이[전면]유리; *pozor, ~!* 유리!, 취급주의!; *vodní ~* 물유리((규산소다 용액; 접착제, 비누의 배합제 또는 달걀의 보존용)); *zvětšovací ~* 확대경, 돋보기
sklon, *mi-2* **1** vychýlení od normálu, naklonění dolů/stranou 기울기, 기욺, (고개를) 숙임; značné, od vodorovného/svislého 경사, 비탈; o pozvolném svažování plochy 경사면, 경사지; jeho stupeň (도로, 철도 따위의) 경사도, 물매, 언덕 **2** nebezpečné naklonění lodi (선박의 위험한 기울기로서의) 기울기, 경사 **3** kam tíhneme zájmem, zálibou (흥미에 의해 기우는) 기호, 편애, náchylnost 성향, k tomu, čemu se oddáváme, co je dáno naší tělesnou konstitucí/mentalitou 경향, 기질, k čemu jsme neodolatelně přitahováni 취미, 기호 **4** stálé zaměření/nevědomé směřování určující vývoj/postup v určitém směru 경향, 풍조, 추세; v hrubých rysech a stálý jen za neproměnných okolností 방향, 동향, 시대풍조; vlivem neovladatelných sil 흐름, 대세 **5** nadání 적성, 소질, 재능 ◆ *mít ~ k čemu* 무엇에 기울다[기대다], (배가) 기울다, …하기 쉽다, (určitým směrem) (특정한 방향으로) 향하다, = *být náchylný* (v. *náchylný*); *se -em k* …하기 쉬운, …의 경향이 있는, *~ k srážkám* 소나기가 쏟아질 것 같은 징조
sklonek, *mi-2* 끝, 종결, 마감 ◆ *ke, na -ku* 끝[종말], 무렵에
sklonit < **sklánět** (*-nějí*) **1** ohnout 구부리다, 굽히다; pod tíhou stáří, nemoci, také hlavu (나이, 병 때문에, 또한 고개를) 굽게 하다[굽히다]; hlavu, hřbet (머리, 등을) 굽히다[구부리다], (před

kým 누구 앞에서) 웅크리다 **2** vlajku, zbraně (기, 무기를) 잠깐 내렸다 곧 올리다((경례, 신호 등을 위하여)) ~ **se < sklánět se 1** 구부러지다, 휘다; (몸이나 머리를) 숙이다[굽히다] jako sklonit **2** sestupovat, zvl. slunce (특히 태양이) 떨어지다[지다] **3** blahosklonně 겸손하게 굴다, 자신을 낮추다 **4** schýlit se ke konci 끝나다, 종말에 가까워지다 **5** (*zrak*) = *sklopit* ◆ ~ *hlavu na pozdrav* 고개를 숙여 인사를 하다; ~ *se ke komu* 누구에게 고개를 숙이다; *hluboce se před kým* ~ 누구앞에서 모자를 벗다, 누구에게 경의를 표하다

skloňovat > od-, vy- (文法) [격(格)]변화하다, 굴절하다;

skloňování (文法) 어형변화((명사, 대명사, 형용사의 성, 수, 격에 의한 굴절)), 격변화

sklo|pit < sklápět (*-pějí*) **1** 기울다, 경사지다 **2** = *ohnout, sehnout* **3** spustit 수그리다, 숙이다, = *svěsit* **4** tahem (당겨서) 되돌리다[내리다, 닫다] ◆ ~ *oči* 눈을 내리깔다, 시선을 떨어뜨리다; *být -pen* (*volně viset*) 수그러지다, 축 처지다

skloubit v. *kloubit*

sklouz|nout < -(áv)at 미끄러져 내려가다, 활주하다 (*rozdíly* v. *při 'klouzat'*); = *uklouznout*

sklovitý 유리의, 유리로 된, 유리 같은

skluzavka, *f* **1** skluz (경사진) 조선대(造船臺), 선가(船架) **2** zábavní 미끄럼틀[판], (물건을 떨어뜨리는) 활송(滑送) 장치

skoba, *f* **1** 갈고리, 훅, 걸시 **2** 매부리코

skoč|it < skákat (*skáč-u, skákej!, skákal*) **1** 깡충 뛰다, 뛰어오르다; mocně, nahoru, vpřed (강하게 위로, 앞으로) 뛰다, 퉁기다; ze země (지상으로부터) 도약하다; lehce, hravě, se země (가볍게) 뛰다, 까불다 **2** vyskočit 솟아오르다; vzhůru (위로) 솟구치다; krev, slzy, ceny (혈압, 눈물, 가격이) 오르다, 치솟다 **3** vrhnout se 집어던지다 **4** horlivě se chopit 달려들다 na, po (…에); (po kom, na koho 누구에게) 갑자기 덤벼들다; pospíšit si 서두르다, 덤비다 **5** trestat, kárat ho 몹시 응징[힐책]하다 **6** přes co (무엇을) 뛰어넘다 **7** pře- o věcech, přejít …을 빼놓다, …을 생략하다 **8** jako blesk (번개처럼) 마음에 스치다 ◆ ~ *mi myslí* 나에게 생각이 문뜩 떠오르다; ~ *komu kolem krku* 누구의 목을 꼭 껴안다; ~ *na nohy* 일어서다; *neví, kam dřív* ~ 그녀는 완전히 혼란에 빠졌다; ~ *po hlavě* 과감히 하다, 모험을 하다; *-il by pro ni do ohně/pekla* 그는 그녀를 위해서라면 불/지옥 속으로도 뛰어들 것이다

skočky, *f-pl* (*lyže*) 도약[점프]용스키

skok, *mi-2, 3* **1** 뜀, 뛰어오름, 도약, 비약; 급등; 거르기, 건너뜀, **(참조)** *skočit*; výpad u startu 뛰어듦, 다이빙, 잠수 **2** kousek cesty 세단 뛰기 **3** lyžařský 스키 점프 ◆ *jedním -em* 한 번 도약으로(써) *-em/-y* 착착, 순조롭게; *na* ~ *kde* 어디에 잠깐 들리러[방문차]; *(ode)jít, přijít, podívat se na* ~ …에 잠깐 들르다 ~ *daleký* 멀리 뛰기;

S

~ *po hlavě* 곤두박이로 떨어짐, 다이빙; *hrát komu do -u* …을 지지하다, …에 동조하다; *je mu do -u* 그는 뛸 것만 같은 기분이다; ~ *do tmy* 무모한 짓, 모험, 폭거(暴擧); ~ *o tyči* 장대높이 뛰기; ~ *vysoký* 높이 뛰기

skokan, *ma* **-ka,** *f* **1** 도약하는 사람, 도약 선수 **2** žába 개구리 **3** 스카이드라이버

skolit < 동댕이 치다, 공구르다

skomírat (문어체) 쇠진하다, 죽어들어가다

S

skon, *mi-2* (문어체) 서거, 별세

skonání, *n* pop. = *skon* ◆ *do* ~ 죽을 때까지; *do* ~ *světa* 세상이 끝날 때까지

skon|at < **-ávat** 죽다, 사망하다

skoncovat **1** 끝내다, 종료[종결]하다 **2** a tím přestat 끝마치다, 결말을 내다 **3** s kým, čím, přerušit styky, zabývání se něčím (누구와, 무엇과 관계를) 끊다, 절교하다

skončit (se) v. *končit* (*se*)

skonto, *n-2* 할인 ◆ ~ *na čem* 무엇의 할인

s|kopec, *ma* **1** 불깐 숫양 **2** S- (별자리의) 양자리, 백양궁

skopičina, *f* **skopičinka,** *f* 못된 장난, 농담

skopová, *f* 양고기의 뼈가 달린 덩어리((요리용))

skopové, *n* 양고기

skopový 양고기의

skóre, *n-in* (구어체) 스코어, 점수

skoro 거의, 거반, 대체로; (부정문에서) 거의 …않다[아니다] ◆ ~ *každý týden* 거의 매주; *nemá* ~ *žádnou šanci* 그는 거의 아무런 기회가 없다

skořápka, *f* (달걀, 조개 따위의) 껍질, 조가비

skořice, *f* 계피

skosit v. *kosit*

Skot, *ma* **-ka,** *f* 스코틀랜드인[사람], 스코틀랜드 여자

skot, *mi-2* 뿔 있는 가축

skotačit 뛰어놀다, (어린이나 염소새끼 등이) 깡충깡충 뛰어다니다

skotačivý 뛰어 돌아다니는, 장난치는, 까부는

skoták, *ma-3* 소치는 사람, 가축 치는 사람

Skotsko, *n* 스코틀랜드

skotský 스코틀랜드의, 스코틀랜드 사람[어]의

skotština, *f* 스코틀란드어

skoupit (*skup!*) < **skupovat** 사서 모으다, zásoby 사들이다; sklizeň (수확물을) 대량 구입하다, 매점하다

skoupost, *f-1* 아낌, 인색함

skoupý 인색한, 아끼는, 쩨쩨한 ◆ *být* ~ *na co* 무엇에 인색하다

skráň, *f* 관자놀이

skrápět v. *skropit*

skrblický 물건을 너무 아끼는, 인색한

skrbl|ík, *ma-3* **-ice,** *f* 쩨쩨한[인색한] 사람

skrblit 인색하다, 너무 아끼다

skrček, *ma-3* (경멸어) 꼬마, 작은 사람, 발육 부진의 사람

skrčenec, *ma* (선사시대의) 쭈그린 자세로 매장된 시체[송장]

skrčit (se) v. *krčit* (*se*)

skrečovat 단념하다, 기권하다, 포

기하다

skrojek, *mi* 딱딱한 빵껍질

skript, *mi-2* (등사 인쇄의) 강의 노트[원고], 교재

skromnost, *f-1* 겸손, 조심성, 겸양

skromný 겸손한, 삼가는, 얌전한, 수수한

skropit < skrápět (*-pějí*) 적시다, 축이다, v. *pokropit*

skroutit (*skruť!, skroucen*) < v. *kroutit*, 나사를 죄다, 돌리다; (밧줄 등을) 비비꼬다; (콧수염을) 배배꼬다; (누구의 등 뒤로) 손을 감다

skrovný 1 소량의, 미량의, 얼마 안 되는 **2** jídlo (음식을) 알뜰히 아껴 쓰는, 절약하는 **3** (비유) (가망, 희망등이) 아수 석은, 빈약한

skrupule, *f* 망설임, 주저, 가책 ◆ *dělat* (*si*) ~ 망설이다, 주저하다

skrutátor, *ma* 검사자, 투표 검사자

skrutinium, *n-2* 검사, 조사, 감독

skrýš, *f* 숨겨 두는 곳, 은신처; věcí (물건들의) 숨겨두는 장소, 땅굴

skrýt < -vat v. *ukrýt*

skryt ◆ *ve -u* 비밀로, 몰래

skrytý 1 숨겨진, 비밀의, 은밀한, 내밀한, někde v pozadí 숨은, 잠재된, 잠복된 **2** 《政》 내일의

skrývat (se) v. *skrýt* (*se*)

skrz(e) I (부사) …을 통하여[지나서] ◆ ~ *naskrz* 구석구석까지, 샅샅이, na kůži 흠뻑 **II** (전치사: + 대격) **1** …을 통하여[지나] ◆ *dívat se ~ brýle* 안경을 통해 보다; *projít ~ les* 숲을 지나서 가다 **2** …때문에, …로 인하여 ◆ ~ *nemoc* 병 때문에

skřehotat > za- (개구리 등이) 개골개골 울다, 목쉰 소리를 내다

skřek, *mi-2, 3* 날카로운 소리, 부르짖음

skříň, *f* **1** 상자, 케이스 **2** ozdobný nábytek 장, 캐비닛, 진열용 선반, s policemi 찬장 **3** šatník 옷장 ◆ *výkladní ~* (상점의) 진열장; *~ na knihy* 책장, 서고

skříňka, *f* 작은 장, 작은 캐비닛, 상자, 궤, montážní 연장통, 용구통, 구급통, jedna z celé soupravy 로커, (자물쇠가 달린) 장; 《航》 černá ~ 블랙박스, 비행 기록 장치

skřípat (*skříp-u|-ám, skřípej!, skřípal*) > **za- 1** 갈다, 비비다, 문지르다 **2** kvikat 삐걱거리다 ◆ ~ *zuby* 이를 갈다

skřípnout < 1 = *zaskřípat* v. *skřípat* **2** někoho (감정어) (아무를) 따끔한 맛을 보이다, 혼내주다, 깨닫게 하다 **3** (감정어) nebýt v souladu 가락이 맞지 않다, 사이가 나쁘다

skřípot, *mi-2* (브레이크, 바퀴 등의) 날카로운 마찰음

skřítek, *ma-3* 요정, 꼬마 요정, 도깨비, v. *trpaslík*

skřivan, *ma,* **skřivánek,** *ma-3* 종달새

skučet (*oni skučí*) > **za-** (짐승이) 짖다, 울부짖다, pes (개가) 낑낑거리다

skuhrat > za- 애처로운 소리로 울다, 보채다, 푸념하다

skulina, *f* (벽, 바위 등의) 갈라진 틈, 균열

skulit se < 1 dolů (아래로) 굴러내리다[떨어지다] **2** do klubíčka (사람들이, 떼지어) 몰리다

S

skupenství, *n* 집합, 집성, 총체
skupina, *f* **1** 그룹, 집단, 단체 **2** vytříděná podle určitého rysu 하나하나로 일괄한 것, 동류, 부류 **3** stromů, lidí (나무, 사람의) 무리, 떼, 대, 단
skupovat v. *skoupit*
skutečně 1 = *ve skutečnosti* **2** 정말로, 실제로, 진실로, 사실로 **3** k zdůraznění (강조) 실로, 참으로
skutečnost, *f-1* **1** 사실, 진실, 현실, 실체 **2** jednotlivá (하나하나의) 사실, 실제; nesporná (의심의 여지 없는) 사실, 진상 ◆ *ta ~, že* …라는 사실[실상]; *holá ~* 벌거벗은 사실, 적나라한 진실; *ve -i* 실제로, 사실상, 정말로
skutečný 1 사실의, 실제의; opravdový 진짜의 **2** udávší se/dějící se 현실의, 현행의; jsoucí 현존하는, 현존의 **3** ne jen podle jména (단지 명목상이 아닌) 실제상의, 실질적인 **4** hmotný 본질의, 본체의, 실체의
skutek, *mi-2, 3* **1** 행위, 실행; vynikající 위업, 공적, 공훈; dobrodružný (모험적인) 공과, s překonáním potíží (어려움을 극복하고 얻은) 성과 **2** jednotlivé konání (하나하나의) 행위, 소행, 활동
skutkový 사실의, 실제의
skútr, *mi-2* 스쿠터, 외발 스케이트 ◆ *jet na -u* 스쿠터를 타다
skvěle 1 찬란하게, 찬연히, 장엄하게, 멋지게, 근사하게 ◆ *cítím se ~* 나는 굉장히 좋다; *~!* 훌륭하다!
skvělý 1 반짝반짝 빛나는, 눈부신, 화려한, 장엄한 **2** 탁월한, 뛰어난, 빼어난, 최고의, 근사한 ◆ *~ nápad!* 기발한 아이디어야!

skvít se (*skvěj-|skví-m, skvěj se!, skvěl se*) > **za- se** 빛나다, 반짝이다, 눈부시다; **(비유)** vynikat 뛰어나다, 출중하다
skvost, *mi-2* 보석, 보옥, 귀중품, 일품
skvostný 장엄한, 장대한; 훌륭한; 현란한; 귀중한 v. *skvělý*
skvrna, *f* 얼룩, 오점, 점, od rezu 녹
skvrnitý 반점이 있는, 얼룩얼룩한, 더럽혀진
skvrnka, *f* 작은 반점, 얼룩, 반문(斑紋)
skýtat = *poskytovat*
skýva, *f* chleba (빵) 조각; velká (빵의 큰) 덩어리[조각]
slabika, *f* 음절, 실러블, 음절을 나타내는 철자
slabikář, *mi* 철자 교본, 첫걸음, 초보[독본]
slabina, *f* **1** pod břichem (복부 아래의) 샅[사타구니] **2** nad hýžděmi (궁둥이 위의) 허리, 요부 **3 (비유)** 약점, 취약점
slábnout < **ze- 1** 약해지다, 힘이 빠지다 **2** tratit se 줄다, 작아지다, 감소하다
slaboch, *ma-3* **-ška,** *f* 약한 사람[동물], 약골; 겁쟁이
slabomyslnost, *f-1* 저능, 우둔, 허약
slabomyslný 저능한, 우둔한
slabost, *f-1* **1** (육체적) 약함, 연약함, 나약함; 심약, 박약 **2** 희박, 가늚 **3** (술, 담배 등의) 부드러움, 순함 **4** (논쟁, 설득의) 어설픔, 서툶, 불완전 **5** 취약점, 약점

S

slabošský **1** 연약한, 유약한 **2** 우유부단한, 나약한

slabůstka, *f* 약점, 취약점

slab|ý (*slabší*) **1** 약한, 무력한, mdlý 박약한, 기력이 없는, nemohoucí 무기력한, 무능의 **2** tenký 엷은, 가냘픈; v poměru k délce (길이에 비해) 홀쭉한, 가느다란; nevydatný, nepočetný 얼마 안 되는, 불충분한; nepatrný 사소한, 하찮은 **3** nápoj (음료가) 묽은, 희박한; (술, 담배가) 약한, 순한, 부드러운; řeč, sloh (말, 문체가) 활기 없는, 지루한 ◆ ~ *duch* 박약한 정신; *-é pohlaví* 여성; *-á útěcha* 달갑지 않은 위로[충고]

slad, *mi-2* 맥아, 엿기름

sládek, *ma-3* 양조자, 양조인

sladit[1] (*sladěn*) (악기를) 조율하다; (색깔을) 어울리게하다, 맞추다; (의견 등을) 조화시키다

sladit[2] (*slazen*) > **o-** 달게 만들다, 설탕을 치다 ◆ ~ *si kávu* 커피에 설탕을 타다; *sladíte?* 설탕을 타시겠습니까?

sladkost, *f* **1** 단맛, 달콤함, 맛좋음 **2** cukroví 단것, 과자, 사탕; *-i* 캔디

slad|ký **1** 단, 달콤한 **2** 맛좋은, 맛있는 ◆ *mluvit -ce* 달콤하게 말하다, 감언이설하다; *-ká voda* říční 민물

sládnout > **ze-** 달게 되다, 달아지다

sladovna, *f* 맥아 제조소[저장소]

sláma, *f* 짚, 밀짚, 짚 한 오라기 ◆ *mlátit prázdnou -u* 헛수고하다; *mlácení prázdné -y* 공허한 담론, 허풍

slamák, *mi-2, 3* 밀짚 모자

slaměnka, *f* 보릿짚 국화((시들지 않는 꽃))

slaměn|ý 밀짚의, 밀짚으로 만든 ◆ ~ *úl* 밀짚으로 만든 벌집; *-á vdova* 별거중인 아내; ~ *vdovec* 별거중인 남편

slámka, *f* (음료수) 빨대

slamník 밀짚 매트리스

slaneč|ek, *mi-2, 3* 절인 청어 ◆ *mačkat se jako -ci* (콩나물 시루처럼) 빽빽이[꽉] 채워지다

slanin|a, *f* 베이컨 ◆ *plátek -y* 베이컨의 얇게 썬 조각; *proužek -y* (살코기 사이에 끼우는) 베이컨이나 돼지고기 조각

slánka, *f* (식탁의) 소금그릇

slanost, *f-1* 짬; 염분, 염도

slan|ý 소금의; solený 짠, 소금기가 있는 ◆ *-á voda* 소금물, moře 바닷물

slap, *mi-2* 급류, 여울

slast, *f-1* **1** 기쁨, 즐거움 **2** 축복

slastný 즐거운, 유쾌한

slátanina, *f* 주워 모은 것, 미봉; 멀건[밍밍한] 음료, 음식; (문학 등의) 모방 작품

slátat 주워[이어] 맞추다, 미봉하다

slatina, *f* 소택지(沼澤地), 습지, 수렁

Sláv, *ma* 슬라브인 = *Slovan*

sláv|a, *f* **1** 영광, pověst 명성, 영예, 명예, 영관 **2** oslava 축하, 축전, 의식 **3** nádhera 장대, 광휘, 장려(함); pompa 화려, 장관 **4** (신의) 영광[축복] ◆ *~!* (*~ bohu*) 고마워라[황송하군]; *prima* **(감정어)** 영광, 할렐루야!, ~ *ti/vám!* (너/당신) 만세! *provolávat komu -u* 누구를 격려[성원]하다, 갈채하다

slavík, *ma-3* 나이팅게일

S

slavín, *mi* 판테온((신들을 모신 신전 혹은 한 나라 위인들의 무덤 기념비가 있는 전당))

slavist|a, *ma(-4)* **-ka,** *f* 슬라브학자

slavistika, *f* 슬라브학

slavit > o- 1 축하[축복]하다 **2** zachovávat 기념[경축]하다

slavnost, *f-1* **1** 축하, 축전; s parádou 축제, 제례; v přírodě (옥외의) 축연, 향연 **2** společnost 파티 **3** s obřady 식, 의식 **4** slavení 축제의 행사, 축전, 제전

S

slavnostní 1 경축의, 축제의 **2** veřejně reprezentační 공식 행사의 **3** exkluzívní 축제 기분의, 화려한 **4** mimořádnost příležitosti 장엄한, 장중한 ◆ ~ *chvíle* 경사스러운 때, 장엄한 축전[행사]; ~ *nálada* 축제 분위기; ~ *recepce* 화려한 정찬; ~ *řeč* 축하 인사, 축사; ~ *sál* 연회복; ~ *uniforma* 연회장, 정장; ~ *výbor* (축전) 조직 위원회

slavný 1 유명한, 이름난; uznávaný 명성있는, 저명한; význačný 뛰어난, 출중한 **2** obecně oslavovaný 고명한, 세상에 알려진 **3** nadšeně přijímaný 영광스러운, 영예로운

slečna, *f* 미혼의 젊은 여성, před jménem (이름 앞에 붙여서) …양

sled, *mi-2* **1** 연속, 계승 **2** řada 연쇄, 일련

sleď, *ma* 청어

sledovat 1 지켜보다, 감시하다; stopováním 추적하다, …의 자국을 더듬다, a snažit se dostihnout 뒤쫓다, 추구하다 **2** jít za, následovat 뒤따르다, 쫓아가다 **3** mít za cíl 목표하다[삼다] **4** brát pečlivě v úvahu 심사 숙고하다

slehnout < sléhat 1 산욕에 있다, porodit 아이를 낳다 **2** (눌러서) 평평[반반]하게 하다 ~ **se < sléhat se** (바닥에) 내려앉다, 자리잡다 ◆ *zmizel, jako by se po něm zem(ě) slehla* 그는 흔적도 없이 자취를 감추었다

slech, *mi-2, 3* (개, 토끼 등의) 귀 ◆ *není po něm ani -u* 그에 대한 소식이 오리무중이다

slepec, *ma* 눈먼 사람, 맹인

slepeck|ý 눈먼, 맹인의 ◆ ~ *tisk, -é písmo* 브라유식 점자(법)((프랑스인 Louis Braille(1809-52)의 고안))

slepectví, *n* 시각장애, 눈먼 상태; 맹목

slepenec, *mi* 집성체, 집괴, 집단

slepice, *f* **1** 암탉 **2** (경멸어) 바보 같은 여자, 멍청한 여자

slepičí 암탉의, 닭의 ◆ ~ *mor* 가금 페스트; ~ *polévka* 닭고기 수프; *má* ~ *mozek* 그[그녀]는 바보다

slep|it < -ovat 1 고착[접착]시키다, 접착제[풀]로 붙이다 **2** slátat 이어 맞추다

slepnout > o- 눈이 멀다; (갑자기) 눈이 멀어지다

slepota, *f* 맹목, 무지, 눈멂, 무분별

slepovat v. *slepit*

slep|ý[1] **1** 눈먼 **2** 장님(용)의 **3** 맹목적인, 분별없는, 마구잡이의 **4** nenabitý 공백의, 텅빈 **5** 가짜의, 모조의 **6** 막다른, 출입구가 없는 ◆ *-á bába* 까막잡기; *jako* ~ *k houslím* 순전한 우연으로; ~ *pasažér na lodi* (특히 배를 이용한) 밀항자; *-é střevo* 맹장; *-á ulička* 막다른 골목, 궁지, 난국; *dostat se do -é uličky* 막다른 골목에

이르다, 궁지에 빠지다, 몰리다

slepý[2]**,** *ma* 눈먼 사람, 맹인

slepýš, *ma* 도마뱀의 일종((다리가 없는))

slet, *mi-2* **1** 하강, 내리기 **2** 만남, 모임 **3** 회합, sokolský 소콜 페스티발[축제]

sletět (*oni sletí*) < **slétat 1** 날아 내려오다, 하강하다 **2** pádem 밑으로 떨어지다 ~ **se** < **slétat se** 모이다, 회합하다

sletov|at < **-ávat** 납땜하다[으로 붙이다]

sleva, *f* **1** (세금 혹은 벌금에서의) 경감, 감세 **2** z daně/pokuty (세금 혹은 벌금의 삭감) **3** snížení vůbec 감소, 절감, 가격 인하, 할인, 세일

slévač, *ma* 주조자, 주물공

slévárna, *f* 주물[주조]공장

slévat 1 kovy 주조하다 **2** v. *slít*

slevenka, *f* 할인카드, 할인증

slevit < **-ovat 1** 할인하다, 인하하다 **2** (비유) prominout 용서하다

Slezan, *ma* **-ka,** *f* 실레지아인[사람]

slézat (se) v. *slézt* (*se*)

slezina, *f* 비장, 지라

Slezsko, *n* 실레지아((체코 동북부와 폴란드의 남부에 걸쳐 있는 지방))

sléz|t (*slez-*) < **-at 1** 기어 내려오다, 내려오다, 내리다 **2** vypadnout vlasy (머리카락이) 떨어지다, 빠지다 ~ **se** < **-at se** tajně 비밀리에 만나다

slib, *mi-2* 약속, slavnostní (의식 상의) 맹세, 서약 ◆ ~ *manželství* 혼인 서약; *dostát -u* 약속을 지키다, *nedostát -u* 약속을 깨다; *dodržet* ~ 약속을 지키다; *splnit* ~ 약속을 이행하다; *vázán -em* 약속, 서약에 묶인[매인]

slíb|it (*slib!*) < **-ovat** 약속하다, slavnostně 맹세[서약]하다

slibný 약속된, 보장된, 유망한, 가망있는, 희망적인; příznivý 믿음직한, 상서로운

slibovat v. *slíbit* ~ **si** (mnoho) od čeho 무엇으로부터 …을 (많이) 기대하다

sličný 잘 생긴, 미모의, 아름다운, 사랑스러운

slída, *f* 운모, 돌비늘

slídil, *ma-2* (구어체) 스파이, 밀정, 탐정

slídit (*slid'!*) **1** 스파이질하다, 탐정하다 **2** po čem, za čím hledat to (무엇을) 탐색[수색]하다 **3** vtíravě 파고들다, 캐다

slídivý 스파이질의, 탐정[밀정]의; 감시하는; (시선이) 파고드는

slimák, *ma-3* 괄태충(括胎蟲), 민달팽이

slin|a, *f* **1** 침, 타액 **2** plivnutá 내뱉은 침, (곤충의) 내뿜는 거품 ◆ *dělají se mu -y* 그것은 그로 하여금 군침을 흘리게 하다; *sbíhají se mi* (*při tom*) *-y* 그것은 나로 하여금 군침을 흘리게 한다

slinit 침흘리다

slinivka, *f* břišní 췌장

slintá|k, -ček, *mi-2, 3* 턱받이, 침받이

slintat 침을 흘리다, 침으로 적시다

slintavka, *f* (*a kulhavka*) 구제역((가축의 입, 발굽에 걸리는 병)), 아구창

slisovat v. *lisovat*

slít (*sli-|sle-, slil, slití*) > **slévat 1** pryč 따르다, 붓다, 쏟다 **2** zbavit tekutiny

S

(액체를) 걸러내다 **3** dohromady 쏟아내다, **(비유)** 융합시키다 ~ **se** < **slévat se** 융합하다

slitina, *f* 합금, 혼합

slitovat se < nad kým (누구를) 가엾이 여기다

slíva, *f* 양자두의 일종

slivovice, *f* 자두술[주], 슬리보비츠 ((중부 유럽 및 발칸 반도 지역의 자두 브랜디))

slíz(áv)at v. *slíznout*

slizký 진흙의, 끈적끈적한, 점액의; kluzký 미끄러운

S

sliznice, *f* 점막

slíz|nout, -at < **-ávat 1** 핥아 치우다[없애다] **2 (구어체)** expr. ty (si) to -neš! 너는 벌을 받을 거야!; ~ si to 되게 혼나다, 큰 질책을 받다; ~ si to za koho 누구를 위하여 책임을 지다

sloh, *mi-2, 3* **1** (문예 · 예술 따위의) 유파, 양식, …류 **2** (학교 교과목으로서의) 작문, 작시(법) **3** (작가의) 문체, 필체, 어법, 표현법

sloha, *f* **1** 포트폴리오, 파일 **2** = *sloka*

slohový 1 문체의, 어법의, 스타일의 **2** odpovídající soudobému stylu (당대의 스타일에 부응하는) 현대식의, 유행의 ◆ ~ *úkol* (학교 과제로서의) 작문, 에세이

sloj, *f* (천 따위의) 솔기, 이은 곳

sloka, *f* 시의 마디[절], 연

slon, *ma* 코끼리

slonovina, *f* (코끼리) 상아

slonový (코끼리) 상아의

slosovat 1 상환[상각]하다 **2** *v loterii* 제비를 뽑다, 추첨하다

slosovatelný 되살 수 있는, 상환할 수 있는

sloučenina, *f* 합성[혼합]물

slouč|it (se) (*sluč!*) < **-ovat (se) 1** 합성하다 **2** 융합하다 **3** 《化》 (화학적으로) 혼합하다 **4** v jedno (하나로) 합병하다

sloup, *mi* **1** 기둥, 지주, 원주 **2** tyč 말뚝, 막대기 **3** 지주, 받침, 기둥, 버팀목, 버팀대 ◆ *oči obrácené v ~* 흐리멍텅한 눈; *morový ~* 역병 기념비; *dórský/jónský ~* 도리스식/이오니아식 기둥

sloup(áv)at v. *sloupnout*

sloup|ec, *mi* **1** 기둥, 원주 **2** 기둥 모양의 것 **(인쇄)** 단, 세로줄 ◆ *peněžní ~* 돈더미; *rozměr -ce* 1인치 칼럼란((가로로 한 단, 세로로 1인치 분의 지면)); *mezera mezi -ci* 어간의 간격, 글자배열, 자간

sloupcový ◆ ~ *korektura* (인쇄의) 교정쇄

sloupek, *mi-2, 3* **1** 작은 기둥, (계단의) 난간 동자 **2** (인쇄의) 단, 세로줄 **3** (신문의) 칼럼, 난, 특집란, 특집기사

sloupoví, *n* (지붕을 받치는) 열주, 주랑

sloup|nout (*sloup-u|-ám, sloupej!, sloupal*), **-at** < **-ávat** (껍질을) 벗기다, 까다

sloužící, *ma/f* 하인, 시중드는 사람

sloužit (*služ!*) **1** 시중들다, 섬기다 **2** k čemu (무엇에) 이바지하다, 공헌하다 **3** jít k duhu 동의하다, 화합하다 **4** být zaměstnán 복무[근무]하다 ◆ ~ *za příklad* 모범이[본보기가] 되다 ~ > **po-** komu (누구에게) 봉사하다 ◆

jen si poslužte 마음대로 …하시지요; *čím mohu ~?* 무엇을 도와드릴까요?; *nelze dvěma pánům ~* 두 사람의 주인을 섬길 수는 없는 법이다 **~ si > po-** 마음대로 …하다

Slovácko, *n* 슬로바츠코, 모라비아 슬로바키아((슬로바키아와의 국경지대에 위치한 모라비아의 동남부지역))

Slovák, *ma* 슬로바키아인[사람]

Slovan, *ma* **-ka,** *f* 슬라브인[사람]((러시아인, 우크라이나인, 벨로루시인, 체코인, 슬로바키아인, 폴란드인, 세르비아인, 크로아티아인, 슬로베니아인, 불가리아인 등))

slovanský 슬라브족의, 슬라브 말의

slovem jedním 한마디로 말해서, 간단히 말해서

Slovenka, *f* 슬로바키아 여자

Slovensko, *n* 슬로바키아

slovenský 슬로바키아 사람의, 슬로바키아어의

slovenština, *f* 슬로바키아어

slovesnost, *f-1* **1** poetika 시작법 및 수사학서 **2** beletrie 언어예술, 문학 ◆ *lidová ~* 민속 문학

slovesný **1** 문학의, 문어의 **2** k 'sloveso' 동사의

sloveso, *n* (문법) 동사

slovíčk|o, *n-2, 3* **1** 낱말, sebemenší 단어; 한 마디 **2** (언어학) -a *pl* 어휘 ◆ *hádat se o -a* 사소한 것을 크게 떠들어대다; *sladká -a* 달콤한 말; *na ~!* 나도 한 마디 할까요?

Slovinsko, *n* 슬로베니아

Slovin|ec, *ma* **-ka,** *f* 슬로베니아인[남자]

slovinský, 슬로베니아의, 슬로베니아어[사람]의

slovinština, *f* 슬로베니아어

slovní 낱말의, 단어의, 어휘의 ◆ *~ hříčka* 신소리, 말장난

slovníček, *mi-2, 3* 어휘표, 단어집

slovník, *mi-2, 3* **1** 사전 **2** slovní zásoba 어휘, 용어수 ◆ *naučný ~* 백과 사전; *česko-anglický ~* 체코어-영어 사전; *česko-korejský ~* 체코어-한국어 사전; *korejsko-český ~* 한국어-체코어 사전

slovníkář, slovnikář, *ma* **-ka,** *f* 사전 편찬자

slov|o, *n* **1** 말, 낱말, 단어; 한 마디 말 **2** řeč 연설 **3** výrok 말하기, 말, 진술 ◆ *ani ~* 한마디도 …않다; *beze -a* 한 마디도 없이; *beze slov* (아무것도) 할 말이 없음, 노코멘트; *brát koho za ~* 누구의 말을 곧이 듣다; *cizí ~ v jazyce* 외래어; *čestné ~* 맹세, 약속; *dostát -u, dodržet ~* 약속을 지키다; *máš ~* 너가 말할 차례다; *~ od -a* 한 마디 한 마디, 축어적으로; *mít poslední ~* 마지막 말을 하다, 유언을 하다; *promluvit s kým moudré ~* 누구와 털어놓고 이야기하다; *pustit koho k -u* 누구로 하여금 말하게 하다; *úvodní ~* 머리말, 서문; *věřit komu na ~* 누구를 맹목적으로 믿다; *zrušit (dané) ~* 약속을 깨다; *ztratit za koho ~* 누구를 위해 중재[조정]하다, 누구에 대하여 좋게 말해주다

slovosled, *mi-2* 어순

slovutný 존경받는, 유명한, 명성 있는

S

složení, *n* 구성, 조성, 구조, 조직 ◆ *~ členstva* 회원 구성

složenina, *f* (언어의) 합성어, (문장의) 중문

složenka, *f* 전표(영수증)

složený 합성[혼합]의, 혼성의

složit < skládat 1 합성하다 z (…으로써), montáží 조립하다, tvůrčím procesem (창작의 과정을 거쳐) 만들다, 작곡하다, literárně (시, 문장을) 쓰다 **2** a tak umožnit přemísťování do čeho (무엇 속에) 짐을 채워 넣다, 꾸리다 využitím prostoru (공간을 이용하여) 집어 넣다 **3** do úschovy 맡기다, 의탁하다 **4** stranou (한쪽으로) 제쳐 놓다 **5** dolů (아래로) 내려놓다, k odpočinku (휴식을 위해) 쉬다, sejmout 떼어내다, 치우다 **6** našetřit si 저축[비축]하다 **7** náklad (짐을) 부리다[내리다] **8** zápasníka (경쟁자를) 넘어뜨리다, vyřadit 녹아웃시키다, 패퇴시키다 **9** o platbě 입금하다, 지불하다 **10** přehnutím 접다, 포개다, zahnutím 겹치다, do vrásek 주름이 잡히게 하다, plisováním 플리트를[주름을] 잡다 ◆ *skládat důvěru v koho* 누구에게 믿음을 주다; *~ hold* 경의를 표하다 *komu* (누구에게); *~ na hromadu* 쌓아올리다; *~ karty* 가진 패를 내던지다, 계획을 포기하다; *~ maturitu* 졸업 시험에 합격하다; *skládat naděje v co* 무엇에 희망을 걸다; *~ poklonu* 칭찬하다, 인사하다; *~ přísahu* 맹세하다, 선서하다; *~ ruce v klín* 수수방관하다; *~ slib* 서약하다; *~ účty* 결산보고하다; *~ zbraň* 무기를 내려놓다, 항복하다; *~ zkoušku* 시험을 통과하다[합격하다]; *skládat zkoušku* 시험을 치르다 **~ se < skládat se 1** …으로 이루어 지다, 구성되다 **2** (옷이) 주름 잡히다, (길이) 구부러지다

složitý 1 합성의, 혼합의 **2** 복잡한, 까다로운, 알기 어려운

složka, *f* **1** 성분, 구성 요소[부분], 요소, 요인, 단위; směsi (혼합물의) 성분, 합성분 **2** v organizaci (기관, 조직의) 분야, 기구, 영역 **3** papíru (종이) 한 권

slučitelný 양립하는, 조화되는, 적합한 s (…와)

slučovat (se) v. *sloučit (se)*

sluha, *ma* **1** (남자) 머슴, 하인, 종, k ruce 종복; osobní, pověřený garderobou, hotelový 시종, 근시; (호텔 등의) 보이; pečující o sklep a nápoje (술창고, 음료 등을 관리하는) 관리자, 집사 **2** zřízenec 시중드는 사람, 수행원 **3** uvaděč 안내인, 문지기 **4** doručovatel (공문서 등의) 배달인

sluch, *mi-2* 청각, 청력, 듣기; 귀동냥 ◆ *hudební ~* 음악에 대한 이해, 음악에 대한 감각; *popřát komu -u* 누구에게 귀를 기울이다; *nepopřát komu -u* 누구의 말을 듣지 않다; *věřit svému -u* 자신을 믿다; *zbystřit ~* 귀를 바짝 기울이다

sluchadlo, *n* 보청기

sluchátko, *n-2, 3* 이어폰, (라디오 등의) 리시버, 수신기, 수화기, na hlavu (머리에 쓰는) 헤드폰

sluchový 청력의, 귀[청각]의

sluka, *f* 누른도요((도요새의 일종))

slunc|e, *n* **1** 해, 태양 **2** místo/prostor

S

ozářený -cem (태양이 비치는 지역) 양지 ◆ *na -i* (햇볕 속에; *pod -cem* 하늘 아래); *brýle proti -i* 색안경, 선글라스; *horské ~* 석영 수은등; *východ ~* 해돋이, 일출; *západ ~* 해넘이, 일몰

slůně, *n-1* 아기 코끼리

sluněčko, sluníčko, *n-2, 3* **1** 아름답고 사랑스러운 태양[해], teplo 따뜻한 태양[해] **2** brouk 무당벌레

sluneční 태양의, 해의 ◆ *~ hodiny* 해시계; *~ skvrna* 태양의 흑점; *~ svit* 햇빛, 일광

slunečnice, *f* 해바라기

slunečník, *mi-2, 3* 양산, 파라솔, zahradní (정원의) 대형 양산[파라솔]

sluníčko, *n-2, 3* v. *sluněčko*

slunit se 일광욕을 하다

slunný 양지바른, 밝게 비치는

slunovrat, *mi-2* (하지, 동지 등의) 지(至), 지일, 지점; 최고점, 극점

slupka, *f* 껍질, 외피, která se loupe (벗겨지는) 껍질, která se rozbíjí (부서지는) 껍질, 껍데기; tvrdá povrchová vrstva (딱딱한 표면층의) 껍질

slupnout < (구어체) (음식을) 먹어치우다, hladově 게걸스럽게 먹다

sluš|et (*oni sluš[ej]í*) 어울리다, komu (누구에게) 맞다, 적합하다 **~ se 1** komu, na koho (누구에게) 잘 어울리다 **2** *-í se* …하는 것이 적당하다 ◆ *jak se -í a patří* 알맞고, 적당한 대로

slušivý 어울리는, 우아한

slušnost, *f-1* 타당, 적당, 예의 바름

slušný 1 náležitý 적당한, 타당한, 알맞은; podle nepsaných předpisů 예의 바른, 공손한 **2** potěšující smysly i mysl 어울리는, 근사한 **3** zjevně dbalý na vše, co je náležité 점잖은 **4** přiměřený 정당한, 합리적인 **5** mající dobrou pověst 평판이 좋은, 존경할 만한 **6** milý, příjemný 친절한, 상냥한

slůvko, *n-2, 3 = slovíčko*

služb|a, *f* **1** 봉사, 수고, 이바지, 서비스 **2** obsluha 시중, 간호, 돌봄, kdo má -u 시중드는 사람 **3** zaměstnání 고용, 사역, 직무, 일, 복무, 근무 **4** -y *pl* 서비스(산)업 ◆ *v čích -ách* (누구에게 고용되어 있는); *být ve -ě, mít -u* 근무 중인, 당번의 *k (vašim) -ám* (당신의) 명령[뜻]대로; *být v (činné) -ě* (적극적인) 봉사 중이다; *-y boží* 성스러운[신성한] 예배(의식); *-u konající důstojník* 근무중인 사관[장교]; *státní ~* (집합적) 문관 공무원; *ubytovací ~* 숙박시설 안내소

služebna, *f* 사무소, 영업소, 서비스 스테이션

služebná, *f* 여자 하인, 파출부, 가정부, 잔심부름하는 여자 아이

služebn|í 봉사[서비스]의, 근무[복무]의 ◆ *-ě vázán* 의무상; *~ cesta* 사업상[공무상] 출장; *~ průkaz* 공무원 증[카드]; *~ předpis* 공무 규정; *~ příjem* (근로) 소득, 수입; *~ příplatek* 급여 수당[보너스]; *složit ~ přísahu* 복무 서약을 하다; *~ styk* 공무상[사업상] 교제[접촉]; *~ volno* 비번

služebník, *ma-3* kniž. 하인, 종, 부하

služebnictvo, *n-2* (집합적) 하인, 종

služebnost, *f-1* **1** 《法》 지역권 **2** otročení 노예 상태, 노역

služebnice, *f* 시녀, 궁녀, 하녀

služebný 머슴 노릇 하는, 비천한,

S

보조의

služka, *f* 하녀, 가정부, 시녀, 여급, v. *služebná*

služné, *n* 급여, 월급, 봉급

slýchat v. *slyšet*

slyšení 들음, 청취, 경청

slyšet (*oni slyší*) > **u-** 듣다, 청취하다 o (…을); plně si uvědomovat 귀를 기울이다, 경청하다 ~ > **vyslechnout** 듣다, 받아들이다; (po)radit se 충고를 구하다, 상의하다

slyšitelný 들리는, 청취할 수 있는

S

slza, *f* 눈물, 눈물방울

slzavý 눈물어린, 눈물을 자아내는

slzet (*oni slzí*) > **za-** 눈물을 흘리다

slzotvorný 최루가스의, 눈물을 나게 하는 ◆ *~plyn* 최루가스

smáčet v. *máčet*

smačkat, smáčnout v. *mačkat*

smalt, *mi-2* 법랑, (도자기의) 잿물, 유약

smaltovan|ý 유약을 바른 ◆ *-é zboží* 양재기, 법랑 철기

smaragd, *mi-2* 에메랄드, 취옥

smát se (*směj-, smál se, smání*) > **za-se 1** (소리를 내어) 웃다, 홍소하다; bez zvuku (소리없이) 미소짓다, 생글[방긋]거리다 **2** komu (누구를) 보고 비웃다 **3** na koho (누구를 향해) 미소를 보내다 ◆ *~ se hlasitě* (큰소리로) 깔깔 웃다; *není se čemu ~* 그것은 웃을 일이 아니다; *~ se z plna hrdla* 자지러지게 웃다; *~ se na celé kolo* 폭소하다; *~ se pro sebe* 낄낄웃다

smavý 미소하는, 방글[벙긋]거리는, 기쁜, 유쾌한

smaz|at (*smaž-u, smazal*) < **-ávat 1** učinit nezřetelným 말살하다, 제거하다; odstranit z povrchu 지우다, 씻어내다 **2** co/vinu čím (무엇을/죄를 무엇으로써) 속(죄)하다

smažen|ec, *mi* **-ka,** *f* 오믈렛의 일종

smaženi|ce, *f* **-na,** *f* 튀긴[볶은] 음식[요리]

smažen|ý (기름으로) 튀긴[볶은], 프라이로 한 ◆ *-é brambory* 튀긴 감자; *-é hranolky* 얇게 썬 감자 튀김; *~ řízek* 커틀릿

smažicí 프라이[튀김]의

smažit > **u-** 튀기다, 프라이로 하다, 볶다, 굽다, 익히다 ◆ *~ se ve vlastní šťávě* 자업자득으로 고생하다

smečka, *f* (사냥개, 이리 등의) 한 떼, 무리; (일당 따위의) 일당, 한 패

smek|at > **-nout** před kým (누구 앞에서) 모자를 벗다, (누구에게) 경의를 표하다 **~ se** > **-nout se** 미끄러지다, 미끄러져[벗어져]내리다

smělost, *f-1* 대담무쌍, 앞 뒤를 안가림

smělý 대담한, 앞뒤를 가리지 않는, 모험적인, nebojácný 두려움을 모르는; nevážící se konvencemi 자유스러운 ◆ *být tak ~ a* … …할 정도로 용감한

směna, *f* **1** (근무의) 교체, 교대 **2** 교환, 환전 = výměna, záměna **3** (크리켓, 배구 등의) 이닝

směnárna, *f* 화폐 교환소, 환전소

směnečný 교환[환전]의

směnit < směňovat = *měnit, střídat*

směnitelný 교환[환전]할 수 있는

směnka, *f* 환어음, 수표

směnný 환전의 ◆ *~obchod* 환전업

směr, *mi-2* **1** 방면, 방위; cesta kudy 방향; jak 진로, 코스; pravidelně užívaný 통로, 루트, 길 **2** obecný (보편적인) 경향, 사조; hnutí 운동, 움직임; celkové zaměření (전반적인) 흐름, 추세, 대세; dočasné 동향, 풍조 **3** trať, provozní proud 선로, 궤도, 노선

směrnice, *f* 지령, 지침

směrný 지시하는, 지도하는; stanovící cíl 목표[목적]하는

směrodatný 권위 있는, 정평있는, 정식의, 신뢰할 만한, rozhodný 결정적인, 단호한

směrnice, *f* 길잡이, 지침, 가이드라인, 방침, 지령

směrovací 방향의 ◆ *poštovní ~ číslo* 우편 번호

směrovat 경로[절차]를 정하다

směrovka, *f* (자동차의 등의) 방향지시기

směřovat 1 …의 방향이다, 겨누다, 목표삼다; čím kam (무엇으로써 어디를) 가리키다, 지시하다; tam se ubírat (아무 곳으로) 향하다, proud, city (흐름, 감정이) 정해지다; cesta (길이) 통하다, 이르다; okna, dveře (창문, 문이) 향해 있다, stát čelem proti 면하다, 위치하다 **2** mít sklon 경향[성향]이다, 추세이다 **3** způsobovat 이끌다, 하게 하다

směs, *f-1* **1** 혼합, 섞기, 합제 **2** harmonická 혼합물; 혼색 **3** účelová 합금, 순도 **4** (음악) 접속곡, 혼성곡

směsice, *f* 혼잡, 뒤범벅, 잡동사니, (비유) 혼돈, 무질서, 카오스

smést (*smet-*) < **smetat 1** 쓸어내다, 털어내다, 청소하다; dohromady 쓸어모으다 **2** 일소하다 **3** (갑자기) 채어가다

směstn|at < **-ávat** 억지로 채워넣다, 밀어넣다; lidi (사람들을) 꽉꽉 채우다 ~ **se** < **-ávat se** 떼지어 모이다, 붐비다

směšný 1 우스운, 우스꽝스러운, 익살맞은, 어이없는 **2** 인색한, 쩨쩨하게 구는

směšovat = *mísit*

smět (*smí-m ... smějí, směl*) …할 수 있다, …해도 좋다 ◆ *nesmí* …할 수 없다; vzhledem k zákazu (금지와 관련하여 …하는 것이 금지되어 있다, jako varování (경고로서) …해서는 안된다

smetáček, *mi-2, 3* (짧은 손잡이의) 솔, 브러시, 빗자루

smeták, *mi-2, 3* **1** (긴 손잡이의) 솔, 브러시, 비, s třásněmi (술이 달린) 자루 걸레 **2** mechanický (기계적인) 카페트[양탄자] 청소기

smetana, *f* 크림

smetanka, *f pampeliška* 민들레

smetánka, *f* 최상류 계급(의 사람들), 엘리트

smetanový 크림의, 크림색의

smet|at v. *smést* ~ < **-ávat** 쓸어 내리다

smetí, *n* **1** 쓸어모은 것 **2** vůbec odpadky 쓰레기, 폐물, 먼지

smetiště, *n* 쓰레기 버리는 곳, 폐물 하치장

smích, *mi-2* **1** 웃음, 웃음소리 **2** 비웃음, 조소, 냉소 ◆ *se -chem* 웃으며, 비웃듯이

smíchat v. *míchat*

smilování, *n* 자비, 연민

S

smilov|at se < **-ávat se** nad kým (누구를) 가엾이 여기다, (누구에게) 자비를 베풀다

smilstvo, *n-2* 간통, 간음

smír, *mi-2* **1** 화해, 조정, 타협 **2** 회유, 달램 ◆ *uzavřít ~* 화해하다

smírčí 화해[타협]의

smirek, *mi-2* 금강사, 사포, 샌드페이퍼

smirkový 사포의, 금강사의

smírný 달래는, 회유적인, 타협적인; 우호적인, 친화적인

smíř|it (*smiř!*) < **-ovat 1** 화해[타협]시키다, 조정하다 **2** uspokojit 달래다, 위무하다 **3** zklidnit 진정시키다 **~ se** < **-ovat se 1** 화해하다, 진정하다, 타협하다 **2** jako s nezměnitelným 묵묵히 따르다, 잠자코 받아들이다

smířlivý 달래는 듯한, 회유적인, 유화적인

smiřovací 회유[달램]의

smiřovačky, *f-pl* 회유책

smiřovat (se) v. *smířit* (*se*)

smísit (*smis!*, *smíšen|smísen*) v. *mísit*

smíšený 혼합된, 섞인

smíšený 뒤섞인, 혼합된; 복잡한, 잡다한

smítko, *n* (먼지) 입자, 티

smlčet 비밀에 부치다, (무엇을) 비밀로 하다, 숨기다

smlouva, *f* **1** 계약, 약정; mezistátní (국가 간의) 조약, 협정 **2** listina 증서, 권리증

smlouvat 1 흥정을 하다, 매매 교섭을 하다 **2** v. *smluvit* **~ se** v. *smluvit se*

smlsnout co **~ si 1** na čem (무엇을) 실컷[배불리] 먹다 **2** na kom (누구에게) 분노 따위를 터뜨리다, 화풀이하다

smluv|it < **-at 1** …을 정하다 **2** úředně 조약[협상]하다, smluvně 계약[약정]하다 **3** výslovně uvést 명기[명문화]하다 **~ se** < **-at se** tajně (은밀히) 결탁하다; odbojně 공모하다, 작당하다; v. *dohodnout se, smluvit*

smluvní 계약[약정]하는, 계약의 ◆ *~ strana* 계약 당사자

smočit v. *máčet* **~ si** v čem (무엇에) 관여하다, 꼬치꼬치 파고들다

smoking, smokink, *mi-2, 3* 약식 야회복, 턱시도

smolař, *ma* **-ka,** *f* 불행한 사람, 불운아, 낙제생

smolařský 불운의, 불행의

smolit > **se-, u-** 어설프게 깁다[수선하다] **~ se** s čím = *babrat se, piplat se*

smontovat v. *montovat*

smotat v. *motat*

smrad[1], *mi-2* 악취, 고약한 냄새

smrad[2], *ma* **(구어체)** 놈, 녀석, 새끼; (아이) 장난꾸러기

smradlavý 악취를 풍기는, 역겨운, 지독한

smrákat se = *stmívat se*

smrdět (*oni smrdí*) 악취를 발하다, 고약한 냄새를 풍기다

smrdutý = *smradlavý*

smrk, *mi-2, 3* **1** 가문비나무속의 식물((갯솔, 전나무 등)), i jedle 전나무 **2** v nose 콧물, 코딱지

smrkat > **vy- se** 코를 풀다

smr|sknout (se), -štit se < **-**

skovat (se), -šťovat se 줄어들다, 수축하다; v. *scvrknout se*

smršť, *f* 회오리 바람, 선풍(旋風), 토네이도

smrt, *f-1* 죽음, 사망 ◆ *až do -i (nejdelší)* 죽는 날까지; *odsoudit k -i* 사형에 처하다; *rozsudek -i* 사형선고; *sejít násilnou -í* 변상[사고사]를 당하다; *trest -i* 사형, 극형; *zápasit se -í* 죽음과 싸우다, 사투하다

smrtelník, *ma-3* 죽음을 면할 수 없는 것, 숙명의 존재[인간]

smrteln|ý 1 죽음을 면치 못할 운명의 **2** působící smrt 죽음의, 치명적인, 치사의 ◆ ~ *hřích* 용서 받을 수 없는 죄; ~ *chropot* 임종 때의 가래 끓는 소리, *na -ém loži* 죽음의 자리에, 임종에; ~ *úder* 치명적인 타격, 치명상; *-á úzkost* 죽음의 공포; *-ě vážný* 치명적으로 심각한

smrtící 죽음의, 생명에 관계되는, 치명적인 ◆ ~ *rána* 치명상

smrtonosn|ý 치명적인, 치사의 ◆ *-á zbraň* 흉기

smůla, *f* **1** 송진, 수지(樹脂) **2** neštěstí 불행, 불운

smutečn|í 1 슬픔의, 애도의 **2** pohřební 장례식의 **3** 사망(기록)의 ◆ ~ *bohoslužba* 장례 서비스; ~ *hostina* 장례식의 응접[대접]; ~ *mše* 장례 미사; *-ě oděný* 몽상(蒙喪)중인, 상복을 입은; ~ *oznámení* 부고, 계고, tištěné 부고장, v tisku (신문의) 사망 기사, 사망 광고; ~ *pochod* 장송 행진곡; ~ *průvod* 장의 행렬; ~ *řeč* 조사, 추도사; ~ *šaty* 상복; ~ *vrba* 수양버들; ~ *vůz* 영구차; ~ *závoj* 상장, (과부용) 검은 베일

smut|ek, *mi-2* **1** 슬픔, 비애, 비통 **2** nad úmrtím (a s tím spojené zvyklosti) 상(喪), 거상(기간), 기중(忌中) ◆ *být ve -ku/mít* ~ 몽상중이다, 상복[거상]을 입고 있다

smutn|ý 1 슬픈, 비탄에 빠진 **2** 애처로운 **3** 우울한 **4** z opuštěnosti 외로운, 쓸쓸한 **5** politování hodný 가엾은 ◆ *-á nálada* 슬픈 기분, 우울, 침울; ~ *osud* 슬픈 운명; *-ě proslulý* 악명 높은; ~ *čím* 무엇으로 평판이 나쁜

smyččov|ý 현악의 ◆ ~ *kvartet* 현악 사중주; ~ *nástroj* 현악기; *-é nástroje* 현악기들, 현악 파트, 현악부; *hráč na* ~ *nástroj* 현악 연주자

smyč|ec, *mi* **1** (악기의) 활 **2** -ce *pl* (오케스트라의) 현악부

smýčit (*smyč!*) > **vy- 1** kde (어디에) 떠돌다, 맴돌다 **2** 먼지를 떨다, 청소하다 **3** prohledávat 샅샅이 뒤지다, 찾아내다, 수색하다

smyčka, *f* **1** 고리, 루프 **2** k uchopení/držení 멜빵, 슬링 **3** posuvná 올가미

smyk, *mi-2, 3* **1** 미끄럼 **2** místo k spouštění (곡식, 석탄 등의) 활강 장치, 활강관 ◆ *dostat* ~ 미끄러지다

smýk|nout < **-at 1** co (무엇을) 끌다, 질질 끌다 **2** cloumat 밀고 당기다 3 čím (무엇을) 홱 움직이게 하다 [던지다] **~ se(bou)** < **-at se(bou)** 미끄러지다 ◆ *vozem to -lo* 자동차가 미끄러졌다

smysl, *mi-2* **1** (시각, 청각, 촉각 따위의) 감각, 관능, 느낌, 감 **2** význam 의미, 뜻, 의향, 취지 **3** pro něco (무엇

에 대한) 의식, 이해, 분별력, 센스, 사려, 판단력 **4** účel 목적, 의도, 정당화 ◆ *beze -ů* 제정신을 잃고, 미쳐서; *dávat ~* 납득이 되다, 사리에 맞다; *při -ech* 제정신으로; *podle -u* 느낌[판단]에 따르면; *v pravém -u slova* 어느 점으로 보나, 사실상; *v tom -u, že* …라는 뜻[취지]의,…라는 뜻[취지]으로; *v tomto -u* 이런 취지의[로]
smyslnost, *f-1* 관능성, 육욕성, 호색
smyslný **1** 관능적인, 호색의, 육욕의 **2** rozkošnicky 육욕에 빠지는, 육감적인, 요염한, 성적인 매력이 있는, 섹시한
smyslový 감각적인, 오감에 의한, 미감에 호소하는 ◆ *~ orgán* 감각기관
smysluplný 의미심장한, 뜻 있는
smýšlení, *n* **1** 의견 **2** názory 견해, 사고 방식 **3** stálé 정신력, 심성, 성향
smyšlenka, *f* 꾸며낸 일, 허구, 짓궂은 장난, 날조
smyšlený 허구의, 가공의, 거짓의, 날조된
smýšlet (*smýšlejí*) **1** o kom/čem (누구/무엇에 대하여) 생각하다, 견해를 갖다 **2** s kým dobře (누구에게) 호의를 갖다, 좋게 생각하다 ◆ *~ o kom vysoko* 누구를 높이 평가하다[소중히 하다]
smý|t (*smy-*) < **-vat** 씻어내다, 청소하다
snad **1** 아마도, 가령, 혹시 **2** (놀람) 정말로, 실제로
snadnost, *f-1* 용이, 쉬움, 평이(함)
snadný (*snadněší,* 고어체 *snazší*)**1** 쉬운, 평이한, 손쉬운 **2** nezatěžující 짐이 되지 않는, 수월한
snaha, *f* 노력, 전력, 시도; úzkostlivá 근심, 염려, 열망
snacha, *f* 며느리
snář, *mi* (꿈에 관한) 해몽서
snášenlivost, *f-1* 관용, 아량; 묵인
snášenlivý 관대한, 아량 넓은
snášet (se) (*-šejí*) v. *snést (se)*
sňatek, *mi-2, 3* 결혼, 혼인 s (…와(의))
snažit se < **vyna- se** **1** 노력하다, 애쓰다 **2** 분투하다, 최선을 다하다 **3** hledět 추구하다, 탐구하다
snaživost, *f-1* 근면, 부지런함, 노력; 배려
snaživý 근면한, 부지런한
snažný 절박한, 긴급한, 집요한
sněd|ek, *mi-2* k -ku 먹을 것 **(**3격에서만 씀**)** ◆ *něco k -ku* 뭔가 먹을 것
snědý 개암[밤]색의, 볕에 그을린, 어두운
sněhobílý 백설같은, 눈처럼 흰, 깨끗한
sněhovka, *f* 방설용 부츠, 동철 박은 눈신
sněhov|ý 눈의 ◆ *-é brýle* 눈[스키] 안경; *-é srážky* 강설, 강설량; *-á pěna* 머랭((설탕과 달걀 흰자위로 만든 과자))
sněhulák, *ma-3* 눈사람
Sněhurka, *f* 백설공주
sněm, *mi-2* 회의, 집회, 의회 ◆ *říšský ~* 제국 의회
sněmovat 개회[회의]중이다, 심의하다
sněmovna, *f* 의회, 국회 ◆ *poslanecká ~* 국회; *Horní/Dolní* 상/하

원

sněmovní 의회[국회]의

snění, *n* 백일몽, 공상, 환상, 몽상

snesitelný **1** 견딜 수 있는, 참을 수 있는 **2** dost dobrý 유통[통과]될 수 있는, 괜찮은

snést (*snes-*) < **snášet** (*-šejí*) **1** dohromady (함께) 모으다, 수집하다 **2** dolů (아래로) 끌어내리다, vejce (알을) 낳다 **3** strpět 견디다, pasívně (수동적으로) 참다, necouvnout 버티다, mentálně (정신적으로) 인내하다, 지탱하다, pro klid 묵인하다 ~ **se** < **snášet se** **1** dolů (아래로) 내려가다[오다], 하강하다, padákem (낙하산을 타고) 낙하[하강]하다 **2** s kým (누구와) 좋은 관계를 갖다, vzájemně (서로) 잘 지내다

snět', *f-1* **1** (식물의) 마름병, 동고병(胴枯病), 엽고병(葉枯病) **2** 《醫》 회저, 탈저(脫疽)

sněženka, *f* 《植》 스노드롭, 아네모네

sněžit 눈이 내리다[오다]

sněžn|ý 눈의, 눈으로 덮인 ◆ *-é pole* 설원; *~ člověk, muž* (히말라야의) 설인

snídaně, *f* 아침 식사, 조반, 조식

snídat > **na- se** 조반을 먹다

sníh, *mi-2, 3* **1** 눈, sněžení 강설, 적설 **2** kuch. (뻣뻣한) 거품, 머랭((설탕과 달걀 흰 자위로 만든 과자재료)) ◆ *~ padá* 눈이 내린다

snílek, *ma-3* 공상[몽상]가

snímač, *mi* 복사 장치; obrazu 스캐너, 주사(走査) 장치[기구]; papírové děrné pásky 종이 테이프 판독기

snímání tel. 정사, 주사, 스캐닝

snímat v. *sejmout*

snímek, *mi-2, 3* **1** 사진, 촬영; amatérský 스냅사진 **2** zvukový 녹음

sníst (*sní-m ... snědí, sněz!, snědl, sněden*) v. *jíst*

snít (*sníst*처럼 변화) 꿈꾸다, 몽상하다

snítka, *f* 잔가지, 가는 가지

snivý 꿈 같은, 꿈 많은

snížit (*sniž!*) < **snižovat** **1** 낮추다, 줄이다, 감소하다 **2** spustit 내리다, 낮게 하다 **3** 격하시키다, 강등시키다, 손상하다 **4** 깔보다, 얕보다, 경시하다 **5** co (무엇을) 떨어뜨리다, 훼손하다 ◆ *~ trest* 형을 감면하다 ~ **se** < **snižovat se** **1** blahosklonně 겸손하게 굴다, 자신을 낮추다 **2** klesnout 내려가다, 떨어지다, 줄다

snob, *ma* 속된 인간, 악질 거간꾼, 속물

snop, *mi-2* (곡식 등의) 단, 묶음, 한 다발

snouben|ec, *ma* 약혼자 **-ka,** *f* 약혼녀

snoubit se (*snoubi!*) **1** 결혼하다 **2** 결합하다, (단단히) 맺어지다

snubní 약혼의 ◆ *~ prsten* 약혼 반지

snůška, *f* **1** 수확, 추수 **2** náhodná sbírka 되는 대로 쌓인 것, 퇴적, 수집물

sob, *ma* 순록

sobec, *ma* 이기주의자, 자기 본위의 사람

sobecký 이기적인, 자기 본위의

sobectví 이기주의, 자기 본위, 에고이즘

soběstačný 자급(자족)할 수 있는, 경제적으로 자립한
sobota, *f* 토요일 ◆ *Bílá* ~ 부활절 주일의 토요일
socialismus, *mi-2* 사회주의
socialist|a, *ma* **-ka,** *f* 사회주의자
socialistický 사회주의(자)의, 사회주의적인
sociální 사회의, 사회적인
sociolog, *ma-3* 사회학자
sociologický 사회학의, 사회학상의
sociologie, *f* 사회학
soda, *f* **1** 소다((특히 탄산소다)) **2** sodovka 소다수
sodík, *mi-2* 나트륨
sodíkov|ý 나트륨의 ◆ *-á lampa* 나트륨 등
sodomie, *f* 비역, 남색(男色), 수간(獸姦)
sodomita, *ma* 남색자, 수간자, 비역쟁이
sodovka, *f* 탄산수, 소다수
sofistika, *f* 궤변(법), 견강부회(牽强附會)
socha, *f* 상, 소상(塑像), 조각 작품
sochař, *ma* **-ka,** *f* 조각가
sochařit 조각을 하다
sochařský 조각가의, 조각의
sochařství, *n* 조각(술), 조형 미술
sója, *f* **1** 콩 **2** 간장
sojka, *f* (조류) 어치
sojov|ý 콩의 ◆ ~ *bob* 콩; *-á mouka* 콩가루; *-á omáčka* 간장
sok, *ma-2, 3* 경쟁자, 라이벌
sokl, *mi-2* **1** (건물의) 주초 **2** podstavec (조상의) 대좌(臺座), 받침
sokol, *ma* **-ka,** *f* **1** 송골매, (사냥용)매 **2** 소콜의 회원
Sokol, *mi* 소콜((1862년에 설립된 체코의 대중 체육 운동 단체))
solárium, *n* 일광욕실, 선텐용 장소
solidarit|a, *f* 결속, 단결, 연대 ◆ *stávka ze -y* 연대 스트라이크, 동정 파업
solidární 공동의, 연대의
solidárnost, *f* 연대, 동맹, v. *solidarita*
solidní **1** 믿음직한, 신뢰성이 있는 **2** uznávaný 존경할 만한 **3** 확고한, 견고한, 튼튼한, 확실한
sólist|a, *ma(-4)* **-ka,** *f* 독주자, 독창자
solit > na-, o- 소금을 뿌리다[치다], tak konzervovat 소금에 절이다, v láku 절이는 물에 담그다
soln|ý 소금의, 짠 ◆ *kyselina -á* 염산
sólo[1]**,** *n-2* 독창[독주] ◆ *houslové* ~ 바이올린 독주
sólo[2] **(불변 형용사)** 독창[독주]의 ◆ ~ *na housle* 독주 바이올린
sólo[3] 독창[독주]로 ◆ *hrát* ~ 독주로 연주하다; *letět* ~ 단독 비행하다
Somálsko, *n* 소말리아 공화국
sonáta, *f* 소나타, 주명곡(奏鳴曲)
sonda, *f* 탐사; 탐침(探針); 타진(打診); (비유)떠봄
sondovat > vy- 탐사[탐침]하다, 타진하다, 탐색하다
sopečn|ý 화산의 ◆ *-á činnost* 화산 활동
sopka, *f* 화산 ◆ *činná/vyhaslá* ~ 활/휴화산
soprán, *mi-2* 소프라노, (여성, 아이의) 최고음부

soptit 1 분출하다 **2** hněvem (분노가) 폭발하다

sorta, *f* 종류, 부류

sortiment, *mi-2* 유별, 분류; 각종 구색 ◆ *široký* ~ 광범위한 범위, 다양(성), 구색

sosák, *mi-2, 3* (곤충 따위의) 긴 주둥이

sosna, *f* 솔, 소나무

soška, *f* 작은 조상(彫像)

sotva 1 간신히, 가까스로, 겨우 **2** *"Sotva"* 그게 정말일까 ◆ ~ (*že*) …하자마자; ~ (*že*) *přišel, začal pracovat* 그는 도착하자마자 일하기 시작하였다

souběžný 1 평행의, 평행하는 **2** 동시(발생)의, 동반하는

souboj, *mi* 결투, 싸움, 전투

soubor, *mi-2* **1** věcí (사물, 물건들의) 한 세트, 일련, 집합 **2** umělců (예술가들의) 앙상블, 연주단, (연극의) 극단, baletní 코르드발레, 무용단, zpěvácký 합창단 ◆ 《컴퓨터》 tech. ~ *programů* (컴퓨터의) 패키지((범용 프로그램))

souborný 모인, 집합된

soucit, *mi-2* 불쌍히 여김, 동정; pochopení 연민, 공감 ◆ *mít ~ s kým* 누구에 대하여 연민[동정]을 느끼다

soucitný 동정적인, 공감을 나타내는, 자비로운

současně 동시에, 일시에, 일제히

součas|ník, *ma-3* **-nice,** *f* 동시대[동 연대]의 사람, 동시대인

současnost, *f-1* 당대, 현재(의 기간), 동시대

současný 1 dnešní 당대의, 현재의, 동시대의, o událostech (사건들의) 동시 발생의 **2** přesně 동시성의

součást, *f-1* **1** 요소, 성분, 구성물 **2** charakterizující směs 합성분, 구성요소 **3** nezbytná 중요 부분, 요점

součástka, *f* 부분, 요소; přídatná 부속물; náhradní (예비) 부품

součet, *mi-2* 총계, 총액, 합계

součin, *mi-2* (수학, 컴퓨터) 곱

součinitel, *mi-1* (수학, 물리학, 컴퓨터) 계수

součinnost, *f-1* 협동, 협력

soud, *mi-2* **1** řízení 재판, 공판, na žalobu (고소, 고발에 대한) 판결, posuzování 심판, rozsudek 평결, 선고 **2** hodnotící 판단, 평가, 의견, logický (논리적인) 추리, 추론 **3** instituce 법정, 법원, 재판소 ◆ *po mém/podle mého -u* 나의 판단으로는; *pohnat koho k -u* 누구를 고소하다

soud|ce, *ma* **-kyně,** *f* **1** 재판관, 판사, 심판관, místní (policejní) 치안판사 **2** = *rozhodčí* ◆ *být -cem* 판사석에 앉다, 심리중이다

soudcovat (경기 · 논쟁 따위를) 심판을 하다, 판정을 내리다

soudek, *mi-2, 3* 통, 한 통(의 양)

soudit (*suď!, souzen*) **1** (무엇을, 누구를) 재판에 걸다, 재판하다 **2** (비유) v. *rozsuzovat, posuzovat* ~ > **u- 1** podle, z (…에 따라, …로부터) 판가름하다, 재판하다 **2** mít domněnku 추정하다, 가정하다 **3** z jednotlivostí 결론을 내리다, 종결하다, (z …로부터) 추단[추론]하다 ◆ *bylo mu souzeno* 그는 심판을 받았다 **~ se** 법정에서 다투다, 소송하다

soudní 사법의, 재판상의 ◆ ~ *lékař*

S

법의, *ohledávající* 검시관; ~ *lékařství* 법의학; ~ *pitva* 검시, 시체 해부, 부검; ~ *síň* 법정; ~ *stolice* 재판 법정, 법관석

soudnictví, *n* 사법부, 사법 제도, 재판소

soudn|ý 식별력이 있는, 명민한, 분별[식별]하는 ◆ ~ *den* 최후 심판일, 판결일; *do -ého dne* 최후의 심판일까지

soudobý 동시 존재의, 동시성의, 동시대의

S

soudru|h, *ma-3* **-žka,** *f* **1** (특히 공산당원들 사이에 사용되는 용어로서의) 동지, 동무 **2** při úkolu (과업의) 동료, 상대 **3** pomocník 조수, 보조 **4** kamarád 친구, 벗, 친우

soudružský 동료[동지]의

soudružství, *n* 동료[동지]관계, 우애, 우정

soudržnost, *f-1* **1** 응집성, 결합(력) **2** společenská (사회적인) 결속, 단결

soudržný 응집성의, 결합력이 있는

souhlas, *mi* 동의, 찬성; schválení 승인, 승낙

souhlasit **1** 동의하다, názorově (견해적으로) 의견을 같이 하다; svolit 승인하다, 허가하다; a podporovat 지지하다, 후원하다 **2** být v souladu 일치하다, 꼭 들어맞다, 부응하다; plně (전적으로) 맞다, 조화하다

souhláska, *f* 자음 ◆ *znělá/neznělá* 유성/무성 자음

souhlasný **1** 일치하는, 조화하는; 긍정의, 승낙의, 찬성의 **2** hodící se 적합한, 조화되는, 부응하는

souhra, *f* 협력, 팀워크, 결합, 연합

souhrn, *mi-2* **1** 전체, 총체, 복합체 **2** přehledný 요약, 개요, 대략, v. *výtah*

souhrnný 포괄적인, 전체의, 대략의

souhvězdí, *n* 별자리, 성운

souchotinář, *ma* **-ka,** *f* 폐병 환자

souchotiny, *f-pl* 폐병

soukmenovec, *ma* 동족, 혈족

soukolí, *n* 톱니바퀴 장치, 기어

soukromě 사적으로, 개인적으로 ◆ *říci něco* ~ 뭔가를 사적으로 말하다

soukromí, *n* 사적[개인적]인 자유, 사생활, 프라이버시; o podnájmu 하숙방, 셋방 ◆ *odejít do* ~ 물러가다, 칩거하다, 은퇴하다; *v* ~ 사적[개인적]으로

soukrom|ník, *ma-3* **-nice,** *f* 사인(私人); 사유 상인

soukromoprávní 민법의

soukrom|ý 사적인, 개인적인 ◆ ~ *majetek* 사적인 소유물, 개인적 재산; *-é právo* 사법(私法); ~ *učitel* 개인 교사, 가정 교사

Soul, *mi* 서울((대한민국의 수도))

soulad, *mi-2* 조화, 일치, 부응; 동의, 찬성

soulož, *f* 교접, 성교, 섹스

souložit s kým (누구와) 교접하다, 성교하다, 섹스하다

souložnice, *f* 첩, 내연의 처

souložník, *ma-3* 첩을 둔 남자, 내연의 관계의 남자

souměrnost, *f-1* 좌우 대칭[상칭], 좌우 균형, 균형

souměrný 좌우 상칭적인, 균형 잡힌

souměřitelný 동일 단위로 계량

할 수 있는, 걸맞은, 상응한

soumrak, *mi-2* **1** 해질녘, 황혼, 땅거미 **2** 쇠퇴, 쇠약 ◆ *za -u* 황혼 무렵에

sounáležitý 부속의, 종속된; vhodný 일치하는, 적합한

souostroví, *n* 섬, 군도

souosý 같은 축의, 동축의

soupeř, *ma* **-ka,** *f* 경쟁자, 라이벌, 적수

soupeřit 경쟁하다, 맞서다

soupeřství, *n* 경쟁, 대항, 맞겨룸

soupis, *mi = seznam*

souprava, *f* **1** 한 벌, 한 조, 일습, 한 세트, oblečení (옷의) 한 벌, nábytku (가구의) 한 벌 **2** tech. vybavení 장비, 도구

soupravička, *f* 아동복 일습[한벌], 갓난아기 용품 일습

souputn|ík, *ma-3* **-ice,** *f* **1** 길동무; (정치상 특히 공산주의의) 동조자 **2** 동시대인

sourodý 1 s čím (무엇과) 일치하는, 적합한, 어울리는 **2** vnitřně 동종[동질]의

sourozenec, *ma* 형제, 자매

souřadný 대등한, 등위의

soused, *ma-4* **-ka,** *f* 이웃 사람, 옆집 사람

sousedící 이웃하는, 인접하는

sousedit s kým/s čím (누구와/무엇과) 서로 이웃하다, 인접하다, 접하다

sousední 이웃의, 옆의, 인접한, 부근의

sousedský 이웃 사람 같은, 우호적인

sousedství, *n* 이웃, 인근, 근처

sousedstvo, *n-2* 이웃, 동료, 동포

soustava, *f* 체계, 계통, 시스템, 세트

soustavný 체계[조직]적인

sousto, *n* 한 입(의 양), 한 입 가득; chutné 한 입의 진미; 작은 조각, ukousnuté 한 조각

soustrast, *f-1* pociťovaná 동정, 공감; projevená 애도, 조문 ◆ *projevit ~* 애도를 표시하다, 조문하다; *přijměte mou upřímnou ~* 충심으로 애도의 말씀을 드립니다

soustrastný 동정의, 애도의

soustruh, *mi-2, 3* 선반, 도공(刀工)용 녹로

soustru|hovat, -žit > vy- 선반을 돌리다

soustružník, *ma-3* 선반공, 녹로공

soustředění, *n* **1** 집중, 집중화 **2** (스포츠 등의) 훈련 캠프

soustře|dit (se) < -ďovat (se) 1 집중하다 **2** organizačně 중앙에 모으다, 중앙집중화하다 **3** shromáždit 한 덩어리로 만들다 **4** 집합시키다

soustředný 집중적인, 동심(원)의

souš(e)[1]**,** *f* 육지, 건조 지역; ne ostrov 대륙, 본토 ◆ *po -ši* 육로로, 육상으로

souš(ka)[2]**,** *f* (나무의) 마른가지, 죽은 가지

soutěska, *f* (종대(縱隊)가 지나갈 정도의) 애로(隘路), 좁은 골짜기

soutěž, *f* **1** 경쟁, 겨루기 **2** závodění 시합, 경기 **3** 콘테스트

soutěžit s kým (누구와) 겨루다, 경쟁하다

soutok, *mi-2, 3* (강 따위의) 합류(점)

S

souviset 밀착하다; 결합하다, (s … 와) 연결되다

souvislost, *f-1* **1** 연속; 연결, 결합; v textu (텍스트의) 문맥, 콘텍스트 **2** událostí (사건의) 연쇄 ◆ *v -i s čím* 무엇과 관련하여

souvislý **1** nepřerušený 연속적인 **2** s čím (무엇과) 연결[결합]된 **3** svými složkami (자신의 구성 성분에 의하여) 밀착한, 일치하는

souvztažný 상관적인, 상관의

souznění, *n* 협화, 조화, 일치

souznít 조화[융화]하다

souzvuk, *mi-2, 3* 화합, 협화

soužení, *n* 고통, 괴로움, 번뇌; 고문

soužit (*suž!*) 괴롭히다, 고통을 주다; 고문하다

soužití, *n* 공생, 함께 살기, 공존 ◆ *mírové* ~ 평화 공존

sova, *f* 올빼미

sovět, *mi-2* 소비에트

Sovět, *mi-2* 소련

sovětský 소비에트의 ◆ *S. svaz* 소련

sovchoz, *mi* 국영농장, 소포호스((옛 소련의 국영 농장))

spací 잠의, 수면의, 잠자기 위한 ◆ *~pytel* 침낭; *~vůz* 침대차

spáč, *ma* **1** 잠자는 사람 **2** 잠꾸러기, 안일하게 사는 사람

spad, *mi-2* 방사성의 낙진(落塵), (방사성 등의) 강하

spád, *mi-2* **1** terénu 경사, 내리받이, 하강 **2** slov (말의) 내림조, 억양 **3** času (시간의) 경과, 흐름 **4** tempo 급격한 변화[발전]

spad|at **1** vjedno 일치하다, 부합하다 **2** pod co (무엇 아래로) 들어가다, 포함되다 **3** časově (시간적으로) 되돌아가다 **-ávat** v. *padat*

spad|nout < **-at** připadnout někomu (짐, 문명이) 되다 na koho (누구의); jako úkol (과제로써) 지우다, 위임하다 ~ **se** (무게가) 줄다, 감소하다

spádný **1** 경사진, 비탈진, 급경사진, 가파른 **2** (소설, 극 등의) 진행이 빠른, (리듬이) 빠른

spáchat v. *páchat*

spájet (*-její*) **1** 용접하다; 굳게 결합하다 **2** v. *spojovat*

spála, *f* 성홍열(猩紅熱)

spálenina, *f* 태워 그슬림, 화상

spálit (se) (*spal!*) v. *pálit* (*se*)

spalničky, *f-pl* 홍역, 풍진

spalovací 연소의, 산화의

spalovat = *pálit*

spalovna, *f* 소각로, 화장로

spánek, *mi-2, 3* **1** 잠, 수면 **2** skráň 관자놀이

spanilost, *f-1* 우아, 우미, 매력

spanilý 우아한, 매력적인

spár, *mi-2* (맹금의) 발톱; -y *pl* 마수, 수중

spára, *f* v. *skulina*

Sparta, *f* **1** 스파르타 **2** (프라하의) 스파르타((스포츠클럽))

spařit, spářit v. *pařit, pářit*

spása, *f* 구원, 구조, 해방

spásat v. *spást*

spasení, *n* 구조, 구원; 속죄

spasit 구하다, 건지다, vyprostit od (…로부터) 구해내다; vykoupit 되사다, 속죄하다

spasitel, *ma-1, 4* **1** 구조자, 구원주 **2**

S- 구세주, 메시아
spásný 구조의, 구원의
spás|t (*spas-, spásl*) < **-at** (가축이) 풀을 뜯어 먹다, (짐승이) 풀의 끝을 뜯어먹다
spát (*spí-m ... oni spí, spi!, spěte!, spal, spaní*) **1** 잠자다, 수면하다 **2 (**비유**)** o záležitosti 휴지[잠복]하다 ◆ ~ *jako dub, dudek, dřevo* 통나무처럼 잠들다, 깊은 잠에 빠지다; *jít* ~ 잠자러 가다
spatra 1 pohrdavě 초연하게, 무관심하게 **2** nepřipraveně 즉흥적으로, 사전 예고 없이 ◆ *dívat se* ~ *na koho* 누구를 깔보다; *mluvit* ~ 즉석에서 연설하다
spatř|it < -ovat koho/co (누구를/무엇을) 보다, 흘끗[언뜻]보다 ◆ ~ *světlo světa* 세상의 빛을 보다
spavý 졸린, 최면의
speciál, *mi-2* (항공기의) 전세기
specialista, *ma*(*-4*) v čem (무엇에서의) 전문가, 전공자
specialita, *f* **1** 전문, 전공 **2** 특수한 것, 특별 요리 ◆ ~ *šéfkuchaře* 주방장 특별요리
specializace, *f* 특수화, 전문화
specializovat (se) 전문으로 하다, na (…를) 전공하다
speciální 전문의, 전공의, 특수한
specifický 독특한, 특정한, 구체적인
specifikace, *f* **1** 상술(詳述), 상기; výčet 명세, 내역 **2** 명세화, 특정화,
specifikovat 상술하다, 구체화하다
speditér, *ma* (이삿짐, 가구 등의) 운송업자, 운반인
spěch, *mi-2* **1** 급함, kvap 서두름, 허둥댐 **2** rychlost v provádění 급파, 급송
spěchat = *pospíchat*
spekulace, *f* **1** 사색, 숙고, 심사 **2** 투기, 사행, 도박
spekulant, *ma* **-ka,** *f* **1** 사색가, 이론가 **2** 투기업자, 투기꾼, 도박꾼; 부당 이득자
spekulovat 1 숙고하다, 사색하다 **2** 투기를 하다, 요행수를 노리다
spěšnina, *f* 급행화물[소포]
spěšný 서두르는, 빠른, 신속한; dopr. (교통에서) 급행의, 속달의; naléhavý 긴급한, 절박한
spět (*spě-*) **1** kam (어디로) 향하다, 나아가다, 진행하다; 가까워지다, 서두르다, 재촉하다 ◆ ~ *ke konci* 끝[종말]에 가까워지다
spíchnout 1 시침질하다, 꿰메어 합치다 **2** narychlo 임시변통으로 만들다; 이어[주워] 만들다, 미봉하다
spiklenec, *ma* 공모자, 음모자
spiklenectví, *n* 공모, 음모, 작당
spiknout se < 음모[모의]하다, 작당하다
spiknutí, *n* 공모, 모의, 음모
spílat komu (누구를) 욕하다, 매도하다
spínač, *mi* (전기) 스위치, 개폐기
spínat v. *sepnout*
spirál|a, *f* 소용돌이선, 나선
spirál|ný, -ový 나선 모양의, 소용돌이의
spis, *mi* **1** 간행[출판]물 **2** listina 서류, 문서 **3** -y *pl* (누구의) 저작, 작품 ◆ *sebrané -y* 전집
spisovat 1 o autoru (작가가) 쓰다, 집

S

필하다 **2** jinak = *sepisovat*

spisovatel, *ma-1, 4* **-ka,** *f* 작가, 저자

spisovn|ý (언어가) 문학어의, 문어적인, 표준의 ◆ *-á čeština* 표준 체코어

spíš(e) 오히려, 보다 가깝게[정확하게] ◆ 어느 쪽인가 하면, 그보다는 …한 쪽이 낫다[쪽이다] *nej-* 가장 유망[정확]하게; *je ~ lenivý než hloupý* 그는 어리석다기 보다는 게으르다

spíž(e, -ka), *f* **spižírna,** *f* na maso 고기 저장소, na suché potraviny (건조한 식료품들의) 저장실

splácet na splátky 할부로 지불하다; v. *splatit*

spl|áchnout < -achovat 씻어내다; opláchnout 헹구다, 가시다, 물로 씻어 내리다; při drhnutí 문질러 닦다, 윤내다

splachovač, *mi* 물로 씻어내는 장치, 수세 장치

splask|nout (se) < -ovat (se) 공기[가스]를 빼다

splašit 1 (구어체) sehnat v. *sehnat* **2 ~ (se)** v. *plašit (se)*

splašky, *mi-2, 3* z nádobí 개숫물; v kanálech 하수오물, 오수

splatit (*splacen*) < **splácet** (*-cejí*) **1** (분할불로) 불입하다; protihodnotou 반제(返濟)하다, 갚다 **2** zcela zaplatit 전액을 납입하다, 청산하다; tak zahladit 상각[상환]하다; vyrovnat 면소하다, 변제하다

splátk|a, *f* ve lhůtách 분할불, 월부, 불입금; jedno splacení 1회분 ◆ *na -y* 분할불로, 월부로, koupě 후불로, 외상으로

splatnost, *f-1* (어음) 만기(일)

splatný 만기가 도래한, 지불해야 할; již dříve (지급) 기한이 지난, 미불의

splav, *mi-2* **1** 둑((물레방아용)), 댐; 수문, 보 **2** 수문을 넘쳐흐르는 물

splav|nit < -ňovat 운하로 하다, 운하화하다; 항행(航行)하게 하다

splavný 항행할 수 있는

splést (se) (*splet-*) v. *plést (se)*

spleť, *f-1* 엉킴, 얽힘, 분규; 미로, 미궁

splétat = *plést*

spletitý 뒤얽힌, 헛갈리는, 복잡한

splnění, *n* 완수, 수행, 달성, 성취, 실행, 실현

splnit (se) v. *plnit (se)*

splnitelný 실현[실행]할 수 있는

splynout < splývat 합체[합착]하다, 합병하다, 통합하다; při plování 합류하다

spoč|inout < -ívat 쉬다, 휴식하다

spočítat 1 = *sečíst* **2** v. *počítat*

spočívat 1 v čem (무엇에) 있다 **2** pevně (확고하게) 뿌리박다, 정착하다 **3** v. *spočinout*

spodek, *mi-2, 3* **1** 밑바닥, 바닥, 기초, 토대; (건물의) 지층 **2** (철도의) 노반 **3** karta (카드 놀이의) 잭

spodem 아래길로

spodina, *f* **1** 아래 층[켜] **2** usazená 앙금, 침전물; odpad 찌끼, 지스러기 **3** společenská (사회적인) 최하층민, 인간쓰레기, 천민, 대중

spodk|y, *mi-3-pl* **(**대개 여격은 *-ám*, 전치격은 *-ách***)** 속바지, (짧은 또는

긴) 팬츠, 드로즈, plavečkové 트렁크스((남자용 운동[수영] 팬츠))

spodní 아래의, 바닥의; 하급의, 하층의; 밑의, 속의 ◆ ~ *kalhotky* (여성, 소아용) 팬티, 드로즈; ~ *prádlo* 속옷, 내의, dámské (여성의) 속옷류, 란제리

spodnička, *f* (스커트 속에 입는) 페티코트, 하프 슬립((허리 아래쪽만 있는 슬립))

spoj, *mi* **1** 연결, 연속, 결속, 연합, 결합; dopravní 교통, 교통수단[기관] **2** (기계의) 접속, 접합 부분 **3** pojítko 부착물, 연결장치 **4** užívaná cesta 도로, 길, 통로; skrytá (비밀의) 경로, 루트, 채널

spojař, *ma* **-ka,** *f* (군의) 통신대원

spojen|ec, *ma* 동맹국[자], 연합국[자], 자기편 ◆ *-ci* (제 1·2차 세계 대전 때의) 동맹국

spojenecký 연합의, 동맹의, 동류의

spojenectví, *n* 동맹, 결연, 제휴; přátelské (우호적인) 협정, 협상

spojení, *n* **1** 연합, 연결, 결합, 접속, 결속, 제휴 **2** 연락(처), (전신, 전화의) 연결 **3** (회사, 사업의) 합동, 합병 **4** (단어의) 배열, 연어(관계) ◆ *slovní* ~ 단어 결합; *dostat* ~ *telefonické* (전화가) 연결이 되다; *krátké* ~ (전기의) 단락, 쇼트

spojený společně prováděný 연대의, 공동의, 합동의, 결합된 ◆ *Spojené státy americké* 미합중국; *být* ~ *s čím* 무엇에 연루되다

spoj|it < -ovat 1 결합하다, 연합하다; 연결하다, 접속하다 **2** volně a přitom pevně 잇다, 연접하다; ve dvojice 짝 지우다 **3** k společnému úsilí 제휴하다, 협력하다 **4** telefonicky (전화 상으로) 연결하다 **5** vytvořit účelovou jednotu 하나로 하다, 합하다 **6** svazkem 묶다, 매다; závazkem 동맹[연합·제휴]하다, při společném vedení 연방화하다 ◆ *ve - ení s* …와 관련[연관] **~ se < -ovat se** 결합[연락]하다, 뭉치다, 결속하다, v. *splynout*

spojitost, *f-1* = *souvislost*

spojitý 1 연결된, 결합된, 연대의 **2** 연속적인, 끊이지 않는, 부단한 **3** v. *souvislý*

spojka, *f* **1** auta (자동차의) 전동장치, 클러치; vozů (차량의) 커플링, 연결기[장치] **2** el. (전기) 연결소켓 **3** koberec (카펫의) 브리지 **4** opt. 집광렌즈[장치] **5** sport (스포츠의) 안쪽 전위, 인사이드 포워드 **6** 《軍》 (군의) 전령, 연락병 **7** 《言》 접속사

spojovací 1 결합시키는, 연합의 **2** 《軍》 연락[접촉]의 **3** umožňující průchod 교통[통신]의, 전달의 ◆ ~ *výraz* 접속사; ~ *čárka* 하이픈, 연자부호

spokojenost, *f-1* 만족, 흡족, 충족

spokojený 만족한, 흡족한; klidný, 느긋해 하는; uspokojením zálib 즐거운, 유쾌한 ◆ *být* ~ *s čím* 무엇에 만족하다

spokoj|it se < -ovat se 1 s čím (무엇에) 만족하다, 흡족해 하다 **2** smířit se s tím 묵묵히 따르다, 잠자코 받아들이다

spolčenec, *ma* 공범, 연루자, 공모자,

S

한 패, 일당

spolč|it se < -ovat se s kým (누구와) 연합하다, 사귀다, 교제하다; tajně (은밀히) 결탁하다, 공모하다, spiklenecky 음모를 꾸미다, 작당하다 ◆ *být -en s* kým (누구와) 동맹[연합]하다

společensk|ý 1 사회적인, 사회에 관한 **2** družný 사교적인, 친목적인 **3** o zvířatech (동물이) 군거하는, 군생하는, 집단의 ◆ *-á hra* 실내게임((퀴즈 등)); *-á místnost* 사교실, 로비, 라운지, na školách (학교의) 휴게실; *-ý oblek* 사교복, 신사복; *-é postavení* 사회적 지위[신분]; *-é šaty* 야회복; *-ý večer* 사교 파티, 야회, *-á vrstva* 사회 계층

společenství, *n* (사회적인) 회합; soužití 협회, 단체; obec 사회, 공동사회, 공동체 ◆ *Evropské ~* 유럽 공동체; *nezácislých států* 독립군 연합

společenstvo, *n-2* (상조, 자선 등의) 조합, 협회, 연맹, 길드

společně 함께, 같이, 동반해서; 공동으로, 합동으로 ◆ *~ dělat* (*mít*) 공동으로 하다(갖다); *~ obývat místnost* 공동으로 방을 갖다; *mít ~* 나누다, 같이하다

společnice, *f* **-ník,** *ma-3* **1** 동료, 동반자 **2** k ruce 시중드는 사람, 간호인, 수행자 **3** k společnému jednání 조합원, 회원 **4** a to trvalému 협동자, 한동아리, 상대

společnost, *f-1* **1** 사회, 단체; k úkonu/prospěchu 회사, 상사, 조합; menší (사교상의) 모임, 회, 단, 대 **2** 《法》 uznávaná 유한 회사, 주식 회사 **3** společné sepětí 공동체 ◆ *akciová ~* 합자 회사, 주식 회사; *dělat komu ~* (누구와) 동행[동석]하다, (누구와) 사귀다

společn|ý 1 공동의, 연합의, 합동의 **2** hromadně 집합의, 집단의 **3** sdílený 공유하는 ◆ *~ jazyk* 공통어; *toto s tím nemá nic -ého* 이것은 그것과 아무런 공통점이 없다

spoléhat (se) v. *spolehnout (se)*

spolehlivost, *f-1* 신빙성, 신뢰성, 확실성; zaměstnance 신뢰, 신용; z pramene 출처가 분명함, 진정함[임]

spolehlivě 믿을만하게, 확실히, 충실하게

spolehlivý 믿을 수 있는, 신뢰성 있는, 확실한; zpráva apod. (소식 등이) 신용할 수 있는; z pramene (출처가) 진정한, 진짜의; bezpečný 안전한; v dobrém stavu 건전한, 정상적인

spolehnout (se) < spoléhat (se) 믿다, 신뢰하다, 신용하다

spolek, *mi-2, 3* **1** 동호회, 모임, 협회, 단체 **2** nájemce rybolovu, honitby 기업 연합, 신디케이트 **3** nezávislých států (독립국가들의) 동맹, 연합

spolkový 1 협회의, 단체의 **2** 동맹[연맹]의, 연방의 ◆ *~ kancléř = německý k.* 독일 수상; *S- republika Německo* 독일 연방

spolknout < 1 들이키다, 삼키다, lačně 꿀떡꿀떡 마시다[먹다], = *polknout* **2** (모욕 등을) 삼키다[참고견디다]

spolu 함께, 동반해서, jít, jet a apod. 같이, 공동으로

spolubližní, *ma/f* 이웃, 동료

S

spolubojovn|ík, *ma-3* **-ice,** *f* 같이 싸우는 사람, 전우

spolubydlící, *ma/f* 같이 사는 사람, 동숙인, 동거인, 룸메이트 ◆ *moc se mi líbí ~ na koleji* 기숙사의 룸메이트가 매우 맘에 든다

spolucestující, *ma/f* 길동무, 동행자

spoluhráč, *ma* **-ka,** *f* 팀 동료; 2인 경기의 파트너

spoluobčan, *ma-4* **-ka,** *f* 시민, 공민, 동포

spolupachatel, *ma-1, 4* **-ka,** *f* 공범자, 종범자

spolumajtel, *ma* **-ka,** *f* 공동 소유자[주인]

spolupráce, *f* 협력, 협동, 합자 ◆ *úzká ~* 긴밀한 협조

spolupracovat 협력[협동]하다, 합작하다

spolupracov|ník, *ma-3* **-nice,** *f* 동료, 동업자, 협력자, 공동 저자; přispěvatel 기부[공헌]자

spolupůsobit 협력[협동]하다

spoluúčast, *f-1* (공동) 참여, 참가, 관여

spoluúčastn|ík, *ma* **-ice,** *f* 참여자, 참가자, 관계자

spoluúčinkovat 참여[참가]하다

spoluvězeň, *ma* **-kyně,** *f* 동료 죄수

spoluvina, *f* 공모, 공범, 연루

spoluvi|ník, *ma-3* **-nice,** *f* 공모[공범]자, 종범(從犯), 방조자

spoluvlastn|ík, *ma-3* **-ice,** *f* 공동 소유자

spoluzakladatel, *ma* **-ka,** *f* 공동 설립자

spoluzavazadlo, *n* (동반) 수화물 ◆ *poslat jako ~* (동반) 수화물로 보내다

spolužák, *ma-3* **-ačka, -kyně,** *f* 동창, 교우; z téže třídy (같은반의) 급우

spolužití = *soužití*

spolykat (*spolknout*의 반복상) 삼키다 ◆ *~ mnoho prášků* 대량의 약을 삼키다

spona, *f* **1** 걸쇠, 버클, 죔쇠; svorka 클립, 종이[서류] 집게[끼우개] **2** (건축의) 이음 나무 **3** ozdobná 브로치 **4** (언어) 계사(繫辭), (být와 같은) 연결사

spontánní 자발적인, 임의의, 자동적인

spor, *mi-2* **1** 싸움, 투쟁; rozbroj 의견차이, 불화; slovy (말에대한) 논쟁, 말다툼, 언쟁; v závažné věci (중대한 일에 있어서의) 논의, 논전 **2** neshoda 불일치, 알력 **3** na žalobu 소송, přelíčení 소송 절차, soudní případ 소송 사건, 소명 ◆ *o tom není -u* 그것에 대해서는 논쟁의 여지가 없다; 《法》 *předložit spor arbitráži* 쟁의를 중재에 붙이다

sporák, *mi-2, 3* (요리용) 레인지, 스토브, 전기[가스]레인지

sporn|ý **1** 논쟁중의, 미해결의 **2** nejistý 논쟁의 여지가 있는 **3** týkající se sporu 다투기 좋아하는, 논쟁적인 **4** problematický 의심스러운, 수상한 ◆ *~ bod, -á otázka* 논쟁[계쟁]점, 문제; *-é strany* 싸움[논쟁]의 상대

sport, *mi-2* 스포츠, 운동, 경기

S

sportka, *f* 공동 재산, 합동 자금
sportov|ec, *ma* **-kyně,** *f* 스포츠맨, 경기자, 선수
sportovní 1 soutěže, činnost 스포츠의, 운동[경기]의 **2** člověk 운동가다운; chování 경기 정신에 투철한, 정정당당한
sportovat ><경기하다; 운동하다
sporý 1 statný 땅딸한, 단단한 **2** oblečení (옷차림이) 허름한; 부족한, 빈약한
spořádan|ý 순서 바른, 정돈된, 규율 있는 ◆ *-á rodina* 안정된 가정
spořádat < **1** …을 후다닥 해치우다; jídlo (음식물을) 다 먹어 치우다 **2** = *uspořádat* v. *pořádat*
spoření, *n* 절약, 저축, 저금
spořil, *ma-2* **-ka,** *f* 절약[저축]가
spořit < na- 저축하다 ~ < **u-** 절약하다, 아끼다
spořitelna, *f* 저축 은행 ◆ *Česká ~* 체스카 스포르지텔나 (은행)
spořitelní 저축의, 절약하는 ◆ *~ knížka* 저금[예금]통장; *~ účet* 저축 계좌
spořivost, *f-1* 절약, 검약
spořivý 아끼는, 검소한, 알뜰한; 극도로 절약하는, 인색한 ◆ *~ člověk* 절약하는 사람
spotřeb|a, *f* 소비, 소모, 사용 ◆ *předmět -y = spotřební zboží* 소비재, 소모품; *zboží dlouhodobé/krátkodobé* 내구/비내구재; *tendence k -ě* 소비경향
spotřebič, *mi* 기구, 장치, 설비
spotřebitel, *ma-1, 4* **-ka,** *f* 소비자 ◆ *výrobce a ~* 생산자와 소비자
spotřebitelský 소비자의
spotřební 소비의, 소비자의 ◆ *~ průmysl* 소비재 산업; *~ zboží* 소비재
spotřeb|ovat < -ovávat 1 쓰다, 소비하다; pro sebe zabrat 사용하다 **2**
spotřebocat (všechen) 다 써버리다
spousta, *f* **1** mnoho 다량, 다수, 많음, 가득(함), 풍부(함) **2** = *spoušť 1* ◆ *~ lidí* 많은 사람들; *~ peněz* 많은 돈
spoušť, *f* **1** natropená 대황폐, 대파괴, 수라장, 난장판, 황폐한 곳; zkáza 폐허, 잔해 **2** zařízení (기계의) 시동 장치, (사진기의) 릴리이즈, (무기의) 방아쇠 ◆ *bouře způsobily obrovskou ~* 태풍이 어마어마한 황폐화를 초래하였다; *stisknout ~* 방아쇠를 당기다
spouštěč, *mi* (내연기관의) 시동장치
spouštět (se) v. *spustit (se)*
spoutat v. *poutat*
sprásk|at < -nout 1 때리다, 채찍질하다 **2** ruce, rukama 양손을 쥐어틀다
spratek, *ma-3* 선머슴, 개구쟁이
správa, *f* **1** oprava 수선, 수리, 고치기 **2** vedení 취급, 처리, 경영, 관리, 지배, 통제, 집행, 수행; jako výkon státní moci, i státní 행정 기관, 행정부 **3** příslušné těleso 위원회, 평의원회, 중역회 **4** všeobecné pověření 위탁, 관리, k údržbě/péči 보호, 후견
správ|ce, *ma* **-kyně,** *f* **1** 지배인, 경영[관리]자, 감독(관); dosazený 행정관, 집행자; svěřenecký 피신탁인, 수탁자; k ochraně zájmů 보호자; majetku (재산의) 관리자, 보관자; hospodářský 가령(家令), 집사, 사무장 **2** domu (집의) 지키는 사람, 문지기, 수위;

S

koleje, internátu (기숙사, 호스텔의) 관리자, 사감

spravedlivě 정당하게, 공정하게, 올바르게, 공평하게

spravedlivý 1 공평한, 정당한, 공정한 **2** oprávněný 올바른, 적법의 ◆ *být ke komu ~* 누구를 정당하게 평가하다

spravedlnost, *f-1* 정의, 공정, 공평, 정당(성)

sprav|it < -ovat 1 고치다, 바르게 하다, 교정하다; vyspravit 수선[수리]하다; podpatky (뒤축에) 조각을 대어 수선하다 **2** zlepšit 개선[개량]하다; zdravotně (건강상) 회복시키다 **~ se < -ovat se** 개량[개선]하다; tělesně (육체적으로) 회복하다

správka, *f* 수선, 수리

správkárna, *f* 수선[수리]소[점]

správní 관리[경영]의, 행정[집행]의 ◆ *~ aparát, orgány, úřady* 행정 기구[기관]; *~ rada* 이사[중역, 임원]회

správně 옳게, 정당하게, 올바르게 ◆ *jdu ~ do…* …로 옳게 가고 있습니까?; *to není gramaticky ~* 그것은 문법적으로 올바르지 않다; *~!* 옳소!, 찬성이오!

správn|ý 1 옳은, 올바른, 정확한; náležitý 만기가 된; podle předpisů 정규의, 정식의 **2** řádný, slušný 적당한, 타당한; popravu 적법한 **3 (구어체)** 진짜의, 대단한 ◆ *to není gramaticky -é* 그것은 문법적으로 옳지 않다; *~ chlap/-á ženská* 진짜[대단한] 사나이/여자

spravovat 1 obhospodařovat 관리[경영]하다, 통제[통치]하다, 집행하다; vést 수행[이행]하다 **2** napravovat v. *spravit* **~ se 1** čím v. *řídit se* **2** v. *spravit se*

sprch|a, *f* **1** 샤워, 관수욕(灌水浴), proud (물의) 관수[주수] **2** -y místnost ◆ *dát komu studenou -u* (누구에게) 찬물을 끼얹다[뿌리다]; *dostat -u* 소스라쳐 놀라다

sprchnout 비가 흩뿌리다, 소나기가 내리다

sprch|ovat > o-, vy- koho (누구를) 샤워를 시키다 **-ovat se > o-, vy-** 샤워하다

spropitné, *n* 선물, 팁, 하사금 ◆ *dát komu ~* 누구에게 팁을 주다

spros|ťák, *ma-3* **-ťačka,** *f* 저속한 사람, 속물

sprostota, *f* 속악, 야비, 비속성

sprostý 1 저속한, 속된, 통속적인, 대중의 **2** hanebný 더러운, 불결한 **3** obyčejný 보통의, 통상의, 평범한 ◆ *~ vtip* 상스러운 농담

sprovodit >< 없애버리다, 죽이다, 처치하다, 처형하다 ◆ *~ co/koho ze světa* 무엇을/누구를 제거하다[삭제하다, 완전히 없애다]

sprška, *f* **1** 이슬비, 보슬비, 가랑비 **2 (비유)** 소나기, 세례 ◆ *~ střel* 총탄의 소나기

spřádat 1 = *příst* **2 (비유)** = *kout*

spřáhnout (*spřažen|spřežen, -ní*) < **spřahat** (두개씩) 잇다, 연결하다; (소, 말 따위를) 한 조로 매다 ◆ *~ se s kým* 누구와 제휴[연합]하다

spřátelen|ý 친구로 만든, 친구가 된, 우호적인 ◆ *-é národy* 우호 국가들

S

spřátelit < **-ovat** 친구로 만들다 ~ **se** < **-ovat se** (서로) 친해지다, 친구가 되다
spřažení, *n* (말의) 마구채우기; (차량의) 연결, 커플링
spřežený **1** (컴퓨터) 온라인의 **2** 제휴[연합]한, 작당한
spřež, *f* = *sebranka*
spřežení, *n* (말의) 팀, 조; (멍에에 맨) 한 쌍(의 소)
spřízněný, *n* 혈연의, 친척 관계의, 동족의; **(**언어**)** 같은 어원[어계]의 *být -ěn s* ··· 와 가깝다[동족이다]
S
spustit (*spuštěn*) < **spouštět** (*-těji*) **1** nechat klesnout 내려가게 하다, 내리다, 끌어내리다[당기다]; do hloubky (깊은 곳으로) 가라 앉히다, 침몰시키다; smykem 미끄러지게 하다 **2** aby spělo k cíli/účinku 진수시키다, 발진시키다 **3** aby běželo, šlo 출발시키다, 가게하다; natočením (돌려서) 틀다, 켜다; vystřelit, **(**비유**)** vychrlit 발사하다, 발하다 **4** sám od sebe (자신으로부터) 내보내다 **5** na koho (누구와) 마주치다 ◆ *ne- z očí* 주시하다; *~ ze zřetele* 생각에서 사라지게하다, 잊어버리다; *ne-* 마음에 두다[간직하다] ~ **se** < **spouštět se** **1** dolů (아래로) 내려가다, 가라앉다, 떨어지다, 하강하다, jako pták (새처럼) 내려앉다, jako dravý pták (맹금처럼) 급습하다 na (···를) **2** na cestu nepravosti 길을 잃다, 일탈하다; žena (여인이) 타락하다
sputnik, *mi-2, 3* 스푸트니크((소련의 인공위성; 1호는 1957년에 발사))
sráč[1]**,** *ma* **(**비속어**)** 똥 누는 사람, 설사하는 사람; 똥쌀 놈, (지겹게) 싫은 녀석
sráč[2]**,** *mi* 옥외 변소, 뒷간
sračka, *f* **(**속어**)** průjem 설사
srand|a, *f* **(**구어체**)** 기분전환[풀이], 들뜸, (유쾌한) 흥분, 장난, 재미 ◆ *byla to ~* 그것은 정말로 재미있었다; *dělat -u* 희롱거리다, 법썩떨다; *dělat si z koho -u* 누구를 웃음거리로 만들다; *nedělej si -u* 농담 마, 장난 그만 둬; *je to pro -u králíkům* 그것은 포복절도할 일이다
srát (*ser-, sral; nesrat*) < **vysrat se** **(**비속어**)** **1** 똥누다, 설사하다, 배설하다 **2** 개의치 않다, 무시하다 **3** 미치게 하다, 돌게하다 ◆ *to mě sere* 그것은 나를 미치게[돌게] 한다
sraz, *mi-2* 모임, 만남, 집회
sráz, *mi-2* 절벽, 벼랑
srazit (*sražen*) < **srážet** (*-žejí*) **1** dolů a pryč (아래로 뿌리치듯) 내리치다, 때려눕히다, 쓰러뜨리다 **2** dohromady (함께) 끌어 모으다; v šik (줄[대열]에) 모으다, 집합시키다 **3** v hodnotě (값, 가치를) 떨어뜨리다, 줄이다 **4** odečíst 공제하다, 빼다 **5** změněním hustoty 응축[압축]하다, tekuté (액체를) 응고시키다, uměle (인공적으로) 응결하다, tkaninu (천을) 오그라뜨리다, 수축 시키다 ◆ *~ si vaz* 전력을 다하다, 몹시 서두르다; *~ paty* 뒤꿈치를 딱 하고 맞붙이다 ~ **se** < **srážet se** **1** 충돌하다, 맞부딪치다; s kým v rozepři (누구와) 다투다[충돌하다] **2** co do objemu/plochy 줄어들다, 수축하다, tkanina apod. (천 등이) 오그라지다 **3** vytvořit sraženinu 응축하다, o tkanině (천이) 굳어지다; mléko

(우유가) 시어지다, v tvaroh (덩어리로) 응기다, 응결하다

srázný 곤두박이의, 경솔한, 무모한

srážet (se) v. *srazit (se)*

srážk|a, *f* **1** = *náraz* 충돌, 격돌, 불일치; s rozbitím 파손을 동반하는, 자동차, 열차 등의) 충돌; úder 때려 부숨, 스매시; názorů (의견의) 충돌, 갈등 **2** zmenšení, snížení 감소, 절감, 축소 **3** -y *pl* (수증기의) 응결, 응결한 것((비, 눈, 이슬 등) ◆ *dešťocé -y* 강우(량); *sněhové -y* 강설(량)

Srb, *ma* **-ka,** *f* 세르비아인[사람]

Srbsko, *n* 세르비아

srbský 세르비아의, 세르비이아인[어]의

srbština 세르비아어

srdce, *n* **1** i v kartách, salátu 심장, 가슴, 흉부 **2** (카드 놀이의) 하트 **3** zvonu (종, 방울의) 추, 종의 불알 ◆ *brát si co k -ci* (무엇을) 즐거이 받아들이다, 환영하다; *z celého ~* 진심을 다하여, 충심으로, 기꺼이; *z hloubi ~* 마음(속)으로부터; *co máte na -ci* 무엇을 말하고 싶습니까; *od ~* 마음으로부터, 진심으로; *spadl mi kámen ze ~* 나는 속이 후련하다, 홀가분하다; *ztratit ~ (pro koho)* (누구에게) 사랑에 빠지다

srdce|lomný, -rvoucí 가슴이 터질[찢어질]듯한, 애끓는

srd|covitý, -čitý 하트[심장]형의

srdeční 심장의, 가슴의, 《醫》 심장(병)의 ◆ *~ sval* 심근; *~ mrtvice* 심장마비

srdečný 진심 어린, 애정 어린, 친절한 ◆ *~pozdrav* 다정한 인사

srdnatý 용감한, 대담한

srkat 홀짝홀짝 마시다, 홀짝이다 ◆ *~ horký čaj* 뜨거운 차를 홀짝홀짝 마시다

srna, *f* 암 노루, 암 사슴

srnčí, *n* 사슴의, 사슴 고기의

srnec, *ma* 수노루, 수사슴

srocení, *n* lidí (사람들의) 소요, 소동, 폭동

srolovat v. *rolovat*

srotit se v. *rotit se*

sroubit (*srub!*) v. *roubit*

srovnání, *n* **1** (굽어진 것, 주름진 것 등을) 똑바르게 하기, 펴기 **2** 평평하게 하기, 땅 고르기, 정지 **3** 배열, 정열, 배치 **4** 비교, 대조, 조회 **5** (분쟁 등의) 해결, 타결

srovn|at < -ávat 1 co do podoby 비교하다, 비유하다 **2** kontrolně 조사[조회]하다 **3** postavením proti sobe 대조하다 **4** rozvaděné 화해시키다, dát do pořádku, do roviny v. *rovnat*

srovnatelný 비교할 만한, 필적할 만한

srovnávací 비교의, 비교적인

srozuměná, *f* 이해 ◆ *dát/dostat na -nou* 이해시키다/받다

srozumění, *n* 이해, 양해 ◆ *ve ~ s kým* 누구의 이해[제휴] 속에서

srozum|ět se <-ívat se tajně (은밀히) 결탁하다, 공모하다 ◆ *být -ěn s čím* 무엇에 동의하다

srozumitelnost, *f-1* 알기 쉬움, 명료함, 가해성

srozumitelný 이해할 수 있는, 알기 쉬운, 명료한

srp, *mi-2* 낫, 작은 낫 ◆ *~ a kladivo* 낫과 망치

srpek, *mi-2, 3* měsíce 초승달, 신월, 상현달

srp|en, *mi-2* 8월 ◆ *v -nu* 8월에; do -na 8월까지

srpnový 8월의

srpový, srpovitý 낫 모양의

srst, *f-1* (동물의) 털, (짐승의) 외피, 가죽

srstka, *f = angrešt*

srstnatý 털많은, 털투성이의, 덥수룩한

sršeň, *ma* (곤충) 말벌류; 성가신 사람, 심술쟁이

S

sršet (*oni srší*) > **za-** 불꽃을 튀기다, 번쩍이다, 번득이다

srub, *mi-2* 통나무집, 《軍》 목조의 작은 요새

srůst, *mi-2* 응결, 응고물, 결석

srůst (srost-) < -at 1 자라서 하나가 되다, 결합하다, splynout 합체[합착]하다; rána (상처가) 고쳐지다, 낫다 **2** s prostředím (환경에) 적응하다, 익숙해지다

sřetěz|it < -ovat 사슬같이 잇다, 연결시키다

stabilita, *f* 안정, 안정성[도] ◆ *politická ~* 정치적 안정

stabilizace, *f* 안정(시킴), 안정화, 고정

stabilizovat 안정시키다, 견고하게 하다

stabilní 1 안정된, 견고한, 견실한 **2** nepřemístitelný 움직이지 않는, 고정된

stáčet v. *stočit*

stači|t < do-, po-, vy- 1 족하다, 충분하다, komu (누구를) 만족시키다 **2** jen 'stačit', někdo na úkol (과제를) 처리할 수 있다, 감당하다, 해내다; mít v dostatečné míře 충분히 가지고 있다; s čím (무엇을) 처리하다; na koho (누구에게) 필적하다, 맞먹다; komu, v tempu (누구를, 속도에서) 뒤지지 않고 따라가다, 보조를 맞추다 **3** někdo někde 이해가[역량이] 미치다 ◆ *na to nestačím* 그것을 나는 이해할 수가 없다; *to stačí* 그것은 충분할 것이다[충분하다]; *nabídka nestačí poptávce* 공급이 수요를 충족시키지 못한다; *běžel, co mu síly -ly* 그는 힘이 닿는데까지 전력을 다해 달렸다

stadión, *mi* 육상 경기장, 스타디움

stádo, *n* 짐승의 떼, (특히) 소; 돼지의 떼, ovcí, koz (양, 염소의) 무리, dobytek v pohybu (이동중인 가축의) 떼

stafáž, *f* 화려한 구경 거리, 장관

stagnace, *f* 침체, 불경기

stagnovat 침체되다, 불경기가 되다

stagnující 불경기의, 불황의 ◆ *~ trh* 불경기 시장

stáhnout (*stažen*) < **stahovat 1** dolů, dozadu, s povrchu, dohromady (아래로, 뒤로, 표면으로부터, 함께) 끌다, 끌어 당기다; tak obnažit 벗기다, koho z čeho, co s koho (누구로부터 무엇을) 까다, (껍질 따위를) 까다[발기다] **2** kapalinu (물 따위를) 빼내다, 빼다; do nádob (그릇 속으로) 따르다, do lahví (병 속에) 넣다 **3** otočením zmenšit funkci (틀어서) 작게하다, 줄이다 **4** zmenšit rozměr (크기를) 수축시키다, 밀착시키다; (눈살, 이맛살을)

찌푸리다 **5** shromáždit 그러모으다, 모으다, 따다, 채집하다; výzvou k vrácení 불러들이다; nazpět (뒤로) 움츠리다, 회수하다 **6** odvolat 되부르다, 소환하다; tvrzení (주장을) 철회[취소]하다 ◆ ~ *hru* (*z jeviště*) (무대로부터) 연극을 중지시키다; ~ *návrh* 제안을 철회하다; ~ *plachty* 돛을 줄이다, 감다; ~ *roletu/záclonu* 블라인더를/커튼을 내리다; ~ *vlajku* 깃발을 내리다 **~ se < stahovat se 1** sevřít se 줄다, 수축하다 **2** ustoupit 물러나다, 퇴각하다, 은퇴하다 **3** shromáždit se 모이다, 집결하다

stáj, *f* 마구간, 가축 우리

stále 지속적으로, 계속해서, 언제나, 불변하게; pořád ještě 여전히; bez přestávky 중단 없이 ◆ *je ~ takový* 그는 항상 그런식이다; ~ *nad kým stát* 누구의 적이 되어[누구를 괴롭혀] 궁지에 몰아넣다, 붙어다니면서 감시하다

staletý 수백년 된, 원시(시대)의, 태고의

stálice, *f* **(**천문학**)** 항성(恒星)

stálobarevný 바래지 않는, ve vodě (물에) 색이 나지 않는

stáložárn|ý 천천히 타는[연소하는] ◆ *-á kamna* 천천히 타는 스토브[난로]

stál|ý 1 지속적인, 변치 않는, 항구적인, 부단한 **2** dobře zasazený 안정된, 견고한, 견실한, 고정적인 **3** neproměnný 불변의 **4** o barvě (색이) 바래지 않는 ◆ *-é bydliště* 본적, 항구적인 거주지[주소]; ~ *host* 단골 손님, 상주자; *-á jakost* 불변의(한결같은) 질; ~ *v lásce* 지속적인 사랑; *ve -é oblibě* 불후의; ~ *sekretář* 명예 비서; ~ *výbor* 상임 위원회; *-á výstava* 항구적인 전시, 상설 전시

stan, *mi* 텐트, 천막, velký (서커스 따위의) 큰 천막 ◆ *hlavní* ~ 본부, 사령부, *postavit* ~ 천막을 치다; *strhnout* ~ 천막을 철거하다

standar|d, *mi-2* 표준, 기준, 규격

standardní 표준의, 기준의, 규격의

standarta, *f* 기, 기치, 기장, 국기, 조기

stánek, *mi-2, 3* **1** 매점, 노점, 상품진열대 **2** **(**성서**)** 텐트, 천막, 유대신전 ◆ ~ *s ovocem* 과일상점[노점]; *židovský svátek -ků* (조상이 황야 방랑을 기념하는 유대인의) 초막절, 수상절

stání, *n* **1** 기립, 설 자리, 주차 **2** v chlévě (마구간[외양간]의) 한 칸[구획], 마방((한 마리씩 넣는)) **3** soudní (법정의) 공판, 청문회 ◆ *nemít* ~ 들떠 있는, 침착하지 못한; *zákaz* ~ 주차금지; ~ *dovoleno* 주차 구역

stanice, *f* 정거장, 역; zastávka 정류장, 정차장 ◆ *benzínová, čerpací* 주유소; konečná ~ želez./autobusová (기차 혹은 버스의) 종점, 종착역, *konečná stanice autobusů na/z letiště* 터미널, 에어터미널, 항공 여객용 버스 발착장; *záchranná* ~ 야전 병원, 구급차

stann|ý ◆ *-é právo* 계엄령, **(**국제법**)** 교전 법규

stanout = *zastavit (se), postavit se*

stanovat 천막을 치다, 야영[캠프]하다

S

stanovisko, *n-2, 3* 입장, 견지, 관점

stanoviště, *n* **1** (택시 등의) 주차장, 승객 대기소 **2** 초소, 경계 구역 ◆ ~*taxíků* 택시 주차장

stanovit **1** 결정하다, 정하다; sdělením (통보로써) 지정하다, určit 임명하다, 지시하다 **2** hodnotu (가치를) 평가하다, 사정(查定)하다; předem označit (사전에) 선정하다, **3** jako předpis 규정하다; jako opatření 마련하다, 내놓다; trvalé (항구적인 것으로) 만들다, 설치하다 **4** výslovně (명시적으로) 명기하다, 약정하다

stanovy, *f-pl* 조항, 조목; zákonné 규정, 법규; **(**전문어**)** svazu 규칙서, 규정집

starat se > po- 1 pečovat 걱정[염려]하다 o (…을) 돌보다; dohledem 보살피다, 감시하다, 감독하다; obsluhou 시중들다; jídly (음식물을) 조달[장만]하다 **2** učinit vše pro zajištění 고려[검토]하다; o to, aby …하도록 하다 **3** všímat si 관심을 갖다, 마음을 쓰다(o …에 대해); v obavách 걱정하다, 염려하다

stárnout < ze- 늙다, 노화하다

starobní 노년의 ◆ ~ *důchod* 노인 연금

starobylost, *f-1* 오래됨, 고색(古色), 고아(古雅), 오래된 것

starobylý 고대의, starý 오랜 옛날의, 옛적의 ◆ *-é zvyky* 오랜 관습

starodávný 원래의, 원시시대의, 고대의

staromódní 구식[고풍]의

staropanenský (혼기를 놓친) 독신 여성적인, 노처녀적인, 잔소리 심한

staropanenství, *n* (여자의) 독신, 미혼, 노처녀 상태

staroslavný 고색창연(古色蒼然)한, 숭고한, 유서 깊은, 존경할 만한

starost, *f-1* **1** péče, dbání 걱정, 근심; dbalost 주의, 조심, 배려; zabývání se věcí 몰두, 전심, 열중; zájem 관심; plná obav 우려 **2** nejistota 불안, 초조 **3** 걱정거리 **4** 어려움, 고초 ◆ *to je má ~* 그것은 내 일이다; *dát komu co na ~* 누구에게 책임을 지우다; *dělat komu -(i)* 누구를 불안하게 하다; *mít co na -i* 무엇을 책임지다

starost|a, *ma* (시)장, (읍)장 ◆ *~ města* 시장

starostka, *f* **1** 여시장 **2** zast. 시장의 부인

starostlivý **1** 몰두한, 여념이 없는, 열중한 **2** 걱정하는, 염려하는, 걱정스러운 **3** 신중한, 사려깊은

starosvětský 옛날 세계의; 전통적인, 가부장적인, 고대풍의

starověk, *mi-2* 고대, 고대의 풍습[제도][유물]

starověk|ý 고대의, 고대풍의 ◆ *-é dějiny* 고대사

starožitnictví, *n* 골동품 상점, 고유물 상점

starožitník, *ma-3* 골동품[고미술품] 연구[수집]가, 골동품[고미술품]상

starožitnost, *f-1* **1** že je něco starožitné 오래된 유물 **2** jednotlivá 골동품, 고미술품; antická 고대풍, 고대 양식

starožitný 골동품의, 고미술품의

starší **1** poměrně starý 나이가 지긋한,

노령의 **2** 손위의, 연상의; funkčně 선배의, 선임의, 고참의 ◆ ~ *bratr* 형, 오빠, ~ *sestra* 언니, 누나

staršina, *ma* **(외교어)** sboru (외교 사절단의) 고참자, 장로, 수석; (육군, 해병대 등의) 원사(元士)

start, *mi-2* **1** 출발; 시작 **2** 《航》 (비행기의) 이륙, 발진 **3** 출발선 **4** (경기에의) 참여, 참가 **5** (자동차의) 시동

startér¹, *ma* 출발자, 경주 참가자

startér², *mi-2* (자동차의) 시동 장치

startovat > od- 1 začít závod (경주를) 시작하다 **2** účastnit se závodu (경주 시합에) 참여하다, 경주하다 **3** 《航》 (비행기가) 이륙하다

startovní 출발의, 시작의; 이륙의 ◆ ~ *čená/blok/pistole* 스타팅 라인/블록/피스톨

star|ý 1 나이 먹은, 늙은, 노년의 **2** z dávných dob 고대의, 고대풍의 **3** už použitý 중고의, 고물의, 낡은 **4** vyčichlý 상한, 김빠진 ◆ *-á kolena* 노년(기); ~ *mazák* 노련가, 경험자; ~ *mládenec* 미혼 남자, 노총각; *-á panna* 올드미스, 노처녀, 미혼 여자; ~ *přítel* 옛 친구, 옛 벗; ~ *svět* starověk 고대 세계, 구세계; *S- svět* 구세계((유럽, 아시아, 아프리카)), 동반구, (특히) 유럽; *-é účty* 묵은 셈, 쌓인 원한; *-á vojna* 노병, 퇴역[재향]군인; *S- zákon* 구약 성서; *-é železo* 고철

stařec, *ma* 노인

stařecký 노인의, 나이 많은

stařeček, *ma-3* **1** *staře*의 지소형 **2** **(구어체)** nářeč. 할아버지

stařen|a -ka, *f* 나이든 여자, 노파

stáří, *n* **1** 나이, 연령 **2** staroba 노년, 노령, 노쇠

stařičký 나이든, 늙은; sešlý 노쇠한, 늙어 빠진; roztřesený 비틀거리는, 불안정한

stařík, *ma-3* expr. 나이든 사람, 늙은이

staska, *f* **(구어체)** = *sazka*((축구 시합의 승부를 예상하는) 축구 도박[내기])

stát¹, *mi* 국가, 나라

stát² (*stojí-m, stůj!, stál*) **1** 서다, zpříma (똑바로) 일어서다, 기립하다; kde (어디에) 위치하다, 자리잡다, 있다 **2** zastavovat 멈추다, nehýbat se 정지하다, 휴지하다 **3** nepracovat 빈둥거리다, 헛돌게 하다; vozidlo (차량이) 움직이지 않다 **4** jak, někdo si jak (어떻게) 되다 **5** kolik (얼마)이다, o nákladnějším 비용이 들다, zač (무엇에 대해) 가치[값어치]가 있다, komu za to (누구에게 무엇에 대해) 가치가 [보람이] 있다((za nic ne- 아무런 쓸모[값어치]가 없다)) **6** koho kolik (누구로 하여금 얼마만큼을) 비용을 들게 하다, 요하다 **7** na čem trvat (무엇을) 주장[고수]하다 **8** oč (무엇을) 하고 싶어하다, chtít to mít (무엇을) 바라다[원하다]; **9** proti čemu/před čím (무엇에) 직면하다 **10** při kom (누구의) 입장에 서다, 지지하다, ve sporu (싸움에서) 편들다, nápomocně 원조하다, 거들다 **11** za koho = *kým* (např. *za kmotra* 예를 들자면 대부로) (누구로) 서다 **12** za kým, podporovat ho (누구를) 후원하다 a.v. ~ při kom ◆ *stůj* 서, 멈춰, 정지; *nestůj* 꾸물대지 마라, 빨

S

리; ~ *komu v cestě* (누구의 길을) 방해하다, 가로막다; ~ *frontu, ve frontě* (*nač*) (무엇을 위한) 열[줄]에 늘어서서 기다리다; ~ *v popředí* 선두에 서다; *kolik to stojí?* 그것은 (값이) 얼마입니까?; *ať to stojí, co to stojí?* 비용이 얼마나 든다 하더라도; *stůj ~ stůj* 어떤 희생을 치르더라도, 꼭; *aby řeč nestála* 이야기를 잘 진행시키도록; ~ *před soudem* 법정에 서다, 재판 받다; ~ *v slově* 말을 지키다; ~ *na čekané, číhané* 숨어서 기다리다; ~ (*jako*) *na jehlách* 조바심[걱정]하다; ~ *na stanovisku* …의 견해[입지]를 취하다; ~ *na čí straně* 누구의 편에 서다; ~ *stranou* …을 피하다; ~ *na stráži* (군대) 보초를 서다, 파수를 보다, (비유) 경계하다; *zůstat* ~ 서있다, 멈춰서다, 가만히 있다; *rozum mi nad tím zůstává* ~ 나로선 알 수 없다[할 수 없다]; ~ *za to* 할 만한 가치가 있는; ~ *za povšimnutí* 주목할 만한 하다

stá|t se (*stan-e, staň se!, stal se*) **1** čím (무엇이) 되다, (무엇으로) 화하다, jakým (어떻게) 되다, 변하다, 이르다 **2** = *udát se,* v. *dít se* **3** přihodit se komu (누구에게) 일어나다, 발생하다 **4** komu = *s kým* (누구가) 어떻게 되다 ◆ *co se stalo?* 무슨 일이냐?; *jako by se stalo* 그쯤 해둬; *stala se mu křivda* 그는 학대 받았다, 그는 부당한 취급을 받았다; *rádo se stalo* 천만에요; *co se stalo, nedá se odestát* 일어날 것은 일어나고야 만다; nic se nestalo! 아무일도 없어! 걱정마! < **-vat se** čím (무엇이) 되다, 화하다, 변하다,

stať, *f-1* 소론, 시론, 평론; vědecká (학문적인) 논문; při zkoušce (시험에서의) 답안지

statečnost, *f-1* 용감(성), 용기, 용맹

statečný 용감한, 영웅적인, 불굴의

statek, *mi-2, 3* **1** 토지, 재산, 소유지; o najatém 농장; dědičný, panský, (세습적인) 장원, 영지 **2** = *majetek*

statick|ý 정지의, 정적(靜的)의 ◆ *-á elektřina* 정전기

statisíce, *mi-pl* 수십만

statist|a, *ma-4* **-ka,** *f* 임시 고용 노동자, 단역, 엑스트라

statistický 통계(상)의, 통계학의

statistika, *f* 통계학

stativ, *mi-2* 삼각대, 세 다리 걸상

statkář, *ma* **-ka,** *f* 땅 임자, 지주, 농장 주인

státní 국가의, 나라의, 공공의; vládní 통치의, 행정의 ◆ ~ *banka* 국립 은행; ~ *cena* 국가상; ~ *dodávky* 공적인 공급; ~ *důchod* (국가의) 세입; ~ *občanství* 시민권, 공민권, 국적; ~ *dluh* 국채; ~ *poklad* 국가 보물, 국보; ~ *pokladna* 국고; ~ *převrat* 국가 전복, 쿠데타; ~ *příslušník* 국민; ~ *služba* 문관 근무, 행정 사무; ~ *svátek* 국경일; ~ *úředník* 공무원, 문관

státnictví, *n* 정치, = *politika*

státník, *ma-3* 정치가, 경세가(經世家)

statný 건장한, 튼튼한, 억센, 강건한 ◆ ~ *muž* 건장한 남자

státovka, *f* 법정지폐; 은행권; 재무부 증권

statut, *mi-2* 법령, 법규

stav, *mi-2* **1** 상태, 형편, 사정, 형세, 여건, 조건 **2** početní 다수; velikost 용

량, 용적 **3** svobodný/ženatý (미혼/기혼의) 상태 **4** 직업, 활동영역 **5** zast. hist. (사회적) 신분[지위], (특히 중세 유럽의) 세 신분의 하나 **6** tkalcovský 베틀, 직기 ◆ *být v -u = s to* v. *s*; *v jiném -u těhotná* 임신중인; *v dobrém -u* udržovaný 좋은 상태의, 손질이 잘 되어있는; *duševní ~* 정신 상태; *právní ~* 법률, 법; *ve špatném -u* neudržován 좋지 않은 상태의, 손질이 잘 되지 않은; *rodinný ~* 결혼 상태; *učitelský ~* 교직업; *vojenský ~* 군인 직업; *lidé vsch -ů* 모든 직업의 사람들

stávat se v. *stát se*

stavb|a, *f* **1** činnost, způsob vystavění 건설, 건조, 건축, budova 건조물, 건축물, 빌딩, 가옥 **2** vznosná 선당, 내사당 ◆ *ve -ě* 건축[건설]중인

stavbař, *ma* 건축자, 건설자

stavbyvedoucí, *ma* 건설[건축] 관리소장

stavební 건축(용)의, 건축술의, 구조의 ◆ *~ dělník* 건축 인부, 건축공, kopáč 토공

stavebnice, *f* (lego와 같이 플라스틱으로 만든) 조립 세트의 장난감

stavebnictví, *n* 건축업, 건설업

stavebník, *ma-3* 건축업자, 건설업자

stavení, *n* 건물, 빌딩, domácnost 주택, 가옥, 집

staveniště, *n* 건축 부지[단지]

stavět (*-vějí, stav[ěj]!*) > **postavit 1** něco někam (무엇을 아무곳에) 세우다, 세워놓다; na určité místo (특정 장소에) 위치시키다, dát to tam (거기에) 두다, 놓다 **2** uspořádaně 배열하다, 정리하다; do registratury 철하다, 정리 보존하다 **3** koho před co (누구를 무엇과) 마주보게 하다, 직면하게 하다 **4** koho proti čemu (누구를 무엇에) 맞서게 하다, 대결 시키다 ◆ *~ na čaj* 차 주전자를 올려놓다; *~ úkol* 과제를 부여[마련]하다 **~ > vy-, postav|it** 건축하다, 세우다 **~ > vystavit** na odiv 전시하다, 진열하다; okázale 과시하다 **~ > zastavit** 정지시키다 **~ se** = *dělat, předstírat* **~ se > postavit se 1** kam (어디에) 자리잡다, 위치하다 **2** vzpřímit se 몸을 일으켜 세우다, 일어나다 **3** za co (무엇을) 지지[지원]하다 **4** k čemu (무엇을) 취급하다, 다루다; jak (어떻게) 입장을 취하다 **5** proti čemu, komu (무엇에, 누구에게) 반대하다, 대항하다, odhodlaně (결연히) 저항하다 ◆ *~ se čemu do cesty* 무엇의 길을 막다, 방해하다; *~ se komu na odpor* 누구에게 도전하다, 반항하다; *~ se na čí stranu* 누구의 편을 들다 **~ se > zastavit se** kde = *stavit se*

stavidlo, *n* 수문, 방조문(防潮門); 배출구

stav|it se > -ovat se kde, u koho (어디에, 누구 집에) 잠깐 들르다[머물다]; pro koho (누구를) 방문하다, 찾아보다

stavitel, *ma-1, 4* **1** (뛰어난) 건축가, podnikatel staveb 건축 청부업자 **2** výrobce varhan (파이프) 오르간 제조인

stavitelství, *n* **1** umění 건축, 건축술 **2** živnost 건축업; odvětví techniky 토목공학[공사]

S

stávk|a, *f* 파업, 노동 쟁의; improvizovaná (항의의 표시로서의) 퇴장, v sedě 연좌 항의, na pracovišti (직장에서의) 연좌 농성, 시위[파업], v dolech (탄광에서의) 갱내 농성 파업 ◆ *jít do -y* 파업[스트라이크]에 들어가다

stávkař[1], *ma* **-ka,** *f* 파업자

stávkař[2], *ma-2* **-ka,** *f* 뜨개질 하는 사람, 메리야스 공

stávkokaz, *ma-2* 파업파괴자

stávkovat 파업[스트라이크]하다

stávkov|ý[1] 파업[스트라이크]의 ◆ *-á akce* 파업 행위; *-é hnutí* 파업 운동

stávkový[2] 메리야스의

stavovat se v. *stavit se*

stavovsk|ý 1 직업[전문]적인 **2** (역사상의) 신분의 ◆ *-á pýcha* 신분적인 자만, 교만; *S-é divadlo v Praze* (프라하에 있는) 스타보브스키[신분]극장 ((1781~83년에 완성))

stáž, *f* 짧은기간[단기간]의 체류[부속], 연수[공부]목적의 체류; 연수생[연구원]신분

stážist|a, *ma(-4)* **-ka,** *f* 단기간 연구원[학생], 연수생

stébl|o, *n* (식물의) 줄기, 대, 잎자루; slámy 짚, 밀짚, 밀짚의 한 오라기, 스트로 ◆ *tonoucí se -a chytá* 물에 빠진 자는 지푸라기라도 잡는다

sté|ct, sté|ci (*steč-, kniž. stek -u/-ou, stekl*) < **-kat** (아래로) 흘러내리다, 뚝뚝 떨어지다

steh, *mi-2, 3* 한 바늘, 한 땀, 한 코, 한 뜸

stehlík, *ma-3* 오색 방울새, 황금 방울새

stehno, *n* 넓적다리, 대퇴골; drůbeže (가금류의) 다리

stěhovací 이주[이사]의, 이동의 ◆ *~ vůz* 이삿짐 운반 차량, 가구[세간] 운반 차량

stěhovat > pře- 옮기다, 이전[이동]하다; organicky začlenit 옮겨 심다, 이식하다 **~ se > pře- 1** 움직이다, 이동[이사]하다 **2** houfně kočovně (새, 물고기 등이 떼를 지어) 이동하다

stěhovavý 이주[이동]하는 ◆ *~ pták* 철새

stejně 1 동일하게, 같게, 마찬가지로 **2** beztak 어떻든, 여하튼, 좌우간

stejnokroj, *mi* 제복, 유니폼

stejnoměrný 획일적인, 일률적인; 한결같은; 균일한

stejnorodý 동등[동질, 균질]의

stejnosměrný 직행의 ◆ *~ proud* (전기의) 직류

stejnost, *f-1* 같음, 비슷함, 닮음, 유사, 동등, 동질

stejn|ý 1 닮은, jako (…와) 같은 **2** zcela (아주) 일치하는, jako (…와) 동일한 **3** shodný jako (…에) 상사(相似)의 **4** rovnající se 동등한, 균등한 jako (…에) **5** všude, jednotvárný 한결같은, 균일한, 획일적인 **6** plynulý 평평한, 반반한 **7** stále stejný 불변의, 상수의 ◆ *to je -é* 그것은 아무런 차이가 없다; *ze -ého důvodu* 같은 이유로

stejšn, *mi-2* 스테이션 왜건((뒤에 접는 식 좌석이 있는))

stěn|a, *f* **1** 측면, 면; zdi, nádoby, dutiny 벽 **2** bok 옆구리; 《軍》 (좌우) 익(翼) **3** tělesa, skály (구체, 바위의) 얼굴, 표면 **4** dělicí (나누는) 구획선,

칸막이 **5** nástěnná 홀스텐드((거울, 코트걸이, 우산꽂이 등이 달린 가리개)) ◆ *bledý jako ~* 종이장처럼 흰[창백한]; *házet hrách na -u* 쇠귀에 경 읽기

sténat > za- 신음하다, 신음소리를 내다

stenotypi|sta, *ma(-4)* **-stka,** *f* 속기자[사]

step[1]**,** *mi-2* 탭 댄스

step[2]**,** *f-1* 스텝, 평원

stepní 스텝의, 평원의

stěrač, *mi* (자동차) 앞유리의 와이퍼

stereofonie, *f* 입체 음향(효과)

stereofonní 입체 음향(효과)의, 스테레오의

stereoskopický 입체[실체]경의

stereotypní 연판(鉛版)법의; 천편일률적인, 진부한, 틀에 박힌

sterilizovat 불모로하다; 불임케하다; (기구 등을) 소독하다, 살균하다

sterilní 메마른, 불모의, 단조로운; 무균의

sterý 수백의

stesk, *mi-2* **1** touha (사랑의) 번민, 시름, 울적함; 향수, 노스탤지어 **2** stížnost 불평, 불만 ◆ *~ po domově* 향수(병)

stěsn|at < -ávat 한데 몰아 넣다, 가두다

stevard, *ma* 가령, 집사, 스튜어드, 계원

stevardka, *f* 호스티스, 접대부, (여객기의) 스튜어디스

stezka, *f* 길, 작은 길, 보도; lovecká, lyžařská (사냥, 스키의) 트레일 ◆ *lesní ~* 숲속길

stěžej, *mi, f* 돌쩌귀, 경첩

stěžejní 돌쩌귀[경첩]의; 요체의, 중추적인

stěžeň, *mi* 돛대, 마스터

stěží 어렵게, 힘들게, = *sotva* ◆ *tomu /ze ~ uvěřit* 그것은 거의 믿기 어렵다; *přijde? - ~* 그가[그녀가] 올까? - 거의 어려울 것이다

stěžovat si < po- 1 na co, komu (무엇에 대하여, 누구에게) 털어놓다, 불평하다 **2** odvoláním 호소하다, 간청하다

stíhačka, *f* 전투기, 추격기, obranná (방어적인) 요격기

stíhat 1 추적하다, 추격하다 **2** jít těsně za (뒤를) 뒤쫓다, 따라붙다, 미행하다, špehovat (그림자처럼) 붙어 다니다 **3** soudně 기소하다, 소추하다

stihnout (*stižen*) **< 1** 붙들다, 붙잡다 (do- 뒤쫓아가 미치다[붙잡다]); dohonit 따라잡다, 추월하다 **2** = *postihnout*

stihomam, *mi-2* 피해 망상광

stín, *mi-2* **1** 그늘, 어둠, 응달, 그늘진 곳 **2** určitého obrysu 그림자, 투영 **3** 검은 부분((그림·사진·X-선 사진 등의)) **4** oční -y *pl* 아이섀도 ◆ *světlo a ~* 빛과 그림자; *žít ve -u koho* 누구의 그늘 밑에서 살다

stínat v. *stít*

stínidlo, *n* 램프갓, 조명 기구의 갓

stínit (*na*) *co* (무엇을) 그늘지게하다, 어둡게하다; elektr. (전기를) 차폐하다 **~ > za-** 덮다, 가리다; stát v cestě (시야를) 가로막다 ◆ *~ si oči* 자신의 눈을 가리다

stínítko, *n* 가리개, 차폐물 ◆ ~

S

lampa 램프갓; ~ *na oči* 눈 가리개

stinn|ý 그늘의, 그늘이 많은, 그늘진; 어둑한, 희미한 ◆ *-á stránka čeho* 무엇의 결점, 약점, 불리한 점; *-é stránky života* 인생의 이면, 사회의 암흑면

stipendist|a, *ma(-4)* **-ka,** *f* 장학금 수여자

stipendium, *n-2* 장학금 ◆ *dostat* ~ 장학금을 받다

stírat v. *setřít*

stisk, *mi-2, 3* **1** 누르기, 압축, 압축물; 압착; 포옹 **2** ruky na pozdrav (인사를 위한) 악수 ◆ ~ *ruky* 악수

stisknout v. *tisknout*

stísněný 1 폭이 좁은, 옹색한, 비좁은, 답답한 **2** duševně (정신적으로) 우울한, 풀이 죽은, 의기소침한, 슬픈, 음울한

stísnit v. *tísnit*

stí|t (*setn-, sťal, stětí*) < **-nat** 목을 베다, 참수하다

stížnost, *f-1* 불평, 불만; reklamace 지급 청구, 클레임

stlač|it < **-ovat 1** 압축[압착]하다, 내리 누리다, 밀치다 **2** snížit 수축시키다, 약화시키다

stlát (*stel-, stlal, stlaní; nestlat*) > **nastlat** (꽃, 종이 등을) 흩뿌리다 ~ > **podestlat** 짚을 깔다, 깔 짚[깃]을 깔아주다 ~ > **ustlat** 잠자리를 깔다 ◆ *jak si usteleš, tak si lehneš* 당신이 깐 잠자리에 당신이 눕게 될 것이다.

stlouct, stlouci (*stluč-, kniž. stluk -u/ou, stloukl*) < **-kat 1** = *sbít* **2** (구어체) = *sehnat* **3** = *srazit* **4** máslo (버터를) 교유기로 휘저어 만들다

stmívání, *n* 어둑어둑 함, 황혼, 어스름

stmívat se v. *setmít se*

sto, *n-2* 일백, 100 ◆ *mít ~ chutí něco udělat* 무엇을 매우 하고 싶어하다; *jet o ~ šest* 전속력으로 달리다; *pracovat o ~ šest* 반복하여 두드리다 [강조하다]

stočit < **stáčet** (*-čejí*) **1** vinutím 감다, 돌리다, 말다, 싸다; kroucením 뒤틀다; do kruhu 똘똘 휘감다[말다] **2** do jiného směru (다른 방향으로) 돌리다, (stranou 곁으로), odchýlit 비끼게[빗나가게]하다, výstřednou silou 한쪽으로 치우치게[기울게]하다 **3** tekutinu (액체를) 짜내다, do jiné nádoby (딴 그릇에) 옮기다 do lahví (병에) 따라 넣다 **4** odmotat (감은 것을) 풀다 ~ **se** < **stáčet se 1** dohromady (함께) 감기다, 사리를 틀다; schoulit se 움츠리다 **2** jiným směrem (다른 방향으로) 돌다, k, na (…로) 방향을 바꾸다

stodola, *f* (농가의) 헛간, 광

stoh, *mi-2, 3* 더미, 건초[짚, 곡물 따위]의 가리, 쌓아 올린 것 ◆ ~ *slámy* 짚더미, ~ *nádobí* 그릇 더미

stoický 스토아 학파의, 금욕주의의, 냉철한

stoik, *ma-3* 스토아 학파의 철학자, 금욕[극기]주의자

stojan, *mi-2* 대, 스탠드, …걸이, …꽂이; na přehození věcí (물건 거는) 틀; malířský (화가의) 이젤, 화판 걸이; svítilny 램프 스탠드; stativ 삼각대, 삼각자 ◆ ~ *na noty* 악보대, 보면대; ~ *pro skok* 도약[점프]대

S

stojatý **1** 움직이지 않은, 정지된, 정주의 **2** tekutina (액체가) 괴어있는, 정체된 **3** ne ležatý 서 있는, 곧추선

stoje 서서 ◆ *vypít pivo ~* 서서 맥주를 마시다

stojící 서 있는 ◆ *~ na vodě* (이론 등이) 불안정한

stojka, *f* **1** na rukou, na hlavě 물구나무서기 **2** výdřevy 버팀목, 버팀대

stoka, *f* 하수구, 하수도; odbočná 하수 시설

stokoruna, *f* 백 코루나짜리 지폐[화폐]

stolař(ství) = *truhlář(ství)*

stole|(če)k, *mi-2, 3* 작은 테이블[탁자]; pracovní 책상 ◆ *noční ~* 침대 곁 테이블, 나이트 테이블; *toaletní ~* 화장대, 경대(鏡臺); *servírovací ~* 손수레, 트롤리; *zasouvací ~* 접을 수 있는 테이블

století, *n* 1백년, 1세기 ◆ *dvacáté ~* 20세기

stoletý 100의, 100년의, 100년제의

stolice, *f* **1** (등 없는) 걸상 **2** univerzitní (대학교의) 강좌, 교수의 직 **3** círk. (교회의) 주교[대주교]의 지위[관구] **4** soudní 법정, 법원

stolička, *f* **1** 발판 **2** zub 어금니

stolní 테이블[탁자]의, pracovně 책상의 ◆ *~ubrus* 테이블 보

stonásobek, *mi-2, 3* 1백배[겹]

stonásobný 1백배[겹]의

stonat (*stůň-, nestonej!, stonal*) **1** 아프다, nač, čím (어디가) 병에 걸리다; 병상에 눕다 **2** **(비유)** toužit 그리워하다, po čem (무엇을) 사모하다, 연모[갈망]하다

stonek, *mi-2, 3* (풀, 나무의) 줄기, 대, 꽃자루, 잎자루

stop, *mi-2* **1** zmrazení 결빙, 동결 **2** = *autostop*

stop|a, *f* **1** náznak 자국, zanechaná 자취, 흔적; něčím vlečeným apod. 바퀴자국, 항적(航跡); pro lovce (사냥감의) 지나간 흔적, 밟은 자국; pach 냄새 자취; **(비유)** k řešení (해결을 위한) 단서, 실마리 **2** otisk 발자국 **3** míra (길이 단위) 피트((발길이)) ◆ *falešná ~* 허방짚은 냄새 자취[단서]; *jít po -ě* 발자취를 따라가다; *na -ě* 냄새를 맡고, 단서를 잡아; *najít -u čeho* 무엇의 발자취를 발견하다; *sejít ze -y, na falešnou -u* 발자취[단서]를 놓치다; *v čích -ách* 누구의 선례를 따라; *zahladit -y* 증거를 [종적을] 감추다; *ztratit -u* 흔적을[단서를] 잃다

stopař, *ma* **1** 추적자 **2** pes 경찰견 **3** auto- 자동차 편승 여행자, 히치하이크하는 사람

stopk|a, *f* **1** 잎꼭지, 줄기, 대 **2** světlo (자동차 후미의) 정지등, auto (자동차 후미의) 브레이크등 **3** -y, pl hodinky 스톱워치

stopnout < **1** (시계, 스톱워치 따위로) 시간을 재다[기록하다] **2** míč (공을) 정지시키다, 멈추다 **3** auto (행선지를 손가락질하여 지나가는 차를) 거저타다

stopovat 자국을 더듬다, 추적하다, po zanechané čáře apod. 발자취를[흔적을] 쫓다; lovecky (사냥감의) 뒤를 밟다, špehováním 미행하다

stopový 흔적의, 남은 자취[모습]의 ◆ *~prvek* (생화학에서) 미량 원소

S

stoprocentní 100 퍼센트의

stoupa, *f* 쇄광기, 쇄석기, 파쇄기, 압착기

stoupací 오르는, 상승의 ◆ ~ *potrubí* = *stoupačka*

stoupačka, *f* **1** (빨아 올리는) 통풍관, el. (전기의) 보선 **2** šplhací 스파이크가 달린 나무타기 기구

stoupavý 떠오르는, 오르는, 오르막의

stoupen|ec, *ma* **-ka,** *f* 추종자, 신봉자, 지지자; vřelý 열성적인 지지자, 당파심이 강한 사람

S

stoup|nout < **-at** **1** 오르다, 기어오르다, strmě **(곧추)** 솟아 오르다, 올라가다, 치솟다; prudce 급상승하다, 급등하다; letadlo (비행기가) 날아오르다 **2** k lepšímu, vyššímu 진보[발전, 향상]하다; k vrcholu (정상으로) 올라가다, na (…로); po čem, na co (무엇의 위로) 오르다, 타다 **3** = *šlápnout* **-nout si** < **-at si** (스스로) 일어서다

stověžat|ý 100탑의 ◆ *Praha je -é město* 프라하는 백탑의 도시이다

stovka, *f* **1** 100번[호, 개, 살…] **2** = *stokoruna*((100코루나 짜리 지폐))

stovkař, *ma* **-ka,** *f* 100미터 달리기 선수[수영 선수]

stožár, *mi-2* **1** 기둥, 전주, 지주, 대 **2** = *stěžeň, žerď*

strádat 고생하다, 괴로워하다, čím (무엇 때문에) 고통[고난]을 받다

strach, *mi-2, 3* **1** před, z, o (…에 대한) 두려움, 무서움; 공포, 놀람, 불안 **2** o koho (누구에 대한) 근심, 걱정 ◆ *dostat* ~ 놀라다; *mít* ~ *oč* = *strachovat se, z čeho* 무엇을 두려워하다; *nahnat komu -(u)* 누구를 두렵게[놀라게]하다; *nemám* ~ 나는 두렵지 않다

strachovat se oč (무엇에 대하여) 불안[초조]해 하다, 걱정[근심]하다

straka, *f* **1** pták 까치 **2** kráva 얼룩소 **3** zloděj 좀도둑, 배회자

strakatina, *f* 얼룩덜룩한 색, (어릿광대의) 얼룩덜룩한 옷

strakat|ý 얼룩덜룩한, grošovaně 얼룩의, černě (검게) 얼룩진, 잡색의; místy (군데군데가) 색으로 물든 ◆ *-é šaty* 얼룩덜룩한 옷

stran (문어체) (+생격) …에 관하여(는), …에 대해서 말하면, …의 점에서는 ◆ ~ *té věci* 그 일에 관하여; *domluvit se* ~ *ceny* 가격에 대하여 합의하다

stráň, *f* 언덕의 중턱[사면], 산허리, 산중턱

stran|a, *f* **1** 쪽, 측, 면 **2** bok 옆구리, 측면, 익 **3** kam je co vystaveno (집의) 방향, 전망 **4** směr 방향, 방위, 방면 **5** část, končina 부분, 조각, 일부 **6** příbuzní 가족, 친척, 일족; přívrženci 편, 쪽, 당파 **7** smluvní politická 《政》 정당 **8** polygr. (책의) 페이지, 쪽, 면 ◆ *na další -ě* (종이의) 뒷면에; 다음 페이지에; *na jedné -ě* 한편으로는; *na druhé -ě* 다른편으로는; *jít na -u* na záchod 화장실[뒷간]에 가다; *stavět se na něčí -u* 아무의 편에 서다; *světové -y* 기본 방위, 사방((북남동서)); *na všechny -y* 모든 방향으로, 철저히, 완전히; *z něčí -y* 아무의 입장에서, 아무로서는

stranick|ý **1** 정당의, 당파의 **2** zaujatý, stranící 한 쪽에 치우친, 편파

적인 ◆ *být* ~ 편들다 *pro* (…의); *-á legitimace* 당원증

stran|ík, *ma-3* **-ička,** *f* 정당인, 당원; zanícený 당파심이 강한 사람

stranit komu (누구의) 편을 들다, 지지하다 ~ **se** koho (누구로부터) 멀리 떨어져 있다, 초연해 있다

strán|ka, *f* **1** hledisko 견지, 견해, (문제를 보는) 각도; ohled 점, 세목, 관점 **2** v. *strana* ◆ *po této -nce* 이러한 점에서; *po všech -nkách* 어느 점으로 보나, 사실상; *z lepší -nky* 유리하게, 형편 좋게

stránkovat …에 페이지를 매기다, 페이지를 넘기다

stranou 1 떨어져, 멀리; odděleně 따로따로, 갈라져서, 뿔뿔이; bez styku 멀리 떨어져, 연락이 없이 **2** na stranu 곁에[으로], 따로하여, 제쳐 놓고

strast, *f-1* 비애, 비통, 고뇌, 곤궁, 고통 ◆ *válečné -i* 전쟁의 고통

strastiplný 고민이 많은, 비참한, 고통스러운

strašák, *ma-3* **1** (못된 어린이를 잡아간다는) 도깨비; na poli (벌판의) 허수아비 **2 (비유)** 악몽, 가위눌림

strašidelný 유령의, 유령같은, 무서운, 소름 끼치는

strašidlo, *n* 유령, 망령, 원령, 요괴

straš|it > po- 흠칫 놀라게 하다, 겁나게 하다, 놀래다; = *lekat, zastrašit* ~ někde (어디에) 유령 등이 출몰하다[나오다] ◆ *-í mu v hlavě* 그는 머리가 좀 이상하다

strašlivě, strašně 1 끔찍하게, 무시무시하게, 섬뜩하게, 무섭게, 지독하게 **2** 굉장히, 대단히, 몹시

straš|livý, -ný 1 무서운, 무시무시한, 공포의, 섬뜩하게 하는 **2** v. *děsný, hrozný, hnusný, odporný, ohromný*

strašpytel, *ma-(1,) 2* 비겁자, 겁쟁이

stratég, *ma-2, 3* 전략가, 모사(謀士)

strategický 전략(상)의, 전략적인

strategie, *f* 용병학, 병법, 전략, 작전

strava, *f* 음식, 요리, 음식물, na lodi (선상의) 음식물; stravování 식사

strávit v. *trávit*

stravitelný 소화할 수 있는, 삭이기 쉬운 ◆ *lehko* ~ 소화가 잘 되는; *být těžko* ~ 소화하기 어렵다

strávn|ík, *ma-3* **-ice,** *f* 기숙[하숙]인, 기숙[하숙]생

stravování, *n* 케이터링, 기업적인 음식조달

stravovat 1 (누구의) 밥시중을 들다, 하숙시키다 **2** řidč. = *trávit* ~ **se** 하숙[기숙]하다, u koho (누구의 집에서) 식사를 제공받다

stráž, *f* **1** 경호인, 수위, 문지기; 《軍》 povinnost (군사적 의무로서의) 보초, 파수꾼, 위병 **2** = *hlídka* ◆ *být na -i* 보초[경비]서다

stráž|ce, *ma* **-kyně,** *f* 경비원, kdo se o něco stará 파수꾼, 간수, 수위, ochránce 관리인, 보관자; v. *hlídač*

strážmistr, *ma* 하사관, 병장, 경사

strážnice, *f* 위병소, 수위실, 감방, 초소

strážník, *ma-3* dř. 경찰관, 경관, 순경, s úkoly pomocí soudu 치안관

strážný 보초의, 보호의, 감시의, 감독하는, 보호하는

str|čit < **-kat** **1** co, do čeho (무엇을, 무엇에게로) 밀다, 밀어넣다; prudce (급격하게) 밀치다, 찌르다 **2** (쓸데없이) 참견하다, (부질없이) 간섭하다 **3** co kam dát (무엇을 어디에) 밀어 넣다, do kapsy (호주머니 속으로) 쳐 넣다 **4** investovat 넣다, peníze do (돈을 …에) 투자하다 ◆ *-kat hlavu do písku* 머리를 모래에 쳐박다, 현실[사실,위험]을 직시[인정]하려 하지 않다; *-čit koho do kapsy* (승부에서) 누구를 여지없이 패배시키다

S

strefit se do čeho = *trefit* co

strefovat se do = *mířit* na

strejček, *ma-3* strýček의 구어체 형태

strhaný nemocí, námahou (병, 고통으로) 기진맥진한, 노쇠한; zvíře (동물이) 길든

strhat kriticky v. *trhat*

strh|nout (*stržen*) < **-ávat, -ovat** **1** 뜯어내다, 떼어놓다, 잡아떼다[뽑다, 찢다]; prudce (급격하게) 잡아채다, 잡아 당기다 **2** uchvátit 붙잡다, 붙들다, 꽉 움켜쥐다; nadšením též 황홀하게 하다, 분기시키다 **3** na sebe 독점하다, 강탈하다, 횡령하다 **4** porušit, rozbít 깨뜨리다, 부러뜨리다, 고장 내다; stavbu (건물을) 넘어뜨리다, 부수다, 파괴하다 **5** s sebou 데리고[가지고]가다 **6** koho k čemu (누구를 무엇에게로) 설득[설복]하다; od čeho (무엇을) 설득하여 단념시키다 **7** námahou 불구로 만들다 **8** provést s vypětím 마무르다, 마지막 손질을 하다 **9** odečíst (세금 따위를) 공제하다, 빼다 **~se** **1** námahou 불구가 되다 **2** prasknout 터지다, 갈라지다, 떨어지다 **3** vzniknout 일어나다, 솟아오르다, 터져나오다

strhující 마음을 동요시키는, 황홀하게 하는, 분기시키는, 감동적인, 압도적인, 매혹적인, 황홀한

striptýz, *mi-2* 스트립 쇼 ◆ *předvádět* ~ 스트립쇼를 하다

striptérka, *f* 스트리퍼, 스트립 쇼의 무희

strkat v. *strčit* **~ se** 세게 밀다, 밀고 나아가다, 부딪치다; v davu (군중속에서) 밀어제치고 나아가다

strmět (*oni strmí*) 우뚝 솟다

strm|ý 깎아지른듯한, 수직의, 험준한 ◆ *-é schody* 가파른 계단

strnad, *ma* (조류) 멧새류

strnisko, *n-2, 3* **1** (곡식 밭의) 그루터기 **2** expr. na tváři (얼굴의) 짧게 깎은 수염

strn|out 뻣뻣해지다, 딱딱해지다, 굳어지다 ◆ *úsměv jí -l na tváři* 그녀의 웃는 얼굴이 굳어버렸다

strnulý 뻣뻣한, 딱딱한, 경직한, 굳은, 무딘 ◆ ~ *hled* 굳은 표정; ~ *hrůzou* 공포에 질린

strofa, *f* (시의) 연((보통 4행 이상의 각운이 있는 시구)), 스탠자, 절

strohý 존엄한, 엄격한, 엄중한; odpírající 금욕적인; úsečný 간결한, 무미건조한

stroj, *mi* 기계, 기계 장치; přeměňující energii 엔진, 발동기, 기관; složitý (복잡한) 장치, 구조 ◆ *psací* ~ 타이프라이터; *psát na -i* 타이프라이터로 쓰다; *šicí* ~ 재봉틀; *pracovat jako* ~ 기계처럼 일하다, 부지런히[열심히] 일하다

strojařství, *n* 기계 공학

strojek, *mi-2, 3* (작은) 기계, 기계 장치 ◆ *holicí* ~ 안전 면도기; *masážní* ~ 마사지 기계

strojenost, *f-1* …체함, …연함, 짐짓 꾸밈[꾸미는 태도]

strojený 짐짓 꾸민, …체하는, pracně 일부러 꾸민, 부자연한; jen na oko 가짜의, 거짓의

strojírenský 공구의, 공작 기계의 ◆ ~*závod* 공작 기계 공장

strojírenství, *n* 공작 기계 공업, 기계 공업

strojírny, *f-pl* 기계 공장

strojit = *zamýšlet, kout* ~ > **na-** v. *nastrojit* ~ > **u- 1** 정장시키다, poskytovat oblečení 옷을 입히다, 씌다, 덮다; koně (말에) 마구를 채우다 **2** připravovat jídlo (특히 음식을) 마련하다, 준비하다; komu (누구를) 대접하다, 축연을 베풀다 ~ > **vy- 1** hostiny (축연, 잔치 등을) 준비하다 **2** = *vybavit, zařídit* ~ **se** = *chystat se* ~ **se > u-** 옷을 입다, 정장하다

strojní 기계의, 기계적인 ◆ ~ *puška* 기관총

strojník, *ma-3* (기계) 수리공, 정비사, 기사 엔지니어

strojovna, *f* 기계실, 시관실

strojový 기계의, jako stroj 기계와 같은, 기계적인, vyrobený na stroji 기계로 만든[제작된] ◆ ~*jazyk* 기계 언어

strojvedoucí, strojvůdce, *ma* 기관사, 엔지니어

strom, *mi* **-ek,** *mi-2, 3* 나무, 수목, 교목 ◆ *vánoční -ek* 크리스마스트리

stromořadí, *n* 가로수길, 큰 거리, 한길

stromoví, *n* 나무의 무리[집단]

stromový 나무의, 수목에 사는

strop, *mi* **1** 천장(天障) **2** 지붕 **3** 한계점, 최고점

stropní 천장의

strouha, *f* 도랑, 개천, 해자(垓子); odvádějící 배수관, 배수도랑, 하수구; náhon 물방아용 물줄기[도랑]

strouh|at > na-, o-, u- 갈다, 뭉개다, škrábáním 문지르다

strouhanka, *f* 빵가루, 빵부스러기

strpení, *n* 인내, 참음 ◆ *S-!* 잠깐!; *mějte chvili* ~ 잠깐 참아주세요

strpět v. *trpět*

stručnost, *f 1* 간단, 간결, 짧음

stručný 간결한, 짧은, 간단한, jadrný 간명한, 요약된, hutný 개략적인, jasný 간단 명료한

struha, *f* = *strouha*

struhadlo, *n* 강판(薑板)

strůj|ce, *ma* **-kyně,** *f* 행위의 시작자, 발기인; 창시자, 저자; 교사자, 선동자

struktura, *f* 구조, 구성, jemná 짜임새, 결; 《言》 hloubková (문법의) 심층구조((생성 변형 문법에서 표면구조 생성의 근원이 되는 기본구조))

struktur(ál)ní 구조[구성]의

struna, *f* 줄, 현, 시위; **(**비유**)** 심금, 감정

strunný 현의 ◆ ~*nástroj* 현악기

strup, *mi-2* (헌데, 상처의) 딱지

struska, *f* (광선의) 용재(鎔滓), 광재(鑛滓), 슬래그

stružka, *f* 시내, 실개천, 개울

S

strý|c, *ma* **-ček,** *ma-3* 아저씨, 백부, 숙부, 외삼촌, 고모부, 이모부 ◆ *u -ce* 아저씨 집에(서); *pro -ka příhodu* 만일의 경우에 대비하여, 만일을 위해

strž, *f* 협곡, 산골짜기, 계곡

stržit v. *tržit*

střádat > na- 저축하다, 비축하다, 절약하다 ◆ *~ si na auto* 차를 사기 위해 돈을 모으다

střeček, *ma-3* 등에, 쇠파리

střečkovat (말이) 뒷발로 뛰어다니다, 날뛰어 나아가다

S

střed, *mi-2* **1** 중심, 핵심 **2** oblast/čára ve středu 중앙, 한가운데, 중간(부분), 중심지 **3** průměr 중위, 중용, 평균(치) ◆ *umístit na ~* 중심에 두다[위치시키다]; *ve -u* uprostřed mezi …의 한가운데에[사이에]

středa, *f* 수요일 ◆ *Popeleční ~* 재의 수요일, 성회일(聖灰日)((사순절의 첫날; 옛날 이날에 참회자의 머리 위에 재를 뿌린 습관에서))

středisko, *n-2, 3* 센터, 종합시설, 중심지, 전당 ◆ *kulturní ~* 문화 센터; *zdravotní ~* 외래 환자의 진료소, 클리닉

střední 1 중심의, 중앙의, 중간의 **2** průměrný 중용의, 평균(치)의 **3** kvalitativně (질적으로) 중위[중등]의 **4** 중세의, 중기의 **5** co do vyspělosti v žádoucí kvalitě 중간 과정[단계]의 **6** 중등의, 보통의 ◆ *zlatá ~ cesta* 중용, 중도; *dát se střední cestou* 중용을[중도를] 취하다; *~ rod* (문법) 중성; *~ škola* 중등학교((체코의 중등학교는 한국의 고등학교에 해당))

středník, *mi-2, 3* 세미콜론(;)

středoškol|ák, *ma-3* **-ačka,** *f* 중학교 학생, 고등학생

středověk, *mi-2* 중세

středověký 중세(기)의

středový 중심의, 중앙의 ◆ *~ hrač* 필드 중앙의 선수, 미드필드 선수

středozemní 육지에 둘러싸인 바다, 내해 ◆ *S- moře* 지중해

středozemský 지중해의

střeh, *mi-2* 경계, 감시 ◆ *být ve -u* 경계하다, 감시하다

střech|a, *f* **1** 지붕, (차)지붕 **2** klobouku (모자의) 가장자리, 테두리 ◆ *bydlet pod jednou -ou* 같은 지붕 아래서 같이 살다

střela, *f* **1** 발포, 발사, 총성; 사출물, 투사물; vržená 미사일, 탄도병기; protiraketová 대탄도 미사일 무기, 대미사일용 미사일; řízená 유도탄; kulka 탄알, 권총탄, 소총탄; granát 포탄, 유탄, 수류탄 **2** šipka 던지는 창(살), 화살

střelba, *f* 사격, 발사, 총사냥; salvy 일제 사격, 연발; z děl (대포의) (연속) 포격, 포성

střelec, *ma* **1** 사수, 포수, 《軍》 소총병; dobrý 명사수, 사격의 명수; na lovu 사냥꾼 **2** ze zálohy (돈을 선불하고 쏘는) 저격수 **3** šach (체스) 비숍((주교 모자 모양의 장기말))

střelit < střílet (*-lejí*) **1** (též **> vy-**) 쏘다, 발사하다, 사격하다, (do, na, mezi …를); z čeho (무엇에서) 발포하다; zasáhnout 명중시키다 (též **> za-**) 쏘아 죽이다, 사살하다 **2** prudce běžet 돌진하다, 획 날아가다,

질주하다, 번개처럼 스치다 **3** dát, vlepit (일격을) 가하다, 날리다 **4** komu co, vpálit, prodat **(**구어체**)** (가짜 따위를) 속여 안기다 ◆ ~ *branku* 득점을 올리다

střelivo, *n-2* 탄약, 병기, 무기, 군수품

střelka, *f* (나침반의) 자침

střelnice, *f* (표적이 있는) 사격장, na pouti (실내) 사격 연습장

střenlý 사격[발사]의 ◆ ~ *prach* (흑색)화약; *-á rána* 사격, 포격, 발포, zranění 사격[탄환]에 맞은 부상

střemhlav 곤두박이로, 거꾸로, 곧바로, 무모하게

střemhlavý 곤두박이의, 무모한

střenka, *f* 칼자루, (칼, 단도 등의) 손잡이

střep, *mi-2* 질그릇 조각, 파편, 부스러기; **(**비유**)** 부스러기, 잡동사니, 폐물, 시시한 것 ◆ *hlava mě bolí jako ~, mám hlavu jako ~* 나는 머리가 빠개지는 것 같다

střepina, *f* 부서진[쪼개진] 조각, 지저깨비

střet|nout se < -ávat se 1 만나다, 마주치다, 조우하다 **2** bojovně (투쟁적으로) 맞서다, 투쟁하다

střevíc, *mi* 신, 구두, dámský (끈이 달린 바닥이 얇은 부인용) 단화

střevíč|ek, *mi-2, 3* 아이 신발; 여성[부인]용 신발; **-ky,** *pl* 끈 없는 가벼운 신 ((야외용, 무도용)), 펌프스

střevní 장[창자]의, 장내의

střev|o, *n* 장, 창자; **-a,** *pl* 내장, zvířecí (동물의) 내장 ◆ *slepé ~* 맹장; *operace slepého -a* 맹장 수술; *zánět slepého -a* 맹장염

střežit 지켜보다, 주시하다; jako stráž (보초로서) 망보다, 감시[경계]하다 **~ se** něčeho, někoho (아무것을/아무를) 경계하다, 피하다, 멀리하다 ◆ *~ se žen* 여자를 멀리하다

stříbrn|ý 은의, 은색깔의 ◆ *-é plátno* 은막

stříbro, *n* **1** 은(銀) 식탁용 **2** 은제품, 은그릇 **3** (스포츠의) 은메달

střída, *f* **1** chleba (빵의 부드러운) 안쪽 부분, 속 **2** směna (근무의) 교체, 교대(시간), 교대조; jednotlivce (개인의) 차례, 순번

střídačka, *f* (스포츠의) 보결 선수석; 보결 선수

střídání, *n* 교대, 교체, 교환, 구원

střídat aby bylo rozmanité 다양화하다, 다채롭게 하다, 다각화하다 ~ > **vy- 1** zaměnit 교환하다, 주고받다, 교체시키다 **2** soustavně 교대하다, 순환하다; o dvou (둘이서) 번갈아 사용하다 **3** při směně (교대에 있어서) 교체하다 **~ se > vy-** 교대로 하다, 순환하다, pravidelně (규칙적으로) 교대하다, [순환하다] o dvou (둘이서) 번갈아 하다, 교대로 나타나다; stále se proměňovat (지속적으로) 변화하다, 바뀌다

střídavý občas přestávající 때때로 중단되는, 간헐적인; občas se objevující 재발[재현]하는, 순환하는; mezi dvěma extrémy (양극단 사이를) 번갈아 하는, 교호의; oboustranný 상호의, 호혜적인 ◆ *~ stráží* 보초교대

střídka, *f* 빵의 속((말랑말랑한 부분))

střídmost, *f-1* 절제, 자제, 삼감; 검

S

약(함), 소박(함)

střídmý umírněný 삼가는, 온건한, 적당한, 절제하는; skromný 검약한, 소박[질박]한

střih, *mi-2, 3* **1** 형(形), 양식, 패턴; (양복·주물 따위의) 본, 원형, 모형 **2** (옷의) 재단(법), 스타일, 패션 **3** filmu (영화 등의) 편집, 가위질 **4** (머리의) 커트, 스타일링, 머리형

střihač, *ma* **-ka,** *f* 자르는[베는] 사람, 절단가, 재단사, filmu 필름 편집자

stříhat > o- 1 베다, 자르다, 절단하다, 깍다; 재단하다, 가위질하다, velkými nůžkami (큰 가위로) 잘라내다, 양 털을 깍다 **2** koho (누구의) 머리를 깍다 ~ **> (za)střihnout** film (필름을) 편집하다 ◆ *(za)střihnout ušima* (말, 개 따위가) 귀를 쫑긋 세우다, (사람이) 귀를 바싹 기울이다, 주의해서 듣다

střihnout (*střižen*) < (구어체) 다루다, 취급하다

stříkací 분사의, 분무의 ◆ *~ pistole* (도료, 방부제, 살충제 등의) 분무기

stříkačka, *f* **1** 《醫》 주사기, 주수기 **2** 물딱총 **3** 소화기 **4** zahradní (정원용) 호스, 물뿌리개 **5** požární 소방펌프, 불 자동차

stříkat > po- v. *postříkat*

stříknout < -at 1 뿌리다, 끼얹다, cákat (물을) na, po (…에) 튀기다; jemně (가볍게) 뿜다, 물보라를 날리다; ze stříkačky (펌프[호스]에서) 분출하다, 뿜다 **2** až tryská 뿜어나오다, až se line 용솟음쳐 나오게 하다[나오다]; do výše (높이) 솟아오르다, 내뿜다

střílet (*-lejí*) **1** neustále (계속해서) 발사하다, 사격하다; do výfuku 역발하다, 맞불 놓다; z úkrytu (숨어서 적을) 공격하다 **2** v. *střelit*

střílet si > vystřelit si z koho (누구를) 바보로 만들다, 속이다

střílna, *f* (성벽 등의) 총안, 총구멍

střízlík, *ma-3* ≪조류≫ 굴뚝새; 작고 약한 사람, 난쟁이, 꼬마둥이

střízlivět (*-vějí*) **> vy-** 술이 깨다; (마음이) 가라앉다, 진정해지다

střízlivost, *f-1* 절주, 절제, 제정신, 냉정

střízlivý 술 취하지 않은, 맑은 정신의, 착실한, 냉정한

stříž, *f* **1** ovcí (양의) 털 깍기 **2** (화학섬유 등의) 절단(조각) **3** (레슬링) 다리로 죄기; (체조에서 도약할 때) 두 다리를 가위처럼 놀리기

stud, *mi-2* 부끄럼, 수치심, 수치, 창피

studánka, *f* 샘, 우물; 근원, 원천

student, *ma* **-ka,** *f* (중·고등) 학생, na vysoké škole (대학교의) 대학생

studentský 학생의, 대학생의

studen|ý 추운, 찬; mrazivě 냉냉한, 쌀쌀한, 냉정한 ◆ *~ jako led* 얼음처럼 차가운, 냉담한, *-á válka* 냉전

studie, *f* **1** 공부, 연구 **2** pojednání 연구물, 논문, 논설 **3** 스케치 ◆ *případová ~* 사례 연구

studijní 공부[연구]의, 교육(상)의

studio, *n-2* 스튜디오, (영화) 촬영소, (방송국의) 방송실, (레코드의) 녹음실, (음악, 댄스의) 연습장

studit (*stuzen*) 춥게 하다, 오싹하게

하다; 차지다, 으스스해지다

stud|ium, *n-2* 공부, 연구, 조사; 학업, 학습 ◆ *~ při zaměstnání* (학생이 학외에서 공부하고 시험만 받는) 학외 학습; *dálkové ~* 파트타임[점시제] 공부; *denní/řádné ~* 풀타임[전시제]공부; *univerzitní ~* 대학공부; *postgraduální ~* 대학원 공부; *během -í* 공부[학업]중에; *být na -ích* 대학에 재학중이다; *pověsit ~ na hřebík* 학업을 중단하다; *~ jazyka* 언어 공부; *vést si dobře ve -u* 공부를 잘 하다

studn|a, -ě, *f* 우물, 샘

studovat 1 (대학교, 고등학교에서) 공부하다, 학습과정을 이수하다, 배우다, obor 전공하다 **2** (시험을[학위를] 위해) zkoumat 연구하다, 조사하다 **~ > na-** 공부[연구]하다

studovna, *f* vysokoškolská (대학 등의) 독서실, 열람실; soukromá (사적인) 서재, 연구실

studující, *ma/f = student*

stuha, *f* 리본, 장식띠, 수; páska 끈, 밴드, 띠, 쇠테

stůl, *mi* **1** 테이블, 탁자, 식탁 **2** pracovní 책상, 작업대, 데스크 ◆ *hodit pod ~* **(**비유**)** 기각하다, 묵살하다; *jídelní ~* 식탁; *kuchyňský ~* 조리대; *psací ~* 필기에 쓰이는 테이블, 책상; *rozkládací ~* 접는 테이블

stulit se v. *tulit se*

stupačka, *f* (이발소 의자 등의) 발판

stupátko, *n-2, 3* (침대, 기차 등의) 발판, 디딤판

stup|eň, *mi* **1** *= schod, stupínek, stadium* **2** podle stupnice 정도, 단계 **3** v hodnosti (가치에 있어서의) 등급, 품등; hodnost 계급, 지위, 신분 **4** podle sazby 율, 비율 **5 (**비유**)** úroveň 레벨, 수준 ◆ *~ po -ni* 점차, 차차, 단계적으로; *na stejném -ni* 같은[동일한] 수준의; *s* (…와); *na nejvyšší ~* 가장 높은 수준으로; *ve vysokém -ni* 높은 수준[단계]의 **3** (온도) 도 ◆ *26 stupňů Celsia* 섭씨 26도

stupínek, *mi-2, 3 = pódium*

stupnice, *f* 눈금, 저울눈; 《音》 전음계, 장음계, 전음역; kruhová/u rádia (라디오의) 다이얼, 지침반, 문자판

stup|ňovat > od- 단계적으로 변하게 하다 **~ > vy-** 끌어올리다, 증대시키다, 승진시키다; útok (공격을) 확대[강화]하다, 상승시키다, 높이다 **~ se > vy-** (점차) 강화[확대]되다, 증대되다, 높아지다

stupňovitý 단계적인, 점차적인, 점층의

stužka, *f* (작은) 끈, 테이프, v. *stuha*

stvol, *mi-2* 줄기, 대, 잎자루, 꽃자루

stvoření, *n* **1** činnost 창조, 창작, 제조 **2** tvor 창조물, 피조물, 창작물

stvořit v. *tvořit*

stvořitel, *ma-1, 4* **-ka,** *f* 창조자, 창작자, 창설자, 제조자 ◆ *S-* 조물주, 신

stvrdit (*stvrzen*) *= potvrdit*

stvrzenka, *f* příjmu (영수의) 영수증, 인수증; 전표, 지불증서

stvůra, *f* 괴물, 요괴

stý 100의, 100번째의 ◆ *sté výročí* 100년제, 100주년 기념일

styčný 접촉[접근]하는, 인접한; organizačně 접촉[연락]의; 《軍》 (군

S

사적인) 연락의 ◆ ~ *důstojník* 연락 장교

stydět se (*oni se stydí*) > **za-** zač (무엇에 대하여) 창피스러워 하다, 수줍어[부끄러]워 하다 ◆ *že se nestydíš!* 부끄러운 줄 알아라!; ~ *se za co/koho* 무엇/누구에 대하여 부끄러워 하다; *nestyď se* 수줍어하지마라

stydlivý (무엇에 대하여) 창피하게 생각하는, 부끄러워하는, 수줍은

stydnout > vy- 차가워지다, 식다 ◆ *krev mi přitom -e v žilách* 그것은 나를 오싹하게 한다

S

styk, *mi-2, 3* **1** 접촉, 교섭, 교제; (성적) 접촉, 성교 **2** s výměnou abstraktních hodnot 통상, 무역, 거래 **3** bohatý výměnami 교통, 통행, 왕래 **4** všedního života (거래)관계, 장사; -y, *pl* vztahy 국제 관계, 이해 관계 **5** slovní apod. 통신, 전달; písemný (서신) 교류, 왕래 **6** osobní spojení (개인적인) 연락, 접속, 연줄 ◆ *být ve -u s kým* 누구와 접촉[관계]하다; *mít -y* 교제하다, 사귀다, 어울리다; *navázat ~, vstoupit ve ~* 관계를 맺다, 접촉[교제]하다; *přerušit s někým ~* 아무와 관계를 [접촉을] 끊다, 단절하다; *udržovat ~ s kým* 누구와 계속 연락을 취하다 [연락이 닿다]

stýk|at se 1 《幾》 인접하다, 경계를 접하다 **2** = *být ve styku* ◆ *nestýkají se* 그들은 교제[왕래]가 없다; *přestat se s kým ~* 누구와의 관계를 중단하다; *řekni mi, s kým se -áš, a já ti řeknu, jaký jsi* 누구와 교제를 하는지 말하라, 그러면 네가 누구인지 말해주마, 사람은 그가 교제하는 사람을 보고 알 수 있다

styl, *mi-2* 문체, 필체, 말씨; 유파, 양식; 방법, 방식; 스타일, 유행 ◆ *životní ~* 생활 방식; *gotický/románský/rokokový ~* 고딕/로마네스코/로코코 양식

stylistický 양식의, 문체의

stylizace, *f* **1** dekorativní (장식적인) 양식화, 상투화 **2** textová 말씨, 어법

stylizovat > na- 1 dekorativně (장식적으로) 양식화하다 **2** slovně 말로 나타내다, urč. formou (특정한 형식으로) 표현하다; koncipovat 밑그림을 그리다, 입안하다

stylový 1 문체[양식]의 **2** 현대식의, 유행의, 유행에 맞는

stýsk|at se > zastesknout se komu/po čem (누군가가/무엇이) 없어 허전하다[그립다] ◆ *-á se mi po tobě/po domově/po vlasti* 나는 네가/고향이/조국이 그립다; *moc se mi po ní -á* 나는 그녀가 몹시 보고싶다[그립다] **~ si > postesknout si** = *stěžovat si*

subjektivní 주관적인, 주관의, 사적인

subskribovat > < 구독하다, 예약[응모]하다

subskripce, *f* 예약, 구독(신청), 응모

subtilní 엷은, 희미한, 예민한; jemný 미묘한, 미세한, 꼼꼼한; s vytříbeným 정교한, 고도로 세련된

subvence, *f* vládní (정부의) 보조[장려]금, 조성금, 교부금, kulturní (문화) 조성금, 보조금

subvencovat 보조[장려]금을 주다

sud, *mi* 통, 한통의 분량, 1배럴; obrovský 큰 술통, 대형통(의 분량) ◆ *~ na pivo* 맥주통

Súdán, *m* 수단

Sudety, *f-pl* **1** 수데텐 산맥 **2** 수데텐 지방

sudič, *ma* **-ka**[1], *f* 소송[논쟁]하기 좋아하는 사람

sudičk|a[2], *f* **1** (동화에서 주인공을 돕는) 요정, (곤란할 때 등에 갑자기 나타나는) 친절한 아주머니 **2** -y, *pl* 운명의 세 여신 ◆ *dobrá ~* 착한 요정; *zlá ~* 악한 요정

sudý 짝수의, 짝수번의

sufix, *mi-2* **(언어)** 접미사

sugesce, *f* 시사, 암시, 넌지시 비춤, 연상, 제안

sugestivní 시사하는, 암시하는, 연상시키는

suchar[1], *mi-2* 비스킷, 크래커, 건빵

suchar[2], *ma* člověk (너무나 학구적, 현학적이어서 재미가 없는) 학자, 무미건조한 사람

such|o[1], *n-2* **1** 건조(상태); (토지의) 건조, 불모; 건조한 대기[공기] **2** místo 건조한 장소 **3** 건조지역 ◆ *za -a* 건조한 시기에; *uschovat co v -u* 무엇을 건조한 곳에 보관하다; *být v -u* 위기를 벗어나다; *být na -u* 돈에 쪼들리다, 파산하다

such|o[2] **(부사)** ◆ *je ~* 건조하다; *mám ~ v krku* 나는 목이 탄다

suchopár, *mi-2* **1** půda 황무지, 황폐한 땅 **2** 건조함, 바싹 마름, 불모, 무미건조 **3** nuda 지루한 것, 권태

suchozemský 뭍의, 육지의

such|ý **1** 마른, 물기가 없는 **2** vyprahlý 건조한, 바짝 마른, 무미건조한 **3** horkem 타는 듯이 뜨거운, 염열의 **4** list (잎이) 시든, 마른, 죽은 **5** nezáživný 지루한, 몰취미한 ◆ *~ led* 드라이 아이스; *-é víno* (당분이 없는) 드라이 포도주

suita, *f* **1** doprovod 일행, 수행원 **2** 《音》 모음곡, 조곡

suk, *mi-2, 3* **1** 나무마디, 옹두리, 옹이 **2** = uzel

sukénka, *f* *sukně*의 지소격

sukn|ě, *f* **1** 스커트, 치마; (옷의) 자락, 가장자리 **2** **(비유)** o ženě 여자, 여성 ◆ *hladká ~* 평상[일상] 스커트[치마]; *kalhotová ~* 반바지 치마[스커트] (원래는 여성 승마용); *běhat za kdejakou -í* 어지라면 사족을 못쓰다

suknice, *f* mužská 킬트((스코틀랜드 고지 지방에서 입는 남자의 짧은 스커트))

sukničkář, *ma* **(구어체)** 연애 유희자, 엽색가, 여자 꽁무니를 쫓아다니는 사내, 바람둥이

sukno, *n-2* 천, 직물, 나사(羅紗); závěsové (휘장의) 부드러운 직물의 우미한 주름

sukovitý 마디가 많은, 울퉁불퉁한; pokroucený 비꼬인, 비뚤어진

sůl, *f-1* **(***sol-*; 복수 주격, 대격은 *soli***)** 소금, 염 ◆ *kamenná ~* 암염, *kuchyňská ~* 요리용 소금, *stolní ~* 식탁용 소금; *~ v očích* 눈엣가시, 두통거리, 싫은[지겨운] 녀석

sultán, *ma* 술탄, 이슬람국 군주, 전제 군주

suma, *f* 총계, 총액, 합계; částka 액, 양

sumec, *ma* 메기류(유럽산)

sund|at < -ávat 떼다, 분리하다, 벗기다, 제거하다, 내리다 ◆ ~ *vlajku* 국기를 내리다; ~ *klobouk* 모자를 벗다

sunout (se) v. *posunovat (se)*

sup, *ma* 독수리, 콘도르((콘도르과의 큰 새))

superlativ, *mi-2* (형용사, 부사 등의) 최상급

superman, *ma* 슈퍼맨, 초인

supermarket, *mi* 슈퍼마켓

supermodelka, *f* 슈퍼모델

supervelmoc, *f-1* 슈퍼파워, 초강국

supět (*oni supí*) > **za-** 헐떡거리다, 숨차다; chrčivě (코를) 씨근거리다, 콧김을 뿜다, 코방귀를 뀌다; sípavě 숨을 헐떡이며 말하다

surovec, *ma* 야수 같은 사람, 약한 자를 못 살게 구는 사람, 골목대장

surovina, *f* 원료, 소재

surovost, *f-1* 야만, 만행, 잔인(한 행위), 야비

surový 1 야만스러운, 미개한, 잔인한, 비인간적인 **2** nezpracovaný 가공하지 않은 생짜의; ještě nepoužitelný 천연 그대로의, 원료 그대로의 **3** nepropracovaný 조잡한, 조악한, 열등한; nevytříbený 세련되지 않은, 촌스러운, 정제되지 않은

suspendovat >< …의 지위를[계급을] 떨어뜨리다, 강등시키다, z funkce (기능을) 정지[중지]시키다

sušák, *mi-2, 3* na ručníky (수건의) 건조 장치, 건조대 ◆ ~ *na prádlo* 빨래 건조대

sušárna, *f* 건조실, chmele (홉의) 건조소; (도자기) 가마, 건조소

sušenka, *f* 비스킷, 크래커, 과자

sušit > o-, u-, vy- 1 말리다, 건조시키다 **2** horkem (열로) 태우다, 그을리다, 바싹 말리다 **3** 탈수시키다[하다], 수분을 빼다, odpařením 증발시키다 ◆ ~ *seno* 건초를 말리다[만들다]

suť, *f-1* 깨진 돌, 기와[벽돌] 조각, 잡석

sutana, *f* (성직자의) 통상복((보통 검은색))

suterén, *mi-2* (건물의) 지하층, 지하실

sutiny, *f* v. *rozvaliny*

suvenýr, *mi-2* 기념품, 선물; osobní (사적인) 유품, 기념품

suverén, *ma* 주권자, 원수, 군주

suverenita, *f* 주권, 종주권, 통치권

suverénní 1 주권이 있는, 군주의, 군림하는 **2** ovládání 솜씨가 능숙한, 노련한, 완숙한, 완벽한 ◆ ~ *stát* 독립국

sužovat = *soužit, trápit*

svačina, *f* **1** letmá (황급히 서두르는) 가벼운 식사, 스낵 **2** v úřadě dopoledne (사무실에서의 오전의) 간식[새참, 커피, 차] **3** pl, odpolední (오후의) 새참[간식, 커피, 차]

svačit > na- se 새참[간식]을 갖다

svádět (*-dějí*) 유혹하다, 부추기다, 꾀다, v. *svést*

svádivý 마음을 끄는, 유혹적인, 매혹적인

svah, *mi-2, 3* 경사면, 비탈

sval, *mi-2* 근육, 힘줄 ◆ *srdeční* ~ 심근

sval|it < -ovat 1 koho (누구를) 넘어뜨리다; co (무엇을) 굴러 떨어지게[내리게]하다, 이동시키다, 옮기다 **2** něco na někoho 무엇을 누구에게 전가하다[씌우다] ◆ *~ vinu za co na koho* 무엇에 대한 죄를 누구에게 씌우다 **~ se < 1** 굴러 떨어지다, 쓰러지다, v. *kácet se* **2** spadnout 떨어지다, 굴러내리다

svalnat|ý 근육질의, 근골이 늠름한, 힘센 ◆ *-á postava* 근육질 몸매

svalový 근육의, 억센, 힘있는

svalovat v. *svalit*

svar, *mi-2* 용접, 용접점, 접착(부분)

svár, *mi-2* 불화, 불일치, 내분, 알력; rodový (특히 가족간의) 불화, 숙원, 반목

svárlivý 불평을 하는, 흠[탈]잡는, 논쟁적인, 꽤까다로운

svářet (*-řejí*) v. *svařit*

svař|it < -ovat 1 (물, 차 등을) 끓이다, (포도주를 설탕 등과 함께) 데우다, 혼합하다 **2** svářet 용접하다 **~ se <-ovat se** 끓여서 줄어들다, 졸다

svářit se 다투다, 싸우다, 반목하다, 논쟁하다

svařování, *n* 용접, 접착

svatb|a, *f* 혼례, 결혼(식) ◆ *stříbrná/zlatá/ diamantová ~* 은/금/다이아몬드혼식; *jít kom na -u* 누구의 결혼식에 가다

svatebčan, *ma-4* **-ka,** *f* 결혼식 하객[축하객]

svatební 결혼(식)의 ◆ *~ cesta* 신혼여행; *~ dar* 결혼 선물; *~ hostina* 결혼피로연; *~ hosté* 결혼식 손님들; *~ šaty* 결혼복, 웨딩드레스

sváteční 1 경축의, 축제의, 명절 기분의 **2** o volných dnech 휴일의, 축일의, 축제일다운 **3** (비유) občasný 때때로의, 특별한 경우의

svát|ek, *mi-2, 3* **1** 축일, 휴일, 경축일 **2** spojený s oslavami 축제, 축연; civilní 잔치, 향연, 행사 **3** jmeniny 명명일; *-ky* 축전, 축제, 페스티발, (교회의) 축제(일), doba volna 공휴일 ◆ *státní ~* 국경일; *vánoční ~* 성탄절; *S-matek* 어머니의 날

svatodušní 성신 강림 축일[강림절]의

svatojánsk|ý 성[사도, 세례] 요한의, 하지의, 한 여름의 ◆ *svatojánský večer* 성 요한 축일 이브; 한여름, 성하, 하지 무렵; *-á muška = světluška; -á noc* 한여름 밤; *Sen noci -é* (쉐익스피어의) 한여름 밤의 꿈

svatokrádež, *f* 신성한 것을 더럽힘, 신성 모독(죄)

svatokrádežný 신성 모독의, 벌받은

svatost, *f-1* 신성, 존엄, 고결, 성스러운 것

svátost, *f-1* 성사(聖事)((세례, 견진, 성체, 고백, 병자, 신품, 혼인의 일곱)), 성체, 성병

svatostánek, *mi-2, 3* (성상 등을 안치하는) 닫집 달린 감실(龕室)

svatoušek, *ma-3* 신성한 체하는[신앙이 깊은 체 하는] 사람

svatouškovský 신성한 체하는, 경건한 체하는

svatozář, *f* 후광((그림에서 성인의 머리 위쪽에 나타나는 광륜)), 원광

svat|ý[1] 1 신성한, 성스러운; posvátný

신에게 바쳐진, 성전(聖典)의; slavnostní 엄숙한, 장엄한; v. *posvátný* **2** (jako) u světce 성도 같은, 거룩한, 경건한 **3** před jménem světce (성인의 이름 앞에서) 성(聖)… ◆ *-á pravda* 복음서에 있는 진리, 절대적인 진리[사실]; *Všech -ých* (카톨릭) 모든 성인의 날((11월1일)); *S- hrob* 성묘((예수의 무덤)); *S- otec* 로마 교황(존칭)

svatý², *ma* 성인

svatyně, *f* 가장 신성한 장소, (유태 신전의) 지성소, 신성 불가침의 곳[물건], útočiště 성역((중세에 법률의 힘이 미치지 못한 교회 등)); 은신처, 피난처

svaz, *mi-2* 연맹, 동맹, 리그, 연방; mezinárodní (국제적인) 동맹, 맹약, 제휴; monopolistický 연합, 결합, 합동 ◆ *odborový ~* 노동 조합

svázat (*sváž-u, svaž!, svázal*) < **svazovat 1** 묶다, 동이다, 얽매이다, 속박[구속]하다; připoutat 매다, 결합하다, 잇다 **2** kniha v. *vázat* jinak v. *balit* **3** vzájemně k sobě 한데 동여매다[묶다]

svazek, *mi-2, 3* **1** 다발, 송이 **2** co vzájemně poutá 끈, 새끼, 매듭, 묶는[매는]것, 띠 **3** jednota 결합, 조합, 연합, 연방, smluvní 계약(서), 맹약 **4** knihy (책의) 권 ◆ *manželský ~* 부부 관계

svazovat v. *svázat*

svážet (se) (*-žejí*) v. *svézt (se)*

svažovat se 경사지다, 비탈지다, na stranu (한쪽으로) 기울다; prudce 넘어지다, 처지다

svébytnost, *f* 개성, 특성

svébytný 개성있는, 독특한

svěcení, *n* (교회) **1** 축복, 은총 **2** 성직 수임[임명]식, 서품식

svědčit (*svědč!*) **1** 증언[입증]하다, (…라는 사실을) 증명하다 **2** jít k duhu komu (누구에게) 동의하다, 찬성하다

svědeck|ý 증언의, 고백의, 증명의 ◆ *-á výpověd* (신앙, 경험 등의) 고백, 선언, 간증(干證); *-á lavice* 증인석

svědectví, *n* **1** 증언, 고백 **2** dosvědčení 증명, 인증, 입증 **3** důkazy 증거

svěd|ek, *ma-3* 증인, 목격자 ◆ *být -kem čeho* 무엇의 증인이 되다, 무엇을 증언하다; *očitý ~* 실지 증인, 목격자; *lavice -ků* (법정의) 증인석

svěd|ět (*oni svědí*), **-it > za-** 가려움증을 일으키다, 안달나게[애타게]하다

svědivý 가려운, 안달나는

svědom|í, *n* 양심, 도의심(道義心); 의식, 자각 ◆ *čisté ~* 깨끗한 양심[의식]; *s dobrým -m* 선의로[의]; *dělat si ~ z čeho* 무엇을 삼가다[망설이다]; *mít co na ~* 무엇을 염두에 두다[고민하다]; *vzít si co na ~* 무엇을 자신의 양심과 조화[양립]시키다

svědomitě 양심적으로, 의식적으로

svědomitost, *f-1* 양심적임, 성실함, 근면

svědomitý 의식[자각]하고 있는, 의식적인, 근면한, 주도면밀한

svéhlavý 외고집의, 제멋대로의, 완고한, neposlušný 고집센, 말을 듣지 않는

svépomoc, *f-1* 자립, 자조(自助);

S

vzájemná (상호) 협력, 협동

svépomocný 협력적인, 협조적인, 협동의

svěrací 꽉 잡는, 부여잡는 ◆ ~ *kazajka* (미친 사람, 광포한 죄수에게 입히는) 구속복

svěrák, *mi-2, 3* (기계) 바이스; truhlářský 나사, 나사볼트

svéráz, *mi-2* 특유성, 특이성, 개성, 특성

svérázný 특유한, 특수한, 독특한, 특징적인

svěřen|ec, *ma* **-ka,** *f* 피보호자, 피후견인; schovanec 피감시자

sveřepý 끈질긴, 불굴의, 완강한

svěř|it < -ovat 1 맡기다, 위탁[위임]하다 **2** 털어놓다, 신탁하다 **3** formálním předáním 인도[위탁]하다 **4** všeob. dát, uložit 언질을 주다, 언명하다 **~ se < -ovat se** komu (누구에게) 마음[심중]을 털어놓다, komu s čím (누구에게 무엇을) 밝히다, 고백하다

svě|sit (*svěšen*) **< -šovat 1** 수그리다, 숙이다 **2** mdle 축 늘어뜨리다, nechat houpat 흔들거리게 하다, 매달다 **3** sklonit, spustit 낮추다, 내리다, 낮게 하다 **4** sejmout 벗다, 빼다

svést (*sved-*) provést, dokázat 다루다, 처리하다, 해내다; vypořádat se 대처하다, 극복하다 ◆ *s ním se nic nesvede* 그는 어쩔 수가 없다 **~ < svádět 1** dolů (아래로) 인도하다[이끌다] **2** jinam (다른 곳으로) 데리고 가다, 옮기다, tekutinu (액체를) 빼다, 배수하다, 물을 빼다 **3** dohromady 함께 모으다, lidi (사람들을) 우연히 만나게 하다, soustředit 집합하다 **4** z cesty 길을 잃게 하다, 잘못 인도하다 **5** mravně (도덕적으로) 부패[타락]시키다, ženu (여자를) 유혹하다, 꾀다 **6** boj, zápas (전투, 경기를) 시작하다[참가하다] ◆ ~ *koho na nepravou stopu* 누구를 따돌리다[헷갈리게 하다, 혼란시키다]; ~ *řeč jinam* 화제를 다른 쪽으로 돌리다

svěšený 축처진, 늘어진, 매달린

svěšovat v. *svěsit*

svět, *mi* 세계, 지구, 이[저] 세상, 현세, 계(界), 우주, 삼라만상; ◆ *na/po celém -ě* 온 세계에서; (*celý*) *boží* ~ 전체 세계; *třetí* ~ 제 3 세계; *být/mít se k -u* 기운이 넘치다, 신바람이 나다; *udělat díru do -a* 세상을 깜짝 놀라게 하다[발칵 뒤집다]; *konec -a* časově 세상의 종말[끝], 최후의 심판일; *za nic na -ě, za živý* ~ 결코 …이 아니다[하지않다]; *onen* ~ 저승, 내세; *přijít na* ~ 태어나다, 출판되다; *spatřit světlo -a* 세상에 나오다, 햇빛을 보다, 세상을 알다; ~ *se mnou točí* 나는 머리가 돈다[정신이 없다]; *užívat -a* 세상을 최대한 활용[이용]하다; *pro všechno na -ě* 결코 …하지 않다

světácký 이 세상의, 세속적인, 속세의

světadíl, *mi* 대륙, 육지, 본토

světák, *ma-3* 명랑한[인기 있는] 사내, [돈과 시간이 있는] 바람둥이, 한량, řídč. = *světoběžník oběžník*

svět|ec, *ma* **-ice,** *f* 성인((교회에 의해 시성(諡聖)된 사람)), 덕이 높은 사람

světélko, *n-2, 3* v. *bludička*

světélkovat > za- 인광(燐光)을 내

S

다

světeln|ý 빛을 내는, 빛나는 ◆ *-é obrazy* (영사용) 슬라이드; *-á reklama* 전광[조명] 광고; *~ signál* 전광 시그날, na křižovatce (교차로의) 교통신호, 정지 신호등

světit (*svěcen*) = *slavit* **~ > po-** 신성하게 하다, 성화하다; 봉헌하다, 바치다 **~ > vy- 1** osobu (누구에게) 성직을 주다, 목사로 임명하다 **2** místo (장소를) 성역화 하다 **3** věc (사물을) 신성화하다

světlík, *mi-2, 3* **1** 천장에 낸 채광창, 하늘의 빛, 스카이라이트 **2** šachta 통풍 공간

světl|o, *n* 빛, 광선, 햇빛, 밝음, 광명; ozařující 빛남, 광휘; osvětlení 발광체, 등불, 조명등, 전깃불, 전등 ◆ *pouliční/signální -a* 가로/신호등; *dopravní -a* (교통) 신호등; *vyjít na ~* 드러나다, 나타나다; *za -a* 밝을 때에, 낮에

světlomet, *mi-2* 탐조등, 탐해등, 그 불빛, 서치라이트

světlost, *f-1* **1** 광명, 광휘, 투명 **2** průměr (원통꼴 물건의) 직경, 구경, 내경; vrtání 시굴공, (송곳 따위로 뚫은) 구멍; podjezdu (터널, 출입구 등의) 머리위 공간

světlovláska, *f* (살결이 흰) 금발의 여성

světlovlasý 금발의, (머리털이) 아마빛의

světluška, *f* 개똥벌레

světl|ý 1 밝은, (색이) 엷은, 연한; ostře (반짝반짝) 빛나는, 광채 나는, vydávající -o 빛을 내는; vlasy a pleť (머리카락과 살갗이) 흰, 금발의, jako obloha (하늘처럼) 맑은, 투명한, 갠, 화창한, 깨끗한 **2** vznešený 뛰어난, 이름난, (행위 따위가) 빛나는, 화려한 **3** 행복한, 밝은, 환한, 빛나는 ◆ *-é pivo* 밝은 색의 맥주, 연한 맥주, 라이트에일; *-á stránka* 밝은 면; *-á budoucnost* 환한[밝은] 미래

světnice, *f* 거실, 거처방, 객실

světoběžník, *ma-3* 세계 관광 여행자

světobol, *mi-2* 비관적 세계관, 염세; 울화, 심술, 악의

světodějný 획기적인, 신기원을 이루는

světoobčan, *ma-4* **-ka,** *f* 세계인, 국제인, 세계주의자, 코스모폴리탄

světoobčanský 세계인의, 세계주의의, 코스모폴리탄의

světovláda, *f* 세계 통치[지배]

světovládný 세계 통치[지배]의

světov|ý 세계[세상]의; rozšířený 세계적인, 세계에 미치는 ◆ *~ názor* 세계관; *~ rekord* 세계 기록; *-é strany* 기본 방위, 사방; *~ trh* 세계 시장; *-á válka* 세계 대전; *první/druhá -á válka* 제 1차/2차 세계 대전

světoznámý 세계적으로 유명한, 세계적인 평판의

svetr, *mi-2* 스웨터, 모직의 운동셔츠, 니트웨어

svetřík, *mi-2, 3* 풀오버((머리로부터 입는 스웨터 따위)), 작은 점퍼

světsk|ý 1 세속의, 비속한 **2** laický 속인의, 평신도(平信徒)의 **3** starající se jen o pozemské 세속의 명리를 좇는 ◆ *-é záležitosti* 세상사

S

svévole, *f* 고의(성), 외고집

svévolný 고자세의, 고압적인, 외고집의, 고의의; bezuzdně 변덕스러운, 제멋대로의

svézt (*svez-*) < vzít sebou 같이 데리고 [태워] 가다; koho kam (누구를 어디로) 태워가다 ~ < **svážet** dolů/pryč/dohromady (아래로/멀리/함께) 데리고 가다[수송하다]; ~ **se** < s kým (누구와) 동행하다 ~ **se** < **svážet se 1** klouzavě dolů (아래로) 미끄러지다 **2** po kom (누구를) 호되게 꾸짖다 **3** = *sesunout se*

svěží 1 신선한, (공기가) 맑은, 상쾌한 **2** živý 생생한, 생기[활기]에 찬, 활발한, 발랄한 **3** atmosféra (분위기가) 상쾌한, 기운을 돋우는

svíce, *f* (양)초 ◆ *vosková* ~ 밀랍초; *rovný jako* ~ 곧은, 직립부동의, (태도나 외관이) 딱딱한

svícen, *mi-2* 촛대

svíč|ka, *f* **1** (작은) 양초, tenká a dlouhá 가늘고 긴 초 **2** jednotka 루멘 ((광속의 단위)) **3** motoru (모터, 엔진의) 스파크플러그, 점화점 ◆ *při -ce* 촛불가에서

svíčková, *f* pečeně 구운 소의 허리고기의 윗부분, 안심요리

svíjet v. *svinout* ~ **se** (몸을) 비틀다, 몸부림치다, 꿈틀거리다

svinčík, *mi-2, 3* **1** 돼지 우리; 누추한 집[방] **2** nepořádek 지독한 혼란 상태

svině, *f* **1** 암돼지 **2** nadávka (경멸어) 야비한 녀석, 욕심꾸러기, 탐욕자

svin|out < **-ovat, svíjet 1** plachtu, vlajku (돛, 깃발을) 잡아 걷다, 말다; plachtu (돛을) 줄이다 **2** = *stočit*

svinský 1 추잡한, 음란한, 외설한 **2** mizerný 불결한, 비열한

svinstvo, *n-2* 오물, 불결물, 외설, 쓰레기, 부패

svírat 1 úhel (석탄을) 함유하다 **2** v. *sevřít*

svíravý 1 chuťově (맛이) 떫은 **2** zpevňující 수축하는, 수렴성의

svisl|ý 직각을 이루는, 수직의, (참조) kolmý ◆ *-á čára* 수직선

svist, *mi-2* 윙(하고 날기, 달리기)

svišť, *ma* (동물) 마멋((설치류))

svištět (*oni svištĭ*) > **za**- 윙하고 소리나다[발사하다], 붕 날다[달리다]

svit, *mi-2* 빛(남); třpytivý 가물거리는 [희미한] (불)빛, 미광

svítání, *n* 새벽녘, 농틀녘, 여닝

svítat 날이 새다, 밝아지다

svitek, *mi-2, 3* 두루마리, 권축, 돌돌만 것, 한 통, 롤, papíru (종이의) 두루마리

svitkový 두루마리의 ◆ ~ *film* 두루마리 필름

svítek, *mi-2, 3* 요크셔푸딩((달걀, 밀가루, 우유 등을 개어 고기 밑에 깔고 구워 그 고기와 함께 먹음))

svítidlo, *mi* 등, 램프

svítilna, *f* 렌턴, 호롱등, 남포, 램프; vysoká (높은) 남포대, 램프스탠드; baterka 손전등; pouliční 가로등(주)

svítiplyn, *mi-2* 석탄 가스, 도시 가스

svítit (*sviť!, svícen*) > **za- 1** 불이 붙다, 밝아지다, 빛나다; o světle (불이) 타오르다, 불타다 **2** s žárem 백열[작열]하다, 빨갛게 타다 **3** vydávat zář, lesk 번쩍이다, 비치다; v paprsku 광

선을 발하다 **4** na něco (어떤 것을) 조명하다, 밝게하다, 비추다 ~ > **po**- komu (누구를) 부각시키다 ~ **(se)** > **za**- 빛나다, 비치다; z temna (어둠 속에서) 번쩍이다, 미광을 발하다

svítivý 빛을 내는, 빛나는; 《化》 procesem 인광(燐光)을 내는, 인광성의

svitnout < = *rozbřesknout se*

svízel, *mi-1* **1** obtíž 두통[고생]거리, 어려움, 곤란 **2** strast 고난, 고초, 곤경

S

svízelný 곤란한, 어려운, 성가신, 절박한

svižný **1** 유연한, 재빠른, 경쾌한 **2** mrštný 기민[민활]한, 날랜, hbitý 재빠른

svlačec, *mi* 메꽃 속의 식물

svlaž|it < **-ovat** 축축하게 하다, 적시다, 젖게 하다, 물을 공급하다 ◆ ~ *si hrdlo* 목을 축이다, 술을 한잔하다

svlé|ct, svlé|ci (*svleč-, svlékl,* 문어체 *svleč!/svléknout/svlíknout*) < **-kat/svlíkat** 벗기다, 까다, 떼어내다, 발기다; komu co (누구에게서 무엇을) 벗게 하다, 제거하다, koho (누구를) 벗게 하다; z obleku (옷을) 벗기다; do půl těla (허리까지) 벗기다, do naha (벌거) 벗기다 **-ci se** < **-kat se** z čeho (무엇을) 벗다, (무엇이) 벗겨지다; odložit šaty 옷을 벗다; z kůže had (뱀이 허물을) 벗다, 탈피하다

svobod|a, *f* **1** 자유, 자주 독립, 해방, 해제, 면제 **2** libovůle 멋대로 함, 분방 **3** výsada 특권, 특허, 독점 판매권, 총판권 ◆ *dát komu -u* 누구에게 자유를 주다, 해방시키다; ~ *jednání* 자유 행동[판단], 자유 재량; ~ *pohybu* 이주[이동]의 자유; ~ *slova* 언론의 자유; ~ *tisku* 출판의 자유; ~ *vyznání* 종교의 자유; *pustit na -u* 자유롭게 하다, 해방시키다, 풀어주다; *trest na -ě* 감금, 금고, 억류, 유폐

svobodárna, *f* **1** 소(小)플랫((거실겸 침실과 목욕실, 부엌뿐인 아파트)), 독신자 아파트 **2** garsoniera 침실겸 거실, 스튜디오 아파트, 일실형 주거

svobodník, *ma-3* 하사

svobodn|ý **1** 자유로운, 속박 없는, 자주적인, 자유 독립의, 독립적인, 자유[독립]의 **2** pracující na volné noze 자유 계약의, 비전속의; neomezující se v chování (행동이) 자유스러운, 얽매이지 않는 **3** nevázaný manželstvím 혼자[독신]의 ◆ *za -a se jmenovala Nováková* 그녀의 결혼전의 성은 노바코바였다

svobodomyslný 자유로운 사고의 [정신의]

svod, *mi-2* **1** 유혹, 마음을 끎 **2** antény (안테나의) 도입선

svodidlo, *n* (고속도로) 폭주 방지벽

svol|at < **-ávat** 소집하다, 불러모으다, 소환하다, 호출하다

svolení, *n* 재가, 허용, 허락; 묵인, 찬성 ◆ ~ *jet do ciziny* 출국 허가; *s vaším(laskavým) -m* 당신께서 (친절하게도) 허락하신다면

svol|it < **-ovat** **1** k čemu (무엇에) 동의하다, 찬성하다; smířen 묵묵히 따르다, 묵인하다 **2** souhlasit 승낙하다, 응하다, 허락하다

svolný 준비가 된, 각오가 되어 있

는, 자발적인

svorka, *f* **1** (U자 모양의) 꺽쇠, (호치키스의) 철쇠, 철침, 스테이플; pérová 클립, 종이[서류]집게, (만년필의) 끼움쇠 **2** značka 모난 괄호((주로 [ ]나 ( ), 드물게 <>, { }))

svorník, *mi-2, 3* kámen 갓돌, 관석

svornost, *f-1* (의견, 이해의) 일치, (사물간의) 화합, 조화

svorný 결합[연합]된, 조화로운; jednomyslný 합의의, 동의의, 이의 없는

svrab, *mi-2* (헌데, 상처의) 딱지, 옴, 피부병

svrask|nout se < -at se v. *scvrknout se*

svra|štit < -šťovat (이마에) 수름을 잡다

svrb- = v. *svěd-*

svrh|nout (*svržen*) **< -ovat 1** 넘어뜨리다, 투하하다, 전복시키다 **2** = *svalit, sesadit*

svrchní 위쪽의, 상부의, 꼭대기의, 정상의, 상위의; 겉의, 표층의 ◆ ~ *oděv* 옷 위에 덧 입는 겉옷, 외투; ~ *tón* (음의) 상음, 배음(倍音), 오버톤; ~ *vrstva půdy* 토양의 표층, 표토, 상층토

svrchník, *mi-2, 3* 오버(코트), 외투, volný s páskem 얼스터 외투((띠가 달린 품 넓은 긴 외투))

svrchovanost, *f-1* 주권, 종주권, 통치권

svrchovaný 1 주권이 있는, 군주인, 군림하는, 최고의 **2** naprostý 절대적인

svrchu 1 = *seshora* **2** 위에서, 앞에서 ◆ ~ *řečený* 앞에서 말한, 전술[전기]한; ~ *zmíněný* 앞에서 언급한, *dívat se* ~ *na koho* 누구를 내려보다[깔보다, 얕보다]; *mluvit na koho* ~ 누구에게 거만한[깔보는] 태도로 이야기하다

svrš|ek[1]**,** *mi-2, 3* **1** 꼭대기, 끝; víko 뚜껑; hřbet 등, 잔등, 뒤 **2** boty 9구두의0 앞닫이((갑피의 앞 부분)) **3** -ky, *pl* 가구, 가재

svršek[2]**,** *ma-3* (카드 놀이의) 퀸, 여왕

svůdce, *ma* **1** 부추기는 사람 **2** kdo svedl 유혹자, 여자 농락꾼

svůdník, *ma-3* = *svůdce*

svůdný 유혹하는, 호리는, 매력있는, v. *lákavý, vábný*

svůj (재귀 소유 대명사; 변화는 부록 참조)**1** 자신의, 자기의, 스스로의 **2** náležitý 응당 치러져야 할, 마땅한, 적당한 ◆ *dostat* ~ *díl* 마땅히 받아야 할 것을 받다; *svého času* 한 때는; *být* ~ 전형적이다; *nebýt* ~ 기대에 부응하지 못하다, (몸의 컨디션이) 좋지 않다; *hleď si svého* 너 자신의 일에나 신경을 써라, 남의 일에 간섭하지 말아라; *prosadit svou* 자신의 길을 가게 하다; *o své újmě/vůli* 자발적으로, 자진하여, 저절로; *svým způsobem* 보기에 따라서는, 어느 정도, 다소

syčácký 싸움질을 좋아하는, 난폭한; 건달의; 비뚤어진; 부정직한, 불량의

syčák, *ma-3* 난폭한 사람, 거친 사람, 악한, 불량배

sýček, *ma-3* **1** 작은 올빼미, 부엉이 **2** pesimista 나쁜 소문을 퍼뜨리는 사람, 비관주의자

syčet (*oni syčí*) **> za-** 쉿 소리를 내

다; při smažení (요리에서) 픽픽[지글지글]하다; pára (수증기가) 쉬잇하고 소리내다, ohňostroj (불꽃이) 쉬잇하고 소리내다; okřikovat 쉿((조용히 하라는 신호))하는 신호를 보내다, 조용하게 하다

sýčkovat 멀리서 울부짖다, 악을[흉조를] 예고하다

sychravý 습하고 찬, 축축한

syknout 쉿[시]소리를 내다

sykot, *mi-2* (뱀, 증기, 거위 따위의) 쉿하는 소리, 지글지글하는 소리, v. *syčet*

S

sýkora, *f* koňadra (조류) 박새, úhelníček 진박새

symbol, *mi-2* **1** 상징, 표상, 심벌 **2** znamení 표, 징후, 조짐; znak 기호, 표시, 부호, 표지

symbolický 상징주의, 상징[표상]적인, 기호[부호]의

symbolika, *f* 상징주의

symbolismus, *mi-2* (문학, 예술 사조상의) 상징주의, 상징[기호]의 사용, 상징성

symbolist|a, *ma(-4)* **-ka,** *f* 상징주의자

symbolizovat 상징하다, 상징[표상]화하다, 기호[부호]로 나타내다

symetrický = *souměrný*

symetrie, *f* = *souměrnost*

symfonický 심포니의, 교향악의

symfonie, *f* 교향곡, 심포니

sympatický **1** 마음에 드는, 호감이 가는, 즐거운, 기분 좋은 **2** laskavý 마음을 끄는, 매력적인 **3** co člověku sedí 마음이 맞는, 같은 정신의, 공감을 나타내는

sympatie, *f* 좋아함, 애호, 애정, 호의; 공감, 동정, 동감

sympatizovat s kým **1** (누구를) 좋아하다, 동정하다 **2** 지지[후원]하다

sympos|ion, -ium, *n-2* **1** (고대 그리스의) 주연, 향연 **2** 토론회, 좌담회, 심포지엄

syn, *ma-2* (호격 *-u*) 아들, 자식 ◆ *nevlastní ~* 의붓아들[자식]; *milý -u!* 사랑하는 아들아!

synagoga, *f* (예배를 위한) 유태인 집회소, 유태교(교)회당, 시나고그

syneček, synek, *ma-3* 아들놈, (어린) 아들 ◆ *synku!* 아가야, 애야!((소년, 연소자야 대한 친근한 호칭))

synchronie, *f* **(**언어**)** 공시태[상], 공시적 연구, 공시언어학

synchronismus, *mi-2* **1** 동시 발생, 동시성 **2** (역사적 사건 등의) 연대적 배열

synkopa, *f* **(**문법**)** 어중음(語中音) 소실, 중략

synonymní 동의어의, 비슷한 말의

synonymum, *n* 동의어, 유의어, 비슷한 말; **(**비유**)** pro (…의) 별명

synovec, *ma* 조카, 생질

syntax(e), *f* 문장론, 동사론

syntetický 종합적인, 종합의, 합성의

syntéza, *f* 종합, 통합, 합성; **(**철학**)** 진테제, 합(合)

sypat (*syp-u|-ám, syp!|sypej!, sypal*) **1** 뿌리다, 퍼붓다, 퍼뜨리다 **2** plody (열매들이) 많이 열다[맺다] **3** koho pryč (누구를 멀리) 쫓아내다 ~ **se** 쏟아지다, 뿌리다; shůry (위에서) 떨어지다, 낙하하다 ~ > **na-** co kam (무엇

을 어디로) 쏟다, 붓다, 흘리다; rozhozem 퍼뜨리다, 살포하다; drobně (살짝) 끼얹다, 흩뿌리다 ◆ ~ *co jako z rukávu* (무엇을) 떨쳐버리다 ~ > **po**- co čím (무엇에 무엇을) 뿌리다, 끼얹다 ~ **se** > **roz**- 산산조각이 나다

sypátko, *n-2, 3* (물 따위를) 뿌리는 물건, 물뿌리개, 스프링클러, 가루 뿌리는 통

sypek, *mi* 베갯잇, 이불잇

sýpka, *f* 곡물 창고, 곡창

sypký 부슬부슬한, 푸석푸석한

sýr, *mi-2* 치즈 ◆ *tavený* ~ 가공 치즈; *smetanový* ~ 조림 치즈; *tvarohový* ~ (시어진 우유로 만드는) 연하고 흰 치즈

Syřan, *m* **-ka,** *f* 시리아인[사람]

syreček, *mi-2, 3* 치즈 케이크[과자]

Sýrie, *f* 시리아

syrovátka, *f* 유장 ◆ *být jako* ~ 창백한 얼굴이다

syrový 생[날]것의, 설익은, 가공하지 않은, 원료 그대로의, = *sychravý*

syrý (시어) 습기찬, 축축한

sysel, *ma* 주머니 달린 마멋(설치류), 뒤쥐, 들 다람쥐의 일종

systém, *mi-2* 체계, 계통, 시스템, 조직, 체제

systematický 체계[조직, 계통]적인, 질서있는, 규칙적인

systematizace, *f* 체계화, 조직화

systémov|ý **1** 제도의, 시스템의; 제도적인 **2** (컴퓨터) 시스템의 ◆ ~ *operátor* 시스템 운영자; ~ *disk* 시스템 디스크((기본 운영 체제가 저장되어 있는 디스크)); *-á disketa* 시스템 디스켓((마이크로 프로세서의 기본 운영 체제를 담은 디스켓)); ~ *soubor* 시스템 파일

sytit (*sycen*) > **na**- 물리게 하다, 물릴 정도로 주다; napojit 흠뻑 적시다; (일반적으로) 먹이다 ~ **se** > **na**- 먹다

sytost, *f-1* 물림, 포만, 포식 ◆ *do -i* 마음껏, 만족할 때까지

sytý **1** 가득찬, 충분한, 충만한 **2** barva (색깔이) 짙은, 진한 **3** mající čeho dost 물린, 싫증난, 진저리 나는 **4** sytící 충실한, 실질적인, 견실한 ◆ ~ *hladovému nevěří* 배부른 자는 배고픈 자를 믿지 않는다[이해하지 못한다]

sžírat **1** 게걸스럽게 먹다, 먹어치우다 **2** 소진[소모]하다

sžíravý 부식하는, 부식성의; 신랄한; rozhořčeně 냉혹한, 가차없는, 통렬한

sží|t se (*sži- se*) > **-vat se** **1** s čím (무엇과) 익숙[친숙]하게 되다 **2** dohromady 서로 친숙해지다; s novým prostředím (새로운 환경에) 익숙해지다, 적응하다 ◆ *brzy se -il s novým prostřed ním* 그는 새로운 환경에 빨리 적응했다.

S

Š

š, Š [eš] *n-in* [에쉬] 체코어 알파벳의 자음 글자

šablona, *f* **1** 스텐실, 형판, 스텐실로 찍은 문자 **2** vůbec vzor 형, 양식, 패턴, 모델 **3** (예술의) 진부한 표현, 상투적인 문구

šablonovitý 스테레오판의, 판에 박힌

šafrán, *mi-2* (샛노란) 샤프란, 크로커스((샤프란 속, 적황색의))

šach[1]**,** *ma-2, 3* (이란의) 왕, 왕의 칭호

šach[2]**,** *mi-2* **1** *pl -y* hra 체스 경기 **2** hrozba králi (체스에서) 장군 ◆ *hrát ~* 체스를 두다; *dát komu ~ mat/šachmat* 누구에게 외통장군을 부르다

šachista, *ma(-4)* 체스 경기자

šachovaný (체스) 장군이 불려진

šachovat (체스) 장군을 부르다

šachovnice, *f* 체스판, 서양장기판

šachta, *f* **1** (광산) 수갱(竪坑) **2** 환기갱(換氣坑), 환기[바람]구멍; 엘리베이터의 통로[수직공간]

šachy, *mi-2, pl* 체스, 서양장기

šál, *mi-2* **1** přehoz 숄, 어깨 걸치개, 큰 외투 **2** maso (소의) 볼기

šála, *f* **1** šál 숄, 어깨 걸치개 **2** šátek 스카프, 목도리

Šalamoun, *ma* 솔로몬((이스라엘의 왕; 다윗의 아들)); 어진 사람 ◆ *být moudrý jako ~* 솔로몬처럼 현명하다

šálek, *mi-2, 3* **1** 찻종, 컵, 잔 **2** 한 잔

šálit *(šal!)* > **o-** 미혹시키다, 속이다

šalvěj, *f* 세이지((샐비어의 일종))

šamot, *mi-2* 내화 점토

šamotka, *f* obkládačka 타일, 기와

šampáň, *f* **šampaňské,** *n* **(**구어체**)** vino (와인) 샴페인

šampón, *mi-2* 샴푸

šampus, *mi-2* **(**구어체**)** 샴페인

šance, *f* 기회, 찬스 ◆ *dát komu ~* 누구에게 기회를 주다

šanon, *mi-2* 서류꽂이, 서류철, 파일, 폴더

šarlat, *mi-2* 주홍, 진홍색

šarlatán, *ma* 돌팔이 의사, 크게 허풍을 떠는 사람, 협잡꾼

šarvátka, *f* 싸움, 소동, 말다툼, 《軍》 전초전, 승강이

šarže, *f* 계급, 계층, 등급, 지위, 신분

šaš|ek, *ma-3* **1** 어릿광대((중세의 왕후, 귀족에게 고용되었음)), 익살꾼 **2** (서커스의) 광대 **3** 바보, 얼간이 ◆ *dělat si -ky z koho* (누구를) 바보 취급하다, 기만하다

šaškovský **1** 바보의, 멍텅구리의 **2** 광대의, 익살꾼의

šat, *mi* kniž. 옷, 의복, 의상; 감싸는 것; 가리개 ◆ *slavnostní ~* 축제의상

šat|ečky, *mi-3-pl* **-ičky,** *f-pl* 아동복;

인형복

šátek, *mi-2, 3* **1** na krk (목의) 스카프, 목도리; pestrý (홀치기 염색한) 대형 손수건 **2** na hlavu 머릿수건, 목도리

šatit (*šacen*) **> o- 1** 옷을 입히다, 싸다, 덮다 **2** (*určitým*) způsobem (특정한 모습으로) 차려 입히다

šatna, *f* (극장, 호텔 따위의) 옷 보관소, 휴대품 보관소; herecká (배우의) 휴게실, 분장실

šatnář, *ma* **-ka,** *f* 휴대품 보관소 안내원

šatník, *mi-2, 3* **1** 옷[양복]장 **2** = *šatstvo*

šatstvo, *n-2* 의복, 의류, 피복

šaty, *mi-pl* **1** 옷, 의복 **2** dámské (여성용) 드레스 의상; v. *oděv, oblek* ◆ *skříň na ~* 양복장, 옷장

šavle, *f* 사브르, 기병도(騎兵刀)

šedý 회색의, 잿빛의

šeď, *f-1* 회색, 쥐색, 잿빛

šedesát 육십, 예순, 60

šedesátník, *ma-3* 60세[대]의 사람

šedesátníkový 60(번)째의

šediny, *f-pl* 회색 머리털, 백발

šedi|vět (*-věji*) **> ze-** 회색이 되다, 백발이 되다

šed|(iv)ý 1 회색의; *o člověku* 백발의, 늙은 **2** (삶이) 무미건조한 ◆ *-á eminence* 심복인 앞잡이, 밀정(密偵), 배후인물, 막후인물

šéf, *ma-2* 우두머리, 장, 수령, 지배자

šéfkuchař, *ma* 주방장, 요리사, 쿡

šéfredaktor, *ma* 편집장, 주필

šejdíř, *ma* **-ka,** *f* 사기꾼, 협잡꾼

šek, *mi-2, 3* 수표 ◆ *~ na majitele* (*doručitele*) 지참인불 수표

šekový 수표의 ◆ *~ knížka* 수표장

šelest, *mi-2* 살랑[와삭, 바스락]거리는 소리, větru (바람의) 윙윙거리는 소리; 《醫》 (청진기에 들리는) 잡음

šelestit 살랑[와삭, 바스락]거리다, 윙윙거리다

šelma, *f* **1** 육식동물; 맹수[맹금] **2** čtverák 익살꾸러기, 까불이

šelmovský 익살맞은, 우스꽝스러운, 장난치는

šenkýř, *ma* **-ka,** *f* **(**고어**)** (술집의) 서비스 종사원, 바텐더, 선술집[여인숙]의 주인

šepot, *mi-2* 속삭임, 귓속말, 소곤거리는 소리

šep|tnout, zašep|tat < -tat 속삭이다, 작은 소리로 이야기하다

šeptem 귓속말로, 낮은 목소리로

šereda, *ma/f* (얼굴, 모양이) 기이하게 생긴 사람, 추하게 생긴 사람

šeredný 추한, 못생긴, 보기흉한

šerm, *mi-2* 펜싱, 검술

šermíř, *ma* 검객, 검술가

šermovat 검술을 하다 **~ > za- 1** rukama (손을) 흔들다, 내젓다 **2** živě 손짓[몸짓]으로 표시하다

šero, *n-2* 어둑어둑함, 어둠, 어스름, 땅거미

šerosvit, *mi-2* 명암의 배합, 명암[대조]법

šerpa, *f* (여성, 어린이용의) 띠, 장식대, 허리띠

šerý 어둑어둑한, 어스름의, 어스레한, 흐릿한; vzdálený 희미한, 회백색의

šeřík, *mi-2, 3* 라일락, 자정향(紫丁香)

šeřit se > ze- = *stmívat se, setmět se*

Š

šest 여섯, 6, 여섯 개
šestina, *f* 6분의1[1/6]
šestinedělí, *n* 해산[출산] 후 6주간, 산후기, 산욕기
šestinedělka, *f* 산부, 임산부
šestistěn, *mi-2* 육면체
šestiválec, *mi* 6기통 자동차
šestka, *f* **1** 6, 육 **2** (전차 등의) 6번, (방 등의) 6호
šestnáct 제 십육의, 16, 십육
šestnáctý 십육의, 제16의
šestý 여섯(번)째의, 6의, 제6의
šetrnost, *f-1* 절약, 검약, 검소
šetrný **1** 절약[검약]하는, 검소한, 지나치게 알뜰한, 인색한 **2** k někomu (누군가에게) obleduplný 인정이 있는, 잘 생각해 주는
šetření, *n* **1** spoření 절약, 검약 **2** zkoumání 문의, 조회; čeho (무엇에 대한) 조사, 연구
šetřit **1** 절약하다, 아끼다, 저축하다; omezovat 바싹 줄이다, 제한하다; nedávat 인색하다, 아까워하다 **2** koho, zachovávat to 소중히 다루다, 준수하다, 지키다 ~ > **na-, u-** 돈을 모으다 ~ > **vy-** *úředně* = *vyšetřovat*
šev, *mi-2* **1** (천 따위의) 솔기, 이음매, 봉합(선) **2** spojení vůbec 접합(점), 교차(점)
ševel, *mi-2* **(**문어체**)** = *šelest*
šibal, *ma-2* **-ka,** *f* 익살꾸러기, 까불이
šibalský 장난치는, 짓궂은; 익살맞은, 우스꽝스러운
šibalství, *n* 익살맞은 장난[책략]
šibenice, *f* 교수대
šibeniční 교수대의 ◆ ~ *humor* 교수대 유머((위험을 눈앞에 두고 하는 풍자의 유머)), 블랙 유머
šibeničník, *ma-3* 교수형에 처해 마땅한 악인, 극악인
šicí 재봉(용)의, 바느질의 ◆ ~ *stroj* 재봉틀, 미싱
šička, *f* **1** 바느질하는 여자, 침모 **2** stroj (제본에서) 철사 매는 기계
šidit (*šizen*) > **o- 1** koho oč (누구에게서 무엇을) 사취하다, 사기하다, 협잡하다 **2** důvěřivého (쉽게 믿는 사람을) 속이다; *škádlit* ~ **se** > **o-** 손해를 보다
šidítko, *n-2, 3* = *dudlík*
šídlo, *n* **1** (구두 방 따위의) 송곳 **2** hmyz (곤충) 실 잠자리
šifra, *f* **1** 암호(문), 부호 **2** (사람 성명의) 머리글자, 이니셜
šifrovat > **za-** 암호로하다, 암호화하다
šichta, *f* **1** 변동, 변경, (근무의) 교체, 교대 **2** 힘드는 일, 교역
šíje, *f* **1** 목, 목덜미 **2** 《地》 지협(地峽)
šik, *mi-2, 3* 줄, 열; vojáci (군의) 종렬(縱列), 오(伍), 열; impozantní 배열
šikmooký 사팔눈의, 곁눈질하는
šikmost, *f-1* 굽음, 기울어짐, 경사
šikmý **1** 비스듬한, 굽은 **2** sešikmený 기울어진, 경사진 **3** seříznutím 빗각의
šikovat se 줄을 서다, 줄지어 나아가다; shromáždit (se) 모이다, 집합하다
šikovný **1** v. *dovedný, obratný* **2 (**구어체**)** vhodný 적당한, 편리한, pěkný 날렵한, 빈틈없는, 영리한, 약삭빠른

šílenec, *ma* 미친 사람, 광인, 미치광이; (편집광적인) 애호가

šílenství, *n* 광기, 정신 착란; 열광, …광; 미친 짓, 바보 짓

šílený 1 미친, 실성한; 열광적인, 광적인; 정신 이상의 **2** vzrušený 격앙된, 발광한 **3 (**구어체**)** velký 엄청난, 거대한, 굉장한

šílet (*oni -lejí*) 미치다, 실성하다, 발광하다, 열광하다

šilhat > za- 1 곁눈질하다, 눈을 가늘게 뜨고 보다 **2** po čem (무엇에) 관심을 가지고 시선을 보내다; (여자에게) 치근거리다

šilhavost, *f-1* 사시, 곁눈질

šilhavý 곁눈질하는, 사팔눈의

šilink, *mi-2, 3* 실링((영국의 화폐 단위; 1/20파운드 = 12펜스에 해당))

šiml, *ma-2* **1** 회색[잿빛]말, 백마 **2** úřední vzor (인쇄 · 복사한) 동문(同文) 편지((날짜, 수신인을 개별적으로 기입)) ◆ *kancelářský, úřední ~* 관료적 형식주의

šimpanz, *ma* 침팬지

šimr|at > po-, za- 간질이다, 근질근질하게 하다, 따끔거리게 하다; jemně (부드럽게) 진동시키다 ◆ *-á mě v krku* 나는 목이 간지럽다[간질간질하다]

šindel, *mi(-1)* 지붕 널, 지붕 이는 판자

šindelový 지붕 널의

šinout (se) 움직이다, 이동하다; *posunovat (se)*

šíp, *mi-2* 화살, 화살 모양의 것

šípek, *mi-2, 3* **1** 야생 장미, 들장미, 브라이어 **2** plod 장미의 열매

šipk|a, *f* **1** 던지는 창[살]; -y 다트 던지기 놀이((둥근 판에 끝이 뾰족한 쇠살을 던져 점수를 다툼)) **2** polygr 화살표(→) **3** do vody (물속으로) 거꾸로 뛰어듦, 곤두박아 떨어짐 **4** auta = *směrovka*

šipkový 던지는 창의, 다트의

šípkový 들장미의 ◆ *~ keř* 들장미 덤불; *Šípková Růženka* 잠자는 (숲속의) 공주((마법에 걸려 100년 동안 자다가 왕자가 입맞추어 깨어난))

širák, *mi-2, 3* 차양이 넓은 모자

široce obšírně 넓게, 기다랗게, 장황하게, 광범위하게

širok|ý plátno 넓은 화면, 와이드스크린 ◆ *~ rozhled* 넓은 지식[안목]; *-á veřejnost* 일반 대중[사회] *širší než delší* 길이에 비해서 너무 넓다

širočina, *f* 전부(戰斧)

široko 넓게, 광범위하게, 광대하게 ◆ *~ daleko* 널리, 광범위하게; *~ daleko proslulý* 널리 이름이 알려진

širokoúhlý 광폭의 ◆ *~ film* 와이드스크린 영화, 시네마 스코프; *~ objektiv* 광각렌즈

širok|ý 1 광대한, 넓은, 폭이 넓은 **2** rozsáhlý 광범위한 **3** rozvláčný 긴, 기다란 ◆ *-é masy* 폭 넓은 대중; *~ rozhled* 넓은 지식[안목]; *-á veřejnost* 일반 대중[사회]; *širsí než delší* 길이에 비해서 너무 넓다

širošírý 넓고 넓은, 광대한, 거대한, 방대한

šir|ý 폭넓은, 넓은 ◆ *pod -ým nebem* 야외에서, 여러 사람 앞에서; *-é moře* 공해(公海), 외양(外洋), 외해(外海), 대양; *-é lány* 넓은 토지

Š

šíř(e)1 široce와 široko의 비교급
šíř(e)2, *f* 너비, 폭, 넓이
šířit = *rozšiřovat* ~ **se** (*šiř! se*) **1** = *rozšiřovat se* **2** o něčem (무언가에 대해) 상세히 설명[부연]하다
šířka, *f* **1** zeměpisná 위도 **2** 위선(緯線), 씨줄 **3** v. *šíře*
šišatý 1 원뿔꼴의 **2** křivý 꼬부라진, 비뚤어진, 굽은
šiška, *f* **1** 원뿔체, 원뿔꼴, 콘, 솔방울 **2** vyválená 구형의 것, 말려 있는 것 **3** chleba (빵의) 덩어리 **4 (**비속어**)** hlava 머리
šišlat > za- 혀가 잘 돌지 않는 소리로 말하다, 발음이 새다
šišlavý 혀 짧은 소리로 발음하는
šít (*ši-*) **1** 꿰매다, 깁다, 바느질하다 **2** šitím vytvořit (옷을) 만들다, určitým stylem (특정한 스타일로) 짓다 ~ **> u- 1** 옷을 만들다 **2 (**감정어**)** ~ boudu 계략[책략]을 꾸미다, 음모하다 ◆ *šije to s ním* 그것은 그를 안절부절 못하게[불안하게]한다; (*u*) *šít něco horkou jehlou* 무엇을 되는대로[무모하게] 만들다; *jako ušitý na míru* 꼭 맞다[끼다]
ši|tí, *n* **1** 바느[뜨개]질, 자수 **2** *-cí potřeby* 반짇고리
škádlit > po- 희롱하다, 놀리다, 조롱하다
škála, *f* 전음계, 장음계, 전음역, 전영역; v. *stupnice*
škaredit se 부루퉁한 얼굴을 하다, 얼굴을 찌푸리다
škaredý = *ošklivý*
škarohlíd, *ma-2* 염세주의자, 비관론자; 흠[트집]을 들추는[잡는] 사람
škarohlídský 염세적인, 비관적인; 까다로운, 심술궂은
škarohlídství, *n* 비관, 비관설[론], 염세사상
škarpa, *f* = **příkop**
škatule, *f* **1** = *krabice* **2 (**비속어**)** o ženě 추레하고 심술궂은 여자, 마녀, 못생긴 여자
škatulk|a, *f* 상자, 박스, 통, např. s léky (약)상자 ◆ *jako ze -y* (마치 판지 상자에서 막 나온 것 같이) 말쑥한 몸차림의
škatulkovat > roz- 구획으로 나누다, 구획[구분]하다
škeble, *f* **1** 조개, 갑각류, 홍합, 마합류 **2** lastura (조개 따위의) 껍질, 조가비
škemrat > za- (잉잉) 호소하듯 울다, 훌쩍이다, 울먹이다; o (…에 대하여) 청원하다
šklebit se > za-, ušklíbnout se 1 씩 웃다, 싱글거리다, 이빨을 드러내다, 얼굴을 찡그리다 **2** o zejícím 하품하다
škobrt|at > -nout, za- 비틀거리다, 비틀거리며 나아가다
škod|a[1]**,** *f* **1** 해, 손해, 상실; 상해, 상처; ublížení 손상 **2** újma 침해, 위해, 불리 ◆ *na -u/ke -ě čeho* 무엇을 손상시키며[희생하면서]; *nebude na -u* 애석할 것이 없을 것이다; *prodat se -ou* 손해보고[밑지고] 팔다
škoda[2] (서술부사) 애석하게, 유감스럽게, 안타깝게 ◆ *jaká ~!* 얼마나 안타까운 일인가! *~, že ho neznám* 그를 모른다는 사실이 안타깝다, 그를 알고 싶다; *to je ~!* 그거 안됐군[유감이

군]! ~ *času* 시간낭비다; ~ *každé rány, která padne vedle* 매를 아끼면 아이의 성격을 버린다

škod|it > u- 해를 끼치다, 손상시키다, 상처를 입히다 ◆ *ne-ilo by mu* 그것은 그에게 괜찮을 것이다

škodlivina, *f* 해가 되는 것, 유해한 것

škodlivý **1** 해가 되는, 유해한; nezdravý 건강에 좋지 않은, 불건전한; duševně 밉살스러운, 불쾌한; při požívání, vdechování 심신에 해로운, 유독한 **2** pověsti (명성에 있어서) 손상시키는, (가치, 품위를) 떨어뜨리는 **3** který je na újmu 침해하는, čemu (무엇에) 손해를 끼치는

škodná, *f* (쥐, 족제비 등) 해로운 자은 동물, 해충, 기생충

škodolibost, *f-1* 남의 불행을 기뻐함

škol|a, *f* **1** 학교, 학원, 양성[교습, 강습]소 **2** 학파, 파, 유파 **3** vyučování 수업, 교수, 과정; výchovný vliv 훈련, 단련, 트레이닝 **4** budova 학교건물, 교원주택 ◆ ~ *v přírodě* 교외[야외] 교육; *chodit do -y* 학교에 다니다; *chodit za -u* 무단 결석하다, 농땡이 부리다; *-ou povinný* 취학연령의; *průmyslová* ~ 산업[실업]학교; *střední* ~ 중등학교(한국에서의 고등학교에 해당); *vysoká* ~ 대학교(체코어를 뜻대로 직역하면 고등학교임); *vysoké -y/školství* 대학교육 *základní* ~ 초등학교(한국에서의 초등, 중학교에 해당)

školácký 학생의, 학생다운

školačka, *f* 여학생

školák, *ma-3* **1** 남학생; 문하생, 제자 **2** školaci (남녀) 학생 **3** 초학자

školení, *n* **1** 교육, 훈육, 훈련, 양성; vyškolenost 숙련, 노련, 기능 **2** dobrovolné, demonstrační 성토대회((사회적인 항의를 위한 교수와 대학생의 장시간의 토론 집회)) **3** politické (정치적인) 주입, 학습

školit > vy- 가르치다, 교육하다, 훈육하다; 훈련하다, 양성하다; kvalifikovat 훈련[숙달]시키다; 《政》 주입하다

školka, *f* 유치원, 유아원

školné, *n* 학비, 학자금, 수업료

školní 학교의, 훈련[학습]의, 양성의, 수업의, 교육의 ◆ ~ *brašna* 책가방; ~ *docházka* 학교 출석; ~ *prostor* 교정, 캠퍼스; ~ *výlet* 수학 여행

školn|ík, *ma-3* **-ice,** *f* 학교건물 관리인

školský 학교의, 교육의, 학문의

školství, *n* 교육(제도) ◆ *ministerstvo* ~ 교육부

škopek, *mi-2, 3* 세탁용 대야, 빨래통

škorpit se > po- 시시한 일로 말다툼하다, 싸우다

škrabák, *ma-3* 갈겨 쓰는 사람, 난필가

škrábanice, *f* 갈겨쓰기, 난필, 악필

škrabat (*-bu-, škrab!|-bej!, -bat*) > **na-** 갈겨쓰다, 낙서하다 ~ > **o-** 문지르다, 문질러[긁어, 깎아서, 닦아서] 반반하게 하다, 마찰하다; v. *loupat* ~ > **po-** 할퀴다, 긁다 ~ **se** někam (어딘가로) 기어오르다

škrábat v. *škrábnout*

Š

škrabka, *f* 문지르는[긁는, 깎는] 도구
škráb|nout, za-at < **-at** 긁다; čím po čem (무엇을 무엇에) 문지르다, 비비다
škrábnutí 긁기, 할퀴기; 긁은[할퀸] 자국
škraboška, *f* 마스크, 가면; 변장, 가장
škraloup, *mi-2* **1** (우유와 같은 액체 표면의) 더껑이; tužší (딱딱한) 껍질, 외피 **2** 조그마한 과오, 가벼운 죄[결점]
škrob[1]**,** *mi-2* 녹말, 전분; knihařský 아교풀, 풀

škrob[2]**,** *ma* o člověku 지독한 구두쇠[노랑이], 수전노
škrobit > na- (옷에) 풀을 먹이다
škrobený **1** 풀을 먹인, 딱딱한 **2** sloh (문체가) 과장된
škrt, *mi-2* **1** 한번 휘두르기, 일필휘지 **2** omezení 삭감, 깎음, 삭제 ◆ *-em pera* 일필휘지로, 휘갈겨 쓰기로; *to byl ~ přes rozpočet* 그것은 우리들의 계획을 망쳐 놓았다
škrticí 조르는, 조이는 ◆ *~ klapka* 스로틀 밸브
škrtit (*škrcen*) > **u-, za- 1** 목을 조르다, 누르다 **2** dusit 질식시키다; -zločinně v. *rdousit* **3** (옷이) 꽉 끼게 하다 **4** 극도로 절약하다, 긴축하다 lakotit 꼬집다, 물다
škrt|nout < **-at 1** 문지르다, 마찰시키다; sirkou (성냥을) 긋다 **2** zrušit 취소하다 **~, pře-, pře -at** < **-at** 삭제하다, v textu (텍스트에서) 지우다; 말살하다, 없애다; polygr. 소거[삭제]하다 **~, vy-, vy-at** < **-at 1** 소멸시키다 **2** ze seznamu (명부에서) 삭제하다, 빼다
škubání, *n* 홱[확, 와락] 당기기, 잡아뜯기 ◆ *mít ~* …할 마음이 있다
škubat > o- ptáka (새의) 깃털을 뽑다[뜯다]
škubavý 갑자기 움직이는, 움찔하는, 실룩거리는
škub|nout, za-at < **-at 1** čím, sebou (무엇을, 자신을) 홱 움직이다, 확 당기다, cloumavě 잡아 당기다; kroutivě 비틀다; prudce (입술, 근육 따위를) 실룩실룩 움직이게 하다, 경련시키다 **2 -at se(bou)** 실룩거리다, 와락 잡아당기다; odporem, bolestí (저항, 고통 때문에) 주춤하다, 움츠리다 **~ sebou > -at sebou** trhnout sebou 출발[시작]하다
škůdce, *ma* **1** 악인, 악한 **2** příčina zkázy 해악[파멸]의 초래자 **3**《農》해충
škudlit 인색하게 굴다, 바싹 줄이다; *něčím* (어떤것을) 절약하다
škvár, *mi-2* 폐물,
škvára, *f* (광석의) 용재(鎔滓), 슬래그, 불순물
škvarek, *mi-2, 3* (동물 지육(脂肉)의) 탈지박
škvařit (se) > u- 불에 굽다[쬐다]; 구워지다 **~ > vy-** 지방을 짜다[정제하다], přečistit 정련하다, 불순물을 제거하다; vytáhnout 뽑아내다, 추출하다
škvíra, *f* 갈라진 틈, 균열, 금
škvor, *ma* 집게벌레
škvrně, *n-1* 작은 꼬마[어린아이]

škyt|nout, za-at < **-at** 딸꾹질하다

šlágr, *mi-2* 성공, 히트작품[곡] ◆ *stále* (*n. věčně*) *živý* ~ 항상 신선한 것(명작 따위), 정다운 옛 노래

šlacha, *f* 힘줄, 건(腱), 근육

šlachovitý 건질의, 근육이 툭툭 불거진, 힘센, maso (고기가) 힘줄투성이의

šlamastyka, *f* 혼란(상태), 난잡, 어수선함, 곤경

šlapadlo, *n* **1** chodidlo 발바닥, 신[굽]바닥; celá noha 발가락, 발끝 **2** pohonu 발판, 디딤판, 페달

šlapat (*šlap-u|-ám, šlap!, šlapej!, šlapal*) **1** jít pěšky (걸어서) 가다, 걷다 **2** co, po čem (무엇을) 밟다, 짓밟다; šlapadlem 디딤펀[페달]을 밟다[밟아 움직이다] **3** v. šlápnout ◆ ~ *si na jazyk* 혀가 잘 돌지 않는 소리를 말하다; ~ *si po štěstí* 기회를 놓치다; ~ *vodu* 선헤엄을 치다 ~ > **sešlápnout** 발을 들여놓다[디디다]

šlapka, *f* **1** punčochy 여성[어린이]용 양말의 일종((발목까지 오는)) **2** 발바닥 **3** (구어체) prostitutka 매춘부, 창녀

šlápnout < **šlapat** **1** na co (무엇을) 밟다, 발을 디디다, 발을 들여놓다, 나아가다 **2** ničivě 짓밟다, 밟아 뭉개다 ◆ ~ *na plyn* 엑셀레이터를 밟다, 속력을 내다, 서두르다; ~ *vedle* 허방짚다, 잘못 짚다

šlápota, *f* 발자국

šle, *f-pl* 지탱하는 것, 양말대님, 바지멜빵

šleh, *mi-2, 3* **1** 채찍질, 채찍질의 한대 **2** 예리한 지적, 통렬한 반박 **3** vtip 재담, 농담, 익살

šlehač, *mi* (달걀, 크림 등의) 거품 내는 기구, 달걀 교반기

šlehačka, *f* **1** smetana 거품을 일군 크림 **2** nástroj (달걀, 크림 등의) 거품 내는 기구

šleh|at > **u-** bílky (달걀 등을) 거품내다, 휘젓다 **-nout** < ~ **1** 세차게[획] 움직이다, 거품을 내다 **2** metlou 매질하다, 채찍질하다 rákoskou 매로 치다, 회초리로 때리다 **3** 몹시 괴롭히다, 징벌하다 **4** jako blesk (번개처럼) 스치다 **5** prudce vrhat 휙 날아가다, 돌진하다 **6** mrskat 요동하다, prudce 휙 움직이다 ~ koho > **na-** komu (누구에게) 매질을 가하다

šlechetnost, *f-1* 마음이 숭고[고결]함, 너그러움, 아량

šlechetný 숭고한, 고결한, 도량이 넓은

šlechta, *f* 귀족, 귀족 계급[사회]; nižší (신분이 낮은) 소귀족, 신사계급

šlechtic, *ma* 신사, 귀족

šlechtický 귀족의, 고귀한, 고상한

šlechtictví, *n* 고귀성, 기품; 귀족계급[사회]

šlechtična, *f* 여자 귀족

šlechtit co, koho (무엇의, 누구의) 명예가[공이] 되다 ~ > **zu-** **1** 향상하다, 개선하다, 좋게 하다 **2** 꾸미다

šlendrián[1]**,** *mi-2* **(**구어체**)** práce 엉성한 일, 무모한 짓, 무질서

šlendrián[2]**,** *ma* člověk 엉성한 일꾼

šlépěj, *f* = *šlápota, stopa*

šlichta, *f* (사냥개 따위를 위한) 혼합식, 맛없는 음식

šmahem 닥치는 대로, 분별없이

Š

šmajdat **(**구어체**)** 비척비척[비틀비틀] 걷다
šmátrat > za- **(**구어체**)** 더듬어 찾다, 만지작거리다, po zemi (땅을) 헤적여 찾다
šmejd, *mi-2 = škvár*
šmejdit 몰래[살금살금] 움직이다, 배회하다
šmelina, *f* 암시장, 부당 이득[폭리] 행위
šmelinář, *ma* 암상인, 부당 이득자
šmelinařit 암 거래하다, 부당이득을 취하다
šmelinářství, *n = šmelina*
šmíra, *f* 과장된 연기, 엉터리 연기, výkon 통속 취미
šmírák, *ma* 엉터리 배우, 아마추어
šmírácký 멜로드라마식의, 과잉 연기의
šmolka, *f* 파랑, 청색, 남빛
šmolkový modrý 군청색[울트라 마린]의
šmouha, *f* 오점, 얼룩, 더러움
šmudla, *f/ma* žena 허튼 여자, 단정치 못한 여자; muž 꾀죄죄한 사람, 갱충맞은 사람
šnek[1]**,** *ma-3* 《動》 *= hlemýžď* 달팽이
šnek[2]**,** *mi-2, 3* tech. 나사, 나사볼트
šněrovací (구두가) 끈으로 매는, 편상화의
šněrovačka, *f* 코르셋, ozdobná 레이스가 달린 보디스
šněrovadlo, *n* (구두, 각반(脚絆), 코르셋 등의) 끈, 꼰 끈, 레이스
šněrovat > za- 끈으로 묶다[졸라매다] **~ > se-** 속박[구속]하다 **~ (**구어체**)** cestu (길을) 지그재그로 나아가다, 갈 짓자로 걷다
šňup|nout < -at 코로 들이쉬다
šňupavý 코로 들이마시는 ◆ *~ tabák* 코담배
šňůra, *f* 줄, 선, 끈, provaz 새끼, 매는(밧)줄; elektr. (전기의) 꼰 줄, (전기의) 가요선, 코드; k vedení 개 (끄는) 줄, vodítko (개 따위를 매는) 가죽 끈, 사슬; ozdobná (장식한) 노끈 ◆ *~ na prádlo* 빨랫줄; *~ perel* 진주를 꿴 것, 진주꿰미
šofér, *ma* **-ka,** *f* 운전하는 사람, 운전자, 운전사, 기사, soukromý (자가용 차의) 운전사
šohaj, *ma* 시골 젊은이, 시골의 멋쟁이
šohajka, *f* 시골의 젊은 처녀
šok, *mi-2, 3* 충격, 타격, 쇼크
šokovat 충격을 주다, (얼떨떨하게) 하다
šortky, *f-pl* 짧은 바지, 운동 팬츠, cyklistické (자전거 용의) 스포츠용 짧은 바지
šos, *mi-2* (야회복, 모닝코트 등의) 상의의 뒷자락
šosáctví, *n* 속물근성, 무교양
šosák, *ma-3* **1** 속물적인 사람, 실리주의자 **2** 구식사람, 고지식하고 빈틈 없는 사람
šotek, *ma-3* **1** *= skřítek* **2** dítě 꼬마 도깨비, 개구쟁이 ◆ *tiskařský ~* (인쇄의) 오식(誤植)
šoupátko, *n* (기계의) 활판
šoup|nout < -at 밀(치)다, 떠밀다, s hlukem 발을 질질 끌다, sem tam 발을 구르며 야유하다
šourat se 질질 끌다, 비틀거리다,

pracně 터벅터벅 걷다
šourek, *mi-2, 3* (해부학의) 음낭
šoustat 1 třít 비비다, 문질러 닦다 **2 (**비속어**)** 성교하다
šoustnout, čím o co (무엇을 무엇으로써) 문지르다[비비다]
šovinismus, *mi-2* 강경외교정책, 주전론; 쇼비니즘, 맹목[호전]적 애국주의
šovinista, *ma(-4)* 주전론자, 맹목[호전]적 애국[배외]주의자
špaček[1]**,** *ma-3* **1** 《鳥》 찌르레기
špač|ek[2]**,** *mi-3* **1** hra 자치기(놀이) **2** kuřiva 담배 꽁초; 쓰다 남은 토막; tužky (연필의) 동강, 몽당이 ◆ *tlouci -ky* 꾸벅꾸벅 졸다
špachtle, *f* (페인드, 석고, 찰흙 등을 펴는) 주걱, 압설자(壓舌子)
špalek, *mi-2* **1** 받침, 받침 나무, 도마 **2** o člověku 바보, 멍텅구리 **3** o knize (내용이 방대한) 큰 책, 한 권
špalír, *mi-2* 도로에 줄지어 선 군중 ◆ *stát -em* 도로[연도]에 줄지어 서다
Španěl, *ma-4* **-ka,** *f* 스페인 사람; *-é* 스페인인들
Španělsko, *n* 스페인
španělsk|ý 스페인의, 스페인[어]의, 스페인 사람의 ◆ *-á chřipka* 스페인 독감
špatně[1] **(**서술부사**)** 나쁘게, 서투르게, 좋지 않게, 틀리게, 잘못되게 ◆ *je mi ~* 나는 기분이[상태가] 좋지 않다[나쁘다], *od žaludku* 배가 아프다, 나는 배탈이 났다
špatně[2] **(**비교급 *hůř[e]***)** 나쁘게, 서투르게, 틀리게 ◆ *jít ~* 잘못 가다, 다른 방향으로 가다, *hodiny* (시계가) 틀리게 가다; *mít se ~* 어렵게[힘들게] 지내다; *začít ~* 나쁘게 시작하다; *zacházet s někým ~* 누군가를 냉대[학대]하다
špatnost, *f-1* mravní (도덕적인) 악함, 사악함
špatn|ý 1 nesprávný 나쁜, 올바르지 못한, 부정의, 부적당한 **2** ubohý 불쌍한, 가엾은 **3** falešný 그릇된, 틀린, 거짓의 **4** méněcenný 하위[하급]의, 떨어지는, 열등한 **5** zlý 악한, 사악한 **6** zkažený 악의 있는, 심술궂은 **7** bídný 비참한, 불행한 ◆ *mít -ou náladu* 기분이 언짢다; *-á pověst* 나쁜 평판, 악평, 오평; *-é svědomí* 죄책감, 뒤가 캥기는 마음
špeh, *ma-2, 3* 스파이, 밀정, 간첩
špehovat koho (누구를) 몰래 감시하다, 염탐하다
špejle, *f* 꼬챙이, 꼬치
špenát, *mi* 시금치
špendlík, *mi-2, 3* **1** 핀, 못바늘, 장식바늘 **2** ovoce 황색 자두 ◆ *napínací ~* 안전핀, *zavírací ~* 머리핀
špendlíkov|ý 핀의, 못바늘의 ◆ *-á hlavička* 핀의 대가리
špendlit > se-, za- 핀으로 꽂다[박다]
šperk, *mi-2, 3 = klenot*
špetk|a, *f* 두 손 끝으로 집을 만한 양, 조금 ◆ *ani -u* 조금도 …않다
špic 스피치((포메라니아 종의 작은 개))
špice, *f* **1** kola (수레 바퀴의) 살, 스포크 **2** bodec 긴 못, 스파이크 **3** vidlí (포크의) 갈대, 날; parohu (사슴 뿔의) 가지 **4** *= špička*

Š

špicl, *ma-2* **1** donašeč 밀고자, 직업적 정보제공자; (경찰의) 앞잡이, 밀정; detektiv 탐정

špičák, *mi-2, 3* **1** motyka 곡괭이, 쪼는 기구 **2** zub 송곳니

špi|čatit > při-, za- 뾰족하게 하다, 날카롭게 하다 ~ **se > za-** 날카롭게[뾰족하게] 되다

špičatý 1 뾰족한, 날카로운, 찌르는 **2** kousavý 신랄한, 예리한, 독설적인

špičk|a, *f* **1** hrot 뾰족한 끝, 돌출한 것, 쑥 내민 것 **2** koneček 끝, 첨단 **3** nohy, punčochy, obuvi (발, 양말의) 발끝 부분 **4** zakončení vůbec 끝부분 **5** vrcholku, něčeho, co stoupá 꼭대기, 봉우리, 정상, 절정, 최고점; dopravní, odběru (교통, 소비의) 피크시(時), 절정시간; věže (탑의) 뾰족한 꼭대기 **6** významné místo 머리, 상부, 위 **7** významná osoba 저명한 사람, 명사 **8** úšklebek 비웃음, 조롱, 헐뜯음 **9** kuřácká (궐련) 물부리 **10** druh masa 엉덩이 살, (특히 소의) 둔부 **11** opilost mít -u 술이 취하다, 비틀거리다 **12** -čky u výhybky (철도의) 포인트, 전철기 ◆ *na/po -ách* 발끝으로 발소리를 죽이고; *jít po -ách* 발끝으로 걷다; dostat se na -ku 최고가[정상이] 되다 *dotknout se něčeho -ou nohy/boty* 어떤것을 발끝으로 혹은 신발끝으로 건드리다[차다]; *ulomit něčemu -u* 어떤 것을 무디게 하다; *vybíhat do -y* 점차 줄이다, (습관 등을) 점차 그만두다

špičkovat 놀리다, 조롱하다, 힐책하다

špičkový vrcholný 꼭대기의, 정상의, 최고의

špikovat > pro- 1 라드((돼지 기름을 정제한 반고체의 기름))를 바르다 **2** (이야기, 문장 등에) 섞다, 윤색(潤色)하다

špína[1], *f* **1** 진흙, 쓰레기, 불결물, 오물 **2** tekutá 먹다 남은 것, 부엌찌꺼기, 돼지먹이((먹다 남은 음식물 찌꺼기))

špína[2], *ma* 사악한 사람

špinavec, *ma* **1** 천박한[비열한] 사람 **2** 불결한[추잡한]사람

špinavost, *f-1* **1** 불결, 천함, 비열 **2** hanebnost 탐욕, 야비; hanebný kousek 속임수

špinavý 1 더러운, 불결한; neupravený 꾀죄죄한, 추레한 **2** hanebný 치사스러운, 야비한; mrzký 천한, 비열한 **3** ušpiněný 더러워진, 얼룩이 묻은, šmouhami 얼룩투성이의

špindíra, *ma = šmudla*

špinit > po-, u-, za- 더럽히다, šmouhami 얼룩을 묻히다, ohmatáním (책을 자주 들춰서) 더럽히다; znehodnotit (가치를) 떨어뜨리다[손상시키다]; *pověst* v. *pošpinit*

špinka, *f* 오점, 얼룩, 더러움

špión, *ma* **-ka,** *f* 스파이, 밀정, 비밀공작원

špionáž, *f* 간첩[탐정]행위 ◆ *průmyslová ~* 산업 스파이 행위

špionážní 간첩[탐정] 행위의 ◆ *~ kamera* 감시[비밀] 카메라; *~ skupina* 간첩단

špitál, *mi* 병원

špitnout = *muknout*

špíž|(e), *f* **-írna,** *f* **1** 고기 저장소, 식료품실 **2** 양식, 식량

Š

šplíchat 물을 튀기다, 물을 튀겨 적시다

šplh|at (se) 오르다, 기어오르다 na co (무엇을); těžkopádně (애쓰며) 기어오르다, 올라가다 ~ > **-nout si** u koho (누구에게) 굽실거리다, 알랑거리다, 아첨하다

šplhavec, *ma* = *šplhoun*

šplhoun, *ma* 굽실거리는 사람, 아첨꾼, 알랑쇠

šplouchat cákat (물, 흙탕물 따위를) 튀기다; zvlněním tekutiny, (파도가) 철썩철썩 밀려오다[소리를 내다], 찰싹찰싹 때리다 ◆ ~ *se v čem* 무엇 안에서 철퍼덕 거리다

šponovky, *f-pl* **(구어체)** (발목 부분이 꼭 끼는) 스키 비지

šprým, *mi-2* 농담, 농, 익살

šprýmař, *ma* **-ka,** *f* 농담을 하는 사람, 어릿광대

šprýmovat > za- 농담을 하다, 우스꽝스러운 짓을 하다, 익살부리다, 장난치다

šprýmovný 농담의, 우스꽝스러운

špulit (se) > se- (입을) 오므리다, 삐쭉 내밀다, 입을 삐죽거리다

špunt[1]**,** *mi-2* **(구어체)** (병의) 코르크 마개; *zátka*

špunt[2]**,** *ma* **(구어체)** dítě 어린아이, 꼬마, 꼬마둥이, 난쟁이

špejchar, *mi* 곡창, 곡물창고

šrám, *mi-2* **1** 깊은 상처, 흉터, jizva (정신적인) 상처(자국)

šramot, *mi-2* (딱딱, 쾅)하는 소리, (바스락)거리는 소리

šramotit > za- 바스락 소리를 내다, 딱딱 소리를 내다

šraňk, *mi-2, 3* **(구어체) 1** 통행료 징수소; 입구, 빗장, 가로장 **2 -y,** *pl* závory (철도의) 차단봉, 개찰구

šrot, *mi-2* **1** 탄[간] 귀리[밀], 밀기울 **2** kov (철의) 작은 토막, 조각 ◆ *dát do -u* 갈다, 가루로 만들다, 조각으로 하다

šrotovat > se- 부스러기로[조각으로] 하다; (곡식을) 애벌갈다

šroub, *mi-2* **1** vrut do dřeva (나무에 박는) 나사, 나사못; svorník do železa (쇠에 박는) 볼트, 나사볼트; závit šroubu 나삿니, 나사산 **2** lodní (배의) 스크루, 프로펠러 ◆ *daňový* ~ 과세의 부담

šroubek, *mi-2, 3* natahovací 감는 물건, 감는 기구

šroubovací 나사로 죄는[조절하는], 나사의

šroubovák, *mi-2, 3* 스크루 드라이버

šroubovaný strojený 짐짓 꾸민, 유체스러운, …인 체하는

šroubovat > vy- 바싹 죄다, ceny (가격을) ~ > **za-** 나사[볼트]로 죄다[고정하다]

šroubovitý 나사 모양을 한, 나사 모양의

šroubový 나사의

štáb, *mi-2* 참모, 막료(幕僚) ◆ *hlavní* ~ 본부, 사령부

štafet|a, *f* **1** 릴레이 **2** kolík 바통 *předat -u* 바통을 건네다

štafetový 릴레이의 ◆ ~ *závod* 릴레이 경주

štafle, *f-pl* =*skládací schody*

štamprle, *n-1/f* 미량, 한 모금의 술, 한잔

Š

štandlík, *mi-2, 3* = *štoudev*
šťára, *f* (경찰의) 불시단속
šťárat se = *rýpat se* v něčem (무언가를) 수색하다
šťastlivec, *ma* 운이 좋은 사람, 행운아
šťastn|ý 1 úspěšný 행운의, 운이 좋은 **2** naplněný pocitem štětí/obšťasňující 행복한, radostný 기쁜, 유쾌한, blažený 더없이 행복한 **3** příznivý 상서로운, 길조의, 유리한 **4** bez újmy 안전한, v pozdravech 즐거운 ◆ *-á náhoda* 요행수, 행운의 기회; *má -ou ruku* 그는 운좋은 사람이다
šťáva, *f* **1** 주스 **2** míza 수액, 액즙 **3** přírodní ovocná 과즙 **4** z masa 고깃국, 고깃국 소스 **5** 정력, 원기, 활력; (문장의) 힘, 필세; (문학작품의) 풍미, 정취, 묘미 **6** (구어체) pohonná látka 기계기름, elektřina 가솔린, 경유((동력이 되는 액체))
šťavnatý 즙이 많은, 수액이 많은
štěbetat > za- 1 (새가) 지저귀다, 짹짹 울다 **2** husa 꼬꼬댁, 꽥꽥 우는 소리를 내다 **3** děti 혀짤배기 소리를 하다
štědrost, *f-1* 관대함, 아량, 고결, 박애
štědrovečerní 크리스마스 이브의
štědrý 1 관대한, 너그러운, 인정 많은 **2** hýřivě 아낌없는, 활수(滑手)한, 협협한 **3** královský 인색하지 않는, 아낌없이 주는 ◆ *Š- večer* 크리스마스 이브
štěkavý 짖는, 짖어대는
štěkna, *f* 바가지 긁는 여자, 잔소리가 심한 여자
štěk|nout, za-at < -at 1 짖다, velký pes (큰 개가) 짖어대다, malý pes (작은 개가) 캥캥하고 짖다 **2** na koho (누구에게) hádavě 성가시게 잔소리하다 ◆ *pes, který -á, nekouše* 요란하게 짖는 개는 물지 않는다
štěkot, *mi-2* 짖는 소리
štěně, *n-1* **1** 강아지 **2** o člověku 애송이, 젊은이 **3** soudek 통
štěnice, *f* **1** 빈대 **2** neodbytný člověk 달라붙는 귀찮은 사람
štěp, *mi-2* **1** 접가지; 접수, 접붙이기 **2** ovocný strom 과실수(果實樹) ((특히 사과나무))
štěpení, *n* **1** (생물학의) 분열, 분체 **2** (물리학의) 핵분열 ◆ *~ atomu* 원자핵분열
štěpina, *f* 토막, 깨진 조각
štěpit (se) > roz- 쪼개다, 나누다, 째다, 찢다; 분열시키다, 분열하다
štěpnice, *f* (사과) 과수원
štěpný 1 핵분열의 **2** ne planý 과수의, 정원의
štepovat 속을 두어서 누비다[무늬지게 누비다], 박음질하다
štěpovat 접붙이기 하다
štěrbina, *f* (무엇을 끼우는) 홈, škvíra 갈라진 틈, 틈새; v. *skulina*
štěrk, *mi-2, 3* 자갈, jako podklad (철도, 도로 등에 까는) 자갈
štěrkovna, *f* 자갈 채취장
šterlink, *mi-2, 3* 영국의 화폐, 영화, 파운드
štěstěn|a, *f* 행운, 행운의 여신 ◆ *být dítětem -y* 행운아로 태어나다
štěstí, *n* **1** náhodné pořízení 행운, 운, 운수, 요행, 호기, 기회; to dobré 좋은

행운[기회] **2** pocit 행복, 경사, 더 없는 행복 ◆ *~ pro tebe, že⋯* 당신은 ⋯라서 행운이다; *na ~* 다행히도, 운 좋게도; *mít ~* 행운을 갖다, 행운이다; *mít z pekla ~* 지독한 행운을 갖다; *mnoho ~* 많은 행운을 기원합니다; *nemít ~* 운이 없다; *přát komu ~* (누구에게) 행운을 빌다; *zkusit ~* 운을 시험해 보다, 되든 안 되는 해보다

štět|ec, *mi* **-eček,** *mi* **-ka,** *f* 솔, 붓, 브러시

štětina, *f* 뻣뻣한 털, 강모

štětit se 화가 나서 안달복달하다

štět|ka, *f* **1** *= štětec* **2** *= coura*

štíhlet (*-lejí*) > **ze-** 날씬해지다, 가늘어지다

štíhlý 가느다란, 가냘픈; elegantně 호리호리한, 홀쭉한, 가는

štika, *f* **1** (물고기) 창 꼬치 **2** dravý člověk 탐욕스러운 사람

štípací 깎는, 베는, (가위로) 자르는 ◆ *~ kleště* 펜치, 못뽑이, 족집게

štípačky, *f-pl* 못뽑이, 족집게

štípat > **na-, roz-** 자르다, 빠개다, 잘게 썰다

štiplavý **1** 매운, 자극성의, 쓴 **2** bolest 쿡쿡 쑤시는, 욱신욱신 아픈

štíp|nout < (구어체) ukrást 훔치다, 빼앗다 ~ < **-at** **1** rozštěpit 쪼개다, 찢다, 째다 **2** kousnout 물다, 물어뜯다; působit bolest 욱신욱신 아리다, 아프게 하다 **3** prorazit 구멍을 뚫다, 타인(打印)하다; kleštěmi 클립으로 고정시키다[철하다] **4** sevřením v prstech (손가락으로) 집다, 끼다; žihadlem (침으로) 찌르다

štír, *ma* 전갈 ◆ *být na -u s* ⋯와 다투다[대립하다]; *neumět* ⋯에 서툴다

štít, *mi* **1** 방패; 보호물; okrouhlý 조그마한 원형의 방패 **2** erbový (방패 꼴의) 문장(紋章), 문장 박힌 겉옷 **3** tabule 표찰; s nápisem 간판, 게시판 **4** domu 방공(벽) **5** horský (산의) 봉우리, 꼭대기, 고봉 ◆ *mít čistý ~* 가문의 명예를 보전하다

štítek, *mi-2, 3* **1** 평판, 명판, 패; nálepka 라벨, 레테르, 딱지, 부전(附箋), přivěšený 태그, 표, 꼬리표; destička (작은) 표찰, 장서표(藏書票) **2** se jménem, klíčové dírky 명찰, 표찰 **3** kontrolní, k úschovně 패, 꼬리표 **4** odznak 휘장, 배지, 기장, 표지 **5** stínítko 차양, 해 가리개, 차일, 갓 čepice (군모 등의) 앞 챙

štít|it se (*štiť se!*) čeho (무엇을) 혐오하다, 싫어하다, 미워하다, 회피하다 ◆ *-ící se práce* 일하기 싫어하는, 게으른 (사람)

štítivý 구역질 나는, 역겨운

štkát (*štkat*; *štkaní* 처럼 변화; *neštkat*) > **zaštkat** 흐느껴 울다, 흐느끼다

štoček, *mi-2, 3* 사진판, 사진 철판

štola, *f* důlní (광산의) 갱도(坑道)

štóla, *f* kněžská **1** (카톨릭) 영대(領帶); (기독교의) 제의 **2** pečivo 빵모양의 케익, 버터케익

štoudev, *f* (양조, 염색용 따위의) 큰 통

šťouch|nout < **-at** 찌르다, 쑤시다; pokradmu koho (누구를) 팔꿈치로 슬쩍 찌르다

šťourat se v. *šťárat (se)*

šťovík, *mi-2* 수영 속(屬)의 식물((소리쟁이 따위))

štrachat se = *šourat se, hledat*
štrapáce, *f* **1** 오래 쓸 수 있는[질긴] 물건, 매우 튼튼한 물건 **2** únava 피로, 권태, 싫증
štrapáční 수명이 긴, 매우 튼튼한
štuk, *mi-2* 치장벽돌(세공)
štukatér, *ma* 벽토 치장공
štulec = *záhlavec, facka*
šturmování, *n* (기간에 대기 위하여) 급히 서둘기, 그 일
štváč, *ma* **1** zastrašující 약한자를 괴롭히는 사람, 선동가, 부추기는 사람 **2** na schůzi (회의에서) 야유하는 사람 ◆ *válečný* ~ 전쟁 도발자, 전쟁광, 주전론자
štvanec, *ma* 부랑인, 떠돌이
štvanice, *f* **1** 사냥, 추적 **2** na člověka 인간사냥, 마녀사냥
štvát (*štv-u, štvi!, štval, -án, -aní; neštvat*) > **poštvat 1** (묶어[가두어] 놓은 동물에) 개를 부추기어 괴롭히다, sužovat 괴롭히다, 지분거리다 **2** psa apod. na koho 추적하다, 쫓아다니다 **3** dopalovat 조롱[야유]하다, 못 살게 굴다 ~ > **uštvat 1** 추적하여 쓰러뜨리다[잡다] **2** vyčerpávat 탈진시키다 ~ > **vyštvat 1** ven (밖으로) 쫓아내다, 몰아내다 **2** koho k čemu (누구를 무엇으로) 부추기다, 자극[선동]하다
štvavý 못살게 구는, 들볶는, 선동적인
štych, *mi-2, 3* **(구어체) 1** (카드놀이) 한 판(에 얻는 득점), 한 판에 돌리는 패, 유력한 패 **2** 바느질 자리, 솔기
Štýrsko, *n* 스티리아
šukat (구어체) 1 떠들며 돌아다니다, 부산떨다, 안달하여 돌아다니다 **2 (비속어)** souložit 성교하다
šulit > o- 속이다, 편취(騙取)하다
šum, *mi-2* **1** 중얼거림, 속삭임 **2** 소음, 시끄러운 소리, 소란
Šumava, *f* 슈마바((체코 남부 독일과의 국경 지대의 산맥))
šumět (*oni šum[ěj]í*) > **za- 1** 졸졸 소리나다; 속삭이다 **2** nápoj (음료수가) 거품이 일다, 비등하다
šumivý 거품이 이는, 비등하는 ◆ ~ *prášek* 셔벗((과즙을 주로 한 빙과)) 파우더
šunka, *f* **1** 햄, uzená 돼지의 넓적다리 고기 **2** kýta 뼈가 딸린 고기
šup (감탄사) (빨리 하는 동작이나 그에 따른 소리) 쑥, 확, 홱 ◆ ~ *a už zmizel* 그는 홱 하더니 사라져 버렸다; ~ *sem* ~ *tam* 동에 번쩍 서에 번쩍
šupina, *f* (물고기 등의) 비늘, 비늘 모양의 것
šusťák, *mi-2, 3* 방수 옷, 비옷
šustět (*oni šustí*) > **za-** 바스락거리다
šustot, *mi-2* 살랑거리는 소리
šuškat (si) 속삭이다, 소곤거리다, 두런거리다
šváb, *ma* 바퀴(벌레)
švabach, *mi-2* 흑자체(黑字體) 활자, 고딕체
švadlena, *f* 여자 재봉사, krejčová 여양재사
švagr, *ma* 시숙, 시동생, 처남
švagrová, *f* 동서, 처제, 올케
švanda, *f* 장난, 농담, 유쾌, (마음의) 들뜸, 놀이
švarný (여자가) 포동포동한, 균형이

Š

잡혀 가슴이 풍만한; (남자가) 씩씩한, 멋있는

švec, *ma* 구두장이, 제화공

Švéd, *ma* **-ka,** *f* 스웨덴인[사람], 스웨덴인

Švédsko, *n* 스웨덴

švédský 스웨덴의, 스웨덴 사람의

Švejk, *ma-2, 3* **1** (하셰크(J. Hašek) 소설의 주인공 슈베이크(Švejk) 병사의 정신에 따라 행동하는) 현명한 바보, 꾀바른 백치 **2 (**비유어**)** šprýmař 광대 **3 (**속어**)** ulejvák 책임회피자, 병역기피자

švejkovat (구어체**) 1** 바보[백치]짓을 하다 **2** 광대 짓으로 남을 따돌리다 **3 (**속어**)** ulejvat se 책임[병역]기피하다

švejkov|ina, *f* **-ství,** *n* **1** 꾀바른 바보 짓 **2** 현명한 광대 짓

švest|ka, *f* 서양자두, sušená 건자두

◆ *svých pět -ek* 자신의 가재도구

švih, *mi-2, 3* **1** = *šleh* **2** elegance 품격, 품위

švihácký 말쑥한, 멋진, 스마트한, 날렵한

švihadlo, *n* 줄넘기 줄

švihák, *ma-3* 멋쟁이, 맵시꾼

švihn|out > -at = *šlehnout*

švindl, *mi-2* = *podvod*

švindlovat = *podvádět*

švitořit > za- 재잘재잘 지껄이다, (새가) 지저귀다

Švýcar, *ma* **-ka,** *f* 스위스 사람, 스위스인

Švýcarsko, *n* 스위스

švýcarský 스위스의, 스위스 사람의

Š

T

t, T [té] *n-in* [떼] 체코어 알파벳의 자음 글자◆ *ve tvaru T* T모양[형]의; *t.č* (= *toho času*) 현재에, 지금; *t.m* (= *tohoto měsíce*) 이번 달에, 금월에

tabák, *mi-2, 3* **1** 《植》 담배, (흡연하는) 담배, 궐련(卷煙) **2** 담배나 신문 등을 주로 파는 상점

tabelace, *f* 도표 작성; 표, 목록

tabelární 표의, 표로 만든; 일람표의

tablet, *mi* 《컴》 태블릿

tableta, *f* 환약, 알약, v obalu (약 등의) 캡슐, pastilka 정제(약)

tabletka, *f* = *tableta*

tablo, *n-2* 사진 게시판 ◆ *maturitní* ~ 졸업생 기념사진 게시판

tábo|r, *mi* (생격 *-ro*, 전치격 *-ře*) **1** (군대의) 야영지, 주둔지 **2** (포로, 난민 등의) 수용소 **3** (산, 해안 따위의) 캠프장; (집합적) 텐트

táborák, *mi-2, 3* **(**구어체**)** 모닥불, 캠프파이어

táborový **1** 캠프의, 야영지의 **2** 가두의, 대중적인 ◆ ~ *řečník* 대중의 인기에 영합하는 정치가

táboření, *n* 야영, 캠프 ◆ ~ *zakázano* 야영 금지

tábořiště, *n* 캠프장, 캠프 구역, pronajímané (임대한) 야영지, 캠프장

tábořit 캠프하다, 야영하다

tabu, *n-in* (종교상의) 터부, 금기

tabule, *f* **1** 판, 널판; 게시판, 표지판; 기념판 **2** jídelní 식사대, 식탁 **3** plochá rovná 평판; kamenná 석판 ◆ ~ *skla* 판유리; okenní 창유리, k psaní 흑판, 칠판

tabulka, *f* **1** diagram 표, 리스트, 목록, 도표, 차트; s adresou, (주소가) 부착된 표찰; auta apod. (자동차 등의) 플레이트; 작은 창유리 **2** 서판, 명판, 패 **3** čokolády (초콜릿의) 판

tabulov|ý **1** 판의, 판모양의 **2** potraviny (식품이) 특선의, 정선된 ◆ *-é sklo* 판유리

tác, *mi-2* 픈주, 쟁반, 음식 접시

tácek, *mi-2, 3* k předkládání 작은 쟁반, 명함 접시, podšálek (커피 잔 따위의) 받침 접시, (화분의) 받침 (접시), (맥주잔의) 받침

tady zde **1** 여기(에), 이곳(에); = *zde* **2** = *tudy* ◆ ~ (*je*) *Jan* (전화통화 상의) 얀입니다; *zima je* ~ 겨울이 도래하였다

tadyhle 여기에, 이곳에

ťafk|a, *f* **(**구어체**)** 찰싹 때리기[치기], 윽박지름, 타박 ◆ *dát komu -u* 누구를 타박하다, 윽박지르다

tágo, *n-2, 3* (당구의) 큐 ◆ *jako* ~ 똑바로, 정확한

tah, *mi-2, 3* **1** tažení 끌기, 견인력 **2**

T

vzduchu (공기, 액체의) 한 모금, 한 입, 한 번 마시기 **3** kuřácký 훅 불기, (담배의) 한 모금 **4** (체스의) 말의 움직임, 수 **5** losování 제비, 추첨, 복권 판매 **6** při psaní 일필, 필법, 화려한 꾸밈 **7** rozmáchlý 청소, 쓸기 **8** rys tváře (얼굴의) 특색, 특성, 특징, 버릇

tahací 끄는, 견인의 ◆ ~ *harmonika* 아코디언, 손풍금

taha|čka, *f* **-nice,** *f* 줄다리기, 주도권 싸움; 난투, 격투

tahat 1 (무거운 것을) 끌다, 질질 끌다, 끌어당기다, 끌고 가다 **2** 유도 심문하다, …에게 끈질기게 묻다, …을 넘겨짚다 **3** koho (누구를) 번거롭게 하다, (누구에게) 폐가 됨을 돌보지 않고 산정하나 ◆ ~ *za koho kaštany z ohně* 누구를 위하여 불 속의 밤을 꺼내다, 누구의 앞잡이로 이용당하다; ~ *z koho peníze, rozumy* 누구의 금전, 지혜를 짜내다, 캐내다; ~ *rozumy* 누구의 아이디어[지혜]를 빌다 ~ > **u-** šaty (옷을) 닳아 해지게 하다 ~ > **vy-** *za uši* 질책하다 ~ > **zatáhnout, zatahat 1** za co (무엇을) 잡아당기다 **2** z dýmky 파이프 담배를 피우다 ◆ ~ *koho za nos* 누구의 코를 잡아당기다[모욕을 주다] ~ *za uši/vlasy* (귀/머리카락을 잡아당기다[역겹게 하다, 불쾌감을 갖게 하다] **1** s kým o co (누구와 무엇에 대해) 다투다, 경쟁하다, 싸우다; 논쟁하다 **2** se s čím (무엇으로 인해) 애써[힘써] 일하다, 수고[고생]하다

táhlo, *n* (기계의) 커넷팅 로드, 연접봉

táhlý (병, 교섭 따위가) 오래 끈, 지속된, 장기의; 단계적인, 점차적인; (소리가) 기다랗게 잡아늘인, 지루한

táhn|out (*tažen*; 미래형 *potáhnu*) **1** za co (무엇을) 당기다, 끌다; škubavě (힘껏) 당기다, 잡아당기다 **2** (체스에서) 말을 쓰다[움직이다] **3** los (복권을) 뽑다, 추첨하다 **4** pilně pracovat 열심히 일하다, 수고[고생]하다 **5** protahovat v čase (시간을) 오래 끌다 **6** (구어체) klidit se 도망하다, 급히 떠나다, 꺼지다 ◆ *sotva nohy -u* 난 지쳤다 ~ **se 1** rozkládat se 늘어나다, 연장하다, 퍼지다 **2** v čase (시간을) 질질 끌다, 오래 끌다 **3** být lepivě vláčný (썩은 음식물이) 끈적끈적 해지다, 실처럼 늘어지다

tachometr, *mi-2* 속도계, 주행 기록계

tajemn|ice, *f* **-ík,** *ma-3* 비서, 서기

tajemný 신비한, 불가사의한

tajemství, *n* **1** 비밀, 기밀; 비법, 비결 **2** 신비, 불가사의 **3** utajení 숨김, 은폐, 잠복

tajit > u-, za-, z- 1 숨기다, 비밀로 하다 **2** 감추다, 발표하지 않다 **za-** dech 숨을 죽이다 ◆ ~ *své dobré stránky* 자기의 선행을 감추다, 겸손하게 처신하다; ~ *svou totožnost* 신분을 감추다

tajnosnubný 《植》 민꽃식물의, 은화(隱花) 식물의

tajnost, *f-1* **1** 비밀(성), 비밀엄수, 비밀주의 **2** = *tajemství* 비법, 비결 ◆ *dělat s čím -i* 무엇을 비밀로 하다; *chovat/mít -i* 은밀하게 행동하다; *zůstat v -i* 비밀로 남겨두다

tajnůstkář, *ma* **-ka,** *f* 숨기는 사람,

T

잠자코 있는 사람

tajnůstkářský 숨기는, 비밀주의의

tajn|ý[1] **1** 비밀[기밀]의, 은밀한; úřední spis (공식기록, 공문서의) 대외비(對外秘)의, 극비의; postranní, pokoutní, podvodný 비밀리의, 남모르게 하는, 내밀한 **2** určený pro soukromé jednání 숨은, 남의 눈에 띄지 않는 ◆ *naprosto/přísně -é* 1급 비밀, 극비; ~ *agent* 비밀 정보원[공작원]; *-é hlasování* 비밀 투표, 무기명 투표; *-é písmo* 암호(문), 부호, 암호 해독서; *-á policie* 비밀 경찰; ~ *policista* 비밀 경찰, 사복 경찰, 탐정; *-ě předstihnout koho* 누구를 몰래 앞지르다, 누구에게 살그머니 다가가다; *-ě skrýt* 비밀로하다, 은닉하다, 숨기다; ~ *přívrženec* (정당의) 비밀당원, 비밀 동조자; *-ě se vzít* 비밀리에 결혼하다; *-ě vyjednávat* 음모를 꾸미다, 밀통하다

tajný[2]**,** *ma* **(**구어체**)** 비밀경찰

tajuplný = *tajemný*

tak I **(**부사**) 1** = *proto, tedy, tudíž, pak,* 그렇게, 이렇게, 그정도로, 이정도로 **2** 그만큼, 그정도까지 **3** třebas 아마, 어쩌면; 다소, 얼마간 **4** asi 대략 …경(에), … (때)쯤 **II (**접속사**) 1** jak…, tak… …도 …도 모두 **2** a tak 그래서, 그런 까닭에, 따라서 **III (**감탄사**) 1** (놀람을 표시) tak? 정말? 진짜로? 참말로? **2 (**구어체**)** (동의를 표시) tak, tak 그렇고 말고요 ◆ *je tomu tak* 사실[진상]이다; *ani tak ani jinak/onak* 결코[조금도] …않다; *a tak* 그래서, 그리고 나서; *po výčtu a tak* 그밖의 전부, …따위[등등] 여러가지; *a tak!* 알았다, 그렇군, 알겠다; *a tak dále* 기타등등; *tak asi* 그 근처에, 그때쯤, 대략; *je to tak?* 그래?; *je-li tomu tak, pak* 그런 이유[일이]라면; *tak co?* 그것이 어쨌다고?, 뭐라고?; *tak či onak* 어떻게 해서든지, 어떤 쪽이든지; 하여간, 여하튼, = *beztak*; *tak dalece* 이제까지(는); *dobře ti tak* 너에게는 당연하다; *hned tak ne* 좀처럼 …없다; *tak jak je* 그건 그렇다 치고; *tak jako*… …와 마찬가지로; *jakž tak(ž)* 그럭저럭, 겨우, 간신히; *to není jen tak* 그것은 쉬운 일이 아니다; *jen tak tak* 간신히, 아슬아슬하게; *buďte tak laskava a*… 부디 …해 주시기 바랍니다; ~ *nějak tak trochu* 좀 그와 같은; jaksi 그저 어떤 식으로든; *no tak!* 그래 그럼 (좋을대로), 그렇다면; 놀랍군, 아하, 그 쪽이 더 낫지!; *přesně tak* 바로 그대로; *abych tak řekl* 말하자면, 마치, 이를테면; *neřekl tak ani tak* 그는 확실한 의견을 말하지 않았다, 그는 언질을 주지 않았다, 그는 어물쩍 거렸다; *tak říkajíc* 말하자면; *neříkám tak ani tak* 두고 봐라; *jak děti, tak dospělí* 아이들도 어른들도 모두; *přijď tak v pět* 5시경에 그럼 와라; *jmenuje se tak a tak* 그는 아무개[모]씨이다; *tak tomu není* 그건 틀렸다; *to tak (ještě)!, to by tak ještě scházelo!* 절대 내가 하지 않았다; *tak trochu* 약간, 조금; *nevěděl, že je tak hezká* 그는 그녀가 그렇게 아름다울 줄 몰랐다; *už je to tak* 무엇도 할 수 없다; *zrovna tak* 바로 그대로; *vůbec není tak dobrý* 그가 단연 뛰어난 것은 아니다; *tak zvaný* 소위, 이른바

T

také **1** …도, 또한, 게다가, 역시 (*byl tam ~* 그도 거기에 있었다) **2** 어쨌든, 하여튼 **3** *A a B ~, A a ~ B* A뿐만 아니라 B도 ◆ *~ tak (jako)* 꼭 …처럼, 바로 …할 때; *~ jen* 뭐라고 해도, 어쨌든, 결국, 요컨대, 역시; *~ že ano* 물론, 당연히, 확실히

takhle **(구어체)** = *takto*

takov|ý **1** 그러한, 이러한, 그와 같은, 이와 같은, 이와[그와] 같은 종류의 **2** 그토록, 저토록, 저렇게, 대단한 ◆ *-é počasí* 그[이]와 같은 날씨; *-á krása* 대단한 아름다움

takřka 이를테면; 사실, 실질적으로, 거의

takt, *mi-2* **1** 박자, 속도; druh rytmu 가락, 곡조 **2** společenský (사회적인) 재치, 기지, 솜씨, 요령 ◆ *v -u, do -u* 가락이 맞아서, 조화하여, s (…와) 사이좋게; *udávat ~* 박자를 맞추다; *hrát v -u* 장단을 맞추다; 옳은 박자로 연주하다[노 래하다]; *mít ~* 재치 있다, 꾀바르다, 솜씨 좋다

taktéž 똑같이, 마찬가지로

takticky 전술상, 전술적으로

taktický 전술의, 전술적인, 용병상의; 책략[술책]이 능란한

taktika, *f* 용병, 작전, 전술, 방책

taktní 재치 있는, 꾀바른

taktnost, *f-1* 꾀바름, 재치, 기지, 예민한 감각

takto 이처럼, 이렇게, 이런 방식으로, 이와 같이

taktovk|a, *f* 지휘봉 ◆ *pod -ou koho* 누구의 지휘하에

taky = *také*

takzvaný 소위, 이른바

takže **(접속사)** 그래서, 그 때문에 ◆ *pršelo, ~ jsme nemohli ven* 비가 내렸다, 그래서 우리는 외출을 할 수 없었다

talár, *mi-2* (판사 · 변호사 · 성직자 · 대학 교수나 졸업식 때 대학생 등이 입는) 가운, 예복, 관복

talent, *mi-2* (타고난) 재주, 재능

talentovaný 재주[재능] 있는

talíř, *mi-2* **1** 접시, 접시 모양의 것 **2** míra (요리의) 한 접시, 일품, 1인분(의 요리) **3** lyžařské hole (스키용 포울[막대]에 달린) 작은 원반(형) 받침 **4** (레코드플레이어의) 턴테이블, 회전반 ◆ *hluboký ~* 움푹한 수프 접시; *mělký ~* 얕은 고기용 접시

talířek, *mi-2, 3* 디저트용 접시, 작은 접시, miska (커피 잔 따위의) 받침 접시

talisman, *mi-2* 호부, 부적, 불가사의한 힘이 있는 것

tam **1** 거기[그곳]에, 거기(에)서 **2** 그곳으로, 거기로[에] ◆ *ten ~* 단속적으로, 때때로; *co ~ to ~* 과거사는 잊어버려라

tamější tamní 그곳의, 그 지방의, (특정한) 지방의, 고장의

tamní tamější 거기[그곳]의, 지방의, 고장의

tamhle **1** 저기 저곳에 **2** 저기 저곳의

tamten **(격변화의 형태는 부록편의 체코어문법** *ten* **참조)** 저기 저[그]…

tamtéž 같은 장소에; 같은 책[페이지, 구, 장]에((영어식 표기 ibid.에 해당함))

tamtudy 그 길로(해서)

tancovačka, *f* 댄스(파티)

T

tančírna, *f* 무도장[실], 댄스 홀
tancovat = *tančit*
tančit > za- 1 춤추다 **2** (기뻐) 날뛰다; 흔들리다, 요동치다
tanec, *mi* **1** 댄스, 춤 **2** 댄스곡 **3** 대혼란, 수라장
taneční 춤의, 댄스의 ◆ ~ *hodina* 댄스[춤] 교습, 무용 시간; ~ *hudba* 무도[무용]곡; ~ *kavárna* 댄스 카페; ~ *síň* 댄스 홀
tanečn|ice, *f* **-ík,** *ma-3* 춤추는 사람, 무희, 댄서, 무용가 ◆ *její -ík* 그녀의 춤 상대[파트너]
tání, *n* 녹음, 해빙, 해동, 용해 ◆ bod ~ 용해점; ~ *ledu na jaře* 봄에 얼음의 녹음[해빙]
tank, *mi-2, 3* **1** (물) 탱크, 수조, 유조 **2** 《軍》 전차, 탱크
tankista, *ma(-4)* 《軍》 탱크병, 전차병
tankovací 저수의, 저유의, 주유의 ◆ ~ *loď* 유조선, 탱커, 탱커로리
tankovat > na- 가득하게 하다, 채우다, 주유하다
tanout > vy- na mysli (생각에) 떠오르다, (눈앞에) 떠오르다
tápat (*táp-u|-ám, tápej!, tápal*) **> za- 1** (손으로) 더듬어 나아가다, (길을) 더듬어 찾다, 모색하다 **2** 어둠속을 헤매다; 애매모호한[불분명한] 채로 있다; 아주 망연자실하다
tapeta, *f* 벽지, 도배지
tapetovat > vy- 벽지를 바르다, 도배하다
tarasit > za- 막다, 차단하다, 방해하다
tarif, *mi-2* **1** 비율, 관세율 **2** dopravní (교통의) 운임표, 요금표
tasemnice, *f* 촌충((기생충))
tasit > vy- (칼 따위를) 칼집에서 뽑다, 빼내다
taška, *f* **1** 가방, 백, 핸드백; kufříková (소형의) 서류가방; přes rameno (어깨에 메는) 작은 가방, 학생가방; síťovka (그물모양[형태]의 쇼핑 등을 위한) 가방, 자루, 부대; náprsní 지갑; aktovka (주로 가죽으로 만든) 서류가방 **2** krytina (지붕)기와, 타일
taškář, *ma* 개구쟁이, šprýmař 장난꾸러기, dareba 말썽구러기
taškařina, *f* 농담, 못된 장난
taškářství, *n* = *šprým, darebáctví*
tašková 기와[타일]의 ◆ ~ *střecha* 기와[타일] 지붕
tát (*ta-, tál*) **> roz- 1** 녹다, 용해하다; zmrzlé v přírodě (자연의 얼은 것이) 녹다 **2** člověk (사람의 마음이) 누그러지다, 풀리다
táta, *ma* **(**구어체**)** 아빠, 아버지, = *otec*
tati, táti, *ma,* **(**구어체**)** 아빠! **(***tatíček, tatínek, taťka* 의 호격형**)**
tatíček, *ma* = *táta*
tatík, *ma-3* **1 (**고어체**)** otec 아버지 **2** 나이든 아저씨
tatínek, *ma* = *táta*
taťka, *ma* = *tatínek*
tatra, tatrovka, *f* 타트라((자동차 상표명))
tatrman, *ma* šašek 어릿광대
Tatry *f-pl* 타트라 산(山)맥 ◆ *Nízké/Vysoké Tatry* 저(低)/고(高) 타트라
tavba, *f* pece (광석의) 용해, 제련; (금

T

속, 유리의) 용해, 융해

tavit > roz- 용해[제련]하다, 녹이다

taxa, *f* 요금, 수수료, 사용료

taxi, *n-in* **taxík,** *mi-2, 3* 택시 ◆ *jet taxi/ taxíkem* 택시로 가다

taxíkář, *ma* **-ka,** *f* 택시 운전수[기사]

taxovat > o- 어림잡다, 산정하다; 가치를 매기다, 평가하다

tázací 질문의, 의문[형]의

tázat se (*táž-u se, taž se!, tázal se*) **> o-** = *ptát se*; při výslechu (청문, 심문에서) 질문하다, 심문[문초]하다

tazatel, *ma-1, 4* **-ka,** *f* 질문[심문]자

tázavý 캐묻는 듯한, 미심쩍게 여기는 듯한

tažební 뽑기의 ◆ ~ *listina* 우승 번호 목록[리스트]

tažení, *n* **1** 《物》 끌기, 견인(력) **2** výprava 《軍》 군사행동, 회전, 원정

tažný 1 kujný 잡아늘이기 쉬운, 연성이 있는; zařízení 견인의 **2** pták (새가) 이동하는, 이주하는 **3** zapřažené zvíře (마구를 채비한 짐승이) 끄는

téct, téci (*teč-, tekl,* **(문어체)** *tek-u, -ou, tec!*) **1** 흐르다; plynule (원활하게) 흘러가다, 흘러나오다, 솟다 **2** trhlinou (틈 등을 통해서) 새다, 새어나오다 ◆ *tekla mu krev z nosu* 그는 코피가 났다[흘렀다]

tečka, *f* **1** 점, 도트; 작은 점, 반점 **2** interpunkční znaménko 단락점, 종지부, 마침표, 구두점

teď 지금, nyní 현재, 근래, 바로 ◆ ~ *když*··· ···한 지금

tedy 따라서, 그 결과로서, 그래서, 그러니까, 그러면 ◆ *proto* ~ 그렇기 때문에; *tak* ~ 그런 까닭에, 그러니까

tehdejší 그 때의, 그 당시의, 그 무렵의

tehdy 그 때에(는), 그 당시에(는)

těhotenství, *n* (아이의) 임신 ◆ *domnělé* ~ 상상 임신; *umělé přerušení* ~ 인공 임신 중절

těhotná I (형용사) 여성이 임신한 v. těhotn|ý ◆ ~ *s ním* 그녀는 그 남자의 아이를 임신 중이다 **II** *f* 임신한 여자, 임산부

těhotn|ý (남자에 의해) 임신한 ◆ *je pět měsíců -á* 그녀는 임신 5개월이다; ~ událostmi 사건들로 가득찬, 파란만장한

technický 기술적인, 기술의, 전문의, 공업[공예]의

technik, *ma-3* 과학 기술자[연구가], 기사, 공학자, 전문가; student 공업[공예, 기술] 대학교 학생 ◆ *zubní* ~ 치과 기공사

technika, *f* **1** 기술, 공예 **2** podrobný postup, metoda (예술상의) 기법, 수법, 기교, 테크닉

technologie, *f* 공업[과학]기술, 공예학

těkat > za- 1 (건들건들) 거닐다, 방랑[배회]하다 **2** (눈을) 두리번거리다 **3** v myšlenkách (생각 속에서) 끝없는 공상에 잠기다

těkavý 1 떠도는, 방황하는 **2** 눈치 빠른 **3** 《化》 휘발성의, vrtkavý 변하기 쉬운

tekutina, *f* 액체; (생리)액; 분비액; 유동체

tekutý 액체의, 유동체[성]의, 유동적인

T

tele, *n-1* **1** 송아지 **2** nadávka (경멸어) 돼지 같은 사람; (구어체) 바보, 천치 **3** 《軍》 배낭, 여행용 가방
telecí 송아지의, 송아지 고기의
telefon, *mi-2* 전화, 전화기, 수화기
telefonický 전화(상)의, 전화에 의한; -y 전화상으로
telefonist|a, *ma(-4)* **-ka,** *f* (전화) 교환수
telefonní 전화의 ◆ *~ automat* 공중전화(박스); *~ hovorna* (공중) 전화박스; *~ seznam* 전화번호부; *~ ústředna* (참조) *ústředna*
telefonovat > za- komu (누구에게) 전화하다, 전화를 걸다 ◆ *~, že* …라고 전화로 말하다; *komu, aby* 누구에게 …하도록 전화하다
telegraf, *mi-2* 전신, 전보, 전신기
telegrafick|ý 전신[전보]의, 전신[전보]에 의한; -y 전신[전보]로
telegrafist|a, *ma* **-ka,** *f* 전신기사, 전신계원 ◆ *radio~* 무선 통신사
telegrafní 전신의, 전보의
telegrafovat > za- 타전하다, 전신으로 알리다, 전송하다
telegram, *mi-2* 전보, 전신, kabelový (특히 해저의) 케이블[전신] = *kabelogram*
telekomunikace, *f* (라디오 · TV · 전신 · 전화 따위에 의한) 원거리 통신
telemetrie, *f* 텔레미터법, 원격 측정법
telerekordink, *mi-2, 3* (TV) 녹화(프로), na filmu 비디오 테이프 녹화
tělesn|ý 1 육체의, 신체의, 육체[신체]적인 **2** 《醫》 몸의, 체구의, 체강의 **3** smyslný 육감적인, 육욕적인; 성적인 ◆ *-é cvičení* (신체의) 운동, 체조; *-á krása* 육체적인 아름다움, 미모; *-á stráž* 경호원, 호위병, 보디가드; *-á láska* 육체적인 사랑; *~ styk* 육체[성] 관계
těleso, *n* **1** (생물체, 물체의) 기관; (사물의) 주요부, 분체, 몸체 **2** něco velkého (뭔가) 큰 것; 크기, 용적 **3** umělecké 예술단, 앙상블, 연주단 **4** 《軍》 군단, 병단, 부대 ◆ *cizí ~* 이물질; *nebeské ~* 천체; *topné ~* 방열기, 난방기, 라디에이터
televiz|e, *f* 텔레비전, TV ◆ *být v -i* 텔레비전에 나오다[등장하다]; *~ na společnou anténu* 유선 텔레비전, 케이블 TV; *dávat v -i, vysílat -í* 텔레비전으로 방송하다; *sledovat -i, dívat se na -i* 텔레비전을 시청하다
televizní 텔레비전의 ◆ *~ divák* TV 시청자; *~ film* 텔레비전 영화[필름]
televizor, *mi-2* 텔레비전 수상기, 텔레비전 송[수]신 장치
tělísko, *n-2, 3* 소체, 미립자
tělnatý 뚱뚱한, 살찐
těl|o, *n* **1** 몸, 신체, 육체 **2** 육체(영혼이나 정신에 반대하여) **3** 시체 ◆ *držet si lidi od -a* 쌀쌀하다, 냉담하다; *-em i duší, duší -em* 몸과 마음을 다하여, 전적으로, 완전히; *jako ~ bez duše* 영혼이 없는 육체와 같은, 정신이 없는 멍한; *~ Páně* 성찬용 빵, 성체; *Boží ~* 성체, 성체축일
tělocvična, *f* 체육관, 실내 체육장; 《軍》 훈련장
tělocvičný 체조[체육]의
tělocvik, *mi-2, 3* 체조, 체육, 체력 단

련
tělový 1 살의, 육체의 **2** barvou 살색의
tělovýchova, *f* 신체적 단련, 체육
téma, *n* 주제, 테마; diskuse (토론의) 논제, 토픽
tematický 주제[논제]의
temeno, *n* (머리 · 산 등의) 꼭대기, 정상, 정수리
téměř = *skoro*
temn|ět se (*-nějí*) > **za-** 어두워지다, 거뭇해지다 **-it** > **z-** 어둡게 하다, 흐리게 하다
temno, *n-2* **1** 어둠, 어두운 색[빛]; 불분명함 **2** 무지, 암흑(기) ◆ ~ *středověku* 중세의 암흑기
temnota, *f* 어두컴컴함, 암흑; 불명료, 모호함
temný 1 어두운, 암흑의; 불명료한, 모호한 **2** chmurně (침울하게) 울적한, 침울한 ponurý; **3** bez záblesku světla (빛 · 섬광이 없이) 어스레한, 희미한; (소리가) 흐릿한 **4** (중세의) 암흑(기)의
temperament, *mi-2* 기질, 성질, 체질
temperatura, *f* = *teplota*
temperovat 데우다, 따뜻하게 하다
tempo, *n-2* **1** 속도, 템포, 페이스 **2** při plavání (수영의) 한번 손발을 놀리기, 스트로크
Temže, *f* 템스강((런던을 흐르는 강))
ten, ta, to (지시대명사; 변화에 대해서는 부록의 문법 참조**) 1** 그, 저, 이 **2** samostatně (단독적으로) 그[저, 이] 사람 ◆ *tou měrou, jak* …하는 정도로, …에 비례하여; *tou měrou, že* … 하도록; *ten či onen* 어느쪽이든; *ten pravý* 바로 그; ~ , *kdo* …하는 그사람; *čím*… , *tím*……할수록, …하다; *čím dříve tím lépe* 이르면 이를수록 좋다; *být v tom* **(**구어체**)** 임신하다
tenčit se > z- 엷어지다, 낮아지다, 줄어들다
tendence, *f* 경향, 풍조, 추세
tendenčn|í 경향을 나타내는, 경향성의; 저의[의도]가 있는, 편향의 ◆ *-ě zaměřit* 경향을 띠다, 왜곡하다
tenhle (ten) (*ten* 처럼 변화**)** 이, 이것[사람]
tenis, *mi-2* 테니스, 정구
tenisky, *f-pl* 테니스화, 고무창의 즈크화
tenist|a, *ma-4* **-ka,** *f* 테니스[정구] 선수
tenkrát 그 때에, 그 당시에, 저번에
tenk|ý 1 엷은, 두껍지 않은, 가는, 굵지 않은 **2** hlas, pisklavý (소리가) 날카로운, 높은 **3** štíhlý 홀쭉한, 호리호리한, 마른; postavou 가느다란, 날씬한 ◆ *má -é uši* 그는 귀가 좋다
tenor[1], *mi-2* 테너, 차중음
tenor[2], *ma(-4)* hlas 테너 음(音); tenorista 테너가수
tenoučký, tenounký 아주 가느다란, 가냘픈, 가녀린; jako blanka 얇은 껍질[막]의, 아주 얇고 납작한
tento, tato, toto (*ten* 처럼 변화**)** 이, 이사람[것] ◆ *v těchto dnech,* nyní 현재(에), 오늘날(에), nedávno 최근(에), 근래(에); *právě* ~ 바로 이[것, 사람]
tento(non)c (고어**)** 거 뭐라던가 하

T

는 것[사람]

tentokrát 이번에(는) ◆ *jen* ~ 단지 이번만(은); *pro* ~ (이번) 한번만은

tentýž = *týž*

teoretick|ý 이론(상)의, 이론적인 ◆ *-y* 이론적으로, 이론상(으로)

teoreti|k, *ma-3* **-čka,** *f* (학)설을, 세우는 사람, 이론가, 공론가

teori|e, *f* 이론, 학설, (학문의) 법칙 ◆ *v -i* 이론상, 이론적으로

tep, *mi-2* **1** 계속해서 치기, 치는 소리 **2** 맥박, 고동, 동계; rozechvělý 가슴이 두근거림, 떨림 ◆ *ohledat* ~ 누구의 맥을 짚어보다, 누구의 의중[반응]을 떠보다

tepaný 정련한, 단련한, 가공한

tepat (*tep-u|-ám, tep*[*ej*]*!, tepal*) **1** čím do čeho/co (무엇을 무엇에 대고) 치다, 두드리다, 부딪치다 **2** kov (금속을) 다루다, 가공하다, 탕탕 두들기다 **3** srdce (가슴이) 두근거리다[뛰다], 맥동하다; bušit 맥박 치다, 떨다, 진동하다; rozechvěle 심장이 뛰다 **4** kritikou (비판으로써) 질책[혹평]하다 ~ > **z-** 혹평하다, 깎아내리다; 혼내주다, 호되게 꾸짖다

tepeln|ý 열의, 온도의 ◆ *-á elektrárna* 화력 발전소

tepláky, *mi-3, pl* **1** 운동 선수의 보온복, 조깅 슈트, 조깅 복장 **2** 조깅 바지, 보온복 바지

teplárna, *f* 발전소

teplat > **z-** 따뜻해지다, 더워지다; nápoj (음료가) 김빠지다

tepl|o[1], *n* **1** 따뜻함, 온기; vzniklé topením (가열 · 난방에 의해 발생하거나 물리학에서) 열, 더위, 열기 **2** počasí 따뜻한 날씨 **3** 따뜻한 곳[장소] **4** 온도 ◆ *udržovat koho/co v -e* 누구를/무엇을 따뜻하게 (유지)하다; *za -a* 따뜻할 때에, 따뜻한 동안에, **(**비유**)** 즉시

teplo[2] **(**서술부사**)** 따뜻하다 ◆ *je mi* ~ 나는 따뜻하다; *venku je* ~ 밖은 따뜻하다

teplokrevný 온혈의, 열혈의, 피끓는, 열렬한

teploměr, *mi-2* 온도계, 한란계, 체온계

teplot|a, *f* **1** 온도, 기온, 체온 **2** 신열, 고열 **3** 따뜻함, 온기 ◆ *změřit -u* 체온을 재다[측정하다]; *mít -u* 신열이 있다

teplouš, *ma* **(**속어**)** 여자 같은 사내, 동성애 하는 남자, 호모

teplý[1] 따뜻한, 온난한, 더운; značně ohřátý 뜨거운, o přírodních pramenech (천연 온천의) 따뜻한, 뜨거운

teplý[2]**,** *ma* **(**속어**)** 동성애(자), **(**참조**)** *teplouš*

tepna, *f* **1** (몸의) 동맥 **2** ulice 간선도로

teprve 단지, 이제(야), 이제 막, 비로소 ◆ ~ *až* …해서야

terasa, *f* (집에 붙여 달아낸 식사 · 휴식용의 돌을 깐) 테라스, 노천 베란다

tercie, *f* **1** (8년제 김나지움 등의) 3학년 **2** (음계의) 셋째 음, 3도 음정, 제3도

terč, *mi* **1** 과녁, 표적, 목표(물) **2** kotouč 평원반(모양의 것), 디스크 ◆ *být -em čí zlosti* 누구의 모든 비난을 대신 당하다, 누구의 희생양이 되다;

udělat koho -em posměchu 누구를 웃음거리가 되게 하다; *stát se -em kritiky* 비판의 표적이 되다; *střed -e* (과녁의) 흑점, 정곡

terén, *mi-2* (특수한 목적을 위한) 장소, 장, 땅, 대지; zpracovávaný (일 · 사업 · 탐사의) 현장, 현지, 활동 무대; 《軍》 지형, 지세

terénní 지형[지세]의, 현장의, 현지의 ◆ *~ závody* 급경사, 울퉁불퉁한 길에서의 오토바이 경주, 스크램블 레이스; *~ vozidlo* 지프

teritoriální 영토의, 사유[점유]지의, 특정 영역의

teritorium, *n-2* 영토, 영지, 관할구

těrka, *f* 문지르는[빻는] 도구, 주걱; (의사들이 약을 빻을 때 쓰는) 시기로 된 막대

termín, *mi-2* **1** výraz (표현) 말, 술어, 용어, 전문어 **2** konec lhůty 기간, 임기, 형기, 회기; konečný 마감시간, 최종기한

terminologie, *f* (집합적) 전문용어, 술어, 술어학

termodynamika, *f* 열역학

termofor, *mi-2* 탕파((보통 고무제품)), 보온병

termonukleární 열핵의, 원자핵 융합 반응의

termoska, *f* 보온병, 진공 플라스크

termostat, *mi-2* 서머스 탯, 온도 조절 장치

teror, *mi-2* 테러, 폭력 행위

terorismus, *mi-2* 테러리즘, 공포정치, 폭력주의

terorizovat 위협[협박]하다, 폭력을 가하다

terpentýn, *mi-2* 테레빈, 테레빈유(油), 송지정, 송수지(松樹脂)

Terst, *mi* 트리에스테((이탈리아 북동부에 있는 항구도시))

tesák, *mi-2, 3* **1** nůž 일종의 사냥칼(칼집 달린 단도) **2** zub (육식 동물의) 엄니, vyčnívající (코끼리 따위의 돌출한) 엄니, 뻐드렁니

tesař, *ma* 목수, 목공

tesařství, *n* 목수직, 목공일, 목공예

tesat > vy- 1 자르다, 토막내다; bušit sekyrou (도끼로) 쳐서 자르다, 잘게 썰다 **2** dlátem (끌로) 깍다[파다], 새기다, 마무르다

tesklivost, *f-1* 동경, 그리움, 연모, 갈망; ze samoty 쓸쓸함, 외로움, 고독

tesklivý 그리워하는, 동경하는, 연모하는; ze samoty 외로운, 고독한

tesknit > za- po čem/po kom (무엇을/누구를) 그리워하다, 연모[갈망]하다

teskno 쓸쓸하다, 외롭다 ◆ *je mi ~* 나는 쓸쓸하다

tesknota, *f* 고독, 우울, 울적함

teskný 고독한, 우울한, 생각에 잠긴

těsně 1 밀접하여, 바짝, 접근하여 **2** 친밀히 **3** 꼭 맞게, 빽빽이, 면밀히

těsnění, *n* (창 · 문 등에) 메워 넣는 물건, 패킹; neprodyšné (공기가 통하지 않는) 봉인; tlumicí (강도를 줄이기 위해) 채워 넣기, 충전물, 속, 심

těsnit > u- 꾸리다, 봉인하다, 덧대다[메우다]

těsno 비좁다, 답답하다 ◆ *je tu ~* 여기는 비좁다[답답하다]

těsnopis, *mi-2* 속기

těsnopisec, *ma* 속기사

těsnopisný 속기의, 속기에 의한

T

těsn|ý 1 stahující 팽팽한, 빡빡한, 단단한 **2** velmi zhuštěný 촘촘한, 밀집한 **3** přiléhavý 꼭 맞는, (옷 따위가) 몸에 꼭 끼는 **4** 밀접한, 긴밀한 **5** 좁은, 빠듯한, 가까스로의 ◆ *je mi to -é* 그것은 나에게 너무 작다[꼭 낀다]; *~ únik* 가까스로의 도망[탈주]

test, *mi-2* 테스트, 시험, 검사

těsto, *n(-2)* 굽지않은 빵, (밀)가루반죽 tukové, nudlové 반죽해서 만든 식품, 페이스트, lité 반죽 ◆ *kynuté ~* 발효시킨[부풀어 오른] 반죽

těstoviny, *f-pl* 가루 반죽으로 만든 식품[음식], 파스타

těstovinný 가루 반죽의[으로 만든]

těš|it > po- 기쁘게 하다, 만족시키다, 즐겁게 하다, 행복하게 하다 ◆ *-í mě* 나는 기쁩니다 co (무엇이) při představování (소개에 있어서) 만나서 반갑습니다, 안녕하십니까; *to mě -í* 그렇다니 반갑군요 **~ se 1** na koho/co (누구를/무엇을) 기대하다, 즐거운 마음으로 기다리다 **2** (s) čím (무엇으로) 기분을 풀다, 즐기다 **3** z koho/čeho (누구로부터/무엇으로부터) 기뻐하다, 즐기다[향락하다] **4** čemu, používat to (무엇을) 맛보다, 누리다 **~ se > po- 1** ve společnosti 서로 즐거운 시간을 갖다 **2** s kým/čím (누구와/무엇과) 즐거운 시간을 갖다 **~ > u-** koho (누구를) 위로하다, 위문[위안]하다 **~ se** 스스로 위로하다

teta, *f* **1** 아주머니((이모, 백모, 숙모, 고모)) **2** starší (나이 지긋한 여자) 아줌마

tetelit se > za- 떨다, 전율하다, 흔들리다, nervózně (흥분으로) 와들와들 떨다

tetička, tetinka, *f teta*의 지소격

tětiva, *f* (활의) 시위, (현악기 따위의) 줄; (기하학의) 현(弦)

tetovat > vy- 문신(文身)을 하다

tetování, *n* 문신 만들기, 문신

tetřev, *ma* 큰 뇌조(雷鳥)

Texas, *mi* 텍사스

texasky, *f-pl* 진으로 만든 의복류 (바지·작업복 따위), 청바지

text, *mi-2* **1** 본문, 원문, 텍스트 **2** hry (연극의) 각본, 대본, 스크립트 **3** stylizace (표현, 수법따위를 양식화한) 말씨, 어법, 용어 ◆ *vlastní ~ dopisu* 편지의 본문, 주문

textař, *ma* **-ka** *f* 텍스트 작성자[작가]; reklamní 광고문 작성자[작가, 저자]

textil, *mi-2* 직물, 텍스타일; 텍스타일[직물] 공업

textililie 옷감, 직물

textový 본문[원문, 텍스트]의

teze, *f* **1** 주제, 명제; 주의, 교의; zásada 원리, 법칙, 정리, 공리 **2** 《논리학》 긍정, 확인 **3** 《논리학》 정립, 정(正), 테제 **4** výtah 적요, (강의 따위의) 요목 ◆ *~ přednášky pro konferenci* 학회[회의]를 위한 강의의 요약[요제]

též = *také*

těžba, *f* **1** 산출, 생산, 산출[생산]고 **2** těžení 채광, 채탄, 채굴

težce 1 무겁게 **2** 어렵게, 힘들게 **3** 심각하게; 엄격하게

těž|isko, *n-2, 3* **-iště,** *n* 무게 중심, 원점, 중앙

těžit > vy- 1 캐내다, 추출[채취]하

다 **2** z čeho (무엇을) 개척하다, 개발하다, 이용하다 **3** co z půdy (무엇을 땅에서) 채광하다, provozovat těžbu 광산을 채굴하다 **4** z čeho plně využívat (무엇을 최대한) 활용하다

těžítko, *n-2, 3* 서진, 문진, 추

těžko 무겁게, 어렵게, 힘겹게, **(**참조**)** *težce* ◆ *dokončíš to včas? těžko* 너는 그것을 제 때에 마치겠니? 어렵겠어요/힘들겠어요; *je mi ~* 나는 답답하다, 나는 가슴이 무겁다

těžkopádný 1 (사람이) 선부른, 서투른, 솜씨없는, 굼뜬; 성가신, 귀찮은 **2** nástroj (기계 등이) 다루기 힘든[버거운]

těžkost, *f-1* **1** 무거움, 무게, 힘겨움 **2** = *potíž, nesnáz*

těž|ký (비교급 *těžší***) 1** představující břemeno 무거운, v důsledku velké váhy 중량이 있는, 비중이 있는; 벅찬, 견디기 어려운; masivní 묵직한, 육중한 **2** nesnadný 어려운, 곤란한, 힘드는, 난해한 **3** vážný 진지한, 심각한, 중대한, 심상치 않은 **4** nepříjemně 엄한, 호된, 모진, 엄격한, 신랄한, 쓰라린 **5** závažný hojností, výzbrojí 다량의, 대량의 ◆ *-ká atletika* 복싱, 레슬링, 역도와 같은 힘을 사용하는 경기; *-ká doba* 어려운 시기[기간]; *-ká hodina* 최후, 마지막, 임종; *mít ~ jazyk* 말이 없다; *-ce nést* 고민하다, 안달하다; *~ omyl* 중대한 실수; *-ké peníze* 다량의 돈; *-ká rána* **(**비유**)** 강타, 일격; *s -kým srdcem* 내키지 않게, 마지못해서; *-ké strojírenství* 중공업; *-ká váha* (스포츠의) 중량급; *~ zločin* 극악한[흉악한] 범죄; *~ žalář* (중노동의) 징역(형)

těžební 광산의, 채굴[광]의 ◆ *~ klec* (광산의) 자아올림틀

Thajsko, *n* 태국

tchán, *ma-2* 장인, 시아버지

Tchaj-wan, *mi* 대만

tchoř, *ma* (유럽산의) 족제비의 일종, (북미산의) 스컹크

tchyně, *f* 장모, 시어머니

Tibet, *mi* 티베트

Tibeťan, *ma* **-ka** *f* 티베트 사람

tíha, *f = tíže*

tíhnout 1 k čemu (무엇에) 끌리다 **2** směřovat (어떤 방향으로) 이끌리다, 마음을 빼앗기다

tichnout > u-, z- 조용해지다, 침묵하다

ticho[1]**,** *n-2* 침묵, nehybné 조용함, 정적, 고요

ticho[2] **(**서술부사**)** 조용[고요]하다 ◆ *ticho!* 조용! 정숙! ; *buďte ~* 조용히하세요; *bylo ~* 조용하였다

Tichomoří, *n* 태평양

tichost, *f-1* 조용함, 고요함 ◆ *v -i* 은밀히, 가만히, potají 몰래

tichošlápek, *ma-3* 살그머니 걷는 사람, 모호한 태도를 취하는 사람

tichoučký, tichounký (*tichý*의 지소형**)** 아주 조용한

tich|ý 1 조용한, 정지한, 움직이지 않는, 고요한 **2** hlas (목소리가) 낮은, 저음의, 부드러운, 상냥한 **3** mlčky učiněný 무언의, 잠잠한, 침묵의, 암묵의 **4** vrozeně (천성적으로) 과묵한, 말이 적은, 삼가는 ◆ *~ blázen* 악의 없는[순진한] 괴짜[기인]; *-á mše* (합창 · 음악을 수반하지 않는) 평(平) 미사; *T- oceán* 태평양; *~ společník* (경영

T

에 참여치 않는) 익명 사원

tikat > za- (시계 따위가) 똑딱[짤깍]거리다

tikání 똑딱똑딱 소리, 짤깍짤깍 소리

tíkat > za- (새 따위가) 짹짹울다, 지저귀다

tíkaný 짹짹우는, 지저귀는

tiket, *mi-2* sazky 풋볼 도박, 쿠폰식 입장권

tílko, *n-2, 3* **1** *tělo*(몸[신체])의 지소격 **2** 몸에 맞고 소매 없는 셔츠, **(참조)** *nátělník*

tinktura, *f* 정기(丁幾), 정기제, 팅크 ◆ *jódová* ~ 요오드 팅크, 옥도 정기

tipovat (경기나 내기에서) 우승할 것(사람, 말, 팀 등)을 예상하여 추천[지목]하다; koho (누구를) 추천하다, 보증하다

tirád|a, *f* 긴 연설, 장광설; 찬사, 칭송; *-y, pl* 요란한[과대] 선전, 떠벌림

tiráž, *f* **1** (책의) 간기(刊記)((출판사 이름 · 주소 · 발행 연월일 따위 등 간행에 관계되는 사항을 적은 부분)) **2** počet výtisků (일정 부수를 박는데 드는) 연속인쇄(시간), (그) 연속인쇄 부수

tis, *mi-2* 주목(朱木), 주목속(屬)의 나무((흔히 묘지에 심는 상록수))

tíse|ň, *f* **1** 압력, 압박, 곤란, 곤궁 **2** pociťovaná (정서적인) 긴장, 스트레스; duševní/práv. (정신적 혹은 법적인) 심통, 고통, 고민, 고난 **3** finanční (재정적인) 핍박, 절박, 위급 ◆ *v -ni* 위급한 고비[국면]에 당면하여, = *ve výjimečné situaci*; *být v peněžní -ni* 재정적[금전적] 어려움에 처하다; *žít v -ni* 긴축 재정으로 살아가다

tisíc, *mi* **(**복수 생격 *tisíc, tisíců***)** 천, 1,000, 1,000개[사람] ◆ *mít ~ chutí* 대단히 …하고 싶어하다; *T- a jedna noc* 천일야화((아라비아의 동화집))

tisící 1000의, 1000개[사람]의

tisíciletí, *n* 천년간, 천년기, 천년제

tisícina, *f* 1/1000, 천분의 1

tisícovka, *f* 1000, bankovka 1000 코루나 지폐

tisk, *mi-2, 3* **1** 인쇄, 프린트 **2** vytištění 쇄(같은 책의 개정·증보 등의 출간 횟수를 세는 단위) **3** nátisk 인, 소인, 스탬프 **4** knihtisk, tisk z výšky 활판, 인쇄한 자구, 활판 인쇄기법 **5** noviny a novináři 신문, 잡지, 정기 간행물, 보도기관, 보도진, 기자단 **6** druh liter 활자, 자체, 인쇄한 문자 ◆ *chyba -u* 오식, 미스프린트; *v -u* 언론에서; *být v -u* 인쇄 중이다; *svoboda -u* 언론의 자유

tiskací 인쇄의, 프린트의 ◆ *~ písmena* 목판 글자, 블록 글자체

tiskárna, *f* 인쇄소, 인자기, 프린터

tiskař, *ma* **-ka,** *f* 인쇄업자, 인쇄공, 식자공, 출판자

tiskařsk|ý 인쇄의, 출판의, ◆ *-á čerň* 인쇄기[프린터] 잉크; *~ stroj* 인쇄기

tiskařství, *n* 인쇄술, 인쇄업

tisk|nout (*tištěn*) **> po-** 인쇄하다, 출판하다 **~ > s-** k (…에로) 누르다, 밀어붙이다; účelně (습포, 우표 등을) 붙이다, 대다; do náruče, k sobě (품안으로, 자기쪽으로) 꼭 껴안다, 끌어안다 **~ se** 들러[달라]붙다, 고착[밀착]하다 **~ > s- 1** 누르다, 힘을 가하

T

다; do menšího prostoru (더 작은 공간으로) 압축하다, 압박하다, 짜다 **2** pevně sevřít 꼭 잡다, 단단히 쥐다 ◆ *~ komu ruku* 누구의 손을 꼭 잡다[쥐다] ~ > **v-** 밀어넣다; a zanechat stopy 자국을 남기다, 표하다 ~ > **vy-** 출판[간행]하다 ◆ *lže, jako když -ne* 그는 터무니없는 거짓말을 한다; *tištěné spoje* 인쇄[프린트] 배선회로

tiskopis, *mi* 기입용지

tiskovka, *f* (구어체) = *tisková konference*

tiskov|ý 인쇄의, 출판의, 정기 간행물의 ◆ *-á agentura* 통신사; *-á conference* (신문기자에 대한 정부의) 배경 설명(회), 기자 회견

tísnit > s- 1 v prostoru 좁게 하다, 좁히다, 제한하다; lidi (사람을) 가두다 **2** (군사적으로) 압박하다; duševně (정신적으로) 압력을 가하다, 내리누르다, 기를 죽이다, 낙담시키다 **3** (옷, 신발 등이) 꽉 끼다 ~ **se** 떼지어 모이다, 붐비다, 밀려들다

tísnivý 압제적인, 압박하는, 답답한

tiše 조용히, 가만히; 낮은 목소리로 ◆ *tiše! = ticho!*

tišina, *f* (시어)**1** (바람 따위를) 피할 곳, 가려진 곳, 은신처 **2** klid 고요함, 냉정, 평온

tišit > u-, z- 1 조용하게 하다, 가라앉히다, 낮추다 **2** bolest (고통을) 누그러뜨리다, 경감[완화]시키다; prudký cit (격한 감정을) 진정시키다; (jakoby) odstraněním ulevit 덜다, 완화하다 **3** uspokojit 달래다, 채우다; vzbouřené 진압[진무, 평정]하다; konejšit 위안하다, 기쁘게 하다 ◆ *~ hlas* 목소리를 낮추다 ~ **se > u-, z-** 조용해지다, 가라앉다; bouře i bolest (폭풍, 고통이) 꺼지다[그치다]

tištěný 출판된, 인쇄된

titěrnosti, *f-1* 하찮은 것[일], 사소한 것[일]

titěrný 사소한, 하찮은

titul, *mi-2* **1** název, nárok 제목, 제명, 책 이름, 타이틀 **2** obvyklé nazývání (일반적인 호칭) 칭호, 상호; titulování k poctě 경어, 경칭; dasažený, akademický 학위, 직함; přídomek 별명, 애칭 **3** v nadpisu 표제, 제목, 제자 **4** (스포츠의) 타이틀, 선수권 **5** nakladatelská jednotka 책, 출판물 **6** 원인, 이유 ◆ *z -u čeho* 무엇의 덕택으로, 무엇 때문에; *z jakého -u?* 무슨 근거로?

titul|ek, *mi-2, 3* **1** (신문기사 따위의) 표제, 제목; 삽화[사진] 밑의 설명(문구) **2** film (영화의) 설명자막 ◆ *plnit -ky novin* 신문에 크게 취급되다, 유명해지다

titulkovat …에 표제를[제목을] 붙이다, 자막을 달다[넣다]

titulní 표제[제목, 타이틀]의

titulovat koho jak (누구를 어떻게) 부르다[호칭하다]

tíž(e) *těžce, těžko*의 비교급

tíže, *f* (시어 *tíž*) **1** 무게, 중량, 중력 **2** přitažlivost 인력 **3** závažná/vážná věc 중대함, 엄중, 중압 **4** 부담, 무거운 짐; 의무, 책무 ◆ *zemská ~* 지구 인력

tížit (*tíž!*) 압력을 가하다, 압박하다, 탄압하다, 억누르다

tíživý 압박하는, 부담스러운, 성가신,

T

귀찮은

tkadlec, *ma* (베)짜는 사람, 직공

tkalcovský 1 (베)짜는, 뜨는[엮는]; 텍스타일의 **2** 직공의

tkáň, *f* 직물, 사(紗)

tkanice, *f* (납작한) 끈, 테이프; šněrovací (구두 · 각반 · 코르셋의) 끈, 레이스, 줄, 실

tkanička, *f* do bot (신발의) 끈, 신발끈

tkanina, *f* 직물, 천, 편물; jemná 얇은 천[거즈]; = *textilie*

tkanivo, *n-2* 피륙, 직물, 천

tkát (*tkám, -áš* ···; *tkaní*; *netkat*) > **utkat** 천을[베를] 짜다, 뜨다, 엮다; vytvořit 조립하다, 꾸며[만들어] 내다

tk|livý 감정적인, 정적인, 감동적인,

tknout se 1 (*netk*[*nu*]*l*, *-tkla* ···, *tknut*) **(**부정문에서**)** 닿지 않다 **2** (*tknul*, *tkla*···, *tknut*) = *dotknout se* ◆ *jídla se ani netkl* 그는 음식에 전혀 손을 대지 않았다

tkvít (*oni tkv*[*ěj*]*í*, *tkvěl*) = *spočívat v čem*

tlačenic|e, *f* 쇄도, 붐빔, 혼잡 ◆ *vyznat se v -i* 요령을 잘 알고 있다[배우다]

tlačenka, *f* 속을 채워 넣은 돼지 내장 고기, 소금에 절인 돼지고기의 살라미

tlač|it tížit (내리) 누르다 ~ > **na-, v-** co kam (무엇을 어디에) cpát 누르다, 압박하다; 밀어 넣다, 채우다 ~ > **při-, s-** = *tisknout* ~ > **vy-** lisem 누르다, 압축하다; razit 주조하다; v reliéfu 돋을 새김으로 하다, 도드라지게 꾸미다 ~ **1** 밀다, 밀치다 **2** na koho/co (누구에게/무엇에) 압력을 가하다[재촉하다] **3** koho svíráním působit bolest (누구를) 꽉 죄다, 내리누르다 ~ **se** v davu (군중 속에서) 밀려[모여]들다, kam (어디로) 밀어 제치며 나아가다 ~ **se** > **při-** 압박하다, 내리 누르다; těsně 서로 들러붙다 ~ **se** > **v-** 밀고 나아가다; kam (어디로) 앞으로 나아가다[전진하다]

tlačítko, *n-2, 3* (벨 따위의) 누름단추, 스위치 ◆ ~ *zvonku* 벨의 누름단추; *světelné* ~ 전기 버튼[스위치]

tlach, *mi-2, 3 pl. -y* 지껄임, 잡담, 한담, 뒷공론, 가십

tlak, *mi-2, 3* 압력, 압축, 압착, 압박 ◆ *pod -em* 압력을 받아, 시달려; *udržovat kde stálý* ~ 기압[압력]을 일정하게 유지하다; ~ *vzduchu* 대기 압력, 대기압, 기압

tlakoměr, *mi-2* 기압계, 청우계, 고도계, 척도 na kotli (주전자 등의) 압력계

tlakový 압력의 ◆ ~ *hrnec* 압력솥

tlama, *f* (동물의) 입, 주둥이, 부리

tlampač, *mi* amplión 확성기

tlapa, *f* (발톱있는 동물의) 발

tleskat > **za-** 손뼉을 치다, pochvalně 박수갈채하다, 성원하다

tlít (*oni tlejí*, *tl*[*ej*]*!*|*tli!*, *tlel*) > **ze-** 썩다, 부패하다 (*zetlelý* 썩은, 부패한)

tlouct, tlouci (*tluč-*, *tloukl*, **(**문어체**)** *tluk-u*, *-ou*, *tluc!*) > **udeřit**, **uhodit 1** = *bít*, *bušit*, *mlátit*, *šlehat*, *tepat*; srdce (심장이) 뛰다; motor (기관이) 노킹을 일으키다; na dveře (문을) 두드리다; jemně jako déšť (비처럼 가볍게) 후두두 소리를 내다; čím (무엇을) 또는

drtivě 탕탕치다; až se láme 깨뜨리다, 부러뜨리다; na kaši 짓찧다, 짓이기다, 으깨다; na prášek 분쇄하다, 가루로 하다; potlouci 연타[난타]하다, pěstí (주먹으로) 후려갈기다 **2** zvuky (소리 나게) 세게 치다, 쾅 닫다, tupě 강타하다; dunivě (탁) 치다, 때리다; hřmotně (소음으로) 시끄럽게 하다 **3** **(**시어, 고어**)** pták (새가) 지저귀다, slavík (나이팅게일이) 짹짹울다 ◆ ~ *na buben* 드럼을 치다; *hodiny tlučou poledne* 시계가 정오를 친다 ~ > **po-** 난타하다, 쳐부수다 ~ > **-u, na-** co (무엇을) 때려부수다, 가루로 만들다 ~ > **z-** koho, **na-** komu = *mlátit* ~ > **za-** 못[징]을 박다 ~ **se 1** = *potloukat se* **2** ~ *sebou* = *zmítat se* **3** být v nesouladu 충돌하다, s (…와) 불화를 일으키다

tloustnout > **z-** 뚱뚱해지다, 살찌다, 비대해지다, **(**참조**)** *tlustý*; o člověku (사람이) 비만해지다

tlouštík, *ma-3* **(**구어체**)** 뚱뚱이, 뚱뚱보

tloušťka, *f* **1** 두꺼움, 굵음, 두께 **2** tělnatost 비만, 비대

tlučhuba, *ma* 허풍선(虛風扇)이, 자랑가, 수다쟁이

tlukot, *mi-2* **1** srdce (가슴의) 고동 **2** **(**시어, 고어**)** ptáka (새의) 지저귐, 노래, slavíka (나이팅게일의) 울음소리

tlumen|ý (소리가) 침묵한; (음량 등이) 약해진; (색이) 부드러운 ◆ *-á světla* 희미해진 불빛

tlumit > **u-, z- 1** 침묵시키다, 잠잠하게 하다 **2** zvuk (소리를) 죽이다; přidušením 억누르다, 짓누르다 **3** potlačit 억압하다, 억제하다; zvuk/světlo (소리 혹은 빛을) 낮추다, 경감하다 **4** barvu (색깔을) 연하게 하다 ◆ ~ *světla vozu* (차량의 불빛을) 희미하게 하다

tlumočit 1 통역하다, 설명하다 **2** vyřídit 전하다, 전달하다, 알리다, 통지하다 ◆ ~ *komu pozdravy/přání/díky* 누구에게 인사/기원/감사를 전하다

tlumočn|ík, *ma-3* **-ice,** *f* 통역(자)

tlumok, *mi-2, 3* = *batoh, vak*

tlupa, *f* 일대, 그룹, 떼, 일당

tlusťoch, *ma-3* = *tlouštík*

tlusťoučký, tlusťounký 뚱뚱한[굵은]

tlustý 1 두꺼운, 굵은; silný 억센, 굳센, 강건한; tučný, otylý 살찐, 뚱뚱한, 비대한; do kulata 포동포동한 **2** 땅딸막한; objemem 부피가 커진, 거대한

tma[1]**,** *f* **1** temnota 암흑 **2** noční soumrak 땅거미, 황혼, 어스름 ◆ ~ *jako v pytli* 자루속 같이 어두운, 새까만, 캄캄한

tma[2] **(**서술부사**)** 어둡다 ◆ *venku je* ~ 밖은 어둡다

tmavo 흑-, 짙은-, 회색-

tmavomodrý 짙은 청색의, 짙은 감색의

tmavovláska, *f* 브루넷((머리가 거무스름함))

tmav|ý = *temný* ◆ *-é brýle* 선글라스, 색안경; ~ *oblek* (준 공식적인) 정장, 신사복; *-é pivo* 흑맥주

tmel, *mi-2* 시멘트, 양회; kyt 퍼티((창유리 따위의 접착제))

tmelit > **s-** 시멘트로 접합하다

tmít se (*oni se tmějí, tměj se!, tměl se*)

T

어두워지다, 거뭇해지다

to **(**지시 대명사; 변화는 부록의 문법 참조**)** 그, 이, 그것, 이것, 그 사람, 그 분, 거기, 그 곳 ◆ *a* ~ 더욱이, 그것도; *co ~ ?* 그건 뭔데?; *co na -m?* 그건 어떤가?; *čím/jak ~, že ~* … (이)라면 어떨까?; *dejme -mu, že* …라고 가정해 보자; *do -ho* 그것[거기]까지; *k čemu ~ ?* 그건 무슨 소용이냐?; *kdo je~ ?* 그는 누군가?; *už ~ mám* 나는 이미 알겠어, 이해해; *mám za ~* 나는 수긍이가, 추측이 돼; *~ ne* 그것은 아니야; *nemohu za ~* 나는 그것을 어쩔 수 가 없어; *být na -m jak* 그것이 어떻게 되다; *je po -m* 그것은 끝장이 나다; *co je ti po -m* 그게 너와 무슨 상관이야, 너의 일에나 신경써; *jsem pro ~* 나는 그것에 찬성이야; *nejsem proti -mu* 나는 그것에 반대하지 않아, 나는 개의치 않아; *přes ~, že* … (이)라는 사실에도 불구하고; *přijde na ~* 그것에 달려있어; *~ tak!* 그건 의심의 여지가 없어; *je -mu tak* 그게 그렇군; *co se -ho týče* 그것에 관한한; *vzhledem k -mu, že* … (이)라는 사실을 고려하여; *~ jsem zvědav* 그거 호기심이 가는데; *~ je jedno* 매한가지다, 상관없다

toaleta, *f* **1** oděv (여성용) 야회복[의상] **2** celková úprava zevnějšku 화장, 몸단장 **3** úpravna 화장실, dámská (여성용) 화장실, záchod 변소, 세면소, v domě (주택의) 옥외변소 **4** stolek 화장대, 경대

toaletní 화장실의 ◆ *~ papír* 화장지, 뒤지, 휴지

tobolka, *f* **1** zast. 돈지갑, 돈주머니 **2** 《植》 (식물의) 꼬투리, 삭과(蒴果)

točení, *n* **1** 회전, 돌리기 **2** 감기, 똘똘 말기 **3** (궐련의) 말기, (머리카락의) 컬 **4** (맥주의) 따르기 **5** (영화의) 촬영

točit > na- 1 film 촬영하다; záznam 기록하다, 녹음[녹화]하다 **2** nápoj (음료수를) 따르다, 퍼올리다; čepovat (꼭지를 열어 맥주 등을) 따르다 **~ > o-** 돌리다, 회전시키다; ovíjet 감싸다, 싸다 (kolem čeho 무엇의 주위[둘레]를) **~ > s- 1** stranou (옆으로) 제치다 **2** cigaretu (담배를) 말다 **~ > vy-** na soustruhu (녹로로, 선반으로) 깍다[만들다] **~ > za- 1** čím (무엇을) 돌게 하다; kolem osy (굴대 둘레를) 회전하다[시키다]; 나사를 죄다[틀다] **2** kým (누구를) 조종[통제]하다 **~ se > o- 1** 돌다, 돌아가다, v. obracet se; kolem osy (굴대 주위를) 회전하다; kroužit 선회하다, 빙빙 돌다; vinout se 감다 **2** hlava (머리 등이) 어찔어찔하다, 현기증이 나다 **3** čile se pohybovat 활기차게 움직이다, 부산 떨다; kolem koho (누구의 주위를) 해롱거리며 돌아다니다, 아양부리다 **4** kolem čeho (무엇의 주위를) 맴돌다 **~ se > s-** 옆으로 나아가다, 빗나가다; vítr (바람이) 방향을 바꾸다 **~ se > za-** jako **o-**

točit|ý 감겨지는, 굽이치는, 꼬불꼬불한, 나선형의 ◆ *-é schody* 나선 층계

točivý 회전의, 순환하는

točna, *f* **1** pól 극, 극지 **2** (철도 용어) 전차대 ((기관차 따위의 방향을 전환하는)); (극장의) 회전무대 ◆ *severní/jižní ~* 북/남극

tohle (지시대명사) (구어체) **1** 이것, 이 **2** v. *tenhle, tento*

tok, *mi-2, 3* **1** proud 흐름, 유동 **2** řeka 시내, 개울, 강

Tokio, *n* 도쿄

tolerance, *f* **1** 관용, 묵인; 신앙의 자유 **2** přípustná odchylka 공차, 오차 허용도

tolik I (부정(不定) 대명사) (주격, 대격 외의 다른 격 *-a*) 그렇게 많은, 그만큼의 ◆ ~ *lidí* 그토록 많은 사람들; ~ *peněz, kolik potřebuješ* 너가 필요로 하는 그만큼의 돈 **II** (부사) **1** 그렇게 많게, 그만큼 ◆ *má ~ peněz, že⋯* 그는 ⋯할 정도의 그만큼의 돈을 갖고 있다 **2** 그토록 ◆ *proč ~ pláčeš?* 왜 그토록 우느냐? **3** 이[그] 만큼만 ~ *pro dnešek* 오늘은 이만큼만, 오늘은 이만큼으로 끝내자 ◆ ~ *a ~ lidí* 이러이러한 수의 사람들

tolikátý 그만큼의

toliko 단지, 그저, 다만

tolikrát(e) 그토록 많게[많이]; často 매우 자주, 아주 빈번하게

Tomáš, *ma* 토마시((남자이름)), 도마((예수의 12제자중의 한 사람)) ◆ *nevěřící ~* 의심하는

tón, *mi-2* **1** 음질, 음색, 음조, 색조 **2** nálada 어조, 말씨, 말투 ◆ *celkový ~* (말의) 취지, 대의

tonáž, *f* (선박의) 용적 톤수, 총톤수

tónina, *f* (장단의) 조, (목소리의) 음조

tonout 1 잠기다, 가라앉다, 빠지다 **2** 흠뻑 빠지다

topenář, *ma* 난방 기술자, 열 처리사

topení, *n* 난방장치, způsob 난방 ◆ *ústřední/ naftové ~* 중앙/석유 난방

topeniště, *n* [보일러·기차의] 화실

topič, *ma* (기관의) 화부, 보일러공

topinka, *f* 토스트, 구운 빵((팬에 버터를 두른후 빵의 양면을 구운 뒤 거기에 마늘따위를 바른 것))

topit > u- 물에 빠뜨리다, 익사시키다 **~ se** = *tonout, utopit se* v. *utonout,* sebevražedně (자살로써) 익사하다 **~ > za- 1** 따뜻하게 하다, 가열하다, 데우다 **2** vodou (물로써) 넘치게 하다, 범람 시키다 **3** komu (누구를) 들볶다

topivo, *n-2* 연료, 신탄, 장작

topný 가열하는, 따뜻하게 하는

topol, *ml* 포플러, 그 목재

toporný 뻣뻣한, 딱딱한, 굳은

topůrko, *n-2, 3* (도끼 등의) 자루, 손잡이

torna, *f* (군인·여행자의) 냅색, 배낭, 바랑

torpédo, *n-2* 어뢰, 수뢰, 공뢰

torpédoborec, *mi* (어뢰로 무장한) 구축함

torpédovat 어뢰로, 파괴하다, 뇌격하다

torzo, *n-2* 토르소((머리 · 손발이 없는 나체 조각상)), 미완성 작품

totalitní 전체주의의, 일국일당주의의

totální 전체의, 전부의, 총체의, 총합의

totiž zkratka 즉, 다시 말하자면

totožnost, *f-1* **1** 동일함, 일치, 동일성 **2** 자기자신임, 본인임; 정체성, 신원 ◆ *průkaz -i* 신분증, 신분 증명

T

서

totožný 아주 동일한, 같은, 일치하는

touha, *f* 동경, 갈망, 열망, 그리움 ◆ *~ po domově* 향수(병); *~ po moci* 권력욕

toulat se > za- 떠돌다, 방랑하다, 헤매다, 유랑하다

toulka, *f* 방랑, 유랑, 떠돌기

touš, *mi* (아이스하키의) 퍽, (경기용) 원반

toužebný 동경하는, 간절히 바라는

toužit (*tuž!*) **> za-** 간절히 바라다, 열망하다, 동경하다

továrna, *f* 공장, 제조소

tovární 공장의, 제조소의

továrn|ík, *ma-3* **-ice,** *f* 제조(업)자, 생산자, 공장주

T

tovaryš, *ma* (수습기간을 마친) 제구실을 하는 장색; (일류는 아니지만) 확실한 솜씨를 가진 사람

toxikoman, *ma* **-ka,** *f* (마약, 약물) 중독자

toxikománie, *f* (마약, 약물) 중독

tradice, *f* 전통, 관습, 인습

tradiční 전통적인, 관습의, 인습의

tradovat (후세에) 전하다, 유산으로 남기다

trafi|ka, *f* 담배가게((담배, 신문, 잡지 등의 판매가게)) ◆ *v -ce* 담배가게에(서)

trafikant, *ma* **-ka,** *f* 담배 장수, 담배가게 주인

tragéd, *ma* **-ka,** *f* 비극배우, 비극작가

tragédie, *f* 비극, 비극적인 이야기 [사건]

tragický 비극적인

tragika, *f* 비극, 참극

trakař, *mi* (바퀴가 하나나 둘인) 손수레, 들것식의 화물 운반대

trakt, *mi-2* **1** ústrojí (인체 내부의) 관, 도 **2** budovy (건물의) 물림, 퇴, 날개, 익, 익면

traktát, *mi-2* (소) 논문, (특히 종교·정치 관계의) 팜플렛, 소책자

traktor, *mi-2* 트랙터, 견인(자동)차

traktorist|a, *ma* **-ka,** *f* 트랙터 운전자

traktovat 다루다, 논하다, 취급하다

trám, *mi-2* (건물의) 장선, 들보, 도리

trámový 뼈대[구조]의, 목골조의

tramp[1]**,** *ma* **–ka,** *f* 야영자, 캠프 생활자; 하이커, 도보여행자

tramp[2]**,** *mi-2* 야영, 캠프, 노영; 하이킹, 도보여행

trampota, *f* nesnáz 고생, 근심, 곤란, 어려움, 수고

tramvaj, *f* **1** systém (하나의 기계장치로서의)전차 **2** vůz, vlak 전차의 차량

tramvajenka, *f* (전차 등 대중교통의) 정액권

trans, *mi-2* 몽환의 경지, 황홀, 열중; 인사불성, 망연자실 ◆ *v -u* 도취된, 망연자실한

transakce, *f* **1** (업무상의, 상업상의) 처리, 취급, 거래 **2** (컴퓨터) 트랜잭션, 처리

transformátor, *mi-2* 변화시키는 것, 변압기, 트랜스

transmise, *f* 전동장치, 기어

transparent, *mi-2* **1** 투명화[문자] **2**

플래카드, 현수막, 횡단막; s heslem 기치, 슬로건

transplantovat 옮겨 심다, 이식하다, 이주시키다

transport, *mi-2* 수송, 운송

transportér, *mi-2* **1** 운반장치, 컨베이어 **2** vozidlo 운반차

transportovat 운반[수송]하다

tranzit, *mi-2* 통과, 이동, 통행

tranzitní 통과의, 단기 체제의 ◆ ~ *cestující* 통과 여행자; ~ *vízum* 통과 비자[사정]

trápit (*trap!*) > **po-** 괴롭히다, 귀찮게[성가시게] 굴다, 고통을 주다 ~ **se** kvůli čemu/pro co/[s] čím/nad čím (무엇 때문에, 무엇에 대하여) 걱정하다, 괴로워하다, 고민하다

trapný choulostivý 거북한, 어색한, 곤란한, 귀찮은, 불편한

trasa, *f* (일정한) 통로, 노선, 길, 선 ◆ *letecká* ~ 항공로; *obchodní* ~ 무역로

trať, *f* **1** (경마의) 주로, 경주로, 트랙, (철도 등의)선로, 궤도 **2** pro určitý směr (일정한 방향의) 노선, 선

tratit (*tracen*) 잃다, 상실하다 ◆ ~ *na váze* 체중이 감소하다 ~ **se 1** (갑자기) 사라지다, 없어지다 **2** jídlo (음식이) 점차 줄다, 작아지다, 축소[감소]하다 **3** hubnout 체중이 줄다, 여위어지다

tratoliště, *n* 엉긴 피, 핏덩이 ◆ ~ *krve* 피웅덩이

traťový lístek 정기 승차권

tráv|a, *f* **1** 풀, 풀의 잎[줄기] **2** 잔디 **3** 목초, 풀밭, 초원 **4** (속어) 마리화나 ◆ *válet se v -ě* 풀밭에 뒹굴다; *slyšet -u růst* 너무 예민[소심] 하다, 몹시 겁을 내다; *kouřit -u* 마리화나를 피우다

traverza, *f* (토목·건축의) 도리, 대들보, 거더, (특히 I형 금속재를 짜맞춘) 구조재

travič, *ma* **-ka**[1], *f* 독을 넣는 사람, 독살자

travička[2], *f* 작은 풀[잔디]

trávit (*trav!*) **1** = *otravovat* **2** podporovat trávení 소화를 촉진시키다, 식욕을 돋구다 ~ > **s- 1** potravu (음식물을) 소화하다 **2** čas (시간을) 보내다, 쓰다

travnatý 풀이 무성한, 풀 같은

trávník, *mi-2, 3* 잔디(밭)

trávový zelený (잔디빛으로) 연두색의, 신록의, 초록의

trčet (*oni trčí*) **1** (밖으로) 튀어나오다 **2** vybíhat 내밀다, 불쑥나오다, 비어져 나오다

trefa, *f* **1** 타격, 적중, 명중 **2** 대성공, 당첨, 우승

trefit < **1** dojít cíle, zasáhnout cíl 맞히다, 명중시키다(*ne-* 빗나가다, 실패하다); co (무엇을) 치다, 때리다 **2** uhodnout 알아맞히다, dobře vybrat 정확하게 고르다[뽑다]; vystihnout 정당하게 다루다[평가하다] **3** náhodou 뜻밖에 마주치다[맞닥뜨리다] **4** najít cestu 길을 찾다[발견하다] ◆ ~ *do černého* 바로 맞히다, 요점을 찌르다 ~ **se** < **-ovat se** do čeho (무엇을) 명중하다, 과녁에 맞다

trefný 1 podobou (형태로써) 닮은, 같은, 비슷한 **2** přiléhavý 맞는, 적절한

T

trefovat (se) mířit na co 적중시키다

trém|a, *f* 대단한 신경과민, 불안, 초조; před vystoupením (공연 전의) 무대 공포증, před zkouškou (시험 전의) 시험 공포증 ◆ *mít -u* 속이 조마조마하다, 초조하다

trémist|a, *ma-4* **-ka,** *f* 부끄럼타는 사람, 소심한 사람

trend, *mi-2* 경향, 추세, 동향, 풍조, 동정

trenér, *ma* **-ka,** *f* 코치, 지도원, 지도자

trénink, *mi-2, 3* sport. (스포츠) 연습, 실습, 훈련, 트레이닝

trénovat > na- 연습하다, 훈련하다

trenýrky, *f-pl* 운동용[훈련용] 짧은 바지

trepka, *f* 슬리퍼, 가벼운 실내화

treska, *f* 대구, skvrnitá (점이 박힌 북대서양산의) 대구의 일종

tresť, *f-1* 추출물, 액기스, 정, 달여낸 즙

trest, *mi-2* **1** 벌, 처벌, 징벌, 형벌, 응징 **2** pokuta 벌금, 과료 **3** tělesný 체벌, 체형, 태형 ◆ *~ smrti* 사형, 극형; *za ~*(형)벌로써

trestan|ec, *ma* **-kyně,** *f* 죄인, 죄수

trestat > po-, z- 벌하다, 처벌하다, 응징하다; tělesně (육체적으로) 체형을 가하다, 형벌을 가하다

trestní 형의, 형사상의; míněný jako trest 형벌의, 징벌의 ◆ *~ oznámení* 고소, 기소; *podat ~ oznámení* 고소하다; *~ právo* 형법; *~ rejstřík* 전과 기록; *~ řízení* 형사 소송, 재판, 공판; *~ soud* 형사 법원; *~ zákon* 형법

trestnice, *f* 형무소, 교도소, 감옥

trestný 벌 줄 수 있는, 처벌할 만한, 범죄의 ◆ *~ bod* (스포츠의) 벌점; *~ čin* 범법 행위, 범죄; *~ kop* (스포츠의) 페널티 킥

trestuhodný 비난할만한[해야 할], 질책당할만한

tretka, *f* (값싼 보석 · 반지 따위의) 자질구레한 장신구, 시시한 것, 싸구려, 고물

tretry, *mi, f-pl* 스파이크가 달린 운동화((육상 경기 등을 위한 신발))

trezor, *mi-2* 지하(저장)실, 금고실, 귀중품실, schránka 금고

trh, *mi-2, 3* 장, 시장; výstavní veletrh 정기시장, 자선시, 박람회, 공진[품평]회 ◆ *jít s čím na ~* **(**비유**)** 무엇을 자랑해 보이다; *jít na ~* 시장에 가다; *bleší/černý/vnitřní rostání domácí* 벼룩/암/국내 시장

trhací 떼어낼 수 있는 ◆ *~ kalendář* 떼어낼 수 있는 달력

trhan, *ma* 하층민, (인간)쓰레기, 누더기를 걸친 사내(아이), 파락호, 부랑인

trhání, *n* **1** 잡아당기기, 끌어당기기; (어깨를) 으쓱거림 **2** (이빨의) 뽑기, 적출 **3** (과일의) 따기; (꽃의) 꺾기 **4** (종이의) 찢기 **5** (옷의) 닳아해짐 **6** (기록의) 파괴, 갱신

trh|at > -nout čím (무엇을) 끌어당기다, 끌다, 떼어놓다, (잡아)찢다, 뽑다, 따다, cloumavě 확 당기다 **~ > na-** 따모으다, 거두어 들이다, 수확하다, v. *utrhnout* **~ > o-** 잡아 뽑다[찢다] **~ > po-** v. *roztrhat* **~ > přetrhnout, přetrhat 1** 물어뜯다, 잘라먹다 **2** (관계 따위를) 끊다,

단절하다 ~ > **roztrhnout, roztrhat 1** 갈기갈기 찢다, po délce (길이로) 쪼개다, 째다; ve vrstvách, vláknech 분할하다, 찢어내다, od sebe 분리하다, 떼어내다 **2** na části (부분들로) 나누다, 쪼개다; na složky nižšího řádu (더 낮은 요소로) 분류하다 **3** oděv nošením (옷을 입어서) 닳게 하다, 닳아 해지게 만들다, 마모시키다 ~ > **utrhnout, utrhat** 찍어[찢어]내다, 끊다, plody|květy (열매를/꽃을) 따다 ~ > **vytrhnout, vytrhat 1** 뜯어내다, 떼어내다 **2** zub (이빨을) 뽑다 ~ > **z-** koho (누구를) 깎아내리다, 혹평하다 ~ **sebou** > **-nout se, roztrhnout se 1** 찢어지다, 떨어지다, 깨지다, 부서지다, 쪼개지다; šaty(roz-) (옷이) 째지다 **2** nošením (입어서) 닳다, 해지다 ~ **se** > **utrhnout se 1** 끊어지다, 떼어지다 **2** 벗어나다, 이탈하다

trhavý 1 갑자기 움직이는, 움찔하는, 실룩이는 **2** jako v křeči 경련의, 발작적인, (목소리가) 떠듬거리는, 더듬거리는 **3** o kritice (비평이) 파괴적인

trhlina, *f* 갈라진 금, 틈, 균열, 터진 곳

trhlý (구어체**)** 머리가 돈, 분별없는, 미친

trhnout 1 (구어체**)** vydělat 자기 것으로 하다, 착복하다, 챙겨넣다 **2** komu jednu (누구에게 하나를) 주다 **3 (***trhat* 참조**)** čím (무엇을) 끌어당기다, 끌다

trhnutí, *n* 급격한 움직임, 홱 당기기; 세차게 비틈, 뒤틈; (차량의) 덜커덕거림

trhov|ec, *ma* **-kyně,** *f* (시장의) 좌판 장수, 노점상

tribun, *ma* **1** (고대 로마의) 호민관 ((평민회만의 투표로 선출)), 군단 사령관 **2** 민중지도자, 민권 옹호자

tribuna, *f* **1** (회의에서 연설가나 의장단을 위한) 단, 고대; 교단, 플랫폼; parlamentní (의회의) 연단 **2** (경기장의) 스탠드, 관람석, 공개 토론회(의 회장) ◆ *volná ~* 콜인((TV·라디오에서 시청자가 전화로 참여하는 프로))

tribunál, *mi* 재판소, 법정, 심판대

tribut, *mi-2* **1** (고대 로마의) 세(稅) **2** (속국이 바치는) 조공, 공물, 연공

tričko, *n-2, 3* **(**구어체**)** triko 티셔츠, 속 셔츠

triedr, *mi-2* 쌍안경, 쌍안 망원경

trik, *mi-2, 3* 책략, 트릭, 속임수

triko, *n-2, 3* tričko 티셔츠

trikolóra, *f* 3색기

trikot, *mi-2* **1** (곡예사·댄서 등이 입는) 몸에 착 붙는 옷, 타이츠 **2** 트리코, 골지게 짠 피륙의 일종

trikotýn, *mi-2* 메리야스(천)

trilogie, *f* (극 · 가극 · 소설 등의) 3부 작, 3부 극, 3부 곡

Tripolis, *mi* 트리폴리((리비아의 수도))

triumf, *mi-2* 승리, 대성공, 개가

triumfální 승리의, 성공의, 개선식의

triumfovat 승리를 거두다, 이기다

triviální 하찮은, 대단치 않은, 평범한, 사소한

trivialita, *f* 하찮음, 평범, 시시한 것

trk|at > -nout, potrkat 1 koho (누구를) 들이받다, 부딪치다, 충돌하다; odhodit 떠받아 내동댕이치다; o větším zvířeti (커다란 짐승이 뿔이나 이빨 따위로) 찌르다, 받다 **2** být nápadný 돌격하다, 돌진하다

trmác|et se (*oni -cejí*) 오래[힘들게, 피곤하게] 여행하다, 어려운 일로(특히 여행으로) 힘을 쓰다

trn, *mi-2* (식물의) 가시, 가시처럼 뾰족한 것

trní, *n* 가시나무, 가시덤불, 찔레나무, 들장미 ◆ *být jako na ~* 가시 방석에 앉은 것 같다, 늘 불안에 떨다

trnitý 가시가 많은, 가시 같은, 고통스러운

trnka, *f* **1** (유럽산) 자두나무의 일종, (미국산) 산사나무의 일종 **2** plod 자두류의 열매

trnout > za- 1 (몸의 부분이) 굳어지다, 뻣뻣해지다 **2** (공포로써) 몸서리를 치다 **3** o koho/co (누구/무엇에 대해) strachem (공포로) 몹시 불안해하다, 두려워하다, 근심[걱정]하다

trnož, *mi* 가로대, 발판

trofej, *f* 전리품, 전승 기념품[물], 트로피

trocha, *f* 작은 조각, 작은 부분, 소량, 조금

trochu (부사) 약간, 조금, 좀, 다소, 얼마간, 어느정도 ◆ *ani ~* 조금도 … 하지 않다[아니다] ; *jenom ~* 단지 조금만; *~ česneku* 마늘 조금; *umím ~ česky* 체코어를 조금 안다; *to je ~ moc* 그것은 좀 너무 많다

trojbarevný 3색의

trojí 3종류의, 3가지의

trojice, *f* 트리오, 삼중주(곡, 단), 삼중창(곡, 단), 3인조, 세개 한쌍; (종교의) 삼위 일체(성부 · 성자 · 성령을 일체로 봄)

trojka, *f* **1** 세개, 3두제, 3인조, 3번(전차등의 번호를 부를 때) **2** 3단 기어 **3** ruská (러시아의) 트로이카, 3두마차, [썰매]

trojkolka, *f* 삼륜차, 삼륜 오토바이; dětské vozítko (아이용) 삼륜의자 수레, 유모차

trojlístek, *mi-2, 3* 세잎, 삼판

trojný 3배, 3중 3겹, 3배[겹, 중]의

trojrozměrný 3차원의, 입체의; film. 입체영화의

trojskok, *mi-2, 3* 3단[세단] 뛰기

trojúhelník, *mi-2, 3* 삼각형, 삼각형의 물건, pravítko 삼각자

trolejbus, *mi* 트롤리 버스, 무궤도 전차

tropický 열대(지방)의, 열대성의

tropit > na- 하다, 만들다, **z-** 일으키다, 초대하다 ◆ *~ hluk* 큰 소동을 [소리를] 일으키다

tropy, *mi-pl* 열대(지방)

trosečn|ík, *ma-3* **-ice,** *f* 난파당한 사람, 조난자, 살아남은 사람

trosk|a, *f* **1** *pl. -y* (파괴된 것의) 잔해, 난파 화물; 부스러기, 파편(의 더미) **2** 나이 들고 병약하고 초라한 사람, 처참한 몰골, 패잔[몰락] 한 몸

troš|ek, *mi-2, 3* **-ka,** *f* 아주 조금, 약간, 다소; 소량, 소수, 소액 ◆ *po - kách* 조금씩

trošku, trošičku, trošínek, trošininku v. *trochu*

trouba[1], *f* **1** 《樂》 대형 취주 악기의

일종, 튜바((최저음의 대형 금관 악기)) **2** = *trubka, roura* **3** pečící 화덕, 오븐 ◆ *hlásná* ~ 전성관, 확성기, 메가폰

trouba[2], *ma* (구어체) 멍텅구리, 얼간이, 백치; snadno naletí 호인, 잘 속는 사람

troubit (*trub!*) > **za-** **1** (피리, 나팔 따위를) 불다, 취주하다, 호각[각적]을 불다, 울려서 알리다, 신호하다 **2** (코끼리가) 나팔 같은 소리를 내다, (사슴 등이) 포효하다

troud, *mi-2* 부싯깃, 불이 잘 붙는 물건 ◆ *suchý jako* ~ 바싹 마른[건조한]

troufalost, *f-1* 용기, 냉정, 담력, drzá 뻔뻔스러움, 안하무인, 자만

troufalý 대담한, 넉살 좋은, 뻔뻔스러운, 무례한, 자만의

trouf|at si 감히 …하다, 대담하게[뻔뻔스럽게도] …하다; riskovat nezdar 위험을 무릅쓰고 …하다 **-nout si** 마음을 다시 먹다, 용기를 내다

trouchni|vět (*-vějí*) > **z-** práchnivět, tlít 부패하다, 썩다, 부식하다

trouchnivý 썩는, 썩은, 부패한

trousit (*trus!*, *troušen*) > **roz-** 흩뜨리다, 뿌리다, 퍼뜨리다 **u-** 흘리다, 떨어뜨리다, slova (말을) 넣다, 삽입하다 **vy-** 놓치다, 잃다 ~ **se** 조금씩 뿌려지다, 드문드문[조금씩] 오다[가다], o zprávě (소식이) 조금씩 퍼져나가다[새나가다]

trpasličí 난쟁이 같은, 왜소한, 자그마한 ◆ ~ *elektronka* 에이컨관((도토리 모양의 고주파 전자관))

trpaslík, *ma-3* **1** 난쟁이, 꼬마둥이 **2** [인종학] 피그미 족, 왜인

trpělivost, *f-1* 인내(력), 참을성, 끈기 ◆ *přešla ho* ~ 그는 인내력을 상실하였다; ~ *přináší růže* 참는 자에게 복이 있다

trpělivý 인내심이 강한, 끈기 있는[좋은], 잘 견디는, 부지런한

trpět (*oni trpí*) čím (무엇으로) 시달리다, 병을 앓다; 해를 입다; těžce (힘들게) 괴로워하다, 고통을 받다 ~ > **s-** komu co (누구에게 무엇을) 굳이 하게 하다; mlčky (말없이) 묵인하다, 눈감아주다; smiřovat se s tím (무엇을) 지그시[묵묵히] 참다 ~ > **u-** 참고 견디다, protože se na něm něco provádí 인고하다, 참다, přivodit si 당하다, 입다, 짊어지다

trpitel, *ma 1*, *4* **-ka,** *f* 괴로워하는 사람, 수난자 mučedník 순교자

trpitelský 순교자[수난자] 같은

trpký 매운, 쓴, nakysle 시큼한, 짜릿한, 떫은; 쓰라린, 모진, 호된, 신랄한, 혹독한

trpn|ý 수동의, 수동적인; 무저항의, 거역하지 않는; [문법]수동의 ◆ ~ *rod* 수동태; *v -ém rodě* 수동태에서, 수동태의

trs, *mi-2* (실 따위의) 술, 타래, (같은 식물 군 따위의) 송이, 다발 ◆ ~ *hroznů* 포도송이

trubač, *ma* 나팔수, 트럼펫 주자, 나팔부는 사람

trubice, *f* 파이프, 관, 튜브

trubka, *f* **1** 《音》 나팔, 트럼펫 **2** = *trubice*

trubkový 관의, 관상 조직의, 파이프식의

trud, *mi-2* **1** smutek 슬픔, 비탄, 비통

2 pupínek 뾰루지, 여드름
trudit se 몹시 슬퍼하다, 애곡하다
trudnomyslný (습관적, 체질적으로) 우울한, 울적한
trudný 슬픈, 통탄할, 비통한
trudovitý 여드름이 난, 여드름투성이의
truhla, *f* **1** (뚜껑 달린) 대형 상자, 궤, (상자 모양의) 가구 **2** **(고어체)** 관
truhlář, *ma* 소목장이, 가구장이, umělecký (예술적인) 가구 세공상
truhlářství, *n* 가구 제조업, 소목 세공
truhlice, *f* 귀중품 상자, 돈궤, 금고
truhlík[1]**,** *mi-2, 3* **1** 궤, 상자, k vysypání (붓기, 뿌리기에 쓰이는) (석탄) 그릇[통], (곡물, 꽃 따위를 담는) 큰 바구니
truhlík[2]**,** *ma* **(구어체)** 반편, 얼뜨기, 바보, 멍청이
truchlit nad čím (무엇을) 슬퍼하다, 한탄하다, 비통해 하다
truchlivý 슬픔에 잠긴, 애처로운, 음산한, 쓸쓸한
trumf, *mi-2* **1** 으뜸 패, 비장의 수 **2** 결정적인 이유, 확실한 증거
trumpeta[1]**,** *f* **(참조)** *trouba1, trubka*
trumpeta[2]**,** *ma* 바보, 멍청이, **(참조)** *trouba2*
trůn, *mi* 왕좌, 옥좌, 왕위, 제위, 왕권
trůnit 왕좌[왕위]에 즉위하다[앉다]
truňk, *mi-2, 3* **(구어체)** **1** (알코올) 음료; (물약의) 1회분, 한 모금 **2** 음료, 마실 것
trup, *mi-2* 몸통, (나무의) 줄기, 수간, stroje (기계의) 몸체, letadla (비행기의) 동체, lodi, hydroplánu (선박·수상 비행기의) 선체
trus, *mi-2* (새 · 짐승의) 배설물, 똥, 분뇨
trust, *mi-2* 《經》 트러스트, 기업합동[기업합병]((동일산업 부문에서의 자본의 결합을 축으로 한 독점적 기업결합)); **(참조)** 카르텔
trustový 트러스트의, 기업합동의
trvalost, *f-1* 영구, 영속, 불변
trvalá, *f* (머리의) 파마
trvalka, *f* 다년생 식물, 다년초
trval|ý 영속하는, 영구적인, 불변하는, 영원한; pokračující 지속적인, 계속하는, 지속된 ◆ *být kde na -o* 어느 곳에 영원히 있다; *-á ondulace* 파마; *dát si -ou* 머리를 파마 하다
trvanlivost, *f-1* 오래 견딤, 내구성, 영속성
trvanliv|ý 오래 견디는, 튼튼한, 내구력이 있는 ◆ *-á barva* 내구성 페인트[도료, 물감]; *být ~* 오래가다
trvat > po- 1 오래가다[견디다, 끌다], 오래 쓰다 **2** pokračovat 계속[지속, 존속]하다 **~ > se- 1** 지속[계속]되다, na místě (장소에) 머물다 **2** na tvrzení 우기다, 고집하다, 고수하다, 신봉하다; zastávat 옹호[변호]하다 ◆ *~ na svém* 자신의 입장을 고수하다; *trval na tom, že ~* 그는 …라는 사실을 주장[고집]하였다
trychtýř, *mi* **(구어체)** **1** 깔때기 **2** po granátu (수류탄 폭발로 인한 지상의) 폭탄 구멍
trylek, *mi-2, 3* **1** 떨리는 목소리, 진음 **2** 《音》 트릴, 떤음 **3** 전동음,

T

ptačí (새의) 지저귐

trylkovat 1 트릴로 노래하다[연주하다] **2** (새가) 소리를 떨면서 노래하다[지저귀다]

trysk[1], *mi-2, 3* 갤럽((말 따위의 최대 속도의 구보)), 질주 ◆ *jet -em* (말을 타고) 갤럽[전속력]으로 달리다, 질주하다

trysk[2], *mi-2, 3* (액체 등의) 분출, 사출, 분사, 용솟음

tryska, *f* (가스 · 증기 · 물 따위의) 분출구, 내뿜는 구멍, 주둥이

tryskáč, *mi* 제트(비행)기, 제트엔진

trysk|at > (vy) -nout 분출하다, 뿜어나오다, 용솟음치다, 내뿜다, nafta (기름이) 갑자기 뿜어내다

tryskový 분출하는, 분사의, 제트기(엔진)의

trýzeň, *f* 고통, 고뇌, 괴로움, úzkost 고민, 번민

tryzna, *f* (조상이나 고인의 명복을 비는) 기념행사, 장례식

trýznit 괴롭히다, 고문하다

trýznivý 괴롭히는, 고문하는

tržba, *f* 수령[수입]액, z prodeje (판매의) 매상고

tržiště, *n* 시장, 장터, velké 중앙시장, 대형시장, 상거래의 중심지

tržit > s-, u- 1 수입[수익]을 올리다, 매상을 올리다 **2** = *mít prospěch*

tržní 시장의, 장의 ◆ *~ cena* 시장 가격, 시가; *~ ekonomika* 시장 경제

tržnice, *f* 복합 상점, (노상의) 상점가

tržný 찢어진, 찢긴

třapec, *mi* střapec 술, 장식술

třáseň, *f* (스카프 · 숄 · 카페트 따위의) 가장자리 장식, 술장식

třaskavina, *f* 폭약, 폭발성 물질

třaskavý 폭발성의, 폭발의

třask|at < -nout 폭발하다, 터지다; puška nebo láhev (총 혹은 병이) 펑 소리가 나다, 펑 터지다

třaslavý 떠는, 전율하는

třást (*třes-, třásl, třesení*) **> za-** 흔들리게 하다, 휘두르다, čím (무엇을) 떨다, kým a vzbudit ho (누구를) 흔들어 깨우다, v. *chvět* **~ > se-** 흔들어서 떼어놓다[떨어뜨리다] **~ se 1** 흔들리다, 떨리다 **2** na co (무엇이) 탐이 나서 못견디다 **3** o co/koho (무엇을/누구를) 두려워하다[걱정하다] **4** před kým (누구앞에서) 떨다, 전율하다

třeba 1 = *třebas* **2** *je ~* 필요하다, 필수적이다, komu (누구에게는) …하는 것이 필요하다[필수적이다] ◆ *je-li ~* 만일 필요하다면; *není ~* …할 필요가 없다; *je ~, abys přišel* 너는 올 필요가 있다; *je ~ říci, že*……라고 말해야 할 것이다; *~ je nemocná* 아마도 그녀는 아프다; *~ přijde* 그/그녀는 아마도 올 것이다

třebas 1 podle nutnosti 필요하다면 **2** dokonce …(이)라도, …까지도 (강조) **3** pro mne za mne 좋다고 한다면 **4** možná, snad 혹시, 어쩌면, 아마도 **5** například 예를 들자면, 이를테면 **6** budiž 마찬가지로 **7** ačkoli …이라 하더라도, 비록 …일지라도

třebaže = *třebas* 7

třecí 1 마찰의, 마찰로 생기는 **2** 문지르는 ◆ *~ převod* 마찰 전동 장치; *~ spojka* 마찰 클러치; *~ ručník* 테리 타월, 허커백 천 타월

tření, *n* 마찰, 문지르기, 비비기; 마사지, 안마

třenice, *f* 논쟁, 다툼, 불화

třen|ý 마찰된, 으깨진 ◆ *-á bábovka* 스펀지 케이크[카스텔라류]; *-é těsto* (스펀지 케이크 등의) 반죽; *-á souhláska* 마찰음

třep(et)at (*třep-u|-ám, třep!|třepej!*) > **za-** 나부끼게[휘날리게]하다, plácavě (날개를) 퍼덕이다, 날개치다; třepat, lahví (병 따위를) 흔들다 ~ **se** > **za-** **1** 퍼덕거리다, 펄럭이다 **2** jako plamének (불빛처럼) 깜박이다, 흔들리다

třepit se > **roz-** 닳(아빠지)다, 모지라지다, 해지다

třesavka, *f* **1** 떨림, 몸서리, 오한, 전율 **2** 중풍

T

třesk, *mi-2, 3* skla (유리의) 쨍[짤랑]하는 소리, plechu (금속판의) 땡[쨍] 울리는 소리; polnic (나팔의) 울림, 팡파르; skal (채석장의) 폭파(음), 폭발(음); pušky (총의) 총성, 포성; zbraní (무기의) 쨍그렁[땡그렁] 울리는 소리, bitvy (전투의) 시끄러운 소리, 소음; dveří (문의) 쾅하는 소리; hromu (천둥의) 쾅 울리는 소리 ◆ *Velký ~* (우주 생성대의) 대폭발

třesknout 폭발하다, 파열하다, 폭음을 내다; jako láhev 뻥 울리다, 펑 터지다; puška (총포가) 포성을 울리다

třeskutý 모진, 호된, 혹독한, 신랄한

třešeň, *f* 벗나무

třešně, *f* 버찌

třeštit 헛소리를 하다, (일시적) 정신착란에 빠지다 ~ > **vy-** *oči = poulit*

třetí 제3의, 세(번)째의 ◆ *na ~* (수학의) 세제곱의

třetice *f,* 세번째 ◆ *do ~* 셋째로, 세번째로; *do ~ všeho dobrého* 모든 좋은 것은 세번째에 온다

třetina, *f* 3분의 1

tři **(수사)** 삼, 셋, 3, 3개, 3인, 3시, 3세 ◆ *byli jsme ~* 우리는 셋이었다; *~ králové* 동방의 3박사; *Tři králů* 예수 공현((특히 예수가 이방인인 세 동방박사를 통하여 메시아임을 드러낸 일)), 공현 축일

tříbit (*třib!*) **1** (금 등을) 정련[정제]하다; (재능 따위를) 신장하다, 계발[연마]하다; probírkou (분류하여) 좋은 것을 고르다, 가려내다, 선별하다; zjemňovat 세련되게[품위있게] 하다, 고상[우아]하게 하다 **2** *zrak* (시선을) 날카롭게[강렬하게] 하다

třicátý 삼십[서른]의, 30의, 30개[인]의

třicet 삼십, 서른, 30, 30개[인], 30세, 30의 기호

třicetiletý 30년의, věkem (나이로써) 30세[살]의

třicítka, *f* 30번, 30호, 30세

tříčtvrteční 4분의 3 길이의 ◆ *~ šaty* 칵테일 드레스(여성의 약식 야회복으로 무릎과 발목 중간 길이의 원피스)

tříd|a, *f* **1** (공통 성질의) 종류, 부류, 등급; (사회)계급 **2** ročník 반, 학급, 학년 **3** (클래스의) 학습시간, 수업 **4** učebna 교실 **5** široká ulice 넓은 거리; výpadová 큰 거리, 한길, 대로 **6** (열차 · 여객기 따위의) 등급, 등석 ◆

turistická ~ 이코노미 클래스, 보통[일반]석; *jet první -ou* 1등석으로 가다; *je ve čtvrté -ě* 그[그녀]는 4학년에 재학 중이다

třídit (*třiď!*) > **roz-, u-** 분류하다, 나누다, 등급을 매기다, 유별하다

třídní 계급의, 등급의, 학급의, 학년의 ◆ ~ *kniha* 출석부; ~ *učitel* 학급 담임(선생); ~ *boj* 계급 투쟁; ~ *uvědomění* 계급 의식

třídnost, *f* 계급성

třikrát 3회, 세번

třináct 열 셋, 13, 13개, 13인, 13세

třináctý 제13(의), 13번째(의)

tříproud(ov)ý (도로가) 3차선의

třísk|a, *f* (나무)토막, 지저깨비; *-y* na podpal 불쏘시개

třísk|nout < **-at 1** čím = *tlouci, mlátit* **2** znechuceně čím (무엇을) 획 던지다, 팽개치다

třísnit > **po-** 더럽히다, 얼룩[오점]을 남기다

tříšť, *f* **1** 파편(들), 조각(들), ledu(얼음의) 조각들((갈거나 부순 것)) **2** 뒤범벅, 혼란, 군집

tříštit (*třišť!|tříšti!*) > **roz- 1** 산산이 부수다, 박살내다, 깨다, 흩뿌리다 **2** jednotu (연대를) 깨뜨리다, 부수다 **3** mařit 훼방놓다, 좌절시키다

tříštit se = *rozptylovat se*, o skle (유리가) 산산조각이 나다

třít (*tř-u, tři!, třel, tření*) 문지르다, 비비다, 마찰하다; 닦다; a tak ohřát nebo odřít 비벼서 따뜻하게 하다, 쓸려서 벗겨지게 하다 ~ > **roze-, u-** 갈다, 으깨다, 가루로 만들다 ◆ ~ *si oči/ruce* 자신의 눈/손을 문지르다; ~ *bídu s nouzí* 최저 생활 수준으로 지내다, 하루 벌어 하루 먹고 살다 ~ **se** > **o-** o co (무엇에 대고) 문지르다, 비비다

třpyt, *mi-2* 반짝임, 빛남, 광채

třpytit se > **za-** 번쩍번쩍하다, 빛나다, 번득이다, jiskřit 불꽃을 튀기다

třpyt|ivý, -ný 번쩍이는, 빛나는, 찬란한, 화려한

třtina, *f* 갈대, rákos 골풀, většinou (곧은 갈대나 사탕수수 따위의) 줄기

třtinový (마디 있는) 줄기의((등나무, 대나무, 사탕수수 따위의)) ◆ ~ *cukr* 사탕수수 설탕

tu 1 여기에(서), 여기(는), v místnosti 이곳에, 이 안에 **2** časově 이때에, 지금, 현재에; pak 그때에, 그 다음에, 그래서 ◆ *byl* ~ 그는 여기에 들렀다[방문하였다]; ~ *máš* 여기에 있어, 너 가져, zaklení 빌어먹을, 제기랄; ~ *a tam* = *semtam, místy*, 여기저기(에)

tuba, *f* (금속 · 유리 · 고무 따위의) 관, 통, (관악기의) 관, (치약의) 튜브

tuberkulóza, *f* 결핵(병), 폐결핵

tuberkulózní 결핵에 걸린, 결핵(성)의

tucet, *mi-2* **1** 1다스, 1타(打), 12(개) **2** 다량, 다수

tuctový 하찮은, 사소한, 평범한

tučňák, *ma-3* 펭귄

tučnět (*-nějí*) > **z-** 뚱뚱해지다, 비만해지다, 살찌다

tučně 1 기름지게 **2** (글씨가) 굵게, 진하게

tučný 1 살찐, 뚱뚱한, 비대한 **2** písmo (글씨가) 매우 굵은 **3** (고기가) 지방이 많은, 기름진

tudíž 결과적으로, 그래서, 그런고로, 그 때문에

tudy, tudyhle 이리로, 이쪽으로

tuha, *f* **1** 흑연, 석묵 **2** do tužky 연필의 심; náhradní 보충물, (다시 채우기 위한) 리필

tuhle (구어체) **1** 여기에, 여기는 **2** onehdy 어느날, 요새

tuhleten (구어체) = *tenhleten*

tuhnout > u-, z- 뻣뻣해지다, 딱딱해지다, 굳어지다; 굳게[딱딱하게]하다; 《物》 응고[응결, 결정]하다, 응고[응결]시키다; sražením 굳다, 얼다, 굳게 하다, o krvi (피가) 엉기게 하다

tuhý 1 단단한, 질긴, 견고한, 강인한 **2** třeskutý 매서운, 신랄한 **3** boj (싸움 등이) 맹렬한, 격렬한

T

tuk, *mi-2, 3* **1** 기름, živočišný 지방, 비계 **2** (요리용) 기름, (제빵용) 쇼트닝 **3** rozi puštěný, jako mazadlo 그리스, 수지 ◆ *umělý~* 마가린, 인조 버터

ťuk (감탄사) 가볍게 두드리기[두드리는 소리], 톡톡 두드리기[두드리는 소리], 노크

ťuk|at > -nout, za- 1 톡톡 두드리다, 가볍게 치다, drobně, déšť (비가) 후두두 내리다; na stroji (기계에서) 똑딱똑딱 소리를 내다; na rameno (어깨 등을) 가볍게 두드리다 **2** (si) s kým (건배에서 누구와) 잔을 맞부딪치다

tulácký 방랑하는, 유랑하는, 떠도는

tul|ák, *ma-3* **-ačka,** *f* 방랑자, 부랑자, 유랑자, 떠돌이, 나그네

tuleň, *ma* 바다표범, 물개, 강치

tulipán, *mi-2* 튤립, 그 꽃

tulit se > s-, při- 다가들다[붙다], ke komu (누구에게); k sobě (자신에게) 바싹 다가붙이다, 끌어안다, 껴안다, (서로) 기대다, (애정을 가지고) 감싸다

ťululum, *n-in* (중성 불변화) 바보, 멍청이, 얼간이

tůň, *f* 물웅덩이, (물이) 괸 곳

tuna, *f* (중량 · 용적 단위의) 톤 ((1000kg))

tuňák, *ma-3* 다랑어, kalifornský (캘리포니아 산의) 참치

tunel, *mi-2* 터널, 굴, 지하도, 갱도

Tunisko, *n* 튀니지((북아프리카의 공화국))

tupec, *ma* 바보, 얼간이, 우둔하고 꽉 막힌 사람

tupírovat (부풀리기 위해) 머리를 거꾸로 빗질하다

tupit > po- 1 뭉툭하게 하다, 둔하게 하다 **2** 꾸짖다, 욕하다, 헐뜯다, 비방하다

tupost, *f-1* **1** 무딤, 둔감함, 무뚝뚝함 **2** 냉담, 무관심, 무감각, 무감동 **3** hloupost 우둔함, 어리석음

tupý 1 무딘, 날 없는, 무뚝뚝한 **2** lhostejný 냉담한, 무감각[동]한 **3** hloupý 우둔한, 어리석은

túra, *f* 하이킹, 도보여행

turbína, *f* 터빈((유수 · 증기 · 가스 등의 힘으로 회전하는 원동기))

turbočerpadlo, *n* 터보, 펌프((추진제를 공급))

turboventilátor, *mi-2* 터보 송풍기 ((보일러의 송풍장))

turbovrtulový 터보 프롭[프로펠러] 엔진(기)의

Turecko, *n* 터키((중동의 공화국))

turecký 터키의, 터키 사람[어]의

turečtina, *f* 터키어
Tur|ek, *ma-3* **-kyně,** *f* 터키 사람, 터키족의 사람
turek, *mi-2, 3* **1** turecká káva 터키 커피 ((가루커피를 오래 끓이고 시럽으로 단 맛을 낸 진한 커피)) **2** dýně, tykev (서양)호박, 호박 줄기[덩굴]
turist|a, *ma(-4)* **-ka,** *f* (관광)여행자, 관광객 pěší 도보 여행자, 하이커, 여행객, rekreant (당일치기의 근거리) 여행자, 소풍객, v noclehárně 호스텔[여관] 이용자
turistický 여행(자)의, 관광의
turistika, *f* 관광 여행, 관광 사업
turkyně, *f* **(**방언**)** 옥수수
turnaj, *mi* 경기 대회, 선수권 대회, 토너먼트, 승자 진출권, (중세기사의) 마상 시합
turné, *n-in* 일순, (짧은 거리를) 한 바퀴돌기[돎], (극단의) 순회공연, po (…따라) 여행, 투어
turniket, *mi-2* (한 사람씩 드나들게 되어 있는) 십자형 회전식 문
turnus, *mi-2* **1** střídání 순회, 순환, 회전 **2** jeden oběh (승부의) 한판, 1회, 1라운드, 회전 **3** várka 한벌, 한때, 일단, 무더기, 그룹
tuřín, *mi-2* (스웨덴) 순무
tuš, *mi* **(**구어체**) 1** fanfára (나팔 등의) 화려한 취주, 팡파르 **2** barva 먹, 먹물 ◆ *kresba -í* 묵화
tušení, *n* 예상, 짐작, 추측, 우려, neblahé (불길한) 예감, 전조, 조짐
tušit > vy- 1 예상하다, 예감하다, 낌새를 느끼다 **2** s obavami 염려[우려]하다 **3** dohadovat se 추측[짐작]하다
tuze velice 매우 많이, 굉장히,
tuzemec, *ma* 본토인, 토착민, 본국인[민]
tuzemsko, *n-2* 국내, 내륙, 내국
tuzemsk|ý 본국의, 내륙의, 국내의; rodem 토착의, 원산의 ◆ *-á ekonomika* 국내 경제
tuzér, *mi-2* **(**구어체**)** 팁, 행하, 사례금
tužit > u- 1 굳히다, 딱딱하게 하다; (근육을) 단련하다 **2** 강하게 하다, svazky s (…와의 관계를) 강화하다 **~ > z-** 빳빳하게 하다, 경직시키다; škrobem (풀 등으로써) 반수를 먹이다, 풀을 바르다 **~ se** 노력[진력]하다
tužk|a, *f* 연필, 샤프펜슬, 화필 ◆ *kresba -ou* 연필화
tvar, *mi-2* **1** 모양, 형상, 외형, 윤곽, 모습, 형식, 형태 **2** výrobku (제품의) 양식, 형, 스타일, 유행, 패션 **3** 《言》 형태, 어형
tvárnice, *f* škvárobetonová (속이 빈 건축용) 콘크리트 블록
tvárný 형태를[모양을] 지을 수 있는, 형태의, 모양의; poddajný 형성력이 있는, 유연한
tvaroh, *mi-2* 응유(제품), v obchodě (시어진 우유로 만드는) 연하고 흰 치즈
tvář, *f* **1** líce 뺨, 볼 **2** obličej 얼굴; ve výrazných rysech (특징적인 요소로서의) 얼굴모습, 용모; osobitá 인상, 관상 ◆ *němá ~* 말 못하는 것((특히 동물)); *-í v ~ čemu* 무엇의 앞에서, 무엇에도 불구하고; *postavit se -í (v ~) k čemu* 무엇에 직면하다[맞서다]; *postavit/ přivést koho -í v ~* 누구를 정

T

면으로 맞서게 하다; *-í v ~* 정면으로, 마주대하여, (문제 등에) 직면하여; *stát/být -í v ~ čemu* 무엇에 직면하다; *-e jako slabikáře* 토실토실 살이 찐[오동통한] 얼굴

tvářit se > za- …한 얼굴을 하다, …한 표정을 짓다, **(참조)** *přetvařovat se* ◆ *~ se důležitě* 젠체하다, 뽐내다, 점잔빼다

tvářnost, *f-1* tvář 외관, 겉보기, 양상, 국면

tvor, *ma-2* (신의) 창조물, 피조물, 생물, (특히) 동물

tvorba, *f* **1** 생산, 제작, 생산[제작]물 **2** tvoření 창조, 창작, 창작물[품]; 형성, 구성, 조직(물) **3** literární dílo souborně (한 작가의 총체적인 문학작품으로서의) 저작

T

tvorstvo, *n-2* (창조된) 모든 생물, 피조물

tvořit > s- 창조하다, 창작하다, 안출[고안]하다; 제조[제작]하다 **~ > u-** 형성하다, 구성[조직]하다, 모양짓다, 형체짓다; dohromady být čím 성립시키다, 일으키다 **~ se > u-** 형성되다, 생기다, 형태가[모양이] 되다 **~ > vy- 1** 생산하다, 제조[제작]하다 **2** rekord (기록을) 세우다, 이룩하다 **3** umělecky (예술적으로) 달성[성취]하다

tvořítko, *n-2, 3* 모양, 형태, 형, 틀

tvořivost, *f-1* 창조성[력], 독창성, 창조의 재능

tvořivý 창조적인, 창조력이 있는, 독창적인

tvrd|it (*tvrzen*) **1** 주장하다, 단언하다, 역설하다, 확언하다; těžko dokazatelné (증명하기 어려운 것을) 고집하다, 우기다; něco nutného, logicky (필요한 무엇인가를, 논리적으로) 진술하다 **2** hájit názor 변호하다, 옹호하다 **3** hlásat 선언[언명]하다 **4** houževnatě (지속적으로) 주장하다, 설복시키다, 설득하다 **5** s jistotou (확실성을 가지고) 확언하다, 증언하다 **6** přes odpor (반대를) 논박하다, 논쟁하다, 다투다 **~ > u-** 강화하다, 보강하다 **-nout > z-** 굳어지다, 강해지다

tvrdohlavost, *f-1* 완고, 옹고집, 집요함, 고집불통

tvrdohlavý 고집이 센, 고집불통의, 성질이 비뚤어진, 외고집의

tvrdost, *f-1* **1** 단단함, 견고함, 굳기, 경도 **2** necitelnost 무정함, 냉혹, 비정(함) **3** asketická 엄격, 준엄, 금욕, 내핍 **4** újma 손해, 손상

tvrdošíjný 완고한, 고집센, 완강한, 불굴의

tvrd|ý 1 굳은, 단단한, 견고한, 딱딱한, 튼튼한 **2** 곤란한, 어려운 **3** drsný 거친, 껄껄한 **4** 사나운, 호된, 모진 **5** necitelný 무정한, 냉정한, 비정한 **6** asketický 엄격한, 준엄한, 금욕적인 **7** (알코올이) 독한, 진한, 강한 **8** (잠이) 깊은 **9 (속어)** 흠뻑 취한, 억병으로 취한 **10 (속어)** 완전히 죽은 **11 (속어)** 매우 피곤한, 녹초가 된 **12 (속어)** do koho (누구에게) 완전히 홀린, 푹 빠진 ◆ *~ klobouk* 중산모; *~ kurs* 강경 노선; *~ oříšek* 다루기 어려운 것, 두통[골칫]거리; *-é patro* 경구개; *~ spánek* 깊은 잠; *-á škola* 쓰라린 경험[교훈]

tvrz, *f* 요새, 성채, 아성; hradiště 성,

성곽

tvůj (소유 대명사; 변화는 부록의 문법 참조) **1** 너의, 자네의 **2** samostatné 너의 것, 자네의 것

tvůr|ce, *ma* **-kyně,** *f* 창조자, 창작자, 창설자, 제조자; 조물주, 신

tvůrčí 창조적인, 독창적인, 건설적인

ty (인칭 대명사; 변화는 부록의 문법 참조) 너, 자네

tyč, *f* **1** 막대기, 방망이, 장대, 낚싯대; zpříma zasazená (곧게 놓여진) 기둥, 말뚝, 지주 **2** tělocvičná (육상의) 장대 **3** štíhlá hůl 지팡이 ◆ *skok o -i* 장대높이뛰기

tyčink|a, *f* **1** 작은 막대기, 단장, 곤봉, 막대기 모양의 물건 **2** 젓가락 **3** 스틱 (*na rty* 립스틱, 입술연지) **4** 단단한 사탕 과자 **5** 《植》 수술, 뭉예 ◆ *čínské -y* 젓가락; *měřicí ~* (자동차 크랭크실의 기름 따위를 재는) 계심[계량]봉

tyčit se 솟다, 치솟다, mohutně (육중하게) 우뚝 솟다

tyčka, *f* kolík 작은 말뚝, 막대기, (참조) *tyč(inka)*

tyčkař, *ma* **-ka,** *f* 장대높이뛰기 선수

tyčkový 말뚝의, 막대기의 ◆ *~ (plaňkový) plot* 말뚝 울타리

týd|en, *mi-1* 주, 7일간, 1주간 ◆ *během -ne* 주 중에; *ode dneška za ~* 일주일 후의 오늘; *před -nem* 일주일 전에; *za dva -ny* 이주일 후에[안에]

týdeník, *mi-2, 3* **1** 주간지[신문, 잡지], 주보 **2** film (단편의) 주간 뉴스 영화

týdenní 주의, 1주간의, opakující se pravidelně (규칙적으로 반복하는) 매주의, 주1회의

týdně 1주일에, 1주일당 ◆ *třikrát ~* 1주일에 3번

tyfus, *mi-2* 장티푸스, 발진티푸스, skvrnitý 뇌척수막염[반점열]

tygr, *ma* 호랑이 ◆ *sibiřský ~* 시베리아 호랑이

tygře, *n-1* 호랑이 새끼

tykadlo, *n* **1** 안테나, 공중선 **2** 촉각, 더듬이, 촉수

tyk|at (si) 너[자네]라고 부르다[호칭하다], 너나들이하다, 말을 놓고 지내다 ◆ *-áme si* 우리는 서로 너나들이 한다[말을 놓고 지낸다]

týk|at se (*-á se/týče se*) čeho/koho (무엇에) 관계하다, 관계되다, (무엇과/누구와) 관계가 있다, 상관되다 ◆ *co se týče/týká* 무엇에 관한 한[대하여]; *co se mě týče/týká* 나에 관한 한; *to se mě netýká* 그것은 나와는 관계가[상관이] 없다

tykev, *f* 서양 호박의 일종, 조롱박

tyl, *mi-2* 얼레, 보빈, 튤((그물 모양의 얇은 명주; 베일 따위에 씀))

týl, *mi-2* **1** 목덜미 **2** zadní část 뒤(쪽), 배면, 배후 ◆ *napadnout koho z -u* 누구의 배후를 공격하다

tým, *mi-2* **1** 특별조사[자문] 위원회 **2** (스포츠)팀, 조

typ, *mi-2* **1** 형, 타이프, 유형, 스타일 **2** měřítko 표준, 기준, 규격, 규범 **3** model, vzor 본, 모델, 디자인 **4** (구어체) o člověku (전형적인) 인물

typický pro (…에) 전형적인, 모험적인, 대표적인, 특질적인

T

typizace, *f* 표준[규격]화, 전형화
typizovat 표준[규격]에 맞추다, 표준화하다
typograf, *ma-2* **-ka,** *f* 인쇄[석자]공, 인쇄인
typový 전형의, 모델의
tyran, *ma* **-ka,** *f* **1** 폭군, 압제자, 전제군주 **2** 약한 자를 못살게 구는 사람, 골목대장
tyranie, *f* 포학, 학대; 폭정, 전제정치
tyranizovat 1 학정(虐政)을 행하다, 압제하다 **2** (악한자를) 들볶다, 위협하다
tyranský 전제적인, 학정의
tyranství, *n = tyranie*
týrat > z- 냉대[학대]하다, 거칠게 다루다; otázkami (질문들로써) 궁지로 몰아넣다
Tyrolsko, *n* **Tyroly,** *mi-pl* 티롤 ((알프스 산맥 중의 한 지방; 서부 오스트리아와 북부 이탈리아에 걸쳐 있음))
Týt (tyji, tyju) z čeho/koho (무엇에/누구에게) 기식[기생]하다, 의존하며 살다
Týž, taž (대명사; 변화는 부록 참조**)** 똑같은, 일치하는, 동일한, 바로 그…; **(**참조**)** *tentýž* ◆ *jeden a ~* 아주 동일한
tzv. (*takzvaný* 또는 *tak zvaný*(=*takzvaný*) 의 약자**)** 소위, 이른바

T

U

u[1]**, U** [ú] *n-in* [우] 체코어 알파벳의 모음 글자

u[2] **(전치사) (+생격) 1** …에, …에게서, 누구의 집에[사무실에] **2** blízko …곁에, 인근에, 근처에, 이웃하여 **3** podél …(와) 나란히, …(의) 뱃전에, **4** …에 기대어서, **5** v účelové blízkosti …의 측근에(서) **6** název bitvy (전투의 이름에서) …의 ◆ *mít u sebe* 자신의 몸에 지니다[갖다]; ~ *nás* 우리 집에서; *bydlet* ~ *někoho* 누구의 집에 살다

uběhnout < ubíhat 1 kolik (얼마만큼) 달려가다 **2** čas (시간이) 지나가다; (*u*)*plynout*

ubezpeč|it < -ovat = *ujistit*

ubíhat v. *uběhnout*

ubíjet v. *ubít*

ubikace, *f* (대학 따위의) 기숙사, 큰 공동 침실; 《軍》 (군대의) 막사, 병영, 바라크(식 건물)

ubírat v. *ubrat* **~ se** 나아가다, 행진하다 pryč 떠나다

ubí|t (*ubi-*) **< -jet** (*-její*) **1** 때려눕히다, 때려 죽이다, 해치우다, 없애버리다; masově (집단적으로) 학살하다, 도살하다, 몰살시키다 **2** čas (시간을) 보내다

ublížení, *n* **1** 손상, 상해 **2** 모욕, 학대 ◆ *těžké* ~ *na těle* 가혹한 육체적 상해

ublížit (*ubliž!*) **< ubližovat 1** 상처를 입히다, 해치다, 손상시키다; nezachovat se **2** 모질게 굴다, ukřivdit 모욕을 주다, 학대하다 ◆ ~ *na cti* 비방[중상]하다

úbočí, *n* 언덕의 중턱[사면]

ubohost, *f-1* 불행, (정신적) 고통, 비참함

ubo|hý 불쌍한, 비참한, 가련한, 슬픈, 조라한, 애처로운 ◆ *vypadat -ze* 초라하게 보이다[불쌍하게 보이다]

úbor, *mi-2* 옷 차림새, 복장, 의복; k urč. účelu (특정한 목적용) 의상, 정장 ◆ *večerní* ~ 야회복, *pánský* ~ 남성정장, *dámský* ~ 여성정장; *cvičební* ~ 운동복

ubožák, *ma-3* 가엾은 사람, 비참한 사람

ubránit (*ubraň!*) **<** koho/před čím (누구를/무엇으로부터) 옹호하다, 지키다, 방어하다, **~ se <** čemu (무엇을), 참다, 견디다; odolat 저항하다, 버티다 ◆ *nemohu se* ~ *smíchu* 나는 웃음을 참을 수가 없다

ubrat (*uber-*, *ubral*) **< ubírat 1** čemu (무엇으로부터), 가져가다, 뺏어가다, tak zmenšit 줄이다, 축소하다; komu na čem (누구의 무엇을)**,** 떨어뜨리다, 손상시키다 **2** na váze (무게가, 체중이) 줄다, 감소하다

ubrousek, *mi-2, 3* (식탁용) 냅킨

ubrousit (*ubrus!*, *ubroušen*) < **ubrušovat** 깎아[갈아]내다; stálým působením 마모하다, 닳다

ubrus, *mi* 식탁보, 책상보

ubý|t (*ubud-*, *ubyl*) < **-vat 1** pozvolna ubývá (점차) 작아지다, 약해지다, 가라앉다 **2** 없어지다, 사라지다 ◆ *ubylo* 무엇이 감소[축소]되었다; *něčeho něco někomu ubylo* 누구에게서 무엇이 사라졌다; *však tě neubude* 너에게는 아무런 해도 없을 것이다

úbytek, *mi-2* 감소, 축소, 감퇴; zbytečná ztráta 소모, 낭비; tak vzniklý rozdíl 부족액[량]; ◆ *~ energie* 에너지 감소; *~ vody* (저수지 따위의) 수위 저하, 고갈

ubytovací 숙박[수용]시설의

ubytov|at < **-ávat** …에 편의를 도모하다, 숙박시키다; přechodně přidělit 숙영시키다; 《軍》 (군사적으로) 숙소를 할당하다; u koho (누구의 집에) poskytnout bydlení 거처할 곳을 주다, 수용하다, v podnájmu (세를 받고) 묵게하다, 하숙시키다

ubytov|at se < **-ávat se** 숙박하다, 묵다, 하숙하다

ubytovna, *f* (대학 따위의) 기숙사, 숙박소, 호스텔, 여관

ubývat v. *ubýt*

ucelen|ý 일체 완비된((기계, 설비 따위가)) ◆ *-é vzdělání* (과정의) 종합적인 교육

ucel|it < **-ovat** 완성하다, 마무르다, 마치다, 끝내다

ucítit v. *cítit*

ucouraný 1 (구정물 따위로) 더럽힌; 단정치 못한 **2** (노래가) 감상적인

ucp|at (*ucp-u*, *-al*) < **-ávat 1** (구멍 등을) 막다, 메우다; trhliny apod. (틈 따위를) 틀어막다, (jako) čepem (충전물로써) 채우다, **2** (비유) zabránit průchodnosti 봉쇄[차단]하다

ucp|at se < **-ávat se** 막히다, 메워지다; v dopravě (교통에서) 움직이지 않게 되다, 교통이 마비되다

ucpávka, *f* 채워넣기, 충전, 충전물

úcta, *f* k (…에, …에 대한) 존경, 경의, 존중, 중시

uct|ít (*uctit* 처럼 변화) < **-ívat 1** koho (누구를) 존중[존경]하다, 경의를 표하다 **2** čím (무엇으로써) pohoštěním 대접[환대]하다 **3** = *poctít* **-ívat** klanět se 숭배하다, 모시다, 공경하다, 받들다

uctivost, *f-1* 정중함, 예의 바름, 친절함

uctiv|ý 정중한, 예의바른, 친절한, 공손한 ◆ *-é pozdravy* 정중한 인사

úctyhodný 1 존경할 만한, 훌륭한, 덕망 있는 **2** pozoruhodný 현저한, 남다른, 놀랄만한

ucuknout < před (…앞에서) 껑충 물러서다, 뒷걸음질치다; před (…앞에서) 멈칫[움찔]하다; 오그라들다, 움츠리다; vzpouzet se 앞으로 나아가려 하지 않다, 주저하다

učarov|at < **-ávat** komu (누구에게) 마법을 걸다, 호리다; 황홀하게 하다, 사로잡다

účast, *f-1* **1** na (…에) 참여, 참가; přítomnost 출석, 참석, **2** podíl 공유, jímž se přispělo 공헌, 기여, 기부, 기

고 **3** jako spolupachatel 공모, 공범, 연루 **4** zájem 이해, 흥미, 관심; citová 공감, 동감, 공명

účastník, *ma-3* **1** 참여[참가]자, 참석[출석]자 **2** čeho (무엇의) smluvní (계약의) 당사자, 한쪽 편 **3** činu (행위의) 공범자, 연루자, 제휴자 **4** soutěže (경기의) 참가자, 가입자 **5** pravidelně platící (정기적인) 기고자, 구독자, 신청자

účastnit se 1 čeho (무엇에) 참가[참여]하다, 출석[참석]하다 **2** mít podíl 공유하다, 나누다; činně (적극적으로) 관여[관계]하다, 종사하다 **3** přidat se k jiným 합류하다, 가입하다, spolu s kým (누구와 함께) ◆ ~ *soutěže* 경기에 참가하다

účastný 1 관여[참여]하는, 참가하는 **2** plný pochopení 공감을 나타내는, 호의적인, 찬성하는, 교감의

učebna, *f* 교실, 강의실

učební 교육(상)의, 수업[교수]의, 가르치는 ◆ ~ *plán* 커리큘럼, 교육[교과]과정; ~ *doba* 도제제도, 도제의 신분, 도제[수습]기간

učebnice, *f* 교과서, 편람, 입문서, 교범

učed|nice, *f* **-ník,** *ma-3* **1** = *učeň* **2** následovník 지지자, 신봉자, 신자, 제자, 문하생, 사도; zanícený začátečník 신참자, 수련자, 초심자, 수련 수사[수녀] ◆ *-níci Kristovi* 예수의 사도들

účel, *mi-2* 목적, 목표, 의도, 뜻, 취지; cíl 표적, 계획, 목적[행선]지 ◆ *míjet se -em* 목적을[목표를] 잃다; *za tím -em, aby* ……하기 위한 목적으로; *za tímto -em* 이런 취지로

účelný 목적이 있는, 고의의; 효과적인, 유용한, 편리한, 방편적인; výhodný 유리한; přiměřený 온당한, 적당한

účelový 특별한[특수한] 목적의

učenlivý 가르치기 쉬운, 유순한

učeň, *ma* 도제, 수습(공); 초심자, 실습생, 훈련생

učenec, *ma* 학자, 학식이 있는 사람

učení, *n* **1** výuka 교육, 수업, 교수, 가르침; učeň 도제[계시]살이, 수습 **2** nauka 교훈, 교의, 신조

učenost, *f-1* 학문, 학식, 박학, 박식

učený 학자다운, 학문적인, 박학한, 학식이 있는

účes, *mi-2* (개인의) 머리스타일, 머리형; mužský (남자 머리의) 이발, 조발; (의식[의례] 적인) parádní 머리형

učesat (se) (*uče-šu|-sám ...*) v. *česat (se)*

účet, *mi* 계산서, 청구서; faktura 송장, 명세 기입 청구서, v restauraci (식당의) 회계 전표; platební povinnost 책임[부담]액, 부담금 **2** (은행의) 계정, 예금계좌 ◆ *bankovní ~* 은행계좌; *na ~* 신용대부[거래]로, 외상으로; *žít na čí ~* 누구의 부담으로 달다, 누구에게 기식하다

účetní[1] 회계[계산]의; 계정의, 예금계좌의 ◆ *~ kniha* 회계장부

účetní[2], *ma/f* 회계원, 회계사, 서기

účetnictví, *n* 회계(학), 회계 보고, 결산, 부기

učiliště, *n* 교육기관, 학교, 훈련원 ◆ *vojenské ~* 조사 아카데미[학교]

účin, *mi-2* **-ek,** *mi-2, 3* 효과, 효능; důsledek 결과, výsledek 결말, 성과;

U

platnost (법률상의) 효력, 영향(력) ◆ *minout se -kem* …에 달하지 못하다, 부족하다, 실패하다

učiněný 명백한, 틀림없는, 진정한, 완전한

učinit v. *činit*

účinkovat 1 = *(za) působit* **2** předvádět něco (음악, 무용, 연극)을 하다

účinkující, *ma, f* 연기자, 출연진, obsazení 배역, 출연 배우

účinlivý 잘 돌봐주는, 자상한, 사람 좋은, 친절한, 융통성이 있는

účinnost, *f-1* 가동, 작용; 효력, 효과; 조작, 운전, působivost 효능, vliv 영향(력), 작용, 감화(력) ◆ *nabýt -i* 작용하다, 작동하다

účinný 작용하는, 활동하는, 운전하는; 효과적인, rozhodný 효력 있는, 실효적인, 유력한, schopný působit 효험[효능]이 있는, 잘 듣는; 《政》 při čem (무언가에 있어) 수단이 되는, 쓸모 있는

učit 1 vyučovat 교육하다, 훈련[훈육]하다 **2** *být -em* 교사가[선생이] 되다 ~ > **na-** koho co (누구에게 무엇을) 가르치다, 교수하다 ~ **se** 배우다, 공부하다, u (…에게서) soukromými hodinami 레슨[수업]을 받다; jako učeň 도제[수습생]가 되다 ~ **se** > **na-** 깨우치다, 습득하다 ~ **se** > **vy-** 누구에게서 견습생[도제]로써 배우다 ◆ *~ koho angličtinu* 누구에게 영어를 가르치다; *~ na střední škole být učitelem* 중학교에서 가르치다[중학교 선생님이다]

učitel, *ma-1, 4* **-ka,** *f* 선생, 교사; specialista 교관, 지도자; ke zkouškám (시험이나 시합을 위한); individuálně/skupinově učící (개인이나 그룹을 가르치는) 가정교사, 개별 지도교사, 튜터, 코치, 지도원, 지도자

učitelský 교육의, 교사[선생]의

učitelství, *n* 교사[선생]직

učitelstvo, *n-2* (집합적 표현으로) 교사, 교원, 교사진

učivo, *n-2* (교과 과정의) 제재, 테마, 내용

učnice, *f* 여자 도제[견습생]

učňovsk|ý 도제의, 견습의, ◆ *-á škola* 직업[기술]학교; *-á léta* 도제 기간

učňovství, *n* 견습, 도제 살이

účtárna, *f* 회계부서, 회계소, 계산소[과]

účt|ovat 회계[계산]하다, 계산하다, 결산하다 ~ > **vy-, z-** 결산 보고하다; komu co (누구에게 무엇을) 돌리다, 탓으로 하다; vykázat 설명하다; s kým (누구와) 셈을 청산하다, 원한을 풀다, 복수하다 ~ > **za-** komu co (누구에게 무엇을) 지우다, 과하다; zápisem (기록으로써) 올리다, 등재하다

úd, *mi-2* **1** 신체의 일부, končetina 손발, 수족, 팔, 다리 **2** pohlavní 성기, 생식기, 남근, 음경

údaj, *mi* **1** 자료, 데이터; 지식, 정보 **2** tvrzení 주장, 단언, 진술 **3** popis 기술, 묘사, 기재 사항 **4** podrobný 상세, 상보, 명세서, 항목 **5** přístroje (기압계, 온도계 등의) 시도(示度)

údajný 추정[단정]된, 함부로 주장된

U

událost, *f-1* 사건, 생긴 일; nahodilá/společenská (우연한 혹은 사회적인) 사건, 일; shodou okolností (어떤 환경이나 조건이 수반되는) 부수적인 사건[사태]

udání, *n* **1** 진술, 신고, 보고 **2** 고발, 고소; 일고

u|dat (*udán, -ní*) < **-dávat 1** 주다, 말하다 sdělit 진술하다, 전(달)하다, 알리다; prohlásit 선언[언명]하다, 발표하다; místopřísežně 선서[증언, 진술]하다 **2** tvrdit 단언하다 **3 vy-, u-** kazovat záznamem (기록이나 표시로써) 가리키다, 지적하다, 지시하다 **4** koho (누구를) 밀고[고발]하다; hlášením jména 보고하다, 복명하다; zákulisně 비밀리에 탄핵[매도]하다 **5** zbavit se čeho (무엇을) 모면하다, 그럭저럭 지나가다; peníze (돈을) 유통시키다 **6** určit cenu, módu, tempo (가격, 유행, 템포를) 정하다

udatnost, *f-1* 용기, 용감(성), 용맹

udatný 용감한

udát se < udávat se v. *dít se*

udavač, *ma* (범죄의) 밀고자, 고발인, 고자질하는 사람[학생], policejní (경찰의) 밀정, 앞잡이

udávit (se) (*udav!*) < 목졸라 죽이다, 질식 시키다

úděl, *mi-2* 운, 운명

udělat v. *dělat, komu = učarovat* ~ **si** něco (무언가를) 자해하다

uděl|it < -ovat, udílet (*-lejí*) **1** uštědřit 인도하다, 교부하다, 배달[송달]하다; z celku (전체로부터) 분배하다, 나누어 주다, 베풀다 **2** poskytnout 주다, 수여하다, 전하다; obřadně (격식을 차려) 제공하다 **3** 부여[증여]하다, jako poctu (존경의 표시로써) 증여하다, 바치다; za zásluhy (업적에 따라) 상을 주다, 포상하다 ◆ ~ *důtku* 징계를[힐책을] 하다; ~ *komu slovo* (누구에게) 발언을 하게 하다; ~ *komu slyšení* (누구에게) 청취[의견 발표]의 기회를 주다; ~ *komu trest* (누구에게) 형벌을 과하다

úder, *mi-2* **1** = *rána* **2** drtivý 깨뜨려 부숨, 분쇄; 격돌, 충돌; strategický (전략적인) 공습[폭격], 공격

úderka, *f* 돌격 전용 부대; 특별 작업대((소련 등에서 규정량 이상의 생산 실적을 올리는))

údernický 특별 작업대의

úderník, *ma 3* 특별 작업대원

úderný 공격[돌격]의

udeřit 1 v. *bít, tlouci* koho (누구를) tvrdě (과격하게) 때리다[치다] **2** na koho (누구를) 공격[습격]하다 **3** nastat 일어나다, 시작되다

úděsný 무서운, 섬뜩하게 하는, 지독한

udic|e, *f* 낚싯대; háček 낚싯바늘 ◆ *chytat na -i* 낚시질하다, 낚다

udidlo, *n* (말의) 재갈, 고삐, 구속

udílet v. *udělit*

udírna, *f* 훈제실[소]

udit > vy- 훈제하다, 절이다

údiv, *mi-2* 놀람, 경악, 경이, 경탄

udivený 깜짝 놀란, 경악한

udiv|it < -ovat (깜짝) 놀라게 하다, 아연실색 하게하다, 자지러지게 하다;

údobí, *n* 기간, 기, 시대; 시절, 철; 단계, 계제; zvl. o počasí (특히 날씨에

있어서) 한 동안의 계속, 한 차례

udobř|it < **-ovat** = *(u)smířit*

udolat < **1** 몰아넣다, 추적해서 잡다; **2** 압도하다, 격파하다

údolí, *n* 골짜기, 계곡, pusté v horách 좁은 계곡, 협곡

údolní, 계곡의, 협곡의 ◆ ~ *přehrada* (계곡의) 댐, 둑

údržba, *f* 유지, 지속, 보존; 정비, opravy 수리, 수선, 보수, 복구

údržbář, *ma* 보수 담당원, 정비원[공], 수선공

údržbářsk|ý 수선의, 보수[정비]의 ◆ *-á četa* 수선반[대]

udrž|et (*oni udrží*) < **-ovat** 지키다, 견지하다, v řádném stavu (정상적인 상태를) 지속[계속]하다, 유지하다, uchovat 보존[보호]하다 ◆ *-ovat dobré styky s kým* 누구와 좋은 관계를 유지하다; *-ovat úroveň* (일반적인) 수준을 유지하다; *-ovat na uzdě* 억제하다, 구속하다 **~ se** < 계속하다, 멈추지 않다 v. *ubránit se*

udržitelný 공격에 견딜 수 있는, 유지[방어] 할 수 있는

udržovací 유지의, 지속의 ◆ ~ *náklady* 유지 비용

udřený 기진맥진한, 지친

udřít (se) (*udř-u, udřel*) < 너무 일하다, 과로하다, 기진맥진할 때까지 일하다

udup|at (*udup-u|-ám, ej!, udupal*) v. *dupat* **-ávat** = *dupat*

udusit (se) (*udušen*) v. *dusit (se)*

udýchaný 숨이 찬, 헐떡이는

udých|at se < **-ávat se** 숨을 헐떡이다, 숨이 차다

uhádnout, v. *hádat*

uhánět (*-nějí*) **1** 돌진하다, 쇄도하다 **2** v. *uhnat koho*

uhasínat 1 = *hasnout* **2** = *zhášet*

uhasit v. *hasit*

uhasnout v. *hasnout*

uhel, *mi-2* **1** 석탄(덩어리) **2** 숯, 목탄 ◆ *černý jako* ~ 숯처럼 검은, 칠흙 같은

úh|el, *mi-2* 각, 각도, 모(퉁이), 귀퉁이, (보는)각도, 견지, 관점 ◆ *pod zorným -lem čeho* 무엇의 관점[견지]에서; *ostrý* ~ 예각(銳角); *pravý* ~ 직각; *přímý* ~ 평각(180°)

uhelnatět (*-tějí*) > **z-** 숯으로 만들다, 탄화하다

úhelník, *mi-2, 3* 삼각자, 거멀장

uhelný 석탄의 ◆ ~ *důl* 탄갱, 채탄소; ~ *průmysl* 채탄[탄광]산업

Uhersko, *n* 《地》 헝가리

uhladit (*uhlazen*) v. *hladit*

uhlák, *mi-2, 3* 석탄통[저장소], vysýpací (실내용) 석탄그릇[통]

uhlazenost, *f-1* 매끄러움, 유연함, 세련됨, 품위 있음, 고상, 우아

uhlazený 매끄러운, 부드러운, 유연한, 세련된, 우아한, 고상한, 상냥한

úhledný 산뜻한, 정연한, 말쑥한, 단정한, 멋진, tvarem 모양 좋은, 맵시 있는, 균형 잡힌

uhlí, *n* 석탄 ◆ *černé/kamenné* ~ 유연탄/무연탄; *dřevěné* ~ 목탄, 숯; *hnědé* ~ 갈탄, 아탄

uhličitan, *mi-2* 탄산염

uhličit|ý 탄산염의, 탄화 시킨 ◆ *kysličník* ~ 이산화 탄소, 탄산가스;

U

kyselina -á 탄산, *-á voda* 소다수, 탄산수

uhlídat 1 = *spatřit* **2** v. *hlídat*

uhlík, *mi-2, 3* **1** prvek a elektr. 탄소((비금속 원소: 기호 C: 번호 6)) **2** 작은 석탄 덩어리; spálený 타다 남은 찌꺼기, 뜬 숯

uhlíř, *ma* 석탄상, 석탄 운반인

uhlokop, *ma-2* 탄광주, 채탄부

uhlokresba, *f* 목탄화

uhlový 석탄의, 목탄의 ◆ *~ papír* (복사용) 카본지

úhloměr, *mi-2* 각도기

úhlo|příčka, *f* 대각선, 사선, 비스듬한 줄

úhlopříčný 대각선의, 사선의

úhlový 각을 이룬, 모진, 보난

uhnat (*užen-, uhnal*), **uhonit** < **uhánět 1 se** (자신을) 혹사 시키다, 소진 시키다 **2** nutit k postupu 쾌치다, 재촉하다, 몰아붙이다, 강요하다, 내몰다 **3** si nemoc (병에) 걸리다, nastuzení 감기에 걸리다

uhníst (*uhnět-*) v. *hníst*

u|hnízdit se (*uhnízdi se*) < **-hnízďovat se** 보금자리를 짓다, 편안하게 살다[자리잡다]

u|hnout (*uhn-u, -ul*) < **-hýbat 1** něčím (아무것을) 딴 데로 돌리다, 전환하다, 비끼게 하다 **2** = *uhnout se* ~ **(se)** < **-hýbat (se)** 빗나가다, 벗어나다, 전환하다; (jako) vítr (바람이) 방향을 바꾸다, 전향하다; odbočit 이탈하다, 편향하다; aby něco nezasáhlo (무언가가 개입하지 못하도록) 핵 몸을 피하다, 살짝 비키다; **(**비유**)** 옆으로 비키다, 회피하다; v. *vyhnout se* ◆ *uhni!* (옆으로) 비켜!; *uhněte!* (길을) 비켜주세요/(자리를) 양보해 주세요!

uhodit (*uhozen*) *udeřit* 처럼 변화

úhona, *f* 흠, 오점, 결점

uhodnout v. *hádat*

úhor, *mi-2* 놀리는 땅, 휴경[한]지, 불모지 ◆ *ležet -em* (밭 따위가) 묵고 있다

úhoř, *ma* 뱀장어, 칠성장어

úhoz, *mi-2* 《音》 (음악의) 탄주법, 터치

úhrada, *f* uhrazení 청산, 결산, 지불, výdajů (비용의) 지불, 부담, 변제; poukazem 송금, 송금액; ekvivalentem 보상, 배상, 상환; protihodnotou (계약상의) 약인, 대가, 등가

uhra|dit v. *hradit* **-zovat** = *hradit*

uhrančivý 흉안((이런 눈을 가진 사람이 노려보면 재난이 온다고 함))의, 악마의 눈을 가진

uhranout 흉안[악마의 눈]으로 바라보다, 마법을 걸다, 홀리다

úhrn, *mi-2* 집합, 집성; 총수, 총계, 전체

úhrnný 집합한, 합계[총계]의, 전체[전부]의

uhýbat (se) v. *uhnout (se)*

uchazeč, *ma* **-ka,** *f* **1** 경쟁자, 경쟁상대, 후보; 구직자 **2** žadatel 응모자, 지원자, 출원자, 신청자; o čí ruku (남성) 구혼[구애]자

ucházejicí 통과하는, 지나가는, 괜찮은, 웬만한

ucházet (*-zejí*) v. *ujít*

ucházet se 1 o co (무엇에) 지원하다, 응모하다, 신청하다 **2** soutěžně (경쟁적으로) 겨루다, 경쟁하다, 다투다 **3**

U

o zákazníky/voliče (주문자나 유권자에게) 간청하다, 권유하다, neodbytně (끈기있게) 청하다, 졸라대다 **4** o dívku (처녀에게) 구애하다, o čí ruku (누구의 손을) 청하다, 구혼하다

uchlácholit v. *chlácholit*

ucho, *n* **1** *n-2* 귀; 귀 모양의 물건, 청각, 청력 **2** *n-2, 3* držadlo 손잡이, 핸들, 자루; jehly 바늘귀 ◆ *až po uši* 몰두하여, 열중하여, 깊이 빠져; *mít za ušima* 예민한, 약삭빠른; *oslí uši* 책장 모서리의 접힘; *na vlastní uši* 자신의 귀로(써)

uchopit v. *chápat, = chopit se čeho*

uchov|at < **-ávat** 지키다, 유지하다, 보호하다, nedotčené (닳지않게) 보전하다, 간직하다, 간수하다, na dlouho (오래동안) 보관하다, 저장하다 ~ **se** 보호[보관]되다

uchránit (*uchraň!*) < 성공적으로 지키다, 방어하다 = *ubránit* ~ **se** před čím (무엇으로부터) 피하다

u|chvátit (*uchvať!*, *uchvácen*) < **-chvacovat 1** 움켜쥐다, 잡아채다, 붙잡다, 손에 넣다; moc (권력을) 빼앗다, 찬탈하다; přivlastněním si 가로채다, 사취하다 **2** nadchnout 현혹시키다, 뇌쇄[매혹]하다, 사로잡다, 도취 시키다

úchvatný 매혹적인, 사로잡는, 황홀케 하는, 호리는; 매우 기쁜, 즐거운

uchycovat se v. *uchytit se*

u|chýlit se (*uchyl se!*) < **-chylovat se 1** 벗어나다, 빗나가다, 일탈하다; v. *uhnout se* **2** do ústraní (은군, 한거로) 물러나다, 은퇴하다, 퇴각하다 **3** do úkrytu (피난처로) 도피하다, 피난하다 **4** k čemu pomocně (무엇에) 도움을 청하다, 의지하다

úchylka, *f* 이탈, 벗어남, 비낌, 편향, 일탈, 분기, 탈선; (성적) 도착

úchylkář, *ma* (상도, 규칙에서) 벗어난 사람, 이상성격자, 성격도착자

úchylkářství, *n* (노선으로부터의) 일탈, 탈선

úchylnost, *f-1* 이상, 변칙, 변태, 기형

úchylný 정상이 아닌, 변칙의, 변태의

uchylovat se v. *uchýlit se*

uchystat (se) v. *chystat* (*se*)

u|chytit se (*uchycen*) < **-chycovat se 1** 뿌리를 내리다, 발판을 구축하다 **2** 제 자리를 잡다, 환경에 적응하다

ujařm|it < **-ovat** 정복하다, 복종시키다

ujas|nit -ňovat komu co (누구에게 무엇을) 분명[명료]하게 하다, 밝히다; *objasnit* ~ **si** < **-ňovat si** (정황 따위를) 한눈으로 평가[판단]하다

ujednání, *n* 조정, 타결; 합의, 협약

ujedn|at < **-ávat** 조정[조종]하다, 타결하다, 정하다, 수습하다; v. *dohodnout, dojednat* ◆ *-áno!* 결정[타결]된 거야! *-áno?* 약속하는 거지?

ujet (*ujed-, ujel, ujetí*) *nějakou vzdálenost* (어떤 거리를) 타고 가다[달리다] < **ujíždět** komu (누구를) 떼쳐버리다; 뺑소니 치다; odjet (타고) 떠나다, 출발하다

újezd, *mi* **(고어) 1** 지역, 지방 **2 (페어)** (귀족의) 영지, 장원

ujímat (se) v. *ujmout se*
u|jistit (*ujisti!, ujištěn*) < **-jišťovat** 확신[안심]시키다, 확실하게 하다, 보장하다
u|jistit se < **-jišťovat se** 확신하다, 안심하다, 만족하다
ujít (*ujd-, ušel, ujití*) vzdálenost (얼마간의 거리를) 걸어가다 ~ < **ucházet** = *uniknout, uplynout* 피하다, 지나치다 ◆ *něco ujde* 무엇이 괜찮다[그리 나쁘지 않다]; ~ *smrti* 죽음을 피한다; *to mu ušlo* 그는 그것을 못보고 지나쳤다[보지못했다]
ujíždět (*-dějí*) v. *ujet*
új|ma, *f* na (…의) 손해, 손상, 손실, 희생 ◆ *dělat si -mu na čem* 무엇을 그만두다[끊다]; *na -mu čeho/koho* (무엇의/누구의) 희생으로 = *na úkor čeho/koho*; *o své -mě* 자기가 책임지고, 자신의 책임 아래
u|jmout (*ujm-, ujal, ujmutí|ujetí*) < **-jímat** oděv (옷을) 줄이다, 좁게[짧게]하다, v. *ubrat*
u|jmout se < **-jímat se 1** čeho (무엇을) 취하다, 떠맡다; zastat se 옹호[변호]하다; koho (누구를) 돌보다, 보살피다 **2** rostlina 《植》 뿌리를 내리다, 착근하다; novota (새로운 것이) 자리를 잡다, 적응하다 ◆ ~ *se slova* 발언하다, 토론에 참여하다; ~ *se úřadu* 공직에 취임하다
ukájet (*-její*) v. *ukojit*
ukamenovat v. *kamenovat*
u|kápnout = *kápnout* **-kapávat** = *kapat*
úkaz, *mi-2* 현상, 외상, 사상 ◆ *přírodní* ~ 자연 현상
u|kázat (*ukáž-u, ukaž!, ukázal*) < **-kazovat 1** 보여주다, 전시하다, 출품하다, 진열하다, 공개하다; vytažením 제출하다, odhalením 내놓다, 노출시키다, 벗기다; okázale 보란 듯이, 과시하다, 자랑하다 **2** na důkaz 증명하다 **3** na co prstem, ručičkou apod. (무엇을 손가락으로써, 손 모양의 것 등으로써) 가리키다, 지시하다 **4** měřidlo (계기판이) 표시하다, označit 보이다, 나타나다 ◆ *ukaž!* 보여줘!; ~ *komu cestu* (누구에게) 길을 가르쳐주다[말해주다]; ~ *komu dveře* (누구에게) 문을 가리키다; *já ti ukážu* 내가 너에게 보여주겠어[가르쳐 주겠어]
u|kázat se < **-kazovat se 1** 모습을 드러내다[나타내다] 등장하다 **2** jakým (어떻게) 보이다 **3** okázale (보란 듯이) 드러내다, 자랑해 보이다, 과시하다
ukaz(ov)atel, *ma-1, 4* **1** cesty (도로의) 푯말, 도로표지 **2** přístroj(e) (계기판의) 인디 케이터, 표시기, 지시기, 지표 **3** v knize 기록부, 등록[등기]부, 명부; průvodce 안내서, 지침서; 주소록, 번호부 **4** poměrů, seznam 색인, 찾아보기, poměrů 공동색인; 지수 (상관) 계수 ◆ ~ *směru* (*jízdy*) = *směrovka* 방향지시기
ukázk|a, *f* **1** 전시, 전람, 진열[전시]표; příklad 예시, 실례, 삽화 **2** zboží (상품의) 견본, 샘플, 표본; výňatek 추출물, 초록, 발췌 **3** filmu (영화의) 시사, 시연; příštího programu (다음 프로그램의) 예고편; **(**비유**)** exemplář 예, 표본 ◆ *na -u* 써보고 좋으면 산다는

U

조건으로

ukázkový 견본의, 표본의, 시험의

ukázněný (잘) 훈련된, 단련된, 교육을 잘 받은

ukáz|nit < -ňovat 훈련[단련]하다, 길들이다

ukazová(če)k, *mi-2, 3* 집게 손가락

ukazovat (se) v. *ukázat (se)*

ukazovatel, *mi-1(4) = ukazatel*

ukazovátko, *n-2, 3* 지시하는 물건, 지시봉

úklad, *mi-2* 음모, 밀모, 술책, 계책

ukládat komu (누구의) o život 생명을 노리다; jinak v. *uložit*

úkladn|ý 속임수의, 교활한, 부정한 ◆ *-á vražda* 계획적인 살인, 모살

uklánět se = *klanět se*

úklid, *mi-2* 청소, 대청소, 정돈 ◆ *jarní ~* 봄 청소

u|klidit (*uklizen*) < **-klízet** (*-zejí*) 청소하다, 정결히 하다, (방따위를) 치우다; dát do pořádku 정돈하다, 정리하다; drobným poklízením (가정의) 잡일을 하다, odklízením (식탁을) 깨끗이 치우다

uklid|nit < -ňovat 조용하게 하다, 진정시키다, 가라 앉히다, 달래다 ~ **se < -ňovat se** 가라앉다, 진정하다, 누그러지다, 정상을 회복하다;

uklidňující 마음을 진정시키는, 누그러뜨리는, 달래는 듯한; 《醫》 진정작용이 있는

uklízečka, *f* 파출부, 잡역부, 청소부

uklízet v. *uklidit*

úklon, *mi-2* **-a,** *f* 절, 경례, 머리를 조아림, 몸을 굽힘

uklonit se v. *klanět se*

uklouz|nout < -ávat 1 슬그머니 [몰래] 빠져나가다; **2** komu (누구를) 속이고 달아나다, 떼쳐버리다

ukoj|it < -ovat, ukájet 가라앉히다, 그치게[멎게]하다, 달래다, 만족시키다

úkol, *mi-2* cokoli uloženého 과제, 과업; přesně vymezeného (정해진) 과제물, 숙제; cvičný (부과된) 임무; ke splnění plánu (계획의 달성) 목표(액); 《軍》 (군사적) 특명, 임무; příkaz 책임, 책무; pověření 위임, 위탁(사항) ◆ *pracovat v -u* 일한 분량대로 지급받는 일을 하다, 삯일을 하다; *školní ~* 학교 숙제

úkolov|ý 삯일의, 청부일의 ◆ *-á práce* 삯 일

ukolébavka, *f* 자장가

úkon, *mi-2* **1** 작용, 작동 **2** 처리, 취급; 상거래

u|končit (se), -konejšit v. *končit (se), konejšit*

úkor, *mi-2 = újma*

ukořis|tit < -ťovat 붙잡다, 생포하다, 포획하다, 획득하다

úkosem 옆으로, 비스듬히, 곁눈질로, 흘기어 ◆ *hledět na koho ~* 누구를 곁눈질로 [흘겨] 보다

u|kousnout, -kousat (*ukou-šu|-sám, ukousej!, ukousal*) < **-kusovat,** 물어 끊다[뜯다], 물다

ukout, ukovat (*uku-*) v. *kovat*

u|kracovat v. *ukrátit*

ukrádat > ukradnout v. *ukrást*

ukradený 도둑맞은, 훔쳐간; 잃어버린

Ukrajina, *f* 《地》 우크라이나

Ukrajin|ec, *ma* **-ka,** *f* 우크라이나 사람

ukrajinský 우크라이나의, 우크라이나 말의, 우크라이나 사람의

ukrajovat v. *ukrojit*

ukrást (*ukradn-, ukradl, ukraden*) v. *krást*

ukrojit < ukrajovat 베어[잘라] 내다, plátek 얇게 베다[썰다], 조각 내다

ukrotit (*ukrocen*) v. *krotit*

ukrutnost, *f-1* 흉악, 잔인, 무자비; *krutost, surovost*

ukrutný 1 흉악한, 잔인한 = *krutý, surový* **2** veliký 거대한, 굉장한, 엄청난, 지독한

úkryt, *mi-2* 은신 장소, 은신처, 대피소; cenných věcí (귀중품의) 숨겨두는 장소, 은닉처 ◆ *v -u* 엄호[보호]아래, 숨어서, 몰래

ukrý|t (*ukry-*) **< -vat** 숨기다, (u)tajit 비밀로 하다, nezáměrně (고의가 아니게, 무심코) 감추다

ukrý|t se < -vat se 숨다, 잠복하다, 은닉하다, před kým/čím (누구를/무엇을 피해서), 모습을 감추다

ukřivdit v. *křivdit*

ukřižov|at < -ávat 십자가에 못박다, 박해하다

ukusovat v. *ukousnout*

ukvapenost, *f-1* 급함, 화급함, 허둥댐

ukvapený 성급한, 허둥대는, 조급한

ukvapit se < -ovat se 바삐 서두르다, 재촉하다, 허둥대다 ◆ *neukvapuj se!* 서두르지 마라!

úl, *mi* (꿀벌의) 벌집, 벌통

u|lámat, -lamovat v. *lámat*

uléhat v. *ulehnout*

ulehčení, *n* 완화, 경감

ulehč|it < -ovat 가볍게 하다, (고통, 부담 따위를) 덜다, 경감하다, 늦이다; napětí (긴장을) 누그러지게[풀리게] 하다; obecně (아픔등을)덜다, 완화하다; (문제를) 해소[해결]하다 **~ si < -ovat si** od čeho (무엇을) 제거하다, 없애다, 자유하다

u|lehnout (si) < -léhat = *lehnout (si)*

ulejvák, *ma-3* 몸을 획 피하는 사람, 책임 회피자, 병역기피자; ve škole (학교의) 무단결석자

ulejvat se v. *ulít se*

úlek, *mi-2, 3* 충격, 쇼크, 타격, (심한) 공포, 경악

ulekaný 무서워하는, 겁먹은, 놀란, 겁에 질린; bázlivý 겁많은, 소심한

uleknout se = *leknout se*

úleva, *f* **1** (고통, 곤란, 지루함 따위의) 경감, 완화, 제거 **2** 안심, 안도 **3** ústupkem 양보, 용인; zmírněním (재정적) 경감, 공제, 할인 ◆ *daňová ~* 세금 공제

ulévat v. *ulít*

ulev|it < -ovat 누그러뜨리다, 완화하다; dát průchod 발산시키다; *ulehčit*

uleželý 익어 달콤한, 향기로운, 잘 빚어진, 숙성된, 원숙한

uležet (se) (*oni uleží*) 숙성시키다[되다], 원숙해지다

ulice, *f* 길, 거리; menší 작은 길, 좁은 길, 골목; dopravně 가로, 주요 도로, 공도

U

ulič|ka, *f* 뒷골목, 샛길, 소로, 오솔길; ve vlaku, v davu apod. (열차 혹은 군중속의) 통로, 복도; v hledišti (강당 등의) 통로, 복도 ◆ *slepá ~* 막다른 골목, 막힌 길, **(비유)** 막힘, 막다름, 난국, 곤경; *octnout se ve slepé -ce* 막다른 골목에 이르다

uličnický 장난의, 장난꾸러기의, 버릇없는, 건달의

uličnictví, *n* 건달[깡패]짓, 개구쟁이 노릇

ulič|ník, *ma-3* **-nice,** *f* 악한, 불량배, 깡패, 개구쟁이, 장난꾸러기

úlisný 듣기 좋게 말하는, 아첨하는, 굽신 거리는

u|lít (*uli-* 또한 *ulej-*, *ulil*, *ulit*) < **-lévat 1** oheň (불을) 끄다**,** 소화하다 **2** odlít 쏟아[부어]내다; odlitek 녹여붓다, 주조하다 **~ se** < **-lejvat se** z čeho (무엇을) 회피하다, 기피하다, 피하다

ulita, *f* 조개, 조가비, 소라

ulití, *n* **1** (종의) 주조 **2** (불의) 소화 **3** (액체의) 붓기, 따르기

ulitý 1 주조된 **2** 꼭 맞는

ulíz|at (*ulížu|ulízám,uliž!|ulízej!*, *ulízal*) < **-ávat, ulizovat 1** 핥다, 핥아먹다 **2** vlasy (머리를) 매끄럽게 하다, 매만지다

úlo|ha, *f* **1** 과업, 과제, 숙제, 연습문제; slohová (학교 과제로서의) 작문, 보고서 **2** šach., mat., hlavolam (장기, 수학, 수수께끼의) 문제, 묘수풀이 **3** div. (연극의) 배역, 역할 ◆ *uvádět koho v hlavní -ze* 누구에게 주역을 맡기다

úlomek, *mi-2, 3* 파편, 조각, 단편, 부스러기, 단장

ulomit v. *lámat*

uloupit (*uloupi!*) < komu co (누구에게 무엇을) 훔치다, 강도질 하다

uloup|nout < **-ovat** (과일따위의) 껍질을 벗기다

uloup|nout se < **-ovat se** 껍질이 벗어지다[벗겨지다]

úlovek, *mi-2, 3* 사냥물, ryb 잡다, 얻다

ulovit v. *lovit*

uložit < **ukládat 1** umístit 놓다, 두다, (stranou 옆으로); a tak chránit, např. vklad 맡기다, 예금하다; tech. 올려놓다, 장치하다 **2** do (…에) zařadit do ostatního (다른 것 속에) 끼워넣다, 삽입하다; do spisů (철하여) 정리 · 보관하다[보전]하다 **3** do (…에) aby se zužitkovalo (이용할 수 있도록) 투입하다, na úrok (이자를 위하여) 투자하다 **4** k odpočinku (쉬도록) 눕히다 **5** svěřit 위임[위탁]하다, (의무로써) 부과[부여]하다 **6** jako povinnost (임무로써) 지우다, 과하다; vyměřením (세금 등을) 부과하다, 할당하다 **~ si** < **ukládat se 1** lehnout si (쉬기 위해서, 자기 위해서) 눕다, 몸을 눕히다 **2** postupně (점차적으로) 가라앉다, 자리잡다 **~ si** < **ukládat si** jako povinnost (의무로써) 떠맡다, 감당하다

ulp|ět (*oni ulpí*) < **-ívat** na (…에) 달라[들러]붙다, 교착하다

ultimátum, *n-2* 최후의 말[제언, 조건], 최후통첩

ultrafialový 자외선의

ulupovat (se) v. *uloupnout (se)*

umazat (*umaž-, umazal*) v. *mazat*
umdlení, *n* 약해짐, 쇠약해짐, 소진됨 ◆*pracovat do ~* 녹초가 되도록 일하다[공부하다]
umdl|ít (*oni umdlejí, umdlel*) < **-évat** 연약해지다, 박약해지다, 기력이 없어지다
umělec, *ma* 예술가, 미술가, 화가
umělecko-průmyslová 응용예술의, 산업미술의 ◆ *~ škola* 응용 예술학교
uměleck|ý 예술의, 미술의, 예술적인 ◆ *~ průmysl* 응용예술, 산업예술; *~ předmět* 미술품, 골동품; *-é řemeslo* 예술 수공예(품)
umělost, *f-1* 인위[인공]적임, 부자연
umněl|ý 인공의, 인위적인, 인조의, 모조의, 합성의 ◆ *-é hedvábí* 인조견사, 레이온; *-á hmota* 합성물질, 합성[화학]섬유, 플라스틱, 합성수지; *-é hnojivo* 인조비료, 화학비료; *~ chrup* 틀니, 의치; *-á ledvina* 인공신장; *~ tuk* 마가린, 인조 버터
umění, *n* 예술, 미술, 기술, 기예; 예술[미술]품; řemeslné 기능, 공예(품) ◆ *kniha o ~* 예술서적, 예술서; *krásná ~* 미술((그림, 조각, 건축 따위)); *výtvarné ~* 조형미술
uměnovědný 예술사의, 예술사적인
úměrný 균형이 잡힌, 비례의, 조화된; k čemu (무엇에) přiměřený 적응한,
umět (*oni umějí*) …할 수 있다, …할 줄 안다 ◆ *~ to* 요령을 알다; *jak nejlépe umí* 그[그녀]가 할 수 있는 최대한(으로); *umí to s ním* 그[그녀]는 그를 다룰 줄 안다; *neumíš to s ním* 당신은 그를 다룰 줄 모른다; *~ se přizpůsobit* 사실[사정]을 알고 있다
umíněnost, *f-1* 완고함, 고집 셈, 외고집
umíněný 고집이 센, 완고한, 외고집의; v. *svéhlavý, paličatý*
umínit si (*umiň si!*) < **umiňovat si** 취지로 하다, 의도하다 v. *rozhodnout se*
umíráček, *mi-2, 3* 죽음을 알리는 종, 조종
umírat v. *umřít*
umírněný 삼가는, 절제하는, 온건한
umírnit v. *mírnit* **umírňovat** = *mírnit*
umístit (*umisť|umísti!*) < **umisťovat** (어디에) 두다, 놓다, 앉히다, 위치시키다, 자리를 잡게 하다; pevně (확고하게) 고정[고착]시키다
umlč|et (*oni umlčí*) < **-ovat** 침묵시키다, 잠잠하게 하다; (비판등을) 잠재우다, 억누르다 pohledem apod. (시선 등을 보내) 의기소침하게 하다, 움츠려들게 하다; **(참조)** *tutlat*
umlít (*umel-, umlel, umletí*) v. *mlít*
umlk|nout < **-at** 조용해지다, 멈추다, 휴지[중단]하다
umlouvat (se) v. *umluvit* (*se*)
úmluva, *f* 조정, 조절; 협정, 합의, vymiňující 약정, 계약, schůzka apod. (회합 등의) 약속; slavnostní (영예로운) 서약, 맹약, v. *dohoda*
umluvit < **umlouvat** co 이야기하여 …시키다[되게 하다]; v. *dohodnout, ujednat*; koho k čemu, nač = *přemluvit* ~

U

se < 목이 쉬도록 이야기하다[말하다] ~ **se** < **umlouvat se** = *dohodnout se, smluvit se*

umoc|nit v. *mocnit* **-ňovat** = *mocnit*; 늘리다, 증대 시키다, 확대[확장]하다

úmor, *mi-2* dluhu (빚의) 상환, 상각

úmorný 힘드는, 고된, 곤란한

umoř|it < **-ovat 1** (빚을) 갚다, 상환[상각]하다 **2** 지쳐 빠지게 하다, 녹초가 되게하다; koho (누구를) 고문으로 죽이다 ◆ ~ *hladem* 굶겨 죽이다

umoudř|it se < **-ovat se** 현명하게 되다, 현명[총명]해지다

umož|nit < **-ňovat** 가능하게 하다[만들다], komu co (누구에게 무엇을) 할 수 있게 하다; něco usnadnit (무엇을) 손쉽게 하다, 촉진[조장]하다

umravněný 도덕적으로 된, 교화된; 지나치게 얌전빼는

U

umrlčí 죽은 사람의, 사자의 ◆ ~ *komora* 시체 임시 안치소, 영안실

umrlec, *ma* 죽은 사람, 사자

úmrtí, *n* 죽음, 사망

úmrtní 죽음의, 사망의, 사망기록의, 사망자의 ◆ ~ *oznámení* 사망기사[고시], 부고, 부음; ~ *lože* 죽음의 자리, 임종

úmrtnost, *f-1* 사망률, 사망지수

umrtv|it < **-ovat** 《醫》 마취시키다, 마비시키다; cit (감정을) 억제하다, 죽이다

umrz|nout < **-(áv)at** 얼어서 굳어지다; část těla (몸의 일부가) 동상에 걸리다 ◆ *-ly mi uši* 두 귀가 동상에 걸렸다

umření, *n* 죽음, 사망 ◆ *být na ~* 죽음에 직면해 있다[임종을 맞고 있다]

umř|ít (*umř-, umřel, umření*) < **umírat** 죽다, nač, čím, od čeho (무엇으로) ◆ *ne- v posteli* (싸우거나 하여) 용감하게 죽다, 변사[횡사]하다; ~ *mladý* 젊어서 죽다; ~ *na místě* 그 자리에서 죽다, 즉사하다; *-el jí manžel* 그녀의 나편이 죽었다

umučit 고문하여 죽음에 이르게 하다

úmysl, *mi-2* 의향, 의지, 의미, 의도; nápad 생각, 사고, 사상 ◆ *zlý ~* 악의, 적의, 원한; *v dobrém -u* 선의로

úmyslně 의도하여, 고의로, 일부러, 숙고한 뒤에

úmyslný 계획적인, 의도적인, účelný 목적이 있는, 숙고한; svévolný 고의의

umýt (se) (*umy-*) v. *mýt (se)*

umyvadlo, *n* 세면기, 세숫대야, 대야, 세면대

umývák, *mi-2, 3* (부엌의) 싱크대; *dřez*

umývárna, *f* **1** 세면소, 세척장, 화장실 **2** 세차장; 식기씻는 곳

unáhl|it se < **-ovat se** = *ukvapit se*

unáš|et (*oni -ejí*) 데리고 가다, 날라가다, 운반해가다; ve vodě, větru (물에, 바람에) 표류시키다, 떠내려 보내다; *jinak* v. *unést* ◆ *nechat se ~* 떠내려가다, 표류하다, = *být -en*

únava, *f* 피로, 피곤; znechucení 권태, 지루함

unavený 지친, 피곤한, 싫증난, 권태로운

unav|it < **-ovat** 지치게[피로케]하다, 지루하게 하다 **~ se** < **-ovat**

se 지치다, 피로하다, 싫증나다
únavný 지치는, 지루한, 성가신, 귀찮은, fádní 따분한, 재미없는
unavovat (se) v. *unavit* (*se*)
u|nést (*unes-*) **1** 나를[운반 할] 수 있다, 지탱[감당] 하다 **2** = *snést* **-nést** < **-nášet 1** 데려가다, 가져가다; na sobě (자신에게) 가지고[휴대하고] 가다; v proudu (물결에) 떠내려 보내다 **2** násilně (강제적으로) 납치하다, 끌고 가다; dívku (소녀를) 채가다, 꾀어내다, 유괴하다; letadlo (비행기를) 공중 납치하다 **3** = *uchvátit* ◆ *dát se ~ čím* (무엇에) 몸을 맡기다[응하다]
unie, *f* 합일, 합동, 병합, 연합, 동맹
uniforma, *f* 제복, 군복, 관복, 유니폼
uniformita, *f* 한결같음, 획일, 일치, 균등
uniformovaný 유니폼[제복]을 입은, 획일적인; 규격[표준]화 된
uniformovat 표준[규격]화하다
únik, *mi-2, 3* **1** 도망, 탈출 **2** 샘, 누출 **3** vyhýbáním se 회피, 도피, 피함, 벗어남; daňový (세금의) 탈세
unikát, *mi-2* **-ní** 유일(무이)한, 하나밖에 없는, 유가 없는, 독특한
unik|nout < **-at 1** 달아나다, 벗어나다 před trestem (처벌 앞에서) uprchnout 탈주하다, 도망[실종]하다 **2** čemu/před čím (무엇을) 피하다, 회피하다, 면하다 **3** zdanění (세금을) 탈세하다 ◆ *to mi -lo* 나는 그것을 놓쳤다; *~ o vlásek* 간신히 도망가다[벗어나다]
únikovost, *f-1* 현실도피(벽), 도피주의
únikový 도피주의(자)의
univerzit|a, *f* (종합) 대학교 ◆ *jít na -u* 대학(교)에 가다; *být přijat na -u* 대학교에 입학되다; *studovat na -ě* 대학교에서 공부하다; *Karlova ~* 카렐대학교
univerzitní (종합)대학교의◆ *~ nakladatelství* 대학 출판부
univerzální 우주의, 우주적인, 만물에 관한, 전세계의, 보편적인, zařízení 다목적의, 다용도의, 만능의 ◆ *~ klíč* 맞쇠, 곁쇠, 여벌쇠, 빗장 열쇠, 해결의 열쇠, 마스터키; *~ lék* 만병 통치약
únor, *mi-2* 2월
únos, *mi-2* 채감, 꾀어냄, dívky (소녀의) 유괴
únosný 참을 수 있는, 웬만한, 괜찮은, 유익한, 이로운, 이윤이 있는 = *proveditelný, snesitelný*
unuděný 지루한, 싫증나는; čím (무엇에) 물린, 식상한
unylý 활기 없는, 힘없는, 번민하여 여윈, 음울한
upad(áv)at v. *upadnout*
úpadek, *mi-2, 3* **1** pokles 경사, 내리받이, 쇠퇴, 쇠약; rozpad 부패, 부식, 실패 **2** (사업의) 파산, 파탄 **3** zhoršení 악화, 저하; po vysoké kvalitě (절정 이후의) 쇠미, 타락, 퇴폐
úpadkový 쇠퇴기에 접어든, 퇴폐적인
upad|nout, -at v. *padat* ~ < **-(áv)at 1** 쓰러지다, 빠져 들어가다, 빠지다, 넘어지다 **2** o úpadku 기울다, 쇠퇴하다, 타락하다, 부패하다, 악화[저하]하다

U

úpal, *mi-2* **1** 태우는[찌는]듯한 더위 [열기] **2** = *úžeh*

u|pálit (*upal!*) < **-palovat** 불살라 버리다; koho (누구를) 태워 죽이다, 화형에 처하다; živou tkáň (살아있는 세포조직을) 태우다 **-palovat**

upamatov|at < **-ávat** koho nač (누구에게 무엇을) 생각나게 하다; na minulé (지나간 것을) 회상 시키다 ~ **se** < **-ávat se** nač (무엇에 대해) 회상이 되다, 생각이 나다, 추억하다

úpatí, *n* (사물의) 밑부분, 발치(쪽), 기슭, 아래; pod horami

upatlat v. *patlat*

upéci, upéct (*upeč-*, *upekl*; (문어체) -*ku*, -*kou*, -*c!*) v. *péct*

upěchovat v. *pěchovat*

upejpat se 수줍어하다, 겁내다

upejpavý 수줍어하는, 소심한, 겁많은

úpěnliv|ý **1** 애원하는, 간청하는, 간절한 **2** 슬픈, 우울한, 쓸쓸한 ◆ -*ě prosit* 애원[탄원]하다

úpět > **za-** **1** 신음하다, 끙끙거리다, 괴로워하다 **2** 비탄하다, 슬퍼하다

upev|nit < **-ňovat** **1** 고정[고착]시키다, 붙이다, 붙박다; kolíčkem (나무못, 말뚝 등으로써) 죄다, hřeby (못으로써) 처박다; připoutáním 묶다, 동이다, 붙들어매다, 잠그다, usadit 안치[정치]하다 **2** dát pevný základ 기초를 튼튼히 하다, 확립하다, 강화하다; sjednocením složek (요소들의 통합으로써) 굳게 하다, 공고[견고]히 하다, učinit obranyschopným 요새화 하다 **3** učinit pevným 단단하게 하다, 보강하다

upínat (se) v. *upnout (se)*

upír, *ma* **1** 흡혈귀 **2** 고혈을 빠는 사람

upírat (se) v. *upřít (se)*

úpis, *mi* (채무)증서, 계약서, 공채증서; potvrzení o dluhu 어음, 증권; dluhopis 채무증서

upisovat (se) v. *upsat (se)*

upjatý 꼼꼼한, 딱딱한, 냉담한; 위엄을 부리는

uplácet v. *uplatit*

upláchnout = *pláchnout*

uplakaný 눈물어린, 눈물에 젖은

úplata, *f* **1** (계약상의) 약인, 대가; 보수, 보상; dílčí (부분적인) 지급, 지불 **2** = *úplatek*

úplatek, *ma-2, 3* 뇌물, aby mlčel (침묵하도록) 입막음 돈

u|platit (*uplacen*) < **-plácet** (*-cejí*) úplatkem (뇌물로써) 매수하다[꾀다], svědka (증인을) 돈 등을 주어 위증시키다

úplatkář, *ma* 증회자, 매수자

úplatkářství, *n* 뇌물(을 주는[받는]) 행위, 증회, 수회; svědků (증인들의) 위증

uplat|nit < **-ňovat** **1** 적용[응용]하다, 이용하다, plně (최대한) 활용하다 **2** mocí (권력을) 집행하다, 행사하다 **3** trváním na tom 주장[역설]하다; předpis apod. (규칙 등에) 호소하다

uplat|nit se < **-ňovat se** 적용되다; 자신의 권리를 주장하다; vliv apod. (영향 등이) 미치다, 작용하다

úplatný 매수할 수 있는, 타락한

úplavice, *f* 이질, 설사병

uplést (*uplet-*) v. *plést*

U

úplet, *mi-2* 뜨개질한 옷

úplněk, *mi-2, 3* 만월, 보름달

úplný 전부[전체]의, 가득찬, 충만한; 완전한, 순전한; naprostý 절대의, 전적인; důkladný 철저한, 완벽한

uplouhat v. *plouhat*

uplyn|out v. *plynout*; *-ulý = minulý*

up|nout (*upn-, upjal|upnul, upnutí, upětí*) < **upínat 1** = *při-, za-pnout*, **(비유)** *připoutat* naději k (무엇에 희망을 걸다) **2** sevřít 걸쇠로 걸다[잠그다], (죔쇠로) 죄다, 고정시키다 ~ **(se)** < **upínat (se)** pohled(em) (시선을) 고정하다, mysl(í) (생각을) 집중하다

upocený 땀투성이의, 땀에 젖은

upokoj|it (se) < **-ovat (se)** = *uklidnit (se)*

upo|menout (*upomenul, upomněl*) < **-mínat** koho = *připomenout, upamatovat*, oč (무엇을) 요구하다, 청구하다, 주장하다; neodbytně 독촉[재촉]하다 ~ **se** < **-mínat se** = *připomenout si*

upomínka, *f* **1** 생각나게 하는 것, obch. (지불) 독촉장 **2** suvenýr 기념품, 선물

úporný 고집이 센, 완강한, 집요한, 끈기 있는, 지속적인; choroba (병의) 악성의

uposlechnout = *poslechnout*

upotit se < 땀을 (뻘뻘) 흘리다

upotřeb|it < **-ovat** = *po-, vy-užít*

upotřebitelný = *použitelný, užitečný*

upouštět v. *upustit*

upout|at v. *poutat* **-ávat** = *poutat*

upovídaný 수다스러운, 말 많은

upozornění, *n* **1** 지시, 지적, 표시, 암시, 계시 **2** 충고, 경고, 권고, 통지

upozor|nit < **-ňovat 1** 가리키다, 지적하다, 보이다 **2** na to, že ... (…라는 사실에) 주의를 환기시키다, 주의[주목]하다 **3** již předem (사전에) 알리다, 충고[조언]하다, aby neutrpěl 경고하다, 조심케 하다

upracovaný 너무 많이 일한, 과로한

upracovat se < 너무 일하다, 과로하다

úprava, *f* **1** uspořádání 배열, 배치, 정리, 정돈, 배합, 꾸밈; výzdoba (가로, 건물 따위의) 장식천, 기종류 **2** seřízení 조정, 조절; sestavení 조립, 설치, 장치, rozložení 배치, 설계; (신문, 잡지 등의 편집상의) 페이지 배정, 레이아웃, pro účin 구성; (여자, 배우 등의) 메이크업, 화장, 분장 **3** pozměnění 수정, 변경, 변용, 재작, 번안; předpisu 개선, 개정, 교정 **4** zevnějšek 형, 틀, 뼈대, 구조; zkrášlující 손질, 다듬질, 수식 **5** nařízení 규칙, 규정

upraven|ý 1 (외양이) 말쑥한, 깔끔한, 단정한 **2** (장소가) 잘 정돈된 **3** (책이) 개정된, 수정된 ◆ *-é vydání* 수정판[본]

uprav|it < **-ovat 1** 조정[조절]하다 **2** 설치[장치]하다 **3** 수정[변경]하다 **4** 정리[정돈]하다, 규정하다; **(참조)** *úprava*; zevnějšek (외양을) 모양 짓다, 형체 짓다; 분장[장식]하다, 손질하다, 수식하다

uprav|it se < **-ovat se** (몸차림을) 단정히 하다, (옷차림을) 성장하다,

U

꾸미다

úpravný 산뜻한, 정연[말쑥, 깔끔, 단정]한, 손질이 잘 된

upravovat (se) v. *upravit (se)*

uprázdněn|ý 텅 빈, 공허한 ◆ *-é místo v úřadě* (사무실의) 빈 자리, 공석, 결원

u|prázdnit < -prazdňovat 텅비게 하다, 공허하게 하다, 비우다

upražit v. *pražit*

uprchlík, *ma-3* 도망자, 망명자, 피난자, 난민; zběh 탈영병, 탈선자, vymanivší se z ovládání 탈주자, 이탈자

uprchnout = *prchnout, uniknout*

úprk, *mi-2, 3* 놀라서 우르르 도망침 (야수, 가축 따위가), 대패주, 궤주 ◆ *-em* 패주[궤주]하여, 전속력으로

uprosit (*uprošen*) 감언이설(甘言利說)로 유혹하다, 꾀다, 설득하여 …하게 하다

uprostřed čeho (무엇의) 중앙에[한가운데에], mezi odlišnými (무엇의) 사이에[중간에] ◆ ~ *cesty* (길의) 도중에, 중간에

upřeně 고정[고착]하여, 꼼짝않고, 뚫어지게(보다 따위)

upřený (시선이) 고정된, 응시하는, 노려보는

upřes|nit < -ňovat (보다) 정확하게 하다[만들다], 명시[명기] 하다

upřílišněný 터무니 없는, 과대한, 엄청난, 과장된

upřímně 1 솔직하게, 진솔하게, 숨김없이 **2** 성실[진실]하게, 충심으로, 진정으로 ◆ ~ *řečeno* 솔직하게 말해서

upřímnost, *f-1* 성실, 성의, 진실, 솔직, 순수함

upřímný 성실한, 진실한, 솔직한, 거리낌[숨김] 없는, ryzí 순수한, 성실한; 진정한, 진심의, 충심 어린

upříst (*upřed-*) v. *příst*

u|přít (*upř-, upřel, upřen*) < **-pírat 1** zrak (시선을) 주다[보내다], pozornost 눈을 떼지 않고 지켜보다, 고정시키다 **2** komu co (누구에게 무엇을) 거부[거절]하다

u|přít se < -pírat se na co (무엇에) 고정하다, 멈추다

u|psat (*upíš-, upiš!, upsal*) < **-pisovat** 배당[할당]하다, 부여하다, zavázat se 기부하다, 약속하다, 구독하다

u|psat se < -pisovat se k čemu (무엇에 대하여) 서명하여 가입[계약, 등록]하다

u|pustit (*upuštěn*) < **-pouštět** (*-tějí*) **1** *že upadne* = *pustit* **2** od čeho (무엇을) 포기하다[그만두다], nestarat se o to 버리다, 단념하다, vzdát se práv na 철회[포기]하다, neučinit to 삼가다

uráči|t se 황송하옵게도 …하시다, …하여 주시다 ◆ *-l se na mě podívat, -lo se mu na mě podívat* 그는 황송하게도 나를 쳐다보셨다

uradit se = *(po)radit se, do-, rozhodnout se*

uran, *mi-2* 우라늄((광물))

Ural, *m* 우랄(산맥, 강)

úraz, *mi-2* 타박, 상해, 부상, 재해, 재난, 사고, těžký (중대한) 상해, 사상자

u|razit (*uražen*) < **-rážet** (*-žejí*) **1** 타박하다, 때려 눕히다 **2** cestu (길을)

가다, 답파하다 **3** urážkou 감정을 상하게 하다, 모욕하다, 욕보이다, písemně (글로써) 비방[중상]하다 ~ **se < -rážet se** pro co (무엇에) 성내다, 불쾌히 여기다

úrazovost, *f-1* (개인) 사고율, 재해율

úrazov|ý (개인) 사고의, 재해의 ◆ *-é pojištění* 재해보험

uražený, 1 상처 받은, 부상한 **2** 모욕 받은[당한]

urážet (se) v. *urazit (se)*

urážka, *f* **1** 공격, 타격 **2** 모욕, 손상; písemná (문서에 의한) 비방, 중상 **3** pobuřující jev 눈에 거슬리는 것, 눈의 아픔 ◆ *~ soudu* 법정 모욕죄

urážlivý 1 공격적인, 모욕적인, 명예훼손의, 중상적인 **2** snadno se urážející 상처 받기 쉬운, 쉽게 상처 받는, 과민한; 다루기 힘든

určení, *n* **1** 지정, 한정, 결정, 지명 **2** 진단, 판정 **3** 수식 ◆ *místo ~* 도착지, 목적지, 행선지

určený 지정된, 한정된, 지명된, 정해진, 특정의

urč|it < -ovat 1 정하다, 한정하다, 지정하다; 결정하다, 확립하다; 평가하다, 감점하다; blíže 상술하다, 자세히 쓰다 **2** z vyšší moci (상부로부터) 예정[지정]하다, 지명하다 **3** chorobu (질병을) 진단하다, 판정하다, zařadit 특정지우다, vymezit 규정하다 **4** 《言》 한정하다, 수식하다

určitě 확실히, 꼭, 의심 없이, 반드시, 정말, [대답으로] 물론이오! 그렇고 말고요! ◆ *vím to ~* 나[저]는 그것을 확실히 알지요![알고 말고요!]

určitý 1 뚜렷한, 명확한, jasně vyslovený 명시된, 명백한, jistý 확실한, 분명한 **2** právě ten 특히 그[이], 특별한, 특정한 **3** přesně udaný 구체적인, 상세한 **4** stanovený 정해진, 고정된, 지정된 **5** neklamný 틀림없는 **6** sloveso (동사가) 정형(定刑)의

urgence, *f* 생각나게 하기 위한 조언[주의], 메모; (지급의) 요구

urgenční 긴급한, 절박한, 매우 위급한 ◆ *~ dopis* 긴급한 편지

urgentní 긴박한, 절박한 ◆ *~ případ* 절박한 경우

urgovat koho (누구에게) 생각나게 [깨닫게] 하다; koho oč/co u koho (누구에게 무엇을) 강요하다, 조르다, 압박하다, co (무엇을) 밀어붙이다, 재촉하다

urn|a, *f* **1** 항아리, 납골단지 **2** na odpatky 쓰레기통, 오물 콘테이어 = *popelnice* **3** volební 투표소, 투표함 ◆ *jít k -ám* 투표하러 가다

úročit > z- 이자를 지불하다

úročitelný 이자를 지급하는

úroda, *f* **1** 수확, 농작물; výnos 산출고[물] **2** 다량, 풍요

urodit se (*urozen*) v. *rodit se*

úrodnost, *f-1* 기름짐, 비옥, 다산; 풍부; míra výnosu 산출고, 생산고

úrodný 비옥한, 기름진, 다산의, 번식력 있는; 풍요로운, 풍부한

úrok, *mi-2, 3* 이자, 이율 ◆ *připisovat -y* 이자를 가산하다

úrokový 이자의, 이율의

uronit v. *ronit*

urostlý 잘 발달된, 체격이 좋은, 튼튼한

úrov|eň, *f* 수평, 수준; měřítko 표준, 기준 ◆ *rozhovory na nejvyšší -ni* 최정상급[최고위급] 수준의 대담[회담]
urovnat v. *rovnat* **-ávat** = *rovnat*
urozený 명문 출신의, 집안이 좋은
urputný 강인한, 질긴, 끈질긴, 완강한, 집요한
urychl|it < **-ovat** 빠르게 하다, 속도를 (더)내다, 가속하다, 재촉[촉진]하다, v. *uspíšit*
urychlovací, 가속의, 가속하는
urychlovač, *mi* částic (물리학의) 분자[입자] 가속기
úryvek, *mi-2, 3* **1** 파편, 조각, 단편 **2** úsek textu (텍스트의) 발췌, 인용, 초록
úřad, *mi* **1** 관공서, 관청, 사무소[실], 국 **2** jako zmocněný orgán 관직; 공직, 권능, 권한, 직권 ◆ *Nejvyšší kontrolní ~* 최고 감사원; *poštovní ~* 우체국
úřada, *ma* **(경멸어)** 관료, 관료적인 사람[공무원], 관리
úřadovat (관공서의) 공무원으로 일하다, byrokraticky 관료주의[형식주의]에 빠지다
úřadovna, *f* 관공서의 사무[집무]소
úřední 공무상의, 관의, 권한을 부여 받은 ◆ *~ doklad* 증명서, 증서 약정서; *~ hantýrka/žargon* 관청용어; *~ místa* 당국, 관헌; *~ osvědčení* (관청의) 증명서, 검정서, 면(허)장; *~ příkaz* 허가증; *~ sňatek* 민법상 결혼, 민사혼, 신고결혼(종교의식에 의하지 않은); *~ šiml* 관청식, 관료적 형식주의
úřednick|ý **1** 공무원의, 사무원의, 서기의 **2** 사무직 계급의, 샐러리맨의 ◆ *-á síla* 사무직 노동자; *-á vláda* 과도 정부, 선거 관리 내각
úřednictvo, *n-2* 서기[사무원]직, 공무원[관리]직, 관리(사회); státní (국가의) 문관, 행정사무; aparát 관료제도[주의]
úředník, *ma-3* 공무원, 관공리, 역원, 임원; nižší (하급의) 서기[사무원]; v uniformě (제복을 입은) 관리, 공무원, státní (국가의) 관공리, 공무원 ◆ *státní ~* 국가 공무원, 문관
uřeknout se < (지절거려) 비밀을 누설하다
uřez(áv)at v. *uříznout*
uřícený 숨찬, 헐떡이는
uříznout, uřezat < **uřezávat** 잘라내다, 《醫》 (수술로) 절단하다
usa|dit (*usazen*) < **-zovat** **1** 앉히다, 착석 시키다; 설치하다; usídlit 자리잡게 하다, 정착시키다, 정주 시키다 **2** koho řízně (누구를) 깎아내리다, 콧대를 꺾다, ve sporu (논쟁에서) 입을 다물게 하다
usa|dit se < **-zovat se** 자리잡다, 정착[정주]하다, 안정되다, 뿌리를 내리다
usazenina, *f* 앙금, 침전물, 퇴적물
úseč, *f* výseč (직선의) 선분, (원의) 호, 부분
úsečka, *f* (수학의) 가로좌표
úsečný 짧은, 짤막하게 자른, 간결한, 간명한
usedavý 가슴이 터질듯한, 애끊는
usedlík, *ma-3* 거주자, 정주자, 거류민
usedlost, *f-1* 농장, 장원, 영지
usedlý **1** 자리잡은, 정주하는, 거주[거류]하는 **2** povahově (성격적으로)

침착한, 조용한

used|nout < -at = *sednout si, usadit se*

úsek, *mi-2, 3* **1** 절제부분, 단편, 단면 **2** 구획, 구분, 구역 **3** 영역, letu, závodu (비행, 경주의) 한 구간[노정]; cesty (여행의) 도정, 여정 **4** (시간적인) 한 연속, 한 연속의 기간 **5** textu (텍스트의) 한 줄, 일절, 문단; (책의) 단락 **6** (견제의) 부분, 영역; (회사의) 부서

úsekový 부문의, 부분의, 단면의; 구역의, 영역의

uschlý 마른, 건조한, 건성의

uschnout v. *schnout*

uschopnit < 가능하게 하다, 능력[자격]을 주다

úschova, *f* 보호, 보위, 보관; uložení 예탁, 저금; na skladě (창고에) 저장, 보관

uschov|at < -ávat 보관[저장]하다; 보호하다, 감독[감시] 아래에 두다; v záloze 떼어두다, 비축하다, uložit 저금[예탁]하다; *ukrýt, uchovat*

úschovna, *f* 보관[저장]소, 창고, 휴대품 보관소, zavazadel (수화물) 보관소

u|sídlit (se) < -sídlovat (se) = *usadit (se)*

úsilí, *n* 노력, 노고, 고심, námaha 힘든 작업, 수고, vyčerpávající 힘을 다함, 진력, 분투 ◆ *vynaložit ~* 수고하다, 애쓰다

usilovat 노력하다, 분투하다, 고투하다, snažit se 수고하다, 애쓰다, 시도하다, o vysoký cíl (높은 목표를) 열망하다, ze všech sil 모든 힘을 다하다, 진력하다, 최선을 다하다

usilovný 수고를 아끼지 않는, 근면한, 성실한

u|sínat, v. *usnout*

úskalí, *n* 벼랑, 절벽, sráz 낭떠러지, útes 암초

usklad|nit < -ňovat 저장하다, 보관하다; do lodí (배에) 집어넣다, 채워넣다

uskladnění, *n* 저장, 보관

u|skočit < -skakovat 뛰어 비키다, 살짝 비키다, 주춤[움찔]하다

úskočný 교활한, 음험한

úskok, *mi-2, 3* 교활, 간지, 계교, 술책

uskrov|nit se < -ňovat se 최대한 이용하다, 지출을 억제하다, 절약하다

uskřípnout = *skřípnout*

uskuteč|nit < -ňovat 실현하다, 현실화하다, 구현하다, 체현시키다, 만들어내다; přivodit 이루다, 해내다, zavést 실행[이행]하다

uskuteč|nit se < -ňovat se 실현되다, 실시되다, 구현되다

úsloví, *n* 말투, 말씨, 어법, 표현, 어구, 관용어법, 속담, 격언

úsluha, *f* 호의, 친절, 알선, 소개

úslužný 잘 돌봐주는, 친절한, 정중한, 싹싹한, 상냥한

uslyšet v. *slyšet*

u|smát se (*usměj- se, usmál se, usmání*) **< -smívat se** 미소짓다, 웃다, 생글[방긋]거리다, 미소를 보내다

usmažit v. *smažit*

usměr|nit < -ňovat 1 향하게 하다, 돌리다 **2** (흐름을) 수정[개정]하

다, 조절하다 **3** podle měřítka 표준[규격]에 맞추다, 표준[규격]화 하다 **4** (누구를, 행위를) 이끌다, 인도하다 **5** lidi (사람들을) 출발선에 세우다 **6** kasárnicky 조직화하다

usměrňovač, *mi* (전기의) 정류기

úsměšek, *mi-2, 3* 비웃음, 냉소, 조소, 조롱

úsměv, *mi-2* 미소, 웃음

usměvavý 미소 짓는, 방긋[벙긋]거리는

usm|ířit (*usmiř!*) v. *smířit, odčinit* **-iřovat** = *smiřovat*

usmívat se v. *usmát se*

usmlouvat < kolik (얼마만큼) 값을 깎다 ◆ *~ na kom 100 korun* 누구에게서 100 코루나 값을 깎다; *podařilo se mu ~ 100 korun* 그는 100 코루나 값을 깎는데 성공하였다

usmolit v. *smolit*

usmrcovat v. *usmrtit*

usmrkaný 콧물을 흘리는, 추저분한

u|smrtit (*usmrcen*) < **-smrcovat** 죽이다, 살해하다; neužitečně (사용하지 못하게) 파괴하다

usmyslit si = *umínit si, rozhodnout se*

usnad|nit < **-ňovat** 쉽게 하다, 용이하게 하다, 촉진[조장]하다 ◆ *~ práci* 일을 쉽게 하다, 노동[노력]을 절약하다

usnášet se v. *usnést se*

usnesení soudní (법정의) 재정, 판결

us|nést (se) (*usnes-*) < **-nášet (se)** (*-šejí*) na čem (무엇을) 결정[결의]하다, hlasováním (투표로써) 결의하다

usnout < **usínat** 잠에 떨어지다, 잠에 들다

usoudit (*usouzen*) v. *soudit*

usp|at (*uspí-, uspi!, uspal, uspání*) < **-ávat** 잠들게 하다, 잠재우다, zpěvem (노래로써) 재우다; 《醫》 마취시키다

uspávací 최면(성)의, 졸린 ◆ *~ prostředek/prášek* 수면제[마취제]/알약 수면제, *nápoj* 물약 수면제

úspěch, *mi-2, 3* 성공, jednotlivý výkon 성취, 달성, 성과; dar osudu 행운 ◆ *dosáhnout -u* 성공하다, 성취하다; *mít ~* 성공적이다, 성공하다, *a postoupit* (일이) 진척되다; *nemít ~* 실패하다

uspěchaný 서두는, 급한, 조급한, 성급한, 당황한

úspěšný 성공적인, 성공한, člověk (사람이) 잘된, 출세한, 성공을 거둔

uspět (uspě-) 성공하다, 성공을 거두다; (구어체) 시험을 잘 치르다, 급제하다

usp|íšit (*uspiš!*) < **-išovat** 서두르다, 재촉하다, 촉진하다, 신속히 처리하다

uspokoj|it < **-ovat** 만족시키다, 채우다, ujištěním 안심시키다, 기운을 돋우다; uklidnit 달래다, 진정[완화]시키다; splnit 충족시키다

uspokojivý 만족한, 만족[충족]시키는

úspora, *f* **1** 저금, 저축(액) **2** omezením 절약, 절감

úspornost, *f-1* 절약, 검약, 아낌

úsporný rozpočet (예산이) 긴축적인 [긴축재정의]; časově/pracovně (시간이나 노동을 엄격하게) 절약[검약]하는; 내핍의, 금욕적인

U

uspořád|at v. *pořádat* **-ávat** = *pořádat*

uspoř|it < **-ovat 1** (수고, 어려움 따위를) 적게 하다, komu co (누구에게 무엇을) 면하게 하다 **2** naspořit 저축하다, 절약하다

úst|a, *n-pl* 입, 구강, 입술 ◆ *dýchání z úst do úst* 입에서 입으로 불어넣는 인공 호흡; *jíst plnými -y* 배불리 먹다, 포식하다; *z ruky do úst* 하루 벌어 하루 먹는

ustáj|it (*ustaj!*) < **-ovat** obd. 헛간에 넣다, koně (말을) 마구간에 넣다

ustálený 1 안정된, 고정된, 확립된; 확고한 **2** 응고된

ust|álit (*ustal*) < **-alovat 1** 안정시키다, 견고하게 하다; 고정시키다 **2** zastavit 저지하다, 억제하다 **3** 《化》 응고시키다 **4** pevně stanovit 확립하다 ~ **se** < **-alovat se** 안정되다, 고정되다, 확립되다

ustalovač, *mi* 염착제, (사진의) 정착액

ustání 정지, 휴지, 중지 ◆ *bez ~* 부단하게, 끊임없이, 지속적으로

ustanovení, *n* **1** 규정, 조항, 규칙, zákonné 법규, 법령 **2** (날짜 등의) 지정, 정하기

ustanov|it < **-ovat** jmenovat 지명하다, 임명하다, (지위에) 앉히다, zřídit 취임시키다; *stanovit*

ustaraný 걱정[근심]스러운, 고생에 찌든; 슬픔에 잠긴, 수심에 찬

ust|at (*ustan-, ustal, ustání*) < **-ávat** = *přestat* **-át se** < **-ávat** 가라앉다, 진정되다

ústav, *mi-2* **1** (학술 · 사회적) 회, 학회, 협회 **2** (공공)시설, (공공) 기관[단체] **3** výzkumný/vysokoškolský (학술연구 혹은 대학의) 연구소, 대학, 학부, 학과 **4** podnik (회사의) 시설; léčebný (치료의) 시설[요양소], 시료소, 양육원, 고아원, 수용소 ◆ *léčebný ~* 새너토리엄, 요양소; *pohřební ~* 장의사; *~ jazykové odborné přípravy*[ÚJOP] 까렐대학 산하 언어 전문 준비기관

ústava, *f*(국가의) 헌법

ustávat (se) v. *ustat a ustát se*

ustavičný 끊임없는, 지속적인

ust|avit (se) < **-avovat (se)**세우다, 확립하다, 설립하다, z jednotek (단위들로써) 구성하다

ústavní 1 단체의, 협회의, 학회의, 연구소의 **2** k 'ústava' 헌법의

ústavodárný 구성하는, 조직하는, 설정권[제정권]이 있는

ustavovat v. *ustavit*

ustavující 구성하는, 세우는, 설립하는 ◆ *~ shromáždění* 제헌[개헌]의회

ústí, *n* **1** 입, 입구, 입 같은 것[부분], trubice (끝이 가늘게 된) 대통[파이프, 호스] 주둥이, 노즐 **2** řeky (강의) 어귀

ústit > **v-, vy- 1** …로 인도하다, 이끌다, 이르다 **2** řeka (강이) …로 흘러 들어가다

ustlat (*ustel-, ustlat, ustlání*) v. *stlát*

ústně 구두로, 말로, 구술로 ◆ *~ sdělit* 구두로 [말로] 전달하다; *zkoušet koho ~* 누구를 구술로 시험을 보게 하다

ústní 입의, 주둥이의, 어귀의, 구두의, 구술의, 말로 표현된, 말의 ◆ ~

U

dohoda 구두 계약[합의]; ~ *zkouška* 구두 시험, 구술 시험

u|stoupit (*ustup!*) < **-stupovat 1** (뒤로) 물러서다, 물러나다, 움츠리다; moře (바닷물이) konjunktura (경기가) 하락하다; do ústraní (은거지로) 칩거하다, 은퇴하다, 퇴직하다 **2** povolit 양보하다; uvolnit cestu přesile (우세한 세력에게) 길을 내주다, 굴복하다, 항복하다; autoritě (권위에) 따르다, 복종하다 **3** od čeho (무엇을) 포기하다, 단념하다 **4**《軍》(군사적으로) 퇴각하다

ústraní, *n* 격리, 은퇴, 은거 ◆ *uchýlit se do* ~ 퇴거, 퇴직, 퇴역하다; *žít v* ~ 칩거[은거]하다, 한거하다

ustrašený 겁먹은, 무서워하는, 놀란

ústrk, *mi-2* 깔봄, 대수롭지 않게 여김, 경멸; 무례, 모욕, 권리침해; 적대

ustrn|out < **-ovat 1** ve vývoji (진행이) 억제되다, 지체[침체] 되다 **2** úžasem (놀람으로써) 마비되다, 활동불능이 되다, (깜짝) 놀라다, 소름 끼치다; v. *strnout*

ustrn|out se *nad kým = slitovat se*

ustrnulý 1 뻣뻣한, 딱딱한, 경직한, 굳은 **2** ve vývoji (발전이) 저지된, 억제된, 지체된

ústroj, *mi* **1** (군인의) 장구, 배낭; 제복 **2** 의상, 의복

ústrojí, *n* **1** (신체적인) 기관, 조직 **2** tech. 기계장치, 전동장치, 기어 ◆ *dýchací* ~ 호흡기관; *pohlavní* ~ 생식기, 외음부; *blokovací* ~ 잠금장치

ustrojit (se) v. *strojit (se)*

ústrojný 신체 기관의; 기계 장치의

ustrouhat v. *strouhat*

ústředí, *n* 본사, 본점, 본부

ústředna, *f* 본국, telef. (전화) 교환국; *ústředí*

ústřední 중앙의, 중심의; 중심적인 ◆ ~ *topení* 중앙 난방; ~ *vláda* 중앙정부 ~ *myšlenka* 중심 사상[주지, 요지]

ústřice, *f* 굴, 석화, 굴과 비슷한 조개류

ustřihnout (*ustřižen*) v. *stříhat*

ústřižek, *mi-2* 회수권의 한 장, 쿠폰식 승차권, 구입권; kontrolní (대조를 위한) 꼬리표, 부신, 표찰; lístek 전표, (천, 종이 따위의) 가느다란 조각

ústup, *mi-2* 퇴각, 후퇴; *ustoupení*

ústup|ek, *mi-2, 3* **1** 양보, 용인 **2** zdi (벽의) 움푹 들어간 곳, 벽감 ◆ *politika -ků* 유화정책, 완화책

ústupný 순종하는, 고분고분한

ustupovat v. *ustoupit*

úsudek, *mi-2, 3* **1** 재판, 심판, 평가, 판단, 판결 **2** inteligence 판단 능력, 두뇌, 지력 **3** 비판, 비평

usušit v. *sušit*

usvědč|it < **-ovat** 유죄를 입증하다[선언하다] ◆ ~ *koho/co ze lži/z nepravdy* 누구/무엇에 대하여 거짓을 말하다, 중상[비방]하다

úsvit 새벽녘, 동틀녘, 여명

usychat = *schnout*

ušák¹, *ma-3* 토끼, (부풀부풀한 흰 꼬리가 있는) 야생 토끼의 일종

ušák², *mi-2, 3* (구어체) 등받이 좌우에 날개가 달린 안락의자

U

ušatý 긴 귀를 가진, 귀가 큰
ušetřit v. *šetřit*
ušít (*uši-*) v. *šít*
úšklebek, *mi-2, 3* 씩[싱긋] 웃음, 얼굴을 찡그림, 찡그린 얼굴
ušklíb|nout se < -at se 씩 웃다, 얼굴을 찡그리다
uškodit (si) v. *škodit (si)*
uškrtit (*uškrcen*) v. *škrtit*
uškvařit (se) v. *škvařit (se)*
ušl|ápnout, -apat < -apávat 짓밟다, 밟아 뭉개다, 짓밟아 죽이다
ušlápnutý 짓밟힌, 유린된
ušlehat v. *šlehat*
ušlechtilost, *f-1* 고귀성, 숭고, 고결함
ušlechtilý (마음이) 숭고한, 고결한, 고상한, 귀품있는, 귀족적인; zvíře (동물이) 순종인
ušlý 1 ztracený 잃어버린, 상실된 **2** chůzí (걷기로써) 지친, 피로한
ušní 귀의, 청각의, 청력의
ušpinit v. *špinit*
uštědř|it < -ovat 1 (가격, 타격 등을) 주다, 가하다 **2** poskytnout 수여하다, 부여하다, 교부하다; *udělit*
uštěpačný 경멸하는, 비웃는, 조롱하는
úštěp|ek, *mi-2, 3* 토막, 조각, 부스러기
ušt|ípnout < -ipovat 잘라내다, 따내다, 끊어내다
uštknout < (뱀이) 물다, 물어 뜯다
uštknutí, *n* 뱀에게 물린 상처
uštva|ný 고갈된, 다 써버린, 소모된
uštvat v. *štvát*
utábořit|it se < -ovat se 텐트를 치다, 야영하다
utahaný 1 (옷 등이) 입어서 낡은, 닳아빠진, 해진 **2** 기진맥진한, 녹초가 된, 지쳐 버린
utahat 1 (옷 등을) 입어서 낡게 하다, 해지게 하다 **2** koho (누구를) 지치게 하다, 혹사하다, 기진맥진하게 하다
u|táhnout 끌 수 있다, 당길 수 있다 ◆ ~ *si opasek* 허리띠를 조르다, 내핍생활을 하다
utahovat 팽팽하게 치다, 바짝 죄다; tkanici (끈을) 묶다, 졸라매다
utahovat si z koho (누구를) 조롱하다, 놀리다, 희롱하다
utaj|it v. *tajit* **-ovat** = *tajit*
utápět (se) (*-pějí*) = *topit (se)*
utéci, utéct (*uteč-, utekl*; **(**문어체**)** *-ku, -kou, utec!*) **< utíkat 1** 달아나다, 도망치다, 내빼다, 탈주하다; *uniknout, uprchnout* **2** (우유가) 끓어 넘치다 **3** (가스, 액체가) 새다, 새어 나오다 **4** (시간이) 빨리 지나가다, 경과하다
utéci se < utíkat se 1 k čemu (무엇에) 의지[호소]하다 **2** před čím (무엇으로부터) 피난[도피]하다
utečenec, *ma* 피난자, 난민, 망명자, 도피자
útěcha, *f* 위로, 위안, 위안이 되는 것
útěk, *mi-2, 3* 도망, 도주, 도피; davový (집단적인) 궤주, 패주 ◆ *na -u* 도망중의; *dát se na ~* 도망가다, 패주하다; *obrátit/zahnat na ~* 패주 시키다
utěrka, *f* 닦는[훔치는] 것(타월, 스

펀지 따위), na nádobí (그릇 닦는) 행주

úterý, *n-in* 화요일

útes, *mi(-2)* (해안, 강안의) 낭떠러지, 벼랑, 절벽

utěs|nit v. *těsnit* **-ňovat** = *těsnit*

utěšený 즐거운, 기쁜, 유쾌한

utěš|it (se) v. *těšit (se)* **-ovat (se)** = *těšit (se)*

utich|at = *tichnout* **-nout** v. *tichnout*

utíkat (se) v. *utéci (se)*

utínat v. *utít*

utírat v. *utřít*

útisk, *mi-2* 압박, 억압, 압제, 탄압

utiskovat 압박하다, 탄압하다, 학대하다

utiš|it (se) v. *tišit (se)* **-ovat** = *tišit*

utí|t < -nat 베어[잘라]내다, 떼어내다

utkání, *n* (우연한) 만남, 조우; střetnutí 충돌, 격돌; zápas 대결, 대전, 시합, 경쟁, 경연; 《軍》 싸움, 다툼, 전투; 《軍》 (군사적) 교전, 접전

utk|at v. *tkát* **~ se < -ávat se** s kým (누구와) 마주치다, 조우하다; v soutěži (경쟁에서) oč (무엇을 두고) 다투다, 겨루다,

utkv|ět (*oni utkv[ěj]í, utkvěl*) **< -ívat** 머무르다, 고착되다, 자리잡다; zrakem (시선을) 고정시키다

utlačovat = *utiskovat*

útlak, *mi-2, 3* = *útisk*

útlocitný 다정한, 다감한, 정이 많은

utlouci, utlou|ct (*utluč-, utloukl, utlučení;* **(**문어체**)** *-ku, -kou, utluc!*) **< -kat** = *ubít*

utlumit v. *tlumit*

útl|ý 유약한, 어린, 호리호리한, 홀쭉한, 가냘픈, 허약한 ◆ *od -ého mládí* 어린 유년시절부터; *dívka s -ým pasem* 허리가 호리호리한 소녀

útočiště, *n* 은퇴처, 은신처, 피난처; možnost 의지, 의뢰, 의지가 되는 사람[물건]; chráněné (교회의) 성소, 성역; 《政》 (정치적인) 피난처, 망명처 ◆ *poslední ~* 마지막 수단, 최후의 수단

útočit > za- na koho/co (누구를/무엇을) 공격하다, 습격하다; slovy (말로써) 공박하다, 비난하다

útočník, *ma-2, 3* **1** 공격자, 습격자, 가해자; 《法》 침략자, 침입자 **2** sport (스포츠의) 전위, 포워드

útočný 침략적인, 공세의; slovně (말로써) 욕설하는, 비난의

útok, *mi-2, 3* **1** 공격, 습격, 공박, 비난 **2** pokus o překonání (기록에 대한) 도전 **3** (생명에 대한) 살인 기도 **4** (스포츠의) 공격, 공세 ◆ *vzít co -em* 무엇을 급습하다

utonout < 1 물에 빠지다, 익사하다 **2** 수렁에 빠져 들다

utonulý *ma* **1** 물에 빠진, 익사한 **2** 익사자 = *utopenec*

utopen|ec, *ma* **1** 물에 빠진 사람, 익사자, 익사체 **2** *-ci* 절인 소시지

utopický 환상의, 몽상적인, 공상적인; 이상주의적인, 유토피아의

utopie, *f* 환상, 공상; 유토피아, 이상향

utopit v. *topit* **~ se** = *utonout*

utrácet (*-cejí*) (돈 따위를) 헛되이 쓰다, 낭비하다, 탕진하다; jinak v. *utratit*

útrapa, *f* 고난, 고초, 곤궁, 곤경
utrápený 시달린, 고생에 찌든, 고통 받는
útrat|a, *f* **1** 지출, 비용, 경비 **2** poplatky (치러야 될) 셈, 부담, 요금 ◆ *na čí -y* 누구의 부담으로
u|tratit (*utracen*) < **-trácet** (*-cejí*) **1** (돈을) 쓰다, 소비하다; promarnit 헛되이 하다, 낭비하다 **2** zvíře (동물을) 죽이다, 멸망[절멸] 시키다
utrhačný 헐뜯는, 중상적인, 비방하는
utrh|(áv)at v. *utrhnout* **-nout, -at** < **-(áv)at, -ovat** v. *trhat* = *ucuknout* **-ovat si** = *uskrovnit se* **-nout se** < **-(áv)at se, -ovat se 1** (속박에서) 벗어나다, 탈출하다 **2** na koho (누구에게) 격노하다, 닦아 세우다
utrmácený 몹시 지친, 기진맥진한
utrousit (*utrus!, utroušen*) v. *trousit*
utrpení, *n* 괴로움, 고통, 고난, 곤경
utrpět (*oni utrpí*) v. *trpět*
útrpný 1 비꼬는, 빈정대는 **2** 온정적인, 자비로운
útržek, *mi-2, 3* **1** 파편, 조각, 단편; papíru 종이 조각, 종이 쪽지; bez ceny (가치 없는) 부스러기, 찌꺼기 **2** po oddělení vlastní listiny 부본((수표, 영수증 따위를 떼어주고 남은 쪽지))
utržit v. *tržit*
útržkovitý 파편의, 단편적인, 부스러기의
útržkový 떼어내는 ◆ *~ kalendář* 떼어내게 된 달력
utřídit (*utřiď!*) v. *třídit*
u|třít (*utř-, utřel, utřen*) < **-tírat** 닦다, 훔치다; 닦아 없애다, 지우다; 문지르다; do sucha 말리다, 건조 시키다
utuhnout v. *tuhnout*
utuch|nout < **-at** (소리, 빛, 관심 등이) 엷어지다, 없어지다, 사라지다
útulek, *mi-2, 3* **1** 피난 장소, 대피처 **2** sociální (사회적인) 요양소, 수용소, v. *útočiště* ◆ *dětský ~* 고아원; *~ pro opuštěná zvířata* (유기된) 동물 보호소
útulný 아늑한, 안락한, 편안한
ututl|at v. *tutlat* **-ávat** = *tutlat*
útvar, *mi-2* **1** 형태, 형상, 모양 **2** 구성, 조직, 구조; 형성물, 구성물 **3** v pohybu (움직이는) 대형, 편대, 종렬
utv|ářet = *tvořit* **-ořit** v. *tvořit*
utvr|dit (*utvrzen*) < **-zovat 1** (누구를 어떤 직위에) 승인하다, 추인하다 **2** = *upevnit* **3** utužit **4** = *potvrdit*
utvr|dit se < **-zovat se** v čem (무엇이) 승인[추인]되다
uvaděč, *ma* **-ka,** *f* (극장 등의) 시중드는 사람, 안내원
uvádět (se) (*-dějí*) v. *uvést (se)*
uvadnout v. *vadnout*
úva|ha, *f* **1** 생각(하기), 사고, 사색, 고려; uvažování 숙고, 명상, 관조 **2** o (…의) výklad 해석, 평가, 판단; o (…의) sepsaná 소론, 평론 ◆ *brát v -hu* 무엇을 고려하다, 고려에 넣다; *po zralé -ze* 골똘히 생각한 뒤에, 다시 생각하여; *stojí to za -hu* 그것은 고려할 가치가 있다
uvál|covat v. *válcovat* **-et** v. *válet*
uval|it < **-ovat 1** (의무, 세금, 부담 따위를) 지우다, 과하다 **2** (타격 따위를) 주다, 가하다
uvarovat se = *varovat (se)*
uvařit v. *vařit*

U

uvázat (se) v. *vázat (se)*

úvazek, *mi-2, 3* povinnosti (일의) 분담량, 책임량

uváznout < **1** (차량 등이) 빠져나오지 못하다, (배 등이) 좌초하다, 침몰하다, (생선가시가) 목구멍에 걸리다 **2** (말이) 막히다

uvazovat (se) = *vázat (se)*

uvážen|á, *f* 고려, 숙고 ◆ *dát na -ou* …을 고려[참작] 대상으로 하다; *stojí to za -ou* 그것은 고려[참작]할만한 가치가 있다

u|vážit < **-važovat** 고려[참작]하다, 사고[사색]하다, 명상[숙고]하다

uvážlivý 생각이 깊은, 신중한, 침착한

uvažování, *n* 고려, 숙고, 연구, 조사

uvažovat **1** o čem (무엇에 관하여) 여러가지를 생각하다, 숙고하다, 사색하다, 추론하다; 연구하다, 조사하다; vážit ze všech stran (모든 각도에서) 깊이 생각하다 **2** v. *uvážit*

uvedený 전술한, 상기한, 언급한 ◆ *výše ~* 위에서 말한, 상기한, 전기의

uvědomělost, *f-1* 자각, 의식, 알고 있음

uvědomělý 의식[자각]하고 있는, 알고 있는, 의식적인, 의식 있는; 《政》 (정치적으로) 성숙한

uvědomění, *n = uvědomělost*

uvědom|it (*uvědoměn|-men*) < **-ovat** **1** koho (누구에게) 알리다, 고하다, 보고하다, vzkázat 통지하다, formálně (공식적으로) 통고[통보]하다 **2** 의식화하다, 의식을 불어 넣다

uvědom|it si < **-ovat si** **1** 깨닫다, 이해하다, 알아보다, 감지하다; a hodnotit 평가하다, 판단하다 **2** náhle (돌연) 눈을 뜨다, 각성하다

uvědomovat si být si vědom 알아차리다, 인식하다

uvelebit se < **-ovat se** 편히 몸을 가누다, 기분좋게 눕다[앉다]

úvěr, *mi-2* 신용대부, 대출

úvěrový 신용대부의, 대출의

úvěruschopný 신용이 있는, 지불능력이 있는

uveřej|nit < **-ňovat** 발표[공표]하다, 공포하다; 공개하다, 내놓다; zařazením do textu 적어[써] 넣다; pravidelně (광고 등을 정기적으로) 싣다, 게재하다

uvěřit v. *věřit*

u|vést (*uved-*) < **-vádět** (*-dějí*) **1** dovnitř (안으로) 데려오다[가다], 안내하다, 이끌다, formálně (공식적으로) 안내해 들이다 **2** 출발시키다, 시작하다 **3** 소개하다, 데뷔시키다, do (…로) ukázat místo 보이다, 안내하다 **4** ukázat obecenstvu (대중 앞에) 내놓다, 내보이다; na jeviště (무대에) 올리다, 공연하다, film (영화를) 상연하다 **5** v úřad (직위에) 채용하다, obřadně (격식을 차려) 취임 시키다 **6** 정착[정주]시키다 **7** připomenout 언급하다, 말하다, 진술하다; na obranu (방어를 위해) 변호[옹호]하다; citátem (예증으로써) 제시하다, 인용하다 **8** do jakého stavu/činnosti (어떠한 상태나 행위로) 인도하다, v. *přivést* ◆ *~ do původního stavu* 본래대로 하다, 원 상태로 회복시키다; *~ do oběhu* 유통시키다; *~ na (svou) obhajobu* 변론하다; *~ co v* *platnost* 무엇을 효력을 발생하게 하다; ~ *co v pochybnost* 무엇을 의심하다; ~ *koho v pokušení* (누구를) 유혹에 빠뜨리다; ~ *co do provozu* 무엇을 작동[가동]하게 하다; ~ *co za příklad* 무엇을 예로 들다; ~ *na společného jmenovatele* 공통분모로 하다; ~ *koho v úřad* (누구를) 공직에 취임 시키다; ~ *ve vzájemný vztah* 상호관련 시키다; ~ *ve zmatek* 혼란에 빠뜨리다; ~ *co ve známost* 무엇을 알리다[공표하다]

u|vést se < -vádět se jak (어떻게) 진술하다, 자신을 소개하다

uvěznit 감금하다, 투옥하다

uvidět (se) (*oni uvidí*) v. *vidět* (*se*)

uvít (*uvi-*) v. *vít*

uvítací 환영의, 응접의 ◆ ~ *proslov* 환영사; ~ *obřad* 환영연

uvítan|á, *f* 환영 ◆ *několik slov na -ou* 환영을 위한 몇마디 말

uvítat v. *vítat*

uvíznout = *uváznout*

uvnitř 1 (부사) 안쪽의, 내면[내부]의; 안쪽에, 내부에, doma 실내에, 옥내에 **2 (전치사) (+생격)** …의 안에, 내부에

úvod, *mi(-2)* **1** 서언, 서문, 머리말, 머릿글 = *předmluva* **2** 입문서, 소개서, 안내서

úvodní 소개의, 서론의, 서문의; předběžný 예비의, 준비의; jako předmluva 머리말의

úvodník, *mi-2, 3* (신문, 잡지의) 사설, 논설

uvolnění, *n* **1** 이완, 완화, 경감 **2** 해고, 해직

uvolněný 이완된, 느슨한, 느긋한

uvol|nit < -ňovat 1 자유롭게 하다, 해방하다, 놓다; aby nebylo napjaté 느슨하게 하다, 늦추다, 완화하다; přetížené (어려움을) 경감하다, 덜다, 눅이다, 이완시키다 **2** 비우다, 치우다 **3** aby bylo průchodné (통과할 수 있도록) 풀다, 걷다 **4** do pohovu 쉬게 하다, 누그러지게 하다

uvol|nit se < -ňovat se (자신을) 해방하다, 자유로워지다, 느슨해지다, 누그러지다

uvozovací 소개의, 인도의

uvozovat 1 = *uvádět* **2** 《言》 (접속사가 절을) 도입하다, 이끌다

uvozov|ka, *f* **-ky,** *pl* 인용부, 따옴표

uvrh|nout (*uvržen*) **< -ovat** (어느 상태에) 빠뜨리다, 몰아넣다

uvyknout = *zvyknout*

uzáko|nit < -ňovat 법령[법제]화 하다, 적법[합법]화 하다

uzam|knout (se) < -ykat (se) = *zam-*

uzávěr, *mi-2* **1** 폐쇄, 폐지, 밀폐; těsnicí 봉인, 증인 **2** nasazovaný 뚜껑, vkládaný 마개, 틀어막는 것 **3** ventil 판, 밸브, 판막 **4** průtoku (수로, 운하의) 문, 수문 **5** (사진기의) 셔터 **6** = *závěr*

uzávěrka, *f* **1** (훅, 지퍼 따위의) 잠그개 **2** dosažený stav (신문 등의) 마감시간, 최종기한 **3** účetní (회계의) 결산; redakční (편집의) 마감, 종결

uzavírací 끝의, 마지막의, 결산의, 마감의

uzavírat shrnovat 포함하다, 함유하다; jinak v. *uzavřít*

U

uzavřenost, *f-1* povahová (성격적인) 자제, 삼감, 시름시름함; 내성적임; 고고함; 과묵함

uzavřený 1 잠긴, 닫힌 **2** povahově (성격적으로) 삼가하는, 내성적인, 폐쇄적인

uzav|řít (*uzavř-, uzavřel, uzavřen*; (문어체) *uzavr-u, -ou*) < **-írat 1** 닫다, 막다, 잠그다, 차단하다, 폐쇄하다, 봉쇄하다; neprostupně 밀폐하다, 밀봉하다, zamezit pohybu 제한하다, 감금하다, 가두다 **2** 폐점하다, 휴업하다 **3** sjednat (협약 등을) 체결하다, 맺다, (교섭을) 타결하다 **4** shrnout 결론을 내리다, 결정하다; 결론을 내리다 ◆ ~ *dohodu* 협정을 체결하다; ~ *koupi* 구입하다, 구매하다; ~ *manželství* 결혼생활에 들어가다, 결혼하다; ~ *mír* 화해하다; ~ *objednávku* 주문을 내다, 주문하다; ~ *pojistku* 보험에 들다; ~ *sázku* 내기를 걸다[하다]; ~ *závazek* 책임을 지다, 서약하다

uzav|řít se < -írat se 닫히다, (스스로를) 폐쇄시키다, do sebe 자폐적으로 되다

Uzbek, *ma* 우즈베키스탄

uzda, *f* 굴레(고삐, 재갈 따위의 총칭), 구속, 속박, 제어

uzdravení, *n* 회복, (병의) 쾌유, 완쾌

uzdrav|it < -ovat 건강하게 하다, 치료하다, 고치다

uzdrav|it se < -ovat se (건강을) 되찾다, 회복하다

uzel, *mi-2* **1** 매듭, 고 **2** 《物·數》 (물리, 수학의) 마디, 파절((진동체의 정지점)), 마디점, 결절점(곡선이 만나는 점) **3** tratí (선로의) 교차점, 접합점 **4** ranec 묶음, 묶은 것, 꾸러미

území, *n* 영토, 영지, 영역, 구역

uzemnění, *n* 접지((감전을 피하기 위하여 전기 기기를 전선으로 이어 땅에 연결하는 일, 또는 그 장치))

územní 영토의, 영역의

uzem|nit < -ňovat 1 (전선, 회선 따위를) 접지시키다, 지면에 닫게 하다 **2** koho (누구를) 바닥에 때려 눕히다

uzenáč, *mi* 청어[연어]를 훈제해 말린 것

uzenář, *ma* 훈제 돼지고기 전문상인

uzenářství, *n* 훈제 돼지고기 전문점

uzené, *n* maso 훈제고기

uzenina, *f* 훈제 음식, 훈제품

uzenka, *f* 훈제 소시지

úzko 답답하다, 불안하다 ◆ *je mi ~* 나는 마음이 답답하다[불안하다]

úzkokolejka, *f* 협궤 철도

úzkoprsý 마음이 좁은, 편협한, 소심한, 쩨쩨한; měšťácky nadutý 독선적인, 점잔 빼는, 으스대는

úzkost, *f-1* 걱정, 근심, 불안

úzkostlivý 면밀한, 꼼꼼한, 소심한

úzkostný 과민한, 불안한, 답답한, 염려되는

úzk|ý (*užší, úže[ji]*) **1** 좁은, 협소한 **2** 답답한, 편협한 **3** 꼭 끼는, 갑갑한 **4** 촘촘한, 면밀한 **5** 밀접한, 긴밀한 ◆ *být v -ých* 진퇴양난이 된, 곤경에 빠진; *zahnat koho do -ých* (누구를) 궁지에 몰아넣다, 닦아 세우다; ~ *profil* 교통 정체가 일어나는 곳; *v užším*

U

smyslu 엄밀히 말하여, 엄밀한 뜻으로; *užší volba* 결선투표

uzlík, *mi-2, 3* **1** 매듭, 고 **2** 작은 묶음[꾸러미] **3** (의료의) 결절, 작은 혹

uznalost, *f-1* 인정, 인식, 식별; 평가, 판단, 이해

uznalý 감상할 줄 아는, 이해하는, 잘 생각해 주는, 동정심 많은, 감사하는

uznání, *n* 평가, 승인, 인정

uzn|at < -ávat 1 인정하다, 승인하다, 시인하다, 받아들이다; proplacením/podpisem 존중하다, 승낙하다; schválit 재가[인가]하다 **2** připustit 용인하다, 허락[허용]하다, za své 자인하다 ◆ *projevit komu -ání* (누구에게) 경의를 표하다, 칭찬하다; ~ *koho vinným* (누구에게) 유죄를 인정하다

uznávaný 평판 좋은, 널리 알려진, 훌륭한, 저명한

uzpůsob|it < -ovat 적합[적응]시키다, 개정[수정]하다, 개작하다

uzrát v. *zrát*

uzrávat = *zrát*

uzřít (*uzř-, uzřel*) v. *zřít*

úzus, *mi-2* 관습, 관례; (언어의) 관용(법)

už = *již*

úžas, *mi* 깜짝 놀람, 감탄, 경탄, 경악, 아연

užaslý 깜짝 놀란, 경악한, 아연실색한

užasnout v. *žasnout*

úžasný 깜짝 놀랄만한, 경이로운, 놀라운, 어처구니 없는, 굉장한

úžeh, *mi-2, 3* 일사병

úžina, *f* **1** (바다의) 해협 **2** (내륙의) 지협

uží|t (*uži-*) < **-vat 1** = *použít* **2** požívat 누리다, 향유하다 **3** 《醫》 (약을) 복용하다

úžit (se) > z- 좁게 하다, 좁히다(좁아지다); stažením 줄이다(줄다); 수축시키다(수축하다)

užitečný 쓸모 있는, 유용한, 유익한, k dispozici 편리한, 마음대로 되는

užitek, *mi-2, 3* 용도, 효용, 효과, 유용, 쓸모, 이익, 이득

užitkový 쓸모가 있는, 실용적인, 기능 본위의

užit|ý 응용된, 적용된 ◆ *-é umění* 응용 예술

užívací 사용하는, 활용하는 ◆ ~ *právo* 사용권; ~ *soda* 중탄산소다

užívání, *n* **1** 사물, 활용 **2** 향유, 향수

užívat v. *užít*

uživatel, *ma-1, 4* 사용자, 소비자

uživit 먹여 살리다, 부양하다, 양육하다, 기르다

uživit se 자신의 생계를 세우다[유지하다]

úžlabina, *f* **úžlabí,** *n* 우묵한 곳, 계곡, 분지

užrat (*užer-, užral*) < **užírat** 먹어 치우다, 다 먹다

užuž 막 …하려 하는 ◆ ~ *chtěl odejít* 그는 막 떠나려는 참이다

užvaněný 수다스러운, 말 많은

U

V

v, V [vé] *n-in* **1** [베] 체코어 알파벳의 자음 글자 **2** 《電》 (= volt) (볼트)의 약자 **3 V** 로마 숫자의 5 **4 V** (= východ) (동쪽)의 약자 **5** v. (= *viz*) (보라)의 약자

v, ve I v co[+대격] **1** časově **(**시간 · 때 · 기간**)** …에, …때에 ◆ *v 5 hodin* 5시에; *v kolik hodin?* 몇시에? **2** změna **(**내부로의 운동 · 동작 · 방향**)** …안으로 [에], …로[에] ◆ *tváří v tvář komu* 누구와 얼굴과 얼굴을 맞대고 **3** *výsledek děje* **(**행위의 결과**)** …로, …으로 ◆ *dospět v muže* 남자로 성장하다 ; *obrátit co v žert* 무엇을 농담으로 만들다 **4** *účel činnost* **(**행위의 목적**)** …(으)로 ◆ *uvést co v chod* 무엇을 움직이게 하다 **5** *vazby* **(**결속**)** …에, …를[을] ◆ *brát co v úvahu* 무엇을 고려에 넣다; *propuknout v pláč* 울음을 터뜨리다 **II** v čem [+전치격] **(**장소 · 위치**)** …속[안]에서, …에(서) ◆ *v Praze* 프라하에서 **2** v průběhu **(**경과 · 과정**)** …동안[간, 중]에 ◆ *v zimě* 겨울 동안에 **3** prostředí dané dobou **(**기간**)** …사이(에) ◆ *v noci* 밤 사이에, 밤에 **4** v dosahu **(**범위**)** …안[내]에 ◆ *budově* 건물 안에 **5** podroben procesu **(**상태 · 과정**)** …중에, …중인[의] ◆ *stavba v moderním slohu* 현대적인 스타일의 건물; **6** co se týče čeho …에 관하여 ◆ *být v práci* 작업중이다; *být v léčení* 치료중이다

vábit (*vab!*) < **při -, z-** 꾀다, 유혹하다, 부추기다, 꾀어내다, 유인하다, 끌다 v. *lákat*

vábivý 사람의 마음을 끄는, 유인하는, 매력적인

vábný 유혹적인, 흥미를 자아내는, 기분좋은

Václav, *ma* 바츨라브((남자이름)) ◆ *-ské náměstí* 바츨라브 광장((프라하시 중심부에있는 광장 이름))

váček, *mi* **1** 작은 주머니, 쌈지, 돈지갑 **2** 낭, 액낭, 기낭

vada, *f* 결점, 결함, 단점, 흠; (měřitelná 잴 수 있는) 결핍, 부족, 결손; znečištěním 오점, 오명; tělesná (육체적인) 결함, (신체적) 장애, *vrozená* ~ 선천적인/타고난 결함

vadit 방해하다, 곤란하게 하다; překážet 신경쓰게 하다 ◆ (*to*) *nevadí* (그것은) 걱정없다[염려할 바 아니다]; *hluk mi vadí při práci* 나는 일하는데 소음이 신경이 쓰인다

vadit se > po-말다툼하다, 언쟁하다, o ženě (특히 여자가) 성가시게 잔소리하다

vadivý 성가시게 잔소리하는

vadnout > u-, z- 1 (꽃 등이)시들다, 아울다; (색이) 바래다 **2** (아름다

움, 영광 등이) 쇠약해지다, 쇠퇴하다

vadný 결함[결점]이 있는, 하자가 있는, 불완전한, 나쁜; (člověk, fyzicky 사람이 신체적으로) 장애가 있는, 불구의, mentálně (정신적으로) 장애가 있는

vagón, *mi* 차, 탈 것, 마차, 열차의 객차,

nákladní (화물용) 짐마차, 트럭, 화차

vá|ha, *f* **1** přístroj 저울, 체중계 **2** hmotnost 무게, 중량, 체중 **3** 《物》 인력, 중력 **4** závažnost 중요성, 비중 ◆ *brát co na lehkou -hu* 무엇을 얕보다(가볍게 보다); *být na -hách* (마음이) 흔들리다, 동요하다; *klást -hu nač* 무엇에 무게를 두다; *přibírat na -ze*체중이 늘다; *specifická ~* 《物》 비중; *ztratit na -ze* 몸무게가[체중이]줄다

váhání, *n* 망설임, 동요, 주저 ◆ *bez ~* 주저[동요]없이

váh|at > za- 주저하다, 망설이다, 허둥대다, 머뭇거리다, 지체하다; kolísat 생각이 흔들리다, 동요하다

váhavý 주저하는, 망설이는, 머뭇거리는, 더딘, 꾸물거리는, 지연하는

vaječník, *mi-2, 3* **1** 《解》 난소 **2** 스크램블드 에그스((달걀을 풀어서 지진 음식)), 오믈렛

vaječn|ý 알[달걀]의 ~ *likér* 에그펀치 ((밀크와 설탕이든 달걀 펀치)); *-á skořápka* 달걀껍질

vajíčko, *n-2,3* **1** 《生》 알, 난세포, 난자 **2** = *vejce*

vak, *mi-2, 3* 가방, 자루, 대형 여행가방, (군대용, 캠프용의) 잡낭

vakcína, *f* 우두종, 백신

vakuum, *n-2* 진공(상태) ◆ *ve vakuu* 진공상태에서

val, *mi-2* **1** 토루, 둑, 제방; 목책을 두른 보루 **2** (시어)= *příval* (*-em* 급히, 빨리)

vál, *mi* 가루 반죽판

válcovat > u-, z- (특히 금속이나 유리를) 굴리다, 회전시키다; 롤러로 (땅을) 고르다

válcov(it)ý 원통 모양의, 원주 모양의

válcovna, *f* 압연기, 압연 공장

válčící 싸우는, 전쟁의 ◆ *~ stát* 교전국

valčík, *mi-2,3* 왈츠(춤, 그 곡), 원 무곡 ◆ *tančit ~* 왈츠를 추다

válči|t 싸우다, 다투다, 전쟁을 하다

válec, *mi* 원통, 실린더, 기통, 롤러; *silniční* 도로를 굳히는 롤러; *psacího stroje* 잉크롤러, (타자기의) 롤러

váleček, *mi-2,3* **1** (작은) 롤러, 도장용 롤러 **2** (부엌의) 밀방망이

válečnický 전쟁의, 군사의; 호전적인, 도전적인

válečnictví, *n* 전투(행위), 교전(상태), 전쟁

válečník, *ma-3* 전사, 투사, 무인

válečn|ý 전쟁의, 전투의, 군사의, 전시의 ◆ *-á loď* 군함, 전함; *-é loďstvo* 해군; *na -é noze/stezce* 싸우러 가려고, 싸울 기세로; *~ poškozenec* 상이병; *-á rada* 군사[작전]회의; *ve -ém stavu* 전시 체제의[편제]의[로]; *~ štváč* 전쟁 도잘자, 전쟁광, 주전론자

válek, *mi-2,3* **1** (작은) 밀방망이 **2** (작은) 가루반죽판

válenda, *f* 소파, 침대 겸용 소파

V

válenky, *f-pl* 목이 긴 벨트 부츠[장화]

válet (*oni válejí*) 굴리다, 돌리다 > **u-, z- 1** 롤러를 굴려 판판하게 하다; (밀가루 반죽을)밀다 **2** 찌부러뜨리다

válet se 1 구르다, 회전하다; v něčem 무엇 속에서 뒹굴다, 빠지다 **2** lenošivě (게으르게) 빈둥거리다 **3** být nastlán (우리속에) 깔짚이 깔리다

valcha, *f* 빨래판

valchovat 문지르다, 비비다

valit 굴리다, 회전시키다, 굽이치게 하다

valit se 1 구르다, 굴러가다, 회전하다 **2** řítit se 돌진하다, 쇄도하다; 분출하다, 솟아오르다

vál|ka, *f* 전쟁, 싸움, 교전상태, 전시 ◆ *~ nervů* 신경전; *křižácká ~* 십자군 전쟁; *ve -ce a v lásce je vše dovoleno* 전쟁과 사랑에서는 모든 것이 정당하다

V

válkychtivý 호전적인, 싸움을 즐기는

valník, *mi-2,3* 화물자동차, 대차, 보기차((차축이 자유롭게 움직이는 차량))

valn|ý 1 *-é* shromáždění (회의) 전원 출석의, 전권을 가진; 정식의, 분식의 **2** 꽤 많은, 적지않은, 상당한 **3** 좋은 ◆ *-á hromada* 전체회의, 총회; *z -é části* 대부분은, 크게; *nemá -é zdraví* 그/그녀는 건강이 좋지 않다

valuta, *f* **1** 가치, 유용성 **2** cizí platidlo 외국환, 외화, 경화

vana, *f* 목욕통, 욕조

vandrák = *tulák*

vánek, *mi-2, 3* 산들 바람, 미풍, 연풍

vánice, *f* 눈보라, 폭풍설

vanilka, *f* 바닐라

Vánoce, *mi-pl* 크리스마스, 성탄절 ◆ *veselé ~ a šťastný Nový rok!* 즐거운 크리스마스와 행복한 신년[새해]! *o -ích* 크리스마스[성탄절]에

vánočka, *f* 성탄절 케이크

vánoční 크리스마스의, 성탄절의 ◆ *~ stromek* 크리스마스트리

vanout (미래형 *povane*) > **za- 1** (바람이) 불다; nést se 부동하다, 떠돌다 **2** (비유) 향기가 풍기다; 암시하다 ◆ *z románu -e sentimentalita* 그 소설에서는 감상주의가 풍긴다

vápenatý, 석회질의, 석유를 함유한

vápenec, *mi* 석회석, 석회암

vápenný 석회의, 석회질의

vápník, *mi-2* 칼슘((금속원소; 기호 Ca))

vápno, *n* 석회, (특히) 생석회

var, *mi-2* **1** 끓임, 끓음, 비등(점) **2** 흥분, 격분 극 ◆ *bod -u* 비등점 ((100℃; 212°F)), 흥분의

varhan|ík, *ma-3* **-ic,** *f* 오르간 연주자

varhany, *f -pl* 오르간, (특히) 파이프 오르간

variace, *f* 변화, 변이, 이형, 변주(곡)

varianta, *f* 변체, 변형, 이형, 변이체

varieté, *n-in* 음악당, 버라이어티쇼, 보드빌 극장

várka, *f* **1** 한번 구워낸[생산해 낸]

것, (빵, 도기 따위의) 한 가마 **2** (맥주의) 양조(량)
varovat 경고하다, 경고하여 피하게 하다[조심케 하다]; před (…을) 조심시키다
varovat se čeho (무엇을) 피하다
varovný 경고의, 경계의, 주의의
Varšava, *f* 바르샤바((폴란드의 수도))
vařečka, *f* (요리용) 나무숟갈, 주걱
vařící 끓는, 비등하는
vařič, *mi* 요리[조리] 기구, 요리용 레인지 ◆ *ponorný* ~ 물 끓이는 투입식 전열기
vařit > u- 1 요리[조리]하다, ve vodě (물에) 끓이다, 삶다, 데치다 **2** obecně 음식을 만들다 **3** pivo (맥주를) 양조하다
vařit se = *vřít*, v. *vařit* (trpně)
váš 당신(들)의; samostatně 당신(들)의 것
vášeň, *f* 열정, 격정, 열애, 정열
vášnivý 열렬한, 정열을 품은, 격렬한
vát (*věj-*, *vál*, *vání*) **za-** > = *vanout*
vata, *f* **1** 원면, 탈지면 **2** vycpávka 채우는 물건, 옷 솜, 심, 어깨심; (헌 솜, 털, 짚 등) 충전물
vatovat > vy- (충전물을) 채워 넣다, 틀어 막다, 누비다; 덧대다[매우다]
vavřín, *mi-2* 월계수, 월계관
vaz, *mi-2* 목덜미, 《解》 인대 ◆ *zlomit si* ~ 자신의 목을 부러뜨리다; *Zlom(te)* ~*!* 성공을 비네(빕니다)!
váza, *f* 꽃병, 항아리, 단지, 불
vázání, *n* **1** (스키의) 바인딩 **2** 묶음, 결합
vázanka, *f* 넥타이
vázaný 1 묶인, 결합된; 속박[구속]된, 막힌, 폐쇄된, 통제된, 동결된; (화학) 응고한, 고정된 **2** knihař v. (책을) 제본한
vazárna, *f* = *knihárna*
váz|at (*váž-*, *važ!*, *vázal*; *víže*, *víží|vížou*) podmínit 제한하다, 한정하다, 통제하다, 막다, 동결하다, 묶다 ~ > **při-** = (*při*) *poutat*, *připevnit*, *přidělat* ~ > **s-** **1** knihu (책을) 제본[장정]하다 **2** do svazku (다발로) 묶다, 꾸리다, 싸다; do snopů (단으로) 묶다, 묶음으로 하다 ~ > **u-** 동이다, 얽매다, = *(u) poutat* ~ > **za-** 끈으로 묶다[졸라매다], 잇다, 얽매다, 결합하다 = *ovázat* ~ **se > u-** *v co* **za-** k čemu (무엇에) 서약[약속]하다, 종사하다 ~ **se** 붙어[따라] 다니다, 부착하다, 소속하다; vyjádřením 의무를 지우다, 구속하다, 약속하다
vazba, *f* **1** knihy (책의) 제본[장정] **2** 결합, 접속, 연합, 연계 **3** (전자회로의) 결합, zpětná 전자회로의 귀환 **4** 구조, 조립 **5** omezení pohybu 감금, 금고, 억류, vězením 투옥, policejní (경찰의) 구금, 유치 **6** (문법의) 구문, 구
vazivo 1 《解》 인대, 세포 조직 **2** 접합재, 결합재
vazelína, *f* 《化》 바셀린, 광유
váznout 1 엉키다, 걸리다 **2** v řeči 말을 더듬다 **3** pevně 달라[들러] 붙다, 고착하다 **4** platební povinnost 지급기일이 되다, 만기가 도래하다
vážit (*važ!*) 무게가 …이다[나가다], …(만큼) 무겁다, ~ > **z- 1** 무게를

달다, 재다 **2** (가치를) 평가하다, 추량하다, 헤아리다 **3** 곰곰이 생각하다, 숙고하다

vážit si 존중[존경]하다, 진가를[가치를] 인정하다, 높이 평가하다

vážka, *f* **1** 저울 **2** (곤충)잠자리

vážky, *f-pl* 우편[편자] 저울

vážně 1 정말로, 실제로, 진짜로, 참으로 **2** 엄숙하게, 심각하게 ◆ *myslíš to ~ ?* 정말로 그렇게 생각하니? *~ ?* 정말이니?; *myslet to ~* 진지하게[진심으로] 생각하다, s dívkou (소녀와) 애인의 관계가 되다

vážnost, *f-1* **1** váženost 존경, 존중, 경의, 중시 **2** že je vážný 권위, 위신, 존엄, 위엄, 품위, 자중, 자제, 근엄, 엄숙, 진지함, 중대함 ◆ *těšit se -i* 권위를[평판을] 누리다

vážný 1 진지한, 엄숙한, 장중한, 장엄한 **2** 심각한, 중대한, 중요한 **3** (병 등이) 중한, 심상치 않은, 위중한

vbrzku 이내, 곧, 금방

vcelku = *celkem* 총, 합계, 모두; 대체로

v|cítit se (*vciť se!*) < **-cit'ovat se** …의 입장에서 생각하다[느끼다]

včas 때를 맞춰, 제 시간에, 제 때에; podle plánu (계획에 따라) 시간대로, 시간을 어기지 않고 ◆ *přijít ~ k/na* (…로) 시간에 맞춰 도착하다

včasný 적시의, 때맞춘, 시기적절한

včela, *f* 꿀벌, 벌

včelař, *ma* **-ka,** *f* 양봉가

včelařství, *n* 양봉, 벌치기

včelí 벌의, 꿀벌의

včelín, *mi* 벌집, 벌통; 양봉장

včelstvo, *n-2* 벌 떼

včera 어제, 어저께 ◆ *~ večer* 어제 저녁(에)

včerejšek, *mi-2, 3* 어제

včerejší 어제의; 요즘의, 작금의

včetně 1 …을 포함하여, 계산에 넣어 **2** [+생격] čeho (무엇을) 포함한 ◆ *od 1. ledna do 10. ledna ~* 1월 1일부터 당일 포함한 1월10일 까지; *~ daně* 세금 포함한; *~ snídaně* 아침 포함한

včle|nit < -ňovat 포함하다, 담다, 일원으로 하다, 가입시키다

vdaná, *f* 결혼한 여자, 기혼녀, 유부녀

vdát (*nevdat*) < **-ávat** (여자를 남자에게) 결혼시키다, 시집보내다

vdát se < -ávat se (여자가) 결혼하다, za koho (누구에게)시집가다 ◆ *vdaná* 결혼한 여자

vdavky, *f-pl = svatba*

vděčit komu zač (누구에게 무엇에 대하여) 고마워 하다[은혜를 입다]

vděčnost, *f-1* 감사, 보은의 마음, 사의

vděčný 감사하고 있는, 고마워하는, 감사의

vdech, *mi-2,3* 호흡, 숨쉬기

vdech|nout < -ovat 호흡하다, 숨을 쉬다, 빨아들이다, 불어넣다, 고취하다

vděk, *mi-2,3 = vděčnost*

vdolek, *mi-2,3* kulatý malý 핫케이크의 일종, větší teplý mazaný 머핀, (말랑말랑한) 소형 빵

vdova, *f* 미망인, 홀어미, 과부

vdovec, *ma* 홀아비

vdovství, *n* 과부생활[신세]

ve (전치사) v. *v*; *v-* (접두어)

V

věc, *f-1* **1** 것, 물건, 물체, 물품, 사물 **2** záležitost 일, 용건, 업무, 용무, 직무 **3** 사건, 사항, 문제 **4** soudní pře 소송 사건 **5** 대외, 큰 목적 ◆ *jít k -i* 요점을 말하다; *to je ~ názoru* 그것은 견해의 문제이다; *to na -i nic nemění* 그것은 그 일에 아무런 변화를 가져오지 않는다

věcn|ý **1** 사실의, 실제의, 실질의; 사무적인, 인정미 없는, 무미건조한 **2** hmotný 물질적인, 실체상의 ◆ *-á škoda* 재산적인 손실[손상]

vecpat (se) v. *cpát* (*se*)

večer, **I** *mi-2* **1** 저녁, 해질녘, (해가 진 뒤부터 잘때까지) 밤 **2** strávený zábavou (밤) 공연; (특정 행사가 있는) …의 밤 **II** 저녁에, 밤에, pravidelně 매일 저녁[밤](에) ◆ *dnes ~* 오늘 저녁[밤]; *Štědrý ~* 크리스마스 전야[이브]

večerka, *f* **1** (군의) 귀영나팔 **2** 야간상점

večerní 저녁의, 밤의 ◆ *~ oblek/šaty* 야회복; *~ služba* 야간 근무; *~ studium* 야간 공부[학습]((성인 교육의 일환))

večernice, *f* 금성((저녁에 서쪽에서 반짝이는 별)), 개밥바라기

večerníček, *mi-2, 3* **1** 저녁 종 **2** v. (아동들을 위한) 저녁 TV 프로그램

večerník, *mi-2,3* 석간(지), 석간신문

večeře, *f* 저녁식사, 만찬, 정찬((하루 중 제일 주요한 식사, 원래는 오찬, 지금은 흔히 만찬))

večeřet (*oni večeř[ej]í, večeř!, večeřel*) > **po-**, **na- se** *čeho* 저녁식사를 하다, 만찬을 하다 *~ co* < (무엇을)저녁식사로 들다

večírek, *mi-2, 3* (저녁) 파티, (사교 상의) 모임, 회

věčně 영원히, 영구히

věčnost, *f-1* **1** 영원, 무궁, 불멸, 영원성 **2** (사후의) 영세, 내세 **3** 영원한 세월

věčn|ý 영구[영원]한, 불멸의, 끝없는, 끊임없는 ◆ *~ hřích* 용서할 수 없는 죄, 성령을 더럽히는 죄; *-á škoda* 그지 없는 유감[애석]; *~ trest* 영원한 형벌[징벌]

věda, *f* 과학, …학; společenská 학문, 학술

vědátor, *ma* **-ka,** *f* 설배운 학자, 사이비 학자

vědec, *ma* 과학자, 학자, = *učenec*

vědeckovýzkumný (학술) 연구[조사]의

vědecký 과학적인, 과학의; 학문상의, 학문적인, 학문의 ◆ *~ pracovník* 과학 연구자, prac. zařazení 연구[조사]원; *~ román* 공상과학소설

vedení, *n* **1** před jinými 선도, 지도, 솔선 **2** péče 안내, 인도; 학습지도, 가이던스; něčí 지휘, 지도(력), 통솔(력), 리더십 **3** tekoucího 관, 도관, 수송관; šňůra 개 끄는 줄; hlavní (수도, 가스 등의) 본관, 간선, 본선; okružní 회선, 회로; vrchní (상공의) 가공선, 고가로

vědění, *n* 앎, 지식, 학식, 학문, 견문

vědět (*ví-m ... -te, vědí, věz!, věděl*) 알다, 알고 있다, 정통하다, 식별하다 (o …을[에 관해]); z doslechu (들어서)알다, 이해하다, 알아듣다, 깨닫다 ◆ *ne-* 모르다, 이해하지 못하다, 무시하다, *váhat* 의심하다; *víš, víte* 알겠지

V

[아시겠지]; *víš co* 실은 이렇지, 그럼 이렇게 하지; *neví, co chce* 그는 자신이 무엇을 바라는지를 모른다; *člověk nikdy neví* 누구도 모르는 일이라네; *dát komu ~* 누구에게 말을 전하다[알리다]; *víš to jistě?* 너는 그것을 확신하니?; *pokud vím* 내가 아는 한 [범위 내에서는]; *rád bych věděl* 나는 알았으면 한다 ; *nechci nic ~* 나는 아무것도 알고 싶지 않다; *~ si rady* 어떻게 해야 할 지를 알다 ; *~ určitě* 확신하다; *neví o sobě* 그는 의식이 없다; *to se ví* 그렇고 말고, 아무렴; *vím, na čem jsem* 나는 자신의 위치를 잘 안다; *už vím, odkud vítr fouká* 나는 이미 그 배경을 안다

vedle **I** (부사) **1** 이웃(집)의, 가까이에, 인근에 **2** *rána ~* 못[빗]맞 힘, 미스, 빗 맞기, 빗어남, *těsně ~* 아슬아슬한, 빗맞힘[빗맞기] ◆ *hned ~* 바로 곁에 **II** (전치사 + 생격) **1** čeho (무엇의) 곁에, 옆에, 나란히, 접하여 ◆ *~ sebe* 서로 나란히; *bydlí ~ nás* 그/그녀는 우리집 곁에 산다 **2** kromě … 외에(도), navíc ještě …에 더하여, … 위에 더 ◆ *~ svého platu* 자신의 급여 외에도; *~ toho* 게다가, 그 위에

vedlejší **1** 접근한, 인접한, 부근의, 곁[옆]의 **2** podřadný 다음[버금]의, 부의, 부차적인, 보조의, 종속적인, 중요하지 않은 **3** navíc 여분의, 임시의 **4** postranní 측면의, 한쪽의 ◆ *odsunout na ~ kolej* 곁길로 빠지게 하다[틀다], 한쪽으로 비키다; *to je ~* 그것은 포인트[취지]를 벗어났다, 그것은 중요치 않다; *~ kolej* 측선/대피선; *~ okolnosti* 주변[주위]환경, 부작용; *~ produkt* 부산물, 부작용; *~ příjem* (자신의 활동으로 부터의) 부수입; *~ silnice* 고속도로 출입구의 램프, 진입로

vědní 과학의, 학문의

vědom (*si*) **(**형용사 *vědomý* 의 남성 단수형**)** čeho (무엇을) 깨닫고 [의식하고, 알고] 있는 ◆ *jsem si ~ své viny* 나는 자신의 죄를 알고(자각하고) 있다; *není si toho ~* 그는 그것을 모르고 있다

vědomě 고의로, 일부러, 고의적으로

vědomí, *n* 자각, 의식, 알아챔, 지각 ◆ *bez mého ~* 나도 모르게, 나의 승인없이; *brát na ~* 주목하다, 알아차리다; *dát komu co na ~* 누구에게 무엇을 알리다[통지하다]; *nebrat na ~* 무시하다, 경시하다; *nabýt ~* 의식을 회복하다; *pozbýt ~* 의식을 잃다, 실신하다, 졸도하다

vědomost, *f-1* 지식, 인식, 이해, 자각, 의식 ◆ *základní -i* (철저한) 기초지식

vědomý **1** čeho (무엇을) 의식[자각]하고 있는, 알고 있는, 지각하고있는 **2** 의식적인, 의도적인, 고의적인, 계획적인

vedoucí 이끄는, 선도하는 지도[지휘]하는, 지도적인, 수위[일류]의

vedoucí, *ma, f* **1** osoba 우두머리, 장, 수령, 지배자, 지휘자, obch. domu (백화점의) 판매장 감독 **2** 지도자, 단장, 리더, 가이드 ◆ *~ katedry* 학과장; *~ osobního oddělení* 인사부장[과장]

vedro, *n-2* 찌는 듯한 더위, 찜통더

V

위, 무더위 ◆ *to je* ~ 찌는 듯한 더위다

vědro, *n-2* 바께쓰, 물통, 두레박, 함지박

vegetace, *f* **1** (집합적) 식물, 초목, 한 지방(특유)의 식물 **2** (식물의) 생장, 발육; 발육기

vegetační 식물의, 초목의

vegetarián, *ma* **-ka,** *f* 채식주의자

vegetovat 식물처럼 생장[증식]하다, 무위로 지내다

vehemence, *f* 격렬, 맹렬; 열심, 열정

vehementní 격렬한, 맹렬한, 열렬한

věhlas, *mi* 명성, 영명, 유명

vehnat (*vžen-, vehnal, vehnán*) < **vhánět** (*-nějí*) 몰아[밀어] 넣다, 떠밀다, 무리하게 …시키다

vejc|e, *n* (새의) 알, 달걀 ◆ *jsou si podobni jako -i* 그들은 꼭 닮았다

vejčitý 달걀모양의, 타원형의

vějíř, *mi* 부채, 송풍기

vějířový 부채의, 부채꼴의 ◆ ~ *á klenba* 부채꼴 모양의 둥근 천 장

vejít (*vejd-, vešel, vejití*) < **vcházet** (*-zejí*) (안으로) 들어가다; 가입[참가]하다 do (…에) ~ **se** 들어가(지)다, 잘 들어맞다, 수용하다, 안에 포함하다

vejtaha, *f* **(**구어체**)** 자랑, 과시

věk, *mi-2, 3* **1** 나이, 연령, 연세 **2** 시대, 연대, období 기원, 시기

veka, *f* 구형[원통형]의 긴 흰빵

věkovitý 옛날부터의, 전통있는, 유서깊은

věkový 나이의, 연령의

velbloud, *ma* 낙타 ◆ *dělat z komára -a* 침소봉대하여 말하다, 허풍떨다

velbloudí 낙타의 ◆ ~ *srst* 낙타털(모직물)

velebit 칭찬(상찬)하다, 찬미[칭송]하다

velebný osoba 귀하신, 존경할 만한, 거룩한, 숭고한, 탁월한

veledílo, *n* 걸작, 명작

velekněz, *ma-1* 고위 성직자

velení, *n* 명령, 지령, 지휘, 통제

velet (*oni velí*) 명령하다, 지휘[통솔]하다

veletok, *mi-2, 3* 큰 강, 대하

veletrh, *mi-2, 3* (산업[무역]) 견본시[박람회] ◆ *mezinárodní* ~ 국제 박람회; *knižní* ~ 책 박람회

veletucet, *mi-2* 그로스((12다스, 144개))

velevážený 크게 존경받는[숭상되는]

velezrad|a, *f* 국가·원수에 대한 반역(죄), 대역죄 ◆ *obžalovat z -y* 국가반역죄로 탄핵[고발]하다

velezrádce, *ma* (국가) 반역자[배반자], 대역죄인

velezrádný (국가) 반역의, 대역죄의

velice 대단히, 매우, 몹시, 무척, 아주 ◆ *potřebovat* ~ 대단히 필요로 하다

veličenstvo, *n-2* 폐하, 전하, 각하 ◆ *Její královské* v. 여왕폐하

veličina, *f* **1** 양, 분량, 수량 **2** člověk 중요 인물, 거물, 유력[실력]자 ◆ *číselná* ~ 수량; *náhodná* ~ 미지수[량]; ~ *ve fyzice* 물리학의 거장[거물]

velikánský 어마어마한, 거대한,

V

막대한, 엄청난

velikášství, *n* 과대 망상증

Velikonoc|e, *mi-pl* 부활절[주일] (3월21일 이후의 만월 다음에 오는 첫 일요일); *o -ích* 부활절기간 동안에

velikonoční 부활절의 ◆ *~ vajíčko* 부활절 달걀

velikost, *f-1* **1** 거대함, 장대함 trojrozměr **2** 크기, 치수, 부피, 사이즈 **3** dvourozměr. (평면체의 면적, 넓이 **4** (수학·천문학의) 크기, 양, 광도, 진도 **5** 총액, 총계 **6** 강도, 농도; 강렬, 격렬 ◆ *v životní -i* 전신대의, 실물크기의

velik|ý (větší) **1** 큰, 넓은, 거대한, 광대한 **2** 중대한, 위대한 **3** do výše 키 큰; oděv (옷이) 헐거운; 너무 큰 ◆ *velký byznys* 대기업, 재벌; *-é dítě* 너무 커진 아이; *-á huba*; 수다스러운 사람 *~ kapitál* 대자본; *-é míry* 크게, 충분히, 주로; *-á móda* 유행, 성행; *~ obrat* obch. (상업의) 빠른 회전; v. *pátek* 성 금요일, 예수의 수난일((부활절 전의 금요일)); *-é písmeno* 대문자; *-é pivo* 큰 맥주; *ve -ém* 도매로, 대대적으로, *měřítku* 대 규모로; *-á voda* 최고 수위, 홍수

velitel, *ma-1, 4* 장, 우두머리, 지휘자, 《軍》 지휘관, 사령관, (비행기의) 기장, 선장 ◆ *~ posádky* 수비대장; *vrchní ~* 최고 사령관, 총사령관

velitelsk|ý **1** 명령[지휘]의 **2** povahou (성격이) 전제적인, 독단적인 ◆ *-é stanoviště* 지휘소

velitelství, *n* vrchní (최고의) 사령부

velko- 대(大)…, 거대…, 대규모…; obch. (상업의) 도매…

velkodušný 관대한, 도량이 넓은, 고결한

velkokapitál, *mi-2* 대자본

velkolepý 장대한, 장엄한, 당당한

velkoměsto, *n* 대도시, ústřední 중심도시, 수도

velkoměstský 대도시의, 중심도시의

velkomoravsk|ý 대모라비아의 ◆ *V-á říše* 대모라비아 제국

velko|myslný = *-dušný*

velkoobchod, *mi* **1** 도매(업) **2** podnik 백화점, 쇼핑센터, samoobslužný 슈퍼마켓,

velkoobchodní 도매(업)의

velkoobchodník, *ma-3* 도매업자, 도매상

velkopanský 귀족적인, 대범한, 호방한

velkorysý 도량이 큰, 마음이 넓은, 아량 있는,

velkost, *f-1* = *velikost*

velkostatek, *mi-2,3* (별장, 정원 등이 있는) 사유지, dědičný (상속되는) 영지, 장원

velkovévod|a, *ma* **-kyně,** *f* 대공

velkovýroba, *f* 대규모 생산, 대량생산

velký = *veliký*

velmi = *velice*

velmoc, *f-1* 강대국

velmož, *ma* **1** 귀족, 대공, 고관 **2** 실력자, 거물, 거부

velryba, *f* 고래

velvyslan|ec, *ma* **-kyně,** *f* 대사, 대표, 사절

velvyslanecký 대사의, 사절의

velvyslanectví, *n* 대사관
vemeno, *n* (소·염소 따위의) 젖통
vemlouvavý 감언으로 설득하는, 어르는, 부추기는
veml|uvit, -ouvat 감언으로 설득하다, 꾀다, 부추기다
veml|uvit se, -ouvat se do čí přízně 누구의 호의를 얻다
ven 밖으로, 밖에, 외부로
věncoví, *n* 화관, 꽃 줄
věnčit > o- (화환 따위로) 장식하다, 꽃 줄로 꾸미다
věneček, *mi-2 3* 작은 화관[화환]
věnec, *mi* **1** 화환, 화관 **2** svazek 다발, 송이; svinutý 감은 것, 사리
venek, *mi-2* **1** 바깥쪽, 외면, 외부 **2** 시골 ◆ *na~* 밖으로, 외부로
venerolo|g, *ma -3* **-žka,** *f* 성병과 의사
venkov, *mi* 시골, 지방 ◆ *na ~* 시골로; *na -ě* 시골에(서)
venkovan, *ma-4* **-ka,** *f* 시골뜨기, 시골사람
venkovní 바깥쪽의, 외부[외면]의
venkovský 시골의, 농촌의, 지방의
venku 1 밖에(서), 외부에(서) **2** mezi lidmi/v cizině 외국에, 해외에, 바깥, 세상에 **3** 옥외에(서), 야외에(서) ◆ *už je to ~* 이미 비밀이 누설되었다
věno, *n-2* 신부의 혼인 지참금
věnovat 바치다, 증정하다, 선물하다, 헌정하다, 봉납하다; složit 주다, 기울이다; vložit 수여하다 komu co (누구에게 무엇을) ~ **se** 헌신하다, 전념하다, 빠지다 čemu (무엇에); pěstovat to 뒤쫓다, 추구하다; chvílemi 경청하다, 주의를 기울이다; komu (누구에게) 헌신하다, 정성을 들이다
ventil, *mi-2* **1** (액체의) 스톱밸브, 조절판 **2** vypouštěcí (감정, 정력 따위의) 배출구
ventilace, *f* 통풍, 환기
ventilátor, *mi-2* 송풍기, 선풍기, 환풍기
ventilovat 공기를 유통시키다, 환기하다; **(비유)** (감정을) 배출하다, 발산시키다; 표명하다
Venuše, *f* 비너스((사랑과 미의 여신))
vepř, *ma* 돼지
vepřová, *f* 돼지 로스트 고기
vepřové, *n* 돼지고기
vepřovice, *f* **1** 돼지가죽 **2** cihla (햇볕에 말려 만든) 어도비 벽돌
vepřov|ý 돼지의, 돼지고기의 ◆ *-é kolínko/koleno* 돼지족발; *-á pečeně* 돼지 로스트고기
v|epsat (*v[e]piš-, v[e]piš!, vepsal*) < **-pisovat** 적어 넣다, 기입[등재]하다, do mezer (빈 곳에) 써 넣다, 새기다, 적다
veranda, *f* (지붕이 달린)베란다, 툇마루
verbální 1 말의, 말에 나타난, 어구[용어] 상의 **2** 구두의 **3** 《言》 동사의, 동사적인
vernisáž, *f* (미술품 등의 일반 공개 전의) 초대전, 시사회
věrnost, *f* **1** 믿음, 믿을 수 있음, 신뢰, 신용, 신의 **2** přísné zachovávání závazků, reprodukce zvuku 실물[원음(原音)]과 똑같음, 사실[신빙]성 **3** služební 충실, 충성
věrný 1 믿을 수 있는, 충실한, 성실

V

한 **2** 충성스러운 **3** 정확한

věrohodný 신용[신뢰]할 수 있는, 확실한, 진정한, 진짜의

věrolomný 불신의, 불성실한, 배반하는

verš, *mi* **1** 시의 마디[절], 연, řádek 시의 한행[줄] **2** 시형, 시격 **3** **-e,** *pl* 자유시(형); *próza a -e* 산문과 운문; *psát -e* 시를 쓰다

verše *poezie* 한 편의 시, 시편, 시운문

veršík 단시, 졸렬한 글 귀, 서투른 시

veršovat > z- 시를 짓다

věru = *opravdu, skutečně*

verva, *f* 넘치는 생기[활력], 비상한 흥미, 열의, 열정, (예술 작품에서의) 열정, 기백

verzálka, *f* 대문자

verzální 대문자의 ◆ ~ *písmeno* 대문자

verze, *f* 변형, 이형, …판, 이본

veřej, *f* 문설주, 문기둥

veřejnost 공중, 국민, (일반)사회, 세상 ◆ *na -i* 공공연히, 공개적으로

veřejně 공공연히, 공개적으로; 여론[공적]으로

veřejn|ý 공중의, 일반 국민의, 공공의; neskrývaný 공개의, 공공연한; obecný 일반의, 보통의, 전체적인, 보편적인 ◆ *-á bezpečnost* úř. *název pro policii* 경찰; *-é blaho* 공공의 복지; *-á činnost* 공적인 활동; *-é mínění* 여론; *na -ém místě* 공개적인 장소에서; ~ *pořádek* 공공질서; *-é přelíčení* 공개법정; *-é služby* 공무, 공용, 공익사업; *-é tajemství* 공공연한 비밀; *-é vlastnictví* 공유, 국유, 공적 소유

věř|ící, *ma* 믿는 사람, 신자, 예배자, (교회의) 회중, 신도들

věř|it > u- komu (누구를) 믿다, 신용하다, důvěřovat 신뢰하다; o přesvědčení 확신하다 ◆ *-te mi* 나를 믿으세요; ~ *komu na slovo* 누구의 말을 믿다; ~ *v Boha* 신[하나님]을 믿다

věřitel, *ma* **-ka,** *f* 채권자

ves, *f* = *vesnice*

veselí, *m* 흥겹게 떠들기, 환락, 즐거움

veselice, *f* 즐거운 축제, 댄스 축제

veselit se 즐겁게 놀다, 흥겨워 하다

veselohra 희극, 코미디

veselost 기쁨, 즐거움, 환희

veselý 명랑한, 유쾌한, 즐거운, 생기[활기]에 넘친, 흥겨운, rozpustile 들뜬

věsit (*věšen*) = *svěšovat*

věsit (se) = *věšet se*

veskrz(e) 시종, 최후까지, 완전히, 철저히

veslař, *ma* **-ka,** *f* 노젓는 사람, 노잡이

veslařský 노젓는, 노질하는 ◆ ~ *závod* 보트레이스, 요트 경조(회)

veslařství, *n* 노젓기, 노질하기

vesl|o, *n* (배의) 노 ◆ *být u -a* 키를 잡다, 실권을 쥐다,(뒤에서) 조종하다

veslovat (노로 배를) 젓다, 노를 젓다

vesměs 전체적으로, 일괄하여, 요컨데

vesmír, *mi* 우주, 만유, 삼라만상, 대기권 외

vesmírný 우주의, 우주론적인, 광대

V

무변한, kosmonaut. 대기권 밖의

vesnice, *f* 마을, 촌락, 농촌

vesnický 마을의, 촌락의, 농촌의

vesničan, *ma* **-ka,** *f* 마을 사람, 시골사람, 농촌 사람

vesnička, *f* 작은 마을, 부락, (특히) 교회없는 작은 마을

vespod(u) …의 아래에, 바닥에, 밑에

vespolek = *navzájem*

vést (*ved-*, 미래형 *povedu*)**, vodit 1** 이끌다, 인도[안내]하다, 데리고 가다[오다], 인솔하다 **2** manévrováním …의 키를 잡다, 조종하다; udávat směr 방향을 주다, 지도하다 **3** pořádat 정렬시키다, 정돈하다, 정리하다 **4** udržovat ve funkci 계속해서 유지하다, 기입하다 **5** provozovat 운영하다; velet 명령하다, 지휘하다 **6** cesta (길이) …에 이르다, 통하다; stát tváří proti …에 면하다, …을 향하다 **7** vodič (도선, 전선이) 전도하다, 나르다, 전달하다 **8** k čemu (무엇으로) 이끌다 **9** nutně 필요로 하다, 요하다 **10** přispívat 기여[공헌]하다, 이바지하다 **11** koho k čemu (누구를 무엇을 하도록) 꾀다, 권유하다, 하게 하다 **12** zboží (상품을) 다루다 ◆ ~ *komu domácnost* 누구 대신에 살림을 하다; ~ *jednání* 협상을 하다; ~ *kampaň* 캠페인을 하다; *to nikam nevede* 그것은 이것도 아니고 저것도 아니다[무엇도 아니다]; ~ *co v patrnosti* 무엇을 널리 알리다; ~ *proces proti komu* 누구를 기소[소추]하다; ~ *rozhovor* 대화를 하다; ~ *stále svou* 자신의 입장을 고수[고집]하다; ~ *koho za svědka* 누구를 증인으로 내세우다; ~ *válku* 전쟁을 일으키다, 도발하다; ~ *se s kým* 누구와 손을 잡다 **~ se** (잘) 되다, 되어가다, 지내다 ◆ *komu jak se vede* (누구가 어떻게) 되다, 지내다; *vede se mu lépe* 그는 잘 지내고 있다 **~ se > po-** = *dařit se* **~ si** *jak* (어떻게) 행동하다, 거동하다

vesta, *f* (남자용의) 조끼; pletená 가디건((앞을 단추로 채우는 스웨터))

vestavěný 박아 넣은, 짜 넣은

vestavět (가구 등의 용재를) 짜 맞추어 넣다, 붙박이로 짜넣다

vestibul, *mi* = *hala*

věstit (*věštěn*) = *zvěstovat, věštit*

věstník, *mi* (정기적인) 소식지, 화보; 작은 잡지

veš, *f* 이, (새 · 물고기 · 식물 등의) 기생충 ◆ *líný jako* ~ 지독하게 게으른

věšák, *mi* 걸이(옷걸이, 모자걸이 따위)

věšet (*věšejí*) **> pověsit** (*pověšen*) 걸다, 늘어뜨리다, 내리다, (수화기를) 놓다 **~ > oběsit** 목매달다, 교수형에 처하다 **~ > svěsit** (머리 따위를) 숙이다, 수그리다 **~ se** na koho (누구에게) 매달리다 **~ se > oběsit se** 목매어 죽다[자살하다]

veškerý 모든, 전부의, 전체의, 온, 전, jakýkoli 어느 것이라도[것이든], 무엇이든, 누구라도[든지]

věštba, *f* = *proroctví, předpověď*

věštec, *ma* 복점관, 점쟁이, prorok 예언자

věštírna, *f* 신탁을 받는 곳, 탁선소, 지성소

V

věštit 점치다, prorokovat, předpovídat 예언하다, 예고하다 ◆ ~ *osud* 운명을 점치다

věštkyně, *f* 여자 점쟁이[예언자], 무녀, 무당

věta, *f* **1** 문장, 글; řečnicky (수사학의) 미문(美文); v souvětí (문장의) 절 **2** (음악의) 악장 **3** (수학, 논리학의) 명제, 정리, poučka 증명할 수 있는 일반 원리, 법칙, 공리 ◆ *vedlejší/hlavní/podmínková/předmětná* ~ 종속절/주절/조건절/목적절

veterán, *ma* 《軍》 고참병, 노병, 퇴역[재향] 군인, 노련가, 베테랑

veterinář, *ma* **-ka,** *f* 수의사((가축의 병을 치료하는 의사))

veteš, *f* 잡동사니, 쓰레기, 지저깨비

vetešnictví, *n* 중고품 가게[상점], 고물상점

vetešn|ík, *ma* **-ice,** *f* 중고품상, 고물상

větev, *f* 가지, 분지, velká obrostlá 큰 가지

větévka, *f* = *větvička*

vetchý 1 노쇠한, 늙어빠진, 유약한 **2** opotřebovaný 닳아 빠진, 누더기의, 추레한; (집 따위가) 황폐해진, 헐어 빠진

větný 문장의, 절의, 글의 ◆ ~ *rozbor* 문장분석

veto, *n-2* 거부권 (행사)

vetovat 거부권을 행사하다

větrací 공기를 통하게 하는 ◆ ~ *okénko* (환풍)

větrák, *mi* 통풍공, 창, 옆 창, 통풍 구멍, 환기패, 송풍기, 팬

větrat > **pro-, vy-** 공기[바람]에 쐬다, 바람을 통하게 하다 ~ **se** 바람쐬다, 환기[통풍]되다 ~ > **z-** (바위 등이) 허물어지다, 붕괴하다, 분해되다 potravina (식품이) 부패하다, 썩다

větrník, *mi* 바람개비, 풍향계

větrno (부사) 바람이 있게 ◆ *je* ~ (날씨가) 바람이 세다[분다]

větrn|ý 바람이 센, 바람이 있는, 몹시 거친 ◆ ~ *mlýn* (제분소, 양수기 따위의) 풍차; *-á smršť* 회오리 바람, 선풍; ~ vír 바람의 소용돌이[회오리]; *-é zámky* 공중 누각

větroň, *mi* 글라이더, 활공기, 활주정

větroplach, *ma-3* 마음 편한 사람, 낙천가

větrovka, *f* 방한용 코트, 파카, 스포츠용 잠바

vetřel|ec, *ma* **-kyně,** *f* 침입자, 난입자, 훼방꾼

vetřelecký 침입하는, 밀고 들어오는, 훼방을 놓는

větřík, *mi* 산들바람, 미풍, 연풍

vetřít (*vetř-, vetřel*) < **vtírat** (크림 등을) 문질러 바르다

vetřít se < **vtírat se** (생각, 의견 따위를 누구에게) 강요하다, 억지쓰다, do přízně ke komu (누구의) 환심을 사다, do známosti (누구와) 가까스로 가까이하게 되다

větřit (*vetř-, vetřel*) > **z(a)- 1** 냄새를 [바람을] 맡다, 낌새 [눈치] 채다, čenichat 코를 킁킁거리다 **2** (배신, 음모 등을) 어렴풋이 느끼다[알아채다]

větší v. *velký* ◆ *je o 15 cm ~ než já* 그는 나보다도 15 cm 크다; *-m dílem* 대부분, 대개

většina, *f* 대부분, 대다수; 다수당, 다수파 ◆ *~z nich* 그들 중 대부분
většinou 대부분, 대개
větvička, *f* 잔 가지, 가는 가지
větvit se > roz- 가지를 내다[뻗다], 분지하다; 사방으로 갈라지다, 분기하다
větvoví, *n* 가지, 분지
veverka, *f* 다람쥐
vevnitř = *uvnitř*
vévoda, *ma* 공작, 공, 대공, 군주
vévodit čemu (무엇을) 지배[통치]하다
vévodkyně, *f* 공작 부인[미망인], 여공작, 여공
vévodství, *n* 공국, 공작령; hodnost 공작의 지위[신분]
vězeň, *ma* **-kyně,** *f* 죄수, 형사 피고인
vězení, *n* **1** 옥, 교도소, 감옥, 구치소, 형무소, pod zemí 지하 감옥, 토굴 감옥 **2** trest 투옥, 수감 ◆ *dát/vsadit koho do ~* 누구를 …에 투옥[수감]하다
vězeňský 감옥의, 교도소의
vězet (*oni vězí*) 달라붙다, 들러붙다, 빠지다 ◆ *v tom to -í* 그것이 문제다[포인트다]; *za tím něco -í* 그것은 뭔가 수상하다
věznice, *f* 교도소, 구치소, 감화원
věznit 감금하다, 감옥에 가두다
vézt (*vez-*, 미래형 *povezu*)**, vozit** sám řídit 태워서 데리고 가다[오다] vozem (obkročmo v, na sobě) (차로) 운반하다, 수송하다
věž, *f* **1** 탑, 망루; hradu 아성, 성채; zužující se 뾰족탑, taková střecha (탑의) 뾰족한 꼭대기 **2** (체스) 성장 (장기의 차에 해당)
věžák, *mi* 높은 건물, 고층 건물[빌딩]
věžička, *f*(본 건물에 붙은) 작은 탑
věžní 탑의, 망루의, 성채의
věžový 탑의, 타워의 ◆ *~ jeřáb* 타워 크레인, 탑 기중기; *~ dům = věžák*
vhánět v. *vehnat*
vhazování fotbal (축구의) 스로인; hokej (하키의) 불리, 경기개시
vhod (부사) 꼭 맞게, 적당히, 적절히, 어울리게 ◆ *být/přijít komu ~* 누구에게 유익하다[어울리다]; *přijít ~* 편리하다, 곧 살 수 있다, 제 때에 오다
vhodit < vhazovat 던져 넣다, 주입하다, 삽입하다, 끼워넣다; (축구에서) 스로인하다; v hokeji (하키에서) 경기를 개시하다
vhodn|ý (꼭) 맞는, 알맞은, 적당한, 어울리는, 적합한, 받아들일 수 있는, 유용한, na místě jsoucí 타당한, 적절한, časově 적시의, 때맞춘 ◆ *-á příležitost* 알맞은 기회, 호기
vcházet v. *vejít*
vchod, *mi* 입구, 출입구, 현관, 들어가는 곳 do (…에로의) ◆ *zakázaný ~* 출입[진입] 금지
via 경유로, …을 거쳐
viadukt, *mi-2* 구름 다리, 고가교, 고가도, 육교
vibrafon, *mi* 비브라톤((전기 공명 장치가 붙은 철금))
víc(e) 1 (부사 *mnoho*의 비교급**)** (수, 양 등이) 더 많이[게], 더 크게, 더욱 훌륭하게 **2** [부정 수사] jistý počet 다

V

수의, 얼마간의, 일군의 ◆ ~ *než dost* 남아 돌 만큼의, ~ *méně* 다소간, 얼마간, 대강; ~ *než pět* 5 이상; *nej-* 가장 많이[게]

vícehlasý 다음의; 다성음악의, 대위법의

vícekrát 더 많이, 여러 번, 반복해서

vícenásobný 복합의, 복식의, 다양한; 배수의

vícepremiér, *ma* 부총리[부수상]

vícepresident 부통령; (대학의) 부총장, (회사의) 부사장

vícestranný 다방면의, 다변의, 다각적인

víceúčelový 다목적의, 용도가 많은

víceznačný 애매한, 분명치 않은, 불명료한

víčko, *n* **1** (작은) 뚜껑, 마개 **2** oční 눈꺼풀

vid[1], *mi-2* (물리학의) 모드 ((1) 자동계의 한 상태 (2) 전파 등의 진동 자태))

vid[2], *mi-2* **(**문법**)** 상(相), Aspect ((체코어 등의 동사 의미의 계속·완료·기동·중지·반복 등의 구별을 나타내는 동상의 문법범주 중의 하나)) ◆ *dokonavý/nedokonavý* ~ 완료/불완료상[체]

vid[3] 흔적 ◆ *není po něm ani -u* 아무데도 그의 흔적이 없다

viď(te) **(**부가의문문의**)** 그렇지? 안 그래?

vida 여보세요. 이봐, 그봐, 그 보라니까

vídat v. *vidět*

Vídeň, *f* 비엔나((오스트리아의 수도))

vídeňsk|ý 비엔나의 ◆ *-á káva* 비엔나 커피

vidění, *n* **1** 보기, 봄, 시작 **2** = *vidina* ◆ *znát koho od* ~ 누구를 본 적이 있다, 면식이 있다

video, *n* 비디오, 텔레비전, TV의 영상 (음성에 대해), (TV영상의) 화질

videokazeta, *f* 비디오 카세트((비디오 테이프가 들어있는 카세트))

videopásek, *mi* 비디오 테이프

videotelefon, *mi* 비디오 전화, 텔레비전의 전화

vidět (*oni vidí, viz!*; 미래형 *budu vidět* = *uvidím*) **1** 보다, 알다 **2** na čem co (무엇에서 무엇이) 보이다, (무엇에서 무엇을) 발견하다, na co (무엇을) 볼[발견할 수] 수 있다 **3** do čeho (무엇을) 알다[이해하다] **4** co v čem/kom (무엇/ 누구에게서 무엇을) 주의[고찰]하다 **5** *z toho je* ~ 이것[그것]으로부터 …을 볼 수 있다 **6** *je* ~ …이 보인다, …을 볼 수 있다, zřejmé 분명[명백]하다 ◆ *co ne* ~ 매우 짧은 시간에, 곧; *koho to nevidím!* 누구더라!; ~ *si do huby* 무슨 말을 하고 있는 지 알다; ~ *komu do kapsy* 누구의 호주머니 사정[경제적인 사정]을 알다; *nevidí si (ani) na špičku nosu* 그는[그녀는] 앞일은 내다보지 못한다[통찰력이 없다]; ~ *komu do žaludku* 누구를 꿰뚫어보다 **~, vídat > u-** 보다, 만나다 (*koho* = *-ět se s kým*) ◆ *ani ~ tě nechci* 나는 더 이상 너를 만나고 싶지 않아; *nemohu ho ani* ~ 나는 그의 얼굴도 보기 싫어; *dělá, co jí na očích* *vidí* 그는 그녀의 비위를 맞춘다; *uvidíš!* hrozivě (위협적으로) 두고 봐!; *viz* co kde (무엇을 어디에서) 찾아보세요! ~ **se > u- 1** v zrcadle (거울속에서) 자신의 모습을 보다 **2** v představě (생각속에서) 자신을 보다 [상상하다]

vidět se 1 octnout se 보이다 **2** setkat se 만나다 s kým (누구와) **3** v kom (누구에게서) 자신의 모습을 보다 **4** obdivovat někoho (누구에게) 홀딱 빠지다 ◆ *raději se ne-* 차라리 죽는 것이 낫다; *dát/nechat se* ~ **1** objevit se 모습을 나타내다[보이다] **2** okázale (보라는 듯) 으쓱거리다, 자랑하다

viděn|á, *f* (구어체) 보기, 만나기 *na -ou = na shledanou*

vidina, *f* 환상, 환영, 환각

viditelnost, *f* 눈에 보임, 볼 수 있음, 쉽게[잘] 보임, 선명도

viditelný (눈에) 보이는, 명백한, 뚜렷한

vidle, *f* 건초용 포크, 갈퀴, 쇠스랑

vidlice, *f* (콘센트에 끼우는) 플러그, (전화기의) 받침대

vidličk|a, *f* (식탁용의) 포크 ◆ *snídaně/večeře na -u* 아침/저녁 스낵[간이 식사]

vidno[서술형용사] 분명하다 ◆ *je* ~ 분명[명백]하다; *z toho je* ~ 그것은 분명[명백]하다

Vietnam, *mi* 베트남, 월남

Vietnam|ec, *mi*, **-ka,** *f* 베트남 사람

vichr, *mi* 강한 바람, 강풍, 질풍

vichřice, *f* (비를 수반하지 않는[비가 적은]) 폭풍, s bouří 사나운 비바람, 허리케인

víkend, *mi* 주말, 주말 휴가[파티] ◆ *o -u* 주말에; *o -ech* 주말 마다; *strávit víkend* 주말을 보내다

vikla|t > vy-, z- 1 흔들어서 헐거워지게 하다 **2** (믿음 등을) 산산히 부서지게 하다

viklat se 흔들리다, 동요하다

viklavý 흔들리는, 동요하는, 불안정한

víko, *n* 뚜껑, 덮개

vila, *f* 별장, (교외·해안의) 별저

víla, *f* (로마·그리스 신화의) 림프, 요정, všeob. o pohádkových bytostech (일반적으로 동화속의 존재로서의) 요정

Vilém, *mi* 빌렘((남자이름, 영어의 윌리암에 해당))

vilka, *f* 방갈로((보통 별장식의 단층집))

vilov|ý 방갈로의 ◆ *-á čtvrť* 방갈로가 밀집된 전원 도시

vin|a, *f* 비난, 나무람, 죄, 허물, 책임 na (…에 대한) ◆ *dávat/klást komu co (za) vinu* 누구에게 무엇에 대하여 비난하다; *přiznat -u* 죄상을 인정하다; *zprostit koho -y* 누구를 석방하다[무죄로 하다]

vinárna, *f* 와인바, 포도주 술집, 포도주 저장실

vinař, *ma* 포도주 상인[양조인]

vinen v. *vinný*

viněta, *f* **1** (포도주의) 라벨, 레테르, 상표; přívěsná 태그, 표, 꼬리표 **2** vína 당초문

vinice, *f* 포도원

vin|ík, *ma* **-ice,** *f* 죄인, 범죄자, 피의자

V

vinit > **ob-** 비난하다, 죄를 씌우다, 힐난하다

vinný[1] k 'vina' 유죄의, 죄를 범한 ◆ *je vinen čím* 그는 무엇에 대하여 죄가[책임이] 있다; *necítím se -n* 나는 죄를[책임을] 느끼지 않는다

vinn|ý[2] k 'víno' 포도주의, révový 포도[넝쿨]의 = *rodící víno* ◆ *-ý hrozen* 포도송이 *-á réva* 포도나무

vín|o, *n* **1** 《植》 포도덩굴, 포도나무; plody 포도 **2** nápoj 포도주 ◆ *na -ě* (요리에서) 포도주를 친; *psí ~* 양담쟁이의 일종 (북미산) ◆ *bílé ~* 백 포도주; *červené ~* 적 포도주

vinobraní, *n* 포도수확(기), 포도 수확량

vinohrad, *mi = vinice*

vínorodý 포도주의 생산에 알맞은, 포도가 재배되는

vinout = *na-, o-, s-, navíjet, stáčet*

vinout se (포도 넝쿨처럼) 감다, 구불구불하다, 지그재그로 나아가다

vinutí, *n* 감기, 감아올리기, 구부러짐

vír, *mi* **1** 회전, 선회, 회오리(바람), vod (불의) 소용돌이 **2** (사건의) 소용돌이 ◆ *ve -u událostí* 사건들의 소용돌이 속에서

víra, *f* **1** 믿음, 신념, 확신, 소신 **2** pro věrohodnost 신용, 신망 ◆ *víře nepodobný* 믿을[신용할] 수 없는

virtuos, *ma* **-ka,** *f* 예술의 거장, (특히) 음악의 대가

virtuozita, *f* 예술의 묘기, (특히 음악의) 기교

virtuózní 명인의, 명인다운, 명인 같은, 교묘한

virus, *mi* 바이러스, 바이러스 성질환, 병균

vířit (*viř!*) > **za-** 회전하다, 빙빙돌다, 소용돌이 치다

vířiv|ý 회전[선회]하는, 빙빙도는 ◆ *-á pračka* 회전식 세탁기

visací (벽에) 거는, 매다는, 늘어뜨리는 ◆ *~ zámek* 맹꽁이 자물쇠

viset (*oni visí*) **1** 걸려있다, 매달려있다, 늘어뜨리다 **2** oběšen 목을 매달다, 교수형에 처해지다 **3** ve vzduchu (공중에) 떠다니다, 맴돌다 ◆ *ať -ím* (…라면) 나는 손에 장을 지지겠다; *~ očima na čem* 무엇에 두 눈을 고정시키다, 응시하다; *~ komu na rtech* 누구의 말에 귀를 기울이다; *~ ve vzduchu* **1** 미지수이다 **2** hrozit 절박하다, 긴박하다; *zůstat ~* 곤경에 빠지다

višeň, *f* (신맛이 나는) 버찌나무, 벗나무

višně, *f* (신맛이 나는) 버찌

visut|ý 걸린, 매달린, 출렁이는 ◆ *-é lůžko* 해먹

višňovka, *f* 체리 브랜디((버찌를 넣어 만든 브랜디))

Vít, *ma* 비트((남자 이름, 영어의 비투스)) ◆ *Svatý ~* 비트성당

vitamín, *mi-2* 비타민

vítaný 환영받는, 기꺼이 받아들여진, 고마운, 좋은

vít|at > **při-, u-** 환영하다, 기꺼이 맞이하다[받아들이다] (특히 깍듯이) 인사하다, 영접하다; jít naproti 마중하다 ◆ *srdečně -áme v Praze* 프라하에 오신 것을 진심으로 환영합니다

vítěz, *ma* **-ka,** *f* **1** 승리자, 우승자, 정복자 **2** v soutěži (경선에서의) 수상

V

자, 입상자

vítězit > z- (경쟁, 경기 따위에) 이기다, 승리하다, 우승하다, nad (…을); dobýt 정복하다, 극복하다, 공략하다; přesvědčivě ve volbách (선거에서) 압승하다, 전승하다

vítězný 승리의, 전승의, 우승의, 이긴

vítězoslava, *f* 승리, 대성공, 개가, 위업

vítězství, *n* 승리, 우승, 성공, 승전; přidobytí 정복, 극복; drtivé volební (선거에서의) 압도적 승리 ◆ *dobýt ~* 성공을 거두다

vítr, *mi* **1** 바람, (공기의) 강한 흐름[움직임] **2** ovzduší 공기, 분위기 ◆ *dostat, mít ~ (strach)* 무서워하다, 겁을 내다; *mluvit do větru* 바구 시썰이다; *je kam ~ tam plášť* 시류에 편승하다, 기회주의자다; *vzít komu ~ z plachet* 누구를 쳐서 앞지르다[패배시키다]; *vane nový ~* 변화의 바람이 분다; *závan větru* 일진의 바람, 돌풍, 질풍

vitrína, *f* 유리용기[진열상자], výstavní (유리) 진열장

viz (*vidět* 의 2인칭 단수 명령형) 보아라, 참고하라

vize, *f* 상상력, 선견, 통찰력, 환상

vizionář, *ma* **-ka,** *f* 앞일을 내다보는 사람, 예언자; 공상[환상]가

vizita, *f* (의사의) 회진

vizitka, *f* 명함

vizuání 시각적인, 시각의

vízum, *n* (여권 따위의) 사증, 비자, 배서 ◆ *vstupní ~* 입국 비자[사증]; *průjezdní ~* 통과 비자[사증]

vjem, *mi* **1** 지각(작용), 인식, 지각력 **2** (심리학) 감각 단위

vjet (*vjed-, vjel-, vjetí*) < **vjíždět** (*-dějí*) **1** 타고(서) 들어가다 **2** = *vrazit*

vjezd, *mi-2* jako vchod, vrata (차량의) 통로, 출입구; cesta (대문에서 현관까지의) 차도, (차고에서 집앞도로까지의) 자동찻길

vklad, *mi* **1** 맡기기, (은행) 예금, 예탁(금) **2** do hry 내기, 내기에 건 돈; do podniku (회사에의) 투자

vkládat (se) v. *vložit (se)*

vkladatel, *ma-1, 4* **-ka,** *f* 예금자, 예탁자

vkladní 예금[예탁]의 ◆ *~ knížka* 예금 통장

vkl|ínit (*vkliň!*) < **-iňovat** 끼어들게 하다, 밀어넣다 **~ se** < **-iňovat se** (좁은 곳에) 억지로 끼어들다; *~ (se) do sebe* (열차 따위가) 충돌하여 포개어지다

vkročit = *vstoupit*

vkus, *mi* 맛, 풍미, 미각, 맛보기, 시식, 시음 ◆ *to není můj ~* 그것은 나의 취향이 아니다

vkusný 취미를[멋을]아는, 감식력이 있는, 맛[풍미] 있는

vláčet (*-ejí*) v. *vléci*

vláčet > z- pole (밭을) 써레질하다

vláčný 나긋나긋한, 유연한, 순응성이 있는, tvárný 형성력이 있는, 형체를 만드는

vlád|a, *f* **1** 정부, 내각 **2** vládnutí 지배, 통치; ovládání 통제, 지휘; v mezích 억제, 통어; suverénní 지배력, 통어력 ◆ *bez -y* 움직이지 않는, 정지한 *předseda -y* 내각수반, 수상, 총리; *koaliční ~* 연합 정부; *za -y Karla*

V

IV. 카렐 4세 통치 기간 중에; *ztratit -u nad kým* 누구에 대한 통제력을 잃다

vladař, *ma* **-ka,** *f* 주권자, 통치자, 군주

vlád|ce, *ma* **-kyně,** *f* 지배자, 주권자 (nad čím 무엇에 대한), v. *vladař*

vládní 정부의, 통치상의, 정치의

vládnout 통치하다, 다스리다, 지배하다; disponovat 처분하다, ovládat, řídit 통제하다, 억제하다

vládychtivý 권력을 탐하는, 정권욕의

vláha, *f* 습기, 수분

vlahý 미지근한, 열의없는

vlajka, *f* 기, 기장, 국기 ◆ *americká* ~ 미국기; *britská* ~ 영국기; *bílá* ~ 백기; *státní* ~ 국기

vlajkonoš, *ma* 기수

vlajkosláva, *f* 기표, (가로, 건물 따위의) 장식 천

vlak, *mi-2,3* 기차, 열차, 전차,; (열차·기차의) 차량, 객차 ◆ ~ *do čeho* …행[로 가는] 열차; *-em* 기차[열차]로 *nákladní* ~ 화물 열차; *nastoupit do -u* 기차[열차]에 타다[승차하다]; *osobní* ~ 보통열차; *vystoupit z -u* 기차에서 내리다[하차하다]; *expresní* ~ *z Brna do Prahy* 프라하로 가는 급행 열차

vlákno, *n* 섬유; žárovky 필라멘트; (옥수수의) 수염

vlakový 열차의, 기차의

Vlám, *mi, -ka, f* 플랑드르 사람

Vlámsko, *n* 플랑드르((현재의 벨기에 서부, 네덜란드 남서부, 프랑스 북부를 포함한 북해 연안 중세의 국가))

vlámský 플랑드르(사람·말)의

vlas, *mi* **1** 머리카락, 머리털, 모발, 두발 **2** 털, látky (나사등의) 보풀 ◆ *-y vstávají (hrůzou)* (공포에 의해) 머리카락이 쭈뼛하게 서다, 등골이 오싹하다

vlasatý (머리) 털 많은, 털투성이의, 덥수룩한

vlasec, *mi* 낚싯줄

vlásečnice, *f* 모(세)관

vlásek, *mi-2,3* (엷은[가는]) 머리털 ◆ *jen o* ~ 매우 가까운 거리의, 지척의

vlásenka, *f* (U자 모양의) 헤어핀

vlásnička, *f* (U자형의 가는) 머리핀

vlast, *f-1* 조국, 모국, 고국

vlastenec, *ma* 애국자, 우국지사

vlastenecký 애국적인, 애국의

vlastivěda, *f* 조국학[국학]((조국의 역사, 지리, 자연 과학 등에 대해 공부하는 것))

vlastizrada = *velezrada*

vlastně 사실은, 사실상, 실제로, 정말로

vlastní **1** 자기 자신의; v užším smyslu 개인에 속하는, 개체의 **2** příbuzenský 부모[조부모]가 같은, (자신이) 낳은 친 (자녀의) **3** charakteristický 고유의, 특유의, 특유한, 독특한, 특징적인 čemu (무엇에게) ◆ ~ *jméno* 고유명사; ~ *jméno osoby* 성(姓), 고유명사; *na* ~ *noze* 자신이, 독자적으로, 독력으로; *dělat co na* ~ *pěst* 무엇을 제 힘으로 하다; ~ *životopis* 자서전

vlastnický 소유자의, 독점의

vlastnictví, *n* 소유권, 소유자격, půdy (토지의) 보유(권)

vlastn|ík, *ma-3* **-ice,** *f* 소유자, 주인
vlastnit 소유하다, 점유하다
vlastnoruční 자기 자신의 손으로 행한[만든], 자필의
vlastnost, *f-1* (고유한) 성질, 특성, 고유성
vlaštovičník, *mi* 애기똥풀, 미나이 라제비의 일종
vlaštovka, *f* **1** (조류) 제비 ◆ *první ~* 선구자, 전례, 전조
vlát (*vla-, vlál, vlání*) > **za-** (깃발 등이) 나부끼다, 펄럭이다, okázale (과시하듯) 휘날리다, třepetavě 퍼덕거리다, 날개치며 날다, 날개치다; mávavě 파도[물결]치다, 흔들리다
vlažný 미지근한, 미온의, 시큰둥한
vlčák, *ma-3* 독일종 셰퍼트
vlče, *n-1* 이리[늑대]새끼
vlčí, 이리[늑대]의
vlčice, *f* 암이리[늑대]
vléci, vláčet (*vleč-, vlekl* 미래형 *povleču; vlek-u, -ou, vlec!*) **(반복상)** *vláčet* 끌다, 질질 끌다, 끌어 당기다, 끌어내리다, 끌고가다 **~ se** 발을 질질 끌며 가다, 애써 나아가다, 터벅터벅 걷다; čas (시간을) 끌다, 지연시키다
vlečka, *f* **1** 뒤에 끌리는 것, 옷자락 **2** přívěs 끄는 것, 트레일러 **3** dráhy (철도의) 측선, 대피선
vlečňák, *mi* **(구어체)** 트레일러
vlečný 끄는, 견인의, 예인하는 ◆ *~ člun* 예인선
vlek, *mi-2, 3* **1** činnost (밧줄로) 끌기, 견인 **2** v závěsu 배끌(리)기, 예선; 예선[견인]료 **3** lyžař. (로프를 감은 스키어를 정상으로 나르는) 스키토, 리프트(스키어를 나르는) **4** lodí (선박의) 예인 ◆ *ve -u* 예인 중의
vleklý (길게) 늘어진, 잡아늘인, 오래 끄는
vlep|it < **-ovat 1** (풀로) 붙여 끼우다 **2 (구어체)** políček (얼굴을) 세게 때리다
vlévat se = *ústit*
vlevo kde = *nalevo* 왼쪽에; 왼쪽으로, 좌측으로 ◆ *stál ~ od ní* 그는 그녀의 왼쪽에 서 있었다; *~ v bok!* 좌향좌!
vléz|t (*vlez-*), **-at** 기어들다, 기어 들어가다
vlhčit > **na-** 축축하게 하다, 적시다, 젖다
vlhko, *n-2* **1** 습지, 소택지 **2** = *vlhkost* 습기
vlhkost, *f* 습기, 수분, 축축함, 습도
vlhký 습기있는, 축축한, (공기가) 눅눅한, deštivý 우기[비]를 품은
vlhnout > **z-** 축축[눅눅]해지다
vlídný 1 친절한, 상냥한, 사근사근한 **2** prostředí (환경에) 아늑한, 안락한 ◆ *tady je vlídno* 여기는 아늑하다
vlichotit se (*vlichocení*) v. *lichotit*
vlít (*vlij-|vlej-, vlil, vlit*) < **vlévat** 부어[쏟아] 넣다, 스며들게 하다, 주입시키다
vliv, *mi-2 na koho/co* (누구에/무엇에 대한) 영향(력), 작용, 감화(력), 세력, 설득력; *-em čeho* 무엇의 영향으로 ◆ *mít ~* 영향을 미치다, 효력을 갖다; *uplatnit ~* 영향력을 행사하다
vlivn|ý 영향을 미치는, 유력한 ◆ *-í lidé* 영향력이 있는 사람들
vlk, *ma* **1** 이리, 늑대 **2** hračka (장난감) 팽이((돌면서 소리가 나는 어린

V

이 장난감)) **3** výhon (식물의) 흡지, 흡근

vlkodlak, *ma* (전설상의) 이리가 된 인간, 인간 늑대

vlna, *f* **1** tekutiny 파도, 물결, 파문, 파동; mohutná (강력한) 큰 파도, 큰 물결 **2** 모직물, pro sukno (스커트용의) 소모사 직물

vlněn|ý 모직의 ◆ ~ *koberec* 모직 카펫; *-é zboží* 모직 제품, 모직물

vlnit > z- 파도[물결]치게 하다, 물결 모양으로 하다, tech. (공업기술) 파동치게 하다, zvrásnit 주름[골]지게 하다 ~ **se > z(a)-** 파도치다, 물결치다, 파동하다, 굽이치는

vlnitý 골진, 주름살 잡은, 물결 모양의

vlnka, *f* 잔물결, 파문

vlnobití, *n* (해안에) 밀려드는 파도, 밀려와서 부서지는 파도

vlnolam, *mi* 방파제

vlnovka, *f* 물결[파도]모양의 문양, 친친 감긴 표시[기호]

vločka, *f* **1** 플레이크 (낟알을 얇게 으깬 식품) **2** 눈송이, 박편

vloha, *f* (타고난) 재능, = *nadání*

vloni 작년(에), 지난해(에), 거년(에)

vloupání, *n* 가택 침입, 주거 침입, 강도질

vloup|at se (*vloup-u|-ám se, vloupej se!, vloupal se*) < **-ávat se** (강제로) 침입하다, 강도질하다

vložit < vkládat ◆ **1** 끼워 넣다, 끼우다, 삽입하다; do stroje (기계에) 공급하다; do kamery (카메라에) 필름을 넣다; prokládáním 사이에 넣다, 보간하다; do obalu (봉투 속에) 동봉하다 **2** co nač (무엇을 무엇에) 놓다, 두다, 위치시키다; tíživě (무겁게) 부과하다, 지우다 **3** do úschovy (안전한 곳에) 맡기다, 예탁하다; do archivu (서류철에) 철하다 **4** dát vepsat 써 넣다, 기입[기재]하다 **5** investovat 투자하다 ~ **se < vkládat se** do čeho 무엇에 개입하다, 무엇의 사이에 끼다

vložka, *f* **1** 봉입(물), 동봉한 것 **2** 삽입물, 삽화 **3** 인레이((충치의 봉박기)) **4** tlumící 덧대는 것, 메워 넣은 것, 패드((생리용구)), 생리대; vyložení (옷의 거죽과 안 사이에 넣는) 심(心); vyplňující 채우는 물건, 충전물; programová (프로그램의) 막간의 주악, 간주곡 ◆ ~ *do bot* 신발의 깔판; *dámská* ~ 생리용 냅킨

Vltava, *f* 블타바강((슈마바에서 발원하여 프라하 시내를 지나 라베 강으로 합류함))

vmést (*vmet-*) < **vmetat 1** 쓸어 넣다 **2** 던지다, 내던지다, 가하다

vměstn|at (se) < -ávat (se) 쑤셔 넣다, 끼워 넣다; 비집고 들어가다

vměšování, *n* 간섭, 참견, 방해

vměšovat se do čeho (무엇에) 간섭[관여]하다, všetečně 참견하다

vmetat v. *vmést*

v|míchat 섞어 넣다, 흔들어 넣다, 첨가하다 **-mísit se** 합하다, 섞이다, 첨가하다

vnada, *f půvab* 매혹적인

vnadidlo, *n* 미끼, 먹이, 유혹(물)

vnadný = *půvabný*

vnášet v. *vnést*

vně[1] **(부사)** = *venku* 밖에, 외부에

vně[2] **(전치사) (+생격)** čeho (무엇의) 밖에(서), 외부에(서) ◆ ~ *města* 시외에서; ~ *budovy* 건물 밖에서

vnějšek 외면, 외부, 외견, 외관

vnější 외부의, 외면의, 바깥쪽의, 외관의, 표면의, 겉의 ◆ *podle -ho zdání* 겉으로 봐서, 표면상

vnést (*vnes-*) < **vnášet** (*-šejí*) **1** 가지고 들어오다, 안으로 들여놓다, 유입하다 **2** 도입하다, 받아들이다

vnik|nout < **-at** 꿰뚫다, 관통하다, 침입하다, 침투하다

vnímat 감지하다, 지각하다, 알아채다, 파악하다

vnímavý 잘 받아들이는, 감수성이 예민한, 이해력이 빠른

vnitr|o, *n-2* 안쪽, 내부, 내면, 안, 국내 ◆ *ministerstvo -u* 내무부

vnitropodnikový 회사 내부의[안의]

vnitrozemí, *n* 국내, 내국

vnitrozemský 국내의, 내국의

vnitřek, *mi-2, 3* 내부, 내면, 내심

vnitřní **1** 안의, 내부의, 속의, 안쪽의, 내면의, 내심의, 내면적인 **2** 내적인, 국내적인, 국내의 ◆ *nej-řnější* 가장 안쪽의, 가장 깊숙한; ~ *záležitosti* 국내문제(들); ~ *svoboda* 내적인 자유

vnitřnosti, *f-1-pl* 내장, 장, 창자, 내부

vniveč 소멸하여, 흔적도 없이 ◆ *přijít* ~ (노력, 계획 등이) 무산되다, 실패하다

vnořit se = *ponořit se*

vnouče, *n-1* 어린 손자 손녀

vnucovat (se) v. *vnutit (se)*

vnučka, *f* 손녀

vnuk, *ma-3* 손자

vnuk|nout < **-at** komu co (누구에게 무엇을) 불어넣다, 고취하다; náznakem (시사로써) 상기시키다, 시사하다

vnu|tit (*vnucen*) < **-covat** co komu (무엇을 누구에게) 강요하다, koho do čeho v. *nutit* (누구를 무엇에) 억지로 하도록 시키다

vod|a, *f* **1** 물, 수(水) **2** 바다, 호수, 강 **3** 유수, 조수, 홍수 **4** k vyplachování … 수, 화장수, 세정액, 양수, 광천수, 용액 ◆ *borová* ~ 붕산; *držet se nad -ou* 가라앉지 않도록 하다; *z jedné -y* (*načisto*) 솔직하게; *pusit koho k -ě* 누구를 해고하다; *povrchová* ~ 지상[지표]수, 표층수; *podzemní* ~ 지하수, 갱내수; *sladká* ~ (강, 호수의) 민물, 담수; *slaná* ~ 소금물, 바닷물 ; *stav -y* 수위표; *úbytek -y* (저수지 따위의) 수위 저하; *velká* ~ 큰물, 홍수

vodácký 뱃놀이의, 수상놀이의

vodák, *ma-3* 보트 젓는 사람, 사공

vodárna, *f* 급수 시설, 급수소, věž 급수탑

vodič[1], *mi* (전기의) 전도체, 도체, 도선

vodič[2], *ma* **1** zvířete (동물의) 대장, 우두머리, 리더 **2** závodníka (경주의) 속도 조정자, 페이스 메이커 **3** (인형극에서) 인형 조종자

vodička, *f* 화장수, 로션

vodík, *mi-2* 수소((기호 H; 번호 1))

vodit koho kudy (누구를 어느곳으로) 인도하다[안내하다]; v. *vést*

vodítko, *n-2, 3* 안내, 인도; k řešení

(해결의) 실마리, 단서

vodivý 전도(성)의, 전도력이 있는

vodka, *f* 보드카((동유럽, 북유럽 산의 화주))

vodnatý 물기 많은, 물이 많은, 축축한

vodné, *n* 수도요금

vodní 물의, 강[호수, 바다]의 ◆ *~ dýmka* 수연관, 수연통; *~ hospodářství* 수자원 관리; *~ sporty* 수상 경기; *~ stavitelství* 수리 공학; *~ tok* 물의 흐름, 강

vodník, *ma-3* 물의 정령

vodojem, *mi-2* 저수지, 급수소[탱크]

vodoléčba, *f* 수료법((물을 이용한 치료법))

vodoměr, *mi-2* 수도 계량기

vodopád, *mi* 폭포

vodorovný 수평의, 팽팽한, 가로의

vodotěsný 방수의, 물이 새지 않는

vodotrysk, *mi-2, 3* 물의 분출, 분수; 분수대

vodováha, *f* (알코올) 수준기, 수평기

vodovod, *mi-2* **1** 급수, 급수법[량] **2** 상수도, 상수관, 수도관 **3** v místnosti (실내의) 수도꼭지

vodov|ý 1 물의 **2** 묽은, 맹물 같은 ◆ *-á barva* 그림 물감, 수채화

vodstvo, *n* 수로(체계)

voj, *mi* (군의) 부대 ◆ *přední/zadní ~* 선봉/후위

vojácký 군인다운, 군인 기질의, 늠름한

vojačka, *f* 여군(女軍)

voják, *ma* 군인, 병사 ◆ *prostý ~* 병졸, 사병; *hrát na -y* 병정 놀이를 하다[놀다]

vojensk|ý 군의, 군용의; 《법률》 전쟁의, 군사의, 군법의; armádní 군대의 ◆ *-á služba* 현역(복무); *~ soud* 군사법정, 군법회의

vojevůdce, *ma* (군의) 대장, 장군, 사령관

vojín, *ma* 사병, 병졸

vojn|a, *f* **1** (고어체) 전쟁 **2** (구어체) 군무, 병역(기간) ◆ *dát se/jít na -u* 군에 가다, 입대하다

vojsko, *n* 군대, 군; pozemní (지상의) 지상군, 육군; námořní (바다의) 해군

vojtěška, *f* 《植》 자주개자리

volán, *mi* (옷의) 주름달린 가두리 장식, 주름 장식, záclony apod. (커튼 따위의) 주름

volánek, *mi* (작은) 주름 장식

volant, *mi* (자동차의) 핸들, (배의) 타륜

volan|ý, *ma* 수신자 ◆ *telefonovat na účet -ého* 수신자 부담으로 전화하다

volat *po čem* (무엇을) 극성스럽게 요구하다 **za-** (*na*) koho (누구에게) 외치다, 소리치다, 부르다; 전화하다, 전화를 걸다 **po-** 불러오다 **při-, před-** 소환하다, 호출하다, 소집하다 **vy-** 불러내다, 상기시키다 **z-** na (…를 향해) 외치다, 큰 소리로 말하다

volb|a, *f* **1** 선택(하기), 선정, 선발 **2** 우선권, 선취권 **3** organizovaná, *pl -y* 선거, hlasování 투표, 국민 투표 ◆ *den voleb* 투표일; *jít k -ám* 투표하러가다; *přímé -y* 직접선거; *všeobecné -y* 보통선거

V

volební 선거의, 투표의 ◆ ~ *akt* 투표; ~ *komise* 투표 검사 위원회; ~ *listina* 후보자 명부; ~ *místnost* 투표소; ~ *právo* (*všeobecné* 보통의) 선거권; *dát/poskytnout komu ~ právo* 누구에게 선거권을 부여하다; ~ *urna* 투표함; ~ *výsledky* 투표 결과

volenka, *f* (사교 댄스에서의) 숙녀의 선택권

volič, *ma* **-ka,** *f* 투표자, 선거인, práv 유권자

voličstvo, *n-2* (집합적) 선거인, 유권자, oblasti (한 지구의) 선거인; 선거구

volně 1 자유로이, 마음대로; 거리낌없이 **2** 여유있게, 천천히

volní 의지의, 의지에 의한

volit 표를 넌지다, 투표하다, hlasovat pro …에 투표하다 **> z- 1** 선거하다, 뽑다, 선출하다 **2** telef. číslo (전화 번호)를 돌리다, = *vybrat (si)*

volitel, *ma-1, 4* 선거인, (간접 선거에서의) 선거위원,

volitelný 피선거권 자격이 있는, na školách (학교, 교과목의) 선택의

volno[1]**,** *n-2* 여가, 틈, 자유(로운) 시간, 한가한 시간 ◆ *dát komu* ~ 누구에게 휴가[여가]를 주다; *mít* ~ 자유롭다, 한가롭다, na trati (선로에서) 통과할 수있다

volno[2] **(부사)** 자유롭게, 여유있게, 공석으로 ◆ *~! = dále* 들어오시오! o trati (선로의) 통과!; *není mi dobře = je mi nevolno* 나는 마음이 꺼림칙하다; *je tu ~?* 여기 자리가 비어 있습니까? *zítra je ~* 내일은 휴일이다

volnoběh, *mi-2, 3* 헛돌기, 부하없는 회전

volnoběžka, *f* 자유륜((페달이나 동축을 멈춰도 회전하는 자전거의 뒷바퀴)), 자유 회전 장치

volnost, *f-1* 자유, 자유로움, 자유재량, 무구속 ◆ *dát komu ~* 누구에게 자유를 주다

voln|ý 1 자유로운, 속박없는, 자주적인, nemá nic v cestě 거칠 것이 없는 **2** přístupný 열린, 공개된; k dispozici 이용할 수 있는, 속에 넣을 수 있는 **3** nezatížený 방해가 없는, 부담이 없는, 구속받지 않는 **4** neobhospodařovaný 마음대로 살 수 있는, 자유 급식의 **5** bez obvyklých pout 얽매이지 않는, 해방된; povolený 느슨한, 풀린, 이완된 **6** volitelný 허용적인, 임의의, 선택할 수 있는 **7** navíc, rezervní 여분의, 여유의 **8** neobsazený 비어있는, 공석의 **9** bezplatný 무료의, 공짜의, 거저의 ◆ *být ~* 해방되다, 자유스럽다; *~ čas* 자유 시간, 여가, 틈; *vstup ~* 무료 입장; *-á vstupenka* 무료 입장권; *~ výtisk* 기증본

volt, *mi* (전기의) 볼트

voltáž, *f* 전압, 전압량, 볼트 수

voňavka, *f* 향수, 향료

voňavkář, *ma* 향료[향수] 제조인, 향수 판매상

voňavkářství, *n* 향료 제조소, 향수 판매소

voňavost, *f-1* 향기, 방향

voňavý 냄새 좋은, 향기로운, 방향성의

vonět (*-n[ěj]í*) **> za-** (좋은) 냄새가 나다, 향기가 나다

vonný 향기로운, 향기가 나는, 방향이있는

vor, *mi* 뗏목

vorař, *ma* 뗏목 따는 사람, 뗏사공

vořech, *ma-2,3* **vořech,** *ma-3* 잡종개

vosa, *f* 장수 말 벌, 나나니벌

vosí 장수말벌의 ◆ *píchnout do -ho hnízda* 사방으로부터 맹공격[비난]을 초래하다, 말썽을 일으키다

vosk, *mi* 밀초, 밀랍, 봉랍

voskovan|ý 밀을 바른[입힌] ◆ *-é plátno* 유포, 오일클로스

voskovat > na- …에 밀을 바르다[입히다], 밀로 닦다

voskovice, *f* 밀랍조

voskový 밀로 만든, 밀을 먹인; jako vosk 밀 같은, 창백한

vous, *mi* **1** (얼굴, 턱, 코 밑 따위에 난) 털; kočičí apod. (고양이 따위의) 수염 **2 -y,** *pl* 턱수염, 구레나룻, kníry 콧수염 ◆ *smát se pod -y* 가만히[뒷전에서] 웃다, 득의의의 미소를 짓다

vousat|ý **1** (턱)수염이 난; 까끄라기가 있는 그 진부한, 상투적인 ◆ *~ muž* 털보; *-á tvář* 수염이 많은 얼굴; *~ vtip* 촌스러운[진부한] 농담

vozidlo, *n* (사람, 물건의) 수송 수단, 탈것, 차량

vozík, *mi-2,3* 짐마차, 카트, dvoukolý 2륜 마차, (두 바퀴의) 손수레, těžký 운반차, 광차; pro nemocné (환자용의) 바퀴달린 의자

vozit (*vožen*) v. *vézt* **~ se** po kom (누구를) 들볶다, 위협하다; v. *vézt se*

vozítko, *n-2, 3* 소형 자동차, (특히, 장난감의) 미니카, závodní (공장의) 소형 운반차

vozka, *ma* kočí (마차의) 마부 povozník 짐마차꾼

vozovka, *f* 차도, 마차길

vozovna, *f* 차고, 격납

vozový 차량의, 수레의

vpád, *mi* 침입, 침해, 침범 **1** 《軍》 침략, 약탈 do (…의) **2** 잠식 **3** = *nájezd*

vpad(áv)at v. *vpadnout*

vpadlý 움푹 들어간

vpad|nout < -(áv)at **1** …에 빠져 들어가다, 빠지다, 떨어지다, 함몰하다; prohlubovat se 가라앉다, 침몰하다, 내려앉다, 주저앉다, 우묵해지다; tíhou (무게에 의해) 휘다, 처지다, 축 늘어지다 **2** do země (나라로) 침입하다, 쳐들어가다, 내습하다, 《軍》 약탈[침략]하다; do cizí oblasti (다른 영역을) 잠식하다 **3** zaútočit 침공하다, 공략하다 **4** připojit se 합류하다 **5** přerušit (남의 말을) 가로 막다, 방해하다, nezdvořile (불손하게) 끼어들다, 참견하다

v|pálit (*vpal!*) **< -palovat** komu znamení (누구에게 낙인을) 찍다, (오명을) 씌우다

vpašovat v. *pašovat*

vpich, *mi-2,3* 찌르기, 찔린 자국, injekční 주사

vpíjet v. *vpít*

vpisovat v. *vepsat*

vpít (*vpi-*) **< -jet** (*-její*) **1** 흡수하다, 빨아들이다, 흡입하다 **2** co do čeho (무엇을 무엇속에) 빠져들게 하다, 몰두[집중]하게 하다 **~ se** **1** 흠뻑 적시다, 담그다 **2** 빠져들다, 몰두하

다

vplé|st (*vplet-*) < **-tat** 섞어 짜다, 짜맞추다, 얽히게 하다

vplé|st se < **-tat se** do (무엇 속으로) 섞이다, 합류하다, 가입하다

vpouštět v. *vpustit*

vpravdě = *opravdu*

vprav|it < **-ovat** (무엇을 무엇속에) 들어가게 하다, 삽입하다, 끼워넣다 ~ **se** < **-ovat se 1** 잘 들어맞다, 딱맞다, 적합하다 **2** obeznámit se 친하게 되다, 친숙해지다

vpravo = *napravo*

vprostřed = *uprostřed*

vpřed 앞으로, 전방으로, pohybující se 앞에, 전방에, za cílem (목표를 향해) 전진하여

vpředu 앞에서, 전방에서, při úniku (도망에 있어서) 앞장서서, 선두에서

vpustit (*vpuštěn*) < **vpouštět** (*-tějí*) 들이다, 넣다, 입장[입학]을 허가하다, 안으로 안내하다

vrabec, *ma* 참새

vracet se komu na mysl (누구에게 생각이) 떠오르다, 나다 ~ **(se)** v. *vrátit (se)*

vrah, *ma-3* 살인자, 살인범

vrak, *mi-2,3* (배의) 난파, 난파된 배, 난파선

vrán|a, *f* 까마귀 ◆ ~ *k -ě sedá* 까마귀는 까마귀끼리 모인다, 유유상종한다

vraník, *ma-3* 검은 말, 흑마

vráska, *f* (피부, 천 따위의) 주름[구김](살), 접은 금

vrásnit > z- 주름 잡(히)다, = *vraštit*

vrásnitý = **vrásčitý** 주름 잡힌, 구김이 진; (지층이) 습곡이 생긴

vraštit > s- 주름을 잡다, 주름살지게 하다, jako krepový papír (오글오글한 종이처럼) 주름 잡히다

vrata, *n-pl* 문, 출입구, plavební 수문, otvor vrat 통로

vr|átit (*vrácen*) < **-acet** (*-cejí*) **1** 돌려주다, 도로 보내다, 반환하다 **2** 되돌리다, 되찾다 **3** na místo 제자리에 놓다; do púv. stavu (본래의 상태로) 회복시키다 **4** placením 되갚다, 상환하다

vr|átit se < **-acet se 1** 되돌아가(오)다, 돌아가(오)다, domů holub, dobytče, letadlo (집으로 비둘기, 가축, 비행기가) 돌아오다, 귀환하다, tam (거기로) 되돌아가다; k načatému (처음의 상태로) 복귀하다 **2** znovu se udát 다시 일어나다, 재발하다 **3** znovu se chopit 다시 차지하다[점유하다] ◆ ~ *se stejnou cestou* 같은 길을 되돌아가다, 되풀이하다; *stále se vracející* 재발[재현]하는, 회귀성의

vrátka, *n-3-pl* 작은 문, 쪽문, 협문

vratký 불안정한, 흔들거리는; = *vrtkavý*

vrátná, *f* 여자수위[문지기]

vrátnice, *f* 수위실

vratný 반대의, 역의; 뒤집을 수 있는; 반납할 수 있는, 재생의

vrátný, *ma* **1** 수위, 문지기 **2** nádražní (정거장의) 집찰원, 검찰[개찰]원

vrávorat (se) > za- motat se, potácet se 비틀거리다, 갈짓자 걸음으로 걷다

vr|azit (*vražen*) < **-ážet** (*-žejí*) **1** 찔

러 넣다, 밀어 넣다, 찌르다, 밀다, 집어 넣다 **2** nutit např. vadné zboží a tak napálit (결함있는 상품따위를) 억지로 떠맡기다, 강요하다 **3** čím do čeho (무엇으로써 무엇에) 부딪히다, 부닥뜨리다 **4** vejít kam (아무데로) 뛰어들다, 난입하다; prudce se dostat kam (아무데로) 달려[날아] 들다 **5** ránu 일격을 가하다 ◆ ~ *do sebe* srážka 충돌하다, nápoj (음료를) 벌떡벌떡 마시다; ~ *se do sebe* vklíněním 충돌하여 포개어지다

vražda, *f* 살인, 살해 ◆ ~ *z vilnosti* 치정살인

vraždit > za- 살인[살해]하다; úkladně 암살하다; hromadně 대량학살, 도살하다

vražedný 살인의, 살해의, 죽음의, 치명적인

vrážet v. *vrazit*

vrba, *f* 버드나무 (수목·재목) ◆ *smuteční* ~ 수양버들

V

vrčet (*oni vrčí*) **> za- 1** (개가) 으르렁거리다; kočka = *příst* **2** stroj (기계가) 윙 돌다

vrh, *mi-2,3* **1** (스포츠, 주사위 등의) 던지기, 던짐, 투사, 발사 **2** mláďat (동물의) 한 배 새끼 ◆ ~ *koulí* 포환던지기

vrh|ač[1]**,** *ma*, **-čka,** *f* 던지는 사람[선수]

vrhač[2]**,** *mi* 발사기, 발사통

vrh|nout (*vrhnutí*) **< -at 1** 던지다, 내던지다, 팽개치다; 사출하다, 퍼붓다 **2** mladé (소, 말 따위가) 새끼를 낳다 ◆ ~ *světlo nač* 무엇을 조명하다 ~ zvracet 토하다, 게우다 **~ se < -at se 1** 돌진하다, 쇄도하다, 달려들다, útočně (공격적으로) 와락 덤벼들다, *po čem* (무엇을) 급습하다 **2** pustit se do čeho (무엇을) 덮치다

vrch, *mi* **1** = *kopec, hromada, stráň, svah* **2** = *vrchol* **3** = *povrch* ◆ *získat/nabýt -u nad kým*누구보다도 우세하다, 누구에 이기다, 누구를 억누르다

vrchní[1] **1** 가장 위의, 꼭대기의, 정상의, 위쪽의, 위편의, 상부의 **2** vedený vrchem 머리 위의, 고가의 **3** hlavní 우두머리의, 제1위의, 최고의, 최상의 ◆ ~ *kuchař* 주방장; ~ *sestra* 수간호사; ~ *soud* 최고 법원, 대심원; ~ *velitel* 최고 사령관, 총사령관, (나라의) 최고 지휘관

vrchní[2]**,** *ma/f* 남급사장/여급사장

vrchol, *mi-2* 정상, 꼭대기, 절정, 극치, 정점, 최고점; dokonalosti (완벽의) 극치; vyvrcholení (사건, 극 따위의) 최고조, 절정, 클라이맥스

vrcholek, *mi* 꼭대기, 끝, 첨단, 절정

vrcholík, *mi-2,3* 《植》 취산화서(聚繖花序), 꽃차례

vrcholit > vy- 1 정상[꼭대기]에 이르다[도달하다] **2** krize (위기가) 절정에 이르다, 최고조에 달하다

vrcholný 정상의, 꼭대기의, 절정의; v soustavě 최고의, 최상의

vrchovatý 넘칠 정도의

vrchovina, *f* 고지, 산지, 고랭지

vrkat > za- (비둘기 따위가) 꾸꾸꾸 울다

vrnět (*oni vrní*) **> za-** (고양이가 기분 좋은 듯이) 목을 가르랑거리다

vroubek, *mi-2,3* (V자 모양의) 새김눈, 벤자리, 움푹 팬 곳, 톱니 모양,

깔쭈기 ◆ *má u mne ~* 나는 그에게 불만[할 말] 이있다

vroub|it > -kovat …에 금을 내다, 톱니 모양의 자국을 내다; mince (주화의 가장 자리를) 깔쭉깔쭉하게 하다

vroucí1 따뜻한, 더운; 열렬한, 열심인, 다정한, 인정 많은; 진실한, 중심으로의

vroucí2 끓어오르는, 비등하는 ◆ *~ voda* 끓는 물

vrozený 타고난, 천부의, 선천성의

vrstevnice, *f* 등고선, 등심선

vrstevn|ík, *ma-3* **-ice,** *f* 동시대[동연내]의 사람, 동기생, 동갑내기

vrstva, *f* 층, 켜, 다층, 지층, 계층

vrstvit se > na- 층을 이루게하다, 계층별로 분류하다

vršek, *mi-2,3* 작은 산, 둥그런 언덕, 조금 높은 곳

vršit (se) > na- 겹쳐 쌓다, 쌓아올리다

vrt, *mi-2* (송곳 따위로 뚫은) 구멍, 구멍 뚫기

vrtačka, *f* 송곳, 착암기, 천공기, 드릴

vrták, *mi-2,3* **1** do ruky 오거, 타래[나사] 송곳, 굴착용 송곳, menší 도래송곳 **2** člověk 바보, 멍청이

vrtat do čeho (무엇에) 파다 ~ > **pro-, vy-** …에 구멍을 뚫다, 파내다, 꿰뚫다 ~ **se** *v čem,* dělat zbytečnou práci (무엇을) 만지작거리다, 심심풀이로 해보다; neodborně 참견[간섭]하다, všetečně 끼어들어 방해하다; nimravě 잠깐 손을 대다

vrt|ět máslo (우유를) 교유기로 휘저어 버터를 만들다 ~ **se > za-** hlavou 머리를 가로젓다 nad (…에 대하여), ocasem 꼬리를 흔들다 ~ **se > za-** 안절부절 못하다, 싱숭생숭해 하다, 들뜨다 **-nout se <** 꿈틀거리다, 움직이다

vrtkavý 변덕스러운 (마음이) 변하기 쉬운

vrtoch, *mi-2, 3* 변덕, 종작 없음; = *rozmar*

vrtošivý 마음이 잘 변하는, 변덕스러운, 성미가 까다로운

vrtule, *f* 프로펠러, 추진기

vrtulník, *mi-2, 3* 헬리콥터

vrtulníkov|ý 헬리콥터의 ◆ *-é letiště* 헬리콥터 발착장

vrub, *mi-2* **1** záznam 새긴표[금], 새김눈, 득점(표); (술집에서의) 엄대, 셈, 빚 **2** = *vroubek* ◆ *na čí ~* 누구의 셈[빚]으로

vrubopis, *mi* 메모, 전표

vrý|t (*vry-*) **< -vat** 조각하다, 새기다 새겨넣다

vrz, *mi* 일거 ◆ *jedním -em* 일격에[일거에]

vrzavý 삐걱거리는, 삐걱삐걱 하는

vrznout, zavrzat < -at 삐걱삐걱 하다, 삐걱삐걱 소리를 내며 움직이다, (기계에) 마찰시켜 삐걱거리게 하다 ◆ *někde to vrže* 어딘가에 마찰음이 있다

vřava, *f* 왁자지껄, 떠들썩, 큰 소란

vřed, *mi-2* 종양, 궤양, kožní (피부의) 부스럼

vřelý 1 지독히 더운 **2** = *vroucí*

vřes, *mi-2* 히스((황야에 무성하는 관목으로서 보라 또는 분홍색의 꽃이

핌))

vřeštět (*oni vřeští*) > **za-** 날카로운 소리를 지르다, 비명을 지르다; pták (새가) 깍깍[꽥꽥]울다

vřezávat v. *vříznout*

vřídlo, *n* 용솟음쳐 나오는 온천; lázeň (온천장의) 광천수 마시는 홀

vřísk|at > **za-, -nout** 소리치다, 날카로운 비명을 지르다

vřít (*vř-, vřel, vření* 또한 *vrou*) 끓다, 비등하다, 끓어오르다

vříznout < **vřezávat** 절개하다, 째다

vsa|dit (*vsazen*) < **-zovat 1** (물건을) 끼워 넣다, 붙이다, 붙박다, 삽입하다 **2** 심다, 이식하다 **3** do vězení (감옥에) 넣다, 가두다 **4** sázka (돈 따위를) 걸다; kdo nevsadí, nevyhraje 위험을 무릅쓰고 …하다, 감행하다

vsa|dit se v. *sázet se*

vsáknout se v. *sáknout se*

vsá|t (*vsa-, vsál*) > **-vat** 빨아들이다, 흡입하다, 흡수하다, 마시다

vsazovat v. *vsadit*

vsedě 앉아서 ◆ *stávka* ~ 연좌 파업

vsednout < **-(áv)at** *na koně* (말에) 앉다[오르다]

vskočit, vskákat < **vskakovat** 뛰어들다; komu do řeči (누구의 이야기에) 끼어들다, 참견하다

vskutku = *opravdu, skutečně*

vsouvat v. *vsunout*

vstá|t (*vstan-, vstal, vstání, nevstat, nevstání*) < **-vat 1** 일어나다, 기상하다; do stoje 일어서다, 기립하다 **2** (병상에서) 일어나다

vstoje 일어서서, 일어선 자세로

vstoupení, *n* **1** 들어감, 입장, 입회, 입학, 입사 **2** 참가, 가입 **3** 침입, 방해

vstoupit (*vstup!*) **1** do (…에)들어가다, 가입하다; nápadně 입장하다, 등장하다; vkročit 발을 들여놓다; také do vozidla (차량에) 타다, 오르다, na loď, do vlaku (배에, 기차에) 승선하다, 승차하다 **2** na co (무엇을) 디디다, 밟다, 발을 내려 놓다 **3** bez dovolení (허가없이) 침입하다, 침해하다, komu do cesty (누구의 길을) 방해하다 **4** stát se účastníkem 가입하다, 입회[입당]하다 do (…에); prac. smlouvou (고용 계약서에 서명하고) 고용되다[하다] ◆ *~ do kláštera* **1** žena (여자가) 수녀가 되다 **2** muž (남자가) 성직자가 되다; *~ v platnost* 효력을 발생하다; *~ do čích služeb* 누구에게 근무[봉사]하다; *~ do stávky* 파업에 들어가다; *~ ve styk s kým* 누구와 관계를 시작하다

vstřeb|at < **-ávat** 빨아들이다, 흡수하다

vstříc = *naproti*

vstřícný 1 잘 돌봐주는, 친절한 **2** (잎이) 마주나기의, 대생의 **3** *~ plán* 대책, 대(체)안

vstřik, *mi* 주입, 주사

vstř|íknout < **-ikovat** 주입하다, 주사하다

vstup, *mi-2* **1** 입구, 출입구, 현관 **2** 입장, 들어감; 참가, 가입; dovolení vstoupit 입장(허가), 입국(허가), 입학(허가) **3** výpoč. tech. 입력, 투입(량) ◆ *Cizím ~ zakázán!* 외부인 출입 금지!; *Nepovolaným ~ zakázán* 관계자외 출입금지!; *nedovolený ~ na cizí pozemek*

(남의 토지에 대한) 불법 침해

vstupenk|a, *f* 입장권 ◆ *koupit si -y* 입장권을 구입하다, 좌석을 예약하다

vstupné, *n* 입장료, 입회료, 가입비

vstupní 1 입구의, 입장의, 입학[입국]의, 참가[가입]의 **2** *úvodní* 소개의, 서론의, 서문의, 초보의

vstupovat v. *vstoupit*

vsun|out < vsouvat, -ovat 끼워 넣다, 끼우다, 삽입하다

vsuvka, *f* **1** (텍스트 속의) 삽입, 끼워놓기; 삽입문 **2 (**언어**)** 삽입구, 괄호

však 그러나, 그렇지만, 하지만, 그래도; důrazné vytčení 그런데, 실은

všanc (구어체**)** *nechat/dát/vydat ~* 위태롭게 하다

vše = **všechno**

všecek, všecko v. *všechen*

všednět (*-dnějí*) **> ze-** 평범화하다, 진부하게 되다; komu (누구에게) 물리다, 흥미를 잃다

všední 매일의, 일상의, 보통의, 통상의, obyčejný 통상적인, 평범한, 진부한, 흔해빠진; známý 잘 알려진, 낯[귀]익은 ◆ *~ den* 평일, 주일((일요일 또는 토요일 이외의 요일)); *~ šaty* 일상복, 평상복

vše|chen (격변화는 부록의 체코어 문법 참조**)** 모두, 전부, 전원, 누구나 **-chno** 모든 것, 무엇이나 다, 만사 ◆ *děvče pro -chno* 무엇이나 하는 하녀[가정부], 잡역부; *přát vše(chno) dobré* 모든 것이 잘 되기를 빈다[기원한다]; *~ jedno* 모두가 한가지인, 아무래도 상관 없는; *nechtěj mít ~* 모든 것을 갖기를 원하지 말라; *všeho moc škodí* 지나치면 화를 초래한다; *podle všeho* 어느 모로 보나; *se vším všudy* 완전히, 모조리; *vším právem* 당연한 권리에 의해, 정당하게; *vší silou / mocí* 모든 힘을 다하여

všelicos 모든 종류의 것

všelidový 모든 사람의, 모든 종족[인종]의, 전체에 공통되는

všelijak 모든 방법[수단]으로

všelijaký 모든 종류[방법]의 = *rozličný, rozmanitý*

všemocný 무엇이든 할 수 있는, 절대력을 가진

všemohoucí 전능한, 무엇이든 할 수 있는 ◆ *~Bůh* 전능하신 하느님

všemožn|ě 가능한 한의 모든 방법으로 ◆ *~ se snažit* 가능한 한의 최선을 다하다; *-é výhody* 모든 종류의 이점

všemožný 가능한 한의 모든[전부의]

všeobecný 보편적인, 일반적인, 전체적인

všeslovanský 범슬라브(어/인)의

všesokolský 전[범] 소콜대회

všestranně 다방면으로

všestrann|ý 모든 방면의, 다방면의, 만능의 ◆ *-é nadání* 다재다능

všetečka, *ma/f* 오지랖 넓은 사람, 중뿔나는 사람

všetečný 오지랖 넓은, 호기심 많은

všeuměl, *ma-2* 팔방미인

všeumělec, *ma* 다재 다능한 예술가

vševěd, *ma* 박식한 사람, 현자, 만물박사

vševědoucí 무엇이든지 아는, 전지

V

의

vševládnoucí, **-vládný** 모두를 지배하는[통치하는]

všežravý 무엇이든 먹는, 잡식성의

všežravec, *ma* 잡식가

všimnout si < všímat si 1 čeho (무엇을) 알아채다, 인지하다, 인식하다 **2** 유의하다, 주의하다 ◆ *ne-* 무시하다, 경시하다, 지나치다; *mě si nevšímejte!* 나에 대해서는 신경쓰지 마세요!; *bez povšimnutí* 주목되지 않는, 무시된, 알아채지 않는, 눈에 띄지않고; *zůstat bez p.* 간과되다, 주목받지 못하다

všímavost 1 주의 깊음, 세심함 **2** 인지력, 지각력

všímavý 1 주의 깊은, 세심한, 경청하는 **2** 인지[감지]하는, 지각력 있는

všivák, *ma-3* 무뢰한, 깡패, 불량배

všivý 불결한, 더러운, 기질이 나쁜, 불량한

V

vštípit (*vštip!|vštěp!*) **< vštěpovat** 가르치다, co komu (무엇을 누구에게) 깨우치다

vštípit si < vštěpovat si 기록하다, 등록하다; = *zapamatovat si*

všude 어디에나, 도처에

všudybyl, *ma-2* **1 -ka,** *f* 도처에 모습을 드러내는 사람

všudypřítomný 편재하는, 동시에 어디든지

vtáhnout (*vtažen*) **< -tahovat** 끌어들이다, 끌어당기다

vté|ci < -kat 흘러들다, 밀려들다

vtěl|it < -ovat 1 구체화하다, 체현하다 **2** do (…에) 통합[합병, 편입]한다 **3** zapsat 등재[기재]하다, 기입하다;

vtělený 육신을 갖춘, 구현한; za slovem 구체화된

vtělit se < -ovat se do čeho (무엇에) 구현[체현]되다

vteřina, *f* 초(시간, 각도 단위); 매우 짧은 시간, 순간

vteřinov|ý 초의 ◆ *-á ručička* (시계의) 초침

vtěsn|at (se) < ávat (se) 비집고 나아가다[들어가다], 억지로 지나가다

vtip, *mi-2* **1** důvtip 기지, 지혜 **2** žert 농담, 익살, 장난, extemporovaný 개그((배우가 임기응변으로 넣는 대사나 익살, 우스운 몸짓)), vtipná poznámka 재치있는 말, 재담 **3** 요점, 요지, 포인트 ◆ *dělat -y* 농담을 지껄이다, 익살을 하다, na koho (누구를) 놀려대다; *v tom je ten ~* 그것이 전체 요지[포인트] 이다

vtipálek, *ma-3* 재치있는 사람, 재사, 농담을 하는 사람

vtipkovat > za- 농담을 하다

vtipnost, *f* 기민함, 재치 있음, 교활함; 기지, 위트, 유머감각

vtipn|ý 1 bystrý 재치 있는 **2** plný žertů 농담[익살]로 가득찬 ◆ *-á hlava* 재치 있는 사람

vtírat (se) v. *vetřít (se)*

vtíravý 강제하는, 침입하는, 주제넘게 참견하는

vtisk|nout (*vtisknut*) **< -ovat 1** 인상 지우다, 명기[인식]시키다 **2** (도장 따위를) 찍다, 누르다, 인쇄하다

vtlou|ci, -ct (*vtluč-, vtloukl, vtluk-u, -*

ou, inf *vtlouci*) < **-kat 1** 몰아[밀어] 넣다, 박아 넣다, (망치로) 쳐서 박다, 그 순간에, 그때에 **2** expr. ~ *komu co do hlavy* 무엇을 귀가 아프도록 되풀이 하여 누구의 머리 속에 주입시키다

vtok, *mi-2,3* = *ústí*

vtom 그 순간에, 그 때에 ◆ *když* ~ 돌연 …(할)때에

vtrhnout < *nepřítel* (적이) 뛰어들다, 난입하다, 침입하다

vůbec 1 (부정문에서**)** 전혀 …않다, 결코 …하지 않다[이 아니다] **2 (**긍정문에서**)** 대체로, 일반적으로, 전체적으로; vlastně 실제적으로, 사실상 **3 (**의문문과 조건문에서**)** 도대체 ◆ *nemá ~ peníze* 그는 전혀 돈을 가지고 있지 않다; *dělá ~ něco* 그는 도대체 뭔가를 하는가? *co tu ~ děláš ?* 도대체 너는 여기서 무엇을 하는가?

vůči (전치사+여격**)** …에 대하여, …에 관하여, …와 비교하여, …에 반하여 ◆ *antipatie ~ komu* 누구에 대한 적대감; *odolný ~ ohni* 내화의, 불연성의; *povinnost ~ své zemi*; 자신의 조국에 대한 의무

vůčihledně 눈에 보이게, 뚜렷이; v. *patrně*, *zřejmě*

vůd|ce, *ma*, **-kyně,** *f* 선도자, 지도자, 대장, 주장, 우두머리; průvodce 안내자

vůdcovství, *n* 지도, 지휘, 통솔

vůdčí 이끄는, 선도하는, 지도적인, 수위의 ◆ ~ *princip* 지침; ~ *list* 운전면허증

vůl, *ma* (*vol-*) **1** (거세한) 수소, 불깐소 **2 (**보통 *ma-2***)** nadávka 천치, 바보, (머저리, 병신, 어리석은) 놈; (친한 사이의) 녀석[놈]

vůle, *f* **1** 의지, 의도, 뜻 **2** možnost uplatnění 여지, 기회; pohybu (활동의) 자유 **3** poslední (마지막) 유언 ◆ *o své -i* 자유 의지로, 자발적으로; *po -i* 자유로이, 마음대로; *proti -i* mimovolně 모르는 사이에, 본의 아니게; *proti čí -i* 누구의 의지에 반하여; *při nejlepší -i* 전심전력을 다하여; *z dobré ~* 선의로써; *zlá ~* 악의; *z vlastní ~* 자신의 의지에 따라

vulgární 저속한, 야비한, 속된

vulkanický 화산의, 화산성의

vůně, *f* **1** (유쾌한) 냄새, 향기, 향내, 방향 **2** 향료, 향수

vuřt, *mi-2* 소시지

vústit v. *ústit*

vůz, *mi* (*voz-*) **1** 차, 차량 **2** 4륜차, 짐마차, 왜건, reprezentativní vozidlo 대형 마차, železn. (철도의) 객차, závodní (경주용) 전차, zavřený dopravní (포장 달린) 큰마차, 유개트럭, 밴 ◆ *nákladní ~* 화물 자동차, 트럭, železn. v. *vagon*; *být páté kolo u vozu* 쓰이지 않다, 팔리지 않다, 보류되다; *pěšky jako za vozem* 결국 마찬가지인; *pohřební ~* 영구차, 관가, 장의차; *přívěsný ~* 트레일러, (자동차 따위의) 부수차, os. auto (자동차로 끄는) 이동주택, 트레일러 하우스; *stěhovací ~* 가구 운반차

vy (인칭 대명사 3인칭 주격 단수**)** 당신, 그대; **(**2인칭 복수**)** 당신들, 너희들

vy|bagrovat, -bájit, -balancovat v. *bagrovat*, *bájit*, *balancovat*

vybal|it < -ovat 포장을 풀다, 꾸러미를 풀다

vybarv|it < -ovat 색칠하다, 채색하다, 물들이다; chem. (화학) 염색하다, 착색하다 ~ **se < -ovat se 1** 채색되다, 진정한 색깔을 얻다 **2** 태도를 [색깔을] 분명히 하다 **3** po kom (누구를 따라) 흉내내다, 닮다

výbava, *f* **1** 장비, 채비, 도구 한 벌, 용품류, 의상 일습, 장비 일습, 장구, 기구 **2** nevěsty (신부의) 혼수 옷가지, 혼수감

vybavenost, *f-1* 설비, 시설 ◆ ~ *školami* 학교 설비

výbavička, *f* 갓난아기 용품 일습 ((배내옷, 침구 따위))

vybavení, *n* 장비, 설비, 비품, 용구, 용품, 가재도구

vybav|it < -ovat 1 (장비를) 공급[지급]하다; potřebným (필요한 것을) 설비하다, 장비하다, 갖추다 **2** nevěstu věnem (신부에게 혼인 지참금을) 부여하다, 휴대시키다 **3** expedovat 처리하다, zvl. celně (특히 세관상의) 통관 절차를 마치다 ~ **si < -ovat si** 상기하다, 생각나게 하다, 떠올리다

výběh, *mi-2,3* **1** (가금 따위의) 사육장, 양계장 **2** (재고의) 소진, 바닥남

vyběh|at 1 얻다, 손에 넣다; získat jako běžec (경주자로서 메달 따위를) 획득하다 **2** (달려서) 체중을 줄이다 ~ **se < -ávat se** (베어링 등이) 닳다, 마모하다

vyběhnout < vybíhat 1 다하다, 끝나다 **2** překypět 끓어 넘치다

výběr, *mi-2* 선택(하기), 선정, 고르기, 뽑기, 따기, 수확, 선발된 것, 엘리트, 정예

vybíravý 까다로운, 가리는

výběrčí[1]**,** *ma* **1** 수집자[가], 채집자 **2** 수금원, 징세원; (역의) 집찰계

výběrčí[2] 수집가의; 수금원의

výběrový 1 선택(성)의 **2** kvalitní 고른, 정선한, 정선된, 상품의

vybetonovat v. *betonovat*

výběžek, *mi-2,3* 돌출부, 돌기부, 돌출물; území (영토의) 끝, 말단; zemský 갑, 곶, 삐죽 나온 육지; skály, římsy 바위 턱

vybí|dnout (*-zejí*) **< -zet** 권유하다, 이끌다, 권고하다, 청하다

vybíhat 1 삐죽[불쑥] 나오다, 돌출하다; končit se tím (무엇으로) 끝나다, 그치다, do špičky apod. (뾰족한 끝으로) 점점 가늘어지다, 뾰족해지다 **2** v. *vyběhnout*

vybíjet(se) (*-její*) v. *vybít (se)*

vybílit (*vybil!*) v. *bílit*

vybírat v. *vybrat* ~ **si** (자신을 위해) 선발하다, 뽑다, 고르다

vybí|t (*vybi-*) **< -jet** (*-její*) **(-se) 1** vraždit(가축을) 도살하다, (파리를) 박멸하다; (인종을) 말살하다 **2** (유리창을) 박살내다, 때려부수다 **3** (에너지를) 소진하다, 방전하다

vybled|nout < -(áv)at (색이) 바래다; (기억, 추억이) 희미해지다; 어렴풋해지다

vyblýskat v. *blýskat*

vyboč|it < -ovat 옆으로 비키다[돌다], 벗어나다, 빗나가다, 이탈하다, překročit 넘다, 능가하다 ◆ ~ *z*

V

normálních kolejí 정상 궤도에서 벗어나다, ~ *z řady* 줄에서 이탈하다, (남들과) 다르게 행동하다

výboj, *mi* **1** (전기의) 방출, 방전 **2** útok 공격, 침략; = *nájezd, vpád*

vybojov|at < -ávat 1 쟁취하다, 획득하다, 손에 넣다 **2** 정복하다

výbojný 침략적인, 공세의, 호전적인

vybombardovat 폭격으로 소실[초토화]시키다

výbor, *mi-2* **1** výběr (한 작가의) 선집, 명문집, 명시 선집 **2** orgán 위원회, 평의원회 ◆ *dělnický* ~ (노동자 대표로 조직된) 공장 협의회: *národní* ~ 민족 위원회: *ústřední* ~ 중앙위원회: *závodní* ~ = *dělnický* ~

výborná, *f známku A* (학점), 수 ◆ *dostal -ou* 그는 A를 받았다

výborně 뛰어나게, 훌륭하게 ◆ *~!* bravo 좋아! 잘한다! 브라보!; řečníkovi (연설가에게) 옳소! 찬성이오!

výborný 뛰어난, 훌륭한, 우수한

vy|bouchnout = *vybuchnout* **-boulit** oči v. *boulit* **-boulit se < -boulovat se** 불거지다, 비어져 나오다, 부풀다

vybrakovat v. *brakovat*

vybran|á, *f* 선택의 여지 **1** 선택된 ◆ *mít na -ou* 선택으로 갖다, 선택권을 갖다; *máte na -ou* 선택하셔요

vybraný 고르고 고른, 정선한, 고상한, 정교한, získaný výběrem 뽑힌, 선발된

vybrat (*vyber-, vybral, vybrání*) **< vy - bírat 1** z úschovy (예금에서) 인출하다, 돈을 찾다; vyžádáním 요구하다, 청구하다; daň (세금을) 징수하다; inkasovat 수금하다, 모으다 **2** 가려내다, 뜯어내다; 끄집어내다; 되돌려주다 **3** (광석, 토사 등을) 파내다; 드러내다 **4** nabíráním 푸다, 뜨다, 퍼올리다 **5** vyprázdněním (편지등을) 수거하다, (내용물을) 비우다 **6** o výběru 뽑다, 가려내다, 선출하다, 선발하다 **~ (si) < vybírat (si) 1** 뽑아내다, 발탁하다 **2** vyrozumět 알아내다; (참조) volit **~ si < vybírat se** počasí (날씨가) 맑아지다, 개다

vybrept|at, -nout 무심결에 비밀을 누설하다

vybrodit v. *brodit*

vybrousit (*-šen*) v. *brousit*

vybroušený 닦아진, 정련한, 정제한, 정치한

vybřed|nout < -at, -ávat 1 (진창 등을) 간신히 지나다 **2** vyprostit se (곤경에서) 벗어나다, 해방되다, 탈출하다

vybudovat v. *budovat*

výbuch, *mi-2,3* **1** 폭발, 파열, 폭파; sopky (화산의) 분출 **2** citu (감정의) 격발 **3** události (사건의) 돌발, 발발

vybuch|nout < -ovat 1 폭발하다, 파열하다; spustit 나가다, 발진하다; sopka (화산이) 분화하다, 분출하다 **2** člověk (웃음, 울음을) 터뜨리다, **~, vybouchnout** (구어체) selhat 실패로 끝나다

vyburcovat v. *burcovat*

výbušnina, *f* 폭약, 폭발성 물질; 부비 트랩, 위장 폭탄

výbušný 폭발성의, 폭발의

V

vybý|t (*vybud-, vybyl*) < **-vat** = *pře-, z|být*

vycedit (*vycezen*) v. *cedit*

vyce|nit zuby v. *cenit* **-nit** < **-ňovat** v dražbě (경매에서) 값을 다투어 올리다

vycídit (*vyciď!*) v. *cídit*

vy|cítit (*vyciť!*) < **-cit'ovat** 느낌으로 알다, 예감하다

vyclí|t < **-vat** **1** odhadem hodnoty (가치를) 평가하다, 감정하다 **2**= *proclít, prohlásit*

vycp|at (*vycp-u, vycpal*) v. *cpát* ◆ *jdi se* ~ 가서 실컷 먹어라 **-ávat** = *cpát co čím*

vycpávka, *f* 채워 넣는 것, (이불 따위의 채우는) 깃털[솜, 짚]; **(비유)** v. *vata*

vycucat v. *cucat*

vycvičit (se) v. *cvičit* (*se*)

výcvik, *mi-2,3* 훈련, 트레이닝, 단련, 조련, 연습

V

vyčalounit v. *čalounovat*

vyčasit se < (날씨가) 맑아지다, 개다

vyčasovat v. *časovat*

vyčastovat v. *častovat*

vyčenich|at < **-ávat** **1** 냄새를 맡아내다, 냄새를 구별하다 **2** vypudit 찾아내다, 파헤치다

výčep, *mi-2* **1** (술통의) 꼭지를 틀어 따르기 **2** 술을 따르는 곳, 바, 술집, (생)맥주집

výčepna, *f* **1** (맥주집의) 카운터 **2** 바, (생)맥주집

výčepn|ík, *ma-3* **-ice,** *f* (술집의) 서비스 종사원, 바텐더

vyčerp|at < **-ávat** **1** 다 써버리다, 고갈시키다; finančně (제정적으로) 소진하다, 소모하다; přílišným vybíráním (지나친 인출로써) 차월하다 **2** (그릇 따위를) 비우다, 다 퍼내다 **3** koho (누구를) 녹초가 되게 하다, 소진시키다

vyčesat (*vyče-šu|-sám, vyčeš!|vyčesej!, vyčesal*) v. *česat*

výčet, *mi-2* 일일이 셈, 열거, 세목, 명세서, 목록

vyčichlý (음식 따위가) 상한, (술 따위가) 김빠진

vyčinit komu (누구에게) 기탄없이 말해주다, 직언하다, 나무라다

vyčísl|it < **-ovat** 숫자로 표현하다

vyčí|st (*vyčt-, vyčetl, vyč(e)tla*) < **-tat** **1** z čeho (무엇으로부터) 읽어내다, 확인하다 **2** výčitkou (질책으로써) 비난하다, 꾸짖다 komu co (누구의 무엇을) **-tat si** vzájemně 서로서로를 비난하다

vyčistit (*vyčištěn*) v. *čistit*

vyčítat v. *vyčíst*

vyčítavý 꾸짖는, 비난하는

výčitk|a, *f* 비난, 질책 ◆ *-y svědomí* 양심의 가책, 후회

vyčk|at v. *čekat* **-ávat** čeho (무엇을) 기다리다, 기다려 주다, chtít získat čas 때를 기다리다; v. = *čekat*

vyčle|nit < **-novat** v. *vydělit*

výčnělek, *mi-2, 3* 내밂, 돌출; = *výběžek*

vyčnívat 삐죽[불쑥] 나오다, 돌출하다; zevnitř (안으로부터) 비어져 나오다, 내밀다; = *vybíhat*

výdaj, *mi* **1** 지급, 지출, 비용, 경비

2 비용, 경비

vydání 1 = *výdaj(e)* **2** nakladatelské 간행, 출판(물), (초판, 재판의) 판 **3** 교부, 전달, 인도 **4** (영토 등의) 양도, 포기 **5** (수표, 우표 등의) 발행, (비자, 증명서 등의) 발행, 교부 **6** 선언, 공표

vydařit se v. *dařit se a podařit se (po kom)*

vyd|at < -ávat 1 내보내다, 내놓다; vypustit 방출하다, 방사하다; ze skrytu (감춘 것에서) 꺼내다, uvolnit 풀어놓다, 방면하다, 해방하다; zvuk (소리를)내다; ze sebe plody apod. 열매 맺다 **2** vzdát 포기하다, nehájit 내어주다, 양도하다; dokument (문서를), předat 넘겨주다; nebezpečí (위험을) 노정시키다, 드러내다 **3** předložit 제출하다 **4** vynaložit (돈을) 쓰다, 지출하다; utratit 다 써버리다, 낭비하다 **5** zveřejnit 출판하다, 발행하다, 간행하다; zjištěná fakta (확인된 자료를) 신고하다, 보고하다; vyhlásit 선언하다, 공표하다, 방송하다 **6** listinu vystavit (문서를) 발행하다, směnku (환어음을) ⋯의 앞으로 발행하다 ◆ ~ *koho na milost a nemilost* 무엇을 누구의 처분에 맡기다; ~ *příkaz/rozkaz* 명령을 내다[발하다]; ~ *co v sázku* 무엇을 내기에 걸다; ~ *svědectví o čem* 무엇에 대하여 증언하다

vyd|at se < -ávat se na cestu (길을) 떠나다, 출발하다 ◆ ~ *se v nebezpečí* 위험을 무릅쓰다, 모험하다; ~ *se z peněz* 돈을 다 써서 없어지다

vydatný 견실한, 튼튼한, 실속 있는, 내용이 풍부한, 풍성한

vyd|ávat 1 soustavně ze sebe (조직적으로 자신으로부터) 방산시키다, 발산하다 **2** publikovat 출판하다, 편집하다 **3** v. **-at, ~ (se)** za co (무엇으로) 속여 넘기다 **~ se** za koho (누구로) 가장하다, 행세하다; *za jakého = stavět se jakým*

vydavatel, *ma-1, 4*, **-ka,** *f* 편집자; nakladatel 발행인, 간행인, 출판업자

vydavatelský 출판의, 발행의

vydavatelství, *n* 출판사, 발행사

vydědit 상속권을 박탈하다, 폐적하다

výdech, *mi-2,3* 숨을 내쉼, 날숨, 호기; (향기 등의) 발단

vydech|nout < -ovat 숨을 내쉬다, 내뿜다

výdej, *mi* **1** 발행, 교부, 공급, 지급 **2** = *výdejna*

výdejna, *f* jídel (음식의) 판매대, 계산대, 카운터; 발행소, 교부처; (티켓 등의) 판매소, 매표소 ◆ ~ *pasů* 여권 발급소; ~ *zavazadel* 수하물 수취소

vydělat < -ávat 1 (생활비를) 벌다 **2** získat, čím, na čem (무엇에서) 득을 보다 **3** kůži (가죽을) 무두질하다 **-ávat** kolik (얼마만큼) 벌다, 이익을 나게하다, čistých (순이익을) 올리다, 얻다

výdělečn|ý 돈이 벌리는[되는]; 이익이 있는, 수지 맞는 ◆ *-ě činný* 유급직의; *-á činnost* 유급직

výdělek, *mi-2, 3* 벌이, 소득, 이득; = *zisk, mzda, plat*

vyděl|it < -ovat 1 나누다, 분리하다, 분리시키다 **2** 《수학》 *co čím* (무엇을 무엇으로) 나누다

V

vyděrač, *ma* **-ka,** *f* 강탈자, 갈취자
vyděračství, *n* 강탈, 갈취, 등취기
vyděsit (*vyděšen*) v. *děsit*
vydezinfikovat v. *dezinfikovat*
vydírání 1 강탈, 갈취 **2** 공갈, 협박
vydírat 강탈하다, 억지로 빼앗다, 갈취하다; v. *vydřít*
vydláždit v. *dláždit*
vydobý|t (*vydobud-*, *vydobyl*) < **-vat** = *dobýt*
vydolovat v. *dolovat*
vydra, *f* 수달, 수달 모피
vydrancovat v. *drancovat*
vydražit v. *dražit*
vydráždit v. *dráždit*
vydrbat (se) (*vydrb-u|-ám*, *vydrb!|vydrbej!*, *vydrbal*) v. *drbat (se)*
vydrhnout v. *drhnout*
výdrž, *f* 참을성, 끈기, 인내력; 체력, 스태미너
vydržet (*oni vydrží*) **1** (어려움에도 불구하고) 이겨내다, 견뎌내다, 지탱하다; nevzdat se 버티다, 참다, 인내하다, 견디다 **2** trvanlivostí 오래가다, jak dlouho (오랫동안) 지속하다, 끌다 **3** počasí (날씨가) 좋게 유지되다 **4** kde (아무곳에) 머무르다, 체재하다 **5** v něj. stavu (어떠한 상태로) 유지하다
vydržovat 부양하다, 돌보다 **~ si** 붙들어 두다, 유지하다 ◆ ~ *si milenku* 정부를[첩을] 두다
vydřiduch, *ma-3* 흡혈귀, 피를 빨아먹는 사람
vydřidušství, *n* 피빨기, 흡혈
vy|dřít (*vydř-*, *vydřel*) < **-dírat 1** 문질러서[비벼서] 씻어내다, 짜내다, 긁어내다 **2** (돈 등을) 갈취하다, 뜯어내다
vydumat 생각해내다, 안출하다
vydupat si (*vydup-u|-ám*, *vydupej!*, *vydupal*) (억지로) 밀고 나아가다
vydutý 1 속이 빈, 공동의 **2** 《物》 요면의, 오목한
vydýchat (공기를 한껏) 들이 마시다, 마구 마시다
vydýchnout = *vydechnout*
vyfárat (광산의) 갱에서 위로[밖으로] 나오다
vyfešákovat (구어체**)** 한껏 모양내다, 잔뜩 바르다
vyfintěný 성장한, 꾸민, 모양낸
vyfotografovat koho/co (누구를/무엇을) 사진 찍다
vyfouk|nout, -at < **vyfukovat 1** (바람을) 불어서 밖으로 내보내다, 불어서 없애다 **2** (달걀 속을) 불어서 빼내다 **~** komu co (누구에게서 무엇을) 훔쳐내다, 빼앗다, 갈취하다
výfuk, *mi-2, 3* (공기. 가스의) 배출, 배기; 배기관, 배기 장치, slév. 배출구
vyfukovat v. *vyfouknout*
vygumovat v. *Gumovat*
vyhánět v. *vyhnat*
vyhas|ínat = *hasnout* **-nout** v. *hasnout*
vyhaslý (불이) 꺼진, 다한, 그친
vy|házet (*-zejí*) < **-hazovat** hlínu **1** (구멍을) 파다 **2** v. *vyhodit*
vyhazov, *mi-2* **(**구어체**)** dát komu 박참, 퇴짜, 해고◆ *dát komu* ~ 누구를 해고 시키다; *dostat* ~ 퇴짜[해고]를 당하다

V

vyhazovat 1 stavět se na zadní nohy (말이 갑자기 등을 굽히고) 뛰어오르다, 완강하게 저항하다; (사람이) 반항하다 **2** karet. (카드놀이에서 특정한 패를) 맨 처음의 패로 내다 ◆ ~ *peníze oknem* 돈을 낭비하다, 탕진하다

výheň, *f* (대장간의) 노, 화덕, 용광로 ◆ *je tu* ~ 여기는 태워 버릴 듯이 뜨겁다, 용광로 같다

výher|ce, *ma* **-kyně,** *f* 승리자, 우승자; ceny (상의) 수상자

výherní 승리의, 우승의, 추첨의 ◆ ~*plán* 복권 명부

vyhla|dit (*vyhlazen*) < **-zovat 1** = *(u) hladit* **2** likvidovat 지우다, 훔쳐[씻어] 내다, 없애다, 삭제하다

vyhladovělý 굶주린, 기아의, 굶어 죽는, 기근의

vyhladovět (*-vějí*) < **1** 굶주리다, 굶어죽다, 이사하다 **2** koho (누구를) 굶겨 죽이다

vy|hlásit (*vyhlas!*, *vyhlášen*) < **-hlašovat** 포고하다, 선언하다, 공포하다, 널리 알리다, 광고하다; vyjádřit se 진술하다; = *(o)hlásit*, *prohlásit* ◆ ~ *soutěž* 경선을[콘테스트를]공시하다; ~ *stávku* 파업을 선언하다; ~ *válku* 전쟁을 선포하다 komu (누구에게)

vyhlášení, *n* 선언, 포고, 공포, 선전

vyhlášený 유명한, 명성이 있는

vyhláška, *f* (공공의) 통지, 공고, 포고, 명령

vyhlazení, *n* 근절, 박멸, 일소, 제거

vyhlazovací 제거의, 일소의, 박멸의, 서로 죽이는

vyhlazovat v. *vyhladit*

výhled, *mi-2* = *vyhlídka*

vyhledat 1 v. *hledat* **2** navštívit koho (누구를) 방문하다, 들러다

vyhledávaný (많이) 찾아진, 추구된, navštěvovaný (많이) 방문된

vyhl|edávat = *hledat* **-édnout** < **-ížet 1** (창문을 통해) 밖을 내다 보다, vykloněním (상체를 구부려) 밖으로 내밀다 **2** 찾다, 탐색하다 **3** 뽑다, 고르다, 뽑아내다

vyhlídka, *f* **1** 조망, 전망, rozhled (널찍한) 전망; 경치, 광경 **2** naděje (희망의) 가능성, 가망 **3** místo 관찰하는 지점, 관측소, stavba (옥상, 정원 따위의) 전망대

vyhlídkov|ý 전망의, 조망의; 관광의, 유람의 ◆ *-á jízda* 관광; *-á věž* 전망대; *vůz* (관광차)

vyhloubit (*vyhlub!*) v. *hloubit*

vyhnan|ec, *ma* **-kyně,** *f* 망명자, 추방된 사람, 유배자

vyhnání, *n* 추방, 국외 추방, 퇴거,

vyhnanství, *n* 추방, 유배, 유형, 망명

vyhnat (*vyžen-*, *vyhnal*) < **vyhánět** (*-nějí*) **1** 몰아내다, 쫓아내다; 물리치다, 구축하다; dobytek (가축을) 밖으로 내다 **2** prohlášením za nežádoucího (선언으로써) 추방하다, 내쫓다, vystěhovat 퇴거시키다, násilím (강제로써) 퇴장시키다, 추방하다 **3** do výšky (위로) 끌어 올리다, 밀어올리다 **4** rostlina (식물이) 쑥 쑥 자라다 [뻗다]

vy|hnout < **-hýbat** 밖으로 구부리

V

다, 만곡시 키다
vy|hnout se < **-hýbat se** čemu (무엇을) 피하다, 비키다, 회피하다, 벗어나다, 빠져 나오다, určením (의도적으로) 기피하다; = *ustoupit, vyklonit se* ◆ ~ *se komu na sto honů* 누구를 경원하다[피하다]; *není vyhnutí* 피할 수가 없다
výhoda, *f* **1** 유리, 이익, 편의, 은혜, 혜택; příjemnost 쾌적함; zařízení (편의) 시설, 설비 **2** kladný rys 장점, 이점 **3** ústupek 용인된 것, 허가, 이권 **4** v utkání (경쟁상) 유리한 입장[지위] **5** (테니스) 어드밴티지
vy|hodit (*vyhozen*) < **-hazovat 1** 내던지다, 팽개치다, 버리다; 몰아내다, 쫓아내다, 물리치다 **2** propustit koho (누구를) 해고하다, 면직하다, 퇴직[퇴사]시키다; z vysoké školy (대학으로부터) 퇴학시키다 **3** do výše (위로) 던져 올리다, lehce (가볍게) 토스해 올리다; do povětří (공중으로) 쏘아 올리다 **4** peníze (돈을) 헛되이 쓰다, 낭비하다 **5** kartu (카드를) 버리다 ◆ ~ *si z kopýtka* 밤새도록 헤매고 다니다, 떠들며 밤을 새우다; ~ *kotvu* 투묘하다, 정박하다; ~ *koho ze sedla* 누구의 자리를 빼앗다, 누구를 낙마시키다[실각 시키다]
výhodný 유리한, 형편 좋은; *výnosný* 이익이 있는, 유익한, 이로운
vyhojit (se) = *vyléčit (se)*
vyhol|it (se) < **-ovat (se)** (털, 수염등을) 깨끗이 깎다, 밀다, 면도하다
vyholený (털, 수염등을) 깨끗이 깎은, 민, 면도한
výhonek, *mi-2, 3* 어린가지, 새싹, 눈, 움
vyhořet (*oni vyhoří*) < **1** 다 타다, 소실되다; 전소하다, = *vyhasnout* **2** člověk (사람이 자신의 집에) 큰 화재를 입다, (집이) 전소하다
vyho|stit (*vyhoštěn*) < **-šťovat** 쫓아내다, 추방하다
vyhotov|it < **-ovat** (문서를) 만들다, 준비하다, 작성하다
vy|houpnout se < **-hupovat se 1** (말의 안장 등에) 몸을 흔들어 오르다 **2** (가격 등이) 갑작스레 치솟다
vyhov|ět (*oni vyhoví*) < **-ovat 1** komu (누구에게) 응하다, 따르다, 충족시키다; úslužně 편의를 도모하다[제공하다], 숙박시키다, 은혜를 베풀다; potěšit 만족시키다, 기쁘게 하다 **2** čemu (무엇에) 응하다, 부응하다, 영합하다 **3** zkoušce (시험에) 합격하다 **-ovat 1** komu (누구의) 기호에 맞추다, hodit se 적합하다, 어울리다 **2** být ve shodě 순응하다, 동의하다, odpovídat komu 부합하다, 일치하다, 대응하다, 답하다, komu (누구의) 마음에 들다 ◆ ~ *účelu* 목적에 부응[부합]하다
vyhovující = *vhodný*
výhra, *f* 승리, 성공, 우승, 당첨; cena (상의) 수상, 입상
vyhrab|at (*vyhrabu, vyhrab!, vyhrabal*) < **-ávat 1** 긁어내다, 파내다, = *hloubit*; odkudsi (어딘가로부터) 발굴해내다, 찾아내다
vyhrabat se z lože (침대에서) 기어나오다, dostat se z čeho (무엇에서) 빠져 나오다, 탈출하다

V

výhrad|a, *f* 보류, 유보, 전제 조건, 단서, 예외, 이의 ◆ *bez -y* 기탄없이, 솔직히, 무조건으로, *mít -y proti* …에 이의를 제기하다; *s -ou, že* … …라는 전제조건과[단서와] 더불어

vyhra|dit (si) (*vyhrazen*) < **-zovat (si)** 떼어두다, 예정해 두다, 예약하다, = *vymínit si*

výhradně 배타적으로, 독점적으로, 오로지 …만, 단지, 오로지

výhradní 배타적인, 제외적인, 독점적인, 유일한

vyhra|nit (se) < **-ňovat (se)** 구체화 하다[되다], 형성하다[되다]

vyhrá|t (*vyhra-, vyhraj!|vyhrej!, vyhrál*) < **-vat 1** 이기다, 승리하다, 성공하다, 우승하다 **2** cenu (상을) 수상하다, 입상하다, 당첨하다; hladce (가볍게) 낙승하다 **3** kolik (얼마만큼) 획득하다, 손에 넣다, 이기다 **4** nad kým = *porazit, zvítězit* **-vat** komu (누구에게) 연주해 주다

vyhrazovat (si) v. *vyhradit (si)*

vyhrknout 1 쏟아지다, 뿜어나오다, 분출하다 **2** expr. 불쑥 말하다, 무심결에 입 밖에 내다; 헐떡거리며 말하다

vyhrn|out < **-ovat 1** (흙 등을) 긁어내다, 들어올리다, 치우다 **2** (치아, 옷 등을) 호아올리다, 걷어[치켜] 올리다 ◆ *~ se* < *-ovat se* (밖으로) 돌진하다; 달려들다

vyhro|tit < **-covat** 뾰족하게 하다, 날카롭게 하다 **~ se** < **-covat se** 날카롭게 되다, 곪아터질 지경이 되다, 막바지에 이르다

vyhrožovat = *hrozit*

výhrůžka, *f* = *hrozba*

výhr|užný, -ůžný 위협적인, 협박적인

vyhř|át se (*vyhřej-, vyhřál*) < **-ívat se** na slunci (햇볕에) 몸을 녹이다, 햇볕을 쬐다

výhřevný 열을 발산하는, 발열의

vyhřívat se v. *vyhřát se*

vyhubit v. *hubit*

vyhublý 여윈, 쇠약해진, 수척한

vyhubovat v. *hubovat*

vyhupovat (se) v. *vyhoupnout se*

vyhýbat (se) v. *vyhnout (se)*

vyhýbavý 피하는, 회피하는, 도피하는; lstivě (교묘하게) 잘 빠지는, 붙잡기 어려운; nechtějící se vázat 언질을 주지 않는, 애매한

výhybka, *f* (철도의) 포인트, 전철기

výhybkář, *ma* **-ka,** *f* (철도의) 전철수, 조차계

vyhynout (점차적으로) 죽어 없어지다, 사멸하다, 끊어지다, 단절되다

vyhynulý 사멸한, 다한, 끝난

vycházet (*-zejí*) v. *vyjít*

vycházk|a, *f* 회유, 소풍, 유람, 수학여행, 여행, 답사; 《軍》 외출; = *procházka* ◆ *jít na -u* 산책 가다

vycházkov|ý 산책(용)의, 보행(용)의, oblek 외출용의 ◆ *~ oblek* 신사복, 정장; *-á uniforma* 근무복

vychladnout v. *chladnout*

vychloubat se čím (무엇을) 자랑하다, 뽐내다, 허풍떨다

vychloubavý 자랑하는, 빼기는

východ, *mi-2* **1** 출구, 탈출구 **2** 나감, 사라짐, 퇴장, 퇴진, = *odchod* **3** 벌어진 데, 구멍, 틈 slunce 해돋이,

V

일출 **4** svět. strana 해 뜨는 곳, 동쪽 ◆ *k -u* 동쪽으로; *na ~ od* … 로부터 동쪽; *Blízký/Střední/Dálný ~* 근동/중동/극동; *na -ě* 동쪽에(서)

východisko, *n-2, 3* **1** 출구, 탈출구; 해결책 **2** 출발점; 근원, 토대

vychodit (*vychozen*) < **1** = *absolvovat* **2** = *vyběhat, vyšlapat*

vychodit se (걸어서) 체중을 잃다[체중이 줄다]; 걸어서 잠을 쫓아[몰아]내다

východně 동으로, 동쪽으로; *~ od Prahy* 프라하 동쪽의[동쪽에 있는]

východní 동쪽의, 동으로의, 동으로부터의, 동방의 ◆ *~ Evropa* 동유럽

výchova, *f* **1** 양육, 교육, 훈육, 교화 **2** *vzdělání* 교육 **3** (동물의) 사육 ◆ *hudební ~* 음악교육; *předškolní~* 취학전 교육; *sexuální ~* 성교육

vychov|at < -ávat 기르다, 가르치다; od malička (어릴때부터) 양육하다, 육성하다, 양성하다; vzděláváním 교육하다, 훈육하다, 교화하다

vychovaný 잘 교육된, 행실이 좋은, 얌전한, 점잖은

vychovatel, *ma-1, 4* **-ka,** *f* 교육자, 교사, 교원, 양성자, 가정교사, pedagog 교육 전문가, (기숙사) 사감

vychovatelský 교육(자)의, 훈육(자)의, 양성(자)의, 가정교사의

výchovné, *n* (육아) 양육비

výchovný 교육의, 교화의, 훈육의, 양성의

výchozí 시작의, 출발의, 원래의, počáteční 처음의, 최초의

vychrlit v. *chrlit*

vychrtlý = *vyhublý*

vychutn|at < -ávat 상미하다, 맛보다, 즐기다, 만끽하다

vychv|álit (*vychval!*) < **-alovat** 추켜세우다, 극구 칭찬하다; ve spise (글에서) 호평하다, 칭찬하여 논평하다

vy|chýlit (se) (*vychyl!*) < **-chylovat (se)** = v. *vybočit, vyhnout, vyklonit (se), uchýlit* se

výchylka, *f* **1** = *úchylka* **2** odchylka 변화, 변이

vychylovat (se) v. *vychýlit (se)*

vychytralý 교활한, 음흉한, 간교한, 약삭빠른

vyjádření, *n* **1** 표현, 표출, 발언 **2** 선언, 언명, 공표 **3** 의견, 판단, 결정

vy|jádřit < -jadřovat 표현하다, 나타내다, 표시하다; stylizovat (예술적으로) 형상화하다; náznakem (힌트로써) 암시하다, 함축하다; mít význam (의미를) 전하다, 시사하다

vy|jádřit se < -jadřovat se 자신의 의견을 표현하다[나타내다]; prohlásit 선언하다; promluvit k čemu (무엇에 대하여) 표명하다, 토로하다, = *vyslovit se* **-jadřovat** znamenat 뜻하다, 의미하다

vyjas|nit < -ňovat 1 분명[명료]하게 하다, 밝게하다; 깨끗하게 하다, 분명히 하다; 빛내다 **2** = *objasnit, vysvětlit*

vyjas|nit se < -ňovat se 깨끗하게 되다, 분명해지다, 밝아지다, 빛나다

vyjednat v. *jednat*

vyjednávací 협상의, 교섭의, 절충의

vyjedn|ávač, -avač, *ma,* **-átel, -**

V

atel, *ma-l, 4*, **-ka,** *f* 협상자, 절충자
vyjednávání, *n* 협상, 교섭, 절충 ◆ *~ o mzdách* 임금협상
vyjednávat 협상하다, 협의하다, 절충하다, 교섭하다, 거래하다
vyjednotit (*vyjednocen*) v. *jednotit*
vyjeknout 소리지르다, 외치다
vy|jet (*vyjed-, vyjel*) < **-jíždět** (*-dějí*) **1** (타고) 나가다 **2** (타고 위로) 오르다 **3** (선로를) 벗어나다, 이탈하다 **4** (타고) 출발하다, 떠나다, 발차하다 ◆ *~ z kolejí* 선로를 벗어나다, 탈선하 **~ (si)** < **-jíždět (si)** na koho (누구에게) 달려들다, 몹시 공격[비난]하다 **~ si** 여행을 나가다
vy|jetý, -ježděný cesta (길이) 많이 다닌,(다녀서) 길이 난
výjcv, *mi-2* (연극의) 무대 장면, 광경
vyjevený 깜짝놀란, 기가 막힌, 안절부절 못하는 ◆ *být ~* 깜짝 놀라다, 기가 막히다
vyjevit < **-ovat** = *odhalit*
výjezd, *mi-2* **1** (차량에 의한) 출발, 떠남, 발차, 출항 **2** vrata (차량의) 출입구, 통로; příjezdová cesta (대문에서 현관까지의) 차도
vyjímat v. *vyjmout* **~ se** jak 보이다, 드러나다
vyjímaje, vyjímajíc v. *vyjma*
výjimečný 예외적인, 이례의, 특별한; jedinečný 유일한, 단독의, 뛰어난
výjimka, *f* 예외, 제외, 이례
vy|jít (*vyjd-, vyšel*) < **-cházet** (*-zejí*) **1** (걸어서) 나가다, 떠나다, 출발하다 **2** (유행, 습관, 버릇, 사용을) 벗어나다, 버리다 **3** vzejít, vyplynout 나오다, 유출하다, 분출하다, 생기다, 유래하다 **4** do výšky (위로 걸어서) 오르다, 올라가다, 상승하다 **5** nebeské tělesol slunce (태양이) 떠오르다 **6** o tisku (판본이) 나오다, 발행되다, 출판되다 **7** v počtech (계산에 있어서) 잘 되다, 풀리다 **8** finančně (재정적으로) 수지가 맞춰지다; na kolik (얼마만큼에) 달하다, (얼마만큼) 되다 **9** školu = *vychodit* **10** do čeho (무엇안으로) 들어가다[오다] **11** vystačit s čím (그럭저럭) 잘 해나가다, 처리되다, 진척하다, 성공하다; s kým jak (누구와 어떻게) 지내다, 해나가다, 사이좋게 지내다 ◆ *~ najevo* (일이) 드러나다, 밝혀지다; *~ naplano / naprázdno* 무위로 되다, 수포로 돌아가다; *nevyšlo jim to* 그것은 그들의 예상을 벗어났다, 그들은 그것을 미처 예상하지 못하였다; *rána vyšla* 총이 발사되었다; *~ komu vstříc = vyhovět*; *~ beze zbytku* 남는 것이 없게되다; *~ s barvou (ven)* 본색을 드러내다; *~ s kým* 누구와 잘 지내다; *~ ze cviku/ z praxe* 연습/습관에서 벗어나다; *~ z formy* 형태를 잃다; *~ z konceptu* v řeči (이야기의) 흐름을[의미를] 놓치다; *~ z módy* 유행에서 떨어지다, 한물가다; *~ z oběhu* 사용되지 않다; *ne- ze strachu* 공포를[두려움을] 벗어나지 못하다, 공포에 시달리다
vy|jít si < **-cházet si** (밖으로) 나가다 na (…하러) **-jíždět (si)** v. *vyjet (si)*
vy|jížďka, *f* = *projížďka*
vyjma = *kromě*
vyjmenovat v. *jmenovat*
vy|jmout (*vyjm-, vyňal, vynětí*) < -

V

jímat 1 치우다, 제거하다, 벗기다 **2** jako výjimku (예외로써) 제외하다, 내어쫓다, 면제하다

výkal, *mi-2* 대변, 똥, 배설물

vykas|at v *kasat* **-ávat** = *kasat*

vykašl|at < -ávat (가래 등을) 기침을 하여 뱉다, 뱉어내다 **~ se** *na* v. *kašlat*

vykat komu (누구에게) 존칭을 사용하다

výkaz, *mi* 보고(서), 명세서, 기록부, 성적표

vy|kázat < -kazovat 1 koho (누구를) 명령하여 나가게 하다, (일자리로부터) 내쫓다, 해고하다, z místa pobytu (거주지로부터) 쫓아내다, 몰아내다, 추방하다, 퇴거시키다 **2** přidělit komu co (누구에게 무엇을) 할당하다, 분배하다, 분담시키다 **3** podat výkaz 보고하다, 복명하다 **4** určitý rys (증명서 등을) 보여주다, 제시하다

V

vy|kázat se < -kazovat se čím 보여주다, 제시하다 ◆ ~ *se pasem* 여권을 보여주다

výklad[1]**,** *mi-2* **1** 설명, 보고, 기술, 해석, 해설, 주석 **2** zboží apod. (상품 등의) 진열, 전시, 전람

výklad[2]**,** *mi* skříň (점포의) 진열장, 쇼윈도

vykládací 1 하역의 **2** 설명의, 해석의 ◆ ~ *nábřeží* 부두, 선창; ~ *rampa* 하역 램프[플랫폼]; ~ *karty* 점을 치는 카드, 운수를 말해주는

vykladač, *mi* **1** 해석자, 주석자, 논평자 **2** karet 카드 점쟁이 **3** nákladů z lodi (배에서 짐을) 싣고 부리는 인부, 하역 인부

vykládaný 아로새긴, 무늬를 박아 넣은

vykládat v. *vyložit*

výkladní, *n* 진열의, 전시[전람]의 ◆ ~ *skříň* = *výklad*

vy|klánět (se), -klápět (se) v. *vyklonit (se), vyklopit (se)*

výklenek, *mi-2, 3* 벽의 움푹 들어간 곳, 우묵한 곳, 방안의 후미져 구석진 곳, pro sochu (조각품을 놓는) 벽감

vyklenout (se) v. *klenout (se)*

vyklepat (*vyklep-u|-ám, vyklepej!, vyklepal*) v. *klepat*

vyklestit v. *klestit*

vyklíčit (*vyklič!*) v. *klíčit*

vykl|idit (*vyklizen*) **< -ízet** (*-zejí*)**, -izovat** (방의 가구를) 치우다; demontáží (장비, 방비를) 벗기다[철거하다], 제거하다; uprázdnit 비우다, 비게 하다

vykloktat si v. *kloktat*

vy|klonit < -klánět (*-nějí*) 밖으로 구부리다[휘다, 내밀다] ◆ ~ *hlavu z okna* 머리를 창문 밖으로 내밀다

vy|klonit se < -klánět se (상체를) 밖으로 내밀다[굽히다]

vy|klopit < -klápět (*-pějí*) **1** (기울여서) 뒤집어 엎다, 비우다; na hromadu (더미 위에) 부리다, 털썩 내려뜨리다, 내리다 **2 (**구어체**)** peníze (돈을) 마지못해 내주다, 지불하다 **3** = *převrátit, převrhnout (se)*

vykloubit se (*vykloub!*) 관절을 삐다; 탈구되다

vyklouznout 미끄러져 나가다, 빠

져 나가다, 벗겨져 나가다

vyklovat (se) v. *klovat (se)*

vyklu|bat 쪼아내다

vyklu|bat se (사건이) …로 되다 ◆ *-bal se z něho* 그는 …로[하는 것으로] 드러 났다

vykolejit se v. *vyjet z kolejí*, 선로를 이탈하다, 탈선하다

vykolíkovat (말뚝을 박아) 경계를 짓다, 구획하다

výkon, *mi-2* **1** fungování 직무, 직능, 역할; služeb 공헌, 이바지, 수고; činnost, početní 조작, 운용, 작전; práva (법의) 시행, 실시, 강제 **2** celk. objem 산출[생산]고, 산출, 생산, 작품; práce stroje, učedníka, politika (기계, 학생, 정치가의) 성과, 성취, 업적 **3** provedení 실행, 수행, 달성, 연주, 연기 **4** silácký ~ 위업, 공적, 공훈

vykon|at < -ávat 1 실행하다, 수행하다, 달성하다, 성취하다 **2** 연기[연주]하다, 발휘하다 **3** podle předpisů (명령, 처방에 따라) 집행하다, 이행하다 **-ávat** 행사하다 vliv (영향력을)

vykonavatel, *ma-1, 4*, **-ka,** *f* 실행[수행, 이행, 집행]자, 관리자, 행정자

výkonnost, *f-1* 능력, 능률, 유효성; 생산성[력]

výkonnostní 능률의, 능력의 ◆ ~ *prémie* 능률 보너스, 성과금

výkonný 1 능률적인, 효과적인, 효율적인 **2** fungující 실행[수행, 집행]의, 행정[관리]의

vykonstruovat v. *konstruovat*

výkop, *mi-2* **1** (굴, 구덩이를) 팜, 굴착, 발굴**2** 도랑, 해자 **3** (축구의) 킥오프, 시작 ◆ *provést* ~ 킥오프하다, 시작하다

vykop|at < -ávat 1 = *vyhloubit* **2** co ze země (땅에서) 파내다, 발굴하다, 굴착하다; mrtvolu (시체를) 발굴하다 **3** nohou v. *vykopnout* **-nout,** ~ **< -ávat 1** nohou (발로써) 킥오프하다, 걷어차다; do výše (위로) 차 올리다; ze dveří (문 안으로보터) 차내다 **2** 쫓아내다, 해고하다

vykopávka, *f* 발굴, 발굴된 유적[발견물]

vykopírovat v. *kopírovat*

vykorigovat v. *korigovat*

vykořenit v. *vyrvat z kořenů*

vykořis|tit < -t'ovat (이기적인 목적으로) 이용하다, 착취하다; prací (노동을) 빼앗다, 착취하다

vykořist'ovatel, *ma-1, 4*, **-ka,** *f* 착취자, 약탈자

vykos|tit <-t'ovat 뼈를 발라내다

vykotlaný 속이 빈, 공동의

vykoupat (se) v. *koupat (se)*

vy|koupit (*vykup!*) **< -kupovat 1** 되찾다, 회복하다, 속량하다; výkupným (포로 따위의) 몸 값을 치르고 자유롭게 하다 **2** hromadně skoupit (전량을) 매점하다; (회사를) 인수하다

vykouř|it (*vykuř!*) 담배를 피우다 ~ **< vykuřovat** 그을리다, 불김에 쐬다 ~ **se** 증발하다, 소산하다 ◆ *-ilo se mi to z hlavy* 나는 그것을 (이미) 잊어버렸다

vykouzlit v. *kouzlit*

výkovek, *mi-2, 3* (쇠의) 단조물

vykračovat si 어깨를 으쓱거리며

V

걷다, 뽐내며 걷다; kůň (말이) 측대보로 걷다

vykrádat (se) v. *vykrást (se)*

vykrákat v. *krákat*

vykrá|st (*vykrad-*) < **-dat 1** 훔쳐내다, 도둑질 하다; zcela 샅샅이 찾아내다, 유린하다 **2** prostory = *vyloupit*

vykrá|st se < **-dat se** 몰래 빠져나가다

vykrášlit v. *krášlit*, = *vyzdobit*

výkres, *mi* 그림, 도화, 스케치, 데생; 디자인, 도안; 복사, 투사

vykresl|it < **-ovat** (말로) 묘사[서술]하다, 그리다; = *(na-)kreslit, vylíčit*

vykrmit v. *krmit*

výkrmna, *f* (가축) 사육장

vykroč|it (*-její*) < **-ovat** 앞으로 나아가다; 활보하다; na cestu (길을) 떠나다, z mezí (경계를) 지나가다, 밟고 넘다, 초과하다

vykr|ojit, **-ájet** < **-ajovat** 베어내다, 잘라내다, 움푹 들어가게 하다

výkrop, *mi-2* 흩뿌리기, 끼얹기; k vysvěcení 성화, 정화

vykropit 흩뿌리다, 살포하다; 신성하게 하다, 성화하다, 성별하다

vykr|outit (*vykruť!, vykroucen*) < **-ucovat** 비틀어[잡아] 떼다, 틀어올리다

vykr|outit se < **-ucovat se 1** 비틀어 떨어지다[벗어나다] **2** 빠져나가다, 회피하다; 얼버무리다

vykrvácet (*-cejí*) 출혈로 죽음에 이르다

vykrystalizovat v. *krystalizovat*

vykřes|at (*vykře-šu|-sám, vykřeš!|vykřesej!, vykřesal*) < **-ávat 1** (부싯돌을) 치다, (불꽃을) 튀게 하다, 일으키다 **2** 희망을 일게 하다 **~ se** < **-ávat se** z nemoci (병에서) 회복하다

vykřičník 감탄사, 느낌표

výkřik 외침, 절규, 감탄 ◆ *-y nesouhlasu* 불찬성의 외침[항의]

vykřik|nout < **-ovat** = *křičet, volat, vyrazit ze sebe*

vykuchat v. *kuchat*

vykukovat = *koukat, vyčnívat*

vykulit oči, v. *kulit*

vykul|ený 눈을 부릅뜬, 통방울눈의

výkup, *mi-2* 대량 구입, 매입, 매수

výkupce, výkupčí, *ma* 대량구입자

vykupitel, *ma-1, 4*, **-ka,** *f* **1** 구원자; 환매하는 사람, 속신하는 사람 **2** 메시아, 구세주, 그리스도

výkupné, *n* (포로따위의) 몸 값, 배상금

výkupní 대량 구입의, 매수의

vykupovat v. *vykoupit*

vykuřovat v. *vykouřit*

vykutálený 잘 둘러대는, 빈틈없는

vykvé|st (*vykvet-*) < **-tat** v. *rozkvést*

výkvět, *mi* **1** 만개, 절정 **2** 정화, 정수, 엘리트

vykynout v. *kynout*

výkyv, *mi* **1** 휨, 기울어짐, 편향; 진동, 진폭 **2** (인생의) 부침, 성쇠

vyla|dit < **-ďovat** (라디오, TV의) 다이얼[채널]을 맞추다, 조율하다

vylákat 이끌어내다, 꾀어내다, 유인해내다

vy|lámat, -lamovat v. *vylomit*

vyléčit (se) v. *léčit (se)*

vylekat (se) = *leknout (se)*

vylekaný 깜짝 놀란, 몹시 놀란

vylep|it < -ovat 1 na stěny apod. (벽 등에) 붙이다, 부착하다, 게시하다; tapetou (벽지로써) 바르다, 도배하다 **2** uvnitř (상자 따위의) 안을 바르다, 안을 대다 **3** do alba apod. (앨범 등에) 끼워 넣다 **4** = *plakátovat*

vylep|šit < -ovat 수정하다, 가필하다, 마무리하다; 개량[개선]하다

vylept|at v. *lep|atat* **-ávat** = *lep|atat*

vyleštit v. *leštit*

výlet, *mi* 산책, 하이킹, 여행, 답사; za rekreací (레크리에이션[기분전환]을 위한) 회유, 유람, 관광; s vlastním stravováním venku (음식을 휴대한) 피크닉[소풍] ◆ *jednodenní/školní/víkendový ~* 일일여행/수학여행/주말 여행; *jet na ~* 여행을 가다; *jít na ~* (걸어서) 산책[소풍, 하이킹]을 가다

vy|letět (*oni vyletí*)**, -létat < -ávat 1** 날아가버리다, 떠나다; (날아서) 돌진하다, 내닫다; 날아오르다 **2** odpálením (분사로서) 발진하다, 쏘아올리다 **3** na koho (누구를 향해) 불끈 성내다, 갑자기 소리치다

výletn|ík, *ma-3*, **-ice,** *f* 유람자, 여행자, 하이커, 관광객, 답사자

výlev, *mi-2* **1** (감정의) 격발, 폭발, 토로 **2 -y,** *pl* (감정적인) 말, 감정의 폭발; 수사, 미사

vylévat v. *lít a vylít*

výlevka, *f* (부엌의) 개수대, 싱크대, 수채 물버리는 곳; konvice (주전자의) 주둥이, 물꼭지

vyléz|t (*vylez-*) **< -at 1** 기어나오다, 기어나가다 **2** do výše (높은 곳으로) 기어 오르다; na co (무엇으로) 기어오르다, 올라가다

vylh|at (*vylž-, vylhal*) **< -ávat** (거짓말로) 꾸며[만들어]내다, 조작하다, 지어내다; předstírat 가장하다, 속이다

vylíčit (*vylič!*) v. *líčit*

vylid|nit < -ňovat 주민을[인구를] 감소[절멸]시키다

vylíhnout (se) v. *líhnout (se)*

vylisovat v. *lisovat*

výlisek, *mi* 누르기, 압축하기, 압축물, 금형(물)

vy|lít (*vyli-*, 현재형 *vyle-, vylejt*) **< -lévat 1** 부어내다, 쏟아내다, 붓다, 쏟다, 따르다, v. *lít* **2** splašky (개숫물을) 버리다 **3** neopatrně (부주의하게) 엎지르다, 흘리다 **4** vyprázdnit (속의 액체를) 비우다 ◆ *~ s vaničkou i dítě* 중요한 것을 필요 없는 것과 함께 버리다: *~ vodu z člunu* 보트에 괸 물을 퍼내다; *~ si vztek/zlost na kom* (분풀이의 대상으로서) 누구에게 마구 호통치다

vy|lízat (*vylí-žu|-zám, vyliž!|vylízej!, vylízal*) **< -lizovat** (접시 등을) 핥아서 먹어치우다; *~ se z čeho* 무엇을 헤쳐 나가다

vylo|dit < -ďovat (병사를) 상륙시키다; 짐을 부리다[내리다] **~ se < -ďovat se** 상륙하다, 양륙하다

vylodʼovací 상륙의 ◆ *~ plavidlo* 상륙용 주정[함정]

výloha, *f* **1** *výdaj* 비용, 경비, 지출 **2** = *výklad*

vy|lomit, -lámat < -lamovat 깨

뜨려[쪼개]내다, 비틀어[잡아]떼다

vylosovat v. *losovat*

vyloučení, *n* **1** 추방, 배제, 배척, 제외 **2** 파문 **3** 방출, 분비

vyloučen|ý 불가능한 ◆ *-o!* 불가능함!

vy|loučit (*vyluč!*) < **-lučovat 1** 못 들어오게 하다, 물리치다; kolektivním aktem (집단 행동으로써) 배척하다; (무엇의 부분을) 제거하다 **2** vyjmout 제외하다, 빼다; to ze své moci 배제하다; z kolektivu (집단에서) 일시 내쫓다 **3** zbavit oprávnění 자격을 박탈[취소]하다; (일터로부터) 자물쇠를 잠그어 내쫓다; z církve (교회로부터) 파문하다, z vys. školy (대학으로부터) 퇴학시키다, (회원 자격에서) 쫓아내다, 제명하다, 추방하다 **4** biol. 분비하다, 방출하다

vyloudit v. *loudit*

vyloupat (*vyloup-u|-ám, vyloupej!, vyloupal*) v. *loupat*

vy|loupit (*vylup!*) < **-lupovat** 강제로 훔쳐내다, 강도질하다, pokladnu (금고를) 털다

vyloužit (*vylvž!|vylouži!*) v. *loužit, louhovat*

vylovit v. *lovit*

výlov, *mi-2* (양어지[양어못]의) 물을 빼고 고기를 잡기

výlovek, *mi-2, 3* 포획, 어획; na zátah 한 그물의 어획고

vyloženě 절대적으로, 확실히, 정말로, 단연

vyložený[1] 명백한, 자명한, 완전한, 순전한, = *hotový*

vyložený[2] **1** 짐을 부린[내려놓은] **2** 안감을 댄; 줄을 친 **3** 전시[진열]된

vy|ložit < **-kládat 1** náklad (짐을) 내리다, 짐을 부리다[풀다]; na břeh (가에) 상륙시키다, 내리다; pomocí člunů (거룻배를 이용하여) 짐을 나르다 **2** zevnitř 안을 대다, pokrýt 아로새기다, 박아넣다, zevně 장식을[레이스를] 붙이다, 선두르다 **3** k nahlédnutí (관람을 위해) 전시[진열]하다, = *vystavit* **4** význam (뜻을) 해석하다, 해몽하다, 추론하다; formulovat 말하다, 자술하다; vysvětlit 상술하다, 해설하다, = *vysvětlit*, poznámkami 논평하다, 비평하다 **5** *karty* (카드를) 점치다

výložka, *f* (의복의) 가선 두르기, 단, 섶; (병과를 나타내는) 깃, 소매의 표지

výlučný 1 배타적인, 제외적인, 독점적인 **2** 예외적인, 특별한, 독특한, 특수의

vylučovat v.*vyloučit*, = *vyměšovat*

výluka, *f* **1** z práce 공장 폐쇄, 로크아웃 **2** žel. provozu (철도 운송의) 정지 provozu vůbec (운송 전반의) 폐쇄

vylupovat v. *vyloupit, vyloupnout,* = *loupat*

vyluxovat v. *luxovat*

vyluzovat loudit 꾀어내다, 유혹하다; vzpomínku (추억을) 불러 일으키다, budit 충동질하다; zvuky z hudebních nástrojů (악기에서 소리를) 만들어 내다

vy|máčknout, -mačkat < **-mačkávat 1** (주스를) 짜내다, 짜다 **2** (강제로) 우려내다, 뜯어내다, 갈취하다, 억지로 얻다 ◆ *tak se přece -*

máčkni 털어 놓아라[자백하여라]
vymáhat v. *vymoci*
vymáchat v. *máchat*
vymalovat v. *malovat*
vymámit (*vymam!*) v. *mámit*
vymanění, *n* 해방, 구출
vy|manit < -maňovat (위험, 곤경에서) 구출하다, 탈출시키다, 구해내다, 풀어놓다; vyprostit 자유롭게 하다, 해방시키다
výmaz, *mi-2* **1** 지원 없앰, 말살, 삭제 **2** (컴퓨터) 삭제(부분) ◆ ~ *trestu* 처형[선고]의 말살
výměna, *f* 교환, 주고 받기; nahrazení 교체, 대치 ◆ ~ *názorů* 의견의 교환, 토론, 논의: *stálá* ~ 지속적인, 주고 받음, 대등한 교환
vymě|nit < -ňovat 교환하나, 바꾸다, 주고 받다, 교체하다; zboží 물물교환하다, 교역하다; proměnou hodnoty 전환하다, 환산하다
výměnný 교환의, 교환[교역] 할 수 있는, 바꿀 수 있는 ◆ ~ *obchod* 물물교환, 바터
vyměňovat v. *vyměnit*
výměr, *mi-2* **1** rozsah 범위, 영역 **2** definice (윤곽, 한계 따위의 한정, 명확) **3** povinnosti (의무의) 평가, 사정, 부과, 측정, 측량
výměra, *f* **1** 구역, 범위, 영역 **2** v akrech 면적, 평수
vyměř|it < -ovat 1 geodeticky (측지학적으로) 측량하다, 재다 **2** vymezit 경계를 정하다 **3** povinnost (의무를) 부과하다, 사정하다; podíl (분담을) 할당하다, 배분하다; komu (누구에게) trest 형벌을 가하다 **4** změřit v. *měřit*
~ **si < -ovat si** plánovitě 계획을 세우다[짜다]
vy|mést (*vymet-*) **< -metat 1** 털어내다, 떨어내다, 청소하다, 일소하다 **2** prohledat 샅샅이 뒤지다[찾다]
vyměšovat (호르몬 등을) 분비하다; (소변, 대변을) 배설하다
vymetat v. *vymést*
vymez|it < -ovat 1 경계를 정하다, 구분하다 **2** tak určit 규정하다, 한정하다, 제한하다; určit dosah 상술하다, 정의하다, 지정하다
vy|mínit si (*vymiň!*) **< -miňovat si** 규정하다, 조건으로서 요구하다, 명기하다, 단서를 달다
výminka, *f* 규정, 명기; v doložce 조항, 조목, 조건, 약정
vymírat v. *vymřít*
vy|mizet (*-z[ej]í*) (점진적으로 완전히) 사라지다, 소멸한다, 종적을 감추다 **-mknout < -mykat** = *vyprostit*; z kloubu (관절에서) 삐다
vy|mknout se < -mykat se 비틀어 떼다; z rukou (손아귀에서) 빠져나오다, 벗어나다
vymlít (*vymel-*, *vymlel*, *vymletí*) **1** v. *mlít* **2** (제방, 다리 등을) 휩쓸어가다 ((비 따위가))
vy|mlátit (*vymlácen*), **-mlouvat (se)** v. *mlátit*, *vymluvit* (*se*)
výmluv|a, *f* 변명, 구실, 핑계, 알리바이 ◆ *poskytnout komu -u* 누구에게 변명하다
vy|mluvit < -mlouvat = *rozmluvit*
vy|mluvit se < -mlouvat se 1 z čeho (무엇에 대하여) 용서를[양해를] 구하다; na co (무엇으로) 구실을 대다

V

2 = *vypovídat se*

výmluvnost, *f* 웅변, 능변, 웅변술

výmluvný 1 웅변의, 능변의, 유창한 **2** 설득력 있는, 감동적인; 의미심장한, 함축성 있는

vy|moci (*vymoh-u, -ou, vymůže-, vymoz!, vymohl*) < **-máhat 1** co na kom (무엇을 누구에게서) 억지로 빼앗다, 강탈하다, 강요하다 **2** předepsané (규정된 것을) 징발하다, 징수하다; nazpět (다시) 되찾다, 회복하다

vymočit se v. *močit*

vymodelovat v. *modelovat*

výmol, *mi-2* (도로 등의) 패인 곳, 구덩이, (폭우 등으로) 침식된 곳

vymot|at < **-ávat** 엉킨 것을 풀다, 풀어놓다, 구출하 ~ **se** < **-ávat se** (곤경에서) 빠져 나오다, 해방되다

vymoženost, *f* **1** 성취, 달성, 위업 **2** zařízení 고안 장치, 발명품

vymrš|tit < **-ťovat** 내던지다, 내팽개치다; 던져올리다, 쏘다, 쏘아올리다 ~ **se** < **-ťovat se** 튀어나오다, 뛰어나오다; 되튀다, 바운드하다

vy|mřít (*vymř-, vymřel, vymření*) < **-mírat** (점차적으로) 죽어 없어지다, 소멸하다 = *vyhynout*

vymstít se chyba (잘못의) 대가를 치르다

vymycovat v. *vymýtit*

vymydlit 1 비누칠을 하여 깨끗이 씻어내다 **2** spotřebovat 비누로 씻다, 비누를 사용하다

vymykat v. *vymknout* **~ se** (한계, 정도를) 넘어서다, 벗어나다; v. *vymknout se*

výmysl, *mi-2* **1** 안출, 고안; 꾸며낸 것, 허구; 날조, 조작 **2** důmyslný (독창적인) 교안, 장치, 계책

vymyšlení, *n* 고안, 창안, 궁리; 조작, 날조

vymyšlený 꾸며낸, 허구의, 거짓의, 가공의, 상상의

vy|myslit (*oni vymyslí, vymyšlen*) < **-mýšlet** (*-lejí*) 생각해 내다, 궁리하다, 안출[고안]하다, podvodně (기만적으로) 꾸며내다, 조작하다, 날조하다

vymý|t (*vymy-*) < **-vat** 씻어내다, 씻다, 청소하다; = *vypláchnout*

vy|mýtit (*vymyť!, vymýcen*) < **-mycovat** 깨끗이 치우다, 깨끗하게 정리하다, 떨어버리다

vymývat v. *vymýt*

vynadat komu (누구에게) 호통치다, 꾸짖다, 야단치다, 책망하다

vynahra|dit (*vynahrazen*) = *nahradit* ◆ ~ *si to na kom/čem* (누구에게/무엇에) 분풀이하다 **-zovat** = *vyhledat, vynalézt*

vynález, *mi-2* 발명, 안출, 고안, 창조

vynalézavý 발명의, 고안의, 발명의 재능이 있는, 꾀바른

vynález|ce, *ma* **-kyně,** *f* 발명자, 발명가, 고안자

vynalézt (*vynalezn-, vynalezl, vynalezen*) < **-nalézat** 발명하다, 고안[창설]하다; vymyslet 고안해내다, 궁리해내다

vynaložení, *n* 소비, 발휘, 행사, 전력, 노력 ~ *času/prostředků* 시간의/자원의 소비

vy|naložit < **-nakládat** (시간, 노

V

력 따위를) 들이다, 기울이다, 쏟다, 쓰다, 소비하다; *soustavně -nakládat* 발휘하다, 행하다 ◆ ~ *úsilí* 노력을 기울이다, 진력하다, 전력을 다하다

vynasnažit se v. *snažit se*

vynášet = *vychvalovat, vyplácet se* v. *vynést* ~ **se** = *vychloubat se*

výňatek, *mi-2, 3* 발췌, 초록, 개요

vynd|at < -ávat 1 빼다, 빠트리다, 생략하다; z programu (프로그램에서) 빼버리다, 제외시키다 **2** selhat (요긴할 때에) 도움이 되지 않다, 실망시키다; 고장내다, 망그러뜨리다 **3** vypustit 버리다; přeskočit 뛰어넘다, 거르다; neúčastnit se 놓치다, 빼먹다, 결석하다

vynechávka, *f* (교정에 있어서) 탈자 기호

vy|nést (*vynes-*)**, -nosit < -nášet** (*-šejí*) **1** 가져 나가다, 운반해 나가다; 운반해 올리다, vzhůru (위로) 올리다, 들어 올리다; společensky (사회적으로) 지위를 높이다, 향상시키다 **2** rozsudek (판단을) 내리다 **3** užitek (이익을) 생기게 하다, 가져오다, 산출하다 **4** kartu (카드를) 내놓다, jako první 맨 처음의 패로 내다

vynikající 뛰어난, 훌륭한 탁월한, 걸출한, 현저한, 일류의

vynik|nout < -at 탁월하다, 뛰어나다; nad kým (누구를) 능가하다[넘다], (누구보다) 낫다[우수하다]; v čem (무엇에) 훌륭하다[뛰어나다], 빼어나다

vynoř|it (se) < -ovat (se) (물속. 어둠속 등에서) 나오다, 나타나다, na hladinu (표면으로) 떠오르다; objevit se 모습을 드러내다, 튀어나오다, 불쑥 나타나다; shodou okolností (동시적으로) 발생하다, 일어나다

výnos, *mi* **1** dekret 법령, 포고, 명령; (법원의) 사실 인정, (배심원의) 평결 **2** výtěžek 산출고[물], 수확[량], 생산고; *z* (…의) 수입, 수익, státní (국가의) 세입, z prodeje/inkasa (판매 혹은 모금의) 수입, 판매액, z představení (공연의) 수입, 판매익

výnosný 수확이 많은, 다산의, 풍요한; 수지맞는, 이익이 되는, neúměrně 유리한, 돈이 빌리는, prospěšný 이로운, 유익한

vynucený 강요된, 억지의; 인위적인, 부자연스러운

vynu|tit (*vynucen*) **< -covat** 강제하다, 억지로 …시키다, prosadit 강요하다, 강행하다; činit nutným 하지 않을 수 없게 하다, 필요로 하다 ◆ ~ *co na kom* 누구에게 무엇을 강요하다 [억지로시키다]

vyobcov|at < -ávat 파문하다, 제명[축출]하다

vyobraz|it < -ovat 그림으로 그리다, 묘사하다, 상상하다

vyobrazení, *n* **1** = *ilustrace* **2** 묘사, 그리기

vyorávač, *mi* 감자 캐는 도구, 사탕무 파는 도구

vypáčit (*vypač!*) v. *páčit*

výpad, *mi-2* **1** 공격, 돌격, 습격 **2** z obležení (포위 당한 진지로부터의) 출격 **3** slovní 욕설, 독설 **4** tělocv. (펜싱 따위의) 찌르기

vypadat[1] (머리, 이빨 등이) 빠지다

vypad|at[2] vyhlížet …로 보이다, …같다, …로 생각되다, podle řeči/zvuku

V

(말/소리에 따라) …로 들리다, …로 여겨지다 ◆ *jak to -á?* 그것은 어떻게 보입니까?; *-á to na déšť* 그것은 비로 보인다[비가 올 것 같다]; *~ k světu* 좋아 보이다 **-nout, ~ < -ávat 1** 내지다, 내팽게치다 **2** dopadnout jak 미끄러뜨리다, 쑥 빼다 **3** učinit výpad 돌격하다, 습격하다, 찌르다, 《軍》 출격하다, slovní (말로써) 통렬히 비난하다 **4 (구어체)** odejít 갑자기 떠나다, 출발하다 *~ z role* 자신의 역할을 잊다; *~ z taktu* 박자가 맞지 않다

vypakov|at < -ávat (구어체) (꾸러미, 짐을) 풀다, 끄르다; koho odkud v. *pakovat*

vy|pálit (*vypal*) **< -palovat 1** do čeho (무엇에) 태워 새기다 (각인, 소인 따위를); do základů 소인을 찍다, 상표를 붙이다; med. 뜸을 뜨다, 소작하다 **2** střel. zbraň 발포하다, 발사하다, 퍼붓다, 가하다 **3** keramiku (세라믹을) 굽다 ◆ *~ komu rybník* 누구를 앞지르다, 누구를 속이다, 누구의 계획에 흑책질을 하다

výpar, *mi-2* 증기, 가스, 연무; pach, 냄새, nečistý (더러운) 악취, 취기

vyparádit (se) v. *parádit (se)*

vypař|it (se) < -ovat (se) 1 증발하다, 소산하다 **2** expr. 사라지다, 자취를 감추다

vypasený 살찐, 뚱뚱한, 잘 사육된

vypátrat 찾아내다, 탐색해내다; 추적하다, 정탐하다

vy|pérovat, -peskovat, v. *pérovat, peskovat*

vypěstovat v. *pěstovat*

vypíchn|out, -at < vypichovat 1 찔러서 뽑아내다, 도려내다 **2** z pozice (지위로부터) 내쫓다, 쫓아내다 **3** sazenice (묘종을) 뽑아내다 **4** zdůraznit 정확히 …의 위치를 지적하다, 강조하다

vypilovat v. *pilovat*

vypínač, *mi* (전기의) 스위치, 개폐기, 회로 차단기

vypína|t (se) v. *vypnout (se)* **-t se** pyšně 자만하다, 점잔빼다, 뽐내다

vypínavý 공연히 자만하는, 뽐내는, 거만한, 건방진

vypiplat v. *piplat*

výpis(ek), *mi = výtah*

vypískat (배우를) 쉿쉿 야유하며 퇴장시키다, 쉿쉿 야유하다[놀리다]

vypisovat, v. *vypsat*

vypít (*vypi-*) v. *pít*

vypjatý 극단의, 과장된; (기분이) 고양된, 우쭐한

vyplaceně 선불의; 이미 치른, 우송료 선불의[로]

vyplácet (se) (*-cejí*) v. *vyplatit (se)*

vypl|áchnout < -achovat 1 (잔 등을) 씻어내다, 헹구어내다, 가시다 **2** (위장을) 관장하다; (상처 등을) 관주하다, 세척하다

vyplašit (se) v. *plašit (se)*

výplata, *f* **1** 지불(액), 지급(금) **2** příjem 봉급, 월급; den 봉급날, 월급일 **3** výprask 호된 질책(또는 매질)

vypl|atit (*vyplacen*) **< -ácet** (*-cejí*) **1** 지불하다, 지급하다 **2** z podílu (배당금을) 지불해 주다, 대납하다 **3** dopis (우편료를) 미리 치르다, 선불하다 **4** koho (누구를) 혼내주다, 앙갚음하다, 보복하다; iron. výpraskem 호된 질책

[매질]을 가하다

vypl|atit se < **-ácet se 1** …할 가치가[보람이] 있다, …할 만 하다 **2** výkupným, (몸 값으로) 되찾다, 되사다, 회복하다 ◆ *to se ti nevyplatí* 당신은 그것에 대하여 대가를 톡톡히 치를 것이다

výplatní 지급의, 지불의, 월급의 ◆ *~ listina/seznam* 임금[급여] 대장/급료 명부

vyplav|it < **-ovat** (수면으로) 떠오르다, (밖으로 혹은 위로) 헤엄쳐 나오다

vypl|áznout 1 v. *plazit* **2** **(속어)** peníze (돈을) 지불하다 **-azovat** = *plazit*

vyplenit v. *plenit*

vyplé|st (*vyplet-*) < **-tat 1** – *vymotat* **2** proplést co čím (무엇을 무엇으로) 짜다, 엮다, 얽다; rákosem (골풀로) 세공하다

výplet, *mi-2* 짜기, 엮기, 세공; rakety (테니스 등의 라켓의) 스트링; rákosový 골풀세공, 고리 버들 세공

vyplísnit, v. *plísnit*

vyplít v. *plít*

vypliv|nout < **-ovat** (가래 등을) 뱉어내다, 뱉다

výplň, *f* 채우는[채워 넣는] 것, 충전물, *v rámu* 판벽널

vypl|nit < **-ňovat 1** (구멍이 빈 곳을) 채워 넣다, 채우다, 메우다 **2** (서류 등에) 써 넣다, 기입하다 **3** (소망 등을) 이루다, 완성하다 **4** splnit v. plnit

vypl|nit se v. *plnit se*

výplod, *mi-2* fantazie (상상의) 산물, 꾸며낸 일, 지어낸 이야기

vyplou|t (*vyplu-*) < **-vat** 바다로 나가다, někdo (누군가가) 돛을 올리다, 출범하다 do (…을 향해) z přístavu (항구로부터) 떠나다, 출항하다

vyplynout v. *plynout*

vyplýtvat v. *plýtvat*

vyplývat v. *plynout*

vy|pnout < **-pínat 1** prsa (가슴 따위를) 내밀다, 펴다; napnout 뻗치다, 늘이다, 바싹 죄다 **2** odpojit (라디오, 전등 따위를) 끄다, 스위치를 돌려 끄다, spojku 클러치를 풀다, tak odpojit 떼다, 떨어지게 하다, 분리하다; 풀어놓다 **~ se** < **-pínat se 1** 꺼지다 **2** ~ *na špičky* 발 끝으로 서다, 발돋움하다

výpočet, *mi* 계산(하기), 계산의 결과, 셈, 산정

výpočetní 계산의, 셈의, 컴퓨터의 ◆ *~ technika* 컴퓨 터 기술; *~ středisko* 컴퓨터 센터

vypočíst (*vypočt-*, *vypočetl*, *-č[e]tla*)/**vypočítat** v. *počítat*

vypočí|tat < **-távat** za sebou 일일이 세다, 열거하다

vypočítavý 계산적인, 타산적인, 방편적인, 정략적인

vypodob|nit < **-ňovat** (누구의) 초상화를 그리다,(인물을) 묘사하다

vypoklonkov|at < **-ávat** (반갑지 않는 손님을) 인사하여 빨리 내보내다

výpomoc, *f-1* (일시적인) 도움, 원조, 지원; 임시 변통의 것, 미봉책, 교체 ◆ *pracovník na ~* 임시 고용인, 임시 직원((비서, 타자수 따위))

vypo|moci, vypomoct (*vypomoh-u, -ou, vypomůže-, vypomoz!, vypomohl, vypomožení,* **(구어체)** *-můžu, -ou, -mož!*) < **-máhat 1** 도우다, 원조하다, 지원하다, 보조[장려]금을 주다 **2** za koho (누구를) 대신하다, vystřídat 교체하다

vypo|moci si < **-máhat si** něčím (무엇으로) 변통하다, 그런대로 때우다

výpomocný 보조의, 예비의; dočasný 임시의, 임시 변통의 ◆ ~ *dělník* 일용일꾼, 일용 노무자, 임시 고용인, 일고

vypořád|at < **-ávat** 해결하다, 결정하다, 처리하다, = *vyrovnat* ◆ *- si to s kým* 누구에게 대갚음하다[진 빚을 청산하다] **-at se** < **-ávat se 1** s čím (무엇을) 다루다, 상대하다, 청산하다, 맞싸우다 **2** = *vyrovnat se*

vyposlechnout = *vyslechnout*

vypotit (*vypocen*) v. *potit* ~ **se** 땀을 빼다, z čeho (무엇을) 땀을 빼어 제거하다[떨어지게 하다, 낫게하다]

vypouklý 부푼, 튀어나온, 볼록한

výpověd, *f-1* **1** prohlášení 진술, 증언, 고백, 선언; místopřísežná 선서증언, 증언조서 **2** zrušení 취소, 철회, 해제, 삭제; právního poměru 통고; 경고 예고 **3** zavržená 거부, 거절, 부인 **4** (언어) 발화 ◆ ~ *okamžitá* 즉각적인 통고; ~ *z bytu* 퇴거통고

vypo|vědět (*vypoví-m, -š ... vypovědí, vypověz!, vypověděn|-zen*) < **-vídat 1** prohlásit, tvrdit, svědecky 증언하다, 진술하다, 선언하다 **2** zrušit 취소하다, 철회하다, 부인하다, 거부하다, 중단하다; smluvní poměr 통지하다, 통고하다, z bytu (집으로부터의) 퇴거를 명하다 **3** koho ze země (누구를 나라로부터) 쫓아내다, 추방하다 **4** zavrhnout 인연을 끊다, 의절하다 **5** selhat …에 달하지 않다, 이루지 못하다 ◆ ~ *poslušnost* 따르기를 거부하다; ~ *komu válku* 누구에게 전쟁을 선포하다 ~ vše (모든 것을) 털어 놓다, 몽땅 이야기하다 **-vídat se** < 자신의 이야기를 말하다, 고해하다, z čeho (무엇을) 털어 놓다

vypovězenec, *ma* 버림받은 사람, 추방당한 사람, 국외추방자

vypozorov|at < **-ávat** 알아내다, 발견해 내다; 알아채다, 유의하다, 주의하다

vypracov|at < **-ávat 1** (계획을) 세우다, 만들어내다, 마련하다, 작성하다 **2** 정성들여 만들다, 힘들여 마무리다, 정련하다, 정제하다 ~ **se** < **-ávat se** (자신의 길을) 만들어 나아가다; 승진하다, 출세하다

vyprahlý (토지가) 바싹 마른, 탄, 건조한; 목마른

vyprahnout v. *prahnout*

výprask, *mi-2, 3* **1** 매질, 후려갈기기, 탈곡 **2 (구어체)** porážka 패퇴시킴

vyprášit (*vypraš!*) v. *prášit*

vyprat (*vyper-, vypral, vyprání*) v. *prát*

výprava, *f* **1** 출정, 종군; 캠페인; (조직적인) 운동, pro ideu (이상을 위한) 강력한 개혁운동, 성전; hrdinsky objevná (영웅적인) 원정, 장정 za (…에 대한); vědecká (과학적인) 탐험(여행), 탐구(여행) **2** zájezd 수학여행, 답

사, do (…에로의) 유람여행 **3** výstroj (책 따위의) 꾸밈새, 장정, 페이지 배정, 레이아웃; (연극의) 각색, 무대 장치 **4** odesílání 파견, 특파, 급송

výpravčí, *ma* vlaku (철도의) 운전 조차원 배차원

vypravěč, *ma* **-ka,** *f* 이야기하는 사람, (연극, 영화 등의) 해설자, 이야기꾼, 담화가

vyprávět (*-vějí*) = *vypravovat*

vyprav|it < **-ovat 1** 채비[준비]를 해주다 **2** (책의 출판을 위해) 꾸미다, 장정하다 **3** odeslat 급파하다, 급송하다, 보내다 **4** div. 각색하다, 연출하다 ~ **se** < **-ovat se 1** 채비하다, 준비하다, = *připravit se, vybavit se* **2** na cestu = *vydat se*

výpravný 1 이야기의, 담화의, 서사시의, 영웅적인 **2** (연극의) 정교하게 각색된

vyprav|ovat 1 이야기하다, 상술하다, 자세히 애기하다 **2** v. *vypravit* ~ **se** v. *vypravit se*

vypr|ázdnit < **-azdňovat** (그릇 따위를) 비우다, 내다, 빼다, 배출하다, 고갈시키다; odvedením 텅비게하다; zcela 배수하다, 유출시키다 ~ **se 1** o místě (자리가) 비다, 나다 **2** 장을 비우다, 배변하다

vyprch|at v. *prchat* **-ávat** = *prchat*

vyprod|aný 다 팔린, 매진된 ◆ *je -áno* 매진되었다; *kniha je -ána* 그 책은 절판되었다

vyprod|at < **-ávat** 죄다 팔아치우다, 매각하다, 매진하다

výprodej, *mi* 재고정리 세일, 떨이로 팖

vypro|sit (*vyprošen*) < **-šovat 1** si co (무엇을) 부탁하여 얻다[구하다] **2** žádat 부탁하다, (간)청하다 ◆ *to si -šuji* 그것을 말하지 말도록 부탁합니다; *-šuji si brzkou odpověď* 조속한 답변을 부탁합니다

vypro|stit (*vyprosť!|vyprosti!, vyproštěn*) < **-šťovat** 자유롭게 하다, 풀다, 구하다, 구원하다, z (…에서), z poddanství (노예 상태에서) 해방시키다

vyprošovat, v.*vyprosit*

vyprošťovat (se) v. *vyprostit (se)*

vypro|vodit (*vyprovozen*) < **-vázet** (*-zejí*) 동반하다, 함께가다 kam (어느 곳까지); vykázat 안내하다, 배웅하다, 전송하다

vyprovokovat v. *provokovat*

vypršet (*oni vyprší*) 만기가 되다, 종료되다, 경과하다, 끝나다

vyprýštit v. *prýštit*

vypř|áhnout (*vypřažen*) < **-ahovat 1** 마구를 풀다, 마구를 끄르다 **2** (책임, 긴장에서) 누그러지다, 이완되다, 긴장을 풀다

vy|psat (*vypíš-, vypiš!, vypsal*) < **-pisovat 1** 발췌하다, 인용하다 **2** nezkráceně (생략하지 않고) 쓰다, na stroji 타자하다 **3** spotřebovat psaním 써서 소비[소모]하다 **4** 공개적으로 알리다, 광고하다, (현상금을) 걸다 **5** vylíčit 묘사하다 **6** odhlásit 등록을 취소[말살]하다

vypt|at se < **-ávat se** *koho na koho/na co, po čem* (누구에게 누구/무엇에 대해) 캐묻다, 상세히 묻다 **-ávat se** 정보를 수집하다, 조회하

다, koho (누구를) 심문하다
vypučet v. *pučet*
vypu|dit (*vypuzen*) < **-zovat** 몰아내다, 쫓아내다, 물리치다, 퇴장시키다; zahnat 일소하다, 없애다
vypůjč|it (si) (*vypůjč!*) < **-ovat (si)** = *půjčit si* < *-ovat si*
výpůjčka, *f* **1** 대부, 대여, 대출 **2** slova (말의) 차용, 차용어, 외래어
vypuk|nout < **-ávat** 갑자기 일어나다, 돌발하다, 터지다, 발발하다
vypumpov|at < **-ávat** 펌프로 퍼내다
výpust, *f-1* (*pl* 또한 *dat-tím*, *loc-tích*) 유출, 배출
vy|pustit (*vypuštěn*) < **-pouštět** (*-tějí*) **1** 떼어 놓다, 풀어 놓다, 방면하다, 해방하다, 해제하다 **2** záklopkou (배출구를 통해) 배출하다, 방출하다, 내보내다; nádobu (용기를) 비우다, 내다, snížit tlak uvnitř 공기[가스]를 빼다 **3** vynechat 빼다, 빠뜨리다, 생략하다; polygr. 삭제하다, 지우다 **4** do vzduchu (공중으로) 방사하다, 보내다, 발진시키다, 발사하다 **5** šaty (옷을) 크게하다, 늘리다; lano (밧줄을) 풀어주다 ◆ ~ *co z hlavy* 무엇을 머리에서 지우다; ~ *pokusný balónek* 속을 떠보다, 반응을 살피다
vypuzovat v. *vypudit*
výr, *ma* 수리부엉이
výraz, *mi-2* **1** (얼굴의) 표정, 인상, 관상 **2** (생각, 감정의) 표현, 표출 **3** 말씨, 어법, 말투, 표현(법)
vyr|azit (*vyražen*) < **-ážet** (*-žejí*) **1** 때려부수다, 박살내다; (이빨을) 뽑아내다 **2** 구멍을 뚫다[내다]; 스탬프를 찍다[박다], 새겨넣다 **3** 돌진하다, 박차고 나아가다 **4** = *vydat se* na cestu (길을) 떠나다
výrazný 1 표정[표현]이 풍부한, 뜻이 있는 **2** příznačný 두드러진, 명료한, 뚜렷한, 특징적 인
vyrážet (se) (*-žejí*) v. *vyrazit (se)*
vyrážka, *f* (피부의) 발진, 뾰루지, 부스럼
vyregulovat v. *regulovat*
výroba, *f* **1** 생산, 제조, 산출 **2** celkový její objem 생산량, 생산고, 산출고[량] ◆ *hromadná* ~ 대량 생산
výrobce, *ma* 생산자, 제조자, 제조업자
výrob|ek, *mi-2, 3* 산물, 생산물, 생산품, typ. druh 제작, …제(製), 제품 ◆ *konfekční -ky* 기성복; *mléčné -ky* 우제품; *vedlejší* ~ 부산물
vy|robit < **-rábět** (*-bějí*) 산출하다, 생산하다, 제작하다, 제조하다; zvl. sériově (특히 연속하여) 만들어내다, 생산하다; v energetice (전기를) 발생시키다, 일으키다
výrobní 생산의, 제조의, 산출의; prospívající výrobě 생산적인, 생산성의 ◆ ~ *cena* 공장도 가격; ~ *proces* 생산 과정; ~ *značka* 상표, 트레이드마크
výročí, *n* (해마다의) 기념일, 주년제, 주기, 기일 ◆ ~ *svatby* 결혼 기념일
výroční 일년마다의, 기일의 ◆ ~ *den* 기념일, 기일
výrok, *mi-2, 3* **1** 성명, 말, 진술 **2** poroty (배심의) 평결, 답신; soudu (법정의) 판결, 선고 **3** 금언, 격언
výrostek, *ma-3* 젊은이, 청(소)년, 아

vyrovnání, *n* **1** 평평하게 하기; 균일화, 평준화; 수평화 **2** 보상, 배상, 벌충, 보전

vyrovnaný 1 균형이 잡힌, stálý 안정된, 한결같은, 견고한, 착실한; duševně (정신적으로) 차분한, 마음이 편한; harmonicky 조화된, 화목한 **2** (회계에서 대차계정이) 일치하는; (물체가) 균형잡힌 **3** (경기가) 접전인, 막상막하의

vyrovn|at < -ávat 1 do řady v. *rovnat* **2** do žádané polohy (요구하는 위치에) 맞추다, 세우다; co čím (무엇을 무엇과) 비교하다, (무엇을 무엇에) 대항시키다, vahou (무게로써) 균형 잡히게 하다, 평행시키다; aby korespondovalo 맞게 하다, 적합하게 하다, 일치시키다 **3** sport. (스포츠에서) 동점을 이루게 하다 **4** placením (지불로써) 청산하다, 셈을 치르다 **5** neshodu (불화를) 진정시키다, 수습하다 **6** neutralizovat 벌충하다, 상쇄하다 **~ se < -ávat se 1** v. *rovnat se* **2** v řadě (대열에서) 정렬하다 **3** do rovnováhy 균형이 잡히다, 평균을 이루다, 동등해지다; dohodou (합의로써) 조정되다, 자정되다, 수습되다 **4** s problémy (문제를)해결하다, 처리하다, smířit se se stavem 화해하다 **5** s věřiteli (채권자와) 청산하다, na kolik (얼마로) 화해하다, 무마하다

vyrovnání, *n* finanční (재정적) 청산, 결산, 변제

vyrovnávací 1 벌충의, 벌충하는, 상쇄하는 **2** (컴퓨터의) ~ paměť 버퍼, 완충력 **3** pro rovnováhu 균형[평균]을 이루는 **4** sport. (스포츠의) 동점의 ◆ *~ branka* 동점을 이루는 득점

vyrozumění 통지, 통고, 토지서, 통고서 ◆ *písemné ~* 통지서

vyrozum|ět (*oni -mějí*) **< -ívat 1** z čeho (무엇으로부터) 헤아리다, 추측하다, 추정하다 **2** koho o čem (누구에게 무엇을) 알리다, 통지하다, 통고하다

vyrudnout, v. *rudnout*

vyrůst (*vyrost-*) v. *růst*

vyrůstat = *růst*

výrůstek, *mi* 생성물(군살, 혹, 사마귀 따위)

vyruš|it < -ovat 1 방해하다, 저해하다, 혼란시키다 **2** = *obtěžovat* ◆ *promiňte, že vás -uji* (당신을) 방해해서 죄송합니다; *nevyrušuji vás?* 당신에게 방해가 되지 않는지요?

vyruš|it se < - ovat se 1 od práce (작업 때문에) 불편을 느끼다, 괴로워하다 **2** *z práce* 자신의 일[직업]을 그만두다, 중단하다

vyrv|at (*vyrv-u, -i!, -al*) **< -ávat** 잡아 떼다, 찢어[뜯어]내다, 비틀어 떼다 **-at se < -ávat se** 떨어져 나가다, 끊어지다

vyrýt (*vyry-*) v. *rýt*

vyřa|dit (*vyřazen*) **< -ďovat 1** 옆으로 밀치다, 제외 시키다, 배제하다, 버리다, 폐기하다 **2** koho (누구를) 실격시키다, 박탈하다 **3** voj. z akce (군사적 임무에서) 퇴역시키다, 퇴진시키다 **4** letadlo (비행기의 비행을) 불가능하게 하다 **5** rozhodnutím o nepoužitelnosti 불량품으로 결정하다, 폐기 처분하다 ◆ *~ se z konkurence* … 에[자신에게] 엄청난 값을 매겨서 살

사람이 나서지 않게 하다

výřečný = *výmluvný*

vyřešit v. *řešit*

výřez, *mi-2* 절단, 절단부분의 째진 구멍, 홈, 틈

vyřez|at (*vyře-žu|-zám, vyřež!|vyřezej!, vyřezal*) < **-ávat 1** řezbářsky 새겨 넣다, 조각하다 **2** *vyříznout*

vyřídilka, *f* 말재주, 다변

vyřídit < **vyřizovat 1** 해결하다, 처리하다, jednáním 집행하다, dovedně (능숙하게) 다루다 **2** vzkaz (전갈을) 전해주다, (안부를) 전하다, 전달하다 **3** provést 실행하다, 수행하다; urovnat 조정하다, 수습하다 **4** řadu (대열을) 정렬시키다 **5** likvidovat koho (누구를) 없애다, 제거하다; ~ *komu čí pozdrav* 누구에게 누구의 안부를 전해주다; *vyřízená veličina v -ý člověk* 과거의 사람, 한창때를 지난 사람

vyřízení, *n* **1** 수행, 이행, 처리; 전달 **2** 해결, 조정, 타결 **3** 정렬, 배열

vyřízený 1 해결된, 조정된, 타결된 **2** 끝난, 종결된 **3** 기진맥진한

vy|říznout, -řezat (*vyře-žu|-zám, vyřež!|vyřezej!, vyřezal*) < **-řezávat** 잘라내다, 도려내다, 끊어내다, 절단하다

vyřizovat v. *vyřídit*

výsada[1]**,** *f* 특권, 특전, listina 특허장, 면허장

výsada[2]**,** *f* (사슴, 포크 따위의) 가지, (빗의) 살

vy|sadit (*vysazen*), **-sázet** < **-sazovat 1** na břeh (기슭에, 연안에) 상륙시키다, 양륙시키다, z vlaku (열차에서) 하차시키다, 내려놓다, z letadla (비행기에서) 내리게 하다[내리다]; koho (누구를 탈 것에서) 내려놓다 **2** za trest (벌로써) 유배시키다, 귀양보내다 **3** rostl. (묘목 따위를) 땅으로 옮겨심다 **4** koho výš (누구를 높은 곳으로) 올리다, zdvihnout 끌어올리다, 고양하다 **5** motor, stroj (모터, 기계가) 고장나다, 작동하지 않다; o poruše 망그러지다, 고장나다 **6** koho z práce (누구를 일자리에서) 해고하다 **7** polygr. *o peníze na stůl* v. *sázet*

výsadkář, *ma* 낙하산병, 낙하산 강하자; *pl výsadkáři* (집합적) 낙하산병, 낙하산 부대

výsadkov|ý 낙하산의 ◆ *-é jednotky* 낙하산 부대

výsadní 특권의 특전의, 특허장의

vy|sát (*vysa-, vysaj!, vysál*) < **-sávat 1** 빨아올리다, 흡수하다, 흡입하다 **2** koho (누구에게서) 짜내다, (누구에게) 기식하다 **3** vysavačem (진공 청소기로) 빨아들이다, 청소하다

vysavač, *mi* 전기[진공] 청소기, 흡인장치

vy|sázet, -sazovat v. *vysadit*

výseč, *mi* 부채꼴, 함수자

vysedávat 빈둥거리다, 어정버정 지내다, do noci (밤까지) 자지 않고 지내다

vysedět < vejce (알을) 품다[까다]

vysed|nout < **-ávat** z vozidla (탈것에서) 내리다, 하차하다

výsek, *mi-2, 3* **1** 도려내기, 도려낸 곳, 구멍 **2** (베어낸) 한 조각; 절단, 자르기 **3** (토지, 인생의) 한 부분

vysek|at < **-ávat** 자르다, 갈라내다,

절단하다; vymýtit 깨끗이치우다, 제거하다; razidlem (철인으로) 구멍으로 뚫다, 타인하다 ~ **se** < **-ávat se** z (…에서) 길을 뚫고[헤쳐] 나가다 ◆ *~ se z dluhů* 빚을 청산하다
výsev, *mi-2* **1** 씨뿌리기, 파종, 살포 **2** 종자씨 **3** vysemenění 전이
vyschnout v. *schnout*
vysídlenec, *ma* 피난민, 소개자
vysídl|it < **-ovat** 피만[소개] 시키다, 철수시키다
vysílací 발송의, 보내는, 전파의, 방송의
vysílač, *mi* 송신기, 송신장치, 발신기 ◆ *rozhlasový/televizní ~* 라디오/TV 송신기[장치]
vysílačka, *f* (라디오) 송신기[장치] ◆ *přiruční ~* 워키토키, 휴대용 무선전화기
vysílat 1 bezdrátově (무선으로) 보내다, 송신하다, 방송하다, telev. též 텔레비전 방송을 하다, program (프로그램을) 방영하다, více stanicemi 방송망으로 방송하다 **2** ze sebe (자체로부터) 방출하다, 방사하다; paprsky (빛을) 발하다, 발산하다 **3** v. *vyslat*
vy|sílit (*vysil!*) < **-silovat** 다 써버리다, 고갈시키다, 소진하다
vy|sít (*vyse-*, 또한 *vysil*) v. *sít*
vysk|ákat, -akovat v. *vyskočit*
vyskloňovat, v. *skloňovat*
vy|skočit, iter. **-skákat** (*vyskáč-*, *vyskákej!*, *vyskákal*) < **-skakovat 1** 뛰어오르다; 뛰어나가다; 도약하다, 솟아오르다; padákem (낙하산으로) 탈출하다; na co (무엇에) 올라타다[앉다] **2** vypučet 싹이 트다, 발아하다
výskyt, *mi-2* 발생, 일어남, 발현
vy|skytnout se < **-skytovat, -skýtat se** 일어나다, 발생하다, 발현하다, 나타나다
vysla|nec, *ma* **-nkyně,** *f* 대사, 대표, 사절, 공사
vyslanectví, *n* 공사관, 대사관
vyslat (*vyšl-*, *vyslal*) < **vysílat 1** 보내다, 발송하다 **2** zvl. fyz. 방출하다, 방사하다 **3** zástupce (대표를) 파견하다
výsled|ek, *mi-2, 3* **1** 결과, 결말, 성과, 성적; vykazovaný 개표보고[결과]; utkání (시합의) 득점, 득표; (시험 등의) 득점, 서적 **2** *-ky* celkového úsilí (전체적인 노력의) 기록, 경기 기록, 최고 기록
výsledný 결과의, 결과로서 생기는, 필연의, 당연히
výslech, *mi-2, 3* 질문, 심문, 청취, 조사, 검사 ◆ *křížový ~* 반대심문; *podrobit -vému výslechu* 반대심문을 하다
vy|slechnout < **1** 귀를 기울이다, 청취하다, 경청하다; tajně (몰래) 엿듣다, 도청하다 **2** celé 끝까지 들어주다, vsedě (앉아서) 끝까지 듣다[경청하다] **3** vyslyšet 요구를 들어주다, 충족시키다 ~ < **-slýchat** koho (누구를) 심리하다, 신문하다, 조사하다, 반대신문하다
vyslídit (*vyslid'!*) 자국을 더듬다, 추적하다, 행방을 찾아내다; vypudit (사냥감을) 수색하다, 찾아내다
vysloužilec, *ma* 퇴역군인, 재향 군인, 노병, 베테랑
vysloužilý 퇴역한, 은퇴한

V

vysloužit (*vysluž!*) 병역을[형기를] 치르다, 복무하다, 복역하다 **~ si** (몫, 대가, 비난 따위를) 받다[얻다]

vyslovený patrný 뚜렷한, 현저한, 명백한, 확고한, = *vyložený*, *hotový* 명시된, 뚜렷이 말한

vyslov|it < **-ovat 1** 발음하다, 소리 내어 읽다 **2** 단언하다, 공표하다, 선언하다 **3** myšlenku (생각을) 표현하다, 말로 나타내다; pronést 발언하다, 말하다, 털어 놓다, 유포하다; = *vyjádřit* ◆ ~ *(ne)důvěru* (불) 신임을 나타내다 **~ se** < **-ovat se 1** 자신을 표현하다[나타내다], 자신의 의견을 말하다 **2** závažně 자신을 구속시키다, 의무를 지우다, 고약하다 **3** hlasováním 투표하다 (*pro*/*proti* 찬성/반대)

výslovnost, *f-1* 발음, 발음하는 법

výslovně 명시적으로, 명확하게, 구체적으로

výslovný 명시된, 명백한, 명확한, 구체적인

V

výsluní, *n* **1** 햇볕이 드는 곳, 양지, 양달 **2** vrchol 전성기, 절정기 ◆ *na ~* 양지에서(서)

výslužb|a, *f* 연금, 양로 연금, pro stáří 노년[정년] 퇴직, 퇴직금 ◆ *odejít do -y* 퇴직하다

výslužka, *f* (연회, 결혼 식 등에서 받는) 선물, 선사품

vysmát se (*vysměj- se*, *vysmál se*) komu (누구를) 웃다, 되웃어주다

výsměj|ch, *mi* = *posměch*, *-šek*

výsměšný 조소[조롱]하는, 비웃는

vysmívat se 비웃다, 조소하다; zlehčovat 우롱하다, 경멸하다; odmítat 깔보다; nepoddávat se 조롱하다, 놀리다; = *posmívat se*

vysmrkat se, v. *smrkat*

vysmýčit v. *smýčit*

vysoce 높이, 높게; 고도로, 세게, 대단히, 매우

vysočina, *f* 고지, 산지, 고랭지, 고원

vysoká, *f* zvěř 사슴

vysoko 1 높이, 높게, 높은 곳에; 하늘에, 공중에 **2** (강도, 속도, 온도, 정도, 비율 등) 고도의, 고율의, 격심한 **3** výše v textu 상기의, 전술한; 고…, 대…

vysokoškol|ák, *ma-3* **-ačka,** *f* 대학교 학생, 대학생

vysokoškolsk|ý 대학(교)의 ◆ *člověk s -ým vzděláním* 대학 교육을 받은 사람; *-á kolej* 대학교 기숙사; *-é studium* 대학 공부

vysok|ý (*vyšší*) **1** 높은, 높은 곳에 있는, 고지의, 고도의 **2** 고율의, při malém, objemu 키 큰, 신장이 큰 **3** impozantní 고상한, 고결한, 고고한, 거만한 **4** s plnou mocí 지위가 높은, 고위의, 높은 계급의, 상부의, 상류의, 상위의 ◆ *nejvyšší* 최상의, 최고의, 최우위의; *hodnost/organizace* (권능/기구가) 최고의, 극상의, 지고의, *nejvyšší dovolený* 최고한도의, 상한의; *prvořadý* 최상급의, 탁월한; *je nejvyšší čas* 꼭 알맞은 때이다, 가장 좋은 때이다; *~ dluh* 높은 부채[빚]; *-á frekvence* 고주파; *nejvyšší instance* 최후의 소송(절차); *v nejvyšší míře* 최고로, 최상으로; *-é moře* 거친 바다; *-é napětí* 고전압; *-á pec* 용광로; *-á společnost* 상류사회; *-á škola* 대학교;

vyšší škola 고등학교 *-é vyznamenání* 높은 영예; *~zisk* 높은 수익, 고수익

vysondovat, v. *sondovat*

výsost, *f-1* **1** 전하 (왕족 등에 대한 경칭) ◆ *Jeho královská ~* 전하 **2** *na - ech* 하늘의, 천상의

výsostn|ý 군주의, 주권이 있는 ◆ *-é vody* 영해

vysoudit (*vysuď!, vysouzen*) v. *soudit*

vysoustruhovat v. *soustruhovat*

vysoušet (*-šejí*) v. *sušit*

vysouvat v. *vysunout*

vysoušeč, *mi* 건조기 ◆ *~ vlasů* 헤어 드라이어

výspa, *f* **1** 삐죽나온 육지, 갑, 곶; (písečná 조류 때문에 형성된) 모래톱 **2** předsunutá stráž 전초부대[지점], 전진가지

vyspalý 잠을 푹 잔, 잠을 자서 심신이 상쾌한, 푹 쉰

vyspat se (*vyspí-, oni vyspí, vyspi!, vyspal*) < **1** 잠을 푹 자다 **2** z čeho (무엇을) 잠을 자서 낫게 하다[잊다] **3** na co (무엇을) 하룻밤 자고 생각하다[즉답하지 않다] **4** s kým (누구와) 함께 자다

vyspávat 오랫동안[늦게까지] 잠을 자다

vyspělý 익은, 성숙한, 잘 발육한, 진보한, 발달한

vysp|ět (*-pějí*) < **-ívat** 성숙하다, 잘 익다, 발달하다

vyspravení, *n* 수선, 수리, 보수

vysprav|it < **-ovat** 수선하다, 고치다, 보수하다, 터진 데를 깁다

vystačit v. *stačit*

vystát (*vystojí-, oni vystojí, vystůj!, vystál, vystání*) = *vydržet*

výstava, *f* **1** 전람, 전시, 진열 **2** 전람회, 박람회, 전시회

výstavba, *f* 건설, 건축, 건조, 구성

vystavení, *n* **1** 전시, 진열 **2** 발급, 발행, 발부

vystavět (*-vějí*) v. *stavět*

výstaviště, *n* 전시회장, 전람회장, 박람회장

vystav|it < **-ovat** **1** 보이다, 전시하다, 진열하다, 전람하다, na odiv (자랑으로) 드러내보이다 **2** vyhotovit (서류를) 작성하다; vydat 발행하다, 발급[발부]하다, 내놓다; směnku na koho (어음을 누구의 앞으로) 발행하다 šek (수표를) 발행하다 **3** 공급하다 ◆ *~ koho* 누구를 위험에 빠뜨리다; *~ se nebezpečí, riziku* 위험을 무릅쓰다, 모험을 하다; *~ koho posměchu* 누구를 놀림감으로 삼다; *~ koho na pranýři* 누구를 웃음거리로 만들다

výstavný 위압하는, 당당한

vystavovat v. *vystavit*

vystavovatel, *ma-1, 4* **-ka,** *f* (전람회, 박람회의) 출품자, 전시자

vystěhov|alec, *ma* **-kyně,** *f* 이민, 이주민

vystěhovalectví, *n* 이주, 이민

vystěhov|at < **-ávat** 쫓아내다, 몰아내다, 내쫓다, 퇴거시키다 **~ se** < **-ávat se** 이사하다, 옮기다, 퇴거하다; ze země (나라로부터) 이주하다

vystih|nout (*vystižen*) < **-ovat** 이해하다, 파악하다 깨닫다, 포착하다, 감지하다, 알아차리다

vystínovat v. *stínovat*

výstižný 정직한, 진실한, 실물 그대

V

로의, 사실적인; 적절한, 적합한; 영리한, 이해가 빠른

vy|stlat (*vystel-, vystlal*) < **-stýlat** (외양간, 둥지에) 깔것을 깔아주다

vyston|at se < **-ávat se** = *uzdravit se*

vystopovat = *vyslídit*

vystoupení, *n* **1** 등산, 등정, 등단 **2** 하차, 하선 **3** (온도, 가격의) 상승, 증가, 인상 **4** (당으로부터의) 탈당, 탈퇴 **5** (무대로의) 등단, 출연, 출장

vy|stoupit (*vystup!*) < **-stupovat 1** (산. 계단 따위를) 오르다; (말 따위를) 타다, 올라가다, 등단하다 **2** ven (밖으로) 나가다; z vozidla (탈 것에서) 내리다, 하차하다 **3** co vyčnívá 튀어나오다, 두드러지다; nejasně 아련히 나타나다[떠오르다], 어렴풋이 보이다 **4** na veřejnosti (공중 앞에) 나타나다, 등장하다, 나오다; předvést 공연하다, 연기하다, (s čím 무엇을); s návrhem (제안과 더불어) 제기하다, 신청하다, **5** proti komu (누구에게) 저항하다, 맞서다 **6** z řady (대열에서) 나오다; z členství (단체에서) 탈퇴[탈회]하다, 탈당하다 ◆ ~ *na břeh* 육지에 발을 내려 놓다; ~ *ze břehů* 강둑이 범람하다; ~ *jako host* 손님으로 등장하다; ~ *z lodi* 배에서 양륙하다; ~ *ze školy* 학교에서 퇴학하다

výstraha, *f* 경고, 주의, 계고

vystraš|it (se) < **-ovat (se)** = *leknout (se), strašit*

výstražný 경계의, 계고의

vystr|čit < **-kovat, kávat** 내밀다, 튀어나오다, 돌출하다

výstroj, *f* 장비, 설비, 장비일습, 도구 한벌; voj. osobní (조사의) 개인 장비; stroj 용구, 부속품; nošená (휴대한) 장구, 배낭

vystrojit v. *strojit*

výstředn|í 유별난, 색다른, 괴상한, 괴짜의

výstředn|ík[1], *ma-3* **-ice,** *f* 괴짜, 기인

výstředník[2], *mi-2, 3* 이심원; 편심기, 캠

výstřednost, *f-1* 이상 야릇함, 기발, 기행

výstřel, *mi-2* 발포, 발사; zvuk 총성, 포성

výstřelek, *mi-2, 3* 정도[상궤]를 벗어남, 탈선, 지나친 행위

vystřelit v. *střelit*

vystřelit si z koho v. *střílet si*

vystřelovat bolest (격통이) 온 몸에 퍼지다, 욱신욱신 쑤시다[아프다]

vystřídat (se) v. *střídat (se)*

výstřih, *mi-2, 3* šatů (의복의) 옷깃, 네크라인, filmu (필름의) 삭제부분

vystř|íhat v. *vystřihnout* **-íhat se** 피하다, 삼가다, 억제하다, 경계하다, 경원하다 **-íhnout** (*vystřižen*), ~ < **-íhávat, -ihovat** 베어내다, 잘라내다, 오려내다

vystř|íkat < **-íkávat 1** 물보라를 [비말을] 날리다, (물보라, 소독액을) 뿜다, 뿌리다 **2** ránu stříkačkou (주사기로 상처를) 세척하다, 씻다 **-íknout** < **-ikovat** 뿜어 나오다, 분출하다, 분사하다

vystř|ílet 1 탄환을 마구 쏴대어 다 써버리다 **2** 사살하다, 쏘아 떨어뜨리다 **3** 쏴 맞추다

vystřízlivět, v. *střízlivět*
výstřižek, *mi-2, 3* (신문 등의) 오려낸 것, 잘라낸 것
vystudovat = *absolvovat*
výstup, *mi-2* **1** ven (밖으로) 나감, 퇴거, 퇴장, 퇴진, 떠남 **2** 출구, 탈출구 **3** 방출, 배출 **4** vzhůru (위로) 오름, 상승, na (…에로) 등반 **5** divadelní, hádka (연극의) 무대 장면, 장경; (사건의) 무대, 현장 **6** kyb. (컴퓨터의) 출력 ◆ ~*dat* 데이터 출력
výstupek, *mi-2, 3* 돌출(부), 돌기(부)
výstupní 1 출구의, 배출구의, 배출의; (생산) 산출의, (전기) 출력의 **2** (컴퓨터) 출력의
vystupňovat (se) v. *stupňovat*
výstupný 오르는, 상승의
vystupovat 1 chovat se 처신하다, 행동하다 **2** v. *vystoupit*
vystydnout, v. *stydnout*
vystýlat v. *vystlat*
vy|sunout < -sunovat, -souvat 1 přemístěním (이동에 의해) 옮기다, 이동하다, 자리를 바꾸다[뜨다]; ven, vzhůru 미끄러져 나가다, 미끄러져 올라가다 **2** 밀어내다; 단절시키다
vysunutí, *n* **1** 차단, 단절 **2** (컴퓨터) ~*stránky* 페이지 이젝트
vysuš|it v. *sušit*
vysušovač, *mi* 드라이어 ◆ ~ *vlasů* 헤어 드라이어
vysušovat = *sušit*
vysvědčení, *n* **1** 증명서, 검정서, 면(허)증; školní (학교의) 성적표 **2** o schopnosti (능력에 관한) 증명서, 보증서, 추천서; o zaměstnanci (직장인에 대한) 추천장, 신용증명서 ◆ *to je pro vás dobré* ~ 이것은 당신의 신용을 좋게 한다; *smutné* ~ 창피, 불명예; ~ *zachovalosti* 선행 증명서
vysvětit (*vysvěcen*) v. *světit*
vysvětl|it < -ovat 분명[명백]하게 하다, 설명하다, 해명하다, 해석하다
vysvětlitelný 설명[납득]할 수 있는
vysvětlivka, *f* 주석, 설명, 해설; pod čarou (선 아래의) 각주
vysv|ítat z čeho (무엇으로부터) 명백해지다, = *vyplývat* **-itnout < -ítat** 밝아지다, (태양이) 나타나다[보이다]
vysvlé|ci (se) (*vysvleč-, vysvlékl, vysvleč!*) **< -kat (se)** = *svlé|ci (se)* < -*kat (se)*
vysvobo|dit (*vysvobozen*) **< -zovat 1** z ohrožení (위험으로부터) 구하다, 구조하다, z/od (…로부터) 구출하다 **2** = *osvobodit*
vysychat = *schnout*
vy|sypat (*vysyp-u|-ám, vysyp!|vysypej!, vysypal*) **< -sýpat, -sypávat 1** 털어내다, 흔들어 속을 비우다, překlopením (뒤엎어) 비우다, do odpadků apod (쓰레기 더미 따위에) 쏟아내다 **2** uvnitř posypat 뿌리다, 끼얹다 **~ < -sypávat** ze sebe slova (말을) 내뱉다, 재잘거리다, 줄줄말하다
výš(e) (*vysoko*의 비교급**)** 더 높은
výše[1] (책 따위에서) 앞에, (페이지의) 위쪽에 ◆ *viz* ~ 위를 보라; ~ *uvedený* 위에서 언급된, 상기한
výše[2]**,** *f* = *výška* ◆ *být na -ši* 최선[최상]의 상태이다; *na -ši doby* 시대에 보조를 같이하다
vyšetření, *n* **1** 검사, 조사 **2** 진찰,

V

진단, 진료

vyšetř|it (*vyšetř[i]!*) < **-ovat 1** uspořit 저축하다, 모으다 **2** zjistit 확인하다, 알아내다; prozkoumat 조사하다, 연구하다; výslechem/med 검사하다, 검진하다; soudně 심리[심문]하다

vyšetřovací 검사의, 조사의; 신문의 ◆ ~*vazba* 감호, 구금

vyšetřovan|ec, *ma* **-ka,** *f* 억류자, 피구금자

vyšetřovatel, *ma-1,4* **-ka,** *f* 조사관, 검사관, 수사관, 조사자

vyšetřující 검사의, 신문의 ◆ ~ *soudce* 치안 판사

výšina, *f* **1** 고지, 높은 곳, 언덕, 산 **2** = *vrch, vršek, vysočina*

vyšin|out < **-ovat 1** duševně (정신적으로) 어지럽히다, 혼란시키다, 착란하게 하다 **2** 이탈케 하다 ~ **se** < **-ovat se 1** 벗어나다, 이탈하다 **2** vzhůru 일어서다 **3** z kolejí v. *vyjet*

vyší|t (*vysí-*) < **-vat** 수를 놓다, 자수하다

vyšívání, *n* = *výšivka*

výšivka, *f* 자수, 자수품

výš|ka, *f* 높이, 키; po vzestupu (상승후의) 고도, měřitelná úhlem (산 따위의) 표고, 해발 ◆ *ve -ce* 높은 곳에서, 위에(서)

vyškolený 교육 받은, 훈련된, 숙달된

vyškolit v. *školit*

výškový 높이의, 고도의

vyškr|ábnout, -abat < **-abávat** 문질러 지우다, 지워 없애다, 긁어내다, 말소[삭제]하다

vy|škrtat, -nout, v. *škrtat*

vyškvařit v. *škvařit*

vyšlap|at (*vyšlap-u|-ám, vyšlap!|vyšlapej!, vyšlapal*) < **-ávat 1** (길 따위를) 밟아서 만들다[다지다] **2** (신발 따위를) 신어서 닳게하다, 신어서 늘이다 **3** kopec (언덕에) 오르다, 등정하다 **4** na úřadech = *vyběhat* **-ovat si** 어깨를 으쓱거리며 걷다

vyšlechtit v. *šlechtit*

vyšlý 1 구식의, 시대에 뒤(떨어)진 **2** *právě -á kniha* 갓 나온 책, 신간; *právě ~ ze školy* 학교를 갓 졸업한

vyšňoř|it < **-ovat (se)** 성장하다[시키다], 치장하다, 모양내다

vyšroubov|at < **-ávat 1** 돌려서[틀어서] 빼내다[뽑다], 헐렁하게 하다 **2** do výše v. *šroubovat*

vyšťour|at < **-ávat 1** 긁어내다, 파내다 **2** 찾아내다, 밝혀내다

vyšší *vysoko*의 비교급

vyštvat < **1** 몰아내다, 쫓아버리다 **2** koho k čemu v. *štvát*

vyšvih|nout se < **-ovat se 1** (말 따위에) 획 뛰어오르다 **2** společensky (사회적으로) 진출하다, 명성을 얻다, 출세하다

výt (*vy-*) > **za-** (개 이리 따위가) 짖다, 울부짖다

vytáčet (*-ejí*) **1** v tanci (댄스에서) 돌리다, koho (누구를) 회전시키다 **2** ~ *se* v. *vytočit (se)*

vytáčka, *f* 회피, 둔사, 강변, 핑계

výtah, *mi-2, 3* **1** výňatek 뽑아냄, 적출, 빼어냄, 추출; 초록, 발췌, 요약, 개략 **2** zdviž 승강기, 엘리베이터, nákladní (화물용) 호이스트, 달아올리는 기계(장치)

V

vytáhlý 여윈, 홀쭉한, 껑충한

vy|táhnout (*vytažen*) < **-tahovat 1** 끌어내다, 뽑아내다, 빼어내다, 짜내다, 추출하다, 발췌하다; utajené (숨겨진 것을) 이끌어내다, 꾀어내다, 빼내다 **2** do výše (위로) 끌어올리다, 상승시키다; **(참조)** *zdvihnout* **3** roztáhnout 뻗치다, 늘이다, 펴다 ~ **se** < **-tahovat se 1** 펴지다, 늘어지다; 늘어나다, 헐렁해지다 **2** (초목 등이) 쑥쑥[빨리] 자라다[뻗다] **-tahovat se** 잘난 체하다, 뽐내다, 과시하다

vytápět, v. *vytopit*

vytapetovat, v. *tapetovat*

vytasit v. *tasit* ~ **se** < s čím (무엇을 가지고) 나아가다; (이야기 따위를) 그럴 듯하게 끄내다

výtažek *mi*-2, 3 추출물, 농축물, 엑기스, 정수

vyté|ci, vytéct (*vyteč-*, *vytekl*, *vytek-*) < **-kat** 흘러나오다, děrou (구멍을 통해) 새어나오다

výtečný 걸출한, 탁월한, 뛰어난; chuťově 맛좋은, 맛있는

vytékat v. *vytéci*

vyteklý 흘러나온, 새어나온, 유출된

vytepat v. *tepat*

vytesat (*vyte-šu|-sám*, *vyteš!|vytesej!*, *vytesal*) v. *tesat*

vytetovat, v. *tetovat*

výtěžek = *výnos, zisk, výdělek, tržba*

vy|těžit 1 = *vydělat* **2** v. *těžit*

vytírat v. *vytřít*

výtisk, *mi*-2, 3 (같은 책의) 부, 권, 판, 쇄 ◆ *autorský* ~ 기증본; *počet prodávaných -ů novin* 신문 판매 부수

vytisknout (*vytištěn*) v. *tisknout*

výtka, *f* 비난, 힐책, 책망

vy|tknout (*vytčen*) < **-týkat 1** komu co (누구에게 무엇을) 꾸짖다, 나무라다, 비난하다, 힐책[질책]하다 **2** poukázat na to 지적하다, 강조하다, 역설하다 **3** ~ *si za cíl* 자신의 목표로 삼다

vytlač|it < **-ovat 1** 밀어내다; 밀어올리다 **2** 몰아내다, 쫓아내다, 물리치다, 배척하다 **3** v. *vymáčknout,* (*vy*) *tisknout*

výtlak, *mi*-2, 3 **1** (펌프의) 방출, 공급 **2** (선박의) 배수량[톤]

vytlou|ci, *vytlouct* (*vytluč-*, *vytloukl*, *vytluk-u*, *-ou*) < **-kat 1** (쐐기, 이빨 등을) 두드려[때려, 흔들어] 빠지게 하다, 빼다; (창문 등을) 박살내다, 부수다, (계란을) 깨다 **2** expr. co na kom, z koho (누구에게서 무엇을) 얻어내다, 빼내다; kolik z čeho (무엇으로부터 얼마만큼) 이용하다, 편승하다 ◆ *-kat klín klínem* 한 쪽에서 빼앗아 다른 쪽에 주다, 빚으로 빚을 갚다; *-kat z čeho kapitál/peníze* 무엇에서 자본/돈을 만들어내다

vytočení, *n* **1** 빼내기, 뽑아내기, 빼냄, 착출 **2** 감기, 감아올리기 **3** (전화) 번호 누르기 **4** 비움

vy|točit < **-táčet** (*-čejí*) **1** ven, vzhůru (밖으로, 위로) 돌려서 빼다[뽑다]; dovnitř (안으로) 돌려서 넣다 **2** uvolnit 돌려서 빠지게[벗어지게]하다 **3** 비틀어[잡아]떼다 **4** vyprázdnit 비우다, 쏟아내다 **-áčet se** = *vykroutit* (*se*)

V

výtok, *mi*-2, 3 **1** 배출, 유출, 방출(물); med. 배설물 2 otvor =*ústí*

vytopení, *n* 범람, 홍수

vy|topit < **-tápět 1** vodou (물로) 범람하다, 침수시키다 **2** teplem (열로) 따뜻하게 하다, 난방시키다, v. *topit*

vytoužený (오랫동안) 기다려진, 갈망된, 대망의, 고대하던, 열망하던

vytr|atit se (*vytracení*) < **-ácet se** (*-cejí se*:) (인사도 없이) 살짝[가만히] 가버리다, 슬그머니 사라지다

vytrávení, *n* 소화

vytrávit (*vytrav!*) 소화시키다, (소화가 다 되어) 배가 고프다

vytrénovat v. *trénovat*

vytrest|at < **-ávat** (징벌로써) 교훈[가르침]을 주다, = (*po, z -*) *trestat*

vytrh|nout (*vytržen*)**, -át** < **ávat 1** 떼어내다, 찢어[꺽어]내다; (이빨을) 뽑다, 적출하다; 뿌리뽑다 **2** (칼, 권총 따위를) 갑자기 뽑다, 빼내다 **3** komu co (누구로부터 무엇을) 낚아채다; koho z čeho (누구를 무엇으로부터) 벗어나게 하다, 깨우다, 구해내다 ◆ ~ *co z kontextu* 무엇을 문맥[상황]에서 이끌어[뽑아]내다; ~ *komu trn z paty* 누구의 아픈곳을 치료해주다

vytroubit v. *troubit*

vytrousit (*vytrus!*, *vytroušen*) v. *trousit* **~se** 새어나오다, 새다

vytrpět (*oni vytrpí*) (고통을) 경험하다, 견디다, v. *snést*

vytrubovat expr. 알리며 돌아다니다, 떠벌리다, 널리 알리다, 떠벌려 퍼뜨리다

vytrvalost, *f* 영속성, 지속성, 지구력, 끈기, 스태미나

vytrvalý 1 držící se své věci 참을성 있는, 끈기 있는, 버티는; 지속하는 **2** nepolevující 가차없는, 엄한, 호된 **3** opakující se 변치 않는, 항구적인, 불굴의; 성실한, 부지런한 4 (식물이) 다년생의, 숙근성의

vytrv|at < **-ávat 1** na místě = *setrvat* **2** 지속적으로 …하다, 고수하다, při své věci (자신의 일을) 고수하다, 고집[집착]하다 **3** 견디다, 버티다, 참다

vytrysk|nout = *trysknout* **-ovat** = *tryskat*

vytržení, *n* 높임, 고양; 광희, 무아경, 황홀, 희열, 법열

výtržn|ík, *ma*-3 **-ice,** *f* 방탕자, 폭도, 난폭한 사람, 건달, 깡패

výtržnost, *f* 소동, 소요, 소란, sběhem lidí 폭동, na schůzi (집회에서의) 야유, 휘파람

vytřás|t (*vytřes-*, *vytřásl*) < **-at** 탈탈 털다, 털어내다

vytřeštit (*oči, pohled*) = *vypoulit*

vytříbit v. *tříbit*

vytř|ídit (*vytřiď!*) < **-id'ovat 1** 뽑아내다, 선발하다, 발탁하다 **2** (*roz*) *třídit*

vy|třít (*vytř-*, *vytřel*) < **-tírat** 닦아 없애다, 지우다, 일소하다; nasátím 씻어내다, 훔쳐내다 ◆ ~ *kde prach* 먼지 있는 곳을 털어내다; ~ *komu zrak* 누구를 앞[꼭뒤] 지르다, 누구에게 살그머니 다가가다

vyt'uk|at < **-ávat 1** (재 따위를) 가볍게 두드려서 털어내다, 제거하다 **2** (노래를 피아노에) 난폭하게 연주하다 **3** (편지를 타자기에) 치다, 타

자치다

vytušit v. *tušit*

výtvarn|ík, *ma-3* **-ice,** *f* 조형미술가, 그래픽 아티스트, 디자이너, 도안가

výtvarný 그림[회화, 조각, 식각]의, 조형의, 조형적인 ◆ *-é umění* 조형미술

vytvářet = *tvořit* ~ **se** v. *vytvořit se*

výtvor, *mi*-2 가공물, 제작품, 생산품, 창조물, umělecký (예술적인) 작품, 창작(물)

vytvořit v. *tvořit* ~ **se** < **vytvářet se** 만들어지다, 형성되다, 생기다, 창조되다

vy|tyčit < **-tyčovat** (말뚝 따위로 서) 경계를 짓다, 구획하다

vy|týkat v. *vytknout*

vyuč|ená, *f* 배움, 깨달음, 교훈 ◆ *dát komu/dostat za -nou* 누구에게 교훈을 주다/교훈을 받다[얻다]

vyučovací 가르침의, 교육[교수]의 ◆ ~*předmět* 교과목

vyuč|it se 배우다, 훈련 받다 v. *učit se*; *-ený* 숙련된, 능숙한, 깨우친 *-ovací* 가르침의, 교육[교수]의 *-ovat* 가르치다, 교육[교수]하다

vyučování, *n* jednotl. hodina (개별적인) 학습시간, 수업시간 souhrnně (집합적인) 수업, 강의, postup 교수, 교육

vyúčtovat, v. *účtovat*

vyudit, v. *udit*

výuka, *f* = *vyučování v . vyučovat*

vyumělkovaný 인공의, 인위적인, 부자연스러운, 강제된

vyús|tit v. *ústit* **-t'ovat** = *ústit*

vy|užít (*využi-*) < **-užívat** (최대한) 이용하다, 활용하다; těžit (이기적인 목적으로) 이용하다, 착취하다; = *využitkovat*

vy|užitkovat < **-užitkovávat** 소용되게 하다, 활용하다

vyvádět (*-ějí*) **1** (소동 따위를) 만들어내다, 일으키다, 법썩떨다; řádit 난잡한 짓을 하다, 설치다, 떠들어대다 **2** v. *vyvést*

vyvalený 휘둥그래진 ◆ *s -ma očima* 휘둥그래진 두 눈을 하고서

vyval|it, -ovat 1 굴러내다[보내다]; 굴러올리다 **2** oči v. (*vy*)*poulit*

vývar, *mi* (살코기. 물고기의) 묽은 수프, 고깃국, 부용((맑은 고기 수프)), 콩소매

vyvarovat se = *varovat se*

vyvař|it < **-ovat 1** (사골, 뼈 등을 끓여서) 달여내다, prádlo (세탁물을) 삶다 **2** (액, 주스 등을) 짜내다, 추출하다 **3** (의료기구를) 살균하다, 소독하다 **-ovat** pro strávníky (하숙생들을 위해) 방시중을 들다, 하숙시키다

vyvářka, *f* (빨래) 삶기; 살균, 소독

vyvatovat v. *vatovat*

vyváznout < z čeho (무엇으로부터) 풀려나다, 해방되다, s čím (무엇으로) 모면하다, 벗어나다 ◆ ~ *jen s pokutou* 단지 벌금을 물고 풀려나다; ~ *se zdravou kůží* 목숨을 건지다

vývažek, *mi-2, 3* **1** 초과중량 **2** 평행추

vyvážet (*-ejí*) v. *vyvézt*

vy|vážit < **-važovat 1** co čím (무엇을 무엇으로써) 균형을 잡다[맞추다] **2** 평행시키다, 상쇄하다

vyvěrat = *prýštit, tryskat*

V

vyvě|sit (*vyvěšen*) < **-šovat 1** (간판을) 내다 걸다, (세탁물을) 내다 널다 **2** ze závěsu (옷걸이에서) 걷어내다; dveře (문의) 돌쩌귀를 벗기다 **3** sluchátko (수화기를) 내려놓다 **4** vlajku (깃발을) 내걸다, = *vylepit*

vývěska, *f* 공고 게시, 벽보, 대자보

vývěsní *štít* (상점의) 간판

vy|vést (*vyved-*) < **-vádět** (*-ějí*) **1** 데리고 나가다, 인도해 나가다; 데리고 올라가다 **2** = *provést* ◆ ~ *koho aprílem* 누구를 만우절 장난으로 속아 넘기다; ~ *koho z konceptu* 누구를 풀이 죽게[우울하게] 하다; ~ *koho z omylu* 누구를 바로 잡다 **-vést se** = *(po)dařit se*

vyvěšovat = *vyvěsit*

vyvětrat = *větrat*

vy|vézt (*vyvez-*) < **-vážet** (*-ejí*) **1** 운반해[싣고] 나가다; 운반해[싣고] 올라가다 **2** exportovat 수출하다

vyvíjet (se) v. *vyvinout (se)*

V

vyvikl|at (se) < **-ávat (se)** 흔들다[흔들리다], 불안정하게 하다[되다]

vy|vinout < **-vinovat, -víjet** (*-ejí*) **1** 펴다, 펼치다, 풀다 = *rozvinout* **2** (힘을) 발휘하다, 노력[진력]하다; (압력을) 행사하다, 가하다; (가스, 증기 등을) 발생시키다, 일으키다 **3** o vývoji 발전시키다, 개발하다, 전개시키다, 계발하다 **~ se, -víjet se** 펼쳐지다, 드러나다; 발전하다, 전개되다, 발생하다

vyvinut|ý 성숙한, 잘 발육[발달]한 ◆ *málo -é země* 저개발[개발도상]국가; *je dobře -á* 그녀는 풍만하다

vyvlast|nit < **-ňovat** (토지, 재산 등을) 빼앗다, 수용하다; komu co (누구에게 무엇을) 박탈하다

vyvlé|ci, vyvléct (*vyvleč-, vyvlekl, vyvleku, -kou*) < **-kat 1** navlečené 끌어내다, 끌어올리다 **2** 미끄러져 나가게 하다, = *vymanit*; (바늘 따위의) 실을 빼다, (구슬 등을) 실에서 뽑아내다 **-ci se** < **-kat se** 미끄러져[빠져] 나가다, 해방되다, 벗어나다

vývod, *mi-2* **1** 배출구, 출구, 배수관 **2** el. ukončení 전극, 단자 **3** log. (논리학의) 연역, 추론

vyvo|dit (*vyvozen*) < **-zovat** (결론, 진리 따위를) 연역하다, 추론하다; obecné (공통적인 것을) 추상하다, 요약하다, 결론을 내리다 ◆ ~ *důsledky* 결론을 끌어내다, 결론에 도달하다

vývoj, *mi* **1** 발달, 발전, 진화, 성장, 진전 **2** 진행, 경과, 추이, 과정 **3** 개발 ◆ *výzkum a* ~ 연구와 개발 **4** 발생, 방출

vývojka, *f* (사진의) 현상액[약]

vývojový 1 발전의, 진전의, 진화의 **2** (사진의) 현상의

vyvolací 부르는, 호명하는, 호가의 ◆ ~ *cena* (경마 등에서) 출발 직전에 거는 돈의 비율

vyvolání, *n* **1** 불러내기, 호출, 소환; 호명 **2** 초래, 야기, 유발, 유도 **3** (사진) 현상

vyvol|at < **-ávat 1** 불러내다, 부르다, 호출하다, 소환하다; v dražbě (경매에서) 값을 부르다; žáka (학생을) 호명하다 **2** ducha, změnu, cit (정신, 변화, 느낌을) 불러일으키다, 환기하다, 자아내다 **3** podnícením (자극으로써) 일으키다, 유발시키다; přes odpor (저

항에도 불구하고) 유도해 내다, 꾀어 내다, přivodit 이끌어내다 **4** na mysl (생각으로) 상기시키다, 회상하다 **5** (컴퓨터) 불러내다 **6** (필름을) 현상하다 ◆ *byl pětkrát -án (před oponu)* (커튼 앞으로) 그는 다섯번 부름을 받았다; *určitě budu dnes -án* (시험에서) 나는 틀림없이 오늘 호명을[테스트를] 받을 것이다

vyvolit (si) v. *volit a vybrat (si)*

vývoz, *mi-2* 수출, celkový (전체적으로) 수출액

vývozce, *ma* 수출업자

vývozní 수출의 ◆ *~ tarif* 수출 관세율[표] *~ trh* 수출 시장; *~ zboží* 수출 상품

vyvozovat v. *vyvodit*

vyvr|acet (-cejí) 1 argumentací (논쟁으로써) 반박하다, 반론하다, 도전하다 **2** v. *vyrátit*

vyvr|átit (*vyvrať!, vyvrácen*) < **-acet** (*-ejí*) **1** 바꾸어놓다, 돌려놓다, 젖히다 **2** 뒤집다, 뒤엎다, 전도시키다 **3** 뿌리째 뽑다, 근절시키다 **4** 파괴하다, 전복시키다 **5** nesprávnost (부당성을) 논박[반박]하다

vyvraž|dit < -d'ovat 대량학살하다, 몰살시키다

vyvrhel, *ma-2* 추방당한 사람, 내쫓긴 사람, 부랑자, 최하층민, 인간 쓰레기, 천박한 사람

vyvrhnout (*vyvržen*) < **-ovat 1** (밖으로, 위로) 던져 내다[올리다], 쫓아내다, 밀어내다, 방출하다, 배출하다 **2** zvracením 토해내다, 내뱉다 **3** ze společnosti (사회로부터) 추방하다, 내쫓다 **4** kucháním 내장[배알]을 제거하다 ◆ *být vyvržen na břeh* 궁지에 빠지다, 버림받다

vyvrcholit v. *vrcholit*

vyvrtat v. *vrtat*

vývrtka, *f* **1** 타래송곳((마개뽑이, 목공용)), 병따개 **2** (비행기의) 나선식 강하

vyvrt|nout (손목, 발목 따위를) 삐다 **-ávat** = *vrtat*

vyvrženec, *ma* 추방당한 사람, 부랑자, 불한당

vyvržený 쫓겨난, 추방당한

vyvřelina, *f* 분출암, 화성암

vyvř|ít (*vyvř-, vyvřel, vyvření, vyvru, -rou*) < **-ívat** (용암 등이) 분출하다, 내뿜다

vyvst|at (*vyvstan-, vyvstal, vyvstání*) < **-ávat 1** 위로 나오다, 올라오다; náhle (돌연) 모습을 드러내다, (불쑥) 나오다, nejasně (어렴풋이) 확대되어 보이다, (땀이) 나다 **2** 발생하다, 나타나다 **-ávat** = *vyčnívat*

vyvýšenina, *f* 약간 높은 곳, 작은 언덕, 고지, 구릉

vy|výšit (*vyvyš!*) < **-vyšovat** 높이다, (들어) 올리다, 끌어올리다, 고양시키다 **-vyšovat se** 올라가다, 일어나다

vyvztekat se 1 (노염이) 가라앉다, 식다 **2** (아이들이) 떠들썩하게 뛰놀다

vyzáblý 야윈, 수척한, 초췌한, kost a kůže (뼈와 가죽이) 앙상한, 말라빠진, **(참조)** *vyhublý, hubený*

vyzařovat (빛이나 열을) 발하다, 발산하다, 방사하다

výzbroj, *f* **1** (군대 따위의) 장비, 무

기, 병기, 군수품 **2** = *výstroj*

vyzbrojení, *n* 수장, 군장, 채비

vyzbroj|it < -ovat 1 무장시키다, 군장시키다 **2**= *vystrojit* ~ **se < -ovat se** 무장하다, 채비하다

výzdoba, *f* 장식, 장식물, 수식, 트리밍 *vlajková* ~ (집합적) 기종류

vyzdob|it < -ovat 장식[수식]하다, 꾸미다, 다듬다, = *ozdobit*

vyzdobený 장식된, 잘 꾸민, 화려한

vyzdvih|nout (*vyzdvižen*) < **-ovat** = *vyzvednout*

vyzískat = *získat*

vyzkoumat 찾아내다, 알아내다, 탐구하다, 확인하다

vyzkoušení, *n* **1** 시험, 테스트 **2** (옷의) 입어보기

vyzkoušet (*-šejí*) v. *zkoušet*

výzkum, *mi-2* 연구, 조사, 탐구, 탐색, 검사, 검색

výzkumn|ík, *ma-3* **-ice,** *f* 연구[조사원]

výzkumný 조사의, 연구[탐색]의, 실험의; (비행의) 정찰의, 수색의

vyzkusit (*vyzkoušen*) < = *okusit*

vyzlatit v. *zlatit*

vyznač|it < -ovat 표를 하다, 표시하다, 구획하다, 구분하다, 특징지우다

význačný 눈에 띄는, 현저한, 출중한, 걸출한

vyznačovat v. *vyznačit* ~ **se** čím (무엇으로써) 뛰어나다, 두드러지다, 출중하다, 유명하다

význam, *mi-2* **1** 의미, 뜻; zamýšlený (숙고된) 취지, 의도 **2** významnost 중요성, 중대성

vyznamenání, *n* 수훈, 서훈, 영예, 영예의 표시 (칭호, 작위, 훈장 따위); pocta 명예, 영광, 자랑거리; ve škole (학교에서의) 우등(상)

vyznamen|at < -ávat koho (누구에게) 명예[영광, 칭호]를 주다, 훈장[상]을 수여하다 ~ se čím (무엇으로) 출중하다, 뛰어나다

významný 의미 심장한, 뜻있는, závažný 중요한, 중대한, 귀중한, uznávaný 저명한, 유명한, 이름난

vyznání, *n* **1** 선언, 공표, 고백, 언명 **2** nábož. (종교적인) 종파, 교단, 종교 **3** 믿음, 신앙 ◆ *bez* ~ 비종파적인 *nevěřící* 불가지론의; *svoboda* ~ 신앙의 자유

vyzn|at < -ávat 선언하다, 고백하다, (신도가) …을 믿는다고 고백하다, 신앙하다, = *přiznat* ~ **se < -ávat se 1** z čeho = *přiznat se* **2** ~ **se** v čem (무엇에) 정통하다, 익숙하다, 잘 알고 있다 **3** ~ **se** kde (어느곳을) 잘 알다

vyznavač, *ma* **-ka,** *f* (주의. 학설의) 추종자, 신봉자, 헌신자; (종파, 종교의) 신도

vyzní|t (*vyzněl*처럼 변화, *-n[ěj]í*) < **-vat 1** čím (무엇으로) 끝나다, 귀착하다 **2** dojít 없어지다, 다하다, 점차 소멸하다 **3** v jaký smysl 의미하다, 요지는 …이다 **4** jak (어떻게) 울리다, 소리나다, 들리다 ◆ ~ *naprázdno* 공허하게 되다, 용두사미로 끝나다

vyzou|t (se) (*vyzu-*) < **-vat (se) 1** = *zout se* **2** z čeho (무엇으로부터) 빠져나가다, 회피하다

vyzpěvovat (si) 노래부르다, 영창

V

하다
vyzpovídání, *n* 고백, 참회
vyzpovídat (se) v. *zpovídat (se)*
vyzra|dit (*vyzrazen*) < **-zovat** = *prozradit*
vyzrálý 성숙한, 익은, 농익은
vyzrát (*vyzra-, vyzraj!, vyzrál, vyzrání*) < **1** v. *zrát* **2** na koho (누구를) 이용하다, podvodně 속이다
vy|zrazovat, v. *vyzradit,*
vyztužit = *ztužit*
výzva, *f* **1** k čemu/ke komu (무엇으로의/누구에로의) 초청, 초대; 호소, 호출, 부름; (전화의) 지명 통화 **2** aby se ukázal 도전, 도발, 저항; provokační (도전적인) 자극, 도발 **3** 《軍》 징발, 징집
vyzvánět (*-nějí*) (종, 전화 따위가) 울리다, 소리나다, 울려퍼지다
vy|zvat (*vyzv-u, vyzvi!, vyzvěte* | *-vete!, vyzval*) < **-zývat** 부르다, koho k čemu (누구를 무엇에게로) 호소하다, 초대하다; 도전하다, 도발하다, 자극하다
vyzvědač, *ma* **-ka,** *f* 스파이, 밀정, 탐정
vyzvědačství, *n* 간첩[탐정] 행위, 첩보 활동
vyzvědět (*vyzví-m ... vyzvědí, vyzvěď!, vyzvěděl*) 찾아내다, 알아내다, 캐내다, 수색하다
vyzved|nout < **-(áv)at** **1** 올리다, 들어 올리다, 고양하다, 밀어올리다; ze země (땅속에서) 파내다, 발굴하다; všeob. = *zvednout* **2** z úschovy (저금에서) 인출하다, 찾다 **3** zdůraznit 강조하다, 두드러지게 하다 ~ **si** < **-(áv)at si,** **1** 모으다, 수집하다 **2** zastavit se pro to (무엇을 가지러) 들러다
výzvědný 《軍》 정찰[수색]의
vyzvídat na kom (누구에게) 끈질기게 묻다, 유도 심문하다
vyzvonit < **1** vyzradit 무심결에 입밖에 내다, 누설하다 **2** zcela dozvonit 울려퍼지다 **3** dostat ven 울려 퍼져나가다 **4** oznámit příchod/odchod (도착/출발을) 울려서 알리다
vyzývat v. *vyzvat*
vyzývavý 도발적인, 도전적인, 싸움투의
vy|žádat (si) < **-žadovat (si)** **1** naléhavě (긴급하게) 간청하다, 졸라대다, 요구하다; požadovat = *žádat*; hlučně 극성스럽게 요구하다, vymáhat 강요하다 **2** potřebovat 필요로 하다, 요청하다, 청구하다, nutnou součást 수반하다; spotřebovat, zabrat 사용하게 하다, 소요되다
vyždímat, v. *ždímat*
vyžehlit v. *žehlit*
vyženit 결혼으로 얻다
vyžilý 정력이 다한[빠진], 활력을 잃은, 지친
vyžírat koho (누구에게 달라붙어) 피를[재산을] 착취하다; v. *vyžrat*
výživa, *f* **1** 영양, 영양 공급[섭취] **2** 자양물, 음식물 **3** 부양, 생계, 생계수단
vyživit v. *živit*
výživné, *n* 생계비, 부양비, 생활비
výživn|ý 영양분이 있는, 영양의 ◆ *-á hodnota* 영양가
vyživovací 부양의, 생계의 ~

V

povinnost 부양 의무

vyživovat = *živit*

vyžle, *n-1* 매우 호리호리한 어린 아이[꼬마]

vyžrat (*vyžer-, vyžral, vyžrání*) < **-žírat 1** (동물이) 게걸스럽게 먹다, 먹어치우다 **2** kov (금속을) 부식시키다

vyžvanit = *vyzvonit*

vzácný 드문, 희귀한, 보통이 아닌, 진귀한, 값이 비싼, 귀중한

vzad = *dozadu*, 뒤에[로], 후방에[으로] ◆ *čelem ~!* 뒤로 돌아!; *jeden krok ~* 한 발 자국 뒤로

vzadu 뒤에서, 후방에서 ◆ *sedět ~* 뒤에 앉아 있다

vzájemně 서로간에, 상호간에

vzájemný 서로의, 상호간의, 호혜적인, o dvou 쌍방의

vzápětí 이내, 곧, 즉시

vzbouřenec, *ma* 반역자, 모반자, 반란자, 항명자

vzbouření, *n* = *vzpoura*

vzbouřit (se) v. *bouřit (se)*

vzbudit (se) v. *budit (se)*

vzdálenost, *f-1* **1** 장거리, 먼데, 거리, 간격 **2** (시간적) 간격, 간주

vzdáleně 멀게, 멀리 ◆ *~ příbuzný* 먼 친척의

vzdálený 1 (거리적으로) 먼, 떨어진; odlehlý 원거리의, 장거리의 ◆ *~ přístup* 원격 접근; od cíle (목표물로부터) 빗나간 **2** (컴퓨터) 원격의 **3** (시간적으로) 먼 **4** (친척 관계가) 먼; (닮은 정도가) 희미한

vzdálit (*vzdal!*) < **vzdalovat** 떼어놓다, 멀리하다, 멀어지게 하다 **~ se** < **vzdalovat se** 멀어지다, 물러나다, 퇴각하다, 칩거하다; zvl. s omluvou (특히 사과와 더불어) 자리를 비우다

vzdá|t (*nevzdat*) < **-vat 1** vydat 내어주다, 넘겨주다, 양도하다, 포기하다 **2** = **vzdát se** čeho ◆ *~ dík* 감사를 표하다, *~ hold* 경의를[존경을] 표하다 **~ se** < **-vat se 1** povolit 양보하다, 굴복하다, (법적으로) 포기하다, 철회하다; odejít 물러나다, 물러가다, 떠나다; citu (감정을) 버리다, 단념하다 **2** čeho (무엇을) 버리다, 그만두다, 양의하다 ◆ *~ se kouření* 금연하다; *ne- se naděje* 희망을 버리지 않다

vzdech, *mi*-2, 3 숨, 호흡, 한숨 **-nout (si)** = *vzdychnout*

vzdělan|ec, *ma* **-kyně,** *f* 배운 사람, 학자, 지식인

vzdělanecký 지식인의

vzdělání, *n* 교육, 교화, 훈육

vzdělanost, *f-1* 배움, 학문, 학식; 교양, 세련, 덕성

vzdělat < **-ávat** 교육하다, 육성하다, 교화하다, 기르다, 촉진하다

vzdělaný 교육받은, 교양있는, 숙련된; sčetlý 학식있는, 박식한

vzdělávací 교육(상)의

vzdělavatel, *ma-1,4* **-ka,** *f* 교육자, 교직자, 양청자

vzdor[1]**,** *mi-2* 도전, 저항, 반항 = *odpor*

vzdor[2] **(전치사 + 여격)** …에도 불구하고, …을 무릅쓰고 ◆ *~ tomu, že* ……하다[이다]라는 사실에도 불구하고; *~ vysokému věku pracuje* 그[그녀]는 높은 나이에도 불구하고 일을 한

다

vzdorný 도전적인, 반항적인; 뚱한, 고집센

vzdorovat 1 실쭉거리다, 골나다, 부루퉁해지다 **2** čemu (무엇에) 도전하다, 반항하다, 버티다; odolávat 저항하다, 항거하다, 항쟁하다

vzdorovitý 말을 안 듣는, 고집센, 저항적인

vzdou(va)t (*vzdu-*) v. *vzedmout*

vzduch, *mi-2* **1** 공기, 대기, 공중, 하늘 **2** 분위기, 주위 상황 ◆ *~ je čistý* 상륙하는데 아무런 지장이 없다, 하늘은 안전하다, 적기가 사라졌다, 지금이야말로 좋은 기회다 *jít na ~* 야외로 나가다

vzducholoď, *f* 비행선

vzduchoplavba, *f* 항공학[술]

vzduchoplav|ec, *ma* **-kyně,** *f* 비행가, 비행선 조종사[승무원]

vzduchoprázdno, *n-2* 진공, 공허, 공백

vzduchotěsný 기밀의, 밀폐한, 밀봉한

vzduchovka, *f* 공기총, 공기 해머

vzduchový 공기의 대기의, 기체의,

vzdušn|ý 1 공기의, 공중의 하늘의, 기체의 **2** 바람이 잘 통하는 **3** 가벼운, 경쾌한 **4** doprava 공수의, 항공의 ◆ *-á čára* 직선, 최단 코스[거리]; *~ most* 공중 가교, 공중 다리; *-é zámky* 공중 누각, 백일몽, 공상

vzdych|nout (si) < -at (si) 한 숨 쉬다[짓다], 탄식하다, 한탄하다

vzedmout, vzdout > vzdouvat 1 바람을 불어넣다, 부풀리다, 팽창시키다 **2** (파도, 바람을) 일으키다

vz|ejít (*vzejd-, vzešel, vzešla…, vzejití*) < **-cházet** (*-zejí*) = *vyjít, vzniknout, ujmout se*

vzepnout (se) < vzpínat (se) (말 따위가) 뒷다리로 서다, 버티다; = *vztyčit (se)*

vz|epřít (*vzepř-, vzepřel, vzepření*) < **-pírat** 버티다, 떠받치다 břemeno (짐을) 들어올리다 **~ se < -pírat se** komu, čemu (누구에, 무엇에) 맞서다, 대항하다, odepřením poddajnosti 버티다, 저항하다, 도전하다

vzestup, *mi-2* 상승, 인상, 올림; 증대, 향상, 오름; = *výstup*

vzestupný 오르는, 상승의, 떠오르는, 향상하는

vzezření, *n* = *vzhled*

vzhled, *mi-2* 외관, 겉보기, 겉모습, 외모, 꾸밈새, 몸차림 ◆ *vzhledem k* …에 관하여(는), …의 점에서는; *vzhledem k tomu, že* …라는 사실을 고려하면

vzhledný 말쑥한, 정연한, 단정한; 보기 좋은, 예쁜, 참한, 매력적인

vzh|lédnout < -hlížet (*-ejí*) 올려다[쳐다]보다, 우러러보다 ◆ *~ ke komu (s obdivem)* (존경의 눈으로) 누구를 우러러보다

vzhůru 1 위로, 위쪽으로 **2** nespící 깨어서, 정신 차리고; už na nohou 일어나, 시동을 걸어, 활발하게 **3** vzrušený 혼란스럽게, (마음이) 산란하게 ◆ *~!* 일어나, 기상! ~!; 좋아, 됐어, 잘한다! ; *je bradou ~* 그는 거꾸러졌다[죽었다]; *dnem ~* 바닥을 위로, 거꾸로; *~ a dolů* 위로 그리고 아래로, 갔다갔다, 이리저리; *~ nohama* 거꾸

V

로, 뒤집혀, 엉망으로
vzcházet v. *vzejít*
vzchop|it se < -ovat se 기운을 내다, 분발하다
vzít (se, si) (*vezm-, vzal, vzetí;* 구어체 명령형 *vem!, vemte!,* 구어체에서 *vezm-* 대신에 *vem- vezm-*) v. *brát (se, si)*
vzk|az, *mi* 전갈, 전하는 말, 전언, 통지
vz|kázat (*vzkáž-u, vzkaž!, vzkázal*) **< -kazovat 1**전갈을 보내다, 전언하다, 통지하다 **2** pro koho (누구를) 부르러 보내다 ~ *komu poručení/pozdravy* 누구에게 안부를 전하다; *pro doktora* 의사를 부르러 보내다
vzklíčit v. *klíčit*
vzkřiknout = *(vy) křiknout*
vzkřísit (*vzkřis!, vzkříšen*) v. *křísit*
vzkříšení, *n* 부활, 부흥, 재생
vzkříšený 부활한, 재생한
vzkvést (*vzkvet-*) v. *(roz) kvést,*
vzkypět v. *kypět*
vzlet, *mi-2* **1** 날기, 비상, 비행, 날아오름, 이륙 **2** 상상(력), 영감 ◆ *prudký ~* 급격한 비상, 솟아[날아]오름; *básnický ~* 시적 영감
vz|letět (*oni vzletí*)**, -létnout < -lét(áv)at** 날아오르다, 비상하다; prudce 급상승하다, 치솟다; 이륙하다; = *vystoupit*
vzletný (문체, 문장이) 숭고한, 고양된, 고상한; *sloh květnatý* (문체 등이) 화려한, 과장된; 시적인
vzlínat (액체가) 모관 작용에 의해 올라가다
vzlyk|nout < -at 흐느껴 울다, 흐느끼다, 훌쩍거리다
vzmáhat se v. *vzmoci se*
vzmach = *rozmach*
vz|moci se, vzmoct se (*vzmoh-u, –ou se, vzmůž-eš ..., vzmuž se!, vzmohl se*) **< -máhat se 1** 강해지다, 증대되다, 향상하다, 힘을 얻다 **2 (**구어체**)** 부자가 되다, 부유해지다
vznáše|dlo, *n* 수중 익선; *nad vodou* (신체를 부상시키는) 에어쿠션, 쾌속정
vznášet (se) v. *vznést (se)* **~ se 1** 하늘을 떠다니다, 비상하다; jako v kapalině (액 속에서처럼) 떠다니다, 부유하다; pták (새가) 날다 **2** už hrozit 급박하다
vzněcovat (se) v. *vznítit (se)*
vz|nést (*vnes-*) **< -nášet** (*-ejí*) **1** 일으키다, 일으켜 세우다 **2** (의무, 반대의견을) 제기하다, 내놓다; *žalobu* (소송을) 제기하다 proti 반하여/pro 위하여, 고소하다 **~ se < -nášet se** (위로) 날아오르다, 비상하다; pták (새가) 날개짓을 하다, 날다; prudce (급격하게) 솟아오르다
vznešený 고귀한, 기품있는, 위엄있는, 장대한; nadzemský 숭고한, 장엄한
vznět, *mi-2* **1** 자극, 유인 동기, 고무, 활기; tvůrčí (창조적인) 영감, 인스피레이션 **2** 정염, 열정, 격정 **3** tech. 점화
vznětlivý 격하기 쉬운, 흥분성의, 성마른
vznik, *mi-2, 3* 발생, 탄생, 발단, 기원, 형성, 유래, 발전 ◆ *dát čemu ~* 무엇을 발생[탄생]시키다, 일으키다 -

V

nout < **-at** z (…로부터) 일어나다, 발생하다, 시작하다, 탄생하다, 기원하다 ◆ *-ly mu výdaje* 그에게(추가) 부담[비용]이 발생하였다

vz|nítit (*vznit'!, vznícen*) < **-něcovat** **1** 불을 붙이다, 붉게 물들이다, 흥분시키다 **2** 자극하다, 유발시키다 ~ **se** < **-něcovat se** 불붙다, 흥분하다

vznos, *mi-2, 3* **1** 《物》 상승력, 양력 **2** (몸의) 지구력, 인내력 **3** = *vzlet*

vznosný (성당이) 웅장한, 치솟은, 장엄한; (모습이) 당당한, 위엄 있는

vzor, *mi-2* **1** 모델, 본, 모델, 전형, 패턴 **2** jako měřítko 표준, 규격, 모범 **3** sestavení obrazců apod. 무늬, 디자인 **4** 어형 변화표, 활용례 **5** k opisování, rozmnožení 습자[글씨]본; podpisu/listiny 견본, 예, 실례; = *vzorek, vzorec*

vzorec, *mi* **1** formule 공식, 식, 분자식 **2** obrazec 모양, 형태, 형상

vzorek, *mi-2, 3* **1** 샘플, 견본, 표본 **2** = *vzor, vzorec*

vzorník, *mi-2, 3* 견본집, 샘플 책자

vzorný 견본의, 모델의 모범적인, 전형적인

vzpamatov|at < **-ávat** = *křísit* ~ **se** < **-ávat se** 기억이 되살아나다, 원상태로 되다, 복구되다; z čeho (무엇으로부터) 회복하다, 만회하다

vzpěčovat se 마지못해 하다, 저항하다

vzpěra, *f* 지주, 버팀목

vzpěrač, *ma* 역도 선수

vzpínat (se) v. *vzepnout (se)*

vzpírat sport. (스포츠에서) 들어올리다, 안아올리다 ~ **(se)** v. *vzepřít (se)*

vzpírání, *n* (스포츠) 역도

vzplanout (확) 타오르다, 불꽃을 내다, 빛나다, (비유) = *vzkypět, vzmítit se*

vzpom|enout (또한 *vzpomněl*) < **-ínat** koho (누구를) 축하하다, 기념하다 ~ **si**< **-ínat si** na co/koho (무엇을/누구를) 생각해내다, 상기하다, 회상하다, 회고하다, 추억하다

vzpomínk|a, *f* **1** 기억 na (…의) 회상, 추억, 회고 **2** drobná (작은) 기념품, 선물; = *upomínka* **3** *-y* sepsané 회상[회고]록, 추억의 기록

vzpoura, *f* 반란, 반역; voj. (군사적) 폭동, 하극상

vzpouzet se (*-zejí se*) = *vzpírat se*

vzpruha, *f* 활력, 생기, 자극, 격려, 고무, 의무

vzpruž|it < **-ovat** 자극하다, 북돋우다, 격려[고무]하다; posilnit 분발시키다, 활기를 돋구다; oživit 생명을 [생기를] 불어 넣다

vzpř|íčit (*vzpřič!*) < **-ičovat** 가로지르다, ~ **se** < **-ičovat se** (막히어) 꼼짝 못하다, (걸려서) 움직이지 않다 (v …에서)

vzpř|ímit < **-imovat** 세우다, 정립시키다, 똑바로 세우다 ~ **se** < **-imovat se** 몸을 세우다, 서다; vsedě (앉은 채로) 몸을 꼿꼿하게 하다; povstat 일어서다, 몸을 일으키다

vzpurný 말을 안 듣는, 고집센, 반항적인; vzpírající se zákonu (법정의) 소환에 응하지 않는; vrchnosti (최고 전력에) 반역하는

vzrostlý = *urostlý*

vzruch, *mi-2* **1** 동요, 흥분, 들썩임, 소동, 큰 소동, 혼잡; 충격, 쇼크; = *rozruch* **2** (생리) 충동, 욕구

vzrůst[1]**,** *mi-2* 키, 크기, 신장

vzrůst[2] (*vzrost-*) v. *růst*

vzrůstat = *růst*

vzrušení, *n* 자극, 흥분, 동요, 감동, 스릴, 전율

vzruš|it < **-ovat** (마음을) 혼란시키다, 동요시키다, 자극하다, 흥분시키다; 오싹하게 하다, 감격시키다

vzrušující 흥분시키는, 자극적인, 오싹오싹하게 하는

vztah, *mi-2, 3* **1** 관계, 관련; příbuzností 인척 관계, 동족 관계, 친근성, 유사 **2** zaměření 태도, 거동, 의향 **3** zřetel (고려할) 관계, 관련 ◆ *mezinárodní -y* 국제관계; *sexuální* 성관계; *ve -u k čemu* 무엇에 관하여, 무엇과 관련하여

vz|táhnout (*vztažen*) < **-tahovat** *ruku* po/na (손을 무엇에) 뻗치다 **1** 닿게[이르게]하다; na koho (누구에게) 손을대다 **2** přisoudit 응용하다, 적용하다, 충당하다 **-tahovat se** k/na …에 관련되다, 적용되다, 관계하다

vztahovačný 자기 중심의, 이기적인

vztažn|ý 비교상의, 상대적인, 상관적인, 관계[관련] 있는 ◆ *-é zájmeno* 관계 대명사; *-é příslovce* 관계부사

vzt|ek, *mi-2, 3* 격노, 분노, 격정, 열광 ◆ *mít ~ nač* 무엇에 대하여 격노[분개]하다; *mít ~ na koho* pro (…때문에) 누구에 대하여 성[화]내다 **-at se** 격노하다, 노발대발하다, 안달이 나다, vyvádět 화내다, 이성을 잃다

vzteklina, *f* 광견병, 공수병

vzteklý **1** 격노한, 미친 듯이 날뛰는, 맹렬한 **2** *po čem, do čeho, na co* (무엇에) 미친, 열광한, 광포한 ◆ *~ pes* 광견병에 걸린 개

vztyč|it < **-ovat** 세우다, 정립시키다; vlajku (기를) 내걸다, 올리다; kolmici (직선을) 긋다

vzývat 기원하다, 간원하다, 빌다

vždy(cky) 늘, 언제나, 항상, 노상, 줄곧

vždyť **1** 알다시피, 하여간, 분명히, 결국 **2** 하지만; 왜냐하면 ◆ *~ to není tak zlé* 하여간 그것은 그렇게 나쁘지 않다; *~ je ještě mladá* 알다시피 그녀는 아직 젊다; *pomoz mu, ~ je to tvůj bratr* 그를 도와라, 왜냐하면 그는 너의 형[동생]이니까

vží|t se (*vži-*) < **-vat se** do čeho/koho (무엇의/누구의) 입장이 되어 생각하다; (환경, 상황에 습관이 들다, 익숙해지다 ◆ *~ se do své role* 자신의 역할에 익숙해지다; *-ijte se do mé situace!* 나의 입장에서 생각해 보셔요!

vžitý 정착된, 익숙해진, 깊이 뿌리박은

W

w, W [dvojité vé] *n-in* **1** [드보이떼 베] 체코어 알파벳의 모음 글자 **2**《電》 **W** watt (와트)의 약자 **3**《化》**W** wolfram 볼프람((*tungsten*의 별칭))

watt, *mi-2* 와트((전력의 단위))

wattový 와트의

western, *mi-2* (영화, TV의) 서부극

wolfram, *mi-2* 텅스텐((금속 원소; 기호 w; 번호 74))

worcester, *mi-2* **-ská,** *f* worchesterová omáčka 우스터소스((보통 소스라고 불리는 것))

X

x, X [iks] *n-in* [익스] **1** 체코어 알파벳의 자음 글자 **2** 여러 번, 무수히, 많이 **3** 《數》 x값, 알려지지 않은 변수 **4** (모르는 사람을 지칭) *pan X* X씨 ◆ *volat xkrát* 전화를 여러 차례 걸다

xantipa, *f* **1** (일반적으로) 잔소리가 심한 여자, 심술궂은 여자; 암 여우 **2** 악처(惡妻); 크산티페((소크라테스의 아내))

xenofob, *ma-2* 외국(인)을 싫어[혐오]하는 사람

xenofobie, *f* 외국(인)을 싫어하기

xenofobní 외국(인)을 싫어하는

xerografie, *f* 제로그라피, 전자 사진(술)

xerox, *mi-2* 제록스에 의한 복사[카피]

xeroxovat 제록스로 복사하다

xylofon, *mi-2* 실로폰, 목금

xylofonista, *ma(-4)* 실로폰 연주자

xylolit, *mi-2* 실로릿((마룻바닥 등에 사용되는 건축 재료))

y, Y [ypsilon, tvrdé y] *n-in* **1** [입실론, 트브르데 이] 체코어 알파벳의 모음 글자 **2** 《化》 이트륨((*yttrium* 희금속 원소; 기호 Y, Yt, 번호 39)) **3** 《數》 y 값, 알려지지 않은 변수

yard, *mi-2* 야드((길이의 단위)); 36인치, 3피트, 약 0.914미터

yetti, *ma* (히말라야 산맥의) 설인(雪人)[눈 사람]

yperit, *mi-2* 이페릿((독가스의 일종))

ypsilon, *mi-2* = *y*

Y

Z

z[1], **Z** [zet] *n-in* [제트] 체코어 알파벳의 자음 글자 ◆ *od a do zet* 처음부터 끝까지, 전부, (책의) 첫 장부터 끝 장까지

z[2], **ze** **(**+생격**) 1** zvnitřku, ze skrytého, ze sevření (안, 안쪽, 내부) (으)로부터 **2** o původu (기원, 출처, 출신) …로부터, …의 **3** stálým využíváním (지속적인 사용, 활용) …로써, …에 의해(서) **4** čas (시간) …에 **5** důvod (원인, 이유) …로(부터), …에서, …때문에; díky čemu …의 덕택에, …의 결과, z titulu …에 의해, …에 힘입어 **6** (전체 중의 선발) …의, …중의

za **1** **(**+생격**)** časově …의 중에, …동안에, za vlády apod …의 (통치) 기간 동안에 **2** **(**+전치격**)** …의 뒤에 **3** **(**+대격**)** časově …이내에, …안에; odměna, dík, cena …에 대하여, …의 대가로; pokládání (간주, 고려에 있어서) …(으)로, uchopen (어느 것, 누구의) …를 (붙잡고); v zastoupení, k podpoře (대표, 지지에 있어서) …을 위하여; prospěch, směna, náhrada (교환, 대체에 있어서) …대신에, …로; za (prvé) (첫)째, (첫)번 째로 **4** **(**+전치격**)** v pozadí …의 배후에(서); za unikajícím cílem …의 뒤에, …의 뒤로[를]; zisk …을 얻으러[구하려]; hledání …을 찾아(서); na čí paměť 누구의 기념으로 **5** **(**+대격**)** mimo, vně …의 밖으로, **(**+전치격**)** …의 밖에서 (*za měst-o, -em* 도시 밖으로, 도시 밖에서) ◆ *jeden ~ druhým*, *(v řadě) za sebou* 번갈아(서), 차례 차례(로); *~ pomoci* 도움으로(써); *je to ~ námi* 우리는 그것을 마쳤다[끝냈다]; *stojí to ~ to* 그것은 할 가치가 있다

zabalit < v. *balit*

zábava, *f* **1** 즐거움, 위안, 기분 전환, 레크리 에이션 **2** 재미, 오락(물), 놀이 **3** 이야깃거리, 화제

zabav|it < **-ovat**[1] rozptýlit koho (누구를) 즐겁게 하다, 재미나게 하다, 기분을 풀어주다; zdržet 붙들어두다 **~ se** 유쾌하게 지내다, 관심을 딴데로 돌리다

zabav|it < **-ovat**[2] zkonfiskovat 빼앗다, 몰수하다, 압수하다, exekučně 징수하다, soudně zadržet (법적으로) 압류하다, vyžádat si k užívání 강제 사용하다, 징발하다

zábavní 즐거움의, 위안[재미]의 ◆ *~ park* 유원지; *~ noční podnik* 나이트클럽; *~ průmysl* 유흥[오락] 산업

zábavný povedený 즐거운, 재미나는; humorný 웃기는, 우스운

zabavovat v. *zabavit*

zabed|nit < **-ňovat** …에 널을 치다, 판자로 두르다[막다]

zabedně|lý, -ný 아둔한, 어리석은, 머리가 나쁜, 미련한

záběh, *mi-2, 3* 시승, 시행; stroje (기계의) 길들이기, 시운전 ◆ *v -u* 시운전 중

zaběhnout > **1** trať (트랙을) …의 기록으로 달리다, 기록을 내다 **2** < (~ si) kam (어디로) 뛰어들다, 발을 들여놓다; letmo 잠깐 들르다 **3** (~ se) ztratit se (동물이) 길을 잃다 ~ **se** < **zabíhat se** stroj (기계가) 시운전하다

záběr, *mi-2* **1** 붙듦, 포획, 포착 **2** stroje (기계의) 맞물기, 연동상태, 전동장치 **3** vesla (배의) 노젓기, kosy (낫으로 휘둘러) 한 번 베기; při plavání (수영에서의) 한 번 팔젓기 **4** snímek (사신) 촬영, film (영화) 촬영; 장면, 정경 ◆ *být v -u* (톱니바퀴나 기어장치 등이) 맞물려 있다

zabezpečení, *n* podpora 원조, 보조, 후원; 보호, 보장 ◆ *materiální ~* 재정적 원조[보장]; *sociální ~* 사회 보장

zabezpeč|it < -ovat před čím (무엇에 대하여) 안전하게 하다, 보호[호위]하다; finančně (재정적으로) 보장[보증]하다; 제공하다, 보조하다, 원조하다 ~ **se** < **-ovat se** na co (무엇에) 준비[대비]하다; 확실하게 하다, 보증[보장]하다

zabíhat (se) v. *zaběhnout (se)*

zabijačka, *f* **1** 돼지잡기[도살], 도축 **2** 돼지잡기 축제

zabiják[1]**,** *ma* 살인자, 폭력배, 암살자, 도살자

zabiják[2]**,** *mi* nůž 도살칼; **(**비유어**)** o kořalce 독주 ◆ *toto je úplný ~* 이건 완전 살인주(殺人酒)야!

zabírat = *zaujímat ~ (se)* v. *zabrat (se)*

zabí|t (*zabi-, zabij!|zab!; zabí-m* …) < **-jet** (*-její*) **1** koho (누구를) 죽이다, 살인하다, 도살하다, 학살하다; úkladně 암살하다, zabití práv. 살해하다 **2** čas (시간을) 보내다, 죽이다 **3** zatlouct hřebík (못을) 박아 넣다 ◆ *~ dvě mouchy jednou ranou* 일석이조(一石二鳥)

zabí|t se < -jet se 죽다, 살해되다; sebevražedně 자살하다

záblesk, *mi-2, 3* 광선, 섬광, 깜박이는 빛, 어렴풋한 빛

zablesknout (se) = *blesknout (se)*

zablokovat 봉쇄하다, 막다, 가로막다; 방해하다

zabloudit (*nezabluď!|nezabloudi!*) **1** ztratit směr 길을 잃다 **2** náhodně někam přijít 우연히 어딘론가 가다, 방황하다 **3** zmýlit se 실수하다, 잘못하다, 타락하다

zabloudilý 길을 잃은, 처진

zablýskat (se), zablýsknout < =*blesknout (se)*

zaboč|it < -ovat zahnout 돌리다, 전환하다, 돌다, 구부러지다; v běhu (코스를) 벗어나다, 빗나가다

zabod|nout, -at < -ávat do (…를) 찌르다, 쑤시다, koho (누구를) 찔러 죽이다 ~ **se < -ávat se** do (…에) 찔리다

zábor, *mi-2* 몰수, 압수; dobytí 점령, 정복

zabouch|nout < -ávat dveře (누구의 앞에서)문을 탕[탁] 닫다 ~ < **-ávat 1** 문이 탕 닫히다 **2** do koho

(누구에게) 반하다, 사랑에 빠지다

zábradlí, *n* (계단이나 복도의) 난간, 손잡이, sloupkové (기둥이 있는) 난간

zábrana, *f* **1** 울타리, 장벽, 바리케이드 **2** duševní (정신적인) 금지, 억제 **3** opatření 조심, 경계 **4** 주저, 망설임

zabránit (*zabraň!*) **1** 막다, 막아서 …을 못 하게 하다, 예방하다, 방지하다 **2** předejít 앞지르다, 기선을 제압하다 **3** vyloučením možnosti 제외하다, 미리 배제하다 **4** překazit 방해하다, 훼방놓다

zabraňovat = *bránit*

za|brat (*zaber-, zaber!, zabral*) < **-bírat 1** obsadit 차지하다, 점거하다; připojením 합병하다, 부속시키다 **2** vyžádat si 요청[요구]하다 **3** jen pro sebe 독점하다; čas, pozornost (시간, 주의 등을) 빼앗다; nevědomky (무의식적으로) 열중시키다, 몰두시키다 **4** textilii (텍스타일에) 주름을 잡다 **5** stroj, tahoun (기계를) 시동시키다 v. *brát* **6** vesly 노를 젖다 **7** reagovat 대응[반응]하다, 응수하다 **8** kamerou (카메라로) 촬영하다 **9** pokrýt 덮다, 싸다

zabrnkat (기타, 피아노를) 치다, 퉁기다

za|brat se < **-bírat se** do čeho (무엇에) 몰두[열중]하다

zabr|ousit (*zabrus!, zabroušení*) **(**구어체**)** kam (어디로) 돌아다니다, 헤매다, 방랑하다 ~ < **-ušovat 1** 매끄[반드]럽게하다 **2** čím po čem (무엇을 무엇에) 문지르다[부딪치다]

zabřed|nout < **-at** 수렁[곤경]에 빠지다

zábřesk, *mi-2* 섬광, 플래시, úsvit 새벽녘, 동틀녘

zábst (*zábne = zebe, záblo*) < **za-** 추위를 타다, (손)이 얼음장 같다, 얼어붙다, 몹시 차가워지다

zabukování, *n* 예약 ◆ *~ místa na výstavišti* 전시회 예약 좌석, *~ lístků do divadla* 극장표 예매

zabývat se 1 čím (무엇에) 종사하다, 몰두[열중]하다; provozovat 추구하다, 쫓다; zkoumat co 조사[탐구하다], v mysli, řeči 곰곰[깊이] 생각하다, 길게 논하다 **2** pojednávat o …을 다루다, 취급하다, 처리하다 ◆ *už se tím dál ne ~* 그것은 더 이상 염두에 둘 필요가 없다

zacel|it < **-ovat 1** (천 등을) 봉하다, 맞붙이다 **2** ránu (상처를) 치료하다, 아물게 하다

zacel|it se < **-ovat se** (상처가) 가죽[껍질]로 덮이다, 아물다

zacementov|at < **-ávat** (시멘트로) 밀봉[밀폐]하다

zaclánět (*-nějí*) komu (누구에게) 훼방을 놓다, 누구의 행복[이익, 출세]에 방해가 되다; v. *zaclonit* ◆ *~ v pohledu na co* 무엇에 대한 전망을[시야를] 가리다, 가로막다

záclona, *f* 커튼, 휘장, 막

zaclo|nit < **-ňovat, zaclánět** před (…로 부터) 가리다, 막다, 감싸다; v. *clonit*

zácpa, *f* **1** 봉쇄, 방해 **2** 교통체증, 교통마비[혼잡] **3** 《醫》 변비

zacp|at (*zacp-u, -i!, -ěte|-ete!, zacpal*) < **-ávat** 막다, 방해하다, 폐쇄[봉쇄]하다; 채워 넣다, 쑤셔 넣다 ◆ *~ si* *ústa/uši* 입을/귀를 막다; ~ *komu ústa* 누구에게 재갈을 물리다, 입다물게 하다

zacvakat (이가) 딱딱 맞부딪치다, (자물쇠가) 짜깍 소리나다

zač za co의 축약형태 ◆ *nemáte/není ~* 천만에요

začarov|at < -ávat 마법에 걸리게 하다

začáteční počáteční 초보(자)의, 초급(자)의, 시작의, pro začátečníky 초보자를 위한 ◆ *~písmeno* 머릿글자

začátečník, *ma-3* 초보[초급]자, 신참자, 초심자, 풋내기

začátek, *ma-3 = počátek*

začer|nit < -ňovat 검게 하다, 어둡게 하다

zači|stit (*začisť!|začisti!, začištěn*) **< -sťovat, -šťovat 1** 깨끗하게 하다, 청소하다, 세탁하다 **2** kov (금속을) 정제하다, 정련하다 **3** obšít (재봉에서) 휘갑치다

začí|t (*začn-, začal, začetí*) **< -nat** 시작하다, …에 착수하다, …하기 시작하다 ◆ *znovu ~* 다시 시작[계속]하다, 재개하다

začle|nit, -ňovat 통합[합병, 편입]하다, 짜 넣다; nedílně (불가분의 관계로) 일체화하다

zá|ď, *f(-1)* (배의) 고물, 선미 ◆ *na ~* 고물[후미]로; *-di* 고물[후미]에서

zád|a, *n-pl* 등, 뒤, 뒷면, 배면, 뒤쪽, 배후 ◆ *nosit dítě na -ech* 아이를 등에 업다; *stavět se k čemu -y* 무엇으로부터 등을 돌리다, 경시[무시]하다

zadarmo zdarma 공짜로, 무료로

zad|at < -ávat 1 objednat 주문하다, 주문을 내다, 신청하다 **2** přijmout nabídku (신청을) 받아들이다, 수락하다 **3** rezervovat 예약하다 **4** úkol (과제를) 주다, 과하다, 맡기다

zad|at si < -ávat si ustoupit od zásad 타협하다, 양보하다; deklasovat se 떨어뜨리다, 저하시키다; ponížit se (자신을) 격하시키다 ◆ *nic si s ním ne -á* 그는 그와 어깨를 나란히 한다

zadek, *mi-2, 3* **1** 후부, 배면, 뒤쪽 **2** 엉덩이, 궁둥이, 둔부

zaděl|at < -ávat 1 na (…을 위하여) (반죽을) 준비하다 **2** = (*u*) *zavřít* 막다, 미봉하다, 대충 막다

zadem 뒤를 [뒷문을] 통해, 뒤로 해서

zadívat se na koho, co (누구를, 무엇을) 뚫어지게 바라보다, 응시하다

zadluženost, *f-1* 부채, 신세, 은의

zadluž|it < -ovat 빚을 지우다[부담시키다] **~ se < -ovat se** 빚을 지다 ◆ *být -ený* 빚을 지다, 적자 상태에 있다

zadní 뒤의, 뒤 쪽의, 배후의, 후방의, 후부의 ◆ *~ část* 뒷부분; *~ dveře* 뒷문; 긴급, 피난구, 도피구; *~ kapsa* (바지 · 스커트의) 뒷주머니; *~ paluba* 선미루 갑판; *~ stožár* 뒷돛대; *~ světla* auta (자동차의) 미등; *~ voj* 후위, 후진

zadnice, *f* 엉덩이

Zadní Indie, *f* 인도차이나

zadobře *být s kým ~* 누구와 사이가 좋다; *nebýt ~ s kým* 누구와 사이가 나쁘다

zadost (부사**)** *učinit* 또는 (*u*)*dělat* 동사와 함께 사용하여 **1** komu (누구를)

Z

uspokojit 만족시키다, 조건을 충족시키다; čemu (무엇에) vyhovět 적합하다 **2** povinnost (의무를) 다하다, 마치다 ◆ *učinit ~ úkolu* 과제를 만족할 만하게 완수하다; *~ své povinnosti* 자신의 의무를 다하다

zadostiučinění, *n* 만족, 충족

zadrh|nout < -ovat 1 (매듭, 고 등을) 단단하게 묶다[매다] **2** (커튼 등을) 내리다 **-ovat** v řeči 말을 더듬다

zadrž|et (*oni zadrží*) **< -ovat 1** 억제하다, 붙들다, 말리다, 억누르다; zdvižením ruky (손을 들어서) 정지시키다; v mezích (경계내에) 묶어 두다, 내포하다 **2** (법적으로) 억류[구류]하다, 유치하다, 구속하다; věc (물건을) 압류하다; vinkulovat 차압하다, 동결하다, pro dopravu (유통을) 금지하다; cizího příslušníka (외국인을) 구금[억류]하다, 강제 수용하다 ◆ *~ dech* 숨을 죽이다; *~ moč* 소변을 참다; *~ čí postup v povolání* 누구의 등장을 저지하다

záducha, *f* 천식; 호흡곤란

zadumat se nad čím, do čeho (무엇에) 열중[몰두]하다; nad čím = *zamyslet se*

zádumčivý 생각에 잠긴, 명상적인; 시름에 잠긴 듯한, 서글픈, 우울한

zadusit v. *dusit*

záduší, *n* 교회 기금[재산]

zádušní 영혼을 위한, 영혼의 ◆ *~ matrika* 교구기록부((세례, 결혼, 매장 따위의)); *~ mše* (카톨릭의) 죽은 이를 위한 미사, 레퀴엠

zadých|at se < -ávat se 헐떡거리다, 숨차다

záhada, *f* 신비, 불가사의, 비밀, 수수께끼

záhadný 신비한, 불가사의한, 수수께끼 같은, 원인 불명의

za|hájit (*zahaj!*) **< -hajovat 1** 시작하다, 개시하다; 낙성식을 열다, 개통[개관, 개업]하다; 취임시키다 **2** jít v čele 선두에 서다, 이끌다, 지휘하다

zahajovací 시작하는, 개시의, 취임(식)의 ◆ *~ projev* 개회사; *~ večírek* 개최[시작]파티

zahálčivý 나태한, 게으른, 굼뜬, 빈둥거리는

zahaleč, *ma* 게으름뱅이, 빈둥거리는 사람

zahálet (*-lejí*) 빈둥거리다, 놀고 지내다, 게으름 피우다

zahálka, *f* 나태, 무위, 게으름

zahanb|it < -ovat koho (누구를) 부끄럽게 하다, 천하게 하다, 욕보이다, 굴욕을 주다

zahánět (*-nějí*) v. *zahnat*

za|házet (*-zejí*) **< -hazovat 1** 완전히 덮다[싸다], 덮어 가리다[숨기다] **2** zaplnit 채워 넣다 **3** v. *zahodit se* 내던지다, 팽개치다

zahla|dit (*zahlazen*) **< -zovat 1** povrch (표면을) 매끄[반드]럽게 하다, 반반하게 하다 **2** odstranit (글자, 발자국, 기억 등을) 지우다, 말살하다, 없애다, 제거하다

záhlaví, *n* (페이지, 기사 따위의) 표제, 제목

zahlazovat v. *zahladit*

zahled|ět se (*oni se zahledí*) = *zadívat*

Z

se ◆ *-ěný do dálky* 백일몽으로

zahlédnout < 흘끗[언뜻] 보다; 찾아내다, 발견하다

zahloub|at se < **-ávat se** …에 잠기다, 몰두하다

zahl|tit (*zahlcen*) < **-covat** 숨막히게 하다, 막히게하다, 과충전하다; přeplnit 넘치도록 가득히 하다

zahmyz|it < **-ovat** 곤충 등이 떼지어 몰려들다, 창궐[만연]하다

za|hnat (*zažen-, zahnal*) < **-hánět** (*-nějí*) **1** 몰아[쫓아]내다, 물리치다 **2** rozptýlením 없애다, 일소하다, 쫓아버리다 ◆ *~ dlouhou chvíli* 시간을 느긋하게 보내다; *~ hlad* 배고픔을 없애다[가라앉히다]; *~ koho na útěk* 누구를 도망가게 쫓아내다; *~ žízeň* 갈증을 풀다[시히다]

zahnilý 썩은, 부패한

zahnívající 부패하는, 썩는, 더러운

zahnívat 부패하다, 썩다, 쇠퇴하다

zahnízdit se = *uhnízdit se*

za|hnout < **-hýbat 1** 구부리다, 구부러지게 하다, 접다; sevřením (접어서) 고정시키다, 죄다 **2** za roh (모퉁이를) 돌다 ◆ *~ za první roh* 첫번째 모퉁이를 돌다

zahnutý 굽은, 구부러진

za|hodit (*zahozen*)**, -házet** (*-zejí*) < **-hazovat 1** odhodit 내던지다, 버리다 **2** (경기에서) 놓치다, 빗맞히다, 못 맞히다 **~ se** < **-hazovat se** s kým (누구와 같이 함으로써) 자신을 격하시키다[품위를 떨어뜨리다] ◆ *~ příležitost* 기회를 놓치다

záhodný 바람직한, 마땅한, 유리한

záhon, *mi* 꽃밭, 화단

zahořet (*oni zahoří*) = *vzplanout*

zahořklý = *zatrpklý*

zahrab|at < **-ávat** skrýt **1** (땅 속에) 파묻다, mrtvolu, poklad (시체, 보물을) 매장하다, 묻다 **2** (삶을) 헛되이하다, 허송세월을 보내다 **3** zničit 망쳐놓다, 손상하다

zahrada, *f* 뜰, 마당, 정원, 채원, 화원; 공원, 유원지, 옥외 음식 시설; ovocná 과수원 ◆ *botanická ~* 식물원; *zoologická ~* 동물원

zahradit v. *hradit*

zahrádka, *f* **1** 작은 정원, 뒷뜰, 집 주위의 뜰, 현관의 뜰, 화단 **2** 유아 안전 놀이물 **3** 자동차 지붕 위의 짐 싣는 곳

zahradní 정원의, 뜰의; 공원의, 옥외의, 노천의

zahradnictví, *n* 조원술, 원예

zahradník, *ma-3* 정원사, 원정, 원예가, 채소 재배자

zahraničí, *n* 외국, 해외, 외부, 바깥, 세상 ◆ *ministerstvo ~* 외무부, 외무성, (미국의) 국무부

zahraniční 외국의, 대외적인, 외국풍의, 외래의 ◆ *~ pomoc* 외국 원조; *ministerstvo -ch věcí* 외무부, 국무부

zahrávat v. *hrát* **~ si** s čím (무엇을) 가지고 놀다, 만지작거리다, 장난치다; ve fantazii (상상속에서) 희롱하다, 유희를 하다

zahrn|out < **-ovat 1** pokrýt (묘종을 흙으로) 덮다, 파묻다; vyplnit (구멍을) 채우다, 메우다 **2** zabrat (옷자락을) 걷어올리다, 접어올리다 **3** do sebe (자신 속에) 포함하다, 내포하다,

일원으로하다, 가입시키다 **4** koho čím (누구에게 무엇을) 빗발처럼 퍼붓다, 쏟다, 주다
záhrobí, *n* 죽음 후의 세계, 저승
zahryz|nout se < **-ávat se** 물다, 물어뜯다
zahřát 1 (음식 등을) 데우다, 따뜻하게 하다**2** koho, ruce (누구를, 손을) 따뜻하게 하다
Záhřeb, *mi* 자그레브((크로아티아 공화국의 수도))
zahřívat = *hřát*
záhuba, *f* 파괴; zkáza 파멸, 파산, 몰락; zničení 절멸, 붕괴
zahubit v. *hubit*
záhubný = *zhoubný*
záhumenek, *mi-2, 3* (작은 집단 농장 조합원의) 사유지
zahu|stit (*zahuštěn*) < **-šťovat** (우유, 수프, 소스 등을) 걸쭉하게 하다, 진하게 하다
zahuštěný 빽빽한, 무성한, 짙은; 걸쭉한, 진한
záhy brzy, časně 일찍, 조기에
záhyb, *mi-2* **1** 굽음, 굽은 곳, 굴곡[만곡] 부, 꼬부랑길 **2** textil. (직물의) 주름(살), 솔기; plisé (스커트 따위의) 주름, 플리트, 주름 모양의 것
zahýbat 1 čím v. *hnout* **2** v. *zahnout*
zahynout v. *hynout*
zacházet (*-zejí*) **1** kam. v *zajít* **2** hynout v. *zajít* **3** nějak s čím, s kým (무엇을, 누구를) 다루다, 처리하다; dovedně (능숙하게) 사용하다, 취급하다, 대우하다; řídit 조종[운전]하다, 관리하다; technicky (기술적으로) 작동하다, 움직이다 ◆ ~ *špatně s kým* 누구를 냉대[학대]하다
zacházet si *kam* v. *zajít si*
zacházka, *f* 우회, 우회로
zachla|dit (*-zen*) < **-zovat** koho (누구를) 감기 들게[걸리게]하다 ~ **se** 감기 들다
zachmuř|it < **-ovat** (안색을) 흐리게[어둡게]하다, (얼굴을) 찡그리다
zachmuřit se v. *chmuřit se*
zachmuřený 음울한, 울적한, 우울한
záchod, *mi* 변소, 화장실, 세면소; na venkově (시골의) 옥외변소, 뒷간, 측간; táborový (야영장의) 간이 변소
záchodek, *mi-2, 3* v. *toaleta*
zachovalý 보존이 잘 된; hmotně 손상되지 않은, 흠 없는, 완전한
zachovat < **-ávat 1** 보존하다, 보호하다; (살균하여 혹은 절임으로) 보관하다 **2** slavit (명절을) 쇠다, 축하하다 **3** (규칙을) 준수하다, 지키다 ◆ ~ *mezinárodní mír* 국제적 평화를 유지하다
zachovat se > komu (누구를) 기쁘게하다, 만족시키다, jinak v. *chovat se/uchovat se*
záchran|a, *f* **1** 구조, 구출, 구원, 구제 **2** (기억의) 보존 ◆ *dávat -u* 지원[원조]하다
zachránce, *ma* 구조[구제]자, 구출자; 구원자, 구세주, 보호자
za|chránit (*zachraň!*) < **-chraňovat 1** 구조[구원]하다; sport. (스포츠) 골인시키지 않다, 상대의 공격을 막다; před čím (무엇으로부터); z nebezpečí (위험으로부터) 구하다, 보호하다; vyproštěním 구해내다,

Z

해방시키다 **2** vrátit užitku 회복시키다, 되찾다 **3** opuštěné (버린 것을) 재생[활용]하다 ◆ ~ *čest po porážce* 설욕하다

záchrann|ý 구조의, 구출의; 구명의, 안전의◆ ~ *pás* 안전 벨트; *-á brzda* (차의) 사이드 브레이크; *-é práce* 구조 작업, 구명 작업

zachraňovat v. *zachránit*

zachtít se (3인칭만 사용, *-chce se*) < *zachtělo se mi čeho/inf.* 나는 무엇을 …하기를 원하였다[…를 하고 싶었다]

zachuml|at (se) < -ávat (se) 꼭 덮다[감싸다]

zachutn|at < -ávat komu (누구에게) 맛이나다, 기호에 맞다 ◆ *něco - lo komu* 누가 어떤것을 좋아하기 시작하였다[좋아하게 되었다]

záchvat, *mi-2* 발병, 발작, 뇌졸증; s křečí 경련, 쥐

zachv|átit (*zachvať!, zachvácen*) < **-acovat** (화염이) 삼키다, 번지다; (병이) 침범하다, 엄습하다

záchvěv, *mi-2* 진동, 동요, 진폭

zachy|tit (*zachycen*) < **-covat 1** 잡다, 붙들다, 쥐다; 포착하다, 포획하다; 체포하다 **2** upevnit 붙들어매다, 고정하다 **3** zaznamenat 적어두다, 기록하다 **4** signál (신호를) 수취하다, 속기하다 **5** vystihnout 나타내다, vyjádřit 표현하다 **6** v pohybu 가로채다 **7** odposlechem (전화선 등에) 탭을 만들고 방수[도청]하다 **8** výpad (공격을) 받아넘기다

zachy|tit se < -covat se 잡히다, 붙들리다, 포착되다

záchytka, *f* **1** (기계의) 톱니 바퀴 멈추개, 죔쇠, 잠그개 **2** (구어체) protialkoholní (알코올 중독자) 단기 수용소, 억류소

záchytný 붙드는, 잡는, 억류하는 ◆ ~ *domov* 소년 구치소

zainteresovanost, *f-1* 관심, 흥미, 관심사, 관여 ◆ *hmotná* ~ 물질적 장려금

zainteresovat < -ávat koho na čem (누구를 어떤것에) 관심을 일으키게 하다, 흥미를 갖게 하다

zajat|ec, *ma* **-kyně,** *f* 사로잡힌 사람, z moci práva 포로, válečný 전쟁 포로

zajedno 동시에, 당장; 하나가 되어, 일체로

zájem, *mi-2* **1** o co (무엇에 대한) 관심, 흥미, 감흥 **2** 이익, 이해(관계) **3** záliba 애정, 애호, 취미 ◆ *mít o co* ~ 무엇에 대하여 관심을[흥미를] 갖다; *mít svůj vlastní* ~ 마음 속에 딴 속셈[마음]이 있다

zájem|ce, *ma* **-kyně,** *f* 관심을 갖는 사람[측], 이해 당사자[관계자], 잠재적 고객

za|jet (*zajed-, zajel*) < **-jíždět** (*-dějí*) **1** jako *zaběhnout* **2** koho = *přejet* **3** *zastavit/stavit se* cestou někde (도중에 어느곳에) 들르다, 방문하다

zajetí[1], *n* (신차의) 시운전

zajetí[2], *n* 사로잡힘, 감금, 속박; činnost 포획, 빼앗음, 생포 ◆ *držet koho v* ~ 누구를 포로로 잡아 두다; *padnout dostat se do* ~ 포로로 잡히다

zájezd, *mi-2* 단체 여행, 패키지 투어, 회유, 소풍, 유람, 수학여행, 관람, do

Z

(…로의) 여행 ◆ *zahraniční* ~ 해외여행; ~ *do hor* 등산 여행

zájezdní 여행의, 유람의 ◆ ~ *hostinec* 여관, 여인숙

zajíc, *ma* **1** 토끼, (특히) 산토끼 **2** o člověku (사람에 대해) 풋내기, 초심자, 세상물정 모르는 사람 **3** bázlivec 겁쟁이 **4** (구어체) děvče 계집아이, 매력있는 여자, 조숙한[성적으로 눈뜬] 소녀

zajídat (se) v. *zajíst (se)*

zajíkavý (말, 목소리가) 머뭇거리는, 더듬는

zajík|nout se < -at se 말을 더듬다, 머뭇거리다, 멈칫하다

zajímat 1 v. *zajmout* **2** koho (누구를) 끌다, 끌어당기다; dotýkat se ho 관심을 유발시키다, 흥미를 갖게하다

zajímat se o co (무엇에 대하여) 흥미를[관심을] 갖다

zajímavost, *f-1* 관심, 흥미, 매력; 관심사, 흥미거리

zajímavý 흥미있는, 재미있는, 관심[흥미]의, 매력적인, 흥미를 끄는

zají|st (*zají-m* … *zajedí, zajez!, zajedl*) < **-dat** 무엇을 먹다, co čím (무엇과 무엇을) 곁들여 먹다 ◆ ~ *oběd sýrem* 점심을 치즈로 마치다; ~ *vodku rybou* 보드카를 생선과 곁들여 먹다

zají|st se < -dat se 1 do čeho (무엇을) 먹어들어가다 **2** přejedením ztratit chuť 입맛이 떨어지다, 물리다, 식상하다

zajisté = *jistě*

zaji|stit (*zajištěn*) < **-šťovat 1** 보장[보증]하다, 확실하게 하다, pro bezpečnost (안전을) 확고히 하다, 확보하다, 보호하다 **2** 공급하다, zařídit 마련하다, 준비하다 **3** pro budoucí použití (미래의 사용을 위하여) 떼어두다, 비축하다 **4** prosadit uznání 주장하다, 옹호하다 **5** (경찰이) 구속하다, 억류하다

zaji|stit se < -šťovat se proti čemu (무엇에 대하여) 안전하게 하다, 보호하다

zaji|stit si < -šťovat si 예약하다, 예정해 두다

za|jít (*zajd-, zašel, zašl-, zajití*) < **-cházet** (*-zejí*) **1** (걸어서) 나아가다, 이르다, 도달하다; za mez (경계를) 넘어가다, 넘다, 돌아가다, 돌다 **2** zaniknout 사라지다, 죽다; na co (무엇으로), 멸망하다, 무너지다, postupně (점차) 다하다, 없어지다 **3** nebeské těleso (태양이) 지다 ◆ *-cházet tak daleko, že* …하도록 그렇게 멀리까지 가다; *-cházet do podrobností* 상술하다; ~ *příliš daleko* 도를 지나치다

za|jít si < -cházet si *oklikou* 우회하다, 돌아가다

zajíždět (si) v. *zajet* (*si*)

zájmeno, *n(-2)* **(문법)** 대명사

za|jmout (*zajm-, zajal, zajat, zajetí*) < **-jímat** 붙잡다, 체포하다, 생포하다, 탈취하다

zájmov|ý 1 특별한 관심의, 취미의, 도락의 **2** 이해(관계)의, 이익의 ◆ ~ *kroužek* 취미 그룹, 아마추어 클럽; *-á skupina* 이익 단체

zakaboněný 찌푸린 얼굴의, 찌무룩한, 부루퉁[실쭉]한, 음울한

zákal, *mi-2* **1** 흐림, 구름이 낌 **2** kal 혼탁, (혼)탁도 **3** 《醫》 카타르, (특히)

코[인후] 카타르, 콧물; šedý (각막의 혼탁 따위로) 부옇게 흐린 눈 ◆ *zelený ~* 녹내장

zakalený 흐려진, 혼탁한

zakalit 1 흐리게 하다, 혼탁하게 하다 **2** (쇠붙이를) 단련하다, (의지를) 굳게 하다

zákaz, *mi-2* 금지, 금제; 금지령 ◆ *~ jízdy* 통행금지; *~ kouření* 흡연금지; *~ vycházení* (야간) 통행금지(시각)

zakázan|ý 금지된, 금단의; (신문 등이) 발행 금지된 ◆ *-é pásmo* 금지 구역

za|kázat (*zakáž-, zakaž!, zakázal*) < **-kazovat** 금지하다, soudně pod trestem (법으로) 금하다, úředně (행정상) 허용하지 않다, 막다; z moci autority (권력으로써) 거부하나, 거부권을 행사하다; odvolání příkazu (명령을) 취소[철회]하다; dopravu (수송을) 금지하다

zakázk|a, *f* 주문, 수주 ◆ *na -u* 주문에 따라

zakázkov|ý 주문해 만든, 맞춘 ◆ *-é šaty* 맞춤옷

zákaznictvo, *n-2* (가게의) 손님, 고객; 단골

zákazn|ík, *ma-3* (가게 등의) 손님, 고객 (*-íci* v. *-ictvo*), 단골 손님; 소송[변호] 의뢰인; 주문자, 구매자

zakazovat v. *zakázat*

zákeřný 음험한, 교활한, 배반하는 = *úkladný* ◆ *~ vrah* 암살자

základ, *mi* **1** 기초, 근저, 토대 **2** elementární 기본 **3** teoretický (이론적인) 원칙, 원리; vědy (학문의) 원리, 기초, 토대, 근본 **4** výuky (가르침의) 기초 훈련, 초보 지식 ◆ *v -u* (= *na -ě*) 기본적으로, 근본적으로; *na -ě čeho* 무엇의 토대[기초]위에, vzhledem k 무엇을 고려하여

zakládací 창립의; 기초의, 토대의 ◆ *~ listina* 창립[설립]헌장

zakládající 세우는[건립하는], 설립[창립]하는 ◆ *~ člen* 창립 회원, 발기인

zakládat v. *založit*

zakládat se na čem (무엇에) 기초하다, 토대를 두다, 의거하다

zakládat si na čem (무엇을) 중하게 여기다, 소중하게 생각하다

zakladatel, *ma-1, 4* **-ka,** *f* 창립[설립]자, 발기인, 창시자

základna, *f* **1** 기초, 기저부, 토대; 기지, 근거지 **2** 기준, 조건 **3** (측량의) 기(준)선 ◆ *ekonomická ~* 경제적 기초; *letecká ~* 공군 기지; *odpalovací ~* 미사일 기지; *~ ponorková ~* 잠수함 기지

základní 1 기초적인, 기본적인 **2** 근본의, 근저의, 기저의 **3** 핵심의, 본질적인; 중요한, 주요한 **4** 초보적인, 으뜸의 ◆ *~ rys* 기본적인 특징; *~ škola* 초등학교; *~ tón* 으뜸음, 바탕음

zaklánět (se) v. *zaklonit (se)*

zaklap|nout, iter **-at** < **-ávat** (문, 뚜껑을) 탕하고 닫다; v. *klapat*

zaklesnout se 서로 껴안다, 동여매다

zakletí, *n* 마력, 매력, 매혹

zaklínadlo, *n* 마법, 마술

zaklínat (주문으로 악령을) 쫓아내다, 몰아내다

zakl|ít (*zakle-, zakletí*) < v. *klít* ~ < -

ínat = *začarovat*, prosbami (기도로써) 간원하다, 탄원하다

zakl|ít se < **-ínat se** čím (무엇을 두고) 맹세하다, 선서하다

záklon, *mi-2* 뒤로 휨[구부러짐]

za|klonit (se) < **-klánět (se)** (*-nějí*) 뒤로 구부러지다[휘다]; (의자에) 등을 기대다

záklopka, *f* pojistná 안전 밸브, 안전판; víčko 캡슐

zakódovat 부호화하다, 암호화하다

zakokt|at v. *koktat* ~ **se** < **-ávat se** 말을 더듬다, 더듬거리다

zákon, *mi* **1** 법률, 법, 법규, 법령 **2** bibl. 성서 ◆ *-em chráněný* 법에 의해 보호를 받는, 등록된, 특허권을 가진, *výrobek* (제품이) 독점의 전매[특허]의; *návrh -a* 법안, 의안; *přijmout návrh -a* 법안을 통과시키다[채택하다]; ~ *nadhodnoty* 잉여가치의 법칙; ~ *schválnosti* 머피법칙((경험에서 얻은 몇 가지의 해학적인 지혜)); *autorský* ~ 저작권; *trestní* ~ 형법; ~ *džungle* 정글의 법칙

zakonč|it < **-ovat** 종결하다, 끝내다, 마감하다, 청산하다, v. *končit* 마치다

zákoník, *mi-3* (성경) 기자, 필기사

zákoník, *mi-3* 법전 ◆ *občanský* ~ 민법권; *trestný* ~ 형법권

zákonitost, *f-1* 규칙 바름, 규칙성

zákonit|ý 규칙적인, 정연한, 계통이 선; 정규의, 정식의 ◆ *jeho -á manželka* 그의 법적 부인[정실]

zákonnost, *f-1* 합법성, 적법성, 정당성

zákonn|ý **1** 법의, 법적인; 합법의, 적법의 **2** 옳은, 정당한 ◆ *-á doba po smrti* (죽음 후의) 영생, 불멸; *-á domněnka* 법률상의 추정; *-á lhůta* 법에 의해 정해진 기간[기한]; ~ *pořádek* 법과 질서, 안녕질서; *-ý požadavek* 법적 요구[청구]; *-á vyživovací povinnost* (부양가족 등에 대한) 법적인 부양 의무; *-é ustanovení* 법률의 제정, 법규, 법령

zákonodárce, *ma* 입법자, 법률 제정자 ◆ *úmysl/záměr* ~ 입법 의지[의도]

zákonodárný 입법(상)의, 입법권이 있는, 입법부의 ◆ ~ *orgán* 입법기관

zákonodárství, *n* 입법, 법률 제정

zákop, *mi-2* 도랑, 호, 해자; pro jednoho (일인용의) 참호, 사격호, 방공호

zakop|at (*zakop-u|-ám, zakopej!, zakopal*) < **-ávat** 파묻다, 묻다, 덮다

zakop|nout < **-ávat 1** 고꾸라지다, 헛디디다, 발이 걸려 넘어지다 **2** společensky (사회적으로) 실수를 하다, 과실을 범하다

zakoře|nit (se) < **-ňovat (se)** 뿌리를 박다, 정착하다

zakořeněný 뿌리를 내린, 정착한; 뿌리 깊은, 완강한

zakotv|it < **-ovat 1** 닻을 내리다, v docích (도크에) 정박하다 **2** 걸을 수 있게 되다, 자기의 능력을 알다

zakoulet se (*-lejí*) 굴러가다 ◆ ~ *pod stůl* 테이블 아래로 굴러가다

zakoupit (*zakup!*) < = *koupit*

zakoupit se < **zakupovat se** kde

Z

(어디에) 자리잡다, (집이나 땅을 사서) 정착하다

za|kouřit (*zakuř!*) < **-kuřovat** 검게 하다, 그을리게 하다; naplnit kouřem 연기로 가득 채우다

zakouřit si 담배를 피우다, 흡연하다

zakous|nout, -at < **-ávat** 물어 죽이다

zakous|nout se < **-ávat se** do čeho (무엇을) 물어 뜯다, 물다

zakoušet (*-šejí*) v. *zakusit*

zákoutí, *n* (방 따위의) 구석, 모퉁이, 쑥 들어간 곳, 격리된 장소; ústraní 숨는 곳, 은신처

zakrátko 곧, 이 내, 잠시 후, 머지않아

zakr|nět < **-ňovat** 성장[발육]을 방해받다, 위축되다

zakrnělý 왜소한, 성장[발육]을 방해받은, 난쟁이 같은

zakroč|it < **-ovat** **1** 뒤로 물러서다, 물러나다 **2** 발을 들여놓다, 사이에 들다, 개입하다, 방해하다 **3** 조정하다, 조치하다

zakroj|it < **-ovat** do čeho (무엇 속으로) 베다, 자르다

zákrok, *mi-2, 3* **1** 뒤로 물러나기 **2** zásah 엄중 단속, 조치 **3** 대처, 개입, 중재; (외교적) 접근 ♦ *lékařský ~* 치료, 의료

zakroucený 꼬인, 뒤틀린, 꼬불꼬불한

zakroutit (*zakruť!*, *zakroucen*) v. *kroutit* ♦ *~ komu krk(em)* 누구의 목을 비틀다

zákrsek, *mi-2, 3* 덤불, 관목숲

zakrslík, *ma-3* malý člověk 작은 사람, 꼬마둥이, 좀생이

zakrslý v. *zakrnělý*

zákrut, *mi-2* 굽음, 굽은 곳, 만곡(부)

zakrvácet (*-cejí*) **1** 피로 물들이다 **2** 막중한 손실[타격]을 입히다 ~ **se 1** 피로 물들다 **2** 무거운 손상[타격]을 입다

zákryt, *mi-2* 일렬, 정렬, 배열, 정돈

zakr|ýt (se) (*zakry-*) v. *krýt* (*se*) = (*za*) *halit* (*se*) ~ < **- ývat** před pohledem (시야를) 덮어 가리다

zakřik|nout < **-ovat** koho (누구를) 소리를 쳐서 침묵시키다[조용하게 하다]

zakřiknutý 소심한, 겁먹은, 수줍어하는

zaktivizovat v. *aktivizovat*

zakukl|it < **-ovat** 가면을 쓰다, 변장하다, 가장하다 ~ **se** housenka (모충이) 번데기가 되다

zakula|tit < **-covat 1** 둥글게 하다 **2** = *zaokrouhlit*

zákulisí, *n* 무대의 뒤쪽, 무대 뒤의 분장실; 배경

zákulisní 1 무대 뒤쪽의; 배경이 되는 **2** 비밀 , 음험한

zakupovat = *kupovat*

zakupovat se v. *zakoupit se*

zakuřovat v. *zakouřit*

zákusek, *mi-2* (식후에 입가심으로 먹는) 단 것들, 디저트, 후식

za|kusit < **-koušet** (*-šejí*) 겪다, 부닥치다, 체험하다, 견뎌내다, 감내하다

zakutálet se (*-lejí*) = *zakoulet se*

zákvas, *mi-2* **1** 접종물[재료], 접종원

2 zakvašené krmivo 엔실리지((작물을 베어서 저장탑이나 깊은 구덩이에 넣고 젖산을 발효시켜 만든 사료)), 보본 생목초

zakva|sit *(-šen)* < **-šovat** 발효시키다

zákvasný 발효시키는, 발효의

zaled|nit < **-ňovat** 얼음으로 덮다

za|lehnout < **-léhat 1** (눈이) 덮다, (어린애를) 깔고 누워 질식시키다 **2** 드러눕다, 침대에 들다 ◆ *uši mi -léhají* 나는 귀울음이 난다 (일시적인 귀먹음의 전조로써)

zaleknout (se) = *leknout (se)*; ~ koho (누구를) 으르다, 위협하다; odstrašit (공포 따위로) 제지하다, 단념시키다

zalep|it < **-ovat 1** (아교, 접착제) 붙이다, 접착시키다, 교착시키다 **2** 봉인하다, 밀봉하다

zálepka, *f* 봉함엽서, aerogram 항공 봉함 엽서, 항공 우편

zálesák, *ma-3* 외따로 숲속에 사는 사람, 사냥꾼, 나무꾼

zalesknout se < **1** v. *lesknout se* **2** čím = *blýsknout se*

zales|nit < **-ňovat** 조림[식수]하다

za|letět *(oni zaletí)* < **-lét(áv)at 1** (어디까지) 날아가다 **2** (소리가) 누구의 귀에까지 들리다

záletník, *ma-3* 여자를 쫓아 다니는 사람, 엽색가, 새롱거리는 사람

záletný 호색적인, 새롱거리는, 농탕치는, 바람기 있는, 요염한

zálet|y, *mi-pl* 새롱거림, 농탕치기, (부정한) 정사, 밀통, 연애 ◆ *být na -ech* 여자를 쫓아다니다, 엽색하다

zaletovat 납으로 때우다, 굳게 결합하다

zalévat (se) v. *zalít (se)*

zaléz|t *(zalez-)* < **-at 1** 기어가다, 기어들어가다 **2** (은거지 속으로) 물러나다, (조개 따위가) 껍질 속에 들어가다 **3** ustrašeně (무서워) 꽁무니 빼다

zálež|et na čem/kom (무엇/누구에) 의존하다, 달려 있다, 좌우되다, 중요하다, 관건이다 ◆ *-í mi na tom, aby...* 나는 …하도록 그것이 마음에 쓰인다; *to -í na vás* 그것은 당신에게 매달려있다; *co na tom -í?* 그게 무슨 상관이냐? 그것은 아무런 상관이 없다; *dát/nechat si* ~ (…에) 신경[마음]을 쓰다

záležitost, *f-1* 일, 용건, 용무, 업무, 사건, 문제

zálib|a, *f* **1** 기쁨, 즐거움 **2** v čem (무엇에 대한) 애호 **3** koníček 취미, 도락, 여기; vášnivá (열정적인) 애호, 애모, 연모 ♦ *mít v čem -u* 무엇을 좋아하다[애호하다]

zalíb|it se *(zalib se!)* < komu (누구의) 환심을 사다, 누구의 마음에 들다 ◆ *-ila se mu* 그녀는 그의 마음에 들었다

zalíbit si < koho (누구를) 좋아하게 되다, 누구에게 반하다

zálibný 아주 기뻐하는, 마음에 든

zalid|nit < **-ňovat** …에 사람을 살게 하다, 식민하다

za|lít *(zali-|zale-, zalil, zalit)* < **-lévat 1** 물이 넘치게 하다, 범람시키다, 잠기게 하다 **2** (꽃에) 물을 주다

za|lít se < **-lévat se** 흡수하다, 범람하다

Z

záliv, *mi-2* (바다의) 만, 내포 ◆ *Perský* ~ 페르시아 만; *Mexický* ~ 멕시코 만

za|lknout se < **-lykat se** 숨이 막히다, 목메다, 막히다

zalknutí, *n* 숨이 막힘 ◆ *je tu (horko) k* ~ 여기는 숨이 막힌다/숨이 막히게 덥다

zálo|ha, *f* **1** rezerva 비축, 예비, 예비[보급]품 **2** předem poskytnutá 선금, 선불, 가불, 착수금, 보증금 **3** složená (은행) 예금, 공탁금, 적립금 = *závdavek* ◆ *být v* ~ *ze* na pomoc (원조를 위해) 대기[준비]하다; *dostat -hu na mzdu* 월급에 대한 가불을 받다; *mít co v -ze* 무엇을 적립하다; *důstojník v -ze* 예비역 장교

zálohování, *n* **(**컴퓨터**)** 예비의 카피 만들기

zálohovat 1 비축하다, 예비하다, 예금하다 **2 (**컴퓨터**)** 백업 카피를 만들다

zalomení, *n* **1** hřídele 크랭크, (Z자 꼴로) 굽은 자루 **2** sazby (페이지 따위의) 정판, 초판(물)

zalomený 1 부서진, 깨어진, 꺽인 **2** 크랭크 모양으로 구부러진, 크랭크로 연결된

zalomit 1 = *zahnout* **2** větev (가지를) 꺾다, 부러뜨리다; rukama (손으로) 비틀다

založení, *n* **1** 기질, 성질, 성미 **2** 철하기, 서류정리 **3** 장전, 로딩 **4** 설립, 창립, 창설

za|ložit < **-kládat 1** co za co (무엇을 무엇의) 뒤에 두다[놓다]; co stranou (무엇을 옆으로) 제쳐놓다, 치우다 **2** do kartotéky (서류철에) 철하다, 정리 보관[보전]하다 **3** na žádoucí místo (필요한 위치에) 맞추어 넣다, 끼어 넣다; na nespr. místo (옳지 않은 곳에) 잘못 두다[놓다] **4** zřídit 설립[창립]하다, 창설하다, 창시하다, 세우다 **5** zahnutím (구부려서) 접다, 접어 포개다; 팔을 끼다 **6** koho zálohou (누구에게 선불로써) 미리 지급하다, 가불해 주다

záložka, *f* **1** (옷의) 단, 주름겹단; kalhot (바지의) 접어 올린 단 **2** v knize (책의) 갈피표, (장) 서표

záložna, *f* (서민에게 융자하는) 금융회사, 서민 금고

záložní 1 예비의, 여분의, 따로 간직한 **2 (**컴퓨터**)** 여벌의, 백업이 ◆ ~ *kopie* 백업 카피; *systém umožňuje pořídit* ~ *kopii* 시스템은 백업 카피가 가능하다

záložník, *ma-3* **1** 《軍》 예비[후비]병, 재향 군인, 향토 예비군 **2** (축구) 미드필더[하프백, 중위] ◆ *pravý/levy* ~ 오른쪽/왼쪽 미드필더

záludn|ý 악의 있는, 짓궂은, 비열한, 속이는, 배반하는 ◆ *-á otázka* 유도 질문

zálusk, *mi-2* (하고자 하는) 열망, 갈망; 공상, 상상(력)

zalykat se v. *zalknout se*

za|máčknout < **-mačkávat 1** tabák do dýmky (파이프에 담배를) 쟁이다; 채워넣다, 다져넣다 **2** rozbít 눌러서 뭉개다, 으깨다 **3** cigaretu (담배를) 비벼 끄다

zamčení, *n* (자물쇠의) 잠금

zamčený (자물쇠가) 채워진, 잠긴

Z

zamalov|at < **-ávat** 위에 칠하다, 덧칠하다

zamanout se < komu (누구에게) 생각이 나다

zamanout si co (무엇을) 고려하다

zámečník, *ma-3* **1** 자물쇠 제조공[장수] **2** strojní (기계의) 설치하는 사람, 조립공, 정비공

zámek, *mi-2, 3* **1** dveří (문의) 자물쇠 **2** stavba 성, 대저택, 별장, 샤토

záměna, *f* **1** 혼동, 혼란, 교체, 대체 **2** v chápání (이해에서의) 틀림, 오해 ◆ ~ *osob* 사람을 잘 못 봄; ~ *jmen* 이름의 혼동

záměnnost, *f-1* 교환 가능성, 호환성

zamě|nit < **-ňovat 1** koho za koho (누구를 누구로) 혼동하다, 잘못보다; co s čím (무엇을 무엇으로) 혼동하다 **2** 교환하다, 대체하다 = *vyměnit*

zaměnitelný 바꾸어 놓을 수 있는, 대신이 될 수 있는; zástupný 대용할 수 있는, 대체 가능한

záměr, *mi* 의향, 의지, 목적; úmysl 의도, 계획, 구상, 복안; smysl 생각, 결심, 결의

záměrný 계획적인, 고의의, úmyslný 의도적인

zaměření, *n* 지향, 겨냥; 편향

zaměřen|ý 지향하는, 겨냥된; 편향된, 편중된 ◆ ~ *nač* 아무것을 지향하는; *se -ím nač* 무엇을 예상[기대]하고, …을 노리고

zaměř|it < **-ovat 1** zjistit, kde jsme (우리가 어디에 있는지) 위치를 알아내다, 방위를 찾아내다, 측량하다 **2** dát směr 방향[목적]을 정하다, na (…로) 겨냥을 하다,

zaměstnan|ec, *ma* 피고용자, 고용인, 사용인; práv. (법적인) 공무원, 관리; ve mzdě 임금노동자, 근로자 ◆ *-ci* 직원, 사원, 종업원; *administrativní -ci* 사무[행정] 직원

zaměstnání, *n* povolání 직업, 직무, 일; 관직; závazek k službám 고용; místo 일자리 ◆ *bez* ~ 일이 없는, 실직한, 놀고 있는

zaměstnanost, *f-1* **1** 취업 상태, 고용, 취업율 **2** podniku (기업의) 활동성, 활기, 경기

zaměstaný 1 취업[취직]된, 고용된 **2** 바쁜, 열중한

zaměstn|at < **-ávat 1** zavázat k službě 종사시키다, tak využít 고용하다, při/v (…에) 쓰다, **2** zabrat čas 종사하다, 열중하다, 전념하다

zaměstn|at < **-ávat se** čím (무엇에) 종사하다, 열중하다, 관여하다, 참여하다 ◆ *kde jste -án?* 어디에서 일하십니까?

zaměstnavatel, *ma-1, 4* **-ka,** *f* 고용자, 사용자, 주인, 경영자, 사장

zamešk|at < **-ávat** (기회 등을) 놓치다, 잡지 못하다; (수업에) 나가지 못하다, 결석하다 = *opominout*

zametat = *mést*

zamez|it < **-ovat** 막다, 금하다, 방해하다, 훼방하다

zamilovaný do (…에게) 사랑에 빠진, 반한; bláznivě (정신없이) 열중한, 혹한, 얼빠진 ◆ ~ *až po uši* 사랑에 깊이 빠진, 홀딱 반한

zamilov|at se < **-ávat se** do koho (누구와) 사랑에 빠지다; bláznivě (미

친듯이) 열중하다; 혹하다

zamilov|at si < **-ávat si** co = *zalíbit si*

záminka, *f* 구실, 핑계, 변명

zamítavý 부정의, 거부의, 거절하는

zamít|nout < **-at** 거절하다, 물리치다, zavrhnout, zapudit 거부하다; nechtít se zabývat 각하[기각]하다, návrh (의안을) 부결하다; pro závadnost úředně (행정상 결함 때문에) 폐기처분하다

za|mknout (*zamknut/zamčen*) < **-mykat** 자물쇠를 채우다, 잠그다, 닫다; před kým (누구를) 자물쇠를 잠그어 내쫓다

zaml|čet (*oni zamlčí*) < **-čovat** (침묵으로써) 비밀로 하다, 숨기다, 감추다

zamlklý 무언의, 말없는, 침묵의

zamlouvat se komu (누구의) 마음에 들다, 흥미를 끌다

zaml|uvit < **-ouvat 1** přejít (대화에서) 언급없이 통과시키다[지나치다], 넘어가다 **2** 예약하다, zadat 예매하다

zamlž|it < **-ovat** 안개로 덮다, 흐리게하다, 흐릿하게 하다; uměle (인공적으로) 연막을 치다

zamlžený 안개낀, 흐릿한, 아련한, 몽롱한

zámoří, *n* 해외, 외국

zamoř|it < **-ovat** (역병에) 만연하다, 감염시키다; (공기, 물을) 오염시키다, radioakt. (방사능으로) 오염되게 하다; **(**비유**)** stále se tam objevovat 그득하게 하다, 밀어 닥치다, 쇄도하다

zámořský 해외(로부터)의, 외국의, 해외로 가는, jedoucí do zámoří 외양[원양]항행의

zamotat < v. *motat a zavinout* 감다, 감아돌리다

zámotek, *mi-2, 3* 누에의 고치

zámožný 유복한, 풍족한, 부유한

zamračený 1 구름이 낀, 흐린 **2** člověk (사람이) 찌푸린 얼굴의, 언짢은, 침울한

zamračit (se) v. *mračit (se)*

zamrzlý 얼어붙은, 꽁꽁얼은

zamrz|nout < **-(áv) at 1** (전면에) 얼다, 얼음으로 덮다 **2** uváznout v ledu 얼어붙다, **(**비유**)** 동결되다 **3** **(**컴퓨터**)** 교착상태가 되다 ◆ *po několika příkazech počítač zamrznul* 몇개의 명령 후에 컴퓨터는 교착상태가 되었다; *ne-ající přístav* 얼지않는 항구, 부동항; *ne-ající směs* 부동액

zamrznutí, *n* **1** 얼어붙음, 결빙; 동결 **2 (**컴퓨터**)** 교착상태

zamřížov|at < **-ávat** 빗장[창살]을 대다

zamykat v. *zamknout*

zamy|slet, -slit se (*oni se zamyslí, -sli se, zamyšlení*) < **-mýšlet se** (*-šlejí se*) **1** 생각에 잠기다[빠지다] **2** nad čím (무엇에 대해) 고민하다, uvážit co 고려하다

zamýšlet …할 작정이다, …하려고 생각하다; 의도하다, 기도하다

zamžený (창문이) 김이 자욱한, 뿌옇게 흐린

zanášet (*-šejí*) v. *zanést* ~ **se** čím = *zabývat se*

zanedbání, *n* 무시, 경시, 소홀

zanedb|at < **-ávat** 무시하다, neučinit 경시하다, 등한히하다

zanedlouho = *zakrátko*
zanech|at (*zanech!*) < **-ávat 1** …한 상태로 놓아두다, 두고 가다 **2** = *nechat, vzdát se*
zaneprázdněný 시간을 빼앗긴, 몹시 바쁜
zaneprázd|nit < **-ňovat** 시간을 빼앗다, 몹시 바쁘게 하다
zaneřá|dit (*nezaneřádi!*) < **-d'ovat** 난잡하게 하다, poh____ázením 어지러놓다
za|nést (*zanes-*) < **-nášet** (*-šejí*) **1** co kam (무엇을 어디로) 가지고 가다, 실어가다; vítr (바람이) 불어보내다, 날려보내다 **2** záznamem 기입하다, 등기하다 **3** ucpat 막다 **4** vejce (닭이) 알(을) 다른 장소에 낳다[잘못 낳다] **5** koho čím (누구에게 무엇을) 듬뿍 주다[안기다]
zánět, *mi-2* 염증 ◆ ~ *dásní* 치은염; ~ *kloubů* 관절염; ~ *kůže* 피부염; ~ *močového měchýře* 방광염; ~ *plic* 폐렴; ~ *středního ucha* 중이염
zanevřít (*zanevř-, zanevřel*) < na koho (누구를) 미워하게 되다
zanic 절대로 …않다
zánik, *mi-2* 소멸, 사멸, 절멸; neodvratný (돌이킬 수 없는) záhuba 파멸, 죽음; konec 멸망
zaniklý 꺼진, 소멸한, 사멸한
zanik|nout < **-kat** 꺼지다, 소멸하다; přestat účinkovat 그치다, 중지하다; o nárocích 만료하다, 끝나다
zanítit (*zanit'!, zanícen*) < **1** 불을 붙이다, 점화시키다; 열정을 불러 일으키다 **2** 염증을 일으키다 ~ **se** < 염증이 생기다, 충혈되다
zánovní 거의 새로운
zaobl|it < **-ovat** 둥글게 하다
zaokrouhlený 1 둥근, 둥그스럼한 **2** 우수리 없는
zaokrouhl|it < **-ovat** 둥글게 하다, (모서리진 부분을) 깎거나 갈다
zaopatření, *n* 준비, 공급; obživa 양식, 식량; živobytí 식사가 딸린 하숙
zaopatř|it < **-ovat 1** = *opatřit* **2** koho čím (누구에게 무엇을) 공급하다, 제공하다
zaost|alý 뒤진, 진보가 늦은, 낙후한; duševně 머리가 둔한, 우둔한; (구어체) bez vervy 생기가 없는
zaost|at (*zaostan-, zaostal, zaostání*) < **-ávat** 남에게 뒤지다, 뒤떨어지다, 낙후하다
zaostř|it < **-ovat** 초점을 맞추다; zašpičatit, vyhrotit 뾰족하게 하다, zvýšit ostrost 날카롭게 하다 ◆ *ne - ený* 초점이[핀트가] 맞지 않는
západ, *mi* **1** slunce 일몰, 해질녘 **2** 서쪽 **3** (západní blok) *Západ* 서부, 서방(세계) **4** zámku (자물쇠의) 회전 ◆ *Divoký Z.* (개척시대의) 미국 서부지방; *film z Divokého Z -u* 서부극
zapad|(áv)at v. *-nout*
západka, *f* 걸쇠, 빗장
západlý 1 침몰한, 가라앉은 **2** sněhem 눈에 갇힌 **3** odlehlý 멀리 떨어진, 원격의 **4** ztracený z dohledu 안 보이는
západní 서쪽의, 서부의, 서양의, 구미의 ◆ *Z. Indie* 서인도제도
zapad|nout < **-(áv)at 1** (뒤로) 떨어지다, 넘어지다; 스며들다 **2** 가라앉다, 잠기다, 침몰하다, 빠지다 **3**

nebes. těleso (해, 달이) 지다, 넘어가다 **4** do sebe 어울리다, 조화하다; zabírat 맞물리다; 들어맞다; do celku (전체에) 잘 끼이다, 꼭 맞다

zapad|nout, -at < -ávat sněhem 눈에 갇히다

zápach, *mi-2, 3* 악취, 악한 냄새, 지독한 냄새 ◆ ~ *kouře* 연기 냄새; ~ *z úst* 구취, 입 냄새

zapáchat = *páchnout*

zápal, *mi* **1** 열의, 열정, 정염 **2** 《醫》 zánět 염증 **3** 《機》 점화, 발화, 인화 ◆ ~ *plic* 폐렴; ~ *slepého střeva* 맹장염; *v -u hádky* 논쟁의 열의 속에서; *předčasný* ~ 조기 점화

za|pálit < -palovat 불을 붙이다, tech. 점화하다, k topení, kouření (난방기구, 담배에) 불을 붙이다, 점화하다

za|pálit se < -palovat se (불이) 켜지다, chytit (불이) 붙다

zápal|ka, *f* 성냥 ◆ *krabička z -ek* 성냥갑

zápalný 불타기 쉬운, 가연성의

zapalovač, *mi* 점화기, 라이터

zapalovat (se) v. *zapálit se*

zapalující 불나게 하는, 방화의

zapamatov|at si < -ávat si 기억하다, 암기하다, 명심하다

zaparkovat 차를 세우다, 주차하다

zápas, *mi* **1** 시합, 경기 **2** pěstní (주먹) 싸움, 투쟁, řecko-římský 레슬링, 씨름, 격투 **3** o (…을 위한) usilování 투쟁, 몸부림

zápasit 1 싸우다, 분투하다, 다투다 **2** 씨름하다, 고투하다 **3** 경쟁하다, 시합하다

zápasník, *ma-3* (레슬링) 선수, 장사, 격투하는 사람, 씨름꾼; pěstní 복서

zapaž|it < -ovat 팔을 뒤로 뻗다

zápecnický ignorantský, přízemní 필리스틴(사람의), 속물적인; úzce lokálních zájmů 지방적인, 편협한

zápěstí, *n* 손목, 손목관절

zápětí v. *vzápětí*

za|píchnout < -pichovat = *zabodnout*

zapíjet v. *zapít*

zapínací (레버, 조종간이) 작동하는 ◆ ~ *špendlík* 안전핀

zapínat v. *zapnout*

zapírat (se) v. *zapřít (se)*

zápis, *mi* **1** 등록, 등기, 등재; na vysokou školu 대학 입학허가, 대학 등록 **2** z jednání (회의의) 의사록 **3** 기록, 필기 **4 (**컴퓨터**)** 정보 입력

zápis|ek, *mi-2* 기록, 메모 ◆ *-ky* 회상[회고]록, 수기

zápisné, *n* 입장료, 가입비, 입학금

zápisník, *mi-2, 3* 잡기장, 비망록

zapisovat (se) v. *zapsat (se)*

zapisovatel, *ma-1, 4* **-ka,** *f* 기록원, 호적 사무원

zapí|t (*zapi-*) **< -jet** (*-její*) **1** co A čím B A를 B와 곁들여 마시다, A를 B로 써 씻어 내리다 **2** 마셔서 가시게 하다 **3** stvrdit pitím 마셔 축하하다, 축하주로 마시다 ◆ ~ *jídlo pivem* 음식을 맥주와 곁들여 먹다; ~ *žal* (술을) 마셔서 슬픔을 가시게 하다; ~ *smlouvu* 계약 축하주를 마시다

záplata, *f* 헝겁 조각, 천 조각

zaplatit v. *platit*

Z

záplava, *f* **1** 홍수, 침수, zátopa 범람 **2** velké množství 대홍수 **3** 쏟아져 나옴, 쇄도

zaplavat 수영하다, 헤엄치다

zaplav|it < **-ovat** 범람시키다, 물에 잠기게 하다, 침수하다

zaplé|st (*zaplet-*) < **-vat 1** vplést vlasy (머리를) 엮다, zamotat 땋다 **2** co do čeho (무엇을 무엇에) 뒤얽히게 하다, 연루시키다

zápletka, *f* **1** 갈등, 분규 **2** (문학의) 줄거리, 플롯 **3** 불륜 관계, 정사 ◆ *dějová ~* 이야기, 줄거리, 플롯; *vedlejší ~* 부차적 줄거리

za|pnout (*zapn-, zapjal, zapnul; zapnutí*) < **-pínat 1** na knoflíky (단추를) 채우다, (지퍼를) 잠그다 **2** uvést v činnost 스위치를 켜다, 작동시키다, vypínačem (가스, 수도 등을) 틀다 **3** *= zapojit*

zápočet, *mi-2* **1** 포함, 삽입 **2** (교과목의) 이수 학점, 이수 증명

započít|at < **-ávat 1** (전체의 일부로서) 계산하다, 포함시키다 **2** komu k dobru (누구를) 인정하다, 믿다, komu k tíži (누구에게 …의 죄를) 씌우다, 돌리다

započitateln|ý 신용할 수 있는 ◆ *-á služba* 기부사업

zapoj|it < **-ovat** funkčně (기계를) 연동시키다, do řetězce 연결하다; 플러그를 꽂다, 접속하다

zapoj|it se < **-ovat se** 참가하다, 합류하다, 가담하다

zápolit *= zápasit*

zapo|menout (*zapomněl=zapomenul*) < **-mínat** 잊다, 망각하다, co kde (무엇을 어디에) 두고 오다; nebýt uplatňován (권리 등이) 정지 중이다 ◆ *upadnout v -menutí* 잊혀지다

zapomnětlivý 잊기 쉬운, 잘 잊어버리는

zápor, *mi-2* **1** 부정, 부인 **2** 단점, 결점 ◆ *klady a -y čeho* 무엇의 장점과 단점

záporný 1 부정의, 반대의 **2** 음의 ◆ *~ pól* 음전극

zaposlouch|at se < **-ávat se** do čeho (무엇에) 열심히 경청하다[몰두하다]

zapoší|t (*zapoši-*) < **-vat** 꿰매 맞추다, 봉합하다

zapotřebí 필요하게, 필수적으로 = *třeba* ◆ *něčeho je ~* 무엇이 필요하다, 필수적이다; *mít čeho ~ = potřebovat co* 무엇을 필요로 한다; *je ~* (그것은) 필수적이다

zapouštět v. *zapustit*

zapo|vědět (*zapoví-m …, -te, zapovědí, zapověz!, zapověděl, zapovězen*) < **-vídat** *= zakázat*

zapovíd|at se < **-ávat se** 수다를 떨며 시간을 보내다

zapracov|at < **-vávat 1** učně (견습생을) 훈련[단련]시키다 **2** co do čeho (무엇을 무엇에) 섞다, 혼합하다 **3** (~ si) na čem 무엇에 전력하다

zaprášit (*zapraš!*) (가루를) 묻히다, 끼얹다; 먼지투성이로 만들다

zaprav|it < **-ovat** (빚을) 갚다, 청산하다, 치르다, 지불하다

zapražit (스프, 소스를) 걸죽하게 하다

zápražka, *f* (음식에 치는) 갈색 착

Z

색제

zaprod|at < -ávat zradit 배반하다, 저버리다

zapřádat v. *zapříst*

za|přáhnout (*zapřažen*) < **-přah(ov)at 1** do (…에) zvíře strojit 마구를 채우다 **2** koho k čemu (누구를 무엇에) 얽매이게 한다

zapřen|á, *f* 익명자 ◆ *na -ou* 익명으로

zapřisáh|lý 맹세한, 언약한

zapřisáhnout (se) < zapřísahat (se) = *zaklí* (na) t (se)

za|příst (*zapřed-*) < **-přádat 1** (고양이가) 가르랑거리기 시작하다 **2 (**구어체**)** s kým (누구와) 대화를 시작하다

za|přít (*zapř-*, *zapřel*) < **-pírat 1** 부정하다, 부인하다; nehlásit se k tomu 자기것이 아니라고 말하다 **2** 숨기다, 감추다 **3** 지탱하다, 버티다 ◆ *svůj věk nezapře* 그는 자신의 나이를 감출 수 없다; *nezapře svého otce* 그는 자신의 아버지를 빼닮았다 ~ **se < -pírat se 1** před návštěvou (방문 전에) 집이나 사무실에 없는 척하다 **2** ovládnout se 극기하다, 자제하다

za|psat (*zapíš-*, *zapiš!*, *zapsal*) < **-pisovat 1** 적어놓다, 기록하다, 메모하다 **2** do soupisu (정보를) 입력하다, 등록하다, 등재하다, 학적에 올리다, 기명하다, 기재하다

za|psat se < -pisovat se (증서에) 서명날인하다, na vys. školu (대학에) 등록하다, v hotelu (호텔에) 예약하다, pro vstup/členství 회원이 되다

zapu|dit (*zapuzen*) < **-zovat** 쫓다, 쫓아내다, 몰아내다; od sebe (자신으로부터) 끊어버리다, 절연하다

zapůjč|it (*zapůjč!*) < **-ovat** = *půjčit*

zapůsobit v. *působit*

za|pustit (*zapusť!*, *zapuštěn*) < **-pouštět** (*-tějí*) 내려놓다, (나사못 등의 대가리를) 구멍에 박아넣다, vložit 집어넣다, 끼어넣다 ◆ *~ kořeny* 뿌리를 박다[내리다]

zapuzovat v. *zapudit*

za|razit (*zaražen*) < **-rážet** (*-žejí*) **1** co do čeho (무엇을 무엇 속에) 박아넣다, 쑤셔넣다, 찔러넣다 **2** 막다, 정지시키다; otočením (마개를 틀어서) 잠그다, přerušit 중단시키다 **3** přivést z konceptu 어리둥절하게 하다, 당황하게 하다; s trhnutím 깜짝놀라게 하다 **4** obrátit k horšímu 퇴보시키다, vývoj 초기에 좌절시키다 (차량을) 끌다, 견인하다 **5** co kam (무엇을 어디에) 세우다, 집어넣다

za|razit se < -rážet se = *zastavit se;* před čím (무엇 앞에서) 멈칫하다, 주춤하다; v řeči (대화 중에) 중단하다, 잠시 멈추다

zarážející 깜짝 놀라게 하는, 놀라운

zaražený 당황한, 어쩔줄 모르는

zármutek, *mi-2, 3* smutek 슬픔, 비통

zareagovat 반응하다, 반작용하다

zárodečný 새싹의, 태아의

zárodek, *mi-2, 3* **1** 싹, 태아; (원자의) 핵 **2** 원인, 불씨, 단초

zarostlý 무성한, 우거진; (수염, 머리털이) 덥수룩한 v. *zarůst*

zároveň 1 současně 동시에, 일시에 **2** spolu s 나란히 병행하여

Z

zarputilý = *neústupný, tvrdohlavý, umíněný, vzdorovitý*

zaručený 보장된, 확실한, 확고한

zaruč|it < -ovat 보증하다, 보장하다; (참조) *ručit za co ~*

zaruč|it se < -ovat se 보증하다; kaucí 증인이 되다, 보증을 서다

záruční 보증의, 보장의 ◆ *~ lhůta* 보증 기간

záruka, *f* **1** 보증, 보증서 **2** kauce 보증금, zabezpečující zařízení **3** 보호, 방위(수단) ◆ *poskytnout -ku* 보증하다, 보장하다

zarůst (*zarost-*) < **-at 1** 무성하게 자라다, 우거지다 **2** (상처가) 아물다 **3** zacelit se (뿌리가 바위 사이로) 파고 들어가다

zarý|t (*zary-*) < **-vat** rýpat (삽을) 찔러 넣다, 박다

zarytý 심술궂은, 괴팍한, 완고한; pevný 견고한, zatvrzelý 든든한

zařa|dit(zařazen) < -ďovat 1 정돈하다, 정리하다; 배열하다 **2** 분류하다, 나누다 **3** 끼워넣다, 삽입하다 **4** (속도를) 조절하다

zář(e), *f* 발광, 광채, 빛

záření, *n* 발광, 방사 ◆ *jaderné ~* 핵방사

zářez, *mi-2* 베기, 절개, 새김; 베인 자국; 새김눈

zařez|at, zaříznout < -ávat 베다, (동물의) 목을 베다, 죽이다 ◆ *seděl jako -aný* 그는 두들겨 맞은 사람처럼 멍청하게 앉아있다

zařez|at se < -ávat se do čeho (무엇에) 불쑥 끼어들다

září, *n* 9월

zaří|ct se (*zařeknout; zařekn-, zařekl, zaříci*) < **-k(áv)at se** 맹세하다, 서약하다 ◆ *zařekl se, že to už nedělá* 그는 더 이상 하지 않겠다고 맹세하였다

za|řídit (*zařiď!, zařízen*) < **-řizovat 1** 조치하다, 마련하다, 준비하다, 처리하다, 조처하다; vhodně 조절하다, 조정하다, 조화시키다 **2** vybavit zvl. nábytkem (특히 가구를) 설비하다, 갖추다, 들여놓다 **3** = *zřídit* **~ se < -řizovat se** na co = *připravit se*

zařík|(áv)at 1 (기도, 주문을 외어 악령을) 쫓아내다, 몰아내다 **~ se** v. *zaříci se*

zaříkávadlo, *n* 주문

záři|t (*zař!*) > **za-** 빛나다, 반짝이다; tech. (빛, 열등이) 발하다, 방출하다 ◆ *nemoc ze -ření* 방사선 장애

zářivka, *f* 형광등

zářivkov|ý 형광의 ◆ *-é osvětlení* 형광조명

zářivý 빛나는, 반짝이는; nádherný 화려한, 훌륭한

zařízení, *n* **1** činnost 정돈, 정리; pro budoucno (미래를 위한) 준비, 예비; zřízení 장치, 설비 **2** vybavení 장비, 비품; strojové 기계장치; zpříjemňující 설비, 시설; (가정용의) 전기 제품[기구]; v. *výbava, výstroj* **3** zapojované (라디오, TV 등의) 수신기, 수상기; telekomun. (전자통신) 기기; bytu/domu (아파트, 주택의) 설비, 비품; vtipně vymyšlené (기발한) 고안품, 장치

zaříznout v. *zařezat*

zařizovat (se) v. *zařídit (se)*

zas v. *zase*

zásad|a, *f* **1** 원리, 원칙, 기본 방침, 기본; společenská (사회적) 규범; 기준, formulovaná 처세훈, 좌우명; v pořadí záměrů 정책, 방침; *pl.* 규칙, 규약 **2** (화학의) 염기, 알카리 ◆ *podle -y, že...* …의 원칙에 따라; *v -ě* 기본적으로, 원칙적으로; *ze -y* 주의[신조] 로서, 원칙에 따라

za|sadit (*zasazen*), **-sázet** < **-sazovat 1** …에 두다, 앉히다, 꽂다, 끼우다 **2** uštědřit komu ránu (누구를) 한대 치다, 일격을 가하다 **3** rostl. v. *sázet*

za|sadit se < **-sazovat se** o co (무엇을) 지지하다, 변호하다, 옹호하다

zásadit|ý 염기의, 알카리의 ◆ *-á půda* 알카리성 토양

zásadně 원칙적으로, 근본적으로; 급진적으로

zásadní 1 원칙적인, základní 근본적인; podstatný 본질적인 **2** 급진적인

zásadový 원칙에 의한; 빈틈없는, 면밀한

zásah, *mi-2, 3* **1** 타격, 적중, 명중 **2** do (…에 대한) zákrok 개입, 간섭, 관여 **3** do cizího (외국에 대한) 침해, 침입

za|sáhnout (*zasažen*) < **-sahovat 1** co (무엇을) 치다, 때리다; 적중하다, 명중하다 **2** 관여하다, 개입하다; 간섭하다; 침략하다, bojově 공격하다, 침해하다 **3** do hovoru (대화에) 끼어들다, plést se 참견하다

zasahování, *n* 개입, 관여, 참견; 침해

zasazení, *n* (나무, 꽃의) 심기, 식목, 식수; 이식

za|sázet (*-zejí*), **-sazovat (se)** v. *zasadit (se)*

zase znovu 다시, 또, pro změnu 새로

zasedací 앉는; 회의의 ◆ *~ pořádek* 좌석배치; *~ síň/místnost* 회의실/장소

zasedání, *n* 회의, 회합, 회기, 개회, 개정

zased|at 1 회합하다, 회의를 하다; 개회 중이다, 회기 중이다 **2** = *sedat si* **-nout** < **-(áv)at 1** 앉다 **2** čí místo (누구의 자리를) 차지하다, 점유하다 **3** = *sednout si* **-nout si** < na koho (누구에게) 치근치근하게(귀찮게) 어떤 말을 되풀이하다

zasévat = *sít*

zasílat v *poslat*

zasílatel, zasilatel, *ma-1, 4* **-ka,** *f* **1** 보내는 사람, 발신인; 선적자 **2** 운송업자, 해운회사

zasílatelství, *n* **1** 발송, 운송 **2** 발송[운송] 회사

zásilka, *f* **1** 위탁, 탁송 **2** kus 위탁화물, 소포, 소화물; peněžní 송금

zásilkový 탁송의, 위탁의 ◆ *~ obchod* 통신판매점[회사]

zasít (*zase-, zasil*) v. *sít*

zaskakovat v. *zaskočit*

zasklí|t < **-vat** 유리를 끼우다

za|skočit < **-skakovat 1** kam (어디에) 잠깐 들르다, ke komu (누구를) 방문하다 **2** koho překvapivě (누구를) 불시에 기습하다, 허를 찌르다; ze zálohy 숨어서 기다리다 **3** ošidit 기만하다, 배반하다, 감쪽같이 속이다 **4** za koho (누구의) 대리를 보다, 대행하다; div. 임시대역을 하다 **5** jídlo

Z

(음식 등이) 목구멍에 걸리다

záskok, *mi-2, 3* **1** 뒤로 뛰기, 뛰어 버리기 **2** 급작스러운 방문, 짧은 방문 **3** (배우의) 대역, 대리인

za|slat (*zašl-, zaslal, zaslán*) < **-sílat** = *poslat*

zaslechnout (소리를) 듣다, ze skrytu 우연히 듣다, 귓결에[어쩌다] 듣다, 엿듣다

zaslepený 눈먼; láskou (사랑에 의해) 빠진, 혹한; 부주의한, 무관심한

zaslep|it < **-ovat** oslnit 눈멀게하다, 멍하게 하다, 어지럽게 하다;

zaslíben|ý 약속된; 약혼의 ◆ *-á země* 약속의 땅

zasl|íbit (*zaslib!*) < **-ibovat** 맹세하다, 언약하다; 약혼하다 ◆ *~ se komu* 누구에게 혼사가 정해지다, 약혼되다

zasloužilý 공적이 높은, 탁월한 ◆ *~ umělec* 공훈 예술가

zasloužit (si) (*zasluž!*) …할 만한 자격이[가치가] 있다, úměrně k přičinění …를 받을 만하다

zasloužit se o co (무엇에 대하여) 크게 공헌하다

zásluh|a, *f* (상 등을 받을 만한) 가치, 자격; 공훈, 공적 ◆ *podle zásluh* 공적에 따라; *tvou/jeho -ou* 너의/그의 덕분에[공로로]; *řád -y* (영국의) 메리트 훈위[훈장]

zasluhovat = *zasloužit*

záslužný 마땅히 받아야 할; 칭찬할 만한; 공적 있는

zasmušilý 침울한, 우울한

zasněný 꿈꾸는 듯한, 꿈결 같은, 아름다운

zasněžit 눈이 쏟아지다, 눈으로 뒤덮다

zasnít se 공상에 잠기다, 백일몽에 빠지다

zasnoubení, *n* 약혼, 정혼

za|snoubit (*zasnub!*) < **-snubovat** 약혼시키다 **~ se** s kým (누구와) 약혼하다, 정혼하다

zásnubní 약혼의, 정혼의 ◆ *~ prsten* 약혼 반지

zasnubovat v. *zasnoubit*

zásoba, *f* **1** 저장, 비축 **2** 비축량, 비축물, 저장품[물], tajná (비밀) 저장물 ◆ *~ energie* 에너지 비축; *~ potravin* 비축 식량; *slovní ~* 어휘(량)

zásobárna, *f* 저장 창고, 저장고

zásob|it < **-ovat** 공급하다, 지급하다, 배달하다; život. potřebani (생활 필수품을) 조달하다, potravinami (식료품을) 공급하다, 납품하다, palivem (연료를) 공급[보급]하다

zásob|it se < **-ovat se** 저장하다, 비축하다, 대비하다, 예비하다

zásobárna, *f* 저장소, 저수지, 급수조[탱크]

zásobní 예비의, 여분의 ◆ *~ kolo* (*rezerva*) 예비 타이어; *~ nádrž* 저수탱크

zásobník, *mi-2, 3* 저장소, 창고; (곡물, 사료) 사일로; 탄약고; 저수[저장]탱크; (일반적으로) 컨테이너

zásobovací 공급의, 보급의 ◆ *~ sklad* 보급소

zásobovatel, *ma-1, 4* **-ka,** *f* 공급자, 보급자; 창고

zasout (*zasu-*) 압도하다, 제압하다

zasouvat v. *zasypat*

zasp|at (*zaspí-, oni zaspí, zaspi!, zaspal, zaspání*) < **-ávat 1** 너무 자다, 늦잠 자다; 지각하다, 늦잠으로 놓치다 **2** 잠을 자서 잊다 ◆ ~ *na vlak* 늦잠으로 기차를 놓치다

zastán|ce, *ma* **-kyně,** *f* 옹호자, 대변자, 변호인; stoupenec 지지자, 후원자

zastání, *n* 옹호, 지지

zastaralý 낡은, 노후한, 시대에 뒤진; o věci módy 구식의, 유행에 뒤떨어진; už příliš zapůsobivší 만성의, 상습적인; neužívaný 낡은, 안 쓰이는

zastarat < **-ávat** 낡다, 시대에 뒤쳐지다; 쓰이지 않다, 구식이 되다

zast|at (*zastan-, zastal, zastání*) < **-ávat 1** vypořádat se (일을) 처리하다, 대처하다, 극복하다, 꾸려나가다 **2** nahradit v práci (일에서) 대신[대리]하다 **3** 발견하다, 보다

zast|at se < **-ávat se** 지지하다, 옹호하다

zástava, *f* **1** na (…에 대한) 저당, složená 담보(물); 전당(물), u soudu 보석금; ve hře (벌금놀이의) 거는 것, **(참조)** záruka **2** korouhev 군기, 기치, 기장

zastavárna, *f* 전당포

zastávat 1 sloužit za …로 일하다, 근무하다 **2** úřad 직무를 담당하다, 맡다 **3** názor (견해를) 옹호하다, 지지하다 **4** v. *zastat* ~ **se** v. *zastat se*

zastavení[1], *n* 중지, 정지, 차단 ◆ ~ *palby* 사격중지; ~ *práce* 휴업, 동맹파업

zastavení[2], *n* 전당 잡히기

zastav|ět (*-vějí, zastav!|zastavěj!, zastavěl, zastavění*) < **-ovat** 세우다, 건축하다 **-it** < **-ovat 1** aby ustalo 세우다, 멈추게 하다, postupující (ho) (접근을) 막다, 저지하다, 억제하다, vývoj (발전을) 중단시키다, vozidlo (차량을) 정지시키다, koně (말을) 서게 하다, co dosud pokračovalo (여태까지 지속된 것을) 그만두게 하다, postavením překážky (장애물을 세워) 차단하다, 막다, otočením (마개를 틀어서) 잠그다 **2** potlačit 억압하다, 억누르다; úř. příkazem (지시로써) 보류시키다, 유예하다; soudní řízení (소송을) 중지하다 **3** uzavřít 마치다, 종료하다 **4** dát do zástavy 전당 잡히다, na hypotéku 저당 잡히다

zastav|it se < **-ovat se** 멈추다, 그만두다; kde/u koho (어디에/누구집에) 잠시 들르다, pro koho, proco (누구를/무엇을) 부르러[가지러] 들르다; na čas v práci/řeči (일에서/ 말에서) 잠시 멈추다, 한숨 돌리다

zastávka, *f* **1** 정차, 정거 **2** místo 정류소, 정류장, 정거장 **3** trati (열차의) 정차, lodi (배의) 기항, též na pochodu 정지; během cesty (여행 중의) 단기체제(지), 도중하차(지), 잠깐 들르는 곳

zástěna, *f* 병풍, 스크린

zástěra, *f* 에이프런, 앞치마

zástěrka, *f* **1** dětská (어린이의) 소매없는 원피스 **2** 구실, 핑계 **3** blatníku (자동차 등의) 흙받이

za|stesknout se po čem (무엇을) 그리워하다, stýskat se (무엇에) 향수를 느끼다

zastih|nout (zastižen) < **-ovat 1**

Z

따라잡다, 추적하다 **2** 발견하다, 찾아내다

za|stínit (*zastiň!*) < **-stiňovat 1** 가리다, 그늘지게 하다 **2** 어두운 그림자를 던지다, 어둡게 하다 **3** (상대를) 압도하다, postavit (se) do cesty v. *stínit*

zastírat v. *zastřít*

zastoupení, *n* **1** 대표(권), 대리(권), 대행 **2** z úředního pověření 위임, 위임장; zplnomocněním (전권) 대리 ◆ *v ~ koho* 누구를 대행해서, 누구의 대리인으로서

zastoupit (*zastup!*) < **-stupovat 1** komu cestu (누구의 길을) 가로 막다 **2** koho v čem (누구의 무엇을) 대리하다, 대신하다, jako zástupce z pověření 대행하다

zastraš|it < **-ovat** 협박하다, 위협하다, 겁주다, 으르다

zastrašovací 위협하는; 단념시키는, 제지하는 ◆ *~ metody* 위협 수단[방법]; *~ prostředek* 억제하는 것, 억제책

zastrčený = *zapadlý*

zastr|čit, -kat < **-kávat, -kovat 1** co do čeho (무엇을 무엇에) 밀어 넣다, 처넣다, 쑤셔 넣다; klíč do zámku (열쇠를 자물쇠에) 집어넣다; dveře (문의) 빗장을 걸어잠그다; nohy pod židli (의자 아래로 발을) 밀어넣다 **2** kam nepatří 잘못두다, 둔 곳을 잊다 ◆ *~ do kapsy* 호주머니에 넣다, 감추다; *~ dopis pod dveře* 편지를 문 아래에 처넣다; *~ do zásuvky* (전기의) 플러그를 꽂다

zástrčk|a, *f* zámku 빗장, 걸쇠; 《電》 플러그 ◆ *zasunout -u* 최선을 다하다, 온 힘을 다하다

zastrk|(áv)at, -ovat v. *zastrčit*

zastřelit v. *střelit*

zastřelovat se v. *zastřílet si*

zastřeš|it < **-ovat** 지붕을 씌우다

zástřih, *mi-2, 3* vlasů 헤어 컷; 깎아 다듬기[손질하기] ◆ *rovný ~ vlasů kolem uší* 귀 주위의 머리카락을 반듯이 자르기

za|střílet < **-střelovat (zbraň)** (무기를) 시험 발사하다; provést střelbu na cíl 목표물에 사격하다

za|střít (*zastř-, zastřel*) < **-stírat** 완전히 덮다, 덮어 감추다; mysl (생각을) 희미하게 하다, 지우다

zástup, *mi-2* **1** 군중, 무리, 떼 **2** 다수 **3** 열, 줄, 행렬

zástupce, *ma* 대표자, 대리인; v době nepřítomnosti (결석 시) 대용자[대체자]; (영화의) 대역; právní 법률고문, obhájce 법정 변호인 ◆ *~ ředitele školy* 교감; *~ velitele* 부사령관; *~ zaměstnanců* (노조의) 직장대표

zastupitelský 대표적인, 대리하는 ◆ *~ úřad* (대사관 등) 해외 대표부

zastupitelství, *n* 대표, 대리(점); (정부의) 기관청 ◆ *obchodní ~* 무역 대표부

za|sunout < **-sunovat, -souvat** = *zastrčit*

zasunovací (자동차의 헤드라이트, 비행기의 바퀴 따위를) 안으로 접어 넣을 수 있는

zásuvka, *f* **1** 서랍 **2** na peníze 돈궤, 금고 **3** 《電》 소켓

zasvě|tit (*zasvěcen*) < **-covat 1** 헌

정하다, 마치다 **2** nováčka (신참자, 수련 수사, 수련 수녀 등을) 입문시키다, v utajení 비결을 전수하다 **3** (교회) 신성하게 하다, 성화하다; slavně zahájit 개회하다 **4** 개관하다, 제막식을 행하다

zasvítit (*zasviť!*) < v. *svítit*

zasv|ítit < -ít(áv) at blesknout 번쩍 빛을 발하다, 번쩍이다

zasvitnout 빛나다, 번쩍이다 = *zasvítit*

zásyp, *mi-2* **1** 가루, 분말 **2** vozovky 쇄석, 자갈 **3** krmivo zvěři (동물의) 먹이, 사료

zasyp|at (*zasyp-u|-ám, zasyp!|zasypej!, zasypal*) < **-ávat 1** jámu (구멍을) 채우다, 막다, 덮다 **2** (질문 등을) 퍼붓다; (선물 등을) 마구주다, 잔뜩 주다 **3** zásypem 뿌리다, 산포하다

zašantroč|it < -ovat 1 깎아내리다 **2** 싸게 팔다 **3** krýt 숨기다, 은닉하다 **4** promarnit 낭비하다

zašeptat 속삭이다, 소곤거리다

záševek, *mi-2, 3* 덮개; klínový (양재의) 다트, (옷의) 단, 주름겹단

zášijek, *mi-2, 3* 목덜미

zaší|t (*zaši-*) < **-vat 1** 꽤매다, co do čeho (무엇을 무엇에) 깁다 **2** spravit 고치다, 수선하다 **3** koho do vězení (누구를 감옥에) 가두다, 투옥하다

zašití, *n* **1** 수선, 수리 **2** 투옥, 감금

záškodn|ictví, *n* **-ost,** *f-1* **1** 테러, 파괴행위 **2** 사보타주((쟁의 중의 노동자에 의한 공장 설비, 기계 따위의 파괴, 생산 방해))

záskodnický 테러의; 사보타주의

záškodník, *ma-3* 테러범; střílející ze zálohy 저격범

záškrt, *mi-2* 디프테리아((디프테리아균의 감염으로 일어나는 급성 전염병의 한 가지))

zaškrtit 목졸라 죽이다, 질식시키다

zaškrt|nout, -at < -ávat 표를 하다, 금을 긋다, 체크하다

zašl|ápnout, -apat < -apávat 짓밟다, 밟아 뭉개다

zašlý 지나간, 과거의; zaniklý 꺼진, 사멸한, 다한, 끝난; barva (색이) 바랜, 쇠퇴한

zašmodrch|at < -ávat (끈을) 엉키게 하다, 얽히게 하다, 둘둘 말다, 감다

zašroubov|at < -ávat 나사로 죄다, 나사를 틀어박다

zášť, *f* 증오, 원한, 혐오, zloba 적의, 심한 증오

zaštepov|at < -ávat 누비다, zalátat 깁다, 감치다, 꿰매다

záštit|a, *f* 후원, 지지, 옹호, ochrana útočiště 보호 ◆ *pod čí -ou* 누구의 후원 하에; *pod -ou čeho* 무엇의 후원으로[찬조로]

zašumět (개울, 바람이) 졸졸[솨솨] 소리내다, 속삭이다

zatáč|et (se) (*-ejí*) v. *zatočit* (*se*) 돌리다, 구부리다, 휘다

zátah, *mi-2, 3* **1** 잡아당김, 세게당김 **2** (물고기, 가축 등을) 한 곳으로 몰아넣기, 몰이 **3** 일제검거, 불시단속

za|táhnout, -tahat v. *tahat* ~ < **-tahovat 1** 잡아 당기다, 끌어당기다 **2** pokrýt 덮다, 가리다, 씌우다 **3** záclony (커텐을) 치다, 내리다 **4** vozy

Z

(차량을) 끌다, 견인하다, 당기다 **5** napzpět 철수하다, 퇴각하다 **6** koho do čeho (누구를 무엇에) 끌여들이다, 개입시키다 **7** utáhnout (바짝) 죄다, 팽팽하게 하다, 매다 **8** uzavřít 닫다

za|táhnout se < -tahovat se 구름이 끼다 ◆ *je -taženo* 구름이 끼었다

zatajení, *n* 은폐, 숨김

zatápět (*-pějí*) v. *zatopit*

zátaras, *mi-2* 방책, 바리케이트, (빗장이) 풀린, 철거된

zatažen|ý 구름 낀, 흐린 ◆ *-á obloha* 구름낀 하늘; *být -o* 구름이 끼었다

zatažitelný 안으로 접어 넣을수 있는; 취소 할 수 있는

zaté|ct (*zateč-, zatekl, zatéct*) < **-kat** 새어 들어가다, 누출하다

zatelefonovat komu (누구에게) 전화하다, 전화를 걸다

zatemnění, *n* 어둡게[흐리게] 하기; 소등, 등화관제 ◆ *~mysli* 정신착란

zatem|nit < -ňovat 1 어둡게하다, obrazovku (화면을) 희미하게 하다 《軍》 소등하다, 등화관제를 하다 **2** (의미를) 모호하게 하다; (판단을) 흐리게 하다

zatem|nit se < -ňovat se 흐려지다

zatemňovací *roleta* 암전

zatěž|kat < -kávat 1 = v. *zatížit* **2** 특별한 무게를[부담을] 부과하다

zatěžovat v. *zatížit*

zatím 1 그 동안에 **2** 사이에, prozatím 당분간 우선은, do tehdy 그때까지 **3** 그러나, 비록 …일지라도

zatímco …하는 동안에, …하는 한, kdežto …임에 반하여

zatímní prozatímní 임시의, 당분간의

zatínat v. *zatnout*

zátiší, *n* **1** 은퇴; zákoutí 은거, 은거지 **2** malířské 정물화

zatít = *zatnout*

zatížení, *n* **1** 적하(량), 짐, 하중 **2** 압박, 스트레스 **3** (재정적) 부담

za|tížit (*zatiž!|zatěž!*) < **-těžovat** 무거운 짐지우다, 부과하다, 과중한 부담을 지우다; 압박하다; poplatkem (벌금을) 물리다; dluhem 차변에 기입하다

zátka, *f* 마개, 뚜껑, 코르크 마개, 플러그

za|tknout < -týkat 1 co do čeho (무엇을 무엇에) 고정시키다, 박아 넣다, 막다 **2** koho (누구를) 체포하다, 붙들다, 구속하다

zátkovat < za- 막다, 마개를 하다

zatlač|it < -ovat 1 koho kam (누구를 어디로) 밀다, 밀치다, 밀어 움직이다; vypudit 내쫓다, 몰아내다 **2** stlačit 압박하다, 내리 누르다 ◆ *~ mrtvému oči* 사자의 눈을 감겨주다

zatleskat 박수를 치다

zatlou|ci < -kat 1 tlouci, zarazit, vrazit hřebík (못 등을) 박다 **2** uzavřít (못을 박아) 막다, 고정시키다, 꼼짝 못하게 하다 **3** **(속어)** zapírat 부정하다, 부인하다; 숨기다

zatmění, *n* **1** 일식(日蝕), 월식(月蝕) **2** 정전, 소등; při náletu (폭격시) 등화 관제; (일시적인) 시각 상실 ◆ *~ Slunce* 일식; *~ Měsíce* 월식

zatm|ít (se) < -ívat (se) = *zatemnit*

Z

(se)

za|tnout (*zatít; zatn-, zaťal, zatětí*) < **-tínat 1** (도끼를 그루터기에) 박아 넣다, (발톱을 먹이감에) 찔러 넣다 **2** (이를) 악물다, (주먹을) 꼭쥐다, 굳게 결심하다

zato 1 na oplátku 그 대신에, naproti tomu 반대로, 한편으로 **2** leč 하지만, 그런데도

zátočina, *f* **1** vody (강의) 만곡부, 굽은곳; s klidnou vodou 역수, 배수 **2** = *zatáčka, zákrut*

za|točit (se) v. *točit (se)* **-točit** < **-táčet** = *zabočit*

zátoka, *f* 후미, 입구, 어귀

zátopa, *f* záplava 홍수

za|topit[1] < **-tápět 1** ohněm 불을 붙이다, 불을 지피다 **2** (구어체) ~ komu (누구에게 약점을 기회로) 호되게 몰아치다

za|topit[2] < **tápět, -topovat** = *zaplavit*

zatracený 1 저주받은, 황당한; 지독한 **2** 거부당한, 인연을 끊은

zatra|tit < **-covat 1** 저주하다 **2** 거부하다, 절연하다

zatrh|nout (*zatržen*), **-at** < **ávat, -ovat** = *zaškrtnout* ◆ *~ komu co* (누구의 무엇을) 훼방 놓다

zatrpklý 쓴, 호된; vůči čemu (무엇에 대하여) 쓰라린, 분격한

zatuchlý 곰팡이 핀, vzduch (공기가) 곰팡내 나는

zatvr|dit se (*zatvrzen*) < **-zovat se** proti komu (누구에 대해) 마음을 독하게 먹다, 무정해지다

zatvrzelý 고집불통의, bez citu 무정한, 냉담한

zatykač, *mi* 체포영장, 구속영장

zatýkat v. *zatknout*

zátylek, *mi-2, 3* 목덜미

zauč|it < **-ovat** 입문시키다, 가입[입회] 시키다, v čem (무엇을) 소개하다, 훈련시키다

zaujatý 1 선입관의, 편견의 **2** plně zaměstnaný 열중한, 골몰한, 빠진 ◆ *být ~ proti čemu* 무엇에 대하여 편견을 가지다

zaujetí 1 관심, 흥미 **2** 편견, 선입견

zau|jmout (*zaujm-, zaujal, zaujetí*) < **-jímat 1** stanovisko (태도, 입장을) 취하다, 채택하다; místo 자리를 차지하다, 점거하다, 점유하다; (태세를) 갖추다 **2** (기능, 직위를) 맡다, 차지하다

zauzl|it < **-ovávat** 묶다, 매다 = *zamotat*

závad|a, *f* **1** 결점, 결함, 고장; proti předpisům (규칙에 반한) 흠, 금, 하자 **2** 장애, 곤란 ◆ *být na -u čemu* 무엇에 장애[방해]가 되다

zavádět v. *zavést*

zava|dit < **-ďovat 1** o co (무엇을) 스치고 지나가다, 건드리다 **2** o koho/co (누구를/ 무엇을) 흘긋[언뜻] 보다 **3** o co (무엇에 대하여) 넌지시 언급하다, 암시하다

závadný 1 해로운; 결함 있는, 부적격의 **2** (행동이) 불건전한; (발음이) 불완전한

zával, *mi-2* **1** propadnutí se 함몰 **2** 난파, 조난

zaval|it < **-ovat** 난파하다, 가라앉

Z

다

zavalitý 1 땅딸막한, 굵고 짧은, 포동포동한 **2** 부푼, 울창한

závan, *mi-2* prudký 돌풍, 일진의 바람; 한바탕 부는 바람, 확 부는 바람

zaván|ět (*-ějí*) **1** 냄새가 나다, 맛이 나다 **2** čím (무엇의) 낌새가 나다, 기미가 있다

zavařenina, *f* 절임, 조림, 잼

zavař|it < -ovat 1 (국을, 커피를) 끓이다 **2** konzervovat 저장식품으로 만들다, 절임[조림]으로 하다, do sklenic 유리병에 담다

zavař|it se < -ovat se ložisko kola (바퀴의 베어링 등이) 열로 인해 고장나다, 멎다 ~ **si** 일이 어려워지다

zavát (*zavě-, zavál, zavátí*) **1** 바람이 불다 **2** 불어보내다 **3** sněhem = *zasněžit*

zavazadl|o, *n* **-a,** *n-pl* 짐, 수화물

zavazadlový vůz 짐의, 수화물의 ◆ ~ *vůz* 짐차, 수화물차

zavázaný 은혜를 입은, 신세를 지고 있는, 의무가 있는

za|vázat (*zavāž-, zavaž!, zavázal*) **< -vazovat 1** v. *vázat* **2** k povinnosti 의무를 지우다, 얽매다, 하도록 강제하다 ◆ ~ *komu oči* 누구의 눈을 가리다; ~ *být zavázán komu zač* 누구에게 무엇에 대해 신세를[빚을] 지고 있다

za|vázat se < -vazovat se 맹세하다, 서약하다 ◆ ~ *se k čemu* 무엇을 맹세하다

závazek, *mi-2, 3* 의무, 책임, 책무; úmluvou 계약, 약정, 맹약; (정치적) 공약, 서약

závazný 묶는; 강요하는, 의무적인, 책임지는, 필수의

zavazovat 1 = *vázat* **2** v. *zavázat* ~ **se** v. *zavázat se*

zaváž|et (*-ejí*) v. *zavést*

závaží, *n* (벽시계 등의) 추

závažný 1 중대한, 중요한; 긴요한; 심각한 **2** pádný 적절한, 강제력 있는

zavd|at < -ávat příčinu (원인을) 제공하다, 유발시키다

závdavek, *mi-2, 3* 계약금, 증거금, 보증금

zavdě|čit se < -čovat se komu (누구를) 기쁘게 하다, 만족시키다

zavděk 감사하게, 만족히 ◆ *brát/vzít čím* ~ 무엇에 대해 만족하다

zavedený 설립된, 도입된

závěj, *f* 진눈깨비

závěr, *mi-2* **1** 종결, 결론 **2** 끝, 말미, 후미 **3** 죔, 잠금; *uzávěr* 마개 ◆ *dělat -y* 결론을 짓다, 결론을 내다

závěrečn|ý 마지막의, 최후의, 최종의 ◆ *-é zkoušky* 최종시험, 졸업시험

závěrka, *f* **1** uzávěrka (사진기의) 셔터 **2** účetní (회계의) 결산 보고서

závěs, *mi-2* **1** 거는 것; 돌쩌귀, 경첩 **2** 커튼, 장막

zavě|sit (*zavěšen*) **< -šovat 1** 걸다, 달다; sluchátko 수화기를 놓다, 전화를 끊다 **2** 매달다

zavě|sit se < -šovat se do koho (누구의) 팔을 끼다

závěsný (램프, 케이블 등이) 매달린, 늘어진

za|vést (*zaved-*) **< -vádět** (*-ějí*) **1** koho kam (누구를 어디로) 데리고가다, 이끌다, 안내하다 **2** (수도, 가스 등을) 설치하다, 들여놓다 **3** 삽입하

다, 끼워넣다 **4** 도입하다, 받아들이다 **5** s něčím začít 시작하다, 개시하다

za|vést se < -vádět se 자리잡다

zavěšen|ý 1 걸린, 매달린 **2** 팔을 낀 ◆ *šli -i* 그들은 팔을 끼고 걸어갔다

zavěšovat (se) v. *zavěsit (se)*

závě|ť, *f-1* 유언, 증언 ◆ *bez -ti* 유언을 남기지 않고

závětrný 바람이 불어가는 쪽의

závětří, *n* 바람이 불어가는 쪽

za|vézt (*zavez-*) < koho kam (누구를 어디로) 싣고 가다, 실어다 주다, 태워다 주다; co kam (무엇을 어디로) 실어다 주다, 운반하다 **-vézt < -vážet** jámu (구멍을) 채우다

záviděníhodný 부러운, 탐나는

závidět (*oni závidí, záviď!*) komu co (누구의 무엇을) 부러워하다, 탐내다

za|víjet = *zavinout*

zavilý 완강한, 고정된, 뿌리 깊은

závin, *mi-2* (과일) 파이; 스트루들 ((과일, 치즈 따위를 반죽한 밀가루로 얇게 싸서 구운 과자))

zavináč, *ma* **1** 둘둘 만 피클 청어; 롤몹스((청어를 만 피클스)) **2** *mi* (인터넷 용어) @

zavi|nit < -ňovat …의 책임이 있다, 죄가 있다; spáchat 저지르다, 범하다, 일으키다

zavin|out < -ovat 둘둘말다, 감다, 싸다; 개키다, 접다, dítě (아이를) 포대기로 폭 싸다, 동이다

zavírací 1 닫는, 마감하는 **2** 접는 ◆ *~ špendlík* 안전핀; *~ nůž* 접는칼; *~ doba* 마감시간

zavírat v. *zavřít*

zavirovat (컴퓨터) 바이러스에 감염되다

záviset (*-s[ej]í*) na čem (무엇에) 달려 있다, 의존하다, 의지하다, 좌우되다

závislost, *f-1* 의존, 의지, 종속

závisl|ý 1 na čem (무엇에) 의존하는, 의지하는 **2** na podmínce 조건으로 하는, v podřízenosti 부수하는, 종속의 **3** (약물에) 중독된 ◆ *~ stát* 종속국가; *být ~ na drogách* 약물에 중독된; *-á věta* 종속문

závist, *f-1* 시샘, 시기, 선망, 부러움

závist|ivý, -ný 부러워하는, 시샘하는, 시기하는

závit, *mi(-2)* **1** 실, 끈실; 실모양의 것 **2** ozdoba 소용돌이 무양

závitek, *mi-2, 3* **1** 고기 저민 것을 채소로 싼 스튜요리 **2** 두루마리 망

závitník, *mi-2, 3* (수도 등의) 고동, 암나사용 탭; 나사깍는 기계

závlačka, *f* 코터(가로 쐐기) 핀, 자물쇠

zavlád|nout 1 제어하기 시작하다, 세력을 떨치기 시작하다 **2** 시작되다, 일어나다 ◆ *-lo ticho* 침묵이 시작되었다

zavlaž|it < -ovat 물을 대다, 관개하다; 급수하다, 물을 주다; (입술을) 적시다, 촉촉하게 하다

zavlažovací 관개의, 급수의

zavlé|ct (*zavleč-, zavlekl, -ku/kou, zavlec!, zavléci*) **-knout < -kat 1** odvléci 끌고 가다, koho (누구를) 추방하다 **2** chorobu (질병을) 불러 들이다

závod, *mi* **1** podnikání 사업, 기업 **2**

Z

podnik 공장, 제작소; úřad (행정) 기관 **3** soutěžení 시합, 경주, 레이스

závodiště, *n* 경기장, 운동장; dráha 트랙

závodit 경주하다, 시합하다, 레이스를 펼치다

závodní 1 공장의, 제작소의 **2** 시합의, 경주의 ◆ ~ *běh* 경주; ~ *běžec* 경주자, 선수; ~ *inženýr* 공장장, 십장; ~ *klub* 직원클럽; ~ *spoření* 급료 공제 예금; ~ *stráž* 공장 정[후]문 수위

závodník, *ma* 경쟁자, 경기 참가자, 선수

zavod|nit < **-ňovat, -ňovací** v. *zavlažit*

závoj, *mi* 베일, 면사포

zavolan|á, *f* ◆ *přijít jako na -ou* 꼭 맞은 때에 오다

zavolat v. *volat*

závora, *f* **1** 가로대, 차단봉, 차단기 **2** zástrčka (문의) 빗장, 걸쇠 **3** přes silnici (도로의) 톨게이트, 통행료 징수소

závorka, *f* 삽입구, 괄호 ◆ *hranatá* ~ 꺾쇠 괄호

závrať, *f* 현기증, 어지러움증

závratný 어지러운, 아찔한; 《醫》 현기증 증세의

zavrh|nout (*zavržen*) < **-ovat** 거절하다, 물리치다; ač je na to nárok 포기하다, 기권하다; 부인하다

zavrt|at < čím do čeho (무엇 속에 무엇을) 박아 넣다, v. *vrtat* < **-ávat** 쑤셔 넣다, 돌려 넣다 ◆ ~ hlavu do polštáře 머리를 베개 속에 파묻다

za|vřít (*zavř-, zavřel*) < **-vírat** 닫다, 막다, 감다; provoz (통행을) 차단하다, (vzducho) těsně 봉쇄하다, 폐쇄하다; otočením (돌려서) 끄다, 잠그다 ◆ ~ *hubu* 입을 막다; ~ *okenice* 셔터를 내리다; ~ *závory* 차단봉[빗장]을 내리다

za|vřít se < **-vírat se** 닫히다, sám od sebe (저절로) 막히다, 잠기다 ◆ ~ *se do sebe* 자신의 내면으로 물러나다 dveře se za ním zavřely 그의 뒤로 문이 닫혔다

zazátkovat v. *zátkovat*

zazdí|t (*zazdit* 처럼 변화) < **-vat 1** 벽으로 막다 **2** 감금하다, 가두다

zazlívat komu co (누구에게 무엇에 대해) 화내다, komu 적의를 품다, co (무엇에) 성내다

záznam, *mi-2* **1** 기록, 메모, 기입; televizní 녹화, 녹음 **2** z počítače (컴퓨터에서의) 인쇄출력 **3** přístroje (기압계, 온도계 등의) 시도(示度), 표시 **4** z jednání (회의의) 비망록 **5** zadávající 예약, 부킹

zaznamen|at < **-ávat 1** pro paměť 기록하다, 녹음하다; zanést 기입하다; do seznamu (명부에) 올리다, 싣다 **2** cenu/kurs (가격/환율을) 매기다, 부르다, v utkání (경기에서) 득점을 매기다 **3** rozhl. (방송에서) 녹음[녹화] (방송)하다

záznamník, *mi-2, 3* 기록부; 녹음장치 ◆ *telefonní* ~ 전화 자동 응답기; *zkontrolovat vzkazy na -u* 메시지를 전화 자동 응답기로 확인하다

zázračný 기적의, 기적적인, 경이적인

zázrak, *mi-2, 3* 기적, 경이

zázvor, *mi-2* 생강

zázvorka, *f* 생강과자

zázvorov|ý 생강의 ◆ *~ čaj* 생강차; *-é pivo* 생강 맥주

zažádat (si) 신청하다, 청원하다

zážeh, *mi-2, 3* 점화, 발화

zažehn|at < -ávat 격퇴하다; ďábla (악마를) 주문을 외어 몰아내다[쫓아내다]

zažehnout < žíhat 1 = *zapálit* **2** 불을 붙이다, 영감을 불어넣다

zaží|t (*zaži-*) **< -vat** = *zakusit, prožít (s) trávit*

zážitek, *mi-2, 3* 경험, 체험

zažívací 소화의, 소화를 돕는, 소화력이 있는

zažívání, *n* 소화(작용[기능]) ◆ *mít špatné ~* 소화 불량이다

zažívat v. *zažít*

zažraný 열정적인, 열광적인; 인이 박힌 ◆ *je ~ do fotbalu* 그는 축구 광이다

za|žrat se (*zažer-, zažral se*) **< -žírat se 1** 파먹다, 부식하다 **2** = *zakousnout se do čeho*

zbahnění, *n* 진창, 진흙탕, 진흙투성이, půdy (땅이) 질벅거림

zahnělý, zbahnělý 진창의, 진흙(투성이)의, 질퍽한

zbabělec, *ma* 겁쟁이, 겁보, 비겁자

zbabělost, *f-1* 겁, 비겁

zbabělý 소심한, 겁많은, 비겁한

zbankrotovat 파산하다, 파탄하다, 지급 불능이 되다

zbankrotovaný 파산한, 지급불능의, 파탄한

zbarvení, *n* 물듦, 염색; hlasu 음색; odstín 색조, 빛깔

zbarvit 물들이다, 염색하다, 착색하다

zbav|it < -ovat 1 없애다, 제거하다, 물리치다, 벗어나게 하다 **2** břemena (짐을) 덜다 **3** hodnosti (지위, 직위를) 빼앗다, 박탈하다, 면직시키다

zbav|it se < -ovat se 벗어나다, 없애다; přesunem apod. 처분하다, 버리다

zběh, *ma-2, 3* 도망자

zběhlost 숙달

zběhlý 능숙한, dovedný 능란한, zkušený 경험있는

zběhnout < zbíhat odkud 도망가다, od názoru 탈퇴하다 **zběhnout se <** = *udát se*

zběsilý 미친

zběžný 형식적인, průběžný 산만한, 변덕스러운

zbídačit 황폐하게 하다

zbíhat v. *zběhnout*

zbláznit se 미치다, 홀딱 빠지다

zblízka 가까이

zblo ani zbla 조금도 …않다

zbloudit 방향을 잃다, od houfu 길을 잃다

zblýsknout 찾아내다

zbohatlík, *ma-3* 벼락부자

zbohatnout v. *bohatnout*

zbojník, *ma-3* 반항자, 산적

zboží, *n* 상품, 물품, 물건; movitý majetek 동산, 재산

zbožňovat 숭배하다

zbožn|ý 경건한 ◆ *-é přání* 희망적 관측

zbraň, *f* 무기 ◆ *dvoj- sečná ~* 양날이 달린무기; *střelná ~* 총기, 화기

Z

zbraňovat komu 누구로 하여금 … 하는 것을 막다; bránit 방어하다

zbrklý 경솔한

zbroj, *f* 갑옷과 투구, výzbroj 무기

zbrojař 무기상

zbrojařský 장비의 병기의

zbroj|it (무기로) 무장하다 ◆ *závody ve -ení* 군비경쟁

zbrojní 군비의 ◆ *~ pas* 총기 휴대증

zbrojnice, *f* 병기고

zbrojovka, *f* 조병창

zbrotit < v. *polít* 물들다

zbrožovat v. *brožovat*

zbrusu 아주[굉장히] ◆ *~ nový* 매우 새로운

zbůhdarma 거저, 무료로

zbylý 남은, 나머지의, 여분의

zb|ýt (*zbud-, zbyl*) < **-ývat** 남다, 남아 있다 ◆ *zbylo jich jen málo* 그들은 단지 조금 남았다; *~ se koho* 누구를 제거하다

zbytečný 불필요한, 쓸데없는, nadbytečný 여분의, nežádoucí 소용없는 ◆ *být ~* 소용없다

zbyt|ek, *mi-2, 3* **1** 나머지, 여분, 잉여물 **2** bezvýznamný 찌꺼기, 우수리, 자투리; 토막, 파편 **3** odpad (쓰레기) 찌꺼기 **4 -ky,** *pl* (상업에서) 잡다한 싸구려 물건, 잡동사니

zbytí, *n* 남은것 ◆ *není ~* 다른 방법이 없다

zbyt|nět (*-nějí*) < **-ňovat** 이상 발육[발달]하다

zcela 완전히, 전적으로, 아주, 썩, 전혀, 온통

zciz|it < **-ovat 1** 따돌리다, 멀리하다, 소원하다 **2** 남용하다, 착복하다, 횡령하다

zčásti 부분적으로, 일부분만

zda 1 …인지 어떤지 **2** …이든지 (아니든지) ◆ … *či* … …이든지 혹은 …이든지

zdaleka 1 멀리서, 멀리로부터 **2** u záporu a superl. (부정과 최상급에서) 완전히, 절대적으로; 훨씬, 단연

zdali(pak) = *zda*

zdáli 멀리서(부터)

zdání, *n* **1** 환상, 상상, 가상, 가공 **2** 겉모양, 겉보기, 외형, 외관, 모양 ◆ *dobré ~* 전문가적 의견; *nemít ani ~* 아무것도 모른다; *podle všeho ~* 모든 면에서 볼 때

zda|nit < **-ňovat** 세금을 물리다[부과하다], 과세하다, 사정하다

zdanitelný 과세할 수 있는, 세금이 붙는

zdánlivý falešně **1** 외면(상)의, 외견(만)의, 겉치레의, 표면(상)의 **2** 거짓의, 상상의, 가공의, 환영의

zdaňovat v. *zdanit*

zdar, *mi-2* úspěch 번영, 성공

zdarma 공짜로, 무료로

zdárný úspěšný 번창하는, 번성하는; 성공적인

zdařbůh 성공을 빈다, 행운을 빈다 ((특히 광부들의 인사))

zdařilý = *úspěšný*

zdařit se v. *dařit se*

zdát se (*zdá se; zdál se, zdání*) **1** …처럼 보인다, …같다, …인 듯 하다 **2** ve snu 꿈꾸다, představovat si v duchu 상상하다 ◆ *zdá se mi, že to neví* 내게는 그가 그것을 모르는 것처럼 보인

다; *zdálo se vám něco?* 당신은 뭔가 꿈을 꾸셨습니까?

zdatnost, *f-1* 능력, 수완

zdatný 1 할 수 있는, 능력 있는, 유능한, 수완 좋은 **2** 강건한, 억센, 건강한

zde tu, tady 여기 ◆ *zde!* 예!((출석부를 부를 때의 대답))

zdědit 계승하다, 상속하다, 물려받다

zdechlina, *f* (짐승의) 시체, 송장

zdechnout (짐승이) 죽다; **(속어)** (사람이) 죽다, 뻗다

zdejší 여기의, 이곳의, 이 지방의, sídlem 거주지역의

zděsit 놀라게 하다, 경악하게 하다, 질겁하게 하다

zděšení, *n* 놀람, (갑작스런) 공포, 경악, 질겁

zdít (벽돌, 돌 등으로) 벽을 만들다[쌓다]

zdivo, *n-2* 석조 건축, 석공술, cihlové 벽돌 작업

zdivočelý 야생의, 길들지 않은, 사나운

zdivočet 야생으로 만들다, 야생화하다

zdlouhavý 길게 끄는, 지루한; (발걸음이)느린, 굼뜬

zdloužit < zdlužovat 길게 하다, 늘이다, v čase 연기하다, 연장하다

zdobení, *n* šatů (옷의) 장식, 꾸밈, 장식(물)

zdobit v. *o/vy-zdobit*

zdokonal|it < -ovat 완전하게 하다, 정교하게 하다, 개량하다, 개선하다

zdola zezdola 아래로부터

zdol|at < -ávat 1 극복하다, 이겨내다 **2** zachvátit 지배하다, mocí (힘, 권력으로) 통제하다 **3** porážkou 패배시키다, 굴복시키다, 정복하다

zdomác|nět (*-nějí*) **< -ňovat** 새 풍토[환경]에 익숙해지다, (동물이) 길들여지다

zdomác|nit < -ňovat 순화시키다, 길들이다, 교화하다

zdráhat se 망설이다, 꺼리다, 주저하다, z mravních důvodů (도덕적 이유로) 주저하다, 두려워서 삼가다

zdráhavý 주저하는, 망설이는

zdráv 건강하다 **(**서술용법에 쓰이는 zdravý의 단축형**)** ◆ *vrátit se živ a ~* 살아서 건강하게 돌아오다

zdrávas, *mi-2, 3* (기도에서) 만세! ◆ *~ Maria* 아베 마리아, 마리아 만세((성모 마리아에게 올리는 기도))

zdrav|í, *n* 건강 ◆ *na* (*vaše*) *~* (당신의) 건강을 위하여, 건배!; *připít komu na~* 누구의 건강을 위해 마시다

zdravice, *f* **1** 안부편지 **2** s přípitkem 축배, 건배

zdravit < po- 인사하다, 안부를 전하다, formálně 경례하다, vítat 환호하여 맞이하다, 인사하다

zdravotní 건강의; 위생[보건]의 ◆ *~ procházka* 보건 운동((산책 따위)); *~ sestra* 간호사; *~ prohlídka* 건강 검진

zdravotnick|ý 건강상의, 보건상의, 위생의 ◆ *-é středisko* 건강[헬스] 센터, *Světová -á organizace* 세계보건기구((WHO))

zdravotnictví, *n* 공공의료(시설) ◆

Z

ministerstvo ~ 보건부

zdravý 1 건강한, 튼튼한; silný 강건한, 건장한; zdraví prospěšný 건강에 좋은, 위생적인 **2** 건전한, 유익한 ◆ *~ (lidský) rozum* 상식; *mít ~ kořen* 건강한 혈통을 가지다; *~ spánek* 깊은 잠

zdražení, *n* 비싸게 함, (가격) 인상

zdraž|it < -ovat 비싸게 하다, 값을 인상하다, 가격을 올리다

zdrcení, *n* 낙담, 실의

zdrcující 분쇄하는, 박살내는, 압도적인

zdrh|nout < -ovat 1 팽팽하게 당기다 **2** utéct 꺼지다, 없어지다, 손을 떼다 *= upláchnout*

zdrhovadlo, *n* 지퍼, 지퍼 달린 (고무) 장화

zdrobnělina, *f* 《言》 지소격, 지소형, 지소어

zdrobnělý 1 소형의, 작은, 자그마한 **2 (문법)** 지소(指小)의

zdroj, *mi* **1** 원천, 소스, 출처 **2** možností 자원, 재원, 물자 **3** *= pramen* ◆ *obnova -ů* 자원 재생; *obnovitelné -e* 재활용 물자; *přírodní -e* 자연 자원

združstevnit 협동[집단] 농장화 하다

zdrženlivost, *f-1* 삼가함, 절제, přehnaná 자제, 절식하기

zdrženlivý 절제하는, 자제하는, 삼가하는, 신중한

zdrž|et *(oni zdrží)* **< -ovat 1** 미루다, 연기하다, 보류하다; 기권하다 **2** uložením omezení 억누르다, 억제하다, 삼가다, 금하다 **3** koho (누구를 어디에) 붙들어 두다, 잡아두다

zdrž|et se < -ovat se 1 kde (어디에) 억류되다, 붙들리다; setrvat 머물다 **2** čeho (무엇을) 금하다, 삼가다 ◆ *~ se hlasování* 기권하다; *nemohl se ~ smíchu* 웃음을 참을 수 없었다 **-ovat se** kde (어디에) 머물다, 체재하다; váhavě 머뭇거리다, 떠나지 못하다; zahálčivě 빈둥대다 ◆ *kde se teď -uje?* 그가 있는 곳은 어디인가?; *nevíte, kde se -uje?* 그의 있는 곳을[소재를] 모르세요?

zdřímnout si (잠깐) 졸다

zdup|at *(zdup-u|-ám, zdupej!, zdupal)* **< -ávat** 짓밟다, 밟아 뭉개다

zdůraz|nit < -ňovat 강조하다, 역점을 두다, poukázat na to 지적하다

zduř|et *(oni zduř[ej]í)* **< -ovat** 부풀다, 붓다, 팽창하다

zdůvod|nit < -ňovat 이유를 대다, 입증하다, 실증하다; 동기를 주다

zdvih, *mi-2, 3* motoru (엔진, 피스톤의) 왕복운동 ◆ *~ naprázdno* 공회전

zdv|ihnout (se) *(zdvižen)* **< -íhat (se)** *= zvednout (se)*

zdviž, *f* 승강기, 엘리베이터, nákladní 기중기

zdvojnásobit 두 배로 하다, 갑절로 하다, 배가되다

zdvořilost, *n* 공손(함), 정중(함), 예의바름

zdvořilý 공손한, 정중한, 예의바른

zdymadlo, *n* 자물쇠, 제륜장치

ze (참조) 전치사 *z*

zebra, *f* 얼룩말

zebrový 얼룩말의 ◆ *~ přechod* 횡단보도((길위에 흰 줄 무늬를 쳐 놓은))

Z

zeď, *f-1* 벽, 담 ◆ *chtít hlavou prorazit* ~ 불가능한 일을 시도하다; *ode zdi ke zdi* 아무렇게나 가다, 되는 대로 가다

zedník, *ma-3* 벽돌공, kameník 석공

zejména 1 특히, 각별히 **2** před výčtem 즉, 다시 말하자면

zeleň, *f* 초록(색); v přírodě 신록

zelená, *f* (교통의) 녹색 신호등 ◆ *je* ~ 녹색 신호등이다

zelenáč, *ma* **(강조어)** 젖먹이, 풋내기, 초심자

zelenat < ze- 초록으로 변하다

zelenat se < za- 초록색이 되다

zelenav|ý 녹색을 띤 ◆ *-á plíseň* 녹색 곰팡이

zelenina, *f* 채소, 야채, 푸성귀

zelen|ý 1 녹색의, 초록의 **2** 야채의, 푸성귀의 **3** 생생한, 싱싱한, 신선한 **4** 아직 퍼런, 익지 않은 **5** 미숙한, 익숙지 않은, 풋내기의 **6** 환경 보호주의의 ◆ ~ *čtvrtek* 세족목요일; *je ještě* ~ 그는 아직 풋내기이다; ~ *stůl* 원탁, *politika od -ého stolu* 탁상공론 정치; *na zelené louce* 전원[미개발]지역의; *-á revoluce* 녹색혁명; *strana z -ých* 녹색(정)당

zelí, *n* 양배추◆ *kyselé* ~ 양배추 절임

zelinář, *ma* **-ka,** *f* **1** 청과상(인), 채소 장수 **2** 채원[과수원] 경영자

zelinářství, *n* **1** 야채 가게 **2** 야채 재배

zemák, *mi-2, 3* = *brambor*

zeman, *ma-4* 자유민, (소)지주, 소귀족

země, *f* **1** území celek 나라, 국가 **2** pozemek 토지, 땅, 대지 **3** část státu 지방, 지역 **4** povrch země 지표, podlaha 지면 **5** 흙, 토지, 토양 **6** 지구 **7** zeměkoule 천체, 세계

zemědělec, *ma* 농부, 농민, 농사꾼

zemědělsk|ý 농업의, 농사의 ◆ *-é družstvo* 농업협동조합; *-á revoluce* 농업혁명

zemědělství, *n* 농사, 농업

zeměkoule, *f* 지구, 세계

zeměměřič, *ma* **-ka,** *f* 측량사

zeměpis, *mi* 지리, 지리학

zeměpisec, *ma* 지리학자

zeměpisný 지리의, 지리학의

zemětřesení, *n* 지진

zemězrada, *f* 국가반역죄, 대역죄

zeměžluč, *f(-1)* 《植》 도깨비부채

zemina, *f* **1** 대지, 땅, 흙 **2** 토양, 토질

zemitý 흙의, 대지의

zemní 흙의, 토지의, 육지의

zemřít (*zemř-, zemřel*) **< zmírat** = *umřít* 죽다[사망하다], 세상을 떠나다

zemřelý 1 죽은, 사망한, 서거한 **2** *ma* 죽은 사람, 사자, 망자

zemsk|ý 1 지방의, 지역의 **2** pozemský 세상의, 현세의, 속세의 **3** zeměp. 지구의 **4** světský 세속적인 ◆ *-á tíže/gravitace* 중력

zepředu 앞으로부터, 전망으로부터 ◆ *pohled* ~ 앞 전망

zeptat se v. *ptát se*

ze|sílit < -silovat 1 = *posílit* **2** v. *sílit* **3** tech. 확대하다, 증폭하다; otočením (돌려서) 소리를 크게하다

zesilovač, *mi* 증폭기, 확성기

zesinat 창백해지다, 희어지다, 새파

Z

래지다 ◆ ~ *z bolesti* 고통으로 새파래지다

zeslab|it < **-ovat 1** 약화시키다, jakkoli omezit 줄이다 **2** tech. otočením (틀어서) 작게하다

zesnout 사라지다, 죽다, 사망하다

zesnulý 죽은, 고인이 된

zespod(-a,-u) 밑으로부터, 아래로부터

zešeřelý 희미한, 어두운, 침침한

zešíl|et (*-ejí*) 미치다, 실성하다

zeštíhlení, *n* 가늘게 하기, 체중 감량, 규모 감소

zeštíhlet 1 가늘게 하다, 홀쭉하게 하다; 체중을 줄이다, 감소하다, 감량하다 **2** (회사, 기구의) 규모를 줄이다, 감량하다 ◆ ~ *kabinet* 내각의 규모를 줄이다; *rozpočet výrazně zeštíhlel* 예산이 현저하게 감소했다

zeštíhlovací, *n* 감량의, 감소의

zet (*ze-*) 하품하다

zeť, *ma-2* 사위((딸의 남편))

zevlovat na co (무엇을) 멍청히 바라보다; 어슬렁 거리다, 배회하다

zevně 외견상, 겉으로, 외형적으로

zevnějšek, *mi-2, 3* **1** 바깥쪽, 외면, 외부, 밖 **2** 외모, 외관, 외양

zevnější = *zevní*

zevní 바깥의, 외부의; 외면의, 외양의

zevnitř 내부로부터, 안으로부터

zevrubný 자세한, 사소한, 세밀한

zevšednět 일상화 하다, 진부해지다, 시시해지다

zevšed|nit < **-ňovat** 진부하게 만들다, 시시하게 만들다, 일상화 하다

zevšeobec|nět, -nit (*-nějí*) < **-ňovat** 일반화되다, 보편화 하다

ze|zadu 뒤로부터, 뒤에서 **-zdola** = *zespod*

zfilmovat 영화화하다, 영화로 만들다

zformovat 형성하다, 구성하다, 조직하다, 만들다

zformátovat (컴퓨터) 포맷에 넣다, 기록 데이터를 위한 디스켓[자기 디스크 기억장치 구조]을 미리 만들다; 정보의 보호, 인쇄, 디스플레이를 위해 파일화하다

z|hasit (*zhašen*) < **-hášet 1** v. *hasit* **2** otočením 끄다, vypínačem 꼭지를 돌려 끄다

z|hasnout 1 = *zhasit* **2** v. *hasnout*

zhlédnout 1 찾아내다; 흘끗[언뜻] 보다 **2** zvl. v průběhu 바라보다, 관찰하다, 관람하다, 구경하다

zhlížet se (*-žejí se*) **1** 들어다 보다 **2** ~ 에 홀딱 빠지다 ◆ ~ *v zrcadle* 거울을 들여다 보다

zhloubi, zhluboka 깊게, 깊이 hlubokým tónem 깊은 목소리로

zhnusený 정떨어진, 욕지기난, 싫증난

zhnusit 싫증나게 하다, 역겹게 하다

zhnusit se 혐오감을 사다, 싫증나다

zhodno|tit < **-covat 1** učinit hodnotným 가격을 정하다, 평가를 절상하다 **2** v. *hodnotit*

zhola 절대적으로, 무조건, 단호히

zhoršení, *n* 악화, 타락

zhorš|it < **-ovat** 더 나쁘게 하다, 악화시키다, 악화하다 ~ **se** 악화 되

다
zhostit se (*zhoštění*) **1** čeho (무엇을) 면제해 주다; 완수하다, 이행하다 **2** = *zbavit se*
zhotovit 제작하다, 생산하다, 만들다
zhotovitelný 생산할 수 있는, 제작할 수 있는
zhouba, *f* **1** 파멸, 몰락, 멸망 **2** 대황폐, 대파괴
zhoubný 1 파괴적인; 해로운; katastrofální 파멸의 **2** choroba (전염병이) 악성의
zhruba 대충, 대략, 얼추
zhrzený 차버려진, 퇴짜맞은, 버림받은
zhubnout 가늘어지다, 야위다
zhudeb|nit < -ňovat 음악에 맞추다
zhusta často 자주, 빈번히
zhu|stit < -šťovat 두껍게[굵게, 진하게] 하다, 짙게하다, 무성하게 하다
zhýralý 타락한, 방탕한; 음탕한
zchátralý 1 초라한, budova (건물이) 황폐해진, 무너져가는, 헐어빠진, 초라한 **2** člověk (사람이) 노쇠한, 늙어빠진
zchladit v. *chladit*
zchoulostiv|ět < -ovat 신경질적으로 만들다, 성마르게 하다
zchudlost, *f-1* 가난, 빈곤, 곤궁
zchvácenost, *f-1* 쇠약, 고갈, 소모, 기진맥진
zchytra 눈치빠르게, 기민하게
zchytralý 기민한, 눈치 빠른, 교활한
zim|a[1], *f* **1** období 겨울(철) **2** chladno 추위 ◆ *třást se -ou* 추위로 전율하다; *je psí ~* 혹독하게 춥다
zima[2] (서술용법에 사용) 춥다 ◆ *venku je ~* 바깥은 춥다; *je mi ~* 나는 춥다; *bylo mi ~ na nohy* 나는 발이 추웠다
zimní 겨울의, 겨울철의 동기의 ◆ *~ spánek* 동면
zimnice, *f* **1** 한기, 오한 **2** 학질
zimničný 학질에 걸린, 열병의
zimník, *mi-2, 3* 겨울 코트
zin|ek, *mi-2* 《化》 아연
zinkový 아연(의)
zip, *mi-2* v. *zdrhovadlo* 지퍼
zírat 응시하다, chtivě 노려보다
zisk, *mi-2, 3* 이익, 이득; úměrný investicím 수익, 수익금; úměrný výkonu 소득; nabytí čehokoli 취득, 획득, 습득
získání, *n* 습득, 획득, 취득
získ|at < -ávat 1 nabýt 얻다, dobýt 획득하다, 취득하다 **2** koho (누구를) 자기 편으로 끌어들이다 **3** na čem (무엇으로) 이익을 얻다, 수익을 올리다 ◆ *~ prospěch* 이익을 얻다[올리다]; *~ přehled o čem* (무엇에 대한) 좋은 전망을 가지다; *~ půdu* 세력을 넓히다; *~ uznání* 신용을 얻다; *~ čí zájem* 누구의 관심을 끌다
ziskuchtivý 이득에 탐욕스러운, 이익을 탐하는
zištný 이기적인, 보수를 목적으로 하는, 탐욕적인
zít|ra, -ře(jše)k, *mi-2, 3* 내일, 명일
zítřejší 내일의, 명일의
zív|nout < -at 하품하다

Z

zjedn|at < -ávat 1 koho v. *jednat* **2** zařídit, zajistit 손에 넣다, 확보하다, 획득하다

zjednoduš|it < -ovat 단순화하다, 간소화하다

zjem|nit < -ňovat 정교하게 하다; 부드럽게 하다, 순화시키다

zjet (*zjed-, zjel, zjetí*) < koho (누구를) 탄압하다; 윽박지르다, 호되게 꾸짖다

zjev, *mi-2* **1** 현상, 사상 **2** postava 모습, 외양 **3** 인물

zjevení, *n* **1** 유령, 귀신, 허깨비, 환영 **2** 계시, 묵시; 발현

zjev|it < -ovat 1 드러나다, 알리다, 폭로하다 **2** 계시하다, 묵시하다

zjev|it se < -ovat se 1 나타나다, kde pravidelně 출몰하다, 출현하다 **2** 발현하다

zjevný 드러난, 분명한, 뚜렷한, 명백한, 현저한

zji|stit (*zjištěn*) < **-šťovat 1** uvědomit si 알아내다, 발견하다; konstatovat 주장하다, 진술하다; 입증하다, 확증하다 **2** měřidlem (자로) 재다, 측정하다; místo, kde je 위치를 정하다 **3** existenci (존재를) 인정하다, 자인하다; totožnost (신분을) 확인하다

zjistitelný 확인할 수 있는, 찾아낼 수 있는, 탐지할 수 있는

zjizvený 상처난, 상처투성이의

zkamenělina, *f* 화석

zkamenělý 화석화 한[된]; 화석처럼 굳은[경직된]

zkamenět v. *kamenět*

zkáza, *f* **1** 파괴, 파탄, 몰락; 황폐; mravní (도덕적) 타락 **2** 손상

zkazit (zkažen) v. *kazit*

zkázonosný 파괴적인, 유해한, 유독한, 악성의

zkažený mravně (도덕적으로) 타락한, 부패한jinak v. *kazit (se)*

zklamat (*zklam-u, zklam[ej]!, zklamal*) **1** očekávání 기대에 못미치다, 기대에 어긋나다; selhat 실패하다 **2** 실망시키다, 낙담시키다; jinak v. *klamat* ~ **se** 실망하다, 낙담하다

zkolabovat 1 (과로, 병동으로) 쓰러지다, 주저앉다 **2** (시스템의) 작동이 멈추다, 고장 나다 ◆ *náš počítačový systém zkolaboval* 우리의 컴퓨터 시스템이 멈췄다

zkostnatělý 경화된, 무리한, 냉혹한

zkostnat|ět (*-ějí*) **1** 뼈로 변하게 하다, 경화시키다; 무정하게하다 **2** 무정하게[냉혹하게] 되다

zkoumání, *n* 조사, 연구, 탐구, 관찰, 관측, 시험

zkoumat > pro- 조사하다, 탐구하다, 연구하다; kvůli zjištění faktů a pravdy (사실과 진실을 확인하기 위해) 시험하다, 실험하다, 관찰하다, 관측하다

zkoumavý 탐색하는, 탐색적인, 유심한, 꼼꼼한, 엄격한

zkoušející, *ma* 시험관, 조사관

zkoušení, *n* **1** 검사, 조사 **2** (옷의) 입어보기, 걸쳐보기

zkouš|et (*-ejí*) **> vy-** zevrubně prohlédnout, prozkoumat (꼼꼼하게) 조사하다, 탐구하다; celý kolektiv otázkami (질문들로써) 테스트를 하다, 시험하다, 질문하다; ~ **> zkusit** v.

Z

zkusit

zkouš|ka, *f* **1** 시험, 테스트, 검사, 조사 **2** opakování 연습, 시연, 리허설 ◆ *písemná ~* 필기시험; *přijímací ~* 입학시험; *státní ~* 국가시험; *ústní ~* 구두시험; *na -ku* 수습으로, 시험적으로; *obstát při -ce* 시험에 합격하다; *podrobit se -ce* 시험을 치루다

zkrátka 간단히, 간략하게, 짧게; 간단히 말하자면 ◆ *držet koho ~* 누구를 엄격하게 통제하다

zkratka, *f* **1** 약자, 약어; znakem 기호, 부호 **2** cesty 지름길

zkratkov|ý 1 약자의, 약어의, 기호의 **2** 지름길의, 짧은 경로의 ◆ *~ sloh* 전보식; *-é slovo* 약자, 약어

zkreslení, *n* 왜곡, 곡해

zkresl|it < -ovat 1 (얼굴을) 찡그리다 **2** špatně vyložit (사실을) 왜곡하다, 곱새기다, vlastního hlediska 곡해하다

zkroušenost, *f-1* 회개, 회오

zkroušený 회오(悔悟)의; kající 죄를 뉘우치는

zkrucovat = *(z)kroutit, v. kroutit*

zkrvavený 피로 물든, 피비린내 나는

zkrvav|it < -ovat 피로 물들이다

zkřivený 꼬브라진, 비뚤어진

zkřivit 뒤틀다, 찌푸리다, 찡그리다

zkumavka, *f* 시험관

zk|usit (*-en, -ení*) **< -oušet** (*-šejí*) **1** = *zakusit, začít, pustit se* do čeho **2** učinit pokus 시도하다, 기도하다; 시험하다, 시험해보다 ◆ *ať to -usí* (*troufá-li si*) 그로 하여금 멋대로 하게 내버려 둬라; (*vyzývavě*) *jen to -us!* 너 멋대로 해봐 (도전적인 말); *zkusit štěstí, zkusit to* 기회를 잡다; *~ všechno možné* 모든 가능성을 시험[시도]해 보다

zkusmo 실험삼아, 시험삼아

zkušebna, *f* **1** 실험실 **2** 연습실

zkušební 실험의, 시험의, pokusný 실험[시험]적인 ◆ *~ doba* 시험기간, při testu 보호관찰 기간, 수련기간; *~ kámen* 시금석, 표준; *~ let* 시험 비행

zkušen|á, *f* ◆ *být na -é* 수습기간 중이다; *jít na -ou* 수습기간을 보내다

zkušenost, *f-1* 경험, 체험; 숙련, 능숙

zkušený 경험이 있는, 숙련된; kvalifikovaný 능숙한, 노련한

zlatá, *f* **1** 황금처럼 소중한 여인 **2** medaile 금메달 ◆ *má ~* 내 사랑하는 여인

zlaťák, *mi-2, 3* 황금동전

zlatíčko, *n-2* 귀여운 녀석(놈); 귀여운 사람, 소중한 사람, 애인

zlatit (*zlacen*) **> o-, vy-** 금박을 입히다, 도금하다

zlatnictví, *n* 금세공소, 금방

zlatník, *ma-3* 금 세공인, 금 세공사

zlat|o[1], *n* **1** 금; 금메달 **2** 금박 ◆ *bílé ~* 백금; *ryzí ~* 순금; *srdce ze -a* 아름다운[고결한] 마음

zlato[2], *n* milá osoba 사랑하는 사람, 소중한 사람

zlatokop, *ma-2* 금광부, 황금광부

zlatonosný 금을 함유하는

zlatotepec, *ma* 금박공

zlatovláska, *f* 금발머리, 금발(미인)

zlat|ý[1] 1 금의, 황금의, 금으로 만든 **2** drahocenný 귀중한, 소중한 **3** milovaný 사랑하는 ◆ *~ důl* (*i obraz.*) 금광; *~ hřeb programu* (프로그램의)

Z

가장 중요한[흥미있는] 부분; *-á mládež* 귀공자; *-á rybka* 금붕어; *-á svatba* 금혼식

zlatý[2], *ma* 사랑하는 남자, 소중한 남자

zle = *špatně* v. *zlý*

zl|é, *n* = *zlo* ◆ *mít komu co za ~* 무엇에 대해 누구를 비난하다, 나쁘게 생각하다; *nemyslím* (*tím*) *nic -ého* 나는 나쁘게 한 뜻은 아닌데요; *odplácet ~ dobrým* 악을 선으로 보답하다; *však se* (*ještě*) *nic -ého nestalo* 아무 손해도 끼치지 않았다

zlehč|it < -ovat 1 가볍게 하다, 완화하다, 누그러뜨리다 **2** (신용, 가치를) 떨어뜨리다, 손상시키다 **3** co do hodnoty 평가절하하다, 싸게하다 **4** významu (의미, 중요성을) 작게하다, 축소하다; znamenat újmu na hodnotě 훼손시키다, újmu na dobrém jménu (명예를) 훼손하다; podcenit 가치를 낮게 평가하다

zlehčování, *n* **1** 완화, 결감 **2** 손상, 훼손

zlehka 부드럽게; lehounce 가볍게

zlepšení, *n* 향상, 개량, 개선

zlepš|it < -ovat 향상시키다, 더 좋게 하다; částečně polepšit 개선하다, 개량하다; zavedením novinky 쇄신하다, 혁신하다; napravit 수정하다, 개정하다

zlepš|it se : v. *lepšit se*

zlepšovací 향상의, 개선의, 개량의 개정의 ◆ *~ námět/návrh* 개선안

zlepšovat se = *lepšit se*

zlepšovatel, *ma-1, 4* **-ka,** *f* 개량하는 사람, 혁신자

zletitý = *plnoletý*

zleva 왼쪽으로부터, 좌측에서, 왼쪽에서

zlevněn|ý 가격이 떨어진, 할인권의 ◆ *-á cena* 할인 가격

zlev|nit < -ňovat 싸게 하다, 가격을 내리다, 할인하다 **~ se** 값이 하락하다

zlíb|it se < někomu 누구의 마음에 들다 ◆ *dělej, jak se ti!* 네 마음에 드는 대로 해라!; *vždy dělá, co se mu -ili* 그는 언제나 자기 마음대로 한다

zlo, *n-2* 악, 사악; páchaná škoda 해악, 악폐; ublížení 해, 위해; zlořád 폐악, 폐습

zloba, *f* 격노, 분노; zlá vůle 악의, 적의

zlobit 성가시게 하다, až něco mrzí 귀찮게 하다, otravovat 걱정을 끼치다; darebnostmi 버릇없이 굴다, 장난치다

zlobit se 화내다, na koho (누구에 대해) 화내다, (격)노하다 na koho slovy (누구를 말로써) 야단치다

zlobivý 말썽을 부리는; (목소리가) 화난, 노한, darebný 버릇없는, 장난꾸러기의

zlobný (얼굴, 목소리가) 성난, 화난

zločin, *mi-2* 범죄, 악행, 비행; trestný čin vůbec 반칙, 무례, 모욕

zločinec, *ma* 범죄자; obecně 죄인, 악인 ◆ *těžký ~* 중죄인; *válečný ~* 전범

zločinnost, *f-1* 범죄, 범죄행위, 비행

zločinný 범죄의, 죄있는; obecně 부정한, 불법의; se špatným úmyslem 못된, 사악한

zloděj, *ma* **-ka,** *f* 악당; pachatel vloupání 도적, 도둑; v. *také kapsář* ◆ *drobný* ~ 좀도둑; *kapesní* ~ 소매치기

zlodějský 도둑의, 도적의; 도벽이 있는

zlodějství, *n* 도적질, 도둑질

zloduch, *ma-3* 악한, 악당, ve filmu (영화에서) 악역, 원수역

zlolajný 중상적인, 비방하는

zlom, *mi-2* **1** 깨진곳, 틈 **2** (기술적) 고장, 파손 **3** 급전, 전환점; 획기적인 약진[진전]

zlom|ek, *mi-2, 3* **1** 파편, 조각 **2** v matematice (수학의) 분수 ◆ ~ *vteřiny* 순식간; *ve -ku vteřiny* 순식간에

zlomenina, *f* 금, 골절(상), 분쇄

zlomit (se) v. *lámat (se)*

zlomkovitý 파편의; 단편적인, 조각난

zlomkov|ý **1** 부서진, 파편화된 **2** (수학에서) 분수의 ◆ *-á čára* 분수의 선

zlomyslnost, *f-1* 악의, 심술, prudká 앙심

zlomyslný 악의적인, 짓궂은, 심술궂은; hanebně 사악한

zlo(po)věstný 악명높은

zlořád, *mi-2* 불쾌; společenský 악용; zneuž. moci 남용, 오용; hanebný 악

zlořečení, *n* 저주, 악담, 욕설

zlořečený 저주받은

zlořečit komu 저주하다, 악담하다, 모독하다; 욕설을 퍼붓다

zlost, *f-1* hněv 화, 노여움; prudká 격노, 울화 ◆ *mít na koho* ~ 누구에게 화를 내다[격노하다]; *pukat -í* 화를 내다

zlostný vznětlivý 화 잘내는, horkokrevný 성마른, výbušný 안달하는, prchlivý 격노하는

zlosyn, *ma* 불한당, 악당

zlotřilost, *f-1* 악행, 비행; 악평

zlotřilý 악명 높은, 파렴치한

zlověstný 불길한, 나쁜 징조의, 전조의

zlovolný 사악한, 악한

zlozvyk, *mi-2, 3* 악습, 나쁜 습관

zlý horší **1** 나쁜, 악한; 부덕한, 사악한nepříznivý 악질의, 악성의 **2** 지독한, 잔인한, 무자비한 ◆ *být zle*; *je zle* 나쁘다; *je mi zle* 나는 몸이 불편하다; *po dobrém nebo po zlém* 기어코, 어떻게 하든; *není nikdy tak zle, aby nemohlo být zase dobře* 가장 나쁜 일도 좋은 수가 있다, 쥐 구멍에 빠져도 솟아날 구멍은 있다

zmáčet (*-čejí*) (흠뻑) 젖다 ◆ ~ *si nohy* 발이 젖다

zmáčknout = *stisknout*

zmáhat v. *zmoci*

zmalovat < **1** 칠을 하다, 페인트를 바르다 **2** koho (누구를) 멍이들도록 몹시 때리다

zmar, *mi-2* 파멸, 파산, 몰락, 황폐 = *zhouba, zkáza*

zmařit v. *mařit*

zmatečný **1** 공허한, 텅빈 **2** = *zmatený, popletený*

zmatek, *mi-2, 3* **1** 혼동, 혼란, 혼잡; vyšinutí z normálu 교란; silné vzrušení 착란 **2** 당황, 얼떨떨함; 뒤죽 박죽, 어리둥절, 아수라장, 무질서

zmatený 혼란스러운; 당황한, 어리둥절한; 뒤죽박죽의, 무질서의

změkčilý 온순한, 부드러운, 여성적인

změna, *f* 교환, menší 교대, *~ stran* sport. 역전, *~ trestu na podmíněný = zmírnění* 선고 중지

změnit (se) v. *měnit (se)*

změnitelný 교환할 수 있는, 변경할 수 있는

zmenš|it < -ovat 작게 하다, 줄이다, 축소하다, postupně (점진적으로) 감소하다 **~ se** v. *menšit se* **-ovat se** *= menšit (se)*

změřit v. *měřit*

zmeškat (기차, 기간, 시간 등을) 놓치다, 잡지 못하다, 타지 못하다; 체납하다

změť, *f-1* **1** 얽힘, 엉킴 **2** 소란, 소동, 혼란

zmetek, *mi-2, 3* výrobek 거부된 물건, 불합격품

zmije, *f* **1** 독사 **2** 뱀

zmíněný 언급한, 말한 ◆ *výše ~* 위에서 언급한, 상기한; *dříve ~* 앞에서 말한

zmínit se *(zmiň se!)* **< zmiňovat se** o čem (무엇에 관해) 언급하다, 말하다; náznakem 암시하다

zmínka, *f* o čem, čeho (무엇에 관한, 무엇의) 언급, 진술; náznakem 암시

zmírat v. *zemřít*

zmírnit **1** (긴장을) 완화하다 **2** v. *mírnit (se)*

zmítat (se) (침대에서) 뒹굴다, 빈둥거리다

zmize|lý 사라진, 없어진, 모습을 감춘

zmizet v. *mizet*

zmik- v. *umlk-*

zmoc|i *(zmoh-u, ou, zmůžeš …, zmoz!, zmohl, zmožen)* **< zmáhat** *= zdolat, přemoci, unavit*

zmoc|něnec, *ma* **-něnkyně,** *f* **1** 대표자, 대행자, 대리인 **2** 중개인, 변호사 **3** státu 위원, 감독관; **(참조)** zástupce

zmoc|nit < -ňovat koho k čemu (누구를 무엇에) 권한을 부여하다, 위임하다 jako zástupce (대행자[대리인]으로서의) 권한을 주다

zmoc|nit se < -ňovat se 소유하다, 얻다; 점령하다, 점거하다, 탈취하다 ◆ *~ se vlády* 정권을 탈취하다

zmoklý (비에) 흠뻑 젖은

zmoudřet 현명해지다, 지혜로워 지다

zmožený 지친, 기진맥진한

zmrzlina, *f* 아이스크림 ◆ *jahodová ~* 딸기 아이스크림; *vanilková ~* 바닐라 아이스 크림

zmrznout **1** (물이) 얼다 **2** (사람, 짐승이) 얼어 죽다

zmučit 고문하다, 죽도록 고문하다; v. *mučit*

zmužilost, *f-1* 남자다움, 씩씩함; 용기

zmužilý 남자다운, 씩씩한; 용기있는, 용감한

zmužit se v. *vzmužit se* 용기를 내다, 대담해지다

znač|it mít význam *= znamenat* **~ > o-1** *= značkovat* **2** učinit patrným 가리키다, 지적하다; 나타내다; blíže zpřesnit 명시하다, 명기하다; nadpisem 새기다, 적다; jakoby cejchovat 낙인을 찍다;

Z

označení = značka, znak ~ **(si) > po-** = *znamenat (si)*

značka, *f* **1** 표, 표징, 상징; 《數》 기호, 부호; 《化》 식, 공식 **2** zboží 상표, …제, 메이커; připojená 라벨, 레테르; 딱지, 꼬리표 ◆ *dopravní* ~ 교통신호, na vozovce 이정표; *korektorská* ~ 교정표; *ochranná* ~ 상표; *turistická* ~ 관광(안내) 표시

značkovací 표시하는, 표하는 ◆ ~ *stroj* 소인기, 압인기

značkovat > o- 표기하다, 표시하다; jakoby vpálením 상표를 붙이다; vtiskem 낙인을 찍다; písmenem 글자를 넣다[박다]; znakem 사인을 하다

značkový 1 표시의, 기호의 **2** o zboží 상표가 있는[붙은], 메이커 제품의

značný 꽤 많은, 상당한; slušně velký 대폭적인, 꽤 큰

znak, *mi-2, 3* **1** 표, 사인, 기호, 부호; třídy/ kategorie, odznak 휘장, 배지; symbol 상징; výsostný 기장, 문장; stylizovaný 고안, 도안 **2** záda 등, 이면; sport (테니스의) 백핸드 스트로크; (수영의) 배영

znal|ec, *ma* **-kyně,** *f* 전문가, 숙달자, 숙련가; vyškolený 학도, 학자; zběhlý 달인, 명인

znalecký 전문가의; 숙달된, 노련한

znalost, *f-1* **1** 지식, 학식; vědění o čem (무엇에 대한) 인지, 지각 **2** obeznámenost 면식, 친면, 친교

znalý čeho (무엇을) 잘 알고 있는; vědoucí to 인지하고 있는, 인식하고 있는 ◆ ~ *světa* 처세술이 능한, 세상 물정에 밝은

znám(á) v. *známý*

znam|enat (si) > po- 필기하다, 적어두다, letmo 메모하다, 써 놓다 ~ **1** mít význam 의미하다, 뜻하다, tedy vyvolávat 뜻을 내포하다, 시사하다; mít za nutnou součást 수반하다 **2** mít závažnost 중요하다 **3** mířit kam …을 취지로 하다 ◆ *to nic ne -ená* 그것은 하잘 것 없다 ~ **> za- 1** = *všimnout si* **2** na burze (증권 거래소에서) 시세를 부르다

znamení, *n* **1** 신호, 군호, 암포, 사인 **2** předzvěst 기미, 징후, 조짐, 전조 ◆ *dát komu* ~ 누구에게 사인을[신호를] 보내다; *výstražné* ~ 위험표시; *zastávka na* ~ (승하차객이 있을 때만 서는) 버스 정류소; *zvláštní* ~ 특수표시; *dobré* ~ 좋은 징조, 길조; *zlé* ~ 나쁜 징조, 흉조

znamenitý 빼어난, 탁월한, 현저한

znaménko, *n* **1** 표, 표시 **2** (언어학, 수학의) 기호, 부호 ◆ *mateřské* ~ 몽고반점; *uvozovací* ~ 인용부호; ~ *dělení* 나눗셈표((÷))

známka, *f* **1** 표, 표적, 흔적 **2** příznak 증상, 증후, 증세 **3** vytištěná pošt, vyražená 우표, 인지, 스탬프 **4** 학점 ◆ *poštovní* ~ 우표; *školní* ~ 학점; ~ *života* 생명의 흔적

známkovat > o- 1 표를 하다 **2** (편지에) 스탬프를 찍다 **3** 등급을 매기다, 학점을 주다

známost, *f-1* **1** 지식, 앎; uznávanost 인식 **2** známý 사귀는 사람, 남자/ 여자 친구 ◆ *uvést co ve* ~ 무엇을 공표하다; *mít* ~ *s kým* 누구와 사귀다

známý[1] **1** (형용사) 잘 알려진, 유명

Z

한, 저명한 **2** dobře povědomý 익숙한, 친숙한

známý[2], *ma* **(명사)** 잘 아는 사람, 지기[지인]

národ|nit < -ňovat 국유화하다, 국영화하다 ◆ *vyjmout ze -nění* 국유화에서 제외하다

znárodňovací 국유화하는, 국영화의

znásil|nit < -ňovat (여자에게) 폭행을 가하다, ženu (여자를) 강간하다

znát 1 알다, 알고있다 **2** koho (누구와) 아는 사이이다, se s kým (누구와) 면식이 있다 ◆ *~ co jako své boty* 무엇을 훤하게 알다; *dal mi ~* 그는 나로 하여금 깨달게 했다; *nedal na sobě nic ~* 그는 아무런 낌새도 주지 않았다

znát se 1 sám sebe 자신을 알다 **2** s kým (누구와) 친교하다, 알고 지내다; vzájemně 서로 알다 ◆ *neznát se ke komu* 누구를 거부[부인]하다

znatelný = *patrný*

znavit = *unavit*

znázor|nit < -ňovat 1 기술하다, 말로 표현하다 **2** názorně ukázat 밖으로 드러내다, 나타내다; vylíčit 묘사하다

zneči|stit (*-štěn*) < **-šťovat** 더럽히다, proniknutím nečistot 오염시키다; poházením 흩뜨리다, 어지르다

znečišťovatel, *ma-1, 4* 오염시키는 사람, 더럽히는 사람

znečištění, *n* 더럽힘, 오염 ◆ *~ ovzduší* 공기 오염; *kontrola ~* 오염 통제; *zdroj ~* 오염의 원인

znehodno|tit (*znehodnocen*) < **-covat** 가치를 떨어뜨리다, 평가 절하하다; poškozením (가치를) 해치다, 손상하다; zhoršit (가치를) 저하시키다, 악화시키다

znehyb|nět (*-nějí*) < **-ňovat** 움직이지 않다, 마비되다

znehyb|nit < -ňovat 마비시키다, 움직이지 않게 하다

znechucený 구역질나는, 정떨어지는, 지겨운

znechu|tit (*znechucen*) < **-covat** 진절머리나게 하다, 구역질나게 하다

znechu|tit si < -covat si 구역질나다, 정 떨어지다

zneklidn|ět (*-ějí*) 불안해지다, 당황하다, 혼란하다, 뒤숭숭하다

zneklid|nit < -ňovat 불안하게 하다, 당황하게 하다, 뒤숭숭하게 하다

znelíbit se (*znelib se!*) < komu (누구의) 호감을 잃다, 누구의 마음을 잃다

znělka, *f* **1** (문학의) 소네트 **2** (방송의) 테마 음악, 시그널 음악 ◆ *závěrečná ~* 방송의 종료 (신호)

znělý 《言》 유성음의, zvučný 유음의

znemož|nit < -ňovat 1 불가능하게 하다 **2** mařit někomu něco (누구에게 무엇을) 못하게 하다, 막다, 방해하다 **3** koho společensky 불신케하다, (누구를 사회적으로) 평판을 나쁘게 하다

znemrav|nit < -ňovat 부도덕하게 하다, zkazit 타락시키다

znenadání 갑자기, 뜻밖에, 돌연

znepokojení, *n* 걱정, 불안, 안절부절

znepokoj|it < -ovat koho (누구를)

불안하게 하다, 동요시키다, 걱정시키다

znepřátel|it < -ovat 적으로 만들다; si koho (누구를 자신의) 적으로 돌리다

znepřátel|it se < -ovat se s kým (누구와) 적이 되다, 틀어지다, 불화하다

znepříjem|nit < -ňovat 불쾌하게 하다

znervózn|ět *(-ějí)* 신경이 예민[과민]해 지다, 불안해지다

znervóz|nit < -ňovat 신경과민이 되게 하다, 신경질나게 하다

znesnad|nit < -ňovat 어렵게하다, 힘들게 하다

znesvářit se *(znesvař!)* < s kým (누구와) 적이되다, (사이가) 틀어지다

znesvě|tit *(znesvěcen)* < **-covat** 신성을 더럽히다, 모독하다

zneškod|nit < -ňovat 1 해악을 없애다 **2** (폭탄, 지뢰의) 신관을 제거하다 **3** 《軍》 (적을) 패배시키다, 죽이다

znetvoř|it < -ovat 찌그러뜨리다, 훼손시키다, 손상하다

zneuctí|t (*zneuctit*처럼 변화) < **-vat 1** 불명예스럽게 하다, 명예를 실추시키다 **2** (신성을) 더럽히다, 모독하다

zneuzn|at < -ávat 알아보지 못하다; opominout 무시하다, 과소평가하다

zneužití, *n* 악용, 남용, 오용; 침해

zneuží|t *(zneuži-)* < **-vat 1** 악용하다, 오용하다, 남용하다 **2** (사생활을) 침해하다

zne|vážit *(znevaž!)* < **-važovat** (가치, 신용을)작게 하다, 깎아내리다, 평가절하하다

zničení, *n* 파괴, 파멸, 황폐

zničující 1 해치는, 손상시키는, 파괴하는 **2** (비판이) 통렬한, 냉혹한

zničit v. *ničit*

zn|ít (*znět* 처럼 변화; *-[ěj]í*) < **za- 1** 소리가 나다, 울리다 **2** podle textu … 라고 씌어(져) 있다, …로 해석되다 ◆ *dopis -í následovně* 편지는 다음과 같이 씌어 있다

znormalizovat 정상화시키다, 표준화하다 ~ **se** 정상화되다, 표준화되다

znova, znovu 또 다시, 다시; nanovo 새로이, 새롭게 ◆ *nabýt ~* 회복하다

znovuzrození, *n* 부활, 부흥, 재생

znudit = *unudit*

zobák, *mi-2, 3* **1** (조류의) 입, 주둥이; 부리 **2** (비속어) 주둥이, 아가리

zob|at *(zo-bu|-bám, zobej!, zobal)* > **se-, se-nout** 쪼다, 쪼아먹다 **-nout** < ~ do jídla (음식을) 쪼아먹듯이 조금씩 먹다

zobec|nit *(-nějí)* < **-ňovat** 일반화하다, 보편화하다

zobrazení, *n* 묘사, 표현, 서술

zobraz|it < -ovat 묘사하다, 그리다, 표현하다, 나타내다, 서술하다

zocel|it < -ovat 강철을 입히다, 견고하게 하다, 단단하게 하다

zočit kniž. = *uvádět, spatřit*

zodpov|ědět *(-dí)* < **-ídat** dotaz (질문에 대해) 대답하다; odpovědět na co 무엇에 대해 책임을 갖다

Z

zohav|it < **-ovat** 모양을 손상시키다; 절단하다, 병신을 만들다, 난도질하다

zohyzdit v. *hyzdit*

zóna, *n* 지대, 지역, 영역

zoo, *n-2 n-in* **(구어체)** 동물원 ◆ *návštěvník* ~ 동물원 방문객

zoolog, *ma-2, 3* 동물학자

zoologick|ý 동물학의 ◆ *-á zahrada* 동물원

zoologie, *f* 동물학

zootechnik, *ma-3* 목축업자, 가축전문가

zorn|ice, -ička, *f* 동공

zorný 시각의, 보는, 광학상의 ◆ ~ *úhel* 관점, 시점

zosob|nit < **-ňovat** 인격화하다, 체현하다 = *ztělesnit*

zostouz|et (*-ejí*) v. *zostudit*

zostra 1 날카롭게 **2** rychle 날쌔게, 급격하게

zostu|dit (*zostuzen*) < **-zovat, zostouzet** 중상하다, 명예를 훼손하다

zoškliv|it < **-ovat** = *znechutit*

zotaven|á, *f* (병의) 회복(기), 요양(기간), 휴양(기) ◆ *jet na -ou* 요양 휴가를 가다

zotavení, *n* 요양, 휴양

zotavit se < **-ovat se 1** (건강이) 회복되다 **2** (경제가) 회복되다, (증권 등의) 시세가 회복하다[반등하다]

zotavovna, *f* 휴양소, 보양지, 요양소

zoubek, *mi-2, 3* **1** 작은이, 젖니, 유치; (톱니바퀴의) 이 **2** (톱니와 같이) 들쭉날쭉함, 뾰족한 끝 **3** (V자 모양의) 새김눈, 벤자리

zoubkovat 1 톱니 모양으로 만들다, 맞물리다 **2** známku (우표에) 미싱바늘 구멍을 내다

zoufal|ost, *f-1* **-ství,** *n* 절망, 자포자기

zoufalý 1 절망적인, 자포자기의 **2** bídný 가엾은, 불쌍한, 비참한

zouf|at (si) nad čím (무엇에 대하여) 절망하다, 단념하다, 자포자기하다 ◆ *je to k u-ání* 사람을 미치게 할 정도다

zou|t (*zu-*) < **-vat** 신발을 벗다 ◆ ~ *si boty* 자신의 신발을 벗다; ~ *koho* 누구의 신발을 벗기다

zpaměti 외워서, 기억으로, 암기로; otrocky 기계적으로 ◆ *znát co* ~ 무엇을 암기하다

zpáteční 되돌아오는, domů 귀향의; obrácený 뒤로향한, 역진하는 ◆ ~ *cesta* 귀가여행; ~ *rychlost* 후진기어

zpátečnický 반동적인, 반동의, 반동주의의, 역코스의

zpátečnictví, *n* 반동적 경향, 반동주의, 보수주의

zpátky = *nazpátek*

zpěčovat se 1 čemu (무엇을) 방해[저해]하다; 저항하다, 반대하다 **2** z vnitř. odporu 주저하다, zdráhat se 멈칫하다

zpeněžit 현금화하다, 현금으로 바꾸다

zpestřit 다양하게 하다, 다채롭게 하다

zpět nazpátek 뒤로 되돌아

zpětn|ý 후퇴의, 역행하는; 반대의, 거꾸로의 = *zpáteční* ◆ *-ě datovat* 실

Z

제보다 날짜를 거슬러 올라가게 한다, 소급하다; ~ *náraz* (급격한) 반동, 반격; *-á vazba* 귀환, 피드백

zpěv, *mi-2* 노래, 창가, 노래하기

zpěvácký 노래하는, 가수의

zpěv|ačka, *f* **-ák,** *ma-3* 가수, 성악가, pouliční (유행)가수

zpěvavý = *zpěvný*

zpěvník, *mi-2, 3* 노래 책; kostelní (교회의) 찬송가

zpev|nit < -ňovat 강하게(튼튼하게) 하다, 견고하게 하다, 강화하다; aby nekolísalo 안정시키다

zpěvný 노래하는, 음악의

zpěvohra, *f* 오페라, 악곡

zpí|t (*zpi-*) **< -jet** 죽도록 마시게 하다 = *opít* (*se*, v. *opít se*)

zpívat < za- 노래하다, (종교적으로) 찬송하다

zplakat < nad výdělkem 큰 실수를 하다

zplihnout límec (테두리가) 흐느적거리다; vlasy (머리카락이) 수그러지다, 축 쳐지다

zplnomoc|nit < -ňovat = *zmocnit*

zplodina, *f* **1** 생성물, 산물 **2** (생산과정에서나오는) 폐기물

zplodit v. *plodit*

zploš|tit < -ťovat 1 펴다, 평평하게 하다 **2** (생각을) 지나치게 간소화하다, 하찮게 하다

zplynovač, *mi* (내연 기관의) 기화기, 카뷰레터

zpocený 땀에 젖은

zpočátku 최초에, 애초에, 초기에

zpod 밑으로부터, 아래로부터

zpodob|it < -ovat 그리다, 묘사하다

zpochyb|nit < -ňovat 의심하다, 의혹을 품다

zpola 절반, 반쯤, 어중간하게, 거지반, 거의 ◆ ~ *člověk*, ~ *zvíře* 반은 인간이요, 반은 동물; ~ *hotový* 반쯤 준비된

zpolitizování, *n* 정치화

zpomal|it < -ovat 느리게 하다, 지체시키다; 속도를 줄이다, 감속하다

zpomalený 감속된, 느리게 만든 ◆ ~*film* 고속도 촬영 영화

zpopel|nit < -ňovat 화장하다, 재로 만들다

zpotit (se) (*zpocen*) v. *potit* (*se*)

zpověď, *f-1* 고백, 참회, 고해(성사)

zpovědnice[1], *f* 고해실

zpověd|ník, -nice[2], *f* 고해 신부

zpovídat > vy- koho (신부가 누구의) 참회[고해]를 듣다

zpovídat se < vy- 고해하다, 참회하다

zpovzdálí 멀리로부터, 먼 곳으로부터

zpoza 뒤로부터, 뒤에서

zpozdilý 1 늦은, 지체된 **2** 터무니없는, 어리석은

zpozdit (*zpožděn*) **< zpožďovat 1** 느리게하다, 지체하다 **2** 연기하다, 뒤로 미루다; ~ *žděný ve vývoji* 늦은, proti řádu/plánu 기한이 지난 **~ se** 늦다, 늦어지다; proti plánu, jízdnímu řádu 기한이 지나다; hodiny (시계가) 늦게 가다

zpoždění, *n* 지체, 연착; 연기

zpožděný 늦은, 지체된, 퇴보한 ◆ ~ *ve vývoj* 발전이 늦은[지체된]

Z

zpracov|at < **-ávat** **1** 다듬다, 정성들여 만들다, 마무르다; 처리하다 **2** půdu 경작하다 **3** knihu (책을) 편집하다, 편찬하다 **4** v počítači (컴퓨터에서) 자료를 처리하다 **5** využít 활용하다, 소용되게 하다

zpracovatel, *ma-1, 4* 편집자, 퇴고자, 공들여 만드는 사람

zpracovatelský 처리의, 가공의 ◆ *~průmysl* 처리 공장, 가공업

zprava 오른쪽으로부터, 우측으로부터, 우측에서

zpráv|a, *f* **1** 보고(서), pravidelně vykazující 신고(서); výčet, vylíčení 전말서 **2** oznámení 소식, 통지, 보도; (방송의) 뉴스방송 ◆ *dostat od koho -u/-y* 누구로부터 소식을 듣다; *máte od ní -vy?* 그녀로부터 소식이 있습니까? *podat -vu o čem* 무엇에 관하여 설명하다, 보고하다; *poslední -y* 최근 소식, *v novinách* 최신 뉴스, 마감 후의 보도기사

zpravidla 대개는, 대체로 일반적으로

zprav|it < **-ovat** koho o čem (누구에게 무엇에 대해) 알리다, 고하다, 보고하다, uvědomit 통고하다, 통지하다

zpravodaj, *ma-2* **-ka,** *f* **1** 리포터, 보도기자; 특파원 **2** 통신원 ◆ *zahraniční ~* 해외 특파원; *být -em pro určitou oblast* 특정지역을 취재하다

zpravodajsk|ý 보도기자의, 리포터의, 보도의 ◆ *-é kino* 뉴스극장; *-á služba* 통신사, 신문[잡지] 판매소

zpravodajství, *n* 보도, 뉴스, 뉴스캐스트, 뉴스 프로그램

zpražit < koho (누구의) 콧대를 꺾다, vynadat mu 꾸짖다

zprivatizování, *n* 민영화, 사유화

zprivatizovat 민영화하다, 사유화하다 ◆ *~ nemocnici* 병원을 민영화하다

zpronevěra, *f* **1** (공금) 횡령, 착복, 유용 **2** někomu 불신, 배반

zpronevěř|it < **-ovat** 착복하다 **~ se** < **-ovat se** 배반하다, 배신하다

zpronevěřilý 불신의, 배반하는

zpronevěřitel, *ma-1, 4* 공금 횡령자 [유용자]

zpropadený 어처구니없는, 터무니없는, 지독한

zpro|stit (*zproštěn*) < **-šťovat** trestu (처벌을) 면제해 주다, břemene (부담을) 면하다, tlaku (압력을) 해제하다

zprostředkovací 중재의, 매개의 ◆ *~kancelář* 직업 소개소

zprostředkovatel, *ma-1, 4* **-ka,** *f* prostředkovatel 중개인, 매개인

zproštění, *n* 면제, 해제

zprošťovat v. *zprostit*

zprudka = *prudce*

zprůmysl|nit < **-ňovat** 산업화하다, 공업화하다

zprůmyslovět 산업화되다

zprůzračn|ět < **-it** 투명해지다

zprůžn|ět < **-it** 느슨해지다

zprvu 맨 먼저, 제일 먼저

zpředu = *zepředu*

zpřes|nit < **-ňovat** 정확하게 하다, 일일이 열거하다

zpříma 똑바로; 공공연히, 드러내놓고; vztyčeně 곧추 서서; do očí (두 눈을) 뚫어지게

zpupný 거만한, 건방진, drzý 오만

Z

한

způsob, *mi-2* **1** 방식, 양식, 방법, 형식 **2** (문법의) 법, 서법 **3** 거동, 행동, 태도 ◆ *na ~, po -u* …의 식[풍]으로, …에 따라서; *tímto -em* 이런 식으로; *na žádný ~* 결코 …가 아니다; *oznamovací ~* 직설법; *rozkazovací ~* 명령법

způsobilost, *f-1* 자격, 능력, k právnímu úkonu 법적 대응능력

způsobilý 자격있는, 적임의, 적당한 ◆ *~ letu* 내공성이 있는, 비행에 견딜 수 있는; *~ plavby* 항해에 견디는; *být ~ se usnášet* 정족수를 채우다

způsobit v. *působit*

způsobný 예의바른, 정중한 ◆ *být ~* 정중하다, 정중하게 행동하다

způsobovat = *působit co*

zpustlý **1** člověk 부도덕한, 타락한, 퇴폐한 **2** místo (장소가) 황폐한, 황량한

zpytavý 탐색하는, 알고 싶어하는; 호기심이 많은

zpytovat 탐색하다, 찾다, 헤아리다

zračit se 반영되다, 나타나다

zrada, *f* 배반, 배신; (정치적) 배반(행위), 변절; vůči vládnoucím 반역(죄)

zrádc|e, *ma* **-kyně,** *f* 반역자, 배반자, 역적

zrádcovský 배반의, 반역의

zra|dit (*zrazen*) < **-zovat** **1** 배반하다, 배신하다, opustit 내버리다 **2** koho od čeho (누구에게 무엇을) 단념시키다, 포기하게 하다

zrádný 배반의, 배신의; věrolomný 부정한; cokoli prozrazující 숨기려해도 숨길 수 없는

zrak, *mi-2, 3* **1** 시력, 시각 **2** 눈; 시선, 눈초리

zrakový 눈의, 시력의; 시선의

zral|ý 익은, 성숙한; příjemně 익어 달콤한, 감미로운 ◆ *po -é úvaze* 충분히 생각하고 나서; *být ~ pro co* 무엇을 위해 성숙되다

zrána 아침에 ◆ *časně ~* 이른 아침에

zranění, *n* 부상, 상처

zraněný 부상당한, 다친

zra|nit < **-ňovat** = *poranit*

zranitelný 상처입기 쉬운, 공격 받기 쉬운

zrát (*zra-, zrál*) < **u-, vy-** 익다, 성숙하다

zrazovat v. *zradit*

zrcadlit 비추다, 반사하다 **~ se** > **za-** 반사되다

zrc|adlo, *n* **-átko,** *n-2, 3* čeho (무엇의) 거울 film. 반사기(경)

zrcadlovka, *f* 레플렉스 카메라

zrcadlov|ý 거울의 ◆ *-á síň* 거울 홀[방]; *-é sklo* 거울유리

zrelaxovat **1** 느슨해지다, 누그러지다, 마음을 풀다 **2** 경감시키다, 늦추다, 완화시키다

zrní, *n* 낟알, 곡식, 곡류, 곡물

zrnitý 낟알의, 알갱이의, tak vyrobený 입상의, 곡식의

zrnko, *n-2, 3* (모래, 곡식, 소금 등의) 한 알, 알갱이

zrno, *n-2* (옥수수, 곡식의) 낟알, 알갱이, (포도의) 한 알

zrod, *mi-2* 탄생, 출생, 생성 ◆ *ve stádiu -u* 발생하고 있는, 발생 단계

Z

의, 발생기의, 미성숙한

zrovna = *právě, naschvál*

zručný 교묘한, 솜씨 좋은, řemeslně 능숙한, 노련함

zrůda, *f* 기형, 기괴함

zrůdný 기괴한, 소름끼치는

zrušený 1 nabouraný 망가진, 부서진 **2** vyčerpaný 다 소모한, 녹초가 된, 죽도록 지친 ◆ *vůz byl zcela ~* 자동차는 완전히 망가졌다; *po celodenní práci byl úplně ~* 하루 종일 일 한 후 완전히 지쳤다

zrušit v. *rušit*

zrych|lit < -ovat 가속하다, 속도를 빠르게 하다

zrzavý 붉은 머리털의, 머리칼이 빨간

zrzek, *ma-3* **-ka,** *f* 머리가 빨간 사람

zřejmě 분명히, 명백하게

zřejm|ý patrný 분명한, 명백한, 뚜렷한, neskrytý 공공연한, *zjevný* 뻔한 ◆ *je (docela) -é* 그것은 명백하다, 그것은 당연하다

zřeknout se v. *zříci se*

zřetel, *mi-1* **1** 관점, 견해, 입장 **2** uvážení 고려, 고려사항, 관계; 항목, 동기 = *ohledy* ◆ *bez -e na co* 무엇에 대한 고려없이; *brát ~ nač* 무엇에 대해여 고려하다; *mít co na -i* 무엇을 마음에 두다; *nepustit co ze -e* 무엇에 시선을 떼지 않다; *pustit co ze zřetele* 무엇을 무시하다; *se -em k čemu/na co* 무엇을 고려하여

zřetelně 분명하게, 명백하게, 뚜렷하게

zřetelný patrný 명백한, 명확한, zřejmý 분명한, zrakově (시각적으로) 명료한, 뚜렷한

zřícenina, *f* 폐허, 옛터, 잔해

zří|ci se, zříct se, zřeknout se (*zřekn-, zřekl se*) **< -kat se** 거부하다, 부인하다, 받아들이지 않다, 포기하다, 단념하다, funkce (권한을) 버리다, (자리를) 내놓다, 양위하다, 퇴임하다

zřídit (*zřiď!, zřízen*) **< zřizovat 1** 설립하다, 만들다, 설치하다, 세우다, 개설하다, 시작하다; 구성하다, 조직하다 **2** uvést do nepořádku 난잡하게 하다, 엉망으로 만들다 **3** zmlátit 세게 치다, 때리다; 호되게 꾸짖다

zřídka(kdy) 드물게, 이따금, 간간이, 때때로, 드문드문

zřídlo, *n* **1** 샘, 원천, 천, 온천 **2** (정보의) 공급원, 출처, 전거

zříkat se v. *zříci se*

zřít (*zřet*처럼 변화) **> u-** 보다, 바라보다; 흘끗[언뜻] 보다

zřítelnice, *f* = *zornice*

zřízen|ec, *ma* **-kyně,** *f* **1** 하인, 보조 **2** (공공 부문의) 피고 용인, 공공 근로자; 서기

zřízení, *n* společenské 제도, 체제; zemské 정체

zřizovat v. *zřídit*

zté|ci, ztect, (*zteč-, ztekl, ztek-u -ou*) **< -kat 1** 강습하다, 습격하다 **2** (꼭대기를) 오르다, (계단을) 오르다

zteč, *f* 강습, 습격

ztěles|nit < -ňovat 체현하다, 구현하다, 실현하다

ztenč|it < -ovat 1 (누구의 권리를) 해치다, 손상하다 **2** zmenšit 가늘게 하다, 줄이다, 감소하다

ztepilý 키 큰, 우아한; štíhlý 날씬한,

호리호리한

ztěžka 어렵사리, 어렵게, 힘들게

ztěžovat v. *ztížit*

zticha = *tiše* ◆ *být ~* 침묵하다

ztížit (*ztiž!*, *ztíži!*) < **ztěžovat** 어렵게 하다, 힘들게 하다; 방해하다, 가로막다

ztotožnění, *n* 동일시[화]

ztotož|nit < **-ňovat** 동일시하다, 동일한 것으로 간주하다

ztotož|nit se < **-ňovat se** *s názorem* (의견을) 같이하다, 일치하다, 동의하다

ztracený 1 잃은, 잃어버린, 분실한 **2** 이미 보이지 않는, 행방 불명의 **3** 낭비된, 허비된 **4** 길을 읽은, 타락한

ztracen|o ◆ *do -a* 끝이 가늘어지게; *jít do -a* 서서히 사라지다; *ubíhat do -a* 줄다, 작아지다; *vybíhat do -a* 점점 가늘어지다

ztrácet v. *ztratit* **~ se 1** jít do ztracena v. *ztraceno* **2** v. *ztratit se*

ztrápený = *utrápený*

ztrát|a, *f* 상실, 분실; postupně vzniklá 허비, 낭비, škoda též 손상, 손해 ◆ *~ času* 시간 낭비; *pod -ou čeho* 무엇의 손실을 조건으로 하여; *se -ou* 손해를 보고, 밑지고

ztr|atit (*ztracen*) < **-ácet** (*-ejí*) **1** 잃다, 상실하다, 분실하다 **2** za trest, jako nutný důsledek (죄에 의하여, 필연적인 결과로써) 권리를 상실하다, 몰수하다 **3** (시간 등을) 낭비하다, 빼앗기다 **4** (경기에서) 지다, 패배하다 **5** (체중이) 줄어들다, 경감하다 ◆ *~ čas* 시간을 잃다[낭비하다]; *~ život* 목숨을 잃다; *~ mysl víru* 절망하다; *~ odvahu* 낙망하다; *~ za koho slovo* 누구를 칭찬하다, 추천하다; *~ vědomí* 의식을 잃다

ztratit se < **ztrácet se** 길을 잃다, sejít z cesty 길을 잘못 들다

ztrátový (기업이) 계속 적자인

ztrhat < **1** ochromit (발을) 절름발이로 만들다 **2** (시계 태엽을) 너무 감다 **3** zničit 허물어뜨리다, 떨어 뜨리다; kriticky 혹평하다, 호되게 꾸짖다; v. *trhat*

ztroskotat loď (배가) 파선하다, 난파하다

ztrpčit 쓰라리게 하다, 한층 더 비참하게 하다

ztřeštěný 미친, 정신나간, 머리가 돈

ztuha ztěžka 단단히, 꼭

ztuchlý 곰팡이 핀, 곰팡내 나는; 진부한, 케케묵은

ztuž|it < **-ovat** 강화하다, 증강하다; vzpěrou 버티다, 보강하다; vnitřně (안으로) 고정시키다

zub, *mi-2* 이, 이빨, 치아; klíče, závitníku (열쇠나 나사까는 기계의) 끝, 날 ◆ *bolí mě -y* 나는 이가 아프다; *~ času* 세월의 파괴; *držet jazyk za -y* 입을 다물다; *-y nehty* 모든 수단

zubačka, *f* 톱니바퀴, 아프트식 철도

zubař, *ma* **-ka,** *f* 치과 의사

zubařství, *n* 치과의술

zubařský 치과의사의

zubatý 이가 있는, 톱니 모양의

zub|it se < **za-** (이를 드러내고) 씩 웃다; (격노, 노여움 등으로) 이빨을

Z

드러내다

zubní 이의, 이빨의, 치아의 ◆ ~ *kartáček* 칫솔; ~ *lékař/technik* v. *zubař*; ~ *pasta* 치약, ~ *prášek* 가루치약; ~ *středisko* 치과 병원

zubožený 불쌍한, bídný 가엾은, 비참한

zúčast- v. *účast* = *zúmysl-*

zúmysl- = *úmysl-*

zúplna = *plně, zcela*

zurčet (*oni zurčí*) 졸졸 흐르다, 거품을 내며 흐르다

zúročit(elný) = *úročit(elný)*

zúrod|nit < **-ňovat** (땅을) 기름지게 하다; celin (처녀지[미개간지]를) 개간하다, 경작하다

zuři|t 화를 내다, 격노하다, 격분하다

zuřivost, *f-1* 화, 분노, 격분

zuřivý 미쳐 날 뛰는, 광란의, 분노하는; vášnivý 격렬한, 강렬한

zůst|at (*zůstaň-, zůstal*) < **-ávat** 머무르다, 남다, 남아있다, …인 채로 있다, 잔존하다; 계속하다, 지속하다 ◆ *-al komu na krku* 그는 …의 일[부담]을 떠맡았다[지게되었다] **-ávat** pozadu (뒤에) 쳐지다, 뒤쳐지다 ◆ ~ *po škole* (수업이 끝난 후에도) 학교에 붙들려 있다; ~ *vdovou* 과부로 남다; ~ *naživu* 살아남다

zůstatek, *mi-2, 3* 나머지, 여분, 남은 것; (통장의) 잔고; 지불 잔금, 연체금

zůst|ávat kde (여기에) 살다, 체제하다; jinak v. *zůstat*

zůst|avit < **-avovat** (상속물을) 남기다, 유증하다, nechat osudu 운명에 맡기다, 버려두다

zůstavitel, *ma-1, 4* **-ka,** *f* 유언자, (부동산의) 유증자

zušlech|tit < **-ťovat** 세련되게 하다, 품위 있게 하다

zúžit (se) v. *úžit (se)*

zužitkov|at < **-ávat** 유용하게 하다, 소용되게 하다, 활용하다

zužovat (se) = *úžit (se)*

zvadlý 시든; (색이) 바랜; 쇠퇴한; v. *vadnout*

zvát (*zv-u..., zvi!, zval; nezvat*) > **pozvat, sezvat 1** 초청하다, 초대하다; zaplatit útratu 접대하다, 대접하다, 한턱내다 **2** předvolat 부르다, 소환하다

zvěcnit 실체[물질]화하다, 체현하다, 구체[구상]화 하다

zvečera 초저녁에, 초저녁 무렵에

zvěčněl|ý, *ma* **-á,** *f* 사자, 고인, 죽은 사람

zvěč|nit < **-ňovat** 불멸[불후]하게 하다

zvěd, *ma* 첩자, 스파이; 《軍》 정찰(병), 척후(병)

zvedací 계양의, 올리는 ◆ ~ *most* 도개교, 적교

zvedák, *mi-2, 3* 감아[들어] 올리는 기계[장치], 호이스트, 잭, 기중기

zvědavec, *ma* 호기심 많은 사람, přihlížející 구경꾼

zvědavost, *f-1* 호기심, 캐기 좋아하는 마음

zvědav|ý 호기심 있는, 알고 싶어하는, 궁금한 ◆ *jsem -á, jak...* …한[인]지 나는 궁금하다

zv|ědět (*zví-m, -š..., zvědí, zvěď!, zvěděl*) < **-ídat** = *dovědět se*

zved|nout < -at prostě sebrat **1** 들어올리다, 올리다, 쳐들다; držet vzhůru (손 따위를) 들다 **2** povznést (생활 수준을) 향상 시키다, 높이다; cenu (가격을) 올리다, 인상하다 **3** (수화기를) 들어올리다 ◆ ~ *kotvu* 닻을 올리다; ~ *ruce* 손을 들다

zved|nout se < -at se 올라가다; (바람, 연기가) 일다, 오르다; (기분, 사기가) 오르다, 상승되다 ◆ *musím se -at* 나는 이제 일어나야겠어, 그만 가봐야겠어

zveleb|it < -ovat 향상시키다, 개선[개량]하다, 발전시키다, 고양하다

zvelič|it < -ovat 과장하다, 침소봉대하다

zvenčí 외부로부터, 밖으로부터

zvěrokruh, *mi-2, 3* 짐승 별자리, 12궁

zvěrolékař, *ma* 수의사

zvěrolékařský 수의사의, 수의(학)의

zvěrolékařství, *n* 수의학

zvěrstvo, *n-2* 흉악, 잔인, 잔학 행위

zvěř, *f* 야수, 짐승; lovná zvěř 사냥감

zveřej|nit < -ňovat 공표하다, 발표하다; zrušením zákazu 공개하다, 개봉하다, 해제하다

zvěřina, *f* (사냥에서 잡은) 새, 짐승의 고기

zvěřinec, *mi* (이동) 동물원

zvesela = *vesele*

zvěst, *f-1* 통지, 기별; 소식; pověst 소문, 풍문

zvěstovat 통지하다, 기별하다, 소식을 전하다; hlásit 보고하다

zvětral|ý 비바람에 상한, 풍화된; vyvětralý 김빠진 ◆ *-é pivo* 김빠진 맥주

zvětšit < -ovat prostorově/hmotně (부피나 양적으로) 크게하다, 확대하다, rozsah 확장시키다; zvýšit počet 증가시키다, 늘이다

zvětšenina, *f* 확대 사진; 벽면 사진, 사진 벽화

zvětšovací 확대의, 확장의

zvětš|it se < -ovat se 커지다, 확대[확장] 되다

zvídavý 호기심 많은, 알고 싶어 하는, 꼬치꼬치 캐묻는

zviditelnění, *n* (누군가의, 무엇인가의) 강요, (누군가의, 무엇인가의) 주목을 끌기

zviditel|nit (누군가를, 무엇인가를) 눈에 띄게 하다, 주목을 끌게 하다 ◆ ~ *výrobky firmy v katalogu zboží* 상품 카탈로그의 회사 제품들이 주목을 끌게 하다 ~ **se < -ňovat se** (누군가, 무엇인가) 눈에 띄다, 주목을 끌다 ◆ *francouzská firma se před rokem zviditelnila na českém kosmetickém trhu* 프랑스 회사는 체코 화장품 시장에서 작년에 주목을 끌었다

zvíře, *n-1* 동물, 짐승; *ma* 짐승 같은 사람, 동물 같은 사람

zvířectvo, *n-2* 짐승, 동물; 동물군[상]

zvířena, *f* 동물군[상], 동물구계; 동물계

zvířit < zviřovat = *rozvířit*

zvlád|nout < -at = *ovládnout*

zvláš|ť, -tě 1 특히, speciálně 특별히 **2** stranou 따로, 별개로; nadto 여분으

로; 별개의

zvláštní 1 특별한, 특수한, 독특한; 특유의, 고유의 **2** 여분의, 따로의, 별개의 **3** 비상의, 예정밖의 ◆ *~ let* 전세편(비행기); *~ posel* 특급 사자, 특사; *~ výhody* 특별 대우, 우대

zvláštnost, *f-1* 특수성, 특별성; 고유성, 독특성

zvlčet (*-čejí*) 난폭해지다, 야수화 하다; (도럭적으로) 타락하다

zvlčilost, *f-1* 난폭, 흉학, 잔인; 잔혹(행위); 야수성

zvolna = *pomalu*

zvol|nit < -ňovat 늦추다, 느슨하게 하다; (속도를) 줄이다, 감소하다

zvon, *mi-2* 종, 초인종, 벨; poplašný 경종, 경보; kryt (치즈 접시) 커버

zvonek, *mi-2, 3* **1** 초인종 **2** 《植》 초롱꽃

zvonice, *f* 종각, 종루

zvoník, *ma-3* 종지기, 종치는[벨을 울리는] 사람

zvon|it > za- 1 종을 치다[울리다]; telef. komu (누구에게 전화를 걸다); bez předmětu o člověku 초인종을 울리다[누르다] **2** vyzvánět (종이, 전화가) 울리다 ◆ *-í mi v uších* 나는 귀가 울린다

zvonivý 울리는, 울려 퍼지는

zvonkov|ý 종의, 초인종의 ◆ *-á hra* 차임((선율 타악기의 한 가지. 반음계로 조율된 18개의 금속관을 아래로 드리워 매달아 놓고 해머로 쳐서 연주함)), 차임벨

zvonov(it)ý 종 모양의

zvrácený 변태의, 이상의, 도착의

zvr|acet (*-cejí*) v. *zvrátit* **-acet > vy-se** 토하다, 구토하다, 게우다

zvrás|nit < -ňovat 주름[골]지게 하다, 물결 모양으로 만들다

zvrat, *mi-2* 역전; osudový 격변, 급변; (정치적, 사회적) 이변, 동란

zvr|átit (*zvrať!, zvracen*) **< -acet** (*-ejí*) **1** 뒤집어 엎다, 역전시키다, 전복하다 **2** vyvrhnout 토해내다, 게우다

zvratný 1 뒤집을 수 있는, 전도 할 수 있는 **2** 《言》 재귀(대명사)의; 역행성의, 취소할수 있는

zvrhlý 1 타락한, 퇴화한 **2** = *zvrácený*

zvrh|nout (*zvržen*) **< -(áv)at** = *převrhnout, překotit, převrátit* (*se*) **-nout se < -(áv)at se** v co (무엇으로) 퇴보하다, 타락하다; 변질하다

zvrt|nout se < 1 v kotníku 발목을 삐다 **2** (계획 등을) 좌절시키다, 꺾다 ◆ *-lo se mi to* 그는 갑작스러운 반전을 경험하였다; *noha se mu -la* 그는 발을 삐었다

zvu|čet (*oni zvučí*) **< za-** (종, 벨, 소리, 음향 등이) 울다, 울려퍼지다, 울리다

zvučný 울리는, 소리나는, 울려퍼지는; 낭랑한

zvuk, *mi-2, 3* 소리, 음향, 음성; složka filmu 사운드 트랙

zvukař, *ma* **-ka,** *f* (방송 · 녹음의) 음향 조정기사

zvukotechn|ik, *ma* **-ička,** *f* 음량기술자

zvukotěsný 방음의, 방음장치가 된

zvukovod, *mi-2* 《醫》 유스타키오관(管), 이관(耳管); (악기의) 통음관(通音管)

Z

zvukov|ý 소리의, 음성의, 음향의; 청각의 ◆ ~ *film* 유성영화; *-á rychlost* 음속; ~ *záznam* 음성녹음

zvůle, *f* 방종, 방자; panovníka (군주의) 독재, 전횡

zvýhod|nit < -ňovat koho (누구를) 우대하다, 누구에게 우선권[특권]을 주다[부여하다]

zvyk, *mi-2, 3* 버릇, 습관, 습성

zvyklost, *f-1* 풍습, 관행, 관습

zvyklý 습관이 된, 관행이 된; 익숙한

zvyk|nout < -at 1 버릇이 되다, 습관이 되다; 익숙해지다 **2** = *navyknout* ~ **si < -at si** = *navyknout si*

zvysoka 위로부터, 위에서부터

zvýšený 높아진, 고양된, 고조된

zvýšit (*zvyš!*) < **zvyšovat** 높이다, 증가시키다, 올리다, 상승시키다, 향상시키다, 고양하다 ~ **se** < **zvyšovat se** 올라가다, 높아지다, 상승하다, 증가되다; prudce (급격하게) 오르다, 강화되다

zžel|et se < koho (누구를) 동정하다, 불쌍히 여기다 ◆ *-elo se mu jí* 그는 그녀를 동정하였다[그는 그녀가 불쌍하였다]

zženštilý 여성적인, 여자 같은, 사내답지 못한, 유약한

Ž

ž, Ž [žet] *n-in* [쥄트] 체코어 알파벳의 자음 글자

žába, *f* **1** 개구리 **2** = *žabec*

žabec, *ma* 건달 아가씨, 사춘기 소녀, 십대 소녀

žabí 개구리의 ◆ ~ *muž* 잠수부, 잠수 공작원[병]

žabk|a, *f* **1** 작은 개구리 **2** nůž 가지 치는 칼 ◆ *házet -y* (*na vodě*) 돈을 물 쓰듯 쓰다

žáb|ry, *f-pl* 아가미 ◆ *dýchání -rami* 아가미 호흡

žací 수확의; na trávu 풀 베기의 ◆ ~ *stroj* 수확기(계)

žactvo, *n-2* **1** 학생, 생도 **2** 제자, 문하생

žačka, *f* **1** 여학생, 여생도 **2** 여제자

žádanka, *f* 지원서, 신청서

žádaný -é zboží (상품이) 수요가 있는

žáda|t > po- 1 요청하다, prosit 간청하다 **2** podáním žádosti 지원하다, formálně 청원하다 **3** vyzvat 초대하다 ◆ ~ *kolik zač* 무엇에 대하여 얼마만큼 청구하다, 부담시키다, ~ *koho o ruku* 누구에게 청혼하다

žádat (si) 1 바라다, 원하다, 복구하다; cizí, nedovolené 탐내다 **2** nazpět (반환을) 요구하다

žadatel, *ma-1, 4* **-ka,** *f* 지원자, 신청자, 청원자; na zákl. nároku 청구자, (배상 등의) 원고

žádný 1 아무도 …않는[아닌], 아무런 **2** nikdo 아무도 …않다 ◆ ~ *z nich* 그들 중 아무도 …않다; *to ti ~ nevěří* 아무도 너를 믿지 않을 것이다

žadonit 극성스럽게 요구하다; 칭얼대다, 보채다

žádost, *f-1* **1** 청구, 요구 **2** písemná (서면) 신청,지원; formulář 지원서, 신청서, 요청서, 타원서 **3** přání 욕망; vášnivá touha 열정, 격정; chtíč 욕정 ◆ *podat si ~* 지원서[신청서]를 제출하다

žádostivý 1 원하는, 바라는, 열망하는; 매우 알고 싶어하는; cizího (다른 사람[이성]을) 열망하는

žádoucí 요구되는, 바람직한; 탐내는, 갖고싶은; doporučeníhodný 권할 만한

žá|ha, *f* (*pálení -hy*) 가슴 앓이 ◆ *zchladit si na kom -hu* 누구의 가슴 앓이를 진정시키다

žák, *ma-3* **1** 생도, 학생 **2** svého mistra (자기 스승의) 제자, 문화생

žákovs|ký 학생의, 생도의 ◆ ~ *domov* 기숙사; *-ká knížka* 성적표

žákyně, *f* = *žačka*

žaket, *mi* 자켓

žal, *mi-2* 슬픔, 한탄; 근심, 걱정

žalář, *mi* **1** 교도소, 감옥 **2** 감금, 수감 ◆ *doživotní ~* 종신형; *těžký ~* (형벌로서의) 중노동

žalář|ník, *ma-3* **-nice,** *f* 간수, 교도관

žalm, *mi-2* **1** 찬송가, 성가, 성시 **2** (성서의) 시편

žaloba, *f* **1** 소송, 고소, 기소 **2** 탄원, 호소; v. *obžaloba*

žalob|ce, *ma* **-kyně,** *f* 고발인; u soudu civilní 원고, 고소인; veřejný 검사; dožadující se nároky 원고, 청구인

žalobní 소송의, 고소의, 고발의; 탄원의

žalobní(če)k, *ma-3* 밀고자, 고발인; 고자쟁이

žalost, *f-1 = žal*

žalostný 불쌍한, 슬픈; bědný 통탄할, 비참한, 가엾은

žalova|ný, *ma* **-na,** *f* 피고인, 피고, 피고발인

žalova|t > ob- 1 koho 고발하다, 고소하다; před soudem též (법정에) 소송을 제기하다; ve veř. zájmu (공공의 이익을 위해) 기소하다, 소추하다; pro zneužití úřadu **(**비유어**)** do očí (직위의 남용에 대해) 탄핵하다 **2** naříkat 한탄하다, 호소하다, 탄원하다 **3** žalobníček 밀고하다, 고자질하다 **-t > za-** 법적 조치를 취하다

žalovatelný 기소할 수 있는, 소추할 수 있는

žalozpěv, *mi-2* 만가(輓歌), 애도가, 애가

žalud, *mi-2* **1** 도토리 **2** (남성 성기의) 귀두 **3** karty (카드놀이의) 클럽

žaludeční 위의, 위장의 ◆ *~ kapky* (소화를 돕는) 건위제; *~ kyselina* 위산

žalud|ek, *mi-2, 3* **1** 위 **2** trávení 소화 ◆ *bolesti -ku* 위통; *špatný ~* 소화불량; *mám ho v -dku* 그는 내 마음에 들지 않는다

žalující, *ma* strana = *žalobce*

žaluzie, *f* 베니스 블라인드, 발, 차양; stolu apod. 셔터

žampion, *mi-2* 버섯; 양송이

žánr, *mi-2* 장르, 유형, 양식

žár, *mi-2* **1** 백열, 적열, 화염 **2** vnitřní 열정, 열의

žárlit 질투하다, 시기하다, 시샘하다

žárlivost, *f-1* 질투, 시기, 시샘

žárlivý 질투의, 시기의

žárovka, *f* 전구, 백열등

žasnout > u- 깜짝 놀라다, 경탄하다

žatva, *f* 수확

žbluňk|nout < -at 쿵[쾅] 떨어지다, 풍덩 물에 떨어지다

ždibec, *mi(-2, 3)* 두 손 끝으로 잡을 만한 양, 소량, 조금; jídla (음식의) 작은 조각, 토막

ždímačka, *f* 쥐어짜는 기계, 탈수기

ždíma|t > vy- 1 (빨래 등을) 짜다, 탈수하다, 비틀다 **2** (노동자를) 착취하다, 갈취하다

žďuch|nout < -at do koho (누구를) 쓸쩍 밀다

že 1 (종속접속사**)** …한다는[이라는] 것 **2** = protože; 왜냐하면 **3 (**부가의문문**)** …, *že ne?* 그렇지 않니? **4 (**불변화사**)** (유감, 원인의 표시로서) …라고 한다면; (놀림의 표시로서) 어떻게 …일[할] 수가

Ž

žebrácký 거지 같은, 가난한; 얼마 안 되는, 빈약한 ◆ ~ *plat* 빈약한 급여

žebr|ačka, *f* **-ák,** *ma* 거지; 가난뱅이

žebrat 구걸하다, 비럭질하다, 빌어먹다, 동냥하다

žebravý 구걸하는, 애걸하는

žebro, *n-2* **1** 늑골, 갈빗대 **2** (고기가 붙은) 갈비 **3** 늑골 모양의 것; (선박의) 늑재; (비행기 날개의) 소골; (건축의) 리브; (양산의) 뼈대

žebrovaný 갈비 모양의, 뼈대 모양의

žebronit 간청[애원]하다, 구걸하다; u koho 달라고 졸라대다

žebrota, *f* 거지 신세, 극빈, 참가난

žebříček, *mi* **1** 작은 사다리 **2** 순위표

žebřík, *mi-2, 3* 사닥다리, 사다리

žebřina, *f* (원반의) 가로장, 꼴 시렁

žebřiňák, *mi-2, 3* 선반 수레

žeh, *mi-2* kremace 화장, 소각 ◆ *pohřeb -em* 화장(장례)

žehlicí 다림질의 ◆ ~ *prkno* 다림질판

žehlička, *f* 아이론, 다리미

žehlit > vy- 1 다림질하다; jen tlakem 누르다 **2** (눌러서) 반반하게 하다

žehnat > po- koho, komu (누구를) 축복하다, (누구에게) 은총을 내리다

žehrat na co (무엇에 대해) 불평하다, 투덜대다, 툴툴대다

Ž

žel (*bohu*) = *bohužel*

želatina, *f* 젤라틴

želé, *n-in* 젤리

želet (*oni žel*[*ej*]*í*) 한탄하다, vlast, jednání (자신의 처신을) 후회하다

železárna, *f* 제철소, 철공소

železář, *ma* 철물점 주인, 철물상

železářství, *n* 철물점, 철물상(점)

železitý 철을 함유한, 철의

železnice, *f* 철로, 철도(선로), 철길

železniční, *n* 철도의, 철로의

železn|ý 1 철의; 철로된 **2** 철을 함유한 **3** 강건한, 튼튼한, 확고한 ◆ *-é plíce* 철폐((호흡 보조기)); *-á ruda* 철광석; *-á zásoba* 비상휴대식량, (군대의) 비상식량; *-é zboží* 철기(鐵器), 철물; *-é zdraví* 강철 같이 튼튼한 건강

železo, *n* **1** 철, 철분 **2** (*-a, pl*) okovy 수갑; 족쇄 **3** past 덫 ◆ *peněz jako želez* 주체하지 못할 만큼의 돈; *staré* ~ 고철; *dát do starého* 고철로 폐기하다[버리다]

železobeton, *mi-2* 철근 콘크리트

želíz|ko, *n-2, 3* 절단기; čepel (칼) 날; *-ka* v. *železa* ◆ *mít dvě -ka v ohni* 만일의 경우에 대비가 되어있다

želva, *f* sladkovodní, mořská (민물의, 바닷물의) 거북

želví 거북의 ◆ ~ *polévka* 거북 스프

želvovina, *f* 거북 딱지

žemle, *f* 롤빵

žemlovka, *f* (사과) 샬럿

žeň, *f* **1** žně 추수, 수확 **2** úroda 수확물((곡물, 과실, 채소 따위)) **3** doba žní 수확기

žen|a, *f* **1** 여자, ženy souhrnně 여성 **2** manželka 부인, 아내, 처 ◆ ~ *v domácnosti* 가정주부; *vzít si koho za -u* 누구를 아내로 삼다

ženatý (남성이) 결혼한, 아내가 있는, 기혼의

Ženeva, *f* 제네바
ženich, *ma-3* **1** 신랑 **2** 구혼자
ženijní 기술(자)의 ◆ ~ *vojsko* 공병, 토목 공병
ženista, *ma(-4)* 기술자, 기사
ženit > o- (남자를) 결혼시키다, 장가보내다 **~ se > o-** (남성이) 결혼하다, s kým 누구와 결혼하다
ženská, *f* **1** (구어체) 여자, 여성 **2** hanl. 계집, 아녀자
žensk|ý 여자의, 여성의; 부인의, 여자다운 ◆ *-é pohlaví* 여성; ~ *rod* (문법의) 여성
ženství, *n* 여성다움, 여자임; <집합적> 여성
ženšen, *mi-2* 인삼
žentour, *mi-2* (광산의) 말이 돌리는 자아틀
ženuška, *f* expr. (자신의 사랑하는) 부인; oslovení 여보, 당신
žerď, *f* 장대, 기둥, vodorovná 막대, praporu 깃대
žert, *mi-2* **1** 장난, výsměšný 익살, vtip 농담 **2** 소극 ◆ *s ním nejsou žádné -y* 그를 갖고 놀 수는 없어; *-y stranou* 농담은 그만두고; *tropit si -y z koho* 누구를 놀리다
žertík, *mi-2, 3* (말이 아닌 행동에 의한) 짓궂은 장난, 못된 장난
žertovat > za- 1 농담하다; 농담을 말하다 **2** 조롱하다, 놀라다, 희롱거리다
žertovný 우스꽝스러운, 농담의
žesťov|ý 금관악기의 ◆ ~ *nástroj* 금관 악기; *-é* (오케스트라의) 관악 파트
žezlo, *n* 홀(笏), 권표, 직장
žh|ář, *ma* **-ka,** *f* 방화범; 방화광
žhářství, *n* 방화, 방화죄
žhavicí 가열하는, 따뜻하게 하는 ◆ ~ *napětí* 가열 전압
žhavit v. *rozžhavit*
žhavý 1 작열하는, 백열의, 새빨갛게 달아오른, 빨갛게 타오르는 **2** zaujatý 열정적인, 격정적인; 격렬한, 열렬한
žhnout (*žhnul* …= *žehl, žhla* …) **1** (난로가) 빨갛게 타다, 백열[작렬]하다 **2** (불이) 붉어지다; (몸이) 달아오르다
Žid, *ma* **-ovka,** *f* 유태인
židl|e, *f* **의자 -ička,** *f* 의자
židlička, *f* 작은 의자[걸상]
židovský 유태인의
žihadlo, *n* (곤충의) 침
žíhaný 1 구워서 석회로 만들어진 **2** (옷이)줄무늬가 있는
žíhat 1 구워서 석회로 만들다 **2** pruhovat 줄무늬로 하다
žíl|a, *f* **1** 정맥, 심줄 **2** rudy 광맥(鑛脈) **3** biče 가죽끈 **4** býkovec 말채찍 ◆ *pustit komu -ou* 누구의 피를 짜내다; *pustit -ou* 방혈(防血)하다
žiletka, *f* čepelka 면도날; přístroj 안전면도기
žilka, *f* 작은 정맥, **1** 작은 심줄 **2** též listu apod. (잎 등의) 잎맥, v mramoru apod. (대리석 등의) 줄무늬
žilnatý 정맥의, 맥이 있는; (na) svalnatý 힘줄의, 건질의
žíně, *f* 말털, 말총
žíněnka, *f* 말총 메트리스
žíněný 말총의
žínka[1], *f* (얼굴) 수건; (시체 얼굴 덮는) 천, na nádobí 행주
žínka[2], *f* 요정 ◆ *lesní* ~ 숲의 요정;

vodní ~ 물의 요정

žír, *mi-2* **1** potrava 새싹, 어린잎, 어린 가지 ((가축의 먹이)) **2** výkrm 살찌우기 ◆ *dobytek na* ~ 비육우

žirafa, *f* 기린

žíravina, *f* 부식제(腐蝕劑), 소작제(燒灼劑)

žíravý 부식성의, 가성(苛性)의, 소작성의

žírný 1 다산의, 기름진, 비옥한 **2** na výkrm 살찌우는

žiro, *n-2* (은행의) 대체제도, 지로제

žít (*ži-*; *žití* (*život*의 시적표현)) 살다, 살아가다, 생활하다; být naživu 살아 있다, 생존하다; na rozdíl od jiných 살아남다 ◆ *ať žije* …만세; ~ *žij blaze* 잘 있어요((헤어질 때의 인사)); ~ *jako kůl v plotě* 은둔자처럼 살다; ~ *nad poměry* 자신의 분수에 넘치게 살다; ~ *na velké*(= *vysoké*) *noze* 호화롭게 살다; ~ *na volné noze* (계약하지 않고) 자유롭게 살다

žitno, *n* 호밀

žitný, 호밀의 ◆ ~ *chléb* 호밀빵

živ 살아있는, 생존해 있는 ◆ *být* ~ = *žít*; *za -a* 생애 동안, 살아 있는 동안

živel, *mi-2* **1** 요소, 성분, (구성) 분자 **2** 소양, 소질 **3** (생활) 환경 **4** 자연 재해

živelní 자연 재해의

živelný (힘, 열정이) 통제받지 않는, 억제되지 않는

živina, *f* 영양소, 영양분

živit > vy- 1 (음식을) 먹이다; 자양분을 주다 **2** 부양하다, 양육하다, 기르다, 먹여 살리다; v sobě chovat a rozněcovat 돌보다 **~ se > ob-, u-** 살아가다, 생계를 꾸려가다; jíst co (무엇을) 먹고 살다

živitel, *ma-1, 4* **-ka,** *f* 생계를 이끄는 사람, 부양자

živnost, *f-1* **1** 직업, 장사, 영업, 상업 **2** 작은 회사, 점포

živnostensk|ý 영업의, 상업의; 작은 회사의 ◆ *-á banka* 상업은행; ~ *podnikání* 상업활동

živnostník, *ma-3* 소상인, 무역업자

živobytí, *n* **1** 생계, 생계, 살림살이 **2** 생활

živočich, *ma-2, 3* 동물 ◆ *říše -ů* 동물 왕국

živočišný 동물의

živočišstvo, *n-2* 동물 세계, 동물계, 동물 왕국

živořit 생계를 간신히 꾸려나가다, bídně 간신히 살아가다

život, *mi* **1** 생명, 생존, 삶, 생(生) **2** 수명, (개인의) 목숨, 평생, 생애 **3** (집합적) 생물 **4** 생활(상태); 인생 **5** 활기, 활력 ◆ *holý* ~ 초라한 생계; *uvést v* ~ 생기게 하다, 낳다, 성립시키다; *vzít si* ~ 자살하다

životaschopnost, *f* 생존 능력

životaschopný 살아갈 수 있는, 생명력 있는

životní 1 삶의, 생명의; 인생의 **2** 생활의 **3** životně důležitý 절대로 필요한, 지극히 중요한 ◆ ~ *dráha* 경력, 이력, 생애; ~ *podmínky* 생활 조건; ~ *potřeby* 생필품; ~ *prostor* 생활공간; ~ *úroveň* 생활 수준; ~ *velikost* 실물 크기; *v* ~ *velikosti* 실물 크기로; ~ *zájem* 기득권, 확정적 권리

životnost, *f-1* **1** (기계, 건물 등의) 지

Ž

속성, 수명, 활동성 **2** 생명력, 활력 **3** **(문법의)** 생물성, 유생성

životný 1 생생한, 살아있는 **2 (**문법의**)** 생물의, 유생의

životopis, *mi* **1** 이력서 **2** 자서전, 전기 ◆ *vlastní ~* 자서전

životopisec, *ma* 자서전 작가, 전기 작가

životopisný 자서전의, 전기의

životospráva, *f* 섭생(攝生), 식이요법

živůtek, *mi-2, 3* 보디스, 통옷

živ|ý, 1 살아있는, 생명이 있는 **2** plný pohybu 생생한, 힘찬, 싱싱한, 활기찬, 발랄한 **3** o místě 분주한, 바쁜; 쇄도하는 ◆ o době 바쁜 ◆ *v -é paměti* 생생한 기억속에(서); *~ plot* 산울타리; *za ~ svět* **(**부정문에서**)** 결코; *-é záhlaví* (책의 각 페이지 상단의) 난외 표제

žízeň, *f* 갈증, 목마름 ◆ *mít ~* 갈증나다, 목마르다

žíznit > za- 갈증나다, 목마르다

žíznivý 목마른, 갈증난

žížala, *f* 지렁이

žlab, *mi-2* **1** 여물통, koryto 구유 **2** údolí 골짜기, 계곡

žlábek, *mi-2, 3* **1** (건물의) 세로층, 둥근 홈 **2** 도랑

žláza, *f* 선(腺) ◆ *potní ~* 땀샘, 한선; *slinná ~* 침샘, 타액선

žloutek, *mi-2, 3* (계란의) 노른자

žloutenka, *f* 황달

žloutnout > ze- 노래지다, 노랗게 되다

žluč, *f(-1)* **1** 쓸개즙, 담즙 **2 (**구어체**)** 쓸개, 담낭

žlučník, *mi-2, 3* 쓸개, 담낭

žlučovitý 1 담즙의, 담즙 이상의 **2** 성마른, 성난

žlučový 쓸개의, 담낭의 ◆ *~ kamínek* 담석

žluť, *f(-1)* 노란색, 황색

žluťácký 반노동자의

Žlutá řeka, *f* 황하강

žlutý 1 노란, 황색의 **2** 살갗이 누런, 황색 인종의

žluva, *f* (황금) 꾀꼬리

žmolit 1 (모자를) 구기다, 쭈글쭈글하게 하다 **2** (호주머니, 손가락을) 만지작 거리다

žmoulat 1 (음식을) 우적우적 먹다, 으드득으드득 깨물다 **2** (껌, 담배를) 질겅질겅 씹다

žně, *f-pl* v. *žeň*

žnec, *ma* **-ka,** *f* 거둬들이는 사람, 수확자

žnout (문어체 *žít; žal, žetí***) > po-** (곡식을) 베어들이다, trávu (풀을) 베다; sklízet 수확하다

žoldnéř, *ma* 용병

žonglér, *ma* 요술쟁이, (던지기의) 곡예사

žonglérství, *n* 요술, 마술

žoviální 쾌활한, 명랑한, 유쾌한

žrádlo, *n* **1** (동물을 위한) 먹이, 사료 **2** zhrub. 먹거리, 꿀꿀이 죽((돼지 먹이로 주는 음식 찌개))

žralok, *ma-3* 상어

žr|át *(žer-, žral, nežrat)* **> 1** (짐승이) 먹이를 먹다[삼키다], **sežrat** 먹어치우다, hltavě 게걸스럽게 먹다, 탐욕스럽게 먹다, nadměrně 폭식하다 **2** sžíravě (철이) 부식[침식]하다 **3** (곤충

이) 물다 **4** (구어체) 성가시게 하다, 괴롭히다 **-át se** 안달이 나다

žravý 1 폭식하는, 탐욕적인 **2** (곤충이) 찌르는, 무는

žrout, *ma* 대식가, 폭식가

žuchnout < (sebou) 털썩 떨어지다, 쿵 부딪치다

žula, *f* 화강암, 쑥돌

žumpa, *f* 시궁창

župa, *f* (오스트리아-헝가리 제국의) 구역, 구, 지방, 도

župan[1]**,** *ma* správce 지방 수령

župan[2]**,** *mi-2* plášť 실내복, 화장옷

župánek, *mi-2, 3* 싸는 것, 포장지

žurnál, *mi* **1** v kině (영화관에서의) 뉴스 영화 **2** zast. 잡지

žurnalist|a, *ma(-4)* **-ka**, *f* 저널리스트, 기자

žurnalistika, *f* 저널리즘

žvanec, *mi* 한입, tabáku (씹는 담배의) 한번 씹을 분량

žvanil, *ma-2* **-ka,** *f* hanl. 수다쟁이, 잘 지절대는 사람

žvanit 재잘거리다, 지껄이다, 수다 떨다

žvanivý 떠드는, 재잘거리는

žvást, *mi-2* hanl. 허튼 수작, 인기 끄는 수작, 잠꼬대

žvatlat 재잘거리다, 재잘재잘 지껄이다

žvýkací 씹는, 씹기에 알맞은

žvýkačka, *f* 껌

žvýkat > roz-, se- 씹다, 깨물어 바수다; 우적우적 먹다

d', t', ň로 바뀐다. 그리고 g, h, ch, k, r는 발음과 철자가 각각 z, z, š, c, ř로 바뀐다.

(4) *i, *í는 d, t, n 뒤에서 각각 [i], [í]로 발음하고 동일하게 철자한다. 이 경우 d, t, n의 발음은 d', t', ň로 바뀐다. g, h, ch, k, r는 발음과 철자가 각각 z, z, š, c, ř로 바뀐다.

(5) *e는 다른 자음들 뒤에서는 [e]로 발음하고 e로 철자한다.

(6) *i, *í는 다른 자음들 뒤에서 각각 [i], [í]로 발음하고 i, í로 동일하게 철자한다.

불규칙 변화:

mi-1: -l, -s, -z로 끝나는 명사 중 이 약어가 표시된 명사는 meč처럼 변화한다. -en, -et로 끝나는 명사 중 이 약어가 표시된 명사는 단수에서만 적용된다.

mi-2: 이 약어가 표시된 명사는 생격과 여격 어미뿐만 아니라 전치격 어미도 -u인데, -g, -h, -ch, -k, -r로 끝나는 모든 남성 무생물 명사가 여기에 속한다.

mi-3: 이 약어가 표시된 명사의 복수 전치격 어미는 -ech가 아니라 -*ích이다. -g, -h, -ch, -k로 끝나는 모든 명사가 여기에 속한다. -ček로 끝나는 명사의 복수 전치격 어미는 특히 구어체에서 -ách가 될 수도 있다.

mi(gen -a): 둘러싸인 공간이나 열린 공간, 혹은 시간이나 기간을 나타내는 사물을 지칭하는 상당수의 남성 무생물 명사들의 단수 생격 어미가 -a이다.

mi(gen pl-*f*): 장소나 지역의 이름을 나타내는 다음절(多音節) 명사(소수의 2음절 명사 포함)와 단어 peníze의 복수 생격 어미는 여성 복수 생격 어미처럼 영형태소, 즉 어미 탈락을 보인다. 따라서 peníze의 복수 생격은 peněz이다.

*표시의 규칙:

(1) *e, *i, *í는 앞의 쪽과 같다.

(2) d, t, n는 d', t', ň로, g, h, ch, k, r는 z, z, š, c, ř로 변화한다. 다른 자음들의 뒤에서는 표현되지 않는다.

[표2] 남성 생물명사

주격 어미	-b -d -f -g -h -ch -k -m -n -p -r -s -t -v -x -z, & -l (cf. *ma-l*); -us, -os, -es (그리스어 이름); -au -ó -ú (외래어 성); -o (lamželezo) (구어체); -ů (Havlů) (불변화)			-č -ď -j -ň -ř -š -ť -ž; -c (Kadlec와 같이 성에 나타나는 -ec 와는 다름)	-ec	-ce & -le -se -ze (체코인의 성); -če (cf. hrabě, kníže는 *n-l*로 변화)	-e -é -i (기타 사람의 성과 외래어)
단수	nom	1	holub	oráč	běžec	strážc-e	Dant-e
	acc	4	-a	-e	-e	-e	-a
	gen	2	-a	-e	-e	-e	-a
	dat	3	-ovi, -u	-i, -ovi	-i, -ovi	-i, -ovi	-ovi
	loc	6	-ovi, -u	-i, -ovi	-i, -ovi	-i, -ovi	-ovi
	voc	5	=1	-i	č-e	-i	-e
	ins	7	-em	-em	-em	-em	-em
복수	nom	1	-*i	-i	-i	-i	-ové
	acc	4	-y	-e	-e	-e	-y
	gen	2	-ů	-ů	-ů	-ů	-ů
	dat	3	-ům	-ům	-ům	-ům	-ům
	loc	6	-ech	-ích	-ích	-ích	-ech
	voc	5	=1	=1	=1	=1	=1
	ins	7	-y	-y	-i	-i	-y

주격 어미		-a		-í -ý
단수			복수	형용사와 똑같이 격변화한다. -í 는 생격 복수에서 주로 -í
nom	1	dareb-a	-ové	
acc	4	-u	-y	
gen	2	-y	-ů	
dat	3	-ovi	-ům	
loc	6	-ovi	-ech	
voc	5	-o	=1	
ins	7	-ou	-y	

불규칙 변화:

-a, -í, -ý의 모음 어미를 갖는 남성생물 명사를 제외한 모든 남성생물 명사의 단수 여격과 전치격 어미는 -ovi와 -u 혹은 -i이다. 사람의 성을 단독으로 사용할 경우에는 -ovi만을 사용한다. 심지어 구어체에는 -í로 끝나는 사람의 성에 있어서도 -ovi를 사용하는 경우도 있다. 예: Kočí > Kočovi, Krejčí > Krejčovi. 그러나 둘 이상의 남성 생물 명사가 올 때에는 마지막 명사는 -ovi를 취하고 그 앞의 명사들은 -u혹은 -i를 취한다. 예: pan Petr Novák > panu Petru Novákovi; Miloš Zeman > Miloši Zemanovi. 그러나 단어 člověk와 성서어는 -ovi를 취하지 않는다.

ma-1: 이 약어가 표시된 명사는 비록 -l, -s, -z로 끝난다 하더라도 oráč형의 변화를 따른다.

ma(-1) (*voc* -i): -l로 끝나는 일련의 명사들의 호격은 -li이다. 그러나 이 명사들의 다른 격들은 *ma*형을 따를 수도 있고, *ma-1*를 따를 수도 있다.

ma-2: 이 약어가 표시된 명사의 복수 주격 어미는 -ové이다.

ma-3: 모든 명사들의 끝이 -g, -h, -ch, -k, -ga, -ba, -cha, -ka, -go, -ho, -cho, -ko 일 때 어미는 -ech대신 -ích이다.

ma-4: 복수 주격 어미 -é는 유표적 형태로서 회화체에서는 점차 사라지고 있는 추세이다. 다만 -el로 끝나는 사람명사를 표시할 때만 분포한다 (예: Andělé). -an으로 끝나는 경우는 특정 지역의 사람을 표현한 měsťan, Europan이나 특별한 경우(예: svatebčan)에만 사용한다.

[표3] 중성명사

	격		-o	-ma	-eum/-ium	-*e	
주격 어미			-o -um(라틴) -on(그리스)	(그리스)	(라틴) -ion (그리스)	(poledne에서) -e	doupě, poupě, koště, vole, zvíře (짐승의 새끼)
단수	nom	1	slov-o	dra-ma	muze-um	pol-e/bojišt-ě	tel-e-/poup-ě-
	acc	4	=1	=1	=1	=1	=1
	voc	5	=1	=1	=1	=1	=1
	gen	2	-a	-matu	-a	=1	-te
	dat	3	-u	-matu	-u	-i	-ti
	loc	6	-*e	-matu	-u	-i	-ti
	ins	7	-em	-matem	-em	-em -ěm	-tem
복수	nom	1	-a	-mata	-a	-e/-ě	-a-ta
	acc	4	-a	-mata	-a	-e/-ě	-a-ta
	voc	5	-a	-mata	-a	-e/-ě	-a-ta
	gen	2	-Ø	-mat	-í	pol-í/bojišt-*	-t/-t
	dat	3	-ům	-matům	-ím	-ím	-tům
	loc	6	-ech	-matech	-ích	-ích	-tech
	ins	7	-y	-maty	-i	-i	-ty

				-í	-é	-e, -é -i, -y
주격 어미				고기류(형용사변화)	요금과 장소(형용사변화)	외래어
단수	nom ~ loc		nádraž- í-		형용사 변화	불변화 (조격에서 임시적으로 -m)
	ins		-m			
복수	nom	1	-			
	acc	4	-			
	voc	5	-			
	gen	2	-			
	dat	3	-m			
	loc	6	-ch			
	ins	7	-mi			

1. 중성 명사의 주격, 대격, 호격 어미는 언제나 동일하다.
2. 어간의 변화와 *의 규칙에 대한 해석은 남성 무생물 명사의 그것과 같다.
3. -*e로 끝나는 중성 명사의 어미 -ě, -i, -ím, -ích의 발음은 *의 규칙에 따른다.

불규칙변화:

n-1: 이 약어가 표시된 중성 명사는 tele 혹은 poupě형의 변화를 따른다. 남성 명사 hrabě와 kníže 또한 이 변화를 따른다. 그러나 대격과 생격은 각기 hraběte, knížete이다.

n-2: 이 약어가 표시된 명사는 생격과 여격 어미뿐만 아니라 전치격 어미도 -u인데, -go, -ho, -cho, -ko로 끝나는 모든 명사가 여기에 속한다.

n-3: 이 약어가 표시된 명사의 복수 전치격 어미는 -ech가 아니라 -ách이다. -go, -ho, -cho, -ko로 끝나는 명사가 여기에 속한다. 그러나 -ko로, 특히 -isko로 끝나는 명사의 복수 전치격 어미는 -ách외에 변이형 -ích도 있다.

[표4] 여성명사

주격어미	-a -ca -ja -ča -ša -ža -*a (애완동물이나 장소의 이름)	-*e -ie/-ia	-ua -oa -ea	자음 또는 -e (-ev)
단수	nom 1 ryb-a Čadc-a acc 4 -u -u gen 2 -y -e dat 3 -*e -i loc 6 -*e -i voc 5 -o -o ins 7 -ou -ou	duše-*e Sofi -a -*i -*e -*i -*i -*e -*í	kongru- ide- -a ide-a -u -ji -y -je -i -ji -i -ji -o -o -ou -jí	zář-(e) daň- - -(i) - - -*e -*i -*i -*e, -*i -*i -*í
복수	nom 1 -y acc 4 -y gen 2 -Ø dat 3 -dám loc 6 -ách voc 5=1 ins 7 -ami	-e -e -í -ím -ích =1 -emi	kongru- ide- -y ide -je -í -jí -ám -jím -ách -jích =1 -ami -ami	-*e -*í -*ím -*ích =1 -*emi
f-1	주격이 자음으로 끝나는 여성명사	-*í	-á	-i, -y
단수	nom 1 kost- acc 4 gen 2 dat 3 -*i loc 6 voc 5 ins 7 -*í	불변화	형용사 변화	불변화
복수	nom 1 -*i acc 4 -*i gen 2 -*í dat 3 -em loc 6 -ech voc 5 =1 ins 7 -mi	-*í -*i -*i -m -ch =1 -mi	형용사 변화	불변화

1. -o로 끝나는 극소수의 여성 명사들은 단수 주격 외의 격에서 -a로 끝나는 여성 명사처럼 변화한다. 예: Sapfo. 그리고 Klio처럼 -io로 끝나는 여성 명사는 Čadca의 변화를 따른다.
2. -ca, -ja 등으로 끝나는 애완 동물의 이름은 -y 대신에 -*i를 갖는다.
3. 변화형에서 어미의 모음이 탈락되는 일련의 여성 명사들은 어간의 모음을 단모음화한다. 이러한 사항은 사전에 표기한다. 예: bouda, *f* (bud). 변화형에서 어미의 모음이 탈락되는 -a 어미를 가지면서 2개 이상의 겹자음으로 끝나는 여성 명사는 마지막 자음 앞에 -e-를 삽입한다. 예: hrozba, hrozeb. 단, 겹자음 -st, -zd, -št, -žd, -šť, -žď, -nd은 이에 해당되지 않는다. 이 때 j는 자음으로 간주하지 않는다. -e-가 삽입되지 않는 경우에는 이를 사전에 표기한다. 예: banka, *f* (bank)
4. 여기에서 *의 규칙은 남성 무생물의 경우와 같은 방식으로 적용된다.
5. zář는 duše와 daň 사이를 오가는 변화 계열체이다. kost형은 -ost로 끝나는 예외적인 여성 명사들과 융합하지 않는다. *i를 *e로 대체하고, 그리고 복수 어미들의 변화 체계를 daň와 함께 발견되는 것들로 대체하는 많은 여성명사들은 daň형을 따른다. 이러한 사항은 사전에 표기한다. 예: niť, *f-1* (pl-*f*); pečeť, *f* (-tě 혹은 -ti).
6. 위 3에서 인급된 단모음하는 단수 장모음형들 그리고/혹은 복수 장모음과 2음절 어미 형들에까지 확대될 수 있다. 예: skála, *f* (skal), pl. skály, skal, -ám, -ách, -ami; pára, *f* (par), 단수 parou; 복수 páry, par, -ám, -ách, -ami. -íce, -ice, -íle, -yně명사는 생격 복수에서 (-ící, -icí, -ílí, -yní가 아닌) -ic, -il, -yň를 갖는다. -ice로 끝나는 차용어들은 고급문체에서 생격 복수 어미로 -icí를 가질 수 있다. 예: definice, definicí. -yně로 끝나는 사물을 지칭하는 여성명사는 생격 복수 어미로 -yní를 가질 수 있다. 예: jeskyně, jeskyň 혹은 jeskyní.

2. 외래어 이름

철자 표기는 그 기원하는 외국어를 따르는 것을 원칙으로 하지만 발음은 체코어 방식을 따르는 외래어 이름은 그 발음이 격변화의 유형을 결정한다. 발음되지 않는 단어 끝의 자음은 보통 격변화를 할 때는 어미와 결합하여 발음이 되며, 격변화의 유형을 그 마지막 자음에 의해 결정된다. 예: Dumas [dyma]는 dareba형을 따르지 않고 *ma-2*의 holub형 혹은 *ma-1,2*의 oráč형을 따른다. 따라서 단수 생격은 Dumas-e 혹은 Dumas-a이다. 몇몇 이름들은 어떤 형태의 이론적 주격이 격변화의 기초를 이루는지 기억해 두는 것이 가장 좋으 방법이다. 예: Pythagoras, *ma* (-gora처럼).

3. 명사의 소유형

사람을 나타내는 모든 남성 명사와 여성 명사(드물게 사람처럼 행동하는 것으로 간주되는 동물을 포함), 그리고 명사처럼 격변화하는(형용사처럼 변화하거나 불변화 명사 제외) 사람을 나타내는 모든 남성 명사와 여성 명사는 각각 -ův, -in과 같은 특수한 형태의 소유형을 갖는다. 그리고 -ův에 어미가 첨가될 경우에는 -ov-로 변한다. 뒤에 오는 명사의 소유형 및 대명사 sám의 변화표를 참조할 것. -*in 앞에서 g, h, ch, k, r는 각각 ž, ž, š, č, ř로 변한다. 예: Olga > Olžin, matka > matčin, dcera > dceřin.

4. 기수사

(1) jeden(1/하나)은 ten처럼 격변화한다. 뒤에 따라오는 변화 참조할 것. 차이라면 -n이 보존되는 것이 다르다. 예: ten, t-a, t-oho; jeden jedna, jednoho 등.

(2) dva(2/둘)는 4개의 변화형을 갖는데 남성 무생물(*mi*)과 남성 생물(*ma*) 주격, 대격, 호격에서는 dva, 중성(*n*)과 여성(*f*) 주격, 대격, 호격은 dvě, 여격과 조격은 dvěma, 생격과 전치격은 dvou이다.

(3) tři(3/셋)는 여성 명사(*f-1*) kost의 복수인 kosti의 변화형을 따른다. 다만 조격은 třemi이다.

(4) čtyři(4/넷)도 kosti의 변화형을 따른다. 단지 생격은 čtyř이다.

(5) sto는 중성 명사(*n-2*), tisíc는 남성 무생물(*mi*), milión은 남성 무생물(*mi*-2)이다. 나머지 숫자들은 대격과 호격에서 변화하지 않고 다른 격들에서는 -*i가 첨가된다. 예: pět pěti, osm osmi.

(6) oba(양/쌍)는 dva의 변화형을 따른다. kolik, tolik, několik, mnoho, málo는 대격과 호격에서는 변화하지 않고 다른 격들에서는 단일 격어미 -a를 갖는다. 예: kolik kolika.

III. 형용사

1. 비교급

체코어 형용사의 비교급은 -*ejší를 첨가하여 만든다. 변화는 형용사의 그것을 따른다. *의 규칙이 여기에서도 적용된다. 그러나 다음처럼 약간의 변형을 수반한다. h, ch, k, r는 각각 ž, š, č, ř로, sk는 šť로, ck는 čť로 변화한다. 소수의 형용사 비교급은 -*ejší 대신에 -ší 혹은 -čí를 첨가하여 만든다. 이때 이 사전에는 다음처럼 표기한다: měkký (měkčí). 최상급은 비교급에 접두사 nej-를 첨가하여 파생한다.

2. 형용사의 격변화표

[표5] -ý로 끝나는 형용사/대표형: živ-ý

			mi	*m*	*ma*	*n*	*f*
단수	nom	1		-ý		-é	-á
	acc	4	-ý		-ého	-é	-ou
	gen	2			-ého		-é
	dat	3			-ému		-é
	loc	6			-ém		-é
	voc	5	= 1				
	ins	7			-ým		-ou
복수	nom	1	-é		-*í	-á	-é
	acc	4			-é	-á	-é
	gen	2			-ých		
	dat	3			-ým		
	loc	6			-ých		
	voc	5	= 1				
	ins	7			-ými		

svěž-í처럼 -í로 끝나는 연변화 형용사의 변화는 경변화 형용사의 변화형 어미들의 자음 앞에 -í를 첨가한다. 예: -ího, -ímu, ím, -ích, -ími. 다른 경우에는 -í는 변화하지 않고 그대로 남는다.

3. 형용사로부터의 부사 파생법

체코어의 부사는 형용사 어미(-ý, -í)를 탈락시키고 -*e를 첨가하여 만드는 것이 규칙적이다. 이 때에 *의 규칙이 적용된다(남성 무생물 변화 참조). -ský, -cký, -zký 등으로 끝나는 형용사의 부사는 어미 -ý를 -y로 대체함으로써 만든다. 질보다도 강도를 나타내고자 할 때는 -o를 첨가하여 부사를 만드는 것이 통상적이다.

4. 명사와 형용사의 쌍수 명사 어미

수사 sto와 신체의 기관을 지칭하는 명사 prs, ruka는 주격, 대격, 호격에서 수사 dva의 그것들과 유사한 쌍수 명사의 변화 어미인 prsa, ruce, stě를 갖는다. 그러나 oko, ucho, noha의 주격, 대격, 호격은 각기 oči, uši, nohy이다. 그리고 생격과 전치격의 어미는 -ou (prsou, rokou, nohou)이고, 그리고 생격은 -í, 전치격은 -ích (oč-ích, uš-ích)이며, 여격은 -ím (očím, uším)이며, 조격은 -ama (rukama, nohama)와 -ima (očima, ušima)이다. 그리고 이러한 명사들을 수식하는 형용사와 대명사의 조격 어미는 -mi 대신에 -ma를 갖는다.

5. 형용사에서 파생하는 부사의 비교급

-*e와 -o로 끝나는 부사의 비교급은 부사 비교급 어미 -*eji를 첨가하여 만든다. 최상급은 부사 비교급에 접두사 nej-를 첨가하여 만든다. 여기에서도 *의 규칙이 적용되지만 형용사의 비교급에서와 마찬가지로 변형을 수반한다. 형용사와 부사의 불규칙 비교급은 보기처럼 사전에 별도로 표시한다. 예: dobrý (lepší), dobře (lépe).

6. 소유대명사, 명사의 소유형, sám

소유대명사와 명사의 소유형(-ův와 -*in) 그리고 sám은 각각 아래 표의 můj형 (tvůj와 svůj는 můj형을 따름) 및 náš형(váš는 náš형을 따름)과 Janův형 및 ženin형과 sám형의 변화를 따른다. jeho와 jejich는 변화하지 않고 její는 연변화 형용사의 변화를 따른다.

[표6] 소유대명사, 명사의 소유형, sám 격변화

단수							
mi nom-acc, *ma* nom-voc sám		Janův	ženin	chléb, holub(e!)	můj	náš	stroj, oráč(i!)
m gen	sam-ého	-ova	-ina	chleb-a	m-ého	naš-eho	-e
ma acc	-ého	-ova	-ina	houb-a	-ého	-eho	oráč-e
m dat	-ému	-ovu	-inu	chleb-u	-ému	-emu	-i
m-loc	-ém	-ově	-ině[1]	-ě	-ém	-em	-i
m ins	-ým	-ovým	-iným	-em	-ým	-ím	-em
n nom-acc-voc	sam-o	-ovo	-ino	slov-o	moj-e[2]	naš-e	pol-e
					여타 격의 변화는 남성과 같음		
f nom & voc	-a	-ova	-ina	chyb-a,-o!	-e[2]	-e	duš-e, -e!
f acc	-u	-ovu	-inu	-u	-i[2]	-i	-i
f gen	-é	-ovy	-iny	-y	m-é	-í	-e
f dat-loc	-é	-ově	-ině	-ě	m-é	-í	-i
f ins	-ou	-ovou	-inou	-ou	m-ou	-í	-í
복수							
m,f nom-acc-voc (*ma* nom-voc는 제외)	-y	-ovy	-iny	chleby, holuby, chyby	moj-e[2]	-e	stroje, duše
n nom-acc-voc	-a	-ova	-ina	slova	-i[2]	-i	pole
ma nom-voc	-i	-ovi	-ini	holubi			oráči
m, n, f gen-loc	-ých	-ových	-iných	명사의 격변화 참조	m-ých	-ich	명사의 격변화 참조
dat	-ým	-ovým	-iným		-ým	-im	
ins	-ými	-ovými	-inými		-ými	-imi	

각주해설:

[1] 남성과 중성의 전치격 -ově와 -ině는 -ovu와 -inu로 대체될 수 있다.

[2] můj, tvůj, svůj의 완전한 형용사화가 가능하다. 즉, 이들 소유대명사들은 남성 주격이 마치 mý, tvý, svý(이 세 형태는 실제로는 존재하지 않지만) 형태의 형용사처럼 격변화한다. 예: mé pole = moje pole; má vlast = moje vlast.

대명사 sám은 "모든, 완전히" 또는 "단지 …일 따름인"의 의미로 사용되는 단어의 주격 단수형이 samý, samá, samé와 같이 형용사 격변화를 따른다.

IV. 대명사

-ý (그 뒤에 -koli 혹은 -si가 첨가되는 대명사 포함)를 갖는 대명사는 -ý로 끝나는 경변화 형용사의 격변화를 따른다. (ten)týž는 3가지 방식의 격변화형을 갖는데, (1) týž는 tý에 -ž를 첨가한 것처럼 격변화하고, (2) tentýž는 ten과 tý에 -ž를 첨가한 것처럼 격변화하고, (3) ten에 též를 첨가한 것처럼 격변화를 하는데, 이 경우는 단수에만 해당된다.

[표7] 의문대명사, 3인칭대명사, 지시대명사, 관계대명사

		kdo	ten			on jenž			co nic(ni-)
단수		*ma*	*mi ma*	*n*	*f*	*mi ma*	*n*	*f*	*n*
nom	1	kdo	ten	t-o	t-a	on jenž	ono j-ež	ona j-ež	co nic
gen	2	k-oho	t-oho	←	-é	j-ehož	←	-íž	(ni)č-eho
acc	4	= 2	=1 =2	= 1	-u	jejž =2	j-ež	-iž	= 1
dat	3	-omu	-omu		-é	-emuž		-íž	-emu
loc	6	-om	-om	←	-é	-emž+	←	-íž+	-em
ins	7	-ým	-ím		-ou	-ímž		-íž	-ím
복수									
nom	1		t-y t-i t-a t-y			oni ony ona ony j-iž j-ež j-ež j-ež			
gen	2		-ěch			-ichž			
acc	4	-	-y t-a			-ež			-
dat	3		-ěm ←			-imž ←			
loc	6		-ěch			-ichž+			
ins	7		-ěmi			-imiž			
Poss.		č-í				jehož jejíž jehož jejichž			

1. +je- ji- jí-는 전치사 뒤에서 ně- ni- ní-로 바뀐다(전치격에서는 이 규칙이 언제나 적용된다). 이 때 시적 문체에서 něj는 -ň로 축약될 수도 있다.
2. 남성 생물(ma) 대격에서 jej와 jejž 또한 사용될 수 있다.
3. kdo에 ni-를 첨가하여 영어의 nobody에 해당하는 부정 대명사를 생성한다.
4. 소유 대명사들인 jeho, jehož, jejich, jejichž는 격변화하지 않고, čí, její, jejíž는 형용사처럼 격변화한다.
5. 관계 대명사 který(형용사처럼 격변화)는 구어체에서 사용하고, jenž는 문어체에서 사용한다. 그러나 který는 전치사 뒤를 제외하고는 문어체에서도 확고한 기반을 구축해 가고 있다. již와 jež의 사용 빈도는 매우 낮다.
6. 인칭 대명사 on, ono, ona는 전치사 뒤를 제외한, 비강세어 위치에서는 그들의 2음절 형태들에서 je-를 탈락한다. 남성 생물 대격인 ho는 남성 무생물 대격에서(구어체에서는 중성 대격에서도) 사용된다.

7. kdo와 co의 복합어들인 sotvakdo, zřídkakdo, kdekdo, bůhvíco, nevímco, cosi는 kdo와 co만 격변화한다.

[표8] 인칭대명사: 1인칭, 2인칭, 재귀대명사

		já		ty		refl.		my	vy
nom	1	já		ty		-		my	vy
gen	2	mn-e	(m-ě)		(t-ě)	seb-e	(s-e)	ná-s	vá-s
dat	3	-ě	(-i)		(-i)	sob-ě	(-i)	-m	-m
acc	4	-e	(-ě)		(-ě)	seb-e	(-e)	-s	-s
loc	6	-ě				sob-ě		-s	-s
ins	7	-ou				seb-ou		-mi	-mi

괄호 속의 형태들은 전치사 뒤를 제외한, 비강세어 위치에서 사용된다. mně와 mě의 발음은 동일하다. 따라서 구어체에서는 mně가 강세어 혹은 비강세어 위치와 관계 없이 생격, 여격, 대격에서 사용되는 경향이 있다. 문어체에서 mě 역시 생격과 대격의 강세어로서의 사용이 증가하고 있다.

대명사 všechen

대명사 všechen(남성 단수 주격)은 소유 대명사 náš의 변화형 어미들과 비슷한 어미들에 vš-를 첨가하여 격변화한다. 다만 어미에 -i- 대신에 -e-를 갖는 것이 다르다. 예: všech našich, všem našim, všemi našimi. 단수와 복수의 주격과 대격에서 všech-는 ten의 변화형 어미들과 결합하며, 이때에 -n-을 유지한다. 예; všechen ten, všechna ta, všechno to, všechny ty, všichni ti(cf. vši-). 남성 생물 대격은 생격과 동일하게 všeho이다. vše 또한 všechno에 상당하는 통상적인 문어체 형태이다. -chn- 대신에 -ckn- 그리고 -chen 대신에 -cken이 광범위하게 사용된다. všecek과 všicci는 폐어 혹은 방언인 반면 všecko, všecka, všecky는 구어체 형태이다.

대명사의 호격

대명사에는 특별한 호격 형태가 없다.

V. 동사

1. 동사의 활용

동사는 모두 동사원형과 과거형을 갖고, 타동사는 수동형을 갖는다. 그리고 이들로부터 동명사, 과거 동형사와 수동 동형사, 과거 부동사가 파생된다. 그리고 동사는 또한 현재형과 명령형을 갖고, 여기로부터 현재 동형사와 현재 부동사가 파생된다.

(1) být 동사의 변화형

미래 시제, 과거 시제, 조건법의 복합형에 사용되는 být 동사의 변화형은 다음과 같다.

동사 원형: být

과거 분사: byl(남성 단수), byla(여성 단수), bylo(중성 단수), byly(남성 무생물과 여성 복수), byli(남성 생물 복수), byla(중성 복수)

동명사: bytí(중성 명사)

형동사 과거: byvší

부동사 과거: byv(남성), byvši(여성, 중성), byvše(복수)

직설법 현재:	(já) jsem	(my) jsme
	(ty) jsi	(vy) jste
	(on, ona, ono) je	(oni, ony, ona) jsou
직설법 미래:	(já) budu	(my) budeme
	(ty) budeš	(vy) budete
	(on, ona, ono) bude	(oni, ony, ona) budou
명령법 현재:	(já) ať jsem	(my) buďme
	(ty) buď	(vy) buďte
	(on, ona, ono) ať je(st)	(oni, ony, ona) ať jsou

(-ať 이외에도 nechť, nechať를 사용할 수 있으며, 이들 뒤에는 직설법이 온다. kéž는 기원법의 성격이 강하다.)

동형사 현재: jsoucí

부동사 현재: js-a(남성), -ouc(여성, 중성), -ouce(복수)

(2) 동사 원형(부정사)

체코어 동사의 부정사형 어미의 표지는 -t이다. 어미 -ti는 이제 문어적 고어체에서만 매우 드물게 나타난다. 예: nés-t, vola-t. 과거 분사 어간이 자음 -k- 혹은 -h-로 끝나는 동사의 원형은 -ci 혹은 경우에 따라 -ct를 갖는다. 예: říci/říct (řek-l), moci/moct(moh-l).

2. 동사의 시제

(1) 현재 시제

체코어 동사의 현재 시제는 불완료체 동사의 현재형으로 나타낸다. 체코어 동사의 현재형은 인칭과 수에 따라 각기 어미를 달리하는데, 1인칭 단수 직설법 현재형이 -u 혹은 -i로 끝나거나 -m으로 끝나는 것으로 양분된다. 예: (já) kupuju. "나는 산다." (já) chci. "나는 원한다." (já) dělám. "나는 한다."

(2) 과거 시제

체코어의 과거 시제는 1인칭과 2인칭에서는 -l로 끝나는 과거 분사에 být 조동사의 현재형(jsem/jsme, jsi/jste)을 더하여 나타내고, 3인칭에서는 과거 분사(-l 분사)만으로 나타낸다. 예: koupil jsem. "나는 샀다." koupil jsi. "너는 샀다." koupili jsme. "우리들은 샀다." Marie koupila. "마리에는 샀다."

(3) 미래 시제

체코어의 미래 시제를 나타냄에 있어서 3가지 방법이 있다.

a) 완료체 동사의 현재형으로 미래를 나타낸다. 예: koupím. "나는 살 것이다." napíšou. "그들은 쓸 것이다."
b) 불완료체 동사의 원형에 být 조동사의 미래형(budu/budeme, budeš/budete, bude/budou)을 결합하여 나타낸다. 예: budu kupovat. "나는 살 것이다." budou psát. "그들은 쓸 것이다."
c) 움직임을 나타내는 일련의 동사에 접두사 po-를 첨가하여 나타낸다. 예: pojedu. "나는 타고 갈 것이다." poběžíte. "당신은 뛰어 갈 것이다."

3. 명령법

체코어의 명령형은 2인칭 단수에서는 3인칭 복수형 어미(-í, -ou)를 탈락시키고, 2인칭 복수에서는 여기에 -*te를, 1인칭 복수에서는 -*me를 첨가하여 만든다. 그러나 동사의 어간이 두 개 이상의 자음(-st, -zd, -št, -žd, -šť, -žď는 제외)으로 끝나는 경우에는 2인칭 단수에서는 -*i를, 2인칭 복수에서는 -*ete를, 1인칭 복수에서는 -*eme를 첨가하여 만든다. 3인칭 명령형은 ať에 직설법을 결합하여 만든다. 예: kupuj. "사라!" pišme. "씁시다!" čti. "읽어라!" sedněte si. "앉으세요!" ať píšou. "그들이 쓰도록 하라." 단 제4형에 속하는 동사는 -aj를 -ej로 바꾸어 명령형 어미를 첨가한다. 예: dělej. "하라!", dělejte. "하세요!", dělejme. "합시다!"

4. 조건법

조건법은 과거 분사에 조건법 조동사 bych/bychom, bys/byste, by를 첨가하여 만든다. 예: koupil bych/나는 살텐데/. četla by/그녀는 읽을 텐데. 조건법 조동사에 kdy-나 a-를 결합하여 조건 접속사를 만들 수 있다. 예: kdybychom koupili/우리들이 산다고 한다면. abyste četl/당신이 읽도록.

5. 수동태

체코어의 수동태는 být 조동사의 변화형에 수동 분사를 더하여 만든다. 또한 동사의 능동형에 재귀 대명사 se를 결합하여 수동태를 만들 수도 있다. 수동분사는 동사 원형에서 수동 어미 -án, -en, -t를 첨가하여 만든다. 예: Kluk je milován. "소년은 사랑 받고 있다." Kniha byla koupena. "책은 구입되었다." Kniha se kupuje. "책은 구입되고 있다." Kniha se koupí. "책은 구입될 것이다."

6. 완료체와 불완료체

대부분의 체코어 동사는 불완료체(imperfective)와 완료체(perfective)의 쌍을 갖는데, 불완료체는 행위의 계속, 진행, 반복을 나타내고, 완료체는 행위의 완료, 결과 혹은 행위 자체에 중점을 둔다. 완료체 동사는 불완료체 동사에 접두사를 첨가하여 만들거나(예: dělat > udělat, psát > napsat), 상이한 접미사를 갖거나(kupovat > koupit, promíjet > prominout), 상이한 어근을 갖는다(brát > vzít, překládat > přeložit).

7. 동사의 활용 유형

체코어 동사는 그 활용의 유형에 따라 6개로 나눌 수 있고, 이들은 1개의 형에만 속하는 단순형과 2개 이상의 형에 속하는 혼합형으로 나눌 수 있으며, 혼합형과 더불어 동사의 어간이 변화하는 동사는 불규칙 동사이다. 그리고 이들 6개의 형의 동사는 1인칭 단수 직설법 현재형이 -u 혹은 -i로 끝나는 그룹과 -m으로 끝나는 그룹으로 나누어진다.

(1) -u 혹은 -i 그룹 동사

1인칭 단수 직설법 현재형이 -u 혹은 -i로 끝나는 그룹의 동사에는 3개 형의 동사들이 있는데, -ovat로 끝나는 제1형 동사는 가장 생산적인 형이고 접두사를 갖지 않는 한 불완료체 동사이다. -nout로 끝나는 제2형 동사는 완료체 동사이거나 아니면 소수의 경우를 제외한다면, 상태의 변화를 나타내는 불완료체 동사이다. -t로 끝나고 그 앞이 자음이거나, -ci로 끝나거나, 혹은 -t로 끝나고 그 앞이 장모음인 제3형 동사는 접두사를 갖지 않는 한 불완료체 동사이다.

(2) -m 그룹 동사

1인칭 단수 직설법 현재형이 -m으로 끝나는 그룹의 동사에도 3개 형의 동사들이 있는데, 이들 중 첫 번째인 제4형 동사는 제1형 동사처럼 접두사가 첨가되지 않는한 언제나 불완료체이다. 많은 제4형 동사들이 현재형에서 제3형 동사로 전이되었거나 혹은 제3형 동사와 함께 쓴다. 예: mazat (maž-u, maž!, maz-al), česat (čes-u, čes!, čes-al, 혹은 čes-ám, čes-ej!). 나머지 제5형 동사와 제6형 동사는 비생산적이다. 제5형 동사는 제2형 동사처럼 접두사가 붙지 않은 완료체 동사들을 포함한다. 예: koupit, chytit, vrátit 등. 약 10개 정도에 달하는 반복적인 동작 행위의 부정태 동사들 중 nosit, vodit, vozit, jezdit 등은 제4형에 속하고 běhat, létat 등은 제5형에 속한다. 본 사전에서는 제6형 동사를 다시 2개의 타입, 즉 trpět 타입과 umět 타입으로 나누고 있는데, 이들의 차이는 직설법 3인칭 복수 현재형이 다른 것뿐이다. 예: trpět trpí, umět umějí. 제5형 동사와 제6형 동사의 변화형이 대부분 거의 같기 때문에 회화체에서는 이 2개 형의 구분이 없다.

[표9] 1형, 2형, 3형

	1. -ovat	2. -nout	3. -자음+t; -ct/-ci(고어체에 사용 예: moci); -장모음+t 예: pít (pi-)
현재시제 직설법 명령법 부동사현재 형동사현재	kup-uj- já: -i[1][u] oni: -í[1][ou]	tisk- mi-n- -u ty: -eš[8] on외: -e[8] my: -em[e][8] vy: -ete[8] -ou ty: -*i[2] -* my: -*em[e] -*me vy: -*ete -*te -a. -ouc, -ouce[3] -*íc,-*íce -oucí -*ící	nes-.- pi-j- -i[1][u] -u -ou -í[1][ou]
부정사형	kup-ova-t(i) kup-ova-	tisk-nou-t(i) mi-nou-t(i) tisk-.-[4] mi-nu-[4]	nés-.-t(i)[5] pí-.-t(i) nes-.- pi-.-
과거분사형 부동사과거 형동사과거	-l (a, o, i, y) -v, -vši, -vše -vší		
수동분사	-ová-n(a…)	자음 뒤 v 출현 불가 [6]-nu-t(a…) -nu-t(a…) [6]-e-n(a…)[8]	-en-(a...)[8] pi-.-t(a…)
동명사[7]	-ní	-tí -tí -ní	-ní -tí
수동분사-형용사[7]	-ová-ný	-tý -tý -ný	-ný -tý

각주 해설:

[ ] 속의 형태는 구어체 형태이다.

[1] -i와 -í는 -j- 뒤에서 사용된다. -i와 -í는 또한 현재형에서 이러한 패턴을 따르는 -š-, -ž-, -č- 어간의 동사들 뒤에서 -u와 -ou를 대체하여 사용된다. 이때의 -i와 -í는 문에체 형태이다. 예: mazat (maži[-u], maží[-ou], maz-al), česat (češi[-u], češí[-ou], čes-al), plakat (pláči[-u], plačí[-ou], plak-al). 그러나 lhát와 chtít는 현재형에서 단지 lžu lžou와 chci chtějí만을 갖는다.

[2] 명령형에서도 통상적인 *의 법칙이 적용된다. 예: tisknout/tiskni tiskněte tiskněme!, vést/veď veďte veďme!, péct/pec pecte pecme!

[3] 부동사 현재는 3인칭 복수 현재형이 -ou로 끝나고 그 앞의 자음이 경자음인 경우에는 어미 -ou를 탈락시키고 -a(남성), -ouc(여성, 중성), -ouce(복수)

를 첨가하며, 3인칭 복수 현재형이 -í로 끝나거나 혹은 -ou로 끝나고 그 앞의 자음이 연자음인 경우에는 어미 -í, -ou를 탈락시키고 -*e(남성), -íc(여성, 중성), -íce(복수)를 첨가하여 만든다. 예: nesou, nesa; kupují, kupuje.

[4] 부동사 과거는 과거 분사 어미 -l을 -v(남성), -vši(중성, 여성), -vše(복수)로 대체하여 만든다. 그러나 과거형과 부동사 과거형에서 어미 -l, -v 앞의 어간이 모음으로 끝나거나(mi-nu-l), 혹은 1개의 자음으로 끝나는 경우(m-nu-l)가 아니다면 -nu-, -nuv-를 탈락할 수 있다. 예: tisknul/tiskl, tisknuv/tisk. 그러나 -nout형 동사가 아니면서 어간이 2개 이상의 자음으로 끝나는 동사의 부동사 과거는 -v를 탈락한다. 예: přines(남성) přinesši(중성, 여성) přinesše(복수).

[5] 제3형 동사의 동사 원형은 어간 모음의 장모음화(ě > í; o > ů; u > ou), dt, tt, stt의 st로의 변화(ved-t > vést, hnět-t > hníst, rost-t > růst, hud-t > houst), ht, cht, kt의 c로의 변화(moh-t > moci, pek-t > péci)를 보인다.

[6] -nout형 동사의 수동형인 -nut와 -en에 대한 선택의 규칙은 없다. 그러나 행위의 결과를 나타내지 않는 한 문어체에서 대체적으로 -en을 선호한다.

[7] 수동분사-형용사와 동명사는 수동 분사 남성 단수형에 어미 -*í를 첨가하여 만든다.

[8] 어간에 어미가 첨가될 경우 -he, -che, -ke, -re, -ske는 각각 -že, -še, -če, -ře, -ště로 변화한다. 예: stihnout stižen, péci peku pečeš, tisknout tištěn. 그러나 동사 moci (moh-)의 현재형(můžeš)에서는 장모음화를 수반한다.

[표10] 4형, 5형, 6형

4. -at (-ovat와는 다름), -át (-ají가 아닌 경우) (제3형 동사와 비교)		5. -it 또는 -ít(예: ctít)		6. -et, -ět 또는 -ít(예: znít)	
현재시제 직설법	děl-á-	lap-*-í		trp-*-í	um-*-í
		já:	-m		
		ty:	-š		
		on외:	= -		
		my:	-me		
	-aj-	-*-		-*-	-*ej-
		oni:	-í		
명령법	-ej-	ty:	-*i	-*	
		my:	-*em(e)	-*me	
		vy:	-*ete	-*te	
부동사현재	-aj-		-*e	-*íc	-*íce
형동사현재				-*ící	
부정사	-a-t(i)		-*í-t(i)	-*e-(ti)	
과거분사형			-l(a, o, i, y)		
부동사과거			-v, -vši, -vše		
형동사과거			-vší		
				-*e-	
수동분사	-á-		-n (a, o, i, y)		
동명사			-ní		
수동분사-형용사	-a-		-ný		

각주 해설:

[1] 제4형, 5형, 6형에서와 마찬가지로 여기에서도 *의 법칙이 적용된다. 예: zvonit/zvoň zvoňte zvoňme!, sedět/seď seďte seďme!, kreslit/kresli kreslete kresleme!

[2] 제5형 동사의 명령형에서 모음의 단모음화가 빈번하게 발생한다. 예: koupit/kup!, vrátit/vrať!, rozpůilt/rozpul!, navštívit/navštiv! 모음 ou의 u로의 단모음화는 일관적인 현상이 아니다. 예: bloudit/bloudi!, bouřit/bouři! 혹은 buř! -tř로 끝나는 동사의 명령형에서도 2개의 명령형이 존재한다. 예: šetřit/šetři! 혹은 šetř!, jitřit/jitři 혹은 jitř!

[3] 일련의 제5형 동사에서 -*en-을 갖는 수동 분사, 동명사, 수동 동형사에서 어간의 마지막 자음의 자음 변화가 발생한다. 예: brouslit (bruš!, broušen), myslit (myšlen), zkazit (zkažen), chytit (chycen), soudit(suď!, souzen), pustit

(puštěn), opozdit (opozdi!, opožděn).

4 각주 2에서 언급된 단모음화와 각주 3에서 언급된 자음 변화는 제5형 동사에 속하는 접두사가 첨가된 동사에 대응하는 제1형의 불완료체 동사에서도 규칙적으로 발견된다. 예: nakoupit < nakupovat, obrousit < obrušovat.

8. 동사 '상(相)'의 의미

대부분의 체코어 동사의 형태는 완료체와 불완료체의 이항대립의 쌍을 갖는다. 두 쌍 모두 제4형의 활용(d-át < dáv-at)에 속하거나 각각의 동사가 서로 다른 형에 속하기도 한다: (koup-it < kup-ovat). 상쌍의 하나인 완료체는 복합적 사실로서의 행동을 표현한다. 쌍의 또 다른 하나인 불완료체는 동작이나 상태의 진행을 나타낸다. 이와 동일하게 통용되는 것이 접사동사(어간의 의미를 한정하는 접사와 결합한 동사)이다: odnés-t < odnáš-et. 그러나 다수의 비접사동사들은 의미를 한정하지 않는 접사와 결합하여(대개 접사가 동사 의미에 있어서 두드러지는 형태를 반영하지는 않기 때문에) 불완료체 형태를 완료체 동사의 형태로 바꾼다: vrt-at > pro-vrt-at, kymác-et > za-kymác-et. 접사가 기본 완료체 동사에 대응할 수 없는 기본 불완료체 동사를 수반할 때 접사의 형태는 완료체이다. Odnést, napsat, provrtat, zakymácet 등이 완료체인 이유는 nést, psát, vrtat, kymácet이 기본 불완료형 동사이기 때문이다. 그러나 prodávat, nakupovat은 완료체가 아니다. 그 이유는 단순 불완료체 동사인 dávat과 kupovat이 단순완료체 형태인 dát과 koupit에 쌍을 이루기 때문이다

완료 전치사형 동사의 형태를 불완료체로 만드는 방법으로는 접사를 생략하거나(의미를 한정하지 않는 접사의 경우. 비교: provrtat, zakymácet) 혹은 동사를 덩어리째 다른 동사군의 형태로 변형하는 것이다: odnést-odnášet. 그러나 제4형 동사의 경우에는, 단순히 -va-를 삽입하는 방식처럼 하나의 음절로 동사를 확장한다: vydělat - vydělávat, dát ‖ nedat- dávat ‖ nedávat). 다양한 형태의 한정방식으로 동사의 유형을 바꾼다. 필요에 따라서 유형의 변경과 규정한 한정방식이 사전에 명시되어 있다: odn|ést < -ášet, vyléz|t < -at, naznač|it < -ovat. 보통 두 동사가 '동사 군'에서만 다르지는 않다. 접사에 대응하는 탈락도 있다: chápat > pochopit; 비 재귀적 동사에 대응하는 재귀용법, 혹은 보문화 형태의 변화가 있다: pít co > napít se čeho, řezat koho > nařezat komu, hubovat koho > vyhubovat komu.

특정한 전치사형 동사들은 사전에 각주로 나와 있으며 각각의 한국어에 상응하는 체코 동사를 일반항목 접사편과 동사편 서두의 비접사항목 에서 쉽게 찾을 수 있다. 사전에 수록한 접사 항목은 do, na, od(e), po, pro, pře, při, roz(e), s(e), u, v(e), vy, z(e), za이다.

몇몇 특정 동사들은 불확정성(indeterminate)을 표현한다. (예: nosit 운반하다 - 상쌍: nést 운반하는 중이다). 우리는 불확정형 동사를 통해 비 현행적인 행동(nonactual activity)을 가려낼 수 있는데 즉, 한 상황이 바로 그 시각 그 장소에서 발생하지 않았는지의 여부이다. 이러한 동사들은 반복적 동작을 포함하여 비-현행-상호작용이라고 할 수 있다. 이보다 다수를 차지하는 동사는 특정한 반복을 표현하는 것들이다. (예: vídat: '지금 그리고 그 후에 보다' 對 vidět '볼 수 있다(능력); vyhrhat '차례대로 찢다' 對 vytrhout 찢어버리다). 이 사전에 사용된 약어 'iter.'은 반복적인 행동(vídat)을 의미하며, 마찬가지로 집단을 주어로 하는 행동(pomřeli [모든 가족이] 죽었다.)을 포함하거나 집단이 목적어가 되는 경우 (vytrhat vlasy, 머리칼을 한 가닥씩 뽑다)이다. 후자의 약어 형태(때로는 분배형태로 명명함)는 완료체 동사에 쌍을 이루는 불완료체 동사에 접사를 첨가하여 형태를 이룬다. 이 완료체 동사는 완료체인 동시에 비 접사동사여야 한다. (단순히 동사의 유형이 변하기 때문이다). 즉, střílet > střelit, vystřílet < iter. 에서 단지 vystrelit만이 완료체이다 (vystřelovat는 다만 불완료체로서 상쌍을 이루고 있고, 형태는 동사군의 변형으로 이루어짐). 제6형 동사 이외에 제4형 동사 (-á-va-t 에서 -va-를 첨가한 경우를 제외하고)는 다음과 같이 변할 수 있다. 비교: hýbat > hnout '움직이다'; zahýbat < iter. '여러 번 움직이다'. zahnout는 다만 zahýbat(불완료체)에 상응하여 완료체로 '구부리다'라는 뜻을 가지며 소수의 불완료체 동사들이 이 활용형을 형성한다.

반복상과 반복-배분의 자리

roztrh- '찢다(그래서 조각으로 분리되다)'의 의미를 지닌 동사를 예로 듦.

완료체 < 불완료체:

Když roztrhl obálku… 그가 봉투를 찢어 개봉했을 때...
Když roztrhával obálku… 그가 (행동을 취하며) 봉투를 개봉하고 있을 때...
Roztrhával obálky. 그는 주로(습관적으로) 봉투를 (자르지 않고) 찢어서 연다.
(불완료, 반복적인 상의 역할)

단순완료, 반복상 <:

Roztrhl obálku. 그는 봉투를 찢었다(열었다).
(주로 한번의 급격한 동작)
Roztrhál obálku (a hodil ji do koše). 그는 봉투를 (갈기갈기) 찢어버렸다.
(여러 번의 동작)
(그리고 그것을 휴지통에 던져버렸다).

단순완료 <

Gang roztrhl vak (ale nic cenného v něm nenašel). 불량배가 가방을 찢었다.
(주어가 개별적으로 혹은 공동으로)
(그러나 가방에서 값나가는 것을 발견하지 못했다.)

반복완료 = 분배-다수의 주어

Gang roztrhal vak (ale nic cenného v něm nenašel). 불량배가 가방을 찢었다.
(주어가 개별적으로)
(그러나 가방에서 값나가는 것을 발견하지 못했다.)

단순완료 <

Tu se řetěz roztrhl (a museli jeden článek znovu skovat). 여기 이 사슬이 끊어졌다.
(끊어진 부분의 수는 중요치 않다.)
(그래서 사슬 한편을 다시 연결해야만 했다.)

반복완료 = 분배-다수의 목적어

Řetěz se roztrhal (a už se nedal spravit). 사슬은 끊어졌다. (몇 부분으로)
(그래서 이제 더 이상 고칠 수 없게 되었다.)

*영어의 torn, has torn, had torn에 나타나는 '단순 對 완료'의 차이는 체코어에 존재하지 않는다.

체코어-한국어사전

ČESKO-KOREJSKÝ SLOVNÍK

초판 인쇄 2007년 2월 20일
초판 발행 2007년 2월 28일
편저자 : 권 재 일, 김 규 진, 김 인 천
발행자 : 박 철
발행처 : 한국외국어대학교 출판부
130-791 서울시 동대문구 이문동 270
전화 : (02)2173-2494, 2495
팩스 : (02)2173-3363
홈페이지 : http://press.hufs.ac.kr
전자우편 : press@hufs.ac.kr
출판등록 : 제6-6호(1969. 4. 30)
편집 : 리앤정디자인그룹(02)2677-8694
제작 : 네오프린텍(주)(02)718-3111
ISBN 978-89-7464-446-8 11790 정가 45,000원

* 잘못된 책은 교환하여 드립니다.

체코어문법

I. 들어가는 말

체코어는 굴절어로서 외국인이 체코어 사전을 이용하고자 할 때에는 문장 속에서 각 단어들이 어떤 형태로 어형변화를 하는지 알아야 한다. 이러한 단어의 형태적 변화는 문장의 개별 요소들이 다른 구성 성분들과 다양한 문법적 관계를 맺도록 해주며 결과적으로 문장 내에서 일정한 통사적 기능을 수행할 수 있도록 해준다. 어형의 변화에는 먼저 명사류 품사(예: 명사, 대명사, 형용사, 수사 등)에 적용되는 격변화(declension)와 동사에 해당하는 활용(conjugation)이 있다.

체코어 문법을 간략하게 소개하는 이 장에서는 명사와 동사의 문법범주(특히 명사의 격변화와 동사의 활용과 상(相))에 대한 중요한 언어학적 정보들을 비교적 상세하게 다룰 것이며 기수사(基數詞)의 격변화를 비롯하여 형용사의 격변화 및 비교급과 최상급 파생법, 부사 파생법 및 그 비교급 파생법, 소유형용사와 명사소유형의 격변화, 각종 대명사의 격변화의 형태를 일별한다.

II. 명사

체코어의 명사는 그 문법범주 중의 하나로 성(性)을 갖는데 여기에는 남성, 여성, 중성이 있다. 그 중에서 사람을 나타내는 대부분의 단어의 성은 자연적 성별에 따라 남성 혹은 여성이다. 생물에 속하지만 자연의 성을 따르지 않는 '어린아이'와 '동물의 어린 것'을 표현하는 어휘들은 대부분이 중성이다. 동물과 식물 그리고 무생물을 나타내는 명사들은 남성, 여성, 중성 세 가지 성 중의 하나에 속한다.

체코어 명사의 성을 학습할 때에는 그 의미와 단수 주격(nominative)의 형태를 함께 알아두어야 한다. 그리고 단수 주격의 형태가 -l 로 끝나는 소수의 명사의 경우, 형태만 보고 남성, 여성을 파악하기 힘들기 때문에 암기해두는 것이 좋다. 남성명사만이 그 격변화에 있어 생물성(생물 對 무생물)을 구별한다. 본 장에 있는 격변화표는, 명사의 격변화를 3가지 성에 따라 먼저 분류하고 남성명사의 경우 생물과 무생물로 나눈 뒤 주격의 어미형태(자음이나 모음)에 따라 다시 변화의 유형을 정하는 것으로 구성하였다. 일러두기에서도 언급한 바 있지만, 이 사전은 모든 명사에 대하여 성을 표기하는 것을 원칙으로 삼고 있는데, 그 표기는 *ma-1, ma-2..., mi-1, mi-2..., n-1, n-2..., f, f-1* 등과 같이 약어로 표시하였다. 각 약어에 대한 해설은 '**불규칙 변화**'라는 부분에 제시하였다.

1. 명사의 격변화표

[표1] 남성 무생물명사

주격어미	-b -d -f -g -h -ch -k -m -p -r -v -x; -c (단음절); -n -t -l -s -z (cf. *mi-1*); -us (고전어)	-č -ď -j -ň -ř -š -ť -ž; -c (다음절)	-a -e -ě -i -o -u -ů -y (차용어에만 나타나며 불변화)	-ý 등 (형용사와 같이 -ý로 끝나는 명사는 형용사 변화를 따름. 주로 지명(地名)이 여기에 해당. 예: Slaný)
단수	nom 1 dub	meč		
	acc 4 dub	meč		
	gen 2 -u	-e		
	dat 3 -u	-i	--	--
	loc 6 -*e	-i		
	voc 5 -e+	-i		
	ins 7 -em	-em		
복수	nom 1 -y	-e		
	acc 4 -y	-e		
	gen 2 -ů	-ů		
	dat 3 -ům	-ům	--	--
	loc 6 -ech	-ích		
	voc 5=1	5=1		
	ins 7 -y	-i		

+ 앞에 자음이 오고 -r이 오는 경우에는 -e대신 -*e가 되고, -g, -h, -ch, -k의 경우에는 -u가 된다.
예: vítr > větře; rok > roku
어미가 붙게 되면 일부 명사의 경우 어간이 변화한다.
예: kopec > kopce; vítr > větru; stůl > stole

*표시의 규칙:

(1) *e는 b, f, p, v 뒤에서 [je]로 발음하고 ě로 철자한다.
(2) *e는 m 뒤에서 [ňe]로 발음하고 ě로 철자한다.
(3) *e는 d, t, n 뒤에서 [e]로 발음하고 ě로 철자한다. 이 경우 d, t, n의 발음은

PLÁN CENTRA
CITY CENTRE MAP
PLAN DES STADTZENTRUMS
LA CARTE DE LA VILLE
ПЛАН ЦЕНТРА
0 100 200 300 m
© Cartography ŽAKET, 2006
HRADČANY
MALÁ STRANA
SMÍCHOV
KAMPA
Praha 5
PRAŽSKÝ HRAD
Hradčanské nám.
Loretánské nám.
Pohořelec
Nerudova
Tržiště
Malostranské nám.
Karlův most
STŘELECKÝ OSTROV
DĚTSKÝ OSTROV
CHOTKOVY SADY
Královská zahrada
STRAHOVSKÁ ZAHRADA
LOBKOVICKÁ ZAHRADA
SEMINÁŘSKÁ ZAHRADA
KINSKÉHO ZAHRADA
Petřínská rozhledna
VELKÝ STRAHOVSKÝ STADION
STRAHOV
NOVÝ SMÍCHOV
ZLATÝ ANDĚL
Milady Horákové
Mariánské hradby
Jelení
Keplerova
Vaníčkova
Na Hřebenkách
Holečkova
Plzeňská
Radlická
Nádražní
Štefánikova
Újezd
Vítězná
Janáčkovo nábř.
Strahovský tunel
Mrázovka tunel
Ministerstvo obrany
Ministerstvo zahraničních věcí
Ministerstvo financí
Nemocnice Milosrdných sester
HRADČANSKÁ
ANDĚL
MALOSTRANSKÁ
15
16
17